(C)

LE

MANUEL DES NOTAIRES.

TOME II.

CET OUVRAGE SE TROUVE AUSSI

A Aix.	chez Aubin.
Angers.	Léon Cosnier.
Angoulême.	Laroche.
Auxerre.	Leblanc-Desforges.
Bordeaux	Chaumas.
Caen.	Mancel.
Chateauroux	Th. Nuret.
Dijon.	Decailly. — Lamarche.
Grenoble	Prudhomme.
Lunéville	Mme Georges.
Lyon.	Dorier.
Poitiers.	Bources.
Rennes	Blin. — Molliex.
Strasbourg.	Lagier.
Toulouse	Dagallier.
Valenciennes	Giard.

Auxerre.— Imprimerie de Ed. Perriquet.

LE

MANUEL DES NOTAIRES

CONTENANT

UN NOUVEAU DICTIONNAIRE

DES FORMULES DE TOUS LES ACTES DES NOTAIRES

ET

UN COMMENTAIRE

OU, AU MOYEN DE CHIFFRES CORRESPONDANT A CEUX DU DICTIONNAIRE, ON FAIT APPLICATION A CHAQUE ACTE, DE LA LÉGISLATION, DE LA JURISPRUDENCE, DE L'OPINION DES AUTEURS ET DES LOIS, ARRÊTS ET DÉCISIONS SUR L'ENREGISTREMENT ET LE TIMBRE,

PAR

Me F.-M. SELLIER,

NOTAIRE A VERMENTON (YONNE);

EN COLLABORATION AVEC PLUSIEURS JURISCONSULTES ET NOTAIRES.

TOME SECOND.

PARIS,

A LA LIBRAIRIE DE JURISPRUDENCE DE COTILLON,

RUE DES GRÉS-SORBONNE, N° 16.

—

1841.

COMMENTAIRE

DES

FORMULES DE TOUS LES ACTES NOTARIÉS,

OU, AU MOYEN DE CHIFFRES CORRESPONDANT A CEUX DU DICTIONNAIRE, ON FAIT APPLICATION A CHAQUE ACTE, DE LA LÉGISLATION, DE LA JURISPRUDENCE, DE L'OPINION DES AUTEURS ET DES LOIS, ARRÊTS ET DÉCISIONS SUR L'ENREGISTREMENT ET LE TIMBRE.

Tout volume de cette Edition qui ne sera pas numéroté et signé de l'auteur, comme il suit, sera considéré comme contrefait.

N° 1.er

Signature de l'Auteur,

ABRÉVIATIONS.

Aff.	Affaire.
Ann. not.	Annales du Notariat.
Arg.	Argument.
Arr. gouv.	Arrêté du gouvernement.
Art.	Article.
Av. Cons. d'Et.	Avis du Conseil d'Etat.
C.-à-d.	C'est-à-dire.
C. comm., 6.	Code de commerce, article six.
Cass.	Arrêt de la Cour de cassation.
C. civ. 5.	Code civil, article cinq.
C. R. (ou *Paris*, *Amiens*, etc.).	Arrêt de Cour royale (ou arrêts de la Cour royale de Paris, Amiens, etc.).
Circ. min.	Circulaires ministérielles.
C. pén. 7.	Code pénal, article sept.
C. d'inst. crim. 8.	Code d'instruction criminelle, article huit.
C. for.	Code forestier.
C. proc. 60.	Code de procédure civile, article soixante.
Contrôl.	Le Contrôleur de l'enregistrement.
Délib.	Délibération.
Déc. min. just.	Décision du Ministre de la Justice.
Déc. min. fin.	Décision du Ministre des Finances.
Décr.	Décret (nom donné aux lois jusqu'au 3 brumaire an 4, et depuis prairial an 12 jusqu'à la Restauration).
Dict. not.	Dictionnaire du Notariat.
Ind. Cass.	Induction d'un arrêt de la Cour de Cassation.
Inf.	Infrà. — (Ci-dessous.)
Journ. enr.	Journal de l'Enregistrement.
Journ. pal.	Journal du Palais.
Jug. de ...	Jugement du tribunal de . . .
Jurisp.	Jurisprudence.
Ord. R.	Ordonnance du Roi.
Quest.	Questions de droit.

Rép.	Répertoire.
Rec.	Recueil.
Rol.	Dictionnaire de l'enregistrement par M. Roland.
Roll. de V.	M. Rolland de Villargues (auteur du Répertoire et de la Jurisprudence du notariat.
Sen. Cons.	Senatus-Consulte.
S. s. p.	Acte sous seing-privé.
Sirey, t. 41, 1, 97.	Recueil des arrêts, fondé par M. Sirey et continué par MM. De Villeneuve et Carette, t. 41, 1re partie, page 97.
Sol.	Solution de la régie de l'enregistrement.
Sup.	Suprà. — (Ci-dessus.)
Tar. 170.	Tarif des frais et dépens, article 170.
Trib.	Tribunal.
V.	Voyez.
V°.	Verbo (au mot).
Vis.	Verbis (aux mots).

Nota. Il y a d'autres abréviations que nous n'expliquons pas, parce que le lecteur en trouvera facilement la signification.

LE MANUEL DES NOTAIRES.

COMMENTAIRE

DES

FORMULES DE TOUS LES ACTES NOTARIÉS.

[1]

NOMS, PRÉNOMS ET LIEU DE RÉSIDENCE DU NOTAIRE EN *PREMIER* ET DU NOTAIRE EN *SECOND*.

1. Tous les actes doivent énoncer les nom et lieu de résidence du Notaire qui les reçoit, à peine, contre le Notaire contrevenant, d'une amende de 100 francs, réduite à 20 fr. par l'art. 10 de la loi du 16 juin 1824 (art. 12 de la loi du 25 ventôse an XI).

Cette disposition de loi était nécessaire pour détruire l'usage adopté par les anciens Notaires d'immatriculer leurs actes ainsi : *Pardevant les Notaires à........ soussignés.* Car alors, si la signature du Notaire détenteur de la minute n'était point relatée dans l'expédition, il arrivait souvent, surtout lorsque les signatures apposées sur les expéditions étaient illisibles, que les minutes de certains Notaires étaient introuvables. A présent cet inconvénient n'existe plus, puisque le nom du Notaire doit être énoncé sous peine d'amende.

2. Ainsi, le défaut d'indication du nom et du lieu de résidence du Notaire qui reçoit l'acte ne peut donner lieu qu'à une amende de 20 fr.

3. La loi ne prononçant aucune peine pour le défaut d'indication des prénoms du Notaire qui reçoit l'acte, il en résulte qu'on peut se dispenser de les indiquer.

4. On peut aussi se dispenser d'indiquer les nom et prénoms du Notaire qui signe l'acte en second.

5. Mais suivant quelques auteurs il y a lieu à amende pour n'avoir point énoncé dans l'acte la résidence de ce Notaire. La qualification de collègue ne pourrait être regardée comme une indication de sa résidence.

6. La signature du Notaire qui reçoit l'acte ne peut suppléer à l'omission de son nom dans le corps de l'acte (Déc. min. fin. du 20 octobre 1807).

7. La peine de nullité prononcée par l'art. 12 de la loi précitée, ne s'applique qu'à la seconde partie de cet article, c'est-à-dire au défaut d'indication des noms et demeures des témoins instrumentaires (V. cette seconde partie, n° 14).

[2]

NOTAIRES. — ETENDUE DE LEURS FONCTIONS.

§ 1er. BUT DE L'INSTITUTION DES NOTAIRES.

§ 2. UN NOTAIRE NE PEUT INSTRUMENTER SEUL. — EXCEPTIONS.

§ 3. CAS OU LE NOTAIRE NE DOIT POINT INSTRUMENTER.

Art. 1. — *Parenté des Notaires avec les parties.*

Art. 2. — *Parenté des Notaires entre eux.*

Art. 3. — *Parenté des témoins avec les Notaires et les parties.*

Art. 4. — *Empêchement légal pour le Notaire hors de son ressort.*

Art. 5. — *La suspension et la destitution forment empêchement.*

Sect. I. — Suspension.

Sect. II. — Destitution.

Sect. III. — Effets de la suspension et de la destitution.

Art. 6. — *Empêchements divers. — Tableau indicatif.*

§ 4. UN NOTAIRE EMPÊCHÉ PEUT SE FAIRE SUBSTITUER PAR UN AUTRE NOTAIRE.

§ 1er. *But de l'Institution.*

1. Les Notaires sont des fonctionnaires publics établis pour recevoir tous les actes et contrats auxquels les parties doivent ou veulent faire donner le caractère d'authenticité attaché aux actes de l'autorité publique, et pour en assurer la date, en conserver le dépôt, en délivrer des *grosses* et *expéditions* (Art. 1er de la loi du 25 ventôse an XI). V. ces mots.

2. Ils sont institués à vie (Art. 2 de la même loi).

D'où il résulte qu'ils sont irrévocables, c'est-à-dire qu'ils ne peuvent être suspendus ou destitués que par des jugements fondés sur des causes graves (Merlin, *Rép.*, V° *Notaire*, § 3).

3. Ils sont tenus de prêter leur ministère, lorsqu'ils en sont requis (Art. 3 de la même loi). V. *infrà*, n° 106 et suivants.

4. Quoique la loi dans son art. 12, rapporté en la note 1re, n'exige pas qu'il soit fait mention dans l'acte de la qualité du Notaire, il est cependant certain qu'on doit l'énoncer, car c'est cette qualité qui donne le droit au Notaire de recevoir l'acte; et il est de principe qu'une personne publique qui ne se comporte point en personne publique, n'est point considérée comme telle (Pothier, n° 740, et Dumoulin).

Cette doctrine est conforme à un édit du mois de juin 1550, art. 3, portant « que foi ne doit être ajoutée aux instruments reçus par les Notaires, s'il n'y est fait mention de la qualité desdits Notaires, du lieu où ils sont enregitrés et de leur demeurance (V. *nouv.* Denisart, V° *Acte notarié*, p. 187).

Les anciennes lois n'ayant été abrogées par celle du 25 ventôse, que pour ce qu'elles avaient de contraire à cette dernière loi, et celle-ci ne contenant aucune obligation relative à l'énonciation de la qualité du Notaire, il en résulte que l'édit de 1550, ayant encore toute sa force, recevrait son application au cas dont il s'agit et que l'omission de la qualité de notaire entraînerait la nullité de l'acte, au moins comme authentique, sauf à valoir comme acte s. s. p., s'il était signé des parties et s'il n'était point de sa nature assujetti à la forme d'acte notarié (V. note 38).

Cependant l'énonciation de la qualité de Notaire, pourrait résulter suffisamment des expressions et de la forme de l'acte. Par exemple, si un acte commençait dans les termes suivants : par devant Me tel, à la résidence de . . . . . soussigné. Et si le style ordinaire du notariat avait été observé; si encore, en parlant de lui, le Notaire avait employé le pronom *nous*, qui ne convient qu'à une personne publique, s'il avait signé l'acte avec la solennité d'usage, et l'avait placé au rang de ses minutes, enfin si l'acte avait été enregistré comme acte notarié; dans ce cas, on devrait considérer l'acte comme un véritable acte notarié, surtout si le notaire avait été assisté d'un *collègue*, puisque cette expression indique nécessairement une personne publique (V. Toullier, t. 8, n° 84.—Merlin, t. 17, p. 688).

5. Pour qu'un acte ait le caractère d'authenticité exigé par l'art. 1er de la loi de ventôse, il faut qu'il ait été reçu par officiers publics ayant le droit d'instrumenter dans le lieu où l'acte a été rédigé et avec les solennités requises (C. civ. 1317). V. *Ressort*, note 12.

6. Alors, l'acte authentique fait pleine foi de la convention qu'il renferme, soit entre les parties contractantes, soit entre leurs héritiers ou ayant cause (C. civ. 1319).

7. Tellement que pour suspendre l'effet de l'acte authentique, il faut que la partie qui nie la convention s'inscrive en faux (C. civ. même art.). Elle ne serait admise à aucune preuve contre le contenu en l'acte (C. civ. 1341).

§ 2. *Le Notaire ne peut intrumenter seul. — Exceptions.*

8. Les actes seront reçus par deux Notaires ou par un

Notaire assisté de deux témoins, citoyens français, sachant signer, et domiciliés dans l'arrondissement communal où l'acte sera passé (art. 9 de la loi du 25 ventôse, an XI), sous peine de nullité et même de dommages-intérêts, s'il y a lieu, lors que l'acte ne peut valoir comme acte s. s. p. (Art. 68 de la même loi). V. *Actes nuls et imparfaits*, note 38, et *Responsabilité*, note 39.

9. Il y a exception, 1° à l'égard des testaments, pour lesquels la loi exige la présence de deux Notaires et de deux témoins, ou d'un Notaire et de quatre témoins (V. *Testament*, C. civ., 971).

10. — 2° A l'égard des suscriptions de testaments mystiques, pour lesquelles la loi exige la présence d'un Notaire et de six témoins au moins, sachant signer, plus, d'un septième témoin quand le testateur ne sait ou ne peut signer (V. C. civ. 976, 977, et *Suscription de testaments mystiques*).

11.—3° A l'égard des partages et liquidations judiciaires où un seul Notaire peut être commis par justice (V. C. de proc. civ., art. 977, et *Liquidation*, *Partage*).

12. — 4° A l'égard des décharges de prix de ventes de meubles, que les Notaires sont autorisés à mettre à la suite ou en marge de leurs procès-verbaux de ventes et à rédiger en forme authentique, sans qu'il y ait obligation pour eux de se faire assister d'un second Notaire ou de deux témoins, lorsque la partie sait signer. L'assistance d'un second Notaire ou de deux témoins ne devient obligatoire que quand la partie ne sait pas signer (avis du Conseil d'Etat, 21 octobre 1809). V. *Vente de meubles*.

13. — 5° A l'égard des certificats de vie délivrés pour toucher des rentes ou pensions sur l'Etat (Ordonnance du Roi, du 6 juin 1839). V. *Certificat de vie*.

14. — 6° Et à l'égard des *certificats de propriété* (V. ce mot).

15. Tous autres certificats sont soumis aux formalités ordinaires des actes notariés, c'est-à-dire qu'ils doivent être reçus par un Notaire et deux témoins, ou par deux Notaires (Cass., 19 novembre 1817).

16. L'acte reçu par un seul Notaire est nul, si les deux témoins dont le Notaire devait être assisté n'ont pas été présents à la réception de l'acte et ne l'ont signé qu'après coup. L'usage contraire ne saurait prévaloir contre cette infraction à la loi, ni la justifier (Cass., 25 janvier 1841, aff. Papin; Sirey, t. 41, 1re part. p. 106), dans l'espèce, il s'agissait d'une donation en ligne collatérale (V. *Témoin instrumentaire*, note 14).

Cet arrêt, disent les rédacteurs du recueil *Sirey*, est de nature à faire sensation et doit avoir pour effet, ou de changer les usages du notariat, ou de déterminer le gouvernement à présenter une loi modificative de l'art. 9 de la loi du 25 ventôse an XI. — Cet arrêt a cela de remarquable, qu'il juge la question *in terminis* en pur droit, et qu'il intervient après plusieurs arrêts par lesquels la Cour avait reconnu, dans une question tout-à-fait analogue (celle relative à la présence du Notaire en second), que, d'après l'usage établi, cette présence n'était pas nécessaire et qu'il suffisait de la signature, alors, du moins, qu'il ne s'agissait pas de dispositions de dernière volonté.

17. La présence réelle du Notaire en second à la passation des actes est-elle nécessaire sous peine de nullité?

Non, suivant 1° arrêt de la Cour de cassation, du 6 août 1833, rendu dans une espèce où il s'agissait d'une donation entre-vifs, en ligne directe; 2° arrêt de la C. R. de Bourges, du 23 mai 1840, Sirey, t. 41, 1re part., pag. 102. Il s'agissait, dans l'espèce, d'un contrat de mariage (V. le n° précédent, relatif à la présence des témoins).

18. Le Notaire en premier qui n'a pas été présent à la passation d'un acte faux qu'il a signé de confiance pour son confrère, partie en cet acte, sans avoir ni vu, ni entendu les parties, devient responsable envers celle des parties qui a contracté de bonne foi (Cass. 1er juin 1840). V. *Responsabilité*, note 39.

19. Quoique le Notaire en second n'ait pas été présent à la passation d'un acte notarié, il est néanmoins responsable du faux commis en cet acte par le Notaire qui l'a reçu en premier (Rennes, 19 juillet 1834). V. note 39.

20. Lorsqu'une partie articule qu'un acte a été reçu, non par le notaire, mais par son premier clerc, et qu'elle s'inscrit en faux contre cet acte, elle n'est pas recevable dans sa demande, si son articulation n'est pas corroborée par des circonstances et des présomptions graves (Paris, 23 juin 1840, aff. Giraud).

§ 3. *En quels cas le Notaire ne doit point instrumenter.*

21. Les Notaires ne pourront recevoir des actes dans lesquels leurs parents ou alliés en ligne directe à tous les degrés ou en collatérale, jusqu'au degré d'oncle ou de neveu inclusivement, seraient parties, ou qui contiendraient quelques dispositions en leur faveur (Art. 8 de la loi du 25 ventôse an XI.), sous peine de nullité et de dommages-intérêts lorsque l'acte ne pourra valoir comme acte s. s. p. (même loi, art. 68). V. *Actes nuls et imparfaits*, n° 38, — *Responsabilité*, note 39.

22. Les degrés de parenté, se calculent de la manière suivante :

En ligne directe, on compte autant de degrés qu'il y a de générations entre les personnes ; ainsi, le fils est, à l'égard du père, au premier degré ; le petit fils au second ; et réciproquement du père et de l'aïeul à l'égard des fils et petit-fils (C. civ., 737).

En ligne collatérale, les degrés se comptent par les générations, depuis l'un des parents, jusques et non compris l'auteur commun, et depuis celui-ci jusqu'à l'autre parent. Ainsi, deux frères sont au deuxième degré, l'oncle et le neveu sont au troisième degré, les cousins-germains au quatrième : ainsi de suite (C. civ., 738).

23. Deux Notaires parents ou alliés au degré prohibé par l'art. 8 (précité), ne pourront concourir au même acte.

24. Les parents, alliés, soit du Notaire, soit des parties contractantes, au degré prohibé par l'art. 8, leurs clercs et leurs serviteurs ne pourront être témoins (art. 10 de la loi du 25 ventôse, an XI), sous peine de nullité et de dommages-intérêts, s'il y a lieu, lorsque l'acte ne pourra valoir comme acte, s. s. p. (même loi, art. 68). V. note 38 et 39.

Il y a d'autres cas où les Notaires ne doivent point instrumenter, et qui feront l'objet des articles suivants :

Art. 1er. — *Parenté des Notaires avec les parties.*

25. La prohibition contenue en l'art. 8 de la loi s'applique au Notaire en second comme au Notaire en premier.

26. De la disposition de cet article, il résulte que les Notaires peuvent recevoir des actes où sont parties leurs grands-oncles, leurs petits-neveux et leurs cousins-germains qui sont tous au 4e degré.

27. La loi ne doit recevoir d'application qu'à l'égard de l'alliance véritable; on ne doit point l'étendre à cette sorte d'alliance qui existe entre un conjoint et les alliés de ce conjoint.

Ainsi, un Notaire peut recevoir un acte,

28. — 1° Pour le mari de la sœur de sa femme ;

29. — 2° Pour le mari en secondes noces de la mère de sa femme ;

30. — 3° Pour les beau-père et belle-mère, beaux-frères et belles-sœurs de son fils ou de sa fille.

31. On ne pourrait pas non plus étendre la prohibition au cas où un Notaire, par honneur ou respect, suivant le désir des parties, ferait signer, par son père et sa mère, un contrat de mariage qu'il aurait reçu (V. note 14. n° 41).

32. Lorsque c'est un fondé de pouvoir qui figure dans un acte, ou bien un tuteur, syndic ou gérant, sa parenté avec le Notaire, ne rend pas l'acte nul. Ainsi décidé dans une espèce où un Notaire avait reçu des actes pour la société anonyme ou en commandite, dont un de ses parents était actionnaire et même administrateur salarié, et ce parent n'avait pas figuré personnellement dans les actes (Cass., 30 juillet 1834), l'arrêt porte : attendu que la prohibition faite au Notaire, par la loi du 25 ventôse an XI, ne s'applique qu'aux actes dans lesquels certains parents ou alliés du Notaire seraient parties, ou dans lesquelles quelques dispositions formelles, en faveur du Notaire, seraient contenues : attendu, en outre, que la qualité de mandataire, même salarié, ne donne pas le titre de *partie* au mandataire qui ne figure dans l'acte qu'en cette qualité; que, par conséquent, cette qualité ne donne point l'intérêt direct auquel le législateur attache la peine de nullité.

33. Mais un Notaire ne peut recevoir un acte dans lequel figure le frère de sa femme, pour donner son autorisation comme mari, si celui-ci participe indirectement, comme chef de la communauté, aux avantages que l'acte attribue à sa femme (Cass., 27 mars 1839, aff. Martel).

34. A l'égard des testaments, la prohibition est plus étendue (C. civ., 975). Toutefois, les modifications apportées par le code, n'étant que pour les témoins, vis-à-vis du testateur, la loi de ventôse conserve son effet pour ce qui regarde le Notaire, dans ses rapports avec les parties.

35. Ainsi, un Notaire peut recevoir le testament d'un individu qui est son parent au 4e degré (Riom., 3 décembre 1827, aff. Deveyrac). V. *suprà*, n° 22.

36. Mais il ne peut recevoir un testament dans lequel le testateur, en léguant un immeuble, déclare que si le légataire veut le vendre un jour, il sera tenu d'en donner la préférence à un tel, neveu du Notaire rédacteur du testament (Bourges, 30 juin 1828, aff. Moreau).

37. La prohibition dont il s'agit s'applique au cas où l'acte est un contrat de mariage (Riom, 20 novembre 1818, aff. Saraille).

38. Elle s'appliquerait aussi à l'adjudication qu'un No-

taire serait chargé de faire, soit volontairement, soit par délégation de la justice. Toutefois, si l'adjudication avait eu lieu, et si elle était signée de toutes les parties, elle vaudrait comme acte s. s. p. Mais si de cet acte il devait résulter une action dont le but serait de poursuivre contre l'adjudicataire l'exécutoin de ses obligations, il serait du devoir et de l'intérêt du Notaire de ne point délivrer la grosse qui est le titre en vertu duquel cette action pourrait être exercée. S'il la délivrait, il s'exposerait à toutes les conséquences de son imprévoyance. L'adjudicataire pourrait faire annuler toutes les poursuites faites contre lui en vertu de cette grosse, et il en résulterait nécessairement des dommages dont le Notaire devrait demeurer passible.

39. Quand les parties jouissent de tous leurs droits civils et qu'elles ont la capacité de contracter, elles peuvent ratifier les obligations qui étaient contenues dans les actes nuls pour cause de parenté (Toulouse, 1er mars 1822). On doit, toutefois, en excepter les donations qui, lorsqu'elles sont nulles en la forme, doivent être refaites en la forme légale (C. civ., 1339).

Art. 2. — *Parenté des Notaires entre eux.*

40. La prohibition de la loi, qui ne permet pas à deux Notaires, parents entre eux au degré ci-devant indiqué (V. *suprà*, n° 23), de recevoir des actes, est renouvelée d'un arrêt de réglement du parlement de Paris, du 22 mai 1550, qui défend à tous Notaires du ressort « de eux accoupler ensemble, pour passer et recevoir contrats, le père et le fils; les deux frères; l'oncle et le neveu; le beau-père et le gendre, » pour éviter la fraude.

41. Elle s'étend aux testaments comme aux actes ordinaires, le Code civil n'ayant, sur ce point, fait aucune dérogation à la loi de ventôse.

42. Le Notaire, commis par justice pour représenter un absent dans un inventaire, peut-il être choisi parmi les parents, au degré prohibé du Notaire instrumentaire? Les auteurs décident l'affirmative, par le motif que le Notaire qui représente l'absent agit en vertu du mandat qui lui a été conféré par ce tribunal. Ainsi considéré, il est le délégué de la justice à laquelle il doit obéir, il instrumente plutôt en vertu de la mission qui lui a été confiée, qu'en vertu de la loi.

Art. 3. — *Parenté des témoins avec les Notaires et les parties.*

43. La prohibition dont il est parlé (*suprà*, n° 24), a été étendue, lorsqu'il s'agit de testaments; mais seulement pour la parenté des témoins avec les légataires (C. civ., 975). Ce cas excepté, la loi de ventôse règle les testaments comme les actes ordinaires. Ainsi, pour les actes ordinaires, on ne peut prendre pour témoins aucun parent ou allié en ligne directe, à quelque degré que ce soit, et en ligne collatérale, aucun parent ou allié à un degré plus proche que le troisième; ce qui exclut les oncles et neveux; tandis que pour les testaments, on ne peut pas prendre pour témoins des parents ou alliés des légataires, en ligne collatérale à un degré plus proche que le quatrième, ce qui exclut les grands-oncles, petits-neveux et cousins-germains.

44. Aucune loi nouvelle ne prohibant la présence au même acte de témoins parents entre eux, aux plus proches degrés, on en conclut que l'ancienne jurisprudence doit

être maintenue en tant qu'elle admettait le père et le fils, et à plus forte raison les parents moins proches, à servir ensemble de témoins (Merlin, V° *Témoin instrumentaire*).

45. Il y a chose jugée sur ce point, à l'occasion d'un testament dans lequel deux frères avaient figuré comme témoins. Ce testament a été déclaré valable (Bruxelles, 25 mars 1806, aff. Pierret).

46. Un testament dans lequel le testateur chargeait ses légataires universels de donner et de payer dans les huit jours de son décès, au ministre qui exercerait le culte catholique dans la commune de Niévil, la somme de 60 fr., pour être employée en prières pour le repos de son âme, a été déclaré valable, quoique, au nombre des témoins, se trouvât le prêtre de la paroisse à qui les 60 fr. devaient être remis (Cass., 11 septembre 1809).

47. Un testament par lequel le testateur chargeait son héritier de donner à chacun des quatre ouvriers de la ferme où il résidait, *qui y seraient employés au jour de sa mort*, quatre mesures de grain, a été aussi déclaré valable, quoique au nombre des témoins figurassent deux des ouvriers légataires (Cass., 17 janvier 1810).

48. Les ecclésiastiques peuvent être témoins dans les testaments authentiques qui contiennent des legs en faveur de la paroisse à laquelle ils sont attachés (Liége, 23 juillet 1806; Angers, 13 août 1807).

49. Les prohibitions relatives à la parenté, ne concernent pas les témoins appelés pour certifier l'individualité des parties. Cela résulte de la combinaison des art. 8, 9, 10 et 11 de la loi de ventôse. En effet, l'article 9 indique les qualités que doivent avoir les témoins instrumentaires; l'art. 10 défend, aux individus qui ont les qualités requises, de devenir témoins, quand ils sont parents ou alliés des parties ou des Notaires. Cette défense n'étant point reproduite dans l'art. 11 qui spécifie les qualités que doivent avoir les témoins en question, il n'y a plus lieu de l'y suppléer, parce que les prohibitions ne se suppléent pas, et qu'il n'y avait pas d'ailleurs même raison de l'insérer dans la loi. Les témoins instrumentaires tenant lieu d'un second Notaire, on conçoit qu'on leur ait appliqué une défense semblable à celle faite aux Notaires; mais, quand il s'agit de certifier l'identité d'un individu, aucun témoignage n'a plus de poids que celui des membres de sa famille, et ce témoignage est ordinairement le premier qu'on doive s'empresser d'admettre (Rolland de Villargues. V° *Individualité*).

Art. 4. — *Ressort du Notaire.*

50. Il est défendu à tout Notaire d'instrumenter hors de son ressort, à peine d'être suspendu de ses fonctions pendant trois mois, d'être destitué en cas de récidive et de tous dommages-intérêts (Art. 6 de la loi du 25 ventôse an XI).

51. Les Notaires exercent leurs fonctions, savoir;

52. Ceux des villes où est établi le tribunal d'appel (ou la Cour royale), dans l'étendue du ressort de ce tribunal (ou de cette Cour).

53. Ceux des villes où il n'y a qu'un tribunal de première instance, dans l'étendue du ressort de ce tribunal.

54. Ceux des autres communes, dans l'étendue du ressort du tribunal de paix (Même loi, art. 5).

V. la note 12, pour le développement de ces articles.

55. Avant la loi de ventôse, les Notaires pouvaient exercer leurs fonctions dans toute l'étendue du département où ils se trouvaient placés (Art. 11 de la loi du 29 septembre et 6 octobre 1791).

56. A l'égard des actes qui, jusqu'à la publication de cette loi, avaient été reçus par les Notaires, hors des limites de leur ancien arrondissement, ils n'ont pu être attaqués pour cause d'incompétence (Art. 5 de la même loi).

Art. 5. — *Suspension, destitution ou remplacement du Notaire.*

57. Tout Notaire suspendu, destitué ou remplacé, devra, aussitôt après la notification qui lui aura été faite de sa suspension, de sa destitution ou de son remplacement, cesser l'exercice de son état, à peine de tous dommages et intérêts et des autres condamnations prononcées par les lois contre tout fonctionnaire suspendu ou destitué qui continue l'exercice de ses fonctions (V. C. pén. 197).

58. Le Notaire suspendu ne pourra les reprendre, sous les mêmes peines, qu'après la cessation du temps de la suspension (Art. 52 de la loi du 25 ventôse an XI).

59. Toutes suspensions, destitutions, condamnations d'amendes et dommages-intérêts, seront prononcées contre les Notaires, par le tribunal civil de leur résidence à la poursuite des parties intéressées, ou d'office à la poursuite et diligence du commissaire du gouvernement (Procureur du Roi).

60. Les jugements seront sujets à l'appel, et exécutoires par *provision*, excepté quant aux condamnations pécuniaires (Art. 53 de la même loi).

61. Par *provision*, l'exécution par provision ne dispense pas de faire signifier le jugement pour lui faire produire son effet (Cass., 25 novembre 1813, aff. Rigout).

62. C'est en audience publique, et non à la chambre du conseil, que les Notaires doivent être actionnés pour suspension ou destitution. On ne peut leur appliquer l'art. 103 du décret du 30 mars 1808, qui porte que les mesures de discipline, à prendre pour cause de faits qui ne se seraient point passés ou qui n'auraient point été découverts à l'audience, seront arrêtées à la chambre du Conseil, cet article concernant les officiers publics, autres que les Notaires (Cass., 12 août 1835. Inst. min. Just., 22 décembre 1835).

63. La condamnation à la peine de la réclusion, emporte, de plein droit, destitution des fonctions du Notaire (Inst. min. précitée).

64. Le Notaire qui a cessé d'être en exercice ne peut plus être l'objet d'une action disciplinaire pour raison de faits qui ont eu lieu pendant ses fonctions. En conséquence, les poursuites qui auraient été commencées contre lui s'éteignent par le fait de la destitution de ce Notaire (Ind. Cass., 11 juillet 1827; jugement de Vassy, 23 novembre 1838).

65. Le ministère public a le droit d'agir sans être obligé de citer préalablement le Notaire devant la chambre de discipline, et la destitution peut être prononcée sans que la chambre de discipline ait donné préalablement son avis (Cass., 15 mai 1807, aff. Champeaux, et 13 décembre 1810, aff. Riex).

Section 1re. — Suspension.

66. Les Notaires peuvent être suspendus non-seulement dans les cas indiqués par la loi, mais encore dans tous les cas de faute grave (Arg., loi du 25 ventôse an XI, art. 53, et arrêté du gouv., 2 nivôse an XII, art. 11).

Cas où la loi prononce la suspension et le temps de sa durée.

67. — 1° Le Notaire qui instrumente hors de son ressort peut être suspendu de ses fonctions pendant 3 mois (Art. 6 de la loi, V. *suprà*, n° 30).

68. — 2° Le Notaire qui délivre expédition ou donne connaissance des actes dont il est dépositaire à d'autres qu'aux personnes intéressées en nom direct, leurs héritiers ou ayant-cause, peut-être aussi suspendu de ses fonctions pendant trois mois (Même loi, art. 23).

69 — 3° Lorsque le cautionnement du Notaire se trouve absorbé, en totalité ou en partie, par l'effet de la garantie à laquelle il est affecté, ce Notaire doit être suspendu de ses fonctions jusqu'à ce que le cautionnement ait été rétabli; et, faute par lui de le rétablir intégralement dans les six mois, il sera considéré comme démissionnaire et remplacé (Même loi, art. 33).

70. — 4° Le Notaire qui procédera à l'inventaire après le décès d'un titulaire de *majorat*, se fera représenter le certificat constatant la notification du décès au procureur-général du sceau des titres, et fera mention dudit certificat dans l'intitulé de l'inventaire, à peine d'interdiction (Art. 12 du décr., 4 mai 1809).

71. Cette interdiction n'est point infamante, car, pendant qu'elle dure, l'officier interdit peut acquérir un autre office et s'y faire recevoir (Loiseau, V. *Offices*).

Cas où la suspension des Notaires peut être prononcée pour faute grave.

72. 1° Lorsque les Notaires, composant les chambres de discipline, refusent de délibérer sur les certificats de capacité qui leur sont demandés en conformité de la loi du notariat, il y a lieu à suspension contre eux (Dec. min. Just. 28 ventôse an XIII).

73. — 2° Le Notaire qui refuse de prêter son ministère, hors le cas d'empêchement légitime, s'expose à être suspendu de ses fonctions (Loi du 6 octobre 1791, t. 1er, sect. 2, art. 6). V. *infrà*, n° 106 et suivants.

74. — 3° Le Notaire qui délivre un certificat de stage à un jeune homme qui, dans le vrai, n'a point été son clerc, encourt la peine de la suspension (Poitiers, 10 août 1824, et Agen, 28 février 1825).

75. — 4° Lorsqu'un Notaire se rend coupable d'un délit qui blesse les bonnes mœurs, sans porter atteinte à sa probité dans l'exercice de ses fonctions, il peut être suspendu (Bordeaux, 6 juin 1833).

76. — 5° Lorsque les fautes reprochées à un Notaire ne supposent ni dol, ni fraude, ni même improbité, et qu'il a seulement, par suite d'opérations étrangères à ses fonctions, mis le désordre dans ses affaires, sa suspension peut être provoquée (Toulouse, 13 juin 1836).

77. — 6° Lorsqu'un Notaire a, sans intention frauduleuse, et sans causer aucun préjudice à l'Etat, changé la date d'un acte sans faire approuver le changement par les parties, il encourt la peine de la suspension (Colmar, 8 mars 1825); mais il peut être destitué, lorsqu'il a altéré des minutes pour éviter des droits d'enregistrement (Cass., 13 janvier 1825).

78. — 7° Quoi qu'il ait été acquitté sur des poursuites criminelles, sa suspension peut être provoquée (V. *infrà*, sect. 2, nos 92 et 96).

79. Les chambres de discipline ont le droit de provoquer la suspension des Notaires de leur arrondissement, et d'émettre, à ce sujet, leur avis (Arrêté du 2 nivôse an XI, art. 11).

80. La durée de la suspension d'un Notaire doit être limitée à un certain temps. Elle ne peut être étendue jusqu'à l'époque où un successeur lui aura été nommé, ou jusqu'à ce que sa place ait été supprimée (Montpellier, 25 février 1833).

81. Il y a des cas où les Notaire sont, de fait, empêchés d'exercer, et il en résulte une suspension tacite, c'est lorsqu'ils sont privés de leur liberté et retenus hors de leurs études soit par suite d'un mandat d'amener décerné contre eux, soit par suite d'une condamnation prononcée contre eux par un tribunal correctionnel ou une cour d'assises, ou lorsqu'ils se trouvent en état d'accusation (Const., 22 frimaire an VIII, art. 5).

Section 2. — Destitution ou remplacement.

82. Suivant les art. 6, 16 et 26 de la loi du 25 ventôse an XI, la destitution du Notaire peut être prononcée.

83. — 1° Lors qu'après avoir été supendu de ses fonctions pour avoir instrumenté hors de son ressort, il se met en état de récidive (Art. 6 de la loi).

84. — 2° Lorsque des surcharges, interlignes, additions ou ratures ont été faites dans des actes reçus par lui avec des intentions reconnues frauduleuses (Art. 16 de ladite loi).

85. — 3° Lorsqu'il délivre une seconde grosse sans une ordonnance du président du tribunal (Art. 26 de la même loi).

86. Il y a d'autres cas expressément prévus par les lois et où la destitution peut encore être prononcée.

87. C'est, 1° lorsqu'il est établi que l'omission du dépôt, aux greffes et chambres d'un contrat de mariage de commerçant, est la suite d'une collusion (C. comm., 68).

88. — 2° Lorsque le Notaire ne laisse pas copie exacte des protêts, et ne les inscrit pas jour par jour et par ordre de date dans un registre particulier, coté, paraphé et tenu dans les formes prescrites pour les répertoires (C. comm., 176).

89. — 3° Lorsque le Notaire qui procède à l'inventaire après le décès d'un titulaire de majorat ne s'est pas fait représenter le certificat constatant la notification du décès au procureur-général du sceau des titres, et n'en a pas fait mention dans l'intitulé de l'inventaire. Dans ce cas, il encourt la peine de l'interdiction (Decr., 4 mai 1809, art. 12).

90. — Mais les cas de destitution ne sont pas limités aux seuls cas ci-dessus expliqués. En effet, dans toutes les circonstances où il y a faute grave de la part des Notaires, les tribunaux ont un pouvoir discrétionnaire pour prononcer leur destitution (Arg., art. 53 de la loi de ventôse; art. 11 de l'arrêté du gouvern., du 2 nivôse an XII).

91. Il y aura fautes *graves*, de nature à entraîner la destitution dans les cas suivants :

92. — 1° Lorsqu'un Notaire sera l'objet de poursuites criminelles, par exemple, pour banqueroute frauduleuse, faux, abus de confiance. Alors il pourra, à raison des mêmes faits, être poursuivi simultanément en destitution (Paris, 3 décembre 1831, aff. Chauvot).

93. — 2° Lorsque le Notaire aura donné le scandale d'une faillite, après s'être livré à des opérations incompatibles avec ses fonctions (Dec. min., Just., 8 juillet 1833).

94. — 3° Lorsqu'un Notaire, en sollicitant sa nomination, a dissimulé à l'administration les conditions du traité d'acquisition de son office, notamment une clause qui l'oblige, après certain temps, à donner sa démission en faveur d'un candidat qui lui sera désigné par son cédant. Dans ce cas, le Notaire est coupable d'avoir surpris la religion du ministre et d'avoir échangé sa qualité de Notaire contre celle de locataire ou de gérant (Nîmes, 20 août 1840).

95. — 4° Lorsqu'il a altéré des minutes pour éviter des droits d'enregistrement aux parties, en substituant une somme à une autre (Cass., 13 janvier 1825).

96. — 5° Quoiqu'il ait été acquitté sur des poursuites criminelles, dirigées contre lui pour anti-date et constatations mensongères dans ses actes (Cass., 27 décembre 1836, et 12 avril 1837). Dans ce cas, il n'y a pas violation de la règle *non bis in idem*, mais il doit être procédé à une nouvelle instruction, les pièces qui ont servi de base aux poursuites criminelles étant à elles seules insuffisantes pour justifier l'action disciplinaire (Limoges, 21 juin 1838).

La destitution, dans ce cas, peut être provoquée sans violation de la règle *non bis in idem*, 1° parce que l'art. 360 du C. d'inst. crim. portant : « *que toute personne ne pourra être reprise ni accusée à raison du même fait*, » ne s'applique évidemment, d'après ses termes comme dans son esprit, qu'au mode de repression pénale proprement dite; 2° parce que l'action criminelle et l'action disciplinaire, entièrement distinctes et indépendantes, ne peuvent se préjudicier l'une à l'autre; 3° parce que la première ne peut avoir pour objet qu'un fait réprimé par la loi pénale, et pour but que l'application d'une peine, tandis que la seconde, reposant toujours sur un manquement aux devoirs de la profession, ne tend jamais qu'à l'application d'une mesure de discipline qui n'a pas les véritables caractères de la peine; 4° et parce que l'officier public ou ministériel, soumis à la loi commune comme citoyen, à raison des crimes ou délits qu'il a pu commettre est, en outre, passible, à cause de ses fonctions et des obligations particulières qu'elles lui imposent, d'une surveillance, d'une juridiction et d'une pénalité spéciales (Douai, 8 janvier 1840).

97. — 6° Lorsqu'un Notaire contrevient à l'art. 8 de la loi du 25 ventôse an XI, en s'adjugeant, à lui-même et à son gendre, sous le nom d'une personne interposée, la coupe d'un bois qu'il est chargé de vendre en sa qualité d'officier public (Cass., 30 décembre 1811, aff. Chemin).

98. — 7° Si un Notaire est sujet à destitution, dans le cas posé au n° 94 qui précède, il doit en être de même, à plus forte raison, pour s'être fait nommer sur la représentation d'un faux acte de naissance ou d'un faux certificat de stage (V. *infrà*, n° 102).

Section 3. — Effets de la suspension et de la destitution.

99. Le Notaire suspendu, destitué ou remplacé, devant cesser l'exercice de ses fonctions aussitôt après la notification qui lui a été faite de sa suspension, de sa destitution ou de son remplacement (Art. 52 de la loi de ventôse), il en résulte que pendant l'instance et jusqu'à la notification dont il vient d'être parlé, il doit continuer de les exercer.

100. Mais tous les actes reçus depuis la notification n'ont plus aucun caractère authentique, ils sont nuls et ne peuvent valoir que comme actes s. s. p. s'ils sont signés des parties, pourvu, toutefois, qu'il s'agisse d'actes pour lesquels la forme notariale ne soit point exigée à peine de nullité (V. note 38).

101. Quand même les parties auraient été de bonne foi et justifieraient de leur ignorance, relativement à la suspension ou destitution du Notaire qui a reçu les actes (Merlin, V° *Répert.*, t. 16, p. 348; Berriat Saint-Prix. p. 190).

102. Mais en serait-il de même au cas de l'art. 98, ci-dessus, c'est-à-dire, lors que le Notaire a été nommé sur la représentation de pièces fausses?

Les auteurs sont d'avis que les actes reçus, dans ce cas, par le Notaire, sont valables par application de la maxime, « *Error communis facit jus* » qui est tirée de la loi Romaine, « *Barbarius Philippus*, 3, *D. de officio Prætorum.* » Un esclave nommé *Barbarius Philippus*, s'étant enfui de chez son maître, était parvenu, en dissimulant sa condition, à se faire nommer prêteur à Rome. La question de savoir si les édits et décrets qu'il avait rendus pendant ses fonctions étaient valables, ayant été agitée, la loi précitée adopta l'affirmative, fondée sur ce que ceux qui avaient porté leurs causes devant lui, n'avaient fait que ce qui leur était ordonné, ou par une loi ou par une espèce de droit (Nouv. Denisart, V° *Erreur*, Merlin, rép.; V° *Témoins instrum.*, § 2, n° 3).

103. Le jugement de suspension ou de destitution qui serait infirmé sur l'appel, n'aurait pas pour effet de rendre valables les actes reçus par le Notaire depuis la notification de ce jugement.

104. Tout fonctionnaire public destitué, suspendu ou interdit légalement, qui, après en avoir eu la connaissance officielle, aura continué l'exercice de ses fonctions, sera puni d'un emprisonnement de six mois au moins et de deux ans au plus, et d'une amende de 100 fr. à 500 fr. Il sera interdit de l'exercice de toute fonction publique, pour cinq ans au moins et dix ans au plus, à compter du jour où il aura subi sa peine (C. pén., 197).

105. Les Notaires destitués ont perdu la faculté de présenter leurs successeurs (Art. 91, loi du 28 avril 1816). V. *Dommages et intérêts*, note 38; et *Office*.

Art. 6. — *Empêchements divers. — Tableau indicatif.*

106. Quoique les Notaires soient obligés de prêter leur ministère toutes les fois qu'ils en sont requis (V. *Suprà*, n° 3).

107. Cependant ils peuvent le refuser en cas d'empêchement légitime, et ils doivent faire observer dans les conventions les lois qui intéressent l'ordre public (Art. 6 de la loi du 6 octobre 1791).

Cas auxquels on peut appliquer ce qui est dit aux deux numéros qui précèdent :

108. ACTE ADMINISTRATIF. Il est défendu aux Notaires de passer des actes pour des maires de communes, et consentis par eux en cette qualité, sans l'autorisation préalable du gouvernement (Lett. min. Just. du 21 mai 1826); mais cette autorisation n'est pas nécessaire, 1° lorsque le maire, quoique stipulant pour la commune, agit en son nom personnel et non comme administrateur, auquel cas il est justiciable des tribunaux comme tout autre individu (Duquenel, *Dict. municip.*, V° *Communes*, n° 136); 2° lorsqu'il s'agit d'accepter une donation faite au profit de la commune ou d'un établissement communal et départemental; dans ce cas, il est du devoir du maire de l'accepter à titre conservatoire et de faire passer l'acte de donation et l'acceptation devant Notaire (V. note 10, § 3, n° 26).

109. ACTE CONTRAIRE AUX BONNES MŒURS OU A L'ORDRE PUBLIC. Les Notaires doivent refuser leur ministère quand il s'agit de dresser et recevoir des actes contraires aux bonnes mœurs ou à l'ordre public (C. civ., 6, 686, 900, 1133, 1172, 1833).

110. ACTE FRAUDULEUX. Il est du devoir du Notaire de refuser son ministère, dans tous les cas où il s'agit de recevoir quelque acte en fraude des droits d'un tiers, lors, surtout, que les parties n'ont pas craint de s'expliquer devant lui à ce sujet.

111. Mais il ne peut refuser de recevoir, en dépôt, un acte de société, sous le prétexte qu'il est illicite, parce qu'il ne s'agit point d'un acte rédigé comme il est dit *infrà* n° 114.

112. ACTE INJURIEUX. Un Notaire peut se refuser de recevoir un acte injurieux pour des tiers ou même pour quelqu'une des parties présentes à cet acte (Parlem. de Bordeaux, 5 février 1734).

113. ACTE PROHIBÉ PAR LES LOIS. Un Notaire peut aussi faire refus de recevoir un acte prohibé par les lois (C. civ., 6, 686, 900, 1133, 1172, 1833).

114. Mais ce refus ne peut avoir lieu lorsqu'il s'agit du dépôt d'un acte de société, s. s. p. considéré par le Notaire comme illicite, parce que cet acte n'a pas été rédigé dans son étude, par ses conseils et sa surveillance (Jugem. de la Seine, 2 juillet 1838, aff. Combe et Seran; c. M° Grulé).

115. ALIÉNATION MENTALE. Le Notaire doit refuser son ministère aux interdits, aux prodigues non-pourvus de conseil judiciaire, et aux individus qui ne sont pas sains d'esprit lorsqu'ils font une donation entre-vifs ou un testament (C. civ., 502, 513, 901).

116. CONTRAINTE. *V. Infrà, Violence.*

117. DÉMENCE. *V. Suprà, Aliénation mentale.*

118. DÉFAUT DE CONSIGNATION DES DÉBOURSÉS. Un Notaire peut refuser de signer un acte reçu par lui, si on ne lui consigne pas préalablement les droits d'enregistrement (V. *Responsabilité*, note 39).

119. DOL. *V. Infrà, Violence.*

120. EMPECHEMENT PHYSIQUE. Le Notaire ne peut être forcé de prêter son ministère lorsqu'il en est empêché physiquement pour cause de maladie ou d'occupation relative à ses fonctions qu'il ne peut désemparer.

121. EMPÊCHEMENT MORAL. Quoique les Notaires ne soient point astreints à déclarer, en passant les actes, les droits qu'ils peuvent avoir sur la chose aliénée ou hypothéquée, cependant ils sont *moralement* obligés de le faire, surtout

si l'une des parties déclarait, contrairement à la vérité, que la chose est *franche* et *quitte* de toute charge.

Toutefois, comme le Notaire qui reçoit un acte n'est point partie dans cet acte, et ne fait que recevoir et rédiger les conventions des contractants, il ne peut se refuser à les transcrire comme elles lui sont dictées, et ne peut ni protester contre elles, ni faire personnellement aucune réserve sur ce qui y est exprimé. En conséquence, il a été jugé qu'il n'est pas tenu, sous peine de déchéance, de déclarer le droit qu'il a à la chose ou sur la chose (Cass., 12 novembre 1828, aff. Longiavi).

122. Cependant lorsqu'un Notaire a reçu un acte portant constitution d'hypothèque, sur des biens qu'il prétend lui avoir été précédemment vendus, cet acte, ainsi que les bordereaux d'inscriptions écrits par lui, peuvent lui être opposés comme commencement de preuve par écrit, afin d'établir la simulation de la vente dont il veut se prévaloir (Cass., 4 avril 1838, aff. H..... V. note 14, n° 44).

122. FÊTES ET DIMANCHES. V. *Dates des actes*, note 13, n° 47 et suivants).

123. INCAPABLES. Les Notaires sont suffisamment autorisés à refuser leur ministère aux femmes mariées et aux mineurs émancipés ou non émancipés; mais lorsqu'on se porte fort d'eux, nous ne pensons pas que les Notaires puissent se refuser à instrumenter; en effet, les parties comparaissant librement devant eux, ce serait contrevenir à la loi que de ne point prêter, dans ce cas, son ministère.

124. Cependant la chambre des Notaires de Paris, par une délibération du 10 octobre 1822, a décidé qu'un Notaire requis par une veuve commune en biens et par les héritiers de son mari, au nombre desquels se trouvent plusieurs mineurs, de procéder, soit dans son étude, soit à la chambre d'adjudication des Notaires, *à la vente aux enchères*, mais sans l'accomplissement des formalités prescrites par la loi, d'une propriété appartenant, pour des portions indivises, auxdits mineurs, encore bien que les héritiers majeurs offrent de se porter fort des mineurs et de laisser la portion afférente à ceux-ci, dans le prix ès-mains de l'adjudicataire jusqu'à l'époque de leur majorité et de leur ratification, doit refuser son ministère.

Cette décision peut paraître rigoureuse, mais, en y réfléchissant un peu, on doit la trouver fort équitable; en effet, lorsque des personnes conviennent d'une vente entre elles, la convenance de l'acquisition, la foi qu'elles ont dans la probité l'une de l'autre, et la certitude qu'elles ont de n'avoir pas besoin de recourir à la bourse d'autrui pour solder le prix de leur acquisition, ont pu être pour beaucoup dans la conclusion du marché : mais il n'en est pas de même dans les adjudications; comme le cahier des charges n'est lu qu'une fois, ceux qui arrivent tardivement ne peuvent ou n'osent pas en demander communication, et ils supposent que les conditions sont fort ordinaires. S'ils achètent, et qu'ils n'aient à leur disposition qu'une partie des fonds nécessaires pour payer le prix de leur acquisition, il pourra arriver, non-seulement qu'ils ne pourront pas trouver d'argent à emprunter par hypothèque ou subrogation dans les droits du vendeur, parce que l'on trouve difficilement à asseoir, sur un objet indivis, des hypothèques ou privilèges qui s'évanouissent par l'effet de la licitation au profit d'un co-propriétaire, mais encore qu'ils seront exposés à perdre l'argent qu'ils auront payé aux majeurs devenus insolvables, si, par le résultat d'un partage ou d'une licitation, l'objet vendu vient à échoir aux mineurs.

L'esprit de la chambre des Notaires a été d'éviter toute surprise et on ne peut qu'approuver sa décision.

125. INCOMPÉTENCE. Les Notaires doivent refuser leur ministère quand il s'agit de recevoir un acte qui est hors de leur compétence.

126. INCONNUS. Lorsque des individus sont inconnus ou ne sont pas suffisamment connus du Notaire, il doit leur refuser son ministère à moins qu'ils ne fassent attester leur individualité par des citoyens connus et ayant les qualités requises par l'art. 11 de la loi de ventôse (V. note 3, et note 39).

127. IVRESSE. Les Notaires doivent refuser de prendre le consentement de toute personne qui voudrait contracter étant en état d'ivresse.

128. A cet égard, il a été jugé qu'un acte authentique ne fait pas foi en ce qui concerne l'état mental des parties, et, en conséquence, qu'on doit admettre la preuve que le signataire de l'acte aurait été, à dessein, plongé dans l'ivresse et mis hors d'état de donner un consentement valable (Lyon, 9 février 1837, aff. Mouchanin).

129. Néanmoins si le demandeur en rescision pour cause d'ivresse laissait passer un temps assez long pour faire présumer l'approbation de l'acte, il devrait être déclaré non recevable, encore bien que le délai de dix ans, pour former l'action, ne fût pas encore écoulé (Toullier, t. 6, n° 112).

130. MAIRE. V. *Suprà, Acte administratif.*

MANDATAIRE. Lorsqu'une personne se présente pour agir dans un acte comme mandataire d'un tiers, sans représenter la procuration de ce dernier, le Notaire peut refuser son ministère (Art. 13 de la loi de ventôse, Metz, 10 décembre 1817). V. *Annexe*, note 33.

131. MINEURS. V. *Sup. Incapables.*

132. VIOLENCE. Le Notaire doit encore se refuser à prêter son ministère lorsqu'il est appelé à faire un acte pour une partie à l'égard de laquelle il lui est démontré qu'on a exercé une contrainte ou violence morale ou physique pour l'amener à donner son consentement à cet acte (C. civ., 1109, et suivants).

133. Il doit en être de même, lorsqu'il lui paraît constant qu'on a eu recours au dol et que les manœuvres pratiquées à l'égard de l'une des parties sont telles que, sans ces manœuvres, cette partie n'aurait pas contracté (C. civ., 1116, et suivants). V. aux notes ou Commentaire, V° *Violence*, *Dol*.

§ 4. *Un Notaire peut se faire substituer par un autre Notaire.*

134. Lorsqu'un Notaire est empêché d'instrumenter pour cause de *maladie* ou d'*absence*, il a la faculté de se faire substituer par un confrère et de se faire remettre la minute de l'acte (Déc. min. fin., et Just. transmise par une instruction générale de la Régie, du 11 novembre 1819, n° 909).

135. Dans ce cas, l'acte doit contenir la mention que la minute restera au Notaire suppléé, lequel doit demeurer responsable du préjudice de la substitution (même déc.).

136. Cet acte doit être porté sur le répertoire du Notaire substitué, et sur celui du Notaire substituant, avec mention, par celui-ci, que la minute est restée au Notaire suppléé, et qu'elle sera enregistrée au bureau de l'enregistrement de la résidence de ce dernier (même déc.).

137 Lorsqu'une quittance ou décharge est donnée par une partie à un Notaire, à la suite d'un acte reçu par lui, cette quittance ou décharge doit être en minute, et quoique signée par un autre Notaire, elle doit rester en la garde du Notaire dont elle opère la libération (même déc.).

138. Cette quittance ou décharge doit être enregistrée au bureau de l'arrondissement du Notaire qui l'a reçue, et être portée sur son répertoire, avec mention de la garde par l'autre Notaire, sans qu'il soit besoin de l'inscrire sur le répertoire de celui-ci (même déc.).

139. Un Notaire empêché, pour cause de *parenté* ou d'intérêt personnel, de recevoir un acte, pourrait-il se faire substituer par un confrère, pour avoir la garde de la minute?

La négative a été résolue par décision du ministre de la justice, du 18 janvier 1809, par le motif que les dangers que la loi a voulu prévenir, n'existent pas seulement dans le fait de la rédaction des actes, mais encore dans le droit de garder les minutes et d'en délivrer des grosses et expéditions; car par l'exercice de ce droit, un Notaire pourrait délivrer un titre exécutoire, soit en sa faveur, soit en faveur de ses parents ou alliés.

140. Cette solution négative s'étend même au cas où l'acte contiendrait la mention que les parties consentent à la remise de la minute entre les mains du Notaire suppléé, *parent* de l'une d'elles, ou ayant un *intérêt personnel* dans l'affaire (même déc.).

[3]

NOMS, PRÉNOMS, QUALITÉS ET DEMEURES DES PARTIES ET DES TÉMOINS APPELÉS POUR CERTIFIER L'INDIVIDUALITÉ.

1. Le nom, l'état et la demeure des parties devront être connus des Notaires, ou leur être attestés dans l'acte par deux citoyens connus d'eux, ayant les mêmes qualités que celles requises pour être témoins instrumentaires (Art. 11 de la loi du 25 ventôse an XI).

2. Les qualités des témoins instrumentaires doivent être celles de citoyens français, sachant signer et domiciliés dans l'arrondissement communal où l'acte est passé (Art. 9 de la même loi).

3. Les actes contiendront les noms, prénoms, qualités et demeures des parties, ainsi que des témoins qui seraient appelés dans le cas de l'art. 11. Le tout à peine de 100 fr. d'amende contre le Notaire contrevenant (Art. 13 de la même loi). Cette amende a été réduite à 20 fr. par la loi du 16 juin 1824.

4. Des témoins appelés pour attester l'individualité des parties peuvent être en même temps témoins instrumentaires (Cass. 7 juin 1825).

5. L'amende prononcée par l'art. 13 de la loi pour défaut de mention dans les actes reçus par les Notaires, des noms, prénoms, qualités et demeures des parties, est due quelle que puisse être d'ailleurs l'irrégularité de l'acte (Nancy, 29 décembre 1840).

6. Il résulte de l'art. 11 de la loi que l'acte n'est point nul et qu'il n'y a pas lieu à amende quand le Notaire a opéré sans connaître ou sans se faire attester le nom, l'état et la demeure des parties.

7. Mais il y a lieu à responsabilité contre le Notaire qui a reçu l'acte, si par suite de l'inscription de faux il est établi qu'il y a eu supposition ou substitution de personne (V. note 39).

8. Et suivant l'art. 13 de cette même loi le défaut d'indication des noms, prénoms et qualités des parties ne peut donner lieu qu'à une amende de 20 fr. Il y a même cela de remarquable que la peine de nullité n'est point attachée à l'omission même du nom (V. note 38).

Les art. de loi ci-dessus rappelés ont reçu les interprétations suivantes :

9. *Noms et prénoms, etc.* Le notaire a encouru l'amende de 20 fr. quand, dans un acte, il se réfère à un autre acte antérieur pour l'indication des noms, prénoms, qualités et demeures des parties, par le motif que chaque acte pris isolément doit satisfaire aux prescriptions de l'art. 13 de la loi (Metz, 2 juillet 1836).

Il s'agissait dans l'espèce d'une quittance de prix de vente d'immeubles, écrite à la suite du contrat de vente.

10. Le Notaire n'est point responsable d'une inexactitude dans les prénoms d'une partie, attendu qu'il n'est obligé que de connaître ou de se faire attester son nom, son état et sa demeure (Cass. 8 janvier 1823).

11. Dans les procès-verbaux de ventes de meubles, les Notaires ne sont pas tenus d'indiquer les noms et demeures des adjudicataires (Cass. 28 juillet 1827).

12. On entend par *noms*, ceux qui désignent la famille de la partie et qui sont ou doivent être conformes à son acte de naissance.

13. Quand une partie a plusieurs prénoms, ils doivent être énoncés *tous* et dans l'ordre de l'acte de naissance. Cela est important pour établir la parfaite identité de cette partie.

14. Les légataires nommés dans un testament n'y sont pas parties. Ils peuvent donc n'y être désignés que par leur seul nom de famille ou par leur surnom, parce que souvent il n'est pas possible de les désigner mieux. Dans ce cas il n'y a point de contravention. D'ailleurs la dénomination par le surnom est l'œuvre du testateur et non celle du Notaire obligé d'écrire sous sa dictée : la faute, si faute il y a, vient dans ce cas de la partie et la loi n'y a point attaché de peine pécuniaire.

15. Lorsqu'une personne ne figure pas par elle-même dans un acte notarié, mais y est représentée par une autre, elle peut néanmoins être considérée comme partie; en conséquence le défaut d'indication de ses prénoms constitue une contravention passible de l'amende (Jug. de Gray, 24 février 1833).

16. Ainsi, dans une vente consentie par un tuteur des biens de son pupille (encore que cette vente fut annulable à défaut d'autorisation), il y a obligation pour le Notaire, sous peine d'amende, d'énoncer les prénoms du mineur, celui-ci doit être réputé partie à l'acte dans le

sens de l'art. 13 de la loi (Cass., 29 décembre 1840. Metz, 6 janvier 1841).

17. *Qualités*. La simple qualification de fils ou fille majeure donnée à une partie contractante ne constitue pas une contravention à la loi lorsque cette partie n'exerce ni métier ni profession (Jug. de St-Dié, 26 septembre 1834).

18. Ainsi le défaut d'indication de la profession de la future dans un contrat de mariage ne forme pas une contravention, lorsqu'il est constant qu'elle n'en a aucune (Jug. de Bordeaux du 31 août 1835, de Metz du 2 août 1836).

19. L'obligation d'énoncer dans un acte notarié les prénoms, qualités et demeures des parties s'applique-t-elle au mandataire?

Non, suivant jug. de Metz du 2 août 1836.

20. *Demeures*. On doit entendre par *demeure* le domicile réel dont il est question en l'art. 102 et suiv. du C. civ.

21 La mention du domicile apparent suffit, lors surtout que c'est la partie elle-même qui l'indique (Cass., 20 juin 1832). C'est-à-dire qu'on peut opposer à une partie sa déclaration quand dans un acte elle a indiqué elle même où elle demeurait; mais cette mention de domicile apparent ne suffirait pas s'il s'agissait de la demeure d'un témoin instrumentaire. L'une des parties pourrait demander la nullité de l'acte si ce témoin n'avait pas son domicile réel dans l'arrondissement communal de la résidence du Notaire.

22. Si un Notaire fait un acte pour une partie lorsqu'elle est dans sa maison de campagne, il ne doit point prendre cette résidence temporaire pour le domicile réel. C'est le lieu où une partie a le siége de ses affaires, où elle passe presque tous ses contrats, où elle jouit des droits de cité et où elle supporte les charges municipales, qui constitue le domicile réel.

23 Le domicile d'une société, lorsqu'elle a plusieurs maisons de commerce, est au lieu où est établi le principal siége de ses affaires (Cass., 18 pluviôse an XII et 23 novembre 1836).

24. A défaut d'établissement principal dans un autre lieu, le domicile d'un citoyen est au lieu de sa naissance (Cass. 18 mars 1826). On l'appelle domicile d'origine.

25. Ainsi, celui qui abandonne son pays pour aller aux armées, conserve son domicile d'origine, tant qu'il n'a pas manifesté d'une manière expresse et positive, l'intention de s'établir ailleurs (Cass., 11 vendemiaire an XIII).

26. On ne peut tracer une régle invariable pour l'application des circonstances qui établissent le domicile. Elles sont abandonnées à la conscience du juge (Cass., 24 février 1835).

27. Lorsqu'au fait d'une habitation réelle se joignent diverses circonstances qui ne laissent aucun doute sur l'intention de fixer son principal établissement dans une commune : lorsque le nom de la personne a été rayé du rôle des contributions de son ancienne résidence et qu'elle paie depuis plusieurs années les contributions dans la commune où elle demeure, l'intention d'une translation de domicile se trouve suffisamment établie, surtout quand rien d'ailleurs, ne fait présumer l'espoir du retour à l'ancien domicile (Cass., 19 mars 1812).

28. Lorsque, pendant quatre années antérieures et postérieures à des poursuites exercées contre un individu, celui-ci avait un domicile à sa terre, consacré par la notoriété publique et qui lui a été attribué par plusieurs jugements, aux qualités desquels il n'a jamais formé opposition; qu'enfin il se l'est donné dans divers actes civils, authentiques et judiciaires, c'est-là que l'on doit voir son domicile (Cass., 16 février 1819).

29. Dans le cas où, par des circonstances particulières, on se constituerait, par des actes, par des publications de bans de mariage, un domicile qui ne serait pas celui que l'on a ordinairement, ce ne pourrait être un motif pour regarder le domicile indiqué nouvellement comme le domicile réel (Cass., 23 janvier 1817).

30. La déclaration faite par un fonctionnaire public au préfet de son département, qu'il entend fixer son domicile dans le lieu où il exerce ses fonctions, n'est pas une preuve légale de changement de domicile (Cass., 16 mai 1809).

31. Un employé révocable, tel qu'un receveur d'enregistrement, est censé domicilié au lieu où il exerce ses fonctions quoiqu'il n'ait fait aucune déclaration de changement de domicile, si l'intention de fixer le sien au lieu de ses fonctions résulte de faits multipliés et concordants, comme s'il y loue une maison, y transporte ses meubles, y figure dans des testaments et des actes de l'état civil, lorsqu'il s'annonce comme y étant domicilié, y paie ses contributions et y fait le service de la garde nationale (Cass., 11 juillet 1831 et 24 juin 1832).

32. La déclaration de changement de domicile faite aux deux mairies ne suffit pas pour l'opérer, s'il n'y a eu translation réelle et effective de l'habitation (Cass., 16 avril 1817, 9 juin 1830, 6 novembre 1832, 27 février 1834 et 25 août 1835).

33. La manifestation de la volonté jointe au fait de la résidence, quelle que courte que soit la durée de celle-ci, suffit pour acquérir un nouveau domicile et faire perdre celui qu'on a voulu quitter (Cass. 22 floréal an 10, 28 floréal même année et 12 vendendaire an XI).

34. Les déclarations de changement de domicile faites dans la forme voulue par l'art. 104 du C. civ. ne peuvent être détruites que par des déclarations contraires, postérieurement exprimées dans la même forme et non par de simples présomptions (Cass. 23 juin 1827).

35. La décision des questions de fixation de domicile appartenant aux tribunaux civils seuls, il en résulte que l'arrêté d'une autorité administrative portant qu'un citoyen est domicilié dans cette commune, ne fait pas obstacle à ce que les tribunaux jugent le contraire (Cass. 25 février 1818).

36. Les militaires de tous grades retirés à l'Hôtel des Invalides, y ont leur domicile, parce qu'ils doivent y passer le reste de leur vie, et que leur habitation y est permanente (Arrêt du 16 janvier 1807, aff. de la Guivonnière).

37. Le domicile des Princes du Sang est toujours dans la capitale du Royaume.

38. L'acceptation de fonctions conférées à vie emporte translation immédiate du domicile du fonctionnaire dans le lieu où il doit exercer ses fonctions (C. civ. 107).

39. Cependant la qualité de Pair de France ou de Député ne donne pas de domicile à Paris parce qu'elle n'exige pas une résidence continuelle (Ind. de la loi du 23 décembre 1831 qui contient révision de l'art. 23 de la Charte, et qui donne au Roi le pouvoir de conférer la pairie à des fonc-

tionnaires attachés depuis longtemps à des charges inamovibles qui emportent fixation du domicile. (C. civ. 107).

40. *Demeures des personnes qui sont chez autrui.* Les femmes mariées, les mineurs non émancipés, les interdits et ceux qui demeurent avec les personnes chez lesquelles ils travaillent, sont privés du droit accordé en général à tout individu de choisir le lieu de son domicile.

41. *Femme mariée.* Elle n'a point d'autre domicile que celui de son mari (C. civ. 108).

42. L'adoption du régime sous lequel elle est mariée et le fait de la résidence ne détruisent point ce principe (Cass. 26 juillet 1808).

43. Elle conserve même ce domicile après la mort de son mari tant qu'elle n'a pas manifesté l'intention d'en constituer un autre.

44. Si la femme fait un commerce séparé de celui de son mari, elle peut avoir un domicile particulier pour les faits de ce commerce. Dans ce cas on doit l'indiquer dans l'acte et le mari est valablement assigné pour raison de ces faits devant le juge de ce domicile (C. de proc. civ. 420).

45. La femme, après la séparation de corps, est déchargée de l'obligation de résider avec son mari, elle a le droit de transférer partout où il lui plait son principal établissement et par conséquent de se choisir un domicile distinct de celui de son mari. Avant la séparation la co-habitation de la femme avec le mari était obligatoire, mais après elle ne l'est plus. Elle peut cependant avoir lieu, pour satisfaire à la loi du mariage lequel n'est point dissous par la séparation (C. civ. 227), car les enfants qui naissent, la séparation de corps prononcée, sont considérés comme nés en légitime mariage et ont pour père le mari à moins que la co-habitation n'ait été impossible ou que la naissance n'ait été cachée à celui-ci (C. civ. 312 et 313). V. v° *Séparation de corps.*

46. Il y a, dans le cas dont il vient d'être parlé, dérogation à l'art. 108 du C. civil.

Mais les juges ne peuvent fixer le lieu de la résidence, si ce n'est pour le temps de l'instance en séparation de corps.

47. La femme séparée de biens seulement, ne peut avoir un autre domicile que celui de son mari.

48. *Mineur non émancipé.* Il a son domicile chez ses père et mère.

49. Lorsque le mineur vient à perdre son père ou sa mère, il a son domicile chez le survivant.

50. Si la tutelle n'appartient point au survivant, par exemple lorsqu'elle lui a été ôtée, le domicile du mineur est chez son tuteur qui seul demeure chargé d'exercer ses droits civils. Peu importe que le mineur continue de demeurer chez son père ou sa mère (C. R. de Paris, 28 novembre 1835).

51. S'il demeure chez sa mère, séparée de corps et chargée de son éducation et de son entretien, il continue d'avoir son domicile chez son père (C. R. de Paris, 9 prairial an x).

52. Le domicile du mineur est toujours celui de la mère tutrice quoiqu'elle ait été pourvue d'un conseil (C. civ. 391. C. R. de Paris 28 floréal an XII).

53. Si le mineur est un enfant naturel, il a son domicile chez celui de ses père et mère qui l'a reconnu.

54. S'il a été reconnu par l'un et par l'autre, il a son domicile chez son père.

55. S'il est né de parents inconnus, il a pour domicile celui de son tuteur, s'il lui en a été donné un. Sinon l'hospice où il a été reçu ou le domicile de la personne qui prend soin de lui.

56. Les étudiants n'acquièrent pas de domicile dans le lieu où ils résident pour leurs études. Ils conservent celui qu'ils ont chez leurs parents ou tuteurs

57. *Mineur émancipé.* Le mineur émancipé peut se choisir un domicile, puisqu'il ne se trouve pas compris dans les termes de l'art. 108 du C. civ.

58. Mais s'il n'en choisit pas, il est présumé conserver son domicile chez son père, ou à défaut de père chez sa mère.

59. *Interdit.* L'interdit a son domicile chez son tuteur (C. civ. 108). Cet article du code porte *curateur*, parceque à l'époque où a été rédigée la loi sur le domicile, c'était un curateur qu'on nommait à l'interdit, la loi sur l'interdiction n'étant pas encore faite.

60. Avant le Code civil, il a été jugé, dans une espèce où plusieurs curateurs avaient été nommés à l'interdit, que son domicile avait pu être valablement désigné dans l'acte de nomination, comme le domicile de la curatelle (Cass. 24 brumaire an IX).

61. Le majeur auquel un conseil judiciaire a été nommé conserve son domicile particulier.

62. Ceux qui, par suite de condamnation à une peine afflictive et infamante, sont en état d'interdiction légale ont, pendant la durée de leur peine, leur domicile chez leur tuteur.

63. Quant au mort civilement il conserve, jusqu'à l'exécution de l'arrêt qui l'a condamné, son ancien domicile malgré sa détention (C. R. de Paris, 30 janvier 1817).

64. Le séjour des condamnés à l'emprisonnement dans le lieu où ils subissent leur peine, ne fait pas présumer l'intention d'abdiquer leur domicile.

65. Les déportés par suite de condamnation judiciaire étant frappés de mort civile, n'ont plus de droits à exercer en France et ne peuvent plus y avoir de domicile. Si le Gouvernement leur accorde la jouissance de quelques droits civils, ce n'est que dans le lieu de leur déportation. Là, seulement, ils peuvent avoir un domicile.

66. Les déportés par mesure législative ou politique sont bien fixés à vie dans le lieu de leur déportation, mais ils n'ont pas encouru la mort civile. Ayant des droits à défendre, des actions à intenter, ils conservent leur ancien domicile et leur volonté seule peut le changer (Cass., 6 frimaire an XI).

67. *Majeurs qui servent habituellement chez autrui.* Ils ont le même domicile que la personne qu'ils servent ou chez laquelle ils travaillent, lorsqu'ils demeurent avec elle dans la même maison (C. civ., 109). C'est donc ce domicile qu'il faut indiquer, sans distinguer s'ils en avaient un ou non, avant d'entrer au service (C. R. de Bordeaux, 8 avril 1829).

68. Il faut le fait de l'habitation réelle dans la maison

du maître, et l'intention qui résulte du service ou travail habituel chez le maître ou patron.

69. C'est ainsi que les vignerons, laboureurs, colons partiaires, intendants, économes et autres, qui n'habitent pas la maison du maître, ont un domicile distinct.

70. Le mineur non émancipé, l'interdit, la femme mariée, quoique servant ou travaillant habituellement chez une personne dans la maison de laquelle ils demeurent, ne peuvent abdiquer le domicile qui leur est indiqué par la loi.

[4]

DE LA CAPACITÉ DE CONTRACTER, ACHETER OU VENDRE, ALIÉNER OU HYPOTHÉQUER.

DIVISION DE LA MATIÈRE EN DEUX PARAGRAPHES :

§ 1er. *Qui peut contracter, acheter ou vendre, aliéner ou hypothéquer.*

1. A vingt-un ans accomplis, on est capable de tous les actes de la vie civile, sauf la restriction portée au titre du mariage (C. civ. 488).

2. Tous ceux qui ont la capacité d'aliéner les immeubles peuvent les hypothéquer (C. civ. 1123, 2124).

3. Comme conditions essentielles pour la validité d'une convention, il faut

4° — 1° Le consentement de la partie qui s'oblige. (V. *Consentement*.

5. — 2° Sa capacité de contracter.

6. — 3° Un objet certain qui forme la matière de l'engagement. V. note 7.

7. — 4° Et une cause licite dans l'obligation (C. civ. 1108). V. *Cause*.

8. Tous ceux auxquels la loi ne l'interdit pas peuvent acheter ou vendre (C. civ. 1594).

9. La vente faite de la totalité d'un immeuble par un co-propriétaire peut être maintenue pour la portion de celui-ci, si l'acquéreur le demande (Cass. 3 août 1809).

10. Lorsque une vente est faite à un individu qui agit pour un autre, mais sans se porter fort de ce dernier, le vendeur peut révoquer son consentement tant que l'acquéreur n'a point déclaré vouloir profiter de l'acquisition (C. civ. 1121).

11. La vente faite par père ou mère à un de leurs successibles en ligne directe n'étant point défendue, est permise pourvu qu'elle soit pure et simple.

12. Mais elle ne vaut que comme donation si elle est faite à charge de *rente viagère* ou *à fonds perdu* (ces deux mots ayant la même signification), ou *avec réserve d'usufruit* (C. civ. 918).

13. Dans ces deux cas la vente est de plein droit considérée comme un don qui s'impute sur la portion disponible et l'excédant doit être rapporté à la masse de la succession du disposant. (Même art.).

14. Toutefois cette imputation et ce rapport ne peuvent être demandés ni par les autres successibles en ligne directe qui auraient consenti à l'aliénation ni dans aucun cas pour les collatéraux (Même art.).

15. Les collatéraux n'ayant droit à aucune réserve sur les biens du disposant sont sans qualité et sans action pour demander l'imputation et le rapport dont il vient d'être parlé.

16. La vente, même quand elle n'est faite ni à charge de *rente viagère* ou *à fonds perdu* ni avec *réserve d'usufruit*, peut n'avoir le même effet, qu'une donation sujette à rapport; c'est lorsqu'on peut la considérer comme une donation déguisée par l'avantage réel qu'elle procure à l'enfant et surtout lorsqu'il n'apparaît pas de l'état de fortune des père et mère que le prix leur ait été réellement payé. Le Notaire doit donc, quand les occasions se présentent, avertir les parties des conséquences d'une pareille vente; il est de son devoir de leur conseiller de porter l'objet de la vente à sa pleine valeur, de stipuler le prix payable soit après le décès du père ou de la mère vendeur, soit entre les mains de quelque créancier, ou enfin expliquer en cas de paiement du prix au comptant ou à terme la destination que le vendeur a l'intention de donner aux deniers formant le prix de la vente.

17. La vente faite par un père à un de ses enfants moyennant une rente perpétuelle ne peut pas être considérée comme une vente faite à fonds perdu, puisque le capital de la rente représente dans la succession du vendeur la valeur de l'objet vendu (Cass. 12 novembre 1827).

18. Un capital aliéné moyennant une rente viagère au profit d'un des enfants du vendeur s'impute sur la portion disponible et l'excédant est sujet à rapport par application de l'art. 918. C'est une aliénation à fonds perdu (Angers, 7 février 1829).

19. Il doit en être de même de l'aliénation d'un capital à la charge de servir des rentes viagères. C'est comme s'il s'agissait d'une rente viagère créée au profit du vendeur (Même arrêt).

20. La femme mariée, lorsqu' elle est marchande publique, peut seule, sans le concours ni l'autorisation de son mari, engager, aliéner et hypothéquer ses immeubles (C. de com. art. 5 et 7).

21. Le contrat de vente ne peut avoir lieu entre époux que dans les trois cas suivants :

22. — 1° Celui où l'un des deux époux cède des biens à l'autre séparé judiciairement d'avec lui, en paiement de ses droits (C. civ. 1595).

23. — 2° Celui où la cession que le mari fait à sa femme, même non séparée, a une cause légitime, telle que le remploi de ses immeubles aliénés ou de deniers à elle appartenant si ces immeubles et deniers ne tombent pas en communauté (Même art.).

24. — 3° Celui où la femme cède des biens à son mari en paiement d'une somme qu'elle lui aurait promise en dot, et lorsqu'il y a exclusion de communauté (Même art.).

25. Sauf dans ces trois cas les droits des héritiers des parties contractantes, s'il y a avantage indirect (Même art.).

26. Le mari peut, durant le mariage, céder à sa femme, en remploi, non-seulement des meubles à lui propres, mais du mobilier tombé dans la communauté. Dans ce cas,

la femme a, immédiatement, *in specie*, la propriété des meubles cédés et les créanciers du mari ne peuvent saisir le mobilier cédé, surtout lorsque la femme a obtenu la séparation de biens avant la saisie (Cass. 9 mars 1837).

27. Une vente faite par le mari à sa femme, même non séparée, pour le remboursement de ses biens paraphernaux aliénés est valable, quoique le mari ne soit pas obligé au remploi (Bordeaux, 1er décembre 1829).

28. Quoique une séparation de biens n'ait pas été exécutée, le mari peut céder des biens à sa femme, à la charge d'acquitter les dettes de la communauté et de pourvoir à l'entretien des enfants (Cass. 23 août 1823).

29. Un mineur non émancipé peut acquérir, mais la simple lésion donne lieu à rescision en sa faveur (C. civ. 1305).

30. Le mineur émancipé peut acquérir aussi même sans l'assistance de son curateur, mais il n'y a lieu à réduction du prix que autant qu'il y a lésion (Cass., 3 germinal an XI et 15 décembre 1832).

30 bis. Il peut, quand il a été autorisé comme il est dit en l'art. 2 du C. de com., engager et hypothéquer ses immeubles (C. de com. 6).

Il peut même les aliéner, mais en suivant les formalités prescrites par les art. 457 et suiv. du C. de com.

31. Le mineur commerçant, banquier ou artisan, n'est point recevable à demander une réduction pour raison des engagements qu'il a pris à raison de son commerce ou de son art (C. civ. 1308).

32. Le mineur devenu majeur peut vendre un objet déterminé à son tuteur avant la reddition de son compte de tutelle (Cass., 22 mai 1822). L'article 472 du C. civ. qui prononce la nullité de tout traité fait avant la reddition du compte de tutelle n'est applicable qu'aux traités relatifs à ce compte.

33. Les membres du conseil de famille qui a autorisé la vente des biens du mineur peuvent s'en rendre adjudicataires.

34. Il doit en être de même des membres du conseil municipal qui a autorisé la vente des biens d'une commune.

35. La cession de droits faite à deux personnes dont l'une est incapable est valable pour le tout, à l'égard de l'autre, si la division des droits cédés est impossible (Poitiers, 10 août 1810).

§ 2. *A qui il est défendu de contracter, acheter ou vendre, aliéner ou hypothéquer.*

36. Ne peuvent se rendre adjudicataires ni par eux-mêmes ni par personnes interposées.

37. Les tuteurs des biens de ceux dont ils ont la tutelle. V. *infrà* n° 98 et suiv.

38. Les mandataires des biens qu'ils sont chargés de vendre. V. *infrà* n° 83.

39. Les administrateurs des biens des communes ou établissements publics confiés à leurs soins. V. *infrà* n° 45.

40. Les officiers publics des biens nationaux dont les ventes se font par leur ministère (C. civ., 1596).

41. Les juges, leurs suppléants, les magistrats remplissant le ministère public, les greffiers, huissiers, avoués, défenseurs officieux et Notaires, ne peuvent devenir cessionnaires des procès, droits et actions ligitieux qui sont de la compétence du tribunal dans le ressort duquel ils exercent leurs fonctions, à peine de nullité et des dépens, dommages et intérêts (C. civ., 1597).

42. La prohibition s'applique à toute espèce de droits mobiliers ou immobiliers (Cass., 28 janvier 1836).

Nous allons rapporter l'état de la législation et de la jurisprudence sur la matière faisant l'objet du présent paragraphe :

43. ACTIONS LITIGIEUSES. V. ci-ap. *Droits litigieux* n° 59.

44. ADJOINTS. V. ci-après *Administrateurs.*

45. ADMINISTRATEURS. La prohibition d'acheter s'applique à un maire ou à un adjoint parce qu'ils sont administrateurs en titre, mais on ne saurait par cette même raison l'appliquer à un membre du conseil municipal. V. ci-dessus n° 34.

46. ALLIÉS. V. ci-après *Parents.*

47. ASSOCIÉS. L'associé qui n'est point administrateur ne peut aliéner ni engager les choses même mobilières qui dépendent de la société (C. civ. 1860).

48. AVANCEMENT D'HOIRIE. V. ci-après *Reprises matrimoniales* n° 95.

49. AVOCATS. La profession d'avocat étant incompatible avec toute espèce de négoce (Art. 42 de l'ordonn. du Roi du 20 novembre 1822.) on en conclut qu'il y a prohibition pour eux de se rendre cessionnaires de procès, droits et actions litigieuses. V. ci-après *Avoués* n° 51 et *Droits litigieux* n° 59.

50. AVOCATS-GÉNÉRAUX. Même prohibition que pour les avoués. *V.* le n° suiv.

51. AVOUÉS. Les avoués ne peuvent devenir cessionnaires des procès, droits et actions litigieux qui sont de la compétence du tribunal dans le ressort duquel ils exercent leurs fonctions, à peine de nullité et des dépens, dommages et intérêts (C. civ., 1597).

52. Ils ne peuvent non plus se rendre adjudicataires pour le saisi, les personnes notoirement insolvables, les juges, juges suppléants, procureurs-généraux, avocats-généraux, procureurs du Roi, substituts des procureurs-généraux et du Roi, greffiers du tribunal où se poursuit et se fait la vente, à peine de nullité de l'adjudication et de tous dommages et intérêts (C. de proc. 713), même quand cette vente se fait devant un Notaire commis (Paris, 27 août 1831).

53. CONSEIL DE FAMILLE (MEMBRE DU). La prohibition d'acheter ne doit pas s'appliquer aux membres du conseil de famille qui ont autorisé la vente des biens du mineur, parce qu'ils ne sont pas administrateurs en titres. V. *Administrateurs.*

54. CONSEIL JUDICIAIRE. La question de savoir si le conseil judiciaire peut se rendre adjudicataire des biens de celui dont il est le conseil est controversée.

Pour l'affirmative on dit que ses fonctions ressemblent à celles du tuteur (Arg. du C. civ., 1596).

55. CO-TUTEUR. Le mari co-tuteur des enfants du premier lit de sa femme, ne peut se rendre adjudicataire même en justice des biens leur appartenant (Paris, 28 janvier 1826).

56. CURATEUR. Il y a controverse sur la question de

savoir si le curateur peut se rendre adjudicataire des biens du mineur émancipé. Ceux qui soutiennent l'affirmative l'assimilent à un tuteur (Arg. du C. civ., 1596).

57. DÉFENSEURS OFFICIEUX. Les défenseurs officieux ne peuvent devenir cessionnaires des procès, droits et actions litigieux qui sont de la compétence du tribunal dans le ressort duquel ils exercent leurs fonctions, à peine de nullité et des dommages-intérêts (C. civ., 1597).

58. DÉMISSIONS DE BIENS. *V.* ci-après *Reprises matrimoniales* n° 95.

59. DROITS LITIGIEUX. Les mots *droits et actions litigieux*, employés dans l'art. 1597 du C. civ., désignent des contestations à naître. Cet article défend aux juges et aux officiers publics, l'acquisition non-seulement des droits pendant devant leur tribunal mais aussi des droits qui sont de sa compétence, car l'influence du cessionnaire est tout aussi redoutable pour le débiteur quoique la contestation ne soit pas même engagée et c'est ce que la loi a voulu prévenir (Besançon, 12 mai 1808, Poitiers 18 août 1810, Rennes 14 décembre 1816).

60. S'il n'y a pas procès commencé, la plus grande latitude est laissée aux tribunaux pour apprécier la nature de l'acte de cession et celle des droits cédés. Ils examinent quels sont les termes, les conditions, le prix et même l'époque de la cession ; si elle est consentie avec ou sans garantie ; si elle porte sur des titres certains ou sur des prétentions évidemment douteuses et surtout si elle a été faite en vue d'une contestation future.

Mais on doit avoir soin de ne point mettre le cessionnaire à la merci du débiteur qui pourrait toujours, à l'aide de quelque mauvais moyen, rendre la créance cédée litigieuse et demander ensuite la nullité de la cession. Ainsi, on a déclaré insuffisants pour donner un caractère litigieux au droit cédé, dont la légitimité n'était pas attaquée :

61. — 1° L'opposition du débiteur à une décision passée en force de chose jugée (Cass., 4 mars 1823).

62. — 2° Le refus d'un co-propriétaire ou co-héritier de consentir à une demande en partage (Cass., 19 août 1806).

63. — 3° La demande en nullité d'une saisie immobilière faite en exécution du titre cédé (Cass., 9 juin 1825).

64. — 4° Une contestation sur le rang et la priorité de la créance cédée (Bruxelles, 30 janvier 1808).

65. — 5° Une contestation portant sur le réglement de la créance (Riom, 30 janvier 1819).

66. — 6° Une contestation portant sur la quotité de la créance (Cass., 5 juillet 1819).

67. Le cédant n'est pas mis hors de cause par la cession qu'il fait de ses droits litigieux, en sorte que le débiteur n'est pas obligé de se mettre en instance avec le cessionnaire. Il serait injuste, en effet, que ce débiteur fût mis dans une condition pire par le fait de la cession, et qu'il se trouvât privé du droit de discuter en justice ses intérêts avec son créancier (Trèves, 24 juin 1807).

68. La nullité de la cession de droits litigieux est absolue et peut être opposée non-seulement par le débiteur au cessionnaire, mais encore par le cessionnaire au cédant, et même par le cédant au cessionnaire. Elle peut être proposée par le ministère public et même suppléée d'office par le juge (Amiens, 11 prairial an XIII).

69. Toutefois il a été jugé que le ministère public n'avait point d'action directe pour faire annuler une cession de droits litigieux faite à un avocat (Cass., 29 février 1832).

70. La nullité peut être opposée en tout état de cause, après les conclusions au fond, et même pour la première fois en appel (Cass., 28 janvier 1836).

71. FEMME MARIÉE. La femme mariée ne peut, même quand elle est non commune ou séparée de biens, donner, aliéner, hypothéquer, acquérir à titre gratuit ou onéreux, sans le concours du mari dans l'acte ou son consentement par écrit (C. civ. 217), et en cas de refus sans autorisation de la justice (C. civ., 218 et 219).

72. La femme ne peut agir, lorsqu'il s'agit d'aliéner ou hypothéquer ses biens ou ceux de son mari ou de quelque autre acte de propriété, sans une autorisation ou un mandat spécial pour chaque affaire (C. civ. 1538, 1988, Cass. 18 mars 1840), toute autorisation ou procuration générale n'étant valable que pour les actes d'administration (C. civ. 223 et 1988).

73. La femme mariée sous le régime dotal ne peut aliéner ou hypothéquer ses biens dotaux même avec le consentement de son mari (C. civ., 1554).

74. La femme autorisée peut se rendre adjudicataire des biens de son mari vendus judiciairement ou par adjudication volontaire, si elle se trouve dans l'un des cas prévus par l'art. 1595 du C. civ. (V. ci-dessus § 1er nos 22, 23, 24).

75. Une vente entre époux, mariés sous le régime dotal, ne peut avoir lieu, comme n'ayant pas une cause légitime, lorsque la femme est créancière du mari pour le montant de sa dot, tant que la séparation de biens n'a pas été prononcée. Cette créance n'étant point jusques là exigible (Cass. 21 juin 1839).

76. GREFFIERS. Les greffiers ne peuvent se rendre cessionnaires de procès, droits et actions litigieux et de biens vendus en justice (V. ci-dessus *Avoués*, n° 51).

77. HÉRITIER BÉNÉFICIAIRE. L'héritier bénéficiaire peut-il se rendre adjudicataire des biens qu'il est chargé de vendre? les auteurs sont divisés d'opinions sur ce point.

78. HUISSIERS. Les huissiers ne peuvent se rendre cessionnaires de procès, droits et actions litigieux qui sont de la compétence du tribunal dans le ressort duquel ils exercent leurs fonctions, à peine de nullité et des dépens, dommages et intérêts (C. civ., 1597).

79. INCAPACITÉ. L'incapacité d'un acquéreur n'annulle pas la vente, même à l'égard de son acquéreur capable (Poitiers 18 août 1810), dans l'espèce il s'agissait d'une vente de droits litigieux faite conjointement à un Notaire déclaré incapable d'acquérir cette sorte de droits, et à un autre individu capable. La vente a été maintenue pour le tout.

80. INSOLVABLES. Les personnes notoirement insolvables ne peuvent se rendre adjudicataires de biens dont la vente se poursuit en justice (C. de proc., 713).

81. INTERDIT. L'interdit est assimilé au mineur pour sa personne et pour ses biens; les lois sur la tutelle des mineurs s'appliquent à la tutelle des interdits (C. civ., 509.) V. ci-après *Mineurs*, n° 87.

82. INTERPOSITION DE PERSONNES. La loi entend par personnes interposées les père et mère, les enfants et descendants et l'époux de la personne incapable (C. civ., 911.)

Mais la présomption légale résultant de cet article doit être restreinte aux donations (Cass., 3 avril 1838). V. ci-après *Tuteurs* n° 98.

83. JUGES. JUGES SUPPLÉANTS. Les juges et juges suppléants ne peuvent ni se rendre cessionnaires de procès, droits et actions litigieux qui sont de la compétence de leur tribunal (C. civ. 1597), ni se rendre acquéreurs de biens dont la vente se poursuit devant le même tribunal (C. de proc. 713.) V. ci-dessus *Avoués* n° 51.

84. MAGISTRATS. Les magistrats remplissant le ministère public ne peuvent se rendre cessionnaires des procès, droits et actions litigieux qui sont de la compétence de leur tribunal (C. civ., 1597). V. ci-dessus *Avoués* n° 51, *Droits litigieux* n° 59 et ci-après *Procès* n° 92.

85. MANDATAIRES. Les mandataires ne peuvent se rendre adjudicataires des biens qu'ils sont chargés de vendre (C. civ. 1596).

86. La défense faite au mandataire de se rendre acquéreur des biens qu'il est chargé de vendre, ne peut être étendue au fils de ce même mandataire (Cass., 4 avril 1837).

87. MINEURS. Les mineurs ne peuvent, soit par eux-mêmes soit par leurs tuteurs, valablement aliéner leurs biens, sans l'observation des formalités prescrites par la loi (C. civ. 457) : la vente est nulle et il n'est pas besoin d'en demander la rescision pour cause de lésion (Rennes 17 novembre 1836, Paris 18 mars 1839, aff. Merlin). Cette nullité peut même être demandée par le tuteur qui a vendu sans formalités (Cass., 21 décembre 1836).

88. NOTAIRES Les Notaires ne peuvent devenir cessionnaires des procès, droits et actions litigieux qui sont de la compétence du tribunal dans le ressort duquel ils exercent leurs fonctions, à peine de nullité et des dépens, dommages et intérêts (C. civ., 1597).

89. Le Notaire qui se rend adjudicataire des biens qu'il est chargé de vendre ne devient point passible des peines mentionnées en l'art 175 du Code pénal. Il se rend seulement coupable d'un tort grave (Rennes, 10 janvier 1839).

90. OFFICIERS PUBLICS. Les officiers publics ne peuvent se rendre adjudicataires des biens nationaux dont les ventes se font par leur ministère (C. civ., 1596).

91. PARENTS. Les parents ou alliés du Notaire au degré prohibé par l'art. 8 de la loi du 25 ventôse an XI (c'est-à-dire en ligne directe à tous les degrés et en collatérale jusqu'au degré d'oncle ou de neveu inclusivement) ne peuvent se rendre adjudicataires. Cependant si l'adjudication avait eu lieu et si elle était signée de toutes les parties elle pourrait valoir à leur égard comme s. s. p.

92. PROCÈS. Le mot *procès* employé dans l'art. 1597 du C. civ. désigne des contestations déjà nées. V. ci-dessus *Droits litigieux* n° 59 et suiv.

93. PROCUREURS GÉNÉRAUX ET DU ROI. Les procureurs généraux, procureurs du Roi et leurs substituts ne peuvent se rendre adjudicataires sous les peines portées en l'art. 713 du C. de proc., des biens dont la vente s'est poursuivie devant le tribunal auprès duquel ils exercent leurs fonctions, même quand la vente se fait devant un Notaire commis (Paris, 27 août 1831).

94. PRODIGUES. Il est défendu aux prodigues d'aliéner ou grever leurs biens d'hypothèques sans l'assistance d'un conseil judiciaire (C. civ., 513).

95. REPRISES MATRIMONIALES. La cession faite par une mère à ses enfants de toutes ses reprises matrimoniales à la charge d'une rente viagère, a le caractère de démission de biens et d'avancement d'hoirie et non de cession de droits litigieux, bien qu'elle soit déjà en procès avec un tiers à l'occasion de ces mêmes reprises (Cass., 16 mars 1826).

96. SAISI. Le saisi ne peut se rendre adjudicataire de ses biens dont la vente a lieu en justice (C. de proc., 713.) V. ci-dessus *Femme mariée* n° 74.

97. SUBSTITUTS DES PROCUREURS-GÉNÉRAUX ET DU ROI. V. *Procureurs-généraux* et *du Roi* n° 93.

98. TUTEURS. Les tuteurs ne peuvent se rendre adjudicataires des biens de ceux dont ils ont la tutelle (C. civ., 1596).

99. La prohibition faite au tuteur d'acheter les biens du mineur ne s'étend pas au cas où il demeure adjudicataire par suite de la surenchère du quart, d'un immeuble du mineur dont il poursuivait l'expropriation comme créancier (Toulouse, 4 février 1825).

100. La défense d'acquérir s'applique même au cas où la vente est faite en justice (Paris, 28 janvier 1826).

101. Le fils d'un tuteur, qui se rend adjudicataire des biens du mineur, ne saurait être réputé de plein droit personne interposée à l'égard de son père, la présomption légale de l'art. 911 du C. civ. doit être restreinte aux donations (Cass., 3 avril 1838). V. ci-dessus *Co-tuteur* n° 35 et *Mineurs* n° 87.

[5]

DES HONORAIRES, VACATIONS ET DÉBOURSÉS DES NOTAIRES.

1. Les *honoraires* sont les émoluments qui sont dûs aux Notaires pour la passation d'un acte.

2. Les *Vacations* s'entendent du temps employé par un Notaire à la rédaction ou à l'assistance d'un procès-verbal, tel qu'un inventaire, une comparution de parties par suite de sommation, etc.

3. Les *Déboursés* que les Notaires sont obligés de faire sont relatifs : 1° au timbre; 2° à l'enregistrement; 3° et à certaines avances extraordinaires, comme frais d'affiches et d'annonces pour parvenir aux ventes et aux dépôts aux greffes et chambres des contrats de mariage des commerçants, etc.

Nous allons rappeler, dans l'ordre alphabétique, tout ce qui est relatif à la matière faisant l'objet des trois numéros qui précèdent.

4. ABSENT. Les honoraires dûs à un Notaire pour avoir représenté des absents dans des opérations pour lesquelles il a été commis par justice se règlent par vacations.

Le nombre en est toujours constaté dans les inventaires et lorsqu'il ne l'est pas dans les partages et liquidations, il y a lieu de les évaluer, ce qui se fait en appréciant le temps que le Notaire a dû passer à examiner l'acte d'abord et à y faire ensuite les objections qui lui ont paru fondées, et dont le procès-verbal de dires et difficultés fait suffisamment connaître le degré d'importance en même temps qu'il permet d'apprécier le temps employé par ce Notaire.

5. ACTE ADMINISTRATIF. Nous appelons *actes administratifs*, ceux que les Notaires reçoivent comme délégués des préfets (décr. 12 août 1807 et ordonn. roy. 7 octobre 1818).

Dans l'usage, les préfets laissent aux maires le soin de désigner le Notaire. Le préfet y donne son assentiment tacite par l'approbation qu'il ajoute au cahier des charges rédigé par le Notaire.

Le conseil municipal ne peut nommer le Notaire. En le faisant il usurperait des attributions qui ne lui appartiennent point. Il donne son avis, mais n'administre pas, et ce serait faire un acte d'administration que de nommer un Notaire.

6. Les actes pour lesquels les Notaires sont délégués par les préfets sont ordinairement les baux et ventes des biens des communes, des fabriques et de tous les établissements publics et ecclésiastiques. Les Notaires ont en outre le droit exclusif de passer des ventes et des baux au profit de l'Etat, des départements et des communes.

7. Il est perçu des honoraires pour ces sortes d'actes de même que pour les actes faits entre particuliers (V. *infrà*, nº 159), jusqu'à ce qu'il ait été dressé un tarif des droits des Notaires, relativement aux baux, tarif promis par l'art. 6 du décr. du 12 août 1807.

8. ACTE IMPARFAIT. Les honoraires proportionnels ne sont acquis au Notaire qu'en raison de la confection de l'acte; de sorte que pour un acte resté imparfait, le Notaire ne peut être fondé à exiger que des honoraires comme mandataire (ainsi décidé implicitement dans une espèce où le Notaire, rédacteur du procès-verbal d'adjudication resté imparfait par le défaut de signature de plusieurs des co-acquéreurs solidaires, avait actionné les acquéreurs signataires à lui payer les honoraires de cet acte. L'action du Notaire fut repoussée parce qu'il n'avait point été le *mandataire* des acquéreurs qui s'étaient présentés à l'adjudication et avaient eux-mêmes porté leurs enchères (Cass. 26 juillet 1832).

9. ACTION EN PAIEMENT. L'action du Notaire peut être exercée solidairement contre chacune des parties sans distinction, contre le vendeur comme contre l'acquéreur (Cass. 26 juin 1820).

10. Cette action peut être exercée contre le vendeur, lors même qu'il s'est écoulé une année depuis l'acte, et que dans cet intervalle l'acquéreur est tombé en faillite et n'offre plus de recours utile pour l'acquéreur (Cass. 20 mai 1829).

11. Les honoraires et déboursés des Notaires ne se prescrivent que par 30 ans (C. civ. 2262).

12. Le Notaire a une action directe, solidaire et indivisible contre toutes les parties indistinctement par application des art. 1222 et 2002 du C. civ. Le premier de ces articles dispose que chacun de ceux qui ont contracté conjointement une dette indivisible en est tenu pour le total, et l'autre portant que lorsque le mandataire a été constitué par plusieurs personnes pour une affaire commune, chacune d'elles est tenue, solidairement avec lui, de tous les effets du mandat (Arrêts de Cass. des 26 juin 1820 et 20 mai 1829, précités).

Cette action est la même sous le rapport de l'indivisibilité et de la solidarité :

13. — 1º A l'égard d'une femme qui s'est obligée, solidairement avec son mari, au paiement des frais d'un acte qui, ultérieurement, a été annulé comme contenant aliénation de ses biens dotaux. Dans ce cas, les biens non dotaux de la femme répondent de ces frais (Cass. 7 juin 1836, aff. *Décharannes*).

14. — 2º A l'égard du mari qui s'est obligé, solidairement avec sa femme, à supporter en entier les frais d'un acte d'échange annulé plus tard comme contenant aliénation de biens dotaux. Dans ce cas, il ne peut être affranchi du lien de cette obligation sans violer l'art. 1200 du C. civ. sur les obligations solidaires (Même arrêt du 7 juin 1836).

15. — 3º Lorsque les frais de l'acte sont mis par la loi à la charge particulière de l'une des parties, comme en matière de vente. Dans ce cas, la solidarité doit toujours avoir lieu, parce que l'acte a été rédigé dans l'intérêt de toutes les parties et que sous ce rapport le Notaire a été leur mandataire commun (Cass. 15 novembre 1820, aff. *Mametz*).

16. — 4º Lorsque par l'acte les parties sont convenues d'en faire supporter les frais par l'une d'elles. Cette stipulation ne déroge pas à l'obligation résultant de la loi (Cass. 10 novembre 1828).

Mais l'application du principe relatif à la solidarité cesse :

17. Lorsqu'il est établi que le Notaire n'a été réellement que le mandataire de l'une des parties et qu'il n'a instrumenté que dans l'intérêt de celle-ci (Cass. 5 janvier 1819, aff. *Faure*, et 26 juillet 1832, aff. *Lassaux*).

18. A l'égard d'une partie qui ne serait intervenue dans un acte que pour donner un consentement tout-à-fait indépendant de cet acte en ce sens qu'on aurait pu l'en détacher, comme une main-levée d'opposition ou d'inscription. Dans ce cas, cette partie ne pourrait être actionnée que pour les frais de cette main-levée. (V. ci-après *Exécutoire*, *Opposition à la taxe*, *Paiement*, *Tribunal*).

19. ASSIGNATION. Le Notaire a le droit d'assigner les parties qui lui contestent ses honoraires, directement devant le Tribunal civil, sans qu'il soit besoin de se pourvoir préalablement en conciliation (Art. 9 de l'un des décrets du 16 février 1807). V. *infrà*, nº 35.

20. Il peut aussi les actionner, mais devant le juge de paix de leur domicile, lorsque la somme n'excède pas 200 f., puisqu'il s'agit d'une action personnelle et mobilière dont il a le droit de connaître (Loi du 25 mai 1838, art. 1. C. pr., art. 2).

21. Il est loisible au Notaire de faire subir à sa demande le préliminaire de conciliation, ne voulant pas user du bénéfice de la loi qui dispense certaines demandes de cette formalité.

22. C'est devant le Tribunal de la résidence du Notaire que la demande doit être portée, quel que soit le lieu du domicile des parties, conformément à l'art. 60 du C. de proc. et au décret du 16 février 1807, rappelé ci-dessus, nº 19. On ne doit pas distinguer entre le cas où ces frais ont été faits dans des opérations où le Notaire agissait comme délégué de la justice et le cas où il s'agit d'actes ordinaires (Orléans, 15 mars 1832). Cependant, il a été jugé, par la C. roy. de Poitiers, le 7 décembre 1830, que la demande du Notaire ne devait être portée devant le

Tribunal de sa résidence que quand il s'agissait de frais d'actes qu'il avait reçus par suite d'un renvoi ou d'une commission de justice, et que, hors ce cas, il fallait appliquer l'art. 59 du C. de proc. civ. qui oblige à s'adresser au Tribunal du domicile du défendeur. Mais cet arrêt ne nous semble pas devoir être pris pour règle, il a contre lui l'opinion des auteurs et l'usage constant des Tribunaux.

23. Il sera donné en tête des assignations copie du mémoire des frais réclamés (Même art. 9 du décret du 16 février 1807, précité).

24. Toutefois, l'assignation n'est pas nulle pour ne pas contenir en tête copie du mémoire de ces frais : on peut y suppléer en communiquant ce mémoire au cours du procès, ou en offrant de prouver l'existence des actes à raison desquels les frais sont dûs, lorsque le demandeur ne peut, par le fait du défendeur qui retient ces actes, établir le compte détaillé de ce qui lui est dû (Amiens, 11 mars 1826).

25. Pour rentrer dans l'avance qu'il a faite des droits d'enregistrement, le Notaire a deux voies :

26. — 1° Celle d'assigner les parties comme il est dit sous les numéros qui précèdent ;

27. — 2° Et celle de l'exécutoire (*V.* ci-après *Exécutoire*, n° 58 et suiv.).

28. ASSOCIATION. (*V.* ci-après *Partage*, n° 145).

29. AVANCES EXTRAORDINAIRES. Les Notaires sont souvent obligés de faire certains déboursés relativement aux frais d'affiches et d'annonces de ventes, au dépôt par extrait des contrats de mariage des commerçants aux greffes et chambres, et au transport des pièces nécessaires lorsqu'il s'agit de vérification d'écritures ou d'inscription de faux en matière civile (C. de proc., art. 196 et 221).

30. L'action du Notaire pour obtenir le remboursement de ses déboursés dure 30 ans.

31. COLLATION DE PIÈCES. Il est dû aux Notaires des honoraires qui se règlent par vacation pour leur simple assistance à la collation d'une pièce ou à un compulsoire, conformément aux art. 849, 852 du C. de proc. civ., 455 du C. d'inst. crim., 168 et 170 du Tarif des frais et dépens (*V.* ci-après *Expédition*, n° 75.)

32. COMMISSIONS PARTICULIÈRES. Les Notaires étant souvent chargés de faire faire des transcriptions et radiations aux bureaux des hypothèques, d'y demander des états et certificats, d'y prendre des inscriptions, comme aussi d'être intermédiaires entre des prêteurs et des emprunteurs, des vendeurs et des acquéreurs, et même de gérer les affaires de leurs clients, il est dû, dans ces cas, des honoraires sinon comme Notaire du moins comme mandataire auquel il revient un salaire, eu égard à la profession de Notaire.

33. Le mandat est gratuit, s'il n'y a convention contraire (C. civ. 1986).

34. Mais cette convention *contraire* se présume lorsqu'il s'agit de personnes qui, par état, se chargent de certains mandats. Cela résulte de l'espèce suivante que nous prenons pour exemple :

En 1790, le comte de Barnaval émigra, laissant une procuration à Me Pugens, notaire, pour administrer ses biens pendant son absence. Cette procuration ne contenait pas de stipulation formelle relative à un salaire.

En juin 1793, la gestion de Me Pugens cessa, parce que alors les biens de M. de Barnaval furent confisqués.

Le 26 ventôse an XI, Me Pugens présenta à l'administration départementale le compte de sa gestion. Il résultait de ce compte que Me Pugens était créancier de son mandant, en raison de ce qu'il portait un salaire pour sa gestion.

Après le décès de Me Pugens, son fils exerça des poursuites et fit procéder à des saisies-arrêts pour opérer le recouvrement de la somme qui était due à son père par le reliquat du compte.

M. de Barnaval fils forma opposition aux poursuites, en réclamant du sieur Pugens fils un nouveau compte.

Le 7 juin 1818, arrêt de la Cour royale de Toulouse qui ordonne un nouveau compte.

Ce compte est fourni par M. Pugens fils qui réclame un salaire pour la gestion de son père à raison de 600 fr. par an, ou 1800 fr. pour trois ans. M. de Barnaval prétendait n'en point devoir, attendu qu'il n'en avait pas été stipulé et que le mandat est de sa nature gratuit.

Le 9 avril 1839, arrêt de la Cour royale de Toulouse qui homologue le compte : attendu que Barnaval, oyant-compte, n'a fait aucune impugnation précise ni devant le conseiller commissaire, ni devant la Cour, contre les divers articles du compte présenté par M. Pugens, à l'exception néanmoins de l'article portant le salaire du mandat de M. Pugens à la somme de 1800 fr. Attendu que, distraction faite de ce salaire, M. Pugens serait reliquataire de la somme de 1055 fr. 85, mais qu'il paraît, *d'après les circonstances de la cause et la profession du mandataire, que ce mandat ne devait pas être gratuit ;* qu'à défaut de preuve de la convention sur la quotité dudit salaire, c'est à la Cour à l'arbitrer; qu'il est équitable de le fixer à la somme de 1055 fr. 85, qui égale celle dont M. Pugens est reliquataire.

Pourvoi en Cassation de la part du sieur de Barnaval pour violation des art. 1986, 1341 et 1353 du C. civ.

Mais le 25 juillet 1832, arrêt de la Chambre civile portant : la Cour..... attendu qu'à l'égard du salaire, la Cour royale a pu juger *d'après les circonstances de la cause et la profession de Me Pugens que le mandat à lui conféré n'était pas gratuit, ce que l'administration avait déjà reconnu*......... rejette (*V. infrà*, n° 224).

35. La forme de procéder indiquée ci-devant n° 19 et suivants pour le paiement des honoraires et déboursés faits comme Notaire est spéciale pour ce cas seulement et ne peut être appliquée au cas dont il s'agit qui est relatif aux honoraires et déboursés dûs au Notaire comme mandataire, c'est-à-dire pour des rétributions qui sont en dehors de ses fonctions de Notaire. En conséquence la demande en justice de ces rétributions est soumise à la forme des actions ordinaires. On traduit le débiteur devant le juge de paix de son domicile, si la réclamation n'excède pas 200 fr.; si elle excède 200 fr., la demande est sujette au préliminaire de conciliation.

36. COMMUNICATION. Les Notaires ne peuvent, sans l'ordonnance du Président du Tribunal de première instance, donner connaissance des actes à d'autres qu'aux personnes intéressées en nom direct, héritiers ou ayant-droit, à peine des dommages-intérêts, d'une amende de 100 fr. (maintenant 20 fr.), et d'être, en cas de récidive, suspendus de leurs fonctions pendant trois mois (L. du 25 ventôse an XI, art. 23), sauf néanmoins l'exécution des lois et réglements sur l'enregistrement.

37. Généralement les Notaires n'exigent aucune rétribution des parties pour une communication de minute d'acte, cependant si une communication devenait longue, si le Notaire était obligé, quand l'acte est difficile à saisir, de l'expliquer aux parties, si pour trouver ce même acte il fallait faire des recherches sur les répertoires, dans ce cas il serait dû, selon nous, des vacations au Notaire comme en matière de compulsoire (art. 168 du Tarif des frais et dépens).

38. Les Notaires peuvent-ils refuser de donner communication d'un acte aux parties quand celles-ci sont encore débitrices de tout ou partie des déboursés et honoraires de cet acte? La négative a été jugée en référé sur ordonnance par le Tribunal de la Seine, sans égard à l'art. 851 du C. de proc. qui n'est point applicable à la communication.

39. Mais comment la communication doit-elle se faire? En général, la communication est orale; le Notaire fait lecture à la partie de l'acte en entier ou de la partie qu'il lui importe de connaître. Il arrive cependant de remettre l'acte aux mains de la partie qui en prend connaissance séance tenante. Quand ce dernier mode est employé par le Notaire, ce ne doit être que vis-à-vis de personnes honorables qui ne lui permettent de supposer aucune mauvaise action, car lui seul est responsable de toute lacération ou altération de l'acte à moins qu'il ne prouve de qui elle provient et qu'il n'a pu l'empêcher. Il ne pourrait s'excuser sur la circonstance du dessaisissement, parce la loi le défend positivement (art. 22 de la loi de ventôse an XI).

40. CONCILIATION. (*V.* ci-devant, nos 19 et 38.)

41. CONCUSSION. Tous fonctionnaires, tous officiers publics, leurs commis ou préposés, tous percepteurs des droits, taxes, contributions, deniers, revenus publics ou communaux et leurs commis ou préposés qui se seront rendus coupables du crime de concussion, en ordonnant de percevoir ou en exigeant ou recevant ce qu'ils savaient n'être pas dû ou excéder ce qui était dû pour droits, taxes, contributions, deniers ou revenus, ou pour salaires ou traitements, seront punis, savoir : les fonctionnaires ou les officiers publics, de la peine de la réclusion, et leurs commis ou préposés d'un emprisonnement de deux ans au moins et de cinq ans au plus. Les coupables seront de plus condamnés à une amende dont le maximum sera le quart des restitutions et des dommages-intérêts, et le minimum le douzième (C. pén. 174).

42. Ainsi, un huissier qui reçoit plus qu'il ne lui est dû peut être poursuivi comme concussionnaire (Cass. 15 juillet 1808 et 15 mars 1821).

43. Ce qui semble devoir s'appliquer à un avoué dont les actes se trouvent taxés par des réglements.

44. Toutefois, si des avoués et des huissiers avaient été chargés de faire des *démarches et diligences particulières* dans l'intérêt de leurs clients, il nous paraît juste qu'ils puissent en réclamer et même exiger le paiement sans encourir la peine prononcée contre les concussionnaires, parce que ces démarches et diligences ont été faites en dehors des fonctions et plutôt comme mandataires que comme officiers publics (*V.* ci-devant, no 32 et suivants).

45. Mais doit-on faire application aux Notaires de l'art. 174 du Code pénal sus-mentionné?

Non, puisque leurs honoraires doivent se régler à l'amiable entre eux et les parties (art. 51 de la loi du 25

ventôse an XI), et que dans ce cas il ne peut y avoir crime de concussion là où la partie, après avoir débattu son compte, a consenti librement à payer la somme convenue.

46. Mais, s'il s'agit d'honoraires dont le taux est réglé par le Tarif des frais et dépens? Dans ce cas, les Notaires qui demanderaient des sommes excédant le taux fixé devraient-ils être réputés concussionnaires? Il doit sembler que oui, si l'on fait application de l'article 174.

Toutefois, nous devons faire observer que les auteurs et même la jurisprudence refusent d'appliquer cet article aux officiers ministériels. En effet, les art. 66 et 151 du décret du 16 février 1807, qui prévoient les exactions des huissiers et des avoués n'indiquent pour peine que la restitution, les dommages-intérêts et l'interdiction, s'il y a lieu. Les art. 64 et 86 du décret du 18 juin 1811 appliquent, en matière criminelle, la même règle aux greffiers et aux huissiers, de sorte que si ces officiers exigent *d'autres et plus forts droits* que ceux qui leur sont attribués par ce décret, ils sont destitués de leurs emplois et condamnés à une amende qui peut s'élever de 500 à 6000 fr. A la vérité ces articles ajoutent : *sans préjudice toutefois, suivant la gravité des cas, de l'application de la disposition de l'art. 174 du Code pénal;* mais cette restriction elle-même justifie la distinction. Si la perception illicite ne s'est appliquée qu'à des taxes et salaires, la peine spéciale doit seule être infligée, mais si elle est appliquée à d'autres recettes dont les greffiers et même les huissiers sont chargés dans certains cas, ce n'est plus une simple faute disciplinaire, c'est un crime de concussion et l'art. 174 le comprend dans ses termes. L'art. 625 du C. de proc. civ. paraît encore confirmer cette interprétation. Ce n'est en effet qu'à l'égard du prix des adjudications, dont la loi déclare les commissaires-priseurs et les huissiers responsables, que cet article dispose que ces officiers ne pourront recevoir des adjudicataires, aucune somme au-dessus de l'enchère, à peine de concussion.

La conséquence de ces différentes dispositions paraît donc être celle-ci : Toutes les fois que l'officier ministériel exige un salaire supérieur à celui qui lui est alloué par le tarif, cette infraction n'est considérée par la loi que comme une contravention disciplinaire et la peine doit être empruntée à la loi spéciale; mais lorsqu'au contraire ces officiers ont été chargés par la loi d'une perception ou d'une recette quelconque, tels que les commissaires-priseurs et huissiers dans les cas d'adjudication, les greffiers en ce qui concerne les droits qu'ils perçoivent pour l'Etat, la perception illicite dont ils se rendent coupables a le caractère du crime de concussion. Si cette distinction n'était pas adoptée, si tout salaire en dehors des tarifs constituait ce crime, il résulterait d'abord que la peine ne serait point en proportion avec la gravité du fait, et il faudrait ensuite admettre que le même fait, considéré avec le même caractère de criminalité, pourrait être puni deux fois, comme contravention et comme crime, ce qui serait une violation flagrante de la règle de la chose jugée (Théorie du C. pén. t. 4, p. 110).

Cette distinction se trouve fortifiée par l'autorité de la chose jugée; la Cour royale de Metz, par arrêt du 6 juin 1821, ayant décidé qu'un tribunal de police correctionnelle n'avait pu connaître de la délivrance des expéditions qui n'avaient pas le nombre de lignes et de syllabes voulu par la loi, ni d'une perception de 10 centimes pour timbre de répertoire et de 15 centimes pour appel de cause, reprochées à un greffier de justice de paix.

47. CONDAMNATION (*V.* ci-apr. *tribunal*, n° 275 et suiv.).

48. CONSIGNATIONS. Lorsque les Notaires sont obligés de déposer à la Caisse des consignations les deniers qu'ils ont entre mains; il est dû, savoir : aux Notaires de 1re classe 3 fr., à ceux de 2e classe 2 fr., et à ceux de 3e classe 1 fr. 50 c., par application de l'art. 42 du Tarif des frais et dépens.

49. Lorsque la consignation est faite par les Notaires de 3e classe, il leur est dû en outre des frais de voyage et de nourriture en raison du nombre de myriamètres qu'ils ont à parcourir (art. 170 du même Tarif).

50. CONSULTATIONS. En général, les Notaires ne se font payer aucune rétribution pour les avis et conseils qu'ils donnent soit à leurs clients soit à d'autres. Cependant il peut paraître juste, suivant les occasions, que les Notaires exigent quelques honoraires : c'est lorsqu'ils ont le titre d'avocat, ou lorsqu'ils rédigent un mémoire ou donnent une consultation de vive voix ou par écrit, qui a demandé du temps, du travail, des soins et du développement.

51. DÉPOT. Le dépôt étant un contrat essentiellement gratuit (C. civ. 1917), il n'est dû aucune indemnité aux Notaires pour les dépôts dont ils consentent à se charger sur la demande des parties.

52. Toutefois, comme le Notaire a des soins à apporter à la garde du dépôt et qu'une certaine responsabilité est attachée à la charge qui lui a été confiée, il doit arriver souvent qu'un salaire soit convenu et fixé entre les déposants et les dépositaires en conformité de l'art. 1928 du Code civil.

53. DÉPOT DE CONTRATS DE MARIAGE. Le Notaire étant obligé, aux termes des art. 67 et 68 du C. de comm., de déposer des extraits des contrats de mariage de commerçants aux greffes des Tribunaux civils et de commerce et aux Chambres des notaires et des avoués, il lui est dû pour cela des vacations et frais de voyage conformément à l'art. 170 du Tarif.

54. DIRES ET DIFFICULTÉS (*Pr.-verb. de*). Les procès-verbaux des difficultés et dires des parties qui suivent les partages judiciaires, devant être déposés en minute au greffe (art. 977 du C. de proc. civ.), il est dû en ce cas au Notaire des vacations outre les frais de voyage dont les art. 168 et 170 du Tarif règlent le montant.

55. DISPOSITIONS DIVERSES. Lorsqu'un acte contient des dispositions qui sont indépendantes les unes des autres et qui pourraient, à la rigueur, former des actes à part, les Notaires doivent percevoir et en général perçoivent des honoraires soit fixes soit proportionnels sur chacune de ces dispositions (*V. infrà*, nos 89 et 139).

56. ENREGISTREMENT. Les Notaires qui ne résident pas au lieu du bureau de l'enregistrement ne peuvent exiger des parties aucune indemnité pour leur transport, parce qu'il s'agit pour eux d'un devoir que la loi leur impose et que d'ailleurs ils peuvent envoyer au bureau plusieurs actes à la fois. Tel est d'ailleurs l'usage.

57. Lorsque l'avance des droits d'enregistrement est considérable, le Notaire peut et doit exiger qu'on lui en consigne le montant, sinon faire refus de signer et recevoir l'acte. S'il l'avait signé, il deviendrait responsable de toutes les conséquences du défaut d'enregistrement (*V. responsabilité*, note 39 et ci-après *exécutoire*).

58. EXÉCUTOIRE. Lorsque le Notaire a fait l'avance des droits d'enregistrement, deux voies lui sont ouvertes pour se faire rembourser ces droits.

59. Il peut se faire délivrer un exécutoire par le juge de paix (art. 30 de la loi du 22 primaire an VII).

60. Ou assigner devant le Tribunal civil (*V.* ci-devant, n° 19).

61. Pour obtenir un exécutoire, le Notaire présente une requête au juge de paix du canton où il réside, et en tête de laquelle il transcrit la quittance des droits d'enregistrement dont il a fait l'avance. Il représente en même temps au juge de paix la minute de l'acte.

L'exécutoire est délivré par le juge de paix au bas de la requête présentée, et la représentation de la minute doit être constatée dans l'exécutoire.

La requête ne donne ouverture à aucuns frais, elle ne forme qu'un même acte avec l'exécutoire, et le tout reste en minute au greffe pour en être délivré une grosse exécutoire.

62. Le Notaire ayant contre chacune des parties une action solidaire pour le remboursement de ses avances (*V.* ci-devant, nos 9 et 12), il en résulte qu'il peut obtenir un exécutoire contre toutes les parties indistinctement et solidairement (Cass. 26 juin 1820, aff. *Thomassin*). On fait mention de cette solidarité dans la requête.

63. Le droit de prendre un exécutoire passe aux héritiers des Notaires (Cass. 4 avril 1826, aff. *Duchollet*).

64. Le droit d'enregistrement des exécutoires est de 50 c. pour 0/0 par chaque débiteur séparé, sans que ce droit puisse être moindre de 1 fr. (art. 68, § 1, n° 46, de la loi du 22 frimaire an VII).

V. ci-après *Hypothèque*, *Intérêts*.

65. L'opposition qui serait formée contre l'exécutoire, ainsi que toutes les contestations qui s'élèveraient à cet égard doivent être jugées par les Tribunaux. L'instruction se fait par simples mémoires respectivement signifiés. Il n'y a d'autres frais à supporter par la partie qui succombe que ceux du papier timbré, des significations et du droit d'enregistrement des jugements. Les jugements sont rendus dans les trois mois au plus tard, à compter de l'introduction des instances, sur le rapport d'un juge fait en audience publique; ils sont sans appel et ne peuvent être attaqués que par voie de Cassation (art. 30 et 65 de la loi du 22 frimaire an VII).

66. EXPÉDITION. Indépendamment des honoraires attachés à la réception de la minute, le Notaire a droit à des honoraires d'expédition qu'on appelle ordinairement *droits d'expédition*.

67. Les expéditions que le Notaire délivre, soit des actes qu'il a reçus en minute, soit de ceux qui lui sont déposés ou qui se trouvent annexés à ses minutes, ne peuvent contenir, compensation faite d'une feuille à l'autre, plus de 25 lignes par page de moyen papier; plus de trente lignes par page de grand papier et plus de trente-cinq lignes par page de grand registre, à peine de 25 fr. d'amende (maintenant 5 fr.) Loi du 13 brum. an VII, art. 20 et 26, n° 2, et loi du 16 juin 1824, art 10.

A cet égard il a été jugé que lorsque l'expédition d'un acte est écrite sur une feuille de papier timbré du prix de 1 fr. 25, et qu'elle contient cent lignes, le Notaire n'a pu, sans contravention, ajouter dans les marges un ou plusieurs renvois (Jugement de Senlis, 16 février 1841).

Le trop grand nombre de syllabes ne constituant pas une contravention, nous pensons que dans ce cas il n'y avait pas lieu à amende, car rien n'oblige à laisser une marge, et si on en laisse une c'est afin de pouvoir la remplir de syllabes ou de mots, de sorte que quand il n'y a pas dans la marge plus de vingt-cinq bouts de lignes on n'a fait qu'user de son droit (*V. infrà*, n° 69).

68. Chaque ligne d'expédition doit contenir quinze syllabes (art. 174 du décret du 16 février 1807).

69. Ce décret ne prononçant aucune peine quand on dépasse le nombre de syllabes, il en résulte que le Notaire n'est sujet à aucune amende pour ce cas, seulement lorsque l'expédition est écrite en caractères trop gros et qu'elle est loin de contenir quinze syllabes à la ligne, le Notaire est exposé, en cas de taxe, à voir réduire le nombre de rôles et même à subir une perte de papier à raison de cette réduction.

70. Suivant l'art. 174 du Tarif des frais et dépens modifié par l'art. 1 du décret du 16 février 1807, le droit d'expédition est fixé par chaque rôle, savoir :

Pour les Notaires des Cours d'appel de Paris, Lyon, Bordeaux et Rouen à . . . . 3 fr. » c.
Pour les Notaires des autres Cours d'appel à. 2 70
Pour les Notaires des villes où il y a Tribunal de première instance à . . . . 2 »
Et partout ailleurs à 1 50

Le rôle se compose de deux pages d'écriture.

71. Le premier rôle doit toujours être compté comme complet, mais il n'en est pas de même du dernier rôle qui ne doit se payer qu'en raison du nombre de lignes qu'il contient (Lettre du Min. Jus., 10 octobre 1835) (a).

(a) Pour éviter des calculs aux Notaires lorsqu'il s'agit de la rétribution proportionnelle du dernier rôle, nous avons cru devoir dresser le tableau suivant :

TABLEAU des sommes dues aux Notaires suivant leurs classes pour fraction du dernier rôle d'une Expédition en raison du nombre de lignes.

NOMBRE de lignes.	NOTAIRES DE PREMIÈRE CLASSE — DANS LE RESSORT des Cours d'appel de Paris, Lyon, Bordeaux et Rouen, à 3 francs le rôle. PRODUIT des lignes réuni au 1er demi-rôle.			NOTAIRES DE PREMIÈRE CLASSE — DANS LE RESSORT des autres Cours d'appel à 2 fr. 70 c. le rôle. PRODUIT des lignes réuni au 1er demi-rôle.			NOTAIRES DE DEUXIÈME CLASSE exerçant dans le ressort des Tribunaux de 1re instance, à 2 fr. le rôle. PRODUIT DES LIGNES réuni au premier demi-rôle.			NOTAIRES DE TROISIÈME CLASSE exerçant partout ailleurs que dans le ressort des Tribunaux de 1re instance, à 1 fr. 50 c. le rôle. PRODUIT DES LIGNES réuni au premier demi-rôle.		
	produit des lignes	demi-rôle	réunion	produit des lignes	demi-rôle	réunion	produit des lignes	demi-rôle	réunion	produit des lignes	demi-rôle	réunion
1.	0.06.	plus 1.50	font 1.56.	0.05,4	plus 1.35	font 1.40,4	0.04	plus 1.»»	font 1.04.	0.03	plus 0.75	font 0.78.
2.	0.12.	— 1.50	— 1.62.	0.10,8	— 1.35	— 1.45,8	0.08	— 1.»»	— 1.08.	«.06	— 0.75	— «.81.
3.	0.18.	— 1.50	— 1.68.	0 16,2	— 1.35	— 1.51,2	0.12	— 1.»»	— 1.12.	«.09	— «.75	— «.84.
4.	0.24.	— 1.50	— 1.74.	0.21,6	— 1.35	— 1.56,6	0.16	— 1.»»	— 1.16.	«.12	— «.75	— «.87.
5.	«.30.	— 1.50	— 1.80.	0.27,0	— 1.35	— 1.62,0	«.20	— 1.»»	— 1.20.	«.15	— «.75	— «.90.
6.	«.36.	— 1.50	— 1.86.	0.32,4	— 1.35	— 1.67,4	«.24	— 1.»»	— 1.24.	«.18	— «.75	— «.93.
7.	«.42.	— 1.50	— 1.92.	«.37,8	— 1.35	— 1.72,8	«.28	— 1.»»	— 1.28.	«.21	— «.75	— «.96.
8.	«.48.	— 1.50	— 1.98.	«.43,2	— 1.35	— 1.78,2	«.32	— 1.»»	— 1.32.	«.24	— «.75	— «.99.
9.	«.54.	— 1.50	— 2.04.	«.48,6	— 1.35	— 1.83,6	«.36	— 1.»»	— 1.36.	«.27	— «.75	— 1.02.
10.	«.60.	— 1.50	— 2.10.	«.54,0	— 1.35	— 1.89,0	«.40	— 1.»»	— 1.40.	«.30	— «.75	— 1.05.
11.	«.66.	— 1.50	— 2.16.	«.59,4	— 1.35	— 1.94,4	«.44	— 1.»»	— 1.44.	«.33	— «.75	— 1.08.
12.	«.72.	— 1.50	— 2.22.	«.64,8	— 1.35	— 1.99,8	«.48	— 1.»»	— 1.48.	«.36	— «.75	— 1.11.
13.	«.78.	— 1.50	— 2.28.	«.70,2	— 1.35	— 2.04,2	«.52	— 1.»»	— 1.52.	«.39	— «.75	— 1.14.
14.	«.84.	— 1.50	— 2.34.	«.75,6	— 1.35	— 2.10,6	«.56	— 1.»»	— 1.56.	«.42	— «.75	— 1.17.
15.	«.90.	— 1.50	— 2.40.	«.81,0	— 1.35	— 2.16,0	«.60	— 1.»»	— 1.60.	«.45	— «.75	— 1.20.
16.	«.96.	— 1.50	— 2.46.	«.86,4	— 1.35	— 2.21,4	«.64	— 1.»»	— 1.64.	«.48	— «.75	— 1.23.
17.	1.02.	— 1.50	— 2.52.	«.91,8	— 1.35	— 2.26,8	«.68	— 1.»»	— 1.68.	«.51	— «.75	— 1.26.
18.	1.08.	— 1.50	— 2.58.	«.97,2	— 1.35	— 2.32,2	«.72	— 1.»»	— 1.72.	«.54	— «.75	— 1.29.
19.	1.14.	— 1.50	— 2.64.	1.02,6	— 1.35	— 2.37,6	«.76	— 1.»»	— 1.76.	«,57	— «.75	— 1.32.
20.	1.20.	— 1.50	— 2.70.	1.08,0	— 1.35	— 2.43,0	«.80	— 1.»»	— 1.80.	«.60	— «.75	— 1.35.
21.	1.26.	— 1.50	— 2.76.	1.13,4	— 1.35	— 2.48,4	«.84	— 1.»»	— 1.84.	«,63	— «.75	— 1.38.
22.	1.32.	— 1.50	— 2.82.	1.18,8	— 1.35	— 2.53,8	«.88	— 1.»»	— 1.88.	«.66	— «.75	— 1.41.
23.	1.38.	— 1.50	— 2.88.	1.24,2	— 1.35	— 2.59,8	«.92	— 1.»»	— 1.92.	«.69	— «.75	— 1.44.
24.	1.44.	— 1.50	— 2.94.	1.29,6	— 1.35	— 2.64,6	«.96	— 1.»»	— 1.96.	«.72	— «.75	— 1.47.
25.	1.50.	— 1.50	— 3.»»	1.35,0	— 1.35	— 2.70	1.««	— 1.»»	— 2.»».	«.75	— «.75	— 1.50.

72. Pour la fixation du droit d'expédition dû au Notaire dépositaire de minutes reçues par un Notaire d'une autre classe, il est nécessaire d'établir la distinction suivante :

73. Si le dépôt n'est que provisoire, le droit est dû à raison de la classe de l'étude dans laquelle les minutes seront réintégrées.

74. Et si le dépôt est définitif, le Notaire est fondé à réclamer le droit alloué à la classe dont il fait partie. Dans ce dernier cas, en effet, les actes déposés sont réellement classés au rang de ses minutes, et le tarif ne fait point de distinction entre elles relativement à la fixation du droit d'expédition (Même lettre).

75. Les copies collationnées étant de véritables expéditions doivent être rétribuées comme les expéditions, indépendamment du droit de collation ou d'assistance à la collation (*V.* ci-devant *Collation*).

76. La quotité des droits d'expédition est-elle différente lorsqu'il s'agit d'expéditions délivrées dans l'intérêt public?

Suivant une décision des Ministres de la Justice et des finances du 9 janvier 1808, il ne doit être payé aux Notaires, pour chaque rôle des expéditions délivrées dans l'intérêt public aux préposés de l'enregistrement, que 75 centimes à Paris, et 50 centimes dans les départements outre les frais du papier timbré.

Mais, suivant M. Rolland de Villargues, Jurisprudence du Notariat, 1831, p. 269, cette décision ne doit pas être suivie par les motifs suivants :

Il est constant, en effet, d'une part, que le décret du 16 février 1807, comme tous les autres décrets rendus sous le Gouvernement impérial et qui ne sont pas contraires à la Charte, a force de loi, et cela ne souffre pas de difficulté dans la pratique; d'une autre part, que les décisions ministérielles n'expriment que de simples opinions, n'ont qu'une autorité morale et ne font pas loi; qu'elles ne sont pas obligatoires pour les Tribunaux (Cass. 20 juin 1820, aff. *Lavalley*).

Or, il ne peut être dérogé à une loi que par une loi, et une décision ministérielle ne peut jamais avoir cet effet, quelque faveur que mérite d'ailleurs l'intérêt public.

D'après cela, nous pensons qu'on doit regarder comme non avenue la décision du 9 janvier 1808, et que les Notaires peuvent toujours exiger, pour les expéditions qui leur sont demandées dans l'intérêt de l'administration de l'enregistrement, les mêmes droits qui leur sont attribués pour celles requises par les particuliers.

77. Les honoraires de seconde grosse ou de grosse par ampliation se perçoivent indépendamment des vacations auxquels donne ouverture le procès-verbal de délivrance.

78. Lorsqu'il y a nécessité de délivrer expédition d'un acte imparfait, le droit d'expédition est dû comme pour un acte fait en bonne forme.

79. Le Notaire a une action solidaire contre toutes les parties contractantes pour les honoraires des premières expéditions, surtout lorsque l'acte porte qu'elles seront délivrées et même qu'elles sont requises par les parties (*V.* ci-dessus *Action* et ci-après *Intérêts*).

80. Mais cette action doit cesser lorsqu'il s'agit de secondes expéditions délivrées ultérieurement sur la demande de l'une des parties en l'absence de l'autre, lorsque l'état du Notaire relatif aux frais de minute a été réglé.

81. Un Notaire peut refuser la délivrance des expéditions aux parties contractantes ou à leurs héritiers tant que les honoraires de la minute ne lui ont pas été payés.

82. Ainsi, lorsque les déboursés et honoraires d'un acte sont dûs au Notaire, il peut refuser d'en délivrer expédition même au *tiers* intéressé qui la requiert, tant qu'il n'est pas payé des frais qui lui sont dûs. A cet égard l'art. 851 du C. de proc. ne fait aucune distinction (Paris, 27 novembre 1834, aff. *Andrieux*).

Cet arrêt a été rendu relativement au cessionnaire du vendeur, qui réclamait la délivrance d'une seconde grosse, lorsque les frais de la minute et de la première grosse n'avaient pas été payés au Notaire.

Il est vrai que ce cessionnaire alléguait que la première grosse était entre les mains de son cédant, ce qui n'était pas dénié, mais comme le cédant ne se prévalait pas de l'existence de cette pièce entre ses mains pour en faire résulter sa libération, la Cour a décidé que le cessionnaire ne pouvait pas invoquer la présomption de paiement quand son cédant, à qui le fait était personnel, ne la faisait pas valoir (V. le n° suivant).

83. EXTRAITS. Il est d'usage de ne faire payer les extraits qu'en raison du nombre de rôles qu'ils contiennent.

84. On conçoit qu'il en soit ainsi, lorsque le Notaire veut bien s'y prêter, surtout pour des actes simples qui n'exigent pas de soins ni de travail.

85. Mais quand l'acte est compliqué, quand il est presque aussi difficile de l'analyser que de le faire et que le Notaire engage sa responsabilité si, en rapportant une disposition de l'acte, il supprime involontairement une autre disposition qui modifie la première, il nous semble que alors il est assez juste d'accorder au Notaire des honoraires, non en raison des rôles mais eu égard aux difficultés que ce travail a présentées. On devrait, dans ce cas, prendre pour base ce que coûterait une expédition d'après le nombre de rôles et en appliquer la rétribution à l'extrait, diminution faite toutefois du papier timbré employé en moins, ou bien évaluer le temps employé à analyser l'acte avant de composer l'extrait.

86. S'il en était autrement, c'est-à-dire si les honoraires d'un extrait compliqué ne se payaient qu'au rôle, le Notaire ne se trouvant pas suffisamment rétribué se renfermerait dans son droit qui lui permet de refuser de délivrer des extraits, car aux termes de l'art. 1er de la loi du 25 ventôse an XI, il n'est institué que pour délivrer des *grosses* et *expéditions* des actes qu'il reçoit, d'où il résulte qu'on ne peut le forcer à délivrer autre chose que des grosses et expéditions, excepté dans les cas que la loi détermine, comme lorsqu'il s'agit d'extraits de contrats de mariage de commerçants (C. de com. 67, 68), et d'extraits de partage judiciaire (C. proc. civ 983).

87. FAUX. Lorsqu'en matière d'inscription de faux un Notaire est requis d'apporter au greffe des pièces à conviction ou qui peuvent servir de point de comparaison, il lui est dû, indépendamment de son voyage, savoir : s'il est Notaire de Paris, 9 fr.; de département, 6 fr. 75 cent. (Art. 166 et 170 du Tarif des frais et dépens).

88. Mais si l'opération de vérification n'a pas été terminée le premier jour et que le Notaire soit obligé de se déplacer une seconde fois pour aller reprendre sa minute, il n'est pas convenable que ce second déplacement soit à sa charge et qu'il fasse à ses frais un voyage qui n'est point

de son fait et qui n'est occasionné que par le retard et la durée de la vérification. Dans ce cas il lui est dû un droit de transport, mais il n'a droit à aucune vacation puisqu'il n'a fait que se présenter au greffe et en retirer sa minute (déc. min. just. 4 mars 1820).

89. FIXES (*Honoraires*). Les honoraires du Notaire sont fixes ou proportionnels.

Les actes sujets à honoraires fixes sont :

90. Les acceptations de donations, de transport, de lettres de change.

91. Les acquiescements purs et simples.

92. Les apprentissages ne contenant point obligation de sommes.

93. Les adhésions.

94. Les autorisations.

95. Les certificats de vie (autres que ceux des rentiers et pensionnaires de l'Etat).

96. Les compromis purs et simples.

97. Les décharges pures et simples de valeurs indéterminées.

98. Les déclarations de command., lorsque leur enregistrement ne donne lieu lui-même qu'au droit fixe, car dans le cas contraire les honoraires seraient proportionnels comme pour une revente.

99. Les déclarations pures et simples et qui n'opèrent ni obligation, ni libération, ni transmission de propriété mobilière ou immobilière.

100. Les déguerpissements.

101. Les dépôts de pièces et d'actes sous seing privé même translatifs de propriété (Jug. de Guéret, 8 mai 1833).

102. Les désistements.

103. Les dissolutions de sociétés.

104. Les main-levées d'inscriptions hypothécaires.

105. Les main-levées de saisie ou opposition.

106. Les mentions en marge de minute, grosse ou expédition.

107. Les nominations de tuteur par père ou mère survivant.

108. Les notoriétés.

109. Les procurations.

110. Les protêts faute d'acceptation ou de paiement.

111. Les ratifications pures et simples.

112. Les reconnaissances d'enfant naturel.

113. Les renonciations pures et simples.

114. Les résiliations de baux.

115. Les révocations de procurations, de donations et de testaments.

116. GARDE DE MINUTE. Des Notaires percevaient habituellement un droit de 35 centimes par année pour garde de minute de chacun des actes qu'ils recevaient.

Cette perception n'étant autorisée par aucune loi, le Ministre de la Justice l'a fait cesser par décision du 6 septembre 1835.

117. GRATIFICATIONS D'ÉTUDE. Quoiqu'il soit d'usage dans beaucoup d'études de Notaires de réclamer et de faire allouer un *dixième* en sus des honoraires du Notaire pour gratification aux clercs, on n'est nullement fondé à l'exiger, l'usage invoqué ne pouvant prévaloir sur les prescriptions formelles de la loi (Paris, 1839, aff. *Combes*).

118. GROSSE. (V. ci-devant *expédition*, n° 66 et suiv.).

119. HYPOTHÈQUE. Les honoraires et déboursés des Notaires sont des créances ordinaires auxquelles il n'est attaché aucun droit d'hypothèque par la loi.

120. Cependant quand ils ont le caractère de frais de justice, ils jouissent d'un privilège (V. ci-après *privilège*, n° 152 et suivants).

121. Ainsi, pour avoir un droit d'hypothèque relativement aux déboursés et honoraires des actes ordinaires, il faut un jugement de condamnation.

122. Un exécutoire obtenu du juge de paix n'emporterait point hypothèque. Il y a, sur ce point, même raison de décider que pour les contraintes décernées par les préposés de la régie de l'enregistrement et rendues exécutoires par le juge de paix (Cass. 28 janvier 1828). V. *Infrà*, *Privilège*, n° 148 et suivants.

123. INSCRIPTIONS. Au nombre des commissions particulières dont sont habituellement chargés les Notaires, il faut mettre tout particulièrement les bordereaux d'inscriptions qui exigent, dans leur confection, beaucoup d'attention et de soins et une connaissance parfaite du droit civil concernant notre régime hypothécaire.

124. En raison de la régularité exigée dans la composition des bordereaux, le salaire ne doit point être fixe comme quand il s'agit d'une opération tout-à-fait machinale, telle qu'une *transcription* ou une *radiation*. Un salaire proportionnel nous semble légitimement acquis comme compensation de la *responsabilité* que le Notaire rédacteur des bordereaux assume sur lui pour le cas où leur irrégularité entraîne la nullité de l'inscription (Cass. 9 août 1836). V. *Responsabilité*, note 39.

125. INTÉRÊTS. Par application de l'art. 2001 du Code civ., les Notaires ont, pendant longtemps, prétendu qu'ils avaient droit à l'intérêt de leurs déboursés du jour des avances, mais la jurisprudence désormais bien fixée sur ce point leur refuse ce droit.

Ce n'est pas la loi relative aux obligations des mandants envers les mandataires qu'il faut prendre pour règle, mais la loi du 22 frimaire an VII, qui est une loi spéciale pour le cas qui nous occupe et dont l'art. 30 porte » *que les officiers publics qui auront fait pour les parties l'avance des droits d'enregistrement pourront prendre exécutoire du juge de paix de leur canton pour leur remboursement; et que l'opposition qui sera formée contre cet exécutoire ainsi que toutes les contestations qui s'élèveront à cet égard seront jugées conformément aux dispositions de l'art. 65 de la même loi, relatives aux instances poursuivies au nom de la nation.*

A la vérité on a considéré cet article 30 de la loi de frimaire, comme indicatif seulement d'une des voies de recours et ne pouvant enlever aux officiers publics la juste indemnité que le droit commun accorde à tous mandataires par l'art. 2001 du C. civ. en obligeant le mandant de lui tenir compte de l'intérêt de ses avances.

Mais il existe sur cette matière deux arrêts très-positifs et conformes de la Cour de Cassation des 30 mars 1830 et 24 juin 1840.

Par le premier arrêt, la Cour rejette le pourvoi du Notaire *Savoye*, par les motifs : 1° Que la loi du 22 frimaire en indiquant la voie à suivre pour obtenir la restitution des avances ne contient aucune disposition qui accorde les intérêts de plein droit, et que, dès-lors, les intérêts des sommes payées ne doivent commencer à courir que du jour de la *demande judiciaire, demande rendue si facile par la loi et qui peut suivre presque immédiatement l'avance faite;* 2° Et qu'en refusant au Notaire des intérêts qui ne lui étaient dûs ni en vertu de convention ni en vertu d'une demande en justice, ni en vertu d'une disposition de la loi, le Tribunal civil n'avait point violé les articles de loi précités.

Dans l'espèce du second arrêt, le Notaire *Coste*, après avoir obtenu un exécutoire du juge de paix, fit commandement à l'acquéreur de lui payer une somme de 424 fr. 40 c., pour le montant des droits d'enregistrement et de timbre d'un contrat de vente, plus 55 fr. pour honoraires, avec les intérêts des 424 fr. 40 c. du jour où ils avaient été avancés. L'acquéreur répondit par des offres réelles du capital de l'exécutoire, soutenant ne devoir *d'intérêts qu'à partir de la délivrance de ce titre* et le Tribunal civil de Lyon valida ses offres : le pourvoi du Notaire fut rejeté.

Il résulte de ces deux arrêts que la demande d'un exécutoire formée devant le juge de paix fait courir les intérêts, et qu'il est possible aussi de les faire courir par une convention insérée au contrat, du moins les termes du premier arrêt permettent de supposer, avec juste raison, que le jugement du Tribunal n'aurait point été cassé s'il avait alloué des intérêts par suite de convention.

Les Notaires qui voudront recourir à l'exécutoire, trouveront suffisant ce qui est dit en la formule, relativement à l'obligation de payer les honoraires et déboursés; mais ceux qui tiendront à s'éviter l'embarras de demander un exécutoire, pourront, après s'être entendus sur ce point avec les parties, faire usage de la formule suivante :

L'acquéreur (ou le débiteur) sera tenu de payer les déboursés et honoraires des présentes, ainsi que ceux d'une expédition et de la grosse présentement requises, et, en outre, les déboursés de timbre et d'enregistrement avec les intérêts du jour de l'avance.

Au moyen de cette clause, les parties ne pourront se refuser, ni au paiement du coût des expéditions et grosses qu'ils auront demandées, ni au paiement des intérêts des déboursés avancés, soit par le Notaire, soit par le vendeur (ou créancier) V. ci-dessus, *Action*, n° 9 et suivants; *Exécutoire*, n° 58 et suivants.

126. MANDATAIRE. Toutes les fois que la loi n'a point réglé d'une manière spéciale, comme elle l'a fait relativement aux intérêts des avances, les actions des Notaires contre leurs clients, ces actions, en général, sont celles d'un mandataire vis-à-vis de son mandant, et, en effet, la mission du Notaire étant de s'occuper, tantôt par devoir, tantôt officieusement des affaires d'autrui, il ne doit pas être douteux que, dans ce dernier cas, il doit rentrer dans le droit commun, réglé par les principes établis au titre du mandat (C. civ., 1984 à 2011).

127. La rétribution qui est due au Notaire, dans le cas dont il s'agit, n'a aucune taxe; elle est abandonnée à la volonté du Notaire et des parties, sauf à être arbitrée par les tribunaux, dans le cas où elle n'a point été fixée à l'avance et où les parties, faute de convention, ne peuvent s'entendre sur la fixation de cette rétribution.

Ainsi, il a été implicitement jugé que lors que, par son entremise, un Notaire a fait projeter et conclure une vente, il peut réclamer un salaire pour droit de courtage, savoir : de l'acquéreur, lorsque, ayant été l'agent des deux parties, la vente s'est réalisée, ou de son mandant, lorsque, ayant été mandataire spécial de l'une des parties, la vente ne se réalise pas (Aix, 6 avril 1832).

128. Lorsqu'un procès-verbal d'adjudication est resté imparfait par le défaut de signature de plusieurs des co-acquéreurs solidaires qui ne lui avaient point donné de mandat, il ne peut s'adresser qu'à l'autre partie dont il est mandataire pour ses honoraires (Cass, 26 juillet 1832, aff. Lassaux). V. ci-dessus, *Acte imparfait*, n° 8.

129 Lorsqu'un mandat a été donné à un Notaire, à l'effet de gérer des immeubles, il a pu, suivant les circonstances et eu égard à la profession du mandataire, être déclaré non-gratuit, encore bien que aucun salaire n'ait été stipulé (Cass., 23 juillet 1832; aff. Barnaval). V. ci-devant, n° 34.

130. MENTION. Les mentions de paiement et toutes autres que le Notaire inscrit en marge de ses minutes ou expéditions, sur la demande des parties, nous paraissent susceptibles d'être rétribuées suivant leur importance.

Il en est de ces mentions comme des extraits que les Notaires ne peuvent être contraints de délivrer. Or, si les parties attachent de l'importance à une mention, il est juste que le Notaire reçoive un émolument quelconque. Souvent un acte déroge à un précédent ou le rend sans effet. Si, après un long espace de temps, les héritiers de l'une des parties veulent faire valoir le premier acte, et que les héritiers de l'autre partie n'aient aucune connaissance du second acte qui modifie le premier, il pourra résulter de cette ignorance un grand préjudice pour ces mêmes héritiers, tandis qu'une mention en marge du premier acte aura eu pour effet d'éclairer chaque héritier sur ses véritables droits.

131. Il y a des mentions d'ordre que les Notaires font, soit sur leurs minutes, soit sur les expéditions relativement aux sommes qu'ils reçoivent à compte ou qui leur sont dues. V. *Infrà, Paiement, Registre.*

132. OPPOSITION A LA TAXE. Quoique les honoraires d'un Notaire aient été fixés amiablement entre lui et les parties, s'il a consenti postérieurement à ce qu'ils fussent taxés en la manière ordinaire, le réglement de ce magistrat est susceptible d'opposition, si, d'ailleurs, les parties n'ont pas été appelées pour y être présentes; à cet égard, la voie de l'opposition est ouverte contre les taxes d'honoraires faites par le président, en l'absence des parties intéressées (Paris, 15 février 1837; aff. Piet).

La taxe des honoraires d'un Notaire peut être attaquée devant le tribunal par la voie de l'opposition (Poitiers, 10 mai 1833; aff. Jouffrand).

Même la chambre de discipline des Notaires peut intervenir dans l'instance pendante sur l'opposition à une ordonnance qui a taxé les honoraires d'un Notaire (Jug. de Guéret, 12 juillet 1832; aff. Grand). V. ci-après, *Taxe.*

133. PAIEMENT. L'acte ou l'expédition de l'acte donnant lieu aux honoraires, tant qu'il est entre les mains du Notaire, justifie suffisamment que tous les frais lui en sont dûs (Cass., 14 octobre 1811; aff. Meynard).

134. Cependant la représentation des expéditions par le successeur du Notaire, et dûment signées de ce dernier, peut cesser de former titre ou présomption de non-paiement des honoraires et déboursés, si, postérieurement à la passation de ces actes et pendant un grand nombre d'années, d'autres actes ont été passés par la même partie qui en a payé le coût, et reçu du Notaire des quittances sans réserve (Bordeaux, 8 décembre 1835; aff. Dubreuille-Brachet).

135. En prenant cet arrêt pour règle, on doit remarquer qu'il n'est pas prudent de régler compte avec les parties pour des actes nouveaux, quand le coût des anciens n'a point été payé. Une réserve, dans ce cas, n'est pas inutile.

136. Sauf ce cas particulier qui, d'ailleurs, peut être rare, les parties doivent fournir une preuve complète du paiement, pour repousser la réclamation du Notaire.

137. La remise des pièces faisant présumer le paiement des frais, le Notaire doit se bien garder de délivrer un acte avant le paiement de ses déboursés et honoraires (Cass., 18 novembre 1815; aff. Defouleur).

138. Cependant, s'il lui convient de délivrer les pièces sans recevoir les frais qui lui sont dûs, il y a deux moyens qu'il peut employer pour détruire la présomption de paiement.

139. Le premier, en ayant la précaution d'inscrire sur l'expédition que la remise a lieu sous débet de tous ses déboursés et honoraires qui lui sont dus en tout ou en partie, et pour lesquels il fait toute réserve. Il est clair, dans ce cas, que la présomption de paiement doit cesser.

140. Et le second, en se faisant souscrire par la partie une reconnaissance du montant de ses déboursés et honoraires, et en y exprimant la cause. Si la cause n'était point exprimée dans la reconnaissance, la dette ne serait plus qu'une dette ordinaire, pour laquelle le Notaire n'aurait plus de recours contre les solidaires, puisqu'il aurait consenti à une novation (V. *Infrà, Remise de pièces*).

141. PARTAGE D'HONORAIRES. Lorsqu'un acte a été reçu par deux Notaires qui y ont coopéré comme Notaires des deux parties, les honoraires de la minute et ceux de la première expédition se partagent entre eux par moitié.

142. Mais il en est autrement des honoraires des autres expéditions; ceux-ci ne sont dus qu'au Notaire détenteur de la minute, parce que alors il n'a plus aucun rapport avec son confrère pour raison de l'acte et que la participation aux honoraires ne peut avoir une éternelle durée. D'ailleurs ces honoraires qui sont tout-à-fait accidentels sont justement acquis au détenteur comme ayant la responsabilité de la minute.

143. Lorsqu'un Notaire n'est intervenu dans un acte d'une grande importance, tel qu'un partage ou une liquidation, que pour assister une partie qui n'avait qu'une main-levée à donner ou un désistement à faire, il n'est pas juste que ce Notaire exige d'autres honoraires que ceux attachés à cette main-levée ou à ce désistement.

Toutefois, pour éviter toute difficulté à ce sujet, on peut faire la main-levée ou le désistement par acte séparé qui se lierait avec la liquidation ou le partage.

144. Il y a une sorte de partage d'honoraires qui peut être le résultat d'une association entre un Notaire et une autre personne qui n'est revêtue d'aucune fonction. Mais une pareille association nous paraît illicite comme tendant dans ses effets à rendre le notariat l'objet d'une spéculation commerciale, et à gêner le Notaire dans l'exercice de ses fonctions.

145. Toutefois, il a été jugé, et cela ne détruit pas le principe que nous venons de poser, qu'en supposant illicite l'association formée, comme condition de la vente d'un office de Notaire entre le cédant et le cessionnaire, pour l'exploitation et le partage des bénéfices de cet office, la nullité de cette association ne pouvait être poursuivie par le cessionnaire, qu'en demandant, en même temps, la résolution de la vente, ou en offrant d'indemniser le cédant de la partie du prix équivalente au bénéfice que celui-ci devait retirer de l'association (Bordeaux, 20 mai 1840; aff. Rebeyrolles).

146. Il y a, dans certaines localités, une espèce d'association qui mérite d'être encouragée, soit parce qu'elle est une preuve de la bonne harmonie et de la confiance qui existe entre les Notaires qui l'ont formée, soit parce qu'elle ôte toute inquiétude sur l'avenir à ces mêmes Notaires, et leur conserve leur dignité, sachant qu'une affaire non faite par l'un d'eux, n'est pas pour cela tout-à-fait perdue pour lui, alors qu'elle profite aux associés de la même résidence.

Par cette association, tous les honoraires ne sont pas mis en commun; seulement, lorsque le produit annuel d'une étude ne s'est pas élevé à une certaine somme, les autres Notaires demeurent obligés de la compléter chacun en raison du produit de la sienne.

147. PRESCRIPTION. L'action du Notaire contre les parties ou leurs héritiers, pour le remboursement de ses déboursés et honoraires, est une action personnelle qui se prescrit par trente ans, à compter de la date de l'acte pour les honoraires, et à compter du jour de l'avance faite par les Notaires, pour les déboursés (C. civ., 2262).

148. PRIVILÉGE. En général, les Notaires n'ont ni privilége ni hypothèque pour raison de leurs déboursés et honoraires.

149. Même quand il y a obligation imposée à l'acquéreur, soit par le vendeur, soit par la loi (C. civ., 1593.), de payer les déboursés et honoraires du contrat; cette charge résultant plutôt de la loi que de la convention, ne constitue pas une charge faisant partie du prix, et il n'en résulte ni privilége foncier, ni droit de résolution (Caen, 7 juin 1837).

150. Pareille solution se trouvait déjà dans un arrêt de cassation, du 15 mai 1811, portant que les frais (autres que ceux de contrat), qui sont mis par l'acte à la charge de l'acquéreur, font partie du prix de la vente.

151. Cependant certains déboursés et honoraires sont privilégiés, lorsqu'ils ont le caractère de frais de justice.

152. Sont considérés comme frais de justice, les frais d'apposition et levée de scellés, d'inventaire, de liquidation, licitation et partage, de saisie, de poursuite de vente, de vente ordonnée par justice, même ceux de bénéfice d'inventaire (Cass., 11 août 1824; aff. Bouthillier). Enfin, toutes les dépenses faites, soit pour conserver le gage commun, en constater la consistance et la valeur, et mettre les créanciers à même d'être payés sur ce gage (Jug. de la Seine, 6 décembre 1839), soit à l'occasion d'un acte passé sous le sceau de la justice (Roland de Villargues, V° *Frais de justice*).

153. Les frais de justice sont privilégiés au premier rang sur la généralité des meubles (C. civ. 2101).

154. Ils priment le propriétaire auquel il est dû des loyers, parce qu'ils ont été faits utilement pour lui et les autres créanciers privilégiés. Il en serait autrement s'ils n'avaient été faits qu'après une saisie-gagerie ou revendication pratiquée sur les meubles par ce propriétaire, ou bien s'ils avaient été faits sans aucune utilité pour lui comme le sont ceux de frais de poursuites qui passent après le privilége du propriétaire (C. de proc. 662). V. Limoges, 15 juin 1813. Berriat, Carré, Pigeau, Thomine, Bioche, V° *Distribution par contribution* n° 68.

155. Les frais d'inventaire ne sont pas primés par les frais de scellés, les uns et les autres venant au même rang sont payés au marc le franc (Jugement de la Seine, 6 décembre 1839).

156. A défaut de mobilier suffisant, les frais de justice sont encore privilégiés sur les immeubles (C. civ. 2104) et passent (C. civ. 2105) avant le privilége du vendeur et des autres créanciers dénommés en l'art. 2103.

157. Les frais de justice sont exempts de la formalité de l'inscription (C. civ. 2107). Cependant il peut être utile de faire inscrire le privilége au bureau des hypothèques afin que le créancier puisse être appelé à la distribution du prix des immeubles. Avec la loi de 1841 sur les ventes judiciaires on va sentir davantage l'utilité de l'inscription, car désormais la clôture de l'ordre pour les biens vendus judiciairement purgera tous les priviléges.

158. Ainsi, pour prendre inscription, il faut un titre, et pour obtenir ce titre il faut assigner les débiteurs devant le Tribunal civil; on peut aussi les citer devant le juge de paix si la somme demandée n'excède pas sa compétence. (V. *suprà*, n°s 19 et 20).

159. PROPORTIONNELS (HONORAIRES). Les honoraires des Notaires sont proportionnels ou fixes.

160. Suivant un usage généralement adopté les honoraires proportionnels se divisent en quatre classes :

161. La première comprend tous les actes translatifs de propriétés mobilières ou immobilières sur lesquels on perçoit 1 p. 0/0 à raison de la valeur qui y est exprimée ou qui, lorsque les parties ne fournissent pas de renseignements, est appréciée par le Notaire d'après le revenu de la matrice cadastrale, le produit des baux ou de toute autre manière, sauf les procès-verbaux d'adjudication dont les honoraires varient de 1 à 5 p. 0/0, suivant l'usage des localités.

On comprend dans cette catégorie les actes qui sont seulement déclaratifs de propriété, comme les partages, les licitations, les comptes.

162. La deuxième comprend les actes contenant obligation ou cession de sommes et valeurs à quelque titre que ce soit, et quelle que soit la nature de l'acte. Sur tous ces actes les honoraires varient de 75 cent. à 1 franc p. 0/0.

163. La troisième comprend les actes translatifs de jouissances de propriétés mobilières ou immobilières d'une durée non perpétuelle. Les honoraires de ces actes varient de 50 à 75 cent. par franc eu égard aux années.

164. La quatrième comprend les actes contenant reconnaissance de sommes et valeurs par renovation, les affectations hypothécaires, les engagements de tiers par suite de

cautionnement, les actes contenant libération de sommes ou valeurs, les apports sociaux, dont les honoraires varient de 35 à 50 cent. p. 0/0.

165. Les actes sujets à honoraires proportionnels, sont :

166. Les abandons de biens.

167. Les actes recognitifs ou confirmatifs.

168. Les adjudications volontaires ou judiciaires.

169. Les affectations hypothécaires.

170. Les antichrèses.

171. Les apprentissages qui contiennent obligation de sommes.

172. Les associations ou actes de société.

173. les atermoiements.

174. Les baux de toute espèce.

175. Les billets à ordre.

176. Les cautionnements.

177. Les certificats de propriété.

178. Les certificats de vie (V. art. 10 du décr. du 21 août 1806, art. 12 de l'ord. roy. du 20 juin 1817. — Ord. roy. du 20 octobre 1831 qui fait exception en faveur des récompenses nationales).

179. Les cessions de biens.

180. Les changements d'hypothèque.

181. Les comptes de tutelle et autres.

182. Les concordats.

183. Les constitutions de dots et rentes de toute espèce.

184. Les contrats de mariage.

185. Les décharges de sommes ou valeurs déterminées.

186. Les déclarations de command qui ne sont pas faites dans les 24 heures, parce qu'alors elles doivent être considérées comme reventes.

187. Les délégations.

188. Les devis et marchés.

189. Les donations entre-vifs de toute espèce.

190. Les échanges.

191. Les licitations.

192. Les marchés.

193. Les obligations avec ou sans hypothèque. V. *infrà*, n° 206.

194. Les ordres et distribution de deniers entre créanciers.

195. Les partages et ventes volontaires (V. art. 173 du Tarif du 16 février 1807).

196. Les quittances.

197. Les remplacements militaires.

198. Les renonciations moyennant des sommes ou valeurs déterminées.

199. Les résiliations de baux.

200. Les rétrocessions de meubles ou immeubles.

201. Les sociétés.

202. Les testaments.

203. Les titres nouvels.

204. Les traités de toute nature.

205. Les transactions.

206. Les transports de droits et créances. — A cet égard il a été jugé que les frais d'enregistrement d'une obligation et du transport qui en est fait, sont, à moins de convention contraire, à la charge du cessionnaire et non du débiteur cédé (C. civ. 1593; Cass. 25 novembre 1840; Sirey 41. 1. 128.)

217. Les unions de créanciers.

218. Les ventes de toute nature

219. PROTÊTS. Les protêts faute d'*acceptation* ou de *paiement* d'effet de commerce peuvent être faits par deux notaires, ou par un notaire et deux témoins, ou par un huissier et deux témoins (C. de com. 173).

220. Les honoraires en sont fixés par l'art. 65 du Tarif des frais et dépens, et on y ajoute un droit de visa de l'exploit dans le cas d'absence du débiteur (C. de proc. 68).

221. QUITTANCE (V. ci-devant *Paiement* n° 133 et suiv.).

222. QUOTITÉ (V. ci-devant *Fixes*, n° 89 et suiv. *Proportionnel*, n° 159 et suivants).

223. RADIATIONS (V. ci-dessus *Commissions particulières*).

224. RECETTE (DROIT DE). Lorsqu'un Notaire se charge de faire des recouvrements de sommes pour le compte de ses clients, il se fait ordinairement remettre une procuration dans laquelle il est d'usage de fixer le droit de recette. Si on ne l'a pas fixé, la règle ordinaire est de percevoir cinq pour cent sur des petites sommes et de diminuer ce droit en raison de l'importance des sommes (V. *suprà*, n° 34).

225. RECHERCHES. Lorsqu'il s'agit de la recherche d'anciens actes, si le Notaire ne reçoit que des indications insuffisantes qui l'obligent à des recherches longues et difficiles, il est juste qu'il soit indemnisé de l'emploi de son temps par vacation, surtout si les parties se bornent à prendre communication de l'acte sans en lever expédition. (Lettre Min. Just. du 18 octobre 1835).

226. RÉCLAMATION (V. ci-après *Réglement amiable*).

227. RÉDUCTION (V. aussi *Réglement amiable*).

228. RÉFÉRÉ. Lorsqu'il y a lieu de référer au juge, dans le cas de l'art. 852 du C. de proc. civ., et dans tous les autres cas où le transport des Notaires est requis par devant le juge, il leur est dû des vacations outre leur voyage (Tarif des frais et dépens, 168, 170).

229. REGISTRE. Il est maintenant d'usage parmi presque tous les Notaires d'avoir un registre destiné à inscrire les sommes qui leur sont dues et celles qui leur sont payées par les parties pour déboursés et honoraires d'actes.

Ce registre étant un livre d'ordre dont la tenue n'est pas obligatoire pour le Notaire, il en résulte qu'il n'est pas toujours possible aux parties d'en prendre connaissance et d'en vérifier la régularité. Si donc une partie qui fait un paiement sans retirer de quittance du Notaire préfère une mention sur la minute à une mention sur le livre, il nous semble que le Notaire ne doit point s'y refuser. L'acte étant le seul titre du Notaire contre la partie, on conçoit que celle-ci puisse exiger que le paiement qu'elle fait soit inscrit sur ce même titre pour en anéantir l'effet.

230. Les Notaires ont d'autres registres d'ordre, notamment un registre de dépôts et de comptabilité, dont la tenue n'est pas non plus obligatoire; cependant lorsque deux parties contractantes ont laissé entre les mains d'un Notaire une somme d'argent à titre de dépôt, jusqu'à l'accomplissement de certaines formalités, l'on peut, à l'effet d'établir la libération, soit du débiteur, soit du Notaire dépositaire, considérer comme commencement de preuve par écrit les actes de prêt ou d'acquisition que la partie créancière de la somme déposée a passée chez le même Notaire et les registres tenus par ce dernier (Jugement de Montauban du 29 juillet 1829).

[5] DES HONORAIRES, VACATIONS ET DÉBOURSÉS.

231. RÉGLEMENT AMIABLE. Les honoraires et vacations des Notaires seront réglés à l'amiable entre eux et les parties, sinon par le Tribunal civil de la résidence du Notaire, sur l'avis de la Chambre et sur simples mémoires sans frais (Art. 51 de la loi du 25 ventôse an XI).

232. Cette faculté de régler les honoraires et vacations à l'amiable reçoit cependant exception.

233.—1° A l'égard des actes qui participent de la juridiction contentieuse et dont le tarif contient la taxe suivant la classe des Notaires ou les difficultés qu'ils ont présentées.

234.—2° Et à l'égard des frais de voyage et droits d'expéditions qui sont les mêmes, soit qu'ils se rattachent à la juridiction volontaire, soit qu'ils tiennent à la juridiction contentieuse.

235. Doit-on dans les réglements amiables suivre la même base que celle adoptée pour le Tarif qui réduit les vacations selon la classe? Nous pensons que non; car pour tous les actes sujets à honoraires proportionnels la réduction se trouve toute faite par l'importance des choses qui est moindre à mesure qu'on descend d'une classe à une autre; tellement, qu'un Notaire de 1re classe opère dans une année sur des millions de valeurs, tandis qu'un Notaire de 3e classe n'opère dans son année que sur quelques centaines de mille.

236. Lorsque des déboursés et honoraires ont été payés ou réglés entre le Notaire et les parties, ils ne sont plus sujets à être taxés, en conséquence, toute réclamation ou demande en réduction doit être interdite aux parties.

Ainsi, lorsque dans le cahier des charges d'une adjudication les honoraires du Notaire sont fixés à *tant* pour cent, les parties ne peuvent plus revenir contre cette fixation en demandant la taxe; il y a eu réglement (Paris 21 avril 1806, aff. Mercier; 13 avril 1809, aff. Serreau; Cass. 27 mai 1829, aff. Lettré).

237. Cette faculté de régler les honoraires à l'amiable n'est soumise à aucune restriction. Ainsi, quoiqu'il ait été dit dans une adjudication que les honoraires seraient réglés conformément au Tarif, s'il a été convenu ultérieurement et après l'adjudication entre l'adjudicataire et le Notaire que les honoraires seraient portés à un taux plus élevé, les Tribunaux ne peuvent, au mépris de ce réglement amiable, ordonner la réduction des honoraires au taux fixé par le cahier des charges (Cass. 17 mars 1829, aff. Holder).

238. La réduction qui peut être demandée lorsqu'il s'agit d'une vente judiciaire renvoyée devant Notaire, ne peut l'être que par le vendeur ou un créancier utilement colloqué, lorsqu'il y a excès dans la fixation des honoraires (Paris 20 mai 1826, aff. Alexandre).

239. Mais il a été décidé :

Que, bien que des honoraires aient été payés au Notaire, s'il résulte des circonstances que, loin qu'il y ait eu réglement amiable, les parties ont été induites en erreur, et qu'il y a eu dol et fraude pratiqués à leur égard, le réglement de ces honoraires peut encore être demandé, et l'action en réduction dure 30 ans (Cass. 19 janvier 1831; 12 février 1838; aff. Favier, 7 mai 1839; aff. de Bourge.)

240. Que la clause d'un acte notarié portant fixation des honoraires du Notaire, n'avait pas le caractère d'un réglement amiable qui empêchât les parties de demander ultérieurement la taxe, même quand il était dit que cette fixation était faite du consentement des parties (Bourges, 19 avril 1839). Il s'agissait dans l'espèce d'honoraires dont le montant avait été fixé dans une liquidation de succession.

241. REMISE DE PIÈCES. Quoiqu'un Notaire ait délivré l'expédition ou la grosse d'un acte, il peut encore réclamer les déboursés et honoraires qui lui sont dus, tant pour la minute que pour l'expédition ou la grosse. Il ne résulte pas de cette délivrance une présomption absolue de paiement. L'exception *pièces remises, pièces payées*, en la supposant admissible en présence de l'art. 851 du C. de proc. civ., ne peut être opposée que par la partie dénommée en l'acte et en aucun cas par un tiers intéressé tel qu'un *cessionnaire* qui ne pourrait raisonnablement s'emparer d'une présomption de paiement auquel il a été étranger (Paris 27 novembre 1834, aff. Prost).

242. La délivrance de l'expédition, alors surtout qu'elle est jointe au long silence du Notaire, forme une présomption suffisante que les honoraires et déboursés de l'acte ont été payés, quand les parties argumentent du long silence du Notaire et de ses héritiers ou ayant-cause, de son état de gêne qui ne devait pas lui permettre de remettre la pièce sans être payé, et de cette circonstance qu'ayant cédé sa charge, le nouveau titulaire aurait dû devenir aussi acquéreur des créances de l'étude (Douai, 13 février 1834; aff. Dequen). V. *suprà* nº 135 et suiv.

243. RÉPERTOIRE. Est-il dû une rétribution au Notaire pour l'inscription de ses actes au répertoire?

L'affirmative ne nous paraît pas douteuse. En effet, l'inscription au répertoire étant une conséquence de l'acte, qui occasionne une dépense de timbre pour l'original, une seconde dépense pour la copie et une troisième dépense pour les frais de dépôt au greffe, il semble juste que le Notaire soit indemnisé des déboursés qu'il fait à cet égard, et tel est l'usage dans beaucoup de localités où le droit varie de 30 à 50 centimes.

S'il en était autrement, il en résulterait que les honoraires du Notaire, s'il fallait en déduire quelque somme même modique pour des déboursés, ne seraient plus des émoluments nets, et cependant on entend par honoraires une rétribution exempte de toute espèce de diminution.

244. RETENTION DE PIÈCES. Lorsque des pièces ont été fournies à un Notaire pour rédiger un acte, il n'a pas le droit de les retenir jusqu'à ce qu'il ait été payé des déboursés et honoraires qui lui sont dûs pour cet acte (Jugement de Pointe-à-Pître, 15 mars 1838).

245. SCEAU. Le sceau étant un accessoire de la signature du notaire et étant un complément indispensable pour que chaque expédition ou grosse ait la forme légale (art. 27 de la loi du 25 ventôse an XI), on ne saurait attacher une rétribution à cette formalité qui n'occasionne d'ailleurs aucun déboursé appréciable.

246. SEQUESTRE. Lorsque les Notaires sont nommés séquestres, soit par justice, soit volontairement par le choix

des parties, ils ont droit, soit à des honoraires proportionnels quand ils sont chargés de recevoir des sommes ou valeurs quelconques, soit à des vacations ou à une somme fixe quand il s'agit d'administrer des biens immeubles (V. ci-dessus *Commissions particulières, Mandataires*).

Dans ces deux cas ils doivent être considérés comme des mandataires et non comme des dépositaires.

247. SOLIDARITÉ (V. ci-devant *Action en paiement, Exécutoire*).

248. TRANSCRIPTIONS (V. ci-devant *Commissions particulières*).

249. TARIF. La disposition de l'art. 51 de la loi du 25 ventôse an XI, portant que les honoraires des actes doivent être réglés à l'amiable entre le Notaire et les parties, exclut toute idée de tarif. En effet, des hommes aussi judicieux que les législateurs de ce temps-là n'ont pas dû prendre une pareille mesure sans avoir mûrement réfléchi qu'un tarif ne pouvait être appliqué qu'à un très-petit nombre de cas et que pour tous les autres il ne pourrait recevoir une application juste et raisonnable, parce que le plus souvent les actes même les plus simples, n'ont de ressemblance entre eux que par le titre qu'on leur donne, les uns exigeant plus de soins et de temps, plus de développement et plus de connaissances en droit, et les autres contenant des conventions tellement indépendantes du principal objet de l'acte, que ce même acte tient quelquefois lieu aux parties de trois ou quatre actes isolés.

250. Ainsi, les honoraires doivent être fixés librement entre le Notaire et les parties en appliquant l'usage et l'équité à la nature de l'acte, au degré d'intérêt qu'il offre aux parties et aux faits qui ont amené sa conclusion.

251. La jurisprudence est conforme à l'opinion que nous venons d'émettre, car plusieurs Cours royales ont refusé d'homologuer des Tarifs qui leur avaient été présentés par des Chambres de Notaires; leur refus a été principalement basé sur ce motif, qu'admettre le principe ce serait ouvrir la porte à un arbitraire d'autant plus redoutable qu'il aurait obtenu la sanction de la justice, et que s'il fallait admettre des tarifs, même modérés, on en viendrait bientôt à établir des tarifs élevés, ce qui serait contraire à la raison, à l'équité et au texte de la loi (Nimes 30 août 1811; Riom 27 décembre 1823, Bourges).

252. Cependant il a été jugé que quoique les Tarifs des Chambres des Notaires ne soient pas obligatoires, ils peuvent être pris en considération par les Tribunaux, surtout lorsque ces Tarifs sont exécutés depuis un certain nombre d'années, en présence des chefs de la magistrature locale (Colmar 17 février 1840, aff. Schlosser). Dans l'espèce, il s'agissait des frais d'une adjudication fixés par le cahier de charges à 9 p. 0/0, ce qui était un peu contraire au Tarif qui n'allouait des honoraires qu'en suivant une éhelle de proportion. Le Notaire avait de lui-même réduit les honoraires par application du Tarif, et la Cour les a maintenus en se conformant à l'usage consacré par le réglement des Notaires qui a été par eux qualifié Tarif.

Mais quelle que soit la légalité ou l'illégalité d'un Tarif arrêté par une Chambre de Notaires, qu'il soit obligatoire ou non, le Tribunal ne peut, sans excéder ses pouvoirs, se saisir de la connaissance de ce Tarif pour l'approuver ou l'improuver par voie de disposition générale; il ne peut davantage, au cas où il le considère comme illégal, inviter le Ministère public à faire des réquisitions au sujet de cette illégalité. La délibération prise sur ces points doit être annulée par la Chambre des requêtes, en vertu de l'art. 80 de la loi du 27 ventôse an VIII (Cass. 26 janv. 1841, *Sirey*, 41, 1, 133).

253. Mais cet arrêt ne détruit point le principe que nous venons de poser, il en est au contraire la confirmation, et il a été rendu dans le même esprit que celui qui a dicté les arrêts précités. En effet la Cour a évité de prendre pour règle générale le Tarif ou règlement des Notaires, elle ne l'a consulté que pour connaître l'usage des Notaires de la localité, et si elle eût trouvé excessif le taux des honoraires fixés par ce règlement il est bien clair, d'après les considérants de l'arrêt, qu'elle n'en aurait tenu aucun compte.

254. Sauf les cas tout-à-fait exceptionnels, il y a des règles admises par l'usage qui servent de base à la fixation des honoraires et qui préviennent l'arbitraire (V. ci-dessus *Fixes*, *Proportionnels*, et, ci-après, *Vacations*).

255. Les honoraires proportionnels perçus par les Notaires soit sur le prix des ventes, soit sur le montant des sommes empruntées, partagées ou payées, ne peuvent donner à leurs opérations un caractère commercial ou spéculatif; ils ne sont qu'une juste indemnité de leurs peines, de leurs soins et de la responsabilité qui pèse sur eux en raison de l'importance de chaque acte (V. *Responsabilité*, note 39).

256. TAXE. Les honoraires et vacations des Notaires seront réglés à l'amiable entre eux et les parties, sinon par le Tribunal civil de la résidence du Notaire sur l'avis de la Chambre et sur simples mémoires, sans frais (art. 51 de la loi du 25 ventôse an XI).

257. Pour obtenir la taxe, il est d'usage à Paris que le Notaire envoie son mémoire au greffe, avec ou sans requête. Le Président le renvoie à la Chambre pour avoir son avis. La Chambre retourne le mémoire au Président qui commet un juge pour la taxe.

258. Les taxes d'honoraires faites par le Président du Tribunal peuvent être écrites, sans contraventions, sur les actes mêmes qui ont donné lieu à ces honoraires (V. note 45). Elles ne sont pas soumises à l'enregistrement (Délibération de la régie du 8 mai 1824).

259. Tous les actes du ministère des Notaires (autres que ceux dont il est fait mention aux art. 168, 169, 170, 171 et 172 du Tarif des frais et dépens) notamment les partages et ventes volontaires qui auront lieu par devant eux, seront taxés par le président du Tribunal de première instance de leur arrondissement, suivant leur nature et les difficultés que leur rédaction aura présentées, et sur les renseignements qui lui seront fournis par les Notaires et les parties (art. 173 du Tarif des frais et dépens).

260. L'art. 51 de la loi de ventôse rappelé ci-dessus n° 256 et qui porte que les honoraires des Notaires doivent être réglés par le Tribunal *sur l'avis de la Chambre*, a-t-il été abrogé par l'art. 173 du Tarif que nous venons de rapporter, lequel porte que la taxe sera faite par le *Président du Tribunal*, sans parler de l'avis de la Chambre?

La négative a été décidée par le Grand-Juge Ministre de la Justice, par sa lettre du 10 juin 1822, adressée au Procureur général de la C. r. de Bourges.

L'usage à Paris est conforme à la décision du Ministre, et le Président du Tribunal civil de la Seine se fait toujours un devoir de demander préalablement l'avis de la Chambre lorsque une taxe d'acte de Notaire est requise. En général, on pense que le Tarif n'a fait que substituer le *Président* du Tribunal au *Tribunal* lui-même pour la taxe des honoraires, sans abroger la loi qui prescrit l'avis de la Chambre.

Mais l'affirmative paraît résulter de l'arrêt suivant de la Cour de cassation.

En 1830 et 1834, Coderc avait fait devant Me Favier, Notaire, deux testaments portant partage de ses biens entre ses enfants.

Après le décès du testateur, le Notaire a réclamé une somme de 533 fr. 80 c. pour honoraires de ces deux testaments.

La note contenant le détail de ces honoraires était ainsi conçue pour ce qui concernait le second testament :

Droit fixe. . . . . 6 fr. »
Droit proportionnel sur une valeur présumée de 100,000 francs 415 50

Les héritiers ont payé à Me Favier 500 francs, somme à laquelle il s'est restreint par sa quittance.

Plus tard les héritiers Coderc ont soumis le mémoire des honoraires à la taxe du Président du Tribunal, qui l'a réduit à 200 fr., puis ils ont assigné le Notaire en restitution d'une somme de 300 fr., prétendant qu'ils n'avaient payé la presque totalité des honoraires réclamés que parce qu'ils avaient été induits en erreur par ces mots : *droit proportionnel*.

Sur l'instance, il intervient un jugement du Tribunal civil d'Ambert, qui condamne le Notaire à restituer la somme de 300 fr., attendu que les circonstances faisaient présumer que les héritiers Coderc avaient payé par *erreur* une somme qui n'était point légitimement due au Notaire, attendu que sa taxe avait été faite dans les limites des attributions du juge taxateur, le préalable de l'avis de la Chambre des Notaires étant purement facultatif et n'ayant pu constituer pour lui une obligation irritante.

Pourvoi en cassation de la part du Notaire pour violation de l'art. 51 de la loi du 25 ventôse an XI, et fausse application de l'art. 173 du décret du 16 février 1807, en ce que 1° il y avait eu réglement amiable; 2° et le Président n'avait pu faire la taxe sans prendre l'avis de la Chambre des Notaires.

Mais, le 12 février 1838, arrêt par lequel,

La Cour, attendu que de l'ensemble des dispositions du décret du 16 février 1807, notamment de ces termes de l'art. 173, portant : *tous les autres actes du ministère des Notaires seront taxés par le Président du Tribunal, sur les renseignements qui lui seront fournis par les Notaires et les parties*; il résulte clairement que l'art. 51 de la loi du 25 ventôse an XI a été modifié, soit en ce qu'il prescrivait que le réglement des honoraires des Notaires serait fait par le *Tribunal*, soit en ce qu'il prescrivait que ce réglement ne serait fait que sur l'*avis de la Chambre des Notaires*, et qu'en décidant ainsi, le jugement attaqué n'a violé aucune loi. — Rejette.

Par cet arrêt, la Cour a changé la jurisprudence qu'elle avait adoptée dans un précédent arrêt du 17 mars 1829, aff. Holder.

261. Lorsqu'une partie requiert du Président la taxe des honoraires dus à un Notaire, celui-ci peut être tenu, sur une simple missive du Président et sans qu'il soit besoin d'une citation judiciaire, de se transporter en personne chez ce magistrat et d'y apporter la minute de l'acte à taxer (Bourges, 30 décembre 1829, aff. Prunier).

262. Lorsqu'une Cour royale est saisie d'une demande relative à des honoraires, elle peut procéder à la taxe du

consentement respectif des parties (Cass. 9 février 1836, aff. Nusse).

263. Les jugements ou ordonnances qui statuent sur les oppositions formées à la taxe des honoraires, sont susceptibles d'appel (Paris 22 décembre 1832, aff. Harucque).

264. La taxe des déboursés et honoraires des Notaires peut être directement attaquée par les parties devant les Tribunaux par voie de demande principale, sans qu'il soit nécessaire d'y former préalablement opposition devant le Président qui l'a faite (Cass. 11 novemb. 1833, aff. Holder).

265. Même les parties sont fondées à demander que le Tribunal saisi réduise les honoraires, lorsque le Notaire les a actionnées devant le Tribunal en paiement du montant de la taxe (Même arrêt).

266. Dans les deux cas ci-dessus, le Président ou juge qui a procédé à une taxe, n'est point obligé de se récuser sur l'action qui est portée devant le Tribunal contre cette même taxe (Même arrêt).

267. Le vendeur d'un immeuble, co-obligé solidaire avec ses acquéreurs au paiement des déboursés et honoraires dus au Notaire qui a passé l'acte de vente, est recevable à former tierce opposition au jugement qui a condamné les acquéreurs au paiement de ces frais et dont le Notaire réclame contre lui l'exécution. On ne peut pas lui opposer l'autorité de la chose jugée, en ce qu'il aurait été représenté dans l'instance par ses co-obligés solidaires à la même dette.

Au fond, ce tiers opposant peut se prévaloir de toutes les exceptions qui lui sont personnelles, ou qui sont communes à tous les débiteurs. On doit considérer comme telle l'exception tirée du paiement qui aurait été fait au notaire, soit directement, soit au moyen d'une imputation avec des sommes touchées par lui pour le compte des acquéreurs dont il était associé (Cass. 29 novembre 1836, aff. Guiffrey).

268. TESTAMENT OLOGRAPHE OU MYSTIQUE. Il est dû aux Notaires des honoraires qui se règlent par vacations pour leur simple assistance à présenter des testaments olographes ou mystiques au Président du Tribunal en conformité de l'article 1007 du Code civil.

269. Ces vacations doivent être allouées pour la présentation comme pour le retrait des pièces dont le Notaire donne décharge au greffier, dans le cas où la remise n'en a point été faite le premier jour.

270. Indépendamment des vacations à l'assistance et à la remise des pièces, il est dû les frais de voyage (Art. 170 du Tarif).

Voir *suprà* n° 88.

271. TIMBRE. Les déboursés de timbre ne sont jamais assez importants pour que le Notaire en exige des parties le remboursement par la voie judiciaire et par action qui ne comprenne que cet objet. S'il actionne c'est pour les droits d'enregistrement qui s'élèvent ordinairement à une somme plus considérable que le papier timbré, à moins qu'il ne s'agisse d'actes volumineux qui n'engendrent qu'un droit fixe.

272. Dans tous les cas où le Notaire forme une demande en remboursement de ses déboursés, il est de son intérêt et de celui des parties, pour ne pas multiplier les actions, de joindre les droits de papier timbré aux droits d'enregistrement et aux honoraires. S'il prend la voie de l'exécutoire, sa demande ne doit comprendre que les déboursés d'enregistrement aux termes de l'art. 30 de la loi du 22 frimaire

an VII qui ne s'applique ni au papier timbré ni aux honoraires. V. *suprà Exécutoire.*

273. TRIBUNAL COMPÉTENT. C'est devant le Tribunal de la résidence du Notaire que la demande en paiement de déboursés et honoraires doit être portée, quel que soit le lieu de domicile des parties, par application de l'article 60 du C. de proc. civ. et de l'art. 9 de l'un des décrets du 16 février 1807, sans distinguer entre le cas où il s'agit d'actes ordinaires et celui où il s'agit d'actes pour lesquels le Notaire avait été délégué par la justice (Orléans 15 mars 1832). V. ci-dessus *Action*, *Assignation*, *Taxe.*

274. Les jugements des tribunaux qui ont statué sur des demandes en paiement des déboursés et honoraires sont susceptibles d'opposition ou d'appel (Paris 22 décembre 1832). V. ci-dessus *Opposition à la taxe.*

275. VACATIONS. On entend par *vacation* le temps employé par un Notaire ou autre officier public à une opération de son ministère. On se sert aussi du même mot pour désigner l'émolument dû à tout officier public pour le temps employé à cette opération.

276. Cet émolument s'applique en général aux actes qui, de leur nature, doivent contenir la mention de l'heure à laquelle leur rédaction a commencé et celle à laquelle cette rédaction a fini (Tarif 168). Tels sont les inventaires, les actes respectueux (*ibid*), les comptes, liquidations et partages (171), les actes de comparution pour compte, délivrance de seconde grosse, etc. Cette espèce d'acte est connue sous le nom de procès-verbaux (Remy, p. 52).

277. Aussi, tous les officiers ayant le droit d'apposer des scellés, de les reconnaître et de les lever, de dresser des inventaires, de faire des ventes ou autres actes dont la confection peut exiger plusieurs séances, sont tenus d'indiquer à chaque séance l'heure du commencement et celle de la fin (Décret 10 brumaire an XIV, art. 1er).

278. Et s'il y a interruption dans l'opération avec renvoi à un autre jour ou à une autre heure de la même journée, il doit en être fait mention dans l'acte que les parties et les officiers signent sur-le-champ pour constater cette interruption (Art. 2 du même décr.).

279. Doit-on constater le nombre des vacations dans les comptes, liquidations et partages judiciaires? Il y a du doute sur ce point d'après l'art. 171 du Tarif, qui porte que les vacations de ces sortes d'actes doivent être arbitrées par le juge. Il nous semble toutefois qu'il serait mieux d'en constater le nombre autant pour se conformer au décret précité que pour rendre l'arbitrage du juge plus facile, car celui-là même qui a passé son temps à une opération sans le compter est souvent bien embarrassé pour l'évaluer; au moins, quand le temps employé chaque jour est constaté à la fin de la journée le juge est à même d'apprécier la durée du travail et de se rendre compte des difficultés que le Notaire a eues à surmonter. L'usage n'est pas conforme à ce que nous conseillons ici, nous ne l'ignorons pas, surtout lorsqu'il s'agit d'opérations que le Notaire traite en l'absence des parties, car alors pour éviter des coupures il constate son nombre de vacations à la fin de l'acte, mais lorsque le Notaire opère en présence des parties, jour par jour, il a ordinairement pour habitude de compter le nombre d'heures qu'il a employées ainsi que celui des vacations, et cela est bien plus régulier.

280. La durée de chaque vacation doit être de trois heures

au moins (Loi du 27 mars 1791, tarif art. 168), et de quatre heures au plus (Décr. du 10 brumaire an XIV, art. 4).

281. Comme d'après ce qui vient d'être dit, il y a des vacations de trois heures et de quatre heures, il est à propos que le Notaire, soit pour ce qui le regarde, soit relativement à l'enregistrement, constate de quelle manière il a vaqué en disant par simple, double, triple ou quadruple vacation. Ainsi, lorsque le nombre d'heures employées dans une séance est de quatre heures, il peut constater qu'il a vaqué par simple ou double vacation ; si le nombre d'heures est de huit, il peut déclarer avoir vaqué par double ou triple vacation selon qu'il divise le nombre des heures par trois ou par quatre.

282. Si, au contraire, le Notaire a employé à son opération trois, six ou neuf heures, il n'est pas nécessaire qu'il constate le nombre des vacations, car soit qu'on divise par trois ou par quatre, il y aura toujours une, deux ou trois vacations, puisqu'une heure compte pour une vacation.

283. On ne peut régulièrement faire que trois vacations par jour, savoir, deux par matinée et une seule l'après-dîner, du moins il n'en passe pas davantage en taxe (tarif, art 151).

284. Toutefois, quand le Notaire opère hors du lieu de sa résidence, il est autorisé à faire quatre vacations par jour (Arg. tarif, art. 170).

285. S'il arrive qu'un Notaire fasse dans le premier cas ci-dessus posé plus de trois vacations, et dans le second cas plus de quatre vacations, ce ne doit être que sur la réquisition expresse des parties, et alors s'il consent à prolonger la séance son procès-verbal doit constater cette réquisition. Dumoins tel est l'usage et on n'a pas d'exemple que dans ce cas, les parties aient fait refus de payer les vacations du Notaire ni que les juges les aient rejetées de la taxe.

286. Le taux des honoraires dus pour les vacations est fixé par le Tarif, parce que les actes qui se font par vacations appartiennent plutôt à la juridiction contentieuse qu'à la juridiction volontaire et qu'il y a dans leur durée une base certaine pour la fixation de ces mêmes honoraires.

Ainsi il est dû pour chaque vacation, savoir :

287. Aux Notaires des Cours d'appel de Paris, Lyon, Bordeaux et Rouen (Tarif et décr. ci-après énoncés) 9 f »

288. Aux Notaires des autres cours d'appel (3e décr. 16 fév. 1807, art. 1). 8 10

289. Aux Notaires des villes où il y a un Tribunal de première instance. . . . . 6 »

290. Partout ailleurs. . . . . 4 »

(Tarif des frais et dépens, art. 168, modifié par l'art. 1 du décr. précité).

291. Mais dans tous les cas où il est alloué des vacations aux Notaires il ne leur est rien passé en taxe pour les minutes de leurs procès-verbaux (Art. 169 du Tarif des frais et dépens).

292. Les vacations dues aux Notaires, qui, en matière de vérification d'écriture ou d'inscription de faux, font au greffe le dépôt de la minute d'un acte, doivent être réglées par l'art. 166 et non par l'art. 170 du Tarif des frais et dépens (Jugem. de Vezoul, 4 novembre 1838, Aff. Bugnottes).

293. Il en est de même des frais de voyage (*Ibid.*).

294. Il y a des vacations qui ne sont dues aux Notaires

que pour leur simple présence ou assistance à certains actes. C'est lorsqu'il s'agit :

295. 1° De représenter des absents (V. ci-dessus *Absents*).

296. 2° D'assister à une collation de pièces ou à un compulsoire (V. ci-devant *Collation*).

297. 3° De l'ouverture de testaments mystiques ou olographes, et de les retirer du greffe (V. ci-devant *Testament*).

298. 4° De déposer au greffe les procès-verbaux des difficultés et dires des parties en matière de partage (V. ci-devant *Dires et Difficultés*).

299. 5° Et les extraits des contrats de mariage de commerçants (V. ci-devant *Dépôt*).

300. 6° De référer devant le président du Tribunal (V. ci-devant *Référé*).

301 7° De se transporter devant le juge, lorsque ce transport a été requis.

302. Dans le nombre d'heures sur lequel on perçoit le droit d'enregistrement, il ne faut pas comprendre l'aller et le retour (Sol. 4 août 1807).

Ainsi, on ne doit percevoir que deux droits de 2 fr. sur le procès-verbal d'apposition de scellés dans lequel un juge de paix a inséré qu'il était parti à neuf heures du matin, arrivé à midi, et avait terminé ses opérations à six heures du soir (Déc. min. fin. et Just. 25 février 1812).

303. Les actes sujets à honoraires par *vacations* sont :

304. Les actes respectueux (Art. 168 du Tarif des frais et dépens).

305. Les collations de pièces.

306. Les compulsoires.

307. Les déclarations préalables aux ventes mobilières, faites au bureau d'enregistrement.

308. Les dépôts d'extraits de contrats de mariage de commerçants.

309. Les inventaires.

310. Les liquidations judiciaires.

311. Les partages judiciaires.

312. Les procès-verbaux de comparution qui se rattachent à la juridiction contentieuse.

313. Les récollements de papiers.

314. Les transcriptions avec extrait ou état de charges (Art. 107 du Tarif des frais et dépens).

315. Le tout indépendamment des frais de voyage et de nourriture dans tous les cas où le Notaire se transporte à plus d'un myriamètre de sa résidence (Art. 170 du Tarif). V. ci-après le tableau des vacations au mot *Voyages* (frais de).

316. VENTES JUDICIAIRES. Dans les cas où les Tribunaux renverront des ventes d'immeubles par devant les Notaires, ceux-ci n'auront droit, pour la grosse du cahier des charges, par rôle contenant 25 lignes à la page et douze syllabes à la ligne

A Paris. . . . . 2 fr. »

Dans le ressort 1 50

(Art. 14, § 1 du Tarif du 10 octobre 1841).

Les Notaires auront droit en outre sur le prix des biens

vendus, savoir :

Jusqu'à 10,000, à	1f »	p. 0/0
sur la somme excédant 10,000 jusqu'à 50,000, à	» 50	
sur la somme excédant 50,000 jusqu'à 100,000, à	» 25	
sur l'excédant de 100,000, indéfiniment à .	» 12,5	

Moyennant les allocations ci-dessus, les Notaires sont chargés de la rédaction du cahier des charges, de la réception des enchères et de l'adjudication; ils ne pourront rien exiger pour les minutes de leurs procès-verbaux d'adjudication (Art 14, § 2 du même tarif).

Les avoués restent chargés de l'accomplissement des autres actes de la procédure ; ils auront droit aux émoluments fixés pour ces actes, et lorsque l'expertise est facultative et n'aura pas été ordonnée, ils auront droit en outre à la différence entre la remise allouée pour ce cas par l'art. 11 du Tarif et la remise ci-dessus fixée pour les Notaires (Art. 14, § 3 du même Tarif).

Cet art. 11 fixe ainsi la remise des avoués pour le cas où il n'y a point d'expertise.

De 2000 à 10000	1 50	p. 0/0
De 10000 à 100000.	1 »	»
De 100000 à 300000	» 50	»
Sur l'excédant de 300000 indéfiniment à	» 25	»

317. VENTES DE MEUBLES. Les Notaires, greffiers, huissiers et sergents, sont autorisés à faire les ventes de meubles dans tous les lieux où elles étaient ci-devant faites par les jurés-priseurs (Art. 6 de la loi du 21 juillet 1790).

318. Il ne pourra être perçu par lesdits officiers que deux sous six deniers du rôle de grosse des procès-verbaux, deux sous six deniers pour l'enregistrement d'une opposition, et une livre dix sous par vacation de prisée, conformément à l'art. 6 de l'édit de février 1771 ; et *ce sans préjudice des conventions particulières qui pourront modifier ou abonner les droits* (Art. 8 de la même loi).

319 Les Notaires, greffiers et huissiers sont autorisés à faire les prises de vente de meubles dans toute l'étendue de la république (Art. 1er de la loi du 17 septembre 1793).

320. Il ne pourra être perçu à Paris par lesdits officiers, lorsqu'ils procéderont aux ventes, que trois livres par vacation dont la durée sera de trois heures, et cinq sous pour l'enregistrement d'une opposition. Il leur sera accordé en outre les deux tiers du prix des vacations pour l'expédition du procès-verbal de chaque séance, sans y comprendre les droits d'enregistrement et de timbre (Art. 3 de la même loi).

321. Les officiers publics qui rempliront les mêmes fonctions dans les départements ne pourront également y percevoir que les deux tiers du prix des vacations, ainsi qu'elles sont fixées par le décret du 21 juillet 1790. La convention nationale rapporte l'art. 8 du même décret, qui les autorisait à percevoir 2 sous 6 deniers par rôle de grosse des procès-verbaux (Art. 4 de la même loi). V. *suprà* n° 318).

322. Il sera taxé aux Notaires, pour tous les actes indiqués par le Code civil et par le Code judiciaire, pour chaque vacation, de trois heures, 1°... 2°... 3°... 4°... 5°... 6° à tous les procès-verbaux qu'ils dresseront en tous autres cas, et dans lesquels ils seront tenus de constater le temps qu'ils y auront employé, 7°... à Paris 9 fr., dans les villes où il y a Tribunal de 1re instance 6 fr., partout ailleurs 4 fr. (Art. 168 du Tarif des frais et dépens). V. ci-devant *Vacations*, n° 286 et suiv.

323. Il sera alloué aux commissaires-priseurs de Paris pour tous frais de vente, vacation à ladite vente, rédaction de minute et première expédition du procès-verbal, droits de clercs et tous autres droits, non compris les déboursés faits pour annoncer la vente et en acquitter les droits; savoir : huit pour cent, lorsque le produit de la vente s'élèvera jusqu'à mille francs; sept pour cent lorsque le produit s'élèvera jusqu'à quatre mille francs, et cinq pour cent lorsque le produit s'élèvera au-dessus de quatre mille francs (Art. 7 de la loi du 27 ventôse an 9).

324. Il pourra être établi, dans toutes les villes et lieux où le Roi le jugera convenable, des commissaires-priseurs dont les attributions seront les mêmes que celles des commissaires-priseurs établis à Paris par la loi du 27 ventôse an IX (Art. 89 de la loi du 28 avril 1816).

325. Ces commissaires-priseurs n'auront, conformément à l'art. 1er de ladite loi, de droit exclusif que dans le chef-lieu de leur établissement. Ils auront, dans tout le reste de l'arrondissement, la concurrence avec les autres officiers ministériels d'après les lois existantes (même art.).

En attendant qu'il ait été statué par une loi générale sur les vacations et frais desdits officiers, ils ne pourront percevoir autres et plus forts droits que ceux qu'a fixés la loi du 17 septembre 1793 (même art.) V. n° 321.

326. En présence d'une pareille législation qui fixe la part de quelques uns d'une manière convenable et remet à un autre temps pour fixer celle du plus grand nombre, on ne peut que déplorer l'indifférence de ceux qui sont appelés à coordonner les lois.

327. En effet, il est évident que les honoraires par vacations des Notaires, en faisant application des lois ci-dessus rappelées des 11 juillet 1790 et 21 septembre 1793 (V. nos 318, 321) sont bien loin d'être en rapport avec l'état de choses actuel et de l'avoir été avec l'état de choses ancien.

328. Il est vrai que les Notaires ne sont point *obligés* de faire de pareilles ventes, les lois précitées les *autorisant* seulement à les faire (V. nos 317, 319), et que s'ils s'y soumettent on peut prétendre que le Tarif fait par ces deux lois doit régler leurs émoluments ; mais s'ils ne consentent à faire ces ventes qu'en fixant préalablement les honoraires, nous croyons qu'un pareil réglement doit être exécuté, l'art. 8 de la loi de 1790 (V. n° 318 *suprà*), le permet positivement puisqu'il porte : « *sans préjudice des conventions* » *particulières qui pourront modifier ou abonner les droits* » et que l'art. 4 de la loi de 1793 (V. n° 321), renvoie à l'art. 8 de la loi de 1790, en abrogeant la partie de cet article relative aux 2 sous 6 deniers par grosse de rôle, sans abroger la disposition relative aux *conventions particulières*, laquelle a encore, par conséquent, toute sa force.

329. Ainsi, lorsque un Notaire a consenti à faire une vente sans aucune condition préalable, notre avis est qu'on doit régler ses honoraires à raison de 1 franc par vacation, et que si, par un accord fait avec les parties, il a été formellement sur ce point dérogé à la loi en fixant des honoraires proportionnels, cette convention doit être suivie.

La loi, comme nous venons de l'expliquer, ne s'y oppose pas, et l'équité veut qu'il en soit ainsi : en effet, quand le Notaire qui a fait une vente est responsable non-seulement des deniers recouvrés, mais encore du prix des adjudications faites à crédit et qui sont inévitables dans les campagnes, quand, pour ces dernières adjudications, il a souvent des démarches nombreuses à faire et des pertes à subir, quand, enfin, il est obligé de se livrer à un détail considérable et d'avoir des rapports avec une foule de personnes pour des objets de la plus mince valeur, on ne saurait croire que pour l'indemniser de sa responsabilité engagée, de ses démarches et de ses peines, il ne lui est alloué par la loi que 1 franc par vacation ou 3 francs par jour.

330. Ainsi que nous l'avons dit, nº 325, les droits des commissaires priseurs, autres que ceux de Paris, ne sont fixés que par la loi du 17 septembre 1793, dont le provisoire dure depuis environ 50 ans ; en présence d'une législation qui rétribue à raison de 1 franc par vacation, il est arrivé que quelques-uns d'eux ont voulu percevoir de plus forts droits, et une Cour royale avait maintenu leur prétention ; mais l'arrêt fut cassé sur le réquisitoire du ministère public (Cass. 13 juin 1825, aff. Charles).

331. Ni la loi de 1790, ni celle de 1793 ne réglant le taux des droits d'expédition, nous pensons qu'ils doivent l'être par l'art. 174 du Tarif des frais et dépens (V. le tableau nº 71, note (a)).

332. Mais nous ne sommes pas de l'avis de ceux qui pensent que le taux des vacations pour les ventes de meubles doit être réglé par l'art. 168 du Tarif, parce qu'il est de principe, en droit, qu'une loi *spéciale* n'est jamais abrogée par une loi *générale;* il faut une disposition expresse abolissant *telle* loi ou toute loi contraire à la nouvelle ; or, l'art. 168 du Tarif ne contient rien de semblable (V. nº 322).

M. Remy, p. 75 et suiv., 90 et suiv., pense que outre les honoraires au taux fixé par l'art. 168 du Tarif, l'officier public a droit :

333. 1º A une indemnité par vacation pour la déclaration préalable.

334. 2º A des droits de publication et d'exposition (Tarif, 38 et 41).

335. 3º A des droits de taxe qui peuvent donner lieu à une indemnité de voyage (Tarif, 42).

336. L'officier public qui a procédé à une vente de meubles, ne doit retenir les frais qui lui sont dus que sur des mémoires régulièrement taxés. La taxe des frais de vente se fait sur la minute du procès-verbal, et il doit en être fait mention dans les expéditions (C. proc. 657).

337. Cette taxe est obligatoire pour les commissaires-priseurs de Paris (Lettre du Président du Tribunal de la Seine à la Chambre des commissaires priseurs, 4 août 1824).

338. VOYAGE. (FRAIS DE) Il est dû aux Notaires des frais de voyage et de nourriture lorsqu'ils sont obligés de se déplacer en leur qualité de notaires pour exercer leurs fonctions, savoir :

339. Les Notaires des villes où est le Tribunal d'appel, dans l'étendue du ressort de ce Tribunal.

340. Ceux des villes où il n'y a qu'un Tribunal de première instance, dans l'étendue du ressort de ce Tribunal.

341. Et ceux des autres communes, dans l'étendue du ressort du Tribunal de paix (Loi du du 25 ventôse an XI. art. 5. et Tarif des frais et dépens, art. 170).

342. Ces frais ne sont dus que pour les inventaires et procès-verbaux dont ces honoraires sont réglés par vacation. Cette induction résulte de l'art. précité du Tarif, de sorte qu'il n'y a pas lieu de les percevoir pour les actes à honoraires proportionnels, parce qu'alors les honoraires sont d'autant plus élevés que le Notaire a eu plus de peine, de déplacements et de responsabilité (V. ci-devant *Tarif*, nº 255).

343. Cependant, *suivant M. Remy*, *Vº Emoluments des Notaires*, *p.* 62, toutes les affaires externes des fonctions ordinaires du Notaire sont assujetties à un droit de voyage, même celles qui n'exigent que la simple présence du Notaire.

344. Les frais de voyage ne sont alloués que quand le Notaire se transporte à plus d'un myriamètre de sa résidence, de sorte que quand le voyage est à une distance moindre d'un myriamètre ou égale au myriamètre, le Notaire ne peut rien réclamer pour ses frais de voyage. On suppose alors, dit le même auteur, page 59, qu'il n'aura eu aucune dépense pour son transport ni pour sa nourriture, puisque cette distance lui permet de faire le voyage à pied et de prendre sa nourriture chez lui.

L'art. 170 du Tarif est ainsi conçu :

345. Quand les Notaires seront obligés de se transporter à plus d'un myriamètre de leur résidence, indépendamment de leur journée, il leur sera alloué pour tous frais de voyage et de nourriture : par chaque myriamètre, un cinquième de leurs vacations et autant pour le retour ; et par journée qui sera comptée à raison de cinq myriamètres aussi pour l'aller et le retour, quatre vacations.

346. Cet article ayant été interprété d'une manière différente par divers Notaires, la chambre des Notaires de Paris a cru devoir établir une marche uniforme pour l'exécution du Tarif. A cet effet elle a pris le 1er avril 1819 une délibération dont voici la teneur :

« L'indemnité allouée aux Notaires pour tous frais de » voyage et de nourriture se compose du cinquième, par » chaque myriamètre, des vacations qui leur sont allouées » pour une journée de route.

» Le calcul se fait de la même manière pour le retour ; » mais les vacations de séjour se comptent comme celles » employées au lieu de la résidence, *sans indemnité.*

Ainsi, pour aller à 20 myriamètres il est alloué :

» 1º 4 journées de 4 vacations chaque, donnant, à » 9 fr. par vacation 36 fr., pour chaque journée, et » 144 fr. pour les quatre journées, ci. . . . 144 fr.

» 2º Et à titre d'indemnité des frais de voyage et » de nourriture, 7 fr. 20 c. (faisant le cinquième » de 36 fr.) par chaque myriamètre, et 144 fr. » pour 20 myriamètres, ci 144

» Ensemble . . . 288

» Autant pour le retour, . . . 288

» Total 576

» Indépendamment des vacations de séjour, qui se cal-

» culent, comme celles employées au lieu de la résidence, » sans aucune indemnité. (a) »

347. Lorsque, s'agissant d'une vérification d'écritures, les Notaires sont requis de se transporter au-delà d'un myriamètre pour représenter des minutes et les déposer au greffe, ils ont droit à des vacations outre leurs frais de voyage aux termes des art. 166 du Tarif des frais et dépens, 13, 90 et suiv. de celui du 18 juin 1811, et en outre il leur est dû, pour le second voyage qu'ils font afin de reprendre leurs minutes, la même indemnité qui leur a été payée la première fois pour frais de voyage seulement (Déc. Min. Just. 4 mars 1820). V. ci-devant *Faux*.

348. Si les parties avaient pourvu elle-même aux frais de transport et de nourriture du Notaire, celui-ci ne pourrait, dit Remy, demander dans ce cas, aucune indemnité, car l'indemnité du voyage ne lui est due que lorsqu'il en a réellement fait les dépenses.

349. Si le Notaire était appelé pour plusieurs affaires à la fois dans un même endroit, il ne devrait compter pour chacun qu'une part égale au nombre des affaires; et si après avoir fini dans un endroit, il était appelé ailleurs, il répartirait les frais de voyage entre les affaires d'après la distance parcourue pour chacun (Remy, p. 62).

(a) Appliquant la règle qui précède aux Notaires de première, deuxième et troisième classes, nous avons cru devoir, pour éviter des calculs en chaque occasion, dresser un Tableau synoptique, suivant les distances et les classes :

[6]

AYANT-CAUSE. — ACTE AUTHENTIQUE ET SOUS SEING-PRIVÉ.

1. L'ayant-cause est celui qui représente une personne à titre universel ou à titre singulier.

2. Ceux qui représentent leur auteur à titre universel sont tenus de remplir toutes ses obligations, tels sont : les héritiers, les légataires universels et à titre universel.

3. Ceux qui représentent leur auteur à titre singulier, comme les créanciers, les acquéreurs, les donataires, ne sont pas tenus de remplir toutes ses obligations : leur intérêt étant distinct et séparé ils peuvent ne pas reconnaître ce qui aurait été fait au préjudice de leurs droits (C. civ. 1167).

4. En général, on est censé avoir stipulé pour soi et pour ses

Tableau synoptique des sommes dues aux Notaires pour vacations de route et frais de voyage et de nourriture, non compris les vacations de séjour dont le taux est fixé ainsi qu'il est dit suprà nos 287, 288, 289, 290.

Nombre de myriamètres.	NOTAIRES DE PREMIÈRE CLASSE.								NOTAIRES							
	DANS LES COURS D'APPEL de Paris, Lyon, Bordeaux et Rouen.				DANS LES AUTRES COURS D'APPEL				DE DEUXIÈME CLASSE.				DE TROISIÈME CLASSE.			
	Vacations de route pour aller à 9 fr. l'une.	1/5 en sus de la journée pour frais de voyage et de nourriture.	Autant que dans les 2 premières col. pour le retour.	TOTAL des trois colonnes qui précèdent.	Vacations de route pour aller à 8 f. 10 c. l'une.	1/5 en sus de la journée pour frais de voyage et de nourriture.	Autant que dans les 2 premières col. pour le retour.	TOTAL des trois colonnes qui précèdent.	Vacations de route pour aller à 6 fr. l'une.	1/5 en sus de la journée pour frais de voyage et de nourriture.	Autant que dans les 2 premières col. pour le retour.	TOTAL des trois colonnes qui précèdent.	Vacations de route pour aller à 4 fr. l'une.	1/5 en sus de la journée pour frais de voyage et de nourriture.	Autant que dans les 2 premières col. pour le retour.	TOTAL des trois colonnes qui précèdent.
1	0 00	0 00	0 00	0 00	0 00	0 00	0 00	0 00	0 00	0 00	0 00	0 00	0 00	0 00	0 00	0 00
2	14 40	14 40	28 80	57 60	12 96	12 96	25 92	51 94	9 60	9 60	19 20	38 40	6 40	6 40	12 80	25 60
3	21 60	21 60	43 20	86 40	19 44	19 44	38 88	77 76	14 40	14 40	28 80	57 60	9 60	9 60	19 20	38 50
4	28 80	28 80	57 60	115 20	25 92	25 92	51 94	103 88	19 20	19 20	38 40	76 80	12 40	12 40	24 80	49 60
5 faisant une journée de route ou 4 vacations.	36 »	36 »	72 »	144 »	32 40	32 40	64 80	129 60	24 »	24 »	48 »	96 »	16 »	16 »	32 »	64 »
6	43 20	43 20	86 40	172 80	38 88	38 88	77 76	155 52	28 80	28 80	57 60	105 20	19 20	19 20	38 40	76 80
7	50 40	50 40	100 80	201 60	45 36	45 36	90 72	181 44	33 60	33 60	67 20	134 40	22 40	22 40	44 80	89 60
8	57 60	57 60	115 20	230 40	51 84	51 84	103 68	207 36	38 40	38 40	76 80	153 60	25 60	25 60	51 20	102 40
9	64 80	64 80	129 60	259 20	58 32	58 32	116 64	233 28	43 20	43 20	86 40	172 80	28 80	28 80	57 60	115 20
10 faisant deux journ. de route ou 8 vacations.	72 »	72 «	144 «	288 »	64 80	64 80	129 60	259 20	48 »	48 »	96 »	192 »	32 «	32 «	64 »	128 »

héritiers et ayants-cause, à moins que le contraire ne soit exprimé ou ne résulte de la nature de la convention (C. civ. 1122).

5. Il n'est pas toujours facile de déterminer dans quels cas des individus sont ou ne sont pas des ayants-cause. une vive controverse s'est élevée sur le sens de ce mot, par rapport à l'application de l'art. 1328 du C. civ. dans le cas de deux acquéreurs d'un même bien, dont l'un par acte s. s. p. non enregistré, et l'autre par acte authentique d'une date postérieure (V. la Thémis, t. 3, p. 49 et t. 5, p. 8; Toullier, t. 10, *in fine*; Grenier, des Hypothèques, n° 254 et Merlin, Quest. de droit. V° *Tiers*, § 2).

Nous allons rapporter ce que dit M. Grenier, *loc cit.*, parce qu'on y verra en substance les principales observations auxquelles la question a donné lieu :

Il y aurait, dit-il, matière à une longue dissertation si on voulait déterminer avec précision dans quels cas des individus seraient ou non des ayants-cause. Le même individu peut l'être sous certains rapports et ne pas l'être sous certains autres. Pour en être convaincu, il suffit de consulter ce que dit *Furgole*, dans ses observations sur l'art. 30 de l'ordonnance de 1731. Mais cette dissertation serait ici très-inutile. Il suffit de dire qu'en général *les tiers-acquéreurs*, *les héritiers*, *les donataires*, *les légataires*, *les cessionnaires* et même *les créanciers* sont des ayants-cause, ou qu'au moins on les a compris sous ces expressions; mais ce à quoi il est important de s'arrêter, c'est qu'il n'est pas moins vrai qu'un *ayant-cause* peut souvent devenir un *tiers* dans le sens de l'art. 1328, et qu'il peut devenir un *tiers* même au regard d'un autre *ayant-cause*. *Jacques* vend un immeuble à *Pierre* par un acte notarié du 1er mars. Il parait une vente du même immeuble faite par *Jacques* à *Paul* qui est datée du 1er janvier, sans être enregistrée et sans porter avec elle aucune autre certitude d'une date antérieure au 1er mars. Il y aura là, si l'on veut, deux *ayants-cause* qui sont *Pierre* et *Paul*. Mais s'ils sont *ayants-cause* respectivement au même individu qui est *Jacques*, ils ne le sont pas sous le rapport du même titre; l'un l'est relativement à la vente datée du 1er janvier, l'autre l'est respectivement à la vente du 1er mars, ils n'ont pas un titre commun; chacun d'eux a un droit qui émane d'un titre particulier. Il s'agit de savoir quel est le titre qui doit avoir la préférence sur l'autre. Or, sous ce rapport, il est de toute évidence que *Pierre*, quoiqu'il puisse être considéré comme ayant-cause de *Jacques*, devient un tiers respectivement à *Paul*, quoique celui-ci puisse être considéré comme ayant-cause du même *Jacques*. Il faut donc écarter toutes les équivoques qui peuvent résulter de l'emploi du mot *ayant-cause*, pour ne voir que ce que la loi a voulu et décider que la vente faite à *Pierre* par acte notarié du 1er mars doit prévaloir sur celle faite à *Paul* par acte s. s. p. daté du 1er janvier précédent et n'ayant point date certaine

Pour connaître plus promptement ce qui regarde chaque espèce d'ayant-cause, nous avons suivi l'ordre alphabétique :

6. ACQUÉREURS. Les actes *sous-seing-privé* passés avec *le vendeur* ne peuvent être opposés à *l'acquéreur* s'ils n'ont acquis *date certaine* avant la vente. En ce cas l'acquéreur ne doit pas être considéré comme l'ayant-cause du vendeur.

Ainsi jugé :

1° Par arrêt de la C. de Cass. du 20 février 1827, aff. Darel. — Dans l'espèce, les frères Villette avaient, le 2 mai 1792, vendu conjointement une maison. Par acte s. s. p. du 30 janvier 1790, Villette de Raveton était devenu seul propriétaire de cette maison, mais attendu que la vente à lui faite n'avait acquis de date certaine que par l'enregistrement qui avait eu lieu en l'année 1824, la Cour a décidé que cet acte s. s. p. ne pouvait être opposé avec succès au tiers-acquéreur, et prévaloir sur le contrat du 2 mai 1792, suivi d'une possession conforme au titre.

2° Par arrêt de la C. R. de Toulouse du 7 juillet 1831, aff. Geil. — Dans l'espèce, Chourre avait vendu des immeubles à Geil par acte s. s. p. daté du 21 janvier 1829 et enregistré le 28, mais par acte notarié du 26 janvier, ce même Chourre avait vendu les mêmes immeubles à Dussenty. Sur la demande en revendication formée par Dussenty, Geil offrit de prouver que ce dernier avait, avant d'acheter, connu la vente faite à lui (Geil) par Chourre, suivant le s. s. p. du 21 janvier et que par conséquent sa vente était antérieure en date à celle de Dussenty. La Cour a rejeté son offre en preuve tout en décidant que Dussenty avait pu même en connaissant l'acte de vente s. s. p. fait à Geil, valablement acquérir les mêmes objets, ce qui n'était pas défendu par la loi.

3° Et par arrêt de la C. R. de Bastia du 24 juin 1833, aff. Griffoni. — Dans l'espèce, *Marie-Xavière Auziani* et *Marie Autoni* étaient propriétaires chacune par moitié du *bien Teppe* dépendant de la succession de leur père. — Par acte s. s. p. du 24 mars 1827, enregistré le 1er juin suivant, la dame Auziani avait vendu à *Vignali* ledit *bien Teppe* pour 448 francs en conservant le même bien à titre de bail pendant deux ans et moyennant le prix annuel de 13 francs. — *Vignali*, acquéreur, ayant été troublé dans sa possession par la dame *Autoni* et son mari, les cita en complainte le 30 janvier 1830. — Pendant l'instance au possessoire la dame *Autoni* vendit aux frères *Griffoni* par acte authentique du 11 février 1830, la moitié du susdit bien pour 600 francs. — Après cet acte et pendant que l'instance au possessoire se poursuivait, la dame *Autoni*, sur le serment décisoire à elle déféré par *Vignali*, reconnut avoir consenti à la vente faite par la dame *Auziani*, sa sœur, avoir reçu la moitié du prix, avoir ensemble, avec sa dite sœur, tenu à bail le bien vendu, pendant deux ans. — Par suite de cette déclaration assermentée, *Vignali* fut maintenu en possession de la totalité du *bien Teppe*, et il le fut aussi dans une autre instance envers les frères *Griffoni*, par suite du trouble que ceux-ci avaient également apporté à sa jouissance.

De tous ces faits les premiers juges avaient déduit qu'il y avait preuve légale que la dame *Autoni* avait vendu verbalement à *Vignali* la moitié à elle appartenant du bien Teppe, et se fondant sur le principe que les ventes verbales d'immeubles sont valables, lorsque surtout il y a aveu des parties, ils avaient déclaré les frères *Griffoni* sans droit pour se prévaloir de l'acte authentique du 11 février 1830, vu l'antériorité de la vente verbale.

La Cour a rendu l'arrêt suivant dont nous avons cru devoir reproduire textuellement les motifs :

Mais, attendu que de l'expertise faite le 6 mars 1833 en exécution de l'arrêt de la Cour du 12 décembre 1832, il appert que le *bien Teppe*, d'une contenance de 11 boisseaux, est d'une valeur de 1100 francs.

Qu'en suivant les bases de cette expertise il en résulterait, d'une part, que Vignali aurait acheté la totalité du bien, puisque la contenance en est fixée dans son acte à 10 boisseaux, ce qui s'approche de la contenance reconnue des experts; et d'autre part, qu'en déboursant 448 francs, ledit *Vignali* n'aurait pas même payé la valeur de la moitié du bien, tandis que le prix déboursé par les frères Griffoni excéderait de 50 francs la valeur réelle du bien par eux acheté.

Attendu que le serment prêté par la dame *Autoni* dans l'instance possessoire et postérieurement à la vente par elle faite par acte authentique aux frères *Griffoni* ne peut avoir pour effet de faire regarder comme personnel à ladite dame *Autoni* l'acte s. s. p. du 24 mars 1827, non signé par elle et dans lequel elle n'est pas seulement mentionnée.

Que tout ce qui résulte dudit serment, c'est que la dame *Autoni* aurait vendu verbalement sa moitié du *bien Teppe* au sieur *Vignali* avant de l'avoir vendue aux frères *Griffoni* : qu'entre la dame *Autoni* et le sieur *Vignali*, cette déclaration peut tenir lieu d'un contrat parfait, mais que, relativement aux frères *Griffoni*, il s'agit de savoir à qui, d'après les dispositions des lois, la préférence est due entre lesdits frères *Griffoni* qui ont un acte authentique, et le sieur *Vignali* qui a pour lui l'aveu du vendeur, fait postérieurement audit acte authentique, mais qui se rapporte à une époque antérieure au même acte, sans toutefois que ladite époque soit certaine par un des moyens indiqués dans l'art. 1328 du C. civ.

Attendu que, quant à ce, pour pouvoir faire réussir le système du sieur *Vignali*, il faudrait que les frères *Griffoni* pussent être regardés comme les ayants-cause de la dame *Autoni* aux termes de l'art. 1322 du C. civ.; qu'évidemment les ayants-cause dont parle cet article sont ceux à titre universel, qui sont tenus de toutes les obligations de celui auquel ils succèdent, qu'ils représentent de la manière la plus indéfinie; car ceux-là sont liés par l'acte privé émané de leur auteur comme il le serait lui-même, et ne pourraient le critiquer, parce qu'ils seraient toujours repoussés par la régle de droit : *quem de evictione tenet actio, eumdem agentem repellit exceptio.* Cette interprétation est d'autant plus vraie que, par le rapprochement qu'on remarque dans l'art. 1322 des mots *héritiers* et *ayants-cause*, il est évident que, dans l'intention du législateur, les ayants-cause sont ceux qui se trouvent au lieu et place des héritiers et qui, comme eux, succèdent *in universam causam.* D'ailleurs, si l'acquéreur est l'ayant-cause du vendeur relativement à la chose vendue, il n'est pas moins vrai que l'acquéreur est un tiers à l'égard de l'autre acquéreur et du vendeur lui-même, en ce qui concerne l'empêchement de celui-ci de porter atteinte à la vente au moyen d'un acte postérieur, ou dont la date ne serait pas certaine, conformément à l'art. 1328 du C. civ.

Attendu aussi que ce serait ouvrir la porte à toutes les fraudes, donner lieu aux plus graves abus et rendre illusoires les précautions adoptées par le législateur pour la sureté des conventions, que d'admettre qu'un acquéreur, muni d'un acte authentique, ou même s. s. p. enregistré, puisse être évincé par un autre acquéreur, porteur d'un aveu postérieur, ou d'un acte s. s. p. émané de l'ancien propriétaire, et auquel il serait donné une date antérieure, sans que la vérité de cette date fut assurée de la manière indiquée par la loi.

Attendu que si, d'après les faits de la cause, on ne peut supposer que les frères *Griffoni*, avant leur achat, avaient connaissance de la vente faite au sieur *Vignali* par la dame

Auziani, qui, de l'aveu de toutes les parties, n'avait droit qu'à la moitié du bien dit *Teppe*, rien ne prouve qu'ils aient su que la dame *Autoni* avait réellement concouru à ladite vente pour l'autre moitié, à elle appartenante; que le contraire doit être même présumé, puisque non-seulement il n'y avait aucun acte de la part de ladite dame *Autoni*, mais qu'après la vente faite au sieur *Vignali* et malgré l'opposition de celui-ci, elle prétendait conserver la possession du bien, et que ce n'est qu'après avoir vendu par acte authentique aux frères *Griffoni* que, sur le serment décisoire à elle déféré dans l'instance au possessoire, la dame *Autoni* a déclaré avoir consenti à la vente faite par sa sœur, ce qui ne saurait préjudicier aux droits des frères Griffoni acquis antérieurement audit serment; que de toute manière il n'est pas justifié que l'acte d'achat des frères Griffoni n'ait pas été sérieux.

Attendu néanmoins que le bien contesté entre les parties pourrait échoir dans le lot de la dame Auziani, lors du partage de la succession de feu Sébastien Valéry, son père, et que, dans ce cas, la vente qu'elle a faite de la totalité dudit bien au sieur *Vignali* se soutiendrait pour le tout, puisque la dame *Autoni*, sa sœur et co-héritière, trouverait une indemnité dans le lot qui échapperait à elle-même; que le sieur *Vignali* ayant contesté la validité de l'achat des frères *Griffoni*, comme postérieur au sien, et ayant pris seulement en appel des conclusions subsidiaires tendantes à conserver la jouissance de tout le bien *Teppe* jusqu'audit partage, c'est lui qui doit faire, dans un délai déterminé, les diligences nécessaires pour parvenir au même partage, et supporter les frais de l'instance dans laquelle il échoue.

INFIRME : condamne *Vignali* à délaisser ou abandonner aux frères Griffoni la moitié du bien *Teppe*, après cependant que, par suite du partage de la succession *Valéry* que *Vignali* sera tenu de provoquer dans le délai de trois mois en présence des Griffoni, ledit bien n'écherrait pas dans le lot de la dame *Auziani*.

7. BAIL (V. ci-après n° 16).

8. CESSIONNAIRE. Le cessionnaire est l'ayant-cause du cédant dans le sens de l'art. 1322 du C. civ.

Ainsi, le débiteur d'une créance cédée peut opposer au cessionnaire une quittance s. s. p. du cédant, datée d'une époque antérieure à l'acte de cession, bien qu'elle n'ait acquis date certaine que postérieurement (C. civ. 1322, 1328; Bordeaux, 26 juin 1840; Sirey 1841, 2e part., p. 53).

En rapportant cet arrêt, les rédacteurs du Recueil Sirey ajoutent : de quelque manière qu'on décide la question de savoir si les actes s. s. p. sans date certaine, émanés du cédant, peuvent être opposés au cessionnaire, la solution amène souvent en pratique des résultats également injustes. Dans le cas de l'affirmative, les droits du cessionnaire se trouvent abandonnés à la foi du cédant, qui peut, au moyen d'une anti-date et en colludant avec un tiers, anéantir frauduleusement d'une main la créance qu'il a cédée de l'autre.

Si au contraire les seuls actes ayant date certaine avant la cession, peuvent être opposés au cessionnaire, le débiteur qui se sera libéré en totalité ou en partie avant la cession, et qui n'aura retiré que des quittances s. s. p. se trouvera dans la nécessité de payer une seconde fois.

Ainsi, dans les deux cas, on abandonne à l'arbitraire du créancier cédant les intérêts des personnes qui ont contracté avec lui. C'est cette considération qui a fait dire à M. *Duranton* que la question devait être moins jugée en droit que décidée d'après les circonstances de la cause. MM. Delvincourt, t. 3, p. 400; Duranton, t. 16 n° 504; Troplong, de la vente, t. 2, n° 920; et Duvergier, *ibid*, t. 2, n° 224 s'accordent sur ce point, que le cessionnaire n'est point l'ayant-cause du cédant en ce sens, que tous les actes quelconques émanés de celui-ci, et se rapportant à la créance cédée, soient nécessairement opposables au premier; mais ils sont divisés sur les moyens à admettre pour rendre une solution équitable dans une cause de cette nature. MM. Delvincourt et Troplong sont d'avis que les quittances s. s. p. et sans date certaine, ne peuvent être opposées au cessionnaire qu'autant qu'elles lui auraient été signifiées par le débiteur immédiatement après la signification qui a dû être faite de la cession à ce dernier; tandis que MM. Duvergier et Duranton laissent aux juges la faculté d'admettre toutes les circonstances de la cause qui leur sembleraient de nature à fixer la date des actes.

Cette question a été résolue dans le même sens suivant deux arrêts; l'un de la C. R. de Lyon du 26 novembre 1823, aff. Rochette; et l'autre de la même Cour du 16 décembre 1824, aff. Seyvos.

Mais elle a reçu une solution différente par arrêt de la C. R. de Bruxelles du 15 novembre 1809, qui confirme un jugement du tribunal de Tournay du 3 mars 1808 dont voici le texte :

Attendu que foi de la date de la quittance dont se prévaut *Fontaine*, du 2 germinal an XI, foi résultant de la reconnaissance de la veuve *Desrumeaux*, a son effet, et est consommée entre ledit Fontaine et ladite veuve;

Attendu qu'à l'égard de ces personnes, *Bouvier* ne peut être considéré que comme un *tiers*, à l'égard duquel la quittance n'a de date que du jour de son enregistrement;

Attendu que cet enregistrement, étant postérieur à la signification de la cession, n'a donné date certaine à la quittance qu'à une époque postérieure à cette signification portant que, loin que *Fontaine* puisse se prévaloir de l'art. 1691 du C. civ. pour établir sa libération, il résulte, au contraire, de cet article qu'il n'a pas été valablement libéré à l'égard de Bouvier.

V. note 13, n° 97.

9. CRÉANCIER. Les créanciers qui ont formé une saisie-arrêt doivent, vis-à-vis du tiers saisi, être considérés comme les ayants-cause de leur débiteur, et non comme des tiers. En conséquence, le tiers-saisi peut leur opposer les quittances s. s. p. du débiteur, bien qu'elles n'aient acquis date certaine que depuis la saisie, sauf le cas de fraude ou d'anti-date.

Ainsi jugé par la C. de Cass. le 14 novembre 1836, par arrêt dont voici le texte :

La Cour, vu les art. 1166, 1322 et 1328 du C. civ.; attendu que quoique les créanciers saisissants dont il s'agit dans la cause eussent argué de fraude par anti-date les quittances représentées par l'avoué Guis, demandeur en Cassation, et que des conclusions expresses eussent été prises à cet égard, ainsi que le constate l'arrêt attaqué, la C. R. d'Aix a gardé, dans ses motifs, un silence absolu sur ces conclusions spécialement relatives aux paiements anticipés, et a décidé, en droit, que de tels paiements faits par un débiteur, tiers saisi, avant l'époque d'exigibilité des sommes réclamées, étaient nuls par rapport aux créanciers saisissants; attendu que le silence gardé par ladite Cour sur les conclusions principales de ce procès, devant être considéré comme un simple rejet implicite desdites conclusions, changeait la position des créanciers saisissants, qui, jusqu'alors, avaient agi en vertu de leur titre personnel, conformément à la disposition de l'art. 1166, mais qui, par l'effet de ce changement de position, se trouvaient placés dans la catégorie des *ayants-cause* de leur débiteur, aux termes des art. 1166 et 1322 du C. civ.; attendu que, dans un tel état de la cause, la C. R. d'Aix a néanmoins considéré ces créanciers comme des tiers, selon la disposition de l'art 1328 du même Code, qu'en ce faisant, elle a expressément violé les susdits art. 1166 et 1322, et faussement appliqué l'art. 1328.—Casse.

10. L'acte s. s. p. portant dissolution d'une société, a une date certaine vis-à-vis des créanciers personnels de l'un des associés. Les créanciers sont, dans ce cas, les ayants-cause de leur débiteur (Cass. 12 juillet 1825, aff. Imbert-Senly). V. *inf.* n°s 15, 18 et 20.

11. DONATAIRE. Le donataire n'est l'*ayant-cause* du donateur que relativement aux biens et aux dettes qui existaient lors de la donation. Par suite, les billets souscrits par le donateur ne peuvent être opposés au donataire, qu'autant qu'ils ont acquis date certaine avant la donation.

Ainsi jugé :

1° Par la C. R. de Nancy, le 14 février 1828, par arrêt dont voici le texte :

Considérant que les syndics de la faillite *Lazare* excipent de deux billets souscrits au profit de ce dernier par *Claude* père, et qui n'ont acquis date certaine qu'à l'époque du 17 novembre 1824; que dès les 18 et 20 novembre 1820, *Claude* père avait partagé ses biens à ses enfants, par actes authentiques et sous forme de *donation entre-vifs*, lesquels ont été transcrits peu de jours après ;

Considérant que les donataires, même universels (sans qu'il soit besoin d'apprécier si ceux dont il s'agit offrent ce caractère), ne peuvent être tenus des dettes contractées par le donateur postérieurement à la donation, puisqu'autrement il dépendrait de celui-ci de révoquer la donation en tout ou en partie, ce qui serait contraire à tous les principes en cette matière ;

Considérant que, bien que les *enfants Claude* tirent leurs droits de *Claude* père, dont, sous ce rapport, ils sont les *ayants-cause*, il n'en est pas moins vrai qu'à son égard ils sont aussi des tiers en ce qui concerne le droit qu'ils ont de l'empêcher d'attenter directement ou indirectement à l'irrévocabilité de la donation ;

Considérant d'ailleurs que les *enfants Claude* n'ont jamais reconnu la date apparente des billets, lesquels seraient antérieurs à la donation; mais qu'ils se sont bornés à énoncer, à cet égard, le système de leur père en déclarant expressément qu'ils n'entendaient point y donner leur approbation. — Renvoie les *enfants Claude* de la demande formée contre eux par les syndics de la faillite *Lazare*.

2° Et par la C. R. de Bordeaux du 30 mars 1829, aff. Granchamp.

Il s'agissait dans l'espèce d'une donation faite le 10 février 1824 par la dame Puyobry de tous ses biens présents au sieur Peyssard. Après le décès de la donatrice, la dame veuve Grandchamp se disant créancière d'une somme de 3,000 fr. en vertu d'un billet souscrit à son profit par la dame Puyobry, sous la date du 4 juin 1823, en réclama le paiement du sieur Peyssard, mais ce billet n'ayant acquis date certaine que postérieurement à la donation, le sieur Peyssard soutint qu'en conséquence il ne pouvait lui être opposé. — Jugement qui accueille ce système et rejette la demande de la dame Grandchamp. Sur l'appel ce jugement fut confirmé.

12. Le donataire n'est point l'*ayant-cause* du *donateur* dans le sens de l'art. 1322 du C. civ. En conséquence le débiteur d'une créance donnée ne peut opposer au donataire une quittance s. s. p. du donateur datée d'une époque antérieure à la donation, mais enregistrée postérieurement (Nimes, 11 février 1822, aff. Pucchegur).

13. Cependant le mari donataire à titre universel de sa femme est, dans le sens de l'art. 1322 du C. civ., ayant-cause de celle-ci, on peut même dire qu'il est son héritier. En conséquence, des billets souscrits par une femme avant son mariage peuvent, quoique enregistrés seulement depuis le mariage, mais légalement reconnus, être opposés au mari donataire contractuel de son épouse et servir de base à une demande en annulation de la donation contractuelle, comme faite en fraude des droits des créanciers de la femme (Cass. 30 janvier 1828, aff. de Polart).

14. *La vente* s. s. p. d'un immeuble compris dans une *donation* ne peut être opposée au donataire, si cette vente n'a pas acquis date certaine avant la donation (Grenoble, 9 mai 1823, aff. Mesly).

15. HÉRITIER BÉNÉFICIAIRE. L'héritier bénéficiaire, créancier de la succession, est un tiers dans le sens de l'art. 1328 du C. civ. relativement aux actes s. s. p. émanés de son auteur. Ces actes n'ont de date certaine à son égard, que dans les cas mentionnés en cet art. (Cass. 22 juin 1818, aff. Sardieux).

16. MANDATAIRE. Les actes du mandataire faits dans les limites de son mandat, et notamment un bail s. s. p. obligent le mandant, bien qu'ils n'aient acquis date certaine que depuis la révocation du mandat, sauf le cas de dol ou de fraude, le mandant ne pouvant être considéré comme un tiers à l'égard du mandataire (Cass. 19 novembre 1834, aff. Bourges).

Dans l'espèce de cet arrêt il s'agissait d'un bail s. s. p. d'une boutique ou magasin fait à un sieur Renouf par la dame Bourges, en qualité de mandataire de ses enfants, chargée d'administrer la succession de leur père, alors indivise entre eux et leur mère. Deux des enfants Bourges, qui avaient révoqué le mandat donné à leur mère, et qui étaient devenus plus tard adjudicataires sur licitation de la maison où se trouvait la boutique ont refusé de reconnaître le bail fait au sieur Renouf. Ils ont prétendu que ce bail ne pouvait leur être opposé, n'ayant pas de date certaine antérieure à la révocation du mandat et n'ayant été enregistré que la veille de la licitation.

Voici le texte de l'arrêt :

Attendu qu'aux termes de l'art. 1998 du C. civ., les actes du mandataire obligent le mandant dans les limites du pouvoir donné et hors le cas de dol ou de fraude.

Attendu que l'arrêt attaqué constate, en fait, que le bail dont il s'agit a été consenti par la dame veuve Bourges, non pas en son nom personnel, mais comme procuratrice de ses enfants, et que toutes les circonstances de la cause écartent la supposition d'une fraude quelconque dans la concession de ce bail; d'où il suit que l'art 1328 du C. civ. est sans application dans l'espèce, le mandant ne pouvant être considéré comme un tiers à l'égard du mandataire. — La Cour rejette le pourvoi formé contre l'arrêt de la C. R. de Rouen.

17. RÉVOCATION DE MANDAT. V. n° 16.

18. SAISIE-ARRÊT. Le paiement du prix d'un office avant la nomination du cessionnaire est valable, même à l'égard des créanciers du cédant ; de sorte que les créanciers qui ont formé une saisie-arrêt doivent, vis-à-vis du tiers saisi, être considérés comme la personne même de leur débiteur et non comme des tiers. Les quittances s. s. p. du débiteur leur sont, en conséquence, opposables, bien qu'elles n'aient pas acquis date certaine antérieurement à la saisie (C. civ. 1322, 1328; Aix, 8 janvier 1841; Sirey 41, 2, 339; *Contrà*. Angers, 12 août 1840; Sirey 40, 2, 394). V. n° 9, note 13 et note 97.

19. TIERS-SAISI. V. n° 9.

20. TIERS. La contre-lettre, par laquelle un individu reconnaît n'être que le prête nom d'un *tiers* dans l'acquisition d'une créance, est sans effet à l'égard des créanciers de cet individu, alors même que ceux-ci n'auraient pas traité avec lui en vue de la créance dont la contre-lettre le dessaisit, et qu'ils auraient ignoré, en traitant, l'existence de cette créance : en ce cas, les créanciers doivent être considérés comme des *tiers* et non comme les *ayants-cause* de leur débiteur (C. civ. 1321). De même, si la contre-lettre est sous seing privé, elle n'a de date certaine à leur égard que par l'accomplissement d'une des circonstances stipulées en l'art, 1328 du C. civ. (Cass. 23 fév. 1835; Sirey, 35. 1. 361; — 16 décembre 1840; Sirey, 41, 1, 167.) V. n°s 11, 12, 13.

21. TRANSPORT. V. n° 8.

22. VENTE. V. n°s 6, 14.

23. Il résulte de la jurisprudence que nous venons de rapporter :

1° Que l'homme, même le plus défiant, ne peut être assuré, lorsqu'il contracte, de faire une opération certaine. S'il va auprès du débiteur, celui-ci pourra fournir des explications satisfaisantes en apparence mais fallacieuses en réalité. S'il veut prendre des informations aux bureaux d'enregistrement, sa précaution peut être coûteuse parce que les bureaux ne sont point organisés pour fournir ces renseignements sans de grandes recherches, et elle peut être inutile parce que l'enregistrement des quittances n'est pas obligatoire et qu'il peut avoir lieu dans tous les bureaux. Celui qui traite peut donc être le jouet de son auteur et du débiteur. En matière de vente d'immeubles, l'acquéreur a au moins la *tradition* ou *possession* comme moyen de vérifier la bonne foi de son auteur; mais en matière de cession de créance, cette voie n'existe pas. A la vérité, il peut et doit même faire connaître ses droits au débiteur cédé, mais celui-ci peut jusqu'au moment des poursuites garder un silence absolu et alors, seulement alors et après beaucoup de frais, exhiber des pièces n'ayant aucune date certaine établissant qu'il s'est libéré avant la signification entre les mains du cédant, de sorte que si ce dernier est insolvable le cessionnaire perdra le prix de la cession et tous les déboursés qui ont été la conséquence de cette même cession.

2° Qu'entre la cession et la donation il y a cette différence qui choque la raison :

C'est qu'en matière de *cession* de créance, le débiteur

cédé peut opposer au cessionnaire des quittances s. s. p. de son cédant d'une date antérieure à la signification de la cession mais non enregistrées, et qu'en matière de *donation* de créance, le débiteur ne peut pas opposer au donataire des quittances s. s. p. antérieures à la donation si elles n'ont pas été enregistrées avant cette donation.

Le contraire serait plus rationnel : en effet, le donataire doit être vu avec moins de faveur que le cessionnaire, et si par une quittance qu'on oppose au premier il ne peut recouvrer la créance, sans doute c'est très fâcheux pour lui, mais ce l'est bien plus pour le cessionnaire qui a déboursé le prix de la cession tandis que le donataire a pu accepter la donation gratuitement sans bourse déliée. Or, dans ce dernier cas ce n'est qu'un bienfait qu'on devait recevoir et qu'on ne reçoit pas; il en est ainsi pour le cas d'éviction d'après le principe qui affranchit le donateur de toute garantie relativement à l'objet donné (V. *Garantie en cas d'éviction*. Note 9 n° 6).

3° Que pour faire une opération certaine, il est prudent de ne se rendre cessionnaire d'une créance qu'en faisant intervenir le débiteur au transport pour déclarer s'il doit, ou tout au moins en le sommant, lors de la signification du transport, de déclarer soit à l'instant même, soit dans un délai fixé, s'il doit la somme cédée, pendant lequel délai le prix de la cession resterait déposé entre les mains d'une tierce personne, ou bien ne serait stipulé payable qu'après la signification ou interpellation faite au débiteur cédé.

4° Et enfin à l'égard du débiteur d'une créance, qu'il est de son intérêt de ne jamais accepter une quittance s. s. p. de son créancier sans la faire enregistrer, surtout quand la grosse du titre, l'original ou un double de ce titre restent entre les mains de ce créancier ou peut être retiré par lui de chez le Notaire à l'insu de lui débiteur ; à moins d'avoir une entière confiance dans la probité de son créancier, car, ainsi qu'on l'a vu ci-dessus (n° 12) il demeure exposé à payer deux fois au cas de *donation* de la créance.

[7]

DE L'OBJET ET DE LA MATIÈRE DES CONTRATS;

Comme condition essentielle pour la validité d'une convention, il doit y avoir un objet certain qui forme la matière de l'engagement (*C. civ.* 1108).

§ 1er DES OBJETS POUVANT FAIRE LA MATIÈRE DES CONTRATS, EN GÉNÉRAL.

§ 2 DES CHOSES QUI NE PEUVENT FAIRE LA MATIÈRE DES CONTRATS. — *Tableau*.

§ er *Des objets qui peuvent faire la matière des contrats.*

1. Tout contrat a pour objet une chose qu'une partie s'oblige à donner, ou qu'une partie s'oblige à faire ou à ne pas faire (C. civ. 1126).

2. Le simple usage ou la simple possession d'une chose peut être, comme la chose même, l'objet du contrat (C. civ. 1127).

3. Il faut que l'obligation ait pour objet une chose au moins déterminée quant à son espèce (C. civ. 1129).

4. Ainsi, l'obligation de donner du vin, du blé et autres choses qui se consomment, sans en désigner la quantité, sera valable, si cette quantité peut être déterminée par la commune intention des parties (C. civ. 1156), par les circonstances ou même par l'arbitrage de la justice.

5. L'obligation de donner *quelque chose* ou un *animal* est nulle, parce que l'espèce n'est pas déterminée (C. civ. 1129.)

6. Mais l'espèce peut être déterminée, soit d'une manière générale, comme lorsque quelqu'un s'est obligé de donner un *cheval*, soit d'une manière plus limitée, comme lorsque quelqu'un s'est obligé de donner *un de ses chevaux*; la loi n'exige pas qu'on désigne l'individu.

7. Dans ce cas on applique, au besoin, les règles relatives aux obligations alternatives.

8. Ainsi, le choix appartient au débiteur s'il n'a pas été expressément accordé au créancier (C. civ. 1162 et 1190).

9. Mais la chose offerte par le débiteur doit être bonne et loyale, et être propre à l'usage auquel on la destine (C. civ. 1641).

10. Par exemple, celui qui est obligé de donner un cheval n'est pas recevable à offrir un cheval borgne, boiteux ou galeux, ni un cheval extrêmement vieux.

11. Il y a désignation suffisante de la chose vendue dans la vente de partie d'un immeuble, jusqu'à concurrence de telle valeur, laquelle partie sera déterminée par un expert convenu (C. civ. 1592; Cass. 6 juillet 1831).

12. La quotité de la chose peut être incertaine pourvu qu'elle puisse être déterminée (C. civ. 1129).

13. L'obligation de donner tant d'hectolitres de vin, de blé, etc., sans exprimer la quantité de chaque espèce, n'est pas nulle, mais il faut, pour l'interprétation de la convention, appliquer les règles que la loi, la raison et l'équité indiquent.

14. En l'absence de toute convention, le débiteur ne sera pas tenu pour être libéré de la chose, de la donner de la meilleure espèce, mais il ne pourra l'offrir de la plus mauvaise (C. civ. 1246).

15. Les choses futures peuvent être l'objet d'une obligation, sauf l'exception pour les successions non ouvertes (C. civ. 1130). V. ci-après n° 67.

16. Ainsi, je puis vous vendre tout le vin que j'ai l'*espoir* de récolter cette année. Une pareille condition est aléatoire et peut faire l'objet d'un contrat (C. civ. 1104).

17. Mais il en serait autrement si je vous vendais le vin que je *récolterai* cette année. Dans ce cas, la vente sera nulle si je ne *recueille* point de vin, parce qu'il n'y a point d'objet certain qui forme la matière de l'engagement.

18. Tout ce qui est dans le commerce peut être vendu lorsque des lois particulières n'en ont pas prohibé l'aliénation (C. civ. 1598).

19. Il n'y a que les choses qui sont dans le commerce qui puissent être l'objet des conventions (C. civ. 1128).

20. En conséquence, on ne peut acquérir ni prescrire (C. civ. 2226) :

1° Les chemins, routes et rues à la charge de l'Etat, les fleuves et rivières navigables ou flottables, les rivages, lais et relais de la mer, les hâvres, les rades et généralement toutes les portions du territoire français qui ne sont pas susceptibles d'une propriété privée, le tout étant considéré comme dépendances du domaine public (C. civ. 538).

2° Les portes, murs, fossés, remparts des places de guerre ou de forteresses, qui font aussi partie du domaine public (C. civ. 540).

21. Les grains en vert et pendants par racines peuvent être vendus, mais seulement dans les cas prévus par la loi du 23 messidor an III (V. ci-après n° 53).

22. Les fruits et productions autres que les grains sont exceptés de la prohibition faite par la loi pour la vente des grains en vert et pendants par racines (V. ci-après n° 52).

23. Lorsqu'une ferme a été vendue d'après le prix du bail, sans aucune réserve, tout ce qui fait partie de la ferme est compris dans la vente, encore que le procès-verbal d'adjudication détaille les diverses parties de la ferme et que plusieurs objets qui en dépendent ne s'y trouvent pas désignés.

24. La vente d'un domaine avec ses *appartenances et dépendances* comprend des portions indivises de marais communaux sur lesquels le vendeur avait le droit de conduire ses bestiaux (Cass. 29 janvier 1822).

25. L'action que le propriétaire d'un immeuble pourrait exercer contre un tiers pour dommages causés sur le fonds, ne passe point, de plein droit et par l'effet de la vente à l'acquéreur de ce fonds. Il faut, pour que l'acquéreur puisse l'intenter lui-même, que le vendeur lui en ait fait une cession expresse (Bordeaux, 28 mai 1828).

§ 2. *Des choses qui ne peuvent faire la matière des contrats.*

Pour rendre les recherches plus faciles, nous avons classé par ordre alphabétique les matières comprises au présent paragraphe :

26. ACQUIESCEMENT A UN JUGEMENT DE COMMERCE (V. ci-après *Contrainte par corps* et la note 116).

27. ALIMENTS. On ne peut compromettre sur les dons et legs d'aliments, logements et vêtements (C. de procédure, 1004).

28. BÉNÉFICE DE CESSION. La convention par laquelle un débiteur renonce au bénéfice de la cession de biens est nulle (C. civ. 1268). V. v° *Cession de biens.*

29. BIENS SAISIS. La partie saisie ne peut, à compter du jour de la transcription de la saisie, aliéner les immeubles à peine de nullité et sans qu'il soit besoin de la faire prononcer (Art. 686 du nouveau code de proc. civ., modifiant l'art. 692 de l'ancien code).

Une saisie immobilière pratiquée sur un co-propriétaire indivis avant tout partage, et suivie de dénonciation et d'adjudication préparatoire, fait obstacle à ce qu'il soit ultérieurement procédé au partage hors la présence du créancier saisissant : la saisie, dans ce cas, équivaut à l'opposition dont parle l'art. 882 du C. civ. (Cass. 11 novembre 1840; Sirey 41. 1. 65).

30. CHEPTEL. On ne peut stipuler que le preneur supportera la perte totale du cheptel, quoiqu'arrivée par cas fortuit et sans sa faute, ou qu'il supportera dans la perte une part plus grande que dans le profit, ou que le bailleur prélèvera, à la fin du bail, quelque chose de plus que le cheptel qu'il a fourni (C. civ. 1811). V. v° *Cheptel.*

31. CHOSE. (V. ci-après *Perte de la chose*, n° 57).

32. CHOSE IMPOSSIBLE. Toute condition de ne pas faire une chose impossible ne rend pas nulle l'obligation contractée sous cette condition (C. civ. 1173).

Seulement elle est réputée non écrite et ne produit point d'action (V. n° 33).

33. CHOSE ILLICITE, CONTRAIRE AUX BONNES MOEURS OU A L'ORDRE PUBLIC, OU PROHIBÉE PAR LA LOI. Toute condition d'une chose illicite, contraire aux bonnes mœurs ou prohibée par la loi, est nulle et rend nulle la convention qui en dépend (C. civ. 1172).

Ainsi la stipulation d'un supplément de prix en dehors de celui porté au contrat de la vente ou cession d'un office, est nulle comme contraire à l'ordre public. Cette stipulation est sans effet *tant à l'égard* des créanciers de l'acquéreur pour lesquels la convention relative au supplément de prix constitue une contre-lettre qui ne saurait leur être opposable, *qu'à l'égard* de la caution de l'acquéreur qui ne peut être subrogée contre celui-ci dans un droit qui n'appartient pas au vendeur (Rouen, 23 décembre 1840; Sirey, 41. 2. 127; Cass., 7 juillet 1841; Sirey, 41, 1, 572).

Dans le même cas de stipulation de prix en dehors du traité ostensible, la caution qui s'est obligée au paiement du prix porté en ce traité, ne peut critiquer le paiement du supplément de prix porté dans la convention secrète, quand il a été fait avec des fonds par elle mis à la disposition de l'acquéreur de l'office ; alors surtout qu'il est établi qu'elle a connu et approuvé l'imputation sur le prix supplémentaire (Cass. 7 juillet 1841; Sirey, 41. 1. 693).

34. CHOSE D'AUTRUI. La vente (ou l'échange) de la chose d'autrui, quoique nulle dans le principe, devient cependant valable et ne peut plus être attaquée par l'acquéreur (ou le copermutant), lorsque le vendeur (ou l'échangiste) est devenu propriétaire incommutable de la chose (Cass. 23 juillet 1835).

35. Lorsqu'un individu a vendu l'immeuble de quelqu'un dont il est le présomptif héritier, la stipulation faite ultérieurement d'une peine pour le cas où cette vente ne recevrait pas son exécution, doit avoir son effet, si d'ailleurs il est établi que l'acquéreur ignorait que la chose n'appartenait pas au vendeur (Cass. 17 mars 1828).

36. Lorsque le défunt a vendu le bien de son héritier, si la succession n'est acceptée que sous bénéfice d'inventaire, l'héritier pourra revendiquer les biens vendus par le défunt, par la raison qu'il ne se fait point de confusion des droits de l'héritier bénéficiaire avec ceux de la succession.

37. La vente de la chose d'autrui est nulle, elle peut donner lieu à des dommages et intérêts lorsque l'acheteur a ignoré que la chose fût à autrui (C. civ. 1599).

38. Néanmoins on peut se porter fort d'un tiers en vendant la chose de celui-ci, sauf indemnité contre celui qui s'est porté fort ou qui a promis de faire ratifier, si le tiers refuse de tenir l'engagement (C. civ. 1120).

39. La chose d'autrui qu'il est défendu d'aliéner doit s'entendre de celle qui appartient à telle personne déterminée, par exemple, la vigne de *Pierre*, la maison de *Paul*, et non des choses mobilières qui ne se trouvent pas dans la possession de celui qui dispose et qu'il peut cependant se procurer, comme cela arrive tous les jours dans le commerce.

40. Il faut, cependant, faire exception pour les effets publics dont la disposition peut avoir le caractère d'un pari, si le vendeur ne prouve pas qu'ils étaient en sa possession au temps de la convention ou qu'ils devaient s'y trouver au temps de la livraison (C. pénal, 422).

41. COALITION. La convention par laquelle plusieurs fabriquants s'engagent à ne vendre leurs produits qu'à un prix et dans un lieu déterminés, sou peine d'un dédit, doit être annulée comme contraire à la liberté du commerce et à l'ordre public (Cass. 18 juin 1828).

41 *bis*. COMPROMIS. DOT. SUCCESSION. La femme mariée sous le régime dotal, qui s'est constitué en dot ses droits successifs dans une succession non liquidée, ne peut compromettre sur les contestations relatives à la liquidation de cette succession (Cass. 18 mai 1841; Sirey, 41. 1. 545; *Journ. du Man.* art. 17). V. v° *Compromis*.

42. CONVENTIONS MATRIMONIALES. Les époux ne peuvent plus stipuler d'une manière générale que leur association sera réglée par l'une des coutumes, lois ou statuts locaux qui régissaient ci-devant les diverses parties du territoire français (C. civ. 1390).

43. Les époux ne peuvent faire aucunes conventions ou renonciations dont l'objet serait de changer l'ordre légal des successions, soit par rapport à eux-mêmes dans la succession de leurs enfants ou descendants, soit par rapport à leurs enfants entre eux (C. civ. 1389).

44. Cependant l'on peut, par contrat de mariage, disposer de tout ou partie de sa succession en faveur de l'un ou de l'autre des époux ou de tous les deux par institution contractuelle (C. civ. 1082).

V. ci-après *Inscription*, n° 54 ; *Succession*, n° 68.

45. CONTESTATIONS SUJETTES A COMMUNICATION AU MINISTÈRE PUBLIC. On ne peut compromettre sur aucune des contestations qui sont sujettes à communication au Ministère public (C. de proc. 1004).

Les causes sujettes à communication sont expliquées à l'art. 83 du C. de proc. civ.

46. CONTRAINTE PAR CORPS. On ne peut, hors les cas déterminés par la loi, se soumettre à la contrainte par corps (C. civ. 2059 à 2071). V. ce mot.

47. Est nul, relativement au chef de la contrainte par corps, l'acquiescement donné par un débiteur à un jugement par défaut de Tribunal de commerce, emportant contre lui la contrainte par corps, parce qu'un pareil acte porte atteinte à la liberté individuelle (Paris, 12 septembre 1825 ; 19 décembre 1832 ; 28 mai 1839. Bordeaux, 21 décembre 1825. Rouen, 15 novembre 1826 ; 5 novembre 1827. Pau, 10 février 1836. Bruxelles, 2 juin 1826 ; 4 janvier 1827. Merlin, quest. V° *Contrainte par corps*, § XI. Coin-Delisle, *Comm. du C. civ. sur l'art.* 2065, n° 12). Voir, en sens contraire, Paris, 2 juin 1827 ; Toulouse, 28 janvier 1831 ; Caen, 30 août 1836 ; Bourges, 8 mai 1837.

47 *bis*. DONATION A UNE FEMME. REVENUS. La condition apposée à une donation faite au profit d'une femme mariée sous le régime de la communauté, que les revenus des biens donnés seront propres à la donataire, et que cette dernière les percevra sur ses simples quittances, n'a rien d'illicite. Le mari ne peut, en conséquence, demander la nullité de cette clause sous prétexte qu'elle porterait atteinte à la puissance maritale et à ses droits comme chef de la communauté (C. civ. 1395. 1401. 1428. C. R. Nîmes, 18 juin 1840. Sirey, 41. 2. 12).

48. DROIT D'USAGE ET D'HABITATION. Celui qui a un droit d'usage et d'habitation ne peut céder ni sous louer son droit à un autre (C. civ. 631).

48 *bis*. DROITS LITIGIEUX. Des droits ne sont réputés *litigieux* et ne peuvent donner lieu au retrait qu'autant qu'il y a sur le fond du droit un litige antérieur à la cession. Il en est ainsi lors même que, dans l'acte de cession, les droits sont qualifiés *litigieux* et qu'ils sont cédés à forfait et sans garantie (Cass. 9 février 1841. *Journ. du Man.* art. 4). V. note 4. n°s 59 et suiv.

49. EXPEDITION D'ACTES. Est nul, comme portant sur une matière touchant à l'ordre public, le compromis fait entre un ancien Notaire et son successeur, sur la délivrance des expéditions qui sont nécessaires à l'ancien Notaire pour la poursuite de ses recouvrements. Il en est de même de la sentence arbitrale, laquelle ne peut acquérir l'autorité de la chose jugée (Cass. 12 janvier 1841; Sirey, 41. 1. 24).

49 *bis*. GAGE. On ne peut convenir que le créancier sera autorisé à retenir le gage à défaut de paiement (C. civ. 2078).

50. GRAINS EN VERT. La vente des grains en vert pendants par racines ne peut faire l'objet d'un contrat sous peine de confiscation des grains et fruits vendus (Loi du 6 messidor an III).

La confiscation sera encourue moitié par le vendeur, moitié par l'acheteur.

Elle sera appliquée : un tiers au dénonciateur,

Un tiers à la commune du lieu où les fonds qui ont produit les grains se trouvent situés ; ce tiers sera distribué à la classe indigente,

Et le troisième tiers au Trésor public (Même loi).

51. Cependant il est permis de vendre des grains en vert et pendants par racines par suite de tutelle, curatelle, changement de fermier, saisie de fruits, baux judiciaires et autres de cette nature (Loi du 23 messidor an III).

52. La même loi permet aussi de vendre tous autres fruits et productions que les grains.

53. Toutefois un arrêt de la Cour royale d'Agen, du 21 août 1830, a décidé que les deux lois ci-dessus rappelées (des 6 et 23 messidor an III), avaient été abrogées par le C. civ., qui faisait cesser la prohibition toutes les fois que dans la vente des grains en vert se trouvaient compris des récoltes d'une autre nature, et les auteurs (Merlin, Troplong, Toullier, Duvergier et Duranton), sont d'avis contraire. Il existe, dans ce dernier sens, un jugement du Tribunal d'Alençon, du 26 novembre 1833, qui tire ses motifs, 1° de *l'ordre et de l'intérêt général (le non accaparement des grains)* ; 2° de la non abrogation des anciennes lois dont l'effet est conservé par l'art. 1598 du C. civ. ; 3° et des dispositions du C. de proc. civ. sur la saisie brandon qui ne permettent pas au créancier de saisir avant les six semaines qui précèdent l'époque ordinaire de la maturité des fruits, desquelles dispositions on doit conclure que si les particuliers avaient le droit de vendre, comme bon leur semble, les créanciers ne pourraient que difficilement exercer leur action. En effet : s'ils saisissaient avant les six semaines qui précèdent la récolte, on leur reprocherait de l'avoir fait trop tôt, et

s'ils attendaient davantage on leur opposerait une vente déjà faite.

54. INSCRIPTION. On peut convenir, dans un contrat de mariage, lorsque les parties sont majeures, qu'il ne sera pris d'inscription que sur un ou certains immeubles du mari. Mais il ne peut être convenu qu'il ne sera pris aucune inscription (C. civ. 2140).

55. LOGEMENTS. V. ci-devant *Aliments.*

56. PARTAGE. La convention de suspendre un partage pendant un temps limité, n'est obligatoire que pour cinq ans; mais elle peut être renouvelée (C. civ. 815). V. *supra*, nº 29.

57. PERTE DE LA CHOSE. Si au moment de la vente, la chose vendue était périe en totalité, la vente serait nulle (C. civ. 1601).

58. Si une partie seulement de la chose était périe, il serait au choix de l'acquéreur d'abandonner la vente, ou de demander la partie conservée, en faisant déterminer le prix par la ventilation (Même art.).

V. ci-dessus les différentes sortes de *choses*, nos 32 et suivants.

59. PRESCRIPTION. On peut renoncer à la prescription acquise; mais on ne peut d'avance renoncer à une prescription qui n'est point acquise (C. civ. 2220).

59 *bis*. PROCURATION. FEMME. La procuration donnée par une femme à son mari pour souscrire en son nom des emprunts illimités, applicables aux dettes antérieures du mari dont on n'indique ni la nature ni le montant est une procuration générale qui n'embrasse que les actes d'administration (C. civ. 1988). Sont nulles, en conséquence, les obligations consenties par le mari au nom de la femme en vertu d'une telle procuration (Cass. 19 mai 1840, Sirey, 41. 1. 66).

60. PROMESSE DE VENTE. Il faut, pour qu'une vente ou promesse de vente soit valable, le consentement réciproque des deux parties sur la chose et sur le prix (C. civ. 1589).

61. Ainsi, la promesse de vendre à quelqu'un de préférence à tout autre le surplus d'une pièce à tel prix, si l'on se décide à vendre, est nulle comme ne contenant pas le consentement exigé par la loi. Une telle promesse ne peut donner lieu qu'à des dommages intérêts (C. civ. 1142, et Cass. 9 juillet 1834).

62. QUESTIONS D'ÉTAT. On ne peut compromettre sur les questions d'État (C. de proc. 1004).

62 *bis*. RECONNAISSANCE D'ENFANT ADULTÉRIN. La reconnaissance *volontaire* d'un enfant adultérin est absolument nulle; tellement qu'elle ne peut lui être opposée pour l'empêcher de recueillir un legs fait en sa faveur par celui qui l'a reconnu, l'état de cet enfant restant toujours incertain nonobstant la reconnaissance.

En d'autres termes : Il n'y a incapacité pour les enfants adultérins de recevoir les dons ou legs du père ou de la mère qui les a reconnus, que dans le cas où la preuve de la filiation adultérine se trouve acquise par la force des choses ou de jugements, ou résulte de l'acte même de libéralité (C. civ. 335. 762); peu importe que la reconnaissance ait été faite avant le code, sous l'empire de la loi du 12 brumaire an II : cette reconnaissance ne peut produire aucun effet (Cass. 3 février 1841, Sirey, 41. 1. 117).

63. RÉMÉRÉ. L'exercice du droit de réméré ne peut être stipulé pour un temps qui excède cinq années (C. civ. 1660).

64. RESCISION. RÉSOLUTION. On ne peut, dans une vente d'immeubles ou dans un partage, renoncer à intenter l'action en rescision pour cause de lésion (C. civ. 888. 1674).

65. SÉPARATION. On ne peut compromettre sur les séparations d'entre mari et femme (C. de proc. 1004).

Tellement que le mari qui a obtenu la séparation de corps pour cause d'adultère de sa femme, laquelle a été condamnée à l'emprisonnement par le jugement de séparation, ne peut, *alors surtout qu'elle a subi son emprisonnement*, faire cesser la séparation en l'obligeant à rentrer au domicile conjugal (Cass. 3 février 1841, Sirey, t. 41. 1. 97).

66. SERVITUDES. On ne peut imposer de servitudes ni à la personne, ni en faveur de la personne, mais seulement à un fonds et pour un fonds, et pourvu que les services n'aient d'ailleurs rien de contraire à l'ordre public. (C. civ. 686).

67. SUBSTITUTION. Les substitutions étant prohibées (C. civ. 896), toute disposition par laquelle le donataire, l'héritier institué ou le légataire serait chargé de *conserver* et de *rendre* à un tiers, est nulle d'une manière absolue (*id.*) V. vº *Substitution.*

68. SUCCESSION. On ne peut même par contrat de mariage renoncer à la succession d'une personne vivante, ni aliéner les droits éventuels qu'on peut avoir à cette succession, même du consentement de cette personne (C. civ. 791. 1130. 1600).

69. Cependant il est permis de faire dans les contrats de mariage des conventions sur les successions futures, pour les faire entrer dans la communauté ou pour les en exclure.

V. ci-devant *Conventions matrimoniales.*

70. La promesse de bail faite par une personne des biens *qui pourront lui être donnés* par un de ses parents ou *qu'elle pourra recueillir dans sa succession* est nulle comme constituant une stipulation sur une succession future; et cette nullité a lieu, par suite de l'indivisibilité de la clause, alors même que les biens ne seraient advenus au promettant que par l'effet d'une donation (Amiens, 26 décembre 1839, Sirey, 41. 2. 178).

Cependant il a été décidé :

71. — 1º Qu'un traité comprenant cession de droits successifs pour un seul et même prix, dans une succession ouverte et dans une succession future, peut être déclaré valable, moyennant l'offre par le cessionnaire de ne faire porter le prix de la cession que sur la succession ouverte. Dans ce cas, le traité n'est pas indivisible (C. civ. 791. 1130; Cass. 17 janvier 1837; Sirey, 37. 1. 247).

72. — 2º Et que la nullité d'un traité sur la succession d'une personne vivante, stipulé à l'occasion d'une donation faite par cette personne, n'entraine pas la nullité de la donation, quoique ce traité soit fait par le même acte, si les deux stipulations sont divisibles, et que l'une ne soit pas la condition de l'autre (Cass. 24 janvier 1839, Sirey, 40. 1. 757).

72. SURENCHÈRE. HYPOTHÈQUE LÉGALE. Les

créanciers à hypothèque légale non inscrite ont le droit de surenchérir du dixième (et ils peuvent, comme toute personne, surenchérir du sixième, conformément à l'art. 708 du nouveau code de procédure) ; mais ils doivent le faire, à peine de déchéance, dans le délai de deux mois à compter de l'exposition du contrat dans l'auditoire du Tribunal. Ils ne sont pas assimilés aux créanciers inscrits en ce qui touche les délais pour surenchérir (Paris, 16 décembre 1840; Sirey, 41. 2. 88. — Grenoble, 27 décembre 1821; Sirey, 22. 2. 364. — Tarrible, rép. v° *Transcription*, § 5. n° 4. — Grenier des hypothèques, n° 437. — Persil, rég. hyp. n° 6. — Duranton, t. 20 n° 423. — Troplong des hyp. n°s 921. 982. — Roll. de V... rép. v° *Surenchère*, n° 23. — *Contrà*. Caen, 12 avril 1826. — Orléans, 17 juillet 1829; Sirey, 27. 2. 107. — 29. 2. 217. Relativement au délai qui ne doit courir contre les créanciers à hypothèque légale comme contre les autres créanciers que du jour où l'acquéreur leur a notifié son contrat d'acquisition conformément à l'art. 983 du C. civ.).

74. TABLEAU. La vente d'un tableau peut faire l'objet d'un contrat ; mais le droit de le reproduire par la gravure ou par tout autre moyen de reproduction n'appartient à l'acheteur qu'autant que le peintre le lui a cédé par une stipulation particulière (Cass. 23 juillet 1841, Sirey, 41. 1. 561).

75. TESTAMENT. La révocation d'un *second* testament qui lui-même en avait révoqué un *premier*, ne fait pas revivre le premier testament, lorsque le testateur n'a pas manifesté cette intention dans l'acte même de révocation (C. civ. 1035; Caen, 24 avril 1841, Aff. Fournerie, Sirey, 41. 2. 490). *Contrà*. Grenoble, 14 juin 1810, Sirey, 11. 2. 20.

76. VENTE DE LA CHOSE D'AUTRUI. V. Sup. *Chose d'autrui*, n° 34.

77. VENTE. INTÉRÊT. PURGE. L'acquéreur d'un immeuble produisant des fruits, qui veut purger, est, de plein droit, tenu des intérêts du prix, à partir de la notification de son contrat aux créanciers, encore qu'il ait été dispensé d'en payer par une stipulation insérée dans l'acte de vente : cette stipulation n'est pas obligatoire pour les créanciers (Montpellier, 13 mai 1841, Sirey, 41. 2. 49).

78. VÊTEMENTS. V. Sup. *Aliments*.

[8]

DE LA DÉLIVRANCE OU TRADITION.

1. Le vendeur est tenu de deux obligations principales, celle de délivrer et celle de garantir la chose qu'il vend (C. civ. art. 1603).

2. La délivrance est le transport de la chose vendue en la puissance et possession de l'acheteur (Art. 1604 du C. civ.) V. pour la garantie, la note 9.

3. En matière de vente, cette délivrance ou tradition est *réelle* ou *feinte*.

4. La tradition *réelle* se fait lorsque l'acheteur est mis en possession réelle de la chose vendue (C. civ. 1606). Mais si cette tradition est différée, si la mise en possession ne doit avoir lieu que quand l'acquéreur paiera le prix de la chose ou lorsque tel événement s'accomplira, il y a en cela une condition suspensive qui réduit l'engagement à une simple promesse (C. civ. 1584, 1181), et quoique chaque partie puisse demander ensuite l'exécution de cette promesse, il n'y a point translation de propriété du jour de la convention, et le droit proportionnel d'enregistrement ne peut être perçu sur l'acte. V. *Vente*.

5. La tradition *feinte* s'opère de diverses manières :

6. — 1° Lorsqu'il s'agit d'effets mobiliers, elle s'opère ou par la remise des clefs des bâtiments qui les contiennent,

7. Ou même par le seul consentement des parties si le transport ne peut pas s'en faire au moment de la vente ou si l'acheteur les avait déjà *en son pouvoir* à un autre titre (C. civ. 1606).

8. *En son pouvoir*. Ce qui arrive, quand le vendeur se réserve l'usufruit, ou que la chose lui est louée ou remise à titre de dépôt ou de prêt par l'acquéreur.

9. Toutefois cette tradition feinte n'équivaut pas vis-à-vis des tiers à la tradition réelle quand il s'agit de choses mobilières, car dans ce cas celui qui a été mis en possession réelle de l'objet est préféré et en demeure propriétaire, encore que son titre soit postérieur en date, pourvu toutefois que la possession soit de bonne foi (C. civ. 1141).

10. Et même jusqu'à la tradition réelle, le vendeur n'étant point, aux yeux des tiers, dessaisi de la propriété des meubles, il en résulte que ses créanciers, même chirographaires, antérieurs ou postérieurs à la vente, peuvent les faire saisir sans que l'acheteur puisse les revendiquer ni en empêcher la vente judiciaire, et sans qu'il puisse réclamer sur le prix par lui payé en tout ou en partie aucune préférence ou privilége sur le prix de la revente; sauf à venir par contribution et au marc le franc avec les autres créanciers sur ce prix pour le remboursement des dommages-intérêts à lui dûs par le vendeur, et de ce qu'il aurait payé de son prix à ce dernier (Bourjon, t. 1er, p. 125, et t. 2, p. 363; Toullier, t. 7, n° 35 et suiv. et 448).

Cette opinion peut paraître contraire au principe général que la propriété est transférée par le seul effet des obligations et que la chose demeure aux risques de l'acheteur, encore que la tradition n'en ait point été faite (C. civ. 711, 1138 et 1583).

Elle peut paraître contraire aussi aux art. 1322 et 1328 du C. civ., desquels il résulte que les ayants-cause ne peuvent avoir plus de droits que leur auteur. V. *Ayant-cause*, note 6.

Toutefois la jurisprudence est conforme à l'opinion de ces deux auteurs. En effet, les Tribunaux annulent généralement les ventes de choses mobilières, soit quand elles ne sont pas suivies de tradition, car si la possession vaut titre, le titre ne vaut pas possession, soit parce que on les considère comme faites au préjudice des créanciers, si on ne peut prouver la tradition réelle (C. civ. 1350, n° 1er).

11. C'est par application de l'art. 1141 du C. civ. qu'il a été décidé, à l'égard de la vente d'une coupe de bois faite successivement à deux acheteurs, que celui auquel la tradition avait été faite devait être préféré quoique son titre fût postérieur en date : les bois sur pied et les récoltes ou fruits pendant par racine devant être considérés comme objets mobiliers, dès qu'ils sont vendus séparément du sol (Cass. 21 juin 1820. Suivant cet arrêt la tradition résulte, pour la compétence entière, du commencement d'exécution, lorsqu'il s'agit de vente de coupe de bois).

12. — 2° Lorsqu'il s'agit de droits incorporels, elle s'opère ou par la remise des titres, ou par l'usage que l'acquéreur en fait du consentement du vendeur (C. civ. 1607).

13. — 3° Lorsqu'il s'agit d'immeubles, elle s'opère de la part du vendeur par la remise des clefs pour les bâtiments, ou par la remise des titres (C. civ. 1605).

V. *Remise de titres*, note 34.

14. On remarquera que la vente diffère de la donation sous le rapport de la tradition, en ce que la donation dûment acceptée est parfaite par le seul consentement des parties et que la propriété des objets donnés est tranférée au donateur sans qu'il soit besoin d'autre tradition (C. civ. 938).

15. Outre la tradition, le vendeur contracte une autre obligation, celle d'expliquer clairement ce à quoi il s'oblige; sinon, tout pacte obscur ou ambigu s'interprète contre lui (C. civ. 1602).

16. La règle que la vente est parfaite entre les parties et que la propriété est acquise de plein droit à l'acheteur à l'égard du vendeur dès qu'on est convenu de la chose et du prix, quoique la chose n'ait pas encore été livrée ni le prix payé (C. civ. 1583), reçoit exceptions dans les trois cas suivants :

17. — 1° Lorsque des marchandises ont été vendues au poids, au compte ou à la mesure; dans ce cas, la vente, quoique consommée, n'est point parfaite, en ce sens que les choses vendues demeurent aux risques du vendeur jusqu'à ce qu'elles aient été comptées, pesées ou mesurées; mais l'acheteur peut en demander ou la délivrance ou réclamer des dommages-intérêts, s'il y a lieu, en cas d'inexécution de l'engagement (C. civ. 1585).

18. Il en est autrement quand les marchandises sont vendues en bloc, car alors la vente est parfaite et les marchandises demeurent aux risques de l'acheteur, quoiqu'elles n'aient pas encore été pesées, comptées ou mesurées (C. civ. 1586).

19. Ou quand la vente des marchandises *à la mesure* est faite, à prendre dans une plus grande quantité appartenant au vendeur; dans ce cas les parties étant d'accord sur la chose et sur le prix, la vente est translative de propriété même avant le mesurage (Cass. 11 novembre 1812).

20. — 2° Dans les ventes de denrées qu'on est dans l'usage de goûter avant de les acheter, telles que le vin, l'huile, etc., il n'y a pas de vente tant qu'elles n'ont pas été goûtées et agréés par l'acheteur (C. civ. 1587).

21. — 3° Lorsque la vente a été faite à l'essai, parce qu'alors elle est toujours présumée faite sous une condition suspensive (C. civ. 1588), et que par suite les choses vendues restent aux risques du vendeur tant que l'essai n'a pas eu lieu.

22. En matière de vente de denrées et effets mobiliers, la résolution de la vente a lieu de plein droit et sans sommation, au profit du vendeur, après l'expiration du terme convenu pour le retirement (C. civ. 1657).

23. Les frais de la délivrance sont à la charge du vendeur et ceux de l'enlèvement à la charge de l'acheteur, s'il n'y a eu stipulation contraire (C. civ. 1608).

24. La délivrance doit se faire au lieu où était, au temps de la vente, la chose qui en fait l'objet, s'il n'en a été autrement convenu (C. civ. 1609).

25. Les héritiers du vendeur doivent-ils se réunir pour faire la délivrance de la chose? En général non, puisque toute dette se divise entre les héritiers qui sont tenus de ne la payer que pour les parts dont ils sont tenus comme représentant le débiteur (C. civ. 1220).

Toutefois cette règle reçoit exception,

26. — 1° Dans le cas où la dette est hypothécaire; car alors l'héritier qui possède le fonds hypothéqué à la dette peut être poursuivi pour le tout sur le fonds hypothéqué à cette dette, sauf son recours contre ses co-héritiers.

27. — 2° Lorsqu'elle est d'un corps certain; car alors l'héritier qui possède la chose due peut être poursuivi pour le tout sur cette chose, sauf son recours contre ses co-héritiers.

28. — 3° Lorsqu'il s'agit de la dette alternative de choses au choix du créancier, dont l'une est indivisible, l'indivisibilité pour partie donne le même caractère d'indivisibilité à l'autre partie. Dans ce cas l'héritier qui possède la chose due peut être poursuivi pour le tout sur cette chose, sauf son recours contre ses co-héritiers.

29. — 4° Lorsque l'un des héritiers est chargé seul, par le titre, de l'exécution de l'obligation. Dans ce cas, on conçoit que l'héritier puisse être poursuivi pour le tout.

30. — 5° Et lorsqu'il résulte, soit de la nature de l'engagement, soit de la chose qui en fait l'objet, soit de la fin qu'on s'est proposée dans le contrat, (par exemple, quand la chose a été stipulée livrable en une seule fois) que l'intention des contractants a été que la dette ne pût s'acquitter partiellement (C. civ. 1221).

31. Dans les ventes faites avec obligation de livrer la chose dans un temps convenu, le vendeur ne reste pas chargé des risques jusqu'à l'échéance du terme; ces risques demeurent à la charge de l'acheteur, non-seulement jusqu'à cette échéance, mais encore tant qu'il n'a pas mis en demeure le vendeur de livrer (C. civ. 1138, 1302, 1585, 1614; Toullier).

32. Lorsque le vendeur manque à faire la délivrance dans le temps convenu entre les parties, l'acheteur peut à son choix demander la résolution de la vente, ou sa mise en possession, si le retard ne vient que du fait du vendeur (C. civ. 1610).

33. Dans le cas ci-dessus, quand l'acquéreur se désiste du contrat, le vendeur est tenu de lui restituer, outre le prix s'il l'a reçu, les frais de ce contrat (C. civ. 1621).

34. L'acheteur ayant le choix des moyens peut, après avoir formé une action, s'en désister pour revenir à l'autre. N'obtenant pas satisfaction par un moyen, il a bien le droit, dans ce cas, d'user de tous les autres moyens (Toullier, t. 10, n° 170 et suiv.; Cass. 24 août 1831).

35. Dans tous les cas, le vendeur doit être condamné aux dommages-intérêts s'il résulte un préjudice pour l'acquéreur du défaut de délivrance au terme convenu (C. civ. 1611).

36. Pour obtenir des dommages-intérêts, on doit d'abord mettre le vendeur en demeure de remplir son obligation, à moins qu'il n'y eût dans la convention un terme de rigueur que le vendeur aurait laissé passer (C. civ. 1146).

37. Si le défaut de délivrance provient d'une cause étrangère qui ne peut être imputée au vendeur, il pourra lui

être accordé par le juge un délai suivant les circonstances (Cass. 8 octobre 1807).

38. Le vendeur n'est pas tenu de délivrer la chose si l'acheteur n'en paie pas le prix, et que le vendeur ne lui ait pas accordé un délai pour le paiement (C. civ. 1612).

39. Et quoiqu'il y ait eu délai pour le paiement, le vendeur ne sera pas non plus obligé à la délivrance, si depuis la vente l'acheteur est tombé en faillite ou en état de déconfiture, en sorte que le vendeur se trouve en danger imminent de perdre le prix, à moins que l'acheteur ne lui donne caution de payer au terme (C. civ. 1613).

40. La chose doit être délivrée dans l'état où elle se trouve au moment de la vente (C. civ. 1614).

41. Cependant, comme la chose est aux risques de l'acheteur du jour de la vente, les changements qu'elle peut éprouver dans l'intervalle de la vente à la délivrance, doivent profiter à l'acquéreur ou tourner à sa perte, pourvu que le vendeur soit demeuré étranger aux changements qui ont causé préjudice.

42. C'est par une conséquence de ce principe, que tous les fruits de la chose appartiennent à l'acquéreur depuis le jour de la vente (C. civ. 1614).

43. Ces fruits sont ceux produits depuis la vente; il ne peut s'agir de ceux antérieurs; la règle du droit étant que les fruits sont réputés s'acquérir jour par jour (C. civ. 586).

44. L'obligation de délivrer la chose dans l'état où elle se trouve au moment de la vente, emporte celle de veiller en bon père de famille à la conservation de cette chose jusqu'au moment de la délivrance, ou au moins jusqu'au moment où le vendeur a mis l'acheteur en demeure de recevoir (C. civ. 1137).

45. L'obligation de délivrer la chose comprend aussi ses accessoires et tout ce qui a été destiné à son usage perpétuel (C. civ. 1615).

46. Pour savoir ce qu'on doit entendre par *accessoires* destinés à l'usage perpétuel d'une chose, il faut se reporter au C. civ., art. 517 et suiv., 546, 551, 1692 et 1696.

47. La question de savoir sur lequel, du vendeur ou de l'acquéreur, doit tomber la perte ou la détérioration de la chose vendue avant la livraison, est jugée d'après les règles prescrites au titre des *Contrats ou des Obligations conventionnelles* (les cas de perte ou de détérioration n'ayant pu être tous prévus en la présente note, *voyez* au besoin les articles 1138, 1149, 1182, 1193, 1194, 1195, 1196, 1205, 1245, 1302, 1303 du C. civ.).

48. Les règles relatives à la délivrance de la contenance des biens ruraux, sont expliqués aux art. 1616, 1617, 1618, 1619, 1620, 1621, 1622 et 1623 du C. civ. — V. *Contenance*, note 40.

V. *Vente*.

[9]

DE L'ÉVICTION EN MATIÈRE DE VENTE. — DE LA GARANTIE EN CAS D'ÉVICTION.

1. La garantie que le vendeur doit à l'acquéreur a pour objet la possession paisible de la chose vendue (Code civ. 1625).

2. Elle a aussi pour objet les défauts cachés de cette chose ou les vices rédhibitoires (Même article).

Il sera question de cette garantie sous une autre note (V. la table du Commentaire).

3. Si donc, l'acquéreur est troublé dans sa possession paisible, de manière à être obligé d'abandonner tout ou partie de la chose qu'il possède, par suite d'une action réelle exercée par un tiers, ce trouble est une éviction.

4. Il n'y a d'éviction que celle qui a lieu par autorité de justice; toute autre dépossession n'est qu'un trouble de fait dont le vendeur n'est point garant.

DIVISION DE LA MATIÈRE :

§ 1er. DANS QUELS CAS IL Y A LIEU A GARANTIE POUR ÉVICTION.
§ 2. CONTRE QUI LA GARANTIE PEUT ÊTRE EXERCÉE.
§ 3. QUI A DROIT A LA GARANTIE.
§ 4. DROITS DE L'ACQUÉREUR QUI SOUFFRE L'ÉVICTION.

§ 1er. *Dans quels cas il y a lieu à garantie pour éviction.*

5. L'action en garantie qui résulte de l'éviction a lieu non-seulement dans les contrats de vente, mais encore dans tous les contrats à titre onéreux translatifs de propriété.

6. Elle n'a pas lieu dans le contrat de donation à titre gratuit, lorsque la chose donnée n'appartenait pas au donateur, et que le donataire se trouve évincé par le véritable propriétaire : car alors il n'est pas juste que le donateur souffre du dommage pour avoir voulu exercer une libéralité (Denisart, v° *Éviction*, n° 19).

7. On décide même que dans ce cas le donataire ne peut réclamer les dépenses par lui faites à l'occasion de la donation comme les frais de contrat, d'enregistrement, etc., parce que si, d'un côté, il y a eu imprudence de la part du donateur en disposant de la chose d'autrui, d'un autre côté, il y a eu légèreté de la part du donataire à accepter avant de s'être rendu compte de l'état de la propriété (Pothier, *des Donations*).

8. Mais la garantie doit avoir lieu pour les donations à titre onéreux ou rémunératoires, pourvu que les services rendus fussent de nature à produire une action en justice, parce que, à dire vrai, ce ne sont pas des donations (Dénisart, v° *Eviction*, n° 20).

9. Comme on distingue deux garanties, la garantie de *droit* qui résulte de la loi, et la garantie de *fait* qui résulte de la stipulation et ajoute à la première, il en résulte que même en matière de donation gratuite le donateur peut être obligé de garantir toutes les évictions s'il y a, à ce sujet, une stipulation formelle dans l'acte de donation. Les conventions tiennent lieu de loi à ceux qui les ont faites (C. civ. 1134), et obligent à tout ce qui y est exprimé (C. civ. 1135).

10. Les héritiers du vendeur doivent garantir l'acquéreur quoiqu'ils soient de leur chef propriétaires de l'héritage vendu, parce que s'ils voulaient revendiquer l'héritage, l'acquéreur pourrait repousser leur demande par l'exception tirée de leur qualité d'héritiers qui les oblige à tenir les engagements de leur auteur.

11. Il y a lieu à l'action en garantie tant que la pres-

cription du droit de l'exercer n'est point acquise. Or, la prescription ne court, dans ce cas, que quand l'éviction a eu lieu (C. civ. 2257), c'est-à-dire du jour du trouble.

Nous allons rappeler plusieurs hypothèses qui pourront servir d'exemples :

12. — 1° Si l'acquéreur d'un héritage était évincé, même soixante-dix ans après la vente, le vendeur devrait le garantir de l'éviction ;

13 — 2° Un acquéreur a été troublé il y a plusieurs années, mais il s'est défendu et ce n'est que plus tard qu'il a été dépossédé. De quelle époque courra la prescription de l'action en garantie ? Elle courra de l'époque de la dépossession et non de celle du trouble (Merlin, Quest. de droit, v° *Garantie*, § 6. Arrêt du 19 janvier 1695) ;

14. — 3° Si le vendeur a un contre-garant, l'action en garantie courra-t-elle du jour que le vendeur a été appelé en garantie par l'acquéreur évincé, ou du jour que ce vendeur a été condamné à cette garantie, ou, enfin, du jour que le vendeur a payé cette garantie à l'acheteur ? Elle courra de ce dernier jour (Merlin, *ibid.*).

15. Si la vente a eu pour objet une créance, l'action en garantie du cessionnaire courra du jour de l'échéance de la dette cédée, parce qu'il a pu en demander le paiement à cette époque (C. civ. 2257).

16. Si la créance consistait dans une rente perpétuelle, la prescription de la garantie ne courrait que du jour où le débiteur ayant commencé de ne pas payer la rente, le cessionnaire aurait pu et dû agir contre lui : d'où il faut conclure que si, pendant un siècle, la rente cédée était exactement payée et qu'ensuite le débiteur devînt insolvable, l'action en garantie pourrait être dirigée contre le cédant (Dénisart).

17. Il existe toutefois plusieurs arrêts, d'après lesquels il faut distinguer, à cet égard, entre la garantie de droit et la garantie de fait. Quant à la garantie qui n'est pas de droit, c'est-à-dire qui n'aurait pas lieu si elle n'eût été stipulée, c'est du jour de la stipulation elle-même que la prescription commence à courir (Merlin, Quest. de droit, v° *Garantie*).

18. Le vendeur est tenu de garantir l'acquéreur de toute éviction soit totale, soit partielle, même résultant d'une sur-enchère, et de toute charge sur l'objet vendu non déclarée lors de la vente, pourvu que la cause en existât avant le contrat (C. civ. 1626 ; Cass. 4 mai 1808, aff. Capon).

19. Lorsque le contrat porte une promesse de garantie, même générale et non précise, l'acquéreur n'est pas privé de son recours contre le vendeur, à raison des hypothèques qui ont été déclarées par le vendeur, ou dont l'acquéreur avait connaissance lors du contrat (Cass. 7 frimaire an XII).

20. Si le contrat porte que l'héritage vendu est chargé d'un droit de retour ou d'un droit de réméré, et que l'acquéreur ait été obligé de délaisser l'héritage sur l'action de celui à qui ce droit appartenait : quoique cette éviction ait une cause qui existait dès le temps du contrat de vente, le vendeur n'en sera pas tenu, parce que l'acquéreur a été chargé de cette espèce d'éviction par une clause du contrat de vente (Pothier, n° 88).

21. L'obligation de reculer en cas de démolition, à laquelle se trouve soumis l'acquéreur d'une maison, en vertu d'un plan général d'alignement, constitue une simple charge municipale de droit commun et non une éviction qui puisse donner lieu à garantie contre le vendeur, à défaut de déclaration de sa part de l'existence de cette charge (C. R. d'Orléans, 21 janvier 1835).

22. En matière de vente sur saisie immobilière, la garantie pour le cas d'éviction n'est due que par le vendeur et jamais par le créancier dans les mains duquel le prix de la vente aurait été versé (Cass. 16 décembre 1828).

23. Quoiqu'il soit dit dans une vente que le vendeur ne sera soumis à aucune garantie, il demeure cependant tenu de celle qui résulte d'un fait qui lui est personnel. Toute convention contraire est nulle (C. civ. 1628).

24. Ainsi, lorsqu'un créancier a acquis, pour le montant de sa créance, l'immeuble sur lequel il avait une hypothèque première inscrite ; s'il n'a point renouvelé son inscription et se trouve exposé plus tard aux poursuites des créanciers postérieurs en date, il peut néanmoins agir en garantie contre son vendeur, sans que celui-ci puisse lui opposer qu'il aurait dû renouveler son inscription, surtout s'il y a dans le contrat de vente la promesse formelle de garantie de toute hypothèque (Cass. 21 mars 1831).

25. Quand la garantie de la part d'un vendeur est restreinte à celle de ses *faits et promesses* seulement, il n'y a point de recours à exercer contre lui pour éviction, si l'éviction ne résulte pas de son fait personnel. En conséquence, l'acquéreur ne pourra soutenir qu'il y a eu stipulation de garantie pour la paisible possession du bien vendu (Cass. 4 avril 1827).

26. Dans le cas même de stipulation de non garantie, le vendeur, en cas d'éviction, est tenu à la restitution du prix, à moins que l'acquéreur n'ait connu, lors de la vente, le danger de l'éviction, ou qu'il n'ait acheté à ses risques et périls (C. civ. 1629).

27. Mais lorsqu'un individu a vendu, comme lui appartenant, un immeuble indivis entre lui et ses co-héritiers absents depuis l'*ouverture* de la succession et sans s'être fait envoyer en possession des biens de ces derniers, l'acquéreur est fondé à refuser le paiement de son prix, si le vendeur ne lui donne caution ; celui-ci ne peut exiger ce prix sous le prétexte que les absents sont décédés et que c'est à l'acquéreur de prouver leur existence ; c'est le cas d'appliquer l'art. 135 du C. civ. et non l'art. 136 (Cass. 24 mars 1829). Il en aurait été autrement si l'absence des co-héritiers eût remonté à une époque antérieure à l'ouverture de la succession ; dans ce cas, le refus fait par l'acquéreur de payer son prix, n'aurait été fondé qu'en prouvant l'existence des absents (C. civ. 135).

28. Le vendeur ne pourrait soutenir que l'acheteur connaissait le danger de l'éviction, par cela seul que cette éviction aurait été faite par des créanciers hypothécaires (C. R. de Paris, 12 mars 1808).

29. Il est aussi tenu de l'éviction dont la cause n'a commencé d'exister que depuis le contrat, lorsque cette cause procède de son fait ; autrement, il n'en est pas tenu.

30. Par exemple, si l'acquéreur laissait prescrire la propriété de l'héritage qu'il a acquis, cette éviction ne provenant que de sa faute, il ne serait pas recevable à s'en plaindre (Pothier, n° 95).

31. Peu importe, dans ce dernier cas, que la prescription accomplie depuis que l'acquéreur est devenu propriétaire, eût commencé avant la vente. L'acquéreur n'en serait pas moins privé de tout recours (C. R. de Bourges, 4 février 1823).

32. Si la loi permet de restreindre la garantie, elle permet aussi de l'étendre indéfiniment (C. civ. 1627).

33. Ainsi, on peut stipuler valablement la garantie des faits du souverain. On appelle fait du *souverain*, l'acte de la puissance souveraine qui tend à diminuer les droits des particuliers.

34. Par exemple, la décision d'un gouvernement étranger qui, vis-à-vis du cessionnaire, déclare nulle, pour défaut de cause, une obligation consentie par une ville de ce pays au profit d'un vainqueur, est un *fait du souverain*, une force majeure qui, de plein droit, détruirait tout recours en garantie (Cass. 16 juillet 1838).

L'erreur du juge qui aurait, à tort, prononcé l'éviction de l'acquéreur pour une cause antérieure à la vente, n'est pas un fait de force majeure postérieur au contrat et dont l'acquéreur seul doive subir les conséquences : le vendeur, dans ce cas, est tenu de le garantir (C. civ. 1626). Peu importe que s'agissant de biens situés en pays étranger, le jugement qui prononce l'éviction émane d'une autorité étrangère ; les juges français saisis de l'action en garantie, ne sont appelés qu'à appliquer le jugement étranger, sans pouvoir le reviser (Cass. 6 janvier 1841, Sirey, 4, 1, 24).

35. Lorsque la garantie a été stipulée au-delà des termes de droit, le vendeur est tenu de toutes les obligations qui résultent de la convention lors même qu'au moment de la vente, l'acquéreur aurait connu le danger de l'éviction (Cass. 7 frimaire an XII ; 19 floréal an XII, et 8 frimaire an XIII).

36. Le vendeur serait même tenu, dans ce cas, de garantir les évictions provenant des vices intrinsèques de l'acte de vente. Ainsi, par exemple, un individu possède un immeuble indivisément avec un autre individu frappé d'interdiction, il fait vendre cet immeuble en justice ; mais les formalités prescrites pour l'aliénation des biens des interdits ne sont point observées. Plus tard, après le décès de l'interdit, son héritier actionne en délaissement l'adjudicataire ; celui-ci, dans ce cas, pourra appeler son vendeur en garantie (Cass. 19 floréal an XII).

36 *bis*. Lorsqu'un acquéreur a juste sujet de craindre d'être troublé par l'action résultant de l'hypothèque légale de la femme du vendeur, il peut être autorisé à verser le restant de son prix à la caisse des dépôts et consignations ; il a même le droit d'exiger que le vendeur dépose également à cette caisse ce qu'il avait déjà reçu à compte sur le prix (Cass. 22 février 1841; Journ. du Man. art 17).

§ 2. *Contre qui la garantie peut être exercée.*

37. L'action en garantie peut être exercée non seulement contre le vendeur, mais encore contre ses héritiers.

38. Ainsi, les héritiers du vendeur doivent garantir l'acquéreur, quand même ils seraient de leur chef propriétaires de l'héritage vendu. S'ils voulaient revendiquer l'héritage, l'acquéreur pourrait repousser leur demande par l'exception tirée de leur qualité d'héritiers qui les oblige à tenir l'engagement de leur auteur.

39. Toutefois, si l'héritier du vendeur n'avait accepté sa succession que sous bénéfice d'inventaire, il pourrait, dans le cas ci-dessus, exercer son action en revendication, parce qu'il n'est pas tenu sur ses propres biens des obligations du défunt ; le bénéfice d'inventaire ayant pour effet d'empêcher toute confusion de droits.

40. Mais l'héritier bénéficiaire est, de même que l'héritier pur et simple, garant des faits de son auteur, en ce seul qu'il ne peut revendiquer de son chef des immeubles aliénés par ce dernier (C. R. de Riom, 13 décembre 1809).

41. La garantie existant au profit de l'acquéreur en cas d'éviction de l'immeuble est indivisible. En conséquence, celui qui exerce l'éviction contre l'acquéreur d'un immeuble vendu par sa mère et dépendant de la succession de son père dont il est l'unique héritier, ne peut, sous le prétexte qu'il n'est héritier de sa mère que pour un tiers, restreindre à un tiers la garantie à laquelle il est tenu envers l'acquéreur en sa qualité d'héritier de sa mère ; et opérer l'éviction pour les deux autres tiers. Par suite, ce co-héritier n'est pas recevable à offrir à l'acquéreur la restitution de son prix en substituant ainsi le prix à la chose (Cass. 11 août 1830, aff. Cornilleau).

42. La garantie peut être invoquée contre les légataires universels ou à titre universel du vendeur, qui, de même que les héritiers, sont tenus des obligations de leur auteur.

On peut aussi invoquer cette garantie.

43. — 1° Contre les cautions du vendeur, qui intenteraient de leur chef une action en revendication contre l'acheteur. Ces cautions ne peuvent pas opposer le bénéfice de discussion, quoique le débiteur soit solvable, parce qu'il y a pour elles obligation de défendre l'acheteur contre toute action en revendication (Pothier, n° 177; Delvincourt, t. 3, p. 376).

44. — 2° Contre les héritiers et autres successeurs universels des cautions (Pothier, n° 178).

45. — 3° Et contre la femme commune en biens, soit pour le tout lorsqu'elle s'est obligée solidairement avec son mari (C. civ. 1487), soit jusqu'à concurrence de son émolument dans l'actif par application de l'art. 1483 du même Code, soit pour la moitié lorsqu'elle renonce et qu'elle s'est néanmoins obligée avec son mari (C. civ. 1494; Pothier, n° 179 et suiv.)

46. Mais la garantie ne peut être exercée contre le cessionnaire du vendeur, auquel l'acquéreur aurait payé le prix de la vente. Le recours doit être exercé contre le vendeur lui-même (Colmar, 21 juillet 1812).

47. Le fait de la garantie étant indivisible, l'action peut avoir lieu pour le tout contre chacun des héritiers du débiteur. Chacun d'eux peut même s'en charger pour le tout. S'il réussit, tous en profitent, et s'il succombe il a son recours contre eux pour leur portion (Pothier, n° 104).

48. Quoique l'action en garantie soit indivisible, la condamnation à laquelle elle peut donner lieu, se réduisant à des dommages-intérêts, est divisible contre chacun des héritiers du garant (Pothier, n° 106 et 139).

49. Il suit de là que chacun d'eux peut se libérer envers le garanti, en lui offrant pour sa part les dommages-intérêts résultant de l'inexécution de l'obligation (Pothier, *ibid*).

50. Si un vendeur a laissé plusieurs héritiers, l'acheteur peut intenter l'action en garantie contre un seul d'entre eux ou contre tous ; mais son intérêt exige qu'il l'intente contre tous, parce que, sans cela, celui qu'il aurait attaqué ne serait passible que pour sa part et proportionnellement des dommages-intérêts auxquels l'éviction donne droit (Pothier, n° 106 et suivants).

51. Il importe à ceux des héritiers qui sont assignés en garantie d'appeler en cause leurs co-héritiers, afin qu'ils soient condamnés pour leur part aux dépens (Merlin, v° *Garantie*, § 4).

52. Quand un immeuble a été l'objet de plusieurs ventes successives, c'est sur le premier vendeur que retombent les conséquences de l'éviction, soit quant au prix des ventes postérieures, soit quant aux dommages-intérêts, et cela, encore bien que le prix qu'il a reçu, soit inférieur à celui des autres ventes. Ainsi, dans le cas où le second acquéreur qui a payé 20,000 francs un immeuble dont il est évincé, actionne son vendeur en garantie et en dommages-intérêts, ce dernier a droit à la garantie, pour la même somme, avec dommages-intérêts contre son vendeur, quoique le prix payé à celui-ci ne soit que de 6000 fr. Ce vendeur originaire se prévaudrait en vain d'une clause de son contrat portant qu'il garantissait *ses faits et promesses seulement* (C. civ. 1629; Cass. 12 décembre 1826).

53. En cas de plusieurs ventes successives, le dernier acquéreur menacé d'éviction, peut-il franchir les vendeurs intermédiaires et actionner directement en garantie le vendeur originaire?

Oui, suivant deux arrêts de la C. R. de Bordeaux, l'un du 5 avril 1826, aff. Sieuzac, et l'autre, du 4 février 1831, aff. Morin, par le motif que le créancier de la garantie a le droit d'exercer les actions de son vendeur, ne s'agissant point d'un droit exclusivement attaché à la personne (C. civ. 1166).

Non, suivant deux arrêts, l'un de la Cour de Bruxelles, du 6 janvier 1808, et l'autre de la Cour de Paris, du 22 mars 1825.

54. Les autres questions auxquelles peuvent donner lieu les dommages-intérêts résultant, pour l'acquéreur, de l'inexécution de la vente, doivent-être décidées suivant les règles générales établies au titre des contrats ou des obligations conventionnelles en général (C. civ. 1639).

V. art. 1101 et suiv. du C. civ.

55. La garantie pour cause d'éviction cesse lorsque l'acquéreur s'est laissé condamner par un jugement en dernier ressort ou dont l'appel n'est plus recevable, sans appeler son vendeur, si celui-ci prouve qu'il existait des moyens suffisants pour faire rejeter la demande (C. civ. 1640).

56. Les moyens du vendeur doivent nécessairement se rattacher au fond de la demande (C. R. d'Amiens, 14 février 1826).

57. Il est donc de l'intérêt de l'acquéreur d'appeler son vendeur en garantie au moindre trouble apporté à la possession de la chose vendue et qui tend à le déposséder pour une cause qui ne lui est point personnelle.

58. Mais le délaissement de la chose vendue, consenti par l'acquéreur, sans qu'il y ait aucun jugement qui l'y condamne, à un tiers qui dès le temps du contrat de vente en était le propriétaire, ou qui avait dès ce temps un droit au moins informe de se la faire délaisser, donne lieu à la garantie pourvu que l'acheteur justifie que celui à qui il a

fait le délaissement avait effectivement ce droit. Ainsi vous m'avez vendu un héritage qui vous avait été donné par un homme qui n'avait point d'enfants, sans me déclarer d'où il vous provenait. Depuis le contrat de vente cet homme s'est marié, et il lui est né un enfant qui a annulé de plein droit la donation qu'il vous avait faite. Je lui ai consenti le délaissement de l'héritage sans attendre que j'y fusse condamné ni même assigné ; je dois avoir, dans ce cas, une action en garantie contre vous. Toutefois, si les droits de celui qui exerce l'action en délaissement étaient un peu douteux, l'acquéreur ne devrait abandonner l'immeuble qu'en vertu d'une décision judiciaire. Il devrait même s'empresser de mettre son vendeur en cause pour conserver, sans difficulté, au cas de l'éviction son recours contre lui (Pothier, n° 95 ; arg. C. civ. 1640).

Le vendeur doit-être déchargé de toute garantie pour cause d'éviction ;

59. — 1° Lorsque c'est par la faute de l'acquéreur que l'éviction a lieu.

60. — 2° Lorsque pour arrêter l'éviction dont il est menacé, l'acquéreur transige et conserve sa propriété, en faisant valoir les titres et droits de son vendeur, moyennant un supplément de prix (C. R. de Paris, 19 juin 1818).

61. Le recours que l'acquéreur menacé d'éviction peut exercer contre les vendeurs précédents en franchissant même les vendeurs intermédiaires, doit s'arrêter néanmoins à celui desdits vendeurs par la faute duquel l'éviction a lieu. Ainsi, lorsque le dernier acquéreur est actionné en résolution par un vendeur originaire qui n'a pas été payé de son prix, ce dernier acquéreur ne peut recourir en garantie contre tous les propriétaires précédents jusques et compris le premier acquéreur, si l'un des propriétaires intermédiaires avait manqué d'exécuter son contrat en ne se libérant point de son prix (Paris, 1 avril 1841, aff. Toulod).

§ 3. *Qui a droit à la garantie.*

62. Le droit de former une action en garantie pour cause d'éviction appartient à l'acquéreur.

63. Il passe à ses héritiers et ayants-causes.

64. Mais cette règle reçoit exception, 1° lorsque l'acquéreur était lui même obligé de défendre le vendeur de l'éviction, par exemple, après avoir acheté de *Pierre* un héritage, je vous l'ai vendu, vous avez été obligé de le délaisser à *Jacques* à qui il appartenait, non seulement avant que je l'eusse vendu, mais même avant que je l'eusse acquis de Pierre, de qui vous êtes devenu l'unique héritier ; vous ne serez pas recevable à agir contre moi en garantie pour cette éviction, parce que étant héritier de Pierre, vous êtes vous-même obligé de m'en défendre (Pothier, n° 90).

65. — 2° Lorsque l'éviction procède du fait de l'acheteur, quoique la cause soit antérieure au contrat.

66. Par exemple, vous avez consenti que votre héritage fut hypothéqué pour une dette de Pierre ; vous avez ensuite fait donation de cet héritage à Jacques qui me l'a vendu et peu de temps après je vous l'ai revendu. Si vous souffrez éviction de cet héritage de la part du créancier de Pierre, quoique la cause de cette éviction soit antérieure à la vente que je vous ai faite, vous n'êtes pas recevable à agir en garantie contre moi pour cette éviction, parce

qu'elle procède de votre propre fait, et que c'est vous-même qui avez imposé cette hypothèque, lorsque vous étiez, pour la première fois, propriétaire de cet héritage (Pothier, n° 91).

67. Lorsque depuis la vente que vous m'avez faite d'une chose, je succède à cette chose soit à titre universel, soit à titre singulier, même à titre lucratif, à un tiers qui en était le vrai propriétaire, il y a en cela une espèce d'éviction qui donne lieu à la garantie (Pothier, n° 97).

Voir ci-dessus n° 38 et suivants.

§ 4. *Droits de l'acquéreur qui souffre l'éviction.*

68. A moins de stipulation contraire, le vendeur doit restituer à l'acquéreur évincé, 1° le prix de la vente; 2° les frais du contrat; 3° les frais que l'acquéreur a été forcé de rendre au propriétaire qui l'a évincé; 4° les frais faits sur la demande de ce dernier et sur la demande en garantie; 5° Les dommages et intérêts (C. civ. 1630).

69. Si la chose vendue se trouve augmentée de prix à l'époque de l'éviction, indépendamment même du fait de l'acquéreur, le vendeur est tenu de lui payer ce qu'elle vaut au-dessus du prix de la vente (C. civ. 1633).

70. Lorsqu'à l'époque de l'éviction la chose vendue se trouve diminuée de valeur ou considérablement détériorée, soit par négligence de l'acheteur, soit par des accidents de force majeure, le vendeur n'en est pas moins tenu de restituer la totalité du prix (C. civ. 1631).

71. On peut modérer les condamnations encourues par le vendeur qui a promis garantie en cas d'éviction de l'acquéreur, par le motif que celui-ci avait connaissance du danger de l'éviction. En conséquence, le juge peut n'allouer à l'acquéreur évincé que le prix de la vente, au lieu de lui accorder le montant de la valeur de cet immeuble au moment de l'éviction ainsi que le prescrit la loi (Cass. 8 novembre 1820, aff. Petit).

72. PRIX. Si le vendeur avait fait avant la vente des améliorations sur l'héritage par lui vendu depuis, et que l'acheteur eût reçu du propriétaire évinçant la valeur de ces améliorations, il serait alors juste que le vendeur retînt une portion égale à cette valeur dans le prix à rendre à l'acheteur (Pothier, n° 120).

73. Par la même raison le vendeur devrait opérer à son profit une déduction sur le prix qu'il doit restituer, pour le cas où l'acheteur aurait fait des dégradations sur l'héritage évincé et en aurait profité (*ibid.*).

74. Après une vente il y a eu un procès entre le vendeur et l'acheteur pour quelque charge non déclarée par le vendeur, et celui-ci a été condamné à payer à l'acheteur une certaine somme. S'il y a depuis éviction et que le vendeur soit forcé de restituer le prix à l'acheteur, il peut exiger qu'on en déduise la somme que celui-ci a déjà reçue pour la charge non déclarée (Pothier, n° 119).

75. FRAIS. A l'égard des frais faits sur la demande du propriétaire et sur la demande en garantie, il faut observer que le vendeur ne doit les frais de la demande principale que du jour où on l'a appelé en garantie, et que pour tous frais antérieurs à cette mise en cause, il doit le coût de l'exploit introductif d'instance; sans cela son acquéreur pourrait tarder à l'appeler en garantie et le ruinerait en frais faits à son insu (Cass. 8 novembre 1820; Pothier, Delvincourt, Merlin).

76. Si sur la demande en garantie le vendeur déclarait qu'il n'a pas de moyens de défense, et offrait non seulement la restitution du prix de la vente, mais encore une indemnité pour l'éviction, dans ce cas l'acheteur n'aurait pas de recours pour les frais contre son vendeur auquel il ne pourrait faire supporter les conséquences d'une défense injuste (*ibid.*).

77. DOMMAGES-INTÉRÊTS. Le vendeur est tenu de rembourser ou faire rembourser à l'acquéreur, par celui qui l'évince, toutes les réparations et améliorations utiles qu'il aura faites au fonds (C. civ. 1634).

78. Si le vendeur avait vendu de mauvaise foi, il serait obligé de rembourser à l'acquéreur toutes les dépenses même voluptuaires ou d'agrément que celui-ci aurait faites au fonds (C. civ. 1635).

79. La somme à payer à l'acquéreur pour améliorations doit être de la plus value résultant de l'amélioration et non du montant de ce qu'il a dépensé. Ainsi, s'il y a perte, elle doit être pour son compte, ne pouvant l'attribuer qu'à lui-même (Pothier, n° 135).

80. Si l'acquéreur n'est évincé que d'une partie de la chose, et qu'elle soit de telle conséquence relativement au tout, que l'acquéreur n'ait point acheté sans la partie dont il a été évincé, il peut faire résilier la vente (C. civ. 1636).

81. Si, dans le cas de l'éviction d'une partie du fonds vendu, la vente n'est pas résiliée, la valeur de la partie dont l'acquéreur se trouve évincé lui est remboursée, suivant l'estimation à l'époque de l'éviction et non proportionnellement au prix total de la vente, soit que la chose vendue ait augmenté ou diminué de valeur (C. civ. 1637); indépendamment des frais et dommages-intérêts comme s'il y avait eu éviction totale (C. civ. 1630).

82. On remarque une sorte de contradiction entre l'art. 1631 du C. civ. (Voir ci-dessus n° 70), et l'art. 1637. En effet, si, en cas d'éviction totale, le vendeur doit restituer tout le prix de la vente, nonobstant la diminution de valeur survenue depuis le contrat, il devrait, par application du même principe d'équité, restituer, en cas d'éviction partielle, une portion du prix de la vente proportionnée à la partie dont l'acquéreur est évincé.

83. Mais on voit disparaître cette contradiction en distinguant si la partie pour laquelle il y a éviction est indivise ou non. Au cas d'indivision, s'il y a éviction du quart du total, le quart du prix doit être restitué. Mais s'il s'agit d'une partie divise, quoique faisant le quart du total, comme si l'acquéreur de huit hectares est évincé de deux en *tel* endroit, alors la disposition de l'art. 1637 est juste, car on ne peut prendre pour base le prix de la vente. Il est possible que ces deux arpents soient les deux meilleurs ou les deux plus mauvais, et alors le quart du prix serait trop ou trop peu (Delvincourt).

84. Si l'héritage vendu se trouve grevé, sans qu'il ait été fait de déclaration, de servitudes non apparentes et qu'elles soient de telle importance, qu'il y ait lieu de présumer que l'acquéreur n'aurait pas acheté s'il en avait été instruit, il peut demander la résiliation du contrat, si mieux il n'aime se contenter d'une indemnité (C. civ. 1638).

85. Il résulte de cet article que la garantie pour cause de charges non déclarées est la même que celle pour cause d'éviction partielle (V ci-dessus n° 80).

86. Lorsque les charges sont apparentes, il est clair que l'acquéreur ne peut, quand même elles seraient des plus nuisibles, élever aucune réclamation contre son vendeur : à l'aspect des lieux il a pu se rendre compte de l'existence de ces charges.

87. Le vendeur demeure-t-il affranchi des recours pour raison des charges occultes non déclarées, quand il vend l'héritage *tel qu'il se comporte avec ses servitudes tant actives que passives* ou bien *avec les mêmes droits et charges que le vendeur les possédait?*

Oui, suivant arrêts de Cass. des 6 mars 1817, 26 février 1829, et un arrêt de la C. R. d'Agen, du 30 novembre 1830.

Non, Suivant les auteurs Domat, Bourjon, Voët, Loyseau, Delvincourt, Troplong, l'ancienne Jurisprudence et arrêt de la C. R. de Colmar du 26 décembre 1821).

88. Le défaut de déclaration dans la vente des charges ou servitudes occultes existantes au jour du contrat, donne lieu à un recours contre le vendeur, encore que la vente ait eu lieu publiquement et aux enchères, indication préalablement faite de tous les titres originaires concernant les servitudes dont l'immeuble était grevé (C. R. de Paris, 17 prairial an XII).

[10]

DE L'ACCEPTATION DES DONATIONS.

§ 1er — DE LA NÉCESSITÉ DE L'ACCEPTATION.
§ 2. — DES EXCEPTIONS A LA RÈGLE QUI EXIGE L'ACCEPTATION.
§ 3. — DE LA FORME DE L'ACCEPTATION.
§ 4. — DES CAS OU L'ACCEPTATION NE PEUT AVOIR D'EFFET.
§ 5. — DE LA NOTIFICATION DE L'ACCEPTATION.
§ 6. — DES EFFETS DE L'ACCEPTATION.
§ 7. — QUI PEUT ACCEPTER UNE DONATION. — TABLEAU.

§ 1er *De la nécessité de l'Acceptation.*

1. La donation entre vifs n'engagera le donateur et ne produira aucun effet que du jour qu'elle aura été acceptée en termes exprès (C. civ. 932).

2. Lorsque l'acceptation n'aura pas eu lieu dans l'acte même de donation, elle pourra être faite par un acte postérieur et authentique; mais alors la donation n'aura d'effet, à l'égard du donateur, que du jour qu'elle aura été acceptée en termes exprès (Même art.).

3. La donation qui se fait par simple promesse, et qui était appelée en droit romain *Pollicitation*, peut encore être obligatoire, tant qu'elle n'a pas été révoquée avant une acceptation quelconque (Pothier, v° *Pollicitation;* Toullier, t. 5, n° 217).

§ 2. *Exceptions à la règle qui exige l'Acceptation.*

4. Toutes les donations ne sont pas soumises à la formalité de l'acceptation.

5. Ainsi, les donations faites par contrat de mariage aux époux et aux enfants à naître du mariage, ne peuvent

être attaquées ni déclarées nulles sous prétexte du défaut d'acceptation (C. civ. 1087).

6. La donation faite en faveur de mariage, mais qui n'est point insérée dans le contrat de mariage lui-même, a-t-elle besoin d'acceptation? Non, suivant Furgole, sur l'art. 10 de l'ordonnance de 1731, parce qu'une pareille donation a le caractère de convention de mariage.

7. Les donations faites avec la charge de rendre les biens à un ou plusieurs enfants du donataire nés ou à naître jusqu'au deuxième degré inclusivement (Loi du 17 — 18 mai 1826), n'ont besoin d'être acceptées que par le premier donataire ou grevé. L'acceptation du substitué n'est pas nécessaire (Arg. C. civ. 1055 et suiv.; Toullier, t. 5, n° 215).

8. La réserve de l'usufruit d'un immeuble, stipulée au profit d'un tiers par le donateur de cet immeuble, est parfaite et obligatoire pour le donataire ou ses ayants-cause, à quelque époque que le tiers ait déclaré vouloir en profiter (C. civ. 1121), pourvu qu'il n'y ait point eu de révocation par le donateur; et cette déclaration n'est point soumise aux formalités tracées pour l'acceptation des donations (Cass. 28 juin 1837, aff. Balathier).

9. Il en est de même de la réserve d'usufruit faite au profit d'un tiers, dans une donation par contrat de mariage : une telle réserve ne constitue pas une libéralité soumise à la formalité de l'acceptation (Arrêt de la C. R. de Toulouse du 19 novembre 1832, dont voici les principales dispositions).

« Attendu que la réserve d'usufruit faite au profit de » son épouse, par Meilhan, dans les contrats de mariage » de ses petites filles, n'avait pas besoin d'être acceptée. » Que si, comme libéralité indirecte, elle pouvait être ré- » voquée, il résulte en fait du testament dudit Meilhan, » qu'elle ne l'a point été; par ces motifs, la Cour relaxe la » veuve Meilhan, de toute demande en délaissement. »

11. La charge imposée à un donataire de payer certaine somme ou de remettre certains effets à un tiers, même alors qu'il s'agit d'une libéralité exercée envers ce tiers, n'a pas le caractère d'une donation qui doive être acceptée avec les formes dont il est ci-dessus parlé. Il suffit que le tiers ait déclaré vouloir en profiter (C. civ. 1121; Angers, 8 avril 1808, aff. Villager).

12. Lorsqu'un individu fournit des deniers à un autre pour constituer une rente viagère au profit d'un tiers, cet acte n'est point assujetti aux formes requises pour les donations, quoiqu'il ait à l'égard de ce tiers le caractère d'une libéralité, sauf les cas de réduction ou de nullité (C. civ. 1970, 1973; Toullier, t. 5, n° 216).

13. Les donations de meubles qui sont suivies à l'instant même d'une tradition réelle, qu'on appelle ordinairement *dons manuels*, et pour lesquels d'ailleurs on ne fait point d'écrit, ne sont pas soumises non plus à la formalité de l'acceptation. En effet, l'art. 931 du C. civ. ne réglant que les donations faites par *actes*, et l'art. 932 portant que la donation *n'engagera le donateur* que du jour qu'elle aura été acceptée, cela suppose, dans le premier cas, qu'on ne saurait exiger une acceptation *écrite* là où il n'y a pas de donation *écrite*, et dans le cas du deuxième article qu'une acceptation est inutile puisqu'elle a eu lieu par le fait de la prise de possession des objets, et que, par conséquent, le donateur ne peut

plus être contraint à faire une chose qu'il a faite (Pothier; nouv. Denizart, n° 1).

§ 3. *De la forme de l'Acceptation.*

14. L'acceptation *tacite* d'une donation n'est pas suffisante pour *engager* le donateur.

15. Il faut une acceptation en termes exprès (C. civ. 932).

16. L'acceptation pourra être faite du vivant du donateur, par un acte postérieur et authentique dont il restera minute; mais alors la donation n'aura d'effet, à l'égard du donateur, que du jour où l'acte qui constatera cette acceptation lui aura été notifié (Même art.).

17. On doit entendre par acte *authentique* un acte passé devant Notaire : cela résulte des termes des art. 932 et 933 du C. civ.

18. L'acceptation doit-être faite par le donataire, s'il est majeur, ou en son nom par la personne fondée de sa procuration, portant pouvoir d'accepter la donation faite ou un pouvoir général d'accepter les donations qui auraient été ou qui pourraient être faites. Cette procuration devra être passée devant Notaires et une expédition devra en être annexée à la minute de la donation ou à la minute de l'acceptation qui pourrait être faite par acte séparé (C. civ. 933).

19. Mais si la procuration délivrée en brevet avait été annexée à la minute de la donation ou de l'acceptation, et que cette annexe fut constatée par la relation qu'en aurait faite le Notaire dans l'acte de donation ou d'acceptation, et fît partie des minutes de ses actes, y aurait-il, dans ce cas, nullité de la donation? Il ne paraît pas que le défaut de minute particulière de la procuration pût faire annuler la donation, car il ne serait plus au pouvoir du donateur, du donataire ni du Notaire, de supprimer cette procuration (Toullier, t. 5. n° 191).

20. Les expéditions des arrêtés des Préfets, portant autorisation aux fabriques des églises, d'accepter des donations, doivent être délivrées sur papier timbré (Dec. Min. fin., 9 novembre 1831).

21. Le mot *acceptant* exprime toujours l'acceptation de la manière la plus exacte et la plus parfaite (Toullier, t. 5, n° 188).

22. Mais il n'est pas rigoureusement nécessaire de se servir du mot *acceptant*, on peut se servir de termes équipollents.

Comment, en effet, ne pas voir une acceptation *expresse* dans un acte portant que le donataire *agrée* la donation ou qu'il la tient *pour agréable?* Lorsqu'il dit qu'il *reçoit* la donation, qu'il l'*approuve*, qu'il y *consent?* Oserait-on, dans ce cas, prétendre que l'acceptation n'est pas suffisamment exprimée? (Toullier, *ibid.*).

23. S'il était dit à la fin de l'acte que les parties l'ont ainsi *voulu* et *consenti*, y aurait-il acceptation suffisante?

Le doute naît de ce que ces termes semblent être alors purement de style. Mais qu'importe l'endroit où ils sont placés? La loi dit-elle que l'acceptation aura lieu au commencement de l'acte plutôt qu'à la fin? Il nous paraîtrait donc encore difficile de ne pas voir ici une véritable acceptation expresse. La question pourrait dépendre, au reste, des circonstances, et surtout des termes qui accompagnent la clause dont il s'agit (Toullier, *ibid.*).

24. De tout ce qui vient d'être dit, on doit inférer que la présence du donataire à l'acte et sa signature ne pourraient tenir lieu de l'acceptation expresse (Art. 6 de l'ordonnance de 1731 ; Cass. 27 mars 1839).

25. L'acceptation n'est pas une de ces formalités simplement destinées à constater la vérité de l'acte; c'est une formalité qui tient à la substance du contrat. En conséquence, la validité de l'acceptation doit être jugée, non par les lois du lieu où elle a été faite, mais par les lois du lieu où la donation doit être exécutée. Ici ne s'applique point la maxime *locus regit actum* (Paris 21 déc. 1812, Sirey 13, 2, 260).

26. L'acceptation des donations, à l'égard des *établissements communaux et départementaux*, peut toujours être faite, à titre conservatoire, par le Préfet et par le Maire, et l'ordonnance qui intervient ensuite a effet du jour de cette acceptation; et pour que ces établissements puissent profiter du bénéfice de cette disposition, il est nécessaire, non-seulement de passer les actes de donation devant Notaire, mais encore d'en faire l'acceptation devant Notaire également, aussitôt après la délibération des établissements légataires et avant que les ordonnances relatives auxdites acceptations soient intervenues (Art. 48 de la loi du 18 juillet 1837, et 31 de la loi du 10 mai 1838).

27. A l'égard des donations faites en faveur de tous autres établissements publics, elles doivent être régulièrement passées devant Notaires, avant de demander au gouvernement l'autorisation de les accepter (Avis du Conseil d'État, 4 juin 1840).

§ 4. *Des cas où l'Acceptation ne peut avoir d'effet.*

28. Lorsque l'acceptation n'a pas été faite par le donataire dans l'acte de donation, elle peut l'être par un acte postérieur et *authentique* dont il doit rester minute (C. civ. 932), sous peine de nullité (Toullier, t. 5, n° 206).

29. Il faut que cette acceptation ait lieu du vivant du donateur (C. civ. 932), et pendant qu'il conserve la capacité de disposer.

30. Car, dès que ce n'est qu'au moment de l'acceptation que se forme le contrat; dès que ce n'est que par l'acceptation que la donation produit son effet, il faut nécessairement qu'au moment où cette acceptation intervient, la volonté du donateur concourre avec celle du donataire (Pothier Grenier n° 56; Toullier, n°s 206 et 216; Thémis, t. 7, p. 371).

31. De ce que la donation ne peut se former que par le concours des deux volontés, il suit aussi que si le donataire lui-même venait à mourir avant d'avoir accepté, la donation resterait sans effet, car elle ne concerne que lui. Ses héritiers n'auraient rien à prétendre (Pothier Grenier n° 56; Toullier, t. 5, n° 212).

32. Si le donataire était devenu incapable, la donation serait aussi caduque. Toutefois, s'il était seulement en démence ou interdit, son tuteur ou ses ascendants pourraient accepter pour lui (Toullier, *ibid.*; Pothier).

33. Si dans l'intervalle de la donation à l'acceptation, le donataire devenait le médecin ou le pharmacien du donateur, pourrait-on appliquer à ce cas la nullité prononcée par l'art. 909 du C. civ.? On doit décider que non, parce que l'incapacité des personnes dont il s'agit ne doit plus être considérée lorsque la présomption que leur qualité pouvait leur donner de l'ascendant sur l'esprit du donateur cesse

et qu'il paraît que le donateur s'était porté à la donation avant que le donataire eût cette qualité auprès de lui.

34. Si le donataire mourait ou devenait incapable avant que son fondé de pouvoir eût accepté, l'acceptation ne pourrait plus être légalement faite, parce que le mandat finit avec la mort ou le changement d'état du mandant (Toullier, t. 5, nº 212).

35. Une acceptation qui serait faite après la révocation de la donation ne produirait aucun effet.

36. Et cette révocation peut avoir lieu soit expressément par un acte manifestant le changement de volonté, soit tacitement en disposant de son bien d'une autre manière ou en faveur d'une autre personne (Toullier, t. 5, nº 206).

37. Si la révocation n'avait lieu qu'en partie, comme si le donateur n'aliénait que la moitié ou le tiers des biens donnés, la donation devrait valoir pour le surplus (Rolland de Villargues, vº *Acceptation*).

38. Rien n'oblige le donateur à notifier sa révocation au donataire; c'est à celui-ci de prévenir cette révocation en acceptant promptement et faisant connaître au donateur son acceptation (Toullier, t. 5, nº 210).

39. L'acceptation faite dans une première donation recommencée en raison d'une nullité dont cette donation était frappée, ne peut être invoquée pour valider la deuxième donation qui ne contient pas d'acceptation (Cass. 27 mars 1839, aff. Martel).

40. L'acceptation ne peut résulter d'un acte nul en raison de l'incapacité du Notaire (Même arrêt). V. note 2, nº 102).

§ 5. *De la notification de l'Acceptation.*

41. L'acceptation doit-être notifiée au donateur, et la donation ne peut produire d'effet à l'égard de ce dernier, qu'à compter du jour de cette notification (C. civ. 932).

42. La disposition de cet article s'applique aux établissements d'utilité publique légalement constitués, de même qu'aux individus. Ainsi, il est nécessaire que l'acceptation faite après l'autorisation soit notifiée au donateur, si ce dernier n'était pas intervenu dans l'acte (Grenier, nº 70). V. *Suprà*, nº 26.

43. Cette notification est exigée pour avertir le donateur que l'acceptation est venue rendre son engagement irrévocable, afin de le soustraire aux dangers auxquels l'ignorance de ce fait aurait pu l'exposer (Demante, vº *Acceptation*).

44. La nécessité de notifier l'acceptation forme bien une condition qui suspend l'effet de la donation à l'égard du donateur; mais sans empêcher que le contrat ne soit parfait en la forme, dès le moment de l'acceptation qui a établi la co-existence des deux volontés; tellement que la capacité du donateur et du donataire ne sont toujours nécessaires qu'à cette époque, et qu'il est indifférent qu'ils soient devenus incapables avant la notification (Demante et Grenier, vº *Acceptation*).

Il résulte aussi de ce qu'il vient d'être dit :

45. — 1º Que dans le cas où depuis l'acceptation, il serait survenu une incapacité en la personne du donateur, la notification pourrait être faite utilement à ceux qui seraient chargés, par la loi, de représenter ou d'assister l'incapable, soit qu'il s'agisse d'un interdit, d'un prodigue ou d'une femme mariée. L'objet de la notification serait d'arrêter tous les modes sous lesquels les biens donnés pourraient être aliénés, d'après le changement d'état du donateur (Demante et Grenier, *ibid.*).

46. — 2º Que la notification de l'acceptation pourrait être faite malgré l'incapacité ou même la mort du donataire, survenues depuis qu'il aurait accepté. Ici, on peut invoquer les termes même de la loi, puisque c'est seulement *à l'égard du donateur* que l'art. 932 du C. civ. déclare sans effet la donation non notifiée (Demante et Grenier, *ibid.*).

47. Si le donateur était mort naturellement ou civilement, la notification de l'acceptation ne pourrait plus avoir lieu, car alors la condition de cette notification se trouverait défaillie; elle ne peut être accomplie qu'en la personne même du donateur (Demante et Grenier, *ibid.*).

48. Il y aurait même raison de décider si le donateur avait révoqué la donation avant la notification de l'acceptation (Demante et Grenier, *ibid.*).

49. La loi n'ayant point réglé la forme de la notification, on doit, dans ce cas, observer les formalités indiquées par le C. de proc. civ. pour les actes extra-judiciaires.

§ 6. *Des effets de l'Acceptation.*

50. La donation dûment *acceptée* sera parfaite par le seul consentement des parties, et la propriété des objets donnés sera transférée au donataire sans qu'il soit besoin d'autre tradition (C. civ. 938). V. *Délivrance*, note 8.

51. La raison en est évidente. La donation ne reçoit sa perfection que par l'acceptation; elle ne peut être valable que ce jour-là. La donation, avant qu'elle soit acceptée, n'est encore qu'un projet, et n'est pas encore donation, puisque, qui dit *donation entre-vifs,* dit *convention* et qu'il ne peut y avoir de convention sans acceptation (Pothier, de la solennité de l'acceptation).

52. De ce que la donation n'a d'effet que du jour de l'acceptation, il suit que la chose donnée ne passe au donataire qu'avec la charge des hypothèques que le donateur a contractées dans le temps intermédiaire de la donation et de l'acceptation, et avec toutes les autres charges qu'il y aurait imposées (Pothier, *ibid.*).

53. Mais lorsqu'il ne s'agit pas de l'intérêt des tiers, on demande si l'acceptation peut avoir un effet rétroactif au temps de la donation, de manière que, si on m'a donné un héritage avant mon mariage et que je n'aie accepté la donation que depuis, l'héritage me soit propre.

La négative paraît certaine, parce qu'on ne peut considérer l'acceptation comme une ratification ayant un effet rétroactif au jour de la donation. En conséquence, l'héritage sera conquêt de communauté, par le motif qu'il s'agit d'une formalité requise qui donne la perfection à la donation, mais seulement du jour de l'acceptation (C. civ. 932; Pothier, *ibid.*).

54. La donation une fois acceptée peut-elle être répudiée par le donataire lorsqu'elle est faite à titre onéreux? (Furgole, vº *Donation*, nºs 28 et suiv.; Maleville, t. 2, p. 422, sont pour l'affirmative).

Mais Grenier, nº 79, et Toullier, nºs 185 et 283, sont d'une opinion contraire, parce qu'alors la donation a le caractère d'un contrat.

55. Lorqu'un testateur a disposé qu'après sa mort un hospice serait fondé aux frais de sa succession, et qu'une ordonnance du Roi a approuvé la disposition, mais a omis de désigner la commune dans le territoire de laquelle serait fait l'établissement, celle dont il a été fait choix dans le testament peut réclamer l'exécution de ce legs sans qu'il soit besoin d'une seconde autorisation du Gouvernement. Ce choix suffit pour conférer à la commune le droit d'en exiger la réalisation, lors même que l'hospice, quant à sa destination, ne concernerait nullement les habitants de cette commune (Cass. 7 juillet 1834, ss^ou Brézin).

56. Les ordonnances du Roi qui autorisent l'acceptation des legs ou donations faits en faveur des établissements pubilcs, sont des actes rendus dans les limites de la tutelle administrative, qui ne peuvent être par suite déférés au conseil d'Etat par la voie contentieuse (Ordonnance royale rendue en conseil d'état le 6 mai 1836).

§ 7. *Qui peut accepter une donation. Tableau.*

Pour faciliter les recherches, nous allons résumer dans l'ordre alphabétique la matière faisant l'objet du présent §.

57. ASCENDANTS. Les père et mère du mineur émancipé ou non émancipé, ou les autres ascendants, même du vivant des père et mère, quoiqu'ils ne soient ni tuteurs ni curateurs du mineur, pourront accepter pour lui (C. civ. 935).

58. Il résulte de ce cet article que les ascendants ont le droit d'accepter une donation pour le mineur, même du *vivant de ses père et mère*, quand bien même ceux-ci s'y opposeraient ou refuseraient de le faire.

59. Ils ont le même droit lorsque la donation est faite à une fille mineure, mariée à un individu capable de l'autoriser (C. civ. 935).

60. Les ascendants ne sont point obligés de prendre l'autorisation du conseil de famille à l'effet d'accepter une donation pour le mineur (Cass. 25 juin 1812).

61. On ne doit pas distinguer entre l'ascendant tuteur et l'ascendant qui ne l'est pas, parce que sa seule qualité d'ascendant l'autorise à accepter sans autorisation du conseil de famille (Même arrêt).

62. On a élevé la question de savoir si les ascendants qui acceptent doivent avoir le libre exercice de contracter pour eux-mêmes; en conséquence si la mère ou l'aïeule dont les maris sont vivants peuvent accepter pour les mineurs. — Toullier, t. 5, n° 198; Delvincourt, t. 2, p. 261, sont pour l'affirmative. —Grenier, n° 64, est d'une opinion contraire.

63. Mais si le père ou l'aïeul prennent dans un acte une qualité qui ne leur permet pas d'agir pour le mineur, ils peuvent, dans ce cas, autoriser leurs femmes à accepter pour le mineur, et alors l'acceptation est valable; l'autorisation leur donne le libre exercice de contracter.

64. Il arrive souvent que des père et mère font donation de tout ou partie de leurs biens à leurs enfants dont quelques-uns sont mineurs. Dans ce cas, les enfants mineurs *donataires* n'ayant pour accepter ni tuteur, ni subrogé-tuteur, ni curateur, puisqu'ils sont sous la puissance de leurs père et mère, et n'ayant pas d'autres ascendants que ceux-ci, on peut faire accepter la donation par le *père* relativement aux objets donnés par la *mère*, et par la *mère* dûment autorisée par son mari en ce qui concerne les objets donnés par le *père* (C. civ. 935).

65. Il suit de là que si la donation est faite par le père ou autre ascendant au mineur, le donateur ne peut accepter pour l'enfant, parce qu'on ne peut contracter ni stipuler avec soi-même (Cass. 11 juin 1816).

66. Il en est de même lorsque c'est le tuteur qui fait une donation au mineur, parce que ce serait encore contracter ou stipuler avec soi-même. — Ainsi jugé dans l'espèce de l'arrêt précité où le donateur était le père et le tuteur du mineur donataire—Riom, 14 août 1829; Cass. 9 décembre 1829.

67. Mais dans le cas dont il vient d'être parlé, le tuteur donateur peut être déclaré garant envers le mineur donataire du défaut d'acceptation de la donation, et le mineur est recevable à exercer son recours en garantie et par suite son droit d'hypothèque légale contre son tuteur, quoiqu'il se soit écoulé plus de dix ans depuis la majorité du mineur (C. civ. 942; Cass. 9 décembre 1829).

68. AYANT-CAUSE. V. ci-après *Créancier*.

69. BUREAU DE BIENFAISANCE V. ci-après *Etablissements publics*.

70. CONSEIL JUDICIAIRE. V. ci-après *Prodigue*.

71. CRÉANCIER. La faculté d'accepter une donation n'est pas un droit que les créanciers ou ayants-cause du donataire puissent exercer en son lieu et place par application des art. 1166 et 1167 du C. civ., même sous prétexte que le refus ou la négligence apportée à accepter n'ont lieu qu'en fraude de leurs droits. Il s'agit d'un droit exclusivement attaché à la personne (Toullier, t. 5, n° 211).

72. L'acceptation faite par une une femme mariée d'une donation sans l'autorisation de son mari, est nulle, même relativement à la femme et à ses ayants-cause (Toulouse, 27 janvier 1830; Limoges, 15 avril 1836).

73. CURATEUR. Lorsqu'un sourd-muet ne sait pas écrire, l'acceptation doit être faite par un curateur nommé à cet effet suivant les règles établies aux art. 405 et suiv. du C. civ. (C. civ. 936).

74. Le mineur émancipé pourra accepter, avec l'assistance de son curateur (C. civ. 935), d'où il suit que ce curateur ne peut accepter seul pour le mineur. Son ministère se borne à une simple autorisation (Merlin, Rép., t. 17, p. 152).

75. ÉMANCIPÉ (MINEUR) V. ci-devant *Curateur*.

76. ENFANT A NAITRE. Lorsqu'une donation est faite à un enfant qui n'est que conçu, le curateur au ventre nommé en exécution de l'art. 393 du C. civ. peut accepter la donation qui lui est faite; car il est investi par la loi du pouvoir légal de faire tout ce qui est avantageux à cet enfant (Furgole, sur l'ordonnance de 1731).

77. ENFANT NATUREL. Les pères et mères des enfants naturels légalement reconnus peuvent accepter, pour leurs enfants mineurs, les donations qui leur sont faites (Toullier t. 5, n° 199; Grenier n° 67).

78. La loi ne reconnaissant point d'ascendants aux enfants naturels, il en résulte que l'enfant naturel mineur ne peut être valablement autorisé par des ascendants autres que ses père et mère à accepter une donation (Grenier n° 68).

79. ETABLISSEMENTS D'UTILITÉ PUBLIQUE ET ECCLESIASTIQUES. Les donations faites au profit d'hospices, des pauvres d'une commune, d'établissements d'utilité publique, de fabriques et d'établissements ecclésiastiques reconnus par la loi, doivent être acceptées par les administrateurs de ces communes ou établissements, après y avoir été dûment autorisés (C. civ. 910 et 937; décr. 12 août 1807; loi du 2 janvier 1817).

80. Jusqu'à l'acceptation, le chef de l'établissement ou le titulaire doit faire tous les actes conservatoires qui sont jugés nécessaires (Ordonn. R. du 2 avril 1817): même pour faire ces actes conservatoires comme pour ester en jugement sur les difficultés auxquels ils peuvent donner lieu, les hospices n'ont pas besoin de l'autorisation spéciale du conseil de préfecture (Ordonn. R. rendue en conseil d'Etat le 28 mars 1821).

81. Toutefois les donataires ne peuvent être autorisés par l'autorité supérieure à se mettre provisoirement en possession des biens. Ainsi décidé à l'égard de l'hospice d'Agde par arrêté du Gouvernement du 29 vendem. an XI.

L'autorisation d'accepter doit être accordée, savoir :

82. Par les préfets, lorsque les dons ou legs sont en argent ou objets mobiliers et n'excèdent pas 300 francs en capital (Art. 1er de l'arrêté du Gouvernement du 4 pluviôse an XII et de l'Ordonn. R. du 2 avril 1817). Cependant les délibérations ayant pour objet l'acceptation des dons et legs d'objets mobiliers ou de sommes d'argent faits à la commune et aux établissements communaux, sont exécutoires en vertu d'un arrêté du préfet lorsque la valeur n'excède pas 3000 francs, et en vertu d'une Ordonnance du Roi lorsque la valeur est supérieure ou qu'il y a réclamation du prétendant droit à la succession (Art. 48 de la loi du 18 juillet 1837). V. § 3, nos 26 et 27.

83. Par le Gouvernement, lorsqu'il s'agit d'immeubles ou de legs mobiliers au-dessus de 3000 francs de capital (C. civ. 910; Loi du 2 janvier 1817 et art. 48 de la loi du 18 juillet 1837). V. § 3, nos 26 et 27.

84. Lorsqu'il s'agit d'une donation à charge de service religieux, l'autorisation d'accepter ne sera accordée qu'après l'approbation de l'évêque diocésain (Art. 2 de l'Ordonn. du 2 avril 1817).

L'acceptation ainsi autorisée doit être faite, savoir :

85. — 1° Pour les *associations religieuses*; par le supérieur de ces associations.

86. — 2° Pour les *bureaux de charité et de bienfaisance*, par les administrateurs de ces établissements, et c'est à ces administrateurs et non à l'autorité municipale qu'appartient le droit d'intenter l'action en paiement du legs fait à un bureau de bienfaisance (Cass. 10 juillet 1828, aff. Davy).

87. Par suite, l'autorisation donnée à un bureau de bienfaisance de former la demande en délivrance d'un legs fait aux pauvres, emporte l'autorisation de faire toutes les poursuites nécessaires à cet effet, notamment celle de plaider sur la validité d'une saisie-arrêt pratiquée par le bureau de bienfaisance sur les deniers appartenant à la succession du testateur (Même arrêt).

88. — 3° Pour les *cathédrales*, par les évêques.

89. — 4° Pour les *chaires nouvelles*; par les administrateurs des colléges.

90. — 5° Pour les *chapitres*; par les doyens de ces chapitres.

91. — 6° Pour les *colléges*; par les administrateurs de ces colléges.

92. — 7° pour les *communes*; par les maires de ces communes.

93. — 8° Pour les *cures*; par les curés ou desservants.

94. — 9° Pour les *dotations des pasteurs*; par les consistoires.

95. — 10° Pour les *écoles de pharmacie*; par les préfets avec l'autorisation du Gouvernement (Loi du 21 germinal an XI).

96. — 11° Pour les *églises*; par les trésoriers des fabriques.

97. — 12° Pour les *évêchés*; par les évêques.

98. — 13° Pour les *établissements d'utilité publique* légalement constitués; par les administrateurs de ces établissements. V. ci-dessus n° 86.

99. — 14° Pour les *fabriques*; par les trésoriers de ces fabriques, et quoiqu'un legs ait pour objet d'employer les biens du testateur à faire dire des messes, il ne peut être exigé par la fabrique à laquelle il profite sans l'autorisation préalable du Gouvernement (Cass. 26 novembre 1828, succession Daytieux).

100. 15° Pour les *fondations de bourses pour les étudiants*; par les administrateurs des colléges.

101. — 16° Pour la *généralité des habitants d'une commune*; par le maire de cette commune.

102. — 17° Pour les *hôpitaux*; par les administrateurs de ces hospices.

103. — 18° Pour les *pauvres d'une commune*; par le maire de cette commune lorsqu'il s'agit du soulagement et de l'instruction de ces pauvres.

104. — 19° Pour les *séminaires*; par les évêques.

105. — 20° Pour le *service divin*; par les trésoriers des fabriques.

106. — 21° Pour la *subsistance des ecclésiastiques employés à desservir une cure ou succursale*; par le curé ou desservant.

107. — 22° Pour les *succursales*; par le curé ou desservant.

108. — 23° Pour l'*entretien des temples*; par les consistoires.

109. Le legs qui est destiné à des *prières* et à des *bonnes œuvres*, à l'arbitrage de l'exécuteur testamentaire, ne peut être considéré comme fait à des personnes incertaines : il est valable. Il n'est même pas nécessaire de se faire autoriser par le Gouvernement pour accepter (Cass. 16 juillet 1834, aff. Lecrosnier).

110. FABRIQUES. V. *suprà Etablissements d'utilité publique*, n° 79 et suiv.

111. FEMME MARIÉE. Une femme mariée ne peut accepter une donation sans le consentement de son mari, ou en cas de refus du mari, sans autorisation de la justice, conformément à ce qui est prescrit par les art. 217 et 219, au titre du mariage (C. civ. 934).

112. La nullité résultant du défaut d'autorisation est

absolue et peut être opposée par tous ceux qui y ont intérêt (Toulouse 27 janvier 1830, aff. Andrillon; Limoges 15 avril 1836, aff. Maurichon).

113. Il importerait peu que la donation fût faite à une femme commune, ou à une femme mariée sous le régime dotal pour, le bien, lui demeurer paraphernal. Dans un cas comme dans l'autre l'autorisation du mari ou de la justice n'est pas moins nécessaire (Grenier n° 63).

114. Une femme mineure peut-être autorisée par son mari majeur à accepter une donation, parce que le mari est de droit curateur de sa femme mineure (C. civ. 935; Pau 11 mars 1811, aff. Mondran). Mais cette autorisation n'est valable que pour les actes qu'un mineur émancipé peut faire avec l'assistance de son curateur (C. civ. 482, 2208). V. ci-dessus *Ascendant*, n° 59.

115. Mais une femme majeure peut-elle être autorisée par son mari mineur à accepter une donation? La négative est constante et la femme doit recourir à la justice (C. civ. 224).

116. Il doit en être de même de la femme majeure dont le mari placé sous l'assistance d'un conseil judiciaire, n'était point assisté de ce conseil lors de l'autorisation donnée à la femme; par le motif que, dans ce cas, le mari seul ne peut autoriser sa femme à exercer un droit que lui-même n'aurait pas pu exercer (Paris 27 août 1833, aff. Orsini; Cass. 11 août 1840, aff. Dubois-Beaulieu).

117. Toutefois la nullité résultant du défaut d'autorisation n'est point absolue; elle peut seulement être opposée par la femme, son mari ou leurs héritiers (Même arrêt du 11 août 1840).

118. Si le défaut d'acceptation d'une donation faite à la femme provient du fait ou de la négligence du mari, dans ce cas la femme peut exercer son recours et par suite son droit d'hypothèque légale contre son mari (C. civ. 942). V. ci-dessus *Ascendant*, n° 67.

119. Du reste, le recours doit consister dans la valeur des choses que la donation aurait fait acquérir (Toullier t. 5, n° 201).

120. HÉRITIER. Les héritiers sont sans droit pour accepter une donation au lieu et place de leur auteur, parce que l'acceptation est un droit exclusivement attaché à la personne. V. ci-dessus *Créancier*, n° 71.

121. Il peuvent seulement attaquer les donations ou les acceptations pour cause de nullité absolue ou relative. V. *Créancier*, n° 72 et *Femme mariée*, n° 112.

122. HOSPICE. V. *Etablissements d'utilité publique* n° 79 et suiv.

123. INSTITUTION FIDUCIAIRE. En thèse générale, les substitutions sont prohibées (C. civ, 896), en ce sens que toute disposition par laquelle le donataire, l'héritier institué ou le légataire sera chargé de *conserver* et de *rendre* à un tiers sera nulle, même à l'égard du donataire, de l'héritier institué ou du légataire (Même art.) sauf les exceptions contenues aux art. 897, 898 et 899 du même Code et en la loi du 17—18 mai 1826.

124. D'où il suit que quand une donation est faite à un individu à la charge seulement de *rendre* à un autre, parent ou non du grevé, la chose donnée, de telle sorte que le grevé ne soit que l'administrateur ou le dépositaire de cette chose jusqu'au moment où il doit la remettre, il n'y a point substitution mais *fiducie* ou *mandat*.

125. En conséquence le *grevé fiduciaire* ne fait pas les fruits *siens*, il doit les restituer avec la chose donnée.

126. Il résulte de cette distinction qu'il n'y a pas *fiducie*, mais bien *substitution prohibée*, dans la disposition par laquelle un testateur, père de quatre enfants en bas âge, institue son frère pour son héritier universel, en le chargeant de rendre l'hérédité à celui de ses quatre enfants qu'il jugerait à propos, si d'ailleurs rien dans le testament ne faisait supposer que l'intention du testateur a été de ne nommer en la personne de son frère qu'un dépositaire et un simple administrateur de ses biens (Toulouse, 18 mai 1824, aff. Anglas).

V. ci-après n° 150.

127. INTERDIT. La donation faite à un interdit devra être acceptée par son tuteur conformément à l'art. 463 du C. civ., c'est-à-dire avec l'autorisation du conseil de famille (C. civ. 935). La loi n'exige pas que la délibération du conseil soit homologuée.

128. Lorsque le défaut d'acceptation provient de la faute ou négligence du tuteur, l'interdit dans ce cas, peut exercer son recours et par suite son droit d'hypothèque légale contre son tuteur (C. civ. 942).

V. ci-dessus *Ascendant*, n° 67.

129. Du reste, le recours doit consister dans la valeur des choses que la donation aurait fait acquérir. Toullier, t. 5, n° 201.

130. MAJEUR. Si le donataire est majeur, la donation doit être faite par lui, ou en son nom, par la personne fondée de sa procuration (C. civ. 933). V. § 3, n° 18.

131. MANDATAIRE. V. § 3, n°s 18 19 et *Institution fiduciaire*, n° 124.

132. MÈRE. V. *Ascendant*, n°s 57 et suiv.

133. MINEUR NON ÉMANCIPÉ. La donation ne pourra être acceptée par le tuteur qu'avec l'autorisation du conseil de famille. Elle aura, à l'égard du mineur, le même effet qu'à l'égard du majeur (C. civ. 463).

134. La donation faite à un mineur non émancipé devra être acceptée par son tuteur conformément à l'art. 463 au titre de la tutelle (C. civ. 935).

135. La délibération qui autorise le tuteur à accepter n'est pas sujette à être homologuée. La loi ne l'exige pas.

136. Lorsque c'est le tuteur qui fait une donation au pupille, il est évident qu'il ne peut plus accepter lui-même ni autoriser le mineur à accepter, car on ne peut contracter ni stipuler avec soi-même (Cass. 11 juin 1816, aff. Boubier). Il s'agissait, dans l'espèce, d'une donation faite à un mineur par son père qui était en même temps son tuteur.

137. L'acceptation qui aurait été faite par le mineur seul, sans l'assistance de son tuteur, serait nulle. Cette nullité étant absolue pourrait être invoquée par le mineur et par toute autre personne ayant intérêt (Même arrêt).

138. Lorsque le défaut d'acceptation de la donation provient de la faute ou de la négligence du tuteur, dans ce cas le mineur peut exercer son recours et son droit d'hypothèque légale contre son tuteur (C. civ. 942).

V. *Ascendants*, n° 67, *Tuteur*, n° 165).

139. MINEUR ÉMANCIPÉ. V. *Emancipé*, n° 75.

[10] DE L'ACCEPTATION DES DONATIONS, § 7.

140. NOTAIRES. Tout Notaire devant lequel aura été passé un acte contenant donation entre-vifs ou disposition testamentaire au profit de l'un des établissements ou titulaires mentionnés ci-dessus sous les nos 79 et suiv. sera tenu de lui en donner avis. Lorsqu'il s'agit d'une donation entre-vifs la notification doit être faite immédiatement. Si c'est un testament, l'avis ne doit être que lors de l'ouverture, c'est-à-dire après le décès du testateur (Arr. 4 pluviôse an XII; Décr. 12 août 1807, 30 décembre 1809 et 6 novembre 1813; Ord. R. 2 avril 1817).

141. La correspondance des Notaires avec les établissements de charité mentionnés en leurs actes sera transmise par l'intermédiaire des préfets, même lorsque les legs seront faits aux pauvres pour leur être remis par l'intermédiaire d'un maire ou d'un curé (Circ. Min. Just. 4 mai 1835).

142. L'acceptation faite dans un acte par un Notaire pour une partie absente n'a aucun effet, surtout en matière de donation où il faut une acceptation expresse par le donataire lui-même ou son fondé de pouvoir spécial.

143. PAUVRES D'UNE COMMUNE. V. ci-dessus *Etablissements d'utilité publique*, nos 79 et suiv.

144. PÈRE. V. ci-dessus *Ascendant*, nos 57 et suiv.

145. PLUSIEURS. Lorsqu'une donation est faite à plusieurs individus, chacun d'eux doit l'accepter quoiqu'il s'agisse d'une même chose qui leur ait été donnée en commun.

146. L'acceptation de l'un est valable pour sa part mais ne l'est pas pour la part des autres.

147. La part de ceux qui n'ont point accepté ne profite point aux autres par droit d'accroissement, comme lorsqu'il s'agit d'un legs fait à plusieurs conjointement (C. civ. 1044, 1119; Grenier no 442).

148. Ce principe reçoit exception dans les dispositions contractuelles, lorsqu'il y a conjonction entre les donataires (Ricard, donations, t. 1 p. 3, no 481; Furgole, *Testaments*, chap. 9, § 31; Proudhon, *Usufruit*, t. 2, no 565).

149. PORTANT-FORT. L'acceptation par une personne sans pouvoir qui se porte fort pour le donataire absent n'a d'effet que du jour de la ratification expresse faite par le donataire dans la forme voulue pour l'acceptation (Grenier no 60; Toullier no 192).

150. Mais au lieu de faire porter fort on peut employer la voie de l'institution fiduciaire et de cette manière on fait et accepte une disposition qui produit immédiatement son effet et dispense de recourir à une acceptation de la part des donataires auxquels la chose doit être remise. V. ci-dessus *Institution fiduciaire*, nos 123 et suiv.

151. POSSESSION PROVISOIRE. V. *Etablissements publics*, no 81.

152. PRODIGUE. La loi ayant énuméré les actes pour lesquels le prodigue doit être assisté de son conseil judiciaire (C. civ. 513), il en résulte que pour tous les autres actes, l'état de l'individu qui a reçu un conseil ne diffère en rien de celui de tout autre citoyen majeur (Toullier, no 1378).

153. Ainsi, il peut accepter une donation sans l'assistance de son conseil, lors surtout qu'elle est tout-à-fait gratuite; car si elle était faite à titre onéreux, il en résulterait pour le prodigue des engagements que la nomination d'un conseil a eu pour but d'empêcher, et dans ce cas nous pensons que le conseil et le prodigue lui-même seraient fondés à demander la nullité de l'acceptation.

154. SOURD-MUET. Le sourd-muet qui sait écrire peut accepter lui-même ou par un fondé de pouvoir une donation (C. civ. 936).

155. Cela suppose qu'il a fait connaître par écrit son consentement à accepter; toutefois la loi n'exigeant pas qu'on joigne à l'acceptation aucun écrit émanant de ce sourd-muet, le Notaire n'est point obligé de s'y astreindre. Toutefois le Notaire fera sagement en constatant qu'indépendamment de la lecture par le Notaire aux parties, le sourd-muet en a pris lui-même lecture.

156. S'il ne sait pas écrire, l'acceptation doit être faite par un curateur nommé à cet effet suivant les règles établies au titre de la tutelle (C. civ. 936). V. art. 405 et suiv. du même Code.

157. SUBROGÉ-TUTEUR. Le subrogé-tuteur peut-il accepter une donation pour le mineur, lors surtout que c'est le tuteur qui fait une donation à son pupille et que celui-ci n'a aucun ascendant qui puisse faire pour lui cette acceptation?

Les fonctions du tuteur consistant à agir pour les intérêts du mineur lorsqu'ils sont en opposition avec ceux du tuteur (C. civ. 420), il nous semble, dans ce cas, que le subrogé-tuteur peut accepter pour le mineur. En effet, quand il y a opposition d'intérêts, le subrogé-tuteur joue momentanément le rôle de tuteur, et ce n'est point donner à l'art. 935 du C. civ. une extension contraire à son texte que d'attribuer au subrogé-tuteur le pouvoir du tuteur; mais comme il ne peut pas avoir plus de pouvoir que le tuteur lui-même, il faut décider que dans ce cas le subrogé-tuteur ne pourra accepter qu'avec l'autorisation du conseil de famille conformément à l'art. 463 du même Code; et même le conseil de famille pourrait tout aussi bien alors nommer un tuteur *ad-hoc* (Grenier, no 66; Toullier, t. 5, no 202).

158. TIERS. La charge imposée à un donataire de payer certaine somme ou de remettre certains effets à un tiers, même alors qu'il s'agit d'une libéralité exercée envers ce tiers, n'a pas le caractère d'une donation qui doive être acceptée de la manière indiquée aux art. 932 et 933 du C. civ. Il suffit que ce tiers ait déclaré vouloir en profiter (C. civ. 1121; Angers 8 avril 1808, aff. Villayer).

C'est par application de ce principe qu'il a été jugé :

159. Que la réserve d'usufruit faite au profit de son épouse par un aïeul donateur, dans les contrats de mariage de ses petites-filles, n'avait pas besoin d'être acceptée (Toulouse, 19 novembre 1832, aff. Ortel).

160. Et qu'une semblable réserve était parfaite et obligatoire pour le *donataire et ses ayants-cause*, à quelque époque que le *tiers* ait déclaré vouloir en profiter, pourvu qu'il n'y ait point eu de révocation par le donateur (Cass. 28 juin 1837, aff. Balathier).

161. Une donation faite en l'absence du donataire, et acceptée par un *tiers* sans procuration, est nulle à l'égard des biens situés en France quoiqu'elle soit valable suivant les lois du lieu où l'acte a été passé (Paris 21 décembre 1812, aff. Sainte-Marie).

162. L'autorisation donnée pour l'acceptation d'une donation faite à un établissement d'utilité publique, ne fait

aucun obstacle à ce que les *tiers intéressés* se pourvoient par les voies de droit contre les dispositions dont l'acceptation a été autorisée (Ordonn. R., 2 avril 1817).

V. *Institution fiduciaire*, n°s 123 et suiv.

163. TUTEUR. La donation faite à un mineur non émancipé ou à un interdit, doit être acceptée par son tuteur, conformément à l'art. 463, au Titre de la Tutelle (C. civ. 935), c'est-à-dire avec l'autorisation du conseil de famille, et alors elle a, à l'égard du mineur, le même effet qu'à l'égard du majeur).

164. D'où il suit que l'acceptation qui serait faite par le tuteur sans l'autorisation du conseil de famille serait nulle. Cette nullité serait absolue et pourrait être invoquée par toute personne ayant intérêt.

165. Lorsque la donation faite à un mineur est nulle faute d'acceptation régulière, il est recevable à recourir en garantie contre son tuteur par la faute duquel la nullité a été commise, quoiqu'il se soit écoulé plus de dix ans depuis que le mineur a atteint sa majorité (Cass. 9 décembre 1829, aff. Louchet).

166. La garantie qui résulte, dans ce cas, contre le tuteur, donne naissance au profit du mineur non seulement à une action personnelle, mais encore à une hypothèque légale opposable aux créanciers du tuteur (Même arrêt).

167. Cette garantie a lieu quoique le tuteur fût lui-même donateur (Même arrêt).

[11]

DU DOMICILE ÉLU. DE L'ÉLECTION DE DOMICILE.

1. Il y a des cas où les parties *sont tenues* d'élire un domicile parce que la loi leur en fait un devoir sous peine de nullité de l'acte ou de déchéance de leurs droits.

Il s'agit alors du domicile exigé par la loi.

2. Dans tous les cas où la loi ne l'exige pas, les parties ont la faculté d'élire ou choisir, pour l'exécution d'un acte, un domicile autre que le domicile réel, et les significations, demandes et poursuites relatives à cet acte peuvent être faites au domicile convenu et devant le juge de ce domicile (C. civ. 111).

Il s'agit alors du domicile conventionnel.

§ 1. *Du domicile exigé par la loi.*

3. L'acte d'opposition au mariage doit contenir élection de domicile dans le lieu où le mariage devra être célébré, à peine de nullité et de l'interdiction de l'officier ministériel qui aurait signé l'acte contenant opposition (C. civ. 176).

4. Les bordereaux d'inscription doivent contenir élection de domicile pour le créancier dans un lieu quelconque de l'arrondissement du bureau (C. civ. 2148).

5. Certains actes de procédure doivent contenir élection de domicile dans un lieu déterminé conformément aux art. 61, 422, 435, 559, 584, 637, 673, 783, 789, 927 du C. de proc. civ.

Mais cette élection de domicile cesse d'avoir son effet.

6. — 1° Lorsque l'affaire pour laquelle elle a eu lie est terminée (Cass. 14 prairial an II).

7. — 2° Et au décès de celui qui a élu domicile, parce que, dans ce cas, l'élection a l'effet d'une procuration ré vocable.

§ 2. *Du domicile conventionnel.*

8. En général, on ne s'occupe pas assez, lorsqu'on fai un acte, des effets d'une élection de domicile et il arriv souvent que les élections ont lieu en sens inverse de l raison et des intérêts des parties. Ainsi, par exemple, lor du contrat de vente d'une maison qu'une partie doit quitte et l'autre venir habiter, si le vendeur et l'acquéreur élisen domicile en la demeure qu'ils ont alors, il se pourra qu l'acquéreur signifie au vendeur dans la maison même qu'i a achetée de ce dernier, et que le vendeur signifie à l'ac quéreur au domicile que ce dernier a quitté.

9. L'élection de domicile a pour but, non seulement de faciliter les notifications et exécutions relatives aux actes et d'accélérer les jugements rendus sur les difficultés qui s sont élevées entre les parties par suite de ces actes, mai encore de ne causer aucun embarras à l'une des partie pour trouver le domicile de l'autre, domicile qui est sou vent incertain et paralyse les actions.

10. Toute personne peut faire élection d'un domicil pour l'exécution d'un acte : les étrangers même le peuven pour l'exécution des actes qu'ils passent en France (Paris, 23 thermidor an XII).

11. Lorsqu'une partie a fait élection de domicile dan un acte, elle ne peut plus, seule, dans un acte séparé, élire domicile dans un autre lieu pour l'exécution du premier acte.

12. Toutefois, si toutes les parties sont d'accord d'élire domicile pour l'exécution d'un acte antérieur, les auteurs Delvincourt, Merlin et Dalloz, pensent que cette élection peut avoir lieu par un acte séparé.

13. Celui qui fait élection de domicile doit désigner clairement le lieu qu'il choisit. Toute ambiguité serait interprétée contre lui (Cass. 8 thermidor an XI, 25 vendemiaire an XII).

14. Quand un mandataire a pouvoir d'élire domicile et qu'il n'en a pas fait usage, on ne peut prétendre que ce pouvoir équivaut à une élection de domicile en la demeure de ce mandataire. Il faut qu'une élection de domicile soit expresse, parce qu'elle apporte une dérogation au droit commun (Cass. 3 juillet 1837).

15. On ne peut pas non plus prétendre que la constitution d'un mandataire dans une ville autre que celle où demeure le mandant, et même dans les colonies, emporte élection de domicile chez le mandataire (Cass. 3 juillet 1837).

16. Toute latitude étant donnée aux parties relativement à l'élection de domicile, il en résulte qu'elles peuvent élire domicile partout où il leur plaît, même dans leur domicile réel, qui alors reste toujours domicile d'élection (Cass. 24 janvier 1816).

17. L'élection conserve son effet, même après que la partie qui l'a faite a fixé sa demeure ailleurs (Cass. 12 février 1817).

18. Les significations, demandes et poursuites peuvent

être faites au domicile réel, nonobstant l'élection de domicile, à moins qu'il ne résulte de l'acte que le domicile a été élu dans l'intérêt du débiteur, comme lorsque, sur le point de s'absenter, il élit domicile chez son fondé de pouvoir.

19. L'élection de domicile étant une des conditions du contrat n'est point annulée par le décès de la partie qui l'a faite, et on peut actionner les héritiers et successeurs de cette partie au domicile élu.

20. Cependant si la personne chez laquelle le domicile est élu vient à mourir, la partie peut élire un autre domicile dans le même lieu, puisque ce changement n'est pas de nature à porter préjudice à l'autre partie (Cass. 19 janvier 1814).

21. Pour que les significations, poursuites et demandes soient valablement faites au domicile élu, il faut qu'elles soient relatives à l'acte même.

22. Ainsi, la signification d'un transport de créance ne peut être faite au domicile élu dans le contrat constitutif de la créance (Bruxelles, 30 novembre 1809).

23. Il doit en être de même d'une demande en annullation d'un acte pour cause de dol, quoique cet acte contienne une élection de domicile (Bordeaux, 21 juillet 1834).

24. La signification d'un jugement ne peut être faite au domicile élu par le titre qui a servi de base à ce jugement, parce qu'il ne s'agit plus de l'exécution de l'obligation, mais de celle du jugement.

25. Mais l'élection de domicile stipulée dans un acte pour son exécution, donne attribution au juge du domicile élu, alors même qu'on demande la nullité de cet acte (Montpellier, 4 janvier 1841).

26. L'élection de domicile pour l'exécution d'un acte est attributive de juridiction au Tribunal de ce domicile, même après la déclaration de faillite de l'une des parties. En conséquence, les syndics ne sont pas fondés à prétendre qu'ils doivent être assignés devant le Tribunal du domicile du failli (Bourges, 6 mars 1840).

27. L'officier ministériel qui, *spontanément et sans nécessité*, a, dans l'un de ses actes, et notamment dans un bordereau d'inscription, fait élection de domicile pour son client en son étude, contracte par cela même l'obligation de recevoir et de transmettre les notifications faites en cette même étude, à peine de dommages et intérêts (Cass. 9 mars 1837; jugements de la Seine, 4 août 1837, et 20 juin 1839). V. note 39, v° *Domicile élu.*

28. Tout ce qui est dit ci-dessus n'a de rapport qu'aux élections de domicile faites en matière civile.

29. A l'égard des élections de domicile faites dans des actes de procédure elles peuvent être changées par celles des parties qui les ont faites.

30. Cette faculté s'étend jusqu'aux changements de domicile, mais il faut le déclarer, de telle sorte que si, dans le cours d'une instance, une partie vient à changer de domicile, sans l'avoir déclaré à son adversaire et lui avoir indiqué son nouveau domicile, les significations faites au domicile précédent sont valables (Bruxelles, 29 juin 1808, Sirey, 9, 153; Pau, 18 février 1836).

V. *Exploits des huissiers et leur signification*, note 20.

[12]

DU RESSORT DES NOTAIRES ET DE L'INDICATION DU LIEU OU LES ACTES SONT PASSÉS.

1. Il est défendu à tout Notaire d'instrumenter hors de son ressort, à peine d'être suspendu de ses fonctions pendant trois mois, d'être destitué en cas de récidive et de tous dommages et intérêts (Art. 6 de la loi du 25 ventôse an XI). V. notes 2 et 39.

Chaque Notaire devra résider dans le lieu qui lui sera fixé par le gouvernement. En cas de contravention, le Notaire sera considéré comme démissionnaire; en conséquence, le Grand Juge Ministre de la justice, après avoir pris l'avis du Tribunal, pourra proposer au gouvernement le remplacement (L. 25 ventôse an XI, art. 4). V. *infrà*, n° *44 bis*).

2. Tous les actes doivent énoncer le lieu où ils sont passés, sous peine de faux, si le cas y échoit (art. 12 de la loi du 25 ventôse an XI), et de nullité s'ils ne peuvent valoir comme actes s. s. p. (art. 68 de la même loi). V. note 38.

Les Notaires exercent leurs fonctions, savoir :

3. Ceux des villes où est établi le Tribunal d'appel (ou Cour royale), dans l'étendue du ressort de ce Tribunal (ou de cette Cour).

4. Ceux des villes où il n'y a qu'un Tribunal de première instance, dans l'étendue du ressort de ce Tribunal.

5. Ceux des autres communes dans l'étendue du ressort du Tribunal de paix (Même loi, art. 5). V. note 2, n° 50 à 56.

Application de ces articles aux cas suivants :

6. ACTE S. S. P. Un Notaire peut-il être considéré comme ayant instrumenté hors de son ressort, lorsqu'il a été présent dans un autre ressort que le sien à la rédaction d'un acte de vente s. s. p. ordinaire, qui est ensuite réalisé en acte public par devant lui dans le lieu de sa résidence ?

La négative ne nous paraît pas douteuse, car alors le Notaire a agi plutôt comme l'ami ou le conseil des parties que comme Notaire; donner à la loi un sens contraire à notre solution équivaudrait à une proscription tendant à éloigner les Notaires de toute participation aux actes privés; or, la loi ne comporte pas une pareille prohibition, il faut que le Notaire ait agi positivement comme Notaire et qu'il y ait au moins un acte de son ministère d'après lequel on puisse établir, soit par sa teneur, soit par l'inscription de faux, qu'il a été fait et passé hors du ressort du Notaire (V. le n° suivant).

7. ADJUDICATION. Un Notaire doit-il être considéré comme ayant éludé la loi et par suite comme ayant contrevenu à l'art. 6 de la loi de ventôse, lorsqu'il procède à une adjudication d'immeubles hors de son ressort, toutefois sans passer les actes de vente, déclarant aux parties qu'il est incompétent, mais que les actes de vente seront rédigés et signés dans le lieu de sa résidence, ce qui a lieu, en effet, ultérieurement ?

Non. Suivant un arrêt de la Cour de cassation du 3 juillet 1826, qui rejette le pourvoi formé par le ministère public contre un arrêt de la Cour royale de Douai, du 10 août 1824, attendu qu'il a été décidé en fait, par l'arrêt attaqué, qu'aucun acte n'avait été dressé par le Notaire *Du-*

bois, dans la commune de *Neuve-Chapelle;* qu'il était, au contraire, établi que Me Dubois avait déclaré aux parties qu'il ne pouvait recevoir d'actes hors de son canton, et que ceux qu'il avait reçus pour constater les ventes dont il s'agissait, avaient été passés à Richebourg, lieu de sa résidence; que, dès-lors, il n'avait pas instrumenté hors de son ressort.

Oui. Suivant jugement du Tribunal civil de Blois, du 3 mars 1841, qui condamne le Notaire à trois mois de suspension et aux dépens. Dans l'espèce, le Notaire s'était transporté, à plusieurs reprises, hors de son canton pour présider à des adjudications d'immeubles en détail, annoncées par affiches. Les adjudications prononcées, le Notaire n'avait point fait signer, séance tenante, le procès verbal de vente; mais les parties s'étaient transportées ultérieurement sur le territoire de son canton où il avait fait signer des contrats de vente ordinaires par chaque individu. Cette espèce, comme on le voit, ne diffère pas de la première.

8. CONCOURS DE NOTAIRES DE CLASSES DIFFÉRENTES INSTRUMENTANT DANS LA MÊME VILLE,

9. Les Notaires résidant dans des bourgs ou villages qui font partie d'une justice de paix dont le chef-lieu se trouve dans une ville où est établie une Cour d'appel ou un Tribunal de première instance, doivent-ils être considérés comme Notaires de ville?

10. Sont-ils recevables à demander une commission de Notaire de première ou de seconde classe?

11. Doivent-ils en fournir le cautionnement?

Suivant un avis du Conseil d'État, du 7 fructidor an XII, il a été décidé qu'on ne pouvait considérer comme Notaires ayant droit d'instrumenter dans tout le ressort d'une Cour d'appel ou d'un Tribunal de première instance, que ceux dont la résidence est fixée dans les villes où siégent ces Tribunaux.

Qu'au contraire ceux qui résident dans d'autres communes n'ont droit de réclamer qu'une commission de Notaire de justice de paix, et ne sont tenus de fournir de cautionnement qu'en cette qualité.

12. Si les Notaires attachés à des justices de paix dont le chef-lieu est fixé dans une ville où siége un Tribunal supérieur, ne sont considérés que comme Notaires de troisième classe, auront-ils le droit d'exercer dans la ville concurremment avec les Notaires de la Cour d'appel ou du Tribunal de première instance?

Le même avis du Conseil d'État du 7 fructidor an XII, porte : que la loi du 25 ventôse an XI, accordant aux Notaires de simples justices de paix ou de troisième classe le droit d'exercer leurs fonctions dans toute l'étendue de la justice de paix, ceux résidant dans une commune rurale dont le chef-lieu est dans une ville où siége, soit une Cour d'appel, soit un Tribunal de première instance, peuvent, lorsqu'ils en sont requis, se transporter dans la partie de ces villes dépendant de leur justice de paix pour y instrumenter; mais qu'ils ne peuvent ouvrir étude, ni conserver le dépôt de leurs minutes ailleurs que dans le bourg ou village qui leur est assigné pour lieu de résidence.

13. Les Notaires résidant actuellement dans la ville concourront-ils avec ceux résidant dans les bourgs ou villages, pour former l'établissement des Notaires de la justice de paix dont le chef-lieu est dans l'intérieur de la ville?

Le même avis du Conseil d'État, du 7 fructidor an XII, porte : que l'article 31 de la loi du 25 ventôse an XI, voulant que le nombre des Notaires soit fixé en raison de la population et du ressort, les Notaires de la ville doivent concourir avec ceux des bourgs ou villages, pour former l'établissement des Notaires de justice de paix, dans la proportion du nombre d'habitants que renferme la ville avec celui des communes rurales dépendant de la même justice de paix.

14. Les Notaires qui résident dans une commune rurale qui a pour chef-lieu de canton une ville divisée en deux justices de paix, ne peuvent instrumenter que dans *la partie* de cette ville qui dépend de leur justice de paix (Déc. Min. Inst., du 7 juin 1837).

15. DÉPOT AU GREFFE. V. *infrà*, *Exception*.

16. DÉPOT PUBLIC. V. *infrà*, *Exception*.

17. DESTITUTION. Les peines de suspension et de destitution prononcées par le Tribunal civil de la résidence du Notaire, par application de l'art 6 de la loi de ventôse, sont absolues et doivent-être prononcées par les juges, par cela seul qu'elles sont requises et que la contravention qui y donne lieu est constante (Bibliothèque du Barreau, t. 2, p. 39).

18. DISTINCTION A FAIRE LORSQU'UN TRIBUNAL NE SIÉGE PAS AU LIEU OU IL DEVRAIT SIÉGER. Certains Tribunaux quoique siégeant de *fait* dans une ville autre que celle pour laquelle ils ont été fixés, portent néanmoins le nom de ces dernières villes. On a demandé, à cet égard, quels sont ceux des Notaires qui résident ou dans les villes où le Tribunal *siége de fait*, ou dans les villes où le Tribunal est établi *de droit*, qui doivent-être regardés comme Notaires de seconde classe.

Le Ministre de la justice a répondu que ce sont les Notaires à la résidence des villes dans lesquelles le Tribunal civil siége de fait, qui jouissent de la qualité et des avantages de Notaires de seconde classe, et qui ont, par conséquent, le droit d'instrumenter dans tout le ressort de ce Tribunal. Les motifs de cette décision sont puisés dans l'art. 5 de la loi de ventôse, qui attribue les fonctions de Notaire de seconde classe à ceux qui ont la résidence dans une ville *où il y a* un Tribunal de première instance, attendu que c'est ce Tribunal qui détermine la classe des Notaires qui y ont leur résidence.

19. DOMMAGES-INTÉRÊTS. Lorsqu'un Notaire instrumente hors de son ressort, l'acte est nul s'il n'est pas revêtu de la signature de toutes les parties contractantes; et lorsque l'acte sera revêtu de la signature de toutes les parties contractantes, il ne vaudra que comme écrit sous signature privée s'il peut se soutenir comme tel; sauf, dans les deux cas, s'il y a lieu, les dommages-intérêts contre le Notaire contrevenant (Art. 68 de la loi de ventôse). V. *Responsabilité*, note 39, et *Discipline*, note 89.

20. EFFET DES ACTES. Lorsque le Notaire a passé un acte hors de son ressort cet acte ne peut valoir que comme écrit sous signature privée, s'il est revêtu de la signature de toutes les parties contractantes, sinon il est nul. V. *Discipline*, note 89.

21. Mais lorsqu'il s'agit d'actes pour lesquels la forme authentique est essentielle, comme les donations, les testaments, les contrats de mariage, les constitutions d'hypothèques, etc., il importerait peu qu'ils fussent revêtus de la signature de toutes les parties, parce que, dans ce cas, les formalités ne sont pas seulement exigées pour la preuve lé-

gale, mais bien pour la solennité des actes (Cass. 21 novembre 1814). V. *Actes nuls et imparfaits*, note 38.

22. Il importerait peu aussi que l'acte eût été reçu par le Notaire hors de son ressort, par suite d'une délégation du Tribunal. Il n'en serait pas moins nul, parce que les juges ne peuvent se mettre au-dessus de la loi en commettant un Notaire pour agir hors de son ressort.

23. EXCEPTION A LA RÈGLE. Tous dépôts de minute, sous la dénomination de *chambre de contrats*, *bureaux de tabellionnage* et autres, sont maintenus à la garde de leurs possesseurs actuels. Les grosses et expéditions ne pourront en être délivrées que par un Notaire de la résidence des dépôts, ou, à défaut, *par un Notaire de la résidence la plus voisine* (Art. 60 de la loi de ventôse).

24. En matière d'inscription de faux ou de vérification d'écriture, le Notaire dépositaire des pièces peut en faire expédition, encore bien que le lieu où se fait la vérification soit hors de l'arrondissement dans lequel le dépositaire a le droit d'instrumenter (C. proc. civ., 205).

25. Ces deux articles sont les seuls qui apportent exception à la règle qui défend aux Notaires d'instrumenter hors de leur ressort.

26. EXPÉDITION. V. *suprà*, *Exception*.

27. LIEU. LOCUS LOCI. L'expression du lieu où l'acte est passé est tellement nécessaire pour faire connaître la compétence du Notaire, c'est-à-dire, s'il a agi dans l'étendue de son ressort, que l'omission est punie, dans ce cas, de la nullité (V. *suprà*, n° 2).

28. Mais que doit-on entendre par le mot *lieu?* comprend-il non-seulement la commune, mais encore ce que les docteurs appellent *locus loci*, c'est-à-dire la maison dans laquelle le Notaire instrumente ou fait signer l'acte?

On ne peut guère contester l'utilité de cette mention, non-seulement parce qu'elle est un moyen de plus pour empêcher le faux, mais encore parce que, lorsqu'une partie se plaint de violence ou même de dol, il importe beaucoup de savoir en quel lieu l'acte a été fait. Il y avait autrefois obligation pour les Notaires d'indiquer la maison où les contrats étaient passés d'après l'art. 167 de l'ordonnance de Blois, du mois de mai 1579. Tous les Notaires actuels continuent de faire cette mention dans leurs actes et font bien.

29. Car, lorsqu'un acte a été reçu dans un *cabaret* ou dans une *auberge* (ainsi que cela arrive encore souvent dans les campagnes), l'on conçoit qu'il n'est pas indifférent d'en faire mention, puisqu'il peut arriver qu'une partie se plaigne du dol qui aurait été commis envers elle en abusant de son état d'ivresse; et certes, la circonstance du cabaret rendrait cet état d'ivresse vraisemblable (Loret, t. 1er, p. 245).

30. Ou bien encore, lorsqu'il est question de recevoir un acte pour un prisonnier, il devient important de mentionner que l'acte a été reçu dans la *prison*, pour le cas où l'acte serait attaqué par cause de violence. Remarquant qu'il est d'usage, dans ce cas, d'amener le prisonnier entre deux *guichets*, ce lieu étant censé un lieu de liberté, et de mentionner dans l'acte cette circonstance (Loret, *ibid.*).

31. Toutefois l'omission de l'indication de la *maison* ou de *locus loci*, n'entraîne pas la nullité de l'acte (Rennes, 9 mars 1809, aff. Perron; Bruxelles, 18 juin 1809, aff. Coninck; Cass. 28 février 1816, aff. Regnaut; 23 novembre 1825, aff. d'Orion).

32. Il importe peu que la commune ou la ville où l'acte est passé soit plus ou moins considérable, parce que cette distinction serait tout-à-fait arbitraire (Massé et Lherbette, t. 1, page 101 et suiv.).

33. On a élevé la question de savoir s'il suffit à un Notaire d'énoncer la ville où il a reçu l'acte, lorsqu'il n'a qualité pour instrumenter que dans une partie de cette ville.

M. Rolland de Villargues, v° *Acte notarié*, penche, dans ce cas, pour la nullité de l'acte, parce qu'il est de principe que les actes doivent offrir, par eux-mêmes, la preuve de l'accomplissement de leurs formalités, sans qu'on soit obligé de recourir à des preuves extrinsèques.

34. Lorsque l'acte est reçu dans le lieu où le Notaire a sa résidence, il est d'usage d'énoncer qu'il a été passé *en l'étude;* quelquefois on ajoute le nom du Notaire à qui appartient l'étude quand l'acte a été reçu par deux Notaires, quoique à la rigueur il doive être alors sous entendu que c'est dans l'étude du Notaire qui l'a reçu, c'est-à-dire, du Notaire en premier.

35. Ainsi, quand un Notaire dit qu'il a reçu un acte à *Rennes*, sans indiquer le lieu particulier, la maison, la rue, on doit présumer que c'est dans son étude que l'acte est passé : c'est la conséquence naturelle de cette formule ordinaire « *devant nous Notaires, etc.*, *ont comparu tels et tels*, *etc.* » (Toullier, t. 8, n° 82).

36. L'énonciation du lieu où se passe un acte notarié résulte suffisamment de ce que dans cet acte il est dit que les parties se trouvent maintenant *dans cette ville*, *dans cette commmune* (Rennes, 9 mars 1809, aff. Perron; Bruxelles, 10 juin 1819, aff. Coninck).

37. Elle résulte encore suffisamment de la mention mise à la fin d'un testament, qu'il a été signé (et non pas fait) en la maison de la partie (Douai, 28 novembre 1814, aff. Rommeleare).

38. Lorsqu'un acte est reçu et signé dans plusieurs *lieux différents*, il est important que le Notaire mentionne cette circonstance pour faire connaître s'il avait le droit d'instrumenter dans ces différents lieux (V. *suprà*, n° 33).

39. L'énonciation du lieu où un acte a été passé se met toujours à la fin dans les actes purement volontaires, parce que souvent il arrive qu'un acte est rédigé ailleurs que dans l'endroit où il est signé par les parties et que c'est dans le lieu seulement où il est signé qu'il reçoit véritablement son existence (Rolland, de Villargues, v° *Acte notarié*). V. note 13, n° 71 et suiv.

40. Il en est autrement dans presque tous les actes qui tiennent à la juridiction contentieuse : l'indication du lieu se met souvent dans le préambule (*ibid.*).

41. NOTAIRES EN EXERCICE LORS DE LA PUBLICATION DE LA LOI. Les Notaires qui se trouvaient en activité au moment de la publication de la loi du 25 ventôse an XI, ont pu, jusqu'à celui où ils ont reçu de nouvelles provisions du gouvernement, continuer d'instrumenter dans toute l'étendue du département de leur résidence (Cass. 6 avril 1809, aff. Cateville).

42. NULLITÉ. V. *suprà*, *Effet des actes*, n° 20 et suiv.

43. PLAINTE EN FAUX. La preuve qu'un acte a été

passé hors du ressort du Notaire, ne peut s'établir que par la mention que renfermerait à cet égard l'acte même, ou par une plainte en faux pour détruire l'énonciation contraire résultant de l'acte (Rolland de Villargues, v° *Acte notarié*).

Car, lorsqu'un Notaire date d'un lieu compris dans son ressort, un acte qu'il aurait passé hors de là, il s'expose à être poursuivi comme faussaire (*ibid.*).

44. PREUVE DE LA PASSATION D'UN ACTE HORS DU RESSORT DU NOTAIRE (V. *suprà*, *Plainte en faux*).

44 *bis*. RÉSIDENCE. Le droit qu'ont les Notaires de canton d'exercer dans toute l'étendue du canton, n'emporte pas celui d'y établir une double étude ou tout ce qui pourrait être l'équivalent d'une double résidence. En conséquence, le Notaire qui se transporte habituellement, à jour fixe, et sans réquisition, dans une commune autre que celle de sa résidence, pour y tenir étude et enlever la clientelle du Notaire qui est établi en cette commune, peut être réputé contrevenir ainsi à la loi qui lui impose l'obligation de résider dans le lieu qui lui a été fixé, et peut être condamné à des dommages-intérêts envers le notaire auquel il porte ainsi préjudice. Mais le Notaire ne peut être, à raison de ce même fait, condamné à une amende, la loi n'en prononçant aucune pour ce cas (Cass. 11 janvier 1841, Jal. du Man., art. 2).

45. RESPONSABILITÉ DES NOTAIRES. V. *suprà*, *Dommages-Intérêts*, n° 19.

46. SUSPENSION. V. *suprà*, *Destitution*, n° 17.

47. TESTAMENTS OLOGRAPHES ET MYSTIQUES. Le défaut de mention du lieu où un testament olographe est fait n'en entraine pas la nullité. En effet, l'obligation de dater un testament olographe n'emporte pas celle d'indiquer le lieu où il a été fait. Cette obligation serait aujourd'hui sans objet, puisque le testament peut être fait en tous lieux. Aucune loi n'exige cette indication, et l'on ne doit point ajouter aux formalités prescrites par la loi. L'art. 12 de la loi sur le notariat qui ne concerne que les actes reçus par des Notaires n'est point applicable aux testaments olographes (Toullier, t. 5, n° 368).

Ainsi jugé d'ailleurs, 1° par la C. R. de Nîmes, le 20 janvier 1810, aff. Picat; 2° par la C. de Cass., le 6 janvier 1814, aff. de Lary; 3° et par la C. R. de Bordeaux, le 26 janvier 1829, aff. Duchesnes.

48. Il doit en être de même d'un testament mystique; l'art. 979 C. civ. n'exigeant pas plus que l'art. 970 relativement à l'indication du lieu.

[13]

DE LA DATE

DES ACTES NOTARIÉS ET SOUS SEINGS PRIVÉS.

1. Tous les actes doivent énoncer l'année et le jour où ils sont passés, sous les peines prononcées par l'art. 68 ci-après, et même de faux, si le cas y échoit (Art. 12 de la loi du 25 ventôse an XI). V. *infrà*, *Chiffres*, n° 27).

2. Tout acte fait en contravention aux dispositions de la loi est nul, s'il n'est pas revêtu de la signature de toutes les parties contractantes, et lorsque l'acte sera revêtu de la signature de toutes les parties contractantes il ne vaudra que comme écrit sous signature privée : sauf, dans les deux cas s'il y a lieu, les dommages-intérêts contre le Notaire contrevenant (Même loi, art. 68). V. *Actes nuls et imparfaits*, note 38, et *Discipline*, note 89.

Développements de ces deux articles.

3. ACTE PUBLIC. Un acte notarié a date certaine du jour où il a été reçu et non pas seulement du jour où il a été enregistré (Paris, 15 messidor an XII; Cass. 11 brumaire an XIII).

3 *bis*. Quoique l'art. 12 de la loi, rappelé *suprà* n° 1er, ne parle que du *jour de l'année*, on conçoit que le jour ne serait pas suffisamment indiqué si l'acte laissait ignorer de quel mois ce jour fait partie. Ce n'est pas d'ailleurs du jour de la semaine qu'il est question dans la loi, mais du jour du mois, du jour de l'année qui se divise par mois (Merlin, v° *Date*).

4. Cependant, de ce que l'article ne parle pas du mois, l'on a conclu que, bien qu'il soit d'usage de n'indiquer le jour que par le quantième du mois, néanmoins un acte ne serait pas nul si le jour était seulement indiqué par l'énonciation d'une fête publique; comme s'il était dit qu'il a été passé la veille de Pâques, la veille de Noël. C'est de cette manière que les actes publics se dataient anciennement (Toullier, t. 8, n° 81).

5. Sans doute il n'est pas nécessaire d'exprimer le jour de la semaine, si c'est un lundi ou un mardi; du moins cela n'est utile que lorsqu'il s'agit d'actes qui ne peuvent être passés ni les dimanches, ni les jours de fêtes, tels que les inventaires et les procès-verbaux de comparution, afin qu'ils portent en eux-mêmes la preuve qu'ils n'ont pas été faits un jour prohibé (Augan, p. 53).

6. Lorsque par suite de vices de forme les *actes notariés* ne valent que comme actes s. s. p., il faut appliquer la règle relative à ces derniers actes et qui veut qu'à l'égard des *tiers* ils acquièrent date certaine par le décès de ceux qui les ont souscrits, ce qui doit s'entendre non-seulement du décès de l'une des parties contractantes, mais encore du décès de tiers signataires de ces actes, notamment de témoins signataires (Cass. 8 mai 1827, aff. Monnet).

6 *bis*. Lorsque deux actes sont datés du même jour, v. *infrà*, nos 96, 97.

7. ACTE S. S. P. La date n'est pas nécessaire à peine de nullité, dans les actes s. s. p., parce qu'il importe peu, en effet, que la reconnaissance que je vous ai consentie, que la vente que je vous ai faite, ait ou n'ait point de date, lorsque l'existence de cette reconnaissance ou de cette vente est certaine (Merlin, v° *Date*, n° 6; Toullier, t. 8, n° 239). V. *infrà*, nos 94, 95.

8. Cependant la mention de la date est toujours extrêmement utile pour connaître si l'acte a été souscrit en temps de minorité ou de majorité; s'il est signé d'une femme qui était ou non en puissance de mari; enfin pour prévenir bien des fraudes et des suppositions (Nouv. Denisart, v° Billet, n° 6; Merlin, *ibid*, nos 6 et 7).

9. Tellement que, s'il y avait des soupçons que la date a été omise parce que le signataire d'un billet était alors sous la puissance d'autrui, et afin de dissimuler l'incapacité, le billet pourrait être déclaré nul.

10. La règle que l'énonciation de la date n'est pas nécessaire, à peine de nullité, dans les actes. s s. p. souffre quelques exceptions dont il sera parlé *infrà*, n° 42.

11. L'acte s. s. p., à l'égard de ceux qui ont souscrit un pareil acte, et à l'égard de leurs héritiers et ayants-cause, (C, civ, 1322), fait foi de la date qu'il porte; tandis qu'à l'égard des tiers il est réputé avoir été passé le jour même, ou de son enregistrement, ou du décès de l'un des signataires, ou de sa relation dans un acte authentique (C. civ. 1328). V. les art. 1410, 1558, 1743, 1750, 2102 du C. civ.

12. Il résulte de ce qui vient d'être dit que celui qui produit un acte s. s. p. fait à son profit, est par cela même non recevable à contester sa date, et qu'il ne peut invoquer la règle qui fixe l'existence d'un acte s. s. p. au jour où il a acquis date certaine par l'enregistrement (Rouen, 19 février 1814, aff. Lanon).

13. La règle que les actes s. s. p. acquièrent date certaine à l'égard des tiers par le décès de ceux qui les ont souscrits, doit s'entendre non-seulement du décès de l'une des *parties contractantes*, mais encore du décès de tiers signataires de ces actes, notamment de témoins signataires (Cass. 8 mai 1827, aff. Monet).

14. ANNÉE. En général la date est suffisamment indiquée lorsqu'on a exprimé le jour, le mois et l'année où l'acte est passé (Merlin, v° *Testament*, p. 664 ; Favard, v° *Date*).

Faisons observer que, quoique la loi du 25 ventôse (V. *suprà* n° 1er), ne parle que du jour et de l'année, il ne faut cependant pas croire qu'elle ait voulu désigner seulement le jour de la semaine comme le mercredi ou le jeudi, parce qu'une pareille indication n'exprimerait rien à moins qu'on ne dît le mercredi ou le jeudi de la première, seconde ou troisième semaine de telle année, ou bien le jeudi de la *Semaine-Sainte*, le lundi de Pâques, le lundi de la Pentecôte, la veille ou le lendemain de Noël, etc.; car, dans ce cas, il est encore possible de préciser une date. C'est du jour du *mois*, du jour de l'année qui se divise par *mois*, que la loi a entendu parler (Merlin, v° *Date*). V. *suprà*, n° 4 et 5).

15. ANTIDATE. Quoique l'acte s. s. p. fasse foi de sa date entre les parties contractantes et leurs héritiers, néanmoins les juges peuvent, même à leur égard, assigner à l'acte une date différente lorsque l'antidate est démontrée ; par exemple, si l'on a antidaté un contrat de rente viagère et que le rentier soit décédé dans les vingt jours de la véritable date (Cass. 19 janvier 1814, aff. Bazas ; 15 juillet 1824, aff. Petit et Dumet). V. *infrà*, nos 66, 93.

16. ARBITRAGE. Les décisions arbitrales font foi de leur date, comme de tout ce qu'elles constatent, à l'égard des parties entre lesquelles elles ont été rendues (Cass. 14 therm. an XI, et 6 frim. an XIV ; Paris, 11 juillet 1809, aff. Forestier ; Lyon, 5 juillet 1820, aff. Canier).

Lors même que le jugement arbitral n'a été enregistré et déposé qu'après l'expiration du délai du compromis (Cass. 31 mai 1809, aff. Ouvrard).

17. Mais des arbitres ne peuvent changer la date de leur décision (Cass. 1er niv. an IX ; 6 frim. an XIV).

V. *infrà*, *Fêtes et Dimanches*.

18. AYANT-CAUSE. V. ce mot, note 6.

19. BILLET NON DATÉ. Le mineur devenu majeur qui demande la nullité d'un billet non daté qu'il aurait souscrit, peut être admis à prouver par témoins que ce billet a été fait pendant sa minorité (Poullain-Duparc et Toullier, v° *Date*).

20. Il doit en être de même d'un billet non daté consenti par une veuve qui en demande la nullité comme l'ayant consenti avant son veuvage, sans l'autorisation de son mari (Toullier, *ibid.*). V. *infrà*, n° 46.

V. *infrà*, *Preuve de la date*.

21. BÉNÉFICE D'INVENTAIRE. V. *infrà*, *Tiers* n° 92.

22. CERTAINE (DATE). La date des actes s. s. p. devient certaine à l'égard des tiers dans l'une des trois circonstances énumérées en l'art. 1328 du C. civ., savoir : 1° du jour où ils ont été enregistrés ; 2° du jour de la mort de l'un de ceux qui les ont souscrits ; 3° du jour où leur substance est constatée dans des actes dressés par des officiers publics, tels que procès-verbaux de scellé ou d'inventaire (V. note 6).

23. Les trois circonstances que nous venons de rapporter ne sont pas seulement *démonstratives*, elles sont *limitatives* et ne peuvent être étendues à d'autres cas.

24. Deux de ces circonstances (la première et la troisième) sont fondées sur la foi due aux actes publics ou authentiques dans lesquels l'acte s. s. p. a été relaté.

25. Et l'autre est fondée sur un fait qui rend l'antidate *impossible*, le décès de l'un des signataires.

Si on admettait en jurisprudence que l'art. 1328 du C. civ. n'est que démonstratif ou énonciatif, il y a d'autres circonstances qui, à juste raison, pourraient être considérées comme assurant contre les tiers la date des actes s. s. p., tels sont les accidents qui mettraient un homme vivant dans l'impossibilité d'écrire ou de signer. Par exemple, la veille d'une bataille, un militaire passe un acte de vente s. s. p., et le lendemain il a les deux bras emportés ; ou bien, la veille de partir pour les Grandes-Indes, Caïus passe un contrat de vente s. s. p., et depuis douze ans on n'a reçu ni de ses nouvelles, ni de celles du vaisseau sur lequel on l'a vu s'embarquer ; ou bien après avoir vendu un immeuble par acte s. s. p., Caïus disparaît sans qu'on sache ce qu'il est devenu, tellement que ses héritiers font déclarer son absence : dans ces différents cas et autres semblables, M. Toullier pense que la date de l'acte est assurée contre les tiers au moins de la veille de la bataille, du jour du départ ou de l'absence.

Quoiqu'il en soit, outre que les circonstances dont parle cet auteur, ne nous paraissent pas établir une véritable impossibilité de signer un acte, son opinion en principe nous paraît difficile à admettre. En effet, le Code civil aurait pu dire, en général, que les actes s. s. p. auraient date certaine à compter du jour où l'un des souscripteurs serait tombé dans l'impossibilité d'écrire ou de signer ; mais, au lieu de poser une règle, il a énuméré des circonstances ; au lieu de se reporter à l'impossibilité d'écrire, il s'est arrêté à une cause d'impossibilité, à la plus fréquente et la plus décisive. Sans doute cette cause n'est pas la seule et il existe d'autres circonstances tout aussi probantes que la mort ; mais si le juge franchit la limite, où s'arrêtera l'arbitraire (Duranton, n° 1291 ; Thémis, v° *Acte s. s. p.*).

26. Quand un acte s. s. p. n'a pas acquis date certaine de l'une des manières énoncées en l'art. 1328, on ne peut opposer au tiers qu'il a eu connaissance de cet acte (Cass. 27 mai 1823). Dans l'espèce de cet arrêt, la Cour royale de Grenoble avait constaté en point de fait, que le tiers auquel un acte de vente s. s. p. était opposé, avait eu une connaissance personnelle de cet acte, ainsi que de l'exécu-

tion qu'il avait reçue, par la mise en possession de l'acquéreur et le paiement du prix. Or, cette Cour avait pensé que toutes les fois que celui à qui on oppose un acte s. s. p. n'a pu ignorer sa date, pour en avoir eu une connaissance personnelle, l'effet doit en être le même à son égard que l'effet des exceptions exprimées dans l'art. 1328. En conséquence, il avait été décidé que la vente s. s. p. dont il s'agissait était opposable à un créancier qui n'avait acquis hypothèque que depuis. C'est cet arrêt que la Cour de Cassation a annulé le 27 mai 1823, par le motif suivant : « que l'art. 1328 n'attache la certitude de la date des actes » s. s. p. qu'on oppose aux tiers, que dans les trois cir» constances précises qu'il détermine, et qu'aucune des » circonstances ne se trouve dans l'espèce de la cause. »

27. CHIFFRES. Les actes des Notaires énonceront en *toutes lettres* les sommes et les dates, à peine de 100 francs d'amende contre le Notaire contrevenant, réduits à 20 fr. par l'art. 27 de la loi du 16 juin 1824 (Art. 13 de la loi du 25 ventôse an XI).

28. D'où il résulte qu'il n'y aurait pas nullité de l'acte si la date était apposée en chiffres.

29. Il n'est dû qu'une seule amende, quelque soit le nombre des sommes ou de dates écrites en chiffres (Arg., Cass. 24 avril 1809, aff. Claudel). V. *Chiffres*, note 33.

30. COMMENCEMENT DE PREUVE. L'acte s. s. p. qui n'a point acquis de date certaine par l'une des trois circonstances indiquées en l'art. 1328 du C. civ. peut néanmoins former un commencement de preuve par écrit suffisant pour faire admettre les présomptions ou témoignages qui doivent assurer la vérité de la date (Bordeaux 24 février 1826, aff. Noailly; Toullier, t. 8, n°s 240 et 293; t. 9, n° 73); V. *suprà* n°s 19 et 20.

31. L'exécution qu'a reçue un acte s. s. p. à l'époque qui y est fixée, forme une présomption grave qui est de nature à rendre certaine la date de cet acte, même vis-à-vis des tiers (C. civ. 1323, 1347; Toullier, *ibid*; Paris, 11 janvier 1810, aff. Hervas).

32. DÉFAUT DE DATE. Le défaut de date est une cause de nullité des actes notariés, au moins comme actes authentiques (Voir *suprà*, n°s 1 et 2); mais quand la date est seulement défectueuse, comme dans les cas cités sous les n°s 3, 4 et 14 qui précisent toutefois une date qu'on puisse reconnaître, l'acte n'est point entaché de nullité.

33. L'erreur de date n'entraîne la nullité de l'acte notarié que quand elle ne peut être réparée ou rectifiée d'après les énonciations que l'acte renferme et d'après les faits constants qui se rattachent à ces énonciations (V. *infrà*, n°s 39 et suiv.).

Pour les actes s. s. p., V. n°s 7 et suiv.

34. DIMANCHES. V. *infrà*, *Fêtes et Dimanches*.

35. DISSOLUTION DE SOCIÉTÉ. L'acte s. s. p. portant dissolution d'une société, a une date certaine vis-à-vis des créanciers personnels de l'un des associés. Les créanciers sont, dans ce cas, les ayants-cause de leur débiteur (Cass. 12 juillet 1825, aff. Imbert-Senly). V. *Ayant-cause*, note 6.

36. ENREGISTREMENT. La date des actes s. s. p. devient certaine par l'enregistrement et les deux autres circonstances mentionnées en l'art. 1328 du C. civ.

V. *suprà* n°s 11, 12, 13, 22, 23, 24, 25 et 26 et la note 18.

37. Le défaut de date dans un acte translatif de propriété n'est pas un obstacle à la demande des droits de mutation; et si cette date peut être suppléée par des calculs établis dans l'acte et qu'elle remonte à plus de trois mois, le droit en sus est exigible (Cass. 9 février 1814).

38. La date des actes s. s. p. ne peut être opposée à l'état pour la prescription des droits d'enregistrement et peines encourues, à moins que les actes n'aient acquis une date certaine soit par le décès de l'une des parties contractantes soit par la constatation de leur substance dans des actes dressés par les officiers publics, tels que procès-verbaux de scellés ou d'inventaire (C. civ. 1328; loi du 22 frimaire an VII, art. 62).

V. *infrà*, n°s 72, 73.

39. ERREUR DE DATE. Les erreurs ou omissions qui se glissent par inadvertance dans la date des actes notariés ne sont pas suffisantes pour les annuler, lors surtout qu'on peut facilement réparer l'erreur ou suppléer à l'omission.

Par exemple, si l'on avait écrit, *l'an huit cent vingt cinq*, ou bien *l'an mil huit cent vingt-cinq le mardi deux mai*, quoique le 2 mai fût un lundi, etc., de pareilles erreurs se répareraient d'elles-mêmes ou par les autres énonciations contenues dans l'acte (Toullier, t. 8, n° 83, et Cass. 12 juin 1821, aff. Rochefort; Rouen 23 septembre 1825, aff. Grospoisson).

Ainsi jugé encore :

1° par la Cour de cassation le 2 mars 1830, dans une espèce où le testateur avait écrit de sa main *mil huit quatorze* au lieu de mil huit cent quatorze.

2° Par la même Cour le 1er mars 1832, aff. Ducoudray; il s'agissait, dans l'espèce, d'un testament olographe, daté du 1er mai 1827, étant sur du papier dont le timbre n'a été mis en circulation que le 1er janvier 1828, et écrit par un individu décédé le 2 avril 1829. — Le testament a été déclaré avoir la date du 1er mai 1828.

40. Mais lorsque les erreurs ne peuvent être rectifiées à l'aide des autres énonciations que contiennent les actes, il y a lieu de les annuler.

Tel est le cas, par exemple, où le testament renferme des faits qui se sont passés postérieurement à la date y apposée et qui ne servent qu'à en confirmer l'erreur, au lieu de la corriger (Cass. 9 mai 1833). Il s'agissait, dans l'espèce, d'un testament fait par Antoine Corder le 1er janvier 1830, et le testateur était mort le 20 janvier 1831. Ce testament contenait les dispositions suivantes : « Voulant prouver à Pauline Corder, femme Boiron, ma sœur aînée, toute ma reconnaissance pour les procédés fraternels dont elle n'a cessé d'user envers moi depuis son mariage, je lui donne la somme de *six francs*, prix du cornet de dragées dont elle m'a fait cadeau pour le *baptême de sa fille*, auquel elle n'a pas daigné m'inviter. »

Il faut remarquer que le baptême dont il était question dans ce testament du 1er janvier 1830 n'avait eu lieu que dans le mois de février suivant, et que par conséquent il énonçait un fait non encore arrivé.

Nota. Cette espèce diffère cependant peu de celle Ducoudray mentionnée sous le n° 39, qui précède et où le testament a été déclaré valide. Dans celle rapportée sous le présent numéro, on pouvait être fondé à supposer que la date était du 1er janvier 1831; en effet, ce mois de *janvier* 1831 était le seul qui se trouvât entre le baptême et le décès.

Tel est encore le cas où le testament olographe porte une date postérieure au décès du testateur. Ce testament peut être annulé comme étant sans date lorsqu'il est impossible de la rectifier à l'aide des énonciations du testament (Cass. 9 janvier 1839). Il s'agissait, dans l'espèce, du testament olographe du sieur Guyot, daté du 1er octobre 1829 et décédé le 25 septembre même année; la date du testament était évidemment fausse, puisque Guyot était décédé avant cette époque.

41. Est suffisamment daté l'acte qui ne contient que les dates du *jour* et du *mois*, mais est précédé d'un acte qui porte les dates du jour, du mois et de l'année, et suivi d'un autre acte qui porte les mêmes dates, pourvu que ces actes soient connexes, et que le dernier surtout suppose le second (Cass. 30 novembre 1811, aff. Ligeret).

42. EXCEPTIONS. Nous avons dit, *suprà* n° 7, que la date n'était pas nécessaire, à peine de nullité, dans les actes sous seings privés.

Toutefois cette règle reçoit exception;

1° A l'égard des testaments olographes et mystiques lesquels doivent être datés à peine de nullité (C. civ. 970 et 979);

2° A l'égard des lettres de changes, des billets à ordre et des endossements de ces effets, lesquels doivent être datés conformément aux art. 110, 122, 139 et 188 du C. de Comm.;

3° Et à l'égard des contrats ou polices d'assurances maritimes, lesquels doivent être datés conformément à l'art. 332 du C. de comm.

43. EXÉCUTION D'UN ACTE S. S. P. V. *suprà* n° 31.

44. FAILLITE. V. *infrà* Matière commerciale, n° 63 et suiv.

45. FAUSSETÉ DE LA DATE. Lorsque la date d'un acte est fausse, la chose revient au même que s'il n'y avait point de date.

D'où il résulte que quand l'indication de la date est prescrite à peine de nullité, l'acte doit rester sans effet (C. de Cass. de Bruxelles, 4 décembre 1823, aff. Pavois; Toulouse, 12 août 1824, aff. Moynier; Merlin v° *Testament*). V. *suprà* nos 39, 40, 70.

46. FEMME. BILLETS. Des billets souscrits par une femme avant son mariage peuvent, quoique enregistrés seulement depuis le mariage, mais légalement reconnus, être opposés au mari donataire universel contractuel de son épouse et servir de base à une demande en annulation de la donation contractuelle, comme faite en fraude des droits des créanciers de la femme. Le mari, dans ce cas, est l'ayant-cause de sa femme dans le sens de l'art. 1322 du C. civ.; on peut même dire qu'il est son héritier (Cass. 30 janv. 1828, aff. de Polart).

V. *suprà*, nos 19 et 20.

47. FÊTES ET DIMANCHES. Tous les actes publics et particuliers peuvent être passés et enregistrés tous les jours de l'année (Art. 1er de la loi du 16 vendém. an II).

Les fonctionnaires publics ne peuvent prendre de vacances que les 10, 20 et 30 de chaque mois, ou les derniers jours de chaque décade (Même loi, art 2).

48. Le repos des fonctionnaires publics est fixé au Dimanche et aux fêtes de Noël, l'Ascension, l'Assomption et la Toussaint (Concordat du 18 germinal an X, art. 56, et arrêté des consuls du 29 du même mois).

Plus, au 1er janvier (Avis du Conseil d'Etat du 13 mars 1810).

Et au jour de la fête du Roi (Déc. min. fin. du 28 oct. 1817); mais cette décision n'a eu pour objet que le délai fixé pour l'enregistrement des actes.

49. Les Notaires sont tenus de prêter leur ministère lorsqu'ils en sont requis (Art. 3 de loi du 25 ventôse an XI).

50. On a pu conclure des dispositions législatives rapportées sous les trois nos qui précèdent, que les Notaires étaient obligés de prêter leur ministère toutes les fois qu'ils en étaient requis; mais que cette obligation ne s'étendait pas aux *Fêtes et Dimanches*.

51. Il a été fait application de ce principe dans l'espèce suivante:

Le *Dimanche* 21 juillet 1833, un Israélite se présente chez un Notaire de Colmar, et le requiert de passer un acte de main-levée d'inscription hypothécaire. L'Israélite, créancier payé, n'était pas sollicité aux fins de main-levée par le débiteur libéré. Le débiteur n'était ni présent en l'étude ni requérant; l'acte n'avait rien d'urgent, et d'ailleurs ni l'enregistrement ni la radiation ne pouvaient s'opérer le même jour. Le notaire qui, à diverses reprises, avait refusé son ministère les jours fériés, fait des observations à l'Israélite. Celui-ci insiste et demande un refus par écrit. Le Notaire le donne, en le motivant sur la solenntité du jour qui est consacré au repos; sur ce que ce repos est commandé; que lui, Notaire, comme fonctionnaire public, est tenu d'observer le jour férié; que tout au moins il en a le droit, et qu'il entendait user de ce droit; que comme l'acte à passer n'a rien d'urgent, ce n'était pas le cas légal de le recevoir; que d'ailleurs la chambre avait pris un arrêté de discipline intérieure à cet égard, et qu'il était de convenance de s'y soumettre. Nanti de ce refus, l'Israélite porte plainte au Procureur du Roi qui, pensant trouver dans la résistance du Notaire, une contravention à l'art. 3 de la loi du 25 ventôse an XI, l'assigne devant le Tribunal civil siégeant en justice ordinaire, aux fins de condamnation et répression disciplinaires.

Le 20 janvier 1834 est intervenu jugement du Tribunal civil de Colmar qui relaxe le notaire inculpé plutôt par des motifs personnels et résultant de ce que le fait ne présentait point matière à blâme que par les raisons de droit présentées sur la matière.

Sur l'appel formé par le Notaire par la seule raison que les motifs du jugement lui faisaient grief en partie, comme pris en dehors de la question du droit de refus, la Cour Royale de Colmar a rendu le 13 mars 1834 un arrêt qui, tout en écartant par un moyen de procédure, l'appel du Notaire, reconnaît dans ses motifs, quant au fonds, sans qu'elle y ait statué (et elle ne le pouvait pas dès qu'elle jugeait par fin de non-recevoir) que les Notaires ont toute liberté d'instrumenter ou de ne pas instrumenter, lorsque d'ailleurs les circonstances de jour férié et de non-urgence existent.

52. La règle qui oblige les Notaires d'instrumenter quand ils en sont requis, reçoit exception lorsque les actes ont un caractère judiciaire, comme les inventaires, procès-verbaux de compulsoire et autres, les actes respectueux, les protêts (Arg. C. de proc. 63; Merlin, v° Notaire, Berriat St.-Prix, p. 89; nouv. Denisart, v° *Fêtes*, § 3; ann. not. t. 2, p. 369).

53. Il y a aussi exception pour les actes de procédure qui ne peuvent être faits les jours de fêtes (C. proc. 1037).

54. Cependant la sentence rendue par des arbitres forcés peut être faite et signée un jour férié (Cass. 21 nov. 1817).

55. FOI DE LA DATE. V. *suprà*, n°s 11, 12 et 13, et *Ayant-cause*, note 6.

56. FRAUDE. Quoique l'acte s. s. p. fasse foi de sa date entre ceux qui l'ont souscrit, leurs héritiers et ayants-cause (C. civ. 1322); cependant les héritiers sont recevables à en contester la date lorsqu'il contient des dispositions frauduleuses tendant à les priver de leur réserve légale (Paris 11 mai 1816, aff. Bertin) V. *suprà* n°s 15 et 46).

57. Pour conserver son privilège en matière de nantissement, il faut un acte public ou s. s. p. dûment enregistré. C'est la seule manière d'assurer la date du contrat au profit du créancier contre le tiers (C. civ. 2074).

58. HEURE. Il était enjoint autrefois aux Notaires d'exprimer dans leurs actes s'ils étaient faits *avant ou après midi* (Ordonn. de Blois, art. 167).

Cette énonciation était prescrite comme moyen d'empêcher les faux alors très-communs, et encore pour fixer l'instant précis où prenait naissance l'hypothèque résultant alors des actes notariés. Mais cette formalité n'était pas exactement observée et l'omission n'emportait point nullité de l'acte (Nouv. Denisart, v° *Date*; Toullier, t. 8, n° 81; et Cass. 6 ventôse an XIII, aff. Nauthon).

59. Cette obligation d'énoncer l'heure n'a passé dans nos lois nouvelles que pour certains cas, notamment :

Pour les actes de l'état civil (C. civ. 34).

Pour la transcription des saisies immobilières; car, en cas de concurrence, la première présentée est transcrite et les autres ne le sont pas (C. proc. 678).

Pour les inventaires, ventes et autres actes dont la confection peut exiger plusieurs séances et dans lesquels les officiers publics sont tenus d'indiquer[1], à chaque séance, l'heure du commencement et celle de la fin (Décr. 10 brumaire an XIV, art. 1er).

60. Il y a d'autres cas où l'indication de l'heure est utile quoiqu'elle ne soit pas obligatoire.

C'est principalement dans les testaments, parce qu'il peut arriver que le même jour un testateur en fasse plusieurs qui contiennent des dispositions incompatibles et qu'alors se présente une question de priorité qui ne peut se décider si l'heure n'est pas indiquée (Rolland de Villargues, v° *Acte notarié*).

61. JOUR. Le jour de la semaine doit-être exprimé surtout lorsqu'il s'agit d'actes qui ne peuvent être passés les jours de fêtes et dimanches, et qui, à cause de cela, doivent renfermer la preuve qu'ils n'ont pas été faits un jour prohibé. Ces actes sont les inventaires, procès-verbaux de comparution et autres qui tiennent à la juridiction contentieuse (V. *Suprà*, n°s 52, 53 et 54).

62. LIEU. L'énonciation du lieu est nécessaire, à peine de nullité, dans les actes notariés. En effet, il faut qu'on puisse s'assurer si l'officier public qui a reçu l'acte était compétent. C'est une conséquence du principe posé dans les art. 1317 et 1318 du C. civ. (Loi du 25 ventôse an XI, art. 12 et 68; Cass. 17 juillet 1816, aff. Lappara). V. note 12.

Mais cette énonciation n'est point indispensable dans les actes s. s. p. où en général elle n'est point essentielle pour en compléter la date (Merlin et Favard, v° *Acte notarié*).

Ainsi décidé à l'égard d'un testament olographe qui portait la date du jour, du mois et de l'année, mais non celle du lieu de sa confection (Nîmes, 20 janvier 1810, aff. Pical; Cass. 6 janvier 1814, aff. de Lary; Bordeaux, 26 janvier 1829, aff. Duchesne).

V. *infrà*, n° 71.

62 *bis*. MARIAGE. Lorsque le contrat de mariage et l'acte du mariage devant l'officier de l'état civil ont la même date, et qu'on prétend que le contrat de mariage est postérieur à la célébration du mariage, v° *infrà*, n° 96.

63. MATIÈRE COMMERCIALE. On peut, en matière commerciale, prouver par témoins qu'un marché a été fait en foire, même quand il s'agit d'une valeur excédant 150 f. (Arg. C. civ. 2280; C. Comm. 41, 49, 109; Danty, chap. 1).

64. Suivant les circonstances, les actes s. s. p. peuvent avoir effet contre les tiers du jour de leur date, bien que cette date ne soit pas certaine dans le sens de l'art. 1328 du C. civ.; car on peut l'établir à l'aide de simples présomptions et des pièces, faits et circonstances de la cause (Comm. 109; Cass. 28 janvier 1834, aff. Parot; et 17 juillet 1837, aff. Hédin).

65. Par application des principes exposés aux deux numéros qui précèdent, il a été décidé :

1° Que le créancier d'un failli pouvait être admis au passif de la faillite, bien que son titre s. s. p. n'eût acquis date certaine que postérieurement à l'ouverture de la faillite (Cass. 4 février 1809, aff. Curel).

2° Et que celui qui était porteur d'obligations commerciales pouvait les faire valoir dans une instance civile (Bordeaux, 2 mai 1826, aff. Trouillot; Colmar, 18 juillet 1826, aff. Edighoffen).

66. Les lettres de change font foi de leur date, par le motif que l'anti-date est punie comme le serait un faux (Cass. 28 juin 1825, aff. Orinel; Comm. 139).

Ce qui s'applique à tous autres effets de commerce, transmissibles par endossement.

V. *suprà*, n° 15.

67. MINEUR. V. *suprà*, n°s 8 et 19.

68. MOIS. Quoique la loi (V. *suprà*, n° 1er), pour l'indication de la date, n'exige pas l'énonciation du mois, cependant il est indispensable que l'acte ne laisse pas ignorer de quel mois le jour fait partie. Ainsi, on peut dater un acte du premier de l'an mil huit cent...... (Merlin, v° *Date*).

V. *suprà*, n°s 3 *bis*, 4, 5, 14, 41.

69. MORT. V. *suprà*, n°s 6, 11, 13, 22, 23, 25, 26, 36.

70. OMISSIONS. L'omission dans les actes notariés de l'année et du jour où ils ont été passés, entraîne la nullité de ces actes. Aucune peine pécuniaire n'est attachée à cette contravention qui, cependant, peut donner lieu à des dommages-intérêts contre le Notaire. Mais, s'il a sciemment donné une fausse date, c'est un faux (Cass. 15 juillet 1819).

V. *suprà*, n°s 9, 39, 40, 41.

71. PLACE DE LA DATE. La date d'un acte nous semble mieux placée à la fin qu'au commencement, parce que c'est une chose qui doit en quelque sorte se lier à l'apposition des signatures qui donnent à l'acte sa perfection. D'un autre côté, lorsqu'on dresse un acte on doit prévoir que les consentements des parties pourront n'être pas tous donnés le même jour, et qu'à l'égard de *telle* ou *telle* la date sera différente; dans ce cas, si on mettait la date en tête, l'acte contiendrait cette bizarrerie que les par-

ties seraient dénommées avant d'avoir constaté leur comparution.

Ainsi, non-seulement c'est d'un mauvais goût de mettre la date au commencement d'un acte, mais encore la vérité n'est pas en cela toujours observée; car, quand le Notaire a pour habitude de mettre la date en tête, il laisse ordinairement une ligne de blanc pour la remplir après coup, et quand la ligne n'est pas suffisante pour y mettre plusieurs dates, le Notaire, alors embarrassé, n'en met qu'une contrairement à la vérité.

Il faut d'ailleurs mettre de l'uniformité en tout, et qu'on sache, quand on tient un acte de Notaire, où trouver la date et tout autre renseignement sans être obligé de lire cet acte d'un bout à l'autre, ce qui n'est pas une petite affaire quand il s'agit d'un acte un peu volumineux.

Il y a cependant des actes où il est mieux de mettre la date en tête qu'à la fin; ce sont les inventaires, procès-verbaux de comparution et autres qui appartiennent plutôt à la juridiction contentieuse qu'à la juridiction volontaire. A l'égard de ces actes, l'usage y est tellement conforme que fort peu de Notaires y manquent. Pour cette sorte d'actes, il y a obligation d'agir ainsi, d'abord parce que chaque séance ne portant qu'une date, l'embarras signalé pour les actes ordinaires qui peuvent avoir une date pour chaque personne n'existe pas, et ensuite parce que, si une partie doit ou juge à propos de se retirer pendant l'opération, il devient alors facile de faire mention de cet incident en très-peu de mots sans qu'il soit besoin de mettre d'autre date que celle de l'heure si cela est nécessaire.

72. PLURALITÉ DE DATES. Lorsque plusieurs parties figurent dans un acte qui n'a été consenti et signé par chacune d'elles qu'à des *jours différents*, il est d'usage que le Notaire donne dans ce cas à l'acte *plusieurs dates*. Non-seulement cela est plus exact, mais cela peut être fort utile pour juger de la capacité d'une partie, pour prévenir une accusation de faux qui serait portée contre le Notaire, et détruire l'allégation d'un *alibi;* comme aussi pour pouvoir apprécier l'effet de la rétractation que l'une des parties aurait faite d'un acte avant les dernières signatures.

73. Toutefois est-il bien régulier de mettre plusieurs dates à un acte? si on le fait en appelant toutes les parties à la dernière date, il nous paraît hors de doute que la chose soit régulière, mais alors autant vaut n'en mettre qu'une. Si, au contraire, on n'a point appelé toutes les parties à cette dernière date, cela peut être régulier pour un acte s. s. p. dont la forme n'est régie par aucune loi, mais cela nous semble irrégulier pour un acte notarié qui ne souffre pas la moindre addition après la signature d'une partie qui s'est retirée, car si on peut y mettre une date vraie il est bien possible aussi d'en mettre une erronée et qui entraîne la nullité de l'acte, nullité que le premier signataire n'a pu éviter, puisqu'elle a été commise en son absence et que par conséquent il n'a point été mis à même de l'empêcher par la lecture préalable que la loi exige.

74. Quand un acte notarié contient plusieurs dates, comme il n'est parfait que du jour de la dernière signature, c'est du jour de cette dernière date que court le délai de l'enregistrement. C'est aussi sous cette date que l'acte doit être inscrit au répertoire. Sont exceptés les inventaires et tous autres actes auxquels on procède par vacations et que l'on porte au répertoire à leur première date en indiquant à la suite et dans le même contexte les dates des autres vacations (Déc. Min. fin. du 18 août 1812).

75. Quand la date d'un acte a été raturée sans approbation, et remplacée par une autre date écrite à la suite de la rature, l'acte fait pleine foi, jusqu'à inscription de faux de la date qui subsiste. En conséquence, la régie n'est pas recevable à soutenir, par toute autre voie que celle de l'inscription de faux, que la rature contenait la véritable date, qu'elle n'a été changée que dans le dessein de se soustraire au double droit encouru pour défaut d'enregistrement dans le délai de la loi, et que ce double droit est exigible (Cass. 23 mars 1836, aff. Gittard).

76. Lorsqu'un acte de vente porte deux dates, à quelle époque la transmission doit-elle être réputée avoir eu lieu? et, particulièrement, lorsqu'un acte de vente porte la date des 2 et 3 décembre, l'hypothèque consentie par un acquéreur le 2 décembre, est-elle valable?

Il n'existe point *d'arrêts* qui portent que lorsqu'un contrat contient plusieurs dates, c'est la dernière seule qui doit être admise contre les tiers qui auraient à souffrir de la première date.

Mais par deux décisions des 26 septembre 1815 et 22 mars 1823, la régie de l'enregistrement a reconnu qu'il ne fallait considérer que la dernière date.

Ce n'est, en effet, qu'à la dernière date que l'acte est parfait, en supposant que le concours de toutes les parties soit essentiel. Ainsi, tant que l'acquéreur que l'on a fait figurer dans le contrat ne l'a pas signé, l'acte est imparfait; il l'est évidemment en la *forme;* il l'est aussi au *fond*, puisque la mutation ne peut être établie que par le *concours respectif* des parties, et que, jusque là, il n'y a pas d'acte probant sur lequel le droit proportionnel puisse être perçu.

Toutefois, de ce que pour la régie, un acte de vente n'est parfait et ne donne lieu au droit proportionnel que lorsque l'acquéreur l'a signé, il ne s'en suit pas (dit M. Rolland de Villargues, Jurisp. not., art. 1155) que vis-à-vis des tiers, la vente ne doive réellement dater que de la dernière signature, et il opine pour la validité de l'hypothèque par les motifs suivants :

En général, les actes ne sont exigés que comme preuve des conventions. Tel est l'acte de vente. La convention est donc présupposée avoir une existence antérieure. Il serait ridicule, en effet, de considérer un acte de vente comme renfermant d'une part une simple offre, de l'autre une acceptation. La manière dont l'acte est conçu déposerait contre une telle prétention.

Peu importe, d'après cela, que l'acte de vente n'ait pas été signé par l'acquéreur le même jour que le vendeur. C'est aux deux dates que, pour les tiers, se reportera toujours non la vente, mais sa constatation, sa preuve.

Sans doute, si, dans l'intervalle des deux signatures, le vendeur eût hypothéqué à d'autres, le tiers devrait être préféré; encore cela n'irait-il pas de droit; l'acquéreur pourrait faire preuve de la consommation de la vente; il s'autoriserait de l'acte signé du vendeur comme d'un commencement de preuve par écrit, et, s'il y avait de quoi rassurer la conscience des magistrats, il ferait tomber les hypothèques consenties dans l'intervalle.

Et quand même on ne voudrait considérer le contrat de vente que comme contenant d'une part des *offres*, et de l'autre une *acceptation*, il faudrait encore décider que, dès que le vendeur n'avait pas retiré ses offres, l'acceptation les a rendues irrévocables. Le vendeur s'était dépouillé conditionnellement. Il suffit que, dans l'intervalle, des droits n'aient pas été conférés à d'autres sur la chose.

77. POST-SCRIPTUM. Lorsqu'à la suite d'un acte il y a un *Post-Scriptum* écrit de la main de la partie elle-même, il est censé être de la même date que l'acte, pourvu qu'il paraisse avoir été écrit immédiatement après cet acte, et que la disposition ajoutée paraisse appartenir à celles qui précèdent, comme si, par exemple, après la signature d'un testament olographe, le testateur avait ajouté : *et pareillement je donne et lègue à.....* (Cass, 2 février 1807, aff. Chasson ; Metz, 10 juillet 1816, aff. Blandin).

78. PREUVE DE LA DATE. Peut-on prouver par témoins la date des actes ?

Oui, suivant Danty, chap. 1er, et suivant Poullain-Duparc, t. 9, par le motif que la date de l'acte n'est point une *convention*, mais un *simple fait* indépendant de cette convention ; que la preuve testimoniale en est d'autant plus recevable que l'acte tient lieu alors de commencement de preuve par écrit.

Cette opinion est partagée, mais d'une manière un peu dubitative, par Pothier, n° 761, et Toullier, t. 9, n° 224.

V. *suprà*, nos 8, 19, 63, 64, 65, et *infrà*, nos 93 et suivants.

79. QUITTANCES. Les quittances de fermages données par le bailleur au preneur, sans anticipation des termes, et acceptées de bonne foi par le fermier, peuvent être opposées par celui-ci à l'acquéreur quoique non enregistrées, surtout si cet acquéreur n'a pas fait connaître ses droits au fermier (Besançon, 15 février 1827, aff. Goux).

Il y a d'autres exemples de quittances que les débiteurs peuvent ou ne peuvent point opposer aux nouveaux créanciers et qui sont rapportés à la note 6.

80. RATURES. V. *suprà*, n° 75.

81. RELATION. La relation d'un acte s. s. p. dans des actes dressés par des officiers publics donne date certaine à cet acte du jour de cette relation.

V. *suprà*, nos 6, 11, 12, 13, 22 et suiv., 36.

82. SIGNATURES. Il y a obligation pour les Notaires de dater les actes avant de les faire signer par les parties, et à plus forte raison avant de les signer eux-mêmes (Décl. du 14 juillet 1699, art. 13).

83. SUCCESSION (DÉCLARATION DE). Une fausse énonciation de la date du décès dans une déclaration de succession, même lorsqu'elle est faite pour se soustraire au demi-droit en sus, n'est passible que de la peine de ce demi-droit (Solut. du 2 germinal an VIII).

84. SURCHARGE. La date d'un acte comme partie intégrante et essentielle de cet acte, ne peut être surchargée; et la surcharge donne lieu à l'amende de 50 fr. prononcée par l'art. 16 de la loi du 25 ventôse an XI, et réduite à 10 fr. par celle du 16 juin 1824 (Cass. 20 février 1816).

85. Dans les actes s. s. p. la date ne doit être considérée comme non avenue qu'autant que la surcharge laisserait de l'incertitude sur la véritable date; mais non quand de *six* on a fait *dix* (Cass. 11 juin 1810, aff. Mercau).

86. Mais, dans les actes notariés, la surcharge de la date serait une cause de nullité de l'acte comme acte authentique (Art. 16 de la loi du 25 ventôse an XI). Toutefois, il en serait autrement sous le rapport *de la validité* et non sous le rapport *de l'amende* si la surcharge était approuvée et que le mot surchargé fut rapporté dans l'approbation (Jug. de Clermont, 20 juin 1816, acquiescé par déc. Min. fin. du 27 janvier 1817).

Sous le rapport de la validité. En effet l'approbation donnée par les parties aux surcharges qui existent dans les actes, au moyen d'une mention marginale signée par elles, ne peut valoir que comme renonciation de leur part à se prévaloir de la nullité qui est introduite en leur faveur par l'art. 16 de la loi (Jug. d'Avesnes, 15 septembre 1840). Cependant il a été jugé qu'une surcharge même approuvée était nulle (Bourges, 19 janvier 1838, aff. Drouin).

Sous le rapport de l'amende. La règle qui défend les surcharges *étant d'ordre public*, et la seule manière légale de réparer une erreur consistant à rayer les mots qu'il importe d'annuler et à faire au besoin un renvoi à la marge correspondante et dûment approuvé, il en résulte que l'approbation d'une surcharge ne peut couvrir l'amende (Même jugement d'Avesnes, du 15 septembre 1840).

87. TESTAMENTS OLOGRAPHES ET MYSTIQUES. V. *suprà*, n° 42.

88. TESTAMENT PUBLIC. Le testament par acte public doit-il être daté à peine de nullité? Il a pu y avoir doute sur ce point, et cela, tant que les jurisconsultes et les tribunaux ont été divisés d'opinion sur la question de savoir si la loi du 25 ventôse an XI, sur le notariat, devait régler la forme des actes testamentaires dans tous les cas où le C. civ. garde le silence; mais l'affirmative est constante depuis qu'il a été décidé et reconnu que quand la loi spéciale était muette, la loi de ventôse an XI, qui régit tous les contrats en général, reprenait son empire (Riom, 10 janvier 1810, aff. Conche; Cass. 1er octobre 1810, aff. Roëlant; Bordeaux, 16 juin 1834, aff. Conil).

89. Il y aurait amende et non nullité si la date d'un testament était écrite en chiffres. On appliquerait alors l'art 13 de la loi de ventôse qui prononce une amende de 100 fr. (maintenant 20 fr.) lorsque les sommes et les dates ne sont pas écrites en toutes lettres (Merlin, rép. v° *Testament*). V. *suprà*, n° 28.

90. Lorsqu'il existe une erreur dans la date d'un testament, elle peut être rectifiée d'après les énonciations que l'acte renferme et d'après les faits constants qui se rattachent à ces énonciations. V. *suprà*, nos 39 et 40.

En cela, la nouvelle jurisprudence est conforme à l'ancienne. En voici des exemples :

1° Un testament avait été daté du mardi 9 mai 1736 : quoique le testateur fût mort le 9 mai et que le mardi fût le 8, le testament fut déclaré valable par le Parlement de Paris, le 19 mars 1738.

2° Un testament portait la date de mil sept cent huit, au lieu de mil sept cent *cinquante* huit, le mot *cinquante* avait été omis. Le testament fut néamoins validé (Denisart, v° *Testament*, n° 34).

3° Un autre testament portait la date de mil sept soixante quatre, au lieu de mil sept *cent* soixante quatre. Il fut validé par arrêt du 5 juillet 1782.

91. Lorsque un Notaire pour rectifier une erreur qu'il a commise, fait, au moyen d'une surcharge, du mot *prairial* le mot *floréal* de manière à laisser lire l'un et l'autre mot, et que le testament a été porté à cette dernière date sur le répertoire, il a été jugé que la correction avait été faite à l'instant même et de bonne foi et que le testament était valable (Grenoble 22 février 1809, aff. Fuzier).

92. TIERS. V. *suprà*, nos 6, 11, 13, 22, 25, 26, 31, 36, 38, 46, 79.

93. VENTES ET AUTRES ACTES ANTIDATÉS, SANS DATE OU AYANT UNE MÊME DATE. Lorsqu'un individu a vendu le même immeuble à deux acquéreurs différents par deux actes sous seing-privés :

Si les deux actes sont datés et que l'un des acquéreurs prétende que le contrat de l'autre est *antidaté*, la preuve testimoniale sera admissible pour fournir la preuve que l'antidate est le résultat d'un concert frauduleux (Toullier, t. 9, nos 227 et suivants). V. note 6 et *suprà*, n° 15.

94. Si, au contraire, le contrat du second acquéreur est daté et que celui du premier acquéreur ne le soit pas, celui-ci ne pourra prouver l'antériorité de son contrat qu'autant qu'il y aura eu *fraude* concertée entre le second acquéreur et le vendeur (Toullier, *ibid.*).

95. Et si les deux actes sont l'un et l'autre sans *date*, la priorité de l'un sur l'autre ne peut être établie que par la preuve testimoniale (Toullier, *ibid.*).

96. Lorsque deux actes authentiques sont datés du *même jour*, on peut établir que l'un a été passé avant l'autre. Et, particulièrement, lorsqu'un contrat de mariage est daté du même jour que celui de la célébration du mariage, on peut demander à prouver qu'il n'a été passé que postérieurement à l'acte civil de célébration, sans qu'il soit nécessaire de s'inscrire en faux (Riom, 11 janvier 1837, aff. veuve Vasson).

97. D'après le principe établi au n° qui précède, lorsqu'une saisie-arrêt et la notification du transport de la créance sont faites le même jour, sans que la preuve d'antériorité résulte des exploits de saisie-arrêt ou de dénonciation du transport, la preuve testimoniale de l'antériorité de l'un de ces actes sur l'autre est admissible (Grenoble, 30 décembre 1837).

98. VEUVE. BILLETS. On peut prouver par témoins la date des actes lorsqu'il s'agit de billets non datés, consentis par une veuve qui en demande la nullité comme les ayant consentis avant son veuvage sans l'autorisation de son mari (Poullain-Duparc et Toullier, t. 9, nos 224 et suiv.).

[14]

DES TÉMOINS INSTRUMENTAIRES

DANS LES ACTES NOTARIÉS EN GÉNÉRAL.

1. Les actes seront reçus par deux Notaires ou par un Notaire assisté de deux témoins, citoyens français, sachant signer et domiciliés dans l'arrondissement communal où l'acte sera passé (Art. 9 de la loi du 25 ventôse an XI).

2. Il faut en excepter cependant certains actes que le Notaire peut recevoir seul sans être assisté de témoins (V. note 2, n° 8 et suivants).

3. Les parents, alliés, soit du Notaire, soit des parties contractantes, en ligne directe à tous les degrés et en collatérale jusqu'au degré d'oncle ou de neveu inclusivement, leurs clercs et leurs serviteurs ne pourront être témoins (Art 10 de la même loi).

4. Tous les actes doivent énoncer les noms des témoins instrumentaires et leur demeure, sous les peines prononcées par l'art. 68 ci-après énoncés (Même loi, art. 12).

5. Tout acte fait en contravention aux dispositions des trois articles précités, est nul s'il n'est pas revêtu de la signature de toutes les parties; et lorsque l'acte sera revêtu de la signature de toutes les parties contractantes, il ne vaudra que comme écrit sous signature privée : sauf, dans les deux cas, s'il y a lieu, les dommages-intérêts contre le Notaire contrevenant (Art. 68 de la même loi). V. *Actes nuls et imparfaits* note 38 et *Responsabilité* note 39.

Application de ces articles aux cas suivants :

6. ARRONDISSEMENT COMMUNAL. Que doit-on entendre par ces mots « *arrondissement communal* » employés dans l'art. 9 de la loi de ventôse (V. ci-devant n° 1er)? Les témoins, suivant cet article, doivent-ils être domiciliés dans l'arrondissement ou dans le canton dont dépend la commune où l'acte est passé?

Les mots *arrondissement communal*, ont la même signification que *arrondissement de sous-préfecture*. En conséquence, les témoins des actes (autres que les testaments) doivent-être pris dans l'arrondissement de la sous-préfecture de la commune où ces actes sont passés (C. Imp. de Turin, 31 août 1808, aff. Bonetti c. Godmar, Sirey, 13, 2, 339).

Mais il n'est pas nécessaire, à peine de nullité, que les témoins instrumentaires d'un testament soient domiciliés dans l'arrondissement communal où il est passé (Cass. 4 janvier 1826, aff. Berthonet-Montroger; Rouen, 15 mars 1840, aff. Hauchard).

7. ASSISTANTS. V. ci-après *Honoraire* (témoin).

8. AVEUGLES. V. *infrà*, *Sourd et Muet*.

8 *bis*. CAHIER DE CHARGES. V. *infrà*, *Vente judiciaire*.

9. CITOYENS FRANÇAIS. Pour être témoin instrumentaire dans un acte, il faut être *citoyen français*, ce qui suppose que le témoin doit jouir non-seulement des droits *civils*, mais encore des droits *politiques* qui donnent le droit d'élection et d'éligibilité à toutes les places, de suffrage dans les assemblées du peuple et d'inscription sur les contrôles de la garde nationale (Merlin, v° *Témoin instrumentaire*, § 1; Grenier, n° 247; Toullier, t. 1er, n° 237).

10. Toutefois, à l'égard des testaments, l'exercice des droits politiques n'est pas formellement exigé, car il suffit, aux termes de l'art. 980 du C. civ. que les témoins soient *mâles*, *majeurs*, *sujets du Roi et jouissant des droits civils*. Cette différence peut provenir de ce que le nombre des témoins instrumentaires est plus grand que celui exigé pour les autres actes (Augan, Cours de Notariat).

11. Il résulte donc de ce qui précède que, pour les *témoins instrumentaires* des actes ordinaires, il faut la réunion des droits *civils et politiques*, tandis que pour les témoins testamentaires il suffit d'avoir l'exercice des droits *civils*, qui est indépendant de la qualité de *citoyen* (C. civ. art. 7).

12. Par conséquent, on devrait exclure comme témoins instrumentaires dans les *actes ordinaires* :

13. — 1° Les domestiques à gages, attachés au service de la personne ou du ménage (Art. 5 de la Constit. de l'an VIII). V. *infrà*, nos 32 et suivants.

14. — 2° Les faillis (V. *infrà*, n° 40).

15. — 3° Ceux qui ont subi des peines afflictives ou infamantes (V. *infrà*, n° 22).

16. — 4° Les individus condamnés par jugement à la dégradation civique (V. *infrà*, n° 25).

17. — 5° L'étranger dont le pays avait été réuni à la France, et qui n'a pas fait la déclaration prescrite par l'ordonnance du Roi du 14 octobre 1814 (V. *infrà*, n° 35 et suivants).

18. CLERC DE NOTAIRE. Pour être considéré comme clerc d'un Notaire il ne suffit pas d'avoir fait pour lui quelques expéditions, surtout quand le prétendu clerc exerce une profession différente. Il faut travailler habituellement dans l'étude et en faire sa principale occupation (Grenoble, 7 avril 1827, aff. Perrin).

19. Un individu qui, pour sa *satisfaction*, fait quelques actes chez un Notaire ne peut être considéré comme clerc et, par suite, incapable d'être témoin dans un des actes reçus par ce Notaire, lorsque son occupation habituelle était de travailler à confectionner des rôles de contributions, des procès-verbaux de domaines nationaux et autres opérations qui lui venaient de l'extérieur (Bruxelles, 20 mars 1811, aff. Lebouchel).

20. Celui qui fait *gratuitement* des écritures pour un Notaire, quand ce n'est point là son occupation principale et habituelle, n'est point son clerc, et ne doit pas être réputé incapable de l'assister comme témoin instrumentaire (Grenoble 7 avril 1827, Sirey 28, 2, 168).

21. On peut être considéré comme clerc d'un Notaire, bien qu'on ne soit pas inscrit sur le tableau des aspirants ; en conséquence, un acte est nul lorsqu'il est prouvé qu'un des témoins travaillait comme clerc chez le Notaire à l'époque où cet acte a été reçu (Ainsi décidé relativement à un testament par la Cour de Bruxelles, le 12 avril 1810, aff. Berckman).

V. *Responsabilité*, note 39.

22. CONDAMNÉS. Ceux qui ont été comdamnés à des peines afflictives (C. p. 7), et à des peines infamantes (C. p. 8), peuvent-ils être témoins instrumentaires après avoir subi leurs peines ?

On doit décider que non, parce que la condamnation à la peine : 1° des travaux forcés à temps ; 2° de la détention ; 3° de la réclusion ou du bannissement, emporte la dégradation civique (C. p. 28).

Or, la dégradation civique consiste notamment dans l'incapacité d'être employé comme témoin dans des actes (C. p. 34).

Cette incapacité résultait déjà de l'art. 4 de la Constitution du 22 frimaire an VIII.

23. CONVOCATION DES TÉMOINS. Les témoins appelés par la loi sur le notariat pour assister le Notaire, sont ses co-opérateurs ; c'est lui qui les appelle : ils exercent concurremment avec lui une portion de la puissance publique, puisqu'ils co-opèrent à conférer aux actes l'exécution parée, c'est-à-dire le droit d'employer la force publique pour les faire exécuter (Toullier, t. 5, n° 396).

24. Toutefois, il en est autrement pour les testaments : le Notaire n'appelle point les témoins qui doivent l'assister (Toullier, *ibid.*). V. note 39.

25. DÉGRADATION CIVIQUE. V. *suprà*, *Condamnés*, n° 22.

26. DEMEURES. Le défaut d'indication de la demeure des témoins instrumentaires entraîne la nullité des actes notariés, même des testaments publics (Cass. 1er octobre 1810).

27. Il suffit, toutefois, d'énoncer que les témoins sont de *telle commune* ou qu'ils habitent *tel endroit* (Cass. 28 février 1816 et 23 décembre 1819).

28. La demeure d'un témoin est suffisamment indiquée par l'énonciation de ses fonctions, lorsqu'une résidence y est nécessairement attachée, comme lorsqu'on dit : « en » présence de tel, receveur des contributions directes de cette commune (Grenoble, 7 août 1828).

V. ci-devant nos 1 et 6, et la note 3, n° 20 et suivants.

29. DÉPOSITIONS DES TÉMOINS. Bien que, sur une plainte en faux, on puisse prouver par les dépositions des témoins instrumentaires eux-mêmes, qu'ils n'ont pas assisté à toute la confection de l'acte, il faut néanmoins que ces dépositions soient, en général, appuyées d'autres indices et d'autres circonstances pour faire déclarer l'acte faux (Cass. 17 décembre 1818, aff. Huisse ; Riom, 17 mars 1816, aff. Vinceller ; Douai, 9 décembre 1828, aff. Carpentier ; Toulouse, 26 mai 1829, aff. Blavignac ; Colmar, 21 novembre 1829, aff. Biedermann).

29 *bis*. DISPENSE DE TÉMOINS. V. note 2, § 2, n° 8 et suiv.

30. DOMMAGES-INTÉRÊTS. Les témoins instrumentaires sont-ils responsables des dommages-intérêts occasionnés par la nullité des actes, lorsqu'elle provient de ce qu'ils les ont signés sans y avoir été réellement présents ?

Les témoins remplaçant les Notaires en second sous le rapport de l'authenticité des actes, nous pensons que, par cette raison, ils ne doivent encourir pas plus de responsabilité que ces derniers ; or, jusqu'à présent, aucun arrêt n'a prononcé de responsabilité contre les Notaires en second. Il n'existe en droit aucune disposition législative qui les expose à des dommages-intérêts. Il est vrai, cependant, que les art. 9 et 10 de la loi de ventôse font mention des deux Notaires pour la réception d'un acte, mais elle ne contient aucune disposition particulière au Notaire en second. Si, dans d'autres articles de cette loi, il est parlé des Notaires, ce n'est que d'une manière générale. Les règles et formalités qu'elle prescrit ne s'appliquent évidemment qu'au Notaire qui reçoit l'acte en premier, lequel devient, en conséquence, seul passible des peines et dommages-intérêts qu'elle prononce par son art. 68 (V. *infrà*, n° 54).

31. En admettant qu'il y ait quelque équivoque dans la loi et que partout où elle parle du Notaire il faille entendre les deux Notaires, on ne saurait pousser l'interprétation jusqu'à prétendre qu'il s'agit des témoins, car aucun art. de la loi ne prête à cette application.

V. *infrà*, n° 54 et *Responsabilité des Notaires* (note 39).

32. DOMESTIQUES. Quoique nous ayons vu *suprà*, n° 9 et suivants, que la qualité de citoyen français, nécessaire pour être témoin instrumentaire dans les actes ordinaires, exige la jouissance des droits civils et politiques, cependant il a été décidé par la Cour royale de Bourges, le 19 août 1824, aff. d'Avigneau, au sujet d'une vente dont la validité était attaquée sur le fondement de l'incapacité de l'un des témoins qui ne s'était pas fait inscrire sur le *registre civique*, que *cette formalité était tombée en désuétude* et qu'il suffisait que les témoins instrumentaires fussent sujets du Roi, c'est-à-dire Français.

Il existe toutefois un arrêt en sens contraire de la Cour royale de Rennes du 23 juin 1827, portant que les domestiques ne peuvent être témoins instrumentaires.

33. Prenant ce dernier arrêt pour règle, il faut prendre garde de confondre les domestiques à gages, ordinairement attachés à la personne ou au ménage, et qui sont frappés d'incapacité aux termes de la Constitution de l'an VIII, avec les *gens de travail* tels que les *terrassiers*, les *moissonneurs*, les *vendangeurs*, les *faucheurs*, et, en général, tous les *journaliers*; tous ceux-ci, quoique salariés, étant plutôt attachés à la culture des biens qu'à la personne et au ménage (Favard de Langlade, V[is] *Droits politiques* et *domestiques*).

34. Cependant le domestique du testateur peut être pris pour témoin de son testament d'après ce qui est dit ci-dessus, n°s 10 et 11 (Rouen, 15 mars 1840, aff. Hauchard).

35. ÉTRANGER. L'étranger, dont le pays avait été réuni à la France, et qui n'a pas fait la déclaration prescrite par la loi du 14 octobre 1814, est incapable d'être témoin instrumentaire, quoiqu'il ait continué de résider en France (Cass. 23 avril 1824, aff. Brun ; Toulouse, 10 mai 1826, aff. Bélas).

36. Cependant, lorsqu'un étranger, résidant en France depuis longtemps, a participé aux droits et aux charges attachés à la qualité de citoyen français et passait généralement pour tel, ou bien lorsqu'il y a exercé des actes et des fonctions publiques qui supposaient la qualité de Français, l'erreur commune et la bonne foi suffisent pour valider l'acte où il a figuré comme témoin instrumentaire (Cass. 28 février 1821, aff. Facker; 18 janvier 1830, aff. Rueff ; 28 juin 1831, aff. Stœklin ; Metz, 28 mars 1822, aff. Gadel).

37. L'autorisation qui aurait été donnée à un étranger en exécution de l'art. 13 du C. civ., d'établir son domicile en France, n'aurait pas pour effet de le rendre capable d'être témoin instrumentaire quand même il y aurait joui de ses droits civils par suite de cette autorisation, si les circonstances dont il est parlé au numéro qui précède ne se rencontrent pas. Dans le cas dont il s'agit l'acte est nul (Cass. 23 janvier 1811, aff. Blary ; Colmar, 13 février 1818, aff. Mansbendel).

38. La déclaration prescrite par la loi du 14 octobre 1814, pour conserver la qualité de citoyen français, n'est point *obligatoire* pour l'étranger d'origine qui, avant la réunion de son pays à la France, avait fixé son domicile dans le Royaume, et qui, en vertu des lois et des constitutions de 1790, 1791 et 1793, avait acquis cette qualité de citoyen français (Montpellier, 12 novembre 1827, aff. Sallin).

39. EXCÈS DANS LE NOMBRE DE TÉMOINS. Quand le nombre des témoins appelés à un acte excède celui fixé par la loi, cet acte n'est pas nul. L'excès, dans ce cas, ne peut que donner aux conventions une plus grande preuve de sincérité. C'est d'ailleurs le cas d'appliquer la règle *quod abondat, non viciat* (Limoges, 7 décembre 1809, aff. Pagnon).

40. FAILLI. Un failli non réhabilité peut être admis comme témoin instrumentaire dans un acte notarié, par le motif que la nomenclature des droits dont le failli peut être privé se trouve explicitement déterminée dans les lois sur le commerce, et qu'elles ne portent pas l'interdiction au failli d'être témoin instrumentaire dans les actes (Cass. 10 juin 1824); ce qui est contraire à ce que nous avons vu

ci-devant n°s 9 et suivants, et à un arrêt de la Cour royale de Rouen du 13 mai 1839, aff. Cheval.

41. HONORAIRE (TÉMOIN). Ne peuvent être considérés comme témoins instrumentaires les parents dénommés dans un contrat de mariage lorsqu'ils n'y figurent que comme assistants des parties contractantes, qu'ils n'y sont pas qualifiés de témoins et que l'un d'eux même est le frère de l'une des parties (Colmar, 16 mars 1813).

Tellement que si un témoin instrumentaire se trouvait incapable, le contrat de mariage serait toujours nul, quoique parmi les témoins honoraires il s'en trouvât un qui réunit les qualités nécessaires pour être témoin instrumentaire (Même arrêt).

42. INDIVIDUALITÉ. Les témoins instrumentaires peuvent servir en même temps de témoins certificateurs de l'individualité des parties contractantes, par le motif que la loi de ventôse an XI, ne contient à cet égard aucune prohibition (Cass. 7 juin 1825, aff. Julien, Sirey, 26, 1, 177).

43. Les témoins appelés pour certifier l'individualité des parties, peuvent-ils être parents entre eux au degré prohibé par l'art. 8 de la loi de ventôse ? Nous avons (note 2, n° 49) rapporté l'opinion d'un auteur qui adopte l'affirmative.

44. INTÉRÊT DES TÉMOINS OPPOSÉ A CELUI DES PARTIES. Nous avons vu (note 2, n°s 121, 122) que les Notaires ne sont pas tenus de déclarer sous peine de déchéance (quoique ce soit un devoir moral pour eux de le faire) les droits qu'ils peuvent avoir à la chose ou sur la chose, objet du contrat (Cass. 10 novembre 1828, aff. Longiavi).

45. Prenant cet arrêt pour règle, on doit décider, à plus forte raison, que les témoins instrumentaires ne doivent pas être déchus de leurs droits quand ils n'ont pas déclaré ceux existant à leur profit sur l'objet qui fait la matière du contrat.

46. Cependant, à l'occasion d'une donation d'immeuble à laquelle un individu avait paru comme témoin instrumentaire, s'est élevée la question de savoir si la présence de cet individu comme témoin à l'acte emportait renonciation de sa part au bénéfice d'une vente antérieure qui lui aurait été faite de ce même immeuble, et la Cour royale de Poitiers, par arrêt du 6 avril 1838, aff. Ladmirault, ne l'a résolue en faveur du témoin que parce qu'il ne résultait pas clairement de la désignation que la pièce, dont la propriété avait été transmise par l'acte auquel le témoin avait paru, fût la même que celle comprise en l'acte précédent fait à son profit. Cet arrêt porte textuellement : attendu que les conventions n'ont d'effet contre les parties contractantes ; que nul n'est censé renoncer à son droit, et que la présence de Pierre Ladmirault au contrat de mariage des époux Séguin, en qualité de témoin instrumentaire, ne pourrait lui être utilement opposée comme devant produire l'effet d'une renonciation à la pièce de terre dont la nue-propriété lui avait été vendue par l'acte du 6 germinal an XI, *qu'autant que son identité avec celle située au même lieu, comprise dans la donation contenue au contrat de mariage du 8 du même mois, aurait tellement résulté des termes de ces deux actes, que tout doute à cet égard aurait été impossible.*

V. note 2, n°s 121, 122.

47. LANGUE. Lorsque les témoins instrumentaires n'entendent pas la langue des parties, le Notaire ne peut servir d'interprète à ces parties, parce que la loi veut que les témoins sachent par eux-mêmes ce qui se fait, ce qui

se dit en leur présence ; elle veut qu'ils soient à même de juger si les volontés des parties sont réellement consignées dans l'acte (Merlin, v° *Testament;* Toullier, t. 5, n° 393 ; Metz, 19 décembre 1816, aff. Cordonnier).

47 *bis.* LIQUIDATION, PARTAGE. V. note 2, n° 11.

48. MUET. V. ci-après *Sourd-Muet.*

49. NOMS. Si l'acte notarié doit indiquer, sous peine de nullité, les noms et demeures des témoins (V. *suprà*, n° 26), il n'en est pas de même des *prénoms* et *qualités* (V. ces mots *infrà*, n°s 52, 53, 55).

49 *bis.* NOTORIÉTÉ. Les témoins qui, dans un acte de notoriété, ont sciemment attesté des faits reconnus faux, peuvent être déclarés responsables des suites de leur attestation (C. civ. 1382 ; Nancy, 20 mars 1841, Sirey 41, 2, 325).

50. NULLITÉ. Quoique la loi prononce la peine de nullité de l'acte auquel n'ont pas été appelés des témoins instrumentaires ayant les qualités requises (V. *suprà*, n°s 1 et 5), cependant cet acte vaut comme s. s. p. s'il est signé des parties (Cass. 28 brumaire an XIV, aff. Billoir); mais il faut pour cela qu'il s'agisse d'un acte qui puisse se soutenir comme tel et non d'actes assujettis à des formes particulières comme les constitutions d'hypothèques, les contrats de mariage, les donations, les main-levées d'inscriptions et les testaments (Cass. 21 novembre 1814).

V. *Actes nuls et imparfaits*, note 38.

51. PARENTÉ ENTRE TÉMOINS. Un acte reçu en présence de deux témoins parents entre eux est valable, ni la jurisprudence ancienne, ni la nouvelle, ne prononçant la nullité d'un pareil acte (Bruxelles, 25 mars 1806).

V. note 2, § 3, art. 1, 2 et 3.

52. PRÉNOMS. La loi n'exigeant que l'énonciation des noms et demeures des témoins instrumentaires (V. *suprà*, n° 4), il est évident qu'on ne peut appliquer ni la peine de nullité de l'acte, ni amende, au défaut d'indication des prénoms des témoins.

53. Mais il en est autrement à l'égard des témoins certificateurs de l'individualité, le défaut d'indication de leurs prénoms et qualités donnant lieu à une amende de 20 fr. (V. note 3).

54. PRÉSENCE RÉELLE. La présence réelle des témoins instrumentaires aux actes est-elle tellement nécessaire que le défaut de présence effective entraîne la nullité de ces actes?

Avant la loi du 25 ventôse an XI, il était d'usage de ne point faire assister les témoins aux actes parce que les coutumes et ordonnances qui exigeaient la réception des actes par deux Notaires ou par un Notaire et deux témoins étaient interprétées en ce sens que ces mots « *réception par deux Notaires ou par un Notaire et deux témoins* » n'exprimaient autre chose que « *rédaction ou passation par un Notaire et simple signature du Notaire en second ou des témoins,* » de sorte qu'on reconnaissait généralement comme valables et comme satisfaisant suffisamment au vœu de la loi les contrats (autres toutefois que ceux contenant des dispositions de dernière volonté), qui étaient reçus par un Notaire seul et signés après coup par un autre ou par deux témoins. Cet usage existait sous la protection même de plusieurs arrêts réglementaires de Cours souveraines.

Depuis la loi de ventôse, cet usage s'est continué et on s'est cru suffisamment autorisé à le suivre parce qu'il n'a fait que passer sans aucune modification dans la législation moderne, l'intention formelle du législateur nouveau ayant été, ainsi qu'il l'a dit lui-même dans l'exposé de ses motifs, non d'*innover, mais de rassembler dans un petit nombre d'articles les dispositions relatives à la matière, qui se trouvaient éparses dans une multitude de lois anciennes.*

Cette intention ressort principalement de la modification que le *Tribunat* voulait faire subir à l'article 9 de la loi de ventôse qui aurait été conçu en ces termes « les actes seront reçus par deux Notaires *conjointement.* »

Si cet amendement avait été adopté, il en serait résulté une abrogation formelle de l'usage alors existant, mais son rejet manifeste clairement qu'on n'a voulu apporter aucun changement à l'état de choses antérieur à la loi. La section du Tribunat et celle du Conseil d'État chargées de donner leur avis sur l'amendement proposé ont reconnu de part et d'autre que la présence réelle des deux Notaires était chose impraticable pour cette multitude d'actes qui se font journellement, surtout à Paris, et deviendrait très-dispendieuse pour les parties. Il aurait fallu, par exemple, que pour la procuration la moins importante, un Notaire se déplaçât, et ce même déplacement se serait répété plusieurs fois dans la même journée. Par ces considérations, on a réservé la nécessité de la présence actuelle pour le seul cas des testaments, parce qu'alors et au moment de l'ouverture, le testateur n'est plus là pour reconnaître si l'on n'a point changé quelques-unes de ses dispositions, ce qui n'est point sans exemple, et ce qui nécessitait une garantie de plus (communication de M. le Baron Locré, ancien secrétaire-général du Conseil d'Etat).

Mais ce qui vient d'être dit du Notaire en second doit-il être appliqué aux deux témoins instrumentaires? Puisqu'on admet, par une suite de l'ancien usage, que la présence du second Notaire peut n'être que fictive et que la réalité n'est point indispensable, nous ne voyons pas pourquoi on ferait une différence entre le Notaire et les témoins. Les motifs donnés par les deux sections du Tribunat et du Conseil d'État, pour ne point exiger la présence réelle, doivent subsister pour les témoins comme pour le second Notaire ; en effet, il serait tout au moins aussi impraticable et aussi dispendieux de déplacer deux témoins qu'un Notaire.

Aux considérations rapportées par M. Locré, nous devons en ajouter d'autres que la loi de ventôse elle-même, et une assez longue expérience des choses notariales nous mettent à même de faire :

Nous disons que les législateurs de l'an XI, qui connaissaient non-seulement l'usage, mais l'interprétation donnée dans l'ancien droit à la disposition portant que les contrats seraient reçus par deux Notaires ou par un Notaire et deux témoins, ne peuvent être réputés, en l'absence de toute manifestation contraire, avoir voulu, en transportant cette disposition des anciennes lois dans la nouvelle, lui donner un autre sens que celui qu'elle avait reçu d'une exécution aussi longue que constamment uniforme.

En effet, d'un côté, la circonstance rapportée par M. Locré, du rejet d'un amendement présenté dans ce but par le Tribunat, viendrait, au besoin, fortifier notre opinion. Son témoignage est d'autant plus précieux qu'il émane d'un homme qui, par ses fonctions de secrétaire-général du Conseil d'État, devait porter le plus d'attention sur les opérations du corps législatif et qu'il n'a été fait aucun résumé par écrit de la discussion qui a eu lieu au sujet de chaque article de la loi.

D'un autre côté, si l'on suppose que la loi ait exigé la

présence réelle du second Notaire ou des témoins, et qu'elle ait ainsi donné à l'un et aux autres non pour la forme, mais bien en réalité, une part de la puissance publique, on admettra au moins qu'à leur égard il devait y avoir dans la loi nouvelle quelques dispositions de plus que dans les anciennes lois. Or, qu'on examine la loi de ventôse et qu'on dise s'il y a, nous ne dirons pas une seule peine, mais une seule prohibition morale faite au Notaire en second et aux témoins. Les peines et les prohibitions sont toutes relatives au Notaire en premier, et cependant, qu'on considère quelle perturbation et quelles conséquences graves peuvent résulter de l'initiation de deux témoins ou du second Notaire aux actes. L'art. 23 de la loi punit de dommages-intérêts et d'amende et même de suspension en cas de récidive, le Notaire qui, sans ordonnance du Président, a délivré expédition ou donné connaissance des actes à d'autres qu'aux personnes intéressées en nom direct, mais elle est muette pour le Notaire en second et les témoins; est-ce parce qu'ils n'ont pas l'acte en leur possession et qu'à cause de cela le législateur a dû les regarder comme étant dans l'impuissance d'en donner connaissance? Cette raison serait tout-à-fait spécieuse, car il y a différentes sortes de communications, et celle qui serait donnée par les témoins serait tout aussi dangereuse que celle qui serait donnée par le Notaire en premier faisant lecture entière ou partielle de la minute. Il est vrai qu'on peut nous objecter qu'il eût été déraisonnable et injuste de punir des témoins ou un Notaire en second pour des faits relatifs à un acte auquel ils ont bien voulu assister officieusement, complaisamment et sans aucune rétribution; nous en convenons; aussi n'est-ce pas de cela qu'il s'agit, mais bien de choses postérieures à l'acte, de choses tout-à-fait personnelles, de ces communications données par les témoins à des personnes qui en abusent et qui, par ce moyen, causent un tort irréparable aux parties.

On le voit : dans ce cas, une prohibition ou disposition pénale aurait produit de salutaires effets sur la conduite des témoins et même du Notaire en second, quoique à l'égard de celui-ci l'inconvénient signalé soit peu à craindre, puisque par état il est moralement obligé de ne point divulguer les conventions des parties.

Ainsi, puisque le législateur n'a point jugé à propos de soumettre les témoins et le Notaire en second à des peines quelconques pour le cas de violation du secret des parties, on doit en conclure que c'est par le motif qu'il ne devait pas en résulter de graves inconvénients, puisque leur concours aux actes était plutôt idéal que réel.

Quoiqu'il en soit, il a été souverainement décidé à l'égard des témoins instrumentaires qu'ils devaient être réellement présents à la réception de l'acte (Cass. 25 janvier 1841, aff. Papin). Cet arrêt est ainsi conçu :

« Attendu qu'aux termes de l'art. 9 de la loi de ventôse, » les actes doivent être reçus par deux Notaires ou par un » Notaire *assisté de deux témoins*. Que ces expressions « *assisté de deux témoins* » indiquent d'une manière claire et » précise que la présence des témoins est exigée au moment de la réception et de la signature de l'acte ;

» Attendu que, d'après l'art. 68 de la même loi, lorsque » l'acte fait en contravention à la disposition ci-dessus rappelée » de l'art. 9, est revêtu de la signature de toutes les parties contractantes, il ne vaut que comme écrit sous signature privée ; que, par conséquent, il est nul, lorsque, » comme dans une donation entre-vifs, il ne peut être fait » que devant Notaires, à peine de nullité;

» Attendu que les contraventions à une disposition législative ne peuvent être légitimées par leur nombre même;

» Attendu qu'en supposant l'existence d'un usage pres» que général de passer les actes notariés hors la présence » des témoins, et de se contenter des signatures desdits té» moins (ce qui serait une vaine formalité sans cause et » sans utilité), un pareil usage, en opposition avec une loi » portée dans un intérêt d'ordre public, serait un abus qui » ne doit pas être consacré;

» Attendu que si, sous un régime où la coutume était » loi, l'usage pouvait abroger une loi, il n'en saurait être » ainsi dans un temps où la loi toujours écrite est rendue » légalement notoire à tous;

» Attendu que la Cour de Cassation, dont le devoir est » de veiller à l'exacte application de la loi et de la mainte» nir, ne peut sanctionner un abus qui la viole ouvertement;

» Attendu qu'en confirmant le jugement qui avait rejeté » l'inscription de faux formée contre l'acte de donation » dont il s'agit dans l'espèce, sous le prétexte que, dans » l'état actuel de la jurisprudence, le tribunal était auto» risé à prononcer comme il l'a fait, l'arrêt attaqué a ex» pressément violé les art. 9 et 68 de la loi de ventôse an » XI, et l'art. 931 du C. civ.—*Casse*. »

Mais, à l'égard du Notaire en second, il a été décidé qu'il n'était pas rigoureusement nécessaire que le Notaire fût présent à la passation des actes notariés ordinaires, autres, par exemple, qu'un testament (Cass. 14 juillet 1825, aff. Cordon; et 6 août 1833, aff. Moustardier). V. note n° 2.

Voici le dispositif du dernier arrêt :

« Attendu que si l'art. 9 de la loi du 25 ventôse an XI » sur le notariat, a voulu que les actes publics fussent reçus » par deux Notaires ou par un Notaire et deux témoins, » l'usage et la jurisprudence, reçus dans la généralité des » Cours et Tribunaux du royaume, ont été d'entendre la » disposition de cet article, en ce sens que hors le cas de « dispositions testamentaires, le vœu du législateur avait « été suffisamment rempli lorsque l'acte était revêtu de la « signature de deux Notaires bien que l'un d'eux n'eût pas » été présent à sa rédaction; et qu'en jugeant ainsi dans » l'espèce de la cause, l'arrêt attaqué n'a violé aucune loi. » —*Rejette*. »

Il existe, entre ces deux arrêts, une différence des plus grandes :

Par l'arrêt du 6 août 1833, la Cour de cassation, en présence d'un usage *général* qui n'a fait que suivre l'ancien usage, a appliqué la maxime; *optima legum interpres consuetudo;* l'usage est le meilleur interprète des lois.

Par cet arrêt, la Cour recule, ainsi qu'elle l'a fait en plusieurs circonstances, devant les conséquences déplorables que peut avoir un retour sur le passé.

Au contraire, par l'arrêt du 21 janvier 1841, la même Cour s'en tenant à la lettre de la loi, refuse de reconnaître qu'un usage pratiqué librement, du consentement des parties, puisse être l'interprète de la loi et en cela elle autorise celui qui viole une loi à se faire une arme de cette violation en se jouant des conventions les plus sacrées pour lesquelles il avait exigé peut-être le secret le plus absolu.

Par cet arrêt, la Cour, loin de reculer devant les conséquences d'un retour sur le passé, laisse les conventions les plus sacrées à la merci des gens sans foi. Cependant, dans le doute sur le vrai sens d'une loi, c'est le cas de ne point innover, car s'il y a abus, le pouvoir législatif est là pour prendre l'initiative d'une loi bien positive réglant l'avenir tout en consacrant le passé.

55. QUALITÉS. V. *suprà*, *Prénoms*, n° 52.

56. RESPONSABILITÉ. V. *suprà*, *Dommages et Intérêts*, n°s 30 et suiv.

57. SIGNATURES. Les témoins instrumentaires doivent savoir signer et il doit en être fait mention à la fin de l'acte, le tout sous peine de nullité et même de dommages-intérêts s'il y a lieu (V. *suprà*, n°s 1 et 5 ; loi de ventôse an XI, art. 14, note 15 n° 113 et note 13, v° *Mention*).

58. C'est s'exposer à être poursuivi comme faussaire que de faire signer un acte longtemps après sa passation par des témoins instrumentaires qui avaient omis de le faire et ce après la mort des parties contractantes (Cass. 7 novembre 1812, aff. Dardelat et Rivière. Il s'agissait dans l'espèce d'une donation passée entre individus qui ne savaient pas signer).

59. Dans les lieux où tout contrat passé devant un Notaire et deux témoins était reconnu valable avant la loi du 29 sept. — 6 oct. 1791, ou bien antérieurement à la loi du 25 ventôse an XI, il suffisait que l'un des témoins sût signer lorsque les parties contractantes ou l'une d'elles seulement ne le savaient pas (Cass. 25 fructidor an XI, aff. Royon). V. *Signatures*, note 15.

60. SOURD-MUET. Suffit-il pour être témoin instrumentaire d'avoir la capacité civile? Ne faut-il pas encore avoir la capacité physique ou morale ?

Suivant Merlin (Rép. de Jurisp.), on ne peut douter que l'intention du législateur n'ait été de rejeter le témoignage des sourds et des aveugles. Car, quel est le but du législateur lorsqu'il exige que des témoins soient appelés à un testament ? C'est, sans contredit, de prévenir toutes les surprises et de garantir l'accomplissement exact de toutes les formalités. Il faut donc, pour atteindre ce but, que les témoins voient le testateur, qu'ils entendent ce qu'il dit, qu'ils le comprennent et qu'ils puissent certifier que tout ce que l'acte énonce avoir été fait en leur présence, l'a été réellement. Il faut, par conséquent, qu'ils ne soient ni aveugles, ni sourds.

61. Mais il n'en doit pas être de même des muets, suivant le même auteur *loc. cit.* Comme ils voient et qu'ils entendent, cela suffit, il n'est pas nécessaire qu'ils sachent parler. C'était donc sans motif que notre ancienne jurisprudence (art. 46 de l'ordonnance de 1735) contenait exclusion des muets. Cette disposition était empruntée du droit romain qui portait que les muets ne pouvaient pas être témoins dans un testament par le motif que, chez les Romains, les témoins devaient promettre au testateur de rendre témoignage de ses dispositons, *repromittere testimonium.* Or, en France, ni les témoins testamentaires, ni ceux des actes entre-vifs, n'ont jamais fait de promesse semblable.

Ce qui vient d'être dit du *sourd* doit, à plus forte raison, s'appliquer au sourd et muet.

62. STIPULATION POUR AUTRUI. Lorsque dans une obligation pure et simple, l'un des témoins instrumentaires déclare accepter pour le créancier, ce n'est (de même que quand le Notaire accepte) qu'une énonciation de pur style, inutile et surabondante, sans aucune conséquence pour la validité de l'acte. Il importe peu que le témoin instrumentaire ait déclaré avoir charge et pouvoir d'accepter (Cass. 27 août 1833, aff. veuve Joseph).

63. VENTE JUDICIAIRE. Quoiqu'un Notaire ait été commis par un Tribunal pour procéder à une vente, il doit observer, dans les actes qu'il rédige par suite de cette

commission, les formalités prescrites par la loi du notariat (Roll. de V. v° *Vente judiciaire*, n° 109).

V. *Testament par acte public et témoins testamentaires.*

[15]

DE LA SIGNATURE DES ACTES.

1. Les actes seront signés par les parties, les témoins et les Notaires qui doivent en faire mention à la fin de l'acte. — Quant aux parties qui ne savent ou ne peuvent signer, le Notaire doit faire mention à la fin de l'acte de leurs déclarations à cet égard (Art. 14 de la loi du 25 ventôse an XI).

2. Tout acte fait en contravention aux dispositions de cet article est nul s'il n'est pas revêtu de la signature de toutes les parties et lorsque l'acte sera revêtu de la signature de toutes les parties contractantes, il ne vaudra que comme écrit sous signature privée : sauf, dans les deux cas, s'il y a lieu, les dommages-intérêts contre le Notaire contrevenant (Art. 68 de la même loi. V. notes 38 et 39).

3. La loi ne contenant aucune disposition qui règle la manière de signer les actes s. s. p., il en résulte que les parties ont plus de latitude à ce sujet que pour les actes notariés. Cependant le mieux qu'elles puissent faire est de se conformer aux règles que la loi trace pour les actes des Notaires.

Application de ces trois articles aux cas suivants :

SOMMAIRE.

4. ACTES NOTARIÉS QUI NE PEUVENT VALOIR COMME S. S. P. MÊME QUAND ILS SONT SIGNÉS DES PARTIES. Quoique un acte notarié vaille comme s. s. p. quand il est signé des parties et qu'il ne l'est pas par le Notaire, cependant ce principe souffre exception dans les trois cas suivants :

5. — 1° Lorsqu'il s'agit d'actes pour lesquels la forme authentique et notariale est exigée, tels sont les donations, les testaments, les contrats de mariage, les constitutions

d'hypothèques, les main-levées d'inscriptions, etc. (Turin, 14 mars 1807, aff. Solu; Cass. 21 novembre 1814, aff. Tamisey).

6. — 2° Lorsque l'acte ayant été fait par un clerc hors la présence du Notaire et sans son consentement, ce Notaire a refusé d'y apposer sa signature. Dans ce cas l'acte n'est qu'un simple projet qui ne peut valoir comme acte s. s. p., 1° parce qu'il n'a pas été reçu par un Notaire (C. civ. 1318); 2° et parce qu'il n'a pas été fait en autant d'originaux qu'il y a de parties contractantes, comme le veut l'art. 1325 du C. civ. (Paris 17 décembre 1829, aff. Poirier).

7. — 3° Lorsqu'il a été expressément convenu entre les parties qu'elles entendaient faire un acte parfait comme acte notarié (Merlin, Répert, v° *Acte notarié*).

8. ADDITION APRÈS LA SIGNATURE. En général, on tient pour constant que tout ce qui serait ajouté après la signature d'une partie, devrait être regardé comme non avenu, s'il n'y avait point d'approbation de la part de cette partie. V. note 13. V° *Pluralité de dates.*

9. Cependant toute obligation écrite de la main du débiteur et ayant une relation avec l'acte, fait foi contre lui quoiqu'il ne l'ait pas signée.

10. Il en est ainsi à l'égard des effets de commerce qui contiennent presque toujours des additions non signées, telles que, l'indication des accepteurs ou autres personnes qui doivent payer au besoin, les élections de domicile pour le paiement de ces effets.

11. APPOSITION DES SIGNATURES. La signature des parties ne doit être apposée qu'en présence du Notaire. C'est, en effet, l'attestation que le Notaire fait de la vérité des signatures qui donne à l'acte l'authenticité qui lui est nécessaire pour faire foi de son contenu (Arr. Réglem. 4 septembre 1685, et 4 décembre 1703).

12. Celle du Notaire qui reçoit l'acte doit aussi être apposée en présence des parties lorsque celles-ci ont toutes comparu. Les parties peuvent même le requérir de signer immédiatement après toutefois qu'elles ont satisfait à la demande du Notaire relativement à la consignation du droit d'enregistrement. L'usage adopté par la majeure partie des Notaires de ne signer les actes qu'à l'instant de les envoyer au bureau d'enregistrement est très-blamable et les expose même à une responsabilité (V. note 39), lorsque par un accident survenu depuis qu'un acte est passé il devient impossible que le Notaire revêtisse cet acte de sa signature, ce qui, alors, est de nature à compromettre singulièrement les intérêts et même la fortune tout entière de quelqu'une des parties (V. *infrà*, *Mort avant la signature*).

13. La signature du Notaire en second ou des témoins instrumentaires doit-elle être apposée en présence des parties?

Sans doute les parties ont le droit d'exiger que le Notaire en second ou les témoins signent immédiatement l'acte qu'elles passent, mais en général elles n'en usent pas parce que cette formalité peut toujours avoir lieu après coup et qu'elle n'est jamais coûteuse pour elles, puisque le Notaire qui reçoit l'acte n'exige point de rétribution pour cela, tandis que le contraire arriverait nécessairement si le Notaire était obligé de faire intervenir en la présence des parties le Notaire en second ou les témoins pour signer l'acte; dans ce cas le Notaire en second serait fondé à exiger des vacations par application de l'art. 168 du Tarif des frais et dépens; toutefois nous ne voyons pas qu'il y ait même raison de décider pour la rétribution des témoins, car le Tarif ne contient aucun article qui puisse s'appliquer à eux au cas dont il s'agit, et ce silence de la loi nous semble être un argument de plus en faveur de l'usage actuel, conforme d'ailleurs à l'usage ancien, qui fait que généralement les actes des notaires ne sont signés qu'après coup par le Notaire en second et les témoins. — V. note 2 et note 14.

14. APOSTILLES. — V. note 37.

15. APPROBATION D'ÉCRITURE. — V. *infrà*, n° 51 et suiv.

15 *bis*. ARTISANS. — V. *infrà*, n° 51 et suiv.

16. AVEUGLES. Lorsqu'un aveugle est partie dans un acte, il n'est pas d'usage de le lui faire signer lors même qu'il le sait. Il y a, en effet, une sorte d'impossibilité physique à ce qu'un aveugle certifie par sa signature le contenu en un acte qu'il ne voit pas. Il suffit, dans ce cas, de faire déclarer à la partie qu'elle n'a pu signer pour cause de cécité. Cependant si cette partie désire apposer sa signature, le Notaire doit la recevoir, parce qu'il n'a aucune raison de s'y opposer.

17. Il en est autrement toutefois quand il s'agit d'actes s. s. p.; comme dans les actes de cette espèce la signature est tout puisqu'elle constitue l'acte privé, tandis que dans l'acte notarié la signature n'est qu'une formalité qui *fortifie* le contenu en cet acte attesté d'ailleurs par le Notaire, il résulte de cette différence que les aveugles sont incapables de traiter par des actes privés, à cause de l'impossibilité où ils sont de vérifier l'écriture étrangère qu'ils signent et de la facilité qu'il y aurait à les tromper (Pau, 8 août 1808, aff. Roze).

18. Cependant, si l'aveugle avait lui-même écrit l'acte qu'il aurait signé, il nous semble que ce fait devrait exclure toute idée de surprise, et que, dans ce cas, l'acte s. s. p. serait valable.

19. BILLET. — V. *infrà*, n° 51 et suiv.

20. BLANCS-SEINGS. Les signatures données en blanc et appelées *blancs-seings*, parce qu'on laisse du blanc au-dessus et qu'on les remet ensuite à un tiers pour qu'il rédige l'acte, le mandat ou le billet ainsi signé d'avance, sont-elles valables?

Comme règle, on doit admettre la validité des actes écrits au-dessus des blancs-seings (Merlin, rép.; V° *Blanc-seing*. Pardessus, n° 244.

21. D'ailleurs la loi pénale reconnaît qu'on peut créer et faire usage des blancs-seings, puisqu'elle punit ceux qui en abusent d'un an à cinq ans de réclusion et de 50 à 3000 fr. d'amende avec faculté de prononcer l'interdiction, après la durée de la peine, des droits civiques, civils et de famille pendant cinq ans au moins et dix ans au plus, le tout sauf les peines plus graves s'il y a crime de faux (C. pén. 407).

22. Il est d'autant plus dangereux de créer des *blancs-seings* que la loi ne donne presque aucun moyen de prouver l'abus qu'on a pu en faire. En effet, celui qui, sans articuler ni fraude ni violence, attaque un acte s. s. p. comme étant le résultat d'un abus de blanc-seing, ne peut être admis à justifier ce moyen par la preuve testimoniale et les simples présomptions, qu'autant que l'existence antérieure du blanc-seing serait d'ailleurs établie par écrit ou par un

commencement de preuve par écrit (Cass. 18 janvier 1831, aff. Lambert; 5 mai 1831, aff. Leclerc; Toulouse 5 décembre 1838, aff. Duffaut).

23. Et quand celui dont on a abusé du blanc-seing, est parvenu à prouver, soit le dol, la fraude ou la violence, par témoins, soit l'abus, au moyen d'écrits ou de commencements de preuve par écrit, en résulte-t-il que tout ce qui a été fait par le mandataire en vertu du blanc-seing soit nul?

Sans doute le mandataire est passible envers son mandant de dommages-intérêts pour avoir fait, en vertu du blanc-seing, des choses contraires aux instructions particulières, orales ou par écrit qui lui ont été données; mais les actes faits par le mandataire seront obligatoires pour le mandant vis-à-vis des tiers de bonne foi (Toullier, t. 8, nos 264, 268).

Ainsi, par exemple, j'ai confié à Caïus un blanc-seing qui n'était destiné qu'à servir de procuration. Caïus en abuse en écrivant au-dessus une vente. En cela il commet un vol caractérisé, et si la vente est à son profit, elle est radicalement nulle (C. civ. 1116); mais si la vente a été faite à un tiers qui en a payé le prix au porteur du blanc-seing, le contrat est valable, sauf mon action contre Caïus (Toullier, t. 8, no 267; Boiceau, liv. 12, chap. 3).

24. Lorsque ce n'est pas celui à qui le blanc-seing était confié qui en a abusé, mais un tiers qui, après s'en être emparé, a écrit dessus un acte contraire à la volonté et aux intérêts du signataire, ce tiers a commis un faux punissable (C. pén. 407).

25. La présomption de faux existe par cela seul que la main qui a tracé l'écriture n'est point celle qui devait remplir le blanc-seing (Disc. des orat. du Gouv.). D'où il suit que nul autre que le mandataire ne doit remplir un blanc-seing.

26. Doit être puni comme complice du faux celui qui ayant reçu le blanc-seing du signataire, l'a livré frauduleusement à un tiers et a aidé celui-ci dans la fabrication des fausses conventions y insérées (Cass. 4 février 1819, aff. Morgloux).

27. Dans le cas posé ci-dessus no 24, c.-à-d. lorsque l'acte est fait en vertu d'un blanc-seing surpris au mandataire, il doit être annulé même à l'égard de celui qui a contracté de bonne foi avec le faussaire, car tout ce qui a été fait en vertu d'un acte faux est nul (Toullier, t. 8, no 269) V. *suprà*, no 23.

28. L'usage que le porteur d'un acte fait d'un blanc qui s'y trouve *au-dessus du contexte* pour y placer un contrat de société, ne peut être assimilé à l'abus d'un blanc-seing, en ce sens que le signataire de l'acte peut appeler de la fausseté du contrat aux tiers qui auraient traité sur la foi des stipulations apparentes, et qu'il n'est pas responsable envers eux de l'erreur dans laquelle ils sont tombés (Paris 7 février 1824, aff. Marchais Dussablon).

29. En matière d'endossement de billet de commerce, le blanc-seing n'est valable que comme procuration (C. comm. 138).

Il ne peut être considéré comme négociation, parce que, pour qu'il y ait négociation, il faut une cession moyennant une valeur quelconque (Cass. 16 juillet 1806 et 24 mai 1809).

30. Il ne servirait à rien d'abuser d'un blanc-seing pour faire, dans l'espace laissé en blanc, contracter par le signataire l'obligation de payer une somme d'argent ou une chose appréciable, parce qu'outre la signature du souscripteur il faut que celui-ci ait écrit de sa main un bon ou un approuvé portant en toutes lettres la somme ou la quantité de la chose (C. civ. 1326).

31. CONSEILS. V. *infrà*, *Témoins honoraires*.

32. CONVENTIONS JUDICIAIRES. Certaines conventions n'ont pas besoin d'être signées par les parties, ce sont celles qui sont passées en jugement et que par cette raison on appelle conventions judiciaires. (Poncet, Traité des Jugements, no 24.)

33. DÉCLARATION DE NE SAVOIR SIGNER. — V. *infrà*, *Mention*.

34. DÉFAUT DE SIGNATURE. Lorsqu'une femme s'est obligée solidairement avec son mari dans l'acte d'un bail, le défaut de signature de cette femme, ne peut être opposé par la caution, quand le bail ayant été volontairement exécuté par les preneurs, ceux-ci ne pourraient plus se prévaloir eux-mêmes de cette omission (Cass. 22 novembre 1825, aff. Villeger).

35. Les signataires d'un acte peuvent renoncer à la nullité résultant du défaut de signature de l'une des parties, si cette nullité ne pouvait être invoquée que par eux, comme, lorsque la partie qui n'a point signé est la femme d'un acquéreur solidaire (Amiens, 24 prairial an XIII, aff. Vestn et Blanchard; Toullier, t. 8, nos 141 et 347).

36. Lorsqu'un acte de partage s. s. p. n'est pas revêtu de la signature de toutes les parties, il est nul même à l'égard de celles qui ont signé (Bruxelles, 20 mai 1807, aff. Clauss).

Il en est ainsi de tout acte s. s. p. demeuré imparfait par le défaut de signature de quelqu'une des parties. Comme règle générale, un tel acte ne peut produire d'effet entre les signataires (Toullier, t. 8, no 348).

37. Le défaut de signature par l'une des parties soit d'un acte notarié, soit d'un acte s. s. p. peut-il être couvert soit par un acte exprès de ratification, soit tacitement? Par exemple, si plusieurs co-propriétaires avaient vendu conjointement un objet, et que l'un d'eux n'eût pas signé, y aurait-il ratification de sa part, en recevant la portion du prix ou en la transportant à un autre, en formant une action pour obtenir le paiement de cette portion de prix ou en faisant quelque autre acte duquel il résulte que cette personne procède comme si elle était engagée par l'acte dont elle demande l'exécution ou qu'elle regarde comme obligatoire pour elle?

Oui. Suivant un arrêt de la Cour de Cassation du 19 décembre 1820, aff. de Lescouis et suivant M. Toullier, t. 8, nos 141, 518 et 520.

Non, suivant arrêt de la même Cour du 27 mars 1812, aff. Fillon; arrêt de la Cour de Toulouse du 18 janvier 1828, aff. Bousquet; et M. Merlin, vo *Ratification*.

A cet égard il faut distinguer entre les nullités *relatives* et les nullités *absolues*.

38. Pour les nullités *relatives* il ne peut s'élever aucun doute sur le point de savoir si elles peuvent être couvertes par la ratification des parties auxquelles elles profitent, puisque c'est là le caractère propre qui les distingue (Toullier, t. 7. no 564; C. civ. 1338 et 1340).

39. Mais les nullités absolues qui, de leur nature, tien-

nent à l'ordre public et aux mœurs, ne peuvent être confirmées par aucune espèce de ratification soit par l'une ou l'autre des parties, soit par toutes les deux de concert, parce que la ratification serait infectée des mêmes vices que l'acte ratifié (Toullier, t. 7, nº 561, et t. 8, nº 515; C. civ. 1339).

40. Cependant, lorsque les choses en sont venues au point que la convention cesserait d'être illicite, elle pourrait alors être ratifiée, soit expressément, soit tacitement. Par exemple, s'il s'agissait d'une convention faite sur une succession future qui, depuis, se serait ouverte (C. civ. 791). Dans ce cas, les choses se trouvant venues au point où la convention pouvait prendre naissance, elle est susceptible de ratification (Toullier, t. 7, nº 561, et t. 8, nº 516).

41. De même, si la nullité quoique absolue était établie pour le seul intérêt des particuliers, ils peuvent y renoncer et rendre l'acte valable et pleinement obligatoire par une ratification expresse ou tacite. C'est une suite de la règle qui permet à toute personne de renoncer au droit établi en sa faveur (Toullier, t. 7, nº 562, et t. 8, nº 517).

42 Ainsi, par exemple, la vente faite par le tuteur, des immeubles de son pupille, sans formalités, est nulle, absolument nulle. Néanmoins le mineur, à sa majorité, peut la ratifier soit expressément, soit même tacitement (Cass. 4 thermidor an IX, aff. Bordenave; Toullier, t. 7 et 8, nºs 562, 508 et 517).

43. DIVISION DES SIGNATURES. La signature des parties peut-elle se diviser, en ce sens que l'une des parties puisse en l'absence de l'autre signer l'acte convenu entre elles?

L'affirmative ne paraît pas douteuse. En effet :

44. *En droit;* il n'est pas besoin que le consentement des parties soit simultané; l'une peut aujourd'hui faire des offres, et l'autre ne les accepter que demain ou tel autre jour que bon lui semble, jusqu'à ce qu'elles aient été révoquées (Roll. de V. vº *Acte notarié*, nº 187).

45. *En fait;* la différence des lieux, des circonstances imprévues, le désir même d'une partie d'ajourner son adhésion pour réfléchir, peuvent mettre des intervalles entre les diverses signatures; et c'est, en effet, ce qui arrive tous les jours (Roll. de V. *Ibid.*)

46. Tellement qu'il est nécessaire et d'usage, en ce cas, de donner à l'acte plusieurs dates (Roll. *Ibid*, nº 188) V. *Date des actes*, note 13, vº *Pluralité de dates.*

47. D'où la conséquence qu'il ne serait pas permis au Notaire de supprimer un acte déjà signé de quelques-unes des parties, parce que les autres tarderaient ou même refuseraient de comparaître; car elles sont libres de venir signer plus tard, et tant que celles qui ont signé les premières n'ont pas notifié leur rétractation, il peut arriver que leurs signatures soient susceptibles de quelque effet en faveur des parties qui n'ont pas signé. A cet égard l'on doit dire que, dès qu'un acte est revêtu de la signature d'un seul des contractants qui y sont dénommés, il est, par cela même, placé sous l'empire de la loi; et le Notaire ne peut se permettre ni de l'altérer ni de le supprimer (Roll. de V. *Ibid*, nº 189).

48. Toutefois le droit d'accepter une offre ou de prendre un engagement, au cas posé en l'art. 44 ci-dessus, doit cesser lorsque, par un accident qui ne permet plus au premier signataire de contracter, le concours des volontés des deux parties ne peut plus avoir lieu, comme lorsque ce premier signataire vient à mourir ou à tomber en démence.

49. Il est de règle, en effet, qu'au cas de mort ou de démence dont nous venons de parler, il ne sera intervenu aucun contrat entre les parties, si la volonté de l'une d'elles ne subsistait plus au moment de l'acceptation de sa proposition par l'autre partie. Sans doute on peut persévérer dans la même volonté jusqu'à la mort; mais cette volonté est inhérente à la personne, elle ne peut survivre; elle meurt nécessairement avec cette personne; de sorte que les offres sont par leur nature purement personnelles, c.-à-d. attachées à la personne de celui qui les a faites (Pardessus, nº 250; Toullier, t. 6, nºs 26, 31).

50. Cependant, si dans les cas mentionnés aux deux numéros ci-dessus l'acceptation avait été faite avant le changement d'état survenu à l'une des parties, le contrat serait parfait quoique cette acceptation n'eût pas encore été connue de cette partie avant sa mort ou sa démence (Toullier, *ibid.*

51. ECRITURE ALLIÉE A LA SIGNATURE. En matière d'actes s. s. p. il ne suffit pas toujours de signer les actes, il faut encore pour leur validité, que le souscripteur les *écrive en entier de sa main*, ou du moins qu'outre sa signature il ait écrit de sa main un *bon* ou un *approuvé* portant en *toutes lettres* la somme ou la quantité de la chose (C. civ. 1326); de sorte que quelques mots seulement, écrits, comme cela arrive souvent, à la fin de l'acte, par le souscripteur, sans *bon* ni *approuvé* exprimant la *somme* ou la *quantité*, seraient insuffisants pour la validité de l'acte s. s. p.

52. Ceci s'applique au billet ou à la promesse s. s. p. par lequel une seule partie s'engage envers l'autre à lui payer une somme d'argent ou une chose appréciable (Même art.).

53. Toute personne est soumise à cette règle, à l'exception des marchands, artisans, laboureurs, vignerons, gens de journée et de service (Même art.). V. *infrà*, *Femme mariée*, nº 67.

54. Il y a aussi exception pour les testaments olographes, lesquels doivent être entièrement écrits, datés et signés de la main du testateur (C. civ. 790).

55. Hors les cas spécifiés aux nºs 51, 52 et 54 ci-dessus, il n'est pas de rigueur que les actes s. s. p. contiennent une approbation de l'écriture de la part des signataires auxquels cette écriture est étrangère. Cependant il est d'usage d'exiger cette approbation pour prévenir toute allégation de surprise de signature et d'abus de blanc-seing.

56. ÉCRITURES NON SIGNÉES. Il y a des écritures privées qui sans être signées, ont autant de valeur que si elles étaient signées, parce qu'elles forment un commencement de preuve et même quelquefois une preuve complète (Toullier, t. 8, nº 260).

57. Ainsi, les registres des marchands ne font point, contre les personnes non marchandes, preuve des fournitures qui y sont faites; mais il en résulte un commencement de preuve qui, lorsqu'ils sont tenus régulièrement ainsi que le prescrit l'art. 13 du Code de commerce, permet au juge de déférer le serment au marchand pour en faire dépendre la décision de la cause (C. civ. 1329, 1366).

58. Les registres des marchands font preuve contre eux, mais celui qui en veut tirer avantage ne peut les diviser en ce qu'ils contiennent de contraire à sa prétention (C. civ. 1330, C. comm. 12).

59. Les registres et papiers domestiques ne font point un titre pour celui qui les a écrits, mais ils font foi contre lui ;

1° Dans tous les cas où ils énoncent formellement un paiement reçu ;

2° Lorsqu'ils contiennent la mention expresse que la note a été faite pour suppléer le défaut du titre en faveur de celui au profit duquel ils énoncent une obligation (C. civ. 1331).

60. L'écriture mise par le créancier à la suite, en marge ou au dos d'un titre qui est toujours resté en sa possession, fait foi, quoique non signée ni datée par lui, lorsqu'elle tend à établir la libération du débiteur (C. civ. 1332).

61. Il en est de même de l'écriture mise par le créancier au dos ou en marge, ou à la suite du double d'un titre ou d'une quittance, pourvu que ce double soit entre les mains du débiteur (Même art.).

62. ETRANGER. Lorsqu'un acte est passé par un individu d'une nation étrangère où l'on se sert pour écrire de caractères particuliers, comme cet individu doit avoir une manière uniforme de toujours signer son nom, le Notaire, dans ce cas, ne nous paraît point fondé à exiger que l'étranger signe en français, c. à. d. autrement qu'il a l'habitude de le faire. Il convient seulement de faire mention que cet étranger a signé son nom en traçant des caractères propres à sa langue.

63. EXCEPTIONS A LA RÈGLE POUR LES OBLIGATIONS UNILATÉRALES. Dans les obligations *unilatérales*, c. à. d. où il n'y a obligation que d'un côté (C. civ. 1103), il n'est pas de rigueur que le créancier figure dans l'acte, il suffit de la comparution et de la signature du débiteur. Il est donc inutile, autant que contraire aux bonnes règles que le Notaire accepte pour le créancier, comme autrefois on croyait pouvoir le faire (Toullier, t. 8, n° 92).

64. Ainsi donc l'obligation acceptée par le Notaire est une chose surabondante qui ne peut vicier l'acte d'après la règle : *utile non vitiatur per inutile* (Lyon, 9 mai 1837, aff. Renoulet). La même solution a eu lieu à l'égard d'un témoin qui avait *accepté comme ayant charge et pouvoir* pour un créancier (Cass. 27 août 1833, aff. Joseph).

65. Cependant, dans certains cas, l'acceptation par le Notaire peut être une cause de nullité de l'acte. Ainsi jugé,

1° Dans une espèce où il avait été reconnu et constaté, en fait, que le Notaire, en acceptant une obligation, avait stipulé comme *mandataire du créancier* (Rouen 2 février 1829, aff. Leseigneur);

2° Dans une espèce où des père et mère, pour sûreté de la dot qu'ils avaient constituée à leur fille antérieurement, hypothéquèrent un domaine au profit de leurs gendre et fille, ce qui fut *accepté* pour eux par le Notaire rédacteur de l'acte de garantie (Toulouse 31 juill. 1830, aff. Chrestien).

66. Par suite de ce qui est dit *suprà* n° 65, il a été jugé que lorsque dans une obligation pour argent prêté, le créancier est déclaré présent et acceptant et signant l'acte, le défaut de mention de cette signature n'est point une cause de nullité (Cass. 8 juillet 1818, aff. Prieur).

67. FEMME MARIÉE. Les femmes des marchands, artisans, laboureurs, vignerons, gens de journée et de service, suivent-elles la condition de leurs maris, en ce sens qu'on puisse leur appliquer l'exception établie en faveur de ces derniers par l'art. 1326 du C. civ., laquelle les dispenserait de l'approbation en toutes lettres des sommes contenues dans les billets?

Non, suivant 1° deux arrêts de la Cour de Cassation des 12 janvier 1814, aff. Changarnier, et 6 mai 1816, aff. Lefèvre ; 2° autre arrêt de la même Cour, du 22 juillet 1838, aff. Marchand ; les principaux motifs de ces arrêts sont : que si la femme suit en général la condition de son mari, il ne résulte pas de ce principe que la profession du mari lui soit nécessairement commune ; qu'en les laissant (les femmes) dans la règle générale, le législateur a protégé leur bonne foi et éloigné les surprises qui pourraient leur être faites.

Oui, suivant arrêt de la Cour Royale de Rouen du 14 novembre 1828, aff. Cavelier, basé sur ce que la femme, quoique mariée sous le régime dotal, avait la faculté de s'obliger sans l'autorisation de son mari, et sur ce que l'exception de l'art. 1326 devait lui être appliquée comme femme de laboureur ; et suivant arrêt de la Cour de Cassation du 23 avril 1829, aff. Couvé, basé sur ce que la femme avait reconnu elle-même qu'elle avait signé le billet avec connaissance de cause, sans alléguer qu'il lui ait été fait aucune surprise.

V. *suprà*, n° 51 et suiv., et *infrà*, n° 79 et suiv.

68. GENS DE JOURNÉE ET DE SERVICE ; V. *suprà*. n° 51 et suiv.

69. ILLISIBILITÉ DE LA SIGNATURE. Les signatures illisibles ont autant de valeur que les signatures lisibles, du moins il n'existe aucune loi qui enjoigne sous peine de nullité de signer lisiblement.

Cependant il y a certaines signatures qui sont illisibles, parce que la main qui les a tracées est celle d'une personne dont les organes et les facultés sont tellement affaiblies par la maladie ou autre cause accidentelle qu'il n'est pas possible à cette personne de faire des traits corrects et qui ressemblent à sa manière habituelle de signer. Ces cas n'arrivant le plus fréquemment que lorsqu'il s'agit de testament, nous renvoyons pour donner des exemples de signatures défectueuses ou illisibles au mot *testament*.

70. INUTILITÉ DE LA SIGNATURE. Il n'est pas nécessaire pour la perfection d'un acte fait double, que chaque original soit signé des deux parties ; il suffit que celui dont chacune d'elles est saisi soit signé de l'autre. En effet, chaque double de l'acte n'est destiné qu'à servir de titre à celui qui en est saisi contre celui qui l'a souscrit. Il n'est donc pas nécessaire que les deux signatures soient mises sur les deux doubles qui forment par leur réunion un tout parfait (Toullier, t. 8, n° 344).

V. *suprà : Ecritures non signées*, *Exceptions*.

71. LABOUREURS. V. *suprà*, n°s 51 et suiv.

72 LECTURE AVANT LA SIGNATURE. En général, on n'est pas censé avoir signé un acte sans l'avoir lu ou l'avoir entendu lire, ainsi que l'ont observé tous les docteurs, et cela n'est pas sans conséquence (Toullier, t. 8, n°s 261 et 273).

73. Cependant il arrive quelquefois que les parties consentent de signer un acte sans l'avoir lu ; par exemple, une transaction, que l'on aurait chargé des avocats de rédiger comme arbitres et qu'on serait convenu de signer avant de la lire. Cette méthode était fort en usage en Bretagne avant la Révolution, entre les personnes bien élevées, et on n'a jamais douté de la validité de pareils actes (Toullier, t. 8, n° 262).

74. Ce que nous venons de rapporter peut encore se pratiquer pour les s. s. p. puisqu'aucune loi ne fait dépendre la validité de ces actes de leur lecture par les parties avant de signer; mais il en est autrement quand il s'agit d'actes notariés : non seulement il doit en être fait lecture, mais mention de cette lecture est exigée sous peine de 20 francs d'amende — V. note 16.

75. LIEU DE LA SIGNATURE. Il n'est pas nécessaire que les deux doubles d'un acte s. s. p. soient signés dans le même lieu ni dans le même temps : l'un peut être signé à Paris, l'autre à Bordeaux. Le même double ou le même original peut aussi être alternativement signé par l'une des parties à Paris et par l'autre à Bordeaux; le tout par suite du principe que les offres et l'acceptation peuvent être faites dans des temps et des lieux différents (Toullier, t. 8, n° 345).

76. La signature doit être à la fin de l'acte et détachée du contexte, de sorte que l'on pourrait regarder comme non signé l'écrit s. s. p. tel qu'un testament olographe qui serait ainsi terminé : *Fait et signé par moi François-Marie Sellier, de la commune de Surgy, ce trois février* 1841. — Dans un cas identique il a été jugé qu'on ne pouvait prendre pour signature les noms qui se trouvaient au milieu d'une phrase qu'ils rendaient complète. (Liége 22 février 1812, aff. Falla).

V. *suprà; Addition après la signature.*

77. MANIÈRE DE SIGNER, ANCIENNE ET NOUVELLE. On comptait autrefois, c.-à-d. avant le 12e siècle, jusqu'à six manières de signer. On signait :

1° En écrivant de sa propre main son nom et sa qualité; ce qui était très-rare;

2° En n'apposant de sa main que le mot *signus*, ou seulement l'initiale *S*; le nom du signataire étant écrit de la main de l'écrivain;

3° En formant seulement des croix; les autres lettres de la signature étant écrites par le Notaire;

4° En se servant de symboles arbitraires;

5° En employant des monogrammes;

6° Enfin, en substituant aux signatures les noms des parties intéressées et des témoins : alors on énonçait cette manière de souscrire dans le corps de l'acte (Mabillon, de re diplomat., p. 168).

Mais, suivant M. Henrion de Pensey, ces signatures hiéroglyphiques disparurent pendant le cours du 13e siècle. Les Notaires jusqu'alors presque inconnus se multiplièrent. Philippe-le-Bel en augmenta le nombre. Les évêques, les abbés, les hauts barons en établirent dans leurs terres, et l'usage de s'adresser à ces fonctionnaires devint presque général. Les actes rédigés et signés par eux eurent une forme plus régulière; cependant on y cherche vainement, au moins dans la très-majeure partie, les signatures des parties et des témoins. Celle du Notaire en tient lieu; et même il arrivait quelquefois qu'il substituait à son nom une *estampille* qui variait suivant son caprice.

Il existe à cet égard deux arrêts :

L'un, de la Cour de Cassation en date du 22 avril 1828, aff. Roquelaure, qui reconnaît la validité de deux titres sur parchemin des 23 juin et 29 juillet 1377, rédigés en latin par Bordes de Paxiora, notaire à Toulouse, quoiqu'ils ne fussent pas revêtus de sa signature, mais seulement d'une marque en forme de croix.

Et l'autre, de la Cour Royale de Toulouse du 10 mai 1838, aff. Bonnemaison et Peyssiez, qui statuant sur la validité d'un titre extrait du protocole d'un Notaire de Rieumes, appelé Cainhac, le reconnaît comme valable, encore bien que rien ne prouvât que ce protocole et notamment l'acte dont s'agissait fût signé par le Notaire rédacteur.

L'usage de ces estampilles se perdit au commencement du 14e siècle; mais on continua de regarder comme indifférente la signature des parties contractantes, et jusqu'au règne de Henri II, les actes signés par le Notaire seul doivent être regardés comme authentiques. En effet, les plus anciennes ordonnances qui enjoignent aux Notaires de faire signer les parties, sont celles de Henri II, de l'an 1554, et des Etats d'Orléans de 1560, encore paraît-il qu'elles furent mal exécutées, puisque l'ordonnance de Blois en renouvelle les dispositions, et qu'un arrêt de Parlement de l'an 1578, enjoint aux Notaires de faire signer les parties; ce qui, selon le Président Hénault (du Pouvoir municipal, p. 385) n'avait pas encore été pratiqué.

Ce n'est pas qu'on ne trouve sur des actes antérieurs à cette ordonnance, des signatures de parties contractantes; mais cela était rare, tant l'ignorance était grande. Jusqu'à *François Ier*, la noblesse, elle-même, voulant ressembler en cela à ces anciens Romains qui ne trouvaient de gloire que dans la science des armes, regardait comme un honneur de ne pas savoir écrire, et il existe encore des actes de ce temps où l'on voit la mention que telle partie contractante n'a pas signé *attendu sa qualité de gentilhomme.* Mais les sciences et les lettres ayant commencé à renaître, l'ignorance dont on se faisait un mérite fut regardée, à juste titre, comme une honte. Aussi, c'est depuis ce temps là qu'on commence à voir plus fréquemment, sur les actes notariés, les signatures des parties. Peu à peu cet usage se propagea. On voit même dans l'ordonnance de François Ier, du mois d'octobre 1535, qu'il est ordonné aux Notaires de faire lecture de l'acte *avant de recevoir les signatures des parties :* Mais ces signatures n'en étaient pas moins facultatives et laissées à la volonté des contractants. Elles ne furent prescrites, comme formalité essentielle, que par l'ordonnance d'Orléans de 1560, qui porte : *seront tenus, les Notaires, de faire signer aux parties et aux témoins instrumentaires (s'ils savent signer) tous actes et contrats qu'ils recevront, dont ils feront expresse mention à peine de nullité desdits contrats et actes, et d'amende arbitraire. ....*

Cette même ordonnance voulait en outre, 1° dans le cas où les témoins ne sauraient pas signer, qu'il fut fait mention dans l'acte de leur déclaration à cet égard; 2° et dans le cas où aucune des parties ne saurait signer, qu'il y eût au moins un témoin instrumentaire qui signât la minute avec le Notaire.

Cependant les Notaires de Paris trouvèrent si incommode pour eux cette disposition, que, par un privilége spécial, ils en furent dispensés par lettres-patentes de Charles IX, du 11 octobre 1561. Mais l'ordonnance de Blois, de 1579, ayant renouvelé la disposition de l'ordonnance d'Orléans sur la nécessité de la signature des parties et des témoins, les Notaires de Paris se sont trouvés assujettis, comme les autres, à l'observation de cette formalité.

78. Quant à la manière actuelle de signer, elle est depuis longtemps bien fixée. Elle consiste à tracer soi-même son nom au bas d'un acte, d'une manière conforme à celle qu'on a adoptée pour sa signature.

79. En général, la signature doit être du nom de famille ou du nom propre (Toullier, t. 8, n° 94), ce qui doit s'ap-

pliquer aux femmes mariées ou veuves, sauf à joindre à leur nom de famille celui de leur mari comme elles le font habituellement dans d'autres actes que ceux des Notaires, quoiqu'il n'y ait pas de nullité pour avoir signé *femme* d'un tel ou *veuve* d'un tel.

80. Cependant la signature d'un nom de terre ou de propriété peut être jugée valable, même dans un testament, si d'ailleurs il est constant que le testateur était dans l'usage de signer ainsi (Cass. 10 mars 1829, aff. Berthonnet-Montroger. Il s'agissait, dans l'espèce, d'un testament que le testateur avait signé du nom de Montroger qui n'était pas son nom de famille; mais la Cour l'a déclaré valable par le motif que des faits de la cause il demeurait constant que la signature au bas du testament était la vraie signature du testateur, celle habituelle qu'il était dans l'usage depuis plusieurs années d'apposer aux actes civils, solennels ou privés qu'il avait souscrits avant le testament) Merlin, rép. v° *Signature*, § 3, art. 4, n° 1; Toullier, t. 8, n° 94.

81. Il n'y aurait pas nullité de l'acte si un individu l'avait signé du surnom sous lequel il était connu. C'est ce qui a eu lieu à l'égard d'un acte signé par un individu appelé *Goujat* qui avait pris le nom de *Maillard* et qui ne signait jamais que sous ce dernier nom (Cass. 30 janvier 1824, aff. Régie des contributions indirectes).

82. De ce qu'un individu signe un acte sous un autre nom que celui sous lequel il est désigné dans cet acte, il ne s'en suit pas qu'il y ait nullité, s'il est d'ailleurs notoire que les deux noms s'appliquent au même individu et qu'il est connu sous l'un et l'autre de ces deux noms indistinctement (Arrêt de la Cour royale de Grenoble, du 7 avril 1827, contre lequel il a été formé un pourvoi en cassation qui a été rejeté le 5 février 1829). Il s'agissait dans l'espèce d'un testament dont on demandait la nullité en se fondant sur ce que l'un des témoins, désigné dans l'acte sous le nom de *Guillot*, avait signé celui de *Buissière*. Ce témoin était connu tantôt sous la dénomination de *Guillot-Buissière*, tantôt sous celle de *Buissière-Guillot*.

83. Il a été décidé que les simples lettres initiales des noms et prénoms d'une partie (par exemple, d'un testateur) sont valables comme signatures, si telle est effectivement la manière ordinaire de signer de cette partie (Nancy, 1er mars 1831, aff. Pierron) dans l'espèce, le testateur s'appellait *Jean-Claude Pierron* et avait signé J. C. P. son testament fait devant Notaire.

84. Il y a certaines fonctions publiques où l'on doit employer une manière de signer son nom différente de celle qu'on emploierait dans toute autre circonstance.

Ainsi, il a été jugé qu'un évêque pouvait se contenter de signer son nom comme il signe ses actes épiscopaux. Par exemple, † J. B. *évêque de Clermont*, au lieu de Jean-Baptiste Massillon, évêque de Clermont (Sentence du 5 avril 1743; Cass. 23 mars 1824, aff. Loison).

85. N'y a-t-il pas des signatures tellement irrégulières et défectueuses qu'elles doivent être regardées comme non avenues, et entraîner, par conséquent, la nullité de l'acte notarié au bas duquel elles ont été apposées?

En général, non : parce qu'il suffit que des signatures, quoique irrégulières, aient été faites par une partie, et que leur vérité soit attestée par le Notaire et les témoins instrumentaires, pour qu'elles soient considérées comme valables, puisqu'elles prouvent toujours l'intention des signataires de donner à l'acte toutes les preuves d'adhésion qu'il leur était possible de manifester. D'ailleurs, on peut invoquer un motif d'intérêt public, c'est que si les incorrections qui se trouvent dans une signature pouvaient entraîner la nullité de l'acte, la bonne foi d'une partie contractante pourrait être à chaque instant trompée. Les hommes mal intentionnés auraient beau jeu. On ne verrait que des procès faits à la bonne foi (Toullier, t. 6, n° 443, et t. 8, n° 96).

86. A l'appui de ce que nous venons de rapporter, nous pouvons citer plusieurs exemples qui sont conformes à l'opinion de M. Toullier.

Premier exemple. Un testateur, homme illettré, ayant signé son testament fait par acte public *Constintin* au lieu de *Constantin*: son testament fut validé, parce qu'il fut reconnu, d'abord que dans le Cambresis, où demeurait le testateur, les gens du peuple prononçaient *in* pour *an*, et ensuite que la manière d'orthographier le nom propre autrement qu'il ne doit l'être n'annulle pas la signature. (Parlement de Flandre, 23 février 1742).

Deuxième exemple. Un sieur Delau avait signé son testament olographe de la manière suivante : *Onézime-Henri Delooze de Molertaziers*. Il fut reconnu que le testateur avait pris le nom de *Delooz* par suite de la prétention qu'il avait de descendre d'une famille de ce nom ; en conséquence, le testament fut validé (Parlement de Paris, 5 juillet 1582).

Troisième exemple. Un testateur appelé *Laquererie-Ducheylard*, avait signé son nom de la manière suivante : *Laquerie-Duchela*. Le testament fut encore validé par le motif que l'absence de quelques lettres dans la signature du testateur ne suffit pas pour faire prononcer la nullité d'un testament lorsqu'il est constant que c'est le testateur qui a ainsi tracé la signature (Bordeaux, 5 mai 1828).

87. Il était autrefois d'usage, dans plusieurs pays, de faire faire aux deux parties qui ne savaient pas signer, des croix ou autres marques pour tenir lieu de signatures, et le Notaire écrivait autour de cette marque : *marque d'un tel.* C'était un abus qui a cessé d'exister. Une signature n'a jamais été ni pu être que l'écriture de son nom en lettres ou caractères suivis. Il n'y aurait pas de moyen en cas d'inscription de faux, de reconnaître quel serait l'auteur d'une simple marque (Merlin, rép., v° *Signature*, § 1er, n° 8).

88. C'est par application de ce principe qu'il a été jugé qu'un acte s. s. p., au bas duquel la partie a apposé une simple marque, fût-ce même en présence de deux témoins signataires, ne peut servir contre cette partie de commencement de preuve par écrit (Bruxelles, 27 janvier 1807, aff. Vandenspieghel ; Paris, 13 juin 1807 aff. Huart; Paris, 20 août 1808, aff. Boudet ; Colmar, 23 décembre 1809, aff. Bordmann).

89. Une signature qui n'aurait été formée qu'à l'aide d'une main étrangère, serait-elle valable?

Oui, si la partie s'est fait seulement appuyer la main dans le dessein de former une signature plus lisible. Ainsi jugé :

1° Par arrêt de la Cour de Turin, du 5 pluviôse an XIII, dans une espèce où il était constaté que le testateur, le chanoine Magnani, étant très-âgé, avait, pour signer plus lisiblement, appuyé sa main contre celle d'un des témoins.

2° Par arrêt de la cour de Cassation, du 18 mars 1830,

aff. de Moloré, dont voici le texte : attendu que l'arrêt attaqué déclare, en fait, que la dame de Moloré avait la volonté nécessaire pour tester, et qu'elle a fait tenir sa main passive et inerte pour les actes révocatoires dont il s'agit, qu'il suit de là que la personne qui a tenu cette main n'a fait que constater la volonté de la dame de Moloré, et n'y en a pas substitué une autre ; qu'elle n'a donc pas commis en cela le crime de faux...

Non, si une partie se laisse conduire la main parce qu'elle est incapable de signer autrement. Dans ce cas, s'il s'agit d'un testament, l'acte est nul comme contenant sur le fait de la signature une déclaration mensongère qui fait revenir la chose au même que s'il n'existait aucune déclaration, et parce que, dans une telle circonstance, on peut douter que l'intention du testateur ait été de faire un acte valable (Parlement de Douai, 24 mars 1784; Merlin, quest. v° *Témoin*, § 2).

V. *infrà*, *Mention de la signature*.

90. MARCHAND. V. *suprà*, n° 51 et suiv.

91. MENTION DE LA SIGNATURE. Lorsqu'une partie ne sait pas signer, c'est la déclaration qu'elle doit faire à cet égard, que le Notaire est tenu de mentionner. Ainsi, il ne suffit pas que le Notaire énonce qu'une partie n'a pu signer; il faut, sous peine de nullité de l'acte, la mention expresse qu'elle a déclaré ne le pouvoir. Cet officier ne peut prendre sur lui d'attester personnellement la cause qui a empêché la partie de signer (Limoges, 17 juin 1808, aff. Thomasson ; Cass. 15 avril 1835, aff. Dolmaire). V. *suprà*, n°s 1 et 2.

92. La déclaration de ne savoir écrire ne remplit pas le but de la loi et ne peut être considérée comme l'équivalent de la déclaration de ne savoir signer. On peut, en effet, savoir signer sans savoir écrire (Cass. 14 août 1807, aff. Bouveret ; Douai, 9 novembre 1809, aff. Vallez).

93. Si la déclaration de ne savoir écrire est accompagnée d'une énonciation qui prouve que le testateur a été interpellé de *signer* ou que c'est bien sur le fait de la signature qu'il a entendu s'exprimer, en ce cas, la mention cesse d'entraîner la nullité de l'acte (Liége 24 novembre 1806, aff. Vinand-Plaise; Bruxelles, 15 mars 1810, aff. Lausen). Il en serait de même, si une partie avait déclaré ne savoir signer parce qu'elle est *illettrée* (Ann. not. t. 10, p. 286).

94. Quand la déclaration de ne savoir écrire est suivie d'une marque ou croix qui indique qu'en effet le déclarant ne savait pas signer, la déclaration ne peut pas être contestée avec succès, et l'acte est valable (Cass. 11 juillet 1816, aff. Klein).

95. Il en est autrement dans le cas retourné, c'est-à-dire, lorsqu'on a exprimé que la partie a *signé*, tandis qu'elle n'avait fait qu'une croix. Dans ce cas, l'acte est nul, parce qu'alors la mention du Notaire porte à faux ; qu'il n'y a point de signature et qu'ainsi il n'a point été satisfait à la loi sur le mode de la déclaration exigée (Colmar, 4 mars 1817, aff. Dielbold).

96. Il doit résulter de la déclaration des parties qu'elles ont signé. Et il a été jugé que lors qu'une partie *déclare signer*, il n'y a pas mention qu'elle a signé effectivement. Par conséquent, l'acte est entaché de nullité (Liége, 2 décembre 1807, aff. Delaforge).

97. Lorsqu'une partie déclare ne *savoir signer*, le Notaire n'a qu'à consigner cette déclaration sur son acte ; mais si sachant signer la partie déclare qu'*elle ne le peut*, à cause d'une incommodité quelconque, doit-il être fait mention de la cause à laquelle cette partie attribue son empêchement?

En matière de testament, cette mention est de rigueur et l'acte est nul lorsque la cause qui empêche de signer n'est pas exprimée (C. civ. 975).

Mais pour les actes autres que les testaments, l'énonciation de la cause n'est pas d'une nullité absolue, la loi du 25 ventôse an XI, ne la prescrivant pas (Toullier, t. 8, n° 90). Cependant il est d'usage d'exprimer dans tous les actes la cause qui empêche les parties de signer, et si, en cela, on fait plus que la loi de ventôse n'exige, on se conforme du moins à un arrêt de réglement du 4 septembre 1685, qui enjoignait formellement aux Notaires de *nommer la cause* pour laquelle les parties n'auraient pu signer.

98. Mention de la *déclaration* des parties de ne savoir ou de ne pouvoir signer, serait-elle suffisamment remplacée par celle de l'*interpellation* faite aux parties? L'interpellation supposant la réponse, comme la réponse ou la déclaration de la partie suppose l'interpellation, l'une des deux choses a été regardée comme suffisante. Ainsi, l'on peut dire : *a déclaré ne savoir signer*, ce qui suppose l'interpellation; ou bien : *n'a signé pour ne savoir de ce enquis, — de ce interpellé, — ou de ce requis* (Grenoble, 20 janvier 1830, aff. Payet).

99. Il doit être fait mention des signatures à la *fin* de l'acte (V. *suprà*, n° 1er) sous peine de nullité.

100. Cependant il n'y aurait pas nullité si la mention de la signature était placée dans le corps de l'acte, où même au commencement. Ainsi jugé dans une espèce où la mention de la signature des témoins était exprimée en tête de la manière suivante : *Pardevant Me (tel) Notaire soussigné, et devant les témoins ci-après nommés, qualifiés et soussignés* (Cass. 4 juin 1823, aff. Dumour; Turin, 25 février 1810, aff. Picco; Dijon, 8 janvier 1811, aff. Dessoyer. *Contrà*. Toullier, t. 8, n° 95 ; Douai, 9 novembre 1809, aff. Waller; Riom, 26 mars, 1810, aff. Falcimagne).

101. Il en était de même avant la loi du 25 ventôse an XI, c'est-à-dire qu'il devait être fait mention dans les actes de la signature des parties à peine de nullité ; ainsi jugé à l'occasion d'un don mutuel, par application des art. 84 de l'ordonnance d'Orléans, de 1560 et 165 de l'ordonnance de Blois de 1579 (Cass. 16 juillet 1833, aff. Richault).

102. L'obligation de faire mention de la signature (Voir *suprà*, n° 100) s'applique à la signature des parties et des témoins et non à celle des Notaires (Avis du conseil d'État du 20 juin 1810; Cass. 11 mars 1812, aff. Baudoin). Cependant on est dans l'usage, lorsqu'on mentionne les signatures, d'exprimer que les Notaires ont aussi signé.

103. Le défaut de mention des signatures des parties et des témoins rend l'acte nul comme authentique, quoique, dans le fait, les parties et les témoins aient signé (Cass. 6 juin 1821, aff. Chéneveau).

104. La loi n'a entendu exiger que les signatures à la fin de l'acte. Toutefois, il est prudent de faire parapher par les parties le bas du *recto* de chaque feuillet quand il y en a plusieurs, et c'est ce que la majeure partie des Notaires font.

105. Lorsqu'une partie a déclaré ne savoir signer, tandis qu'elle le savait, l'acte n'est pas nul (Toullier, t. 5, n° 439; et t. 9, n° 93 ; et arrêt de Cassation du 30 messidor an XI, aff. Château-Challon, lequel a maintenu un don mutuel fait entre époux, et dont on avait demandé la nullité

sur le motif que la veuve qui en réclamait l'exécution, avait déclaré ne savoir signer, quoiqu'elle le sût réellement; la preuve de ce fait résultant de plusieurs actes qui étaient représentés).

106. Il en serait autrement en matière de testaments. Dans ce cas, la fausse déclaration serait une cause de nullité. Celui qui sait signer et dit qu'il ne le sait pas (disait, à cet égard, Raviot sur Périer, t. 2, p. 376), fait un acte faux et nul : il est à présumer qu'il a disposé contre son gré, ou plutôt qu'il n'a pas voulu disposer, puisqu'il ne donne point à son acte cette preuve et ce témoignage de sa volonté qu'il pouvait lui donner; il ne lui a point imprimé ce sceau de vérité et de liberté qui était entre ses mains, et qui consiste principalement dans la signature de celui qui doit signer. Ainsi jugé, par arrêt du 7 décembre 1638, confirmatif d'une sentence par laquelle le testament d'Isabeau-Bonnier avait été déclaré nul par le motif qu'on vérifiait par son contrat de mariage et autres actes qu'elle savait signer; par le parlement d'Aix, 29 mars 1666; 1er avril 1666; 7 février 1670; 16 juin 1707 (Grenoble 26 juillet 1810, aff. Hor Rose-Civet). V. *Testament.*

107. Dans le cas ci-dessus posé, n° 105, la fausse déclaration de ne savoir signer pourrait, suivant les circonstances, être un indice de plus du défaut de liberté si l'acte était attaqué pour cause de violence (Toullier, t. 8, n° 95).

108. La disposition de l'art. 14 de la loi du 25 ventôse an XI, relative à la déclaration des parties qu'elles ne savent ou ne peuvent signer (V. *suprà*, n° 1er), est renouvelée de l'ordonnance d'Orléans de 1560, laquelle porte (art. 84) : « *Et en cas que les parties ou témoins ne sauront signer, les Notaires ou Tabellions feront mention de la réquisition par eux faite aux parties et témoins de signer, et de leur réponse qu'ils ne savent signer.* »

Par cette disposition, la loi a investi le Notaire de la confiance la plus illimitée comme la plus honorable; elle a prescrit à cet officier de faire, sur son acte, mention des déclarations des parties à ce sujet et elle a attaché à cette mention la foi la plus entière. Voilà donc des parties qui traitent de leurs intérêts les plus chers, qui font les conventions les plus importantes, et cependant l'acte qui renferme ces conventions ne contient aucune trace matérielle de leur consentement; c'est le Notaire seul qui a tracé les caractères de cette acte, lui seul a énoncé leurs déclarations de ne savoir ou de ne pouvoir signer; et cet acte n'en mérite pas moins le même degré de confiance que s'il était revêtu de la signature de toutes les parties. L'homme public, le délégué de la loi a constaté sur l'acte l'adhésion et les déclarations des parties; son attestation est irréfragable. En vain les parties voudraient par la suite se rétracter; en vain elles voudraient nier leur présence à l'acte, leur adhésion, leurs déclarations mêmes; rien ne pourrait affaiblir le rapport du Notaire qui a constaté tous ces faits. La confiance dont la loi l'a investi met son témoignage au-dessus de toutes les dénégations (Loret, t. 1er, p. 280).

109. MODÈLE DE SIGNATURE. Une signature qui aurait été tracée d'après un modèle fait de main étrangère nous semble valable; car une pareille signature est bien le *fait* de celui qui est annoncé avoir signé puisqu'elle émane de lui. Toutefois nous ne conseillons pas aux Notaires de se prêter à recevoir de pareilles signatures sur leurs actes. Comme on doit signer d'une manière uniforme (V. *suprà*, n° 78), il est clair que la même personne ne le pourra ayant recours au même procédé et qu'elle aura autant de signatures que de personnes qui lui auront fourni des modèles. Avec des signatures si différentes comment serait-il possible d'asseoir un jugement sur une vérification d'écriture quand la partie viendrait à nier l'une de ces signatures? Il est déjà bien difficile en vérification de se prononcer avec certitude sur des signatures pareilles, que serait-ce quand il s'agirait de comparer des signatures contradictoires? Pour résultat on n'aurait que doute et incertitude sur chacune, et il en résulterait une grande perturbation dans les affaires, des experts ne pouvant, dans de pareilles conjonctures, affirmer que la signature sur laquelle ils ont à se prononcer est bien celle de la personne désignée comme signataire, puisqu'ils n'ont pas de point certain de comparaison.

110. MORT AVANT LA SIGNATURE. Si un Notaire venait à mourir avant d'avoir apposé sa signature à la minute d'un acte déjà signé par les parties, cet acte devrait-il rester imparfait?

Un décret du 7 vendémiaire an III, avait autorisé, dans ce cas, un Notaire de Paris à signer la minute en premier, à la place du Notaire décédé. Mais ce décret lui-même semble prouver qu'il a été nécessaire de recourir à l'autorité du législateur pour pouvoir employer une pareille mesure. Elle nous paraît donc s'écarter des règles, et il est douteux que les magistrats prennent maintenant sur eux de l'autoriser par une ordonnance (Pigeau, t. 2, p. 336, *contrà*, Favard, v° *Acte notarié*, p. 69).

111. Lorsqu'un testateur expire avant que le Notaire et les témoins aient signé, il doit être considéré comme mort *ab intestat*, et les légataires ne peuvent se prévaloir de la signature ajoutée à l'acte par le Notaire après le décès de ce testateur. Dans l'espèce, l'héritier du testateur est admis à fournir la preuve testimoniale que le Notaire et les témoins n'ont apposé leur signature qu'après le décès (Gand, 5 avril 1833, aff. Ecmens) V. *Responsabilité*, note 39.

112. NÉCESSITÉ DE LA SIGNATURE. La signature est une formalité essentielle et qui est commune à tous les actes; elle est le signe du consentement donné par les parties; elle confère à l'écrit le caractère d'*acte*, tandis qu'il n'était jusque-là qu'un simple projet (Toullier, t. 8, n° 344).

113. OMISSION DE LA SIGNATURE OU DE QUELQUES LETTRES. Celui qui a omis de signer un acte s. s. p. peut réparer son omission en offrant de le signer avant que les signataires aient manifesté leur rétractation ou qu'ils aient demandé la nullité de l'acte (Toullier, t. 8, n° 346; Amiens, 24 prairial an XIII, aff. Vestu et Blanchard; Rouen 23 mars 1807, aff. Belland).

L'absence de quelques lettres dans la signature d'un témoin instrumentaire, ne suffit pas pour faire prononcer la nullité d'un testament, alors qu'il ne peut exister aucun doute sur l'identité de la personne à laquelle la signature appartient (Cass. 4 mai 1841. Sirey, 41, 1, 442).

114. De leur côté, les signataires de l'acte demeuré imparfait par le défaut de signature d'une des parties peuvent aussi se rétracter avant que celle-ci ait signé ou offert de signer l'acte, quoique ces sortes de rétractations ne soient pas toujours honnêtes (Toullier, t. 8, nos 141 et 347 V. les arrêts sus-énoncés).

115. Le Notaire qui aurait omis de signer ou de faire signer les témoins et aurait été cause, par suite, de la nullité de l'acte, encourrait la responsabilité (Paris 1er floréal an

XI, aff. Delage, et autres arrêts rappelés, note 39).

116. Lorsque des témoins instrumentaires ont omis de signer un acte et qu'il s'est écoulé un long temps depuis sa passation, c'est s'exposer à être poursuivi comme coupable de faux, que de leur faire apposer si tardivement leur signature, surtout si on prétend que cette signature apposée subséquemment a eu pour résultat de priver l'une des parties de demander la nullité de l'acte. Ainsi jugé dans une espèce où il s'agissait d'une donation passée par des individus qui ne savaient pas signer et où ce n'était que longtemps après que le Notaire avait fait signer les témoins instrumentaires (Cass. 7 novembre 1812, aff. Dardelut et Rivière).

117. ORDRE DES SIGNATURES. Ce n'est qu'après toutes les parties que les Notaires doivent signer. C'est, en effet, leur signature qui doit certifier les autres et donner à l'acte son complément et sa perfection (Arrêts de règlement des 21 mars 1659 et 4 septembre 1685. — Langlois, chap. 53.) V. *suprà* n° 11 et suiv.

118. PROMESSES. V. *suprà* n° 51 et suiv.

119. RENVOIS A PARAPHER. — V. note 37.

120. RÉPERTOIRE. Lorsqu'un acte est signé des parties et des Notaires ou du Notaire et des témoins, le Notaire en devient dès ce moment là responsable. Sans doute la perte d'un acte immédiatement après sa réception a rarement lieu, mais elle est possible, et comme les parties ont encore plus d'intérêt que le Notaire à la conservation de l'acte, elles ont incontestablement le droit de prendre toute espèce de précautions pour en prouver l'existence; dans ce cas il n'est pas inutile que l'inscription de l'acte au répertoire se fasse en leur présence, et elles ont bien le droit, selon nous, de demander qu'elle soit faite sans désemparer. Aucune raison ne peut empêcher le Notaire d'optempérer à cette demande, puisque son répertoire doit être toujours au courant (V. note 17). C'est en cela principalement que les répertoires sont utiles, car en assurant la perception des droits d'enregistrement, ils garantissent aussi la conservation des actes et peuvent aider à la preuve de leur existence (Toullier, t. 8, n° 470; Cass. 17 mars 1825, aff. Deneville).

L'obligation de tenir répertoire avait été imposée aux Notaires par arrêt du parlement de Paris du 27 février 1655, rendu avant l'établissement du contrôle, comme un moyen d'empêcher les antidates et de prévenir la soustraction des actes. Elle a été renouvelée par arrêt du Conseil du 21 juillet 1693, et a toujours subsisté depuis (Merlin, v° *Répertoire*).

121. RESPONSABILITÉ. V. note 39.

122. RÉTRACTATION. V. *Sup.* n° 114.

123. SUPPRESSION D'ACTE DÉJA SIGNÉ DE QUELQUE PARTIE. V. *suprà*, n° 47.

124. TÉMOINS CERTIFICATEURS DE L'INDIVIDUALITÉ. Quand un acte est *passé* en présence de témoins qui ont seulement à attester l'individualité des parties, on se contente ordinairement de les faire signer à la fin de l'acte, parce que leur présence se borne à une attestation et que toutes les autres parties de l'acte leur sont étrangères. Cependant il nous semble plus convenable de les faire signer de la même manière que les témoins instrumentaires parce que l'article 14 de la loi de ventôse (V. *Sup.* n° 1er) ne fait pas de distinction entre les témoins certificateurs et les témoins instrumentaires.

125. TÉMOINS HONORAIRES. Lorsqu'un acte est passé en présence de *conseils* ou de personnes qui ne paraissent que par honneur comme cela arrive dans les contrats de mariage, il est d'usage de les faire signer seulement à la fin, sans leur faire parapher ni les renvois ni les pages.

126. VIGNERONS. — V. *suprà*, n° 51 et suiv.

V. *Testament*.

[16]

DE LA LECTURE DES ACTES EN GÉNÉRAL.

1. Les actes des Notaires contiendront la mention qu'ils ont été lus aux parties, à peine de 100 fr. d'amende contre le Notaire contrevenant (Art. 13 de la loi du 25 ventôse an XI). Cette amende a été réduite à 20 fr. par l'art 10 de la loi du 16 juin 1824 et on perçoit en sus le dixième. V. note 19.

Développements :

2. BILLET. Lorsque le souscripteur d'un billet, qui était dispensé de l'approbation en toutes lettres aux termes de l'art. 1326 du C. civ., prétend avoir signé ce billet sans le lire, c'est à lui à faire la preuve de ce fait; et cette preuve ne doit pas s'admettre facilement, car celui qui signe un billet sans le lire commet une faute qu'il doit s'imputer, et d'ailleurs les docteurs considèrent ce fait comme invraisemblable (Toullier, t. 8, n° 275).

3. Il ne suffirait pas pour faire annuler un billet de prouver qu'on l'a signé sans le lire, s'il n'existe pas d'autres conjectures ou présomptions de fraude et de surprise. C'est dans ce dernier cas seulement, c'est lorsque l'acte est attaqué comme frauduleux et comme surpris à la facilité de celui qui l'a souscrit sans le lire, que la preuve de ce fait, jointe aux autres circonstances qui peuvent se rencontrer, devient d'un plus grand poids pour déterminer les juges à prononcer la nullité de l'acte sur des présomptions graves, précises et concordantes (Toullier, *ibid*, C. civ. 1353).

4. LANGUE DES ACTES. INTERPRÈTE. Tous les actes devant être écrits en langue française (Art. 1er de l'arr. gouvernem. du 24 prairial an XI), il se peut que parmi des contractants il s'en trouve qui n'entendent pas le *français*. Dans ce cas, la lecture que ferait le Notaire à une partie qui ne la comprendrait pas ne remplirait pas le but de la loi, il faut que cette partie soit assistée d'un interprète connu, non suspect, qui soit nommé dans l'acte et qui le signe (Arrêts des 17 février 1747 et 15 décembre 1761. Cass. 19 décembre 1815, aff. Aron, Toullier t. 8, n° 99, Favard, v° *Langue française*, n° 6).

5. Le Notaire doit faire prêter serment devant lui à l'interprète. Toutefois l'omission de cette formalité ne donnerait pas lieu à la nullité de l'acte (Favard, *ibid*, Cass. 19 décembre 1815, aff. Aron).

6. Il doit être fait mention dans l'acte que telle partie ne sachant pas le français, a manifesté, dans sa langue maternelle, son consentement ou ses volontés, qui ont été rendues en français par *tel* qui a fait les fonctions d'interprète, serment préalablement prêté ès-mains du Notaire,

lequel interprète a aussi reporté à la partie la lecture de l'acte, dans la langue maternelle de cette partie (Toullier *ibid.*).

7° L'interprète peut-il être pris parmi les témoins instrumentaires?

Non, Suivant M. Merlin, Quest. v° Testament § 18, parce que d'une part le témoin sort de son rôle puisqu'il devient l'organe de la partie qui peut être un testateur, et d'une autre part l'art. 332 du C. d'inst. crim. défend aux témoins, aux jurés et aux juges de faire les fonctions d'interprète.

Oui, suivant MM. Toullier, t. 8, n° 99, Favard v° Langue française n° 6, qui s'appuient de l'arrêt de la C. de Cass. du 19 décembre 1815, aff. Aron, lequel porte en substance que pour déterminer la foi qui est due à un acte notarié, il n'y a pas à examiner quelle langue parlaient respectivement le Notaire qui a reçu l'acte, et les parties qui y ont figuré et l'ont signé ; un tel acte faisant essentiellement foi jusqu'à inscription de faux (Sirey 16, 1, 241).

8. MENTION DE LA LECTURE. Il suffit pour la validité d'un testament notarié, qu'il résulte de l'ensemble de l'acte qu'il a été lu au testateur en présence des témoins. La mention formelle de cette lecture n'est pas indispensable (Cass. 10 février 1830, aff. Millcreau).

9. Les mots : *après lecture du tout* qui terminent un testament, se réfèrent nécessairement à un renvoi approuvé aussi bien qu'au corps de l'acte (Cass. 3 août 1808, aff. Leseure).

10. Il n'est pas nécessaire de donner lecture au testateur de la mention de sa déclaration de ne savoir ou de ne pouvoir signer (Cass. 3 juillet 1834).

11. OMISSION DE LA MENTION DE LECTURE. En matière de testament, le défaut de lecture et de mention de cette lecture est une cause de nullité (C. civ. 972).

12. Mais pour tous actes autres que les testaments, le défaut de mention de la lecture de l'acte ne donne lieu qu'à une amende de 20 fr. contre le Notaire. V. *suprà* n° 1.

Indépendamment de cette somme on perçoit le dixième. V. note 19.

13. RENVOI. V. *suprà* n° 9.

14. SIGNATURE SANS AVOIR LU. En général, on n'est pas censé avoir signé un acte sans l'avoir lu ou l'avoir entendu lire.

C'est une observation qui est faite par tous les docteurs et qui n'est pas sans conséquence. La formalité de la lecture ne doit jamais être omise surtout dans les actes notariés, à cause de son importance. Elle parait tenir à l'essence même des conventions qui, ayant pour fondement nécessaire le consentement de ceux qui les souscrivent, ne sauraient être valables, à moins que ces derniers n'aient une parfaite connaissance de ce que l'acte contient (Toullier t. 8 n°s 261 et 275. Rolland de Vill. v° *Acte notarié* n° 172). V. *suprà* n°s 2 et 3.

15. SOURD-MUET. Lorsqu'il s'agit d'un sourd-muet partie dans un acte il faut distinguer :

16. Si ce sourd-muet sait lire, le Notaire non-seulement doit constater qu'il a fait lecture de l'acte pour satisfaire à la loi, mais encore que cette partie en a pris elle-même lecture.

17. Si au contraire il ne sait ni lire ni écrire, il convient de lui choisir un interprète parmi les personnes qui ont le plus d'habitude de converser avec lui et alors le Notaire constate ce fait (Arg. C. d'inst. crim. art. 333).

V. *suprà* n°s 4, 5, 6, 7 et note 10, n° 154.

18. TESTAMENT MYSTIQUE. Il n'est pas nécessaire que la suscription d'un testament mystique fasse mention que la lecture en a été donnée au testateur en présence des témoins (Bordeaux 5 mai 1828).

V. *Testament*.

[17]

DU RÉPERTOIRE DES NOTAIRES.

DISPOSITIONS GÉNÉRALES.

1. Les Notaires tiendront des répertoires à colonnes sur lesquels ils inscriront, jour par jour, sans blanc ni interligne, et par ordre de numéros, tous les actes et contrats qu'ils recevront, même ceux qui seront passés en brevet, à peine de 10 fr. d'amende par chaque omission (art. 49 de la loi du 22 frimaire an VII). Cette amende a été réduite à 5 fr. par l'art. 10 de la loi du 16 juin 1824, et on perçoit en sus le dixième (V. note 19).

2. Chaque article du répertoire contiendra, 1° son numéro ; 2° la date de l'acte ; 3° sa nature ; 4° les noms et prénoms des parties et leur domicile ; 5° l'indication des biens, leur situation et le prix, lorsqu'il s'agira d'actes qui auront pour objets la propriété, l'usufruit ou la jouissance de biens fonds, 6° la relation de l'enregistrement (Art. 50 de la même loi).

Cette disposition de loi n'a point été modifiée par l'art. 30 de la loi du 25 ventôse an XI, qui porte seulement, que les répertoires contiendront la *date*, la *nature* et l'*espèce* de l'acte, les *noms* des parties et la *relation* de l'enregistrement (Ainsi décidé par le Ministre des finances, le 20 germinal an XII).

3. Les Notaires présenteront tous les trois mois leurs répertoires aux Receveurs de l'enregistrement de leur résidence, qui les viseront et qui énonceront dans leur visa le nombre des actes inscrits. Cette présentation aura lieu chaque année dans les dix premiers jours de chacun des mois de janvier, avril, juillet et octobre (auparavant vendémiaire, nivôse, germinal et messidor), à peine d'une amende de 10 francs par chaque décade de retard (Art. 51 de la même loi). Cette amende a été réduite à 10 fr. quelle que soit la durée du retard par l'art. 10 de la loi du 16 juin 1824, et on perçoit en sus le dixième (V. note 19).

4. Indépendamment de la représentation ordonnée par l'article précédent, les Notaires seront tenus de communiquer leurs répertoires à toute réquisition, aux préposés de l'enregistrement qui se présenteront chez eux pour les vérifier, à peine d'une amende de 50 fr. en cas de refus (réduite à 10 francs par l'art. 10 de la loi du 16 juin 1824, et le dixième en sus. V. note 19). Le préposé, dans ce cas, requerra l'assistance du maire ou de l'adjoint de la commune du lieu, pour dresser, en sa présence, procès-verbal du refus qui lui aura été fait (Art. 52 de la loi du 22 frim. an VII).

5. Les répertoires seront visés, cotés et paraphés par le Président, ou à son défaut, par un autre juge du Tribunal civil de la résidence (Art. 30 de la loi du 25 ventôse an XI).

Suivant l'art. 53 de la loi du 22 frimaire an VII, c'était

au juge de paix qu'il appartenait de coter et parapher les répertoires des Notaires de son ressort.

6. Les Notaires sont tenus de déposer, dans les deux premiers mois de chaque année, au greffe du Tribunal de leur immatriculation, un double par eux certifié du répertoire des actes qu'ils auront reçus dans le cours de l'année précédente, à peine de 100 livres d'amende par chaque mois de retard (Art. 16, titre 3 de la loi du 29 septembre et 6 octobre 1791). Cette amende a été réduite à 10 francs quelle que soit la durée du retard par l'art. 10 de la loi du 16 juin 1824, et on perçoit, en outre, le dixième (V. note 19).

Cette disposition de loi a été confirmée par l'art. 1er de la loi du 16 floréal an IV.

7. Les répertoires des Notaires sont assujettis au droit de timbre en raison de la dimension du papier (Art. 12, n° 2 de la loi du 13 brumaire an VII), à peine, contre le Notaire contrevenant, d'une amende fixée d'abord à 100 fr. par l'art. 26 n° 5 de la même loi, et réduite, par l'art. 10 de la loi du 16 juin 1824, à 20 fr. auxquels il faut ajouter le dixième (V. note 19).

DIVISION ALPHABÉTIQUE :

8. ACTES ET CONTRATS SUJETS A ÊTRE RÉPERTORIÉS. Les Notaires étant tenus, par suite de l'obligation qui leur est imposée par la loi (V. *suprà* n° 1er), d'inscrire sur leurs répertoires *tous les actes et contrats* qu'ils reçoivent même ceux passés en *brevet*, et ce, sous les peines prononcées par cette loi, il en résulte qu'il faut faire application de ce principe même aux actes ci-après :

9. — 1° Les *actes* de suscriptions de testaments mystiques.

10. — 2° Les *actes* reçus par un Notaire comme remplaçant ou substituant son confrère malade ou absent, quoiqu'ils soient inscrits également sur le répertoire du Notaire substitué (Déc. min. just. et fin. Inst. Gén., 11 novembre 1817, n° 909).

11. — 3° Les *billets à ordre* ou *lettres de change* faits devant Notaire.

12. — 4° Les *copies* et *extraits* collationnés délivrés par les Notaires sur pièces représentées et rendues. Ce sont des certificats sujets à l'inscription au répertoire comme à l'enregistrement (Déc. min. fin., 9 prairial an XII; Inst., 1er messidor an XII, n° 232).

13. — 5° Les *décharges* des prix de ventes de meubles données aux Notaires à la suite des procès-verbaux de ventes (Sol. 2 janvier 1818).

14. — 6° Les *dépôts* de testaments olographes ou mystiques faits aux Notaires en vertu de l'art. 1007 du C. civ. quoique le dépôt soit constaté par le procès-verbal de présentation, ouverture et description du testament dressé par le Président (Déc. min. Just., 9 septembre 1812). En général, il n'est pas d'usage que le Notaire dresse un acte du dépôt du testament olographe qui lui est déposé par ordonnance du Président. Ce testament se classe au rang des minutes avec l'expédition de l'ordonnance et à la date de cette ordonnance.

Mais il arrive quelquefois, soit parce que le testament est encore au greffe, soit par oubli, que cette inscription n'a pas lieu, et qu'il ne serait plus possible de la faire à la date de l'ordonnance. Dans ce cas, il est d'usage que le Notaire dresse un acte du dépôt du testament; et c'est cet acte qui, à la date où il est fait, est porté sur le répertoire (Sol. 2 et 24 septembre 1831).

Ce qui vient d'être dit ne s'applique pas aux testaments olographes qui sont déposés de confiance aux Notaires par les testateurs eux-mêmes, et dont les Notaires se bornent, par mesure d'ordre, à prendre note du dépôt, à moins que les testateurs ne demandent qu'il soit dressé acte de ce dépôt (Délib. du 11 mai 1822).

Les testaments, ainsi déposés, étant souvent retirés par les testateurs, soit pour être annulés, soit pour recevoir des changements, beaucoup de Notaires sont dans l'usage d'inscrire les dépôts de cette espèce sur un registre particulier; et lors du retrait par les déposants, ils se font donner décharge dans une colonne du registre (Roll. de V., v° Rép. n° 47).

15. — 7° Les *endossements* de billets à ordre ou de *lettres de change* qui sont faits devant Notaires.

16. — 8° Les *états* de compte et liquidation dressés, hors la présence des parties, par un Notaire commis à cet effet par justice (Délib. 18 février 1834; Jug. de Metz, 31 décembre 1827; Jug. d'Evreux, 16 février 1841, aff. Bardout).

17. — 9° Les *procès-verbaux* de visite de lieux qu'un Notaire a dressés en vertu d'ordonnance du Président d'un Tribunal (Déc. min. fin., 24 octobre 1817).

18. — 10° Les *protêts* faits par les Notaires, quoiqu'ils doivent être inscrits aussi sur le registre particulier prescrit par l'art. 176 du C. de Comm. (Déc. min. fin. et Just. du 9 mars 1809, n° 420).

19. — 11° Les *testaments* (Déc. min. just. 6 vendem. an XIII; Cass. 19 décembre 1808, aff. Pascaud).

20. — 12° Les *ventes* de biens de mineurs qu'un Notaire a faites par délégation des tribunaux (Circ. 8 prairial an XII).

21. ACTE A LA SUITE D'UN AUTRE. Lorsqu'il s'agit de ratifications, quittances et autres actes qui ont été mis à la suite d'un autre acte, on fait mention de cette circonstance au répertoire en écrivant au-dessous du mot quittance ou ratification « (suite de *tel* numéro de *telle* année). »

22. ACTE IMPARFAIT. Les actes qui sont signés des parties et des témoins, mais non du Notaire, sont des actes imparfaits que le Notaire n'est pas tenu d'inscrire au répertoire (Jug. de Brioude, du 31 décembre 1838). V. *infrà*, n° 52.

23. ACTES A PLUSIEURS DATES. Lorsqu'un acte notarié a plusieurs dates, c'est à la dernière qu'il doit être porté au répertoire, si lors de la première date cet acte ne contenait pas encore toutes les signatures des parties (Jug. de Fontainebleau, 13 août 1838) : dans l'espèce, le Notaire avait porté sur son répertoire 18 actes ayant chacun deux dates à la suite d'actes d'une date *postérieure*, et il prétendait échapper à la pénalité par lui encourue en soutenant que lorsqu'un acte notarié a deux dates il est loisible au Notaire de le porter sur son répertoire indifféremment à la première ou à la seconde de ces dates. V. note 13, n° 73.

24. En conséquence, tous actes notariés (autres que les inventaires et procès-verbaux auxquels il est procédé par vacations) peuvent n'être répertoriés que sous la dernière date, c'est-à-dire, au moment où l'acte est devenu parfait par la signature de tous les contractants (Délib. 22 mars 1823; et 29 mars 1831).

25. Cependant la régie a décidé que lorsqu'un acte notarié tel qu'une obligation portant la date du 13 avril pour les emprunteurs et celle du 14 pour le prêteur, n'a été signé qu'à cette dernière date, il ne faut pas en conclure qu'il n'a pu être répertorié sous la date du 13, parce qu'il n'a été consommé que le 14, ni en faire résulter que faute d'avoir été répertorié le 14, tous les actes du 13 qui suivent cet acte répertorié le 13, ont été omis sur le répertoire et que cette omission est passible d'amendes (Délib. 11 novembre 1834). Les motifs de cette décision sont que, sous le rapport de l'intérêt et de l'ordre public, il vaut mieux qu'un acte soit inscrit à sa première date, puisqu'après son inscription le Notaire est tenu de le représenter, et que l'abus des actes à plusieurs dates est favorisé par l'inscription de la dernière au répertoire. D'un autre côté, l'acte étant du 13, aussi bien que du 14, et aucune loi n'assujettissant le Notaire à l'inscrire le 14 plutôt que le 13, on ne peut établir avec fondement que ce ne soit que le 14 que cette inscription a eu lieu.

Il doit sembler, d'après cette décision, que les actes peuvent indifféremment être inscrits à leur *première* ou à leur *dernière* date.

26. ACTES REÇUS PAR UN NOTAIRE SUBSTITUANT. V. *suprà*, n° 10.

27. AMENDES. Il y a trois espèces d'amendes relatives aux répertoires.

Celles de la *première* espèce sont de 5 fr., et, en outre, du dixième dont il est parlé sous la note 19.

Elles sont dues pour chaque *omission* ou *intercalation* existante au répertoire (V. *infrà*, ces *mots*), et pour altération du timbre.

Celles de la *seconde* espèce sont de 10 fr. et du dixième en sus. Elles sont dues pour raison du retard apporté, soit à présenter le répertoire au *visa du receveur* d'enregistrement, soit à déposer le *double du répertoire* au greffe. V. ces *mots*.

Celles de la *troisième* espèce sont de 20 fr. et du dixième en sus. Elles sont dues toutes les fois que le papier du répertoire n'est point du papier timbré de dimension débité par la régie (V. *infrà*, *Timbre*).

A l'égard des amendes de la première espèce (les omissions) il a été jugé que lorsqu'un Notaire porte sur son répertoire à la suite de l'inscription d'un acte, cinq ou dix-huit actes d'une date antérieure, il commet cinq ou dix-huit contraventions passibles chacune de 5 fr. d'amende et du dixième en sus (Jugem. de Rambouillet, 29 décembre 1837; Jug. de Fontainebleau, 13 août 1838).

Il en est de même des *intercalations* et des *ratures* faites pour opérer des substitutions parce qu'elles prouvent que les actes n'ont pas été inscrits jour par jour (V. ces *mots*).

28. BAUX DES BIENS DES COMMUNES, HOSPICES, ETC. Les baux des biens des communes, des hospices et autres établissements publics, quoique soumis, pour être définitifs, à l'approbation des Préfets, doivent être portés sur les répertoires le jour de leur rédaction avec cette mention « *Soumis à l'approbation du Préfet* » (Déc. min. fin., 27 frim. an XIII).

Les Notaires sont tenus d'indiquer en marge de la minute la date du jour où l'acte leur a été rendu, revêtu de l'approbation du Préfet (Inst. Gén., 29 juin 1808; et 7 février 1812).

Le délai pour l'enregistrement ne sera compté que du jour où les actes approuvés par le Préfet seront parvenus aux maires, ce qui doit être attesté par ces fonctionnaires (Déc. min. fin., du 26 novembre 1811). Ce délai est de vingt jours (Déc. min. just., 18 novembre 1828; 22 février 1830; et 17 mai 1832).

V. note 18, n° 163.

29. BLANC. V. *infrà*, n° 64.

30. CHIFFRES. On peut porter en chiffres sur le répertoire le numéro d'ordre, la date de l'acte, celle de l'enregistrement et le montant des droits perçus (Déc. min. fin., 5 mai 1807 et 10 mai 1808; Inst. Gén., 18 février et 7 juin 1808, n°s 363 et 382).

Il est d'usage de porter aussi en chiffre le prix des biens vendus et le revenu des biens donnés.

31. COMMUNICATION DES RÉPERTOIRES. Les Notaires ne doivent donner communication de leurs répertoires, 1° qu'à ceux qui ont obtenu par un jugement le droit d'exiger cette communication (Arg. C. proc. 846); 2° aux parties intéressées en nom direct, héritiers ou ayants-droit, sous peine, en cas de refus, d'y être contraints même par corps (Arg., C. proc. 839); 3° et aux préposés de la régie (V. *suprà*, n° 4).

Cette communication ne peut pas être exigée des Notaires les jours de repos, et les séances dans chaque autre jour ne pourront durer plus de quatre heures de la part des préposés (Loi du 22 frim. an VII, art. 54). V. note 18, n° 163, et note 21.

32. Le refus de communication donne lieu à une amende de 10 fr.; mais les poursuites pour raison de cette amende ne peuvent avoir lieu que lorsque le refus a été constaté en présence du maire de la commune ou de l'un de ses adjoints et qu'il en a été dressé procès-verbal (V. *suprà*, n° 4).

Ce refus serait valablement constaté par un procès-verbal qui mentionnerait que le maire et l'adjoint, requis d'assister le préposé, ont déclaré en être empêchés (Délib. 1er mai 1829).

Il n'y aurait pas infraction à la loi dans le refus que ferait un clerc en l'absence du Notaire, de communiquer les minutes et le répertoire à un vérificateur de l'enregistrement, parce qu'il faut que l'invitation de représenter les minutes soit faite au Notaire lui-même et que le refus émane de lui pour qu'il soit passible de l'amende de 10 fr. (Jug. de Saverne, 18 novembre 1834).

33. CONTRAINTE. Les préposés peuvent poursuivre par voie de contrainte, *et sans condamnation préalable*, le recouvrement de l'amende encourue par un Notaire pour refus de communication de son répertoire à un préposé de la régie qui lui en a fait la demande (Inst. Gén., 18 décembre 1824, § 17).

Toutefois les poursuites ne peuvent avoir lieu, dans ce cas, que lorsque le refus a été constaté comme il est dit ci-dessus, n° 32.

34. Ils peuvent aussi poursuivre, par voie de contrainte, non-seulement *sans condamnation préalable*, mais encore sans rapporter *procès-verbal*, le recouvrement des amendes encourues par les Notaires, 1° pour avoir tenu leurs répertoires sur papier non timbré (V. *suprà*, n° 7).

2° Pour y avoir fait des omissions (V. *suprà*, n° 1er).

3° Et pour ne les avoir pas fait viser chaque trimestre par le Receveur de l'enregistrement (V. *suprà*, n° 3; Inst. Gén., 18 décembre 1824, § 17).

V. *Constatation et poursuites des contraventions*, note 44.

35. DÉCHARGES. V. *infrà*, *Quittance*, n° 88.

36. DÉPOTS DE TESTAMENTS. Les testaments et les actes de dépôts de testaments à porter sur le répertoire doivent être inscrits sans autre indication que celle de la date du testament ou du dépôt, et des noms, prénoms et domicile du testateur (Art. 14 de la loi des 5, 19 décembre 1790). Il ne doit pas être fait mention dans cette indication des dispositions que renferment les testaments des personnes vivantes (Déc. min. fin. et Just. 6 vendem. an XIII).

37. DOMICILE DES PARTIES. V. *Forme du répertoire*, n° 57.

38. DOUBLE DU RÉPERTOIRE. De l'obligation imposée aux Notaires d'effectuer, *dans les deux premiers mois* de chaque année, au greffe du tribunal, le dépôt du double de leur répertoire (V. n° 6). Il résulte que le dépôt fait le 1er *mars* est tardif et que l'amende est encourue dès ce jour-là (Déc. min. fin., 5 mai 1817; Cass. 6 juin 1807, 10 mai 1819, 4 juillet 1820 et 15 mai 1822).

39. Ce double doit être la copie exacte du répertoire. Cela résulte du texte même de la loi et de son esprit, afin que ce double non-seulement puisse suppléer à la perte de l'original, mais encore soit un obstacle aux changements que par la suite on voudrait faire subir à l'original en y faisant figurer des minutes comme brevets, etc.

40. Le double dont il s'agit doit être sur papier timbré comme le répertoire même (Déc. 14 vendem. an VII; Circ. 6 brum. an VII, n° 1401).

41. Lorsque un Notaire n'a passé aucun acte dans le cours d'une année, il n'est pas tenu de déposer au greffe un certificat négatif pour tenir lieu du double du répertoire (Déc. min. Just. et fin., 2 et 4 juillet 1812).

42. Un Notaire successeur n'est pas passible d'amende pour omission ou retard du dépôt du répertoire de son prédécesseur, parce que la loi ne l'oblige qu'au dépôt du répertoire des *actes qu'il a reçus* (V. *suprà*, n° 6; Cass. 7 décembre 1820).

43. Le dépôt doit être fait au greffe du Tribunal dans le délai fixé par la loi. En conséquence, le Notaire ne serait pas dispensé de l'amende de 10 fr. due pour raison du retard (V. *suprà*, n° 6), parce qu'il aurait, dans le délai utile, remis à la poste de son domicile le paquet contenant le double de son répertoire (Cass. 6 juin 1809).

44. Les dépôts de double de répertoires doivent être inscrits par les greffiers à la suite *les uns des autres* sur les registres destinés en général à les recevoir et non sur des registres particuliers qui pourraient donner les moyens de favoriser, par des anti-dates, les Notaires qui seraient en retard d'effectuer le dépôt (Art. 2 du Decr. du 12 juillet 1808; Circ. min. Just., 18 mai 1819).

45. Le dépôt serait suffisamment justifié par un récépissé du greffier, quoiqu'il n'eût point dressé d'acte de dépôt (Cass. 11 janvier 1816).

46. Les greffiers doivent dresser un acte de dépôt pour chaque double de répertoire, en conséquence, plusieurs Notaires ne peuvent se réunir et exiger qu'il ne soit rédigé qu'un acte pour tous (Déc. min. fin. et Just. 24 mai et 27 juin 1808; Inst. Gén. 14 juillet 1812, n° 590).

47. Les actes de dépôt sont exempts d'enregistrement; mais il est dû au greffier 1 fr. 25 cent. pour droit de greffe (Mêmes décis. min. et Inst.; Décr. 12 juillet 1808, art. 1er).

48. Les Notaires ne sont pas forcés de lever des expéditions des actes de dépôt de leurs répertoires, en conséquence, le coût n'en est dû aux greffiers que quand elles leur sont demandées (Cass. 11 janvier 1816).

49. Lorsque les Notaires manquent d'effectuer le dépôt annuel du double de leur répertoire, les préposés de la régie sont chargés de constater la contravention par un procès-verbal qu'ils doivent remettre au procureur du Roi de l'arrondissement, lequel poursuit, s'il y a lieu, la condamnation du Notaire et a le droit de se pourvoir en cassation du jugement rendu sur sa poursuite. Les préposés de la régie ne peuvent agir contre le Notaire qu'en vertu d'un jugement de condamnation (art. 2 de la loi du 16 floréal an VII; Décis. min. fin. et Just. 15 mars et 25 avril 1808).

50. ESPÈCE DES ACTES. Le mot *espèce* employé dans l'article 30 de la loi du 25 ventôse an XI (V. *sup.* n° 2), exprime si l'acte est en MINUTE ou en BREVET (Sol. 22 mai 1810). V. *infrà*, n° 57.

51. EXCEPTIONS A L'OBLIGATION DE RÉPERTORIER. L'obligation imposée aux Notaires de porter sur leurs répertoires les actes qu'ils passent, reçoit exception dans les quatre cas suivants :

52. — 1° Lorsqu'il s'agit d'un acte nul ou imparfait,

A cet égard il faut distinguer si l'acte est ou non signé du Notaire qui l'a reçu.

Dans le premier cas, c'est-à-dire si le Notaire a signé, l'acte devant être considéré comme acte public, doit être inscrit au répertoire et soumis à l'enregistrement (Ind. Cass. 2 novembre 1807, aff. Passemard). Nos motifs sont que le Notaire n'ayant dû revêtir l'acte de sa signature qu'après que toutes les formalités prescrites par la loi ont été remplies il n'est plus en son pouvoir de se mettre en opposition avec lui-même, en alléguant qu'il a signé par erreur. Le fait de l'apposition de la signature est une chose acquise aux parties, et dès-lors il est obligé de donner à l'acte toute l'authenticité qu'il est susceptible d'avoir, ne pouvant se rendre juge de son mérite.

Dans le second cas, c'est-à-dire lorsque le Notaire n'a pas signé, *comme l'acte ne peut pas être considéré comme acte public*, il en résulte que le Notaire n'étant pas obligé de le soumettre à l'enregistrement dans les dix ou quinze jours de sa date, doit être par cela même dispensé de le répertorier (V. l'arrêt de Cass. du 2 novembre 1807 sus énoncé, et jugement de Brioude du 31 décembre 1838).

53. — 2° Lorsqu'il s'agit de certificats de vie délivrés par les Notaires aux individus qui jouissent de rentes ou pensions viagères sur l'Etat; ces certificats ne sont inscrits que sur un registre particulier tenu à cet effet (Déc. Min. Fin. du 2 août 1808). — V. *Certificat de vie.*

54. On comprend dans cette exception les certificats de vie des actionnaires de la caisse Lafarge, de la tontine perpétuelle d'amortissement, et généralement de toutes les tontines que le Gouvernement a légalement autorisées, et dont les fonds sont employés en achats de rentes perpétuelles sur l'Etat (Inst. gén. du 20 février 1822, n° 1021).

55. — 3° Lorsqu'il s'agit des certificats de propriété délivrés en exécution de l'art. 6 de la loi du 28 floréal an VII pour les rentes perpétuelles ou viagères sur l'état, et en exécution du décret du 18 septembre 1806 pour le retrait des cautionnements versés au Trésor royal (Déc. Min. fin. 1er août 1821). V. *Certificats de propriété.*

S'il y a des Notaires qui pratiquent un usage contraire et qui répertorient les certificats de propriété, c'est par

[17] DU RÉPERTOIRE DES NOTAIRES.

mesure d'ordre, car il n'est pas de rigueur de le faire. En effet, ces actes n'étant signés que par un seul Notaire ne peuvent être assimilés aux actes notariés que la loi de ventôse an XI a eus pour objet.

56. — 4° Et lorsqu'il s'agit d'un état estimatif de mobilier qui doit être joint à un acte de donation (Déc. Min. fin. — Inst. gén. 19 octobre 1807, n° 351). Il s'agissait, dans l'espèce, d'un état reçu par le Notaire en présence de deux témoins, les parties n'ayant pu en dresser un sous-seing privé parce qu'elles ne savaient pas signer; et il a été décidé qu'il n'était pas nécessaire (quoiqu'il fût sujet à l'enregistrement) de le répertorier, l'acte de donation dans lequel il était relaté rendant cette formalité inutile.

L'instruction précitée porte qu'il doit en être de même des états de dettes annexés aux donations.

57. FORME DU REPERTOIRE. Chaque article du répertoire doit contenir 1° son numéro, 2° la date de l'acte, 3° sa nature, 4° les noms et prénoms des parties et leur domicile, 5° l'indication des biens, leur situation et le prix lorsqu'il s'agit d'actes qui ont pour objet la propriété, l'usufruit ou la jouissance de biens-fonds, 6° la relation de l'enregistrement (Art. 50 de la loi du 22 frimaire an VII). V. *suprà* n° 2.

58. Le répertoire doit contenir en outre l'*espèce* de l'acte (Art. 30 de la loi du 25 ventôse an XI). V. *suprà*, n° 2, et *infrà*, n° 96 *bis* (*a*).

59. GREFFIERS. Les greffiers des tribunaux peuvent-ils donner communication des copies des répertoires qui leur ont été déposées par les Notaires (V. *suprà*, n° 38), et en délivrer des extraits?

Ceux qui sont pour l'affirmative invoquent l'article 853 du C. de Proc. civ.; mais cet article n'est relatif qu'aux actes judiciaires, car il impliquerait contradiction que l'on interdît aux notaires la faculté de communiquer leurs actes et leurs répertoires aux étrangers (V. *suprà*, n° 31), et que l'on autorisât les greffiers à faire cette communication. (Fouquet, v° *Répertoire*, § 5).

60. HONORAIRES V. note 5, n° 243.

61. INVENTAIRE. Les inventaires, procès-verbaux de

(*a*) Quoique la forme du répertoire soit connue de tous les Notaires, nous avons cru cependant devoir en donner ici un modèle afin d'en fixer invariablement l'uniformité.

NUMÉROS du répertoire	DATES des actes.	NATURE ET ESPÈCE DES ACTES		MOMS, PRÉNOMS ET DOMICILES DES PARTIES, Indication, situation et prix des biens.	RELATION de l'enregistrem^t.	
		En brevets.	En minutes.		Dates.	Droits.
				Mois de janvier 1841.		
1	2		*Donation*	Par Michel JANUS, demeurant à Vermenton, à Isaac MARTIN, du même lieu, d'une maison sise audit Vermenton, rue Neuve, évaluée à 200 francs de revenu.	8 »	176 »
2	4	*Consentement*		Par Joseph FEBVRIER, du Val-Saint-Martin, au mariage de Henri FEBVRIER, son fils, du même lieu, avec telle personne qu'il lui plaira choisir.	5 »	2 20
3	5 9 et 16		*Inventaire*	Après le décès de M. Jean-Pierre BERGER, de Vermenton.	10 » 19 »	6 60 6 60
4	6		*Quittance* (suite du n° 50 de 1840).	Par Marie DUPERRAY, demeurant au Val-du-Puits, à Ignace MERLIN, du même lieu, de la somme de 1500 francs.	16 »	8 25

ventes de meubles et autres qui contiennent plusieurs séances, doivent être inscrits à la date de la première vacation seulement; mais il est utile de rappeler, à la suite et dans le même contexte de l'article, la date successive des autres vacations (Déc. min. fin. 18 août 1812).

62. Les Notaires résidant dans les villes où siège une Cour Royale sont admis à faire enregistrer les inventaires qu'ils font aux bureaux des lieux où ils ont instrumenté, dans les dix ou quinze jours de chaque vacation, suivant que la commune où l'opération a été faite se trouve ou non au chef-lieu de bureau; à la charge néanmoins par lesdits Notaires 1° de soumettre la dernière séance contenant la clôture de leurs inventaires, à la formalité de l'enregistrement au bureau de leur résidence, dans les quinze jours de sa date; 2° de porter les inventaires sur leurs répertoires, avec mention des jours qu'ils ont duré, les divers enregistrements dans chaque bureau, de leur date et de la désignation de ces bureaux (Déc. min. fin. du 12 thermidor an XII; — Instruction générale 3 fructidor an XIII, n° 290).

63. INDICATION DES BIENS. V. *suprà*, *Forme du Répertoire*, n° 57.

64. INSCRIPTION AU RÉPERTOIRE. Tous les actes et contrats reçus par un Notaire doivent être inscrits au répertoire, jour par jour, sans blanc ni interligne et par ordre de numéros, à peine de cinq francs d'amende par chaque omission (V. *suprà*, nos 1er et 57).

INTERCALATION OU INTERLIGNE. L'omission d'un article au répertoire est suffisamment prouvée, et le Notaire a encouru l'amende par le fait seul de l'intercalation de cet article en interligne (Cass. 19 décembre 1808; Sirey t. 9, p. 231).

Dans ce cas, il est dû autant d'amendes qu'il y a d'intercalations (Sol. 26 germinal an XIII).

66. JOUR PAR JOUR. La disposition de la loi qui oblige le Notaire à inscrire jour par jour les actes au répertoire, doit être entendue en ce sens que c'est le jour même qu'un acte a été signé qu'il doit être porté sur le répertoire, sauf à laisser en blanc la relation de l'enregistrement pour la remplir ensuite; ainsi, l'amende est encourue si l'inscription n'est faite qu'après lors même qu'elle aurait lieu dans le délai accordé pour faire enregistrer les actes.

La loi du 25 ventôse an XI, par son article 30, n'a point dérogé sur ce point à l'art. 49 de la loi de frimaire. V. *suprà*, nos 1 et 2 (Cass. 3 février 1811, aff. Dunat; 4 décembre 1816, aff. Lemaître, Sir. 17, 230).

67. Cependant si un Notaire avait reçu un acte loin de son domicile, et si son absence s'était prolongée pendant plusieurs jours par une nécessité bien reconnue, il nous semble qu'il devrait y avoir exception pour ce cas, parce qu'il est évident qu'il a été impossible au Notaire de faire l'inscription au répertoire le même jour, à moins qu'on ne décide qu'un Notaire ne doit pas quitter son étude pour instrumenter sans emporter son répertoire. — V. note 15, n° 120).

Nous devons toutefois faire observer qu'il a été jugé qu'un Notaire qui a négligé d'inscrire ses actes, jour par jour, sur son répertoire, ne peut être excusé pour cause d'absence ou tout autre empêchement *allégué et non justifié*, (Jug. de Belley, 4 avril 1838); ce qui vient à l'appui de notre opinion.

68. MODÈLE DE RÉPERTOIRE V. *suprà*, *Forme du Répertoire*, n° 57).

69. MODÉRATION DES AMENDES DE RÉPERTOIRE. Les amendes réduites par l'article 10 de la loi du 16 juin 1824 étaient si exorbitantes que les fonctionnaires publics sollicitaient toujours des réductions que le Ministre des Finances refusait rarement; c'est dans le but de mettre fin à toute espèce de sollicitations que cette loi a apporté une réduction qui rend les amendes supportables, et à ce moyen il n'est plus permis de faire de réclamations auprès du Ministre des Finances ou de la régie pour obtenir une modération des amendes encourues (Inst. gén. 23 juin 1824, n° 1136).

Mais cette disposition de la loi laisse subsister le droit qu'a le Notaire de même que toute autre personne de solliciter la décharge d'une amende qui ne paraît pas due.

70. NATURE DES ACTES. Le mot *nature* employé dans les articles 49 de la loi de frimaire et 30 de la loi de ventôse (V. *suprà* nos 1 et 2), exprime si l'acte est une *quittance*, une *vente*, etc. (Sol. 22 mai 1810).

V. *suprà*, *Forme du Répertoire*, n° 57.

71. NOMS ET PRÉNOMS DES PARTIES. V. *sup.* n° 57.

72. NOTAIRE DÉMISSIONNAIRE OU DÉCÉDÉ. Un Notaire peut porter ses actes sur le répertoire de son prédécesseur, parce que aucune loi ne l'oblige à ouvrir un répertoire particulier. Il suffit, en effet, que les actes soient répertoriés à la suite les uns des autres et que la preuve de leur existence soit assurée pour que le but de la loi soit atteint.

Lorsque les scellés ont été apposés sur les Minutes et papiers de l'étude d'un Notaire décédé, et qu'il est reconnu, à la levée des scellés, que le délai pour l'enregistrement de plusieurs actes est expiré ainsi que le délai pour la présentation du répertoire au visa trimestriel, la régie ne peut exiger du successeur de ce Notaire des amendes ou droits en sus pour le retard dans l'enregistrement des actes et le visa du répertoire (Déc. min. fin. 7 mai 1837).

73. NUMÉRO DU RÉPERTOIRE. Quoique la loi n'oblige pas d'inscrire sur chaque acte le numéro d'ordre qu'il porte sur le répertoire, cependant il est utile de le faire au moins sur les actes en *minute* par mesure d'ordre afin de les mettre toujours à leur place et de pouvoir les trouver plus facilement qu'en les mettant pêle-mêle. V. *suprà*, *Forme du Répertoire*, n° 57.

74. OBLIGATION DE TENIR RÉPERTOIRE. L'usage des répertoires est fort ancien; il avait été imposé aux Notaires par un arrêt du 27 février 1655, rendu au Parlement de Paris avant l'établissement du contrôle, comme moyen d'empêcher les antidates et de prévenir la soustraction des actes. Par les ordonnances de Louis XII et de François Ier, des années 1512 et 1539, on substitua les répertoires aux registres et protocoles que les Notaires devaient tenir. L'obligation de tenir repertoire a été renouvelée par un arrêt du conseil du 21 juillet 1693, année dans laquelle le contrôle fut établi, et elle a toujours subsisté depuis (Merlin, v° *Répertoire*).

Enfin cette obligation a passé dans nos lois (V. *suprà*, nos 1 et 2), et son utilité est incontestable, car d'une part elle assure la perception des droits d'enregistrement et d'une autre part elle fournit un moyen de prouver l'existence des actes tout en garantissant leur conservation.

75. OMISSION. Il y a omission passible de l'amende de 5 francs (V. *suprà* n° 1), toutes les fois que les actes ne sont pas inscrits sur les répertoires, jour par jour, sans blanc ni interligne. et par ordre de numéros.

D'où il suit qu'il faut qu'il y ait omission totale d'un acte sur le répertoire pour qu'il y ait lieu à amende, et par conséquent, 1° que le défaut de l'une des indications prescrites par la loi (V. *suprà*, n° 2) ne peut être considéré que comme un vice de rédaction qui ne peut donner lieu à l'amende, 2° et que les doubles emplois, les erreurs dans la série des numéros, pourvu qu'il n'y ait pas d'interruption, et autres irrégularités, ne peuvent être considérés comme des contraventions punissables.

V. *suprà*, *Intercalation*, n° 65; *Jour par jour*, n° 66, et *infrà*, *Ratures*, n° 89; *Surcharge*, n° 95.

76. PLURALITÉ DE RÉPERTOIRES. On ne peut tenir concurremment deux répertoires, l'un pour les minutes, l'autre pour les brevets. Cette division, qui n'aurait aucune utilité, est proscrite par l'art. 50 de la loi du 22 frimaire an VII et par l'art. 30 de la loi du 25 ventôse an XI (V. *sup.* n° 2). — *Sol.* 22 mai 1810.

77. Un Notaire doit-il avoir un répertoire particulier pour chaque année? La loi ne lui en faisant point une obligation, il en résulte qu'il peut réunir plusieurs années à la suite les unes des autres dans le même volume. Ce mode paraît plus convenable surtout pour la facilité des recherches, aussi est-il beaucoup plus en usage que l'autre.

78. POURSUITES. Lorsqu'il est dirigé des poursuites contre un Notaire par voie de contrainte pour raison d'amendes qui lui sont réclamées, il a le droit, quand elles ne lui paraissent pas dues, soit de se pourvoir par opposition à la contrainte devant le Tribunal civil, soit de former une réclamation auprès du Ministre des Finances ou de la régie, mais en général ce dernier moyen est employé avant que la contrainte soit décernée; s'il est employé après, ce n'est ordinairement qu'après s'être concerté à ce sujet avec le préposé de la régie.

V. *suprà*, *Contrainte*, n°s 33 et 34; *Double du Répertoire*, n° 49; *Modération des amendes*, n° 69; et *Note* 44.

79. PRÉNOMS DES PARTIES. V. *sup.* n° 57.

70. PRESCRIPTION DES AMENDES. La prescription des amendes de répertoire est de deux ans et elle court à compter du jour où les préposés ont été à portée de constater les contraventions (Art. 14 de la loi du 16 juin 1824).

81. Mais s'il arrive que les préposés n'ont pas été à même de connaître et de constater la contravention, la prescription, dans ce cas, est de trente ans. Tel est le cas, par exemple, où un acte n'a été ni inscrit au répertoire ni soumis à l'enregistrement.

82. Tant qu'il n'est pas intervenu de condamnation par suite d'une contravention, la prescription de l'action ne s'acquiert que par deux ans à partir du jour où cette contravention a été commise.

83. Mais il en est autrement dès qu'il est intervenu un jugement de condamnation. Dans ce cas la prescription s'acquiert par 30 ans.

84. Les amendes de contravention ne sont dues que par ceux qui les ont commises et par suite de la règle *que les fautes sont personnelles*; les amendes s'éteignent par le décès des contrevenants; il n'y a d'exception que pour les amendes de contravention aux lois sur le timbre, lesquelles sont dues par le successeur et jouissent, dans les successions, du privilège des contributions directes (C. instr. crim., art. 2, loi du 28 avril 1816, art. 76).

85. PRIX DES BIENS. V. *sup.* n° 57.

86. PROCÈS-VERBAUX. De ce qu'au jour indiqué pour une vente de meubles il ne s'est pas trouvé d'enchérisseurs, il n'en résulte pas que le Notaire soit dispensé de répertorier le procès-verbal constatant que cette vente n'a pu avoir lieu faute d'enchérisseurs. La loi ne contenant point d'exception pour ce cas, il est obligé de se conformer à la règle qui l'oblige de répertorier tous les actes qu'il reçoit. V. *suprà* n° 61.

87. QUALITÉS DES PARTIES. Il peut être fort utile de porter sur les répertoires les qualités des parties surtout de celles qui demeurent dans les villes, mais en général on ne le fait pas parce que la loi n'en impose pas l'obligation aux Notaires.

88. QUITTANCES DONNÉES A UN NOTAIRE. Lorsqu'une quittance ou une décharge est donnée à un Notaire personnellement à la suite d'une vente de meubles ou de tout autre acte reçu par lui, cette quittance ou décharge, encore bien qu'elle soit signée par un autre Notaire, doit rester en la garde du Notaire dont elle opère la libération sans avoir besoin d'être portée sur son répertoire. Il suffit, dans ce cas, qu'elle le soit sur le répertoire de celui qui a signé la quittance ou décharge avec mention de la garde de la minute par l'autre Notaire (Déc. min. fin. et just. transmise par inst. gén. 11 novembre 1819, n° 909. Avis Cons. d'Et. du 21 octobre 1809).

89. RATURES. La rature d'un ou de plusieurs articles, suivis de l'inscription sur le répertoire d'un acte d'une date antérieure à ceux rayés, constitue une omission passible de l'amende de 5 fr. lors, surtout, que les articles rayés ont été réinscrits ensuite (Déc. min. fin. 16 décembre 1824, Cass. 28 mars 1827, aff. Loiseau).

90. Mais il n'est pas dû d'amende pour toute autre rature de mots faite dans les répertoires, pourvu que la série des numéros ne soit pas interrompue (Délib. 6 mars 1824, déc. min. fin. 8 avril suiv.).

91. RELATION DE L'ENREGISTREMENT. V. *suprà*, n° 57.

92. RELEVÉS DE TESTAMENTS. V. *inf. Testaments*, n° 100.

93. REMISE DE RÉPERTOIRE. L'art. 58 de la loi du 25 ventôse an XI qui porte qu'il sera dressé un état sommaire des minutes remises au nouveau titulaire, ne nous paraît pas devoir s'appliquer aux répertoires. Il suffit, dans ce cas, que le Notaire qui reçoit des répertoires le reconnaisse au pied de l'état sommaire des minutes qui lui sont remises. V. *suprà*, n° 72.

94. SITUATION DES BIENS. V. *suprà*, n° 57.

95. SURCHARGES. Il n'est pas dû d'amende pour les surcharges de mots faites dans les répertoires, pourvu que la série des numéros ne soit pas interrompue (Délib. 6 mars 1824, déc. min. fin. 8 avril suivant).

96. Cependant si la surcharge de plusieurs lignes ou mots avait eu pour but de substituer un acte à un autre afin de réparer une omission, ce fait, qui peut être facile à vérifier par le rapprochement des actes, est punissable et le Notaire a encouru l'amende de 5 francs. V. *sup.* n° 89.

96 *bis*. TABLES ALPHABÉTIQUES. Pour le bon ordre d'une étude, les tables alphabétiques sont indispensables; elles ne sont point, à la vérité, obligatoires d'après la loi, mais elles le sont en fait quand on tient à donner une satisfaction prompte à ceux qui sont à la recherche d'un acte dont ils ont le droit de demander connaissance.

La manière de tenir ces tables n'étant point uniforme, il arrive souvent qu'elles sont incomplètes surtout lorsqu'il n'y a que le nom de l'une des parties qui est relevé dans l'ordre alphabétique.

Un mode uniforme, contenant le relevé des noms de toutes les parties, offre donc un avantage sur tout autre mode; c'est pour cela que nous donnons comme modèle à suivre la formule ci-dessous (*a*).

Avec la table que nous indiquons, il est possible de relever tous les actes qui ont été passés *pour* ou *contre* toutes les parties, ce qui ne serait pas possible si le relevé ne concernait que les actes qui sont à *l'avantage* de ces mêmes parties.

Dans le modèle que nous donnons, nous relevons les actes compris en la formule de répertoire qui se trouve *suprà*, n° 58, au bas de la page.

Les actes en brevet se distinguent par ce signe (B).

Les femmes perdant, pour ainsi dire, leurs noms par le mariage, les actes qui les concernent doivent être relevés sous le nom de leurs maris.

Inutile de faire observer que la table ci-dessous doit se découper lors de la composition du répertoire alphabétique, de manière que les noms commençant par un B, par exemple, soient tout-à-fait distincts de ceux qui commencent par un D, et ainsi des autres lettres.

97. TENUE DU RÉPERTOIRE. V. *suprà*, n° 57.

98. TESTAMENTS. Les testaments et les actes de dépôt de testaments doivent être portés sur le répertoire sans autre indication que celle de la date du testament ou du dépôt, et des noms, prénoms et domicile du testateur (Loi du 5-19 décembre 1790, art. 14). V. *sup.* n° 14.

99. On ne doit pas y faire mention des dispositions que renferment les testaments des personnes vivantes (Déc. min. Just. 6 vendémiaire an XIII).

100. Les préposés de la régie peuvent prendre sur les répertoires les relevés qui leur sont nécessaires pour leurs opérations. Ils peuvent même faire les recherches des testaments clos inscrits sur ces répertoires et intenter devant le Tribunal civil toute action nécessaire pour faire ordonner l'ouverture de ces testaments, lorsqu'ils sont en état de prouver que les testateurs sont décédés depuis plus de trois mois (Décis. min. fin. 6 ventôse an VII).

101. Ils ont le droit aussi de relever sur les tables de la régie tous les testaments inscrits sur les répertoires; mais ils ne peuvent prendre aucune communication de ces actes sur la minute, ni aucune note qui y soit relative, avant le décès des testateurs (Loi du 5-19 décembre 1790; loi du 22 frimaire an VII, art. 54; jug. de Falaise, 26 avril 1824).

102. TIMBRE. Les répertoires des Notaires sont assujettis au droit de timbre établi en raison de la dimension du papier (art. 12, n° 2, de la loi du 13 brumaire an VII), à peine contre le Notaire contrevenant d'une amende fixée d'abord à 100 fr. (art. 26, n° 5, de la même loi), et réduite à 20 fr. par l'art. 10 de la loi du 16 juin 1824, non compris le dixième (note 19).

103. Les répertoires doivent être composés avec du papier timbré *débité* par la régie, d'où il résulte que les Notaires ne peuvent se servir de papier timbré à l'extraordinaire (Art. 18 de la loi du 13 brumaire an VII. Lett. min. Just. 28 mars 1810).

En cas de contravention à cet article, le Notaire est passible d'une amende de 20 fr. aux termes des lois rappelées *suprà*, n° 102.

104. Il n'y a aucune contravention à employer du papier de quelque dimension que ce soit, mais par la lettre ministérielle ci-dessus rappelée, les Notaires ont été invités à se servir du papier de grande dimension au timbre actuel de 1 fr. 50 c., attendu que le format de ce papier est le plus propre à l'usage des répertoires.

105. L'empreinte du timbre ne peut être couverte d'écriture, ni altérée, à peine d'une amende de 5 fr. (Art. 21 et 26, n° 2 de la loi du 13 brum. an XII; Art. 10 de celle du 16 juin 1824).

Il n'est dû qu'une amende pour plusieurs altérations du timbre, parce qu'il n'y a qu'une sorte de contravention (V. *suprà*, *Amendes*, n° 27).

Il n'y a pas lieu à pluralité d'amendes quand il s'agit de contraventions à la loi du 25 ventôse an XI, en consé-

(*a*) TABLE ALPHABÉTIQUE des Actes reçus par Me. . . . . Notaire à. . . . . .

5 janvier 1841.	BERGER (Jean-Pierre)	Inventaire après le décès de
6 janvier 1841.	DUPERRAY (Marie)	Quittance à Ignace MERLIN, (suite de vente du 1er février 1840).
4 janvier 1841. *idem.*	FEBVRIER (Joseph) FEBVRIER (Henri)	Consentement (B) au mariage de Henri FEBVRIER. Consentement à mariage (B) par Joseph FEBVRIER.
2 janvier 1841.	JANUS (Michel)	Vente à Isaac MARTIN.
2 janvier 1841. 6 janvier 1841.	MARTIN (Isaac) MERLIN (Ignace)	Vente par Michel JANUS. Quittance par Marie DUPERRAY (suite de vente du 1er février 1840).

quence, il n'est dû qu'une amende quel que soit le nombre de ratures, de surcharges, d'interlignes, additions, abréviations, blancs et lacunes existant dans un acte (Cass. 24 avril 1809, Sirey 9, 2, 252). Dans ce cas, il n'y a toujours qu'une contravention à la loi.

Mais il en serait autrement en matière de droits de timbre qui sont assimilés à des contributions indirectes (Ind. Cass. 26 mars 1825; Journ., Enreg. art 8373). Les principes de cet arrêt seraient appliqués à un officier public qui, dans une expédition, aurait couvert le timbre d'écriture et mis plus de lignes que le nombre fixé par la loi; deux amendes seraient exigées de lui parce qu'il y aurait dans ce cas deux contraventions. V. note 5, n° 67.

106. Cette prohibition s'applique au timbre sec comme au timbre noir (Cass. 4 juillet 1815).

107. Mais elle ne s'applique pas au verso de ces deux timbres (Déc. min. fin. du 16 juin 1807).

108. La règle posée au n° 105 qui précède reçoit exception, en ce sens qu'il n'y a point de contravention.

109. — 1° Lorsque quelques lignes traversent l'empreinte du répertoire, ou quand quelques chiffres d'un tableau contenus dans une liquidation sont écrits sur cette même empreinte (Sol. du 6 août 1832).

110. — 2° Lorsque le timbre du papier employé au répertoire est couvert par l'impression des colonnes; dans ce cas, il n'y a contravention ni de fait ni d'intention (Même Sol.).

111. — 3° Lorsque les chiffres de la colonne des numéros d'ordre du répertoire sont apposés sur l'empreinte du timbre, parce qu'il n'y a point altération du timbre dans le sens de la loi (Sol. du 3 décembre 1834).

112. — 4° Lorsque des chiffres ou des mots ont été écrits sur le timbre des répertoires, parce que l'irrégularité qu'il peut y avoir à écrire la date et la nature de l'acte sur le timbre, provient de l'arrangement des colonnes et non de l'intention d'altérer le timbre (Sol. du 3 avril 1835).

113. Toutes les fois qu'il y a contravention pour avoir altéré le timbre, on ne peut percevoir, outre l'amende, le droit des timbres altérés (Jug. de Belfort du 30 août 1832).

114. Lorsque le timbre vient à changer, on peut, sans contravention, se servir des feuilles restantes d'un répertoire commencé, quand même ces feuilles seraient intactes (Délib. 19 juillet 1816).

V. *suprà*, *Double du répertoire*, n° 38.

115. UTILITÉ DES RÉPERTOIRES. L'utilité des répertoires est évidente, puisqu'en assurant la perception des droits d'enregistrement, ils garantissent aussi la conservation des actes et peuvent aider à la preuve de leur existence (Toullier, t. 8, n° 470).

116. La preuve de l'existence d'un acte reçu par un Notaire peut résulter de commencements de preuve par écrit et du concours de diverses circonstances qui peuvent être de nature à former une preuve complète.

117. Il n'y a nécessité de fournir cette preuve que quand la communication ou l'expédition d'un acte étant requise d'un Notaire, celui-ci conteste qu'il ait été dépositaire de cet acte.

118. Pour décliner la responsabilité d'un acte il ne suffit pas qu'un Notaire prétende qu'il ne doit être considéré que comme un simple dépositaire volontaire des actes dont la garde lui est laissée, pour en tirer cette conclusion *que la preuve ne peut avoir lieu que par écrit*, et qu'à défaut il doit en être cru sur sa déclaration (C. civ. 1923 et 1924), car on lui répondrait avec succès que ce ne sont pas les parties qui constituent les Notaires dépositaires des actes qu'ils passent, mais bien la loi, et qu'il n'intervient, par conséquent, aucun contrat de dépôt, auquel soient réellement applicables les articles précités du Code civil (Bazille et Fouquet, Ann. not., t. 13, p. 459).

119. Cela posé, de quels moyens pourra-t-on se prévaloir pour arriver à la preuve de l'existence d'un acte contre un Notaire qui niera avoir jamais eu cet acte en sa possession ?

On devra d'abord se prévaloir des commencements de preuve par écrit, et, ensuite, faire admettre la preuve testimoniale.

120. Au nombre des commencements de preuve, seront :

121. — 1° Les écrits émanés du Notaire lui-même; de sorte que si la partie représentait une lettre que le Notaire aurait écrite à son avoué, et par laquelle il aurait reconnu avoir passé l'acte et se serait obligé à indemniser la partie adverse, ce serait là un commencement de preuve contenant un aveu qui dispenserait de toute autre preuve (Agen, 16 février 1813, aff. Serigniac).

122. — 2° L'extrait du registre de la régie où l'acte aurait été enregistré. La représentation de cet extrait formerait alors un commencement de preuve suffisant pour faire admettre la preuve testimoniale ou autoriser l'admission des présomptions.

123. Cet extrait suffirait même pour faire preuve complète, si le Notaire ne justifiait pas de la tenue d'un répertoire régulier, parce que alors il est évident que l'extrait acquiert une nouvelle force par les soupçons qui s'élèvent en raison de l'absence d'une pièce qui pouvait le contredire (Douai, 1er juillet 1816, aff. Delsaux).

Dans l'espèce, on demandait la représentation d'un contrat de mariage passé devant le Notaire Delsaux le 28 messidor an IV, et qui contenait, suivant le sieur Faure, époux survivant, donation à son profit de tous les biens de la communauté qui avait existé entre lui et sa femme décédée.

Les époux ne s'étaient jamais fait délivrer l'expédition de ce contrat dont la minute n'avait pu être retrouvée dans l'étude du Notaire après le décès de celui-ci.

Le survivant s'étant pourvu en garantie contre les héritiers du Notaire, produisit un extrait des registres du bureau de l'enregistrement constatant que son contrat de mariage avait été reçu par ce Notaire et que les apports de sa femme s'élevaient à un capital de 6,000 fr. Toutefois l'analyse faite sur le registre ne contenait pas mention de la donation. Suivant les héritiers, le registre de l'enregistrement ne pouvait suffire pour prouver l'existence de l'acte, parce que le receveur avait pu se méprendre sur le nom du Notaire : en conséquence, ils prétendaient que ce registre ne pouvait tout au plus être invoqué que comme commencement de preuve par écrit, mais que, dans l'espèce, il ne se rencontrait aucune circonstance capable de déterminer une condamnation en dommages-intérêts. Il est vrai que les défendeurs ne produisaient ni le répertoire que leur auteur avait dû tenir et qui aurait dû être remis avec les minutes à un autre Notaire de la résidence en conformité de la loi du 6 octobre 1791, titre 3, art. 6, 7 et 13, ni le double de ce répertoire qui aurait dû être déposé au greffe en conformité des art. 1 et 2 de la loi du 16 floréal an IV. Il est vrai aussi qu'ils avouaient que ce répertoire avait été tenu d'une manière irrégulière, mais sur ce point ils étaient constitués en mauvaise foi, car, ayant avancé qu'il existait dans ce répertoire une lacune pendant l'an IV, laquelle provenait d'une prétendue interruption des fonctions de Notaire, il résultait au contraire d'une attestation du receveur que ce Notaire avait fait enregistrer pendant chaque mois de l'an IV des actes reçus par lui.

Mais la Cour de Douai par son arrêt précité, adoptant les motifs des premiers juges, confirma le jugement rendu par le Tribunal de Dunkerque le 20 mars 1815 et ainsi conçu :

« Considérant que l'action de Faure n'a pas pour objet l'exécution des avantages qu'il prétend que son contrat de mariage renferme en sa faveur; que les héritiers de sa femme ne sont point appelés en cause, mais que cette action tend seulement à se faire indemniser par la veuve et les héritiers du Notaire qui a oublié ses devoirs ; d'où il suit que les principes invoqués par les défendeurs et tirés des dispositions du Code civil, relatives aux copies de titres, à la preuve testimoniale et aux présomptions, sont absolument étrangères à l'espèce ; considérant que Faure a prétendu que, d'après les clauses de son contrat de mariage, il devait jouir, comme veuf et sans enfants, de l'usufruit de tous les biens de sa communauté; qu'une pareille stipulation est d'usage dans les contrats de mariage passés à Dunkerque ; qu'il est justifié au procès-verbal que dans l'impossibilité où il s'est trouvé, par le fait des défendeurs, de réclamer cet avantage, les héritiers de sa femme ont exigé que sa communauté se liquidât d'après les dispositions du Code civil et l'ont forcé à la vente de son mobilier; que dans cette circonstance, il a droit à la réparation du tort et des pertes qu'il en a éprouvés. Par ces motifs, condamne la veuve et les héritiers Delsaux, etc.

124. — 3° Le contenu au répertoire, s'il est conforme à ce qui est allégué par la partie au sujet de l'acte dont elle exige la représentation.

Ce commencement de preuve doit former une preuve complète tant de l'existence d'un acte que de son exécution, quand, à l'énonciation contenue au répertoire, on peut joindre l'extrait du registre du bureau d'enregistrement et un billet souscrit le jour et en exécution de l'acte et acquitté à son échéance (Ainsi jugé même *entre parties* par la Cour de Cassation le 17 mars 1825, aff. Denivelle).

125. Ensuite, c'est-à-dire lorsqu'il existe des commencements de preuve (V. *sup.* n° 119), on peut faire admettre la preuve testimoniale.

On est autorisé à administrer cette preuve toutes les fois qu'il existe un acte par écrit émané de celui contre lequel la demande est formée ou de celui qu'il représente et qui rend vraisemblable le fait allégué (C. civ. 1347).

126. Et comme la question de savoir si *tel* acte constitue ou non un commencement de preuve par écrit est laissée à l'arbitrage du juge, il doit, d'après l'équité, fortifier ce commencement de preuve, lorsqu'il existe, soit par la preuve testimoniale (C. civ. 1347), soit par les présomptions graves (C. civ. 1350, 1353), soit par le serment déféré d'office à la partie pourvu qu'il s'agisse d'un fait personnel à cette partie (C. civ. 1358, 1367).

127. VISA, COTE ET PARAPHE DU RÉPERTOIRE. Les répertoires doivent être visés, cotés et paraphés par le Président, ou, à son défaut, par un autre Juge du Tribunal de la résidence du Notaire. V. *sup.* n° 5.

128. Mais cette formalité doit-elle être remplie avant qu'aucun acte ait été inscrit sur le répertoire ?

Pour l'affirmative on dit que la formalité du cote et paraphe est tellement nécessaire que, sans elle, il n'y a point, à dire vrai, de répertoire ; il n'y a qu'un cahier de papier timbré destiné à servir de répertoire. Cette opinion a été adoptée par une solution de la régie en date du 11 avril 1831, dans une espèce où un commissaire-priseur avait inscrit sur son répertoire visé le 6 janvier 1830, vingt-sept actes portant des dates antérieures audit jour 6 janvier.

Et pour la négative on dit que s'il est vrai qu'un Notaire qui fait tardivement coter et parapher son répertoire commette une infraction, néanmoins cette infraction n'est punie d'aucune amende. Qu'ainsi, bien que le procès-verbal du juge soit daté du 6 janvier, l'on ne peut supposer que les actes qui sont portés à la suite, quoique d'une date antérieure, n'ont pas été répertoriés, jour par jour, parce-qu'une pareille supposition serait dénuée de preuves; qu'en effet, rien n'empêche que le Président n'ait rempli le 6 janvier la formalité du cote et paraphe dans un espace laissé en blanc, en tête du répertoire, quoique jusque-là les actes eussent continué d'y être inscrits jour par jour dans l'ordre des dates (Sol. 24 octobre 1834).

129. Ainsi qu'on vient de le voir il y a un égal avantage à discuter le pour et le contre de la question de savoir si l'on peut répertorier des actes avant le cote et paraphe du juge.

Toutefois, malgré la solution négative du 24 octobre qui reconnaît que la loi est sans force pour punir d'une amende le fait d'avoir répertorié avant le cote, nous ne pouvons refuser d'adopter les motifs de la première solution en date du 11 avril 1831, car d'une part il y aurait de trop graves inconvénients à laisser les Notaires libres de supprimer à leur volonté des feuilles de répertoire avant le cote et le paraphe du juge et d'une autre part il est bien douteux que tous les magistrats se prêtent à coter et parapher un répertoire déjà commencé, de sorte qu'en cas de refus le Notaire aurait un répertoire pour lequel il n'aurait point satisfait à la loi de ventôse.

130. Dans ce dernier cas, il est hors de doute qu'un Notaire est exposé à une action disciplinaire soit pour n'avoir pas fait coter, soit pour avoir mis du retard à le faire. Un procès-verbal, dressé à cet égard par un préposé de la régie de l'enregistrement et adressé au procureur du roi aurait nécessairement pour effet de voir bientôt le Notaire traduit en audience publique devant le Tribunal civil de son arrondissement en exécution de l'art. 53 de la loi du 25 ventôse an XI, sans qu'il ait été besoin de déférer préalablement le fait à la Chambre de discipline des Notaires (Merlin, Quest. v° *Cour royale*, § 3; Carré, t. 1er, p. 290, art. 297; Arg. d'arrêts de Cass. 13 mai 1807, aff. Champeaux, et de Bourges 23 juillet 1827, aff. D... et F...). V. *Discipline*.

131. Nous ferons observer, au sujet du cote et paraphe, que cette formalité a lieu ordinairement avec un peu trop de

complaisance et qu'il serait bien d'y mettre un certain ordre de manière à ne pouvoir abuser de cette formalité. Selon nous le magistrat devrait non-seulement refuser de coter et parapher un répertoire, lorsqu'il est déjà commencé, mais encore se faire représenter le précédent répertoire pour s'assurer qu'il est employé en entier et qu'il y a nécessité de le renouveler. En ne prenant pas cette précaution, c.-à-d. en cotant et paraphant à toute demande des Notaires, il peut arriver qu'un Notaire qui aurait manqué de tenir son répertoire au courant et qui aurait porté au 2 un acte du 12, de manière que tous les actes passés entre le 2 et le 12 seraient considérés comme autant d'omissions passibles chacune de l'amende de 5 fr. puisqu'ils ne sont pas inscrits à leur date (V. *sup.* nº 27), afin de réparer son erreur fasse coter quelques feuilles de répertoire pour en substituer une selon le besoin à celle qui comporte les omissions qu'il a commises et qui prouvent jusqu'à l'évidence qu'il n'avait pas répertorié ses actes jour par jour.

Nous signalons ce cas qui n'a lieu que pour se soustraire à des amendes envers le fisc, mais dont évidemment on peut abuser dans d'autres occasions. En ôtant les moyens d'abuser, c'est donner de nouvelles garanties au notariat, prémunir les fonctionnaires contre leurs propres faiblesses, et inspirer d'autant plus de confiance aux opérations des Notaires.

132. VISA DES RECEVEURS D'ENREGISTREMENT. Les Notaires étant obligés par l'art. 51 de la loi de frimaire an VII (V. *supra* nº 3), de présenter leurs répertoires au *visa* des receveurs d'enregistrement dans la première dizaine de chaque trimestre, à peine d'une amende de 10 fr., quelle que soit la durée du retard, et la loi du 25 ventôse an XI étant muette à cet égard, on en avait conclu que cette dernière loi avait abrogé celle de frimaire et que le visa du receveur était inutile; mais l'art. 69 de la loi de ventôse n'ayant abrogé les autres lois que pour les dispositions qui lui étaient contraires, il en résulte que l'art. 51 de la loi de frimaire subsiste toujours. Il existe dans ce sens une décision du Ministre des Finances du 9 septembre 1806 et un arrêt de la Cour de Cass. du 24 avril 1809, Sirey t. 9 p. 222.

133. Le répertoire doit être présenté au visa le dixième jour, au plus tard, du premier mois qui suit l'expiration du trimestre, et à défaut de présentation l'amende de 10 fr. est due (Sol. 22 ventôse an VIII; Cass. 31 janvier 1814).

134. L'amende étant de 10 fr. quelle que soit la durée du retard, on ne peut prétendre que le défaut de présentation au visa pendant plusieurs trimestres donne lieu à autant d'amendes de 10 fr. qu'il y a de trimestres en retard, à moins que la contravention n'ait été constatée particulièrement à l'expiration de chaque trimestre, car, dans ce cas, il serait dû autant d'amendes qu'il y aurait de contraventions dûment constatées (Délib. 4 mars 1834).

135. Les répertoires peuvent n'être présentés au visa que le 11 du mois, lorsque le 10 est un jour férié (Arg. de l'art. 25 de la loi du 22 frimaire an VII; Sol. 2 septembre 1814 et 30 juillet 1833).

136. Lorsqu'un Notaire ne reçoit aucun acte dans le cours d'un trimestre, il n'est pas pour cela dispensé de présenter son répertoire au visa du receveur (Cass. 31 janvier 1814).

137. On ne peut exiger du successeur d'un Notaire décédé ni amendes, ni droits en sus pour le retard dans l'enregistrement des actes de celui-ci et le visa de son répertoire, lors surtout, qu'au décès de ce Notaire, les scellés ont été apposés sur les minutes et papiers de l'étude (Déc. min. Fin. du 7 mai 1837).

138. En faisant viser le 10 janvier le répertoire de l'année précédente, l'officier public n'est pas tenu de soumettre au visa le répertoire nouvellement ouvert pour les actes reçus depuis le 1er janvier (Jug. de Thionville 16 août 1827; Déc. min. Fin. 20 novembre 1827).

139. Le registre des protêts n'est pas susceptible d'être présenté au visa du receveur comme le répertoire des autres actes, par le motif, sans doute, que ce protêt se trouve compris au répertoire comme tout autre acte et se trouve ainsi connu du receveur (Inst. gén. nº 420).

140. Lorsque, dans les grandes villes où il y a plusieurs bureaux d'enregistrement, un Notaire passe de l'arrondissement d'un bureau dans celui d'un autre, il doit faire viser son répertoire aux deux bureaux pour le trimestre où le changement de demeure a lieu. Cela est nécessaire pour que chaque receveur puisse pour les actes qu'il a enregistrés vérifier si le répertoire a été régulièrement tenu.

141. Le receveur d'enregistrement doit indiquer, sur le registre où il mentionne à sa date la présentation du répertoire au visa et la vérification qu'il en a faite, le nombre des actes reçus depuis le dernier visa, les omissions, double emploi, renvois, intercalations et ratures, ainsi que la date des procès-verbaux, s'il en a été rapporté. Les mêmes mentions doivent être faites dans le certificat du *visa* apposé au bas du dernier article inscrit au répertoire, avec indication du folio et du numéro de la case de l'enregistrement (Déc. min. Fin. 9 septembre 1806; Inst. gén. 9 octobre suiv., nº 318).

142. Les préposés de la régie ne doivent point se permettre d'inscrire sur le répertoire d'un Notaire des observations relatives à des irrégularités ou contraventions qu'ils auraient remarquées dans les minutes de ses actes (Circ. min. Just. 30 août 1825).

[18]

DE L'ENREGISTREMENT. — PRINCIPES GÉNÉRAUX.

SECTION I. *Origine et objet de l'enregistrement.*

1. La formalité de l'enregistrement telle qu'elle existe maintenant consiste à transcrire les actes sous seings-privés en entier et à relater succinctement la teneur des actes authentiques sur des registres tenus jour par jour par les préposés de la régie de l'enregistrement et des domaines qui perçoivent sur chaque acte un droit, soit fixe, soit proportionnel, suivant sa nature et les dispositions qu'il renferme par application d'un tarif qui a fait l'objet de différentes lois. Ses produits s'élèvent à 200 millions environ par an.

2. Elle subsiste depuis 1780 et a remplacé le *contrôle des actes* créé par l'édit du mois de mars 1693.

3. Autrefois les perceptions du *contrôle* faisaient partie du bail de la *ferme générale*. Ce n'est que le 9 janvier 1780, sous le ministère *Necker*, qu'un arrêt du réglement du conseil réunit le contrôle à la perception des revenus du domaine proprement dit sous le nom de *régie des domaines et de l'enregistrement*; puis une loi du 27 mai 1791 commença son organisation sous le nom de *régie de l'enregistrement et des domaines*, et cette organisation a été complétée par celle du 14 août 1793.

4. L'institution du contrôle avait principalement pour but de *constater la date des actes, et de leur donner plus de force et d'authenticité*, car sans cette formalité *les actes ne pouvaient conférer ni privilége ni hypothèque.*

5. Le même principe a été reproduit dans l'art. 2 de la loi du 5 décembre 1790 qui porte que les actes des Notaires seront assujettis à la formalité de l'enregistrement *pour assurer leur existence et constater leur date.* L'art. 9 de la même loi ajoute *qu'à défaut d'enregistrement dans les délais un acte passé devant Notaire ne pourra valoir que comme un acte sous signature privée, et que l'acte ayant reçu la formalité omise acquerra la fixité de la date et l'hypothèque à compter du jour de l'enregistrement.*

6. Les registres tenus par les préposés de la régie sont publics en ce sens que *les parties contractantes ou leurs ayants-cause* peuvent se faire délivrer des extraits de ces registres à toute réquisition. Mais si ces extraits sont demandés par des *tiers*, les receveurs d'enregistrement ne peuvent les délivrer que sur une ordonnance du juge de paix. La rétribution ne peut excéder 1 fr. pour recherche de chaque année indiquée et 50 cent. pour chaque extrait outre le papier timbré (Art. 58 de la loi du 22 frimaire an VII).

7. Il résulte donc de l'ancienne législation que les *actes sous seings-privés* et les *actes passés devant Notaires* étaient placés sur la même ligne et que la formalité de l'enregistrement était nécessaire aux uns comme aux autres pour en assurer *la date et constater l'existence, et même pour donner de l'authenticité à ceux des Notaires.*

En est-il de même sous la législation qui nous régit actuellement? c'est ce que nous allons examiner :

§ 1er. — *De la formalité de l'enregistrement à l'égard des actes notariés.*

8. Les Notaires étant les fonctionnaires publics établis pour recevoir tous les actes et contrats auxquels les parties doivent ou veulent faire donner le caractère d'authenticité attaché aux actes de l'autorité publique et pour en *assurer la date* (Art. 1 de la loi du 25 ventôse an XI), on voit par cette disposition que la formalité de l'enregistrement est inutile pour assurer cette date puisque la loi la regarde comme assurée par cela seulement que l'acte a été reçu par le fonctionnaire public établi à cet effet.

9. D'un autre côté la loi du 22 frimaire an VII sur l'enregistrement, loin de reproduire les anciennes lois sur la matière, ayant, au contraire, par son art. 73, abrogé pour l'avenir toutes lois antérieures, il en résulte que les lois rapportées *sup.* nos 3 et 5 ne régissent plus les actes notariés.

10. Il y a, d'ailleurs, une autre raison à donner pour que les actes reçus par les Notaires fassent foi de leur date. L'obligation imposée aux Notaires, d'inscrire jour par jour leurs actes sur un répertoire, coté et paraphé par le Président du Tribunal (V. note 17), est bien de nature à donner de l'authenticité aux actes et à rassurer les parties sur l'existence et la date de ces mêmes actes.

11. Il est bon, toutefois, de remarquer que sous l'empire de la loi du 5 décembre 1790 les actes des Notaires n'étaient pas nuls pour défaut d'enregistrement dans les délais, seulement ils n'acquiéraient d'authenticité que par l'enregistrement et ils ne valaient que comme actes sous seings-privés tant qu'ils n'avaient pas reçu la formalité (Art. 9 de ladite loi). V. *sup.* n° 5.

12. Au surplus il est de principe qu'il ne peut y avoir nullité d'un acte que dans les cas textuellement prévus par les lois. Or, aucune loi ne prononçant la nullité pour défaut d'enregistrement, on doit tenir pour constant que tout acte notarié non enregistré est valable. Ainsi décidé par la Cour de Cassation le 23 janvier 1810 dans une espèce où il s'agissait d'un testament notarié qui n'avait été enregistré que longtemps après la mort du testateur et hors du délai de trois mois réglé par l'art. 21 de la loi du 22 frimaire an VII. On prétendait qu'il ne pouvait valoir comme testament public et qu'il ne devait être considéré que comme un acte s. s. p. d'après la loi du 5 décembre 1790; que comme acte sous seing-privé il était nul parce qu'il n'était pas revêtu des formalités du testament olographe. Mais par l'arrêt précité, la Cour a rejeté le pourvoi par les motifs suivants : *Attendu qu'aux termes de l'art. 33, titre 6 de la loi du 22 frimaire an VII, laquelle porte, sous l'art. 73, abrogation formelle de toutes les lois antérieures, le défaut d'enregistrement des actes notariés dans les délais prescrits ne produit d'autre effet que de soumettre les Notaires qui ont reçu ces actes au paiement d'une amende.*

Ce principe a encore été consacré par deux arrêts, l'un de la Cour royale de Bourges du 17 mai 1827, aff. Graillot, et l'autre de la C. R. de Toulouse du 12 décembre 1835, aff. héritiers Bézy.

13. La seule peine résultant du défaut d'enregistrement d'un acte notarié dans les délais ne consiste donc qu'en une amende dont le taux est réglé ainsi qu'il sera dit ci-après n° 196 et suiv.

14. Mais le défaut d'enregistrement met un obstacle à la production de l'acte en justice, en ce sens que tant que cet acte n'est point enregistré, les juges ou autres autorités constituées peuvent refuser d'admettre un acte au procès, sous peine d'être personnellement responsables des droits d'enregistrement, de sorte que l'infraction à la loi n'entraîne pas la nullité de la procédure faite en conséquence de l'acte non enregistré.

§ 2. — *De la formalité de l'enregistrement à l'égard des actes sous seings-privés.*

15. L'acte s. s. p. fait foi de sa date entre ceux qui l'ont souscrit et entre leurs héritiers et ayants-cause de même que l'acte authentique (C. civ. 1322).

16. Mais à l'égard des tiers il n'a de date que du jour où il a été enregistré (C. civ. 1328) : suivant cet article, le sous seing-privé acquiert une date dans deux autres circonstances sur lesquelles il est inutile de s'étendre ici attendu que cela a été fait à la note 13.

17. Il faut appliquer aux actes s. s. p. ce que nous avons dit ci-dessus n° 14, pour la production en justice des actes qui n'ont point été enregistrés.

18. A l'égard de la régie, l'acte s. s. p. fait foi aussi de sa date, en ce sens, que lorsque la vente s. s. p. d'un terrain et des constructions *commencées* sur ce terrain, n'a été enregistrée que près de trois mois après sa date, la régie en requérant l'expertise, n'est pas fondée à demander que l'estimation soit faite au jour de l'enregistrement au lieu de l'être à la date de l'acte (Jugement de la Seine, 27 août 1840).

§ 3. — *Des actes nuls à défaut d'enregistrement.*

19. La peine contre un *huissier* ou *autre* ayant pouvoir de faire des *exploits* ou *procès-verbaux* est, pour un exploit ou procès-verbal non présenté à l'enregistrement dans le délai, d'une somme de 25 fr., (réduite à 5 fr. par l'art. 10 de la loi du 16 juin 1824) et de plus d'une somme équivalente au montant du droit de l'acte non enregistré. L'*exploit* ou *procès-verbal* non enregistré dans le délai est déclaré *nul* et le contrevenant responsable de cette nullité envers la partie. Ces dispositions relativement aux *exploits* et *procès-verbaux* ne s'étendent pas aux *procès-verbaux de ventes de meubles et autres objets mobiliers, ni à tout autre acte du ministère des huissiers sujet au droit proportionnel.* La peine pour ceux-ci sera d'une somme égale au montant du droit, sans qu'elle puisse être au-dessous de 50 fr. (maintenant 10 fr.) : le contrevenant paiera en outre le droit dû pour l'acte, sauf son recours contre la partie pour ce droit seulement (Art. 34 de la loi du 22 frimaire an VII).

20. L'article précité ne s'applique point aux actes des Notaires, la loi de frimaire an VII (Art. 33 rapporté *infrà* n° 196 et suiv.) n'ayant soumis leurs actes qu'à une amende pour défaut d'enregistrement dans les délais.

21. Il ne s'applique pas non plus aux actes concernant l'ordre et la vindicte publique.

Ainsi décidé 1° à l'égard d'un procès-verbal non enregistré de garde-champêtre constatant un délit de chasse, par le motif que l'enregistrement d'un acte est étranger à sa substance et qu'il n'est qu'une formalité extrinsèque (Cass. 16 janvier 1824, aff. Trocmé).

2° A l'égard d'un procès-verbal de gendarmerie non enregistré, constatant un délit de rébellion. Dans l'espèce, le Tribunal correctionnel de Tours avait sursis à statuer, se fondant sur l'art. 308 de l'ordonnance du roi du 29 octobre 1820 et sur l'art. 47 de la loi du 22 frimaire an VII qui défend aux Tribunaux de rendre aucun jugement sur des actes non enregistrés. Ce jugement fut cassé pour déni de justice et excès de pouvoir (Cass. 23 février 1827 aff. Pain).

3° A l'égard d'un procès-verbal dressé par un sous-inspecteur et un garde-général forestiers, constatant un délit de chasse. Le Tribunal d'appel avait annulé le procès-verbal pour défaut d'enregistrement, et par ce motif, renvoyé les prévenus, mais son jugement fut cassé parce que le procès-verbal devait faire foi en justice conformément aux dispositions du titre 9 de la loi forestière du 15—29 septembre 1791 et des art. 154, 189 et 211 du C. inst. crim. (Cass. 27 juillet 1827, aff. Loyson et Grass).

4° A l'égard des procès-verbaux de récollement en matière forestière, lesquels ne sont pas, comme les procès-verbaux de contravention, frappés de nullité pour défaut d'enregistrement dans le délai (C. for. 170, Cass. 6 mars 1834).

SECTION 2. *Des délais pour l'enregistrement des actes en général.*

22. Les délais pour faire enregistrer les actes publics sont, savoir :

De *quatre* jours, pour ceux des *huissiers* et autres ayant pouvoir de faire des exploits et procès-verbaux ;

De *dix* jours, pour les actes des *Notaires* qui résident dans la commune où le bureau d'enregistrement est établi ;

De *quinze* jours, pour ceux des *Notaires* qui n'y résident pas ;

De *vingt* jours, pour les *actes judiciaires* soumis à l'enregistrement sur les minutes, et pour ceux dont il ne reste pas de minutes au greffe, ou qui se délivrent en brevet ;

De *vingt* jours aussi, pour les actes des *administrations centrales et municipales*, assujettis à la formalité de l'enregistrement (Art. 20 de la loi du 22 frimaire an VII).

23. Cet article s'applique à tous les actes qui ne sont point, d'après la loi, exempts d'enregistrement. En conséquence, les délais doivent être observés sous peine d'amende pour les actes qui doivent être enregistrés en débet et même gratis comme pour les autres actes (Déc. min. fin. 23 thermidor an XIII, 2 décembre 1806, 17 janvier 1817).

24. Dans les délais fixés par ce même article pour l'enregistrement des actes, le jour de la date n'est point compté : si le dernier jour du délai se trouve être un dimanche ou un jour de fête légale, ces jours-là ne seront pas comptés non plus (Art. 25 de la loi du 22 frimaire an VII). V. *infrà*, n° 33 et suiv. et fêtes et dimanches note 13 n° 47. V. aussi Cass. 23 floréal an VI, Sirey 1, 441.

Pour les délais par *heures*, V. *infrà*, n° 61.

25. Les délais de mois se comptent de quantième à quantième, sans égard au nombre de jours dont ils sont composés. Ainsi le délai d'un mois à partir du 1er février expire le 1er mars, quoique le mois de février n'ait que 28 ou 29 jours (Cass. 12 mars 1816, 27 décembre 1811, Sirey 12, 199).

26. L'imputation faite à un tiers du retard apporté dans la présentation d'un acte à l'enregistrement ne peut exempter des doubles droits et amendes. V. *Responsabilité*, note 39.

Il en serait de même de l'imputation faite à un receveur d'avoir refusé ou négligé d'enregistrer un acte, quand même on arguerait d'un prêt pour prétendre que ce prêt valait consignation (Cass. 26 mai 1807, Sirey 7, 294).

26 *bis*. Les testaments déposés chez les Notaires, ou par eux reçus, seront enregistrés dans les trois mois du décès des testateurs, à la diligence des héritiers, donataires, légataires ou exécuteurs testamentaires (Art. 21 de la même loi). V. *sup.* n° 25.

27. Les actes qui, à l'avenir, seront faits sous signatures privées et qui porteront transmission de propriété ou d'usufruit de *biens immeubles* et les baux à ferme ou à loyer, sous-baux, cessions et subrogations de baux, et les engagements, aussi sous signature privée, *de biens de même nature*, seront enregistrés dans les trois mois de leur date (Art. 22 de la loi du 22 frimaire an VII).

Pour ceux des actes de ces espèces qui seraient passés en pays étrangers, ou dans les îles ou colonies françaises où l'enregistrement n'aurait pas encore été établi, le délai sera de *six mois*, s'ils sont faits en *Europe* ; *d'une année*, si c'est en *Amérique* ; et de *deux années*, si c'est en *Asie* ou en *Afrique*.

28. Les actes sous signature privée et ceux passés en pays étranger, dénommés ci-dessus, qui n'auront pas été enregistrés dans les délais déterminés, seront soumis au double droit d'enregistrement (Art. 38 de la même loi).

29. Il n'y a point de délai de rigueur pour l'enregistrement de tous actes autres que ceux mentionnés dans l'article précédent, qui seront faits sous signature privée ou passés en pays étrangers, et dans les îles et colonies françaises où l'enregistrement n'aurait pas encore été établi ; mais il ne pourra en être fait aucun usage, soit par acte public, soit en justice ou devant toute autre autorité constituée, qu'ils n'aient été préalablement enregistrés (Art. 23 de la même loi).

30. Lorsqu'après une sommation extra-judiciaire ou une demande tendant à obtenir un paiement, une livraison ou l'exécution de toute autre convention dont le titre n'aurait point été indiqué dans lesdits exploits, ou qu'on aura simplement énoncé comme verbal, on produira, au cours d'instance, des écrits, billets, marchés, factures acceptées, lettres ou tout autre titre émané du défendeur, qui n'auraient pas été enregistrés avant ladite demande ou sommation, le double droit sera dû, et pourra être exigé ou perçu lors de l'enregistrement du jugement intervenu (Article 57 de la loi du 28 avril 1816).

31. Il ne pourra être fait usage en justice d'aucun acte passé en pays étranger ou dans les colonies, qu'il n'ait acquitté les mêmes droits que s'il avait été souscrit en France et pour des biens situés dans le royaume ; il en sera de même pour les mentions desdits actes dans des actes publics (Art. 58 de la loi du 28 avril 1816).

32. Les actes translatifs de propriété, d'usufruit ou de jouissance de biens immeubles, situés soit en pays étranger, soit dans les colonies françaises où le droit d'enregistrement n'est pas établi, ne seront soumis, à raison de cette transmission, qu'au droit fixe de dix francs, sans que, dans aucun cas, le droit fixe puisse excéder le droit proportionnel qui serait dû, s'il s'agissait de biens situés en France (Art. 4 de la loi du 16 juin 1824).

32 *bis*. FORCE MAJEURE. Le délai pour l'enregistrement

des actes ne court pas pendant le temps que les communications sont interceptées entre le lieu de la résidence du Notaire et le lieu où est établi le bureau d'enregistrement (Circ. 19 mai 1814). V. *infrà*. n°s 849, 850).

§ 1er. — *Actes notariés sujets à l'enregistrement dans un délai.*

33. Le délai est de *dix* jours pour les actes des Notaires qui résident dans la commune où le bureau d'enregistrement est établi, et de *quinze* jours pour ceux qui n'y résident pas. — V. *sup*. n° 22.

34. Dans les délais fixés par la loi pour l'enregistrement des actes, le jour de la date de l'acte ne sera point compté. Si le dernier jour du délai se trouve être un dimanche ou un jour de fête nationale, ces jours-là ne seront point comptés non plus (Art. 25 de la loi du 22 frimaire an VII). V. *Fêtes et Dimanches*, note 13, n° 47 et suiv.

Ainsi un acte notarié daté du 10 avril devra être enregistré, au plus tard, le 20, si le Notaire réside dans la commune où le bureau d'enregistrement est établi, ou le 25, si le Notaire ne réside pas dans cette commune (Cass. 23 floréal an IX, aff. Mathevot). V. *inf*. n° 42 et suiv.

Et si le 20 ou le 25 est un jour férié, l'enregistrement de l'acte devra avoir lieu le 21 ou le 26.

35. Un Notaire est en contravention lorsque le dernier jour du délai il présente des actes à l'enregistrement après la fermeture du bureau, surtout s'il existe à la porte de ce bureau une affiche annonçant au public l'heure de son ouverture et celle de sa fermeture, et s'il y a 8 heures d'intervalle entre l'ouverture et la fermeture ainsi que le veut l'art. 11 de la loi du 27 mai 1791 (Cass. 28 février 1838, aff. Me Marchand, et Inst. gén. du 16 mars 1839, qui porte qu'à l'avenir les bureaux seront ouverts durant une seule séance de 8 *heures du matin à 4 heures de l'après midi*). V. *Date des actes*, note 13, n°s 32, 61 et suiv. et *infrà* n° 36.

Il a été fait application des dispositions qui précèdent aux cas suivants :

36. ACTES A PLUSIEURS DATES. Lorsqu'un acte notarié contient plusieurs dates, c'est de la dernière et non de la première que part le délai de l'enregistrement (Délib. 22 mars 1825, et 29 mars 1831), surtout si lors de la première date cet acte ne contenait pas encore toutes les signatures des parties (Jugem. de Fontainebleau, 13 août 1838). V. note 17, n°s 23, 24 et 25.

37. Cependant il a été décidé qu'aucune loi n'interdisant aux Notaires de porter sur leur répertoire, à la première date, les actes qui en avaient plusieurs, le droit de le faire leur était acquis comme celui de ne répertorier ces actes qu'à la date des dernières signatures (Délib. 11 novembre 1834). Mais cela ne change rien au délai de l'enregistrement qui part toujours de la dernière date, parce que ce n'est qu'alors que l'acte est devenu parfait.

38. Toutefois il existe un jugement du Tribunal de Dreux, du 3 février 1841, qui porte que le délai pour l'enregistrement d'une adjudication d'immeubles notariée qui a plusieurs dates, court du jour de la première date.

39. En principe, l'acte notarié, signé à plusieurs dates, doit être enregistré au moment où il est devenu parfait à l'égard des parties qui ont signé (Solut. 19 mars 1832). Mais si l'on ne peut prouver que la signature du Notaire a été apposée à la première date, ce n'est qu'à partir de la seconde date que l'acte est censé avoir été parfait et qu'a dû courir le délai d'enregistrement (Cass. 2 novembre 1807, Sirey 8, p. 33, déc. min. Fin. 29 mai 1826).

40. ACTES FAITS EN PLUSIEURS SÉANCES. Certains actes (tels que les inventaires et procès-verbaux) quoique faits en plusieurs séances ne forment cependant qu'un seul acte. Néanmoins comme ces séances appelées vacations forment des opérations régulières et complètes en elles-mêmes, la loi les assujettit à l'enregistrement dans le même délai que les autres actes (Décr. 10 brumaire an XIV, art. 3 et 4. Inst. gén. n° 296).

41. Il n'est pas nécessaire, quand on procède à une vacation, que le procès-verbal des vacations précédentes soit enregistré ; il suffit que chacun de ces procès-verbaux soit enregistré dans le délai voulu par la loi (Cass. 4 décembre 1811, Sirey 12, 1, 127.) *Acte en conséquence d'un autre*, note 18.

42. ACTES ADMINISTRATIFS. Tous les actes notariés tels que les baux et les ventes qui sont faits pour les communes, les hospices et autres établissements publics étant soumis, pour être définitifs, à l'approbation des préfets, peuvent difficilement être enregistrés dans le délai ordinaire des actes des Notaires.

43. Le délai de l'enregistrement de ces actes ne court donc que du jour où, après avoir été approuvés par le préfet, ils sont parvenus aux maires, ce qui doit être attesté par ces fonctionnaires. C'est, en effet, cette approbation seule qui leur confère le caractère d'actes de l'autorité administrative (Déc. min. Fin. du 26 novembre 1811). — V. les décisions ci-après.

Ce délai est de 20 jours (Déc. min. Just. 18 nov. 1828 ; 22 fév. 1830 ; 17 mai 1832 ; 4 août 1838, Rol. 5651).

44. Les Notaires sont tenus d'indiquer en marge de la minute la date du jour où l'acte leur a été rendu revêtu de l'approbation du préfet (Inst. gén. 29 juin 1808 et 7 fév. 1812).

45. Il n'en est pas de même, 1° du cahier des charges rédigé par un Notaire pour la vente des biens d'une commune ; l'enregistrement doit avoir lieu dans les 10 ou 15 jours de sa date (Délib. 14 mars 1834).

46. — 2° Des actes de cautionnement passés devant Notaires, pour sûreté du paiement du prix des adjudications faites administrativement : le délai pour l'enregistrement courant du jour où ces actes ont été passés, et non du jour où les adjudications ont été approuvées par le préfet (Délib. 14 mars 1815).

47. ACTES ANCIENS. Quelle que soit la date d'un acte notarié qui n'a été ni contrôlé ni enregistré, on ne peut exiger du Notaire ou de ses héritiers les droits d'enregistrement de cet acte que d'après les lois en vigueur à l'époque où cet acte a été passé. V. *inf*. n°s 263 et 311. — Mais la demande des droits pour une mutation dont le contrat est resté secret et inconnu à la régie ne se prescrit que par 30 ans, à compter du jour où l'acte a acquis une date certaine (C. civ. 2262 ; Cass. 17 mai 1808, Sirey 16, 1, 285).

48. Si l'acte non enregistré a été passé sous l'empire des déclaration et Tarif du 22 septembre 1721, il ne sera réclamé aucune amende pour défaut de contrôle ; il en sera de même de toutes les autres contraventions commises par les Notaires avant la publication de la loi du 19 décembre 1790. (*Idem*)

49. Depuis cette loi jusqu'à la publication de celle du 22 frimaire an VIII, le double droit et les amendes fixes sont exigibles pour défaut d'enregistrement, conformément à l'art. 9 de la loi de 1790 (*idem*), mais ces amendes ne peuvent être exigées des héritiers. V. note 44.

50. ACTES NULS OU IMPARFAITS. Quand il s'agit d'un acte nul ou imparfait, il faut distinguer si l'acte est ou non signé du Notaire qui l'a reçu :

51. Dans le premier cas, c'est-à-dire si le Notaire a signé, l'acte devant être considéré comme acte public, doit être soumis à l'enregistrement dans les délais, par les motifs que le Notaire n'ayant dû revêtir l'acte de sa signature qu'après que toutes les formalités ont été remplies, il n'est plus en son pouvoir de se mettre en opposition avec lui-même en alléguant qu'il a signé par erreur. Le fait de l'apposition de sa signature est une chose acquise aux parties, et dès-lors il est obligé de donner à l'acte toute l'authenticité qu'il est susceptible d'avoir, ne pouvant se rendre juge de son mérite (Ind. Cass. 2 novem. 1807, aff. Passemard).

52. Dans le second cas, c'est-à-dire lorsque le Notaire n'a pas signé, *l'acte ne pouvant être considéré comme acte public*, il en résulte que le Notaire n'est plus obligé de le soumettre à l'enregistrement dans les dix ou quinze jours de sa date (Ind. du même arrêt de Cassation ; — Jugement de Brioude 31 décembre 1838).

53. ADJUDICATIONS DE COUPES DE BOIS DE LA COURONNE. Le Notaire qui aura rédigé et signé seul, comme officier public, un procès-verbal d'adjudication de cette nature, doit le faire enregistrer dans le délai fixé pour ses autres actes. Faute par les adjudicataires de lui remettre les fonds au plus tard dans les vingt-quatre heures de l'adjudication, chacun en ce qui le concerne, ce fonctionnaire devra, dans le même délai et sous peine de responsabilité du droit, délivrer extrait au receveur chargé de poursuivre directement le recouvrement des droits contre les adjudicataires en retard. Si ces actes étaient signés concurremment par un membre de l'autorité administrative et par un Notaire, ils ne seraient enregistrables que dans les vingt jours de leur date; mais le Notaire, après ce terme expiré, demeurerait personnellement responsable des droits et doubles droits, s'il avait omis, dans l'intervalle de vingt jours, de remettre l'extrait au receveur (Déc. min. Fin. 14 février 1809).

54. ASSURANCES. Les polices d'assurances passées devant Notaire, doivent être enregistrées dans les dix ou quinze jours de leur date (V. *sup.* n° 33.) — Déc. min. Fin. du 25 octobre 1822.

55. BIENS DES HOSPICES ET ÉTABLISSEMENTS PUBLICS. V. *sup, actes administratifs*, n° 42.

55 *bis*. CAHIER DE CHARGES. — V. *sup.* n° 45.

56. CERTIFICATS DE PROPRIÉTÉ. Les certificats de propriété délivrés par les Notaires ne sont sujets ni à être répertoriés ni à être enregistrés dans un délai déterminé (Déc. min. Fin. 1er août 1821).

57. Même les certificats de propriété délivrés, soit par le Notaire detenteur de l'inventaire ou du partage, soit par les juges de paix à défaut d'inventaire et d'acte de partage, pour constater les qualités des ayants-droit aux arrérages de la pension d'un militaire décédé, sont exempts d'enregistrement quand ces arrérages reviennent à des veuves et

orphelins de militaires (Déc. min. Fin. 15 janvier 1823). Toutefois l'enregistrement est exigé quand parmi les héritiers il y a des majeurs, et dans ce cas le droit doit être à leur charge. Ce droit est fixe, quel que soit le nombre des héritiers dénommés dans le certificat (Déc. min. Fin. 17 septembre 1823).

58. CHAMBRE DE DISCIPLINE. La remise aux Chambres des Notaires, et la publication par ces Chambres des extraits des demandes et des jugements de séparation est suffisamment constatée par un certificat du secrétaire de la Chambre soumis au seul droit de 1 fr. (Déc. min. 19 octobre 1828), ou de 2 fr. quand aucun acte enregistré ne constate le dépôt (Cass. 16 février 1824).

59. Le délai pour l'enregistrement du certificat ou récépissé délivré par le secrétaire est de vingt jours (Solut. 1er août 1834).

60. CHANGEMENT DE DATE. Lorsque la date d'un acte notarié a été raturée, sans approbation de la part des parties, et remplacée par une autre date écrite à la suite de la rature, l'acte fait pleine foi jusqu'à inscription de faux de la date qui subsiste. En conséquence, la régie n'est pas recevable à soutenir par toute autre voie que celle de l'inscription de faux, que la date raturée était la véritable, qu'elle n'a été changée que dans le dessein de se soustraire au double droit encouru pour défaut d'enregistrement dans le délai de la loi, et que ce double droit est exigible (Cass. 29 mars 1836, aff. Gittard).

61. COMMAND. Les déclarations de command doivent être enregistrées et notifiées dans les 24 heures de l'adjudication ou du contrat, lorsque la faculté d'élire un command a été réservée dans l'acte, et que la déclaration est faite par *acte public* (Art. 68, § 1er, n° 24 de la loi du 22 frimaire an VII). La notification se fait par acte d'huissier, et il est donné copie de la déclaration de command en tête de l'exploit. Cette notification faite, le notaire a, pour faire enregistrer la déclaration, le même délai que pour les autres actes (V. *sup.* n° 23 et suiv. et *inf.* n° 70.)

Lorsque la loi fixe un délai *par heure*, il faut compter *de momento ad momentum* et non *de die ad diem*, de manière qu'un procès verbal, dressé à 7 heures du matin, doit, à peine de nullité, être affirmé le lendemain à la même heure au plus tard (Cass. 8 janv. 1809; Sir. t. 8 et 9, p. 884, 131).

Appliquant le principe consigné en cet arrêt au délai de l'enregistrement il faut tenir pour constant que si une adjudication est faite à *midi* la déclaration de command qui en est la suite sera tardivement présentée à l'enregistrement le lendemain *après midi*. — Dans ce cas, il est important que l'instant du dépôt de l'acte au bureau soit constaté. Cette constatation doit être faite par le receveur au moment du dépôt au moyen d'une mention faite par lui au pied de la minute contradictoirement avec le déposant. Faute de l'avoir fait il est censé avoir reçu l'acte dans le délai utile. V. *inf.* nos 69, 200, 480.

Lorsqu'un acte est commencé à midi et clos à 4 *heures*, le délai pour l'enregistrement du command n'expire que le lendemain à *quatre heures*.

62. Le délai est de trois jours pour les ventes de biens de l'Etat (Art. 11 de la loi du 26 vendémiaire an VII).

63. Toute déclaration qui n'a point été enregistrée ni notifiée dans le délai de 24 heures est passible du droit de revente (Art. 69, § 7, n° 3 de la loi du 22 frimaire an VII).

64. Mais la déclaration de command faite dans *l'acte même d'adjudication qui n'en contenait pas la réserve*, ne donne pas lieu à la perception du droit de revente, lors même qu'elle n'a pas été enregistrée ou notifiée dans les vingt-quatre heures (Jugement d'Angers 5 août 1836).

65. Lorsque la déclaration de command est faite la veille d'un jour férié, il est loisible au Notaire de ne la soumettre à l'enregistrement que le surlendemain, par le motif que la loi a entendu nécessairement donner un délai dont tous les instants pussent être utilisés, ce qui n'aurait pas lieu si le jour férié était compté pour un jour utile (Jugements de la Seine 8 juillet et 23 décembre 1835; de Lyon 15 juillet 1836).

66. Une déclaration de command peut être faite dans les vingt-quatre heures de la vente, sans que cette vente ait été préalablement enregistrée, parce que ces deux actes ne forment qu'un seul et même tout (Cass. 26 messidor an XIII; 13 brumaire an XIV; 23 janvier 1809, Sir. 9. 146; Déc. min. Fin. 17 décembre 1833).

67. Elle peut être faite même quand la vente a eu lieu en justice ou devant un Notaire autre que celui qui reçoit la déclaration (Jugement de Toulon 2 mai 1839).

68. Elle peut être soumise à l'enregistrement avant le contrat de vente ou le procès verbal d'adjudication dont elle est la suite (Jugement de Montmorillon 24 juillet 1838).

69. Il n'y a que la notification par huissier ou l'enregistrement effectif de la déclaration de command dans les vingt-quatre heures de l'adjudication ou du contrat de vente qui puisse justifier la perception du droit fixe sur cette déclaration. Toute autre voie ne peut être regardée comme un équivalent de notification (Déc. min. Fin. 1er mars 1841).

70. Cette notification peut être faite en dénonçant purement et simplement au receveur que la déclaration de command a été faite conformément à la loi (Cass. 19 germ. an XII).

71. DÉCLARATION DE GROSSESSE. Les déclarations de grossesse faites devant Notaires ou aux greffes des justices de paix, ne sont sujettes à enregistrement que sur l'expédition qui en est délivrée, et ce par des motifs graves qui intéressent les bonnes mœurs (Déc. min. Fin. 28 juin 1808, (Inst. 390, et 20 février 1818).

72. DÉPOT DE TESTAMENT. Tout acte de dépôt de testament olographe doit être enregistré dans les 10 ou 15 jours de sa date, suivant que le Notaire est ou non résidant dans la commune où est établi le bureau d'enregistrement, parce que la faculté de ne faire enregistrer que dans les trois mois du décès des testateurs n'existe que pour les testaments, et que le secret n'est pas violé par la présentation à l'enregistrement de l'acte de dépôt (Déc. min. Fin. 8 mars 1814; Cass. 14 juillet 1823).

73. Cependant les actes de suscription de testaments mystiques ou secrets peuvent n'être soumis à l'enregistrement qu'avec les testaments (Délib. 12 germ. an XIII).

74. DONATIONS ENTRE ÉPOUX. Les dispositions éventuelles faites entre époux par acte devant Notaires, quoique qualifiées de donations entre vifs, n'en sont pas moins faites à cause de mort, puisqu'elles sont révocables et ne peuvent produire d'effet qu'à l'époque du décès du premier mourant des époux; en conséquence, des actes de cette espèce peuvent n'être soumis à la formalité de l'enregistrement que dans les trois mois du décès du donateur (Ind. des art. 21 et 34 de la loi du 22 frim. an VII; Cass. 20 juillet 1836 et 22 janvier 1838; Jug. de Niort, 14 juin 1837; de Neufchâteau, 2 juillet 1837; d'Orléans, 1er août 1837; de Châteauroux, 22 août 1837; de Vitry 30 août 1837).

75. EFFETS NÉGOCIABLES. Les lettres-de-changes tirées de place en place, celles venant de l'étranger ou des colonies françaises, les endossements et acquits des billets à ordre et autres effets négociables, passés devant Notaire, doivent être enregistrés dans les dix ou quinze jours de leur date, de même que les autres actes notariés (Cass. 10 février 1834, 28 janvier 1835, 29 juin 1835).

76. Cela a fait question parce qu'on a pris à la lettre le n° 15 du § 3 de l'art. 70 de la loi du 22 frimaire an VII, qui exempte de la formalité de l'enregistrement les effets négociables. Mais les arrêts précités ont interprété cet article et décidé que l'exemption ne devait s'appliquer qu'aux effets négociables faits *sous seings-privés*.

77. ETATS DE COMPTE ET LIQUIDATION. Quoique ces sortes d'actes soient, le plus ordinairement, dressés hors la présence des parties, par le Notaire que le Tribunal a commis à cet effet, ils n'en sont pas moins sujets à l'enregistrement dans le délai fixé pour les autres actes notariés, parce que ce sont des actes du ministère des Notaires. — V. *Répertoire*, note 17, n° 16.

78. INVENTAIRE. V. *sup.* Actes faits en plusieurs séances, n° 40.

79. PROCÈS-VERBAUX. — *Idem.*

80. PROTÊT. Les actes de protêts faits par les Notaires doivent être enregistrés dans le même délai que ceux faits par les huissiers, c'est-à-dire dans le délai de quatre jours (Art. 23 de la loi du 24 mai 1834), sous peine de l'amende de 5 francs seulement (Art. 34 de la loi du 22 frim. an VII, Déc. min. Fin. 26 octobre 1840).

81. QUITTANCE SOUS SEING-PRIVÉ. Le Notaire doit faire enregistrer, dans les dix ou quinze jours de sa date, la quittance sous seing-privé apposée au bas de la minute d'une obligation passée devant lui, sous les peines prononcées par l'article 33 de la loi du 22 frimaire an VII (Délib. 20 février 1819). V. *infrà* n° 103.

82. SUSCRIPTION. V. *suprà*, *Dépôt de Testament*, nos 72 et 73.

83. TESTAMENTS. Les testaments déposés chez les Notaires ou reçus par eux doivent être enregistrés dans les trois mois du décès des testateurs, à la diligence des héritiers, donataires, légataires et exécuteurs testamentaires (Art. 21 de la loi du 22 frim. an VII), à peine du double droit (Art. 38 de la même loi).

84. Les testaments déposés par les héritiers ou autres parties intéressées, doivent, préalablement, être revêtus de la formalité de l'enregistrement, ou du moins être soumis à la formalité avec l'acte de dépôt (Art. 13 de la loi du 16 juin 1824).

85. Le délai de trois mois accordé pour l'enregistrement du testament public d'un militaire décédé sur le territoire français, mais hors de son département, ne court que du

jour de l'inscription de l'acte de décès sur les registres de l'état civil de son dernier domicile (Solut. 17 oct. 1832).

86. Il en est de même des testaments des militaires décédés en activité de service hors du territoire français, c'est-à-dire que le délai de trois mois pour leur enregistrement ne court que du jour où l'acte de décès a été inscrit sur les registres de l'état civil de son dernier domicile en France (Déc. min. Fin. 29 janvier 1811).

87. VENTE DE MEUBLES. Une vente publique de meubles faite par un Notaire comme suppléant un commissaire-priseur absent, qui restera dépositaire de la minute, doit être enregistrée dans le délai des actes notariés, parce que c'est en qualité de Notaire qu'il fait la vente (Déc. min. Fin. 5 février 1834).

88. VENTE DE BIENS DE MINEURS. Lorsque les Notaires procèdent, sur l'invitation des parties, ou d'après une commission du Tribunal, à la vente de biens immeubles appartenant à des mineurs, ils doivent observer pour l'enregistrement, les délais qui concernent les Notaires et non ceux relatifs aux greffiers.

§ 2. — *Actes sous seings-privés sujets à l'enregistrement dans un délai.* — V. *sup.* n° 27 *et suiv.*

89. ACTE CONTENANT PLUSIEURS DISPOSITIONS. Lorsqu'on soumet à la formalité de l'enregistrement après l'échéance du délai légal, un acte sous seing-privé contenant des dispositions sujettes à l'enregistrement dans un délai de rigueur, et d'autres qui n'y sont pas soumises, cet acte ne donne pas lieu à la perception du double droit pour les dispositions qui par elles-mêmes n'y sont pas sujettes (Délib. 26 nivôse an XII, 15 brumaire an XIII).

L'enregistrement d'un pareil acte ne peut avoir lieu partiellement. Ainsi décidé à l'égard d'un jugement (Solution 4 juin 1831).

Toutefois lorsqu'un individu n'est intervenu dans une instance en licitation d'un immeuble que pour faire prononcer la résolution d'un acte d'échange par lequel cet immeuble avait été transmis à l'auteur des demandeurs en licitation, c'est à cet individu seul que l'administration doit réclamer les droits occasionnés par la partie du jugement qui résout le contrat (Jug. de Châtillon, 27 déc. 1828).

90. ACTE ANCIEN. On appelle ainsi tout acte d'une date antérieure aux lois en vigueur à l'époque où il est présenté à l'enregistrement.

91. Relativement aux actes anciens, il a été décidé par cinq arrêts de la Cour de Cassation du 4 février 1834 :

1° Que les lois des 22 frimaire an VII, 27 ventôse an IX et autres spéciales en matière d'enregistrement, ne sont applicables qu'au cas qu'elles ont prévus, et ne contiennent pas de dérogation expresse au principe absolu de la non-rétroactivité des lois consacré par l'article 2 du C. civil.

2° Que la liquidation du droit de mutation, de même que celle de tous autres impôts, doit être faite conformément à la loi vivante à l'époque où le droit s'est ouvert et a été acquis au fisc.

Il existe dans le même sens :

Arrêt de la même Cour du 31 mai 1836, portant que l'art. 17 de la loi du 18 avril 1831, qui abroge les exceptions qui existaient en faveur des legs recueillis par des *établissements publics*, n'est pas applicable à un legs fait par un testateur décédé sous l'empire de la *loi du* 16 *juin* 1824, bien que l'acceptation soit postérieure à la loi de 1831.

Jugements de Narbonne du 5 janvier 1836 et de la Réole du 12 mai 1837, portant que les échanges de *biens ruraux contigus*, faits par acte sous seing-privé avant le 1er janvier 1835, ne sont passibles que du droit fixe, quoiqu'ils n'aient été enregistrés qu'après cette époque, et ce malgré les dispositions de l'art. 16 de la loi du 24 mai 1834, qui abroge celles de la loi du 16 juin 1824.

92. ACTES PASSÉS EN PAYS ÉTRANGER OU HORS DU TERRITOIRE FRANÇAIS. L'enregistrement des actes de cette espèce n'est obligatoire dans un délai que dans les cas expliqués *suprà* n° 28 et suiv.

93. ACTE PRODUIT EN JUSTICE. Quoique un acte ne soit pas sujet à l'enregistrement dans un délai, on ne peut cependant le produire en justice sans le soumettre à la formalité. — V. *sup.* n° 29.

94. ANTICHRÈSE. Les actes d'antichrèse ou d'engagements d'immeubles sous signature privée, sont sujets à l'enregistrement dans les trois mois de leur date (V. *suprà* n° 27).

95. BAIL. Les baux à ferme ou à loyer, les sous-baux, cessions et subrogations de baux, faits sous signatures privées, de biens *immeubles*, sont sujets à l'enregistrement dans les trois mois de leur date. — V. *suprà*, n° 27.

96. CAISSE DES CONSIGNATIONS. Les récépissés de dépôts de sommes d'argent délivrés par les préposés de la Caisse des dépôts et consignations ne sont assujettis à la formalité dans le délai de cinq jours (Art. 3 de la loi du 28 nivôse an 13) que pour assurer le recours contre cette caisse. On peut ne les faire enregistrer que quand on veut en faire usage.

Le droit d'enregistrement est de 1 fr., et le bureau est celui du lieu de la consignation (Même article).

97. CERTIFICAT. Le certificat d'un imprimeur constatant l'insertion au journal de l'extrait d'une société en nom collectif ou en commandite, sera enregistré dans les trois mois de sa date (Loi du 31 mars 1833).

98. CESSION DE BAIL. V. *sup.*, *Bail*, n° 95.

99. CESSION DE DROITS SUCCESSIFS. La vente s. s. p. de droits successifs mobiliers et immobiliers doit être enregistrée dans les trois mois de sa date, sous peine du double droit, comme contenant vente d'immeubles (Cass. 28 août 1809).

100. Si la cession est purement mobilière, il n'y a pas lieu au double droit, faute d'enregistrement dans les trois mois. — V. *sup.* n° 27.

101. DÉPOT D'ACTE CHEZ UN NOTAIRE. Le dépôt fait chez un Notaire d'un acte translatif de propriété et de jouissance ne dispense pas du double droit, si l'acte n'a été réellement soumis à la formalité qu'après le délai de trois mois (Cass. 4 germinal an IX).

102. DÉPOT D'ACTE AU BUREAU DE L'ENREGISTREMENT. La remise entre les mains du Receveur d'enregistrement d'un acte s. s. p. pour être enregistré dans le délai n'est pas suffisante pour se soustraire au double droit, si on ne dépose en même temps le montant des droits (Cass. 21 floréal an VIII).

103. DOMAINE ENGAGÉ. La quittance définitive du

quart de la valeur des domaines engagés, délivrée par le receveur des domaines, opérant la libération de l'engagiste, et consommant en sa faveur la mutation de propriété, il convenait de faire courir le délai pour l'enregistrement et le paiement du droit de 2 p. 0/0 du jour de cette quittance. Le receveur des domaines qui l'a délivrée en donne avis au receveur de l'enregistrement du bureau de la situation des biens, et celui-ci prévient l'engagiste qu'il ait à soumettre sa dernière quittance à la formalité dans les trois mois de sa date, et, faute d'obtempérer à cet avertissement, le paiement du droit et double droit se poursuit par les voies ordinaires, conformément à l'art. 38 de la loi du 22 frimaire an VII. Les arrêtés définitifs qui ont pour objet de déclarer les engagistes et échangistes propriétaires incommutables, et qui, aux termes de la circulaire 1672, devaient acquitter le droit de 2 p. 0/0 ne seront sujets, au moyen de la mesure qui précède, qu'au droit fixe de 1 fr. (Inst. 290, § 62).

L'action en paiement de ces droits ne se prescrit que par 30 ans (Délib. 9 août 1826).

104. EFFETS DE COMMERCE. Il n'y a pas de délai de rigueur pour l'enregistrement des effets de cette nature. Seulement on peut ne les soumettre à l'enregistrement qu'avec les protêts et les assignations (Art. 69, § 2, n° 6 de la loi du 22 frim. an VII; Cass. 19 novembre 1834).

105. ENGAGEMENTS D'IMMEUBLES. — V. *sup.*, *Antichrèse*, n° 94.

106. MUTATION. Les mutations de *meubles* ne sont assujetties par aucune loi à être enregistrées dans un délai déterminé, et quelle que soit l'époque à laquelle l'enregistrement ait lieu, le droit est toujours le même, il n'éprouve point d'augmentation.

107. Mais les actes s. s. p. qui portent transmission de propriété ou d'usufruit de *biens immeubles* doivent être enregistrés dans les trois mois de leur date (V. *sup.* n° 27), sous peine du double droit. V. *sup.* n° 28.

Cependant il n'est pas toujours besoin que l'acte soit enregistré après le délai pour appuyer la demande du double droit. Il suffit que la mutation ait existé plus de trois mois avant sa réalisation par acte, c'est-à-dire que l'acquéreur soit effectivement *entré en possession*, et que cela résulte de quelque clause, de quelque déclaration ou aveu écrit qui fasse remonter la possession de l'acquéreur à plus de *trois mois* (Cass. 22 mars 1808, 21 octobre 1811, 19 juillet 1815, 18 novembre 1818), ou de baux, transactions et actes constatant le droit de propriété ou d'usufruit (Art. 12 de la loi du 22 frim. an VII).

Ou bien que l'acquéreur ait été inscrit depuis plus de trois mois au rôle et qu'il ait payé les contributions d'après ce rôle (Art. 12 de la loi du 22 frimaire an VII). En vain alléguerait-on 1° qu'on a réclamé contre l'inscription au rôle, si rien ne justifie que la réclamation ait été accueillie (Cass. 1er septembre 1806); — 2° que la déclaration de mutation faite à la mairie n'a pas été signée (Cass. 11 mai 1825); 3° que l'inscription a eu lieu sans l'accomplissement des formalités prescrites par la loi du 3 frim. an VII, relativement à la contribution foncière (Cass. 20 juillet 1829 et 6 novembre 1832); 4° Que l'inscription a été faite sans sa participation et qu'il n'a payé les contributions que comme fermier (Cass. 22 août 1821).

V. *inf.* *Vente* n° 116.

108. Le double droit s'étend même à la déclaration de command s. s. p. qui n'aurait point été enregistrée dans les trois mois de sa date (Cass. 24 mai 1837).

109. Il n'y a obligation de faire enregistrer les actes s. s. p. portant mutation d'immeubles qu'autant qu'ils ont plus de trois mois de date; avant ce terme, l'administration n'a aucun moyen coërcitif pour exiger les droits d'un acte déposé au bureau; et si, avant l'échéance du terme, on fait enregistrer l'acte notarié qui a réalisé la mutation, l'acte s. s. p. doit être considéré comme anéanti et n'est passible d'aucun droit quoiqu'il stipule un prix plus élevé que l'acte authentique; dans ce cas la régie n'a que la voie de l'expertise pour exiger un supplément de droit (Cass. 12 août 1829 et 17 avril 1836; jugement de Clermont (Oise) 21 janvier 1835).

110. RÉTROCESSION DE BAIL. Les rétrocessions s. s. p. de baux à ferme ou à loyer sont sujettes à l'enregistrement dans les trois mois de leur date, à peine du double droit (Cass. 26 octobre 1814), et elles donnent lieu au même droit d'enregistrement que les baux (Art. 8 de la loi du 27 ventôse an IX), quand elles sont faites par *écrit;* car la régie ne peut réclamer aucun droit pour la rétrocession *verbale* d'un bail de biens immeubles dont elle a connaissance au moyen d'un nouveau bail consenti par le propriétaire à un autre fermier (Délib. 6 novembre 1822).

111. RÉUNION D'USUFRUIT. Il n'est pas nécessaire de faire enregistrer dans les trois mois, sous peine d'amende, les actes s. s. p. contenant réunion d'usufruit à la propriété d'immeubles transmis par décès, parce qu'ils ne sont pas translatifs de propriété, du moins sous le rapport fiscal, et que d'ailleurs le droit de transmission a été payé sur la valeur entière de la propriété (Solut. 18 mai 1832, Cass. 27 mai 1834).

112. Cependant, en cas de vente, si la réunion de l'usufruit à la propriété, s'opère par acte de cession, et que le prix soit supérieur à l'évaluation qui en aura été faite pour régler le droit de la transmission de propriété, il est dû un supplément de droit de vente sur l'excédant à raison de 5 1/2 p. 0/0 (Art. 15, n° 6 de la loi du 22 frimaire an VII).

113. SOUS-BAIL. V. *suprà*, *Bail* n° 95.

114. SUBROGATION DE BAIL. V. *suprà*, n° 95.

115. TESTAMENT OLOGRAPHE. Les testaments olographes, de même que les autres actes testamentaires, doivent être enregistrés dans les trois mois du décès des testateurs, sous peine du double droit (Art. 38 de la loi du 22 frimaire an VII).

116. VENTE. Une vente d'immeubles s. s. p. du 30 novembre 1833, qui n'a été enregistrée que le 1er mars suivant, est passible du double droit, le délai de trois mois ayant expiré le dernier jour de février 1834 (Jug. de Mirecourt, 1er août 1834).

117. Certaines ventes peuvent n'être enregistrées qu'après les trois mois de leur date, si elles n'étaient pas encore parfaites à cette époque, par exemple, si elles n'avaient pas été suivies de *tradition* ou *entrée en possession* et avaient été subordonnées pour cette tradition à l'accomplissement de quelque condition; mais elles doivent être enregistrées dans les trois mois de *l'entrée en possession* ou de l'accomplissement de la condition sous peine du double droit.

Il en est ainsi à l'égard des ventes *verbales* sans tradition qui ne sont parfaites dans le sens de l'art. 4 de la loi du

27 ventôse an IX, qu'autant que l'acquéreur est entré en possession (délib. 29 septembre 1826), et qui ne peuvent être considérées que comme promesses de ventes ne rendant pas le droit proportionnel exigible (Cass. 3 septembre 1806).

V. *suprà*, Mutation, n° 106.

§ 3. — *Actes des huissiers et autres ayant pouvoir de faire des exploits, sujets à l'enregistrement dans un délai.*

118. Les huissiers et autres ayant pouvoir de faire des exploits ou procès-verbaux doivent les faire enregistrer dans le délai de quatre jours (Art. 20 de la loi du 22 frim. an VII).

Nous avons parlé *suprà* n° 19, de la peine pour défaut d'enregistrement de ces exploits et procès-verbaux.

119. Les significations d'avoué à avoué sont sujettes à l'enregistrement dans les quatre jours de leur date, à peine de cinq francs d'amende par chaque contravention, outre le paiement du droit (Art. 15 de la loi du 27 vent. an IX).

Il a été fait application des dispositions qui précèdent aux cas suivants :

120. AGENTS FORESTIERS. Les procès-verbaux des *gardes à pied* doivent être enregistrés dans les quatre jours qui suivent celui de l'affirmation à laquelle ils sont assujettis. Ceux qui sont rapportés par les agents forestiers, arpenteurs forestiers, gardes généraux et gardes à cheval, soit isolément, soit avec le concours d'un garde, et qui sont dispensés de l'affirmation, doivent être enregistrés dans les quatre jours de leur date, sans compter le jour de l'affirmation ou de la date des procès-verbaux (Ind. des art. 166 et 170 du C. for. et délib. du 28 octobre 1828). V. *suprà*, n° 21-3°.

121. Toutefois, on ne doit point appliquer ce qui précède aux procès-verbaux de récolement et autres qui ont pour objet de constater l'exécution des obligations imposées par l'administration aux adjudicataires de coupes de bois (Ordonn. 17 mai 1833). En conséquence, ces procès-verbaux ne sont point, comme ceux de contravention, frappés de nullité, à défaut d'enregistrement dans le délai (Cass. 6 mars 1834).

122. APPEL. l'exploit d'appel qui n'a pas été enregistré dans les quatre jours de sa date est nul, quoique le délai pour appeler ne fût pas expiré lorsque cet exploit a été soumis à la formalité (Riom, 6 décembre 1830).

123. COMMISSAIRES DE POLICE. Les procès-verbaux de contravention aux règlements de police, dressés par les commissaires de police, doivent-ils, sous peine de nullité, être enregistrés dans les quatre jours de leur date ?

Oui, suivant arrêt de Cassation du 22 juillet 1813 ;

Non, suivant les arrêts ci-après énoncés qui ont reconnu que la nullité prononcée par l'art. 34 de la loi du 22 frim. an VII, ne s'applique pas aux actes qui intéressent l'ordre public (Cass. 23 vent. an XIII, 1er septembre 1809 et 5 mars 1819, 1er février 1816, 16 janv. 1824).

124. ÉLECTIONS. Tous les exploits relatifs aux élections doivent être enregistrés *gratis*. Toutefois, l'exploit de signification d'un arrêt d'admission, en matière électorale, n'est pas nul pour n'avoir pas été enregistré dans le délai (Cass. 3 juillet 1830).

125. EMPLOYÉS. Les dispositions du n° 118 qui précède s'appliquent aux actes extra-judiciaires que les employés des contributions indirectes sont autorisés à faire en vertu de l'art. 28 du décret du 1er germ. an XIII. Ces préposés, lorsqu'ils remplissent le ministère des huissiers, doivent satisfaire aux obligations imposées à ceux-ci, et soumettre leurs actes à la formalité de l'enregistrement dans le délai de quatre jours (déc. min. Fin. 22 août 1806), sans qu'il soit besoin de faire enregistrer le procès-verbal avant la délivrance de la copie (Solut. de la régie, inst. 390, § 10).

126. Il en est de même des procès-verbaux rapportés par les préposés des diverses administrations et autres agents publics qui, par la nature de leurs fonctions habituelles, doivent rapporter des procès-verbaux.

127. Toutefois les inventaires de tissus français et cotons filés, qui sont dressés par les préposés des douanes, sont enregistrables *gratis* dans les 15 jours de leur date (Loi du 21 avril 1818).

128. GARDE-CHAMPÊTRE. V. *suprà*, n° 21-1°.

129. GENDARMES. V. *suprà*, n° 21-2°.

130. ORDRE PUBLIC. V. *suprà*, nos 21, 120, 121, 123.

131. POLICE. Les procès-verbaux en matière de police, dressés par les *maires et adjoints*, sont sujets à l'enregistrement, aux droits réservés, dans les quatre jours de leur date, parce que ces actes sont plutôt des actes d'officiers de police judiciaire que d'autorité administrative (Déc. min. Fin. 19 octobre 1821).

132. Les rapports qu'adressent, en forme de lettres, les agents de police aux commissaires de quartier constatant les délits qui en font l'objet, doivent être soumis à l'enregistrement dans les quatre jours de leur date. Les soumissions de représenter les contrevenants et de garantir le paiement des amendes et frais mentionnés dans ces rapports, doivent être enregistrées en même temps que ces derniers actes (Délib. 6 novembre 1822, déc. min. Fin. 4 décembre 1822).

133. ROULAGE. Par application des décrets des 23 juin 1806 et 18 août 1810, les procès-verbaux de contravention à la police du roulage peuvent avoir leur effet sans avoir été soumis au timbre et à l'enregistrement. En conséquence la nullité résultant de l'omission de ces formalités ne leur est point applicable (Ord. des 29 août 1821, 31 octobre 1821 et 30 décembre 1822).

134. SECRÉTAIRES DE MAIRIES. Quand les secrétaires des mairies sont chargés de faire des significations d'arrêtés ou autres actes qui intéressent les communes, ils remplissent alors les fonctions des huissiers ; ainsi ils sont obligés de se servir de papier timbré, tant pour l'original que pour la copie, et de faire enregistrer ces notifications dans les quatre jours de leur date, à peine des amendes prononcées par les lois sur l'enregistrement et le timbre (Déc. min. Fin. 11 therm. an XIII).

134 *bis*. VENTES DE MOBILIER NATIONAL. Les ventes de mobilier national faites par les préposés du domaine doivent être enregistrées dans les quatre jours de leur date au bureau des actes des huissiers (Solut. 14 janv. 1812).

135. VINDICTE PUBLIQUE. V. *suprà* nos 21, 120, 121, 123.

136. VOIRIE. Les procès-verbaux rapportés par le maires et adjoints, les agents des ponts et chaussées, ceux de la navigation et autres, pour constater des délits en matière de grande voirie, doivent être enregistrés dans les quatre jours de leur date (Déc. min. Fin. 11 frim. et 4 germinal an XI).

137. Il en est de même des procès-verbaux rapportés par les maires en matière de grande voirie, ces procès-verbaux ne pouvant être considérés comme des actes administratifs proprement dits, ni jouir, à ce titre, de l'exemption que la loi du 15 mai 1818 n'a entendu accorder qu'aux seuls actes, arrêtés et décisions des autorités administratives, concernant des mesures plus ou moins générales d'administration (Déc. min. Fin. 16 août 1822).

§ 4. — *Actes judiciaires sujets à l'enregistrement dans un délai.*

138. Tous les actes judiciaires, tous les jugements doivent être enregistrés dans les 20 jours de leur date (art. 20 de la loi du 22 frim. an VII et art. 38 de celle du 28 avril 1816).

139. Les greffiers qui auront négligé de soumettre à l'enregistrement, dans le délai fixé, les actes qu'ils sont tenus de soumettre à cette formalité, paieront personnellement, à titre d'amende et pour chaque contravention, une somme égale au montant du droit. Ils acquitteront en même temps le droit, sauf leur recours contre la partie, pour ce droit seulement (Art. 35 de la loi du 22 frim. an VII).

140. Il est fait exception, à cet égard, quant aux jugements rendus à *l'audience* et aux actes d'adjudication passés en *séance publique*, lorsque les parties n'auront pas consigné aux mains du greffier, dans le délai prescrit pour l'enregistrement, le montant des droits fixés par la loi. Dans ce cas, le recouvrement doit en être poursuivi, contre les parties; elles supporteront en outre la peine du droit en sus. Pour cet effet, le greffier est tenu de remettre au receveur de l'enregistrement, dans les dix jours qui suivent l'expiration du délai, des extraits par lui certifiés des jugements dont les droits ne lui auraient pas été remis par les parties, à peine d'une amende de dix francs pour chaque décade de retard (laquelle amende a été réduite à 10 fr. quelle que soit la durée du retard par la loi du 16 juin 1824) et pour chaque jugement, et d'être en outre personnellement contraint au paiement des doubles droits (Art. 37 de la loi du 22 frim. an VII, art. 38 de celle du 28 avril 1816).

141. ACTES ANCIENS Les actes judiciaires d'une date antérieure à la promulgation de la loi du 28 avril 1816, qui n'étaient pas susceptibles d'être enregistrés sur la minute, d'après les dispositions de la loi du 22 frimaire an VII, peuvent continuer à recevoir la formalité sur les expéditions, mais seulement dans le cas où elles seraient requises par les parties (Déc. min. Fin. 6 décembre 1816).

Et lorsque tous les droits fixes ont été acquittés sur la première expédition d'un acte judiciaire qui n'était sujet à l'enregistrement que sur l'expédition, la seconde et les subséquentes ne donnent lieu qu'à la perception d'un seul droit fixe à raison de la formalité (Déc. min. Fin. 12 novembre 1811).

142. ADJUDICATIONS. Les adjudications faites en justice doivent être enregistrées dans les 20 jours de leur date, soit qu'on ait ou non interjeté appel; mais le droit perçu est restituable lorsque l'adjudication est annulée par les voies légales (Av. Cons. d'Et. 22 octobre 1808).

143. L'individu qui s'est rendu adjudicataire, par le ministère d'un avoué, d'un bien vendu en justice, ne peut se refuser au paiement du double droit, faute par lui d'avoir acquitté le droit ordinaire dans les délais, sous prétexte que son avoué l'a induit en erreur sur la date de l'adjudication (Cass. 23 mai 1808).

143 *bis*. COMMAND. L'avoué dernier enchérisseur n'est obligé de déclarer l'adjudicataire que dans les *trois* jours de l'adjudication (Art. 709 du C. proc.). V. *suprà*, nos 24 et 62.

Ce délai ne peut être augmenté lors même que les deux derniers jours seraient fériés (Cass. 1er décembre 1830). V. *suprà* n° 65.

Il n'est pas nécessaire de notifier cette déclaration au receveur, et le délai pour la faire enregistrer est de 20 jours (Cass. 3 septembre 1810, 9 et 24 avril 1811, 9 et 14 août suivant).

144. CONCORDAT. Les concordats faits en justice sont sujets à l'enregistrement dans les vingt jours de leur date, et avant d'être homologués, sauf à restituer les droits perçus, si, contre toute présomption, l'homologation était refusée (Déc. min. Fin. 11 avril 1815).

145. Aucun concordat ne peut être rédigé sans énoncer si les livres du failli sont timbrés.

146. DÉCISIONS DU JURY EN MATIÈRE DE DOUANES. Les décisions du jury institué en matière de douanes par la loi du 28 avril 1816, doivent être soumises à l'enregistrement dans les vingt jours de leur date, comme les actes judiciaires (Déc. min. Fin. 22 juin 1821).

147. DÉCLARATION DE GROSSESSE. V. *suprà*, n° 71.

148. ENQUÊTES. Les délais pour l'enregistrement des procès-verbaux d'enquête ne doivent commencer que du jour où le procès-verbal a été régulièrement et définitivement clos selon les formes prescrites par le Code de procédure (Déc. min. Fin. 22 juillet 1825).

149. JUGEMENTS DE CONDAMNATION. Lorsqu'un jugement, prononçant des condamnations sur des conventions verbales, est présenté à la formalité après le délai de 20 jours, il y a lieu de percevoir le double droit sur le montant de la condamnation prononcée, et seulement le droit simple sur la convention qui fait la matière de la demande, à moins que cette convention n'ait pour objet une transmission de propriété, d'usufruit ou de jouissance d'immeubles, susceptible par elle-même de la peine du double droit à défaut d'enregistrement dans les délais fixés par la loi, auquel cas seulement le double droit est aussi perçu sur la convention (Av. Cons. d'Et. 8 juillet-5 août 1809). V. *suprà*, n° 89.

150. MUTATION. L'appel n'est point suspensif du délai pendant lequel on doit faire enregistrer les jugements portant transmission de biens meubles ou immeubles (Av. Cons. d'Et. 1er juin 1807 et 22 octobre 1808; Cass. 21 novembre 1827).

151. ORDONNANCES SUR REQUÊTE. Ces ordonnances doivent être enregistrées sur minute dans les 20 jours de leur date, à la diligence des parties (art. 20 et 29

de la loi du 22 frimaire an VII) et elles ne sont pas sujettes au double droit pour défaut d'enregistrement dans le délai (Solut. 12 septembre 1828).

152. ORDRES JUDICIAIRES. Les procès-verbaux d'ordres judiciaires ou de distributions de deniers sont aussi sujets à l'enregistrement dans les 20 jours de leur date, sans être passibles du double droit (Même solut.).

153. SENTENCE ARBITRALE. Il n'y a pas de délai de rigueur pour l'enregistrement des sentences arbitrales. Il suffit qu'elles reçoivent la formalité avant d'être déposées au greffe et d'être revêtues de l'ordonnance *d'exequatur* prescrite par l'art. 1021 du C. proc. (Déc. min. Fin. 25 avril 1821).

154. SERMENT. Les prestations de serment, même celles des préposés des douanes, sont sujettes à l'enregistrement dans les 20 jours de leur date (Art. 14 de la loi du 27 ventôse an IX).

155. Toutefois les serments politiques sont exempts de l'enregistrement (Déc. min. Fin. 8 pluviôse an IX, 28 ventôse, 8 germinal, 28 floréal, 19 prairial an X).

156. VENTES DE MEUBLES. Les ventes de meubles auxquelles les greffiers procèdent doivent être enregistrées dans les 20 jours de leur date (Solut. 24 janvier 1816).

157. Il en est de même des décharges en forme authentique du prix de ces ventes, lesquelles peuvent être mises à la suite ou en marge des procès-verbaux (Av. Cons. d'Et. 7-21 octobre 1809).

§ 5. — *Actes administratifs et des établissements publics, sujets à l'enregistrements dans un délai.*

158. Les actes administratifs et ceux des établissements publics sujets à l'enregistrement, doivent être revêtus de la formalité dans le délai de 20 jours de leur date (Art. 20 de la loi du 22 frimaire an VII; art. 78 de celle du 15 mai 1818) sous peine du double droit (Art. 35 et 36 de la loi du 22 frimaire an VII). Pour les actes sujets à l'approbation de l'autorité supérieure ce délai de 20 jours ne court que du jour où cette approbation est connue. V. *suprà*, n° 42 et suivants.

159. Sont sujets au timbre et à l'enregistrement sur la minute, dans les vingt jours, conformément aux lois existantes 1° les actes des autorités administratives et ceux des établissements publics, portant transmission de propriété, d'usufruit et de jouissance; les adjudications ou marchés de toute nature aux enchères, au rabais ou sur soumission; 2° les cautionnements relatifs à ces actes (art. 78 de la loi du 15 mai 1818), V. *infrà*, n° 342.

160. La disposition de l'art. 37 de la loi du 22 frimaire an VII qui autorise, pour les adjudications en séance publique seulement, la remise d'un extrait au receveur de l'enregistrement pour la décharge du secrétaire, lorsque les parties n'ont pas consigné les droits en ses mains, est étendue aux autres actes ci-dessus énoncés (Art. 79 de la même loi).

161. Tous les actes, arrêtés et décisions des autorités administratives, non dénommés dans l'art. 78 (V. *suprà*, n° 159), sont exempts du timbre sur la minute, et de l'enregistrement tant sur la minute que sur l'expédition. Toutefois aucune expédition ne pourra être délivrée aux parties que sur papier timbré, si ce n'est à des individus

indigents, et à la charge d'en faire mention dans l'expédition (Art. 80 de la même loi).

162. L'exemption prononcée à l'article précédent est applicable aux actes des autorités administratives antérieurs à la publication de la loi. Il est fait remise des doubles droits et amendes encourus pour contraventions aux lois du timbre et de l'enregistrement à raison d'actes dénommés dans ledit article et antérieurs à ladite publication (Art. 81 de la même loi).

163. Les seuls actes dont il devra être tenu répertoire sur papier timbré dans les préfectures, sous-préfectures et mairies, et dont les préposés pourront demander communication, sont ceux dénommés dans l'art. 78 de la présente (Art. 82 de la même loi). V. *suprà*, n° 159.

164. Lorsque les préfets rédigent des actes sujets à l'enregistrement sur la minute, ils sont tenus d'y faire mention expresse que leur exécution est suspendue jusqu'à l'approbation du Ministre, *quand cette approbation est nécessaire.* Tout acte sur lequel cette mention n'a pas été exprimée est censé parfait, et comme tel il doit être présenté à l'enregistrement dans les 20 jours de sa date (Déc. min. Fin. 27 frimaire an XIII; inst. 290, § 5).

165. Les receveurs doivent, dans l'enregistrement de ces actes, faire mention de la réserve suspensive de leur exécution jusqu'à l'homologation nécessaire, et indiquer le jour de sa réception à la préfecture où lesdits actes ont été rédigés (Même inst. 290, § 5).

Développements :

166. ADJUDICATION DE BIENS COMMUNAUX. Lorsque le maire de la commune procède à cette adjudication, elle n'est définitive qu'après l'approbation du préfet et est sujette à l'enregistrement dans les 20 jours qui suivent l'arrivée à la mairie de cette approbation (Art. 4 et 5 de l'ordonnance du 7 octobre 1818), V. *suprà*, n°s 22, 42 et suivants.

167. ADMINISTRATION MILITAIRE. Les adjudications concernant l'administration militaire doivent être présentées à la formalité, dans les 20 jours de leur date, par les secrétaires des autorités devant lesquelles les adjudications ont été passées (Déc. min. Fin. 13 février 1810 déc. min. Guerre 18 août 1826).

Les minutes de ces adjudications doivent rester aux secrétariats des mairies (Même déc. 18 août 1826).

168. Les conventions arrêtées entre l'administration des postes et une compagnie de messageries pour la conduite des diligences de cette compagnie, forment des traités individuels qui doivent être considérés comme actes de société, sujets à l'enregistrement dans le mois qui suit la date de leur conclusion (Déc. min. Fin 2 septembre 1822) au droit fixe de 5 francs.

169. BAUX DES BIENS COMMUNAUX. Les baux des biens communaux qui ne sont pas nécessaires à la dépaissance des troupeaux, sont sujets à l'enregistrement dans les 20 jours qui suivent l'approbation des préfets (Art. 5 de l'ordonn. du 7 octobre 1818), V. *suprà*, n° 22.

170. Il est procédé par le maire à l'adjudication des baux des biens dont il s'agit, à la chaleur des enchères, et d'après affiches et publications faites dans les formes prescrites, tant par l'art. 13 de la loi du 5 novembre 1790 et par les dispositions de la loi du 11 février 1791, que par le décret du 12 août 1807 (Art. 3 de la même ordonnance).

171. Le maire doit être assisté de deux membres du conseil municipal désignés d'avance par le conseil, ou à défaut, appelés dans l'ordre du tableau. — Le receveur municipal est appelé à toutes les adjudications. — Toutes les difficultés qui peuvent s'élever sur les opérations préparatoires de l'adjudication sont résolues, séance tenante, par le maire et les deux conseillers assistants, à la majorité des voix, sauf le recours de droit (Art. 16 de la loi sur l'admin. munic. du 18 juillet 1837).

172. Conformément à l'art. 1 du décret du 12 août 1807, il doit être passé acte de l'adjudication pardevant le Notaire désigné par le préfet (Art. 4 de ladite ordonnance).

173. BAUX POUR LA GENDARMERIE. Le bail de bâtiments appartenant à des particuliers, pour y caserner la gendarmerie, doit être considéré comme un bail ordinaire, sujet à l'enregistrement dans les trois mois de sa date lorsqu'il est passé sous seing privé (déc. min. Fin. inst. 405 et 1425, § 3), comme quand il est passé s. s. p au secrétariat d'une préfecture (Déc. min. Fin. 12 mars 1811).

174. Au contraire, lorsque le bail est passé devant un préfet, il est sujet à l'enregistrement dans les 20 jours de la réception de celle des deux approbations du Ministre de la guerre et de l'intérieur qui est parvenue la dernière à la préfecture (Déc. min. Fin. 7 avril 1818). — Pour fixer la date de cette réception, le secrétaire général de la préfecture constate sur son répertoire l'arrivée de la pièce, comme cela se pratique pour les actes passés devant les maires (V. *suprà*, n° 165), et soumis à l'approbation du ministre (Déc. min. Fin. 1818).

175. BAUX POUR LA LÉGION D'HONNEUR. On doit appliquer ce qui est dit ci-dessus n° 158 aux baux des biens affectés à la dotation de la légion d'honneur, en conséquence le délai de vingt jours pour l'enregistrement ne court que du jour de la notification de la ratification qui en est consentie par le chancelier (Déc. min. Fin. 14 janvier 1806).

176. CAHIER DE CHARGES. On doit appliquer ce qui est dit ci-dessus n° 161, aux cahiers de charges rédigés administrativement soit dans l'intérêt de l'Etat soit dans l'intérêt des communes, c'est-à-dire qu'ils sont exempts du timbre et de l'enregistrement, mais qu'il ne peut être délivré aux parties aucune expédition que sur papier timbré : l'expédition, dans ce cas, doit comprendre le contrat de vente entier, composé du cahier des charges et du procès-verbal d'adjudication (Déc. min. Fin. 26 janvier 1826, 27 mars 1831 et 30 septembre suivant).

177. COMMAND. Toute déclaration de command par suite de vente aux enchères devant l'autorité administrative, de biens appartenant aux communes, doit être faite dans les 24 heures de l'adjudication, conformément à l'art. 68, § 1, n° 24, de la loi du 22 frimaire an VII. — L'art. 11 de la loi du 26 vendémiaire an VII, qui accorde un délai de trois jours n'est relatif qu'aux adjudications de biens de domaines de l'Etat. — V. *suprà*, n° 62.

178. Mais, en matière forestière, aucune déclaration de command, concernant les adjudications de coupes de bois de l'Etat, ne peut être admise si elle n'est faite *immédiatement* après l'adjudication et *séance tenante* (C. for. 23); ce qui n'oblige point à faire paraître le véritable adjudicataire qui a donné mandat pour accepter l'adjudication puisqu'il est représenté par un mandataire (Déc. min. Fin. 21 mai 1828).

179. FORÊTS. Le délai de vingt jours pour l'enregistrement des procès-verbaux d'adjudication de coupes de bois de l'Etat, lorsqu'il y a désistement de la part des derniers enchérisseurs, commence du jour du renvoi, lorsque l'enchérisseur auquel ce renvoi est fait n'y a pas renoncé dans les vingt-quatre heures (Déc. min. Fin. 6 frimaire an XIII).

180. Les procès-verbaux d'assiette, d'arpentage, balivage et martelage, relatifs aux bois de l'Etat, doivent être enregistrés avec le procès-verbal d'adjudication auquel ils se rapportent, dans les vingt jours de la date de la vente. Il en est de même pour ceux de réarpentage et récollement, en comptant les vingt jours à partir de celui où il a été donné connaissance aux adjudicataires de la décharge d'exploitation ou de l'acte qui constate qu'ils ne sont pas dans le cas de l'obtenir (Déc. min. Fin. 19 germinal an XIII).

181. Les actes d'administration relatifs aux coupes de bois délivrées en nature, soit à des communes, soit à des affouagistes, et rédigés antérieurement à la délivrance, seront soumis à la formalité du timbre et de l'enregistrement, dans le délai de vingt jours à dater du procès-verbal de délivrance, conformément à la décision ci-dessus (Déc. min. Fin. 12 juillet 1822), sous peine du double droit (Délib. 3 mars 1829).

182. Les agents forestiers seront tenus de joindre copie des permis d'exploiter aux procès-verbaux d'arpentage et de martelage qu'ils doivent présenter au receveur pour être enregistrés, afin de leur faire connaître la date de la délivrance et de justifier ainsi que les actes à enregistrer sont remis au bureau pour cette formalité dans les vingt jours fixés par l'instruction qui précède (Déc. min. Fin. 3 décembre 1823).

183. Les procès-verbaux de réarpentage, récollement et autres actes postérieurs auxdits procès-verbaux de délivrance en nature, ne seront soumis à la formalité du timbre et de l'enregistrement, que dans le délai de deux mois de leur date, mais au bureau de la résidence de l'agent qui aura rédigé lesdits procès-verbaux (Déc. min. Fin. 12 juillet 1822). En cas de retard, le double droit sera exigible (Délib. 3 mars 1829).

Toutefois les procès-verbaux de récollement ne sont pas, comme les procès-verbaux de contravention, frappés de nullité à défaut d'enregistrement dans le délai. (Cass. 6 mars 1834. Arg. C. for. 170).

184. MAIN-LEVÉES. Les arrêtés des Préfets portant consentement à radier des inscriptions dans l'intérêt de l'Etat, ne sont plus sujets à être rédigés sur papier timbré et à être enregistrés dans les vingt jours de leur date : ils ne sont point en effet compris parmi les actes énoncés en l'art. 78 de la loi du 15 mai 1818. Ils restent seulement assujettis au timbre sur l'expédition (Délib. et Déc. min. Fin. 16 octobre et 29 novembre 1827). V. *sup.* n° 159.

185. MAINTENUE EN POSSESSION. L'arrêté d'un Préfet qui maintient en possession provisoire les détenteurs de biens communaux, opère une véritable vente au profit de ces détenteurs ; en conséquence cet arrêté est sujet à l'enregistrement dans les vingt jours de sa date (Déc. min. Fin. 27 juin 1809). V. *sup.* n° 159.

186. MARCHÉS. Les marchés passés pour raison de fournitures par les agents du Gouvernement, devant être ratifiés par le Ministre de la guerre, ne sont aussi sujets à l'enregistrement, que dans les vingt jours qui suivent celui où l'appro-

bation par l'autorité supérieure est connue (Déc. min. Fin. 7 nivôse an XI). V. *sup.* n° 158.

187. MARINE. Les actes et procès-verbaux de ventes de prises et de navires ou bris de navires, faits par les officiers de l'administration de la marine, sont soumis à l'enregistrement dans les vingt jours de leur date, sous peine du double droit porté aux art. 35 et 36 de la loi du 22 frimaire an VII. L'art. 37 de la dite loi leur est applicable pour le cas qui y est prévu (Art. 7 de la loi du 27 ventôse an IX). V. *sup.* nos 139, 140. Cette règle doit être appliquée à tous les actes de vente intéressant soit les particuliers, soit le gouvernement (Déc. min. Fin. 11 septembre 1809).

188. NAUFRAGE. Les déclarations de naufrage doivent être faites par les capitaines de navires, devant les commissaires de la marine, qui dressent des inventaires et récolements d'inventaires des cargaisons naufragées. Elles doivent être faites sur papier timbré et enregistrées dans le délai de 20 jours (Déc. min. Fin. du 2 prairial an VII; arrêté du gouv. 17 floréal an IX).

189. ORDONNANCES DU ROI. Les expéditions de ces ordonnances portant nomination des officiers publics, doivent être enregistrées dans le mois de leur délivrance, à peine du double droit; les expéditions de ces ordonnances destinées aux parties sont assujetties au timbre (Art. 34 de la loi du 21 avril 1832).

190. PROCÈS-VERBAUX. Les procès-verbaux dressés par les Préfets, contenant : 1° le recensement par commune des bestiaux qui ont paccagé pendant l'année sur des terrains domaniaux ; 2° l'obligation, tant par les propriétaires de ces bestiaux que par leurs cautions, de payer la taxe à fixer pour cet objet, doivent être rédigés sur papier timbré, et enregistrés sur la minute dans les vingt jours de leur date, au droit de vingt centimes par cent, comme baux de pâturage, et au droit de dix centimes pour cent, pour les cautionnements fournis (Déc. min. Fin. 7 août 1810).

191. A l'égard des procès-verbaux dressés par les *maires et adjoints* comme officiers de police judiciaire. V. *suprà*, n° 131.

192. SERMENT. V. *sup.* n° 154.

§ 6. — *Actes des courtiers, sujets à l'enregistrement dans un délai.*

193. Les billets à ordre, polices d'assurances et traités de ventes de marchandises ou bâtiments de mer faits par des courtiers, doivent être enregistrés dans les dix jours de leur date ; leur ministère, dans ce cas, étant le même que celui des Notaires (Déc. min. Fin. 4 vendémiaire an XII).

194. Mais il n'en est pas de même des autres négociations dont sont chargés les courtiers ; ils ne sont tenus que de consigner leurs opérations sur des carnets et de les transcrire, dans le jour, sur un journal timbré, coté et paraphé, par les juges du Tribunal de commerce, lesquels registre et carnet ils doivent représenter aux juges et arbitres (Art. 11 de la loi du 27 prairial an X).

195. L'enregistrement au droit proportionnel des contrats d'assurances et d'affrètement n'est obligatoire que quand il s'agit d'en faire usage en justice (Déc. min. Fin. 27 septembre 1816). Mais provisoirement les polices d'assurances sont assujetties au droit fixé par l'art. 5 de la loi du 16 juin 1824. V. *sup.* n° 193.

SECTION 3. *Des peines pour défaut d'enregistrement des actes dans les délais.*

196. Le défaut de présentation des actes à l'enregistrement dans les délais donne lieu à une amende dont le montant est fixé suivant la nature des actes ou la qualité des fonctionnaires.

197. ACTES DES NOTAIRES. Les Notaires qui n'auront pas fait enregistrer leurs actes dans les délais paieront personnellement, à titre d'amende et pour chaque contravention, une somme de 50 fr. (réduite à 10 fr. par l'art. 10 de la loi du 16 juin 1824) s'il s'agit d'un acte sujet au *droit fixe*, ou une somme égale au montant du droit s'il s'agit d'un acte sujet au *droit proportionnel*, sans que, dans ce dernier cas, la peine puisse être au-dessous de 50 fr. (10 fr.) : ils seront tenus en outre du paiement des droits, sauf leur recours contre les parties pour les droits seulement (Art. 33 de la loi du 22 frimaire an VII).

198. Il y a exception pour les testaments reçus par les Notaires ou déposés en leur étude, et non enregistrés dans les délais, par la raison que la formalité doit être requise par les héritiers, donataires, légataires ou exécuteurs testamentaires (Art. 21 et 29 de la même loi). En conséquence, le double droit est à la charge de ceux-ci.

199. Le Notaire qui a laissé expirer le délai sans faire enregistrer un acte reçu par lui, ne peut être admis à prouver, pour être dispensé du double droit, qu'il a été empêché de remplir cette formalité soit par le refus du receveur, soit par un autre obstacle. C'était à lui de faire sa diligence en temps utile et de faire constater légalement le refus du receveur ou l'obstacle qui a mis dans l'impossibilité de faire enregistrer (Cass. 3 octobre 1810).

200. Cependant, lorsqu'un acte notarié, tel qu'une déclaration de command, n'a été enregistré qu'après le délai fixé, et que le receveur, quoiqu'il n'ait point exigé et perçu les droits ou amendes résultant du retard, prétend qu'il a donné la formalité le jour même où l'acte lui a été remis, tandis que, de son côté, le Notaire soutient qu'il avait déposé son acte au bureau en temps utile et que le retard provient de la négligence du receveur, le Notaire, dans ce cas, peut fournir la preuve du fait articulé. Toutefois, s'il s'agit d'un objet excédant 150 fr., le fait du dépôt de l'acte dans le délai utile doit être établi par une preuve ou un commencement de preuve par écrit (Cass. 23 décembre 1835, aff. Bidaut, Sirey 36, 1, 142).

Nous croyons que le carnet ou livre-journal prescrit par la circulaire ministérielle du 24 septembre 1836, pourrait, dans ce cas, fournir la preuve dont parle l'arrêt (V. *infrà* n° 480).

201. Lorsqu'une charge imposée à l'acquéreur dans un contrat de vente n'a point été évaluée pour être ajoutée au prix, si le Notaire après avoir déposé ce contrat en temps utile au bureau l'en a retiré par suite de refus de faire la déclaration prescrite par l'art. 16 de la loi du 22 frimaire an VII, il est passible de l'amende ou du double droit, si l'acte n'a point été enregistré dans le délai (Jugement de Rennes 11 avril 1838, de Vic 23 août 1838).

202. Il en est de même quand un Notaire a présenté à la formalité de l'enregistrement une quittance notariée *pour solde de tous travaux jusqu'au jour de l'acte, ainsi que de toutes autres choses*, s'il refuse de faire la déclaration prescrite par

l'art. 16 de la loi précitée, seul moyen de mettre le receveur à même de percevoir le droit de libération (Jugement de Charleville, 30 décembre 1836).

V. *Suprà* nos 30, 31, 32, 60 et *infrà* nos 207 et 221.

203. ACTES SOUS SEING-PRIVÉ. Les actes sous signatures privées et ceux passés en pays étranger, dénommés en l'art. 22 de la loi du 22 frimaire an VII, qui n'auront pas été enregistrés dans les délais déterminés, seront soumis au double droit d'enregistrement (Art. 38 de lad. loi de frimaire) V. *suprà* nos 27 et suiv.

204. Il n'est pas nécessaire que les parties aient manifesté l'intention de faire usage d'un acte s. s. p. ou passé en pays étranger qui n'a pas été enregistré dans le délai de rigueur pour qu'il soit soumis au double droit (Cass. 4 nivôse an X, aff. Billot, 28 août 1809, aff. Jouvart).

205. Toute contre-lettre faite *sous signature privée* qui aurait pour objet une augmentation du prix stipulé dans un acte public, ou dans un acte sous signature privée *précédemment enregistré*, est déclarée nulle et de nul effet. Néanmoins, lorsque l'existence en sera constatée, il y aura lieu d'exiger à titre d'amende, une somme triple du droit qui aurait eu lieu sur les sommes et valeurs ainsi stipulées (Art. 40 de la loi du 22 frimaire an VII).

Sous signature privée. D'où l'on doit conclure que les contre-lettres *notariées* ne sont sujettes qu'au droit ordinaire.

Précédemment enregistré. Lors même que la contre-lettre est s. s. p., elle n'est pas sujette au triple droit si elle est présentée à l'enregistrement en même temps que l'acte auquel elle se rapporte (Délib. 11 juin 1833).

206. Toute contre-lettre s. s. p. ayant pour objet de déclarer qu'une vente est feinte et simulée, est, au regard de la régie, considérée comme une rétrocession donnant ouverture à un second droit de mutation (Cass. 23 octobre 1808, aff. Treil).

207. Mais si la contre-lettre est *pure et simple*, faite par *acte authentique* et dans les *vingt-quatre heures* de la date du premier acte, on lui donne alors le nom de *résiliement* et elle n'est assujettie qu'au droit fixe de 2 fr. (Art. 43 de la loi du 28 avril 1816). Faisons observer qu'aucune loi n'impose l'obligation de faire enregistrer ce résiliement dans les 24 heures et que, par conséquent, il suffit que la formalité soit donnée dans le délai ordinaire des actes notariés.

208. D'où il suit que si un résiliement est fait par acte s. s. p., ou s'il n'a lieu qu'après le délai de 24 heures, il est passible du droit proportionnel de rétrocession, quand même la vente résolue serait entachée d'un vice radical (Cass. 10 octobre 1810).

209. L'acte s. s. p. tenu secret, contenant vente moyennant 10,000 fr. et qu'on fait enregistrer après l'acte notarié qui a réalisé la vente au prix simulé de 6,000 fr. n'est pas une contre-lettre. On doit liquider le droit et le double droit sur les 10,000 fr. et tenir compte du droit perçu sur l'acte notarié, moins le droit fixe à retenir pour le salaire de la formalité (Déc. min. Fin. 29 mai 1819).

210. L'acte séparé par lequel on renonce à une créance en faveur d'un marché qu'on vient de faire, n'est pas une contre-lettre dans le sens de l'art. 40 de la loi de frimaire. V. *suprà* nos 205 et suiv.

211. On doit voir une rétrocession sujette au droit de 5 fr. 50 p. 0/0 outre le double droit s'il y a lieu faute d'enregistrement dans le délai, et non une contre-lettre dans la déclaration s. s. p. par laquelle un acquéreur fait connaître que son acquisition n'était pas sérieuse (Délib. 11 brum. an XI).

212. On doit voir, au contraire, une contre-lettre dans l'acte s. s. p. par lequel l'acquéreur se fait donner une déclaration portant que les vendeurs reconnaissent qu'il s'est glissé une erreur dans la fixation du prix, et que, pour réparer cette erreur, l'acquéreur leur a payé une somme de 12,000 fr. dont ils lui donnent quittance (Délib. 25 juillet 1825).

213. La quittance d'une somme reçue *à titre de pot de vin* sur une vente d'immeubles qui n'en fait pas mention, n'est pas une contre-lettre dans le sens de l'art. 40 de la loi de frimaire, parce qu'elle émane du vendeur seul (Solut. 19 mars 1832).

214. On ne doit point voir une contre-lettre dans l'acte par lequel l'acquéreur d'un immeuble sous faculté de rachat, reconnaissant que le prix de vente est inférieur à la valeur vénale des biens, s'oblige de payer un supplément de prix; surtout si cet acte est présenté volontairement à la formalité. Dans ce cas, le double droit n'est pas exigible si l'acte est soumis à l'enregistrement dans les trois mois (Délib. 24 août 1830).

215. L'aveu, dans un interrogatoire, de l'existence d'une contre-lettre, est suffisant pour légitimer la demande du triple droit, et cette demande ne se prescrit par deux ans que du jour où l'administration a été mise à portée de constater la contravention (Jugement de Lyon, 23 juin 1840).

216. Lorsqu'un acte porte un supplément de prix éventuel, et accorde en même temps la faculté de rachat qui n'a point été convenue dans le contrat de vente notarié, une pareille stipulation ne peut être assimilée à une contre-lettre dans le sens de l'art. 40 de la loi de frimaire, parce qu'il ne s'agit pas d'un supplément de prix actuellement déterminé, mais soumis à une éventualité. L'acte dont il s'agit n'a pu avoir pour objet que de stipuler la faculté de rachat omise dans le contrat de vente, or cette convention par acte séparé est valable suivant Pothier, v° *Contrat de vente* n° 432, et Merlin, rép. v° *Faculté de rachat*, n° 10 (Solut. 4 février 1833).

217. C'est à celui qui soumet une contre-lettre à la formalité de l'enregistrement à en payer le triple droit, lors même qu'il ne serait que simple cessionnaire de cette contre-lettre, sauf son recours contre les parties qui l'ont souscrite (Cass. 23 février 1836).

218. La contre lettre s. s. p. écrite sur papier non timbré, portant déclaration par celui au profit de qui une obligation notariée de 40,000 fr. a été souscrite, que sur cette somme il n'a compté à l'emprunteur que 30,000 fr. et qu'il lui redoit 10,000 fr. payables à une époque déterminée, n'est pas assujettie au timbre proportionnel, mais seulement au timbre de dimension et n'est passible que d'une amende de timbre de 5 fr. De plus, une pareille contre-lettre ne donne ouverture qu'au droit fixe d'enregistrement de 2 fr. et non au droit proportionnel d'obligation à 1 p. 0/0 (Jugement de St-Malo, 3 septembre 1840).

219. Le triple droit dû sur une contre-lettre ne peut jamais être exigé des héritiers de l'acquéreur, par le motif

que ce droit est exigé à titre *d'amende*. Or, les amendes ayant le caractère de *peines* ne peuvent, en général, être recouvrées contre les héritiers de celui qui les a encourues, lorsqu'il n'y a pas été condamné pendant sa vie (Av. cons. Et. 9 février 1810, Solut. 19 mars 1832, 4 juin 1835; Cass. 9 décembre 1813). V. note 44.

220. Quoique l'art. 40 de la loi de frimaire (V. *suprà* n° 205) prononce la nullité des contre-lettres s. s. p. ayant pour objet une augmentation de prix, il faut reconnaître cependant que ce principe a été abrogé par l'art. 1321 du C. civ. qui porte que les contre-lettres ne peuvent avoir leur effet qu'entre les parties contractantes. Cette question a fait l'objet d'une vive controverse, parce qu'il est de principe que les lois générales n'abrogent pas les lois spéciales sans une stipulation expresse (Cass. 10 janvier 1819, Sir. 19, 151, 15 décembre 1832).

221. COMMAND. Suivant le texte précis de la loi il est de rigueur que la déclaration de command soit faite *par acte public et notifiée dans les vingt-quatre heures de l'adjudication*. Si ces deux conditions n'existent pas et que l'acte soit sous seing-privé, non-seulement la déclaration de command ne peut jouir de la faveur du droit fixe, mais elle est passible du double droit à défaut d'enregistrement dans les trois mois de sa date (Cass. 24 mai 1837).

V. *sup.* n°s 89 et suiv. pour les divers actes sujets au double droit, et 205.

222. ACTES DES HUISSIERS ET AUTRES AYANT POUVOIR DE FAIRE DES EXPLOITS. La peine contre ces fonctionnaires pour défaut d'enregistrement d'un exploit ou d'un procès-verbal dans le délai est, savoir :

Pour les actes sujets au droit fixe d'une somme de 25 fr. (5 fr.) et de plus d'une somme équivalente au montant du droit de l'acte non enregistré. En outre, ces actes sont nuls et le contrevenant est responsable de cette nullité envers la partie (Art. 34 de la loi du 22 frimaire an VII).

Et pour les actes du ministère des huissiers sujets au droit proportionnel, ainsi que pour les procès-verbaux de ventes de meubles et autres objets mobiliers, d'une somme égale au montant du droit, sans qu'elle puisse être audessous de 50 fr. (10 fr.). Le contrevenant doit payer en outre le droit dû pour l'acte, sauf son recours contre la partie pour ce droit seulement (Même art.).

223. Les significations d'avoué à avoué doivent être enregistrées dans les quatre jours de leur date, à peine de 5 fr. d'amende pour chaque contravention, outre le paiement du droit (Art. 15 de la loi du 27 ventôse an IX).

V. *sup.* n°s 19 et suiv., 48 et suiv.

224. ACTES JUDICIAIRES. Tous les actes judiciaires, faute d'enregistrement dans les délais (V. *sup.* n°s 138 et suiv.) sont soumis à la peine du double droit aux termes de l'art. 35 de la loi du 22 frimaire an VII.

225. Ce double droit est à la charge personnelle des greffiers à titre d'*amende* lorsqu'ils ont négligé de faire enregistrer dans le délai les actes qu'ils étaient tenus de soumettre à la formalité. Indépendamment de ce double droit ils sont tenus d'acquitter le droit simple, sauf leur recours contre la partie pour ce droit seulement (Même art.).

226. Il n'y a d'exception que pour les jugements rendus à *l'audience* et les actes d'adjudication passés en *séance publique*, lorsque les parties n'auront pas consigné aux mains des greffiers, dans le délai prescrit pour l'enregistrement, le montant des droits fixés par la loi. V. *sup.* n° 140

V. aussi *sup.* n°s 142 et suiv.

227. ACTES ADMINISTRATIFS ET DES ÉTABLISSEMENTS PUBLICS. Sont soumis à la peine du double droit les actes administratifs et ceux des établissements publics qui, étant sujets à l'enregistrement, n'auront point reçu la formalité dans le délai de la loi (Art. 35 et 36 de la loi du 22 frimaire an VII).

Pour les délais d'enregistrement, V. *sup.* n°s 158 et suiv.

228. Les secrétaires demeurent chargés de l'acquittement des droits et sont passibles des doubles droits, lorsqu'il s'agit 1° d'adjudications en séance publique, 2° d'actes portant transmission de propriété, d'usufruit et de jouissance; 3° d'adjudications ou marchés de toute nature aux enchères, au rabais ou sur soumissions; 4° et de cautionnements relatifs à ces actes.

229. Toutefois la remise d'un extrait de ces actes au receveur de l'enregistrement opère la décharge du secrétaire lorsque les parties n'ont pas consigné les droits en ses mains (V. *sup.* n°s 160 et 159).

MUTATION AVEC OU SANS ACTE. V. *sup.* n° 107.

SECTION 4. *Des bureaux où les actes doivent être enregistrés.*

230. Les Notaires ne pourront faire enregistrer leurs actes qu'aux bureaux dans l'arrondissement desquels ils résident (Art. 26 de la loi du 22 frimaire an VII).

231. Les huissiers et tous autres ayant pouvoir de faire des exploits, procès-verbaux ou rapports, feront enregistrer leurs actes soit au bureau de leur résidence, soit au bureau du lieu où ils les auront faits (Même art.)

232. Les greffiers et les secrétaires des administrations centrales et municipales feront enregistrer les actes qu'ils sont tenus de soumettre à cette formalité, aux bureaux dans l'arrondissement desquels ils exercent leurs fonctions (*Idem*).

233. Les actes sous signature privée et ceux passés en pays étrangers pourront être enregistrés dans tous les bureaux indistinctement (*Idem*).

Développements.

124. AGENTS FORESTIERS. V. *inf.* *Procès-verbaux*.

235. ACTES SOUS SEINGS-PRIVÉS OU PASSÉS EN PAYS ÉTRANGERS. V. *sup.* n° 233.

236. ACTES EN DOUBLE MINUTE. Les actes faits en double minute seront enregistrés tant sur la première que sur la seconde minute, au bureau de la résidence de chacun des Notaires qui les recevront; les droits seront payés par le plus ancien des Notaires qui auront instrumenté, s'ils résident l'un et l'autre dans l'arrondissement du même bureau; ou, si la résidence de chacun d'eux est étrangère au bureau dans le ressort duquel l'acte aura été passé, le paiement sera effectué par le Notaire de ce ressort, si l'autre n'y est pas domicilié. Les minutes feront mention expresse de celui des deux Notaires qui sera tenu du paiement; et l'enregistrement dans le bureau où il n'y aura pas lieu à la perception, se fera pour mémoire avec désignation du bureau où les droits auront été payés et du Notaire chargé de les acquitter (Déc. min. Fin. et Just. 16 août 1808).

237. Si les actes sont enregistrés dans le même bureau, il n'y aura lieu qu'à un seul enregistrement, mais ils seront tous deux revêtus de la relation de l'enregistrement, avec mention sur le second acte que c'est par duplicata (Inst. 400, § 1).

238. Toutefois, comme il est indifférent au Trésor que le droit soit acquitté par l'un ou par l'autre officier public, tandis que les Notaires ou les parties peuvent avoir intérêt à ce que ce paiement soit fait plutôt par l'un que par l'autre, il est juste de leur laisser toute latitude à cet égard. Ainsi l'instruction 400 précitée ne sera exécutée qu'en l'absence d'une convention différente dans l'acte (Déc. min. Fin. 12 décembre 1832 ; Inst. 1422, § 11).

239. Il n'y a pas lieu à amende contre le Notaire qui, au lieu de faire enregistrer au bureau de sa résidence un acte en double minute, l'a fait enregistrer dans un autre bureau avec l'autre minute, et ce, par le motif que l'art. 26 de la loi du 22 frimaire an VII (V. *sup.* n° 230) n'en prononce point en cas d'infraction (Journ. de l'enregistrement, art. 10,981).

240. ADJUDICATIONS DE COUPES DE BOIS DE L'ÉTAT. Les adjudications doivent être enregistrées au bureau dans l'arrondissement duquel est établi le siége de l'administration, quand même on y aurait procédé dans l'arrondissement d'un autre bureau (Déc. min. Fin. 15 décembre 1807).

241. BILLETS A ORDRE ET LETTRES DE CHANGE. C'est au bureau de l'enregistrement des actes d'huissiers, où il sera tenu un registre particulier, que doivent être enregistrés les billets à ordre et lettres de change (Inst. 739).

242. COMMAND. Lorsque le Notaire qui reçoit une déclaration de command se trouve trop éloigné du bureau d'enregistrement de sa résidence pour y présenter ou notifier l'acte dans les 24 heures (ce qui peut arriver à un Notaire de première classe qui a le droit d'instrumenter dans tout le ressort de la Cour Royale), il peut régulièrement notifier la déclaration au receveur de l'enregistrement du bureau dans l'arrondissement duquel l'acte a été passé (Journ. de l'enregistrement, art. 7943).

243. COMMISSAIRES DU GOUVERNEMENT. Les actes des commissaires du Gouvernement pour faits de police judiciaire ou administrative doivent être enregistrés soit au bureau de la résidence de ces fonctionnaires, soit au bureau où ces actes sont faits (Déc. min. Fin. 3 pluviôse an VIII).

244. DÉCHARGE. La décharge donnée à un Notaire à la suite d'un acte par lui reçu, doit être enregistrée au bureau de la résidence du Notaire qui l'a reçue (Déc. min. Fin. et Just., Inst. 909).

245. EXPERTISE. Le paiement des suppléments de droits dûs pour insuffisance constatée par la voie de l'expertise, doit se faire au bureau de l'enregistrement de la situation des biens, lors même que l'acte a été enregistré dans un autre (Circ. 14 frimaire an IX).

246. GARDES DU COMMERCE. Les actes des gardes du commerce doivent recevoir la formalité de l'enregistrement, soit au bureau dans l'arrondissement duquel se trouve leur établissement qui est leur domicile légal, soit à celui du domicile des personnes auxquelles les actes sont signifiés (Déc. min. Fin. 17 janvier 1809).

247. GARDE NATIONALE. Les rapporteurs et secrétaires près les conseils de discipline de la garde nationale pourront faire enregistrer, dans les bureaux les plus rapprochés de leur demeure, les citations devant ces conseils, ainsi que les jugements qui seront rendus (Déc. min. Fin. 14 novembre 1832).

248. GREFFIERS. V. *sup.* n° 232.

249. HUISSIERS ET AUTRES ayant pouvoir de faire des exploits, procès-verbaux ou rapports. — V. *sup.* n° 231.

250. INVENTAIRES. V. *inf. Notaires.*

251. MUTATION SECRÈTE OU VERBALE. Les mutations entre-vifs de propriété ou d'usufruit de biens immeubles sont sujettes à l'enregistrement dans les trois mois de leur date, lors même que les nouveaux possesseurs prétendraient qu'il n'existe pas de conventions écrites entre eux et les précédents propriétaires ou usufruitiers. — A défaut d'actes, il sera suppléé par des déclarations détaillées et estimatives, dans les trois mois de l'entrée en possession, à peine d'un droit en sus (Art. 44 de la loi du 27 ventôse an IX ; art. 22 et 38 de la loi du 22 frimaire an VII).

Cette déclaration peut être faite dans tous les bureaux indistinctement comme si elle résultait d'acte s. s. p., la loi n'ayant point indiqué de bureau spécial où elle dût être faite. — V. *sup.* n°s 117 et 245.

252. NOTAIRES. Les Notaires ne peuvent faire enregistrer leurs actes qu'au bureau de leur résidence. V. *suprà* n° 230.

Cependant les inventaires reçus par les Notaires près les Cours Royales peuvent être enregistrés dans les bureaux dont dépend le lieu où ils ont instrumenté, excepté la dernière vacation qui doit toujours recevoir la formalité au bureau de leur résidence (Déc. min. Fin. 12 therm. an XII).

V. *inf.* n°s 253, 258, 259 et aussi *Minute* note 59.

253. Lorsque le domicile et la résidence d'un Notaire dépendent de deux arrondissements différents, les actes de ce Notaire doivent être enregistrés au bureau de sa résidence (Délib. 23 frim. an XI).

254. PROCÈS-VERBAUX. Ont la faculté de faire enregistrer les actes et procès-verbaux de leur ministère au bureau le plus voisin de leur résidence ou commune, lors même que ce bureau ne serait pas celui de leur arrondissement :

1° Les gardes et agents des forêts (Déc. min. Fin. 28 novembre 1809 et 12 juillet 1822);

2° Les gardes-champêtres (Déc. min. Fin. 27 août 1823);

3° Les préposés des douanes (Déc. min. Fin. 20 mars 1826).

Ces décisions formant des exceptions à la règle ne doivent pas être étendues aux actes dressés par d'autres officiers publics (Inst. 1090).

255. Les vérificateurs des poids et mesures peuvent faire enregistrer leurs actes et procès-verbaux au bureau le plus voisin, soit de leur résidence, soit du lieu où ils les auront faits, quelque soit l'arrondissement d'où ce bureau dépende (Déc. min. Fin. 20 août 1833).

256. Les gendarmes peuvent faire enregistrer leurs procès-verbaux, soit au bureau de leur résidence, soit au bureau le plus voisin de cette résidence lors même qu'il serait situé dans un autre arrondissement, soit enfin au bureau du lieu où ils auront fait leurs procès-verbaux. A défaut

de bureau à la résidence des gendarmes, l'enregistrement peut avoir lieu à la résidence du ministère public chargé des poursuites (Déc. min. Fin. 2 avril 1830).

257. SECRÉTAIRES. V. *sup*. n° 232.

258. VENTES DE MEUBLES AUX ENCHÈRES. Ces sortes de ventes doivent être enregistrées au bureau où la déclaration a été faite (Art. 6 de la loi du 22 pluviôse an VII).

Toutefois un Notaire ne commet pas une contravention passible d'amende, en faisant enregistrer au bureau qui dépend de sa résidence une vente publique de meubles à laquelle il a procédé dans un canton voisin où il existait un bureau d'enregistrement. Dans ce cas, le receveur doit refuser la formalité et renvoyer le Notaire au bureau de l'enregistrement, où la déclaration préalable a été faite (Solut. 20 août 1835).

259. Les ventes de marchandises et d'achalandage de commerce, faites dans un même procès-verbal et concurremment par un Notaire pour l'achalandage et par un commissaire-priseur pour les marchandises, doivent être enregistrées au bureau des actes civils où s'est faite la déclaration préalable, et le Notaire est tenu d'acquitter les droits dûs pour la vente entière (Délib. 16 novembre 1815).

260. Les ventes de mobilier national faites par les préposés du domaine doivent être enregistrées au bureau des actes des huissiers et dans les quatre jours de leur date (Solut. 14 janvier 1812).

SECTION 5. *Des droits d'enregistrement et de leur application.*

261. La quotité du droit d'enregistrement varie suivant la nature des actes qui y sont assujettis. — Les droits sont *fixes* (V. *infrà* n° 266) ou proportionnels (V. *infrà*, n° 270), — Art. 2 de la loi du 22 frimaire an VII.

262. Il suffit qu'un acte existe pour que le droit d'enregistrement soit exigible. On ne peut prétexter pour s'affranchir du paiement du droit que l'acte est *nul* ou n'est pas *sérieux*.

Nul. Il faut distinguer si un acte est nul comme manquant d'une des conditions essentielles à son existence, car dans ce cas, il doit être considéré comme imparfait et ne peut donner lieu à aucun droit d'enregistrement, ou bien s'il est seulement susceptible d'annulation, car alors il est sujet au droit comme s'il était régulier.

Un acte est imparfait, et par conséquent nul, lorsqu'il n'est pas signé de toutes les parties, ou bien encore lorsque l'officier public ou les témoins ne l'ont pas signé. Dans ce cas, il n'est sujet qu'au droit fixe de 1 fr., comme écriture non signée, à moins que dans son état d'imperfection il ne renferme quelque convention ou obligation qui doive être exécutée. — V. note 38.

Mais lorsque les vices d'un acte ne tiennent pas à sa forme extrinsèque mais au fond du droit, on ne peut pas dire qu'il soit imparfait; quoique sujet à être annullé, il n'en est pas moins complet, et cela suffit pour que le droit d'enregistrement soit acquis au fisc; ainsi décidé :

1° A l'égard d'une vente sous seing-privé qui n'avait pas été rédigée en deux originaux (Cass. 24 juin 1806, aff. Hanius)

2° A l'égard d'une transaction faite par un tuteur sur les droits du mineur, sans observer les formalités voulues par la loi (Cass. 3 ventôse an VIII, aff. Renault; 30 novembre 1807, aff. Celadon).

3° A l'égard d'une vente annulée avant le paiement du droit, mais postérieurement à la contrainte (Cass. 12 fév. 1822, aff. Sanson). — Le droit serait également exigible, lors même que l'annulation de l'acte aurait été prononcée avant la contrainte, parce qu'il était acquis à la Régie du moment de la production de l'acte en justice (Cass. 20 juillet 1821, aff. Chevalier).

Sérieux. La perception du droit d'enregistrement se déterminant d'après la substance des actes et leur forme extrinsèque, sans avoir égard aux intentions secrètes des parties, un acte ne peut alors être affranchi du paiement du droit sous prétexte qu'il n'est pas sérieux (Cass. 23 février, 1824, aff. Lamazère).

263. C'est la loi en vigueur *au jour de la date de l'acte ou de la mutation* qu'il faut appliquer pour la perception des droits d'enregistrement). V. *suprà* n° 47 et *infrà* n° 341).

Cela résulte : de cinq arrêts de la Cour de Cassation du 5 février 1834, portant, 1° que les lois des 22 frimaire an VII, 27 ventôse an IX et autres spéciales en matière d'enregistrement ne sont applicables qu'aux cas qu'elles ont prévus et ne contiennent pas de *dérogation expresse* au principe absolu de la non-rétroactivité des lois consacré par l'art. 2 du Code civil, 2° et que la liquidation du droit de mutation de même que celle de tous autres impôts, doit être faite conformément à la loi vivante à l'époque où le droit s'est ouvert et a été acquis au fisc;

De deux jugements des Tribunaux de Narbonne et de la Réole, des 5 janvier 1836 et 12 mai 1837, qui ont décidé par application du principe de la *non-rétroactivité* que les échanges de biens ruraux contigus, faits par acte sous seing-privé d'une date antérieure au 1er janvier 1835, ne sont passibles que du droit fixe quoiqu'ils n'aient été soumis à la formalité qu'après cette époque; l'article 16 de la loi du 24 mai 1834, qui abroge la loi du 16 juin 1824 ne pouvant disposer que pour l'avenir même à l'égard des actes s. s. p., parce qu'ils font foi de leur date, à moins que la Régie ne prouve qu'il y a eu fraude dans la date;

Et d'un arrêt de la Cour de Cassation du 31 mai 1836, qui décide que les droits de mutation dus à l'occasion d'une succession doivent être perçus conformément à la loi existante lors de l'ouverture de cette succession et non d'après les dispositions de la loi en vigueur lorsque les droits ont été payés.

264. A l'égard des dispositions éventuelles ou à cause de mort, ce n'est pas la loi existante à l'époque de la disposition qu'il faut appliquer pour la perception du droit, mais celle en vigueur lors de l'exécution ou à l'époque du décès du donateur.

265. La Régie est obligée de prendre les actes tels qu'ils lui sont présentés, sans pouvoir prétendre que les ratures et renvois qui s'y trouvent ont eu pour but de diminuer les droits d'enregistrement (Cass. 19 décembre 1837, aff. Chrhurt).

§ 1. *Du droit fixe.*

266. Le droit fixe s'applique aux actes, soit civils, soit judiciaires ou extrajudiciaires, qui ne contiennent ni obligation, ni libération, ni condamnation, collocation ou liquidation de sommes et valeurs, ni transmission de propriété, d'usufruit ou de jouissance de biens meubles ou immeubles (Art. 3 de la loi du 22 frimaire an VII).

267. Il est perçu au taux tarifé par l'article 68 de la loi précitée, de manière que le droit varie de 1 fr. à 25 fr.

Ainsi, certains actes sont sujets au droit fixe de 1 fr.;
D'autres sont sujets au droit fixe de 2 fr.;
D'autres sont sujets au droit fixe de 3 fr.;
D'autres sont sujets au droit fixe de 5 fr.;
D'autres sont sujets au droit fixe de 10 fr.;
D'autres sont sujets au droit fixe de 15 fr.;
Et une seule espèce d'acte est sujette au droit fixe de 25 fr.

268. Le tarif des droits fixes ayant été beaucoup modifié par les articles 41 à 50 de la loi du 28 avril 1816, il en résulte que c'est plutôt à ces derniers articles qu'il faut se reporter qu'à la loi de frimaire. Toutefois, cette dernière loi continue de régir les actes dont le droit n'a point été modifié par la loi de 1816. — Par le nouveau tarif, le droit fixe varie de 50 centimes à 100 francs.

269. Lorsque certains actes ne sont dénommés dans aucun tarif et qu'ils ne sont pas susceptibles de recevoir l'application du droit proportionnel, ces actes sont assujettis au droit fixe de 1 fr. comme actes innommés.

§ 2. *Du droit proportionnel, de sa liquidation et des valeurs sur lesquels il est assis.*

270. Le droit proportionnel s'applique aux *obligations*, *libérations*, *condamnations*, *collocations ou liquidations de sommes et valeurs*, *et à toute transmission de propriété*, *d'usufruit ou de jouissance de biens meubles et immeubles*, *soit entre-vifs*, *soit par décès* (Art. 4 de la loi du 22 frimaire an VII).

271. Mais il est des cas où il n'y a pas lieu de percevoir *actuellement* le droit proportionnel; par exemple lorsqu'il s'agit d'une donation, d'une transmission ou d'une obligation qui ne peuvent avoir un effet actuel parce qu'elles sont suspendues par une condition ou par un événement qui en rend l'effet éventuel, incertain.

Ainsi décidé : 1° dans une espèce où un tiers étant intervenu dans un acte de vente pour garantir l'acquéreur dans le cas d'éviction, il avait été perçu un droit de cautionnement qui ne devait être exigé que lors de l'événement (Cass. 12 juillet 1832).

2° Dans une espèce où une obligation de garantie ayant été contractée pour le cas où des tiers viendraient à exercer des actions en répétition, il avait été perçu un droit proportionnel d'enregistrement qui ne devait l'être que lors de l'exercice de ces actions (Cass. 10 janvier 1833).

3° Dans une espèce où il s'agissait de la donation d'une somme payable après le décès du donateur, avec faculté pour le donataire d'exiger à cette époque soit *tel* immeuble, soit la somme *à son choix*. Cette condition n'ayant pas pour effet de transmettre *actuellement* la propriété de l'immeuble, n'était sujette qu'au droit de donation mobilière et ne pouvait donner ouverture au droit proportionnel de donation *immobilière*, ce droit ne devenant exigible que quand le donataire aura requis la délivrance de l'immeuble (Cass. 20 août 1827).

272. LIQUIDATION DU DROIT PROPORTIONNEL. La perception du droit proportionnel suit les sommes et valeurs de 20 fr. en 20 fr. inclusivement et sans fraction (Art. 2 de la loi du 29 ventôse an IX).

Ainsi le droit est le même sur 20 fr. 05 que sur 40 fr., sur 41 fr. que sur 60 fr., etc.

273. Il ne pourra être perçu moins de 25 cent. pour l'enregistrement des actes et mutations dont les sommes et valeurs ne produiraient pas 25 centimes de droit proportionnel (Art. 3 de la même loi).

Ainsi, sur une quittance de 20 fr. sujette au droit de 50 centimes par cent francs, il doit être perçu 25 cent. et non pas 10 cent.

On doit entendre cet article dans ce sens qu'un acte doit produire au moins 25 centimes de droit et qu'il n'y a pas lieu d'appliquer ce minimum quand l'acte a produit une somme égale ou supérieure à 25 centimes : on suit alors les règles du tarif.

Cela a été décidé relativement à un bail aux enchères et à une vente en détail (Inst. gén. 31 mars 1826, n° 1187).

274. VALEURS SUR LESQUELLES ON DOIT ASSEOIR LE DROIT. La valeur de la propriété, de l'usufruit et de la jouissance des *biens meubles*, est déterminée, pour la liquidation et le paiement du droit proportionnel, ainsi qu'il suit; savoir :

1° Pour les baux et locations, *par le prix annuel exprimé en y ajoutant les charges imposées au preneur*;

2° Pour les créances à terme, leurs cessions et transports, et autres actes obligatoires, *par le capital exprimé dans l'acte et qui en fait l'objet;*

3° Pour les quittances et tous autres actes de libération, *par le total des sommes ou capitaux dont le débiteur se trouve libéré;*

4° Pour les marchés et traités, *par le prix exprimé ou l'évaluation qui sera faite des objets qui en seront susceptibles;*

5° Pour les ventes et autres transmissions à titre onéreux, *par le prix exprimé et le capital des charges qui peuvent ajouter au prix;*

6° Pour les créations de rentes soit perpétuelles, soit viagères, ou de pensions, aussi à titre onéreux, *par le capital constitué et aliéné;*

7° Pour les cessions ou transports desdites rentes ou pensions, et pour leur amortissement ou rachat, *par le capital constitué et aliéné;*

8° Pour les transmissions entre-vifs, à titre gratuit, et celles qui s'opèrent par décès, *par la déclaration estimative des parties, sans distraction des charges;*

9° Pour les rentes et pensions créées sans expression de capital, leurs transports et amortissements, *à raison d'un capital formé de vingt fois la rente perpétuelle et de dix fois la rente viagère ou la pension, et quel que soit le prix stipulé pour le transport ou l'amortissement.*

Il ne sera fait aucune distinction entre les rentes viagères et pensions créées sur une tête et celles créées sur plusieurs têtes, quant à l'évaluation.

Les rentes et pensions stipulées payables en nature seront évaluées aux mêmes capitaux, estimation préalablement faite des objets, d'après les dernières mercuriales du canton de la situation des biens, à la date de l'acte, s'il s'agit d'une rente créée pour aliénation d'immeubles, ou, dans tout autre cas, d'après les dernières mercuriales du canton où l'acte aura été passé (V. *infrà* n° 280). — Il sera rapporté, à l'appui de l'acte, un extrait certifié des mercuriales. — S'il est question d'objets dont les prix ne puissent être réglés par les mercuriales, les parties en feront une déclaration estimative.

10° Pour les actes et jugements portant condamnation, collocation, liquidation ou transmission, *par le capital des sommes et les intérêts et dépens liquidés.*

11° L'usufruit, transmis à titre gratuit, s'évalue à la moitié de la valeur entière de l'objet.

(Art. 14 de la loi du 22 frimaire an VII).

Art. 275. La valeur de la propriété, de l'usufruit et de la jouissance des *immeubles*, est déterminée, pour la liquidation et le paiement du droit proportionnel, ainsi qu'il suit, savoir :

1° Pour les baux à ferme ou à loyer, les sous-baux, cessions et subrogations de baux, *par le prix annuel exprimé, en y ajoutant les charges imposées au preneur.* — Si le bail est stipulé payable en nature, il en sera fait une évaluation d'après les dernières mercuriales du canton de la situation, à la date de l'acte, à l'appui duquel il sera rapporté un extrait certifié des mercuriales (V. *infrà* n° 280). Il en sera de même des baux à portion de fruits pour la part revenant au bailleur, dont la quotité sera d'abord déclarée, et sur la valeur de laquelle le droit d'enregistrement sera perçu. — S'il s'agit d'objets dont la valeur ne puisse être constatée par les mercuriales, les parties en feront une déclaration estimative;

2° Pour les baux à rentes perpétuelles et ceux dont la durée est illimitée, *par un capital formé de vingt fois la rente ou le prix annuel, et les charges aussi annuelles, en y ajoutant également les autres charges et les deniers d'entrée, s'il en est stipulé.* — Les objets en nature s'évaluent comme ci-dessus;

3° Pour les baux à vie, sans distinction de ceux faits sur une ou plusieurs têtes, par un capital formé de dix fois le prix et les charges annuels, en ajoutant de même le montant des deniers d'entrée et des autres charges s'il s'en trouve d'exprimés. — Les objets en nature s'évaluent pareillement comme il est prescrit ci-dessus;

4° Pour les échanges, *par une évaluation qui doit être faite en capital, d'après le revenu annuel multiplié par vingt, sans distraction des charges;*

5° Pour les engagements, *par les prix et sommes pour lesquels ils sont faits;*

6° Pour les ventes, adjudications, cessions, rétrocessions, licitations et tous autres actes civils ou judiciaires, portant translation de propriété ou d'usufruit, à titre onéreux, *par le prix exprimé, en y ajoutant toutes les charges en capital, ou par une estimation d'experts, dans les cas autorisés par la présente.* — Si l'usufruit est *réservé* par le vendeur, il sera évalué à la moitié de tout ce qui forme le prix du contrat, et le droit sera perçu sur le total; mais il ne sera dû aucun autre droit pour la réunion de l'usufruit à la propriété : cependant, si elle s'opère par un acte de cession, et que le prix soit supérieur à l'évaluation qui en aura été faite pour régler le droit de la translation de propriété, il est dû un droit, par supplément, sur ce qui se trouve excéder cette évaluation. Dans le cas contraire, l'acte de cession est enregistré pour le *droit fixe.*

7° Pour les transmissions de propriété entre-vifs, à titre gratuit, et celles qui s'effectuent par décès, *par l'évaluation qui sera faite et portée à vingt fois le produit des biens ou le prix des baux courants, sans distraction des charges.* — Il ne sera rien dû pour la réunion de l'usufruit à la propriété, lorsque le droit d'enregistrement aura été acquitté sur la valeur entière de la propriété.

8° Pour les transmissions d'usufruit seulement, soit entre-vifs à titre gratuit, soit par décès, *par l'évaluation qui en sera portée à dix fois le produit des biens ou le prix des baux courants, aussi sans distraction des charges.* — Lorsque l'usufruitier qui aura acquitté le droit d'enregistrement pour son usufruit acquerra la nue propriété, il paiera le droit d'enregistrement sur sa valeur, sans qu'il y ait lieu d'y joindre celle de l'usufruit.

(Art. 15 de la loi du 22 frimaire an VII).

276. Si les sommes et valeurs ne sont pas déterminées dans un acte ou un jugement donnant lieu au droit proportionnel, les parties seront tenues d'y suppléer, avant l'enregistrement, par une déclaration estimative, certifiée et signée au pied de l'acte (Art. 16 de la même loi).

277. Si le prix énoncé dans un acte translatif de propriété ou d'usufruit de *biens immeubles*, à titre onéreux, parait inférieur à leur valeur vénale à l'époque de l'aliénation, par comparaison avec les fonds voisins de même nature, la régie pourra requérir une expertise, pourvu qu'elle en fasse la demande dans l'année, à compter du jour de l'enregistrement du contrat (Art. 17 de la même loi).

278. La demande en expertise sera faite au Tribunal civil du département dans l'étendue duquel les biens sont situés, par une pétition portant nomination de l'expert de l'état (V. *infrà*, n°s 281, 282). — L'expertise sera ordonnée dans les dix jours de la demande. — En cas de refus par la partie de nommer son expert sur la sommation qui lui aura été faite d'y satisfaire dans les trois jours, il lui en sera nommé un d'office par le Tribunal. Les experts, en cas de partage, appelleront un tiers-expert; s'ils ne peuvent en convenir, le juge de paix du canton de la situation des biens y pourvoira. — Le procès-verbal d'expertise sera rapporté au plus tard dans le mois qui suivra la remise qui aura été faite aux experts de l'ordonnance du Tribunal, ou dans le mois après l'appel d'un tiers-expert. — Les frais de l'expertise seront à la charge de l'acquéreur, mais seulement lorsque l'estimation excédera d'un huitième au moins le prix énoncé au contrat (V. *infrà* n° 283). — L'acquéreur sera tenu, dans tous les cas, d'acquitter le droit sur le supplément d'estimation, s'il y a une plus-value constatée par le rapport des experts (Art. 18 de la même loi).

279. Il y aura également lieu à requérir l'expertise *des revenus des immeubles* transmis en propriété ou usufruit à tout autre titre qu'à titre onéreux, lorsque l'insuffisance dans l'évaluation ne pourra être établie par actes qui puissent faire connaître le véritable revenu des biens (Art. 19 de la même loi).

280. Pour les rentes et les baux stipulés payables en quantité fixe de grains et denrées dont la valeur est déterminée par des mercuriales, et pour les donations entre-vifs et les transmissions par décès de biens dont les baux sont également stipulés payables en quantité fixe de grains et denrées dont la valeur est également déterminée par des mercuriales, la liquidation du droit proportionnel d'enregistrement sera faite d'après l'évaluation du montant des rentes ou du prix des baux résultant d'une année commune de la valeur des grains ou autres denrées, selon les mercuriales du marché le plus voisin. — On formera l'année commune d'après les quatorze dernières années antérieures à celle de l'ouverture du droit : on retranchera les deux plus fortes et les deux plus faibles; l'année commune sera établie sur les dix années restantes (Art. 75 de la loi du 15 mai 1818).

281. Lorsque dans les cas prévus par les articles 17, 18 et 19 de la loi du 22 frimaire an VII (rapportés *suprà*

nos 277, 278 et 279), il y aura lieu à expertise de biens immeubles situés dans le ressort de plusieurs tribunaux, la demande en sera portée au Tribunal de première instance dans le ressort duquel se trouve le chef-lieu de l'exploitation, ou à défaut de chef-lieu, la partie des biens qui présente le plus grand revenu d'après les matrices du rôle.— Ce même Tribunal ordonnera l'expertise partout où elle sera jugée nécessaire, à la charge néanmoins de nommer pour experts des individus domiciliés dans le ressort des Tribunaux de la situation des biens, et il prononcera sur leur rapport. — Les experts seront renvoyés, pour la prestation du serment, devant le juge de paix où les biens sont situés (Article 1er de la loi du 15 novembre 1808).

282. Il n'est rien innové en ce qui concerne les expertises d'immeubles dont la mutation s'opère par décès et dont la déclaration se fait au bureau dans l'arrondissement duquel ils sont situés (Art. 2 de la même loi).

283. Dans tous les cas où les frais de l'expertise autorisée par les articles 17 et 19 de la loi du 22 frimaire (rapportée *suprà* nos 277 et 279) tomberont à la charge du redevable, il y aura lieu au double droit d'enregistrement sur le supplément de l'estimation (Art. 5 de la loi du 27 ventôse an IX).

Les dispositions qui précèdent ont donné lieu aux interprétations suivantes :

284. BOIS. Si les bois sont aménagés en coupes réglées ou affermées, la connaissance du revenu s'obtient par les baux, si ces baux et les ventes annuelles ne contiennent aucune réserve. A cet effet on réunit les produits de toutes les coupes exploitées pendant une révolution d'aménagement, et pour former un produit moyen on divise ce total par le chiffre qui indique le nombre d'années de cette révolution (Délib. 31 juillet 1827, Inst. 1229, § 2).

285. Quand il s'agit d'un bois non affermé ni aménagé, la connaissance du revenu ou du produit moyen s'acquiert aussi facilement dans ce cas que pour les bois aménagés. Il suffit, alors, de diviser le prix de la coupe des bois qui ont été exploités en une seule fois, par le nombre d'années pendant lesquelles a duré leur croissance. Cette opération est la même que celle qui a lieu pour l'élagage des saules, des peupliers et même pour la pêche des étangs, ou pour tout autre objet susceptible de revenu, mais qui n'a point un produit annuel. Du produit des coupes on doit déduire les frais de garde, mais d'un autre côté on doit ajouter au produit des coupes principales dans les bois, celui des recépages, des éclaircis dans les taillis ou dans les futaies, des arbres exploités en jardinant, des chablis, du pâturage et de la glandée, lorsque le propriétaire en tire un revenu. Le produit de la chasse doit aussi être ajouté à celui des coupes, lors toutefois qu'elle a été affermée (*Id.*)

286. A l'égard des arbres réservés lors des exploitations, il faut distinguer : si la réserve n'est que partielle et si, d'ailleurs, la coupe exploitée comprend des arbres anciens provenant d'une révolution antérieure, il y a compensation dans le produit moyen, et l'on n'a rien à ajouter, pour cet objet, au prix de la coupe. Mais si ce prix ne porte que sur le taillis, on doit y ajouter, par une évaluation particulière, le produit présumé de la futaie réservée (*Idem; Contrôleur*, 1450).

287. CESSION DE CRÉANCE A TERME. C'est sur le montant nominal de la créance et non sur le prix stipulé

pour la cession que le droit proportionnel doit être assis. —V. *sup.* no 274-2o.

288. CONDAMNATION. Lorsqu'une condamnation a été prononcée sur une demande non établie par titre enregistré, le droit proportionnel doit être perçu sur l'objet de la demande et non pas sur l'obligation telle qu'elle a pu exister dans l'origine. Par exemple, la régie ne peut exiger le droit de titre sur le prix total d'une vente mobilière consentie par deux personnes, lorsque la demande n'est formée que par l'une d'elles, et qu'elle est limitée au paiement de la moitié de ce prix (Cass. 26 août 1834, aff. Larcher).

289. DÉCLARATION ESTIMATIVE. Il y a lieu de faire une déclaration estimative ainsi qu'il est dit *sup.* no 276, toutes les fois que les sommes et valeurs ne sont pas déterminées dans un acte ou un jugement donnant lieu au droit proportionnel. — V. *sup.* no 275-1o.

290. Le Notaire est obligé de la faire lorsqu'un contrat de vente impose à l'acquéreur une charge non évaluée et susceptible d'être ajoutée au prix, de sorte que si, après avoir présenté un acte en temps utile au bureau d'enregistrement, il retire cet acte du bureau par suite de son refus de faire la déclaration, il devient passible de l'amende ou du double droit résultant du défaut d'enregistrement dans le délai (Jugement de Rennes, 11 avril 1838, de Vic, 23 août 1838).

291. Le Notaire est aussi obligé de fournir cette déclaration pour un acte portant quittance d'une somme pour *solde* de tous travaux jusqu'au jour de l'acte, ou bien quittance indépendamment de la somme payée, de *toute autre chose* qui peut être due (Jugement de Charleville, 30 décembre 1836).

292. La déclaration a le même effet que l'estimation consignée dans l'acte même; ainsi il est permis à la régie d'exiger un supplément quand elle a reconnu dans le délai de la loi (V. *inf.* nos 789 et suiv.) la fausseté de la déclaration, mais il n'est pas permis aux préposés de prendre pour base de la perception autre chose que la déclaration quand même elle invoquerait quelque acte offrant plus de certitude que la déclaration pour l'évaluation (Sol. 28 décemb. 1831).

293. Mais lorsque les droits d'un marché pour construction ont été liquidés d'après une déclaration estimative, l'adjudicataire ne peut être admis à faire rectifier la perception au moyen d'une nouvelle déclaration (Jugement du Hâvre, 19 janvier 1837).

294. DÉCLARATION D'UNE MUTATION VERBALE D'IMMEUBLES. Une pareille déclaration n'a pas besoin d'être signée sur le registre du receveur par les déclarants, elle peut être faite par acte extra-judiciaire, signifiée par huissier au receveur, lorsqu'il est constant que le contribuable s'était présenté, plusieurs fois au bureau de l'enregistrement pour y faire sa déclaration, contre laquelle le receveur aurait fait intempestivement des observations qui en auraient empêché ou au moins retardé l'inscription sur le registre (Cass. 9 août 1832).

295. FUTAIES. V. *sup.* *Bois*, no 284.

296. GARANTIE NON DÉTERMINÉE. Lorsqu'un tiers intervient à un acte de vente pour garantir l'acquéreur, qui paie son prix comptant, de toutes actions qui lui se-

raient intentées à raison des inscriptions qui existeraient après la transcription du contrat, il y a lieu de faire déclarer le montant des créances pour la liquidation du droit de garantie, sauf rectification, à charge ou à décharge, dans le délai de deux ans (Jugement de Charolles 29 mai 1830). V. *sup.* nº 271.

297. JUGEMENT. Il y a obligation pour les avoués de se conformer à l'art. 16 de la loi du 22 frimaire, lorsqu'un jugement d'adjudication ne contient pas la liquidation des frais de surenchère. En conséquence, le receveur est fondé à refuser de donner la formalité tant que cette liquidation n'a pas été faite : à cet égard on doit prendre pour règle ce qui est dit *sup.* nº 289 et suiv. (Délib. 24 mars 1824). Cependant le contraire a été décidé par le Tribunal de Dreux; mais ce jugement a été cassé pour vice de forme sur le pourvoi de la régie.

298. MEUBLES. L'évaluation des meubles doit être faite en capital, *sans distraction des charges.* C'est par ce motif que la régie ne fait aucune déduction des dettes de l'hérédité quand il s'agit de percevoir des droits de mutation par décès.

298 *bis.* NUE PROPRIÉTÉ. Suivant l'art. 15 de la loi de frimaire, la valeur des biens en propriété et jouissance doit être fixée à 20 fois le revenu (V. *sup.* nº 275-2º-4º-7º), et suivant le même article, la valeur de l'usufruit séparé de la propriété doit être fixée à dix fois le revenu (V. *sup.* nº 275-3º-8º). Il reste donc pour la nue propriété seule une valeur de dix fois le revenu, égale à celle de l'usufruit (Inst. gén., nº 1200, § 17, — V. *inf.* nº 302). Il s'agit alors de la valeur *vénale.*

Mais il en est autrement pour les transmissions à titre gratuit, telles que les donations, les legs, les échanges; comme il s'agit alors d'une valeur *légale* à fixer, on doit prendre pour base le revenu d'une année multiplié par 20 années. — V. *sup.* nº 275-7º et *inf.* nºs 300, 302.

299. PRIX DES BAUX COURANTS. Lorsqu'il s'agit de transmissions de biens à titre gratuit ou par décès, la perception des droits a lieu sur une *déclaration estimative* des parties (V. *sup.* nº 275-7º); mais si cette déclaration n'est pas en rapport avec le prix des baux courants ou les mercuriales, la régie est fondée à refuser de prendre pour base la déclaration des parties (Cass. 18 février 1807, aff. Lascaris; 14 juin 1809, aff. Target; Sir. 10, 1, 283).

300. RÉSERVE D'USUFRUIT. Lorsqu'une vente est faite avec *réserve d'usufruit*, l'on évalue cet usufruit *à la moitié de tout ce qui forme le prix du contrat* pour la perception du droit d'enregistrement (V. *sup.* nº 275-6º, et 298 *bis*).

301. Mais la loi n'ayant point spécifié qu'il y aurait augmentation de prix dans le cas où la vente serait faite pour n'entrer en jouissance de l'objet *qu'à l'expiration de l'usufruit appartenant à un tiers*, il en résulte que, dans ce cas, on ne saurait appliquer le droit proportionnel sur la moitié du prix stipulé au contrat à raison de cette non-jouissance, quoique la condition ait le même effet pour l'acquéreur puisqu'il est aussi bien privé de jouissance par la réserve au profit du vendeur que par la rétention au profit d'un tiers.

Dans tous les cas l'augmentation de droit en raison de la réserve d'usufruit n'est applicable qu'aux immeubles (V. *sup.* nº 275), et non aux meubles (V. *sup.* nº 274).

302. SUCCESSIONS. Le droit de mutation ouvert par le décès du nu-propriétaire, *avant l'extinction de l'usufruit légué à un tiers,* doit être liquidé sur le capital formé de *dix fois* le revenu des immeubles grevés d'usufruit, parce que le droit ayant été perçu une première fois sur un revenu de vingt années ne peut l'être *au même taux* une seconde et une troisième fois des successeurs du nu-propriétaire (Jug. de Chartres, 17 février 1838; d'Evreux, 16 mars 1839). — V. *sup.* nºs 270, 275-7º-8º et 298 *bis.*

303. TOURBIÈRES. Les tourbières qui se transmettent entre-vifs à titre gratuit ou par décès sont sujettes au droit sur une déclaration des parties ou par expertise; les articles 15, 16, 17, 18 et 19 de la loi de frimaire étant applicables à ces transmissions (Av. Cons. d'Etat, 18-22 février 1812). V. *sup.* nºs 275, 276, 277, 278, 279.

304. USAGE ET HABITATION (DROIT D'). La vente d'un droit d'habitation est sujette au droit fixé pour les mutations immobilières (Délib. 3 août 1831). A l'égard du droit d'usage, sa valeur doit être fixée comme celle d'un usufruit et le droit basé en conséquence suivant qu'il s'agit de meubles ou d'immeubles.

305. VENTE. Quoiqu'une vente faite moyennant loyal et bon paiement ou moyennant bon prix et satisfaction payé comptant ne soit valable que quand il s'agit de cessions de créances sur l'Etat (Ind. d'arrêt de Cass. du 30 avril 1822), cependant les parties doivent déclarer, au pied de l'acte, le prix de la vente (Art. 28 de la loi de frimaire an VII).

306. Lorsque le prix d'une vente n'est pas déterminé, les parties doivent fournir une déclaration dûment certifiée, de la valeur de l'immeuble et, en cas de fausse déclaration constatée par une expertise, il y a lieu au double droit (Déc. min. Fin. et Just. 10 et 21 janvier 1812; Inst. 566 et 1210, § 10). Toutefois si les parties rectifient volontairement leur déclaration, l'excédant de prix n'est pas sujet au double droit (Sol. 24 juillet 1828).

307. Quand une vente faite par acte s. s. p. moyennant un prix à fixer par des experts n'a point eu d'effet parce que l'expertise a manqué, et quand il résulte d'actes authentiques que le vendeur a toujours conservé la propriété du bien vendu, le jugement qui déclare qu'il n'y a point eu d'acquéreur et qu'il n'était point dû de droit de mutation, ne contrevient à aucune loi (Cass. 24 juillet 1815).

308. Lorsqu'une vente est faite sans fixation de prix, s'en étant rapporté à l'arbitrage de tiers, il faut distinguer si les parties sont convenues de s'en rapporter à l'arbitrage de tels experts, car alors il y a condition suspensive et le droit n'est dû que quand la condition est accomplie, ou bien si elles ont seulement stipulé que le prix serait fixé par *des* arbitres, car le refus de ces derniers d'accepter la mission n'empêche pas d'en nommer d'autres et ne peut vicier la perception (Paris 18 novembre 1831).

309. Quand une vente a été faite moyennant un prix à déterminer par des experts que les parties se sont réservé de nommer, et que néanmoins l'évaluation du bien vendu a été provisoirement fixée pour l'assiette du droit d'enregistrement, le refus que font ensuite les experts convenus de déterminer le prix de ce bien n'annulle pas tellement la vente qu'il ne soit dû aucun droit (Cass. 14 avril 1807; Sir. 7, 2, 1248). Dans ce cas le droit perçu n'est pas restituable.

Il en est de même, c. à. d. que le droit n'est pas restituable, lorsque les parties ont soumis l'objet même de la vente (qui est à prendre dans un tout désigné) à l'arbitrage d'un tiers, mais après en avoir fixé elles-mêmes le prix (Cass. 6 juillet 1831 ; Sir. 31, 1, 375. — Délib. 10-23 juillet 1835).

310. VENTILATION. De ce qu'un acte ne contient pas de ventilation, il ne s'en suit pas que le droit d'enregistrement doive être perçu sur la totalité des sommes ou valeurs qu'il énonce, si une portion n'est pas sujette aux droits. Il y a lieu, dans ce cas, à la déclaration estimative des objets sur lesquels le droit doit être perçu (Délib. 16 mars 1827).

§ 3. *Des actes à enregistrer en débet ou gratis, ou qui sont exempts de la formalité.*

Art. 1er. Des actes à enregistrer en débet.

Doivent être enregistrés en débet et visés pour timbre aussi en débet les actes ci-après énumérés :

311.—1° ACTES DE POLICE. Les actes et procès-verbaux concernant la *police simple* et la *police correctionnelle*, ainsi que les jugements rendus sur ces actes et procès-verbaux, lorsqu'il n'y a pas de *partie civile poursuivante*, sauf à suivre le recouvrement des droits contre les condamnés (L. 25 mars 1817, art. 74).

312.—2° ADMINISTRATION PUBLIQUE. Les actes et procès-verbaux d'une administration publique agissant dans l'intérêt de l'Etat, d'une commune ou d'un établissement public (L. 22 frimaire an VII, article 70, § 1er ; Ord. R. 22 mai 1816). V. *infrà* nos 315, 316.

313.—3° APPELS CORRECTIONNELS. Les déclarations d'appel de tous jugements rendus en matière de police correctionnelle, lorsque l'appelant sera emprisonné (L. 25 mars 1817, art. 14).

314.—4° COMMISSAIRES DE POLICE. Les actes et procès-verbaux des commissaires de police en matière de police simple ou correctionnelle. V. *suprà* n° 311.

315. COMMUNES. Il y a exception pour les communes ; en conséquence, elles doivent être considérées comme parties civiles dans les affaires où elles agissent seules ou d'office dans leur intérêt particulier (Inst. 400, § 2).

316. CONTRIBUTIONS INDIRECTES. Il y a aussi exception pour la régie des contributions indirectes, laquelle doit continuer de faire l'avance des frais de poursuites et des droits d'enregistrement et de timbre, dans toutes les affaires poursuivies à sa requête et dans son intérêt ou celui de ses agents (L. 22 mai 1816, art. 4).

317.—5° COURONNE (BOIS DE LA). On doit enregistrer en débet les jugements concernant les bois de la Couronne ainsi que les procès-verbaux de délits ou de contraventions et les citations et significations (Arr. min. Fin. 13 octobre 1829).

318.—6° DÉLITS DANS LES BOIS DES PARTICULIERS. Les préposés ne pouvant se rendre juges des cas où le ministère public doit ou non poursuivre d'office, on doit, par ce motif, enregistrer en débet les jugements rendus sur la poursuite d'office du ministère public pour délits dans les bois des particuliers (Décr. 18 juin 1811, art. 1er).

319.—7° DISPENSE D'AGE OU DE PARENTÉ. Les lettres-patentes portant dispense d'age et de parenté pour contracter mariage devant être transcrites sur un registre tenu à cet effet aux greffes des Tribunaux, l'ordonnance du Président du Tribunal qui ordonne cette transcription doit être enregistrée en débet au droit fixe de 3 fr., sauf à recouvrer ce droit d'enregistrement sur les parties (Décr. 20 prairial an XI ; — Déc. min. Fin. 25 mars 1829, Instr. 1282, § 4). — V. *infrà*, *Indigents*, n° 381.

320.—8° FAILLITE. Les jugements d'ouverture de faillite peuvent être enregistrés en débet lorsque la poursuite a eu lieu d'office. Inst. 290, § 3.

321.—9° GARDES CHAMPÊTRES ET FORESTIERS. Leurs procès-verbaux ainsi que les actes et jugements qui interviennent doivent être enregistrés en débet. V. *suprà* n° 311.

322.—10° GARDES DU GÉNIE. On peut faire enregistrer en débet la notification des procès-verbaux de contraventions constatés par les gardes du génie (Ord. R. 1er août 1821 ; Inst. 998).

323.—11° Il en est de même de la notification que ces gardes font eux-mêmes, (*ibid*) ; mais la notification que font ces gardes de l'extrait du plan et de l'état descriptif des terrains soumis aux servitudes, doit être enregistré *gratis* (*ibid.*).

324.—12° GARDES DE PARTICULIERS. Leurs procès-verbaux ne peuvent pas être enregistrés en débet (L. 25 mars 1817, art. 74). V. *sup.* n° 318.

325.—13° JUGES DE PAIX. Les actes et procès-verbaux des juges de paix pour faits de police doivent être enregistrés en débet (L. 22 frimaire an VII, art. 70, § 1er ; Ord. R. 22 mai 1816). V. *inf.* nos 324 et suiv.

326.—14° JUGEMENTS DE POLICE. V. *sup.* n° 311.

327. 15° MINISTÈRE PUBLIC. Les actes et procès-verbaux faits à la requête du ministère public sans partie civile, en matière de police simple ou correctionnelle, ainsi que les actes et jugements qui interviennent, doivent être enregistrés en débet (L. 22 frimaire an VII, art. 70, § 1).

328.—16° OFFICE (ACTES D'). Les actes et jugements faits d'office à la requête du ministère public, en matière civile, doivent être aussi enregistrés en débet, sauf à comprendre ces droits dans les autres frais et à répéter le tout contre les condamnés ou débiteurs. Il en est de même pour les droits de greffe (Déc. min. Fin. 22 octobre 1817).

329. PARTIE CIVILE. Quand il y a une partie civile qui poursuit, il n'y a plus lieu de faire enregistrer les actes en débet en matière de police simple ou correctionnelle, si elle n'a pas justifié de son indigence, conformément à l'article 160 du réglement du 18 juin 1811, attendu qu'elle est tenue de déposer entre les mains des greffiers avant toutes poursuites la somme présumée nécessaire pour le paiement des frais (Cir. min. Just. Inst. 1195).

330.—17° PÊCHE MARITIME. Tous les actes de poursuites en matière de contraventions aux réglements sur la pêche maritime doivent être enregistrés en débet, et le montant des frais est porté par la régie au compte du ministère de la justice (Déc. min. Fin. et Just. 9 déc. 1834).

331.—18° POLICE. V. *sup.* nos 311, 313, 314, 325, 327, 329.

332.—19° PROCÈS-VERBAUX. V. *sup.* nos 311, 312, 314, 317, 321, 322, 324, 325, 327.

333.—20° RECOUVREMENTS. La rentrée des droits des actes, procès-verbaux et jugements, enregistrés en débet, se fait contre les parties condamnées, d'après les extraits des jugements qui sont fournis aux préposés de l'administration par les greffiers (L. 22 frimaire an VII, art. 70, § 1. — Ord. R. 22 mai 1816).

334.—21° SCELLÉS. Les appositions et levées de scellés ne doivent être enregistrées qu'en débet, lorsqu'elles ont lieu d'office (Déc. min. Fin. 22 octobre 1817; Inst. 290, § 3).

335.—22° SUBROGÉ-TUTEUR (NOMINATION DE). Il en est de même des nominations de subrogé-tuteur lorsqu'elles ont lieu d'office (*Ibid.*).

336.—23° SUCCESSIONS VACANTES. En matière de successions vacantes, les actes faits à la requête des Procureurs du Roi ou des curateurs nommés d'office, doivent être enregistrés en débet, sauf aux préposés, si le produit de la succession est suffisant, à réclamer sur ce produit, le paiement des droits des actes dont il s'agit (Déc. min. Fin. 15 décembre 1820).

337. — 24° Les actes préparatoires à la vente des biens immeubles des successions dont il s'agit peuvent être aussi enregistrés en débet, mais à la charge par les curateurs d'insérer dans le cahier des charges, *sous leur garantie personnelle*, la condition expresse que les acquéreurs acquitteront, dans un délai déterminé, tous les droits en débet, ainsi que ceux de leur adjudication (Déc. min. Fin. 11 novembre 1824. Contrôl. art. 866).

338.—25° TUTELLES. Les actes de tutelle peuvent être enregistrés en débet lorsqu'ils sont faits d'office. — V. *suprà*, n° 334.

339. —26° UNIVERSITÉ. Les frais de procédure en matière de contravention aux réglements de l'Université devant être acquittés par les receveurs de l'enregistrement sur les fonds du ministère de la Justice, il en résulte que les actes de poursuites et jugements doivent être enregistrés en débet (Lettre min. Just. 12 août 1835).

Art. 2. **Des actes à enregistrer gratis.**

Doivent être enregistrés gratis les actes ci-après :

340. — 1° ACQUISITIONS. ACTES. Les acquisitions et échanges faits par l'Etat, les partages de biens entre lui et des particuliers, et tous autres actes faits à ce sujet (L. 22 frimaire an VII, art 70, § 2, n° 1).

Mais il n'en est pas de même des ventes faites par l'Etat ni des acquisitions faites par le domaine privé du Roi (Déc. min. Fin. 26 février 1831), et par les communes et les établissements publics (L. 18 avril 1831, art. 17). V. *suprà*, nos 158, 159, 161, 162.

341. — 2° ADMINISTRATIONS PUBLIQUES. Les acquisitions faites par les administrations publiques; quoique l'on n'ait pas observé les formalités prescrites par l'arrêté du min. des Fin. du 11 octobre 1824 (Inst. 1192), parce que s'il y a un vice de forme l'acquisition n'a pas moins lieu au nom et au profit de l'Etat, *lequel ne se paie pas de droits à lui-même* (Délib. 23 juin 1840, Rol. 6038).

342.—3° COMMISSIONS ROGATOIRES ÉTRANGÈRES. Les actes faits à la requête du ministère public et ayant pour objet l'exécution de commissions rogatoires émanées des tribunaux étrangers, transmis par les voies diplomatiques (Déc. min. Fin. 27 mars 1829). Mais il n'en est pas de même des arrêts et jugements des tribunaux étrangers dont l'exécution serait poursuivie sur des biens situés en France à la requête des parties intéressées (Déc. min. Fin. 5 décembre 1828).

343. — 4° COMMUNES. V. *suprà*, n° 340.

344. — 5° CONTRIBUTIONS PUBLIQUES. Les actes de poursuite et tous autres actes, tant en action qu'en défense, ayant pour objet le recouvrement des contributions publiques et de toutes autres sommes dues à l'Etat, ainsi que des contributions locales, lorsqu'il s'agit de cotes, droits et créances, non excédant, en total, la somme de 100 fr. (L. 22 frimaire an VII, art. 70, § 2, n° 2. — L. 16 juin 1824, art. 6). Mais les jugements rendus en cette matière sont assujettis au même droit que ceux rendus entre particuliers (L. 28 avril 1816, art. 39).

345.—6° DIPLOME. Tout jugement qui ordonne la transcription du diplôme d'un avocat déjà assermenté sur les registres du greffe et l'insertion de son nom au tableau des avocats, dans les lieux où le nombre des avocats en exercice reste au-dessous de vingt, parce que le Tribunal prononce alors comme conseil de discipline et qu'il s'agit d'un acte d'ordre intérieur (Délib. 11 octobre 1823).

346.—7° DISPENSE D'AGE. Les lettres-patentes de dispense d'âge pour le mariage, délivrées aux personnes reconnues indigentes (L. 15 mai 1817 art. 77). V. *suprà*, n° 319.

347. — 8° DOMAINE PRIVÉ. V. *suprà*, n° 340.

348. — 9° ECHANGE. V. *suprà*, n° 340.

349.—10° ÉTAT CIVIL. Les actes de procédure et les jugements à la requête du ministère public ayant pour objet : 1° de réparer les omissions et de faire les rectifications sur les registres de l'état civil d'actes qui intéressent les individus notoirement indigents; 2° de remplacer les registres de l'état civil perdus ou incendiés par les évènements de la guerre et de suppléer aux registres qui n'auraient pas été tenus (L. 25 mars 1817, art. 75. Inst. 768). Dans le premier cas, on doit produire un certificat d'indigence délivré par le maire et légalisé par le sous-préfet, ou bien lorsqu'il y a urgence et que le ministère public requiert la formalité, les actes doivent contenir la mention qu'ils intéressent des personnes notoirement indigentes (Inst. 978 § 2).

350. — 11° ETABLISSEMENTS PUBLICS. V. *suprà*, n° 340.

351.—12° EXPROPRIATION POUR UTILITÉ PUBLIQUE. Les plans, procès-verbaux, certificats, significations, jugements, contrats, quittances et autres actes faits en vertu de la loi du 3 mai 1841, sur l'expropriation pour utilité publique (Art. 58 de lad. loi).

352. 13° GARDES DU GÉNIE. V. *suprà*, n° 323.

353. — 14° GARDE NATIONALE. Les actes concernant la garde nationale, pour lesquelles on a la faculté de faire ou de ne pas faire enregistrer (V. *infrà*, n° 389), notamment l'acte de prestation de serment d'un médecin nommé pour exercer des fonctions gratuites auprès d'un recensement de la garde nationale (Sol. 8 décembre 1831.)

354. — 15° GENDARMES. Les actes des gendarmes concernant la *police générale et de sûreté et la vindicte publique* (L. 22 frimaire an VII, art. 70, § 2, n° 3).

355. — 16° HUISSIERS. Les actes des huissiers aussi en pareille matière (*Ibid.*).

356 — 17° INDIGENTS. V. *suprà*, nos 346, 349, et *infrà*, n° 361 *bis*.

357 — 18° JURY. LISTES ÉLECTORALES. Tous les exploits relatifs aux inscriptions sur les listes électorales et du jury, quelle que soit l'autorité devant laquelle ils aient pour objet d'introduire l'instance (Délib. 27 mars 1829). Toutefois, le défaut d'enregistrement d'un exploit de signification d'un arrêt d'admission relatif aux élections, n'entraîne pas la nullité de cet exploit (Cass. 3 juillet 1830).

Le serment des membres du jury établi près le ministère de l'intérieur pour vérifier l'origine des tissus saisis dans l'étendue du royaume (Déc. min. Fin. 27 janvier 1817). Le serment des gardes-jurés institués à Alençon pour vérifier la qualité et la dimension des toiles exposées en vente (Déc. min. Fin. 6 décembre 1824).

358. — 19° MOIS DE NOURRICE. Les actes relatifs au recouvrement des sommes dues pour mois de nourrice, lorsqu'elles n'excèdent pas 100 fr. (L. 16 juin 1824, art. 6.)

359.—20° NAVIGATION DU RHIN. Les actes de procédure et les jugements rendus dans toutes les causes portées devant les juges des droits de navigation du Rhin (L. 21 avril 1832, art. 11).

360.—21° PARTAGE AVEC L'ÉTAT. V. *sup.* n° 340.

360 *bis*. — 22° RECONNAISSANCE D'ENFANTS NATURELS. Les actes de reconnaissance d'enfants naturels appartenant à des individus notoirement indigents (L. 28 avril 1816, art. 55).

361.—23° RECOUVREMENT DE DENIERS PUBLICS. V. *sup.* n° 344.

362.—24° TRIBUNAUX ÉTRANGERS. V. *sup.* n° 342.

Art. 3. Des actes exempts d'enregistrement.

Sont exempts d'enregistrement les actes ci-après :

363—1° ACTES ANCIENS. Les actes passés en *forme authentique*, avant l'établissement de l'enregistrement, c'est-à-dire avant la loi du 5-19 décembre 1790, dans l'ancien territoire de France, et ceux passés également en forme authentique ou *sous signature privée* dans les pays réunis, et qui y ont acquis une date certaine, suivant les lois de ces pays, ainsi que les mutations qui se sont opérées par décès avant la réunion desdits pays (L. 22 frimaire an VII, art. 70, § 3, n° 16). V. *sup.* n° 47.

364.—2° AFFIRMATION DE PROCÈS-VERBAUX. Les affirmations de procès-verbaux des employés, gardes et agents salariés par l'Etat, faits dans l'exercice de leurs fonctions (L. 22 frimaire an VII, art. 70, § 3, n° 12).

365.—3° ARMÉES DE TERRE ET DE MER. Les engagements, enrôlements, congés, certificats, cartouches, passeports, quittances de prêt et fourniture, billets d'étape, de subsistance et de logement, tant pour le service de terre que pour le service de mer, et tous autres actes de l'une et l'autre administration, non compris dans les autres articles de la loi de frimaire. — Les rôles d'équipage et les engagements de matelots et gens de mer de la marine marchande et des armements en course (L. 22 frimaire an VII, art. 70, § 3, n° 13).

366.—4° AUTORITÉS ADMINISTRATIVES. — ADMINISTRATION PUBLIQUE. Tous actes, arrêtés et décisions des autorités administratives antérieurs ou postérieurs à 1818, excepté ceux emportant transmission de propriété, d'usufruit ou de jouissance, les adjudications ou marchés de toute nature, aux enchères, au rabais ou sur soumissions, et les cautionnements y relatifs (L. 15 mai 1818, art. 80 et 81). V. *sup.* n° 158.

Les actes d'administration publique non compris dans les autres articles de la loi de frimaire (L. 22 frimaire an VII, art. 70, § 3, n° 2).

367.—5° CAISSES PUBLIQUES. Les rescriptions, mandats et ordonnances de paiement sur les caisses publiques, leurs endossements et acquits (L. 22 frim. an VII, art. 70, § 3, n° 4).

368.—6° CÉDULES DES JUGES DE PAIX. Les cédules délivrées par les Juges de paix pour appeler au bureau de conciliation, sauf le droit sur la signification desdites cédules (L. 18 therm. an VII).

369.—7° CERTIFICATS DE VIE. Les certificats de vie des rentiers et pensionnaires de l'Etat (Décr. 21 août 1806).

Ceux des actionnaires de la caisse Lafarge, et généralement de tous les intéressés dans les tontines légalement autorisées (Déc. min. Fin. 8 février 1822).

Ceux des membres de la Légion d'honneur et leurs procurations écrites à la suite pour recevoir leurs traitements et gratifications (Déc. min. 11 août 1817).

Ceux pour rentes et pensions viagères sur les têtes genevoises (Ord. R. 30 août 1817), sur l'administration des postes (Déc. min. Fin. 29 janvier 1818), sur la tontine d'Orléans (Déc. min. Fin. 30 août 1827).

Les certificats pour secours temporaires ou de retraite payés par l'Etat (Déc. min. Fin. 27 et 31 octobre 1817). Ceux pour indemnités accordées par l'Etat aux employés en non activité ou veuves d'employés (*id*).

Ceux pour pensions des donataires inscrites au trésor (Déc. min. 26 juillet 1821).

Ceux pour pensions des chevaliers de St.-Louis, faisant partie de la dotation de l'Hôtel royal des Invalides (Ord. R. 2 février 1825).

Les certificats pour pensions sur la caisse des employés et artisans (Déc. min. janvier 1817); sur la liste civile du Roi (Déc. min. avril 1817); sur la liste civile des Princes, sur la caisse des hospices et orphelins, sur les fabriques et autres établissements publics (Déc. min. 7 mars 1818 et 20 février 1822).

370.—8° CHARGES LOCALES. Les quittances de contributions, droits, créances et revenus payés à l'Etat, celles pour charges locales et celles des fonctionnaires et employés salariés par l'Etat, pour leurs traitements et émoluments (L. 22 frimaire an VII, art. 70, § 3, n° 5).

371.—9° COLONIES. Les actes authentiques des îles et des colonies antérieurs à l'établissement de l'enregistrement en 1790, qui ne contiennent pas transmission de propriété ou d'usufruit de biens situés sur le territoire continental de la France (Loi 5-19 décembre 1790; Cass. 17 mai 1808, Sirey 10, 1,285).

372—10° COLONS DE ST-DOMINGUE. Les titres et actes de tous genres à produire par les colons de St.-Domingue ou leurs héritiers, soit devant la Commission, soit devant les tribunaux pour justifier de leurs qualités et de leurs droits (L. 30 avril 1826, art. 10), ce qui s'applique aux oppositions formées par les créanciers des colons, aux jugements portant reconnaissance de créances sur les colons et aux délégations faites aux créanciers de la part des colons débiteurs, sur l'indemnité due à ces derniers en vertu de la loi précitée (Déc. min. Fin. 6 octobre 1826 et 1er juin 1827), et aux actes de dépôts chez les Notaires de pièces relatives à la liquidation de l'indemnité (Jugement de Périgueux 25 mars 1830, acquiescé par la régie), mais non à des cessions au profit de tiers non créanciers ou consenties après la liquidation de l'indemnité même au profit d'un créancier du colon (Jug. de la Seine, 16 juin 1830).

373.—11° COMMISSAIRES DE POLICE. Les prestations de serment des commissaires de police (Déc. min. Fin., 4 thermidor an XIII, Inst. 290). V. *inf.* nos 391, 395, 408, 409, 410.

374.—12° COMMISSIONS DES NOTAIRES. Les commissions des Notaires au greffe du Tribunal où ils ont prêté leur serment; l'enregistrement n'étant prescrit par aucune loi et ne pouvant être considéré, quand il a lieu, que comme une mesure d'ordre intérieur qui n'est pas même sujette au droit de greffe (Délib. 4 juin 1825, Contrôleur 925).

375.—13° CONSEIL D'ÉTAT. Les pièces produites devant le Conseil d'Etat (autres que celles soumises à l'enregistrement dans un délai fixe), sans néanmoins que l'exemption puisse leur profiter, s'il en était fait usage ailleurs (Décr. 22 juillet 1806).

376—14° CONTRIBUTIONS. V. *suprà* n° 370.

377.—15° CORPS LÉGISLATIF. Les actes du corps législatif et ceux du pouvoir exécutif (L. 22 frimaire an VII, art. 70, § 3, n° 1).

378.—16° CRIMES ET DÉLITS. Les procès-verbaux et actes destinés à constater, poursuivre et réprimer les *crimes*, quand il n'y a point de partie civile; s'il y a partie civile, les actes spéciaux faits à la requête de cette partie, ainsi que les jugements qui prononcent des condamnations civiles, sont seuls assujettis à la double formalité. Il en est de même à l'égard des procès-verbaux et actes destinés à constater, poursuivre et réprimer les *délits*, sauf l'enregistrement, en minute, des jugements correctionnels (Ord. R. 22 mai 1816, art. 4), sauf aussi l'enregistrement, et par conséquent le timbre des actes à l'égard desquels cette formalité est exigée par des dispositions spéciales et notamment des procès-verbaux et actes constatant les infractions aux lois sur les contributions publiques lorsque ces infractions sont punies correctionnellement, des procès-verbaux des gardes ruraux et forestiers et des actes et jugements qui interviennent sur ces procès-verbaux. Ces distinctions ne s'appliquent pas aux exploits et notifications du fait des huissiers, ni aux actes de même nature que les gendarmes et gardes forestiers sont autorisés à faire; tous lesquels exploits et notifications doivent être timbrés et enregistrés soit qu'il s'agisse de crimes ou de délits (Circ. min. Just. 24 septembre 1823).

379. Ainsi, les procès-verbaux, actes et jugements, soit en matière de *crimes*, soit en matière de *délits*, lorsqu'il n'y a pas de partie civile, sont affranchis du timbre et de l'enregistrement. Cette exemption comprend les procès-verbaux des Procureurs du Roi, des juges d'instruction, des juges de paix, des commissaires de police, des maires et de leurs adjoints, des officiers de gendarmerie et autres officiers de police judiciaire; les rapports de médecins, chirurgiens et autres personnes chargées par le ministère public d'apprécier la nature du crime ou du délit; les procès-verbaux d'enquête, les mandats d'amener et de dépôt, les ordonnances du juge d'instruction, celles rendues en la chambre du conseil, y compris celle qui détermine la nature de la poursuite ou qui règle la compétence des tribunaux, soit qu'il s'agisse de crimes ou de délits (Inst. 1102).

380.—17° DETTE PUBLIQUE. Les inscriptions sur le grand-livre de la dette publique, leurs transports et mutations, les quittances des intérêts qui en sont payés, et tous les effets de la dette publique inscrite ou à inscrire (L. 22 frimaire an VII, art. 70, § 3, n° 3).

381. Les actes s. s. p. tendant uniquement à la liquidation de la dette publique et en tant qu'ils servent aux opérations de la liquidation; ceux des actes des administrations et des commissaires liquidateurs, relatifs auxdites liquidations (L. 26 frimaire an VIII, art. 1 et 2).

382.—18° EFFETS NÉGOCIABLES. V. *inf.* n° 396.

383.—19° ÉMIGRÉS. Les actes s. s. p. tendant uniquement à la liquidation de l'indemnité et en tant qu'ils serviront aux opérations de la liquidation; les actes des administrations et ceux de la commission de liquidation (Ord. R. 1er mai 1825, art. 61; Déc. min. Fin. 5 juin 1825). Mais cette exemption ne s'étend pas aux extraits des registres de l'état civil et des actes publics et authentiques dont les expéditions ou les extraits doivent être joints aux réclamations des ayants-droit (Même déc.) ni aux procurations données pour suivre la liquidation (Déc. min. Fin. 25 juin 1825).

384.—20° EMPLOYÉS. V. *suprà* n° 370.

385.—21° ETAT CIVIL (ACTES DE L'). Les actes de naissance, sépulture et mariage, reçus par les officiers de l'Etat civil, et les extraits qui en sont délivrés (L. 22 frimaire an VII, art. 70, § 3, n° 5).

386.—22° FAILLITE. Les rapports faits au Tribunal de commerce par les juges commissaires des faillites, ainsi que les jugements des Tribunaux de commerce qui nomment, en matière de faillite, un juge commissaire pour l'empêchement du juge précédemment désigné par un jugement soumis à la formalité et aux droits d'enregistrement (Inst. 1146).

387.—23° FONCTIONNAIRES. V. *suprà* n° 370.

388. 24° FOURNISSEURS. Les quittances des fournisseurs, ouvriers, maîtres de pension, et autres de même nature comme pièces justificatives de comptes rendus en justice, à l'amiable ou devant Notaire (C. Proc. civ. 537, Inst. 436, § 42).

389.—25° GARDE NATIONALE. Tous actes de poursuite devant les conseils de discipline, tous jugements, recours et arrêts rendus en vertu de la loi sur la garde nationale (L. 22 mars 1831, art. 121, Inst. 1357); ce qui doit s'entendre aussi des actes en *défense* devant les conseils de discipline (Déc. min. Fin. 5 janvier 1832), d'une signification de protestation par des gardes nationaux contre l'organisation de la garde nationale de leur commune (Sol. 2 juillet 1832); et même un huissier peut mettre à exécution sans le faire enregistrer un jugement qui prononce une amende parce que, d'après la jurisprudence de la Cour de Cassation, cette formalité est purement facultative (Lettre min. Just. 19 janvier 1833).

390. Les prestations de serment des commis-greffiers

appelés à remplacer le greffier en chef le jour où il fait le service de garde national, pourvu que dans la prestation de serment il soit fait mention de la cause du remplacement (Déc. Commiss. des Fin. 19 avril 1814).

391.—26° GENDARMES. Les prestations de serment en justice des membres du corps de la gendarmerie, comme actes de police générale et de sûreté publique. V. *infrà*, n° 402.

392.—27° IMPOSITIONS. Les ordonnances de décharge ou de réduction, remises ou modérations d'impositions, les quittances y relatives, les rôles et extraits d'iceux (L. 22 frimaire an VII, art. 70, § 3, n° 6).

393.—28° LAFARGE (CAISSE). Les actions de la caisse Lafarge et leurs transports, par assimilation aux rentes sur l'Etat dont les transports sont aussi affranchis de l'enregistrement. V. *suprà* 380.

394.—29° LÉGALISATION DE SIGNATURES. Les légalisations de signatures d'officiers publics (Loi 22 frimaire an VII, article 70, § 3, n° 11).

395.—30° LÉGION D'HONNEUR. Les prestations de serment des membres de la Légion d'honneur (Inst. 290, § 56). V. *suprà*, n° 369.

396. 31° LETTRES DE CHANGE. Les lettres de change tirées de place en place, celles venant de l'étranger ou des colonies françaises, les endossements ou acquits de ces effets, les endossements et acquits de billets à ordre et autres effets négociables, lorsqu'ils sont sous signature privée (V. *suprà* n° 75); mais cette exemption cesse lorsque les effets sont passés devant Notaires *(id.)*. V. *Protêt.*

397.—32° MAITRES DE PENSION. V. *sup.*, n° 388.

398.—33° MONT DE PIÉTÉ. Les procès-verbaux de recettes faites par l'administration du mont-de-piété et tous actes y relatifs (Décr. 18 thermidor an XII, article 89).

399.— 34° OUVRIERS. V. *suprà*, n° 388.

400.— 35° PASSEPORTS. Les passeports délivrés par l'administration publique (Loi 22 frimaire an VII, art. 70, § 3, n° 14).

401.—36° PIÈCES JUSTIFICATIVES. V. *suprà*, n° 388-24°.

402.—37° POLICE GÉNÉRALE ET DE SURETÉ. Tous les actes et procès-verbaux (excepté ceux des huissiers et gendarmes. V. *suprà* n°s 354, 355), et les jugements concernant la police générale et de sûreté et la vindicte publique (Loi 22 frimaire an VII, art. 70, § 3, n° 9).

403.—38° POUVOIR EXÉCUTIF. V. *sup.*, n° 377.

404.—39° PROCÈS-VERBAUX. V. *sup.*, n°s 364, 378, 402, et *infrà*, n° 412.

405.—40° RADIATION DU ROLE. Les jugements qui ordonnent la radiation des causes du rôle, à moins que la radiation n'ait été prononcée avec la restriction que la cause ne pourra être replacée au rôle que sur le vu de l'expédition du jugement de radiation dont le coût reste à la charge de l'avoué, conformément à l'article 29 du règlement du 30 mars 1808 (Délib. 31 août 1832, inst. 1080, solut. 15 juillet 1831).

406.—41° RECEVEURS DE DENIERS PUBLICS. Les récépissés délivrés aux collecteurs, aux receveurs de deniers publics et de contributions locales, et les comptes des

recettes ou gestions publiques (Loi du 22 frimaire an VII, article 70, § 3, n° 7).

407.—42° REMISE DE CAUSE. Les jugements portant remise de cause ou continuation d'audience; à moins qu'ils ne soient rendus pour la production de pièces ou de preuves ordonnées (Déc. min. Fin. 27 février 1822, inst. 1026).

Cette exemption d'enregistrement pour remise de cause autrement que pour une production de pièces ou de preuves s'applique aux jugements des juges de paix comme à ceux des tribunaux de première instance ou de commerce, par le motif que ces jugements sont de simples actes de police intérieure qui ne profitent ni aux parties ni au procès (Déc. min. Fin. 26 janvier 1826, inst. 1189).

Elle a lieu lors même qu'il y a remise de cause par suite de l'empêchement des juges, du ministère public, ou même des avocats et avoués (Inst. 1146).

408.—43° SERMENT. Le renouvellement annuel du serment des avocats à la rentrée des Cours royales, après les vacances, parce que ce serment est d'ordre intérieur (Déc. min. Fin. 2 juin 1812).

409. Le serment des préfets, sous-préfets, membres des conseils de préfecture et secrétaires généraux de préfecture (Déc. min. Fin. 8 pluviôse an IX).

410. Le serment des Procureurs du Roi, près les différents Tribunaux ou Cours de justice (Déc. 28 ventôse, 8 germinal, 28 floréal et 19 prairial an X, inst. 290).

411.—44° TONTINES AUTORISÉES. V. *suprà* n° 369.

412.—45° VISITES DE NAVIRES. Les procès-verbaux de visite de navires destinés au petit cabotage, ainsi que leurs dépôts au greffe du Tribunal de commerce (Déc. min. Fin. et Just. 13 décembre 1828, inst. 1272).

413.—46° VINDICTE PUBLIQUE. V. *suprà* n° 402.

§ 4. *Des actes de complément, de consommation et d'exécution d'actes antérieurs.*

414. Les actes qui ne contiennent que l'exécution, le complément et la consommation d'actes antérieurs *enregistrés*, sont assujettis au droit fixe d'un franc. (Loi du 22 frim. an VII, art. 68, § 1, n° 6).

415. Ces actes ne sont affranchis du droit proportionnel qu'autant que ce droit a été acquitté lors de l'enregistrement de l'acte primitif, de sorte que s'il n'avait point été perçu, il y aurait lieu de le percevoir sur l'acte de complément, à moins qu'alors il ne fût prescrit.

416. ADHÉSION SOCIALE. Un acte d'adhésion à une société formée dans l'intérêt privé de plusieurs personnes, est un acte d'exécution et de complément si elle est donnée dans le délai fixé par l'acte de société (Sol. 2 juin 1830).

417. AFFECTATION HYPOTHÉCAIRE. L'hypothèque spéciale, consentie par le vendeur ou débiteur dans un acte postérieur, ne doit être considérée que comme le complément de l'acte de vente ou de l'obligation, même quand elle n'a point été promise par l'acte primitif, parce qu'elle n'ajoute rien au droit légal de l'acquéreur (Sol. 16 novembre 1815; jugement de Troyes, 9 décembre 1834; Cass. 20 février 1837, Sirey 37, 1, 256).

418. Il en serait autrement si la constitution d'hypothèque avait été consentie par *un tiers*, soit dans l'acte

même d'obligation ou de vente, soit dans un acte postérieur (Cass. 10 août 1836).

419. CAUTIONNEMENT. V. *suprà*, n° 417.

420. EXÉCUTOIRES. Les exécutoires de dépens sont des compléments du jugement auquel ils se rapportent (Déc. min. Fin. et Just. 16 et 28 février 1809).

421. LIQUIDATION DE REPRISES. L'acte de liquidation des reprises de la femme n'est qu'un acte d'exécution lorsqu'il ne fait que rappeler ce qu'elle a droit de répéter en vertu de son contrat de mariage (Cass. 10 déc. 1817, aff. Dewil, Sirey, 18, 1, 136). Il en est de même de la disposition testamentaire par laquelle un mari fixe le montant des reprises de sa femme non établies par un acte antérieur, mais què, suivant une clause de son contrat de mariage, il était tenu de constater par un état en forme (Cass. 8 août 1836).

422. Mais il en est autrement lorsque l'acte de liquidation énonce d'autres créances que celles résultant du contrat de mariage, et que cet acte contient reconnaissance de ces créances de la part des héritiers du mari, parce que cette reconnaissance forme un titre positif et obligatoire qui ne se refère à aucun autre acte antérieur enregistré (Cass. 27 juin 1809, aff. Foissy).

423. NANTISSEMENT. Lorsqu'un prêt a été fait sous la condition qu'il serait déposé des valeurs mobilières, le dépôt réalisé par acte postérieur sans l'intervention d'un tiers et par conséquent sans cautionnement, n'est qu'un acte de complément (Déc. min. Fin. 23 juillet 1827). V. *suprà*, nos 417, 418.

424. PRÉCIPUT. DISPENSE DE RAPPORT. On doit considérer comme acte de complément :

1° L'acte notarié dans lequel un ascendant déclare que la donation qu'il a faite à sa petite-fille par contrat de mariage sera imputée sur la quotité disponible de ses biens et considérée comme faite à titre de préciput et hors part (Code civil 919; Sol. 19 septembre 1825).

2° L'acte par lequel des père et mère, qui avaient fait une donation en avancement d'hoirie à leur fille décédée depuis, déclarent dispenser ses enfants du rapport des objets donnés et leur en faire, au besoin, donation par préciput (Sol. 31 octobre 1831) ;

425. RÉDUCTION DE PRIX. L'acte de réduction d'un prix de vente pour moindre mesure (lorsque la vente porte que le prix pourra être réduit en cas d'insuffisance) est un acte de complément passible du droit fixe (Dél. 17 mars 1826, 11 juin 1833, 16 février 1836).

426. VENTE DE LA CHOSE D'AUTRUI. L'acte par lequel un émigré rentré, dont on a vendu le bien, ratifie la vente faite par l'autorité administrative et reçoit une somme de l'acquéreur, est un acte de complément qui ne peut donner lieu qu'au droit de quittance (Déc. min. Fin. 24 novembre 1814).

427. Il n'en est pas de même de l'acte de cession d'un immeuble, en remplacement et pour tenir lieu d'un autre immeuble précédemment vendu, mais dont l'acquéreur n'a pu prendre possession parce qu'il n'appartenait pas au vendeur (Dél. 18 - 30 novembre 1836).

§ 5. *Des actes contenant plusieurs dispositions.*

428. Lorsque dans un acte quelconque, soit civil, soit judiciaire ou extra-judiciaire, il y a plusieurs dispositions

indépendantes ou ne dérivant pas nécessairement les unes des autres, il est dû pour chacune d'elles et selon son espèce un droit particulier. La quotité en est déterminée par l'article de la loi dans lequel la disposition se trouve classée ou auquel elle se rapporte (Loi du 22 frimaire an VII, article 11).

Nous allons rapporter différents cas qui pourront servir à l'interprétation de cet article.

429. AVIS DE PARENTS. La délibération d'un conseil de famille qui autorise une mineure à contracter mariage et lui nomme à cet effet un curateur, n'est sujette qu'à un droit d'enregistrement de 2 francs. On ne saurait appliquer un droit à la nomination du curateur, parce qu'elle ne forme point une disposition indépendante (Délib. 29 janvier 1825).

430. Il doit en être de même : 1° de la délibération qui nomme un subrogé-tuteur au mineur, et autorise en même temps la veuve à provoquer le partage de la succession de son mari (même délib.).

2° Et de la délibération qui nomme un subrogé-tuteur au mineur, et désigne un Notaire pour procéder à l'inventaire du mobilier (Sol. 14 juin 1830).

431. COMMAND. Lorsqu'un cahier de charges porte que l'adjudicataire sera tenu solidairement avec le command, de l'exécution du contrat, la déclaration de command n'est pas sujette à un droit de cautionnement, par le motif que l'adjudicataire se trouvant engagé, ne garantit pas une obligation qui lui soit étrangère (Sol. 18 décembre 1837).

432. COMPROMIS. Un compromis qui est contenu dans un procès-verbal de non-conciliation ne donne pas lieu à un second droit (Inst. 1104).

433. DONATION. La clause par laquelle les père et mère d'un futur époux lui font donation d'un immeuble dont ils se réservent l'usufruit en s'obligeant de lui payer un loyer annuel, ne peut donner lieu au droit de bail à vie, c'est une condition de la donation (Délib. 28 janvier 1834).

434. De même, lorsqu'une mère fait donation d'une somme à son fils et que pour se libérer elle lui cède une maison dont elle se réserve la jouissance en s'obligeant à lui payer un loyer annuel, on ne peut percevoir ni le droit de vente ni celui de bail à vie ; le droit de donation immobilière est seul exigible (Délib. 24 ddécembre 1833).

435. INVENTAIRE. Un inventaire n'est pas sujet à un droit particulier lorsqu'il contient nomination et prestation de serment d'experts ou de commissaires-priseurs (Délib. 2 fructidor an IX; 21 décembre 1809; Déc. min. Fin. 25 mai 1821).

436. OBLIGATION. L'obligation qui, pour assurer le paiement de la somme prêtée, contient délégation de pareille somme due à l'emprunteur, n'est pas sujette à un droit particulier pour raison de cette délégation (Jugement de Limoges ; Déc. min. Fin. 7 avril 1817 ; Délib. 20 décembre 1823 ; Contrôleur 654).

437. La déclaration que le débiteur fait, en conformité de l'article 1250 du Code civil, tant dans l'acte d'emprunt que dans la quittance donnée par son créancier pour faire subroger le prêteur aux droits de ce dernier, étant une disposition qui dérive nécessairement de l'obligation et de la quittance, n'est pas sujette à un droit particulier (Sol. 26 juin 1830).

438. QUITTANCE. Lorsque, dans une quittance, le créancier donne main-levée de l'opposition ou de l'inscription concernant la créance faisant l'objet de cette quittance, cette main-levée étant un accessoire et la conséquence du paiement ne peut donner lieu à aucun droit particulier quand même le droit de quittance serait inférieur à 2 fr. (Déc. min. Fin. 28 juin 1808; Instr. 390; § 8, Délib. 29 juin 1822; Contrôleur 404).

439. Il n'est pas dû non plus de droit particulier sur la disposition d'une quittance par laquelle le mari qui reçoit une somme faisant partie des deniers dotaux de la femme, affecte ses immeubles à la sûreté de cette somme (Sol. 23 novembre 1831).

440. SCELLÉS. Un procès-verbal d'apposition de scellés qui porte établissement d'un gardien, n'est sujet à aucun droit pour cette dernière disposition parce qu'elle est un accessoire nécessaire de leur apposition (Déc. min. Fin. 25 avril 1809; Instr. 436, § 72).

441. VENTE D'IMMEUBLES. La promesse de garantir et de faire ratifier une vente par des mineurs à leur majorité étant tout-à-fait dépendante de l'aliénation, ne peut donner lieu à un droit de cautionnement (Sol. 24 sept. 1813 et 6 novembre 1824; Déc. min. Fin. 12 janvier 1818), même lorsque le portant-fort s'oblige de payer à l'acquéreur en cas d'éviction, outre la restitution du prix, une somme fixe pour dommages-intérêts avec hypothèque sur ses biens propres (Cass. 18 avril 1831).

442. Lorsque des enfants interviennent dans un acte de vente consenti par un père à leur frère, il n'est pas dû de droit particulier pour leur consentement qui se lie intimement à la vente et forme une clause inhérente au contrat. (Sol. 23 avril 1830).

443. Lorsque l'acquéreur d'un bien en paie le prix comptant et que le vendeur affecte un autre bien en garantie, il n'est dû aucun droit pour cette affectation (Délibér. 9 mai 1817).

444. Quand une adjudication faite devant Notaire contient la division, entre les acquéreurs, d'un lot dont ils se sont conjointement rendus adjudicataires, il n'y pas lieu de percevoir un droit de partage sur cette disposition qui dérive de la vente (Délib. 14 avril 1824, Contrôleur 701).

Section 6. *Du paiement des droits et de ceux qui doivent les acquitter. — Des poursuites et instances à raison des droits. — De la restitution des droits. — De leur prescription.*

§ 1er. *Du paiement des droits et de ceux qui doivent les acquitter.*

445. ACQUITTEMENT PRÉALABLE DES DROITS. Les droits des actes doivent être payés avant l'enregistrement, aux taux et quotités réglés par la loi; nul ne peut en atténuer ni différer le paiement, sous le prétexte de contestation sur la quotité, ni pour quelque autre motif que ce soit, sauf à se pourvoir en restitution, s'il y a lieu (Loi du 22 frimaire an VII, art. 28). V. *inf.* nos 610 et suiv.

446. Il y a exception lorsqu'il s'agit de droits réclamés par une contrainte, alors l'opposition avec assignation devant le Tribunal suspend l'exécution de la contrainte et dispense l'opposant de payer *provisoirement et avant que ce tribunal soit saisi*, la somme réclamée (Cass. 15 prairial an XIII; Sirey 5, p. 266; Arg. des art. 64 et 65 de la loi du 22 frimaire an VII).

447. ACTES DES NOTAIRES. Les Notaires demeurent exclusivement chargés d'acquitter les droits des actes passés devant eux (Art. 29 de la loi du 22 frimaire an VII), à l'exception des testaments et autres actes de libéralité à cause de mort qui leur auront été déposés ou qu'ils auront reçus (Article 21 de la même loi). V. *infrà*, nos 452, 488.

448. Il n'y a que les droits légalement dus suivant la nature des actes qui doivent être avancés par les Notaires. En conséquence la régie n'est pas fondée à réclamer du Notaire lors de l'enregistrement d'un acte passible seulement du droit fixe, mais qui présuppose une mutation antérieure, le droit proportionnel dû pour cette mutation, sauf le recours de la régie (si les délais ne sont pas expirés), contre la partie qui en serait redevable (Cass. 12 février 1834, affaire Hailig, Sirey, 34, 1, 199).

449. Les Notaires ne doivent personnellement le droit que sur les actes qu'ils passent et sur ceux dont l'énonciation constitue de leur part une contravention à l'art. 42 de la loi du 22 frimaire an VII. Or, ils n'en commettent pas lorsque, dans un acte de vente, ils constatent la remise faite par le vendeur à l'acquéreur d'actes non enregistrés ou bien lorsqu'ils énoncent au chapitre de la remise des titres, un mandat payé à un précédent vendeur (Jugement de Rennes 22 janvier 1834; Contrôleur 2879; Délib. 28 février 1834). V. note 42.

450. Les arrêts et jugements rapportés *suprà* nos 448, 449, sont d'ailleurs conformes à une délibération prise par la régie le 11 février 1834, inst. 1458, § 7, laquelle porte que la perception des droits sur les actes notariés doit être basée sur les stipulations de l'acte et ne peut être aggravée par des circonstances prises en dehors de cet acte et auxquelles le Notaire est étranger.

451. Lorsqu'un acte a été reçu en double minute par deux Notaires, les droits d'enregistrement doivent être acquittés par le plus ancien, ou par celui qui est domicilié dans le ressort du bureau où l'acte est passé. D'ailleurs les minutes doivent faire mention du Notaire tenu du paiement (Déc. min. Fin. 16 août 1808 et 12 décembre 1832).

452. ACTES SOUS SEINGS-PRIVÉS OU PASSÉS EN PAYS ÉTRANGER. Les droits des actes à enregistrer doivent être acquittés, avant l'enregistrement, *par les parties*, pour les actes sous signature privée et ceux passés en pays étranger qu'elles auront à faire enregistrer; pour les ordonnances sur requête ou mémoires, et les certificats qui leur sont immédiatement délivrés par les juges, et pour les actes et décisions qu'elles obtiennent des arbitres, si ceux-ci ne les ont pas fait enregistrer, et *par les héritiers, légataires et donataires, leurs tuteurs et curateurs et les exécuteurs testamentaires*, pour les testaments et autres actes de libéralité à cause de mort (Loi du 22 frimaire an VII, article 29). V. *suprà* nos 445, 447, 449.

453. Lorsqu'un acte n'est signé que des parties et non du Notaire, c'est contre les parties seules que doit être poursuivi le recouvrement des droits d'enregistrement (Cass. 2 novembre 1807; Déc. min. 12 octobre 1818; Délib. 7 octobre 1823). V. *infrà*, *Contre-Lettre*.

454. ACTES DES HUISSIERS ET AUTRES AYANT POUVOIR DE FAIRE DES EXPLOITS. Les droits de ces

actes ou procès-verbaux sont à la charge de ceux qui les ont faits et doivent être acquittés avant l'enregistrement. — V. *suprà*, nº 445 (Loi du 22 frimaire an VII, art. 29).

455. ACTES JUDICIAIRES. Les droits des actes judiciaires doivent être acquittés avant l'enregistrement (V. *suprà*, nº 445) par les greffiers pour les actes et jugements (sauf le cas prévu par l'article 37 de la loi, V. *sup.* nº 140), qui doivent être enregistrés sur les minutes aux termes de l'art. 7 de la même loi, et ceux passés et reçus aux greffes, et pour les extraits, copies et expéditions qu'ils délivrent des jugements qui ne sont pas soumis à l'enregistrement sur les minutes (Loi du 22 frimaire an VII, art. 29).

Il résulte de ce qui précède que les greffiers ne sont personnellement tenus de l'acquittement des droits que dans les cas prévus par les art. 7 et 35 de la loi du 22 frimaire an VII, c'est-à-dire lorsqu'il s'agit d'actes de greffe (Art. 38 de la loi du 28 avril 1816). Quant aux jugements, si les parties n'ont pas consigné entre les mains du greffier les fonds nécessaires à l'enregistrement, il n'est tenu qu'à remettre, dans les dix jours qui suivent le délai de vingt jours, un extrait au receveur. V. *sup.* nº 139.

456. ACTES ADMINISTRATIFS ET DES ETABLISSEMENTS PUBLICS. Les droits des actes passés devant les Maires et les Préfets, et qui sont sujets à la formalité, doivent être acquittés avant l'enregistrement (V. *suprà*, nº 445) par les secrétaires des administrations centrales et municipales (Loi du 22 frimaire an VII, art. 29).

Il n'y a d'exception à cette règle que lorsque les parties n'ont pas déposé au secrétaire les fonds nécessaires pour l'acquittement des droits. V. *suprà*, nº 160, et *inf.* nº 459.

457. ACTES DES COURTIERS. Il résulte de l'instruction 173 que les courtiers sont dans la même obligation que les huissiers (V. *sup.* nº 454) pour l'enregistrement des actes de ventes de marchandises et de navires reçus par eux. — V. *suprà*, nºs 193 et suiv.

458. ACTION DE LA RÉGIE. Non-seulement la régie a une action *directe* contre le fonctionnaire public pour les droits d'enregistrement des actes par lui reçus, mais en cas d'insolvabilité de celui-ci, elle a le droit de s'adresser à la partie qui doit ou qui est chargée par l'acte de supporter les droits de cet acte, si elle est à même de justifier que ses droits sont encore dus par cette partie au Notaire (Circ. 19 mars 1808). V. *infrà*, nºs 469 à 477. — nºs 501 à 505.

459. Il est de règle que c'est à celui qui présente un acte à la formalité de l'enregistrement à acquitter les droits qui lui sont demandés par le préposé de la régie avant de donner la formalité (Ind. de l'art. 28 de la loi de frim.). V. *sup.* nº 445 et *inf.* nºs 467, 468.

460. Cependant la régie peut s'adresser à celui qui doit ultérieurement supporter les droits, par exemple, à l'acquéreur si l'acte a été présenté à la formalité par le vendeur (Cass. 10 avril 1816, 12 mars 1817, 12 janvier 1822). V. *inf.* nºs 467, 468.

461. Mais, lorsqu'après avoir présenté un acte à la formalité, on se refuse au paiement de la somme demandée par le préposé de la régie pour les droits, il faut distinguer : s'il s'agit d'un acte authentique ou sous seing-privé translatif de propriété ou de jouissance d'immeubles (V. *sup.* nº 27), le préposé a le droit de tirer copie de l'acte et de

la faire certifier conforme à l'original par l'officier qui l'a présenté. En cas de refus il pourra réserver l'acte pendant vingt-quatre heures seulement, pour s'en procurer une collation en forme, à ses frais, sauf répétition s'il y a lieu (Loi du 22 frimaire an VII art. 56). Cette copie sert à poursuivre le paiement des droits, mais pour qu'elle soit *en forme*, la collation doit être faite par un Notaire, *parties présentes ou dûment appelées* (C. civ. 1335; Cass. 13 août 1833, aff. veuve Proal).

Si, au contraire, il s'agit de tout autre acte, le préposé doit le remettre immédiatement à la partie qui n'a pas voulu consigner les droits; il ne peut point retenir l'acte par la raison que les parties ont la faculté de ne faire enregistrer les actes que quand elles veulent en faire usage (V. *sup.* nº 29 et *inf.* nº 468).

462. L'action de la régie pour le recouvrement des droits est différente selon qu'il s'agit d'actes ou de mutations entre-vifs ou de mutations par décès : quand il s'agit d'actes ou mutations entre vifs, son action est *personnelle* contre les débiteurs des droits; au contraire, quand il s'agit de mutations par décès son action est *personnelle* et *réelle* tout à la fois, *personnelle* contre les propriétaires et possesseurs et *réelle* sur les revenus des biens à déclarer (Loi du 22 frimaire an VII, art. 32) en quelques mains qu'ils se trouvent parmi les héritiers, donataires ou légataires, et non entre les mains de tiers acquéreurs (Av. Cons. d'Et. 21 septembre 1810). Indépendamment de son action réelle elle a un privilège sur ces mêmes revenus (Cass. 9 vendemiaire an XIV).

463. En cas d'insolvabilité du Notaire (V. *sup.* nº 458), la régie ne peut exiger directement des parties contractantes que le droit proportionnel sans double droit ni amende, sauf l'abandon de cette demande lorsque celles-ci produisent une expédition en forme faisant mention de l'enregistrement quoique cette mention soit faussement énoncée (Déc. min. Fin. et Just. 1er septembre 1807, inst. 340). Encore faut-il, lorsqu'elle agit contre les parties, qu'elle soit à même d'établir par quelques renseignements susceptibles d'être produits en justice que les contractants sont débiteurs envers le Notaire du montant des droits d'enregistrement de l'acte (V. *sup.* nº 458).

464. De même, on ne peut répéter contre les parties les droits d'un acte rédigé par un Notaire devenu insolvable, lorsqu'elles sont munies d'une expédition portant date du temps où le Notaire exerçait encore ses fonctions, quoiqu'en effet l'acte ait été rédigé postérieurement à la perte de son titre d'officier public (Déc. min. Fin. 26 juillet 1808).

465. ACTION DES NOTAIRES. Lorsqu'un Notaire ne veut ou ne peut faire l'avance des droits d'enregistrement surtout lorsqu'ils sont considérables, il est de son devoir d'en prévenir les parties pour qu'elles aient à consigner en ses mains le montant des droits, et faute de consignation il peut faire refus de signer l'acte.

466. Le Notaire qui n'a point remis au receveur les fonds nécessaires ne peut être admis à opposer la compensation des droits qui sont dus pour l'enregistrement de ses actes avec les sommes qu'il a pu prêter à ce receveur : ce serait entraver le recouvrement des droits (Cass. 26 mai 1807, aff. Capion; Sirey, 7, 2, 94).

V. note 5 nº 57 et Responsabilité note 39.

467. Quoique ce soit le vendeur qui présente au bureau d'enregistrement une contre-lettre qui augmente le prix

d'une vente, le paiement du triple droit est toujours à la charge de l'acquéreur, et ce dernier seul peut être actionné pour raison de ce droit (Cass. 7 février 1816).

468. Cependant, il a été décidé que le triple droit prononcé à titre d'amende par le souscripteur d'une contre-lettre, doit être exigé du cessionnaire qui présente l'acte à l'enregistrement, parce qu'en matière d'acte sous seing-privé, c'est le porteur de l'acte, celui qui le fait enregistrer pour le faire valoir, qui doit payer le droit en entier, sauf son recours, s'il y a lieu (Cass. 23 février 1836, aff. Salomon). V. *sup.* nos 459, 460, 461.

469. DÉBITEURS DES DROITS. Les droits des actes civils et judiciaires emportant obligation, libération ou transmission de propriété ou d'usufruit, de meubles ou immeubles, sont supportés par les débiteurs et nouveaux possesseurs; ceux de tous les autres actes, par les parties auxquelles les actes profitent, lorsque, dans ces divers cas, le contraire n'a pas été convenu par les actes (C. civ. 1593; Loi du 22 frimaire an VII art. 31).

470. Cependant, lorsque la partie libérée, telle qu'un donateur n'a pas comparu dans une quittance où l'on reconnaît avoir reçu de lui la somme donnée, si l'on n'a perçu sur l'acte que le droit de décharge de 2 fr., ce n'est point de cette partie que la régie peut exiger le supplément de droit de quittance, mais bien des parties qui ont comparu à l'acte, sauf le recours, s'il y a lieu, contre le donateur (Cass. 2 mai 1837).

471. La dation en paiement d'un immeuble est une véritable cession ou vente, qui soumet l'acquéreur au droit proportionnel d'enregistrement ou de mutation, alors même que c'est le Gouvernement qui, au lieu d'argent, donne des immeubles pour se libérer de gré à gré (Cass. 13 mai 1817, aff. Polignac; Sirey 17, 1, 249).

472. Quand il est stipulé dans un acte de vente sous seing-privé que celle des parties qui n'exécutera pas les conditions qui donnent lieu à l'enregistrement de cet acte en supportera les frais, cette clause est licite et obligatoire (Cass. 13 mars 1839, aff. Pelleray).

473. Malgré la stipulation dont il vient d'être parlé, s'il est reconnu que la perception des droits a eu lieu par le fait ou la faute des deux parties, les juges peuvent, dans ce cas, appliquer le droit commun et condamner l'acquéreur à supporter seul les droits (Cass. 16 août 1831, aff. Michonnet).

474. Lorsque l'enregistrement d'une vente sous seing-privé n'a eu lieu qu'à cause d'un procès intenté par le vendeur, celui-ci, s'il succombe, peut être condamné à en supporter les droits, surtout si l'enregistrement était inutile (Cass. 9 février 1832, aff. Blondin).

475. Lorsque l'enregistrement d'un acte qui n'y était pas soumis de sa nature, par exemple une vente mobilière, n'a été nécessité que par la production de cet acte en justice, les droits d'enregistrement font partie des frais du procès, et sont par conséquent à la charge de la partie qui succombe. Ils ne peuvent être considérés comme frais nécessaires de l'acte, et comme tels mis à la charge du débiteur ou de l'acquéreur (Cass. 6 avril 1840, aff. Derchu et Dubois; Sirey 40, 1, 294).

476. Les droits d'un bail sous seing-privé sont dus par le preneur, lors même que l'acte a été déposé au bureau d'enregistrement par le bailleur qui refuse de les acquitter (Cass. 6 avril 1813).

477. DISCUSSION. Lorsque les fonctionnaires publics sont, par une disposition de la loi, déclarés responsables des droits d'un acte qu'ils n'ont pas reçu (V. *sup.* no 449), l'action que la régie a contre eux, quoique directe, ne peut être exercée qu'après la discussion du débiteur principal, la loi ne les ayant soumis à aucune solidarité (Cass. 3 juillet 1811, aff. Boudet; Arg. loi du 22 frimaire an VII, art. 42).

478. ECHANGE. La régie est fondée à exiger d'un seul des échangistes la totalité du droit d'enregistrement d'un échange sous seing-privé, sauf son recours pour la portion qui est due par l'autre (Déc. min. 14 ventôse an VII et 8 fructidor an VIII. — Jug. d'Alençon, 16 vendem. an IX).

479. LIBÉRATION. V. *sup.* no 469.

480. LIVRE-JOURNAL. Lorsqu'un officier public apporte au bureau de l'enregistrement des actes qui ne peuvent être enregistrés sur-le-champ, le receveur doit exiger la consignation d'une somme à peu près égale au montant des droits de ces actes. Il porte sur un livre-journal établi à cet effet, coté et paraphé par le directeur, d'une part et en une seule ligne le nombre et la date des actes déposés, d'autre part, la somme consignée par l'officier public. Puis, lorsque les actes en dépôt sont retirés du bureau par l'officier public, le receveur fait mention sur le livre-journal soit de la somme payée pour complément des droits, soit de la somme remboursée par le receveur pour excédant de consignation. Les droits des actes remis au bureau pour l'enregistrement doivent être soldés par les officiers publics avant les époques fixées pour les versements du receveur qui doivent se faire : 1° tous les cinq jours dans les bureaux de chefs-lieux d'arrondissements; 2° le dernier jour du mois dans les bureaux de canton; 3° pour les uns et pour les autres, toutes les fois que les recettes s'élèvent à 3,000 fr. (Déc. min. Fin. du 24 septembre 1836; Inst. gén. 24 octobre suiv. no 1523). Nous donnons plus bas la forme de ce livre-journal telle qu'elle est dans l'inst. gén. (*a*).

(*a*) DÉPARTEMENT de...

BUREAU de...

ADMINISTRATION DE L'ENREGISTREMENT ET DES DOMAINES.

LIVRE-JOURNAL des sommes versées au bureau de l'enregistrement de.... par les Officiers publics et ministériels, pour les droits des actes qui n'ont pu être enregistrés au moment où ils ont été présentés au Receveur.

Nos d'ordre.	DATE des versements.	NOMS, qualités et demeures des officiers publics et ministériels.	NOMBRE et dates des actes déposés au bureau.	SOMMES versées à valoir sur les droits.	MONTANT des droits d'enregistrement	RÉGLEMENT avec les officiers publics. dates.	sommes payées pour complément des droits.	sommes remboursées pour excédant de consignat.	OBSERVATIONS.
1	1er octobre 1836.	M. Jouvencel, notaire au Buis.	4 actes du 25; 6 actes du 28 septembre.	450	475	3 octobre 1836.	25	»	Ici, le Receveur doit apposer son paraphe après le règlement des droits.
2	*idem*	M. Trumeau, notaire à Lamothe.	3 actes du 26; 7 actes du 27 septembre.	600	550	4 octobre 1836.	»	50	*idem*.

La prescription de ce livre-journal est une mesure ayant pour but (dit l'instruction) de donner les moyens d'établir avec une parfaite exactitude la situation de la caisse du receveur. Quant à nous, nous y voyons autre chose; un moyen pour les Notaires de ne plus être victimes des erreurs ou négligences des receveurs d'enregistrement, car l'effet de cette mesure sera à peu près le même que celui qui résulte des dépôts de pièces au bureau des hypothèques, lesquels sont constatés par des récépissés (C. civ. 2200). En effet, comme il arrive souvent de présenter au bureau en temps utile, soit des déclarations de command, soit des actes faits en conséquence l'un de l'autre, on conçoit facilement qu'un livre d'ordre concernant la manutention des actes soit de première nécessité et que le livre-journal devant contenir toutes les opérations de la journée du receveur puisse en tenir lieu. Si ces actes sont enregistrés le jour du dépôt, tout est dit; mais si le receveur met du retard à enregistrer et n'observe point pour cela la date du dépôt, il en résultera nécessairement des droits proportionnels sur les commands, des amendes pour les actes faits en conséquence l'un de l'autre qui ne sont pas enregistrés ainsi que le veut la loi, et des amendes ou doubles droits pour toute espèce d'actes non enregistrés dans les délais de rigueur. Qui doit subir, dans ce cas, les conséquences de ce retard dans l'enregistrement? c'est assurément le receveur de qui ce retard provient, mais alors il faut qu'on puisse le convaincre qu'il est la seule et unique cause du défaut d'enregistrement en temps utile. Avant l'usage du livre-journal la preuve était difficile, mais maintenant elle le sera moins, car les écritures de ce livre feront foi contre le receveur ou fourniront contre lui des présomptions graves, précises et concordantes qui éclaireront la conscience du juge. Pour sentir l'importance de la recommandation que nous faisons aux officiers publics de ne point laisser tomber en oubli la tenue du livre-journal, il suffira de rappeler l'espèce rapportée *sup.* n° 200 et dont voici le résumé des faits :

Le 23 juin, adjudication devant Mc Bidault, Notaire à Tours, moyennant 240,000 fr. au profit de M. Laurent.

Le lendemain 24 juin, M. Laurent fait devant le même Notaire une déclaration de command au profit du sieur Ernould.

Le 25 juin au lieu du 24, enregistrement de cette déclaration au droit fixe de 3 fr. et le décime.

Le 23 mars 1831 (près de deux ans après l'enregistrement de la déclaration de command) contrainte est décernée par suite d'une vérification des minutes de Me Bidault contre le sieur Ernoult, en paiement de 10,569 fr. 90 c. pour droit à 4 p. 0/0 sur la déclaration de command tardivement enregistrée.

Opposition à cette contrainte de la part du sieur Ernould qui appelle en garantie Me Bidault, lequel à son tour met en cause le sieur Texier, receveur, auquel il reprochait de n'avoir pas enregistré l'acte le 24, jour où il lui avait été remis.

Sur cette opposition intervient un premier jugement ordonnant que l'affaire sera jugée sur simples mémoires, conformément à la loi de l'an VII. Les parties exécutent ce jugement. Mais un second jugement ordonne que Me Bidault et le sieur Texier apporteront au Tribunal, l'un ses minutes et l'autre ses registres. Le premier se conforme seul au jugement, quant au sieur Texier il persiste dans un déclinatoire qu'il avait proposé.

Le 7 mai 1832, le Tribunal de Tours rejetant ce déclinatoire déclare valable la contrainte de la régie, l'acte de command n'ayant été enregistré que le 25, et condamne le sieur Texier à garantir Me Bidault par les motifs, *que le fait avancé par Me Bidault (celui d'avoir, le 24 à 3 heures, fait avertir le receveur de ne pas quitter son bureau avant 4 heures) constituait de la part du sieur Texier un quasi-délit, ce qui rendait la preuve testimoniale et les présomptions admissibles; que d'ailleurs il y avait commencement de preuve par écrit; que les présomptions résultaient : de l'usage dans lequel était le sieur Texier de différer l'enregistrement de tous les actes, afin de les examiner; de l'enregistrement de l'acte au droit fixe; du silence gardé par le sieur Texier, l'action n'ayant été formée, après 21 mois, que par suite de la découverte d'un inspecteur; que l'acte n'avait pas été présenté le 25 à 4 heures moins 1/4 du soir, ainsi que l'avançait le sieur Texier, puisque la relation de l'enregistrement de cet acte n'est précédée que d'une seule autre et qu'elle est suivie de plusieurs.*

Sur l'appel par le sieur Texier, arrêt de la Cour royale d'Orléans du 12 juin 1833 qui infirme sur le chef relatif au sieur Texier par les motifs, *que Me Bidault, demandeur en garantie, devait justifier sa demande; que s'agissant d'une somme excédant 150 fr. il faudrait que le quasi-délit du receveur ou la présentation de l'acte le 24 fussent préalablement prouvés, pour pouvoir admettre les présomptions; que Me Bidault n'avait pas été dans l'impossibilité de se procurer la preuve littérale de cette présentation; que le registre portant la date du 25, il y a, jusqu'à preuve contraire, preuve que l'acte n'a été présenté que ce jour, et que trouver un commencement de preuve par écrit dans la perception du droit fixe, c'est détruire par induction un fait clairement établi.*

Pourvoi en Cassation de la part des héritiers de Me Bidault, mais le 23 octobre 1835 arrêt de la Chambre civile qui rejette (Sirey, 36, 1, 142).

On peut juger d'après l'espèce que nous venons de rapporter quelles conséquences graves peut avoir un retard dans l'enregistrement d'un acte. En effet, voilà un Notaire qui a été condamné à payer, sans pouvoir exercer aucun recours, un droit d'enregistrement de 10,569 fr. 90 c. (indépendamment des frais de procès qui ont dû être considérables), au lieu de 3 fr. 30 c., pour une faute qui était évidemment personnelle au receveur, lequel n'a pu être frappé de condamnation, parce que la preuve ne pouvait être admise qu'en produisant un écrit émané de lui; or, cette preuve serait résultée du livre-journal si sa tenue eût alors été prescrite.

Cette fâcheuse affaire est pour nous un motif d'engager les Notaires à ne jamais attendre ni au dernier jour ni au dernier instant pour faire enregistrer leurs actes. Il est de leur intérêt, surtout lorsqu'il s'agit d'actes importants, de demander un enregistrement immédiat que le receveur ne peut guère refuser puisque cela le garantit de toute erreur. Si cependant il y a refus ou impossibilité de sa part d'enregistrer de suite, le plus prudent est de notifier dans les vingt-quatre heures le command (V. *sup.* n° 61) et alors le Notaire a dix ou quinze jours pour l'enregistrement (V. *sup.* nos 53 et suiv.).

481. OBLIGATION. V. *sup.* n° 469.

482. PAIEMENT DE DROITS PRESCRITS. Les redevables qui, sans avoir été poursuivis, ont payé des droits prescrits, ne sont pas fondés à en demander la restitution en alléguant que le bénéfice de la prescription leur était acquis lorsqu'ils se sont libérés (Déc. min. Fin. 3 jan-

vier 1820; Délib. 3 janvier 1824; Contrôl. 714, C, civ. 1235, 2220 et 2221). V. en sens contraire, Sirey 24, 2, 145.

483. PARTAGE. V. *inf. Solidarité.*

484. POSSESSEURS NOUVEAUX. V. *sup.* n° 469.

485. QUITTANCE DU DROIT. La quittance du droit d'enregistrement doit être mise sur l'acte enregistré, ou, à défaut d'acte, sur l'extrait de la déclaration fournie par le redevable; lorsqu'il n'y a pas de place, les préposés sont autorisés à ajouter une feuille de papier timbré pour y placer la relation et à s'en faire rembourser le prix par les parties (Sol. 25 février 1830).

Cette quittance doit contenir le détail de tous les droits à peine d'une amende de 10 fr. (maintenant 5 fr.) pour chaque omission (Loi du 22 frimaire an VII, art. 57; Inst. gén. 24 janvier 1832, n° 1393).

486. Il n'est pas permis à un receveur de bâtonner la mention d'un enregistrement pour enlever à la partie les effets qui y sont attachés. Il n'a que le droit de poursuivre, par la voie de contrainte, le recouvrement du droit (Cass. 16 décembre 1811, aff. Breisseret, Sirey, 12, 1, 81).

487. REFUS. — NÉGLIGENCE. Les fonctionnaires publics sont tenus d'acquitter les droits d'enregistrement de leurs actes non-seulement comme cautions, mais comme débiteurs directs et personnels. En conséquence, aucun refus ne peut être fait par eux de les acquitter sous prétexte qu'ils n'en auraient pas reçu le montant des parties (Arg. Loi du 22 frimaire an VII, art. 37; Cass. 1er mars 1825, aff. des Notaires de Lyon, Sirey, 25, 1, 371; 25 juillet 1827, aff. Pourret et Schmitz, Sirey 27, 1. 491).

488. Et lorsqu'ils ont reçu des parties le montant des droits sans faire enregistrer ensuite l'acte, ils peuvent être, suivant les circonstances, déclarés coupables de l'abus de confiance prévu par l'art. 408 du Code pénal : il existe sur ce point deux arrêts de la Cour de Cassation qui, statuant sur deux arrêts de Cours Royales jugeant pour et contre, n'a cassé ni l'un ni l'autre de ces arrêts (Cass. 5 novembre 1825, aff. Cros; Sirey, 35, 1, 790; cet arrêt refuse d'appliquer l'art. 408 parce que le Notaire n'avait pas agi frauduleusement dans l'intention de s'approprier les fonds et avait, plus tard, désintéressé le fisc. — Cass. 6 janvier 1837, aff. Bernard, Sirey, 37, 1, 142; cet arrêt fait application dud. article 408 par le motif que le détournement par un Notaire de fonds qui lui avaient été remis pour l'enregistrement d'actes passés devant lui constituait le délit d'abus de confiance).

V. *suprà*, n°s 199, 445, 446, 447 et 480.

489. SENTENCE ARBITRALE. V. *sup.*, n° 452.

490. SOLIDARITÉ. Les droits des déclarations des mutations par décès doivent être payés par les héritiers, donataires ou légataires; les co-héritiers sont solidaires (Loi du 22 frimaire an VII, art. 32). V. aux Formules *Déclaration de succession.*

491. Les co-acquéreurs sont solidaires non-seulement pour le paiement du droit simple, mais encore pour le paiement des suppléments de droit exigibles pour insuffisance du prix porté au contrat d'acquisition (Cass. 23 juin 1828; Inst. gén. 1282, § 10; V. *suprà*, 445, 469).

492. La solidarité existe entre les co-acquéreurs pour le paiement des droits, lors même que l'acquisition commune détermine la quotité de chacun dans l'immeuble qui en fait l'objet, parce qu'un acte ne peut être enregistré pour une partie et non enregistré pour une autre (Cass. 19 novembre 1834, aff. Labarre et Moncourrier).

493. Les co-partageants sont aussi solidaires pour le paiement des droits d'enregistrement de l'acte de partage qui règle leurs droits (Cass. 9 fructidor an XII; aff. Huguier; Sirey 4, 736).

494. SOUMISSION. Lorsqu'un acquéreur, étant menacé d'une expertise à raison d'une dissimulation de prix, offre de payer une somme moindre que celle réclamée par la régie de l'enregistrement, il n'est pas permis aux préposés d'accepter cette offre sans y être autorisés (Sol. 21 juillet 1807).

Cette soumission se fait sur une simple feuille de papier timbré que le Directeur adresse à l'administration (Sol. 10 mars 1813); quand elle est acceptée, elle devient obligatoire, et il n'est pas nécessaire que l'acte soit fait double (Cass. 26 octobre 1808; Sirey 9, 1, 154).

495. SUBVENTION. V. note 19.

496. SUPPLÉMENT DE DROITS. Lorsqu'un acte a été enregistré et remis à l'officier public, ce n'est plus contre lui, mais contre les parties que la régie peut former une demande en supplément de droits (Déc. min. 7 juin 1808; inst. 386); tellement que si, au cours d'une instance en restitution engagée par le Notaire pour trop perçu sur plusieurs actes, il est reconnu qu'au lieu d'une restitution c'est un supplément de droits qui est exigible sur l'un des actes, la régie n'est pas fondée à prétendre que ce supplément doit être compensé, jusqu'à due concurrence, avec les sommes qu'elle est tenue de restituer sur les autres actes (Jugement de Rouen, 19 janvier 1837, aff. Bligny).

497. Quand un acte n'est signé que des parties et non du Notaire, ce n'est que contre es parties signataires que doit être poursuivi le recouvrement des droits (Cass. 2 novembre 1807, aff. Passemard; Sirey 8, 1, 35).

498. Lorsqu'un droit de quittance n'a point été perçu sur un acte notarié, si le débiteur libéré n'a point comparu dans cet acte, ce ne peut être que contre les parties signataires que la régie peut exercer son action pour le supplément du droit (Cass. 2 mai 1837, aff. Donzel; Sirey 37, 1, 390).

499. TRANSMISSION DE PROPRIÉTÉ. V. *suprà* n° 469.

500. VENTE MOBILIÈRE. Lorsque, par suite d'une contestation mal fondée, le vendeur nécessite l'enregistrement d'une vente *mobilière*, il doit en supporter les droits; dans ce cas, l'action du vendeur est un fait qui cause à autrui un dommage et qui oblige à une réparation de sa part aux termes de l'art. 1382 du Code civil, par la raison qu'il n'y a pas, pour les ventes mobilières, de délai de rigueur comme pour les ventes immobilières. V. *sup.*, n°s 27, 28 et 29 (Caen 1er février 1827; contrôl. 1487). V. aussi *suprà*, n°s 469 et suivants).

501. VENTES D'IMMEUBLES. Il ne résulte pas de la combinaison des art. 12, 28, 29 et 31 de la loi de frimaire que celui qui représente et dépose un acte sous seing-privé soit préalablement tenu d'acquitter les droits, et que les poursuites à fin de paiement ne puissent pas être dirigées contre le nouveau possesseur ou contre celui à qui l'acte profite. En d'autres termes, la régie n'est pas tenue de s'adresser, pour le paiement du droit, à celui qui pré-

sente l'acte à l'enregistrement, si ce n'est pas à lui que profite l'acte. La circonstance que la partie au profit de qui l'acte paraît être, méconnaisse ou désavoue sa signature, est sans effet sur la recevabilité de l'action de la régie (Cass. 30 juin 1806, aff. Blanche, et 26 octobre 1813, aff. Donge; Sirey 15, 1, 74).

502. Pour que la régie doive s'adresser au vendeur pour le paiement des droits d'une vente, il faut qu'il y ait, dans l'acte, une stipulation qui mette les droits à sa charge; dans le cas contraire elle doit s'adresser à l'acquéreur; on ne doit point considérer si c'est le vendeur qui a donné connaissance de l'acte à la régie (Loi du 22 frimaire an VII, art. 31; Code civil, 1593; Cass. 30 juin 1813, aff. Mœvus; Sirey 20, 1, 449; Cass. 10 pluviose an XIII, aff. Besselièvre; Sirey 7, 2, 936).

503. Un vendeur peut, d'après ce qui est dit aux deux n^{os} précédents, faire enregistrer une vente d'immeubles quand même l'utilité ne serait pas reconnue, mais s'il l'a fait sans utilité et connaissant la nullité de l'acte de vente par lui consentie comme n'étant pas propriétaire, il ne peut exercer une action en garantie contre l'acquéreur auquel il n'avait rien transmis, l'ayant trompé (Cass. 20 juin 1827).

504. Lorsqu'une vente sous seing-privé est déposée au bureau, le receveur peut en poursuivre les droits contre l'acquéreur, quoique les biens soient situés dans un autre arrondissement (Jugement de Château-Thierry, 27 décemb. 1834).

505. Une instance ayant pour objet de faire prononcer la nullité d'une vente sous seing-privé, ne forme point obstacle à ce que la régie réclame contre l'acquéreur les droits de cette vente, lorsqu'elle a été déposée au bureau de l'enregistrement (Jugement de Limoges, 14 août 1837; Rol. 5329).

V. *suprà*, n°s 458 à 465.

§ 2. *Des Poursuites et instances.*

506. ACTES CONSTITUANT LA POURSUITE. A la régie seule appartient le droit d'exercer des poursuites pour le recouvrement des droits d'enregistrement. Les redevables ne l'ont pas, car ils doivent payer provisoirement, sauf à se pourvoir en restitution (V. *sup.* n° 445), ou bien ils doivent attendre qu'on décerne contre eux une contrainte (Cass. 7 mai 1806, aff. Blanc).

507. Ainsi, le premier acte de poursuite de la part de la régie pour le recouvrement des droits d'enregistrement et de timbre, et le paiement des peines et amendes est une *contrainte;* elle doit être décernée par le receveur ou préposé de la régie; elle doit être visée et déclarée exécutoire par le juge de paix du canton où le bureau est établi, et être signifiée. — L'exécution de la contrainte ne peut être interrompue que par une opposition formée par le redevable et motivée, avec assignation à jour fixe devant le Tribunal civil du département. Dans ce cas, l'opposant sera tenu d'élire domicile dans la commune où siège le Tribunal (Loi du 22 frimaire an VII, art. 64; loi du 28 avril 1816, art. 76). V. *inf. Contrainte* n°s 538 et suiv.

C'est cette opposition qui constitue l'instance (Cass. 27 juillet 1813, aff. Lenti), et en la faisant, on n'est pas dispensé d'observer les délais fixés par les art. 72, 73 et 74 du Code de proc. civile (Cass. 15 prairial an XIII, aff. Vandenbrouck). V. note 20.

508. AVOUÉS. Quoique la loi, en prescrivant que l'introduction des instances aurait lieu par simples mémoires (V. *inf.* n° 552), ait entendu faire une exception à la règle générale qui oblige de recourir au ministère d'un avoué (Code de proc. civ. 75), cependant il n'y a pas nullité lorsque les parties ayant constitué avoués, ces avoués se sont bornés à prendre des conclusions, *sans plaidoirie* (Cass. 20 mars 1826, aff. Giard-Duclos).

509. Mais il en est autrement, et le jugement est nul, lorsque les avoués ont été entendus à l'audience dans leurs observations et ont persisté dans les conclusions écrites de leurs clients (Cass. 26 février 1816, aff. Michot; 13 nov. 1816, aff. Mouchet; 28 juin 1830, aff. De Béarn) : le but de la loi ayant été de proscrire toute plaidoirie (Loi du 27 ventose an IX, art. 17; Cass. 9 juillet 1834, aff. Dupeysset; Sirey 34, 1, 514).

510. Toutefois, lorsqu'une partie a été assistée d'un avoué qui a été entendu dans l'instance, elle est non recevable, par défaut d'intérêt, à se faire de cette circonstance un moyen de nullité (Cass. 9 juillet 1834 précité).

511. Et lorsqu'un jugement porte, par suite d'une erreur du greffier, que l'avoué d'une des parties a été entendu *en ses plaidories*, ce qui donne ouverture à cassation, le même Tribunal peut, sur simple requête, rectifier cette erreur par un second jugement (Jugement de Troyes, 9 mars 1841, aff. Trudon).

512. Mais ni l'art. 17 de la loi de ventôse an IX qui défend les plaidoiries, ni l'art. 65 de la loi du 22 frim. an VII, qui ordonne de juger sur mémoire, ne font obstacle à ce que les parties soient appelées et entendues en personne, si les juges le trouvent nécessaire pour éclairer leur religion (Cass. 20 mars 1816, aff. Baillot; Sirey, 16, 1, 314).

513. La constitution d'avoué n'étant point obligatoire pour les parties, les frais qu'elle occasionne ne doivent point entrer dans la condamnation de dépens prononcée contre celle des parties qui succombe. L'avoué, dans ce cas n'a de recours que contre celui pour lequel il a occupé (Cass. 26 mars 1827, aff. Lecarpentier; Sirey 27, 1, 261). V. *infrà*, n°s 557, 558.

514. CASSATION. Les jugements rendus sur instances entre la régie de l'enregistrement et les redevables sont *sans appel* et ne peuvent être attaqués que par voie de cassation (Art. 65 de la loi du 22 frimaire an VII).

515. Cet article ne s'applique pas aux *garants* des redevables, lesquels peuvent se pourvoir par appel contre les jugements rendus contre eux au profit des redevables, quoique l'instance soit liée avec la régie (Orléans 30 sept. 1832, aff. Texier. V. *suprà*, n° 480).

516. Lorsque la régie ou les parties attaquent un jugement par voie de cassation, le pourvoi se forme par une requête enregistrée et déposée au greffe de la Cour de Cassation; cette requête doit indiquer de quel arrêt ou jugement et pour quelles contraventions à la loi la cassation est demandée. Elle doit désigner nominativement tous les demandeurs actuels et tous les défendeurs éventuels (Art 1, du titre IV, 1re partie du réglement de 1738; loi du 1er décembre 1790).

517. Une requête serait vicieuse : 1° si pour dénommer les demandeurs ou les défendeurs, on se servait de ces ex-

pressions *et autres* ou *et consorts*; 2° si une partie déclarait se pourvoir tant pour elle que pour *telles autres*.

518. Lors du dépôt de la requête, l'avocat en la Cour qui l'a signée doit y joindre les jugements dénoncés, en expéditions ou par copies signifiées (Art. 4, titre IV du même réglement).

Les copies doivent être régulières et on ne peut regarder comme telles ces significations d'avoué à avoué où l'huissier ne constate pas sa qualité d'huissier, car alors la copie ne présente pas d'acte d'huissier.

519. A la requête en pourvoi doit être jointe aussi une quittance de *consignation d'amende*, délivrée par le receveur et dirigée contre les jugements attaqués (Art. 5 *idem*). Cette quittance doit être signifiée en tête de la demande, ainsi qu'une consultation de trois avocats exerçant depuis dix ans au moins près un des Tribunaux du ressort de la Cour Royale dans lequel le jugement a été rendu (Code de proc. civile, 495), ou près la Cour Royale elle-même (Cass. 17 novemb. 1817, aff. Constan; Sirey 18, 1, 149).

520. La requête civile d'aucune partie, autre que celle qui stipule les intérêts de l'Etat, ne sera reçue, si, avant que cette requête ait été présentée, il n'a été consigné une somme de 300 fr. pour amende et 150 fr. pour les dommages et intérêts de la partie, sans préjudice de plus amples dommages et intérêts, s'il y a lieu. La consignation sera de moitié si le jugement est par défaut ou par forclusion, et du quart s'il s'agit de jugements rendus par les Tribunaux de première instance (C. Proc. civ., art. 494).

521. Le jugement qui rejettera la requête civile, condamnera le demandeur à l'amende (Code de proc. civile, art. 500).

522. Si la requête civile est admise, les sommes consignées seront rendues (Même Code, art. 501).

523. L'amende de consignation est du quart des 450 fr., fixés par l'art. 494 (V. *suprà*, n° 520), pour une requête civile dirigée contre un jugement de première instance, contradictoirement rendu sur l'appel d'un jugement de justice de paix (Cass. 17 novembre 1817, aff. Constan; Sirey 18, 1, 147). V. *suprà*, n° 520.

524. Aucune requête ne peut être admise si elle ne contient pas les moyens de cassation contre le jugement attaqué (Code de proc. civ. 495; Cass. 18 avril 1809, et 6 octobre 1812).

525. Lorsqu'il s'agit d'un pourvoi en cassation fondé sur les mêmes moyens que ceux employés en appel, on doit les déduire dans le mémoire, et non pas suppléer à leur énonciation en produisant les pièces signifiées en appel, où se trouvent ces moyens, car la Cour ne statuerait point (Cass. 15 décembre 1818).

526. Le demandeur en cassation qui succombe en sa demande, après un arrêt de soit-communiqué, est condamné en 300 fr. d'amende, si l'arrêt ou le jugement dont la cassation était demandée a été rendu contradictoirement (Réglement du Conseil de 1738, art. 35).

527. Cela s'applique aux administrations publiques lorsqu'elles sont déboutées de leur demande par la section civile; en conséquence elles doivent payer 150 fr. à la partie (Déc. min. Just. 15 avril 1806).

528. Même l'administration qui s'est désistée de son pourvoi postérieurement à l'arrêt d'admission de sa requête, est tenue de payer au défendeur l'indemnité de 150 fr. accordée par le réglement de 1738 contre le demandeur qui succombe après un arrêt de soit-communiqué (Cass. 20 mai 1830, Rol. 2984).

529. Le paiement de cette somme et celui des dépens est effectué à Paris par le Receveur de l'enregistrement près la Cour de cassation (Circ. 6 juillet 1808).

530. Sont dispensés de la consignation les agents de l'Etat, dans les affaires qui le concernent, et les citoyens indigents (Loi du 2 brumaire an IV; loi du 14 brumaire an V; Code inst. crimin. 420).

431. Même dispense existe en faveur des indigents qui joindront à leur requête : 1° un extrait légalisé par le Préfet du rôle des contributions constatant qu'ils paient moins de 6 fr., ou un certificat, aussi légalisé, du percepteur de leur commune, portant qu'ils ne sont point imposés; 2° un certificat d'indigence à eux délivré par le maire de la commune de leur domicile ou par son adjoint, visé par le sous-Préfet et approuvé par le Préfet de leur département (Code d'instruction criminelle, *idem*).

532. Cette dispense de consigner n'existe pas pour les indigents qui se pourvoient en requête civile. La loi du 1er thermidor an VI, qui le permettait, a été abrogée par le Code (Av. Cons. d'Etat, 20 mars 1810).

533. Lorsqu'un indigent paie 6 ou 12 fr. de contribution, ce n'est pas un motif pour lui refuser le certificat d'indigence (Déc. min. Fin. 2 novembre 1813), car ceux qui ne paient que 20 fr. de contribution foncière peuvent même être dispensés de la consignation (Déc. min. Fin. 9 novembre 1813).

534. L'individu qui s'est pourvu en cassation, muni d'un certificat d'indigence, n'est pas pour cela dispensé de payer l'amende, si son pourvoi vient à être rejeté (Cass. 8 déc. 1812; Sirey 13, 1, 184).

535. En matière civile, l'exécution des jugements et arrêts n'est pas suspendue par le recours ou pourvoi en cassation (Loi du 27 novembre et 1er déc. 1790, art. 16).

536. Toutefois, il y a exception à cette règle: 1° pour la Trésorerie nationale et les caisses des diverses administrations publiques, lesquelles ne doivent faire aucun paiement en vertu de jugements attaqués par elles par la voie de cassation, sans qu'au préalable ceux qui ont droit de recevoir aient donné bonne et suffisante caution (Loi 16--19 juillet 1793).

2° Pour l'administration des douanes qui ne doit remettre que sous caution, lorsqu'elle s'est pourvue en cassation dans le délai, les objets saisis pour contravention aux lois (Loi du 9 floréal an VII, titre 4, art. 15).

537. CONSIGNATION D'AMENDE ET DE DOMMAGES INTÉRÊTS. V. *sup.* nos 519, 520.

538. CONTRAINTE. La contrainte dont il est parlé *suprà*, n° 507, doit être libellée de manière que les causes de la demande soient clairement exposées, car s'il en était autrement le juge devrait refuser l'exécutoire, et que la qualité des parties (comme celle de légataire, de tuteur) y soit exactement désignée (Cass. 19 juillet 1815, 19 déc. 1822; Inst. gén. 1187, § 7).

La contrainte doit aussi être précédée d'un avertissement

(Art. 91 et 114 des ordres généraux de la régie), excepté pour le cas de contravention.

Les avertissements tant pour les redevables que pour les particuliers à informer des restitutions de droits ordonnées à leur profit, doivent être expédiés sous bande aux maires de leur résidence avec une lettre d'envoi (Déc. min. Fin. 6 avril 1831; Inst. 1356).

Pour les successions à l'égard desquelles il existerait des renseignements sur les registres du bureau d'enregistrement, il est recommandé aux receveurs d'adresser officieusement et avant l'expiration du délai de la loi, un avertissement aux héritiers ou aux légataires, pour leur rappeler qu'ils ont une déclaration à faire et des droits à payer dans les six mois du décès de l'auteur de la succession (Inst. 1141).

539. Une contrainte n'est pas nulle pour ne point contenir l'énonciation de la date du titre sur lequel elle est fondée, surtout si l'administration a rectifié les fausses énonciations dans le cours de l'instance (Cass. 25 juillet 1814; Sirey, 15, 1, 249).

540. Lorsqu'une contrainte contient un exposé simple et précis de l'objet de la demande, il est inutile de désigner par leurs confins les biens pour lesquels il est dû des droits de mutation (Cass. 30 décembre 1811).

541. Quoique la signification du procès-verbal qui constate une contravention pour omission au répertoire n'ait pas été faite dans le délai de la loi et que la contrainte au lieu d'être décernée par le receveur l'ait été par un vérificateur, rédacteur du procès-verbal, lequel a omis l'élection de domicile, il n'y a pas, pour cela, nullité de la contrainte, parce que le procès-verbal n'était pas nécessaire pour constater la contravention, et que tout préposé, autre que le receveur, peut décerner la contrainte (Cass. 2 août 1808, 9 juin 1813; Inst. 1150, § 17).

D'ailleurs, pour la signification de ses contraintes, la régie n'est point obligée de se conformer à l'art. 584 du Code de procédure civile qui oblige de faire élection de domicile dans la commune où réside le débiteur, il suffit qu'elle fasse élection de domicile aux bureaux où les droits qu'elle réclame doivent être acquittés (art. 26, 27 et 64 de la loi du 22 frimaire an VII; — Avis Conseil d'Etat, 1er juin 1807; Cass. 16 février 1831; Contrôl. 2194).

542. Tous les actes judiciaires et les jugements sont valablement signifiés au bureau où les droits doivent être acquittés; ce bureau étant le domicile légal de la régie Cass. 13 thermidor an IX).

542 *bis*. Les contraintes, ainsi que les saisies et tous autres actes de poursuite et de procédure, doivent être faites et signifiées *à la requête de M. le Conseiller d'Etat, Directeur général de l'enregistrement et des domaines, Hôtel de l'Administration, rue Castiglione à Paris, poursuite et diligence de M...., Directeur à....*, sauf à y ajouter, selon le cas, l'élection de domicile (Inst. 807).

543. Les contraintes visées par les juges de paix doivent être signifiées par les huissiers de justice de paix, et celles en matière de domaines et bois qui sont visées par les Présidents des Tribunaux civils, doivent être signifiées par les huissiers de ces Tribunaux (Inst. 129, 639. Décr. du 4 juin 1813, art. 24 et suiv.)

544. Toute contrainte doit, à peine de nullité, être signifiée à personne ou domicile. Une signification faite au domicile de l'agent d'affaires ou du fermier du contraignable ne remplirait pas le vœu de la loi, à moins qu'il ne soit constaté que le mandataire avait pouvoir à cet effet (Cass. 23 février 1807; Sirey 7, 2, 236; — 24 juin 1806).

545. Il y a aussi nullité d'une contrainte signifiée à un domicile qui n'est ni légal ni prouvé (Cass. 9 fruct. an XII).

546. La signification d'une contrainte doit comprendre la transcription de *tout* ce qui est sur l'original, même la relation de la signature du receveur, sous peine de nullité (Jugem. de Marvejols 30 janvier 1833; — Délibération 29 octobre suiv.), parce que les copies d'exploit laissées aux parties, sont leur titre et leur tiennent lieu d'original, et que les mêmes vices de forme qui auraient pu annuler l'exploit, s'ils avaient été dans l'original, l'annullent aussi quoiqu'ils ne se trouvent que dans la copie (Cass. 7, 2, 127; — 9, 2, 160).

547. On suit sur une contrainte devenue exécutoire par le visa du magistrat comme s'il y avait jugement (Instr. 12), mais il n'est pas loisible à la régie d'obtenir un jugement quand cela lui convient, ou dans le but d'avoir une hypothèque judiciaire sur les biens du redevable; elle ne le peut que quand le redevable fait refus d'exécuter la contrainte en y formant opposition (V. *suprà*, n° 507; — Jug. de Strasbourg, Rol. 4507).

548. Une contrainte n'est pas nulle parce qu'elle est formée pour droit et double droit, quand il n'est dû que le droit simple. Elle doit être maintenue pour ce dernier droit (Cass. 28 février 1813, Sirey 16, 1, 20).

Il en est de même lorsqu'une contrainte est reconnue ou paraît insuffisante; dans ce cas il suffit à la régie d'ajouter à sa demande et à ses conclusions dans le cours de l'instance, surtout si la partie s'est défendue sur ce point (Cass. 14 novembre 1838, aff. Nédonchel).

549. Lorsque, sur une contrainte en paiement d'une somme déterminée, sauf à *augmenter ou diminuer* d'après déclaration à passer, le redevable offre la somme demandée, cette offre ne peut être refusée quand même ce dernier ne ferait point la déclaration. Dans ce cas, si la régie ne trouve point la somme payée suffisante, elle doit décerner une nouvelle contrainte (Cass. 2 décembre 1806).

550. En quels cas la régie peut-elle poursuivre, par voie de contrainte, le paiement des droits et amendes qui lui sont dus en matière d'enregistrement? C'est lorsque la loi n'exige point une condamnation préalable ou qu'il soit fait et rapporté un procès-verbal (Instr. générale 25 brumaire an X, n° 12).

Cas où la régie peut agir par voie de contrainte.

551. La régie n'a pas le droit d'agir, dans les cas suivants, autrement que par voie de contrainte :

1° *Actes enregistrés.* Lorsqu'un acte ayant été enregistré, il y a refus, de la part du Notaire qui l'a présenté à la formalité, d'en acquitter les droits (Ind. Cass. 17 mess. an XI; 16 décembre 1811; 10 avril 1833).

Il en est de même d'un acte déposé au bureau des hypothèques pour y être transcrit, s'il y a refus de la part du Notaire d'acquitter les droits de transcription (Jugement de Bar-sur-Aube, 5 janvier 1832; Rol. 4172; Cass. 10 avril 1833).

2° *Actes non enregistrés.* Lorsque des actes n'ont pas été enregistrés dans le délai de la loi, et que leur existence justifie l'exigibilité des droits de transcription (Instr. gén. n° 130, § 17).

3° *Amendes de condamnation.* Les amendes auxquelles les parties sont condamnées par justice en exécution des art. 10, 56, 91, 213, 244, 246, 247, 263, 264, 276, 374, 390, 479, 513, 516 du Code de proc. civ., 412, 471 et suiv. du Code pénal.

4° *Amendes de consignation.* Toutes les amendes qui doivent être acquittées en exécution de l'arrêté du Gouvernement du 10 floréal an XI, avant de pouvoir appeler de jugements de Tribunaux de première instance, de commerce ou de justice de paix, ou avant de s'inscrire en faux, et qu'on connaît sous le nom d'amendes de *consignation* ou de *fol-appel.*

Et toutes celles qui doivent être acquittées avant de se pourvoir en cassation (V. *suprà*, n° 519 et suiv.)

5° *Amendes de contravention.* Toutes les amendes de contravention aux lois sur le timbre, l'enregistrement, les hypothèques, les ventes publiques, etc. (Instr. 1130, § 17).

6° *Débets des comptables.* Lorsque les comptables sont constitués en débet à raison de leurs fonctions (Cass. 15 juillet 1817 ; 23 janvier 1822), par exemple, pour des droits qu'ils avaient omis de percevoir, ou pour des restitutions de droits irrégulièrement faites. Ces comptables, après avoir été ainsi forcés en recette, ne demeurent pas pour cela subrogés aux droits de la régie ; en conséquence ils ne peuvent agir en leur nom contre les redevables par voie de contrainte (Bourges 27 mars 1829 ; jugement de la Seine 12 juin 1833 et 18 juin 1834 ; Rol. 2633, 4302).

7° *Hypothèques.* Lorsque des droits et salaires d'inscriptions de créances appartenant à la république, aux hospices civils et aux autres établissements publics seront restés en suspens (Art. 23 et 24 de la loi du 21 ventôse an VII).

8° *Insuffisance.* Lorsque par des baux ou autres actes la régie établit qu'il y a insuffisance de prix ou d'évaluation dans une mutation (Dict. d'enreg. *ibid*, n° 17) ; mais il en est autrement lorsque la régie procède par expertise (Instr. 1130, § 17).

9° *Mutation.* Lorsqu'il s'agit de droits dus pour une mutation secrète ou par décès, lorsque les délais pour la déclarer sont expirés (*idem*).

10° *Omissions.* Lorsqu'il s'agit d'omissions dans une déclaration de succession et qu'elles sont constatées par quelques actes (*idem*).

11° *Refus de communication.* Lorsque les officiers publics ont fait offre de communiquer des actes aux préposés, mais alors ceux-ci doivent rapporter un procès-verbal constatant ce refus (*idem*).

12° *Répertoires.* Lorsqu'il s'agit d'amendes relatives aux répertoires à l'exception toutefois de celles encourues pour défaut de dépôt du répertoire au greffe (*idem*).

13° *Timbre.* Lorsqu'il s'agit de sommes dues pour amendes relatives au timbre (Art. 76 de la loi du 28 avril 1816).

14° *Vente de meubles.* Lorsqu'il s'agit d'amendes de contraventions aux lois sur les ventes de meubles (Dict. d'Enr. *ibid*, n° 25).

552. INSTRUCTION DES INSTANCES DEVANT LES TRIBUNAUX. L'introduction et l'instruction des instances doivent avoir lieu devant les Tribunaux civils ; la connaissance et la décision en sont interdites à toutes autres autorités constituées ou administratives. — L'instruction se fera par simples mémoires respectivement signifiés. — Il n'y aura d'autres frais à supporter pour la partie qui succombera, que ceux du papier timbré, des significations et du droit d'enregistrement des jugements. — Les Tribunaux accorderont, soit aux parties, soit aux préposés de la régie, qui suivront les instances, le délai qu'ils leur demanderont pour produire leurs défenses. Il ne pourra néanmoins être de plus de trois décades. — Les jugements seront rendus dans les trois mois au plus tard, à compter de l'introduction des instances, sur le rapport d'un juge, fait en audience publique et sur les conclusions du commissaire du Directoire exécutif (à présent le procureur du Roi) : ils seront sans appel et ne pourront être attaqués que par voie de cassation (Loi du 22 frimaire an VII, art. 65).

553. Les Tribunaux ne doivent admettre aucune plaidoirie (L. 27 ventôse an IX, art. 17). V. *sup.*, n°s 508 et suiv.

554. Le demandeur comme le défendeur ne peuvent se défendre que par mémoires respectivement signifiés, à peine de nullité (V. *sup.* n° 552) ; (Cass. 31 janvier 1814, aff. Milher ; Sirey 14, 1, 248 ; — 10 février 1819, aff. Sacquin ; Sirey 19, 1, 328).

555. La signification doit être faite de partie à partie. Celle faite au procureur du Roi ne tiendrait pas lieu de celle qui doit être faite à la régie, et il y aurait, dans ce cas, nullité du jugement, parce que le procureur du Roi n'a pas qualité pour représenter la régie (Cass. 28 mai 1823, aff. Castanier ; Sirey 23, 1, 141). V. *suprà*, n° 542.

556. Le délai d'un mois donné aux parties pour produire leurs défenses, et celui de trois mois accordé aux juges pour rendre leur jugement (V. *suprà*, n° 552), ne sont pas de rigueur ; en conséquence il n'y a ni déchéance ni nullité à ne les point observer, les dispositions de la loi à cet égard étant purement réglementaires (Cass. 4 mars 1807, aff. Porzampart ; Sirey 7, 2, 88. — 2 août 1808, aff. Hermite).

557. Les règles posées dans la loi de frimaire n'étant relatives qu'à la perception de l'impôt, ne peuvent être appliquées à d'autres cas ; ainsi, par exemple, lorsqu'il s'agit de produire à l'ordre ouvert sur un redevable de droits d'enregistrement, la régie est obligée de constituer avoué et de plaider à l'audience, si elle élève quelque contestation (Bruxelles 11 avril 1810, aff. Stapleton).

558. Ainsi encore, lorsque la régie, pour avoir paiement d'un droit de succession, a formé saisie-arrêt entre les mains d'un *tiers* débiteur du redevable, ce *tiers* peut exiger que l'affaire soit instruite suivant les formes ordinaires du Code de procédure ; par conséquent il peut employer le ministère d'un avoué ; il ne peut être privé de ce droit parce que la régie aura pris la place de son créancier (Cass. 29 avril 1818, aff. Boy ; Sirey 20, 1, 376). Mais pour que le tiers puisse exercer ce droit, il faut qu'il y ait contestation sur sa déclaration, car sans contestation on ne peut dire qu'il y ait instance entre la régie et lui, et qu'il faille, par suite, procéder en la forme ordinaire (Cass. 7 janvier 1818, aff. Bildé ; Sirey 18, 1, 199 ; — 27 juin 1823, aff. de Cardelus et Vidal ; Sirey, 23, 1, 342).

559. Après avoir demandé que l'affaire soit instruite dans les formes ordinaires, le tiers-saisi qui a contesté et

succombé, ne peut plus demander que les dépens soient taxés comme en matière d'enregistrement (Cass 19 mai 1814, aff. Lafabrègne).

560. INSTRUCTION DES INSTANCES DEVANT LA COUR DE CASSATION. Les jugements ne peuvent être attaqués que par voie de cassation (V. *sup.* n° 552).

En matière ordinaire le recours en cassation ne forme point un degré de juridiction puisque la Cour ne connaît point de l'affaire au fond et n'est appelée qu'à examiner si la loi a été observée par les jugements et arrêts qui lui sont déférés. Mais en matière fiscale, ce recours peut être considéré comme un second degré, car, la Cour, par suite de sa jurisprudence bien constante, se livre à l'interprétation des actes et à l'examen des conventions; toutefois, elle ne le fait qu'autant que l'appréciation des premiers juges est en contradiction avec les règles légales d'interprétation et présente une contravention à la loi (Cass. 7 janv. 1835, aff. Rocaserra; Sirey 35, 1, 540).

561. Le délai pour se pourvoir en cassation est de trois mois pour tous ceux qui habitent en France, *sans aucune distinction quelconque* (Loi du 27 novembre 1790; art. 14); ce qui s'applique aux mineurs comme aux majeurs.

Hors de France, le délai pour se pourvoir en cassation contre les jugements des Tribunaux de la Corse est de *six mois* pour les habitants de ce département (Loi du 11 févr. 1793), d'*un an* pour les colonies occidentales, et *deux ans* pour les colonies orientales (Réglem. de 1738, titre 14, 1re partie, art. 12).

562. Ni le jour de la signification du jugement à personne ou domicile, ni le dernier jour s'il est férié, ne seront compris dans le délai de trois mois qui est accordé pour se pourvoir en cassation (Décret 1er brumaire an II, circ. 1820).

En conséquence, le pourvoi en cassation contre un jugement signifié le 4 juin, est fait tardivement, s'il n'est formé que le 6 septembre (Cass. 24 novembre 1823; Sirey 24, 1, 45; — Code de proc. civ. 1033).

563. Le délai pour se pourvoir en cassation ne court qu'à compter de la signification du jugement. — Peu importe que depuis le jugement il se soit écoulé un temps suffisant pour faire déclarer l'instance périmée ou prescrite (Cass. 31 janvier 1816, aff. Guidet; Sirey 16, 1, 338).

564. Les agents du Gouvernement n'ont pas plus de délais que les particuliers pour former leurs pourvois en cassation. On ne donne plus, comme autrefois, sous l'empire du réglement de 1738, de lettres de relief de laps de temps pour se pourvoir (Cass. 8 février 1827. Rol. 1867).

565. La signification d'un jugement à un domicile élu pour la notification des actes de l'instance, ne fait pas courir les délais du pourvoi en cassation, parce qu'elle doit être faite à personne ou domicile (Cass. 3 janvier 1817, aff. Jousselin; Sirey 17, 1, 379). V. *suprà*, nos 542, 562.

566. Sur chaque requête en cassation il intervient un arrêt d'admission ou de rejet prononcé en audience publique par la 1re section appelée section des requêtes, après rapport d'un conseiller, plaidoirie ou observation de l'avocat et conclusion du ministère public.

Il n'est pas de rigueur que le rapport du conseiller soit fait par écrit (Cass. 18 janvier 1825; Inst. § 19).

567. Si la section des requêtes *rejette* le pourvoi, tout est

terminé devant la Cour; l'amende consignée est acquise au fisc, et le jugement dénoncé reste dans toute sa force.

568. Si, au contraire, la section des requêtes *admet* le pourvoi, cet arrêt d'admission portant que la requête sera communiquée à partie, doit être expédié et signifié dans les trois mois de sa date, à personne ou domicile, à peine de déchéance. La signification doit contenir citation à comparaître et se défendre devant la Cour (Cass. 24 frimaire an VIII; 27 août 1818). V. *suprà*, n° 565.

569. La signification d'un arrêt d'admission emporte de plein droit sommation au défendeur de comparaître dans les délais de la loi, devant la section civile de la Cour de Cassation. Une pareille signification vaut assignation (Cass. 1er juillet 1823; Rol. 832).

570. La signature de l'avocat du demandeur, apposée au bas de la requête en cassation signifiée avec un arrêt d'admission, équivaut à une constitution et remplit le vœu de l'article 61 du Code de proc. civ. (Cass. 16 mai 1815; Sirey 15, 1, 328).

571. Le délai pour comparaître en défendant est de *quinze jours* pour Paris et les dix lieues d'alentour, d'*un mois* pour les autres lieux, compris dans les anciens ressorts des parlements de Paris, Rouen, Dijon, Metz, Douai et Artois; de *deux mois* pour les ressorts des autres ci-devant parlements; d'*un an* pour Saint-Domingue (Réglem. de 1738).

572. La comparution du défendeur à la cassation ne se fait pas autrement que par une requête signifiée à l'avocat du demandeur et par le dépôt de cette requête au greffe de la Cour avec les pièces à l'appui (Loi du 2 brumaire an IV).

573. L'affaire passe alors à la *section de Cassation civile*, pour y être jugée à son tour de rôle, sur le rapport d'un des conseillers près la Cour, après les plaidoiries contradictoires des défenseurs et après avoir entendu les conclusions du ministère public (Loi du 2 brum. an IV; loi du 27 vent. an VIII).

574. Lorsqu'on s'est pourvu en cassation dans le délai de la loi, on peut, même après ce délai, ajouter de nouveaux moyens à ceux employés dans le premier mémoire (Cass. 4 août 1818; Sirey 19, 1, 124).

575. Mais on ne peut faire valoir en cassation:

1° Des exceptions non proposées en première instance (Cass. 21 avril 1806, 31 déc. 1816, 11 fév. 1818);

2° Un moyen résultant d'une pièce dont on n'avait pas fait usage en première instance (Cass 29 avril 1818; Sirey 18, 1, 320).

3° Un moyen de prescription qui n'a pas été présenté en première instance (Cass. 19 janvier 1824, 23 novembre 1825).

576. Huit jours après l'expiration du délai pour comparaître en section civile, si le défendeur n'a signifié ni déposé aucune défense, le demandeur lève au greffe un certificat de non-production qu'il joint à la grosse de l'arrêt d'admission et poursuit l'arrêt par défaut; jusqu'à ce que cet arrêt soit rendu, le défendeur a encore la faculté de produire sa défense.

577. Lorsque l'arrêt est rendu, la partie défaillante ne peut le faire révoquer qu'en faisant faire à l'avocat de l'autre partie des offres réelles de la somme de 100 francs pour les frais de contumace, puis en présentant une re-

quête afin d'être restituée contre le jugement par défaut. La quittance ou l'acte d'offres de cette somme doit être jointe à la requête (Règlement 1738).

578. L'arrêt de restitution se rend immédiatement et sans difficulté, sur cette requête, par la section qui a rendu celui par défaut. Il doit être obtenu et même signifié à l'autre partie, ou à son avocat, dans les délais suivants, à compter du jour de la signification, savoir : de *trois mois*, quand l'assignation a été donnée à deux; *deux mois*, quand l'assignation a été donnée à un ; et d'*un mois* quand elle a été donnée à quinzaine (Règlement de 1738).

L'arrêt de restitution obtenu et signifié, chaque partie produit ses pièces et moyens sur la question de cassation, et l'affaire se juge de nouveau contradictoirement.

579. Lorsque la Cour a rendu un arrêt qui casse, cet arrêt rend nul et sans effet le jugement dénoncé et cassé. Les parties sont remises au même état qu'auparavant. L'amende consignée est restituée, tous frais payés sont remboursés. Toute inscription hypothécaire prise est non avenue. Tout acte d'exécution est retracté de droit.

580. Si c'est la procédure seulement qui est cassée, elle est recommencée devant le Tribunal que la section charge de la connaissance du fond, à partir du premier acte cassé (Loi du 2 brumaire an 4, art. 24).

Si, au contraire, c'est le jugement qui est cassé, l'affaire y est portée sans nouvelle procédure à l'audience, et l'on ne peut même y plaider sur un point réglé par un premier jugement (*idem*. Jug. de Rouen 22 janv. 1839, Rol. 5788).

581. L'arrêt de cassation renvoie les parties devant un nouveau Tribunal jugeant en dernier ressort. Devant les juges de ce renvoi, les parties reproduisent leur défense, tout comme elles ont pu la produire devant les juges dont le jugement de dernier ressort été cassé.

582. Si le deuxième jugement rendu dans la même affaire, entre les mêmes parties, procédant en la même qualité, est attaqué par les mêmes moyens que le premier, la Cour de Cassation prononcera, *toutes les chambres réunies* (Loi du 1er avril 1837, art. 1).

583. Si le deuxième jugement est cassé pour les mêmes motifs que le premier, le Tribunal auquel l'affaire est renvoyée se conformera à la décision de la Cour de Cassation sur le point de droit jugé par cette Cour (Même loi, art. 2).

584. Lorsqu'il y a renvoi à un autre Tribunal, la condamnation aux dépens prononcée par la Cour suprême doit rester intacte; il y a, à cet égard, chose souverainement jugée (Cass. 4 août 1818; Sirey 19, 1, 124).

585. Les poursuites postérieures au jugement de condamnation rentrent sous l'empire du droit commun. En conséquence, le débiteur d'un droit de mutation, qui a été condamné et a fait des offres, ne peut être saisi avant qu'il ait été statué sur le mérite de ces offres (Cass. 9 août 1832, Rol. 3823).

V. *suprà*, *Cassation*, nos 514 et suiv., et *infrà*, *Opposition*, no 588, *Prise à partie*, no 595, *Requête civile*, no 596, et *Tierce-opposition*, no 605.

586. MÉMOIRES. V. *suprà*, nos 552 et suiv.

587. OFFRES RÉELLES. V. *suprà*, no 585.

588. OPPOSITION. La disposition finale de l'art. 65 de la loi du 22 frimaire an VII (V. *suprà*, no 552) a eu seulement pour objet de déterminer qu'il n'y aurait qu'un seul degré de juridiction (V. *suprà*, no 560), mais elle n'a point interdit la voie de l'opposition. Il n'y a qu'une disposition expresse qui aurait pu déroger au droit commun à cet égard, et cette disposition ne se rencontre point dans la loi du 22 frimaire (Cass. 8 juin 1812).

Relativement au droit d'opposition il faut distinguer :

589. *A l'égard du redevable*, le jugement ne peut jamais être *par défaut*, (excepté dans le cas *d'expertise* où la régie est demanderesse), parce que c'est toujours le redevable qui engage l'instance par une *opposition motivée* (V. *suprà*, no 506), qui suffit pour faire considérer le jugement comme contradictoire à son égard, encore qu'il n'ait fourni, durant l'instance aucun mémoire en défense. Dans les cas ordinaires, lorsqu'un demandeur laisse prononcer *défaut* contre lui (Code de proc. civ. 154), il n'y a point alors de *jugement*, par conséquent, il ne saurait y avoir lieu à opposition, le Tribunal qui n'a point à examiner l'affaire au fond, prononce un *défaut-congé* qui oblige le demandeur à former une demande nouvelle; mais dans les cas exceptionnels régis par la loi de frimaire, il en est autrement, d'abord d'après les termes de l'article 113 du Code de procédure civile applicable aux affaires qui s'instruisent par écrit et ensuite parce qu'une opposition contient, par cela même qu'elle est motivée, la défense du redevable (Cass. 24 avril 1822, aff. Serdobin; Rol. 346; 24 août 1835, aff. Charlet; Sirey 23, 1, 33 — 35, 1, 682).

590. *A l'égard de la régie*, les jugements rendus contre elle, sans qu'elle ait fait signifier ses défenses, sont des jugements par défaut susceptibles d'opposition. L'audition du ministère public ne les rend pas contradictoires (Cass. 4 mars 1807, 12 mars 1812; Sirey 7, 2, 88 — 12, 1, 255).

Mais il n'en est pas de même lorsque la régie, après avoir produit son mémoire, garde le silence sur plus amples défenses de la partie adverse; dans ce cas, le jugement est contradictoire et l'opposition n'est plus recevable (Cass. 13 février 1815; Sirey 15, 1, 283).

591. Les jugements ne cessent pas de pouvoir être attaqués par la voie de l'opposition, parce qu'ils portent qu'ils ont été rendus sur les mémoires et pièces de l'une des parties, et faute de produire de la part de l'autre, encore que celle-ci eût produit des défenses dans plusieurs incidents survenus au procès (Cass. 17 juillet 1811; Sirey 11, 1, 363. —*Contrà*, jugem. de la Seine 30 août et 17 décembre 1838: Rol. 5688 et 5708).

592. L'opposition est recevable jusqu'à l'exécution du jugement (Code de proc. civ. 158, 159).

593. PLAIDOIRIE. V. *sup.*, nos 557, 558.

594. POURVOI EN CASSATION. Quoiqu'un jugement ait été exécuté sans protestation ni réserve par un receveur, cela ne forme point acquiescement de la part de la régie, parce qu'il est de principe qu'elle n'est jamais liée par le fait de ses préposés inférieurs tant qu'ils n'ont pas agi en vertu d'un mandat spécial; en conséquence, la régie peut, dans ce cas, se pourvoir contre un jugement qui lui est contraire (Cass. 21 germinal an XII, aff. Haësebeyt).

V. *sup. Cassation*, nos 514 et suiv.; Instruction des instances devant la Cour de Cassation, nos 560 et suiv.

595. PRISE A PARTIE. La prise à partie peut, de même que la tierce-opposition et la requête civile, être prise

contre les jugements rendus en matière d'enregistrement. C'est une voie extraordinaire qui ne forme pas un second degré de juridiction. Ainsi résolu pour la requête civile par la Cour de Cassation les 14 mai 1811, aff. Vanoverlt; Sirey 11, 1, 238, et 11 juillet 1822, aff. Daguin.

596. REQUÊTE CIVILE. Les jugements contradictoires rendus en dernier ressort par les Tribunaux de première instance et les Cours royales, et les jugements par défaut rendus aussi en dernier ressort et qui ne sont plus susceptibles d'opposition, peuvent, dans les cas prévus par l'article 480 du Code de proc. civ., être rétractés sur la requête de ceux qui y ont été parties ou dûment appelés. Aussi, la Cour de Cassation a-t-elle statué par arrêts des 30 août 1809 et 14 mai 1811 (Sirey 9, 1, 426 — 11, 1, 236), que la voie de la requête civile est admissible contre toute espèce de jugements sans exception et conséquemment contre ceux concernant les perceptions; que l'administration n'est pas dispensée de faire signifier, conformément à l'art. 495 du Code de proc. civ., une consultation de trois avocats, contenant qu'ils sont d'avis de la requête civile; enfin, que dans les instances de l'espèce, les plaidoiries doivent avoir lieu (Inst. gén. 606).

597. La requête civile introduite par simple assignation et sans requête préalable est recevable (Cass. 3 juillet 1816; Sirey 16, 1, 442).

598. En général, le délai de la requête civile est de trois mois (Code de proc. civ. 483, 1226).

Ce délai est augmenté suivant les règles des ajournements pour ceux qui demeurent hors de la France continentale (C. proc. 486. V. note 20). Il est augmenté d'un an pour ceux qui sont absents du territoire européen du royaume pour un service de terre ou de mer, ou employés dans des négociations extérieures pour le service de l'Etat (C. proc, 485).

599. En général, le délai court du jour de la signification du jugement attaqué à personne ou domicile (C. proc. 483). Toutefois il court pour les jugements par défaut du jour où l'opposition n'est plus recevable (C. proc. 443).

600. Le délai de trois mois court contre toutes parties, même contre l'Etat, les communes, les établissements publics (Arg. Code de proc. 444; Code civil. 2227; Merlin, Quest. v° req. civ., § 1). Cependant il y a exception pour les mineurs, à l'égard desquels le délai ne court que du jour de la signification faite depuis leur majorité à personne ou domicile (Code de proc. 484).

601. La requête civile est portée au Tribunal qui a rendu le jugement attaqué (Code de proc. 490), et elle peut être jugée par les magistrats qui ont participé à la première décision. Il s'agit, en effet, de rectifier des erreurs qui ne proviennent pas du fait des magistrats ou qu'il est facile de leur faire reconnaître.

602. Si une partie veut attaquer par la requête civile un jugement produit dans une cause pendante en un Tribunal autre que celui dont est émané ce jugement, elle doit se pourvoir devant le Tribunal qui l'a rendu (C. proc. 491).

603. La cause doit être communiquée au ministère public (Code de proc. 498).

604. L'assignation est donnée au domicile de l'avoué de la partie qui a obtenu le jugement attaqué, si elle est formée dans les six mois de la date de ce jugement (C. de proc. 492); jusqu'à l'expiration de ce délai, l'avoué est censé

avoir conservé les pièces; il est constitué de droit sans nouveau pouvoir (Code de proc. 496).

Ce délai passé, l'assignation est donnée au domicile de la partie (Code de proc. 492).

V. *suprà*, n°s 520, 521, 522, 523, 524, 532.

605. TIERCE-OPPOSITION. V. *suprà*, n°s 595, 596.

606. TRIBUNAL COMPÉTENT. Dans les instances relatives à l'enregistrement et à toute espèce d'impôts, comme, le plus généralement, c'est la régie qui est défenderesse, il est admis en jurisprudence que la compétence du Tribunal se règle en raison de la *matière* et non en raison des *personnes*.

En conséquence, c'est devant le Tribunal civil de l'arrondissement du lieu où un acte doit être enregistré que l'action ou la contrainte relative au paiement des droits et amendes résultant de cet acte doit être poursuivie, quelque soit le domicile du redevable (Cass. 30 mess. an x, — 14 nivôse an xi, — 30 décembre 1806).

607. Par suite du même principe, c'est devant le Tribunal auquel ressortit le bureau du préposé qui a décerné la contrainte contre le redevable de droits d'enregistrement, que doit être portée la demande en validité de saisie-arrêt formée entre les mains de ce redevable, parce que la saisie-arrêt est une suite de la contrainte, et qu'à l'égard de la régie il y a dérogation à l'art. 567 du Code de proc. civ. (Cass. 14 décembre 119, aff. Meyer, Sirey 20, 1, 114; — 7 janvier 1818, aff. Bildé; Sirey 18, 1, 198). V. *suprà*, n°s 507, 557, 558.

608. VISA DE CONTRAINTE. Toutes les contraintes décernées par la régie de l'enregistrement pour le recouvrement des amendes, sont sujettes au *visa* du juge de paix, même celles encourues pour défaut de comparution au bureau de conciliation, aux termes de l'article 56 du Code de proc. civ. (Cass. 8 mai 1809, aff. Dumoulin; Sirey 9, 1, 273). V. *sup.*, n° 551-3°.

609. Les contraintes doivent être visées et déclarées exécutoires, savoir: celles pour droits et revenus domaniaux que le directeur décerne, par le Président du Tribunal de première instance de la situation des biens (Loi 12 septembre 1791) et celles pour droits d'enregistrement, de timbre, peines et amendes que le receveur ou préposé de la régie décerne, par le juge de paix du canton où le bureau est établi ou l'un de ses suppléants et en cas d'empêchement par le juge de paix du canton le plus voisin désigné par le Tribunal de première instance aux termes d'une décision du min. de la Just. rapportée art. 3662 du Journ. de l'enreg. (V. *sup.*, n° 507) *sous peine de nullité* (Cass. 10 novembre 1812). Mais cette nullité est couverte par le silence de la partie adverse et ses défenses au fond (Cass. 14 novembre 1815; Sirey 18, 1, 143). V. *sup.* n°s 538 et suiv.

§ 3. *De la restitution des droits.*

Art. 1er. En quels cas il y a lieu ou non à restitution.

610. Tout droit d'enregistrement perçu régulièrement en conformité des dispositions de la loi ne pourra être restitué, quels que soient les événements ultérieurs, sauf les cas prévus par cette loi (Loi du 22 frimaire an VII, art. 60).

Nous allons énumérer tous les cas qui admettent ou repoussent l'application de la règle posée au numéro qui précède, mais avant, nous ferons observer qu'en général pour reconnaître si un droit est restituable ou non, il faut distinguer si la convention faisant l'objet de l'acte constitue une condition résolutoire ou seulement une condition suspensive; dans le premier cas, le droit n'est pas restituable, et dans le deuxième il est restituable.

611. ACTES ADMINISTRATIFS. Lorsqu'une adjudication de domaines de l'état est déclarée nulle par l'autorité administrative, il y a lieu de restituer le droit proportionnel qui a été perçu (Sol. 19 frimaire an VII et 28 germinal an VIII).

613. ACTES CONTENANT PLUSIEURS DISPOSITIONS. Lorsqu'un acte contient deux dispositions qui ne dérivent pas l'une de l'autre, si on a trop perçu sur l'une, tandis qu'on n'a pas assez perçu sur l'autre, il y a lieu d'établir la compensation, lors même que dans le délai utile il n'a été formé de demande que pour la restitution de ce qui avait été trop perçu sur une disposition, et que la régie n'a pas agi dans ce délai pour réclamer le supplément de droit qui lui était dû sur l'autre disposition (Délib. 27 mars 1827).

612. AMENDES DE CONDAMNATION. Lorsqu'après une condamnation suivie de paiement, il intervient un jugement qui décharge de l'amende acquittée, il y a lieu de restituer cette amende en principal et accessoires, sauf à retenir les frais qui ont été faits légitimement pour en obtenir le recouvrement (Circ. 297).

614. Lorsqu'avant l'ordonnance qui fait remise d'une amende, le condamné l'a payée intégralement, on ne doit lui restituer que la portion de l'amende versée et attribuée au Trésor, parce que l'amnistie ou la remise ne peut atteindre ce qui appartient à des tiers (Déc. min Fin. 18 mars 1830, Rol. 2834).

615. AMENDES DE CONSIGNATION OU FOL-APPEL. L'amende de fol-appel doit être restituée si le Tribunal l'ordonne ou si les parties transigent sur l'appel (Arr. Gouv. 27 nivôse an X et 10 floréal an XI).

616. Pour qu'il y ait lieu à restitution de l'amende de fol-appel, il faut que l'appel soit déclaré bien fondé, de sorte qu'on ne peut prétendre à la restitution au moyen d'un désistement de l'appel (Bruxelles 9 décembre 1806, Sirey 7, 2, 779).

617. Les amendes de consignation sont acquises au Trésor, quand même le pourvoi en Cassation aurait été déclaré désert par péremption, désistement ou autrement; et elles ne sont restituables qu'en vertu d'un arrêt obtenu par la partie qui s'est pourvue en Cassation et qui a réussi dans sa demande. Ainsi décidé :

618. — 1° Relativement à une demande consignée à l'occasion d'un pourvoi par requête civile, laquelle amende a été déclarée non restituable quoique le demandeur se fût désisté de son action pour vice de forme (Sol. 28 mars 1831, Rol. 3352), ou sans en exprimer les motifs, le désistement étant pur et simple (Cass. 24 février 1835, aff. Marc et aff. Leroux-Beaulieu; Sirey 35, 1, 273).

619. — 2° Relativement à un Notaire condamné à des amendes prononcées contre lui par un arrêt dont il n'avait plus d'intérêt à poursuivre l'annulation, ces amendes ayant été déclarées prescrites par la loi du 16 juin 1824 promulguée avant la décision de la Cour sur son pourvoi en Cassation. Ce Notaire a été déclaré non recevable à demander la restitution de l'amende de 150 fr. par lui consignée lors de ce pourvoi parce que l'arrêt de condamnation n'avait pas été annulé (Déc. min. Fin. 22 septembre 1825, Rol. 1253).

[18] DE L'ENREGISTR.—PRINCIPES GÉN. sect. 6. § 3.

620. Cependant, si, en demandant acte de son désistement attendu que son pourvoi devient inutile, le demandeur conclut à la restitution de l'amende, cette restitution doit être ordonnée (Cass. 4 juillet 1825, Rol. 1394).

621. Il en est de même de l'amende consignée dans l'intention de se pourvoir en Cassation ou en requête civile : dans ce cas, l'amende est susceptible de restitution quand le pourvoi n'est pas exercé (Cass. 12 octobre 1808 et 18 octobre 1809, Sirey 15, 1, 72; 20, 1, 459); en tout autre cas, il faut que le jugement ou l'arrêt ait été cassé pour que l'amende soit restituable : cette restitution doit avoir lieu quand même l'arrêt de Cassation ne l'aurait point ordonné (Circ. 1683). V. *sup.* n° 618.

622. La restitution, dans le cas où elle doit avoir lieu, sera effectuée par le préposé qui l'a reçue, entre les mains de la partie ou de l'avoué de la partie au nom de laquelle la consignation aura été faite, sur une copie signée par cet avoué du dispositif du jugement, ou sur la représentation d'une transaction définitive sur l'objet de l'appel, et sur la remise de la quittance (Arr. Gouv. 10 floréal an XI art. 7).

623. BAUX. Lorsque, par suite de la charge imposée au fermier d'acquitter les impôts, le droit a été liquidé sur le prix du bail et un quart en sus, il y a lieu à restitution, si, dans les deux ans de l'enregistrement de l'acte, il est justifié par l'extrait du rôle que la contribution est inférieure au quart ajouté (Délib. 26 février 1830, 19-26 juin 1825, Rol. 4885).

624. CAUSE (FAUSSE). Le droit perçu sur une constitution de rente viagère formant le prix de la cession d'une créance sur l'état, ne peut être restitué, lorsque les conventions des parties reposant sur une fausse cause sont restées sans effet (Déc. min. Fin. 14 septembre 1825, Inst. 1180, § 4).

625. CAUTIONNEMENT. Les droits perçus sur les cautionnements que doivent fournir les surenchérisseurs aux termes de l'art. 2185 du C. civ. ne sont pas restituables lors même qu'ils sont devenus sans effet par suite de l'adjudication tranchée au profit d'un autre que le surenchérisseur (Délib. 22 décembre 1826).

626. Il en est de même du droit perçu sur le cautionnement de représenter un failli à justice, lorsque ce cautionnement est resté sans effet par suite d'un jugement postérieur qui remet le failli à la tête de ses affaires (Sol. 27 septembre 1822, Rol. 3836).

627. Lorsqu'un second cautionnement a été fourni pour sureté de l'exécution du bail d'un octroi ou de la construction d'un pont, le droit perçu sur le premier acte ne peut être restitué, attendu que si ce cautionnement est resté sans effet, ce n'est ni par suite de nullité radicale ni par le fait de l'autorité supérieure, et que le second cautionnement est passible du droit proportionnel comme obligation nouvelle contractée par d'autres que les précédentes cautions (Déc. min. Fin. 3 messidor an X, Inst. 290, § 12, 22 floréal an VII).

628. CESSION DE BREVET D'IMPRIMEUR. Les droits perçus sur les cessions de brevet d'imprimeur sont resti-

tuables quand l'impétrant n'a pas été admis par l'autorité (Délib. 25 mars 1825, Rol. 2079, Cont. 1517).

629. CESSION DE DROITS SUCCESSIFS. Une demande en nullité et un partage postérieur par lequel il n'est attribué que du mobilier au cessionnaire de droits successifs, n'autorisent pas la restitution des droits perçus sur cette cession, parce que le principe posé dans l'art. 883 du C. civ. n'étant que pour le cas d'un partage entre cohéritiers, on ne saurait l'appliquer à celui dans lequel des tiers sont intéressés (Cass. 6 juillet 1825, Inst. 1180, § 2). V. *inf. Licitation*, n° 664, où il sera établi par analogie que le droit ne serait pas restituable sur une cession entre cohéritiers.

630. CESSION D'OFFICE. Les droits perçus sur la cession d'un office sont restituables si le cessionnaire n'a pas été agréé par le Gouvernement, quelque soit le motif du défaut de nomination, parce que la cession ne transmet rien actuellement (Délib. 5 février 1828, 24 août 1832, 13 décembre 1833; Rol. 2079, 3764, 4292). Il en est de même des droits d'inscription, qui constituent, comme ceux d'enregistrement, un impôt qui ne peut être perçu que pour une cause réelle (Délib. du 5 février 1828 précitée).

631. Lorsqu'il est dit dans une cession que l'acte sera considéré comme non avenu, si le cessionnaire n'est pas nommé, le droit proportionnel ne doit pas être actuellement perçu parce qu'il y a une condition suspensive : mais si cependant le droit proportionnel a été perçu, on doit le restituer lorsque par une cause quelconque, la nomination n'a pas eu lieu (Cass. 24 février 1835 et 24 décembre 1838, Rol. 4661, 5698).

632. Il n'y a pas lieu à la restitution du droit perçu sur l'ordonnance de nomination :

1° Lorsque ce droit a été payé par le titulaire d'un office nouvellement créé et qu'avant d'avoir prêté serment, ce titulaire donne sa démission pure et simple (Délib. 14 juillet 1835, Rol. 5815);

2° Quoique l'impétrant n'ait pas prêté serment et que l'ancien titulaire ait été autorisé à continuer l'exercice de ses fonctions, parce que l'ordonnance de nomination est un acte définitif dont l'exécution dépend entièrement du fonctionnaire (Jug. de Paris, 16 mai 1839, Rol. 5812).

633. Cependant la restitution des droit et double droit a été autorisée dans une espèce où un huissier avait été déclaré déchu par une nouvelle ordonnance, par le motif que le Tribunal avait refusé d'admettre cet officier public au serment comme n'ayant pas rempli les conditions de son traité (Délib. 7 octobre 1834, Rol. 4577).

Un huissier ayant été nommé, en remplacement d'un autre précédemment destitué, à la charge de déposer à la caisse des consignations au profit de qui de droit et avant son installation la somme de 20,000 fr. à laquelle le titre avait été arbitré par le Tribunal, et, outre le droit sur le cautionnement, celui de 2 p. 0/0 ayant été perçu sur les 20,000 fr., la restitution en a été ordonnée (Délib. 18-26 septembre 1835, Rol. art. 4814).

634. COMMAND. Le droit proportionnel étant restituable lorsqu'une adjudication faite en justice est annulée par les voies légales (Décr. 22 octobre 1808), on doit faire application de cette disposition du décret à la déclaration de command faite au greffe à la suite de l'adjudication, lors

même que le droit proportionnel aurait été perçu sur cette déclaration faute d'avoir été notifiée dans le délai; en conséquence, le droit doit être restitué lorsqu'une déclaration de l'espèce vient à être annulée par une surenchère, par le motif que le command ne fait qu'un seul et même tout avec l'adjudication primitive et est une partie intégrante de cette adjudication (Délib. 24 avril 1822, Rol. 301). V. *inf. Vente judiciaire*.

635. CONCORDAT. Les droits perçus sur un concordat qui a été annulé judiciairement parce qu'il n'avait pas été consenti et signé par tous les créanciers dans le délai légal, ne sont pas restituables (Délib. 28 juillet 1829, Rol. 2565).

636. CONDAMNATION ALTERNATIVE. La perception faite au taux le plus élevé sur un jugement qui porte deux condamnations alternatives, n'est restituable que dans le cas où il est justifié d'une option en faveur de la condamnation sur laquelle il n'a été perçu aucun droit; d'où il suit que si, au lieu de justifier de cette option, on produit une transaction par laquelle le demandeur aurait renoncé au bénéfice de la condamnation, cette transaction ne peut autoriser la restitution (Délib. 20 février 1827, Rol. 1733).

637. CONDAMNATION ÉVENTUELLE. Le droit perçu sur une condamnation subordonnée à un événement, devient restituable quand, par suite de l'éventualité, la condamnation n'est pas maintenue (Sol. 28 juin 1830, Rol. 3274).

638. CONDAMNATION RÉDUITE. Le droit proportionnel de condamnation perçu sur un jugement par défaut n'est pas susceptible de restitution partielle, par la circonstance que le jugement définitif porterait une moindre condamnation. Toutefois, si le droit proportionnel a été perçu arbitrairement sur le jugement par défaut, la perception est susceptible d'être réduite sur le jugement définitif; ainsi, un jugement par défaut condamne à *parfaire* l'exécution d'un marché pour vente de marchandises, convenu pour 14,000 fr.; sur l'opposition, il est déclaré que la valeur des objets n'excède pas 6,000 fr.; si le droit proportionnel a été exigé sur 14,000 fr., il est restituable pour la différence de 14,000 à 6,000, parce que primitivement le receveur aurait dû exiger la déclaration de la valeur des objets à livrer (Sol. 30 avril 1831, Rol. 3340).

639. CONTRAT DE MARIAGE. Il y a lieu à restitution des droits perçus sur un contrat de mariage non suivi de célébration et sur les dispositions contenues en tout acte postérieur à ce contrat, mais antérieur à la célébration du mariage, en conservant seulement le droit fixe de 5 fr., comme salaire de l'acte de société (Déc. min. Fin 7 juin 1808, Inst. 386, § 29; Sol. 24 septembre 1812; Délib. 27 octobre 1829; Rol. 2275).

640. Il n'est pas nécessaire de représenter un acte de résiliation dans le cas de caducité du contrat de mariage, la preuve de cette caducité résultant suffisamment de la justification du mariage de l'un des époux *avec une autre personne* (Délib. 23 février 1838).

642. Dans le cas de restitution par suite de résiliement de convention, on ne doit l'opérer qu'en justifiant d'un résiliement par *acte authentique* fait entre toutes les parties contractantes sans en excepter aucune, lequel résiliement doit rester annexé à la quittance du receveur (Délib. 22 avril 1822, Sol. 9 juillet 1831, 5 septembre 1832, 11 septembre 1832).

643. La demande en restitution doit être formée dans les deux ans à partir de l'enregistrement du contrat (Loi du 22 frimaire an VII art. 61., Cass. 10 décembre 1838, Rol. 5669).

644. L'annulation de l'acte de célébration du mariage ne peut être considérée comme un événement donnant lieu à la restitution du droit, parce que, en effet, la perception a été rendue définitive et irrévocable au moyen de l'acte de célébration (Cass. 25 mai 1831, aff. Durut).

645. Mais le décès de celui qui a fait donation au profit de la future d'un trousseau et d'une rente viagère payable tant qu'il vivra est un événement ultérieur qui rend restituables les droits perçus sur le contrat de mariage, si ce décès a eu lieu avant la célébration du mariage, parce que, jusqu'à la célébration, les conventions stipulées au contrat de mariage sont soumises à une condition suspensive (Délib. 6 avril 1841, Rol. 6324).

645 *bis*. DONATION. Les droits perçus sur une donation ne sont pas restituables, lors même qu'elle est annulée pour cause de survenance d'enfants, parce que le cas où le donataire subit seulement une chance à laquelle il s'est volontairement exposé ne peut autoriser une exception à l'art. 60 de la loi du 22 frimaire an VII (Délib. 17 juillet 1824, Rol. 1009, Contrôleur 781).

646. Il en est de même d'une donation annulée en justice pour vice de forme; dans ce cas, les droits payés ne sont pas non plus restituables (Cass. 16 juin 1835, Sirey 35, 1, 560).

647. Lorsque le droit proportionnel a été perçu comme pour donation entre personnes non parentes, (la donation ne contenant aucune explication relativement à la parenté entre le donateur et le donataire), et que par acte notarié postérieur les parties font la déclaration du degré de parenté afin de réparer l'omission faite dans la donation, il y a lieu à la restitution de ce qui a été perçu au-delà du droit exigible d'après ce degré de parenté (Jugement des Andelys 2 mai 1837, Rol. 5375).

648. Le droit proportionnel perçu sur la donation d'une rente sur l'Etat, parce que la date de l'inscription n'était pas énoncée dans le contrat, devient restituable dans le délai légal, lorsqu'il est justifié que, lors du contrat, la rente existait réellement et qu'elle appartenait au donateur depuis plus d'un an (Loi 18 juillet 1836 art. 6; Délib. 18 août 1829, Rol. 2645, Délib. 18 mai 1838 art. 5579).

649. DONATION CONDITIONNELLE. Lorsque des père et mère ont constitué une pension à leur fils pour entrer dans la maison du Roi, avec la clause expresse que la donation serait nulle s'il n'obtenait pas son admission dans le corps, le droit acquitté sur l'acte de donation n'est restituable qu'autant qu'il est fait un acte authentique qui annulle l'acte de donation (Délib. 21 octobre 1814).

La donation d'une somme exigible lors de l'établissement du donataire, doit être réputée faite sous condition suspensive; en conséquence elle n'est passible actuellement que d'un droit fixe, et si le droit proportionnel a été perçu il doit être restitué sauf à le percevoir lorsque la condition viendra à se réaliser (Cass. 14 décembre 1840, Sirey 41, 1, 53).

650. DONATION D'OFFICE. Le droit perçu sur l'acte de donation d'un office est restituable, même après le délai de deux ans, s'il est établi que le donataire n'a pas été pourvu de cet office (Délib. 31 janvier 1832, Contrôleur 2406).

651. DOUBLE DROIT. Pour la restitution des doubles droits on suit les mêmes règles que pour la restitution des droits principaux (Sol. 27 juillet 1809).

652. DROITS PRESCRITS. V. *suprà*, n° 482.

653. DROITS ET AMENDES DE TIMBRE. Les droits et l'amende de timbre perçus sur une lettre de change tirée par seconde, troisième ou par duplicata, parce que lors de l'enregistrement on n'a pas représenté la première revêtue du timbre, ne sont pas restituables quand, ultérieurement, on représente cette première sur papier timbré, parce que, autrement, rien ne pourrait prouver que cette première n'a pas été régularisée depuis l'enregistrement (Dél. 5 et 18 janvier 1826. — Déc. min. Fin. 14 janvier 1834, Rol. 1393, 4388). V. *infrà*, n° 665.

654. Une fois que le timbre est apposé sur une feuille de papier, on ne peut en restituer le droit, même pour défaut d'emploi (Déc. min. Fin. 31 juillet 1828, Rol. 2274).

655. Lorsque l'existence de billets non timbrés, mentionnés dans un inventaire, a été reconnue par les parties en sollicitant la remise des amendes auprès du Ministre des Finances, et qu'ensuite elles en ont payé le montant, elles ne sont plus fondées à en former la demande en restitution, sous le prétexte que les contraventions n'auraient pas été fondées (Jug. de Foix 9 mai 1837, Rol. 5581).

656. DROITS DE TRANSCRIPTION, D'INSCRIPTION ET DE RÉDUCTION. V. n°s 630, 699.

656 *bis*. ECHANGE. ERREUR. Quand l'un des immeubles échangés est vendu sur surenchère, l'adjudicataire a le droit d'exiger que la régie lui fasse compte du droit payé sur l'échange (Dél. 28 août 1829).

657. Lorsqu'après l'enregistrement d'un acte d'échange, on prétend que le revenu attribué aux biens a été, par erreur, porté à un taux trop élevé, les parties ne peuvent demander la réduction de la perception (Dél. 26 juillet 1825), surtout quand la demande ne repose que sur de *simples allégations*, d'où il suit que si on rapportait la *preuve légale* de l'erreur, il y aurait lieu à la réduction (Ind. Cass. 4 décembre 1821).

658. Ce dernier point se trouve confirmé par une délibération du 16 avril 1825 (Rol. art 562), qui porte que lorsque, dans une déclaration de mutation par décès, les héritiers ont attribué aux biens de la succession, un revenu supérieur à celui qu'ils produisent réellement, ils sont fondés à demander la rectification de cette déclaration.

659. La régie est fondée à répéter dans les deux ans de la restitution le paiement d'un droit restitué par erreur (Jug. de Toulon 9 mars 1837, Rol. 5224). V. *infrà*, n° 666.

660. HÉRITIER BÉNÉFICIAIRE. Lorsque le colicitant adjudicataire est héritier sous bénéfice d'inventaire, le droit de transcription est dû et ne peut être restitué par suite de la renonciation *ultérieure* de l'adjudicataire au bénéfice d'inventaire et de son acceptation pure et simple de la succession *antérieurement* à l'enregistrement de l'adjudication (Cass. 12 août 1859, Sirey 39, 1, 781).

661. INTÉRÊTS. La régie de l'enregistrement ne doit pas les intérêts des sommes qu'elle est condamnée à restituer (Cass. 6 novembre 1827, aff. Imbault. — 8 août 1836, aff. Moretin; Roll. de V. 3441).

662. JUGEMENT DE PREMIER RESSORT. Le droit perçu sur un jugement contradictoire ou par défaut, rendu en premier ressort, n'est point restituable, quand le jugement vient à être rétracté sur l'opposition ou réformé sur l'appel, parce que le droit dans l'origine a été régulièrement perçu (Cass. 15 novembre 1828, aff. de Combray.— 11 janvier 1836, aff. Charrier.)

663. LETTRE DE CHANGE. Le droit perçu sur une lettre de change présentée à l'enregistrement en même temps que le protêt faute d'acceptation, n'est point restituable sous prétexte que cette lettre n'est assujettie à la formalité que lors de la demande du remboursement et du cautionnement. La partie ne peut s'en prendre qu'à l'huissier des préjudices que lui cause l'ignorance de ses obligations (Dél. 25 février 1819. V. *suprà*, nos 653 et suiv.).

664. LICITATION. L'immeuble adjugé à l'un des colicitants est passible du droit proportionnel sur les parts autres que celles afférentes à ce colicitant dans cet immeuble sans égard à ses droits dans les autres biens. Ce droit n'est pas restituable lorsqu'un réglement ou partage postérieur attribue le prix en tout ou en partie à ce colicitant pour le remplir de ses droits dans la masse des biens. (Cass. 14 novembre 1837; 10, 11 et 26 juin 1839, 12 août 1839, 24 mars et 29 juin 1840).

665. Mais le droit perçu sur la part acquise par un colicitant de ses co-héritiers est restituable lorsqu'il a été justifié au receveur, par un partage postérieur à l'adjudication, que le prix de l'immeuble a été attribué à l'acquéreur colicitant, et que le procès-verbal d'adjudication et le partage ont été présentés *simultanément* à la formalité de l'enregistrement (Cass. 30 janvier 1839).

666. L'adjudicataire colicitant qui a trop payé lors de l'enregistrement du jugement, parce qu'il avait négligé de faire connaître, dans le cahier des charges et par l'adjudication, sa qualité de donataire d'une partie des biens licités, peut réclamer la restitution du droit perçu sur la portion qui lui revenait par suite de la donation, parce qu'il s'agit d'une erreur de fait suffisamment constatée par l'acte préexistant de cette donation, et que, dans ce cas particulier, on ne doit pas appliquer les dispositions de l'art. 60 de la loi du 22 frimaire, qui interdit la restitution de tout droit régulièrement perçu, quels que soient les évènements ultérieurs (Jug. de Paris 12 juillet 1838; Rol. 5577).

667. LIQUIDATION. Lorsqu'une veuve s'est rendue adjudicataire d'un bien de communauté moyennant un prix imputable sur ses droits, et que la perception a été basée sur la portion du prix qui était présumée revenir à ses covendeurs, le droit perçu est restituable, sous la retenue du droit fixe de 5 francs, si ultérieurement il est justifié, par un acte de liquidation contradictoire, que cette acquisition n'a pas suffi pour la remplir (Dél. 14 août 1829). Il n'en serait plus ainsi maintenant à moins que l'acte de liquidation et l'adjudication fussent enregistrés simultanément. V. *suprà*, no 665.

668. MARCHÉS. Les droits proportionnels perçus sur des marchés passés avec le Gouvernement sont restituables, lorsque ces marchés sont annulés par sa volonté (Déc. min. Fin. 8 nivôse an IX). Mais si les marchés sont annulés du consentement de l'adjudicataire, le droit n'est plus restituable (Dél. 9 fructidor an XIII).

669. MUTATION. La loi assujétissant généralement au droit proportionnel tous les jugements portant transmission de propriété ou d'usufruit de biens immeubles, sans aucune distinction entre ceux de ces jugements qui sont susceptibles d'appel et ceux rendus en dernier ressort; il en résulte que le droit ainsi régulièrement perçu ne peut devenir restituable, d'après l'art. 60 de la même loi, par l'évènement ultérieur d'un arrêt qui sur l'opposition ou sur l'appel annullerait ladite mutation, ou par la circonstance que l'actionné aurait satisfait à ses obligations et désintéressé le poursuivant (Cass. 24 thermidor an XIII. — 8 février 1813. — 6 décembre 1820. — 7 novembre 1821. — 19 février 1823. — 14 janvier et 14 juillet 1824. — 11, 17 avril et 2 août 1826; Rouen 11 juin 1835).

670. Ainsi, le droit proportionnel de vente perçu sur un jugement par défaut portant condamnation à passer, dans le jour de la signification, acte de vente de biens immeubles, sinon que le jugement en tiendra lieu, n'est pas restituable lorsque ce jugement est infirmé et annulé sur opposition (Jug. de Metz 2 juillet 1834. — Cass. 19 janvier 1836).

671. De même, le droit perçu sur un jugement contradictoire constatant l'existence d'une vente verbale d'immeubles n'est pas restituable quoique ce jugement ait été infirmé sur l'appel (Cass. 28 avril 1835).

672. Le jugement qui fait passer, sur la tête d'un individu, pour le tout ou partie, une propriété qui résidait sur celle d'un autre, par suite d'un acte enregistré, est passible du droit de mutation, sans qu'il y ait lieu de restituer aucune partie du droit perçu sur l'acquisition première (Cass. 28 janvier 1811. — 6 décembre 1813).

673. PARTAGE PROVISOIRE. Le droit de soulte perçu sur un partage provisoire n'est pas restituable, par le motif que la loi n'admet point de distinction pour la perception du droit entre un partage partiel et provisoire et un partage entier et définitif (Jug. de Paris 5 juillet 1838; Rol. 5568. — Ind. Cass. 14 novembre 1837). V. *suprà* no 664.

674. QUITTANCE. Le droit de quittance perçu sur la disposition d'un jugement qui constate qu'une somme a été payée à l'une des parties, est susceptible d'être restitué si l'on prouve qu'antérieurement le paiement a été fait suivant quittance enregistrée (Sol. 5 novembre 1833; Rol. 4352).

675. REMPLACEMENT. Il n'y a pas lieu à restituer les droits régulièrement perçus sur un traité de remplacement au service militaire, dans le cas où le remplaçant n'a pas été admis (Déc. min. Fin. 4 septembre 1835; Rol. 4915.— Jug. de Vitré 15 juillet 1836; Rol. 5107). Lors même que le cas de non admission a été prévu comme une condition résolutoire du traité (Dél. 2 octobre. — 12 novembre 1838; Rol. 5725).

676. Lorsque dans un acte de remplacement militaire il est stipulé, que si, par le sort ou autrement, la personne à remplacer est dispensée du service, le prix convenu sera réduit à une somme moindre, et que la perception a eu lieu sur la somme la plus élevée, on est fondé à la faire restreindre à la somme la plus faible et à demander la restitution du surplus, en justifiant que l'individu qui devait être remplacé a été déclaré exempt du service (Dél. 30 avril 1823. — 16 février 1827; Rol. 613 et 1797).

677. RENTE. Le droit perçu sur une constitution de rente viagère pour prix de la cession d'une créance sur l'Etat, ne peut être restitué, lors même qu'il serait justifié

que l'acte n'a pas eu d'effet, parce que le cédant n'a pas été reconnu créancier de l'Etat (Déc. min. Fin. 14 septembre 1825. Instr. 1180, § 4).

678. Il en est de même du droit perçu sur une constitution de rente viagère déclarée nulle par le décès de la personne sur la tête de laquelle cette rente était assise, dans les vingt jours de la date du contrat, conformément à l'art. 1975 du C. civ. (Cass. 31 décembre 1823, aff. Lartois. Dél. 27 mai 1828).

678 *bis*. RÉSILIEMENTS PURS ET SIMPLES. Il y a lieu de restituer les droits proportionnels lorsqu'ils ont été perçus sur les résiliements *purs* et *simples* faits par *actes authentiques* dans les vingt-quatre heures des actes résiliés, attendu que lorsqu'ils réunissent les trois conditions ci-dessus, ils ne doivent opérer que le droit fixe de 2 francs (L. 28 avril 1816, art. 45).

679. RÉSOLUTION CONDITIONNELLE. On doit restituer le droit proportionnel perçu sur un jugement portant qu'une vente d'immeubles est résolue, si l'acquéreur ne se libère dans quinzaine :

1° Lorsque celui-ci justifie, dans ce délai, que le vendeur a renoncé au bénéfice de ce jugement (Jug. de Toul, 8 juillet 1820. — Dél. 18 octobre suivant);

2° Lorsqu'il justifie que le paiement du prix a eu lieu avant l'expiration de ce délai (Dél. 19 décembre 1828; Rol. 2405);

3° Si, dans le même délai, il a souscrit une obligation à terme au profit de son vendeur qui l'a acceptée (Déc. min. Fin. 5 novembre 1819. — Dél. 6 novembre 1829; Rol, 2721, control. 1959).

680. Le droit proportionnel de rétrocession perçu sur un jugement par défaut portant condamnation de payer, dans un délai fixe, le prix de la vente, ou résolution du contrat à défaut de satisfaire à cette obligation, est susceptible de restitution si, sur l'opposition, ce jugement est annulé. Le délai de deux ans pour demander cette restitution ne court que du jour du jugement qui maintient la vente (Cass. 25 février 1818).

681. Le droit perçu sur un jugement *par défaut* qui résout une vente d'immeuble à défaut par l'acquéreur de *justifier* du service des rentes assises sur ce bien, est pareillement restituable lorsque sur l'opposition il est justifié que les rentes ont été servies, parce que le jugement n'a point opéré de mutation de propriété sujette au droit (Cass. 22 août 1815).

V. *suprà Jugement* n° 662.—*Mutation*, n°s 669 et suiv.

682. RÉSOLUTION PURE ET SIMPLE. Le jugement qui anéantit purement et simplement un contrat de vente, faute de paiement du prix convenu, est passible du droit de rétrocession, et ce droit n'est pas susceptible de restitution par la circonstance :

1° Que le jugement aurait été infirmé sur l'opposition ou en appel (Cass. 24 thermidor an XIII. — 6 décembre 1820. — 11 avril 1825. — 15 novembre 1828);

2° Que le jugement serait devenu sans effet par le paiement du prix (Cass. 7 mai 1806);

3° Que le vendeur aurait renoncé à se prévaloir du jugement, au moyen d'une délégation qui l'aurait indemnisé (Délib. 18 novembre 1828; Rol. 2461);

4° Et que ce jugement a été modifié par un arrêt qui a sursis à la résiliation pendant un délai dont le détenteur a profité pour se libérer (Cass. 19 février 1823; Sirey 23, 1, 234). V. les n^os^ qui précèdent.

683. SERMENT. Quoi qu'un employé ait prêté deux fois le même serment pour le même grade et la même place, on ne peut restituer aucun des droits perçus (Dél. 30 septembre 1815).

684. Cependant il a été jugé que l'acte de prestation du serment prescrit aux avocats par les décrets des 31 mai 1807 et 6 juillet 1810, n'était passible que du droit fixe de 1 fr. au lieu de 15, si antérieurement l'avocat était déjà entré en fonction et avait prêté un premier serment même avant la révolution (Cass. 17 avril 1816, Sirey 17, 1, 11).

685. SOCIÉTÉ. Les droits perçus sur l'acte constitutif d'une société anonyme sont restituables si la société n'est pas autorisée, parce que cette autorisation étant nécessaire, les actes faits jusque-là sont soumis à une condition suspensive (Dél. 29 août 1834; Rol. 4566). V. *suprà*, n°s 611, 628, 630.

686. TRANSPORT. Si une cession de créance de l'arriéré sur l'Etat est conditionnelle, c.-à-d. subordonnée à la liquidation de la créance et qu'il soit justifié qu'elle a été rejetée définitivement de la liquidation, le droit proportionnel doit être restitué sous la retenue du droit fixe (Dél. 28 janvier 1824).

687. VENTE ANNULÉE FAUTE D'EXÉCUTION. Le droit perçu sur une vente d'immeubles, faite à la charge d'acquitter les dettes hypothécaires grèvant les immeubles vendus, ne peut être répété par l'acquéreur quand il a lui-même donné lieu à la résolution de cette vente à défaut d'en avoir rempli les conditions (Cass. 28 août 1815, aff. Fournier).

688. Le droit de mutation perçu sur un jugement par défaut qui prononce la résolution d'un contrat d'adjudication volontaire d'immeubles pour défaut de paiement des arrérages d'une rente qui en constituait le prix, n'est point restituable, quand même ce jugement viendrait à être réformé sur l'appel et les parties seraient remises au même état qu'avant le jugement sur le motif qu'il est établi et nullement contesté par le vendeur que l'acquéreur ne devait rien au moment des poursuites exercées contre lui (Cass. 7 novembre 1821, aff. Hélie de Combray).

688. VENTE DU MÊME OBJET A DEUX. Il n'y a pas lieu de restituer le droit perçu sur l'un des deux actes de vente du même bien consentis par le même propriétaire, le même jour, quoique l'une des deux ventes ait été annulée judiciairement. (Jug. de Paris 17 août 1807. — Dél. 2 juillet 1817. — 17 mars 1819. — 20 ctobre 1824; Rol. 1055, Cont 810).

689. Mais si le premier acquéreur ratifie la vente consentie au second, celui-ci n'est pas tenu d'acquitter un nouveau droit proportionnel (Dél. préc. de 1824), quand même cette ratification serait faite sous la forme d'une revente, parce que celui qui reste définitivement propriétaire n'a acquis ni payé deux fois le même objet (Dél. 30 juin 1826, Cont. 1177).

690. Si, de deux ventes d'un même objet faites simultanément, l'une d'elles est annulée par des conventions amiables et avec toutes les apparences de la bonne foi, le droit d'enregistrement qu'elle a occasionné est restituable lorsque les deux ventes n'ont été consenties que sous des conditions suspensives, parce qu'au moyen de ces conditions

spéciales, l'une ou l'autre de ces ventes doit être regardée comme n'ayant jamais existé, mais il serait dû 50 c. p. 100 sur l'acte de désistement, s'il contenait promesse ou paiement d'indemnité (Dél. 31 juillet 1824, Cont. 844).

691. VENTE DE LA CHOSE D'AUTRUI. Les droits perçus sur un acte de vente d'immeubles dont partie a été reconnue ne pas appartenir au vendeur, ne sont pas restituables (Délib. 16 octobre 1815).

692. Mais il en est autrement lorsqu'un immeuble vendu en totalité n'appartient que pour moitié au vendeur, et pour l'autre moitié à des tiers dont il promet la ratification dans un délai déterminé : dans ce cas, le défaut de ratification bien établi donne lieu à la restitution du droit perçu sur la moitié dont la transmission ne s'est pas réellement effectuée (Dél. 22 fév. 1826). V. *sup.* l'article 690.

693. Cependant il n'y a pas lieu de restituer le droit proportionnel perçu sur l'une des deux ventes du même bien, consenties à deux personnes différentes, la première, par un tiers se portant fort du propriétaire, la seconde par le propriétaire lui-même, quoique l'une de ces deux ventes ait été ultérieurement annulée par une transaction entre les parties (Cass. 4 février 1839). V. *sup.* n° 690.

694. Le droit proportionnel perçu sur une vente faite à un père au nom de sa fille, n'est pas restituable, lorsqu'à défaut de ratification par celle-ci le premier consent avec le vendeur à la résolution de la vente; mais alors cette résolution ne donne pas ouverture au droit proportionnel (Dél. 14 avril 1829).

695. VENTE CONDITIONNELLE. Lorsque le prix d'une vente a été laissé à l'arbitrage d'un tiers et qu'il refuse de procéder à l'estimation, le droit proportionnel perçu sur le contrat d'après une évaluation provisoire du prix, doit être restitué en totalité, quoique le contrat ait été transcrit au bureau des hypothèques (Dél. 25 oct. 1840). V. *infrà*, n°s 706 et 713.

696. VENTE FRAUDULEUSE. Lorsqu'un acte de vente ou d'échange est le résultat du dol et de la fraude, et que la partie envers laquelle les manœuvres frauduleuses ont été pratiquées n'a payé les droits d'enregistrement de cet acte, dont elle n'a pas fait usage, que comme contrainte et forcée, ces droits sont restituables dans les deux ans qui suivent l'annulation de l'acte en justice, surtout s'il résulte du jugement de condamnation au paiement desdits droits que la perception ne serait que provisoire jusqu'à l'issue du procès existant entre les parties (Jugement de Roanne, 10 mai 1838).

697. VENTE JUDICIAIRE. Tout droit perçu sur une adjudication d'immeubles faite en justice, enregistrable dans les vingt jours et susceptible d'être attaquée par les voies légales, est restituable lorsqu'elle est annulée (Av. Conseil d'État, 22 octobre 1808), et le délai de deux ans ne court que de la date de l'arrêt qui annulle l'adjudication.

698. D'où il suit que le droit n'est pas restituable sur les ventes d'immeubles indivis ou appartenant à des mineurs ou interdits, faites devant un notaire commis par justice, lorsqu'elles sont annulées pour défaut d'accomplissement des formalités prescrites par la loi (Cass. 31 déc. 1839, 21 avril 1841).

699. La restitution dont il est parlé n° 697, doit s'étendre aux droits de transcription et de rédaction : on ne doit retenir que ceux de timbre et d'expédition et les salaires du conservateur pour la transcription, et du greffier pour la rédaction du jugement (Déc. min. Fin. 21 octobre 1806. — Décr. 12 juillet 1808, art. 4).

700. Le droit perçu sur une adjudication ne peut devenir restituable, jusqu'à concurrence, lorsque le prix de la revente sur folle-enchère est inférieur à celui de l'adjudication, parce que le prix porté dans l'adjudication ne doit éprouver aucune variation préjudiciable aux intérêts du fisc, et que d'ailleurs le fol-enchérisseur est tenu par corps de la différence entre son prix et celui de la vente (Cass. 6 fév. 1833).

701. Lorsque le prix d'une adjudication se trouve réduit par la distraction des biens qui avaient été compris à tort dans l'adjudication, le droit perçu sur les sommes dont l'acquéreur se trouve déchargé par suite de cette distraction est susceptible d'être restitué (Déc. min. Fin. 6 juill. 1813).

702. VENTE D'OBJET SAISI. Si l'individu auquel on a dénoncé une saisie immobilière poursuivie contre lui, vend de gré à gré les biens saisis sous la condition expresse que les ventes seront considérées comme non avenues dans le cas où l'expropriation forcée s'effectuerait, le droit proportionnel perçu sur ces mêmes ventes est restituable lorsque l'événement prévu se réalise (Déc. min. Fin. 16 janvier 1822, Cont. 750, Rol. 636).

703. Mais le droit proportionnel n'est point restituable lorsqu'il a été perçu sur une vente volontaire d'immeubles saisis, adjugés depuis à un tiers, et que cette vente avait été faite par la partie saisie après la dénonciation de la saisie (Cass. 17 avril 1833).

704. Lorsque des biens ont été vendus une première fois *volontairement* et qu'ils sont vendus une seconde fois *en justice* par suite d'une saisie immobilière antérieure à la vente volontaire, il y a lieu à la restitution du droit perçu sur la seconde vente si ce sont les individus acquéreurs en premier lieu qui se sont rendus adjudicataires en second lieu, parce qu'il est de principe que la même mutation ne peut donner lieu à deux droits (Dél. 5 septembre 1834).

705. VENTE RADICALEMENT NULLE. Il n'y a pas lieu de restituer le droit proportionnel perçu sur une vente *radicalement nulle*. Le seul effet attaché à la *nullité radicale* par rapport à l'application des droits d'enregistrement a été d'exempter du droit proportionnel de mutation l'arrêt qui, à raison de cette circonstance, a prononcé la résolution de la vente. Ainsi décidé :

1° Relativement à une vente consentie par un mari à sa femme séparée de biens et qui a été annulée pour incapacité du vendeur dont la faillite a remonté au jour de la vente (Cass. 31 décembre 1823, Sirey, 24, 1, 248).

2° Relativement à une vente sous seing-privé dont l'enregistrement avait été ordonné par un arrêt de Cour Royale, et dont l'annulation a été prononcée par le même arrêt, comme ayant le caractère d'une dette de jeu et de pari. (Jugem. de Paris, 12 juillet 1838).

3° Relativement à une vente et à toutes les transmissions qui ont eu lieu successivement, quoiqu'elles soient annulées par jugement, si la perception a plus de deux ans de date (Cass. 24 juillet 1839).

706. VENTE. PRIX PROVISOIRE. GARANTIE DE CONTENANCE. Lorsqu'une vente d'immeubles a été faite pour un prix à déterminer par *tel* expert, et que néanmoins ce prix a été provisoirement fixé dans l'acte pour asseoir

le droit d'enregistrement, le refus de l'expert de procéder à l'estimation, donne lieu à la restitution du droit perçu sur le prix provisoire (Délib. 28 septembre—8 octobre 1840, contraire à une délibération et à une solution des 14 avril 1826 et 5 mai 1832).

707. Lorsqu'une vente porte que le prix sera réduit en cas d'insuffisance de *contenance* déterminée par des experts, le droit perçu sur le montant de la réduction est restituable (Dél. 10 fructidor an XII ; 11 juin 1833), dans les deux ans de la perception (Av. du Com. des Fin. 20 juin 1821 ; déc. min. Fin. 31 déc. 1833, dél. 9 juillet 1833, 11 juin 1834, 16-17 février 1836 ; Rol. 4995).

708. Il en est de même lorsqu'il est stipulé dans un contrat de vente qu'il y aura lieu à réduction du prix pour défaut de mesure, même quand la différence n'excéderait pas un vingtième, parce qu'alors la fixation du prix n'a été que provisoire (Dél. 11 juin 1833).

709. Mais lorsqu'une vente contient la désignation de la contenance et que postérieurement l'acquéreur intente une action contre le vendeur et obtient une diminution de prix pour différence de plus d'un vingtième en moins de la mesure exprimée dans l'acte, il n'y a pas lieu à la restitution du droit proportionnel sur le montant de cette diminution de prix (Dél. 16 décembre 1836).

710. VENTE A RÉMÉRÉ. Le droit perçu sur une vente faite avec faculté de rachat est définitivement acquis au trésor, et l'exercice de la faculté de réméré ne donne pas lieu à la restitution de ce droit (Déc. min. 7 juin 1808, Inst. n° 386, § 40).

711. VENTE A RENTE VIAGÈRE. Il n'y a pas lieu de restituer les droits perçus sur une vente faite moyennant une rente viagère, quoique le vendeur soit décédé dans les vingt jours qui ont suivi l'aliénation, de la maladie dont il était atteint au moment où l'acte a été passé, et que, par suite de ce décès, la vente ait été annulée par jugement (Dél. 27 mai 1828 ; ind. Cass. 31 déc. 1823).

712. VENTE RÉSILIÉE. Le droit perçu sur une vente régulière d'un domaine de l'Etat n'est pas restituable sous le prétexte que le command refuse d'accepter la déclaration passée à son profit et qui est résiliée pour ce motif (Déc. min. Fin. 28 ventôse et 12 fructidor an VII).

Il en serait de même de la vente résiliée par jugement (Dél. 16 août 1833, Rol. 4150). V. nos 662, 702.

713. VENTE RÉSOLUBLE OU CONDITIONNELLE. La clause portant qu'une vente sera résolue dans le cas où l'acquéreur reconnaîtrait qu'on l'a induit en erreur sur la qualité ou la contenance de l'ojet vendu, constitue une condition résolutoire et non suspensive ; par conséquent le droit perçu sur cette vente ne peut être restitué, même en vertu de sa résolution prononcée par justice (Cass. 23 juillet 1833, Sirey 33, 1, 594). V. *sup.*, n° 610.

714. Quoiqu'il soit vrai, en principe général, que toute résolution conditionnelle d'un acte ne puisse donner lieu à une restitution de droits perçus sur cet acte, alors qu'il est obligatoire et susceptible d'exécution au moment même du contrat, il n'en est pas moins vrai aussi que toute stipulation soumise à une condition suspensive qui ne permet aucune exécution avant un événement prévu et incertain, ne contient pas d'obligation actuelle, passible du droit proportionnel d'enregistrement. C'est par ces motifs qu'il a été décidé par les arrêts rapportés *suprà*, n° 631, que le droit proportionnel devait être restitué sur une vente d'office ministériel portant que l'acte serait considéré comme non avenu si le cessionnaire n'était pas nommé. V. *suprà*, n° 687 et *infrà*, n° 716.

715. VENTE SUSPENSIVE. Une obligation conditionnelle ou suspensive n'a point actuellement son effet. Elle ne devient parfaite que par l'accomplissement de la condition dont elle dépend, et c'est seulement alors qu'elle est passible du droit proportionnel. Elle ne doit, au moment où elle reçoit la formalité, que le droit fixe de 1 fr. (Dél. 30 décembre 1823, Rol. 774, Cont. 674). Ainsi décidé :

1° Relativement à une vente faite à une personne agissant tant pour elle que pour d'autres acquéreurs, et sous la condition que le défaut de ratification par ceux-ci dans un délai déterminé emporterait la nullité de la vente (Dél. 12 juillet ; 25 août 1836 ; Rol. 5200).

2° Relativement à la vente faite par un co-propriétaire, de la totalité d'un immeuble, tant en son nom que comme mandataire des autres co-propriétaires, et qui, à défaut de pouvoir suffisant de la part de ces derniers, déclare et stipule que l'acquéreur poursuivra la licitation de l'immeuble et s'en rendra adjudicataire et que, quelque soit le résultat de l'adjudication, le prix, pour la part du stipulant, sera fixé à *telle* somme. Dans ce cas, le droit proportionnel n'est exigible que sur la portion aliénée immédiatement, et il doit être restitué sur les autres portions (Cass. 13 juin 1827 ; Cont. 1400 ; Rol. 1836).

3° Relativement à une vente dans laquelle il est stipulé qu'elle n'opérera transmission qu'autant que l'adjudicataire satisfera, dans un délai déterminé, à des conditions qui lui sont imposées ; dès lors, on ne peut considérer comme rétrocession passible du droit proportionnel l'acte par lequel l'adjudicataire, qui n'a pas rempli ses engagements, se désiste du bénéfice de l'adjudication (Cass. 8 juillet 1822). V. *inf.*, n° 716.

4° Relativement à la vente consentie au profit d'une commune pour recevoir son exécution aussitôt qu'elle aura été autorisée à acquérir (Dél. 2 mai 1828 ; Cont. 1614 ; Jug. de Lyon, 23 mai 1841 ; Rol. 5269).

716. Mais la condition insérée dans une adjudication d'immeubles, qu'elle n'opérera transmission de propriété qu'autant que les droits d'enregistrement et les autres frais auront été consignés dans les 24 *heures* entre les mains du Notaire, est une *condition résolutoire et non suspensive*, et, quoique le vendeur ait déclaré qu'à défaut par l'adjudicataire d'avoir fait cette consignation, *la vente est nulle et non avenue*, le droit proportionnel est exigible sur le prix de l'adjudication et n'est pas restituable (Cass. 26 juill. 1838 ; Rol. 5642).

716 *bis*. VENTE SOUS CONDITION POTESTATIVE. Il y a lieu à la restitution du droit proportionnel perçu sur une vente faite sous condition potestative parce qu'alors elle ne constitue qu'un projet (Cass. 4 février 1839) ; mais ce droit devient exigible lors de l'accomplissement de la condition (Jug. de Colmar, 9 mars 1836 ; Rol. 5128).

717. VENTE VERBALE. Lorsqu'un Tribunal reconnaît qu'une vente verbale a existé entre les parties et qu'elle a même reçu un commencement d'exécution, la régie est autorisée à percevoir sur ce jugement le droit proportionnel de vente, et elle ne peut être condamnée à le restituer sous prétexte que les parties ne s'étant point accordées sur les conditions et le mode de paiement, la résolution de la

vente a été ultérieurement prononcée par jugement rendu de leur consentement réciproque (Cass. 14 janvier 1824).

718. Il n'y a pas lieu non plus à restitution du droit perçu sur un jugement de première instance qui reconnaît l'existence d'une vente verbale, encore que sur l'appel il soit déclaré qu'il n'y a jamais eu qu'un simple projet de vente, et qu'en conséquence le jugement de première instance soit réformé (Cass. 14 juillet 1824, 28 avril 1835).

719. VENTE VOLONTAIRE. L'annulation d'un contrat de vente prononcée par *jugement*, parce que le même bien aurait été aliéné antérieurement par le même vendeur ou son fondé de pouvoir à une autre personne, ne rend pas restituable le droit d'enregistrement perçu sur ce second contrat, d'abord parce que l'avis du Conseil d'Etat du 22 octobre 1808 ne s'applique qu'aux adjudications faites en justice (V. *suprà*, nos 697 et suiv.), et ensuite parce que les motifs d'impossibilité de frauder qui servent de base à cet avis, ne se rencontrent pas dans l'espèce d'une vente volontaire (Cass. 2 février 1809, 12 février 1822).

Art. 2. Qui a le droit de former une demande en restitution et d'en recevoir le montant.

720. Les Notaires étant les débiteurs personnels des droits ont, par cette raison, action et qualité pour répéter vis-à-vis de l'administration les sommes indument perçues sur leurs actes (Cass. 5 février 1810 et 1er mars 1825; Cont. 862; Rol. 1141), sans être tenus de prouver qu'ils ont payé ces sommes de leurs deniers et qu'ils n'en ont point été remboursés (Jug. de la Seine, 12 juillet 1829; Cont. 2331; Rol. 3400).

Par suite de cette jurisprudence, le Ministre des Finances a décidé le 5 juillet 1830, que les restitutions peuvent indistinctement être ordonnancées au profit soit des Notaires, soit des parties. Toutefois, pour prévenir tout abus de nature à compromettre les intérêts respectifs des parties et des Notaires, le Ministre a prescrit que les directeurs devront informer simultanément les uns et les autres des restitutions ordonnées et qu'ils devront certifier sur le mandat que cette double recommandation a été observée (Instr. 1328; Circ. 28 déc. 1830, n° 18; Rol. 3142).

721. Quoiqu'un Notaire ait cessé ses fonctions, il peut demander la restitution d'un droit indument perçu sur un acte passé devant lui (Dél. 6 mai et 13 juin 1833; Contrôl. 2685, Rol. 4103).

722. La régie n'ayant plus d'action contre le Notaire dès que celui-ci a payé le droit d'enregistrement mentionné sur l'acte, s'il arrive qu'une demande en restitution de droits perçus sur plusieurs actes soit formée judiciairement par un Notaire et qu'il soit reconnu au cours de l'instance qu'au lieu d'une restitution à opérer sur l'un des actes, c'est un supplément de droits qui est exigible; la régie n'est pas fondée à prétendre que ce supplément doit être compensé jusqu'à due concurrence avec les sommes qu'elle est tenue de restituer sur les autres actes; en conséquence, le montant intégral de ces sommes perçues en trop sur divers actes, doit être restitué au Notaire, sauf à la régie à s'adresser directement aux parties pour le supplément de droits auxquels l'un des actes peut donner ouverture (Jug. de Rouen, 19 janvier 1837; Roll. de V. 3584).

723. La partie qui a le droit de toucher le montant d'une restitution peut se faire représenter par un tiers muni d'une procuration, pourvu, si elle est sous seing-privé, que la signature du constituant soit légalisée par le juge de paix du canton de son domicile (Sol. 3 février 1818).

724. Il y a présomption suffisante que des restitutions autorisées sur la demande des parties ont été effectuées par le receveur, lorsque leur montant est compris dans la comptabilité de ce préposé depuis plusieurs années et que les parties n'ont pas réclamé de nouveau (Ord. 18 mars 1818).

725. Lorsque, pour opérer une restitution, on change la relation mise sur la minute de l'acte auquel se rapporte cette restitution et qu'une expédition déjà délivrée ne fait pas mention de la rectification, c'est au Notaire ou à ses héritiers s'il est décédé, ainsi qu'au receveur qui ne s'est pas conformé aux ordres de la régie, à effectuer la restitution à la partie (Déc. min. Fin. 4 juillet 1817).

726. Les quittances de restitution de droits d'enregistrement sont exemptes du timbre (Déc. min. Fin. 16 août 1808, Inst. n° 397).

727. Lorsqu'une demande en restitution de droits indument perçus est faite par voie de réclamation administrative et qu'elle est accueillie, il n'y a pas lieu de rembourser au réclamant le droit de timbre de sa pétition (Déc. min. Fin. 30 mars et 25 juillet 1821).

728. La demande en restitution de droits perçus sur un acte sous seing-privé ne peut être faite que par les contractants (Jug. de la Seine 31 mai 1838; Rol. 5640).

Art. 3. De la forme de la demande en restitution.— Compétence.

729. La demande en restitution de droits indument perçus peut se faire de deux manières, *administrativement* ou *en justice*.

730. ADMINISTRATIVEMENT. Elle doit être adressée au directeur-général de l'administration de l'enregistrement par une pétition sur papier *timbré*, accompagnée d'un double sur papier *libre*. Cette pétition est remise au receveur qui a fait la perception, lequel la fait parvenir au directeur du département et celui-ci la transmet à l'administration (Inst. gén. n° 1226).

Ou bien, le Notaire, dans le but d'interrompre la prescription, fait signifier à la régie par acte extrajudiciaire qu'il entend se pourvoir en restitution des droits indument perçus sur *tels* actes par lui reçus, en indiquant les sommes dont il demande la restitution et les clauses qui ont donné lieu à la perception. Cependant on ne peut refuser à une signification qui n'indiquerait ni les sommes ni les clauses l'effet d'interrompre la prescription (Jug. de la Seine 21 avril 1830). V. *inf. Prescription*.

731. EN JUSTICE. Les demandes en restitution peuvent être également formées par une assignation devant le Tribunal dans l'arrondissement duquel est situé le bureau où le droit réclamé a été perçu (V. *sup.* nos 532, 606).

732. Une demande en restitution de droits perçus dans l'un des départements détachés de la France à l'époque de la demande, ayant été formée devant le Tribunal de la Seine, la Cour suprême a établi que, pour la restitution d'un droit indument perçu, on ne pouvait s'adresser qu'à l'administration qui en a fait faire la perception au profit du Gouvernement, que le Tribunal de la Seine avait été régulièrement saisi; l'administration n'en ayant pas d'ailleurs décliné la juridiction (Cass. 5 décembre 1815).

733 Le Tribunal saisi d'une demande en restitution d'un

droit perçu sur une cession de réméré ne peut retenir une seconde action en restitution d'un droit perçu dans un autre arrondissement sur l'exercice de ce réméré (Cass. 21 février 1831).

Art. 4. Du délai pour former une demande en restitution.

734. Toute demande en restitution doit être faite dans le délai de *deux ans*, à compter du jour de l'enregistrement de l'acte (Loi 22 frimaire an VII art. 61).

735. Le jour *à quo*, c. à. d. celui où un acte a été soumis à la formalité de l'enregistrement doit être compté dans le délai de deux années fixé pour la demande en restitution des droits. Ainsi, lorsque l'enregistrement a eu lieu le 20 décembre 1825, la demande en restitution est formée tardivement le 20 décembre 1827 (Cass. 1er août 1831, aff. Auger).

736. Lorsque la formalité a été donnée en *débet* et les droits postérieurement acquittés, la demande en restitution est valablement faite dans le délai de deux ans à partir du jour du *paiement des droits*, si le montant de ces droits n'avait pas été indiqué dans l'enregistrement en débet (Cass. 26 avril 1836, aff. duc d'Orléans). V. *sup.* n° 735.

737. La demande en restitution d'un supplément de droit mal-à-propos exigé peut être valablement formée dans le délai de deux ans à partir de l'enregistrement en recette de ce supplément (Délib. 9-25 mai 1837, Rol. 5272).

738. Aucune restitution de droits d'enregistrement ne peut être effectuée après le délai de deux ans, si la prescription n'a été interrompue par une *demande signifiée et enregistrée* avant l'expiration de ce délai. Sont en conséquence abrogées comme contraires à l'art. 61 de la loi de frimaire, les décisions antérieures qui portaient que la prescription de deux ans pouvait être valablement interrompue par une *réclamation administrative*, lorsque cette réclamation avait été enregistrée soit au secrétariat du ministère des Finances, soit à celui de l'administration de l'enregistrement, soit enfin dans une case particulière d'un des registres de perception du bureau (C. civ. 2247, Cass. 14 janvier 1836, Sirey 36, 1. 94 ; Déc. min. Fin. 8 novembre 1836). V. *inf.* nos 841 et suiv.

Art. 5. Qui a le droit d'ordonner les restitutions. — Effets des ordonnances.

739. Les inspecteurs et vérificateurs peuvent, de leur autorité, ordonner une restitution lorsque la perception est évidemment *contraire à la loi* et quand il y a *erreur de fait* dans la liquidation, pourvu que la prescription ne soit pas acquise (Art. 148 et 190 des ord. gén.).

740. Hors les cas dont il vient d'être parlé, une restitution de droits ne peut être ordonnée que par justice ou être autorisée par une décision ministérielle ou par une solution de l'administration.

741. Toute restitution de droits indûment perçus, autorisée par une décision ministérielle ou par une solution de l'administration, d'après une demande faite dans les deux ans qui ont suivi la perception, doit être réalisée et effectuée *avant* comme *après* l'expiration de ce délai, parce que cette décision ou solution a l'effet d'une reconnaissance ou d'un titre de créance non sujette à prescription pendant 30 ans, au profit du Notaire ou de la partie qui l'a obtenue (Déc. min. Fin. 22 juin 1821, Délib. 22 juin 1825).

On doit attacher cet effet à la lettre d'un directeur qui ordonne, dans le délai légal, la restitution d'un droit indûment perçu. Cette lettre étant interruptive de la prescription, la partie peut en réclamer l'exécution pendant 30 ans (Sol. 22 décembre 1832, Roll. de V. 1963).

§ 4. *De la prescription des droits.*

Dispositions générales.

742. Comme il est de principe que les lois générales n'abrogent point les lois spéciales, sans une disposition expresse, il en résulte que l'art. 2281 du C. civ. d'après lequel les prescriptions commencées se règlent par les lois anciennes n'est point, en général, applicable aux prescriptions qui sont l'objet d'une loi spéciale ; par exemple, à la prescription de 5 ans en matière de droit de succession (Cass. 30 novembre 1813, Sirey 14, 1. 75).

743. L'application de l'art. 2281 (lorsqu'il ne s'agit point d'une matière réglée par une loi spéciale) doit avoir lieu, même au cas où depuis la loi nouvelle il s'est écoulé un temps suffisant pour prescrire. Par exemple, la prescription de 5 ans, établie en matière de loyers et fermages par l'art. 2277 du C. civ. ne s'applique point aux loyers et fermages échus avant le Code, encore qu'ils n'aient été réclamés que plus de 5 ans après la publication du Code (Cass. 21 décembre 1812, 28 décembre 1813 ; Sirey 13, 1, 182 — 14, 1, 92).

744. La prescription équivaut à paiement. Ainsi, lorsqu'une donation actuelle a été considérée comme ne devant opérer un dessaisissement qu'au décès du donateur, et que par suite de cette erreur, elle a été enregistrée moyennant un droit fixe, le droit proportionnel ne peut être exigé à l'époque de la mort du donateur (Délib. 5 mai 1824, Contrôleur 700, Rol. 875).

745. La réserve faite, lors du paiement, de former demande en restitution de la somme, n'ajoute pas au delai de la prescription, laquelle court comme s'il n'y avait pas eu de réserve (Cass. 21 avril 1806).

746. Cependant la prescription est interrompue par les réserves faites, lors d'une perception provisoire, pour le droit à percevoir dès que les valeurs seront connues, ainsi que par les contraintes signifiées par suite de ces réserves : mais une demande est toujours nécessaire (Cass. 7 novembre 1821, Délib. 28 août 1822).

747. On peut renoncer à la prescription acquise, mais on ne peut renoncer d'avance à une prescription qui ne l'est pas (C. civ. 2220). Il résulte par conséquent de la première de ces dispositions 1° que l'acte par lequel un individu renoncerait à se prévaloir de la prescription à l'égard de la demande d'un droit supplémentaire sur un acte enregistré plus de deux ans auparavant serait valable, la prescription étant acquise (Délib. 16 juillet 1825, Rol. 628).

2° Et que, quoique prescrites, des amendes de contraventions aux lois sur l'enregistrement peuvent néanmoins être répétées parce qu'elles forment une obligation civile de la part des contrevenants, de sorte que le paiement qui en est effectué ne peut être regardé que comme une renonciation au bénéfice de la prescription (Cass. 20 décembre 1814). V. *sup.* n° 482.

748. La prescription n'étant pas un moyen de forme, il en résulte qu'on peut l'invoquer même après une défense au fond (Cass. 5 juin 1810).

749. Les prescriptions étant de droit étroit ne doivent être appliquées qu'en vertu d'une loi, de sorte qu'en l'absence de toute disposition spéciale on rentre dans la règle générale, c. à. d. dans la prescription de trente ans applicable à tous les cas non prévus par des lois spéciales.

750. Il y a prescription pour la demande des droits d'enregistrement après *deux* années, à compter du jour de l'enregistrement (V. *inf.* n° 800) aux termes de l'art. 61-1° de la loi du 22 frimaire an VII.

1° Pour tout droit non perçu sur une disposition particulière dans un acte ;

2° Pour tout supplément de perception insuffisamment faite;

3° Pour toute fausse évaluation faite dans une déclaration et pour la constater par voie d'expertise;

4° Et pour toute demande en restitution de droits indûment perçus. V. *inf.* n° 753.

751. Cette prescription de deux ans s'applique aussi, tant aux amendes de contravention aux dispositions de la loi du 22 frimaire an VII, qu'aux amendes pour contravention aux lois sur le timbre et sur les ventes de meubles. Elle court du jour où les préposés ont été mis à portée de constater les contraventions, au vu de chaque acte soumis à l'enregistrement, ou du jour de la présentation des répertoires à leur *visa*. Dans tous les cas, la prescription pour le recouvrement des droits simples d'enregistrement et des droits de timbre qui auraient été dus indépendamment des amendes, reste réglée par les lois existantes (Loi 16 juin 1824, art. 14).

752. L'action pour faire condamner aux amendes est prescrite après deux ans, à compter du jour où les contraventions ont été commises, dans les cas déterminés :

1° Par l'art. 1 de la loi du 16 floréal an IV, concernant le dépôt des répertoires;

2° Par l'art. 37 de la loi du 1er brumaire an VII, pour la mention à faire des patentes;

3° Par la loi du 25 ventôse an XI, contenant organisation du notariat ;

4° Par l'art. 68 du C. de comm. pour la publication des contrats de mariage des commerçants (*idem*).

Art. 1er. De la prescription des droits des actes publics.

753. La prescription de deux ans, dont il est parlé *sup.* n° 750 et suiv., ne s'applique point au cas où l'administration réclame des droits à raison d'actes *qui n'ont jamais été soumis à l'enregistrement*. C'est alors la prescription trentenaire qui devient applicable (Cass. 31 août 1808, Sirey 7, 2, 973; 16 juin 1828 ; Déc. min. Fin. 8 prairial an IX).

754. C'est aussi par trente ans à compter de la date du jugement que se prescrivent les droits et doubles droits d'un jugement portant résolution d'une vente d'immeubles pour défaut de paiement de partie du prix (Cass. 10 août 1807, 25 avril 1808, 14 mai 1816), quand même le jugement aurait été porté sur le répertoire, car, il faut pour pouvoir invoquer la prescription de deux ans que les préposés aient été mis à portée de constater les contraventions au vu de chaque acte soumis à l'enregistrement (Loi 16 juin 1824 art. 14). V. *inf.* n° 789.

755. Lorsque, sur un acte assujetti au droit proportionnel, il n'a été perçu que le droit fixe d'enregistrement, par le motif qu'il était sujet à ratification, on ne peut réclamer ce droit proportionnel plus de deux ans après qu'il a reçu

la formalité, parce que l'obligation de faire ratifier ne constitue pas une obligation suspensive et qu'ainsi la prescription a commencé à courir à la date du premier acte (Déc. min. Fin. 9 janvier 1822, Rol. 629). V. *sup.* n° 715-1°.

756. Les droits d'enregistrement des testaments, qui doivent être acquittés dans les trois mois du décès des testateurs, peuvent être réclamés pendant trente ans à compter de ce décès (Lett. min. Fin. 8 prairial an IX, Circ. 21 prairial an IX, n° 2013, Sirey 1, 2, 566).

Art. 2. De la prescription des droits des actes sous seing-privé ou passés en pays étranger.

757. La prescription de deux ans est applicable aux actes s. s. p. comme aux actes publics. V. *sup.* nos 750-751. Mais il faut distinguer si ces actes ont été soumis ou non à l'enregistrement.

758. Lorsqu'ils y ont été soumis, c'est la prescription de deux ans qu'il faut appliquer aux erreurs ou insuffisances de perception. V. *sup.* n° 750-1°-2°-3°-4°.

759. Lorsqu'ils n'y ont pas été soumis, il y a deux choses à considérer : *l'amende* ou le double droit et le *droit simple*. L'amende est prescrite deux ans après que les préposés ont été mis à portée de constater les contraventions au vu de chaque acte soumis à l'enregistrement. Quant au droit simple, il est prescriptible de la manière réglée par les lois existantes, c. à. d. par 30 ans. V. *sup.* n° 751.

760. Ainsi, il est de principe que les actions concernant les droits résultant des ventes d'immeubles s. s. p., non enregistrées, ou des mutations verbales sont soumises à la prescription de trente ans à compter du jour où ces actes ont acquis une date certaine par le décès de l'une des parties contractantes (Cass. 18 mars 1806, 22 décembre suiv., 12 octobre 1808, 17 mai suiv., 28 août 1816).

761. Cela résulte, au surplus, de la disposition de l'art. 62 de la loi du 22 frimaire an VII, qui porte que la date des actes s. s. p. ne pourra être opposée à l'état pour la prescription des droits et peines encourues, à moins que ces actes n'aient acquis une date certaine par le décès de l'une des parties ou autrement.

762. Ainsi, le seul fait de la possession trentenaire d'un immeuble ne suffit pas pour opposer la prescription à la demande du droit de mutation, si l'acte de mutation n'a pas de date certaine (Cass. 28 août 1809, 2 février 1831 et 23 mai 1832 ; Rol. 3126, 3711).

763. Pour la fixité de la date, il faut se renfermer dans les dispositions de l'art. 1328 du C. civ. qui énumère les trois circonstances propres à assurer cette fixité ; les mots *ou autrement* employés dans la loi de frimaire (V. *sup.* n° 761) n'indiquant aucun autre cas que ceux exprimés dans l'art. 1328 du C. civ., de sorte que la possession constante dont ont été accompagnés les actes, le caractère de vétusté de l'écriture, de l'encre et du papier, le timbre de la république, la nature et les clauses de l'acte, l'empreinte de l'époque du papier monnaie, ne sont pas des circonstances qui puissent aux yeux de la loi imprimer le caractère de certitude légale à la date qu'ils énoncent, ni autoriser les parties à opposer à la régie la prescription de 30 ans (Cass. 17 août 1831 ; Roll. 3404). V. *infrà*, n° 765.

764. Et, lorsqu'une de ces circonstances existe, par

exemple, celle du décès depuis plus de 30 ans, l'acte sous seing-privé non enregistré, mais ayant acquis date certaine, peut être déposé en l'étude d'un Notaire sans être sujet à aucun droit d'enregistrement. L'acte de dépôt seul doit être soumis à la formalité (Jug. d'Evreux 8 juin 1839; Roll. de V. 4444). Mais ce jugement est contraire à une délib. de la régie du 3 février 1833 et à un jugement de Laon du 6 avril 1840 (Rol. 4653 et 5993), qui portent qu'un acte s. s. p. est passible du droit fixe ou proportionnel suivant sa nature, quand il est soumis à la formalité de l'enregistrement, quoique cet acte ait acquis date certaine depuis plus de 30 ans. (V. la note 42, v° dépôt, *sup.* n°s 760 et 763 et *inf.* n° 766).

765. L'action en paiement du droit à raison d'une mutation tenue secrète peut se prescrire par 30 ans à compter du jour où l'acquéreur a pris possession des biens et a été inscrit au rôle de la contribution foncière, encore bien que la régie n'ait point été mise à portée, par la présentation d'actes soumis à l'enregistrement, de connaître la mutation (Cass. 24 juillet 1833; Sirey 33, 1, 534). V. *infrà*, n° 823.

766. Lorsque l'on produit en justice des actes dont les droits sont prescrits, cette production ne fait pas revivre l'action en paiement de ces droits. — L'effet de la prescription est d'affranchir à toujours (par extinction d'action) des droits auxquels les actes auraient été originairement soumis. — En ce cas, il ne peut être perçu qu'un simple droit fixe d'un franc (Cass. 24 juin 1828; Sirey 28, 1, 333, Contrôl. 1627; Rol. 2199).

767. Cependant il a été décidé que la mention faite depuis plus de deux ans dans un acte enregistré, d'un acte s. s. p. non soumis à la formalité, n'empêche pas que les droits de cet acte ne puissent être réclamés en vertu d'une mention ultérieure faite dans d'autres actes et non encore couverte par la prescription biennale (Jug. de la Seine, 30 juin 1824; délib. 3 février 1833; déc. min. Fin. 13 janvier 1826; jug. de Laon 6 avril 1840; Contrôl. 2583; — Rol. 3897, 4653, 5993).

768. Lorsqu'un droit de mutation est dû par suite de convention verbale ou d'acte s. s. p., la prescription du droit ne court ni du jour de l'acte, ni du jour de la mise en possession : elle court seulement du jour où la mutation a été connue de l'administration (Cass. 26 août 1807, Sirey 8, 1, 394). Cette connaissance ne peut résulter de ce que l'acquéreur aurait pris la qualité de propriétaire dans un acte enregistré plus de deux ans avant les poursuites dirigées contre lui (Cass. 13 mai 1840), ou de ce qu'il aurait hypothéqué un immeuble sans indiquer le titre de propriété (Jug. de Villeneuve-d'Agen, 5 août 1833; Rol. 4940). V. *infrà*, n° 814.

769. Les actes authentiques passés dans les colonies avant la loi du 19 décembre 1790 et contenant transmission d'immeubles situés en France, ne peuvent être déposés chez un Notaire avant d'avoir été enregistrés : à défaut de cette formalité préalable, la prescription pour la demande du droit proportionnel résultant de la mutation, court à partir de l'enregistrement de l'acte de dépôt et non à compter de la date du contrat de vente (Cass. 14 août 1813). V. *suprà*, n°s 27 et suivants.

770. Lorsque les droits auxquels sont sujets des actes passés en pays étrangers ont été perçus sur un jugement qui relate ces actes, on peut ensuite les mentionner dans un acte notarié, sans qu'ils donnent ouverture à aucune perception et sans qu'il y ait contravention à l'art. 42 de la loi du 22 frimaire an VII (Délib. 27 août 1825, Contrôl. 997; Rol. 1260). V. *suprà*, n°s 27 et suivants.

Art. 3. De la prescription des amendes.

771. Il y a deux sortes d'amendes : les amendes de *condamnation* et les amendes de *contravention*.

772. AMENDES DE CONDAMNATION. Sous ce titre on comprend les amendes en matière criminelle, correctionnelle et de police, en matière civile et forestière.

773. Les amendes en matière *criminelle* se prescrivent par *vingt* ans à compter de la date des jugements ou arrêts (C. d'inst. crim. 635).

774. Les amendes de police *correctionnelle* se prescrivent par *cinq* ans à compter de la date de l'arrêt ou du jugement rendu en dernier ressort, ou bien à compter du jour où les jugements ne peuvent plus être attaqués par la voie de l'appel (*idem* 636).

775. Les amendes de simple police se prescrivent par deux ans à compter du jour de l'arrêt, et pour les peines prononcées par jugements à compter du jour où ils ne peuvent plus être attaqués par la voie de l'appel (*idem* 639).

776. Les amendes en matière *civile*, prononcées par les tribunaux civils, telles que les amendes de non-comparution au bureau de paix, se prescrivent par 30 ans (Cass. 11 novembre 1816).

777. Les amendes pour délits *forestiers* se prescrivaient par dix ans suivant l'ordonnance de 1669, mais à présent elles se prescrivent par cinq ans (C. forestier 187; C. inst. crim. 636).

778. AMENDES DE CONTRAVENTION. En général, ces amendes se prescrivent par *deux ans* suivant les règles que nous allons faire connaître :

779. ENREGISTREMENT. Toutes les fois que les receveurs de l'enregistrement sont à portée de découvrir, par des actes présentés à la formalité, des contraventions aux lois des 22 frimaire et 22 pluviôse an VII sujettes à l'amende, ils doivent, dans les deux ans de la formalité donnée à l'acte, exercer des poursuites pour le recouvrement de l'amende, à peine de prescription (Av. Cons. d'Et., 22 août 1810). V. note 44, § 9.

780. La loi du 16 juin 1824, art. 14, contient une disposition qui n'a fait que confirmer celle qui précède et qui est rapportée *suprà* n° 751.

781. Nous verrons ci-après n°s 810 et suivants en quels cas les préposés de la régie sont mis à portée de constater les contraventions.

782. Le défaut de mention dans les expéditions de la quittance des droits perçus sur la minute étant passible d'une amende de 10 fr. (5 fr.) par l'art 44 de la loi du 22 frimaire an VII, on doit, à ce cas, faire application de la prescription de 2 ans, laquelle court du jour où la contravention a été légalement connue. V. *suprà*, n°s 751, 779.

783. NOTARIAT, RÉPERTOIRE, PATENTES, CONTRATS DE MARIAGE. Avant la loi du 16 juin 1824, les amendes de notariat, etc., ne pouvant être exigées qu'en vertu d'un jugement, avaient été déclarées sujettes à la prescription de 30 ans (Cass. 30 juin 1814, 5 et 10 décembre

1821, 24 juin 1822; Rol. 411). Mais depuis cette loi on doit faire application de la prescription de deux ans qui court du jour où les contraventions ont été *commises*. V. *suprà*, n° 732 et note 44, § 9.

784. SYSTÈME-DÉCIMAL. Les amendes encourues par les officiers publics et les particuliers, pour contravention aux lois des 1er vendémiaire an IX et 4 juillet 1837, qui prescrivent d'exprimer, en mesures métriques, toutes les quantités qui sont énoncées dans les actes, à peine d'une amende de 20 francs contre les officiers publics et d'une amende de 10 francs contre les autres contrevenants, se prescrivent en général par 30 ans (Déc. min. Fin. 26 avril 1826). Mais à l'égard des Notaires la prescription est de 2 ans, parce qu'ils sont régis par l'art 17 de la loi du 25 ventôse an XI. (V. *suprà* n° 732-3°) Le recouvrement de ces amendes se fait à l'égard des officiers publics par voie de contrainte (Art. 5 de la loi du 4 juillet 1837).

785. TIMBRE. Les amendes de timbre se prescrivent par *deux ans*, à compter du jour où les préposés ont été mis à portée de constater les contraventions par des actes soumis à l'enregistrement (V. *suprà*, n° 751) et non à compter du jour où ils auraient pu les découvrir par des vérifications (Cass. 11 nov. 1834; Rol. 4645).V. *inf.*, n° 801.

786. D'où il résulte que la prescription est de 30 ans quand aucune disposition législative n'a réglé le temps d'une prescription particulière, parce qu'alors on rentre dans le droit commun, si les préposés n'ont pas été mis à portée de constater la contravention (V. n° 751). Déc. min. Fin. 7 mars 1826, Inst. 1189, § 10.

787. La prescription est aussi de 2 ans ou de 30 ans relativement aux *droits* de timbre. Il y a même raison de décider que pour les *amendes* (Déc. min. Fin. 12 septembre 1825, *idem*). V. *suprà*, nos 751, 785 er 786.

788. VENTES DE MEUBLES. Les amendes pour contraventions à la loi sur les ventes de meubles se prescrivent par 2 ans à compter du jour où les préposés auront été *mis à portée* de constater les contraventions (V. *suprà*, n° 751). Cette prescription est de 30 ans quand ils n'ont pas été mis à même de constater ces contraventions (V. *suprà*, n° 786).

V. pour la constatation et poursuite des contraventions la note 44.

Art. 4. De la prescription des demandes de suppléments de droits.

789. Il y a prescription pour la demande des droits après *deux années* à compter du jour de l'enregistrement, s'il s'agit d'un droit non perçu sur une disposition particulière dans un acte, ou d'un supplément de perception insuffisamment faite, ou d'une fausse évaluation dans une déclaration et pour la constater par voie d'expertise (Art. 61 de la loi du 22 frimaire an VII).

790. Ce délai, pour l'expertise, est applicable à la fausse évaluation du revenu des biens échangés qui peut être constatée par voie d'expertise dans les deux ans de l'enregistrement (Cass. 1er juillet 1840). Mais, il ne l'est pas, quand il s'agit de prix énoncé dans un acte translatif de propriété ou d'usufruit de biens immeubles *à titre onéreux* paraissant inférieur à leur valeur vénale; dans ce cas, la demande d'expertise de la régie doit être formée dans l'année à compter du jour de l'enregistrement du contrat (L. 22 frimaire an VII, art 17).

791. Ainsi, lorsque dans le cas du n° 789 ci-dessus, une déclaration a été faite le 21 septembre 1810, l'administration n'a pu intenter d'action en supplément de droits le 21 septembre 1812, le délai de rigueur étant expiré le 20 septembre (Cass. 11 octobre 1814).

792. Le délai de la prescription pour les demandes en supplément de droits sur les cessions de créances sur l'État, dans lesquelles les capitaux ont été portés à des sommes moindres que celles auxquelles les créances ont été fixées par les liquidations ultérieures, ne devait commencer à courir que du jour de la liquidation définitive aux termes d'une décision du min. des Fin. du 7 décembre 1822; Rol. 441. Mais depuis il a été décidé que la prescription de *deux ans* devait courir du jour de l'enregistrement (Av. Com. des Fin. 29 juin 1821; Rol. 75. — Délib. 10 juin 1834).

793. Il a été fait application du principe, faisant l'objet de la délibération du 10 juin précitée, à une vente de fonds de commerce, faite à la condition que le prix fixé provisoirement à 18,000, ne serait définitif que quand on aurait apprécié la quantité et la valeur des marchandises qui se trouveraient en magasin à une époque déterminée. En conséquence, il a été reconnu que la prescription pour réclamer un supplément de droit était acquise après deux années, quoique la régie n'ait pu l'exiger plus tôt (Sol. 11 juin 1834; Rol. 4572).

794. L'époque à laquelle l'administration a eu connaissance des dispositions d'un acte, ne date pas de la présentation de cet acte au bureau, mais bien du jour qu'il a reçu la formalité, en conséquence, ce n'est que de ce dernier jour que part le délai pour prescrire le double droit que l'acte peut engendrer (Cass. 15 juin 1813).

795. Même, les droits *simples* comme les doubles-droits d'enregistrement se prescrivent par deux années à partir du jour où les préposés ont été mis à portée de les réclamer (Cass. 16 juin 1828).

796. Lorsque la régie a acquis la preuve qu'une vente d'immeubles a été déguisée sous la forme d'une donation en ligne directe en faveur de mariage, on ne peut opposer à la demande du supplément de droit la prescription résultant de ce que l'acte aurait été enregistré plus de deux ans avant que la régie ait eu connaissance de la vente, parce qu'il faut que les préposés aient été mis à même de reconnaître la mutation sans recherches ultérieures (Cass. 25 novembre 1839).

797. Les dispositions, relatives à la prescription des droits d'enregistrement, sont applicables à la prescription des droits d'inscription et de transcription hypothécaires, établis par la loi du 21 ventôse an VII, chap. 2 et 3 et par la loi du 24 mars 1806.

798. Pour le recouvrement du droit résultant d'une inscription faite en débet, la prescription s'acquiert par deux ans qui commencent à courir, savoir : du jour de l'accomplissement de la formalité s'il s'agit d'une créance connue et liquidée, et du jour où le conservateur a eu connaissance de l'acte qui a fixé le montant de l'inscription, si cette inscription avait pour objet la conservation d'une créance éventuelle et indéterminée (Délib. 28 octobre 1831; Rol. 3500, Contrôl. 2351).

Art. 5. De la prescription des demandes en restitution de droits.

799. Pour toute demande en restitution de droits d'enre-

gistrement indûment perçus, il y a prescription, après deux années à compter du jour de l'enregistrement (L. 22 frim. an VII, art. 61). V. *suprà*, 751.

800. Lorsqu'on calcule ces deux années, faut-il comprendre dans le délai le jour où un acte a été enregistré ou transcrit, ce qui doit faire que la demande en restitution de droits perçus le 20 octobre 1835, soit tardivement formée le 20 octobre 1827?

Oui, parce que de ces mots : « *à compter du jour de l'enregistrement* » il résulte suffisamment que le jour de l'enregistrement doit être compté, et que si le législateur avait entendu l'exclure, il l'aurait exprimé ainsi qu'il l'a fait dans les art. 20 et suiv. de la même loi. V. *suprà*, n° 34 (Cass. 1er août 1831 : Délib. 12-20 juin 1835; Jug. de Château-Thierry, 15 mars 1838, Rol. 5458; Jug. de la Seine, 28 juin 1838, Rol. 5585).

Non, Parce qu'à défaut de dispositions particulières, les termes de la loi de frimaire doivent être interprétés conformément aux art. 2260 et 2261 du C. civil qui portent que la prescription se compte par jour et qu'elle n'est acquise que quand le dernier jour du terme est accompli (Jug. de la Seine, 20 août 1840, Rol. 6071).

Il a été fait application aux cas suivants des dispositions rapportées aux deux nos qui précèdent.

801. AMENDES DE TIMBRE. C'est la prescription de 30 ans et non celle de *deux ans* qu'il faut appliquer aux actions que les parties peuvent exercer en restitution d'amendes sur le timbre indûment perçues (Déc. min. Fin. 20 juillet 1821, 26 mars 1823; Rol. 74 et 874; 7 mars 1826, Instr. 1189, § 10). V. *sup.* n° 785.

802. COMPENSATION. La prescription de deux ans ne peut être invoquée contre une demande en restitution de droits, s'il s'est opéré une compensation légale entre ces droits et une créance de l'administration avant l'expiration des deux années (Cass. 6 février 1833, Contrôl. 2607; Rol. 3992).

803. CONTRAT DE MARIAGE. V. *suprà*, n° 643.

804. DÉBET (ENREGISTREMENT EN). La prescription à raison de la restitution d'un droit d'enregistrement *en débet*, lorsque la liquidation de ce droit n'a pas été mentionnée dans la relation du receveur, ne court pas du jour de l'enregistrement, mais du jour du paiement (Cass. 26 avril 1836).

805. JUGEMENT. Lorsqu'il s'agit d'une demande en restitution du droit proportionnel de rétrocession, perçu sur un jugement par défaut portant condamnation de solder dans *tel* délai le prix de la vente d'un immeuble, ou résolution de la vente à défaut de paiement dans le délai, *l'opposition* formée au jugement en ayant suspendu l'exécution a arrêté le cours de la prescription de deux ans relativement à la demande en restitution du droit perçu sur la disposition alternative, d'où il suit que cette prescription n'a commencé à courir que de la date du jugement contradictoire qui a annulé la disposition résolutoire contenue au premier jugement (Cass. 23 février 1818).

806. Un appel du jugement doit produire le même effet qu'une opposition et suspendre le cours de la prescription; mais il n'en serait pas de même d'un pourvoi en cassation (L. 27 novembre — 1er décembre 1790, art. 16).

807. LICITATION. La demande en restitution du droit proportionnel, indûment perçu sur un acte de licitation

dans les cas mentionnés *suprà* nos 664, 665, 666, est prescriptible après deux années à compter du jour de l'enregistrement.

808. SUPPLÉMENT MAL-A-PROPOS EXIGÉ. Pour la demande en restitution d'un supplément de droit mal-à-propos exigé, il y a prescription deux ans après l'enregistrement en recette de ce supplément (Délib. 9-25 mai 1837; Rol. 5272).

809. VENTE JUDICIAIRE. Toute demande en restitution d'un droit perçu sur une adjudication d'immeubles ou saisie immobilière faite en justice et qui a été annulée par les voies légales, doit être formée dans les deux ans de l'arrêt qui a annulé cette vente (Cass. 16 février 1813; Délib. 14-21 juin 1836). V. *sup.* nos 697 et suiv.

Art. 6. De la prescription relative aux contraventions occultes que la régie a été *mise à même* de découvrir

810. Pour les amendes de contraventions aux lois sur l'enregistrement, le timbre et les ventes de meubles (V. *sup.* nos 750 et 751) la prescription est de deux ans. Elle court du jour où les préposés ont été *mis à portée* de constater les contraventions au vu de chaque acte soumis à l'enregistrement ou du jour de la présentation des répertoires à leur visa. Dans tous les cas, la prescription pour le recouvrement des droits simples d'enregistrement et des droits de timbre qui auraient été dus indépendamment des amendes restera réglée par les lois existantes (V. aussi *sup.* nos 753, 779, 800).

811. Les préposés doivent être considérés comme *mis à portée* de constater une contravention toutes les fois que des actes soumis à la formalité de l'enregistrement les ont mis à portée de découvrir la contravention *sans recherches ultérieures* (Cass. 16 juin 1828).

812. D'où il suit que la prescription de deux ans ne peut être opposée à la demande des droits d'une mutation soustraite à la formalité, toutes les fois qu'il n'existe pas d'actes enregistrés depuis plus de deux ans qui aient, par eux-mêmes et sans recherches ultérieures, instruit les préposés de l'existence de la mutation. Dans ce cas, c'est la prescription *trentenaire* qu'on peut opposer à l'action de la régie, mais la possession des biens, par quelque laps de temps que soit, est insuffisante pour la prescription des droits de mutation soit par *deux* ans, soit par *trente* ans (Cass. 23 mai 1832). V. *sup.* nos 753 et 768.

Nous allons rapporter tous les cas où il a été fait application des principes posés aux trois articles qui précèdent :

813. ACTES SOUS SEING-PRIVÉ. Lorsque des actes s. s. p. contenant mutation d'immeubles sont relatés dans un inventaire ou une sentence arbitrale soumis à l'enregistrement, les droits et doubles droits de ces actes sont prescrits quand la demande en est faite plus de deux ans après l'enregistrement des actes qui les mentionnent (Cass. 1er juin et 12 décembre 1814, 20 mars et 21 mai 1816).

814. ACTE DE PROPRIÉTAIRE. La qualité de *propriétaire* prise par l'acquéreur d'un immeuble suivant titre non enregistré, dans un acte enregistré plus de deux ans avant les poursuites dirigées contre lui, n'a point fait courir la prescription de deux ans. L'acte ainsi soumis à la régie ne prouve la vente que *par voie de conséquence*, quand le fait doit être établi sans recourir à *d'autres renseignements* (Cass. 5 juin 1837, 22 avril 1839, 13 mai 1840). V. *inf.*

815. AFFICHES. Lorsqu'une adjudication passée devant un hospice, ou tout autre établissement public, a été faite à la chaleur des enchères au rabais et avec la publicité des affiches et journaux annonçant cette adjudication, on ne peut opposer à la régie la prescription de deux ans contre la demande des droits dus par l'adjudicataire, parce que les préposés ne sont pas tenus de lire les affiches et les journaux (Dél. 10 novembre 1829; Roll. 2795; Cass. 23 mai 1832, 17 avril 1833).

816. BAIL. Les droits et doubles droits dus sur une mutation résultant de ce qu'un héritier a affermé et hypothéqué seul, en son nom personnel, des biens excédant de beaucoup ses droits héréditaires calculés d'après les bases de la déclaration passée au bureau après le décès de son auteur, se prescrivent par deux ans, à compter du jour de l'enregistrement du bail ou de l'affectation hypothécaire (Cass. 15 mars 1825).

Mais il en est autrement du bail passé par des père et mère et leur fils, conjointement, d'un immeuble acquis antérieurement par le fils seul, car, dans ce cas, quoique le bail fasse présumer une mutation secrète du fils à ses père et mère de la moitié de ces immeubles, la présentation à l'enregistrement soit de l'acte d'acquisition, soit du bail, ne peut cependant être considérée comme ayant mis le receveur à portée de découvrir la mutation et de réclamer les droits (Cass. 29 juin 1813).

817. CESSION DE DROITS. Lorsqu'une cession de droits dans une société a été relatée dans des actes enregistrés, les droits et doubles droits sont prescrits à défaut de demande dans les deux ans qui ont suivi l'enregistrement des actes faisant connaître cette cession (Cass. 25 juill. 1820).

818. COLONIES. La prescription ne peut résulter d'actes enregistrés dans les colonies françaises (Sol. 28 août 1832; Rol. 3791).

819. CONTRAT DE MARIAGE. Lorsqu'une mutation a été constatée par un contrat de mariage dans lequel le futur déclare se constituer un immeuble qui ne lui appartient par aucun acte ostensible, il y a prescription des droits et doubles droits dus à raison de cette mutation, faute de réclamation, dans les deux ans, de l'enregistrement de ce contrat de mariage (Cass. 6 février 1826). V. *inf.*, n° 834.

820. HYPOTHÈQUE. V. *sup.*, n° 816.

821. INSCRIPTION AU ROLE. L'inscription du nom du nouveau propriétaire sur les rôles de la contribution foncière, suivie de l'enregistrement des actes constatant sa propriété, est suffisante pour faire courir contre la régie la prescription de deux ans tant pour le droit simple que pour le double droit, lorsque les actes de constatation de propriété indiquent l'origine de l'immeuble (Cass. 17 juillet 1838, contraire à l'arrêt de la même Cour du 7 juill. 1830; Cass. 17 février 1840.)

822. Mais l'inscription aux rôles est insuffisante pour faire acquérir la prescription, lorsqu'ayant pris la qualité de propriétaire dans un acte, on n'indique pas, dans cet acte, l'origine de l'immeuble (Cass. 22 avril 1839). V. *suprà*, n° 814.

823. Toutefois l'inscription aux rôles fait courir la prescription de trente ans, qui est une règle de droit commun qu'il faut appliquer toutes les fois que, comme dans l'espèce, l'art. 61 de la loi du 22 frimaire an VII est inapplicable (Cass. 24 juillet 1833; jug. de Pau, 29 juin 1841: Rol. 6310. — V. en sens contraire, Cass. 23 mai 1832).

824. INTERPRÉTATION DIFFICILE. Lorsqu'un acte soumis à l'enregistrement est conçu en termes qui déguisent entièrement la mutation qu'il consacre et qui mettent le receveur dans l'impossibilité de la reconnaître, les droits non perçus peuvent être réclamés dans les deux ans des jugements qui, en interprétant le contrat, constatent que cette mutation a eu lieu (Avis du comité des Finances du Conseil d'Etat, approuvé par le Ministre des Finances, le 24 novembre 1826; Rol. 1686). Dans le cas résolu par cette décision, on a considéré l'acte comme contenant une mutation secrète révélée seulement par le jugement, d'où il suit que la prescription de deux ans n'aurait pu courir avant le jugement. Toutefois on pourrait opposer avec quelque raison que le législateur n'a pas mis les *difficultés* d'interpréter les conventions d'un acte au nombre des causes qui suspendent le cours de la prescription, et qu'ainsi l'acte ayant été soumis à la formalité, les droits auxquels il donne lieu doivent se prescrire par deux ans (Contr. 1254). V. *sup.* n°s 750, 758 et suiv.

825. INVENTAIRE. V. *sup.*, n° 813.

826. JOURNAUX. V. *sup. Affiches*, n° 815.

827. JUGEMENT. Les droits et doubles droits qui sont dus sur un jugement d'adjudication d'immeubles, relaté dans celui de folle-enchère, se prescrivent par deux ans (Cass. 23 juill. 1822, Rol. 412; Contr. 434).

828. Mais lorsqu'un jugement constate qu'une vente d'immeubles, réalisée devant Notaire depuis plus de deux ans, existait antérieurement par acte sous seing-privé, la prescription de deux ans pour le recouvrement du double droit ne commence à courir que du jour de ce jugement (Jug. de la Seine, 14 juin 1836; Rol. 5201).

829. LIQUIDATION. Les droits et doubles droits dus sur une mutation résultant de ce qu'un héritier, ayant vendu à un tiers sa portion dans un domaine dépendant de la succession, ce même domaine se trouvait compris ensuite dans des actes de liquidation et partage, et attribué à un cohéritier sans aucune indemnité pour le cessionnaire, se prescrivent par deux ans, et ce délai court de la date du partage puisque c'est de ce partage que l'on induit une mutation intermédiaire de celui qui avait acheté au profit des partageants (Cass. 14 août 1826; Contr. 1256; Rol. 1632).

830. MENTION DANS UN ACTE. La mention faite depuis plus de deux ans dans un acte enregistré d'un acte sous seing-privé non enregistré, ne fait point obstacle à ce que les droits de cet acte puissent être réclamés en vertu d'une mention ultérieure faite dans d'autres actes et non encore couverte par la prescription (Jug. de la Seine 30 juin 1824). V. *sup.*, n°s 766, 767.

831. MUTATION SECRÈTE. Il est de règle que la prescription de deux ans ne peut être opposée à la demande d'une mutation soustraite à la formalité, toutes les fois qu'il n'existe pas d'actes enregistrés depuis plus de deux ans qui aient par eux-mêmes et sans recherches ultérieures instruit les préposés de l'existence de la mutation (Cass. 3 janvier 1832). C'est la prescription de 30 ans qui, dans ce cas, peut seule être invoquée (Jug. de Pau 29 juin 1841; Rol. 6310). V. *sup.*, n° 753.

832. ORDONNANCE ROYALE. Lorsqu'il n'y a ouverture à la perception d'un droit que par suite d'une ordonnance royale qui n'a été ni insérée au bulletin des lois ni enregistrée dans les cours ou tribunaux dans les cas où elle doit l'être, on ne peut opposer à la régie la prescription de deux ans puisque les préposés n'ont pas été mis à portée de connaître cette ordonnance (Avis du Comité des Fin., approuvé par le Ministre des Finances le 10 juillet 1827 ; — Instr. 1229, § 1).

833. PARTAGE. Un partage de succession dans lequel les copartageants font entrer la totalité d'un immeuble de communauté dont la moitié appartenait au survivant des époux, ne fait pas courir la prescription de deux ans contre la demande des droits de mutation dus pour l'acquisition de cette moitié (Sol. 4 septembre 1830 ; Contr. 2274 ; Rol. 3300).

834. Mais les droits et doubles-droits dus sur une mutation constatée 1° par un partage n'énonçant pas le titre de la propriété, 2° par une vente des biens attribués par ce partage, 3° et par une citation, sont prescrits deux ans après l'enregistrement des actes qui ont fait connaître cette mutation (Cass. 5 mars 1823 ; Contr. 517 ; Rol. 347). V. *sup.*, n°s 814 et 819.

835. PRÉSENTATION A LA FORMALITÉ. Aux yeux de la loi c'est du jour de l'*enregistrement* de l'acte et non du jour de sa *présentation* au bureau du préposé que court le délai pour la prescription de deux ans ; d'où il suit que si un acte s. s. p. a été présenté au receveur, mais n'a point été enregistré à défaut de paiement des droits, ce fait ne peut être considéré comme ayant mis ce préposé à même de découvrir la contravention commise (Cass. 15 juin 1813).

L'enregistrement de l'acte de partage fait entre un père et ses enfants d'un immeuble, comme conquêt de communauté, lorsqu'à une époque antérieure le père avait consenti à l'un de ses fils la vente de sa moitié, n'est point par lui-même suffisant pour donner une connaissance légale de la rétrocession qui est présumée s'être opérée avant le partage (Cass. 17 août 1813).

836. RÉTROCESSION. V. *inf.*, *Signification.*

837. SENTENCE ARBITRALE. V. *suprà*, n° 813.

838. SIGNIFICATION. Une signification de conclusions établissant d'une manière *positive* une rétrocession d'immeubles non enregistrée, suffit pour faire courir la prescription de deux ans contre la demande des droits de mutation, à compter du jour de l'enregistrement de cette signification (Cass. 4 mai 1830 ; Rol. 2946).

839. USUFRUIT. Quand un acte est passé entre deux cousufruitiers et que l'un d'eux stipule dans cet acte comme usufruitier de la totalité, cette stipulation suffit pour autoriser la demande d'un droit de mutation sur la part du cédant dans les deux ans qui suivent l'enregistrement de l'acte. Dans ce cas, quoique l'acte n'exprime pas la mutation qu'il a opérée, il en fournit la preuve par l'ensemble de ses dispositions, et cela suffit pour faire courir la prescription de deux ans (Cass. 6 mai 1834 ; Contr. 2928 ; Rol. 4416).

840. VENTE. V. *suprà*, n°s 829, 833, 834.

Art. 7. Du moyen d'interrompre la prescription.

841. Les prescriptions ci-dessus (de 2, de 3 et de 5 ans) seront suspendues par des demandes *signifiées et enregistrées* avant l'expiration des délais ; mais elles seront acquises irrévocablement si les poursuites commencées sont interrompues pendant une année, sans qu'il y ait d'instance devant les juges compétents, quand même le premier délai pour la prescription ne serait pas expiré (Loi du 22 frim. an VII, art. 61). V. *infrà*, n°s 844, 847, 851, 856.

842. ACQUIESCEMENT. Lorsque les démarches du Notaire constituent un acquiescement aux condamnations prononcées contre lui, par exemple, lorsqu'après avoir demandé et obtenu la modération d'amende de contravention aux lois sur le Notariat, il a fourni un cautionnement pour le montant de ces condamnations ainsi réduites, il ne peut plus se prévaloir de la prescription annale à défaut d'exécution pendant plus d'un an de la contrainte qui lui est décernée, faute de paiement aux époques convenues. L'article 61 de la loi du 22 frim. an VII, n'est d'ailleurs point applicable à des poursuites faites pour contravention aux lois sur le Notariat (Cass. 10 décembre 1821 ; Contr. 364).

843. ACTION PERSONNELLE. L'interruption civile de la prescription ne profite qu'à l'auteur des actes d'interruption, toute action étant personnelle ; par conséquent l'autre partie ne peut se prévaloir de ces actes pour appuyer une demande qu'elle aurait formée après le délai utile (Cass. 30 mars 1808, Sirey 8, 1, 439 ; Jugement de la Seine 30 juin 1841 ; Rol. 6253).

844. APPLICATION DU MOYEN. Par ces mots de l'art. 61 de la loi de frimaire, « *Les prescriptions ci-dessus* » on doit conclure que ce n'est que relativement à la prescription de *deux*, de *trois* et de *cinq* ans qu'on peut employer le moyen de prescription mentionné *sup.*, n° 841 ; d'où il suit que lorsqu'il y a lieu à la prescription de 30 ans, elle peut être interrompue par une simple demande notifiée au redevable quoique non enregistrée avant l'expiration du délai fixé ; dans ce cas, la demande ne doit être soumise qu'au délai ordinaire de la péremption, et conserve tout son effet, même quand il n'y a pas eu d'instance devant le Tribunal compétent dans l'année de l'interruption des poursuites (Code civil, 2244 et suiv).

845. COMMANDEMENT. Un commandement signifié après une contrainte est interruptif de la prescription annale (Cass. 1er avril 1834).

846. CONTRAINTE. Une contrainte n'est pas nulle pour n'avoir point été visée par le juge de paix. A la vérité elle est sans force exécutoire, mais néanmoins elle est suffisante pour interrompre la prescription. V. *inf.*, n° 866.

847. ENREGISTREMENT. Une demande interruptive de prescription n'est valable qu'autant qu'elle a été non-seulement signifiée, mais enregistrée dans le délai utile (V. *sup.*, n° 841 et *inf.*, *Visa* ; Jug. de Falaise 6 avril 1837).

848. EXPERTISE. Une demande en expertise formée dans l'année de l'enregistrement de l'acte, interrompt la prescription de l'action à fin de paiement du droit de vente (Cass. 20 mars 1839).

849. FORCE MAJEURE. Le délai pour signifier un arrêt d'admission de la Cour de Cassation n'a pas couru pendant le temps que les communications ont été interceptées entre la capitale et le lieu où la signification devait être faite (Cass. 24 janvier et 21 juin 1815, Sirey 15, 1, 208 et 304 ; Cass. 20 novembre 1816, Sirey 17, 1, 61).

850. Mais cet empêchement momentané n'a pu avoir l'effet de détruire la portion du délai qui aurait couru auparavant. En conséquence un arrêt d'admission rendu le 6 janvier, signifié le 22 juin, n'est pas signifié dans les trois mois prescrits par le réglement de 1738, si la force majeure n'a duré que depuis le 1er mars jusqu'au 20 avril (Cass. 14 février 1815, Sirey 17, 1, 9).

851. FRAIS DE JUSTICE. On ne peut se prévaloir de la prescription annale pour interruption de poursuites tendant à obtenir le paiement de frais de justice; l'art. 61 de la loi de frimaire (V. *sup.*, n° 841) n'étant point applicable à ce cas.

852. INSTANCE. Pour qu'une demande soit considérée comme périmée faute de poursuites pendant une année, il faut admettre qu'il n'y a pas eu d'instance liée devant les Tribunaux, car dès qu'il y a instance en justice, elle conserve l'action tant que la péremption n'est point acquise conformément à l'art. 397 et suivants du Code de procéd. civ. — Lorsqu'il n'y a pas d'instance, on peut prolonger l'action indéfiniment, s'il y a moins d'une année d'une poursuite à l'autre, de sorte que la partie a encouru la prescription si elle a laissé écouler plus d'une année sans renouveler sa demande de la même manière ou sans introduire une instance (Cass. 25 germ. an XI, aff. Minne; et 20 juillet 1821, aff. Verdonck; Délib. 14 avril 1821; Av. Com. des Fin. 7 août 1821; Rol. 75). V. *inf.* n° 860.

853. JUGEMENT. Un jugement qui rejette, quant à présent, une demande en restitution, sous la réserve de se pourvoir plus tard, s'il y échoit, ne peut avoir pour effet d'interrompre la prescription (Cass. 4 août 1835).

854. NULLITÉ DE LA DEMANDE. La prescription ne peut être interrompue par des actes extra-judiciaires qui contiennent des nullités (Cass. 14 août 1811).

855. Cependant une demande en restitution de droits, portée à la connaissance de l'administration par une assignation donnée devant un Tribunal incompétent, suffit pour interrompre la prescription, malgré la nullité de l'assignation, parce que l'article 61 de la loi de frim. n'exige pour cela qu'une demande signifiée et enregistrée avant le terme fatal, sauf ensuite à la partie à introduire une instance devant les juges compétents (Délib. 21 août 1824).

856. OPPOSITION. La prescription établie par la loi (V. *sup.*, n° 841) pour le cas où les poursuites de la régie ont été interrompues pendant une année, a lieu contre elle lorsque, dans cet intervalle, le redevable n'a point formé opposition à la demande dirigée contre lui (Cass. 5 décembre 1821; Contr. 492); d'où il résulte que non-seulement la contrainte est annulée, mais encore que les droits réclamés sont prescrits (Cass. 7 décembre 1807).

857. ORDONNANCE DE RESTITUTION. La lettre d'un directeur qui ordonne la restitution d'un droit, interrompt la prescription pendant 30 ans (Sol. 22 décembre 1832; Contr. 2588; Rol. 3914).

858. Il en est de même d'une décision ministérielle ou d'une solution de l'administration autorisant une restitution de droit dans les deux ans qui ont suivi la perception. La prescription, dans ce cas, ayant été interrompue par l'autorisation, la restitution doit être réalisée *après* comme *avant* l'expiration du délai de deux ans, lors même que la demande tendant à obtenir la restitution n'aurait pas été enregistrée ni signifiée, parce que les dispositions de la loi du 22 frim. an VII ne peuvent pas être étendues aux décisions et solutions qui ont l'effet d'une reconnaissance ou d'un titre de créance au profit de la partie qui a obtenu la décision ou la solution (Déc. min. Fin., 22 juin 1821; Délib. 22 juin 1825; Rol. 87, 1188; Contr. 249, 928).

859. PÉREMPTION. Il y a interruption de poursuites pendant une année, et par conséquent prescription et péremption, lorsqu'une demande en restitution signifiée le 30 juin 1827 sans qu'aucune instance ait été ouverte, n'a été renouvelée que le 30 juin 1828 (Délib. 9 fév. 1830; Contr. 2020; Rol. 2859). V. *sup.*, n° 852.

860. La prescription est acquise à l'administration lorsque les parties n'ont pas mis les juges à même de statuer dans le délai d'une année, à partir du jour de leur exploit de demande en restitution (Jug. de la Seine, 23 juin 1841; Rol. 6266).

861. POURVOI. Le pourvoi en cassation ne forme une instance que quand la section civile a été saisie par une citation donnée au défendeur, de sorte qu'il ne peut être considéré comme interruptif de la prescription, notamment dans une affaire dont les poursuites commencées par la régie ont dû n'être pas discontinuées pendant trois ans (Cass. 13 novembre 1815, aff. Delarue).

862. RÉCLAMATION ADMINISTRATIVE. La prescription de deux ans n'est interrompue ni par une demande en restitution formée dans les deux ans de la perception devant l'administration qui l'a rejetée, ni par une saisie-arrêt restée sans suite depuis plus d'une année (Cass. 19 janv. 1836; Jug. de la Seine 21 avril 1841; Rol. 5221).

863. Cependant lorsqu'une réclamation administrative faite en temps utile a été reçue et enregistrée au secrétariat de l'administration, ainsi que l'a reconnu le directeur qui a en outre informé la partie que cette réclamation avait interrompu la prescription, l'administration ne peut plus alors se prévaloir de la prescription acquise à son profit par le défaut de poursuites dans le délai de deux ans, parce que l'erreur des parties a été occasionnée par le fait même de l'administration (Jug. d'Angers, 27 mai 1836).

864. De plus, il a été décidé que lorsqu'après une première demande, *formée dans les deux ans et non accueillie*, l'administration reconnaît, pour des cas identiques, l'irrégularité de la perception, une nouvelle demande ne peut être rejetée pour cause de prescription (Sol. 22 août 1836).

865. RENONCIATION A PRESCRIPTION. Une renonciation volontaire au bénéfice de la prescription ne suffit pas pour interrompre cette prescription (Code civil 2220).

866. RÉSERVES. Les réserves faites lors d'une perception provisoire pour le droit à percevoir dès que les valeurs seront connues, et les contraintes signifiées par suite de ces réserves, interrompent légalement la prescription.

867. SAISIE-ARRÊT. V. *sup.*, n° 862.

868. SIGNIFICATION DE DEMANDE. Une demande interruptive de prescription n'est valable qu'autant qu'elle a été signifiée et enregistrée avant l'expiration des délais (V. *sup.*, n° 841 et *inf. Visa*).

869. Mais la déclaration d'un Notaire portant qu'il se tient pour signifié un procès-verbal dressé contre lui pour contravention aux lois sur le Notariat, n'est pas interruptive de prescription (Sol. 27 février 1831; Rol. 3276; Contr. 2753).

870. SOMMATION. La signification par acte d'huissier d'une demande en restitution sans assignation devant un Tribunal, suffit pour interrompre la prescription (Délib. 14 avril 1819 ; Journ. Enr. 6360).

871. VISA. Le visa du receveur ou du directeur, apposé sur l'exploit de demande en restitution en conformité de l'article 69 du Code de proc. civ., suffit pour assurer la date de l'exploit et interrompre la prescription (Délib. 5 juillet 1820 ; Mantes 14 août 1840 ; Rol. 6067).

SECTION 7. *Du droit fixe de* 5 *francs.*

872. Sont sujets à un droit fixe de 5 francs, 1° les abandonnements de biens, soit volontaires, soit forcés, pour être vendus en direction, 2° Les actes d'émancipation (le droit est dû par chaque émancipé), 3° les déclarations et significations d'appel des jugements des juges de paix aux Tribunaux civils (Art. 68, § 4 de la loi du 22 frimaire an VII).

873. Sont sujets aussi au droit fixe de 5 fr. les actes ci-après :

1° Les exploits et autres actes du ministère des huissiers relatifs aux procédures devant la Cour de cassation et les conseils du Roi, jusques et compris les significations des arrêts définitifs, le premier acte de recours étant excepté ;

2° Les contrats de mariage et actes de formation ou de dissolution de société ;

3° Les partages de biens meubles et immeubles entre copropriétaires, à quelque titre que ce soit, pourvu qu'il en soit justifié ;

4° Les testaments et tous autres actes de libéralité qui ne contiennent que des dispositions soumises à l'événement du décès, et les dispositions de même nature qui sont faites par contrat de mariage entre les futurs ou par d'autres personnes ;

5° Les jugements des Tribunaux civils prononçant sur l'appel des juges de paix ; ceux desdits Tribunaux et des Tribunaux de commerce ou d'arbitres rendus en premier ressort, contenant des dispositions définitives qui ne donneraient pas lieu à un droit plus élevé ;

6° Les arrêts interlocutoires ou préparatoires rendus par les cours royales, lorsqu'ils ne seront pas susceptibles d'un droit plus élevé, et les ordonnances et actes désignés dans les n°s 6 et 7, § 2 de l'art. 68 de la loi du 22 frimaire an VII devant les mêmes cours ;

7° Les reconnaissances d'enfants naturels autrement que par acte de mariage ;

8° Les actes et jugements interlocutoires ou préparatoires des divorces (Art. 45 de la loi du 28 avril 1816).

§ 1er. *Des abandonnements de biens. — Quels abandonnements sont sujets au droit fixe. — En quels cas et entre quelles personnes.*

873 *bis*. Pour qu'un abandonnement ne soit sujet qu'au droit fixe, il faut que les biens soient abandonnés pour être vendus *en direction*.

874. Des biens sont abandonnés pour être vendus *en direction* toutes les fois que les créanciers et légataires ne sont cessionnaires qu'à la charge de vendre, qu'il n'y a pas transmission de propriété à leur profit et qu'ils ne peuvent pas conserver les valeurs qui leur sont cédées.

875. Tellement qu'un pareil abandon ne dépouille pas le débiteur, ce n'est qu'un mandat révocable. En conséquence s'il décède avant la vente des biens abandonnés, ses héritiers même bénéficiaires doivent le droit de mutation de ces biens (Jugement de Grenoble, 31 août 1840). V. note 23, n° 19.

876. En un mot l'abandonnement, soit volontaire, soit judiciaire, est un acte par lequel un débiteur cède et abandonne à ses créanciers tous ses biens meubles et immeubles, effets et crédits actifs pour être vendus, et le produit de la vente distribué entre eux, à l'effet de demeurer quitte envers eux de ce qu'il leur doit; cet abandonnement étant fait pour être, les biens, vendus en direction par les créanciers unis, le débiteur n'est point exproprié ; les créanciers n'ont aucune propriété; ils ne sont que les mandataires ou procureurs du débiteur, lequel peut, jusqu'à l'instant de l'adjudication, conserver ses biens en payant ses créanciers (Dict. des domaines).— V. note 23.

877. Par suite de cette définition, si l'acte n'accorde aux créanciers que le droit de faire vendre les biens du débiteur avec indication des formes qui devront être observées pour l'aliénation, *il n'y a pas de transmission ;* c'est alors un abandonnement de biens pour être vendus en direction, et il n'est dû que le droit fixe (Décision min. Fin. 18 mai 1833).

878. Mais si, d'après les termes du contrat, les créanciers peuvent conserver les biens ou en disposer à leur gré, le droit proportionnel est incontestablement dû comme pour une vente ordinaire, puisque la cession sort des termes de la loi, et qu'elle a pour effet de rendre les créanciers propriétaires incommutables. Toutefois, pour apprécier le caractère d'une telle cession, il faut s'attacher plutôt aux effets que l'acte doit produire qu'aux expressions employées par les parties. Il arrive souvent, en effet, que la crainte de voir un débiteur, dont la foi est suspecte, revenir contre la cession qu'il consent, fait insérer dans l'acte des clauses qui semblent dessaisir actuellement le débiteur. Ces stipulations sont ordinairement détruites de fait par le concours de certaines circonstances, telles que le pouvoir donné dans l'acte même par les créanciers à l'un d'eux à l'effet de vendre, l'absence de plusieurs créanciers qui empêche ceux qui traitent de faire une acquisition réelle, puisque la loi ne les autorise point à acheter pour les absents, etc. (Rol. V°. *Abandonnement*).

879. L'abandonnement de biens a lieu ordinairement entre un *héritier bénéficiaire et les créanciers et légataires de la succession* (V. note 23), ou entre un *débiteur* et ses *créanciers* (V. note 129).

880. Il est *volontaire* ou *judiciaire* (Code civ. 802, 1266)

881. VOLONTAIRE. 1° Lorsque l'héritier bénéficiaire, pour se décharger du paiement des dettes, abandonne tous les biens de la succession aux créanciers et aux légataires (Code civ. 802, n° 1er), par un acte fait à l'amiable entre toutes les parties intéressées.

882. 2° Lorsqu'un débiteur, se trouvant hors d'état de payer ses dettes, fait la cession de tous ses biens à ses créanciers; si cet abandon est accepté volontairement, il n'a pas d'autre effet que celui résultant des stipulations faites entre les créanciers et le débiteur (C. civ. 1265, 1267).

883. JUDICIAIRE. 1° Lorsque l'héritier le veut ainsi ou que les héritiers ne peuvent ou ne veulent se réunir pour accepter l'abandon : la voie judiciaire, dans ce dernier cas, est forcée.

884. 2° Lorsque le débiteur étant malheureux et de bonne foi abandonne tous ses biens en justice à ses créanciers pour avoir la liberté de sa personne et être, ainsi, déchargé de la contrainte par corps (C. civ. 1268, 1270).

885. 3° Et lorsque le débiteur est en faillite (Code de comm. 566 et suiv.).

Art. 1er. Des cas où l'abandon ne comprend pas tous les biens.

886. Si par l'acte d'abandonnement il apparaissait que l'héritier bénéficiaire ou le débiteur n'abandonne pas tous les biens, par exemple, si une réserve était exprimée et même consentie par les créanciers et les légataires pour quelques biens seulement, dans ce cas on ne serait pas dans les termes de la loi pour la validité de l'abandon, car l'acte pourrait être attaqué par les créanciers ou légataires qui n'y auraient point consenti, mais cependant l'acte ne donnerait lieu qu'au droit fixe, pourvu qu'il n'y ait point de transmission de propriété des biens donnés en faveur des créanciers et légataires ainsi que nous l'avons dit *suprà*, n° 874.

887. Lorsque les créanciers, après avoir accepté la cession du failli, déclarent, dans le même acte, que dans la vue d'éviter les frais d'une vente judiciaire, ils abandonnent un immeuble à un créancier hypothécaire privilégié, à la charge par ce dernier acceptant de n'exercer aucun droit sur la masse chirographaire pour le surplus de ses créances, on ne peut percevoir pour cette seconde cession un autre droit de mutation, parce qu'il n'existe pour cet immeuble qu'une transmission, les créanciers chirographaires ne pouvant en aucune manière contrebalancer les droits du cessionnaire ni l'empêcher de ressaisir le gage de sa créance (Délib. 28 juin 1826).

Art. 2. Des cas où l'abandon n'est pas fait entre tous les intéressés.

888. Quand l'abandon n'est pas fait à tous les créanciers et légataires, et qu'il résulte des termes de l'abandon qu'on excepte tel ou tel qui n'est pas désintéressé, quoique dans ce cas on ne soit point dans les termes de la loi pour la validité de l'abandon, cependant l'acte d'abandon doit jouir de la faveur du droit fixe, par ce qu'il n'appartient nullement à la régie de se prévaloir de cette circonstance; il suffit que l'acte n'emporte point transmission de propriété en faveur des créanciers et légataires.

889. L'abandon fait par un héritier bénéficiaire de tous les biens de la succession à un autre héritier, créancier de cette succession, mais qui y a renoncé, à la charge par ce dernier de payer toutes les dettes et les legs particuliers, est passible du droit de 5 fr. 50 par cent sur la valeur des biens abandonnés (Délib. 29 juin, 11 juillet 1838).

Art. 3. De certaines différences dans le droit.

890. Lorsqu'il s'agit d'abandon par un héritier bénéficiaire ou par un débiteur ordinaire qui n'est point en faillite, le droit fixe est de 5 fr.

891. Si l'abandon est fait par un débiteur failli à ses créanciers et qu'il ne comprenne que des *créances*, le droit fixe est de 3 fr. (L. 24 mai 1834, art. 14).

892. Mais lorsque l'abandon comprend des objets mobiliers, le droit de 2 fr. par cent est exigible (Cass. 30 janvier 1809, Sirey 101, p. 54).

893. Lorsque, au moyen d'une affectation hypothécaire et l'engagement solidaire de la femme du débiteur, celui-ci est remis en possession de ses biens par ses créanciers auxquels il en avait fait cession pour être vendus en direction, le droit proportionnel de 1 fr. pour cent comme obligation, est dû, dans ce cas, sur l'acte (Cass. 18 août 1835).

Art. 4. Action de la régie pour ses droits.

894. La régie de l'enregistrement n'est pas tenue d'attendre le compte qu'ont à présenter les créanciers auxquels des biens ont été abandonnés, pour la perception des droits qui lui sont dus. Elle peut saisir entre les mains des créanciers cessionnaires les revenus de ces mêmes biens (Cass. 2 et 3 ventôse an XI).

895. La régie a un droit de suite sur les biens abandonnés; en conséquence elle peut les faire saisir entre les mains des créanciers qui les détiennent (Cass. 3 ventôse an XI, - 1er messidor an XII, - 27 juin 1809).

§ 2. *Des actes d'émancipation et de curatelle.*

896. L'acte d'émancipation opère le droit fixe de 5 fr. par chaque émancipé (V. *sup.*, n° 872).

897. Lorsqu'un curateur est nommé à l'émancipé par l'acte même d'émancipation en conformité de l'art. 480 du Code civil, pour assister le mineur en toute circonstance, cette nomination, dans ce cas, ne donne lieu à aucun droit, parce qu'elle est une conséquence nécessaire de l'émancipation (Déc. min. Fin. 20 juin 1809).

898. Mais il en est autrement de la nomination d'un curateur spécial pour certaine affaire. Comme cette nomination n'est pas prescrite par la loi et qu'elle ne tient dès-lors qu'à des circonstances ou à la volonté des parties, elle est sujette au droit fixe de 2 fr. *par émancipé*, indépendamment de celui de 5 fr. résultant de l'émancipation (*Idem*).

899. Il n'y a point d'exception pour les enfants admis dans les hospices. En conséquence, les actes constatant leur émancipation doivent être rédigés et expédiés en papier timbré, être soumis à la formalité de l'enregistrement et acquitter le droit fixe de 5 fr. — Ces actes ne sont pas sujets à d'autres frais (L. du 15-25 pluv. an VIII, art. 4).

§ 3. *Des contrats de mariage, actes de société, partages, testaments, reconnaissances d'enfants naturels; et des exploits, actes et jugements, désignés* suprà, *n*os 872 *et* 873.

Sont sujets au droit fixe de 5 fr. les actes ci-après :

900. ACQUIESCEMENT. V. *infrà Greffe*, n° 999.

901. ACTES CONSERVATOIRES OU DE FORMALITÉ. V. *inf. Greffe*, n° 999.

902. ACTES DES HUISSIERS. V. *inf. Exploits*, n° 998.

903. ACTES INTERLOCUTOIRES. V. *inf. Séparation de corps*, n° 1030.

904. ACTES D'INSTRUCTION. V. *inf. Arrêts*, n° 239 et la note *a* au bas de la page 153.

905. ACTES DE LIBÉRALITÉ. V. *inf. Dispositions éventuelles*, n° 963 et suiv.

906. ACTES PRÉPARATOIRES. V. *inf. Arrêts*, n° 939, et *Séparation de corps*, n° 1030.

907. ACTES DE FORMATION ET DE DISSOLUTION DE SOCIÉTÉ. *Les actes de formation, de dissolution de société,*

[18] DE L'ENREGISTR.—PRINCIPES GÉN. sect. 7. §. 3.

qui ne portent ni obligation, ni libération, ni transmission de biens meubles ou immeubles entre les associés ou autres personnes, opèrent le droit fixe de 5 fr. (Loi du 22 frim. an VII, art. 68, § 3, n° 4; loi du 28 avril 1816 art. 45). V. *inf.* n°s 945 et suiv.

INDICATION ALPHABÉTIQUE :

908. L'acte qualifié de société, par lequel le propriétaire d'arbres-liéges les met à la disposition de son co-associé pour les exploiter, moyennant une somme qu'il recevra chaque année pour son gain, constitue une société opérant le droit fixe de 5 fr, et non une vente de coupe de bois, quoique le propriétaire ne contribue pas aux pertes (Cass. 7 janvier 1835, Sir. 35, 1, 540).

909. Lorsqu'un fermier s'associe un tiers pour l'exploitation en commun de la chose louée, à la condition que les contractants partageront par moitié les bénéfices de l'entreprise, l'acte de société n'est passible que du droit fixe de 5 fr. (Cass. 24 décembre 1821, Sir. 22. 1. 373).

910. L'acte constatant que des jeunes gens, appelés à tirer au sort par la loi sur le recrutement, ont déposé entre les mains d'un tiers, chacun une somme déterminée pour être répartie entre ceux d'entre eux qui seraient désignés par le sort, n'opère que le droit fixe de 5 fr. (Délib. 1er juin 1822; Rol. 369; Cont. 407).

911. L'acte par lequel il est convenu que le produit du travail et de l'industrie, ainsi que le revenu des immeubles d'un mari et d'une femme vivant avec les père et mère de l'un d'eux, cesseront, nonobstant les conventions précédentes, d'être confondues dans la maison paternelle, sans que la société d'acquêts existant entre toutes les parties soit dissoute, ne fait que modifier les clauses du contrat de mariage constitutif de la société, et n'opère qu'un droit fixe (Délib. 7 août 1819, § 2, n° 2).

912. Lorsque l'acquéreur d'un immeuble convient avec un tiers que le prix en sera fourni chacun par moitié, et qu'ils participeront dans la même proportion aux bénéfices ou pertes qui résulteront de la revente de cet immeuble, c'est là un acte de société passible du droit fixe de 5 fr. et non une cession immobilière (Délib. 28 octobre 1825; Rol. 1232; Contr. 1009).

913. On ne peut considérer ni comme vente ni comme promesse de vente l'acte par lequel un particulier déclare sa volonté d'acquérir des immeubles, et promet, s'il devient adjudicataire, d'en céder une partie déterminée à des tiers présents et acceptant, et qui s'engagent à payer leur portion relative du prix de l'adjudication. Ce n'est qu'un acte de société passible du droit fixe de 5 fr.; et si l'acquisition une fois faite, les tiers dégagent l'acquéreur de sa promesse, ils sont censés lui faire une cession entre *co-propriétaires*, laquelle est passible du droit de 4 p. 0/0 (Délib. 22 sept. 1826; Contr. 1217; Rol. 1647).

914. Lorsqu'un adjudicataire de travaux publics est tenu par le cahier des charges de l'adjudication de fournir caution, si, au lieu de cette caution, il fait agréer un associé solidaire, il n'est pas dû de droit indépendamment de celui résultant de l'adjudication (Délib. 12 juin 1822; Rol. 424).

915. La résolution d'un partage ayant pour effet de remettre en commun les biens dont l'indivision avait cessé, est par conséquent passible du droit fixe de 5 fr. comme acte de société (Sol. 25 juin 1830; Rol. 3285).

916. Lorsqu'une convention a été faite entre l'administration des postes et une compagnie d'exploitation des messageries royales, pour faire conduire par les maîtres de poste les diligences de cette compagnie, les traités individuels qui sont souscrits ensuite par les maîtres de poste doivent être considérés comme actes de société et enregistrés au droit fixe de 5 fr. (Déc. min. Fin. 2 sept. 1822; Rol. 539).

917. L'énonciation, dans un acte, de l'existence d'une société, sans indication de l'acte qui l'établit, ne suffit pas pour autoriser la perception du droit fixe de 5 fr. (Sol. 8 juillet 1831; Rol. 3393).

918. L'acte qualifié d'ouverture de crédit par lequel un individu s'engage à faire à une société les avances dont elle a besoin, moyennant une part dans les bénéfices, sans pouvoir réclamer son remboursement contre les actionnaires, mais seulement sur les fonds de l'établissement, constitue un acte de société passible du droit fixe de 5 fr. et non du droit proportionnel d'obligation (Délib. 2 mai 1828; Contr. 1774; Rol. 2442).

919. Une assurance mutuelle, dans laquelle les assurances ont lieu sans fixation de prime, mais où chacun des assurés devient assureur à l'égard de ses co-sociétaires, ne peut donner ouverture au droit proportionnel. C'est un simple acte de société passible du droit fixe de 5 fr. — Il en est de même de l'acte sous seing-privé par lequel un in-

dividu adhère à une société d'assurance mutuelle, jusqu'à concurrence d'une somme déterminée, valeur d'immeubles qui lui appartiennent, et qui, par suite de l'adhésion, se trouvent assurés (Déc. min. Fin. 21 décembre 1821 ; 22 mars 1822; Rol. 201, 263 ; Contr. 336).

920. L'acte par lequel des époux *rétablissent* entre eux la communauté de biens, dissoute par la séparation soit de corps et de biens, soit de biens seulement, ayant pour effet, aux termes de l'art. 1451 du Code civil, de faire reprendre à la communauté son action du jour du mariage, on ne peut le considérer comme donation, sous prétexte que des acquêts faits par l'un des époux, pendant le cours de la séparation, seraient, au moyen du rétablissement de la communauté, censés payés des deniers communs. Cet acte n'est passible que du même droit fixe de 5 fr. perçu sur le contrat de mariage (Délib. 22 pluviôse an XI et 11 juin 1807; Journ. enreg. 1376 et 2618).

921. Les transmissions, obligations et quittances, par un ou plusieurs associés, pour le compte et dans l'intérêt général de la société, n'opèrent que le droit fixe d'enregistrement (Instr. gén. 13 pluviôse an XIII, Sir. 5, 2, 248).

922. L'acte par lequel un associé transmet, pour *sa mise en commun*, des meubles ou des immeubles à la société, n'est sujet qu'au droit fixe de 5 fr. (Déc. min. Fin. 8 déc. 1807, Sir. 8, 2, 271).

922 *bis*. L'acte de société constatant les apports des associés n'est soumis qu'au droit fixe, et non au droit proportionnel relativement aux valeurs apportées (Cass. 13 juillet 1840, Sir. 40, 1, 586).

923. L'acte de société par lequel des associés apportent des immeubles, et d'autres apportent de l'argent ou des valeurs mobilières, n'est point passible du droit de vente d'immeubles (Délib. 13 nov. 1838, Sir. 392, 309).

924. Le droit de vente n'est pas exigible lorsqu'un associé, débiteur d'une mise en argent, se libère au moyen d'un immeuble qu'il réunit au fonds social (Contr. t. 3, n° 2733).

925. Il y a mutation de propriété, et par suite il y a lieu à la perception du droit proportionnel, lorsque l'acte de liquidation et de partage d'une société commerciale attribue à l'un des associés un immeuble dont l'autre associé était propriétaire, et que celui-ci avait apporté en société (Cass. 3 janvier 1832; 12 août 1839 ; 29 janvier 1840; Sirey 33, 1, 373 ; 39, 1, 673; 40, 1, 539).

926. Lorsque sur la licitation des immeubles dépendant d'une société dissoute, l'un des associés se rend adjudicataire d'un immeuble qu'un autre associé avait apporté dans la société, ce n'est pas le droit fixe qui doit être perçu, mais bien le droit proportionnel, parce qu'il y a mutation de propriété (Cass. 13 juillet 1840, Sirey 40, 1, 586).

927. Lorsque, par le partage d'une société, l'un des associés reçoit dans son lot la propriété d'un immeuble dont *l'usage* seulement avait été mis en société par un autre associé, il y a là mutation de propriété passible du droit proportionnel (Cass. 25 avril 1833, aff. Schlumberger, Sirey 33, 1, 469).

928. L'acte par lequel un associé acquiert, lors de la dissolution de la société, un immeuble apporté dans la société par un autre sociétaire, et qui, dès ce jour, était devenu la propriété de chacun des associés, a le caractère d'une véritable licitation. Par suite, il n'est pas passible du droit de transcription, mais seulement du droit de 4 fr. p. 0/0, et ce droit est dû uniquement sur le prix de la soulte payée par l'acquéreur à ses co-associés, et non sur la valeur totale de l'immeuble (Cass. 14 janvier 1835, Sirey 35, 1, 372 ; Contr. t. 3, n° 2789).

929. Lorsqu'un immeuble apporté dans une société par l'un des associés est attribué à cet associé lors du partage de la société, le droit de soulte est dû sur l'augmentation de valeur donnée à l'immeuble, déduction faite de la part sociale qui revient à l'associé dans cette plus-value (Cass. 17 déc. 1838, aff. Cesbron et Foucaud, Sir. 39, 1, 539).

930. La transmission faite par un associé de ses droits sur des immeubles indivis mis en commun par les co-propriétaires pour former le fonds d'une société commerciale, constitue, encore bien que la société ne soit pas divisée en actions, une transmission mobilière passible seulement du droit proportionnel établi sur les mutations de cette nature, et non une transmission immobilière. (Cass. 14 août 1833, Sirey 33, 1, 780).

931. L'expropriation forcée des immeubles formant le fonds d'une société, a pour effet de dissoudre la société, de telle sorte que, de ce moment, chacun des sociétaires devient propriétaire indivis des immeubles sociaux. — Par conséquent, si l'adjudication en est faite au profit d'un ou de plusieurs des associés, cette adjudication a le caractère d'une licitation, non celui d'une vente, et par suite elle n'est sujette au droit de mutation que sur la partie du prix qui excède le montant des droits des adjudicataires dans ce même prix (Cass. 17 août 1836, Sirey 36, 1, 834). V. *sup.* n°s 664 et suiv.

932. L'associé, qui s'est rendu adjudicataire d'un immeuble dépendant de l'actif de la société, doit provisoirement le droit de mutation sur l'excédant de sa part dans le prix d'adjudication, bien qu'il prétende que l'immeuble tout entier n'excède pas sa part dans le fonds social : il ne suffit pas, pour obtenir restitution du droit, qu'il appuie cette prétention sur des calculs émanés de lui seul ou sur de simples éléments de liquidation ; il faut que cela résulte d'un réglement définitif entre tous les associés ou ayants-droit (Cass. 3 août 1835, aff. Fontenillat, Sir. 35, 1, 684).

933. La vente faite à un associé, après la dissolution de la société, de l'achalandage et de l'établissement exploité par la société, étant le produit de l'industrie commune des associés, n'emporte mutation et n'est soumis au droit proportionnel que pour la portion excédant la part de l'adjudicataire dans la société. — L'achalandage, bien qu'il soit l'accessoire d'un immeuble, n'en est pas moins un objet mobilier, et quoique vendu conjointement avec l'immeuble, mais pour un prix distinct, il n'est assujetti, quant à la portion acquise par l'associé co-licitant, qu'au droit de mutation mobilière de 2 p. 0/0 (Cass. 15 juin 1840, Sirey 40, 1, 586).

934. AFFIRMATION DE CRÉANCE. V. *infrà*, *Arrêts*, n° 939.

935. AFFIRMATION DE VOYAGE. V. *infra*, *Arrêts*, n° 939.

936. APPEL. Les déclarations et significations d'appel des jugements des juges de paix aux Tribunaux civils sont sujettes à un droit fixe de 5 fr. — V. *suprà*, n° 872.

937. Il est indifférent, pour la perception du droit, que le jugement dont est appel soit interlocutoire ou définitif (Instr. 436, § 6.). V. *Pluralité de droits*, note 178.

938. ARBITRAGES. V. *infrà*, *Arrêts*, *Jugements*.

939. ARRÊTS INTERLOCUTOIRES OU PRÉPARATOIRES. Les *arrêts interlocutoires* ou *préparatoires* rendus par les *Cours Royales*, lorsqu'ils ne sont pas susceptibles d'un droit plus élevé, et les *ordonnances* et *actes* désignés dans les n°s 6 et 7, § 2 de l'art. 68 de la loi du 22 frimaire an VII devant les *mêmes Cours*, sont sujets au droit fixe de 5 fr. V. *suprà*, n° 873-6° (*a*).

940. L'arrêt interlocutoire est celui qui ordonne une preuve, une vérification ou une instruction, qui préjuge le fond (Proc. civ. 1152). V. la note 75.

941. L'arrêt préparatoire est celui rendu pour l'instruction de la cause et qui tend à mettre le procès en état de recevoir jugement définitif (*Idem*). V. la note 75.

942. COMMISSAIRES DU DIRECTOIRE EXÉCUTIF (Maintenant les magistrats du ministère public). V. *suprà*, n° 939 et la note *a* au bas de la présente page.

943. COMMUNICATION DE PIÈCES. Les actes de communication de pièces, avec ou sans déplacement, passés aux greffes des cours royales, sont sujets au droit fixe de 5 fr. V. *sup. Arrêts*, n° 939 et la note *a* au bas de la présente page.

944. COMPULSOIRE. V. *infrà*, *Ordonnances*, n° 1010.

945. CONTRATS DE MARIAGE. *Les contrats de mariage qui ne contiennent d'autres dispositions que les déclarations, de la part des futurs, de ce qu'ils apportent eux-mêmes en mariage et se constituent, sans aucune stipulation avantageuse entre eux, sont sujets au droit fixe de 5 fr.* (Loi du 22 frimaire an VII, art. 68, § 3, n° 1. V. *suprà*, n° 87-3°).

INDICATION ALPHABÉTIQUE :

(*a*) Extrait de la loi du 22 frimaire an VII.

Art. 68, § 2, actes sujets à un droit fixe de 2 fr.

1°... 2°... 3°... 4°... 5°... — 6° Les ordonnances des juges des *tribunaux civils*, rendues sur requêtes ou mémoires, celles de référé, de compulsoire et d'injonction, celles portant permission de saisir-gager, revendiquer ou vendre, et celles des commissaires du directoire exécutif (*maintenant les magistrats remplissant le ministère public*), dans les cas où la loi les autorise à en rendre; — Les actes et jugements préparatoires ou d'instruction de ces tribunaux et des arbitres, portant acquiescement, dépôt, décharge, désaveu, exclusion de tribunaux, affirmation de voyage, opposition à remise de pièces, enchères, surenchères, renonciation à communauté, succession ou legs (*il est dû un droit pour chaque renonçant*), reprise d'instance, communication de pièces sans déplacement, affirmation et vérification de créances, opposition à délivrance de jugement.

7° Les ordonnances sur requêtes ou mémoires, celles de réassigné, et tous actes et jugements préparatoires ou d'instruction des tribunaux de commerce; — et les actes passés aux greffes des mêmes tribunaux, portant dépôt de bilan et registres, opposition à publication de séparation, dépôt de sommes et pièces, et tous autres actes conservatoires ou de formalité.

946. Ce droit est dû indépendamment de ceux qui résultent des dispositions donnant lieu au droit proportionnel (Loi du 22 frimaire an VII, art. 11). V. *suprà*, n°s 428 et suiv.).

947. La déclaration faite dans un contrat de mariage, que les époux adoptent le régime de la communauté ou le régime dotal, étant de l'essence de ce contrat, ne donne pas ouverture à un droit particulier (Instr. 290, § 16).

948. Il en est de même de la stipulation portant que les futurs seront associés aux acquêts (Délib. 15 juin 1827; Rol. 1960; Contr. 1444).

949. Les contrats de mariage qui ne contiennent que les déclarations d'apports, les stipulations de communauté de biens, et toutes autres clauses qui, en formant le pacte de famille et de société entre les conjoints, ne peuvent être considérées comme des dispositions de libéralité au profit des futurs, de leurs parents ou autres, ne sont sujets qu'à un seul droit fixe de 5 fr. — L'établissement de communauté entre les futurs fait partie du contrat et n'opère pas un droit particulier (Déc. min. Fin. 5 complément. an X. — Journ. enreg. 1283).

950. On ne peut considérer comme un contrat de mariage l'acte notarié où, après avoir fait mention du mariage projeté entre les parties, on stipule une donation mutuelle en vue du mariage, sans clause d'apport ni établissement ou exclusion de communauté. Cet acte n'est donc passible que du droit fixe de 5 fr. pour la donation (Délib. 19 juin 1829; Journ. enreg. 9365; Contr. 1852; Rol. 2571).

951. Lorsque deux contrats de mariage successivement résiliés avant la célébration, sont suivis d'un troisième, les droits ne sont exigibles que sur les dispositions de ce dernier contrat, sans qu'il y ait lieu de réclamer la réintégration de ceux qui ont été restitués sur les contrats antérieurs. Le seul cas où les droits remboursés sur un contrat de mariage résilié pourraient être réclamés par l'administration de l'enregistrement, serait celui où les futurs, sans faire un nouveau contrat, déclareraient s'en tenir à celui qu'ils avaient passé : cette déclaration ferait nécessairement revivre cet acte et donnerait ouverture à la poursuite des droits dont cet acte avait été passible (Déc. min. Fin. 13 août 1819; Journ. enreg. 6303).

952. La stipulation qu'un immeuble acquis par le futur deux ans avant le contrat sera réputé faire partie de la communauté, sous la condition que la future paiera, soit sur ses propres, soit sur sa part des bénéfices de la communauté, la moitié du prix de cette acquisition, ne donne ouverture à aucun droit. C'est une sorte d'ameublissement ou une association du genre de celles dont il est parlé *sup.* n°s 912, 920 (Sol. 23 juill. 1812; Journ. enreg. 4268).

953. Lorsqu'un contrat de mariage contient une disposition qui attribue soit une part plus forte que la moitié, soit la totalité de la communauté au survivant, c'est une convention de mariage autorisée par l'art. 1525 du C. civ., et qui n'est passible d'aucun droit.

954. Lorsqu'il est stipulé que, si la future prédécède, ses héritiers ne pourront demander qu'une somme fixe au futur pour leur part dans les biens communs, et que si le futur meurt le premier, la future aura le droit de réclamer à son choix, ou ladite somme, ou la totalité du mobilier de la communauté, il n'y a pas lieu de percevoir de droit parti-

culier pour cette stipulation (Délib. 20 sept. 1826; Journ. Enreg. 8377; Contr. 1213; Rol. 1461).

955. Lorsque, sous le régime dotal, le mari est chargé d'administrer les biens que la future s'est constitués en dot, et que celle-ci lui donne le pouvoir de les aliéner sans être astreint à faire emploi du prix, il n'y a pas lieu de percevoir le droit de pouvoir, parce que cette clause étant irrévocable, doit être considérée comme une convention de mariage (Délib. 17 novembre 1826; Instr. 1203., § 4).

956. La stipulation d'un contrat de mariage, portant que la propriété des meubles apportés par la future se trouve transférée au futur moyennant une somme à reprendre sur le futur ou sa succession, ne donne pas lieu au droit de vente même sous le régime dotal (Code civ. 1551; Déc. min. Fin. et Just. 12 et 22 mai 1810; Inst. 481). Délib. 4 mai 1821; Contr. 356; Rol. 289.

957. Mais lorsque, sous le régime dotal, la future se constitue une somme déterminée *qu'elle paie* en meubles et en immeubles *estimés*, le droit de vente est dû sur cette constitution, parce qu'il ne s'agit pas de meubles ou d'immeubles *constitués en dot*, mais d'une dation en paiement de la dot spécifiée en numéraire. A cet égard l'arrêt ci-après s'est appuyé des lois romaines d'après lesquelles l'estimation des immeubles donnés en paiement d'une dot constituée en argent, valait vente, à moins de convention *expresse* que les biens ainsi constitués seraient rendus en nature (Cass. 1er mars 1809, Sir. 10, 1, 121; Rol. 2064). V. *sup.*, *Actes de société* n° 907, et *inf.* *Dispositions éventuelles* nos 963 et suiv.

958. COURS ROYALES. Les actes qui ont lieu devant les Cours Royales et qui sont désignés *sup.* n° 873-6°, 939 et en la note *a* qui est au bas de la page 132, sont sujets au droit fixe de 5 fr. (Art. 45 de la loi du 28 avril 1816, rapporté audit n° 873). V. *sup.*, *Arrêts*, n° 939 et la note *a* qui se trouve au bas de la page.

959. DÉCHARGES. V. *Idem.*

960. DÉCLARATIONS D'APPEL. V. *sup.*, *Appel*, nos 936, 937.

961. DÉPOT. Les dépôts de bilan et registres, de sommes et pièces, faits aux greffes des Cours Royales, sont sujets au droit fixe de 5 fr. V. *sup. Arrêts* n° 939 et la note *a* au bas de la page 132.

962. DÉSAVEU. V. *Idem.*

963. DISPOSITIONS ÉVENTUELLES OU A CAUSE DE MORT. *Les testaments et tous autres actes de libéralité qui ne contiennent que des dispositions soumises à l'événement du décès, et les dispositions de même nature qui sont faites par contrat de mariage entre les futurs ou par d'autres personnes, sont soumises au droit fixe de 5 fr.* (Art. 45 de la loi du 28 avril 1816). V. *sup.* n° 873-4°.

INDICATION ALPHABÉTIQUE :

964. Les donations entre époux, faites pendant le mariage, quoique qualifiées entre-vifs, n'étant, à raison de leur révocabilité, que des donations à cause de mort, sont, à ce titre, et de même que les testaments, dispensés de la formalité de l'enregistrement pendant la vie du donateur (Cass. 22 janv. 1838, Sir. 38, 1, 132) — et quand ces donations n'ont point été révoquées, elles sont sujettes au droit fixe de 5 fr. dans les 3 mois du décès du donateur, et ne dispensent pas du paiement du droit proportionnel dans les six mois (Inst. 5 fructid. an XIII, Sir. 5, 2, 282).

Sous l'empire de la loi du 5 décembre 1790, les dons mutuels entre époux n'étaient aussi soumis à l'enregistrement qu'après le décès du premier mourant des époux (Cass. 20 juillet 1836 aff. Pellegrin, Sirey 36, 1, 671).

965. Les avantages stipulés par contrat de mariage en faveur de l'un des époux, dans le partage futur de la communauté (Code civil 1525), ne peuvent être considérés comme des *donations* ou *libéralités* éventuelles, et en conséquence ne donnent pas ouverture au droit fixe de 5 fr. — Tel est le cas d'une stipulation d'usufruit en faveur de l'un des époux, sur des immeubles que l'autre époux fait entrer dans la communauté par une clause d'ameublissement (Code civil 1507), et à l'égard desquels il renonce à la faculté de retrait que lui accorde l'art. 1509 du même Code (Cass. 26 décembre 1831 aff. Desabes, Sirey 32, 1, 119).

966. Le partage de ses biens *présents*, fait par un père, avec réserve d'usufruit en sa faveur et stipulation que les enfants paieront des dettes existantes à son décès, doit être réputé, non une *donation entre-vifs*, mais une *donation à cause de mort*, non sujette au droit proportionnel avant la mort du père (Cass. 14 juillet 1807 aff. Mercier, Sirey 7, 1, 374).

967. La donation d'une somme fixe, payable après le décès du donateur, soit en argent comptant, soit en effet de son hoirie, n'est pas passible immédiatement du droit établi pour les mutations d'immeubles : ce droit ne peut être perçu qu'au décès du donateur s'il y a réellement alors mutation d'immeubles. (Cass. 13 juin 1808 aff. Bernard, Sirey 8, 1, 416).

968. Mais la clause portant que les père et mère donnent à leur fils une somme d'argent dont ils se dessaisissent dès

20

ce moment, sur les plus clairs et apparents biens qu'ils possèdent, est passible du droit de mutation, comme donation entre-vifs. — Peu importe que la somme soit exigible seulement après le décès des donateurs, non productive d'intérêts et qu'aucune sureté ne soit donnée pour le paiement : il n'y a pas moins transmission de la propriété au donataire (Cass. 8 juillet 1822, aff. Petit de Beauverger, Sirey 22, 1, 434).

969. Lorsque le donateur déclare se dessaisir *actuellement* et irrévocablement, il y a aussi donation entre-vifs, encore bien que la somme donnée ne soit payable qu'après décès, qu'il n'y ait aucune espèce de tradition réelle, ni de garantie réelle pour le donataire, ni d'empêchement au donateur de faire disparaître tout son avoir (Av. Cons. d'Et. 22 déc. 1809 (*a*) ; Cass. 23 mars 1825, aff. Astruc, Sir. 26, 1, 15).

970. Le droit de mutation sur une donation *de biens présents et à venir*, faite par contrat de mariage avec réserve d'usufruit, n'est dû qu'au moment du décès du donateur (Cass. 28 janvier 1819, aff. Maniglier, Sirey 19, 1, 262).

971. Pareille donation (de biens présents et à venir), si elle ne confère aucun droit de *jouissance actuelle* au donataire, ne comporte qu'un droit fixe d'enregistrement, alors même qu'il y est dit que le donataire pourra disposer actuellement de la nue-propriété. — En un tel cas, la faculté de *disposer à l'instant* de la nue-propriété d'un immeuble donné, n'équivaut pas à la faculté de *jouissance actuelle*, dans le sens de l'avis du Conseil d'Etat du 22 décembre 1809 (Cass. 15 fév. 1830, aff. Ducayla, Sirey 30, 1, 77). V. *inf.* nos 973, 974.

972. Lorsqu'à une *donation de biens présents et à venir*, faite par contrat de mariage, il n'a pas été annexé un état des dettes et charges actuelles du donateur, aux termes de l'article 1084 du Code civil, le donataire ne pouvant réclamer que les biens existants à l'époque du décès (Code civ. 1085), il s'en suit que le donataire n'est saisi actuellement que d'une expectative éventuelle, et que la donation n'est point passible (avant le décès) d'un droit proportionnel comme pour *mutation actuelle* (Cass. 17 mai 1815, aff. Bruquières, Sirey 15, 1, 349).

973. Dans le cas posé au no qui précède, la solution est la même, lorsque le donataire *n'est pas mis en jouissance des biens*, parce qu'il n'y a pas transmission actuelle de la propriété ; peu importe d'ailleurs qu'il soit déclaré dans l'acte qu'il n'existe ni dettes ni charges, et que cependant il en existe (Cass. 14 mai 1823, aff. Mieussens, Sirey 23, 1, 255).

974. Il en est de même d'une donation de biens *présents et à venir*, faite par contrat de mariage au profit des époux ; quoique stipulant une réserve d'usufruit au profit du donateur, et quoique accompagnée d'un état des dettes, une telle donation n'est pas *transmissible* de propriété ou de nue-propriété, pas même en ce qui touche les biens présents, si elle ne met les donataires *en jouissance* immédiate d'aucun des objets donnés. Cette donation pouvant devenir caduque au cas prévu par l'art. 1089, doit par cela même être réputée éventuelle et ne donner lieu à l'époque du mariage qu'au droit fixe de 5 fr. (Cass. 1er décembre 1829, aff. Mompontel, Sirey 30, 1, 27).

975. L'obligation contractée par le père, dans le contrat de mariage de son fils, de lui payer *telle* somme, dans le cas où les futurs époux ne pourraient co-habiter avec lui, est soumise au droit proportionnel de 62 cent. et 1/2 p. 0/0, parce que c'est là une obligation subordonnée à une condition potestative qu'on ne peut assimiler aux dispositions purement éventuelles soumises au droit fixe de 5 fr. (Cass. 18 avril 1821, aff. Gervais, Sirey, 22, 1, 12).

976. Les donations de biens immeubles, stipulées avec réserve d'usufruit et à charge de retour, ne peuvent être considérées comme des dispositions soumises à l'événement du décès, elles donnent donc ouverture au droit proportionnel (Cass. 12 nivôse an XIII, aff. Bazin, Sir. 5, 2, 459).

977. La donation par contrat de mariage de tous les biens qui pourront appartenir au donateur lors de son décès, à l'effet de quoi le donataire est institué irrévocablement son seul et unique héritier, constitue, quelle que soit d'ailleurs la qualification que lui aient attribuée les parties, non une donation entre-vifs, mais une donation à cause de mort (Cass. 23 mars 1840, Sirey 40, 1, 333).

978. De même, la donation d'un immeuble sous réserve d'usufruit faite par contrat de mariage au profit de leur enfant, par un père et une mère, chacun en leur succession, pour recueillir cet immeuble en l'état où ils le laisseront au moment de leur décès, ne constitue qu'une donation à cause de mort, sans déssaisissement actuel, bien que l'immeuble soit dit donné en toute propriété au donataire et aux siens, et que les donateurs se soient interdit de le vendre ou hypothéquer. En conséquence, une telle donation n'est pas passible du droit proportionnel de mutation, avant le décès des donateurs (Cass. 20 nov. 1833, Sirey 33, 1, 851).

979. La donation par contrat de mariage d'une somme déterminée, payable après le décès du donateur, et qui, jusque là, produira une rente annuelle, avec stipulation du droit de retour en cas de prédécès du donataire et de sa postérité, constitue une véritable donation *entre-vifs*, et non une simple donation éventuelle ou *à cause de mort* ; peu importe qu'aucune hypothèque n'ait été stipulée sur ses biens par le donateur pour garantie de la donation, cette circonstance et celle du terme apposé au paiement de la somme donnée, ne changent pas la nature de l'acte ;

(*a*) Le Conseil d'Etat, qui, d'après le renvoi ordonné par S. M., a entendu le rapport des sections des finances et de législation sur celui du ministre des Finances, présentant la question de savoir si, dans une donation de *biens présents et à venir*, faite par contrat de mariage, le droit proportionnel d'enregistrement est dû pour les biens présents, *lorsqu'il est stipulé que le donataire entrera de suite en jouissance* ; vu 1o l'art. 4 de la loi du 22 frimaire an VII ; 2o les art. 1084, 1085, 1089 et 1090 du C. civ. ; vu les observations de l'administration des domaines et de l'enregistrement ; considérant 1o qu'aux termes de l'art. 4 de la loi du 22 frimaire an VII, le droit proportionnel d'enregistrement est dû lorsqu'il y a transmission réelle de propriété, d'usufruit ou de jouissance ; que le droit de retour, en cas de survie de la part du donateur, conformément à l'art. 1089 du code, ni la réduction à la quotité disponible, aux termes de l'art. 1090, n'empêchent pas que la jouissance qui serait accordée de suite par le contrat de mariage ne soit une véritable mutation et conséquemment passible du droit proportionnel, est d'avis que pour les donations de biens présents et à venir, faites par contrat de mariage, soit qu'elles soient faites cumulativement ou par des dispositions séparées, le droit proportionnel est dû pour les biens présents, toutes les fois qu'il est stipulé que le donataire *entrera de suite en jouissance*.

en conséquence une telle donation est soumise au droit proportionnel d'enregistrement (Cass. 8 décembre 1831, Sir. 32, 1, 192).

980. Mais la donation d'une certaine somme *à prendre sur les plus clairs biens de la succession* du donateur, bien que qualifiée *entre-vifs*, doit cependant être considérée comme une donation à cause de mort n'emportant pas dessaisissement actuel au profit du donataire; alors surtout qu'aucune hypothèque n'étant conférée par le donateur pour sûreté de la somme donnée, celui-ci conserve jusqu'à son décès la libre disposition des biens sur lesquels la donation doit être prise. En conséquence pareille donation n'est sujette qu'au droit fixe de 5 fr. (Cass. 5 nov. 1839, Sir. 39, 1, 844).

981. Les donations entre époux faites pendant le mariage étant révocables, même quand il est exprimé que le dessaisissement est actuel, ne sont sujettes qu'au droit fixe de 5 fr. (Délib. 17 mai 1833; - 11 fév. 1834, Rol. 4739).

982. La donation par une femme autorisée de son mari, à la nièce de celui-ci, de la part lui revenant dans les acquêts de communauté, est passible du droit fixe de 5 fr. comme donation éventuelle (Agen, 21 mai 1836; Rol. 5167).

983. L'acte par lequel des père et mère donnent à leurs enfants une somme payable, *lors de l'établissement par mariage ou autrement* de leurs petits-enfants, c'est-à-dire des enfants des donataires, n'est passible que du droit fixe, comme donation conditionnelle et non à terme, quoique la donation soit faite entre-vifs et avec clause de retour (Cass. 14 décembre 1810; Rol. 6115).

984. Lorsque trois personnes, possédant en commun un immeuble, se font donation mutuelle et irrévocable au survivant d'eux chacun du tiers indivis, pour n'entrer en jouissance qu'au décès de chaque donataire, cette donation est éventuelle (Sol. 3 déc. 1834, Rol. 4675).

985. Le droit fixe de 5 fr., comme donation éventuelle, n'est pas exigible sur la clause d'un contrat de mariage portant que le père de la future lui fait donation d'un immeuble dont il se réserve la jouissance *pendant sa vie et celle de sa femme*. Pour l'exigibilité du droit il faudrait que la réserve fût faite *au profit* de la femme (Déc. min. Fin. 12 janv. 1836, Rol. 4974), et en *termes positifs;* car si, dans une donation entre-vifs par deux époux d'immeubles propres à l'un d'eux, il était stipulé que le donataire n'entrerait en jouissance qu'au décès du survivant des donateurs qui s'en réservent l'usufruit pendant leur vie et celle du survivant d'eux, la donation éventuelle ne serait point assez caractérisée pour autoriser la perception du droit fixe, n'étant point acceptée par le donataire (Jug. d'Epernay, 3 février 1837, Rol. 5229).

986. La clause appelée *promesse d'égalité* par laquelle des père et mère assurent à leur enfant, par contrat de mariage, une part héréditaire égale à celle des autres enfants, ou promettent de ne point avantager ces derniers, donne ouverture au droit fixe de 5 fr. (Solut. 8 déc. 1835; Inst. gén. 21 juin 1836, nº 1515, § 1; Rol. 5015). Cependant il a été décidé que la clause par laquelle les pères et mères des futurs *renoncent à avantager directement ou indirectement leurs autres enfants au préjudice des futurs, au-delà d'une somme déterminée*, ne donne pas ouverture au droit de

5 fr., parce que les donateurs ne s'étant point interdit le droit de disposer de la quotité disponible au profit d'autres personnes, l'institution n'a point le caractère d'irrévocabilité que veut la loi ni celui de libéralité soumise à l'événement du décès (Jugement de Bourbon-Vendée, 5 février 1839; Rol. 5790).

987. Les testaments et autres actes de libéralité à cause de mort doivent être enregistrés dans les trois mois du décès des testateurs au droit fixe de 5 fr. (V. *suprà* nº 965), sous peine du double droit pour les testaments déposés chez les Notaires ou reçus par eux, de sorte que les testaments olographes non déposés n'y sont point sujets (Loi du 22 frim. an VII, art. 21, 22, 23 et 38 combinés) V. *suprà*, nºˢ 83 et suiv., 115, 964.

988. Les dispositions par actes entre-vifs ou testamentaires à charge de restitution devant être, à la diligence, soit du grevé, soit du tuteur nommé pour l'exécution, rendues publiques quant aux immeubles par la transcription des actes sur les registres des hypothèques du bureau de la situation (Code civil 1069); et d'un autre côté, l'article. 54 de la loi du 28 avril 1816, portant, « que dans tous les cas où les actes seront de nature à être transcrits au bureau des hypothèques, le droit sera augmenté d'*un et demi p.* 0/0, et la transmission ne donnera plus lieu à aucun droit proportionnel; » il résulte de la combinaison de ces deux articles que les actes de l'espèce doivent subir, lors de l'enregistrement, le droit additionnel de transcription, à l'effet de quoi la partie doit être appelée à déclarer la valeur des biens grevés de la charge de restitution (Délib. 22 avril - 3 mai 1836; jugements de Coulommiers, 7 oct. 1837; de Senlis, 12 juin 1838; de la Seine, 18 juin 1840 et 21 juin 1841; Rol. 5110, 5431, 5730, 6033, 6234).

989. Lorsque le légataire a renoncé à son legs, il n'est pas tenu d'acquitter les droits d'enregistrement du testament, quoique sa renonciation soit postérieure de plus de trois mois au décès du testateur (Délib. 6 déc. 1836 — 17 janvier 1837 (Rol 5169), explicative d'un arrêt de la Cour de Cass. du 26 février 1823, où il est dit que, *d'après l'existence du testament, le légataire est, par rapport à l'exigibilité des droits, légalement présumé vouloir profiter de la libéralité faite en sa faveur, jusqu'à ce qu'une renonciation formelle de sa part au bénéfice de cette libéralité, vienne détruire cette présomption légale*).

990. Le Notaire qui présente à l'enregistrement un testament par lui reçu, n'est pas tenu de présenter un certificat d'existence et d'individualité du testateur s'il existe, ni l'acte de décès s'il est mort; sa déclaration suffit, sauf à en vérifier l'exactitude (Déc. min. Fin. 16 nov. 1812; Journ. Enreg. 4308).

991. On ne peut exiger l'enregistrement d'un testament *caduc*, par exemple, de celui qui porte uniquement legs de la portion disponible, si, lors du décès du testateur, le légataire était son seul héritier naturel, parce qu'alors le testament devient sans objet (Sol. 13 juin 1832); Rol. 3760). Mais quand le droit a été perçu, il n'est pas restituable, quoique le legs soit caduc et le testateur vivant (délib. 9 déc. 1834; Rol. 4917).

992. Les receveurs sont autorisés à provoquer devant les tribunaux l'ouverture des testaments clos et inscrits aux répertoires des Notaires, en prouvant que les testateurs

sont décédés depuis plus de trois mois (Jugem. de Tarbes, 6 floréal an VII; délib. 26 vendém. an VIII et 17 déc. 1832; Rol. 3978, Contr. 2630). — V. *suprà*, *Contrat de mariage*, nos 945 et suiv.

993. DISSOLUTION DE SOCIÉTÉ. V. *suprà*, *Actes de société*, no 907 et suiv.

994. DIVORCE. V. *infrà*, *Séparation de corps et de biens*, no 1030.

995. DONATIONS ÉVENTUELLES OU A CAUSE DE MORT. V. *suprà*, *Dispositions éventuelles*, nos 963 et suiv.

996. ENCHÈRES, V. *suprà*, *Arrêts*, no 939.

997. EXCLUSION DU TRIBUNAL. V. *suprà*, *Arrêts*, no 939.

998. EXPLOITS DEVANT LA COUR DE CASSATION ET LES CONSEILS DU ROI. Les exploits et autres actes du ministère des huissiers, relatifs aux procédures devant la Cour de Cassation et les Conseils du Roi, jusques et y compris les significations des arrêts définitifs, le premier acte de recours étant excepté, sont sujets au droit fixe de 3 fr. (Art. 45 de la loi du 28 avril 1816). V. *sup.*, no 873 - 1o.

999. GREFFES DE COURS ROYALES. Les actes passés aux greffes des Cours Royales qui sont énumérés en l'article 68, § 2, no 7, alinéa 2, rapporté *sup.* en la note *a* qui est au bas de la page 152, sont sujets au droit fixe de 5 fr. (Art. 45 de la loi du 28 avril 1816). V. *sup.*, no 873.

1000. INJONCTION. V. *infrà*, *Ordonnances*, no 1010.

1001. INTERLOCUTOIRES. V. *suprà*, *arrêts*, no 939 *et infrà*, *Séparation*, no 1030.

1002. JUGEMENTS. Les jugements des Tribunaux civils prononçant sur l'appel des juges de paix; ceux desdits Tribunaux et des Tribunaux de commerce ou d'arbitres rendus en premier ressort, contenant des dispositions définitives qui ne donneraient pas lieu à un droit plus élevé, sont sujets au droit fixe de 5 fr. (Art. 45 de la loi du 28 avril 1816). V. *suprà*, no 873 - 5o.

1003. Il résulte de cet article que les jugements qui prononcent sur l'appel des juges de paix et ceux qui statuent en premier ressort, sont les seuls qui doivent être enregistrés au droit fixe de 5 fr. — Tous les autres jugements restent soumis au droit fixe de 3 fr. (Déc. min. Fin. 4 oct. 1816, Instr. 758).

1004. Lorsqu'un jugement non sujet au droit proportionnel n'est pas qualifié dans son dispositif, c'est dans la définition donnée par les lois qu'il faut prendre la règle de perception, mais lorsque le dispositif porte qu'il est rendu en premier ou en dernier ressort, cette qualification formelle, qu'il n'appartient pas aux préposés de critiquer, doit servir de base à la perception du droit de 5 fr. ou de 3 fr.; et comme cette perception est régulière, elle ne peut donner lieu à réclamation lors même qu'il serait établi plus tard que la qualification était erronée (Délib. 25 janv. 1831; Instr. 1370, § 5; Rol. 3164).

1005. Pour connaître la différence qui existe entre un jugement définitif et un jugement interlocutoire ou préparatoire, on doit consulter la note 75 et se reporter à ce que nous avons dit *suprà*, nos 949 et 941.

Toutefois les exemples suivants pourront être pris pour règle. Ainsi, doivent être considérés comme sujets au droit fixe de 5 fr. parce qu'ils contiennent des dispositions définitives :

1o Les jugements des Tribunaux de commerce qui portent nomination de commissaires, agents ou syndics provisoires de faillite ou qui prorogent leurs fonctions (Délib. 22 mai 1824; Rol. 921).

2o Le jugement qui autorise une femme mariée à ester en justice, parce qu'il a pour objet, non l'instruction du procès, mais une demande préalable au procès, sur laquelle le Tribunal statue définitivement (Sol. 11 sept. 1832; Rol. 3841).

3o Les jugements qui ordonnent l'enregistrement et la transcription au greffe de lettres patentes instituant un majorat (Instr. 427).

4o Ceux qui prononcent la récusation des juges de paix (Instr. 436, §. 8).

5o Les jugements d'homologation, parce qu'ils valident des actes quelconques (Délib. 3 juill. 1822; Rol. 347).

6o Les jugements contenant nomination d'experts, lorsqu'ils statuent que les droits des parties seront, définitivement et sans l'intervention ultérieure du Tribunal, fixés par le procès-verbal d'expertise (Déc. min. Fin. 5 nov. 1811).

7o Les jugements sur requête qui commettent un Notaire pour représenter des absents dans une succession, attendu que ces jugements ne peuvent être réformés que par voie d'appel (Sol. 13 déc. 1830; Rol. 3169).

8o Les actes en forme de jugement rédigés au bas des requêtes, lorsqu'ils sont définitifs quant à leur objet. (Sol. 19 mars 1812).

V. *Séparation de corps et de biens*, no 1030.

1006. MÉMOIRES. V. *inf.*, *Ordonnances*, no 1010.

1007. OPPOSITION A REMISE DE PIÈCES. V. *suprà*, *Arrêts*, no 939 et la note *a* au bas de la page 152.

1008. OPPOSITION A PUBLICATION DE SÉPARATION. V. *Idem*.

1009. OPPOSITION A DÉLIVRANCE DE JUGEMENT. V. *Idem*.

1010. ORDONNANCES SUR REQUÊTES OU MÉMOIRES. Sont sujettes au droit fixe de 5 franc les ordonnances des juges de Cours royales, rendues sur requêtes ou mémoires, celles de référé, de compulsoire et d'injonction, celles portant permission de saisir-gager, revendiquer ou vendre, et celles des commissaires du Directoire exécutif (maintenant les magistrats chargés du ministère public) dans les cas où la loi les autorise à en rendre (Art. 45 de la loi du 28 avril 1816, no 6, et art. 68, § 2, no 6 de la loi du 22 frimaire an VII). V. *sup.*, no 873 et la note *a* au bas de la page 152.

1011. PARTAGES. Sont sujets au droit fixe de 5 francs les partages de biens meubles et immeubles entre *co-propriétaires*, à quelque titre que ce soit, *pourvu qu'il en soit justifié* (Art. 45 de la loi du 28 avril 1816). V. *sup.*, no 873-3o.

1012. Mais les partages de biens entre l'État et des particuliers doivent être enregistrés *gratis*. V. *sup.*, no 340.

1013. Les actes de liquidation et partage de succession qui établissent la masse partageable, ne sont sujets qu'au droit fixe de 5 fr., même quand ces actes sont faits par des juges et des arbitres (Sol. 11 floréal an XII, Journ. Enreg. 1737).

1014. Il n'est dû qu'un seul droit, quel que soit le nombre des successions partagées, pourvu que le partage en soit fait entre les mêmes *co-héritiers* et par un seul et même acte (Sol. 8 germinal an VIII, Journ. Enreg. 426), d'où il suit qu'il y a lieu à pluralité de droits quand, dans un même acte, des successions différentes sont partagées entre des individus qui, dans une opération, ne sont pas les mêmes que dans une autre, parce qu'alors on ne se trouve pas dans l'exception qui résulte de la loi. V. *suprà*, nº 1011 (Jug. de Pithiviers, 12 janvier 1837, Journ. Enreg. 11,704).

1015. Cependant le partage de la succession d'un époux prédécédé contenant en même temps celui de la communauté qui a existé entre le survivant, n'est sujet qu'à un seul droit fixe, parce que l'ensemble de ces opérations forme un tout indivisible (Délib. 29 mars 1833; Contr. 2693; Rol. 4109); mais si l'acte porte partage de la succession du mari entre les enfants seulement et que le survivant n'y prenne point part, il est alors dû deux droits fixes (Journ. Enreg. 9276).

1016. Lorsqu'un partage est fait en autant de doubles que de lots, il donne ouverture à autant de droits fixes de 5 fr. qu'il y a de doubles ou d'actes séparés, parce que chacun de ces doubles constitue un acte dont l'enregistrement ne peut avoir lieu sans qu'il acquitte le droit fixe auquel il est tarifé (Sol. 24 juin 1826; Rol. 3441).

1017. Lorsque le titre en vertu duquel on procède au partage n'est point énoncé, on ne se trouve point alors dans les conditions exigées par la loi pour qu'il n'y ait lieu qu'à la perception du droit fixe (V. *suprà*, nº 1011). Cependant si la régie de l'enregistrement n'a pas contesté, en première instance, l'existence de la société énoncée dans l'acte de partage, elle n'a pas de motifs pour attribuer à ce partage, devant la Cour de Cassation, le caractère d'un acte d'aliénation (Cass. 9 mars 1831; Contr. 2207; Rol. 3223).

Comme conséquence du principe posé en l'article qui précède, il y a lieu d'appliquer le droit proportionnel et non le droit fixe :

1º Sur un acte de partage de biens parmi lesquels il s'en trouve qui avaient été adjugés *à un tiers*, lequel intervient à l'acte pour déclarer qu'il n'a aucun droit sur ces biens, attendu qu'ils avaient été acquis pour le compte des copartageants. Dans ce cas on doit percevoir le droit proportionnel applicable à la cession qui résulte de la déclaration, indépendamment du droit fixe de 5 fr. qui s'applique aux autres biens (Cass. 9 fructidor an XII).

2º Sur l'acte par lequel, après une acquisition faite en commun, deux particuliers se partagent l'immeuble inégalement pour la valeur. Dans ce cas, on est autorisé à en conclure qu'il existe une cession jusqu'à concurrence du montant de la différence (Cass. 2 mai 1808).

3º Sur un acte sous seing-privé, dans lequel le nouveau possesseur a paru comme exerçant, en qualité d'acquéreur, les droits de l'un des co-héritiers (Cass. 17 février 1813).

4º Sur un partage fait, par le premier propriétaire, de biens qu'il avait précédemment aliénés (Cass. 17 août 1813).

5º Sur l'acte par lequel les enfants se partagent entre eux des biens-fonds qui appartiennent à leur père encore vivant. On doit alors supposer un abandon de la part du père à ses enfants, et ceux-ci peuvent être poursuivis pour le paiement du droit, quoiqu'ils allèguent que le père n'a point concouru au partage (Cass. 13 avril 1814).

1018. Mais lorsque les biens d'une succession où il y a cinq héritiers sont divisés entre quatre d'entre eux, lesquels se chargent de contribuer à l'entretien du cinquième, notoirement en état de démence, et qui par ce motif ne peut figurer à l'acte, on ne peut induire une mutation d'un pareil partage (Délib. 14 mars 1818; Journ. Enreg. 6037).

1019. PLURALITÉ DE DROITS. V. la note 178.

1020. POURVOI EN CASSATION ET EN CONSEILS DU ROI. V. *suprà*, *Exploits*, nº 998.

1021. PRÉPARATOIRES. V. *sup. Arrêts*, nº 939, *et inf.*, *Séparation* nº 1030.

1022. RÉASSIGNATION. V. *sup. Arrêts*, nº 939 et la note *a* au bas de la page 152.

1023. RECONNAISSANCE D'ENFANT NATUREL. Sont sujettes au droit fixe de 5 fr. les reconnaissances d'enfants naturels autrement que par acte de mariage (Art. 45 de la loi du 28 avril 1816). V. *sup.*, nº 873 - 7º.

1024. RECOURS. (ACTE DE). V. *sup. Exploits*, nº 998.

1025. RÉFÉRÉ. V. *sup.*, *Ordonnances*, nº 1010.

1026. REPRISE D'INSTANCE. V. *sup.*, *Arrêts*, nº 939, et la note *a* au bas de la page 152.

1027. REQUÊTE. V. *sup.*, *Ordonnances*, nº 1010.

1028. REVENDICATION. V. *sup.*, *Ordonnances*, nº 1010.

1029. SAISIE-GAGERIE. V. *sup.*, *Ordonnances*, nº 1010.

1030. SÉPARATION DE CORPS ET DE BIENS. Sont sujets au droit fixe de 5 fr. les *actes et jugements interlocutoires* ou *préparatoires* des divorces (Art. 45 de la loi du 28 avril 1816). V. *suprà*, nº 873 - 8º. — Ce qui s'applique maintenant aux séparations de corps et de biens comme remplaçant le divorce, aboli par la loi du 8 mai 1816.

1031. SIGNIFICATION D'APPEL. V. *sup.*, *Appel*, nº 936.

1032. SIGNIFICATION D'ARRÊTS. V. *suprà*, *Exploits*, nº 998.

1033. SOCIÉTÉ. V. *suprà*, *Actes de société*, nº 907 et suiv.

1034. SURENCHÈRE. V. *sup. Arrêts*, nº 939 et la note *a*.

1035. TESTAMENT. V. *suprà*, *Dispositions éventuelles*, nºs 963 et suiv.

1036. VÉRIFICATION. V. *sup.*, *Arrêts*, nº 939.

[19]

DU DÉCIME PAR FRANC OU SUBVENTION DE GUERRE.

1. *Il sera perçu à titre de subvention extraordinaire de guerre pour l'an* VII, *un décime par franc en sus des droits d'enregistrement, de timbre, hypothèque, droits de greffe, droits de voitures publiques, de garantie sur les matières d'or et d'argent, amendes et condamnations pécuniaires, ainsi que sur les droits de douane à l'importation, l'exportation et la navigation (loi du 6 prairial an* VII *art.* 1).

2. *La subvention établie par la présente loi sera perçue en même temps que le principal, et par les mêmes préposés, sans donner lieu à aucune retenue pour ceux-ci : il en sera compté par un article séparé (même loi art.* 2).

3. Le décime, qui est un accessoire du droit, participe au même privilége que le principal, et se poursuit par les mêmes voies (Inst. 31).

4. Cette contribution a été maintenue par le budget de chaque année avec quelques modifications que nous allons faire connaître dans le résumé suivant :

5. ACTE ANTÉRIEUR A LA LOI. Le décime est dû même pour les actes d'une date antérieure à la loi qui l'établit (déc. min. Fin. du 6 messidor an VII). V. *inf.* n° 12.

6. AMENDES. Le décime a été maintenu relativement aux amendes par les lois des 24 avril et 28 juin 1833, portant fixation des budgets de 1833 et 1834, et par les budgets postérieurs notamment celui de 1840 (art 8. de la loi du 16 septembre 1840). V. *inf.* n° 10.

7. Il s'étend : 1° sur la totalité des amendes, même sur celles dont une partie est dévolue au fisc, et l'autre partie est adjugée aux particuliers (Cass. 19 mars 1806, Sir. 20, 480; déc. min. Fin. 16 fructidor an VII et 16 vendémiaire an VIII). 2° et sur les amendes attribuées aux communes, (Inst. 24 ventôse an X).

8. AMENDES FORESTIÈRES. Il n'y a pas lieu à percevoir le décime sur les dommages-intérêts, prononcés en même temps que les amendes, notamment en matière de délits forestiers (Circ. de la rég. 2 fructidor an VII).

9. Il en est de même à l'égard des amendes prononcées contre les adjudicataires de coupes de bois, qui ne se libèrent pas à l'échéance (Inst. Gén. 24 messidor an XII).

10. CONDAMNATIONS PÉCUNIAIRES. Les condamnations pécuniaires sont sujettes au décime par franc, aux termes de l'art. 8 de la loi du 16 juillet 1840 ainsi conçu :

« *Continuera d'être faite pour* 1841, *conformément aux lois* » *existantes, la perception d'un décime par franc sur les droits* » *qui n'en sont point affranchis, y compris les amendes et* » *condamnations pécuniaires.* »

11. CONFISCATIONS. Les confiscations et dommages-intérêts ne sont point assujettis au décime par franc (Circ. 1643, 1719).

12. Il en est de même des forcements et erreurs de calcul relatifs à des perceptions antérieures à l'établissement du décime (Circ. 1591).

13. CONTREFAÇONS (DÉLITS DE). Les amendes pour délits de contrefaçons attribuées aux pauvres, sont sujettes à l'impôt du décime par franc (Jug. de la Seine, 16 juin 1841).

14. DOMMAGES ET INTÉRÊTS. V. *sup.* n°s 8, 11 et 12.

15. DOUANE (DROIT DE). Les droits de douane n'ayant été affranchis par aucune loi de l'impôt du dixième, il en résulte que ce droit doit être maintenu aux termes de l'art. 8 de la loi du 16 Juillet 1840, rapporté *sup.* n° 10.

16. ENREGISTREMENT. Le décime par franc a été maintenu suivant les lois rappelées *sup.* n°s 6 et 10 sur les droits d'enregistrement de tous les actes en général.

17. FEUILLES PÉRIODIQUES. La loi du 14 décembre 1830, ayant fixé le droit de timbre des journaux ou écrits périodiques en raison de la dimension, et ayant formellement abrogé la loi du 12 vendémiaire an VI, en ce qui concerne le droit de timbre sur les journaux ou feuilles périodiques, il en résulte que d'après la nouvelle loi la

subvention du décime sur le timbre des journaux est supprimée.

18. GARANTIE SUR MATIÈRES D'OR ET D'ARGENT. Le décime sur ces matières est maintenu par application de l'art. 8 de la loi du 16 juillet 1840 rapporté *sup.* n° 10.

19. GREFFE (DROITS DE). Le décime sur les droits de greffe est aussi maintenu par application de l'art. 8 de la loi du 16 juillet 1840 réglant le budget de 1841.

V. *inf. Secrétariat général*, n° 29.

20. HYPOTHÈQUE. Il en est de même des droits d'hypothèque sur lesquels le décime a été maintenu par la loi du 16 juillet 1840.

21. JOURNAUX. — V. *sup.* n° 17.

22. LIVRES DE COMMERCE. Les livres de commerce étaient assujettis au décime sur le droit de timbre, mais ils ont été affranchis de ce droit, et du décime par l'art. 4 de la loi de finances du 20 juillet 1837, ainsi conçu :

« A dater du 1er janvier 1838, il sera ajouté trois centimes additionnels au principal de la contribution des » patentes, pour tenir lieu du droit de timbre des livres » de commerce, qui en seront alors affranchis. Aucune » partie de ces centimes n'entrera dans le calcul de la » portion du droit des patentes qui est attribué aux communes. »

23. MAJORATS. Le décime par franc se perçoit sur les droits de timbre, d'enregistrement, de greffe, et d'hypothèque, relatifs aux majorats (Av. Cons. d'Etat, 13 septembre 1808, 12 janvier 1809).

24. ŒUVRES DE MUSIQUE. Ont été abrogés, à partir du 1er janvier 1841, l'art. 56 de la loi du 6 vendém. an 6, et l'art. 1er de la loi du 2 floréal suivant, qui assujettissaient au timbre les œuvres de musique (art. 3 de la loi de finances du 16 juillet 1840).

25. Mais les journaux et écrits périodiques consacrés à l'art musical, restent soumis au droit de timbre de dimension, conformément à l'art. 2 de la loi du 14 décembre 1830; toutefois ils en sont exempts, pourvu qu'ils ne paraissent qu'une fois par mois, ou à des intervalles plus éloignés, et contiennent au moins deux feuilles d'impression (Même art. de la loi du 16 juillet 1840).

V. *sup.* n° 17.

26. PÊCHE (DÉLIT DE). Le décime doit être perçu sur les amendes pour délit de pêche (Inst. 16 therm. an XII).

27. PORT-D'ARMES. Les permis de port-d'armes étaient sujets au décime par franc avant la loi de finances du 28 avril 1816, mais par l'art. 77 de cette loi, le droit a été réduit à 15 fr. sans addition du 10e.

28. POURVOI EN CASSATION. Il n'y a pas lieu de percevoir le décime pour franc sur l'indemnité de 150 fr. due au défendeur par le demandeur en cassation qui succombe (Déc. min. Fin. et Just. 2 septembre 1809).

29. SECRÉTARIAT GÉNÉRAL DU CONSEIL D'ÉTAT. Le décime par franc s'étend aux droits de greffe perçus, en vertu de l'art. 1er de l'ordonnance du Roi du 18 janvier 1826, par le secrétaire général du conseil d'Etat (art. 8 de la loi de Finances du 16 juillet 1840).

V. *suprà* Greffe, n° 19.

30. TIMBRE. Le décime par franc sur les droits du timbre employé pour les actes, les expéditions, copies ou extraits d'actes reçus par des Notaires, greffiers et autres dépositaires publics, pour les effets de commerce, les affiches, avis et annonces, n'a pas été maintenu.

Ces droits ayant été augmentés par les art. 62, 63, 64, 65 et 66 de la loi du 28 avril 1816, ne sont sujets à aucune autre augmentation aux termes de l'art. 67 de la même loi ainsi conçu :

« *La subvention du dixième ne sera point ajoutée aux droits de timbre énoncés aux cinq articles précédents.* »

31. VOITURES PUBLIQUES. Le décime sur le prix des places des voitures publiques a été supprimé par l'ordonnance du 27 avril 1814, et il n'a point été rétabli par la loi du 21 décembre suivant (Cass. 6 juillet 1818, Sir. 18, 1, 411).

32. Mais il y a lieu de le percevoir sur les amendes de contravention aux lois sur la police des routes, poids des voitures et roulage (Déc. min. Fin. du 21 octobre 1806. — Inst. 3 octobre 1807).

[20]

DES EXPLOITS, SIGNIFICATIONS OU NOTIFICATIONS, AJOURNEMENTS ET ASSIGNATIONS.

Division sommaire :

§ 1. DES DIVERSES ESPÈCES D'EXPLOITS ET DE LEUR SIGNIFICATION (nos 1 à 7).

§ 2. EN QUELS CAS IL Y A LIEU A SIGNIFICATION (nos 8, 9, 10 et 11).

§ 3. DES ACTES A SIGNIFIER ET PAR QUELS OFFICIERS LA SIGNIFICATION DOIT ÊTRE FAITE (nos 12 à 26).

§ 4. DE LA FORME ET DE LA SIGNIFICATION DES AJOURNEMENTS ET ASSIGNATIONS (nos 27 à 37).

Art. 1er. — *De la date des exploits* (nos 38 à 54).

Art. 2. — *Des noms, profession, domicile et capacité du demandeur ou requérant* (nos 55 à 86).

Art. 3. — *De la constitution d'avoué et de l'élection de domicile* (nos 87 à 103).

Art. 4. — *Des noms, demeure et immatricule de l'huissier* (nos 104 à 115).

Art. 5. — *Des noms et demeure du défendeur* (nos 116 à 121 *ter*).

Art. 6. — *De la signification à personne* (nos 122 à 128) *ou domicile* (nos 129 à 137). — *De la signification : 1° aux incapables et personnes publiques* (nos 138 à 148); *2° à ceux qui n'ont aucun domicile connu en France* (nos 149 à 154); *3° à ceux qui habitent le territoire français hors du continent, et à ceux qui sont établis chez l'étranger* (nos 155 à 159). — *De la remise de la copie et du parlant à...* (nos 161 et 162). — *Du nombre de copies* (nos 162 à 170). — *Des personnes auxquelles on peut adresser le parlant à...* (nos 171 à 187). — *Du visa* (nos 188 à 191).

Art. 7. — *De l'objet de la demande* (nos 192 à 199). — *De l'exposé sommaire des moyens* (nos 197 à 199). — *Des pièces à signifier à l'appui de la demande.*

Art. 8. — *Du Tribunal qui doit connaître de la demande* (nos 206 à 211). — *Du délai fixé pour la comparution* (nos 212 à 228). — *De l'augmentation du délai à raison des distances pour tous les exploits* (nos 229 à 241).

§ 5. DES EFFETS DE LA SIGNIFICATION (nos 242 à 244).

§ 6. DES IRRÉGULARITÉS DES EXPLOITS. — DE LA RESPONSABILITÉ QUI EN RÉSULTE (nos 245 à 259).

DIVISION ALPHABÉTIQUE :

Abréviations, 33-4°.
Abréviations de délai, 212, 221 et s.
Absent, 149 et s., 187.
Actes à signifier, 12 et s.
Actes extrajudiciaires, 5.
Actes judiciaires, 4.
Actes respectueux, 8-5°, 15.
Addition, 33-6°
Adjoint, 30, 151 et s., 186 et s.
Administrateur, 23, 81 et s.
Ajournement, 4-2°.
Aliéné, 181.
Altération, 33-3°.
Alternative (assignation), 208.
Amende, 29, 31, 39, 72, 115.
Assignation, 4-1°.
Augmentat. du délai, 215, 229 et s.
Blanc, 33-6°.
Bref délai, 212, 221 et suiv.
Capacité du défend., 126, 139 et s.
Capacité du demandeur, 79 et s.
Carence, 14.
Cas de signifier, 8.
Célérité, 212, 221.
Chang. de domicile, 134, 135, 235.
Chiffres, 33-5°.
Citation, 4, 12.
Commandement, 5.
Commissionnaire, 64.
Conciliation (pr.-verb. de non) 29
Concurrence, 12, 15.
Conseil judiciaire, 140
Conseiller municipal, 187 et s.
Consorts, 61.
Constitution d'avoué, 28, 87 et s.
Copie des pièces, 29.
Copies (nombre de), 162 et s.
Coût (mention du), 31.
Culte (lieu consacré au), 122.
Curateur, 23, 64, 140.
Date, 28, 38 et s.
Dates imparfaites, 41 et s.
Déclaration à la municip., 14, 134.
Déclarat. de cess. de biens, 14-1°.
Délai de compar. 28, 212 et s., 237.
Délai de distances, 229 et s.
Demande à req. d'admrs. 59 s., 81 s.
Demeure de l'huissier, 28-4°, 107 s.
Demeure du défend., 28-5°, 120 *b.* s.
Désaveu, 257.
Destitution, 17.
Distances, 215 et s., 229 et s.
Dommages-intérêts, 37, 258.
Domestiques. *V. serviteurs.*
Domicile (à), 30, 122 et s., 129 et s., 177, 184, 236.
Domicile du demand., 28, 74 et s.
Domicile élu, 77, 121 *bis*, 241.
Domicile inconnu (à), 149 et s.
Domicile réel, 77, 121 *bis* 1°.
Domiciliés à l'étranger, 155 s., 222, 239 et s.
Idem hors du contin., 155 s., 239 s.
Ecriture, 33, 114.
Effets, 242 et s.
Election de domic., 28-3°, 100 et s.
Emprisonnement, 238, 258.
Enregistrement, 32.
Envoi, 215, 231, 232.
Epoux du défendeur, 180.
Erreur commune, 17.
Erreur de date, 41 et s.
Espèces d'exploits, 1 et s.
Etablis à l'étranger, 155 et s.
Etranger, 149 et s.
Exception, 248 et s.
Exercice des actions, 81 et s.
Exposé des moyens, 28, 197 et s.
Femme en séparation, 76.
Femme ou fille du défendeur, 180.
Foi, 252 et s.
Fonct. publics. *V. personnes publ.*
Formalités communes, 27, 34.
Formalités spéciales, 27, 33, 36.
Forme, 27 et s.
Heures des audiences, 210, 211.
Heures des offices, 122.
Heures des significations, 38.
Huissier audiencier, 212 et s.
Huissier ordinaire, 2, 12 et s.
Immatric. de l'huiss., 28-4°, 110 s.
Imperfections de date, 41 et s.
Incapables, 138 s., 180, 181, 182.
Incapacité, 17, 18, 23 et s., 126.
Indic. du trib., 28, 206 et s.
Inscription hyp., 128-3°, 238.
Intérêt personnel, 23.
Intervalle, 33-6°.
Irrégularité des exploits, 245 et s.
Jours de délai, 212 et s.
Jours fériés, 38.
Lacune, 33-6°.
Langue française, 33-1°.
Lettres (en toutes), 33-5°.
Lignes de copies, 29.
Lisible, 33-3°.
Maires, 15-8°, 30, 151 s., 186 s.
Mandataire, 23, 64, 89.
Ment. à qui cop. est lais., 28, 187-7°.
Mineur, 23, 180-14°.
Myriamètres, 215 et s., 229 et s.
Noms du défendeur, 28-5°, 116 s.
Noms du demandeur, 28-2°, 55 et s.
Noms de l'huissier, 28-4°, 104 et s.
Notaires, 13 et s.
Notification, 12.
Nullité de fonds, 251 et s.
Nullité de forme, 248 et s.
Objet, 2 et s.
Objet de la demande, 28, 192 et s.
Officiers pouvant signifier, 2, 12 s.
Omissions de date, 41 et s., 257.
Opposition, 5.
Ordonnance, 212, 221 et s.
Original, 242 et s., 252.
Parent, 30, 172 et s.
Parenté, 19 et s.
Parlant à..., 161 s., 171 s., 179 s.
Patente, 72, 73, 75, 115.
Péremption, 257.

§ 1er. — *Des diverses espèces d'exploits.*

1. Tout acte du ministère des huissiers est connu sous la dénomination d'*exploit.*

2. Les exploits sont donnés et signifiés par les huissiers :

1° Pour appeler une partie devant un Tribunal;

2° Pour lui notifier soit un fait, soit un acte, ou lui adresser une sommation quelconque;

3° Pour la forcer à exécuter une obligation ou une condamnation.

3. Cela posé, nous divisons les exploits en trois classes :

4. Dans la première classe, on comprend les actes judiciaires suivants :

1° Les *assignations* à partie ou à témoins à comparaître devant un Tribunal civil ou une Cour. V. aux Formules le mot *Assignation.*

2° Les *ajournements* par lesquels un défendeur est assigné à comparaître devant un Tribunal civil de première instance ou une Cour d'appel. V. aux Formules le mot *Ajournement.*

3° Les *citations* par lesquelles on est appelé à comparaître devant un Juge-de-paix ou de conciliation, ou devant une Chambre de discipline. V. aux Formules le mot *Citation.*

5. Dans la seconde classe, on comprend :

1° Les *significations* qui constatent qu'on a donné copie à une partie, d'un acte quelconque ou d'un jugement. V. aux Formules le mot *Signification.*

2° Les *sommations* par lesquelles on met quelqu'un en demeure de faire une chose, sinon qu'on se pourvoira en justice pour l'y contraindre. V. aux Formules le mot *Sommation.*

3° Les *oppositions* par lesquelles on défend à quelqu'un de faire une chose, sous peine de tous dépens, dommages et intérêts. V. aux Formules le mot *Opposition.*

4° Les *commandements* par lesquels on somme quelqu'un de payer une somme ou de délivrer une chose quelconque en vertu d'un jugement ou d'un acte passé devant Notaire et revêtu de la formule exécutoire, sinon qu'il y sera contraint par toutes les voies de droit, telles que la saisie-arrêt (C. proc. 557 et suiv.), la saisie-exécution (C. proc. 583 et suiv.), la saisie-brandon (C. proc. 626 et suiv.), la saisie des rentes (C. proc. 636 et suiv.), la saisie immobilière (C. proc. 673 et suiv.), et, dans certains cas, l'emprisonnement (C. proc. 780 et suiv.). V. aux Formules le mot *Commandement.*

6. Les exploits compris aux quatre numéros qui précèdent sont des actes extra-judiciaires parce qu'ils ont lieu sans l'intervention du juge.

7. Dans la troisième classe, on comprend les exploits d'arrestation, ceux d'écrou et de recommandation, et les procès-verbaux et autres actes relatifs aux diverses espèces de saisies et aux ventes (Bioche, v° *Exploit*).

§ 2. *En quels cas il y a lieu à signification.*

8. Il y a lieu à signification en matière civile :

1° Lorsqu'il s'agit d'exécuter contre des héritiers un acte exécutoire contre leur auteur décédé. Dans ce cas, le créancier ne peut poursuivre l'exécution de son titre que huit jours après la signification (C. civ. 877).

2° En matière de cession de créance. Dans ce cas, le cessionnaire n'est saisi à l'égard des tiers que par la signification du transport faite au débiteur, ou par l'acceptation du transport faite par le débiteur dans un acte authentique (C. civ. 1690).

3° En matière de nantissement. Bien que le gage confère au créancier le droit de se faire payer sur la chose qui en fait l'objet par privilége et préférence aux autres créanciers (C. civ. 2073), cependant ce privilége ne s'établit sur les immeubles incorporels tels que les créances mobilières que par acte public ou sous seing-privé, enregistré et *signifié* au débiteur de la créance donnée en gage (C. civ. 2075).

4° En matière d'obligation, les dommages-intérêts résultant de leur inexécution ne sont dûs que lorsque le débiteur est en demeure par une sommation ou autre acte équivalent, s'il n'y a convention contraire (C. civ. 1146. 1139).

5° Lorsqu'il s'agit de sommations respectueuses données à la requête des enfants à leurs père et mère ou ayeux pour parvenir au mariage (C. civ. 151 et suiv.).

6° Lorsque le mandant notifie au mandataire sa révocation (C. civ. 2005).

7° En matière de purge ordinaire, lorsqu'un tiers-détenteur pour se garantir de l'effet des poursuites des créanciers, leur notifie son contrat (C. civ. 2183).

8° En matière de purge légale, lorsque le tiers-détenteur pour purger les hypothèques légales signifie à la femme ou au subrogé-tuteur et au Procureur du Roi, le dépôt qu'il a fait de son contrat au greffe (C. civ. 2194).

9° Lorsqu'on veut empêcher quelqu'un de prescrire :

alors on doit lui signifier une citation en justice, ou un commandement ou une saisie (C. civ. 2144).

10° Lorsqu'il y a lieu à exercer l'action résultant des vices rédhibitoires (Loi du 20 mai 1838).

11° Enfin, dans toutes les circonstances où pour conserver un droit, empêcher une déchéance, faire courir un délai, la loi oblige de faire des significations qui prennent souvent le nom d'actes d'exécution.

9. Il y a lieu à signification en matière commerciale et la forme en est la même que pour les matières civiles. Seulement, quand il faut signifier pour procéder devant les tribunaux de commerce, la procédure est tout exceptionnelle (C. proc. civ. 414 à 442). V. la note 113.

10. Il y a lieu aussi à signification en matière de simple police et en matière de police correctionnelle. Le Code d'instruction criminelle, art. 137 à 216, en indique la forme.

11. Il y a lieu également à signification en matière criminelle pour l'instruction et l'exécution des affaires de cette nature (C. crim. 72, 91 et suiv.).

§ 3. *Des actes à signifier et par quels officiers la signification doit en être faite.*

12. Toutes citations, notifications et significations requises pour l'instruction des procès, ainsi que tous actes et exploits nécessaires pour l'exécution des ordonnances de justice, jugements et arrêts, seront faits concurremment par les huissiers audienciers et les huissiers ordinaires, chacun dans l'étendue du ressort du Tribunal civil de première instance de sa résidence (loi du 14 juin 1813, art. 24).

13. Ainsi, les Notaires n'ont pas le droit de faire de significations extra-judiciaires, soit de transport, soit de titres à des héritiers, etc. Au surplus, on peut considérer comme un acte judiciaire une signification de transport parce qu'elle a tout l'effet d'une saisie (Bruxelles, 23 mars 1811; Jal Pal., t. 9, p. 209).

14. Les huissiers ont seuls le droit d'instrumenter, non-seulement au sujet des actes dont il est ci-dessus parlé nos 8 et 12, mais encore :

1° Lorsqu'il s'agit de dresser procès-verbal de la déclaration faite à la maison commune, faute d'un Tribunal de commerce, par le débiteur en déconfiture qui réitère en personne la cession de biens (C. proc. civ. 901);

2° Lorsqu'il s'agit de constater l'insolvabilité des débiteurs du Trésor public par des procès-verbaux de perquisition ou de carence (Av. Cons. d'Et. 6 messidor an x).

15. Toutefois, le privilége des huissiers reçoit exception dans les cas suivants; ainsi, ils font *concurremment* :

1° Avec les Notaires; les protêts de lettres de change et billets à ordre, mais ceux-ci ont un droit exclusif aux actes respectueux,

2° Avec les gardes de l'administration forestière; toutes citations et significations d'exploits, sans que ceux-ci puissent procéder aux saisies-exécutions (C. for. 173).

3° Avec les commis des contributions indirectes; les assignations à fin de condamnation (Décr. 1er germinal an XIII, art. 28).

4° Avec les préposés des douanes; tous exploits (art. 18 de la loi du 22 août 1791. Cass. 1er décembre 1830), significations des jugements et actes d'appel relatifs aux droits de l'administration des douanes (Cass. 10 décembre 1830).

5° Avec les agents de l'autorité; les exploits en matière de garde nationale (Art. 3 de la loi du 22 mars 1831. Cass. 18 février, 16 mars et 12 mai 1832).

6° Avec les gendarmes et les agents de police; les citations et significations de jugements ou arrêts : 1° en matière *d'élection* (art. 21 de la loi du 19 avril 1831. Cass. 1 et 2 juillet 1830; Sir., 30, 1, 248), à l'exception de l'assignation devant la Chambre civile en vertu de l'arrêt d'admission qui doit être donnée par les gendarmes; 2° et avec les gendarmes, en matière correctionnelle ou criminelle à la requête du ministère public (Loi du 19 pluviôse an XIII).

7° Avec les agents de l'administration; les significations et notifications, à la diligence du Préfet, en matière d'expropriation pour cause d'utilité publique (Art. 57 de la loi du 7 juillet 1833).

8° Avec les maires des communes autres que celles où est le chef-lieu de canton; les citations en matière de simple police (C. d'instr. crim. 166, 169, 170).

9° Avec les secrétaires des conseils de prud'hommes; la première citation devant ces conseils, lorsque les parties n'ont point comparu sur invitation, c'est-à-dire que l'invitation appartient aux secrétaires et la citation aux huissiers attachés aux conseils (Art. 29 et 30, décr. 20 février 1810). Mais après cette citation, les huissiers ordinaires ont le droit, à l'exclusion de tous autres, de faire tous les actes de la compétence des conseils de prud'hommes (Art. 60 de la même loi).

16. On doit se conformer pour la validité de toute signification aux deux conditions suivantes :

17. *Première condition.* L'exploit doit être notifié par un huissier régulièrement institué et compétent.

Ainsi, serait nul l'acte émané :

1° D'un huissier qui n'aurait pas prêté serment (Décr. 16 juin 1813, art. 7).

Cependant, si cet huissier exerçait publiquement ses fonctions, l'erreur commune devrait alors rendre l'exploit valable (Besançon 16 janvier 1811; Jal Pal., t. 9, p. 35). V. note 2, n° 102.

2° D'un huissier suspendu ou destitué de ses fonctions, ayant perdu momentanément ou définitivement son caractère légal; car, dans les deux cas, l'officier public ne peut plus instrumenter à dater du jour où le jugement de suspension où de destitution lui a été notifié.

18. *Deuxième condition.* L'huissier ne doit point se trouver, pour l'acte qu'il signifie, dans aucun cas d'incapacité soit relativement *à la personne* à la requête de laquelle il agit, soit à raison *du lieu* où la signification est faite :

19. PREMIER CAS. *A raison de la personne.* Il est défendu aux huissiers,

20. Par l'art. 4 du C. proc. civ. d'instrumenter près la justice de paix *pour* leurs parents en ligne directe, *pour* leurs frères, sœurs et alliés au même degré.

21. Et par l'art. 66 du même Code, d'instrumenter près les tribunaux *pour* leurs parents et alliés et ceux de leurs

femmes, en ligne directe à l'infini, et *pour* leurs parents et alliés collatéraux jusqu'au degré de cousin issu de germain inclusivement, le tout à peine de nullité.

22. Les motifs de la prohibition d'instrumenter *pour* n'existant pas lorsqu'il s'agit d'instrumenter *contre*, et d'ailleurs, dans ce dernier cas, celui qui s'adresse à un huissier n'étant pas obligé de connaître sa généalogie et sa parenté, il en résulte que les huissiers peuvent faire des actes *contre* leurs parents à quelque degré que ce soit. (Liége 10 juillet 1811, Sir. 12, 2, 289; Thomine p. 166; Boncenne 2, 190).

23. Pourrait-on appliquer l'art. 1030 du C. proc. civ. (qui dispose qu'aucun exploit ne peut être déclaré nul, si la nullité n'en est pas formellement prononcée par la loi) à l'huissier qui aurait instrumenté :

1° *Pour* la personne dont il est mandataire général ou spécial ?

2° *Pour* son pupille?

3° *Pour* une success. indivise dont il est administrateur?

4° *Pour* une succession vacante dont il est curateur?

Non; car, dans tous ces cas, l'huissier ne pouvant instrumenter, l'exploit doit être déclaré nul pour défaut de capacité de l'huissier (Cass. 24 novembre 1817, Sirey, 18, 1, 119).

5° A un acte qui l'intéresserait personnellement? même solution que pour les quatre cas ci-dessus (Pau 7 juillet 1813, Sirey, 16, 2, 165).

24. SECOND CAS. *A raison du lieu.* Tout exploit signifié par un huissier hors de l'arrondissement dans lequel il est autorisé à résider, est nul. V. *suprà* n° 12.

25. La compétence, dans certains cas, peut être restreinte à un canton de l'arrondissement (décr. 4 juin 1813; Cass. 4 février 1824, Dalloz, t. 34, p. 105).

26. Les huissiers de justice de paix, sous l'empire de l'art. 4 du C. proc. civ., ne pouvaient citer hors du canton, soit en matière litigieuse, soit en matière personnelle ou mobilière, même lorsque l'action était formée contre plus de deux défendeurs dont l'un était domicilié hors de ce canton; mais cet article nous paraît avoir été abrogé par les articles 16, 17 et 21 combinés de la loi du 25 mai 1838.

En effet, on invoque d'abord l'article 16 qui stipule au profit de *tous les huissiers d'un même canton*, le droit de donner *toutes* les citations et de faire *tous actes devant la justice de paix*, et même dans les villes où il y a plusieurs justices de paix, les huissiers exploitent concurremment dans le ressort de la juridiction assignée à leur résidence.

Ensuite, l'art. 17 qui porte que, dans toutes les causes, le juge-de-paix pourra interdire aux huissiers de sa résidence de donner aucune citation en justice sans avertissement préalable, excepté les causes dans lesquelles le défendeur sera domicilié *hors du canton* ou des cantons de la même ville. Il résulte bien formellement de cette disposition que la loi reconnaît le droit aux huissiers de justices de paix d'instrumenter au-delà du canton.

Puis l'art. 21 *qui abroge toutes les dispositions contraires à la loi*, et conséquemment l'art. 4 du C. proc. civ.

§ 4. *De la forme et de la signification des ajournements et assignations.*

27. Il y a des règles communes à tous les exploits et des règles spéciales pour chaque espèce d'exploits. V. *Citation, Commandement, les différentes espèces de saisies, etc.*

28. Tout exploit d'ajournement ou assignation en justice doit contenir, à *peine de nullité*, aux termes de l'art. 61 du C. proc. civil :

1° La date des jour, mois et an, où il est signifié (V. *inf.* n°s 38 et suiv.);

2° Les noms, profession et domicile du demandeur ou requérant (V. *inf.* nos 55 et suiv.);

3° La constitution de l'avoué qui occupera pour lui et chez lequel l'élection de domicile sera de droit à moins d'une élection contraire par le même exploit (V. *inf.* nos 87 et suiv.);

4° Les noms, demeure et immatricule de l'huissier (V. *inf.* nos 104 et suiv.);

5° Les noms et demeure du défendeur, c'est-à-dire, de celui contre qui l'on agit (V. *inf.* nos 116 et suiv.);

6° Mention de la personne à laquelle copie de l'exploit sera laissée (V. *inf.* nos 160 et suiv.);

7° L'objet de la demande (V. *inf.* nos 192 et suiv.);

8° L'exposé sommaire des moyens (V. *inf.* nos 192 et s.);

9° L'indication du Tribunal qui doit connaître de la demande (V. *inf.* nos 206 et suiv.);

10° Et l'indication du délai pour comparaître (V. *inf.* nos 206 et s.);

29. Il doit être, avec l'exploit, donné copie du procès-verbal de non-conciliation, ou copie de la mention de non-comparution, à peine de nullité. Il doit être aussi donné copie des pièces ou de la partie des pièces sur lesquelles la demande est fondée; à défaut de ces copies, celles que le demandeur sera tenu de donner dans le cours de l'instance n'entreront point en taxe (C. proc. 65). V. *inf.* n. 200.

Cette copie ne pourra contenir, compensation faite d'une feuille à l'autre (Déc. min. Fin. du 14 novembre 1834, Inst. 1481), plus de trente-cinq lignes par page de petit papier, plus de quarante lignes par page de moyen papier, et plus de cinquante lignes par page de grand papier, à peine de 25 francs d'amende (Art. 1er, décr. 29 août 1813). Cette amende n'a point été réduite par la loi du 16 juin 1824 (Cass. 8 novembre 1836, 8 février, 25 avril et 3 mai 1837).

30. Il doit être fait à personne ou domicile (V. *inf.* nos 122 et suiv.); mais si l'huissier ne trouve au domicile ni la partie, ni aucun de ses parents (V. *inf.* n° 174) ou serviteur (V. *inf.* n° 179), il remettra (V. *inf.* nos 160 et suiv.) de suite la copie à un voisin (V. *inf.* n° 182) qui signera l'original, si ce voisin ne peut ou ne veut signer, l'huissier remettra la copie au maire ou adjoint de la commune (V. *inf.* n° 186) lequel visera (V. *inf.* n° 188) aussi l'original (Art. 68 du C. proc. civ.); le tout à peine de nullité (C. proc. 70).

31. L'huissier est tenu aussi de mettre à la fin de l'original et de la copie de l'exploit, le coût d'icelui, à peine de 5 francs d'amende (Art. 67, C. proc. civ.).

32. L'exploit doit être enregistré dans les quatre jours de sa date (Art. 34 de la loi du 22 frimaire an VII), même quand le retard provient du Receveur de l'enregistrement, sauf le recours du requérant contre ce dernier ou contre l'huissier (Bourges 25 décembre 1816; Journ. Pal. 13, 747).

33. De plus, les exploits doivent être écrits :

1° *En langue française* (Arr. gouv. 24 prairial an XI);

2° *Lisiblement*, sous peine de rejet de la taxe ou de restitution des sommes reçues (Art. 43, décr. 14 juin 1813).

3° *Sans rature ni surcharge*, et, s'il y en a, elles doivent être approuvées, à moins que les mots soient insignifiants ou ne présentent aucune ambiguité (Cass. 5 décembre 1836. Besançon 8 mai 1810; J[al]. Pal. 8, 294; Toullier, 6, 125).

4° *Sans abréviations*; surtout à l'égard des prénoms qui doivent être écrits en toutes lettres, et non rappelés par de simples initiales (Bruxelles, 27 janvier 1818). Il est d'usage, cependant, d'employer, surtout dans les copies, certaines abréviations que l'on tolère parce qu'on en trouve facilement le sens; mais si ces abréviations étaient telles que les copies fussent illisibles et inintelligibles, ce serait alors le cas d'appliquer le décret du 14 juin 1813 (V. *sup.* n. 33-2°).

5° *En toutes lettres*, c.-à-d. sans chiffres, surtout relativement aux dates et aux sommes, afin d'éviter toute surcharge ou altération pouvant compromettre les intérêts des parties.

6° Sans aucun *blanc*, *lacune* ni *intervalle*, afin de prévenir toute addition frauduleuse (Arg. de l'art. 13 de la loi du 25 ventôse an XI).

34. Les formalités indiquées *sup.* aux n°s 28-1°-2°-4°-3°-6°-7°, 30, 31, 32 et suivants sont communes à tous les exploits.

35. Celles indiquées sous les n°s 28-3°-8°-9°-10°, 29, sont spéciales pour les ajournements ou assignations devant les Tribunaux de première instance et les Cours d'appel, et devant les tribunaux de commerce où l'on procède sans ministère d'avoués.

Elles sont spéciales aussi aux citations devant les justices de paix avec cette différence qu'on procède aussi sans ministère d'avoués.

36. Mais, ainsi que nous l'avons dit *sup.* n° 27, il y a des règles spéciales pour chaque espèce d'exploits et qu'il serait trop long d'énumérer ici. Ces formalités étant indiquées au Code de procédure sous les divers titres qui leur sont propres, on devra dans l'occasion, se reporter à chacun de ces titres pour y puiser les indications nécessaires.

37. Il faut observer que lorsqu'un exploit est déclaré nul par le fait de l'huissier, il peut être condamné aux frais de l'exploit et de la procédure annulée, sans préjudice des dommages et intérêts de la partie, suivant les circonstances (C. proc. 71).

Art. 1er. — De la date des exploits (V. *sup.* n° 28-1° et suiv.).

38. Les exploits peuvent être valablement signifiés tous les jours, du 1er octobre au 31 mars depuis six heures du matin jusqu'à six heures du soir, et du 1er avril au 30 septembre depuis quatre heures du matin jusqu'à neuf heures du soir; excepté les jours de fête légale, si ce n'est en vertu de permission du juge et dans le cas seulement où il y aurait péril en la demeure (C. proc. 1037). V. *Fêtes et dimanches*, note 13, n°s 47 et suiv.

39. La contravention à cet article n'entraîne pas la nullité de l'exploit, elle ne peut donner lieu qu'à une amende de 5 francs à 100 francs contre l'huissier aux termes de

l'art. 1030 du C. proc. (Grenoble, 17 mars et 17 mai 1817, Cass. 29 janvier 1819 et 25 février 1825).

40. Le Juge qui doit donner la permission est le Président du Tribunal du lieu où l'assignation doit être posée (Cass. 7 avril 1819, Sir. 19, 1, 441).

41. Des erreurs, des omissions ou des imperfections dans l'énonciation de la date emportent nullité, mais seulement quand elles rendent incertaine l'époque de la signification.

Ainsi a été jugé suffisamment daté :

42. L'exploit non daté contenant assignation à comparaître à *l'audience de demain 9 juillet* 1831, parce que de ces derniers mots on a tiré l'induction que l'exploit avait été signifié le 8 juillet (Cass. 7 mars 1833).

43. L'exploit portant pour date *l'an dix-huit dix* au lieu de *dix-huit-cent dix*, si l'année se trouve d'ailleurs suffisamment déterminée dans le corps de l'acte (Liége 29 août 1810, Nîmes 29 décembre 1810).

44. L'exploit portant *l'an mil cent-neuf* au lieu de *l'an mil huit cent-neuf* (Cass. 18 janvier 1810).

45. L'exploit portant *l'an mil huit-onze* au lieu de *l'an mil huit cent onze* (Montpellier, 28 juillet 1812. Contrà; Lyon 28 décembre 1810, Agen 6 juillet 1812).

46. L'exploit portant *l'an mil huit cent* au lieu de *l'an mil huit cent huit* (Cass. 8 novembre 1808).

47. L'acte d'appel dont la copie ne porterait pas le quantième de la date, lorsqu'on pouvait y suppléer par la transcription faite sur cette copie d'un visa apposé sur l'original (Bourges 17 novembre 1830).

48. L'acte auquel on peut suppléer sa date par celle d'une requête d'opposition signifiée simultanément (Cass. 7 décembre 1829).

49. Mais on a jugé qu'il y avait nullité de l'exploit dans les cas suivants :

50. Pour défaut d'indication du mois (Cass. 9 décembre 1828, 7 décembre 1829).

51. Pour défaut d'indication du jour du mois (Cass. 4 décembre 1811, 18 décembre 1816).

52. Pour défaut d'indication du jour et du mois (Nancy, 27 mars 1827).

53. Pour défaut de date sur la copie d'un exploit d'appel, quand même l'original serait régulier (Cass. 4 brumaire an X, 21 floréal an X, 4 décembre 1811, Bruxelles 30 avril 1807).

54. Pour erreur dans la copie d'un exploit de signification portant une date *antérieure* à la prononciation du jugement (Cass. 5 août 1807) ou à l'enregistrement du jugement (Cass. 8 février 1809).

Art. 2. Des noms, profession, domicile et capacité du demandeur ou requérant. — V. *sup.* n° 28-2° et suiv.

55. NOMS DU DEMANDEUR. Comme on ne porte en général qu'un nom, il est clair que la loi en exigeant les *noms* du demandeur a entendu exiger aussi les *prénoms* qui ont toujours été considérés comme des espèces de noms et qui sont d'ailleurs indispensables pour bien faire connaître la personne du requérant (Boncenne, 2, 211).

56. Toutefois, l'indication incomplète ou même l'omission totale des prénoms n'entraîne pas la nullité de l'ex-

ploit, si l'énonciation du nom de famille, de la profession et du domicile empêche de confondre le demandeur avec toute autre personne (Bourges, 17 mars 1815, J^al Pal. 12, 659; Pigeau, 1, 179; Favard, v° *Ajournement*).

57. Le nom de famille peut de même que les prénoms être suppléé par des énonciations équipollentes et de nature à désigner suffisamment la personne qui agit, par exemple, par le titre de *comte de*... dont elle est revêtue (Bourges 26 juillet 1826, Sirey, 27, 2, 254, Cass. 6 avril 1834), ou bien être indiqué par relation à un autre acte connu du défendeur et en son pouvoir : ainsi, un acte d'appel peut se référer au jugement de première instance, un pourvoi en Cassation peut se référer à l'arrêt attaqué (Cass. 7 septembre 1821).

58. On peut rectifier l'erreur dans un nom, par l'énonciation du véritable nom dans une lettre de change transcrite en tête de l'assignation (Cass. 25 avril 1834).

59. Dans les exploits qui concernent l'état, les communes et les établissements publics, la demande doit être formée à la requête du fonctionnaire public qui les représente. Il est donc important que ce fonctionnaire fasse connaître dans l'intérêt de qui il agit, et s'il y a du doute à cet égard l'exploit est nul (Arg. Bruxelles, 7 avril 1832). Dans le cas où ce fonctionnaire a besoin d'une autorisation elle doit être mentionnée dans l'exploit, mais si le défendeur n'a point opposé cette exception il n'a plus le droit de l'invoquer postérieurement (Cass. 7 mai 1829, 23 juin 1835, 4 mai et 2 juin 1836, 8 février et 30 mai 1837).

60. Il a été décidé qu'il n'était pas nécessaire d'indiquer les noms du fonctionnaire (Toulouse 25 juillet 1825, Cass. 7 mai 1829) et que la signification d'un arrêt d'admission dans l'intérêt d'une commune était valablement formulée à la requête *du maire de*... en sa qualité, encore qu'elle n'énonce ni le nom ni le domicile de l'officier municipal, ni qu'elle a été faite par l'adjoint remplissant les fonctions du maire alors suspendu (Cass. 12 septembre 1809, J^al Pal. 7, 833).

61. Lorsqu'il y a plusieurs demandeurs, les noms de chacun d'eux doivent être énoncés dans l'exploit parce que *en France on ne peut plaider par procureur* et qu'il faut, par ce motif, que chaque demandeur soit en cause. En conséquence l'ajournement est nul au regard des demandeurs dont les noms ont été omis et qui n'ont été désignés que sous la qualification de *consorts* (Pigeau, 1, 179, Carré n° 287). La solution doit être la même quand il s'agit d'une assignation donnée au nom des héritiers collectivement d'une personne décédée, sans aucune désignation individuelle (Cass. 8 février 1839).

62. L'exploit est même nul pour le tout lorsque le demandeur dont le nom est indiqué n'avait pas qualité pour agir isolément, comme, par exemple, s'il s'agissait d'un exploit signifié à la requête de *tel*, syndic d'une faillite et *de son collègue* (C. com. 463).

C'est par application de ce principe qu'il a été décidé qu'en matière de *société civile* l'assignation devait être donnée à peine de nullité à la requête de *tous les associés* et non à la requête de *telle* société agissant à la diligence de son gérant dénommé en l'exploit (Cass. 8 novembre 1836).

63. Cependant l'exploit serait valable, en ce qui concerne le demandeur y dénommé, si celui-ci avait dans la

chose réclamée un droit déterminé (Rennes 17 juillet 1816, Carré n° 288), comme sa part et portion virile, ou bien une part à laquelle serait attaché un droit de *solidarité* ou *d'indivisibilité*, car, dans ces circonstances, l'exploit profite aux demandeurs dont les noms ont été omis, en ce sens que leur co-créancier aura conservé leurs droits par un acte fait uniquement à sa requête (C. civ. 1199); d'où il suit que la nullité commise à leur égard n'est d'aucune importance puisqu'ils se trouvent précisément dans la même position que s'ils fussent restés sans agir.

64. Y a-t-il dérogation à la maxime introduite en l'art. 69 du C. proc. civ. que *nul ne peut plaider en France par procureur, si ce n'est le Roi*, et par conséquent nullité de l'exploit, quand une assignation est donnée 1° à la requête de Pierre... comme mandataire de Paul...?

Oui : Aix, 18 février 1808; Rennes, 23 avril 1811; Rome, 6 juillet 1811.

Non : Rennes, 17 décembre 1812, 6 août 1813, 16 janvier 1818; Boncenne, 2, 128; Boitard, 1,242; Carré, n° 290; Berriat, 215.

2° A la requête de *François*... comme commissionnaire de *Jacques*...?

Non : Rennes, 9 juin 1817, arg. C. comm. 91.

3° A la requête du *curateur* à une *succession vacante*?

Non : C. civ. 813, Cass. 6 juin 1809.

65. PROFESSION DU DEMANDEUR. La loi exige l'indication de la profession du requérant, afin, sans doute, de le distinguer des personnes qui pourraient porter les mêmes noms et avoir le même domicile.

66. Mais s'il a plusieurs professions, l'indication d'une seule suffit (Paris, 20 décembre 1809; 17 août 1810; Poitiers, 26 novembre 1824; Cass. 6 avril 1830).

67. Si au contraire, il n'en a aucune, on conçoit, dans ce cas, qu'il ne puisse y avoir nullité de l'exploit pour n'avoir pas donné de profession au requérant (Besançon, 8 déc. 1808; Rouen, 9 déc. 1813). Mais pour ôter tout sujet de contestation on devrait, dans l'occasion, déclarer que le requérant est sans profession.

68. Par la même raison on doit être dispensé d'indiquer une profession insignifiante et momentanée, principalement sur appel, et lorsqu'on n'a fait que suivre les errements de première instance (Besançon 8 décembre 1808).

69. L'erreur sur la profession ne vicie pas l'ajournement, si la fausse désignation n'a pu tromper le défendeur sur la personne qui l'assignait (Nancy 20 juin 1824; Bruxelles, 26 janvier 1830; Cass. 26 avril 1830).

70. On a déclaré nul un acte d'appel parce que le défaut d'indication de la profession de l'appelant laissait quelque incertitude sur la profession de la personne à la requête de laquelle la signification avait été faite (Besançon, 8 février 1820). La désignation de la profession n'est toutefois pas aussi rigoureusement exigée dans l'acte d'appel que dans l'ajournement (Rennes, 29 janvier 1817), parce que le jugement dont on forme appel fournit ordinairement ce renseignement.

71. C'est par les motifs puisés dans ce dernier arrêt qu'il a été décidé qu'on pouvait suppléer à l'omission de la profession du requérant dans un exploit :

1° Par la signification simultanée d'un autre exploit, ou de pièces contenant l'indication de la profession (Nîmes, 5 août 1810).

2° Par les actes subséquents de la procédure (Limoges, 5 février 1817).

72. Lorsqu'un exploit de demande concerne un commerçant ou toute autre personne sujette à patente, il ne suffit pas d'énoncer sa profession, il faut encore indiquer le lieu, la date, la classe et le n° de sa patente, sous peine d'une amende de 500 fr. réduite à 50 fr. (Art. 37 de la loi du 1er brumaire an VII, et art. 10 de la loi du 16 juin 1824). V. note 43.

D'où il suit qu'il n'y a pas obligation d'énoncer la patente quand l'exploit n'est pas relatif au commerce ou à la profession (Cass. 29 décembre 1829).

73. Lorsque le commis d'une maison de commerce agit pour cette maison, il doit être fait mention de sa patente dans l'exploit, sous peine d'amende, parce qu'on considère que c'est la maison qui agit elle-même (Cass. 22 juillet 1807).

74. DOMICILE DU DEMANDEUR. La loi n'exige la mention du domicile, à peine de nullité, que pour mettre la partie assignée à même 1° de bien connaître par qui elle est assignée; 2° et de pouvoir immédiatement et sans aucune perquisition faire des offres, des réponses et des protestations (Rodier, *Comment.*, p. 13).

75. Ainsi, on a déclaré nuls :

1° L'exploit fait à la requête d'un *tel*, de *telle* commune, parce qu'il n'indique pas suffisamment le domicile du demandeur (Turin, 24 avril 1810, jal Pal. 8,268). V. note 14, n° 27.

2° L'exploit portant que le requérant est marchand *patenté, par acte, délivré à*.... encore que le lieu où la patente a été délivré soit celui de son domicile (Bruxelles, 7 déc. 1818).

3° L'exploit donné à la requête de *telle*... veuve de... *en son vivant Notaire à*.... parce que la veuve n'est pas de droit présumée conserver le domicile de son mari (Bruxelles, 7 décembre 1818).

4° L'exploit fait à la requête d'un *tel*, Maire de *telle* commune; l'indication de fonctions publiques révocables qui n'emportent pas translation du domicile dans le lieu où elles sont exercées ne pouvant tenir lieu de *la mention du domicile* (Code civil 106; Cass. 21 février 1826, Sir., 26, 1, 405; Poitiers, 18 juin 1830, Sir., 30, 2, 217).

Même décision à l'égard d'un juge de paix (Nîmes, 18 janvier 1837).

5° L'exploit portant que le requérant est domicilié *dans sa maison d'habitation*, si on n'indique point le lieu où est située cette maison (Riom, 9 nov. 1808, jal Pal. 7, 193).

6° L'acte d'appel de *tel*, lieutenant au 4e régiment de la garde royale, *domicilié et demeurant maintenant à Paris*; à cause de la division de cette ville en douze arrondissements, ce qui rend une perquisition de domicile très-difficile (Poitiers, 13 août 1824, Sir. 25, 2, 337).

7° L'exploit qui porte que le requérant réside momentanément dans un hôtel garni (Bruxelles 27 mars 1827, jal Pal. 5, 764).

8° L'exploit énonçant que le requérant est médecin à *tel corps d'armée*, si on n'indique pas le véritable domicile (Même arrêt).

9° L'exploit dans lequel le requérant avait pris la qualité d'*employé dans les hôpitaux militaires de la Martinique*, parce

que la colonie avait deux établissements de ce genre (Grenoble, 22 avril 1818).

10° L'exploit (contenant appel d'un jugement rendu le.... et signifié à domicile le....) qui n'énonce pas que le domicile de l'appelant était indiqué dans les qualités de ce jugement et qu'il n'avait pas changé depuis (Cass. 9 mars 1825).

76 Mais on a déclaré valables :

1° L'assignation donnée à la requête d'une personne qui a son domicile chez une autre, lorsque le domicile de cette dernière est indiqué. (Cass 23 déc. 1819, Sir. 20, 1, 162).

2° Les exploits faits à la requête de la femme plaidant en *séparation de corps* contre son mari, avec la seule indication de la résidence qu'elle a depuis l'instance, convenue ou désignée d'office (Code de proc. 878). Si le domicile convenu ou indiqué est celui des père et mère de la femme, celle-ci peut les suivre dans un lieu autre que celui où ils habitaient au moment de l'ordonnance, car le domicile indiqué à la femme, dans ce cas, est plutôt celui de ses père et mère que le lieu où ils se trouvent (Cass. 14 mars 1816, jal Pal. 13, 336).

3° Les exploits faits à la requête d'une personne dont le domicile est indiqué ainsi : *demeurant à.... ou habitant à....*; ces expressions exprimant l'idée d'un domicile fixe et d'une demeure habituelle et équipollant à celle-ci : « *Domicilié à....* » (Cass. 28 juillet 1818, Sir., 18, 1, 367; - 23 déc. 1819, Sir. 20, 1, 165).

4° L'assignation donnée à la requête d'un juge près *tel* Tribunal, parce que, d'après l'art. 107 du Code civil, il était domicilié de droit dans le lieu où il exerçait ses fonctions (Gênes, 8 juillet 1809, jal Pal. 7, 673). V. *suprà*, n° 75 - 4°.

5° L'exploit donné à la requête d'une personne qui, n'ayant pas de domicile actuel en France, par suite de son emploi aux armées, indique dans un acte d'appel son domicile chez un ami ou chez son mandataire résidant en France (Paris, 4 février 1811, jal Pal. 9, 76).

6° Les exploits se trouvant accompagnés d'autres actes ou pièces qui relatent et indiquent le domicile que le défendeur a intérêt à bien connaître. Dans ce cas, le but de la loi est suffisamment rempli, puisqu'on trouve dans les pièces signifiées les renseignements nécessaires pour réparer l'omission de l'indication du domicile, ou pour rectifier la fausse énonciation qu'on aurait pu commettre dans cette indication (Nîmes, 5 août 1812; Toulouse, 26 mars 1824; Cass. 18 fév. 1828; 26 avril 1830 et 26 nov. 1838).

77. L'indication que la loi exige est celle du domicile *réel* et non celle du domicile *élu*. En conséquence l'indication de ce dernier domicile ne doit jamais dispenser de l'indication du premier. (Boncenne, 2, 119; Thomine, p. 137).

78. Cependant il en est quelquefois autrement lorsqu'il s'agit du domicile du défendeur. V. *infrà*, nos 120 et suiv.

79. CAPACITÉ DU DEMANDEUR OU REQUÉRANT. En général, toute personne peut former une action en justice, si elle n'est pas dans les cas d'incapacité légale dont il sera ci-après parlé.

80. La capacité varie selon la nature de l'action et même suivant que la partie est demanderesse ou défenderesse.

81. Ainsi, le pouvoir d'exercer et de soutenir les droits et actions, savoir :

1° Des *absents*, des *accusés* ou *condamnés par contumace*, appartient aux envoyés en possession provisoire ou définitive, ou bien aux administrateurs nommés par justice pendant le temps de la contumace ou de la présomption d'absence (Code d'inst. crim. 471 ; arg. Code civ. 111, 120, 129, 140).

2° Des *bureaux de bienfaisance*, appartient aux receveurs de ces établissements.

3° Des *communes*, appartient aux maires de ces communes (Loi du 18 juillet 1837, art. 10).

4° Des *condamnés* à une peine afflictive ou infamante, appartient à leurs tuteurs ou curateurs. V. *sup.* n° 81-1°.

5° Des *Contributions directes et indirectes*, appartient aux directeurs de ces administrations.

6° Du *Domaine de la Couronne*, appartient à l'administrateur de ce domaine (Loi du 2 mars 1832, art. 27).

7° Du *Domaine privé du Roi*, appartient à l'administrateur de ce domaine (Mêmes lois et Ordonnances).

8° Des *Douanes*, appartient au directeur de cette administration.

9° De l'*Enregistrement*, appartient au directeur de cette administration.

10° De *l'Etat, pour ses domaines et droits domaniaux*, appartient aux préfets (Code de proc. 69 - 1°).

11° Des *Fabriques d'église*, appartient à leurs trésoriers.

12° Des *faillis*, appartient aux syndics de la faillite.

13° Des *femmes mariées*, appartient à elles-mêmes, avec l'autorisation de leurs maris quand il s'agit de *choses immobilières* ; mais il en est autrement pour les choses mobilières et possessoires, car, dans ce cas, les droits et actions appartiennent aux maris seuls lorsqu'il y a communauté entre eux et leurs femmes (Code civil 1428).

14° Des *hospices*, appartient aux receveurs de ces établissements.

15° Des *interdits*, appartient à leurs *tuteurs*.

16° Des *mineurs non émancipés*, appartient à leurs *tuteurs*.

17° Des *mineurs émancipés*, appartient à eux-mêmes assistés de leurs *curateurs*.

18° Des *morts civilement*, appartient à des *curateurs spéciaux*.

19° Des *prodigues*, appartient à eux-mêmes assistés de leurs curateurs.

20° Des *sociétés anonymes*, appartient à leurs gérants.

21° Des *sociétés de commerce en nom collectif*, appartient à tous les associés et s'exerce sous le nom de la *raison sociale*.

22° Des *sociétés en commandite*, appartient à tous les associés responsables et solidaires qui l'exercent sous leur nom.

23° Des *sociétés civiles et en participation*, appartient à tous les associés et doit être exercé sous le nom de chacun d'eux. V. *suprà*, n° 62.

24° Du *Trésor public*, appartient à l'agent judiciaire (Code proc. 69-2°).

25° Des unions et directions de créanciers, appartient aux syndics et directeurs.

82. Sauf les cas mentionnés aux 25 n°s qui précèdent, tout exploit doit être fait à la requête de celui à qui appartient l'action ou la poursuite.

83. Tellement qu'il y a nullité de l'instance quand elle a été introduite au nom d'une personne décédée antérieurement (Cass. 19 décembre 1836).

84. Ainsi décidé dans les quatre espèces suivantes où le décès de la partie était connu ou aurait pu l'être facilement de l'officier ministériel :

1° Relativement à une signification faite à la requête d'une personne morte naturellement ou civilement (Cass. 23 novembre 1808, Limoges 9 janvier 1827).

2° Relativement à un pourvoi en cassation, le pourvoi peut être fait au nom de la partie quand elle est décédée pendant l'instance d'appel ; mais il doit l'être par les héritiers lors, surtout, que c'est à eux-mêmes que la signification de l'arrêt a été faite (Cass. 8 mai 1820).

3° Relativement à la signification d'un arrêt d'admission. Si le demandeur décède après avoir formé le pourvoi, l'arrêt d'admission ou de rejet est rendu en son nom, mais la signification doit être faite au nom des héritiers (Cass. 9 décembre 1834, 19 décembre 1837), et ne peut l'être qu'aux parties expressément dénommées dans l'arrêt d'admission (Cass. 4 ventôse an XI, 3 février 1835).

4° Relativement à une citation en requête civile concernant des assureurs maritimes décédés (Cass. 8 fév. 1839).

85. Cependant l'instance introduite au nom d'une personne décédée antérieurement a été déclarée régulière dans des circonstances où l'ignorance du mandataire était légitime, parce que l'article 2008 du Code civ. qui maintient les actes faits par le mandataire dans l'ignorance du décès du mandant, est applicable aux actes judiciaires. En conséquence une assignation donnée depuis le décès du mandant, aurait pour effet, dans ce cas, d'interrompre la prescription (Paris, 23 avril 1807 ; Cass. 6 novembre 1832 ; Aix, 27 juillet 1838).

86. Il a été aussi décidé qu'un acte d'appel signifié le jour même de la mort de l'appelant était valable, parce que rien ne constate que le décès ait précédé la signification de cet acte (Rennes, 27 février 1811).

Art. 3. — De la constitution d'avoué et de l'élection de domicile.

V. *suprà* n° 28-3°.

87. CONSTITUTION PAR LE DEMANDEUR. La constitution d'avoué par le demandeur est nécessaire et doit être faite dans l'exploit même d'ajournement ou d'appel, sous peine de nullité. V. *suprà*, n°s 28 - 3°.

88. Elle a été exigée pour accélérer les affaires, tant en rendant plus facile et moins coûteuse qu'à domicile la signification que les parties sont tenues de se faire d'avoué à avoué des actes de l'instruction, qu'en évitant les jugements par défaut qui ne servent qu'à accroître les frais quand on se relève du défaut puisqu'il faut dans ce cas deux jugements au lieu d'un.

89. La constitution a pour effet de rendre l'avoué mandataire de la partie et de le soumettre à remplir envers ses clients les obligations d'un mandataire (Cass. 2 août 1813, Sir. 13, 1, 445).

90. Mais ce mandat étant salarié, on ne saurait appli-

quer à l'avoué l'art. 1986 du Code civil. — V. note 5, nos 33 et 34.

91. Le demandeur ne peut révoquer son avoué sans en constituer un autre, sinon les procédures faites et jugements obtenus contre l'avoué révoqué et non remplacé seront valables (Code de proc. 75).

92. La manière ordinaire de constituer avoué est celle indiquée en la formule *d'ajournement* (V. ce mot au Dictionnaire). Cependant toute autre manière d'exprimer la constitution peut remplir le but de la loi, il suffit qu'elle soit énoncée en termes assez positifs. Ainsi, on a jugé qu'une constitution d'avoué était suffisante :

1° Lorsqu'elle portait ces mots : « *ayant Me tel pour avoué.* » (Cass. 21 décembre 1831).

2° Lorsqu'elle portait : « *Le successeur de Me tel* ou *le plus ancien des avoués de telle ville.* » (Carré, art. 61).

3° Lorsqu'il y était dit que Me *tel*, avoué, conclurait à ce que le jugement fût mis au néant (Bruxelles, 21 fév. 1814).

4° Lorsque l'appelant déclare qu'il constitue pour avoué celui qui avait été indiqué dans un précédent acte d'appel abandonné (Cass. 12 juin 1833).

5° Lorsqu'elle portait que Me *tel*, *avocat* constitué occuperait pour le demandeur, par ce que les avoués étant licenciés en droit pour la plupart, prennent le titre d'avocat-avoué (Limoges, 30 décembre 1812). En conséquence, il y a nullité, lorsque la personne constituée est réellement *avocat* et n'exerce point les fonctions d'*avoué* (Cass. 4 sept. 1809; 5 janvier 1815; Pau, 22 juillet 1809; Florence, 19 mai 1810; Limoges, 14 avril 1813; Rennes, 21 oct. 1816; Toulouse, 24 juin 1840).

6° Lorsqu'elle portait constitution d'un *avoué démissionnaire* ou d'un *avoué décédé*, et que le demandeur établit qu'il ignorait la circonstance de la démission ou du décès (Cass. 16 mai 1836; Limoges 20 juillet 1838).

7° Lorsque l'acte d'appel contenait élection de domicile chez l'avoué, et était précédé d'une copie de pièces signées de cet avoué (Cass. 21 août 1832; Colmar, 24 mars 1810; Nancy, 16 août 1825; Paris, 17 août 1836).

8° Même quand il y avait erreur dans le nom de l'avoué constitué ou omission de son nom, si dans le premier cas il était impossible, d'après les énonciations, de se méprendre sur la personne de l'avoué constitué (Angers, 2 janvier 1824); et si dans le second cas la demeure de l'avoué était indiquée (Bordeaux, 17 juin 1831).

93. La constitution d'avoué n'est point obligatoire et demeure à la charge du constituant, lorsqu'il s'agit :

1° D'affaires domaniales;

2° De contributions indirectes (Cass. 26 mars 1827);

3° De droits et amendes de timbre et d'enregistrement (Cass. 20 mars 1826 et 26 mars 1827; Rennes, 11 avril 1814; Loi du 22 frimaire an VII, art. 65);

4° D'affaires de la compétence des justices de paix, des Tribunaux de commerce et de première instance jugeant en matière de commerce (Code de comm. 627).

94. Lorsqu'un avoué agit en son nom, il est dispensé de constituer avoué (Dict. de Prod., v°, *Ajournem.* n° 23).

95. CONSTITUTION PAR LE DÉFENDEUR. La constitution d'un avoué par le défendeur ne se fait pas de la

même manière que celle du demandeur (V. *suprà* n° 87). Celle du défendeur doit avoir lieu par acte d'avoué soit dans les délais de l'ajournement, soit postérieurement tant que l'affaire n'est pas entièrement instruite.

96. Ce que nous venons de dire de l'avoué du demandeur (nos 88 et suiv.) s'applique à celui du défendeur, mais la constitution n'est pas de rigueur et dans ce cas on condamne par défaut celui qui ne s'est pas défendu par le ministère d'un avoué (C. proc. 149).

97. Une constitution est nulle lorsqu'elle a lieu *après* un jugement par défaut qui statue sur la demande, et avant qu'une opposition y ait été formée, le motif est que l'instance a été terminée par le jugement et qu'elle ne peut revivre que par l'opposition (Orléans, 16 mars 1809).

98. Le défendeur a, comme le demandeur, le droit de révoquer son avoué en en constituant de suite un autre, et faute de constitution d'un nouvel avoué, les procédures faites et jugements rendus sont valables (Proc. 75).

99. Lorsqu'une demande est formée à bref délai, le défendeur peut, au jour de l'échéance, faire présenter à l'audience un avoué auquel il est donné acte de sa constitution; dans ce cas, l'avoué est tenu de réitérer sa constitution dans le jour, faute de quoi le jugement peut être levé à ses frais (C. proc. 76).

100. ELECTION DE DOMICILE. Les ajournements et actes d'appel doivent contenir élection de domicile dans le lieu où siège le Tribunal qui doit juger (C. proc. 61). Cette élection est de droit chez l'avoué qui occupe pour le demandeur si l'exploit ne contient pas d'indication contraire.

101. Les autres exploits n'en doivent contenir une que quand la loi l'exige expressément, par exemple, dans les cas de saisies-arrêts ou oppositions (C. proc. 559); de saisies-exécutions (C. proc. 584); de saisies-brandon (C. proc. 634); de saisies de rentes constituées sur particuliers (C. proc. 637); de saisie-immobilière (C. proc. 673); d'emprisonnement d'un débiteur (C. proc. 783, 789); d'opposition à scellés (C. proc. 927); de signification de jugement par défaut (C. proc. 435).

102. Si l'élection était faite hors de ce lieu, le but de la loi serait manqué parce que le défendeur ne serait pas à même de signifier avec plus de célérité et moins de frais les actes de procédure. — V. *suprà* n° 88.

103. Il y a exception à ce qui est dit au numéro précédent lorsqu'il s'agit d'une demande reconventionnelle. Dans ce cas, la demande peut être formée par exploit signifié au domicile élu dans la demande principale, comme elle peut l'être aussi par acte d'avoué à avoué (Paris, 21 février 1810).

Art. 4. des noms, demeure et immatricule de l'huissier. — V. *suprà* n° 28.

104. NOMS DE L'HUISSIER. L'observation que nous avons faite suprà, n° 55, relativement au nom du demandeur doit être faite ici. Il y a même motif d'après la loi, en conséquence l'exploit doit contenir non-seulement les *noms* mais encore les *prénoms* de l'huissier, sous peine de nullité (V. *suprà* nos 28 et 28 - 4°).

105. Mais, ainsi qu'on a pu le remarquer dans les articles précédents, les Cours et Tribunaux, observant plutôt *l'esprit* que le *texte* de la loi, refusent de prononcer la nul-

lité des exploits toutes les fois que des équipollents ou certaines circonstances peuvent remplir le but du législateur.

106. C'est par suite de ce principe admis en justice, qu'il a été jugé que l'indication des noms de l'huissier dans le corps de l'acte peut être remplacée par la signature lisible de cet huissier mise au bas de l'original et de la copie (Thomine, 1, 159; Rennes, 22 août 1810. J[al] Pal. 8, 553).

Il ne serait toutefois pas prudent de prendre cet arrêt pour règle, surtout quand plusieurs huissiers du ressort ou de la même résidence portent le même nom.

107. DEMEURE DE L'HUISSIER. On doit appliquer à la mention de la demeure de l'huissier ce que nous avons dit *suprà* n° 76 - 3°.

108. Quoique le domicile ne soit point indiqué dans le corps de l'exploit, il n'y a pas nullité de cet exploit s'il résulte de certaines circonstances que la partie recevant l'exploit n'a pas pu se méprendre sur la personne et la capacité de l'huissier, par exemple, au sujet d'un acte d'appel, notifié par le même huissier qui avait signifié le jugement de première instance (Cass. 13 avril 1837).

109. Il doit en être de même à plus forte raison quand il y a des énonciations dans l'exploit qui ôtent toute espèce de doute sur l'identité et la capacité de l'huissier (Lyon, 12 février 1835).

110. IMMATRICULE DE L'HUISSIER. On doit entendre par le mot *immatricule*, employé dans l'art. 61 du C. proc. (V. *suprà* n° 28-4°), la désignation de la qualité de l'huissier, laquelle jointe à ses *noms* et *demeure* doit être le relevé exact de son inscription au tableau des huissiers admis par un Tribunal à exercer leurs fonctions dans tout l'arrondissement.

111. Il n'est pas de rigueur de se servir dans l'exploit du mot *immatricule* (Cass. 12 mai 1813, 11 novembre 1823, 5 décembre 1836).

112. Mais il est nécessaire, sous peine de nullité, qu'il soit fait mention dans l'exploit de la qualité *d'huissier* (Rennes 7 février 1810). On énonce ordinairement cette qualité en ces termes : « *huissier près le Tribunal civil de première instance de...*

113. Cependant il a été jugé que la qualité *d'audiencier* suffisait et équipollait à celle *d'huissier* dont en conséquence elle couvrait l'omission (Lyon, 29 août 1825).

114. La loi n'impose point à l'huissier l'obligation d'écrire lui-même son *immatricule*, sa signature suffit pour qu'il se l'approprie (Cass. 13 avril 1831).

115. En général, c'est à la suite de l'immatricule que les huissiers font mention de leur patente, mention exigée par l'art. 37 de la loi du 1er brumaire an VII, sous peine d'une amende de 500 fr. réduite à 50 fr. par l'art. 10 de la loi du 16 juin 1824. — Toutefois le défaut de patente ou d'énonciation de patente ne rendrait pas l'exploit nul (Cass. 28 mars 1808). — V. note 43.

Art. 5. Des noms et demeure du défendeur. — V. *suprà* n° 28.

116. NOMS DU DÉFENDEUR. On doit entendre par ce mot le nom de famille et les prénoms. — V. *sup.* n°s 33, 28 et 28-5°.

117. Mais cette obligation d'énoncer les noms ne s'applique qu'aux actes signifiés aux parties elles-mêmes intéressées en nom direct, et non à certains actes signifiés ou laissés à des fonctionnaires publics en leur *qualité*, par exemple, *au maire de la commune de...* (Bourges, 3 janvier 1827). V. *suprà* n° 60.

118. Lorsqu'un défendeur a reçu dans une instance un nom qui n'est pas le sien, qu'il a toujours répondu à ce nom, qu'il a lui-même continué l'erreur en signifiant l'arrêt, il ne peut plus, dans ce cas, demander la nullité de la citation contenant pourvoi devant la chambre civile de la Cour de cassation.

119. Toutefois, la jurisprudence n'est point rigoureuse relativement à l'indication des prénoms, par les motifs qu'un créancier peut bien ignorer les prénoms de son débiteur et qu'il ne lui est pas toujours possible de se les procurer. — Telle est l'opinion de Carré, art. 61, de Pigeau, comm. 1, 177, consacrée par arrêts de la C. R. de Liége le 31 juillet 1811, de Bruxelles le 21 novembre 1829.

120. Si un exploit est valable dans le cas où il ne contient pas les prénoms, il doit être aussi valable, à plus forte raison, lorsque les prénoms sont erronés et qu'il est cependant possible de rectifier l'erreur par le concours de certaines circonstances faisant connaître qu'il s'agissait bien de l'individu assigné (Liége, 19 février 1812).

121. Par la même raison il importe peu que les prénoms du défendeur soient ou non placés dans l'exploit à côté l'un de l'autre, il suffit qu'ils se trouvent dans l'acte. Ainsi jugé à l'égard d'un acte d'appel dans la copie duquel l'huissier avait indiqué les prénoms de l'intimé à l'endroit où l'appelant déclare interjeter appel, et son nom de famille à l'endroit où l'huissier déclare lui donner assignation à comparaître devant la Cour (Besançon, 21 mai 1810).

122. PROFESSION DU DÉFENDEUR. La loi n'exige point qu'on indique dans l'exploit la profession du défendeur. Une disposition obligatoire dans la loi eût rendu les demandes souvent très-difficiles à former, car il y a des circonstances où il est presque impossible de se procurer ce renseignement. (V. *sup.* n° 119 et *inf.* n° 120).

123. On n'est pas non plus obligé, dans les actes de poursuite contre l'héritier d'un débiteur, de mentionner, à peine de nullité, sa qualité d'héritier (Bruxelles, 14 mars 1833).

120 *bis* DEMEURE DU DÉFENDEUR. Le demandeur pouvant ignorer où est le *domicile* légal du défendeur ne pouvait raisonnablement pas rester dans l'alternative ou de ne point assigner faute d'un renseignement qu'il ne dépend pas toujours de lui de se procurer, ou d'assigner au risque d'introduire une instance vicieuse sujette à être annulée. La loi, par ces motifs, n'exige, sous peine de nullité, que l'indication de la *demeure* ou *habitation*. — V. *suprà* n°s 28 et 28-5°.

121 *bis*. Mais la disposition ci-dessus relative à l'indication de la demeure reçoit exception, en ce sens que les actes de l'huissier sont valables :

1° Au cas où l'exploit est signifié au domicile élu, parce que, dans ce cas, le défendeur n'a plus aucun intérêt à ce qu'on indique son domicile réel (Cass. 12 février 1817; Bordeaux, 14 février 1817).

2° Au cas où le défendeur est un fonctionnaire public non révocable, ou même un fonctionnaire public révocable tel qu'un receveur des contributions directes (Liége 12 juin 1810). Il ne serait toutefois pas prudent de prendre ce dernier arrêt pour règle lorsque le défendeur remplit une fonction publique révocable.

5° Au cas où le numéro de la rue a été omis dans l'exploit (Paris, 17 avril 1809).

4° Au cas où il y a fausse indication du numéro de la rue (Rennes, 15 avril 1811; Bruxelles, 12 juillet 1815), ou bien erreur de rue ou de place lorsque le défendeur représente l'exploit et que l'erreur peut être rectifiée par des énonciations renfermées dans la copie du jugement signifié en tête de l'exploit (Lyon, 4 juin 1833).

5° Au cas où l'huissier ayant omis la mention du domicile du défendeur déclare dans son exploit que n'ayant trouvé personne à domicile, il a remis la copie au *maire de la ville de*... (Metz, 27 février 1822).

6° Au cas où l'exploit avait été donné par un huissier de Paris à une personne demeurant *hors la barrière d'Enfer*, sans indication de la ville dont dépend cette barrière; les juges ayant reconnu qu'il s'agissait de la barrière d'Enfer de Paris (Cass. 3 mai 1830).

7° Au cas où un acte d'appel signifié à personne n'énonce pas le domicile, lorsque cette demeure est indiquée dans le jugement qui est relaté dans l'acte d'appel (Bruxelles, 24 janvier 1821).

Toutefois il en est autrement d'une sommation de produire lorsqu'elle a été faite au domicile élu chez un avoué et qu'elle a eu lieu en la personne de son successeur; elle est nulle faute d'exprimer formellement qu'elle a été notifiée à la personne ou en la demeure de l'avoué chez lequel domicile a été élu.

Art. 6. De la signification à personne ou domicile. — De la signification: 1° aux incapables et personnes publiques; 2° à ceux qui n'ont aucun domicile connu en France; 3° à ceux qui habitent le territoire français hors du continent et à ceux qui sont établis chez l'étranger. — De la remise de la copie et du parlant à... — Du nombre de copies. — Du visa.

122 *bis*. DE LA SIGNIFICATION A PERSONNE. La meilleure signification est, sans contredit, celle faite à la personne même du défendeur, parce qu'il ne peut plus alléguer avoir ignoré cette signification.

Aussi peut-elle être faite au défendeur en quelque lieu que l'huissier le rencontre, pourvu toutefois que cet huissier n'instrumente pas hors de son ressort et qu'il ne s'agisse pas d'un acte d'exécution signifié aux heures des offices dans un lieu destiné au culte, car s'il excitait du trouble et du scandale au sujet de l'exécution, il serait exposé à une peine et même, relativement à un emprisonnement, il y aurait nullité de l'opération (C. proc. 781).

123 *bis*. C'est en vain qu'un jugement aurait ordonné l'assignation à domicile. Comme les juges ne peuvent pas se mettre au-dessus de la loi et que le moyen le plus sûr d'arriver à donner connaissance de l'exploit au défendeur est de le lui signifier en lui en laissant copie, il en résulte que le but de la loi est complètement atteint (Rennes, 22 juillet 1814).

124. Au cas d'un jugement contre un avoué occupant pour lui-même, il ne suffit pas pour pouvoir mettre le jugement à exécution de signifier ce jugement par acte d'avoué à avoué: il faut de plus qu'il soit signifié à partie par exploit à personne ou domicile aux termes de l'art. 147 du C. proc. (Cass. 25 janvier 1841, Sir. 41, 1, 495).

125. La signification à la *personne* du défendeur, lorsqu'elle a lieu *hors de son domicile*, donne lieu à plus de responsabilité contre l'huissier que quand elle a lieu *à domicile*. Dans le cas de signification hors du domicile, l'huissier est garant de l'identité du défendeur, quand même celui à qui on signifie déclarerait que sa personne est bien celle du défendeur, tandis que cette responsabilité n'existe pas dans le cas de signification à domicile. — V. *infrà* n° 130.

126. On doit entendre par le mot *personne* employé dans la loi, une personne capable de disposer de ses droits, de sorte que quand il s'agit soit de personnes incapables de disposer, soit d'un *être moral* tel que *l'Etat*, une *commune* ou un *établissement public*, l'action doit être dirigée contre ceux que la loi charge de les représenter. — V. *sup.* n°s 79 et suivants.

127. Toute signification ayant lieu pour donner connaissance à une personne du fait mentionné en l'exploit, il en résulte que la signification à domicile faite postérieurement au décès de celui contre lequel on agit est nulle si ce décès est légalement constaté (Cass. 14 nivôse an XI, 13 thermidor an XII, 1er décembre 1829, 26 février 1840), mais il n'y a pas obligation pour le défendeur de le notifier à celui au nom duquel on signifie (Cass. 2 février 1813 et 1er décembre 1829), de sorte que, le décès n'étant pas légalement constaté, la signification faite au domicile de la personne décédée serait valable (Cass. 9 septembre 1811).

128. Cependant les Cours et Tribunaux ainsi que la loi admettent exception dans certains cas, notamment dans ceux qui suivent:

1° Lorsque la signification d'un arrêt d'admission d'un pourvoi en cassation est faite au dernier domicile d'une personne dont le décès n'était pas connu, parlant à son procureur fondé, elle est valable (Cass. 3 septembre 1811);

2° Lorsque l'acte d'appel d'un jugement rendu au profit d'une *personne décédée dans l'intervalle* est signifié en la maison où est mort le défunt aux héritiers collectivement sans désignation de noms ni de qualités, cet acte est valable parce que, le délai n'étant pas suspendu par le décès et courant toujours au profit de la succession, la raison veut, et la loi ne s'y oppose pas, que la partie ne soit pas empêchée de former appel en temps utile lorsqu'elle ignore les noms et le domicile de chacun des héritiers (Bruxelles, 30 août 1810, arg. C. proc. 447).

3° Lorsqu'il s'agit d'actions relatives aux inscriptions hypothécaires; dans ce cas, l'ajournement peut être fait au dernier domicile élu du créancier quoiqu'il soit décédé (C. civ. 2156).

4° Quand il s'agit d'une chose indivisible. Dans ce cas, il suffit d'assigner l'un des héritiers pour interrompre une prescription. — Ind. C. civ. 2249, n° 2 (V. *sup.* n° 63).

5° Lorsqu'il s'agit du protêt d'un effet de commerce. Dans ce cas, la signification doit être faite au domicile indiqué et à défaut au domicile réel (C. comm. 173, Av. cons. d'Ét. 25 janvier 1807), et non à la personne, surtout quand la provision existe au domicile et qu'une signification à personne peut causer du préjudice aux tiers intéressés; mais s'il n'y a ni provision ni préjudice pour les tiers, la signification peut être faite hors du domicile, pourvu que l'huissier parle à la personne du tiré et que celui-ci accepte le protêt sans aucune objection (Cass. 20 janvier 1833).

6° Quand il s'agit de l'appel interjeté par le mari du jugement qui prononce la séparation de corps; dans ce cas, l'appel doit être signifié non au domicile du mari mais au lieu qui a été désigné à la femme pour sa résidence pendant le procès (Nîmes 13 août 1841, Sirey 41, 2, 611).

129. DE LA SIGNIFICATION A DOMICILE. La meil-

leure signification au regard du demandeur est aussi celle faite à la personne du défendeur, mais comme on ne peut être assuré de la pouvoir toujours faire à la personne, il fallait bien que la loi indiquât un lieu où cette signification pouvait être faite et elle ne pouvait en indiquer un plus certain que le domicile. — V. *suprà* nos 28, 30, 122, 128-3°.

130. Mais au regard de l'huissier la signification à domicile est préférable, surtout quand il ne connaît pas bien la personne du défendeur, car, à domicile, sa responsabilité est plus à couvert, il n'est plus garant de l'identité du défendeur, il suffit au domicile de lui déclarer qui on est et d'être de la cathégorie de ceux qui ont, d'après la loi, capacité de recevoir copie de l'exploit pour que cet exploit soit régulier. — V. *infrà* nos 139 et suiv.

131. Lorsque le domicile du défendeur n'est pas connu, la signification doit être faite au lieu de la résidence actuelle, de sorte que quand un individu est seulement en résidence dans un endroit et qu'il a notoirement un domicile ailleurs, la signification de l'assignation au lieu de sa résidence n'est valablement faite qu'en *parlant à sa personne* (Arg. C. proc. 69-8°).

132. C'est de cette manière, c.-à-d. parlant à *la personne* qu'on doit assigner :

1° Le militaire en activité de service, au lieu où se trouve son régiment (Liége, 4 février 1812; Rennes, 5 août 1812); sinon l'assignation doit être donnée soit au domicile qu'il avait avant de partir pour le service, soit à son domicile d'origine (V. note 3, nos 24 et 25), soit au parquet du Procureur du Roi.

2° Le fonctionnaire appelé à des fonctions révocables, lorsqu'il n'a pas manifesté l'intention d'établir son domicile dans le lieu où il les exerce : dans ce cas il y a lieu de signifier comme il est dit au numéro qui précède.

3° Le prisonnier et le déporté n'étant pas considérés comme ayant changé de domicile, il en résulte qu'ils sont valablement assignés à celui qu'ils avaient à l'époque de leur incarcération ou de leur déportation (Bordeaux, 11 janvier 1834).

4° Les bateleurs, les colporteurs, les comédiens ambulants et les vagabonds étant considérés comme n'ayant point de domocile, ils sont régulièrement assignés au lieu de leur résidence actuelle.

Cependant s'ils avaient un domicile *certain*, l'exploit ne pourrait être affiché et remis au parquet du Procureur du Roi parce que ce n'est que par exception que la loi permet d'agir ainsi (Bordeaux, 4 août 1840; il s'agissait dans l'espèce d'un marchand-colporteur).

133. Lorsqu'une partie est assignée au domicile qu'elle a indiqué dans plusieurs actes de la procédure, l'exploit est valable, quoiqu'il soit constaté par un certificat du directeur des contributions directes qu'elle demeure dans un autre lieu (Cass. 20 juin 1832 et 5 mai 1834; Bordeaux, 28 mars 1833).

134. Dans le cas de changement de domicile sans avoir fait aux deux municipalités la déclaration prescrite par l'art. 104 du C. civ., les tiers et par conséquent le demandeur peuvent être bien fondés à prétendre que la preuve de l'intention du changement de domicile ne résulte légalement contre eux que de la déclaration aux deux municipalités et que si elle n'a pas été faite c'est à celui qui a commis cette négligence à se l'imputer et à en supporter

[20] DES EXPLOITS, SIGNIFICAT. ET ASSIGNAT. §. 4.

les conséquences (Bruxelles, 23 février 1810; Cass. 13 germinal an XII; Paris, 24 brumaire an XII).

135. D'après ce qui est dit au numéro précédent, il n'y a pas à considérer si l'objet de la demande est ou n'est pas postérieur au changement de domicile pour faire résulter de cette distinction qu'on doive actionner au nouveau ou à l'ancien domicile du défendeur (Orléans, 28 avril 1819).

136. Serait nul l'exploit qui ne mentionnerait pas que le domestique à qui copie a été laissée a été trouvé au domicile de l'ajourné (Cass. 20 fructidor an XI; Bruxelles, 27 juin 1810; Rennes, 28 décembre 1812, 16 avril 1813, 9 avril 1819; Liége, 19 mars 1812).

137. Il en serait de même à l'égard de la femme du défendeur si pareille mention existait dans l'exploit (Montpellier, 3 décembre 1810).

138. DE LA SIGNIFICATION : 1° *aux incapables et personnes publiques ; 2° à ceux qui n'ont aucun domicile connu en France; 3° à ceux qui habitent le territoire français hors du continent, et à ceux qui sont établis chez l'étranger.*

139. 1° *Aux incapables et personnes publiques.* Lorsque ces incapables et personnes publiques agissent en se défendant, on procède contre elles en s'adressant à ceux qui les représentent. Nous avons dit *suprà*, nos 81 et suiv., quels étaient ces incapables et personnes publiques, et nous avons nommé leurs représentants (Code de proc. 69).

140. Puisqu'on doit agir contre les représentants dans certains cas, il en résulte que si les incapables n'ont pas de tuteur, de subrogé tuteur, de curateur ou de conseil judiciaire, le demandeur doit leur en faire nommer un (Code civil, 112, 405, 406, 509). Cependant il a été jugé que l'accomplissement par l'acquéreur des formalités prescrites par la loi suffit pour la purge de l'hypothèque légale des enfants mineurs du vendeur, lorsqu'il n'existe pas de subrogé-tuteur auquel puisse être faite la notification exigée par l'art. 2194 du Code civil et par l'avis du Conseil d'Etat du 1er juin 1807. L'acquéreur, bien qu'il connaisse l'existence des enfants mineurs, est dispensé de faire procéder à la nomination d'un subrogé tuteur. (Grenoble, 20 août 1834 et 29 novembre 1837; Sirey 36, 2, 390-38, 2, 158). — *Contrà*, Besançon, 12 juillet 1837, aff. Girod, Sirey 38, 2, 158. — Rouen, 13 mars 1840, aff. Lemercier, Sirey 40, 2, 258. Ce dernier arrêt porte que l'accomplissement des formalités ne suffit pas pour la purge lorsque l'acquéreur a su ou pu savoir qu'il n'existait pas de subrogé-tuteur; l'avis du Conseil d'Etat ne s'appliquant qu'au cas où le subrogé-tuteur *existant* n'est pas connu de l'acquéreur.

141. Lorsqu'une signification est faite à un fonctionnaire public, c'est en son bureau et non en sa demeure que l'exploit doit être posé et qu'il doit lui être laissé copie (Cass. 3 juillet 1838; Liége, 31 mars 1810).

142. A cet égard, il a été décidé que lorsqu'une administration n'a pas de bureau spécial au siége même de son établissement, quoiqu'il y ait un receveur, les significations peuvent lui être faites en la personne du maire, comme président du bureau d'administration (Cass., 11 janvier 1830).

143. Dans tous les cas où l'on assigne l'Etat, le trésor, les administrations ou établissements publics, les communes et le Roi pour ses domaines, l'original de l'exploit

doit être, sous peine de nullité, visé de celui à qui copie est laissée; en cas d'absence ou de refus, le visa doit être donné soit par le juge de paix, soit par le Procureur du Roi près le Tribunal de première instance, auquel, en ce cas, la copie sera laissée (C. de proc., 69-5°). V. *inf.* n° 188.

144. La peine de nullité dont il vient d'être parlé ne s'applique qu'aux ajournements et aux actes d'appel (Code de proc. 456; Bruxelles, 18 avril 1822; Toulouse, 29 juin 1831). Toutes significations d'autres actes faites sans remplir la formalité du visa à des personnes publiques préposées pour les recevoir, ne sont pas nulles pour cette omission, l'art. 1039 du Code de proc. ne prononçant point cette nullité (Dalloz, 7, 820; Favard, v° *Ajournement*; Merlin, v° *Signification de jugement*; Thomine, n° 1177).

145. On a fait l'application de la dernière partie du n° qui précède en déclarant valables :

1° La signification d'un arrêt de renvoi à une commune, en la personne du maire, sans visa de la part de ce dernier (Nancy, 11 avril 1826).

2° La signification aussi sans visa d'un jugement à un receveur de l'enregistrement (Cass., 20 août 1816).

146. Toutes les fois qu'il y a lieu à l'apposition d'un visa de la part d'un fonctionnaire public, et que ce fonctionnaire est absent, l'huissier doit s'adresser à celui qui remplace immédiatement ce premier fonctionnaire; par exemple : au substitut quand le Procureur du Roi est absent, et au conseiller de préfecture qui vise en ces termes à cause de l'absence du Préfet : *Par autorisation*. (Toulouse 29 juin 1831); *contrà*, Pau, 25 janvier 1827).

147. Tout fonctionnaire public qui refuse de donner un visa, demeure exposé à être condamné, sur les conclusions du ministère public, à une amende qui ne peut être moindre de 5 fr. (Code de proc. 1039).

148. Copie de l'exploit doit toujours être laissée à celui qui donne le visa, sous peine de nullité, ce qui se fait dans les termes suivants : « *Vu et reçu copie* » (Code de procéd. 1039).

149. 2° *A ceux qui n'ont aucun domicile connu en France.* On doit assigner ceux qui n'ont aucun domicile connu en France au lieu de leur résidence actuelle : si le lieu n'est pas connu, l'exploit doit être affiché à la principale porte de l'auditoire du Tribunal où la demande est portée, et une seconde copie doit être donnée au Procureur du Roi, lequel visera l'original (Code de proc. 69 - 8°).

150. Cet article est applicable à l'étranger qui n'a pas été autorisé à se fixer en France, par conséquent c'est au lieu de sa résidence que les exploits doivent lui être signifiés (Paris, 9 mai 1835).

151. Mais il ne faut pas confondre le cas où une partie est seulement absente de son domicile, avec celui où elle n'a ni domicile ni résidence connus; car dans le premier cas, la copie doit être remise au voisin, et, à défaut, au maire ou adjoint (V. *infrà*, n° 186), à moins que ce voisin ou le fonctionnaire municipal ne déclare que la partie n'y demeure plus et qu'il ignore la résidence actuelle, auquel cas il faut considérer cette partie comme n'ayant aucun domicile connu et remettre la copie au Procureur du Roi;

Et dans le second cas la copie doit être remise au Procureur du Roi, lequel vise l'original, et une autre copie doit être affichée à la principale porte de l'auditoire du Tribunal (V. *suprà*, n° 146).

152. Toutefois nous allons rapporter plusieurs arrêts rendus dans des espèces où il ne paraît pas qu'il y eût lieu de faire cette distinction :

153. Ainsi, on a validé la signification d'une surenchère faite au parquet du Procureur du Roi, l'huissier n'ayant trouvé personne au domicile indiqué dans le contrat d'acquisition (Cass., 24 décembre 1833).

154. Mais on a annulé pour avoir été signifiés au Procureur du Roi et non au maire de l'ancien domicile connu, attendu que le domicile de droit ne se perd pas par cela seul que l'on transporte ailleurs sa résidence :

1° Un commandement tendant à saisie immobilière (Orléans, 11 août 1838);

2° Un jugement par défaut contre partie, quoique suivi d'actes d'exécution, signifiés aussi au parquet; ce jugement ayant été réputé non exécuté dans les six mois. L'arrêt est motivé sur ce que le demandeur aurait pu, en se transportant à l'ancien domicile du défendeur, découvrir facilement le nouveau domicile (Paris, 3 février 1835);

3° La signification d'un jugement donné pour faire courir le délai de l'appel (Bordeaux, 28 mars 1833);

4° La signification d'un acte d'appel (Amiens, 21 février 1828).

Dans l'espèce de chacun de ces arrêts, la signification et la remise de la copie auraient dû être faites au maire parce que, dans la procédure qu'il s'agissait de continuer, il y avait une élection tacite de domicile résultant de l'indication de domicile faite par l'intimé dans la première instance, ce qui lui permettait de compter que tous les actes relatifs à la contestation lui seraient notifiés à ce domicile, et qu'il en retrouverait les copies chez un de ses voisins ou chez le Maire de la commune. Les motifs n'étant plus les mêmes lorsqu'il y a indication de domicile dans un contrat, parce qu'on ne saurait y voir une élection tacite de domicile comme celle qui est présumée résulter de l'indication faite dans le cours d'une procédure, on doit en conséquence ne voir aucune contradiction entre ces trois arrêts et celui de cassation rapporté *suprà* n° 153.

155. 3° *A ceux qui habitent le territoire français hors du continent, et à ceux qui sont établis chez l'étranger.* En général, ces personnes doivent être assignées au domicile du Procureur du Roi près le Tribunal où la demande est portée, lequel vise l'original et envoie la copie, pour les premières, au Ministre de la marine, et pour les autres, au Ministre des relations extérieures (Code de proc. 69 - 9°).

156. Ainsi, doivent être assignés de cette manière :

1° Les Français qui ont quitté leur domicile en France et se trouvent établis, soit dans les colonies, soit à l'Etranger (Orléans, 28 avril 1831). On ne peut laisser la copie au maire que quand le domicile est inconnu;

2° Et les Etrangers qui n'ont pas en France de domicile ou de résidence connue.

157. Mais on peut se dispenser de signifier au parquet du Procureur du Roi :

1° Relativement à un Français domicilié dans les colonies, en l'assignant à personne ou domicile par un huissier de son domicile; dans ce cas, le but de la loi est mieux rempli (Arg. Florence, 30 juin 1810).

2° Relativement à un Français établi à l'Etranger et qui a conservé son domicile en France, en faisant assigner par un huissier du ressort du Tribunal de ce domicile. En effet, l'art. 69 n'ôte pas la faculté accordée par l'art. 68 de signifier au domicile réel (Arg. même arrêt).

3° Relativement à un étranger;

Soit en lui donnant ajournement au lieu qu'il a indiqué, comme sa résidence dans des actes non contestés, parce qu'alors il n'est point sans résidence connue (Cass. 27 juin 1809).

Soit en l'assignant au lieu de sa dernière résidence en France, bien qu'il n'eût pas été autorisé par le Gouvernement à y établir son domicile (Cass. 20 avril 1811).

Soit en l'assignant au domicile en France de son mandataire spécial, pourvu que celui-ci ait pouvoir de répondre à l'action (Rennes, 13 mars 1818; Carré, n° 372).

158. Lorsqu'il s'agit d'un acte d'appel, ce n'est point au domicile du Procureur du Roi près le Tribunal qui a rendu le jugement que cet acte doit être signifié, mais à celui du Procureur général près la Cour, sous peine de nullité. (Montpellier, 16 juin 1828; Cass. 4 juin 1830; Carré, art. 456).

159. Le défaut d'envoi de la copie par le Procureur du Roi ou le Procureur général, soit au Ministre de la Marine, soit au ministre des relations extérieures, n'est point une cause de nullité de l'exploit, ce fait étant tout-à-fait étranger au demandeur (Cass. 11 mars 1817; Carré 1, 196; Berriat, 204).

160. DE LA REMISE DE LA COPIE. Relativement à cette copie l'huissier a, sous peine de nullité, deux formalités à accomplir en mentionnant *le parlant à...*, c.-à-d. à *quelle personne* il s'est *adressé* et a *laissé copie*, de sorte que l'accomplissement de l'une de ces formalités ne dispenserait pas de l'autre.

161. DE LA MENTION DU PARLANT A... il faut sous peine de nullité:

1° Que la mention résulte de l'acte même : on ne serait pas admis à la compléter par la preuve testimoniale (Arg. Cass. 24 décembre 1811).

2° Qu'elle soit écrite à l'instant même de la remise de la copie, de manière qu'elle ne puisse être altérée ni modifiée, ce qui oblige l'huissier à se servir d'encre ineffaçable (Colmar, 25 avril 1807; Grenoble, 17 août 1822).

Il n'y a d'obligation pour l'officier ministériel de solliciter et d'écrire la réponse, que dans certains cas, c.-à-d. lorsqu'il s'agit d'offres réelles, de protêts, etc. (Boncenne, 2, 244; Paris, 10 avril 1810).

3° Que la mention soit non-seulement sur l'original mais sur la copie, de sorte qu'il y aurait nullité s'il y avait omission sur la copie (Rennes, 14 mars 1820; Cass. 3 juillet 1832).

4° Que la mention soit claire, car si *le parlant à...* dans l'original et la copie n'était point concordant et laissait de l'incertitude sur la personne à laquelle copie est remise, l'exploit serait nul (Montpellier, 15 janvier 1825; Cass. 9 novembre 1826).

5° Que la mention soit précise, car il y aurait nullité d'un exploit signifié à *tel* et à *son épouse, parlant à sa personne* (Liége, 8 décembre 1814; Bourges, 24 septembre 1828). — V. *infrà* n° 251.

6° Que le *parlant à...* ne soit pas placé à un intervalle de plusieurs lignes du nom de la personne à laquelle copie a été laissée, parce qu'alors il y aurait lieu de considérer la mention comme insuffisante surtout si par son isolement et l'ordre qu'elle occupe elle ne présentait aucun sens (Bruxelles, 26 juin 1807).

7° Que la mention du *parlant à...* ne soit pas laissée en blanc, parce qu'on ignorerait à qui l'huissier a parlé (Paris, 22 novembre 1809; Bruxelles, 11 novembre 1811; Grenoble, 12 janvier 1829; Cass. 19 juin, 3 juillet 1832).

162. DU NOMBRE DE COPIES A REMETTRE. S'il y a plusieurs défendeurs, il doit être laissé à chacun d'eux une copie de la demande, chacun ayant un égal intérêt à la connaître pour être à même de proposer ses moyens de défense.

163. Ainsi, l'assignation donnée à plusieurs défendeurs au domicile de l'un d'eux est nulle à l'égard de tous (Besançon, 14 décembre 1818).

164. Cependant on a déclaré valable la signification faite à l'un des co-intéressés en matière solidaire ou indivisible (Rennes, 14 juillet 1810; Bordeaux, 22 août 1833).

165. Mais, quand il s'agit de deux époux, il faut distinguer :

166. Si le mari a seul l'exercice des actions, il suffit d'assigner à sa requête comme poursuivant les droits de sa femme s'il est demandeur (C. civ. 1428).

167. Si, au contraire, le mari est défendeur, on doit lui remettre une seule copie de l'exploit. Ainsi jugé :

1° Sous le régime de la communauté pour des droits propres à la femme (Cass. 1er avril 1812, jal Pal., 10,261).

2° A l'égard d'un acte d'appel relatif à des biens de la communauté (Cass. 4 août 1817; Sirey 17, 1, 374).

3° Sous le régime dotal, lorsqu'il s'agit de biens dotaux (Bordeaux, 23 janvier 1835).

168. Il est toutefois plus prudent de remettre une seconde copie à la femme, dans la prévoyance du cas où les époux seraient séparés de biens soit contractuellement, soit judiciairement à l'insu du requérant (Bioche, v° *Femme mariée*, n° 29).

169. Une seule copie est suffisante pour un individu assigné tant en son nom personnel que comme représentant une autre personne en qualité de tuteur (Cass. 20 décembre 1816; 7 janvier 1818).

170. Une seule copie est suffisante aussi lorsque le même individu est tuteur de plusieurs pupilles, mais il faudrait autant de copies qu'il y aurait de pupilles ayant un intérêt différent (Bioche, v° *Exploit*, n° 151).

171. DES PERSONNES AUXQUELLES ON PEUT ADRESSER LE PARLANT A...

172. En général, la copie de la signification faite à domicile doit être remise à la partie (V. *sup.* n° 30) sous peine de nullité (C. proc. 70).

173. Mais comme la partie peut n'être point à son domicile, dans ce cas, la copie doit être remise à l'un de ses *parents* (V. *infrà* nos 174 et suiv.) ou *serviteurs* (V. *infrà* nos 179 et suiv.), ou à défaut à un *voisin* (V. *infrà* nos 182 et suiv.) qui doit signer l'original et s'il n'y a pas de voisin ou si ce voisin ne veut ou ne peut signer l'original, la copie est de suite remise au *maire ou adjoint* (V. *inf.* nos 186 et suiv.) de la commune, lequel visera l'original sans frais: mention du tout est faite tant sur l'original que sur la copie (V. *suprà* n° 30) à peine de nullité (C. proc. 70).

174. PARENTS DU DÉFENDEUR. Il n'est pas nécessaire que le parent auquel la copie est remise demeure habituellement chez le défendeur; la loi s'attachant unique-

ment à la parenté, ce serait aller au-delà de ses termes que d'exiger la communauté d'habitation (Aix, 6 février 1826; Bruxelles, 15 février 1832; Cass. 14 mai 1838).

175. La loi ne distinguant pas entre les parents successibles et ceux qui ne peuvent succéder comme étant au-delà du 12e degré (C. civ. 755), il en résulte qu'on peut s'adresser aux uns comme aux autres pour la remise de la copie.

176. On a même étendu le principe de la loi jusqu'à l'époux et aux alliés du défendeur qu'on assimile avec juste raison à des parents.

177. Mais le principe qui permet de signifier au défendeur hors de son domicile ne peut être appliqué au parent. Celui-ci n'a capacité que pour recevoir la copie au *domicile* du défendeur, il faut par conséquent qu'il soit trouvé à ce domicile; or, dans ce cas, il y aurait nullité de l'exploit si l'huissier s'écartait de la règle tracée par l'art. 68 du C. proc.

178. Il n'est pas toujours nécessaire de mentionner le nom, la qualité et les rapports qu'il y a entre la personne qui reçoit la copie et la partie assignée; ainsi, il a été jugé qu'il suffisait :

Ou d'énoncer le nom, sans indiquer les rapports de cette personne avec l'assigné, s'il peut être reconnu au procès que la personne avait qualité pour recevoir la copie (Paris, 3 janv. 1809; Cass. 23 janv. 1810, 9 janv. 1811).

Ou d'indiquer la personne qui reçoit copie soit par sa qualité soit par ses rapports avec le défendeur (Bruxelles, 3 fév 1820, 15 fév. 1832; Bordeaux, 24 août 1831; Riom, 11 janv. 1837; Cass. 19 déc. 1826, 15 janv. 1833).

179. SERVITEURS DU DÉFENDEUR. Le mot *serviteur* employé dans la loi ne doit pas être entendu dans un sens restreint. On doit l'appliquer non-seulement aux *domestiques proprement dits*, mais encore à tous ceux qui ont des rapports fréquents et nécessaires avec la partie assignée, à tout autre titre que celui de *domestiques*.

180. Ainsi, récapitulant tous les cas auxquels le titre de *serviteur* a été appliqué, il a été décidé qu'on devait reconnaître la capacité de recevoir une copie et qu'en conséquence étaient valables les exploits signifiés en parlant... :

1° Au *clerc* du défendeur (Besançon, 2 juin 1812).

2° Au *commis* du défendeur (Metz, 25 février 1820; Bordeaux, 24 août 1831; Cass. 2 mars 1833).

3° Au *domestique* de la partie assignée, sans autre indication (Cass. 14 décembre 1815).

5° A *deux époux* ayant le même intérêt, par une seule copie, *parlant à leurs personnes*, quoique l'exploit ne désigne pas celui des deux époux auquel la copie a été remise (Cass. 21 décembre 1840).

6° A l'*épouse* du défendeur, quoique celui-ci n'ait jamais été marié, quand l'erreur est le résultat des fausses indications données à l'huissier et que la personne a, au moins, le titre de parente si elle n'a pas le titre d'épouse (Orléans, 23 août 1820; Bruxelles, 12 juillet 1813).

7° A une *femme* qui s'est faussement déclarée *sœur* ou *belle-sœur* du défendeur quand l'erreur est aussi le résultat des fausses indications données à l'huissier et que la personne a, au moins, le titre de parente (Bruxelles, 3 février 1820; Orléans, 23 août 1820).

8° A une personne qui s'est déclarée la *fille* du défendeur quand elle était sa *nièce*, ou sa *nièce* quand elle était sa *fille* (Caen, 15 janvier 1827).

9° A des *filles de confiance* trouvées au domicile de l'intimé et qui sommées de se nommer ont refusé de le faire (Rennes, 26 avril et 18 août 1810).

10° A l'*homme d'affaires* trouvé au domicile de l'assigné (Thomine, n° 192; Besançon, 28 juin 1816); *contrà*. Limoges, 19 août 1818.

11° Au *jardinier*, quand même le domaine aurait été mis en séquestre et que le propriétaire en aurait été expulsé par le gardien judiciaire (Cass. 26 mars 1822).

12° Au *maître d'hôtel garni* quand même le locataire serait momentanément détenu pour dettes pourvu qu'il conserve son domicile dans l'hôtel (Caen, 4 mai 1813; Nancy, 22 juin 1813).

13° Au *mari* toutes les fois qu'il n'a pas des intérêts opposés à ceux de sa femme, comme dans le cas de purge légale (Troplong n° 978; Duranton 20, 419; Paris, 25 février 1819; Jal. Pal. 15, 117. *Contrà*. Rouen, 15 février 1828, Sirey 28, 152).

14° A un *mineur* pourvu qu'il soit capable de discernement. A 15 ans le discernement est généralement présumé exister (Arg. C. proc. 285). Au surplus les Tribunaux sont juges souverains relativement à la question de fait (Boncenne, 2, 207; Carré, n° 359; Poitiers, 25 mai 1825).

15° Au *portier* du défendeur (Besançon, 12 février 1810; Rouen, 5 janvier 1814; Lyon, 25 juin 1816; Paris, 9 novembre 1830). Mais il ne faut pas qu'il s'agisse d'exploits signifiés par le locataire au propriétaire et *vice versâ*. (Tribunal de la Seine, 21 octobre 1837).

16° Au *secrétaire* du défendeur (Nîmes, 7 avril 1812).

17° A une *servante domestique au domicile* de la partie (Cass. 22 janvier 1810), ou à une *femme* qui a refusé de dire son nom, mais qui a déclaré être au service de l'assigné (Poitiers, 13 juin 1822), ou à une des *servantes domestiques* du défendeur (Cass. 15 janvier 1833), ou à une *femme* qui s'est déclarée *servante* de l'assigné, quand celui-ci n'avait pas de servante (Bourges, 16 septembre 1811), ou à un *homme* qui s'est déclaré être au service du défendeur (Cass. 15 novembre 1841).

181. Mais on a déclaré nuls des exploits signifiés en parlant... :

1° A un *aliéné* d'esprit quand l'aliénation est notoire (Montpellier, 27 décembre 1827). V. *sup.* n° 180-14°.

2° A un *citoyen* (sans autre distinction) qui s'est chargé de faire parvenir l'exploit et qui n'a dit son nom de ce interpellé (Cass. 25 brumaire an x; Paris, 23 novembre 1812). V. *inf.* n° 182-5°, ou à une *citoyenne* (Bordeaux, 19 août 1840).

3° A un *domestique* sans énoncer que ce domestique était attaché au service du défendeur. V. *sup.* n° 180-17°.

4° A une *femme trouvée au domicile* du défendeur (Cass. 29 thermidor an x; 24 ventôse an xi; 5 thermidor an xiii, 20 juin 1808; 26 juillet et 7 août 1809).

5° Au *fils* ou à la *fille* du défendeur, tandis que celui-ci n'avait point d'enfant (Bruxelles, 20 mai 1812, dans ce cas, c'est au défendeur à prouver que la personne indiquée n'a pas réellement la capacité qui lui est attribuée (Cass. 28 janvier 1834). V. *sup.* n° 180-6°-7°-8°.

6° Au *fils* du demandeur, lors même qu'il demeurerait ou serait employé chez le défendeur, parce que celui-ci ayant un intérêt notoirement opposé à celui du demandeur il est permis de craindre que la copie ne lui soit pas remise fidèlement (Bioche, v° *Exploit*, n° 197). V. *sup.* nos 174, 175.

182. VOISIN DU DÉFENDEUR. On doit entendre par le mot *voisin*, une personne *établie* soit dans un lieu dépendant du même corps de bâtiment, soit à la distance la plus

rapprochée du domicile du défendeur; une personne qui soit *domiciliée* dans l'endroit et non chez laquelle *on soit domicilié*. Cette distinction est importante parce que le fait d'accepter une copie pour quelqu'un entraîne l'obligation de la remettre, ce à quoi le voisin est astreint par la signature qu'il a apposée sur l'original. (V. *sup.* n° 173), de sorte que pour mettre tout-à-fait à couvert sa responsabilité il n'est pas inutile qu'il retire une décharge du défendeur.

Ainsi, pour qu'un voisin ait capacité pour recevoir une copie, il est, en quelque sorte, nécessaire qu'il jouisse de ses droits civiques (V. note 14, n°s 9 et suiv., 22). Cette conclusion résulte des arrêts suivants qui ont déclaré qu'un exploit était nul lorsque la copie avait été remise en parlant... :

1° Au *commis* du voisin (Pigeau, comm. 1, 193; Boncenne, 2, 215; Carré, art. 68; Bruxelles, 19 février 1806).

2° Au *domestique* du voisin *(ibid.)* et que l'exploit ne mentionnait pas la signature de ce domestique (Bruxelles, 4 mai 1811).

Toutefois, lorsque deux personnes ont une *habitation commune*, le domestique de l'une peut recevoir la copie de l'exploit qui concerne l'autre, parce qu'alors on doit considérer le domestique comme étant de la même famille (Cass. 15 août 1807; Paris, 30 janvier 1817; Lyon, 26 mars 1817).

3° A une personne *sans discernement*, c.-à-d. à un *enfant* ou à une personne notoirement atteinte *d'aliénation mentale* (Montpellier, 27 décembre 1827; C. proc. 285) V. *suprà* n°s 180-14°, 181-1°.

4° A un *employé* du voisin (Bruxelles, 19 février 1806; 4 mai 1811).

5° A un *voisin* sans exprimer sa qualité de voisin dans la copie et quand même elle serait mentionnée dans l'original (Boncenne, 2 117; Poitiers, 9 février 1830).

6° A un *voisin* qui reçoit la copie sans signer l'original, quand même il serait déclaré en l'exploit que ce voisin ne sait ou ne peut signer (Rennes, 15 juillet 1818). V. *suprà* n° 173.

183. Le voisin qui accepte la copie doit signer l'original, lors même que la signification est faite à un domicile élu (Cass. 29 mai 1811).

184. Comme c'est par exception que la loi (V. *suprà* n°s 172, 173) autorise à signifier ailleurs qu'au *domicile* du défendeur, il en résulte qu'il faut que l'huissier donne la preuve qu'il ne lui a pas été possible de se conformer à la règle générale qui veut qu'il explore d'abord le domicile, en conséquence il doit exprimer, lorsqu'il laisse copie à un voisin, qu'il n'a trouvé au domicile ni la partie ni aucun de ses parents ou serviteurs (Cass. 25 mars 1812; Paris, 31 mars 1813), ou bien qu'il n'a trouvé *personne* (Cass. 5 février 1835). Dans tous les cas cette circonstance doit être mentionnée dans l'exploit à peine de nullité (C. proc. 68, 70, même arrêt). V. *inf.* n° 187.

Cependant on a validé un exploit dans lequel l'huissier avait omis sur la copie mais non sur l'original le mot *personne* (Montpellier, 21 mai 1813).

185. Il est inutile d'indiquer le nom du voisin et de recevoir sa signature lorsqu'il refuse d'accepter la copie (Cass. 26 janvier 1816 et 8 février 1833; Bruxelles, 11 janvier 1832; Montpellier, 4 février 1811).

186. MAIRE OU ADJOINT. Nous avons vu *sup.* n° 173, que lors d'une signification à domicile, l'huissier est tenu

de remettre la copie de l'exploit au *maire ou adjoint* de la commune, s'il n'y a personne à ce domicile et si aucun voisin ne veut s'en charger.

187. A cet égard il a été jugé :

1° Qu'en cas d'absence du maire et de ses adjoints, la copie est valablement laissée au conseiller municipal, le premier dans l'ordre du tableau, c.-à-d. qui a réuni le plus de suffrages, sans avoir besoin de constater l'absence des premiers fonctionnaires, lors même qu'il s'agit d'un acte respectueux (Montpellier, 28 juin 1834; Riom, 28 janvier 1839; loi du 21 mars 1831, art. 5; déc. min. Just. 6 juillet 1810). — V. *sup.* n° 184.

2° Qu'il y a lieu de s'adresser au maire ou à l'adjoint ou au conseiller municipal, lorsque le défendeur ainsi que les parents ou serviteurs étant *absents* du domicile, aucun voisin n'a pu ni voulu se charger de la copie et signer l'original (Orléans, 20 juillet 1827).

3° Qu'il faut qu'il y ait *absence* de la partie, de ses parents ou serviteurs, et *absence* ou *refus* du voisin, pour recourir au fonctionnaire municipal, et l'exploit est nul quand cette double absence n'est pas constatée (Bruxelles, 28 juin 1810; Limoges, 1er juin 1811 et 4 janvier 1828). V. le n° suivant.

4° Qu'il n'y a pas nécessité de s'adresser à un voisin lorsque l'huissier constate qu'il n'a point trouvé au domicile le défendeur, mais seulement *des parents ou serviteurs qui ont refusé de recevoir la copie*; dans ce dernier cas la remise de la copie peut être faite directement au maire, à l'adjoint ou au conseiller municipal (Bourges, 16 décembre 1828). En effet, suivant le texte de l'art. 68, l'huissier ne doit s'adresser au voisin que quand il ne trouve personne au domicile, mais du moment qu'il y rencontre quelqu'un, le défendeur est déjà dûment informé et il ne s'agit plus alors que de placer la copie en lieu de sûreté; or, il y a autant de sécurité pour cela chez le maire, l'adjoint ou le conseiller municipal que chez le voisin. — V. *sup.* n° 30.

5° Qu'il n'est pas de rigueur que l'exploit indique le nom du maire ou de l'adjoint auquel copie est laissée (Montpellier, 22 août 1807; 22 mars 1809; 1er août 1810; 4 février 1811; 1er juin 1814; 21 juillet 1826).

Toutefois, la mention du nom est de nature à rassurer sur la sincérité du fait attesté par l'huissier, car il a été jugé qu'un exploit portant que la copie avait été remise à *tel*, adjoint, était nul, lorsqu'il n'y avait pas d'adjoint de ce nom (Aix, 7 mai 1809).

6° Que la réquisition faite à l'un des voisins de recevoir la copie, ne constate pas suffisamment que ce voisin ait été requis de signer, qu'il ait accepté ou refusé la copie, ni qu'il ait déclaré ne pouvoir ou ne vouloir signer (Toulouse, 22 avril 1828).

7° Qu'il y a nullité toutes les fois que l'huissier n'a pas fait mention de la remise de la copie de son exploit au fonctionnaire municipal dans les cas spécifiés aux numéros précédents tant sur l'original que sur la copie (C. proc. 68, 70; Liége, 22 mars 1809; Rouen, 1er août 1810; Cass 12 novembre 1822; Douai, 5 mars 1827).

188. VISA DU FONCTIONNAIRE MUNICIPAL. Le maire ou l'adjoint ou le conseiller municipal (V. *sup.* n° 187-1°) qui reçoit la copie de l'exploit doit viser l'original sans frais, sous peine de nullité (C. proc. 68, 70). V. *sup.* n° 30, et il doit être fait mention de l'accomplissement de cette formalité tant sur l'original que sur la copie de l'exploit (C. proc. 68). V. *sup.* n°s 143 et suiv.

189. Par application des dispositions contenues au numéro qui précède, il a été décidé :

1° Que toute omission non-seulement du *visa* mais encore de la *mention* de son apposition entraîne la nullité de l'exploit (Lyon, 16 janvier 1811; Rennes, 25 juin 1818; Bourges, 16 décembre 1828; Cass. 19 mai 1830; Limoges, 17 juillet 1835; Aix, 7 mars 1836). *Contrà.* Rennes, 21 décembre 1820; Bourges, 5 février 1832.

2° Que lorsque le visa existe, il importe peu que la copie ait été laissée à un employé de la mairie. Cette circonstance ne peut être un motif de nullité parce qu'elle ne compromet pas les intérêts du défendeur (Orléans, 25 juin 1814).

3° Que par le refus que le maire, l'adjoint ou le conseiller municipal font de recevoir la copie ou de donner le visa, l'huissier ne se trouve pas dans l'impuissance de signifier, surtout quand il y a nécessité pour le demandeur à ce que la signification ait lieu immédiatement.

Dans ce cas, l'huissier doit remettre la copie au Procureur du Roi qui vise l'original sans frais (Carré, art. 68, arg. C. proc. 1039).

190. Lorsqu'il y a refus de viser de la part du fonctionnaire municipal, ce fait qui cause toujours un dommage quelconque à la partie demanderesse, soit à cause des frais de transport de l'huissier au parquet du Procureur du Roi, soit parce que le refus peut faire encourir une déchéance à cette même partie quand elle est au dernier jour du délai pour signifier, est de nature à rendre ce fonctionnaire responsable des conséquences de son refus aux termes de l'art. 1382 du C. civ.

191. Ce serait une erreur de croire que le fonctionnaire, dans le cas dont il s'agit, s'affranchirait de toute espèce de responsabilité par le paiement de l'amende à laquelle il pourrait être condamné en vertu de l'art. 1039 du C. proc.; d'abord, parce que l'amende qui est regardée comme la punition d'une contravention à l'ordre public ne fait pas la réparation du dommage causé à la partie, et ensuite, parce qu'il est douteux qu'il y ait lieu à amende dans ce cas, la négative étant enseignée par M. Carré, art. 68, qui se fonde sur ce que l'art. 1039 précité n'a d'application que lorsqu'une signification est faite aux fonctionnaires comme à personnes publiques, chargées en cette qualité de défendre une commune ou une administration.

Art. 7. De l'objet de la demande. De l'exposé sommaire des moyens et des pièces qui doivent être signifiées à l'appui de la demande. — V. *suprà* n° 28.

192. Il y a nullité de l'exploit d'assignation ou d'ajournement toutes les fois qu'il n'indique pas l'objet de la demande et ne contient pas l'exposé sommaire des moyens (V. *sup.* n°s 28 et 28-7°-8°).

193. L'OBJET DE LA DEMANDE. C'est surtout en matière *réelle* ou *mixte* que les exploits doivent contenir cette indication en énonçant la nature de l'héritage, la commune et, autant qu'il est possible, la partie de la commune où il est situé, et deux au moins des tenants et aboutissants : s'il s'agit d'un domaine, corps de ferme ou métairie, il suffira d'en désigner le nom et la situation; le tout à peine de nullité (C. proc. 64).

194. Toutefois, la disposition de cet article n'est pas tellement impérieuse qu'on ne puisse se servir de mots équivalents. Si le but de la loi est atteint, on ne doit plus

exiger des choses qui sont surabondantes et qui pourraient être regardées comme des subtilités.

195. C'est par ces motifs qu'il a été décidé :

1° Qu'une maison située dans une ville était suffisamment désignée par l'énonciation de la rue et du numéro (Metz, 24 juillet 1821, Bordeaux, 16 juin 1828; Toulouse, 9 février 1828; Nîmes, 14 juillet 1829).

2° Qu'on pouvait remplacer l'énonciation des tenants et aboutissants par la copie donnée en tête de l'exploit d'un acte où les héritages sont suffisamment désignés (mêmes arrêts).

3° Que l'énonciation du contrat de l'acquisition de l'immeuble dont il s'agit en la demande pouvait remplacer celle des tenants et aboutissants (mêmes arrêts).

4° Qu'une omission, dans la désignation, commise dans l'ajournement pouvait être réparée dans un acte de reprise d'instance, pourvu que la signification de ce dernier acte ait lieu avant qu'on oppose la nullité du premier acte (Montpellier, 14 janvier 1830).

5° Qu'il n'y a plus d'obligation d'indiquer l'immeuble lorsque les parties sont par le procès même fixées sur l'objet du litige (Cass. 10 déc. 1806; Liége, 8 déc. 1820).

6° Qu'il en est de même quand l'objet de la demande porte sur des droits universels concernant les biens du défendeur, ou bien lorsqu'il s'agit d'une demande en partage de succession, parce qu'il n'y a obligation d'indiquer que dans le cas où la demande a pour objet la réclamation d'un immeuble ou d'un droit réel sur cet immeuble; or, dans les deux espèces ci-dessus, il s'agit, dans le premier cas, d'une action réelle, et, dans le second cas, d'une action mixte, qui comprennent, en général, des objets qu'il est difficile d'indiquer sans s'exposer à des déchéances et à des erreurs irréparables (Cass. 10 décembre 1806; Besançon, 21 juin 1809; Liége, 21 juin 1810; Limoges, 24 décembre 1811; Bourges, 27 décembre 1826).

7° Qu'il y avait nullité de l'ajournement quand l'exploit n'indiquait pas la commune où se trouvaient les immeubles réclamés, quoiqu'il fût accompagné de la copie d'un bail énonçant leurs tenants et aboutissants, mais non la commune dans laquelle ils étaient situés (Nîmes, 5 avril 1833).

196. *En matière personnelle*, la loi ne trace aucune forme particulière pour l'indication de l'objet de la demande. Il suffit que des termes de l'exploit il résulte que cet objet est indiqué pour que l'action soit recevable, sauf ensuite à discuter devant la justice le bien ou le mal fondé de cette action. Tellement, que l'exploit est nul s'il est motivé d'une manière si obscure, qu'on ne puisse reconnaître l'objet de la demande (Cass. 27 juin 1831). — V. les différentes sortes *d'actions*, et *infrà*, n° 199.

197. EXPOSÉ SOMMAIRE DES MOYENS. Il ne faut pas entendre, par cette expression de la loi, que le demandeur doive, dans l'ajournement, donner à ses moyens tout le développement dont ils sont susceptibles; il suffit qu'il les indique sommairement et en termes plus ou moins succincts.

198. C'est ainsi qu'on a déclaré nulle en la forme l'assignation à comparaître devant un Tribunal *pour voir statuer sur la compétence* (Cass. 27 fructidor an XI).

199. Mais les moyens sont suffisamment exposés lorsqu'on énonce dans l'exploit :

1° Que la demande en rescision de partage est fondée sur le dol et sur une lésion de plus du quart (Bruxelles, 3 février 1812).

2° Que l'assignation est donnée pour voir déclarer nulles comme insuffisantes les offres faites par le défendeur (Poitiers, 14 juillet 1819).

3° Que l'assignation est donnée *pour procéder aux fins de la requête*, lorsqu'il y a une requête motivée suivie d'une ordonnance d'assigner à bref délai signifiée en tête de l'exploit (Nimes, 23 avril 1812).

4° Que la demande est la même que celle qui a été déjà formée et débattue devant l'autorité administrative (Limoges, 5 juillet 1816).

5° Que la demande est fondée sur les mêmes moyens que ceux exposés au procès-verbal de non-conciliation signifié avec l'exploit (Poitiers, 12 mai 1817; Toulouse, 9 fév. 1828).

200. PIÈCES QUI DOIVENT ÊTRE SIGNIFIÉES. Il sera donné avec l'exploit d'ajournement copie du procès-verbal de non-conciliation, ou copie de la mention de non-comparution, à peine de nullité; sera aussi donné copie des pièces ou de la partie des pièces sur lesquelles la demande est fondée : à défaut de ces copies, celles que le demandeur sera tenu de donner dans le cours de l'instance n'entreront point en taxe (Code de proc. 65).

201. Malgré les termes de cet article, il a été jugé :

1° Qu'on pouvait admettre l'extrait d'un procès-verbal de non-conciliation, et qu'en conséquence, il n'y avait pas nullité de l'ajournement si l'extrait reproduisait fidèlement ce qui s'était passé devant le juge de paix et si l'on avait seulement retranché des choses inutiles (Cass. 27 floréal an X).

2° Et qu'il n'y avait pas nullité de l'ajournement pour avoir omis dans la copie exigée par la loi la date du procès-verbal de non-conciliation (Rennes, 27 février 1811).

202. Il résulte de l'article rapporté *sup.*, n° 200, que la signification des pièces autres que le procès-verbal de non-conciliation ou la mention de non-comparution n'est pas prescrite à peine de nullité. La seule peine attachée à l'omission de la signification de ces pièces est celle de supporter les frais de la signification qu'on serait forcé de faire dans le cours de l'instance sur la demande du défendeur.

203. Soit que la signification ait lieu lors de l'ajournement, soit qu'elle ait lieu après, la loi n'exige pas copie entière des pièces, elle permet des extraits qui mettent le défendeur à même de reconnaître si la demande est bien ou mal fondée, et de vérifier si l'acte contient des vices de forme qui soient de nature à le rendre nul.

204. Il convient, en conséquence, que toute pièce signifiée par extrait contienne outre la disposition qu'il importe le plus de faire connaître au défendeur, toutes les énonciations propres à établir la régularité de l'acte en la forme, telles que le préambule, les noms et qualités des parties contractantes, les noms des Notaires et témoins, la date, la mention de l'enregistrement (Carré, n° 336), et la relation de toutes les signatures. — V. note 15.

205. Toutefois, le demandeur peut ou doit se dispenser de donner copie des pièces dans les cas suivants :

1° Lorsque la signification en a déjà été faite. Dans ce cas, les frais d'une double signification devraient être mis à la charge de l'officier ministériel ou du demandeur comme frustratoires (Thomine 1, 163).

2° Lorsque le défendeur n'a aucun intérêt à recevoir la copie des pièces qui lui sont signifiées (Bruxelles, 14 avril 1827). Dans ce cas, les frais de signification de ces pièces pourraient être mis aussi à la charge de l'huissier ou du demandeur, si elles étaient inutiles pour le défendeur.

Art. 8.—Du Tribunal qui doit connaître de la demande. V. *sup.* n° 28. Du délai fixé pour la comparution. V. *sup.*, n° 28. Et de l'augmentation du délai à raison des distances pour tous les exploits.

206. DE L'INDICATION DU TRIBUNAL. L'indication du Tribunal compétent est exigée, à peine de nullité. (V. *sup.*, nos 28 et 28-9°). Elle est indispensable pour mettre le défendeur à même de se faire représenter et de se défendre en justice. Sans cette indication, il n'y aurait pas d'ajournement.

207. Il faut que l'indication soit positive, non éventuelle, et qu'il n'y ait aucune incertitude pour le défendeur au sujet du Tribunal devant lequel il est appelé à comparaître.

208. Ainsi, serait nul l'exploit d'ajournement contenant assignation à jour fixe devant le conseil de préfecture, et éventuellement dans le cas où on opposerait l'incompétence de ce conseil, assignation devant le Tribunal civil (Cass. 10 novembre 1840).

209. Serait nul aussi l'exploit qui donnerait assignation à comparaître devant le Tribunal de *telle* ville, sans indiquer quel Tribunal, lorsque, dans cette ville, il y a un Tribunal de première instance et un Tribunal de commerce et qu'il s'agit d'une demande tout à la fois commerciale et civile, parce qu'il pourrait arriver, à défaut d'indication positive, que le demandeur obtiendrait condamnation par défaut à l'un des Tribunaux, tandis que le défendeur se ferait renvoyer de la demande devant l'autre Tribunal en obtenant défaut-congé.

210. Il est assez d'usage d'indiquer dans les exploits le local et l'heure de la tenue des audiences du Tribunal. Mais comme la loi n'exige pas cette indication à peine de nullité, il en résulte qu'on peut se dispenser de la faire (Boncenne, 2, 153; Turin, 20 floréal an XI).

211. Toutefois, il en est autrement relativement aux citations devant les justices de paix (C. proc. art. 1er). V. v° *Actions*, note 28, et v° *Citation*, note 112.

212. DU DÉLAI POUR COMPARAITRE. Le délai ordinaire des ajournements, pour ceux qui sont domiciliés en France, est de huitaine; mais, dans les cas qui requièrent célérité, le président peut, par une ordonnance rendue sur requête, permettre d'assigner à bref délai (C. proc. 72).

213. Si celui qui est assigné demeure hors de la France continentale, le délai sera : 1° Pour ceux demeurant en Corse, dans l'Ile d'Elbe ou de Capraia, en Angleterre et dans les Etats limitrophes de la France, de deux mois; 2° pour ceux demeurant dans les autres Etats de l'Europe, de quatre mois; 3° pour ceux demeurant hors d'Europe, en-deçà du Cap de Bonne-Espérance, de six mois, et pour ceux demeurant au-delà, d'un an (C. proc. 73).

214. Lorsqu'une assignation à une partie domiciliée hors de la France sera donnée à sa personne en France, elle n'emportera que les délais ordinaires, sauf au Tribunal à les prolonger s'il y a lieu (C. proc. 74).

215. Le jour de la signification ni celui de l'échéance ne sont jamais comptés pour le délai général fixé pour les

ajournements, les citations, sommations et autres actes faits à personne ou domicile. Ce délai sera augmenté d'un jour à raison de trois myriamètres de distance, et quand il y aura lieu à voyage ou envoi et retour, l'augmentation sera du double (C. proc. 1033).

Reprenant les quatre articles qui précèdent, nous allons donner les développements nécessaires en ce qui concerne chaque classe d'ajournés :

216. 1° DES DOMICILIÉS EN FRANCE. Pour les *cas ordinaires* le délai est de huit jours francs (V. *sup.* n° 212), non compris le jour de la signification ni celui de l'échéance (V. *sup.* n° 214), de sorte qu'une assignation donnée le 10, ne peut, pour être valable, fixer un délai plus proche que le 19.

217. Ordinairement on indique le jour de la comparution par ces mots : « *à huitaine* », en faisant connaître seulement le nombre de jours dont le délai se compose et sans désigner le jour de la comparution par le quantième du mois ; et cette indication est suffisante (Bruxelles, 21 août 1810; Cass. 7 janvier et 28 avril 1812).

218. Mais l'indication n'est pas suffisante lorsqu'on assigne pour comparaître *à huitaine*, sans dire qu'il y a lieu à augmentation du délai à raison des distances (Bruxelles, 12 juillet 1810; Poitiers, 30 novembre 1820 ; Bourges, 15 mars 1821 ; Grenoble, 29 mars 1824). *Contrà.* Carré, art. 456 ; Rennes, 15 et 26 juin 1812 ; Limoges, 10 décembre 1812.

Ou, lorsqu'on assigne à comparaître à l'audience ordinaire de la cour (Bordeaux, 7 août 1829).

Ou bien encore, lorsqu'on assigne à comparaître *après le délai expiré* (Rennes, 18 janvier 1811).

219. Le mieux est donc d'assigner à comparaître à *huitaine franche outre le délai à raison des distances* quand la partie est éloignée de la ville où siége le Tribunal indiqué d'au moins trois myriamètres.

220. Voici d'autres manières d'indiquer la comparution : ont été regardées comme suffisantes par les Cours et Tribunaux, indépendamment de celles ci-dessus indiquées :

1° L'assignation donnée à comparaître *dans le délai de la loi* (Cass. 21 nov. 1810, 8 janv. et 18 mars 1811 ; 24 juin 1812; 20 avril 1814; Bourges, 14 mars 1809; Liége, 30 mai 1809). *Contrà.* Bruxelles, 3 juin 1809; Besançon, 4 juil. 1809; Boncenne 2, 175 et suiv.; Pigeau, 1, 186.

2° L'assignation à comparaître le *huitième jour après la date du présent* (Cass. 25 février 1835).

3° L'assignation à comparaître à *la première audience après les vacations* (Bordeaux, 7 août 1829).

4° L'assignation donnée par acte d'appel à comparaître le *neuvième jour après la présente, jours suivants et autres utiles et nécessaires* (Cass. 23 avril 1833). Mais le contraire a été décidé pour une assignation conçue dans les mêmes termes, l'assigné étant domicilié à plus de trois myriamètres de distance du lieu où siégeait la cour (Toulouse, 13 avril 1839).

5° L'assignation à comparaître en cassation devant la Chambre civile *dans le délai du réglement* (Cass. 10 nov. 1840).

6° L'assignation donnée à comparaître à un délai *plus long* que celui déterminé par la loi (Boncenne 2, 167; Pigeau, 1, 202; Carré n° 322; Berriat, 208, note 48. Cass. 13 prairial an II et 15 décembre 1808).

221. POUR LES CAS QUI REQUIÈRENT CÉLÉRITÉ. On peut, en vertu d'une ordonnance du Président du Tribunal, assigner à *bref délai*. — V. *sup.* n° 212.

222. Cette permission d'assigner à bref délai ne peut avoir lieu à l'égard de personnes domiciliées en pays étranger (Colmar, 12 nov. 1830; Cass. 17 nov. 1840).

223. On peut aussi assigner sans permission du Juge à un délai moindre de huit jours, par exemple, en matière de vérification d'écriture où le délai peut être de trois jours (C. proc. 193).

224. Quoiqu'un Président ou le Juge qui le remplace soit seul juge de l'urgence des cas lorsqu'il délivre une ordonnance sur requête, cependant il a été décidé que son pouvoir d'abréger ne s'étendait qu'à l'abréviation du délai de l'ajournement et que la loi ne lui conférait aucun droit pour juger si la demande était ou non de la nature de celles qui sont dispensées du préliminaire de conciliation. En conséquence, tout défendeur est admis à critiquer dans ce cas et même à demander la nullité de l'ordonnance qui permet d'assigner à bref délai (Rome, 2 mai 1811 ; Bourges, 20 décembre 1831; Cass. 29 janvier 1838 et 20 mai 1840. Thomine 72; Boncenne 2, 165). *Contrà.* Toulouse, 13 juillet 1827 et 6 juillet 1830; Besançon, 17 mars 1827; Colmar, 18 décembre 1827; Paris, 6 juillet 1830; Douai, 4 mai et 31 octobre 1835. Suivant ces derniers arrêts le défendeur pouvait seulement, lorsque la demande n'avait rien d'urgent, obtenir une prorogation de délai, mais non faire annuler l'ordonnance du Président et par conséquent l'ajournement.

225. Il résulte suffisamment de ce que nous venons de rapporter que le Président n'a pas le droit d'abréger les délais de distance, l'art. 72 du C. proc. n'ayant de rapport qu'au délai de huitaine (Cass. 25 vendémiaire an XII; Bruxelles, 12 juillet 1809 et 25 janvier 1824; Dijon, 5 mars 1830).

226. Il y a cependant un cas où il n'y a pas lieu d'ajouter un jour par trois myriamètres de distance entre le domicile élu et le domicile réel du créancier, c'est lorsque l'ajournement sur l'appel d'un jugement qui maintient l'emprisonnement du débiteur a été donné à bref délai en vertu de la permission du juge (Paris, 28 février 1807; Bordeaux, 1er décembre 1831).

227. Hors le cas dont il vient d'être parlé, le demandeur est lié par l'ordonnance en ce sens que l'assignation donnée à un délai plus court que celui fixé par l'ordonnance peut être annulée sur la requête du défendeur (Cass. 3 prairial an XII).

228. Mais cette assignation peut être donnée à un délai plus éloigné que celui fixé par l'ordonnance, parce que cela est avantageux au défendeur (V. *sup.* n° 220-6°).

229. AUGMENTATION DU DÉLAI A RAISON DES DISTANCES. Cette augmentation de délai a lieu de *plein droit* toutes les fois qu'il s'agit d'actes signifiés à personne ou domicile (V. *sup.* n° 215) à cause du temps qui est nécessaire à la partie pour aller elle-même y répondre ou pour transmettre les titres dont elle doit justifier.

De plein droit. Cependant il est nécessaire d'exprimer qu'il y a augmentation du délai ainsi qu'on l'a vu *sup.* n° 218.

230. En général, le délai est augmenté d'un jour par trois myriamètres de distance entre le domicile du signifiant et le domicile réel de celui à qui on signifie (C. proc. 1033).

Mais il y a dérogation à la règle générale dans divers cas,

notamment dans ceux spécifiés aux art. 411, 439, 2061, 2185 du C. civ.; 165, 201, 511 du C. comm.

231. Le délai d'augmentation est du double c'est-à-dire de deux jours par trois myriamètres lorsqu'il y a lieu à voyage ou envoi et retour (C. proc. 1033, Berriat 212).

232. Il n'est toutefois pas nécessaire qu'il y ait réellement *voyage* ou *envoi* pour jouir de l'augmentation du délai. Cette manière d'entendre l'article serait trop littérale, il faut lire : *comme s'il y avait voyage et retour ou envoi et retour* (Locré, t. 5, p. 11; Carré).

233. La règle dont nous avons parlé *sup.* n° 230, n'a d'application qu'au cas qui y est mentionné et qui regarde plus spécialement les sommations, car il y a plusieurs cas où la loi donne pour point de départ, relativement à la distance, le domicile de celui à qui l'on signifie et le lieu où il doit comparaître, où il est cité, où des meubles saisis doivent être vendus, où il a été nommé tuteur, où il doit fournir caution (C. proc. 175, 602, 614, 882, 993).

234. L'augmentation du délai à raison des distances n'a lieu que pour les personnes domiciliées en France. On ne peut en faire l'application à celles qui demeurent hors de la France continentale ou à l'étranger, parce que la loi, pour éviter à cet égard des calculs dont la vérification n'aurait pas été facile à faire et aussi en raison des communications plus ou moins difficiles, a fixé elle-même le délai. V. *sup.* n° 213. De sorte que l'art. 1033 du C. proc. ne règle que les distances d'un point de la France à un autre (Colmar, 1er août 1812 et 19 février 1828).

234 *bis.* L'augmentation de délai est d'un jour par trois myriamètres de distance entre le lieu où siège le Tribunal et le lieu où demeure la partie (C. proc. 1033), en sorte qu'il n'y a lieu à augmentation pour raison des distances que d'un jour pour chaque fois trois myriamètres complets, sans égard aux fractions de myriamètre qui peuvent exister en sus de ce nombre (C. proc. 261 et 1033; Besançon, 25 mai 1812; Gênes, 29 août 1812; Riom, 8 janvier 1834; Pau, 3 sept. 1835; Limoges, 15 fév. 1837; Cass. 14 août 1840).

235. Lorsque, après un changement de domicile non légalement constaté aux deux municipalités, le défendeur est valablement assigné à son ancien domicile, il ne peut y avoir, dans ce cas, obligation pour le demandeur d'observer les délais à raison du nouveau domicile (Paris, 24 brumaire an XII; Cass. 13 germ. an XII).

236. Il suffit de demeurer en France, pour jouir de la faveur du délai des distances eu égard au lieu de son domicile; on n'a point égard, dans ce cas, au lieu où la signification de l'ajournement a pu être faite parlant à la personne du défendeur, trouvé dans le lieu où siège le Tribunal. On ne peut appliquer à ce cas l'art. 74 du C. de proc. rapporté *sup.* n° 214, lequel n'est relatif qu'à des personnes domiciliées hors de France (Carré, art. 74; Berriat, 212; Poitiers, 3 juil. 1821; Cass. 21 fév. 1837. *Contrà*, Cass. 30 juil. 1828).

237. Le délai pour comparaître doit toujours être calculé à raison de la distance entre le lieu où siège le Tribunal et le domicile réel du défendeur, même lorsque l'ajournement est signifié à un domicile élu, par le motif que l'élection de domicile ne confère pas un mandat réel à la personne chez laquelle elle est faite (Bordeaux, 8 mars 1806; Cass. 4 juin 1806; Besançon, 17 déc. 1808; Agen, 6 fév. 1810; Nîmes, 15 mai 1811; Limoges, 10 déc. 1812; Bruxelles, 29 déc. 1815 et 6 juil. 1829. *Contrà*, Cass. 25 prairial an X; Paris, 2 juin 1812, 26 février et 1er mars 1818, 8 juill. 1836).

238. Toutefois, il y a exception à ce qui est dit sous le numéro précédent lorsque l'élection de domicile a été faite en exécution d'une disposition de la loi, pour mettre les parties à même d'accélérer les affaires sans avoir à éprouver des retards occasionnés par un domicile éloigné, par exemple, lorsqu'il s'agit :

1° D'une demande en main-levée d'inscription (C. civ. 2156; Colmar, 25 nov. 1809).

2° D'une demande en nullité d'emprisonnement (C. proc. 782. Cass. 20 mars 1810; Toulouse, 13 janv. 1823.)

239. DES DOMICILIÉS HORS DU TERRITOIRE CONTINENTAL OU A L'ÉTRANGER. Le délai pour les assigner ayant été fixé par l'art. 73 du C. proc. (V. *sup.* nos 213 et 229) ne peut plus recevoir d'augmentation à raison des distances.

240. Toutefois le demandeur peut se relever de la longueur du délai accordé par l'article 73, lorsqu'il lui a été possible d'assigner la partie domiciliée hors de France en parlant à sa personne trouvée en France, car alors l'assignation n'emporte que les délais ordinaires sauf au Tribunal à les prolonger s'il y a lieu. V. *sup.* n° 214.

241. Mais dans le cas où l'étranger a élu domicile en France et que l'assignation lui a été donnée à ce domicile, le délai pour comparaître est-il le même que si elle avait été donnée au domicile réel hors de France? *Oui*, suivant arrêt de la Cour de Bruxelles du 15 sept. 1815.

Non, suivant arrêt de la Cour royale de Trèves du 22 oct. 1812.

§ 5. — Des effets de la signification.

242. Toute signification étant donnée pour porter le fait qui en est l'objet à la connaissance du défendeur, il en résulte que le demandeur est toujours tenu de représenter l'original de l'exploit qui constate cette signification, lors surtout que le défendeur n'exhibe point sa copie.

243. Lorsqu'il est impossible de représenter l'original d'un exploit de signification, peut-on suppléer à la preuve de son existence par des énonciations dans d'autres actes, par des extraits de transcriptions et des certificats d'enregistrement?

En général, non. Ainsi décidé :

1° Relativement à un exploit qui faisait courir le délai d'appel d'un jugement (Cass. 7 brumaire an XIII).

2° Même en justifiant d'un certificat d'enregistrement (Rennes, 22 avril 1814, 17 mai 1815).

3° Et d'un extrait certifié du répertoire de l'huissier, justificatif de l'existence de l'acte d'appel (Colmar, 7 déc. 1816).

4° Relativement à un exploit devant avoir pour effet d'interrompre une prescription (Cass. 6 thermidor an XI).

244. Mais il y a exception à la règle dans certains cas, notamment :

1° En matière de signification de transport. On doit tenir une signification pour avérée lorsqu'elle est énoncée dans un procès-verbal d'ordre et distribution de deniers où elle a été regardée comme régulière puisqu'elle n'y a point été critiquée, alors qu'on représente un certificat et un extrait du receveur de l'enregistrement pour prouver l'existence du transport (Paris, 10 mai 1810).

2° En matière de poursuite d'expropriation. On a admis qu'on pouvait constater par des extraits d'enregistrement que c'était bien contre *telle personne* qu'une poursuite d'expropriation avait eu lieu, pour en faire résulter que cette personne était non recevable dans sa tierce-opposition (Nancy, 23 nov. 1812).

V. *sup.* n° 2 et s., 8-1°-2°, etc.

§ 6. — Des irrégularités des exploits. De la responsabilité qui en résulte.

245. Toutes les formalités qui ne sont point prescrites à peine de nullité ne peuvent être regardées comme substantielles. En conséquence, leur inexécution, quand même elle porterait préjudice à l'une des parties, ne peut donner lieu à une action contre l'huissier. V. cependant *sup.* n° 37.

246. A l'égard de celles qui sont prescrites à peine de nullité, il existe une tendance manifeste de la part des Cours et Tribunaux, ainsi qu'on a pu le remarquer ci-devant, à ne prononcer cette nullité que quand les omissions ont été de nature à causer des erreurs au défendeur et n'ont pas été rectifiées ou suppléées par des équipollents.

247. Lorsque des nullités existent, il faut distinguer entre les nullités de forme et les nullités du fond :

248. *Les nullités de forme* ayant été créées dans l'intérêt seul des parties qui sont en cause, ne peuvent être opposées que par celle qui y a intérêt. Ainsi, quand une partie a répondu à un exploit entaché d'une nullité de forme, elle couvre cette nullité par ses défenses au fond (Cass. 6 vend. an XI, 7 mai 1835, 27 nov. 1837). Elle la couvre également en opposant l'exception de litispendance ou de connexité (Montpellier, 30 juin 1840).

249. Dans ce cas la défense au fond est considérée comme une renonciation à opposer les vices de forme.

250. Mais on ne peut considérer comme une défense au fond :

1° Une communication de pièces faite officieusement et sous la réserve de ses droits (Orléans 19 juin 1819).

2° Une demande en communication, que le défendeur fait sous toutes réserves, de l'original de l'exploit; la réserve alors a pour but de mettre la partie à même d'opposer les vices existants sur l'original, surtout quand on a soin de l'exprimer dans la demande (Agen, 4 avril 1810; Liége, 31 juillet 1811).

251. *Les nullités du fond*, au contraire, tiennent à la substance d'un acte de procédure et sont fondées sur un moyen de droit ou sur des motifs d'intérêt public, par exemple :

1° Lorsque l'assignation a été donnée devant un juge incompétent à raison de *la personne* (C. proc. 168) ou de la *matière* (C. proc. 170). Mais il y a cette différence que l'incompétence à raison de la personne étant un moyen de droit fondé sur l'intérêt privé doit être proposée *ab initio*, c.-à-d. préalablement à toutes autres exceptions et défenses (C. proc. 169), tandis que l'incompétence en raison de *la matière* étant un moyen de droit fondé sur des considérations d'ordre public, peut être proposée en tout état de cause soit par toutes les parties, soit d'office par le juge (C. proc. 170), même pour la première fois en appel ou en Cassation (Cass. 23 juillet 1807, 26 nov. 1810), pourvu toutefois qu'on n'ait

pas déclaré accepter la juridiction du Tribunal saisi (Cass. 2 juillet 1833).

2° Lorsqu'on a compromis sur une question d'état (C. proc. 1004; Boncenne, 967).

3° Lorsqu'il y a eu omission de quelques-unes des formalités prescrites pour les actes respectueux (Rennes, 2 mars 1835; Agen 27 août 1829).

252. En général, l'original doit plus faire foi que la copie, et à cet égard il a été jugé que lorsqu'une partie ne représente pas la copie, le demandeur peut se prévaloir de l'original comme d'une pièce commune (Rennes, 17 juin 1817).

253. Cependant lorsque la copie est représentée, elle tient lieu d'original au défendeur.

254. Ainsi, il a été jugé :

1° Que le vice résultant de ce que la copie d'un exploit de signification de jugement porte une date antérieure à la prononciation ou à l'enregistrement de ce jugement, n'est pas couvert par l'existence de la véritable date dans l'original (Cass. 5 août 1807, 8 février 1809).

2° Et que le vice résultant du défaut de date dans la copie d'un exploit d'appel, n'est pas couvert par l'existence de la date dans l'original (Bruxelles, 30 avril 1807; Cass. 4 brum. an X, 21 floréal an X, 4 déc. 1811).

255. Mais cette nullité cesse quand il est possible de rectifier les erreurs par des énonciations résultant d'actes signifiés avant ou en même temps que l'exploit erroné. V. *sup.* n°s 41 et suiv.

256. On ne peut réparer la nullité d'un exploit par un exploit d'une date postérieure. Tout exploit nul en la forme doit être refait en la forme légale sans pouvoir se référer sur ce point au premier exploit (Rennes, 1er avril 1809).

257. La *responsabilité* des fonctionnaires publics est engagée non-seulement lorsqu'ils contreviennent aux lois et réglements relatifs à leur profession, par exemple, en excédant les bornes de leur ministère et laissant prononcer contre eux un désaveu, mais encore en faisant des actes nuls en la forme s'il y a faute évidente; par exemple, si l'huissier omet l'immatricule (Grenoble, 14 avril 1818), s'il omet la date dans la copie d'un acte d'appel (Metz, 18 juin 1819), s'il laisse accomplir une prescription ou une péremption faute d'avoir signifié en temps utile, s'il oublie de notifier un protêt ou de faire un acte de perquisition (Nancy, 29 janv. 1831). Quant à ceux qui sont nuls au fond, on ne doit pas les en rendre responsables, surtout quand il y a controverse sur le point de droit (Arg. Poitiers, 24 août 1834).

258. La responsabilité de l'huissier s'étend même à toutes les formalités qui résultent de l'exécution d'un jugement, tellement :

1° Que l'huissier qui après avoir pratiqué une saisie de boissons, les fait enlever et conduire au marché sans s'être muni d'un congé ou passavant, demeure passible de la perte résultant de la confiscation (Cass. 3 fév. 1826).

2° Que l'huissier qui n'a pas transmis à la partie les actes à elle signifiés dans son étude, quand c'est lui-même qui a élu domicile pour cette partie dans son exploit de saisie-arrêt, demeure passible de dommages-intérêts pour avoir été, ainsi, cause d'une forclusion (Cass. 9 mars 1837).

3° Que si l'huissier a recommandé un débiteur emprisonné, et que si son clerc a été cause d'un défaut de consignation d'aliments pour avoir commis une erreur en prévenant le créancier de l'époque à laquelle il aurait à consigner chaque mois, cet huissier peut être obligé à rembourser la créance pour laquelle il y avait eu recommandation (Paris, 3 avril 1841).

259. L'huissier ne peut même pas faire reporter la responsabilité d'une nullité sur l'avoué qui lui aurait remis l'exploit tout rédigé (Cass. 21 fév. 1821; Grenoble, 14 déc. 1832) à moins qu'il n'ait reçu un ordre positif de l'avoué de signifier l'exploit tel qu'il est et immédiatement ou que la nullité provienne d'une copie signée de l'avoué (Cass. *ibid*; Aix, 17 juin 1828).

V. *Enregistrement*, note 18, sect. 6, n°s 506 et suiv.

[21]

DE LA COMMUNICATION DES ACTES, RÉPERTOIRES, REGISTRES, LIVRES ET PIÈCES.

Division sommaire :

INDICATION ALPHABÉTIQUE :

Chap. 1er. DE LA COMMUNICATION PAR LES NOTAIRES ET AUTRES FONCTIONNAIRES.

1. Les Notaires ne pourront se dessaisir d'aucune minute, si ce n'est dans les cas prévus par la loi et en vertu d'un jugement. — Avant de s'en dessaisir, ils en dresseront et signeront une copie figurée, qui, après avoir été certifiée par le Président et le Commissaire (Procureur du Roi) du Tribunal civil de leur résidence, sera substituée à la minute dont elle tiendra lieu jusqu'à sa réintégration (Art. 22 de la loi du 25 vent. an XI).

2. Les Notaires ne pourront également, sans l'ordonnance du Président du Tribunal, délivrer expédition ni donner connaissance des actes à d'autres qu'aux *personnes* intéressées en nom direct, héritiers ou ayants-droit, à peine des dommages-intérêts, d'une amende de 100 fr. (réduite à 20 fr. par l'art. 10 de la loi du 16 juin 1824) et d'être, en cas de récidive, suspendus de leurs fonctions pendant trois mois, sauf néanmoins l'exécution des lois et réglements sur le droit d'enregistrement, et de celles relatives aux actes qui doivent être publiés dans les Tribunaux (Art. 24 de la même loi).

3. Le Notaire ou autre dépositaire qui refusera de délivrer expédition ou copie d'un acte aux parties intéressées en nom direct, héritiers ou ayants-droit, y sera condamné, et par corps, sur assignation à bref délai, donnée en vertu de permission du Président du Tribunal de première instance, sans préliminaire de conciliation (C. proc. civ. art. 839).

4. Les notaires, huissiers, greffiers et secrétaires des administrations centrales et municipales seront tenus de communiquer, sans déplacer, les actes dont ils sont dépositaires, aux préposés de l'enregistrement, à toute réquisition, et de leur laisser prendre, sans frais, les renseignements, extraits et copies qui leur seront nécessaires pour les intérêts de l'État, à peine de 50 fr. (10 fr.) d'amende, pour refus constaté par procès-verbal du préposé, qui se fera accompagner par le maire ou l'adjoint de la commune du lieu chez les détenteurs et dépositaires qui auront fait refus et dressera procès-verbal du refus en sa présence (Art. 54 de la même loi).

5. Les notaires, huissiers, greffiers et secrétaires des administrations centrales et municipales seront tenus de communiquer leurs répertoires, à toute réquisition, aux préposés de l'enregistrement qui se présenteront chez eux pour les vérifier à peine d'une amende de 50 fr. (10 fr.) en

cas de refus. — Le préposé, dans ce cas, requerra l'assistance du maire ou de l'adjoint de la commune du lieu, pour dresser, en sa présence, procès-verbal du refus qui lui aura été fait (Art. 52 de la loi du 22 frim. an VII).

Sect. 1. *Quels actes sont sujets à communication par les Notaires.*

6. Il n'y a que les actes et répertoires qui soient sujets à être communiqués soit aux parties soit aux préposés de l'enregistrement par les Notaires. Par conséquent on ne peut étendre l'obligation de communiquer aux projets, mémoires ou brouillons sur lesquels la minute d'un acte a été dressée (Arrêt de parlement du 21 fév. 1538, rendu en faveur d'un Notaire de Paris). V. les nos ci-dessus.

7. Toutefois cette communication peut devenir obligatoire lorsqu'il s'agit de faire taxer par le Président du Tribunal les honoraires des Notaires aux partages et ventes volontaires (Art. 173 du tarif de 1807). V. note 5, n° 289.

Application des dispositions ci-dessus aux cas suivants :

8. ACTES ADMINISTRATIFS. Les baux et ventes faits pour les communes et les établissements publics par les Notaires comme délégués des Préfets, étant toujours, pour leur validité, subordonnés à l'approbation des ces derniers, il en résulte que ces actes doivent être nécessairement communiqués aux Préfets pour recevoir cette approbation. — Mais on a élevé la question de savoir si la communication devait avoir lieu sur minute ou sur expédition. *Pour l'affirmative*, on a dit que si l'approbation pouvait être donnée sur l'expédition, le sort de l'acte n'était point assuré, puisque rien n'assurait la conservation de cette expédition ; que par ce motif il y avait nécessité d'apposer l'approbation sur la minute, et que ce moyen était le seul pouvant concilier l'intérêt de toutes les parties; que le refus de communiquer la minute était sans fondement puisque l'acte était sans valeur jusqu'à cette approbation et que d'ailleurs comme acte administratif il était sujet à des modifications qui pouvaient obliger de recommencer l'opération et ainsi faire qu'une expédition soit en pure perte. — *Pour la négative*, on a dit que le décret de 1807 n'exigeait point que l'approbation du Préfet fût donnée sur la minute de l'acte, et que l'art. 22 de la loi de ventôse (V. *suprà* n° 1er), défendait aux Notaires de se dessaisir d'aucune minute si ce n'est dans les cas prévus par la loi et en vertu de jugement. A l'appui de cette opinion on a invoqué une décision du Min. de la Just. du 18 nov. 1828, qui porte que l'approbation des Préfets peut être donnée non-seulement sur une copie certifiée par les membres de la commission de l'hospice ou autre fonctionnaire présent à l'adjudication, mais encore par un arrêté ou un acte de ratification séparé qui doit être annexé au procès-verbal d'adjudication.

L'usage le plus général étant de demander une approbation sur minute, nous pensons qu'il est mieux de le suivre, et pour cela le Notaire remet sa minute au maire sur un récépissé de ce dernier, celui-ci l'envoie au Préfet et le maire, après l'avoir reçue du Préfet, la remet au Notaire qui doit avoir soin de constater sur l'acte même le jour de la remise parce que c'est du jour de l'arrivée à la mairie de l'arrêté approbatif que court le délai de l'enregistrement. — V. note 18, nos 22, 42 et suiv.

9. ACTES NOTARIÉS. Tous les actes dont les Notaires sont dépositaires doivent être communiqués aux préposés

de la régie de l'enregistrement quand ceux-ci le requièrent. V. *suprà* nos 4 et 6.

10. ACTES PARTICULIERS. Les préposés de l'enregistrement n'ont pas le droit de porter leurs investigations dans les papiers particuliers d'un Notaire décédé. Ainsi, un vérificateur n'est pas fondé, en assistant à l'inventaire des minutes et papiers d'un Notaire décédé, à constater la contravention au timbre commise par le souscripteur d'un billet trouvé parmi ces papiers, et qui paraît avoir été remis de confiance entre les mains du Notaire comme il pourrait l'être entre les mains de tout particulier. — Jug. du Puy, 28 août 1817. — Déc. min. Fin. 12 janv. 1818.

11. Les Notaires ne sont pas tenus de livrer aux préposés les pièces qui ont été déposées de confiance en leurs études comme personnes privées. En conséquence, la régie ne peut exiger qu'il soit dressé acte public du dépôt ni que l'enregistrement des pièces déposées ait lieu au préalable. (Délib. 11 mai 1822).

12. CAHIERS DE CHARGES. Les cahiers de charges dressés par les Notaires pour les ventes judiciaires renvoyées devant eux sont sujets à être communiqués aux avoués.

Ces cahiers de charges et ceux dressés pour les ventes volontaires sont sujets aussi à être communiqués à toutes les personnes qui le demandent, car on peut regarder ces personnes comme intéressées à connaître les conditions.

13. DÉPOT DE TITRES ET PAPIERS. Lorsqu'un inventaire constate que les titres et papiers inventoriés ont été remis au Notaire, les préposés de la régie ont-ils le droit d'exiger la communication de ces titres et papiers?

Oui, suivant un arrêt de la Cour de Cass. du 13 déc. 1809 et une délib. de la régie du 2 janv. 1833, Rol. 4684. — V. *inf.* n° 20.

Non, suivant jugement de Metz du 2 mai 1837.

14. Lorsqu'un acte de vente s. s. p., ou tout autre acte assujéti à l'enregistrement dans un délai déterminé, est trouvé dans l'étude d'un Notaire sans qu'il ait été enregistré, non-seulement il y a lieu de constater le défaut d'acte de dépôt et de conclure au paiement des droits et amendes contre le Notaire, si les circonstances établissent qu'il y a réellement dépôt pour minute, mais on est encore autorisé, en constatant l'existence de l'acte, à poursuivre le paiement des droits d'enregistrement contre les parties.

Dans l'espèce, les parties avaient semblé reconnaître que le Notaire avait reçu le dépôt comme personne publique et non comme personne privée; le Notaire avait acquitté l'amende de contravention pour défaut d'acte de dépôt et avait, au surplus, livré la pièce dont il était dépositaire, ce qui établissait positivement que le dépôt était public (Cass. 11 mai 1823, aff. Guyet).

15. PAPIERS D'INVENTAIRE. V. *sup.* n° 13.

16. PROJETS D'ACTES. V. *sup.* n° 6.

17. REGISTRE DE TRANSCRIPTION DES PROTÊTS. Le registre de la transcription des protêts, tenu en exécution de l'art. 176 du C. de comm. étant un répertoire spécial, doit être communiqué aux préposés de l'enregistrement sous peine de 10 fr. d'amende en cas de refus. — V. *sup.* n° 5.

18. RÉPERTOIRES. Les répertoires doivent être communiqués à toute réquisition des préposés. — V. *sup.* n° 5.

19. TESTAMENTS. Les testaments et autres actes de li-

béralité à cause de mort ne sont pas sujets à communication du vivant des testateurs (Art. 54 de la loi du 22 frim. an VII).

20. VENTE. Lorsqu'un acte de vente constate que le Notaire rédacteur a reçu en dépôt et même paraphé un billet souscrit par l'acquéreur pour partie du prix de son acquisition, le Notaire étant, par ce fait, constitué dépositaire comme officier public, les préposés de la régie sont fondés à se faire représenter ce billet pour vérifier s'il a été écrit sur papier timbré, comme ils peuvent demander la représentation de toute pièce annexée à un acte authentique (Délib. 24 mars 1824).

Sect. 2. *Qui a le droit d'exiger communication.*

21. Les Notaires ne doivent communiquer les actes dont ils sont dépositaires et leurs répertoires :

22. Qu'aux personnes et parties intéressées en nom direct, héritiers ou ayants-droit. — V. *sup.* nos 2 et 3.

23. Qu'aux préposés de la régie de l'enregistrement. — V. *sup.* nos 4 et 5.

24. Et aux officiers du ministère public. — V. *inf.* n° 57.

§ 1. De la communication aux personnes et parties intéressées.

25. ACQUÉREURS. V. *inf.* n° 26.

26. AYANTS-DROIT. Les ayants-droit qui peuvent demander communication des actes sont les acquéreurs, les créanciers, les donataires, les légataires et généralement ceux qui représentent l'une des parties à l'acte soit par l'effet de la loi soit par l'effet des conventions.

27. Celui qui a le droit d'exiger communication d'un acte dans l'un des cas ci-dessus, comme étant aux droits de l'une des parties, doit avoir une qualité certaine, et si cette qualité résultait d'un acte s. s. p. le Notaire devrait se refuser à la communication demandée, quand même la signature des parties en cet acte aurait été légalisée par le maire de la commune (Jug. de Redon, 19 déc. 1832).

28. CAHIERS DE CHARGES. V. *sup.* n° 12.

29. COMMUNES. Les Notaires sont tenus de donner avis aux administrateurs des établissements de bienfaisance, aux fabriques des paroisses, aux établissements d'instruction publique et aux communes, des dispositions faites en leur faveur par des actes dont ils sont dépositaires. Toutefois, lorsqu'il s'agit de testaments, l'avis ne doit être donné qu'après l'ouverture des successions (Arr. Gouv. 4 pluv. an XII. — Décr. 12 août 1807).

30. CRÉANCIERS. V. *sup.* n° 26.

31. DONATAIRES. V. *sup.* n° 26.

32. ÉTABLISSEMENTS DE BIENFAISANCE. V. *sup.* n° 29.

33. ÉTABLISSEMENTS D'INSTRUCTION PUBLIQUE. V. *sup.* n° 29.

34. FABRIQUES DES PAROISSES. V. *sup.* n° 29.

35. HÉRITIERS. Les héritiers des personnes ou parties intéressées peuvent demander communication des actes. V. *sup.* nos 2 et 3.

36. LÉGATAIRES. V. *sup.* n° 26.

37. PARTIES INTÉRESSÉES EN NOM DIRECT. On doit entendre, *par parties intéressées en nom direct* qui ont le droit de demander communication des actes, ceux qui ont contracté par l'acte et pour eux-mêmes (Pigeau, t. 3, p. 327; Carré, sur l'art. 842). — V. *sup.* n° 3.

38. PERSONNES INTÉRESSÉES EN NOM DIRECT. On doit entendre, par ces mots, ceux qui ont contracté pour d'autres ou qui sont dénommés dans les actes sans y avoir contracté, tels sont ceux dont on se porte fort ou au profit de qui on stipule. Il est clair que ceux là ont droit d'exiger communication des actes qui les intéressent. V. *sup.* n° 4. V. note 5, nos 36 et suiv., v° *Communication.*

§ 2. De la communication aux préposés de la régie de l'enregistrement.

39. ACTES NOTARIÉS. — V. *sup.* n° 9.

40. ACTES PARTICULIERS. — V. *sup.* n° 10.

41. ABSENCE DU NOTAIRE. Lorsque, pendant l'absence d'un Notaire, un préposé de la régie se présente pour vérifier les minutes de ses actes, le clerc présent à l'étude n'est pas tenu de les lui communiquer, et le Notaire absent n'est point passible d'amende pour ce refus de communication. Dans ce cas, le préposé n'a que le droit de référer au Président du Tribunal, pour qu'il désigne l'officier public qui devra faire la représentation des actes et assister à la vérification de l'étude (Jugement de Saverne, 18 nov. 1834, exécuté par la régie; Rol. 4663).

42. COMMUNICATION PAR MOYENS ILLICITES. Il n'est pas permis aux préposés de la régie de demander aux parties communication des expéditions qu'elles ont entre les mains pour dresser procès-verbal des contraventions qui peuvent s'y rencontrer; ce qui s'applique à une communication étant le résultat de lettres écrites par des préposés qui ont pressé les porteurs de ces expéditions de les apporter au bureau pour examiner s'il n'y avait pas quelque chose à leur faire restituer, etc. (Jugement de Loudun, 6 août 1834; Roll. de V. 2712).

43. COPIES. Les employés de la régie peuvent prendre sans frais les renseignements, extraits et copies qui leur sont nécessaires pour les intérêts de l'état, sur les actes dont les Notaires sont dépositaires. — V. *sup.* n° 4.

44. DÉPOT DE CONFIANCE. — V. *sup.* n° 10.

45. DÉPOT DE TITRES ET PAPIERS. V. *sup.* nos 13 et 20.

46. DURÉE DES SÉANCES. Les communications ne pourront être exigées les jours de repos (V. note 13, nos 47 et suiv.), et les séances dans chaque autre jour ne pourront durer plus de quatre heures, de la part des préposés, dans les dépôts où ils feront leurs recherches (Art. 54 de la loi du 22 frim. an VII).

47. EXTRAITS D'ACTES. — V. *sup.* n° 43.

48. HEURES DES SÉANCES. Les employés de l'enregistrement peuvent rapporter des procès-verbaux même après les heures fixées par l'art. 1037 du C. de proc. civ. pour les significations ou exécutions (Jug. d'Autun, 10 juillet 1838).

49. JOURS DES SÉANCES. — V. *sup.* n° 46.

50. PROJETS D'ACTES. — V. *sup.* n° 6.

51. REFUS DE COMMUNICATION. Le refus de communication du répertoire d'un fonctionnaire ou d'un officier ministériel peut être valablement constaté par le préposé de la régie en l'absence du maire ou de l'adjoint, si ces magistrats requis d'assister le préposé ont déclaré en être empêchés (Délib. 1 mars 1829, art. 9314 du Jal de l'enregistrement).

52. REGISTRE DES PROTÊTS. — V. *sup.* n° 17.

53. RENSEIGNEMENTS. — V. *sup.* n° 43.

54. RÉPERTOIRES. — V. *sup.* n° 18.

55. TESTAMENTS. — V. *sup.* n° 19.

56. VENTES. — V. *sup* n° 20.

§ 3. *De la communication par les Notaires aux officiers du ministère public.*

57. En matière criminelle, le juge d'instruction autorisé par les art. 87 et 88 du Code d'instr. crim. à faire la recherche des papiers qu'il juge utiles à la manifestation de la vérité, a le droit de requérir qu'un Notaire lui délivre copie d'un acte passé par le prévenu et qui aurait trait à la prévention. Dans ce cas, cette copie ou expédition peut être délivrée sur papier libre en y faisant mention de la destination ; mais il est dû des honoraires au Notaire pour sa délivrance. V. note 5, n° 76.

58. Toutefois le droit conféré par la loi aux officiers du ministère public de se faire délivrer des copies ou expéditions ne s'étend pas jusqu'à exiger l'apport des minutes d'un Notaire pour y puiser les éléments d'une poursuite *disciplinaire*. C'est au Tribunal seul qu'il appartient d'ordonner, dans ce cas, que les minutes du Notaire inculpé seront mis sous ses yeux (J[al] Not. 9338).

59. Lorsqu'une personne est indigente, cette circonstance n'autorise pas le ministère public à intervenir d'office pour les recherches d'actes notariés qui intéressent cette personne. C'est à la diligence de celle-ci et à ses frais que les recherches doivent être faites (Déc. min. Just. 26 novembre 1835).

Sect. 3. *Comment doit se faire la communication aux parties et personnes intéressées. Compulsoire.*

60. La communication que les parties ou personnes intéressées ont le droit d'exiger des actes qui les concernent, consiste non-seulement à en obtenir copie ou expédition (V. *sup.* n°s 2 et 3), mais encore à en voir les minutes pour qu'elles puissent en reconnaître, remarquer et constater l'état. Paris, 22 juillet 1809, Sir. 12, 2, 298).

61. Mais la partie qui demande communication ne peut exiger que la minute lui soit remise *entre mains*. On le décide ainsi par argument de l'art. 852 du C. proc. civ., et comme, en cas de communication oculaire, les Notaires sont en droit de choisir, pour la sureté du dépôt, les précautions qui leur paraissent le plus convenable, il a été décidé qu'ils pouvaient exiger que la communication eût lieu devant le Président du Tribunal et que, dans ce cas, les frais de déplacement étaient à la charge des parties (Pau, 12 février 1833, Sir. 33, 2, 347). V. note 5, n° 39.

62. Lorsque la communication d'un acte est donnée à une personne qui n'y a point été partie et que cette personne demande à s'en faire délivrer expédition, ce ne doit être que sur ordonnance du President du Tribunal civil (V. *sup.* n° 2).

63. Si cette demande est faite dans le cours d'une instance elle doit être formée par requête d'avoué à avoué, portée à l'audience sur un simple acte et jugée sommairement sans aucune procédure. On l'appelle alors demande à fin de compulsoire (C. proc. civ. 846). V. v° *Compulsoire.*

Sect. 4. *Comment doit se faire la communication aux préposés de la régie.*

64. La communication aux préposés par les Notaires et autres dépositaires d'actes publics doit avoir lieu *sans déplacement* (V. *sup.* n° 4).

D'un autre côté l'art. 139 des ordres généraux de la régie prescrit aux vérificateurs et inspecteurs de se transporter successivement chez tous les Notaires, huissiers, greffiers, etc., domiciliés dans l'arrondissement du bureau où ils travaillent, pour y faire les vérifications, recherches et relevés nécessaires.

La loi de ventôse elle-même (V. *sup.* n° 1er) défend aux Notaires de se dessaisir d'aucune minute si ce n'est dans les cas prévus par la loi et en vertu de jugement.

Toutes ces prescriptions ne sont pas fidèlement observées par les vérificateurs et inspecteurs surtout dans les campagnes où le transport des minutes au bureau d'enregistrement peut se faire facilement. C'est sans doute un abus, mais il sera bien difficile de le réprimer, car les Notaires seront toujours soumis aux vérificateurs afin de ne point s'attirer leurs rigueurs. Il n'y aurait qu'une peine infligée à ceux-ci qui pourrait faire rentrer chacun dans les limites de ses devoirs.

Sect. 5. *Des peines pour refus de communication ou pour une communication induement faite.*

65. Les peines contre les Notaires sont l'amende, la contrainte par corps et la suspension.

66. AMENDE DE 20 fr. La peine est d'une amende de 20 fr. et le décime (note 19) pour avoir délivré une expédition ou donné connaissance d'un acte à d'autres qu'aux personnes intéressées en nom direct, héritiers ou ayants-droit, indépendamment des dommages-intérêts. En cas de récidive il y a lieu à suspension pendant 3 mois. V. *sup.* n° 2.

67. AMENDE DE 10 fr. Le refus de communiquer les actes, sans déplacer, aux préposés et de leur laisser prendre, sans frais, les renseignements, extraits et copies qui leur seront nécessaires pour les intérêts de l'état, est puni d'une amende de 10 fr. et le décime (V. *sup.* n° 4).

68. Il en est de même du refus de communiquer les répertoires (V. *sup.* n° 5).

69. CONTRAINTE PAR CORPS. Lorsqu'un Notaire refuse de délivrer expédition ou copie d'un acte aux parties intéressées, il peut y être condamné et par corps, sur assignation à bref délai donnée en vertu de permission du Président du Tribunal sans préliminaire de conciliation. — V. *sup.* n° 3.

70. DOMMAGES-INTÉRETS. Le Notaire qui aura, sans l'ordonnance du Président du Tribunal, délivré expédition ou donné connaissance des actes à d'autres qu'aux personnes intéressées en nom direct, héritiers ou ayants-droit, pourra être condamné à des dommages-intérêts, indépendamment de l'amende et de la suspension pendant trois mois en cas de récidive (V. *sup.* n°s 2 et 66, et *inf.* n° 71).

71. SUSPENSION. Le Notaire qui une première fois a contrevenu à la défense de délivrer expédition ou de donner connaissance des actes à d'autres qu'aux personnes intéressées, sans l'ordonnance du Président du Tribunal, peut

être, en cas de récidive, suspendu de ses fonctions pendant trois mois (V. *sup.* n° 2 et 70).

CHAP. 2. DE LA COMMUNICATION AUX PRÉPOSÉS DE LA RÉGIE PAR LES AUTRES FONCTIONNAIRES ET DÉPOSITAIRES PUBLICS.

72. Les dépositaires des registres de l'état civil, ceux des rôles des contributions et tous autres chargés des archives et dépôts des titres publics sont tenus de les communiquer, sans déplacer, aux préposés de l'enregistrement, à toute réquisition, et de leur laisser prendre, sans frais, les renseignements, extraits et copies qui leur seront nécessaires pour les intérêts de l'Etat, à peine d'une amende de 50 fr. (réduite à 10 fr. par l'art. 10 de la loi du 16 juin 1824) pour chaque refus constaté par procès-verbal du préposé qui, dans ce cas, doit se faire accompagner par le maire ou l'adjoint de la commune du lieu et dresser procès-verbal du refus en sa présence (Art. 54 de la loi du 22 frim. an VII).

73. Les receveurs des droits et revenus des communes et de tous autres établissements publics, les dépositaires des registres et minutes d'actes concernant l'administration des biens des hospices, fabriques des églises, chapitres, et de tous autres établissements publics, sont tenus de communiquer, sans déplacer et à toute réquisition, aux préposés de l'enregistrement, leurs registres et minutes d'actes, à l'effet, par lesdits préposés, de s'assurer de l'exécution des lois sur le timbre et l'enregistrement (Décr. 4 mess. an XIII). Mais on doit remarquer que ce décret ne prononçant pas d'amende pour refus de communication, il n'y aurait pas lieu d'en exiger d'un receveur d'établissement public qui refuserait de se conformer à ce décret (Délib. 3 fév. 1819). Il appartiendrait seulement à l'autorité compétente de lui adresser les injonctions nécessaires.

74. Les seuls actes des autorités administratives et des établissements publics dont les préposés pourront demander communication sont ceux portant transmission de propriété, d'usufruit et de jouissance, les adjudications ou marchés de toute nature, aux enchères, au rabais ou sur soumission, et les cautionnements relatifs à ces actes (Même loi, art. 82, 78).

Application des trois articles ci-dessus aux cas suivants :

75. ACTES DÉPOSÉS AU BUREAU. Le receveur d'enregistrement qui trouve dans son bureau des actes en contravention aux lois sur l'enregistrement et le timbre a le droit de les constater.

76. ACTES DE GREFFE. Le greffier doit communiquer aux préposés le registre sur lequel il inscrit les actes sujets au droit de greffe et les expéditions qu'il délivre (L. 21 vent. an VII, art. 13).

77. ACTES CACHETÉS ET SOUS ENVELOPPE. Un acte sous enveloppe et sous cachet, portant pour suscription qu'il ne doit voir le jour qu'au gré d'un ami de confiance ou en présence des parties intéressées, n'a pas une existence parfaite et ne peut avoir d'effet. C'est un dépôt de chose ignorée aux yeux de la loi et des magistrats; ce n'est point un dépôt d'acte dont la communication puisse être exigée par l'administration sous prétexte de défaut d'enregistrement (Cass. 4 août 1813).

78. CHAMBRES DE DISCIPLINE. On ne peut considérer les Chambres de discipline comme des établissements publics obligés de communiquer leurs actes de discipline intérieure aux préposés, tels que les registres de dépôt des extraits de contrat de mariage de commerçants ou de jugements de séparation (Jug. de Saint-Quentin, 17 août 1833. — Délib. 17 juin 1834. — Rol. 4469).

79. COLLÈGES. Les registres de recette et dépense des colléges royaux doivent être communiqués aux préposés. Il en est de même des registres des colléges appartenant aux villes et des registres des petits séminaires recevant des élèves en pension et soumis à la rétribution universitaire (Déc. min. Fin. 7 novemb. 1825, Instr. 1187, § 16). V. *inf.* n° 93.

80. CONTRIBUTIONS DIRECTES. Les préposés peuvent prendre communication, sans déplacement, des matrices cadastrales dans les mairies où elles se trouvent déposées lorsqu'elles sont définitivement approuvées (Déc. min. Fin. 30 nov. 1813).

81. Pour mettre les receveurs d'enregistrement à même de découvrir les mutations d'immeubles soustraites au paiement des droits d'enregistrement, les directeurs de contributions doivent joindre aux états de situation ancienne et nouvelle les feuilles de mutations rédigées par les contrôleurs et indiquant, outre les noms de l'ancien et du nouveau propriétaire, la situation, la nature, la contenance et le revenu des biens transmis, et le motif de la mutation selon qu'elle s'est opérée par donation, succession, vente, etc.

82. DOUANES. Les préposés des douanes sont tenus de communiquer à ceux de l'enregistrement, sans déplacement et à toute réquisition, les registres et documents constatant la propriété des bâtiments de commerce et les mutations qui surviennent dans cette propriété (Déc. min. Fin. 10 juil. 1837).

83. ENTRETIEN DES DIGUES, POLDERS OU ALLUVIONS. Les administrations chargées du soin de veiller à l'entretien des digues, polders ou alluvions de terrains, doivent communiquer leurs registres aux préposés comme il est dit *sup.* n° 73, parce qu'étant placées sous la surveillance immédiate des Préfets on doit les considérer comme des établissements publics par application du décret du 4 mess. an XIII, rapporté *sup.* n° 73 (Déc. min. Fin. 18 fév. 1806).

84. ÉVÊCHÉS. Les secrétariats des évêchés ne sont pas tenus de communiquer leurs registres (Déc. min. Fin. 22 avril 1806).

85. FABRIQUES. La communication des registres d'administration intérieure des fabriques ne peut être exigée par les préposés, ces registres étant exempts de timbre (Décr. 4 messidor an XIII art. 3) : faisant observer que le double des comptes rendus par les trésoriers des fabriques et les quittances à l'appui lorsqu'elles excèdent 10 fr. sont sujettes au timbre (Déc. min. Fin. 12 mars 1827).

86. Mais ils peuvent demander communication des actes qui renfermeraient des dispositions translatives de propriété, d'usufruit ou de jouissance de biens immeubles, des adjudications, marchés et autres actes dans lesquels les tiers concourent avec les fabriques, parce que ces actes ne peuvent être écrits sur des registres tenus en papier non timbré et qu'ils sont sujets à l'enregistrement (même loi art 4 et 5). V. *sup.* n° 74.

87. FABRIQUES PROTESTANTES. Ces fabriques sont soumises aux mêmes règles que les autres fabriques, en ce qui concerne la communication à faire aux préposés (Délib. 16 juin 1824; Rol. 972; appr. par min. Fin. le 5 mai 1825).

88. FAILLITE. Les préposés n'ont pas le droit de vérifier les papiers d'une faillite qu'un huissier aurait en dépôt comme agent de cette faillite, afin de s'assurer si les pièces sujettes au timbre ont été revêtues de cette formalité (Déc. min. Fin. 11 août 1820). V. *sup.* n° 13.

89. MESSAGERIES. Les préposés des domaines ont le droit de se faire représenter les registres des messageries, pour s'assurer si les objets non réclamés dans les six mois ont été vendus après ce délai à la requête du domaine (Décr. 13 août 1810).

En cas de refus de communication, le préposé rapporte un procès-verbal qui est remis au Procureur du Roi par l'intermédiaire du directeur (Déc. min. Fin. 30 janv. 1815).

90. PERCEPTEURS. En appliquant ce que nous avons dit *sup.* n°s 73 et 74, on peut considérer les percepteurs comme obligés de communiquer aux préposés leurs registres, mais ils ne sont passibles d'aucune amende.

91. PRESCRIPTION. L'officier ou le dépositaire de titres publics doit communiquer, sans exception, tous les actes et registres dont il a la garde en vertu de ses fonctions, sans qu'il puisse assigner de bornes à l'examen, sous prétexte que, par la date de certains actes, toute recherche contre lui serait atteinte de prescription ou autrement, la loi n'étant point restrictive pour l'époque (Déc. min. Fin. 16 mai 1819). V. *sup.* n° 88.

92. RECEVEURS DES HOSPICES. V. *sup. Percepteurs.*

93. SÉMINAIRES. Dans tous les colléges, dans les grands et petits séminaires, sans aucune exception, les registres de recettes et de dépenses de ces établissements doivent être tenus en papier timbré et communiqués aux préposés de l'enregistrement, excepté le registre de la rétribution universitaire qui est exempt de la formalité (Déc. min. Fin. 8 octobre 1830). V. *sup.* n° 79.

Chap. 3. De la communication des registres de la régie de l'enregistrement.

94. Les receveurs ne pourront délivrer d'extraits de leurs registres que sur une ordonnance du juge de paix, lorsque les extraits ne seront pas demandés par quelqu'une des parties contractantes ou leurs ayants-cause (Art. 58 de la loi du 22 frimaire an VII).

95. Il leur sera payé 1 fr. pour recherche de chaque année indiquée et 50 centimes pour chaque extrait, outre le papier timbré; ils ne pourront rien exiger au-delà (Même art.).

96. Ces extraits peuvent être délivrés sur papier de toute dimension (Délib. 1er février 1839).

97. Quoique certifiés par les receveurs ou administrateurs, les extraits de ces registres ne doivent pas être considérés comme actes authentiques (Cass. 16 juin 1807).

98. La demande de plusieurs actes dans une année indiquée ne donne lieu qu'à 1 fr. pour le droit de recherche et elle donne lieu à autant de droits de 50 centimes qu'il y a d'actes relevés pendant l'année indiquée. Ainsi, il serait dû 30 fr. pour un seul acte dont on aurait demandé la recherche sur 30 ans outre 50 centimes pour l'extrait; par conséquent, si l'on demande la recherche de 35 actes enregistrés dans un espace de 30 ans, il n'est dû au receveur que 30 fr. pour les 30 années indiquées, plus 35 droits de 50 centimes pour l'extrait des 35 enregistrements relevés (J^al^ Enreg. art. 8559).

Chap. 4. De la communication des livres de commerce.

99. La communication des livres et inventaires ne peut être ordonnée en justice que dans les affaires de succession, communauté, partage de société et en cas de faillite (C. comm. 14).

100. Cet article n'est applicable qu'aux cas qui y sont déterminés, d'où il suit qu'on ne saurait l'appliquer à une contestation où il s'agit d'établir entre négociants un prêt d'argent ou l'existence de l'hypothèque qui s'y rattache (Bruxelles, 23 mars 1824, aff. Demeulemeester, Sirey 25, 2, 378).

101. Les dispositions des art. 14 et 15 du Code de comm. qui concernent la représentation des livres des négociants sont purement facultatives, en ce sens que la loi abandonne à la prudence des juges l'appréciation des circonstances qui peuvent faire admettre ou refuser la communication, et qu'à cet égard leur décision ne pourrait donner ouverture à Cassation (Cass. 18 déc. 1827, aff. Roux; 4 fév. 1828, aff. Dufay; Sir. 28, 1, 303; 28, 1, 99).

102. Dans le cours d'une contestation, la représentation des livres peut être ordonnée par le juge, même d'office, à l'effet d'en extraire ce qui concerne le différend (C. com. art. 15).

103. Dans tous les cas où il ne s'agit point d'affaires de succession, communauté, partage de société et faillite, les juges ne peuvent qu'ordonner qu'il sera fait un extrait des livres du commerçant en ce qui concerne le différend (Aix, 5 avril 1832, aff. Véran, Sir. 33, 2, 22).

104. Les juges peuvent, en ordonnant, dans le cours d'une instance, la communication des livres d'un commerçant, prononcer contre lui la condamnation au paiement d'une somme fixe, pour le cas où il refuserait de faire la communication ordonnée (Caen, 24 juin 1828, aff. Blanchard-Quesnel, Sir. 30, 2, 157).

105. En matière de lettres de change, et pour en connaître la cause réelle, les juges d'appel ont pu ordonner la représentation des livres du marchand au profit duquel ces lettres ont été souscrites, encore que l'adversaire n'ait pas déclaré, en première instance, vouloir y ajouter foi (Cass. 20 juin 1810, aff. Marimpoëy, Sir. 10, 1, 313).

106. Le souscripteur de billets, *valeur en compte*, peut invoquer les livres du failli au profit duquel ces billets ont été faits, pour établir qu'ils ne sont que des effets de crédit ou de complaisance, alors même que les livres du failli ne seraient ni timbrés, ni cotés ni paraphés. Les autres créanciers ne sauraient prétendre que les énonciations de ces livres ne peuvent leur être opposées, lorsqu'ils n'allèguent pas que ces énonciations aient été faites en fraude de leurs droits (Rouen, 23 mai 1825, aff. Garvey et consorts, Sirey, 26, 2, 6).

107. Mais le tireur qui s'est obligé, *valeur en compte*, n'a pas le droit de demander l'exhibition des livres de commerce du donneur de valeur, surtout lorsqu'il résulte des faits que la lettre de change avait été causée pour remise et renouvellement de précédents effets de commerce (Cass. 20 août 1818, aff. Lamothe, Sirey, 19, 1, 236).

108. Si la partie aux livres de laquelle on offre d'ajouter

foi refuse de les représenter, le juge peut déférer le serment à l'autre partie (C. com. 17).

109. Ainsi, tout négociant doit produire ses registres, lorsque la partie adverse offre d'y ajouter foi. Cette offre peut avoir lieu en cause d'appel, encore qu'elle n'ait pas été faite en première instance. (Cass. 25 niv. an x, aff. Tubeuf, Sir. 2, 1, 207).

110. Toutefois, dans les contestations entre négociants, il est laissé au pouvoir discrétionnaire du juge d'ordonner la représentation des livres de l'une des parties, même lorsque l'autre partie l'a demandée avec offre d'y ajouter foi (Cass. 20 août 1818, aff. Lamothe, Sir. 19, 1, 256).

111. Mais les juges ne sont pas obligés, sur le refus d'une partie de produire ses livres de commerce, de déférer le serment à la partie adverse qui déclare y ajouter foi : c'est là une pure faculté dont les juges sont maîtres d'user ou de ne pas user (Cass. 18 janv. 1832, aff. Vauver, Sir. 33, 1, 74.).

112. La vérification ordonnée par jugement de commerce, et faite par le juge commis, des livres d'un négociant, ne peut être assimilée à un compulsoire fait suivant les dispositions du C. de proc. En conséquence, une telle vérification n'est pas nulle, encore bien que l'une des parties n'y ait été ni présente ni dûment appelée, et que le jugement qui l'avait ordonnée portât qu'elle serait faite *parties présentes ou dûment appelées* (Paris, 28 août 1813, aff. de Maricourt, Sir. 14, 2, 261).

113. La partie condamnée au paiement d'une somme pour reliquat de compte, et qui, en interjetant appel, demande la vérification des livres de commerce de sa partie adverse, peut être préalablement obligée de fournir caution du montant de la condamnation, surtout lorsque les juges ont des motifs suffisants de croire que des aliénations de biens nouvellement consenties par la partie condamnée ne l'ont été que dans la vue de se soustraire aux condamnations qu'elle a encourues (Cass. 19 avril 1820, aff. Isern, Sir. 20, 1, 377).

114. Lorsqu'il s'agit d'une contestation entre un commerçant et un non-commerçant, ce dernier est seul en droit d'exiger la représentation des livres du commerçant, elle ne peut lui être refusée. Dans ce cas, le non-commerçant peut puiser dans ces livres des preuves à son profit, mais ils ne peuvent établir en faveur du marchand que des présomptions à l'appui desquelles le serment peut être déféré (C. civ. 1329, 1330).

115. En cas que les livres dont la représentation est offerte, requise ou ordonnée, soient dans des lieux éloignés du Tribunal saisi de l'affaire, les juges peuvent adresser une commission rogatoire au tribunal de commerce du lieu, ou déléguer un juge de paix pour en prendre connaissance, dresser un procès-verbal du contenu, et l'envoyer au Tribunal saisi de l'affaire (C. com. 16).

CHAP. 5. DE LA COMMUNICATION DES PIÈCES AU MINISTÈRE PUBLIC.

116. Doivent être communiquées au Procureur du Roi :

1° Les causes qui concernent l'ordre public, l'Etat, le domaine, les communes, les établissements publics, les dons et legs au profit des pauvres (C. proc. civ. 83-1°).

117. La nullité d'un jugement, résultant de ce que le ministère public n'a pas été entendu dans une cause où son audition était prescrite par la loi, bien qu'elle tienne à l'ordre public, est couverte par les défenses au fond sur l'appel (Cass. 11 frim. an IX, aff. Bardonnet, Sir. 1, 2, 279. — *Contrà*, Bordeaux, 20 mai 1829, aff. Ducot, Sir. 29, 2, 309).

118. Sont sujettes à communication les causes qui intéressent l'Etat, le domaine, les communes, les établissements publics, ou qui ont pour objet des dons et legs au profit des pauvres, *quoiqu'elles ne concernent que l'administration ou les revenus* (*Carré*, L. proc. civ. n° 400; *Pigeau*, proc. civ., t. 1, p. 224 et comm. t. 1, p. 232).

119. La demande formée devant la juridiction civile, en réparation d'un prétendu délit, ne rentre pas dans la classe des causes intéressant l'ordre public, et comme telles soumises à communication au ministère public (Cass. 8 août 1837, aff. Adelon, Sir. 37, 1, 937).

120. Lorsque, dans une instance en nullité de testament, il n'y a de parties que l'héritier *ab intestat* et le légataire universel, tous deux majeurs, les conclusions du ministère public ne sont pas nécessaires, du chef des légataires particuliers (tels que les pauvres) jouissant des privilèges de la minorité, encore que le légataire universel ait expressément conclu à la délivrance de leurs legs, parce que le légataire universel n'a pas qualité pour agir dans l'intérêt des légataires particuliers et que l'arrêt n'est point rendu avec les pauvres (Cass. 28 brum. an XIV, aff. Dutrone, Sir. 7, 2, 1060).

121. 2° Les causes qui concernent l'état des personnes et les tutelles (C. proc. civ. 83-2°).

122. Le ministère public doit être entendu dans les causes où il s'agit de l'arrestation d'un étranger, comme dans les causes où il s'agit de contrainte par corps : l'inobservation de cette règle est un moyen de requête civile (Cass. 22 mars 1809, aff. Swann, Sir. 9, 1, 202; Carré, Comp. civ. t. 1, n° 127).

123. 3° Les déclinatoires sur incompétence (C. proc. civ. 83-3°).

124. Sont sujets à communication les déclinatoires, fondés même sur une simple incompétence *ratione materiæ*. (*Carré*, n° 402; *Favard-Langlade*, t. 5, p. 749, n° 17; *Boncenne*, t. 2, p. 282).

125. La demande tendante à ce qu'il soit sursis au jugement d'un procès jusqu'à ce que l'autorité administrative ait interprété un acte administratif (une vente nationale) invoqué par l'une des parties, ne constitue pas un déclinatoire sur incompétence qui nécessite l'audition du ministère public (Cass. 16 avril 1838, aff. Chabannes, Sir. 38, 1, 383).

126. 4° Les réglements de juges, les récusations et renvois pour parenté et alliance (C. proc. civ. 83-4°).

127. Les causes qui concernent la récusation de juges, ou du ministère public lui-même, sont sujettes à communication (Carré, n° 403).

128. 5° Les prises à partie (C. proc. civ. n° 83-5°).

129. 6° Les causes des femmes non autorisées de leurs maris, ou même autorisées, lorsqu'il s'agit de leurs dots, et qu'elles sont mariées sous le régime dotal; les causes des mineurs et généralement toutes celles où l'une des parties est défendue par un curateur (C. proc. civ. 83-6°).

130. Les femmes mariées peuvent attaquer en nullité

les jugements rendus à leur préjudice, par cela seul que lors de ces jugements, le ministère public n'a pas été entendu (Paris, 9 flor. an XIII, aff. Charlier, Sir. 5, 2, 560). V. *inf.* nos 133, 136.

131. L'audition du ministère public doit avoir lieu dans la cause d'une femme mariée, même séparée de biens (Cass. 18 prair. an II, aff. Castillon).

132. Elle doit aussi avoir lieu dans la cause d'une veuve, figurant en même temps comme tutrice. (Cass. 11 flor. an IX, aff. Pajot).

133. Le défaut de communication au ministère public est un moyen de requête civile, non-seulement pour la femme autorisée, quand il s'agit de sa dot, mais aussi pour la femme non autorisée, quelque soit l'objet de la contestation (Florence, 16 août 1810, aff. Gorrini, Sir, 15, 2, 34).

134. Il n'est pas nécessaire de communiquer au ministère public les causes où il s'agit de biens paraphernaux ou d'immeubles dotaux dont l'aliénation est permise par le contrat de mariage (Carré et Chauveau, n° 404; Boitard, t. 1, n° 353; Pigeaux, Comm. t. 1, p. 237).

135. La disposition de la loi (V. *sup.* n° 129) qui détermine les causes dans lesquelles les Procureurs du Roi doivent être entendus est applicable aux poursuites en expropriation forcée dirigées contre un mineur (Cass. 30 oct. 1811, aff. Montagu, Sir. 12, 1, 93). — Il en était de même sous l'empire de la loi du 11 brum. an VII, à peine de nullité de l'adjudication (Cass. 26 avril 1809, aff. Folliex, Sir. 9, 1, 248).

136. Le défaut de communication au ministère public dans les aff. qui y sont sujettes, par exemple, dans la cause d'un mineur, bien que le tuteur soit en cause, opère la nullité du jugement de première instance : cette omission de communication ne donne pas ouverture à la cassation. C'est un moyen de requête civile. (Cass. 26 avril 1808, Sir. 8, 1, 322; C. proc. civ. 480-8°. — *Contrà*, arrêt de la C. R. de Rennes du 17 avril 1812, aff. Traurout, Sir. 15, 2, 207, portant qu'il n'est pas nécessaire de se pourvoir par requête civile, la nullité pouvant être prononcée par la Cour d'appel en retenant le fond).

137. Les causes qui intéressent un individu pourvu d'un conseil judiciaire ne sont pas sujettes à communication au ministère public (Pigeau, t. 1, p. 237 et 238; Boncenne, t. 2, p. 286; Boitard, t. 1, p. 333; Chauveau, n° 405).

138. 7° Les causes concernant ou intéressant les personnes présumées absentes (C. proc. civ. 83-7°).

139. Il n'est pas nécessaire de communiquer au ministère public les causes des militaires majeurs en activité de service (Carré, L. pr. civ., n° 407; Merlin, Rép., v° *minist. publ.*; Pigeau, Comm. t. 1, p. 259; Chauveau sur Carré, L. proc.).

140. Avant le Code de procédure, il n'était pas non plus nécessaire que le ministère public fût entendu dans la cause des militaires absents (Cass. 13 mess. an IX, aff. Coreau, Sir. 1, 1, 460).

141. Le Procureur du Roi pourra néanmoins prendre communication de toutes les autres causes dans lesquelles il croira son ministère nécessaire; le Tribunal pourra même l'ordonner d'office. (C. proc. civ. 83).

142. En cas d'absence ou d'empêchement des Procureurs du Roi et de leurs substituts, ils seront remplacés par l'un des juges ou suppléants (C. proc. 84).

143. Encore que l'exécution des jugements soit une des attributions spéciales des Procureurs du Roi près les Tribunaux, la seule circonstance que, dans un procès, l'une des parties réclame l'autorité de la chose jugée et s'en fait une exception péremptoire, ne suffit pas pour nécessiter l'intervention du ministère public et des conclusions de sa part sur cette affaire (Cass. 14 mess. an IX, aff. Brumin-Saguy, Sir. 7, 2, 828; Carré, Comp. civ. t. 1, n° 126).

144. Le ministère public ne peut refuser de prendre communication, lorsque le Tribunal l'ordonne d'office (Carré, proc. civ., n° 412; Favard, t. 5, p. 750, n° 18).

145. Mais lorsque la cause n'est pas communicable d'après les dispositions de la loi, le ministère public, sous prétexte du droit d'exiger la communication en toute affaire, et le Tribunal, sous prétexte de la faculté qu'il a d'ordonner cette communication, ne pourraient différer les plaidoiries (Carré, n° 413; Demiau, p. 82).

146. Le défaut de mention, dans un jugement ou arrêt, de la présence d'un officier du parquet, n'emporte pas nullité, alors qu'il s'agit d'une affaire dans laquelle l'audition du ministère public n'était pas nécessaire (L. 20 avril 1810, art. 46; C. proc. 83, 84, 138, 141; Cass. 23 juin 1833, aff. Joubert, Sir. 33, 1, 667).

147. Un jugement ou arrêt n'est pas nul par cela seul que le même officier du ministère public n'a pas assisté à toutes les audiences; il n'en est pas à cet égard comme des juges (L. 20 avril 1810, art. 7; Cass. 18 avril 1836, aff. Delahaye, Sir. 36, 1, 477).

148. Les Substituts du Procureur-Général ne sont pas tenus de prendre les conclusions que celui-ci leur aurait ordonné de prendre. (Carré, Comp. civ., t. 1, n° 130. *Contrà*, Merlin, Rép. v° Proc. du Roi).

149. L'audition du ministère public n'est pas nécessaire dans les causes où il ne s'agit que de l'exécution entre particuliers d'un réglement administratif ou de transactions particulières faites sur l'exécution de ce réglement (Cass. 22 déc. 1824, aff. de Neuflise, Sir. 25, 1, 175).

150. Le ministère public ne peut, dans l'intérêt des parties, prendre des conclusions qu'elles n'avaient pas prises elles-mêmes (Cass. 18 prair. an VII, aff. Montazier, Sir. 1, 1, 217).

151. Dans les causes où la loi exige que le ministère public soit entendu, il ne suffit pas de la simple présence au procès des commissaires du Gouvernement, il faut encore que ces commissaires donnent des conclusions (Cass. 15 flor. an X, aff. Davin, Sir. 2, 2, 357).

152. Le ministère public est suffisamment entendu, s'il résume l'affaire et donne ses conclusions lors du jugement définitif (Cass. 15 mars 1811, affaire Heumann, Sir. 17, 1, 324).

153. Il est aussi suffisamment entendu quand il ne fait que s'en rapporter à la prudence du Tribunal (Cass. 5 mai 1808, aff. Stempel, Sir. 17, 1, 324).

154. Lorsque l'intervention du ministère public est requise par la loi, il ne suffit pas que l'officier public qui en remplit les fonctions donne ses conclusions par écrit : il faut qu'il soit entendu à l'audience, même dans les causes

relatives à l'administration de l'enregistrement et des domaines (Cass. 14 avril 1830, aff. Claudel, Sir. 30, 1, 172; Cass. 14 mars 1821, aff. Godin, Sir. 21, 1, 233).

155. Le ministère public n'a la parole, après la partie, qu'en tant qu'il est l'orateur de la loi, à l'effet de conclure sur une affaire instruite. Mais s'il porte la parole comme dénonciateur, comme exerçant incidemment une action nouvelle, la partie atteinte par le réquisitoire doit être admise à produire sa défense justificative (Décr. 30 mars 1808, art. 87; L. 16-24 août 1790, tit. 2, art. 14; Cass. 7 août 1822. aff. Callaud, Sir. 23, 1, 65).

156. L'audition du ministère public n'est pas exigée dans les demandes en restitutions d'intérêts usuraires (Cass. 9 févr. 1836, aff. Gaffet, Sir, 36, 1, 88).

157. On n'est pas dispensé de communiquer au ministère public, encore bien que l'affaire soit sommaire (Carré et Chauveau, n° 409; Pigeau, t. 1, p. 219 et Comm. t. 1, p. 223).

158. Il n'y a pas lieu à communication des causes commerciales dont sont saisis les Tribunaux civils jugeant commercialement, à défaut d'un Tribunal de commerce (Carré, t. 1, n° 410; Devilleneuve et Massé, dict. v° *Trib. de comm.* n° 27; Favard, t. 5, p. 749, n° 16).

159. La communication au ministère public n'est pas nécessaire pour faire déclarer exécutoire une sentence arbitrale (Carré, t. 1, n° 408).

160. Tout jugement d'instruction ou définitif, en matière de faux, ne pourra être rendu que sur les conclusions du ministère public (C. proc. civ. 251).

161. Le défaut de conclusions du ministère public opère un moyen de nullité contre les jugements rendus en matière de faux incident. — Mais l'art. 480, n° 8, qui fait un moyen de requête civile du défaut de conclusions n'est pas applicable en matière de faux incident (Paris, 26 av. 1809, aff. Monroy; Turin, 7 févr. 1809, Sir. 14, 2, 407 et 408; Carré. t. 1, n° 964; Ortolan et Ledeau, t. 1, n° 297; Ann. not. t. 2, p. 204).

162. Toutefois, l'audition du ministère public n'est pas exigée dans les causes où il y a dénégation d'écriture et de signature, comme elle l'est dans les instances en inscription de faux (Cass. 25 juin 1833, aff. Destournelles, Sir. 33, 1, 661).

CHAP. 6. DE LA COMMUNICATION DES PIÈCES ENTRE PARTIES EN COURS D'INSTANCE.

163. Les parties pourront respectivement demander, par un simple acte, communication des pièces employées contre elles, dans les *trois jours* où lesdites pièces auront été signifiées ou employées (C. proc. civ. 188).

164. Ce délai de trois jours n'est point prescrit à peine de déchéance; en conséquence, les juges ne peuvent refuser d'ordonner la communication par cela seul qu'elle a été requise plus de trois jours après la production (Cass. 14 mai 1821, aff. Crespin, Sir. 21, 1, 265).

165. De ce qu'une pièce a été communiquée en première instance, il ne s'en suit pas qu'on puisse en refuser la communication sur l'appel. — Seulement, la communication, en ce cas, se fait aux frais du requérant, encore qu'il ne succombe pas en définitive (Rouen, 9 déc. 1807, aff. Peleux, Sir. 8, 2, 8).

166. Une partie n'est pas recevable à se plaindre de ce que la décision rendue contre elle est appuyée sur une pièce qui ne lui avait pas été communiquée, si, malgré l'emploi que son adversaire a fait de cette pièce, elle n'en a pas demandé la communication (Cass. 26 mars 1838, aff. Richard, Sir. 38, 1, 742).

167. Jugé dans le même sens qu'une partie ne peut se plaindre, pour la première fois devant la Cour de Cassation, de ce que les livres et la correspondance de sa partie adverse, qui ont servi d'éléments de décision aux juges du fond, ne lui ont pas été communiquées (Cass. 29 janv. 1838, aff. Gauffrian et Beaumier, Sir. 38, 1, 330).

168. On peut demander communication, non-seulement des pièces qui ont été employées et signifiées, mais encore de toutes celles dont le demandeur entend se servir, de celles qui sont communes aux parties, et enfin de celles qui peuvent être utiles à l'instruction du procès (Rennes, 7 avril 1808; Carré, L. proc. civ, t. 1, n° 788; Merlin, rép. v° *Compulsoire*, § 2).

169. Le délai pour demander communication des pièces dont la copie a été donnée avec l'exploit d'assignation, court seulement à partir de la constitution d'avoué de la part du défendeur (Carré, t. 1, n° 790; Ann. not. t. 1, p. 382).

170. La communication sera faite entre avoués, sur récépissé, ou par dépôt au greffe : les pièces ne pourront être déplacées, si ce n'est qu'il y en ait minute, ou que la partie y consente (C. proc. 189).

171. La prohibition de communiquer sans déplacement lorsqu'il n'y a pas minute, s'applique à tous les cas où il y a lieu à dépôt de pièces au greffe, notamment aux productions faites dans une instruction par écrit (C. proc. 97; Carré, t. 1, n° 792; Locré, Esp. C. proc. t. 1, p. 237).

172. Une pièce communiquée devient commune aux deux parties, de sorte qu'elle ne peut être retirée à volonté par celui qui l'a produite (Carré, L. proc. civ. t. 1, n° 791; Cass. 13 juill. 1808, aff. Mercier, Sir. 6, 1, 122).

173. Le délai de la communication sera fixé, ou par le récépissé de l'avoué, ou par le jugement qui l'aura ordonnée : s'il n'était pas fixé, il sera de trois jours (C. proc. 190).

174. Mais on peut obtenir la prorogation soit du délai convenu, soit de celui qui est fixé par jugement ou par la loi (Carré, t. 1, n° 793; Ann. not. t. 1, p. 382).

175. Si, après l'expiration du délai, l'avoué n'a pas rétabli les pièces, il sera, sur simple requête, et même sur simple mémoire de la partie, rendu ordonnance portant qu'il sera contraint à ladite remise, incontinent et par corps, même à payer trois francs de dommages-intérêts à l'autre partie par chaque jour de retard, du jour de la signification de ladite ordonnance, outre les frais desdites requête et ordonnance, qu'il ne pourra répéter contre son constituant (C. proc. 191).

176. En cas d'opposition, l'incident sera réglé sommairement : si l'avoué succombe, il sera condamné personnellement aux dépens de l'incident, même en tels autres dommages-intérêts et peines qu'il appartiendra, suivant la nature des circonstances (C. proc. 192).

177. L'avoué qui persiste à retenir les pièces communiquées peut être condamné par corps à la restitution, lors

même que l'intérêt du plaignant est au-dessous de 300 fr. (Boncenne, Th. proc. civ. t. 3, p. 444).

178. Mais c'est le Tribunal entier et non pas le Président qui doit appliquer l'art. 191 précité (V. *sup.* n° 175) à l'avoué qui n'a pas rétabli les pièces (Boncenne, t. 3, p. 436; Pigeau, t. 1, p. 170, 194; le Praticien, t. 2, p. 47. — *Contrà*, Carré, t. 1, p. 449; Favard, t. 2, p. 468; Demiau, p. 154; Lepage, p. 170).

[22]

DE LA PROPRIÉTÉ ET DE LA POSSESSION.

DIVISION SOMMAIRE :

INDICATION ALPHABÉTIQUE :

CHAP. 1. DE LA PROPRIÉTÉ.

1. La propriété est le droit de jouir et disposer des choses de la manière la plus absolue pourvu qu'on n'en fasse pas un usage prohibé par les lois et les règlements (C. civ. 544).

2. Toutes les propriétés sont inviolables, sans aucune exception de celles qu'on appelle nationales, la loi ne mettant aucune différence entre elles (Ch. const. art. 8).

2 *bis*. Nul ne peut être contraint de céder sa propriété si ce n'est pour cause d'utilité publique légalement constatée et moyennant une juste et préalable indemnité (C. civ. 545, Ch. const. art. 9). Les règles relatives à l'expropriation pour cause d'utilité publique font l'objet de la loi du 6 mai 1841.

3. Les particuliers ont la libre disposition des biens qui leur appartiennent, sous les modifications établies par les lois. Les biens qui n'appartiennent pas à des particuliers sont administrés et ne peuvent être aliénés que dans les formes et suivant les règles qui leur sont propres (C. civ. 537).

4. Toutes les portions du territoire français qui ne sont pas susceptibles d'une propriété privée sont considérées comme appartenant au domaine public. (C. civ. 538, 540, 541).

5. Il en est de même des biens vacants et sans maître et de ceux des personnes qui décèdent sans héritiers et dont les successions sont abandonnées (C. civ. 539, 713).

6. Il faut excepter toutefois de ce que nous venons de dire n° 4, 1° les biens communaux à la propriété ou au produit desquels les habitants d'une ou plusieurs commune ont un droit acquis (C. civ. 542).

2° Les choses qui n'appartiennent à personne et dont l'usage est commun à tous. Des lois de police règlent la manière d'en jouir (C. civ. 714.

3° La faculté de *chasser* ou de *pêcher* qui est également réglée par des lois particulières (C. civ. 715). V. *ces mots*.

7. On peut avoir sur les biens ou un droit de propriété, ou un simple droit de jouissance, ou seulement des services fonciers à prétendre (C. civ. 543).

8. La propriété d'un trésor appartient à celui qui le trouve dans son propre fonds. Si le trésor est trouvé dans le fonds d'autrui, il appartient pour moitié à celui qui l'a découvert et pour l'autre moitié au propriétaire du fonds. Le trésor est toute chose cachée ou enfouie sur laquelle personne ne peut justifier de sa propriété et qui est découverte par le pur effet du hasard (C. civ. 716). V. note 26 n° 30.

9. Les droits sur les effets jetés à la mer, sur les objets que la mer rejette, de quelque nature qu'ils puissent être, sur les plantes et herbages qui croissent sur les rivages de la mer sont aussi réglées par des lois particulières. Il en est de même des choses perdues dont le maître ne se représente pas (C. civ. 717) et des choses volées (C. civ. 2279 et 2280). V. *inf.* sect. 5.

Sect. 1. *De la nature et des effets du droit de propriété.*

10. La propriété est un droit réel, un droit qu'on a dans la chose, *jus in re*, à la différence du *nantissement* (C. civ. 2073) et de *l'hypothèque* (C. civ. 2114) qui confèrent un droit réel d'une autre espèce, un droit à la chose ou sur la chose, *jus ad rem*. — V. note 27, n°s 399 et 400.

11. Suivant Pothier (Traité du droit de domaine de propriété, chap. 1 n° 4), le domaine *de propriété* est ainsi appelé parce que c'est le droit par lequel une chose m'est *propre* et m'appartient privativement à tous autres. Ce droit de propriété, considéré par rapport à ses effets, doit se définir le droit de disposer à son gré d'une chose, sans donner néanmoins atteinte au droit d'autrui ni aux lois : *jus de re libere disponendi*, ou *jus utendi et abutendi*.

12. Ce droit de propriété a beaucoup d'étendue. Il comprend : 1° le droit d'avoir tous les fruits qui naissent de la chose; 2° celui de se servir de la chose pour quelque usage que ce soit (Pothier, *ibid* n° 5).

13. Le droit de disposer comprend celui qu'à le propriétaire de changer la forme de la chose, de la perdre entièrement si bon lui semble (V. *inf.* n° 29), d'empêcher tous autres de s'en servir (Pothier, *ibid*).

14. Il renferme aussi le droit d'aliéner sa chose, et d'accorder à d'autres dans cette chose certains droits (Pothier, *ibid* n° 6).

15. Quoique le droit de propriété renferme tous ces droits, le propriétaire ne peut pas néanmoins toujours les exercer; il peut en être empêché, ou par un défaut de sa personne ou par quelque imperfection de son droit de propriété (Pothier, *ibid* n° 6).

16. Les défauts dans la personne du propriétaire sont l'âge de minorité, l'interdiction, la sujétion d'une femme mariée à la puissance de son mari (Pothier, *ibid* n° 7).

17. On distingue dans le droit de propriété, de même que dans tous les autres droits, le fond du droit et l'exercice du droit (*Ibid*).

Ainsi, les mineurs, les interdits et les femmes mariées ont le fond du droit de propriété de ce qui leur appartient, mais ils n'en ont pas l'exercice.

V. *Capacité de contracter*, note 4.

18. Quoique le droit de propriété puisse être restreint par l'effet des lois et des règlements, la propriété n'en est pas moins parfaite. V. *inf.* n° 19 et suiv.

Sect. 2. *De la propriété pleine et entière ou parfaite quoique sujette à restriction par les lois et règlements.*

19. Nous avons dit *suprà*, n° 18, que la propriété n'en était pas moins parfaite quoique le droit de propriété pût être restreint par les lois et les règlements; cela vient de ce que cette restriction a quelque chose d'éventuel et que le droit de propriété est, dans ce cas, le plus étendu qu'on puisse imaginer. Si on n'admettait pas ce principe, il faudrait avouer qu'il n'y a point de propriété parfaite.

20. Il ne peut y avoir restriction du droit de propriété que dans les cas suivants :

21. 1° ALIGNEMENT. Lorsque l'autorité administrative a tracé la limite ou l'alignement des propriétés qui sont situées sur la voie publique en se conformant aux plans qu'elle a arrêtés dans l'intérêt général des habitants de la commune.

22. 2° BATIMENT. — CONSTRUCTION. Lorsque l'autorité administrative a prescrit des règles auxquelles on doit se conformer pour le mode des constructions à faire sur la voie publique, comme quand elle défend d'élever des bâtiments au-delà de *telle* hauteur selon la largeur de la rue (Ord. roy. 30 mai 1821, aff. Lebaillif).

23. 3° COUVERTURES. Lorsque l'autorité administrative interdit certaines couvertures comme trop inflammables en cas d'incendie. Il est à remarquer qu'en aucun cas l'autorité ne peut donner à son arrêté un effet rétroactif en ordonnant de couvrir en tuiles les toits qui sont en paille (Cass. 3 déc. 1840, Sir. 41, 1, 83) mais elle a le droit de défendre, pour l'avenir, de couvrir les maisons en paille (Cass. 11 sept. 1840, Sir. 40, 1, 982).

24. 4° ETABLISSEMENT INSALUBRE. Lorsque la même autorité empêche de former dans une propriété certains établissements comme étant insalubres. — V. *Etablissement insalubre*.

25. 5° EXPROPRIATION POUR CAUSE D'UTILITÉ PUBLIQUE. Lorsque l'Etat s'empare de la chose d'autrui pour utilité publique (C. civ. 545), il ne le peut que moyennant une indemnité fixée à l'amiable ou par un jury d'expropriation (L. du 6 mai 1841). Quoique, dans ce cas, l'aliénation soit forcée, la propriété n'était point pour cela imparfaite.

26. 6° GRAINS. Quoique un marchand de grains ne puisse transporter son blé hors du territoire français lorsqu'il y a une loi qui défend l'exportation de cette denrée, il n'en est pas moins vrai que sa propriété doit être regardée comme parfaite. — V. *inf.* n° 29.

27. 7° MARAIS. Lorsque l'héritage est un marais et que le Gouvernement en ordonne le desséchement dans l'intérêt des villes et des campagnes et dans ceux de l'agriculture (Loi du 16 sept. 1807). — V. *Marais*.

28. 8° MINES. Lorsqu'il existe dans le sein de la terre ou à sa surface des substances minérales, le propriétaire de cette terre ne peut exploiter la mine sans un acte de concession du Gouvernement qui a le droit d'en faire l'acquisition pour l'Etat moyennant une juste et préalable indemnité (Art. 5 de la loi du 21 avril 1810). Cette loi n'est point applicable aux sources d'eau salée, mais elle s'applique aux mines de sel gemme (Cass. 8 sept. 1832). — V. *Mines*.

29. 9° OBJETS DE PREMIÈRE NÉCESSITÉ. Lorsqu'il s'agit de choses de première nécessité, c.-à-d. qui servent à la subsistance commune, le droit de propriété ne comporte pas celui de détruire ces objets. Ainsi, un particulier n'est pas libre de jeter dans la rivière le blé de sa récolte.—V. *sup.* n° 26.

30. 10° SERVITUDES LÉGALES ET NATURELLES. Lorsque des servitudes sont établies par la loi pour l'utilité générale ou dans l'intérêt des particuliers : telles sont l'obligation pour le propriétaire du fonds inférieur de recevoir les eaux qui découlent naturellement et sans que la main de l'homme y ait contribué et l'obligation de clore son héritage situé dans une ville. Car, dans ces cas, la propriété ne cesse pas d'être parfaite parce que le propriétaire peut être gêné dans l'exercice de son droit.

31. 11° TABAC. Le propriétaire d'un héritage ne peut pas y planter du tabac dans les lieux où la culture de cette plante est interdite aux particuliers (L. 12 fév. 1835.)

Sect. 3. *De la propriété imparfaite par l'effet des conventions.*

32. Lorsque la propriété d'une chose n'est que sujette à être restreinte par l'application d'une loi ou d'un réglement, c.-à-d. dans l'intérêt public qui doit passer avant l'intérêt privé, on doit la regarder néanmoins comme parfaite puisqu'elle comprend le droit le plus étendu.

33. Mais lorsque par l'effet des conventions la chose est chargée de droits envers quelqu'un, la propriété est alors imparfaite.

34. Nous allons énumérer tous les cas qui donnent à la propriété le caractère d'imperfection :

35. 1° BAIL EMPHYTÉOTIQUE. Ce bail étant toujours fait pour un temps qui excède la durée des baux ordinaires est considéré comme une aliénation de chose immobilière. C'est, en effet, un démembrement de la propriété, un droit immobilier susceptible d'hypothèque, et qui par conséquent transfère la propriété au preneur pendant toute la durée du bail (Cass. 19 juill. 1832). — V. *ce mot*.

36. 2° DISPOSITION TEMPORAIRE. Lorsqu'on dispose d'une chose pour un temps limité, la propriété est alors imparfaite.

37. 3° INALIÉNABILITÉ. Lorsqu'un immeuble est frappé d'inaliénabilité soit par une loi soit par une stipulation que la loi autorise, il en résulte une grande atteinte à la liberté du droit de disposer.

38. 4° MAJORATS. Les biens affectés à l'érection d'un majorat formé sur demande étant inaliénables, le droit de libre disposition de la chose se trouve modifié et la propriété se trouve alors imparfaite. — V. *ce mot*.

39. 5° RACHAT. — RÉMÉRÉ. Lorsque la propriété est résoluble, comme dans le cas où le vendeur a stipulé le droit d'exercer le rachat dans un certain délai : si avant que ce délai soit expiré, il aliène l'immeuble, il ne peut transmettre à celui qui lui succède qu'une propriété résoluble et imparfaite comme la sienne. — V. *ce mot*.

40. 6° RÉSOLUTION. La propriété est imparfaite dans toutes les dispositions qui sont faites sous une condition résolutoire.

41. 7° SERVITUDES. Lorsqu'un individu a le droit de passer sur l'héritage voisin, d'y puiser de l'eau, d'y avoir des vues ou toute autre servitude continue ou discontinue, apparente ou non apparente, il est évident qu'alors le propriétaire de cette héritage n'a qu'une propriété imparfaite. — V. *ce mot*.

42. 8° SOUTERRAIN. Lorsqu'on a sous le terrain d'autrui une cave, un aqueduc ou une fosse d'aisance, cela constitue une propriété souterraine dont l'existence rend imparfaite la propriété du dessus, car la propriété d'un fonds comprend le dessus et le dessous (C. civ. 552).

43. 9° SUBSTITUTION. La substitution ayant pour effet

d'empêcher l'aliénation de l'objet qui y est soumis, porte nécessairement atteinte au droit de propriété ou de libre disposition de cet objet, et alors la propriété est encore imparfaite. — V. *ce mot.*

44. 10° SUPERFICIE. Il en est de même lorsque le sol et la superficie se trouvent divisés entre personnes différentes. Le droit de chacun forme une propriété imparfaite puisqu'il en résulte une modification du droit de propriété qui ne comprend plus le dessus et le dessous.

45. 11° USAGE. Le droit d'usage et d'habitation étant toujours établi au profit d'un autre que le propriétaire, opère un démembrement de la propriété; il en résulte pour celui-ci une privation de droits qui rend sa propriété imparfaite (C. civ. 625 et suivants). — V. note 27, n° 420.

46. 12° USUFRUIT. Lorsqu'un individu a l'usufruit d'un héritage dont un autre est le propriétaire, la propriété de celui-ci est imparfaite parce que sa jouissance ne commence que lors de la cessation de l'usufruit.

47. 13° VENTE. La vente faite à la condition que l'acquéreur dans le cas où il voudrait revendre serait tenu de donner la préférence au vendeur, peut être aussi considérée comme portant atteinte au droit de libre propriété et comme rendant la propriété imparfaite. V. note 7, v° *Promesse de vente*, p. 41, n° 60.

Sect. 4. *De la manière d'acquérir la propriété.*

48. La propriété des biens s'acquiert :

1° Par accession ou incorporation (C. civ. 712).

2° Par la prescription (*id.*) qui s'obtient par la possession civile (C. civ. 2228 et suiv.).

3° Et par la transmission (C. civ. 711).

49. La faculté d'acquérir est de *droit naturel* et *des gens*. Ainsi, les étrangers ont le droit de succéder, de disposer et de recevoir de la même manière que les Français dans toute l'étendue du royaume (Art. 1er de la loi du 14 juill. 1819, qui abroge les art. 726 et 912 du C. civ.).

50. Cependant, dans le cas de partage d'une même succession entre des co-héritiers étrangers et français, ceux-ci doivent prélever sur les biens situés en France une portion égale à la valeur des biens situés en pays étranger dont ils seraient exclus, à quelque titre que ce soit, en vertu des lois et coutumes locales (Art. 2 de la même loi).

§ 1. *Du droit d'accession et incorporation.*

51. La propriété d'une chose, soit mobilière, soit immobilière, donne droit sur tout ce qu'elle produit et sur ce qui s'y unit accessoirement, soit naturellement, soit artificiellement. Ce droit s'appelle *droit d'accession* (C. civ. 546).

52. Les fruits naturels ou industriels de la terre, les fruits civils, le croît des animaux, appartiennent au propriétaire par droit d'accession (Code civil 547).

53. Les fruits naturels sont ceux qui sont le produit spontané de la terre. Le produit et le croît des animaux sont aussi des fruits naturels. Les fruits industriels d'un fonds sont ceux qu'on obtient par la culture (C. civ. 583).

54. Les fruits civils sont les loyers des maisons, les intérêts des sommes exigibles, les arrérages des rentes, et les prix de baux (Code civil 584).

55. On acquiert par l'accession la propriété des choses qui s'unissent à celles qu'on possédait déjà. Ainsi, les fruits que produisent les arbres, les agneaux que font les brebis, appartiennent à celui qui a la propriété de ces arbres, de ces brebis (Merlin, v° *Propriété*, n° 2).

56. C'est par un pareil droit d'accession que, dans nos colonies d'Amérique, les enfants qu'une négresse met au monde appartiennent au propriétaire de cette négresse, même dans le cas où le père est de condition libre ou esclave d'un autre propriétaire (*Ibid.*)

57. Tout ce qui s'unit et s'incorpore à la chose appartient au propriétaire suivant les règles ci-après établies (C. civ. 551).

Art. 1. Du droit d'accession relativement aux choses mobilières.

58. Le droit d'accession, quand il a pour objet deux choses appartenant à deux maîtres différents, est entièrement subordonné aux principes de l'équité naturelle (C. civ. 565 à 577).

59. Dans tous les cas où le propriétaire, dont la matière a été employée à son insu à former une chose d'une autre espèce, peut réclamer la propriété de cette chose, il a le choix de demander la restitution de sa matière en même nature, quantité, poids, mesure et bonté, ou sa valeur (C. civ. 576).

60. Ceux qui auront employé des matières appartenant à d'autres et à leur insu, pourront aussi être condamnés à des dommages-intérêts, s'il y a lieu, sans préjudice des poursuites par voie extraordinaire, si le cas y échet (C. civil 577).

61. MÉLANGE OU CONFUSION. Lorsqu'une chose a été formée par le mélange de plusieurs matières appartenant à plusieurs propriétaires, mais dont aucune ne peut être regardée comme la matière principale; si les matières peuvent être séparées, celui à l'insu duquel les matières ont été mélangées, peut en demander la division. Si les matières ne peuvent être séparées sans inconvénient, ils en acquièrent en commun la propriété dans la proportion de la quantité, de la qualité et de la valeur des matériaux appartenant à chacun d'eux (Code civ. 573). — V. *inf.* n° 63.

62. Si la matière appartenant à l'un des propriétaires était de beaucoup supérieure à l'autre par la quantité et le prix; en ce cas, le propriétaire de la matière supérieure en valeur pourrait réclamer la chose provenue du mélange, en remboursant à l'autre la valeur de sa matière (C. civ. 574).

63. Lorsque la chose reste en commun entre les propriétaires des matières dont elle a été formée, elle doit être licitée au profit commun (Art. 575). — V. *sup.* n° 61.

64. TRANSFORMATION OU SPÉCIFICATION. Si un artisan ou une personne quelconque a employé une matière qui ne lui appartenait pas à former une chose d'une nouvelle espèce, soit que la matière puisse ou non reprendre sa première forme, celui qui en était le propriétaire a le droit de réclamer la chose qui en a été formée, en remboursant le prix de la main-d'œuvre (Code civil 570).

65. Si cependant la main-d'œuvre était tellement importante qu'elle surpassât de beaucoup la valeur de la matière employée, l'industrie serait alors réputée la partie principale, et l'ouvrier aurait le droit de réclamer la chose travaillée, en remboursant le prix de la matière au propriétaire (Code civil 571).

66. Lorsqu'une personne a employé en partie la matière

qui lui appartenait et en partie celle qui ne lui appartenait pas, à former une chose d'une espèce nouvelle, sans que ni l'une ni l'autre des deux matières soit entièrement détruite, mais de manière qu'elles ne puissent pas se séparer sans inconvénient, la chose est commune aux deux propriétaires, en raison, quant à l'un, de la matière qui lui appartenait, quant à l'autre en raison à la fois de la matière qui lui appartenait et du prix de sa main d'œuvre (C. civ. 572). V. *suprà*, n° 61.

67. UNION OU ADJONCTION DE CHOSES. Lorsque deux choses appartenant à différents maîtres ont été unies de manière à former un seul tout, il faut distinguer si elles sont *séparables* ou *inséparables* ou *égales*.

68. SÉPARABLES. Lorsque les deux choses sont séparables en sorte que l'une puisse subsister sans l'autre, le tout appartient au maître de la chose qui forme la partie principale, à la charge de payer à l'autre la valeur de la chose qui a été unie (Code civil 566).

69. Est réputée partie principale celle à laquelle l'autre n'a été unie que pour l'usage, l'ornement et le complément (C. civ. 567).

70. Néanmoins, quand la chose unie est beaucoup plus précieuse que la chose principale, et quand elle a été employée à l'insu du propriétaire, celui-ci peut demander que la chose unie soit séparée pour lui être rendue, même quand il pourrait en résulter quelque dégradation de la chose à laquelle elle a été jointe (C. civ. 568). V. *sup.* n° 60.

71. INSÉPARABLES. Lorsque les matières unies ne peuvent plus être séparées sans inconvénient, les différents propriétaires de ces matières en acquièrent en commun la propriété dans la proportion de la quantité, de la qualité et de la valeur des matières appartenant à chacun d'eux (C. civ. 573). V. *sup.* n° 61.

72. EGALES. Si de deux choses unies pour former un seul tout, l'une ne peut point être regardée comme l'accessoire de l'autre, celle-là est réputée principale qui est la plus considérable en valeur ou en volume, si les valeurs sont à peu près égales (C. civ. 569).

ART. 2. DU DROIT D'ACCESSION RELATIVEMENT AUX CHOSES IMMOBILIÈRES.

73. L'accession relativement aux choses mobilières ne peut être que d'un meuble, tandis que relativement aux immeubles, l'accession peut être d'un immeuble ou d'un meuble.

Application aux cas suivants des règles posées ci-dessus § 1.

74. ACCROISSEMENT.. — V. *inf. Alluvion*, n°s 75, 76, 77.

75. ALLUVION. Les atterrissements et accroissements qui se forment successivement et imperceptiblement aux fonds riverains d'un fleuve ou d'une rivière s'appellent *alluvion*. L'alluvion profite au propriétaire riverain, soit qu'il s'agisse d'un fleuve ou d'une rivière navigable, flottable ou non; à la charge, dans le premier cas, de laisser le marchepied ou chemin de hallage, conformément aux règlements (C. civ. 556).

76. Il en est de même des relais que forme l'eau courante qui se retire insensiblement de l'une de ses rives en se portant sur l'autre; le propriétaire de la rive découverte profite de l'alluvion sans que le riverain du côté opposé y

puisse venir réclamer le terrain qu'il a perdu. Ce droit n'a pas lieu a l'égard des relais de la mer (C. C. 557).

77. L'alluvion n'a pas lieu à l'égard des lacs et étangs dont le propriétaire conserve toujours le terrain que l'eau couvre quand elle est à la hauteur de la décharge de l'étang, encore que le volume de l'eau vienne à diminuer. Réciproquement le propriétaire de l'étang n'acquiert aucun droit sur les terres riveraines que son eau vient à couvrir dans des crues extraordinaires (C. civ. 558).

78. ATTÉRISSEMENTS. V. *sup. Alluvion*, et *inf. Iles*.

79. CONSTRUCTIONS. La propriété du sol emporte la propriété du dessus et du dessous. Le propriétaire peut faire au-dessus toutes les plantations et constructions qu'il juge à propos, sauf les exceptions établies au titre des *servitudes* ou *services fonciers*. Il peut faire au dessous toutes les constructions et fouilles qu'il juge à propos, et tirer de ces fouilles tous les produits qu'elles peuvent fournir, sauf les modifications résultant des lois et règlements relatifs aux mines et des lois et règlements de police (C. civ. 552.) — V. *sup.*, sect. 2.

80. Les conventions modifient quelquefois ce principe, par exemple, dans le cas d'une maison dont les différents étages appartiennent à divers propriétaires (C. civ. 664), et dans le cas d'un souterrain acquis par prescription sous le sol du bâtiment d'autrui (C. civ. 553).

81. Toutes constructions, plantations et ouvrages sur un terrain ou dans l'intérieur, sont présumés faits par le propriétaire à ses frais et lui appartenir, si le contraire n'est prouvé; sans préjudice de la propriété qu'un tiers pourrait avoir acquise ou pourrait acquérir par prescription, soit d'un souterrain sous le bâtiment d'autrui, soit de toute autre partie du bâtiment (C. civ. 553).

82. Le propriétaire du sol qui a fait des constructions, plantations et ouvrages avec des matériaux qui ne lui appartenaient pas, doit en payer la valeur; il peut aussi être condamné à des dommages intérêts, s'il y a lieu: mais le propriétaire des matériaux n'a pas le droit de les enlever (C. civ. 554).

83. Lorsque les plantations, constructions et ouvrages ont été faits par un tiers et avec ses matériaux, le propriétaire du fonds a droit ou de les retenir, ou d'obliger ce tiers à les enlever. Si le propriétaire du fonds demande la suppression des plantations et constructions, elle est aux frais de celui qui les a faites, sans aucune indemnité pour lui; il peut même être condamné à des dommages-intérêts, s'il y a lieu, pour le préjudice que peut avoir éprouvé le propriétaire du fonds. Si le propriétaire préfère conserver les plantations et constructions, il doit le remboursement de la valeur des matériaux et du prix de la main-d'œuvre, sans égard à la plus ou moins grande augmentation de valeur que le fonds a pu recevoir. Néanmoins, si les plantations, constructions et ouvrages ont été faits par un tiers évincé qui n'aurait pas été condamné à la restitution des fruits, attendu sa bonne foi, le propriétaire ne pourra demander la suppression desdits ouvrages, plantations et constructions; mais il aura le choix ou de rembourser la valeur des matériaux et du prix de la main-d'œuvre ou de rembourser une somme égale à celle dont le fonds a augmenté de valeur (C. civ. 555). — V. *inf.* n° 101.

84. ETANGS. V. suprà *Alluvion*, n° 75.

85. FLEUVES. Si un fleuve ou une rivière, navigable ou non, enlève par une force subite une partie considérable et reconnaissable d'un champ riverain et la porte vers un champ inférieur ou sur la rive opposée, le propriétaire de la partie enlevée peut réclamer sa propriété; mais il est tenu de former sa demande dans l'année; après ce délai il n'y sera plus recevable, à moins que le propriétaire du champ auquel la partie enlevée a été unie n'ait pas encore pris possession de celle-ci (C. civ. 559).

86. Si une rivière ou un fleuve, en se formant un bras nouveau, coupe et embrasse le champ d'un propriétaire riverain et en fait une île, ce propriétaire conserve la propriété de son champ, encore que l'île se soit formée dans un fleuve ou dans une rivière navigable ou flottable (C. civ. 562). — V. *inf. Iles*, n° 89.

87. Si un fleuve ou une rivière navigable, flottable ou non, se forme un nouveau cours en abandonnant son ancien lit, les propriétaires des fonds nouvellement occupés prennent, à titre d'indemnité, l'ancien lit abandonné, chacun dans la proportion du terrain qui lui a été enlevé (C. civ. 563).

88. FOUILLES. — V. *Constructions*.

89. ILES. Les îles, îlots, attérissements, qui se forment dans le lit des fleuves ou des rivières navigables ou flottables, appartiennent à l'État, s'il n'y a titre ou prescription contraire (C. civ. 560).

90. Les îles et attérissements qui se forment dans les rivières non navigables et non flottables appartiennent aux propriétaires riverains du côté où l'île s'est formée : si l'île n'est pas formée d'un seul côté, elle appartient aux propriétaires riverains des deux côtés, à partir de la ligne qu'on suppose tracée au milieu de la rivière (C. civ. 561).

91. ILOTS. — V. *sup. Iles*.

92. LACS. — V. *sup. Etangs*.

93. LAPINS. — V. *inf. Pigeons*.

94. MATÉRIAUX. — V. *sup. Constructions*, n°s 82, 83.

95. OUVRAGES. — V. *sup. Constructions*, n°s 81, 82, 83.

96. PIGEONS. Les pigeons, lapins, poissons, qui passent dans un autre colombier, garenne ou étang, appartiennent au propriétaire de ces objets, pourvu qu'ils n'y aient point été attirés par fraude et artifice (C. civ. 564).

97. PLANTATIONS. — V. *sup. Constructions*, n°s 79 et suiv.

98. POISSONS. — V. *sup. Pigeons*, n° 96.

99. POSSESSION de bonne ou mauvaise foi. — V. n°s 83, 101.

100. RELAIS. V. *sup. Alluvion*, n° 76.

101. RÉTENTION (droit de). Le possesseur de bonne foi (V. *sup.* n° 83) peut-il retenir le fonds jusqu'au paiement des améliorations qu'il a faites? Oui, suivant un arrêt de la C. R. de Rennes du 8 fév. 1841, rapporté à l'art. 33 du J^al du Manuel.

102. RIVIÈRE. — V. *sup. Fleuves* et *Iles*.

103. TIERS ÉVINCÉ. — V. *sup.* n°s 83 et 101.

§ 2. *De la prescription, comme moyen d'acquérir par la possession civile et de se libérer.*

104. Le mot *possession* signifie *détention* quand il s'applique aux choses corporelles, et *jouissance* quand on l'applique aux droits immobiliers (C. civ. 2228).

105. Le mot *possession*, quand il est synonime de celui de *jouissance*, ne s'entend en général que du droit de retirer d'une chose tout le produit qu'elle peut procurer, d'en recueillir tous les fruits et d'en percevoir tous les revenus, droit que la propriété parfaite attribue nécessairement.

106. La possession accessoire au droit de propriété, est une chose *de fait et de droit* qui se lie à la propriété comme l'effet à la cause quand c'est le propriétaire qui l'exerce par lui ou les siens.

107. Mais elle est purement *de fait* et ne donne pas immédiatement de droit dans la chose, *jus in re*, quand c'est un autre que le propriétaire qui l'exerce. Elle forme seulement, au bout d'une année, une présomption de propriété qui ne permet au véritable propriétaire de contester au possesseur sa possession qu'en faisant valoir contre ce dernier par action pétitoire son droit de propriété qui est plus fort qu'une présomption de propriété quand il est établi d'une manière légale (V. *Actions possessoire et pétitoire*, note 28).

108. On doit distinguer deux espèces de possession : la possession *civile* et la possession purement *naturelle* (Pothier, *Traité de la possession*, n° 6).

109. POSSESSION CIVILE. La possession *civile* est la possession de celui qui possède une chose comme à lui appartenante en propriété, soit qu'il en soit effectivement le propriétaire, soit qu'il ait seulement juste sujet de croire de l'être : *possessio animo domini* (Pothier, *ibid.*).

110. La possession dont il s'agit ici est une possession qui rend propriétaire, tandis que la possession purement naturelle ne rend pas propriétaire; elle donne seulement au détenteur la qualité de possesseur qui peut se convertir par une possession de trente ans ou par une possession de dix ou vingt ans avec bonne foi, en un droit de propriété, mais, jusques-là et dès qu'elle a duré une année, elle fait seulement présumer jusqu'à preuve du contraire le possesseur propriétaire.

111. Pour qu'il y ait possession civile, il faut qu'elle procède d'un juste titre, c.-à-d. d'un titre qui soit de nature à transférer la propriété, tel que le titre de vente, d'échange, de donation, etc.; soit que ce titre ait effectivement transféré la propriété, soit que, par défaut de pouvoir d'aliéner dans celui de qui le possesseur tient la chose, le titre lui ait seulement donné un juste sujet de se croire le propriétaire de cette chose (*ibid.*).

112. Pour former la possession civile et un juste titre de possession, il ne suffit pas qu'il soit intervenu un contrat par lequel vous ayiez effectivement acquis cette chose, il faut que la tradition (V. note 8) en ait été faite, en exécution de ce contrat, par celui qui a transmis la chose ou par ses représentants. Mais si vous vous êtes emparé de cette chose de votre autorité privée, sans le consentement de votre vendeur, votre possession n'est pas une possession *pro emptore*; c'est une possession *pro possessore*, une injuste possession ou possession naturelle (V. *inf.* n°s 200 et suiv.) (Pothier, *ibid.* n° 7).

[22] DE LA PROPRIÉTÉ ET DE LA POSSESSION.

113. Pour qu'une possession soit réputée procéder d'un juste titre, et être en conséquence possession civile, il faut que le possesseur fasse apparoir de ce titre, ou qu'elle ait duré un assez long temps pour faire présumer qu'il en est intervenu un (*ibid.* nº 8).

114. La possession qui procède d'un juste titre est une juste possession, une possession civile, quand même ce titre n'aurait pas transféré la propriété de la chose au possesseur ainsi que nous l'avons dit *sup.* nº 111. Mais il faut, en ce cas, que le titre soit accompagné de bonne foi, c.-à-d. que le possesseur n'ait pas eu connaissance que celui de qui il acquérait la chose n'avait pas le droit de l'aliéner (*ibid.* nº 9.)

115. Le titre fait présumer cette bonne foi dans le possesseur, tant qu'on ne justifie pas le contraire; et c'est à celui qui attaque la légitimité d'une possession qui procède d'injuste titre à prouver la mauvaise foi du possesseur (*ibid.*).

116. Possession naturelle. Pour ce qui concerne cette possession. V. *inf.*, chap. 3, nºs 200 et suiv.

117. La possession civile a cet avantage sur la possession naturelle, lorsqu'elle est trentenaire, ou fondée sur un titre et accompagnée de bonne foi, c'est de pouvoir être opposée et préférée au titre du véritable propriétaire qui se trouve ainsi dépossédé de fait et de droit.

Mais avec la possession *naturelle* fondée sur une jouissance d'an et jour, cet avantage n'existe pas, car, dans ce cas, le possesseur ne peut résister à la demande en revendication du véritable propriétaire qui lui oppose ou une possession civile trentenaire ou une possession civile fondée sur la bonne foi et un titre valable ou seulement sur un titre contre lequel le possesseur n'a pas encore pu prescrire.

118. Pour pouvoir prescrire, il faut une possession *continue et non interrompue*, *paisible*, *publique*, *non équivoque et à titre de propriétaire* (C. civ. 2229).

119. On est toujours présumé posséder pour soi et à titre de propriétaire, s'il n'est prouvé qu'on a commencé à posséder pour un autre (C. civ. 2230).

120. Quand on a commencé à posséder pour autrui, on est toujours présumé posséder au même titre, s'il n'y a preuve du contraire (C. civ. 2231).

121. Les actes de pure faculté et ceux de simple tolérance ne peuvent fonder ni possession ni prescription (C. civ. 2232).

122. Les actes de violence ne peuvent fonder non plus une possession capable d'opérer la prescription. La possession utile ne commence que lorsque la violence a cessé (C. civ. 2233).

123. Le possesseur actuel qui prouve avoir possédé anciennement est présumé avoir possédé dans le temps intermédiaire, sauf la preuve contraire (C. civ 2234).

124. Pour compléter la prescription, on peut joindre à sa possession celle de son auteur de quelque manière qu'on lui ait succédé, soit à titre universel ou particulier, soit à titre lucratif ou onéreux (C. civ. 2235).

125. La prescription qu'on acquiert par la possession *civile* est de trois sortes : ou de *trente ans*, ce qui fait supposer un titre à cause du long laps de temps (C. civ. 2262), ou de *dix* ou *vingt ans* avec un juste titre et bonne foi (C. civ. 2265 et suiv.), de sorte que quand l'une ou l'autre de ces deux conditions manque, la prescription n'est pas possible.

Art. 1. Des causes qui empêchent, interrompent ou suspendent la prescription et par conséquent la possession civile.

126. CAUSES QUI EMPÊCHENT LA PRESCRIPTION. Les causes qui empêchent la prescription étant des vices de possession feront l'objet d'un article particulier. V. *inf.* art. 2, nºs 154 et suiv.

127. CAUSES QUI INTERROMPENT LA PRESCRIPTION. L'interruption ayant pour effet d'anéantir la possession précédente, il en résulte que la prescription ne peut plus avoir lieu qu'en vertu de la possession nouvelle qui commence dès que l'interruption cesse. V. *inf.* nº 137.

128. Il y a deux sortes d'interruptions, l'interruption *naturelle* et l'interruption *civile* (C. civ. 2242).

129. Naturelle. Il y a interruption naturelle lorsque le possesseur est privé, pendant plus d'un an, de la jouissance de la chose, soit par l'ancien propriétaire, soit même par un tiers (C. civ. 2243).

130. On s'est arrêté au délai d'une année parce qu'il faut ordinairement ce temps pour recueillir les produits d'un fonds et encore pour constituer la possession publique et continue, distincte de la simple occupation.

131. On peut être privé de la jouissance d'une chose, c.-à-d. troublé dans sa possession de deux manières; par un trouble *de fait* ou par un trouble *de droit*.

132. Il y a trouble *de fait*, lorsque le possesseur est chassé par violence, par voie de fait, et qu'on le spolie de son héritage.

133. Il y a trouble *de droit*, quand, par écrit, dans un acte ou exploit, quelqu'un se qualifie propriétaire d'un titre ou d'un droit qui m'appartient, par exemple, lorsqu'un tiers saisit entre les mains de mon fermier ou locataire.

134. Civile. Il y a interruption civile : 1º par une citation en justice, un commandement ou une saisie, signifiés à celui qu'on veut empêcher de prescrire (C. civ. 2244).

2º Par une citation en conciliation devant le bureau de paix, du jour de sa date, pourvu qu'elle soit suivie d'une assignation en justice donnée dans les délais du droit (C. civ. 2245), c.-à-d. dans le mois de la non-comparution ou de la non-conciliation (C. proc. 57).

Dans ce cas, quoique l'ajournement soit donné après l'accomplissement de la prescription, pourvu que ce soit dans le mois qui suit la citation, la prescription n'en est pas moins interrompue (Arg. Cass. 13 vendem. an x, aff. Schutz).

3º Par une citation en justice donnée même devant un juge incompétent (C. civ. 2246) ; peu importe qu'il soit incompétent *ratione personæ* ou *ratione materiæ* (C. proc. 168 et suiv.).

4º Par la reconnaissance que le débiteur ou le possesseur fait du droit de celui contre lequel il prescrivait (C. civ. 2248).

5º Par l'interpellation faite à l'un des débiteurs solidaires ou par sa reconnaissance ; dans ce cas la prescription est interrompue non-seulement contre celui-là mais contre tous les autres, même contre leurs héritiers (C. civ. 2249).

6° Par l'interpellation faite à l'un des héritiers d'un débiteur solidaire ou par la reconnaissance de cet héritier, quand il s'agit d'une obligation *indivisible* (C. civ. 1222) ; dans ce cas, la prescription est interrompue, à l'égard des autres co-héritiers, d'où il suit que quand l'obligation est divisible, l'interpellation ou la reconnaissance n'interrompt pas la prescription à l'égard des co-héritiers de l'héritier interpellé du débiteur solidaire, quand même la créance serait hypothécaire (C. civ. 2249).

Toutefois, l'interpellation ou la reconnaissance dont il s'agit, n'interrompt la prescription, à l'égard des autres co-débiteurs, que pour la part dont cet héritier est tenu (*id.*).

Pour interrompre la prescription pour le tout, à l'égard des autres co-débiteurs, il faut l'interpellation faite à tous les héritiers du débiteur décédé, ou la reconnaissance de tous ces héritiers (*id.*).

7° Par l'interpellation faite au débiteur principal ou par la reconnaissance; dans ce cas, l'interpellation ou la reconnaissance a pour effet d'interrompre la prescription contre la caution (C. civ. 2250).

Cependant si la reconnaissance du débiteur n'avait lieu qu'après l'accomplissement du temps requis pour prescrire, elle ne pourrait plus être opposée à la caution (Bruxelles, 26 juin 1818).

8° Par un acte d'opposition à levée de scellés, signifié par un créancier du défunt au greffier de la justice de paix, lorsque les héritiers sont inconnus (Paris, 7 août 1820, aff. Boulanger).

9° Par la production que le créancier fait de son titre dans l'ordre d'un immeuble vendu par expropriation forcée sur son débiteur, en concluant à ce qu'il y soit colloqué.

10° Par la production et l'affirmation des créances dans une faillite (Cass. 23 fév. 1832, aff. Tourton).

11° Par la preuve testimoniale (bien qu'il s'agisse d'une somme excédant 150 fr.) que le débiteur a payé une rente depuis moins de 30 ans, et qu'ainsi la prescription a été interrompue, parce qu'alors le titre de la rente forme un commencement de preuve par écrit (C. civ. 1348; Bruxelles, 10 déc. 1812, aff. Wastian ; Toulouse, 18 mai 1831, aff. Martres).

12° Par les paiements faits entre les mains du receveur de l'hospice auquel une rente était due; ces paiements étant suffisamment constatés, pour interrompre la prescription, par les notes et émargements que ce receveur a écrits sur l'acte de transfert (Cass. 23 mai 1832, aff. Postel-d'Orveaux).

13° Par des actes de confirmation, de ratification, ou d'exécution volontaire (C. civ. 1338 et suiv.).

14° Par des actes récognitifs, tels que des titres nouvels (C. civ. 1337).

A cet égard il a été jugé que le titre nouvel d'une rente constituée, nul pour défaut d'autorisation de la femme qui l'avait souscrit, avait l'effet de constater le service de la rente (Paris, 29 août 1814, aff. Souchet, Sir. 14, 2, 241).

15° Par de nouvelles suretés données au créancier, telles qu'une hypothèque, un gage, une caution (Vazeille, n° 217).

16° Par des prorogations de délai demandées et octroyées.

17° Par une demande formée reconventionnellement dans le cours d'une instance, bien que cette demande ne résulte que de conclusions prises dans une requête signifiée d'avoué à avoué (Cass. 12 déc. 1826, aff. Latour d'Auvergne, Sir. 27, 1, 244).

135. L'interpellation dont parle la loi, ne doit pas s'entendre d'une simple interpellation telle qu'une sommation ou autre acte extrajudiciaire, mais d'actes sérieux de la part du créancier ayant pour objet deux choses; la 1re que ce créancier ait la conscience certaine de son droit et l'intention bien manifeste d'en user ; la 2e que l'acte qu'il adresse au débiteur constitue celui-ci en mauvaise foi; or, les citations en justice, les commandements, les saisies, les citations en conciliation suivies d'assignations, constituent bien des actes sérieux.

136. Toutefois, si l'assignation est nulle par défaut de forme, si le demandeur se désiste de sa demande, s'il laisse périmer l'instance ou si la demande est rejetée, l'interruption est regardée comme non avenue (C. civ. 2247). V. *assignation*, note 20.

137. CAUSES QUI SUSPENDENT LA PRESCRIPTION. La *suspension* laisse subsister la possession précédente, laquelle étant jointe à celle qui suit la suspension, peut opérer la prescription. — V. *sup.* n° 127.

138. En général, la prescription court contre toutes personnes à moins qu'elles ne soient dans quelque exception établie par une loi (C. civ. 2251)

139. Elle court, 1° contre la femme mariée, encore qu'elle ne soit pas séparée par contrat de mariage ou en justice, à l'égard des biens dont le mari a l'administration, sauf son recours contre le mari (C. civ. 2254).

140. 2° contre une succession vacante, quoique non pourvue de curateur (C. civ. 2258).

141. 3° pendant les trois mois pour faire inventaire et les quarante jours pour délibérer (C. civ. 2259).

142. 4° contre les absents (C. civ. 2262). Autrefois la prescription ne courait pas contre ceux qui étaient absents pour cause de service militaire en temps de guerre (L. 6 brum. an V. art. 2); mais elle court depuis le 30 mai 1814 date du traité de paix générale, parce que la loi de brumaire, n'est pas une loi générale, faite pour tous les temps et toutes les guerres à venir, c'est une loi spéciale uniquement relative à la guerre de révolution, terminée par le traité de paix sus-mentionné (Grenoble, 22 déc. 1824, aff. Gouillet, Sir. 26, 2, 42). V. *inf.* n° 153.

143. Mais elle est suspendue et par conséquent ne court pas dans les cas suivants :

144. 1° ACTION EN GARANTIE. A l'égard d'une action en garantie jusqu'à ce que l'éviction ait lieu (C. civ. 2257) V. note 9, nos 11 et suiv.

145. 2° CRÉANCE CONDITIONNELLE. A l'égard d'une créance qui dépend d'une condition, jusqu'à ce que la condition arrive (*ibid*). — Il faut prendre le mot *créance* dans son acception la plus étendue, et l'appliquer aux droits mobiliers et immobiliers, aux *douaire* et aux *gains nuptiaux* (Merlin, Rép. loc. cit.), toutefois, avec cette modification que la disposition de l'article ne doit s'appliquer qu'à la prescription comme moyen de se libérer et non comme moyen d'acquérir (Proudhon, de l'usufruit nos 2150 et suiv.).

146. 3° CRÉANCE A JOUR FIXE. A l'égard d'une créance à

jour fixe, jusqu'à ce que ce jour soit arrivé (C. civ. 2257) ce qui doit s'entendre aussi des créances à jour incertain.

147. 4° ENTRE ÉPOUX. (C. civ. 2253).

148. 5° FEMME MARIÉE. Pendant le mariage, 1° à l'égard de l'aliénation d'un fonds constitué selon le régime dotal (C. civ. 1561), lorsque ce fonds n'a point été déclaré aliénable par le contrat de mariage (C. civ. 2255).

2° Dans le cas où l'action de la femme ne pourrait être exercée qu'après une option à faire sur l'acceptation ou la renonciation à la communauté (C. civ. 2256).

3° Dans le cas où le mari, ayant vendu le bien propre de la femme sans son consentement, est garant de la vente et dans tous les cas où l'action de la femme refléchirait contre le mari (*ibid.*).

149. 6° FORCE MAJEURE. Dans tous les cas où il y a une force majeure qui a mis dans l'impuissance d'exercer son droit, son action; ainsi, il a été décidé :

1° Que l'état de blocus est un cas de force majeure qui peut relever des déchéances prononcées par la loi (Colmar, 9 nov 1814, Sir. 15, 2, 159).

2° Que l'occupation du territoire par l'ennemi est réputée force majeure, quand il en est résulté pour les parties et leurs avoués impuissance d'agir pour la conservation de leurs intérêts (Cass. 29 juin 1818, Sir. 18, 1, 358).

3° Que l'occupation militaire et hostile des lieux à parcourir est réputée force majeure, empêchant une signification (Cass. 24 nov. 1814, Sir, 16, 1, 55).

4° Que l'invasion de l'ennemi est un cas de force majeure qui peut relever le porteur de lettres de change et billets à ordre, de la déchéance prononcée à défaut de protêt (Av. Cons. d'Et. 25 janv. 1814).

5° Qu'aux juges du fond seuls appartient le droit de décider si tel ou tel événement de force majeure peut suspendre la prescription (Cass. 5 août 1817, aff. Cavagnary, Sir. 18, 1, 386).

150. 7° HÉRITIER BÉNÉFICIAIRE. Contre l'héritier bénéficiaire pour raison des créances qu'il a contre la succession (C. civ. 2258).

151. 8° INTERDITS. MINEURS. Contre les mineurs et les interdits (C. civ. 2252), excepté pour les actions personnelles qui se prescrivent par six mois, par un an, par deux ans et par cinq ans (C. civ. 2278) et à l'exception des autres cas déterminés par la loi.

152. Ainsi, en matière de rescision de vente pour cause de lésion de plus des sept douzièmes, la prescription de deux ans court contre les femmes mariées, les absents. les interdits et les mineurs venant du chef d'un majeur (C. civ. 1676).

153. Le délai pour la faculté de rachat, court contre toutes personnes, même contre le mineur, sauf, s'il y a lieu, son recours contre qui de droit (C. civ. 1663).

Art. 2. *Des vices de la prescription acquise par la possession civile.*

154. Les vices de la prescription sont au nombre de cinq, savoir : la mauvaise foi, la violence, la clandestinité, le titre nul et le titre précaire.

155. MAUVAISE FOI. Le vice le plus ordinaire des possessions est la mauvaise foi. Cette mauvaise foi n'est autre

chose que la connaissance qu'a le possesseur, que la chose qu'il possède et dont il se porte pour propriétaire ne lui appartient pas : c'est *scientia rei alienæ* (Pothier, *de la Possession*, n° 17).

156. Ce vice ne se présume pas dans une possession qui procède d'un juste titre; elle en est néanmoins susceptible; mais c'est à celui qui attaque la légitimité d'une telle possession à prouver la mauvaise foi du possesseur.

157. Mais il se présume dans une possession dont le possesseur ne rapporte aucun titre, à moins qu'elle n'ait duré pendant un assez long temps pour en faire présumer un (Pothier, *ibid.* n° 18).

158. VIOLENCE. La violence est un autre vice de la possession. Elle consiste en ce que, pour acquérir la possession, on a dépouillé par violence l'ancien possesseur, soit en ravissant un meuble dont il avait la jouissance, soit en s'emparant de l'héritage qu'il possédait.

159. Peut-on considérer comme une possession violente celle que *Pierre* a acquise en s'introduisant dans l'héritage de *Paul*, où il n'a trouvé personne, et où il a postérieurement empêché Paul de rentrer avant qu'il se fût écoulé un an et jour depuis le commencement de la nouvelle possession? la raison de douter est que Pierre n'a employé aucune violence pour entrer dans l'héritage. Cependant il est décidé par la loi 6, § 1, D. *de acquirendâ possessione*, que, dans ce cas, la possession de *Pierre* est une possession violente. Cette décision est fondée sur ce que *Paul*, qui était sorti de son héritage en conservait la possession par la volonté qu'il avait d'y rentrer. Ce n'est par conséquent que quand *Pierre* l'a empêché d'y rentrer, qu'il l'a dépouillé de sa possession : et comme *Pierre* a employé pour cela la violence, il faut en conclure que la possession qu'il a de l'héritage de *Paul* est une possession violente (Merlin, v° *Possession*, § 3).

160. CLANDESTINITÉ. Un autre vice de la possession est la *clandestinité*, qui consiste à acquérir la possession d'une chose par des voies clandestines, c.-à-d. en se cachant des personnes qui peuvent la revendiquer.

161. C'est au temps où quelqu'un a acquis la possession d'une chose, qu'on doit avoir égard pour décider si la possession est clandestine. Ainsi, lorsque le possesseur d'une chose, qui n'en a point acquis la possession par des voies clandestines, ayant eu depuis avis qu'elle appartenait à une certaine personne, a caché cette chose pour empêcher cette personne de la revendiquer, sa possession ne devient point pour cela clandestine (Pothier, *De la Possession*, n° 28).

162. Il en est autrement, c.-à-d. que la possession est clandestine lorsqu'après avoir acquis une chose par des voies clandestines et l'avoir cachée à la personne qui eût pu la revendiquer, j'en ai depuis donné connaissance à cette personne (*Ibid.* n° 29).

163. TITRE NUL. Quand on possède en vertu d'un titre nul et dont les vices sont connus du possesseur, la possession ne peut couvrir les vices de ce titre et ne peut servir de base à la prescription de la propriété. Dans ce cas, mieux vaudrait n'avoir point de titre que d'en avoir un vicieux. V. *sup.* n° 74.

164. TITRE PRÉCAIRE. Lorsqu'on possède à titre précaire, comme c'est posséder pour autrui, il est clair qu'on ne peut arguer de cette possession pour établir une présomption

de propriété à son profit sans changer la cause et le principe de sa possession (C. civ. 2240). V. *sup.* n° 7°.

Art. 3. *Des droits que donne la prescription, acquise par la possession civile.*

165. La possession donne au possesseur différents droits dont les uns sont particuliers aux possesseurs de bonne foi, et les autres sont communs à tous les possesseurs.

166. DROITS PARTICULIERS. Les droits qui sont particuliers aux possesseurs de bonne foi sont :

167. 1° Que la possession fait acquérir la propriété de la chose possédée, lorsque cette possession a eu lieu pendant un certain temps. Dans ce cas, la possession est un moyen de prescription.

168. 2° Que les fruits de la chose perçus par le possesseur lui appartiennent comme fruits *siens* (C. civ. 549) jusqu'à ce que cette chose soit revendiquée par le propriétaire. Jusque-là il peut être considéré comme étant de bonne foi ; mais alors si une demande est formée contre lui par un exploit énonçant seulement les titres de propriété du demandeur, il cesse d'être réputé possesseur de bonne foi et doit être condamné à la restitution des fruits perçus depuis la demande (V. *sup.* n° 83).

169. 3° Que le possesseur de bonne foi qui a perdu la possession de la chose, est fondé, quoiqu'il n'en soit pas le propriétaire, à la revendiquer contre celui qui la possède sans titre. L'action que peut, en pareil cas, exercer le possesseur de bonne foi est fondée sur l'équité qui veut qu'on le préfère à l'usurpateur qui s'est mis injustement en possession.

170. Il n'est pas absolument nécessaire que le titre en vertu duquel vous possédez soit un titre valable pour que vous soyiez réputé avoir été juste possesseur, et qu'en conséquence vous soyiez autorisé à exercer l'action en revendication ; il suffit pour cela que vous ayiez eu quelque sujet de croire ce titre valable. Par exemple, vous avez acheté un héritage d'une femme que vous croyiez veuve et qui ne l'était pas ; quoique la vente qu'elle vous a faite soit nulle, vous ne laissez pas d'être réputé juste possesseur, et d'être en droit d'exercer l'action en revendication contre l'usurpateur qui vous en a dépouillé.

171. Ce n'est communément que contre ceux qui possèdent sans titre que l'ancien possesseur de bonne foi, qui n'est point encore propriétaire, peut revendiquer la chose dont il a perdu la possession ; cette revendication ne pourrait pas avoir lieu contre le véritable propriétaire, ni même contre un possesseur qui, sans être propriétaire, posséderait en vertu d'un juste titre. La raison en est que, les deux parties étant alors d'égale condition, la préférence est due au possesseur actuel.

172. DROITS COMMUNS. A l'égard des droits qui sont communs à tous les possesseurs, le principal consiste en ce que la possession les fait réputer, par provision, propriétaires de la chose qu'ils possèdent, jusqu'à ce que ceux qui viennent la revendiquer aient justifié de leur droit.

173. Puisque le possesseur, quel qu'il soit, est réputé propriétaire de la chose qu'il possède jusqu'à ce qu'il en soit évincé, il faut conclure qu'il doit en percevoir les fruits et jouir de tous les droits attachés à la propriété.

174. Tout possesseur a d'ailleurs une action pour être maintenu dans sa possession, lorsqu'il y est troublé par quelqu'un, et pour y être rétabli quand quelqu'un l'en a dépossédé par violence. V. *Actions en complainte et en réintégrande*, note 28.

175. Le possesseur de bonne foi qui a construit un bâtiment ou qui a augmenté la valeur du fonds, peut, en cas d'éviction, répéter le prix des améliorations qu'il a faites jusqu'à concurrence toutefois de ce que le fonds se trouve augmenté de valeur ; mais le possesseur de mauvaise foi ne peut, en cas d'éviction, que retirer les constructions et les plantations qu'il a faites, sauf au propriétaire à les retenir en en payant la valeur actuelle, sans égard à l'amélioration qui en est résultée pour le fonds (C. civ. 555). V. *sup.* n° 83.

176. A l'égard des impenses et réparations nécessaires, elles doivent être remboursées au possesseur de mauvaise foi, comme au possesseur de bonne foi, attendu qu'il ne serait pas juste que le propriétaire fût dispensé du paiement d'une dépense qu'il aurait été obligé de faire lui-même pour conserver son héritage (*ibid.*).

§ 3. *De la transmission.*

177. Renvoi aux mots *Tradition*, note 8. — *Donation*, note 81. — *Succession*, note 88. — *Obligation*, note 107. — *Ventes*, notes 109, 121.

178. Exception quant à la transmission laquelle n'a pas lieu pour *l'abandon de biens* par un héritier bénéficiaire (note 23) et pour la *cession de biens* par un débiteur (note 129). V. *inf.* sect. 5, *in fine.*

Section 5. *Comment se perd la propriété.*

179. Les moyens d'acquérir la propriété sont aussi les moyens de la perdre, car dans l'un comme dans l'autre cas la chose passe d'une personne à une autre.

180. On perd la propriété *par son fait* ou *sans son fait* :

181. PAR SON FAIT. Il y a deux manières de la perdre par son fait :

1° En l'abandonnant sans la transmettre à d'autres, soit parce que la propriété nous paraît onéreuse, soit parce que telle est notre volonté, dans ce cas elle appartient au premier occupant ; cependant s'il s'agit d'une chose immobilière nous pouvons la reprendre dans l'année en justifiant de notre possession antérieure, c'est-à-dire avant que le premier occupant ait prescrit contre nous par an et jour, et dans un délai de trente ans en justifiant d'un titre de propriété avant que le premier occupant ait prescrit contre nous par trente ans. — V. *Cession de biens*, note 129.

Avec le fait il faut encore l'intention d'abandonner. Ainsi ceux qui, dans une tempête, pour alléger le vaisseau, jettent à la mer les marchandises qu'ils ont dans ce vaisseau, n'ont pas la volonté de les abandonner. Ils n'ont d'autre dessein en les y jetant que d'alléger le vaisseau, et si par la suite ces marchandises étaient retirées de la mer ou jetées sur le rivage, ils auraient droit de les revendiquer en en payant les frais, et ceux qui s'en empareraient commettraient un vol (*Pothier, de la Propriété*, n° 270).

Il en est de ce cas comme de celui où un homme se trouvant trop chargé, laisserait dans le chemin une partie de sa charge dans le dessein de revenir la chercher (*ibid.*).

2° En la transmettant à d'autres par l'un ou l'autre des moyens indiqués *sup.* § 3, n° 177.

182. SANS SON FAIT. Il y a six manières de perdre la propriété sans son fait :

1° Lorsqu'on en est exproprié par suite d'une saisie immobilière (C. proc. civ. 673 et suiv.).

2° Lorsque l'Etat s'en empare pour cause d'utilité publique (L. 6 mai 1841).

3° Lorsque la survenance d'un enfant légitime du donateur postérieure à la donation, vous dépouille tout-à-coup de biens qui vous ont été donnés entre vifs, par une personne ayant la capacité de disposer (C. civ. 960; Toullier t. 4, n° 369).

4° Lorsque par une prescription de trente ans et même par une prescription de dix ou vingt ans, avec juste titre et bonne foi, vous êtes privé de votre propriété.

5° Par la mort civile, qui a pour effet d'ôter au condamné la propriété de tous les biens qu'il possédait (C. civ. 25) excepté des rentes viagères dont le paiement doit lui être continué pendant sa vie naturelle (C. civ. 1982).

6° En vertu du droit de la guerre, lorsque l'ennemi s'en est emparé, pourvu toutefois que la guerre ait été solennellement déclarée, suivant les règles du droit des gens, car, dans les guerres civiles, on ne perd point la propriété des choses dont la faction opposée s'est emparée ; on ne les perd pas non plus lorsque les choses nous sont enlevées par des pirates et des voleurs (Pothier, *de la propriété*, n° 275).

Toutefois à l'égard des vaisseaux qui, en guerre, sont tombés au pouvoir de l'ennemi; lorsqu'ils sont repris par des bâtiments français, il faut distinguer : si la reprise a lieu dans les vingt-quatre heures, l'ancien propriétaire ne sera point censé en avoir perdu le domaine, et le bâtiment lui sera rendu, avec tout ce qui était dedans, à la réserve du tiers qui sera donné au navire qui aura fait la *Recousse*; si, au contraire, la reprise a lieu après les vingt-quatre heures, l'ancien propriétaire a perdu le domaine du bâtiment et de tout ce qui était dedans, le tout devant appartenir, dans ce cas, à celui qui a fait la reprise (Pothier, *ibid.* n° 97. Art. 8, de l'ord. de 1584, sur la marine).

183. EXCEPTIONS. Mais on ne perd pas la propriété dans les cas suivants :

1° Lorsqu'un débiteur fait à ses créanciers une cession de ses biens, soit en justice, soit par transaction ; cet abandon n'étant autre chose qu'un pouvoir qu'il donne à ses créanciers de jouir de ses biens, et de les vendre pour se payer de leurs créances tant sur les revenus que sur le prix (Pothier, *ibid.* 275). *V. Cession de biens*, note 129.

2° Il en est de même de l'abandon qu'un héritier bénéficiaire fait de tous les biens de la sucession, pour se décharger du paiement des dettes dont elle est grevée ; et de tous les abandonnements, soit volontaires, soit forcés de biens pour être vendus en direction (V. *Abandon*, note 25; et Enregistrement, note 18, sect. 7).

3° Lorsque le détenteur d'un héritage grevé d'hypothèque, le délaisse pour se décharger de la dette, dans ce cas, le détenteur n'est que dépossédé, mais la propriété réside encore sur sa tête tant que l'héritage n'est pas revendu sur la poursuite du curateur au délaissement (C. civ. n° 2174).

4° Lorsqu'un débiteur, sur le refus fait par son créancier de recevoir une somme de deniers qu'il lui doit, la consigne ; dans ce cas, quoique, par la consignation qu'il a faite, si elle est jugée valable, le débiteur soit libéré de sa dette, et que les espèces consignées deviennent, aussitôt après la consignation, aux risques du créancier, néanmoins comme en les consignant, sa volonté n'est pas d'abdiquer le domaine de propriété purement et simplement, mais de le faire passer au créancier lorsque ce créancier jugera à propos de retirer de la consignation les espèces, il conserve au moins quant à la subtilité du droit, le domaine des espèces consignées, jusqu'à ce que le créancier en ait requis le domaine, en retirant de la consignation les espèces (Pothier, *ibid.* n° 271).

5° Lorsqu'une chose a été perdue ou volée; dans ce cas on peut la revendiquer pendant trois ans à compter du jour de la perte ou du vol, contre celui dans les mains duquel on la trouve, sauf à celui-ci son recours contre celui de qui il la tient, cependant si le possesseur actuel de la chose l'a achetée en foire le prix d'achat doit lui être remboursé (C. civ. 2279, 2280).

CHAP. 2. DE LA NUE-PROPRIÉTÉ ET DES DROITS ET OBLIGATIONS QUI Y SONT ATTACHÉS.

184. La nue-propriété est la propriété d'une chose, grevée du droit d'usufruit; c'est une propriété imparfaite ainsi que nous l'avons dit *sup.* n° 46.

185. Quoiqu'elle soit dans cet état d'imperfection, on doit lui appliquer les règles qui concernent la pleine propriété ; ainsi, comme celle-ci, elle s'acquiert par la transmission quoiqu'il n'y ait point de tradition réelle ; elle peut aussi s'acquérir par la prescription commencée avant l'ouverture de l'usufruit, car l'usufruitier est un détenteur précaire qui, dans ce cas, possède pour le nu-propriétaire tout en possédant pour lui-même (C. civ. 2236), de sorte que s'il s'agit d'une chose possédée depuis l'ouverture de l'usufruit par l'usufruitier seul pour son propre compte, le nu-propriétaire n'a aucun droit dans la chose ainsi acquise. Elle peut également s'acquérir par l'accession et l'incorporation (C. civ. 599).

186. Elle se perd aussi de la même manière que la pleine propriété (V. *sup.* n° 179 et suiv.), excepté par l'abandonnement sans transmission, puisqu'il ne dépend pas du nu-propriétaire de l'abandonner ainsi, n'en étant pas le possesseur.

187. Si, pendant la durée de l'usufruit, un tiers commet quelque usurpation sur le fonds, ou attente autrement aux droits du propriétaire, l'usufruitier est tenu de le dénoncer à celui-ci; faute de ce, il est responsable de tout le dommage qui peut en résulter pour le propriétaire comme il le serait de dégradations commises par lui-même (C. civ. 614).

Au sujet de cette disposition on a élevé la question de savoir si, de même que le propriétaire absolu, le nu-propriétaire avait le droit d'exercer l'action en complainte. Il ne paraît pas qu'il ait ce droit, car il résulte 1° d'un arrêt de la Cour de Cassation du 6 mars 1822, que le nu-propriétaire qui a possédé depuis l'extinction de l'usufruit ne peut se prévaloir de la possession de l'usufruitier comme réunie à la sienne pour compléter la possession annale à l'effet d'intenter une action possessoire (Sir. 22, 1, 298). — 2° Et d'un autre arrêt de la même cour du 14 déc. 1840, que l'usufruitier troublé dans sa jouissance a qualité pour intenter une action possessoire, soit contre les tiers, soit contre le nu-propriétaire lui-même (Sir. 41, 1, 237).

On doit donc conclure de ces deux arrêts que pendant la durée de l'usufruit, le nu-propriétaire n'a point l'action possessoire, mais seulement l'action pétitoire. La possession, en effet, ne lui appartenant pas, il n'a point à exercer de droits à cet égard, et si un autre que l'usufruitier voulait user de prescription contre le nu-propriétaire, nous pensons qu'il ne pourrait prescrire que la possession, telle que l'avait l'usufruitier; cependant, pour empêcher toute prescription de dix, vingt ou trente ans de la part d'un autre que l'usufruitier, nous croyons que le nu-propriétaire pour peu qu'il ignore si le *tiers* possède à titre précaire ou autrement doit sinon l'actionner en justice du moins l'interpeller pour le constituer en mauvaise foi en lui signifiant son titre de propriété.

188. Ce que nous venons de dire ne détruit pas ce que nous avons dit *sup.* n° 185 relativement à la prescription que l'usufruitier acquiert de la propriété tant pour lui que pour le nu-propriétaire, car dans le cas du n° 185, nous supposons que la possession a commencé avant l'ouverture de l'usufruit, et que l'usufruitier n'a fait que continuer cette possession qui est devenue un moyen de prescription opposé par lui, et qui profite aussi au nu-propriétaire.

189. L'usufruitier a sans doute le droit de défendre ses droits relatifs à la chose dont il a l'usufruit et qui sont des droits réels puisque l'usufruit est un démembrement de la propriété, mais quand la contestation roule sur le fond du droit de propriété il a également qualité pour agir, puisqu'il a un intérêt direct à la chose, mais il ne le peut faire seul, et puisque la contestation porte sur les droits du maître de cette chose, il doit la dénoncer à ce dernier, pour qu'il soit en état de se défendre (C. civ. 614; Proudhon, n° 1240, 1242).

190. Il en est de même : 1° du droit de *partager*; dans ce cas, le nu-propriétaire et l'usufruitier doivent être mis en cause, comme ayant l'un et l'autre un intérêt direct dans le partage (C. civ. 599 ; Proudhon, n°s 1245, 1254).

2° Du droit de *liciter*. Il y a même raison que pour le cas de partage, toutefois s'il s'agissait de la licitation d'un usufruit indivis et non-partageable, nous pensons que l'usufruitier pourrait y procéder seul sans appeler le nu-propriétaire, celui-ci étant sans intérêt dans l'affaire.

3° De l'action en bornage, quand elle a pour objet non de faire planter des bornes dans l'état des limites *actuelles* des deux propriétés parce que cette opération peut regarder l'usufruitier seul, mais de faire déterminer invariablement ces limites; dans ce cas il est du devoir de l'usufruitier de mettre le propriétaire en cause, sans cela le bornage ne pourrait lui être opposé à l'expiration de l'usufruit (Toullier, t. 3, n° 181. — Pardessus, n° 118. — Proudhon. n° 1245. —Duranton, n° 257).

4° Et d'une action en rescision pour cause de lésion formée contre l'usufruitier, parce que le testateur aurait acquis l'immeuble à bas prix; dans ce cas le nu-propriétaire et l'usufruitier doivent être mis tous deux en cause: néanmoins, si le propriétaire ne paraissait pas, l'usufruitier serait recevable à se défendre seul pour conserver son droit (Proudhon, n° 1420). V. *inf.* le n° 191.-2°.

191. Mais il en est autrement, 1° lorsqu'il s'agit de l'exercice du retrait de réméré; dans ce cas l'action en retrait appartient à l'héritier propriétaire, parce qu'elle est héréditaire et que c'est dans son domaine que le fonds doit rentrer. A la vérité, il n'est pas forcé d'agir parce que l'usufruit du fonds vendu à réméré, n'est censé légué que sous la condition que le retrait aura lieu; mais quand il a exercé ce retrait, l'usufruitier a alors une action pour se faire remettre l'immeuble en offrant le prix du rachat, sauf à le recouvrer à la fin de la jouissance ou à en payer l'intérêt pendant la durée de l'usufruit (Proudhon, n°s 1397 et suiv.).

2° Lorsqu'il s'agit de l'action en rescision pour cause de lésion de la vente d'un immeuble qui tomberait dans le legs d'usufruit; dans ce cas, il y a même raison de décider que pour l'action en retrait (Proudhon, n° 1414).

192. Le nu-propriétaire peut exiger caution de l'usufruitier si celui-ci n'en est dispensé *par la disposition* constitutive de l'usufruit ou *par la loi* (C. civ. 601).

193. *Par la disposition*. Quoique dispensé par la disposition, l'usufruitier n'en doit pas moins fournir caution pour ce qui excède la quotité disponible quand il y a des héritiers à réserve (Nancy, 21 mai 1825; Douai, 20 mars 1833; Paris, 9 nov. 1836. — *Contrà*, Orléans, 19 déc. 1822; Rouen, 13 juin 1840).

194. *Par la loi*. Ne sont pas tenus de donner caution 1° les père et mère ayant l'usufruit légal des biens de leurs enfants 2° le vendeur sous réserve d'usufruit; 3° et le donateur qui s'est aussi réservé l'usufruit (C. civ. 601).

195. A défaut de caution, les immeubles sont donnés à ferme ou mis en séquestre, les sommes comprises dans l'usufruit sont placées, les denrées sont vendues et le prix en est pareillement placé (C. civ. 602) : même le propriétaire peut exiger que les meubles qui dépérissent par l'usage soient vendus, pour le prix en être pareillement placé (C. civ. 603).

196. Les grosses réparations demeurent à la charge du propriétaire, à moins qu'elles n'aient été occasionnées par le défaut de réparations d'entretien depuis l'ouverture de l'usufruit auquel cas l'usufruitier en est aussi tenu (C. civ. 605).

197. A l'égard des charges qui peuvent être imposées sur la propriété pendant la durée de l'usufruit, le propriétaire est obligé de les payer et l'usufruitier doit lui tenir compte des intérêts, ou bien si elles sont avancées par l'usufruitier celui-ci a la répétition du capital à la fin de l'usufruit (C. civ. 609).

198. A l'égard des dettes auxquelles le fonds est hypothéqué; lorsqu'il s'agit de les payer il faut distinguer :

1° S'il y a un usufruitier à titre particulier, celui-ci n'en est pas tenu, et s'il a été forcé de les payer il a son recours contre le propriétaire, à moins que celui-ci n'ait point été dans l'obligation de dégager le fonds (C. civ. 611, 1020).

2° S'il y a un usufruitier universel ou à titre universel, il doit contribuer au paiement des dettes ainsi qu'il suit :

On estime la valeur du fonds sujet à usufruit; on fixe ensuite la contribution aux dettes à raison de cette valeur et si l'usufruitier veut avancer la somme pour laquelle le fonds doit contribuer, le capital lui en est restitué à la fin de l'usufruit sans aucun intérêt; si au contraire l'usufruitier ne veut pas faire l'avance, le propriétaire a le choix ou de payer cette somme et dans ce cas, l'usufruitier lui tient compte des intérêts pendant la durée de l'usufruit, ou de faire vendre jusqu'à due concurrence une portion des biens soumis à l'usufruit (C. civ. 612).

199. En cas de perte totale d'un troupeau par accident ou maladie et sans la faute de l'usufruitier, le propriétaire ne peut demander compte que des cuirs ou de leur valeur. Si la perte n'est pas entière, le croit des animaux restants doit servir à remplacer les têtes qui ont péri (C. civ. 616). V. *Action*, note 28. — *Usufruit* note 69.

CHAP. 3. DE LA POSSESSION PUREMENT NATURELLE.

200. La possession naturelle est purement de fait, quand elle est exercée de manière à laisser entière la question de propriété, mais elle est de fait et de droit, quand elle se lie au droit de propriété et s'appelle alors *possession civile*. — V. *sup.* n. 106 et suiv.

La possession *naturelle* diffère de la possession *civile* (V. *sup.* n° 104) comme l'injuste diffère du juste. Celle-ci n'est cependant pas toujours juste mais comme elle procède le plus souvent d'un juste titre, accompagné de bonne foi, et que, dans tous les autres cas, la longue durée de la possession tient lieu de titre ou fait supposer un titre, par tous ces motifs on la considère comme juste.

201. la possession *naturelle* au contraire, est toujours injuste; on l'a admise dans nos lois par une sorte de besoin social, pour ne pas laisser les propriétés improductives, et elle jouit, aux yeux de la loi, de la même faveur que la possession *civile*.

202. Ainsi, la bonne foi est présumée pour l'une et l'autre possession et c'est à celui qui allègue la mauvaise foi à la prouver (C. civ. 2268). Du reste la possession annale et la possession de trente ans n'ont pas besoin d'être fondées sur la bonne foi et le juste titre (motifs du Code, art. 2262).

203. Au cas de possession de bonne foi le possesseur fait toujours les fruits siens (C. civ. 549). Il ne cesse d'être de bonne foi que quand celui qui se prétend propriétaire, ou qui a une possession mieux établie a formé contre lui une demande en délaissement, mais on ne doit pas considérer comme constituant le possesseur en mauvaise foi un jugement de maintenue en possession rendu à son profit contre celui qui se prétend propriétaire, par conséquent ce possesseur n'est point obligé de rendre les fruits qu'il a perçus depuis la demande formée contre lui au possessoire, sous le prétexte qu'il a été suffisamment averti qu'il ne jouissait qu'à titre précaire, lorsqu'il vient à succomber au pétitoire dans une instance engagée contre lui par le propriétaire (Cass. 3 juil. 1826, Sir. 27, 1, 115; Paris, 1er mars 1808, Sir. 8, 2, 116).

204. La possession naturelle est une chose purement de fait, c'est le droit du premier occupant : de ce droit il ne naît aucune action; ce n'est qu'après avoir possédé pendant plus d'un an c'est-à-dire pendant un an et un jour au moins que le possesseur peut agir en complainte contre celui qui viendrait le troubler dans sa possession qui alors de *naturelle* qu'elle était devient *civile*.

205. Cependant si le trouble à la possession naturelle qui n'a point un an de durée était un acte de *violence*, le possesseur aurait le droit de former une action en réintégrande contre l'auteur de la voie de fait, et ce ne serait qu'après le jugement de cette action que celui-ci pourrait agir contre le possesseur (Cass. 19 août 1839, aff. Toudouz).

206. Les conditions nécessaires pour conférer la possession paraissent différentes suivant qu'on consulte le Code civil ou le code de procédure civile :

207. Le Code civil (Art. 2229) exige une possession *continue et non interrompue*, *paisible*, *publique*, *non équivoque* et *à titre de* propriétaire.

208. Le Code de procédure, au contraire, (Art. 23) n'exige qu'une possession *annale*, *paisible* et *à titre non précaire*.

209. Il y a, comme on le voit, quelque différence dans le texte de ces deux articles, mais elle n'est qu'apparente :

210. En effet : la possession qui fait l'objet de l'art. 2229 du C. civ. a pour effet de *faire acquérir la propriété* après l'accomplissement du temps voulu par la loi pour prescrire, et les conditions de cette possession sont rigoureuses.

211. Quant à la possession *annale* faisant l'objet de l'art. 23 du Code proc. civ. elle n'a pour effet que de faire présumer jusqu'à preuve contraire le possesseur qui a détenu une chose *paisiblement* et *non précairement*, propriétaire de cette chose.

Or, puisque cette possession *annale* a pour effet direct, de conférer au possesseur une présomption de propriété, elle forme évidemment un moyen de prescription; on doit donc lui appliquer les règles relatives à la prescription de la propriété énumérées en l'art. 2229 du C. civ. ainsi que l'a jugé la *Cour de Cassation* par arrêts des 25 août 1812, et 6 juil. 1825, qui portent : *que l'action possessoire n'est recevable que lorsque la prescription peut résulter de la possession* (Sir. 12, 1, 330. — 26, 1, 406).

Section 1re. *Des différentes espèces de possession purement naturelle.*

212. Il y a quatre espèces de possession purement naturelle.

213. La première espèce de *possession naturelle* est celle qui est destituée de titre, celle dont le possesseur ne pouvant donner aucune bonne raison sur les motifs de sa possession répond quand on l'interroge sur ce point : *je possède parce que je possède*. On appelle cette possession, *possessio pro possessore*, à la différence de la possession civile qu'on appelle *possessio pro emptore*. (Pothier, *De la possession*, n° 10).

214. C'est cette espèce de possession que l'on invoque quand il s'agit de la possession *annale* et de la possession *trentenaire* qui n'ont pas besoin d'être fondées sur la bonne foi et le juste titre. V. *sup.* n° 202.

215. Il y a à remarquer que cette espèce de possession n'est censée purement naturelle que quand elle n'a pas duré assez de temps pour faire présumer un titre; autrement, elle est réputée fondée sur un titre valable, et en conséquence on la considère comme *possession civile*.

216. La deuxième espèce de *possession naturelle* est celle qui procède, à la vérité d'un titre de nature à transférer la propriété, mais qui est infectée de mauvaise foi, le possesseur sachant que celui de qui il a acquis la chose n'avait pas le pouvoir de l'aliéner (*Ibid* n° 11).

217. La troisième espèce de *possession naturelle* est celle qui est fondée sur un titre nul, tel qu'un acte de donation entre-vifs sous seing-privé.

218. La quatrième espèce de *possession naturelle* est celle qui est fondée sur un titre valable, mais qui n'est pas de nature à transférer la propriété. Telle est la possession de l'usufruitier, du fermier, du séquestre, du dépositaire, de l'antichrésiste et de celui qui jouit à titre précaire.

219. A la différence de la première (V. *sup.* n° 215), les trois autres espèces de *possession naturelle* ne peuvent être jamais réputées possession *civile*, parce que la mauvaise foi dont l'une est infectée, de même que la nullité ou la qualité du titre sur lequel les deux autres sont fondées, sont des obstacles perpétuels à ce que le possesseur puisse se regarder comme propriétaire; c'est de là qu'est devenue la maxime, *qu'il vaut mieux ne point avoir de titre que d'en avoir un qui soit vicieux*; *melius est non habere titulum, quàm habere vitiosum.*

202. Quoique la possession qui procède des titres dont il est parlé aux trois dernières espèces de possession naturelle soit juste en un sens, en ce qu'elle ne renferme aucune injustice, elle n'est pas ce qu'on appelle *juste possession*, une possession civile *animo domini.*

Section 2. *Comment s'acquiert, se conserve et se perd la possession.*

§ 1er. *Comment s'acquiert la possession.*

221. Pour pouvoir acquérir la possession d'une chose, il faut avoir eu intention de la posséder. C'est pourquoi, si étant chez vous, j'y prends un bijou pour l'examiner, je n'en acquiers pas la possession, quoique je le tienne dans mes mains, parce que je n'ai pas l'intention de le posséder. De même si je vais prendre dans votre maison un appartement tandis que vous êtes absent, je n'en acquiers pas pour cela la possession, parce que je n'ai pas l'intention de l'acquérir (Merlin, v° *Possession*, § 4).

222. Mais il ne suffit pas d'avoir l'intention de posséder une chose pour en acquérir la possession, il faut encore la jouissance même ou la *préhension* de la chose, c. à d. que s'il s'agit d'un meuble, il faut ou qu'il vous soit remis en main, ou que quelqu'un le reçoive de votre part en votre nom; et s'il s'agit d'un immeuble, tel qu'un pré, un champ, une maison, il faut que vous vous y transportiez pour en prendre possession, ou que vous y envoyiez quelqu'un pour la prendre de votre part. Au surplus, vous êtes censé avoir acquis la possession de tout le fonds, aussitôt que vous vous y êtes transporté, ou que quelqu'un s'y est transporté pour vous, sans que vous ou votre représentant ayiez été obligé de vous transporter sur toutes les pièces de terre dont l'héritage est composé (*Loi* 3 § 1. D. *de acquirendâ possessione*). Pothier, *de la possession*, n° 41. — Merlin, (*ibid.*).

223. Ce qui vient d'être dit, n'a lieu qu'à l'égard de celui qui acquiert la possession d'un héritage avec le consentement de l'ancien possesseur. Il en serait autrement d'un usurpateur, qui, de son autorité privée, s'emparerait d'un héritage : il ne pourrait acquérir la possession que pied à pied des parties de cet héritage qu'il usurperait (Merlin *ibid.* § 4).

§ 2. *Comment se conserve la possession.*

224. Puisque vous pouvez acquérir la possession d'une chose non-seulement par vous-même, mais encore par quelqu'un qui la reçoive pour vous et en votre nom, vous pouvez aussi la *conserver* par vous-même et par autrui. V. *inf.* n° 236.

La conservation diffère de l'acquisition sur deux points :

225. 1° Pour acquérir la possession, il faut, avec l'intention de l'acquérir, la jouissance même ou la tradition de la chose; mais il en est autrement de la *conservation* de la possession : la seule intention de posséder suffit pour vous faire conserver la possession, quoique vous n'ayiez pas la jouissance de cette chose.

L'intention de *conserver* la possession, se présume toujours à moins qu'il ne paraisse une intention contraire bien caractérisée. C'est pourquoi, si vous laissez votre maison sans l'habiter ni la faire habiter, on ne suppose pas pour cela que votre intention soit d'en abandonner la possession ; on présume au contraire, que vous voulez la conserver. Il suffit, pour cela, que la volonté que vous avez eue de posséder, lorsque vous avez acquis la possession, n'ait pas été révoquée par une volonté contraire.

266. 2° Pour pouvoir acquérir la possession d'une chose par autrui, il est nécessaire que l'intention de celui par qui vous acquérez soit conforme à la vôtre; mais pour retenir la possession d'une chose que vous avez acquise par quelqu'un, il n'est pas nécessaire qu'il *conserve* l'intention qu'il lui a fallu pour l'acquérir.

D'où il suit, que si celui qui a acquis la possession d'une chose pour vous, venait à changer de volonté, voulant posséder en son nom, il n'en serait pas moins censé posséder pour vous. Cela est fondé sur cet ancien principe de droit : qu'on ne peut, par sa seule volonté, ni par le seul laps de temps, se changer à soi-même la cause de sa possession (Merlin, *ibid.*; C. civ. 2240).

227. Si la personne par qui vous possédez une chose vient à mourir, et que cette chose soit sous la main de son héritier, vous continuez votre possession par cet héritier. Par exemple, si votre locataire meurt, vous continuez de posséder, par son héritier, la maison que vous possédiez par le défunt.

§ 3. *Comment se perd la possession.*

228. Ce n'est pas assez, pour perdre la possession d'une chose, que vous cessiez d'en avoir la jouissance. Il faut encore que vous ayiez eu l'intention d'abandonner cette possession, ou qu'on vous en ait privé malgré vous (Merlin, v° *Possession*, § 4).

229. Vous perdez volontairement la possession d'une chose, lorsque vous faites la tradition de cette chose à quelqu'un dans le dessein de lui en transférer la possession, ou que vous abandonnez cette chose purement et simplement.

230. La possession se perd, non seulement par une tradition réelle de la chose, mais encore par une tradition feinte; ainsi, lorsque vous vendez une maison à quelqu'un qui vous la loue par le même acte, la tradition feinte que renferme le bail lui en fait acquérir la possession par vous-même, qui reconnaissez tenir cette maison en son nom et comme son locataire; et vous perdez en même temps la possession que vous en aviez.

231. Si la tradition n'a eu lieu que sous condition, on ne perd la possession que quand la condition est accomplie.

232. La possession se perd aussi par l'abandon pur et simple de la chose possédée. Tel est par exemple, l'abandon qu'on fait d'un mauvais chapeau, d'une bouteille cassée, etc., qu'on jette dans la rue, comme choses inutiles, et qu'on ne veut plus posséder (Merlin, *ibid.*).

233. On fait pareillement l'abandon pur et simple de la

possession d'un héritage, lorsqu'on renonce à la jouissance de cet héritage. Tel est le cas où on délaisse la possession d'un immeuble pour se décharger du paiement des hypothèques dont il est grevé.

234. On perd, malgré soi, la possession d'un héritage, lorsqu'on en est chassé par quelqu'un.

Vous êtes censé dépossédé, et vous perdez la possession d'un héritage, non seulement lorsqu'on vous en chasse vous-même, mais encore lorsqu'on en chasse votre fermier, ou les autres personnes qui tiennent l'héritage pour vous et en votre nom.

Vous êtes pareillement censé chassé de votre héritage, lorsque celui qui s'en est emparé pendant votre absence, empêche ou est disposé à empêcher par force que vous n'y rentriez.

235. Vous perdez aussi la possession d'un héritage malgré vous, lorsque vous l'avez laissé usurper par quelqu'un qui l'a gardé pendant un an et jour, sans que de votre part, vous ayiez interrompu sa jouissance par aucun acte de possession.

236. Vous perdez encore malgré vous, la possession d'un héritage, lorsqu'il vient à être submergé par la mer ou par une rivière : mais il en est autrement d'une inondation passagère; vous conservez votre possession en attendant que les eaux se soient retirées.

237. Vous perdez malgré vous, la possession des choses mobilières, lorsqu'elles cessent d'être dans un lieu où vous puissiez en jouir selon votre volonté. Ainsi, lorsqu'on vous prend votre tabatière, ou qu'elle tombe de votre poche dans la rue sans que vous vous en aperceviez, vous êtes censé en avoir perdu la possession.

Il en de même à l'égard d'un cheval qui vous appartenait, et qui vient à prendre la fuite sans que vous sachiez où il est allé.

238. Il ne faut pas confondre avec les choses perdues, celles qui n'étant pas sorties de ma maison, y sont seulement égarées : parce que j'ai perdu la mémoire de l'endroit de ma maison où elles sont, je ne laisse pas d'en conserver la possession (Pothier, *De la possession*, n° 81).

Section 3. *Des personnes qui sont capables ou incapables d'acquérir la possession.*

239. La volonté d'acquérir la possession d'une chose étant absolument nécessaire pour l'acquérir, c'est une conséquence que les personnes qui n'ont pas l'usage de raison tels que les fous, les insensés et les enfants, et qui sont par conséquent incapables de volonté, sont incapables d'acquérir par elles-mêmes la possession d'aucune chose (Pothier, *De la possession*, n° 44).

240. Ce qui est dit du mineur *impubère* ne doit s'entendre que de celui qui est dans l'âge *d'enfance* : il en est autrement lorsque *l'impubère* a un âge suffisant pour comprendre ce qu'il fait; dans ce cas, le mineur n'ayant pas besoin de l'autorité de son tuteur pour faire sa condition meilleure, il en résulte qu'il peut acquérir, par la tradition qui lui est faite de la chose donnée, la possession et même la propriété de cette chose (Pothier, *ibid*, n° 45).

241. Notre Code civil n'ayant point tracé de règles lorsqu'il s'agit de décider si un mineur a pu ou n'a pas pu posséder, on doit adopter les principes du droit romain suivant lequel :

L'enfance finissait à sept ans accomplis. Jusqu'à cet âge l'individu était absolument incapable de contracter, même pour rendre sa condition meilleure.

La *puérilité* qui commençait à sept ans, finissait à la *puberté*, c. à d. à l'âge de quatorze ans accomplis pour les garçons et de douze ans accomplis pour les filles.

242. Les auteurs (Proudhon, *Cours de droit*, t. 2 p. 271 et suiv.; Toullier, t. 6, n. 104; Grenier, *Des hypothèques*, n. 49 et 56) s'accordent dans cette opinion :

1° Que les démonstrations de volontés des *mineurs* âgés de moins de sept ans sont nulles.

2° Que celles des *mineurs* âgés de sept à quatorze ans ou de sept à douze, selon qu'il s'agit d'un garçon ou d'une fille n'ont de valeur qu'autant qu'il en résulte pour eux un avantage.

243. Quoique les enfants et les fous ne puissent acquérir par eux-mêmes jusqu'à l'âge de sept ans la possession d'une chose parce qu'ils sont incapables de volonté, ils peuvent néanmoins l'acquérir par le ministère de leurs tuteurs et curateurs; la volonté qu'ont les tuteurs et curateurs d'acquérir pour ces personnes suppléant à la volonté qui leur manque (Pothier, *Ibid*, n. 46).

244. Par la même raison, les corps et communautés, les hôpitaux, ne peuvent acquérir par eux-mêmes la possession d'aucune chose, mais ils le peuvent par leurs administrateurs (*Ibid*, n. 47).

245. Quoiqu'une femme sous puissance de mari, qui n'est ni séparée, ni marchande publique, ne puisse rien acquérir sans être autorisée de son mari ou par justice, néanmoins la possession n'étant qu'une chose de fait, elle peut, sans être autorisée, acquérir la possession d'une chose; mais elle ne peut, sans être autorisée, exercer les droits qui résultent de cette possession (Pothier, *Ibid*, n. 48).

V. *Droits* (note 27). — *Actions* (note 28).

[23]

DE L'ABANDON DE BIENS PAR UN HÉRITIER BÉNÉFICIAIRE.

DIVISION SOMMAIRE :

INDICATION ALPHABÉTIQUE :

§ 1er. DE LA NATURE ET DES EFFETS DE L'ABANDON.

1. L'un des effets du bénéfice d'inventaire est l'*abandon*, lequel donne à l'héritier l'avantage, non-seulement de n'être tenu du paiement des dettes que jusqu'à concurrence des biens qu'il a recueillis, mais même de pouvoir se décharger du paiement des dettes, en abandonnant tous les biens de la succession aux créanciers et aux légataires (C. civ. 802).

2. L'abandon est en quelque sorte le complément du bénéfice d'inventaire, puisque, par le bénéfice d'inventaire pur et simple, l'héritier n'est tenu que jusqu'à concurrence des biens, mais à la charge d'administrer et de rendre compte; tandis que par l'abandon il jouit du même avantage, sans être tenu d'administrer (Roll. de V., vo *Abandon*) V. cependant *infrà*, nos 11, 54, 55, et 56.

3. L'abandon ayant pour effet de décharger l'héritier bénéficiaire du paiement des dettes de la succession (C. civ. 802), il en résulte que l'héritier ne peut plus être poursuivi à ce sujet par les créanciers et légataires (V. *inf.* nos 11, 54 et suiv.).

4. L'abandon lui-même n'est pas un véritable paiement fait aux créanciers. C'est une espèce de cession de biens de la succession, qui confère aux créanciers le droit de les faire vendre, mais sans leur en attribuer la propriété (Delvincourt, p. 93 et 94, *Contrà*, Toullier, t. 4, no 358). V. *infrà*, no 7.

5. En sorte que la propriété de ces biens reste toujours sur la tête de l'héritier bénéficiaire jusqu'à ce qu'ils soient vendus et adjugés sur la poursuite des créanciers (Pothier, Introduction au titre 17 de la coutume d'Orléans, no 53, Espiard-Desaux sur Lebrun, livre 3, chap. 4, no 35.

6. Cependant il a été jugé que l'abandon de tous les biens de la succession fait aux créanciers, avec faculté de se les approprier, s'il ne confère pas aux créanciers un véritable titre de propriété, leur confère du moins un juste titre avec lequel ils prescrivent par possession, *pro suo* (Cass. 14 mars 1809, aff. Trobriant).

7. De ce qui est dit *sup.* nos 1 et 4, il résulte suffisamment que l'abandon n'emporte pas, de la part de l'héritier bénéficiaire, une renonciation à la succession. En effet, l'héritier sous bénéfice d'inventaire est véritablement héritier; il ne lui est plus permis de se dépouiller de cette qualité, qui est indélébile, d'après la maxime *qui semel hæres semper hæres*. La faculté d'abandonner n'est qu'un complément du bénéfice d'inventaire; elle n'est qu'une conséquence juste et nécessaire de ce principe que l'héritier bénéficiaire n'est tenu que jusqu'à concurrence des biens; principe conforme au droit ancien (L. Scimus, § 4, C. de jur. délib.) et consacré dans notre droit actuel tant par l'opinion de presque tous les auteurs qui enseignent que l'héritier bénéficiaire, reste héritier malgré l'abandon, que par une jurisprudence de plus en plus constante (Pothier, des Success., chap. 3, sect. 3, art. 2, §. 8; Espiard-Desaux sur Lebrun loc. cit. n. 34; nouv. Denisart, vo héritier bénéficiaire, p. 686; Chabot, *ibid*, no 8; Grenier, des Donat., nos 304 et 305; Delvincourt, *ibid*; Paris, 10 août 1809, aff. Alberd; 26 décembre 1815, aff. Chasseriaux; 3 avril 1826, aff. Regnier; Colmar, 8 mars 1820, aff. Wetterswold; Cass. 29 29 déc. 1829, aff. Ernest, Sirey 30, 1, 3; *contrà*, Malleville, t. 2, p. 280; Toullier, t. 4, nos 358 et 371; Lyon, 14 mai 1813 et Cass. 6 juin 1815 (Sirey 15, 1, 319). Mais ce dernier arrêt n'a jamais dû être pris pour règle, parce qu'il a été rendu à propos du droit de mutation. Dans l'espèce qui a donné lieu à cet arrêt, l'héritier bénéficiaire étant décédé, ses héritiers avaient renoncé à la succession que ce dernier avait acceptée bénéficiairement; or, la régie prétendait qu'ils devaient néanmoins eux-mêmes un droit de mutation, parce que les biens se trouvaient faire partie de l'hérédité de l'héritier bénéficiaire qu'ils ne pouvaient pas répudier pour cette partie, l'ayant acceptée pour le surplus. — C'est dans cet état de choses que la Cour de Cassation a décidé que le droit de faire abandon était le même que de renoncer à la succession; que l'héritier de l'héritier bénéficiaire pouvait, du chef de celui-ci tout ce qui était permis à ce dernier; qu'ainsi les défendeurs avaient pu, du chef de leur sœur, renoncer à la succession de leur père dont elle était héritière bénéficiaire; et qu'au moyen de cette renonciation on ne pouvait dire qu'il y eût d'elle à ses frères une mutation de droits dans la succession paternelle. — V. *inf.* no 19, et note 18, no 875.

8. Après l'abandon par l'héritier bénéficiaire, un autre successible ne peut accepter la succession et se rendre héritier, parce que la succession n'est pas vacante; l'héritier bénéficiaire n'ayant pas cessé d'avoir cette qualité (Nouv. Denisart, *ibid*; Paris, 12 mai 1837, aff. Duplessis Grénédan. Sir. 37, 2, 392; *contrà*, Toullier, t. 4, no 358).

9. Après cet abandon, l'héritier n'est pas dispensé de rapporter à ses co-héritiers ce qui lui a été donné par le défunt; il a toujours droit à sa réserve sur les donations qui excéderaient la portion disponible (Lebrun, livre 3, chap. 4, no 28; Pothier, *ibid*, § 6 et 7; Merlin, Répertoire. vo *Bénéf. d'inv.*, no 18; Chabot, *ibid*; Delvincourt, *ibid*. V. *Rapport à succession*, note 146; *Réserve légale*, note 150; V. *inf.*, no 40.

10. Après le paiement de toutes les dettes et charges de la succession, s'il reste une portion libre des biens abandonnés, l'héritier bénéficiaire a le droit de les réclamer (Nouv. Denisart, vo *Bénéfice d'inventaire*, § 8; Chabot et Delvincourt, *ibid*; Arrêt du 2 septembre 1755, aff. Boufflers, rapportée dans le nouveau Denisart, *loc. cit.*).

11. Il résulte encore de ce que nous avons dit, que, malgré l'abandon, c'est sur la tête de l'héritier bénéficiaire

que continuent de résider toutes les actions; c'est contre lui que toutes les demandes et reprises d'instances doivent être formées, même après une renonciation qui ne peut avoir que les effets d'un abandon (Cass. 29 décembre 1829, aff. Ernest, Sir. 30, 1, 3), excepté lorsqu'elles concernent l'administration et la vente des biens abandonnés. En tout cas, c'est à lui de requérir de n'être condamné que comme héritier bénéficiaire (Nouv. Denisart, v° *Héritier bénéficiaire*, § 4).

12. L'héritier peut donc, comme nous l'avons dit, se décharger du paiement des dettes en abandonnant tous les biens de la succession aux créanciers et aux légataires. Mais cet abandon ne transfère point à ceux-ci la propriété des biens; il leur donne seulement le droit de les faire vendre judiciairement, comme dans le cas de cession faite par un débiteur insolvable. En sorte que l'héritier peut toujours les reprendre, tant qu'ils ne sont pas vendus, en payant les dettes; et s'ils l'ont été, et que le produit surpasse le montant des dettes et des legs, l'excédant revient à l'héritier (Duranton, t. 7, n. 42).

13. L'héritier, même mineur, qui a accepté sous bénéfice d'inventaire, n'a que le droit de faire abandon des biens de l'hérédité aux créanciers, il n'a pas celui de renoncer (Toulouse, 29 mars 1832, aff. Séverac; Grenoble, 4 juin 1836, aff. Brachet; Cass. 25 mars 1840, aff. Forbin; *contrà*, Grenoble, 28 mars 1835, aff. Passard. Par cet arrêt le mineur conserve pendant tout le temps de la tutelle le droit de renoncer à la succession.

14. Il en serait de même de l'héritier bénéficiaire qui n'aurait accepté que sous réserve. (Pau, 24 nov. 1837, aff. Danty-Casalis, Sir. 38, 2, 577).

15. L'abandon de biens ne peut jamais être considéré comme une renonciation dont les co-héritiers de l'héritier bénéficiaire puissent profiter (Lyon, 15 avril 1837, affaire Girard, Sir. 37, 2, 425).

§ 2. PAR QUI L'ABANDON PEUT ÊTRE FAIT.

16. L'abandon doit être fait également par tous les héritiers bénéficiaires. S'il l'était autrement, il n'aurait d'effet que pour la part de celui qui le ferait (Delvincourt, t. 2, p. 94; Douai, 29 juillet 1816, aff. Pillot, Sir. 16, 2, 168).

17. En effet, il peut se faire que chacun des héritiers ait administré séparément. Il n'y a pas de solidarité dans la gestion des héritiers bénéficiaires, puisqu'elle n'est qu'une suite de leur qualité d'héritier. — V. *Obligations*, note 92; *Solidarité*, note 106).

18. S'il y avait des héritiers purs et simples qui eûssent pris possession de leurs portions, par exemple, s'il y avait eu partage, il est évident que les héritiers bénéficiaires ne seraient tenus de rendre compte que des biens dont ils auraient joui et de la gestion particulière qu'ils auraient eue.

19. Si l'héritier bénéficiaire mourait avant l'abandon, ses héritiers pourraient renoncer, de son chef, ou ce qui serait la même chose, faire abandon, sans être tenus de payer de droit de mutation de lui à eux (Cass. 6 juin 1815). V. note 18, n° 875, et *sup.* n° 7.

20. L'abandon des biens d'une succession échue à un mineur et acceptée par lui sous bénéfice d'inventaire, fait aux créanciers de la succession par le tuteur, sans l'autorisation du conseil de famille, ne peut être régularisée par une approbation ultérieure. Du moins cette approbation ne saurait résulter d'une délibération du conseil de famille qui autoriserait ultérieurement la renonciation du mineur à la succession bénéficiaire, alors que cette délibération ne fait aucune mention de l'acte d'abandon (Cass. 12 mars 1839, aff. Brachet, Sir. 39, 1, 274).

§ 3. A QUI L'ABANDON DOIT ÊTRE FAIT.

21. C'est aux créanciers et aux légataires, c'est-à-dire à tous sans exception, que l'abandon doit être fait (Chabot, *ibid*, n° 7).

22. L'abandon de biens fait par l'héritier bénéficiaire au profit d'un seul créancier de la succession, est valable et produit tous ses effets, si ce créancier se rend par la suite cessionnaire des droits des autres créanciers (Grenoble, 4 juin 1836, aff Brachet, Sir. 37, 2, 109).

23. Il faut que les créanciers se soient fait connaître avant l'abandon (Arg. C. civ. 806). V. *Bénéfice d'inventaire*, note 83.

24. Il n'est pas de rigueur que l'abandon indique les noms des créanciers et légataires. V. *inf.*, n° 41.

25. Peu importerait d'ailleurs si les créanciers s'étaient fait connaître, que quelques-uns eussent été omis dans l'abandon, car, par sa nature, l'abandon est fait généralement à tous les créanciers de la succession, puisqu'il ne transfère que le droit d'administrer et de vendre les biens pour le compte de la masse. En sorte que ceux au profit desquels l'abandon aurait eu lieu, sont obligés d'en faire profiter les autres créanciers, soit que déjà ils fussent connus, soit qu'ils ne se soient fait connaître que postérieurement.

26. Cependant, suivant Chabot et Duranton (*loc. cit.*), l'abandon doit être fait à tous les légataires et à tous les créanciers, sans aucune exception, l'art. 802 étant conçu d'une manière générale; d'où il suit que, si l'héritier bénéficiaire ne faisait l'abandon qu'à quelques-uns des créanciers ou des légataires, ce ne serait plus l'abandon autorisé par la loi, mais une disposition hors de ses termes, qui aurait pour résultat de le faire déclarer héritier pur et simple.

§ 4. QUELS BIENS DOIT COMPRENDRE L'ABANDON.

27. On doit abandonner *tous* les biens de la succession (Code civil 802). L'abandon d'une partie ne déchargerait donc pas entièrement l'héritier bénéficiaire du paiement des dettes (Chabot, *des Successions* sur l'art. 802, n° 6.

28. *Tous les biens de la succession* : c'est-à-dire tous ceux qui appartenaient au défunt lors de son décès ou qui en sont provenus, tels que les revenus.

29. L'abandon doit également comprendre les augmentations mêmes extrinsèques, survenues aux biens; par exemple, les alluvions, les îles formées dans les rivières, comme étant accessoires (Delvincourt, *ibid*, p. 95).

30. A l'égard du trésor trouvé dans le fonds de la succession, l'héritier bénéficiaire doit rendre la moitié qu'il a reçue comme propriétaire, quand le trésor a été trouvé par un autre que par lui. S'il l'a trouvé lui-même, il ne doit restituer que la moitié qu'il a eue comme propriétaire, l'autre moitié étant un gain provenant de son industrie et non *ex re hæreditariâ* (Delvincourt, t. 2, p. 95).

31. Il est, au reste, évident qu'on ne doit pas regarder comme biens de la succession :

32. 1° Ceux dont le défunt avait disposé entre-vifs, soit en faveur de l'héritier bénéficiaire lui-même, soit en faveur de ses co-héritiers, quoique le rapport en soit fait (Arg. C. civ. 857; Chabot *ibid*, n° 5; Delvincourt, t. 2, page 94).

33. 2° Ceux qui sont revenus à l'héritier bénéficiaire par suite d'une demande en réduction de donation ou de legs qui excédaient la portion disponible. Cette réduction contre des aliénations consommées, et qui avaient mis ainsi les biens hors de la succession, est un droit exhorbitant, établi uniquement dans l'intérêt des héritiers à réserve. Les créanciers du défunt, les donataires, les légataires, ne peuvent donc ni la demander *ni en profiter* (Code civil 921; Chabot et Delvincourt, *ibid*). V. *Réserve légale*, note 150, et *inf.*, n°s 38 et 39).

34. L'héritier bénéficiaire qui a fait abandon, doit rendre aux créanciers et aux légataires un compte de sa gestion (Pothier, *ibid*).

35. Il a le droit de réclamer le paiement de ses créances personnelles, sur les biens dont il fait l'abandon (Code civ. 802). V. *Bénéfice d'inventaire*, note 85.

36. Ce que nous disons doit s'entendre de l'abandon pur et simple et de tous les biens, et non pas de l'abandon que ferait l'héritier d'après une convention intervenue entre lui et les créanciers et légataires, laquelle aurait seulement les effets que les parties auraient voulu lui donner (Arg. Cod. civ. 1267).

37. Néanmoins l'héritier ne doit pas comprendre dans l'abandon :

38. 1° La part qu'il prend dans les objets rapportés par ses co-héritiers en vertu de l'art. 843 du Code civil.

39. 2° La part qu'il prend comme héritier à réserve dans les objets provenant du retranchement des donations entre-vifs consenties par le défunt, et qui excédaient la quotité disponible, par la raison que les créanciers et les légataires sont sans qualité, soit pour exiger ce rapport (C. civ. 857), soit pour demander la réduction des dispositions entre-vifs (Code civil 921). Chabot, sur l'art. 802; Duranton, t. 7, n° 44; Grenier, *des Donations*, t. 2, n° 506). V. *sup.*, n°s 32 et 33.

40. Il est évident, au reste, que l'héritier bénéficiaire qui abandonne et rend le compte de sa gestion, n'est pas dispensé du rapport à l'égard de ses co-héritiers : ne cessant pas d'être le co-héritier des autres successibles, il ne peut se soustraire au rapport prescrit par les articles que nous venons de citer (Grenier, *loc. cit.*). V. *sup.*, n° 9.

§ 5. DE LA FORME DE L'ABANDON.

41. Il ne paraît pas nécessaire que l'abandon indique les noms des créanciers et légataires. Aux greffes des Tribunaux l'abandon se fait presque toujours à qui de droit.

42. L'abandon est un acte volontaire qui n'est pas d'une autre nature que les autres actes que passe l'héritier bénéficiaire dans le cours de sa gestion. Toutefois il n'y a point d'analogie entre cet acte et une renonciation à succession, comme on l'a vu, *suprà*, n° 7. Il peut donc être passé dans telle forme que le juge l'héritier; mais il est toujours mieux qu'il soit fait devant Notaire.

43. Peut-il être fait au greffe? C'est l'usage à Paris; mais il faut dire qu'on commence, dans cet acte, par faire renoncer l'héritier bénéficiaire à la succession, et que ce n'est que par voie de conséquence qu'il fait l'abandon. L'acte

est porté sur le registre des renonciations à successions. Cette manière de procéder étant tout-à-fait contraire aux principes (V. *sup.*, n°s 7, 13 et 14), on doit la proscrire pour ne point exposer les parties à des mécomptes quand elles attribuent à un pareil acte des conséquences qu'il ne peut avoir.

44. Lorsque nous disons que l'abandon peut être fait par un acte ordinaire et devant Notaire, nous n'entendons point parler du cas où cet abandon se compliquerait d'un compte de bénéfice d'inventaire. Un tel compte ne peut être rendu qu'en justice; et si l'on n'était pas d'accord, si l'on devait s'attendre à des difficultés, il serait plus convenable de porter tout de suite ce compte devant le Tribunal. Il pourrait renfermer l'abandon du reliquat des biens.

45. S'il existait des biens dont il deviendrait nécessaire de continuer la gestion, et si les créanciers affectaient de méconnaître l'abandon et voulaient diriger des poursuites contre l'héritier bénéficiaire, l'abandon devrait, dans ce cas, être notifié à tous les créanciers et à tous les légataires, afin qu'ils en acquièrent connaissance; cependant cette notification n'est pas d'usage. Suivant Chabot, l'abandon doit être notifié aux créanciers et légataires; c'est le moyen le plus simple pour le leur faire connaître; mais ce même moyen présente des difficultés en ce que l'abandon peut ne pas porter les noms de tous les créanciers : aussi n'est-il point toujours suivi.

46. Il nous paraît hors de doute que l'héritier bénéficiaire a le droit de révoquer son abandon, tant que les choses sont encore entières; mais il est de règle en matière civile, que la cause qui produit seul un acte, peut aussi, dans ce cas, le révoquer seul (L. 35, D. *de reg. jur.*; — Code civil 1121, 1165).

47. S'il y avait eu notification de l'abandon, il faudrait décider de même, surtout, si aucun autre acte, aucun autre fait des créanciers n'indiquaient leur acceptation (Code civ., *ibid.*).

48. Rien ne s'oppose à ce que, quoique l'acte ait été reçu au greffe, il ne soit ensuite réitéré devant Notaire; l'occasion peut s'en présenter lors de la reddition amiable du compte de bénéfice d'inventaire à tous les créanciers et légataires.

§. 6. DE L'ADMINISTRATION ET VENTE DES BIENS ABANDONNÉS.

49. Les biens abandonnés doivent être administrés et vendus pour le compte de la masse des créanciers. Les devoirs de l'héritier bénéficiaire, sous ce rapport, n'ont fait que changer de mains.

50. C'est donc aux créanciers à s'arranger à l'amiable, ou s'ils ne sont pas d'accord, à faire intervenir la justice pour régler le mode de gestion des biens abandonnés. A Paris, l'habitude est de nommer un curateur (en la chambre du Conseil) sur la requête des créanciers ou même de l'un d'eux, plus diligent. Il y a, en effet, ici quelque analogie avec la succession vacante (V. Chabot et Toullier, *ub. sup.*).

51. Mais ce curateur n'est pas un curateur à succession vacante puisque l'abandon n'équivaut pas à renonciation; ce curateur peut être comparé à celui qui est nommé dans le cas de délaissement par hypothèque, conformément à l'art. 2174 du Code civil. V. *sup.*, n°s 7, 13 et 14.

52. Le curateur fait vendre les biens immeubles; il pré-

sente à cet effet au Président du Tribunal de première instance du lieu de l'ouverture de la succession, une requête dans laquelle ces immeubles sont désignés sommairement. Cette requête doit être communiquée au ministère public; sur ces conclusions et le rapport du juge nommé à cet effet, il est rendu jugement qui autorise la vente et fixe la mise à prix, ou qui ordonne préalablement que les immeubles seront vus et estimés par un expert nommé d'office (Code de proc. civ. 987). On observe, au surplus, les formalités prescrites pour la vente des biens qui dépendent d'une succession bénéficiaire (Code de proc. 986 à 996).

53. Il est convenable que l'héritier qui a fait l'abandon soit appelé à la vente, ou au moins à la distribution du prix : puisqu'il a un droit éventuel à exercer, en ce que l'excédant du prix doit lui revenir, il a intérêt, par conséquent, à contester toutes les prétentions mal fondées et à en demander le rejet.

54. L'héritier bénéficiaire qui a fait l'abandon ne reste plus passible des demandes des créanciers qui ont pour objet d'obtenir jugement et titre exécutoire à la charge de la succession, et de se faire payer sur les biens de cette succession (Douai, 29 juillet 1816, aff. Pillot, Sir. 16, 2, 168). V. les numéros suivants.

55. L'abandon de biens par l'héritier bénéficiaire n'a pas pour effet de lui retirer l'administration de la succession. Dès lors, les créanciers sont recevables à poursuivre, *après* cet abandon comme *auparavant*, leurs demandes contre l'héritier bénéficiaire ; ils ne sont pas tenus de s'adresser au curateur à l'abandon (Paris, 25 juin 1838, aff. Laugenardière, Sir. 38, 2, 473; Vazeille, *des Successions*, art. 802, n. 9; Bilhard, *Bénéf. d'inv.*, n. 439. — *Contrà*, Chabot, art. 802, n. 8; Toullier, t. 4, n. 358).

56. C'est encore à l'héritier bénéficiaire, malgré son abandon ou sa renonciation, que doit être signifié un arrêt d'admission rendu par la Cour de cassation dans un procès concernant la succession (Cass. 1 fév. 1830, aff. Lagarde, Sir. 30, 1, 137).

V. *Enregistrement*, note 18, n. 872 à 895.
Bénéfice d'inventaire, note 85.

[24]

DES LEGS. — DES LÉGATAIRES.

DIVISION SOMMAIRE.

INDICATION ALPHABÉTIQUE :

§ 1er. DE LA NATURE ET DES CARACTÈRES CONSTITUTIFS DU LEGS.

1. Le *legs* est une espèce de donation faite par un défunt et dont l'héritier doit faire la délivrance: *legatum itaque est donatio quædam à defuncto relicta, ab hærede præstanda* (Instit. § *de legatis*).

2. Notre droit civil définit le legs, *la disposition faite par quelqu'un, pour le temps où il n'existera plus, de tout ou partie de ses biens* (C. civ. 895).

3. Le legs et la donation à cause de mort diffèrent en ce sens :

1° Que la donation à cause de mort peut se faire par stipulation et l'acceptation du donataire est requise pour la perfectionner (Merlin, v° *Legs*, sect. 1).

Tandis que le legs se fait toujours par testament ou par codicille, et n'a jamais besoin de l'intervention du légataire (*Ibid.*).

2° Que le legs n'est confirmé que par l'adition de l'héritier institué (Loi 181, D. *regulis juris*). (*Ibid.*)

Tandis que la donation à cause de mort l'est par le seul décès du donataire (Loi 25, D. *de mortis causâ donationibus* (*ibid*).

4. La disposition par laquelle un testateur impose à son légataire universel ou à titre universel, l'obligation de payer une certaine somme à une personne dénommée, renferme un véritable legs au profit de cette personne (Colmar, 10 mars 1832, aff. Lappe, Sir. 32, 2, 499).

5. Lorsque, dans un testament portant legs de certains objets au profit d'un individu déjà donataire d'autres objets, il est dit que le legs est fait *en outre et sans préjudice* des objets compris dans la donation, on peut voir dans cette clause une *nouvelle disposition* de ces objets au profit du légataire, tellement qu'il peut les réclamer, en vertu du testament, dans le cas où la donation serait viciée de nullité (Nîmes, 19 mai 1830, aff. Barlieu, Sir. 31, 2, 33).

§ 2. DES DIFFÉRENTES ESPÈCES DE LEGS.

6. On distingue trois espèces de legs : le legs *universel*, le legs à *titre universel* et le legs *particulier* (C. civ. 1002).

7. Un testateur peut laisser en même temps un légataire universel et un ou plusieurs légataires à titre universel, par exemple, en faisant *Titius* son légataire universel et en léguant en même temps à *Mævius* le quart de ses biens et à *Sempronius* un autre quart (Arg. C. civ. 1011 ; Toullier t. 5, n. 511).

8. Il y a entre ces sortes de legs des différences qui résulteront des explications que nous donnerons à l'article qui les concerne.

Art. 1er. *Du legs universel.*

9. Le legs universel est la disposition testamentaire par laquelle le testateur donne à une ou plusieurs personnes l'universalité des biens qu'il laissera à son décès (C. civ. 1003).

10. Lorsqu'au décès du testateur il y a des héritiers auxquels une quotité de ses biens est réservée par la loi, les héritiers sont saisis de plein droit, par sa mort, de tous les biens de la succession, et le légataire universel est tenu de leur demander la délivrance des biens compris dans le testament (C. civ. 1004).

11. Mais lorsqu'au décès du testateur il n'y a pas d'héritiers auxquels une quotité de ses biens soit réservée par la loi, le légataire universel est saisi de plein droit par la mort du testateur, sans être tenu de demander la délivrance (C. civ. 1006). Il est seulement tenu, si le testament qui l'institue légataire est olographe ou mystique, de se faire envoyer en possession par une ordonnance du Président mise au bas d'une requête à laquelle est joint l'acte de dépôt du testament (C. civ. 1008). V. *inf.* § 10, art. 1.

12. Quand il existe un héritier à réserve qui concourt avec un légataire universel pour recueillir une succession, ce concours n'ôte pas à la disposition testamentaire le caractère de legs universel. A la vérité, le légataire universel n'a pas la saisine légale, mais il conserve sa qualité de légataire universel même à l'égard du légitimaire, de sorte qu'il recueille à l'exclusion de ce dernier les legs caducs ou répudiés (C. civ. 1009, Toullier, t. 5, n. 507). V. *inf.* n. 514.

13. Cependant lorsqu'un legs universel est fait après les legs particuliers, et porte seulement *sur le surplus* des biens du testateur, cette universalité n'est pas absolue et ne donne pas droit à l'institué de prétendre que le testateur ait voulu que les legs particuliers caducs accroissent à son profit par préférence aux héritiers légitimes (Aix, 5 juin 1809, Sir. 7, 2, 1039).

14. Il y a legs universel dans les cas que nous allons rapporter :

15. Le don fait par testament *de tous les meubles et immeubles* sans aucune réserve est un legs universel (Rouen, 27 mai 1806, aff. Tolmer, Sir. 6, 2, 129).

16. La clause par laquelle le testateur, après avoir fait des legs particuliers, institue un individu déterminé *en tout ce qui reste*, contient un legs universel (Toulouse, 10 juillet 1827, aff. Danisan, Sir. 28, 2, 166).

17. Le legs fait à une personne de la *nue-propriété* de l'universalité des biens du testateur est un *legs universel* qui, s'il n'y a pas d'héritier à réserve, dispense le légataire de demander la délivrance attendu qu'il est saisi de plein droit par le décès du testateur. Mais il n'en est pas de même du legs de *l'usufruit* de tous les biens du testateur, un tel legs est un legs à *titre universel* qui astreint le légataire à demander la délivrance (Cass. 7 août 1827, aff. Thieffris-Layens, Sir. 27. 1, 441 ; Duranton, t. 9, n. 189).

18. On peut, suivant les circonstances et d'après l'ensemble du testament, regarder comme un *legs universel* la disposition par laquelle le testateur, après avoir d'abord légué à un premier légataire tous ses *meubles*, donne à un autre tous ses *immeubles* aux charges héréditaires lors surtout que ce dernier légataire est qualifié dans le testament d'héritier universel (Cass. 25 novembre 1818, aff. Balleydier, Sir. 19, 1, 355).

19. Il y a legs universel lorsque le testateur, par des legs particuliers, absorbe ou veut absorber toute sa fortune avec clause expresse que les legs croitront ou diminueront, selon qu'il sera plus ou moins riche à son décès. En ce cas il ne reste aucun droit d'hérédité à faire valoir de la part des successibles (Bordeaux, 29 mai 1816, Sir. 17, 2, 230).

20. Le légataire en pleine propriété de tous les meubles et en usufruit du seul immeuble de la succession est réputé légataire universel de l'usufruit. En conséquence ses obligations relativement aux dettes auxquelles l'immeuble doit contribuer se règlent par l'art. 612 du C. civ. (Cass. 4 fruct. an XIII).

21. Lorsqu'il y a un légataire universel, par acte public, saisi aux termes de l'art. 1006 du C. civ., les héritiers collatéraux du défunt n'ont pas le droit de requérir l'apposition des scellés et la confection d'un inventaire (Paris, 19 mess. an XI, aff. Surgères, Sirey 4, 2, 54), et même le légataire universel ainsi saisi de plein droit n'est pas obligé

d'appeler les collatéraux à la levée des scellés (Dijon, 30 frim. an XII, aff. Cocard, Sir. 4, 2, 660).

22. Le legs universel fait conjointement et sans assignation de part à deux personnes dont l'une est appelée par la loi à recueillir moitié de la succession, ne confère au successible rien au-delà de la moitié que la loi lui assure (Turin, 30 août 1809, aff. Mondino, Sir. 10, 2, 204).

23. Les juges ne peuvent réduire les legs universels alors qu'ils ne portent pas sur une réserve. Aucun prétexte de captation ou de suggestion ne peut autoriser une réduction (Cass. 22 janv. 1810, Sir. 10, 1, 107).

24. Le légataire universel, institué pour le cas où il lui surviendrait des enfants mâles, est saisi du moment du décès du testateur comme le légataire universel, pur et simple (Turin, 13 avril 1807, aff. Cantone, Sir. 7, 2, 664).

25. Le legs universel fait purement et simplement par un époux en faveur de son conjoint ne comprend pas l'usufruit de la portion de biens formant la réserve légale des ascendants : il faut qu'il y ait à cet égard une disposition expresse (Agen, 28 nov. 1827, aff. Cathala-Couture, Sir. 28, 2, 99).

26. Cependant le legs fait par un époux décédé sans enfants ni descendants, au profit de son conjoint *de tout ce que la loi l'autorise à donner*, comprend l'usufruit de la portion de biens formant la réserve légale des ascendants : il n'est pas nécessaire dans ce cas qu'il y ait une disposition expresse et spéciale (Agen, 11 déc. 1827, aff. Amourou, Sir. 29, 2, 74).

27. Lorsque le légataire universel a été institué par un individu décédé sans héritiers à réserve, les héritiers présomptifs ne sont pas fondés à demander l'apposition des scellés dans la maison du défunt sous prétexte qu'il existe ou peut exister un second testament révocatoire du premier, alors surtout que le légataire a déjà été envoyé en possession et qu'il a consenti à ce que toutes perquisitions et recherches qui seraient jugées convenables fussent faites par le juge de paix dans la maison du défunt (Bordeaux, 15 déc. 1828, aff. Boucheron, Sir. 29, 2, 149).

28. Lorsqu'un legs est *universel* de sa nature et qu'il n'y a pas d'héritiers à réserve, le légataire est saisi par le décès du testateur sans être tenu de demander la délivrance, alors même que le legs serait fait avec condition et que la condition pourrait être réputée suspensive (Cass. 7 août 1827, Sir. 27, 1, 441). — V. *sup.* n. 24.

29. Est exclue du legs général des meubles, *l'espèce* dont le testateur déclare faire legs à un individu (Toullier, t. 6, n. 330).

30. Une disposition testamentaire peut, d'après ses termes et sa nature, et d'après les intentions présumées du testateur, être considérée comme contenant des legs universels, bien que le testateur ait omis de disposer de quelques objets peu importants de sa succession, et qu'au lieu d'appeler les héritiers institués, à recueillir conjointement, il ait au contraire attribué à chacun d'eux un lot composé d'objets déterminés (Limoges, 8 décembre 1837, aff. Tramont, Sirey, 39, 2, 27).

31. Lorsqu'après avoir d'abord légué une quote-part de ses biens à sa mère, pour lui tenir lieu de sa réserve, un testateur déclare léguer *le surplus de ses biens* à un tiers, pour par lui jouir et disposer en toute propriété de la succession, distraction faite du quart légué à la mère, ce legs du surplus doit être considéré comme un legs universel, et non comme un legs à titre universel encore bien qu'il soit ainsi qualifié par le testateur. Dès-lors, le tiers légataire profite seul, à l'exclusion des héritiers naturels, de la caducité du premier legs (Cass. 11 avril 1838, aff. Mengelle, Sir. 38, 1, 418).

32. Mais il n'y a pas legs universel dans la disposition par laquelle le testateur, après avoir fait divers legs particuliers ajoute que *ce qui restera de la succession* après le paiement de ces legs, appartiendra, par accroissement, à certains des légataires désignés (Orléans, 31 août 1831, aff. Jaban, Sir. 32, 2, 145).

33. Les caractères auxquels on peut reconnaître un *legs universel* sont : 1° le droit actuel, ou au moins éventuel, à *l'universalité* de la succession, et par suite le droit *d'accroissement* au profit des légataires *conjointement* appelés ; 2° *l'absence de désignation* des objets contenus dans chaque lot, à moins que l'universalité de la succession ne soit ainsi distribuée ; 3° la *saisine de plein droit*, à défaut d'héritiers à réserve (Delvincourt t. 2, p. 348 ; Favard, v° *Testament*, sect. 2, § 1, n°s 1 et 2 ; Grenier, t. 2, n°s 288 et 289 ; Toullier, t. 5, n. 505 et 506 ; Duranton, t. 9, n. 180 et suiv.).

34. Le légataire universel a droit à *l'entière succession* du défunt, moins la réserve et les autres legs. Si donc il arrive que la réserve qui, au décès du testateur, paraissait avoir été conservée par ce dernier en faveur de l'un de ses héritiers, par exemple d'un fils adoptif, vienne à disparaître par suite de l'annulation de l'adoption, les biens qui composaient cette réserve sont dès-lors dévolus au légataire universel ; les héritiers ne peuvent y rien prétendre (Cass. 25 mai 1831, aff. Sonder, Sir. 31, 1, 210).

Art. 2. *Du legs à titre universel.*

35. Le legs à titre universel est celui par lequel le testateur lègue une quote-part des biens dont la loi lui permet de disposer, telle qu'une moitié, un tiers, ou tous ses immeubles, ou tout son mobilier ou une quotité fixe de tout ses immeubles ou de tout son mobilier. Tout autre legs ne forme qu'une disposition à titre particulier (C. civ. 1010).

36. Pour calculer l'étendue du legs d'une quotité des biens, on doit comprendre dans la masse tous les biens dont le donateur ou testateur a disposé entre-vifs soit par préciput soit en avancement d'hoirie, à moins qu'il ne résulte des termes du legs que le testateur ne comprenait pas dans la masse de ses biens ceux dont il avait déjà disposé (Duranton, t. 8, n. 292 à 300).

37. Les légataires à titre universel sont tenus de demander la délivrance aux héritiers auxquels une quotité des biens est réservée par la loi, à leur défaut, aux légataires universels, et à défaut de ceux-ci aux héritiers appelés dans l'ordre établi au titre des successions (C. civ. 1011).

38. Un legs à titre universel participe de la nature du legs universel, en ce sens que ni l'un ni l'autre de ces legs ne peuvent être acquittés en argent, contre la volonté du légataire (Cass. 13 janv. 1807, aff. Gibert-Milat, Sir. 7, 1, 121).

39. Le légataire à titre universel n'est pas assimilé au légataire universel en ce qui touche la jouissance des fruits de l'objet légué. Il a droit aux fruits seulement du jour de la demande en délivrance et non du jour du décès bien que la demande en délivrance ait été formée dans l'année du

décès (Bourges, 1er mars 1821, Sir. 23, 2, 358; *Contrà*, Duranton, t. 9, n. 211, qui fait une distinction entre le legs à titre universel d'une quote-part des *biens* de la succession et celui d'une quote-part *d'immeubles* : dans le premier cas, suivant cet auteur, le légataire a droit aux fruits proportionnellement à sa part à partir du décès du testateur s'il a formé sa délivrance dans l'année de ce décès; dans le second cas, le légataire ne peut prétendre aux fruits produits par les immeubles qu'à partir du jour de sa demande en délivrance à quelqu'époque qu'elle ait été formée.)

40. Ne peut être réputé légataire universel celui à qui le testateur, après avoir fait le legs d'une quote-part, déclare remettre le reste de tous ses biens pour en disposer selon des instructions secrètes (Besançon, 6 fév. 1827, Sir. 27, 2, 262).

41. Le legs de tout le mobilier du testateur en propriété et de tous ses immeubles en usufruit seulement constitue un legs à titre universel (Cass. 28 août 1827, aff. veuve Fabre, Sir. 27, 1, 537).

42. Il en est de même du legs de l'usufruit de l'universalité des biens du testateur, un tel legs n'est qu'un legs à titre universel (Cass. 7 août 1827, aff. Thieffries-Layens). Mais il en est autrement du legs de la nue-propriété de tous les biens. V. *sup.* nº 17.

43. Le legs de tout le mobilier qui se trouvera dans la maison du testateur au jour de son décès ne forme pas un legs à un titre universel. Ce n'est qu'un legs à titre particulier (Turin, 24 mars 1806, Sir. 6, 2, 131).

44. Le legs d'une succession échue au testateur n'est point un legs à titre universel quelque considérable que soit cette succession et quand même elle formerait la totalité de la succession du testateur au moment de son décès; ce n'est qu'un legs à titre particulier (Grenier et Chabot).

45. Il en de même de tous les meubles et immeubles du testateur qui sont situés dans un département (*Idem*).

46. Le legs de tous les bois, ou de tous les prés, ou de toutes les vignes, ou de tous les meubles meublants du testateur n'est pas un legs à titre universel parce qu'il ne comprend pas une quotité fixe telle que le tiers ou le quart de tous les immeubles ou de tout le mobilier (Grenier et Chabot, loc. cit.).

47. Lorsqu'un testateur fait d'abord un legs à titre universel et qu'il lègue ensuite *le restant* de tous ses biens à un autre légataire, ce n'est là qu'un second legs à titre universel et non un legs universel. En conséquence, si le premier legs devient caduc, ou est répudié, les biens accroîtront à l'héritier du sang et non au second légataire auquel le testateur n'avait pas légué l'universalité (Toullier, t. 5, n. 512).— V. *sup.* n. 31.

48. Le legs de *tous les immeubles* n'est pas un legs universel parce qu'il ne comprend pas l'universalité des biens du testateur; ce n'est qu'un legs à titre universel (Grenier et Chabot).

49. La disposition par laquelle le testateur aurait légué à Pierre *la moitié* de tous ses biens et à Paul *l'autre moitié* ne serait pas un legs universel quoique comprise dans le même testament; elle ne serait qu'un legs à titre universel. Il en serait autrement si le testateur avait donné à Pierre et à Paul *conjointement*, l'universalité de ses biens sans en faire la division entre eux, ou bien s'il avait donné à plusieurs pour recueillir les biens et en jouir par portions égales, parce que alors il y a accroissement (Cass. 19 oct. 1808, 18 oct. 1809, 14 mars 1815).

Art. 3. *Du legs particulier.*

50. Tout legs qui n'est ni universel ni à titre universel, est nécessairement un legs particulier.

51. Tout legs particulier donne au légataire du jour du décès du testateur un droit à la chose léguée, droit transmissible à ses héritiers ou ayants-cause (C. civ. 1014).

52. De même que le légataire à titre universel, le légataire particulier ne peut se mettre en possession de la chose léguée ni en prétendre les fruits ou intérêts qu'à compter du jour de sa demande en délivrance ou du jour où cette délivrance lui a été volontairement consentie (C. civ. 1014), à moins que le testateur n'ait expressément déclaré que du jour de son décès les fruits ou intérêts seraient dus au légataire et qu'il serait dispensé de demander la délivrance, ou bien qu'il ne s'agisse d'une rente viagère ou pension léguée à titre d'aliments (C. civ. 1015).

53. Le legs fait au créancier, n'est point censé l'avoir été en compensation de sa créance, ni le legs fait au domestique en compensation de ses gages (C. civ. 1023).

54. Dans le concours d'un héritier légitimaire et d'un légataire universel, avec d'autres légataires à titre universel ou particulier, les légataires particuliers peuvent demander au légitimaire la délivrance de leur legs, si le légataire universel tardait à demander celle du sien, sauf ensuite l'action de celui-ci, si la délivrance avait été accordée par connivence ou en fraude (Toullier, t. 5, n. 552).

55. On ne peut demander la délivrance éventuelle d'un legs pour le cas où il aurait effet par suite de la révocation d'une donation faite sous une condition résolutoire (Amiens, 22 déc. 1838, aff. Mesnard, Sir. 39, 2, 254).

56. La demande en délivrance rend le débiteur du legs comptable des intérêts de la valeur de la chose léguée, même quand par sa nature, cette chose, telle qu'un meuble meublant, n'est pas productive d'intérêts (Vazeille, *donat.* et *Testam.*, art. 1014, n. 5, p. 48; Merlin, rép. vº *Legs*, sect. 4, § 3, n. 35; Delvincourt, t. 2, p. 363).

57. Le légataire particulier qui a obtenu la délivrance, non de l'héritier du sang, mais d'un tiers possesseur (ou donataire de l'usufruit), fait néanmoins les fruits siens, s'il possède de bonne foi; il n'est donc pas tenu à la restitution des fruits envers l'héritier (Paris, 29 août 1834, aff. Mondet, Sir. 34, 2, 643).

58. Le légataire d'un fonds affecté à des rentes perpétuelles ou ci-devant foncières, n'est point tenu de les acquitter, mais seulement d'en souffrir l'hypothèque (Toullier, t. 5, n. 559)

59. Le legs de tous les immeubles que le testateur possède *dans certaines communes désignées*, peut être réputé ne contenir qu'un legs à titre particulier, et non un legs à titre universel, tellement qu'un tel legs ne comprenne pas les nouveaux biens acquis par le testateur, depuis la date du testament, dans les communes désignées (Cass. 10 juin 1835, aff. De Mons, Sir. 36, 1, 45).

60. La clause par laquelle un testateur déclare qu'il *entend que ses légataires soient saisis de leurs legs dès l'instant et par le seul fait de sa mort*, exprime suffisamment sa volonté de faire courir à leur profit les fruits et intérêts du jour du

décès, sans qu'il soit besoin de demander la délivrance (Bourges, 3 fév. 1837, aff. Bezave, Sir. 38, 2, 74). V. en sens contraire, l'arrêt de la même Cour du 16 janv. 1821.

61. Les legs de corps certains, meubles ou immeubles, sont à la charge de toute la succession et non pas seulement de la quotité disponible (Duranton, t. 9, n. 223).

62. Le légataire particulier d'un immeuble qui n'a point été dégagé d'hypothèque avant la délivrance, doit être garanti par l'héritier, quand il vient à être recherché par le créancier hypothécaire (Vazeille, art. 874, n. 1er; Delvincourt, t. 2, p. 369).

63. Il n'a droit à la garantie que lorsque l'immeuble est frappé d'une hypothèque générale, mais non lorsqu'il est frappé d'une hypothèque spéciale (Malleville, art. 874; Paillet, art. 874; Favard, vº *Testament*. sect. 2, § 3, n. 6).

64. Il n'a pas droit non plus à la garantie avant la délivrance, lorsque l'immeuble est affecté à une créance éventuelle, conditionnelle ou à terme; mais il peut exercer son recours à l'époque du paiement. C'est à ce cas que l'art. 1020 du C. civ. est limité (Chabot, art. 874, n. 3; Grenier, *donat.* t. 1, n. 318; Merlin, vº *lég.* § 2, art. 7, n. 4; Toullier, t. 5 nº 538).

65. Le légataire particulier qui réclame du légataire universel, détenteur des biens de la succession, la délivrance de son legs, ne se rend pas par là non recevable à opposer ultérieurement par voie d'exception et pour repousser la demande en réduction de son legs, formée par le légataire universel, la nullité du legs fait à ce dernier, et par suite à en induire qu'il est sans qualité pour demander la réduction (Cass. 11 mars 1834, aff. de Moyria, Sirey 35, 1, 154).

§ 3. De la qualification des legs par rapport aux choses léguées.

66. On distingue les legs *de propriété*, *d'usufruit*, *de fruits*, *d'aliments*, les legs *annuels*, les legs *pieux* et les legs *rémunératoires*.

Art. 1er. *Du legs de propriété.*

67. Le legs de propriété est celui qui comprend le domaine plein et absolu de la chose léguée, c. à d. la propriété et la jouissance. V. note 22 (Proudhon *De l'usufruit*, n. 41.)

68. Si, d'après les termes du testament, il paraît évident que le testateur a voulu que l'objet de la libéralité fût perpétuellement transmissible aux héritiers et avants-cause du légataire, la disposition n'est point un legs d'usufruit mais bien un legs de propriété (Proudhon, n. 497 et suiv.).

69. Quoiqu'une disposition soit conçue dans les termes d'un legs d'usufruit, on doit néanmoins regarder la propriété comme léguée, si le testateur a légalement imposé au légataire une charge qui le suppose nécessairement propriétaire du fonds (*Ibid*, n. 513).

70. Si le testateur, léguant à quelqu'un l'usufruit d'un fonds, lui avait de plus accordé la faculté de le *vendre*, cette circonstance suffirait-elle pour faire dégénérer la disposition en un legs de propriété? Les auteurs sont divisés d'opinion sur ce point.

71. Les fruits d'un legs d'usufruit ne courent que du jour de la demande en délivrance faite par le légataire (C. civ. 1014, Proudhon; t. 1, n. 39). V. *inf.* n. 368.

72. Le légataire à titre singulier de l'usufruit est tenu de contribuer au paiement des dettes de la succession, lorsque, par le fait, le legs se trouve universel, comme si le testateur après avoir légué l'usufruit d'une maison, avait dissipé tous ses autres biens (Proudhon, *de l'usufruit*, t. 4 n. 1844).

73. La pension *viagère* mise par le testateur à la charge du légataire universel de l'usufruit, devient caduque ou s'éteint avec le legs d'usufruit lui-même : elle ne reste point à la charge de l'héritier (Proudhon, *de l'usuf.* t. 4, n. 1828).

Art. 2. *Du legs d'usufruit.*

74. Le legs d'usufruit est celui qui a pour objet le droit de jouir d'une chose dont un autre a la propriété et qui doit être délivrée à l'usufruitier pour en jouir par lui-même ou par quelqu'un qui la détient pour lui. V. note 67 (Proudhon, *ibid.* n. 2).

75. Pour qu'une disposition ne porte que sur l'usufruit, il faut qu'elle énonce sans équivoque la séparation du droit de jouissance de celui de propriété (Proudhon, nos 499 et s.). Cependant lorsqu'il y a dans la disposition du testament un conflit de termes dont les uns paraissaient indiquer un legs de propriété et les autres caractériser plutôt un legs d'usufruit, la déclaration du testateur dispensant le légataire de faire inventaire ou de fournir caution devrait faire penser qu'il s'agit seulement d'un legs d'usufruit (Proudhon, n. 519 et suiv.).

76. Il y a cette différence entre un legs de fruits et un legs d'usufruit, que, si la nullité du legs vient à être prononcée, le légataire des fruits devra restituer tous ceux qu'il a perçus, et le légataire d'usufruit ne devra restituer que ceux perçus de mauvaise foi (Proudhon, t. 4, n. 1926).

77. Dans le legs de l'usufruit d'un domaine se trouve compris comme accessoire l'usufruit des outils aratoires, des vases vinaires, et généralement de tout ce qui contribue à l'exploitation du domaine (Ricard, *tr. du don mutuel*, t. 2, n. 264; Dumoulin, *Cout. de Paris* § 1, n. 7; Barry, tr. des success., *de l'usuf.* n. 34; Salviat t. 1, art 30, n. 1).

78. Les bois de haute futaie et les taillis ne se trouvent compris dans le legs d'usufruit de la métairie dont ils font partie, qu'autant que le métayer profite de la coupe réglée des bois (Salviat, t. 1, art. 30, n. 2).

79. Le legs de l'usufruit d'une usine sans rien dire de plus, ne comprend pas les denrées d'approvisionnement dont cette usine est munie. Néanmoins l'usufruitier a le droit pour éviter le chômage de l'usine, d'exiger la remise d'une quantité quelconque d'approvisionnement, en offrant d'en payer la valeur (Proudhon, t. 3, n. 1143).

80. Le légataire de l'usufruit d'un immeuble, qui a été autorisé par le testament à abattre, à son profit. *les arbres existant dans les avenues, prés et terres de cet immeuble*, ne peut abattre les arbres qui se trouvent dans les bois qu'en observant l'ordre et la quantité de coupes, conformément à l'aménagement ou à l'usage constant des propriétaires (Cass. 1 avril 1835, aff. de Montbise, Sirey, 36, 1, 53).

81. Les effets d'un droit d'usufruit légué à quelqu'un tant pour lui que pour ses héritiers sont que les enfants du premier usufruitier, conçus au moins au jour du décès du testateur recueilleront après la mort de leur père le bénéfice du legs d'usufruit, lors même qu'ils n'accepteraient pas la succession de ce dernier (Proudhon, t. 1, n. 313 et suiv.).

82. le legs de l'usufruit d'un emplacement à bâtir est révoqué de plein droit par le fait d'une construction établie ensuite par le testateur sur cet emplacement (Proudhon, t. 1, n. 43).

83. De même, le legs de l'usufruit d'une forêt est révoqué par la circonstance que le testateur a fait défricher cette forêt (Salviat, t. 2, art. 128, n. 1).

84. Mais il en est autrement du legs d'un champ ultérieurement converti en vigne ou en toute autre espèce de terrain cultivé (Salviat, *ibid.*).

Art. 3. *Du legs de fruits.*

85. Le legs des fruits d'un fonds n'est point un legs d'usufruit, mais un legs de revenu qui n'attache pas nécessairement la détention du fonds aux mains de l'usufruitier (Proudhon nº 52; Dumoulin, *Cout. de Paris*, tit. 1er, § 1er nº 45).

86. Mais le legs des fruits annuels d'un fonds emporte le droit d'usufruit; ce n'est plus un legs de revenu car le légataire doit être mis en jouissance pour percevoir les fruits du fonds (Proudhon, nº 53). V. *sup.* § 3, art. 2, n. 76.

Art. 4. *Du legs annuel.*

87. Le legs annuel est le legs d'une certaine somme ou d'une certaine quantité de choses fongibles, à payer, ou à livrer chaque année au légataire pendant un temps déterminé ou sa vie durante (Domat, vº *Legs*, sect. 5, nº 6).

88. Il y a entre le legs annuel et le legs d'usufruit des différences que nous allons expliquer :

1º Le legs annuel peut être perpétuel soit en faveur d'une communauté, soit à l'égard de la descendance d'une famille (L. 22, C. *De legib.*) tandis que le legs d'usufruit ne peut l'être (C. civ. 619).

2º Le legs annuel d'une certaine quantité de grains, vins, ou autres produits d'un fonds est indépendant de la récolte à provenir de ce fonds, et lors même que ce legs serait assigné sur les récoltes de chaque année il ne laisserait pas d'être dû si la récolte manquait pourvu que les autres années fussent suffisantes, le testateur n'ayant point manifesté d'intention contraire. Tandis qu'en matière d'usufruit si le fonds sujet à usufruit ne produit rien, le droit du légataire usufruitier ne peut s'exercer (L. 17, § 1. D. *de ann. leg.* L. 13. D. *De trit. vin. vel. al. leg*; Duranton, t. 5, nº 40; Pothier, *Des oblig.* nº 625).

3º Le legs annuel contient autant de legs qu'il doit durer d'années, chaque année le légataire devant recevoir de l'héritier le revenu qui lui est légué (Domat, vº *Legs*, sect. 5 nº 6).

4º Dans le legs d'usufruit, le légataire n'a qu'une jouissance incertaine qui varie du plus au moins et qui parfois peut se réduire à rien, au lieu que le legs annuel d'une certaine quantité est toujours certain et le même (*Ibid*).

89. Le legs annuel n'est dû qu'au fur et à mesure de son échéance (C. civ. 1014, Proudhon, t. 1, nº 59).

Art. 5. *Du legs d'aliments.*

90. Le legs d'aliments est celui par lequel le testateur lègue à quelqu'un ce qu'il lui faut pour sa nourriture, son habitation, et son vêtement (L. 6, *ff. de alim. leg.* Proudhon, nº 60).

Il est dû pendant toute l'existence du légataire, même lorsqu'il est mort civilement (C. civ. 25-3º, 1982).

Art. 6. *Du legs pieux.*

91. Les legs pieux sont les legs destinés aux œuvres de piété et de charité soit au spirituel soit au temporel. Ainsi, les legs en faveur de l'église, ou des pauvres, pour leur instruction ou leur nourriture, sont des legs pieux (L. 28. D. *de episc. et cleric*).

92. Les legs qui n'ont pour objet ni la piété ni la charité, ne peuvent être considérés comme pieux, bien qu'ils soient destinés à des ornements publics, comme à une porte de ville, à l'embellissement ou commodité d'une place publique, etc.

93. Lorsqu'un testateur a ordonné à son exécuteur testamentaire de mettre une certaine somme à la disposition de l'ecclésiastique pour qu'il en fasse emploi selon ses intentions pieuses et secrètes, ce legs pieux est nul comme n'étant pas fait en faveur d'un légataire certain (Aix, 5 juin 1809, aff. Laugier, Sir. 7, 2, 1038).

94. L'institution des héritiers à charge de remplir des intentions pieuses n'est pas contraire au vœu de la loi, surtout lorsque l'héritier affirme que le legs secret dont il est chargé n'est pas au profit d'un incapable. Le legs particulier pour objet pieux n'étant qu'une charge du légataire universel, la nullité de ce legs pieux ne ferait qu'affranchir l'héritier de la charge imposée, elle n'opérerait point la nullité de l'institution (Paris, 30 mars 1818, aff. Broé, Sir. 18, 2, 190). V. *inf. Legs incertain.*

95. La disposition testamentaire ordonnant que tous les biens du défunt soient vendus pour le prix être employé à faire dire des messes, avec nomination d'un exécuteur testamentaire, a tout le caractère d'un legs, bien qu'aucun légataire ne soit indiqué, et encore que les prêtres qui diront les messes, ne doivent recevoir chacun qu'une espèce d'honoraires. Un tel legs est réputé fait au profit de l'église ou de la fabrique, et ne peut, par conséquent, être exigé sans l'autorisation préalable du Gouvernement, qui veille dans l'intérêt des familles et de la société, à ce que ces sortes de dispositions n'excèdent pas les bornes légitimes (C. civ. 910; Décr. 12 août 1807; L. 2 janv. 1827; Cass. 26 nov. 1828, aff. Ducouran et Durrutty, Sir. 29, 1, 17).

96. La disposition testamentaire d'une somme pour être employée *en messes et en bonnes œuvres*, ne doit pas être considérée comme un legs fait à des personnes incertaines : une telle disposition est donc valable, surtout lorsqu'elle ne présente rien d'excessif. L'acceptation d'une pareille disposition dont l'exécution est laissée à l'arbitrage de l'exécuteur testamentaire n'a pas besoin d'être autorisée par le Gouvernement (Cass. 16 juillet 1834, aff. Lecrosnier-Sohier; Sir. 34, 1, 700).

Art. 7 *Du legs rémunératoire.*

97. Les époux qui se sont fait donation universelle n'en conservent pas moins la faculté de faire des legs rémunératoires à la charge du donataire (Caen, 16 nov. 1812, aff. Duhamel, Sir. 13, 2, 63).

98. Les dispositions rémunératoires permises par l'art. 1083 du C. civ. à l'auteur d'une institution contractuelle ne peuvent avoir lieu que pour des sommes modiques; et cette modicité se règle ou détermine d'après la fortune de

l'instituant (Riom, 4 août 1820, aff. Peyticu, Sir. 21, 2, 313).

99. La promesse souscrite par un père au bas d'un legs rémunératoire, fait par son fils en faveur d'un tiers, d'acquitter personnellement ce legs, constitue un engagement valable et pleinement efficace. Une telle promesse ne saurait être considérée comme une stipulation sur une succession future, et elle ne peut être révoquée par le père seul au préjudice du légataire (Grenoble, 12 février 1829, aff. Riveron; Sir. 29, 2, 310). V. § 8.

§ 4. De la forme des legs.

100. Les legs se font par acte qu'on appelle *testament*. Ils ne sont soumis en eux-mêmes à aucune forme particulière ou sacramentelle; cependant leur rédaction peut être vicieuse et les rendre inefficaces. Lorsqu'ils ne sont entachés d'aucun vice, c. à d. lorsque le testament qui les renferme est valable, ils doivent recevoir leur effet s'ils portent l'empreinte de la volonté du testateur (Merlin, Rép. vᵒ *Legs*, sect. 2, § 2, nᵒ 1).

101. Quelle que soit la dénomination employée pour l'institution d'un légataire, quand il s'agit d'un legs universel, cela est indifférent; ainsi, on peut l'instituer héritier ou légataire parce que c'est la nature de la disposition qu'il faut considérer sans avoir égard à l'ancienne maxime des pays de droit écrit : *institutio hæredis est caput et fundamentum totius testamenti* (C. civ. 1002; Merlin, *ibid*, § 1er, nº 1er; Toullier, t. 5, nº 494).

102. Le legs d'objets au profit d'une personne désignée par le testateur, pour en faire *l'emploi convenu entre nous*, est nul, comme se référant à une libéralité faite par une convention antérieure, non revêtue des formes prescrites pour les actes de dernière volonté (Cass. 16 juillet 1834, aff. Lecrosnier-Sohier, Sir. 34, 1, 700).

§ 5. De certaines conditions constitutives des legs.

Art. 1er. *Du legs alternatif.*

103. Un legs alternatif peut porter ou sur les *personnes*, ou sur les *choses*, ou sur les *lieux*, ou sur les *temps*.

104. Personnes. Lorsqu'un testateur a dit : j'institue Pierre ou Paul pour mon héritier, ils sont réputés appelés concurremment (L. 4. C, *de verb. sign.*): la disjonctive doit être prise pour une conjonctive (Toullier, t. 6, n. 704).

105. C'est une règle qui reçoit son application dans les testaments comme dans tous les contrats (L. 23. D, *de pact. dotalib.*).

106. L'héritier que le testateur a chargé de donner une chose à *tel* ou à *tel*, à son choix et qui refuse de choisir, peut être contraint à payer toute la chose à chacun des deux légataires (Toullier, t. 6, n. 706).

107. Lorsque le testateur qui a deux héritiers les charge de payer, l'un ou l'autre, une somme à un légataire, ces héritiers sont débiteurs solidaires de la somme léguée (Toullier, t. 6, n. 707).

108. Choses. Lorsqu'un testateur lègue à Paul sa maison de Saint-Denis *ou* celle de Versailles, c'est un legs alternatif de choses qui ne permet au légataire d'exiger que l'une ou l'autre de ces choses (L. 4. C. de verb. sign.).

109. Mais le choix appartient au débiteur de la chose, à moins qu'il n'ait été expressément accordé au créancier (Code civ. 1190).

110. D'où il suit que le débiteur ne peut pas forcer le créancier à recevoir une partie de l'une et une partie de l'autre (Code civ. 1191).

111. Au cas de legs d'une somme déterminée, avec faculté pour l'héritier de se libérer en *argent* ou en *immeubles*; si celui-ci opte pour le paiement en immeubles, il n'est pas tenu de donner des immeubles de *moyenne qualité*; l'héritier est libre d'offrir les immeubles que bon lui semble. Ici ne s'applique pas l'art. 1022 du Code civil (Aix, 18 avril 1833, aff. Texteris, Sirey, 33, 2, 468).

112. L'alternative cesse, 1º si l'une des deux choses promises ne pouvait être le sujet du legs (Code civil, 1192).

2º Si l'une des choses ne peut plus être livrée même par la faute du débiteur (Code civil, 1193).

3º Lorsque les deux choses sont péries par la faute du débiteur à l'égard de l'une, auquel cas il doit payer le prix de celle qui est périe la dernière (Même art.)

113. Mais lorsque le choix a été déféré au légataire, il faut distinguer :

114. *Ou* l'une des deux choses seulement est périe; et alors, si c'est sans la faute du débiteur, le créancier doit avoir la chose qui reste; si, au contraire, le débiteur est en faute, le légataire peut demander la chose qui reste ou le prix de celle qui est périe.

115. *Ou* bien les deux choses sont péries; et alors si le débiteur est en faute à l'égard des deux ou seulement à l'égard de l'une d'elles, le créancier peut demander le prix de l'une ou de l'autre à son choix (Code civil, 1194).

116. Il n'y a plus d'alternative, car l'obligation est éteinte, si les deux choses sont péries sans la faute du débiteur et avant qu'il ait été mis en demeure (Code civil, 1195).

117. Il doit être bien entendu que l'alternative peut porter sur deux comme sur plusieurs choses (C. civ., 1196).

118. Lorsque l'alternative porte sur une somme ou une quantité de choses à fournir annuellement, il est clair que le débiteur peut varier tous les ans. Ainsi, lorsque je dois chaque année ou une pension de 300 francs ou tant de mesures de blé, je puis payer une année en argent et l'autre en blé (Toullier, t. 6, n. 693).

V. *infrà*, § 10, art. 4.

119. Lieux. Le choix appartient aussi au débiteur quand il s'agit de l'alternative de lieux où le paiement doit être fait; par exemple, quand je m'oblige de vous payer une chose à Paris ou à Lyon (L. 2, § 3 et 4, D. h. tit.; Pothier, n. 241 et 300; Toullier, t. 7, n. 89).

120 Temps. Lorsque l'alternative porte sur le temps, le choix appartient encore au débiteur. Par exemple, si vous avez chargé votre légataire de payer une somme après un an ou deux, il ne devra qu'après deux ans (L. 12 et 109, *de verb. oblig.*).

Art. 2. *Du legs conditionnel.*

121. Dans toute disposition entre-vifs ou testamentaire, les conditions impossibles, celles qui seront contraires aux lois ou aux mœurs, seront réputées non écrites (Code civil, 900).

122. Le legs conditionnel est celui que le testateur fait

dépendre d'un événement futur et incertain et dont l'effet est subordonné à cet événement pour avoir lieu ou n'avoir point lieu selon que l'événement arrivera ou n'arrivera pas (Code civ., 1168).

123. En matière de legs conditionnels, il suffit de la capacité du légataire à l'époque de l'événement de la condition (Turin, 24 messidor an XIII, aff. Defranchi, Sir. 6, 2, 60).

124. Lorsqu'un testateur fait un legs en faveur d'un mineur, sous la condition que le père de celui-ci n'administrera pas les biens légués, cette condition doit être réputée non écrite (Besançon, 15 novembre 1807, aff. Magnencourt, Sirey, 8, 2, 97).

125. La clause d'un testament par laquelle le testateur fait un legs sous la condition que le légataire *ne pourra rien prétendre* dans la succession de ses père et mère n'est contraire ni aux lois ni aux bonnes mœurs. — La condition imposée a l'effet de *suspendre*, jusqu'au décès des père et mère, la *propriété* des biens légués ; toutefois, le légataire n'en est pas moins investi, à partir du décès du testateur, de *l'usufruit* ou *jouissance* de ces mêmes biens (Angers, 27 juillet 1827, aff. Caillaut, Sirey, 28, 1, 249). — V. *sup.* n. 24.

126. Le legs fait sous la condition que le légataire se mariera, devient caduc et nul si le légataire décède sans être marié, encore bien que ce soit avant qu'il ait atteint l'âge nubile. — On ne peut pas dire que l'impossibilité où s'est trouvé le légataire de contracter mariage, doit lui tenir lieu de l'accomplissement de cette condition (Poitiers, 29 juillet 1830, aff. Potron, Sirey, 30, 2, 313).

127. Lorsque la cause d'une disposition est énoncée en termes conditionnels, comme quand un testateur lègue à quelqu'un une chose, *s'il a fait ses affaires*, le legs ne doit avoir d'effet qu'autant que le légataire aura fait réellement les affaires du testateur (*Instit. de legatis*, 1°). — V. *inf.* n. 456 et 457.

128. Il en serait autrement si le testateur avait fait le legs, parce que le légataire avait fait ses affaires : dans ce cas le legs serait valable, bien que le légataire n'ait pas fait les affaires du testateur (Instit. *ibid.*; Toullier, t. 5, n. 654). *ibid.*

129. Lorsqu'un legs est conditionnel, le légataire ne peut l'accepter ni le répudier avant l'événement de la condition. Jusques-là, en effet, il ne peut y avoir de droit ouvert (L. 74, § 1er, *D. de reg. jur.* — L. 45, § 1er, *D. de leg.* 2°). — V. *sup.* n. 24 et 125.

130. Les effets du legs conditionnel ne sont pas les mêmes que ceux du legs pur et simple. En effet, jusqu'à l'événement de la condition le légataire ne peut transmettre aucun droit à ses héritiers sur la chose léguée (C. civ. 1040), tandis que le legs pur et simple est transmissible du jour du décès du testateur aux héritiers ou ayants-cause du légataire (Code civil 1014).

131. Cependant la condition qui, dans l'intention du testateur, ne fait que suspendre l'exécution de la disposition, n'empêche pas l'héritier institué ou le légataire d'avoir un droit acquis et transmissible à ses héritiers (C. civ. 1041).

132. Le legs fait à titre de peine contre l'héritier s'il ne fait pas *telle* ou *telle* chose, doit être exécuté si l'héritier n'accomplit pas la condition qui lui est imposée (Duranton, t. 8, n. 117 et 118).

133. La condition de *ne pas se marier* doit être réputée non écrite comme contraire aux bonnes mœurs, à la loi et à la liberté des légataires (Merlin, *Rép. et Quest.*; Toullier, t. 5, n. 256 ; Duranton, Grenier, Proudhon, Delvincourt, Vazeille, Poujol, Dalloz, *Rép.* — *Contrà*, Favart, *Rép.* ; Chardon, t. 3, n. 597).

134. Mais la condition de ne pas se *remarier* avec une personne désignée est licite (Code civil 900 ; Poitiers, 14 juin 1838, Sirey, 38, 2, 373). Cependant il a été jugé que la condition de ne pas se marier avec *telle* personne devait être écartée si le légataire était obligé par honneur et conscience à épouser cette personne (Bruxelles, 6 mai 1809, Sirey, 3, 2, 69). — Du reste, les auteurs pensent que la condition de ne pas se marier avec *telle* personne, est licite.

135. On doit pareillement réputer non écrites :

1° La condition d'épouser une personne noble (Duranton, t. 8, n. 126. — *Contrà*, Toullier, t. 5, n. 254; Coin-Delisle, n. 36).

2° La condition de changer ou de ne pas changer de religion (Duranton, t. 8, n. 140).

3° La condition de ne pas critiquer une disposition faite au profit d'un enfant naturel au-delà de la proportion que la loi lui attribue (Proudhon, t. 2, n. 698).

4° La clause d'un testament portant défense au légataire de vendre ou d'engager avant une époque déterminée les biens légués (Code civil, 815 et 900 ; Paris, 11 mars 1836, aff. Rouger, Sirey, 36, 2, 360; Toullier, t. 6, n. 488).

136. Mais sont licites et obligatoires :

1° La condition d'embrasser ou de ne pas embrasser l'état ecclésiastique (Chardon, t. 3, n° 588; Toullier, t. 5, n. 265; Vazeille; Furgole; *Contrà*, Merlin, Grenier et Ricard).

2° La condition de renoncer à une succession non échue (Vazeille, Grenier, Toullier et Ricard; *Contrà*, Duranton, t. 8, n. 146).

3° L'institution d'héritier faite (anciennement) sous la condition que l'institué ne pourrait se marier qu'avec le consentement d'une personne désignée, laquelle en cas d'inexécution de cette condition était investie du droit de choisir un autre héritier; et ce, quoique l'héritier se soit marié sans le consentement et même malgré l'opposition de la personne indiquée, alors que cette personne est décédée sans user de la faculté qui lui était donnée (Cass. 5 avril 1836, aff. Grange, Sirey, 36, 1, 363).

4° La condition imposée par le testateur à son légataire de prendre ses nom et prénoms. Une telle condition ne peut être considérée comme impossible bien que son exécution dépende de l'autorisation du Gouvernement; seulement le legs est caduc si le légataire ne peut obtenir cette autorisation dans toute sa plénitude. Dans ce cas, les juges peuvent, après un certain délai, adjuger la chose léguée à un héritier institué subsidiairement, sauf au légataire à poursuivre ultérieurement l'accomplissement de la condition ainsi que la délivrance du legs. (Cass. 4 juillet 1836, aff. Papart-Huillier, Sirey, 36, 1, 642). Dans ce cas le légataire à qui est imposée la condition de porter le nom du testateur doit le prendre habituellement, sans qu'il soit censé avoir enfreint la condition par quelques omissions particulières (Toullier, t. 6, n. 644).

5° Le legs fait par le testateur à son commis sous la condition que celui-ci *habiterait la maison du testateur* au moment du décès de ce dernier. Un tel legs est valable, bien que le commis n'habitait plus la maison à l'époque indiquée, s'il est constant qu'il n'avait pas cessé d'être *attaché à la maison du testateur* et à ses affaires commerciales ; la condition du legs ne devant point s'entendre d'une habitation matérielle (Cass. 21 janvier 1835, aff. Dezeimeris, Sirey, 35, 1, 455).

6° La condition qu'un père, en léguant à son enfant la portion *disponible* et la grevant de substitution au profit de ses petits-fils, impose au grevé de ne point aliéner sa *réserve légale*, sous peine d'être privé de l'usufruit de la portion disponible qui lui est léguée avec substitution (Cass. 7 février 1831, aff. Belot-Rouger, Sirey, 31, 1, 77).

7° La condition apposée au legs fait à une femme mariée en communauté, qu'elle jouira seule des biens et en percevra les fruits ou revenus sur ses simples quittances, sans que le mari puisse s'immiscer dans leur administration. Une telle condition n'a rien de contraire à la puissance maritale, ni au régime de la communauté (C. civ., 900, 1401 et 1428; Paris, 27 janvier 1835, aff. Brochard, et 27 août suiv., aff. Guérin, Sirey, 35, 2, 65 et 518).

Il en est de même sous le régime dotal (Salviat, t. 1, p. 52, art. 19. — *Contrà*, Dupérier, liv. 1, quest. 10).

137. Les juges peuvent, dans l'interprétation d'un testament, d'après l'ensemble de ses dispositions et des considérations d'équité qui paraissent avoir guidé le testateur, décider qu'un legs contenu dans ce testament est conditionnel : c'est là une question de volonté qui rentre exclusivement dans les attributions des juges du fond et qui échappe à la censure de la Cour de Cassation (Cass. 21 août 1834, aff. Gélas, Sir. 34, 1, 645).

138. La condition qui se présente clairement, tout à la fois comme condition du second legs et de la révocation du premier, laisse subsister le premier legs si elle ne s'accomplit pas (Vazeille, art. 1037, n. 4, page 140; Delvincourt, t. 2, p. 386. — *Contrà*, Duranton, t. 9, n. 451 ; Toullier, t. 5, n. 649).

139. La condition dans les legs, bien qu'elle ne s'accomplisse qu'après le décès du légataire, a un effet rétroactif au jour du décès du testateur (Contrôl., *traité*, t. 5, n. 2449; Merlin, v° *cond.* sect. 2, § 3, art. 2; Toullier, t. 6, n. 544 ; Duranton, t. 8, n. 85, et t. 9, n. 313 ; Coin-Delisle, sur l'art. 896, n. 26).

140. Le legs, fait sous une condition potestative de la part du légataire, laquelle consiste pour lui *à ne pas faire*, doit recevoir son exécution dès la mort du testateur; à proprement parler, la clause est dans ce cas un mode et non pas une condition (Toullier, t. 6, n. 535, 536).

141. A la différence de la condition purement potestative imposée dans un contrat, celle qui l'est par un testament est censée accomplie quand un cas fortuit en a empêché l'accomplissement, à moins que le fait qui ne peut se réaliser n'ait été la cause déterminante de la disposition (Toullier, t. 6, n. 611 et suiv.)

142. La condition *casuelle* ajoutée à un legs est valablement accomplie, lorsque l'événement s'est réalisé même avant la mort du testateur s'il a connu cette réalisation, ou si, l'ayant ignorée, l'événement ne peut pas se renouveler (Toullier, t. 6, n. 634 et suiv.).

143. On doit examiner si la condition a un but utile ou si elle n'est pas l'effet d'un caprice pour gêner la liberté du donataire ou du légataire, pour décider si la condition de rester dans *tel* lieu, ou de ne pas aller dans *tel* autre doit être validée ou réputée non écrite (Duranton, t. 8, n. 132 : Furgole, *des Testam.*, chap. 7, sect. 2; Ricard, *des Disp. cond.* n. 282 et 286; Toullier, t. 5, n. 262).

144. On doit tendre en général à valider les legs faits à une personne pour en jouir jusqu'à ce qu'elle embrasse *tel* état ou se marie, à moins qu'on ne reconnaisse que le testateur n'avait d'autre but que de gêner la liberté de cette personne (Duranton, t. 8, n. 129, 141 ; Toullier, t. 5, n. 267).

145. La condition de faire une chose illicite entraîne la nullité du legs auquel elle a été jointe, si l'on reconnait que l'accomplissement de ce fait illicite a été la cause principale de la libéralité (Duranton, t. 8, n. 108; Favard, *Rép.* v° *Don.*, sect. 1, § 2, n. 3. — *Contrà*, Delvincourt, qui soutient que la condition illicite ne rendrait nul le legs qu'autant que le légataire l'aurait accomplie).

146. La condition de donner à des personnes incapables de recevoir du légataire n'est pas réputée non écrite ; mais le légataire qui ne peut donner la chose qui en fait l'objet à la personne désignée, la donne aux héritiers du testateur (Toullier, t. 6, n. 486).

147. Lorsque la condition *mixte* imposée à un legs se trouve accomplie du vivant du testateur, le légataire profite du legs absolument comme si elle s'était accomplie après le décès de celui-ci (Toullier, t. 6, n. 637).

148. Mais lorsque le testateur accomplit lui-même la condition *potestative* qu'il a imposée à son légataire, le legs est caduc (Toullier, t. 6, n. 648).

149. Lorsque le testateur appelle plusieurs personnes à recueillir un legs en leur imposant une condition qui consiste à faire une chose indivisible dans son exécution, elle peut être remplie par un seul des légataires qui profite alors seul du legs (Toullier, t. 6. n. 605).

150. Celui à qui un legs a été fait sous condition résolutoire transmet son droit à ses héritiers, lors même qu'il meurt avant qu'il soit certain que la condition n'arrivera pas (Toullier, t. 6, n. 548).

151. Le legs peut être résolu faute par le légataire de remplir une condition que le juge considère comme résolutoire dans l'intention du testateur. Mais si la condition imposée au profit d'un autre que l'héritier consiste à payer une somme d'argent ou à faire une chose appréciable en argent, c'est, à proprement parler, une charge dont l'inexécution n'entraîne pas la résolution du legs, mais donne seulement une action pour contraindre le légataire à l'exécuter (Toullier, t. 6, n. 582).

152. Le légataire conditionnel qui ne peut être mis en possession que d'une partie du droit légué n'est tenu qu'à l'accomplissement d'une partie proportionnelle de la condition, si l'objet de cette condition est divisible (Toullier, t. 6, n. 599 ; Duranton, t. 9, n. 325 ; Ricard, *des disp. condit.* n. 126).

Art. 3. Du legs conjoint ou de l'accroissement.

153. Lorsque le testateur, par une seule et même disposition, institue trois neveux légataires de tous ses biens, pour (dans l'exécution du legs), les recueillir et en jouir par portions égales, ce n'est point là assigner la part de chacun. Il y a donc lieu à accroissement. (Cass. 19 oct. 1808.

aff. Plenté; 18 oct. 1809; 14 mars 1815; Sirey, 9, 1, 51; 10, 1, 57; 15, 1, 267).

154. Lorsque le testateur, par une seule et même disposition, a institué deux légataires *chacun pour moitié* de la chose léguée, ce n'est point là un legs fait conjointement de manière qu'il y ait lieu à accroissement (Turin, 23 août 1808, aff. Dubois, Sirey 9, 2, 374; Cass. 18 mai 1825, aff. Volfin, Sirey 26, 1, 10). Mais il en serait autrement d'un legs fait conjointement à deux personnes et que le testateur aurait qualifié *universel*, en faisant, en quelque sorte, dans le même acte la part de ses légataires et leur attribuant à chacun la moitié de ses biens, surtout si les dispositions secondaires du testament confirment la qualification de legs universel donné à la disposition principale (Cass. 22 février 1841, aff. Sinson, Sirey 41, 1, 536).

155. La clause par laquelle un testateur lègue à deux personnes une certaine somme *à diviser entre elles par portions égales*, contient une assignation partielle au profit de chacun des légataires dans la chose léguée: ce n'est pas là un legs conjoint; en conséquence, quoique caduc à l'égard de l'un des légataires, le legs n'est pas dû en entier par l'effet de l'accroissement à l'autre légataire (Toulouse, 31 juill. 1828, Sir. 29, 2, 16; Cass. 19 janv. 1830, aff. Rollin, Sirey 30, 1, 73).

156. L'accroissement en matière de legs conjoint s'applique aux legs universels comme aux legs particuliers (Turin, 23 août 1808, Sirey 9, 2, 374).

Il s'applique aussi aux legs d'usufruit; en conséquence, le legs d'usufruit, conjointement fait à deux personnes, dont l'une vient à mourir après avoir recueilli le legs, ne décroît pas de la portion afférente au décédé; le survivant conserve la totalité de l'usufruit (Cass. 1er juillet 1841, aff. de Vaublanc, Sirey 41, 1, 851).

157. Les legs devenus caducs accroissent à l'héritier institué et non à l'héritier légitime (Cass. 20 juill. 1809, aff. Brasier, Sirey, 9, 1, 303).

158. Le legs ainsi conçu : « *Je lègue à une telle, ma fille de service, les immeubles que je possède dans la ville de... et les objets mobiliers qui se trouveront dans lesdits immeubles à l'époque de mon décès*, » ne comprend pas une moitié de maison acquise par le testateur depuis le testament (C. civ. 1019; Pau, 26 juin 1824, aff. Montaut, Sirey 24, 2, 273).

159. Les légataires conjoints par les paroles seulement, n'ont point dans la chose donnée un droit égal à celui de légataires conjoints par la chose; ceux-là ne sont considérés que comme une seule personne et ne prennent qu'une part entre eux (Toullier, t. 5, n. 687), tandis que ceux-ci ne sont considérés comme une seule personne que quand l'objet n'est pas susceptible d'être divisé sans détérioration (*id.* n. 688; C. civ. 1045).

§ 6. — DE LA CAPACITÉ DU TESTATEUR.

160. Les testaments étant purement de droit civil, il résulte de ce principe qu'il n'y a que ceux qui jouissent des droits civils qui puissent tester (C. civ. 25). V. note 27, n. 192 et suiv.

161. Pour faire un testament comme pour faire une donation entre-vifs il faut être *sain d'esprit* (C. civ. 901).

Ces mots *sain d'esprit* doivent être pris dans le sens le plus absolu; ainsi un homme *ivre*, un homme *en colère*, un homme *contraint soit moralement soit physiquement*, qui a fait son testament dans cet état, doit être mis sur la même ligne que *l'imbécile* ou *l'insensé* dont l'interdiction peut être prononcée et qui est incapable de tester (V. *inf.* n. 382 et suiv. 432).

Cependant, les Tribunaux doivent user d'une grande réserve dans l'application de la règle *que les testaments doivent* être annulés pour haine et colère (Merlin, *Rép.*, v° *ab irato*, sect. 7; Delvincourt, t. 2, p. 406; Duranton, t. 8, n. 161; Vazeilles, art. 901, n. 16. — *Contrà*, Toullier, t. 5, n. 717; Delaporte, *Pandect. fr*, t. 8, n. 254; Grenier, t. 1, n. 146).

D'un autre côté, la jurisprudence des Cours Royales restreint au lieu d'étendre dans ses effets l'action *ab irato*. Ainsi :

Lorsqu'un testateur déclare qu'il a été animé, dans le legs qu'il fait à un parent ou à un allié, par un sentiment de reconnaissance, on ne doit pas supposer qu'il ait eu en vue de s'en faire un prétexte pour nuire à ses enfants (Paris, 28 frim. an XIV, aff. Teiller, Sir. 6, 2, 160).

Lorsqu'un testament a été fait par une personne *en colère*, il est valable, si cet état de colère ne lui a pas ôté la liberté d'esprit et atténué la raison (Aix, 18 janv. 1808, aff. Viole, Sir. 10, 2, 521; Limoges, 31 août 1810, aff. Delmas, Sir. 11, 2, 461).

Lorsque la haine et la colère n'ont pas occasionné l'aliénation des facultés intellectuelles du testateur, l'action *ab irato* ne peut être exercée contre le testament (Lyon, 25 juin 1816, Sir. 17, 2, 133).

162. Toute personne peut disposer, soit par donation entre-vifs, soit par testament, à moins que la loi ne l'en déclare incapable (C. civ. 902).

163. Le mineur âgé de moins de seize ans ne peut aucunement disposer par testament (C. civ. 903).

164. Le mineur parvenu à l'âge de seize ans ne peut disposer que par testament et jusqu'à concurrence seulement de la moitié des biens dont la loi permet au majeur de disposer (C. civ. 904).

165. Toutefois, le mineur quoique parvenu à l'âge de seize ans, ne peut même par testament disposer au profit de son tuteur (C. civ. 907).

166. A l'égard du mineur devenu majeur, il ne peut aucunement disposer, soit par donation, soit par testament, au profit de celui qui a été son tuteur, si le compte définitif de la tutelle n'a été préalablement rendu et apuré (C. civ. 907).

167. Sont exceptés de la prohibition de recevoir du mineur dans les deux cas ci-dessus, les ascendants des mineurs, qui sont ou ont été leurs tuteurs (Code civil 907).

168. La femme mariée n'a besoin ni du consentement de son mari ni de l'autorisation de la justice pour disposer par testament (Code civil 905).

169. Toute disposition au profit d'un incapable est nulle, soit qu'on la déguise sous la forme d'un contrat onéreux, soit qu'on la fasse sous le nom de personnes interposées. Sont réputées personnes interposées les père et mère, les enfants et descendants, et l'époux de la personne incapable (Code civil 911).

170. On ne peut disposer au profit d'un étranger que dans

[24] DES LEGS. — DES LÉGATAIRES.

le cas où cet étranger peut disposer au profit d'un Français (Code civil 912).

171. On doit mettre au rang des personnes incapables de tester l'individu pourvu d'un conseil judiciaire (Cass. 6 juin 1821, aff. Cheneveau, Sirey 23, 1, 41).

172. Les dispositions testamentaires d'un interdit doivent être appréciées uniquement d'après les lois du temps de l'acte et de l'interdiction en ce qui touche la capacité du testateur. On ne doit point tenir compte des lois ou des événements des temps ultérieurs (Colmar, 31 juillet 1823, Sirey, 24, 2, 25).

173. Un testateur ne peut renvoyer d'une manière générale à une ancienne coutume abrogée, pour régler sa succession. Une telle disposition serait essentiellement nulle et sans effet (Cass. 23 décembre 1828, aff. Lanos, Sirey 29, 1, 155).

§ 7. DES CHOSES QUI PEUVENT OU NON FAIRE L'OBJET D'UN LEGS.

174. Tout ce qui est dans le commerce peut faire l'objet d'un legs comme de toute autre disposition de la part de l'homme (V. note 22).

175. D'où il suit qu'un testateur peut léguer indistinctement toutes les choses qui lui appartiennent, comme la propriété de ses biens meubles et immeubles, une créance, un droit, une servitude, etc.

176. Des corps certains et déterminés, comme une maison, une métairie, *tel* ou *tel* meuble, les biens que l'on possède en *tel* lieu, peuvent faire l'objet d'un legs particulier : il en est de même des choses indéterminées, comme un cheval, un vase de telle espèce, une quantité de denrées, une somme d'argent. On peut comprendre aussi dans les legs particuliers des choses futures, comme la récolte à faire dans *tel* domaine après notre décès (Toullier, t. 5, n. 514).

177. On ne peut léguer la chose d'autrui ; une telle disposition serait nulle, soit que le testateur ait connu ou non que la chose ne lui appartenait pas (Code civil 1021).

178. Mais cette règle ne peut s'entendre que de legs de corps certains et déterminés appartenant à autrui, et non de ces legs de choses indéterminées comme le legs d'une bibliothèque, d'un bijou de telle valeur, le legs de tel ouvrage, parce qu'alors si ces objets ne se trouvent pas dans la succession du testateur, l'héritier est obligé de les acheter ou de donner au légataire la somme nécessaire pour les acheter lui-même (Toullier, t. 5, n. 516).

179. Ainsi, lorsqu'un testateur lègue une terre de 30000 fr. sans la désigner, il n'est pas censé avoir légué la chose d'autrui, bien que cette terre ne se trouve pas dans sa succession. On considère dans ce cas qu'il a légué une somme de 30,000 fr. pour être employée à acquérir une terre en faveur de son légataire, et le legs est valable. (Toullier, *ib.*)

180. Cependant le legs que le testateur fait de sa propre chose dans le cas où serait contesté le legs qu'il fait de la chose d'autrui, doit avoir effet, encore que la contestation ne provienne pas du fait de ses héritiers. Un tel legs n'est pas pénal pour le cas où les héritiers contesteraient : il est conditionnel pour le cas où le premier legs resterait sans effet. En tout cas, le sens d'une telle clause est une question de volonté dont la solution ne peut offrir un moyen de cassation (Cass. 17 janvier 1811, aff. Rioult-d'Avenay, Sir. 13, 1, 425).

181. Le legs d'une chose appartenant à l'héritier légitime ou à l'héritier testamentaire est valable aussi quand il a été fait expressément comme charge de l'hérédité ou du legs. Hors ce cas, il est nul comme legs de la chose d'autrui dans le sens de l'art. 1021 du Code civil (Cass. 19 mars 1822, aff. Loiseau, Sirey 22, 1, 370; Cass. 29 mars 1837, aff. Franceschini, Sirey 37, 1, 685).

182. On ne peut considérer comme legs de la chose d'autrui le legs de la chose commune. En conséquence, le legs de cette dernière chose est valable, sauf l'effet du partage. Et lorsque la chose léguée ne tombe pas au lot des héritiers du testateur, le légataire a droit dans ce cas de réclamer la valeur de la portion qui lui a été léguée (Rouen, 25 janv. 1808, aff. Manoury; Metz, 30 mars 1816, aff. Delatre, Sirey 19, 2, 30).

183. Le légataire de moitié de deux objets indivis entre le testateur et des tiers, n'a droit qu'à la moitié de l'un de ces objets, si, dans le partage, le testateur, au lieu de recevoir moitié de chacun des deux objets en reçoit un en totalité. Le legs, pour la moitié de l'autre objet est caduc comme legs de la chose d'autrui (Cass. 28 février 1826, aff. Desplands, Sirey 26, 1, 409).

184. Le legs d'un corps certain ou d'une espèce déterminée, qui ne se trouve ni dans le patrimoine du testateur, ni dans celui d'une certaine personne et qui est spécifiquement désigné dans le testament, est nul lorsqu'on ne peut prouver que la chose léguée a été soustraite par l'héritier (L. 32, § 5, D. *de legatis*). V. *sup* n. 179.

185. Dans le cas posé ci-dessus le legs recevrait son effet si la chose léguée pouvait se retrouver dans la suite (L. 15, D. *de legatis* 3°).

186. Dans la même hypothèse, c'est-à-dire quoique la chose n'existe pas au temps du testament, ni au décès du testateur, le legs ne laisse pas d'être valable, si l'on peut espérer qu'elle existera un jour; comme si elle consiste dans les fruits de *tel* fonds, ou les enfants de *telle* esclave (Instit. § 7, *de legatis*).

187. Dans le cas où le testateur n'a pas désigné spécifiquement la chose léguée (V. *suprà*, n. 184), si elle n'existe ni dans la succession ni dans le patrimoine d'une personne déterminée, le legs est nul, étant plus dérisoire qu'utile (L. 71, D. *de legatis* 1°).

188. On ne peut léguer que des choses susceptibles d'une existence ultérieure quel que courte qu'elle soit; par conséquent ne peuvent faire la matière d'un legs les choses qui sont de nature à s'éteindre par la mort du testateur, comme un droit d'usufruit, un droit d'usage et autres droits personnels qui s'éteignent avec la personne du disposant (L. 24, § 1, D. *de legatis* 1°; Toullier, t. 5, n. 508).

189. Il y a exception à ce que nous venons de dire pour les dispositions *libératoires* qui ont pour effet d'éteindre une dette; ainsi, un testateur non-seulement peut léguer la *libération* à son débiteur, c.-à-d. ce que celui-ci lui doit ; mais encore il peut la léguer au débiteur de son héritier, à celui d'un étranger, à une personne qui s'est rendue caution pour lui (L. 3, 4, 8 et 11. D. *de liberatione legatâ*).

190. Les *faits* pouvant comme les choses être l'objet d'un legs, il en résulte qu'un testateur peut imposer à ses héritiers ou à toute autre personne par lui grevée de legs, de faire *telle chose* ou de s'abstenir de *telle autre chose* en considération de quelqu'un qui y a intérêt (Instit. § 21, *de*

legat.; L. 11, §§ 23, 24 et 25, D. *de legat.* 1°; Toullier, t. 5, n. 518).

191. Ainsi, c'est un legs valable fait à Pierre, lorsque je charge mon héritier de blanchir les murs de sa maison, qui est vis-à-vis celle de *Pierre*, pour donner du jour à la sienne, et pareillement celui par lequel je chargerais mon héritier de ne point louer à des serruriers ou autres ouvriers sa maison voisine de celle où loge Pierre, tant que Pierre y demeurera, serait valable (Pothier, *des Donations testamentaires*, ch. 4, art. 1, § 6).

192. Pour que le legs d'un *fait* soit valable, il faut que le legs soit possible, licite et que le légataire y ait intérêt (*Ibid.*)

193. Au nombre des faits qui peuvent être légués on peut ranger le *fait* de vendre et celui d'acheter; ainsi, un testateur peut léguer le droit d'obliger son héritier soit à vendre à une personne un objet qui lui convient, soit à acheter d'elle une chose dont elle est intéressée à se défaire (L. 66, D. *de legat.* 1°).

194. Dans le cas ci-dessus, c.-à-d. lorsque le testateur a obligé son héritier à vendre, il faut distinguer : si le testateur n'a pas fixé le prix de la vente, ce prix doit être réglé à dire d'experts; mais si le testateur l'a fixé lui-même, son héritier doit s'y tenir (L. 49, D. *de legat.* 1°).

195. Le légataire d'une somme indéterminée, à la charge de poursuivre une demande en nullité de mariage formée par un ascendant, aux termes de l'art. 180 du C. civ., n'a pas qualité pour suivre cette demande après le décès de l'ascendant testateur qui l'avait intentée (Agen, 20 déc. 1824, aff. Desblanc et Fézas, Sirey 25, 2, 339).

Art. 1er. *De l'étendue des legs et de ce qui les compose.*

196. Toute chose léguée doit être délivrée avec les accessoires nécessaires, et dans l'état où elle se trouve au jour du décès du testateur (Code civil 1018). V. note 22.

197. Lorsque celui qui a légué la propriété d'un immeuble l'a ensuite augmentée par des acquisitions, ces acquisitions, fûssent-elles contigues, ne seront pas censées, sans une nouvelle disposition faire partie du legs. Il en est autrement des embellissements ou des constructions nouvelles faites sur le fonds légué, ou d'un enclos dont le testateur aurait augmenté l'enceinte (C. civ. 1019). V. *inf.* n. 425.

198. L'erreur dans la démonstration de la chose léguée est indifférente, lorsqu'il n'y a pas de doute sur l'individualité ou l'application de cette chose (Instit. *de legat.* § 30).

199. Mais quand la démonstration était nécessaire, la fausseté vicie le legs. Par exemple, si je lègue ce que *Titius* me doit, sans ajouter la quantité, et que *Titius* ne me doive rien, la disposition est nulle, parce qu'on ne peut savoir ce qu'elle comprend (L. 75, § 1, ff. *de legatis*, 1°).

200. Lorsque le testateur fait legs à son débiteur de son titre lequel est de *telle somme*, ce legs doit recevoir son effet, pour l'intégralité de la somme portée au titre, quoique celle énoncée au testament soit inférieure à celle exprimée au titre (Nîmes, 26 nov. 1824, aff. Labrely).

201. De nombreuses difficultés s'étant élevées sur l'étendue que doit avoir un legs, nous allons rapporter les solutions que ces difficultés ont reçues :

203. Lorsque dans un premier testament, un individu lègue une certaine somme à celui qui sera *son secrétaire* au moment de son décès, et que par un testament postérieur, il lègue une pareille somme à un *tel* son secrétaire, le testateur a fait deux legs distincts que le légataire peut cumuler (Turin, 24 février 1807, Sirey 7, 2, 205).

204. Le legs d'une somme de deniers fait par un premier testament, n'est pas contraire au legs d'une somme moins considérable fait au même légataire dans un second. Dans ce cas, le légataire peut demander les deux sommes cumulativement (Grenoble, 14 juin 1810, aff. Martin, Sirey 11, 2, 20).

205. Celui qui doit une rente à un tiers, et qui, par un testament, charge son héritier de payer une rente à ce tiers, sans exprimer si c'est celle qu'il doit déjà, est censé avoir fait le legs d'une nouvelle rente (Paris, 19 juil. 1809, aff. Perrot, Sirey 10, 2, 78).

206. Le legs de *tous les meubles et effets* est réputé comprendre les obligations actives, si, par une disposition ultérieure, le testateur a excepté du legs les billets et effets de commerce (Paris, 21 juin 1806, aff. Rousseau, Sir. 6, 2, 222).

207. Le legs des *meubles*, de l'*argent monnayé*, de l'*argenterie*, et généralement de *tout ce que contiendra une maison au décès du testateur*, et comme on le dit vulgairement, *porte fermée*, comprend les titres de créances actives renfermés dans cette maison (Aix, 19 août 1829, aff. Vache de Cotignac, Sirey, 29, 2, 281; Cass. 28 fév. 1832, Sirey 32, 1, 246).

208. Il en est de même du legs des objets mobiliers qui se trouveront dans la maison du testateur au moment de son décès (Bordeaux, 11 juin 1828, aff. Paillet-la-Perrière, Sirey 29, 2, 25).

209. Le legs des meubles et effets qui se trouveront dans une maison du testateur, ne doit être ni restreint aux objets mobiliers que l'art. 533 du Code civil désigne sous la seule dénomination de meubles, ni être étendu à tout ce qui est censé meuble d'après l'art. 535 du même Code. L'effet d'une telle disposition est réglé par l'art. 536 du Code civil; en conséquence, le legs comprend non l'argent comptant ni les dettes actives ou autres droits dont les titres se sont trouvés dans la maison, mais tous les autres effets énumérés dans l'art. 533 (Bordeaux, 9 mars 1830, aff. Moulin, Sirey, 30, 2, 148).

110. Le legs d'un fonds de commerce comprend les droits, créances et recouvrements en dépendant (Paris, 12 avril 1833, aff. Hennet, Sirey 33, 2, 306; Proudhon, t. 2, n. 1025).

211. Le legs du mobilier comprend l'office dont le testateur était pourvu (Dard, Tr. des off., liv. 2, p. 395).

212. Le legs par lequel un testateur nomme un *tel* pour son légataire universel, comprend nécessairement tout ce que le testateur avait de disponible.

213. Lorsqu'un testateur lègue à une personne le quart de ses meubles et de ses immeubles en propriété, le mot *meuble* s'entend, dans ce cas, non-seulement des meubles meublants, mais encore de tous les effets mobiliers (Paris, 6 janvier 1807, aff. Roisin).

214. Le legs fait par un cardinal à ses valets de chambre, de sa garde-robe, aubes, rochers, habits de cour et d'église, ne comprend pas les habits pontificaux, c.-à-d. les chapes, mitres, étoles, etc. (Arr. juillet 1761; Denizart; Merlin, Rép. sect. 4, § 3, n. 24).

215. C'est au temps de la mort du testateur qu'on doit avoir égard pour régler l'étendue d'un legs. Cependant, lorsqu'un testateur a légué les immeubles qu'il possède dans *tel* lieu, le legs ne comprend pas l'acquisition postérieure dans le même lieu ni même celle d'immeubles contigus ou indivis avec ceux existant à l'époque du testament (Pau, 26 juin 1824, aff. Baserque).

216. Lorsque le legs est d'une chose indéterminée, l'héritier n'est pas obligé de la donner de la meilleure qualité, et il ne peut pas l'offrir de la plus mauvaise.

217. Lorsque l'adoption faite par un individu est annulée après son décès, le legs qu'il a fait de toute sa fortune *disponible* comprend les biens qui faisaient la réserve de l'adopté. Les héritiers naturels du testateur ne sont pas fondés à prétendre que les biens doivent leur être attribués. A cet égard il n'y a pas même lieu de rechercher quelle a pu être l'intention du testateur (Colmar, 26 mai 1830, aff. Lotzbeck, Sirey 30, 2, 333).

218. La donation d'une part d'enfant *le plus prenant*, faite par l'un des époux à l'autre, n'embrasse pas la totalité des biens du donateur, alors même que celui-ci est décédé sans enfants ni autres héritiers à réserve. On doit, dans ce cas, supposer l'existence d'un enfant, et borner l'effet de la donation à la moitié des biens (Code civil 916, 1091, 1094; Paris, 14 mars 1825, aff. Landelle et Bourbonne, Sir. 25, 2, 314).

219. Le legs ainsi conçu : « *Je lègue le quart du mobilier qui se trouvera chez moi à mon décès, linge, argenterie, généralement le quart de tout* », embrasse tout ce qui est meuble, d'après la loi, notamment l'argent comptant. On ne peut se prévaloir de la mention spéciale du *linge et de l'argenterie*, comme étant restrictive de la disposition et excluant du legs l'argent comptant (Bordeaux, 28 février 1831, aff. Habacthe, Sirey 31, 2, 268; Cass. 1 mai 1832, aff. Rambaud, Sirey 32, 1, 342).

220. Le legs de l'argent comptant qui sera trouvé *au domicile du testateur*, comprend non-seulement celui qui existe au lieu de son habitation réelle et effective au moment de son décès, mais encore celui qui existe au lieu de son domicile de droit, alors surtout qu'au moment de la confection du testament, le défunt n'avait pas d'autre résidence que ce dernier domicile (Grenoble, 8 mai 1831, aff. Gayet, Sirey 32, 2, 306).

221. Le legs de tous *les fruits et revenus échus, et généralement de tout le mobilier* qui compose la succession du testateur, ne comprend que les revenus qui étaient exigibles au décès de ce dernier; il ne comprend pas la portion des fermages ou loyers courus depuis le dernier terme échu avant le décès du testateur jusqu'à l'époque de ce décès, et dont l'exigibilité n'est ainsi arrivée que postérieurement (Cass. 1 août 1832, aff. Lehujuer, Sirey 32, 1. 797).

222. On ne doit pas considérer comme augmentation de la chose léguée le paiement qu'a fait le testateur d'une dette qu'il avait mise à la charge du légataire (Vazeille, art. 1019, n. 7, p. 69. — *Contrà*, Merlin, *Rép.*, v°. *legat.*, § 7, art. 2, n. 11).

223. Lorsque divers propriétaires ont acheté un fonds pour l'utilité commune de leurs héritages, le legs ou la vente par l'un d'eux de sa propriété particulière embrasse le droit qu'il avait au fonds commun (L. 20, § 1. ff. *Si servitus vindicetur*. Proudhon, t. 2, p. 106, n. 532).

224. Le legs d'une portion déterminée des biens *qui se trouveront composer la succession du testateur*, peut être réputé porter sur les biens par lui donnés en avancement d'hoirie (Cass. 8 janvier 1834, Sirey 34, 1, 12).

225. Le légataire qui reçoit le fonds légué, *avec les fruits pendants*, ne doit pas compte à l'héritier des frais de culture et de semence, si cet héritier ne les a pas faits personnellement (Vazeille, *Don. et Test.*, art. 1018, n. 2; Delvincourt, t. 2, p. 363).

Art. 2. *De l'interprétation des legs.*

226. La volonté du testateur est susceptible d'une interprétation large, et c'est à la découvrir qu'on doit principalement s'attacher. Pour cela l'on ne doit point s'écarter de la signification propre des termes dont il s'est servi, si l'on n'a pas de justes raisons de croire qu'il les a entendus dans un sens autre que leur sens naturel (L. 96, D. *de leg.*, 3°).

227. Et d'abord l'usage du lieu du domicile du testateur ou du lieu qu'il fréquente d'habitude, doit être particulièrement consulté plutôt que la signification exacte et originaire des termes (L. 69. § 1er, D. *de legat.*; L. 18, § 3, D. *de instructo*).

228. Ensuite la relation des clauses testamentaires entre elles doit être d'un grand secours pour les interpréter respectivement (L. 57, § 1er, *Ad senatus-cons. Trebellianum*).

229. On doit toujours présumer lorsqu'il s'agit d'interprétation, que le testateur n'a pas voulu faire un legs inutile et dérisoire, mais qu'il a voulu au contraire que sa volonté fût exécutée aussi pleinement qu'elle peut l'être; aussi l'opinion des jurisconsultes est-elle que l'interprétation doit toujours se faire dans l'esprit de faire valoir l'acte plutôt que de l'anéantir, car il faut avant toutes choses que la volonté du testateur soit accomplie.

Les principes, en pareille matière, sont qu'il ne doit y avoir ni *incertitude* dans la personne du légataire, ni *vices* dans le motif qui a porté le testateur à léguer. — V. *infrà*, n. 370 et suiv.

230. Lorsque, dans un testament, deux dispositions sont contraires entre elles, elles se détruisent mutuellement (Pothier, v° *Testament*, sect. 1re, art. 2).

231. Pour un legs fait *à l'hôpital* sans exprimer de quelle ville, on doit présumer que le testateur a eu en vue celui du lieu où il demeurait au temps de son testament (Pothier, *ibid.*, n. 21).

232. Lorsqu'un testament contient en faveur d'une personne le legs alternatif d'une rente viagère de *cinq mille livres* ou de l'usufruit d'un immeuble affermé 540 fr., l'un et l'autre legs remboursables moyennant une somme de 5,000 fr. une fois payée; dans ces circonstances les tribunaux peuvent décider qu'il y eu a erreur dans la quotité de la rente viagère léguée, et que le testateur n'a voulu donner à ce titre que 500 fr. (Paris, 29 frim. an XII, aff. Lacharme, Sirey 7, 2, 1038).

233. Le legs fait à une église pour être employé en prières, n'est pas censé fait au prêtre desservant (Angers, 13 août 1807, aff. Mars, Sirey 7, 2, 653).

234. Le père qui a fait un legs à son enfant pour sa *légitime*, est censé par cela seul vouloir que ce legs soit payé par préférence à tous les autres legs, encore bien que l'en-

fant ait reçu entre-vifs le montant de sa réserve (Paris, 12 mars 1806, aff. Omahoni, Sirey 6, 2, 267).—V. *inf*. n. 241.

235. Lorsqu'un père, dans son testament, donne le *quart de ses biens* par préciput ou avec dispense de rapport sans autre explication, le quart doit se calculer sur les biens existants à l'époque du décès seulement, et non sur ceux donnés par le père de son vivant (Toulouse, 7 août 1820, aff. Chamayou, Sirey 20, 2, 296 et 22, 2, 66).

Il en serait autrement du legs d'un objet déterminé, car alors pour savoir s'il n'y a pas excès dans la disposition il faudrait calculer tant sur les biens existants au décès que sur ceux donnés antérieurement (C. civ. 922); et quand, dans ce cas, il y a lieu à réduire le legs, cette réduction ne peut être demandée que par les héritiers à réserve, leurs héritiers ou ayants-cause. Les donataires, les légataires, ni les créanciers du défunt ne peuvent ni la demander ni en profiter (C. civ. 921).

236. Un legs fait à un créancier, *à la charge par lui de renoncer à sa créance*, doit être interprété en ce sens, que l'objet légué est affecté d'abord au paiement de la créance, et que le surplus est donné à titre gratuit (Toulouse, 24 janv. 1822, aff. Ribaut, Sirey 22, 2, 210).

237. Le légataire au profit de qui deux legs de sommes d'argent ont été faits par deux testaments différents, peut réclamer cumulativement les deux legs, si le testateur n'a point exprimé que le dernier legs remplacerait le premier, alors surtout que les sommes léguées dans les deux testaments ne sont pas identiques (Grenoble, 22 juin 1827, aff. veuve Leroux-Lamazelière, Sirey 28, 2, 188).

238. Toutefois il a été décidé qu'un legs et une donation, faits successivement d'une même somme au même individu, pouvaient être déclarés ne former, dans l'intention du disposant, qu'une seule et même disposition, et ne pouvoir, en conséquence, s'exécuter cumulativement (Cass. 25 juin 1828, aff. Mahuzier, Sirey 28, 1, 267).

239. On peut interpréter une disposition testamentaire, comme contenant en apparence un legs au profit d'un individu capable de recevoir, mais en réalité un legs déguisé au profit exclusif d'un incapable (Toulouse, 5 mars 1827, aff. Pendaries, Sirey 27, 2, 162).

240. La clause par laquelle le testateur affecte spécialement un immeuble au paiement d'un legs, ne peut être considérée comme une déclaration expresse que le legs doit être acquitté par préférence (Lyon, 17 avril 1822, aff. Desnoyer, Sirey 24, 2, 159).

241. Un legs fait au profit d'un héritier à réserve, est réputé fait dans l'intention qu'il soit recueilli en sus de la réserve (Agen, 12 janv. 1824, aff. Gauté, Sirey 24, 2, 81).

242. L'appréciation par la Cour royale des termes d'un testament et des choses auxquelles il s'applique est souveraine et ne peut donner aucune ouverture à cassation (Cass. 18 nov. 1840, aff. Bonnemains, Sirey 41, 1, 90).

243. Le legs fait à la *fille* ne doit pas plus se confondre avec sa dot, que le legs fait à un étranger ne se confond avec sa créance (C. civ. 5023; Toullier, t. 5, n. 533).

244. Deux testaments dont le second aurait légué à une ou plusieurs personnes une chose déterminée léguée précédemment par le premier à une autre personne, peuvent subsister ensemble sans qu'il y ait contrariété de dispositions. Mais si l'un des deux devient caduc, il n'accroît pas à l'autre (Toullier, t. 5, n. 645).

245. Le legs d'une rente à prendre sur *tel* ou *tel domaine désigné*, est dans le doute plutôt démonstratif que limitatif (Paris, 19 vent. an XI, aff. Dumay, Sirey 3, 2, 247).

246. Lorsque le testateur, en exprimant la volonté de faire un legs au profit d'une personne désignée, a omis de spécifier l'objet ou la somme léguée, les juges peuvent suppléer à cette omission par voie d'interprétation (Aix, 20 mars 1833, aff. Arthaud, Sirey 33, 2, 362).

247. Lorsque, par un testament, il a été légué une somme en capital pour la fondation d'un hospice et une rente pour l'entretien d'une hospitalière destinée à le desservir, les juges peuvent déclarer, par interprétation de la volonté du testateur, que le paiement de la rente est exigible de suite et n'est pas subordonné à l'établissement de l'hospice et à l'installation de l'hospitalière (Cass. 5 déc. 1831, aff. Deschamps, Sirey 32, 1, 364).

248. Le legs d'une quote-part des biens du testateur s'étend aux biens qui lui sont advenus depuis le testament, comme à ceux qu'il possédait lors de la confection de cet acte (Grenoble, 3 févr. 1832, aff. Giraud, Sirey 32, 2, 306).

249. Le legs du *mobilier* peut, par une interprétation de la volonté du testateur résultant de la combinaison des clauses du testament être considéré comme n'ayant pour objet que *les meubles* proprement dits, malgré la disposition de l'art. 535 du C. civ. : la volonté reconnue du testateur rend en ce cas inapplicable la disposition de la loi. (Cass. 3 mars 1836, aff. Dubois, Sirey 36, 1, 760).

250. Il en est de même du legs de *tous les meubles et effets mobiliers, or, argent monnayé, non monnayé, provisions et denrées* : ce legs pouvant être considéré comme ne comprenant pas les rentes constituées (Cass. 24 juin 1840, aff. Gay, Sirey 40, 1, 899).

251. Le legs de l'universalité de tous les biens, meubles et effets mobiliers, *droits*, *crédits et actions* que possédera le testateur au moment de son décès, de quelque nature qu'ils soient, est un legs purement mobilier : les expressions *droits*, *actions* se référant à l'énonciation du mobilier et ne pouvant être considérées comme ayant eu pour objet de comprendre les immeubles ou droits immobiliers du testateur dans le legs (Cass. 26 juin 1832, aff. de Lanjumet, Sirey 32, 1, 518).

252. Lorsqu'un testateur a légué une somme pour la fondation et l'entretien d'un hospice, avec différentes prestations en nature, et qu'un décret a autorisé l'acceptation de la somme léguée *aux clauses et conditions du testament*, sans s'expliquer sur les prestations en nature, les tribunaux peuvent décider que par ces mots, *aux clauses et conditions du testament*, le décret a autorisé l'acceptation des prestations en nature. — Ce n'est pas, de la part de l'autorité judiciaire, se livrer à *l'interprétation* d'un acte administratif; c'est seulement en faire l'application et en ordonner l'exécution (C. civ. 910; L. 16 fruct. an III; Cass. 5 déc. 1831, aff. Bréchard, Sirey 32, 1, 360).

§ 8. DE LA CAPACITÉ DU LÉGATAIRE.

253. Toute personne peut disposer par testament si elle n'en est déclarée incapable par la loi (C. civ. 902).

254. Pour être capable de recevoir par testament, il

suffit d'être conçu à l'époque du décès du testateur. Toutefois le testament n'a d'effet qu'autant que l'enfant naît viable (C. civ. 906); mais la condition de la conception lors du décès du testateur n'est pas nécessaire pour les enfants du légataire quand il y a substitution à leur profit (Loi 17 mai 1826). V. *Substitution*.

255. Les incapables de recevoir par testament sont :

1° Les enfants naturels, lesquels ne peuvent rien recevoir au-delà de ce qui leur est accordé par les art. 756 et suiv. du C. civ. lorsqu'ils n'ont pas été légitimés par le mariage subséquent de leurs père et mère (C. civ. 908, 333).

2° Les enfants incestueux ou adultérins, lesquels ne peuvent recevoir que des aliments qui sont réglés eu égard aux facultés du père et de la mère, au nombre et à la qualité des héritiers légitimes (C. civ. 762, 763). V. note 7, n. 62 *bis*.

3° Les docteurs en médecine ou en chirurgie, les officiers de santé et les pharmaciens qui auront traité une personne pendant la maladie dont elle est morte (C. civ. 909).

256. Cependant le mari peut recevoir toutes sortes de dispositions de sa femme, encore qu'il soit docteur en médecine ou en chirurgie, et qu'il ait traité la testatrice pendant la maladie dont elle est morte (Turin, 16 avril 1806, aff. Berotti, Sir. 2, 736. — Cass. 30 août 1808, Sirey 8, 1, 482). Il en serait autrement si le mariage avait été contracté pendant la maladie et en vue de faire fraude à la loi (Duranton, t. 8, n. 237).

257. L'état d'infirmité et de souffrance d'un individu à la suite d'une chute, peut être considéré comme n'ayant pas le caractère de *maladie*. En conséquence, est valable le legs fait par cet individu au médecin qui lui a donné ses soins pendant cet état d'infirmité (Cass. 12 janv. 1833, aff. Noguès, Sirey 33, 1, 339).

258. La question de savoir ce qui constitue le traitement et par conséquent si le légataire est dans un état d'incapacité de recevoir, présente une appréciation de fait conféré par la loi aux magistrats et qui ne peut donner lieu à cassation (Cass. 9 avril 1835, aff. Traynard, Sirey, 35, 1, 430).

259. Les médecins et pharmaciens sont incapables de recevoir des dispositions universelles de la part des malades qu'ils traitent, encore bien qu'ils soient alliés du testateur au troisième degré. — La simple livraison de remède par un pharmacien ne peut être assimilée au traitement du malade dans le sens de l'art. 909. (Cass. 12 oct. 1812, aff. Allara).

260. Toutefois cette décision ne s'applique point au cas où le pharmacien ne perdait pas de vue le testateur et habitait avec lui sous le même toit, soit dans la maison du testateur, soit dans sa propre maison (Cass. 12 oct. 1812, aff. Allara, Sirey 13, 1, 38).

261. Mais le legs fait par une personne à la fille de sa sœur est valable encore que le père de la légataire en qualité de pharmacien ait donné ses soins au testateur dans la maladie dont il est mort (Paris, 30 mess. an XIII, aff. Gruest, Sirey 5, 2, 210).

262. Il en est de même du legs fait à la *fille* de son médecin par un individu fort âgé, affecté d'une plaie de nature cancéreuse qui a déterminé sa mort, lorsqu'à l'époque du testament la maladie du testateur n'exigeait que l'application de remèdes familiers dont le médecin a seulement prescrit la continuation, ce qui a eu lieu pendant plusieurs années après le testament (Cass. 9 avril 1835, aff. Traynard, Sirey 35, 1, 430).

263. On doit faire application de l'art. 909 aux individus qui, sans titre ni qualité, s'ingèrent de traiter les maladies, mais non aux gardes-malades (Duranton, t. 8, n. 251 et 252; — Toullier, t. 5, n. 67, 68; — Ricard, n. 501; — Furgole, n. 23; — Grenier, t. 1, p. 311).

4° Les ministres du culte (C. civ. 909): ce qui ne s'applique pas aux ministres du culte protestant qui n'admet pas la confession auriculaire (Toullier, t. 5, n. 70). V. *sup*. n. 255.

264. L'incapacité en ce qui touche les ministres du culte ne s'applique qu'à ceux des ministres qui ont rempli les fonctions de leur culte auprès du testateur (Cass. 18 mai 1807, aff. Saint-Geneys, Sirey 7, 1, 287).

265. Mais le legs fait au prêtre confesseur de la testatrice est nul s'il n'est dit dans le testament que ce legs est rémunératoire (Montpellier, 19 mai 1813, aff. Séguret, Sirey 14, 2, 90).

266. Cependant les personnes dénommées aux nos 255-3° et 263-4°, peuvent accepter : 1° des dispositions rémunératoires faites à titre particulier eu égard aux facultés du disposant et aux services rendus; 2° et les dispositions universelles dans le cas de parenté jusqu'au quatrième degré inclusivement, pourvu toutefois que le testateur n'ait pas d'héritiers en ligne directe, à moins que celui au profit de qui la disposition a été faite ne soit lui-même du nombre de ces héritiers (C. civ. 909).

5° Les personnes interposées pour éluder la prohibition de la loi relative aux incapables de recevoir. V. *sup*. n. 255. — Sont réputées personnes interposées, les père et mère, les enfants et descendants, et l'époux de la personne incapable (C. civ. 909).

267. Lorsqu'une disposition testamentaire, faite en apparence au profit d'un individu capable de recevoir, n'est en réalité qu'une disposition déguisée au profit exclusif d'un incapable et une précaution prise pour frauder la loi, les juges doivent en ce cas prononcer la nullité de la disposition (Toulouse, 3 mars 1827, aff. Pendaris, Sirey 27, 2, 162).

6° Le tuteur du mineur capable de disposer ou du mineur devenu majeur ne peut accepter un legs de ce dernier, si le compte définitif de la tutelle n'a été préalablement rendu et apuré. — Cependant les ascendants qui sont ou qui ont été tuteurs du mineur ou du mineur devenu majeur peuvent accepter des dispositions testamentaires (C. civ. 907). V. *sup*. n. 255.

7° Les condamnés à des peines emportant la mort civile, à moins que la disposition n'ait pour cause des aliments (C. civ. 25). V. *sup* n. 255.

8° Tous ceux qui sont privés de leurs droits civils (C. civ. 25. — C. pén. 25 et 27). V. *sup*. n. 255.

9° Tous ceux qui n'ont pas la jouissance de leurs droits civils, tels que les mineurs, les interdits, les femmes mariées, en ce sens qu'ils ne peuvent accepter de dispositions que par leurs tuteurs autorisés par le conseil de famille (C. civ. 461 et 509) et avec le concours ou l'autorisation de leurs maris (C. civ. 217). V. *sup*. n. 255.

268. Les dispositions faites par testament au profit des hospices, des pauvres d'une commune ou d'établissements d'utilité publique, n'auront leur effet qu'autant qu'elles seront autorisées par une ordonnance du Roi (C. civ. 910).

269. Mais le legs fait au profit d'une personne à la charge

d'en distribuer le montant aux pauvres d'une ville, n'est pas soumis, comme le legs qui serait fait directement en faveur des pauvres, à l'autorisation du gouvernement (Toulouse, 11 août 1834, aff. Chamayou, Sirey 35, 2, 368).

270. En général, il est utile de désigner le nom du légataire, mais comme il y a des circonstances où cela n'est pas toujours possible, il est reçu en jurisprudence qu'on peut léguer à des personnes indéterminées, par exemple, un testateur peut léguer *à celui qui épousera sa nièce* (Pothier, *des Testaments*, n. 38).

271. Le legs fait aux pauvres indéterminément est valable. Les pauvres de la famille du testateur doivent être préférés à d'autres pour recueillir ce legs; sinon, il est censé fait aux pauvres de la paroisse où le testateur avait son domicile lors de la confection du testament (Pothier, *ibid.*).

272. En général, l'erreur dans la désignation du légataire est indifférente, pourvu qu'il n'y ait aucun doute sur l'individualité, car s'il y avait incertitude sur sa personne, le legs serait nul, surtout s'il était laissé à la volonté d'un tiers (V. *sup. Legs incertain*, § 4, art. 4).

273. *Les personnes et les établissements publics* peuvent, seuls, recevoir par donation ou par testament : toute disposition au profit d'une *chose*, telle qu'une propriété privée, est essentiellement nulle. — Doit être, en conséquence, réputé fait au profit d'une chose, et par suite considéré comme nul, le legs d'une rente fait au propriétaire d'une maison spécialement désignée, *pour rester attaché perpétuellement à la maison*, le testateur ayant eu par là en vue plus la conservation de la chose que l'intérêt du légataire (C. civ. 902, 910; — Colmar, 26 mars 1833, aff. Neff, Sirey, 34, 2, 556).

274. La capacité du légataire, pour les dispositions pures et simples, se détermine par la loi existante à l'époque de la mort du testateur. (Toullier, t. 5, n. 90, — Duranton, t. 1, n. 65; Chabot, v° *Testam.* t. 2, § 6).

275. Mais, pour les dispositions conditionnelles, la capacité se règle par l'époque à laquelle le droit est acquis au légataire par l'événement de la condition dont dépend l'exécution du legs (Toullier, t. 5, n. 91).

§ 9. DE L'ACCEPTATION ET RÉPUDIATION DES LEGS.

276. Tout droit à un legs étant ouvert par le décès du testateur, c'est à cette époque que le légataire doit manifester son intention d'en profiter ou de ne point en profiter.

277. L'acceptation comme la répudiation du legs peuvent être faites *expressément*; comme quand le légataire agit en propriétaire de la chose léguée, ou quand il forme la demande en délivrance du legs contre l'exécuteur testamentaire, le légataire universel ou à titre universel (Merlin, rép. v° *Légataire*, § 4, n. 1er.).

278. *Tacitement*; comme quand le légataire consent à la vente que fait l'héritier de la chose léguée; dans ce cas le consentement est considéré comme une répudiation du legs à moins qu'il ne soit établi que le légataire n'a consenti à la vente que pour en recevoir le prix à la place de la chose léguée (Pothier, *des Testaments*, n. 135). — Le consentement doit être exprès, car si le légataire avait été seulement présent à l'acte on n'en pourrait pas induire une renonciation au legs (*ibid.*).

279. Quand le legs est *conditionnel*, le légataire ne peut ni l'accepter ni le répudier avant l'événement de la condition, attendu que jusque-là il n'y a point de droit ouvert.

280. Le légataire ne peut répudier pour partie le legs qui lui est fait, mais l'un de ses héritiers peut l'accepter et l'autre le répudier, chacun pour sa part.

281. De même, le légataire universel ne peut accepter le legs pour partie, à moins toutefois que cette acceptation ne soit conventionnelle, et que pour le restant il n'ait renoncé au profit soit des colégataires soit des héritiers. — (*Contrôl.* tr. d'Enr. t. 1, n. 551, 554).

282. Cependant celui à qui le testateur a fait plusieurs legs peut accepter l'un et répudier l'autre. Mais si l'un des legs était fait sous certaine charge, le légataire ne pourrait pas, pour s'y soustraire, le répudier et accepter celui fait sans charge (Pothier, *ibid.* — *Contrà*, Proudhon, t. 4, n. 2198).

283. La répudiation d'un legs n'est valable qu'autant que le légataire est usant de ses droits. Ainsi, une femme en puissance du mari, un interdit, un mineur même émancipé, ne peuvent répudier un legs sans observer les formalités prescrites par la loi à leur égard (C. civ. 217, 218, 461, 462, 463, 484, 509).

284. Celui qui ne peut s'obliger ne peut valablement accepter un legs qu'avec le concours des personnes qui doivent l'assister lorsqu'il contracte (Merlin, rép., v° *Légataire*, § 4, n. 4).

285. Quand il s'agit d'accepter ou de répudier un legs, le légataire doit avoir connaissance du testament qui renferme ce legs.

286. Cependant le légataire qui a renoncé à son legs ne peut revenir contre cette répudiation sous prétexte qu'elle a eu lieu sans avoir pris lecture du testament (Paris, 30 niv. an XI, aff. Boucher).

287. Il peut cependant, pour cause d'erreur, revenir contre sa renonciation au legs, mais il faut pour cela que les héritiers n'aient point accepté le bénéfice de la renonciation. A cet égard il en est du légataire comme de l'héritier (C. civ. 790; — Grenoble, 22 mars 1830, aff. Picot, Sirey 31, 2, 249; — Proudhon, t. 4, n. 2211 et suiv.). — Peu importe que le legs soit conditionnel et que la renonciation ait eu lieu avant l'accomplissement de la condition (Toullier, t. 6, n. 533).

288. Le successible qui a accepté expressément ou tacitement une succession ne peut plus y renoncer pour s'en tenir à son legs quand il a été institué légataire sans être dispensé du rapport (Cass. 22 janv. 1817. aff. Gast).

289. Une acceptation valable ne permet plus de répudier d'après la règle de droit, *semel hæres, semper hæres.*

290. Mais quand une acceptation est nulle le légataire qui l'a faite peut encore répudier, parce que ce qui est nul ne peut produire d'effet; et réciproquement la répudiation non valable ne forme point obstacle à l'acceptation (Merlin, rép. v° *Légataire*, § 4, n. 6).

291. Si le légataire n'accepte ni ne répudie, et que le legs emporte des charges, la personne intéressée à ces charges peut contraindre en justice le légataire de déclarer son intention dans un délai déterminé (Parlem. de Toulouse, fév. 1726; — Toullier, t. 6, n. 641).

292. Lorsque le gouvernement, sur la demande de l'héritier naturel d'une succession, défend l'acceptation d'un legs, il ne donne rien à l'héritier; ce n'est là qu'une abstention laissant les choses à leur cours naturel. Si donc il se trouve un deuxième institué, celui-ci est autorisé à réclamer (Cass. 6 juin 1815, aff. Brechard, Sirey 15, 1, 386).

293. Pour qu'une renonciation à un legs soit valable, elle doit être faite au greffe du Tribunal civil dans l'arrondissement duquel la succession s'est ouverte (Code civ. 784), cependant la régie de l'enregistrement admet, pour dispenser du paiement des droits résultant d'un legs, la renonciation que le légataire aurait passée par acte notarié (Déc. Min. des Fin. et Just. 20 avril et 7 mai 1808); mais en droit, et à l'égard des tiers comme à l'égard des héritiers ou autres légataires, une renonciation notariée ne lierait pas celui qui l'aurait faite, tellement qu'il pourrait la révoquer en faisant une acceptation au greffe, à moins que la répudiation n'ait été acceptée par celui à qui elle doit profiter naturellement, mais alors elle pourrait avoir les effets non d'une renonciation mais d'une cession. V. *inf.* n. 295.

294. La clause par laquelle une personne impose à son héritier légitime ou testamentaire l'obligation d'accepter sa succession purement et simplement est nulle : l'héritier peut accepter bénéficiairement (Chabot, art. 774, n. 15; Vazeille, art. 793, n. 2; Pujol, t. 1, p. 578; *Contrà*, Delvincourt, t. 2, p. 90; Duranton, t. 7, n. 15; Dalloz, chap. 5, sect. 3, n. 19).

295. Les dispositions du Code civil sur l'acceptation et la répudiation des successions, et spécialement l'art. 790 s'appliquent aux successions testamentaires comme aux successions *ab intestat*. Ainsi, le légataire universel peut, après avoir renoncé au legs, l'accepter encore si les biens qui en formaient l'objet n'ont pas été recueillis par d'autres légataires ou héritiers (Cass. 23 janvier 1837, aff. Larrey, Sirey 37, 1, 393).

V. note 10, §. 7.

§ 10. DES EFFETS DES LEGS.

296. Tout legs pur et simple donne au légataire, du jour du décès du testateur, un droit à la chose léguée, droit transmissible à ses héritiers ou ayants-cause (C. civ 1014). V. *infrà*, n. 308 et suiv.

297. D'où il suit qu'il en est autrement quand le legs n'est pas pur et simple, c.-à-d. qu'il est conditionnel en ce sens que le legs ne doive être exécuté qu'autant que l'événement arrivera ou n'arrivera pas, en conséquence un pareil legs n'est acquis et ne devient transmissible que quand la condition s'accomplit (Code civil 1040).

298. Cependant la condition qui, dans l'intention du testateur, ne ferait que suspendre l'exécution de la disposition, n'empêcherait pas l'héritier institué ou le légataire d'avoir un droit acquis et transmissible à ses héritiers (Code civil 1041).

299. Si la condition apposée à un legs était du nombre de celles qu'on regarde comme non écrites parce qu'elles sont impossibles, contraires aux lois et aux bonnes mœurs, il est clair qu'alors le legs étant réputé pur et simple serait acquis au légataire du jour du décès du testateur (Arg. C. civ. 1040, C. civ. 900).

300. Les testaments publics et solennels n'emportent exécution parée qu'après un jugement qui ordonne la délivrance, excepté dans le cas où le testateur qui ne laisse point d'héritier direct, a institué un légataire universel par acte public (Toullier, t. 5, n. 566).

301. Lorsqu'il s'agit de l'exécution des testaments olographes ou mystiques, on doit *préalablement* les présenter au Président du Tribunal de première instance de l'arrondissement dans lequel la succession est ouverte. Le Président dresse procès-verbal de la présentation, de l'ouverture qu'il fait et de l'état du testament dont il ordonne le dépôt entre les mains du Notaire par lui commis. Toutefois, si le testament est dans la forme mystique, l'ouverture ne pourra s'en faire qu'en présence de ceux des Notaires et témoins signataires de l'acte de suscription qui se trouveront sur les lieux ou eux appelés (C. civ. 1007).

302. *Préalablement*. Quoiqu'il soit insolite de s'occuper de l'effet d'un legs avant le décès du testateur, cependant il est permis à ce dernier de présenter lui-même ou par un fondé de pouvoir son testament olographe ou mystique au Président pour en assurer le dépôt en l'étude d'un Notaire et pour, arrivant son décès, mettre à même son héritier institué d'exercer ses droits en se faisant envoyer en possession aux termes de l'art. 1008 du Code civil (Jug. sur référé du Tribunal de Clamecy).

Cette manière de procéder de la part d'un testateur est une mesure de précaution que les dispositions de l'art. 1007 du Code civil n'autorisent point à lui refuser. En effet, le texte de cet article, qui suppose la succession ouverte lors de la présentation du testament ne contient aucune prohibition pour le cas où lors de cette présentation la succession ne serait point encore ouverte. Et comme le testateur est seul juge de l'opportunité de la mesure qu'il prend et que la loi en principe se montre favorable à l'accomplissement de ses dernières volontés, il en résulte qu'on ne saurait sans injustice et sans un texte prohibitif le priver des moyens qui doivent concourir à faire exécuter ces mêmes volontés. D'ailleurs comment ne pas reconnaître l'utilité de la précaution; par elle un testateur assure l'existence de son testament en en remettant lui-même une expédition aux mains de son légataire; il évite que tout autre que ce dernier s'immisce dans le secret de ses papiers et de ses affaires et prévient toute soustraction d'objets, tandis que sans cette précaution le temps que la présentation, le procès-verbal, le dépôt et l'expédition exigent donneront à l'héritier naturel toute facilité de jeter le désordre dans les choses qui auront occupé au plus haut degré les derniers moments d'un mourant. V. *infrà*, n. 303 et suiv.

Art. 1. *De l'envoi en possession.*

303. Dans le cas où au décès du testateur il n'y a pas d'héritiers auxquels une quotité de ses biens soit réservée par la loi, si le testament est olographe ou mystique, le légataire universel sera tenu de se faire envoyer en possession par une ordonnance du Président mise au bas d'une requête à laquelle sera joint l'acte du dépôt de ce testament (Code civil 1008). V. *suprà*, n. 301.

304. La nécessité de l'envoi en possession n'empêche pas la saisine de droit déférée à l'héritier testamentaire : *Saisina juris potiùs quàm facti* (Toullier, t. 5, n. 497).

305. Le Président, auquel l'envoi en possession d'une hérédité est demandé en vertu d'un testament olographe,

que le requérant présente comme renfermant un legs universel à son profit, a droit d'examiner s'il y a réellement legs universel et de refuser l'envoi en possession, s'il pense que tel n'est pas le caractère du legs contenu au testament (Orléans, 31 août 1831, aff. Jaban, Sirey 32, 2, 145).

306. L'ordonnance du Président portant envoi en possession du légataire universel institué par testament olographe, est susceptible d'opposition devant le Tribunal civil. Et le sursis à l'exécution de l'ordonnance peut être prononcé, lorsqu'il s'élève de graves soupçons sur la sincérité du testament (Bordeaux, 29 novembre 1834, Sirey 35, 2, 138).

307. Celui qui était en instance avec une partie, décédée depuis laissant un légataire universel, est sans qualité, et dès-lors non recevable à contester les droits du légataire qui, après prise de possession de la succession, poursuit l'instance liée avec le défunt; lorsque d'ailleurs le testament n'est point attaqué par les héritiers. Il ne peut, notamment, prétendre que le testament émanant d'un mineur, n'a pu conférer au légataire que la moitié de la succession (Cass. 25 juin 1834, aff. Maraval, Sirey 34, 1, 685).

Art. 2. *De la délivrance des legs.*

308. La chose léguée doit être délivrée avec les accessoires nécessaires et dans l'état où elle se trouve au jour du décès du testateur (Code civil 1018, 522 et suiv. 546 et suiv. 1615 et 1692). V. *suprà*, n. 196 et suiv.

309. S'il y a des héritiers à réserve au décès du testateur, ces héritiers étant saisis de plein droit par sa mort de tous les biens de la succession, le légataire universel est tenu de leur demander la délivrance des biens compris dans le testament (Code civil 1004).

310. Dans le cas d'héritiers à réserve, si le légataire universel a formé sa demande en délivrance dans l'année du décès, il aura depuis ce décès la jouissance des biens compris dans son legs; sinon cette jouissance ne commencera que du jour de la délivrance volontairement consentie ou du jour de la demande formée en justice (C. civ. 1005). V. *infrà*, n. 322.

311. Quand il n'y a point d'héritiers à réserve le légataire universel est saisi de plein droit par la mort du testateur sans être tenu de demander la délivrance (C. civil 1006).

312. Les légataires à titre universel et légataires particuliers ne sont jamais dispensés de demander la délivrance; cette demande doit être faite :

1° Aux héritiers à réserve;

2° A leur défaut aux légataires universels;

3° et à défaut de ceux-ci aux héritiers appelés dans l'ordre établi au titre des successions, c.-à-d. aux héritiers qui se présentent pour recueillir la succession du testateur (C. civ. 1011 et 1014).

313. Les légataires dont il est parlé au n° précédent ne peuvent se mettre en possession de la chose léguée ni en prétendre les fruits ou intérêts qu'à compter du jour de leur demande en délivrance, ou du jour où cette délivrance leur a été volontairement consentie (Code civil 1014). Ainsi décidé à l'égard d'un légataire à titre universel qui s'était immiscé dans la possession de l'objet légué. Ce légataire ne pouvait être assimilé au légataire universel (Bourges, 1er mars 1821, aff. Bouchard, Sirey. 23, 2, 358). V. *sup.* n. 310.

314. Cependant le légataire a droit dès le jour du décès aux intérêts ou fruits de la chose léguée et sans qu'il ait formé sa demande en justice :

1° Lorsque le testateur a expressément déclaré sa volonté à cet égard dans le testament;

2° Lorsqu'une rente viagère ou une pension a été léguée à titre d'aliments (Code civil 1015).

315. Les frais de la demande en délivrance sont à la charge de la succession, mais sans qu'il puisse en résulter de réduction de la réserve légale. Les droits d'enregistrement sont dus par le légataire. Le tout s'il n'en a été autrement ordonné par le testament. Chaque legs peut être enregistré séparément sans que cet enregistrement puisse profiter à aucun autre qu'au légataire ou à ses ayants-cause (Code civil 1016). On doit de cet article tirer l'induction que les autres frais du testament ainsi que ceux de décharge des legs sont à la charge de l'héritier institué ou naturel.

316. La demande en délivrance d'un legs ne peut être formée contre l'héritier universel que devant le Tribunal du lieu de l'ouverture de la succession (Proc. 59; Turin, 18 avril 1810, aff. Ghiligni, Sirey, 10, 2, 330).

317. Un testament ne devient point caduc par la voie de fait que commet le légataire universel en s'emparant de la succession de sa propre autorité et sans délivrance préalable de la part de la justice ou de l'héritier, surtout lorsque le testateur lui a permis de se saisir lui-même (Cass. 18 fruct. an XIII, aff. Cuvelier, Sirey, 7, 2, 1037).

318. Le légataire même universel qui s'est trouvé en possession de son legs lors du décès du testateur et qui n'a pas formé dans l'année sa demande en délivrance contre l'héritier légitime, est tenu indéfiniment à la restitution de tous les fruits perçus jusqu'au jour où il forme cette demande (Riom, 1er décembre 1817, aff. Menesloux, Sirey, 20, 2, 132; Toulouse, 29 juill. 1829, aff. Bilas, Sirey, 30, 2, 239).

319. Toutefois le contraire a été décidé :

1° A l'égard d'un mari légataire à titre universel de l'usufruit de tous les biens de sa femme dont il était régulièrement en possession comme mari (Nîmes, 5 janvier 1838, aff. Portanier, Sirey, 38, 2, 289).

2° Et à l'égard d'un fils légataire particulier de la testatrice, lequel se trouvait en possession de son legs (Limoges, 21 fév. 1839, aff. Reyt, Sirey, 39, 2, 334).

320. Cependant il a été jugé 1° que l'héritier prélégataire était tenu, de même que tout autre légataire, de demander la délivrance à ses co-héritiers; la possession de fait des biens légués ne suffisant pas pour lui donner droit aux fruits (Limoges. 12 décembre 1837, Sirey, 39, 2, 30, aff. Masnyac; Ricard, *Donat.*, n. 11, 12; Merlin, *Rép.*, v° *Lég.*, § 5, n. 6 et 7; Toullier, t. 5, n. 543.—*Contrà*, Furgole, *Test.*, ch. 10, n. 58; Grenier, *Donat.*, t. 1, p. 333; Delvincourt, t. 2, p. 362).

321. 2° Mais que l'héritier institué légataire, qui au décès du testateur s'était mis en possession des biens à lui légués et qui en avait ensuite conservé la jouissance sans opposition de la part de ses co-héritiers pouvait être réputé avoir obtenu d'eux la délivrance volontaire et être ainsi dispensé de rapporter les fruits qu'il avait perçus (Arrêt précité du 12 décemb. 1837).

[24] DES LEGS. — DES LÉGATAIRES.

322. La prise de possession par le légataire à titre universel même au vu et au su des héritiers et sans obstacle de leur part, ne peut être assimilée à la demande en délivrance en ce qui touche la jouissance des fruits de l'objet légué. Dans ce cas, le légataire n'a droit aux fruits qu'à compter de la délivrance demandée ou expressément consentie (Bourges, 1er mars 1821, affaire Bouchard, Sirey, 23, 2, 358).

Cependant la longue possession par le légataire d'un usufruit, des biens soumis à cet usufruit, peut être une présomption en sa faveur que la délivrance lui a été volontairement consentie par l'héritier; et dans ce cas, quoiqu'il n'apparaisse pas d'une demande en délivrance, les juges peuvent, sans violer aucune loi, décider que l'usufruitier n'est pas tenu de restituer les fruits par lui perçus (Cass. 18 nov. 1840, aff. Bonnemain, Sirey, 41, 1, 90).

De sorte que la délivrance volontaire d'un legs peut résulter d'un consentement tacite, comme quand dans un inventaire, l'héritier reconnaît au légataire la qualité d'usufruitier tout en s'attribuant la qualité de nu-propriétaire (Limoges, 23 nov. 1840, aff. Chapeau, Sirey, 41, 2, 161); et que par cet inventaire tout le contenu a été laissé en la possession et garde de l'usufruitier; même le défaut d'état contradictoire des immeubles ne priverait pas l'usufruitier des fruits par lui perçus *(ibid.)*.

323. L'obligation de demander la délivrance ne s'appliquant qu'aux dispositions testamentaires, on ne doit point assimiler à un testament une donation entre époux qui, quoique participant des dispositions à cause de mort, n'en est pas moins une donation entre-vifs qui, à ce titre, est dispensée da la demande en délivrance (Cass. 5 avril 1836, aff. Monder, Sirey, 37, 1, 35).

324. Lorsqu'un legs est universel de sa nature et qu'il n'y a point d'héritiers à réserve, le légataire est saisi par le décès du testateur sans être tenu de demander la délivrance alors même que le legs serait fait avec condition et que la condition pourrait être réputée suspensive (Cass. 7 août 1827, aff. Thieffries-Layens, Sirey, 27, 1, 441).

325. La clause suivante d'un testament : *Sitôt mon décès, ceux à qui je remets mes droits, seront saisis desdits droits*, ne donne pas aux légataires particuliers droit à la jouissance des fruits, du jour du décès. On ne peut dire qu'il y ait déclaration expresse de la volonté du testateur dans le sens de l'art. 1015 du Code civil (Bourges, 16 janv. 1821, aff. Debrechard, Sirey, 22, 2, 35).

326. Le testateur ne peut pas dispenser le légataire de demander la délivrance de son legs aux héritiers à réserve (Vazeille, *Don. et Test.*, art. 1004, n. 2; Chabot, art. 724, n. 14; Toullier, t. 5, n. 540; Favart, *Testam.* sect. 2, § 4, n. 3; Duranton, t. 9, p. 191; Birot, p. 150, 151; —*Contrà*, Furgole, v° *Testam.*, t. 3, chap. 10, n. 60; Grenier, *Donat.*, t. 1, n. 299; Delvincourt, t. 2, n. 346). V. *sup.* n. 313.

Il ne peut pas non plus en dispenser le légataire à titre universel sans méconnaître la saisine de la loi (Bruxelles, 2 déc. 1830, aff. Foslier, Sirey 31, 2, 63).

Art. 3. *Des obligations, droits et charges des héritiers et des débiteurs d'un legs.*

327. Le légataire universel qui est en concours avec un héritier à réserve, est tenu des dettes et charges de la succession du testateur personnellement pour sa part et portion et hypothécairement pour le tout; et il est tenu d'acquitter tous les legs sauf les cas de réduction expliqués aux art. 926 et 927 du Code civil (Code civil 1009).

328. Le légataire à titre universel est tenu, comme le légataire universel, des dettes et charges de la succession du testateur personnellement pour sa part et portion et hypothécairement pour le tout (Code civil 1012).

329. Lorsque le testateur n'a disposé que d'une quotité de la portion disponible et qu'il l'a fait à titre universel, le légataire est tenu d'acquitter les legs particuliers par contribution avec les héritiers naturels (C. civil 1013).

330. Les héritiers du testateur ou autres débiteurs d'un legs sont personnellement tenus de l'acquitter chacun au prorata de la part et portion dont ils profitent dans la succession. Ils en sont tenus hypothécairement pour le tout jusqu'à concurrence de la valeur des immeubles de la succession dont ils sont détenteurs (Code civil 1017).

331. Le légataire à titre particulier n'est point tenu des dettes de la succession, sauf la réduction du legs et sauf l'action hypothécaire des créanciers (Code civil 1024).

332. Lorsque les dispositions testamentaires excèdent soit la quotité disponible, soit la portion de cette quotité qui reste après avoir déduit la valeur des donations entre-vifs, la réduction se fait au marc-le-franc sans aucune distinction entre les legs universels et les legs particuliers (Code civil 926, 913 et suiv., 920 et suiv.). V. *Portion disponible*, (note 150), et *Réduction*, (note 151).

333. Néanmoins dans tous les cas où le testateur a expressément déclaré qu'il entend que tel legs soit acquitté de préférence aux autres, cette préférence doit avoir lieu et le legs qui en sera l'objet n'être réduit qu'autant que la valeur des autres ne remplit pas la réserve légale (Code civ. 927).

334. La déclaration de préférence est inutile de la part du testateur quand il s'agit du legs d'un corps certain; un tel legs emporte préférence sur les legs en argent, en cas d'insuffisance de la succession (Grenoble, 13 déc. 1824, aff. Charignon; Toulouse, 18 avril 1834, aff. Loumède; 14 juil 1840, aff. Dubois, Sirey, 33, 2, 152; 34, 2, 340; 41, 2, 60).

335. Si, avant le testament ou depuis, la chose léguée a été hypothéquée pour une dette de la succession ou même pour la dette d'un tiers ou si elle est grevée d'un usufruit, celui qui doit acquitter le legs n'est point tenu de la dégager, à moins qu'il n'ait été chargé de le faire par une disposition expresse du testament (Code civil 1020).

336. Le legs fait par un testateur d'une rente viagère ou pension alimentaire doit être acquitté par le légataire universel de l'usufruit dans son intégrité, et par le légataire à titre universel de l'usufruit dans la proportion de sa jouissance sans aucune répétition de leur part (Code civ. 610).

337. La réception ou délivrance d'un legs n'empêche pas le légataire d'attaquer le testament de nullité, surtout si lors de cette délivrance le débiteur du legs ignorait la nullité du testament. — V. *inf.* n. 468, 479.

338. Le paiement d'un legs doit se faire au domicile du légataire (L. 18, D. *De pecunià constitutà*).

339. Le légataire chargé d'acquitter les dettes du testateur n'est pas tenu de payer les capitaux des rentes que celui-ci servait (Toullier, t. 6. n. 326).

340. Les legs particuliers d'argent comptant doivent être supportés par les légataires à titre universel et par l'héritier *pro modo emolumenti*, et non pas seulement par ceux qui recueillent le mobilier (Vazeille, don. et testam. art. 1014, n. 3; Delvincourt, t. 2, p. 356; Toullier, t, 5, 539; — *Contrà*, Duranton, t. 5, n. 218, 219).

341. Le légataire universel de tous les biens que le testateur laissera à son décès, est tenu des dettes *ultrà vires*, lorsqu'il n'existe pas d'héritiers à réserve; il en est autrement s'il en existe (Duranton, t. 7, n. 14, 430; Lebrun, n. 79; Delvincourt, t. 2, p. 568; Chabot, t. 2, p. 416, t. 3, p. 588). — V. *sup.* n. 327.

342. S'il est légataire universel *de la quotité disponible*, il doit acquitter intégralement les legs à titre particulier, et supporter seul la réduction demandée par les héritiers à réserve (Duranton, t. 8, p. 364).

343. Lorsqu'un testament est attaqué, ce n'est point au légataire universel mais bien à l'héritier du sang qu'est due la provision pendant l'instance sur la validité du testament (Vazeille, *don. et test.*, art. 1008, n. 11, p. 26; — *Contrà*, Merlin, *rép. et quest.*, v° *Lég.*, § 6, n. 22 et § 2).

Art. 4. *Des actions résultant des legs.*

344. Les légataires ont trois sortes d'actions relativement à leurs legs : l'action *personnelle*, l'action *réelle* et l'action *hypothécaire* (Toullier, t. 5, n. 522). — V. note 28.

345. L'action *personnelle* a son fondement sur un quasi-contrat par lequel l'héritier, le légataire universel ou à titre universel, s'oblige, en acceptant la succession ou les libéralités du testateur, envers ceux auxquels des droits sont attribués par son testament; droits qui sont des charges de sa succession (Toullier, t. 5, n. 523).

346. L'effet de cette action est de faire condamner celui qui doit acquitter le legs, à délivrer la chose léguée, si elle existe et qu'il l'ait en sa possession, sinon à en payer la valeur (C. civ. 1014).

347. Cette action n'est point solidaire à moins que le testateur l'ait ainsi ordonné (Toullier, t. 5, n. 555).

348. Lorsqu'il s'agit de l'action personnelle, la connaissance en appartient au juge du lieu de l'ouverture de la succession. Le légataire peut aussi faire assigner l'héritier devant le juge du lieu où se trouve la plus grande partie des biens de la succession. Si le testateur avait désigné le lieu où il voulait que le legs fût payé, ce serait là qu'il faudrait faire la demande. On peut même se pourvoir valablement devant le juge du lieu où la chose léguée est située (Merlin, *rép.* § 6, n. 20).

349. L'action *réelle* peut être exercée par le légataire contre tous possesseurs de la chose léguée, par la raison que la propriété en passe immédiatement de la tête du défunt sur la sienne propre (Toullier, t. 5, n. 546).

350. On ne peut exercer l'action réelle qu'à l'égard des objets susceptibles de revendication, tels que les corps certains et déterminés; d'où il suit que le légataire ne peut agir par cette voie à l'égard d'un legs de quantité, d'une certaine somme, d'une dette active, d'une prestation personnelle, ni même d'un fonds ou d'un corps quelconque à choisir par l'héritier parmi d'autres du même genre (Merlin, *Rép.* v° *Légataire*, § 6, n. 11).

351. Le légataire peut exercer l'action réelle avant d'avoir formé préalablement l'action personnelle ou demande en délivrance contre le successeur chargé du legs (Toullier, t. 5, n° 573).

352. Cependant il a été décidé que le légataire particulier tant qu'il n'avait pas obtenu de l'héritier ou de la justice la délivrance de son legs, n'avait pas d'action contre le tiers détenteur de l'objet qui lui avait été légué (Cass. 4 avril 1837, aff. Cousteau, Sirey, 37, 1, 843).

353. Mais la condamnation obtenue au profit du légataire contre le tiers possesseur en délaissement de la chose léguée, ne donne droit aux fruits que du jour de la demande en délivrance (C. civ. 1014), et dans ce cas, le légataire doit rapporter les fruits qu'il a perçus à l'héritier débiteur du legs : d'où il résulte que dans son propre intérêt, le légataire doit obtenir la délivrance avant d'exercer l'action en revendication, ou du moins, faire intervenir l'héritier dans l'instance réelle (Toullier, t. 5, n° 574).

354. Lorsqu'il s'agit de l'action réelle, soit par rapport aux débiteurs du legs soit par rapport aux tiers détenteurs, c'est au juge du lieu de la situation des biens à en connaître (C. proc. 59; Merlin, *Rép.* § 6, n. 20).

355. L'action *hypothécaire* du légataire embrasse généralement tous les immeubles transmis par le testateur à ses héritiers ou autres successeurs; mais il n'y a privilége d'hypothèque à son profit à l'égard des créanciers hypothécaires des débiteurs du legs, qu'en demandant la séparation du patrimoine du testateur dans les six mois de son décès et en prenant inscription dans le même délai sur chacun des immeubles (C. civ. 878, 880 et 2111).

356. Quand il s'agit de meubles, le légataire conserve le privilége d'en demander la séparation de ceux de l'héritier, afin d'être payé de préférence aux créanciers de ce dernier, pendant trois ans sans être tenu de prendre inscription (Toullier, t. 5, n° 570; C. civ, *ibid.*)

357. Le privilége des légataires existe sur les biens de la succession et non sur les biens de l'héritier. Pour affecter les biens de ce dernier, il faudrait ou un jugement de condamnation contre lui, ou un acte notarié constitutif d'hypothèque consenti entre lui et les légataires (Toullier, t. 5, n. 571).

358. Le légataire qui a pris inscription en vertu soit de l'art. 2111 du C. civ. soit de l'art 2113, n'acquiert aucun privilége ou droit de préférence sur ses co-légataires, leurs droits étant tous égaux et ne pouvant être primés les uns par les autres : l'inscription n'a d'effet et ne leur donne de priorité qu'à l'égard des créanciers personnels des héritiers et autres débiteurs des legs (Paris, 12 mars 1806, aff. Omahoni; 14 nov. 1838, aff. Patureau).

359. Le légataire devant faire inscrire son hypothèque dans les six mois du décès du testateur, il en résulte que, après ce délai, son effet s'anéantit si elle n'a été inscrite dans la quinzaine de la transcription du contrat du tiers acquéreur à qui l'héritier a vendu les immeubles de la succession (C. civ. 2111; C. proc. 834; Grenier, n° 312).

360. Lorsque le légataire se pourvoit hypothécairement, il faut distinguer si c'est contre un de ceux que le testateur a chargés du paiement de son legs, ou contre un tiers-acquéreur des biens du défunt. Au premier cas, l'action hypothécaire n'est qu'accessoire à l'obligation personnelle, et par ce motif elle doit être portée devant les juges compétents pour connaître des demandes de legs par action personnelle

(V. *sup.* n. 348), au second cas, l'action hypothécaire étant purement réelle, c'est au juge du lieu de la situation des biens à en connaître (V. *sup.* n. 354).

361. Le légataire d'un legs payable à terme, ne peut demander caution pour sûreté de son legs, encore qu'il n'existe pas d'immeubles dans la succession, et que l'héritier ou le légataire universel dissipe les capitaux (Nîmes, 22 avril 1812, aff. Vinezac).

362. Un legs doit être acquitté en nature ou par la prestation réelle et effective de la chose même qui a été léguée parcequ'il est de principe qu'un créancier ne peut être contraint de recevoir une chose pour une autre, et que tout débiteur doit remplir ses obligations dans leur forme spécifique (Toullier, t. 5, n. 525; Cass. 13 janv. 1807, aff. Mitta).

363. Aussi a-t-il été jugé que le legs d'une somme d'argent ne peut être acquitté contre le gré du légataire, par la délivrance d'un contrat de rente, produisant un revenu annuel égal à l'intérêt de cette somme, lors même que le légataire est ou un hospice, ou une généralité de pauvres, ou un établissement public (Toullier, t. 5, n. 526; Cass. 8 fruct. an XIII, aff. Capel).

364. Cependant lorsque l'héritier a laissé périr la chose léguée par sa faute ou par sa négligence, le legs ne pouvant être acquitté en nature doit l'être nécessairement en estimation (Merlin, *Rép.* sect. 5, § 2, n. 2).

365. Si, après la délivrance, le légataire est évincé de la chose léguée parce qu'elle est la chose d'autrui, il n'a action en garantie contre l'héritier, que si le legs est alternatif ou d'une chose générique (Toullier, t. 5, n. 549; Vazeille, art. 1022, n. 10; Delvincourt, t. 2, p. 358).

366. Lorsqu'un légataire a renoncé à son legs et que cette renonciation est ensuite révoquée à la requête de ses créanciers, l'héritier qui était appelé à recueillir le tout, ne peut jamais avoir de recours contre le légataire; encore que celui-ci fût insolvable à l'époque de sa renonciation, et que depuis sa fortune se soit améliorée (Proudhon, t. 4, n. 2410).

367. Le légataire universel peut, à défaut d'héritiers à réserve et comme le pourraient ceux-ci, demander la rescision pour cause de lésion des ventes faites par le testateur (Colmar, 7 août 1834, aff. Allimann, Sir. 35, 2, 225).

368. Le légataire universel d'usufruit n'est point exempt de l'obligation de demander la délivrance dans l'année, pour avoir droit aux fruits, à compter de l'ouverture de la succession (Vazeille, donat. et testam., art. 1005, n. 3; Delvincourt, t. 2, p. 362. — *Contrà*, Toullier, t. 5, n. 425; Merlin, Rép., v° *Legs*, sect. 4, § 3, n. 3; Grenier, Donat., t. 1, n. 263 *bis*). V. *sup.* n. 71.

V. *sup.* *Legs particulier* n. 50 et suiv. et v° *Actions* note 28.

§ 11. De l'extinction et nullité des legs.

369. Quoique les legs soient valables par eux-mêmes, ils peuvent cependant devenir sans effet. Delà leur extinction qui peut s'opérer de l'une des manières suivantes :

1° Par différents vices, tels que l'incertitude dans la personne du légataire, les vices dans le motif, la suggestion, la captation et la substitution.

2° Par la révocation expresse du testateur.

3° Par la révocation tacite résultant d'aliénations, destruction ou rature du testament, incompatibilité ou contrariété de dispositions.

4° Par la révocation en vertu des dispositions de la loi (l'inexécution des conditions et l'ingratitude).

5° Par la caducité du legs.

6° Et par la prescription de l'action.

Art. 1er. *Des différents vices qui peuvent se rencontrer dans les legs.*

370. 1° INCERTITUDE DANS LA PERSONNE DU LÉGATAIRE. Tout legs fait à une personne incertaine et laissée à l'arbitrage d'un tiers est nul. Ainsi, lorsqu'un testateur ordonne qu'une certaine somme soit mise à la disposition de quelqu'un (un ecclésiastique) pour être employée par lui *selon des intentions dont il a le secret*, on ne peut dire qu'il y a véritablement legs au profit de ce tiers. Un tel legs est réellement au profit de personne incertaine et partant il est nul. Peu importe l'offre ultérieure faite par l'ecclésiastique de nommer la personne qui, en réalité, doit profiter du legs (Cass. 12 août 1811, aff. Laugier, Sir. 11, 1, 357).

De même le legs fait à une personne certaine est nul, lorsqu'il résulte soit des aveux de cette personne, soit des documents produits dans l'instance, que l'objet légué est destiné à une personne incertaine que le légataire apparent refuse de faire connaître (Bordeaux, 6 mars 1841, aff. Laboujouderie, Sir. 41, 2, 240).

371. Un legs fait à un exécuteur testamentaire, pour être remis à une *personne inconnue*, selon des intentions secrètes est radicalement nul, de sorte qu'aucune ratification ne saurait couvrir cette nullité (Cass. 8 août 1826, aff. Legrand-Masse, Sir. 27, 1, 47).

372. Est nulle comme faite à personne incertaine et ne contenant pas la manifestation suffisante de la volonté du testateur, la disposition d'un testament par laquelle, après avoir légué une partie de ses biens à un individu, le testateur ajoute : *je lui remets tout le reste de mes biens pour en disposer comme il sait, et que je lui ai dit de vive voix ou que je lui noterai par écrit, m'en rapportant à sa conscience pour cela* (Besançon, 6 février 1827, aff. Simon, Sir. 37, 2, 262).

373. La désignation équivoque d'un légataire telle que celle-ci, *je lègue à mon futur filleul*, ne suffit pas pour annuler le legs; elle peut être expliquée à l'aide de la preuve testimoniale (Paris, 27 août 1811, aff. Delorme, Sir. 11, 2, 488).

374. Lorsque des legs sont faits à deux personnes du même nom, s'il y a révocation à l'égard de l'un sans qu'il soit exprimé lequel des deux est révoqué, les deux legs sont nuls (Pothier, v° *Testament*, sect. 1, art. 2).

375. Si, dans son testament, un testateur a omis d'écrire la somme qu'il léguait, le legs est nul si rien ne peut déterminer la somme que le testateur a entendu léguer (Pothier, *ibid*, n. 22).

376. Lorsque l'intention d'un testateur d'instituer deux héritiers est certaine et manifestée par son testament même, mais que le nom de l'un des légataires n'est pas écrit, cette omission peut être suppléée par les juges, au moyen des circonstances et des énonciations de l'acte indicatives de la volonté du testateur sur le choix du second héritier (Cass. 24 avril 1834, aff. Ratier, Sir. 34, 1, 274).

377. Lorsque le nom du légataire n'est pas énoncé dans

le testament le legs n'en est pas moins valable si le légataire y est désigné de manière à le faire connaître (C. civ. 895, 967). Dans ce cas, la preuve testimoniale est admissible pour expliquer les indications du testament (Grenoble, 1er déc. 1830, aff. Meyssonnier, Sir. 31, 2, 334).

378. Ces expressions d'un testament, *que le légataire connait les intentions du testateur et possède sa confiance*, sont insuffisants pour établir que le legs est un fidéicommis réprouvé par la loi (Lyon, 13 fév, 1836, aff. Chausson, Sir. 37, 2, 263).

379. Mais toute disposition faite à une personne incertaine, laissée à la volonté d'un tiers, ne peut avoir aucun effet : par conséquent le testateur ne peut laisser son mobilier à la disposition de l'exécuteur testamentaire (Toullier t. 5, n. 606; Cass. 12 août 1811, Sir. 11, 1, 357.).

380. De même, le legs fait au profit d'un individu pour exécuter les *intentions secrètes* du testateur est nul comme ne désignant pas le véritable légataire, et ne mettant pas à même de vérifier s'il a capacité pour recevoir. Le légataire apparent est donc tenu de restituer à la succession du testateur tout ce qu'il a reçu, même du vivant du testateur, dans le but de remplir les intentions secrètes de ce dernier (Limoges, 20 déc. 1830, aff. Assolant et autres (Sir. 31, 2, 207; Duranton, t. 9, p. 408).

381. La nullité d'un legs au profit d'une personne incertaine ou d'un incapable (tel qu'un couvent non autorisé), étant d'ordre public, n'est pas couverte par l'exécution volontaire du testament (Lyon, 13 février 1836, aff. Chausson).

382. 2° VICES DANS LE MOTIF. Si un testateur avait dit dans son testament : *je lègue à une telle, la plus grande p... du pays*, etc., le legs serait nul pour vice dans le motif qui a porté le testateur à léguer, car les legs étant par leur nature un bienfait doivent avoir pour motif la bienveillance, l'estime, la charité (*L.* 54. *ff de legatis* 1°; Pothier, *Des testaments*, n. 23).

383. Il en serait autrement d'un legs ainsi conçu : *je lègue à mon indigne fils*, etc, car le testateur aurait employé cette épithète pour faire connaître que la piété paternelle l'emportait sur les sujets de mécontentement qu'il avait de son fils (Pothier, *ibid.*).

384. Quand la disposition d'un testament est contraire aux bonnes mœurs il y a motif de nullité du legs; par exemple, si quelqu'un avait légué de cette manière : *je lègue à un tel, parce qu'il m'a bien servi dans mes plaisirs*; ou bien : *parce qu'il s'est battu en duel en brave homme* (Pothier, *ibid.* n. 28).

385. Un legs est nul quand il n'a lieu que par pur caprice, comme si le testateur avait légué une chose à celui qui aurait rendu le pain-béni dans une telle paroisse le dimanche qui aurait précédé sa mort. Il n'en serait pas de même du legs fait à celui qui aurait remporté le prix d'une académie, car ce legs a pour motif une juste estime témoignée par le testateur pour ceux qui se distinguent dans les sciences et les arts (Pothier, *ibid*, n. 24)

386. Le testament fait par le motif d'une haine injuste que le testateur portait à ses héritiers et pour les dépouiller de ses biens est nul. C'est sur ce fondement que plusieurs arrêts ont cassé des testaments comme faits *ab irato patre.* Dans ce cas, on a plus facilement égard à ce motif lorsque ce sont des enfants qui sont héritiers, que lorsque ce sont des collatéraux (Pothier *ibid*, n. 26). V. note 13, n. 40.

387. L'héritier peut, pour se dispenser de payer un legs, être admis à prouver que le motif qui avait déterminé le testateur à faire ce legs, n'existe plus ou n'a jamais existé réellement. (Toullier, t. 9, n. 222).

388. 3° SUGGESTION. Un legs est fait par suggestion lorsque le testateur a été vivement sollicité à le faire, soit par le légataire, soit par d'autres, lors de la confection du testament ou peu de temps avant. Dans ce cas, on doit présumer que le testateur l'a fait plutôt pour se délivrer de l'importunité de ceux qui le portaient à le faire que par un motif d'une juste affection (Pothier, *ibid*, n. 29).

389. La suggestion peut se prouver par écrit, comme par des lettres écrites au testateur peu avant la confection de son testament et qui seraient trouvées parmi ses papiers. On peut aussi en admettre la preuve par témoins, lorsque les faits articulés par l'héritier sont bien circonstanciés. La présence du légataire lors de la confection du testament n'est pas un fait suffisant de suggestion (Pothier, *ibid*, n. 29).

390. 4° CAPTATION. Il y a captation lorsqu'un legs est fait à quelqu'un dans la vue de l'engager à en faire un pareil, comme si j'avais légué ainsi : *Je lègue telle somme à Pierre, s'il m'en lègue autant, ou s'il en lègue autant à ma sœur.* (Pothier *ibid*, n. 27).

391. Mais il n'y aurait pas de captation, si j'avais légué de cette manière : *Je lègue à tel telle chose, en reconnaissance de ce que j'ai appris qu'il m'a fait un legs par son testament* (Pothier, *idid.*).

392. 5° SUBSTITUTION PROHIBÉE. Toute disposition par laquelle le donataire, l'héritier institué ou le légataire sera chargé de *conserver et de rendre* à un tiers, est nulle même à l'égard du donataire, de l'héritier institué ou du légataire (Code civil 896), sauf les exceptions mentionnées audit article et en l'art. 897 ainsi que dans la loi du 17-18 mai 1826.

393. Mais la disposition par laquelle un tiers serait appelé à recueillir le don, l'hérédité ou le legs, dans le cas où le donataire, l'héritier institué ou le légataire, ne le recueillerait pas, ne sera pas regardée comme une substitution et sera valable (Code civil 898). Il en sera de même de la disposition entre-vifs ou testamentaires par laquelle l'usufruit sera donné à l'un et la nue-propriété à l'autre (Code civil 899).

394. La disposition par laquelle deux époux se donnent réciproquement tous leurs biens, à la condition que les héritiers du prédécédé recueilleront la moitié de la succession du survivant, est nulle comme contenant une substitution prohibée (Bruxelles, 6 octobre 1809, aff. Stobeleere, Sirey, 10, 2, 217).

395. Il en est de même de l'institution faite à la charge de rappel des héritiers légitimes, dans le cas où l'héritier testamentaire décéderait sans postérité (Bruxelles, 26 avril 1806, aff. Poot, Sirey, 7, 2, 1210).

396. Lorsqu'un légataire avoue que le legs lui a été fait à charge de *conserver et de rendre*, et qu'il entend se conformer à la disposition du fidéi-commis, cela suffit pour que le legs soit déclaré nul, encore qu'il n'y ait pas acte régulier établissant une substitution (Cass. 22 déc. 1814, aff. de Théville, Sirey, 15, 1, 174).

397. Lorsqu'un testateur a dit, « *Je nomme pour mon héritier universel, un tel, et par lui, ses enfants à perpétuité*, » il a fait une véritable substitution nulle (Turin, 22 déc. 1810, aff. Saluces-Paesana, Sirey, 11, 2, 429).

398. Pour ne pas multiplier les exemples, nous ferons observer qu'il y a substitution prohibée, et par conséquent nullité de la disposition toutes les fois que le testateur a entendu gratifier deux individus ne devant recueillir que l'un après l'autre (V. *sup.*, n. 392), de sorte qu'il n'y a pas nullité quand l'un doit recueillir *à défaut* de l'autre (V. *sup.* n. 393). V. *Substitution.*

Art. 2. *De la révocation expresse.*

399. Les testaments ne peuvent être révoqués, en tout ou en partie, que par un testament postérieur, ou par un acte devant *Notaires*, portant déclaration du changement de volonté (Code civil 1035). D'où il suit que la présence simultanée de deux Notaires est indispensable à l'acte notarié portant révocation de testament (Cass. 24 avril 1828, aff. Auger). V. note 14, n. 1.

400. La loi n'ayant point parlé de témoins à l'acte révocatoire, il est plus prudent lorsque la révocation est pure et simple de la faire devant deux Notaires. Dans le cas où la chose présente quelques difficultés, il est mieux alors de faire un acte d'institution d'héritier contenant une clause révocatoire.

401. La révocation faite dans un testament postérieur a tout son effet quoique ce nouvel acte reste sans exécution par l'incapacité de l'héritier institué ou du légataire, ou par leur refus de recueillir (Code civil 1037).

D'où il suit, 1° que lorsqu'un testament est nul pour n'avoir point été dicté, s'il porte révocation d'un précédent testament, cette révocation est sans effet, parce qu'il faut pour la validité de cette révocation que le testateur se soit conformé aux règles propres à l'acte qu'il a choisi (Cass. 2 mars 1836, aff. Laugier).

2° Et que lorsqu'un testament olographe est annulé pour n'être pas entièrement écrit et daté par le testateur, il ne révoque pas un testament antérieur (Toullier, t. 5, n. 632).

402. Si l'acte de suscription d'un testament mystique était nul, le testament n'étant point un acte notarié ne pourrait pas révoquer les précédents (Toullier, *ibid.*). Toutefois si le testament était écrit en entier, daté et signé de la main du testateur, il emporterait révocation parce qu'il vaudrait alors comme testament olographe.

403. La loi exigeant, pour la révocation expresse, un testament postérieur (V. *suprà*, n. 399), on a élevé la question de savoir si un acte écrit en entier, daté et signé de la main d'une personne, peut révoquer un testament de cette même personne, lorsqu'il ne contient aucune disposition de biens, et s'il est suffisant que le testateur ait déclaré expressément sa volonté de révoquer le testament. L'affirmative est adoptée par les auteurs Domat, Furgole, chap. 2, n. 98; Merlin, *Répert.* v° *Rev. de codicile*, § 4; Toullier, t. 5, n. 633; Grenier, n. 342; Duranton, t. 9, n. 431, et par deux arrêts de Cassation des 17 mai 1814, aff. Adam, et 7 juin 1832, aff. Lotzbeck. Dans l'espèce du dernier arrêt, un individu avait déclaré dans un écrit revêtu des formes du testament olographe, que sa volonté était que tous ses parents de la ligne paternelle fussent exclus de sa succession, et la Cour décida qu'on pouvait

justement induire de cette déclaration que le testateur appelait exclusivement à sa succession ses parents de la ligne maternelle, ce qui était une révocation régulière et valable. —*Contrà.* Delvincourt, t. 2, p. 277.

404. Lorsqu'un testament a été révoqué par un subséquent, on peut le faire revivre en en faisant un autre qui révoque simplement ce dernier : un testament révoqué n'étant pas un acte anéanti comme le serait un testament nul (Toullier, t. 5, n. 635; Duranton, n. 441; Cass. 4 déc. 1811, aff. Lehoreau; 22 mars 1817, aff. Devilliers; Grenoble, 14 juin 1810, aff. Behard).

405. Pour qu'il y ait révocation, il faut que la personne légataire soit la même. Ainsi, le legs ne serait pas révoqué dans le cas où le testateur, après avoir légué une somme au *fils*, déclarerait qu'il prive le *père* du legs fait à son fils (Toullier, t. 5, n. 647).

406. Lorsque deux testaments olographes de la même date contiennent des dispositions semblables et d'autres différentes avec la clause révocatoire, cette clause doit être regardée comme ne s'appliquant qu'aux testaments d'une date antérieure, parce que ces deux testaments sont censés n'en faire qu'un par leur même date, et que rien ne peut établir ni même indiquer une priorité de l'un sur l'autre (Cass. 5 juin 1834, aff. Albe).

407. La révocation d'un testament, faite par un testament postérieur, doit avoir tout son effet, quoique le dernier testament soit devenu caduc par le *prédécès* de l'héritier qui y a été institué (Cass. 13 mai 1834, aff. Mathé-Dumaine). Les termes de l'art. 1037 du Code civ. (V. *sup.* n. 401) devant être pris dans un sens absolu.

Art. 3. *De la révocation tacite des legs par suite 1° d'aliénations; 2° De destruction ou rature du testament; 3° D'incompatibilité ou contrariété de disposition; 4° Et de fausseté de la cause.*

408. Les testaments postérieurs qui ne révoquent pas d'une manière expresse les précédents, n'annullent dans ceux-ci que celles des dispositions y contenues qui se trouvent incompatibles avec les nouvelles ou qui y sont contraires (Code civil 1036).

409. Toute aliénation, même celle par vente avec faculté de rachat ou par échange, que le testateur a faite de tout ou partie de la chose léguée, emporte la révocation du legs pour tout ce qui a été aliéné, encore que l'aliénation postérieure soit nulle, et que l'objet soit rentré dans la main du testateur (Code civil 1040).

410. 1° RÉVOCATION PAR ALIÉNATION. Il y a révocation tacite par la vente faite au légataire des objets qui lui avaient été précédemment légués, même quand il s'agit d'un legs universel. Ce fait emportait révocation du legs même avant la promulgation du C. civ. (Poitiers, 14 nivôse an XIII, aff. Bourdeseau, Sirey 5, 2, 88).

411. Lorsque le testateur a disposé en faveur d'un légataire, de *la quotité disponible ou d'un immeuble au choix des héritiers*, la vente de l'immeuble légué est une révocation du legs de l'immeuble, tellement que les héritiers doivent délivrer la quotité disponible (Angers, 11 déc. 1807, aff. Saunier, Sirey 9, 2, 333).

412. Le legs en toute propriété de l'universalité du mobilier n'est pas révoqué par le legs de l'usufruit de l'universalité des biens du testateur, contenu dans une disposi-

tion subséquente du même testament si le légataire se trouve être la même personne. Cette dernière disposition de l'usufruit ne détruit pas l'effet du legs qui la précède (Nancy, 4 déc. 1828, aff. Toupot de Bévaux, Sirey, 29, 2, 131).

413. La vente de la chose léguée faite par le testateur au légataire lui-même n'emporte pas révocation du legs. Ce n'est pas le cas d'appliquer l'art. 1038 du Code civil (Angers, 19 avril 1820, aff. Choleau, Sirey, 21, 2, 112).

414. La donation de la chose léguée est une aliénation dans le sens de l'art. 1038 du Code civil. Elle emporte révocation du legs, encore que le donataire et le légataire soient la même personne (Cass. 21 avril 1825, affaire Parleani, Sirey 25, 1, 375).

415. Une donation de chose léguée emporte révocation du legs, encore que le donataire et le légataire soient une même personne. Et s'il arrive que la donation soit nulle par défaut d'acceptation, le legs ne reste pas moins révoqué. Tellement qu'en ce cas il n'y a plus ni legs ni donation (Lyon, 7 février 1827, aff. Parleani, Sirey, 27, 2, 146).

416. Le legs d'usufruit fait comme charge du legs de la propriété à un tiers est révoqué par la disposition d'un testament postérieur qui lègue cette même propriété à une autre personne sans parler du legs d'usufruit (Bordeaux, 28 avril 1830, aff. Devals, Sirey, 30, 2, 335).

417. Si le testateur a légué à Paul la créance qu'il avait sur Pierre, et qu'il en ait exigé le montant, le legs est révoqué, et il n'y a plus d'objet légué (Grenier, n. 323; Duranton, n. 462).

418. Par la même raison, le legs de libération fait par le créancier à son débiteur est révoqué si le créancier a exigé le paiement de la dette (Duranton, *ibid.*).

419. Dans les deux cas ci-dessus, si le testateur vient à mourir après avoir formé sa demande, la révocation du legs n'a pas moins lieu (Duranton, *ibid.*), mais il en serait autrement si le créancier du testateur avait reçu une partie seulement de la créance sans avoir formé de demande en paiement; dans ce cas la révocation serait partielle et non totale (Grenier et Duranton, *ibid.*).

420. Un legs universel n'est pas révoqué par la vente de tout ou partie des choses léguées : l'art. 1038 du Code civil qui prononce la révocation du legs, ne s'appliquant qu'aux legs particuliers (Colmar, 7 août 1834, aff. Allimann, Sir. 35, 2, 223). V. *infrà* n. 425.

421. Toute aliénation postérieure à un legs ayant pour effet de révoquer ce legs, il en résulte que la donation entre-vifs comme la vente (Grenier, n. 345), l'expropriation forcée comme la vente volontaire (*Idem*, n. 323; Delvincourt, t. 2, p. 386); la vente faite par acte sous seings-privés comme celle faite par acte authentique (Toullier, t. 5, n. 651), emportent révocation du legs fait antérieurement. V. *sup.* n. 408 et suiv.

422. Cependant il a été jugé que la donation par acte entre-vifs d'une chose précédemment léguée n'emporte pas la révocation du legs, à l'égard des autres choses, lorsque le legs et la donation sont faits à la même personne (Bordeaux, 14 mars 1832, aff. Roux, Sirey 32, 2, 444; — *Contrà*, Lyon, 7 fév. 1837, aff. comm. de Pioggiola, Sirey, 27, 2, 146).

423. Si le testateur a été interdit pour cause de démence depuis qu'il a fait son testament, l'aliénation faite dans les formes légales pour payer ses dettes emporte également révocation (Duranton, 460).

424. Mais le legs n'est révoqué que pour ce qui aurait été aliéné, par conséquent le legs subsiste pour tout le surplus, d'où il suit :

1° Que lorsque le testateur n'a aliéné que l'usufruit de la chose léguée, le legs subsiste pour la nue propriété (Delvincourt, t. 2, p. 386; Toullier, t. 15, n. 650; Duranton, n. 465).

2° Que si le testateur a imposé des charges sur la chose léguée, telles qu'un droit d'usage ou des servitudes, le legs de l'immeuble n'est pas révoqué; il n'est que diminué en ce que le légataire ne peut réclamer cet immeuble que dans l'état où il se trouve (Duranton, *ibid.*).

425. La révocation entière d'un legs par des aliénations postérieures n'a lieu qu'à l'égard des legs de corps certains ou de choses déterminées et non à l'égard d'un legs universel ou à titre universel, car l'aliénation même de tous les biens présents du testateur n'emporte pas révocation entière d'un legs universel, elle opère une révocation partielle plutôt qu'une diminution de legs surtout lorsque l'aliénation par donation ou vente est faite en faveur du légataire universel (Cass. 7 mai, 1808, 17 juin 1824, 15 février 1827; Bourges, 19 mai 1809, 19 août 1824; Toullier, t. 5, n. 650; Code civil 1038, dont la disposition est fondée sur la présomption d'un changement de volonté de la part du testateur, présomption qui cesse de plein droit lorsque l'aliénation est faite; d'où il suit que s'il s'agit d'une donation directe ou d'une donation déguisée sous la forme d'une vente, le legs n'est pas révoqué lorsque ces donations ou ventes sont annulées ou rescindées (Duranton, n. 461; Cass. 6 juin 1814, aff. Villars; Angers, 19 avril 1820, aff. Choleau).

426. Toutefois si une donation avait été faite sous des charges et conditions différentes de celles du legs et si elle portait révocation expresse de toutes dispositions antérieures, cette donation, quoique demeurée sans effet, faute d'acceptation par le donataire, révoquerait le legs antérieur fait à ce dernier (Cass. 25 avril 1825, aff. Pioggiola; Lyon, 7 février 1829).

427. Lorsqu'un legs universel est révoqué ou diminué jusqu'à due concurrence par l'obligation qu'a contractée le légataire, dans un traité postérieur passé avec le testateur, de payer une certaine somme aux héritiers de ce dernier, ceux-ci ont le droit de réclamer cette somme; la convention faite entre le testateur et le légataire emportant révocation partielle ou diminution du legs.

428. La vente de la chose léguée n'emporte pas nécessairement la révocation du legs, si, dans l'acte de vente, il se trouve des clauses qui indiquent l'intention du testateur de donner au légataire le prix ou partie du prix de la chose léguée en remplacement de cette chose elle-même (Cass. 9 mars 1836, aff. Latil, Sirey, 36, 1. 379.

429. 2° RÉVOCATION PAR LA DESTRUCTION OU RATURE DU TESTAMENT. Quand le testateur a brûlé, déchiré ou même simplement biffé en totalité son testament olographe, il est clair qu'il a voulu que ses dispositions n'eussent aucun effet (Pothier, ch. 6, sect. 2, § 2; Grenier, n. 347; Delvincourt, t. 2, p. 384; Toullier, t. 5, n. 657 et 662; Duranton, t. 9, n. 466; Cass. 5 mai 1824, aff. Seguy).

430. Si le testateur n'a bien biffé ou raturé que quelques unes des dispositions, en laissant intactes la date et la si-

gnature, le testament vaut pour le surplus (L. 2 et 3 *de his quæ in testam. delentur*. Duranton, n. 467; Merlin, Delvincourt et Toullier).

431. Mais pour que les ratures emportent révocation, il faut qu'elles aient été faites par le testateur de dessein prémédité. Si elles ont été faites par mégarde ou par une tierce-personne, elles ne nuisent point à la validité du testament, pourvu qu'on puisse lire les mots rayés (Toullier, t. 5, n. 662).

432. Pour que la lacération de la part du testateur emporte révocation du testament, il faut qu'elle ait eu lieu pendant qu'il était sain d'esprit. Si donc le testament avait été déchiré par le testateur dans un moment de démence, on ne pourrait alors le considérer comme révoqué, et il suffirait, pour en assurer l'exécution, d'en rapporter les pièces, ou de fournir la preuve légale des dispositions qu'il contenait (Merlin, *Loc., cit.*). V. *suprà*, n. 161.

433. Lorsqu'un testament a été fait en plusieurs exemplaires, si l'un d'eux a été conservé et les autres lacérés, cette lacération ne prouve pas que le testateur ait voulu révoquer ses dispositions. Il a pu regarder ces exemplaires comme inutiles (Grenier, n. 347; Duranton, n. 468; Cass. 5 mai 1824, aff. Seguy).

434. Si un second testament, portant la révocation d'un premier, se trouve bâtonné et biffé, il est censé n'avoir point existé, et le premier reprend son effet (Parlement de Paris, arrêt de 1620; Grenier et Toullier, *Loc. cit*); mais cette sorte de révocation doit résulter d'un fait positif et ne peut s'induire ni de présomptions ni de conjectures quelque graves qu'elles soient (Cass. 5 mai 1824, affaire Seguy).

435. RÉVOCATION PAR INCOMPATIBILITÉ OU CONTRARIÉTÉ DE DISPOSITIONS. — La révocation par suite de dispositions incompatibles ou contraires n'étant pas toujours facile à établir et la loi n'ayant tracé aucune règle pour y parvenir, on doit, dans ce cas, s'en rapporter à la prudence des juges qui doivent les interpréter d'après les circonstances et les règles de l'équité, en faisant application des décisions de l'ancienne jurisprudence qui y sont analogues (Toullier, t. 5, n. 639), d'où il suit que les questions d'incompatibilité ou de contrariété des dispositions testamentaires sont des questions d'interprétations, exclusivement attribuées aux Cours royales dont les décisions, lorsqu'elles portent sur la recherche de la volonté du testateur, ne peuvent donner ouverture à cassation (Cass. 29 mai 1832, aff. de Borgade, Sirey 32, 1, 436).

436. Ainsi, lorsqu'après avoir légué à mon débiteur la remise de tout ce qu'il me doit, je déclare par un second testament, lui faire remise de tous les intérêts qu'il me devra au jour de ma mort, le premier legs est tacitement révoqué pour le surplus (Pothier, *des Testaments*, chap. 6, sect. 2, § 2; Toullier, t. 5, n. 641 et 642).

437. Lorsque le legs d'une somme est réitéré en faveur de la même personne dans un second testament, les deux legs peuvent être réclamés par le légataire, à moins que l'héritier ne prouve l'intention contraire du disposant (Turin, 24 février 1807, aff. Laturbie; Delvincourt, t. 2, p. 319).

438. Toutefois, il a été jugé que lorsque deux legs d'une somme ou rente à peu près égale ont été faits à la même personne par deux testaments successifs sans révocation du premier par le second, ils ne doivent cependant pas être cumulés par le légataire s'il apparaît que ce cumul serait contraire à l'intention du testateur manifestée par l'ensemble de ses dispositions (Cass. 8 juill. 1835, aff. de la Jonquière, Sirey 35, 1, 741).

439. Les legs compris dans un premier testament ne sont pas révoqués par un testament postérieur, par cela seul qu'ils ne s'y trouvent point rappelés (Toulouse, 14 juill. 1840, aff. Dubois, Sirey 41, 2, 60).

440. Un testateur ayant, par une première disposition, nommé pour légataires universels ses exécuteurs testamentaires, et ayant, par une seconde disposition, légué une certaine somme d'argent à chacun de ces exécuteurs, il a été décidé que ce dernier legs, bien qu'il ne pût procurer aucun avantage, n'impliquait pas révocation du legs universel, et que les deux dispositions n'avaient rien d'incompatible ni de contraire (Cass. 29 mai 1822, aff. de Brogade, Sirey 32, 1, 436).

441. Un legs *universel* fait à un individu révoque-t-il un legs de *quotité*, comme le tiers ou le quart, fait à un autre individu par un premier testament? *Non*, suivant Grenier, t. 1er, n. 343; Roll. de V..., vo *Révocation*, n. 44; Vazeille, *Don. et Test.*, art. 1036, n. 6; Merlin, vo *Rév. de Legs*, § 2; un arrêt de la C. R. de Nîmes du 7 fév. 1809, aff. Sauvet. — *Oui*, suivant Delvincourt, et Duranton, n. 447.

442. Un legs universel fait par un premier testament au profit d'une personne est-il révoqué par un legs universel fait par un second testament au profit d'une autre personne? Delvincourt, *Loc. cit.* et Duranton, n. 445, sont pour la révocation, et ils donnent pour motifs que toutes les fois que le testateur dispose par des actes séparés et à plusieurs reprises de l'universalité de ses biens, il y a incompatibilité entre les deux dispositions, il y a présomption que ce testateur a entendu révoquer la première pour que la seconde eût tout son effet, sauf le cas où des termes du second acte il résulterait qu'il n'a point entendu révoquer le premier legs, mais seulement donner un co-légataire au premier institué. D'ailleurs l'art. 1045 du C. civ. fortifie cette présomption, car il suppose que pour léguer avec effet à plusieurs personnes l'universalité de ses biens, on doit le faire par un seul et même legs ou du moins par un seul et même acte, parce qu'alors on doit croire que le testateur l'a fait dans la vue du droit d'accroissement. L'opinion de ces deux auteurs est, au surplus, conforme au droit Romain suivant lequel il était de principe que deux institutions d'héritiers ne pouvaient exister ensemble.

Mais M. Toullier, t. 5, n. 646, est d'une opinion contraire. Il prétend qu'il n'y a aucune incompatibilité à instituer deux ou plusieurs légataires universels, qu'il en résulte seulement que ces légataires n'étant point institués ensemble, ne jouissent pas du droit d'accroissement, et qu'ils ne peuvent plus être considérés que comme des légataires à titre universel.

443. S'il n'y a pas dans les deux cas ci-dessus une solution bien positive, la même difficulté ne se rencontre pas quand il s'agit d'un legs universel fait postérieurement à un legs particulier, car dans ce cas le legs particulier n'est pas révoqué par le legs universel postérieur fait en faveur d'un autre légataire (Grenoble, 22 juin 1827, aff. Joubert, Sir. 28, 2, 188; Riom, 8 nov. 1830, aff. de Bertrand, Sir. 33, 2, 494.

444. Cependant des *legs particuliers* faits dans un premier testament et embrassant la totalité de la fortune du testateur, doivent être considérés comme *révoqués* par un testament postérieur, dans lequel le testateur, sans déclarer expressément son intention de révoquer ses précédentes libéralités, institue un *légataire universel* auquel il lègue tous ses biens meubles et immeubles (Cass. 22 juin 1831, aff. Mouillart et autres, Sirey 31, 1, 253).

Par suite du même principe, le legs particulier d'une somme d'argent en toute propriété peut être déclaré révoqué, quant à l'usufruit, par un legs universel d'usufruit fait dans un testament postérieur (Cass. 30 mars 1841, aff. Espanet, Sirey 41, 1, 406).

445. Au cas où c'est la première disposition qui est universelle tandis que la seconde n'est qu'une quotité telle que le tiers ou un objet particulier, il y a révocation de la première disposition pour ce tiers ou cet objet par le second testament et translation des mêmes biens au second légataire (Delvincourt, t. 2, p. 386; Duranton, n. 446).

446. Les legs de quotité de sommes ou valeurs soit égales soit supérieures ou inférieures sont compatibles; à moins que le testateur n'eût à sa disposition que la quotité léguée, car s'il avait exprimé dans chaque testament que la chose léguée composait *son disponible*, il est clair qu'en ce cas il y aurait une incompatibilité bien marquée puisque ce serait la même chose qui aurait été léguée par les deux testaments (Duranton, n. 445).

447. Le legs pur et simple se trouve révoqué par le legs conditionnel du même objet et réciproquement le legs conditionnel se trouve révoqué par le legs pur et simple du même objet au profit de la même personne (Duranton, n. 452).

448. Des legs particuliers renfermés dans un premier testament contenant en même temps une institution universelle ne sont pas révoqués par une nouvelle institution universelle faite par un testament postérieur, ces legs particuliers et la nouvelle institution n'ayant rien d'incompatible entre eux. — Il n'y a de révoqué que la première institution (Paris, 18 juill. 1831, aff. de Verdonnet, Sirey 31, 2, 306).

449. Cependant un legs particulier fait par un premier testament peut être considéré comme révoqué par un autre legs renfermé dans un testament postérieur, bien que les deux libéralités n'aient rien d'incompatible et que le dernier testament ne contienne aucune clause expresse de révocation, s'il résulte des circonstances que le second legs n'est que la répétition du premier et que le testateur n'a pas voulu les cumuler (Grenoble, 8 mai 1831, aff. Gayet, Sirey 32, 2, 306).

450. Le legs d'un immeuble n'est pas révoqué par le legs postérieur d'une somme d'argent fait à la même personne (Merlin, *Rép.*, v° *Révoc. de testam.*, § 2, et *Legs*, sect. 4, § 3, n. 22; — Brillon, *Dict. des arr.*, v° *Test.*, n. 89. — *Contrà*, Toullier, t. 1, n. 643).

451. Lorsque le testateur, après avoir légué un emplacement pour bâtir, construit ensuite sur cet emplacement, le legs n'est point révoqué si le testateur n'a point manifesté de changement de volonté (Delvincourt, t. 2, p. 367; Duranton, t. 9, n. 167; Grenier, t. 5, n. 322).

452. De ce qu'un testateur, après avoir, par un premier testament, disposé de différents objets au profit d'un individu, a, dans un second testament qui renouvelle la même disposition, omis de rappeler quelques uns de ces objets, il ne s'ensuit pas qu'il y ait révocation du legs à cet égard, à moins que le testateur ne l'ait déclaré expressément, ou qu'il n'ait disposé des objets omis au profit d'une autre personne (Rennes, 3 mai 1833, aff. De la Houssaie, Sirey 34, 2, 597).

453. La déclaration faite par un père, dans un acte contenant partage de ses immeubles entre ses enfants, qu'il se réserve son mobilier, *pour être partagé entre eux après son décès*, ne peut être considérée comme une révocation d'un legs antérieurement fait d'une quote-part de ce même mobilier à l'un de ses enfants (Grenoble, 3 fév. 1832, aff. Giraud, Sirey 33, 2, 33).

454. Un testament instituant un légataire de l'usufruit de certains immeubles et attribuant la propriété de ces immeubles à des tiers désignés (par exemple, les héritiers naturels du testateur), peut être déclaré révoqué, quant à cette dernière disposition, par un testament postérieur qui institue *légataire universel* l'individu précédemment institué légataire particulier de l'usufruit, et cela encore bien que le second testament déclare confirmer le premier dans toutes les dispositions auxquelles il n'est pas dérogé. — En un tel cas, les tiers indiqués dans le premier testament ne peuvent réclamer la propriété des immeubles que ce testament leur attribuait après le décès du légataire de l'usufruit (Cass. 5 fév. 1839, affaire de Bonneval et de la Jonquière, Sirey 39, 1, 864).

455. Le legs d'une somme d'argent, pour *services rendus*, n'est pas incompatible avec le legs d'une somme plus considérable, pour *services, fidélité et bonne conduite*, fait postérieurement au même légataire. Dans ce cas, le légataire peut demander les deux legs cumulativement (Riom, 8 nov. 1830, aff. de Bertrand, Sirey 33, 2, 494).

456. FAUSSETÉ DE LA CAUSE. La révocation d'un legs se trouve annulée comme le legs lui-même par la fausseté de la cause. Ainsi, après avoir institué Pierre son héritier, le testateur, sur le bruit que Pierre est mort dans un long voyage, fait un second testament dans lequel il dit : *Puisque je n'ai pu avoir l'héritier que je désirais, j'institue Paul.* Pierre peut, dans ce cas, faire annuler le second testament (*L. ult. D. de Hæred. Instit.*).

457. Ainsi encore, par un troisième testament une tante ayant révoqué l'institution qu'elle avait faite au profit de sa nièce, *et ce*, disait-elle, *pour l'avantage que ma nièce a reçu à ma renonciation à la succession de feu mon père*, la nièce fut admise à prouver qu'elle n'avait réellement retiré aucun avantage de cette renonciation et la disposition révocatoire de ce troisième testament demeura sans effet (Bruxelles, 10 juin 1812, aff. Wiélant).

ART. 4. *De la révocation en vertu des dispositions de la loi.*

458. Les legs ne sont point révoqués par la survenance d'enfants au testateur depuis la confection du testament (Duranton, t. 9, n. 475).

459. Mais le défaut d'exécution des conditions imposées au légataire est une cause de révocation des legs (C. civ. 1046 et 954).

460. L'ingratitude résultant de ce que le légataire aurait attenté à la vie du testateur ou se serait rendu coupable

envers lui de sévices, délits ou injures graves, est aussi une cause de révocation des legs (C. civ. 1046 et 955)

461. INEXÉCUTION DES CONDITIONS. Dans le cas de révocation d'un legs pour cause d'inexécution des conditions, les biens rentrent dans les mains des héritiers (V. *inf.* § 12, n. 512 s.) du testateur, libres de toutes charges et hypothèques du chef du légataire, et les représentants du testateur ont contre les tiers détenteurs des immeubles donnés les mêmes droits que contre le légataire lui-même C. civ. 1046 et 954). Cette révocation n'a jamais lieu de plein droit (C. civ. 956).

462. Lorsqu'un légataire a été chargé d'acquitter les dettes du testateur, il n'y a pas lieu à demander contre lui la révocation du legs faute de paiement des capitaux des rentes de la succession, parce qu'il n'est pas tenu de les payer (Toullier, t. 6, n. 326).

463. Le legs peut être résolu faute par le légataire de remplir une condition que le juge considère comme résolutoire dans l'intention du testateur. Mais si la condition imposée au profit d'un autre que l'héritier consiste à payer une somme d'argent ou à faire une chose appréciable en argent, c'est, à proprement parler, une charge dont l'inexécution n'entraîne pas la résolution du legs, mais donne seulement une action pour contraindre le légataire à l'exécuter (Toullier, t. 6, n. 582).

464. Au cas d'inexécution des conditions d'un legs, comme au cas d'inexécution de toutes autres conventions, les juges ont la faculté d'accorder un délai au donataire : ils ne sont pas obligés de prononcer la révocation dès qu'elle est demandée (Bordeaux, 7 déc. 1829, aff. Pujot, Sirey 30, 2, 63).

465. INGRATITUDE. Si la demande en révocation est fondée sur une injure grave faite à la mémoire du testateur, elle doit être intentée dans l'année à compter du jour du délit (C. civ. 1047). V. *sup.* n. 460.

466. Toutefois, si la demande était fondée sur le fait que le légataire était auteur ou complice de la mort du testateur, l'action ne durerait pas seulement une année, comme dans le cas d'une donation entre-vifs ; elle aurait la même durée que l'action en poursuite du crime (C. instr. crim. 637. - Discuss. sur l'art. 1047 du C. civ. — Duranton, n. 479).

467. S'il s'agissait seulement de sévices, délits ou injures graves, commis envers le testateur, et même d'embûches dressées à sa vie, la durée de l'action, dans les mains des héritiers, serait d'une année, comme en matière de donation entre-vifs (Cass. 24 déc. 1827, aff. de la Baume, Sirey 28, 1, 256. — Duranton, n. 479, 480).

468. Mais si les héritiers ignoraient l'existence du testament ou l'injure faite au testateur, le temps ne pourrait commencer à courir contre eux que du jour où ils en auraient eu connaissance (C. civ. 1304. — C. proc. 488. — Duranton, *ibid.*). V. n. 337, 479.

469. Les causes d'ingratitude sont donc : 1° l'attentat à la vie du testateur; 2° les délits, sévices ou injures graves commis envers lui; 3° l'injure grave faite à sa mémoire.

470. ATTENTAT. Pour qu'il y ait lieu à révocation il suffit que le donataire ait attenté à la vie du donateur; il n'est pas nécessaire qu'il ait été condamné pour ce fait, comme dans le cas de l'art. 727 du C. civ. (Toullier, t. 5, n. 331; Duranton, n. 555).

471. Ce qui caractérise l'ingratitude, c'est la volonté d'attenter à la vie du testateur; par conséquent, la démence ou la légitime défense de soi-même ne peuvent donner lieu à l'application de l'art. 955 C. civ. (Arg. C. pén. 64 et 328).

472. SÉVICES, DÉLITS OU INJURES GRAVES. Si le donataire a frappé le donateur; s'il l'a diffamé, calomnié ; s'il lui a imputé des faits coupables ou honteux ; on doit voir là des actions qui constituent des sévices, délits et injures graves (Duranton, t. 5, n. 537).

473. L'appréciation de la gravité des offenses est tout entière dans le domaine du juge, et il y a nécessairement à considérer toutes les circonstances du fait (Toullier, t. 5, n. 330 ; Duranton, n. 557).

474. Toutefois, il n'est pas nécessaire pour qu'il y ait injure que les faits soient controuvés. La publicité donnée à des faits même vrais peut, suivant les circonstances, être regardée comme une injure grave (Arg. C. pén. 368, Toullier, t. 5, n. 332).

475. Tout fait quelconque qualifié *délit* par la loi ne constitue pas toujours l'ingratitude, tel est le fait d'avoir chassé sur les terres du testateur sans sa permission (Duranton, *ibid.*).

476. Mais le vol commis par le légataire, *avant* le décès du testateur et à son préjudice est un délit qui peut faire révoquer le legs, l'art. 955 s'appliquant au cas de délit commis *contre les biens* du testateur comme au délit commis contre *sa personne* (Cass. 24 déc. 1817, aff. de la Baume, Sirey 28, 1, 256).

477. Si le testateur avait pardonné l'injure, la révocation serait couverte. Mais ce serait au légataire contre qui le fait d'injure serait prouvé à établir de son côté la preuve de la réconciliation (Duranton, n. 476).

478. Quand il s'est écoulé une année depuis la mort du testateur, sans révocation de la part de ce dernier, il résulte de-là une preuve morale qu'il a entendu pardonner l'offense (Arg. C. civ. 957. — Duranton, n. 477).

479. Au surplus, lorsque les débiteurs du legs l'ont payé en connaissance de cause, ils ne peuvent plus le répéter (Duranton, n. 478). — V. *sup.* n. 337, 468.

480. INJURE GRAVE A LA MÉMOIRE. L'inconduite de la femme pendant l'année du deuil n'est point une injure grave à la mémoire du défunt, suffisante pour faire révoquer les dispositions testamentaires faites par son mari en sa faveur (Nîmes, 14 fév. 1827, aff. Gaudemard).

481. Il en est de même de la soustraction qu'un légataire, postérieurement au décès du testateur, a faite d'effets appartenant à la succession; à moins qu'il ne soit établi que cette soustraction a eu pour but de porter atteinte à la mémoire du testateur (Cass. 25 juin 1822, aff. de la Baume, Sirey 23, 1, 52).

Art. 5. *De la caducité des legs.*

482. On entend par caducité l'inutilité des dispositions testamentaires par suite du refus ou de l'impossibilité d'en recueillir les effets (Grenier, n. 349).

483. La caducité a pour effet d'anéantir le legs qui en est frappé et de mettre les choses dans le même état que s'il n'y avait jamais eu de legs.

484. Les cas de caducité sont au nombre de cinq :

Ainsi 1° Une disposition testamentaire est caduque si celui en faveur de qui elle est faite n'a pas survécu au testateur (C. civ. 1039).

2° Une disposition testamentaire faite sous une condition dépendante d'un événement incertain, et tel que, dans l'intention du testateur, cette disposition ne doive être exécutée qu'autant que l'événement arrivera ou n'arrivera pas est caduque si l'héritier institué ou le légataire décède avant l'accomplissement de la condition (C. civ. 1040).

3° La perte de la chose léguée totalement périe pendant la vie ou depuis la mort du testateur sans le fait et la faute de l'héritier rend le legs caduc.

4° La répudiation du legs de la part de l'héritier institué ou du légataire, est une cause de caducité (C. civ. 1043).

5° L'incapacité de recueillir un legs est aussi une cause de caducité (C. civ 1043).

485. PRÉDÉCÈS DU LÉGATAIRE AVANT LE TESTATEUR. Toute disposition testamentaire est caduque si celui en faveur de qui elle est faite n'a pas survécu au testateur (C. civ. 1039); parce que pour succéder il faut nécessairement exister (C. civ. 725).

485 *bis*. Le décès de l'exécuteur testamentaire avant le testateur ne rend pas le legs caduc (Toulouse, 10 juillet 1827, aff. Danisan, Sir. 28, 2, 166).

486. La vocation de la famille de l'usager en titre, au legs d'un droit d'usage, produit cet effet que le legs n'est pas entièrement caduc et sans effet, par le décès de l'usager en titre avant le testateur, mais qu'il doit recevoir par substitution vulgaire toute son exécution, au profit de la famille appelée par le testament (Proudhon, t. 6, n. 17).

487. Si un légataire se trouvait désigné dans le testament, sous le nom de sa dignité, le legs étant fait non à sa personne mais à sa place, ne serait pas éteint par son prédécès et ne serait alors point caduc (L. 56, D. *de legatis* 2°; Toullier, t. 5, n. 672).

488. Le legs n'est point non plus caduc si le testateur a exprimé qu'au cas où il survivrait au légataire les héritiers de celui-ci profiteraient de la libéralité (C. civ. 898; *ibid.*). V. *sup.* n. 392, *in fine*.

489. Les présomptions des art. 720 à 722 du C. civ. ne sont point applicables en matière de legs, quand même les deux personnes mortes dans le même événement se seraient réciproquement instituées légataires universelles (Duranton, t. 6, n. 48; Duplessis, t. 1, p. 772, 5. édit.).

490. 1° PRÉDÉCÈS DU LÉGATAIRE AVANT L'ACCOMPLISSEMENT DE LA CONDITION. Toute disposition testamentaire faite sous une condition dépendante d'un événement incertain et tel que, dans l'intention du testateur, cette disposition ne doive être exécutée qu'autant que l'événement arrivera ou n'arrivera pas, est caduque si l'héritier institué ou le légataire décède avant l'accomplissement de la condition (C. civ. 1040).

491. Mais la condition qui, dans l'intention du testateur, ne fait que suspendre l'exécution de la disposition, n'empêche pas l'héritier institué ou le légataire d'avoir un droit acquis et transmissible à ses héritiers (C. civ. 1041).

492. 2° PERTE DE LA CHOSE LEGUÉE. Le legs est caduc lorsque la chose léguée a totalement péri pendant la vie du testateur (C. civ. 1042).

493. Il en est de même si la chose léguée a péri depuis la mort du testateur, sans le fait et la faute de l'héritier, bien que celui-ci ait été mis en demeure de la délivrer, lorsqu'elle eût également dû périr entre les mains du légataire (*Ibid.*).

494. Mais si la chose léguée n'a pas *totalement* péri, le legs doit recevoir effet pour ce qui reste. Ainsi, lorsque le legs est d'une maison, le sol et les matériaux appartiennent au légataire si elle s'écroule (Arg. Code civ. 1042; Grenier n. 322).

495. Si le testateur a fait reconstruire la maison, elle appartiendra au légataire (Grenier, *ibid.*).

496. Le legs fait en 1820, de la jouissance pour ce qui resterait à courir après la mort du testateur d'un appartement que celui-ci occupait alors comme locataire dans *telle* maison, moyennant un loyer de 500 fr., en vertu d'un bail passé en 1802, lequel devait expirer en 1827, ne peut être considéré comme caduc par la perte de la chose léguée, lorsqu'au décès du testateur arrivé en 1829, le bail subsistait comme ayant été renouvelé par le testateur lui-même (Cass. 12 décembre 1831, aff. Bonnefoi, Sirey, 33, 1, 314).

497. Prenant cet arrêt pour règle on doit décider que si le legs consiste en un troupeau de bestiaux entièrement renouvelé depuis le testament jusqu'au décès du testateur, il n'y a point de caducité. Telle est d'ailleurs l'opinion de Grenier, n. 316.

498. Toutefois s'il y avait changement dans la forme et le nom de la chose léguée, le legs pourrait devenir caduc, puisque la chose n'existerait plus. Tel est le cas où le legs serait d'une certaine quantité de laine, dont on aurait fait ensuite du drap ou de la tapisserie. Quoique ces nouveaux objets ne soient composés que de la laine léguée, ils ne sauraient cependant appartenir au légataire, à moins que ce ne fût le vœu formel du testateur (Grenier, *ibid.*). V. note 22, n. 58 et suiv.

499. La caducité d'un legs, résultant de l'insuffisance de la succession n'est pas suffisamment établie à l'égard du légataire par l'inventaire fait par l'héritier; dans ce cas le légataire a droit d'exiger une liquidation régulière et contradictoire (Paris, 3 mars 1820, aff. Hermel, Sirey, 20, 2, 154).

500. Le legs d'une inscription de rente sur l'Etat, avec désignation du numéro sous lequel elle est portée au grand-livre, fait au profit d'un couvent, à la charge de services religieux, doit être considéré, non comme un legs nominal ou de corps certain, mais bien comme le legs d'une valeur ayant pour but d'assurer les services religieux. En conséquence, ce legs n'est pas nul ou caduc, par cela seul qu'à l'époque du testament, l'inscription de rente n'appartenait plus au testateur, alors surtout qu'il laisse d'autres rentes sur l'état, au moyen desquelles il est facile de remplir son vœu (Toulouse. 19 juillet 1837, aff. Braut, Sirey, 37, 2, 476).

501. Lorsque le legs d'une certaine somme est dit *à prendre* dans une somme due au testateur, cette expression *à prendre*, peut être considérée comme renfermant seulement un assignat *démonstratif*, et non un assignat *limitatif*, de telle sorte qu'en cas d'insuffisance, au moment du décès du testateur, de la somme indiquée, le legs doit être pris sur les autres valeurs de la succession. (Bordeaux, 15 juillet 1831, aff. Dufaure de Lajarthe, Sirey, 31, 2, 338).

502. Le legs d'une somme déterminée, à prendre en *trois pour cent* sur une créance due par l'État, doit être réputé d'une valeur *réelle* de la somme déterminée, et non pas seulement du capital *nominal* de cette somme, représenté par une quotité de rentes 5 p. 0/0 (Arrêt précité du 15 juillet 1831, aff. Dufaure).

503. Le legs d'une inscription de rente d'une valeur déterminée, est valable, bien qu'au décès du testateur il ne se trouve dans ses biens qu'une rente d'une valeur supérieure. Dans ce cas, le légataire n'en a pas moins droit sur cette rente à la délivrance d'une rente égale à celle qui lui a été léguée (Paris, 2 août 1836, aff. Mournaud, Sirey, 36, 2, 402).

504. 3° RÉPUDIATION DU LEGS. Toute disposition testamentaire devient caduque lorsque l'héritier institué ou le légataire la répudie (Code civil 1043).

505. La répudiation d'un legs n'étant autre chose qu'une renonciation à une succession pour le tout ou partie, il en résulte que celui qui répudie doit se conformer à l'article 784 du Code civil, qui traite des renonciations à successions. V. *Renonciation à succession.*

506. Lorsqu'un légataire a renoncé à son legs, et que cette renonciation est ensuite révoquée à la requête de ses créanciers, l'héritier, qui était appelé à recueillir le tout, ne peut jamais avoir de recours contre le légataire, encore que celui-ci fût insolvable à l'époque de sa renonciation, et que, depuis, sa fortune se soit améliorée (Proudhon, t. 4, n. 2410).

507. La caducité du legs par la répudiation ne s'applique qu'au légataire qui y a renoncé. Elle ne s'appliquerait point à un tiers auquel le légataire aurait été chargé de payer une certaine somme. Dans ce cas, l'héritier qui profite du legs, se trouve passible envers le tiers de la charge imposée au légataire, et cela est juste, car, par la répudiation, le legs accroît à l'héritier avec ses charges, conformément à l'intention du testateur (Toullier, t. 6, n. 641). Il en serait autrement si l'objet de la condition ou la charge était un fait personnel au premier légataire, ou une obligation de donner un corps certain qui lui appartînt (*ibid.*).
V. *suprà*, § 9, n° 276 et suiv.

508. 4° INCAPACITÉ DE RECUEILLIR. La disposition testamentaire est caduque lorsque l'héritier institué ou le légataire se trouve incapable de la recueillir (C. civil 1043).

509. Lorsqu'un legs particulier fait à une personne et à ses descendants, doit, au cas d'extinction de cette descendance, retourner à la *succession du testateur*, l'héritier institué, quoique qualifié *d'héritier universel*, est appelé à le recueillir. Et au cas où un tel legs pourrait être annulé comme entaché de substitution, l'héritier institué ne pourrait être considéré comme compris lui-même dans la substitution, et déclaré par suite incapable de recueillir le legs; il devrait, au contraire, comme héritier universel, profiter de la nullité ou caducité du legs à l'exclusion des héritiers du sang, et il aurait seul qualité pour faire prononcer cette nullité ou caducité (Cass. 22 juillet 1835, aff. Pélicié-de-Pierrefeu, Sirey 35, 1, 641).

Art. 6. *De la prescription de l'action du légataire.*

510. Toutes les actions tant réelles que personnelles se prescrivant par trente ans (Code civ. 2262), il en résulte qu'un légataire pourra être déclaré non recevable à demander le paiement ou la délivrance de son legs lorsqu'il se sera écoulé trente ans depuis qu'il aura été à même d'exiger son droit par la mort du testateur ou l'accomplissement de la condition à laquelle le legs était subordonné.

511. Cette prescription peut être opposée par le légataire de la nue-propriété au légataire de l'usufruit du même objet (Code civil 617, 789, 2262; Paris, 21 avril 1815, aff. Varanethon, Sirey, 16, 2, 288).

§ 12. A QUI PROFITE L'EXTINCTION OU NULLITÉ DES LEGS.

512. La caducité des legs profite, en général, aux personnes qui seraient chargées de les acquitter, s'ils n'étaient pas caducs, par conséquent à l'héritier institué et non à l'héritier légitime (L. 10, D. *Reg. jur.*; Toullier, t. 5, n° 677; Cass. 20 juillet 1809, aff. Brazier, Sirey, 9, 1, 305).

513. Ainsi, les héritiers d'un individu mort *ab intestat* supportant seuls la charge des legs particuliers, profitent seuls de leur caducité, lorsqu'il n'existe pas de légataire universel ou à titre universel.

514. Mais lorsqu'il existe un légataire universel, comme son institution d'héritier comprend tous les biens, il recueille par cette raison tous les legs caducs quand même il serait en concours avec un héritier à réserve (Cass. 20 juillet 1809, aff. Noirot, Sirey, 9, 1, 305; Toullier, t. 5, n. 679; Grenier, n. 349). V. *sup.* n. 12.

515. Quand même encore le testateur aurait commencé par faire un legs particulier et ensuite un legs universel, dans les termes suivants : *Je lègue à Pierre ma maison de Saint-Denis; je lègue à Paul le surplus de mes biens.* Ces dernières expressions doivent s'entendre en ce sens : *le surplus de ce qu'aura Pierre*; et non pas dans ce sens restrictif : *le surplus de ce qui est exprimé dans la première disposition.* Il est censé que je n'ai voulu restreindre le legs universel que j'ai fait à Paul qu'en faveur de Pierre, et dans le cas où celui-ci recueillerait son legs particulier (Pothier, *des Test.*, ch. 6, sect. 5, § 1; Toullier, t. 5, n. 679; Duranton, t. 9, n. 519).

516. L'avantage est le même pour le légataire universel quand le legs particulier est fait postérieurement à son legs universel, dans ce cas la nullité du legs particulier lui profite par préférence aux héritiers légitimes. Le legs particulier n'est point alors une révocation du legs universel (Cass. 14 déc. 1819, aff. Broé de la Navarre, Sirey, 20, 1, 151).

517. Mais il en est autrement quand il s'agit d'un legs à titre universel; dans ce cas la caducité d'un tel legs profite à l'héritier du sang, s'il n'existe pas de légataire universel. Les autres légataires à titre universel n'ont jamais droit qu'à la seule quotité que le testateur leur a léguée, car ils ne profitent point de la caducité des legs particuliers (Toullier, t. 5, n. 680); de sorte que si, un testateur, après avoir donné le quart de ses biens à *Pierre*, avait légué le surplus à *Paul*, celui-ci n'étant qu'un légataire à titre universel, ne recueillerait pas le legs fait à Pierre, et qui serait devenu caduc (Toullier, *ibid.*). C'est alors comme si le testateur avait dit : Je donne un quart à *Pierre* et les trois quarts à *Paul.*

518. Cependant ces mêmes légataires à titre universel, soit que le testateur ait divisé entre eux toute son hérédité, soit qu'ils se trouvent en concours avec des héritiers légitimes ou institués, profitent de la caducité des legs particuliers, par la raison que s'il n'y avait point de caducité, ils seraient tenus de les acquitter par contribution avec les héritiers naturels ou institués (Code civ. 1013; Toullier, t. 5, n. 681).

519. Le légataire à titre universel et même le légataire particulier peuvent profiter seuls de la caducité d'un legs, s'il résulte de la disposition testamentaire que le legs caduc était une délibation de leurs droits et que, sans le legs particulier de l'objet, ils l'auraient conservée. Par exemple, si, après avoir légué *tout mon mobilier* à *Titius*, j'en lègue *un quart* à *Mevius*, ou seulement un *meuble* précieux, ou bien une *somme* d'argent qui faisait partie de ce même mobilier telle qu'un crédit désigné, ou une somme déposée dans mon secrétaire ou à prendre sur l'argent que je laisserai à mon décès; si, après avoir légué une terre ou une métairie à *Titius*, je lègue à *Mévius* une pièce de terre ou un bois qui en dépendent; enfin, si je charge spécialement un de mes légataires d'acquitter un autre legs, comme de payer une somme à une autre personne; dans tous ces cas, la caducité du second legs profite au légataire chargé de l'acquitter, parce que ce second legs n'étant en effet qu'une délibation du premier, il est naturel de présumer qu'ayant déjà, par une première disposition, distrait de ma succession les biens contenus dans la seconde, j'ai voulu qu'au défaut du second légataire, le premier les recueillît de préférence aux héritiers du sang ou au légataire universel (Grenier, n. 349; Toullier, t. 5, n. 682).

520. Par la même raison la caducité d'un legs d'usufruit doit profiter au légataire de la nue-propriété et non pas à l'héritier (Proudhon, t. 4, n. 2041).

521. Quand il s'agit d'un legs fait conjointement à deux légataires, la caducité du legs à l'égard de l'un de ces légataires profite à l'autre en vertu du droit d'accroissement (V. *suprà*, § 5, art. 3).

522. Même si la chose a été léguée conjointement à deux légataires, mais au premier purement et simplement, et au second sous condition, le premier transmet à son héritier le droit de profiter de la part du second si la condition vient à manquer (Toullier, t. 5, n. 697).

523. Si un legs a été fait à la charge de donner quelque chose à un tiers, et que ce tiers ne recueille pas le bénéfice de la charge, la caducité profite au légataire et non aux héritiers du défunt (Duranton, t. 9, n. 319).

524. Lorsque le testateur, après avoir légué tout son mobilier, en lègue ensuite une part déterminée à une autre personne, c'est le premier légataire qui profite de la caducité (Vazeille, *Don. et Test.*, art. 1039, n. 5, p. 157; Delvincourt, t. 2, p. 337, 338; Toullier, t. 5, n. 682; Grenier, t. 1, n. 349). V. *sup.* n. 519.

525. La nullité d'une aliénation consentie par le testateur, postérieurement à un legs universel, profite au légataire universel, à l'exclusion des héritiers naturels : le légataire universel doit recueillir l'objet aliéné, tout comme il l'aurait recueilli s'il n'y avait pas eu d'aliénation (Bourges, 1er fév. 1832, aff. Rabillon, Sirey, 33, 2, 56).

526. La nullité d'un legs particulier, fait postérieurement à un legs universel, profite au légataire universel par préférence aux héritiers naturels; il n'est pas vrai que le legs particulier soit une révocation partielle du legs universel (Limoges, 20 déc. 1830, aff. Assolant et autres, Sirey, 31, 2, 207). V. *sup.* n. 519 et 524.

527. Le légataire universel, bien qu'il soit, en général, investi des droits et actions du testateur, est sans qualité pour demander la nullité d'une donation faite par le testateur, alors qu'il résulte du testament ou des circonstances,

que le testateur a entendu excepter du legs universel les biens compris dans la donation. En un tel cas, les héritiers naturels au profit de qui tournerait la nullité de la donation, seraient seuls admissibles à se prévaloir de cette nullité (Nîmes, 19 mai 1830, aff. Burlier, Sirey, 31, 2, 55).

528. L'héritier du sang, qui n'a point droit à une réserve légale, est non recevable par défaut d'intérêt, quand il existe un légataire universel, à demander la réduction ou nullité d'un legs particulier fait par le testateur; cette nullité ne pouvant (sauf déclaration contraire du législateur) profiter qu'au légataire universel (Paris, 9 juin 1834, Sirey, 34, 2, 353).

529. En cas de recel par l'un des époux, d'objets dépendant de la communauté, la part dont il est privé dans ces objets venant en accroissement de la succession de l'autre époux, profite à son légataire universel tout aussi bien qu'à l'héritier du sang, chacun dans la proportion de son émolument (Paris, 8 nov. 1836, Sirey, 36, 2, 552).

V. *Donation*, note 81. — *Droits de mutation*. — *Fiducie*, note 73. — *Portion disponible*, note 150. — *Réduction*, note 151. — *Substitution*. — *Testament*, note 152. — Et aux formules, *Déclaration de succession*.

[25]

CRÉANCES. — ACTIF. — CRÉANCIERS.

DIVISION SOMMAIRE.

INDICATION ALPHABÉTIQUE :

Section 1re. CE QUE L'ON ENTEND PAR LE MOT CRÉANCE.

1. Le mot *créance* dérive du mot latin *credere* qui signifie *prêter*, *confier*. En prêtant, en confiant quelque chose, on acquiert un droit sur celui qui a reçu la chose, un droit qu'on nomme *créance*. Il peut naître de différentes causes, telles qu'une donation, un legs, un partage, un contrat de vente, etc. (Merlin, v° *Créance*).

2. Le mot *créance* s'applique, *activement*, au droit d'exiger de son débiteur l'exécution d'une obligation, et ce droit s'appelle *créance* ou *dette active*; et *passivement*, à l'obligation dont quelqu'un est tenu envers un autre, et on dit alors *dette passive*. De sorte qu'une même créance est à la fois *active* vis-à-vis du créancier, et *passive* à l'égard du débiteur.

A ce sujet nous ferons observer que toute obligation, tout engagement, qui confère un droit, qui donne lieu à une action, forme une *créance*, car ce mot doit être pris dans le sens le plus absolu.

3. Pour qu'une créance existe et qu'elle soit valable, il faut 1° une cause (V. note 107) qui l'ait produite, 2° des personnes qui l'aient contractée, ayant la capacité voulue par la loi (V. note 4.; 3° et quelquefois, une chose qui ait pu faire l'objet du contrat qui a donné naissance à la créance (V. note 7).

4. Cependant d'après cet axiome de droit, *qui a terme ne doit rien*, on pourrait croire qu'une chose due n'est arrivée à l'état de *créance* que quand ce terme est arrivé. Ce serait une erreur que de prendre cet axiome à la lettre et de prétendre que le débiteur ne doit pas, car la chose promise est irrévocablement due et acquise à compter du jour de l'obligation. La véritable signification de l'axiome est celle-ci : *qui a terme ne peut pas être poursuivi*; encore est-il des cas où cette maxime n'est pas vraie, car, quoiqu'ayant terme pour payer, le débiteur *doit* et n'a plus de délais, 1° lorsqu'il est tombé en faillite ou en déconfiture (C. civ. 1188); 2° lorsque, par son fait, il a diminué les sûretés qu'il avait données à son créancier (*ibid.*); 3° lorsque étant le successeur du débiteur il n'accepte la succession de ce dernier que sous bénéfice d'inventaire (C. civ. 808).

§ 1. *De la nature des créances ou dettes actives.*

5. Le droit attaché à une créance, quand il n'a point pour objet la revendication d'un immeuble (C. civ. 526) est toujours mobilier de sa nature, c'est un droit qui confère au créancier le pouvoir de poursuivre le débiteur ou ses représentants pour les obliger à lui payer la somme, ou à lui remettre la chose qu'ils doivent. Tout ce qui appartient au créancier, dans ce cas, est un droit à la chose, *jus ad rem*; car cette chose reste toujours dans la possession du débiteur; celui-ci peut même en disposer en faveur d'un autre, de sorte que le créancier n'en devient propriétaire que par la tradition réelle ou feinte qui lui en est faite (Merlin, Rép., v° *Créancier*, n. 1). V. *inf.*, n. 6 et 7; tradition, note 8 et droits réels, note 26.

6. Cependant, le droit résultant d'une créance diffère suivant la nature des choses qui font l'objet de cette créance; ainsi, pour les choses indéterminées, telles qu'une somme d'argent ou une quantité de choses fongibles, ce droit est une véritable créance, mais pour les objets ou corps certains et déterminés tels qu'un immeuble désigné, ou un meuble de telle forme qu'on ne peut remplacer par aucun autre, c'est plutôt un droit de propriété qu'une créance, parce que alors le créancier a le droit d'exiger l'objet déterminé, le débiteur ne peut offrir à la place une chose même semblable. V. *inf.* sect. 2, n. 48 et suiv.

7. Le droit diffère aussi d'après les conditions accessoires ou constitutives de la créance, par exemple, lorsqu'on ajoute à la créance des garanties immobilières ou que par sa nature elle est privilégiée, car dans ce cas un droit réel, *jus in re*, est attaché à la créance et il en résulte que le créancier peut suivre l'immeuble en quelques mains qu'il passe, en faisant alors tous les actes résultant de son droit

§ 2. *Des différentes sortes de créances ou dettes actives.*

8. On distingue différentes sortes de créances, toutes relatives aux causes dont elles procèdent, aux effets qu'elles produisent, ou aux circonstances qui les accompagnent.

Ainsi, il y a 1° des créances *chirographaires*; 2° des créances *hypothécaires*; 3° des créances *privilégiées*; 4° des créances *mobilières*; 5° des créances *immobilières*; 6° des créances *commerciales* et des créances *civiles*.

Nous allons, dans les articles suivants, expliquer les prérogatives attachées à chaque espèce de créance

Art. 1. Des créances chirographaires.

9. La créance *chirographaire* est celle qui résulte d'une convention verbale ou sous seing-privé, ou qui n'emporte point hypothèque, ou bien qui, par le défaut de quelque formalité, ne peut être rangée parmi les créances hypothécaires de sorte qu'elle vient au marc le franc, c. à d. par contribution avec les autres de même nature. V. *Hypothèque*, note 30.

10. Depuis la loi du 11 brumaire an VII on peut ranger

dans la classe des créances *chirographaires*, les créances fondées sur des actes notariés qui ne contiennent pas la stipulation d'une hypothèque spéciale, ou qui, la contenant, ne sont point inscrites au bureau des hypothèques (Merlin, Rép., v° *Créance*).

Art. 2. Des créances hypothécaires.

11. On appelle créance *hypothécaire* celle qui résulte d'un titre authentique, tel qu'un jugement ou un acte notarié, et qui est garantie par une hypothèque générale dans le premier cas et spéciale dans le second cas sur les biens du débiteur. C'est cette hypothèque qui donne le droit de suivre l'immeuble en quelques mains qu'il passe (C. civ. 2114) et d'exercer une action hypothécaire contre les tiers-détenteurs. V. note 28.

12. L'action hypothécaire se lie par fois à l'action personnelle, comme quand les immeubles hypothéqués sont passés par succession aux enfants ou autres héritiers du débiteur, car, dans ce cas, le créancier a contre chacun d'eux une double action pour se faire payer, savoir : 1° *l'action personnelle*, à raison de ce que chaque héritier représente son auteur, et comme tel, est personnellement tenu des obligations de ce dernier, 2° et *l'action hypothécaire*, à raison de ce qu'ils possèdent les biens affectés à la créance (Code civil 873; Pothier, Grenier, des *Hypothèques*, n. 172 et suiv.) V. *Actions*, note 28; *Hypothèque*, note 30; *Délaissement*, note 157.

13. Les créanciers qui ont une hypothèque sur un droit d'usufruit ont, par là même, sur le prix du bail à ferme de cet usufruit, un droit de préférence aux créanciers chirographaires (*Salviat, de l'Usufruit*, t. 1, p. 84, art. 36, n. 2).

14. Lorsque l'extinction de l'usufruit a été prononcée pour cause d'abus de jouissance, les créanciers hypothécaires dont les titres sont antérieurs aux actes abusifs, conservent leur droit de suite par hypothèque, pour poursuivre l'expropriation de l'usufruit, comme s'il n'avait pas été consolidé (Code civil 618; Proudhon, de l'*Usuf.*, t. 4, n. 2476). V. note 27, n. 410 et suiv.

15. Le créancier dont l'hypothèque porte sur un immeuble soumis à une action en rescision pour lésion, peut rembourser lui-même le supplément du juste prix pour conserver son hypothèque (Code civil 1681; Grenier, *des Hyp.*, t. 1, n. 153).

16. Le créancier personnel ou le cessionnaire d'une femme mariée autorisé par l'art. 1446 du Code civ., à exercer les droits de sa débitrice contre le mari, au cas de déconfiture de celui-ci, est fondé à réclamer collocation dans un ordre ouvert sur le mari, pour le principal de sa créance et pour tous les intérêts échus, même au-delà de deux années et de l'année courante, encore qu'il n'ait pris aucune inscription particulière pour sûreté de ces intérêts; l'art. 2151 du Code civil ne s'appliquant pas aux intérêts d'une créance hypothécaire dispensée d'inscription (Paris, 5 mars 1834, aff. Capitaine, Sirey, 34, 2, 178).

17. Les créanciers inscrits sur un immeuble vendu par expropriation forcée ont droit d'être colloqués au même rang que pour le capital, non-seulement pour les trois ans d'intérêts conservés par l'art. 2151 du Code civ., mais encore pour tous les intérêts échus depuis l'adjudication. Il en est ainsi, même à l'égard des créanciers inscrits pour un capital *non productif d'intérêts conventionnels*, si ce créancier les a fait courir par une demande judiciaire (Cass. 2 avril 1833, aff. Julienne, Sirey, 33, 1, 378).

18. L'art. 2151 du Code civil, relatif aux intérêts assurés par l'inscription hypothécaire, s'applique :

1° Aux intérêts des créances antérieures à la loi de brumaire an VII (Grenier, des *Hyp.*, t. 1, n. 99).

2° Aux arrérages de rentes viagères (Troplong, t. 3, n. 700; Duranton, t. 20, n. 153).

19. Les deux années d'intérêts conservées par l'inscription hypothécaire ne sont pas nécessairement les deux années qui ont suivi l'inscription, elles peuvent être deux années ultérieures (Duranton, t. 20, n. 149).

20. L'année courante d'intérêts conservée par l'inscription hypothécaire est celle :

1° Qui a cours lors des notifications de purge faites par le tiers détenteur, au cas de vente volontaire (Troplong, des *Hyp.*, t. 3, n. 698 *bis*).

2° Qui court au moment de la dénonciation de la saisie, au cas d'expropriation forcée (*Ibid.*).

3° De la seconde adjudication, au cas de sur-enchère (*Ibid.*).

4° De l'année où le créancier produit, dans le cas de vente forcée (Duranton, t. 20, n. 150).

5° De l'année où le créancier accepte expressément ou tacitement les offres de l'acquéreur, dans le cas de vente volontaire (*Ibid.*).

21. On doit allouer pour intérêts de l'*année courante* le temps qui s'est écoulé depuis la dernière échéance d'intérêts ou d'arrérages jusqu'au jour où le créancier exerce son hypothèque. (Duranton, t. 20, n. 151).

22. L'année courante conservée par l'inscription hypothécaire doit être allouée en entier quand il est dû trois ans ou plus d'intérêts (Troplong, *des Hyp.*, t. 3, n. 698 *ter*.).

23. Lorsque les intérêts sont stipulés payables à une époque éloignée, l'inscription prise par le créancier pour tous les intérêts à échoir jusqu'à cette époque, ne conserve néanmoins que les deux années et l'année courante (Troplong, t. 3, suppl. sur l'art. 2152, p. 311, n. 700 et suiv.).

24. L'acquéreur d'un immeuble frappé d'inscriptions, qui s'est rendu cessionnaire de l'une des créances inscrites, a droit, comme les autres créanciers, à la collocation des intérêts jusqu'à la clôture de l'ordre. La compensation ne s'opère qu'après la collocation définitive ; on ne peut pas dire qu'il y a eu compensation dès l'instant de la cession (Bordeaux, 19 juin 1835, aff. Otard, Sirey, 36, 2, 28).

25. Le créancier qui a hypothèque sur plusieurs immeubles pour une créance conditionnelle, peut, lorsqu'il a été colloqué conditionnellement dans l'ordre ouvert sur le prix d'un de ces immeubles, se faire colloquer de la même manière sur les autres (Troplong, t. 4, n. 959-8°; Persil, article 2166, n. 13; — *Contrà*; Grenier, t. 1, n. 186).

26. Il doit en être de même en cas de collocation pour une rente viagère (Troplong, *ibid.*; *Contrà* Persil, art. 2114, n. 6; Grenier, t. 1, p. 394).

27. Les dépens sont l'accessoire du capital et doivent être mis sur la même ligne d'hypothèque. Ainsi, si un créancier, prenant inscription pour un capital déterminé, déclare en même temps s'inscrire pour les dépens à faire,

[25] CRÉANCES. — ACTIF. — CRÉANCIERS.

et que par la suite il obtienne en effet une condamnation de dépens à raison de sa créance, l'hypothèque pour ces dépens prendra date du jour de l'inscription éventuelle (Troplong, t. 3, n. 702 *bis*; Grenier, t. 1, n. 98).

28. Les fruits dus par le tiers-détenteur depuis la sommation de délaisser qui lui est faite, sont immeubles, et comme tels dévolus exclusivement aux créanciers hypothécaires (C. civ. 2176; C. proc. 869; Troplong, *des Hyp.*, t. 3, n. 840 *bis;* Delvincourt, t. 3, p. 180, note 8; Duranton, t. 20, n. 275).

29. Lorsqu'un immeuble hypothéqué est vendu, les créanciers inscrits ont droit aux fruits échus depuis la vente de l'immeuble, nonobstant la vente ou l'abandon que le débiteur, propriétaire du fonds, en a pu faire par anticipation (C. civil. 1251, 2091 et 2166; Duranton, t, 16, n. 506, p. 517).

30. Celui qui achète de l'adjudicataire, durant la poursuite de l'ordre, l'immeuble adjugé, doit, de plein droit, les intérêts de son prix aux créanciers, à compter de son acquisition, et non pas seulement à compter de la sommation de payer ou de délaisser (Duranton, t. 20, n. 277).

Art. 3. Des créances privilégiées.

31. On appelle *créance privilégiée* toute créance qui est de nature à faire préférer un créancier à tout autre créancier chirographaire ou hypothécaire. — Pour connaître les différentes sortes de priviléges, voir la note 29 et les art. 2095 à 2105 du C. civ.

32. Tout privilége doit être restreint dans les cas expressément spécifiés par les actes législatifs qui l'ont établi (Cass. 18 mai 1831, aff. Gérard-Schmidt, Sir. 31, 1, 220).

33. Un débiteur ne peut, par des conventions particulières et hors des cas prévus par la loi, créer en faveur de l'un de ses créanciers un privilége sur des sommes qui lui seraient dues par des tiers, de manière que ce créancier, sans être saisi par un transport régulièrement signifié, puisse exercer sur les sommes qui lui ont été ainsi déléguées un droit de préférence par rapport aux autres créanciers (Cass. 12 déc. 1831, aff. Doré, Sir. 32, 1, 275).

34. Lorsque le créancier privilégié a laissé perdre son privilége faute d'inscription, et qu'en outre il ne se trouve plus à temps de s'inscrire comme créancier hypothécaire, les créanciers chirographaires ont qualité pour se prévaloir du défaut d'inscription (C. civ. 2106, 2113; Troplong, des *priv. et hyp.*, t. 1, n. 268).

Art. 4. Des créances mobilières

35. Les créances *mobilières* sont celles qui n'ont pour objet qu'une chose mobilière, comme une somme d'argent, un meuble, un cheval, une rente, etc. Pour distinguer ce qui est *meuble* d'avec ce qui est *immeuble*, voir les art. 527 à 536 du C. civ. et les notes 86 et 87 et la note 27 n. 377. — V. aussi *inf.* n. 37 *bis*.

Art. 5. Des créances immobilières.

36. Les créances immobilières sont celles qui ont un immeuble pour objet (C. civ. 526) et qui donnent le droit de se le faire délivrer. — V. *Actions*, *note* 28.

37. C'est donc improprement qu'on appelle dettes *immobilières*, les dettes qui ne sont que la représentation d'un immeuble, tel est le prix d'une vente, d'une licitation, d'un échange d'immeuble. — V. *Biens immeubles*, note 87 et les art. 517 à 526 du C. civ.

37 *bis*. Autrefois les rentes étaient immobilières et par conséquent susceptibles d'hypothèques, mais elles ont été mobilisées par la loi du 12 brum. an VII, concernant le régime hypothécaire et dont l'art. 7 est ainsi conçu : *Les rentes constituées, les rentes foncières et les autres prestations que la loi a déclarées rachetables, ne pourront, à l'avenir, être frappées d'hypothèques.*

Au moyen de cette disposition les hypothèques *précédemment* acquises sur les rentes ont encore leur effet et peuvent être inscrites utilement soit avant soit pendant la quinzaine qui suit la transcription des actes translatifs de propriété de ces rentes; ainsi, lorsque l'on cède une rente créée avant la loi du 12 brum. an VII, il n'y a que la transcription au bureau des hypothèques qui affranchisse cette rente des inscriptions prises par suite d'hypothèques anciennes, mais dès qu'une cession a été transcrite il n'est plus nécessaire de faire transcrire les cessions postérieures. C'est donc la transcription qui, en réalité, mobilise les rentes (Cass. 3 août 1807).

Art. 6. Des créances commerciales et créances civiles.

38. *Créances commerciales.* Les créances commerciales sont celles qui rendent le débiteur justiciable des tribunaux de commerce, parce qu'elles résultent d'actes et opérations de commerce, verbales ou par écrit.

39. Sont réputés actes de commerce : *tout achat de denrées et marchandises pour les revendre soit en nature, soit après les avoir travaillées et mises en œuvre, ou même pour en louer simplement l'usage; toute entreprise de manufacture, de commission, de transport par terre ou par eau; toute entreprise de fournitures, d'agences, bureaux d'affaires, établissement de ventes à l'encan, de spectacles publics; toute opération de change, banque et courtage; toutes les opérations de banques publiques; toutes obligations entre négociants, marchands et banquiers; entre toutes personnes, les lettres de change ou remises d'argent faites de place en place* (C. comm. 632).

40. Sont réputés pareillement actes de commerce : *toute entreprise de construction, et tous achats, ventes et reventes de bâtiments pour la navigation intérieure ou extérieure; toutes expéditions maritimes; tout achat ou vente d'agrès, apparaux et avitaillements; tous affrétement ou nolissement, emprunt ou prêt à la grosse; toutes assurances et autres contrats concernant le commerce de mer; tous accords et conventions pour salaires et loyers d'équipages; tous engagements de gens de mer, pour le service de bâtiments de commerce* (C. comm. 633).

V. *Commerçant*, note 43; *Acte de commerce*, note 118.

41. *Créances civiles.* Toutes les créances sont des *créances civiles*, à l'exception de celles qui sont *commerciales* et dont il est parlé *sup.* n. 38 et suiv. et de celles provenant de condamnation en matière *criminelle*.

§ 3. *Ce que l'on entend par le mot* ACTIF.

42. Le mot *actif* a une signification opposée à celle de *passif*. Dans l'actif se trouvent compris les actions, les créances, les biens meubles et immeubles, abstraction faite des dettes et charges. V. *inf.* note 27, sect. 2, § 3.

43. On distingue l'actif *net* et l'actif *brut*. L'actif net ne comprend pas les charges parce qu'elles sont déduites, tandis que l'actif brut les comprend toutes.

44. On dit *l'actif* d'une succession, d'une communauté, d'une société, pour désigner la *totalité* des biens dont elles se composent. V. v^is *Succession* (88), *Communauté* (166), *Société* (138).

On dit aussi l'actif d'une personne pour désigner son *avoir*.

§ 4. *Du refus de paiement des dettes actives.*

45. Le débiteur qui se refuse au paiement de ce qu'il doit peut y être contraint par différentes voies, suivant la nature de la dette (C. proc. 545 à 805).

46. Toutefois un débiteur peut être fondé à refuser le paiement d'une dette exigible, soit à raison d'une créance personnelle, qui peut entrer en compensation avec cette dette, soit à raison d'oppositions survenues entre ses mains de la part des créanciers de celui à qui il doit. Mais alors il faut qu'il justifie de cette créance ou de ces oppositions, car ce dernier pourrait le poursuivre comme si ces obstacles ne subsistaient pas. V. v^is *Compensation*, note 167, *Saisie-arrêt* et *Opposition*, note 108.

47. Les dettes actives peuvent s'éteindre de plusieurs autres manières. V. v° *Obligation*, note 107.

Sect. 2. DES CRÉANCIERS, EN GÉNÉRAL.

48. Le *créancier* est celui à qui il est dû quelque chose, soit pour un prêt, soit pour toute autre cause (L. 11, D. *de verborum obligationibus*).

49. La qualité de créancier donne le droit de poursuivre non-seulement son débiteur, mais encore les héritiers de celui-ci; l'héritier, en effet, représente celui dont il recueille les biens; comme il succède à ses droits, il succède aussi à ses charges, et l'on peut exercer contre lui les actions que l'on avait contre son auteur (C. civ. 873 et 877). V. notes 24 et 78.

50. Les créanciers peuvent exercer tous les droits et actions de leur débiteur, à l'exception de ceux qui sont exclusivement attachés à la personne (C. civ. 1166, 820, 1446, 2225).

51. Ils peuvent aussi, en leur nom personnel, attaquer les actes faits par leur débiteur en fraude de leurs droits. Ils doivent, néanmoins, quant à leurs droits énoncés au titre des *successions* et au titre *du contrat de mariage et des droits respectifs des époux*, se conformer aux règles qui y sont prescrites (C. civ. 1167, 618, 622, 788, 865, 878, 882, 921, 1053, 1447, 1464).

§ 1. *Des actions que le créancier peut exercer de son chef.* V. *sup.* n. 50 et 51.

52. Les créanciers peuvent attaquer de leur chef et comme faits en fraude de leurs droits les actes sur lesquels reposerait l'état que leur débiteur se refuse à contester, mais ils sont non-recevables à attaquer au nom de leur débiteur, l'état civil d'un tiers (Amiens, 10 avril 1839, aff. Delsenserie, Sirey, 40, 2, 508).

53. Les créanciers du père d'un enfant émancipé ne peuvent demander la nullité de l'acte d'émancipation sous le prétexte qu'elle leur ferait perdre l'usufruit légal (Toullier, t. 6, n. 368; Proudhon, t. 4, n. 2399).

54. Le créancier du vendeur, alors surtout qu'il est devenu délégataire d'une partie du prix de vente, peut, comme le vendeur lui-même, exercer contre l'acquéreur l'action résolutoire, à défaut de paiement du prix, encore bien que le droit d'exercer cette action ne lui ait pas été cédé expressément par le vendeur (C. civ. 1166 et 1654; Cass. 25 nov. 1834, aff. Ladague, Sirey, 35, 1, 644).

55. Un créancier peut être autorisé sur sa demande, à affermer aux enchères les immeubles de son débiteur, afin de soustraire le prix de ferme à la disposition de ce dernier (Caen, 29 avril 1841, J^al du Manuel, art. 48).

56. Le créancier hypothécaire inscrit, qui attaque la vente de l'immeuble hypothéqué comme faite en fraude de ses droits, ne peut être déclaré non-recevable sur le motif que la faculté de surenchérir lui donne un moyen plus simple d'exercer ses droits (C. civ. 1167, 2185; Cass. 2 août 1836, aff. Vekerlen, Sir. 36, 1, 657).

57. La sommation de payer ou de délaisser faite à l'acquéreur par le créancier inscrit n'est pas un obstacle à ce que le créancier demande la nullité de la vente, comme faite en fraude de ses droits (C. civ. 1167, 2185; Riom, 15 janvier 1839, aff. Monestier, Sir. 39, 2, 481).

58. Le créancier qui n'a pas surenchéri est néanmoins recevable à attaquer, pour cause de dol et fraude, la vente consentie à vil prix par son débiteur (*Ibid.*).

§ 2. *Des actions que le créancier peut exercer du chef de son débiteur.* V. *sup.* n. 50 et 51.

59. Les créanciers peuvent exercer les actions en nullité ou en rescision d'obligation, fondées sur la violence, l'erreur ou le dol, commis à l'égard de leur débiteur (C. civ. 1166; Merlin, Quest., v° *Hyp.*, § 4, n. 4; Duranton, t. 10, n. 562; — *Contrà*, Toullier, t. 7, n. 566).

60. L'action en nullité ou en rescision contre les obligations souscrites par un mineur, n'étant pas un droit exclusivement attaché à la personne de ce dernier, ses créanciers peuvent, en conséquence, l'exercer de son chef (C. civ. 1166 et 1301; Rouen, 9 jan. 1838, aff. Burgot, Sir. 38, 2, 110; Delvincourt; Proudhon; Duranton; Merlin, Quest.; Solon. — *Contrà*, Toullier, n. 566).

61. Mais ils sont non-recevables à intervenir dans une instance où il s'agit de l'état civil de leur débiteur, notamment d'une action en désaveu de paternité dirigée contre lui: le droit de défendre à une telle action étant un droit *exclusivement attaché à la personne*, qui ne peut être exercé par les créanciers de l'enfant désavoué (Cass. 6 juill. 1836, aff. Delamotte, Sir. 36, 1, 633).

62. Les créanciers peuvent demander, au nom de leur débiteur, le partage des biens qui lui ont été légués par testament, lorsque ce dernier a déjà fait acte d'acceptation de la libéralité (Cass. 16 nov. 1836, aff. Juin, Sirey 36, 1, 900).

63. Le créancier n'est pas recevable à demander la nullité, pour vice de forme, d'une vente consentie et exécutée de bonne foi par son débiteur; surtout s'il a fait lui-même quelque acte duquel il résulte implicitement qu'il a reconnu la validité de la vente, par exemple une saisie-arrêt entre les mains de l'acquéreur, comme débiteur du prix (C. civ. 1168 et 1338; Bordeaux, 4 août 1836, aff. Vincendeau, Sirey 37, 2, 100).

64. La disposition qui, au cas de déconfiture du mari autorise les créanciers personnels de la femme à exercer les droits de leur débitrice (C. civ. 1446), ne porte aucune atteinte aux causes légitimes de préférence qui peuvent

exister en faveur de certains de ces créanciers, telle que celle résultant d'une subrogation dans l'hypothèque légale de la femme; les créanciers subrogés ont donc le droit de se prévaloir de la subrogation et de réclamer collocation sur l'avoir du mari, par préférence aux créanciers purs et simples de la femme (C. civ. 2095; Nancy, 24 janv. 1825).

65. Le créancier d'un acquéreur peut, en faisant valoir les droits de celui-ci, critiquer le titre d'un créancier hypothécaire du vendeur (Rouen, 9 janv. 1838, aff. Burgot, Sirey 38, 2, 110).

66. Le créancier qui, agissant en vertu du droit que lui confère l'art. 1166 du C. civ., obtient la liquidation d'une créance due à son débiteur, n'a aucun droit exclusif ou privatif au résultat de cette liquidation. En conséquence, les autres créanciers doivent être admis à demander la distribution de la somme liquidée, au marc le franc entre tous les créanciers du débiteur commun. Peu importe qu'ils n'aient formé opposition que depuis la liquidation (Cass. 18 juil. 1838, aff. Homberg, Sir. 38, 1. 603).

67. Lorsque l'extinction d'un usufruit a été prononcée pour cause d'abus de jouissance, les créanciers de l'usufruitier peuvent interjeter appel du jugement, si celui-ci néglige de le faire (C. civ. 618 et 1166; Proudhon, t. 4, n. 2495).

68. Un créancier ne peut proposer une nullité de procédure que son débiteur ne propose pas lui-même, quoiqu'il en ait le droit (Solon, t. 2, n. 478).

§ 3. *Des actes faits par le débiteur en fraude des droits de son créancier.* — V. *sup.* n. 51.

69. Les créanciers peuvent, en leur nom personnel, attaquer les actes faits par leur débiteur en fraude de leurs droits (C. civ. 1167).

70. Ils peuvent exercer l'action révocatoire contre la renonciation à un usufruit ou à une succession, encore bien que leurs créances ne soient pas encore exigibles (Proudhon, t. 4, n. 2415).

71. Lorsque par la renonciation à son droit faite à titre gratuit, l'usufruitier s'est réduit à l'état d'insolvabilité, cette renonciation doit, par cela seul, être présumée frauduleuse et déclarée nulle dans l'intérêt de ses créanciers (Proudhon, t. 4, n. 2358).

72. Une donation d'immeubles, quoique transcrite, peut être attaquée comme ayant été faite en fraude des droits des créanciers. Mais il en serait autrement s'il s'agissait d'une donation faite par contrat de mariage (Solon, t. 2, n. 157; Delvincourt, t. 2, p. 158, n. 10; Toullier, t. 6, n. 352).

73. Le créancier hypothécaire qui a négligé de prendre inscription, et qui se trouve exposé, par ce fait, à perdre sa créance, peut attaquer, comme faite en fraude de ses droits, la vente consentie par son débiteur (Solon, t. 1, n. 462).

74. Les créanciers peuvent opposer une prescription à laquelle leur débiteur aurait renoncé en fraude de leurs droits (Coulon, t. 1, p. 158. — *Contrà*, Vazeille, v° *Prescr.* n. 361 et 362).

75. Quoiqu'en général il ne soit pas permis d'annuler les actes faits entre un débiteur et l'un de ses créanciers (V. *inf.* n. 83) sous le prétexte qu'ils porteraient préjudice aux

autres créanciers, il n'en est cependant pas de même lorsque ces actes sont entachés de fraude. Dans ce cas ils doivent être annulés sur la demande des créanciers lésés. Tel est le cas où un failli qui a obtenu un concordat avec des termes pour le paiement des dividendes, vend à réméré son fonds de commerce à l'un des créanciers concordataires, et néanmoins continue à exploiter ce fonds de manière à tromper ses créanciers anciens et nouveaux sur sa solvabilité (Cass. 24 nov. 1835, aff. Michaud, Sirey 36, 1, 350).

76. La révocation des actes faits en fraude du créancier peut être prononcée, sans que la justice ordonne la discussion préalable des biens du débiteur, surtout lorsque cette discussion n'a pas été demandée (Toullier, t. 6, n. 347).

77. Un créancier est recevable à attaquer une vente consentie par son débiteur, comme faite en fraude de ses droits, bien que ce débiteur possède encore des biens suffisants pour garantir le paiement de la créance, si, du concours des circonstances soumises aux juges, il résulte que l'effet de cette vente a été de rendre l'exercice des droits du créancier, sinon impossible, au moins très-difficile, par exemple, si les biens qui restent au débiteur sont situés en pays étranger (Cass. 22 juill. 1835, aff. Carbonnel, Sir. 36, 1, 346).

78. Un créancier ne peut attaquer comme frauduleux un acte consenti par son débiteur, antérieurement à son titre de créance. (Toulouse, 1 déc. 1837, aff. Vaysse; Colmar, 20 mai 1836, aff. Dielh, — Sir. 38, 2, 500. — 36, 2, 490).

79. Cependant des créanciers produisant dans un ordre sont recevables à attaquer pour fraude et simulation, un titre de créance antérieur à ceux dont ils sont porteurs (Cass. 20 mars 1832, aff. Berger, Sir. 32, 1, 442).

80. L'arrêt qui, sur la demande d'un créancier, prononce la nullité d'un acte consenti par son débiteur, comme fait en fraude de ses droits, profite aux autres créanciers, même à ceux qui n'ont acquis des droits que postérieurement à l'acte annulé (Cass. 12 avril 1836, aff. Courtois, Sir. 36, 1, 366).

81. L'annulation d'une donation comme faite en fraude des droits des créanciers du donateur, entraîne, à l'égard de ceux-ci, l'annulation des hypothèques consenties par le donataire (C. civ. 1167 et 2125; Paris, 2 fév. 1832, aff. Lemaître, Sir. 32, 2, 301).

82. Le créancier hypothécaire qui, après avoir formé opposition à ce qu'il soit procédé hors sa présence au partage d'une succession échue à son débiteur, laisse opérer ce partage, et ensuite saisir et vendre par un autre créancier l'immeuble échu au débiteur commun, n'est plus recevable, lorsque la saisie lui a été dûment notifiée, à attaquer le partage comme fait au préjudice de son opposition, et, par suite, à demander la nullité de la saisie et de la vente de l'immeuble; dans ce cas, il est réputé avoir tacitement acquiescé au partage et aux actes de la saisie (Lyon, 21 déc. 1831, aff. Chailiot, Sir. 32, 2, 262).

83. Le créancier qui attaque les actes faits par son débiteur en fraude de ses droits, doit être admis à prouver cette fraude par témoins (Duranton, t. 10, n. 586).

84. Le créancier qui a fait annuler un acte préjudiciable aux droits d'une certaine classe de créanciers, doit être colloqué par privilége, pour le montant de ses frais de poursuites, sur le prix des biens à distribuer aux créan-

ciers qui en ont profité (C. civ. 2102, 2103; Bordeaux, 28 mai 1832, aff. Sou, Sir. 32, 2, 626).

85. Lorsqu'un débiteur a délégué au profit de quelques-uns de ses créanciers le prix d'un immeuble qu'il a vendu, les autres créanciers ne peuvent attaquer la délégation comme faite en fraude de leurs droits (Montpellier, 3 mai 1841, aff. Anduze, Sir. 41, 2, 532). V. *sup*. n. 75.

86. La prescription de dix ans établie contre l'action en nullité ou rescision des conventions par l'art. 1304 du C. civ. s'applique-t-elle à l'action en nullité ou révocation intentée par des créanciers contre un acte consenti par leur débiteur en fraude de leurs droits?

Oui, suivant Duranton, t. 10, n. 585; Vazeille, t. 2, n. 534; arrêt de la C. R. de Colmar du 17 fév. 1830, aff. Kœclin, Sir. 31, 2, 86.

Non, suivant arrêts des Cours royales : de Paris, 11 juill. 1829, aff. Lemaître; de Toulouse, 15 janv. 1834, aff. Dubruel; de Riom, 3 août 1840, aff. Durand, Sirey 30, 2, 16; 34, 2, 298; 41, 2, 16, lesquels portent que l'action en nullité ou en rescision des conventions est restreinte à l'action exercée par les parties contractantes, et que celle des créanciers au cas de fraude de la part de leur débiteur n'est soumise qu'à la prescription trentenaire.

87. L'action en nullité intentée par un créancier contre une vente faite par son débiteur en fraude de ses droits et à vil prix, n'est pas éteinte à l'égard du tiers-détenteur par la prescription de 10 ou 20 ans établie en sa faveur par l'art. 2265 du C. civ. (Riom, 3 août 1840, aff. Durand, Sir. 41, 2, 16).

V. la note 26 et la note 27, § 29, n. 386 et suiv.

[26]

DES DETTES PASSIVES. — DES DÉBITEURS.

DIVISION SOMMAIRE :

INDICATION ALPHABÉTIQUE.

Sect. 1. CE QU'ON ENTEND PAR DETTES PASSIVES ET PASSIF.

1. Le mot *dette* exprime, en général, ce que l'on doit à quelqu'un. — La définition que nous avons donnée du mot *créance* (V. *suprà*, note 25, p. 237 n°s 1 et 2), peut servir à celle du mot *dette*.

2. On doit prendre le mot *dette* dans le sens le plus absolu. Toute obligation produisant une dette, il en résulte au profit de celui qui est créancier un droit, une action, qui forme une *créance* à son égard et en même temps une *dette* à l'égard du débiteur.

3. Mais une dette n'est pas toujours valable par cela seul qu'elle a été contractée ou consentie librement (V. *Consentement*, note 101). Il faut encore, 1° une cause licite de l'obligation (V. note 107); 2° la capacité de contracter (V. note 4); 3° Et selon le cas une chose qui ait pu faire l'objet du contrat (V. note 7).

4. Le terme fixé pour le paiement d'une dette empêche-t-il à la dette d'exister, d'après cet axiôme de droit : « *Qui a terme ne doit rien* ». Assurément non. V. sur ce point la note 25, p. 238 n. 4. V. aussi le mot *terme*, note 77.

5. Le mot *passif* a une signification opposée à celle du mot *actif*. Le passif comprend toutes les dettes et charges, tandis que l'actif ne comprend que les actions, les créances, les biens de toute espèce.

On dit le passif d'une *succession* (V. note 88), d'une *communauté* (V. note 166), d'une *société* (V. note 158).

Sect. 2. DES DIFFÉRENTES SORTES DE DETTES PASSIVES.

6. Il y a différentes sortes de dettes qui ont des effets différents suivant leur nature et que l'on ne distingue entre elles que par ces mêmes effets, par les causes dont elles procèdent et les circonstances qui les ont fait naître.

Ainsi on appelle :

7. 1° DETTE ALTERNATIVE, la dette qui donne au débiteur le droit de se libérer par la délivrance de l'une des deux choses comprises dans l'obligation (Code civil 1189 et suiv.)

8. 2° DETTE ANCIENNE, celle qui, en matière d'hypothèque, précède les autres ; et, en matière de subrogation, celle à laquelle le nouveau créancier est subrogé. — En Normandie, on appelle *dette ancienne*, celle qui est antérieure à l'acquisition du tiers-acquéreur (Merlin, v°, *Dette*, § 1.)

9. 3° DETTE CHIROGRAPHAIRE, celle qui résulte d'un titre sous seing-privé, ou d'une convention verbale qui n'emporte point hypothèque (Merlin, *ibid.* V. note 25, p. 238 n°s 9 et 10).

10. 4° DETTE CIVILE, celle qui n'est point pour fait de commerce, ni pour condamnation en matière criminelle (Merlin, *ibid.*).

11. DETTE CLAIRE ET LIQUIDE, celle dont le montant est fixe ou certain, et peut être opposé en compensation (Code civil 1291); ainsi, une créance de la somme de cent écus est une dette liquide, au lieu qu'une somme qui doit revenir d'un compte de société, est une dette non liquide, parce qu'on ne peut voir qu'après l'apurement du compte, à quoi cette somme se portera (Merlin, *ibid.*). V. note 28, n. 693.

12. 6° DETTE COMMERCIALE OU CONSULAIRE, celle qui rend le débiteur justiciable des Tribunaux de commerce (ci-devant des Consuls) et qui emporte conséquemment contre lui la contrainte par corps : telles sont les dettes créées entre marchands, banquiers, agents de change, traitants et gens d'affaires, pour raison de leur commerce, soit par des lettres, ou billets de change ou autrement. — Toute autre personne peut aussi contracter des dettes consulaires; mais ce ne peut être qu'en faisant des actes de commerce, ou en tirant, endossant ou acceptant, des billets ou lettres de change (Merlin, *ibid.*, — V. note 25, p. 240 n°s 39 et 40).

13. 7° DETTE CONDITIONNELLE, celle qui dépend de quelque événement et qui ne peut être exigée qu'après l'accomplissement de quelque condition (Code civil 1168 et suiv.).

14. 8° DETTE DIVISIBLE, celle qui est susceptible de division. A cet égard on doit observer qu'entre le créancier et le débiteur primitifs, l'obligation doit être exécutée comme si elle était indivisible. La divisibilité n'a d'application qu'à l'égard de leurs héritiers qui ne peuvent demander la dette ou qui ne sont tenus de la payer que pour les parts dont ils sont saisis, ou dont ils sont tenus comme représentant le créancier ou le débiteur (Code civil 1120 et suiv.). V. *infrà*, *Dette indivisible*, n. 23.

15. En principe, toute dette est divisible non entre le créancier et le débiteur primitifs, mais entre leurs héritiers: il n'y a d'exception que dans les cinq cas suivants :

16. 1° Lorsque la dette est hypothécaire (Code civil 1221 — 1°.).

17. 2° Lorsqu'elle est d'un corps certain (Code civil 1221 — 2°).

18. 3° Lorsqu'il s'agit de la dette alternative de choses au choix du créancier, dont l'une est indivisible (Code civ. 1221 — 3°).

Car, dans ces trois cas, l'héritier qui possède la chose

due ou le fonds hypothéqué à la dette peut être poursuivi pour le tout sur la chose due ou le fonds hypothéqué, sauf le recours contre ses co-héritiers (*Id. in fine.*)

19. 4° Lorsque l'un des héritiers est chargé seul, par le titre, de l'exécution de l'obligation (Code civil 1221—4). Dans ce cas, l'héritier seul chargé de la dette peut être poursuivi pour le tout (*Id. in fine.*).

20. 5° Et lorsqu'il résulte, soit de la nature de l'engagement, soit de la chose qui en fait l'objet, soit de la fin qu'on s'est proposée dans le contrat, que l'intention des contractants a été que la dette ne pût s'acquitter partiellement (Code civil 1221 — 5°). Dans ce cas, chaque héritier peut aussi être poursuivi pour le tout, sauf son recours contre ses co-héritiers (*Id. in fine.*).

21. 9° DETTE HYPOTHÉCAIRE, celle qui est fondée sur un acte ou sur un droit emportant hypothèque, et pour laquelle on peut agir hypothécairement contre le tiers-détenteur de l'immeuble hypothéqué à cette dette (Merlin, v° *Dette*, § 1; V. note 25, p. 239, n. 11 et suiv.; et note 30).

22. 10° DETTE IMMOBILIÈRE, celle qui a un immeuble pour objet (Code civil 526). — Telle est la dette de celui qui est tenu de livrer une chose immobilière. — V. *Créances*, note 25, n. 36 et suiv.; *Actions*, note 28.

23. 11° DETTE INDIVISIBLE, celle qui, étant indivisible a été contractée par plusieurs *conjointement*; dans ce cas, chacun des contractants est tenu de la dette indivisible pour le total, encore que l'obligation n'ait pas été contractée solidairement (Code civil 1222 et suiv.).

Mais la dette indivisible ne change point de nature en ce sens qu'elle ne devient point divisible par le décès du débiteur (Code civ. 1223). V. *Obligation indivisible*, note 92.

24. 12° DETTE LÉGALE, celle à laquelle on est obligé par la loi, comme la légitime des enfants, les aliments dus réciproquement entre ascendant et descendants (*Merlin, ib.*).

25. 13° DETTE MOBILIÈRE, celle qui a pour objet quelque chose de mobilier, comme une somme d'argent due par promesse, obligation, reliquat de compte, etc., ou une certaine quantité de grain, de vin, etc. (*Merlin, ibid.*)

26. 14° DETTE PERSONNELLE, celle qui a été contractée par le débiteur *personnellement*, ou pour laquelle le créancier a une action personnelle. — Merlin, *ibid.* — V. *infrà*, note 28.

27. 15° DETTE PRIVILÉGIÉE, celle qui fait préférer un créancier à tout autre, soit chirographaire, soit hypothécaire. V. *suprà*, note 25, p. 240, n. 31 et suiv.

28. 16° DETTE PURE ET SIMPLE, celle qui contient une obligation de payer sans aucun terme ou délai et sans condition. — Merlin, *ibid.*

29. 17° DETTE RÉELLE, celle qui résulte uniquement de la détention ou possession d'un immeuble, comme la rente foncière (Merlin, *ibid.*), ou comme la dette hypothécaire (Roll. de V. v° *Dette*, n. 5), car, dans ces deux cas, le créancier a un droit à la chose, *Jus ad rem.*

30. 18° DETTE SIMULÉE, celle que l'on contracte en apparence, mais qui n'est pas sérieuse, et dont il y a ordinairement une contre-lettre. Merlin, *ibid.* — V. *Contre-lettre.*

31. 19° DETTE SOLIDAIRE, celle qui peut être exigée en totalité de l'un ou de l'autre des co-obligés indifféremment. — Merlin, *ibid.* — V. *Solidarité*, note 106.

Sect. 3. COMMENT S'ÉTABLISSENT LES DETTES PASSIVES.

32. Sauf quelques exceptions dont nous parlerons dans le cours de la présente section (§ 7 et 8), les parties qui s'obligent doivent avoir la capacité que la loi exige pour contracter valablement. V. note 4.

Leurs obligations doivent avoir une cause et cette cause ne doit être ni fausse ni illicite. — V. note 107.

Ces deux points observés, les dettes passives s'établissent:

§ 1. *par acte authentique.*

§ 2. *par acte sous seings-privés, assujétis, dans certains cas, à la formalité d'un double écrit et à celle d'un bon ou approuvé.*

§ 3. *par les livres de commerce.*

§ 4. *par les papiers domestiques.*

§ 5. *par les tailles.*

§ 6. *par paroles, quand elles sont sujettes à être prouvées par témoins; et par le consentement tacite.*

Art. 1. *Des dettes verbales.*

Art. 2. *Du consentement tacite.*

§ 7. *par l'autorité seule de la loi, ce qui s'applique aux obligations naturelles.*

§ 8. *par des faits personnels à l'obligé, ce qui s'applique :*

Art. 1. *Aux quasi-contrats.*

Art. 2. *Aux délits et quasi-délits.*

§ 1. DES DETTES PAR ACTE AUTHENTIQUE.

32 *bis.* Pour la validité d'une convention et par conséquent d'une dette qui suppose toujours une convention préalable, il faut, comme conditions essentielles : 1° le consentement de la partie qui s'oblige (V. note 101), 2° sa capacité de contracter (V. note 4.), 3° et une cause licite dans l'obligation (V. note 107). — Code civil 1108.

33. Il n'y a point de consentement valable, si le consentement n'a été donné par erreur, ou s'il a été extorqué par violence ou surpris par dol (Code civil 1109). V. note 101; — Et dans ce cas on est admis à prouver l'erreur, la violence et le dol.

34. Lorsque le consentement résulte d'un acte authentique, il est exprès; mais l'acte, pour être authentique, doit avoir été reçu par officiers publics ayant le droit d'instrumenter dans le lieu où il a été rédigé, et avec les solennités requises (Code civil 1317). V. *pour la forme des actes, la note* 38.

35. De sorte qu'un acte n'est point authentique par l'incompétence ou l'incapacité de l'officier public qui l'a reçu, ou par un vice de forme : toutefois, quand par l'existence de l'une ou de l'autre de ces trois circonstances, l'acte n'a point l'authenticité que la loi exige, il vaut comme écriture privée pourvu qu'il soit signé des parties (Code civil 1318). V. la note 38.

36. L'authenticité a pour résultat de faire pleine foi de la convention qu'il renferme entre les parties contractantes et leurs héritiers ou ayants-cause (Code civil 1319); même de ce qui n'y est exprimé qu'en termes énonciatifs, pourvu que l'énonciation ait un rapport direct à la disposition; les énonciations étrangères ne pouvant servir que d'un commencement de preuve (Code civil 1320).

37. La protestation qu'une partie ferait contre tout ou

partie des dispositions d'un acte ne pourrait empêcher cet acte d'avoir son effet; si ce moyen était admis, il n'y aurait que perturbation dans les affaires, car d'une part on ne manquerait jamais de protester pour paralyser l'action et d'une autre part ce serait autoriser à prouver contre et outre le contenu aux actes, ce qui n'est pas permis par l'art. 1341 du Code civil. On n'est donc admis à protester qu'en s'inscrivant en faux, ce qui en cas de plainte en faux principal suspend de plein droit l'exécution de l'acte argué de faux par la mise en accusation, et en cas de plainte en faux incident autorise seulement les juges à la suspendre provisoirement (Code civil 1319).

38. Il y a exception à ce que nous avons dit *suprà*, n. 36 à l'égard des contre-lettres, lesquelles n'ont point d'effet contre les tiers et n'en ont qu'entre les parties contractantes (Code civ. 1321); cependant les contre-lettres peuvent être admises pour prouver le contraire du contenu aux actes publics (Cass. 2 déc. 1812, aff. Bodin, Sir., 13, 1, 33).

39. Lorsque la contestation ne porte que sur les vices intrinsèques de la convention renfermée dans un acte authentique, comme quand il s'agit de savoir quel était l'état mental des parties, la vérité des déclarations, la bonne foi des stipulations, etc., on peut alors, sans s'inscrire en faux, attaquer cette convention; ce n'est point inconciliable avec ce qui est dit *suprà*, n. 37 (Toullier, t. 8, n. 122; Boncenne, t. 4, p. 38; Teste, v° *Acte authentique*, n. 18; Cass. 14 février 1828, aff. Saran, Sir., 28, 1, 339). Il résulte de cet arrêt que quand un acte de vente passé devant Notaire, énonce que le vendeur est mineur, il ne s'en suit pas que l'état de minorité doive être tenu pour certain, c'est à celui qui attaque l'acte pour cause de minorité à rapporter la preuve de cette minorité.

40. Il y a aussi exception à ce qui est dit *suprà*, n. 37 lorsque l'acte est attaqué pour cause de dol, de fraude ou de nullité (Cass. 31 juillet 1833, aff. Corbie; 2 mars 1837, aff. Billonneau; Sir. 33, 1, 840; 37, 1, 985).

41. Les juges ne peuvent accorder des délais qui auraient pour effet d'empêcher l'exécution d'un acte authentique (Merlin, *Quest.*, v° *Exécution parée;* Carré, sur l'art. 122; Toullier, t. 6, n°s 659 et 660).

42. Cependant lorsqu'une pièce authentique est produite dans un procès civil, le Tribunal peut, en cas de plainte en faux principal contre cette pièce, surseoir au jugement du procès. Ce n'est point là contrevenir à l'art. 1319 du Code civil rapporté *suprà*, n. 37 (Carré, t. 1, n. 963; ann. not. t. 2, p. 100.

43. Un acte notarié dont l'authenticité aurait pu être contestée en ce que le Notaire y avait stipulé pour l'une des parties contractantes, peut être considéré comme ayant acquis définitivement un caractère d'authencité par l'effet d'un jugement par défaut, passé en force de chose jugée, qui aurait validé des poursuites, présupposant nécessairement l'authenticité de l'acte (Toulouse, 7 déc. 1832, aff. Delpech, Sirey, 23, 2, 233).

44. On peut considérer comme titre authentique susceptible d'être délivré en forme exécutoire l'acte sous seing-privé que le débiteur a déposé chez un Notaire, avec reconnaissance de sa signature, alors surtout que ce même titre se trouve tacitement reconnu par les parties dans d'autres actes passés devant le même Notaire, postérieurement au dépôt. (Bourges, 27 juin 1823, aff. Blanchard; Cass. 27 mars 1821, aff. Richard; Sirey, 24, 2, 51; 21, 1, 327).

45. Un acte authentique ne fait foi des sommes qu'il énonce qu'autant qu'il n'y a pas d'altérations sur les mots qui les expriment. Ainsi, lorsque, dans une donation il existe des surcharges ou altérations sur une partie des mots qui expriment la somme donnée, ces mots peuvent être réputés nuls ou non écrits, et par suite la donation peut être réduite à la somme clairement expliquée dans l'acte (Cass. 27 juillet 1825, aff. Valette, Sirey, 26, 1, 127)

46. L'art. 1319 du Code civil qui veut que l'acte authentique fasse pleine foi de la convention qu'il renferme, ne s'applique pas aux actes de simulation. En conséquence, les juges violent la loi s'ils déclarent en principe que la simulation ne peut résulter de présomptions et de preuves testimoniales (Cass. 10 juin 1816, aff. Labrousse, Sir. 16. 1, 447)

§ 2. Des dettes par actes sous seings-privés, assujétis, dans certains cas, a la formalité d'un double écrit et a celle d'un bon ou approuvé.

47. Une dette est valablement contractée par acte sous seing-privé un pareil acte reconnu par celui auquel on l'oppose ou légalement tenu pour reconnu ayant, entre ceux qui l'ont souscrit et entre leurs héritiers et ayants-cause, la même force que l'acte authentique (C. civ. 1322).

48. Les actes sous seing-privé n'ont de date contre les tiers que du jour où ils ont été enregistrés, du jour de la mort de celui ou de l'un de ceux qui les ont souscrits, ou du jour où leur substance est constatée dans des actes dressés par des officiers publics, tels que procès-verbaux de scellés ou d'inventaire (Code civil 1328). V. note 16, n. 5; note 13, n. 22 et suiv.; note 18, n. 6, note 53.

49. Mais il y a entre l'acte authentique et l'acte sous seing-privé cette différence remarquable, que l'acte authentique fait pleine foi de son contenu du jour de sa date et est exécutoire jusqu'à inscription de faux (V. *suprà*, n. 37), tandis que l'acte sous seing-privé n'est pas susceptible de cette exécution; en effet, aucun officier public revêtu d'un caractère public n'ayant présidé à la confection de l'acte privé pour en assurer la sincérité, il en résulte que celui auquel on oppose un acte sous seing-privé, est obligé d'avouer ou de désavouer formellement son écriture ou sa signature (Code civil 1323).

50. Quant à ses héritiers ou ayants-cause, ils peuvent se contenter de déclarer qu'ils ne connaissent point l'écriture ou la signature de leur auteur (*Ibid*).

51. Dans le cas où la partie désavoue son écriture ou sa signature, et dans le cas où ses héritiers ou ayants-cause déclarent ne les point connaître, la vérification en est ordonnée en justice (Code civil 1324).

52. Dans les deux cas ci-dessus, c.-à-d. lorsqu'il s'agit de reconnaissance et vérification d'écritures privées, le demandeur peut, sans permission du juge, faire assigner à trois jours pour avoir acte de la reconnaissance ou pour faire tenir l'écrit pour reconnu (C. de proc. civ. 193).

53. Et alors, si le défendeur ne dénie pas la signature, tous les frais relatifs à la reconnaissance ou à la vérification, même ceux de l'enregistrement de l'écrit, sont à la charge du demandeur (*Id.*).

54. D'où il suit que les frais ne tombent à la charge du défendeur ou souscripteur de l'écrit que quand il dénie ou déclare ne pas reconnaître sa signature (Code de proc. civ., 130 et 195).

55. Cela s'applique même à l'héritier qui a déclaré ne pas reconnaître la signature de son auteur; cet héritier doit, en conséquence, être condamné aux frais de la vérification si la signature est reconnue véritable (Cass. 6 juillet 1822, aff. Destriaux, Sirey, 22, 1, 386). — Il n'y a point à distinguer entre le cas où l'héritier était de bonne foi et celui où il était de mauvaise foi (Cass. 11 mai 1829, aff. Delseyries, Sirey 29, 1, 178), ni entre le cas où l'écrit méconnu est un acte sous seing-privé ordinaire ou un testament olographe (Poitiers, 5 février 1834, aff. Ageron, Sirey, 34, 2, 164).

56. De ce qu'un acte est signé des parties il ne résulte pas toujours qu'il soit valable; en effet :

1° Lorsque l'acte sous seing-privé contient des conventions synallagmatiques, il faut, pour être valable, qu'il ait été fait en autant d'originaux qu'il y a de parties ayant un intérêt distinct. Il suffit d'un original pour toutes les personnes ayant le même intérêt. Chaque original doit contenir la mention du nombre des originaux qui en ont été faits. — Néanmoins le défaut de mention que les originaux ont été faits doubles, triples, etc., ne peut être opposé par celui qui a exécuté de sa part la convention portée dans l'acte (Code civil 1325).

2° Lorsque l'acte sous seing-privé est un billet ou une promesse portant engagement de payer une somme d'argent ou une chose appréciable, il faut, pour sa validité, qu'il ait été écrit en entier de la main de celui qui l'a souscrit, ou du moins il faut qu'outre sa signature il ait écrit de sa main un *bon* ou *approuvé*, portant en toutes lettres la somme ou la quantité de la chose; excepté dans le cas où l'acte émane de marchands, artisans, laboureurs, vignerons, gens de journée et de service (C. civ. 1326).

57. DOUBLE ECRIT. Au cas de société en commandite, l'art. 1325 du Code civil doit être entendu en ce sens, qu'il suffit de deux originaux, l'un pour les associés-gérants, l'autre pour les commanditaires. Il n'y a *d'intérêts distincts* que des gérants aux commanditaires : l'intérêt des gérants entre eux est *intérêt commun* dans le sens de la loi ; il en est de même de l'intérêt des commanditaires entre eux (Cass. 20 déc. 1830, aff. Thevenin, Sirey, 31, 1, 38).

58. Au cas de vente d'une maison par deux personnes, un seul original de l'acte de vente suffit pour les deux copropriétaires vendeurs. — Ainsi jugé à l'égard de deux enfants co-héritiers, traitant avec leur mère sur les reprises à exercer dans la succession de leur père (Duranton, t. 13, n. 154; Cass. 2 mars 1808, aff. Dumonchet, Sirey, 8, 1, 232).

59. Un seul original suffit aussi lorsque l'acte constate le paiement du prix. En un tel cas, les obligations de l'acquéreur vis-à-vis du vendeur se trouvant remplies, il suffit d'un original pour l'acquéreur, afin qu'il puisse contraindre le vendeur à remplir les siennes (Montpellier, 10 juin 1828, aff. veuve Senic, Sir. 28, 2, 341; Bordeaux, 30 janv. 1834, aff. Bacalan, Sir. 38, 2, 121).

60. Mais lorsque la vente sous seing-privé est faite avec réserve d'usufruit, elle doit être rédigée en double original, bien que l'acquéreur ait payé son prix et que l'acte en porte quittance (Agen, 17 août 1837, aff. de Bacalan, Sir. 38, 2, 122).

61. Un arrêté de compte n'est pas soumis à la nécessité d'une rédaction en double original, parce qu'il ne contient pas de convention synallagmatique (Aix, 12 juill. 1813, Sir. 14, 2, 234; Orléans, 22 août 1840, aff. Bouchet-Chevalier, Sir. 40, 2, 433). V. *inf.* n. 66.

62. La formalité du double écrit ne s'applique point en matière commerciale, si ce n'est aux contrats de société (C. comm. 39 et 109; Toullier, t. 8, n. 342; Duranton, t. 13, n. 149; Trèves, 30 mai 1810); cependant il a été décidé qu'un acte sous seing-privé contenant, de la part d'un créancier, adhésion au concordat fait avec un failli devait être fait double (Lyon, 18 déc. 1826, aff. Liesching, Sir. 27, 2, 194).

63. La mention, dans un acte synallagmatique sous seing-privé, qu'il a été fait en autant d'originaux qu'il y a de parties intéressées, sans indication du nombre de ces originaux, remplit le vœu de la loi (Cass. 4 juillet 1833, aff. Rolland-Palle et Canil, Sir. 23, 1, 757).

64. Avant le Code civil, le défaut de mention dans un acte sous seing-privé, du nombre des originaux qui en avaient été faits, n'entraînait point la nullité de l'acte (Cass. 27 niv. an XII, aff. Guymond, Sir. 4, 2, 296. — *Contrà*, Paris, 27 nov. 1811, aff. Martin, Sir. 12, 2, 60).

65. BON OU APPROUVÉ. L'art. 1326, sur la nécessité d'un *bon* ou *approuvé* dans les actes sous seing-privé non écrits de la main du souscripteur (V. *sup.* n. 56), ne s'applique pas aux actes synallagmatiques, mais seulement aux actes unilatéraux (Paris, 17 fév. 1829, aff. Clairin, Sir. 29, 2, 130). Toutefois, un engagement unilatéral auquel on a donné la forme d'un acte synallagmatique doit être revêtu d'une approbation (Toullier, t. 8, n. 307).

66. Il suit de-là que l'art. 1326 du C. civ. s'applique à un arrêté de compte par lequel l'une des parties s'oblige à en payer le reliquat à l'autre; un tel arrêté de compte doit être considéré comme ne renfermant qu'un engagement *unilatéral*, peu importe que l'acte ait été fait double (Bordeaux, 3 janv 1832, aff. Paricaud, Sir. 32, 2, 204; Cass. 7 juin 1793, aff. Crosnier-Dupuy, Sir. 1, 1, 34; *Contrà*, Grenoble, 26 janv. 1826, aff. Navière, Sir. 26, 2, 308; Angers, 9 août 1820, Sir. 21, 2, 180; Metz, 20 fév. 1811).

67. Le bon ou approuvé n'est pas nécessaire pour les constitutions de rente (Toullier, t. 8, n. 305; Roll. de V... v° *Approb. d'écrit.*, n. 16, — *Contrà*, Duranton, t. 13, n. 175).

68. Il en était de même avant le Code civil, c.-à-d. sous l'empire de la déclaration de 1733 (Cass., 13 fructidor an XI, aff. Thorris, Sirey, 4, 2, 35. — *Contrà*, Toulouse, 25 novembre 1833, aff. Fourcaud, Sirey, 34, 2, 317). Cependant, sous l'empire de cette déclaration, les constitutions de rentes viagères faites sous seing-privé étaient assujéties à la nécessié du bon ou de l'approuvé, lorsque, d'après les circonstances, il y avait lieu de former de justes soupçons de fraude (Cass. 17 therm. an X, aff. Arrighy, Sirey, 2, 1, 353).

69. Ces mots de l'art. 1326, *une seule personne*, doivent s'entendre d'une promesse unilatérale, peu importe qu'il y ait plusieurs promettants (Cass., 6 mai 1816, aff. Pindl, Sirey, 16, 1, 227; — Toullier, t. 8, n. 300 et 304; Duranton, t. 13, n° 179).

70. D'où il suit que lorsque deux obligés *solidaires* ont souscrit un billet écrit en toutes lettres par l'un d'eux, l'acte est nul à l'égard de celui qui n'a point revêtu ce billet d'un bon ou approuvé (Caen, 3 janvier 1827, aff. Moisseron, Sirey, 28, 2, 84; Pardessus, n. 245; *Dict. du Cont. Comm.* v° *Acte s. s. p.*, n. 9).

71. La nécessité du *bon* ou *approuvé* s'applique au cas de cautionnement, et encore au cas où il est constaté que le signataire a connu l'étendue de son engagement (Cass. 21 août 1827, aff. Lequesne, Sir., 28, 1, 60; — *Contrà*, Lyon, 12 avril 1832, aff. Rousselle, Sirey, 33, 2, 428; Duranton, t. 13, n. 175 et 176).

72. La règle posée en l'art. 1326 relative à la nécessité du *bon* ou *approuvé*, ne s'applique-t-elle pas aux effets de commerce?

Oui, suivant arrêt de la Cour de Cass. du 27 janv. 1812, aff. Martin, Sirey, 12, 1, 244; Nouguier, v° *Lett. de change*, t. 1, p. 73. V. *inf.* n. 78.

Non, suivant arrêts de la Cour roy. de Liége, du 4 avril 1813, aff. Adolphi, Sirey, 14, 2, 183; de la Cour roy. de Toulouse, du 30 décembre 1829, aff. Rocole, Sirey, 30, 2, 128; de la Cour roy. de Montpellier du 30 janvier 1835, aff. Guittard; Sirey, 35, 2, 336; Merlin, v° *Ordre* (*Billet à*) § 1, n. 5; Delvincourt, t. 2, p. 614; Pardessus, *Cont. de change*, n. 74 et *Cours de dr. comm.*, n. 245).

73. Mais l'endossement d'un billet à ordre ne peut être déclaré nul, sous le prétexte que l'endosseur n'aurait point revêtu son endos d'un *bon* ou un *approuvé* de la somme portée au billet à ordre non écrit de sa main (Cass. 7 thermidor an XI, aff. Rayé, Sirey, 13, 2, 352).

74. Quand l'engagement porte sur une somme indéterminée, l'approbation doit exprimer formellement que le débiteur s'oblige pour une somme indéterminée; une approbation pure et simple de l'écriture ne suffirait pas (Metz, 28 mars 1833, Sirey, 35, 2, 49).

75. Lorsque la somme exprimée au corps de l'acte est différente de celle exprimée au *bon*, l'obligation est présumée n'être que de la somme moindre, lors même que l'acte ainsi que le bon sont écrits en entier de la main de celui qui s'est obligé, à moins qu'il ne soit prouvé de quel côté est l'erreur (Code civ. 1327).

76. DISPENSE D'APPROBATION. Lorsque les souscripteurs d'un billet ou d'une promesse sous seing-privé sont des marchands, artisans, laboureurs, gens de journée et de service, la loi les dispense d'apposer un *bon* ou un *approuvé* portant en toutes lettres la somme ou la quantité de la chose quand le corps de l'acte n'est point de leur écriture — V. *sup.*, n. 56.

77. Pour savoir si un signataire est ou non dispensé de la formalité du *bon* ou *approuvé*, il faut s'attacher à la qualité qu'il avait lors de l'acte, et non pas à celle qu'il avait lors de l'échéance de la dette (Duranton, t. 13, n. 184; Toullier, t. 8, n° 299).

78. Bien que l'acte ait le commerce pour objet, s'il est souscrit par un non-commerçant, il doit être écrit de la main de ce dernier, ou suivi d'un *bon* ou *approuvé*. A ce cas est inapplicable l'exception de l'art. 1326 du Code civ. (Pardessus, n. 243; Toullier, t. 8, n. 299; Bruxelles, 28 février 1810, aff. Saby, Sir., 11, 2, 263; Caen, 13 déc. 1824, aff. Belliard, Sirey, 26, 2, 3). V. *sup.* n. 72.

79. La qualité de laboureur n'appartient qu'à celui qui fait de la culture des terres sa profession habituelle et tire de ce travail ses moyens d'existence. Ainsi, la qualité de laboureur, de vigneron, etc., appartient non-seulement à celui qui laboure habituellement les terres des autres, mais encore à celui qui laboure habituellement et cultive les siennes, tout en les faisant valoir (Paris, 7 janvier 1817; Cass. 23 fév. 1824; Bordeaux, 22 juillet 1829; Nîmes, 4 janvier 1830. — Sirey, 18, 2, 36; 24, 1, 194; 29, 2, 341; 30, 2, 184). — Encore qu'il se fasse aider par des domestiques (Grenoble, 22 août 1829, aff. Garnier, Sir. 30, 2, 76).

Mais celui qui ayant des propriétés affermées, en cultive lui-même quelques autres pour son agrément et son utilité, ne doit pas être considéré comme laboureur et par conséquent n'est pas dispensé de l'approbation (Cass. 17 fév. 1836, aff. Hurlaux, Sirey, 36, 1, 660).

80. Toutefois celui qui cultive ses propres terres ne doit pas pour cela être réputé cultivateur dans le sens de l'art. 1326, si le rang qu'il tient dans le monde et d'autres circonstances excluent une telle qualité (Cass. 1 fév. 1836, aff. Durand, Sirey, 36, 1, 511).

81. Les aubergistes sont compris dans l'exception posée en l'art. 1326 du Code civ., en conséquence les billets qu'ils souscrivent sont valables, bien qu'ils ne soient ni écrits de leurs mains ni revêtus d'un bon ou approuvé (Metz, 21 juin 1815, Sirey, 19, 2, 76).

82. L'exception établie à l'égard de certains individus relativement à la nécessité du *bon* ou *approuvé* ne s'étend pas aux femmes de ces individus. En conséquence, elles doivent, outre leur signature, revêtir l'acte sous seing-privé d'un bon ou un approuvé de la somme ou de la chose quand elles n'ont point écrit cet acte elles-mêmes (Duranton, n. 170; Toullier, t. 8, n. 300; Caen, 3 janvier 1827, 22 juillet 1828; Sirey, 28, 2, 84; 29, 1, 88).

83. Cependant il a été décidé à l'égard de la femme d'un *cultivateur* ou *laboureur* qu'elle est dispensée de faire précéder sa signature, sur les billets qu'elle a souscrits mais non écrits, d'un *bon* ou *approuvé* de la somme qui y est portée, parce qu'elle suit la condition de son mari.

1° Lorsqu'elle s'occupe elle-même d'économie agricole (Cass. 9 déc. 1839, aff. Druyer, Sirey, 40, 1, 30).

2° Lorsqu'elle souscrit le billet conjointement ou solidairement avec son mari (Lyon, 12 décembre 1829, aff. Duperray, Sirey, 31, 2, 223).

84. A l'égard des fermiers, il est laissé à la prudence des juges de décider, d'après les circonstances, s'ils doivent ou non leur appliquer la disposition de l'art. 1326, qui dispense de l'approbation les billets émanés de laboureurs (Toullier, t. 8, n. 299; Duranton, t. 13, n. 184).

§ 3. Des dettes résultant des livres de commerce.

85. Les registres des marchands ne font point, contre les personnes non marchandes, preuve des fournitures qui y sont portées, sauf ce qui sera dit à l'égard du serment (C. civ. 1329, 1366 et suiv., 2275).

86. Les livres des marchands font preuve contre eux; mais celui qui en veut tirer avantage, ne peut les diviser en ce qu'ils contiennent de contraire à sa prétention (Code civ. 1330).

87. Les livres de commerce régulièrement tenus peuvent être admis par le juge pour faire preuve entre commerçants pour faits de commerce (Code de commerce 12).

88. Les livres que les individus faisant le commerce sont obligés de tenir, et pour lesquels ils n'auront pas observé les formalités ci-dessus prescrites, ne pourront être représentés ni faire foi en justice au profit de ceux qui les auront tenus (Code de comm. 13). V. note 21, n. 99 et suiv.

89. Les énonciations portées sur les livres des marchands peuvent être considérées à l'égard des personnes non marchandes, comme un commencement de preuve par écrit susceptible de faire admettre la preuve testimoniale (Toullier, t. 9, n. 70, *in fine*, — *Contrà*, Boncenne, *Théor.* t. 4, p. 184). V. *inf.* n. 92.

90. Lorsqu'il est nécessaire de faire une rectification dans un livre de commerce, elle doit être faite à la suite ou à la date du jour où l'on s'aperçoit de l'erreur (Pardessus, n. 87).

91. L'irrégularité des livres de commerce d'une société, en ce qu'ils manquent des formalités prescrites par le Code de commerce (V. *suprà*, n. 88), ne peut être opposée par les associés eux-mêmes ; elle ne peut l'être que par les tiers (Cass. 7 mars 1837, aff. Lachelin, Sir. 37, 1, 940).

92. Lorsqu'il s'agit d'une contestation entre un commerçant et un non-commerçant, ce dernier est seul en droit d'exiger la représentation des livres du commerçant ; elle ne peut lui être refusée. Dans ce cas, le non-commerçant peut puiser dans ces livres des preuves à son profit, mais ils ne peuvent établir en faveur du marchand que des présomptions à l'appui desquelles le serment peut être déféré (*Dict. cont. comm.*, v° *Liv. de comm.*, n. 13 et suiv.). V. *sup.*, n. 89.

93. Les juges ne sont pas obligés, sur le refus d'une partie de produire ses livres de commerce, de déférer le serment à la partie adverse qui déclare y ajouter foi : c'est là une pure faculté dont les juges sont maîtres d'user ou de ne pas user (Cass. 18 janvier 1832, aff. Vauver, Sir. 33, 1, 74).

94. Lorsqu'entre deux commerçants il intervient une convention qui n'est acte de commerce que de la part de l'un d'eux, cette convention peut être prouvée tant par les livres de celui qui n'a pas fait acte de commerce, que par ceux de l'autre partie (Toullier, t. 8, n. 386 ; Pardessus, t. 1, n. 87, et t. 2, n. 258).

95. Un négociant est tenu d'inscrire sur ses livres les opérations qu'il fait pour le compte d'un tiers, tout aussi bien que celles qu'il fait pour son propre compte. Faute de l'avoir fait, il ne peut se plaindre que les juges regardent comme non justifié le résultat des opérations qu'il avoue avoir faites pour ce tiers, et qu'ils déterminent eux-mêmes ce résultat sans avoir égard aux allégations du mandataire (Cass. 24 déc. 1835, aff. Mayer-David, Sir. 36, 1, 205).

96. Les livres qui sont usités dans le commerce, mais qui ne sont pas indispensables, n'étant, en général, que des suppléments du livre-général, ils peuvent en développer ou corroborer les énonciations ; mais ils ne peuvent jamais les contredire (Pardessus, n. 87). D'où il suit qu'un commerçant ne peut être admis à présenter ses livres auxiliaires pour faire preuve d'un fait qu'il aurait omis de consigner sur le livre-journal (Toullier, t. 8, n. 366 ; Pardessus, n. 268).

97. Dans les énonciations qui, d'après l'art. 8 du Code de commerce, doivent être portées sur les livres de commerce, la loi n'exige pas que l'on distingue si la créance ou la dette, la recette ou la dépense sont ou non étrangères au commerce : il suffit qu'elles indiquent le rapport qu'elles ont avec la fortune du commerçant (Pardessus, n. 86).

98. La loi n'exige pas non plus que celui qui tient un menu détail, inscrive sur son livre-journal, article par article, tout ce qu'il reçoit : il suffit qu'il l'énonce en bloc, à la fin de chaque jour (*Id.*).

99. Le particulier, contre qui un commerçant forme une demande fondée sur un acte authentique ou sous seing-privé, peut, pour la repousser, demander la représentation des livres de commerce, et le serment doit même, dans ce cas, lui être déféré, si le commerçant refuse la représentation (Toullier, t. 8, n. 373 et suiv. ; Pardessus, n. 259).

100. La communication des livres et inventaires ne peut être ordonnée en justice que dans les affaires de succession, communauté, partage de société et en cas de faillite (Code de comm. 14). D'où il suit que, hors des cas prévus par cet article, la communication des livres ne peut être exigée, les juges peuvent seulement ordonner qu'il en sera fait un extrait en ce qui concerne le différend par application de l'art. 15 du Code de comm. (Aix, 5 avril 1832, aff. Véron, Sir. 35, 2, 22).

101. Dans le cours d'une contestation, la représentation des livres peut être ordonnée par le juge, même d'office, à l'effet d'en extraire ce qui concerne le différend (Code de comm. 15). D'où il suit que le refus fait par les juges d'ordonner cette communication ne peut en aucun cas donner ouverture à cassation (Cass. 13 août 1833, aff. Luret, Sir. 33, 1, 614).

§ 4. DES DETTES RÉSULTANT DES PAPIERS DOMESTIQUES.

102. Les registres et papiers domestiques ne font point un titre pour celui qui les a écrits. Ils font foi contre lui : 1° Dans tous les cas où ils énoncent formellement un paiement reçu ; 2° Lorsqu'ils contiennent la mention expresse que la note a été faite pour suppléer le défaut du titre en faveur de celui au profit duquel ils énoncent une obligation (C. civ. 1331).

103. L'écriture mise par le créancier à la suite, en marge ou au dos d'un titre qui est toujours resté en sa possession, fait foi, quoique non signée ni datée par lui, lorsqu'elle tend à établir la libération du débiteur (C. civ. 1332).

104. Il en est de même de l'écriture mise par le créancier au dos ou en marge, ou à la suite du double d'un titre ou d'une quittance, pourvu que ce double soit entre les mains du débiteur (*Id.*)

105. Les papiers domestiques font foi contre celui qui les a écrits, encore qu'ils ne contiennent pas mention expresse qu'ils sont faits pour suppléer le défaut de titre, en faveur de celui au profit duquel ils énoncent une obligation (C. civ. 1331 ; Cass. 26 mai 1806, aff. Meymat, Sir. 6, 2, 948).

106. Les registres domestiques d'un particulier étranger à tout négoce, ne formant pas titre pour celui qui les a écrits, la falsification par lui faite de ces registres n'est pas essentiellement un *faux en écriture privée* dans le sens de l'art. 150 du Code pénal, surtout lorsqu'il n'en a pas été fait usage au préjudice de tiers (Cass. 27 janv. 1827, aff. Laloua, Sir. 27, 1. 486).

107. Les feuilles volantes, contenant un engagement unilatéral, trouvées en la possession de celui qui s'oblige, ne font point foi contre lui ; elles peuvent seulement être considérées comme un commencement de preuve par écrit (Toullier, t. 8, n. 349). — Elles ne peuvent jamais servir à prouver une convention, alors même qu'elles se trouvent

entre les mains de celui qu'elles reconnaissent pour créancier (*Idem*. n. 337. — *Contrôl.*, t. 1, n. 150).

108. En matière civile (même dans une contestation entre un mandant et son mandataire), les juges ne sont pas tenus d'ordonner la représentation des registres ou papiers domestiques pour en induire telle preuve que de raison (Cass. 15 fév. 1837, aff. Hubert, Sir. 37, 1, 424).

§ 5. DES DETTES RÉSULTANT DES TAILLES.

109. Les tailles corrélatives à leurs échantillons font foi entre les personnes qui sont dans l'usage de constater ainsi les fournitures qu'elles font ou reçoivent en détail (C. civ. 1333).

§ 6. DES DETTES VERBALES OU PAR PAROLES, SUJETTES A ÊTRE PROUVÉES PAR TÉMOINS, ET DES DETTES PAR CONSENTEMENT TACITE.

Art. 1. DES DETTES VERBALES ET DE LA PREUVE TESTIMONIALE.

110. Il doit être passé acte devant Notaires ou sous signature privée de toutes choses excédant la somme ou valeur de 150 fr., même pour dépôts volontaires; et il n'est reçu aucune preuve par témoins contre et outre le contenu aux actes, ni sur ce qui serait allégué avoir été dit avant, lors ou depuis les actes, encore qu'il s'agisse d'une somme ou valeur moindre de 150 francs. (C. civ. 1341).

Le tout sauf les exceptions dont il sera ci-après parlé, n. 131 et suiv.

111. Les achats et ventes se constatent par la preuve testimoniale, dans le cas où le Tribunal croit devoir l'admettre (C. comm. 109.).

112. Il en est de même des associations en participation, lesquelles peuvent être constatées par la représentation des livres, de la correspondance, ou par la preuve testimoniale, si le Tribunal juge qu'elle peut être admise (C. comm. 49).

113. Cependant aucune preuve par témoins ne peut être admise contre et outre le contenu dans les actes de société, ni sur ce qui serait allégué avoir été dit avant l'acte, lors de l'acte ou depuis, encore qu'il s'agisse d'une somme au-dessous de 150 fr. (C. comm. 41).

114. Il résulte des articles précités :

Qu'en *matière civile* on peut créer *verbalement* des dettes qui ne peuvent être prouvées par témoins que jusqu'à concurrence de 150 fr.; au-dessus de cette somme la preuve n'étant point admissible. V. *infrà*, n. 131 et suiv.

115. Et qu'en *matière commerciale* on le peut également, mais avec cette différence, que les Tribunaux ont toute latitude pour faire admettre la preuve testimoniale, même au-dessus de 150 fr.

116. A cet égard, il a été jugé *qu'en matière commerciale*, la preuve testimoniale est admissible pour chose excédant 150 fr., même hors le cas de vente ou d'achat, notamment pour établir l'existence d'un cautionnement (Limoges, 8 mai 1833, aff. Bonnet, Sir. 33, 2, 403).

117. La preuve testimoniale est même admissible contre et outre le contenu aux actes en matière commerciale (Cass. 11 juin 1833, aff. Faure, Sir. 33, 1, 623).

118. Tellement que les juges peuvent se fonder sur des présomptions graves, précises et concordantes, pour décider que des *traites*, bien que revêtues d'endossements réguliers au profit du porteur, ne lui ont été remises qu'à titre de gage, et non à titre de propriété (Cass. 10 juin 1535, aff. Tempier, Sir. 35, 1, 689).

119. Cependant on ne peut admettre la preuve testimoniale outre ou contre le contenu aux contrats d'*assurance* et aux contrats à la *grosse* (C. comm. 311-332. — Toullier, t. 9, n. 233).

120. Le paiement d'une obligation commerciale peut être prouvé par témoins, lors même qu'il existe un titre écrit de l'obligation, à moins cependant que ce titre ne soit un jugement, car alors l'obligation perd son caractère commercial (Toullier, t. 9, n. 235).

121. Lorsqu'une somme excédant 150 fr. a été remise par erreur à un commerçant par l'entremise d'une messagerie, si ce commerçant après en avoir donné décharge sur le registre allègue ensuite l'avoir restituée au directeur, la preuve par témoins du fait de la restitution n'est pas admissible (surtout s'il n'a pas pris la qualité de commerçant dans l'instance); parce qu'il ne s'agit point là, même entre commerçants, d'un acte de commerce comportant la preuve testimoniale (Cass. 11 nov. 1835, aff. Michelet, Sir. 36, 1, 197).

122. La règle posée en l'art. 1341 du C. civ. (V. *suprà*, n. 110), s'applique au cas où l'action contient, outre la demande du capital, une demande d'intérêts qui, réunis au capital, excèdent la somme de 150 fr. (C. civ. 1342).

123. Celui qui a formé une demande excédant 150 fr., ne peut plus être admis à la preuve testimoniale, même en restreignant sa demande primitive (C. civ. 1343).

124. La preuve testimoniale sur la demande d'une somme même moindre de 150 fr., ne peut être admise lorsque cette somme est déclarée être le restant ou faire partie d'une créance plus forte qui n'est point prouvée par écrit (C. civ. 1344). Cette disposition est fondée sur ce que, pour connaître de la partie il faudrait connaître du tout; ce qui serait non seulement une violation du principe admis en matière de preuve, mais encore une violation du principe reçu en matière de compétence.

125. Cependant, lorsque celui qui forme la demande d'une somme moindre de 150 fr. restant d'une dette plus forte, offre de prouver par témoins, *non pas la dette primitive, mais que le débiteur en payant une portion s'est engagé à payer l'autre*, la preuve doit être admise (Toullier, t. 9, n. 46).

126. On ne peut être admis à prouver par témoins la libération d'une somme, même au-dessous de 150 fr., que l'on prétendrait avoir payée à compte d'une obligation plus considérable (Curasson, *Comp. des juges de paix*, t. 1, n. 13). — Toutefois il a été jugé qu'on le pouvait en matière commerciale à l'égard d'une créance résultant d'une convention écrite.

127. Les juges qui ont admis la preuve testimoniale sur la demande d'une somme au-dessous de 150 fr., ne doivent avoir aucun égard à cette preuve, lorsqu'elle établit que la somme demandée est le restant ou fait partie d'une somme supérieure à 150 fr. (Toullier, t. 9, n. 45).

128. Si, dans la même instance, une partie fait plusieurs demandes dont il n'y ait point de titre par écrit, et que, jointes ensemble, elles excèdent la somme de 150 fr., la

preuve par témoins n'en peut être admise, encore que la partie allègue que ces créances proviennent de différentes causes, et qu'elles se soient formées en différents temps, si ce n'était que ces droits procédâssent par succession, donation, ou autrement, de personnes différentes (C. civ. 1345).

129. La preuve testimoniale de faits interruptifs de la prescription est admissible quoiqu'il s'agisse d'une somme au-dessus de 150 fr. — Par conséquent, la preuve que le débiteur d'une rente en a payé les arrérages depuis moins de trente ans, et qu'ainsi la prescription qu'il oppose a été interrompue, peut être faite par témoins, bien que la rente excède 150 fr. (Bruxelles 10 décembre 1812, aff. Wastian, Sir. 13, 2, 370; Toulouse, 18 mai 1831, aff. Martres, Sir. 31, 2, 302). — A cet égard le titre constitutif de la rente forme un commencement de preuve par écrit (Caen, 20 mai 1840, aff. Samson, Sir. 40, 2, 300; — *Contrà*, Riom, 4 mai 1841, aff. Soleillant, Sir. 41, 2, 334).

130. Toutes les demandes, à quelque titre que ce soit, qui ne seront pas entièrement justifiées par écrit, seront formées par un même exploit, après lequel les autres demandes dont il n'y aura point de preuve par écrit ne seront pas reçues (C. civ. 1346).

Le motif de cette disposition a été d'empêcher la multiplication des actions autant dans l'intérêt du débiteur que dans celui des magistrats pour éviter à l'un les dépenses toujours coûteuses d'une enquête et à ceux-ci l'audition toujours fatigante d'un nombre plus ou moins grand de témoins.

131. EXCEPTIONS. Les règles ci-dessus (V. *sup.*, n. 110 et suiv.) qui ne permettent pas la preuve testimoniale au-dessus de 150 fr. reçoivent exception:

132. Lorsqu'il existe un commencement de preuve par écrit, émané de celui contre lequel la demande est formée, ou de celui qu'il représente et qui rend vraisemblable le fait allégué (C. civ. 1347).

133. Toutes les fois qu'il n'a pas été possible au créancier de se procurer une preuve littérale de l'obligation qui a été contractée envers lui, ce qui s'applique :

134. 1° Aux obligations qui naissent des quasi-contrats et des délits ou quasi-délits.

135. 2° Aux dépôts nécessaires faits en cas d'incendie, ruine, tumulte ou naufrage, et à ceux faits par les voyageurs en logeant dans une hôtellerie, le tout suivant la qualité des personnes et les circonstances du fait.

136. 3° Aux obligations contractées en cas d'accidents imprévus, où l'on ne pourrait pas avoir fait des actes par écrit.

137. 4° Au cas où le créancier a perdu le titre qui lui servait de preuve littérale, par suite d'un cas fortuit, imprévu et résultant d'une force majeure (C. civ. 1348).

138. La preuve testimoniale d'un quasi-contrat de gestion d'affaires est admissible, encore qu'il s'agisse d'une valeur de plus de 150 fr. (C. civ. 1372; Bourges, 10 déc. 1830, aff. Grandvergne, Sir., 31, 2, 165). V. *sup.*, n. 134.

139. En matière de délit ou de quasi-délit, la preuve testimoniale ou les présomptions ne sont admissibles au-dessus de 150 fr. que lorsque le fait qui constitue le délit ou quasi-délit, ou sans lequel ils n'existeraient pas, est préalablement prouvé ou reconnu, et qu'il ne s'agit plus que d'en rechercher les conséquences. Ainsi, l'individu condamné à payer un droit proportionnel à raison d'une déclaration de command, enregistrée plus de 24 heures après l'adjudication, ne peut être admis à prouver par témoins ou à l'aide de présomptions contre le receveur qui la nie, la présentation de l'acte à l'enregistrement dans le délai de 24 heures (Cass. 23 déc. 1835, aff. Bidault, Sir., 36, 1, 41). V. note 18, n. 200 et 480.

140. Celui qui se prétend acquéreur en vertu d'une vente consentie devant un Notaire chargé d'en recevoir l'acte, n'est pas recevable, au cas où cet acte n'aurait pas été dressé par le Notaire, à demander à faire preuve par témoins de l'existence de la vente, à l'encontre du vendeur : il ne peut prétendre, en ce cas, qu'il lui a été impossible de se procurer une preuve écrite de la convention. Mais ce prétendu acquéreur est recevable à faire preuve par témoins, à l'encontre du Notaire, de la convention qu'il allègue et dont celui-ci était chargé de recevoir l'acte, à l'effet d'obtenir contre lui des dommages-intérêts; l'obligation du Notaire, à cet égard, prenant sa source dans un quasi-délit qui lui est imputable (Limoges, 4 juin 1840, aff. Cerfouilloux, Sir. 40, 2, 491).

141. Lorsqu'on se plaint au criminel d'un méfait, dont l'existence suppose la réalité d'un fait antérieur non reconnu, et dont la preuve testimoniale n'est pas admissible, la plainte ne doit pas être reçue (Toullier, t. 9, n. 147, 148 et 150), à moins qu'il n'y ait une preuve écrite (Cass. 5 mai 1815, aff. Delsaux; 10 avril 1819; Sir. 15, 1, 228; 19, 1, 321).

142. On peut admettre la preuve testimoniale contre et outre le contenu aux actes même authentiques lorsque, sans contester la convention elle-même, on prétend qu'elle est l'effet du dol et de la fraude (Solon, *des Nullités*, n. 493 à 497). — Il n'est pas nécessaire, en ce cas, pour détruire la foi due à l'acte, de prendre la voie de l'inscription de faux (Cass. 4 février 1836, aff. Digne; 12 mars 1839, aff. Duval, Sir. 36, 1, 839 - 39, 1, 483; Toullier, t. 9, n. 172; Duranton, t. 10, n. 196; Chardon, *du Dol*, t. 1, n. 91 et suiv.).

143. Des présomptions suffisent entre les parties contractantes, comme à l'égard des tiers, pour faire prononcer, même en l'absence de tout commencement de preuve par écrit, l'annulation d'un acte entaché de dol et de fraude (Cass. 3 juin 1835. aff. Deneville, Sir. 35, 1, 428; — *Contrà*, 3 prairial an IX, aff. Cornède, Sir. 1, 1, 447).

144. Le dol et la fraude allégués contre les conventions contenues dans un acte sous seing-privé, encore bien que la signature de cet acte ne soit pas méconnue, peuvent être prouvés par témoins, ou à l'aide de présomptions graves, précises et concordantes (Cass. 1er fév. 1832, aff. Ruby, Sir. 32, 1, 139).

145. L'arrêt qui annule pour cause de dol un acte exécuté volontairement par celui qui en demande la nullité, constate suffisamment que l'exécution elle-même a été provoquée par des faits de dol et de fraude, alors qu'il énumère des circonstances desquelles il résulte que le dol a été continué depuis l'acte dont l'annulation est prononcée (Cass. 5 juin 1839, aff. de Goyon, Sir. 39, 1, 477).

146. En *matière criminelle*, aucun nombre déterminé de témoins n'est requis pour constituer la preuve légale (Cass. 7 fév. 1835, aff. Bassecourt, Sir. 35, 1, 564).

147. Mais *en matière civile*, c'est différent; il faut que le fait, objet de la preuve, soit attesté par les dépositions de deux témoins au moins, et que ces dépositions soient valables.—Le témoignage d'un seul témoin ne peut faire une preuve, quelque digne de foi qu'il soit, et en quelque dignité qu'il soit constitué; mais un témoin unique fait une semi-preuve, laquelle étant soutenue du serment, peut quelquefois, dans des matières très-légères, compléter la preuve (Pothier, *des Obligat.*, part. 4, chap. 2, n. 818).

148. La déposition d'un seul témoin peut servir de base à la décision du juge, si elle porte la conviction dans son esprit (Toullier, t. 9, n. 317 et suiv.; Merlin, *Rép.* v° *Preuve — Contrà*, Duranton, *Tr. des Cont.*, t. 4, n. 1425).

149. Mais il faut dire aussi que la religion du juge n'est pas liée par les dépositions des témoins; il peut, quelque nombreuses qu'elles soient, tenir comme douteux les faits sur lesquels elles portent (Toullier, t. 9, n° 322; Locré, *Esprit du C. de proc.*, t. 1, p. 483).

Art. 2. Des Dettes par consentement tacite.

150. On est valablement engagé lorsque le consentement donné est manifesté par des signes, des actions ou des faits, par une inaction ou un silence qui supposent l'acceptation. C'est surtout un principe certain, en matière de contrats, que des faits positifs ont la même force que les stipulations (Roll. de V... v° *Consentement.*)

151. Les signes ont été constamment considérés chez tous les peuples comme un témoignage certain d'assentiment ou même de dissentiment, d'affirmation ou de négation. Tel est le mouvement de la tête *nutus*: *Nutus significatio est voluntatis.* L. 65, § 3, *D. ad Senat.*, *Cons.*, *Trebell.* — Tel est encore le signe de la main droite de l'une des parties jointe à la main droite de l'autre, qui témoigne qu'une parole a été donnée, qu'un marché a été conclu (Hennecius, *Antiquit.*, lib. 3, tit. 23, n° 19; Blackstond, *Comm.*, t. 2, p. 448; Book, t. 2, ch. 33).

152. Les faits ont, dans certaines circonstances, la même force que les écrits. Ainsi, ils emportent *acceptation* d'une succession, d'une communauté, lorsqu'ils supposent l'intention d'accepter réellement (V. *Acceptation de communauté, de succession*). L'exécution volontaire emporte *renonciation* aux moyens et exceptions que l'on pouvait opposer contre l'obligation sujette à nullité ou à rescision (C. civ. 1338). V. *Acquiescement*, note 116; *Ratification.*

153. Le silence pur et simple est regardé comme un consentement ou comme un aveu dans le cas où celui qui garde le silence pouvait ou devait s'expliquer ainsi :

154. Lorsqu'une personne refuse de s'expliquer au bureau de paix, ce refus peut être considéré comme un commencement de preuve par écrit, lequel n'ayant pas été défini par la loi, a été abandonné à l'appréciation des juges (Cass. 9 fév. 1808, aff. Monnier, Sir. 8, 1, 215; Bourges, 30 av. 1838, aff. Fauconneau-Dufresne; Toullier, t. 9, n. 117, 121 et suiv., 125). — Ou bien : refuse de répondre à un interrogatoire sur faits et articles (Rouen 8 avril 1824, aff. Juves, Sir. 26, 2, 73).

155. Il doit en être de même lorsqu'une personne légalement sommée de s'expliquer refuse de répondre à une chose qu'on a le droit de lui demander; dans ce cas, son silence peut être interprété dans le sens de la sommation et considéré, soit comme un aveu tacite, soit comme un commencement de preuve par écrit (ind. des arrêts précités.)

156. L'inaction et le silence donnent lieu à la tacite reconduction dans les cas prévus par les art. 1738, 1759 et 1776 du Code civil. (Toullier, t. 6, n. 33).

157. Mais les signes, les faits, le silence et l'inaction ont la plus grande influence, et peuvent surtout faire preuve d'un véritable consentement lorsqu'ils sont la suite d'une demande ou d'une interrogation. Par exemple : j'entre dans une auberge et je demande à l'hôte s'il peut me recevoir; pour toute réponse il prend mon porte-manteau et le fait porter dans une chambre. Le voilà assujetti à toutes les obligations d'un dépositaire (Toullier, *ibid.*).

158. Il faut pourtant reconnaître qu'il y a des signes, des actions, des faits, etc., qui sont équivoques, et dont il est difficile d'induire un vrai consentement. (Toullier, t. 6, n. 34). C'est pour cela que la loi a fixé elle-même les conséquences de ces faits par des dispositions positives : par exemple, lorsqu'il s'agit des faits qui emportent acceptation d'une succession (C. civ. 780); ou de faits formant une présomption légale (C. civ. 1350, 1353); ou bien lorsqu'il s'agit de quasi-contrats (C. civ. 1372 et suiv. V. *sup.*, n. 150. et suiv.).

159. Un consentement n'est pas toujours valable par cela seul qu'il est manifesté; il faut encore qu'il soit donné, sans erreur, sans violence ni surprise dolosive, car s'il a été le résultat de l'erreur, de la violence ou du dol, il est nul (C. civ. 1109), et dans les cas de fraude ou de dol la preuve testimoniale est admissible (C. civ. 1353). V. *Consentement.* note 101. et *sup.*, *Preuve* et *Commencement de preuve*, n. 110 et suiv., 131 et suiv.

160. Le consentement n'étant requis que pour l'intérêt de celui qui doit le donner, c'est à lui seul qu'il appartient de se plaindre de l'acte où ce consentement a été omis : il peut donc renoncer à la nullité résultant de l'omission (Merlin, Rép., t. 11, p. 298).

161. Dans les cas d'erreur, de violence ou de dol, la nullité du consentement n'ayant pas lieu de plein droit, il faut se pourvoir par action en nullité ou en rescision (C. civ. 1304 et suiv. — Toullier, t. 7, n. 521).

§ 7. Des dettes résultant de l'autorité seule de la loi, ce qui s'applique aux obligations naturelles.

162. Les engagements qui résultent de l'autorité seule de la loi sont ceux qui se forment involontairement sans qu'il intervienne aucune convention, ni de la part de celui qui s'oblige, ni de la part de celui envers lequel il est obligé. Tels sont les engagements entre propriétaires voisins, ou ceux des tuteurs et des autres administrateurs qui ne peuvent refuser la fonction qui leur est déférée. (C. civ. 1370, 653 et suiv., 427 et suiv.). — V. *infrà*, n. 179.

Telles sont encore :

163. 1° l'obligation que contractent ensemble les époux, par le fait seul du mariage, de nourrir, entretenir et élever leurs enfants (C. civ. 203). La nourriture et l'entretien constituent des *aliments*, ainsi qu'il va être dit au n. 165 ci-après. Quant à l'obligation *d'élever*, elle consiste à donner à l'enfant une éducation capable de lui procurer un état (C. civ. 852).

164. 2° L'obligation des enfants de fournir des aliments

à leurs père et mère et autres ascendants qui sont dans le besoin (C. civ. 205).

165. On doit entendre, dans ce cas, par *aliments*, tout ce qui est nécessaire à la vie, c'est-à-dire le logement, la nourriture, les vêtements.

166. Mais les petits enfants ne sont tenus de fournir des aliments à leur aïeul que subsidiairement, c.-à-d. lorsque leurs père et mère ne peuvent satisfaire à cette obligation (Pothier, *du Mariage*, n. 393; Toullier, t. 2, n. 613; Duranton, t. 2, n. 393).

167. En est-il de même lorsque les petits-enfants, comme représentant un enfant décédé, sont en concours avec des oncles ou tantes qui au regard de l'aïeul sont à un degré plus proche que les petits-enfants? *Oui*, suivant Toullier, t. 2, n. 613. — *Non*, suivant Duranton, t. 2, n. 694, et un arrêt de la Cour royale d'Amiens du 11 décembre 1821, aff. Caillet, Sir. 22, 2, 303, qui porte que, dans ce cas, les petits-enfants sont solidaires avec les enfants de l'aïeul (leurs oncles et tantes), lors même que ceux-ci auraient le moyen de fournir seuls les aliments.

168. 3° L'obligation des gendres et belles-filles de fournir des aliments à leurs beau-père et belle-mère qui sont dans le besoin, obligation qui ne cesse que dans les cas suivants : 1° lorsque la belle-mère a convolé en secondes noces; 2° lorsque celui des époux qui produisait l'affinité et les enfants issus de son union avec l'autre époux sont décédés (C. civ. 206).

169. Mais cette obligation imposée au gendre et à la belle-fille ne s'étend pas aux ascendants du beau-père et de la belle-mère (Toullier, t. 2, p. 4; Proudhon, t. 1, p. 254; Foucher, *comment.* sur la loi de 1838, n. 323; *contrà*, Delvincourt, t. 1, p. 380; Duranton, t. 2, p. 273).

170. Toutefois elle s'étend à la femme du fils, bien que celui-ci soit vivant; cette belle-fille peut, en conséquence, être condamnée conjointement avec son mari à fournir des aliments à ses beau-père et belle-mère (Paris, 30 frimaire an XIV, aff. Cohen, Sir. 9, 2, 776).

171. 4° L'obligation réciproque de la part des père et mère, beau-père et belle-mère, de fournir des aliments à leurs enfants, gendre et belle-fille qui sont dans le besoin (C. civ. 207).

172. Cette obligation est absolue et ne souffre pas d'exception, lors même que l'enfant s'est marié contre la volonté du père (Cass. 7 déc. 1808, aff. Lambert, Sir. 9, 1, 38; Caen, 15 avril 1828, Sir. 30, 2, 83), et qu'il s'agit d'aliments non seulement pour le fils, mais encore pour la femme de celui-ci et leurs enfants (Bruxelles, 19 janvier 1811, Sir. 11, 2, 317), ou qu'il s'agit d'une fille majeure ayant donné à son père des sujets de mécontentement plus ou moins graves, auquel cas le père ne peut exiger que, pour gagner sa vie, elle se place comme domestique, si sa naissance et son éducation sont incompatibles avec l'état de domesticité (Colmar, 7 août 1813, Sir. 13, 2, 373).

173. 5° L'obligation pour l'*adoptant* et pour l'*adopté* l'un envers l'autre, de se fournir des aliments dans les cas déterminés par la loi (C. civ. 349. V. les art. qui précèdent), sans déroger à l'obligation naturelle existante, à cet égard, entre l'adopté et ses père et mère (*id.*), obligation qui ne peut s'étendre aux ascendants de l'adoptant parce qu'il n'y a pas plus d'affinité entre eux et l'adopté, qu'entre l'adoptant et les descendants de l'adopté (Rogron, *Comment. du C. civil*).

174. 6° La disposition de la loi qui donne au père, durant le mariage, et après la dissolution du mariage, au survivant des père et mère, la jouissance des biens de leurs enfants jusqu'à l'âge de 18 ans accomplis, ou jusqu'à l'émancipation qui pourrait avoir lieu avant dix-huit ans (C. civ. 384), à la charge notamment de la nourriture, de l'entretien et de l'éducation des enfants, selon leur fortune (C. civ. 385).

175. 7° Les dispositions de la loi qui ne permettent pas aux père et mère de faire au préjudice de leurs descendants et de leurs ascendants des libéralités par acte entre-vifs ou par testament qui excèdent la quotité déterminée aux art. 913, 915, 1094, 1095 du C. civ.

176. 8° La disposition de la loi qui met à la charge de la communauté les aliments des époux, l'éducation et l'entretien des enfants, etc. (C. civ. 1409).

177. Toutefois, lorsque la femme a été adoptée *sans le consentement* de son mari, la communauté n'est pas tenue, dans ce cas, de fournir des aliments à l'adoptant (Duranton, t. 3, n. 292).

178. 9° La disposition de la loi qui oblige la femme ayant obtenu la séparation de biens de contribuer proportionnellement à ses facultés et à celles du mari, tant aux frais du ménage qu'à ceux d'éducation des enfants communs, et même de supporter entièrement ces frais s'il ne reste rien au mari. (C. civ. 1448).

§ 8 DES DETTES RÉSULTANT DE FAITS PERSONNELS A L'OBLIGÉ, C. A-D. DES QUASI-CONTRATS ET DES DÉLITS ET QUASI-DÉLITS.

179. Certains engagements se forment sans qu'il intervienne aucune convention ni de la part de celui qui s'oblige, ni de la part de celui envers lequel il est obligé. Les engagements qui naissent d'un fait personnel à celui qui se trouve obligé, résultent ou des quasi-contrats, ou des délits et quasi-délits (C. civ. 1370). V. *Mitoyenneté ou Communauté forcée*, note 41; — *Tutelle*, note 163; — *Curatelle*, note 66; — *Servitudes*, note 53.

Art. 1. Des quasi-contrats.

180. Les quasi-contrats sont les faits purement volontaires de l'homme, dont il résulte un engagement quelconque envers un tiers, et quelquefois un engagement réciproque des deux parties (C. civ. 1371).

Ce qui doit ne s'entendre que des faits *écrits*.

181. Lorsque volontairement on gère l'affaire d'autrui, soit que le propriétaire connaisse la gestion, soit qu'il l'ignore, celui qui gère contracte l'engagement tacite de continuer la gestion qu'il a commencée, et de l'achever jusqu'à ce que le propriétaire soit en état d'y pourvoir lui-même; il doit se charger également de toutes les dépendances de cette même affaire. Il se soumet à toutes les obligations qui résulteraient d'un mandat exprès que lui aurait donné le propriétaire (C. civ. 1372).

182. Dans le cas de gestion volontaire, la ratification de la part du propriétaire le lie envers le gérant, de même que le mandat exprès, notamment en ce qui touche l'obligation solidaire de rembourser au mandataire ses frais et avances

(Cass. 11 février 1834, aff. le Préfet de la Côte-d'Or, Sir. 34, 1, 713).

183. On doit appliquer au *negotiorum gestor*, comme au mandataire, l'article 2001 du C. civ. aux termes duquel l'intérêt des avances faites par le mandataire lui est dû par le mandant, du jour des avances constatées. (Delvincourt, t. 1, p. 477; Duranton, t. 13, n. 674).

184. Mais celui qui s'est ingéré dans les affaires d'un autre malgré sa défense, n'a point en général d'action pour répéter ses déboursés : — Duranton, t. 12, n. 19; Toullier, t. 11, n. 53; Zachariæ, *Dr. civ. Fr.*, t. 3, § 441, note 13. — Il doit en être ainsi à l'égard d'un tiers qui, sans aucun intérêt, paie en l'acquit du débiteur et malgré lui, parce qu'il est censé avoir voulu gratifier ce dernier. (Toullier, t. 7, n. 12; Duranton, t. 12, n. 19).

185. La femme mariée qui s'ingère sans mandat dans les affaires d'autrui, est obligée, sur ses propres, de rendre compte de sa gestion, quoiqu'elle n'ait pas été autorisée de son mari (Domat; Toullier, t. 11, p. 47, n. 39; — *Contrà*, Pothier).

186. Il en est de même du mineur qui s'est aussi ingéré sans mandat dans les affaires d'autrui. (Toullier, t. 11, n. 40).

187. Celui qui gère l'affaire d'autrui, croyant gérer la sienne propre, se soumet à toutes les obligations qui résultent du quasi-contrat (Toullier, t. 11, n. 28).

188. Pour que l'action naissant du quasi-contrat de gestion d'affaires puisse être exercée, il faut, surtout lorsque la personne était présente, que l'on ait travaillé sur la chose qui lui appartient, et que celui qui prétend avoir géré l'affaire d'autrui n'ait pas exclusivement travaillé dans son intérêt personnel (Cass. 6 novembre 1838, aff. Primard c. Gerente, Sir. 39, 1, 160 - 37, 2, 330).

189. Celui qui gère est obligé de continuer sa gestion, encore que le maître vienne à mourir avant que l'affaire soit consommée, jusqu'à ce que l'héritier ait pu en prendre la direction (C. civ. 1373).

190. Il est tenu d'apporter à la gestion de l'affaire tous les soins d'un bon père de famille. Néanmoins les circonstances qui l'ont conduit à se charger de l'affaire, peuvent autoriser le juge à modérer les dommages-intérêts qui résulteraient des fautes ou de la négligence du gérant (C. civ. 1374).

191. Le maître dont l'affaire a été bien administrée, doit remplir les engagements que le gérant a contractés en son nom, l'indemniser de tous les engagements personnels qu'il a pris, et lui rembourser toutes les dépenses utiles ou nécessaires qu'il a faites (C. civ. 1375).

192. Celui qui reçoit par erreur ou sciemment ce qui ne lui est pas dû, s'oblige à le restituer à celui de qui il l'a indûment reçu (C. civ. 1376). — V. *infrà*, n. 262.

193. Lorsqu'une personne qui, par erreur, se croyait débitrice, a acquitté une dette, elle a le droit de répétition contre le créancier. Néanmoins ce droit cesse dans le cas où le créancier a supprimé son titre par suite du paiement, sauf le recours de celui qui a payé contre le véritable débiteur (C. civ. 1377).

194. S'il y a eu mauvaise foi de la part de celui qui a reçu, il est tenu de restituer tant le capital que les intérêts ou les fruits du jour du paiement (C. civ. 1378).

195. Si la chose indûment reçue est un immeuble ou un meuble corporel, celui qui l'a reçue s'oblige à la restituer en nature, si elle existe, ou sa valeur, si elle est périe ou détériorée par sa faute; il est même garant de sa perte par cas fortuit, s'il l'a reçue de mauvaise foi (C. civ. 1379).

196. Si celui qui a reçu de bonne foi a vendu la chose, il ne doit restituer que le prix de la vente (C. civ. 1380).

197. Celui auquel la chose est restituée doit tenir compte, même au possesseur de mauvaise foi, de toutes les dépenses nécessaires et utiles qui ont été faites pour la conservation de la chose (C. civ. 1381).

Art. 2. Des délits et quasi-délits.

198. *Tout fait quelconque de l'homme, qui cause à autrui un dommage, oblige celui par la faute duquel il est arrivé à le réparer* (C. civ. 1382).

Pour que ce fait oblige à réparation, il faut qu'il constitue une action illicite et quand cette circonstance existe, il faut distinguer :

Si le fait a été commis avec l'intention de nuire, c'est un *délit* ;

S'il a été commis sans intention de nuire, c'est un *quasi-délit*.

Les maris, pères, mères, tuteurs, maîtres, entrepreneurs de toute espèce, seront civilement responsables des délits commis par leurs femmes et enfants, pupilles, mineurs, n'ayant pas plus de vingt ans et non mariés, domestiques, ouvriers, voituriers et autres subordonnés; l'estimation du dommage sera toujours faite par le juge de paix ou par des experts par lui nommés (L. 28 sept. 1791, tit. 2, art. 7).

199. *Chacun est responsable du dommage qu'il a causé non-seulement par son fait, mais encore par sa négligence ou par son imprudence* (C. civ. 1383).

200. Les délits dont il est ici question ne sont considérés que sous le rapport du droit privé. Pour que la société soit intéressée à leur répression pour le maintien de l'ordre public il faut qu'ils aient été commis dans les cas prévus par le Code pénal. — V. note 28, chap. 1.

201. Ainsi, pour être recevable à former contre un tiers une demande en dommages-intérêts, il ne suffit pas d'éprouver un préjudice quelconque par le fait de ce tiers; il faut encore que ce fait soit une atteinte à un droit acquis, et non la simple violation d'une obligation imposée par la loi dans un intérêt général. (Jug. de Clermont-Ferrand, 7 juin 1832, Sir. 32, 2, 360).

202. Un éboulement de terre du fonds supérieur sur le fonds inférieur ne peut donner lieu à aucuns dommages-intérêts contre le propriétaire du fonds supérieur, encore bien qu'il paraisse avoir été déterminé par des travaux entrepris sur ce fonds, s'il est encore reconnu que la cause première de l'éboulement est dans le vice occulte de la construction physique du terrain. En un tel cas, les juges peuvent décider qu'il n'y a point faute imputable au propriétaire du fonds supérieur (Cass. 29 novembre 1832, aff. Frécl. Sir. 33, 1, 19).

203. Celui qui s'est emparé par des moyens indélicats d'une pièce appartenant à un tiers, peut être condamné, outre la restitution de la pièce, à des dommages-intérêts par chaque jour de retard, alors même qu'aucun préjudice ne pourrait résulter du retard dans la remise de cette pièce (Cass. 29 janvier 1834, aff. Normand, Sir. 34, 1, 129).

204. Mais, lorsque celui qui occupait sans titre refuse de déguerpir, il ne peut, quand il a succombé, être tenu de payer à titre de dommages-intérêts, une somme que le propriétaire se serait obligé de payer par chaque mois de retard de la délivrance à l'acquéreur de la maison litigieuse qu'il avait vendue pendant le procès (Bruxelles, 22 juillet 1829, Sir. 31, 2, 63).

205. Quand une obligation contractée par une personne en une qualité dont elle se trouvait revêtue (par exemple, un évêque), devient nulle à défaut d'autorisation, l'inexécution de cette obligation ne peut donner lieu à aucuns dommages-intérêts contre cette personne en son propre et privé nom (Colmar, 2 avril 1833, Sir. 34, 2, 123).

206. Le fait de se vanter à tort d'avoir acquis les biens d'un individu, constitue un fait dommageable dont ce dernier peut demander la réparation (Nîmes 5 juin 1835, aff. Fallet, Sir. 36, 2, 252).

207. Il y a lieu à dommages-intérêts pour mémoires injurieux et diffamatoires, non seulement contre la partie qui les a signés, mais encore contre celui qui n'ayant primitivement aucun intérêt au procès, s'est rendu cessionnaire d'une partie de ses causes, a fourni aux frais de publication des mémoires et a figuré en nom dans l'instance (Cass. 11 juin 1839, aff. Bousseau, Sir. 39, 1, 601).

208. Les dommages-intérêts sont dus encore que l'on n'ait allégué le fait nuisible que sur la foi d'un autre que l'on désigne (Chassan, t. 1, p. 338). Il en est autrement si c'est sur la foi d'un procès-verbal dressé par des officiers de police, ou si on rapporte une plainte déposée à l'autorité compétente (*Idem*. p. 340).

209. Celui qui, par dol, a détourné ou empêché un mourant de tester ou de disposer au profit d'une personne déterminée, ainsi qu'il en avait manifesté bien positivement la volonté, peut être tenu de payer, à titre de dommages-intérêts, à la personne privée du legs, une somme égale au bénéfice dont elle a été frustrée (Turin 13 avril 1808, aff. Formicar, Sir. 9, 2, 77).

210. Les filles et les femmes n'ont aucune action en dommages-intérêts, sous prétexte de séduction (Cass. 10 mars 1808, aff. Mayre, Sir. 8, 1, 231).

211. De ce qu'une loi ne prononce qu'une amende contre une espèce de délit, il ne s'en suit pas que le juge ne puisse prononcer des dommages-intérêts, si, du fait incriminé, il est résulté du préjudice envers le plaignant (Cass. 14 août 1818, aff. Froust, Sir. 18, 1, 321).

212. L'auteur de la mort d'un individu est exposé à une action en dommages-intérêts de la part du père de ce dernier (Colmar, 3 mars 1810, aff. Erhard, Sir. 10, 2, 233).

213. Des dommages-intérêts peuvent être prononcés, outre la condamnation aux dépens:

1° Contre celui qui est reconnu avoir élevé des difficultés avec mauvaise foi (Cass. 3 mai 1836, aff. Delacroix, Sir. 36, 1, 914);

2° Contre celui qui a intenté une action reconnue vexatoire (Cass. 11 janvier 1837, Sir. 37, 1, 643);

3° Contre la partie qui interjette un appel évidemment mal fondé, par exemple, quand l'appel a empêché l'intimé de toucher des fonds déposés à la caisse des consignations où ils ne produisaient que 4 p. 0/0, tandis qu'il était obligé pour ces mêmes fonds de payer à des tiers un intérêt de 5 p. 0/0; dans ce cas les juges ont pu, sans violer aucune loi, faire consister les dommages-intérêts dans la différence d'intérêts (Cass. 22 août 1839, aff. Magaud, Sir., 40, 1, 184);

4° Contre le créancier qui, par ses contredits, retarde mal à propos la clôture de la distribution par contribution; il doit, dans ce cas, à titre de dommages-intérêts, au créancier colloqué, la différence entre l'intérêt payé par la caisse des consignations et l'intérêt légal (Bordeaux, 21 fév. 1839, aff. Perquer, Sir. 39, 2, 306).

5° Contre celui qui, se croyant cessionnaire d'une somme déjà cédée à un tiers, donne mandat de toucher cette somme, et empêche ainsi qu'elle ne puisse être touchée par le véritable cessionnaire; causant à celui-ci un préjudice qu'il est personnellement tenu de réparer, il peut être condamné directement à rembourser au cessionnaire la somme indûment perçue, avec intérêt à compter du jour de la perception, ainsi que les faux frais faits par le cessionnaire pour obtenir paiement du débiteur cédé; vainement prétendrait-il qu'ayant ignoré la cession, ayant agi sans faute ni fraude, le cessionnaire ne pourrait s'adresser à lui qu'au cas d'insolvabilité du mandataire qui a réellement touché (Cass. 21 août 1837, aff. Campana, Sir., 37, 1, 902).

214. Le gérant d'une propriété peut être condamné personnellement à des dommages-intérêts à raison d'un fait par lui commis en sa qualité, lorsque ce fait a le caractère de délit ou quasi-délit; en ce cas, le gérant ne peut opposer l'exception de mandat (Cass. 9 janv. 1803, aff. Beauguillot, Sir. 33, 1, 321).

215. L'individu nommé par une délibération illégale aux fonctions de directeur d'une société, n'a pas, en cas de révocation, droit à des dommages-intérêts pour le préjudice que lui cause la perte de son emploi. Mais il peut lui être accordé, outre le remboursement des dépenses qu'il a faites pour la société, une indemnité pour les soins qu'il a donnés à la gestion des affaires de la société. Peu importe qu'il eût connaissance du vice de sa nomination (Cass. 7 janv. 1836, aff. de Malaret, Sir. 36, 1, 732).

216. De ce qu'un particulier a éprouvé de graves dommages par l'effet de non rentrée de fonds à lui dus pour reliquat de compte ou autrement, il ne s'en suit pas que le débiteur puisse être condamné à des dommages-intérêts : à part le cas de dol, la loi ne permet que la condamnation aux intérêts moratoires (Cass. 2 mars 1831, aff. Milscent, Sir. 31, 1, 178).

217. Les transactions passées entre une personne blessée par le fait ou l'imprudence d'autrui et l'auteur des blessures, à une époque où rien ne faisait prévoir la mort du blessé, n'est pas un obstacle à la demande en dommages-intérêts formée par les héritiers de ce dernier, par suite de cet événement (Aix, 29 janv. 1833; Sir. 34, 2, 286).

218. On est *responsable* non-seulement du dommage que l'on cause par son propre fait, mais encore de celui qui est causé par le fait des *personnes dont on doit répondre*, ou des choses que l'on a sous sa garde; — *le père, et la mère* après le décès du mari, sont responsables du dommage causé par leurs enfants mineurs habitant avec eux; — *les maîtres et les commettants*, du dommage causé par leurs *domestiques et préposés* dans les fonctions auxquelles ils les ont employés; — *les instituteurs* et les *artisans*, du dommage causé par leurs *élèves* et *apprentis* pendant qu'ils sont sous leur sur-

veillance. — La responsabilité ci-dessus a lieu, à moins que les père et mère, instituteurs et artisans, ne prouvent qu'ils n'ont pu empêcher le fait qui donne lieu à cette responsabilité. (C. civ. 1384).

219. RESPONSABLE. La responsabilité civile d'un délit ne s'étend qu'aux frais et dommages-intérêts ; elle ne s'étend pas à l'amende et aux peines corporelles (Cass. 4 septembre 1823, aff. Thiébault, Sir. 24, 1, 102), à moins d'une disposition spéciale de la loi (Cass. 14 janv. 1819, aff. Gilles, Sir. 24, 1, 422), notamment en matière de délits de pâturage (Cass. 15 déc. 1827, aff. Michaut, Sir. 28, 1, 216) — même dans un bois communal (Cass. 11 sep. 1818, 25 février 1820, 8 août 1823, Sir. 19, 1, 117 ; 20, 1, 330 ; 24, 1, 423).

220. Mais il en est autrement en ce sens que la responsabilité s'étend à l'amende, à raison d'un délit commis dans les bois de l'Etat (Cass. 25 fév. 1830, Sir. 20, 1, 350 : 6 av. 1820; Sir. 20, 1, 337); et à raison de contraventions aux lois sur les douanes et sur les contributions indirectes (Merlin, Rép. v° *Responsabilité*; Toullier, t. 2, n. 290, Carré, t. 3, n. 1326 et 1327; Zachariæ, t. 11, § 447, note 24; Chauveau et Hélie, t. 1, p. 291; de Cormeille, v° *Amende*, n. 16).

221. PERSONNES DONT ON DOIT REPONDRE. Le mari est civilement responsable du dommage causé par sa femme (Cass. 23 déc. 1818, aff. Chevalier, Sir. 19, 1, 278). — Même d'un quasi-délit commis pour une fraude aux droits réunis dans la demeure et sous les yeux du mari, et à plus forte raison d'un quasi-délit commis dans l'intérêt et en qualité de préposée du mari (Cass. 31 juillet 1807, 27 fév. 1827; Sir. 7, 2, 1048, — 27, 1, 228).

222. Toutefois, il a été décidé que le mari n'était pas civilement responsable des délits de sa femme, notamment du délit d'injures et de diffamation (Cass. 16 août 1811, 26 janvier 1823; Sir. 21, 1, 214, — 21, 1, 276). — Surtout si les injures de la femme ont été proférées hors la présence du mari, et s'il les désavoue (Cass. 13 mai 1813, Sir. 13, 1, 365).

223. A plus forte raison, le mari n'est pas responsable des condamnations prononcées contre sa femme, pour contraventions de police (Cass. 18 novemb. 1824, aff. Castelnaut, Sir. 25, 1, 110). Et, en matière de police correctionnelle, il ne peut être condamné solidairement avec sa femme, ni à payer l'amende encourue par elle (Cass. 28 brum. an IX, 9 juillet 1807, 6 juin 1811), ni aux dépens (Cass. 6 juin 1811, Sir. 21, 1, 212).

224. Les condamnations à raison de délits commis par la femme pendant le mariage, lorsque le mari n'est pas civilement responsable, peuvent être poursuivies sur la nue-propriété, mais non sur la jouissance des biens dotaux (Toullier, t. 14, n° 347).

225. Lorsqu'un mari se trouve dans un état de démence ou de fureur, la femme n'est pas obligée de provoquer son interdiction, ou de le contenir de manière à l'empêcher de se livrer à des excès, sous peine de répondre des dommages-intérêts qu'il a pu causer, et d'encourir les peines de simple police (Cass. 26 juin 1806, Sir. 6, 1, 356).

226. TUTEUR. Le tuteur est responsable du dommage causé par son pupille (Pothier, *Oblig.*, n. 121 ; Duranton, t. 13, n. 719; Zachariæ, t. 3, § 447, note 7).

227. COMMUNES. Les communes sont responsables des amendes encourues par le pâtre du troupeau communal, sauf, à être fait administrativement et conformément à la loi du 11 frim. an VII, une répartition ultérieure desdites amendes entre les propriétaires des bestiaux trouvés en délit (Cass. 22 fév. 1811, Sir. 17, 1, 90).

228. La loi du 10 vendemiaire an IV, sur la responsabilité civile des communes, n'a point été abrogée par les dispositions générales du Cod. civ. sur la responsabilité civile, ni par aucune loi ultérieure (Cass. 24 av. 1821 ; 5 mars 1839, Sir. 22, 1, 27, — 39, 1, 343).

229. Mais elle n'est point applicable :

1° A la ville de Paris (Cass. 13 mai 1841, Sir. 41, 1, 373).

230. 2° Au cas de rébellion armée, ayant pour but le renversement du Gouvernement (Cass. 6 av. 1836, Sir. 36, 1, 257).

231. 3° Aux communes dont le pouvoir municipal était paralysé dans son action (Cass. 27 juin 1822, Sir. 22, 1, 428; — 11 mai 1836, Sir. 36, 1, 665).

232. 4° Et aux communes qui ont pris toutes les mesures en leur pouvoir pour prévenir les dommages (Arrêt précité du 13 mai 1841).

233. LE PÈRE ET LA MÈRE. Les père et mère ne cessent pas d'être responsables du fait de leurs enfants mineurs, par cela seul qu'ils n'ont pu empêcher actuellement le fait dommageable. Ils sont responsables toutes les fois que les écarts des enfants peuvent être attribués au relâchement de la discipline domestique (Bourges, 9 mars 1821 aff. Guillier, Sir. 22, 2, 238) et aux mauvais exemples donnés par les père et mère (Bordeaux, 1 av. 1829, aff. Boisrousseau, Sir. 29, 2, 259).

234. Si une contravention en matière de douanes est commise par un enfant mineur demeurant chez ses père et mère, ceux-ci sont civilement responsables du fait de leur enfant, tant qu'ils n'ont pas prouvé qu'il n'a pas été en leur pouvoir de l'empêcher (Cass. 6 juin 1811, aff. veuve Marchand, Sir. 16, 1, 304).

235. Le père n'est pas civilement responsable du délit de maraudage commis dans une forêt, par son enfant majeur, demeurant avec lui, si d'ailleurs ce dernier n'a pas été préposé par lui (Cass. 23 juill. 1826, aff. Duchesne, Sir. 27, 1, 56).

236. La responsabilité civile du père, à raison d'un délit d'injures verbales, commis par son fils mineur, ne s'étend qu'aux dommages-intérêts; elle ne s'étend pas à l'amende (Cass. 14 janvier 1819, aff. Gilles, Sir. 24, 1, 422).

237. La responsabilité des père et mère ne s'étend pas aux amendes encourues par leurs enfants pour délit de chasse et de braconnage, même dans les forêts de la couronne; mais elle s'étend aux restitutions, dommages-intérêts et frais dus à l'occasion de ces mêmes délits (Cass. 5 novembre 1829, aff. Jupiner, Sir. 30, 1, 30).

238. Lorsqu'un enfant mineur, habitant avec son père, commet un crime, le père est responsable des réparations civiles, encore bien qu'atteint d'une maladie mortelle au moment du crime, il ait été dans l'impossibilité physique de surveiller son enfant, si, d'ailleurs, n'ignorant pas ses désordres, il n'a pas antérieurement usé des moyens qui

étaient en son pouvoir pour réprimer les écarts de l'enfant (Cass. 29 mars 1827, aff. Prestel — Sir. 28, 1, 373).

239. La condamnation aux frais en matière criminelle ou correctionnelle, quand elle est prononcée contre l'accusé ou prévenu, est plutôt une restitution qu'une peine; en conséquence, le père dont le fils mineur encourt une condamnation correctionnelle, est responsable des frais ou dépens envers la partie publique, comme il le serait des dommages-intérêts envers la partie civile. Il ne peut en être affranchi qu'au cas où il prouverait qu'il n'a pu empêcher le fait qui donne lieu à sa responsabilité (Cass. 4 fév. 1830, aff. Haudebault — Sir. 30, 1, 243).

240. Le père est responsable du dommage causé par son fils mineur, confié aux soins de la mère, alors même qu'il n'habite pas avec son fils, si d'ailleurs il habite à une distance peu considérable. — Dans ce cas, le mari peut n'être pas fondé à rejeter la faute sur la mère, de laquelle il prétendrait ne pas devoir répondre (Cass. 16 août 1841 — Sir. 41, 1, 751).

241. Le père qui a autorisé son fils mineur à chasser, est responsable des accidents que celui-ci occasionne à autrui par son imprudence (Caen, 2 juin 1840, aff. Barbel — Sir. 40, 2, 538).

242. Mais un père n'est pas civilement responsable de la mort que son fils mineur a donnée en duel, alors qu'ignorant le duel et ses causes, il n'a pas dépendu de lui de l'empêcher (Toulouse, 7 déc. 1832, aff. Décamps — Sir. 33, 2, 620).

243. Le père est civilement responsable du dommage causé par son enfant mineur, habitant avec lui, encore bien qu'au moment de l'accident l'enfant fût momentanément confié à la surveillance d'un instituteur (Cass. 29 décembre 1831, aff. Bertrand — Sir. 33, 1, 655).

244. La responsabilité civile du père, à raison des fautes de son enfant, cesse par l'émancipation. — Toullier, t. 11, n. 277. — *Contrà*, Chauveau et Hélie, t. 2, p. 291.

245. LES MAITRES ET LES DOMESTIQUES. Le maître est responsable des délits de ses domestiques, encore qu'il prouve n'avoir pu empêcher le fait donnant lieu à responsabilité (Cass. 25 nov. 1813, aff. Gallot — Sir. 14, 1, 24. - 11 juin 1836 — Sir. 37, 1, 452).

246. Le maître n'est responsable des dommages causés par son domestique que dans le cas où ils l'ont été dans les fonctions auxquelles il l'a employé (Cass. 9 juill. 1807 — Sir. 7, 1, 461).

247. Il suffit que le délit d'un domestique qui a écorcé des arbres dans une forêt de l'Etat en y gardant les bestiaux de son maître, ait été commis pendant la durée des fonctions auxquelles il était préposé, et qu'il soit entré dans la forêt dans l'intérêt et par l'ordre de son maître, pour que le domestique soit réputé avoir commis le délit dans les fonctions auxquelles son maître l'avait employé et qu'il y ait lieu à responsabilité du maître (Cass. 13 janv. 1814, aff. Terrillon — Sir. 14, 1, 190).

248. Le maître qui est responsable du fait de trois personnes de sa maison, pour avoir coupé des herbes dans une forêt de l'Etat, est passible de trois amendes d'après le nombre des contrevenants : les juges ne peuvent réduire à une seule amende, quelque faible que soit la quantité d'herbe coupée (Cass. 7 janv. 1814, aff. Lorieux — Sir. 14, 1, 182).

249. La partie civile qui, en première instance, n'a conclu qu'à des condamnations personnelles contre le maître et le domestique, tous les deux prévenus d'un même délit, peut, en appel, conclure à ce que le maître soit déclaré civilement responsable des condamnations à intervenir contre son domestique. On ne peut dire que se soit là une demande nouvelle qui n'aurait pas subi le premier degré de juridiction (Cass. 30 janv. 1830, aff. Carrère — Sir. 30, 1, 138).

250. Lorsqu'un domestique a été condamné pour un fait dommageable, et que son maître a été également condamné comme civilement responsable, s'il arrive que le domestique interjette appel sans que le maître exprime un acquiescement au jugement, les frais de l'appel encouru par le domestique peuvent être mis à la charge du maître, soit par extension de responsabilité, soit par imputation du fait d'appel (Nîmes, 16 juin 1826, aff. Castelnau — Sir. 27, 2, 34).

251. Le maître n'est pas responsable de l'amende encourue par son domestique pour contravention à un règlement de police; il n'est que civilement responsable des dommages-intérêts. (Cass. 9 juin 1832, aff. Desvigne — Sir. 32, 1, 744). — Il en est de même pour un délit de pâturage commis par un domestique (Cass. 8 août 1823, 30 juill. 1825, — Sir. 24, 1, 425; 25, 1, 366), le maître n'étant passible de l'amende que dans les cas expressément déterminés par la loi (Cass. 21 av. 1827, aff. Hugnot — Sir. 28, 1, 60).

252. Le domestique qui a commis une contravention de police doit être condamné à l'amende; il ne peut être relaxé sous prétexte qu'ayant agi par les ordres de son maître, il suffirait de condamner ce dernier. Le maître, en un tel cas, ne peut être soumis qu'à la responsabilité civile (Cass. 6 oct. 1832, aff. Roby — Sir. 33, 1, 251).

253. Le maître cité devant un tribunal de justice répressive comme civilement responsable des faits de son domestique, ne peut être relaxé de l'action dirigée contre lui, sous prétexte que le fait poursuivi n'a porté aucun préjudice se résolvant en dommages-intérêts; il suffit que le domestique puisse être passible des dépens de la poursuite, pour que le maître doive être maintenu dans la cause (Cass. 11 juin 1836 — Sir. 37, 1, 452).

254. Le maître pour lequel travaillait un ouvrier n'est pas responsable de l'accident arrivé à cet ouvrier par l'imprudence d'un autre ouvrier du même maître (Lyon 29 déc. 1836, aff. Pitet — Sir. 38, 2, 70).

255. Mais il est responsable du dommage que son domestique a causé par imprudence à un tiers dans un travail que celui-ci était chargé de faire avec le domestique moyennant salaire (Cass. 28 juin 1841 — Sir. 41, 1, 473).

256. LES COMMETTANTS ET PRÉPOSÉS. Un chef d'atelier est responsable des délits commis par ses ouvriers, du moins en ce sens que les ustensiles dont les ouvriers se sont servis pour nuire sont affectés au paiement des dommages causés (Cass. 8 mars 1811, aff. Bourgeat — Sir. 11, 1, 374).

257. Lorsqu'un entrepreneur s'est conformé aux mesures qui lui ont été prescrites par l'autorité, et qu'il est notoire qu'à certaines heures, le voisinage de son exploitation présente du danger, il ne peut être responsable des accidents

que des tiers ont éprouvés pendant le même temps (Lyon, 16 février 1826 — Sir. 26, 2, 213).

258. Le commettant ne peut se soustraire à la responsabilité civile du dommage causé par son préposé, sous prétexte que ce dommage résulte d'un crime pour lequel aucun mandat n'avait été donné à ce préposé; il suffit, pour établir la responsabilité, qu'il y ait eu mandat donné au préposé à l'égard des faits civils lors desquels le crime a été commis (Cass. 19 juill. 1826, aff. Lieutaud — Sir. 27, 1, 252).

259. Les commissaires et sociétaires d'un bal, sur la demande desquels un poste militaire, rétribué par eux, a été établi à la porte de la salle de danse pour le maintien du bon ordre, ne sont pas civilement responsables des crimes et délits commis par les militaires durant leur garde, alors que ces militaires n'ont pas été choisis par les commissaires et sociétaires, mais ont été désignés par l'autorité militaire elle-même. En ce cas, on ne peut dire que les militaires soient les préposés des sociétaires (Cass. 5 fév. 1828, aff. Faucon — Sir. 28, 1, 352).

260. Lorsque des tabacs ont été semés en contravention dans les bois d'un particulier, la présomption légale est qu'ils ont été semés par ce particulier lui-même, et cette présomption suffit pour le rendre passible de l'amende et des autres peines encourues. — En tous cas, le propriétaire d'un terrain semé de tabac en contravention, est responsable envers la régie du fait ou de la négligence de son garde, qui n'a point constaté et dénoncé les contraventions (Cass. 30 avril 1813, aff. Vallée — Sir. 13, 1, 330).

261. Le marchand qui permet que des marchandises soient entreposées et vendues dans ses magasins par un de ses préposés, pour le compte d'un tiers, se rend par cela même responsable envers le propriétaire, tant des marchandises que du prix qui en provient. En conséquence, il est tenu, si son préposé tombe en faillite, ou de rendre les marchandises ou d'en payer le prix (Bruxelles, 10 janv. 1811, aff. Debonne — Sir. 11, 2, 332).

262. Lorsqu'un négociant reçoit des marchandises, que la lettre de voiture qui les accompagne indique devoir être remises à toute autre personne, il s'oblige par cela seul, de veiller lui-même à ce que cette remise s'effectue convenablement. S'il retient les marchandises dans son magasin, sans les réexpédier à qui de droit, il se rend indéfiniment responsable de toutes les suites de l'indue rétention (Paris, 9 fruct. an XIII, aff. Legret — Sir, 7, 2, 1186).

263. La responsabilité des commettants pour les faits de leurs préposés, est essentiellement civile. Elle ne comporte donc ni amende, ni emprisonnement; ainsi décidé à l'égard des entrepreneurs de messageries, notamment pour des contraventions à l'ordonnance du 4 fév. 1820, relative à la conduite et au chargement des voitures publiques (Cass. 18 nov. 1825, aff. Jailloux — Sir. 26, 1, 107). — Cet arrêt est contraire à deux précédents qui ont décidé que les entrepreneurs de voitures publiques étaient personnellement passibles des peines de police pour contravention à l'ordonnance précitée sur le *chargement* des voitures (Cass. 7 fév. 1822, aff. Jailloux — Sir. 22, 1, 210). — Quel que soit l'individu employé pour le *chargement* ou la *conduite* des voitures (Cass. 31 juill. 1823, aff. Jailloux — Sir. 26, 1, 213).

264 En fait *d'amende*, la responsabilité légale qu'une société encourt par le fait de ses préposés, pèse sur l'être collectif et non sur chacun des associés individuellement. — En conséquence, lorsqu'une contravention, dont la répression est poursuivie contre la société, est punissable d'une amende, c'est une seule amende qui doit être prononcée et non une amende contre chacun des associés (Cass. 6 août 1829, aff. Devillez-Bodson — Sir. 29, 1, 334).

265. Le mandataire qui a chargé un huissier, au nom du mandant, de la signification d'un acte nul, et l'huissier qui a fait cette signification, sont responsables de la nullité et passibles de dommages-intérêts envers le mandant, mais seulement chacun en droit soi pour la portion déterminée par les juges, et sans solidarité entr'eux (Paris, 18 av. 1836, aff. Hersent — Sir. 36, 2, 303).

266. Le consignataire de marchandises expédiées par un navire, lorsque, sur un motif mal fondé, il refuse de livrer les marchandises au destinataire, devient par là responsable des frais de nourriture et des gages de l'équipage courus depuis son refus (Bordeaux, 22 juin 1832, aff. Barton et Guestier — Sir. 32, 2, 668).

267. INSTITUTEURS ET ÉLÈVES. Celui qui reçoit chez lui un enfant mineur pour lui donner de l'éducation, en échange de ce que le père de ce mineur se charge du même soin vis-à-vis de son fils, est réputé *instituteur* ou assimilé à un instituteur; c'est pourquoi il est civilement responsable du dommage causé par le mineur, tant qu'il reste confié à sa garde (Colmar, 14 juin 1830, aff. Schœrrer — Sir. 30, 2, 334).

268. ARTISANS ET APPRENTIS. La responsabilité civile du dommage causé par un enfant pendant qu'il travaille chez son maître, pèse sur le maître et non sur le père de l'enfant (Metz, 13 nov. 1833, — Sir. 36, 2, 224); lors surtout que le fait dommageable a eu lieu dans les fonctions auxquelles l'enfant était préposé (Bordeaux, 9 fév. 1839, aff. Grangé — Sir. 39, 2, 499; Duranton, t. 13, n. 718; Delvincourt, t. 3, p. 385; Toullier, t. 11, n. 268).

269. Le propriétaire d'un animal, ou celui qui s'en sert pendant qu'il est à son usage, est responsable du dommage que l'animal a causé, soit que l'animal fût sous sa garde, soit qu'il fût égaré ou échappé (C. civ. 1385).

270. Lorsqu'un animal a été mis sous la garde d'un pâtre établi par la commune, c'est à ce pâtre plutôt qu'au propriétaire de l'animal à répondre des dommages qu'il a causés (Cass. 14 frim. an XIV, aff. Collin — Sir. 6, 1, 127).

271. Celui qui, dans une course publique, blesse quelqu'un par la rapidité de ses chevaux, n'est tenu d'aucune responsabilité (Turin, 26 août 1809, aff. Ottino — Sir. 10, 2, 138).

272. Lorsque des animaux ont pénétré sur des propriétés rurales appartenant à autrui et y ont fait du dommage, il faut distinguer si ces animaux étaient en état d'abandon ou s'ils ont été introduits volontairement. Au premier cas il n'y a lieu qu'à action en simple police, au second cas, le fait peut donner lieu à une action correctionnelle (Cass. 31 déc. 1818, aff. Saulnier de la Pinelair — Sir. 19, 1, 154).

273. Le dommage causé par des animaux sur les propriétés d'autrui, sans y avoir été introduits par le propriétaire de ces animaux ou par ses préposés, n'étant pas prévu par le Code pénal, constitue un délit rural punissable d'a-

près l'art. 12 de la loi du 28 sept.— 6 oct. 1791, et l'art. 2 de la loi du 23 therm. an IV (Cass. 8 sept. 1837, aff. Mouton — Sirey 39, 1, 812).

274. L'introduction de bestiaux sur le terrain d'autrui, constitue un délit de la compétence exclusive du Tribunal correctionnel, lorsque le plaignant ne fixe pas la valeur du dommage par lui éprouvé à moins de 15 francs. Ce ne serait que dans le cas de fixation du dommage à moins de 15 fr. qu'il appartiendrait au Tribunal de police de connaître du fait (Cass. 1er août 1818, aff. Brousse — Sir., 19, 1, 158).

275. L'abandon d'animaux sur une terre ensemencée est un fait qui rentre, quant à sa répression, dans les cas prévus par l'art. 12, tit. 2 de la loi du 28 sept.— 6 oct. 1791, combiné avec l'art. 23 du même titre. Les Tribunaux ne peuvent donc, sous prétexte qu'un tel fait n'a pas été qualifié par la loi, renvoyer le prévenu des poursuites dirigées contre lui (Cass. 18 sept. 1829, aff. Conard — Sir., 29, 1, 426).

276. L'abandon de volaille sur le terrain d'autrui constitue un délit punissable d'une amende aux termes des articles 5 et 12 du titre 2 de la loi du 28 sep. — 6 oct. 1791. Le propriétaire de ces volailles ne peut se soustraire à cette amende en prétendant qu'il doit en être quitte pour avoir à supporter que le propriétaire de l'héritage endommagé tue ses volailles sur son héritage. L'action civile et l'action publique sont donc recevables devant le Tribunal de police (Cass. 11 août 1808; 22 août 1816; 18 nov. 1824; 10 nov. 1836 — Sir. 25, 1, 150 et 151; 36, 1, 925).

277. Il y a délit rural dont le ministère public peut poursuivre d'office la répression, sans qu'une plainte ou une réclamation du propriétaire lésé soit nécessaire, lorsque des bestiaux laissés à l'abandon se sont introduits dans une propriété rurale encore que le procès-verbal constate qu'il n'a été commis aucun dégât (Cass. 15 fév. 1811; 17 octobre 1837— Sir. 11, 1, 187; 38, 1, 172).

278. Les dégâts que les bestiaux laissés à l'abandon font sur les propriétés d'autrui sont punissables, alors même que la propriété n'a été endommagée qu'à défaut de clôture obligée et usitée. C'est en vain que le prévenu dirait qu'il n'a pas dû surveiller là où il y avait clôture obligée; la loi punissant le dommage fait même dans les champs ouverts, il s'en suit que la négligence de clore ne fait pas perdre le droit de se plaindre du dommage (Cass. 16 juillet 1824, aff. Petit — Sir. 24, 1, 395).

279. Le propriétaire qui, ayant des animaux domestiques malfaisants, ne prend pas les précautions nécessaires pour prévenir le mal qu'ils peuvent causer, est tenu de réparer les dommages que ces animaux ont occasionnés (Paris, 24 mai 1810 — Sir. 11, 2, 23).

280. Le chien n'est pas, de sa nature, réputé animal malfaisant, cependant il peut l'être accidentellement, soit à cause de son naturel particulier, soit à cause de sa mauvaise éducation. Dans ce cas, le maître est responsable, et comme tel passible, savoir : des peines prononcées par l'art. 475, n. 7, du C. pénal, lorsque son chien mord ou attaque les passants, sans excitation, encore qu'en ce moment ce chien ne fût pas en état de divagation proprement dite (Cass. 6 nov. 1807 — Sir., 27, 2, 729 - 2 sep. 1826 — Sir. 26, 1, 382 - 28 avril 1827, aff. Lacroix — Sirey, 27, 1, 504), et des peines portées par l'art. 479, n. 2, du C. pénal, lorsque son chien, étant en état de divagation, a occasionné la mort ou blessure de bestiaux appartenant à autrui, sans y avoir été excité, mais alors qu'il était impossible de le retenir (Cass. 10 août 1832, aff. Duquesne — Sir. 33, 1, 240).

281. Le propriétaire dans l'enclos duquel un chien s'est introduit n'a pas, en général, le droit de le tuer ou de le blesser, mais les circonstances de cet acte, telles que la légitime défense de soi-même ou d'autrui, la gravité des dégâts causés à la propriété, suffisent, dans une certaine mesure, pour le légitimer. En conséquence, est sujet à cassation l'arrêt qui, sans entrer dans l'examen de ces circonstances, pose en principes qu'en *aucun cas* le propriétaire de l'enclos envahi n'est autorisé à tirer sur le chien et qui, pour l'avoir fait, le condamne à des dommages-intérêts (Cass. 21 av. 1840, aff. de Briant — Sir. 40, 1, 299).

282. Le propriétaire d'un bâtiment est responsable du dommage causé par sa ruine, lorsqu'elle est arrivée par suite du défaut d'entretien, ou par le vice de sa construction (C. civ. 1386), sauf son recours contre les architectes et entrepreneurs (V. le n° suivant).

283. Si l'édifice construit *à prix fait*, périt en tout ou en partie par le vice de la construction, même par le vice du sol, les *architectes* et *entrepreneurs* en sont responsables pendant dix ans. (C. civ 1792).

284. A PRIX FAIT. La responsabilité n'existe pas seulement pour les édifices construits à prix fait, mais pour tous les édifices ainsi que cela résulte de l'art. 2270 du C. civ. portant; qu'après dix ans l'architecte et les entrepreneurs sont déchargés de la garantie des gros ouvrages qu'ils ont faits ou dirigés (Rogron, sur l'art. 1792 du C. civ.) V. cependant *inf.* n. 288.

285. ARCHITECTES ET ENTREPRENEURS. La responsabilité des architectes et entrepreneurs, à raison des ouvrages par eux construits, n'est pas restreinte aux *édifices* proprement dits ou *gros ouvrages*; elle s'étend à toute espèce de constructions, notamment à la construction d'un puits (Paris, 2 juill. 1828, aff. Gaudrin — Sir. 28, 2, 316).

286. Lorsqu'une construction faite sur un plan tracé par un architecte, périt par le vice du plan, l'architecte en est responsable, encore qu'il n'ait pas été chargé de l'exécution (Cass. 20 nov. 1817, aff. Montfeu — Sir. 19, 1, 102)

287. Les architectes et entrepreneurs sont responsables du dépérissement des ouvrages par eux construits, encore que ce dépérissement soit causé par l'infiltration des eaux d'un canal voisin : c'est à eux à prendre, lors de la construction, toutes les précautions nécessaires pour éviter un tel accident (Paris, 2 juill. 1828 — Sir. 28, 2, 316).

288. L'entrepreneur n'est pas responsable de l'écroulement de l'édifice par lui construit, lorsque cet écroulement a été occasionné par des travaux postérieurs entrepris par le propriétaire lui-même, encore qu'ils aient été exécutés par un ouvrier de l'entrepreneur et avec des matériaux fournis par lui, si rien ne prouve d'ailleurs qu'il ait agi comme entrepreneur *à prix fait* de ces derniers travaux (Bourges, 10 mars 1837, aff. Pivert — Sir. 37, 2, 181).

289. L'architecte chargé par l'entrepreneur d'une construction, de suivre les travaux dans le but de constater l'état de leur avancement pour motiver les paiements à-compte, mais qui n'avait ni à diriger ni à surveiller les travaux, n'est point responsable, vis-à-vis de l'entrepreneur,

de la mauvaise confection de ces travaux (Cass. 18 déc. 1839, aff. Ducharme — Sir. 40, 1, 254).

290. L'ouvrier, tel qu'un serrurier, simple fournisseur d'objets ou matériaux d'une nature et d'une qualité désignée pour entrer dans la construction d'un pont, mais qui n'est pas entrepreneur des travaux de ce pont, même en ce qui touche son industrie, n'encourt aucune responsabilité à raison de la chute du pont, bien qu'elle soit déterminée par la cassure d'une des barres de fer qu'il a fournies, si, d'ailleurs, cette cassure ne provient pas de malfaçons (Même arrêt).

291. L'architecte ne peut s'affranchir, même par une clause expresse, de la responsabilité du vice du sol. — Troplong n. 995 et suiv.; Zachariæ, t. 3, p. 48; Duvergier, t. 2, n. 351.— *Contrà*, Duranton, t. 17, n. 255).

292. L'architecte ou entrepreneur n'est pas responsable des vices de construction du bâtiment par lui construit, lorsque les travaux ont été dirigés par le propriétaire de la maison, qui est lui-même constructeur de bâtiments (Cass. 4 juill. 1838, aff. Lobie — Sir. 38, 1, 726).

293. L'architecte qui a entrepris la reconstruction partielle d'un édifice, et qui, après avoir signalé au propriétaire, dans les constructions anciennes, une cause imminente de ruine, à laquelle ce dernier s'est refusé de remédier, continue néanmoins ses travaux, peut être déclaré responsable de la perte de ces mêmes travaux occasionnée par la chute de l'édifice ancien. — Il doit d'ailleurs être déclaré responsable, comme ayant manqué à l'exécution de ses obligations, si, par le devis des travaux à faire, il s'était engagé à rétablir l'édifice, *autant que possible*, dans un état de parfaite solidité (Cass. 10 fév. 1835, aff. Pochen — Sir. 35, 1, 174).

294. L'architecte ou entrepreneur peut être déclaré responsable, au cas de malfaçons ou de vices de construction, qui ne seraient cependant pas de nature à entraîner la perte de l'édifice, parce que l'art. 1792 du C. civ. rapporté *sup.* n. 283, n'est pas limitatif ou exclusif des cas de responsabilité à la charge des architectes ou entrepreneurs, selon le droit commun (Cass. 3 déc. 1834, aff. Sannejouand — Sir. 35, 1, 216; - Troplong n. 1003).

295. L'entrepreneur de travaux de construction est responsable, lorsqu'il fournit les matériaux, de la perte de la chose arrivée avant la livraison, de quelque manière que cette perte ait lieu, même pour tout autre vice que celui de la constitution du sol; peu importe que l'espèce des matériaux à employer ait été déterminée par le marché (Cass. 11 mars 1839, aff. Michel — Sir. 39, 1, 180).

296. L'entrepreneur qui s'est obligé d'exécuter des plans et devis est responsable d'une mauvaise construction, alors même qu'elle aurait sa cause immédiate dans le vice des plans et devis (Même arrêt).

297. L'architecte qui a été chargé de la surveillance de travaux publics adjugés à un entrepreneur, bien que responsable de sa négligence à surveiller les malfaçons, ne peut cependant être condamné solidairement avec l'entrepreneur à raison de ces malfaçons; il ne doit être condamné que subsidiairement au cas d'insolvabilité de l'entrepreneur (Déc. cons. d'Ét. 20 juin 1837, aff. Perrin — Sir. 37, 2, 503).

§ 9. DES DETTES PAR SUITE DE CONDAMNATIONS RÉSULTANT DE SENTENCES, JUGEMENTS OU ARRÊTS.

298. Certaines dettes se forment sans qu'il soit besoin du consentement du débiteur ou plutôt malgré son opposition. Il s'agit alors des dettes non reconnues ou déniées par les débiteurs, mais auxquelles ils sont condamnés, par suite d'engagements préalables, de promesses, d'écrits, d'actions récursoires, soit par sentences arbitrales, soit par jugements des tribunaux ordinaires ou d'exception, soit par arrêts des Cours royales.

Pour les *sentences arbitrales* et les *divers jugements* et *arrêts*, v. la note 75. V. aussi v° *Actions*, note 28.

Sect. 4. COMMENT SE POURSUIT LE RECOUVREMENT DES DETTES PASSIVES.

299. Le créancier, pour obtenir le paiement de sa dette, a différentes sortes d'actions, selon la nature de la dette et du contrat, et selon les personnes contre lesquelles il agit. — Il a l'action personnelle contre l'obligé ou ses héritiers; l'action hypothécaire contre le tiers-détenteur d'un héritage hypothéqué à la dette; il a même, en certains cas, une action mixte. — V. v° *Actions*, note 28.

300. Quant aux moyens d'exécution que le créancier peut employer pour obtenir le paiement de la dette, ils sont au nombre de neuf :

301. Le 1er est la saisie-arrêt ou opposition pour laquelle il n'est pas toujours besoin d'un titre, car elle peut avoir lieu sur requête (C. proc. civ. 557 à 582). — V. la note 108.

302. Le 2e est la saisie-exécution ou saisie des meubles, qui ne peut avoir lieu qu'en vertu d'un titre paré, c.-à-d. revêtu de la formule exécutoire (C. proc. 583 à 625) — V. *Saisie-exécution*.

303. Le 3e est la saisie des fruits pendants par racine ou saisie-brandon, qui ne peut non plus avoir lieu qu'en vertu d'un titre paré (C. proc. 626 à 635) — V. *Saisie-Brandon*.

304. Le 4e est la saisie des rentes constituées sur particuliers, laquelle ne peut avoir lieu aussi qu'en vertu d'un titre exécutoire (C. proc. 636 à 655). — V. *Saisie des Rentes*.

305. Le 5e est la saisie immobilière qui ne peut avoir lieu également qu'en vertu d'un titre exécutoire (C. proc. 673 à 748) — V. *Saisie immobilière*.

306. Le 6e est l'emprisonnement qui ne peut être mis à exécution qu'en vertu d'un jugement qui autorise la contrainte par corps (C. proc. 780 à 805). — V. *Contrainte par corps*, note 31.

307. Le 7e est la saisie-gagerie qu'il n'appartient qu'aux propriétaires et principaux locataires de faire sur les meubles, effets et fruits de leurs locataires et fermiers. Cette saisie peut avoir lieu, soit qu'il y ait bail, soit qu'il n'y en ait pas, un jour après commandement et sans permission du juge. Elle peut aussi avoir lieu à l'instant, en vertu de permission obtenue sur requête du Président du Tribunal de première instance (C. proc. 819 et suiv.-Loi sur les justices de paix, 25 mai 1838, art. 10). — V. *Saisie-gagerie*.

308. Le 8e est la saisie-arrêt sur débiteurs forains. Cette saisie peut avoir lieu même sans titre et sans commandement préalable, mais avec permission soit du juge de paix,

soit du Président du Tribunal de première instance (C. proc. 822 et suiv.) — V. la note 108.

309. Le 9e est la saisie-revendication, laquelle ne peut avoir lieu qu'en vertu d'ordonnance du Président du Tribunal de première instance rendue sur requête (C. proc. 826 et suiv.). — V. *Saisie-revendication.*

Sect. 5. DE L'EXTINCTION DES DETTES.

310. Les dettes ou obligations s'éteignent aux termes de l'art. 1234 du C. civ. :

311. 1° Par le paiement. . . . . . V. la note 84.
312. 2° Par la novation. . . . . . — 168.
313. 3° Par la remise volontaire. . . — 133.
314. 4° Par la compensation. . . . — 167.
315. 5° Par la confusion . . . . . — 169.
316. 6° Par la perte de la chose. . . — 170.
317. 7° Par la nullité ou la rescision. . — 171.
318. 8° Par l'effet de la condition résolutoire — 153.
319. 9° Et par la prescription. . . . — 172.
V. les notes 25, 27 et 28.

[27]

DU DROIT. — DES DROITS.

DIVISION SOMMAIRE.

INDICATION ALPHABÉTIQUE:

Sect. 1. DU DROIT EN GÉNÉRAL. — RÈGLES GÉNÉRALES TIRÉES DU DROIT ROMAIN, DU DROIT CANONIQUE ET DU DROIT FRANÇAIS.

1. Le mot *droit* se prend ici pour un assemblage de lois écrites ou non écrites; et dans cette acception, on fait plusieurs divisions du droit, selon les différents objets auxquels il s'applique. — *Merlin*, répert, v° *Droit*.

2. En le considérant ainsi, le droit se divise en plusieurs espèces qui sont : le droit *divin*, le droit *naturel*, le droit *des gens*, le droit *administratif*, le droit *public*, le droit *politique*, le droit *privé*, le droit *civil*.

3. Mais si on considère le droit comme collection des lois d'un peuple, on dit : le droit *romain*, le droit *français*, etc.

4. Si on le considère, au contraire, comme lois d'une même espèce, on désigne le droit *naturel*, le droit *politique*, le droit *commercial*, le droit *privé*, le droit *maritime*, etc.

5. La science du droit est une chose sainte et inappréciable (L. 1, § 3, *D. de extraord. cognit.*). Elle est fondée sur les préceptes suivants : *vivre honnêtement*, *ne pas blesser autrui*, *attribuer à chacun le sien* : *Honestè vivere*, *alterum non lædere*, *suum cuique tribuere*. (L. 10. *D. de just. et jur.* § 1.).

6. Le droit est relatif ou aux personnes, ou aux choses, ou aux actions. (L. *D. de stat. homin.*).

7. Aucun droit civil ne peut détruire les droits du sang :

jura sanguinis nullo jure civili dirimi possunt. (L. 8. *D. de reg. jur.*).

8. Acquérir, conserver ou perdre, sont trois choses qui constituent le droit (L. 41. *D. de leg.*).

9. D'où il suit qu'en règle générale chacun peut renoncer au droit établi en sa faveur. — V. *Renonciation*, note 62.

10. Mais il n'est pas permis de faire remise du droit public (L. 7, § 7, *D. de admin. tut.*) — Car le droit public ne peut être changé par les conventions des particuliers : *Privatorum conventio juri publico non derogat* (L. 45. *D. de reg. jur.*).

11. Celui qui peut vouloir a, par cela même, le pouvoir de refuser (L. 3. *D. de reg. jur.*).

12. On ne peut pas répudier ce qu'on n'a pas droit de demander. (L. 174).

13. Les profits appartiennent à celui qui supporte les charges (L. 10). — Ou quand on succède à l'honneur ou au profit, on doit succéder aux charges (Dr. canon., sext. liv. 5, tit. ult. régl. 77).

13 *bis*. On ne peut, sans notre fait, transférer à autrui ce qui est à nous (L. 11).

Ce qui est confirmé par cette règle : *Nul ne peut transférer à autrui plus de droits qu'il n'en a lui-même* (L. 54. *D. de reg. jur.*).

14. Celui qui a une action pour recouvrer une chose semble avoir la chose même (L. 15).

15. Celui qui contracte avec un autre, doit savoir quelle est sa condition (L. 19).

16. Qui peut le plus, peut le moins (L. 21).

17. Il y a plus de sûreté dans la chose que dans la personne (L. 25).

18. A l'impossible nul n'est tenu (L. 185).

19. Une chose impossible ne peut être le sujet d'une convention valable, ni produire aucune action (L. 31. — C. civ. 1172).

20. Ce qui est impossible comme étant hors de la nature est regardé comme non écrit (L. 135).

21. Dans les choses où le demandeur et le défendeur se disputent l'avantage d'un titre lucratif, la cause du demandeur est la moins favorable (L. 33).

22. Les choses se détruisent de la même manière qu'elles se sont formées. Ainsi, les obligations contractées par paroles, peuvent se détruire par paroles : celles pour lesquelles un simple consentement suffit pour leur donner existence, se dissolvent par un consentement contraire (L. 35).

23. Il y a de la faute à nous mêler de choses qui ne nous concernent point, ou pour lesquelles nous n'avons point d'aptitude (L. 36).

24. On doit regarder comme fait, ce que l'obstacle venu d'un tiers nous a empêché de faire (L. 39).

25. Celui qui succède à un autre est excusable d'ignorer si ce qu'on lui demande est dû, lorsqu'il plaide en défendant, car il en est autrement lorsqu'il est demandeur (L. 42).

26. Ce n'est pas avoir acquis que d'être obligé de restituer (L. 51).

27. D'un autre côté, on n'est pas censé avoir perdu une chose dont on n'avait pas la propriété (L. 84). — Ni avoir cessé d'avoir ce que l'on n'a jamais eu (L. 208).

28. On ne fait pas facilement attention, dans les affaires, à ce qui arrive rarement (L. 64).

29. Le bienfait ou le privilége accordé à la personne, en considération de la personne même, cesse et s'éteint avec elle; mais celui qui dérive de la nature de l'action, passe à tous ceux auxquels l'action est transmise (L. 68).

30. Il est permis de faire sa condition la meilleure possible, pourvu qu'on ne nuise point à autrui (L. 1, § 11, *D. de aqu. et aqu. pluv.*); car personne ne peut, par son fait, causer de préjudice à quelqu'un (L. 74); et celui qui en cause, soit par son fait, soit par sa négligence ou son imprudence, est obligé à réparation (C. civ. 1382, 1383).

31. On peut faire la condition de quelqu'un meilleure, même sans qu'il le sache, mais on ne peut pas la détériorer (L. 39. *D. de neg. gest.* — C. civ. 1121, 1371 et suiv., 1973, 2014).

32. *L'espèce* est toujours comprise dans le genre (L. 147). — Cependant l'espèce déroge au *genre*, en ce que les dispositions spéciales doivent toujours l'emporter. (L. 80).

33. Quoi qu'on ait inséré dans un contrat des clauses explicatives de choses douteuses, cela n'empêche pas au droit commun d'avoir tout son effet (L. 81, — C. civ. 1164.

34. En toute affaire, surtout en droit, on doit s'attacher principalement à l'équité et la préférer à la rigueur du droit (L. 90).

35. Il y a de la bonne foi à s'attacher plus au fond qu'à la forme (L. 24, § 4. *D. mand.*).

36. Ce qui abonde ne vicie point (L. 94).

37. Ce qui est utile n'est pas vicié par ce qui est inutile (L. 1, § 5. *D. de verb. oblig.*).

38. La partie est contenue dans le tout (L. 113).

39. La loi vient au secours des femmes pour les défendre et non pour les aider à tromper les autres (L. 110, § 4).

40. Ce n'est pas aliéner que de manquer l'occasion d'acquérir (L. 119).

41. La liberté est de toutes les choses du monde la plus favorable (L. 122).

42. L'accessoire suit le sort du principal (L. 129, § 1).

43. Le crime ne peut jamais améliorer la position de son auteur (L. 134, § 1).

44. Ce qui est établi contre le droit commun ne doit pas tirer à conséquence (L. 141).

45. Ce que la nécessité oblige de tolérer ou d'introduire ne doit pas non plus tirer à conséquence (L. 162).

46. Ce qui arrête l'action des contractants arrête également celle de leurs successeurs (L. 143).

47. Ce qui est permis n'est pas toujours honnête (L. 144).

48. On n'est pas censé, dans une affaire, tromper ceux qui en ont connaissance et qui y consentent (L. 145).

49. Celui qui profite du chef d'un autre doit répondre de ses faits (L. 149).

50. Le fait d'une personne ne peut nuire qu'à elle-même

et non aux autres (L. 155); car on ne peut souffrir d'un fait qui n'est pas le nôtre (L. 5, § 8. *D. de oper. nov. nunt.*).

51. Nul n'est obligé d'user du bénéfice que la loi lui accorde (L. 156, § 4).

52. Ce qui est en suspens n'est pas regardé comme existant (L. 169).

53. Dans les affaires douteuses, le parti le plus doux est non-seulement le plus sûr, mais encore le plus juste (L. 192, § 1).

54. Lorsqu'il n'est pas possible de décider une affaire sans blesser l'équité, on doit préférer le parti qui est le moins injuste (L. 200).

55. Les choses non exprimées ne nuisent point, il n'y a que les choses exprimées qui nuisent (L. 195). — Tellement qu'on peut quelquefois faire tacitement ce qu'on ne pourrait faire en termes exprès (L. 52. *D. de cond. et dem.* — L. 138, § 1. *D. de verb. oblig.*

56. Nul ne peut s'enrichir aux dépens d'autrui (L. 206).

57. Personne ne doit souffrir du service qu'il a rendu (L. 7. *D. quemadm. testam. aper.*)

58. D'un autre côté, l'on ne doit pas faire tourner à notre préjudice le service qu'on nous a accordé (L. 17, § 3. *D. commod.*).

59. Personne ne peut ni se commander ni se défendre à soi-même (L. 51. *D. de recept.*)

60. Il faut restreindre ce qui est odieux, et étendre ce qui est favorable (*Dr. canon., sext. liv.* 5, *tit ult. régl.* 15).

61. Celui qui attaque un acte ne doit pas tirer avantage de ce fait (*Ibid. regl.* 38).

62. La prohibition d'une chose comprend aussi la prohibition de ses suites et dépendances (*Ibid. regl.* 39).

63. Il n'est pas juste d'imputer aucune négligence à celui qui étant obligé de faire quelque chose n'y satisfait pas, lorsqu'il ne tient pas à lui qu'elle se fasse (*Ibid. regl.* 41).

64. Les actes approuvés par la loi ne dépendent ni du jour ni de la condition (*Ibid. regl.* 50).

65. Ce qui est nul de plein droit ne peut former aucun empêchement, ne pouvant produire aucun effet (*Ibid. regl.* 52).

66. Une obligation nulle dans son principe, ne peut revivre par des événements postérieurs (L. 29. *D. de reg. jur.*). — Toutefois cette règle reçoit exception en plusieurs cas.

67. Mais ce qui est valable dans son principe doit toujours subsister, quoique les choses parviennent au point où ce qui a été fait n'aurait pu l'être (L. 185, § 1. *Dr. canon. régl.* 73).

68. Celui qui ne veut pas tenir ce qu'il a promis à une personne, ne doit pas demander que cette personne tienne ce qu'elle lui a promis (*régl.* 76).

69. Il n'est pas permis de faire indirectement ce que la loi a défendu d'une manière directe (*Ibid, régl.* 405).

70. En France, le sceptre ne tombe pas en quenouille.

71. Toute justice émane du Roi (*Ch. const.* art. 48).

72. Au Roi seul appartient le droit de faire la paix et la guerre, de faire grâce et de commuer les peines (*Ch. const.* art. 13 et 58).

73. Le domaine de la couronne est inaliénable (L. 8 nov. 1814, art. IX et X).

74. Le Roi seul plaide par procureur (C. proc. civ. 69).

75. Le mort saisit le vif (C. civ. 724).

76. N'est héritier qui ne veut, nul n'étant tenu d'accepter une succession qui lui est échue (C. civ. 775).

77. Donner et retenir ne vaut (C. civ. 944).

78. En fait de meubles la possession vaut titre (C. civ. 2279.

79. Les meubles n'ont pas de suite par hypothèque (C. civ. 2119).

80. Hypothèque sur hypothèque ne vaut, c. à-d. que l'hypothèque, quoiqu'elle soit un droit réel (*Jus ad rem*), n'est point elle-même susceptible d'hypothèque (Arg. C. civ. 2118).

(*Dantoine. — Pocquet de Livonnière. — Merlin.*)

§ 1. DU DROIT DIVIN.

81. On entend par *droit divin* les lois et les préceptes que Dieu a révélés aux hommes et qui se trouvent renfermés dans l'écriture sainte; tels sont les préceptes contenus dans les dix commandements de Dieu (Merlin, v° *Droit*).

82. Le droit divin est opposé au droit humain qui est l'ouvrage des hommes : il diffère aussi du droit *canonique*. V. le n. suiv.

§ 2. DU DROIT CANONIQUE.

83. Ce droit comprend, avec les lois divines, les lois *ecclésiastiques*, qui sont l'ouvage des hommes et peuvent être changées comme les lois civiles (Merlin, *ibid.*).

§ 3. DU DROIT NATUREL.

84. Suivant le droit romain, le droit naturel est celui que la nature a enseigné à tous les animaux, car ce droit appartient non-seulement à l'espèce humaine en particulier, mais à toutes les créatures qui naissent dans l'air, sur la terre et dans la mer. De là descend l'union du mâle et de la femelle, qu'on appelle mariage; de là la procréation des enfants, de là leur éducation. On voit, en effet, les autres créatures montrer aussi la connaissance de ce droit (L. 1, § 3, *ff. de just. et jur.* — Instit., liv. 1, t. 2).

85. Le droit naturel étant également observé chez toutes les nations et établi par une sagesse divine, reste toujours ferme et immuable; mais celui que chaque cité s'est donné à elle-même, change fréquemment, ou par le consentement tacite du peuple, ou par la promulgation postérieure d'une loi différente (L. 32. *ff. de leg. senat.* — Inst. *ibid.*).

86. Le droit naturel a été défini diversement par les auteurs :

Suivant Merlin, v° *Droit*, c'est en prenant le mot dans le sens le plus étroit, *la faculté que l'homme a de faire usage à son gré de ses forces et des objets extérieurs, autant que cet usage n'est point contraire à la raison*. D'où il suit que le droit naturel a beaucoup d'analogie avec la morale, dont il diffère cependant en ce qu'il n'a guère pour objet que les actions des hommes, tandis que la morale a pour but immédiat la direction du cœur humain et de ses affections.

Suivant les autres, c'est *l'ensemble des règles immuables que Dieu a gravées dans le cœur de tous les hommes, et qui, sans promulgation, sont nécessairement connues avec le seul secours de la raison naturelle*. Ou bien, ce sont *les règles qui dérivent nécessairement de la nature de l'homme, de ses besoins et de ses facultés*.

Entre ces trois définitions il n'y a point de différence, c'est toujours la même idée qui est exprimée d'une manière à peu près semblable. V. *inf. Droit commun*, n. 126.

§ 4. Du droit positif.

87. Le droit positif est celui qui est fondé sur une loi émanée de la volonté du législateur. Il diffère du droit naturel, en ce qu'il peut être changé par l'autorité qui l'a établi, et que le droit naturel est invariable (Merlin, *ibid.*).

§ 5. Du droit des gens ou des nations entre elles.

88. Le droit des gens est une jurisprudence que la raison naturelle a établie, sur certaines matières, entre tous les hommes et qui est observée chez les différents peuples.

89. Le droit des gens est naturellement fondé sur ce principe, que les diverses nations doivent se faire dans la paix le plus de bien, et, dans la guerre, le moins de mal qu'il est possible, sans nuire à leurs véritables intérêts (Montesquieu, liv. 1, ch. 3 — Disc. de M. Portalis, 14 flor. an VIII - Sir. 1, 2, 160).

90. On distinguait chez les Romains deux sortes de droit des gens, l'un appelé *primarium*, et l'autre *secundarium*.

91. Le droit des gens *primitif* est proprement celui que la raison naturelle a suggéré aux hommes, comme le respect et la soumission que les enfants doivent à leurs pères et à leurs mères; l'attachement que les citoyens ont pour leur patrie; la bonne foi qui doit présider aux conventions, et plusieurs autres choses de ce genre.

Ce droit est aussi ancien que les hommes, et il est par essence aussi invariable que le droit naturel; les devoirs des enfants envers leurs pères et leurs mères, l'attachement des citoyens pour leur patrie, la bonne foi dans les conventions, n'ont jamais dû souffrir aucun changement; et ces devoirs, s'ils n'ont pas toujours été remplis, ont toujours dû l'être.

92. Le droit des gens *secondaire* consiste en certains usages qui se sont établis entre les hommes par succession de temps, à mesure qu'on en a senti la nécessité. Ainsi, les devoirs réciproques des citoyens ont commencé lorsque les hommes ont bâti des villes pour vivre en société; les devoirs des sujets envers l'Etat ont commencé lorsque les hommes de chaque pays qui ne composaient entr'eux qu'une même famille soumise au seul gouvernement paternel, ont établi au-dessus d'eux une puissance publique qu'ils ont déférée à un ou plusieurs d'entr'eux.

93. L'ambition, l'intérêt et les autres sujets de discorde entre les puissances voisines, ayant donné lieu aux guerres et aux servitudes personnelles, les différentes nations, quoique la plupart divisées d'intérêts, sont convenues entre elles tacitement d'observer, tant en paix qu'en guerre, certaines règles de bienséance, d'humanité et de justice, comme de ne point attenter à la personne des ambassadeurs ou autres personnes envoyées pour faire des propositions de paix ou de trève; de ne point empoisonner les fontaines; de respecter les temples; d'épargner les femmes, les vieillards et les enfants; ces usages et plusieurs autres semblables, qui, par succession des temps, ont acquis force de loi, ont formé ce qu'on appelle le *droit des gens* ou le *droit commun* aux divers peuples. V. *inf. Droit commun*, n. 126.

Des nations policées ont cependant plus ou moins de droits communs avec certains peuples qu'avec d'autres, selon que les peuples sont eux mêmes plus ou moins civilisés et qu'ils connaissent les lois de l'humanité, de la justice et de l'honneur (Merlin, *ibid.*).

94. Il a été fait application des principes ci-dessus posés à la législation qui nous régit, car la jurisprudence existante établit :

95. 1° Que dans les contestations entre particuliers de différents pays en état de paix, le gouvernement français ne doit rien décider. Justice doit être rendue par les tribunaux, selon le droit et les formes en usage entre les Etats indépendants (Arr. des consuls 25 niv. an VIII, aff. le corsaire l'Aventurier - Sir. 1, 2, 38).

96. 2° Que le condamné qui a fixé sa patrie et s'est retiré dans un état voisin, ne peut réclamer le droit d'asile, lorsque sa patrie vient à être réunie au pays où il s'était retiré (Cass. 11 juin 1808, aff. Odone - Sir. 9, 1, 90).

97. 3° Qu'il est hors du droit des nations policées, de profiter de l'accident d'un naufrage, pour livrer, même au juste courroux des lois, des malheureux échappés aux flots (Arr. des consuls, 18 frim. an VIII, aff. naufragés de Calais - Sir. 1, 2, 6 et 29, 1, 313).

98. 4° Que le principe du droit des gens, d'après lequel un navire étranger (*allié ou neutre*) est considéré comme la continuation du territoire de la nation à laquelle il appartient, et jouit en conséquence, comme le territoire même, du privilége *d'inviolabilité*, cesse de protéger le navire qui, au mépris de l'alliance ou de la neutralité, vient commettre des actes d'hostilité sur le territoire français; par ex., lorsque ce navire nolisé pour servir d'instrument à un complot contre la sureté de l'Etat, est venu débarquer sur la plage française une partie des auteurs de ce complot et en porte encore une autre partie à son bord (Cass. 7 sept. 1832, aff. du Carlo-Alberto - Sir. 32, 1, 577). V. *inf.* n. 155.

99. 5° Que la violation des principes consacrés par le droit *des gens* est un moyen de cassation (Cass. 29 mars 1809, aff. Laventurier — Sir. 9, 1, 188).

§ 6. Du droit public.

100. Le droit public est celui qui est établi pour l'utilité commune des peuples considérés comme corps politiques, à la différence du *droit privé* (V. *inf.* n. 116 et suiv.), qui est institué pour l'utilité de chaque personne considérée en particulier, et indépendamment des autres hommes.

101. Le droit public est *général* ou *particulier* :

102. Droit public général. Ce droit est celui qui règle les fondements de la société civile, commune à plusieurs états, et les intérêts que ces états ont les uns avec les autres.

103. Droit public particulier. Ce droit est celui qui règle les fondements de chaque état.

104. L'objet de ce droit est, en général, d'établir et de maintenir la police nécessaire au bon ordre et à la tranquillité de l'état, et de procurer ce qui est le plus avantageux à tous les membres de l'état considérés collectivement et séparément.

105. Ainsi, c'est au *droit public particulier*, à régler tout ce qui concerne la religion, à prévenir les troubles que peuvent causer les diverses opinions religieuses, à faire

respecter les lieux saints, observer les fêtes et les autres règles de la discipline ecclésiastique; à conserver, dans les cérémonies pieuses, l'ordre et la décence convenables, à empêcher les abus qui peuvent se commettre à l'occasion des pratiques les plus saintes, et qu'il ne se forme point de nouveaux établissements en matière de religion, sans qu'il soient approuvés de ceux qui ont le pouvoir de le faire.

106. On doit aussi comprendre sous ce même point de vue, ce qui concerne le clergé en général, les différents corps et les particuliers dont il est composé, tout ce qui a quelque rapport à la religion, à la piété, comme les universités, les colléges et les académies pour l'instruction de la jeunesse, les hôpitaux, etc.

107. Le droit public envisage pareillement tout ce qui a rapport aux mœurs, comme le luxe, l'intempérance, les jeux défendus, la licence des spectacles, la débauche, la fréquentation de mauvais lieux, l'astrologie judiciaire, les imposteurs connus sous le nom de devins, sorciers, magiciens, et ceux qui ont la faiblesse de se laisser abuser par eux.

108. Comme le droit public pourvoit aux biens de l'âme, c. à-d. à ce qui touche la religion et les mœurs, il pourvoit aussi aux biens du corps; de-là les lois qui ont pour objet la santé, c. à-d. de conserver ou rétablir la salubrité de l'air, la pureté de l'eau, la bonne qualité des aliments, le choix des remèdes, la capacité des médecins et des chirurgiens, les précautions qu'on doit prendre contre les maladies contagieuses.

109. C'est aussi une suite du même objet de pourvoir à ce qui concerne les vivres, comme le pain, le vin, la viande et les autres aliments, tant par rapport à la culture, que pour la garde, le transport, la vente et la préparation qu'on en peut faire, même pour ce qui sert à la nourriture des animaux servant à la culture de la terre ou aux voitures.

Il pourvoit encore à ce que les bâtiments soient construits d'une manière solide, et qu'on ne fasse rien de contraire à la décoration des villes; que les rues et voies publiques soient rendues sûres et commodes, et ne soient point embarrassées. Cela a produit une foule de règlements particuliers, dont l'objet est de prévenir divers accidents qui pourraient arriver par l'imprudence des ouvriers ou de ceux qui conduisent des chevaux ou voitures.

110. Un des plus grands objets du droit public de chaque état, c'est l'administration de la justice en général; mais tout ce qui y a rapport, n'appartient pas également au droit public; il faut, à cet égard, distinguer la *forme* et le *fond*, les matières civiles et les matières criminelles.

111. La *forme* de l'administration de la justice est du droit public en matière civile, aussi bien qu'en matière criminelle; c'est pourquoi les particuliers n'y peuvent déroger que dans les cas où la loi elle-même leur en laisse la faculté, mais il en est autrement de la disposition des lois au *fond*. V. *inf. Droit privé*, n. 116.

112. Pour ce qui est de la punition des crimes et des délits, elle est entièrement du ressort du droit public.

113. On conçoit par ce qui vient d'être dit, que ce qui touche les fonctions des officiers de judicature et autres officiers publics, est pareillement une matière de droit public. V. note 2.

114. Le droit public de chaque état a encore pour objet tout ce qui dépend du gouvernement des finances, comme l'assiette et la levée des impositions, la proportion qui doit être gardée dans la répartition, les abus qui peuvent se glisser dans ces opérations ou dans le recouvrement.

Enfin, ce même droit embrasse tout ce qui a rapport à l'utilité commune, comme la navigation, le commerce, les colonies, les manufactures, les sciences, les arts et métiers, les ouvriers de toute espèce, la puissance des maîtres sur leurs serviteurs et domestiques, la soumission que ceux-ci doivent à leurs maîtres, et tout ce qui intéresse la tranquillité publique, comme les règlements faits pour le soulagement des pauvres, pour obliger les mendiants valides de travailler, et renfermer les vagabonds et gens sans aveu (Merlin, v° *Droit*).

115. Les rapports qui existent entre les citoyens d'un même pays, sont réglés par les lois particulières à chaque pays. Ceux qui existent entre les habitants et les gouvernements de deux pays alliés, amis ou neutres, sont fixés par le droit public (arr. 25 niv. an VIII - Sir. 1, 2, 58).

§ 7. DU DROIT PRIVÉ.

116. Le droit *privé* comprend les lois qui sont uniquement relatives aux rapports de particulier à particulier.

117. Ce droit diffère du droit *public* en ce que les particuliers ne peuvent déroger à celui-ci que dans les cas où la loi elle-même leur en laisse la faculté, tandis que relativement au droit *privé*, les particuliers peuvent y déroger par des conventions, à moins qu'il n'y ait quelque loi contraire, auquel cas, cette loi fait partie du droit *public*.

118. Il résulte de ce qui précède, qu'il n'y a qu'une loi qui puisse régler les intérêts privés, tellement que lorsqu'une ordonnance royale contient une disposition d'utilité publique par son objet et son effet principal, et que cependant l'ordonnance royale lèse, par accident, quelque *droit privé*, occasionne préjudice et donne lieu à indemnité, le particulier lésé doit, non demander la rétractation de la disposition, mais s'opposer et demander sursis à son exécution, jusqu'à ce qu'il ait reçu son indemnité, aux termes de la loi du 8 mars 1810 (arr. du cons. d'Ét. 27 août 1825 - Sir. 26, 2, 296) — V. cependant la loi du 6 mai 1841, relative à l'expropriation pour cause d'utilité publique.

119. Dans le cas où les droits *privés* sont atteints par quelque disposition accessoire, toute voie de droit leur est conservée, pour y être statué par les tribunaux, lors, surtout, que ce sont des particuliers qui veulent tirer avantage de la disposition attentatoire au droit privé (*id.* 22 janv. 1824 - Sir. 24, 2, 312).

120. Une ordonnance d'administration publique est passible de tierce-opposition, si, avec une disposition d'utilité publique, elle contient accidentellement une disposition ou décision faisant grief au *droit privé*, tel est un décret portant autorisation d'accepter un legs, si ce décret autorise une personne qui ne soit pas légataire (Sirey, 12 déc. 1822, aff. Domyne, 23, 2, 58).

121. Les tribunaux sont incompétents pour expliquer ou interpréter des actes émanés de l'autorité administrative, encore que la contestation n'ait pour objet que des intérêts privés (Agen, 27 déc. 1809, aff. Espinet - Sir. 10, 2, 334).

§ 8. DU DROIT ADMINISTRATIF.

122. Le droit *administratif* règle la marche et les attributions de l'administration publique, et détermine les droits des citoyens envers l'administration.

123. Ce droit est la science du pouvoir, conservant les droits, et ayant soin des *intérêts*, selon les lois générales et les réglements circonstanciels (Sirey, 20, 2, 16).

§ 9. DU DROIT CIVIL.

124. Le *droit civil* se dit du droit particulier de chaque peuple, à la différence du *droit naturel* et du *droit des gens* qui sont communs à toutes les nations.

125. Il se dit encore des lois qui concernent les matières *civiles* seulement, à la différence du droit *criminel* qui comprend les lois relatives aux matières *criminelles*.

§ 10. DU DROIT COMMUN.

126. Le droit commun est celui qui sert à plusieurs nations, ou à une nation entière, ou du moins à toute une province, à la différence du droit particulier dont l'usage est moins étendu. Par exemple, c'est une régle du droit commun des nations politiques, de ne point attenter à la personne d'un ambassadeur; la loi que tout un état, que toute une province observe sur quelque objet, fait partie du droit commun de cet état, de cette province (Merlin, *ibid*. — V. *sup*. n° 93.

127. La morale est obligatoire, pour le corps des nations comme pour les simples particuliers : elle est le droit commun de l'univers; mais entre les différents corps de nations, elle a peu de moyens de se faire observer, car ils vivent entr'eux dans l'état de nature, c. à-d. dans cet état où chacun est arbitre souverain de ses actions, et juge suprême dans sa propre cause (disc. de M. Portalis au conseil des Prises, 14 flor. an VIII - Sir. 1, 2, 160).

§ 11. DU DROIT COUTUMIER.

128. Le *droit coutumier* consiste dans l'observation des coutumes qu'on a rédigées d'après certains usages suivis par les peuples, et dont l'ancienneté leur avait acquis force de lois (Merlin, *ibid*.).

129. Le *droit coutumier* du royaume était composé d'environ trois cents coutumes différentes, tant générales que locales, dont la plupart n'avaient été rédigées par écrit que vers le quinzième siècle.

130. Le droit coutumier traite de différentes matières dont il est aussi question dans le droit Romain, telles que les successions, les testaments etc.; mais il y a des objets qui sont propres au droit coutumier, tels que la communauté, les propres, le douaire, etc.

131. Toutes les dispositions des coutumes qui ont pour objet des matières réglées par le Code civil sont abrogées.

131 *bis*. La violation des anciennes coutumes donne ouverture à cassation, lorsqu'il s'agit de faits ou actes passés sous leur empire (Cass. 9 avril 1823, 20 nov. 1824, 16 mai 1827, 29 déc. 1829 —Sir. 23, 1, 237; 25, 1, 137; 27, 1, 326; 30, 1, 305).

§ 12. DU DROIT ÉCRIT.

132. On appelle *droit écrit* les lois qui originairement ont été écrites, à la différence des coutumes qui ne l'étaient pas (Merlin, *ibid*.).

En France, le droit Romain était souvent appelé *droit écrit*, parceque, dans l'origine, c'était la seule loi écrite qu'il y eût dans le royaume; et l'on appelait *Pays de droit écrit*, les provinces où le *droit Romain* était observé comme loi.

Il a cessé d'être observé comme loi lors de la publication du Code civil, cependant ce droit fait encore autorité ou est pris comme règle sur les points que le Code a laissés incertains.—V. *inf. Droit Romain*, § 16, n. 144.

§ 13. DU DROIT ÉTROIT.

133. On entend, par *droit étroit, la lettre de la loi*, prise dans sa plus grande rigueur; ainsi, quand on dit qu'*une chose est de droit étroit*, cela signifie qu'elle doit être jugée selon le sens littéral de la loi, et que la disposition de la loi doit être sévèrement restreinte à l'objet et au cas sur lesquels elle porte.

134. Les Romains avaient des *contrats de bonne foi* et des *contrats de droit étroit*.

135. Ils avaient aussi des *actions de bonne foi*, des *actions arbitraires* et des *actions de droit étroit*. Les premières étaient celles qui dérivaient des contrats où la clause de bonne foi était apposée ou suppléé; le juge devait les interpréter équitablement; les secondes dépendaient de l'arbitrage du juge; et dans les troisièmes, le juge devait se régler précisément sur la demande et l'adjuger en entier, ou en débouter le demandeur.

136. En France, tous les contrats et toutes les actions sont réputées de bonne foi; il y a cependant des cas que l'on peut regarder comme de droit étroit; telles sont les lois pénales qui ne peuvent s'étendre d'une chose à une autre.

§ 14. DU DROIT MARITIME.

137. On entend, par *droit maritime*, les lois, règles et usages que l'on suit pour la navigation, le commerce et la guerre par mer (Merlin, *ibid*.).

138. *Louis XIV* rendit sur cette matière une ordonnance générale au mois d'août 1681, laquelle fut enregistrée au Parlement de Paris, le 8 janvier suivant. Elle est distribuée en cinq livres, dont le premier, composé de quatorze titres, traite des officiers de l'amirauté et de leur juridiction; le second, composé de dix titres, traite des gens et des bâtiments de mer; le troisième, composé de douze titres, traite des contrats maritimes; le quatrième, composé de dix titres, traite de la police des ports, côtes, rades et rivages de la mer; et le cinquième, composé de huit titres, traite de la pêche qui se fait en mer.

139. Le 15 avril 1689, le même prince rendit encore une ordonnance générale relative aux armées navales et ces deux ordonnances ont été suivies de plusieurs autres et de divers règlements donnés tant par *Louis XV* que par *Louis XVI*.

140. L'ordonnance de 1681 est encore observée dans presque toutes ses dispositions, hors celles qui ont pour objet l'ordre des juridictions, lequel est entièrement changé.

141. Celles qui concernent le commerce maritime, sont conservées, avec quelques modifications, par le livre 2 du Code de commerce.

142. A l'égard des autres ordonnances et règlements, il y a été fait, par les lois nouvelles, un grand nombre de dérogations et d'additions.

§ 15. DU DROIT CRIMINEL.

143. Le *droit criminel* est entièrement du ressort du *droit public*. Il a, en général, pour objet, d'établir et de maintenir la police nécessaire au bon ordre et à la tranquillité de l'état, comme aussi de procurer ce qui est le plus avantageux à tous les membres de l'état, considérés collectivement et séparément.—V. *sup.* § 6. n. 100 et suiv. — Ce droit est consacré par l'art. 3 du Code civil et réglé par le Code d'instruction criminelle et le Code pénal.

§ 16. DU DROIT ROMAIN.

144. Le *droit romain* se prend dans un sens étendu, pour toutes les lois civiles et criminelles faites pour le peuple Romain : on entend aussi quelquefois, sous cette dénomination, *le droit canonique romain*; mais ordinairement le terme de *droit* romain signifie simplement les dernières lois qui furent en vigueur chez les Romains, et qui ont encore aujourd'hui une autorité plus ou moins étendue chez la plupart des nations de l'Europe.

Il suit de ce qu'on vient de dire, qu'il faut distinguer *l'ancien droit romain* de celui qui forme le dernier état, à cause des changements qu'il a soufferts dans ses progrès (Merlin, *ibid.*).

145. Les lois romaines n'étaient obligatoires, en France, qu'avec les modifications introduites par l'usage ou la jurisprudence, même dans les pays où le souverain en avait ordonné l'exécution (Cass. 2 vent. an IX - Sir. 1, 2, 674 — 2 mess. an XI - Sir. 3, 1, 306 — 12 oct. 1813 - Sir. 15, 1, 109 — 21 juin 1815 - Sir. 15, 1, 408 — 23 août 1826 - Sir. 27, 1, 161 — 7 nov. 1826 - Sir. 27, 1, 15).

146. Ainsi, les lois romaines n'ont et n'ont eu, en France, ni effet ni autorité, dans les matières tenant aux mœurs nationales (Cass. 21 juin 1815 - Sir. 15, 1, 408).

147. La violation des lois romaines lorsqu'elles règlent, dans le silence des lois existantes, un point de droit ou d'équité selon l'esprit de ces lois donne ouverture à Cassation (Ind. Cass. 3 avril, 10 avril et 24 juill. 1821; 26 juin 1822 - Sir. 21, 1, 439; 21, 1, 316; 21, 1, 432; 22, 1, 362).

148. Cependant il a été décidé que les jugements rendus en conformité d'une loi romaine applicable à la matière, n'étaient pas susceptibles d'être cassés, quand la loi aurait été appliquée en un sens contraire à la jurisprudence (Cass. 13 octobre 1813 - Sir. 15, 1, 56).

§ 17. DU DROIT FRANÇAIS.

149. On entend, par *droit français*, les lois, les coutumes et les usages qu'on observe en France.

Ce droit se divise en *droit ancien*, *droit nouveau* et *droit intermédiaire*. Nous entendons par *droit ancien*, les lois antérieures au 17 juin 1789, et par *droit nouveau*, celui qui est établi par le Code civil, par le Code de procédure civile, par le Code de commerce, etc. Quant aux lois qui nous ont régi dans l'intervalle de l'un à l'autre, on l'appelle *droit intermédiaire*.

§ 18. DU DROIT DE LA GUERRE.

150. Le *droit de la guerre* est fondé sur ce qu'un peuple, pour l'intérêt de sa conservation, ou pour le soin de sa défense, veut, peut ou doit faire violence à un autre peuple. C'est le rapport des choses et non des personnes qui constitue la guerre : elle est une relation d'État à État, et non d'individu à individu. Entre deux nations belligérantes, les particuliers dont ces nations se composent ne sont ennemis que par accidents; ils ne le sont point comme hommes; ils ne le sont pas même comme citoyens; ils le sont uniquement comme soldats (Disc. de M. Portalis, 14 flor. an VIII - Sir. 1, 2, 160). V. *sup. Droit des gens*, § 5.

151. Les traités d'Etat à Etat ne sont pas anéantis ou rendus sans effet par le fait survenu de *réunion politique* ou *d'incorporation* (Poitiers, 2 juin 1824 aff. Romieux - Sir. 25, 2, 59); ni par le seul fait de guerre survenu; ils ne sont que mis en suspens (*Ibid.*).

152. Cela s'applique aux traités de commerce; ainsi, un traité de commerce entre deux nations n'est pas *annulé*, mais seulement *suspendu* par l'état de guerre, du moins quant aux dispositions concernant les *droits civils* des sujets respectifs. A cet égard, il suffit, pour la règle des juges, que le fait d'existence prolongée du traité de commerce soit attesté par le ministre des relations extérieures (Cass. 15 juill. 1811, aff. Cardon - Sir. 11, 1, 301).

§ 19. DE LA NEUTRALITÉ.

153. La *neutralité* qui est, en temps de guerre, le seul lien des relations sociales et des communications utiles entre les hommes, doit être religieusement observée comme un vrai bien public. Les puissances belligérantes sont sans doute autorisées à prévenir et à surveiller les fraudes d'une *neutralité* feinte. Toutefois il ne faut pas méconnaître les traités, les coutumes consacrées par la conduite constante des nations, et les principes qui garantissent la souveraineté et l'indépendance des peuples (Disc. de M. Portalis, 14 flor. an VIII - Sir. 1, 2, 160).

154. Le pavillon couvre la marchandise. — Tout bâtiment escorté est exempt du droit de visite. — Ces deux principes sont comme l'essence de la neutralité maritime (*Convention entre les puissances du nord*, 25 juill. 1803 - Sir. 4, 2, 165).

155. Un vaisseau neutre ne peut être indéfiniment considéré comme lieu neutre, et la protection qui lui est accordée dans les ports français ne saurait dessaisir la juridiction territoriale pour tout ce qui touche aux intérêts de l'état Ainsi, le vaisseau *neutre*, admis dans un port de l'état, est de plein droit soumis aux lois de police qui régissent le lieu où il est reçu. Les gens de son équipage sont également justiciables des tribunaux du pays pour les délits qu'ils y commettraient, même à bord, envers des personnes étrangères à l'équipage, et pour les conventions qu'ils pourraient faire avec elles. Mais il n'en est pas ainsi à l'égard des délits qui se commettent à bord du vaisseau neutre de la part d'un homme de l'équipage envers un autre homme de l'équipage (Av. du cons. d'Ét. 28 oct. et 20 nov. 1806 - Sir. 6, 2, 501). Cette dernière décision est fondée sur ce principe : *que tout vaisseau est une portion du territoire de la nation à laquelle il appartient, et que tout ce qui se passe entre nationaux sur leur territoire, ne peut regarder une nation étrangère*—V. *sup.* n. 98.

Sect. II. DES DROITS DE TOUTE ESPÈCE.

156. On entend ici par *droit*, la faculté qu'une personne a de faire quelque chose, de jouir d'un objet réel ou incorporel. Ce mot signifie aussi ce qui nous appartient en vertu de la loi ou d'un titre, et ce que quelqu'un peut exiger d'un autre en vertu d'une convention, comme quand je

créancier contraint son débiteur au paiement d'une dette. — V. *Action*, note 28, chap. 2.

157. Quand la loi accorde un droit, elle est censée accorder tout ce qui est nécessaire pour en user (L. 2, D. de *Jurid.*). Il en est de même quand c'est un particulier qui accorde ce droit (C. civ. 696, 1135)

158. De-là celui qui n'a fait qu'user de son droit n'est pas en faute (L. 55, D. de reg. jur.)

159. Peu importe alors qu'il ait causé du tort à quelqu'un (L. 151, h. tit.).

160. Cependant, si l'acte par lequel on exerce son doit pouvait, sous des rapports étrangers à ce droit, être l'occasion du mal d'autrui, il y aurait faute dans celui qui aurait sciemment négligé d'y parer ou d'en arrêter les suites autant qu'il l'aurait pu (Roll. de V. v° *Droit*).

161. Nul n'est présumé ignorer son droit (L. 3, D. de jur. et fact. ign.).

162. Nul ne peut transférer à un autre plus de droits qu'il n'en a lui-même (L. 54, D. de reg. jur.).

§ 1. Des droits abusifs et exorbitants.

163. On entend par *droits abusifs*, ceux qui ont quelque chose de contraire à la raison, à l'équité et à la bienséance : tels étaient autrefois les droits absurdes en vertu desquels certains seigneurs prétendaient coucher avec les femmes de leurs vassaux, la première nuit de leurs noces (Merlin, v° *Droit*); et par *droit exorbitant*, celui qui est contraire au droit commun.

§ 2. Des droits acquis.

164. On entend par *droit acquis*, celui qui est déjà acquis à quelqu'un avant le fait ou l'acte qu'on lui oppose pour l'empêcher de jouir de ce droit. C'est dans ce sens qu'on dit qu'un droit une fois acquis à quelqu'un, ne peut lui être enlevé sans son concours, et que le fait d'un tiers ne peut lui nuire (Merlin, *ibid.*) — V. note 22, p. 191, n° 23.

165. Ce n'est point préjudicier à des droits acquis, que de régler par la loi nouvelle la capacité des *personnes*. La femme qui, d'après la coutume, pouvait seule ester en jugement, ne le peut plus depuis le Code civil, sans l'autorisation de son mari. Cette capacité n'étant un droit acquis qu'autant qu'elle était maintenue par la loi ancienne, n'a pu excéder la durée de cette loi qui, par son abrogation, a laissé à la loi nouvelle le règlement de la capacité des personnes (Merlin, *rép. v° effet rétroactif*, sect. 3, § 2, art. 3 et 6 ; Dalloz, *v° lois*, sect. 3 : Chabot, *quest. transitoires v^is autorisation maritale et statuts personnels ou réels*).

166. Il en est de même des lois qui règlent les conditions nouvelles de la majorité (*ibid.*).

167. Mais le majeur qui avait été interdit pour cause de prodigalité n'a point, de plein droit, purgé son interdiction par la promulgation du Code, qui ne soumet plus le prodigue qu'à la nomination d'un conseil judiciaire, et il n'a pu, même en se faisant assister de son curateur, ester en jugement, sans avoir, au préalable, obtenu de la justice d'être placé sous la surveillance d'un conseil judiciaire (Merlin, *ibid.* §2. art. 10; Chabot v° *Prodigue*).

168. Relativement aux *contrats* on doit poser en principe qu'un contrat formé d'après les conditions et les règles prescrites par la loi sous l'empire de laquelle il a été passé est au-dessus des atteintes de la loi postérieure, et qu'il doit être apprécié quant à son essence et à ses effets, non d'après la loi du temps où il s'exécute, mais d'après celle du temps où il a été passé, car il a dès-lors conféré un droit acquis à tous ceux qui y sont intervenus (Merlin, *rép. v° Effet rétroactif*).

169. Mais c'est par les lois nouvelles, non par les lois anciennes, que se règlent les *droits* plus ou moins réels, qui n'ont leur source ni dans la nécessité morale, ni dans les faits essentiellement acquisitifs, ni dans des conventions formelles, qui d'ailleurs n'étaient réglés ni par la loi ancienne, ni par une jurisprudence constante. A cet égard la loi nouvelle a l'effet d'une *loi interprétative* de la règle d'équité antérieure (Cass. 29 août 1820, aff. Turpin - Sir. 20, 1, 387).

170. On appelle *loi interprétative*, celle qui n'est destinée qu'à expliquer une loi obscure : les lois de cette espèce règlent indistinctement tous les cas régis par la loi interprétée. Toutefois, les jugements passés en force de chose jugée, et les transactions intervenues avant la loi interprétative sont hors de ses atteintes (Bacon, *aphor.* 51, 49, — Merlin, *loc. cit.* § 13 — Dalloz, v° *lois*, sect. 3 — Blondeau — Sir. 9, 2, 277).

171. Mais le pouvoir d'interpréter les lois existe-il encore? Suivant la loi du 16 sept. 1807, il y avait lieu à interprétation de la loi, lorsque la Cour de cassation avait annulé deux arrêts ou jugements en dernier ressort, rendus dans la même affaire, entre les mêmes parties, et qui avaient été attaqués par les mêmes moyens.

Par la loi du 30 juillet 1828, lorsque la Cour de cassation a annulé deux arrêts ou jugements en dernier ressort rendus dans la même affaire, entre les mêmes parties et attaqués par les mêmes moyens, le jugement de l'affaire est dans tous les cas renvoyé à une cour royale; la cour royale, saisie par l'arrêt de cassation, prononce, toutes les chambres assemblées. — Cette loi de 1828 ajoute que dans la session législative qui suit le référé, une loi interprétative est proposée aux Chambres, et que la loi du 16 sept. 1807, relative à l'interprétation des lois est abrogée.

La loi du 1er avril 1837 porte : lorsqu'après la cassation d'un premier arrêt ou jugement rendu en dernier ressort, le deuxième arrêt ou jugement rendu dans la même affaire, entre les mêmes parties, procédant en la même qualité, sera attaqué par les mêmes moyens que le premier, la cour de cassation prononcera, toutes les chambres réunies (art. 1). — Si le deuxième arrêt ou jugement est cassé pour les mêmes motifs que le premier, la cour royale ou le tribunal auquel l'affaire est renvoyée se conformera à la décision de la cour de cassation sur le point de droit jugé par cette cour (art. 2). — La loi du 30 juill. 1828, est abrogée (art. 4).

La loi de 1807 ayant été abrogée par celle de 1828 et celle-ci l'ayant été par celle de 1837, il est constant que la première devrait revivre et avoir son effet si elle était compatible avec la dernière. La loi de 1837, étant muette sur l'interprétation, il nous semble que le principe posé en la loi de 1807 n'est point détruit; il subsiste toujours, isolé à la vérité, laissant toute latitude au mode de procéder pour l'obtention d'une loi interprétative, mais on ne peut l'adapter à la loi de 1837 parce que, fait pour un cas on ne peut en faire usage dans un cas différent. C'est ce qui résulte du rapport fait par M. Parent à la Chambre des Députés lors de la présentation de la loi de 1837, et qui porte :

qu'en résumé le projet de loi ne proscrit pas les lois interprétatives, mais qu'il n'invite pas non plus le pouvoir législatif à en faire et encore bien moins le Gouvernement à y recourir.

Cette loi de 1837 a mis les choses dans une situation moins avantageuse que sous l'empire des lois précédentes. Avec ces dernières lois il y avait une marche légale, faisant sortir régulièrement d'un état de mal-aise et pouvant porter remède au passé en s'adressant au pouvoir souverain. On ne violait pas l'art. 2 du Code civil en faisant une loi interprétative ainsi que le permettait ouvertement la législation. De cette manière on pouvait calculer la portée et les effets probables des lois de 1807 et de 1828, tandis qu'il en sera autrement sous la loi de 1837; en effet, indépendamment du risque de régler le passé par une loi interprétative qu'il n'est pas bien constant que la législature ait le droit de rendre puisqu'il n'y a sur ce point aucune disposition législative bien positive, on est exposé à voir, surtout dans les temps de commotions, lorsqu'il y aura dissidence entre les cours sur quelques points de droit ou de jurisprudence, réformer les lois au gré de tel ou tel parti par voie d'interprétation sur une simple pétition présentée aux Chambres. Nous ne craignons pas de le dire : le principe une fois admis les conséquences seront graves et l'art. 2 du C. civ. recevra de rudes atteintes.

En signalant ainsi le mauvais côté que présente la législation, nous ne pouvons être taxés de partialité, car il est une loi ardemment désirée par nous et par tous les Notaires, qui modifie l'art. 9 de la loi du 25 vent. an XI, relatif à la présence du second Notaire et des témoins aux actes notariés et qui règle le passé. Sans doute, nous aurions désiré que les Chambres législatives fussent saisies du projet par suite d'un renvoi pour cause de dissidence entre les cours, mais aucune loi n'autorisant ce mode, le gouvernement du Roi va se trouver placé dans la nécessité de proposer une loi nouvelle sur cette matière pour assurer le repos des familles si fort compromis par les derniers arrêts de la cour de cassation (V. la note 14, n. 54, et le Journal du Manuel art. 10). Pour rester dans une sorte de légalité le projet sera, sans doute, conçu dans la forme interprétative, de sorte que la loi de l'an XI restera telle qu'elle est, mais on n'exigera point la présence du second Notaire ou des témoins, excepté pour certains actes. Cependant si le projet était autre, nous voudrions une loi qui n'exigeât rien d'inutile. Ainsi, s'il y a nécessité d'un second Notaire ou de témoins aux actes, il faut exiger leur présence réelle, sinon il faut faire disparaître de nos lois ce semblant qui n'est qu'un mensonge ayant toujours des conséquences fâcheuses, surtout celle d'habituer à constater des choses vaines et contraires à la vérité. Mais sommes-nous dans le vrai en déclarant qu'il n'y a jamais eu nécessité d'exiger la présence réelle du second Notaire ou des témoins à tous les actes? et, d'un autre côté, donne-t-on de puissants motifs pour exiger cette présence? Toullier (t. 13, p. 572), nous cite l'exemple d'un Notaire qui a causé la ruine d'une famille en constatant faussement la présence d'une mère de plusieurs enfants à un acte; ce qui, suivant lui, n'aurait point eu lieu si ce Notaire avait été assisté d'un autre Notaire ou de témoins et si cette femme avait su signer. Ceci est grave, nous en convenons, et doit fixer l'attention du législateur, surtout quand on sait que dans toute étude un acte imparfait peut être, par le résultat d'une erreur, mis au rang des actes parfaits, mais il est un moyen bien simple de prévenir des malheurs semblables. Pour les parties qui savent signer, il est superflu de faire concourir à l'acte un second Notaire ou des témoins qui, de tout temps, ont été étrangers aux conventions; la signature des parties à cet acte, au-dessous des *renvois* et de la mention du nombre des *mots rayés*, témoignera qu'elles ont été présentes ou bien il y aura un faux matériel qu'elles seront à même d'établir et dont le Notaire sera responsable, s'il n'a pas eu soin de faire constater l'individualité. Pour les parties qui ne savent pas signer, la présence du second Notaire ou des témoins sera indispensable; de cette manière il n'y aura plus de faux possible, l'exemple rapporté par M. Toullier ne se renouvellera plus; la loi qui prescrira cette présence, non-seulement rassurera la société, mais portera plus à l'instruction que toutes les lois existantes, car pour se soustraire à l'obligation de la loi on s'instruira pour se débarrasser de témoins importuns lors de la passation des actes.

§ 3. Des droits actifs.

172. On entend par *droits actifs* ceux qu'il est au pouvoir d'une personne d'exercer. Ces droits comprennent tout à la fois les biens et les créances et s'emploient en général pour désigner une universalité de choses, mobilières et immobilières, principalement à l'égard d'une communauté, d'une succession. V. *sup.* la note 25, n. 42 et suiv.

§ 4. Du droit d'ainesse.

173. Ce droit conférait autrefois à l'aîné des enfants, par l'effet de la loi et sans qu'il fût besoin de disposition expresse de la part du père de famille, des avantages que n'avaient pas les autres enfants dans les successions du père et de la mère communs. Sous le règne de *Charles X*, on a tenté de faire revivre ce droit injuste, mais il n'est resté du projet de loi présenté qu'un article ayant pour titre : *Loi sur les substitutions*, et qui permet de disposer de la quotité disponible de ses biens en faveur de toute personne avec charge de les rendre à un ou plusieurs enfants du donataire, nés ou à naître, jusqu'au deuxième degré inclusivement (L. 17-18 mai 1826; C. civ. 1048 et suiv.).

A la vérité, antérieurement, sous le règne de *Napoléon*, on avait rétabli en quelque sorte le droit d'aînesse, afin de pouvoir récompenser les grands services rendus à l'Etat; mais comme il n'appartenait qu'au *souverain*, en vertu des lois rendues sur la matière, de créer des droits et des prérogatives en dehors de la règle générale résultant des lois abolitives du droit d'aînesse, il en résulte que cet état de choses qui fait exception au droit commun et qui est dans les seules mains du Roi pour accorder des récompenses, n'a rien d'alarmant pour les familles (C. civ. 896; décr. 1 mars 1808) V. *Substitution*; *Majorat.*

§ 5. Du droit d'aubaine.

174. Ce droit est celui qui appartient au *souverain* d'un pays de recueillir la succession d'un étranger qui meurt dans ses Etats sans avoir été naturalisé. Celui qui est sujet au droit d'*aubaine* s'appelle *aubain*.

175. Suivant Lebret, ce droit a été établi par la haine ou la crainte qu'on avait des étrangers.

176. Ce droit est exorbitant, rien ne peut le justifier sous le rapport du droit naturel; mais il n'en est pas de même sous le rapport politique : en effet, tel *souverain*, qui par raison d'état ou pour toute autre cause ne veut point recevoir d'étrangers dans ses Etats et qui cependant les y

tolère, a bien le droit, pour mieux arriver à son but, de mettre en quelque sorte son hospitalité à prix en s'emparant de tous les biens qu'ils y laissent. L'étranger qui quitte son pays d'origine pour se faire ailleurs une patrie d'adoption, sait à quoi il demeure engagé dans celle-ci, tant pour sa personne que pour ses biens, c'est à lui de rester ou de se retirer; s'il se retire tout est dit, mais s'il reste, ses biens resteront aussi au maître du sol. Le droit d'aubaine n'a donc rien de plus étrange que les lois de police et de sûreté qui obligent tous ceux qui habitent le territoire et qui tracent ainsi d'avance la règle de conduite de chacun; on peut même dire que ce droit fut une loi de police ombrageuse, car il a presque totalement cessé avec la civilisation ou les idées de liberté, ainsi que nous allons l'expliquer :

Sous les règnes de *Louis XV* et de *Louis XVI*, faisant suite à des temps ou de barbarie ou de guerres, le droit d'aubaine fut aussi modifié. La plupart des nations européennes convinrent avec la France de l'abolition réciproque du droit d'aubaine; quelques unes cependant firent la réserve réciproque d'un droit à percevoir, sous le titre de droit de *détraction*, sur les successions des étrangers.

En 1790 le droit d'*aubaine* et celui de *détraction* furent abolis par le décret du 6-18 août de ladite année.

Cette abolition n'ayant donné aux *Etrangers* que la faculté de recueillir les biens qu'avaient en France leurs parents *étrangers*, de telle sorte que les *Etrangers* n'avaient pas pour cela le droit de succéder à leurs parents *Français* (Cass. 2 prair. an IX; 28 déc. 1825), ce droit pour les *Etrangers* de succéder à leurs parents *Français* leur a été conféré par l'art. 3 de la loi du 8-15 avril 1791, confirmé par les dispositions du titre 6 de la constitution du 3 sept. 1791.

Ces lois de 1790 et 1791 relatives à l'abolition absolue du droit d'aubaine ont été maintenues par le Code civil (art. 11, 726 et 912), mais sous la condition de réciprocité, c. à-d. que les étrangers ne seraient admis à succéder à un parent étranger ou Français, que dans les cas et de la manière dont un Français succéderait à son parent possédant des biens dans le pays de l'Etranger; et qu'un Français ne pourrait disposer au profit d'un étranger que dans le cas où cet étranger pourrait disposer au profit d'un Français.

Mais le droit d'aubaine a été de nouveau aboli d'une manière absolue et sans aucune condition de réciprocité par la loi du 14 juillet 1819, ainsi conçue :

Les art. 726 et 912 du C. civ. sont abrogés : en conséquence les étrangers ont le droit de succéder, de disposer et de recevoir de la même manière que les Français, dans toute l'étendue du royaume (Art. 1 de la loi précitée).

Cependant au cas de partage d'une même succession entre des co-héritiers étrangers et Français, ceux-ci sont autorisés à prélever sur les biens situés en France une portion égale à la valeur des biens situés en pays étranger dont ils seraient exclus à quelque titre que ce soit, en vertu des lois et coutumes locales (Art. 2 de la même loi). — Ce droit de prélever s'applique même au cas où le défunt n'a laissé en France que des biens meubles. L'héritier français peut même faire ce prélèvement encore bien qu'il ne soit privé du partage des biens situés à l'étranger que par une disposition testamentaire du défunt, contraire à la loi française, et non en vertu des lois du pays sur les successions *ab intestat* (Paris 1 fév. 1836, aff. Imbert. - *Sir.* 36, 2, 173.

177. Toutefois cette abolition n'est relative qu'aux individus, par conséquent un *Souverain* étranger ne peut réclamer, à titre de déshérence, les biens laissés en France par un sujet du pays étranger, qui y est décédé, et n'a ni parents, ni enfants naturels, ni conjoint survivant (C. civil, 713, 726, 768; C. R. de Paris, 15 nov. 1833). — Et quand le domaine s'est emparé, par suite du droit d'aubaine lors existant, des biens de la succession d'un étranger mort en France, s'il arrive que, plus tard, les héritiers naturels du défunt contestent le droit du domaine, et réclament l'envoi en possession des biens, le jugement de cette contestation appartient à l'autorité judiciaire et non à l'autorité administrative (Arr. Cons. d'Et. 25 avril 1828, - Sir., 29, 2, 60.)

178. Lorsque le droit d'aubaine existait, les étrangers n'étaient pas moins capables de tous les actes du droit des gens : ils pouvaient vendre, échanger et en général passer toute sorte de contrats. Ils pouvaient donner et recevoir entre-vifs, mais ils ne pouvaient recevoir ni disposer par testament ni à cause de mort. Il en est de même, à plus forte raison, depuis l'abolition du droit d'aubaine.

179. La loi française qui a supprimé le droit d'aubaine, et en général toutes les lois politiques de la France, ont eu pour effet d'être obligatoires pour les pays réunis, du jour de leur réunion (Cass. 24 messid. an XIII, aff. Grésilla, - Sir. 6, 2, 60.)

180. Le traité d'abolition du droit d'aubaine entre deux puissances n'est pas anéanti par l'événement de la guerre. Dans l'état de guerre, comme dans l'état de paix, il produit toujours son effet jusqu'à une révocation positive. (Turin, 10 janvier 1810, aff. Bergera. - Sir. 14, 2, 223)

§ 6. Du droit de chasse.

181. Suivant le droit naturel la chasse était libre à tous les hommes, mais le droit civil de chaque nation a apporté des restrictions à cette liberté indéfinie (Merlin, *Rép.*, v° *Chasse*, § 2).

En France, le droit de chasse a été réglé par la loi du 22-30 avril 1790 à l'égard des particuliers et par les ordonnances des 15 et 20 août 1814 à l'égard des forêts et bois de l'Etat. V. *Chasse*, note 187 et *inf. Droit de suite*, n. 410 et suiv.

§ 7. Des droits civiques ou de cité ou politiques.

182. Ces droits sont ceux que les lois constitutionnelles attachent à la qualité de *citoyen* (Merlin, *hoc verbo*). Ils donnent le droit de suffrage, c. à-d. la faculté d'être électeur, d'être éligible à la chambre des Députés, de siéger à la chambre des Pairs, d'être juré, quand d'ailleurs on réunit les conditions exigées par la loi relativement à l'âge et au cens, d'exercer des fonctions publiques dans l'ordre administratif ou judiciaire, et d'être témoin dans les actes ou en justice (C. pén. 42 ; Toullier, t. 1, p. 229, n. 253).

183. Pour ne point confondre les *droits politiques* ou civiques avec les *droits civils*, il faut savoir que nul ne peut jouir en France des *droits politiques*, s'il n'y jouit en même temps des *droits civils*, tandis qu'on peut y jouir des *droits civils* sans y jouir en même temps des *droits politiques*. Cette distinction résulte d'ailleurs très-clairement de l'art. 7 du C. civ. portant : *l'exercice des droits civils est indépendant de la qualité de citoyen, laquelle ne s'acquiert et ne se conserve que conformément à la loi constitutionnelle* (Merlin, *ibid.*) — D'où il suit que les *droits politiques* étant inséparables de la qua-

lité de *citoyen*, on les acquiert avec cette qualité et on les perd avec elle (*ibid*); mais l'âge et les conditions requises pour les exercer sont différentes.

184. Et puisque l'exercice des *droits politiques* est indépendant des *droits civils*, il en résulte que le *domicile politique* et le *domicile civil* peuvent être différents, mais il faut à ce sujet une déclaration expresse, sinon le domicile politique est de droit dans l'arrondissement électoral où est le domicile réel (L. élec. 19 avril 1831, art. 10).

Pour pouvoir transférer son domicile politique dans un autre arrondissement électoral que celui du domicile réel, il faut payer, dans le nouvel arrondissement, une contribution directe, et en outre faire, six mois d'avance, une déclaration expresse au greffe du Tribunal civil de l'arrondissement électoral où le citoyen veut transférer son domicile politique : cette double déclaration doit être soumise à l'enregistrement; et lorsqu'il y aura eu séparation du domicile politique d'avec le domicile réel, la translation du domicile réel n'emportera pas le changement du domicile politique et ne dispensera pas le citoyen des déclarations ci-dessus prescrites, s'il veut le réunir à son domicile réel (*Ibid*).

185. Comment les droits politiques s'acquièrent et se conservent-ils?

La qualité de Français s'acquiert par la naissance seule : il n'en est pas ainsi de la qualité de *citoyen;* elle ne s'acquiert et ne se conserve que conformément aux lois qui exigent d'autres conditions que celles de la naissance (Toullier, t. 1, p. 229, n. 255).

La principale condition est l'âge qui n'est pas le même pour les *droits civiques* que pour les *droits civils* (Ch. const. 34 ; C. civ. 488).

Mais toujours est-il que sur un point les *droits civiques* s'acquièrent de la même manière que les *droits civils*, c. à-d. par la *naissance* et par la *naturalisation* (V. *inf. Droits civils*, § 8)

186. De quelle manière se perdent les droits civiques ou politiques? Ils se perdent

187. 1° Par la dégradation civique résultant nécessairement de la condamnation à une peine afflictive ou infamante (C. pén. 28 et 34).

188. 2° Par l'interdiction en tout ou en partie de l'exercice desdits droits, par suite de condamnations correctionnelles (C. pén. 42).

189. 3° Et par l'état de domesticité. — V note 14, p. 68, n° 32 et suiv.). V. aussi *inf* n. 203 et suiv.

190. L'exercice des droits de citoyen est suspendu, 1° par l'état de *débiteur failli* ou d'*héritier immédiat*, détenteur à titre gratuit de la succession d'un failli (Art. 5 de l'acte du 22 frim. an VIII), et cette disposition n'a été abrogée par aucune loi postérieure (Cass. 18 sept. 1831, 9 juill. 1832, 6 août 1838, 13 mai 1839). Le failli concordataire est soumis à cette loi, de même que le failli non concordataire (*Mêmes arrêts que ci-dessus*).

191. Les lois politiques doivent s'interpréter autrement que par les règles du droit commun; il ne faut pas sortir du texte de la loi ou de son intention manifeste : les dispositions d'une loi dictée par des vues politiques ont le caractère spécial, devant lequel doit fléchir la rigueur des lois civiles (Cass. 11 juill. 1826, aff. Frachon. - Sir., 27 1, 45).

§ 8. Des droits civils.

192. Nous avons vu *suprà*, n. 183, que les droits *civiques ou politiques* sont tout-à-fait distincts des droits *civils*, car on peut jouir de ses droits *civils*, sans pour cela jouir de ses droits *civiques*, et nous avons dit, n. 185, que les droits *civiques* s'acquéraient de la même manière que les droits *civils* sans lesquels ils ne peuvent subsister.

193. Pour bien distinguer ces deux sortes de droits, il faut dire, que les *droits civiques* ou *politiques* ne sont relatifs qu'à l'exercice ou à l'établissement de la puissance ou des fonctions publiques, tandis que les *droits civils* confèrent :

194. 1° Le libre et entier exercice du droit de propriété, au moyen duquel on peut disposer à titre gratuit ou onéreux, transmettre héréditairement ses biens par succession ou testament (V. la note 22).

195. 2° L'exercice de la puissance maritale et de la puissance paternelle.

196. 3° Les effets qui résultent de la parenté, de l'alliance, de la légitimation.

197. 4° Le droit d'adopter ou d'être adopté.

198. 5° Le droit de reconnaître son enfant naturel.

199. 6° Le droit de remplir les fonctions de tuteur, de subrogé-tuteur, de curateur: de faire partie d'un conseil de famille, et de porter témoignage en justice et dans les actes authentiques.

200. 7° Le droit de recourir aux tribunaux pour raison de sa personne, de ses actions ou de ses biens sans fournir la caution *judicatum solvi* (C. proc. civ. 166, 167 ; C. civ. 16.

201. 8° Le droit d'être admis au bénéfice de cession, et que la loi refuse à l'étranger (C. proc. 905).

202. Indépendamment de cette différence dans les *droits civiques* et *civils*, il y en a deux autres qui sont aussi caractéristiques; c'est, d'une part, que les *lois civiques* résultent de la constitution du Royaume, qui est un acte politique régissant les individus dans leur vie en tant qu'elle participe à la puissance publique, tandis que les *lois civiles* ne sont autres que celles qui régissent dans leur vie privée chacun des individus composant le corps social; et d'une autre part, que l'âge fixé pour l'exercice des premiers droits n'est pas le même que celui fixé pour l'exercice des autres droits.

203. En traitant ici de la jouissance et de la privation des *droits civils*, nous aurons par cela même expliqué comment s'acquièrent et se perdent les *droits civiques ou politiques*.

Art. 1er. De la jouissance des droits civils.

204. Tout Français doit jouir des droits civils (C. civ. 8). La seule condition pour y être admis est d'être *né* ou *naturalisé* français.

205. NAISSANCE. Les enfants légitimes suivant en tout la condition de leur père (L. 19, ff. de *Stat. hom.*), il en résulte que la qualité de *Français* s'acquiert par la naissance (C. civ. 10).

206. Il en est de même des enfants naturels légalement reconnus, en ce qui concerne la qualité de *Français*; ainsi l'enfant né d'un Français, en pays étranger, même hors mariage, est Français (*Id.;* Toullier, t. 1, p. 232, n. 260).

207. Les enfants naturels qui ne sont pas légalement re-

connus par leur père, suivent la condition de leur mère; ainsi, l'enfant né en pays étranger d'une mère française et d'un père inconnu, est Français (L. 23, ff. de *Stat. hom.*; Toullier, *ibid.*, n. 260).

208. De plus, tout individu né en France d'un père étranger, pourra devenir *Français* et réclamer cette qualité dans l'année qui suivra l'époque de sa majorité, en déclarant, à la municipalité du lieu où il réside, que son intention est de fixer son domicile en France, pourvu, dans le cas où il résiderait en pays étranger à l'époque de sa majorité, qu'il fasse sa soumission de fixer son domicile en France, et qu'il l'y établisse réellement dans l'année, à compter de l'acte de soumission (C. civ. 9.)

209. S'il laisse passer l'année qui suit sa majorité sans faire sa déclaration ou sa soumission de fixer son domicile en France, il est déchu de cette faculté que la loi faisait dépendre d'une condition qu'il n'a pas remplie; et s'il veut, après cette époque, être admis à la qualité de Français, il doit remplir les formalités prescrites aux étrangers qui veulent se faire naturaliser (Toullier, *ibid.* n. 261).

210. Pendant la minorité sa qualité est en suspens; s'il décède mineur ou dans l'année qui suit l'époque de sa majorité, mais avant d'avoir réclamé la qualité de Français, il n'en aura jamais joui parce qu'il ne pouvait l'acquérir que par l'accomplissement de la condition imposée par la loi (*Ibid.*).

211. Mais si, devenu majeur, il accomplit cette condition, l'effet en remonte au jour de sa naissance, suivant la nature de toutes les conditions suspensives.

212. Cette observation est importante à cause des successions qui peuvent lui échoir ou des legs qui pourraient lui être faits avant l'accomplissement de la condition; ceci est une conséquence de l'art. 20 du C. civ. qui dispose que tous les individus qui recouvreront la qualité de Français dans les cas prévus par les art. 10, 18 et 19, ne pourront s'en prévaloir qu'après avoir rempli les conditions à eux imposées par ces articles, et seulement pour l'exercice des droits ouverts à leur profit depuis cette époque; de sorte que sa disposition ne s'applique point aux individus qui se trouvent dans le cas de l'art. 9. — Dans le cas des art. 10, 18 et 19, les individus *recouvrent* la qualité de Français qu'ils ont perdue; dans le cas de l'art. 9, ils *réclament* la conservation de cette qualité que leur naissance leur a donnée (Toullier, *ibid.*).

213. L'enfant né en France d'une mère étrangère, mais d'un père inconnu, doit jouir des mêmes prérogatives que l'enfant né en France d'un père étranger (Toullier, *ibid.* n. 262).

214. L'enfant né en pays étranger d'un Français d'origine qui a perdu la qualité de Français, peut *toujours* recouvrer cette qualité, pourvu qu'après être parvenu à sa majorité, il fasse sa déclaration ou sa soumission de fixer son domicile en France (C. civ. 10). — Mais en recouvrant cette qualité, il ne peut s'en prévaloir que pour l'avenir et pour l'exercice des droits échus depuis sa soumission ou déclaration (C. civ. 20), qu'il ne peut faire avant sa majorité, parce qu'avant cette époque il n'a point de volonté légale qui lui soit propre (Toullier, *ibid.*, n. 263).

215. NATURALISATION. La naturalisation a lieu, suivant l'art. 3 de la constitution du 22 frim. an VIII, lorsqu'un étranger après avoir atteint l'âge de 21 ans accomplis, et avoir déclaré l'intention de se fixer en France, y a résidé dix années consécutives; mais aux termes des sénatus-consulte des 26 vendém. an XI et 19 fév. 1808, les étrangers qui rendront ou auraient rendu des services importants à l'Etat, qui apporteront dans son sein des talents, des inventions ou une industrie, ou qui formeront de grands établissements, pourront, après un an de domicile, être admis à jouir du droit de citoyen Français.

216. Toutefois, la simple déclaration d'intention n'est pas suffisante, il faut, en outre, que l'étranger ait obtenu du gouvernement la permission de s'établir en France (Av. Cons. d'Et. 18 prair. an XI).

217. Quand la déclaration de l'intention n'a point été faite, elle ne peut être suppléée par aucun fait, aucune présomption, notamment par ces circonstances, que l'étranger s'est marié France, qu'il y a servi dans les vétérans et a été garde champêtre de sa commune (Nîmes, 22 déc. 1825, aff. Entric-Forster, - Sir. 26, 2, 209; Montpellier 22 juin 1826, aff. Loth, - Sir. 27, 2, 84).

218. La demande en naturalisation et les pièces à l'appui sont transmises par le maire du domicile du pétitionnaire au Préfet, qui les adresse avec son avis au Ministre de la justice (Décr. 17 mars 1809).

219. L'étranger acquiert, même avant sa naturalisation opérée, la jouissance de tous les droits civils pendant qu'il conserve son domicile en France, pourvu que le Gouvernement l'ait admis à s'y établir (C. civ. 13); mais il ne cesse pas d'être étranger en France, parce qu'il obtient la faculté de s'y fixer et d'y jouir des droits civils. Tant qu'il n'est pas naturalisé dans une nouvelle patrie, il reste soumis aux lois personnelles de sa patrie originelle (Paris, 13 juin 1814, aff. Styles, - Sir. 15, 2, 67).

220. La naturalisation s'opère de suite et de plein droit par le mariage d'une étrangère avec un Français, parce que la femme suit la condition de son mari (C. civ. 12).

221. Elle s'opère aussi par la réunion légale d'un pays à la France. Les naturels du pays réuni deviennent Français à l'instant de la réunion et jouissent de tous les droits civils et politiques attachés à cette qualité (Toullier, *ibid*, n. 264).

222. L'étranger qui n'est ni naturalisé ni autorisé à demeurer en France, n'y jouit que des mêmes droits civils qui sont ou seront accordés aux Français par les traités de la nation à laquelle il appartient (C. civ. 11, 726, 912, 170, 2123). V. *sup. Droit d'aubaine*, n. 176.

223. L'étranger naturalisé jouit en France des mêmes droits que les citoyens français d'origine, cependant il ne peut siéger, soit dans la Chambre des Pairs, soit dans celle des Députés, sans avoir obtenu préalablement de nouvelles lettres de naturalisation, vérifiées par les deux Chambres, et motivées sur d'importants services rendus à l'Etat. On les appelle *Grandes Lettres de naturalisation* (Ord. Royale, 4 juin 1814).

224. La naturalisation est un droit purement *personnel* et non transmissible par succession. Ainsi, l'enfant né en pays étranger de père étranger, ne cesse pas d'être étranger par cela seul que son père se fait plus tard naturaliser Français; peu importe que l'enfant soit encore alors en minorité (Grenoble, 16 déc. 1828, aff. Fritz-Perregaux, -Sir. 29, 2, 23).

225. Lorsqu'un étranger a été autorisé par ordonnance

royale à établir son domicile en France et à y jouir des droits civils tant qu'il continuerait d'y résider, cette ordonnance peut être révoquée par le Gouvernement, et alors l'étranger est dépouillé du droit qui lui avait été conféré (Paris, 25 mars 1834, aff. Vecchiarelli, - Sir., 35, 2, 47).

226. Mais lorsque l'ordre a été donné par mesure de haute police à un étranger *naturalisé* de quitter la France, cet ordre ne lui enlève pas la qualité de Français (Riom, 7 avril 1835, aff. Ouslow, - Sir. 35, 2, 374).

227. L'enfant né en France d'un individu qui était devenu momentanément Français par la réunion de son pays à la France, mais qui n'a pas rempli les formalités prescrites par la loi du 14 oct. 1814 pour rester Français, est réputé étranger comme son père, et par suite incapable d'exercer les droits électoraux (Cass 16 juill. 1834, - Sir., 34, 1, 501).

228. Les habitants des départements réunis à la France depuis 1791, s'ils sont venus résider pendant 10 ans dans l'ancienne France, ont droit à des lettres de *déclaration de naturalité*, pour exercer les droits de citoyen Français, à l'exception du droit de concourir à la formation des lois, qui ne peut leur être conféré que par des lettres de naturalisation (L. 14 oct. 1814).

229. L'individu né sur un territoire étranger, bien qu'il ait habité pendant nombre d'années le territoire français, et qu'il y ait formé des établissements pouvant même être considérés comme exclusifs de l'esprit de retour, bien que le pays sur lequel il est né ait été réuni momentanément à la France, cet individu, s'il n'a ni obtenu des lettres de naturalisation, ni (lorsque son pays a été distrait de la France) fait la déclaration de persister dans la volonté de se fixer en France, conformément à la loi du 14 oct. 1814, ne peut être considéré comme *sujet du Roi de France*, dans le sens de l'art. 980 du C. civ.; en conséquence, il est inhabile à servir de témoin dans un testament (Cass. 23 avril 1828, aff. Bilchas, - Sir., 28, 1, 437).

230. Comme toutes les nations civilisées ont réciproquement admis les individus des autres nations à un commerce plus ou moins étendu, tout étranger jouit du droit civil de traduire les Français devant les Tribunaux de France, pour les obligations contractées par ces derniers, même en pays étranger (C. civ. 15). Mais, à l'exception des matières de commerce, l'étranger demandeur doit donner caution pour le paiement des frais et des dommages-intérêts résultant du procès, à moins qu'il ne possède en France des immeubles d'une valeur suffisante pour assurer ce paiement (C. civ. 16). Le jugement qui ordonnera la caution fixera la somme jusqu'à concurrence de laquelle elle sera fournie (C. proc. civ. 166, 167). On appelle cette caution *judicatum solvi*.

231. Lorsque l'étranger défendeur a des biens suffisants qui le dispensent de fournir caution, ces biens sont-ils *judiciairement* ou *légalement* grevés d'hypothèque au profit du demandeur?

Pour l'affirmative on dit: l'art. 16 du C. civ. et l'art. 167 du C. de proc. ont eu pour motifs l'intérêt du défendeur; sans cette disposition de la loi celui-ci aurait pu se trouver dans l'impuissance de faire exécuter hors de France une condamnation de dépens et de dommages-intérêts. Dans l'un comme dans l'autre cas, il faut une sûreté positive au défendeur à l'action de l'étranger; or, quelle sûreté résultera-t-il de ce que cet étranger possède en France des immeubles d'une valeur suffisante? Aucune bien réelle, car celle résultant de la possession des immeubles peut devenir illusoire, si l'étranger aliène ces immeubles ou confère des hypothèques à des tiers. Sous ce rapport le défendeur n'aurait donc à attendre de la loi aucune satisfaction. Ce résultat serait injuste, car il n'y aurait point même égalité dans l'alternative donnée par la loi. Selon nous, il faut voir ce que la loi a voulu, donner une sûreté quoiqu'il arrive, aussi prescrit-elle qu'on fournira caution à moins qu'on n'ait des biens immeubles de suffisante valeur pour répondre. Pour arriver à ce point, voici comme on procède : le défendeur avant toute défense au fond, demande que le demandeur soit condamné à fournir caution; sur cette demande celui-ci déclare qu'il a des immeubles de suffisante valeur pour répondre des frais et dommages-intérêts; si la justice le reconnaît, elle doit ordonner que les biens *répondront* de ces frais et dommages-intérêts. Voilà un jugement rendu en faveur du défendeur au principal et qui confère une hypothèque judiciaire conformément à l'art. 2123 du C. civ. — Une telle conséquence est juste, raisonnable et point du tout contraire au texte des articles précités. — La loi ainsi entendue, il est clair que les biens sont affectés à une sûreté par suite du jugement, autrement ce n'en serait pas une, on éluderait la loi, ou la loi serait trompeuse.—Au surplus, en admettant que le jugement rendu ne confère point une hypothèque judiciaire, on admettra au moins qu'il confère une sûreté qui peut participer de l'hypothèque légale. En effet, c'est une sorte d'interdit que la loi et le jugement rendus dans l'occasion portent sur les biens de l'étranger; tout acquéreur de pareils biens, tout créancier, doit savoir, en les achetant ou prenant en hypothèque qu'il contracte avec un étranger qui est dans un état d'exception, et si le défendeur a eu soin de rendre public son jugement par l'inscription au bureau des hypothèques de la situation des biens, nous croyons qu'il aura conservé ses droits, soit à l'égard d'un acquéreur au comptant de ces mêmes biens, soit à l'égard d'un créancier postérieur, qui auront été dûment avertis tant par le fait que par le droit (*Sic*, Delvincourt, 1, 19, note 2; Favard, v° *Exception*, n. 7; Pigeau, *Comm.*, 1, 375; Boncenne, 194).

Pour la négative, on répond : Aucun texte ne confère au défendeur une hypothèque sur les biens de l'étranger, et l'on ne peut ajouter à la rigueur du droit accordé contre lui. Il est certain qu'on n'est recevable à prendre inscription qu'en vertu du jugement rendu sur la contestation du défendeur relative à la suffisance des biens; or, il serait déraisonnable que le défendeur pût se créer un droit par une contestation injuste. D'ailleurs l'art. 2123 du C. civ. accorde une hypothèque à celui qui a obtenu le jugement et non à celui qui a succombé sur la contestation (Bioche, v. *judicatum solvi*, n. 7 ; Toullier, t. 1, 265 ; Merlin, *Rép.*, v *Caut. jud. solv.*, § 1, n. 11 ; Duranton, 1, 104, note 2).

V. *Cautionnement*, note 32 et *Hypothèque judiciaire*, note 30, n. 229.

Art. 2. De la privation des droits civils.

N° I. PAR LA NATURALISATION.

232. La qualité de Français se perd par la naturalisation acquise en pays étranger (C. civ. 17 - 1°).

233. Par le décret du 26 août 1811, le Français qui s'était fait naturaliser à l'étranger sans autorisation du Roi

perdait en France tous ses droits civils et ses biens, il devenait incapable de succéder, sa succession s'ouvrait au profit de ses héritiers légitimes, les droits de sa femme étaient réglés comme au cas de viduité. Mais ce décret a été abrogé par la loi du 14 juill. 1819, qui accorde à l'étranger la faculté de disposer et de recevoir en France (Paris, 1er fév. 1836, aff. Imbert, - Sir., 36, 2, 173;—*contrà*, Pau, 26 août 1811, aff. Caracava, - Sir., 34, 2, 441; Toulouse, 18 juin 1841, aff. Souquet; Duranton, t. 1, n. 180 et 193). Dans tous les cas ce décret n'est point applicable aux femmes (Av. Cons. d'Et., 12 et 22 mai 1812), mais il est applicable aux enfants en ce sens que les enfants d'un Français naturalisé en pays étranger et qui sont nés dans ce pays sont étrangers. Ils ne peuvent recouvrer la qualité de Français qu'en remplissant les formalités prescrites par les art. 9 et 10 du C. civ. (Décr. précité).

234. La naturalisation en pays étranger, même avec esprit de retour, fait perdre la qualité de Français. Ainsi, le Français qui s'est fait naturaliser dans l'Etranger peut décliner en France la juridiction des juges Français, pour des obligations contractées en pays étranger avec un étranger (Cass. 17 juill. 1826, aff. Descande, - Sir. 27, 1, 53).

No 2. PAR L'ACCEPTATION DE FONCTIONS PUBLIQUES A L'ÉTRANGER.

235. La qualité de Français se perd par l'acceptation non autorisée par le Roi de fonctions publiques conférées par un gouvernement étranger (C. civ. 17 - 2o).

236. Par cette acceptation imprudente, on contracte envers un gouvernement étranger, des engagements qui sont ou qui peuvent devenir incompatibles avec la subordination et la fidélité qu'on doit à son pays (Toullier, t. 1, p. 240).

237. L'acceptation d'un titre héréditaire par un Français au service d'une puissance étrangère, emporte de plein droit naturalisation, quand elle a eu lieu sans l'autorisation du Gouvernement français (Av. Cons. d'Et. 21 janv. 1812).

238. Mais l'acceptation de fonctions ecclésiastiques en pays étranger, sans l'autorisation du Roi, n'emporte point la perte de la qualité de Français (Cass. 17 nov. 1818, aff. Tempié de Premont, - Sir., 19, 1, 197).

No 3. PAR TOUT ÉTABLISSEMENT FAIT SANS ESPRIT DE RETOUR.

239. La qualité de Français se perd par tout établissement fait en pays étranger sans esprit de retour. —Les établissements de commerce ne pourront jamais être considérés comme ayant été faits sans esprit de retour (C. civ. 17 - 3.).

240. La question de savoir si un Français a quitté la France avec ou sans esprit de retour, est une question de fait qui doit être décidée d'après les circonstances (Duranton, t. 1, n. 185). V. *sup.* note 3, p. 10, n. 20 et suiv.

241. Lorsqu'il est prétendu qu'un Français a perdu la qualité de Français par un établissement fait en pays étranger sans esprit de retour, c'est à celui qui allègue la perte de la qualité de Français à prouver que l'établissement a eu lieu sans esprit de retour (Poitiers, 26 juin 1829, aff. de Tenessu, - Sirey, 30, 2, 99).

No 4. PAR L'ABDICATION DE LA PATRIE.

242. L'abdication de la patrie fait perdre la qualité de Français. Elle est *expresse* ou *tacite*.—*Expresse*, telle est celle de J.-J. Rousseau, par sa lettre du 12 mai 1763, écrite au premier syndic de Genève. — *Tacite*, comme quand une *Française* épouse un étranger. Elle a dû savoir qu'une femme suit la condition de son mari (C. civ. 19).

243. Mais si elle devient veuve, elle recouvrera de suite la qualité de Française, pourvu qu'elle réside en France ou qu'elle y rentre avec l'autorisation du Roi, et en déclarant qu'elle veut s'y fixer (*Id.*)

244. Ceux qui ont perdu la qualité de *Français* dans les quatre circonstances ci-devant mentionnées, ne l'ayant point perdue irrévocablement, pourront *toujours* la recouvrer en rentrant en France avec l'autorisation du Roi et en déclarant qu'ils veulent s'y fixer, et qu'ils renoncent à toute distinction contraire à la loi française (C. civ. 18).

245. Mais comme leur réintégration ne doit pas être un sujet de trouble et de discorde dans les familles, les individus qui recouvreront la qualité de Français dans les cas prévus par les art. 10, 18 et 19 du C. civ. (V. *sup.* n. 233, 242 et suiv.) ne pourront s'en prévaloir qu'après avoir rempli les conditions qui leur sont imposées par ces articles, et seulement pour l'exercice des droits ouverts à leur profit depuis cette époque (C. civ. 20), de sorte que tous les droits ouverts auparavant sont irrévocablement perdus pour eux (Toullier, 1, 270).

246. Il est une sorte d'abdication plus répréhensible et qui fait perdre aussi la qualité de Français; c'est celle du Français qui, sans autorisation du Roi, prendrait du service militaire chez l'Etranger, ou qui s'affilierait à une corporation militaire étrangère (C. civ. 21), et qui, par cette imprudence ou plutôt par cette faute, s'exposerait à porter les armes contre sa patrie. La loi l'en punit en le réduisant à une qualité pire que celle d'étranger. Non seulement il perd la qualité de Français, et il ne peut la recouvrer qu'en rentrant en France, avec la permission du Gouvernement, mais de plus il faut qu'il remplisse les conditions imposées à l'étranger pour *devenir citoyen*, c.-à-d. qu'il ne redevient Français et qu'il ne jouit des droits civils qu'après avoir résidé en France pendant dix années consécutives depuis sa rentrée et sa déclaration de vouloir s'y fixer (C. civ. 21; Toullier, 1, 242. V. *sup.*, n. 213).

247. Tandis que l'Etranger résidant en France jouit de tous les droits civils, aussitôt qu'il a été admis par le Gouvernement à établir son domicile en France, et pendant qu'il continue d'y résider (C. civ. 13).

Il en est de même des individus qui n'ont perdu la qualité de Français que par les autres espèces d'abdications présumées dont nous avons parlé *suprà*, n. 232, 235, 239; ils la recouvrent en rentrant en France avec l'autorisation du Roi, et en déclarant qu'ils veulent s'y fixer et qu'ils renoncent à toute distinction contraire à la loi française (C. civ. 18).

248. Les Français qui ont pris, sans autorisation, du service militaire chez l'Etranger, sont de plus exposés aux peines prononcées par la loi criminelle contre les Français qui ont porté ou qui porteront les armes contre leur patrie (C. civ. 21).

No 5. PAR SUITE DE CONDAMNATIONS JUDICIAIRES.

249. Il y a des condamnations qui entraînent la perte de tous les droits civils; d'autres qui ne font qu'en suspendre l'exercice; d'autres qui ne font perdre que les droits poli-

tiques et quelques-uns des droits civils : car il est possible que la loi attache à certaines condamnations l'effet de priver le condamné de quelques droits civils sans le priver des autres, ou des droits politiques seulement sans le priver des droits civils (Toullier, t. 1, p. 243).

250. Ces condamnations sont la *mort civile* et les *peines afflictives et infamantes ou seulement infamantes* et *certaines peines* en matière correctionnelle (C. pénal 6, et suiv.)

I. DE LA MORT CIVILE.

251. La perte de tous les droits civils, par suite de condamnations judiciaires, est ce qu'on appelle *mort civile;* parce que l'individu frappé de ces condamnations se trouve retranché du sein de la société par la privation de toute participation aux droits civils (C. civ. 22). Si l'homme est encore vivant, la personne de l'associé est morte (Toullier, 1, 272).

252. La condamnation à la mort naturelle emporte la mort civile (C. civ. 23).

253. La mort civile n'est point une peine, mais seulement la suite de l'effet de la peine à laquelle l'individu est condamné, car jamais on n'a condamné personne à la mort civile seulement. On ne prononce point, on n'a même jamais prononcé la peine de mort civile, elle est encourue de plein droit par la condamnation à une peine à laquelle la loi a attaché à cet effet : la mort civile est l'état où se trouve le condamné après l'exécution de son jugement, soit réelle, soit par effigie (Toullier, 1, 272).

254. Moment de la mort civile. Les condamnations ne suffisent pas pour opérer la mort civile, il faut de plus qu'elles soient exécutées; et la mort civile ne commence à l'égard des condamnations contradictoires, qu'à compter *du jour* de leur exécution soit réelle, soit par effigie. (C. civil. 26).

Par cette disposition, le législateur a voulu, qu'avant de produire leur effet, la société eût connaissance des jugements qui retranchent quelque citoyen de son sein. Si le condamné connaît son état par la prononciation de son jugement, la société ne peut en avoir connaissance que par l'exécution qui est publique et qui se fait à la face de la société. — En général, les jugements n'ont d'effet qu'après leur signification. Quand la mort civile retranche un homme du nombre des membres de la société, il y a deux parties à qui ce retranchement doit être notifié, le condamné lui-même et la société. La prononciation du jugement faite au condamné est, à son égard, une notification suffisante qu'il est retranché de la vie civile; mais elle ne suffit pas pour faire connaître son incapacité à la société. Tant qu'elle sera dans l'ignorance, à cet égard, elle continuera de le regarder comme un de ses membres, avec qui elle peut valablement contracter. Or, cette notification n'a lieu que par l'exécution qui est publique. D'ailleurs, puisque la mort civile n'est autre chose que la suite d'une peine, il est nécessaire que cette peine existe pour que la mort civile puisse exister aussi. La mort civile ne peut donc commencer que par l'exécution, puisque l'effet ne peut exister sans la cause qui le produit.

255. Il résulte de ce qui précède qu'un homme qui viendrait à décéder après la prononciation, mais avant l'exécution du jugement, décéderait dans l'intégrité de ses droits; quand même il décéderait en allant au lieu de son supplice, il aurait recueilli toutes les successions ouvertes depuis son jugement *jusqu'au jour de l'exécution*. Nous disons *jusqu'au jour*, car l'art. 26 du C. civil porte que la mort civile est encourue à compter *du jour de l'exécution*. Il ne dit pas *du moment*, ce qui s'accorde avec l'art. 2260 qui veut que la prescription se compte par *jours* et non par heures. Ainsi, la mort civile commence au premier moment du jour de l'exécution et avant qu'elle soit accomplie (Toullier, 1, n. 274; Merlin, *Rép.* v° *Mort civile*, § 1, art. 3, n. 5; Vazeille, *Successions*, art. 719, n. 3; Zachariæ, Dr. civ. fr. t. 1, § 163, n. 4; Desquiron, n. 225; Proudhon, t. 1, p. 74; Malpel, n. 13; — *Contrà;* Duranton, t. 1, n. 221 et t. 6, n. 38; Delvincourt, t. 1, p. 209, note 6; Dalloz, v° *Droits civils*, sect. 3, art. 1, § 2, n. 3; Richelot, t. 1, n. 105. Tous ces auteurs prétendant que la mort civile n'est encourue que du moment même de l'exécution.

256. Le jour de l'exécution réelle est assuré par le procès verbal que le greffier est obligé de dresser et de transcrire dans les 24 heures au pied de la minute de l'arrêt. La transcription fait preuve comme le procès-verbal même (C. inst. crim. 378).

257. L'exécution par effigie qui se faisait autrefois sur l'effigie ou sur l'image du condamné, au lieu de l'être sur sa personne, se fait aujourd'hui au moyen d'un extrait du jugement de condamnation, affiché par l'exécuteur des jugements criminels, à un poteau planté au milieu d'une place publique (C. instr. crimin. 472). Il est rapporté procès-verbal de cette affiche.

258. Le jour de l'exécution des condamnations à la peine des travaux forcés à perpétuité, n'est pas moins assuré, puisque, suivant l'art. 22 du C. pénal, le condamné avant de subir sa peine, doit être attaché au carcan sur la place publique, et y demeurer exposé aux regards du peuple pendant une heure; il est dressé procès-verbal de cette exécution (C. instr. crimin. 378).

259. Quant à la déportation, l'arrêt de condamnation n'est réputé exécuté, et en conséquence la mort civile n'est encourue par le condamné qu'à compter du jour *de la translation du condamné hors du territoire continental de la France.* — La détention provisoire des condamnés dans les prisons du Mont Saint-michel, ne peut être réputée exécution (Toulouse, 12 août 1820, aff. Négrié, - Sir. 20, 2, 300). — *Contrà.* Duranton, t. 1, n. 225, qui soutient que l'arrêt est réputé exécuté et la mort civile est encourue dès l'apposition de l'affiche prescrite par l'art. 36 du Code pénal.

260. Les condamnations par contumace n'emportent la mort civile qu'après les cinq ans qui suivent l'exécution du jugement par effigie, et pendant lesquels le condamné peut se présenter (C. civ. 27).

261. Pendant ces cinq années, le contumace conserve ses droits civils, mais il est privé de leur exercice (C. civ. 28) *à partir du jour de l'exécution de l'arrêt.* Ses biens, considérés et régis comme biens d'absent, sont mis en séquestre sous la garde du directeur des domaines et droits d'enregistrement de son domicile; et le compte du séquestre est rendu à qui il appartient, après que la condamnation est devenue irrévocable par l'expiration du délai donné pour purger la contumace (C. instr. crim. 471).

262. L'administration des domaines doit, après l'exécution, faire toutes les démarches et actes nécessaires pour mettre sous le séquestre les biens et droits du contumax, et elle doit les gérer et les administrer au profit de l'État jus-

qu'à l'envoi en possession en faveur des héritiers (Av. Cons. 20 sept. 1809).

263. Mais durant le séquestre, il peut être accordé des secours à la femme, aux enfants, au père ou à la mère du condamné, s'ils sont dans le besoin. Ces secours sont réglés par l'autorité administrative (C. instr. crim. 475), c.-à-d. par le Préfet ou par le Conseil de Préfecture; et les droits des créanciers légitimes peuvent être exercés après avoir été reconnus par les Tribunaux (Av. Cons. d'Et. 20 sept. 1809).

264. Si le condamné par contumace se présente volontairement dans les cinq années, à compter du jour de l'exécution, ou s'il est saisi et constitué prisonnier dans le même délai, le jugement est anéanti de plein droit et dans tous les points. Dans la condamnation principale, comme dans les condamnations accessoires, telles que les dépens, le condamné n'est plus et n'a jamais été qu'un simple accusé; il est remis en possession de ses biens. Les actes qu'il avait faits pendant la contumace qui le constituait dans un état d'interdiction légale, reprennent toute leur force, à l'exception de ceux qui seraient jugés frauduleux. Il est jugé de nouveau; et si, par ce nouveau jugement, il est condamné à la même peine, ou à une peine différente, emportant également la mort civile, elle n'aura lieu qu'à compter du jour de l'exécution du second jugement (C. civ. 29).

265. Si le condamné meurt dans le délai de grâce des cinq années, sans s'être représenté, sans avoir été saisi ou arrêté, il est réputé mort dans l'intégrité de ses droits; son testament est valide, ainsi que les autres actes faits depuis sa condamnation, toujours les actes de fraude exceptés. Le jugement de contumace est anéanti complètement et de plein droit, comme dans le cas où il se serait représenté, sans préjudice néanmoins de l'action de la partie civile pour la réparation civile du délit, et cette action ne peut être intentée contre les héritiers du condamné que par la voie civile. Mais la partie civile peut se servir des preuves que lui offrent les procès-verbaux de la police judiciaire (Toullier, t. 1, n. 278).

266. *Effets de la mort civile.* Nous avons dit, *sup.*, n. 251, que la mort civile est le retranchement absolu de la société, et qu'elle prive le condamné de toute participation aux *droits civils*. L'art. 25 du C. civ. fait une énumération des droits dont la mort civile emporte la privation. Mais cette énumération n'est pas limitative, comme on pourrait le croire en la rapprochant de l'art. 22, qui porte « *Les condamnations à des peines dont l'effet est de priver le condamné de toute participation aux droits civils ci-après exprimés, emportent la mort civile* ».

267. Par la discussion qui s'est établie au Conseil d'Etat relativement à cet article 25, on voit que l'intention ne fut point de faire une énumération *limitative* des droits dont la mort civile prive le condamné, parce qu'il est difficile d'en faire une exacte et complète sans en omettre aucun. On crut néanmoins devoir énumérer les principaux droits, pour prévenir les doutes qui s'élevaient sur les effets les plus ordinaires de la mort civile, tels que le *mariage*, l'ouverture des *gains de survie*. Les principes n'étaient point assez certains pour se dispenser de les fixer; mais on reconnaissait qu'une énumération *limitative* aurait le grand inconvénient de faire tourner les omissions à l'avantage du condamné. Cette énumération n'étant qu'énonciative, il en résulte que le condamné est privé de tous les droits civils, même de ceux qui ne se trouveraient pas compris dans cette énumération (Toullier, 1, n. 279; Guichard, *Droits civils*, n. 324 et 325; Richelot, *Principes de droit civil*, t. 1, n. 111). — Toutefois on ne doit avoir aucun égard aux dispositions du décret du 6 avril 1809, qui prononcent la peine de mort civile dans différents cas où elle ne résulte pas des dispositions de la loi (Proudhon, *Usufr.*, t. 4, n. 1986).

268. L'effet général de la mort civile est que les individus qui en sont frappés ne sont plus au rang des personnes de la société, *personam non habent*. Ils conservent la qualité d'homme, que la loi ne peut leur ôter. Elle est forcée de les reconnaître pour physiquement vivants. Elle leur retire les droits civils qui sont son ouvrage, mais elle ne peut leur ôter les droits que la loi naturelle attache à la qualité d'homme. — Ainsi ils jouissent du droit de sûreté, si ce n'est en ce qui concerne l'exécution de leur condamnation. Les attentats commis contre leurs personnes sont punis, comme ils le seraient eux-mêmes, s'ils commettaient de nouveaux crimes.

269. Ils jouissent du droit de liberté, aussi en tout ce qui ne concerne pas l'exécution de leur condamnation. Ils peuvent même en jouir d'une manière presque absolue et indéfinie, lorsqu'ils ont prescrit contre leur peine (C. civ. 32; C. instr. crim. 641).

270. Quant au droit de propriété, ils en sont irrévocablement dépouillés pour le passé, à l'exception des aliments auxquels ils conservent un droit en qualité d'hommes. — Mais ils ne sont pas dépouillés de la faculté d'acquérir à titre onéreux, de posséder, de commercer. Il existe même un arrêt du 5 juillet 1588, qui juge qu'un homme banni à perpétuité hors de France pouvait trafiquer par correspondant (Carondas, v° *Banni*; Toullier, 1, n. 280).

271. Cela posé, nous allons examiner quels sont les effets particuliers de la mort civile. L'art. 25 du C. civ. en énonce neuf, mais sans limitation à ce nombre, ainsi que nous l'avons dit *suprà*, n. 266, 267.

272. 1° *Le condamné perd la propriété de tous les biens qu'il possédait; sa succession est ouverte au profit de ses héritiers, auxquels ses biens sont dévolus, de la même manière que s'il était mort naturellement et sans testament* (C. civ. 25, 719, 1517). Celui qu'il aurait pu faire avant la mort civile devient nul, parce qu'il faut avoir la capacité de tester à l'époque de l'acte et à celle de la mort, pour qu'un testament soit valide (Toullier, n. 281; Maleville, 1, p. 63, 2, p. 363; Richer, p. 476). La condamnation, lorsqu'elle frappe, a pour effet d'anéantir la volonté dernière de l'individu, ce qui produit l'incapacité.

273. 2° *Le condamné ne peut plus ni recueillir aucune succession, ni transmettre à ce titre les biens qu'il a acquis par la suite.* (C. civ. 25).

274. Ainsi, ses enfants même ne lui succèdent pas pour les biens acquis postérieurement à la mort civile. La mort civile détruit toute parenté civile. Il ne reste que la parenté naturelle qui n'est pas seule une cause de succéder.

275. 3° *Le condamné ne peut ni disposer de ses biens, en tout ou en partie, soit par* DONATION ENTRE-VIFS *soit par* TESTAMENT, *ni recevoir à ce titre si ce n'est* POUR CAUSE D'ALIMENTS (C. civ. 25).

275 *bis*. PAR DONATION. Mais la mort civile encourue n'a

aucun effet sur la donation *de biens à venir* qui l'a précédée (Duranton, 1, n. 249; Richelot, n. 113).

276. Quant aux objets mobiliers qu'il a acquis depuis la mort civile, il peut en faire don manuel. (Montpellier, 19 novembre 1840, aff. Gelis, - Sir., 41, 2, 237). Mais il n'en est pas de même des donations d'immeubles et autres; devant être rédigées par écrit, elles ont reçu leurs formes du droit civil qui fixe les conditions sous lesquelles elles sont valables (C. civ. 931).

277. Par testament. Ainsi que nous l'avons dit, *sup.*, n. 272, les testaments deviennent nuls par la mort civile du testateur. Mais ils sont valides s'il meurt avant la mort civile encourue parce qu'il meurt dans l'intégrité de ses droits, quand même il se serait volontairement donné la mort, nos lois ne prononçant pas de peine contre le suicide. D'ailleurs celui du condamné, quoique bien déplorable aux yeux de la morale et de la religion, n'a rien de dangereux pour la société qu'il débarrasse d'un membre qui méritait d'en être retranché. Il ne profite qu'aux héritiers et non au condamné lui-même; il a pour cause la conservation de l'honneur ou l'intérêt des enfants (Toullier, 1, n. 289).

278. Pour cause d'aliments. Sans cette exception, la loi ne se bornerait plus à frapper de mort civile le condamné, elle lui infligerait implicitement la peine de mort en le privant des moyens de conserver la vie (Locré, t. 1, p. 389).

279. 4° *Le condamné ne peut être nommé tuteur, ni concourir aux opérations relatives à la tutelle* (C. civ. 25). Les liens de parenté civile qui l'attachaient à une famille étant rompus (Toullier, t. 1, n. 283).

280. 5° *Il ne peut être témoin dans un acte solennel ou authentique, ni être admis à porter témoignage en justice* (C. civ. 25), parce qu'en perdant les droits civils attachés à la qualité de Français il a perdu les droits politiques attachés à la qualité de citoyen qui ne peut subsister sans celle de Français (— V. *sup.*, n. 192.) — On ne l'admet point à porter témoignage en justice, parce que son crime et sa condamnation ont rendu sa sincérité suspecte. La morale publique repousse le témoignage d'un homme ainsi flétri.

281. 6° *Il ne peut procéder en justice, ni en défendant, ni en demandant, que sous le nom et par le ministère d'un* curateur *spécial, qui lui est nommé par le Tribunal où l'action est portée.* (C. civ. 25).

282. La loi, en reconnaissant des capacités naturelles au condamné, telles que la faculté d'acquérir et de posséder, de recevoir des aliments et de commercer, lui a en cela donné des droits qu'il devait pouvoir défendre en justice. (Toullier, 1, p. 283).

283. Curateur. Le curateur de l'individu frappé de mort civile doit être nommé par le Tribunal, parce que cet individu n'a plus de parents. Mais il n'en est pas de même pour l'individu condamné à la peine des travaux forcés à temps ou de la réclusion; son curateur doit être nommé par un conseil de famille (C. pén. 29: Rouen, 12 mai 1808, - Sir. 8, 2, 218).

284. 7° *Il est incapable de contracter un mariage qui produise aucun effet civil* (C. civ. 25.).

285. Il est à remarquer qu'en refusant tous les effets civils aux mariages contractés depuis la mort civile, on reconnaissait au Conseil d'Etat que ces mariages étaient avoués par la loi naturelle et par la religion (Locré, 1, p. 393),

286. Néanmoins, quoique les enfants qui en sont issus ne soient pas flétris dans l'opinion publique, leur sort, aux yeux de la loi est le même que celui des enfants nés hors mariage. Ils ont, sur les biens de celui de leur père ou mère qui n'est pas mort civilement, les mêmes droits que le Code accorde aux enfants nés hors mariage. Quant aux biens acquis par l'autre époux depuis sa mort civile, comme après le décès, ils appartiennent à l'Etat par droit de deshérence; les enfants n'y peuvent rien prétendre qu'au moyen de la bienfaisance du Roi, si ce n'est peut-être, en cas de nécessité, les aliments que la loi naturelle ne permet pas de leur refuser (Toullier, 1, n. 284; C. civ. 33).

287. La veuve ne peut également rien prétendre à ces biens, ni aux crédits et billets consentis à son mari mort civilement; mais il semble qu'on ne pourrait la dépouiller d'aucune partie des meubles qui se trouvent dans la maison qu'elle habite, car son mari étant retranché du sein de la société, la loi ne peut reconnaître qu'elle pour maîtresse de la maison (*Ibid.*).

288. Cependant si l'un des époux était dans la bonne foi et s'était marié sans connaître la mort civile de l'autre époux, le mariage produirait tous les effets civils à l'égard des enfants et de l'époux qui est de bonne foi (C. civ 201 — Toullier, *ibid*, — Séance du Cons. d'Et., 5 vendem. an x, t. 5, p. 269— *Contrà*, Merlin, *Rép.* v^is *Empêchement*, *Légitimité*.

289. Mais si ces enfants sont légitimes, ils ne succèderont pas aux biens que leur père a acquis depuis la mort civile. L'art. 33 du C. civ. donne ces biens à l'Etat par droit de desbérence; il autorise seulement à les donner aux enfants. Ainsi, ces enfants succèderont à leur aïeul, mais non à leur père (Toullier, 1, n. 284).

290. 1° *Le mariage qu'avait précédemment contracté le condamné est dissous, quant à tous ses effets civils* (C. civ. 25, 227).

291. Mais l'amnistie accordée à des condamnés morts civilement revalide de plein droit leur mariage qui avait été dissous par l'effet de la mort civile (Angers, 21 août 1840, aff. de Girardin, - Sir. 40, 2, 37—Merlin, *Rép.* v° *Mariage*, sect. 5, § 1 — *Contrà*, Richelot, 1, n. 120).

292. L'époux d'un individu mort civilement peut contracter un second mariage avant la mort naturelle de son conjoint: la mort civile dissout d'une manière absolue le lien du mariage (Toulouse, 26 mai 1836, aff. Delbals, - Sir. 37, 296 — Merlin, *Rép.*, v° *Mariage*, sect. 2, § 2, n. 3 — Locré, *Esprit du C. civ.*, t. 1. p. 394 — Delvincourt, t. 1, p. 215 — Desquiron, *Mort civile*, n. 413 — Guichard, *Droits civils*, p. 330 et suiv. — Duranton, t. 1, n. 251 — Vazeille, t. 2, p. 366 et suiv. — Richelot, *Principes du dr. civ.*, t. 1, n. 114 — Douai, 3 août 1819, aff. Delvarre — *Contrà*, Toullier, t. 1, n. 285).

293. La dissolution du mariage d'un individu par suite de sa condamnation par contumace à une peine emportant mort civile, est opérée, non pas à l'expiration des cinq ans à partir desquels la mort civile commence à frapper le contumax, aux termes de l'art. 27 du C. civ., mais seulement après le délai de vingt ans nécessaire pour accomplir la prescription de la peine et rendre la mort civile irrévocable (C. civ. 227 — Angers, 21 août 1840, aff. de Girardin, - Sir. 40, 2. 372).

294. 9° *L'époux et les héritiers du condamné peuvent exercer*

respectivement les droits et les actions auxquels sa mort naturelle donnerait ouverture (C. civ. 25, 719).

295. On trouve une disposition semblable dans l'art. 617 du C. civ. qui porte que l'usufruit s'éteint par la mort civile de l'usufruitier, aussi bien que par sa mort naturelle.

296. Mais il en existe une contraire dans l'art. 1982 du C. civ. suivant lequel la rente viagère ne s'éteint pas par la mort civile du propriétaire et dont le paiement doit être continué pendant sa vie naturelle, soit à lui si elle a la nature de rente alimentaire (C. civ. 25-3°), soit, dans le cas contraire, à ses héritiers, à la charge par eux de prouver l'existence du condamné par un certificat de vie (C. civ. 1983).

297. *De la cessation de la mort civile. — Effet de cette cessation.* Lorsque la mort civile a été encourue, les effets qu'elle a produits sont irrévocables.

298. L'individu mort civilement ne peut être rétabli dans ses droits civils que pour l'avenir seulement, et non pour le passé. Ce rétablissement peut avoir lieu de deux manières, *par la grâce du prince* ou *par un jugement d'absolution.* (Toullier, 1, n° 290).

299. Par la grace du prince. Lorsque le roi usant de la prérogative que lui accorde l'art. 58 de la charte constitutionnelle, juge à propos de faire grâce au condamné.

300. Si la grâce est accordée avant l'exécution du jugement, il n'y a point de mort civile; le condamné n'a pas perdu un seul instant ses droits civils.— V. *sup.* n° 255.

301. Si elle est accordée après l'exécution du jugement, la mort civile a été encourue; le condamné qui obtient grâce ne recouvre les droits civils que pour l'avenir et à compter du jour de la grâce accordée. Ce jugement conserve pour le passé tous les effets que la mort civile a produits. (arg. C. civ. 30; Toullier, 1, 291).

302. Les lettres de commutation de peine ne laissent pas subsister la mort civile contre le condamné à la peine de mort, quand la peine substituée n'entraîne pas légalement la même conséquence, ainsi, lorsque la peine de mort prononcée contre un militaire a été commuée en dix années d'emprisonnement, ce condamné n'encourt ni la mort civile, ni même la privation de ses droits civils, et peut, après avoir subi cette peine, rentrer dans les rangs de l'armée (Cass. 6 avril 1832, aff. Ragnal, - Sir. 32, 1, 708—Merlin, *rép.* v° *mort civile* § 1, art. 1, n° 5 et art. 2. n. 3 —Guichard, n° 333 — Richelot, t. 1, n. 104 et 120.

303. Par un jugement d'absolution. La mort civile cesse par un jugement d'absolution, lorsque celui qui était condamné par contumace se présente à la justice, ou est arrêté après cinq ans, à compter du jour de l'exécution du jugement. — S'il est absous par le nouveau jugement ou condamné à une peine qui n'emporte pas la mort civile, il rentre dans la plénitude de ses droits civils pour l'avenir, et à compter du jour où il a reparu en justice; mais le premier jugement conservera pour le passé les effets que la mort civile avait produits dans l'intervalle écoulé depuis l'époque de l'expiration des cinq ans jusqu'au jour de sa comparution en justice (C. civ. 30); ses biens ne lui sont pas rendus; la mort civile l'en a dépouillé sans retour (Toullier 1, 293).

304. Ses enfants, s'ils sont nés avant l'expiration des cinq ans, sont de plein droit légitimes, en vertu de la règle, *pater is est quem nuptiæ demonstrant*, consacrée par l'art. 312 du C. civ. (Locré 1, p. 447; Toullier 1, n. 293).

305. Il en est de même des enfants nés dans les trois cents jours depuis l'expiration des cinq années. Quant à ceux qui naissent après les trois cents jours jusqu'à la comparution en justice, ils sont aussi légitimes, puisque le lien du mariage n'est pas dissous (V. *sup.* n. 293), mais ils ne pourront succéder aux biens qu'avait leur père au moment où sa mort civile a été encourue puisqu'ils n'étaient ni nés ni conçus à cette époque; ils pourront seulement succéder aux biens acquis par leur père depuis la mort civile encourue, c.-à-d. depuis l'expiration des cinq années (C. civ. 30; Toullier 1, n. 293; Duparc-Poullain, t. 1, p. 206).

306. Le contumax qui ne se représente qu'après les cinq années de grâce, et qui par conséquent a encouru la mort civile pour le passé, ne peut, s'il est absous, se faire restituer ses biens par ses héritiers (C. civ. 30. — C. i. crim. 476; Vazeille, sur l'art. 719, n. 4; Locré, sur l'art. 30 du C. civ.; Legraverand, 2, p. 525; Proudhon, 1, p. 76; Malpel, *des Succ.*, n. 1; Favard, v° *Mort civile*, § 2, n. 4; Duranton, t. 1, n, 229, 236 et t. 7, n. 37).

307. Quant au jugement d'absolution rendu dans le cas de l'art. 29 du C. civ., c. à-d. lorsque le condamné par contumace s'est présenté volontairement dans les cinq ans, ou a été saisi et constitué prisonnier dans ce délai, il n'a point eu pour effet de faire cesser la mort civile puisque le fait de sa représentation remet les choses dans le même état que s'il n'y avait point eu de jugement (C. inst. crim. 476). — Cependant le contumax qui, après s'être représenté, obtient son renvoi de l'accusation, doit toujours être condamné aux frais occasionnés par sa contumace (C. instr. crim. 478).

308. La mort civile n'ayant point eu lieu n'a pu par conséquent cesser lorsque le condamné par contumace est mort dans le délai de grâce des cinq années sans s'être représenté, ou sans avoir été saisi ou arrêté (C. civ. 31). La mort qui l'a saisi dans les cinq ans ne peut avoir pour effet de rendre contradictoire un jugement par défaut duquel le condamné se serait peut-être fait relever en temps utile s'il avait vécu. Cependant, comme tout fait quelconque de l'homme qui cause à autrui un dommage oblige à réparation (C. civ. 1382), la partie civile aura action pour le dommage causé contre les héritiers du condamné, mais cette action ne pourra être intentée que par la voie civile (C. civ. 31).

309. Quoique la mort civile cesse par la prescription qui est de 20 années révolues, à compter de la date des arrêts ou jugements, cependant la prescription de la peine ne peut, en aucun cas, réintégrer le condamné dans ses droits civils pour l'avenir (C. civ. 32 — C. Inst. crim. 635).

310. Ainsi, le condamné demeure irrévocablement retranché de la société; il ne peut même, en aucun cas, s'il a été condamné par défaut ou par contumace, être admis à se présenter pour purger le défaut ou la coutumace afin de recouvrer l'honneur et son état par un jugement d'absolution. Quelque dur qu'il paraisse de repousser un homme qui veut se justifier, on ne peut pas autoriser celui qui ne peut plus être condamné à se mettre en jugement. (Locré, p. 454; Loi, 3 brum. an IV, art. 480; Toullier 1, n. 294).

311. Il demeure libre, puisqu'il a prescrit sa peine, mais

il ne peut résider dans le département où demeuraient soit celui contre la personne ou contre la propriété duquel le crime a été commis, soit ses héritiers directs. — Le gouvernement peut même assigner au condamné qui a prescrit sa peine, le lieu de son domicile (C. instr. crim. 635).

312. La mort civile ne peut cesser par la réhabilitation, laquelle, suivant l'art. 619 du Code d'instruction criminelle, n'est établie qu'en faveur de ceux qui ont subi une peine afflictive ou infamante, ou de ceux qui ont obtenu soit des lettres de commutation, soit des lettres de grâce. Ce qu'on ne peut pas dire dans le cas de la mort civile, qui n'est la suite que des peines perpétuelles et non des peines temporaires. (C. civ. 24 — Toullier, 1, n. 294).

313. D'où il suit que le condamné à une simple peine correctionnelle ne peut être admis au bénéfice de la réhabilitation (Cass. 31 janv. 1839, - Sir. 39, 1, 199).

314. Mais le fait d'avoir subi la peine n'est point du tout une réhabilitation du condamné, il n'en résulte qu'une aptitude à la réhabilitation, lorsque d'ailleurs les formes légales auront été observées (Cass. 17 janv. 1812, aff. Montura, - Sir. 12, 327 — 21 mai 1812, aff. Pasqueci, - Sir. 13, 1, 67).

315. Tant que le condamné n'a pas été réhabilité de fait il reste soumis, pour ses nouveaux crimes, à des juges extraordinaires, bien qu'il ait subi la peine du premier crime (Cass. 10 oct. 1811, aff. Burchi, - Sir. 12, 1, 216 — C. Inst. crim. 533).

II. DES PEINES AFFLICTIVES ET INFAMANTES OU SEULEMENT INFAMANTES. V. *sup.* n. 230.

316. Les condamnations à des peines afflictives ou infamantes, qui n'emportent pas la mort civile, font néanmoins perdre au condamné tous les droits politiques attachés à la qualité de citoyen; elles lui font également perdre plusieurs droits civils, suivant la nature de la peine, et elles suspendent, pendant sa durée, l'exercice de tous les autres droits; c'est ce qui résulte des art. 28, 29, 30, 31 et 34 du Code pénal, ainsi conçus :

317. *La condamnation à la peine des travaux forcés à temps, de la détention, de la réclusion ou du bannissement, emportera la* dégradation civique. *La dégradation civique sera encourue du jour où la condamnation sera devenue irrévocable, et en cas de condamnation par contumace, du jour de l'exécution par effigie* (C. pénal 28).

318. La DÉGRADATION CIVIQUE consiste : 1° Dans la destitution et l'exclusion des condamnés de toutes fonctions, emplois ou offices publics;

2° Dans la privation du droit de vote, d'élection, d'éligibilité, et en général, de tous les droits civils et politiques, du droit de porter aucune décoration (V. *inf.*, n. 327);

3° Dans l'incapacité d'être juré, expert, d'être employé comme témoin dans des actes et de déposer en justice autrement que pour y donner de simples renseignements;

4° Dans l'incapacité de faire partie d'aucun conseil de famille, et d'être tuteur, curateur, subrogé-tuteur, ou conseil judiciaire, si ce n'est de ses propres enfants et de l'avis conforme de la famille; dans la privation du droit de port d'armes, du droit de faire partie de la garde nationale, de servir dans les armées françaises, de tenir école ou d'enseigner, et d'être employé dans aucun établissement d'instruction à titre de professeur, maître ou surveillant (C. pén. 34).

319. Cette dégradation établit pour celui qui en est frappé un état personnel permanent, qui survit à l'expiration de la peine principale; tellement qu'il n'est pas permis aux Cours d'assises de la limiter à la durée de cette dernière peine (Cass. 24 mars 1836, aff. Parseille, - Sir., 36, 1, 524).

320. *Quiconque aura été condamné à la peine des travaux forcés à temps, de la détention ou de la réclusion, sera, de plus, pendant la durée de sa peine en état d'interdiction légale; il lui sera nommé un tuteur et un subrogé-tuteur, pour gérer et administrer ses biens, dans les formes prescrites pour les nominations des tuteurs et des subrogés-tuteurs aux interdits* (C. pén. 29).

321. *Les biens du condamné lui seront remis après qu'il aura subi sa peine, et le tuteur lui rendra compte de son administration* (C. pén. 30).

322. *Pendant la durée de la peine, il ne pourra lui être remis aucune somme, aucune provision, aucune portion de ses revenus* (C. pén. 31).

323. Le Code pénal de 1791, part. 1, tit. 4, art. 5, ajoutait que, pendant la durée de la peine du condamné, on peut, en vertu d'un jugement rendu sur l'avis des parents et du curateur, prélever les sommes nécessaires pour élever et doter ses enfants, ou pour fournir des aliments à sa femme, à ses enfants, à ses père et mère s'ils sont dans le besoin. — Cette disposition qui ne se trouve pas dans le nouveau Code pénal, ne doit pas pour cela être considérée comme abrogée, car elle est fondée sur le droit commun : c'est ainsi que, par l'art. 475 du Code d'instr. crim., il peut être accordé des secours à la femme, aux enfants, au père ou à la mère de l'accusé contumax, dont les biens sont séquestrés (Toullier 1, 295).

324. Tout condamné à une peine afflictive ou infamante peut, après avoir subi sa peine, être réhabilité dans les formes prescrites par les art. 619 et suiv. du Code d'instr. crim. (*ibid.*) V. *sup.* n. 312 et suiv.

Cette réhabilitation fait cesser pour l'avenir, dans la personne du condamné, toutes les incapacités qui résultaient de la condamnation (C. instr. crim. 633).

III. DES PEINES CORRECTIONNELLES.

325. Les peines correctionnelles ont quelquefois l'effet de dépouiller celui qui les a subies de quelques-uns de ses droits; c'est ce qui résulte des art. 42 et 43 du C. pénal ainsi conçus :

326. *Les Tribunaux jugeant correctionnellement pourront, dans certains cas, interdire, en tout ou en partie, l'exercice des droits civiques, civils et de famille, suivants :*

1° De vote et d'élection;

2° D'éligibilité;

3° D'être appelé ou nommé aux fonctions de juré ou autres fonctions publiques, ou aux emplois de l'administration, ou d'exercer ces fonctions ou emplois;

4° Du port d'armes;

5° De vote et de suffrage dans les délibérations de famille;

6° D'être tuteur, curateur, si ce n'est de ses enfants et sur l'avis seulement de la famille;

7° D'être expert ou employé comme témoin dans les actes;

8° De témoignage en justice autrement que pour y faire de simples déclarations (C. pén. 42).

327. Mais on ne voit pas qu'une condamnation correc-

tionnelle ait pour effet de priver le condamné du droit de porter une décoration (V. *sup.* n. 318-3°).

328. *Les Tribunaux ne prononceront l'interdiction mentionnée dans l'art.* 42 *du C. pén., que lorsqu'elle aura été autorisée ou ordonnée par une disposition particulière de la loi* (C. pén. 43).

§. 9. DES DROITS COMMUNAUX.

329. Ces droits sont ceux qui appartiennent à l'*universalité* des habitants d'une commune ou section de commune. Ces droits sont expliqués au mot *Commune*, note 188.

§ 10. DES DROITS CORPORELS.

330. Ce sont ceux qui ont pour objet une chose mobilière ou immobilière de sa nature.

331. Ainsi, sont meubles par leur nature les corps qui peuvent se transporter d'un lieu à un autre, soit qu'ils se meuvent par eux-mêmes, comme les animaux, soit qu'ils ne puissent changer de place que par l'effet d'une force étrangère, comme les choses inanimées (C. civ. 528).

332. Sont immeubles par leur nature les fonds de terre et les bâtiments, ainsi que leurs accessoires réputés immeubles (C. civ. 518 et suiv.).
V. les notes 22, 27, 86, 87.

§ 11. Des droits conservatoires.

333. Ce sont ceux qu'on a la faculté d'exercer pour conserver des droits ou empêcher qu'il n'y soit porté préjudice. V. v° *Actes conservatoires*, note 34.

§ 12. Des droits domaniaux.

334. Ce sont ceux qui appartiennent au *domaine de l'Etat* ou au *domaine de la couronne.* — V. ces mots, note 189.

§ 13. Des droits d'enregistrement.

335. V. les notes 18, 56, 57, 60, 90, 98, 99, 117, 174, 181, 218.

§ 14. du droit d'entrée.

336. Ce droit est un impôt levé sur certains objets qui entrent dans un royaume, dans une ville. — V. la note 58.

§ 15. des droits éventuels.

337. Ce sont ceux qui dépendent d'un événement futur et incertain qui suspend la condition jusqu'à ce que l'événement arrive, ou qui la résilie selon que l'événement arrivera ou n'arrivera pas (C. civ. 1168). Ainsi :

338. Des intérêts qui sont dus ou non dus, selon que l'absent est ou n'est pas en vie, ont un caractère de droits éventuels, en ce sens que l'héritier d'un absent (même d'un absent militaire) qui réclame de tels intérêts (dus à l'absent s'il est en vie) est obligé de prouver qu'il n'y a pas décès (C. civ. 135; Cass. 8 déc. 1824, aff. Guénelon, - Sir., 25, 1, 158).

339. Bien que le droit de l'enfant à la réduction soit éventuel et subordonné au décès de l'époux donateur, l'intervention est néanmoins recevable pour la conservation de ce droit éventuel. — En conséquence, l'enfant du premier lit peut intervenir dans une instance introduite par sa mère remariée, et tendante à obtenir la réduction des avantages indirects faits par elle à son second époux (C. proc. 46; Cass. 27 mars 1822, aff. Régis-Leblanc, - Sir., 22, 1, 345).

340. Quoiqu'une obligation soit éventuelle, une hypothèque peut être valablement consentie pour en garantir l'exécution; par exemple, pour garantie du paiement d'effets de commerce (Metz, 13 juill. 1820, aff. Rossignol et Neuville, - Sir., 21, 2, 176). — Même la stipulation de garantie, faite par un acte public, antérieurement à la loi du 11 brumaire an VII, donne à l'acquéreur le droit de prendre inscription hypothécaire sur les biens du vendeur, pour sûreté de l'obligation éventuelle (Paris, 19 vent. an XII, aff. Pelgé, - Sir., 4, 2, 709).

341. La femme doit être colloquée, sur les biens du mari vendus pendant le mariage, en vertu de son hypothèque légale, même pour ses droits éventuels, tels que *préciput* et *gain de survie*, en ce sens que des fonds doivent être affectés au paiement de ces droits, pour le cas où ils s'ouvriraient (Metz, 18 juill. 1820, aff. Morin, - Sir., 21, 2, 365).

V. *Conditions*, note 153.

§ 16. Des droits ou actes facultatifs ou de tolérance.

342. On appelle *Droit de pure faculté* tout droit dont l'exercice consiste, de la part de celui à qui il appartient, dans une action qu'il est le maître de faire quand il le jugera à propos. — Et on donne le nom *d'acte de pure faculté* ou *de tolérance*, en matière de possession, à des actes qui sont dans la liberté de l'homme, et qui, dès lors, sont incapables de faire acquérir un droit sur la propriété d'autrui.

343. La loi porte que les actes de pure faculté et ceux de simple tolérance ne peuvent fonder ni possession ni prescription (C. civ. 2232).

344. Les exemples suivants serviront de développement à la règle posée en l'article qui précède.

345. L'établissement d'un fossé par le riverain du canal d'un moulin, pour arroser sa propriété avec les eaux de ce canal, n'est pas réputé un simple acte de tolérance, en conséquence il peut fonder une possession utile à prescrire, puisque, du reste, il constitue une servitude continue et apparente (Cass. 13 juin 1827, aff. Chotard, - Sir. 27, 1, 473).

346. Lorsqu'une possession a duré quarante ans, non comme simple tolérance, mais à titre de propriétaire et avec culture de jardin dont le possesseur a constamment recueilli les fruits, l'arrêt qui le décide ainsi a suffisamment déterminé que ce possesseur a prescrit utilement (Cass. 17 fév. 1825, - Sir. 25, 1, 379).

347. La possession d'une servitude sur les secondes herbes d'un pré, quand il y a eu vente avec réserve de servitude, quand il y a eu chaque année exercice de la servitude au moyen d'une *trouée de clôture*, subie par le propriétaire, est une possession de servitude avec titre, ou avec contradiction; tellement qu'elle ne peut être réputée de *tolérance*, et qu'elle ne peut être le fondement légal d'une exception de prescription (Cass. 7 mars 1826, aff. Chabé, - Sir. 26, 1, 324).

§ 17. Des droits féodaux ou seigneuriaux.

348. ESSENCE DES FIEFS. On entend par *Droits féodaux* ou *féodalité* le régime des *fiefs*.

349. Le fief était la concession gratuite, libre et perpétuelle d'une chose immobilière ou réputée telle, avec translation du domaine utile, en retenant la propriété directe, à

charge de fidélité et de services. — Le mot *fief* était encore employé pour désigner l'héritage dont la partie concédée avait été démembrée, et auquel la supériorité féodale était attachée. Cet héritage resté entre les mains du seigneur s'appelait *fief dominant*. Il était souvent désigné aussi par le mot *table*. — La même dénomination s'appliquait encore à la partie démembrée et possédée par le vassal. Comme c'est cette partie qui devait toutes les prestations féodales, c.-à-d. les redevances, les devoirs et les charges quelconques, on l'appelait *fief servant*. Le mot *fief* était donc commun au vassal et au seigneur, à celui-ci dans un sens actif, et à l'autre dans un sens passif (Dumoulin, *Traité des fiefs*; Merlin, *Rép.*, v° *fief*).

350. On distinguait autrefois trois sortes de droits féodaux : les droits féodaux essentiels, les droits féodaux naturels ou ordinaires, et les droits féodaux extraordinaires ou accidentels :

351. 1° La fidélité était, suivant Dumoulin, la seule chose qui dérivât *essentiellement* d'un fief quelconque. Un fief existait comme tel, par cela seul qu'il soumettait le propriétaire à l'obligation d'être fidèle au seigneur dominant. — L'obligation de porter la foi n'était pas même essentiellement attachée à la tenue féodale, suivant l'opinion de tous les feudistes.

352. 2° Le plus commun et le premier des droits féodaux naturels ou ordinaires, c'était le serment de fidélité. Après lui venaient le *relief*, le *quint*, les *lods* et *ventes*; on les nommait droits naturels ou ordinaires, parce qu'en effet l'usage les avait presque partout attachés à la tenue féodale. Ces droits n'avaient réellement aucune autre origine, ce qui était bien sensible à l'égard des *lods* et du *quint*. Leur quotité variait dans presque tous les lieux; ils étaient même inconnus dans quelques provinces. A Paris c'était le *quint*; en Champagne, c'était le *quint* et *requint*; en Poitou, c'était le *sixième*; le douzième, au Maine; le treizième en Normandie, etc. Tant de variétés annoncent clairement que les droits féodaux ordinaires, surtout le *quint*, ne dérivaient pas de l'essence du fief.

353. 3° Les droits ordinaires ou accidentels étaient pareillement l'effet de l'usage, et d'un usage encore moins général et moins uniforme. Dans cette classe, on rangeait pour l'ordinaire les corvées, les banalités, etc. (Merlin, *ibid.* sect. 2, § 5).

354. NATURE DES FIEFS. En principe, c'était à celui qui prétendait qu'un bien était *fief* plutôt que *franc-alleu* (a), à prouver que ce bien procédait originairement de la concession d'un seigneur qui s'en était retenu le domaine direct avec la foi, car la concession de l'héritage est le premier des titres, et sans celui-là tous les autres sont nuls. Mais l'usage avait modifié cette règle; ainsi il y avait des provinces où la concession était légalement présumée, et d'autres où toute terre était présumée franche, si le seigneur ne démontrait le contraire. Celles-ci possédaient leurs terres en *franc-alleu;* et dans les premières toutes les terres étaient censées *féodales*.

(a) Héritage tellement franc, qu'il ne doit fonds de terre, et n'est tenu d'aucun seigneur foncier, et ne doit saisine, dessaisine, et autres servitudes, quelle que ce soit (*qui emporte seigneurie directe, lods, ventes et amendes*); mais quant à la justice, il est sujet à la juridiction du seigneur justicier (*Coutume d'Orléans, art.* 255).

355. On connaissait deux espèces de *franc-alleu*, le *noble* et le *roturier*.

356. Le *franc-alleu noble* était celui qui avait justice annexée, *censive* ou *fief* qui en était mouvant. — A l'égard de la juridiction annexée au *franc-alleu*, quoiqu'elle n'en fît pas partie, elle anoblissait néanmoins le *franc-alleu*. —Pareillement la *mouvance* ou *directe seigneurie* qui aurait appartenu à un *franc-alleu* sur d'autres héritages, le rendait noble, parce qu'il aurait été absurde qu'un héritage dont un *fief* aurait relevé fût roturier.

357. Mais il y avait cette différence entre les *censives* et *fiefs* dépendant du *franc-alleu*, et la justice haute, moyenne et basse qui y était annexée, que les *censives* et les *fiefs* étaient allodiaux (b), a l'égard de celui qui possédait le *franc-alleu* et duquel il relevait; et que la justice, quoiqu'elle fût unie et annexée au *franc-alleu*, n'en faisait pas partie et n'avait rien de commun avec le *franc-alleu*. Elle subsistait d'elle-même et par elle-même; ainsi elle n'était point allodiale, mais elle dépendait et était tenue du Roi ou d'un seigneur supérieur qui avait droit de ressort. Il était hors de doute que la justice annexée au *franc-alleu* était dépendante de la justice Royale ou de la juridiction subalterne du seigneur haut-justicier dans le territoire duquel le *franc-alleu* était situé.

358. Mais d'autant que la justice et le franc-alleu n'avaient rien de commun, et qu'ils ne faisaient point partie l'un de l'autre, il s'en suivait que le propriétaire pouvait vendre sa justice et son *franc-alleu*; et par ce moyen, ce *franc-alleu*, s'il n'avait un *fief* ou un *cens* dans sa mouvance, reprenait sa qualité et nature de roturier, qu'il avait auparavant et qu'il n'avait perdue que par la jonction de la justice.

359. Il n'importait que la justice annexée au *franc-alleu* fût haute, moyenne ou basse, parce que toutes ces trois espèces de justices étaient nobles.

360. Le *franc-alleu roturier* était celui qui n'avait ni justice annexée, ni *fief mouvant* de lui, ni *censives*, et qui ne devait aucun droit à aucun seigneur. —Le *franc-alleu* qui n'avait point de justice, quoique noble, parce qu'il avait fief ou censive, était sujet à la juridiction du lieu où il était situé, attendu que le *franc-alleu* n'avait rien de commun avec la juridiction.

361. TRANSMISSION DES FIEFS. La faculté de posséder des fiefs n'a jamais été contestée qu'à trois sortes de personnes : aux *femmes*, aux *gens de main-morte* et aux *roturiers*.

362. AUX FEMMES. 1° Parce que les *fiefs* avaient été concédés originairement pour le service militaire dont les femmes sont naturellement incapables, ce qui fut une cause d'exclusion (Livre des fiefs, liv. 1, tit. 1). 2° Parce qu'elles sont exclues de la couronne qui est la source de tous les fiefs; 3° Parce que l'ordonnance de 1566, confirmée par l'art. 279 de l'ordonnance de Blois voulait que la ligne

(b) *Allodial* se dit de ce qui est *franc-alleu*. Il y a l'allodial corporel, qui est un fond tenu en *franc-alleu*; et l'allodial incorporel, qui est une rente foncière possédée en *franc-alleu*. Cette rente se constitue lorsque le propriétaire d'un héritage *franc* et *allodial* le transporte en tout ou en partie à quelqu'un, à la charge d'une rente annuelle (*Merlin*).

masculine venant à manquer, les duchés, les marquisats et les comtés, qui sont les plus grands *fiefs* du royaume, fussent réunis à la couronne, à l'exclusion des filles héritières des précédents possesseurs.

363. AUX GENS DE MAIN-MORTE (a). Les gens de main-morte ne pouvaient posséder des *fiefs* qu'en fournissant au seigneur de qui ils relevaient, un homme vivant et mourant, et en lui payant un droit d'indemnité. Il lui fallait, en outre, s'il s'agissait d'acquisitions nouvelles, obtenir du Roi des lettres-patentes qui les autorisassent à les faire, et payer au Trésor royal une finance appelée *droit d'amortissement*,

364. AUX ROTURIERS. Les roturiers ne pouvaient posséder les *fiefs* et autres biens nobles que dans les cas suivants : 1° Lorsqu'ils étaient en possession de ces *fiefs* avant les établissements de *Saint-Louis*; 2° Lorsqu'un roturier épousait une femme noble qui tenait un *fief* de son héritage ou qui le recueillait pendant le mariage; 3° Lorsque le roturier qui avait épousé une femme noble venait à retraire lignagèrement un fief vendu par un parent de la ligne de sa femme; 4° Lorsque le roturier venait à recueillir un fief par droit de succession; 5° Lorsque le roturier avait la garde ou bail de mineurs qui étaient propriétaires de *fiefs*. — Dans tous ces cas, on exigeait des roturiers possesseurs de fiefs et autres biens nobles une taxe ou finance qu'on appelait droit de *franc-fief*. Ce droit a été aboli par la loi du 29 oct. 1789.

365. Le droit commun de la France permettait à tout vassal d'aliéner son fief et d'en disposer; le consentement du seigneur n'était pas nécessaire pour cela, parce que l'acquéreur à qui le vassal cédait son droit, payait au seigneur une portion de prix sous le nom de *lods et ventes* (Toullier, t. 3, n. 100). Toutefois, le seigneur pouvait critiquer l'aliénation faite par son vassal, lorsqu'elle ne comprenait pas la totalité du *fief*, car le démembrement en cette matière était presque universellement défendu.

366. De plus, le seigneur avait la faculté d'exclure l'acquéreur, en lui remboursant le prix de son contrat; c'est ce qu'on appelait le *retrait féodal*.

367. Les fiefs étaient transmissibles aux enfants des possesseurs et aux autres héritiers; mais la jurisprudence offrait la plus grande variation sur la manière d'y succéder.

368. ABOLITION. Le régime féodal a été entièrement détruit par l'art. 1er du décret du 4 août 1789, ainsi conçu : *Ceux des droits et devoirs, tant féodaux que censuels qui tiennent à la main-morte réelle ou personnelle et à la servitude personnelle, et ceux qui les représententent, sont abolis sans indemnité; tous les autres sont déclarés rachetables.*

369. Cette dernière disposition de la loi ayant converti certains droits féodaux en droits fonciers, il est intervenu une loi du 17 juillet 1793, *qui a supprimé sans indemnité toutes redevances ci-devant seigneuriales, droits féodaux, censuels, fixes et casuels* (Art. 1er de lad. loi), à l'exception des rentes ou prestations purement foncières et non féodales (Art. 2) — Merlin, v° *fief*.

§. 18. DES DROITS DE GREFFE.

370. Il sera question de ces droits en la note 94.

(a) On appelait ainsi les communautés, les corps et les établissements publics dont l'existence se perpétuait par la subrogation toujours successive des personnes qui les composaient ou les administraient.

§ 19. DES DROITS HONORIFIQUES OU DE LA PRÉSÉANCE.

371. On entend par *droits honorifiques* ou *préséance* le droit de se placer dans un ordre ou dans un rang plus honorable qu'un autre.

372. Les hommes, trop souvent aveuglés par l'orgueil et la vanité, sont si portés à se croire supérieurs à ceux auxquels ils sont inférieurs en dignité et en mérite, qu'il a été nécessaire d'assigner les différences qu'établissent entre eux le pouvoir, les charges et la profession qu'ils exercent. —L'usage général est de regarder comme la première place celle qui est à main droite. Ainsi, par exemple, si le lieu d'assemblée est une église, ce sera la place à droite en entrant au chœur par la porte de la nef qui sera la plus honorable. De même, dans les marches, le corps qui va à la droite de l'autre indique la préséance.

373. Un décret du 24 mess. an XII règle l'ordre des préséances dans les cérémonies publiques; mais d'autres décrets des 28 sept. 1807, 16 mars 1808 et 30 mars 1808, règlent le rang des référendaires de la Cour des comptes entre eux, des conseillers auditeurs entre eux et des juges aussi entre eux.

374. Les avoués et les huissiers, faisant en quelque sorte partie des Tribunaux près desquels ils exercent leurs fonctions, doivent prendre place immédiatement après les magistrats qui les composent, mais lorsqu'ils ne marchent pas avec le Tribunal auquel ils sont attachés, aucun rang particulier ne leur est assigné.

375. Les Notaires, à raison de leur caractère d'officiers publics, ont le pas sur les officiers ministériels qui n'accompagnent pas le Tribunal, lorqu'ils se trouvent en leur présence; par exemple, pour des prestations de serment. Il en était de même sous l'ancienne jurisprudence (Parlem. de Paris, 20 fév. 1592, 21 août 1660; Cons. privé, 9 août 1762); — Bioche, v° *Préséance*.

§ 20. DES DROITS D'HYPOTHÈQUE.

376. Ces droits sont expliqués en la note 111.

§ 21. DES DROITS IMMOBILIERS.

377. Les droits immobiliers sont ceux qui ont des immeubles pour objet, ou bien qui sont réputés immeubles par une fiction de la loi. — Telles sont les actions de la Banque de France, lorsque les actionnaires leur ont donné la qualité d'immeubles (Décr. 16 janv. 1808, art. 7). V. notes 25, 26, 28, 87 et *inf.*, § 24.

§ 22. DES DROITS INCORPORELS.

378. Ce sont ceux qui ne consistent réellement qu'en un droit, une créance ou une action, et qui n'ont point de signes matériels de leur existence. On les appelle ainsi par opposition aux droits *corporels* dont il est parlé *suprà*, § 10).

§ 23. DES DROITS LITIGIEUX.

379. La chose est censée litigieuse dès qu'il y a procès et contestation sur le fond du droit (C. civ. 1700). V. *sup.*, note 4, p. 14, n. 59 et suiv., et *infrà*, note 109.

§ 24. DES DROITS MOBILIERS.

380. Ces droits sont ceux qui ne consistent qu'en quelque chose de mobilier, comme le recouvrement d'une somme

de deniers à une fois payer, ou bien qui sont réputés meubles par une fiction de la loi, tels sont les immeubles qui appartiennent à des compagnies de finance, de commerce ou d'industrie (C. civ. 529). V. *sup.*, § 10, 21, 22.

380 *bis.* Le mari a seul l'exercice des droits mobiliers qui appartiennent à sa femme, commune en biens (C. civ. 1428). D'où il suit qu'il a qualité pour défendre, au nom de sa femme qui a acquis un immeuble ou a succédé à l'acquéreur, à l'action en *représentation de prix*, intentée par un créancier hypothécaire (Cass. 15 mars 1808, - Sir. 8, 1, 353). V. *Actions mobilières*, note 28.

§ 25. DES DROITS, NOMS, RAISONS ET ACTIONS.

381. On se sert de ces mots pour désigner tous les droits et prétentions qu'une personne peut avoir, à quelque titre que ce soit, sur la chose dont il s'agit.

§ 26. DU DROIT D'OFFRIR.

382. C'est un droit en vertu duquel des créanciers postérieurs sont autorisés à offrir à des créanciers antérieurs, le paiement de ce qui leur est dû, afin d'être subrogés, par ce moyen, à leurs hypothèques.

383. L'exercice de ce droit paraît, du premier abord, incompatible avec celui que l'art. 1236 du Code civil donne à tout créancier à qui l'on offre le paiement de sa créance, moyennant subrogation, de le refuser; et de là il semble résulter que le droit d'offrir est aboli. Mais ce qui prouve le contraire, c'est que, d'une part, l'art. 1236 lui-même porte que le créancier ne peut pas refuser de recevoir son paiement des mains d'un tiers qui éteint la dette et qui ne lui demande pas de subrogation; et que de l'autre il résulte de l'art. 1251 du Code civil que lorsqu'un créancier paie un autre créancier qui lui est préférable à raison de ses hypothèques ou privilèges, la subrogation s'opère de plein droit. — V. le mot *subrogation*, note 114.

384. Il existe une disposition à peu près semblable dans l'art. 2185 du C. civ. relativement au cas de surenchère. V. le mot *sur-enchère*, note 147.

§ 27. DES DROITS PASSIFS.

385. Ce sont ceux qu'il est au pouvoir d'une personne d'exercer contre une autre, comme quand quelqu'un exige de son débiteur l'exécution d'une obligation, de sorte qu'un même droit est à la fois *actif* vis-à-vis du créancier et *passif* à l'égard du débiteur. — les droits *passifs* comprennent les *dettes* et les *charges*.

§ 28. DU DROIT DE PÊCHE.

385. *bis.* V. la note 187.

§ 29. DES DROITS PERSONNELS.

386. Les lois sont faites pour les personnes, puisqu'elles sont une règle d'action, et que les personnes seules peuvent agir (Toullier, t. 1, nº 167).

387. Les conventions légalement formées tiennent lieu de loi à ceux qui les ont faites (C. civ. 1134), et n'ont d'effet qu'entre les parties contractantes (C. civ. 1165).

388. Cependant les créanciers peuvent exercer tous les droits et actions de leur débiteur, à l'exception de ceux qui sont exclusivement attachés à la personne (C. civ. 1166), c.-à-d. dont il ne peut céder l'exercice; tels sont notamment la liberté individuelle, la qualité de citoyen, la légitimité, le droit de puissance paternelle, etc. (Toullier, *ibid.*)

389. Font partie des droits exclusivement attachés à la personne :

390. 1° Le droit de rembourser le cessionnaire d'un cohéritier en vertu de l'article 841 du C. civ. (Toullier, t. 6, p. 404, nº 375).

391. 2° Les droits d'usage et d'habitation qui ne peuvent être cédés ni loués (C. civ. 631, 634). — (*Ibid.*).

392. 3° Le droit de demander la séparation de biens. L'art. 1443 du Code civil n'accordant ce droit qu'à la femme dont la dot est en péril. (*Ibid.*).

393. 4° Le droit d'accepter une donation faite au débiteur qui négligerait ou refuserait d'en faire l'acceptation, que le Code permet de faire par un acte séparé. (*Ibid.* C. civ. 932). V. *sup.*, note 10, p. 52, n. 71.

394. Les droits personnels peuvent être rangés en deux classes :

395. Les uns sont accordés par le droit commun, à tous les genres de créance, quelqu'en soit la cause, l'origine, le titre.

396. Les autres résultent des dispositions particulières de la loi qui accorde pour certaines créances des prérogatives spéciales, soit dans la manière d'exercer l'action, soit dans le genre de contrainte, soit dans le rang qu'elles doivent occuper dans le concours des autres créanciers. C'est ce qu'on appelle des *privilèges*. V. ce mot, note 29 (Toullier, t. 7, p. 121, n. 99).

V. la note 25, n. 50, 51, 52 et suiv., 59, 69 et suiv., et *inf.* § 33, n. 406.

§ 30. DES DROITS DE RECETTE.

397. V. *sup.* note 5, p. 26, n. 224.

§ 31. DES DROITS DE RECHERCHE.

398. V. *sup.*, note 5, p. 26, n. 225 — note 21, p. 185, n. 95 et suiv.

§ 32. DES DROITS RÉELS.

399. Le droit de propriété est un *droit réel*, *jus in re*. Le lien de la propriété existe entre le propriétaire et la chose, indépendamment de toute autre personne; il peut la suivre en quelques mains qu'il la trouve, quoique le possesseur soit de bonne foi, et n'ait contracté envers lui aucune obligation personnelle. — C'est cette faculté de suivre la chose partout où elle se trouve qui forme le caractère spécifique de ce qu'on appelle un droit réel, *jus in re*, à la différence *du droit personnel* ou du droit à la chose, *jus ad rem*, qui résulte d'un lien purement personnel existant entre deux ou plusieurs personnes déterminées, et en vertu duquel l'une est obligée de faire ou de donner quelque chose. En un mot, en vertu d'un droit réel, je réclame une propriété qui m'est acquise; en vertu du droit personnel ou du droit à la chose, je demande que le débiteur me transfère sa propriété. Le droit à la chose *jus ad rem* est donc un titre, un moyen pour acquérir le droit réel, *jus in re* (Toullier, t. 3, p. 55, n. 84).

400. Les créanciers ne peuvent avoir que deux sortes de droits contre leur débiteur. Les uns appelés *personnels*, parce qu'ils sont principalement dirigés vers la personne,

et qu'ils n'affectent ses biens qu'en vertu de la règle générale, suivant laquelle celui qui s'est obligé personnellement est tenu de remplir ses engagements sur tous ses biens présents et à venir, lesquels sont le gage commun de ses créanciers, sans aucune préférence ou privilége en faveur des uns ni des autres (C. civ. 2092 et suiv.).

401. Les autres, qu'on appelle *réels* ou hypothèques, parce que outre les droits personnels du créancier contre le débiteur, ils affectent tous ses biens, d'une manière tellement particulière, qu'elle donne à ceux auxquels ces droits sont acquis, la faculté de les exercer en quelques mains qu'ils passent. C'est pour cela qu'on les appelle droits *réels*, ou droits sur la chose, *jura in re* (Code civ. 2114).

402. Le gage et l'hypothèque sont des droits réels. Il en est de même des servitudes qui ne peuvent être imposées ni à la personne ni en faveur de la personne, mais seulement à un fonds et pour un fonds (C. civ. 686). Cependant l'usufruit, l'usage et l'habitation sont des servitudes *personnelles*.

403. Celui qui a droit à une chose ne peut être obligé de se contenter de son prix : et par contre, celui qui n'a pas droit à une chose, ne peut pas contraindre à la lui céder moyennant valeur convenable. Ainsi, lorsqu'un droit réel est contesté à une femme sur les biens de son mari, par des créanciers du mari, et que dans le fait ce droit réel ne compète pas à cette femme; s'il arrive que, pour rendre sa prétention favorable, elle offre aux créanciers de leur payer la valeur du droit réel à dire d'expert, les juges ne peuvent accueillir cette offre, et déclarer les créanciers sans intérêt à contester ce droit réel (Cass. 13 mai 1817, aff. Mifflet, - Sir. 17, 1, 277).

404. Le droit de possession, qui est celui d'être présumé propriétaire, et de se faire maintenir dans sa possession, au moyen de l'action en complainte possessoire, contre tous ceux qui voudraient la troubler par des voies de fait, est évidemment un droit réel (Toullier, t. 3, n. 99).

405. Le co-héritier à qui est due une restitution de fruits par son co-héritier, qui a joui de l'entière succession, a un *droit réel* sur les biens héréditaires, en vertu duquel il peut, lors du partage de la succession, se faire attribuer une plus forte part d'immeubles (Arg. C. civ. 829 et suiv., 856; Riom, 14 fév. 1828; Toulouse, 10 mars 1821, 22 août 1822, 2 mai 1825. — *contrà*, Agen, 3 avril 1823; Montpellier, 24 août 1824; Pau, 28 juill. 1828).

§ 33. DES DROITS RÉGALIENS.

406. On appelle ainsi les droits qui sont inhérents à la royauté. Tel est le droit de battre monnaie, celui de faire la paix ou la guerre, et de nommer aux offices, suivant les lois du Royaume (V. *Ch. const.*, art. 13, et v° *Office*, note 191).

§ 34. DES DROITS RESCINDANTS ET RESCISOIRES.

406 *bis*. Le *rescindant* et le *rescisoire* ne sont point jugés par le même jugement ou arrêt. On appelle *rescindant* la demande qui tend à faire annuler un acte ou un jugement pour dol, violence, erreur ou lésion (C. civ. 1109 et suiv.). C'est le préliminaire de toute rescision. Lorsqu'on a gagné le *rescindant*, il y a fort à présumer qu'on aura gain de cause sur le *rescisoire*. — Le *rescindant* est la forme et le *rescisoire* le fond.

On appelle *rescisoire* l'objet principal pour lequel on s'est pourvu, soit contre un acte, soit contre un jugement et qui tend à faire remettre les parties au même état où elles étaient avant l'acte ou le jugement annulé par le *rescindant*.

Ainsi, en matière de requête civile, il faut toujours deux jugements distincts, l'un sur la requête civile, qu'on appelle *rescindant*, l'autre sur le fond de la contestation qu'on appelle *rescisoire*, (Arg. C. proc. civ. 499, 501, 502). — Ce serait exposer les juges à une perte de temps et les parties à des frais inutiles, que d'autoriser la discussion des moyens du fond avant qu'il soit certain que la requête civile sera admissible. Il en était de même sous l'ordonnance de 1667 (Bioche, v° *Requête civile*, n. 111).

Quoiqu'il résulte implicitement de l'art. 502 du C. de proc. civ. que le *rescindant* et le *rescisoire* ne peuvent être cumulés, cependant cette prétendue nullité ne peut être opposée par la partie adverse qui a posé des conclusions au fond. Il a même été décidé que le jugement qui autorisait le demandeur à reprendre la propriété et jouissance des biens possédés par le défendeur, en vertu du jugement rétracté, était considéré comme une mesure provisoire non interdite aux juges (Cass. 5 juin 1839). — V. *Rescision*, note 171.

§ 35. DU DROIT DE RETOUR.

407. V. *Réversion et Droit de retour légal et conventionnel*, note 190.

§ 36. DES DROITS SUCCESSIFS.

408. V. *Transport de droits successifs*, note 109.

§ 37. DES DROITS DE SUCCESSION.

409. V. *Mutation après décès* (Droits de), note 192.

§ 38. DU DROIT DE SUITE.

410. C'est ainsi qu'on désigne le droit que l'on a de suivre des objets qui nous appartiennent ou sur lesquels nous avons des droits.

Nous allons énumérer en quels cas il y a lieu au droit de suite :

411. ASSURANCE. L'assureur contre l'incendie n'a ni privilége ni droit de suite sur les objets assurés, pour le paiement des frais et de la prime d'assurance (Paris, 8 av. 1834, - Sir. 34, 2, 307; Pardessus, n. 964; Quenault, p. 266). — V. *inf.* n. 422.

411 *bis*. CHASSE. Lorsqu'un individu a fait lever du gibier sur son terrain, il ne peut le suivre sur le terrain d'autrui; il doit alors s'arrêter et rompre ses chiens sur la ligne des deux héritages (Merlin, *Rép.*, v° *Chasse*, §. 4; Toullier, t. 4, n. 20).

412. Cependant si le chasseur a blessé l'animal, il faut distinguer : si la bête est tombée gisante, il n'est pas permis de la lui prendre même sur le terrain d'autrui. Si, au contraire, elle a été blessée de manière qu'il soit impossible que le chasseur ne s'en empare pas, le propriétaire du terrain sur lequel se trouve l'animal pourra s'approprier le gibier que n'aura pas encore appréhendé le chasseur. Mais si le chasseur s'est emparé de l'animal sur le terrain d'autrui, malgré la défense du propriétaire de ce terrain, il ne pourra être forcé de le rendre, parce que celui-ci n'a aucun droit de propriété sur les animaux sauvages dont le chasseur s'est emparé. Le propriétaire du champ aura seulement une action en dommages et intérêts contre le chasseur qui se sera introduit sur son fonds (L. 5, § 1,

D. *de acquir. rer. dom.; Instit. de rer. div.* § 12, n. 3; Favard, v° *Chasse;* Pothier, *du droit de propriété*, ch. 2, n. 24.

413. D'où il résulte que quand le propriétaire du champ n'est point là pour disputer au chasseur le gibier blessé, celui-ci a droit de suite vis-à-vis de tous autres que le propriétaire. Cette question agitée par les jurisconsultes romains a été résolue dans ce sens d'une manière absolue par Barbeyrac dont le sentiment plus civil (dit *Pothier, ibid*), est suivi dans l'usage.

414. ESSAIM. Quant aux essaims d'abeilles, le propriétaire a le droit de les réclamer et de s'en ressaisir, tant qu'il n'a pas cessé de les suivre, autrement l'essaim appartient au propriétaire du terrain sur lequel il s'est fixé (L. 28 sept. - 6 oct. 1791, t. 1, sect. 3, n. 2). Mais si, pour exercer ce droit de suite, il commet des dégats, il est tenu de les payer (C. civ. 1382, 1383). — Toullier, t. 3, p. 235, n. 374.— Dans tous les cas, l'essaim ne peut être considéré comme épave, il n'appartient plus au premier occupant; et celui qui s'en serait emparé, devrait être condamné de le rendre au propriétaire du terrain où il s'était fixé (Toullier, t. 4, p. 51, n. 50).

415. HYPOTHÈQUE. PRIVILÉGE. Les créanciers ayant privilége ou hypothèque inscrite sur un immeuble, le suivent en quelques mains qu'il passe, pour être colloqués et payés suivant l'ordre de leurs créances ou inscriptions (C. civ. 2114, 2166); même au cas d'usufruit éteint pour cause d'abus de jouissance, lorsque le créancier hypothécaire a un titre antérieur aux actes abusifs. — V. note 25, p. 239, n. 14.

416. Tellement que si l'immeuble sur lequel une hypothèque a été constituée vient à être envahi par une rivière qui change de lit, l'hypothèque se trouve transportée de plein droit sur l'ancien lit dont le débiteur est devenu propriétaire. Toutefois, si cet ancien lit se trouve situé dans un autre arrondissement, l'hypothèque doit y être inscrite et n'a d'autre rang que celui de cette nouvelle inscription (C. 563, 2133; Persil, *Rég. hyp.*, art. 2133, n. 4 et 5.-*Contrà*, Zachariæ, *Dr. civ. fr.* § 203, note 11; Daviel, t. 1, n. 162). — Et le terrain ainsi abandonné par le changement de lit advient au nouveau propriétaire, exempt de toute servitude de l'ancien propriétaire riverain (Cass. 11 fév. 1813, aff. Guillot, - Sir. 15, 1, 100).

417. Tellement encore que le créancier auquel une hypothèque a été conférée sur un immeuble et sur des objets mobiliers qui s'y trouvaient incorporés, ne peut perdre son hypothèque sur ces objets par la vente séparée qu'en aurait faite le propriétaire. Dans ce cas, il conserve son hypothèque sur les meubles immobilisés tant qu'elle n'a pas été purgée, et alors même que depuis, sur une poursuite d'expropriation, il se serait rendu adjudicataire de l'immeuble vendu séparément des meubles qui y étaient attachés (C. civ. 2133; Paris, 22 fév. 1836, aff. Laine, - Sir. 36, 2, 349; Douai, 3 janv. 1815, aff. Plancq, - Sir. 16, 2, 46). V. notes 86, 87.

417 *bis*. USUFRUIT. L'usufruit d'un immeuble est sujet à hypothèque (C. civ. 2118).

418. Mais le créancier hypothécaire ne peut exercer le droit de suite:

419. 1° Sur les meubles (C. civ. 2119).

420. 2° Sur les droits d'usage, d'habitation ou de servitude constitués sur l'immeuble hypothéqué, et l'acquéreur de pareils droits n'est pas tenu de purger (C. civ. 2166; Troplong, t. 3, n. 777 *bis;* Pardessus, *Servit.*, n. 245; — *Contrà*, Persil, quant à la servitude, art. 2166, n. 5; Delvincourt, t. 3, p. 172, note 1; Dalloz, *Hyp.*, p. 331).

421. 3° Sur les matériaux provenant de la destruction d'une maison qui lui était hypothéquée (C. civ. 532, 2180; Troplong, t. 4, n. 889; Persil, art. 2180, n. 8; Grenier, t. 1, p. 312, n. 147). — Même lorsqu'il s'agit de bâtiments affectés à l'exploitation d'une propriété rurale, vendus pour être démolis, à un acquéreur de bonne foi; ce qui s'étend aussi à l'acquéreur de la superficie d'un bois de haute-futaie (Cass. 9 août 1825, aff. Poupard, - Sir. 26, 1, 133).

422. 4° Sur la somme due à l'assuré au cas d'incendie de l'immeuble hypothéqué. A son égard la somme n'est pas la représentation de l'immeuble (Cass. 28 juin 1831, aff. Lemasson, - Sir. 31, 1, 291; Grenoble, 27 février 1834, aff. Maury - Sir. 34, 2, 367. — *contrà*. Colmar, 25 août 1826, aff. Witt, - Sir. 28, 2, 17; Rouen, 27 déc. 1828, aff. Pinel, - Sir. 30, 2, 163). V. *sup.* n. 411.

423. REVENDICATION. Le propriétaire auquel il est dû des loyers ou fermages, a droit de suite sur les meubles garnissant sa maison ou sa ferme; en conséquence il peut saisir ces meubles lorsqu'ils ont été déplacés sans son consentement, et il conserve sur eux son privilége, pourvu qu'il ait fait la revendication; savoir: lorsqu'il s'agit du mobilier qui garnissait une ferme, dans le délai de quarante jours; et dans celui de quinzaine, s'il s'agit des meubles garnissant une maison (C. civ. 2102, — C. proc. 829).

V. note 30, n. 9 à 31.

§ 39. DES DROITS DE TIMBRE.

424. — V. la note 61.

§ 40. DES DROITS DE TRANSCRIPTION.

425.— V. la note 111.

§ 41. DU DROIT D'USAGE ET D'HABITATION.

426. — V. la note 193 et *sup.* § 38, n. 420.

§ 42. DU DROIT D'USUFRUIT.

427. — V. la note 69.

§ 43. DES DROITS UTILES

428. On appelle ainsi les droits qui ont un but utile, tendant à toute autre chose qu'à de simples honneurs. C'est l'opposé des droits *honorifiques*.—V. *sup.* sect. 2, § 1, 17, 20.

[28]

DES ACTIONS.

DIVISION SOMMAIRE.

INDICATION ALPHABÉTIQUE DES MATIÈRES DU CHAP. 1.

— V. pour celles du chap. 2 et du chap. 3 après le n. 172; et du chap. 4 après le n. 729.

Chap. 1er. *DES ACTIONS EN DROIT CRIMINEL OU PUBLIC.*

Sect. 1re. DE L'ACTION PUBLIQUE.

1. *L'action publique* est celle qui appartient à la société pour le maintien de l'ordre public.

2. Elle a lieu, tant en matière *civile* qu'en matière *criminelle*, *correctionelle* ou de *police*. Les cas où elle a lieu en matière civile sont expliqués en la section 2 du présent chapitre.

3. En matière *criminelle*, *correctionnelle* ou de *police*, elle a lieu, dans tous les cas, parce que, suivant l'art. 4 du Code des délits et des peines du 3 brumaire an IV, *tout délit donne essentiellement lieu à l'action publique*, d'où il suit qu'elle doit être exercée, savoir :

1° A raison des crimes et délits commis contre la *chose publique*, ce qui comprend les crimes et délits contre la sûreté intérieure et extérieure de l'Etat (C. pén. 75 à 108), les crimes et délits contre la Charte constitutionnelle (C. pén. 109 à 131), les crimes et délits contre la paix publique (C. pén. 132 à 294).

2° A raison des crimes et délits commis contre *les personnes*, ce qui comprend les meurtres et autres crimes capitaux (C. pén. 295 à 308), les blessures et coups volontaires non qualifiés meurtres, et autres crimes et délits volontaires (C. pén. 309 à 318), les homicides, blessures et coups involontaires et crimes et délits excusables ou non (C. pén. 319 à 329), les attentats aux mœurs (C. pén. 330 à 340), les arrestations illégales et séquestrations de personnes, les crimes et délits envers l'enfant, les infractions aux lois sur les inhumations, le faux témoignage, les calomnies, injures et révélation de secrets (C. pén. 341 à 378).

3° A raison des crimes et délits commis contre *les propriétés*, tels que les vols, les banqueroutes, escroqueries, abus de confiance (C. pén. 379 à 409), les contraventions aux réglements sur les maisons de jeux, les loteries et les maisons de prêt sur gages, les entraves apportées à la liberté des enchères, la violation des réglements relatifs au commerce, manufactures et arts (C. pén. 410 à 429), les délits des fournisseurs, les destructions, dégradations et dommages (C. pén. 430 à 463).

4° Et à raison des contraventions de *police* (C. pén. 464 à 481).

4. Il ne faut pas confondre avec *l'action publique*, la *plainte* que peut rendre d'un délit tout particulier qui en souffre du dommage. Cette plainte, quoique portée devant les juges criminels, correctionnels ou de police, n'est qu'une action *civile* ou *privée*.

5. Il y a cette différence entre *l'action publique* et *l'action privée* ou la *plainte*, que celle-là s'éteint par la mort du coupable, au lieu que celle-ci peut être intentée ou continuée contre ses héritiers (L. 3 brum. an IV, art. 7; C. inst. crim., art. 2).

§ 1. PAR QUI ET EN QUELS CAS PEUT ÊTRE INTENTÉE L'ACTION PUBLIQUE.

6. L'action pour l'application des peines n'appartient qu'aux fonctionnaires auxquels elle est confiée par la loi, c.-à-d. au commissaire de police, au maire ou adjoint, ou à un membre du conseil municipal désigné pour un an dans les tribunaux de police (C. instr. crim. 144, 167), au Procureur du Roi dans les Tribunaux de première instance (*Id.* 23), et au Procureur général du Roi dans les Cours royales (*Id.* 271).

7. Hors les cas formellement exceptés par la loi (V. *inf.*, n. 20 et s.), le Ministère public peut agir en répression d'un délit contre une propriété privée, alors même qu'il n'y a pas plainte, ou que la plainte est mal fondée ou irrégulière, ou qu'elle est désavouée (Cass. 8 prair. an XI, - Sir. 7, 2, 1094; 9 janvier 1808, - Sir. 9, 1, 68). Ainsi décidé :

8. 1° A l'égard d'un délit rural (Cass. 31 octobre 1822, aff. Moreau, - Sir. 23, 1, 855).

9. 2° Relativement à des bestiaux laissés à l'abandon même quand ils n'avaient pas commis de dégâts (Cass. 17 oct. 1837; 21 nov. 1839; - Sir. 38, 1, 434; 40, 1, 574), ou bien quand la propriété n'avait été endommagée qu'à défaut de clôture usitée et obligée; la loi punissant le dommage fait même dans les champs ouverts (Cass. 12 juillet 1824, aff. Petit, - Sir. 24, 1, 395).

10. 3° A l'égard de volailles laissées à l'abandon; celui à qui elles appartiennent ne pouvant en être quitte pour avoir à supporter que le propriétaire de l'héritage endommagé tue ces volailles sur son héritage (Cass. 11 août 1808, aff. Vagnier; 22 août 1816, aff. Delaunay; 18 nov. 1824, aff. Leclerc).

11. 4° Au sujet de bruits ou tapages injurieux ayant eu lieu, soit de jour, soit de nuit, même quand il existe un usage local autorisant cet abus (Cass. 26 déc. 1834, aff. Lesieur; 5 sept. 1835, aff. Bonnafous).

12. 5° En cas de pêche dans une rivière non navigable ni flottable, mais en temps prohibé, ou avec des engins défendus, encore que le propriétaire ne se plaigne pas contre le pêcheur (Cass. 17 brum. an IV; 21 fév. 1812). V. *inf.* n. 24.

13. 6° En matière d'amende prononcée par la loi pour la punition d'un délit (Cass. 18 avril 1811).

14. 7° En matière de banqueroute (C. comm. 586, 593; Cass. 9 mars 1811); mais dans le cas des art. 587 et 594 les poursuites d'office ne sont que facultatives (Legraverend, 1, 16).

15. 8° En matière de dommages commis dans les bois communaux (Cass. 4 avril 1806).

16. 9° En matière de délits forestiers, même en appel (Cass. 5 nov. 1829).

17. 10° En matière de faux au criminel, encore qu'il y ait au Tribunal civil jugement qui, sur le même fait, rejette l'inscription de faux incident (Cass. 28 av. 1809).

18. 11° En matière d'ordre public, notamment lorsqu'il s'agit d'empêcher ou de faire annuler un mariage entre parents au degré prohibé (Bruxelles, 1er août 1808; Cass. 8 nov. 1824).

Et lorsqu'il s'agit de trouble apporté à la tranquillité publique par un mari exerçant des sévices ou mauvais traitements envers sa femme (Cass. 28 ventôse an x, - Sir. 2, 2, 415).

19. Le ministère public peut ne pas faire de poursuites, s'il pense que la tranquillité ou la morale publique ne souffriront pas de l'impunité du délit, ou bien lorsque les délits sont légers ou n'intéressent pas l'ordre public (Legraverend, t. 1, p. 8; Jousse, t. 1, p. 576; Favard de Langlade, t. 1, p. 567; Bérenger, p. 278; Ortolan et Ledeau, t. 2, p. 125; Mangin, t. 1, n. 17 et s.; Duverger, t. 1, n. 48. — *Contrà*, Carnot, t. 1, p. 295, 303, 306; Bourguignon, t. 1, p. 166; Dalloz, t. 11, p. 214 et 218).

20. Quoiqu'en général le ministère public ait action pour la poursuite d'office, et la répression de tous les crimes et délits (V. *sup.* n. 7 et suiv.), il ne le peut cependant dans les cas suivants qui sont exceptés :

21. 1° En matière d'adultère (Legraverend, t. 1, p. 44, 45; Paris, 17 janvier 1823, aff. Barbaud, - Sir. 24, 2, 155; Douai, 27 mars 1828, aff. Guyon, - Sir. 28, 2, 130); mais, lorsque le mari a dénoncé l'adultère de sa femme, les poursuites dirigées par le ministère public ne peuvent être arrêtées ni suspendues par la demande en séparation de corps, formée postérieurement par le mari (Cass. 22 août 1819, - Sir. 20, 1, 457).

22. 2° En matière de diffamation ou d'injures publiques contre les agents de l'autorité publique et contre les particuliers (L. 26 mai 1819, art. 5; Cass. 10 janv. 1833; 1er juin 1830; Grattier, 1, p. 339). Dans ce cas, l'action du ministère public doit être mise en mouvement par la plainte de la partie lésée, mais il en serait autrement au cas d'outrages publics ou non publics commis envers un ministre du culte dans l'exercice de ses fonctions, ce délit prévu par l'art. 262 du Code pénal, pouvant être poursuivi d'office par le ministère public. Toutefois la poursuite d'un délit d'outrages *à raison* des fonctions seulement, devrait être subordonné à la plainte (L. 25 mars 1822, art. 6; Arrêt précité; Grattier, *id.*)

23. 3° En matière de chasse sur le terrain d'autrui, dans un temps non prohibé, sans le consentement du propriétaire, lorsque celui-ci n'a point formé plainte ou ne s'est pas constitué partie civile (Cass. 12 fév. 1808; 22 juin 1815). Il en serait autrement si le chasseur n'était point muni de permis de port d'armes de chasse (Décr. 12 mars 1808; Cass. 12 fév. 1808); ou si le fait de la chasse avait eu lieu sur des terres non dépouillées de leurs récoltes (Angers, 12 janvier 1829; Cass. 4 fév. 1830). Cependant le ministère public est recevable à interjeter appel du jugement intervenu sur la plainte du propriétaire, quoique celui-ci n'appelle pas lui-même (Cass. 31 juillet 1830).

24. 4° Au cas de pêche dans les eaux d'un particulier, lorsque celui-ci ne s'en plaint pas (Cass. 5 fév. 1807; 21 fév. 1812); mais il en est autrement des délits de pêche fluviale sans distinction (Cass. 17 oct. 1838). — V. *sup.*, n. 13.

25. 5° Au cas de soustraction d'objets mobiliers, de l'un à l'autre époux (Cass. 6 pluv. an x); mais il en est autrement à l'égard du complice de l'époux qui a soustrait (Cass. 26 messidor an XIII; 6 pluv. an x; C. pén. 380).

26. 6° Au cas de soustractions commises par les enfants de choses appartenant à leurs pères, encore que ces soustractions tournent au préjudice d'un tiers entre les mains de qui les choses volées se trouvaient à titre de gage ou de saisie (Cass. 29 oct. 1812; C. pén. *id.*).

27. Il n'est pas nécessaire pour intenter l'action publique qu'un procès-verbal préalable ait été dressé immédiatement après le délit; il suffit qu'il existe contre le prévenu d'autres preuves légales de culpabilité (Cass. 28 nov. 1806). — Si le prévenu fait l'aveu du délit, on doit le punir comme si le procès-verbal était régulier (Cass. 28 nov. 1806).

§ 2. EN QUELS CAS L'ACTION PUBLIQUE EST SOUMISE A L'EXERCICE DE L'ACTION CIVILE.

28. L'action publique qui résulte de tout crime, délit ou contravention prévus par le code pénal, ne peut être anéantie ou suspendue par le défaut d'exercice de l'action civile (Cass. 11 juin 1813). Elle n'est point enchaînée ou suspendue, lorsqu'il s'agit de faux en écritures privées, par la déclaration du prévenu sur la sommation de la partie civile, de ne vouloir pas user de la pièce fausse (Cass. 28 oct. 1813, - Sir. 14, 1, 10).

29. Mais lorsque la décision criminelle suppose une question préjudicielle civile qui ne peut être prouvée que par témoins, les juges doivent surseoir et renvoyer au civil. Ainsi décidé :

30. 1° A l'égard du faux commis par un père en présentant à l'officier de l'état civil un enfant sous le nom d'une fausse mère (Cass. 9 fév. 1810).

31. 2° A l'égard de la fausseté des noms sous lesquels un enfant prétend avoir été inscrit, dans son acte de naissance (Cass. 20 prairial an XII).

32. 3° En matière de supposition d'enfant (Cass. 22 août 1812).

33. 4° En matière de suppression d'état. (Cass. 10 mess. an XII; 2 mars 1809; 9 fév. 1810).

34. Mais il en est autrement : 1° à l'égard de *la suppression de la personne* même de l'enfant; l'art. 327 du C. civ. qui ne permet l'exercice de l'action criminelle qu'après jugement sur l'action civile ne s'appliquant qu'au cas où il y a *suppression de l'état d'un enfant* (Cass. 26 sept. 1823; 8 avril 1826).

35. 2° A l'égard d'un délit de violation de dépôt, lorsqu'il y a un commencement de preuve par écrit (Cass. 31 juillet 1812); de sorte que quand il n'y a point de commencement de preuve, le prévenu de violation du dépôt ne peut, s'il nie ce dépôt, être poursuivi et jugé correctionnellement, même sur la plainte du ministère public (Cass. 5 déc. 1806).

36. 3° A l'égard d'un agent de change prévenu de faillite (C. pén. 404) et renvoyé à raison de ce crime devant la chambre des mises en accusation; cette chambre ne pouvant surseoir à statuer jusqu'à ce qu'il ait été définitivement prononcé par

le Tribunal de commerce sur le fait de la faillite (Cass. 30 janv. 1824, - Sir. 24, 1, 226).

37. 4° A l'égard d'une contravention soumise à la Cour criminelle, relativement à la coupe d'arbres réservés à l'Etat dans un bois particulier. Si le prévenu élève une question préjudicielle de propriété, la Cour doit surseoir à toute décision, jusqu'à ce que cette *question préjudicielle* ait été jugée par l'autorité compétente (Cass. 10 av. 1807). —L'exception n'est une *question préjudicielle* à renvoyer au Trib. civ. que lorsque le prévenu excipe d'un droit de propriété immobilière ou d'un droit réel, et non lorsqu'il excipe d'un droit de jouissance mobilière à titre de fermier (Cass. 2 août 1821, - Sir. 21, 1, 438).

38. Il est des délits ou contraventions qui ne peuvent être poursuivis par le ministère public lorsqu'il n'y a ni *poursuite* ni plainte du particulier lésé ; tels sont les délits ou contraventions contre la *propriété* qui ne sont pas classés dans le Code pénal (garant de l'ordre public) et qui ne sont déterminés que par des lois spécialement conservatrices du droit de propriété. Mais lorsqu'il y a eu plainte, et qu'ainsi l'action publique a été mise en mouvement, le particulier lésé n'est pas le maître de la paralyser ou de la suspendre en retirant sa plainte (Cass. 23 janv. 1813, - Sir. 13, 1, 229).

§ 3. DE L'EXTINCTION OU PRESCRIPTION DE L'ACTION PUBLIQUE.

39. L'action publique s'éteint 1° par la prescription qui fait l'objet des art. 1, 2 et 3, qui suivent; 2° et par la mort (V. *sup.* n. 5). Le délai de la prescription étant différent suivant qu'il s'agit ou d'un crime (V. *inf.* n. 47 et s.), ou d'un délit (V. *inf.* n. 70 et suiv.), ou d'une contravention (V. *inf.* n. 125 et suiv.), il est utile, pour bien établir cette différence, de consulter ce que nous avons dit *sup.* n. 2, et ce qui est dit *inf.* n. 40 et suiv.).

40. L'infraction que les lois punissent d'une peine afflictive ou infamante est un crime (C. pén. 1).

On distingue les peines afflictives et infamantes d'avec les peines seulement infamantes (C. pén. 6).

Les peines afflictives et infamantes sont : 1° la mort, 2° les travaux forcés à perpétuité, 3° la déportation, 4° les travaux forcés à temps, 5° la détention, 6° la réclusion (C. pén. 7).

Les peines seulement infamantes sont 1° le bannissement, 2° la dégradation civique (C. pén. 8). —V. pour la dégradation civique note 27, n. 317 et suiv.

Les *accusés* de crimes de nature à être punis de peines afflictives ou infamantes sont justiciables des cours d'assises (C. instr. crimin. 133, 291).

41. Le renvoi sous la surveillance spéciale de la haute police, l'amende et la confiscation spéciale, soit du corps du délit quand la propriété en appartient au condamné, soit des choses produites par le délit, soit de celles qui ont servi ou qui ont été destinées à le commettre, sont des peines communes aux matières criminelle et correctionnelle (C. pén. 11).

42. L'infraction que les lois punissent de peines correctionnelles est un délit (C. pén. 1).

Les peines correctionnelles sont : 1° l'emprisonnement à temps dans un lieu de correction, 2° l'interdiction à temps de certains droits civiques, civils et de famille, 3° l'amende (C. pén. 9, 40 et suiv.; 52 et suiv.). V. *sup.* n. 41.

Lorsque les délits sont de nature à être punis de peines correctionnelles, les prévenus sont justiciables des Tribunaux de première instance qui connaissent, sous le titre de Tribunaux correctionnels, de tous les délits forestiers poursuivis à la requête de l'administration, et de tous les délits dont la peine excède cinq jours d'emprisonnement et 15 fr. d'amende (C. instr. crim. 179).

43. L'infraction que les lois punissent des peines de police est une *contravention* (C. pén. 1).

Les peines de police sont 1° l'emprisonnement, 2° l'amende, 3° et la confiscation de certains objets saisis (C. pén. 464, 40 et suiv.).

L'emprisonnement pour contravention de police ne peut être moindre d'un jour ni excéder cinq jours, selon les classes, distinctions et cas spécifiés aux art. 475, 474, 476, 478, 480 et 482 du Code pénal (C. pén. 465.), sauf ce qui sera dit ci-après n. 44.

Les amendes pour contravention de police peuvent être prononcées depuis 1 jusqu'à 15 fr. inclusivement, selon les distinctions et classes spécifiées aux art. 471, 475 et 479 du Code pénal, et doivent être appliquées au profit de la commune où la contravention a été commise (C. pén. 466).

44. La contrainte par corps a lieu pour le paiement de l'amende sans qu'elle puisse excéder quinze jours en cas d'insolvabilité (C. pén. 467).

45. Les tribunaux de police peuvent aussi, dans les cas déterminés par la loi, c'est-à-dire dans les cas spécifiés aux art. 472, 477 et 481), prononcer la confiscation soit des choses produites par la contravention, soit des matières ou instruments qui ont servi ou étaient destinés à la commettre (C. pén. 470).

46. La connaissance des contraventions de police est attribuée au juge de paix et au maire (C. instr. crim., art. 138).

Cela posé, nous allons diviser en trois classes la prescription de l'action publique relative aux crimes, aux délits et aux contraventions.

Art. 1. DE LA PRESCRIPTION DE L'ACTION PUBLIQUE EN MATIÈRE CRIMINELLE. — V. *sup* n. 40, 41.

47. L'action *publique* et l'action *civile* résultant d'un crime de nature à entraîner la peine de mort ou des peines afflictives perpétuelles, ou de tout autre crime emportant peine afflictive ou infamante, se prescrivent après *dix années* révolues, à compter du jour où le crime a été commis, si dans cet intervalle, il n'a été fait aucun acte d'instruction, ni de poursuite. S'il a été fait dans cet intervalle des actes d'instruction ou de poursuite non suivis de jugement, l'action publique et l'action civile ne se prescrivent qu'après *dix années* révolues, à compter du dernier acte, à l'égard même des personnes qui ne se seraient pas impliquées dans cet acte d'instruction ou de poursuite (C. instr. crim. 637). — Toutefois, l'action civile résultant d'un crime, ne cesse pas d'être soumise à la prescription de dix ans, par cela seul, que dans ce délai, il est intervenu au criminel sur l'action publique, un arrêt de condamnation. Cet arrêt ne fait cesser la prescription de dix ans, que lorsqu'il prononce en même temps, des condamnations civiles, dont l'exécution peut être poursuivie pendant trente ans (Cass. 3 août 1841).

47 *bis*. En aucun cas, les condamnés par contumace, dont la peine est prescrite, ne pourront être admis à se présenter pour purger la contumace (C. instr. crim. 641).

48. La prescription en matière criminelle est soumise à d'autres règles qu'en matière civile. Elle doit être calculée, d'après ce principe, que les lois les plus douces, soit anciennes, soit nouvelles, sont toujours seules applicables. Ainsi, lorsqu'à partir du jour où le crime a été commis, *dix ans* se sont écoulés sans qu'il ait été fait aucun acte de poursuite ni d'instruction, la peine et l'action sont prescrites aux termes de l'art. 637 du C. d'instr. crim. ci-dessus rapporté, encore bien que le crime ait eu lieu sous l'empire d'une loi qui ne faisait courir la prescription qu'après la constatation, et que depuis la constatation il ne se soit pas écoulé un temps suffisant pour prescrire aux termes de cette même loi (Cass. 30 juill. 1812, 5 sept 1812, 6 mai 1813). — Il n'est pas permis de faire concourir la législation des deux époques (Cass. 21 oct. 1817).

49. L'action publique s'éteint par la mort du condamné, en ce sens, que la mort naturelle, avant l'exécution de l'arrêt, annulle toute condamnation afflictive et empêche les effets de la mort civile, mais le décès laisse subsister les condamnations pécuniaires prononcées sur l'action publique en faveur du fisc (Cass. 16 janv. 1811, - Sir. 11, 1, 139 — C. instr. crim. 2). V. *sup*. n. 5, et note 27 n. 255.

50. La criminalité d'un fait, en ce qui touche la prescription, est déterminée par le jugement qui intervient sur ce fait, et non par la qualification donnée à ce fait dans l'accusation (Cass. 30 janv. 1818).

51. Lorsque sur une dénonciation ou plainte qui comprend à la fois et un crime de la compétence des cours spéciales, et un délit de police correctionnelle, le prévenu a été d'abord poursuivi à raison du crime, et qu'après une condamnation par contumace il a été acquitté contradictoirement à une époque où était écoulé le délai fixé pour la prescription du délit de police correctionnelle, on peut encore le poursuivre à raison de ce délit, parce que la prescription a été suspendue à l'égard du délit de police correctionnelle pendant tout le temps qu'ont duré les poursuites du crime (Cass. 19 janv. 1809, - Sir. 7, 2, 1115).

51 *bis*. Bien qu'une condamnation criminelle rende impossible une condamnation postérieure à une peine correctionnelle, le tribunal correctionnel n'est pas pour cela dessaisi, attendu que la première condamnation n'a pas eu pour effet d'éteindre l'action de la partie civile, engagée antérieurement. — V. *inf*. n. 162 *bis*.

52. En matière criminelle, dès qu'il y a arrêt de contumace, l'action du ministère public n'est plus sujette à prescription. En pareil cas, la peine seule peut encore être prescrite. Ainsi, celui qui, ayant d'abord été condamné pour *crime*, par contumace, se représente devant la justice plus de trois ans, mais moins de cinq ans après, et n'est reconnu coupable que d'un délit correctionnel, n'est pas fondé à opposer la prescription de trois ans à l'action du ministère public. (C. instr. crim. 638). — Il ne pourrait être renvoyé absous, qu'autant qu'il aurait prescrit par le laps de cinq ans la peine correctionnelle qui lui était applicable; car, postérieurement à l'arrêt de contumace, ce n'est plus le délai pour la prescription de l'action, laquelle est éteinte, qui commence à courir, mais le délai pour la prescription de la peine (*id*. 636; Cass. 17 janv. 1829, - Sir. 30, 1, 103). V. *inf*. n. 55.

53. La prescription de 10 ans court en faveur d'un accusé, même après le jugement qui condamne ses complices (Cass. 22 avr. 1813).

54. La prescription de 20 ans établie pour les peines criminelles, par l'article 635 du C. instr. crim., court au profit des condamnés par contumace, aussi bien qu'au profit des condamnés contradictoirement (Cass. 5 août 1825, - Sir. 25, 1, 89).

55. Lorsqu'un individu a été condamné par *contumace* à une peine *afflictive*, si, en réalité, le fait pour lequel il est condamné ne constitue qu'un délit correctionnel, si cela est ainsi jugé lors de l'arrestation du contumace, le délai pour la *prescription de la peine* est de cinq ans, et non de 20 ans, comme pour fait criminel; l'erreur des juges n'ayant pu aggraver le sort du condamné. En un tel cas, la prescription de la peine correctionnelle, et même la prescription de l'action publique, courent ou peuvent courir nonobstant l'existence de l'arrêt de contumace. On ne peut dire que cet arrêt ait mis le ministère public dans l'impossibilité d'agir, et par suite invoquer la maxime *contrà non valentem agere non currit præscriptio*. En conséquence, si le condamné par contumace n'a été arrêté que plus de cinq ans après sa condamnation, il doit d'abord être absous de la peine afflictive ou infamante prononcée contre lui, et ensuite, il doit être déclaré à l'abri de la peine correctionnelle, à cause de la prescription courue à son profit (C. instr. crim. 637 — Cass. 2 fév. 1827, - Sir. 28, 1, 89). V. *sup*. n. 52.

56. La prescription d'une peine ne peut être interrompue que par des actes faits à la requête du ministère public, chargé, dans l'espèce, de la vindicte publique, peu importe que la peine soit corporelle ou qu'elle soit pécuniaire. Quand il s'agit de peine pécunière, la régie des domaines a bien qualité pour activer les recouvrements, mais non pour agir en nom; elle ne peut valablement procéder qu'au nom du ministère public; des poursuites faites par elle ne seraient pas interruptives de la prescription de l'amende (C. instr. crim. 197, - Cass. 8 janv. 1822 - Sir. 22, 1, 201). —L'amende, dans ce cas, ne peut être poursuivie que par une action publique (Cass. 18 av. 1811, aff. Gayant). — Cependant, il a été jugé que c'était à la requête de la direction générale de l'enregistrement et des domaines, et non à la requête du procureur du roi, que devaient être faites les poursuites en recouvrement des frais et amendes prononcées par les tribunaux correctionnels (Cass. 30 janv. 1826, aff. Gauchot). — Mais il en est autrement à l'égard des amendes dues à la régie des domaines, par rapport aux condamnés, dont l'insolvabilité a été légalement constatée, en ce sens que les procureurs du roi seuls doivent poursuivre (Instr. de la régie, 1 flor. an x, - Sir. 2, 2, 2).

57. Elle ne peut être interrompue que par des actes d'exécution; elle ne l'est pas par de simples poursuites, telles qu'une contrainte et un commandement (Rennes, 16 déc. 1819, - Sir. 22, 1, 201).

58. L'art. 635 du C. d'instr. crim., qui, en établissant par vingt ans la prescription en matière criminelle, la fait courir à *compter de la date des arrêts ou jugements*, n'est pas applicable au cas où il y a eu *exécution* de la condamnation, et *évasion* du condamné pendant qu'il subissait sa

peine. — En ce cas, la prescription ne commence à courir que du jour de l'évasion, le temps de la peine subie ne compte pas (Cass. 20 juillet 1827, - Sir. 27, 1, 332).

59. La démence de l'accusé ne suspend point la prescription du crime (Cass. 22 avril 1813. - Sir. 13, 1, 377).

60. En matière criminelle, la prescription peut être opposée en tout état de cause, même après la déclaration du Jury sur l'existence du crime ou la culpabilité de l'accusé. Proposer la prescription, c'est soutenir que le fait n'est pas qualifié délit par la loi dans le sens de l'art. 363 du C. d'instr. crim. (Cass. 20 mai 1824, - Sir. 24, 1, 310).

61. La règle qui défend aux juges de suppléer la prescription, n'a lieu qu'en matière civile. Il en est autrement, lorsqu'il s'agit soit d'un crime, soit d'un délit, soit d'une contravention de police (Cass. 26 fév. 1807; 28 janv. 1808; 12 août 1808; Orléans, 3 av. 1830, - Sir. 7, 2, 330; 9, 1, 165; 13, 1, 464; 30, 2, 137).

62. Le crime de bigamie est prescriptible à partir du jour du second mariage, qui constitue la bigamie; on ne peut assimiler ce crime aux crimes successifs qui se renouvellent et se perpétuent chaque jour, et sont par cela seul imprescriptibles (Cass. 5 sept. 1812, aff. Schmitz).

63. L'article mentionné *sup.* n. 47, qui fixe à dix ans la prescription de l'action relative aux crimes emportant peine afflictive ou infamante, n'a point abrogé l'art. 57, tit. 1. de la loi du 20 sept.—12 oct. 1791, spéciale pour les crimes de la compétence des tribunaux maritimes, et qui fixe à trois ans la prescription de ces crimes (Cass. 27 janv. 1820, aff. Jammes, - Sir. 20, 1, 147).

64. Les crimes et délits militaires sont susceptibles de prescription, comme les crimes et délits communs; mais, dans ce cas, c'est la prescription de trois ans établie à l'égard des délits correctionnels qui doit être appliquée, et non la prescription de dix ans, relative aux crimes (C. inst. crim., 637, 638; Cons. de révision de Rochefort, aff. Denaud, - Sir. 29, 2, 337).

65. Cependant, le crime de désertion ne se prescrit pas tant que le déserteur n'est pas rentré dans son corps, ou n'a pas été arrêté; elle ne se prescrit que du moment où l'action publique peut être exercée contre lui (Cass. 7 fév. 1840, aff. Frogère, - Sir. 40, 1, 186). A l'égard des évadés ils ne prescrivent pas leurs crimes tant qu'ils ne sont pas repris, ou tant qu'ils laissent ignorer le nom sous lequel ils étaient connus aux bagnes. Toutefois, cette règle ne s'applique pas aux crimes ou délits commis par les déserteurs ou forçats évadés, pendant la désertion ou évasion; la prescription devant, à cet égard, être réglée par le droit commun (Legraverend, t. 1, p. 72, - Sir. 17, 1, 346).

66. Le crime de détention arbitraire ne se prescrit que dès l'instant que la détention a cessé (Legraverend, t. 1, p. 72, - Sir. 17, 1, 346). Toutefois, il n'y a pas détention arbitraire, par cela seul que l'huissier, lors d'un emprisonnement, a fait, avec le débiteur, une station momentanée dans une auberge sur la route (C. proc. civ. 788; - Colmar, 10 déc. 1819, - Sir. 21, 2, 22, - C. pén. 114 et suiv). Il en est de même d'un adjoint de Maire qui se serait permis une détention arbitraire envers un particulier, s'il est constaté que peu d'heures après la mise en détention il a permis au détenu de sortir; dans ce cas, une réprimande donnée à l'adjoint par le Préfet, peut paraître une punition suffisante (Ord. 18 av. 1816, aff, Delolle, - Sir. 18, 2, 70).

67. C'est aux fonctionnaires de l'ordre judiciaire, et non à l'autorité administrative, qu'il appartient de faire, relativement au crime de faux, la constatation légale après laquelle peut courir le délai utile pour la prescription de l'action (Cass. 20 av. 1809, - Sir. 9, 1, 465). Ainsi, lorsque la pièce arguée de faux est déposée au greffe en vertu d'un jugement, et paraphée par le président, le crime de faux se trouve par cela seul constaté, en ce sens, qu'à dater de ce jour la prescription peut courir (Cass. 12 fév. 1810, - Sir. 10, 1, 312).

68. L'usage fait sciemment d'une pièce fausse est un crime successif qui ne s'arrête que par un acte positif de la part du coupable, indiquant qu'il ne veut plus se servir de la pièce fausse. Il suit de là que ce n'est qu'à compter de cet acte que la prescription du crime peut courir (Cass. 24 juin 1813, - Sir. 17, 1, 346).

69. La prescription de l'action criminelle et de l'action civile, établie par l'art. 637 du C. d'instr. crim. (rapporté *sup.* n. 47), dans le cas de non-poursuites pendant dix ans, ne fait pas, quand il s'agit du crime de faux, que le faux soit réputé *non-existant*; elle fait seulement que le faux ne donne lieu ni à l'application d'une *peine*, ni à paiement de dommages-intérêts. En conséquence, si le porteur de la pièce fausse vient à s'en prévaloir, la partie à qui elle est opposée peut la quereller par la voie de l'inscription de faux incident. En d'autres termes, la prescription de l'action en faux principal, n'emporte pas la prescription de l'action de faux incident (Limoges, 7 fév. 1827, aff. Delagorce-Dubreuil, - Sir. 25, 2, 336).

V. *inf.*, art. 2, n. 70 et suiv., art. 3, n. 125 et suiv.

Art. 2. DE LA PRESCRIPTION DE L'ACTION PUBLIQUE EN MATIÈRE CORRECTIONNELLE. — V. *sup.* n. 42 et 41.

70. Dans les deux cas exprimés en l'art. 637 du Code d'instr. crim., et suivant les distinctions d'époques qui y sont établies, la durée de la prescription est réduite à *trois années* révolues, s'il s'agit d'un délit de nature à être puni correctionnellement (C. instr. crim. 638).

71. En aucun cas, les condamnés par défaut, dont la peine est prescrite, ne peuvent être admis à se présenter pour purger le défaut (*id.* 641).

72. Il n'a point été dérogé par le Code d'instr. crim. aux lois particulières relatives à la prescription des actions résultant de certains délits (*id.* 643).

73. Les actions en réparation de délits (commis dans les bois nationaux et dans ceux appartenant aux communautés d'habitants, maisons d'éducation et de charité, ainsi qu'aux établissements de main-morte étrangers), seront intentées au plus tard dans les *trois mois* où ils auront été reconnus, lorsque les délinquants seront désignés par les procès-verbaux, à défaut de quoi, elle seront éteintes et prescrites. Le délai sera d'un an, si les délinquants n'ont pas été connus (L. 15 — 29 sept. 1791, tit. 9, art. 8).

Ces actions seront portées immédiatement devant les tribunaux du district (arrondissement) de la situation des biens par les agents de la conservation générale (art. 2 et 1, de lad. loi), lesquels auront une place particulière à la suite du parquet du procureur du roi (Décr. 18 juin 1809).

La première de ces deux dispositions se trouve reproduite dans l'art. 185 du C. for., avec cette différence, que le délai de la prescription est de *six mois* au lieu d'un an lorsque les prévenus ne sont pas désignés dans les procès-verbaux, et que les dispositions de cet article sont applicables aux délits et contraventions commis dans les bois des particuliers (C. for. 189). Du reste, relativement aux bois de ces derniers, la compétence des tribunaux telle qu'elle est expliquée au Code d'instr. crim, n'est point changée (C. for. 189, 187). V. *inf.* n. 107 et 127).

74. Lorsqu'il s'agit d'un délit commis sous l'empire d'une législation qui, comme la législation actuelle, admettait la prescription de l'action publique, mais par un délai différent, il faut calculer quelle quotité de délai avait couru sous la loi ancienne; et si elle était d'un quart ou d'un tiers il restera à courir trois quarts ou deux tiers du délai établi par la législation nouvelle (Cass. 29 av. 1808; 4 nov. 1813).

75. Les dispositions générales du Code d'instr. crim. sur la prescription des délits, dérogent même aux lois spéciales sur la prescription de tel ou tel délit particulier si le délit qui faisait l'objet de la loi spéciale se trouve puni par le Code pénal (Cass. 23 oct. 1812).

76. La criminalité d'un fait, en ce qui touche la prescription, est déterminée par le jugement qui intervient sur ce fait, et non par la qualification donnée à ce fait dans l'accusation. Ainsi, un délit est prescriptible par la cessation de poursuites pendant trois ans, en qualité de *délit correctionnel* si le jury le déclare tel; bien qu'il ait été qualifié crime dans l'accusation (Cass. 30 janv. 1828, - Sir. 20, 1, 301).

77. Lorsqu'un fait punissable se compose de la réunion de plusieurs faits successifs, tous ces faits successifs forment dans leur ensemble, un tout indivisible, en sorte que la prescription ne court que contre le fait complexe, elle ne peut être invoquée à l'égard de chacun des faits pris isolément. Ainsi, lorsqu'une succession d'articles d'un journal est incriminée comme manifestant un esprit de nature à porter atteinte à la paix publique, la prescription ne peut courir qu'à compter du dernier article compris dans la succession incriminée; elle ne court pas contre chaque article pris isolément (Cass. 17 juill. 1823, aff. du *courrier* et du *Pilote*, - Sir. 23, 1, 404).

78. De même, l'usure étant un délit successif, le délit d'usure habituelle se compose de tous les actes usuraires récents et anciens, même de ceux qui remontent à plus de trois ans; en conséquence, il n'y a pas prescription tant qu'il n'y a pas eu interruption d'actes usuraires pendant trois ans (L. 3 sept. 1807; Cass. 13 juin 1821; 23 juill. 1823; 24 déc. 1823). V. *inf.* n. 121.

79. La prescription court à dater du procès-verbal constatant le corps du délit. Il n'y a d'exception que pour les procès-verbaux contenant de la part des rédacteurs, des réserves ayant pour objet de consulter leurs supérieurs sur la marche ultérieure à suivre (Cass. 23 mars 1811). — Et lorsqu'un délit a été constaté par plusieurs procès-verbaux dont le dernier est fait à la réquisition du prévenu, le délai pour la prescription ne court que du jour du dernier procès-verbal. (Cass. 9 juin 1808, - Sir. 9, 1, 416).

80. En matière correctionnelle, comme en matière civile, l'assignation donnée, ou les poursuites faites, même devant un tribunal incompétent, ont l'effet d'interrompre la prescription (C. civ. 2246; C. inst. crim. 637, 638; L. 26 mai 1819, art. 26; Cass. 18 janv. 1822, - Sir. 22, 1, 200) V. *inf.* n. 98.

81. Le jugement par lequel un tribunal correctionnel saisi de la poursuite d'un délit, déclare, attendu l'exception préjudicielle de propriété proposée par le prévenu, *qu'il n'y a lieu de statuer quant à présent*, et renvoie, par suite, les parties à se pourvoir devant qui de droit, ne dessaisit pas la juridiction correctionnelle. — Dès-lors, la prescription contre le délit est suspendue, et ne peut plus courir tant qu'il n'a pas été définitivement statué sur la question préjudicielle (Cass. 30 janv. 1830, - Sir. 30, 1, 138). V. *sup.* n. 37.

82. Un jugement quoique nul est néanmoins interruptif de prescription, en matière correctionnelle (Cass. 6 fév. 1830, - Sir. 30, 1, 240). V. *sup.* n. 80.

83. Mais la signification d'un jugement correctionnel faite à la requête d'un officier du ministère public étranger au tribunal qui a rendu le jugement est nul : elle ne peut, en conséquence, avoir l'effet d'interrompre la prescription (Cass. 30 av. 1830, - Sir. 30, 1, 337).

84. Lorsque, sur un délit, il y a eu un jugement à l'égard d'un des auteurs et de simples poursuites à l'égard d'un autre, l'action contre ce dernier se prescrit, sans égard au jugement, par le délai fixé pour opérer la prescription (Cass. 14 therm. an XII). V. *sup.* n. 70.

85. La prescription de l'action publique, en matière correctionnelle, est acquise au condamné par défaut, après trois années révolues depuis la condamnation, si le jugement ne lui a été valablement signifié et si postérieurement au jugement il ne lui a été fait aucun acte d'instruction ou de poursuite du délit (Cass. 31 août 1827, - Sir. 28, 1, 110).

86. La condamnation par contumace, intervenue même par suite de procédures irrégulières, suspend la prescription du délit (Cass. 8 juin 1809, - Sir. 9, 1, 433).

87. La prescription de cinq ans établie pour les peines correctionnelles par l'art. 636 du C. d'inst. crim., court au profit des condamnés par contumace aussi bien qu'au profit des condamnés contradictoirement (Cass. 5 août 1825).

88. En matière correctionnelle, la prescription peut être opposée en tout état de cause (Orléans, 3 av. 1830, aff. Daremberg, - Sir. 30, 2, 137).

89. Les juges peuvent suppléer la prescription (V. *sup.* n. 61).

90. En matière fiscale comme en matière de douanes, les actions tendantes à faire prononcer l'amende, ne peuvent être suivies contre les héritiers du délinquant; les amendes sont des peines personnelles (Cass. 9 déc. 1813, 28 mess. an VIII).

91. En matière de calomnie ou de dénonciation calomnieuse, la prescription ne commence à courir relativement au ministère public que du jour où la calomnie de la dénonciation a été reconnue (Cass. 6 août 1825).

92. L'arrêt d'une chambre d'accusation qui a rejeté la prescription opposée par le prévenu et l'a renvoyé à la police correctionnelle, n'a point l'autorité de la chose jugée; la police correctionnelle peut toujours juger de nouveau la question sur la prescription (Cass. 9 oct. 1812).

93. La prescription d'un mois établie par l'art. 12 de la loi du 28—30 avril 1790 s'étend à tous les délits de chasse, commis tant sur les propriétés du *domaine public*

que sur les propriétés appartenant aux particuliers (Cass. 30 août 1822).

94. Lorsque d'un même fait de chasse résultent le délit de *chasse en temps prohibé*, et le délit de *chasse sans permis de port d'armes*, les poursuites du ministère public, à raison de l'un de ces délits, n'empêchent pas la prescription de courir à l'égard de l'autre (Cass. 29 av. 1830).

95. Le délit de chasse ne se prescrit plus, dans le cas d'action intentée, que par le défaut de poursuites ultérieures pendant trois ans (C. instr. crim. 638 ; Cass. 20 sept. 1828).

96. La prescription est interrompue non-seulement par l'ordonnance qui traduit le délinquant devant le tribunal correctionnel, mais encore par tous actes de poursuite et d'instruction faits à des intervalles plus courts que d'un mois (Cass. 11 nov. 1825).

97. La prescription d'un mois, au cas de délit de chasse, est interrompue par une ordonnance de la chambre du conseil qui renvoie le prévenu devant le tribunal correctionnel, lorsque d'ailleurs il ne s'est écoulé un mois, ni entre le délit ou les dernières poursuites et l'ordonnance de renvoi, ni entre cette ordonnance et la citation (Paris, 9 mai 1826).

98. Les poursuites dirigées par un magistrat incompétent n'interrompent pas la prescription du délit, notamment d'un délit de chasse. On ne peut appliquer à ce cas l'article 2246 du Code civil (Cass. 11 mars 1816). V. *sup.* n. 80.

99. La prescription du délit de contrefaçon ne s'étend pas au fait ou délit de débit de l'ouvrage contrefait. Ainsi, bien que trois ans s'étant écoulés depuis la contrefaçon, le contrefacteur se trouve à l'abri de toutes recherches quant au délit de contrefaçon lui-même, cependant il peut être poursuivi et condamné comme débitant de l'ouvrage contrefait, s'il en a débité des exemplaires depuis moins de trois ans (Cass. 26 juill. 1828).

100. La prescription annale établie par l'art. 640 du Code d'instr. criminelle pour la poursuite des contraventions de simple police n'est point applicable à l'action intentée à raison de contraventions, en matière de contributions indirectes, contraventions toujours punissables d'une amende excédant le maximum porté en l'art. 137 du même Code (Cass 25 nov. 1818, aff. Baudrier).

101. En matière de contributions indirectes, comme en toute autre matière correctionnelle, l'action contre les contrevenants s'éteint par défaut de poursuites pendant trois ans, et la prescription, en ce cas, est tellement absolue que les juges doivent l'admettre même d'office, si elle n'est pas proposée par les intéressés (Cass. 11 juin 1829, aff. Soccard).

102. Lorsqu'un propriétaire de bois a fait défricher en contravention à la loi du 9 floréal an XI, il peut bien invoquer la prescription de trois mois, établie par l'art. 8, tit. 9, de la loi du 15—29 sept. 1791, pour éteindre la peine du délit et la réparation civile, mais cette prescription ne dispense point le contrevenant de l'obligation de replanter une surface égale à celle qu'il a indument défrichée (Cass. 8 janvier 1808).

103. La prescription de trois mois, établie par l'article précité de la loi de 1791, est seule applicable en matière de délits forestiers de toute espèce, commis dans les bois communaux (Cass. 9 janv. 1807). V. *sup.*, n. 73.

104. Lorsque le procès-verbal qui constate le délit forestier ne désigne pas son auteur, le délit n'est pas prescriptible par défaut de poursuites dans les trois mois (Cass. 8 avril 1808, - Sir. 9, 1, 386). Dans ce cas, la prescription qui était anciennement d'un an, n'est plus que de six mois. V. *sup.* n. 73, *in fine*.

105. La prescription de trois mois en matière de délits forestiers, ne commence à courir que du jour où le délit a été *légalement constaté* par un procès-verbal; peu importe pour la prescription que, de fait, l'administration ait eu depuis plus longtemps connaissance du délit (Cass. 23 juin 1827).

106. Lorsque les prévenus de délits forestiers sont des agents du Gouvernement qu'on n'a pas pu traduire en justice, sans une autorisation préalable, la prescription n'est pas acquise, encore qu'il se soit écoulé plus de trois mois sans poursuites, à partir de la date du procès-verbal constatant le délit, si cette autorisation a été retardée sans la faute de l'administration des forêts (Cass. 13 avril 1810).

107. La prescription applicable aux délits forestiers est de trois ans pour ceux *non constatés*, et de trois mois pour ceux qui ont été *reconnus* ou *constatés* (L. 29 sept. 1791, tit. 9, art. 8; C. for. 185; Cass. 3 av. 1830). V. *sup.* n. 73.

108. La prescription de trois mois d'un délit forestier commis le 31 mai, n'est acquise que le 31 août suivant, encore que dans l'intervalle de ces deux époques il se soit écoulé plus de 90 jours (Cass. 27 déc. 1811). V. v° *Terme*, note 77.

109. En matière de délits forestiers, la precription doit être suppléée d'office par le juge (Cass. 26 fév. 1807). V. *sup.* n. 61).

110. En pareille matière, la prescription est interrompue par un mandat d'amener, décerné contre le prévenu par suite d'une procédure dirigée contre lui et à la fois contre des agents forestiers, poursuivis comme ayant autorisé les malversations (Cass. 26 fév. 1807).

111. Une notification de procès-verbal ne suffit pas pour interrompre la prescription (Cass. 8 av. 1808).

112. La prescription des dégâts sur les *bois particuliers* est acquise par le délai d'un mois, quand le délit est *rural*, ou compris dans les dispositions spéciales de l'art. 8, sect. 7 de la loi du 28 sept.—6 oct. 1791 (V. *inf.* n. 127). — Elle est de trois mois quand le délit est *forestier*, ou que, n'étant pas compris dans les dispositions spéciales de la loi précitée, il rentre dans les cas prévus par les lois et ordonnances forestières (L. citée, *sup.* n. 73, du 15-29 sept. 1791). — Elle est de trois ans quand le délit d'abatis et dévastation de bois étant commis en champ ouvert, ou dans des pépinières, n'est ni *rural* ni *forestier*, quand il est, selon le droit commun, punissable, d'après l'art. 444 du Code pénal (C. Instr. crim. 638; Cass. 10 juin 1808; 22 fév. 1821, - Sir. 23, 1, 280).

113. Lorsque l'action a été déjà intentée pour des délits soumis à des prescriptions particulières, comme le sont les délits forestiers, la péremption ne peut être acquise que par une interruption de poursuites pendant trois années (Cass. 6 fév. 1830).

114. L'action forestière, régulièrement intentée contre le prévenu désigné au procès-verbal de constatation du délit, dans les trois mois, ne tombe ni en péremption ni en prescription par le défaut de poursuites après l'assignation. On ne doit point appliquer à ce cas la règle générale de

l'art. 631 du Code d'instr. crim., mais bien la règle forestière spéciale maintenue par l'art. 643 du même code. (Bordeaux 5 juillet 1816, aff. Baillon - Sir. 24, 1, 28).

115. Le Code des délits et des peines du 3 brum. an IV, n'a pas abrogé l'art. 8, sect. 7, tit. 1, de la loi du 28 sept. - 6 oct. 1791, quant à la prescription des délits ruraux; de sorte que cette prescription est d'un mois seulement (Cass. 15 floréal an XI, - Sir. 3, 2, 421; 14 germinal an XIII, - Sir. 20, 1, 423; Henrion de Pansey, ch. 18, p. 137. — *Contrà*, Cass. 17 brum. an VIII, - Sir. 1, 1, 258). V. *infrà*, note 127 et *suprà* n. 114.

116. Cette prescription d'un mois court du jour où le délit a été commis, et non pas seulement du jour où il a été connu ou constaté (Bourges, 15 juill. 1830, - Sir. 31, 2, 51).

117. La plainte ne suffit pas pour interrompre la prescription d'un délit rural; la citation est nécessaire (Cass. 2 mess. an XIII, Sir. 5, 2, 234; Mangin, t. 2, n. 347 et s.; Henrion de Pansey, ch. 18, p. 137; Vazeille t. 2, n. 780).

118. Lorsque le Tribunal saisi de la connaissance d'un délit rural s'est déclaré incompétent, la prescription, interrompue jusques-là par les poursuites, reprend son cours à partir du jugement d'incompétence, de telle sorte que la cessation ultérieure de poursuites pendant un mois éteint le délit (Cass. 18 août 1809; 4 août 1831, - Sir. 10, 1, 369; 32, 1, 105). V. *sup.* n. 80, 98.

119. Le délit de coupe d'arbres sur la propriété d'autrui n'est pas soumis à la prescription annale. Il ne se prescrit que par trois ans (Cass. 23 oct. 1812, - Sir. 13, 1, 186). V. *sup.* n. 112.

120. Le délit de dépaissance dans un bois taillis communal n'est prescriptible que par trois mois. C'est un délit forestier auquel il faut appliquer ce qui est dit *sup.* n. 73 et non pas ce qui sera dit *inf.* n. 127.

121. Le délit d'escroquerie compliqué d'usure ne se prescrit que par trois ans, à partir du dernier fait constituant l'habitude d'usure (Cass. 5 août 1826, - Sir. 27, 1, 129). V. *sup.* n. 78.

122. Le délai pour la prescription du délit de *pêche* dans les eaux qui sont des propriétés privées, est de trois mois comme pour délits forestiers, bien qu'il soit d'un mois pour la chasse (L. 28 sep. - 6 oct. 1791, tit. 9, art. 8; L. 14 flor. an X, tit. 5, art. 6; Cass. 8 sept. 1820, - Sir. 21, 1, 18).

123. Le délit de port d'armes de chasse, sans permis, est soumis à la prescription d'un mois, comme le délit de chasse (L. 28 - 30 avril 1790, art. 12; Décr. 4 mai 1812, art. 4; Cass. 1 oct. 1813, 17 déc. 1824 - Sir. 25, 1, 185). — Avant le décret de 1812, la prescription était d'un an.

124. La prescription de l'action du ministère public, à raison d'un vol de bois commis sur des terrains qui ne sont ni des plantations, ni des futaies, ni des bois taillis, ne peut être acquise que par trois ans de non-poursuites. Elle ne s'acquiert par un mois que quand il s'agit de vol de bois dans les bois taillis, futaies et autres plantations, conformément à l'art. 37 de la loi 28 sept. - 6 oct. 1791 (Cass. 8 juin 1820, - Sir. 20, 1, 306). V. *inf.* n. 127.

V. *sup.*, § 1, n. 39 et suiv., art. 1, n. 47 et suiv.; et *inf.* art. 3, n. 125 et suiv.

ART. 3. DE LA PRESCRIPTION DE L'ACTION PUBLIQUE EN MATIÈRE DE CONTRAVENTION DE POLICE. — V. sup. n. 43 et suiv.

125. L'action publique et l'action civile pour une contravention de police sont prescrites après *une année* révolue à compter du jour où elle a été commise, même lorsqu'il y aura eu procès-verbal, saisie, instruction ou poursuite, si dans cet intervalle il n'est point intervenu de condamnation; s'il y a eu un jugement définitif de première instance de nature à être attaqué par la voie de l'appel, l'action publique et l'action civile se prescriront après *une année* révolue à compter de la notification de l'appel qui en aura été interjeté (C. instr. crim. 640). V. *inf.* n. 127.

125 *bis.* A l'égard des peines portées par les jugements rendus pour contravention de police, elles se prescrivent après deux années révolues à compter du jour de l'arrêt ou jugement rendu en dernier ressort, et pour les peines prononcées par les tribunaux de première instance à compter du jour où ils ne peuvent plus être attaqués par la voie de l'appel (C. instr. crim. 639).

126. En aucun cas, les condamnés par défaut dont la peine est prescrite, ne pourront être admis à se présenter pour purger le défaut (*Id.*, 641).

126 *bis.* Il n'a point été dérogé par le Code d'instruction criminelle aux lois particulières relatives à la prescription des actions résultant de certaines contraventions (*Ibid.*, 643).

127. La poursuite des délits ruraux sera faite au plus tard dans le délai *d'un mois*, soit par les parties lésées, soit par le procureur de la commune (*maintenant le commissaire de police, maire ou adjoint.* — (V. *sup.* n. 6), faute de quoi il n'y aura plus lieu à poursuite (L. 28 sept. — 6 oct. 1791, tit. 1, sect. 7, n. 8). V. *sup.* n. 115.

Cette loi est relative 1° au droit de parcours et de vaine pâture sur certains héritages, et à la manière de se clore pour s'en affranchir; 2° à la responsabilité des maris, pères, mères, tuteurs, maîtres, entrepreneurs de toute espèce, pour raison des délits commis par leurs femmes et enfants, pupilles, mineurs n'ayant pas plus de vingt ans et non mariés, domestiques, voituriers et autres subordonnés (V. note 27, n. 198 et suiv.); 4° à la tranquillité, à la salubrité et à la sûreté des campagnes; 5° aux dégâts faits par les bestiaux laissés à l'abandon sur les propriétés d'autrui; 6° au glanage, au ratelage et au grapillage; 7° à la défense de mener sur le terrain d'autrui des bestiaux, et en aucun temps dans les prairies artificielles, vignes, oseraies, plants de capriers, d'oliviers, de mûriers, de grenadiers, d'orangers et arbres du même genre, dans tous les plants ou pépinières d'arbres fruitiers ou autres faits de main d'homme; 8° au maraudage, vol et dégâts dans les bois taillis, etc.

Les délits mentionnés en cette loi sont, suivant leur nature, de la compétence du juge de paix ou de la municipalité du lieu où ils auront été commis (Art. 1, tit. 2 de ladite loi). V. *sup.* n. 71.

128. L'amende encourue par divers individus pour une même contravention de police, doit être prononcée contre chacun d'eux individuellement : le tribunal ne peut se borner à condamner tous les prévenus collectivement à une seule amende (C. instr. crim. 161; Cass. 7 déc. 1826, aff. Cardillac).

129. Le fait d'avoir conduit des chevaux sur le terrain d'autrui, ensemencé, est aujourd'hui punissable aux termes de l'art. 475 n. 10 du C. pén., en conséquence c'est la prescription d'un an (V. *sup.* n. 127) qui est applicable (Cass. 23 juin 1825 — Sir. 26, 1, 159).

130. Le possesseur de mauvaise foi d'un fonds rural, assigné par le propriétaire en réparation des *dégradations* commises sur ce fonds pendant l'indue possession, n'est pas fondé à opposer la prescription établie par les lois des 28 sept.-6 oct., et 15-29 sept. 1791 contre la poursuite des délits ruraux et forestiers. Il ne s'agit point là de délit rural; l'action du propriétaire ne se prescrit pas par trente ans (Cass. 6 fév. 1816, - Sir. 18, 1, 205). V. *sup.* n. 73 et 127.

131. L'introduction de bestiaux dans un bois non défensable appartenant à un particulier, constitue un délit rural susceptible, quant à la durée de l'action et la nature des peines, de l'application de la loi du 28 sept.-6 oct. 1791 (V. *sup.* n. 127) et non un délit forestier auquel s'applique la loi du 15 - 29 sept. 1791 (V. *sup.* n. 73). La prescription du délit s'accomplit donc par un mois et l'amende ne peut excéder trois francs (Cass. 10 juin 1808, - Sir. 8, 1, 540).

132. La prescription d'un mois, réglée pour les délits ruraux par la loi rapportée *sup.* n. 127, n'est applicable au vol d'un arbre qu'autant que ce vol a été commis dans un terrain en plantation, futaies ou bois taillis, dans le sens de l'art. 37, tit. 2 de la même loi. — Dans tous les autres cas, le vol d'arbres ne se prescrit que par le laps de trois ans, conformément aux dispositions générales du Code d'instruction criminelle (V. *sup.* n. 70 et 127).

133. Lorsqu'une contravention de police a été commise par un particulier, en élevant dans une ville une construction hors de l'alignement, si un arrêté de l'autorité municipale a ordonné à ce particulier de démolir dans un certain délai, la prescription de l'action du ministère public pour la répression de la contravention, dans le cas où la démolition n'aurait pas eu lieu, commence à courir, non du jour de l'arrêté ordonnant la démolition, mais du jour de l'expiration du délai accordé par cet arrêté pour opérer cette démolition (Cass. 25 mars 1830, aff. Gibert, - Sir. 30, 1, 273).

V. *sup.* § 3, n. 39 et suiv., art. 1, n. 47 et suiv. et art. 2, n. 70 et suiv.).

Sect. 2. DE L'ACTION CIVILE.

134. *L'action civile* dont il s'agit ici est celle qui a pour objet la réparation civile du dommage causé par un crime, par un délit ou par une contravention. Elle est, ainsi qu'il sera ci-après établi, d'une autre nature que l'action *civile* ou *privée* objet d'une demande judiciaire fondée sur un titre ou sur la loi, et par laquelle on requiert que celui contre qui on l'intente ait à donner, faire ou ne pas faire quelque chose, ou qu'il y soit condamné par le juge. Il sera question de cette dernière action sous le chap. 2, qui va suivre.

135. L'action en réparation du dommage causé peut être exercée par tous ceux qui ont souffert de ce dommage, (C. inst. crim. 1.).

136. Elle passe aux héritiers de celui qui l'a intentée (L. 1, § 6. De inj. et fam.; Chassan, t. 2, p. 75; Carré, t. 2, n. 1755; Garnier-Dubourgneuf, p. 90. *in fine*; Mangin, n. 128). Cependant il en est autrement en matière d'adultère, l'action civile, dans ce cas, ne passe pas aux héritiers de l'époux offensé, bien qu'elle ait été intentée avant le décès du mari, surtout si l'action a pour objet de faire prononcer un divorce (maintenant la séparation de corps), et d'opérer la résolution d'un don entre époux (Toulouse, 25 janvier 1820, - Sir. 20, 2, 290).

137. Elle peut être exercée contre le prévenu et contre ses représentants (C. inst. crim. 2).

138. L'action civile résultant d'un crime ou d'un délit se distingue des actions ordinaires en ce qu'elle peut être formée soit devant les cours criminelles et tribunaux correctionnels ou de police, soit devant les tribunaux civils, tandis que les actions ordinaires (celles dont il sera parlé *inf.* chap. 2) ne peuvent être formées que devant les juges de paix et tribunaux civils. Ainsi, on peut se pourvoir par voie civile, pour réparation d'un tort causé par un délit de simple police (Cass. 12 déc. 1809. — 6 mai 1822. - Sir. 10, 1, 122. — 22, 1, 325). — V. *inf.* n. 152, 153, 154.

§ 1. DE L'EXERCICE DE L'ACTION CIVILE EN CONCURRENCE OU SÉPARÉMENT DE L'ACTION PUBLIQUE.

139. L'action *civile* peut être poursuivie en même temps et devant les mêmes juges que l'action publique. — Elle peut aussi l'être séparément : dans ce cas, l'exercice en est suspendu tant qu'il n'a pas été prononcé définitivement sur l'action publique intentée avant ou pendant la poursuite de l'action *civile* (C. inst. crim. 3). — V. *inf.* n. 150.

140. La règle ci-dessus n'a d'application que dans le cas où l'action publique et l'action civile sont dirigées contre la même personne (Cass. 7 janv. 1813, - Sir. 17, 1, 87).

141. La suspension de l'action civile doit s'entendre du cas où il y a action intentée par le *ministère public*, et non du cas où, indépendamment de l'action civile, il y aurait eu seulement *plainte* ou *action correctionnelle* par l'une des parties, sans que le ministère public se fût joint à la partie civile (Cass. 15 juin 1829, - Sir. 29, 1, 311). — Car une plainte portée par la partie civile ne constitue pas une action publique, surtout si elle est restée sans poursuites de la part du ministère public (Cass. 10 av. 1810, - Sir. 10, 1, 233).

142. Mais la plainte du Procureur du roi suffit pour engager l'action; dès-lors il doit être sursis à statuer sur l'action civile, encore que la plainte n'ait pas été suivie de mandat contre les prévenus. (Cass. 18 nov. 1812, - Sir. 13, 1, 176) : de sorte que l'action civile ne peut être suspendue par un certificat du Procureur du roi portant qu'il va poursuivre sur la plainte (Cass. 19 juin 1821, - Sir. 22, 1, 142).

143. Lorsqu'un Tribunal a sursis à prononcer sur une action civile dont il était saisi, jusqu'à ce qu'il ait été statué sur la plainte correctionnelle portée par l'une des parties, l'effet de ce sursis est de suspendre toute décision du procès civil, tant qu'il n'a pas été prononcé *définitivement* sur la plainte. Une ordonnance de *non-lieu*, rendue en faveur du prévenu, si le plaignant y a formé opposition, ne suffit pas pour qu'il puisse être statué sur l'action civile. Peu importe que le ministère public consente à l'exécution de l'ordonnance de non-lieu (Paris, 16 sept. 1829, - Sir. 30, 2, 181).

144. L'action s'exerce, soit par poursuites principales, soit par intervention, car ce n'est pas sur la seule action du ministère public que le juge peut prononcer des dommages-intérêts (Cass. 9 août 1811).

145. La partie lésée peut abandonner la voie criminelle pour prendre la voie civile; mais elle ne peut abandonner la voie civile pour prendre la voie criminelle (Jousse, t. 3, p. 11; Merlin, v° *Délit*; Nouveau Denisart, t. 10, p.

108 et 197; Carnot, sur l'art. 128 C. inst. crim.; Berriat, p. 26; Mangin, n. 35; Thomine, t. 1, n. 12; Cass. 9 vend. an x, aff. Leclerc, - Sir. 2, 1, 148; 21 frim. an xi, - Sir. 3, 2, 393; 11 fév. 1832, - Sir. 32, 1, 666).

146. Cependant il en est autrement dans les deux cas suivants : lorsque l'action civile a été portée devant un tribunal qui s'est déclaré incompétent pour en connaître; il importe peu que ce soit en matière *d'injures*, et que l'on revienne au *juge de paix* comme tribunal civil, après qu'il a refusé d'en connaître comme tribunal de police (Cass. 21 nov. 1825, - Sir. 26, 1, 85; Mangin, n. 36). — Et lorsque l'affaire paraissant purement civile il s'est découvert pendant l'instance au civil un élément criminel (Mangin, *ibid.*).

147. Dans le cas où la partie lésée a saisi la juridiction civile pour la réparation d'un fait qualifié *crime* ou *délit* par la loi, le mode d'exécution des condamnations prononcées au profit de la partie demanderesse est le même que celui qui aurait lieu si les condamnations émanaient de la juridiction criminelle; ainsi, les restitutions ordonnées entraînent contrainte par corps (C. pén., 52; Paris, 6 janv. 1832, - Sir. 32, 2, 149; Paris, 18 nov. 1833, - Sir. 34, 2, 17, — *Contrà*, Cass. 18 nov. 1834, - Sir. 34, 1, 777). V. note 31, n. 218); et tous les complices du délit doivent être condamnés *solidairement* aux dommages-intérêts, ils peuvent même l'être aux dépens (C. pén. 55; Cass. 6 sept. 1813 et 23 déc. 1818, - Sir. 14, 1, 57; 19, 1, 278); bien qu'ils aient été condamnés à des peines de natures différentes, l'un pour délit, l'autre pour crime, et la règle s'applique même aux accusés acquittés (Cass. 3 déc. 1836, - Sir. 38, 1, 82). V. v° *Solidarité*, note 106.

148. On ne peut, pour un même fait à raison duquel on a déjà intenté *l'action possessoire*, et pendant l'instance sur cette action, intenter une *action correctionnelle* (C. proc. 25; L. 16-24 août 1790, tit. 3, art. 10, —Cass. 9 mai 1828, - Sir. 28, 1, 330).

149. Les tribunaux spéciaux comme tous les autres tribunaux extraordinaires, ne peuvent statuer sur les dommages-intérêts civils prétendus par les parties, dans les causes dont la connaissance leur est attribuée (Cass. 6 fruct. an ix, - Sir. 2, 1, 26). Ce qui doit s'appliquer à des réparations civiles qui seraient réclamées devant un conseil de guerre (Chauveau et Hélie, *Théor. du C. pén.*, t. 1, p. 76).

150. Il y a exception à ce qui est dit *sup.* n. 139 pour délit de presse en ce qu'il n'y a pas lieu de surseoir au jugement de l'action civile, jusqu'à ce qu'il ait été définitivement prononcé sur l'action publique, toutes les fois qu'une diffamation donnant lieu à une action civile formée séparément de l'action publique, résulte d'un écrit qui reproduit des faits diffamatoires déjà consignés dans un écrit précédent, à raison duquel une action publique a été intentée et n'est point encore jugée (Cass. 29 janv. 1840, aff. Salmon, - Sir. 40, 1, 369). Dans le cas dont il s'agit, le fonctionnaire qui se prétend diffamé par la voie de la presse peut exercer devant les tribunaux civils son action en réparation du dommage causé, séparément de l'action publique (Cass. 4 août 1841).

151. Un tribunal saisi tout à la fois de l'action publique et de l'action civile, doit juger par la même instruction et par le même jugement; il ne peut statuer sur l'action civile et renvoyer à poursuivre sur l'action publique (Cass. 16 janv. 1806, - Sir. 17, 2, 242), ni continuer la cause à une autre audience pour statuer sur l'action civile (C. instr. crim. 3, 161, 189,—Cass. 5 déc. 1835, - Sir. 36, 1, 924).— L'omission de prononcer aurait le caractère d'un déni de justice donnant ouverture à Cassation (Cass. 11 juill. 1823, - Sir. 23, 1, 421).

152. Le droit de connaître de l'action civile n'étant qu'accessoire à l'action publique, il en résulte que les tribunaux de répression, s'ils rejettent l'action publique, restent sans pouvoir et sont incompétents pour statuer sur l'action civile. Pour connaître de celle-ci, il faut que le tribunal de répression ait été déjà ou simultanément saisi de l'action publique contre le prévenu (Cass. 15 déc. 1827, 2 août 1828, - Sir. 28, 1, 216 et 398). — V. *inf.* n. 162 *bis*.

153. Lorsque le ministère publique renonce à l'exercice de l'action publique déjà engagée, l'action civile n'est pas éteinte, mais elle ne peut plus être exercée que devant les tribunaux civils (Cass. 28 juin 1822, - Sir. 23, 1, 111).

154. Le décès du prévenu, survenu avant un jugement définitif qui ait statué sur l'action publique et sur l'action civile, oblige la partie civile à reporter son action devant la juridiction civile (C. instr. crim. 2, — Mangin, act. publ. t. 2, n. 282).

155. Le jugement rendu au criminel, n'a point effet sur le jugement de l'action civile, de sorte que la partie prétendue lésée par un crime ou par un délit, est recevable à demander une réparation civile, en faisant la preuve du fait, après que l'accusé ou le prévenu a été déclaré non coupable par la justice criminelle ou correctionnelle (C. inst. crim. 360, 586, — C. civ. 1350, 1351, — Cass. 17 niv. an xiii, aff. Gros, - Sir. 5, 1, 205, — 5 nov. 1818, aff. Rolland, - Sir. 19, 1, 269, — 29 nov. 1828, - Sir. 30, 1, 71, — 27 janv. 1830, - Sir. 30, 1, 72, — Toullier, t. 8, n. 30 et suiv., t. 10, n. 240 et suiv. — *Contrà*, Cass. 1 brum an xiii, - Sir. 20, 1, 499, — 17 mars 1813, - Sir. 13, 1, 262, — Nîmes, 18 mai 1813, - Sir. 15, 2, 11, — Bruxelles, 26 oct. 1816, - Sir. 21, 2, 174, — Merlin, *rép.* v. *chose jugée* § 15 et quest. de droit, v° *faux*, § 6). Du reste, ces deux auteurs, ainsi que Mangin de *l'act. publique* t. 2, n. 425 et suiv., Duranton, t. 13, n. 496, Coulon, *dialogue de droit*, t. 1, p. 446 et 467, distinguent entre le cas où le jugement criminel condamne, et celui où il acquitte ou déclare le fait non constant. L'opinion de ces auteurs se trouve confirmée par les arrêts suivants qui établissent :

156. 1° Que les tribunaux civils saisis d'une demande en réparation civile d'un délit, n'ont point à s'occuper de la constatation du fait, lorsque déjà il a été déclaré constant par les tribunaux criminels; il y a chose jugée à cet égard (Cass. 5 mai 1818, - Sir. 19, 1, 162).

157. 2° Que le jugement de tribunal correctionnel qui déclare un accusé coupable d'un fait dommageable, dispense de toute preuve, la partie lésée réclamant la réparation du dommage par action civile. Sur ce point, la partie lésée peut invoquer la chose jugée, encore qu'elle n'ait pas été partie civile dans l'instance criminelle (Bruxelles, 27 fév. 1818, - Sir, 21, 2, 173).

158. 3° Que le jugement criminel qui déclare n'être pas constant que telle signature soit fausse, n'oblige point un tribunal civil à réputer cette signature *vraie*, sans vérification aucune (Cass. 21 mess. an ix, - Sir. 1, 1, 463, — Toulouse, 12 av. 1812, - Sir. 16, 2, 14).

159. 4° Que l'ordonnance du président d'une cour d'assises qui renvoie l'accusé de la plainte en faux dirigée contre lui, sur la déclaration du jury qu'il est *non convaincu*, n'est point une preuve pour les juges civils, de la légalité de l'acte argué de faux; ils peuvent en prononcer la nullité sur des présomptions de dol ou de fraude dont la loi leur laisse l'appréciation (Paris, 28 fév. 1815, - Sir. 16, 2, 233).

160. 5° Que la poursuite en faux incident n'est pas recevable contre un titre précédemment vérifié sur une plainte en faux principal, entre les mêmes parties (Cass. 4 mars 1817, - Sir. 18, 1, 83); — ou après que sur une accusation en faux principal intentée par le ministère public sans qu'il y eût partie civile, il a été jugé que la pièce arguée de faux n'était point fausse (Cass. 19 mess. an VII, - Sir. 7, 2, 827).

161. Mais la déclaration du jury portant *qu'il n'y a lieu à accusation*, n'anéantit pas l'action civile, encore que les poursuites n'aient été faites que sur la plainte de la partie civile (Colmar, 15 fév. 1806, - Sir. 6, 2, 976).

162. Il en est de même d'une ordonnance de la chambre du conseil du tribunal de première instance qui déclare *n'y avoir lieu à poursuite sur une plainte* (Bruxelles, 3 mars 1814, aff. Nélis, - Sir. 22, 2, 221).

162 *bis*. Lorsque dans le cours d'un procès correctionnel où figurait une partie civile, le prévenu se trouve traduit pour un fait plus grave, devant la juridiction criminelle, la condamnation prononcée contre lui à une peine afflictive et infamante, ne dessaisit pas la juridiction correctionnelle de l'action civile dont elle avait été d'abord saisie; bien que le tribunal correctionnel ne puisse plus prononcer une peine à raison du délit, il n'en reste pas moins compétent pour déclarer et caractériser le fait dont il avait été appelé à connaître, et pour accorder, par suite, les réparations civiles auxquelles il peut donner lieu (Cass. 18 juin 1841, aff. Capelle v^e Lafarge, - Sir. 41, 1, 883).

§ 2. De la prescription ou extinction de l'action civile.

163. L'action *civile* étant soumise aux mêmes règles que l'action *publique* pour la prescription, il faut faire application au présent paragraphe, toutes les fois que la matière le comporte, de ce que nous avons dit *sup*. n. 47 et suiv., 70 et suiv., 125 et suiv., et avoir égard à ce qui est dit *infrà* n. 164 et suivants.

164. L'action civile résultant d'un délit cesse d'être soumise à la prescription de *trois* ans, lorsque, dans ce délai, il est intervenu au criminel sur l'action publique, un jugement ou arrêt de condamnation, et qu'ainsi les faits donnant lieu à l'action civile ont été légalement constatés. C'est alors la prescription de trente ans qu'il faut appliquer (C. instr. crim. 638,—C. civ. 2262,—Nîmes, 27 mars 1833, - Sir. 33, 4, 243, — Caen, 8 janv. 1827, - Sir. 23, 2, 21).

165. La prescription de l'action criminelle, pour dilapidation de deniers publics, n'emporte pas prescription de l'action civile en remboursement des sommes dues par le comptable: ainsi, l'art. 637 du C. d'instr. crim. (v. *sup*. n. 47) portant que l'action civile se prescrit par le même laps de temps que l'action criminelle, doit s'entendre de l'action qui a pour objet les intérêts civils résultant du délit, et non de l'action qui tend au remboursement des sommes dues (Cass. 23 janv. 1822, - Sir. 22, 1, 316). Cette dernière action qui est celle du gouvernement contre un comptable en reddition de compte, étant indépendante de celle qui pourrait résulter du délit de ce comptable, n'est pas soumise à la prescription ordinaire des crimes et délits, mais bien à la prescription de 30 ans (C. pén. de 1791, art. 1 et 2,— C. 3 brum. an IV, art. 9 et 10,—Paris, 25 mars 1825, aff. Palmering, - Sir. 27, 2, 7).

166. La plainte portée par la partie lésée pour un crime ou délit, soit au procureur du Roi, soit au juge d'instruction, n'interrompt pas la prescription de l'action publique, mais elle interrompt la prescription de l'action civile (Mangin, t. 2, n. 353, 365.—*Contrà*, Legraverend, t. 1, p. 78,—Favard, *rép*. v° *prescription*, sect. 5. § 1, n. 4;—Carnot, t. 3, p. 525, 629, au cas où le plaignant s'est porté partie civile.

167. Les poursuites du ministère public interrompent aussi la prescription de l'action civile (Mangin, n. 354).

168. La prescription de l'action publique et de l'action civile, établie en matière correctionnelle, pour discontinuation pendant trois ans des poursuites déjà commencées, s'applique même au cas où ces poursuites ont été suivies d'un jugement, si ce jugement a été frappé d'appel, et qu'un intervalle de plus de trois ans se soit écoulé depuis cet appel, sans qu'il y ait été statué (Grenoble, 23 juin 1830, - Sir. 32, 1, 342).

169. L'action civile en réparation d'un délit, n'est soumise à la même prescription que ce délit, qu'autant qu'elle est poursuivie en même temps que le délit et devant le même tribunal; lorsqu'au contraire, elle se poursuit seule et devant les tribunaux civils, elle n'est soumise qu'à la prescription ordinaire qui est de trente ans (Cass. 17 déc. 1839; Riom, 28 juin 1841, - Sir. 40, 1, 434. —41, 2, 587).

170. Les jugements rendus en matière de police peuvent être attaqués par la voie de l'appel devant le tribunal correctionnel, dans les dix jours de la signification de la sentence à personne ou domicile, lorsqu'ils prononcent un emprisonnement, ou lorsque les amendes, restitutions ou autres réparations civiles excèdent la somme de 5 francs, outre les dépens. (C. inst. crim. 172, 174). — Ils peuvent même être attaqués par la voie de la cassation (*id*. 177).

171. Les jugements rendus en matière correctionnelle peuvent aussi être attaqués par la voie de l'appel au tribunal du chef-lieu du département ou du département le plus voisin, ou bien par la voie de la cassation (C. instr. crim. 199, 200, 216).

172. En matière criminelle, le condamné a trois jours francs après celui où son arrêt lui a été prononcé pour déclarer au greffe qu'il se pourvoit en cassation. Le Procureur général peut, dans le même délai, déclarer au greffe qu'il demande la cassation de l'arrêt. La partie civile a le même délai pour se pourvoir, mais elle ne le peut que quant aux dispositions relatives à ses intérêts civils (C. inst. crim. 373).

V. *sup*., Sect. 1, § 3, art. 1, 2 et 3.

INDICATION ALPHABÉTIQUE

Des Matières du chapitre 2 et du chapitre 3.

Sect. 1. DE L'OBJET DES ACTIONS EN DROIT CIVIL OU PRIVÉ.

173. L'action dont il s'agit au présent chap. est le droit qu'on a de former en justice une demande fondée sur un titre ou sur la loi et par laquelle on requiert que celui contre qui on l'intente ait à donner, faire ou ne pas faire quelque chose ou qu'il y soit condamné par le juge ; ce qui ne s'applique véritablement qu'aux actions civiles ou privées et non aux actions qui font l'objet du chap. 1 qui précède. V. *Droits*, note 27, sect. 2. — Tandis que l'action dont il va être question au chap. 3 est l'exercice de ce droit.

174. Par *action* on entend aussi le droit qu'on a de forcer quelqu'un à l'exécution d'une obligation dont il est tenu par titre *exécutoire*. Mais alors l'action est mieux connue sous le nom de *poursuite*. C'est par cette voie et non par voie d'action que les créanciers en vertu de titres exécutoires doivent agir contre l'héritier (C. civ. 877 ; Montpellier, 12 janv. 1832, - Sir. 32, 2, 528 ; Coulon, t. 2, p. 318). V. *inf.* n. 185.

175. Pour intenter une action il faut avoir un *intérêt*, car d'après la maxime connue au palais, « *l'intérêt est le principe de l'action* » (Disc. de M. Portalis, - Sir. 1, 2, 173), on rejette toute demande pour défaut d'intérêt. — Cet intérêt doit être *né* et *actuel*, par conséquent l'interprétation d'une convention ne peut être demandée aux Tribunaux par les parties lorsqu'elle n'a pas pour résultat de régler une contestation actuellement sérieuse (Amiens, 23 janv. 1839, aff. Fernet, - Sir. 39, 2, 378).

176. Cependant tout créancier d'un failli a une action pour le faire déclarer, s'il y a lieu, banqueroutier simple, encore qu'il ne conclue pas contre lui à des dommages-intérêts (Cass. 19 mai 1815, aff. Simonnet, - Sir. 16, 1, 70).

177. Mais l'intérêt qui est la mesure des actions, ne doit pas s'entendre seulement de l'intérêt *pécuniaire*, il doit s'entendre aussi de l'intérêt d'*honneur*. En conséquence un Notaire est recevable à intervenir dans une instance, lorsque l'une des parties y a produit un mémoire contenant des allégations de nature à porter atteinte à la réputation de ce Notaire (C. proc. 339 ; Nîmes 11 juillet 1827, aff. Genthial, - Sir. 28, 2, 76 ; Amiens, 15 mars 1833, - Sir. 33, 2, 420). Ou lorsqu'un acte par lui reçu est attaqué par la voie du faux incident (Paris, 29 juin 1826, aff. Dumouchet, - Sir. 27, 2, 89).

178. Une chambre de Notaires est recevable aussi à intervenir dans une instance où l'on conteste à un Notaire de l'arrondissement le droit de procéder, en sa qualité, à des ventes d'une certaine nature (Colmar, 30 janv. 1827, - Sir. 27, 2, 154).

179. Il en est de même des créanciers hypothécaires ; ils peuvent intervenir dans une instance où leur débiteur figure soit comme demandeur, soit comme défendeur, relativement à l'immeuble hypothéqué (C. civ. 1166 ; Cass. 10 août 1825, - Sir. 26, 1, 6).

180. Le créancier antichrésiste a le même droit relativement à une instance en nullité de la vente faite par le propriétaire postérieurement à l'antichrèse (Cass. 7 mars 1820, aff. Desmarres, - Sir. 20, 1, 290).

181. Mais un courtier qui n'allègue aucun dommage personnel n'est pas recevable à intervenir dans un procès correctionnel dirigé par la chambre des courtiers contre un particulier, pour fait d'exercice illégal de courtage (Code proc. 466 ; C. de comm. 74 ; Bordeaux, 13 juill. 1826, aff. Imbert, - Sir. 27, 2, 72).

182. Celui qui a deux actions à exercer pour raison d'un droit, peut les exercer l'une après l'autre, si toutefois il ne s'est pas lié à la première, soit en lui faisant produire effet, soit en renonçant à la seconde (Cass. 30 av. 1827, - Sir. 27, 1, 273).

183. Ainsi, après avoir tenté sans succès de faire résilier une vente par l'exercice de la faculté de rachat, on peut attaquer cette même vente comme n'étant qu'un contrat pignoratif. (Pau, 17 mai, 1830, aff. Muratté, - Sir. 30, 2, 243).

184. Lorsqu'une action est mal fondée, on ne doit pas l'accueillir sous le prétexte qu'on pouvait faire valoir une action mieux fondée et qu'il importe de prévenir l'inconvénient de ce nouveau procès. Ainsi, l'action d'un créancier qui a fait saisir les biens *dotaux* d'une fille pour une dette de sa mère dont elle est héritière, ne peut être justifiée sous le prétexte que ces biens étaient affectés à une créance hypothécaire de la mère antérieurement à leur constitution dotale, et que le saisissant aurait pu les saisir en exerçant les droits de la mère (Cass. 3 janv., 18 juill. 1825, - Sir. 25, 1, 160, 1, 392).

185. On ne peut pas exiger deux titres exécutoires contre le même individu pour la même dette ; cependant le créancier peut, sans que son action puisse être considérée comme *frustratoire*, citer son débiteur en justice pour en obtenir condamnation contre lui, alors même qu'il est porteur d'un titre *notarié*, et par conséquent *exécutoire*, si ce titre est *querellable*, en ce qu'il aurait été consenti seulement par le tuteur du débiteur, pendant que celui-ci était en minorité, surtout si un commandement a déjà été fait sans succès au débiteur en vertu de ce titre (Cass. 1 févr. 1830, - Sir. 30, 1, 137 ; Orléans, 17 mars 1837, - Sir. 37, 2, 291 ; Metz, 12 mai 1818, aff. Sarazin ; Carré, t. 2, n. 1898 ; Pigeau, t. 1,

p. 66. — *Contrà*, Amiens, 31 août 1826, aff. Dessertaux, -Sir. 37, 2, 291).

186. Dans tous les cas, l'action judiciaire intentée comme il est dit au n° qui précède, n'est pas *frustratoire*, alors que la prescription pouvait être opposée à ce jugement (Cass. 6 nov. 1832, aff. Dupuy, - Sir. 32, 1, 824).

187. L'exception tirée de ce que le demandeur méconnaîtrait la force d'un titre exécutoire et agirait frustratoirement pour s'en procurer un nouveau, doit être, comme toutes les exceptions qui attaquent le mode d'exercice d'un droit, proposée avant toute défense au fond : dès lors elle ne peut l'être pour la première fois en appel (C. proc. 173; Bordeaux 24 août 1831; Orléans, 17 mars 1837, -Sir. 32, 1, 824 - 37, 2, 291).

188. Quoique deux époux communs en biens soient créanciers personnels l'un de l'autre, ils ne peuvent exercer les actions dérivant de leurs titres respectifs, tant que dure la communauté (Paris, 10 frimaire an XIII, aff. Hulot, - Sir. 5, 2, 376).

189. A l'égard des actions intentées par des tiers contre le mari, il faut distinguer :

190. S'il s'agit d'un fait *personnel* au mari (tel est celui d'avoir pratiqué un passage sur le terrain d'autrui pour l'exploitation d'un fonds appartenant à la femme), l'action est valablement dirigée contre le mari seul et le demandeur n'est pas obligé d'actionner en même temps la femme, c'est au mari de l'appeler en cause s'il veut exciper du droit de cette dernière au passage litigieux (C. civ. 1428, 1549; Bordeaux, 14 mars 1828, -Sir. 28, 2, 175).

191. S'il s'agit des immeubles de la femme mariée sous le régime dotal, l'action des tiers réclamant le fonds dotal doit être dirigée contre la femme, assistée de son mari, et non contre le mari seul, encore bien que l'art. 1549 du C. civil donne à ce dernier l'action contre les débiteurs de la dot de la femme (Bordeaux, 16 mars 1827, aff. Gardet, - Sir. 28, 2, 49).

192. Quand on a un droit on a nécessairement une action pour le faire reconnaître contre toute personne qui par son fait, a porté un obstacle, même indirect, à l'exercice de ce droit (Cass. 5 av. 1837, aff. Durand, - Sir. 37, 1, 455).

193. L'acquéreur d'un fonds n'a qualité pour exercer action à raison des dommages causés sur le fonds vendu, par des tiers, *antérieurement à la vente*, qu'autant qu'il lui a été fait cession expresse de cette action par le vendeur. La clause par laquelle le vendeur déclare transporter tous ses droits, actions et prétentions sur l'objet vendu, *sans aucune exception ni réserve*, ne peut être considérée comme renfermant cette cession expresse (Bordeaux, 15 mai 1829, aff. Baillon, - Sir. 30, 2, 14).

Pour l'exercice des actions ou la demande, V. *inf.* chap. 3, n. 667 et suiv.

Sect. 2. DES DIFFÉRENTES ESPÈCES D'ACTIONS.

194. Les actions *civiles* ou *privées* se divisent en actions *personnelles*, actions *réelles* et actions *mixtes*.

Ces trois actions principales se subdivisent en plusieurs autres qu'on appelle actions *directes* et *contraires*, actions *hypothécaires*, actions *immobilières*, actions *mobilières*, actions *pétitoires*, actions *possessoires*, actions *rédhibitoires*, actions en *nullité ou en rescision*, actions *résolutoires*, actions en *revendication*, actions *révocatoires*.

§ 1. DES ACTIONS PERSONNELLES, RÉELLES ET MIXTES.

195. PERSONNELLE. Par l'action personnelle, nous agissons contre celui qui est obligé envers nous par une des quatre causes d'où peut dériver l'obligation personnelle. Ces causes sont : le *contrat* (note 107), le *quasi-contrat* (note 26), le délit (note 26) et le quasi-délit (note 26).

196. Ainsi, on doit considérer comme *personnelle* :

197. 1° L'action en rétablissement de titres que l'on prétend avoir précédemment remis à la personne à laquelle on en demande la restitution. Peu importe que cette action soit formée à raison d'une demande en revendication d'immeubles dont le défendeur est en possession (Cass. 5 fév. 1806, - Sir. 6, 2, 705).

198. 2° Celle qui a pour objet, soit le paiement des arrérages d'une rente hypothéquée sur un immeuble, soit l'obtention d'un titre nouvel de cette rente (Paris, 18 janv. 1825, - Sir. 25, 2, 115).

199. 3° L'action en nullité d'une vente formée par l'acquéreur ou ses représentants. La demande, dans ce cas, étant entièrement opposée à celle qui tendrait au désistement d'un immeuble, ce qui seul donne le caractère de réalité à une demande (Riom, 30 déc. 1825, - Sir. 27, 2, 31).

200. 4° Celle exercée par l'acquéreur d'une coupe de bois contre son vendeur, pour être autorisé à faire abattre les arbres qu'il a achetés, spécialement les baliveaux laissés au delà du nombre convenu; les arbres achetés pour être coupés étant réputés meubles vis-à-vis de l'acquéreur (Cass. 5 oct. 1813, - Sir. 13, 1, 465; Pothier, de *la commun.* n. 70; Merlin, *rép.* v° *biens*, § 1).

201. 5° Celle formée par le débiteur originaire afin d'obtenir l'annulation d'une sommation faite à un acquéreur de notifier, le réglement de compte et la main-levée de l'inscription (jug. de Nevers, 12 déc. 1838. — Bioche, 1839, 15).

202. 6° L'action en délivrance de l'immeuble vendu, dirigée contre le vendeur lui-même ou ses successeurs à titre universel; ils ne sont obligés que personnellement à effectuer cette délivrance quand ils ne sont point en possession de l'immeuble (Poncet, des *actions* 179). — V. *inf.* *Action mixte* n. 222.

203. 7° Celle par laquelle l'héritier du sang forme contre l'héritier testamentaire une demande en délaissement de la succession, motivée sur ce que le testament dont il excipe est nul (Cass. 18 janv. 1820, - Sir. 20, 1, 127; Orléans, 21 août 1829, - Sir. 30, 2, 94; Favard, v° *Actions*, n° 3).

204. 8° Celle en représentation de prix de vente intentée par les créanciers du vendeur contre l'acquéreur (Cass. 15 mars 1808, - Sir. 8, 1, 353), ou par le véritable propriétaire (Cass. 4 av. 1838, - Sir. 38, 1, 306).

205. 9° La demande en nullité de contrat et en mainlevée des inscriptions hypothécaires prises en vertu de ce contrat (Cass. 29 brum. an XIII, - Sir. 7, 2, 1001, — 1 flor. an XII. - Sir. 20, 1, 472). V. *inf.* n. 214.

206. 10° L'action qui a pour objet soit le paiement des arrérages d'une rente hypothéquée sur un immeuble, soit

l'obtention d'un titre nouvel de cette rente (Paris, 18 janv. 1823, - Sir. 25, 2, 115). — Il en est de même de la demande en paiement d'arrérages d'une rente dont le titre n'est pas contesté (Cass. 13 oct. 1813, - Sir. 20, 1, 455). — V. *inf. Action mixte*, n. 229.

207. 11° L'action en nullité de testament (Orléans, 21 août 1829, - Sir. 30, 2, 94).

208. En matière *personnelle*, le défendeur doit être assigné devant le trib. de son domicile; s'il n'a pas de domicile devant le trib. de sa résidence; s'il y a plusieurs défendeurs devant le trib. du domicile de l'un d'eux, au choix du demandeur (C. proc. 59. V. note 20). — V. cependant *inf.* n. 209.

209. Une demande purement personnelle peut être formée à un tribunal autre que celui du domicile du défendeur, lorsqu'elle est connexe avec une autre demande déjà formée à ce tribunal. (Cass. 8 av. 1807, - Sir. 7, 1, 339).

210. RÉELLE. L'action réelle est celle que nous dirigeons pour nous faire remettre en possession d'une chose qui est détenue par un autre et qui nous appartient. Si le détenteur dénie que celui qui le poursuit soit le propriétaire de la chose répétée, c'est à celui-ci à faire preuve de sa propriété ; sinon il perd sa cause.

Ainsi, on doit considérer comme *réelles* :

211. 1° L'action en revendication dirigée contre un tiers-détenteur par un précédent propriétaire.

212. 2° L'action en délaissement, formée par un créancier hypothécaire du vendeur.

213. 3° L'action en ouverture d'ordre pour la distribution du prix d'un immeuble vendu, soit volontairement, soit sur expropriation forcée. (Cass. 13 juin 1809, - Sir. 9, 1, 282).

214. 4° La demande en main-levée des inscriptions hypothécaires prises en vertu d'un contrat nul comme étant entaché de féodalité. L'action est *réelle* parce que la demande en main-levée est alors une demande principale (Paris, 9 mars 1813, - Sir. 14, 2, 136). — V. *sup.* n. 203.

215. 5° L'action tendant à obtenir le désistement d'un immeuble et des dommages-intérêts à raison de l'indue possession; l'objet principal étant une chose *réelle* (Amiens, 13 nov. 1824, aff. Legros, - Sir. 25, 2, 211. — *Contrà*, Grenoble, 29 av. 1824, aff. Gatel, - Sir. 26, 2, 27). Suivant ce dernier arrêt l'action est *mixte*.

216. 6°. La demande formée par un créancier en nullité, pour cause de fraude, d'une donation d'immeubles faite par son débiteur à un tiers (Amiens, 16 mars 1839, aff. Dubaret, - Sir. 40, 2, 10).

217. 7° Les actions relatives à des servitudes (Pardessus, *Servit.* n. 322). Doit être considéré comme tel le droit appartenant au propriétaire d'un mur dont la mitoyenneté a été acquise par le voisin, de reprendre la propriété exclusive du mur, s'il n'est pas payé de la valeur de la mitoyenneté (Paris, 23 juill. 1833, - Sir. 34, 2, 95). — Il en est de même de l'action en reconnaissance de droits d'usage dans une forêt (Cass. 29 av. 1833, - Sir. 33, 1, 488).

218. 8° L'action en revente par suite de sur-enchère (Paris, 27 mai 1816, - Sir. 17, 2, 51).

218 *bis.* L'action en remboursement des frais d'un mur mitoyen construit d'accord avec le voisin (Paris, 22 janv. 1834; 3 avril 1841, - Sir. 41, 2, 340).

219. En matière *réelle*, le défendeur doit être assigné (V. note 20) devant le trib. de la situation de l'objet litigieux (C. proc. 59).

220. Lorsque plusieurs actions réelles connexes ont été portées, entre les mêmes parties, devant des tribunaux différents, la juridiction sur ces actions peut être attribuée exclusivement à celui dans le ressort duquel la majeure partie des biens litigieux est située (Cass. 27 av. 1811, aff. Champy, - Sir. 20, 1, 433).

221. MIXTE. L'action *mixte* est tout-à-la-fois personnelle et réelle ; c.-à-d. que nous agissons en revendication d'une chose qui nous appartient, et qu'en même temps nous demandons paiement des accessoires qui s'y rattachent.

Ainsi, on doit considérer comme *mixtes* :

222. 1° L'action en délivrance de l'immeuble vendu, dirigée contre le vendeur lui-même, lorsque celui-ci est encore en possession de l'immeuble. Dans ce cas, le défendeur est tout-à-la-fois obligé personnellement et tenu comme détenteur, l'acquéreur ayant sur lui un droit réel (Cass, 2 fév. 1809, - Sir. 9, 1, 138. — Pigeau 1, 129). — V. *sup. Action personnelle* n. 202.

223. 2° L'action en résiliation de bail. La jouissance étant aliénée par anticipation pour plusieurs années, le locataire se trouve par conséquent avoir un droit *ad rem* ou *in re* (Paris, 16 fév. 1808, aff. Laparcillé, - Sir. 7, 2, 771). — V. l'art. 3 de la loi du 25 mai 1838 sur les just. de paix.

224. 3° L'action en rescision d'un contrat de vente pour cause de lésion. Elle participe de l'action *personnelle* en ce que l'on demande le paiement du juste prix, et de l'action *réelle* en ce que l'on conclut à être réintégré dans l'immeuble en cas de non-paiement de ce juste prix (Cass. 5 nov. 1806, - Sir. 6, 1, 469; — 13 fév. 1832, - Sir. 32, 1, 681; — Paris, 13 mars 1817, - Sir. 18, 2, 99. — *Contrà*, Riom, 1 déc. 1808, - Sir. 12, 2, 197).

225. 4° La demande en reconnaissance d'écriture d'un acte sous seing-privé et en réalisation de la vente devant Notaire (Paris, 26 août 1835, 31 mai 1837).

226. 5° L'action intentée contre un héritier tant en cette qualité que comme biens-tenant, c.-à-d. comme détenteur des biens hypothéqués à la créance du demandeur. (Cass. 10 déc. 1806, aff. Gasset, - Sir. 6, 1, 515). — Il en est de même de celle dirigée contre un héritier détenteur de biens, en paiement, non de sa quote-part, mais de la totalité d'une somme due par la masse des héritiers (Cass. 24 août 1816, - Sir. 27, 1, 157. — *Contrà*, Riom, 1 déc. 1808, - Sir. 12, 2, 197).

227. 6° La demande en paiement d'une somme pour prix de la stipulation du droit de retour réservé au profit d'un donateur d'immeubles (Cass. 4 janv. 1820). — V. *sup. Action réelle*, n. 216.

228. 7° L'action formée par un acquéreur évincé par voie de surenchère, contre l'adjudicataire, en remboursement de ses frais et loyaux-coûts, et ce, quoiqu'elle ait pour objet d'obtenir ce remboursement par privilége et préférence sur le prix de l'immeuble adjugé (Bordeaux, 5 juill. 1833, aff. Sieuzac, - Sir. 33, 2, 467).

229. 8° L'action en paiement d'une rente en argent, avec énonciation que la rente est *établie sur un immeuble*,

quand il y a contestation sur l'existence de la rente (Cass. 8 déc. 1829, - Sir. 30, 1, 17).

230. *En matière mixte*, le défendeur doit être assigné devant le juge de la situation de l'objet litigieux ou devant le juge du domicile du défendeur (C. proc. 59).

§ 2. DES ACTIONS DIRECTES ET CONTRAIRES.

231. DIRECTE. On appelle action *directe* celle qui résulte de certains contrats qui n'engagent que l'un des contractants envers l'autre et qu'on appelle pour cette raison *unilatéraux*, tels sont le *prêt*, le *dépôt*, le *mandat*, le *gage*, le *quasi-contrat* de gestion d'affaires. Cette action *directe* n'appartient qu'au *prêteur*, au *déposant*, au *mandant*, à celui qui a donné le gage et à celui dont on a géré l'affaire.

232. CONTRAIRE. On appelle action *contraire* celle qui résulte quelquefois au profit de la personne obligée, sans que cela ait été exprimé au contrat, la loi accordant de plein droit cette action (C. civ. 1890, 1947, 1999 et suiv., 2080, 1375).

233. Ainsi, par l'action appelée en droit romain, *commodati directa*, le prêteur agit contre l'emprunteur pour l'obliger à rendre la chose prêtée, ou à en payer le prix s'il ne peut la représenter; tandis que par l'action *commodati contraria*, l'emprunteur conclut à ce qu'il soit fait défense au prêteur de le troubler dans l'usage qu'il doit avoir de la chose qu'il lui a prêtée, et à ce qu'il soit condamné aux dommages-intérêts résultant du trouble, ou bien à ce que le prêteur lui rembourse les dépenses extraordinaires qu'il a été obligé de faire pour la conservation de la chose (C. civ. 1890).

234. Par l'action appelée *depositi directa*, celui qui a donné une chose en dépôt agit contre le dépositaire pour se la faire rendre. Tandis que par l'action *depositi contraria*, le dépositaire agit contre le propriétaire de la chose mise en dépôt, pour être remboursé de tout ce que lui a coûté le dépôt (C. civ. 1947).

235. Par l'action appelée *mandati directa*, le mandant agit contre le mandataire pour le faire condamner, ou à rendre compte du mandat s'il a été exécuté, ou aux dommages-intérêts résultant de l'inexécution du mandat, si, par une juste cause, le mandataire n'a pas été empêché de l'exécuter.

Tandis que par l'action *mandati contraria*, le mandataire agit contre le mandant pour être remboursé des dépenses qu'il a faites, et se faire décharger des obligations qu'il a contractées pour l'exécution du mandat (C. civ. 1999 et s.).

236. Par l'action appelée *pignoratitia directa*, on agit contre le créancier à qui on a donné des effets en nantissement, pour qu'il ait à les restituer moyennant le paiement de la dette contractée envers lui.

Tandis que par l'action *pignoratitia contraria*, celui à qui une chose a été donnée en gage, agit contre celui qui la lui a donnée pour se faire tenir compte par lui des dépenses utiles et nécessaires qu'il a faites pour la conservation du gage (C. civ. 2080).

237. Par l'action appelée *negotiorum gestorum directa*, celui qui a fait sans procuration les affaires d'un autre, agit contre celui qui les a faites, pour s'en faire rendre compte.

Tandis que par l'action *negotiorum gestorum contraria*, celui qui a fait sans procuration les affaires d'un autre, agit contre lui pour être remboursé et indemnisé de ce qu'il lui en a coûté pour les faire (C. civ. 1375). — V. note 26, n. 191.

§ 3. DES ACTIONS HYPOTHÉCAIRES OU DE L'EXERCICE DES PRIVILÉGES ET HYPOTHÈQUES.

238. L'action *hypothécaire* est celle qui appartient au créancier hypothécaire pour l'exercice de son droit d'hypothèque contre le possesseur de la chose.

Art. 1. DE LA NATURE DE L'ACTION HYPOTHÉCAIRE.

239. L'action hypothécaire ne naissant d'aucune obligation que le défendeur ait contractée envers le demandeur, mais seulement du droit que le demandeur a sur la chose hypothéquée, il en résulte qu'elle est purement réelle. — V. note 27, n. 399 (C. civ. 2114).

Art. 2. CONTRE QUI L'ACTION HYPOTHÉCAIRE DOIT ÊTRE EXERCÉE.

240. L'hypothèque étant, de sa nature, *indivisible à l'égard du débiteur comme à l'égard du créancier*. (V. *inf.* n. 265), suit l'immeuble hypothéqué en quelques mains qu'il passe (C. civ. 2114, note 27 n. 415 et suiv.), d'où il résulte que si les immeubles hypothéqués par le débiteur sont passés, par voie de succession, à ses enfants ou autres héritiers, le créancier a contre chacun d'eux pour se faire payer 1° l'action *personnelle* pour la part et portion virile et héréditaire de chacun dans la dette (C. civ. 873); 2° et l'action *hypothécaire* pour le tout contre chacun de ceux qui possèdent des biens affectés à la dette (*Id.* 1221).

241. Pour exercer l'action hypothécaire contre quelqu'un il faut qu'il soit possesseur ou détenteur actuel de l'immeuble hypothéqué, ce qui doit s'entendre de celui qui possède (V. note 22, n. 109 et suiv.) comme maître et propriétaire soit par lui soit par son fermier, cependant on peut la diriger contre le fermier ou le locataire qui se trouve en possession de la chose, sauf à être mis hors de cause après avoir indiqué celui de qui il tient à ferme ou à loyer, auquel cas le demandeur doit se pourvoir contre celui-ci comme étant le véritable possesseur (Pothier, *de l'Hypothèque*, p. 1751, n. 31); d'où il suit que quand l'immeuble hypothéqué a passé successivement en plusieurs mains, c'est au dernier détenteur que le créancier doit s'adresser, parce que le premier acquéreur a, par le fait de la revente, perdu le droit de purger, ne pouvant plus délaisser (Caen, 20 avr. 1841, aff. Quinette; J[al] du Man. art. 32).

242. Lorsque le détenteur est un usufruitier, l'action hypothécaire doit être intentée tant contre lui, puisqu'il a un droit réel dans la chose, que contre le nu-propriétaire (Proudhon, *de l'Usufruit*, n. 35 et 1298).

243. Il doit en être de même lorsque le détenteur est un emphytéote, parce que le bail à longues années opère un démembrement de la propriété. — V. note 22, n. 35.

244. Lorsque, par suite de l'exercice de l'action hypothécaire, le créancier poursuit la revente de l'immeuble hypothéqué, ce ne doit être que contre le tiers-détenteur déchu de la faculté de purger, car l'expropriation qu'il subit en cette qualité, ne le dépouille pas de la propriété de l'objet, tellement qu'il peut, jusqu'à l'adjudication, demander à conserver l'immeuble, en désintéressant tous les créanciers inscrits

(Arg. C. civ. 2169 et 2178; Grenier, n. 341 et 346; Poitiers, 18 juin 1810, aff. Lortie).

245. Toutefois, l'action hypothécaire ne peut être exercée contre le tiers-détenteur qu'après que le débiteur originaire a été mis en demeure de payer sa dette par un commandement à lui fait trente jours avant toute poursuite en expropriation et qu'après le mois qui suit la sommation faite à lui tiers-détenteur de payer ou délaisser (C. civ. 2169, 2183).

246. Mais il ne convient pas que le commandement et la sommation dont il vient d'être parlé aient lieu le même jour, il est d'usage qu'il y ait un jour au moins d'intervalle entre ces deux actes. Dans tous les cas, le commandement doit précéder la sommation, par le motif que le débiteur originaire étant poursuivi le premier, peut satisfaire et payer le créancier, et par suite, rendre inutile l'expropriation du tiers-détenteur (Pigeau, 1, 444 ; Troplong, n. 791. — *Contrà*, Grenier, 2, 99; Persil, art. 2169 n. 2). Toutefois, il n'est pas nécessaire, à peine de nullité, que la sommation contienne notification et copie du commandement fait au débiteur originaire (Paris, 27 mars 1840, aff. Brisson).

Art. 3. Quand et comment l'action hypothécaire doit être exercée. — De l'action en déclaration d'hypothèque.

247. L'action hypothécaire ne s'exerce pas toujours par cela seul que l'immeuble hypothéqué a passé en d'autres mains, car la créance peut n'être que conditionnelle ou n'être pas exigible. Dans ce cas, que doit faire le créancier pour empêcher la prescription de *dix* ans entre présents, et *vingt* ans entre absents qui peut s'accomplir avant l'événement de la condition ou l'échéance de sa créance, et au moyen de laquelle le tiers-détenteur peut se libérer de l'hypothèque s'il a fait transcrire son contrat? (C. civ. 2180).

248. Son action, alors, doit être un acte d'interruption de prescription qui prend le nom *d'action en déclaration d'hypothèque*. Ainsi, elle ne doit avoir pour objet que d'interrompre la prescription à l'égard du tiers-détenteur, tellement que si elle tend à le faire condamner *personnellement* au paiement de la créance hypothécaire elle doit être déclarée non-recevable (Cass. 6 mai 1811, aff. Richelieu, -Sir. 12, 1, 43; 27 av. 1812, aff. Julien, -Sir. 12, 1, 300; Paris, 13 nov. 1811, -Sir. 12, 2, 16; Grenoble, 1er juin 1824. — *Contrà*, Cass. 15 janv. 1808, -Sir. 10, 2, 537 ; Nîmes, 18 nov. 1830, -Sir. 31, 2, 146; Persil, *rég. hyp.* art. 2180, et *quest.* 2, p. 11). — D'où il suit, que l'action en déclaration d'hypothèque est non-recevable comme frustratoire ou prématurée lorsqu'il n'y a pas eu transcription par le tiers-détenteur et que l'acquisition est récente, car, dans ce cas, la prescription de dix ou vingt ans n'a pas commencé à courir, et lorsque la prescription trentenaire ne court que depuis peu de temps (Metz, 5 août 1823, -Sir. 23, 2, 343). — V. *inf.* n. 251.

249. Mais il y a lieu à exercer immédiatement l'action hypothécaire, lorsque l'immeuble hypothéqué ne passe pas intégralement en d'autres mains ou lorsqu'il a été vendu à plusieurs *séparément et divisément*, parce que, dans ce cas, les sûretés du créancier étant diminuées par le fait de la division de l'hypothèque qui, de sa nature, est indivisible, le débiteur ne peut plus réclamer le bénéfice du terme et la dette devient exigible (C. civ. 1188, 2114, 2131). D'où il résulte que quand l'immeuble hypothéqué a été vendu à plusieurs *collectivement et indivisément*, il n'y a pas lieu à l'exercice de l'action hypothécaire, car les acquéreurs, dans ce cas, ne peuvent point se désunir pour remplir les formalités nécessaires pour la purge des hypothèques et la distribution du prix entre les créanciers, deux causes principales qui, lorsqu'elles se reproduisent à l'occasion de plusieurs ventes partielles du même objet ou à l'occasion de ventes distinctes et séparées de plusieurs objets hypothéqués multiplient nécessairement les frais qui sont privilégiés sur le prix.

250. Pour exercer l'action hypothécaire contre le tiers-détenteur lorsque la dette est devenue exigible, il faut distinguer :

251. 1° Si le créancier n'exige point le remboursement de sa créance, il peut se contenter de former contre le détenteur une action en déclaration d'hypothèque pour interrompre la prescription, mais, dans ce cas, ce serait de sa part une espèce de renonciation à exiger plus tard son capital ou bien il devrait s'attendre à supporter les frais de son action en déclaration comme frustratoires. — V. *sup.* n. 248.

252. 2° Si, au contraire, le créancier exige le remboursement de sa créance, il doit d'abord faire commandement au débiteur originaire de payer la dette, et si celui-ci n'obéit point, faire sommation au tiers-détenteur de payer ou de *délaisser*, et faute, par ce dernier, de satisfaire *pleinement* à l'une ou à l'autre de ces obligations, le créancier a le droit de faire revendre sur lui l'immeuble hypothéqué trente jours après le commandement et la sommation (C. civ. 2169). On procède, dans ce cas, pour la revente comme en matière de saisie immobilière (C. proc. 673 et suiv.).

253. Mais le défaut de paiement ou de délaissement de la part du tiers-détenteur ne change sa position que quant au terme de paiement. (V. *inf.* art. 5). Ainsi, soit qu'il agisse sur la sommation en notifiant son contrat aux créanciers, et en leur déclarant qu'il est prêt à payer (C. civ. 2183), soit qu'il reste dans l'inaction sur cette sommation, cela revient au même en ce sens qu'il est obligé de payer sans délai, savoir : dans le premier cas, le prix porté en son contrat s'il n'est pas fait de surenchère, et dans le second cas, toutes les dettes hypothécaires en capitaux et intérêts, (avec offre des frais liquidés et d'une somme pour les frais non-liquidés et sauf à parfaire. — V. *inf.* n. 270). Seulement, dans le dernier cas, il est obligé de payer toutes les dettes hypothécaires à quelques sommes qu'elles puissent se monter, mais comme *détenteur* seulement, sans y mettre du sien, et le défaut de paiement n'a pour lui aucune autre conséquence, que celle de voir continuer les poursuites pour faire revendre sur lui-même l'objet hypothéqué (C. civ. 2167, 2168, 2169). — Toutefois, il en est autrement à l'égard du détenteur, obligé *personnellement à la dette*, ainsi que nous l'expliquerons *inf.* art. 6, n. 276 et suiv.

Art 4. Des droits du créancier hypothécaire.

254. Ainsi que nous l'avons dit à l'art. précédent, les droits du créancier hypothécaire consistent à faire revendre l'immeuble hypothéqué, faute par le détenteur de payer la dette exigible.

255. Si, pour ne pas payer la dette, le tiers-détenteur délaisse (V. note 157) l'héritage, le créancier hypothécaire, dans ce cas, a le droit de le faire revendre, dès que sur la

pétition du plus diligent des intéressés il a été créé à l'immeuble un curateur sur lequel la vente se poursuit dans les formes prescrites pour les expropriations (C. civ. 2174; C. proc. 673 et suiv.).

256. Et lorsque le tiers-détenteur qui n'a point obéi à la sommation qui lui a été faite de payer ou de délaisser, veut conserver l'immeuble, et cependant se garantir de l'effet des poursuites autorisées contre lui par les articles rappelés *sup.* n. 253, il est tenu, soit avant les poursuites, soit dans le mois, au plus tard, à compter de la première sommation de payer ou de délaisser qui lui est faite, de notifier son contrat aux créanciers inscrits (V. *purge* note 156), et dans les quarante jours qui suivent cette notification, tout créancier, si son titre a été inscrit, a le droit de surenchérir d'un dixième sur le prix exprimé en ce contrat (C. civ. 2185). Dans ce cas, la surenchère doit porter sur les charges qui font partie du prix; sur ce point, la jurisprudence est constante. — V. *surenchère*, note 147.

257. Le tiers-détenteur ne doit rien faire qui nuise aux droits des créanciers par rapport à l'immeuble qu'il détient; ainsi, les détériorations qui procèdent de son fait ou de sa négligence, donnent lieu contre lui à une action en indemnité à leur profit (C. civ. 2175). Le créancier hypothécaire inscrit ou privilégié, peut exercer cette action de son chef, mais le créancier chirographaire ne peut l'exercer que du chef de son débiteur (Toulouse, 30 mai 1833, - Sir. 34, 2, 528).

Art. 5. Des droits du tiers-détenteur

258. Nous avons vu *sup.* n. 252 et 253, que si le tiers-détenteur ne remplit pas les formalités que la loi indique pour purger sa propriété, il est obligé de payer dans les termes et délais accordés au débiteur originaire, tous les intérêts et capitaux exigibles, si mieux il n'aime délaisser l'immeuble (C. civ. 2167, 2168).

259. Cette faculté de délaisser n'étant point d'ordre public, il est clair que l'acquéreur a pu y renoncer par le contrat de son acquisition, mais, dans ce cas, il est bon d'exprimer que cette renonciation ne pourra être considérée comme une obligation *directe et personnelle* de la part de l'acquéreur de payer toutes les dettes hypothécaires, et qu'il est fait réserve par lui, de notifier son contrat aux créanciers inscrits, conformément à l'art. 2183 du C. civ. pour parvenir à fixer définitivement son prix et à réduire les inscriptions à une somme égale au montant de son acquisition. — V. *inf.* n. 275 et 284.

260. Lorsque le tiers-détenteur renonce à son droit de délaisser, ceci tourne à l'avantage du vendeur qui, à ce moyen, n'a plus rien à craindre d'un changement de volonté qui fasse saisir avec empressement la voie du délaissement, sans cependant tourner au détriment de l'acquéreur qui est toujours le maître, en remplissant les formalités nécessaires, c. à-d. en notifiant, de ne rien payer au-delà de son prix. Toutefois, par la notification, sa position se trouve changée, en ce sens, qu'il est déchu du bénéfice des délais qui lui étaient accordés par son contrat, car il doit déclarer dans cette notification qu'il est prêt à acquitter, sur-le-champ, les dettes et charges hypothécaires, jusqu'à concurrence seulement du prix, sans distinction des dettes exigibles ou non exigibles (C. civ. 2184). Ce point est important et doit avertir qu'on ne doit point, surtout dans les ventes faites à longs termes, priver le tiers-détenteur de la faculté de délaisser, car il ne doit pas lui être indifférent, ou de payer à la volonté de ses créanciers, aussitôt après la clôture de l'ordre ouvert sur son prix sur la requête du créancier le plus diligent, ou bien de payer aux époques convenues entre lui et son vendeur; tout changement apporté aux conditions de son marché, dans ce dernier cas, et qui tend à le forcer à dire qu'il est prêt à payer quand il ne l'est pas, étant de nature à rendre sa position fort embarrassante.

261. La faculté de délaisser n'est point restreinte aux acquéreurs d'immeubles, ainsi que nous le dirons au mot *delaissement*. — V. note 157.

262. Quoique l'immeuble hypothéqué puisse être revendu sur le tiers-détenteur faute par lui d'avoir payé ou délaissé, et qu'ainsi ce dernier se trouve déchu de la faculté de purger puisqu'il n'avait qu'un délai qu'il a laissé passer, il n'est pas pour cela dépouillé de la propriété, car nous avons vu, *suprà*, n. 244, qu'il peut, jusqu'à l'adjudication, demander à conserver l'immeuble en payant intégralement, ainsi qu'il y est d'ailleurs obligé, comme détenteur, par l'article 2169 du C. civ. rapporté *sup.* n. 258, toutes les créances inscrites; toutefois cette soumission de payer peut produire contre le tiers-détenteur une obligation *personnelle* qui l'oblige à payer au-delà de son prix, sauf son recours contre son vendeur pour l'excédant — V. *inf.* n. 279 et suiv.

263. Mais il peut refuser de payer et s'opposer à la revente toutes les fois qu'il peut repousser l'action hypothécaire par l'une ou l'autre des exceptions suivantes :

264. 1° Par l'exception de *discussion*, qui donne le droit au détenteur de s'opposer à la vente de l'héritage hypothéqué qui lui a été transmis, si d'autres immeubles hypothéqués à la même dette sont demeurés en la possession du principal ou des principaux obligés, à la charge par lui toutefois d'en requérir la discussion préalable (C. civ. 2070, 2023 et suiv.), auquel cas il n'est obligé de faire les fonds nécessaires pour cette discussion que lorsqu'il en est requis, il n'y a pas nécessité pour lui d'offrir ces fonds (Cass. 21 mars 1827 - Sir. 27, 1, 354). — Toutefois l'exception de discussion ne peut être opposée au créancier privilégié ou ayant hypothèque spéciale sur l'immeuble (C. civ. 2071).

265. 2° Par l'exception de cession d'actions (*cedendarum actionum*) qui a lieu lorsque le créancier, avant de diriger son action, a dégagé de l'hypothèque d'autres tiers-détenteurs de biens sujets à la même hypothèque, et s'est ainsi mis hors d'état de subroger le tiers-détenteur à ses droits (Pothier, de *l'Hyp.*, p. 1734, n. 42 et suiv.). — Toutefois le créancier qui a renoncé à son action hypothécaire à l'égard de quelques détenteurs n'est pas pour cela entièrement privé de la faculté d'agir contre les autres. S'il est vrai qu'il est responsable du fait de s'être mis dans l'impossibilité de céder ses droits et hypothèques, tels qu'ils existaient originairement, la fin de non-recevoir qui s'élève contre lui ne doit être accueillie qu'en proportion du dommage causé au tiers-détenteur (Cass. 23 janv. 1815, aff. Trouilloud, - Sir. 15, 1, 258).

Cependant, il a été décidé que l'effet de la subrogation établie par l'art. 1251 du C. civil au profit de l'acquéreur qui paie un créancier inscrit est limité à l'immeuble vendu; cette subrogation ne s'étendant pas aux droits et actions du créancier sur les autres biens du vendeur, quoique hypothéqués à la même dette (Bourges, 10 juill. 1829 - Sir. 30, 2, 19; Paris, 10 juin 1833, - Sir. 33, 2, 451).

Il résulte de tout ceci que le créancier, par prudence, ne doit jamais donner partiellement main-levée de son inscription, tant que la créance subsiste, et que nous avons eu juste sujet de dire *sup.* n. 240, qu'à l'égard du créancier l'hypothèque est comme indivisible.

266. 3° Par l'exception de *garantie*, lorsque le créancier est personnellement obligé, de quelque manière que ce soit, envers le possesseur, à la garantie de l'héritage qui lui est hypothéqué, comme lorsqu'il est devenu l'héritier du vendeur (Pothier, de l'*Hyp.*, n° 41; Persil, sur l'art. 2171) V. *sup.*, note 9, n. 37 et suiv.

267. 4° Par l'exception tirée de ce que l'acquéreur avait lui-même, lorsqu'il a acquis l'héritage sujet à l'action hypothécaire, des hypothèques sur cet héritage préférables à celles du demandeur et absorbant la valeur de cet héritage; l'équité ne permettant pas que le demandeur en action hypothécaire soit écouté dans une demande dont il ne peut tirer aucun avantage et qui ne tend qu'à faire des frais inutiles. On doit, dans ce cas, admettre l'exception du défendeur contre la demande formée contre lui, si mieux n'aime le demandeur donner caution de faire monter l'héritage à si haut prix que le défendeur soit payé de ses créances (Pothier, de l'*Hyp.*, p. 1734, n. 40; Grenier, n. 335).

268. Lorsque le tiers-détenteur a payé la dette hypothécaire ou délaissé l'immeuble hypothéqué, ou subi l'expropriation de cet immeuble, il a le recours en garantie tel que de droit contre le débiteur principal (C. civ. 2178, — V. note 9), d'où il résulte que s'il a payé au-delà de son prix, il a droit de répétition contre son vendeur.

269. De plus s'il a fait des impenses et améliorations sur l'immeuble hypothéqué, il a le droit de les répéter, mais seulement jusqu'à concurrence de la plus-value résultant de l'amélioration (C. civ. 2175). — Mais il n'a pas le droit de retenir le fonds jusqu'au paiement de cette plus-value, comme au cas de l'acquéreur dépossédé dont il est question en l'arrêt de la Cour royale de Rennes du 8 février 1841, rapporté à l'article 33 du Journal du Manuel, son droit se borne à demander la distraction d'une partie du prix correspondant à la plus-value de l'immeuble telle qu'elle aura été fixée par experts (Turin, 30 mai 1810, aff. Meuts - Sir. 10, 2, 338. — *Contrà*, Douai, 18 mars 1840, aff. Lethierry, - Sir. 40, 2, 289), ou par la justice qui peut ordonner que la différence entre le prix de la première vente ou le prix de la revente servira à déterminer la plus-value (Cass. 29 juillet 1819, - Sir. 20, 1, 95).

Art. 6. Des effets de l'action hypothécaire.

270. Les effets de l'hypothèque, relativement au tiers-détenteur, dérivent tous de la nature du droit réel qui la compose : le droit hypothécaire du créancier ne subit aucune altération par la mutation de la propriété; il ne perd aucun de ses avantages et il n'en acquiert aucun. Les obligations du détenteur, résultant de la simple détention, ne sont pas des obligations positives en vertu desquelles il puisse être contraint directement à payer les dettes hypothécaire : ce ne sont que des obligations passives qui le soumettent à souffrir que le créancier exerce sur l'immeuble hypothéqué les mêmes droits et actions que si l'immeuble n'eût pas changé de mains, à moins que pour en arrêter l'effet, il ne préfère de payer intégralement les capitaux et les intérêts exigibles (avec offre d'une somme égale aux frais liquidés et d'une autre somme pour les frais non liquidés sauf à parfaire (C. civ. 1258; Toulouse, 4 février 1829, - Sir. 29, 2, 196). Quant aux dettes non exigibles, elles ne donnent pas ouverture à l'action hypothécaire du créancier; et si celui-ci venait à l'intenter, le détenteur le repousserait par les mêmes exceptions que le débiteur originaire aurait pu lui opposer, s'il eût continué de posséder (C. civ. 2168, 2169). Merlin, v° *Tiers-détenteur*, n. 7.

271. Ainsi donc l'action hypothécaire ne peut jamais donner lieu à une condamnation *personnelle* contre le tiers-détenteur, à moins qu'il ne soit obligé *personnellement* à la dette auquel cas le créancier agit contre lui à un titre autre que celui de détenteur (C. civ. 2170). — De sorte que pour les créanciers, le seul objet de leur action se réduit à faire vendre l'immeuble hypothéqué, et le tiers-détenteur ne peut plus arrêter leurs poursuites quand il a encouru la déchéance de la faculté de purger en ne notifiant pas son contrat aux créanciers dans le mois de la sommation qui lui a été faite de payer ou délaisser (C. civ. 2169, 2183; Grenier, n. 340).

272. Mais quand le tiers-détenteur s'est obligé *personnellement* à la dette hypothéquée sur l'immeuble, l'action du créancier consiste non seulement à exercer ses droits hypothécaires sur cet immeuble en le faisant revendre comme il est dit ci-dessus, mais encore à agir contre ce détenteur de même que contre son débiteur direct (Bruxelles, 12 mai 1810, - Sir. 13, 2, 365).

273. Tellement 1° que le créancier peut saisir-arrêter une créance appartenant à ce dernier (*Ind.*, Paris, 23 déc. 1808, aff. de Bouville, - Sir. 9, 2, 30).

274. 2° Et qu'il est obligé de payer la dette quand même elle excéderait le prix de son acquisition, sauf son recours pour l'excédant contre son vendeur (Bruxelles, 12 mai 1810, - Sir. 13, 2, 365; Rennes, 12 juillet 1832, - Sir. 23, 2, 324.)

275. Mais dans quel cas l'obligation sera-t-elle considérée comme personnelle?

Il n'y a point obligation *personnelle* :

276. 1° Lorsque l'acquéreur est obligé, par une clause de son contrat, *de purger l'immeuble d'hypothèques*; dans tous les cas, c'est aux juges du fonds qu'il appartient de décider jusqu'à quel point il y a obligation personnelle de l'acquéreur, envers les créanciers du vendeur, de sorte que leur décision à cet égard ne peut donner ouverture à cassation. (Cass. 8 juin 1819 - Sir. 20, 1, 14).

277. 2° Lorsque l'acquéreur se charge, par son contrat, de payer une partie de son prix à un tiers qui accepte la délégation. Il n'est tenu, à l'égard de ce dernier, qu'en qualité d'acquéreur (Toulouse, 16 janvier 1829, - Sir. 29, 2, 252); même après avoir donné, pour sûreté du montant de la délégation, hypothèque sur ses biens personnels, par le motif que la délégation n'opère pas novation (Turin, 11 fév. 1811, - Sir. 12, 2, 283. — *Contrà*, Nîmes, 2 juill. 1812, - Sir. 16, 2, 335).

278. 3° Lorsque, dans un contrat où l'acquéreur est chargé de servir des rentes, il est ajouté : *s'il arrive qu'à l'avenir on réclame d'autres rentes affectant l'immeuble, le vendeur s'oblige d'en faire raison à l'acheteur, ou de lui assigner par avance, s'il le veut, une hypothèque réelle de la valeur de*

. . . . . *ou plus, au moment qu'il aura entièrement soldé le prix de son acquisition* (Bruxelles, 9 flor. an XI, - Sir. 7, 2, 762).

279. Mais il y a obligation personnelle dans les cas suivants :

280. 1° Lorsque l'acquéreur s'est obligé à continuer le service d'une rente (Bordeaux, 25 août 1828, - Sir. 29, 2, 123).

281. 2° Lorsqu'il s'est obligé de payer son prix aux créanciers inscrits et s'est assujetti à la folle-enchère en cas d'inexécution (Paris, 17 janv. 1816, -Sir. 16, 2, 83).

282. 3° Lorsque le vendeur a fait, dans le contrat de vente, indication de paiement au profit de ses créanciers, et que l'acquéreur a accepté cette délégation (Paris, 12 mars 1812 - Sir. 15, 2, 124).

283. 4° Lorsque l'acquéreur qui a délaissé l'immeuble sur les poursuites d'un créancier consent à reprendre l'immeuble avant l'adjudication, en payant toute la dette et les frais. (Cass. 24 fév. 1830, - Sir. 30, 1, 84).

284. En présence d'une jurisprudence aussi peu uniforme, il n'est pas toujours prudent de faire dans les contrats de vente et procès-verbaux d'adjudication les indications de paiement ou délégations qu'il est comme d'usage d'y insérer; du moins, en les faisant, il faut avoir soin d'exprimer *que l'acquéreur agit comme détenteur et n'entend point prendre d'obligation personnelle de nature à le faire considérer comme débiteur direct;* qu'il fait, en conséquence, réserve la plus expresse à son profit de tous les droits que la loi donne au détenteur pur et simple. V. *sup.* n° 259.

Art. 7. DE L'EXTINCTION DE L'ACTION HYPOTHÉCAIRE.

285. La durée de l'action hypothécaire doit être réglée par les lois du lieu de la situation des biens hypothéqués, par préférence aux lois du lieu où le contrat a été passé (Cass. 13 juill. 1829 - Sir. 29, 1, 325).

286. La prescription de l'action personnelle opère l'extinction de l'action hypothécaire, l'accessoire suivant le sort du principal (C. civ. 2180). Mais l'exercice de l'action hypothécaire contre le tiers-détenteur n'empêche pas la prescription de courir en faveur du débiteur principal (Riom, 2 avr. 1816 - Sir. 17, 2, 373; Cass. 25 avr. 1826 - Sir. 26, 1, 433).

287. La prescription est un moyen d'éteindre l'action hypothécaire (C. civ. 2180-4°); ainsi, elle est acquise au débiteur quant aux biens qui sont dans ses mains, par le temps fixé pour la prescription des actions qui donnent l'hypothèque ou le privilége (*Ibid.*), c. à-d. par trente ans (C. civ. 2262).

Quant aux biens qui sont dans la main d'un tiers-détenteur, elle lui est acquise par le temps réglé pour la prescription de la propriété à son profit, c. à-d. par trente ans lorsqu'il n'y a pas de titre ou que le titre est vicieux (V. note 22 n. 154); et par dix ans entre présents ou vingt ans entre absents, lorsque le détenteur possède avec un juste titre et bonne foi; mais, dans ce dernier cas, la prescription supposant un titre ne commence à courir que du jour où il a été transcrit sur les registres du conservateur (C. civ. 2180). — V. *inf.* n. 631.

Et à l'égard du débiteur comme à l'égard du tiers-détenteur, les inscriptions prises par le créancier n'interrompent pas le cours de la prescription (*Ibid.*)

Mais on interrompt la prescription de l'action hypothécaire soit par une sommation de payer ou délaisser quand la créance est exigible (V. *sup.* n. 247), soit par une demande en déclaration d'hypothèque formée contre le tiers-détenteur (V. *sup.* n. 248).

288. La prescription de l'action hypothécaire court en faveur du tiers-détenteur, encore bien que la créance qui fait l'objet de l'hypothèque ne soit pas échue, l'art. 2257 du C. civ. n'étant relatif qu'à l'action du créancier contre le débiteur. Dans ce cas, pour empêcher la prescription, le créancier doit former une action en déclaration d'hypothèque contre le tiers-détenteur (Grenoble, 10 mars 1827 - Sir. 28, 2, 41; Bordeaux, 15 janv. 1835 - Sir. 35, 2, 248). — V. *sup.* n. 247 et suiv.

§ 4. DES ACTIONS IMMOBILIÈRES.

289. L'action immobilière est celle par laquelle on réclame une chose immobilière soit de sa nature, soit par destination, soit par l'objet auquel elle s'applique (C. civ. 517 et suiv.) *actio ad immobile est immobilis* (V. note 87 et *inf.* § 5).

290. Ainsi, on doit regarder comme immobilières :

291. 1° L'action en garantie exercée contre le vendeur d'un fonds (Proudhon, *Domaine privé*, t. 1, n. 197).

292. 2° Les actions qui tendent à revendiquer un immeuble (C. civ. 526).

293. 3° Les actions dans les compagnies qui n'ont pour objet de leurs opérations que des immeubles, telles sont les actions d'une compagnie dont les opérations consistent à acheter, vendre et défricher des immeubles (*Ibid.*; Toullier, t. 12, n. 99. *Contrà*, Championnière et Rigaud, t. 4, n. 3683). V. *inf.* n. 837.

294. 4° L'action qui appartient au propriétaire d'un fonds contre un entrepreneur qui s'est obligé à construire un édifice sur ce fonds ou contre un cultivateur qui s'est engagé à y faire des travaux, pour les forcer à exécuter leurs conventions (Proudhon. t. 1, n. 186 et 188 - *Secùs*, Pothier, *Intr. gén. aux coutumes*, p. 1513, art. 2, n. 50; Merlin, Rép., v° *Nantissem.*, § 1, n. 5; Toullier, t. 3, n. 20).

295. 5° L'action ayant pour objet l'exercice de la faculté de réméré (Paris 6 vent. an XII - Sir. 7, 2, 1259). V. *inf.* n. 302.

296. 6° L'action en distribution de prix entre tous les créanciers opposants (Cass. 15 mars 1808 - Sir. 8, 1, 353). V. *inf.* § 5, n. 303.

297. L'action immobilière étant une action réelle puisqu'elle a pour objet la réclamation d'une chose, est sujette à la juridiction dont nous avons parlé *sup.* n. 219 et à celle dont nous parlerons *inf.* v° *Action possessoire.*

§ 5. DES ACTIONS MOBILIÈRES.

298. L'action mobilière est celle par laquelle on réclame des meubles de leur nature ou par la détermination de la loi, *actio ad mobile est mobilis* (C. civ. 528 et suiv).

Ainsi, on doit regarder comme mobilières :

299. 1° L'action en résolution d'une vente d'immeubles (Proudhon, *domaine privé* t. 1, n. 196). V. *sup.* n. 199.

300. 2° Les actions dans les compagnies qui ont pour objet le desséchement des marais (Toullier, t. 12, n. 100). — V. *sup.* n. 293.

301. 3° L'action en rescision pour cause de lésion, ayant pour objet principal et direct le supplément du juste prix (Cass. 23 prair. an XII, 14 mai 1806, - Sir. 4, 1, 369 — 6, 1, 331).

302. 4° L'action ayant pour objet l'exercice de la faculté de réméré (Riom. 4 déc. 1822, - Sir. 27, 1, 309). — V. *sup.* n. 295.

303. 5° L'action en représentation du prix de la vente, intentée par un créancier hypothécaire contre le tiers-détenteur qui a purgé (Cass. 15 mars 1808, - Sir. 8, 1, 333). — V. *sup.* n. 296.

304. L'action mobilière diffère de l'action immobilière :

305. 1° Relativement à la juridiction qui est celle du juge de paix, lequel connaît de toutes actions purement *personnelles ou mobilières* jusqu'à la valeur de cent francs en dernier ressort, et jusqu'à la valeur de deux cents francs à charge d'appel (L. 25 mai 1838, art. 1), et n'a pas le droit de connaître des actions immobilières, excepté quant au possessoire (même loi). — V. *inf.* n. 415 et suiv.

306. 2° Relativement à l'exercice de l'action, laquelle se dirige bien, comme l'immobilière, contre le détenteur de la chose réclamée, mais s'exerce seulement au pétitoire quand elle a pour objet des meubles proprement dits (C. civ. 2279, 2280). On ne peut l'exercer par la voie du possessoire, que quand elle concerne des meubles réputés immeubles, ou une universalité de meubles (Berriat-St.-Prix, p. 108).

§ 6. Des actions pétitoires.

307. Le mot *pétitoire* signifie une demande faite en justice pour obtenir la propriété d'un héritage, d'où il suit que l'action à laquelle elle donne lieu, est tout-à-la-fois réelle et immobilière. — V. *sup.* n. 210 et suiv., 289 et suiv.

308. Le *pétitoire* est opposé au *possessoire*, en ce que celui-ci se juge par la possession d'an et jour, et celui-là par le mérite du fond, sur les titres et la possession de dix, de vingt ou de trente ans. — V. *sup.* n. 287.

309. Cette distinction résulte, au surplus, de l'art. 24 du C. de proc. portant que *si, sur l'action possessoire, la possession ou le trouble sont déniés, l'enquête qui sera ordonnée, ne pourra porter sur le fond du droit.*

310. Par suite de ce que le possessoire et le pétitoire ne peuvent jamais être cumulés (C. proc. 25), il n'est pas permis au défendeur de se pourvoir au pétitoire avant que l'instance au possessoire ait été terminée; il ne peut, s'il a succombé, se pourvoir qu'après avoir pleinement satisfait aux condamnations prononcées contre lui. Si néanmoins, la partie qui a obtenu ces condamnations était en retard de les faire liquider, le juge du pétitoire pourra fixer, pour cette liquidation, un délai après lequel l'action au pétitoire sera reçue (C. proc. 27).

311. L'action pétitoire met fin à la querelle, car la loi veut que le demandeur au pétitoire ne soit plus recevable à agir au possessoire (C. proc. 26); la raison est que par l'action pétitoire, on reconnaît tacitement que l'adversaire est en possession. — V. *inf. désistement* n. 320.

312. Ce sont les conclusions du demandeur qui déterminent la nature de l'action, laquelle est *pétitoire* s'il réclame un droit de propriété, et *possessoire* s'il s'agit d'un droit de possession; ainsi, l'action est pétitoire si le demandeur invoque uniquement son titre de propriétaire; dans ce cas, c'est le droit à la propriété, et non le fait de la possession qui forme l'objet du litige (Cass. 12 av. 1813).

313. L'enquête ordonnée sur le possessoire, avons-nous dit *sup.* n. 309, ne peut porter sur le fond du droit. En effet, ce moyen de juger le différend, n'appartient qu'à la demande *pétitoire.* Il ne peut appartenir à la demande possessoire qui ne doit porter que sur une chose purement de fait, la possession, laquelle n'établit pas que le possesseur soit propriétaire, mais le fait seulement présumer tel. Si les deux actions se jugeaient de la même manière, c. à-d. par l'appréciation du fond du droit, il y aurait nécessairement violation de la règle *non bis idem.*

314. Le *possessoire* et le *pétitoire* forment deux actions tellement séparées, qu'il est défendu, non-seulement de les cumuler, mais encore d'agir au pétitoire avant d'avoir satisfait à toutes les condamnations du possessoire (V. *sup.* n. 310).

Cependant il a été jugé :

315. 1° Que celui qui a été troublé dans sa possession, et qui, par ce trouble, a acquis la faculté d'intenter une action possessoire, n'est pas dépouillé de cette faculté parce qu'il aura plu à l'auteur du trouble de le prévenir par une action pétitoire. Intenter l'action possessoire, pour cause de trouble antérieur à l'action pétitoire, ce n'est pas là cumuler le possessoire et le pétitoire, dans le sens de l'art. 25 du C. de proc. (Cass, 8 av. 1823, - Sir. 23, 1, 305).

316. 2° Que celui qui a perdu un procès au possessoire, formé et jugé pendant qu'un ancien procès au pétitoire était resté impoursuivi, peut reprendre ce procès au pétitoire, sans être tenu de satisfaire préalablement aux condamnations prononcées contre lui au possessoire (Riom, 29 juin 1809, - Sir. 15, 2, 147).

317. 3° Que lorsque, sur l'action au pétitoire, la partie citée oppose que son adversaire n'a pas exécuté les condamnations prononcées au possessoire, et qu'il est ordonné une expertise; cette expertise peut porter tout-à-la-fois sur la vérification de l'exécution et sur le fond, alors que ces deux actions quoique relatives au même fond, se rapportent à deux objets distincts (Toulouse, 25 janv. 1825, aff. Bilas, - Sir. 25, 2, 387).

318. 4° Que la fin de non-recevoir résultant de ce que l'action pétitoire a été intentée avant que le demandeur ait satisfait aux condamnations prononcées contre lui au possessoire, ne peut être invoquée, pour la première fois, en Cour de Cassation. — Il en serait de même du moyen tiré de ce que le droit litigieux serait entaché de féodalité (Cass. 5 juill. 1826, - Sir. 27, 1, 115).

319. 5° Que si le juge de paix s'occupait du pétitoire dans les motifs de son jugement, en ne statuant néanmoins que sur le possessoire, ce cumul ne vicierait pas sa décision (Cass. 15 déc. 1812, — 18 mai 1813, — 21 déc. 1820, — 26 janv., 19 av. et 9 nov. 1825, — 24 juin 1828, — 20 mai 1829, — 28 juin 1830, - Sir. 30, 1, 409; 12 déc. 1836).

320. 6° Que le demandeur au possessoire qui s'est désisté de son action ne peut agir au pétitoire, tant que le désistement n'a pas été accepté par le défendeur, ou qu'il n'en a pas été donné acte par le juge : l'action possessoire, en ce cas, continue de subsister (Cass. 3 mars 1836, - Sir. 36, 1, 875).

En se reportant au tableau alphabétique ci-après § 7, art. 2, n. 348 et suiv., quoiqu'il soit fait pour les actions possessoires, on reconnaîtra qu'il est utile aussi pour les actions pétitoires, car toute action qui n'est pas possessoire est nécessairement pétitoire, sauf quelques cas où l'action doit être portée devant l'autorité administrative.

§ 7. DES ACTIONS POSSESSOIRES.

Art. 1. DE LA NATURE DES ACTIONS POSSESSOIRES ET DE LEURS DIFFÉRENTES ESPÈCES.

321. Les actions *possessoires* sont uniquement relatives à la possession. Il y a entre cette sorte d'action et les actions *pétitoires* la même différence qu'entre la propriété et la possession (Bioche, v° *Action possessoire* n. 2).

322. Elles sont, de leur nature, réelles et immobilières (V. *sup.* n. 210 et suiv., 289 et suiv.), et cependant elles sont soumises à une juridiction différente, qui est celle du juge de paix. — V. n. 305, 415 et suiv. et les notes 94 et 112.

323. Lorsqu'il s'agit d'apprécier la nature de l'action lors de la demande, on doit s'attacher plutôt à l'intention du demandeur qu'au sens littéral des mots employés dans la citation. Ainsi, l'action ne cesse pas d'être possessoire par cela seul que le demandeur fournit, à l'appui de ses conclusions en maintenue de possession, des allégations tendant à établir sa propriété, par exemple, s'il articule qu'il est non-seulement *possesseur*, mais encore propriétaire (Cass. 30 nov. 1818, - Sir. 19, 1, 206; — 1 mars 1819, - Sir. 19, 1, 341; — 15 juill. 1834).

324. En cas d'incertitude sur la nature de l'action d'après les termes de l'exploit, elle peut être interprétée : 1° par des conclusions subsidiaires (Arg. Rouen, 14 mars 1832; Bioche, *ibid.* n. 7). — 2° Par le juge lui-même (Amiens, 3 juill. 1822). Dans tous les cas, la nature de l'action ne se modifie pas par les moyens employés par le défendeur pour repousser la demande (Cass. 23 fév. et 13 juin 1814, — 1 mars 1819, — 9 fév. 1820); ainsi l'action ne cesse pas d'être possessoire lorsque le défendeur allègue ou que la propriété du fonds lui appartient, ou qu'il est fondé en titre pour exercer l'acte dont le demandeur se plaint, ou que son droit repose sur un acte administratif. Dans tous ces cas, le juge ne peut admettre l'exception et ajourner le jugement du *possessoire* après la décision sur le pétitoire sans violer la règle qui veut que le possessoire soit jugé avant le pétitoire (Cass. 8 brum an XIII, — 28 août 1810, — 10 juin 1816, — 9 fév. 1820, — 29 déc. 1828). — Il peut seulement se déclarer incompétent lorsque le défendeur invoque un titre consenti par le demandeur lui-même (Cass. 29 juin 1824, - Sir. 25, 1, 239).

325. Le jugement rendu au possessoire ayant pour effet de faire présumer le possesseur propriétaire, il en résulte que celui qui a eu gain de cause au *possessoire*, n'est pas tenu, au *pétitoire*, d'établir son droit à la propriété, mais seulement de discuter la prétention de son adversaire. Dans l'intervalle, il est présumé propriétaire, tellement qu'il ne peut, s'il succombe au pétitoire, être condamné à restituer les fruits par lui perçus depuis le jugement sur le possessoire, ce jugement étant définitif sur les faits et les caractères de la possession; celui qui obtient gain de cause au possessoire est aussi favorisé que le possesseur ordinaire qui fait les fruits *siens*, tant qu'on ne prouve pas sa mauvaise foi (Cass. 5 juill. 1826; Pothier, de la *possession*, n. 85). — V. note 22, p. 98, n. 165 et suiv.

326. La mauvaise foi est prouvée et le possesseur doit restituer les fruits lorsque, succédant à son père cessionnaire de l'usufruit d'un bien, il continue la jouissance qu'avait ce dernier, après avoir eu connaissance de la cession par les papiers de la succession analysés dans l'inventaire (Paris, 1 mars 1808, - Sir. 8, 2, 116).

327. Le possesseur a les mêmes droits que le propriétaire pour empêcher qu'on ne trouble sa possession, ou pour se faire réintégrer s'il a été dépossédé par voie de fait. Dans le premier cas, son action prend le nom de *complainte*, et dans le second cas elle s'appelle *Réintégrande*.

I. De la Complainte.

328. Il y a lieu à complainte dès qu'un individu est troublé dans une possession qui réunit les caractères dont nous parlerons *inf.*, n. 820 et suiv.

329. Il y a deux sortes de troubles : le *trouble de fait* et *le trouble de droit*.

330. Trouble de fait. Tout empêchement, toute entrave sérieuse constitue un trouble de fait; par exemple, quand une entreprise quelconque est commise sur un cours d'eau, quand une haie, une clôture, un fossé, des travaux ou constructions sont établis sur le terrain dont un autre a la propriété ou au moins la possession annale.

331. Le trouble de fait ne résulte pas de la simple appréhension de la chose, il faut aussi la volonté de la posséder. — V. note 22, p. 202, n. 221 et suiv.

332. Trouble de droit. Il y a trouble de droit quand, par écrit, dans un acte ou exploit, quelqu'un se qualifie propriétaire d'un titre ou d'un droit qui m'appartient, par exemple, lorsqu'un tiers saisit entre les mains de mon fermier ou de mon locataire, lui signifie congé ou l'actionne en réparations. — V. *inf.*, n. 473.

333. La complainte peut être intentée par le possesseur contre tous ceux qui le troublent dans sa possession quels qu'ils soient, même contre le propriétaire (Pothier, de la *Possession*, n. 101). — V. *inf.* art. 4, n. 370 et suiv.

Nous verrons *inf.* § 7, art. 2, quelles sont les choses qui peuvent être l'objet d'une complainte.

II. De la Réintégrande.

334. Cette action a pour but de faire réintégrer dans sa possession celui qui en a été dépouillé par voie de fait ou violence.

335. La réintégrande diffère de la complainte par les points suivants :

336. 1° Le demandeur, en matière de *réintégrande*, a le choix entre l'action civile et l'action criminelle. — V. *sup.* n. 148.

337. 2° Il n'est pas nécessaire que la possession de celui qui forme l'action soit annale. Il doit lui suffire de prouver

qu'il avait la *possession de pur fait*, c.-à-d. la détention matérielle *au moment* où la voie de fait a été commise (Cass. 26 déc. 1826, — 16 nov. 1835, — 19 août 1839, — 5 av. 1841). Cette différence est motivée, sur ce qu'il n'est permis à personne d'employer la violence et les voies de fait : *Spoliatus antè omnia restituendus.*

338. 3° Pour la complainte, il suffit d'être troublé dans sa possession, tandis que pour la réintégrande il faut qu'il y ait eu dépossession par *violence* ou *voie de fait.*

339. 4° Celui qui succombe dans la réintégrande peut à son tour intenter la complainte, s'il avait auparavant le droit de la possession. Cette action ne tranche pas définitivement la question de la possession; elle est préjudicielle à l'action en complainte, comme celle-ci à l'action pétitoire (Cass. 25 mai 1822).

340. La violence suppose la résistance, ce que ne suppose pas la voie de fait. — Il y a violence lorsque l'acte, par lequel une partie usurpe sur l'autre l'objet contesté, renferme une voie de fait grave, positive, et telle qu'on ne pourrait la commettre sans blesser la sécurité et la protection que chaque individu a droit d'attendre de la force des lois (Cass. 28 déc. 1826.)

341. La voie de fait existe par cela seul que l'agresseur s'est emparé d'un héritage qu'il savait que le possesseur ne lui aurait pas abandonné sans contestation (Cass. 10 nov. 1819). — Mais la voie de fait commise sans mauvaise foi de la part de celui qui en est l'auteur ne donne pas lieu à la réintégrande.

342. Ainsi, il y a lieu à complainte et non à réintégrande, si mon voisin, pour faire acte de possession, s'est emparé de fruits ou récoltes de mon champ, s'il a arraché la borne de nos deux héritages, s'il a planté des arbres en deçà de la distance voulue, s'il a curé un fossé mitoyen ou tondu la haie qui nous sépare. Dans tous ces cas, en effet, il n'y a point expulsion, mais simple trouble à la possession (Boitard, 425, 426).

343. Cependant il a été décidé que l'action en dommages-intérêts réclamés pour voies de fait commises dans l'année et résultant de la suppression ou destruction de clôtures et fossés, était une action en réintégrande, possessoire de sa nature (Cass. 16 mars 1841, - Sir. 41, 1, 196).

344. Si celui qui est dépossédé par violence, au lieu de demander simplement à être réintégré dans la possession de la chose, conclut à ce que le juge reconnaisse sa possession annale, il est censé intenter, non une réintégrande, mais une complainte. On applique alors les règles relatives à cette dernière action. (Cass. 16 mai 1827).

345. La réintégrande peut être intentée par celui qui a été dépossédé par violence, non-seulement contre ceux qui ont, par eux-mêmes, employé la violence pour déposséder, mais encore contre celui qui leur en a donné l'ordre ou qui l'a approuvée après qu'elle a été commise (Pothier, *de la possession*, n. 118, 119)

346. Mais elle ne peut l'être contre celui qui, sans avoir pris part à la violence, se trouve en possession de la chose (Pothier, *ibid.* n. 122).

347. La voie de fait est passible des peines portées par les art. 437 et 444 du C. pén. (Cass. 26 déc. 1826), et la violence de celles des art. 309 et suiv. du même Code.

V. *inf.* n. 574.

Art. 2. En quel cas et pour quelles choses on peut exercer l'action possessoire.

348. Aucune loi n'ayant déterminé les choses qui peuvent être l'objet des actions possessoires (La loi du 24 août 1790, l'art. 3 du Code de proc. civ. et la loi du 25 mai 1838, sur les justices de paix, n'étant point explicatives sur ce point), on doit se reporter à l'art. 1, tit. 18 de l'ordonnance de 1667, qui autorise l'exercice de l'action possessoire pour *trouble en la possession et jouissance* : 1° *d'un héritage*, 2° *ou d'un droit réel*, 3° *ou d'une universalité de meubles.*

349. Nous allons énumérer dans l'ordre alphabétique, tous les cas où il y a lieu ou non à l'action possessoire : la matière est trop importante, surtout dans les campagnes, pour ne pas faire ce classement avec le plus grand soin, afin de faciliter les recherches et de mieux diriger les parties qui demandent à être éclairées sur la marche qu'elles ont à suivre pour la défense de leurs intérêts (V. la note *a* au bas de la p. 71 du *diction. des formules*). — Il s'agit uniquement dans ce qui va suivre, de l'interprétation des art. 3 et 23 du C. de proc. civ.; de l'art. 5 n. 6 de la loi du 25 mai 1838 sur les justices de paix, et du titre 3 art. 6 de la loi du 16 - 24 août 1790.

350. ABREUVOIR. Le propriétaire d'un lavoir, et d'un abreuvoir établi sur son héritage *traversé* par un cours d'eau, est recevable à intenter une action en complainte au cas de trouble de la part d'un riverain supérieur; la possession annale lui suffit; il n'est pas nécessaire qu'il ait joui au moyen d'ouvrages apparents destinés à faciliter la chute et le cours de l'eau dans sa propriété (Cass. 5 av. 1830, - Sir. 30, 1, 298). — V. *inf. Cours d'eau*, n. 400.

351. ACTE ADMINISTRATIF. La complainte n'est pas recevable pour le trouble résultant d'un acte administratif, ayant pour but de rechercher et reconnaître les anciennes limites des chemins vicinaux, par application de l'art. 6 de la loi du 9 - 19 vent. an XIII. — V. *inf.* n. 39.

Mais, lorsqu'une personne a acquis civilement la possession annale d'un immeuble, si elle éprouve du trouble, l'action en complainte est recevable, et le juge de paix est compétent, encore que l'auteur du trouble s'étaye d'un titre de propriété émané tout récemment de l'autorité administrative (Cass. 28 août 1810).

352. ACTIONS DE LA BANQUE ET SUR LES CANAUX. Il n'y a pas lieu à complainte pour trouble dans la possession relative à des immeubles fictifs, tels que les actions de la banque de France, les rentes sur l'état, et les actions sur les canaux, formant la dotation des majorats que des décrets considèrent comme immeubles (Décr. 16 janv. 1808; 1 mars 1808; 4 juin 1809; 3 mars 1810; C. proc. 23; Garnier, *actions possess.* p. 193).

352 *bis*. AFFOUAGE. L'action possessoire est recevable en matière d'affouage de la part de celui qui est en possession du droit de prendre part à l'affouage, bien qu'il n'ait pas son domicile dans la circonscription de la communauté affouagère, surtout s'il se prévaut d'un titre apparent qui lui confère ce droit (C. for. 105; Cass. 11 juin 1839, - Sir. 39, 1, 653).

353. ALLUVION. La complainte peut être exercée pour un terrain d'alluvion formé depuis moins d'un an, lorsque le terrain principal a été possédé depuis plus d'un an, parce que la possession de l'un se confond entièrement avec la

possession de l'autre, le terrain d'alluvion étant présumé possédé au même titre que le fond auquel il est incorporé (Daviel, t. 1, n. 480 et 481, — Garnier, p. 270).

354. Mais elle ne peut l'être relativement à la portion d'un champ, que la force des eaux aurait enlevée subitement, et portée vers un champ inférieur, qu'autant que le propriétaire de ce champ aurait la possession annale de la partie du terrain unie à son fonds. Il en est de même du délaissement de l'ancien lit d'une rivière qui s'est formée un nouveau cours (C. proc. 23, — C. civ. 559, 563, — note 22, n. 87. — Garnier, p. 270).

355. APPRÉCIATION DE L'ACTION. La question de savoir si *tel* fait constitue un trouble pouvant donner lieu à complainte, est abandonnée à l'appréciation exclusive des juges du fond, par conséquent, leur jugement à cet égard ne peut donner ouverture à Cassation (Cass. 19 juill. 1825). Ainsi, de ce qu'un individu a fermé un chemin avec une barrière à clef, le passage exercé par ce chemin peut ne pas être considéré comme de simple tolérance, et être, au contraire, considéré comme interruptif de la possession de celui qui a intercepté le chemin; l'appréciation des juges du fait est, quant à ce point, souveraine, et ne peut donner ouverture à Cassation (Cass. 24 fév. 1841, - Sir. 41, 1, 492). — V. *inf.* n. 491.

356. AQUEDUC. Le propriétaire d'un aqueduc et de tuyaux conduisant les eaux d'une fontaine sur son fonds, lesquels se trouvent sous les terrains des propriétaires voisins, avec des massifs et des portes d'espace en espace pour pouvoir faire les réparations nécessaires, est recevable, au cas où ces derniers le troublent dans la possession des eaux au moyen de travaux exécutés sur leur propre fonds, à intenter contre eux l'action en complainte. En ce cas, le droit du complaignant doit être considéré, non comme une servitude non apparente, mais comme un droit de propriété, ou une servitude continue et apparente (C. proc, 3 et 23, — C. civ. 689, — Cass. 9 déc. 1833, - Sir. 34, 1, 282). — V. *inf.* n. 373.

357. ARBRES. L'action en complainte est recevable lorsqu'il s'agit des déplacements de bornes, des usurpations de terres, arbres, haies, fossés et autres clôtures, commis dans l'année (C. proc. 3-2°).

358. Elle l'est aussi contre un riverain qui fait le long de sa rive des travaux de construction ou des plantations qui tendent à rejeter le cours de l'eau sur le riverain opposé, lequel peut, en conséquence, en demander la suppression. On ne peut prétendre que la contestation soit essentiellement du ressort de l'administration (Cass. 23 août 1819, - Sir. 20, 1, 63, — Daviel, t. 2, n. 962).

359. Mais elle n'est pas recevable pour cause d'extension des branches d'arbres limitrophes (Carré, t. 2, n. 1449, — Garnier, p. 252; *Contrà*, Henrion de Pansey, ch. 25, § 4, qui distingue entre l'élagage et l'arrachage des arbres, de manière que dans le premier cas, la complainte est admissible, dans le second, elle ne l'est pas).

360. ARROSAGE. Les propriétaires riverains d'un canal, qui jouissent d'un droit d'arrosage par une possession immémoriale, publique et paisible, reconnue par leur adversaire lui-même, et fondée, entr'autres titres, sur le réglement des eaux du canal, sont recevables à s'opposer, par voie d'action possessoire, à toute construction sur le canal qui porterait atteinte à leur jouissance (Cass. 3 déc. 1828, - Sir. 29, 1, 207).

361. Lorsque les riverains inférieurs d'un ruisseau sont en possession, notamment depuis an et jour, de prendre partie des eaux de ce ruisseau pour arroser leurs propriétés au moyen d'ouvrages établis sur leurs fonds, ils peuvent aussi demander par voie d'action possessoire, que le propriétaire riverain supérieur soit tenu de supprimer des ouvrages établis par lui depuis moins d'un an, pour diriger les eaux sur ses propriétés, encore qu'après s'en être servi, il rende les eaux à leur cours ordinaire, si ces eaux, ainsi rendues, sont moins considérables par suite de leur imbibition sur ses propriétés, que celles que les propriétaires inférieurs étaient en possession de recevoir (C. civ. 644; C. proc. 23; — Cass. 28 avril 1829, - Sir. 29, 1, 83. — V. *inf.* n. 407).

362. ASSIGNATION. La complainte n'est point recevable pour le trouble causé par une demande judiciaire ou une assignation au pétitoire. Dans ce cas, en effet, on n'empêche pas la possession, qui subsiste pendant l'instance au pétitoire (Arrêt 12 août 1763; Denisart, v° *Trouble*; Merlin, Quest., v° *Complainte*, § 1).

363. BAIL A DOMAINE CONGÉABLE. En matière de bail à domaine congéable, le *domanier*, troublé dans la jouissance des édifices et superfices, peut exercer l'action possessoire, même contre le propriétaire foncier. A ce cas, ne s'applique pas le principe qui répute les édifices et superfices *meubles* à l'égard du propriétaire foncier (Carré, compét., t. 2. p. 327; Aulanier, *Dom. cong.*, n. 253; Duvergier, t. 1, n. 226).

364. BANALITÉ. La complainte ne peut avoir lieu, en matière de droit de banalité, attendu que ce droit ne constitue ni une servitude continue et apparente, ni un droit immobilier (Garnier, p. 342; Henrion de Pansey, *Tr. des biens commun.*, p. 272 et suiv.)

365. BARRAGE. La possession d'un barrage tendant à élever les eaux d'un ruisseau ne peut servir de base à la prescription et par conséquent être l'objet de la complainte (Cass. 19 déc. 1826). V. *inf.* n. 449 et suiv.

366. Mais il y a lieu à complainte possessoire, c. à-d. à dénonciation de nouvel œuvre dans le fait d'avoir renouvelé sur un cours d'eau, depuis moins d'une année, un barrage mobile que l'on était dans l'usage de pratiquer annuellement, encore bien que ce barrage fasse partie de travaux permanents anciennement établis sur le cours d'eau (Cass. 9 janv. 1833 - Sir. 33, 1, 321).

366 *bis*. BOIS. V. *inf.* n. 552.

367. BORNES. Il y a lieu à complainte quand on exécute sur rapport d'experts, et même sur l'avis d'un arpenteur, une plantation de bornes ou haies de nature à porter atteinte à la possession du voisin. Un pareil acte ne peut être fait sans son consentement qu'en vertu d'un jugement rendu au pétitoire (Cass. 27 août 1829).

368. Et il y a lieu à réintégrande pour la voie de fait commise contre la possession d'un bornage (Cass. 26 déc. 1826). — V. *sup.* n. 357.

369. BRANDES. En matière de *brandes*, la possession annale peut être acquise à la partie qui, pendant un an et plus, a, sur un tel terrain, coupé des litières, fagoté des épines, et fait paître ses bestiaux. La preuve de tels faits

possessoires doit être admise, surtout s'il y a aussi offre de prouver que, sur une partie de ces mêmes brandes, il y a eu antérieurement culture suivie pendant nombre d'années. On ne peut opposer que de tels faits possessoires sont réputés de tolérance, et non acquisitifs ou présomptifs de propriété aux termes de l'art. 691 du C. civ. lequel ne s'applique qu'à la matière des servitudes (Cass. 21 fév. 1827 - Sir. 27, 1, 141).

370. CANAL. V. *sup.* n. 360 et 361.

371. CHAMPART. La complainte n'est pas recevable relativement aux droits de *champart* qui consistent à partager, dans une certaine proportion, avec le propriétaire, les fruits d'un héritage. Ils ne forment en effet qu'une obligation personnelle. (Cass. 29 juillet 1828 et 9 août 1831 ; Merlin, *rép.* v° *Complainte*, § 3, n. 1 ; Agier, p. 92. — *Contrà*, Henrion de Pansey, ch. 43, § 2). V. *inf.* n. 395.

372. CHAMPS DE FOIRES, HALLES ET MARCHÉS. L'action en complainte est recevable de la part du propriétaire d'un terrain servant à la tenue des foires ou marchés, à raison des taxes qu'il est en possession de percevoir des marchands étalagistes. Ce terrain ne cesse point par sa destination d'être propriété privée (Cass. 1er août 1809, - Sir. 10, 1, 95; Henrion de Pansey, 377; Garnier, 310).

373. CHANGEMENT DE SERVITUDE. L'action en complainte n'est pas recevable à raison du changement apporté au mode d'une servitude, telle qu'une conduite d'eau, un aqueduc (Daviel, t. 2, n° 978; Garnier, 269; Pardessus, *servit.*, n. 325; Solon, *servit.*, n. 553). — V. *inf. Servitudes.*

374. CHAPELLES. Les églises et chapelles dans lesquelles le culte divin est publiquement célébré, étant réputées choses imprescriptibles et hors du commerce, ne peuvent être l'objet d'une action possessoire tant qu'elles conservent leur destination (Cass. 1er déc. 1823, - Sir. 24, 1, 161). Il en serait de même d'une place dans une chapelle faisant partie d'une église (Cass. 19 av. 1825, - Sir. 27, 1, 89).

375. CHASSE. Le droit de chasse et le droit de pêche ne peuvent donner lieu à l'action possessoire, attendu qu'ils ne sont pas susceptibles de s'acquérir par la prescription et que d'ailleurs ils n'attribuent point de droit immobilier (Garnier, p. 339. — *Contrà*, Pardessus, *servit.*, n. 12).

376. CHEMINS. Le droit de passage sur des chemins ou sentiers d'exploitation peut être l'objet d'une action possessoire (Lalaure, *Tr. des servit.*, ch. 7, p. 233; Boucheul, *cout. de Poitou*, art. 12 et 18; Fournel, v° *Act. poss.*; Pardessus, *servit.*, n. 217; Garnier, p. 319; Carré, n. 1412; Curasson, t. 2, p. 189, n. 48).

377. L'action possessoire est recevable, et de la compétence du juge de paix, à l'égard d'un chemin communal, de la part d'un particulier qui en a la possession annale, comme à l'égard de tous autres terrains (Cass. 7 août et 18 nov. 1834, - Sir. 35, 1, 767).

378. Lorsque le Maire assigne au possessoire le propriétaire riverain d'un chemin public pour lui faire ordonner le relâchement d'une anticipation commise dans l'année, le défendeur à cette demande ne peut soutenir que c'est lui qui a la possession annale, et qu'en conséquence, il doit être maintenu dans sa jouissance, la possession ne pouvant jamais servir de titre pour les choses qui sont imprescriptibles (Proudhon, *Dom. public*, t. 2, n. 627 et suiv.). — Cependant, le juge du possessoire peut, sans excéder ses pouvoirs ni cumuler le possessoire avec le pétitoire, et quand la complainte est formée par un particulier, juger que le demandeur n'a pas la possession de l'objet, par le motif que cet objet est à l'état de chemin public, et qu'affecté à l'usage de tous, il n'a pas pu être privativement possédé par un seul (Cass. 24 fév. 1841).

379. Un chemin d'exploitation étant réputé la chose *commune* des propriétaires des fonds pour lesquels il est établi, et chacun d'eux en usant à titre de *propriétaire*, et non à titre de servitude, l'anticipation sur un tel chemin, de la part de l'un des propriétaires riverains, peut être considérée comme un trouble à la possession commune, donnant lieu à complainte (Cass. 19 nov. 1828, - Sir. 29, 1, 110).

380. Mais quoiqu'un chemin soit réputé une propriété commune aux voisins, il peut cependant n'être qu'une servitude discontinue sur le sol de l'un des riverains, dans l'intérêt et pour le service des terres des autres riverains, et dans ce cas, il ne peut être l'objet d'une action possessoire. Tel est un sentier sur lequel est établi un droit de passage (Cass. 20 mai 1828, - Sir. 29, 1, 126).

381. L'action en complainte pour trouble à la possession annale d'un chemin privé est recevable, si la possession dont excipe le complaignant est une possession à titre de propriétaire du fonds sur lequel le chemin est établi (Cass. 26 août 1829, - Sir. 29, 1, 380).

382. Elle est aussi recevable, lorsqu'il a été dressé contre le possesseur un procès-verbal de contravention pour avoir ouvert un fossé sur un terrain qu'on prétend dépendre d'un chemin vicinal (Cass. 10 janv. 1827, - Sir. 27, 1, 114). — V. *sup.* n. 351, et *inf.* n. 389.

383. CIMETIÈRE. L'acquisition d'une place séparée dans un cimetière, donne à la famille qui l'a faite, le droit de se pourvoir en complainte (Curasson, *Comp. des juges de paix*, t. 2, p. 174; — *Contrà*, Garnier, p. 338).

384. CLOTURE. L'action en complainte est recevable, pour trouble à la possession des clôtures (C. proc. 3, — Cass. 16 av. 1833. — V. *sup.* n. 9), ce qui s'applique aux haies séparatives de deux héritages. On ne peut objecter que l'art. 670 du C. civ. ne reconnaît que deux espèces de droits par rapport aux haies, savoir : le droit de propriété pour ceux qui ont terrain clos, titre ou possession trentenaire, et le droit de mitoyenneté lorsqu'il n'existe point de signe de propriété exclusive ; car la possession susceptible d'opérer la prescription, est toujours suffisante pour motiver les actions possessoires (Cass. 1 av. 1806, — 8 vendem. an XIV, - Sir. 6, 1, 73, — Garnier, p. 220 et 223). — V. note 41.

385. Tellement que, dans un pays où d'après l'usage des lieux, toute haie mitoyenne doit avoir deux mètres cinquante centimètres de largeur, il suffit qu'une entreprise tendant à altérer cette haie ou ses racines, soit faite par l'un des riverains, dans la distance de un mètre vingt-cinq centimètres du milieu de la haie, pour qu'il y ait lieu à la complainte de la part de l'autre riverain (Cass. 24 av. 1830).

386. Et que lorsque la haie est présumée mitoyenne, le voisin qui a succombé au *possessoire*, peut au *pétitoire* réclamer le bénéfice de cette présomption ; la possession trentenaire pouvant seule la détruire (Cass. 13 déc. 1836 ; 22 déc. suiv. ; 17 et 30 janv. 1838. — *Contrà*, Pardessus, n. 188, — Merlin, *rép.* v° *haie*, — Delvincourt, 1, 349, — Duranton, 5, n. 370).

387. COMMUNAUX (Biens). La complainte est recevable, ainsi que la réintégrande, pour trouble apporté à la possession des biens communaux. Etant susceptibles de prescription, ils doivent conséquemment donner lieu à l'action possessoire, formée devant le juge de paix (Cass. 1 av. 1806; 10 nov. 1812; 6 juill. 1825, -Sir. 6, 1, 273; 13, 1, 149; 26, 1, 406; —Favard, v° *Complainte*, 1, 594; —Garnier, 309).

388. On ne peut prétendre, dans ce cas, que c'est à l'autorité administrative à connaître de l'action. Il suffit que le terrain communal ne soit ni une place publique, ni une rue ou objet servant à un usage public, pour que l'action relative à la possession, soit portée devant les tribunaux (Cass. 7 août 1834). — V. *sup.* n. 374.

389. La réintégrande doit avoir lieu à l'égard d'un terrain dont le possesseur a été dépouillé par voie de fait, lors même qu'on prétendrait contre lui que le terrain est un chemin public (Cass. 31 août 1836. — *Contrà*, *Cons. d'état*, 5 sept. 1836).

390. La complainte peut même être exercée, relativement à des biens communaux vendus administrativement (Garnier, p. 313, — *Cons. d'Etat*, 4 juill. 1827). — L'action est de la compétence exclusive des juges de paix (Cass. 11 mai 1831, -Sir. 31, 1, 243).

391. COMMUNE (Chose). La possession indivise d'une propriété commune, autorise la complainte, contre celui des communistes qui veut s'attribuer une jouissance exclusive (Cass. 8 déc. 1824; 19 nov. 1828, — Curasson, t. 2, n. 27). — Quand même celui qui se prétend possesseur aurait fait et parfait des clôtures au vu du voisin, et sans aucun empêchement (Cass. 27 juin 1827 - Sir. 27, 1, 411).

392. Cependant, pour se dire troublé dans sa possession annale, il n'est pas toujours nécessaire que cette possession soit à titre exclusif, car la complainte est admise au cas de trouble à la possession d'une haie mitoyenne (Cass. 1 av. 1830, - Sir. 30, 1, 296; 23 nov. 1836 - Sir. 37, 1, 532). — V. *sup.* n. 385.

393. Lorsque l'action en complainte a lieu à raison de travaux exécutés sur un terrain dont la jouissance est commune entre deux ou plusieurs individus, elle n'est recevable de la part de l'un d'eux contre l'autre, qu'autant que celui qui se plaint des travaux prouve qu'ils lui portent quelque préjudice; faute par lui de faire cette preuve, il doit être déclaré non recevable comme étant sans intérêt (Cass. 21 mars 1833, - Sir. 33, 1, 751).

394. Mais il en est autrement, lorsqu'il s'agit, non de la possession individuelle d'un droit réel, mais de l'exercice d'un droit de part-prenant dans une chose indivise; dans un tel cas, il n'y a pas lieu à l'action en complainte, c'est la voie du pétitoire qu'on doit prendre, parce que l'exercice d'un droit de part-prenant n'est pas un acte possessoire proprement dit (Cass. 7 juin 1820, - Sir. 20, 1, 265).

395. COMPLANT. Le bailleur d'un fonds à titre de *complant* qui donne le droit de recueillir sur ce fonds une espèce déterminée de fruits, ne peut exercer l'action possessoire pour trouble apporté à la jouissance de son droit (Cass. 16 janv. 1826), ce qui s'applique même aux redevances connues sous les noms de droits de *complant*, droits de *quart*, de *champart* etc., créées sous l'empire des lois anciennes qui leur attribuaient le caractère de droits immobiliers, attendu qu'elles ont été, comme les rentes foncières, mobilisées par la nouvelle législation (Cass. 9 août 1831; 11 fév. 1833).

396. CONDUITE D'EAU. V. *sup. aqueduc* et *inf. cours d'eau.*

397. COURS D'EAU. L'exercice par le propriétaire riverain d'un *cours d'eau*, du droit qui lui est accordé par l'art. 644 du C. civ. de se servir de cette eau à son passage, peut donner lieu contre lui à une action en complainte, si l'exercice de ce droit a pour effet de diminuer le volume d'eau dont un propriétaire inférieur a la possession annale (Cass. 26 janv. et 6 déc. 1836; 4 janv. 1841).

398. Un cours d'eau est, de sa nature, susceptible d'une possession caractérisée servant de base à une action possessoire (Cass. 24 fév. 1808, 16 juin 1810; 1 mars 1815).

399. Cependant, la possession dans le cas d'une source étant dans le fonds supérieur, ne résulte pas de ce que les eaux s'écoulent sur le terrain inférieur, il faut encore des actes de possession et ouvrages apparents de main-d'homme (C. civ. 642, — Cass. 25 août 1812, - Sir. 12, 1, 351), — V. *inf.* n. 403.

400. Celui qui fait sur sa propriété des ouvrages pour user d'un cours d'eau, s'expose à une action en complainte de la part d'un riverain supérieur, s'ils sont nuisibles à ce dernier, car il n'est pas nécessaire, pour donner ouverture à la complainte, que les travaux soient faits sur le terrain même du possesseur annal (Cass. 18 av. 1838). — V. *sup.* n. 350.

401. Le possesseur du trop-plein des eaux d'une fontaine n'est pas recevable à intenter une action en complainte, à raison d'une prise d'eau pratiquée par un tiers dans le canal qui alimente cette fontaine, si cette entreprise ne lui cause aucun préjudice (Cass. 12 nov. 1833).

402. C'est au pétitoire qu'il faut se pourvoir, et non au possessoire, quand il s'agit de servitude discontinue non établie par titre : ainsi, le propriétaire du fonds inférieur qui n'a pour lui, ni titre conventionnel, ni règlement de l'autorité, ni constructions sur son propre fonds pour y faire arriver les eaux du fonds supérieur, n'est pas fondé à se prévaloir de sa possession annale pour intenter l'action en complainte. Il ne serait pas plus fondé à se prévaloir d'une longue possession, pour établir que le droit lui est acquis (Cass. 20 mars 1827, - Sir. 27, 1, 387). — V. *inf. Servitude.*

403. Mais le propriétaire d'un canal qui, en vertu de titres, reçoit dans ce canal, depuis plus d'un an, des eaux de sources existantes dans le fonds supérieur, peut exercer l'action possessoire pour faire ordonner la cessation de travaux entrepris sur ce fonds, à l'effet de retenir les eaux qui, précédemment, se rendaient dans son canal; peu importe d'ailleurs, qu'il n'existe sur le fonds supérieur, aucun ouvrage de main-d'homme constatant le droit de recevoir les eaux de ce fonds, peu importe aussi, que l'existence ou l'étendue des titres soit contestée par le défendeur; le juge du possessoire pouvant, en ce cas, examiner les titres pour déterminer le caractère de la possession (Cass. 4 fév. 1829, - Sir. 29, 1, 199). — V. *sup.* n. 399, et *inf.* n. 407, 470.

404. CONSTRUCTIONS. V. *sup.* n. 358, 360, et *inf.* n. 408.

405. CURAGE. Le curage d'une rivière peut donner lieu à une action possessoire, de la part d'un riverain posses-

seur d'une usine sur le cours d'eau de cette rivière, lorsque le fait dont il se plaint est reconnu n'avoir point été un simple curage, mais avoir entamé le lit de la rivière, et porté atteinte à la possession annale où était ce riverain d'un certain volume d'eau, servant à faire marcher son usine (Cass. 8 nov. 1836, - Sir. 36, 1, 801).

406. **DEMANDE JUDICIAIRE.** V. *sup. assignation*, n. 362.

407. **DÉNONCIATION DE NOUVEL OEUVRE.** L'action tendant à faire cesser le trouble causé par des travaux qui s'opposent au libre cours des eaux d'un fossé mitoyen, et à la suppression de ces travaux, constitue une action possessoire, de la compétence du juge de paix, encore bien que les travaux aient été exécutés sur le propre fonds de l'auteur du trouble et qu'ils soient entièrement terminés. Une telle action ne saurait être considérée comme une *dénonciation de nouvel-œuvre*, laquelle n'est plus recevable après l'achèvement des ouvrages; peu importe, au surplus, que les eaux ne servent point à l'arrosement des prés (Cass. 22 mai 1833, - Sir. 33, 1, 553).

408. L'achèvement des travaux de constructions et ouvrages qui sont de nature à troubler quelqu'un dans sa possession a pour effet de rendre l'action en dénonciation de nouvel œuvre non-recevable au possessoire, parcequ'il ne s'agit plus de surseoir à la continuation d'ouvrages, mais d'en ordonner la destruction; on doit donc se pourvoir au possessoire, avant que la construction soit terminée. Si on le fait après, c'est la voie du pétitoire qu'il faut prendre (Cass. 15 mars 1826; 14 mars 1827; 27 mai et 17 juin 1834; 28 mars et 25 juill. 1836).

V. *sup.* n. 366 et *inf.* n. 436, 470, 519.

409. **DIGUE.** Le propriétaire d'un fonds bordant une rivière, peut intenter l'action en dénonciation de nouvel-œuvre, à l'égard du propriétaire de l'autre rive, qui établit, sur la partie du lit de la rivière qui lui appartient, une digue, dont l'effet est de rétrécir ce lit, et de rejeter l'eau sur le bord opposé (Cass. 2 déc. 1829). — V. *inf.* n. 425.

410. **DOMAINE DE L'ÉTAT.** Les propriétés domaniales (susceptibles de prescription) peuvent, comme toutes autres, être l'objet d'une action en complainte, de la part de celui qui s'en prétend possesseur annal (Cass. 22 juin 1836, - Sir. 36, 1, 700).

411. Un fermier de l'état, bien qu'il tienne son titre de l'autorité administrative, peut être actionné devant le juge de paix, par voie de complainte ou d'action possessoire, de la part du possesseur de l'objet qui a été donné à ferme; soit parce que l'objet étant prescriptible, l'action possessoire serait recevable contre l'état, soit parce qu'un bail est un acte de régie, et non un fait de juridiction administrative (Décr. 9 sept. 1806, - Sir, 14, 2, 409).

412. **DOMMAGE ACTUEL OU PROCHAIN.** Pour autoriser l'action en complainte, il n'est pas nécessaire d'un dommage *actuel*, il suffit d'un dommage *prochain*. En conséquence, l'action en complainte est recevable entre propriétaires, dont les fonds bordent les rives opposées d'une rivière non navigable, ni flottable, lorsque des travaux entrepris par l'un, dans le lit de la rivière, sont de nature à porter plus tard, trouble ou dommage à la propriété de l'autre; par exemple, lorsque ces travaux, en rétrécissant le lit de la rivière, exposent les terrains de la rive opposée à être dégradés par les eaux (Cass. 1 déc. 1829).

413. Et quand il n'y a ni dommage actuel, ni dommage prochain, le demandeur doit être déclaré non-recevable (Cass. 14 août 1832). — V. *sup.* n. 393.

414. **DOMMAGES-INTÉRÊTS.** A l'action possessoire, on peut joindre une demande en dommages-intérêts; dans ce cas, c'est par les dommages-intérêts demandés, que la compétence du dernier ressort se détermine, sans égard à la valeur de la chose dont la possession est réclamée (Cass. 20 therm. an XII; 23 fruct. an XII; 20 vent. an XIII; 19 therm. an XIII; 28 oct. 1808).

415. Cependant, il a été jugé que le juge de paix doit tenir compte de la valeur de la possession réclamée, tellement, qu'il ne peut juger en dernier ressort, par cela seul, que le demandeur n'a pas conclu à des dommages-intérêts ou n'a conclu qu'à des dommages-intérêts au-dessous de cinquante francs. (Cass. 24 mess. an XI; 24 prair. an XII; 25 août 1806).

416. Il en est de même, c.-à-d. que la demande ne peut être jugée en dernier ressort, lorsque le demandeur en complainte ne conclut qu'en des dommages-intérêts indéterminés (Cass. 2 mai 1813, - Sir. 13, 1, 313); ou lorsque la matière du litige n'est pas déterminée, encore qu'il ne soit prétendu que cinquante francs, à titre de dommages-intérêts (Cass. 4 mai 1808, - Sir. 7, 2, 897); ou lorsque la valeur de l'objet est indéterminée (Cass. 22 mai 1822; 11 avril 1825; 14 fév. 1826). Mais le juge de paix peut juger en dernier ressort, lorsque le demandeur n'a conclu qu'en des dommages-intérêts qu'il plairait au juge de fixer, et que celui-ci ne les fixe qu'à une somme au-dessous de cinquante francs. (Cass. 9 oct. 1807, - Sir. 20, 1, 456).

417. **DROIT RÉEL.** On ne peut exercer l'action possessoire que pour raison d'un droit réel etc. (V. *sup.* n. 348, note 27 n. 399 et suiv.; et *inf.* *Action réelle*).

418. **DROITS INCORPORELS.** Les meubles, les choses fongibles, les droits incorporels en général, ne peuvent donner lieu à une action possessoire (Merlin, *rép.* v° *Complainte* § 3; — Carré, *Comp. civ.* t. 1, n° 399, — Garnier, p. 193, — Poncet, p. 92, — Berriat, p. 108, — Henrion de Pansey, ch. 45, § 3). Ainsi, l'on serait non-recevable à se pourvoir par complainte à l'occasion du trouble à la possession du titre d'un office ou d'une Cure (Nîmes, 26 mai 1824, - Sir. 25, 1, 23). — V. *inf.* *Meubles* n. 464 et suiv.

De même, un marchand dont un voisin a usurpé et adopté l'enseigne, ne peut, pour ce fait, agir contre lui en complainte, cette enseigne faisant partie de l'achalandage qui est chose mobilière (Bioche, *ibid.* n. 65).

418 *bis*. Cependant, celui auquel un titre réserve le droit de faire maintenir en état de non-culture une partie de l'héritage qui joint sa propriété, est en possession de ce droit, par cela seul que l'état de non-culture subsiste. En conséquence, il est recevable à former une action en complainte pour trouble à sa possession, au cas où ce terrain vient à être mis en culture (C. civ. 2228, — Cass. 15 fév. 1841, - Sir. 41. 1, 194; 24 juill. 1837; 25 fév. 1840).

419. **DROITS D'USAGE, D'HABITATION ET DE SUPERFICIE.** L'usager ayant un droit réel, peut exercer l'action possessoire, toutes les fois qu'il y a dans la cause du possessoire, des actes et des faits qui sont, par eux-mêmes, exclusifs du *Précaire*, c. à-d. exclusifs de l'esprit de simple tolérance ou de familiarité (Poncet, des *Actions* n. 79, — Rousseau-Lacombe, v° *usage*, n. 2, — Zachariæ t. 1, § 187, note 6, —

Proudhon, de *l'usuf.* t. 8, p. 269 et suiv. — Carré, *just. de paix*, t. 2 n. 1557).

420. Il en est de même de celui qui a un droit d'habitation (Zachariæ, *ibid.*, — Proudhon, t. 5 n. 2748 et 2797).

421. Celui qui a un droit de superficie peut aussi exercer l'action possessoire (Proudhon, t. 8, n. 2748 et 2797).

422. De ce que l'action possessoire qui a pour objet une servitude discontinue, telle qu'un droit d'usage, n'est recevable qu'autant que le droit est fondé sur un titre, il n'en résulte pas que le juge ne puisse statuer dans le cas où le titre est attaqué comme prescrit ; il suffit, pour qu'il statue, qu'on lui représente un titre régulier, servant de point de départ ou de fondement à la possession (Cass. 8 mai 1838, - Sir. 38, 1, 408). — V. *inf.* n. 503.

423. EAUX DE LA MER. L'usage des eaux de la mer n'étant point prescriptible, l'action possessoire ne peut être admise à l'égard de ces mêmes eaux (Garnier, *régl. des eaux*, t. 1, n. 34 et 35).

424. EAUX VIVES ET MORTES, PLUVIALES ET VICINALES. Le juge de paix ne connaît pas seulement à titre d'action possessoire, des entreprises sur les cours d'eau, mais encore des entreprises sur les eaux mortes (Carré, *just. de paix*, n. 1459; — Garnier, p. 241; — Foucher, *comm.* n. 259).

425. Le trouble dans la possession d'un cours d'eaux pluviales autorise la complainte (Cass. 13 juin 1814, - Sir. 15, 1, 239). Il s'agissait, dans l'espèce, d'eaux pluviales que le propriétaire du fonds inférieur refoulait sur le fonds supérieur au moyen d'une digue. — V. *sup.* n. 409.

426. Il en est autrement des eaux pluviales découlant des toits des maisons d'une ville, lorsqu'elles ont été recueillies dans un conduit fait de main d'homme, et dirigées le long des propriétés inférieures : le premier qui reçoit de telles eaux peut en disposer sans avoir à se conformer à l'art. 644 du C. civ. En un tel cas, l'action possessoire n'est pas ouverte au propriétaire inférieur. (Cass. 14 janv. 1823).

427. Mais le propriétaire inférieur peut demander par voie de *complainte* à être maintenu dans la possession d'eaux *vives* et *pluviales* dont il a joui pendant an et jour, au moyen d'une ouverture pratiquée dans un mur de clôture. Dans ce cas, l'action possessoire ne pourrait être déclarée non-recevable sous prétexte qu'un cours d'eau de cette nature n'est pas susceptible d'une possession caractérisée (Cass. 19 juin 1810). — V. *sup.* n. 397 et suiv. et *inf.* n. 499.

428. ECHELLE (Tour d'). — V. *inf.* n. 478 et 533.

429. ECLUSES. Le droit de faire baisser ou lever des écluses appartenant à autrui, à certains jours, pour l'irrigation des prairies, ou pour l'empoissonnement d'un étang n'autorise la complainte, en cas de trouble, qu'autant qu'il est fondé sur un titre, et que ce titre est produit. (Daviel, t. 1. n. 484 et 485), — V. *inf.* n. 472.

430. EGLISES. V. *sup. Chapelle* n. 374.

431. EGOUT. La servitude d'égout ne peut donner lieu à l'action possessoire (Carou, *act. poss.* n. 317; — Aulanier, p. 133; — Pardessus, n. 228). — V. *inf.* n. 503.

432. EMPHYTÉOSE. L'emphytéote ayant un droit réel, peut exercer l'action possessoire (Cass. 26 juin 1822, - Sir. 22, 1, 362; — Pardessus, *Servitudes* n. 354).

433. ENCLAVE. Le trouble à la possession d'un passage au cas d'enclave donne lieu à l'action en complainte. L'enclave, en effet, emportant nécessité de passage, forme un titre du droit de passage. C'est une servitude légale, constituant un droit réel, bien différente en cela des autres servitudes discontinues (Cass. 13 juin 1814; 7 mai 1829; 16 mars 1830; 19 nov. 1832; 7 juin 1836).

434. Même, l'abus de la servitude de passage due au cas d'enclave donne ouverture à l'action possessoire de la part du propriétaire dont le terrain est assujéti au passage (Cass. 24 juin 1828).

435. ETANG. Le terrain environnant un étang que l'eau couvre quand elle est à la hauteur de la décharge, étant toujours réputé la propriété du maître de l'étang, suivant l'art. 558 du C. civ., et aucune possession contraire ne pouvant s'établir, il en résulte que la complainte n'est pas recevable de la part de celui qui a joui de fait de ce terrain depuis plus d'une année (Cass. 23 av. 1811; — Daviel, t. 2, n. 979).

436. Mais le propriétaire d'un étang peut intenter l'action en dénonciation de nouvel-œuvre contre le voisin qui ouvre dans sa propriété une tranchée assez rapprochée de l'étang pour que les eaux filtrent au travers de la terre; ce voisin n'ayant pas le droit de s'approprier une partie des eaux de l'étang (Cass. 13 av. 1819).

437. EXÉCUTION DE JUGEMENT. V. *sup. assignation*, n. 362, et *inf. Obligation*, n. 472.

438. EXCEPTION. L'exception de propriété élevée devant un tribunal de police correctionnelle par celui qui a été assigné devant ce tribunal, comme coupable d'avoir coupé du bois sur la propriété du demandeur, est un moyen de défense, et non un trouble de nature à donner lieu à la complainte (Cass. 20 janv. 1824, - Sir. 24, 1, 265). — V. *sup. Appréciation*, n. 355.

Et s'il demande, au cas ci-dessus, son renvoi devant le tribunal civil, pour être préjudiciellement statué sur la question de propriété, ce n'est point là engager le pétitoire; il peut, par conséquent, faire juger préalablement la question de possesssion au moyen d'une action en complainte (Cass. 10 janv 1827, - Sir. 27, 1, 284).

439. Lorsqu'un individu est assigné au possessoire, pour avoir, en comblant l'ancien lit d'une rivière, troublé le demandeur dans la possession où il était de faire écouler les eaux par ce lit de rivière, l'offre faite par le défendeur de substituer à l'ancien lit de rivière un canal suffisant pour l'écoulement des eaux, ne constitue pas une exception à l'action possessoire dont le juge du possessoire puisse connaître; cette offre ne pouvant être appréciée que par le juge du pétitoire, il en résulte que le demandeur doit être d'hors et déjà maintenu dans sa possession (Cass. 6 av. 1831).

439 *bis.* Le défendeur à une action possessoire est recevable à opposer par voie d'exception que le terrain litigieux est un chemin public, non susceptible d'une possession privée, sans que le jugement qui le décide ainsi, viole les lois qui ne donnent qu'à l'autorité municipale le droit d'exercer les actions des communes (Cass. 24 fév. 1841, - Sir. 41, 1, 492).

440. FAGOTAGE. V. *sup. Brandes*, n. 369.

441. FERMIER. Lorsqu'un fermier dont le titre est résolu, prétend se maintenir en jouissance contre le gré du

propriétaire, celui-ci peut exercer l'action en complainte à l'encontre du fermier (Cass. 6 frim. an XIV, - Sir. 7, 2, 772).

442. L'action en complainte peut être valablement exercée contre un fermier, pour un fait de trouble à la possession d'autrui, lorsque ce trouble est un fait personnel du fermier sans concours du propriétaire; le fermier ne peut, dans ce cas, exiger sa mise hors de cause, en nommant son bailleur, si, d'ailleurs, il ne l'a pas appelé en garantie, sauf toutefois le droit du bailleur d'attaquer par voie de tierce-opposition le jugement qui serait rendu avec le fermier (C. civ. 1727, — Cass. 19 nov. 1828, - Sir. 29, 1, 110, — Merlin, *Crép.* v° *omplainte*, § 7). — V. *sup.* n. 241.

443. Mais la voie de la complainte n'est pas ouverte à un simple fermier, quand il l'exerce pour raison d'un droit nécessaire à son exploitation (Cass. 7 sept. 1808). V. *inf.* n. 604, 605, 606.

444. FLEUVES. L'action en complainte n'est pas recevable pour entreprises sur les fleuves ou rivières navigables (Carou, *act. poss.* n. 120, — Toullier, t. 3, n. 139). Il n'y a point à considérer si le fonds est ou non de la compétence administrative ou judiciaire (Carou, n. 265, — Foucher, *comm.*, - Garnier, p. 247. — *Contrà*, Proudhon, t. 5, n. 1485).

445. FORGE. L'action possessoire peut être intentée contre le propriétaire d'une forge qui gâte un cours d'eau en y lavant son minerai (Cass. 23 janv. 1829, — Garnier. p. 261).

446. FOSSÉ. Lorsque la possession exclusive d'un fossé, d'une haie ou d'un mur mitoyen est prouvée, elle peut donner lieu à l'action possessoire, sauf au juge à apprécier si les faits de jouissance sur lesquels on s'appuie, ont les caractères de la possession légale (Solon, *servit.* n. 558 et s.). — V. *sup.* n. 407.

447. Lorsque l'un des co-propriétaires trouble la jouissance des autres par l'établissement d'un fossé de clôture, ce qui est un acte de possession exclusive, il y a lieu d'exercer l'action en complainte (Cass. 8 déc. 1824).

448. HAIES. La possession d'une haie séparative, peut au cas de trouble, autoriser une action possessoire (Cass. 8 vend. an XIV). — V. *sup.* n. 367, 384 et suiv.. 446.

449. HAUTEUR DES EAUX. Les Tribunaux sont compétents pour statuer sur les intérêts privés, relativement à la hauteur des eaux, ce qui rend admissible l'action en complainte (L. 28 sept. - 6 oct. 1791. tit. 2, art. 16, — Cass. 19 frim. an VIII, - Sir. 1, 1, 271, — Daviel, 1, n. 477 et 478). — V. *sup.* n. 365.

450. Cependant, il a été décidé que la hauteur des eaux (même non navigables) pour le service des usines, est essentiellement dans le domaine de l'administration publique, chargée de la déterminer, d'où il suit que la hauteur des eaux n'est pas une matière qui soit dans le commerce, et susceptible de prescription, et qu'elle ne saurait être l'objet d'une action possessoire (Cass. 19 déc. 1826).

451. HERBES. Le trouble à l'exercice d'un droit de secondes herbes n'autorise pas l'action en complainte, ce droit constituant une servitude discontinue (Garnier, p. 324, — Bioche, v° *act. poss.* n. 62).

452. HÉRITAGE. L'action en complainte est recevable pour trouble apporté à la possession d'un *héritage*, fut-il meuble, la fiction légale étant ici étrangère à l'action du trouble (Garnier, 209); fût-il même régi par des lois particulières, comme des marais salins (Cass. 11 juin 1828, — Garnier, 291). — V. *inf. Marais.*

453. Cependant, si les héritages sont hors du commerce, ils ne peuvent être l'objet d'une action possessoire, parce qu'ils ne sont pas susceptibles d'être acquis par prescription, et que la possession est un moyen d'acquérir (C. civ. 2226). V. note 22, p. 201, n. 211.

454. Mais si le demandeur ne reconnaît pas que l'héritage par lui possédé soit imprescriptible, l'action posessoire ne peut pas être déclarée non recevable (Cass. 10 janv. 1827), à moins qu'il ne soit établi par un acte administratif que l'objet litigieux ne soit hors du commerce (Cons. d'Etat, 22 nov. 1826, - Sir. 27, 2, 270; 5 sept 1836). Toutefois, le juge de paix ne pourrait se déclarer incompétent sous prétexte que, d'après la visite des lieux, le terrain litigieux lui aurait paru être un chemin vicinal, parce que ce serait entrer dans l'examen de la question de propriété (Cass. 4 déc. 1833, — Cons. d'Etat 17 août 1836).

455. JARDIN. Le droit de se promener dans un jardin, peut donner lieu à l'action en complainte, au cas de trouble (Bioche. v° *act. poss.* n. 60).

456. JOURS. V. *inf. Servitudes, vue.*

457. IMMEUBLES FICTIFS. V. *sup.* n. 352.

458. INDIVISE (Chose). V. *sup.* n. 391 et suiv.

459. INTENTION. V. note 22 p. 203, n. 228 et suiv.

460. LAIS ET RELAIS DE LA MER. Par cela seul que les lais et relais de la mer, sont aliénables par l'état, et peuvent devenir propriété privée, ils sont susceptibles de possession autorisant l'action en complainte (décr. 16 sept. 1807, art. 31; — C. civ. 2229 et 2230; — Cass. 3 nov. 1824; — Daviel, t. 1, n. 482; — Garnier, p. 244).

461. LAVOIR. V. *sup. Abreuvoir*, n. 350 et *inf.* n. 489.

462. LITIÈRES. Lorsque le terrain ne comporte par sa nature, que le pacage des bestiaux, et l'enlèvement des litières, ces faits cessent alors d'avoir le caractère d'une simple servitude, ils deviennent des faits de possession ou de co-possession autorisant la complainte, et dès-lors ils peuvent être prouvés par témoins; ce n'est plus le cas d'appliquer l'art. 691 du C. civ. qui dispose que les servitudes discontinues ne peuvent s'établir que par titres (Cass. 8 janv. 1835). — V. *sup.* n. 369.

463. MARAIS. Il ne peut y avoir lieu à l'action possessoire contre le concessionnaire du dessèchement d'un marais, lorsqu'il fait sur des terrains compris ou non dans le périmètre de la concession, des fossés et autres travaux pour faire écouler les eaux (L. 16 sept. 1807; — Garnier, p. 266, 290). — V. *sup.* n. 452.

464. MEUBLES. Les meubles pris isolément, ne peuvent, dans aucun cas, faire l'objet d'une action possessoire. — V. *sup.* n. 418.

465. Mais il en est autrement des meubles adhérents ou attachés au fonds, et qui sont réputés immeubles par les art. 522 et suiv. du C. civ. Toutefois, si l'auteur de la soustraction venait à vendre ces objets immeubles par destination, et que le tiers-acquéreur fût de bonne foi, l'action possessoire ne pourrait être intentée contre ce dernier (Bioche, v° *act. poss.* n. 50; — *Arg.* C. civ. 2229, 2280).

466. L'ameublissement des immeubles, permis aux époux

par l'art. 1505 du C. civ., n'est pas un obstacle à ce que la complainte puisse être exercée relativement à ces immeubles (Garnier, p. 208).

467. MEUBLES-IMMEUBLES. Les accessoires du fonds de terre étant réputés immeubles par la loi donnent lieu à l'action possessoire comme les fonds eux-mêmes, tant que la destination est conservée (Henrion de Pansey, chap. 48, § 3 et 4) : qu'ils soient ou non adhérents au fonds (Carou, *act. poss.* n. 215, 216, — Garnier, p. 199, — Carré, t. 2, n. 1405). V. *sup.* n. 464 et suiv.

468. MINES. Le droit acquis, en vertu d'une concession, d'exploiter une mine, donne lieu à l'action possessoire (Carré, t. 3, n. 1850).

469. MUR MITOYEN. V. *sup.* n. 446.

470. NOUVEL-OEUVRE. L'action en complainte à l'occasion d'une rivière ou cours d'eau non-navigable ni flottable, est recevable, et peut être soumise à un juge de paix, lorsque le possesseur troublé demande à être maintenu dans sa possession annale, et que son adversaire soit condamné à détruire un canal de dérivation *nouvel-œuvre*. Peu importe que le nouvel œuvre ait été fait avec autorisation administrative (Cons. d'Ét. 6 déc. 1820, - Sir. 21, 2, 46). — V. *sup.* n. 365, 407.

471. NUE-PROPRIÉTÉ. Le droit de nue-propriété peut donner lieu à l'action possessoire (*arg.* C. civ. 614). — V. *inf. usufruit*, n. 514.

472. OBLIGATIONS. Il n'y a pas lieu à complainte, en matière *d'obligations*. Ainsi, on ne peut procéder par cette voie, pour trouble apporté au droit *d'obliger* un ou plusieurs individus de faire des réparations à des maisons ou usines, d'en réparer les écluses. Un pareil droit ne constitue qu'une simple obligation de faire, qui se réduit à des dommages-intérêts en cas d'inexécution (Carré, *just. de paix*, t. 2, p. 344; Favard, vº *Complainte*, Sect. 1, § 1, — *Contrà*, Henrion de Pansey, ch. 33, § 3). — V. *sup.* n. 429.

473. OPPOSITION. Il y a lieu à complainte, lorsqu'une opposition est formée par les prétendus propriétaires entre les mains du fermier. Cette opposition constitue, en effet, un trouble de droit (Cass. 12 oct. 1814). — V. *sup.* n. 352, 362.

474. PACAGE. L'action par laquelle un propriétaire demande à être maintenu dans l'exercice du droit de *pacage* exclusif sur son propre terrain, est possessoire plus que pétitoire. En conséquence, elle doit être portée devant le juge de paix (Cass. 19 vent. an XI, - Sir. 20, 1, 436). — V. *inf.* n. 480.

475. Il en est de même de l'action intentée par le possesseur troublé dans la possession d'un droit de pacage ou autre servitude discontinue; cette action est recevable pourvu qu'il la forme dans l'année du trouble, et qu'il étaye sa possession d'un titre non précaire. Ainsi, le juge de paix n'est pas incompétent pour connaître de l'action et discuter le mérite ou l'applicabilité du titre, bien qu'il soit contesté; dans ce cas, le juge de paix est tenu d'examiner le titre, et d'accueillir ou de rejeter l'action possessoire, selon que le titre contesté fait ou ne fait pas cesser la présomption de précaire (Cass. 17 mai 1820, - Sir. 20, 1, 324).

476. PARCOURS. L'action en complainte n'est pas recevable pour trouble à la possession d'un droit de parcours; un tel droit, qu'on le considère, soit comme une servitude soit comme un acte de simple faculté ou de tolérance, ne pouvant être acquis par la possession. L'incompétence du juge de paix, dans ce cas, est absolue, et ne se couvre pas par le silence des parties (Cass. 22 nov. 1830, - Sir. 31, 1, 337).

477. PARTAGE DE FRUITS. V. *sup.* n. 371.

478. PASSAGE. Le juge du possessoire peut, sans cumuler en cela le pétitoire et le possessoire ni violer les principes relatifs à l'établissement des servitudes discontinues, décider que le passage accessoire à une servitude de tour d'échelle, qui, d'après les titres, devrait s'exercer par une issue déterminée, a été transporté dans un autre endroit, et maintenir, en conséquence, le complaignant dans le droit de passer par ce nouvel endroit, pour l'exercice de cette servitude (Cass. 4 juill. 1838, - Sir. 38, 1, 882).

479. En matière de servitude discontinue (imprescriptible), telle qu'un droit de passage, l'action en complainte n'est autorisée pour trouble dans l'exercice de ce droit, qu'autant que le demandeur se prévaut à la fois, de la possession annale et d'un titre qui en soit le fondement, d'un titre surtout qui établisse la destination du père de famille (Cass. 24 juill. 1810; 2 mars 1820).

V. *sup. Enclave*, et *inf. Servitude discontinue*.

480. PATURAGE. L'action en complainte peut avoir lieu pour la grosse pâture, mais non pour le vain pâturage, attendu qu'en cette matière, la possession toute précaire ne peut faire courir la prescription (Henrion de Pansey, ch. 43, § 3, — Cass. 22 nov. 1830). — V. *sup.* n. 369, 462, 474 et suiv.

481. PÉAGE. La possession de la franchise d'un péage sur un pont ou un bac, peut donner lieu, de la part des particuliers en faveur desquels elle existe, à une action en complainte contre le propriétaire du droit qui veut les soumettre à ce péage (Henrion de Pansey, ch. 43, § 3). S'agissant d'un droit de passage établi par titre, on doit assimiler le cas dont il s'agit à ceux mentionnés *sup.* n. 479, et *inf.* vº *Servitude discontinue*.

De même l'établissement d'un droit de péage ou de navigation sur un cours d'eau, de la part de l'autorité administrative, ne peut donner lieu à l'action possessoire (Cass. 30 mars 1841).

482. Toutefois, il en serait autrement pour ceux qui réclameraient une franchise personnelle (Daviel, *Cours d'eau* t. 1, n. 483)

483. PÊCHE. L'adjudicataire de la pêche d'une rivière navigable, troublé dans l'exercice de ses droits, ne peut exercer l'action en complainte. Cet adjudicataire n'est, en effet, que le fermier de l'état, et la complainte est déniée au fermier (Daniel, t. 1, n. 480, — *Contrà*, Garnier, n. 295). — V. *sup.* n. 373, 441 et suiv.

484. PONT. La possession d'un pont, considérée en elle-même, et indépendamment de toute servitude de passage, peut être l'objet d'une action en réintégrande (Cass. 17 juillet 1837, - Sir. 38, 1, 775). — V. *sup.* n. 481.

485. PRÉJUDICE. V. *sup.* n. 401, 412 et suiv.

486. PRESCRIPTION. L'action possessoire n'est recevable que lorsque la prescription peut résulter de la possession, c. à-d. lorsqu'il s'agit d'une chose prescriptible (Cass. 6

juill. 1823, —Henrion de Pansey, ch. 36, —Proudhon, *usuf.* t. 6, n. 200, —Garnier, *act. poss.* ch. 3, —Curasson).

487. Il en est autrement, lorsque pour établir le caractère de sa possession, le demandeur excipe d'un titre non contesté; dans ce cas, l'action est recevable, qu'il s'agisse de choses prescriptibles ou imprescriptibles (Cass. 21 mars 1831, -Sir. 31, 1, 123).

488. PROCÈS-VERBAL. Le procès-verbal d'un garde-champêtre dressé dans l'intérêt d'une commune par ordre de son Maire, constatant une prétendue usurpation sur un terrain communal, et suivie d'une action correctionnelle par le ministère public, peut être considéré comme trouble de la part de la commune, autorisant contre elle l'action en complainte de la part du prétendu délinquant (Cass. 10 janv. 1827, -Sir. 27, 1, 286). — V. *sup.* n. 382, 438.

489. PUISAGE. Le droit de puiser de l'eau ou le droit de laver sa lessive à la source d'autrui, à titre de servitude conventionnelle (discontinue), ne peut autoriser l'action en complainte, (hors le cas de nécessité pour une commune ou un hameau). — (Cass. 23 nov. 1808, — Colmar, 5 mai 1809, -Sir. 9, 1, 33; 10, 2, 61, — C. civ. 643).

490. Cependant, une telle action est recevable devant le juge de paix, si le possesseur de la servitude discontinue l'a formée dans l'année du trouble, et s'il prouve une possession *à titre non précaire*, d'où il suit que le juge de paix n'est pas incompétent pour connaître de l'action, et discuter le mérite de l'applicabilité du titre, bien que le titre soit contesté. Dans ce cas, si le juge de paix peut renvoyer au pétitoire, il n'y est pas obligé (Cass. 17 mai 1820, -Sir. 20, 1, 273).

491. QUALIFICATION FAUSSE. Lorsque l'action possessoire est faussement qualifiée de réintégrande, les juges peuvent la considérer comme complainte dans le cas où elle en aurait tous les caractères. C'est ce qui aurait lieu, si le demandeur offrait de prouver la possession annale; dans ce cas, l'action ainsi convertie en complainte, peut être déclarée mal fondée, si la possession est déclarée insuffisante, tandis qu'elle ne peut l'être si elle subsiste comme action en réintégrande, le complaignant n'ayant point alors à prouver sa possession (Cass. 16 mai 1827, 16 avril 1833). — V. *sup.* n. 337, et 355.

492. QUART (Droit de). V. *sup.* n. 395.

492 *bis.* RELIQUES. — V. *inf.* n. 597 *bis.*

493. RENTES CONSTITUÉES. La complainte n'a pas lieu pour les rentes constituées (Merlin, *rép.* v° *Complainte* § 5, —Henrion de Pansey, ch. 43, § 1). —V. *sup.* n. 473.

494. RENTES FONCIÈRES. Mais elle a lieu pour les rentes foncières, lorsque le créancier est troublé dans sa jouissance, soit par le débiteur de la rente, soit par un tiers qui prétend avoir droit de la percevoir (Henrion de Pansey, ch. 43, § 1. —*Contrà*, Merlin, *rép.* v° *Complainte* § 3, — Garnier, p. 331, —Curasson, n. 158).

Et alors, il faut au moins deux prestations pour en avoir acquis la saisine, et le délai d'une année pour exercer l'action en complainte court du jour ou le débiteur, sommé de payer, a déclaré qu'il se refusait au paiement de la rente (De Laurière, *cout. de Paris*, art. 96, —Imbert, *pratique*, ch. 33, —Coquille, *Inst. du dr. français*, v° *saisine*, —Henrion, *ibid.*). — V. *sup.* n. 395.

495. RENTES SUR L'ÉTAT. V. *sup.* n. 352.

496. RÉPARATIONS. V. *sup.* n. 472.

497. RÉSERVOIR. L'usage plus ou moins restreint que le propriétaire d'un moulin fait, dans son propre intérêt et selon ses convenances, du droit de tenir son réservoir plein, ou de le vider en tout ou en partie, n'est pas de nature à faire acquérir à un tiers une possession qui limite les droits du propriétaire du moulin. Ainsi, lorsque le système hydraulique d'un moulin était tel que le réservoir recevant les eaux destinées à mettre la roue en mouvement s'emplissait et se vidait alternativement, le propriétaire du moulin a le droit de changer ce système hydraulique et de le remplacer par un autre qui nécessite que le réservoir reste toujours plein, sans que ce changement puisse donner lieu à complainte de la part du propriétaire supérieur d'un autre moulin, sous prétexte que le nouveau système hydraulique fait refluer les eaux d'une manière préjudiciable à sa propriété (Cass. 4 déc. 1837, -Sir. 38, 1, 56).

498. REVENDICATION. Une action qui tend à revendiquer un immeuble, quoique immobilière, ne peut jamais être l'objet d'une action possessoire, parcequ'elle n'est pas susceptible d'une jouissance réelle (Carou, *ibid.* n. 219, — Carré, *just. de paix*, t. 2, p. 71, —Bioche, v° *act. poss.* n. 59). — V. *sup.* n. 348.

499. RIGOLES. Le trouble apporté à la possession annale d'un cours d'eau, dirigé au moyen d'ouvrages apparents destinés à faciliter le cours de l'eau, notamment au moyen d'une rigole, donne essentiellement lieu à une action possessoire. La compétence du juge de paix ne dépend aucunement de la question de savoir si les eaux sont vives ou mortes (Cass. 4 mai 1813, -Sir. 13, 1, 337). — V. *sup.* n. 424 et suiv.

500. RIVIÈRES - RUISSEAU. Les propriétaires riverains d'une petite rivière, ont l'action possessoire, à l'effet de repousser tout trouble qui serait apporté aux droits que la loi leur accorde sur le cours d'eau (Proudhon, *dom. publ.* t. 3, n. 994, 995). — V. *sup.* n. 444, 470.

501. SENTIERS. Les sentiers d'exploitation, notamment ceux qui servent à l'exploitation des vignes du canton, ont un caractère particulier de nécessité commune, d'usage commun, qui présuppose une *convention mutuelle*; là existe ce que les anciens appelaient un *titre muet*, tellement, que la *possession* d'un tel sentier, est toujours réputée *avec titre*, et dès-lors suffisante, pour l'acquisition de la servitude, par conséquent pour l'exercice de l'action en complainte; à ce cas, ne s'appliquent point les règles sur le simple droit de passage considéré comme servitude discontinue, qui, ne pouvant s'acquérir sans titre, ne peut être la matière d'une action possessoire (Cass. 29 nov. 1814; 11 déc. 1827, -Sir. 28, 1, 103). —V. *sup. chemin et passage.*

502. SERVICES ÉVENTUELS. L'action en complainte a lieu en matière de services éventuels, tels que entretien, réparations, curage, alors même qu'aucun acte possessoire n'aurait eu lieu pendant le cours de l'année qui a précédé le trouble (Barbedette, *attrib. des just. de paix* p. 115, — Henrion, ch. 43, § 4; p. 378, — *Contrà*, Garnier, p. 331, —Carré, t. 2, n. 1530). — V. *sup.* n. 405, 472.

503. SERVITUDES. Les servitudes continues et apparentes, pouvant s'acquérir ou par titre, ou par la possession de trente ans, ou par la destination du père de famille, il est clair qu'on peut se pourvoir par action possessoire, à raison de troubles apportés à la jouissance des conduites d'eau ou aqueducs, des égoûts, portes, fenêtres, vues et autres de

cette espèce (C. civ. 690, 692, — Roll. de V., J[al]. art. 257). — V. *sup.* n. 422 et 431.

504. Mais il en est autrement des servitudes discontinues telles que les droits de passage, puisage, pacage et autres semblables, et des servitudes non apparentes qui n'ont pas de signes extérieurs de leur existence, telles que celles de ne point bâtir sur un fond, ou de ne bâtir qu'à une hauteur déterminée, lesquelles ne pouvant s'acquérir que par titres, et non par la prescription qui peut résulter de la possession d'an et jour, ne sont point, par ce motif, sujettes à l'action possessoire (C. civ. 688, 689, 691, — C. proc. 23, — Merlin, *rép.* v° *Servitudes*, § 35, — Duranton, t. 5, n. 633, — Zachariæ, t. 1, § 187, note 8, — Thomine, t. 1, n. 45, — Pardessus, *servit.* n. 324, — Solon, *servit.* n. 551).

505. Cependant, à l'égard des servitudes discontinues non apparentes, l'action possessoire est admissible, si on invoque à l'appui de la possession, le titre constitutif de la servitude, exclusif de toute possession *précaire*. Ainsi, le trouble dans l'exercice d'un droit de piler ou pressurer des fruits, autorise l'action en complainte, si le demandeur se prévaut tout à la fois de la possession annale, et d'un titre qui en soit le fondement; apprécier en un tel cas le titre du complaignant, pour savoir si la possession est précaire ou de tolérance, ce n'est point de la part du juge de paix toucher au pétitoire (Cass. 6 juill. 1812, - Sir. 13, 1, 81). — V. *sup. cours d'eau*, n. 402, *pacage, passage, puisage.*

506. SERVITUDE LÉGALE. Les servitudes légales étant des droits réels, fondés en titres, il en résulte, d'après ce que nous avons dit aux n. 501, 504 et 505, que la possession annale suffit pour autoriser la complainte au cas de trouble (Cass. 13 juin 1814).

507. On doit aussi, par les mêmes motifs, considérer comme fondés en titre des droits qui résultent d'une disposition de la loi; en conséquence, ces droits, quoique discontinus dans leur exercice, peuvent autoriser la voie de la complainte. (Daviel, t. 2, n. 971). V. *sup. Enclave.*

508. SUPERFICIE. V. *sup.* n. 419 et suiv.

509. TAXE. Le droit de percevoir une taxe pour étalage de marchandises sur des halles ou marchés est de nature à autoriser la complainte en cas de trouble (Cass. 1 août 1809, - Sir. 10, 1, 95). — V. *sup. Péage.*

510. TOURBIÈRE. Le droit acquis, en vertu d'une concession, de prendre des tourbes dans une tourbière, peut donner lieu d'exercer l'action possessoire (Carré, *just. de paix*, 3. 63).

511. UNIVERSALITÉ DE MEUBLES. Ces mots ne s'appliquent qu'à l'universalité des meubles d'une succession, et alors, on peut intenter l'action possessoire en cas de trouble. Ainsi, le légataire universel de meubles dont il serait détenteur, pourrait exercer la complainte contre un individu qui se prétendrait légataire au même titre, ou contre l'héritier qui poursuivrait les débiteurs de la succession (Henrion, ch. 45, § 5, — Merlin, *rép.* v° *Compl.* § 3, — Levasseur; Dumont; Barbedette; Poncet; Pigeau, *comm.*; Vazeille; Guichard; Brossard; Zachariæ; Carou; Troplong, — *Contrà*, Bourjon; Garnier; Aulanier; Carré; Chauveau; Curasson; Rauter). V. *sup.* n. 348.

512. USAGE DANS LES BOIS. La complainte n'est pas recevable en matière d'usage dans les bois, lorsque cet usage n'est pas fondé sur un titre (Merlin, *quest.* v° *usage.* § 8, — Pardessus, 2, 320, — Curasson, 2, 83, — Henrion, ch. 45, — Garnier, p. 325, — Carré, 2, n. 1546). — V. *sup. droit d'usage.*

513. USINES. V. *sup. cours d'eau, curage, forge, hauteur des eaux, obligations, réservoir, rivière.*

514. USUFRUIT. L'usufruitier a le droit d'intenter les actions en complainte pour trouble apporté dans sa jouissance, soit contre des tiers, soit contre le nu-propriétaire lui-même (Cass. 14 déc. 1840, - Sir. 41, 1, 237). — Tellement, que le nu-propriétaire, qui a possédé depuis l'extinction de l'usufruit, ne peut se prévaloir de la possession de l'usufruitier, comme réunie à la sienne, pour compléter la possession annale à l'effet d'intenter une action possessoire (Cass. 6 mars 1822).

515. USURPATION. V. *sup.* n. 357, 378, 379, 488.

516. VAINE PATURE. V. *sup. Pâturage*, n. 480.

517. VARECH. Le droit de recueillir le *varech* ou *fucus* (plante marine) existant sur un rocher qui fait partie des rivages de la mer, peut être l'objet d'une action possessoire de la part d'une commune autre que celle vis-à-vis du territoire de laquelle le rocher est situé. En accueillant une telle demande, les juges ne commettent *ni* violation des dispositions qui attribuent la *propriété* du varech à la commune limitrophe (Ord. de 1681, tit. 10, art. 1 et 3, — Arr. 18 therm. an x), *ni* violation d'un arrêté administratif, qui aurait reconnu ce droit de propriété en faveur de la même commune (L. 16-24 août 1790, tit. 2, art. 13), *ni* violation du principe d'imprescriptibilité des rivages de la mer (C. civ. 513, 2226, — Cass. 5 juin 1839, - Sir. 39, 1, 621). — V. *sup.* n. 460, et *inf.* n. 532.

518. VOIE PUBLIQUE. Le juge de paix est compétent pour prononcer sur un litige relatif à la possession d'un terrain, bien que le défendeur oppose que ce terrain est une rue ou voie publique, si d'ailleurs la commune n'est point en cause, en telle sorte, qu'il s'agisse uniquement d'un procès entre simples particuliers, et dans leur intérêt privé (Cass. 12 déc. 1836, - Sir. 37, 1, 326). — V. *sup. chemin, cours d'eau.*

519. VUE. La servitude de vue pouvant s'acquérir par prescription sur le fonds voisin, confère à celui au profit de qui elle existe, le droit d'empêcher le voisin d'élever sur son fonds, dans le rayon de la distance légale, des constructions qui détruiraient ou obstrueraient les jours (Bordeaux, 1 déc. 1827, — Montpellier, 28 déc. 1825, — Nancy, 7 fév. 1828, — Colmar, 23 mars 1833, — Cass. 1 déc. 1835, — Delvincourt, t. 1, p. 577, — Duranton, t. 5, n. 326, — Vazeille, *prescrip.* t. 1, p. 415-418, — Coulon, t. 1, p. 428. — *Contrà*, Cass. 10 janv. 1810, — Pau, 12 av. 1826, — Nîmes, 21 déc. 1826, — Bastia, 19 oct. 1834, — Toullier, t. 3, n. 534, — Merlin, *quest.* v° *servit.* § 3, — Pardessus, n. 285 et 312, — Zachariæ, t. 2, § 244).

D'où il suit que la prescription du droit de vue oblige le voisin, qui veut bâtir ou élever un mur, à se retirer, de manière à ne pas rendre illusoire la servitude de jour. En conséquence, celui qui depuis plus d'un an, aurait pris des jours sans observer la distance voulue par la loi, pourrait agir en dénonciation de nouvel-œuvre, dans le cas où le voisin voudrait élever un bâtiment qui tendrait à rendre cette servitude sans utilité (Delvincourt, t. 1,

p. 577; — Duranton, t. 5, n. 326; — Curasson, t. 5, n. 72; — *Contrà*: Toullier, t. 3, p. 390; — Pardessus, n. 312; — Merlin, *quest.* v° *servit.* § 3). — V. *sup.* n. 407 et s.

Art. 3. DES CONDITIONS EXIGÉES PAR LA LOI POUR L'EXECICE DES ACTIONS POSSESSOIRES.

520. Les actions possessoires, en en exceptant toutefois la réintégrande (V. *sup.* n. 337), ne sont recevables qu'autant qu'elles ont été formées *dans l'année du trouble*, par ceux qui, *depuis une année au moins*, sont en *possession paisible*, par *eux* ou les *leurs à titre non précaire* (C. proc. 23).

521. Mais, outre ces conditions, il faut encore que la prescription puisse résulter de la possession, or, pour pouvoir prescrire, il faut une possession *continue* et *non interrompue*, *paisible*, *publique*, *non équivoque* et *à titre de propriétaire* (C. civ. 2229). — V. note 22, p. 201, n. 206 et suiv.

I. L'action possessoire doit être formée dans l'année du trouble. — V. *sup.* n. 520.

521 *bis*. La règle posée au titre qui précède est générale en ce sens, qu'on doit se pourvoir en complainte dans le délai d'un an, même contre les *mineurs* et les *interdits* (Lemaître, *cout. de Paris*, tit. 4, ch. 1, sect. 2; — Jousse, sur l'ordonn. de 1667; — nouv. Denisart, v° *complainte*, — Henrion de Pansey, ch. 39, p. 355; — Guichard, *quest. poss.* p. 271; — Carré, t. 2, n. 1579; — Curasson, *compét.* des juges de paix, t. 2, p. 68, n. 4 et p. 101; — *Contrà*: Pigeau, comm. t. 1, p. 54; — Vazeille, *prescrip.* n. 287; — Garnier, p. 100).

522. Le délai d'un an dans lequel doit être formée l'action possessoire, court du jour du trouble de *fait*, et non pas du jour du trouble de *droit* qui a suivi le trouble de fait, ni du jour où le trouble a été connu; ainsi, lorsque des fossés ont été creusés sur un terrain (ce qui constitue un *trouble de fait*), s'ils ont été détruits, et qu'une action correctionnelle (ce qui constitue un *trouble de droit*) ait été intentée contre l'auteur de cette destruction, le délai de l'action possessoire court contre ce dernier, non du jour de l'action correctionnelle, mais du jour du creusement des fossés. Il en est ainsi, lors-même que le trouble de fait a lieu contre une commune dont le maire, chargé d'agir pour elle, a pu n'avoir connaissance des entreprises faites à son préjudice, que par l'action correctionnelle dirigée contre la commune, ou bien lors même que le trouble a lieu, non contre le propriétaire, mais contre un fermier par qui le propriétaire n'en a pas reçu d'avis (Cass. 12 oct. 1814; 20 janv. 1824; 22 av. 1839).

523. Le premier jour du terme, *dies à quo*, ne compte pas dans le calcul du délai de la possession annale, et de celui de l'exercice de la complainte. Et il y a déchéance, toutes les fois que l'action n'est pas intentée avant l'expiration de l'année, tellement, que quand le dernier jour du terme est un jour férié, on n'est pas autorisé à donner la citation le lendemain (Garnier, p. 86 et 87).

524. Dans toute demande en complainte, le demandeur doit indiquer le jour précis où le trouble a eu lieu. Il ne suffirait pas, pour que l'action fût réputée possessoire, que le demandeur alléguât que le trouble a eu lieu depuis moins d'un an (Garnier, p. 358).

525. Le trouble à la possession d'un terrain ne peut donner lieu à l'action en complainte devant le juge de paix contre l'auteur du trouble, lorsque le fait reproché à ce dernier, n'est que le résultat d'un ordre administratif qui lui a été intimé. En un tel cas, le demandeur doit se pourvoir devant l'autorité administrative (Cass. 7 juin 1836, - Sir. 37, 1, 65).

526. L'action formée dans l'année du trouble devant le tribunal de police correctionnelle, à raison des faits de trouble, ne peut avoir pour effet d'interrompre la prescription, parce que, dans ce cas, il s'agit non de la possession, mais de la répression du délit (Cass. 20 janv. 1814).

527. Pour qu'il y ait trouble autorisant l'action en complainte, il n'est pas nécessaire que les sommations ou autres actes qui le constituent aient été signifiés au propriétaire, il suffit qu'ils l'aient été à l'usufruitier, au mandataire, à l'antichrésiste, au dépositaire, etc. (Garnier, p. 137; — Cass. 12 oct. 1814). — V. *sup.* n. 522.

II. L'action possessoire doit être formée par celui qui possède depuis une année au moins — V. *sup.* n. 520.

528. La possession devait être autrefois d'un an et un jour pour servir de base à la complainte. Il suffit aujourd'hui qu'elle ait duré pendant *toute* l'année qui a précédé le trouble (Cass. 19 mars 1834; — Toullier, t. 11, n. 127).

529. Toutefois, il n'est pas nécessaire que le possesseur ait joui chaque jour de l'année. Ainsi, dans le cas de force majeure, l'intervalle pendant lequel la possession a été suspendue, est compté pour en fixer la durée (Carré, *just. de paix*, 2, 381).

530. Même, dans certains cas, la possession peut être moindre d'une année, notamment quand il s'agit d'un droit de prise d'eau pour irrigation devant se faire de *pâques* en *pâques*, cette fête étant mobile et ne revenant pas chaque année à la même date (Cass. 19 mars 1834, - Sir. 34, 1, 838).

531. Ou bien lorsque de deux acquéreurs d'un même immeuble, aucun n'a la possession annale; dans ce cas, la préférence quant à la possession, appartient à celui dont le titre a été enregistré et transcrit le premier, encore que l'autre acquéreur en ait pris possession le premier; en matière d'immeubles, l'acte le plus ancien devant toujours prévaloir (Cass. 19 vendém. an XI; 12 fruct. an X, - Sir. 2, 2, 428). — V. note 33, n. 21.

532. Pour que l'action en complainte soit admissible, il faut que celui qui la forme prouve sa possession annale; il ne serait pas suffisant qu'il justifiât d'une possession ancienne et d'un titre de propriété tendant à l'établir (Cass. 6 av. 1824).

533. Cependant il y a exception, lorsque le droit litigieux n'est pas susceptible d'une possession matérielle. Tel est un droit incorporel (V. *sup.* n. 418 *bis*); telle est encore une servitude discontinue (un droit de tour d'échelle) de nature à n'être exercée qu'à de longs intervalles, dans ce cas, celui à qui appartient cette servitude, peut être réputé en avoir la possession annale, encore bien qu'il n'en ait pas usé depuis plusieurs années, si, pendant ce laps de temps, il n'a pas été troublé dans la jouissance de son droit, ou n'a pas eu besoin de l'exercer (Cass. 4 juill. 1838).

534. Il est des cas où la possession étant vicieuse, le possesseur pendant plus d'une année, ne peut demander

par action possessoire, à être maintenu dans sa possession; par exemple, lorsque le vendeur a déjà, avant la vente, succombé dans une action possessoire, son acquéreur ne peut en former une semblable (Cass. 17 mars 1819; — *Contrà*, Loiseau, n. 228, les faits de possession, suivant lui, étant propres à leur auteur).

535. Mais lorsque la contestation s'élève entre deux individus, dont chacun a la possession annale, on doit prononcer en faveur de celui qui est troublé dans sa possession actuelle (Duparc-Poullain, 10, 705; — Carré, art. 23).

536. L'action en réintégrande n'est point sujette aux mêmes conditions que l'action en complainte, notamment en ce que la possession annale n'est point nécessaire pour former la demande en réintégrande. — V. *sup.* n. 537.

537. La possession annale est nécessaire pour intenter la complainte, même contre l'auteur d'un trouble qui ne pourrait lui-même invoquer une telle possession. Mais le demandeur qui a conclu à sa maintenue en possession, ne peut plus soutenir ensuite quand sa possession a été déclarée ne pas exister ou n'être que précaire, qu'il n'avait intenté qu'une action en réintégrande dispensée de la possession annale (Cass. 9 fév. 1837).

III. Il faut avoir possédé par soi ou par les siens. — V. *sup.* n. 520.

538. La possession étant un moyen de prescription, puisqu'elle fait présumer la propriété, il en résulte qu'on doit appliquer au possesseur les règles du C. civ. relatives à la possession (V. note 22 p. 201, n. 211).

539. Ainsi, pour compléter la possession, on peut joindre à sa possession celle de son auteur, de quelque manière qu'on lui ait succédé (C. civ. 2235).

Mais il faut que ces deux possessions se joignent immédiatement, sans aucun intermédiaire, sinon la possession se trouve interrompue et alors on ne peut plus invoquer l'ancienne. Dans tous les cas, l'interruption ne se présume pas, car le possesseur actuel, qui prouve avoir possédé anciennement est présumé avoir possédé dans le temps intermédiaire, sauf la preuve contraire (C. civ. 2234).

540. Cependant la détention de l'héritier qui précède celle du légataire ne constitue pas une interruption de la possession (L. 13, § 10, *ff. de acquir. vel. amitt. poss.*).

541. De même, en cas de résolution de vente et de réméré, le vendeur qui rentre dans la chose peut s'aider de la possession intermédiaire de son acheteur. Ce dernier, qui connaissait l'éventualité du contrat, est réputé avoir possédé pour lui (*Ibid.* — L. 10, *de usurp.* et *usuc.*).

542. Ceux qui ne peuvent joindre à leur possession celle de leur auteur sont :

543. 1° L'*acquéreur* de celui qui a déjà succombé dans une action possessoire. — V. *sup.* n. 534.

544. 2° L'*ayant-cause* de celui qui n'a qu'une possession vicieuse. — V. note 22, p. 197, n. 22 et suiv.

545. 3° *Le co-héritier*, quand il oppose à ses co-héritiers la possession de son auteur; et ce, par le motif qu'ils ont un droit égal au sien (Augier, 83). — V. *inf.* n. 593.

Mais il en serait autrement si ce co-héritier, après le partage, invoquait la possession de son auteur, parce qu'alors il est censé avoir succédé seul et immédiatement aux biens compris dans son lot (C. civ. 883). — Ou bien si avant le partage il invoquait la possession de son auteur pour justifier sa complainte contre les tiers (Augier, *ibid.*).

546. 4° *Le nu-propriétaire.* Il ne peut joindre à sa possession celle de l'usufruitier. Celui-ci, en effet, possède en son nom propre, et non pour le compte du propriétaire; et il ne possède que l'usufruit qui est séparé de la propriété (Cass. 6 mars 1822; 14 déc. 1840).

547. 5° Les *successeurs* de ceux qui possédaient injustement; mais alors ils peuvent se prévaloir de leur possession personnelle (Pothier, *de la possession*). — V. note 22, p. 197, n. 134 et suiv.

548. *Posséder par les siens*, c'est jouir d'une chose par quelqu'un des membres de sa famille ou par des personnes de sa maison ou bien encore par quelqu'un qui détient précairement la chose au lieu et place du propriétaire, tel est le fermier, le dépositaire, l'usufruitier (C. civ. 2236).

IV. Il faut posséder à titre non-précaire. — V. *sup.* n. 520.

549. Ceux qui possèdent pour autrui ne pouvant jamais prescrire par quelque laps de temps que ce soit, ne peuvent point, par conséquent, exercer l'action possessoire. Ils détiennent précairement (C. civ. 2236). — Il en est de même de leurs héritiers (C. civ. 2237).

550. Cependant une possession précaire ou clandestine suffit, malgré ses vices, pour agir au possessoire contre un tiers qui ne peut invoquer une semblable possession (Pothier, *de la possession*, n. 96; Carré, *just. de paix* 2, 385, 402).

551. On reconnait qu'il y a lieu à l'action possessoire toutes les fois qu'il y a, dans la cause, des actes et des faits qui sont par eux-mêmes exclusifs du précaire, c.-à-d. exclusifs de l'esprit de simple tolérance (Carré, t. 2, n. 411; Proudhon, *usufr.*, n. 3338).

Ainsi, lorsque les habitants d'un village sont dans l'usage de prendre individuellement des pierres et du sable dans un ruisseau traversant le village, ils ne font point en cela des actes de possession de nature à conférer le droit d'action en complainte à ceux d'entre eux qui se prétendraient troublés par les autres dans la jouissance de cet usage. La possession de chacun des habitants ne peut être considérée en ce cas que comme un effet de la tolérance de l'autorité municipale, et par suite elle ne peut donner lieu à aucune action possessoire (Cass. 29 août 1831).

V. *sup.* le tableau n. 550 et suiv.

V. La possession doit être continue et non interrompue. — V. *sup.* n. 521.

552. On entend par *continue* une possession qu'on n'a point cessé d'exercer, ou du moins qu'on a exercée toutes les fois que l'objet le comportait sans cependant l'avoir fait chaque jour de l'année. — V. *sup.* n. 529 et suiv.

Et on entend par *non-interrompue* une possession qui n'a point été troublée par le fait d'un tiers.

Ainsi, lorsqu'une chose n'est pas susceptible d'une jouissance continue, mais seulement périodique (par exemple, lorsque la jouissance porte sur la récolte de certains produits qui ne se manifestent qu'à intervalles, comme le varech qui croit sur les rivages de la mer, ou comme un bois), la possession du droit de faire cette récolte est continue et non interrompue, dans le sens de la loi, si elle a été faite toutes les fois qu'elle était possible et qu'il y avait lieu de la faire (Cass. 5 juin 1839, - Sir. 39, 1. 621). — V. *sup* n. 418 *bis*, 505.

VI. La possession doit être paisible et publique. — V *sup.* n. 521.

553. *Paisible.* On entend par possession *paisible* celle qui n'a éprouvé aucun trouble soit *de fait*, soit *de droit*, de nature à donner lieu à une action en complainte ou en réintégrande. — V. *sup.* n. 330, 331, 333, 334 et suiv.

554. On doit toujours se reporter à l'origine de la possession pour en apprécier le caractère; car, si elle avait été violente, au lieu d'être paisible, le possesseur ne pourrait prescrire. Toutefois, il en est autrement si le possesseur ou son héritier a possédé pendant une année paisiblement depuis la cessation de la violence (C. civ. 2233; Boitard, 436); surtout à l'égard de l'héritier, les faits de possession étant propres à leur auteur (Loiseau, n. 228). — V. note 22, n. 160 et *sup.* n. 534.

555. *Publique.* On entend par possession *publique* celle qui n'a point été *clandestine* et qui a eu lieu, au contraire, au *vu* et *su* de tous ceux qui l'ont voulu voir et savoir, tellement que le possesseur antérieur doit s'imputer de ne l'avoir pas connue.

556. Ainsi, des fouilles souterraines faites dans la propriété du voisin ne constituent pas une possession publique (Pothier, *prescript.* n. 37). — V. *sup.* n. 356.

557. Il en est de même des usurpations de terre commises graduellement en labourant. Elle sont presque toujours imperceptibles et par conséquent clandestines (Paris, 28 fév. 1821; Cass. 28 av. 1811).

558. Mais il en est autrement dans le cas rappelé *sup.* n. 356.

559. Pour savoir si une possession est publique, c'est à l'origine de cette possession qu'il faut se reporter; car, lorsqu'une possession cesse d'être clandestine elle devient utile, tandis que celle qui perd le caractère de publicité qu'elle avait d'abord ne peut plus servir pour la complainte (Augier, 80; C. civ. 2233).

560. Toutefois, si le voisin a reconnu le droit de propriété du possesseur, il ne peut plus opposer la clandestinité de la possession; la présomption de la loi cède à sa reconnaissance (Bioche, v° *act. possess.* n. 88). — V. *sup.* n. 554.

VII. La possession doit être non équivoque et à titre de propriétaire. — V. *sup.* n. 521.

561. *Non équivoque.* Il doit être certain pour tous que l'on possède pour soi et avec l'intention de s'approprier la chose détenue; car les actes de pure faculté et ceux de simple tolérance ne peuvent fonder ni possession ni prescription (C. civ. 2232).
V. *sup.* n. 419.

562. *A titre de propriétaire.* Il faut que l'on ne puisse pas douter que le possesseur jouit de la propriété pour lui-même *animo domini*; d'où il suit que le dépositaire ou séquestre, l'emprunteur, l'antichrésiste, le fermier ou locataire ne peuvent avoir une possession utile parce qu'ils détiennent pour le compte d'autrui, c.-à-d. précairement (C. civ. 2236).

563. Seulement le fermier, lorsqu'il est troublé, a une action en garantie contre son bailleur qui est obligé de le faire jouir, et une action civile en dommages-intérêts contre l'auteur du trouble (C. civ. 1726, 1727, 1382; Cass. 7 sept. 1808; 17 av. 1827).

564. On est toujours présumé posséder pour soi et à titre de propriétaire, s'il n'est prouvé qu'on a commencé à posséder pour un autre (C. civ. 2230).

565. Quand on a commencé à posséder pour autrui, on est toujours présumé posséder au même titre, s'il n'y a preuve du contraire (C. civ. 2231).

566. Cette preuve existe lorsque le titre de la possession a été *interverti* soit par une *cause venant d'un tiers*, soit par la *contradiction* que le possesseur a opposée au droit du propriétaire (C. civ. 2238).

567. Le titre est *interverti* lorsque celui qui possédait d'abord à titre précaire, vient à posséder à titre de propriétaire. Il commence alors une possession nouvelle qui peut lui servir à prescrire.

568. Il est interverti par une *cause venant d'un tiers*, lorsque détenant une maison à titre de locataire, je l'achète de quelqu'un qui s'en dit le propriétaire et n'est point la même personne que mon bailleur. La possédant à titre de propriétaire, je cesse de vous en payer les loyers, et alors je commence à prescrire.

569. Il y a *contradiction* au droit du propriétaire, lorsque possédant à titre de fermier une terre qui vous appartient, je vous signifie, sur l'assignation qui m'est donnée par vous en paiement des fermages, que je ne vous dois aucun fermage parce que la terre que je possède m'appartient. Si postérieurement à l'assignation vous ne faites contre moi aucune poursuite, et que je cesse de vous payer les fermages, je pourrai prescrire depuis la signification que je vous ai faite, parce que depuis ce moment j'ai possédé comme propriétaire.

Art. 4. PAR QUI ET CONTRE QUI PEUVENT ÊTRE EXERCÉES LES ACTIONS POSSESSOIRES. — QUI PEUT Y DÉFENDRE.

570. Sauf la réintégrande pour laquelle la possession annale n'est pas nécessaire (V. *sup.* n. 337), les actions possessoires ne peuvent, en général, être exercées que par ceux qui ont la possession civile (V. note 22, n. 204), soit par eux-mêmes, soit par des tiers possédant pour eux et en leur nom (V. *sup.* n. 538 et suiv.).

Pour faciliter les recherches, nous avons fait le tableau suivant par ordre alphabétique :

571. ACQUÉREUR. Entre deux acquéreurs et possesseurs d'un même fonds, n'ayant ni l'un ni l'autre une possession annale, et réclamant tous deux la maintenue possessoire, le juge ne doit point se déterminer pour la priorité de la possession comme quand il s'agit de meubles. Il doit examiner quel est celui des deux possesseurs qui, représentant le vendeur, est réputé avoir possédé par lui ou avec lui (Cass. 16 janv. 1821). Sous l'empire de la loi du 11 brum. an VII, c'était celui qui avait fait transcrire le premier son contrat qui était préféré, quoique l'acquéreur eût pris le le premier possession (Cass. 12 fruct. an X, -Sir. 2, 2, 428). — V. *sup* n. 531.

572. ADMINISTRATEUR. Un administrateur peut in-

tenter l'action possessoire, sans autorisation, parce qu'elle n'est qu'un acte d'administration (Bioche, vº *act. poss.* n. 129; — Jug. de Rouen, 7 août 1840; — L. 22 juill. 1837, art 55). — V. *inf.* n. 598.

573. AFFOUAGISTE. — V. *sup.* n. 552 *bis.*

574. ANTICHRÉSISTE. Il n'est pas recevable à agir au possessoire (Henrion, ch. 40, p. 361; — Merlin, *rép* vº *Complainte*, § 3, n. 7; — Carré, t. 2, n. 410; — Garnier, p. 387). Mais il est recevable à exercer l'action en réintégrande, sans qu'on puisse alors lui opposer qu'il ne possède pas *animo domini* (Cass. 16 mai 1820, aff. Girard, - Sir. 20, 1, 430).

575. ASSOCIÉS. L'action possessoire n'est point admise entre associés (Henrion; Carré; Bourjon; — *Contrà*, Duparc-Poullain). — V. *inf.* n. 593.

576. BAILLEUR A CHAMPART ET A COMPLANT. — V. *sup.* n. 371, 393.

577. COHÉRITIER. — V. *inf. héritier*, n. 593.

578. COMMUNISTE. Pour être recevable à agir par voie d'action en complainte, il n'est pas nécessaire d'avoir une possession exclusive. Par conséquent, cette action peut être intentée par un co-propriétaire ou communiste troublé dans sa possession, comme par tout autre possesseur (Cass. 23 nov. 1836). — V. *sup.* n. 391 et suiv.

579. COMPLAINTE SUR COMPLAINTE. Le tiers qui revendique la possession d'un immeuble contestée entre deux parties par voie de complainte, ne peut agir que par opposition (Berriat St.-Prix, p. 116, note 4; — Henrion, ch. 47, p. 430; — Carré, t. 1, n. 122, et t. 2, n. 1634; — *Secùs*, Garnier, p. 386; — Pigeau, *comm.* p. 60).

Et lorsque par jugement passé en force de chose jugée, le demandeur ou son vendeur a déjà succombé sur une action en complainte, une nouvelle action en complainte n'est plus recevable (Cass. 17 mars 1819, - Sir. 20, 1, 1). — V. *sup.* n. 534.

580. CO-PROPRIÉTAIRE. L'action possessoire est admissible entre co-propriétaires, mais si le droit dans lequel on se prétend troublé est indivisible comme un droit de passage, on n'est pas tenu de mettre en cause tous les co-propriétaires du fonds servant, surtout lorsque l'opposition à l'exercice de son droit ne provient que du fait de l'un des co-propriétaires (Rennes, 7 juin 1816). — V. *sup.* n. 391 et suiv., 578.

581. CREANCIER. Le créancier peut, comme exerçant les droits et actions de son débiteur, intenter l'action possessoire et y défendre (Vaudoré, *droit rural*, 2, n. 418; Bioche, n. 129). — V. *sup.* note 25.

582. CURÉ. Le titulaire d'une cure ne peut, sans autorisation du conseil de préfecture, sur l'avis du conseil de Fabrique, intenter une action en complainte relative à un droit foncier de sa cure, par exemple à un droit de servitude, qu'un tiers voudrait établir sur le fonds du presbytère (Décr. 6 nov. 1813, art. 6 et 14; — Cass. 8 fév. 1837, - Sir. 37, 1, 804).

583. DÉBITEUR SAISI. Le débiteur saisi, bien qu'il ne puisse plus disposer de ses immeubles, peut néanmoins former l'action possessoire et y défendre (Pothier, *de la poss.* ch. 6, § 3, n. 98; — Carré, *comp. civ.* t. 2, n. 431; — Bioche, n. 130.

584. DÉPOSITAIRE. Il est non-recevable à agir au possessoire, possédant pour autrui. — V. *sup.* n. 549 et s.

585. DOMANIER CONGÉABLE. En matière de bail à domaine congéable, le domanier troublé dans la jouissance des édifices et superfices, peut exercer l'action possessoire même contre le propriétaire foncier (Carré, t. 2, p. 327; — Duvergier, t. 1, n. 226; — Aulanier, n. 253).

586. DOMAINE PUBLIC. Lorsque le domaine public est en possession d'un fonds, sans qu'il y ait eu d'expropriation expresse, il peut, de même que les particuliers et après les mêmes délais, exercer l'action possessoire ou invoquer la prescription (L. L. 23 mess. an II, et 24 frim. an VI; — Décr. 25 fév. 1808; — *Cons. d'Et.*, 27 juill. 1814; — Proudhon, *dom. publ.* n. 238).

587. EMPHYTÉOTE. Un bail emphytéotique pour 99 ans est moins qu'un acte d'aliénation, mais il est plus qu'un contrat de louage. Et comme le preneur ne peut être réputé posséder à titre précaire, il en résulte qu'au cas de trouble, il peut exercer l'action possessoire. — V. *sup.* n. 432.

588. EMPRUNTEUR. Il est non-recevable à agir au possessoire, sa possession étant précaire. — V. *sup.* n. 549 et suiv.

589. FEMME MARIÉE. La femme séparée de biens administrant ses immeubles, a l'exercice des actions possessoires avec l'autorisation maritale ou de justice (C. civ. 1536, 218).

Il en est de même à l'égard de la femme mariée sous le régime dotal, pour raison de ses biens paraphernaux (C. civ. 1576).

La procuration d'administrer les biens du mari donnée par celui-ci à sa femme, autorise cette dernière à former les actions possessoires relatives à ces mêmes biens (Cass. 13 therm. an VII). — V. *inf. Mari*, n. 600 et suiv.

590. FERMIER. V. *sup.* n. 441 et suiv. et *inf.* n. 605.

591. HABITANTS D'UNE COMMUNE. Chaque habitant ayant un droit personnel à la jouissance des biens communaux, peut agir au possessoire soit contre un tiers, soit contre la commune, l'ayant troublé dans un droit qu'il prétend lui appartenir (Cass. 2 fév. et 7 juin 1820).

592. HABITATION (Ayant droit d'). Celui qui a un droit d'habitation, peut exercer l'action possessoire, ayant un droit réel (Proudhon, t. 3, n. 2748 et 2797; — Zachariæ. t. 1, § 187, note 6).

593. HÉRITIER. L'action possessoire n'est point admise de la part d'un héritier contre ses co-héritiers, en ce qui concerne la possession indivise (Troplong, *prescr.* n. 1043 et suiv.; — Carré, t. 2 n. 425; — Henrion, ch. 40, p. 358; — Bourjon, t. 2, sect. 3; — *Contrà*, Duparc-Poullain, t. 1, p. 392). — Il en est ainsi, alors même que l'héritier s'est mis en possession de partie de la succession, avec un acte testamentaire l'instituant légataire, tellement, qu'il ne peut dans ce cas, après l'annulation de cet acte, invoquer sa possession pour se refuser à abandonner ce dont il s'est emparé (Cass. 10 fév. 1840; — V. *sup.* n. 545.

594. INDIVIS (Propriétaire par). L'action possessoire peut être exercée par un co-propriétaire indivis, contre son co-indivis (Curasson, t. 2, n. 27). — V. *sup.* n. 391 et suiv., 578 et 580.

595. INTERDIT. L'action possessoire peut être intentée contre le mineur ou l'interdit (Curasson, t. 2, p. 101; — *Contrà*, Garnier, p. 100). V. *sup.* n. 521, et *inf. tuteur*, n. 614.

596. LÉGATAIRE. Le légataire qui a obtenu délivrance profite de la possession de l'héritier pour l'exercice de l'action possessoire (Curasson, t. 2, n. 28; — Troplong, t. 1, n. 467).

597. LOCATAIRE. Il est non-recevable à agir au possessoire. — V. *sup.* n. 441 et suiv.

597 *bis*. MAGISTRAT. Il ne peut y avoir lieu à complainte contre un magistrat qui, dans l'exercice de ses fonctions, rend un jugement ou une ordonnance tendant à déposséder quelqu'un. Ainsi décidé par arrêt du Parlement de Paris, du 13 mars 1708, rendu entre les chanoines de l'église de Notre-Dame-en-Vaux de Chalons, et l'évêque diocésain, relativement à la relique d'une portion du nombril de Jésus-Christ, enlevé de la dite église, par l'évêque qui, ayant reconnu que l'on ne pouvait décider quelle matière c'était, la mit dans une boîte de vermeil qu'il emporta, et en dressa procès-verbal sans rien ordonner (Merlin, *rép.*, v° *complainte*, § 4, n. 2).

598. MAIRE. Les Maires des communes et les administrateurs des établissements publics, peuvent exercer l'action possessoire. — V. *sup.* n. 572.

599. MARI. Le mari a l'exercice des actions possessoires pour les biens de la communauté, et pour ceux propres à sa femme commune en biens (C. civ. 1421, 1428), ainsi que pour les biens dotaux de cette dernière, tant qu'il n'est intervenu aucune séparation (C. civ. 1549; — Henrion, ch. 40, p. 360; — Garnier, p. 351; — Carré, t. 2, n. 1606).

Et quoique, dans ce cas, la femme soit censée ne point posséder, cependant il a été jugé que la possession par le mari des biens de sa femme suffisait pour autoriser l'action personnelle au nom de cette dernière, à laquelle on ne peut opposer qu'elle n'a aucune possession personnelle pouvant servir de fondement à une action possessoire, le mari ayant seul possédé (Cass. 23 mai 1838, - Sir. 38, 1, 406).

600. MINEUR. V. *sup.* n. 595.

600 *bis*. NU-PROPRIÉTAIRE. — V. *inf. usufruitier*, n. 616.

601. OUVRIER. L'ouvrier auteur d'un trouble donnant lieu à complainte, doit être condamné personnellement au rétablissement des choses dans leur ancien état, bien qu'il prétende n'avoir agi qu'en sa qualité d'ouvrier, et de l'ordre du voisin, dans l'intérêt duquel ce trouble a eu lieu, lors toutefois qu'il n'a pas appelé ce tiers en garantie, car alors il ne peut plus être condamné (C. civ. 1384; — Cass. 15 juill. 1834).

602. PART-PRENANT. V. *sup.* n. 394.

603. PÉTITOIRE. Le demandeur au pétitoire ne peut plus, dès que l'assignation est donnée, se désister de sa demande pour agir au possessoire (C. proc. 26; — Carré, t. 2, n. 1644). — V. *inf.* n. 604.

604. POSSESSEUR PRÉCAIRE. Celui qui, après avoir été condamné au pétitoire, par jugement passé en force de chose jugée, a continué de posséder pendant an et jour, ne peut former l'action possessoire, parce que sa possession est précaire (Cass. 12 juin 1809, — Sir. 14, 1, 89; — Carré, t. 1, n. 101). — V. *sup.* n. 603.

605. L'action possessoire intentée par un possesseur précaire peut être régularisée par l'intervention du propriétaire prenant le fait et cause de ce possesseur (Cass. 8 juil. 1819, - Sir. 20, 1, 165; — Carré, t. 2, n. 1609).

606. Toutefois, il a été décidé implicitement, que le possesseur à titre précaire a qualité pour intenter l'action en complainte contre tous autres que celui dont il tient à précaire (Cass. 26 juin 1822).

607. PRÉFETS. Lorsqu'il s'agit des biens de l'état, c'est aux préfets qu'il appartient d'intenter les actions possessoires et d'y défendre avec l'autorisation des conseils de préfecture (L. 5 nov. 1790, tit. 3, art. 14).

608. PROPRIÉTAIRE. Lorsqu'un fermier a été actionné devant le tribunal en délaissement de terres usurpées dans l'année, et qu'appelé dans l'instance, le propriétaire a refusé de prendre son fait et cause, les parties ne peuvent être renvoyées devant le juge de paix, sur le motif qu'un fermier ne pouvant défendre au pétitoire, il ne peut s'agir avec lui que d'une action possessoire (Cass. 3 oct. 1810).

609. De ce que le propriétaire troublé et l'auteur du trouble tiennent leurs fonds du même auteur, ayant acquis du même individu deux domaines contigus, on ne peut conclure qu'ils n'aient pas le droit d'invoquer réciproquement, l'un contre l'autre, la possession de l'auteur commun, et de la joindre à la leur pour compléter la possession annale, à l'effet de former une action en complainte (Cass. 15 déc. 1812, - Sir. 20, 1, 456).

V. *inf. usufruitier*, n. 616.

610. RÉINTÉGRANDE. V. *sup.* n. 574.

611. SÉQUESTRE. Le séquestre n'est point recevable à agir au possessoire, parce qu'il détient pour autrui. — V. *sup.* n. 549 et suiv.

612. SUPERFICIE. Celui qui a un droit de superficie, a un droit réel, il peut par conséquent exercer l'action possessoire (Proudhon, t. 8, n. 3724 et 3725).

613. TITRE NUL. Lorsqu'un acquéreur s'est mis en possession, en vertu d'un acte de vente nul, s'il a continué de posséder pendant plus d'un an, il peut agir en complainte contre le propriétaire qui le troublerait (Toullier, t. 7, p. 624; — Carré, t. 1, n. 103). — V. note 22, n. 202.

614. TUTEUR. L'exercice de l'action possessoire n'étant qu'un acte d'administration, il en résulte qu'elle peut être intentée par le tuteur sans autorisation du conseil de famille (*arg.* C. civ. 1428; Bioche, *act. poss.* n. 129; — *Contrà*, Carré, t. 2, p. 429).

615. USAGER. L'usager ayant un droit réel, peut exercer l'action possessoire (Zachariæ, t. 1, § 187, note 6; — Rousseau-de-Lacombe, *usage* n. 2; — Poncet, *actions*, n. 79).

616. USUFRUITIER. V. *sup. usufruit*, n. 514.

617. VENDEUR A RÉMÉRÉ. Le vendeur à réméré n'a pas le droit d'intenter l'action possessoire. C'est par l'acquéreur et contre lui qu'elle doit être formée (C. civ. 1665; — Garnier, p. 353).

§ 8. DES ACTIONS RÉDHIBITOIRES (Renvoi à la note 215).

§ 9. DES ACTIONS EN NULLITÉ OU EN RESCISION (Renvoi à la note 171).

§ 10. DES ACTIONS RÉSOLUTOIRES (Renvoi à la note 153).

§ 11. DES ACTIONS EN REVENDICATION (Renvoi à la note 216).

§ 12. DES ACTIONS RÉVOCATOIRES (Renvoi à la note 217).

§ 13. DE LA PRESCRIPTION DES ACTIONS.

617 *bis*. La règle générale est que toutes les actions tant réelles que personnelles se prescrivent par trente ans (C. civ. 2262, 617, 619, 642, 690, 691, 706, 707, 789, 966).

Mais à cette règle il y a des exceptions, ainsi :

618. 1° ALLUVION. Lorsqu'il s'agit de l'enlèvement par une force subite d'une partie considérable et reconnaissable d'un champ riverain, porté vers un champ inférieur ou sur la rive opposée, le propriétaire de la partie enlevée peut réclamer sa propriété; mais il est tenu de former sa demande dans l'année (C. civ. 559).

619. 2° ALTERNATIVE. Quand deux actions alternatives et distinctes existent en faveur d'une partie, l'usage qu'elle fait de l'une ne conserve pas l'autre (Nîmes, 6 mars 1832 ; 30 déc. 1833, - Sir. 40, 2, 153 ; — Troplong, t. 2, n. 664). — Par exemple, l'action hypothécaire exercée contre le tiers-détenteur par le vendeur d'un immeuble n interrompt pas à son égard la prescription de l'action en résolution de la vente pour défaut de paiement du prix (Paris, 25 janv. 1831). — V. *sup.* n. 182 et suiv.

620. 3° ASSOCIÉS. Lorsqu'il s'agit de régler les parts entre associés, nulle réclamation n'est admise à ce sujet s'il s'est écoulé plus de trois mois depuis que ce réglement a été reconnu ou exécuté en partie (C. civ. 1854).

621. 4° CHEMINS VICINAUX. L'action en indemnité des propriétaires pour les terrains qui auront servi à la confection des chemins vicinaux et pour extraction de matériaux, se prescrit par le laps de deux ans (L. 21 mai 1836, art. 18).

622. 5° GARANTIE EN FAIT DE PARTAGE. En matière de partage, on ne peut plus, cinq ans après le partage, exercer la garantie pour raison de l'insolvabilité du débiteur d'une rente, antérieure au partage (C. civ. 886. — *Contrà*, Duranton, t. 7, n. 543, 544, qui pense que, dans ce cas, l'action en garantie dure trente ans).

623. 6° GARANTIE DE CONTENANCE. Pour l'action en diminution de prix ou en résiliation de contrat et celle en supplément de prix pour défaut ou excédant de contenance d'un vingtième dans l'immeuble vendu, elle doit être intentée dans l'année du contrat, à peine de déchéance, aussi bien lorsque l'action est fondée sur une stipulation particulière entre parties que lorsqu'elle n'est fondée que sur la loi (C. civ. 1622 ; Cass. 22 juill. 1834). — A moins que les parties n'aient fixé une époque à laquelle il serait procédé au mesurage, auquel cas elle ne court qu'à partir du jour indiqué (Duranton, t. 6, n. 238 ; Duvergier, t. 11. n. 301). — Ou qu'il ne résulte des circonstances de la cause que le vendeur n'ait relevé l'acquéreur de la déchéance encourue (Cass. 8 déc. 1834, - Sir. 35, 1, 444).

624. 7° HYPOTHÈQUE. Pour l'action hypothécaire au regard du tiers-détenteur qui a fait transcrire son contrat, la prescription est de dix ans relativement au créancier qui demeure dans le ressort de la Cour royale où l'immeuble est situé et de vingt ans relativement au créancier domicilié hors dudit ressort. (C. civ. 2180). — V. *sup.* n. 287.

625. 8° LÉSION. Pour l'action en rescision d'un contrat de vente pour cause de lésion, elle doit être intentée dans les deux années à compter du jour de la vente (C. civ. 1676).

626. 9° MARIAGE. Pour l'action en nullité de mariage, elle ne peut plus être intentée lorsqu'il s'est écoulé une année sans réclamation de la part de ceux dont le consentement était requis, ou bien un délai de six mois après avoir atteint l'âge requis ou après la conception (C. civ. 183, 185).

627. 10° MINEUR. Toute action du mineur contre son tuteur relativement aux faits de la tutelle se prescrit par dix ans à compter de la majorité (C. civ. 475).

628. 11° NULLITÉ OU RESCISION. L'action en nullité ou en rescision d'une convention dure dix ans (C. civ. 1304). — V. la note 171.

629. 12° RÉCLAMATION D'ÉTAT. A l'égard de l'enfant l'action en réclamation d'état est imprescriptible, mais quand il est décédé sans avoir réclamé, ses héritiers ne peuvent le faire qu'autant qu'il est décédé mineur, ou dans les cinq années après sa majorité. Cependant lorsque l'action a été commencée par l'enfant, ses héritiers peuvent la suivre, à moins qu'il ne s'en fût désisté formellement, ou qu'il n'eût laissé passer trois années sans poursuites, à compter du dernier acte de la procédure (C. civ. 328 et suiv.).

630. 13° RÉMÉRÉ. La faculté de rachat est prescrite par l'expiration du terme stipulé, lequel ne peut excéder cinq ans. La prescription, dans ce cas, court même contre le mineur, sauf son recours contre qui de droit (C. civ. 1660, 1662, 1663).

631. 14° REVENDICATION. Pour l'action en revendication de la part du véritable propriétaire contre celui qui a acquis de bonne foi et par juste titre un immeuble de quelqu'un se disant faussement propriétaire, la prescription est de dix ans entre présents et vingt ans entre absents, encore bien que son contrat n'ait pas été transcrit. Sous ce rapport, le créancier est placé dans une position plus favorable que le propriétaire, la publicité nécessaire pour la prescription des priviléges et hypothèques n'étant pas exigée pour la prescription de la propriété (C. civ. 2265 ; Bordeaux, 24 déc. 1832, - Sir. 33, 2, 295). — V. *inf.* n. 638.

631 *bis*. 15° RÉVOCATION DE DONATION. La demande en révocation d'une donation pour cause d'ingratitude doit être formée dans l'année à compter du jour du délit imputé au donataire, ou du jour que le délit a pu être connu par le donateur (C. civ. 957).

632. 16° RÉVOCATION DE TESTAMENT. La demande en révocation de dispositions testamentaires fondée sur une injure grave faite à la mémoire du testateur doit être intentée dans l'année du délit (C. civ. 1047).

633. 17° SÉPARATION DE PATRIMOINE. Le droit qu'a tout créancier de demander la séparation du patrimoine du défunt d'avec le patrimoine de l'héritier se prescrit par trois ans relativement aux meubles (C. civ. 878, 880). — V. note 29, n. 244.

634. 18° SOLIDARITÉ. Le créancier qui reçoit divisément et sans réserve la portion de l'un des co-débiteurs dans les arrérages ou intérêts de la dette, ne perd la solidarité que pour les arrérages ou intérêts échus, et non pour ceux à échoir, ni pour le capital, à moins que le paiement divisé n'ait été continué pendant dix ans consécutifs (C. civ. 1212).

635. 19° SUCCESSION BÉNÉFICIAIRE. Les créanciers non opposants d'une succession bénéficiaire qui ne se présentent qu'après l'apurement du compte et le paiement du reliquat, n'ont de recours à exercer que contre les légataires. — Dans l'un et l'autre cas, le recours se prescrit par le laps de trois ans (C. civ. 809).

636. 20° TROUBLE DE POSSESSION. Pour le trouble dans la possession d'un immeuble ou d'un droit réel immobilier, l'action en complainte doit être intentée dans l'année du trouble (V. *sup.* n. 330 et 521).

637. 21° VICES RÉDHIBITOIRES. Pour la garantie à raison des défauts cachés ou vices rédhibitoires de la chose vendue, l'action, quand il s'agit de ventes et échanges d'animaux domestiques, doit être intentée dans le délai de trente jours pour certains cas et dans celui de neuf jours pour tous les autres cas. (C. civ. 1641 et suiv.; L. 20 mai 1838, art. 3).

638. 22° VOL—PERTE DE CHOSE. Celui qui a perdu ou auquel il a été volé une chose n'a que trois ans pour la revendiquer contre celui dans les mains duquel il la trouve (C. civ. 2279). — Mais il ne peut se la faire rendre qu'en remboursant au possesseur le prix qu'elle lui a coûté si celui-ci l'avait achetée en foire ou dans un marché, ou dans une vente publique, ou d'un marchand vendant des choses pareilles (C. civ. 2280).

639. Les autres exceptions à la prescription de trente ans font l'objet des art. 2271 et suiv. du C. civ.; nous en parlerons en traitant de la prescription sous la note 172.

§ 14. DES TRIBUNAUX QUI DOIVENT CONNAITRE DES ACTIONS.

640. C'est toujours la matière qui règle quand il s'agit de la compétence des tribunaux civils, tellement qu'en certaine matière c'est au tribunal du domicile du défendeur qu'on doit porter la demande, tandis qu'en d'autres matières c'est au tribunal du lieu de la situation qu'elle doit l'être. Jamais une demande ne peut être portée devant le tribunal du domicile du demandeur à moins que son domicile ne soit aussi celui du défendeur ou qu'il ne se trouve placé dans l'arrondissement du tribunal de la situation de l'objet litigieux; il n'y a pas même d'exception à cette règle en matière commerciale, car en cette matière comme en matière civile c'est aussi le tribunal du domicile du défendeur qui règle la compétence, seulement le demandeur a le choix d'assigner ou devant ce tribunal, ou devant celui dans l'arrondissement duquel la promesse a été faite et la marchandise livrée, ou devant celui dans l'arrondissement duquel le paiement devait être effectué (C. comm. 420).

641. Ces règles sont conformes à la disposition de l'art. 53 de la Charte constitutionnelle de 1830, portant : *nul ne pourra être distrait de ses Juges naturels.*

642. Les formalités à observer pour assigner en matière civile sont indiquées *sup.* note 20 p. 159 et suiv.

643. Ainsi que nous l'avons dit *sup.* n. 208, 219 et 230, la compétence varie suivant que l'action est *personnelle*, *réelle* ou *mixte*.

Art. I. DE LA COMPÉTENCE EN MATIÈRE PERSONNELLE.

644. En matière *personnelle*, le défendeur doit être assigné devant le tribunal de son domicile, s'il n'a pas de domicile devant le tribunal de sa résidence; s'il y a plusieurs défendeurs, devant le tribunal du domicile de l'un d'eux au choix du demandeur (C. proc. 59). — V. *sup.* n. 209.

Nous avons expliqué *sup.* n. 195 à 207, quelles actions on devait considérer comme *personnelles*.

645. Cette faculté d'assigner, lorsqu'il y a plusieurs défendeurs, devant le tribunal du domicile de l'un d'eux continue de subsister, quoique parmi les défendeurs figure une succession non encore partagée; il n'est pas nécessaire dans ce cas, d'assigner devant le tribunal du lieu où la succession s'est ouverte (Cass. 1 août 1837, - Sir. 38, 1, 374). — V. *inf.* n. 650.

645 *bis*. Des défendeurs qui ont un domicile connu doivent être assignés au tribunal du domicile de l'un d'eux; ils ne peuvent l'être devant le tribunal de la résidence de ceux qui n'ont pas de domicile (Amiens, 16 mars 1839, - Sir. 40, 2, 61).

Art. 2. DE LA COMPÉTENCE EN MATIÈRE RÉELLE ET EN MATIÈRE POSSESSOIRE.

646. En matière *réelle*, le défendeur doit être assigné devant le tribunal de la situation de l'objet litigieux (C. proc. 59). — V. *sup.* n. 220.

Nous avons expliqué *sup.* n. 210 à 218, ce qu'on devait entendre par actions *réelles*.

647. *En matière possessoire.* Quoique classée parmi les actions réelles et immobilières, l'action possessoire est cependant différente de celle-ci quant à la juridiction qui est celle du juge de paix (C. proc. 3; — L. 25 mai 1838, art. 6). — V. *sup.* n. 305, 322, 415 et suiv. et les notes 94 et 112.

Art. 3. DE LA COMPÉTENCE EN MATIÈRE MIXTE.

648. En matière *mixte* le défendeur doit être assigné devant le tribunal de la situation de l'objet litigieux ou devant le juge du domicile du défendeur (C. proc. 59).

Nous avons expliqué *sup.* n. 221 à 229, ce qu'on devait entendre par actions *mixtes*.

Art. 4. DE LA COMPÉTENCE EN MATIÈRE DE SOCIÉTÉ, DE SUCCESSION, DE FAILLITE, DE GARANTIE, DE FRAIS DUS AUX OFFICIERS MINISTÉRIELS, ET AU CAS D'ÉLECTION DE DOMICILE.

649. *Société.* En matière de *société*, tant qu'elle existe, le défendeur doit être assigné devant le juge du lieu où elle est établie (C. proc. 59).

650. *Succession.* En matière de *succession*, le défendeur doit être assigné devant le tribunal du lieu où la succession est ouverte : 1° sur les demandes entre héritiers jusqu'au partage inclusivement; 2° sur des demandes qui seraient intentées par des créanciers du défunt, avant le partage; 3° et sur les demandes relatives à l'exécution des dispositions à cause de mort jusqu'au jugement définitif (C. proc. 59). — V. *sup.* n. 645.

651. *Faillite.* En matière de *faillite*, le défendeur doit être assigné devant le juge du domicile du failli (C. proc. 59).

652. *Garantie.* En matière de *garantie*, le défendeur doit être assigné devant le juge où la demande originaire est pendante (C. proc. 59).

653. *Frais des officiers ministériels.* Les demandes formées pour frais par les officiers ministériels doivent être portées au tribunal où les frais ont été faits (C. proc. 60). — D'où

il suit qu'une partie serait fondée à décliner la compétence du tribunal de son domicile réel, si elle y était assignée pour frais faits dans un autre tribunal (Carré, n. 279). — V. note 5, n. 19 et suiv. 273 et *inf.* n. 717.

654. *Election de domicile.* Au cas d'élection de domicile pour l'exécution d'un acte, le défendeur doit être assigné devant le tribunal du domicile élu, ou devant le tribunal de son domicile réel, conformément à l'art. 111 du C. civ. (C. proc. 59). — V. note 11.

Art. 5. DES EXCEPTIONS D'INCOMPÉTENCE.

655. Lorsqu'une demande est formée devant des juges autres que les juges naturels ou compétents, elle n'est pas nulle pour cela car *tout passe sans contredit.* Mais si le défendeur signale au tribunal le moyen d'incompétence, il doit alors demander son renvoi; cette demande forme une exception ayant pour objet de décliner la compétence du tribunal.

656. Il y a deux sortes d'incompétence; l'incompétence en raison de la personne, *ratione personæ*, et l'incompétence en raison de la matière, *ratione materiæ.*

657. L'incompétence en raison de la personne est celle qui résulte ou de ce que l'objet litigieux est situé hors du ressort du tribunal saisi ou de ce que l'on a saisi *tel* tribunal civil au lieu de saisir *tel* autre tribunal civil (Bourges, 15 nov. 1826, - Sir. 28, 2, 148).

658. L'incompétence en raison de la matière, au contraire, s'entend du cas où un tribunal est saisi d'une matière qui, *de sa nature*, est hors de ses attributions, comme quand une affaire criminelle est portée devant un tribunal civil, ou une affaire civile portée devant un tribunal de paix et *vice versâ* (*Ibid.*; Carré, art. 369; — Nancy, 5 juill. 1837; — Douai, 10 juin 1837; — Cass. 27 avril 1825, - Sir. 26, 1, 422).

I. De l'incompétence *ratione personæ.*

659. Toute partie appelée devant un tribunal autre que celui qui doit connaître de la contestation, peut demander son renvoi devant les juges compétents. — Dans ce cas elle est tenue de former sa demande préalablement à toutes autres actions et défenses (C. proc. 168, 169).

660. D'où il suit qu'elle est non-recevable à proposer l'incompétence :

661. 1° Après avoir demandé un délai pour mettre garant en cause, parce que c'est reconnaître alors la juridiction (Cass. 7 prair. an XIII; — Toulouse, 29 av. 1822, - Sir. 7, 2, 887; 22, 2, 260).

662. 2° Après avoir déclaré qu'elle veut s'incrire en faux contre le titre du demandeur, parce que c'est alors accepter le débat et renoncer tacitement à décliner la compétence du tribunal (Paris, 28 fév. 1812, - Sir. 14, 2, 360).

663. 3° Après avoir proposé l'exception de nullité de l'exploit de demande, parce que le tribunal en déclarant la nullité de l'exploit fait par cela même acte de compétence (Cass. 14 oct. 1806; — Paris, 28 nov. 1811).

II. De l'incompétence *ratione materiæ.*

664. Lorsque le tribunal est incompétent à raison de la matière, le renvoi peut être demandé en tout état de cause; et si le renvoi n'est pas demandé le tribunal est tenu de renvoyer d'office devant qui de droit (C. proc. 170).

665. Il en résulte que ce renvoi est valablement proposé par celui-là même qui a saisi le tribunal (Cass. 23 juill. 1807), même pour la première fois en appel ou en cassation (Cass. 23 juill. 1807; 26 nov. 1810; 3 janv. 1829; — Turin, 18 janv. 1808; — Nîmes, 6 mai 1809; — Bruxelles, 19 nov. 1823). — Pourvu qu'il n'ait pas conclu en première instance dans le sens de la juridiction du tribunal saisi (Paris, 24 mars 1820; — Cass. 2 juill. 1833). — Et que le déclinatoire ne soit point fondé sur un fait à lui personnel, comme quand après avoir pris la qualité de négociant dans l'instance, il soutient ensuite qu'il ne l'était pas (Paris, 11 germ. an XI; — Cass. 7 mars 1821; — Bourges, 23 déc. 1831).

666. En prononçant le renvoi, le tribunal ne peut condamner le demandeur aux frais envers le défendeur, puisqu'il ne juge pas le fonds de la contestation. Celui-ci doit s'imputer de n'avoir pas opposé l'exception dès le principe (Rennes, 26 déc. 1812).

Chap. 3. *DES ACTIONS EN PROCÉDURE OU DEMANDES JUDICIAIRES.*

Sect. 1. DE L'OBJET DES ACTIONS OU DEMANDES JUDICIAIRES.

667. Les actions dont il s'agit ici, n'ont point pour objet ce qui constitue les actions au fonds, elles ne sont relatives qu'aux moyens à employer pour saisir la justice d'un point litigieux, et c'est pour cela qu'elles ont le nom de *demande.* Ainsi considérées, elles n'ont rapport qu'à la forme, tellement, qu'une même espèce de demande peut s'appliquer à toutes les actions faisant l'objet du chap. 2 qui précède.

Sect. 2. DES DIFFÉRENTES ESPÈCES D'ACTIONS OU DEMANDES.

668. On distingue en procédure huit sortes de demandes: Il y a 1° les demandes *principales* ou *introductives d'instance*; 2° les demandes *incidentes*; 3° les demandes *récursoires* ou en *garantie* ou *intervention*; 4° Les demandes *reconventionnelles* ou en *compensation*; 5° Les demandes *nouvelles*; 6° Les demandes *préjudicielles* et *subsidiaires*; 7° Les demandes *ordinaires* ou *sommaires*; 8° et les demandes *urgentes.*

§ 1. DES DEMANDES PRINCIPALES OU INTRODUCTIVES D'INSTANCE.

669. On appelle ainsi toute demande qui a pour objet une action première pouvant subsister seule sans le secours d'aucune autre, et qui, par conséquent, est opposée à une demande accessoire, comme le sont celles dont nous parlerons sous les § 2, 3, 4, 5 et 6 ci-après.

§ 2. DES DEMANDES INCIDENTES.

670. On appelle ainsi, toute demande qui survient dans le cours d'une instance principale.

671. Quand c'est le demandeur qui la forme, elle prend le nom de demande *additionnelle*, et quand c'est le défendeur au principal, elle s'appelle demande *reconventionnelle.* — V. *inf.* § 5.

672. Quand l'incident survient entre les parties elles-

mêmes, il conserve la qualification ci-dessus de demande incidente. Quand il est formé par l'une des parties contre un tiers, il constitue l'action en déclaration de *jugement commun*; et s'il est élevé par un tiers contre l'une ou plusieurs des parties figurant au procès, il prend le nom *d'intervention.*

673. On ne doit admettre comme demandes incidentes que celles qui sont nées depuis l'action principale, ou qui lui servent de réponse, ou bien qui ont avec elle une connexité évidente, et non celles qui devraient former une action principale, car dans ce dernier cas on pourrait se soustraire au préliminaire de conciliation, et éterniser les instances (Bioche, v° *incident* n. 5).

674. Les demandes *incidentes* et les réponses du défendeur, se forment par un simple acte d'avoué à avoué, contenant les moyens et les conclusions, avec offre de communiquer les pièces justificatives sur récépissé ou par dépôt au greffe (C. proc. 337); et non par de simples conclusions posées à l'audience (Merlin, *quest.* v° *intervention* § 2; — Carré, n. 1268), si ce n'est devant les tribunaux de commerce et de paix, parce qu'il n'y existe pas d'avoué.

675. Toutes les demandes incidentes doivent être formées en même temps, à peine de supporter les frais des demandes proposées postérieurement, et dont les causes existaient à l'époque des premières (C. proc. 338); et encore à peine de déchéance, pour toutes les demandes qui ne seraient pas entièrement justifiées par écrit, ce qui ôte au demandeur le moyen de prouver par témoins une réclamation qui est susceptible de cette preuve quand elle est divisée, et n'en est pas susceptible en réunissant tous les chefs (C. civ. 1345, 1346).

676. Les demandes incidentes sont jugées par préalable, s'il y a lieu, et dans les affaires sur lesquelles il a été ordonné une instruction par écrit, l'incident est porté à l'audience pour qu'il y soit statué (C. proc. 338).

Ainsi, lorsqu'un locataire est assigné en paiement de loyers, ceux échus postérieurement à l'ajournement étant réclamés incidemment par des conclusions, il y a lieu de prononcer sur le tout par un seul jugement; tandis qu'une demande en compensation formée reconventionnellement par le défendeur, peut, lorsqu'elle parait dénuée de fondement, être jugée préalablement, si la cause principale n'est point en état (Boitard, 260).

V. *Prorogation de juridiction*, note 77. *Exceptions*, note 176.

§ 3. DES DEMANDES RÉCURSOIRES OU EN GARANTIE OU INTERVENTION.

677. On appelle ainsi toute demande incidente (V. *sup.* n. 670) par laquelle on met en cause un tiers contre lequel on a un recours ou une garantie à exercer. Il y a alors trois parties en cause; on appelle celui qui a formé la première demande *demandeur originaire*, celui qui est défendeur à cette demande et qui est garanti *défendeur originaire et demandeur en garantie*, et celui qui est garant *défendeur en garantie.*

678. Il y a deux sortes de garantie, la *garantie formelle* et la *garantie simple :*

679. *En garantie formelle*, pour les matières réelles ou hypothécaires, le garant peut toujours prendre le fait et cause du garanti, qui est mis hors de cause, s'il le requiert avant le premier jugement. Cependant le garanti, quoique mis hors de cause, peut y assister pour la conservation de ses droits, et le demandeur originaire peut demander qu'il y reste pour la conservation des siens (C. proc. 182).

680. *En garantie simple*, le garant peut seul intervenir, sans prendre le fait et cause du garanti (C. proc. 183).

681. Le délai pour appeler en garantie est de huitaine pour le défendeur originaire, premier demandeur en garantie, comme pour les garants et sous-garants ultérieurs, à compter du jour de la première demande ou des demandes ultérieures, outre un jour pour trois myriamètres de distance, sauf, s'il y a plusieurs garants, à fixer un seul délai pour tous, eu égard à la demeure du garant le plus éloigné (C. proc. 175, 176).

682. Cependant, lorsque le défendeur originaire est assigné dans les délais pour faire inventaire et délibérer, le délai ci-dessus fixé pour appeler garant ne commence que du jour de l'expiration de ceux fixés pour faire inventaire et délibérer (C. proc. 187).

683. Lorsque les délais des assignations en garantie ne sont pas échus en même temps que celui de la demande originaire, il ne peut être pris aucun défaut contre le défendeur originaire, pourvù qu'avant l'expiration du délai il ait déclaré, par acte d'avoué à avoué, qu'il a formé sa demande en garantie, mais au cas de fausse déclaration, il s'expose à être condamné à des dommages-intérêts par le jugement rendu après l'échéance du délai pour appeler en garantie (C. proc. 179).

684. Lorsque les demandes originaire et en garantie sont en état d'être jugées en même temps, il y est fait droit conjointement, sinon le demandeur originaire peut faire juger sa demande séparément, le même jugement prononce la disjonction si les deux instances ont été jointes, sauf, après le jugement du principal, à faire droit sur la garantie, si le cas y échet (C. proc. 184).

685. Quand il n'y a pas lieu au délai pour appeler garant, l'incident est jugé sommairement (C. proc. 180).

686. Les jugements rendus contre les garants formels sont exécutoires contre les garantis. Dans ce cas, il suffit de signifier le jugement aux garantis, soit qu'ils aient été mis hors de cause, soit qu'ils y aient assisté, sans qu'il soit besoin d'autre demande ni procédure (C. proc. 185).

687. A l'égard des dépens, dommages et intérêts, la liquidation et l'exécution ne peuvent en être faits que contre les garants, à moins que ceux-ci ne soient insolvables, auquel cas le garanti est passible des dépens et même des dommages-intérêts, s'il n'a été mis hors de cause (C. proc. 185).

V. *Exceptions*, note 176.

Prorogation de juridiction, note 77.

§ 4. DES DEMANDES RECONVENTIONNELLES OU EN COMPENSATION.

688. On appelle ainsi toute demande formée par le défendeur devant le Tribunal où il est assigné, et qui tend à anéantir ou restreindre l'effet de l'action intentée contre lui (Carré, art. 258).

689. Le but de cette demande est de faire instruire et juger en même temps la demande principale et la demande reconventionnelle (Toullier, t. 7, n. 411).

690. Il y a reconvention toutes les fois que, pour dé-

fense à une demande principale, on oppose une autre demande également principale (Henrion, *just. de paix*, 51).

691. Toutefois, il faut que la demande reconventionnelle ait une relation intime avec la demande principale ; par exemple, si *Paul* demande à *Pierre* une somme qu'il lui a prêtée, et que *Pierre* prétende que *Paul* possède une maison qui lui appartient, il n'y aura pas lieu à *reconvention* (Carré, note 27; Toullier, t. 7, n. 359).

692. Mais lorsqu'un propriétaire demande que son locataire soit tenu de garnir les lieux, celui-ci peut se défendre en demandant que le propriétaire fasse faire auparavant les réparations nécessaires ; il y a lieu alors à reconvention parce que les deux demandes tirent leur principe de la même cause qui est le bail (Toullier, *ibid.*).

693. La règle de l'art. 1291 du C. civ. portant que la compensation n'a lieu qu'entre deux dettes qui sont également liquides et exigibles n'est point applicable à la compensation par voie de reconvention, laquelle peut avoir lieu quand même l'une des deux dettes ne serait pas liquide. Ainsi, je vous demande 600 fr. en vertu d'un acte sous seing-privé ; vous répondez que vous avez fait pour moi différents ouvrages dont vous évaluez le prix à 600 fr., et vous demandez par voie de reconvention qu'ils soient constatés et que le prix en soit liquidé, afin de le compenser avec la somme que je vous demande (Toullier, t. 7, n. 346).

694. La reconvention constituant un incident de l'instance principale doit être formée par acte d'avoué à avoué — V. *sup.* n. 674.

§ 5. DES DEMANDES NOUVELLES.

695. Il ne faut pas confondre les demandes nouvelles avec les moyens nouveaux, car les moyens nouveaux ne constituent pas une demande nouvelle. Ainsi, l'associé qui a demandé la nullité de l'acte social par d'autres motifs que celui du défaut de publicité, peut, en appel, invoquer ce dernier motif à l'appui de sa demande (Cass. 12 juill. 1825, - Sir. 26, 1, 403).

696. On ne doit pas considérer comme demandes nouvelles les demandes que les parties font d'intérêts, arrérages, loyers et autres accessoires échus depuis le jugement de première instance, ni de dommages-intérêts pour le préjudice souffert depuis ledit jugement (C. proc. 464).

697. Il ne doit être formé, en cause d'appel, aucune nouvelle demande, à moins qu'il ne s'agisse de compensation ou que la demande nouvelle ne soit la défense à l'action principale (C. proc. 464).

698. Ainsi, celui qui a conclu en première instance à l'exécution d'un contrat qu'il a dit être le renouvellement d'autres contrats antérieurs, n'est pas recevable à conclure en appel à l'exécution des contrats antérieurs (Cass. 17 fév. 1824, - Sir. 25, 1, 243). C'est, dans ce cas, former une demande nouvelle.

699. Mais c'est défendre à l'action principale et non former une demande nouvelle que de s'inscrire en faux contre la pièce qui a servi de base à la demande et au jugement de première instance (C. proc. 214 ; Cass. 8 mai et 25 juill. 1827, - Sir. 27, 1, 503).

700. Ce n'est qu'en conciliation que le demandeur peut expliquer et même augmenter sa demande (C. proc. 54).

701. En toute autre occasion les demandes ne peuvent qu'être expliquées et modifiées, et ce droit appartient au demandeur comme au défendeur qui peuvent l'exercer en tout état de cause, même après les plaidoiries, pourvu que le ministère public n'ait point été entendu et que le Tribunal n'ait point clos les débats ou ne se soit point retiré en chambre du conseil (Décr. 30 mars 1808, art. 72 et 87 ; Toulouse, 31 déc. 1819; Poitiers, 9 janv. 1823; Paris, 25 juin 1825; Grenoble, 3 juin 1825; Rennes, 3 août 1823).

702. Les demandes nouvelles soit de l'appelant soit de l'intimé ne peuvent être formées que par de simples actes de conclusions motivées (C. proc. 465). — Si elles l'ont été verbalement, la nullité peut être couverte par le silence de l'adversaire (Cass. 1 sept. 1813).

§ 6. DES DEMANDES PRÉJUDICIELLES ET SUBSIDIAIRES.

703. *Préjudicielles*. On entend par demande *préjudicielle* celle sur laquelle il doit être statué avant une autre à cause de l'influence nécessaire qu'elle doit exercer sur la décision de cette dernière.

Ainsi, *Pierre* demande le partage de la succession de *Paul* dont il se dit le fils, et les autres héritiers prétendent qu'il ne l'est pas. Cet incident forme une question préjudicielle; en effet, si l'on décide que *Paul* n'est pas fils de *Pierre*, il deviendra inutile de statuer sur sa demande en partage (Bioche).

704. *Subsidiaires*. On entend par demandes *subsidiaires* celles au moyen desquelles on réduit ses prétentions pour le cas où le juge ne voudrait pas adjuger les conclusions principales, ou celles par lesquelles on demande à administrer une preuve à l'appui des conclusions principales qui ne sont pas suffisamment justifiées.

Ainsi, un créancier conclut *principalement* au paiement d'une obligation, et subsidiairement à être admis à la preuve de cette obligation (*Ibid.*)

§ 7. DES DEMANDES ORDINAIRES OU SOMMAIRES.

705. *Ordinaires*. Toutes les demandes qui ne rentrent pas dans la classe des demande *sommaires* dont nous allons parler, sont des demandes *ordinaires*.

706. *Sommaires*. On appelle ainsi les demandes qui, par leur nature ou leur modicité, exigent une instruction et une décision plus rapides et moins dispendieuses que les demandes *ordinaires*. On distingue six sortes de demandes sommaires; savoir :

707. 1° Les demandes par lesquelles on forme appel des jugements de justice de paix (C. proc. 404).

708. 2° Les demandes pures personnelles, à quelque sommes qu'elles puissent monter, quand il y a titre, pourvu qu'il ne soit pas *contesté* (*Ibid.*). V. *sup.* n. 485. — D'où il suit qu'on ne doit pas considérer comme sommaire la demande fondée sur un titre *contesté*, comme quand son existence ou sa validité sont mises en doute, mais qu'on doit considérer comme telles les demandes reposant sur des titres qui sont seulement repoussés par des quittances, des compensations, des prescriptions, des novations, etc., parce qu'alors on reconnaît l'existence du titre (Cass. 30 nov. 1829; 30 janv. 1827).

709. 3° Les demandes personnelles et mobilières formées sans titre, mais qui n'excèdent pas la valeur de

1500 francs de principal, et les demandes immobilières, également formées sans titre, lorsque l'objet litigieux est d'un revenu déterminé, soit en rentes, soit par prix de bail, qui n'excède pas 60 francs (C. proc. 404, et L. du 11 av. 1838. art. 1).

710. 4° Les demandes provisoires ou qui requièrent célérité (C. proc. 404). Quoique la loi ait laissé aux juges l'appréciation du caractère de ces sortes de demandes, cependant une demande ne doit pas être réputée sommaire, par cela seul qu'il se rencontre un motif accidentel d'urgence, il faut encore que la demande elle-même et par sa nature requière célérité (Douai, 7 déc. 1825).

Doivent être considérées comme telles, les demandes en provision pour nourriture et aliments (Bruxelles, 12 flor. an XII), en résiliation de baux (Cass. 27 juin 1810). — V. note 20, n. 212, 221 et suiv.

711. 5° Les demandes en paiement de loyers et fermages (C. proc. 404).

712. 6° Les causes désignées spécialement par la loi; telles sont :

713. 1° Les *appels* d'ordonnances de référé (C. proc. 809).

714. 2° Les demandes en *compulsoire* (C. proc. 847).

715. 3° Les *destitutions* de tuteur (C. civ. 449).

716. 4° Les demandes en *élargissement* (C. proc. 805).

717. 5° Les demandes en paiement de *frais* formées par les officiers ministériels contre les parties (*arg. tarif*, art. 147). — V. *sup.* n. 683.

718. 6° Les oppositions aux *liquidations* des dépens (Décr. 16 fév. 1807, art. 6).

719. 7° Les contestations relatives aux *partages* entre co-héritiers et aux *cahiers des charges* en matière de licitation (C. civ. 823; — C. proc. 973).

720. 8° Les *réceptions* de cautions (C. proc. 521, 832).

721. 9° Les *remises* de rapport et *récusations* d'experts (C. proc. 311, 320).

§ 8. Des demandes urgentes.

722. Une demande est urgente quand il y a péril imminent dans la demeure, c. à-d. lorsque le demandeur ne peut attendre, sans compromettre gravement ses intérêts, l'expiration du délai d'une assignation à bref délai, tellement qu'on serait sans justice, si la décision n'était pas rendue à l'instant même où la difficulté se présente (Rome, 6 juill. 1811; — Montpellier, 6 août 1810; — Pau, 31 août 1837; — Paris, 25 oct. 1838). D'où il suit que l'on peut porter en référé, sans avoir besoin d'assigner à un délai de huitaine, quand le jour indiqué se trouve être la première audience, une demande ayant pour objet 1° De faire accorder une provision à la veuve dont les reprises ne sont pas liquidées; 2° De faire une distribution de deniers entre les créanciers du défunt; 3° De proroger le délai accordé pour la confection de l'inventaire; 4° de faire nommer un notaire pour procéder à un inventaire (C. proc. 806 et s.; arrêts précités, — Paris, 11 fruct. an XIII; — Orléans, 19 mai 1808). Dans tous ces cas, la permission d'assigner à bref délai n'est nécessaire que quand on demande une audience pour un autre jour que celui fixé par le tribunal pour ces sortes d'affaires (C. proc. 808).

723. Mais *l'urgence* ne doit pas être confondue avec la *célérité* au moyen de laquelle par une assignation donnée à bref délai, on obtient seulement une solution plus prompte que celle qu'on pourrait obtenir en suivant les délais ordinaires de la procédure, mais qui permet cependant d'attendre une audience prochaine du tribunal (*ibid.*). — V. note 20, n. 38, 212, 221 et suiv.

Sect. 3. COMMENT SE FORMENT LES DEMANDES.

724. DEMANDES PRINCIPALES, RÉCURSOIRES, ORDINAIRES ET SOMMAIRES. Ces demandes se forment par exploits qui sont différents en la forme, suivant que l'action est portée devant un tribunal de paix et la cour de cassation, ou devant un tribunal civil, de commerce, et une cour d'appel. V. *sup.* n. 669, 677, 705 et suiv.

725. Tribunal de paix. Cour de cassation. Les demandes devant ce tribunal et cette cour, ont lieu par *citation*. — V. ce mot note 112.

726. Tribunal civil et de commerce. Cour d'appel. Les demandes devant ces tribunaux et cour, ont lieu par *assignation*. — V. ce mot note 20.

727. DEMANDES INCIDENTES, RECONVENTIONNELLES, NOUVELLES, PRÉJUDICIELLES ET SUBSIDIAIRES. Ces demandes se forment à l'audience pour les actions soumises aux tribunaux de paix et de commerce et par conclusions signifiées par acte d'avoué à avoué pour les actions soumises aux tribunaux civils et aux cours d'appel. — V. *sup.* n. 670, 688, 695, 703.

V. *Exceptions*, note 176.

Chap. 4. *DES ACTIONS DE LA BANQUE ET DES ACTIONS DE COMMERCE.*

INDICATION ALPHABÉTIQUE.

Sect. 1. DES ACTIONS DE LA BANQUE.

§ 1. Du privilége de la banque.

728. L'association formée à Paris sous le nom de *banque de France*, a le privilége exclusif d'émettre des billets de banque aux conditions voulues par les lois (L. 24 germ. an XI). Ce privilége lui est acquis jusqu'au 31 déc. 1867, si une loi n'y met fin ou ne le modifie dans les deux sessions législatives qui précéderont le 31 déc. 1855 (L. 30 juin 1840).

729. Toutefois, le cours de ces billets étant établi pour la commodité du commerce, n'est que de simple confiance : en conséquence, nul ne peut être contraint de les accepter (Av. Cons. d'Ét. 12-30 frim. an XIV).

§ 2. Des opérations de la banque.

730. Les opérations de la banque consistent :

731. 1° A escompter à toute personne des lettres de change et autres effets de commerce à ordre, à des échéances déterminées qui ne pourront excéder trois mois, et souscrits par des commerçants et autres personnes notoirement solvables (L. 16 janv. 1808, art. 9). La banque peut faire des avances sur tous les effets publics français qui lui sont remis en recouvrement, sans que la condition d'une échéance fixe soit obligatoire (L. 16 janv. 1808 art. 16; — L. 17 mai 1834, art. 3). L'avance ne peut excéder les 4,5 de la valeur des effets présentés, d'après leur cours au comptant la veille du jour où l'avance est faite (Ord. roy. 15 juin 1834, art. 2). Dans ce cas l'emprunteur souscrit envers la banque l'engagement de rembourser dans un délai qui ne peut excéder trois mois, les sommes qui lui ont été fournies. Cet engagement contient en outre l'obligation de couvrir la banque, du montant de la baisse qui pourrait survenir dans le cours des effets par lui transférés, toutes les fois que cette baisse atteint dix pour cent. Faute par l'emprunteur de satisfaire à l'engagement souscrit, la banque a le droit de faire vendre à la Bourse, par le ministère d'un agent de change, tout ou partie des effets à elle transférés, savoir : 1° à défaut de couverture, trois jours après une simple mise en demeure par acte extra-judiciaire; 2° à défaut de remboursement dès le lendemain de l'échéance, sans qu'il soit besoin de mise en demeure, ni d'aucune autre formalité. La banque se rembourse sur le produit net de la vente, du montant de ses avances en capital, intérêts et frais. Le surplus, s'il y en a, est remis à l'emprunteur (art. 3, 4 et 5 de lad. ord.).

732. 2° A se charger pour le compte des particuliers et des établissements publics, du recouvrement des effets qui lui sont remis (Décr. 16 janv. 1808, art. 9).

733. 3° A recevoir, en compte courant, les sommes qui lui sont versées par des particuliers et des établissements publics, et à payer les dispositions faites sur elle et les engagements pris à son domicile, jusqu'à concurrence des sommes encaissées (*ibid.*).

734. 4° A tenir une caisse des dépôts pour tous titres, lingots et monnaies d'or et d'argent de toute espèce (*ibid.*).

734 *bis*. 5° Et à ouvrir une caisse de placement et d'épargne, dans laquelle toute somme au-dessus de cinquante francs est reçue pour être remboursée aux époques convenues. La banque paie l'intérêt de ces sommes. Elle en fournit des reconnaissances au porteur ou à ordre (statuts 25 vendém. an XII § 1 et art. 6).

735. ESCOMPTE. L'escompte est perçu à raison du nombre des jours à courir, et même d'un seul jour s'il y a lieu (Décr. 24 germ. an XI, art. 6).

736. Les escomptes ont lieu tous les jours excepté les jours fériés (L. 30 juin 1840 art. 4). — V. note 13, n. 47 et suiv.

737. La banque n'admet à l'escompte que des effets de commerce à ordre, timbrés et garantis par trois signatures au moins notoirement solvables (Décr. 16 janv. 1808 art. 11).

738. Elle peut cependant admettre à l'escompte des effets garantis par deux signatures seulement, mais notoirement solvables, et après s'être assurée qu'ils sont créés pour fait de marchandise, si on ajoute à la garantie des deux signatures, un transfert d'actions de la Banque, ou de cinq pour cent consolidés, valeur nominale (*ibid.* art. 12).

739. Les transferts faits en addition de garantie, ne devant pas arrêter les poursuites contre les signataires de ces effets, ce n'est qu'à défaut de paiement et après protêt, que la banque peut se couvrir, en disposant des effets à elle transférés (*Ibid.* art. 13). — V. *sup.* n. 731.

740. La banque ne peut faire aucun commerce autre que celui des matières d'or et d'argent. Elle refuse d'escompter les effets dérivant d'opérations paraissant contraires à la sureté de l'état; les effets qui résulteraient d'un commerce prohibé; les effets dits de circulation, créés collusoirement entre les signataires, sans cause ni valeur réelle (Décr. 24 germ. an XI, art. 5).

741. Elle a le droit d'établir des comptoirs d'escompte dans les départements, mais avec l'approbation du roi, donnée en conseil d'état. (Décr. 18 mars 1808, art. 1).

742. Les opérations de ces comptoirs sont les mêmes que celles de la banque (*Ibid.* art. 6).—V. *sup.* n. 737 et s.

743. Les billets à émettre par les comptoirs, sont fournis par la banque. Ils portent en titre le nom du comptoir où ils doivent être émis. Le conseil général de la banque détermine la forme des billets et les signatures dont ils doivent être revêtus (*Ibid.* art. 10). Ces billets sont payables aux caisses des comptoirs (*Ibid.* art. 11).

V. Ordonnance roy. du 25 mars 1841, portant réglement sur les comptoirs d'escompte.

744. RECOUVREMENT D'EFFETS.—V. *sup.* n. 732.

745. COMPTES COURANTS. V. *sup.* n. 733.—Aucune opposition ne peut être admise sur les sommes en compte courant dans les banques autorisées (L. 24 germ. an XI, art. 33).

746. Lorsque la banque de France a, sur la présentation d'un mandat de virement, transporté du crédit d'un négociant au crédit d'un autre négociant, la somme indiquée dans le mandat, ce qui est une opération de compte courant, elle ne peut plus revenir contre cette opération, et annuler le crédit obtenu par le porteur du mandat, même sur le motif que le négociant qui le lui a délivré, n'était pas réellement créancier de la banque et n'a été considéré comme tel, que par suite d'une erreur de chiffres (C. civ, 1108 et suiv.;—Paris, 14 fév. 1832, -Sir. 33, 2, 623).

747. CAISSE DES DÉPOTS. V. *sup.* n. 734.—Il y a deux espèces de dépôts qui peuvent faire l'objet des opérations de la banque, l'une comprend les dépôts *volontaires*, et l'autre les dépôts dits *engagés*.

748. DÉPOTS VOLONTAIRES. Cette espèce de dépôt comprend : 1° Les effets publics nationaux et étrangers; 2° Les actions, obligations et contrats de toute espèce; 3° Les lettres de change, billets et tous engagements à ordre ou au porteur; 4° Les lingots d'or et d'argent; 5° Toutes monnaies d'or et d'argent nationales et étrangères; 6° Les diamants (Décr. 3 sept. 1808, art. 1).

749. Au moment où le dépôt est fait, la banque perçoit un droit de garde sur la valeur estimative du dépôt. Ce droit ne peut excéder un huitième d'un pour cent de la valeur du dépôt, pour chaque période de six mois et audessous : le dépôt est censé renouvelé par cela seul qu'il n'a pas été retiré à l'expiration du sixième mois; le droit de garde sur les dépôts d'une valeur au-dessous de 5,000 fr. est perçu sur le pied de 5,000 fr. (*Ibid.*, art. 2).

750. Si les déposants retirent le dépôt avant le délai, le droit perçu reste acquis à la banque (*Ibid.*, art. 3).

751. La banque fournit des récépissés de ces dépôts, conformes au modèle prescrit par la loi. — Le récépissé n'est point à ordre et ne peut être transmis par voie d'endossement (Décr. 16 janv. 1808, art. 18).

752. *Dépôts* dits *engagés*. Cette espèce de dépôts comprend ceux sur lesquels la Banque fait des avances, et qui se réduisent aux lingots et monnaies étrangères d'or et d'argent (Décr. 16 janv. 1808, art. 20).

752 *bis*. CAISSE DE PLACEMENT ET D'ÉPARGNES.—V. *sup.* n. 734 *bis*. — La Banque paie l'intérêt des sommes au-dessus de cinquante francs reçues dans cette caisse. Elle en fournit des reconnaissances au porteur ou à ordre (Statuts, art. 6).

§ 3. DU CAPITAL ET DE SA NATURE.

753. Chaque action est représentée sur les registres de la Banque par une inscription nominale de mille francs (Décr. 16 janv. 1808, art. 1).

754. Le capital de la Banque de France, représenté par 67,900 actions de 1,000 fr. chacune, ne peut être augmenté ou diminué que par une loi spéciale (L. 30 juin 1840, art. 2). — Il se compose actuellement de ce nombre d'actions et d'un fonds de réserve formé avec une partie du bénéfice qu'elles produisent (L. 22 av. 1806, art. 2).

755. Les actions de la Banque sont essentiellement mobilières, mais les actionnaires ont le droit de donner à leurs actions la qualité d'immeubles, en en faisant la déclaration dans la forme prescrite pour les transferts. — Cette déclaration une fois inscrite sur le registre, les actions immobilisées restent soumises aux dispositions du C. civ. et aux lois de privilége et hypothèque, comme les propriétés foncières; en conséquence, elles ne peuvent être aliénées, et les priviléges et hypothèques ne peuvent être purgés qu'en se conformant au Code civil et aux lois relatives aux priviléges et hypothèques sur les propriétés foncières (Décr. 16 janv. 1808, art. 7).

756. D'où il résulte que des actions immobilisées comme il est dit ci-dessus conservent de plein droit et après la vente qui en est faite, le caractère d'immeubles entre les mains de l'acquéreur, jusqu'à déclaration contraire par ce dernier, en telle sorte qu'elles restent, comme auparavant, soumises aux lois concernant les priviléges et hypothèques sur les propriétés foncières. Ce point est important à cause du droit d'enregistrement qui est de 1 fr. pour cent ou de 5 fr. 50 c. pour cent, suivant que l'action est mobilière ou immobilière; mais, pour mobiliser, il suffit de stipuler au contrat qu'elle est vendue pour devenir meuble pour l'effet de la vente (C. civ. 529, 2118; Cass. 22 mai 1833).

757. Toutefois, pour effacer totalement le caractère immobilier donné à une action, et afin que le transfert puisse s'en opérer sur le grand-livre de la Banque, le propriétaire est tenu d'en faire la déclaration à la Banque. Cette déclaration qui doit contenir l'établissement de la propriété des actions en la personne du réclamant, est transcrite au bureau des hypothèques de Paris, et soumise, s'il y a lieu, aux formalités de purge légale auxquelles les contrats de vente immobilière sont assujétis. Le transfert de ces actions ne peut être opéré qu'après avoir justifié à la Banque de l'accomplissement des formalités voulues par la loi pour purger les hypothèques de toute nature (L. 17 mai 1834, art. 5).

758. Les actions immobilisées peuvent former la dotation d'un majorat. En ce cas, on les revêt d'un timbre particulier et elles deviennent inaliénables et insaisissables, excepté en faveur des enfants du fondateur du majorat, non remplis de leur réserve sur les biens libres de leur père (Décr. 1 mars 1808, art. 2 et 40).

759. Elles conservent leur nature immobilière même quand l'institution de majorat a été retirée, c.-à-d. que quand le propriétaire a déclaré vouloir affecter des actions à un majorat, elles ne peuvent être grevées ni d'opposition ni d'hypothèque jusqu'à la radiation de la déclaration, laquelle se fait tant sur le grand-livre que sur l'action, sur

le rapport d'un certificat du secrétaire général du Conseil du sceau des titres (Décr. 21 déc. 1808).

760. La portion du revenu d'un majorat qui est en actions de la Banque, est soumise à une retenue annuelle d'un dixième qui doit être successivement, chaque année, replacée en actions de la Banque au profit du titulaire du majorat et des appelés après lui; ces actions sont également immobilisées (*Ibid.*, art. 6).

V. *sup.* n. 352.

§ 4. DU DIVIDENDE ET DU FONDS DE RÉSERVE.

761. DIVIDENDE. Le dividende des actions se paie tous les six mois. Il se compose : 1° d'une répartition qui ne peut excéder six pour cent du capital primitif de chaque action de 1,000 fr.; 2° d'une autre répartition égale aux deux tiers des bénéfices excédant la première. Le dernier tiers est mis en fonds de réserve (L. 22 av. 1806, art. 4).

Il est réglé tous les six mois par le conseil de régence, il est payé à vue aussitôt après la fixation ; savoir : à Paris, par la caisse de la Banque, et dans chaque chef-lieu de département, par des correspondants de la Banque qui sont indiqués (Statuts, 25 vendém. an XII, art. 8, § 1).

762. FONDS DE RESERVE. Ce fonds de réserve sert à compléter l'intérêt de six pour cent en cas d'insuffisance de bénéfice pour ouvrir un dividende dans cette proportion. — L'administration de la Banque a la faculté de faire de ce fonds de réserve le placement qui lui paraît le plus convenable (*Ibid.*, art. 5). C'est le conseil général qui détermine le placement (*Ibid.*, art. 7).

763. Néanmoins, ce fonds de réserve compose avec les actions le capital de la Banque (V. *sup.* n. 734).

764. Le fonds de réserve qui s'est formé pendant la durée d'un usufruit, n'est pas un fruit civil qui appartienne à l'usufruitier. Il accroît au principal et par suite appartient exclusivement au nu-propriétaire. Le droit de l'usufruitier se réduit à la jouissance de la portion de ce fonds de réserve, qui a été distribuée dans le cours de l'usufruit, l'usufruitier ne peut rien prétendre sur la portion non distribuée au moment où l'usufruit s'éteint (LL. 22 germ. an XI, art. 8; 22 av. 1806, art. 2, 4, 5; C. civ. 582; Paris, 27 av. 1827).

§ 5. DE L'ADMINISTRATION DE LA BANQUE.

765. ASSEMBLÉE GÉNÉRALE. L'assemblée générale des actionnaires se réunit dans le mois de janvier de chaque année. — Elle est convoquée par le conseil général. — Elle est présidée par le Gouverneur (Décr. 16 janv. 1808, art. 24).

L'universalité des actionnaires de la Banque est représentée par deux cents d'entre eux qui, réunis, forment l'assemblée générale (L. 22 av. 1816, art. 6). — Ces deux cents actionnaires sont ceux qui depuis six mois révolus sont les plus forts propriétaires d'actions, de manière qu'en cas de parité ce soit l'actionnaire le plus anciennement inscrit qui soit le préféré (Décr. 22 germ. an XI, art. 11); ou bien le plus âgé en cas de parité de date d'inscription (Statuts, 25 vendém. an XII, art. 11, § 1).

La Banque est administrée par quinze régents, et surveillée par trois censeurs (Décr. 24 germ. an XI, art. 15). — V. *inf.* n. 768.

Cinq régents sur les quinze et les trois censeurs sont pris parmi les manufacturiers, fabricants ou commerçants, actionnaires de la Banque; trois régents sont pris parmi les receveurs généraux des contributions publiques (L. 22 av. 1816, art. 9).

766. Elle nomme au scrutin les régents et les censeurs à la majorité absolue des suffrages des membres votants. Si, aux deux premiers tours, cette majorité n'est point obtenue, on procède au scrutin de ballotage entre les deux candidats qui ont réuni le plus de voix au second tour (Décr. 16 janv. 1808, art. 25). — Les régents sont renouvelés chaque année par cinquième et les censeurs par tiers (Statuts, 25 vendém. an XII, art. 16).

767. L'assemblée générale des actionnaires peut être convoquée extraordinairement, lorsque, par retraite ou décès, le nombre des régents est réduit à douze, et celui des censeurs à un seul, et qu'elle aura été requise par l'unanimité des censeurs et délibérée par le conseil général (*Ibid.*, art. 27).

Nul ne peut être membre de l'assemblée générale s'il ne jouit des droits de citoyen français (*Ibid.*, art. 14).

V. *inf.* n. 773.

768. CONSEIL GÉNÉRAL. Le conseil général est composé : 1° du *gouverneur*; 2° des *sous-gouverneurs*; 3° des *régents*; 4° des *censeurs;* tous résidant à Paris et ayant un droit de présence quand ils assistent au conseil (*Ibid.*, art. 34).

769. Il convoque l'assemblée générale — V. *sup.* n. 765. — et se réunit au moins une fois par semaine (*Ibid.*, art. 36). — Il a à surveiller toutes les parties de l'établissement ; à faire le choix des effets qui peuvent être pris à l'escompte; à délibérer ses statuts particuliers et les règlements de son régime intérieur; à délibérer sur la proposition du gouverneur tous traités généraux et conventions; à statuer sur la création et l'émission des billets de la Banque, payables au porteur et à vue; à statuer pareillement sur le retirement et l'annulation; à régler la forme de ces billets; à déterminer les signatures dont ils devront être revêtus (L. 22 av. 1806, art. 17). — V. *sup.* n. 762.

770. Il détermine le taux des escomptes, ainsi que les sommes à y employer; et, en outre, les échéances hors desquelles les effets ne peuvent être admis aux escomptes (*Ibid.*, art. 35). — Il lui est rendu compte de toutes les affaires de la Banque (*Ibid.*, art. 36). — V. *sup.* n. 767.

771. Aucune résolution ne peut être délibérée en conseil général, sans le concours de dix votants au moins et la présence d'un censeur. — Les arrêts se prennent à la majorité absolue (Décr. 16 janvier 1808, art. 37).

772. Le compte annuel qui doit être rendu à l'assemblée des actionnaires, est arrêté par le conseil général (*Ibid.* art. 39). Les appointements et salaires des agents et employés de la Banque, et les dépenses générales de son administration sont délibérés chaque année et d'avance par le conseil (L. 22 av. 1806, art. 17).

773. Le conseil général nomme, remplace et réélit, à la majorité absolue, les membres des comités et des commissions spéciales (*Ibid.*, art. 40).

V. *inf.* n. 777, 797, 800, 802, 803.

774. 1° GOUVERNEUR. La direction de toutes les affaires de la Banque est exercée par un gouverneur, nommé par le Roi. — Avant d'entrer en fonctions, le gouverneur

doit justifier de la propriété de cent actions. — Il lui est interdit, ainsi qu'à ses suppléants, de présenter à l'escompte aucun effet revêtu de leur signature ou leur appartenant. — Ses honoraires sont fixés à 6,000 fr. par an. — Le gouverneur et les deux sous-gouverneurs prêtent serment entre les mains du Roi (L. 22 av. 1816, art. 11, 12, 13, 14, 15 et 16). — V. *inf.* n. 779. — La nomination, la révocation et destitution des agents de la Banque sont exercées par lui. Il signe seul, au nom de la Banque, tous traités et conventions. Il signe la correspondance; néanmoins, il peut se faire suppléer à cet égard ainsi que pour les endossements et acquits des effets actifs de la Banque. Nulle délibération ne peut être exécutée, si elle n'est revêtue de sa signature. Il fait exécuter dans toute leur étendue les lois relatives à la Banque, les statuts et les délibérations du conseil général (*Ibid.* 19).—Il préside les comités et commissions spéciales auxquels il assiste (Décr. 16 janv. 1807, art. 31). V. *sup.* n. 765.

775. Il présente, au nom du conseil général, à l'assemblée des actionnaires, le compte annuel des opérations de la Banque (*Ibid.*, 30).

776. La présence du gouverneur ou celle des sous-gouverneurs est journellement obligatoire à la Banque pour l'expédition des affaires (*Ibid.*, 32).

777. Le gouverneur se fait assister par le conseil général et le conseil d'escompte, pour la classification des crédits. Cette classification est révisée tous les ans (*Ibid.* 33).

778. Les actions dont les gouverneurs et sous-gouverneurs sont propriétaires, sont inaliénables pendant la durée de leurs fonctions (*Ibid.* 28).

779. 2° SOUS-GOUVERNEURS. Le gouverneur a deux suppléants qui exercent les fonctions qui leur sont par lui déléguées. Ils ont le titre de premier et second sous-gouverneur. Ils remplissent dans l'ordre de leur nomination les fonctions du gouverneur en cas d'absence ou maladie. Ils sont nommés par le roi. Ils doivent, avant d'entrer en fonctions, justifier de la propriété de cinquante actions. Leurs honoraires sont fixés à chacun trois mille francs par an (L. 22 av. 1806, art. 11, 12, 13, 15). — Ils assistent et ont voix délibérative au conseil général; ils prennent rang parmi les régents, à raison de leur ancienneté (*Ibid.* n. 20). — V. *sup.* n. 765, 768, 774, 776, 778.

780. 3° RÉGENT. V. *sup.* n. 765, 766, 767, 768, et *inf.* n. 790, 791. — Les actions judiciaires sont exercées au nom des régents, à la poursuite et diligence du gouverneur (L. 22 av. 1806, art. 19).

Les fonctions des régents, des censeurs et des membres du conseil d'escompte, sont gratuites, sauf les droits de présence (Décr. 24 germ. au XI, art, 20).

Les quinze régents et les trois censeurs sont répartis en cinq comités pour exercer les détails de la surveillance des opérations de la banque (L. 22 av. 1806, art. 18). — V. *inf.* n. 787, 794, 799, 802, 803.

781. Les régents et les censeurs sont tenus, avant d'entrer en fonctions, de justifier de la propriété de trente actions au moins, lesquelles sont inaliénables pendant la durée de leurs fonctions (Décr. 16 janv. 1808, art. 41).

782. 4° CENSEURS. V. *sup.* n. 765, 766, 767, 768, 771, 780, 781 et *inf.* n. 790, 791, 794, 799.

783. Les censeurs exercent une surveillance sur toutes les opérations de la banque. Ils se font représenter l'état des caisses, les registres et les porte-feuilles, toutes les fois qu'ils le jugent convenable (Décr. 16 janv. 1808, art. 42).

784. Les censeurs n'ont point voix délibérative au conseil général. Ils proposent toutes les mesures qu'ils croient utiles à l'ordre et à l'intérêt de la banque. Si leurs propositions ne sont point adoptées, ils peuvent en requérir la transcription sur le registre des délibérations (*Ibid.* 43).

785. Ils assistent aux comités des billets, des livres et porte-feuilles (*Ibid.* 44).

786. La nomination des membres du conseil d'escompte par les censeurs, est faite sur une liste de candidats présentés par le conseil général, en nombre triple de celui des membres à élire (*Ibid.* 45).

787. CONSEIL OU COMITÉ D'ESCOMPTE. Nul effet ne peut être escompté que sur la proposition du conseil général, et sur l'approbation formelle du gouverneur (L. 22 av. 1806, art. 19). — V. *sup.* n. 777, 780, 786.

788. Les membres du conseil d'escompte sont au nombre de douze, pris parmi les actionnaires exerçant le commerce à Paris. Ils sont nommés par les trois censeurs et renouvelés par quart, chaque année (statuts, 23 vendem, an XII, art. 18). Ils doivent justifier, en entrant en fonctions, de la propriété de dix actions de la banque de France, lesquelles sont inaliénables pendant la durée de leurs fonctions (Décr. 16 janv. 1808, art. 46).

789. Les membres du conseil d'escompte sont alternativement appelés au comité des escomptes, suivant l'ordre du tableau. Ceux qui assistent au comité, ont un droit de présence (*Ibid.* 47).

790. Les régents et membres du conseil d'escompte qui doivent former le comité, sont alternativement choisis suivant l'ordre du tableau. Leurs fonctions comme membres du comité des escomptes, sont de quinze jours. Le comité des escomptes se réunit au moins trois fois chaque semaine (*Ibid.* 48)

791. Les régents et membres du conseil d'escompte, composant le comité des escomptes, examinent le papier présenté à l'escompte. Ils choisissent celui qui remplit les conditions voulues et les sûretés de la banque (*Ibid.* 49).

792. Tout failli non réhabilité ne peut être admis à l'escompte (*Ibid.* n. 50).

793. Il est tenu un registre où sont inscrits les noms et demeures des commerçants qui ont fait faillite. Ce registre contient la date ou l'époque de la faillite, l'époque de la réhabilitation, si elle a eu lieu (*Ibid.* n. 51). — V. *inf.* n. 801.

794. COMITÉ DES BILLETS. Le comité des billets est composé de trois régents; les censeurs y sont admis (statuts, 23 vendem. an XII, art. 4, § 5). — Il est renouvelé par tiers tous les six mois. Les membres sortants ne peuvent être réélus qu'après un intervalle de six mois. Les censeurs y assistent (*Ibid.* 52).

795. Le comité des billets est spécialement chargé de toutes les opérations relatives à la confection, à la signature et à l'enregistrement des billets, ainsi qu'à leur versement dans les caisses (*Ibid.* 53).

796. Il est chargé de surveiller la vérification des billets

annulés ou retirés de la circulation, et de toutes les opérations, jusques et y compris l'annulation et le brûlement (*Ibid.* 54).

797. Il dresse procès-verbal de ses opérations sur un registre à ce destiné, en présence du directeur, du contrôleur, et du chef de la comptabilité des billets. Il en fait rapport au conseil général (*Ibid.* 55).

798. Le comité des billets est chargé de l'examen et du rapport au conseil général, de toutes les réclamations ou demandes formées pour des billets altérés par l'usage ou par accident (*Ibid.* 56).

V. *sup.* n. 773, 774, 780, 785.

799. COMITÉ DES LIVRES ET PORTE-FEUILLES. Ce comité se renouvelle par tiers tous les six mois. Les membres sortants ne peuvent être réélus qu'après un intervalle de six mois. Les censeurs y assistent (*Ibid.* 57).

800. Ce comité est chargé de la surveillance des livres et registres de la banque. Il examine les effets qui composent les portes-feuilles; il prend note de ceux qui auraient été admis en contravention aux lois et statuts. Il dresse procès-verbal de ses délibérations sur un registre à ce destiné. Il en fait rapport au conseil général (*Ibid.* 58).

801. Il est aussi chargé de la surveillance du registre des faillis, et de la classification annuelle des crédits (*Ibid.* 59).

V. *sup.* n. 773, 774, 780, 785.

802. COMITÉ DES CAISSES. Ce comité est chargé de vérifier la situation des caisses, au moins une fois par semaine. Il en dresse procès-verbal sur un registre à ce destiné. Il en fait rapport au conseil général (*Ibid.* 61). — V. *sup.* n. 773, 780.

803. COMITÉ DES RELATIONS. Le comité des relations avec le trésor public et les receveurs-généraux est renouvelé par cinquième tous les six mois. Les membres sortants ne peuvent être réélus qu'après un intervalle de six mois. Il est chargé de la surveillance des relations de la banque avec le trésor public et les receveurs-généraux des contributions publiques. Il dresse procès-verbal de ses délibérations sur un registre à ce destiné. Il en fait rapport au conseil général (*Ibid.* 62). — V. *sup.* n. 773, 774, 780. — Il entrera, dans la formation de ce comité, au moins deux receveurs généraux régents (L. 22 av. 1806, art. 18).

804. INFRACTIONS. CONTESTATIONS. Le conseil d'état connaît, sur le rapport du ministre des finances, des infractions aux lois et réglements qui régissent la banque, et des contestations relatives à sa police et administration intérieures; le conseil d'état prononce de même définitivement et sans recours, entre la banque et les membres de son conseil général, toute condamnation civile, y compris les dommages-intérêts. et même soit la destitution, soit la cessation de fonctions : toutes autres questions sont portées aux tribunaux qui doivent en connaître (L. 22 av. 1816. art. 21).

§ 6. DES DROITS DES ACTIONNAIRES ET PORTEURS.

805. Les actionnaires de la banque ne sont responsables de ses engagements, que jusqu'à concurrence du montant de leurs actions (Décr. 16 janv. 1808. art. 2).

806. Les actions ne peuvent être mises au porteur (Décr. 24 germ. an XI, art. 3).

807. La banque de France n'est pas tenue de payer aux tiers-porteurs, quelle que soit leur bonne foi, les billets de banque faux; peu importe que l'imitation soit tellement parfaite, qu'il ait été presque impossible aux particuliers de ne pas s'y méprendre (C. civ. 1238; — Trib. de comm. de Paris, - Sir. 32, 2, 533).

808. V. *sup.* n. 729.

§ 7. DE LA TRANSMISSION DES ACTIONS.

809. La transmission des actions s'opère par de simples transferts sur des registres doubles tenus à cet effet. Elles sont valablement transférées par la déclaration du propriétaire ou de son fondé de pouvoir, signée sur les registres, et certifiée par un agent de change, s'il n'y a opposition signifiée et visée à la banque (Décr. 16 janv. 1808, art. 4). — V. *sup.* n. 739.

810. Les actions de la banque peuvent être acquises par des étrangers (*Ibid.* 3).

811. Les tuteurs peuvent, sans qu'il soit besoin d'autorisation spéciale, ni d'affiches, ni de publication, mais seulement d'après le cours constaté du jour, et à la charge d'en rendre compte comme du produit des meubles, transférer le droit qu'ont les mineurs ou interdits dans des actions, toutes les fois que ceux-ci n'ont qu'une action, ou un droit dans plusieurs actions qui n'excède pas en totalité une action entière (LL. 24 mars 1806; 25 sept. 1813). — V. *sup.* n. 733.

§ 8. DE LA FORME DES BILLETS DE LA BANQUE.

812. La moindre coupure des billets de la banque est de cinq cents francs (statuts, 25 vendém. an XII, art. 4).

813. La banque émet des billets payables au porteur et à vue, et des billets à ordre, payables à un certain nombre de jours de vue, pour la commodité des voyageurs (*Ibid.* art. 4, § 1).

814. Ces billets sont émis dans des proportions telles, qu'au moyen du numéraire réservé dans les caisses de la banque et des échéances de son porte-feuille, elle ne puisse dans aucun temps, être exposée à différer le paiement de ses engagements, au moment où ils lui sont présentés (*Ibid.* § 2).

815. Les créations et émissions de billets au porteur et à vue, ne peuvent, dans aucun cas, avoir lieu qu'en vertu d'une résolution du conseil de régence, prise à la majorité des deux tiers des régents, et subordonnée à l'approbation des censeurs ou de la majorité d'entr'eux. En cas de refus de la part de ces derniers, il en est référé à l'assemblée générale des actionnaires, convoqués dans le délai de dix jours. Les délibérations relatives aux nouvelles créations et émissions de billets, déterminent la nature du papier, la forme, la contexture des billets, ainsi que leur valeur, en un mot, toutes les mesures capables de consolider la confiance par des difficultés qu'elles opposeront aux contrefacteurs (*Ibid.* § 3).

816. Les billets au porteur et à vue, sont signés par le directeur général, par le directeur de la comptabilité des billets, par le contrôleur général, par le secrétaire général, et par le caissier général (*Ibid.* § 6), à moins de disposition contraire de la part du conseil général. — V. *sup.* n. 768.

817. Sont punis des travaux forcés à perpétuité, ceux qui auront contrefait ou falsifié des billets de banque au-

torisées par la loi, ou qui en auront fait usage (C. pén. 139.); et même lorsque des billets de banque ont été retirés de la circulation et frappés d'un timbre indiquant qu'ils sont annulés, celui qui en fait disparaître ce timbre par des procédés chimiques, commet un faux (Cass. 19 déc. 1807).

818. Les droits de timbre à la charge de la banque, sont perçus sur la moyenne des billets au porteur ou à ordre qu'elle aura tenus en circulation pendant le cours de l'année (L. 30 juin 1840).

V. *Les formules de cessions d'actions de la banque.*

Sect. 2. DES ACTIONS DE COMMERCE.

§ 1. DE L'OBJET, DE LA CRÉATION ET TRANSMISSION DES ACTIONS DE COMMERCE.

819. On appelle *action de commerce* la part qu'un associé a dans une société commerciale, et qui lui donne le droit de partager, à proportion des fonds qu'il y met, les profits certains et incertains de la compagnie, à condition de supporter, dans la même proportion, les dépenses et les pertes qu'elle peut faire (*d'Aguesseau*, *Mémoire sur les actions*, *n.* 6).

820. L'acte qui constate l'existence et la quotité de cette part se nomme aussi *action*.

821. Le contrat de société d'où dérivent les actions se règle par le droit civil, par les lois particulières au commerce et par les conventions des parties (C. comm. 18).

822. On peut former une société pour toute espèce de choses pourvu que l'objet en soit licite et qu'elle soit contractée pour l'intérêt commun des parties. — On doit y apporter ou de l'argent ou d'autres biens ou son industrie (C. civ. 1833). — Ainsi, on peut exploiter par actions les brevets de découvertes en tous genres d'industrie, le breveté se munissant au préalable de l'autorisation du gouvernement (Décr. 25 novembre 1806).

823. Mais ce n'est pas la forme d'une société qui lui donne le caractère commercial, c'est son objet; d'où il suit que la création d'actions ne rend pas commerciale une société civile (Duvergier, *Cont. de société*, n. 485).

824. La loi ne reconnaissant que quatre espèces de sociétés commerciales (la société en nom collectif, la société en commandite, la société anonyme et la société en participation) (C. comm. 19 et 50), il en résulte que les actions ne peuvent avoir lieu pour autre cause.

825. Le capital de la société anonyme se divise en actions et même en coupons d'actions d'une valeur égale (C. comm. 34).

826. L'action peut être établie sous la forme d'un titre au porteur. — Dans ce cas la cession s'opère par la tradition du titre (C. comm. 35). — V. *inf.* n. 846, 847.

827. La société formée par actions au porteur pour la perception et la répartition du péage d'un pont déjà construit n'est pas une société ayant pour objet une entreprise commerciale, comme le serait la société formée pour la construction d'un pont; en conséquence les contestations relatives à cette société ne sont point de la compétence des tribunaux de commerce (C. comm. 632; — Cass. 23 août 1820, - Sir. 21, 1, 372).

828. Il en est de même d'une société formée entre des particuliers pour entreprise de paiement des contributions de guerre, imposées à un état, au moyen d'abandon et vente de certains immeubles à réméré, encore que ces opérations nécessitent habituellement des actes de commerce (Cass. 14 déc. 1819, - Sir. 20, 150).

829. La propriété des actions peut être établie par une inscription sur les registres de la société. — Dans ce cas, la cession s'opère par une déclaration de transfert inscrite sur les registres et signée de celui qui fait le transport ou d'un fondé de pouvoir (C. comm. 36).

830. Le capital des sociétés en commandite peut aussi être divisé en actions, sans aucune autre dérogation aux règles établies pour ce genre de société (*Ibid.* 38).

831. Une société par actions n'a d'existence légale que du moment où il a été émis une ou plusieurs actions; jusque-là il n'y a qu'une simple pollicitation ou offre de constituer une société. D'où il suit que, même à l'égard des actionnaires, la constitution d'hypothèque consentie par le créateur d'une société de ce genre au profit d'un tiers, avant qu'aucune action ait été émise, sur un immeuble qui lui appartenait et dont il avait déclaré dans l'acte social transférer la propriété à la société, est valable. — Par réciprocité, est nulle à l'égard des actionnaires la constitution d'hypothèque consentie sur cet immeuble, après placement d'actions en plus ou moins grand nombre (Douai, 27 nov. 1839, - Sir. 40, 2, 206).

832. C'est aux agents de change et aux courtiers qu'il appartient de faire la négociation des actions que peuvent émettre les sociétés commerciales ou anonymes ou en commandite, dans les villes où ils sont établis (L. L. 28 vent. an IX, art. 7 et 8; — Arr. 27 prair. an X; Pardessus, *dr. comm.* n. 125; Mollot, *bourses de comm.* n. 128; — Cass. 14 août 1818). — Les particuliers n'ont le droit de s'immiscer dans les fonctions d'agent de change que quand le nombre de ceux-ci est insuffisant pour le service de la place (Douai, 12 sept. 1829). — V. *inf.* n. 845.

§ 2. DES DIFFÉRENTES ESPÈCES D'ACTIONS DE COMMERCE.

833. Quoiqu'en général la réunion des actions compose le fonds social, ce qui doit faire considérer les actionnaires comme des co-propriétaires de ce fonds, il n'en est cependant pas ainsi de toutes les actions, car il y a de la différence entre les *actions rentières* et les *actions intéressées*.

Rentières. Les actions rentières donnent droit seulement à un intérêt annuel de tant p. 0/0. — L'actionnaire, dans ce cas, n'est que *commanditaire* ou *simple bailleur de fonds*, c. à-d. qu'il ne contribue aux pertes que jusqu'à concurrence des fonds qu'il a mis ou dû mettre dans la société et qui sont représentés par son action (C. comm. 26, 33).

Intéressées. Les actions intéressées sont, en quelque sorte, mixtes, en ce qu'elles tiennent des actions simples et des actions rentières. Elles donnent droit à un intérêt fixé à *tant* p. 0/0, et de plus elles confèrent le droit de partager un dividende. — Mais, par réciprocité, le propriétaire d'une action intéressée qui est appelé *associé en nom collectif* est solidaire pour tous les engagements de la société à raison desquels il peut être poursuivi sur tous ses biens (C. comm. 22). — V. *sup.* n. 819.

§ 3. DU FONDS SOCIAL ET DE SA NATURE ET DES DROITS DES ACTIONNAIRES.

834. Ceux qui ont des actions ont droit au fonds social en raison de cette action : ils doivent donc être, en cette

qualité, considérés comme des co-propriétaires de ce fonds. — V. *sup.* n. 833.

835. Ce droit passe au cessionnaire; ainsi, lorsque, par un contrat d'association, les fonds de la société sont divisés en actions, avec faculté à chaque associé de céder à qui il lui plaira le nombre de ses actions qu'il jugera à propos, les cessionnaires d'actions deviennent par cela seul co-propriétaires des fonds sociaux et membres de la société (Cass. 1 vendém. an x, - Sir. 7, 2, 770).

836. En cette qualité de cessionnaire, le nouveau propriétaire d'une action représente son cédant et contribue aux pertes et au paiement des dettes en son lieu et place; il ne peut en être affranchi par une des clauses de son contrat (Cass. 23 vent. an VIII, - Sir. 1, 1, 287).

837. Les actions ou intérêts dans les compagnies de finance, de commerce ou d'industrie sont mobiliers *à l'égard de chaque associé seulement tant que dure la société*, encore que des immeubles dépendant de ces entreprises appartiennent aux compagnies (C. civ. 529). Il n'y a point à considérer si la compagnie n'a pour but que d'acheter, vendre, défricher des immeubles, ou exploiter des mines (*Contrôleur*, t. 4, n. 3683; Cass. 7 av. 1824, - Sir. 25, 1, 7. — *Contrà*, Toullier, t. 12, n. 99). — Ou dessécher des marais (Toullier, n. 100). — V. *sup.* n. 293.

838. *A l'égard de chaque associé seulement tant que dure la société.* D'où il résulte qu'à l'égard de la *société* elle-même prise collectivement les immeubles appartenant à l'entreprise sont toujours immeubles.

839. Ainsi, nul doute que la société ou ses mandataires ne puissent, pendant la durée de la société, aliéner ou hypothéquer les immeubles qui en dépendent.

840. Mais tant que dure la société le droit de chaque associé se bornant à demander son dividende qui consiste en une somme d'argent, c'est pour cela qu'on doit le considérer comme mobilier, tellement :

841. 1° Que la cession qu'un actionnaire ferait de son action ne serait pas de nature à être transcrite ni purgée d'hypothèque, puisqu'elle n'est point immobilière.

842. 2° Que chaque associé ne peut hypothéquer les immeubles de la société même pour la part indivise présumée lui revenir.

843. Cet état de chose n'étant que transitoire et ne subsistant que par une fiction de la loi, il en résulte qu'après la dissolution de la société les immeubles qui en dépendent reprennent leur nature à l'égard même des associés individuellement (Discuss. du cons. d'Et.). — De sorte que chaque associé peut alors consentir hypothèque sur sa portion divise ou indivise des immeubles, sauf, dans ce dernier cas, l'événement du partage ou de la licitation.

844. Une action dans une entreprise commerciale, comme la reconstruction d'une salle de spectacle, peut, d'après les circonstances, être considérée comme un simple prêt et non comme un intérêt social; dans ce cas, l'actionnaire a le droit d'exiger le remboursement du capital de son action sans être tenu de contribuer aux pertes de l'entreprise (C. civ. 1853; — C. comm. 34; — Cass. 10 mai 1837).

§ 4. DU DROIT DES TIERS, CRÉANCIERS ET PORTEURS D'ACTIONS DE COMMERCE.

845. Les actions ou intérêts dans les compagnies de finance ou d'industrie peuvent être saisis mobilièrement par les créanciers de celui qui en est propriétaire, tout aussi bien que les sommes et effets appartenant à ce dernier. — Dans ce cas, la vente doit en être faite, après trois publications, en l'étude d'un notaire, sans l'intervention du commissaire-priseur (Paris, 2 mai 1811, - Sir. 14. 2. 215; — Duranton, t. 4, n. 122). — V. *sup.* n. 832.

846. L'art. 19, tit. 5, de l'ordonnance de 1673, qui autorisait le juge à ordonner, moyennant caution, le paiement d'une lettre de change au porteur lorsqu'elle était *adirée*, ne s'appliquait qu'aux lettres et billets de change, et nullement aux actions d'un établissement de commerce payables au porteur (Cass. 5 déc. 1837, - Sir. 38, 1, 329).

847. Celui qui a pris des actions au porteur dans une société de commerce, est censé n'en être plus propriétaire, à l'égard de la société, par cela seul qu'il ne peut en représenter le titre. — Il ne pourrait, en alléguant la perte de ce titre, agir contre la société, soit pour se faire déclarer propriétaire des actions, soit pour s'en faire payer les intérêts et dividendes, même conditionnellement et en donnant caution; il n'aurait action qu'autant qu'il prouverait que le titre est anéanti (Paris, 23 juill. 1836, - Sir. 37, 2, 103). — V. *sup.* n. 826, 827, 831.

[29]

DES PRIVILÉGES DE CRÉANCES.

DIVISION SOMMAIRE.

Indication alphabétique.

§ 1 DE LA NATURE DU PRIVILÉGE

1. *Le privilége est un droit que la qualité de la créance donne à un créancier d'être préféré aux autres créanciers, même hypothécaires* (C. civ. 2095). Ce droit est, par conséquent, un droit réel (V. note 27, n. 399 et suiv.).

2. Il faut que ce soit la qualité de la créance qui confère ce droit, car tout privilége doit être restreint aux cas expressément spécifiés par les actes législatifs qui l'ont établi. — V. note 25, n. 32, 33, 34, et *inf.* n. 162, 182, 188, 189, 305.

3. Les priviléges étant accessoires à des obligations, naissent et s'éteignent avec la cause qui les a produites (C. civ. 2180), mais s'il suffit de s'être obligé pour être tenu de remplir son engagement sur tous ses biens mobiliers et immobiliers présents et à venir (C. civ. 2092), car tous les biens du débiteur sont le gage commun de ses créanciers (C. civ. 2093.), cela ne suffit pas toujours pour fonder un privilége qui donne une cause légitime de préférence sans laquelle cause le prix des biens du débiteur se distribue entre ses créanciers par contribution (C. civ. 2093, 2094). — V. note 23, n. 64, 66.

4. *Les causes légitimes de préférence sont les priviléges et hypothèques* (note 30). — (C. civ. 2094).

5. On doit ranger parmi les priviléges, le droit de *rétention* dont nous avons parlé note 22, n. 101. — V. *inf.* n. 106 s. 236.

Mais tous les priviléges ne viennent pas au même rang ainsi que nous allons l'expliquer :

§ 2. DU RANG DES PRIVILÉGES ENTR'EUX.

6. *Entre les créanciers privilégiés, la préférence se règle par les différentes qualités des priviléges* (C. civ. 2096), et non par l'ordre des époques auxquelles les priviléges sont acquis; *de sorte que les créanciers privilégiés qui sont dans le même rang, sont payés par concurrence* (C. civ. 2097).

7. Ainsi, on ne peut établir de préférence, entre deux cessionnaires de parties d'une créance privilégiée, quoique la cession faite à l'un soit antérieure à celle de l'autre (Cass. 4 août 1817). Cependant, lorsque la première cession est faite avec promesse de *garantir*, *fournir et faire valoir*, le cessionnaire a le droit d'être payé par préférence à tout cessionnaire ultérieur de la portion réservée par le cédant (Paris, 17 av. 1834).

8. De même, celui qui, par un arrêt passé en force de chose jugée, a été déclaré créancier privilégié sur un immeuble, doit jouir de son privilége, vis-à-vis de la personne contre laquelle l'arrêt a été rendu, encore qu'il n'ait été inscrit qu'après elle. En ce cas, le rang de la collocation se régle par les effets de la chose jugée, et non par la date des inscriptions (Bruxelles, arrêt de 1813, aff. Leroy, Sir. 14, 2, 365).

9. Pour la distribution des deniers, on se conforme aux art. 656 et suiv. du C. proc. civ.

10. Pour faciliter les recherches, nous avons dressé un

tableau synoptique indicatif de l'ordre dans lequel s'exercent les priviléges (*a*).

(a) *Tableau synoptique établissant l'ordre dans lequel s'exercent les priviléges.*

INDICATION			Les priviléges s'exercent de la manière indiquée en chaque colonne prise de haut en bas, ainsi qu'il suit :							
de la nature des créances privilégiées.	des lois donnant lieu au privilége.	des numéros de la présente note où les priviléges sont rappelés.	Récoltes et revenus d'immeubles.	Meubl. garnissant la maison louée ou la ferme, ou servant à son exploitation.	Effets mobiliers autres que ceux désignés à la seconde colonne.	Ustensiles servant à l'exploitation d'une ferme.	Gages ou objets mobiliers grevés d'un privilége spécial.	Cautionnement de fonctionnaires publics.	Immeubles.	Numéros à consulter comme contenant des modifications.
			Les chiffres de la première ligne transversale indiquent l'ordre des priviléges, suivant le système qui donne la préférence aux priviléges généraux sur les priviléges spéciaux, et les chiffres de la seconde ligne indiquent l'ordre, suivant le système qui donne la préférence aux priviléges spéciaux.							
1. Frais de justice.	C. civ. 2101-1°; 2104; 2105-1°; 2107; 2112.	20 s.; 211 s.	1 ou 2	1 2	1 2	1 2	1 2	1 2	1 »	18.23 s.61.98. 105. 116. 126. 131.
2. Frais funéraires.	C. civ. 2101-2°; 2104; 2105-1°; 2107; 2112.	36 s.; 211 s.	3 ou »	3 »	3 »	3 »	3 »	3 »	2 3	18. 98.
3. Frais de dernière maladie.	C. civ. 2101-3°; 2104; 2105-1°; 2107; 2112.	40 s.; 211 s.	4 ou »	4 »	4 »	4 »	4 »	4 »	3 4	18. 98.
4. Salaires des gens de service.	C. civ. 2101-4°; 2104; 2105-1°; 2107; 2112.	42 s.; 211 s.	5 ou »	5 »	5 »	5 »	5 »	5 »	4 5	18. 98.
5. Fournitures de subsistances.	C. civ. 2101-5°; 2104; 2105-1°; 2107; 2112.	56 s.; 211 s.	6 ou »	6 »	6 »	6 »	6 »	6 »	5 6	18. 98.
6. Loyers, fermages, charges de bail.	C. civ. 2102-1°; 2112.	63 s.	9 ou 1	8 1	» »	9 1	» »	» »	» »	18. 23 s. 226. 227.
7. Sommes dues pour semences ou frais de récolte et pour ustensiles.	C. civ. 2102-1°.	63 s.	8 ou 1	» »	» »	8 1	» »	» »	» »	18. 92.
8. Créance sur nantissement.	C. civ. 2102-2°.	97 s.	» ou »	» »	» »	» »	8 1	» »	» »	18. 98.
9. Frais faits pour la conservation de la chose.	C. civ. 2102-3°.	104 s.	7 ou 1	7 1	7 1	7 1	7 1	7 1	6 1	18. 105.
10. Prix d'effets mobiliers non payés.	C. civ. 2102-4°.	115 s.	» ou »	9 3	8 3	8 3	» »	» »	» »	59. 18. 116.
11. Fournitures d'aubergiste.	C. civ. 2102-5°.	126 s.	» ou »	» »	» »	» »	8 1	» »	» »	18. 126.
12. Frais de voiture et dépenses accessoires.	C. civ. 2102-6°.	131 s.	» ou »	» »	» »	» »	8 1	» »	» »	18. 131.
13. Créances résultant d'abus et prévarication des fonctionnaires publics.	C. civ. 2102-7°.	135 s.	» ou »	» »	» »	» »	» »	7 1	» »	18. 136.
14. Prix du cautionnement dû au prêteur.	C. civ. 2102-7°.	135 s.	» ou »	» »	» »	» »	» »	8 2	» »	18. 136. 157.
15. Prix d'immeubles dû au vendeur ou prêteur.	C. civ. 2103 1°-2°; 2104; 2105-2°; 2109; 2112; 2113.	159 s.; 177 s.; 211 s.	»	»	»	»	»	»	6	
16. Garantie des partages et des soultes ou retours de lots.	C. civ. 2103-3°; 2104; 2105-2°; 2110; 2112; 2113.	184 s.; 211 s.	»	»	»	»	»	»	7	
17. Prix de constructions dûs aux ouvriers, ou à ceux qui ont prêté les deniers.	C. civ. 2103-4°-5°; 2104; 2105-2°; 2110; 2112; 2113.	193 s.; 208 s.; 211 s.	»	»	»	»	»	»	6	
18. Droits du trésor sur les biens du comptable.	C. civ. 2098; L. 5 sept. 1807.	217 s.	11	10	9	10	9	9	8	
19. Droits du trésor sur les biens des condamnés.	C. civ. 2098; L. 5-15 sept. 1807.	221 s.	11	10	9	10	9	9	8	
20. Contribution foncière.	C. civ. 2098; L. 12-22 nov. 1808.	223 s.	2	»	»	»	»	»	»	
21. Contribution personnelle et mobilière.	*Idem.*	*Idem.*	»	2	2	2	2	2	»	
22. Régie des droits réunis.	C. civ. 2098; L. 1 germ. an XIII.	226 s.	»	2	2	2	2	2	»	
23. Régie des douanes.	C. civ. 2098; L. 6-22 août 1791.	227 s.	»	2	2	2	2	2	8	
24. Droits de mutations par décès.	C. civ. 2098; L. 22 frim. an VII.	228 s.	2	»	»	»	»	»	»	
25. Trésor de la couronne.	C. civ. 2098; L. 5 septemb. 1807.	231 s.	11	10	9	10	9	9	8	

§ 3. DES DIFFÉRENTES CLASSES DE PRIVILÉGES.

11. *Les priviléges peuvent être sur les meubles ou sur les immeubles* (C. civ. 2099).

12. *Ils sont ou généraux, ou particuliers sur certains meubles* (C. civ. 2100). — V. *inf.* n. 18.

13. Il y a quatre classes de priviléges qui sont :

14. 1° Les priviléges généraux sur les meubles (C. civ. 2101).

15. 2° Les priviléges spéciaux sur certains meubles (C. civ. 2102).

16. 3° Les priviléges sur les immeubles (C. civ. 2103).

17. 4° Et les priviléges qui s'étendent sur les meubles et les immeubles (C. civ. 2104 et suiv.).

Art. 1. Des priviléges généraux sur les meubles.

18. Les priviléges généraux sur les meubles, sont-ils préférables aux priviléges spéciaux sur certains meubles mentionnés ci-après art. 2 ?

Pour l'affirmative. C'est-à-dire que les priviléges spéciaux passent *après* les priviléges généraux : Limoges. 15 juill. 1813, - Sir. 14, 2, 262 ; — Rouen, 12 mai 1828 (V. *inf.* n. 59); Lyon, 27 mars 1821 (V. *inf.* n. 25); Poitiers, 30 juil. 1830, - Devill. 31, 2, 88 ; — Maleville, sur l'art. 2102; — Tarrible, *rép.* v° *Priv. de créance*, sect. 2, § 1, n. 2; — Favard, *rép.* v° *Priv.*, sect. 3, § 1; — Troplong, *priv. et hyp.* t. 1, n. 73; — Grenier, *Ibid*, t. 2. n. 298.

Pour la négative. C'est-à-dire que les priviléges spéciaux passent *avant* les priviléges généraux : Cass. 15 juil. 1833 (V. *inf.* n. 91); Cass. 20 août 1821 (V. *inf.* n. 23); Rouen, 17 juin 1826; (V. *inf.* n. 90); Paris, 27 nov, 1814 (V. *inf.* n. 24); Lyon, 14 déc. 1825 (V. *inf.* n. 24); Paris 23 fév. 1832 (V. *inf.* n. 89); Caen, 8 mars 1838 (V. *inf.* n. 88); Persil, *rég. hyp.* art. 2101, *et quest.* t. 1. chap. 3, § 9.

19. Les créances privilégiées sur la généralité des meubles sont celles ci-après exprimées, et s'exercent dans l'ordre suivant (C. civ. 2101).

I. *Frais de justice.*

20. *Ces frais sont privilégiés sur la généralité des meubles* (C. civ. 2101 - 1°, 2104 - 1°). — V. *sup.* le tableau p. 339.

21. En matière de privilége, on doit entendre par *frais de justice*, les frais qui se font en justice pour la conservation de la chose et pour la cause commune des créanciers (Grenier *hyp.* t. 2, n. 300 ; — Duranton, t. 19, n. 39, — Persil, *rég. hyp.* n. 7).

Ainsi, les frais de scellés, d'inventaire et de compte faits par l'héritier bénéficiaire, sont des frais de justice privilégiés, pour lesquels l'héritier bénéficiaire doit être colloqué sur les meubles, et à défaut de meubles, sur les immeubles de la succession, par préférence à tout créancier hypothécaire (Cass. 11 août 1824, - Sir. 25, 1, 55).

22. Ce privilége a lieu au cas de faillite, comme au cas de décès, et il est opposable aux créanciers hypothécaires comme aux créanciers chirographaires (Paris, 28 janv. 1812 ; — Colmar, 4 juill. 1831).

23. Le privilége des frais de justice faits pour l'administration de la faillite du locataire, est primé par le privilége du propriétaire, sur le prix des meubles garnissant la maison louée. Ces frais étant sans utilité pour le propriétaire, ne peuvent avoir la préférence sur sa créance (Cass. 20 août 1821, - Sir. 22, 1, 28). — V. note 5, n. 154.

24. Il en est de même du privilége des frais de scellés apposés après le décès du locataire et du privilége des frais faits, soit pour l'inventaire, soit pour l'acceptation bénéficiaire (Paris 27 nov. 1814, - Sir. 16, 2, 205; — Lyon, 14 déc. 1825).

25. Cependant il a été décidé que les frais de saisie et de vente des objets garnissant la maison louée, sont les seuls préférables à la créance du propriétaire, à raison des loyers (Lyon, 27 mars 1821, - Sir. 26, 2, 31).

26. Entre officiers ministériels qui ont pris part aux opérations d'une succession vacante, la distribution doit se faire au marc le franc. Le commissaire-priseur qui a procédé à la vente du mobilier de cette succession, n'y a pas plus de droits que les autres. Toutefois, la distribution des deniers doit couvrir d'abord les déboursés, et c'est le surplus seulement qui doit être réparti au marc le franc (Cass. 8 déc. 1825).

27. Les frais de la demande en validité de consignation d'un prix d'immeuble, formée par l'acquéreur pour parvenir à la radiation des inscriptions hypothécaires grevant les immeubles vendus, doivent être prélevés par privilége sur le prix consigné (Orléans, 13 août 1840).

28. L'acquéreur d'un immeuble doit toujours être colloqué avant le vendeur ou les créanciers, sur le prix, à raison des frais de la poursuite de l'ordre (C. proc. 759; — Paris. 13 janv. 1815).

29. Il doit en être de même :

30. 1° Des frais de signification du jugement d'adjudication aux créanciers inscrits (C. proc. 759 ; — Grenoble. 20 juill. 1823).

31. 2° Des dépens adjugés comme frais extraordinaires de poursuites, en matière de saisie immobilière, quoique le jugement n'ait pas statué sur ces frais (C. proc. 716; Riom, 3 août 1826, - Sir. 28, 2, 278). — Même quand la femme du saisi demande à être colloquée pour ses reprises (*Ibid.*).

32. Les frais de justice ne peuvent être colloqués sur le prix des immeubles, lorsque le créancier a négligé d'en provoquer la collocation sur le prix du mobilier, plus que suffisant pour les acquitter (Paris, 9 fév. 1809, - Sir. 15, 2, 187).

33. Le créancier ne doit être admis à collocation par privilége, pour ses frais de justice, qu'autant :

34. 1° Qu'ils ont été faits à l'occasion de contestations auxquelles le débiteur n'était point étranger (Agen, 12 janv. 1825, - Sir. 27, 2, 216).

35. 2° Qu'il n'a point laissé tomber en péremption le jugement rendu à son profit contre le débiteur (Riom. 15 janv. 1825, - Sir. 26, 2, 129).

V. la note 5, n. 151 à 156, et *inf.* art. 4, n. 211 et suiv.

II. *Frais funéraires.*

36. *Ces frais sont privilégiés sur la généralité des meubles* (C. civ. 2101 - 2°; 2105 - 1°). — V. *sup.* n. 19 et le tableau.

37. Ils sont restreints aux frais des funérailles, mais ils s'étendent à tout ce qui en est une suite immédiate et nécessaire. Cependant on ne peut ranger dans cette catégorie, les frais occasionnés par les prières et services funèbres *de la neuvaine et du bout de l'an* (Agen, 28 août 1834).

38. Le deuil de la veuve est compris dans les frais funéraires de la succession du mari, et jouit par conséquent du même privilége (*ibid.*; Caen, 13 juill. 1836; —Toullier, t. 13, n. 269; — Duranton; Proudhon; Tarrible; Favard; Persil; — *Contrà*, Merlin, *rép.* v° *Deuil.*; — Rolland de V... v° *frais. fun.* n. 4; — Grenier; Troplong; Bellot des Minières; Zachariæ; Battur).

39. Même celui qui a payé les frais funéraires ou de dernière maladie avec intention de faire un prêt au débiteur direct, peut réclamer son paiement par privilége, bien qu'il n'ait pas stipulé de subrogation (Troplong, t. 1, n. 136 *bis*; Delvincourt, t. 3, p. 270, n. 2).

V. *inf.* art. 4, n. 211 et suiv.

III. *Frais de dernière maladie.*

40. *Sont privilégiés les frais de la dernière maladie, concurremment entre ceux à qui ils sont dus* (C. civ. 2101-3°; 2105-1°) — V. *sup.* n. 19 et le tableau p. 339.

41. La dernière maladie doit s'entendre, non-seulement de la maladie dont meurt le débiteur, mais encore de celle qui a précédé sa faillite ou sa déconfiture (Duranton, t. 19 n. 54. — *Contrà*, Grenier, t. 2, n. 302).

V. *inf.* art. 4, n. 211 et suiv.

IV. *Salaires des gens de service* (C. civ. 2101-4°; 2104 et s.). — V. *sup.* n. 19.

42. *Sont privilégiés, les salaires des gens de service pour l'année échue, et ce qui est dû sur l'année courante* (C. civ. 2101-4°; 2105-1°). — V. *sup.* n. 19 et le tableau p. 339.

43. Le privilége accordé aux *gens de service* ne s'applique qu'aux *domestiques* qui louent leurs services à temps, et pour un prix déterminé (Cass. 10 fév. 1829).

44. D'où il suit qu'il s'applique :

45. 1° Au commis principal d'une maison de commerce, quoique non commensal; mais ce privilége n'a d'effet que pour six mois, lorsque le salaire ou traitement a été convenu pour chaque mois, et non pour chaque année (Metz, 4 mai 1820, -Sir. 21, 2, 102; — Paris, 15 fév. 1836).

46. 2° A un contre-maître ou chef-ouvrier (Colmar, 10 déc. 1822, -Devill. 34, 2, 619).

47. 3° Aux commis d'un négociant engagés à l'année, au mois ou à la journée (Lyon, 1 fév. 1832; — Paris, 19 août 1834).

48. 4° Au journalier préposé par un colon partiaire à la culture de l'héritage. Il peut, en conséquence, se faire payer par privilége sur les fruits, au préjudice tant du colon que du propriétaire, encore qu'il n'ait pas réclamé au fur et à mesure de l'acquittement (Cass. 24 juin 1807).

49. Mais on ne peut appliquer le privilége :

50. 1° Au brouettier ou voiturier, travaillant exclusivement pour une seule maison de commerce, et dont les salaires ne seraient payés que tous les ans (Cass. 10 fév. 1829).

51. 2° Aux commis-voyageurs, parce qu'ils ne peuvent être assimilés à des gens de service (Montpellier, 12 juin 1829).

52. 3° Aux ouvriers (Paris, 30 juill. 1828) travaillant dans un atelier, et payés à *tant* par mois (Bourges, 14 fév. 1823), ou salariés à *la pièce*, au mois et à la journée (Paris, 1 août 1834; — *Contrà*, Lyon, 25 av. 1836).

53. 4° Au mandataire salarié recevant de celui qui l'emploie, un traitement annuel (Cass. 8 janv. 1839).

54. 5° A un conducteur de travaux de maçonnerie et de charpente (Paris, 29 mars 1837).

55. 6° Aux professeurs attachés à une maison d'éducation, pour le paiement de leurs honoraires, sur le prix de la vente de l'établissement (Toulouse, 7 déc. 1838).

V. *inf.* n. 89, 90 et art. 4, n. 211 et suiv.

V. *Fournitures de subsistances.*

56. *Sont privilégiées, les fournitures de subsistances faites au débiteur et à sa famille, savoir : pendant les six derniers mois, par les marchands en détail, tels que boulangers, bouchers et autres, et pendant la dernière année, par les maîtres de pension et marchands en gros* (C. civ. 2101-5°; 2105-1°). — V. *sup.* n. 19 et le tableau p. 339.

57. Lorsqu'un aubergiste prend du pain à crédit chez un boulanger, et que le pain a également servi à la nourriture de la famille de l'aubergiste, et à l'exploitation de son auberge, le privilége ne s'étend qu'à la portion de pain consommée par la famille de l'aubergiste; il ne s'étend pas à la portion de pain consommée par les chalans de l'auberge (Rouen. 14 juill. 1819; — Lyon, 14 déc. 1832; — Duranton, t. 19, n. 65).

58. Les fournitures faites à un maître de pension pour ses élèves, ne donnent pas lieu à un privilége (Paris, 5 mars 1838).

59. Le privilége des fournisseurs de subsistances au débiteur et à sa famille, prime le privilége du vendeur non payé, sur le prix représentant l'objet vendu (Rouen, 12 mai 1828, -Sir. 29, 2, 15).

60. Ce privilége s'applique aux fournitures de bois et de charbons (Duranton, t. 19, n. 67).

V. *inf.* n. 88, et art. 4, n. 211 et suiv.

Art. 2. Des priviléges spéciaux sur certains meubles.

61. Ces priviléges sont-ils préférables aux priviléges généraux sur les meubles dont est parlé *sup.* art. 1? — V. *sup.* n. 18.

62. Les créances privilégiées sur certains meubles, sont les suivantes :

I. *Loyers, fermages, charges de bail, semences, frais de récoltes.*

63. *Sont privilégiés, les loyers et fermages des immeubles, sur les fruits de la récolte de l'année, et sur le prix de tout ce qui garnit la maison louée ou la ferme, et de tout ce qui sert à l'exploitation de la ferme, savoir : pour tout ce qui est échu, et pour tout ce qui est à échoir, si les baux sont authentiques, ou si étant sous signature privée ils ont une date certaine; et dans ces deux cas, les autres créanciers ont le droit de relouer la maison ou la ferme, pour le restant du bail, et de faire leur profit des baux ou fermages, à la charge toutefois, de payer au propriétaire tout ce qui lui serait encore dû, et à défaut de baux authentiques, ou lorsqu'étant sous signature privée, ils n'ont pas une date certaine, pour une année à partir de l'expiration de l'année courante.*

Le même privilége a lieu pour les réparations locatives, et pour tout ce qui concerne l'exécution du bail.

Néanmoins les sommes dues pour les semences ou pour les frais de la récolte de l'année sont payées sur le prix de la récolte et celles dues pour ustensiles sur le prix de ces ustensiles, par préférence au propriétaire, dans l'un et dans l'autre cas.

Le propriétaire peut saisir les meubles qui garnissent sa maison ou sa ferme, lorsqu'ils ont été déplacés sans son consentement, et il conserve sur eux son privilége, pourvu qu'il ait fait la revendication, savoir, lorsqu'il s'agissait du mobilier qui garnissait une ferme, dans le délai de quarante jours; et dans celui de quinzaine, s'il s'agit des meubles garnissant une maison (C. civ. 2102-1°). — V. *sup.* n. 23, 24, 25, et *inf.* n. 88 et suiv.

64. L'art. précité n'ayant point établi en principe général, que tous les meubles qui garnissent une maison ou une ferme, soient le gage des loyers ou fermages dus au propriétaire, il a été décidé :

65. 1° Que les droits du propriétaire et du sous-locataire relativement aux meubles de celui-ci, sont réglés par l'art. 1753 du C. civ. (Cass. 2 av. 1806).

66. 2° Que le privilége du propriétaire ne porte que sur les objets appartenant au locataire, et ne peut s'exercer sur ceux que des tiers justifieraient leur appartenir, notamment sur des marchandises déposées par des tiers chez le locataire, pour y être manufacturées (Cass. 22 juill. 1823), ni sur des marchandises placées à titre de dépôt ou de consignation, dans les magasins du locataire commissionnaire. A cet égard, il n'est pas nécessaire que le tiers qui réclame les marchandises, prouve que le locateur avait connaissance qu'elles n'appartenaient pas au locataire, et la loi autorise les juges à se déterminer d'après la notoriété publique, les faits et les circonstances de la cause (Cass. 21 mars, 1826; — Duranton, t. 19, n. 84).

67. 3° Que les objets mobiliers que le locataire d'un hôtel a, depuis son entrée, introduits dans son appartement ne peuvent être retenus par le maître de l'hôtel pour le paiement des loyers, au préjudice des tiers auxquels ces objets appartiennent; louant en garni, le maître d'hôtel n'a pu ni dû, lors de la location, compter sur le gage d'objets introduits postérieurement (Paris, 2 mars 1829).

68. 4° Que le propriétaire qui a loué sa maison à un maître de pension, n'a point de privilége sur les meubles que les parents sont obligés de fournir à leurs enfants, par suite de l'usage adopté pour ce pensionnat (Poitiers, 30 juin 1825).

69. 5° Que pour que les meubles garnissant la maison louée, ne soient point soumis au privilége du propriétaire, il n'est pas nécessaire qu'avant ou au moment de l'introduction de ces meubles dans les lieux loués, il lui ait été notifié qu'ils n'appartenaient pas au locataire. Ainsi décidé entre le propriétaire-locateur d'une salle de spectacle et le tiers qui avait fourni et loué au locataire le matériel du théâtre, consistant en costumes et décors (Cass. 31 déc. 1833). — V. *inf.* n. 74.

70. 6° Que le privilége du propriétaire ne s'étend pas à l'argent monnayé (Grenier, *hyp.* t. 2, n. 306; — Persil, *rég. hyp.* art. 2102, § 1, n. 4).

71. 7° Qu'il ne s'étend pas non plus aux billets et titres de créances (Duranton, t. 19, n. 79).

72. 8° Qu'il ne peut s'exercer sur les objets garnissant les lieux loués, au préjudice de celui auquel ces objets ont été volés (Persil, *ibid.*; — C. civ. 2279 et 2280).

73. Cependant il a été décidé :

74. 1° Que le privilége du propriétaire s'étend aux bestiaux donnés à cheptel au fermier par un tiers, lorsque la signification du bail à cheptel n'a été faite au propriétaire du domaine affermé, que postérieurement à l'introduction des bestiaux dans le domaine (Cass. 9 août 1815, - Sir. 20, 1, 469; — Persil, *quest.* t. 1, p. 37). — V. *sup.* n. 69.

75. 2° Que le privilége du bailleur s'étend même aux meubles appartenant à l'épouse du preneur, lorsque celle-ci n'a pas donné au bailleur, connaissance du droit qu'elle avait à la propriété de ces meubles (Grenoble, 4 août 1832 : - Devill. 33, 2, 74).

76. 3° Qu'il s'étend aussi aux meubles achetés par la femme mariée sous le régime dotal, et séparée de biens, en remploi du prix de ses immeubles dotaux (Paris, 2 juin 1831).

77. Lorsque des terres sont données à ferme sans bâtiments d'exploitation, cette circonstance altère le privilége du propriétaire, en ce que, si le fermier transporte les fruits dans les bâtiments qu'il tient à ferme d'un autre propriétaire les fruits sont dès-lors affectés au privilége du bailleur des bâtiments, par préférence au privilége du bailleur des terres. Ce dernier ne peut alors saisir-revendiquer les fruits, comme déplacés sans son consentement (Poitiers, 30 déc. 1823, - Sir. 25, 2, 49).

78. Le privilége du propriétaire, même au cas où il n'y a qu'un bail verbal, s'étend à tous les loyers échus. Ainsi, ce privilége peut être étendu jusqu'à dix mois, si le bail a été fait au mois, et non à l'année (Cass. 28 juill. 1824, - Sir. 25, 1, 54). — Il s'étend même à l'année courante (Rouen, 12 juill. 1823).

79. Le privilége du propriétaire ne peut être exercé par celui qui a cessé de l'être, bien qu'il s'agisse de droits à lui acquis pendant que la propriété était sur sa tête. Ainsi, les objets mobiliers appartenant au fermier qui a continué l'exploitation d'un domaine vendu, ne peuvent être l'objet d'une saisie-gagerie, de la part de celui qui a cessé d'être propriétaire, même pour fermages échus antérieurement à la vente (Nîmes, 31 janv. 1820).

80. L'acquéreur est présumé avoir renoncé au privilége qui lui était donné par la loi *emptorem*, si, en notifiant son contrat aux locataires, il leur a fait commandement de payer les loyers échus et à *échoir*. Cette présomption n'est pas détruite par les réserves générales que l'acquéreur a faites de ses droits et actions (Paris, 13 flor. an XIII, - Sir. 5, 2, 685).

81. Lorsque le propriétaire a saisi successivement deux fois les bestiaux et ustensiles de son fermier, pour être payé de ses fermages, et que, lors de la première saisie, le fermier a emprunté de l'argent pour en payer les causes, le prêteur, quelque subrogation qu'il ait stipulée, ne doit pas être préféré au propriétaire, sur le prix de la seconde saisie (Liége, 19 brum. an XI, - Sir. 7, 2, 1157).

82. Le propriétaire qui, en affermant la totalité d'un corps de domaine, cède au preneur tous ses droits contre des fermiers de partie de ce domaine, cède nécessairement les priviléges attachés à la qualité de bailleur. En conséquence, le propriétaire n'a pas le droit, pour se payer de fermages *antérieurs* à lui dus par les fermiers partiaires, de faire saisir au préjudice du preneur les fruits de ces fermiers; ces fruits sont affectés au privilége spécial du preneur subrogé au bailleur (C. civ. 1691 et 2102; — Cass. 14 fév. 1827).

83. Le privilége qu'a le propriétaire sur les meubles de son locataire lui donne bien le droit de saisir-revendiquer, dans la quinzaine, les meubles qui seraient déplacés par ce locataire, mais il n'en résulte pas que celui-ci soit en tort pour en avoir déplacé une partie, et soit pour cela passible de résiliation du bail, surtout si sa solvabilité n'est pas contestée (Bordeaux, 11 janv. 1826. — *Contrà*, Paris, 2 oct. 1806, - Sir. 7, 2, 30).

83 *bis*. Il a même été décidé que le privilége accordé par la loi au propriétaire sur les meubles de son locataire, pour ce qui lui sera dû en exécution du bail, ne lui donne point la faculté de s'opposer à la vente des meubles. Quoique cette vente puisse nuire à l'entretien du bail, il ne peut, en aucun cas, exercer son privilége que sur le prix des meubles (Cass. 16 août 1814, - Sir. 15, 1, 93). — V. *inf*. n. 124.

84. Le propriétaire a privilége sur tout ce qui garnit la ferme ou la maison louée, pour les fermages ou loyers *échus*, alors même que le bail n'a pas de date certaine. Ce n'est qu'à l'égard des fermages à échoir, que son privilége a moins d'étendue que celui du propriétaire ayant un bail avec date certaine (Cass. 6 mai 1835; Grenoble, 28 déc. 1838. — *Contrà*, Bordeaux, 17 déc. 1839). — V. *sup*. n. 78.

85. Mais, au cas de tacite reconduction, le propriétaire auquel il est dû des loyers, n'a point de privilége pour les loyers *échus*, il a privilége seulement pour une année à partir de l'expiration de l'année courante (Bordeaux, 12 juin 1825, - Sir. 26, 2, 179).

86. Le privilége accordé au bailleur pour loyer d'une année en sus de l'année courante, lorsqu'il n'existe entre lui et le preneur qu'un bail sous signature privée, non enregistré ou n'ayant pas date certaine, a effet à l'égard des créanciers du preneur ou des syndics de sa faillite, pour les obliger à entretenir le bail, ou du moins à en payer le prix pour tout le temps que doit durer le privilége, sur la valeur des objets garnissant les lieux loués; ils ne peuvent, en donnant congé, résilier le bail avant l'expiration de ce temps. Vainement diraient-ils qu'étant des *tiers* à l'égard du bailleur, le bail sous seing-privé avec le preneur ne peut leur être opposé; car, en cette matière spéciale, la disposition de l'art. 2102 fait exception à l'art. 1328 (Paris, 28 av. 1831, - Devill. 33, 2, 31).

87. Mais il en est autrement lorsque le bailleur n'allègue contre le preneur qu'un bail *verbal*; dans ce cas il ne peut s'opposer à ce que les créanciers du preneur ou les syndics de sa faillite, par application de l'art. 1736 du C. civ., résilient ce bail en donnant congé au terme d'usage, comme l'aurait pu faire le preneur lui-même (Paris, 16 juill. 1831, - Devill. 33, 2, 32).

88. Le privilége du propriétaire à raison de ses loyers prime le privilége accordé pour fourniture de subsistances (Caen, 8 mars 1838; Demante, t. 6, p. 255; Duranton, t. 19, n. 203).

89. Il prime aussi le privilége accordé aux gens de service pour leurs salaires. (Paris, 25 février 1832).

90. Il prime également le privilége du domestique sur le mobilier de son maître (Rouen, 17 juin 1826, - Sir. 27, 2, 5).

91. Le propriétaire peut être autorisé à prélever sur le prix des meubles de son locataire, par préférence aux droits de l'administration des contributions indirectes, le montant des réparations locatives qui lui sont dues, si ces réparations jointes au dernier terme du loyer, ne s'élèvent pas à plus de six mois de loyer pour lesquels la loi accorde privilége au propriétaire avant la régie (Décr. 1 germ. an XIII; Cass. 15 juill. 1835).

92. Le prix de tonneaux fournis pour envaisseler une récolte de vins, doit être considéré comme faisant partie des frais de récolte; il doit, en conséquence, être prélevé sur la valeur des récoltes, préférablement aux loyers dus au propriétaire du domaine affermé (Bordeaux, 2 août 1831, - Devill. 32, 2, 158).

93. Le privilége accordé aux sommes dues pour les *semences* et *frais de la récolte* de l'année, sur le prix de cette récolte, par préférence même au propriétaire, ne s'étend pas aux fournitures pour engrais, tels, par exemple, que des poudres végétatives (Caen, 28 juin 1837).

94. Mais il a lieu pour les avances en argent faites par le propriétaire au fermier, alors même que ces avances n'auraient pas été convenues par le bail (Duranton, t. 19, n. 97).

95. Le privilége accordé sur le prix des ustensiles du fermier, aux sommes dues pour achat ou réparation de ces ustensiles, ne peut être exercé sur le prix des récoltes, lesquelles sont affectées par privilége aux sommes dues pour frais de semences ou de récoltes. — On ne peut considérer l'achat ou la réparation d'ustensiles aratoires comme frais de semences ou de récoltes, dans le sens de la disposition qui établit un privilége spécial à raison de ces frais (Cass. 12 nov. 1839).

96. Les avances et fournitures nécessaires à l'entretien et à l'exploitation d'une habitation coloniale sont d'après les usages et la jurisprudence constante des tribunaux des colonies, privilégiées comme frais de culture et de récolte, sur le prix des produits de l'habitation. — Les négociants qui, sous le nom de *commissionnaires*, font ces avances aux colons, ont, à titre de prêteurs, un privilége sur les produits de l'exploitation. On ne peut leur opposer la règle établie par les articles 93 et suiv. du C. de comm., relativement aux commissionnaires proprement dits, qui n'ont privilége sur le prix des marchandises sur lesquelles ils ont fait des avances, qu'autant que ces marchandises ont été expédiées d'une place sur une autre place (Cass. 3 janv. 1837). — V. *inf*. n. 209, 210.

II. Gages de créances.

97. *Le créancier a privilége sur le gage dont il est saisi pour raison de sa créance* (C. civ. 2102-2°). — V. *sup*. n. 62.

98. Si les priviléges spéciaux l'emportent sur les priviléges généraux (V. *sup*. n. 18), le créancier gagiste doit

venir en premier ordre sur le gage. Dans le cas contraire, il ne doit venir qu'en huitième ordre, c.-à-d. après les priviléges de l'art. 2101 (V. *sup.* n. 20 et suiv.) et de l'art 2098 (V. *inf.* n. 217 et suiv.).

99. Mais la jurisprudence de la Cour de cassation et des Cours royales résultant des arrêts rappelés *sup.* n. 18, mettant en premier ordre le privilége à raison des loyers, sauf toutefois à venir après le privilége des frais de justice quand ils ont été faits utilement pour opérer le paiement du privilége, nous croyons qu'il y a lieu d'adopter pour le gage les principes de cette jurisprudence et de mettre en premier ordre le privilége du créancier gagiste; ce qui est au surplus conforme à l'opinion des auteurs, car Grenier, *priv. et hyp.* t. 2, n. 298, donne la préférence au créancier gagiste; Zachariæ, t. 2, § 290, donne la préférence aux priviléges du gagiste, du voiturier et de l'aubergiste sur celui du vendeur d'objets mobiliers.

100. Pour acquérir privilége sur un meuble incorporel, il ne suffit pas de signifier au débiteur de l'objet donné en gage l'acte qui en contient la stipulation, il faut de plus qu'il y ait tradition de cet objet par la remise du titre (Liége, 15 mai 1810, - Sir. 11, 2, 34).

101. L'imprimeur auquel du papier a été remis pour l'impression d'un ouvrage, et qui a livré une partie de l'édition, n'a pas, sur le papier non imprimé qui reste entre ses mains, privilége pour le paiement de ses frais d'impression, parce qu'il ne tient point ce papier à titre de gage. Il ne peut y avoir droit que par forme d'accession, s'il en a augmenté la valeur par ses impressions (Paris, 24 av. 1827). — V. note 22, n. 51 et suiv.

102. La saisie d'un effet mobilier ne confère pas de privilége sur l'objet saisi : l'art. 2102 du C. civ. qui parle de privilége sur le gage dont le créancier est saisi, s'entend d'un gage dont il est saisi à titre de nantissement dans le sens des art. 2075 et 2076 du même Code (Bruxelles, 11 déc. 1806, - Sir. 7, 2, 243).

103. Lorsque des marchandises données en nantissement pour sûreté d'un crédit ouvert, ont été saisies dans le lieu de leur consignation, par des créanciers chirographaires du propriétaire de ces marchandises, le créancier nanti qui veut exercer le privilége résultant de son contrat de nantissement, n'est pas tenu d'intenter son action devant le tribunal où les créanciers chirographaires ont déjà porté leur demande en distribution par contribution du prix des marchandises consignées. Cette demande des créanciers chirographaires ne peut être considérée que comme accessoire de la demande principale formée en vertu du contrat de nantissement; elle doit être portée devant les juges où cette demande principale est pendante (Cass. 21 juin 1820).

III. Frais faits pour la conservation ou l'amélioration de la chose.

104. *Est privilégié celui qui a fait des frais pour la conservation de la chose* (C. civ. 2102-3°). — V. *sup.* n. 62, 98 et le tableau p. 339.

105. Suivant ce que nous avons dit *sup.* n. 98, le privilége de celui qui a conservé la *chose*, doit venir en premier ordre sur le prix de cette chose, après, toutefois, le privilége des frais de justice quand ils ont été faits utilement pour lui (V. *sup.* n. 23).

105 *bis*. Le fabricant ou artisan qui, par son talent et sa main-d'œuvre, a accru le prix des matières premières; qui, en cet état, les a remises au propriétaire sans être payé; qui, néanmoins a reçu à l'instant d'autres matières à améliorer, n'est pas un créancier ordinaire, relativement au prix de son travail, sur les matières qu'il a remises; il est privilégié comme ayant conservé ou amélioré (Colmar, 7 mars 1812).

106. Dans ce cas, l'ouvrier qui a amélioré la chose a bien le droit, s'il en est en possession, de la retenir jusqu'à ce qu'il ait été remboursé de ce qui lui est dû, mais s'il a rendu la chose, il ne peut prétendre à un privilége en s'assimilant à celui qui a conservé la chose (Delvincourt, t. 3, p. 274; Duranton, t. 19, n. 118; Troplong, *hyp.*, t. 1, n. 176; Persil, art. 2102; Cass. 17 mars 1829; Rouen, 9 juin 1826, - Sir. 27, 2, 253; — Angers, 6 juill. 1826, - Sir. 27, 2, 50).

107. Cependant il a été décidé que lorsqu'une partie des matières premières remises à un ouvrier pour être façonnées a été retirée de ses mains, après avoir reçu la façon, sans qu'elle ait été payée, les portions restantes ne peuvent lui être reprises sans acquitter la totalité des façons (Grenier, t. 2, n. 314; —Rouen, 18 juin 1825, - Sir. 26, 2, 127; — 17 déc. 1828, - Devill. 31, 2, 88; — 25 fév. 1829, - Devill. 31, 2, 88). — V. *inf.* n. 114.

108. Le blanchisseur n'a pas, sur le linge qui se trouve en sa possession, un privilége pour le paiement du blanchissage du linge qu'il a déjà livré.

Si donc il a retenu quelques-unes des marchandises blanchies en remettant les autres, son privilége doit être restreint au prix du travail et des soins qu'ont exigés les marchandises retenues (Rouen, 9 juin 1826).

Et alors même que le linge livré reviendrait entre les mains du blanchisseur, celui-ci ne peut réclamer un privilége sur ce linge pour le paiement du premier blanchissage (Paris, 31 mai 1827, - Sir. 28, 2, 127).

109. Il en est de même en cas d'échouement d'un navire; le privilége de celui qui a fourni au maître du navire des fonds pour le sauvetage est restreint aux marchandises mêmes qui ont été sauvées; il ne s'étend pas aux créances que le maître du navire a lui-même, à raison du sauvetage, contre les propriétaires des marchandises sauvées (Bruxelles, 17 juin 1809, - Sir. 14, 2, 145; — Persil, *quest.* t. 1, p. 41).

110. Le privilége, accordé aux ouvriers de Lyon sur les marchandises par eux fabriquées, ne s'étend pas à celles qui sont hors des mains du fabricant (Cass. 12 brum. an XI, - Sir. 7, 2, 1149).

111. L'agent d'affaires qui a obtenu la liquidation d'une somme due par le gouvernement et en a fait le recouvrement, a, quand il s'agit de la distribution de cette somme, un privilége comme pour conservation de la chose (Rouen, 22 janv. 1819, - Sir. 25, 1, 58).

112. Mais il n'en est pas de même du mandataire qui a fait des avances pour la gestion de l'affaire qui lui était confiée (Cass. 8 janvier 1839).

113. Cependant il a été décidé que des avances de fonds faites pour aider au recouvrement d'une créance, peuvent être considérées comme frais faits pour la conservation de la chose et devant dès-lors jouir du privilége de l'art. 2102. — Du moins, l'arrêt qui le décide ainsi ne peut donner ouverture à cassation (Cass. 18 mai 1835).

114. Il existe pareille décision relativement à des avances

faites par un négociant à un autre négociant pour expédition de marchandises; seulement quand ces expéditions ont formé chacune une opération distincte, elles ne sont privilégiées sur les marchandises de chaque expédition que pour la portion des avances faites pour cette expédition et non pour celles d'une expédition antérieure (Bordeaux, 22 juin 1832). — V. *sup.* n. 107.

V. *inf.* n. 204.

IV. Prix d'effets mobiliers non payés.

115. *Le vendeur d'effets mobiliers non payés a un privilége sur la chose pour raison du prix de ces effets, s'ils sont encore en la possession du débiteur, soit qu'il ait acheté à terme ou sans terme.*

Si la vente a été faite sans terme, le vendeur peut même revendiquer ces effets tant qu'ils sont en la possession de l'acheteur et en empêcher la revente, pourvu que la revendication soit faite dans la huitaine de la livraison, et que les effets se trouvent dans le même état dans lequel cette livraison a été faite.

Le privilége du vendeur ne s'exerce toujours qu'après celui du propriétaire de la maison ou de la ferme, à moins qu'il ne soit prouvé que le propriétaire avait connaissance que les meubles et autres objets garnissant sa maison ou sa ferme n'appartenaient pas au locataire.

N'étant rien innové aux lois et usages du commerce sur la revendication (C. civ. 2102-4°) — V. la note 216 et l'art. 550 du C. de comm. portant que *le privilége et le droit de revendication établis par l'art.* 2102 *précité du C. civ. au profit du vendeur d'effets mobiliers ne sont point admis en cas de faillite* — (C. civ. 2102-4°).

V. aussi *sup.* n. 62, 98, 105.

116. Ce privilége étant un privilége spécial doit, par application des principes rappelés *sup.* n. 98, venir en ordre après le privilége des frais de justice quand ils ont été faits utilement (V. *sup.* n. 23) et après le privilége du propriétaire-locateur. L'un doit suivre immédiatement l'autre (V. *sup.* n. 115, alin. 3).

116 *bis*. L'expression *effets mobiliers* employée dans l'article du C. civ. mentionné *sup.* n. 115, doit s'entendre non-seulement de meubles *corporels*, mais encore des meubles *incorporels* (Cass. 28 nov. 1827; 2 janv. 1838; — Orléans, 12 mai 1829), ce qui s'applique :

117. 1° Aux Notaires et autres officiers ministériels qui, autorisés par l'art. 91 de la loi du 28 av. 1816, à présenter leurs successeurs, ont cédé leurs offices (Cass. 16 fév. 1831 et arrêts précités).

118. 2° Au vendeur ou cédant d'une créance. S'il n'est pas payé, il a privilége sur les sommes provenant de la créance cédée (Cass. 28 nov. 1827, - Sir. 28, 1, 12).

119. 3° Au vendeur d'un fonds de commerce : il a privilége sur ce fonds pour le prix qui lui est dû (Cass. 2 juill. 1838; — Paris, 8 fév. 1834; — 1 déc. 1834, - Sir. 35, 2, 80).

120. Toutefois, il a été décidé que l'achalandage d'un fonds de commerce ne peut, par suite de sa nature essentiellement confuse et variable, être rangé dans la classe des effets mobiliers pour le prix desquels la loi accorde un privilége au vendeur non payé (Paris, 26 nov. 1833).

121. La possession exigée (V. *sup.* n. 115) comme condition du privilége sur les effets mobiliers vendus et non payés, est une possession de droit, une possession civile, sans qu'il soit besoin d'une possession de fait. Ainsi, l'acheteur d'une balle de marchandises, qui expédie cette balle pour le compte d'un tiers est réputé la posséder, dans le sens de l'art. 2102, jusqu'à ce que la marchandise soit arrivée à sa destination (Turin, 16 déc. 1806, - Sir. 6, 2, 637). — V. *inf.* n. 134.

122. Le vendeur d'effets mobiliers destinés, par leur nature, à être immobilisés ne peut plus, du moment de l'immobilisation, exercer son privilége sur les objets vendus, surtout si ces objets ne sont pas susceptibles d'être déplacés sans détérioration et sans nuire à la propriété à laquelle ils ont été attachés (C. civ. 524 et 2102; — Rouen, 19 juill. 1828, - Sir. 29, 2, 266; — Cass. 22 janv. 1833; — Grenoble, 18 janv. 1833. — *Contrà*, Caen, 1 août 1837; — Bruxelles, 19 mai 1833; — Gand, 24 mai 1833, - Devill. 34, 2, 561). Mais, suivant ces deux derniers arrêts, le privilége continue de subsister alors que l'objet n'a pas changé de forme et peut, sans subir de nouveaux changements, recouvrer sa nature primitive.

Il en est ainsi, c.-à-d. que le vendeur ne peut exercer son privilége, alors surtout que l'immeuble auquel les objets mobiliers sont incorporés a été saisi et vendu; et le privilége (en supposant qu'il existât encore jusqu'au moment de la vente) ne pourrait s'exercer sur le prix mis en distribution (Cass. 18 mars 1840).

123. Lorsqu'un objet mobilier a été payé au vendeur, en *bons* ou *billets*, la dette primitive est éteinte par la novation et le vendeur ne peut plus réclamer de privilége sur l'objet vendu ou sur son prix (Paris, 14 déc. 1816, - Sir. 17, 2, 270).

124. Lorsqu'une vente d'effets mobiliers a été faite à terme, le vendeur non payé exerce un privilége sur le prix des effets vendus qui se trouvent encore dans la possession du débiteur, mais il ne peut point revendiquer les effets eux-mêmes ni en empêcher la revente (Paris, 9 vent. an XI, - Sir. 3, 2, 279). — V. *sup.* n. 83 *bis*.

125. L'artiste mécanicien qui a vendu des objets de son art, peut, en cas de faillite de l'acheteur, exercer un privilége sur le prix de l'objet vendu, trouvé en la possession du failli. On ne peut, en effet, l'assimiler à un négociant (Bruxelles, 11 janv. 1812, - Sir. 13, 2, 226) — V. *sup.* n. 115 *in fine*.

V. *sup.* n. 59 et *inf.* n. 130.

V. Fournitures d'aubergistes.

126. *Sont privilégiées les fournitures d'un aubergiste, sur les effets du voyageur qui ont été transportés dans son auberge* (C. civ. 2102-5°).

Faisant à ce privilége l'application de ce que nous avons dit *sup.* n. 98, nous pensons qu'il doit venir en premier ordre sur la chose, toutefois après les frais de justice faits utilement, parce que les effets du voyageur forment le gage du créancier.

127. Le privilége d'un aubergiste sur les effets d'un voyageur ne s'étend point au cas de fournitures faites lors d'un précédent voyage : les effets ne répondant que des fournitures faites pendant le voyage pour lequel ils ont été transportés (Rouen, 16 mess. an VIII, - Sir. 7, 2, 1135).

128. L'aubergiste peut exercer son privilége sur les objets transportés chez lui, même lorsqu'ils n'appartiennent pas au voyageur qui les a apportés, à moins que l'aubergiste ne sût qu'ils appartenaient à un autre (Grenier, *hyp.* t. 2, n. 319; Troplong, *ibid*, t. 1, n. 204; Persil, *rég. hyp.* art. 2102, § 5, et *quest.* t. 1, p. 55; Zachariæ, t. 2, § 261). — V. *sup.* n. 64 et suiv. et 99.

129. D'où il suit 1° que les objets qui ont été loués au voyageur ne sont pas affectés au privilége de l'aubergiste, et peuvent être revendiqués par le propriétaire, surtout lorsqu'il est démontré que l'aubergiste savait que les effets n'appartenaient pas au voyageur (Colmar, 26 av. 1816, - Sir. 17, 2, 363).

130. 2° Et que l'aubergiste qui sait que les meubles transportés chez lui par un voyageur, ne sont pas payés, ne peut exercer de privilége sur ces meubles au préjudice du vendeur (Bruxelles, 12 juill. 1806, - Sir. 6, 2, 289).

VI. Frais de voiture.

131. *Sont privilégiés les frais de voiture et les dépenses accessoires, sur la chose voiturée* (C. civ. 2102-6°).

Faisant application à ce privilége de ce que nous avons dit *sup.* n. 98, nous pensons qu'il doit venir en premier ordre sur la chose voiturée, toutefois, après le privilége des frais de justice faits utilement, car il y a même raison de décider que pour le gage.

132. Le voiturier conserve son privilége sur les choses voiturées, même après la délivrance qu'il en a été faite, encore que le propriétaire soit tombé en faillite, et qu'il y ait eu atermoiement (Paris, 2 août 1809, - Sir. 10, 2, 168). — Dans tous les cas, son privilége ne s'étend pas aux sommes qui peuvent lui être dues pour transports précédents (Troplong, *hyp.* n. 207 *bis*).

133. Le privilége au profit du voiturier n'a lieu qu'à l'égard de la *chose voiturée* ou du *prix de vente* qui la représente : il ne peut être exercé par le sous-entrepreneur du voiturage sur le prix du transport qui est dû à l'entrepreneur principal (Cass. 18 mai 1831).

134. Le privilége du voiturier sur la chose voiturée, pour les frais de voiture et accessoires, s'éteint aussitôt que le voiturier cesse d'être nanti de la chose et qu'elle se trouve en la possession du destinataire. — Cependant, lorsqu'il s'agit d'un transport de bois au moyen du flottage, l'empilage des bois flottés sur le port où ils restent à la disposition tant du voiturier que du propriétaire, n'éteint pas le privilége, et cela encore bien que le propriétaire ait vendu ses bois, et qu'ils aient été marqués du marteau de l'acheteur : cette vente et la marque qui en est la suite, ne produisent pas par elles-mêmes une prise de possession réelle et effective au profit de l'acheteur, de nature à éteindre le privilége (Cass. 13 av. 1840). — V. *sup.* n. 121. V. *sup.* n. 62, 98.

VII. Abus et prévarications des fonctionnaires publics (C. civ. 2102-7°).

135. *Sont privilégiées les créances résultant d'abus et prévarications commis par les fonctionnaires publics dans l'exercice de leurs fonctions, sur le fonds de leur cautionnement et sur les intérêts qui en peuvent être dus* (C. civ. 2102-7°). — V. *sup.* n. 62, 98.

Aux termes d'un décret du 22 déc. 1812, les bailleurs de fonds versés pour un cautionnement peuvent acquérir le privilége de second ordre au moyen d'une déclaration d'origine des deniers faite par le titulaire, et que l'on inscrit sur les registres de la caisse d'amortissement.

136. Adoptant les motifs de la jurisprudence résultant des arrêts de Cassation et de Cours Royales relatés *sup.* n. 98, nous croyons qu'on doit mettre en premier ordre le privilége sur le cautionnement, sauf le prélèvement des frais de justice faits utilement. — V. *inf.* n. 157.

136 *bis.* Le privilége résultant d'abus et prévarications, s'applique exclusivement aux créances résultant de *faits de charges*, et non aux amendes et peines pécuniaires prononcées contre ces fonctionnaires (L. 25 niv. an XIII, art. 1; — Paris, 21 janv. 1837).

137. Les faits de charge doivent s'entendre seulement des faits relatifs à l'exercice des fonctions et pour lesquelles le ministère des fonctionnaires est obligé, et non des opérations qui ne sont que le résultat d'une confiance volontaire accordée au fonctionnaire, en dehors de ses fonctions publiques (*Ibid.*), d'où il suit :

138. 1° Qu'on ne peut considérer comme *fait de charge*, le détournement par un notaire qui a reçu un acte de vente, du prix de cette vente que l'acquéreur a laissé entre ses mains pendant le temps de la purge (L. 25 vent. an XI, art. 33; — Loyseau, *tr. des off.* liv. 3, chap. 8, n. 55; — Basnage, *tr. des hyp.* ch. 14; — Dard. *tr. des off.* p. 25; — Rouen, 15 fév. 1838, - Devill. 39, 2, 105).

139. 2° Que le créancier qui a donné procuration à un avoué de toucher une somme qui lui était due par suite d'un jugement, dans lequel l'avoué avait occupé n'a contre lui que l'action de mandat, et non un privilége sur son cautionnement, dans le cas où ce dernier a détourné la somme (Dard. p. 30).

140. 3° Que lorsqu'un courtier de commerce, chargé de vendre des marchandises en touche aussi le prix, le commerçant qui l'a employé pour cette opération, n'a point de privilége sur son cautionnement pour le remboursement de ce prix, parce que le courtier a fait, en touchant le prix, acte de commissionnaire, et non de courtier (Arr. 29 germ. an IX, art. 12; — C. de comm. 85 et 86; — Paris, 14 mai 1832).

141. 4° Que la réception par un agent de change, en vertu du mandat de son client, des arrérages de rente dont il a opéré le transfert, n'est point un fait de charge donnant lieu à privilége sur son cautionnement (*Ibid.* Paris, 15 av. 1833, - Devill. 33, 2, 193). — V. *inf.* n. 145.

142. 5° Que le défaut de restitution par un agent de change, des fonds qu'il a reçus d'un tiers pour une opération confiée plus à l'homme qu'à l'agent de change, notamment pour les jouer à la bourse à profit commun, ne constitue pas un fait de charge donnant lieu à privilége sur le cautionnement (Paris, 19 déc. 1811, - Sir. 14, 2, 160).

143. Mais on doit considérer comme *faits de charges* donnant lieu à privilége sur le cautionnement :

144. 1° Le fait, par un notaire, d'avoir gardé les fonds à lui confiés pour en faire le placement, et de n'avoir remis à son client qu'une obligation nulle pour vice de forme (L. L. 25 vent. an XI, art. 33 et 25 niv. an XIII, art. 1; — Paris, 4 mars 1834; — Dard. p. 30).

145. 2° L'inexécution par un agent de change, du mandat à lui donné de procurer des traites sur l'étranger à son client avec des arrérages de rentes dont il a opéré le transfert en vertu d'un mandat de ce dernier (Paris 15 av. 1833). — V. *sup.* n. 141.

146. 3° L'abus, de la part d'un agent de change, relativement à un transfert de *fonds étrangers* cotés à la bourse; le privilége sur le cautionnement de l'agent de change existant pour le transfert de ces fonds, aussi bien que pour celui des fonds français (Cass. 14 juill. 1829; — Dard. p. 27).

147. 4° Le défaut de paiement par les agents de change des effets publics qu'ils ont achetés pour leurs clients, et la différence résultant des reventes faites sur eux à défaut de paiement du prix (Paris, 29 mai 1810).

148. 5° Le défaut de livraison par un agent de change de rentes qu'il s'est obligé de livrer; encore même que l'agent de change qui est en retard de livrer ait contracté, non avec son propre client, mais avec un autre agent de change, ou le client de ce dernier (Paris, 29 mess. an XII, - Sir. 14, 2, 152).

149. Les cautionnements fournis par les agents de change, courtiers de commerce, avoués, greffiers, huissiers et commissaires-priseurs, sont comme ceux des notaires (art. 33 de la loi du 25 vent. an XI), affectés dans l'ordre qui suit : 1° à la garantie des malversations que ces personnes pourraient commettre dans leurs fonctions ; 2° au remboursement des fonds prêtés pour tout ou partie des cautionnements; 3° au paiement dans l'ordre ordinaire de tous autres créanciers (L. 25 niv. an XIII, art. 1).

150. Le privilége du trésor, sur le cautionnement des notaires, s'étend non-seulement aux droits d'enregistrement que le notaire a reçus des parties, et qu'il n'a pas encore payés, mais encore aux droits d'enregistrement dont il est redevable envers le trésor pour les actes qu'il a passés, bien qu'il n'ait pas reçu des parties le montant de ces droits (Cass. 25 juill. 1827).

151. Le cautionnement des notaires et autres officiers ministériels, est susceptible de saisie-arrêt, pour le paiement des amendes qu'ils ont encourues ; il n'est pas nécessaire de procéder par voie de saisie-exécution (Cass. 11 juin 1811, - Sir. 17, 2, 161).

152. Les créanciers de l'officier ministériel ont le droit de faire saisir les intérêts, comme le capital de son cautionnement, pour raison des amendes qu'il a encourues, ainsi que des frais, sans attendre la vacance de son titre par démission, décès ou autrement (Cass. 1 juin 1814, - Sir. 15, 1, 256; 26 mars 1821; 24 fév. 1822; — L. 25 niv. an XIII, art. 1).

153. Cependant il a été décidé que le capital du cautionnement d'un notaire, lorsqu'il était saisi par des créanciers ordinaires, c.-à-d. autres que pour faits de charge, ne pouvait leur être distribué qu'à la cessation des fonctions de ce notaire; que l'intérêt seul était susceptible d'être distribué avant cette cessation (Grenoble, 15 fév. 1823 ; — Bordeaux, 18 et 25 av. 1833, - Devill. 33, 2, 462 et 463).

154. Les fonds versés au trésor pour le cautionnement d'un officier ministériel, ne cessent pas d'appartenir à celui qui les a fournis, et qui en a fait la déclaration en son nom. Le privilége de second ordre accordé dans ce cas au prêteur ou bailleur de fonds, par le décret du 28 août 1808, n'est en réalité qu'un droit de propriété, tellement que ces fonds ne peuvent devenir l'objet d'un ordre de distribution entre les créanciers du titulaire, pour des faits autres que des faits de charge, et que le défaut de production du bailleur de fonds dans un ordre ainsi ouvert, ne peut le faire déclarer déchu de son privilége (Paris, 24 av. 1834).

155. Mais lorsque les bailleurs de fonds ont été remboursés et que les déclarations faites en leur faveur ont été annulées, le privilége est éteint, et il ne peut plus revivre au profit de nouveaux prêteurs ou bailleurs de fonds, par l'effet de nouvelles déclarations du titulaire à leur profit. Pour que ce privilége subsiste, il faut qu'il ait été transmis par voie de subrogation immédiate des nouveaux prêteurs aux précédents bailleurs de fonds, conformément à l'art. 1250-2° du C. civ., car dès que le titulaire est devenu propriétaire du cautionnement par le remboursement des premiers bailleurs de fonds, il ne peut plus l'affecter par privilége de second ordre à aucun de ses créanciers; les déclarations par lui faites dans ce but, ne pourraient même valoir comme *transport* des sommes qui y seraient énoncées (L. 25 niv. an XIII ; — Décr. 28 août 1808 et 22 déc. 1812 ; — Paris, 4 mars 1834).

156. D'où il résulte que le titulaire d'un cautionnement ne peut conférer ultérieurement, et tant qu'il est pourvu de son office, un droit de privilége ou de propriété sur ce cautionnement, au profit de tiers qui n'en ont pas fourni les fonds (L. et décr. précités ; — Paris, 11 juill. 1836 ; — Cass. 30 mai 1838).

157. Le privilége sur les cautionnements des fonctionnaires publics doit, comme le privilége sur le gage, primer les priviléges généraux sur les meubles et les immeubles (Grenier, *hyp.* t. 2, n. 298). — V. *sup.* n. 136.

Art. 3. Des priviléges sur les immeubles. — V. *sup.* § 3, n. 16.

158. *Les créanciers privilégiés sur les immeubles sont ceux mentionnés sous les titres* I, II, III, IV, V, *ci-après* :

I. Du privilége du vendeur.

159. *Le vendeur est privilégié sur l'immeuble vendu pour le paiement de son prix. — S'il y a plusieurs ventes successives dont le prix soit dû en tout ou en partie, le premier vendeur est préféré au second, le deuxième au troisième et ainsi de suite* (C. civ. 2103-1°, 2105-2°). — V. *sup.* le tableau p. 339.

160. Le privilége accordé au vendeur non payé s'applique non-seulement au prix énoncé dans l'acte de vente, mais encore au supplément de prix qui, par décision même simplement arbitrale, est alloué au vendeur (Bordeaux, 23 av. 1836).

161. Mais il ne s'étend pas à la portion de prix résultant de conventions particulières intervenues depuis la vente, entre le vendeur et l'acquéreur; de telles conventions sont des contre-lettres qui ne peuvent avoir d'effet à l'égard des tiers (C. civ. 1321 ; Troplong, *priv. et hyp.* t. 1, n. 218).

162. Il ne s'étend pas non plus à des constructions élevées sur un terrain entièrement nu, lors même que, par l'acte de vente, cette extension du privilége aurait été formellement stipulée : ces constructions ne pouvant être considérées comme de simples améliorations dans le sens de l'art. 2133 du C. civ. (Paris, 6 mars 1834 ; Troplong, n. 551 et 589 *bis* ; Grenier, *hyp.* t. 1, n. 147). — V. *sup.* n. 2.

163. Même l'acquéreur qui s'est obligé par son contrat à payer les créanciers des propriétaires précédents et à effectuer certains travaux nécessaires pour que la chose achetée puisse remplir sa destination, n'a, dans le cas où la revente de l'immeuble est poursuivie par les créanciers hypothécaires, aucun privilége sur le prix à raison de la

plus-value résultant de ces travaux (C. civ. 2103 et 2175; Cass. 8 juill. 1840).

164. Le donateur d'un immeuble n'a point de privilége pour raison de l'inexécution des charges de la donation (Duranton, t. 19, n. 156, p. 210; Grenier, *hyp.* t. 2, n. 391, p. 230). — Il n'a que l'action en révocation (C. civ. 953 et suiv.).

165. Mais l'échangiste et celui qui fait dation d'un immeuble en paiement ont privilége pour le retour ou la soulte qu'ils peuvent avoir à réclamer (Persil, sur l'art. 2103, § 1, n. 11; Grenier, t. 2, n. 387; Zachariæ, *dr. civ. fr.* t. 2, § 263).

166. Il en est de même de celui qui stipule une constitution de rente pour prix de la vente d'un fonds (Toullier, t. 6, n. 432).

167. Le privilége du vendeur non payé s'étend à la totalité des intérêts échus, comme au capital, et le tout est conservé par la simple transcription du contrat; on ne peut lui appliquer l'art. 2151 du C. civ. qui restreint le droit du créancier à deux années et celle courante; même quand, dans l'inscription prise au profit du vendeur, il n'a été parlé que de ces deux années et celle courante. Cette décision est fondée sur ce que le privilége du vendeur est une espèce de droit de *co-propriété* plutôt qu'une créance (Cass. 5 mars 1816; — 1 mai 1817; — 8 juill. 1834; — Paris, 31 janv. 1818; — 7 déc. 1831). V. *prescription*, note 49.

168. Il s'étend même aux intérêts des intérêts, lesquels, comme accessoires, doivent participer au même privilége que la créance principale, lorsqu'ils sont établis soit par une convention soit par une demande judiciaire (Bourges, 23 mai 1829, - Sir. 30, 2, 73). — V. note 25, n. 16 et suiv.

169. Mais il ne s'étend pas aux frais du contrat de vente et à ceux d'enregistrement qui ont été avancés par le vendeur (Caen, 7 juin 1837; Duranton, t. 19, n. 162; Dalloz, *hyp.* p. 49, n. 8. — *Contrà*, Grenier, t. 2, n. 384; Troplong, t. 1, n. 220). — V. note 5, n. 149.

170. Le vendeur qui, pour la conservation de son privilége, s'est inscrit avant la transcription ou dans les quinze jours qui suivent la transcription, prime tous les créanciers hypothécaires de l'acquéreur, quelle que soit la date antérieure de leurs inscriptions et son retard à s'inscrire. L'inscription est nécessaire pour donner effet au privilége, mais le rang du privilége est indépendant de l'inscription (C. civ. 2106 et 2108; — Cass. 26 janv. 1813; Nîmes, 12 déc. 1811; Toulouse, 19 fév. 1825; Besançon, 15 juill. 1822; Rennes, 21 août 1811; Rouen, 7 déc. 1809).

171. Pour conserver son privilége à l'égard des tiers-acquéreurs, le vendeur a dû le faire inscrire, savoir : sous l'empire de la loi du 11 brum. an VII, avant la transcription des ventes ultérieures (art. 29); sous l'empire du C. civ., avant le contrat de vente du premier acquéreur au second, et ainsi de suite, de sorte que sous ce code la transcription n'était pas nécessaire pour arrêter le cours des inscriptions (C. civ. 2108); et sous l'empire du Code de procédure, dans les quinze jours après la transcription de la seconde vente, ce qui est une innovation au Code civil (C. proc. 834), de sorte que dans le cas de plusieurs ventes successives, le privilége du premier vendeur ne se conserve point par la transcription du contrat des acquéreurs successifs; il est éteint à défaut d'inscription dans la quinzaine de la transcription d'un des contrats postérieurs, et les créanciers inscrits de l'acquéreur qui fait transcrire doivent être colloqués avant ce privilége s'il n'est pas inscrit ou si l'inscription prise antérieurement vient à se périmer (Cass. 13 déc. 1813; — 14 janv. 1818; — 12 juill. 1824; — 27 av. 1826; — Paris, 16 mars 1816, - Sir. 17, 2, 41).

172. Mais l'action résolutoire à défaut de paiement du prix étant indépendante du privilége qu'a le vendeur pour le recouvrement de ce prix, se conserve encore que ce privilége soit éteint par la transcription du contrat d'un tiers-acquéreur (Cass. 26 mars 1828; — 29 av. 1826; — 3 déc. 1817; — 2 déc. 1811; — Paris; 11 mars 1816; Lyon, 20 mai 1828; C. civ. 1183, 1184, 1654, 1656).

173. La faculté qu'a le propriétaire-vendeur de conserver, sans inscription, son privilége sur le prix de vente, ne s'étend pas au co-licitant pour la soulte due par l'adjudicataire. Ce privilége doit être inscrit dans les soixante jours de la licitation ou du partage (C. civ. 2109; Paris, 19 juin 1817, - Sir. 18, 2, 109). — V. *inf.* n. 306.

174. Lorsque l'inscription prise pour la conservation du privilége du vendeur est prise dans les dix jours qui suivent la faillite de l'acquéreur, elle est sans effet, parce que cette faillite a eu pour effet d'éteindre le privilége. Il en est de même lorsque de deux époux acquéreurs d'un même immeuble, le mari fait faillite et la femme renonce à la communauté (Cass. 12 juill. 1824; — 16 juill. 1818, - Sir. 19, 1, 27).

175. Le vendeur dont le privilége s'étend sur plusieurs immeubles, a le droit de l'exercer exclusivement sur celui qu'il lui plait de désigner, sauf aux autres créanciers le droit de reverser fictivement ce privilége sur tous les immeubles au marc le franc, afin que ceux inscrits sur l'immeuble désigné par le vendeur, et dont le prix est absorbé par son privilége, puissent être utilement colloqués (Paris, 31 août 1810, - Sir. 17, 2, 397).

176. Des billets à ordre causés pour prix de vente d'immeubles, et mentionnés dans le contrat, font un seul et même tout avec le contrat de vente, et participent au privilége du prix de vente sur l'immeuble vendu (Cass. 15 mars 1825, - Sir. 26, 1, 61).

V. *sup.* n. 115 et suiv., et *inf.* n. 177 et suiv., 247 et suiv.

II. Du privilége du prêteur pour payer le prix d'acquisition d'un immeuble.

177. *Sont privilégiés sur l'immeuble ceux qui ont fourni les deniers pour l'acquisition de cet immeuble, pourvu qu'il soit authentiquement constaté par l'acte d'emprunt, que la somme était destinée à cet emploi, et, par la quittance du vendeur, que ce paiement a été fait des deniers empruntés* (C. civ. 2103-2°, 2103-2°, 1250).

178. Pour être subrogé au privilége du vendeur sur un immeuble, il ne suffit pas d'avoir prêté ou employé des deniers pour l'acquisition de cet immeuble; il faut encore que le contrat renferme tout à la fois la preuve de cet emploi, la stipulation de la clause de subrogation et la reconnaissance du vendeur qu'il a reçu les deniers empruntés pour le désintéresser (Cass. 26 av. 1827).

179. Dans le cas posé au n° qui précède, il ne suffit pas, pour conserver le privilége, d'inscrire le titre portant obligation de faire emploi et promesse de subroger; il faut de plus inscrire l'acte qui constate l'emploi et effectue la subrogation, surtout si l'inscription prise en vertu de l'obli-

gation ne mentionne pas le privilége. Il en était ainsi, du moins, sous l'empire de la loi du 11 brum. an VII (Cass. 16 mars 1813. — *Contrà*, Duranton, t. 20, n. 97). — V. *inf.* n. 183.

180. Le vendeur qui cède à un tiers portion de sa créance sur l'acquéreur en subrogeant ce tiers en son lieu et place, lui transmet en même temps le droit de préférence qui est attaché à son privilége. Au contraire, dans le concours de divers prêteurs dont les uns ont été simplement subrogés au privilége du vendeur, et les autres expressément subrogés au privilége et au droit de préférence, tous n'ont qu'un droit égal et viennent par concurrence entr'eux sur le prix de l'immeuble (Paris, 13 mai 1815, - Sir. 16, 2, 338).

181. Lorsqu'un vendeur est payé de son prix avec les deniers d'un tiers-prêteur, la main-levée qu'il donne de son inscription hypothécaire n'empêche pas que l'inscription ne tienne et ne profite au prêteur de fonds essentiellement subrogé au privilége du vendeur payé de ses deniers (Paris, 11 janv. 1816, - Sir. 7, 2, 7).

182. On ne doit pas étendre le privilége du tiers-prêteur subrogé aux droits du vendeur à d'autres cas que ceux d'achat proprement dit; ainsi celui qui prête ses fonds pour exercer un droit de réméré sur un immeuble à la condition qu'il sera subrogé aux droits de l'acquéreur à titre de réméré ne peut acquérir une subrogation qui n'est accordée qu'à celui qui prête ses fonds avec clause de subrogation pour payer un immeuble acquis à titre d'achat (C. civ. 1673, 2103; — Cass. 26 av. 1827). — V. *sup.* n. 2, et *inf.* n. 188, 189.

183. Cependant la subrogation au privilége du créancier payé avec des deniers empruntés, peut être accordée au bailleur de fonds, encore qu'il ne l'ait pas stipulée en termes exprès, si d'ailleurs il apparaît suffisamment de l'emploi (Cass. 9 sept. 1806).

V. *inf.* n. 247 et suiv.

III. Du privilége des co-héritiers sur les immeubles de la succession.

184. *Sont privilégiés les co-héritiers, sur les immeubles de la succession, pour la garantie des partages faits entr'eux, et des soultes ou retours de lots* (C. civ. 2103-3°, 2104 et 2105-2°).

185. Le co-héritier à qui est due une restitution de fruits par son co-héritier qui a joui de l'entière succession, a, sur la portion de biens revenant à celui-ci, un privilége lui donnant droit d'être payé par préférence à tous autres créanciers de son co-héritier (C. civ. 829, 830, 856, 2103, 2109; — Cass. 11 août 1830, - Devill. 31, 1, 63. — *Contrà*, Toulouse, 9 juin 1824, - Sir. 26, 2, 105; Aix, 12 juill. 1826, - Sir. 28, 2, 345).

186. Le co-partageant à qui il a été promis une soulte ne peut pas faire prononcer la résolution du partage à défaut de paiement de cette soulte; il ne peut qu'exercer le privilége qui lui est accordé par l'art. 2103 du C. civ. — L'action en résolution des contrats synallagmatiques, autorisée par l'art. 1184 du même Code pour le cas où l'une des parties ne satisfait pas à ses engagements, n'est pas admissible à l'égard des contrats portant partage, lesquels sont soumis à des règles qui leur sont particulières (C. civ. 883, 1184, 1654 et 2103; — Cass. 29 déc. 1809, - Sir. 30, 1, 197; — Metz, 23 mars 1820).

187. Le co-héritier n'a point d'action contre ses co-héritiers pour raison de la perte d'une rente tombée dans son lot, lorsque ce n'est que postérieurement au partage que le débiteur de cette rente est devenu insolvable. Le Code civil n'est, à cet égard, introductif d'un droit nouveau qu'en ce qui touche la durée de l'action en garantie entre co-partageants (C. civ. 886; Cass. 21 nov. 1816, - Sir. 17, 1, 397).

188. Le privilége accordé aux co-héritiers s'étend à la créance d'un co-héritier contre un autre co-héritier pour la restitution des sommes payées en l'acquit de ce dernier pour sa quote-part dans les dettes de la succession (Cass. 2 av. 1839).

189. De même, lorsque le mari a payé, après le partage de la communauté, des dettes qui faisaient partie du lot de la femme ou de ses héritiers, il a un privilége pour le recouvrement sur la part de conquêts échue à la femme par le partage (Troplong, *priv.* t. 1, n. 239; Pothier, *commun.* n. 762; Persil, art. 2103, § 3 et *quest.* t. 1, p. 263. — *Contrà*, Duranton, t. 19, n. 188; Grenier, *hyp.* t. 2, n. 399). — V. note 30, n. 73.

190. Lorsque, dans un partage, il a été attribué à un co-héritier pour le remplir de son émolument, une propriété d'un nombre de mesures déterminé et estimée à *tant* la mesure, s'il arrive qu'il y ait erreur à son préjudice sur la contenance de la propriété, le co-héritier peut recourir en garantie contre ses co-héritiers, alors même que le déficit serait moindre du quart. Il ne s'agit point alors de lésion à vérifier et à prévenir, mais de convention à exécuter et maintenir (C. civ. 884, 887, 1109, 2103; — Cass. 8 nov. 1826, - Sir. 27, 1, 191; Vazeille, art. 885, n. 5). — V. note 28, n. 623, et note 40.

191. Le co-héritier qui a concouru au partage d'une portion des biens de l'hérédité avec le cessionnaire à titre particulier de la part d'un autre co-héritier dans cette portion de biens, n'a aucune action hypothécaire sur les biens échus à ce cessionnaire, pour les sommes dont il serait constitué créancier par la liquidation générale de la succession à laquelle le cessionnaire est resté étranger (C. civ. 884; Cass. 19 août 1840).

191 *bis.* C'est le tribunal du lieu où la succession s'est ouverte qui est compétent pour connaître des demandes en rescision de partage ou en garantie des lots, soit que le partage ait eu lieu judiciairement, soit qu'il ait eu lieu extra-judiciairement (Chabot, art. 822, n. 1, 2, 3; Vazeille, art. 822. — *Contrà*, Duranton, t. 7, n. 136, qui prétend, lorsque le partage est extra-judiciaire, que c'est le tribunal du domicile du défendeur qui doit en connaître.

192. La connaissance que le co-partageant avait, au moment du partage, du danger de l'éviction, l'empêche d'exercer l'action en garantie (Lebrun, *des success.*, liv. 4, ch. 1, n. 74; Rousseau de Lacombe, v° *partage*; Dargentré sur Bretagne, art. 149.

192 *bis.* A quelle époque doit-on se reporter pour le réglement de l'indemnité due par les héritiers à leur co-héritier?

L'indemnité doit être de la valeur qu'avait l'objet *au moment de l'éviction*, suivant Chabot, art. 884, n. 10; Duranton, t. 7, n. 546; Dalloz, v° *success.*, chap. 6, sect. 3, art. 5, n. 21; Malpel, n. 307.

Elle doit être de la valeur de l'objet au *moment du partage* suivant Delaporte, *pandectes franç.*, t. 3, p. 395; Delvincourt, t. 2, p. 363.

Il faut réunir fictivement les lots des héritiers non évincés, supposer qu'ils forment seuls la succession, en calculer la valeur au *moment de l'éviction* et donner dans cette valeur à l'héritier évincé une part calculée sur la portion héréditaire; suivant Toullier, t. 4, n. 564 et suiv.; et Vazeille, art. 885, n. 3).

V. *inf.* n. 237 et suiv.

IV. Du privilége des architectes, entrepreneurs, maçons et autres ouvriers.

193. *Sont privilégiés les architectes, entrepreneurs, maçons et autres ouvriers employés pour édifier, reconstruire ou réparer des bâtiments, canaux ou autres ouvrages quelconques, pourvu néanmoins que, par un expert nommé d'office par le tribunal de première instance dans le ressort duquel les bâtiments sont situés, il ait été dressé préalablement un procès-verbal, à l'effet de constater l'état des lieux relativement aux ouvrages que le propriétaire déclarera avoir dessein de faire, et que les ouvrages aient été, dans les six mois au plus tard de leur perfection, reçus par un expert également nommé d'office. — Mais le montant du privilége ne peut excéder les valeurs constatées par le second procès-verbal, et il se réduit à la plus-value existante à l'époque de l'aliénation de l'immeuble et résultant des travaux qui y ont été faits.* (C. civ. 2103-4°, 2104, 2105-2°).

194. Le privilége du *constructeur-entrepreneur* pour compte d'autrui n'a aucun caractère de propriété ou co-propriété sur l'édifice construit, quelle que soit la valeur de cet édifice comparée à celle du sol, même alors qu'il s'agirait d'un théâtre dont le constructeur ou entrepreneur serait actionnaire. En conséquence, ce privilége ne peut être conservé à son rang de priorité que par inscription hypothécaire (C. civ. 2103, 2106 et 2110; —Cass. 6 janv. 1829, -Sir. 30, 1, 57).

195. Le privilége du vendeur et celui du constructeur pour raison de travaux faits depuis la vente, doivent s'exercer séparément, l'un (celui du vendeur) sur le prix de l'immeuble, l'autre (celui du constructeur) sur la plus-value et les revenus immobilisés, en telle sorte, que la plus-value résultant de ces travaux doit être affectée au privilége du constructeur, dans le cas même où la valeur réelle de l'immeuble serait diminuée, et ne suffirait plus pour remplir le vendeur de la totalité de son prix; ainsi, lorsque le prix de la revente ne suffit pas pour payer intégralement le vendeur et le constructeur, chacun d'eux doit subir une réduction proportionnelle sur sa créance, la diminution dans le prix de revente devant opérer diminution aussi bien sur la plus-value, que sur le prix que valait l'immeuble avant les constructions (Paris, 13 mai 1815, -Sir. 16, 2, 338; —Cass. 22 juin 1837). - V *inf.* n. 207.

196. Le procès-verbal constatant l'état des lieux que les architectes et entrepreneurs de bâtiments sont tenus de faire dresser pour acquérir privilége sur la plus-value de l'immeuble, peut être déclaré valable, quoique fait seulement après que les travaux ont été commencés, mais alors le privilége n'existe que pour tous les ouvrages faits depuis ce procès-verbal (Bordeaux, 2 mai 1826; — Paris, 6 mars 1834; — *Contrà*, Paris, 9 janv. 1836).

197. Cependant il a été décidé que ce procès-verbal ne conserve le privilége qu'autant qu'il a été dressé préalablement à tous travaux, alors du moins que les travaux de démolition et de constructions antérieurs au procès-verbal, empêchent qu'on ne puisse reconnaître la valeur de l'immeuble avant tous travaux; et dans ce cas, le constructeur ne peut prétendre un privilége même sur la plus-value résultant des travaux postérieurs au procès-verbal (Paris, 26 mars 1836; — Cass. 20 nov. 1839; — Troplong, t. 1, p. 383).

198. Le défaut d'accomplissement des formalités auxquelles la loi a attaché le privilége du constructeur, ne peut conférer une simple hypothèque (C. civ. 2113; — Bordeaux, 26 mars 1834).

199. Lorsqu'un procès-verbal constate que l'état des lieux sur lesquels un propriétaire se propose de bâtir, a été dressé avant que les travaux ne fussent accomplis, fait foi jusqu'à inscription de faux (Paris, 2 déc. 1835, -Devill. 36, 2, 121).

200. La plus-value sur laquelle porte le privilége se compose de la différence entre ce que l'immeuble vaudrait *au jour de l'aliénation*, si les constructions n'avaient pas été faites, et la somme qu'il a produite avec ces constructions. On ne doit avoir aucun égard à sa valeur à l'époque où les travaux ont été commencés (Bordeaux, 2 mai 1826).

201. Les ouvriers ou sous-entrepreneurs de travaux auxquels et en raison de ce qu'ils étaient chargés d'une partie des travaux, l'entrepreneur principal a cédé son droit de se faire payer directement sur le prix de l'adjudication, comme étant eux-mêmes adjudicataires, doivent être payés sur ce prix par privilége et préférence à tous autres cessionnaires ou délégataires ultérieurs de l'entrepreneur principal, malgré que ces derniers aient fait signifier leur cession avant toute notification ou opposition de la part des ouvriers sous-entrepreneurs (C. civ. 1690, 1798; — Cass. 6 juill. 1830).

202. Pour prétendre au privilége du constructeur, l'usufruitier qui a fait les réparations dont le propriétaire était tenu, doit remplir les formalités prescrites par l'art. 2103 (Duranton, t. 19, n. 193).

203. Le privilége accordé aux ouvriers, ne peut jamais s'exercer que sur la plus-value de l'immeuble, il n'y a point à considérer si les réparations étaient de conservation ou de simple amélioration, de nécessité ou de simple utilité (Grenier, t. 2, n. 411; — Troplong, t. 1, n. 243).

204. Cependant lorsque les réparations ont conservé l'héritage de telle manière qu'il serait totalement péri sans le travail qui y a été fait, le privilége doit s'exercer sur tout l'immeuble (Pothier, proc. civ., sect. IV, chap. 2, art. 12, § 2; — Persil, *rég. hyp.* art. 2103, § 4, n. 8; — V. *sup.* n. 104 et suiv.

205. Pour que le privilége des ouvriers soit conservé après la vente de l'immeuble, il n'est pas nécessaire que le procès-verbal de *réception des travaux* ait été inscrit avant la vente ou dans la quinzaine de la transcription; il suffit qu'avant l'expiration de la quinzaine de la transcription, il y ait eu inscription du procès-verbal de l'*état des lieux* (Lyon, 13 mars 1830, -Devill. 31, 2, 309).

206. Si les travaux étaient tellement urgents qu'il eût été impossible de faire constater auparavant l'état des lieux, le constructeur doit jouir du privilége en vertu du seul procès-verbal de réception des travaux (Persil, *rég. hyp.* art. 2103, § 4).

207. Les ouvriers ou architectes, qui sur l'ordre d'un adjudicataire évincé ensuite par voie de folle-enchère, ont

fait des travaux jugés utiles ou nécessaires sur un immeuble conservent leur privilége sur la plus-value que ces travaux ont donnée à l'immeuble, même vis-à-vis d'un premier vendeur non-payé, leur privilége étant attaché, non à la personne ou au droit du tiers-détenteur qui les a employés, mais à l'immeuble lui-même qu'ils suivent dans quelques mains qu'il passe (Cass. 22 juin 1837). — V. *sup.* n. 195.

V. Du privilége du prêteur pour payer les ouvriers.

208. *Ceux qui ont prêté les deniers pour payer ou rembourser les ouvriers, jouissent du même privilége* (*celui dont est parlé* sup. *n.* 193), *pourvu que cet emploi soit authentiquement constaté dans l'acte d'emprunt, et par la quittance des ouvriers, ainsi qu'il est dit ci-dessus* (V. sup. n. 177) *pour ceux qui ont prêté les deniers pour l'acquisition d'un immeuble* (C. civ. 2103-5°, 2104, 2105-2°).

209. Le prêteur de fonds destinés à payer des travaux de constructions peut, en vertu de la subrogation passée à son profit par l'un des entrepreneurs particuliers seulement, réclamer néanmoins le privilége de constructeur pour l'entière plus-value résultant des travaux des différents entrepreneurs, si celui aux droits duquel il a été subrogé s'est présenté comme entrepreneur général, et si le prêteur a traité de bonne foi avec lui en cette qualité. Il en est ainsi lors surtout que le privilége est contesté, non par les autres entrepreneurs, mais par des créanciers hypothécaires dont les droits sont antérieurs aux constructions (Paris, 2 déc. 1835, -Devill. 36, 2, 121).

210. La subrogation au privilége du constructeur ne peut être détruite par la preuve que les ouvriers n'ont pas été payés avec les deniers prêtés, lorsque cette preuve ne résulte que d'une quittance sous-seing privé, délivrée par le constructeur au propriétaire, n'ayant pas acquis date certaine avant celle qu'il a donnée au prêteur lui-même; le prêteur étant à cet égard un tiers vis-à-vis du propriétaire et du constructeur, on ne peut lui opposer une telle quittance (C. civ. 1328; — Paris, 2 déc. 1835).

V. *sup.* n. 96, 177 et suiv., 193 et suiv.

Art. 4. Des priviléges qui s'étendent sur les meubles et les immeubles.

I. Des priviléges en concurrence sur les meubles et sur les immeubles.

211. *Les priviléges qui s'étendent sur les meubles et les immeubles, sont ceux énoncés en l'art.* 2101 (C. civ. 2104). — V. *sup.* n. 20 et suiv., 36 et suiv., 40 et suiv., 42 et suiv., 56 et suiv.

212. Lorsqu'à défaut de mobilier, les priviléges énoncés en l'article précédent se présentent pour être payés sur le prix d'un immeuble, en concurrence avec les créanciers privilégiés sur l'immeuble, les paiements se font dans l'ordre qui suit :

1° Les frais de justice et autres énoncés en l'art. 2101 (V. les n^os^ *rappelés sup. n.* 211, *in fine*).

2° Les créances désignées en l'art. 2103 (V. *sup.* n. 159 et suiv., 177 et suiv., 184 et suiv., 193 et suiv., 208 et s.). — (C. civ. 2105).

213. Les créanciers privilégiés sur la généralité des immeubles, ne peuvent, au détriment des créanciers hypothécaires, exercer leurs priviléges sur les immeubles, qu'après avoir épuisé la valeur du mobilier (Bruxelles, 21 août 1810 -Sir. 23, 2, 336), de sorte qu'ils sont non-recevables à l'égard des immeubles, lorsqu'ils ont négligé de se présenter à la distribution du prix du mobilier (Grenier, t. 2, n. 371; — Persil, *rég. hyp.* art. 2104 n. 3, et *quest.* t. 1, liv. 1).

214. Le privilége sur les meubles et les immeubles accordé au trésor public par la loi du 5 sept. 1807 pour le recouvrement des frais de justice, est soumis aux mêmes règles que les priviléges généraux sur les meubles et les immeubles établis par le Code civil; si donc le trésor néglige de faire valoir son privilége sur le mobilier du débiteur, il ne peut plus l'exercer sur les immeubles, au détriment des créanciers hypothécaires (Cass. 22 août 1836).

215. Quoique les créanciers privilégiés sur les meubles et sur les immeubles ne puissent se faire colloquer sur le prix des immeubles, qu'après avoir discuté le mobilier, et pour ce qui leur reste dû après cette discussion, cependant s'il se présentent à l'ordre ouvert pour la distribution du prix des immeubles, sans avoir discuté le mobilier, ils ne doivent pas être rejetés de la collocation; il y a lieu de les colloquer éventuellement pour le montant de leurs créances, à la charge par eux de discuter le mobilier dans un délai fixé, sauf à réduire leur collocation à ce qui leur restera dû après la discussion du mobilier (Amiens, 24 av. 1822, -Sir. 23, 2, 336; — Agen, 28 août 1834, -Devill. 35, 2, 426).

216. Mais les créanciers ainsi privilégiés ne sont pas tenus, pour être admis à exercer leur privilége sur les immeubles, de prouver qu'il n'existe point de mobilier en la possession du débiteur. C'est à ceux qui repoussent l'exercice de ce privilége à établir qu'il y a du mobilier (C. civ. 2101, 2104; — Lyon, 14 déc. 1832).

II. Du privilége du Trésor public.

217. *Le privilége, à raison des droits du Trésor royal, et l'ordre dans lequel il s'exerce, sont réglés par les lois qui les concernent* (V. les n. ci-après). *Le Trésor royal ne peut cependant obtenir de privilége au préjudice des droits antérieurement acquis à des tiers* (C. civ. 2098) — V. *inf.* n. 229, 230.

218. L'art. 2 de la loi du 5 sept. 1807 relative aux droits du Trésor sur les biens des comptables donne un privilége sur tous les *biens meubles* des comptables chargés de la recette ou du paiement de ses deniers, même à l'égard des femmes séparées de biens, pour les meubles trouvés dans les maisons d'habitation du mari, à moins qu'elles ne justifient légalement que lesdits meubles leur sont échus de leur chef, ou que les deniers employés à l'acquisition leur appartenaient. Ce privilége ne s'exerce néanmoins qu'après ceux énoncés aux art. 2101 et 2102 du C. civ. — V. *sup.* n. 63, 97, 104, 115, 126, 131, 133 et suiv.

219. L'art. 4 de la même loi accorde au Trésor un privilége 1° sur tous les biens immeubles des comptables, acquis par eux à titre onéreux postérieurement à leur nomination; 2° sur ceux acquis au même titre et depuis cette nomination par leurs femmes même séparées de biens, excepté cependant les acquisitions à titre onéreux faites par les femmes lorsqu'il sera légalement justifié que les deniers employés à l'acquisition leur appartenaient. — Aux termes de l'art. 5 de ladite loi ce privilége n'a lieu conformément aux art. 2106 et 2113 du C. civ. qu'à la charge d'une inscription qui doit être faite dans les deux mois de l'enregistrement de l'acte translatif de propriété, et il ne peut en

aucun cas préjudicier 1° aux créanciers privilégiés désignés dans l'art. 2103 du C. civ. lorsqu'ils ont rempli les conditions prescrites pour obtenir privilége; 2° aux créanciers désignés aux art. 2101, 2104 et 2105 du C. civ. dans le cas prévu par le dernier de ces articles; 3° aux créanciers du précédent propriétaire qui auraient, sur le bien acquis, des hypothèques légales existantes indépendamment de l'inscription ou toute autre hypothèque valablement inscrite.

220. L'art. 6 de cette même loi n'accorde au Trésor qu'une hypothèque légale à la charge de l'inscription, conformément aux art. 2121 et 2134 du C. civ. 1° sur les immeubles appartenant aux comptables avant leur nomination 2° et sur ceux qu'ils ont acquis autrement qu'à titre onéreux postérieurement à leur nomination.

221. Une autre loi du 5-15 sept. 1807 (art. 2) accorde au Trésor pour le remboursement des frais dont la condamnation est prononcée à son profit, en matière criminelle, correctionnelle et de police, un privilége sur les meubles et effets mobiliers des condamnés, lequel ne peut s'exercer qu'après les priviléges et droits ci-après mentionnés, savoir : 1° les priviléges désignés aux art. 2101 et 2102 du C. civ. (V. *sup.* n. 19 et 26); 2° et les sommes dues pour la défense personnelle du condamné, lesquelles, en cas de contestation de la part de l'administration des domaines, sont réglées d'après la nature de l'affaire par le tribunal qui a prononcé la condamnation.

222. La même loi (art. 3) accorde au Trésor sur les biens immeubles des condamnés un privilége qui n'a lieu qu'à la charge de l'inscription dans les deux mois, à dater du jour du jugement de condamnation, passé lequel délai, les droits du Trésor public ne peuvent s'exercer qu'en conformité de l'art. 2113 du C. civ. (V. *inf.* n° 327); et qui ne s'exerce (art. 4) qu'après les autres priviléges et droits suivants; 1° les priviléges désignés en l'art. 2101 du C. civ., dans le cas prévu par l'art. 2105; 2° les priviléges désignés en l'art. 2103 du C. civ., pourvu que les conditions prescrites pour leur conservation aient été accomplies; 3° les hypothèques légales existantes indépendamment de l'inscription, pourvu toutefois qu'elles soient antérieures au mandat d'arrêt ou au jugement de condamnation; 4° les autres hypothèques, pourvu qu'elles aient été inscrites avant le privilége du Trésor public, et qu'elles aient date certaine avant le mandat d'arrêt ou jugement de condamnation; 5° et les sommes dues pour la défense personnelle du condamné, sauf le réglement ainsi qu'il est dit en l'art. 2 de ladite loi.

223. La loi du 12-22 nov. 1808 (art. 1) fait porter le privilége du Trésor public pour le recouvrement des contributions directes, lequel s'exerce avant tout autre, savoir; pour la contribution foncière de l'année échue et de l'année courante, sur les récoltes, fruits, loyers et revenus des biens immeubles sujets à la contribution; 2° pour l'année échue et l'année courante des contributions mobilières, des portes et fenêtres, des patentes et toute autre contribution directe et personnelle, sur tous les meubles et autres effets mobiliers appartenant aux redevables en quelque lieu qu'ils se trouvent. — Ce privilége ne préjudicie point aux autres droits que le Trésor peut exercer sur les biens des redevables comme tout autre créancier (Art. 3 de lad. loi).

224. Tous fermiers, locataires, receveurs, économes, notaires, commissaires-priseurs et autres dépositaires et débiteurs de deniers provenant du chef des redevables et affectés au privilége du Trésor public, sont tenus, sur la demande qui leur en est faite, de payer, en l'acquit des redevables et sur le montant des fonds qu'ils doivent, ou qui sont en leurs mains, jusqu'à concurrence de tout ou partie des contributions dues par ces derniers. Les quittances des percepteurs leur seront allouées en compte (Art. 2 de lad. loi).

225. Lorsque, dans le cas de saisie de meubles et autres effets mobiliers pour le paiement des contributions, il s'élève une demande en revendication de tout ou partie desdits meubles ou effets, elle ne peut être portée devant les tribunaux ordinaires qu'après avoir été soumise par l'une des parties intéressées à l'autorité administrative aux termes de la loi des 23 et 28 oct. - 5 nov. 1790 (Art. 4 de lad. loi).

226. La loi du 1er germ. an XIII (art. 47) accorde à la régie des droits réunis, privilége et préférence à tous les créanciers, sur les meubles et effets des comptables pour leurs débets, et sur ceux des redevables pour les droits, à l'exception des frais de justice, de ce qui est dû pour six mois de loyer seulement, et sauf aussi la revendication dûment formée par les propriétaires des marchandises en nature qui sont encore sous balle et sous corde.

227. La loi du 6-22 août 1791, tit. 13, art. 22, accorde à la régie des douanes les mêmes privilége et préférence dans des termes semblables (*V. le n. qui précède*), et porte, en outre, que pareil privilége s'exercera sur les immeubles acquis par les comptables, depuis le commencement de leur gestion. — Dans ce cas, la régie a hypothèque sur les immeubles des comptables à dater du jour de leur prestation de serment, et sur ceux des redevables à compter de celui où les soumissions ont été faites sur le registre et signées par eux ou leurs facteurs, pourvu que les extraits des registres aient été soumis à l'enregistrement dans le délai fixé pour les actes des notaires (Art. 23 de lad. loi). V. note 18, n. 33 et suiv.

228. Lorsqu'il s'agit des droits des déclarations des mutations par décès à payer par les héritiers, donataires ou légataires, la régie de l'enregistrement a action sur les revenus des biens à déclarer, en quelques mains qu'ils se trouvent, pour le paiement des droits dont il faudrait poursuivre le recouvrement (L. 22 frim. an VII, art. 15-7°-8°, art. 32). V. *inf.* n. 232 et suiv.

229. La dernière disposition de l'art. 2098 du C. civ. (V. *sup.* n. 217) ne doit s'entendre que des droits acquis avant les lois qui ont organisé le privilége du Trésor, et non pas des droits antérieurs à toute époque où la créance privilégiée du Trésor a pris naissance (Paris, 4 mars 1839; Troplong, *Priv.* t. 1, n. 90; Tarrible, *Rép.* v° *Priv.*, sect. 2, § 2, n. 7). — V. *sup.* n. 217.

230. Le Code civil, en révoquant toutes les lois antérieures, a excepté celles faites en faveur du Trésor public dont il maintient formellement le privilége par son article 2098 (Circ. min. just. 16 fév. 1807; Cass. 17 oct. 1814; - Sir. 15, 1, 243).

231. Les art. 2098 et 2121 du C. civ., ainsi que toutes les dispositions de la loi du 5 sept. 1807 concernant les priviléges du Trésor public sur les meubles et immeubles des comptables s'appliquent au *Trésor de la couronne* et lui

assurent les mêmes hypothèques sur les biens de ses agents comptables (Av. Cons. d'Et. 25 fév. 1808).

232. Le privilége pour le droit de mutation par décès sur les immeubles de la succession, ne peut être exercé au préjudice de créanciers inscrits antérieurement à l'ouverture de la succession (Cass. 6 mai 1816). — V. *sup*. n. 228.

233. Les immeubles dépendant d'une succession restent affectés entre les mains des tiers-acquéreurs volontaires ou des adjudicataires en justice, pour sûreté des droits de mutation par décès dus à la régie, tant qu'ils n'ont pas purgé conformément aux règles du régime hypothécaire (Cass. 29 av. 1807; 9 mars 1808). V. *sup*. n. 228. — Mais les acquéreurs et adjudicataires sont déchargés de toute obligation lorsqu'ils ont payé leur prix conformément aux bordereaux de collocation délivrés sans appel ni opposition de la part de la régie (Cass. 15 av. 1807).

234. L'action de la régie de l'enregistrement sur les revenus des biens transmis par décès, pour le paiement des droits de mutation s'exerce par préférence à tous les autres créanciers de la succession (Cass. 9 vend. an XIV; - Sir. 6, 2, 112).

235. Lorsque le légataire de la nue-propriété ne paye pas les droits de mutation, la régie peut saisir et arrêter les revenus quoique appartenant au légataire de l'usufruit, parce que ce dernier est bien un légataire, débiteur dans le sens de l'art. 32 de la loi de frimaire rappelé *sup*. n. 228 (Cass. 24 oct. 1814, - Sir. 15, 1, 244).

236. Le privilége du Trésor public pour les contributions indirectes doit primer même le droit de rétention que la loi accorde en certains cas, notamment en matière d'antichrèse (Duranton, t. 19, n. 8). — V. note 22, n. 101.

237. Le privilége accordé (V. *sup*. n. 221) pour frais de poursuite criminelle, correctionnelle et de police, ne s'étend pas aux amendes; mais il doit primer le privilége de l'indemnité due à la partie civile (Déc. min. just. 19 et 29 mars 1808, - Sir. 10, 2, 265; Duranton, t. 19, n. 236).

238. Ce privilége, quand il s'agit des meubles du condamné, peut être opposé aux tiers-créanciers dont les titres sont antérieurs à la loi, et même au titre du Trésor public (Cass. 6 juin 1809).

239. Mais ce privilége, à l'égard des meubles et des immeubles, est soumis, quant au mode de son exercice, au même mode que les priviléges généraux sur les meubles et les immeubles établis par le Code civil. Si donc le Trésor néglige de faire valoir son privilége sur le mobilier du débiteur, il ne peut plus l'exercer sur les immeubles au détriment des créanciers hypothécaires (Cass. 22 août 1836).

240. Le Trésor public ne peut exercer de privilége ou d'hypothèque sur des biens qui auraient été aliénés par le prévenu avant le jugement de condamnation; seulement, le Trésor peut, comme les autres créanciers, provoquer la rescision des aliénations simulées ou qui seraient faites en fraude de ses droits. Pour faire révoquer les aliénations onéreuses, il ne suffit pas de prouver la fraude de la part de celui qui a disposé, il faut encore prouver la participation de l'acquéreur à cette fraude (Lett. min. just. 9 août 1808, - Sir. 8, 2, 270).

241. Le privilége du Trésor public pour ce qui reste dû sur le prix de vente d'un bien domanial, a tout son effet, bien qu'il n'ait pas été inscrit (Colmar, 21 juill. 1813, - Sir. 15, 2, 25).

242. Le privilége du Trésor public pour les frais d'une poursuite motivée par des faits antérieurs à la faillite, prime toute autre créance, encore que la condamnation à ces frais soit postérieure à la faillite (Paris, 4 mars 1839).

243. Lorsqu'un débiteur est tombé en faillite, la régie des contributions indirectes n'en conserve pas moins le droit d'exercer son privilége et tous ses autres droits pour l'intégralité de sa créance, sur les meubles et effets mobiliers du redevable, même sur ceux qui lui surviennent après la faillite (Bruxelles, 12 août 1811; Paris, 29 août 1836, - Devill. 14, 2, 148, — 37, 2, 82).

Art. 5. DU PRIVILÉGE DES CRÉANCIERS ET LÉGATAIRES SUR LES IMMEUBLES D'UNE SUCCESSION, OU DE LA SÉPARATION DES PATRIMOINES. — V. note 24, n. 353 et suiv.

I. Par qui et contre qui peut être demandée et exercée la séparation de patrimoines.

244. *Les créanciers peuvent demander, dans tous les cas, et contre tout créancier, la séparation du patrimoine du défunt d'avec le patrimoine de l'héritier* (C. civ. 878).

245. *Ce droit ne peut cependant plus être exercé, lorsqu'il y a novation dans la créance contre le défunt, par l'acceptation de l'héritier pour débiteur* (C. civ. 879).

246. *Les créanciers de l'héritier ne sont point admis à demander la séparation des patrimoines contre les créanciers de la succession* (C. civ. 881).

247. Le droit de demander la séparation de patrimoines est réglée par les lois existantes à l'époque de l'ouverture de la succession, et non par celles existantes à l'époque où le droit est exercé. D'où il suit que les créanciers d'une succession ouverte avant le Code civil peuvent demander aujourd'hui la séparation de patrimoines, quoiqu'ils n'aient pris aucune inscription pour la conservation de leur droit (Turin, 7 mars 1810; Caen, 2 déc. 1826, - Sir. 28, 2, 116; Bordeaux, 8 fév. 1828, — 14 juill. 1836, - Devill. 37, 2, 222; Cass. 17 av. 1827, - Sir. 28, 1, 91; — 3 mars 1835. — *Contrà*, Nîmes, 28 mars 1806; Toulouse, 12 janv. 1807; Rouen, 23 août 1809).

248. L'action en séparation de patrimoines peut être exercée dans les cas suivants :

249. 1° Lors même que les immeubles sont sortis des mains de l'héritier, s'il y a eu inscription prise par les créanciers ainsi que le veut l'art. 2111 du C. civ. (Nîmes, 19 février 1829).

250. 2° Lorsque la confusion des patrimoines n'est que partielle; dans ce cas, la demande en séparation de patrimoines peut encore être formée relativement aux biens dont il n'y a pas eu confusion (Cass. 8 nov. 1815, - Sir. 16, 1, 137).

251. 3° Lorsque les immeubles du défunt ayant été vendus, le prix en est encore à distribuer : dans ce cas, le prix représente l'immeuble (C. civ. 880; Cass. 26 juin 1828; 16 juill. 1828).

Mais pour que l'action puisse s'exercer, dans ce cas, sur le prix de l'immeuble vendu, il est nécessaire que ce prix soit dû au vendeur lui-même, il ne suffirait pas qu'il fût dû aux créanciers de ce dernier. Si donc le prix a été payé une première fois au vendeur, l'action en séparation est éteinte, encore que les créanciers usant de leurs droits, aient contraint l'acquéreur à payer une seconde fois (Cass. 27 juill. 1815).

252. 4° Lors même que la vente des biens de l'héritier et de ceux de la succession a eu lieu, pour un seul prix, si d'ailleurs il existe des éléments suffisants pour une ventilation (Grenoble, 30 août 1831, - Devill. 32, 2, 643). V. *inf.* n. 263, 264.

253. 5° Lorsqu'un père a fait démission de ses biens au profit de ses enfants : cette démission donnant aux créanciers du démettant le droit de demander la séparation des patrimoines, de même que l'ouverture de succession (Bordeaux, 14 juill. 1836, - Devill. 37, 2, 222).

254. 6° Lors même que l'héritier a accepté la succession sous bénéfice d'inventaire, surtout si les créanciers ne trouvent pas dans la personne et dans la position de fortune de cet héritier des garanties suffisantes pour la conservation de leurs droits (Lyon, 24 juill. 1835, - Devill. 36, 2, 464).

255. 7° Lors même que le titre du créancier est un titre sous seing-privé non échu à l'époque de l'ouverture de la succession : le droit de former demande en séparation de patrimoine est acquis contre l'hériter du débiteur, comme si la créance était alors exigible. Une pareille demande étant un acte conservatoire, on ne saurait, dans ce cas, appliquer au créancier la disposition de l'art. 1 de la loi du 3 sept. 1807, qui défend de prendre une inscription hypothécaire en vertu d'un titre non échu (Lyon, 24 juill. 1835, - Devill. 36, 2, 464). — Dans ce cas, si le titre est un billet que le créancier ait fait timbrer et enregistrer avant l'échéance, les frais de timbre et l'amende encourue doivent lui être actuellement remboursés par les héritiers ; quant aux frais d'enregistrement, le remboursement ne lui en est dû qu'autant que les héritiers ne paieraient pas les billets à l'échéance (*Ibid.*).

256. 8° Pour la première fois en appel (Liége, 10 fév. 1807 ; Cass. 17 oct. 1809, - Sir. 10, 1, 34 ; — 8 nov. 1815, - Sir. 16, 1, 137).

257. 9° Lors même que les créanciers qui la demandent et les créanciers qui la contestent sont tous également créanciers du défunt : il n'est pas nécessaire que les uns soient créanciers du défunt et les autres créanciers de l'héritier (Cass. 17 av. 1827, - Sir. 28, 1, 93).

258. 10° Lorsque le créancier qui forme la demande a reçu de l'héritier de son débiteur le paiement des arrérages échus de sa créance ou seulement une promesse de paiement ; par ce fait, il n'est point censé avoir accepté cet héritier pour débiteur et s'être privé du droit de demander la séparation des patrimoines du débiteur originaire de la rente et de son héritier (Paris, 1 niv. an XIII, - Sir. 5, 2, 610 ; Chabot, art. 879, n. 2 ; Vazeille, *id.* ; Toullier, t. 7, n. 283 ; Grenier, *hyp.* t. 2, n. 426 ; Delvincourt, t. 2, p. 176 ; Malpel, n. 217. — *Contrà*, Duranton, t. 7, n. 498 ; Fouet de Conflans, art. 879).

Il en est de même lorsque celui qui est à la fois créancier du défunt et de son héritier, a dirigé contre ce dernier des poursuites infructueuses, il peut, dans ce cas, demander la séparation des patrimoines, sans qu'on puisse lui opposer qu'il a fait novation à sa créance en acceptant l'héritier pour débiteur (Cass. 22 juin 1841).

259. 11° Quoique l'héritier ait fait vente de ses droits successifs (Vazeille, art. 880, n. 6 ; — *Contrà*, Delvincourt, t. 2, p. 178).

260. 12° A l'égard de l'immeuble que l'héritier a reçu en échange d'un autre immeuble de la succession du défunt (Grenier, *hyp.* t. 2, n. 429).

261. Mais l'action en séparation de patrimoines ne peut être exercée dans les cas suivants :

262. 1° Lorsque la demande est formée postérieurement à l'expropriation du débiteur saisi (Montpellier, 26 fév. 1810, - Sir. 15, 2, 206).

263. 2° Lorsque les immeubles de la succession ont été aliénés par l'héritier conjointement avec des immeubles qui lui appartenaient en propre, et que la vente s'est faite pour un seul et même prix (Cass. 25 mai 1812). — V. *sup.* n. 252, et *inf.* n. 264.

264. 3° Lorsque les biens du défunt et de l'héritier ont été confondus dans une seule saisie, et ont été vendus par une seule et même adjudication et pour un seul et même prix, en présence des créanciers du défunt et sans qu'ils se soient opposés à la confusion (Riom, 3 août 1826, - Sir. 28, 2, 278 ; — Grenoble, 7 fév. 1827). — V. *sup.* n. 252, 263.

265. 4° Lorsque les biens de la succession ayant été vendus par l'héritier, partie du prix a été compensée avec ce qui était dû à l'acquéreur par l'héritier vendeur, et le surplus délégué aux créanciers personnels de ce dernier. Les choses, dans cet état, ne sont plus entières (Grenoble, 21 av. 1825, - Sir. 26, 2, 125).

266. 5° Lorsque ce sont des créanciers d'une communauté qui veulent exercer le droit de demander la séparation des patrimoines (Toullier, t. 13, n. 211).

267. 6° Lorsque le créancier a une hypothèque légale sur les biens du défunt : dans ce cas, il est dispensé de demander la séparation des patrimoines : les art. 878 et 2111 du C. civ. ne s'appliquant qu'aux créanciers chirographaires, ou à ceux dont l'hypothèque, soumise à l'inscription, n'a pas été inscrite en temps utile (Pau, 30 juin 1830, - Devill. 31, 2, 103). — V. *inf.* n. 311.

268. 7° A l'égard de l'immeuble aliéné par l'héritier avec faculté de rachat (Grenier, *hyp.* t. 2, n. 429).

269. La séparation ne peut être demandée que contre les *créanciers* de l'héritier, et lorsque ceux-ci se présentent pour exercer des droits sur les biens de la succession. Elle ne peut être demandée contre l'héritier lui-même. Si donc les créanciers du défunt agissent directement contre l'héritier, leur demande doit être écartée comme formée sans droit ni intérêt, et par suite les demandeurs doivent supporter personnellement les frais de leur action illégalement intentée (Poitiers, 8 août 1828, - Devill. 31, 2, 82).

270. Cependant il a été jugé 1° que l'héritier n'est pas recevable à s'opposer, de son chef, à la demande en séparation de patrimoines formée contre ses créanciers personnels ; ce droit n'appartenant qu'à ces derniers (Bordeaux, 11 déc. 1834, - Devill. 35, 2, 345).

271. 2° Et que la demande en séparation peut être dirigée contre l'héritier seulement, représentant légal de la succession : n'étant pas nécessaire d'assigner les créan-

ciers personnels de cet héritier, qui du reste peuvent intervenir dans l'instance s'ils le jugent nécessaire (Nancy, 14 fév. 1833, - Devill. 35, 2, 304).

II. Durée de l'action en séparation de patrimoines.

272. *Le droit de demander la séparation des patrimoines se prescrit, relativement aux meubles, par le laps de trois ans. — A l'égard des immeubles l'action peut être exercée, tant qu'ils existent dans la main de l'héritier* (C. civ. 880). — V. *inf.* n. 314.

273. L'action en séparation de patrimoines, à l'égard des immeubles, ne se prescrit qu'avec et comme la créance elle-même, si d'ailleurs les choses sont encore entières (Toulouse, 26 mai 1829).

274. Cette action, en ce qui touche le *prix* des immeubles vendus par l'héritier, dure autant que si la séparation était demandée quant aux immeubles eux-mêmes, c.-à-d. trente ans : on ne peut, à ce cas, appliquer la prescription de trois ans établie quant à la séparation des meubles (Nîmes, 27 janv. 1840; — Cass. 22 juin 1841).

275. Les dispositions qui obligent, à peine de déchéance, les créanciers d'une succession, acceptée purement et simplement, à exercer, dans un délai déterminé, la faculté de demander la séparation de patrimoines, ont effet lorsqu'il s'agit de déterminer la préférence entre les créanciers et les légataires particuliers du défunt, tout comme s'il s'agissait de déterminer une préférence entre co-créanciers (Cass. 9 déc. 1823, - Sir. 24, 1, 108).

276. Les poursuites qui n'ont d'autre objet que de faire déclarer le titre du créancier, exécutoire contre l'héritier du débiteur, ne sont pas interruptives de la prescription de l'action en séparation de patrimoines (Grenoble 21 av. 1823, - Sir. 26, 2, 125).

277. Tant que l'héritier légitime ne manifeste pas la volonté de renoncer à la succession, il est réputé de plein droit possesseur des biens du défunt; dès-lors, ces biens se confondent avec les biens personnels de l'héritier, à partir de l'ouverture de la succession : par suite, l'action en séparation de patrimoines peut être exercée et commence à se prescrire, même avant toute acceptation expresse de la part de l'héritier (Cass. 9 av. 1810, - Sir. 11, 1, 18).

V. *sup.* n. 251, 256, 262.

III. Des effets de la demande en séparation de patrimoines.

278. Lorsqu'une demande en séparation de patrimoines est nécessaire pour empêcher la confusion, il ne suffit pas qu'il y ait eu inventaire de l'un des deux patrimoines : cet inventaire n'a pas l'effet d'empêcher la confusion (Cass. 14 août 1820, - Sir. 21, 1, 33).

279. La séparation de patrimoines ne peut préjudicier aux créanciers personnels de l'héritier qui, avant la séparation, ont acquits des droits sur les valeurs mobilières de l'hérédité, spécialement ceux auxquels l'héritier a délégué le prix provenant des immeubles alors en vente : dans ce cas, les créanciers personnels de l'héritier doivent être payés sur ce prix, en vertu de la délégation faite à leur profit, préférablement aux créanciers du défunt qui ont demandé la séparation des patrimoines (Cass. 28 av. 1840).

280. Le privilége de la séparation des patrimoines confère aux créanciers du défunt le droit de se faire payer sur tous les biens de la succession, sans égard à la division des dettes entre les co-héritiers : la séparation doit donc, nonobstant l'offre faite par quelques-uns des héritiers de payer leur part de la dette, être prononcée contre eux comme à l'égard des autres (Bourges, 20 août 1832, - Devill. 33, 2, 635; — Bordeaux, 14 juill. 1836, - Devill. 37, 2, 222).

281. Cependant il a été jugé que l'action résultant du privilége de la séparation des patrimoines, doit se diviser entre les héritiers, comme la dette elle-même, en proportion de leur part héréditaire, de manière que chaque héritier ne soit tenu, sur les biens par lui recueillis, que de sa part contributive dans les dettes (C. civ. 873, 878; — Caen, 14 fév. 1825, - Devill. 33, 2, 639).

281 *bis.* Le bénéfice de la séparation des patrimoines confère aux créanciers chirographaires du défunt le droit de surenchérir les immeubles de leur débiteur vendus depuis son décès (Orléans, 22 août 1840, - Devill. 41, 2, 513).

V. *inf.* n. 311 et suiv.

§ 4. COMMENT SE CONSERVENT LES PRIVILÉGES.

282. *Entre les créanciers, les priviléges ne produisent d'effet à l'égard des immeubles qu'autant qu'ils sont rendus publics par inscription sur les registres du conservateur des hypothèques, de la manière déterminée par la loi, et à compter de la date de cette inscription, sous les seules exceptions contenues aux art. 2107 et suiv. du Code civil* (C. civ. 2106). — V. v° Inscription note 83.

283. Il faut donner à cet article un sens tout opposé à celui qu'il présente, ainsi que cela a été décidé par les arrêts rapportés *sup.* n. 170 et qui portent que bien que l'inscription soit nécessaire pour donner effet au privilége, cependant le rang du privilége est indépendant de l'inscription.

284. *Sont exceptées de la formalité de l'inscription les créances énoncées en l'art.* 2101 (C. civ. 2107). — V. *sup.* n. 18 à 60.

Art. 1. MODE DE CONSERVER LE PRIVILÉGE DU VENDEUR ET DU BAILLEUR DE FONDS.

285. *Le vendeur privilégié conserve son privilége par la transcription du titre qui a transféré la propriété à l'acquéreur, et qui constate que la totalité ou partie du prix lui est due; à l'effet de quoi la transcription du contrat faite par l'acquéreur, vaudra inscription pour le vendeur et pour le prêteur qui lui aura fourni les deniers payés, et qui sera subrogé aux droits du vendeur par le même contrat : sera néanmoins le conservateur des hypothèques tenu, sous peine de tous dommages et intérêts envers les tiers, de faire d'office l'inscription, sur son registre, des créances résultant de l'acte translatif de propriété, tant en faveur du vendeur qu'en faveur des prêteurs, qui pourront aussi faire faire, si elle ne l'a été, la transcription du contrat de vente, à l'effet d'acquérir l'inscription de ce qui leur est dû sur le prix* (C. civ. 2108).

286. Lorsque, faute par un vendeur d'avoir fait inscrire son privilége dans le délai de trois mois, fixé par les art. 37 et 39 de la loi du 11 brum. an VII, ce privilége a dégénéré en simple hypothèque, la transcription du contrat, sous le Code civil, ne fait point revivre le privilége; de sorte qu'en cas de concours du vendeur avec des créanciers

de l'acquéreur, le vendeur est primé par tous les créanciers inscrits avant la transcription (Cass. 2 juin 1824, - Sir. 25, 1, 283; — Pau, 17 janv. 1827, - Sir. 28, 2, 214).

287. Cependant lorsque le privilége de vendeur, créé avant la loi de brumaire, a été inscrit sous le Code civil avant l'inscription de toutes hypothèques, il conserve sur elles toute sa faveur et préférence, de même que s'il avait pris naissance sous le Code civil (Cass. 16 mars 1820).

288. Sous l'empire du Code civil, aucun délai fatal n'étant prescrit au vendeur d'un immeuble pour l'inscription de son privilége, il en résulte qu'à quelque époque qu'il inscrive, il prime toujours les créanciers hypothécaires de l'acquéreur inscrits auparavant (Rouen, 7 déc. 1809, - Sir. 10, 2, 85; — Rennes, 21 août 1811, - Sir. 13, 2, 111; — Besançon, 15 juill. 1822; — Toulouse, 19 fév. 1813. — Cependant son privilége s'éteint faute d'avoir pris inscription dans la quinzaine de la transcription d'un des contrats de vente postérieurs, et le vendeur, dans ce cas, n'a plus qu'une action en résolution faute de paiement. — V. *sup.* n. 171, 172.

289. Il y a exception à ce qui est dit à la fin du n° précédent lorsque la vente d'un immeuble est faite sous la *condition suspensive* que l'acquéreur fera transcrire le contrat, avant toute aliénation, et pour valoir inscription du privilége de vendeur; dans ce cas, le vendeur peut toujours, tant que cette transcription n'a pas eu lieu, et même après la revente de l'immeuble à un tiers, prendre inscription et conserver ainsi son privilége à l'égard du nouvel acquéreur. — Même le privilége du vendeur se conserve par l'effet de la clause suspensive, sans inscription, à l'égard du tiers acquéreur, comme à l'égard du premier acquéreur, jusqu'à la transcription de la vente originaire. (Cass. 22 nov. 1820, - Sir. 21, 1, 128; — Riom, 14 mai 1817, - Sir. 18, 2, 335; 10 fév. 1819, - Sir. 20, 2, 273).

290. La transcription n'est pas le seul moyen de conserver le privilége du vendeur. Il peut encore être conservé par l'inscription requise par ce dernier (Cass. 6 juill. 1807 - Sir. 8, 1, 42; 7 mai 1811; — Rennes, 21 août 1811, - Sir. 13, 2, 111).

291. L'inscription prise dans ce cas par le vendeur, remplit suffisamment le vœu de la loi, quand elle énonce la nature du titre et le montant de la créance; il n'est pas nécessaire qu'il y soit fait mention que la créance est privilégiée (Cass. 7 mai 1811).

292. De ce que la seule transcription du titre, établissant que tout ou partie du prix est due, a pour effet de conserver le privilége du vendeur, soit au profit de ce dernier, soit au profit du prêteur qui aura fourni les deniers payés, il résulte que si, par erreur, l'inscription d'office ne porte pas la somme entière qui reste due, le privilége n'en subsiste pas moins pour la totalité (Paris, 31 août 1810, - Sir. 17, 2, 397).

293. Toutefois, la transcription ne vaut pas inscription pour les créanciers du vendeur, qui leur a délégué une partie du prix. Ils sont tenus de prendre inscription pour la conservation de leurs droits (Limoges, 26 juin 1820 - Sir. 21, 2, 37).

294. Et lorsqu'un contrat de vente ne fait pas mention du prix, la transcription qui en est faite ne peut pas conserver le privilége du vendeur (Bruxelles, 17 mars 1806, - Sir. 7, 2, 1159).

V. *sup.* n. 170, 171, 173, 174, 181, et *inf.* n. 326.

Art. 2. Mode de conserver le privilége du co-héritier ou co-partageant

295. *Le co-héritier ou co-partageant conserve son privilége sur les biens de chaque lot ou sur le bien licité pour les soulte et retour de lots, ou pour le prix de la licitation, par l'inscription faite à sa diligence dans soixante jours, à dater de l'acte de partage ou de l'adjudication par licitation; durant lequel temps, aucune hypothèque ne peut avoir lieu sur le bien chargé de soulte ou adjugé par licitation, au préjudice du créancier de la soulte ou du prix* (C. civ. 2109).

296. Les héritiers ont le droit de prendre inscription de privilége non-seulement pour les soultes et retours de lots, mais encore pour la garantie des partages (Vazeille, *succ.* art. 885 n. 4; — Grenier, *hyp.* t. 2, n. 403; — *Contrà*, Duranton, t. 7, n. 546, qui pense que les co-héritiers ne peuvent prendre inscription pour raison de la garantie des lots, que quand il y a un danger éminent d'éviction.

297. La garantie des partages ne se prescrivant que par trente ans (V. *sup.* note 28, n. 622), il n'est pas inutile, en attendant la décision de la question qui divise les auteurs ainsi qu'on le voit *sup.* n. 296, lorsque le notaire procède à un partage, qu'il fasse expliquer les parties au sujet de l'étendue et de la durée de cette garantie, car si elles s'en réfèrent à la loi et usent de leurs droits dans toute leur plénitude, il pourra arriver que l'inscription prise par un héritier sur les biens de l'autre, dans les soixante jours ou après ce délai, pour raison de la garantie, soit pour celui-ci un obstacle à toute opération, pendant la durée de cette garantie, car on sait combien est embarrassante une inscription même éventuelle prise contre un individu, surtout quand elle l'a été à son insu.

298. Mais de quelle époque court le délai de soixante jours, fixé par la loi pour l'inscription du privilége?

Il commence à courir du jour de tout acte ayant pour objet de faire cesser l'indivision entre co-héritiers; il importe peu que cet acte ne comprenne que certains objets de la succession, comme par exemple, les immeubles et laisse les meubles dans l'indivision (Cass. 23 juill. 1839; — Lyon, 29 déc. 1835, - Devil. 36, 2, 434).

299. D'où il suit que lorsqu'un jugement après avoir divisé les immeubles de la succession entre les co-héritiers, les renvoie devant un notaire pour procéder au compte des fruits à restituer par l'un d'eux, le co-héritier qui a droit à cette restitution, n'est pas tenu de prendre inscription pour sa créance non encore déterminée, dans les soixante jours du jugement, parce que ce jugement n'a pas l'effet d'un partage, du moins en ce qui touche cette restitution de fruits (Cass. 11 août 1830, - Devill. 31, 1, 63).

300. Cependant il a été jugé que le délai de soixante jours pour l'inscription du privilége, court seulement, si quelques-uns des co-partageants sont mineurs, du jour du jugement d'homologation de la liquidation, et non pas du jour de l'adjudication (Cass. 17 fév. 1820, - Devill. 37, 1, 860; — *Contrà*, Paris, 3 déc. 1836, - Devill. 37, 2, 273; — Cass. 15 juin 1842, *Journal Man.* art...). — V. *inf.* n. 303. 304.

301. Sauf le cas spécifié au n° qui précède, il n'y a aucune exception à l'obligation d'inscrire le privilége dans le délai de soixante jours, ainsi :

302. 1° Ce délai n'est pas prorogé par la circonstance qu'il aurait existé entre l'héritier adjudicataire et ses co-héritiers.

une société relativement à l'immeuble licité, et que cette société nécessitait un compte qui a été réglé plus tard (Lyon, 21 fév. 1832).

303. 2° Lorsqu'une adjudication sur licitation est prononcée au profit d'un co-héritier, les autres co-héritiers sont obligés, pour la conservation de leur privilége à raison du prix de la licitation, de prendre inscription dans les soixante jours de l'adjudication; il ne leur suffirait pas de prendre inscription dans les soixante jours de la liquidation et du partage de la succession, ultérieurement opérés (Paris, 7 fév. 1833). — V. *sup.* n. 262.

304. 3° Les co-héritiers sont obligés de prendre inscription de leur privilége contre leurs colicitants dans les soixante jours de l'adjudication sur licitation, alors même que les opérations du partage ne s'étant pas terminées dans ce délai, ils n'ont pu savoir alors si une soulte leur serait due en définitive. En un tel cas, les co-héritiers doivent provisoirement s'inscrire pour le prix entier de l'adjudication, sauf réduction ou annulation ultérieure de l'inscription, s'il y a lieu (Bordeaux, 15 juin 1831). — V. *sup.* n. 262.

305. 4° Lorsqu'on stipule dans un partage, qu'après le tirage au sort des lots, celui échu à *tel* co-héritier, sera par lui, pour raison du prix de son remplacement militaire, vendu aux enchères dans les trois mois, et que ses co-héritiers exerceront sur le prix, à titre de privilége, la reprise d'une somme dont il doit faire le rapport, et sous peine de *nullité*, cette stipulation est sans effet vis-à-vis des tiers, comme tendante à conférer aux co-partageants un privilége autre que celui déterminé par la loi; en conséquence, le délai pour prendre inscription à raison de la somme rapportée, en supposant qu'elle puisse être considérée comme une soulte de partage, doit courir non du jour de la vente, mais du jour du partage. En vain prétendrait-on que la clause pénale rendait le partage provisionnel (Cass. 3 août 1837).

306. Le privilége du co-partageant ne peut plus être inscrit sur l'immeuble assujetti à la soulte et vendu depuis le partage, lorsque le nouvel acquéreur a fait transcrire son contrat, et que quinze jours se sont écoulés depuis cette transcription, bien que soixante jours ne se soient pas encore écoulés depuis le partage (C. proc. 834; — Persil, *rég. hyp.* art. 2109, n. 10; — Vazeille, 833, n. 9; — Locré, sur les art. 834 et 835; — Grenier, *hyp.* t. 2, n. 400; — Delvincourt t. 2, p. 146).

307. L'inscription pour la conservation du privilége du co-héritier ou co-partageant peut être prise en vertu d'un partage sous seing-privé (Grenier, *hyp.* t. 2, 402; Troplong, *hyp.* t. 1, n. 292; — Duranton, t. 19, n. 180).

308. Le jour *à quo* n'est pas compris dans le délai de soixante jours fixé pour l'inscription du privilége (Troplong, *hyp.* t. 1, n. 294 et suiv.).

V. *sup.* n. 184 et suiv.

Art. 3. Mode de conserver le privilége des architectes, entrepreneurs etc.

309. *Les architectes, entrepreneurs, maçons et autres ouvriers employés pour édifier, reconstruire ou réparer les bâtiments, canaux ou autres ouvrages, et ceux qui ont, pour les payer et rembourser, prêté les deniers dont l'emploi a été constaté, conservent par la double inscription faite 1° du procès-verbal qui constate l'état des lieux 2° du procès-verbal de réception, leur privilége à la date du premier procès-verbal* (C. civ. 2110).

310. Ce privilége ne prend rang qu'à la date de l'inscription du procès-verbal qui constate l'état des lieux avant le commencement des travaux, et non à partir du moment où le privilége a pris naissance par l'exécution des travaux (Delvincourt, t. 3, p. 288; — Persil, *rég. hyp.* art. 2110 n. 3, et *quest.* t. 1, ch. 6 § 9; — Troplong, t. 1, n. 322; — *Contrà*, Favard, v° *priv.* sect. 4 n. 9; — Tarrible, *rép.* v° priv. sect. 5, n. 8; — Grenier, t. 2, n. 410; — Battur, *priv. et hyp.* t. 1, n. 127).

V. *sup.* n. 194 et suiv., 208 et suiv.

Art. 4. Mode de conserver le privilége des créanciers et légataires qui demandent la séparation de patrimoines.

311. *Les créanciers et légataires qui demandent la séparation du patrimoine du défunt, conformément à l'art.* 878, *au titre des* Successions, *conservent à l'égard des créanciers des héritiers ou représentants du défunt, leur privilége sur les immeubles de la succession par les inscriptions faites sur chacun de ces biens, dans les six mois à compter de l'ouverture de la sucession. Avant l'expiration de ce délai, aucune hypothèque ne peut être établie avec effet sur ces biens par les héritiers ou représentants, au préjudice de ces créanciers ou légataires* (C. civ. 2111). — V. *sup.* n. 244 et suiv.

On doit faire application de cet art. à la femme mariée, qui, après la dissolution du mariage, veut conserver son hypothèque légale sur les immeubles de la succession de son mari. Elle doit, en conséquence, prendre inscription dans les six mois du décès (Nîmes, 28 mars 1806, - Sir. 7, 2, 1007). — V. *sup.* n. 267.

312. Sous l'empire de la loi du 11 brum. an VII, l'action en séparation des patrimoines pouvait être exercée indépendamment de toute inscription hypothécaire (Cass. 17 oct. 1809, - Sir. 10, 1, 34; — Paris, 1 niv. an XIII, - Sir. 5, 2) — même à l'égard des créanciers hypothécaires de l'héritier qui avaient pris inscription (Cass. 22 janv. 1806; — 8 sept. 1806). — V. *sup.* n. 247.

313. La disposition qui oblige les créanciers du défunt de prendre inscription, pour la conservation de leur privilége, sur *chacun* des biens de la succession, ne doit pas être entendu en ce sens qu'il soit nécessaire de *spécialiser* les immeubles sur lesquels frappe l'inscription; la loi par ces mots, *chacun des biens*, ayant eu pour objet, non de régler le mode de l'inscription, mais seulement de distinguer les biens du défunt de ceux de l'héritier. Ainsi est valable l'inscription prise sur *tous les biens* du défunt (Nîmes, 19 fév. 1829).

314. En prescrivant aux créanciers du défunt, qui veulent conserver le privilége de la séparation de patrimoines, de prendre inscription sur les immeubles dans les six mois de l'ouverture de la succession, l'art. 2111 du C. civ. rapporté *sup.* n. 311, n'a point modifié l'art. 880 du même code, ni entendu limiter à six mois la durée de l'action en séparation, laquelle peut être exercée tant que les biens sont entre les mains de l'héritier (Nîmes, 19 fév. 1829). — V. *sup.* n. 272.

315. Le créancier qui n'a pas pris inscription dans les six mois, ne peut être relevé de la déchéance par lui encourue du droit de demander la séparation des patrimoines, sous prétexte qu'il aurait été empêché de prendre cette inscription par un événement de force majeure (Bordeaux, 24 juin 1836, - Devill. 37, 2, 38).

316. La transcription de son contrat, faite par l'acqué-

reur des biens d'une succession, ne purge pas les immeubles acquis du privilége de séparation de patrimoines, auquel ont droit les légataires ou créanciers du défunt; en conséquence, ces derniers peuvent valablement inscrire leur privilége, même après la quinzaine de la transcription : mais toutefois, avant l'expiration des six mois qui suivent l'ouverture de la succession (C. proc. 834; — Colmar, 3 mars 1834).

317. L'acceptation d'une succession sous bénéfice d'inventaire, entraîne de plein droit, au profit des créanciers de cette succession, la séparation des patrimoines, ce qui les dispense de prendre inscription dans les six mois du décès (Paris, 20 juill. 1811; 8 av. 1826, -Sir. 27, 2, 79; 4 mai 1835; — Colmar, 9 janv. 1837; — Cass. 18 juin 1833).

318. L'acceptation bénéficiaire a cet effet, même à l'égard des héritiers qui ont accepté purement et simplement, et pour *tous* les biens de la succession; la séparation des patrimoines ne se restreignant pas, dans ce cas, à la portion des biens afférants à l'héritier bénéficiaire. En conséquence, les héritiers qui ont accepté, ne peuvent aucunement grever d'hypothèque leur portion héréditaire au profit de leurs créanciers personnels, et les créanciers chirographaires du défunt, ne peuvent non plus acquérir hypothèque sur cette portion, postérieurement à l'ouverture de la succession (Riom. 8 août 1828, -Sir. 29, 2, 39; — Cass. 18 nov. 1833).

319. Dans le cas ci-dessus, la séparation des patrimoines continue de subsister, lors-même que l'héritier bénéficiaire deviendrait plus tard héritier pur et simple (Cass. 18 juin 1833; 10 fév. 1839, -Devill. 40, 1, 92; — Paris, 4 mai 1835; — Colmar, 9 janv. 1837; — *Contrà*, Bordeaux, 24 juill. 1830, -Devill. 31, 2, 190; — Rouen, 5 déc. 1826).

320. Pour que l'acceptation d'une succession sous bénéfice d'inventaire opère la séparation du patrimoine du défunt et de celui de l'héritier, il faut que cette acceptation ait été précédée ou suivie d'un inventaire dans la forme et les délais déterminés par l'art. 794 du C. civ. (Cass. 28 av. 1840).

321. Mais une succession ne doit pas être réputée bénéficiaire, par cela seul que l'héritier ne recueille qu'à la charge de rendre à des enfants mineurs ou enfants à naître; d'où il suit que les créanciers d'une telle succession ne sont pas dispensés de prendre inscription dans les six mois (Cass. 5 mai 1830).

322. Et les créanciers ne sont pas dispensés de prendre inscription dans les six mois pour la conservation du privilége de la séparation, par cela seul que le défunt aurait laissé un testament, dans lequel il aurait ordonné la vente d'une partie déterminée de ses biens pour le paiement de ses dettes, et que ce testament aurait été transcrit, surtout si la transcription n'a pas été faite à la requête des créanciers. Vainement on dirait que l'inscription exigée par l'art. 2111 n'a pour objet que de rendre publique l'existence des créanciers propres au défunt, et que le testament produit cet effet, lorsqu'il a été transcrit (*même arrêt*).

323. Le créancier qui a seul pris inscription dans les six mois à partir du décès, profite seul du bénéfice de la séparation des patrimoines; les autres créanciers ne pouvant se prévaloir de cette inscription (Grenier, t. 2, n. 432; — Blondeau, *tr. de la sép. de patrim.*; — Bonnier, t. 14, p. 482).

324. Mais lorsque plusieurs ont inscrit dans les six mois, nulle préférence n'est à établir entr'eux, à raison de la priorité d'inscription (Blondeau et Bonnier, *ubi sup.*; — Duranton, t. 7 n. 476).

325. Le créancier hypothécaire d'une succession échue à un commerçant, est recevable à former une demande en séparation de patrimoines après la faillite, bien qu'un arrêt passé en force de chose jugée ait annulé l'inscription qu'il avait prise depuis la faillite, contre le failli personnellement sur les immeubles du défunt (Cass. 22 juin 1841).

Art. 5. Mode de conserver le privilége des cessionnaires de créances privilégiées.

326. *Les cessionnaires de ces diverses créances privilégiées*, (celles désignées aux art. 2106, 2107, 2108, 2109, 2110, 2111, du C. civ. — V, *sup.* n. 282 à 325) *exercent tous les mêmes droits que les cédants, en leur lieu et place* (C. civ. 2112).

Cette disposition, qui est au surplus conforme à celle de l'art. 1249, du C. civ., établit clairement que le privilége n'est point attaché à la *personne* du créancier, mais à la *qualité* de la créance, ainsi que nous l'avons déjà fait observer *sup.* n. 2.

§ 5. DE LA DÉCHÉANCE ET DE L'EXTINCTION DES PRIVILÉGES.

327. *Toutes créances privilégiées soumises à la formalité de l'inscription à l'égard desquelles les conditions ci-dessus prescrites* (V. *sup.* n. 282 à 325) *pour conserver le privilége, n'ont pas été accomplies, ne cessent pas néanmoins d'être hypothécaires; mais l'hypothèque ne date, à l'égard des tiers, que de l'époque des inscriptions qui auront dû être faites ainsi qu'il est expliqué aux* art. 2114 et suiv. du C. civ. (C. civ. 2113).

V. *sup.* n. 32, 134, 198, 275, 286, 315, 316.

328. Les règles du Code civil (art. 2166 et suiv.) sur les effets, l'extinction et la purge des *hypothèques*, s'appliquant aux *priviléges*, nous renvoyons à la note 28, § 3, n. 238 et suiv., qui traite des *actions hypothécaires* ou de l'*exercice des priviléges et hypothèques ainsi qu'aux notes indiquées à la section 8 de la note* 30.

V. *sup.* n. 134, 155, 172, 174, 272 et suiv., 288, 306, 316.

[30]

DES HYPOTHÈQUES.

III. Pour quelles causes la femme a hypothèque légale (n. 53 à 80).

IV. A quelle époque remonte l'hypothèque légale de la femme (n. 81 à 105).

V. Sur quels biens frappe l'hypothèque légale de la femme (n. 106 à 116).

VI. De la réduction ou restriction de l'hypothèque légale de la femme (n. 117 à 134).

VII. De la cession et subrogation, de l'antériorité et renonciation à l'hypothèque légale de la femme. De la priorité entre les créanciers subrogés dans cette hypothèque (n. 135 à 162).

Art. 2. DE L'HYPOTHÈQUE LÉGALE DES MINEURS ET INTERDITS.

I. A quels mineurs et interdits l'hypothèque légale doit profiter (n. 163 à 165).

II. Contre quelles personnes existe l'hypothèque légale des mineurs et interdits (n. 166 à 177).

III. Pour quelles causes et sur quels biens frappe l'hypothèque légale des mineurs et interdits (n. 178 à 181).

IV. De quelle époque date l'hypothèque légale des mineurs et interdits (182 à 188).

V. De la réduction ou restriction de l'hypothèque légale des mineurs et interdits (n. 189 à 194).

Art 3. DE L'HYPOTHÈQUE LÉGALE DU TRÉSOR, DES COMMUNES ET DES ÉTABLISSEMENTS PUBLICS (n. 195).

I. De l'hypothèque légale du Trésor sur les biens des comptables (n. 196 à 201).

II. De l'hypothèque légale des communes et établissements publics (n. 202 à 207).

Art. 4. DE L'EXTINCTION DE L'HYPOTHÈQUE LÉGALE (n. 208 à 220).

§ 2. DE L'HYPOTHÈQUE JUDICIAIRE (n. 221 à 224).

Art. 1. DES CONDITIONS NÉCESSAIRES POUR QU'UN JUGEMENT CONFÈRE HYPOTHÈQUE (n. 225 à 227).

Art. 2. DE CEUX QUI SONT OU NON SUJETS A L'HYPOTHÈQUE JUDICIAIRE (n. 228 à 234).

Art. 3. DE QUELS ACTES L'HYPOTHÈQUE JUDICIAIRE PEUT RÉSULTER, ET POUR QUELLES CAUSES (n. 235 à 264).

Art. 4. A QUELS BIENS S'ÉTEND L'HYPOTHÈQUE JUDICIAIRE (n. 265 à 270).

Art. 5. DE LA RÉDUCTION DE L'HYPOTHÈQUE JUDICIAIRE (renvoi à la note 149).

§ 3. DE L'HYPOTHÈQUE CONVENTIONNELLE.

Art. 1. QUI PEUT CONSENTIR UNE HYPOTHÈQUE CONVENTIONNELLE (n. 271 à 298).

Art. 2. POUR QUELLES CAUSES ON PEUT CONFÉRER UNE HYPOTHÈQUE CONVENTIONNELLE (n. 299 à 315).

Art. 3. PAR QUELS ACTES ON PEUT CONFÉRER UNE HYPOTHÈQUE CONVENTIONNELLE (n. 316 à 336).

I. De la spécialité ou désignation de l'hypothèque conventionnelle (n. 337 à 352).

II. De l'hypothèque conventionnelle des biens à venir (n. 353 à 361).

Art. 4. DU SUPPLÉMENT D'HYPOTHÈQUE (n. 362 à 368).

Art. 5. DES EFFETS ET DE L'ÉTENDUE DE L'HYPOTHÈQUE CONVENTIONNELLE (n. 369 à 384).

Art. 6. DE LA MAIN-LEVÉE OU RÉDUCTION DE L'HYPOTHÈQUE CONVENTIONNELLE (renvoi à la note 149).

Sect. 4. DU RANG DES HYPOTHÈQUES ENTR'ELLES. — Nécessité de l'inscription (n. 385 à 398).

Sect. 5. CONCOURS DE L'HYPOTHÈQUE GÉNÉRALE AVEC L'HYPOTHÈQUE SPÉCIALE (n. 399 à 412).

Sect. 6. DU MODE DE L'INSCRIPTION DES HYPOTHÈQUES. — (Renvoi à la note 83).

Sect. 7. DE L'EFFET DES HYPOTHÈQUES CONTRE LES TIERS-DÉTENTEURS. — (R. à la note 28).

Sect. 8. DE L'EXTINCTION DES HYPOTHÈQUES :

1° Par l'extinction de l'obligation principale. — V. les notes 84, 133, 153, 167 à 171.

2° Par la renonciation du créancier à l'hypothèque ou par la réduction. — V. la note 149.

3° Par la purge légale. — V. la note 156.

4° Et par la prescription. — V. la note 172.

INDICATION ALPHABÉTIQUE.

Sect. I DE LA NATURE DE L'HYPOTHÈQUE.

—*Indivisibilité.*

1. *L'hypothèque est un droit réel sur les immeubles affectés à l'acquittement d'une obligation.* — *Elle est, de sa nature, indivisible et* subsiste en entier sur tous les immeubles affectés, *sur chacun et sur chaque portion de ces immeubles.* — *Elle les suit dans quelques mains qu'ils passent* (C. civ. 2114). — V. *sup.* note 27, n. 399 et suiv.

2. L'hypothèque est indivisible, en ce sens qu'elle ne peut être morcelée et purgée partiellement (Cass. 4 mai 1812).

3. Mais lorsqu'une partie quelconque des biens hypothéqués a été vendue, de telle sorte que cette partie de biens puisse être purgée de l'hypothèque, le créancier à terme peut requérir contre son débiteur la déchéance du terme (Cass. 9 janv. 1810). — V. note 28 n. 249.

4. Cette faculté de demander la déchéance du terme, n'est accordée qu'au créancier, et n'appartient point au cohéritier : ainsi, lorsque par suite d'un partage entre co-héritiers, l'hypothèque d'une rente se trouve divisée, si le débiteur de portion de la rente a aliéné ensuite quelques-uns des biens affectés à cette partie, il ne peut être contraint au rachat par le propriétaire de l'autre partie, sous prétexte qu'il aurait ainsi diminué les sûretés promises par le contrat originaire (Bourges, 12 av. 1824, - Sir. 25, 2, 254).

5. Toutefois, l'hypothèque peut être cédée séparément de la créance à laquelle elle est attachée, pour être exercée par un autre créancier; il n'y a pas indivisibilité entre la créance et l'hypothèque (C. civ. 1689, 2114 ; — Bourges, 20 juill. 1832, - Devill. 33, 2, 626).

6. Lorsque le co-propriétaire d'un immeuble indivis par

suite d'acquisition du sol et de constructions en commun, devient, sur licitation, adjudicataire de la totalité, il est réputé propriétaire de la totalité *ab initio*, et l'immeuble se trouve affecté en totalité à ses créanciers, ayant une hypothèque générale (C. civ. 883; — Paris, 26 janv. 1824). — V. le n. suiv.

7. Cependant, au cas d'indivision entre deux co-propriétaires, si l'un d'eux convient de grever d'hypothèque la *moitié* qui lui appartient, il n'y a toujours que *moitié* spécialement affectée à l'hypothèque, parce qu'il a, alors, borné et restreint son hypothèque; si donc il arrive que l'immeuble indivis soit licité, et que ce co-propriétaire devienne propriétaire de la totalité, il n'en résulte pas *extension* de l'hypothèque. L'événement ne fait pas que le créancier qui, par la convention spéciale, avait une hypothèque restreinte à moitié, ait de plein droit et par la seule force de la loi, obtenu une hypothèque étendue à la totalité. Il faut, dans ce cas, une stipulation expresse qui ne peut résulter d'une simple présomption (C. civ. 883, 2119; — Cass. 6 déc. 1826, Sir. 27, 1, 171). — V. *inf.* n. 368, 376.

8. Quoique l'hypothèque subsiste en entier sur chacun et sur chaque portion des immeubles affectés, cependant lorsqu'elle porte sur la part indivise d'un co-héritier dans une succession, elle ne suit pas chacun des immeubles de cette succession, elle se réduit au *prix* de l'adjudication, jusqu'à concurrence de la portion attribuée par le partage à ce co-héritier; dans ce cas, le créancier inscrit sur la part indivise, ne peut se faire colloquer dans l'ordre ouvert sur les biens de la succession vendus judiciairement qu'après partage préalable; l'art. 2205 du C. civ. relatif à la mise en vente s'appliquant *à fortiori*, à la distribution du prix. Dans ce cas, la clôture de l'ordre doit être suspendue jusqu'à ce que le partage soit effectué : le juge ne peut obliger les créanciers à faire procéder au partage dans le délai de l'instance d'ordre (Aix, 23 janv. 1835).

V. *Action hypothécaire*, note 28 n. 238 et suiv. et *droit de suite*, note 27 n. 410 et suiv.

Sect. 2. QUELS BIENS SONT SUSCEPTIBLES D'HYPOTHÈQUES.

9. *Sont seuls susceptibles d'hypothèques : 1° Les biens immobiliers qui sont dans le commerce, et leurs accessoires réputés immeubles.* — V. note 27, n. 80, 416 et suiv. et note 28 n. 238 et suiv. et *inf.* n. 370.

2° *L'usufruit des mêmes biens et accessoires, pendant le temps de sa durée* (C. civ. 2118).

10. *Les meubles n'ont pas de suite par hypothèque* (C. civ. 2119).

11. Il n'est en rien innové par le Code civil aux dispositions des lois maritimes concernant les navires et les bâtiments de mer (C. civ. 2120). — V. C. de comm. 190 et s. 196.

APPLICATION AUX CAS SUIVANTS DES ARTICLES RAPPELÉS *sup.* N°s 9 ET 10.

12. ACTIONS DE LA BANQUE. Les actions de la banque de France, lorsqu'elles ont été immobilisées par suite de la déclaration faite par les actionnaires, sont soumises au code civil, et aux lois de privilége et d'hypothèque, comme les propriétés foncières (Décr. 16 janv. 1808, art. 7). — V. note 28 n. 733 et suiv.

13. ASSURANCE. V. *droit de suite*, note 27, n. 411 et 422.

14. BATIMENTS DÉTRUITS OU A DÉMOLIR. Celui qui avait une hypothèque sur une maison qui vient à être détruite, ne peut exercer aucun droit de suite sur les matériaux provenant de cette destruction, même lorsqu'il s'agit 1° de bâtiments affectés à l'exploitation d'une propriété rurale, vendus pour être démolis à un acquéreur de bonne foi; 2° et de la superficie d'un bois de haute futaie (C. civ. 532). — V. note 27, n. 421, et *inf.* n. 17, 363.

15. La qualification d'immeubles donnée aux bâtiments, ne doit s'entendre que de ceux qui sont une dépendance du sol sur lequel ils sont construits, et en forment comme un accessoire nécessaire. On ne peut, en conséquence, considérer comme immeubles, des bâtiments élevés par un individu sur un terrain dont il n'est que fermier, et qu'il s'est réservé de démolir à sa sortie, pour en enlever les matériaux; de pareils bâtiments ne sont donc pas susceptibles d'hypothèque (C. civ. 518; — Grenoble, 2 janv. 1827).

16. BIENS A VENIR. V. *inf.* n. 358.

17. BOIS. Des bois vendus, mais non encore coupés, restent affectés aux créanciers ayant hypothèque sur le sol, et se trouvent compris dans la saisie immobilière faite postérieurement à la vente, parce que, dans ce cas, c'est la coupe et non la vente qui *mobilise*. Il en est ainsi alors du moins, qu'il ne s'agit ni d'une coupe ordinaire de bois taillis, ni d'une partie de bois de haute futaie mise en coupes réglées, mais d'une vente faite par anticipation, et avec un long terme pour la coupe (C. civ. 521-2204; — Cass. 10 juin 1841). — V. *sup.* n. 14 et *inf.* n. 363.

18. CARRIÈRE. Le droit d'exploiter une carrière, peut être hypothéqué (Troplong, t. 2, n. 404 *bis.*).

19. DOMMAGES-INTERÊTS. Lorsqu'un adjudicataire a été condamné à payer au saisi une certaine somme à titre de dommages-intérêts, pour avoir, par des manœuvres frauduleuses, écarté les enchérisseurs et empêché que l'immeuble ne fût porté à sa véritable valeur, cette somme doit être considérée, non comme le supplément du prix d'adjudication, mais comme une simple valeur mobilière; dès-lors, elle n'appartient pas aux créanciers hypothécaires, mais elle doit être distribuée entre tous les créanciers au marc-le-franc (Poitiers, 26 av. 1839) — V. *inf.* n. 30, 373.

20. DROIT DE CHAMPART. Le droit champart n'est pas sujet à être hypothéqué (Grenier, t. 1. n. 162). — V. note 28, n. 371.

21. DROIT D'USAGE ET D'HABITATION, ET DE SERVITUDE. Ces droits ne peuvent être hypothéqués. — V. note 28, n. 419 et 420.

22. EMPHYTÉOSE. La jouissance emphytéotique ou à longues années d'un immeuble est susceptible d'hypothèque (Cass. 19 juill. 1832; — Paris, 10 mai 1831; — Douai, 15 déc. 1832, Devill. 33, 2, 65).

23. MEUBLES. Les lois sur le nouveau régime hypothécaire, ont anéanti les hypothèques qui frappaient sur les meubles, en même temps qu'elles ont défendu d'en prendre à l'avenir sur cette espèce de biens (Cass. 17 mars 1807). — V. note 25, n. 37 *bis*.

24. MEUBLES-IMMEUBLES. Les objets mobiliers placés dans une usine, pour son usage habituel, sont réputés immeubles par destination, et comme tels passibles d'hypo-

thèques, tellement que s'ils sont vendus à part de l'usine, le prix n'en est pas moins affecté aux créanciers hypothécaires, dans l'ordre de leurs rangs ou priviléges (Bruxelles, 28 juill. 1808, -Sir. 9, 2, 124; Douai, 3 janv. 1815, -Sir. 16, 2, 46). — V. note 27, n. 417

25. MINES. Les mines étant immeubles, ainsi que les bâtiments, machines, puits, galeries et autres travaux établis à demeure, et les chevaux, agrès, outils et ustensiles servant à l'exploitation, il en résulte qu'elles sont susceptibles d'hypothèque (L. 21 av. 1810; — Troplong, t. 2, n. 404 *bis*.).

26. PÊCHERIES. Bien que les parcs ou établissements de pêcheries, formés par des particuliers sur le rivage de la mer par tolérance du gouvernement, ne soient, à l'égard du gouvernement, que des concessions personnelles révocables, ils peuvent être considérés, à l'égard des tiers, comme propriétés immobilières; ils sont, par conséquent, susceptibles d'hypothèque (Caen, 5 av. 1824, -Sir. 25, 2, 173).

27. PRIX. Le prix d'un immeuble vendu est une créance purement mobilière, qui n'est pas susceptible d'hypothèque (Paris, 27 av. 1814).

28. Le prix à restituer à l'acquéreur ou cessionnaire d'un immeuble, au cas de résolution de la vente ou cession, ainsi que tous dommages-intérêts, alloués par suite de la résolution, forment un capital purement mobilier, à l'égard duquel les créanciers hypothécaires de l'acquéreur n'ont pas plus de droit que les créanciers chirographaires (Bourges, 1 fév. 1831).

29. RENTES FONCIÈRES. Sous le Code civil, les rentes foncières ne sont pas un droit de *propriété* ou de *co-propriété* (Cass. 29 juin 1813).

30. SUPPLÉMENT DE PRIX. Les créanciers hypothécaires inscrits sur un immeuble vendu par leur débiteur, ont le droit de demander contre l'acquéreur, le rapport d'une somme que celui-ci a promise et payée au vendeur en sus de celle portée au contrat; ce supplément doit être réputé faire partie du prix de vente (Poitiers, 24 juin 1831). — lors même qu'ils auraient négligé de surenchérir sur la notification à eux faite du contrat de vente (Bordeaux, 28 mai 1832; — Paris, 8 fév. 1836). — V. *sup*. n. 19.

31. USUFRUIT. Quoiqu'un usufruit puisse être hypothéqué, cependant on ne peut consentir hypothèque sur l'usufruit d'un immeuble dont on a la propriété (C. civ. 578; — Cass. 12 av. 1836).

Sect. 3. DES DIFFÉRENTES SORTES D'HYPOTHÈQUES.

32. *L'hypothèque est ou légale, ou judiciaire, ou conventionnelle* (C. civ. 2116).

§ 1. De l'hypothèque légale.

33. *L'hypothèque légale est celle qui résulte de la loi* (C. civ. 2117). — V. note 27, n. 250 et suiv.

34. *Les droits et créances auxquels l'hypothèque légale est attribuée, sont :*

Ceux des femmes mariées, sur les biens de leur mari.

Ceux des mineurs et interdits sur les biens de leur tuteur.

Ceux de l'état, des communes et des établissements publics, sur les biens des receveurs et administrateurs comptables — (C. civ. 2121).

35. *Le créancier qui a une hypothèque légale, peut exercer son droit sur tous les immeubles appartenant à son débiteur, et sur ceux qui pourront lui appartenir dans la suite, sous les modifications qui seront ci-après exprimées* (C. civ. 2122),

36. *L'hypothèque légale existe indépendamment de toute inscription.*

1° Au profit des mineurs et interdits, sur les immeubles appartenant à leur tuteur, à raison de sa gestion, du jour de l'acceptation de la tutelle.

2° Au profit des femmes, pour raison de leurs dot et conventions matrimoniales, sur les immeubles de leur mari, et à compter du jour du mariage.

La femme n'a d'hypothèque pour les sommes dotales qui proviennent de successions à elle échues, ou de donations à elle faites pendant le mariage, qu'à compter de l'ouverture des successions ou du jour que les donations ont eu leur effet.

Elle n'a hypothèque pour l'indemnité des dettes qu'elle a contractées avec son mari, et pour le remploi de ses propres aliénés, qu'à compter du jour de l'obligation ou de la vente.

Dans aucun cas, la disposition du présent article, ne pourra préjudicier aux droits acquis à des tiers, avant la publication du titre des priviléges et hypothèques — (C. civ. 2135).

37. Dans le cas de deux hypothèques légales, de dates différentes, les créanciers doivent venir en concurrence sur les biens acquis depuis la dernière hypothèque (Duranton, t. 19, n. 325).

38. Mais lorsque deux hypothèques légales ont pris naissance sous l'empire d'une loi qui les assujétissait à la formalité de l'inscription, s'il y a eu égale négligence d'inscrire l'une et l'autre, il peut arriver que l'une des deux acquière la préférence sur l'autre, par cela seul, qu'une loi survenue la dispense de l'inscription; en cela il n'y a point d'effet rétroactif, pas plus que si l'hypothèque avait été inscrite par l'un des créanciers, et que l'autre eût négligé d'inscrire (Cass. 12 mars 1811).

39. Lorsqu'une personne a une hypothèque légale sur tous les biens présents et à venir de quelqu'un, si celui-ci vient à échanger un immeuble, l'hypothèque s'étend de plein droit à l'immeuble acquis en contre-échange (Cass. 9 nov. 1815, -Sir. 16, 1, 151). — sans cesser d'exister sur l'immeuble donné en échange (Domat, *Lois civ.* liv. 3. sect. 1. n. 12; — Pothier, v° *vente* n. 630; — Denisart, v° *échange* n. 7; — Troplong, *hyp.* t. 2, n. 434 *bis*.). — V. *inf*. n. 268.

40. Mais, si le fait qui a donné naissance à l'hypothèque légale a cessé, cette hypothèque ne peut être transportée d'un bien possédé par le débiteur, sur un autre bien qui lui est advenu en échange, sans perdre son privilége d'être dispensée d'inscription; une telle convention à l'égard des tiers, a pour effet de transformer l'hypothèque, de légale qu'elle était, en hypothèque conventionnelle, qui ne prend rang qu'à dater de son inscription (Agen, 15 janv. 1823, -Sir. 26, 2, 129; — Troplong, t. 2, n. 643).

41. Lorsqu'un créancier ayant une hypothèque légale a pris une inscription, s'il consent à la radiation de cette inscription, il est par là, présumé avoir renoncé à son droit d'hypothèque légale, surtout à l'égard des créanciers qui seraient inscrits sur la foi de cette radiation (Bruxelles, 6 janv. 1823, -Sir. 24, 2, 142). — V. *inf*. n. 78.

42. La dispense d'inscription établie au profit de l'hypothèque légale, s'étend aux intérêts et à la totalité des intérêts, tout comme au capital; on ne peut à ce cas, appli-

quer l'art. 2151 du C. civ. (Bordeaux, 3 fév. 1829; — Bourges, 23 mai 1829,-Sir. 30, 73;—Nancy, 19 mars 1830).

42 *bis*. Les cohéritiers d'une succession n'ont point d'hypothèque légale pour sûreté du compte qui leur est dû et le paiement du reliquat sur les biens de celui d'entr'eux qui a géré jusqu'au partage. Cette règle est la même encore que parmi les cohéritiers quoiqu'il y ait des femmes mariés et des mineurs dont l'héritier qui a géré, n'était ni le mari, ni le tuteur (Cass. 11 nov. 1811,-Sir. 12, 132). — V. note 29 n. 185.

Art. 1. DE L'HYPOTHÈQUE LÉGALE DES FEMMES. — V. *sup*. n. 34.

I. Quelles femmes ont hypothèque légale sur les biens de leurs maris. — V. *sup*. n. 36 - 2°.

43. La femme qui est devenue veuve ou qui a divorcé avant le Code civil, ne peut réclamer l'hypothèque légale établie par ce code. Elle ne vient en ordre utile, que selon la date de son inscription, peu importe que son rang d'hypothèque ait été conservé par une loi spéciale jusqu'au Code civil (Cass. 7 av. 1813).

44. Il en est de même de la femme qui, lors de la publication du code, était déjà séparée de biens (Aix, 1 fév. 1811,-Sir. 14, 2, 97).

45. Les héritiers d'une femme décédée avant le Code civil ne peuvent non plus réclamer l'hypothèque légale dispensée d'inscription. Ils sont tenus d'inscrire leur créance, et leur inscription doit contenir la mention de l'époque d'exigibilité (Cass. 9 nov. 1813, -Sir. 14, 1, 7; 5 déc. 1814,-Sir. 15, 1, 223).

46. Mais le Code civil s'applique aux femmes mariées à l'époque de sa promulgation; elles ont en conséquence, une hypothèque légale dispensée de toute inscription, qu'elles peuvent faire valoir au préjudice des créanciers qui ne sont inscrits qu'après la publication du code (Bruxelles, 24 déc. 1806, -Sir. 7, 2, 45; — Colmar, 31 mars 1810; Cass. 1 fév. 1816; 20 mai 1817), — même pour le remploi de leurs propres aliénés avant le code (Bruxelles, 24 déc. 1806; Cass. 8 nov. 1809, - Sir. 10, 1, 75).

47. Pour réclamer, dans les cas ci-dessus, le bénéfice de l'hypothèque légale accordée par la loi à la femme mariée, pour sa dot et ses reprises matrimoniales, il n'est pas nécessaire qu'il y ait eu contrat de mariage authentique, antérieur au mariage; il suffit que le contrat qui constate les apports ait acquis une date certaine avant la publication du code (Cass. 1 fév. 1816; 13 nov. 1820,-Sir. 21, 1, 116).

48. Le mariage d'un français à l'étranger et devant un officier public de l'étranger, n'a d'effet civil en France, à l'égard des tiers, même en ce qui touche l'hypothèque légale de la femme, que du jour où il acquiert publicité : les traités entre la France et la Suisse ne font point exception à cette règle (C. civ. 2128; — Montpellier, 15 janv. 1823; Traités de 1798. et du 27 sept. 1803). — V. *inf*. n. 50 et 320.

49. Les femmes françaises et étrangères mariées à des étrangers, n'ont pas d'hypothèque légale sur les biens du mari, situés en France (Grenier, *hyp*. t. 1, n. 246; — Battur, *hyp*. t. 2, n. 351; — Duranton, t. 19, n. 292; Zachariæ, *Dr. civ*. § 264, n. 15; — *Contrà*, Merlin, *rép*. v° *remploi*, § 2, n. 9; — Troplong, *hyp*. t. 2, n. 513, ter.; — Tessier, *dot*. t. 2, n. 133). — V. *inf*. n. 51.

50. Mais la femme étrangère qui se marie, même en pays étranger avec un français, a de même que la femme française, hypothèque légale en France, sur les biens de son mari pour sûreté de sa dot. Toutefois, cette hypothèque n'existe qu'à dater du jour de la transcription de l'acte de célébration sur le registre public des mariages (C. civ. 171, 2128; — Montpellier, 3 juin 1830,-Devill. 31, 2, 151; — Cass. 6 janv. 1824,-Devill. 35, 2, 483; 23 nov. 1840), — seulement, d'après ce dernier arrêt, l'hypothèque légale a lieu, encore bien que l'acte de célébration n'ait pas été transcrit en France, sur le registre des mariages. — V. *sup*. n. 48.

51. Quant à l'étrangère mariée en pays étranger, et dont le mari est ensuite devenu français, elle jouit aussi de l'hypothèque légale sur les biens de ce dernier, (Paris, 27 juin 1815; — Persil, *quest*. t. 1, p. 225).

51 *bis*. Sous quelque régime qu'une femme ait été mariée, elle a un droit d'hypothèque légale sur les biens de son mari. — V. *inf*. IV, n. 55 à 80, 106 à 116.

II. En vertu de quels titres la femme a hypothèque légale.

52. *Toutes conventions matrimoniales seront rédigées avant le mariage, par acte devant notaire* (C. civ. 1394). — V. pour la forme des actes, les notes 1, 2, 3, 12, 13, 14, 15, 16, 35, 36, 37, 38.

53. *La loi ne régit l'association conjugale quant aux biens, qu'à defaut de conventions spéciales, que les époux peuvent faire comme ils le jugent à propos, pourvu qu'elles ne soient pas contraires aux bonnes mœurs, et en outre, sous les modifications exprimées aux art.* 1388 *et suiv*. (C. civ. 1387).

54. Les contrats de mariage passés en pays étranger, ne peuvent donner d'hypothèque sur les biens de France (Paris, 26 mars 1808, - Sir. 7, 2, 1002).

III. Pour quelles causes la femme a hypothèque légale.

55. ADMINISTRATION MARITALE. V. *inf*. n. 60, 68.

56. ALIMENTS. Les aliments alloués à la femme pendant l'année du décès de son mari, forment une indemnité ou reprise matrimoniale, pour laquelle elle a hypothèque à partir du jour de son mariage (C. civ. 1570; — Cass. 29 août 1838). — V. *inf*. n. 61.

57. AUGMENTATION DE DOT. La femme mariée sous l'empire d'une loi qui lui conférait une hypothèque légale, tant pour sa dot que pour l'augmentation de dot, ne peut pas réclamer le bénéfice de l'hypothèque pour l'augmentation de dot, si cette augmentation a eu lieu sous le Code civil qui le prohibe (C. civ. 1543; — Nîmes, 16 juin 1813,-Sir. 14, 2, 33).

58. AVANTAGES ÉVENTUELS. Les avantages éventuels qu'un mari assure à sa femme par son contrat de mariage, tels que l'usufruit de tout ou partie des biens qu'il laissera à son décès, constituent une convention matrimoniale, protégée par l'hypothèque légale de la femme, en ce sens que, si le mari en fraude de ces conventions, a disposé à *titre gratuit* des biens soumis à l'usufruit de la femme, celle-ci qui conserve le droit au cas de survie, de faire révoquer ces aliénations, ne peut être forcée par les tiers-détenteurs de donner main-levée de l'inscription qu'elle aurait prise sur les biens de son mari, ainsi aliénés (Cass. 19 août 1840). — V. *inf*. n. 63. 80.

Lorsque donation d'une somme déterminée, à prendre sur les biens du donateur après son décès, est faite par le mari à la femme, en cas de survie de celle-ci, suivant leur contrat de mariage, il y a donation entre-vifs, et non donation à cause de mort, tellement que la femme, dans ce cas, a pour sûreté de la somme donnée, hypothèque légale sur les biens du mari (C. civ. 1081, 1082; — Lyon, 13 juil. 1831, - Devill. 32, 2, 174).

59. CRÉANCES PARAPHERNALES. L'art. 2135 du C. civ. qui n'accorde d'hypothèque légale au profit des femmes que pour raison de leurs dot et conventions matrimoniales, (V. *sup.* n. 56 - 2°), est seulement démonstratif et non limitatif; en conséquence, la femme a hypothèque légale sur les biens de son mari, indépendamment de toute inscription, pour sûreté de ses créances paraphernales, comme pour toutes ses autres reprises, sauf fixation de l'époque à laquelle remonte l'hypothèque (Cass. 11 juin 1822; 6 juin 1826; 28 juill. 1828; — Riom. 20 fév. 1809, - Sir. 20, 2, 273; 5 fév. 1821, - Sir. 23, 2, 23; — Pau, 15 janv. 1823; — Lyon, 10 août 1823, - Sir. 24, 2, 62; — Bordeaux, 20 juin 1826; Toulouse, 14 fév. 1829; 7 av. 1829, - Sir. 30, 2, 31; — Grenoble, 30 mai 1834; — *Contrà*; Aix, 19 août 1813, - Sir. 14, 2, 239; — Grenoble, 18 juill. et 29 août 1814, - Sir. 18, 2, 294 et 295). — V. *inf.* n. 60 et 68. et note 33.

60. DÉGRADATIONS-DÉTÉRIORATIONS. La femme mariée sous le régime dotal, a sur les biens de son mari, une hypothèque légale remontant au jour du mariage, à raison des dégradations ou détériorations qui, lors de la dissolution du mariage, pourront exister sur les immeubles dotaux, de l'administration desquels son mari a été investi (C. civ. 1549, 1562). — Et s'il arrive que les biens du mari soient vendus pendant le mariage, la femme a droit de se faire colloquer *éventuellement* pour cette hypothèque sur le prix des biens vendus (Poitiers, 11 déc. 1830, Sir. 31, 2, 214). — V. *inf.* n. 68.

61. DEUIL. La femme a hypothèque légale pour son deuil comme pour sa dot, à partir du jour du mariage (C. civ. 1570; — Toulouse, 6 déc. 1824, - Sir 26, 2, 106; — Cass. 29 août 1838). — V. *sup.* n. 56.

62. DOUAIRE. La femme qui, sous l'empire de la loi du 11 brum. an VII, a négligé de prendre inscription pour son douaire, ne peut être préférée à un créancier légalement inscrit en vertu de cette loi, bien que la distribution du prix des biens hypothéqués ait lieu sous l'empire du C. civ. qui admet l'hypothèque légale (Paris, 19 août 1808, - Sir. 9, 2, 25). — V. *inf.* n. 78.

63. DROITS ÉVENTUELS. La femme doit être colloquée, sur les biens du mari vendus pendant le mariage, en vertu de son hypothèque légale, même pour ses droits éventuels, tel que *préciput et gain de service*, en ce sens que des fonds doivent être affectés au paiement de ces droits, pour le cas où ils s'ouvriraient (Metz, 18 juill. 1820, - Sir. 21, 2, 365). — V. *sup.* n. 58, et *inf.* n. 80.

Et lorsqu'elle est donataire par contrat de mariage, de certains biens de son mari, et que celui-ci a négligé de faire transcrire la donation, elle a contre ce dernier, dans le cas où il a vendu les biens donnés, une créance protégée par son hypothèque légale, créance qu'elle peut faire valoir contre les acquéreurs des autres biens du mari, par voie d'action hypothécaire (C. civ. 938, 941; — Cass. 10 mars 1840).

64. FEMME NORMANDE. Sous le régime hypothécaire de l'an VII, il suffisait que le bien d'un mari Normand fût, par le conservateur des hypothèques, déclaré exempt d'inscriptions hypothécaires, pour que le créancier du mari, qui acquérait et inscrivait hypothèque sur le bien, fût à l'abri de tous recours ou prétention de priorité de la part de la femme Normande, à raison de son hypothèque légale; peu importait qu'il y eût eu inscription utile et radiation illégale; tout cela était étranger au droit du créancier inscrit (Cass. 26 janv. 1814).

65. La femme Normande dont le contrat de mariage sous seing-privé, a acquis date certaine avant le Code civil, par la mort des parents signataires du contrat, a, sur les biens de son mari, une hypothèque légale pour ses apports mobiliers, à la date de son contrat de mariage (Caen, 4 mai 1814, 23 nov. 1824, - Sir. 26, 2, 70).

66. FRAIS DE SÉPARATION. La femme qui a obtenu la séparation, soit de corps et de biens, soit de biens seulement, a hypothèque légale au rang qui lui est assigné par la nature de ses droits et reprises, c. à-d. que le rang du principal détermine celui de l'accessoire, pour les frais faits afin de parvenir à la séparation et à la liquidation de ses droits (Riom, 5 fév. 1821, - Sir. 23, 2, 23; — Caen, 23 nov. 1824, - Sir. 26, 2, 70; — Douai, 1 av. 1826, - Sir. 27, 2, 59; — Paris, 28 déc. 1832, - Devill. 34, 2, 233; — *Contrà*, Rouen, 12 mars 1817).

67. INTÉRÊTS. L'hypothèque légale s'étend aux intérêts des sommes dotales (Tarrible, *rép.* v° *Inscrip. hyp.* § 5, n. 14; — Persil, *rég. hyp.* art. 2151, n. 7; — Grenier, t. 1, n. 104 et 231; — Benoit, *de la dot*, t. 2, n. 23).

68. MANDAT. L'hypothèque légale ne s'étend pas aux créances que les femmes peuvent avoir sur leurs maris, par suite de l'administration des biens paraphernaux, en qualité de mandataires (Aix, 19 août 1813, - Sir. 14, 2, 239). — V. *sup.* n. 59 et 60.

69. NOVATION. Lorsque le mari comme légataire en usufruit de son épouse, et après délivrance par les héritiers de cette dernière, conserve la jouissance des biens ou sommes faisant partie de sa dot, il n'est pas soumis à l'hypothèque légale au profit des héritiers pour la restitution de ces biens; la novation dans le titre en vertu duquel il possède, a éteint l'hypothèque légale préexistante (C. civ. 2180; — Cass. 13 nov. 1837, - Devill. 38, 1, 124).

70. Il en est de même, lorsque après avoir dans une liquidation fait *fictivement* le rapport de la dot de la femme, qui est tombée au lot des héritiers de cette dernière, le mari demeure en possession de cette dot, en vertu de la donation d'usufruit à lui faite (Cass. 3 déc. 1834, - Devill. 35, 1, 51).

71. OBLIGATION SOLIDAIRE. La femme obligée solidairement avec son mari, et réputée à cet égard simple caution vis-à-vis de lui, peut (ou ses créanciers pour elle) être colloquée en vertu de son hypothèque, et à raison de la dette par elle contractée, même avant de l'avoir payée ou d'être poursuivie afin de paiement, si d'ailleurs aucune garantie n'a été offerte à la femme pour le cas où elle serait plus tard obligée de payer la dette pour son mari (Cass. 25 mars 1834). — Si d'ailleurs cette dette est échue, ou si le mari est tombé en déconfiture; dans ce cas, le droit de la femme ou celui de ses créanciers, ne se borne pas à demander que des sommes soient mises en réserve pour la garantie de l'éventualité de toute action, à raison de l'obligation par elle contractée (Cass. 2 janv. 1838).

L'exercice du droit de la femme ne peut être paralysé par l'offre d'un créancier postérieur à elle, de ne toucher sa collocation qu'à la charge de donner caution, ou de faire emploi pour le cas où la femme serait par la suite, poursuivie et contrainte de payer (C. civ. 1431, 2032; — Paris, 26 août 1836).

72. Cependant il a été décidé que la femme n'avait droit à une collocation *actuelle* sur les biens de son mari, pour indemnité des dettes, qu'autant qu'elle les avait acquittées, ou qu'il y avait eu poursuites à fin de paiement, surtout lorsqu'il lui est donné des sûretés suffisantes, telles que caution, pour le cas où elle serait plus tard obligée de payer la dette (Cass. 16 juill. 1832; 1 déc. 1836, - Devill. 37, 2, 89).

73. PART DE COMMUNAUTÉ. La femme n'a pas d'hypothèque légale pour sa part dans les biens de la communauté; elle a seulement sur ces biens un privilége de co partageant, assimilé à celui accordé au co héritier sur les biens de la succession, et soumis pour sa conservation aux mêmes règles (C. civ. 1476; — Paris, 3 déc. 1836; - Devill. 37, 2, 273; — Cass. 15 juin 1842).

74. Elle a cependant, sur les conquêts de communauté vendus par le mari durant le mariage, une hypothèque légale lorsqu'elle renonce à cette communauté; et ils en sont affranchis si elle l'accepte (Cass. 16 fév. 1841).

75. PRIX D'ALIÉNATION DE BIENS DOTAUX. La femme dont l'immeuble dotal a été aliéné, a, concurremment avec l'action en révocation de l'aliénation, hypothèque légale sur les biens de son mari, pour le prix de l'immeuble vendu. Si donc les biens du mari sont vendus à une époque où les reprises de la femme ne puissent être exercées (c. à-d. durant le mariage et avant la séparation de biens), la femme n'en doit pas moins être colloquée à son rang, sauf aux juges à ordonner que le montant de la collocation de la femme, restera dans les mains de l'acquéreur, ou qu'il en sera fait un tout autre emploi, jusqu'au moment de l'exigibilité (Cass. 24 juill. 1821; — Rouen, 28 mars 1823, - Sir. 24, 2, 10; — Pau, 31 déc. 1834, - Devill. 35, 2, 208; — *Contrà*, comme n'accordant, en ce cas, que l'action révocatoire, Poitiers, 14 déc. 1830, - Devill. 31, 2, 214; — Montpellier, 7 janv. 1831; — Caen, 11 janv. 1831, et 5 déc. 1836, - Devill. 37, 2, 161). — V. *inf.* n. 78. 79.

76. RÉCEPTION DE LA DOT. La femme a, pour sa dot *pécuniaire*, hypothèque légale sur les biens de son mari, quoique d'après le contrat de mariage, ce soit un tiers, (le père du mari) qui ait touché cette dot. Cette circonstance n'altère aucunement la responsabilité du mari; elle ne fait que fournir une garantie de plus à la femme, en lui donnant deux débiteurs au lieu d'un (Montpellier, 3 janv. 1827, — Cass. 30 mars 1831, - Devill. 31, 1, 343).

77. L'hypothèque de la femme à raison de sa dot, ne peut être contestée, sous prétexte que la réception de la dot par le mari, n'est pas constatée par des quittances notariées. Il suffit que les apports de la femme soient constatés par des quittances sous signature privée du mari, pourvu d'ailleurs que ces quittances ne présentent aucun indice de dol ou de fraude (Cass. 16 juill. 1817, - Sir. 19, 1, 40).

78. REMPLOI. La femme dont l'immeuble dotal a été aliéné, sans qu'il ait été fait remploi du prix, bien que la vente, permise par le contrat de mariage, ne pût avoir lieu que sous cette condition, a une hypothèque légale sur les biens de son mari, pour le prix de l'immeuble vendu et cette hypothèque existe indépendamment de l'action en révocation de vente qui pourrait compéter à la femme; l'effet de cette hypothèque légale, remonte à la date du contrat de mariage, et non pas seulement au jour de la vente (C. civ. 1554 et 1560; — Cass. 27 juill. 1826, - Sir. 27, 1, 246; — Grenoble, 16 août 1832, - Devill. 33, 2, 559; 17 déc. 1835, - Devill. 36, 2, 307; — *Contrà*, Grenoble, 8 mars 1827; 12 janv. 1835).

78 *bis*. RESTRICTION D'HYPOTHÈQUE. La restriction à certains immeubles de l'hypothèque légale de la femme, conservée par une inscription prise pour raison seulement de sa *dot*, de son *douaire* et de son *préciput*, n'emporte pas affranchissement des biens du mari pour les autres reprises *éventuelles* de la femme résultant, soit de l'aliénation de ses propres, soit de successions à elle échues, soit des obligations contractées solidairement avec son mari. (Paris 29 mai 1819, — Sir. 20, 2. 72). V. *sup.* n. 41, 62.

79. RÉVOCATION D'ALIÉNATION. La femme mariée sous le régime dotal a, pour le prix de ses immeubles dotaux aliénés, tout à la fois et à son choix, une hypothèque légale sur les biens de son mari et une action en révocation des aliénations contre les acquéreurs. Ainsi, la femme dont l'immeuble dotal était aliénable sous condition de remploi, peut, au cas de vente sans remploi, réclamer collocation sur le prix des biens de son mari : sa demande ne saurait être repoussée sous prétexte qu'à défaut de remploi, la vente est nulle, et que la femme doit agir, en ce cas, par voie de révocation contre l'acquéreur. Et l'arrêt qui a ainsi repoussé la collocation de la femme, sous la réserve de son action révocatoire, doit être cassé, sur la demande de l'acquéreur partie au procès, encore bien que la femme ait, depuis, intenté une action en révocation de l'aliénation : cette circonstance, postérieure à l'arrêt, n'en couvre pas le vice en ce qui touche l'acquéreur (Cass. 28 nov. 1838; — Pau, 31 déc. 1834, - Devill. 35, 2, 208). — V. *sup.* n. 75, 78.

80. USUFRUIT. La femme à qui son mari a donné par contrat de mariage, en cas de survie, l'usufruit d'un immeuble, a hypothèque légale pour sûreté de cet usufruit, et cette hypothèque peut être inscrite sur l'immeuble, du vivant de son mari (Douai, 20 août 1835, - Devill. 36, 2, 34). — V. *sup.* n. 58. 63.

IV. A quelle époque remonte l'hypothèque légale de la femme — V. *sup.* n 36 - 2°.

81. ALIÉNATIONS. L'art. 2135 du C. civ. qui n'accorde à la femme d'hypothèque légale, pour indemnité de ses aliénations, que du jour où ont été souscrites les obligations aliénatoires, ne régit les actes aliénatoires passés sous son empire, qu'autant qu'il s'agit d'une femme mariée depuis la publication du code. Si, au contraire, il s'agit d'une femme mariée sous l'empire d'une disposition qui lui ait promis une hypothèque légale du jour de son mariage ou du jour du contrat de mariage, l'art. 2135 ne s'applique pas encore que les actes aliénatoires aient eu lieu sous le code. Peu importe qu'elle n'ait pas pris inscription sous la loi du 11 brum. an VII, si les créanciers avec qui elle est en concours n'en ont pas pris eux-mêmes; dès-lors, point de droits acquis à des tiers par suite de sa négligence, et par conséquent, ses droits sont conservés tels que les lui assure le statut matrimonial (Cass. 10 fév. 1817. — *Contrà*, 7 mai 1816, - Sir. 17, 1, 145). — V. *inf.* n. 90.

82. CRÉANCES. L'hypothèque légale de la femme, pour

le recouvrement de ses créances recouvrées par le mari, prend date, non du jour du mariage, mais seulement du jour du recouvrement des créances (Cass. 4 janv. 1815; -Sir. 15, 1, 200; — Persil, *quest.* t. 1, p. 261).

83. Il en est de même de l'hypothèque légale de la femme mariée sous le régime dotal, pour raison de ses créances paraphernales, et sans qu'elle ait besoin de prendre inscription; l'art. 2135 du C. civ. étant applicable, dans ce cas, pour la fixation de l'époque à laquelle doit remonter l'hypothèque (Cass. 5 déc. 1832, -Devill. 33, 1, 115; arrêts rapportés *sup.* n. 59; — *Contrà*, Montpellier, 22 déc. 1822, -Sir. 23, 2, 229; — Toulouse, 6 déc. 1824, -Sir. 26, 2, 106; 30 août 1825). V. *inf.* n. 103.

84. DATE DE L'HYPOTHÈQUE AVEC OU SANS CONTRAT DE MARIAGE. L'hypothèque légale remonte au jour du *contrat de mariage*, quand il y a contrat, et au jour de la *célébration* du mariage quand il n'y a point de contrat (*ind.* C. civ. 2135-2°, 2194).

85. Cependant il a été décidé que l'hypothèque légale prenait date, non du jour du contrat de mariage, mais seulement du jour de la célébration (Nîmes, 26 mars 1833, -Devill. 34, 2, 90; — Grenier, t. 1, n. 243; — Duranton, t. 20, n. 20; — Persil, *rég. hyp.* sur l'art. 2135, § 2, n. 2; — Zachariæ, t. 2, § 264 n. 25; — Tessier, t. 2, n. 134; — Coulon, t. 2, p. 25: — *Contrà*, Tarrible, *rép.* v° *inscrip. hyp.* § 3, n. 8; — Troplong, t. 2, n. 578; — Benoit, t. 2, n. 47; — Basnage, *hyp.* chap. 12; — Lamoignon, t. 2, p. 132; — Domat, liv. 3, tit. 1, sect. 1 n. 3; — Roussilhe, *dot* t. 1, p. 289; — Coquille, *quest.* 125, p. 207 et *Cout.* de Nivernais, ch. 23. art. 18).

86. DONATION. Pour les donations qui sont faites à la femme pendant le mariage, l'hypothèque date du jour où le droit de percevoir les sommes données est ouvert et non pas du jour où elles ont été acquittées réellement entre les mains du mari (Tarrible, v° *inscrip.* p. 284; — Troplong, t. 2, n. 586; — Persil, art. 2135, § 2, n. 7).

87. Mais pour une donation de biens à venir faite à la femme par son contrat de mariage, l'hypothèque ne date que du jour du décès du donateur (Duranton, t. 20, n. 27). — V. *inf.* n. 102.

88. GARANTIE HYPOTHÉCAIRE PAR UN TIERS. L'hypothèque consentie par un tiers dans le contrat de mariage de la femme d'un commerçant, pour sûreté de sa dot, sur un immeuble advenu depuis au mari, est soumise pour son efficacité à la nécessité de l'inscription, la dispense de cette formalité portée par l'art. 2135 du C. civ. en faveur de la femme mariée, ne concerne que les hypothèques légales, et non les hypothèques conventionnelles, même stipulées pour sûreté de la dot. Si donc, la femme n'a pris inscription qu'après la faillite de son mari, elle est déchue de tout droit hypothécaire, comme le serait tout autre créancier, la loi lui refusant, au surplus, hypothèque légale sur les immeubles que son mari ne possédait pas au moment du mariage (C. comm. 563; — Cass. 23 août 1837).

89. LÉSION. Lorsque la femme s'est constituée en dot ses biens présents et à venir, si, sur une action en rescision pour lésion, un supplément de prix a été versé entre les mains du mari, l'hypothèque légale à raison de ce supplément date, non pas du jour du mariage, mais du jour de la réception (Troplong, t. 2, n. 587; — Grenier, t. 1, n. 233).

90. OBLIGATIONS SOLIDAIRES. La femme mariée avant le Code civil, en pays de droit écrit, ou sous l'empire d'une coutume qui lui accordait hypothèque soit du jour du mariage, soit du jour du contrat de mariage, pour le remploi de ses propres aliénés et des obligations par elle contractées durant le mariage, conserve hypothèque à cette date, pour les aliénations et obligations consenties même depuis le Code civil, bien qu'elle n'ait pas pris inscription sous la loi du 11 brum. an VII, sauf tous droits acquis au profit de tiers antérieurement au Code civil, la disposition de l'art. 2135, qui n'accorde hypothèque à la femme, qu'à dater du jour des aliénations et obligations, ne concerne que les femmes mariées depuis le Code civil (Cass. 23 juin 1824; -Devill. 34, 1, 696; 10 janv. 1827; 12 août 1834; 26 janv. 1836; — Rouen, 19 mars 1835; — Paris, 26 mars 1836; — Poitiers, 18 juin 1838). — V. *sup.* n. 81.

91. Les dispositions de l'art. 2135 du C. civ. qui fixe le point de départ de l'hypothèque légale sont d'ordre public, tellement que la femme ne peut, par son contrat de mariage, déroger à la disposition du Code qui veut que l'hypothèque, pour indemnité de dettes, prenne date des engagements; elle ne peut stipuler qu'elle aura hypothèque pour cette indemnité, à compter du mariage (Cass. 26 fév. 1829; — Troplong, t. 2, n. 588 *bis.*; — Grenier, t. 1, n. 242; — *Contra*, Delvincourt, t. 3, p. 165 n. 7), — V. *inf.* n. 94.

92. PRIX D'ALIÉNATIONS. Lorsque le mari a reconnu avoir touché le prix de l'aliénation d'un immeuble extra-dotal de sa femme, l'hypothèque légale existante par suite au profit de la femme, prend date, non pas seulement à partir du jour de la reconnaissance, mais du jour de l'aliénation. Il en est ainsi même à l'égard des tiers qui ont pris inscription dans l'intervalle de l'aliénation à la reconnaissance (Toulouse, 7 av. 1829, -Sir. 30, 2, 31).

93. Mais lorsque l'aliénation par le mari des immeubles dotaux, a été autorisée dans le contrat de mariage, l'hypothèque légale de la femme, à raison du prix de ces immeubles, remonte au jour de ce contrat, et non pas seulement au jour de la vente (Grenoble, 6 janv. 1831, -Devill. 33, 2, 200; — Tessier, t. 2, n. 134). — V. *sup.* n. 78.

94. En pays de droit écrit, la femme n'avait hypothèque pour la reprise de ses paraphernaux aliénés, que du jour des aliénations, à moins d'une clause formelle et spéciale, qui donnât à l'hypothèque une date antérieure (Lyon 21 août 1832, — Devill. 33, 2, 118). — V. *sup.* n. 91.

95. QUALITÉ DE L'HYPOTHÈQUE. L'hypothèque légale de la femme n'est pas un privilége purement personnel attaché à la qualité de femme mariée, et qui, par sa nature, doive cesser avec cette qualité; cette hypothèque est un droit inhérent à la nature de la créance, qui continue de subsister après la *dissolution du mariage*, et qui est transmissible aux héritiers. Ainsi, la femme qui n'a pas inscrit son hypothèque légale dans les dix ans du décès de son mari, n'en conserve pas moins tout droit à collocation de son hypothèque légale (Montpellier, 1er fév. 1828 et 24 fév. 1829, - Devill. 31, 2, 46).

96. Toutefois, il a été décidé :

97. 1° Que l'hypothèque légale de la femme n'était dispensée de la formalité de l'inscription que pendant le mariage; ce qui obligeait la veuve, au décès du mari, de remplir cette formalité pour sûreté de ses droits matrimoniaux (Agen, 8 mai 1810, - Sir. 11, 2, 167).

98. 2°. Qu'après dissolution du mariage par la mort du mari, la femme qui veut conserver son hypothèque légale sur les immeubles de la succession est obligée de prendre inscription dans les six mois du décès, par application de l'art. 2111 du C. civ. relatif à la séparation des patrimoines (Nîmes 28, mars 1806 - Sir, 7, 2, 1007) *V. note* 29. *n.* 311.

99. 3° Et que la femme est non-recevable à demander sa collocation à l'ordre, tant qu'il n'y a pas d'inscription de son hypothèque légale; la fin de non-recevoir étant indépendante de la conservation ou extinction du fond du droit hypothécaire (Metz, 5, fév. 1823 - Sir. 25, 2, 34). *V. inf.n.* 385 et suiv.

100. RÉGIME ANCIEN. La femme dont le contrat de mariage sous seing-privé a acquis date certaine avant la publication du C. civil, a hypothèque légale pour sa dot sur les biens de son mari, à compter du jour de son mariage (C. civ. 1394; Cass, 13, nov. 1820, - Sir. 21, 1, 116).

101. La femme à qui son contrat de mariage assure hypothèque, à la date de son mariage, pour toutes ses reprises, même pour celles nées durant le mariage, et qui n'a point pris inscription sous la loi du 11. brum. an VII, doit être colloquée à la date de la promulgation du C. civ., pour toutes ses reprises, même pour celles nées postérieurement au Code. La clause contractuelle a ici plus d'effet que l'art. 2135, du C. civ., portant que l'hypothèque légale, à raison des reprises nées durant le mariage, n'a rang que du jour où le droit est acquis (C. civ. 2.; Metz 18 juill. 1820 - Sir. 21, 2, 368 ; Colmar 14 mai 1821. - Sir. 21. 2, 231).

Cependant il a été décidé qu'appliquer, en ce cas, l'art. 2135 du C. civ., ce serait lui donner un effet rétroactif (Lyon, 11 av. 1823, - Sir. 24, 2, 121).

102. RÉMÉRÉ. Lorsqu'une femme s'est constitué en dot ses biens présents et à venir, que parmi ces biens se trouve une maison soumise à rachat, et que plus tard le vendeur à réméré exerce son droit et en verse le prix au mari, l'hypothèque, à raison de ce prix, date du jour du mariage (Troplong, t. 2, n. 587). — V. n. 87.

103. REMPLOI. L'hypothèque légale, pour le remploi des paraphernaux, subsiste, indépendamment de l'inscription, à compter du jour de la vente. (Riom, 19 août 1817, - Sir. 18, 2, 148. — *Contrà*, Toulouse, 4 juin 1816, - Sir. 18, 2, 44). — V. *sup.* n. 78, 83.

104. RENTES. Lorsqu'une femme s'est constitué des rentes en dot, si, pendant le mariage, le débiteur de ces rentes les rachète et rembourse le capital au mari, l'hypothèque légale pour ce capital prend date du jour du contrat de mariage (Troplong, t. 2, n. 587 ; Grenier, t. 1, n. 233).

105. SUCCESSIONS. Sous le régime de la communauté, la femme a hypothèque légale sur les biens de son mari pour le recouvrement des sommes qui lui sont déclarées *propres*, à partir de l'ouverture des successions, et non pas seulement à partir de la perception qui en a été faite par le mari (Cass. 5 mai 1841).

V. v° *Inscription hypothécaire,* note 83.

V. Sur quels biens frappe l'hypothèque légale de la femme. — V. *sup.* n. 9.

106. BIENS ACQUIS APRÈS DISSOLUTION DU MARIAGE. L'hypothèque légale de la femme s'étend même aux biens acquis au mari depuis la dissolution du mariage; mais l'inscription, dans ce cas, est nécessaire (Duranton, t. 19, n. 326 et suiv.).

107. BIENS AMEUBLIS. La femme qui renonce à la communauté a hypothèque légale sur l'immeuble ameubli par elle lors du mariage, si elle n'a pas concouru à la vente de cet immeuble (Duranton, t. 15, n. 76).

108. BIENS DE COMMUNAUTÉ. Les conquêts de communauté vendus par le mari durant le mariage ne sont soumis à l'hypothèque légale de la femme, qu'autant que celle-ci renonce à la communauté; ils en sont affranchis si elle l'accepte (C. civ. 1421 ; — J[al] du Man. art. 18 ; — Cass. 8. nov. 1813, - Sir. 20, 1, 120 ; — 9 nov. 1819, - Sir. 20, 1, 118; — Paris, 8 prair. an XII, - Sir. 4, 2, 707. — *Contrà*, Angers, 26 août 1812, - Sir. 13, 2, 38 ; — Paris, 12 déc. 1816, - Sir. 17, 2, 228 ; — Orléans, 14 nov. 1817, - Sir. 19, 1, 216). — V. *sup.* n. 74.

109. BIENS DE SOCIÉTÉ. Les immeubles acquis par une société ne sont pas grevés de l'hypothèque légale des femmes des associés, tant que la société n'est pas dissoute, bien que les femmes des associés aient été mariées antérieurement à la formation de la société. Ces immeubles sont la propriété exclusive du *corps moral* connu sous le nom de *société*, sans que les membres de la société y aient, *ut singuli*, un droit transmissible, une co-propriété hypothécable pendant l'état de société. — L'hypothèque légale des femmes ne peut grever de tels biens qu'à l'instant où la dissolution du corps social fait que chaque individu a des droits particuliers. — Et si, après dissolution et liquidation ou partage de la société, il arrive que l'un des associés ait dans son lot l'immeuble acquis par la société, ce partage ne fait point remonter le droit de propriété de l'associé jusqu'à l'époque de l'acquisition. — Vainement on exciperait des art. 883 et 1872 du C. civ. dont le premier fait produire cet effet à tout partage entre cohéritiers, et dont le second assimile les effets du partage entre associés aux effets du partage entre cohéritiers (Paris, 25 mars 1811 ; — Cass. 10 mai 1831).

110. BIENS AFFECTÉS A UN DOUAIRE. En cas de vente par le mari d'une partie des biens affectés au douaire, l'hypothèque de la femme continue de subsister sur les biens vendus comme sur les biens qui restent dans les mains du mari, quoique suffisants pour remplir le douaire. Si donc la femme renonce à exercer son douaire sur les biens non vendus, cette renonciation n'affranchit aucunement les biens vendus, et l'acquéreur n'en conserve pas moins ses droits à une garantie éventuelle contre le mari vendeur (Paris, 24 germ. an XI. - Sir. 4, 2, 10).

111. BIENS PRÉSENTS ET A VENIR. Quoique la donation de biens présents et à venir devienne, en général, caduque par le prédécès du donataire sans postérité, et que, par suite, les biens donnés restent au donateur francs de toutes les charges dont le donataire pourrait les avoir grevés; néanmoins, lorsqu'une telle donation a été faite en contrat de mariage, il peut être décidé, par appréciation des diverses dispositions de ce contrat, que les biens donnés ont été frappés d'une hypothèque légale au profit de l'épouse du donataire, et que cette hypothèque a continué de subsister nonobstant la survivance du donateur (Cass. 7 av. 1829, - Sir. 29, 1, 132).

112. CESSION DE BIENS. L'art. 563 du C. de comm. portant que les femmes des commerçants n'ont hypothèque légale que sur les biens possédés par leur mari à l'époque

du mariage, est applicable au cas de cession de biens consentie par le mari, comme au cas de faillite déclarée. Et cette hypothèque est ainsi restreinte, encore bien que dans l'acte de cession intervenu entre le mari et ses créanciers, ceux-ci aient déclaré, d'une manière générale, reconnaître les hypothèques antérieures à cet acte : une telle stipulation ne déroge pas au droit résultant de l'art. 563 du C. de comm. (Grenoble, 27 déc. 1833,-Devill. 34, 4, 299). = V. *inf.* n. 113, 114, 115.

113. EXPROPRIATION. L'art. 563 précité du C. de comm. n'est pas restreint au cas de déclaration de faillite du mari. Cet article est applicable même au cas où le commerçant ayant été exproprié par ses créanciers, ses biens ne suffisent pas pour payer ses dettes (Grenoble, 20 janv. 1831,-Sir. 32, 2, 309).

114. FAILLITE. CONCORDAT. MARI COMMERÇANT. L'art. 563 du C. de comm. qui, en cas de faillite du mari commerçant, restreint l'hypothèque légale de la femme aux biens qu'il possédait lors de la célébration du mariage ou qui lui sont échus depuis soit par succession, soit par donation entre-vifs ou testamentaire, n'est applicable que lorsque le mari ayant cessé ses paiements se trouve en état de faillite. Lors donc que la faillite du mari n'a pas été déclarée par jugement du tribunal de commerce, les juges civils ne peuvent appliquer l'art. 563 qu'en constatant préalablement le fait de la cessation de paiement constitutif de l'état de faillite (Cass. 28 déc. 1840, - Devill. 41, 1, 31. — *Contrà*, Cass. 7 mars 1836 et 8 juin 1837, - Sir. 37, 1, 920, en ce que, suivant ces arrêts, il n'est pas nécessaire que la faillite ait été déclarée par jugement du tribunal de commerce et qu'il suffit que la cessation de paiements ait été constatée par les juges civils).

115. L'art. précité du C. de comm. doit recevoir son application, encore que l'état de faillite ait cessé par l'effet d'un concordat entre le failli et ses créanciers (Nîmes, 4 mars 1828, - Sir. 30, 2, 357).

116. SOCIÉTÉ D'ACQUÊTS. La femme qui renonce à la société d'acquêts par elle contractée avec son mari, peut, nonobstant cette renonciation, exercer son hypothèque légale, à raison de sa dot, même sur les immeubles aliénés pendant la durée de la société (Tessier, *dot*, t. 2, n. 135 ; Duranton, t. 19, n. 330).

VI. De la réduction ou restriction de l'hypothèque légale de la femme.

117. *Lorsque, dans le contrat de mariage, les parties majeures seront convenues qu'il ne sera pris d'inscription que sur un ou certains immeubles du mari, les immeubles qui ne seraient pas indiqués pour l'inscription resteront libres et affranchis de l'hypothèque pour la dot de la femme et pour ses reprises et conventions matrimoniales. Il ne pourra pas être convenu qu'il ne sera pris aucune inscription* (C. civ. 2140).

118. *Dans le cas de l'art. précédent, le mari ne sera tenu de requérir inscription que sur les immeubles indiqués* (C. civ. 2142).

119. *Pourra le mari, du consentement de sa femme, et après avoir pris l'avis des quatre plus proches parents d'icelle, réunis en assemblée de famille, demander que l'hypothèque générale sur tous ses immeubles, pour raison de la dot, des reprises et conventions matrimoniales, soit restreinte aux immeubles suffisants pour la conservation entière des droits de la femme* (C. civ. 2144).

120. *Les jugements sur les demandes des maris ne seront rendus qu'après avoir entendu le Procureur du Roi, et contradictoirement avec lui.*

Dans le cas où le Tribunal prononcera la réduction de l'hypothèque à certains immeubles, les inscriptions prises sur tous les autres seront rayées (C. civ. 2145). V. *inf.* n. 133.

121. APPEL. Le jugement qui restreint l'hypothèque légale de la femme, après consentement donné par elle et avis favorable du conseil de famille, n'est pas susceptible d'appel de la part de la femme, à l'égard de laquelle il doit être considéré comme contrat judiciaire. Peu importe que la femme soit constituée en perte par l'insuffisance des biens auxquels son hypothèque légale a été restreinte. — Et le Procureur du Roi avec lequel un tel jugement a été rendu n'est pas recevable à en interjeter appel (Grenoble, 18 janv. 1833). — V. *inf.* n. 191.

122. AVIS DE PARENTS. L'avis des quatre plus proches parents exigé par la loi (V. *sup* n. 119) doit s'entendre des plus proches parents domiciliés à une distance telle que la délibération du conseil de famille puisse facilement avoir lieu, et non pas d'une manière absolue, des quatre parents les plus proches en degré (Grenoble, 18 janv. 1833. — *Contrà*, Troplong, t. 2, n. 644).

123. CONSENTEMENT DE LA FEMME. Le mari ne peut obtenir la réduction de l'hypothèque légale de sa femme, qu'autant qu'elle y consent et qu'il a pris l'avis de quatre de ses parents réunis en conseil de famille (Cass. 9 déc. 1824, - Sir. 25, 1, 213 ; — Rouen, 3 février 1834. — *Contrà*, Nancy, 26 août 1823, - Sir. 26, 2, 149).

124. FEMME NON COMMUNE. La femme non commune en biens, ne peut s'opposer à la réduction de l'inscription de son hypothèque légale, jusqu'à concurrence des créances déterminées en son contrat de mariage, à moins qu'elle ne justifie qu'il y a eu aliénation de ses propres, et que son mari en a profité (Paris, 16 juill. 1813, - Sir. 14, 2, 233).

125. FEMME MINEURE. La femme mineure ne peut, dans son contrat de mariage, et même avec l'assistance de ceux dont le consentement lui est nécessaire pour se marier consentir la restriction de son hypothèque légale à certains biens du mari (Cass. 19 juill. 1820; — Caen, 18 juill. 1836, - Sir. 37, 2, 229; — *Contrà*, Paris, 10 août 1816, - Sir. 17, 2, 94).

126. Mais le mariage célébré, la faculté accordée au mari de faire restreindre l'hypothèque légale de la femme, peut être exercée lorsque la femme est mineure, de même que lorsqu'elle est majeure (Persil, *rég. hyp.* art. 2144 n. 4).

127. FEMME SÉPARÉE. La femme séparée qui, pour sûreté de sa dot et de ses reprises, prend inscription sur un immeuble déterminé du mari, est censée par cela seul, restreindre son hypothèque légale à cet immeuble, et renoncer à l'hypothèque des immeubles sur lesquels elle ne s'inscrit point; alors l'hypothèque générale se convertit en hypothèque spéciale (Aix, 1 fév. 1811, - Sir. 14, 2, 97). — V. *inf.* n. 129.

128. Cependant, il a été décidé que la femme qui, ayant une hypothèque légale sur les biens de son tuteur, pour le solde de son compte de tutelle, s'est constitué cette

créance en dot, ne peut, même après séparation de biens, restreindre son hypothèque légale en la spécialisant dans une inscription sur certains biens seulement; et qu'elle ne peut non plus consentir valablement main-levée des inscriptions qu'elle a prises sur des biens frappés de son hypothèque légale, et vendus depuis. Une telle restriction et une telle main-levée constitueraient en effet une aliénation de la dot, prohibée par la loi (Cass. 19 nov. 1833,-Sir. 34, 1, 200).

129. FEMME MARIÉE SOUS LE RÉGIME DOTAL. La femme mariée sous ce régime, ne peut valablement restreindre son hypothèque légale sur les biens de son mari, en la spécialisant dans une inscription, sur certains immeubles seulement. La restriction ou réduction ne peut avoir lieu qu'en remplissant les formalités prescrites par les art. 2144 et 2145 du C. civ. (Caen, 18 août 1829,-Devill. 31, 2, 173). — V. *sup.* n. 127.

130. Cependant il a été décidé, relativement aux formalités, que la femme mariée sous le régime dotal, pouvait valablement opérer la réduction de son hypothèque légale, si elle y était autorisée par le conseil de famille et par jugement; si c'était d'ailleurs pour son propre intérêt, si par exemple, l'opération était avantageuse à la femme et à la famille, en lui conservant une portion de biens qui aurait été dévorée par une expropriation forcée imminente (Cass. 20 av. 1826).

131. SUBROGATION. La subrogation, par la femme commune en biens, à son hypothèque légale au profit d'un créancier du mari, ne doit pas être considérée comme une restriction de l'hypothèque consentie dans l'intérêt unique du mari, et soumise aux formalités prescrites par les art. 2144 et 2145 du C. civ. bien qu'il n'y eût pas d'obligation préexistante de la part de la femme (Cass. 28 juill. 1823; — Nancy, 24 janv. 1825; — Lyon, 15 av. 1832; — Bordeaux, 7 av. 1834; — *Contrà*, Paris, 11 déc. 1834, - Devill. 35, 2, 14).

132. SUPPLÉMENT D'HYPOTHÈQUE. Lorsque l'hypothèque légale de la femme a été restreinte, par le contrat de mariage, à certains immeubles, qui plus tard sont venus à périr ou à diminuer de valeur, le supplément auquel la femme a droit, ne peut être obtenu qu'en justice, auquel cas, l'hypothèque doit prendre date du jour du jugement et non pas seulement du jour de l'inscription (Persil, *rég. hyp.* art. 2140, n. 6).

133. TIERS. Le droit de demander la réduction ou restriction de l'hypothèque légale de la femme, n'appartient point exclusivement au mari; il peut être exercé par la femme (V. *sup.* n. 130) et aussi par des tiers, notamment par un tiers-acquéreur (Persil, *rég. hyp.* art. 2144 n. 8).

134. TRIBUNAL COMPÉTENT. Les demandes en réduction d'hypothèque légale formées par le mari, doivent être portées devant le tribunal du domicile du mari, et non devant celui de la situation des biens (Persil, *rég. hyp.* art. 2145 n. 2). — V. *inf.* n. 193.

VII. De la cession et subrogation, de l'antériorité et renonciation à l'hypothèque légale de la femme. — De la priorité entre les créanciers subrogés dans cette hypothèque.

135. ACQUÉREUR. La femme mariée qui a renoncé à son hypothèque légale en faveur d'un second acquéreur des biens de son mari, n'est pas censée avoir renoncé par là à exercer cette hypothèque vis-à-vis d'un premier acquéreur étranger à la deuxième vente, et au profit duquel elle n'a pas fait la même renonciation. Les immeubles acquis par celui-ci restent affectés aux droits hypothécaires de la femme (Cass. 12 août 1816).

136. Lorsque l'acquéreur d'un immeuble vendu conjointement par un mari et sa femme, est chargé par une stipulation expresse du contrat de vente, de conserver en ses mains une portion déterminée du prix, pour garantie de l'hypothèque légale de la femme, laquelle somme ne doit être par lui payée qu'après le décès de l'un des deux époux, l'hypothèque légale se trouve par cela même réalisée jusqu'à due concurrence, mais la transcription du contrat valant inscription au profit de la femme, pour cette portion du prix, l'acquéreur ne peut ultérieurement payer valablement au mari et à la femme, avant le terme fixé, la partie du prix demeurée en ses mains, et si néanmoins il paye, il ne saurait prétendre être subrogé à l'hypothèque légale de la femme sur les autres biens du mari (Cass. 11 déc. 1838, - Devill. 39, 1, 438).

V. *inf.* n. 140, 162.

137. ANTÉRIORITÉ. Une femme mariée peut, avec l'autorisation de son mari, renoncer à la priorité de son hypothèque légale, pourvu que cette renonciation tourne, non au seul profit du mari, mais au profit d'un tiers envers qui elle s'est valablement engagée. En ce cas, il n'est pas nécessaire, pour rendre la renonciation valable de recourir à une assemblée de famille et à l'autorité de la justice (Paris, 29 juin 1812, - Sir. 13, 2, 5). — V. *inf.* n. 145, 154, 155.

138. AVIS DE PARENTS. La subrogation par la femme dans son hypothèque légale, exige ou n'exige pas l'avis d'une assemblée de famille, selon que l'acte est fait directement, pour venir au secours du mari ou lui procurer la libre disposition de ses biens personnels, ou pour l'exécution d'une obligation personnelle de la femme (Cass. 9 janv. 1822, - Sir. 23, 1, 148; 28 juill. 1823). — V. *inf.* n. 140.

138 *bis*. AVOUÉ. L'avoué qui a obtenu distraction des frais de séparation de biens par lui faits dans l'intérêt de la femme, est subrogé pour ces frais aux droits résultant de l'hypothèque légale de la femme (C. proc. 133; — Cass. 30 janv. 1839).

139. CESSION. La subrogation à l'hypothèque légale de la femme, qui s'oblige solidairement avec son mari, résulte de la nature même de l'engagement contracté par la femme. Cette obligation solidaire équipolle à une cession textuelle des droits hypothécaires de la femme sur son mari (Cass. 17 av. 1827, - Sir. 28, 1, 91).

140. La garantie de tous troubles et de toutes dettes et hypothèques, promise par une femme mariée aux acquéreurs des biens de son mari, n'emporte renonciation au bénéfice de son hypothèque légale, que vis-à-vis des acquéreurs eux-mêmes, et non vis-à-vis de tiers auxquels le mari aurait plus tard consenti seul cession du prix de vente. Ces cessionnaires ne sont donc pas fondés à prétendre que la femme ne peut exercer son hypothèque légale sur le prix à eux cédé (Paris, 17 mars 1834). — V. *inf.* n. 162.

141. DECONFITURE. La disposition qui, au cas de déconfiture du mari, autorise les créanciers personnels de la femme, à exercer les droits de leur débitrice, ne porte aucune atteinte aux causes légitimes de préférence qui peuvent exister en faveur de certains de ces créanciers,

telles que celles résultant d'une subrogation dans l'hypothèque légale de la femme; les créanciers subrogés ont donc le droit de se prévaloir de la subrogation, et de réclamer collocation sur l'avoir du mari, par préférence aux créanciers purs et simples de la femme (C. civ. 1446, 2093; — Nancy, 24 janv. 1825, - Devill. 35, 2, 84).

142. FEMME MARIÉE AVANT LE CODE. La femme mariée avant le code civil, sous l'empire d'un statut qui lui permettait de renoncer à ses hypothèques sur les biens de son mari, peut aujourd'hui faire valablement cette renonciation (Lyon, 28 janv. 1807).

143. FEMME COMMUNE OU NON COMMUNE EN BIENS. — V. n. 133, 137, 139, 140, 149, 150, 151, 152, 153, 157, 161, 162.

144. FEMME SÉPARÉE DE BIENS. Les acquéreurs de biens vendus par un mari, poursuivis ultérieurement en paiement des droits et reprises de la femme séparée de biens, sont fondés à demander que défalcation soit faite, sur la créance de la femme, et au marc le franc, du prix de biens vendus par les deux époux conjointement, *depuis la séparation*, et à l'égard desquels la femme se trouve par suite avoir renoncé à son hypothèque légale, et ne pouvoir subroger les premiers acquéreurs dans l'effet de cette hypothèque. Mais il en est autrement du prix des biens vendus conjointement *avant la séparation*, à l'égard de ces biens aucune défalcation ne peut être exigée par les acquéreurs (Poitiers, 18 juin 1838). — V. note 28, n. 265.

145. FEMME MARIÉE SOUS LE RÉGIME DOTAL. La femme mariée sous ce régime, ne peut renoncer à son hypothèque légale; elle ne peut non plus consentir ni antériorité, ni subrogation dans son hypothèque légale, bien que sa dot soit purement mobilière (C. civ. 1554; — Cass. 28 juin 1810; 26 mai 1836; — Paris, 10 août 1831).

146. Mais la faculté qu'une femme mariée sous le régime dotal s'est réservée d'aliéner et d'hypothéquer ses immeubles dotaux, emporte celle de se désister au profit de tiers, de l'hypothèque légale existante à son profit sur les biens de son mari, même pour sûreté de sa dot mobilière (C. civ. 1557; — Lyon, 3 juin 1829).

147. INSCRIPTION DE SUBROGATION. Il n'est pas nécessaire que la subrogation à l'hypothèque légale de la femme soit rendue publique par l'inscription, pour qu'elle puisse être opposée à des créanciers postérieurs de la femme, également subrogés à son hypothèque légale, et qui auraient pris inscription. La préférence entre les divers créanciers se réglant uniquement d'après la date des subrogations, sans égard aux inscriptions par eux prises (Nancy, 24 janv. 1825, - Devill. 35, 2, 84; 22 mai 1826, - Sir. 26; — Orléans, 26 juill. 1826, - Sir. 27; — Cass. 2 av. 1829; 24 janv. 1838). — V. *inf.* n. 154, 155.

148. MAIN-LEVÉE. V. *sup.* n. 128, 146.

149. MANDAT. Le pouvoir donné par un mari à sa femme de s'obliger solidairement avec lui envers certains créanciers, et d'hypothéquer des biens à lui appartenant, emporte autorisation pour la femme de renoncer à son hypothèque légale sur ces mêmes biens (C. civ. 217; — Nancy, 24 janv. 1825).

150. Et quand la femme donne pouvoir à son mari d'hypothéquer en son nom des immeubles de la communauté, elle est réputée renoncer au bénéfice de son hypothèque légale au profit des tiers auxquels seront ultérieurement hypothéqués ces immeubles, du moins, l'arrêt qui le décide ainsi, par interprétation du mandat donné par la femme à son mari, échappe à la censure de la Cour de cassation (C. civ. 223, 1421, 1988; — Cass. 12 juin 1839).

151. OBLIGATION SOLIDAIRE. La femme qui s'est engagée solidairement avec son mari, et qui a consenti à ce que des immeubles frappés de son hypothèque légale fussent hypothéqués à l'acquit des engagements pris par elle et son mari dans le contrat, ne peut plus ultérieurement subroger des tiers dans son hypothèque légale, au préjudice des droits de celui avec qui elle a contracté; son engagement solidaire emporte au profit du premier créancier une renonciation aux effets de son hypothèque légale, ou une subrogation dans cette hypothèque. (Cass. 4 fév. 1839; Paris, 1 juin 1807; 11 mars 1813; — Lyon, 22 juill. 1819; — Bourges 4 mars 1831, - Devill. 32, 2, 31. — *Contrà*, Paris 15 janv. 1813; 8. déc. 1819, - Sir. 20, 2, 241).

152. OBLIGATION SOLIDAIRE SANS HYPOTHÈQUE. L'obligation purement personnelle contractée par une femme solidairement avec son mari, sans affectation hypothécaire des biens de ce dernier, n'emporte pas subrogation tacite au profit du créancier dans l'hypothèque légale de la femme; cette subrogation tacite n'a lieu qu'autant qu'il y a, de la part du mari, hypothèque sur ses propres biens. — Peu importe que le créancier ait ultérieurement acquis cette hypothèque par suite d'un jugement de condamnation (Paris 2 janv. 1836).

153. Et, dans le cas ci-dessus, le jugement rendu contre la femme à raison de cette même créance, ne peut non plus conférer aucune subrogation tacite au créancier. (C. civ. 1250; Caen 15, juill. 1840).

154. PRIORITÉ ENTRE CRÉANCIERS. La femme étant réputée avoir renoncé à son hypothèque légale ou avoir subrogé le créancier à l'exercice de tous ses droits à cette hypothèque, lorsqu'elle s'est obligée solidairement avec son mari et a affecté un immeuble au paiement de cette obligation, il en résulte qu'un créancier postérieur qui, plus tard, obtiendrait de la femme une subrogation expresse au bénéfice de son hypothèque légale, aurait un titre moins favorable ou moins efficace que le créancier porteur du premier titre de subrogation. En conséquence, c'est le créancier premier subrogé qui doit être colloqué par préférence (Cass. 15 juin 1825 - Sir. 26, 1, 63; — Lyon 22 juill. 1819, - Sir. 20, 2, 125; — Nancy 22 mai 1826 - Sir. 27, 2, 93; — Orléans 26 juil. 1826 - Sir. 27, 2, 93). V. *sup.* n. 137, 147.

155. Entre plusieurs créanciers d'une femme, tous porteurs de subrogations à son hypothèque légale, il ne doit pas y avoir concours comme pour distribution de créance mobilière. Il doit y avoir préférence au profit de l'un d'eux, et cette préférence est due non au premier qui a inscrit la subrogation mais au premier subrogé. On ne peut, dans ce cas, appliquer les dispositions de l'art. 778 du C. de proc. civ qui veut que le montant de la collocation du débiteur soit distribué comme chose mobilière entre tous les créanciers inscrits. (Paris, 15 mai 1816 - Sir. 17, 2, 52; — 12, déc. 1817 - Sir. 18, 2, 30; — Metz 13 juill. 1820 - Sir. 21, 2. 176; — Angers, 19 juin 1825). — V. *sup.* n. 147.

156. RENONCIATION. — V. *sup.* n. 135, 137, 142, 144, 145, 149, 150, 151,

157. SOCIÉTÉ. L'engagement solidaire contracté par une femme avec son mari, dans un acte de société ayant pour

objet l'exploitation d'une mine dont le fonds pour tout ou partie ne cesse pas d'être la propriété du mari, n'emporte pas, de la part de la femme, renonciation à son hypothèque légale sur le fonds de cette mine, pour sureté des aliénations que le mari pourrait faire ultérieurement des biens de la femme. Un tel engagement n'a d'effet, vis-à-vis des créanciers de la société, qu'en ce qui touche les produits de l'exploitation, et ne change rien aux droits de la femme sur le fonds même soumis à cette exploitation. (Angers, 24 juin 1829,-Sir. 30, 1, 345).

158. SUBROGATION EXPRESSE. —V. *sup.* n. 136, 139, 141, 144, 145, 151, 152, 153.

159. SUBROGATION TACITE. La mère tutrice qui a convolé en secondes noces, et qui, maintenue dans la tutelle de ses enfants, se trouve avoir pour co-tuteur son second mari, ne peut exercer son hypothèque légale sur les biens de ce dernier, qu'après que ses enfants ont exercé la leur sur ces mêmes biens : obligée envers eux solidairement avec son second mari, elle ne peut exercer ses droits au préjudice de ses enfants, au profit desquels s'est opérée une subrogation tacite dans l'effet de l'hypothèque légale de leur mère (C. civ. 1251; — Cass. 22 nov. 1836,-Devill. 37, 1, 83),

160. La subrogation dont il est parlé *sup.* n. 151, est une subrogation tacite qui a autant d'effet qu'une subrogation expresse ainsi que nous l'avons dit n. 154.

161. Lorsqu'une femme, en s'obligeant solidairement avec son mari au profit d'un tiers, consent à n'exercer ses reprises qu'après ce tiers, il y a subrogation tacite à l'hypothèque légale de la femme, ayant le même effet qu'une subrogation expresse (Bourges, 22 nov. 1825, -Sir. 24, 2, 82).

162. VENTE. La femme qui vend un immeuble, solidairement avec son mari, garantit son acquéreur de toutes dettes et hypothèques, et renonce par conséquent à l'hypothèque légale qu'elle avait sur cet immeuble, mais cette renonciation n'a lieu qu'au profit de l'acquéreur; lui seul peut exercer les droits de la femme relativement à cette hypothèque, les autres créanciers du mari ne peuvent se prévaloir de cette renonciation (Amiens, 14 janv. 1817).— V. *sup.* n. 135, 136, 140, 144.

Art. 2. De l'hypothèque légale des mineurs et interdits. —V. *sup.* n. 33, 34, 35, 36.

I. A quels mineurs ou interdits l'hypothèque légale doit profiter.

163. L'hypothèque légale accordée par le code civil aux mineurs sur les biens de leur tuteur, ne doit profiter qu'à ceux qui étaient encore mineurs à l'époque de la publication du code; elle ne profite pas à celui qui était alors parvenu à sa majorité, bien qu'il eût à réclamer un compte de tutelle (Bruxelles, 25 juill. 1807; 13 janv. 1813; — Cass. 14 fév. 1816).

164. L'hypothèque légale en faveur du mineur, sur les biens de son tuteur, n'existe point dans le cas où le mineur émancipé par le mariage, est devenu veuf en état de minorité; dans ce cas, l'émancipation conserve son effet, et il n'y a ni tutelle, ni hypothèque légale (Cass. 21 fév. 1821).

165. Les personnes pourvues seulement d'un curateur ou d'un conseil judiciaire, ne jouissent pas de l'hypothèque (Merlin, *rép.* v° *hyp.* sect. 4, § 5, art. 11, n. 3; — Duranton, t. 19 n. 314; — Troplong, t. 2, n. 423; — Zachariæ t. 2. § 264, note 14; — Persil, *rég. hyp.* art. 2121 n. 29 et 30), — V. *inf.* n. 177.

II. Contre quelles personnes existe l'hypothèque légale des mineurs et interdits. — V. *sup.* n. 36-1°.

166. ADMINISTRATEUR. L'enfant mineur n'a point hypothèque légale pour sureté de ses biens personnels dont le père a l'administration pendant le mariage; le père administrateur ne peut être assimilé au tuteur (C. civ. 389; — Cass. 3 déc. 1821, -Sir. 22, 1, 80; — Riom. 23 mai 1822, -Sir. 25, 2, 132; — Lyon, 3 juill. 1827, -Sir. 30, 2, 101; — *Contrà*, Colmar, 22 mai, 1816, -Sir. 17, 2, 207; — Toulouse, 23 déc. 1818, -Sir. 19, 2, 201). — V. *inf.* n. 228.

167. Toutefois, les père et mère auxquels est confiée par le testateur l'administration des biens légués à leurs enfants, peuvent être astreints à fournir hypothèque pour garantie de leur administration, surtout lorsqu'en faisant le legs, le testateur a imposé au père ou à la mère l'obligation de tenir compte aux enfants de l'intérêt de la somme léguée; il n'en est pas, à cet égard, comme de l'administration que le père ou la mère tiennent directement de la loi (Cass. 30 av. 1833).

167 *bis*. L'individu dont l'interdiction est poursuivie, n'a pas d'hypothèque légale sur les biens de l'administrateur provisoire, pour sureté de l'administration. Peu importe que la famille ait moins voulu obtenir l'interdiction, que confier la personne et les biens à un tuteur; peu importe même, que le conseil de famille ait décidé que l'administrateur provisoire régirait comme tuteur (C. civ. 497; — Montpellier, 14 janv. 1823; — Cass. 27 av. 1824). — V. n. 175.

168. Sur la demande des parties intéressées ou celle du procureur du roi, le jugement qui nommera l'administrateur provisoire d'un aliéné pourra en même temps constituer sur ses biens une hypothèque générale ou spéciale, jusqu'à concurrence d'une somme déterminée par ledit jugement; le procureur du roi devra dans le délai de quinzaine, faire inscrire cette hypothèque au bureau de la conservation; elle ne datera que du jour de l'inscription (L. 30 juin - 6 juill. 1838, art. 34).

168 *bis*. CONSEIL JUDICIAIRE. V. *sup.* n. 165.

169. CO-TUTEUR. Bien que la mère tutrice, qui convole en secondes noces sans convocation préalable du conseil de famille, soit déchue de la tutelle, et qu'ainsi son second mari n'ait pas qualité de co-tuteur, si néanmoins le second mari gère de fait la tutelle, il est assujetti à l'hypothèque légale du mineur. Et cette hypothèque existe pour la gestion *antérieure*, aussi bien que pour la gestion *postérieure* au second mariage (C. civ. 395; — Paris, 28 déc. 1822, -Sir. 24, 2, 230; — Poitiers, 28 déc. 1824, -Sir 25, 2, 51; — Nîmes, 30 nov. 1831, -Devill. 32, 2, 139; — Colmar, 26 nov. 1833, -Devill. 34, 2, 231). — V. *sup.* n. 159.

170. Dans le cas ci-dessus, s'il s'agit d'un mineur devenu majeur avant le Code civil, son hypothèque n'a pu produire son effet, si elle n'a été légalement inscrite dans les formes voulues par la loi du 11 brum. an VII (Paris, 20 nov. 1809, -Sir. 7, 2, 1028).

171. CURATEUR. V. *sup.* n. 164 et 165; *inf.* n. 230 *bis.*, 297, et note 31, n. 56.

172. ETRANGER. Le mineur étranger n'a pas d'hypothèque légale sur les biens que son tuteur aussi étranger, possède en France; alors, du moins, que la tutelle a été conférée en pays étranger, sauf les cas régis par des conventions diplomatiques contraires. Peu importe que la tutelle

ait été reconnue par des jugements émanés des tribunaux français. Cette hypothèque n'existe pas même au profit du mineur étranger, qui, né en France, réclame à sa majorité la qualité de français (C. civ. 11; 2123; — Amiens, 18 août 1834,-Devill. 35, 2, 81).

173. Mais un acte de tutelle fait en pays étranger, emporte au profit du mineur français hypothèque légale sur les biens du tuteur (C. civ. 2128; — Troplong, t. 2, n. 429; — Grenier, t. 1, n. 284).

174. PRO-TUTEUR. Les biens du pro-tuteur qui gère dans les colonies les biens d'un mineur, sont soumis à l'hypothèque légale, de même que ceux du tuteur (C. civ. 417; — Duranton, t. 19, n. 309; — Troplong, t. 2, n. 421; — Persil, *rég. hyp.* art. 2121 n. 32).

175. SUBROGÉ-TUTEUR. L'hypothèque légale du mineur ne frappe ni sur les biens du subrogé-tuteur, ni sur ceux de l'administrateur provisoire nommé par suite d'une demande en interdiction (C. civ. 497; — Merlin, *rép.* v° *hyp.* sect. 2, § 3, art. 4, n. 3; — Duranton, t. 5, n. 522; — Grenier, *hyp.* t. 1, n. 274; — Troplong, *ibid.* t. 2, n. 422; — Rolland, de V... v° *hyp.* n. 472; Zachariæ, t. 2, § 264, note 10; — *Contrà*, Persil, *rég. hyp.* art. 2121, n. 24). — V. n. 167 *bis*.

176. TUTEUR. TUTRICE. Le mineur a hypothèque légale sur les biens de son tuteur, à raison de la donation conditionnelle que celui-ci lui a faite pendant la tutelle, et cette hypothèque remonte au jour où la tutelle a été acceptée; seulement la collocation dans l'ordre ouvert sur le prix des biens du tuteur, ne peut être que conditionnelle, si elle est requise avant l'accomplissement de la condition sous laquelle la donation a été faite (Rouen, 18 janv. 1839). — V. note 10, n. 67, 128, 165.

177. La disposition de l'art. 395 du C. civ., portant que la mère tutrice qui convole avant d'avoir fait nommer un tuteur à son enfant mineur, *perd la tutelle de plein droit*, ne signifie pas que la tutelle cesse d'exister; une tutelle de fait est seulement substituée à la tutelle de droit, et si la mère tutrice perd le droit d'en réclamer les avantages, l'enfant ne perd pas son droit d'hypothèque légale sur les biens de la mère. Ainsi, entre une hypothèque consentie et inscrite pendant l'intervalle du convol à la confirmation de la tutelle, et celle que l'art. 2135 accorde au mineur sur les biens de son tuteur *du jour de la tutelle*, celle-ci doit primer l'autre, bien que les faits de responsabilité sur lesquels elle est basée soient d'une date postérieure à la confirmation de la tutelle, et par conséquent, aux hypothèques prises par les créanciers intermédiaires (C. civ. 395; — Cass. 15 déc. 1825,-Sir. 27, 1, 298).

III. Pour quelles causes et sur quels biens frappe l'hypothèque légale des mineurs et interdits.

178. POUR QUELLES CAUSES. Le mineur a hypothèque légale sur les biens de son tuteur sans inscription, non-seulement pour les créances qui résultent de la gestion de la tutelle, mais encore pour les sommes que le tuteur lui devait avant d'avoir commencé la gestion (Turin, 25 janv. 1811,-Sir. 12, 2, 285; — Cass. 12 mars 1811).

179. L'hypothèque légale du mineur sur les biens de son père tuteur, conserve non-seulement les sommes que le père doit et a reçues comme tuteur, mais encore celles dont il se trouve redevable, comme adjudicataire des conquêts de communauté, pour soulte et retour de lots. Cette hypothèque a lieu aussi pour la conservation de la nue-propriété d'une somme dont l'usufruit appartient au père tuteur, en vertu d'une donation contractuelle à lui faite par son épouse. Mais dans ces deux cas, l'hypothèque n'a rang que du jour du décès de la mère, et non du jour du mariage (Paris, 26 mars 1836).

180. SUR QUELS BIENS. L'enfant mineur d'un commerçant failli, a pour la restitution de la dot de sa mère, une hypothèque légale sur *tous* les biens de son père devenu son tuteur, et cette hypothèque s'étend aussi bien sur les immeubles acquis par le père depuis son mariage, que sur ceux qu'il possédait antérieurement. A cet égard, l'hypothèque du mineur n'est pas restreinte, comme celle de sa mère, aux biens déjà acquis à l'époque du mariage (C. comm. 563; — Grenoble, 7 juin 1834).

181. L'hypothèque légale du mineur s'étend même aux biens acquis au tuteur depuis la fin de la tutelle; mais l'inscription, dans ce cas, est nécessaire (Duranton, t. 19, n. 326 et suiv.).

IV. De quelle époque date l'hypothèque légale des mineurs et interdits. — de sa conservation. — V. *sup.* n. 36.

182. DATE DE L'HYPOTHÈQUE. Le mineur dont les biens ont été vendus par son tuteur, sans formalités de justice, peut exercer, à son choix, ou l'action révocatoire contre l'acquéreur, ou l'action en indemnité contre le tuteur. En ce dernier cas, il peut faire valoir son hypothèque légale, du jour de l'entrée en fonctions du tuteur (Toulouse, 18 déc. 1826,-Sir. 27, 2, 242).

183. Lorsqu'une donation faite par un tuteur à son mineur, vient à être attaquée plus de dix ans après la majorité du mineur, par des créanciers mêmes du tuteur pour un vice de forme, tel que le défaut d'acceptation régulière dont le tuteur aurait été responsable envers son pupille, le mineur donataire peut encore, malgré les dix ans écoulés depuis sa majorité, actionner son tuteur en garantie de nullité de la donation; on ne peut lui opposer, dans ce cas, la disposition de l'art. 475 du C. civ., portant que toute action du mineur contre son tuteur, relativement aux faits de la tutelle, se prescrit par dix ans à compter de la majorité. En un tel cas encore, le mineur peut, pour raison de la garantie que lui doit son tuteur, exercer sur les biens de celui-ci son hypothèque légale, remontant sans inscription à l'ouverture de la tutelle, et primer ainsi tous les créanciers du tuteur dont l'hypothèque légale est d'une date postérieure (C. civ. 475, 932; — Cass. 9 déc. 1829,-Sir. 30, 1, 8). — V. *sup.* n. 176, 178, 179.

184. CONSERVATION DE L'HYPOTHÈQUE LÉGALE. L'hypothèque légale des femmes, des mineurs et interdits, se conserve sans inscription (V. *sup.* n. 36).

185. Même après la cessation de la tutelle (av. Cons. d'Etat, 8 mai 1812; — Tarrible, v° *Inscr. hyp.* § 3, p. 195; — Troplong, t. 2, n. 572; — Rolland de V... v° *Inscr. hyp.* n. 14).

186. Même à l'égard d'un tuteur dont les fonctions ont commencé avant la publication du C. civ. (Cass. 15 janv. 1833; — Troplong, t. 2, n. 573).

187. L'inscription prise au profit du mineur sur les biens du tuteur, sous l'empire de la loi du 11 brum. an VII, conserve son effet jusqu'à l'apurement définitif du compte de tutelle, conformément à l'art. 23 de cette loi, bien que l'apurement du compte ait lieu sous le Code civil, et qu'il se

soit écoulé un temps suffisant pour que l'inscription fût périmée, d'après les dispositions de ce code, à défaut de renouvellement. Si l'art. 23 de la loi de brum. est abrogé par l'art. 2154 du C. civ. ainsi que le décide l'avis du Cons. d'Etat du 22 janv. 1808, ce n'est que relativement aux droits qui seront formés ultérieurement et sous l'empire du Code civil (Cass. 6 juin 1820).

188. La disposition de l'art. 2137 du C. civ. qui soumet à des dommages-intérêts le subrogé-tuteur qui a négligé de faire prendre inscription sur les biens du tuteur, n'est pas applicable au cas de non-inscription de l'hypothèque légale appartenant au mineur, du chef de sa mère, sur les biens de son père tuteur (Douai, 18 mars 1840).

V. De la réduction ou restriction de l'hypothèque légale des mineurs et interdits.

189. *Lorsque les parents en conseil de famille, auront été d'avis qu'il ne soit pris d'inscription que sur certains immeubles du tuteur, les immeubles qui ne seraient pas indiqués pour l'inscription resteront libres et affranchis de l'hypothèque légale du mineur. Il ne pourra pas être convenu qu'il ne sera pris aucune inscription* (C. civ. 2141, 2142). *Dans ce cas, le tuteur et le subrogé-tuteur, ne seront tenus de requérir inscription que sur les immeubles indiqués* (C. civ. 2143).

190. *Lorsque l'hypothèque n'aura pas été restreinte par l'acte de nomination du tuteur, celui-ci pourra, dans le cas où l'hypothèque générale sur ses immeubles excéderait notoirement les suretés suffisantes pour sa gestion, demander que cette hypothèque soit restreinte aux immeubles suffisants pour opérer une pleine garantie en faveur du mineur. La demande sera formée contre le subrogé-tuteur, et elle devra être précédée d'un avis de famille* (C. civ. 2143).

191. Le jugement qui prononce la réduction ou restriction de l'hypothèque légale d'un mineur sur les biens de son tuteur, est nul et sans effet vis-à-vis du mineur, s'il a été rendu en la forme non contentieuse, sur simple requête, hors la présence du subrogé-tuteur, et sans qu'il y ait été appelé; peu importe que le subrogé-tuteur ait concouru à l'avis de famille. Pour repousser l'effet d'un tel jugement le mineur n'a pas même besoin de former une action principale en nullité; il lui suffit d'en opposer l'irrégularité par voie d'exception, lorsqu'on s'en prévaut contre lui (Bourges, 1 fév. 1831; — Cass. 3 juin 1834). — Et le jugement est susceptible d'appel de la part du subrogé-tuteur (Paris, 11 juin 1834). — V. *sup.* n. 121.

192. Du reste, il n'est pas nécessaire que l'avis du conseil de famille soit dans le sens de la restriction de l'hypothèque légale du mineur, pour que les tribunaux puissent l'ordonner (Persil, *rég. hyp.* art. 2143, n. 3).

193. C'est devant le tribunal du domicile du tuteur, que doit être portée la demande en réduction (*Ibid.* art. 2143, n. 2). — V. *sup.* n. 134.

194. Le père qui, par testament, nomme un tuteur à ses enfants, peut réduire l'hypothèque légale à certains immeubles (C. civ. 397; — Persil, *rég. hyp.* art. 2141 n. 3).

Art. 3. De l'hypothèque légale du trésor, des communes et des établissements publics. — V. *sup.* n. 34.

195. L'hypothèque légale de l'Etat, des communes et des établissements publics sur les biens des comptables ne peut jamais être réduite. (Persil, *rég. hyp.* art. 2161, n. 5 et 6).

I. De l'hypothèque légale du trésor sur les biens des comptables. — V. la note 29, n. 220 et Code civ. art. 2098.

196. ADJUDICATAIRE. Les adjudications administratives de travaux publics emportent hypothèque légale au profit de l'Etat sur les biens de l'adjudicataire. Les dispositions des lois des 28 oct. - 5 nov. 1790 et 4 mars 1793, des quelles résulte cette hypothèque, n'ont point été abrogées par le Code civil (C. civ. 2098 et 2121). — On ne pourrait surtout contester le droit hypothécaire de l'Etat, lorsque par un acte, même sous seing-privé, passé avec le Préfet, l'adjudicataire a formellement hypothéqué ses biens pour garantie de l'exécution de son adjudication. (C. civ. 2127; Cass. 12. janv. 1835; Paris 28 mars 1830). — *Contrà*, arrêt de la C. R. de Pau du 16 juin 1832, basé sur ce que 1° l'art. 2098 du C. civ. relatif aux *privilèges* du trésor ne peut être étendu aux *hypothèques*, 2° et l'hypothèque consentie par acte sous seing privé étant conventionnelle, ne serait valable qu'autant qu'elle aurait été consentie par acte authentique. (C. civ. 2127). — V. *inf.* n. 318 et suiv.

V. ordonn. du Roi du 4 déc. 1836, art. 5.

199. COMPTABLES. — V. note 29, n. 218, et suiv., 226, et suiv.

200. CONTRIBUTIONS DIRECTES. Sous l'empire de la loi du 11 brum. an VII, l'hypothèque légale du fisc, pour sureté des contributions directes, n'a de rang que par l'inscription. Elle ne participe point de la nature du privilége, en ce sens qu'elle n'ait besoin que d'être inscrite à une époque quelconque pour primer les créances hypothécaires antérieures. (Trèves 22, therm. an XI. - Sir. 7, 2, 1006). — V. note 29, n. 223.

201. INSCRIPTION. L'hypothèque du trésor public sur les immeubles des comptables n'a de rang que par l'inscription. (Lett. min. 30 pluv. an XII et 23 pluv. an XIII - Sir. 5, 2, 235).

V. *Inscription hypothécaire*, note 83.

II. De l'hypothèque légale des communes et des établissements publics. — V. *sup.* n. 34.

202. ADMINISTRATEURS COMPTABLES. Avant le Code civil, les communes n'avaient pas d'hypothèque légale sur les biens de leurs receveurs et administrateurs comptables. (Cass. 26 mars 1806).

203. HOSPICE. Le fermier des biens d'un hospice n'est point assimilé à un comptable, en ce sens que l'hospice ait hypothèque légale sur ses biens pour le prix du fermage. (Cass. 3 juill. 1817, - Sir. 18, 1, 368).

204. OCTROI. Les fermiers de l'octroi d'une commune ne sont pas des receveurs ou administrateurs comptables sur les biens desquels la commune ait hypothèque légale. (Persil, quest, t. 1, p. 269; — Pau, 25 juin 1816 - Sir. 17, 2, 130. — *Contrà*, Aix, 12 *fév.* 1806).

205. PERCEPTEURS. Les percepteurs n'étant que de simples *colecteurs ou préposés* des receveurs généraux qui sont d'après la loi responsables envers le trésor de leurs perceptions d'ailleurs garanties par un cautionnement déterminé, et ne pouvant être nommés, suspendus ou révoqués que sur la demande de ces mêmes receveurs généraux, ne sont point soumis par ces motifs à l'hypothèque légale de l'état. (L. 5 sept. 1807, art. 7; déc. min. 21 mars 1809; C. civ.

2121 ; Troplong t. 2, n. 430 bis ; Duranton, t. 19, n. 322 ; Colmar, 10 juin 1820).

206. Cependant, suivant cet arrêt, le droit hypothécaire du trésor prend naissance du jour de la contrainte décernée contre le percepteur. — V. note 3, n. 122.

207. RECEVEURS. — V. *sup.* n. 202.

Art. 4. DE L'EXTINCTION DE L'HYPOTHÈQUE LÉGALE.

208. *Les hypothèques s'éteignent : 1° par l'extinction de l'obligation principale ; —2° par la renonciation du créancier à l'hypothèque; — 3° par l'accomplissement des formalités et conditions prescrites aux tiers-détenteurs pour purger les biens par eux acquis.* — (V. note 156). — *4° par la prescription,* (C. civ. 2180). — V. *inf.* sect. 8.

209. BÉNÉFICE D'INVENTAIRE. La veuve d'un défunt, dont la succession est en état de bénéfice d'inventaire, est tenue de prendre inscription pour conserver son hypothèque légale; sans cela l'hypothèque légale est purgée par l'adjudication de l'immeuble grevé. — L'art. 2146, du C. civ, portant que les inscriptions prises sur une succession bénéficiaire sont sans effet, signifie que de telles inscriptions sont sans effet pour obtenir hypothèque ; il ne signifie pas qu'elles soient sans effet pour conserver hypothèque ; et si elles ont effet, si elles ne sont pas inutiles, il faut entendre qu'elles peuvent être nécessaires (Grenoble, 8 juill. 1822. - Sir. 23, 2, 33). — V. *inf.* n. 391.

210. EXPROPRIATION FORCÉE. L'expropriation forcée de même que l'aliénation volontaire ne purge pas de plein droit l'hypothèque légale non inscrite des femmes, mineurs et interdits. L'adjudicataire ou acquéreur doit à leur égard accomplir les formalités prescrites par les art. 2193 et suiv. du C. civ. — et lorsque la purge a eu lieu elle s'étend à l'immeuble et au prix, c.-à-d. qu'elle affranchit l'immeuble dans les mains de l'acquéreur, tellement que ni la femme, ni le mineur ou interdit ne peuvent plus se présenter à l'ordre avant sa clôture et y réclamer collocation à la date de leur hypothèque. (Cass. 8 mai 1827 ; 15 déc. 1829 ; 11 aout 1829 ; 13 juill. 1831 ; 22 juin 1833; 27 août 1833 ; 30 juill. 1834 ; 1 août 1837 ; 18 déc. 1839 ; 5 mai 1840 ; Caen 15 janv. 1829 ; 5 mai 1823. — Lyon 28 janv. 1825 ; 11 mai 1831. Grenoble 8 juill. 1822; 31 août 1827. — Bordeaux, 28 mai 1830 ; 31 juill. 1826. — Colmar, 21 juin 1828. — Nimes, 23 juill. 1827. — Paris, 13 juill. 1829. — Pau, 30 juin 1830. — Montpellier, 19 mai 1824 ; 12 janv. 1828 ; — Riom, 15 av. 1826. — Toulouse, 6 déc. 1824. — Amiens, 14 août 1839. — *Contrà* : — Cass. 21, nov. 1821 ; 30 août 1825 ; 11 août 1829. — Besançon 17 mars 1827. — Douai, 14 av. 1820. — Rouen, 20 août 1825. — Metz, 5 fév. 1823. — Caen, 22 mars 1825. — Montpellier, 16 août 1827 ; 2 juill. 1840. — Nimes, 20 mars et 10 déc. 1828; 12 fév. 1833. — Paris, 10 août 1831, 15 fév 1832 ; 12 janv. 1834 ; 3 déc. 1836. — Riom, 8 mars 1834. — Angers, 3 av. 1835, — Orléans, 2 mars 1836.

211. LETTRES DE RATIFICATION. Sous l'empire de l'édit de 1771, et dans le ressort du ci-devant parlement de Toulouse, la femme, encore qu'elle n'ait pas formé opposition au sceau des lettres de ratification, conservait son hypothèque sur les biens du mari, à raison de la dot et des conventions matrimoniales. (Cass. 25 prair. an XIII - Sir. 6, 1, 14 ; — Grenoble, 1 juin 1824 - Sir. 26. 2, 58).

212. NOVATION DANS LE TITRE. L'hypothèque légale s'éteint par la novation dans les cas mentionnés ci-dessus n. 69, 70.

213. PRESCRIPTION. L'hypothèque légale de la femme sur les biens vendus par son mari n'est pas susceptible de s'éteindre par la prescription de dix ans, au profit des tiers-détenteurs, pendant le mariage ou avant la séparation de biens : les tiers-détenteurs n'ont pour affranchir les biens par eux acquis, que la faculté de purger l'hypothèque en remplissant à cet égard les formalités voulues par la loi (C. civ. 2180; — Bordeaux 29 nov. 1833, - Devill. 34, 2, 247.

214. Cependant il a été décidé que le délai d'un an pendant lequel la dot ne peut être exigée est uniquement relatif à l'action de la femme contre les héritiers du mari : qu'il ne s'applique pas à l'action hypothécaire de la femme, dérivant des mêmes droits, contre les tiers-détenteurs des biens du mari ; et que cette dernière action peut être exercée immédiatement après la dissolution du mariage, d'où il suit que la prescription doit commencer à courir au profit du tiers-détenteur à partir de cette dissolution. (C. civ. 1565; 2180. — Grenoble 10 mars 1827. - Sir. 28, 2, 41).

215. L'hypothèque légale du mineur ou de l'interdit se trouve éteinte par la prescription, si le mineur a laissé passer dix ans, depuis sa majorité, sans réclamer son compte de tutelle, et sans qu'aucune inscription ait été prise, non-seulement en ce qui touche l'administration tutélaire, mais encore en ce qui touche les créances du mineur antérieures à la tutelle. (C. civ. 475, 2135; - Pau 17 juin 1837.- Devill. 38, 2, 161 ; — Grenoble 30 juin 1838.-Devill. 39, 2, 106).

216. REDRESSEMENT DE COMPTE. Mais elle ne se trouve point éteinte et elle survit au compte de tutelle, même soldé, pour tous redressements de compte, pendant les dix ans qui suivent la majorité; en conséquence, elle prime toutes hypothèques acquises contre le tuteur, même postérieurement à la reddition du compte de tutelle, sans en excepter l'hypothèque légale postérieure de la femme du tuteur. (C. civ. 475, 2180 ; — Cass. 21 fév. 1838 - 18 août 1840 ; — Orléans, 12 janv. 1839 ; — *Contrà*. Amiens, 22 aout 1834. - Devill. 35, 2, 483).

217. Cependant il en est autrement en ce que l'hypothèque est éteinte dans le cas ci-dessus, lorsque le mineur, devenu majeur, en a volontairement donné main-levée à son ci-devant tuteur. (Toulouse, 18 juill. 1839).

218. RENOUVELLEMENT D'INSCRIPTION. Lorsqu'une hypothèque légale, quoique non soumise à l'inscription, a cependant été inscrite, le tiers-détenteur ne peut la purger qu'en remplissant les formalités prescrites par l'art. 2183 du C. civ. ; si donc le tiers-détenteur s'est borné à remplir les formalités prescrites par l'art. 2194, l'hypothèque légale n'est pas purgée et continue de subsister, encore bien que le créancier ait négligé de renouveler plus tard son inscription dans les dix ans, et qu'ainsi cette inscription se trouve frappée de péremption (C. civ. 2181; 2183; 2194; 2154).

219. De même, lorsque l'hypothèque légale de la femme du vendeur a été inscrite dans les deux mois de l'exposition du contrat, l'acquéreur ne peut faire aucun paiement au préjudice de cette inscription, encore bien qu'elle n'ait pas été renouvelée dans les dix ans ; le vendeur surtout, qui néglige de faire ce renouvellement, ainsi qu'il y était obligé comme mari, n'est pas recevable, quand même sa femme étant interdite il n'aurait pas été son curateur, à exciper de la péremption de l'inscription de l'hypothèque

de sa femme, pour exiger le paiement du prix de vente (C. civ. 2136, 2154, 2194 ;— Metz, 14 juin 1837, - Devill. 38, 2, 197; *Journ. du Man.* art. 17).

220. VENTE FRAUDULEUSE. La femme déchue de son hypothèque légale, pour n'avoir point requis inscription dans les deux mois de la notification prescrite par l'art. 2194, n'est point recevable à attaquer plus tard la vente comme faite en fraude de ses droits (Poitiers, 1 juill. 1824, - Sir. 25, 2, 269). — V. note 25, n. 56 et suiv.

V. note 20, n. 140, et les notes indiquées ci-après sect. 8 de la présente note.

§ 2. DE L'HYPOTHÈQUE JUDICIAIRE. — V. *sup.* n. 32.

221. *L'hypothèque judiciaire résulte des jugements, soit contradictoires, soit par défaut, définitifs ou provisoires, en faveur de celui qui les a obtenus. Elle résulte aussi des reconnaissances ou vérifications, faites en jugement, des signatures apposées à un acte obligatoire sous seing-privé.*

Elle peut s'exercer sur les immeubles actuels du débiteur, et sur ceux qu'il pourra acquérir, sauf aussi les modifications ci-après exprimées.

Les décisions arbitrales n'emportent hypothèque qu'autant qu'elles sont revêtues de l'ordonnance judiciaire d'exécution.

L'hypothèque ne peut pareillement résulter des jugements rendus en pays étranger, qu'autant qu'ils ont été déclarés exécutoires par un tribunal français, sans préjudice des dispositions contraires qui peuvent être dans les lois politiques ou dans les traités (C. civ. 2123).

222. *Lorsqu'il aura été rendu un jugement sur une demande en reconnaissance d'obligations sous seing-privé, formée avant l'échéance ou l'exigibilité de ladite obligation, il ne pourra être pris aucune inscription hypothécaire en vertu de ce jugement, qu'à défaut de paiement de l'obligation après son échéance ou son exigibilité, à moins qu'il n'y ait eu stipulation contraire* (L. 3 sept. 1807, art. 1).

223. *Les frais relatifs à ce jugement ne pourront être répétés contre le débiteur, que dans le cas où il aura dénié sa signature. Les frais d'enregistrement seront à la charge du débiteur tant dans le cas dont il vient d'être parlé, que lorsqu'il aura refusé de se libérer après l'échéance ou l'exigibilité de la dette* (*Ibid.* art. 2).

224. *Les arrêtés des préfets, fixant les débets des comptables des communes et des établissements publics, sont exécutoires sur les biens de ces comptables, sans l'intervention des tribunaux* (av. Cons. d'Etat, 24 mars 1812).

Art. 1. DES CONDITIONS NÉCESSAIRES POUR QU'UN JUGEMENT CONFÈRE HYPOTHÈQUE.

225. Pour que l'hypothèque judiciaire résulte d'un jugement, il faut que ce soit un jugement qui prononce une *condamnation* ou *statue* sur l'existence d'un *droit*, qu'il juge ou préjuge que l'un est créancier, et que l'autre est débiteur ; ainsi, l'hypothèque judiciaire ne résulte pas d'un jugement ordonnant qu'il sera procédé à une rectification de compte, alors du moins que celui contre qui est rendu le jugement, n'est ni *mandataire*, ni *comptable* proprement dit de celui qui l'a obtenu ; mais s'il était mandataire ou comptable, le jugement conférerait hypothèque (Bourges, 31 mars 1830). — V. *inf.* n. 257, 260, 308, 336.

226. Mais tout jugement imposant une obligation quelconque, par exemple, l'obligation de ne pas faire, ou reconnaissant l'existence d'une obligation préexistante, et encore qu'il ne prononce aucune condamnation actuelle, emporte hypothèque. Ainsi, le jugement qui ayant à statuer entre des parties se prétendant réciproquement créancières l'une de l'autre, et en attendant une décision définitive sur le fond, défend aux parties d'aliéner leurs immeubles, pour que celle d'entr'elles qui, plus tard, sera reconnue créancière de l'autre, puisse utilement exercer ses droits, a pour effet, de conférer aux parties hypothèque l'une sur l'autre, pour le montant des condamnations qui pourront être ultérieurement prononcées au profit l'une de l'autre, en telle sorte, qu'elles peuvent d'ors et déjà prendre une inscription utile (Cass. 4 juin 1828). — V. note 27, n. 231.

Tel est encore, par exemple, le jugement qui sur la demande d'une partie, ordonne un compte pour fixer le montant de la créance qu'elle prétend lui être due par son adversaire (Colmar, 26 juin 1832), ou bien qui reconnaît l'existence d'une société, et renvoie les parties pour la liquidation devant des arbitres (Montpellier, 7 janv. 1837, - Devill. 38, 2, 445). — V. *inf.* n. 228 *bis.*

227. De même, tout jugement qui reconnait ou maintient l'existence d'une créance, confère au créancier une hypothèque judiciaire et générale, encore que le jugement n'ait pas statué précisément sur l'existence de la créance, et qu'il ait seulement repoussé une exception péremptoire (celle du paiement), opposée à une créance dont l'existence était reconnue. Peu importe que le créancier eût déjà un titre exécutoire, et conférant hypothèque ou privilége spécial sur un immeuble déterminé (Cass. 23 av. 1823 ; — Nîmes, 5 janv. 1831). — V. *inf.* n. 245.

Art. 2. DE CEUX QUI SONT OU NON SUJETS A L'HYPOTHÈQUE JUDICIAIRE.

228. ADMINISTRATEUR PROVISOIRE. Le jugement qui nomme un administrateur provisoire aux biens d'une personne dont l'interdiction est provoquée, emporte hypothèque sur les biens de l'administrateur (C. civ. 497 ; — Paris, 12 déc. 1833, - Devill. 34, 2, 103). — V. *sup.* n. 166.

228 *bis.* ASSOCIÉ - LIQUIDATEUR. Le jugement qui nomme un associé liquidateur de la société, emporte hypothèque judiciaire contre celui-ci, surtout quand postérieurement à ce jugement, il est intervenu un arrêt qui l'a constitué comptable et débiteur (Lyon, 11 août 1809 - Sir. 12, 2, 400). — V. *sup.* n. 226.

229. CAUTION. Le jugement qui ordonne de fournir caution, emporte hypothèque judiciaire pour les dommages-intérêts auxquels l'obligé pourrait être astreint faute de fournir la caution ordonnée (Troplong, t. 2, n. 441 ; — *Contrà*, persil, *quest.* p. 279 et *rég. hyp.* art. 2123, n. 13). — V. *sup.* note 27 n. 230 et suiv.

229 *bis.* CESSIONNAIRE DE RÉMÉRÉ. — V. *inf.* n. 234.

230. COMMANDITAIRE. Les jugements rendus contre la société ne donnent point hypothèque sur les biens du commanditaire (Paris 5 prair. an XI, - Sir. 16, 2, 79).

230 *bis.* CURATEUR. Le jugement qui nomme un curateur à une succession vacante, n'emporte point hypothèque sur les biens de ce curateur (Troplong, n. 440 ; — Persil, p. 272 et n. 13).

231. ÉTRANGER. Si un étranger a obtenu un jugement contre un français, à l'époque où le tribunal qui a prononcé la condamnation était réuni à la France, la séparation qui a été opérée depuis, n'empêche pas l'exécution de ce juge-

ment en France, et ne détruit pas ses effets hypothécaires (Troplong, t. 2, n. 458; —Grenier, t. 1, n. 220). — V. note 27, n. 250 et suiv.

232. FEMME MARIÉE OU VEUVE. Le jugement rendu contre une femme mariée sous le régime dotal, pour dettes antérieures au mariage, emporte hypothèque sur la dot, mais il en est autrement si la dette n'a pas date certaine (C. civ. 2126; —Troplong, *hyp.* t. 2, n. 436 *bis.*; —Persil, *quest.* t. 1, p. 287, et *rég. hyp.* art. 2123, n. 31; —*Contrà*, Grenier, t. 1, n. 203).

232 *bis*. Le jugement de condamnation rendu contre une femme veuve emporte hypothèque, même sur ceux de ses biens qui étaient pendant son mariage affectés du caractère de dotalité, et cela encore que l'obligation cause de ce jugement, ait été souscrite par la femme pendant son mariage, surtout si lors du jugement elle n'a élevé aucune exception relativement à son incapacité au temps de l'obligation (Riom, 2 juin 1840).

233. HÉRITIER. Tout jugement de condamnation obtenu contre l'héritier, pendant les délais pour faire inventaire et délibérer, est nul d'une manière absolue, tellement, qu'il ne peut servir de base même à une simple inscription hypothécaire (C. civ. 797; —Aix, 11 déc. 1824,-Sir. 25, 2, 412).

233 *bis*. TUTEUR. — V. *sup.* n. 223.

234. VENDEUR A RÉMÉRÉ. L'hypothèque obtenue contre le vendeur à réméré sur les biens vendus, pendant le temps fixé pour l'exercice du réméré, est valable et efficace, si ultérieurement les biens rentrent dans les mains du vendeur par l'effet du rachat, exercé en temps utile. Mais si le vendeur cède son droit de réméré à un tiers, et si c'est le tiers cessionnaire qui fait le rachat, l'hypothèque judiciaire obtenue sur les biens à venir du vendeur, ne peut frapper le bien racheté par le cessionnaire, parceque le créancier hypothécaire du vendeur à réméré n'est pas le créancier du cessionnaire (C. civ. 1673, 2123; —Douai, 22 juil. 1820,-Sir. 21, 2, 247; — Cass. 21 déc. 1825,-Sir. 26, 1, 275).

234 *bis*. Sauf les exceptions mentionnées au présent article et à l'art. 1 ci-dessus, l'hypothèque judiciaire frappe tous ceux contre lesquels les jugements sont rendus.

Art. 3. DE QUELS ACTES L'HYPOTHÈQUE JUDICIAIRE PEUT RÉSULTER; ET POUR QUELLES CAUSES.

235. ARRÊTÉS DE PRÉFECTURE. Dans le cas de contravention en matière de grande voirie, les arrêtés du conseil de préfecture emportent hypothèque de plein droit, et l'on procède contre la partie condamnée par la voie de contrainte, sans qu'il soit besoin de faire viser les arrêtés par l'autorité judiciaire. L'exécution se fait d'ailleurs nonobstant et sauf tous recours (L. 29 flor. an x). — V. *sup.* n. 224.

236. BILLETS. La déclaration du 2 janv. 1717, portant que les jugements de reconnaissance de signature de billets de commerce et lettres de change, n'emportent pas hypothèque avant le terme de paiement, a été abrogée par la loi du 11 brum. an VII, et le code civil, sur le régime hypothécaire. En conséquence, est valable l'inscription prise avant l'échéance, antérieurement à la loi du 3 sept. 1807 (Cass. 6 av. 1809). — V. *sup.* n. 222 et suiv.

237. Sous l'empire de la loi du 11 brum. an VII, on ne pouvait prendre d'inscription hypothécaire en vertu d'un billet s. s. p. reconnu devant un juge de paix, si le procès-verbal de celui-ci n'exprimait pas qu'il avait agi comme juge (Cass. 22 déc. 1806,-Sir. 7, 1, 109).

238. Mais avant cette loi, la reconnaissance de billets s. s. p. devant un juge de paix, emportait hypothèque, encore que la reconnaissance eût été faite en bureau de paix en conciliation, et non point en jugement (Nîmes, 30 mai 1807,-Sir. 7, 2, 274). — V. *inf.* n. 255, 256.

239. BORDEREAU DE COLLOCATION. Le bordereau de collocation délivré dans un ordre à un créancier chirographaire, après collocation des créanciers hypothécaires, ne confère pas à ce créancier une hypothèque sur l'acquéreur; en conséquence, il ne peut être pris inscription contre ce dernier en vertu du bordereau de collocation (C. proc. 771; —Grenoble, 28 mai 1831 - Devill. 32, 2, 95).

240. CONDAMNATIONS ADMINISTRATIVES. Elles emportent hypothèque et sont exécutoires sur les biens des comptables (av. Cons. d'État 16-25 therm. an XII, 29 oct.-2 nov. 1811; 12 nov. 1811; 24 mars 1812).

241. CONDAMNATIONS VOLONTAIRES. L'hypothèque générale résulte des condamnations volontaires, comme des condamnations judiciaires (Bruxelles, 7 mars 1807). — V. *inf.* n. 250 et suiv.

242. DÉPENS. Lorsque des dépens ont été adjugés par un jugement devenu inattaquable par l'expiration du délai de l'appel ou de la cassation, ils forment pour celui qui les a obtenus, une créance tellement distincte de l'objet qui a été la matière du procès, que la créance de ces dépens survit à une loi postérieure qui a anéanti le jugement en ce qui touche cet objet; ainsi, on peut prendre une inscription sous les lois abolitives du régime féodal, pour les dépens adjugés en cette matière par des arrêtés antérieurs à la loi du 4 août 1789 (Cass. 4 germ. an XIII,-Sir. 7, 2, 895).

243. DOT. DÉLAI. Lorsque, sur les poursuites dirigées contre le père débiteur de la dot de sa fille, il intervient jugement qui lui accorde un délai pour le paiement, ce jugement emporte utilité ou reconnaissance dans le sens de l'art. 2123, rapporté *sup.* n. 221, et il confère hypothèque judiciaire au créancier de la dot (Bordeaux, 29 juill. 1824).

244. HYPOTHÈQUE SPÉCIALE DEVENANT GÉNÉRALE. L'hypothèque prise en vertu d'un jugement rendu contre un débiteur, qui a manqué de remplir des conventions antérieures, peut être inscrite sur la généralité de ses immeubles et sans aucune désignation spéciale, encore que par ces conventions, et même par un précédent jugement, certains immeubles du débiteur eussent été désignés comme devant préférablement supporter l'hypothèque (C. civ. 2125; 2148-5°; —Cass. 20 av. 1825, - Sir. 26, 1, 230). Il en est ainsi alors surtout qu'il y a insuffisance des biens affectés par l'hypothèque spéciale (Cass. 4 av. 1808).

245. De même, le créancier en vertu d'un titre authentique qui lui confère une hypothèque spéciale, acquiert une hypothèque judiciaire et générale par le jugement qui, rejetant l'opposition vague et générale formée par le débiteur contre un commandement donné en vertu du titre, ordonne la continuation des poursuites, jusqu'à parfait paiement. L'hypothèque judiciaire, dans ce cas, résulte de la reconnaissance que fait le juge d'une obligation préexistante, quoiqu'il ne statue pas nommément sur sa validité, mais seulement sur ses effets (Nîmes, 5 janv. 1831). — V. *sup.* n. 227.

246. De même encore, lorsqu'un débiteur s'est obligé par acte s. s. p., à donner une hypothèque spéciale, et

qu'à la suite de son refus, un jugement déclare que faute par lui de satisfaire à son obligation, le jugement tiendra lieu de contrat, l'hypothèque inscrite en vertu de ce jugement, est judiciaire et générale (Troplong, t. 2, n. 417 *bis*).

247. JUGEMENT CONTRADICTOIRE. On peut valablement prendre inscription hypothécaire, en vertu d'un jugement contradictoire non signifié. L'inscription n'est pas une exécution, dans le sens des art. du code de proc. qui prohibent toute exécution d'un jugement, avant la signification (C. civ. 2123; — C. proc. 147, 155 — Cass. 29 nov. 1824, - Sir. 25, 1, 132).

248. JUGEMENT PAR DÉFAUT. Sous l'empire du code de proc., on peut valablement prendre une inscription hypothécaire en vertu d'un jugement par défaut, encore qu'il ne soit ni signifié, ni expédié, ni enregistré, ou bien avant l'expiration de la huitaine de la signification; l'inscription étant un acte conservatoire, et non une acte d'exécution (C. proc. 147, 155, 156; — Cass. 19 déc. 1820, - Sir. 21, 1, 369; — Riom, 6 mai 1809, - Sir. 10, 2, 39; — Rouen, 7 déc. 1812, - Sir. 13, 2, 367; — Paris, 23 juill. 1840).

249. Il en était de même sous l'empire de la loi du 11 brum, an VII (Cass. 21 mai 1811).

250. JUGEMENT DE JUSTICE DE PAIX. Le procès-verbal d'un juge de paix devant qui un débiteur se présente volontairement pour reconnaître sa signature, et qui donne acte au créancier présent de cette reconnaissance, doit être considéré comme jugement et emporte hypothèque (Troplong, t. 2, n. 448; — Merlin, *rép.* v° *hyp.* p. 835 et suiv. — Grenier, t. 1, n. 202; — *Contrà*, Persil, *rég. hyp.* art. 2123, n. 5, et *sup.* n. 237). — V. n. 241.

251. Cependant il a été décidé que les jugements de justice de paix ne pouvaient conférer hypothèque, quand ils n'énonçaient ni *points litigieux*, ni *conclusions et moyens des parties*, car alors ces jugements ne sont point des actes de la juridiction contentieuse, mais une sorte de procès-verbal dressé hors de l'exercice des fonctions du juge de paix et empiétant par ce motif sur les fonctions du ministère des notaires (C. proc. 7, 141; L. 16-24 août 1790, tit. 5, art. 5; — Paris, 19 août 1841; - Roll. de V.... art. 5221).

252. Mais lorsqu'il n'y a pas de difficultés sur le quantum de la dette reconnu d'ailleurs par les parties, mais seulement sur le terme de paiement pour lequel le débiteur demande délai, et le créancier ne veut pas en accorder, il nous semble qu'alors il y a un point litigieux, sur lequel le juge de paix doit statuer, et qu'alors son jugement doit conférer hypothèque, car il n'appartiendrait pas à un notaire, qui ne doit faire que *donner acte*, de le résoudre.

253. NON BIS IN IDEM. Refuser effet à une inscription prise en vertu d'un jugement devenu irréfragable, sous prétexte que c'est par un faux que le titre dont on poursuit l'exécution paraît mentionné dans le jugement, c'est plus qu'un mal-jugé, c'est un moyen de cassation pour contravention à la chose jugée, si la question de faux a été jugée négativement par décision inattaquable (Cass. 21 av. 1819).

254. OCCUPATION MILITAIRE. Les jugements rendus en pays français par des juges établis par l'ennemi durant le temps d'une occupation militaire, ont la même force que s'ils étaient émanés des juges institués par le souverain légitime (Troplong, t. 2, n. 459; — Cass. 6 av. 1826).

255. OBLIGATION SOUS SEING-PRIVÉ. L'art. 1 de la loi du 3 sept. 1807 (V. *sup.* n. 222), doit être entendu en ce sens, que si l'inscription est prise par un propriétaire sur les biens de son locataire ou fermier, elle ne vaudra que pour les termes échus, et ne vaudra pas pour les termes à échoir (Nîmes, 23 fév, 1829, - Sir. 30, 2, 42).

256. Mais l'art. 2123 du code civil (V. *sup.* n. 221) et la loi du 11 brum. an VII, autorisaient le porteur d'une obligation s. s. p. à faire reconnaître la signature, même avant l'échéance du billet, et à prendre inscription immédiatement en vertu du jugement de reconnaissance (Cass. 3 fév. 1806; 13 janv. 1807; 17 mars 1807). — V. *sup.* n. 236, 237, 238.

257. RÉCEPTION OU RÉGLEMENT DE TRAVAUX. Le jugement qui nomme un expert pour constater la réception des travaux dans le cas de l'art. 2103, n. 4 du code civil, ne confère pas au constructeur une hypothèque judiciaire, susceptible d'être conservée par une inscription prise en vertu de ce jugement (Bordeaux, 26 mars 1834).

Il en est de même du jugement qui ordonne le réglement d'un mémoire de travaux (Persil, *rég. hyp.* art. 2123, n. 14, et *quest.* t. 1, p. 281). — V. *sup.* n. 225 et suiv., et *inf.* n. 270.

258. RECONNAISSANCE VOLONTAIRE ET CONDITIONNELLE. Celui qui, en jugement, se reconnaît débiteur, mais se réserve que son bien ne soit pas grevé d'hypothèque, fait une réserve inutile; le jugement qui déclare l'existence de la dette, produit l'hypothèque judiciaire (Bruxelles, 9 janv. 1807).

259. Mais si par l'acte portant la clause de condamnation volontaire, le débiteur a promis une hypothèque spéciale, qu'il soit prêt à réaliser, le jugement qui prononce la condamnation n'emporte pas une hypothèque générale différente de l'hypothèque promise (Bruxelles, 24 déc. 1806).

260. REDDITION DE COMPTE. Le jugement qui ordonne une reddition de compte, comprend nécessairement la condamnation d'en payer le reliquat, s'il s'en trouve après la liquidation et l'apurement du compte. En conséquence, l'hypothèque judiciaire résulte de ce jugement, comme de tout jugement de condamnation (Cass. 21 août 1810, - Sir. 11, 1, 29). — V. *sup.* n. 225 et suiv.

261. L'exécutoire délivré à l'oyant-compte par le juge commissaire, de l'excédant de la recette sur la dépense, lui confère une hypothèque judiciaire (C. proc. 535; — Carré, t. 2, n. 1872).

262. SENTENCES ARBITRALES. Sous l'empire de la loi du 11 brum. an VII, les sentences arbitrales n'emportaient hypothèque qu'après l'homologation en justice : tant qu'elles n'étaient pas homologuées, elles ne pouvaient servir de titre pour prendre inscription, encore qu'elles fussent enregistrées, et que le dépôt en eût été fait au greffe du tribunal qui devait les homologuer (Cass. 25 prair. an XI, - Sir. 3, 1, 303).

263. Mais il en est autrement sous l'empire du C. civ., car il suffit qu'elles soient revêtues de l'ordonnance judiciaire d'exécution, c. à-d. du président du tribunal dans le ressort duquel elles ont été rendues (C. civ. 2123; — C. proc. 1020). — V. *sup.* n. 221).

264. SOCIÉTÉ. — V. *sup.* n. 226, 228 *bis*. et 230.

Art. 4. A QUELS BIENS S'ÉTEND L'HYPOTHÈQUE JUDICIAIRE. — V. *sup.* n. 221.

265. BIENS PRÉSENTS. Quoiqu'un jugement confère le droit de prendre inscription sur tous les biens présents et à venir du débiteur, si cependant le créancier se borne à prendre inscription *sur les immeubles que son débiteur possède au moment du jugement*, cette inscription ainsi limitée, ne peut aucunement porter sur les immeubles que le débiteur acquiert ultérieurement. Vainement on dirait que l'hypothèque judiciaire frappe par elle-même les biens présents et à venir, et qu'il n'est pas nécessaire de désigner ces biens dans l'inscription (C. civ. 2148-5°; — Cass. 21 nov. 1827, - Sir. 28, 1, 163). — V. *inf.* n. 267.

266. BIENS PRÉSENTS ET A VENIR. L'inscription prise en vertu de l'hypothèque judiciaire, sur les biens présents et à venir du débiteur, frappe sur les biens à venir au fur et à mesure de leur acquisition, sans qu'il soit nécessaire de prendre une inscription nouvelle, après la survenance ou acquisition des nouveaux biens; il suffit que le créancier inscrit ait déclaré s'inscrire sur les biens à venir comme sur les biens présents (Cass. 3 août 1819; Metz, 23 av. 1823, - Sir. 25, 88). — V. *inf.* n. 339.

267. L'hypothèque judiciaire acquise sous l'empire de la loi du 11 brum. an VII, ne peut porter que sur les biens présents; on ne pourrait se prévaloir des dispositions du C. civ. pour étendre aux biens à venir les effets de cette hypothèque (C. civ. 2, — Chabot, *quest. trans.*, v° *hyp.* t. 2, § 2, p. 39). — V. *sup.* n. 265.

268. ÉCHANGE. Lorsqu'un immeuble soumis à une hypothèque judiciaire est échangé, il reste soumis à cette hypothèque, et l'immeuble reçu en contre-échange en est également frappé (Troplong, t. 2, n. 437; — Duranton, t. 20, n. 221). — V. *sup.* n. 59.

269. EFFET DE L'INSCRIPTION. L'hypothèque judiciaire frappe les biens à venir comme les biens présents, du jour où elle a été inscrite, et non pas seulement du jour où les biens à venir adviennent au débiteur; ainsi, entre plusieurs créanciers ayant des hypothèques judiciaires inscrites, le premier inscrit doit être préféré. Il n'est pas vrai que l'inscription n'ait d'effet sur les biens à venir, que du jour des acquisitions, tellement que tous les créanciers inscrits antérieurement ne puissent venir qu'au marc le franc. (C. civ. 2134; — Lyon, 18 fév. 1829).

270. HYPOTHÈQUE SPÉCIALE. L'hypothèque judiciaire s'étend, de plein droit, à tous les biens de la partie condamnée. Peu importe qu'il y ait eu originairement et par convention une hypothèque spéciale, si le bien faisant l'objet de cette hypothèque n'appartenait point au débiteur (Cass. 12 déc. 1824 - Sir. 25, 1, 184). — V. *sup.* n. 244 et suiv., 258, 259.

Art. 5. DE LA RÉDUCTION DE L'HYPOTHÈQUE JUDICIAIRE. — Renvoi à la note 149.

§ 3. DE L'HYPOTHÈQUE CONVENTIONNELLE. — V. *sup.* n. 9 et suiv. et 32.

Art. 1. QUI PEUT CONSENTIR UNE HYPOTHÈQUE CONVENTIONNELLE.

271. *Les hypothèques conventionnelles ne peuvent être consenties que par ceux qui ont la capacité d'aliéner les immeubles qu'ils y soumettent* (C. civ. 2124). — V. *sup.* note 4.

272. *Ceux qui n'ont sur l'immeuble qu'un droit suspendu par une condition, ou résoluble dans certains cas, ou sujet à rescision, ne peuvent consentir qu'une hypothèque soumise aux mêmes conditions ou à la même rescision* (C. civ. 2125).

273. *Les biens des mineurs, des interdits et ceux des absents, tant que la possession n'en est déférée que provisoirement, ne peuvent être hypothéqués que pour les causes et dans les formes établies par la loi ou en vertu de jugement* (C. civ. 2126).

APPLICATION DE CE QUI PRÉCÈDE AUX CAS SUIVANTS :

274. ACQUÉREUR COMMUNAL. Celui à qui le Maire d'une commune, de l'avis du conseil municipal, et sous forme de transaction, cède la propriété d'un terrain communal dont il est déjà en possession, pour par lui en jouir comme de chose à lui appartenant, après autorisation de l'autorité supérieure, peut valablement conférer hypothèque sur ce terrain, même avant que l'ordonnance royale portant autorisation d'aliéner soit intervenue (Metz, 20 av. 1836, - Devill. 38, 2, 167).

275. ASSOCIÉ. Le droit que chaque associé a sur les biens sociaux n'est pas un droit de propriété, tel que chacun d'eux puisse le grever d'hypothèques (Paris 25 mars 1811). — V. *sup.* n. 109.

En matière commerciale, l'associé n'oblige la société et n'a le droit, par conséquent, d'hypothéquer, que quand il signe comme *chef* de la maison sociale ou sous la raison sociale (C. comm. 22; Cass. 23 av. 1816).

276. CESSIONNAIRE. La nullité d'une constitution d'hypothèque ne peut être demandée par le cessionnaire du constituant (Bordeaux, 5 janv. 1833).

277. CONSEIL JUDICIAIRE. Les personnes pourvues d'un conseil judiciaire, aux termes de l'art. 499 du C. civ., quoique restreintes dans la faculté d'aliéner et hypothéquer leurs biens, ne peuvent en être entièrement privées, ni de *fait* ni de *droit*. Ainsi, le conseil judiciaire doit être pris plutôt hors de la famille que parmi les proches parents, qui, ayant trop d'intérêt de conserver les biens, n'en autoriseraient jamais la vente, ou, en d'autres termes, les rendraient inaliénables (Amiens, 25 therm. an XIII, - Sir. 7, 2, 864).

278. DÉCONFITURE. L'état de déconfiture n'enlève pas, comme l'état de faillite, le droit de consentir des aliénations de ses biens (Cass. 26 fév. 1834, - Devill. 35, 1, 222; Merlin, *rép.* v° *inscr. hyp.* § 13; Troplong, t. 3, n. 661; Persil, sur *l'art.* 2146, *note* 10; Zachariæ, *dr. civ. fr.* t. 2, § 266, note 11).

279. FAILLITE. — V. *sup.* n. 278.

280. FEMME MARIÉE. La faculté réservée à une femme mariée sous le régime dotal, de vendre ses biens dotaux, n'emporte pas la faculté d'*hypothéquer* ces mêmes biens (Cass. 23 janv. 1830; C. civ. 1557).

281. La femme même marchande publique n'a pu, depuis la promulgation du C. civ., hypothéquer seule et sans autorisation de son mari, l'immeuble dotal (Cass. 19 déc. 1810, - Sir. 11, 1, 39).

282. FIDUCIAIRE. Quoique la nullité d'une hypothèque donnée par l'héritier fiduciaire sur les biens substitués, soit couverte par l'acceptation que font les appelés de la succession du grevé, cependant les inscriptions prises en vertu de l'hypothèque, avant l'acceptation, demeurent inefficaces (Liége, 10 fév. 1807).

283. HÉRITIER CONTRACTUEL. — V. *inf.* n. 307.

284. MANDATAIRE. Le mandataire ne peut hypothéquer les biens de son mandant au profit de ses créanciers personnels, encore qu'il ait reçu le pouvoir illimité d'emprunter, d'hypothéquer et même d'aliéner (Turin, 10 nov. 1810, -Sir. 11, 2, 234).

Mais le mandat de constituer une dot, emporte pouvoir de consentir hypothèque sur les biens du mandant, pour sûreté de la dot constituée (C. civ. 1988; — Paris, 17 mars 1829, -Sir. 30, 2, 17).

285. MARI. Encore que l'art. 1421 du C. civ. donne au mari le droit de vendre et d'hypothéquer les biens de la communauté, cependant la femme demanderesse en séparation de corps peut critiquer les ventes faites pendant l'instance en séparation, comme faites en fraude de ses droits (Cass. 30 juin 1807).

286. Sous le régime de la communauté, le mari seul ne peut hypothéquer un immeuble acquis durant le mariage, et qui avant l'acquisition appartenait par indivis à la femme (C. civ. 1421; Cass. 30 juill. 1816, - Sir. 17, 1, 68).

287. MINEUR. L'hypothèque consentie par le mineur n'est pas nulle de plein droit, et elle produit tout son effet si la nullité n'est pas demandée dans les dix ans de la majorité (C. civ. 1125, 1304; — Persil, *rég. hyp.* art. 2124, n. 12).

288. MORT CIVIL. Le mort civil n'a pas capacité pour hypothéquer ses biens, l'énumération des effets de la mort civile, contenue en l'art. 25 du C. civ. n'étant point limitée aux cas spécifiés en cet article (Locré; Troplong, t. 2, n. 463 *ter*. — *Contrà*, Merlin, *rép.* v° *mort civile*, § 1, art. 3, n. 5; Richer, de la *mort civile*, p. 205).

289. PROHIBITION D'ALIÉNER. La prohibition d'aliéner emporte la prohibition d'hypothéquer. En conséquence, celui qui s'est imposé l'obligation de ne point aliéner, sous une certaine peine, encourt la peine stipulée, non-seulement lorsqu'il transporte la propriété, mais encore lorsqu'il donne hypothèque, mais l'hypothèque n'est point nulle (Paris, 11 nov. 1812, - Sir. 13, 2, 34; Zachariæ, t. 2, § 266, note 12).

290. PROPRIÉTAIRE APPARENT. Les tiers de bonne foi auxquels le donataire a hypothéqué les biens donnés, ne peuvent être évincés par l'exercice de l'action en réduction formée par les héritiers à réserve du donateur, alors que la donation ayant été faite sous la forme d'un contrat de vente, les tiers ont cru et dû croire le donataire propriétaire incommutable (C. civ. 929; Cass. 14 déc. 1826, - Sir. 27, 1, 60).

291. Une contre-lettre portant qu'une vente n'est pas réelle, est sans effet à l'égard des tiers. Ainsi, l'acquéreur qui a donné la contre-lettre peut très-bien hypothéquer l'immeuble à un tiers de bonne foi (C. civ. 1321; Nîmes, 14 av. 1812, - Sir. 13, 2, 216). — Ou lui en transmettre la propriété (Cass. 18 déc. 1810, - Sir. 11, 2, 92).

292. PROPRIÉTAIRE SOUS CONDITION SUSPENSIVE. Celui qui n'a sur un immeuble qu'un droit de propriété subordonné à une condition suspensive peut néanmoins hypothéquer l'immeuble (Grenier, t. 1, n. 153; Coulon, *quest. de droit*, t. 1, p. 187). — V. *sup.* n. 272.

293. PROPRIÉTAIRE. — FAUSSE DÉCLARATION. L'hypothèque conférée sur un immeuble est essentiellement nulle, si celui qui la confère n'est pas propriétaire de l'immeuble désigné, au moment où il déclare l'affecter. Peu importerait que la propriété lui en fût advenue plus tard (Bruxelles, 11 juin 1817, - Sir. 21, 2, 223).

294. Il en était de même, sous l'empire de l'édit de juin 1771 à l'égard de celui qui avait cessé, par quelque acte authentique d'aliénation, d'être propriétaire de l'immeuble hypothéqué (Cass. 14 juill. 1807).

295. SAISI. Le débiteur sur lequel on a saisi un immeuble peut encore, malgré la dénonciation (maintenant la transcription de la saisie), grever cet immeuble d'hypothèque aux termes de l'art. 692 (maintenant l'art. 686) du Code de procéd. dont la disposition est uniquement dans l'intérêt des créanciers hypothécaires, tellement que les créanciers chirographaires sont non-recevables à quereller le titre du créancier postérieur à la transcription de la saisie (Rouen, 29 av. 1820; Grenier; Zachariæ. — *Contrà*, Carré; Tarrible).

296. SÉQUESTRE DE GUERRE. Le simple séquestre de guerre ne suffit pas pour dépouiller de la propriété, et reste, sans effet, au cas de restitution par traité ultérieur. Ainsi, le Prince séquestré a eu radicalement la faculté d'aliéner ou hypothéquer ses biens, d'abord séquestrés, puis restitués (Cass. 11 déc. 1816, - Sir. 17, 1, 217).

297. TUTEUR. Un tuteur ou curateur dont la nomination vient à être annulée, n'en est pas moins jusqu'à infirmation, légalement tuteur ou curateur, et n'en a pas moins qualité légitime pour administrer et transiger avec autorisation spéciale. — Il peut, par suite, hypothéquer les biens des mineurs, en ce sens, 1° que les réglements faits par lui de droits préexistants, soient des titres d'où naisse l'hypothèque (Cass. 14 oct. 1806, - Sir. 6, 1, 415). 2° Et que les ventes et autres actes qu'il a faits de bonne foi et légalement pendant le cours de son administration, ne sont pas pour cela seul anéantis, soit au préjudice des tiers, soit au préjudice du tuteur (Colmar, 27 av. 1813, - Sir. 14, 2, 48).

298. VENDEUR A RÉMÉRÉ. Le vendeur à réméré étant dessaisi, par l'effet et dès l'instant du contrat, ne peut plus aliéner ou hypothéquer l'objet vendu à réméré. C'est pourquoi une hypothèque obtenue contre le vendeur, après la vente, quoique avant l'expiration du délai stipulé pour l'exercice du réméré, ne peut frapper les biens vendus (C. civ. 1183, 1659, 1673; Cass. 21 déc. 1825, - Sir. 26, 1, 275). — V. *sup.* n. 234 et 272.

V. *Capacité de contracter, aliéner et hypothéquer*, note 4, à la suite de laquelle il faut noter ceci : V. *hypothèque*, note 30, n. 271 à 298.

Art. 2. POUR QUELLES CAUSES ON PEUT CONFÉRER UNE HYPOTHÈQUE CONVENTIONNELLE.

299. Toute constitution d'hypothèque ne pouvant être que la conséquence d'un engagement, on doit se reporter à la note 7 qui traite de l'objet et de la matière des contrats et à la note 107, qui traite des contrats et obligations.

300. *L'hypothèque conventionnelle n'est valable qu'autant que la somme pour laquelle elle est consentie est certaine et déterminée par l'acte : si la créance résultant de l'obligation est conditionnelle pour son existence, ou indéterminée dans sa valeur, le créancier ne peut requérir l'inscription que jusqu'à concurrence d'une valeur estimative par lui déclarée expressément, et que le débiteur aura droit de faire réduire s'il y a lieu* (C. civ. 2132). — V. *inf.* n. 384.

APPLICATION DE CET ARTICLE AUX CAS SUIVANTS :

301. CONDITION POTESTATIVE. Est nulle toute hypothèque donnée à une personne pour sûreté des deniers qu'elle prêtera dans la suite. Dans ce cas, l'hypothèque est réputée consentie sous une condition potestative de la part de celui qui s'y oblige, puisqu'il peut ne pas emprunter (C. civ. 1174 ; Colmar, 18 av. 1806,-Sir. 6, 2, 981).

302. CRÉDIT OUVERT. L'acte par lequel un négociant ouvre un crédit ou un compte-courant à un autre négociant renferme, de la part de celui-ci, l'obligation d'en payer le solde. Cette obligation est valable et peut contenir constitution d'une hypothèque éventuelle. (Rouen, 24 av. 1812,-Sir. 13, 2, 370; — 9 mars 1830,-Devill. 31, 245).

303. L'hypothèque conférée pour sûreté d'un crédit ouvert et accepté, est valable, même lorsque celui qui ouvre le crédit s'engage de payer les lettres de change de celui qui donne hypothèque, encore que l'emprunt soit éventuel et qu'il n'y ait pas obligation d'user du crédit ouvert (Cass. 26 janv. 1814). — V. *sup.* n. 301.

Ou bien pour le cas où le crédité voudra user du crédit accordé (Liége, 28 juin 1823).

Dans tous les cas, pour réclamer le bénéfice de l'hypothèque, il suffit de justifier, par des lettres missives, registres ou actes de ce genre, surtout entre négociants et même vis-à-vis des tiers, que le crédité est effectivement devenu débiteur par l'usage du crédit. Il n'est pas nécessaire à cet égard d'actes authentiques ou ayant date certaine. (Caen, 11 août 1812,-Sir. 13, 128; — Douai, 17 déc. 1833,-Devill. 34, 270).

304. Au cas de stipulation d'hypothèque pour sûreté d'un crédit ouvert, le créancier doit être colloqué à la date de l'inscription par lui prise, pour toutes les sommes fournies ultérieurement en vertu du crédit : la réalisation du crédit fait remonter l'hypothèque au jour de l'inscription (Douai, arrêt précité du 17 déc. 1833; — Aix, 29 mai 1841; — Paris, 20 août 1841). — Il importe peu que les contractants aient appliqué le crédit ouvert à des avances déjà faites au jour de l'acte (Même arrêt de la C. R. d'Aix).

305. DÉLÉGATION. La délégation faite par un vendeur à son créancier ne confère à celui-ci hypothèque sur l'immeuble vendu qu'autant qu'il y a acceptation, le tout par acte authentique. Le créancier ne peut donc, en vertu de ce seul acte et avant d'avoir accepté la délégation, prendre inscription sur les biens du débiteur délégué (Cass. 21 fév. 1810; Metz, 24 nov. 1820,-Sir. 21. 315).

306. GARANTIE SUBSIDIAIRE. L'hypothèque donnée subsidiairement, mais pour n'être acquise que dans un cas prévu (celui de vente de l'immeuble principalement hypothéqué) n'existe pas avant que la condition soit arrivée. Ainsi, lorsque l'inscription est prise sur l'immeuble hypothéqué principalement, avec réserve de la reporter sur l'immeuble hypothéqué subsidiairement, dans le cas où l'hypothèque principale cesserait, cette inscription ne doit pas être considérée comme étant prise sur l'immeuble subsidiairement hypothéqué (Cass. 5 déc. 1809,-Sir. 10, 89).

307. INSTITUTION CONTRACTUELLE. Quoique les obligations de l'héritier contractuel aient leur source dans la donation qui lui est faite, cependant l'effet de ces obligations ne remonte, dans aucun cas, à l'époque de la donation; en conséquence, elles ne peuvent conférer d'hypothèque qu'après la mort de l'instituant (Paris, 22 frim. an XIII,-Sir. 5, 591).

308. LÉSION. — RESCISION. Il ne suffit pas d'avoir formé une demande en rescision, à cause de lésion, pour être réputé créancier éventuel, et pouvoir prendre inscription sur les biens de l'acquéreur, pour le supplément de prix, quand même il existerait un jugement qui, avant faire droit, ordonnerait que l'objet vendu serait visité par experts (Paris, 29 niv. an X,-Sir. 2, 303). — V. *sup.* n. 225.

309. OBLIGATION ÉVENTUELLE. Une hypothèque peut être valablement consentie pour sûreté d'une obligation éventuelle, par exemple, pour garantie du paiement d'effets de commerce (Metz, 13 juill. 1820,-Sir. 21, 176). — V. note 42.

Notamment pour sûreté des endossements à fournir par un tiers, sur des effets créés pour procurer un crédit au souscripteur (C. civ. 1130; Cass. 10 août 1831).

310. Lorsqu'une obligation de garantie a été contractée indéfiniment par le vendeur, avec convention d'hypothèque spéciale, l'acquéreur peut se prévaloir de la stipulation d'hypothèque, et prendre une inscription, même alors qu'il a purgé sans qu'il se soit trouvé d'inscriptions du chef des créanciers de son vendeur, parce qu'il peut avoir encore d'autres évictions à craindre (Cass. 15 av. 1806).

311. Antérieurement à la loi du 11 brum. an VII, la simple stipulation de garantie de tous troubles et empêchements quelconques dans un contrat de vente, donnait à l'acquéreur le droit de prendre inscription hypothécaire sur les biens du vendeur, pour sûreté de l'obligation éventuelle (Paris, 19 vent. an XII,-Sir. 4, 709).

312. OBLIGATION AU PORTEUR. Un obligation notariée *au porteur*, sans autre désignation du créancier, en supposant qu'elle soit susceptible de conférer hypothèque, n'autorise point le Notaire à prendre inscription en vertu de cette obligation, *pour et au profit du porteur*, sans indication des nom, profession et domicile de ce dernier. Dans ce cas, l'inscription est nulle et sans effet. (C. civ. 2148; Poitiers, 15 déc. 1829,-Sir. 30, 92).

313. PRÊT. L'obligation à titre de *prêt*, souscrite pour valeur reçue en billet, ne peut emporter hypothèque avant le paiement du billet reçu comme valeur; jusques-là il n'y a pas tradition (Turin, 2 fév. 1811).

314. Cependant il a été décidé qu'un prêt, dit *en argent*, n'en est pas moins un prêt quoique fait réellement en *valeur de portefeuille*, si ces valeurs sont négociables. En ce cas, le prêteur est réellement créancier, au moins éventuel, et l'hypothèque qui lui est conférée étant valable peut être inscrite à l'instant (Cass. 2 déc. 1812,-Sir. 13, 33).

315. RENTE VIAGÈRE. Lorsqu'une créance consistant en une rente viagère est capitalisée, l'hypothèque antérieure peut, du consentement des parties, rester la même, quant à sa date et à son rang, surtout entre les parties contractantes. (Cass. 15 mars 1815).

Art. 3. PAR QUELS ACTES ON PEUT CONFÉRER UNE HYPOTHÈQUE CONVENTIONNELLE.

316. *L'hypothèque conventionnelle ne peut être consentie que par acte passé en forme authentique devant deux Notaires ou*

devant un Notaire et deux témoins (C. civ. 2127). — V. *sup.* les notes 1, 2, 3, 12, 13, 14, 15, 16 et *inf.* note 38.

317. *Les contrats passés en pays étranger ne peuvent donner d'hypothèque sur les biens de France, s'il n'y a des dispositions contraires à ce principe dans les lois politiques ou dans les traités* (C. civ. 2128).

APPLICATION DE CES DEUX RÈGLES AUX CAS SUIVANTS :

318. ACTES ADMINISTRATIFS. Les actes passés par les corps administratifs emportent hypothèque de plein droit et sans stipulation expresse, même sous l'empire de la loi du 11 brum. an VII (L. 23-28 oct. 1790, tit. 2, art. 14 et 21; Paris, 6 mess. an X, - Sir. 3, 463; *Circ. de la rég.* 14 pluv. an VIII). — V. *sup.* n. 196 et *inf.* n. 337.

Cependant il a été décidé que les actes passés par les corps administratifs, pour objets de leurs compétences, n'emportent pas hypothèque sans stipulation au profit de l'Etat (Bruxelles, 27 août 1807).

Dans tous les cas l'hypothèque conventionnelle ne résulte pas d'un acte passé entre des particuliers devant un Préfet (Décr. 29 mai 1811).

319. ACTES PASSÉS EN PAYS ÉTRANGERS. L'art. 2128 du C. civ. (V. *sup.* n. 317) qui refuse hypothèque aux actes passés en pays étranger, ne s'étend pas aux actes passés par un français devant le Chancelier du Consulat français. — V. *sup.* n. 54.

320. De ce qu'un contrat public, passé en Suisse, par un Notaire Suisse, entre un Suisse et un Français, peut conférer hypothèque en France sur les biens du Français au profit du Suisse, il ne s'ensuit pas qu'il puisse en être de même, si le contrat a été passé au profit d'un Milanais : aucun traité, conclu entre la France et les souverains du duché de Milan, n'étend à ce pays ou à ses habitants, le privilége accordé par le traité de 1777, à la Suisse et aux sujets Suisses (Cass. 10 mai 1831). — V. *sup.* n. 48.

321. ACTES PASSÉS EN PAYS RÉUNIS. Bien que les actes authentiques passés dans les pays de la rive gauche du Rhin avant leur réunion à la France, aient perdu leur caractère d'authenticité, faute d'enregistrement dans les délais prescrits par l'arrêté du 7 fruct. an VII, ils ont cependant recouvré ce caractère par leur enregistrement ultérieur, et à partir de l'époque de l'enregistrement. Dès-lors un tribunal n'a pu, sous peine de cassation, déclarer que de pareils actes, quoique enregistrés, n'étaient pas susceptibles de produire hypothèque. (Cass. 3 sept. 1806, - Sir. 7, 2, 938).

322. On peut prendre inscription sur un bien situé en France, en vertu d'un acte signé par un prince, et contresigné par son Secrétaire intime de cabinet, dans un pays où il était alors Souverain, et qui depuis a été réuni à la France (Arr. 7 fruct. an VII; Cass. 7 juin 1809, - Sir. 7, 2, 767).

323. AFFECTATION HYPOTHÉCAIRE NON ACCEPTÉE. La reconnaissance pure et simple d'une dette, avec affectation hypothécaire, constitue ou peut constituer un engagement unilatéral, qui peut être valablement contracté par le débiteur seul, en l'absence de son créancier, sauf l'acceptation ultérieure de ce dernier, sans toutefois qu'il soit nécessaire que cette acceptation soit faite par acte notarié. — Dans ce cas, l'acceptation rétroagit au jour même de la reconnaissance et de la constitution d'hypothèque, même au préjudice d'autres créanciers qui auraient acquis hypothèque dans l'intervalle de la reconnaissance à l'acceptation (C. civ. 1165, 1338; Cass. 5 août 1839). — V. le n. suiv. et note 34, n. 12.

324. Il en est de même de l'affectation hypothécaire pure et simple consentie en dehors de l'obligation et en l'absence du créancier; en tous cas l'inscription emporte acceptation par ce dernier (Paris, 22 av. 1835; Lyon, 9 mai 1837. — *Contrà*, Toulouse, 31 juill. 1830, - Sir. 31, 133).

325. CONTRAINTES. L'avis du Cons. d'Et. du 15-25 therm. an XII, d'après lequel les contraintes décernées par les administrations, dans les cas et pour les matières de leur compétence, emportent hypothèque comme les condamnations judiciaires, est applicable aux contraintes décernées par l'administration des contributions indirectes. Inscription peut donc être prise en vertu de telles contraintes sur les biens des redevables (Lyon, 7 août 1829). — V. *sup.* n. 318 et note 5, n. 122.

326. DÉLÉGATION. L'hypothèque consentie dans une délégation est valable et peut être inscrite, bien que la délégation n'ait pas été acceptée (Grenier, t. 1, n. 89. — V. *sup.* n. 305.

327. DÉPOT D'ACTE SOUS SEING-PRIVÉ. L'acte s. s. p. reconnu par toutes les parties, et par elles déposé chez un Notaire, devient authentique par le seul fait du dépôt; dès-lors aussi devient valide l'hypothèque conventionnelle conférée par l'acte originairement s. s. p. (Cass. 11 juill. 1815).

328. Même, la stipulation d'une hypothèque, nulle en ce qu'elle n'a été consentie par l'obligé que dans un acte s. s. p., peut devenir valable à l'égard de ses héritiers, lorsque ceux-ci, en passant acte authentique de reconnaissance de l'obligation s. s. p., ont consenti que cette obligation restât déposée au rang des minutes du Notaire : il n'est pas nécessaire, en ce cas, que l'acte de reconnaissance ou de dépôt contienne une stipulation expresse relative à l'hypothèque (Cass. 15 fév. 1832).

329. Mais le dépôt d'un acte s. s p. chez un Notaire, effectué par le créancier seul, ne suffit pas pour donner à cet acte le caractère d'authenticité exigé par la loi, pour qu'il puisse conférer hypothèque (Metz, 24 mars 1819).

330. ENREGISTREMENT. L'hypothèque conventionnelle est valable et prend date du jour même de l'acte notarié qui la confère, quoique cet acte n'ait point été enregistré; l'enregistrement n'est nullement nécessaire pour la validité des actes (L. 22 frim. an VII, art. 33; — Cass. 23 janv. 1810; — Bourges, 17 mai 1827, - Sir. 29, 109; — Toulouse, 12 déc. 1835). — V. note 18, n. 20.

331. MANDAT SOUS SEING-PRIVÉ. L'hypothèque consentie par acte authentique, en vertu d'un mandat sous signature privée, est régulière et valable. Le mandat à l'effet de consentir une hypothèque et l'acte constitutif de l'hypothèque étant deux choses tout-à-fait distinctes (C. civ. 1985; Cass. 27 mai 1819; 5 juill. 1827, - Sir. 28, 1, 105).

332. Cependant, n'est point régulière la main-levée d'inscription donnée en vertu d'un mandat s. s. p., et le conservateur peut se refuser d'en opérer la radiation (Cass. 21 juill. 1830, - Devill. 31, 921).

333. RATIFICATION. La ratification d'un acte nul con-

tenant obligation avec clause d'hypothèque a un effet rétroactif qui remontant à la date du contrat, valide à cette même date, et l'acte en lui-même et les droits qui s'y rattachent, parmi lesquels se trouve l'hypothèque; tellement que les créanciers qui ont acquis hypothèque dans l'intervalle de la date de l'acte nul et de sa ratification, doivent être primés par l'hypothèque ratifiée, *alors du moins que les nouveaux créanciers ont dû avoir connaissance de cette première hypothèque par son inscription* prise antérieurement à toutes les autres (C. civ. 1338; Paris, 15 déc. 1830, - Devill. 31, 85). — V. note 33, n. 23.

334. RECONNAISSANCE DE SIGNATURE. — V. *sup.* n. 327, 328.

335. RÉGIME ANCIEN. Sous l'empire de la loi du 11 brum. an VII, on ne pouvait, en vertu des art. 37, 38, 39 et 43, faire inscrire sur des biens situés dans les ci-devant pays de nantissement, une hypothèque générale sur les biens présents et à venir, accordée par un contrat qui, antérieurement à cette loi, n'avait pas été revêtu des formalités nécessaires pour le réaliser (Cass. 17 mai 1810, - Sir. 7, 1, 1004). — V. *inf.* n. 336.

336. USUFRUIT. Lorsqu'un usufruitier contracte en justice l'obligation de jouir en bon père de famille, et de rendre à l'expiration de sa jouissance les objets soumis à son droit, ce contrat judiciaire emporte au profit du nu-propriétaire une hypothèque générale, encore que, par le titre constitutif de l'hypothèque, l'usufruitier soit dispensé de faire inventaire et de fournir caution (Besançon, 22 juin 1809, - Sir. 13, 318). — V. *sup.* n. 225 et suiv.

I. De la spécialité ou désignation de l'hypothèque conventionnelle.

337. *Il n'y a d'hypothèque conventionnelle valable que celle qui, soit dans le titre authentique constitutif de la créance, soit dans un acte authentique postérieur, déclare spécialement la nature et la situation de chacun des immeubles actuellement appartenant au débiteur, sur lesquels il consent l'hypothèque de la créance. — Chacun de tous ses biens présents peut être nominativement soumis à l'hypothèque* (C. civ. 2129).

338. BIENS PRÉSENTS ET A VENIR. Le créancier qui a stipulé une hypothèque générale sur ses biens présents et à venir ne peut, pour sûreté de sa créance, et avant son exigibilité, contraindre le débiteur à lui consentir une hypothèque spéciale. Vainement il alléguerait que la stipulation prouve qu'il a voulu une hypothèque valable : c'était à lui de stipuler une sûreté, conformément à la loi (Aix, 16 août 1811, - Sir. 15, 126; Grenier, t. 1, n. 65; Persil, art. 2129. — *Contrà*, Troplong, t. 2, n. 513). — V. *inf.* n. 346.

339. CASSATION. La question de savoir si, dans *tel* cas, il y a désignation suffisante de la nature et de l'espèce des biens hypothéqués, est une simple appréciation de faits et de localités, qui ne peut constituer une violation de la loi et donner ouverture à cassation (Cass. 16 août 1815). — V. *inf.* n. 341.

340. DEMANDE EN NULLITÉ. Le débiteur qui a consenti une hypothèque est non-recevable à en demander la nullité pour défaut de désignation suffisante de la nature des biens hypothéqués (Pau, 23 août 1834, - Devill. 35, 120; Grenier, t. 1, n. 186).

341. DOMAINE. La désignation de la nature des biens n'est pas nécessaire, pour l'établissement de l'hypothèque, sur un corps de *domaine*, comme elle le serait s'il s'agissait d'un immeuble particulier. La simple indication du domaine peut suffire pour éclairer tous les intéressés, et donner à l'hypothèque la publicité et spécialité voulues par la loi (Riom, 24 fév. 1816, - Sir. 17 205; Persil, *quest.* t. 1, p. 164. — *Contrà*, Bordeaux, 17 août 1814, - Sir. 15, 147).

341 *bis*. L'hypothèque conférée sur un domaine, situé dans *tel* terroir, ne comprend pas les pièces faisant partie de ce domaine et situées dans un autre terroir. A cet égard la décision des premiers juges est souveraine et ne peut donner ouverture à cassation (Cass. 6 av. 1841).

342. INTERPRÉTATION. Lorsque, dans un contrat de constitution d'hypothèque, il y a contradiction entre les diverses énonciations relatives à la désignation des fonds hypothéqués, le doute qui en résulte doit s'interpréter en faveur du débiteur, et dans le sens qui tend à restreindre l'hypothèque plutôt qu'à l'étendre (C. civ. 1162). — Cette interprétation doit prévaloir, même à l'égard d'un tiers-acquéreur de l'immeuble, devenu adjudicataire sur un cahier des charges reproduisant les énonciations du contrat de constitution d'hypothèque : vainement il invoquerait l'art. 1602 du C. civ. portant *que tout pacte obscur ou ambigu s'interprète contre le vendeur* (Bordeaux, 22 mars 1832, - Devill. 33, 65; — Cass. 6 av. 1841).

343. MANDAT. Est valable un pouvoir d'hypothéquer, bien qu'il ne contienne aucune désignation des biens à hypothéquer. Si donc, en vertu d'un tel pouvoir, la femme promet hypothèque sur des biens appartenant à son mari, le mari est obligé de réaliser cette hypothèque (C. civ. 223, 1538; — Paris, 16 mars 1825).

344. Mais l'autorisation d'hypothéquer donnée en termes généraux par le mari à la femme relativement aux biens de cette dernière est nulle. — V. t. 1, p. 103, *note* a, *alin.* 4.

345. NATURE. Est nulle l'hypothèque qui n'indique pas la nature et la situation du bien hypothéqué, encore que la désignation du bien, par sa situation seule, puisse en faire connaître la nature, et encore que la nature et la situation de l'immeuble soient indiquées dans l'inscription prise en vertu du contrat. — Indiquer la nature des biens hypothéqués, c'est dire si ce sont des bâtiments, terres labourables, prés, champs, fermes, bois, etc. (Cass. 20 fév. 1810). — V. *sup.* n. 339, 340, 341.

346. OBLIGATION DE FOURNIR HYPOTHÈQUE. La constitution d'une hypothèque, sans spécialité, n'est pas absolument frappée de nullité; en conséquence, le débiteur qui consent une hypothèque, sans la spécialiser et sans même posséder aucun immeuble, contracte l'obligation d'en fournir une sur les immeubles qu'il acquerra par la suite (Riom, 25 mai 1816, - Sir. 17, 360). — V. *sup.* n. 338.

347. PROMESSE DE DONNER HYPOTHÈQUE. Est valable la promesse de donner hypothèque, encore que l'acte ne contienne aucune spécialité des biens de l'obligé ou débiteur (Paris, 16 mars 1825, - Sir. 26, 71).

348. SITUATION. — V. *sup.* n. 345 et *inf.* n. 350. 351.

349. TOUS LES BIENS CONSISTANT EN... L'hypothèque donnée par un débiteur sur *tous ses biens consis-*

tant en une maison et un jardin situés à... et un domaine situé à..., doit être réputée spéciale : l'énonciation relative à la consistance des biens est restrictive de l'hypothèque aux biens énumérés. Si donc il s'agit d'une hypothèque consentie par un mari au profit de son épouse dans leur contrat de mariage, la réduction ou restriction n'en peut être demandée (Riom, 3 mars 1830, - Devill. 33, 23). — V. n. 339, 341.

350. TOUS LES BIENS SITUÉS DANS UNE OU PLUSIEURS COMMUNES. Lorsque le débiteur donne hypothèque *sur tous les biens qu'il possède dans une commune* (ou : *dans plusieurs communes désignées*), il n'est pas nécessaire qu'il indique spécialement *tous* et *chacun* des immeubles hypothéqués ; il suffit qu'il en fasse connaître la nature d'une manière générale, par exemple, en déclarant s'ils consistent en maisons, champs, vignes, etc., ou en se référant au cadastre où ils sont désignés et confrontés (Besançon, 22 juin 1810, - Sir. 11, 378 ; — Paris, 10 juin 1812 ; — Pau, 23 août 1834, - Devill. 35, 120). — V. *sup.* n. 339, 341.

351. Mais l'hypothèque est nulle si elle porte vaguement *sur tous les biens ruraux et toutes les maisons* du débiteur, situés dans l'enceinte de *telle* commune (Aix, 30 août 1809, - Sir. 10, 82).

352. USUFRUIT. L'usufruit étant, de droit, compris dans la propriété d'un immeuble, quand il n'en est pas formellement excepté, il s'ensuit que s'il arrive que le débiteur qui a hypothéqué un immeuble comme lui appartenant, soit reconnu plus tard n'avoir que l'usufruit de cet immeuble, l'hypothèque par lui consentie n'en subsiste pas moins sur l'usufruit. On ne peut, en ce cas, argumenter du défaut de spécification de l'usufruit dans le contrat constitutif de l'hypothèque (Bourges, 1 fév. 1831).

II. De l'hypothèque conventionnelle des biens à venir.

353. *Les biens à venir ne peuvent pas être hypothéqués* (C. civ. 2129).

354. *Néanmoins si les biens présents et libres du débiteur sont insuffisants pour sûreté de la créance, il peut, en exprimant cette insuffisance, consentir que chacun des biens qu'il acquerra par la suite y demeure affecté, à mesure des acquisitions* (C. civ. 2130).

APPLICATION DE CES DEUX ARTICLES AUX CAS SUIVANTS :

355. ACTE ANCIEN. L'inscription prise en vertu d'un titre ancien conférant hypothèque sur les biens présents et à venir du débiteur frappe ces deux natures de biens, quoiqu'il n'y soit pas expressément parlé des biens à venir : telle est l'inscription prise *sur tous les biens appartenant à un tel, dans tel arrondissement* (L. 11 brum. an VII art. 43 ; Cass. 15 janv. 1828).

356. L'hypothèque générale sur les biens présents et à venir, stipulée en 1772, dans un pays où elle s'acquérait simplement par acte notarié, n'a pas, indépendamment de toute réalisation, frappé des biens échus au débiteur, dans un pays de nantissement (*c.-à-d. où on figurait la mise en possession réelle de l'héritage par des formalités*), postérieurement au contrat, et avant la loi du 11 brum. an VII. — En conséquence, le créancier n'a pas eu hypothèque sur les biens dont il s'agit au moyen d'une inscription non spéciale prise depuis la loi de brumaire et sous l'empire de cette loi (Cass. 28 déc. 1808, - Sir. 9, 135).

357. ACTES ADMINISTRATIFS. Il en est de l'hypothèque conférée par les actes de l'autorité administrative comme de l'hypothèque judiciaire ; l'inscription prise en vertu de cette hypothèque frappe les biens présents et à venir du débiteur (Rouen 22 mai 1818). V. *sup.* n. 318.

358. BIENS A VENIR. Le débiteur qui n'a actuellement aucun immeuble, ne peut valablement hypothéquer ses biens à venir (Caen, 26 juill. 1830, 21 fév. 1831 ; Riom, 25 nov. 1830 ; Nancy, 16 août 1831 ; Lyon, 12 déc. 1837. — *Contrà*, Besançon, 29 août 1811).

359. Mais quand après avoir hypothéqué ses biens présents, le débiteur, en cas d'insuffisance, hypothèque ses biens à venir, ces derniers biens sont frappés de l'inscription au fur et à mesure de leur acquisition sans qu'il soit besoin de prendre inscription sur chacun d'eux (Angers, 14 juillet 1842 ; Favard de Langlade, *Hyp.*, sect. 2, § 3. — *Contrà*, Paris, 23 fév. 1835 ; Grenier, *Hyp.*, t. 1, n. 62 ; Duranton, t. 19, n. 379 ; Troplong, *Hyp.*, t. 2, n. 540).

360. BIENS PRÉSENTS ET A VENIR. — V. n. 355, 356, 357 et 361.

361. HÉRITIER DU DÉBITEUR. L'hypothèque consentie par un débiteur sur tous ses biens présents et à venir, dans un temps où une pareille stipulation était licite, ne frappe pas les biens personnels de l'héritier de ce débiteur (Cass. 3 déc. 1816, - Sir. 17, 189 ; Duranton, t. 7, n. 461 ; Pandectes fr., t. 3, p. 381 ; Vazeille, *Succ.* art. 877, n. 3. *Contrà*, Delvincourt, t. 2, p. 174).

Art. 4. DU SUPPLÉMENT D'HYPOTHÈQUE.

362. *En cas que l'immeuble ou les immeubles présents, assujétis à l'hypothèque, eussent péri ou éprouvé des dégradations, de manière qu'ils fussent devenus insuffisants pour la sûreté du créancier, celui-ci pourra ou poursuivre dès-à présent son remboursement, ou obtenir un supplément d'hypothèque* (C. civ. 2131).

APPLICATION DE CETTE RÈGLE AUX CAS SUIVANTS :

363. COUPES DE BOIS. Des bois taillis étant des fruits mûrs lorsqu'ils ont atteint l'âge de dix ans, le propriétaire peut alors en disposer comme de toute autre récolte, sans que ses créanciers hypothécaires aient la faculté de s'y opposer ou que la vente d'une coupe arrivée à cet âge puisse être considérée comme opérant diminution de leur sûreté (C. civ. 521 ; Cass. 26 janv. 1808, - Sir. 9, 66 ; Duranton, t. 4, n. 35). — V. note 34, n. 28).

364. FAIT DU GOUVERNEMENT. La disposition du C. civ. rapportée *sup.* n. 362, s'applique même au cas où la perte arrive par le fait du Gouvernement. — Peu importe, dans ce cas, que le Gouvernement soit tenu d'indemniser, et que le créancier trouve dans cette indemnité une garantie suffisante pour le paiement de ce qui lui est dû. Où la loi ne distingue pas, il n'appartient pas aux juges de distinguer (Paris, 16 frim. an XIV, - Sir. 7, 958).

365. FORCE MAJEURE. Le créancier n'a pas le droit de demander un supplément d'hypothèque, lorsque les biens hypothéqués ont été dégradés ou ont diminué de valeur par un événement de force majeure (Duranton, t. 19, n. 380 et 382).

366. INSUFFISANCE. Le créancier qui découvre que l'hypothèque à lui donnée, et dont il s'est contenté, est réellement insuffisante, peut poursuivre son rembourse-

ment, encore que l'insuffisance existât dès l'époque du contrat et que le débiteur n'ait rien fait depuis pour diminuer le gage de sa dette (Riom, 24 août 1810,-Sir. 13, 221).

367. Cependant il a été décidé que l'insuffisance d'une hypothèque spéciale, bien qu'elle donne lieu à l'expropriation des immeubles non hypothéqués, ne pouvait cependant autoriser l'extension de l'hypothèque à d'autres biens, quand même on ne demanderait à l'étendre que sur des biens qui auraient été affectés par une stipulation générale ajoutée à la stipulation spéciale : comme quand on hypothèque spécialement *tel* objet et *généralement tous ses biens présents et à venir* (Rouen, 24 mai 1815.-Sir. 16, 48; — C. civ. 2129, 2209).

368. LICITATION. Lorsque, par suite d'une licitation entre cohéritiers, quelques-uns d'entr'eux se sont rendus adjudicataires des immeubles de la succession, le créancier qui avait une hypothèque sur la part indivise du cohéritier non adjudicataire, n'est pas fondé à demander soit de nouvelles sûretés, soit le remboursement de sa créance (Caen, 25 fév. 1837,-Devill. 38, 134). — V. *sup.* n. 7.

Art. 5. DES EFFETS ET DE L'ÉTENDUE DE L'HYPOTHÈQUE CONVENTIONNELLE.

369. *L'hypothèque acquise s'étend à toutes les améliorations survenues à l'immeuble hypothéqué* (C. civ. 2133. — V. *accession*, note 22, n. 51 et suiv. 175.

APPLICATION DE CET ARTICLE AUX CAS SUIVANTS :

370. ACCESSOIRES. En l'absence de toute stipulation spéciale, l'hypothèque d'un immeuble s'étend de plein droit à ses accessoires réputés immeubles même à ceux qui, depuis le contrat constitutif de l'hypothèque et l'inscription du créancier, ont été renouvelés pour cause de vétusté (Rouen, 17 mai 1825,-Sir. 30, 221). — V. *sup.* n. 9, 17).

371. BOIS TAILLIS. — V. *sup.* n. 17 et 363.

372. CRÉDIT OUVERT. — V. *inf.* n. 375.

373. DOMMAGES-INTÉRÊTS. L'hypothèque stipulée dans un contrat, pour garantie d'une obligation, n'est pas, de droit, réputée s'étendre aux dommages-intérêts dus au créancier pour inexécution de cette obligation. — Ainsi, lorsqu'une inscription de rente sur l'Etat, prêtée sous la condition qu'elle serait rendue un tel jour, n'a cependant été restituée que plus tard et à une époque où le cours de la rente avait baissé, la différence dont le débiteur est tenu, à titre de dommages-intérêts, peut être déclarée non garantie par l'hypothèque stipulée pour la restitution de l'inscription de rente elle-même (C. civ. 1142; Cass. 11 mars 1834). — V. *sup.* n. 19.

374. EFFET DE L'HYPOTHÈQUE. — V. *sup.* n. 359.

375. ENDOSSEMENT. L'hypothèque donnée pour sûreté d'une créance en paiement de laquelle des billets à ordre sont souscrits, peut être transmise comme *accessoire* de la créance, par le fait de l'endossement des billets, de la même manière que les billets eux-mêmes (C. civ. 1690, 1692; Cass. 21 fév. 1838).

376. De même, l'hypothèque donnée pour garantie du paiement de lettres de change, peut être transportée comme accessoire de ces lettres de change, par le fait seul de leur endossement, de telle sorte que le porteur des lettres de change ait droit au bénéfice de cette hypothèque, par préférence à l'endosseur et à ses créanciers (Cass. 11 juill. 1839). — V. *inf.* n. 379.

377. Cependant il a été jugé que les tiers-porteurs d'effets créés par suite d'un crédit ouvert garanti par une hypothèque, ne pouvaient, de leur chef, réclamer le bénéfice de cette hypothèque, comme accessoire de billets à eux transmis par endossement; ils ne peuvent qu'exercer les droits hypothécaires du donneur de crédit, et requérir collocation jusqu'à concurrence seulement de ce dont celui-ci se trouve réellement créancier (C. civ. 1692; Paris, 25 juin 1836). — V. *inf.* n. 379, 382.

378. INDIVISION. Lorsque l'immeuble hypothéqué spécialement par un cohéritier pour sa part indivise est tombé, par l'effet du partage, dans le lot de son cohéritier, l'hypothèque n'est pas transférée sur les autres immeubles tombés dans le lot du cohéritier débiteur (Bruxelles, 13 déc. 1808,-Sir. 10, 528). — V. *sup.* n. 7.

379. LETTRES DE CHANGE. L'hypothèque consentie pour sûreté du paiement d'une lettre de change profite indistinctement à tout tiers-porteur, s'il n'y a stipulation contraire (Cass. 3 niv. an XIII,-Sir. 6, 332). — V. *sup.* n. 376 et *inf.* n. 382.

380. PAYS RÉUNIS. Un génevois qui, par acte public passé à Genève, avait une hypothèque générale sur les biens de son débiteur, a pu, dès l'instant de la réunion, étendre son hypothèque aux biens de ce débiteur situés en France, lorsqu'à l'époque de la réunion aucun autre créancier n'avait ni hypothèque ni titre sur ce même débiteur (Cass. 21 nov. 1809,-Sir. 10, 65; — Rouen, 17 mai 1825,-Sir. 30, 221).

381. RENTES. Lorsque le créancier d'une rente hypothéquée sur une maison, hypothèque sa rente en faveur d'un tiers, il lui transmet par cela seul le droit réel inhérent à sa rente. En conséquence, l'hypothèque établie sur la rente produit le même effet que l'hypothèque établie directement sur la maison en faveur de la rente (Cass. 23 déc. 1806,-Sir. 7, 35).

382. SUBROGATION. La subrogation à une hypothèque conventionnelle est valablement faite au moyen de la transmission de simples billets à ordre rappelant l'hypothèque, lorsque telle est la convention passée entre le créancier et le débiteur dans le contrat constitutif d'hypothèque : les porteurs des billets peuvent donc exercer l'hypothèque jusqu'à concurrence du montant des billets qui leur ont été transmis (Rouen, 9 mars 1831; Cass. 10 août 1831). — V. *sup.* n. 375 et suiv. 379.

383. USUFRUIT. Le créancier ayant hypothèque sur l'usufruit d'un immeuble, a droit d'exiger, lorsque l'usufruit et la nue-propriété de cet immeuble sont vendus conjointement et pour un seul et même prix, que ventilation soit faite de la valeur de l'usufruit et de la valeur de la nue-propriété, et que la valeur de l'usufruit soit affectée spécialement au paiement de sa créance selon son rang hypothécaire : le droit de ce créancier ne se borne pas à réclamer collocation sur les intérêts du prix total de la vente (C. civ. 2192; Paris, 20 mai 1831; — 2 fév. 1832).

384. VALEUR INDÉTERMINÉE. L'hypothèque conventionnelle indéterminée quant à sa valeur, étant valable, les juges ne peuvent se permettre de colloquer, définitivement et sans caution, des créanciers postérieurs, sous pré-

texte que la créance dépend de l'événement d'un compte qui n'a été ni liquidé ni apuré (Cass. 4 av. 1815).

Art. 6. DE LA MAIN-LEVÉE OU RÉDUCTION DE L'HYPOTHÈQUE CONVENTIONNELLE. — Renvoi à la note 149.

Sect. 4. DU RANG DES HYPOTHÈQUES ENTR'ELLES. — NÉCESSITÉ DE L'INSCRIPTION.

385. *Entre les créanciers, l'hypothèque, soit légale, soit judiciaire, soit conventionnelle, n'a de rang que du jour de l'inscription prise par le créancier sur les registres du conservateur, dans la forme et de la manière prescrites par la loi, sauf les exceptions portées en l'art.* 2135 *du même code* (C. civ. 2134). — V. pour ces exceptions *sup.* n. 81 et suiv., n. 182 et s.

386. Cet article doit être entendu en ce sens, que, sans inscription, l'hypothèque est absolument inefficace, de sorte que le créancier hypothécaire non inscrit, ne peut pas même primer les chirographaires (Cass. 11 juin 1817, -Sir. 18, 41).

APPLICATION AUX CAS SUIVANTS DE LA RÈGLE CI-DESSUS :

387. CONDAMNÉS. La loi du 16 vent an IX qui proroge le délai pour l'inscription des hypothèques et priviléges sur les biens des émigrés, est une loi toute spéciale : par conséquent, les créanciers des condamnés ne peuvent réclamer le bénéfice de cette loi, qui relève du défaut d'inscription hypothécaire les créanciers des émigrés (Cass. 26 av. 1815, -Sir. 15, 418). — V. *inf.* n. 397.

388. CRÉDIT OUVERT. — V. *sup.* n. 304.

389. EMIGRÉS. La loi du 16 vent. an IX rappelée *sup.* n. 387, s'applique même au cas d'obligations souscrites, pendant la durée de leur mort civile, par des émigrés dont les biens n'ont point été séquestrés de fait. Dans ce cas même, le délai commence, non à partir du moment où la radiation définitive de l'émigré a été légalement consentie, mais de celui de la main-levée du séquestre, aux termes de l'art. 3 (Cass. 28 juin 1808, -Sir. 7, 2, 1001).

390. EXPROPRIATION FORCÉE. L'inscription n'est nécessaire que pour fixer le rang de l'hypothèque, et lui donner effet à l'égard des tiers; elle n'est nécessaire pour exproprier le débiteur, ni au créancier hypothécaire, ni au créancier en vertu d'un jugement de première instance, susceptible d'appel, mais ayant force de chose jugée à défaut d'appel (C. civ. 2215; — Paris, 12 vent an XII, -Sir. 7, 950; — Liége, 28 nov. 1808, -Sir. 10, 541; — Lyon, 27 nov. 1811, -Sir. 13, 215).

391. FAILLITE. Les art. 37 et suiv. de la loi du 11 brum. an VII, qui ordonnent l'inscription des hypothèques antérieures à l'effet de conserver leur rang, s'appliquent au cas même où le débiteur était en faillite auparavant, et encore au cas où il y avait eu réglement d'ordre entre les créanciers; l'art. 5 qui défend de prendre sur les biens d'un failli, une inscription tendant à *conférer* hypothèque ne défend pas de faire une inscription tendant seulement à *conserver* une hypothèque déjà acquise (C. civ. 2146; — Cass. 15 déc. 1809, -Sir. 10, 98; — *Contrà*, Paris, 17 juill. 1811). — V. *sup.* n. 209, et *inf.* n. 394.

392. FRUITS. Le privilége que l'ancienne jurisprudence accordait aux légitimaires sur les biens de la succession, pour la restitution des fruits dûs par un des cohéritiers, a été soumis, depuis le code civil, à la formalité de l'inscription; et cette inscription a dû être faite dans les soixante jours de l'acte de partage, comme au cas de soulte ou retour de lots (C. civ. 2106, 2109; — Toulouse, 30 août 1825).

393. HYPOTHÈQUE ANCIENNE. Les hypothèques anciennes, c. à-d. antérieures à la loi du 11 brum. an VII, ne sont pas dispensées de l'inscription ordonnée par l'art. 37 de cette loi, encore qu'il s'agisse d'hypothèques créées en pays étranger en faveur d'un mineur, et sur des biens qui n'ont été réunis au territoire français que depuis la création de l'hypothèque (Cass. 7 germ. an XII, -Sir. 4, 144).

394. Une hypothèque ancienne, c. à-d. antérieure à la loi de brum., qui n'a été inscrite qu'après l'expiration des divers délais accordés par cette loi, et les lois subséquentes pour l'inscription des priviléges et hypothèques du passé n'a pas dégénéré en une hypothèque *nouvelle*, et a pu être valablement *conservée* par une inscription prise depuis la faillite du débiteur (Cass. 4 déc. 1815, -Sir. 16, 65). — V. n. 391 et suiv.

395. NULLITÉ D'INSCRIPTION. En matière d'hypothèques anciennes, l'acquéreur qui n'a pas purgé est non recevable à se prévaloir de la nullité de l'inscription, ou même du défaut total d'inscription, dans les délais fixés par la loi. La nullité ou le défaut d'inscription ne concernent que les créanciers ayant hypothèque ou privilége (Bruxelles, 4 av. 1806, -Sir. 7, 1005).

396. OFFICE. Une créance hypothécaire sur un ancien office, a pu être conservée par des oppositions sur l'inscription au grand-livre, représentant en rentes la valeur de l'office liquidé; les créanciers qui n'avaient pas hypothèque sur l'office, ne peuvent demander la vente de l'inscription pour participer au prix avec le créancier hypothécaire (Paris, 25 nov. 1814, -Sir. 16, 168).

397. PRÉFÉRENCE. Lorsque le premier créancier n'inscrit pas, le second créancier qui prend inscription obtient la préférence, encore qu'il ait eu pleine et entière connaissance de l'hypothèque préexistante (Bruxelles, 6 juin 1809, -Sir. 14, 62).

398. SUBROGATION. Ceux qui antérieurement à la loi du 11 brum. an VII, ont acquis la subrogation aux hypothèques des créanciers qu'ils ont payés, n'ont pu, depuis la publication de cette loi, conserver leur privilége qu'en inscrivant sur les titres mêmes des créanciers auxquels ils étaient subrogés (Cass. 26 frim. an XIII, -Sir. 7, 2, 1005).

Sect. 5. CONCOURS DE L'HYPOTHÈQUE GÉNÉRALE AVEC L'HYPOTHÈQUE SPÉCIALE.

399. CONTRIBUTION AU PAIEMENT D'UNE HYPOTHÈQUE GÉNÉRALE. Dans le concours de plusieurs créanciers ayant une hypothèque spéciale, chacun sur un immeuble différent, avec un créancier ayant une hypothèque générale qui prime toutes les hypothèques spéciales, les immeubles affectés aux hypothèques spéciales doivent contribuer au paiement de l'hypothèque générale, d'après la date des inscriptions, en commençant par la plus récente. Les créanciers derniers en date ne peuvent exiger que l'hypothèque générale soit répartie sur tous les immeubles au marc-le-franc, sans égard à la date des inscriptions (C. civ. 2122, 2134, 2166; — Cass. 16 juill. 1821; — Poitiers, 15 déc. 1829, -Sir. 30, 92; — Riom. 18 janv. 1828, -Devill. 31, 310).

400. CRÉANCIER GÉNÉRAL. COLLOCATION. On ne doit pas souffrir que le créancier ayant hypothèque générale, restreigne volontairement sa collocation à *tel* ou *tel* immeuble, de manière à faire manquer les fonds sur le créancier premier inscrit avec hypothèque spéciale. En ce cas, le créancier porteur d'une hypothèque générale, n'a que le droit de demander sa collocation en ordre utile, sans qu'il puisse désigner l'immeuble sur le prix duquel il veut être colloqué (Paris, 28 août 1816,-Sir. 17, 376). — V. n. 401, 402.

Il doit en être ainsi, encore bien qu'il ait, pour d'autres créances, des hypothèques spéciales postérieures à celles des autres créanciers, et que par suite il se trouve avoir intérêt à faire porter la collocation pour son hypothèque générale, sur tel immeuble, plutôt que sur tel autre (C. civ. 2114, 2134; — Limoges, 5 janv. 1839; — Toulouse, 5 mars 1836,-Devill. 39, 543). — V. n. 401, 403.

De même, lorsqu'un créancier a une hypothèque générale sur les biens de son débiteur, et que de plus il a privilége sur certains immeubles, il ne peut, lorsque les immeubles spécialement hypothéqués lui offrent un gage plus que suffisant, être colloqué dans l'ordre du prix des autres biens vendus (Paris, 10 mars 1809).

401. CRÉANCIER AYANT HYPOTHÈQUE SUR DIVERS IMMEUBLES. Lorsqu'un créancier ayant une hypothèque sur plusieurs immeubles du débiteur, dont quelques uns sont d'ailleurs spécialement grevés au profit d'un tiers d'une hypothèque postérieure à la sienne, et que ce même créancier, a, en outre, pour une autre créance, une hypothèque grevant l'ensemble de ces immeubles, mais qui se trouve la dernière en date, il peut au cas de distribution du prix de tous ces immeubles, dans un seul et même ordre, et pour réserver effet à son hypothèque plus générale dernière en date, sur les immeubles qui ne sont pas atteints par l'hypothèque spéciale du tiers, demander à être colloqué de préférence sur les immeubles affectés à ce tiers; vainement ce dernier prétendrait que l'hypothèque première en date, doit être exercée de manière à ce que le créancier qui en est porteur soit payé, sans nuire aux autres créanciers, comme au cas d'une hypothèque générale en concours avec des hypothèques spéciales (Cass. 4 mars 1833; — Bordeaux, 26 fév. 1834). — V. n. 400 et suiv., 402 *bis*.

402. Mais le vendeur dont le privilége s'étend sur plusieurs immeubles, a le droit de l'exercer exclusivement sur celui qu'il lui plait de désigner, sauf aux autres créanciers le droit de reverser fictivement ce privilége sur tous les immeubles au marc-le-franc, afin que ceux inscrits sur l'immeuble désigné par le vendeur, et dont le prix est absorbé par son privilége, puissent être utilement colloqués (Paris, 31 août 1810,-Sir. 17, 397).

402 *bis*. Cependant il a été décidé que lorsqu'un tiers-détenteur de partie des biens hypothéqués se trouve, après avoir payé son prix au vendeur sans purger, poursuivi par le créancier à hypothèque générale, en un tel cas, il n'est pas fondé, pour se soustraire aux poursuites, à arguer de ce que le créancier poursuivant aurait négligé de se faire colloquer sur d'autres biens qui lui étaient hypothéqués, et de ce qu'il s'est mis par-là dans l'impossibilité de le subroger à ses droits sur ces derniers biens (C. civ. 2114, 1251, 2037; — Bourges, 31 juill. 1829,-Sir. 30, 20).

403. CRÉANCIER DERNIER DEVENU LE PREMIER. Lorsque divers immeubles d'un même propriétaire sont grevés d'une première hypothèque générale, et que chacun de ces immeubles est aussi grevé d'hypothèques spéciales de différentes dates, le droit du créancier ayant hypothèque générale, de se faire payer sur tel immeuble que bon lui semblera, ne peut aller jusqu'à produire cet effet, que celui des créanciers avec hypothèque spéciale qui est le dernier en date, soit payé par préférence à celui qui est le premier en date (C. civ. 2114, 2134; — Cass. 17 août 1830). — V. n. 409 et suiv.

404. CRÉANCIER SPÉCIAL PAYANT UN CRÉANCIER GÉNÉRAL. Le créancier à hypothèque spéciale qui a payé de ses deniers le créancier à hypothèque générale, lui est subrogé et peut dès-lors recourir sur les autres immeubles qui étaient affectés de l'hypothèque générale, pour leur faire supporter contributoirement cette hypothèque, et libérer d'autant l'immeuble affecté à son hypothèque spéciale (C. civ. 1251; — Rouen, 26 nov. 1818). — V. n. 409 et suiv.

405. DIVISION D'HYPOTHÈQUE GÉNÉRALE. Lorsque le créancier ayant hypothèque spéciale sur l'un des immeubles de son débiteur, est primé et absorbé par un créancier ayant hypothèque générale sur tous les immeubles de ce débiteur, il ne peut obliger ce créancier qui a hypothèque générale et priorité, soit à diviser son hypothèque générale, soit à l'exercer sur d'autres immeubles que celui qui lui est affecté. Il ne peut lui opposer que l'exercice intégral de l'hypothèque générale sur l'immeuble qui lui est spécialement hypothéqué, absorbant la totalité du prix de cet immeuble, lui fait un dommage inutile, que l'équité oblige les créanciers hypothécaires à exercer leurs droits réels, de manière à ne pas s'entre-nuire. Il en est ainsi alors surtout que les ordres se poursuivent en différents lieux (C. civ. 2114; — Paris, 24 nov. 1814,-Sir. 16, 343; — Toulouse, 15 juin 1827,-Sir. 28, 26). — V. n. 412.

406. FEMME MARIÉE. COMPENSATION. Lorsqu'une femme qui, par son hypothèque légale, prime tous les créanciers du mari, reçoit de ce dernier un immeuble en paiement, le créancier ayant hypothèque spéciale sur l'immeuble ainsi cédé, ne peut empêcher la compensation entre la créance de la femme et le prix de l'immeuble. Il ne peut exiger que la femme exerce son hypothèque légale sur tous les immeubles au marc-le-franc. Il ne peut demander non plus à être subrogé aux droits de la femme sur les autres immeubles (C. civ. 2122, 2134, 2166; — Bordeaux, 7 juill. 1830).

407. RESTRICTION D'HYPOTHÈQUE. — V. *sup.* n. 400.

408. RÉVERSION D'HYPOTHÈQUE. Entre le créancier ayant hypothèque spéciale sur un immeuble et le créancier ayant hypothèque générale, il peut y avoir accord ou traité qui, par voie de subrogation, transporte utilement l'hypothèque spéciale sur un autre immeuble déjà grevé d'une autre hypothèque spéciale. — Ainsi, lorsque des créanciers, porteurs d'hypothèques spéciales ont consenti par un traité judiciaire que la femme du débiteur prît en paiement de sa dot des biens en nature qui leur étaient affectés, sauf la réversion de leurs hypothèques spéciales sur les autres biens et que d'ailleurs leurs inscriptions sont antérieures en date à toutes les autres, ils

doivent être colloqués en premier rang sur les sommes à distribuer, et les autres créanciers hypothécaires ne peuvent contester la collocation, sous prétexte qu'en raison de la spécialité l'hypothèque n'avait pu s'étendre aux biens qui ne lui étaient pas originairement affectés (C. civ. 1251-1°; Bordeaux, 11 juin 1817, Sir. 18, 20). — V. *sup.* n. 402.

409. SUBROGATION. CAS OU ELLE PEUT AVOIR LIEU. Lorsque deux ordres différents sont ouverts sur différents immeubles du même propriétaire, et que ces différents immeubles sont tous grevés, d'abord d'une première hypothèque générale, et ensuite séparément d'hypothèques spéciales à des dates différentes; s'il arrive que le créancier à hypothèque générale obtienne collocation sur l'immeuble affecté au créancier qui a l'hypothèque spéciale première en date, ce créancier, bien que primé par le créancier ayant hypothèque générale, ne peut lui être subrogé pour faire valoir ensuite ses droits dans le second ordre, sur un autre immeuble, au préjudice du créancier auquel cet immeuble est spécialement hypothéqué, surtout, si lors du premier ordre, le deuxième créancier avec hypothèque spéciale n'a pas été appelé pour vérifier le mérite de l'hypothèque générale, et si le jugement de collocation sur ce premier ordre a acquis l'autorité de la chose jugée (C. civ. 2114, 2134, 1251; — Cass. 17 août 1830).

410. Mais il en est autrement, dans le cas ci-dessus, lorsque, lors du premier ordre, la subrogation a été demandée et accordée par un jugement rendu avec les créanciers ayant hypothèque spéciale; sans cette dernière condition, le consentement à la subrogation donné par le créancier à hypothèque générale serait insuffisant pour opérer la subrogation (C. civ. 1251; — Cass. 14 déc. 1831, -Devill. 32, 176).

411. Le créancier à hypothèque spéciale, qui se trouve primé par un créancier à hypothèque générale, ne peut demander à être subrogé aux droits de ce créancier, pour les exercer sur d'autres immeubles au préjudice de créanciers ayant sur ces derniers immeubles une hypothèque spéciale (C. civ. 1250, 1251; — Poitiers, 22 av. 1825; — Toulouse, 15 juin 1827, -Sir. 28, 26; — Riom, 18 janv. 1828, -Devill. 31, 310; — Agen, 6 mai 1830, -Devill. 31, 310; — Rouen, 15 janv. 1839; — *Contrà*, Rouen, 14 mars 1826, -Sir. 27, 29). — V. n. 409, 410.

412. Dans tous les cas, le créancier à hypothèque spéciale qui n'a pas demandé que les créanciers à hypothèque générale, fussent tenus de diviser leurs droits sur chacun des immeubles proportionnellement, ou du moins à être subrogé à leurs droits sur les autres immeubles, ne peut ultérieurement se prétendre légalement subrogé aux droits de ces créanciers, et demander à être colloqué sur les autres immeubles (C. civ. 1251; — Riom, 2 déc, 1819, -Sir. 21, 1). — V. *sup.* n. 405.

V. *sup.* n. 404, 407, 408.

Sect. 6. DU MODE DE L'INSCRIPTION DES HYPOTHEQUES. — Renvoi à la note 83.

Sect. 7. DE L'EFFET DES HYPOTHÈQUES CONTRE LES TIERS-DÉTENTEURS. — Renvoi à la note 28.

Sect. 8. DE L'EXTINCTION DES HYPOTHÈQUES.

1° Par l'extinction de l'obligation principale. — V. les notes 84, 133, 153, 167, 168, 169, 170, 171.

2° Par la renonciation du créancier à l'hypothèque ou par la réduction. — V. la note 149.

3° Par la purge légale. — V. la note 156.

4° Et par la prescription. — V. la note 172.

[31]

DE LA CONTRAINTE PAR CORPS EN MATIÈRE CIVILE, CRIMINELLE ET COMMERCIALE.

DIVISION SOMMAIRE.

Indication alphabétique.

§ 1. PRINCIPES GÉNÉRAUX EN MATIÈRE DE CONTRAINTE PAR CORPS.

1. La contrainte par corps est un pouvoir donné par la loi au créancier de faire emprisonner son débiteur pour forcer celui-ci à payer sa dette.

2. La contrainte par corps ne peut être stipulée ou prononcée et exercée que dans les cas prévus par les lois. — V. C. civ. art. 2059 à 2070 et la loi du 17 av. 1832.

3. Elle tient moins du fond du droit que de la forme d'exécution du jugement; c'est pourquoi elle est régie, plus par la loi de l'époque du jugement qui la prononce ou par celle existante à l'époque de l'exécution de ce jugement que par la loi de l'époque de la convention. Toutefois ce principe souffre exception quand le mode actuel d'exécution est restrictif de la liberté personnelle, car, alors on ne doit point appliquer les lois actuelles (Cass. 21 av. 1813.- Sir. 13, 366. — *Contrà*, Paris, 14 janv. 1809; 1 oct. 1814;- Sir. 15, 2, 1 et 2).

4. *La contrainte par corps, dans les cas même où elle est autorisée par une loi, ne peut être appliquée qu'en vertu d'un jugement* (C. civ. 2067).

5. *L'appel ne suspend pas la contrainte par corps prononcée par un jugement provisoirement exécutoire en donnant caution* (C civ. 2068).

6. *Dans les affaires où les tribunaux civils ou de commerce statuent en dernier ressort, la disposition de leur jugement relative à la contrainte par corps sera sujette à l'appel; cet appel ne sera pas suspensif* (L. 17 av. 1832, art. 20).

7. *L'exercice de la contrainte par corps n'empêche ni ne suspend les poursuites et les exécutions sur les biens* (C. civ. 2069).

8. *La contrainte par corps n'est jamais prononcée contre le débiteur au profit*

9. 1° *De son mari ni de sa femme.*

10. 2° *De ses ascendants, descendants, frères ou sœurs ou alliés au même degré* (L. 17 av. 1832, art. 19 et 41).

11. *Dans aucun cas, la contrainte par corps ne pourra être exécutée contre le mari et contre la femme simultanément pour la même dette* (Même loi, art. 21 et 41).

§ 2. CONTRE QUI, AU PROFIT DE QUI ET EN QUELS CAS IL PEUT Y AVOIR LIEU A CONTRAINTE PAR CORPS, 1° EN MATIÈRE CIVILE; 2° ET EN MATIÈRE DE DENIERS ET EFFETS MOBILIERS PUBLICS.

1° EN MATIÈRE CIVILE

12. *La contrainte par corps a lieu, en matière civile, pour le stellionat. Il y a stellionat : lorsqu'on vend ou qu'on hypothèque un immeuble dont on sait n'être pas propriétaire; lorsqu'on présente comme libres des biens hypothéqués, ou que l'on déclare des hypothèques moindres que celles dont ces biens sont chargés* (C. civ. 2059). V. *inf.* n. 255 et suiv.

13. *La contrainte par corps a lieu pareillement :*

14. 1° *Pour dépôt nécessaire.*

15. 2° *En cas de réintégrande, pour le délaissement ordonné par justice d'un fonds dont le propriétaire a été dépouillé par voies de fait; pour la restitution des fruits qui en ont été perçus pendant l'indue possession, et pour le paiement des dommages-intérêts adjugés au propriétaire.*

16. 3° *Pour répétition de deniers consignés entre les mains de personnes publiques établies à cet effet.*

17. 4° *Pour la représentation des choses déposées aux séquestres, commissaires et autres gardiens.*

18. 5° *Contre les cautions judiciaires et contre les cautions des contraignables par corps, lorsqu'elles se sont soumises à cette contrainte,*

19. 6° *Contre tous officiers publics, pour la représentation de leurs minutes, quand elle est ordonnée.*

20. 7° *Contre les notaires, les avoués et les huissiers, pour la restitution des titres à eux confiés et des deniers par eux reçus pour leurs clients, par suite de leurs fonctions* (C. civ. 2060).

21. *Ceux qui, par un jugement rendu au pétitoire, et passé en force de chose jugée, ont été condamnés à désemparer un fonds, et qui refusent d'obéir, peuvent, par un second jugement, être contraints par corps quinzaine après signification du premier jugement à personne ou domicile. — Si le fonds ou l'héritage est éloigné de plus de cinq myriamètres du domicile de la partie condamnée, il sera ajouté au délai de quinzaine un jour par cinq myriamètres* (C. civ. 2061).

22. *La contrainte par corps ne peut être ordonnée contre les fermiers, pour le paiement des fermages des biens ruraux, si elle n'a été stipulée formellement dans l'acte de bail. Néanmoins les fermiers et les colons partiaires peuvent être contraints par corps, faute par eux de représenter, à la fin du bail, le cheptel de bétail, les semences et les instruments aratoires qui leur ont été confiés; à moins qu'ils ne justifient que le déficit de ces objets ne procède point de leur fait* (C. civ. 2062).

23. *Hors les cas déterminés par les articles précédents, ou qui pourraient l'être à l'avenir par une loi formelle, il est défendu à tous juges de prononcer la contrainte par corps; à tous notaires et greffiers de recevoir des actes dans lesquels elle serait stipulée, et à tous Français de consentir pareils actes, encore qu'ils eussent été passés en pays étrangers; le tout à peine de nullité, dépens, dommages et intérêts* (C. civ. 2063).

24. *Dans les cas mêmes ci-dessus énoncés, la contrainte par corps ne peut être prononcée contre les mineurs* (C. civ. 2064).

25. *Elle ne peut être prononcée contre les septuagénaires, les femmes et les filles, que dans le cas de stellionat.— Il suffit que la soixante-dixième année soit commencée, pour jouir de la faveur accordée aux septuagénaires. — La contrainte par corps pour cause de stellionat pendant le mariage, n'a lieu contre les femmes mariées que lorsqu'elles sont séparées de biens, ou lorsqu'elles ont des biens dont elles se sont réservé la libre administration, et à raison des engagements qui concernent ces biens.— Les femmes qui, étant en communauté, se seraient obligées conjointement ou solidairement avec leur mari, ne pourront être réputées stellionataires à raison de ces contrats* (C. civ. 2066).

2° EN MATIÈRE DE DENIERS ET EFFETS MOBILIERS PUBLICS.

26. *Sont soumis à la contrainte par corps, pour raison du reliquat de leurs comptes, déficit ou débet, constatés à leur charge, et dont ils ont été déclarés responsables :*

27. 1° *Les comptables de deniers publics ou d'effets mobiliers publics et leurs cautions.*

28. 2° *Leurs agents ou préposés, qui ont personnellement géré ou fait la recette.*

29. 3° *Toutes pesronnes qui ont perçu des deniers publics dont elles n'ont point effectué le versement ou l'emploi, ou qui, ayant reçu des effets mobiliers appartenant à l'Etat, ne les représentent pas ou ne justifient pas de l'emploi qui leur avait été prescrit.* — (L. 17 av. 1832, art. 8).

30. *Sont compris dans les dispositions de l'art. précédent, les comptables chargés de la perception des deniers ou de la garde et de l'emploi des effets mobiliers appartenant aux communes, aux hospices et aux établissements publics, ainsi que leurs cautions, et leurs agents et préposés ayant personnellement géré ou fait la recette* (Même loi, art. 9).

31. *Sont également soumis à la contrainte 1° tous entrepreneurs, fournisseurs, soumissionnaires et traitants, qui ont passé des marchés ou traités intéressant l'Etat, les communes, les établissements de bienfaisance et autres établissements publics, et qui sont déclarés débiteurs par suite de leurs entreprises. — 2° Leurs cautions, ainsi que leurs agents ou préposés, qui ont personnellement géré l'entreprise, et toutes personnes déclarées responsables des mêmes services* (Même loi, art. 10).

32. *Seront également soumis à la contrainte par corps tous redevables, débiteurs et cautions de droits de douanes, d'octrois et autres contributions indirectes, qui ont obtenu un crédit et qui n'ont pas acquitté à échéance le montant de leurs soumissions ou obligations* (Même loi, art. 11).

33. *La contrainte par corps pourra être prononcée en vertu des quatre articles précédents, contre les femmes et les filles. Elle ne pourra l'être contre les septuagénaires* (Même loi, art. 12).

34. *Dans les cas énoncés dans la présente section, la contrainte par corps n'aura jamais lieu que pour une somme principale excédant 300 fr.— Sa durée sera fixée dans les limites de l'art. 7 § 1 de la présente loi* (Même loi, art. 13). V. *inf. n.* 226.

V. POUR L'APPLICATION DES RÈGLES QUI PRÉCÈDENT LES CAS EXPLIQUÉS AUX DEUX ARTICLES SUIVANTS :

Art. 1. TABLEAU DES CONTRAIGNABLES EN MATIÈRE CIVILE. — V. *sup.* n. 12 à 25.

35. AVOUÉ. La contrainte par corps ne peut être accordée contre un avoué qui, en qualité de mandataire *ad negotia*, aurait abusé des pouvoirs de son mandant; il n'en est pas à cet égard comme des abus qu'il aurait commis en sa qualité d'avoué (Cass. 1 fév. 1820). V. *sup.* n. 20.

36. CAUTION. Toute caution judiciaire est contraignable par corps, sans qu'il soit besoin de soumission de sa part (C. civ. 2040, 2060; C. proc. 519; Turin 28 mai 1806). — V. *sup.* n. 18 et *inf.* n. 124 et suiv.

37. Mais l'exécution provisoire de la contrainte par corps ne peut être ordonnée *sans caution*, à cet égard subsiste toujours la disposition de l'art. 2068 du C. civ.; Pau, 24 juill. 1823; Rennes, 6 av. 1835, - Sir. 36, 55).

38. COMMISSAIRES. — V. *sup.* n. 17.

39. CONSIGNATAIRE. — DÉPOSITAIRE. On ne peut étendre la disposition ci-dessus n. 16 à un particulier qui

est parvenu à se faire remettre indûment un dépôt de cette nature en surprenant la confiance d'une personne publique. Vainement on dirait que cette personne publique se trouvant exposée à la contrainte par corps par le fait du particulier qui l'a trompée, il est juste de lui accorder l'exercice résursoire de la même loi contre ce particulier (Nancy, 18 mai 1827). V. *sup.* n. 14, 16, 17.

39 *bis*. COPIE D'ACTE IMPARFAIT. — V. note 38, n. 27 et suiv.

40. DÉLIT. De ce que l'auteur d'un délit ou quasi-délit est soumis à la contrainte par corps, il ne s'ensuit pas qu'elle puisse être exercée contre la personne civilement responsable (Pothier, *des oblig.* n. 122).

41. FEMME. L'article du C. civ. rapporté *sup.* n. 17 qui prononce la contrainte par corps contre les gardiens pour la représentation des objets à eux confiés, ne déroge point à l'art. 2066 du même code (V. *sup.* n. 25) qui, en matière civile, défend de prononcer la contrainte par corps contre les femmes, hors le cas de stellionat. — D'où il suit que la femme non commune, encore qu'elle puisse être, sans l'autorisation de son mari, constituée gardienne judiciaire des meubles saisis sur ce dernier, n'est pas contraignable par corps en cette qualité (Paris, 21 prair. an XIII, - Sir. 5, 573; 14 août 1829, - Sir. 30, 11). — V. *sup.* n. 25 et *inf.* n. 45.

42. La femme qui refuse de rentrer dans le domicile conjugal qu'elle a quitté, peut y être contrainte par l'emploi de la force publique, lorsque son mari a vainement tenté de l'y ramener par tous autres moyens, notamment par la saisie de ses revenus. Ce n'est point là une contrainte par corps, dans le sens de la privation de la liberté individuelle (C. civ. 214, 2063; Cass. 9 août 1826, - Sir. 27, 88).

43. FILLE. — V. *sup.* n. 25.

43 *bis*. FERMIER. — V. *sup.* n. 22.

44. FOL-ENCHÉRISSEUR. La disposition de l'art. 740 du C. de proc. civ. portant que le *fol-enchérisseur est tenu par corps de la différence de son prix d'avec celui de la revente sur folle-enchère*, est applicable à celui qui se rend acquéreur au cas d'une vente judiciaire de biens immeubles appartenant à des mineurs (Rouen, 26 mai 1826). — Mais la femme, dans ce cas, n'est point tenue par corps de la différence (Lyon, 20 juin 1822, - Sir. 23, 255).

44 *bis*. Le cohéritier fol-enchérisseur est soumis, comme tout autre adjudicataire, à la clause de revente sur folle-enchère, surtout si elle y a été stipulée (Paris, 21 mai 1816; Cass. 9 mai 1834 et 27 mai 1835). — D'où l'on doit conclure, par voie de conséquence, que la contrainte par corps peut être exercée contre lui.

45. GARDIEN. Le locataire qui, condamné, sur la demande du propriétaire, a laissé dans la maison des meubles qu'il voulait enlever, s'est rendu gardien judiciaire de ces meubles, est tenu par corps de les représenter (Cass. 23 brum. an X, - Sir. 20, 475). — V. *sup.* n. 17, 41.

46. HÉRITIER. Un héritier présomptif évincé par un héritier plus proche, ne peut être condamné par corps à restituer les biens ou la valeur des biens de la succession dont il s'était d'abord mis en possession (C. civ. 2063; C. proc. civ. 126; Caen, 23 fév. 1825, - Sir. 26, 285). — V. *sup.* n. 23 et 44 *bis*.

47. Il en est de même de l'héritier bénéficiaire; n'ayant pas une administration confiée par justice, il ne peut être non plus contraint par corps (C. proc. 126; Carré, Pigeau, Boitard, Thomine, Chauveau).

48. HUISSIER. La contrainte par corps peut être prononcée contre un huissier pour la restitution des deniers par lui perçus pour ses clients, par suite de ses fonctions, et pour le paiement des dommages-intérêts auxquels il a donné lieu par sa fraude, encore qu'il s'agisse de moins de 300 fr. (Cass. 4 fév. 1819). — V. *sup.* n. 20.

49. MAJEUR. On peut prononcer la contrainte par corps contre un individu majeur, alors même que le fait qui y donne lieu s'est passé pendant sa minorité (Duranton, t. 18, n. 475). — V. *inf.* n. 65.

50. MARI. Lorsque, pendant une instance en divorce (maintenant séparation de corps), les enfants ont été confiés à la femme, et que néanmoins le mari s'en est emparé, les juges ne peuvent prononcer la contrainte par corps contre lui, pour l'obliger à les remettre (Paris, 27 juin 1810, - Sir. 11, 486).

51. MILITAIRES. La contrainte par corps peut avoir lieu contre les jeunes gens appelés par la loi au service militaire (Arr. 7 therm. an VIII, - Sir. 7, 869).

Et aussi contre ceux qui sont en activité de service (Alger, août 1836, - Devill. 36, 481). — Surtout à raison de dettes commerciales par eux contractées avant leur entrée au service (L. 17 av. 1832, art. 1; jug. de la Seine, 30 av. 1833, - Devill. 33, 651. — *Contrà*, Caen, 22 juin 1829).

52. MINEURS. — V. *sup.* n. 24, 47.

53. NOTAIRES. Les notaires sont contraignables par corps quand ils refusent de représenter leurs minutes ou d'en délivrer copie ou expédition, dans les cas prévus par les lois (L. 25 vent. an XI, art. 22. — V. *sup.* n. 19, *inf.* n. 208 et note 21, n. 3).

54. Un notaire qui se permet de faire, à lui seul, la distribution entre créanciers, d'un prix de vente versé dans ses mains, quelque bonne intention qu'il ait eue, n'est pas moins un dépositaire infidèle, passible de contrainte par corps (Cass. 20 juill. 1821, - Sir. 22, 333).

55. Le Notaire qui a négligé de dresser l'acte d'une obligation consentie devant lui, est passible des dommages-intérêts des parties et contraignable par corps (Riom, 28 fév. 1825).

56. De même le Notaire est passible de contrainte par corps pour la restitution des fonds dont le placement lui avait été confié, lorsqu'au lieu de les placer, il en a disposé à son profit (C. civ. 2060; Lyon, 3 fév. 1830; Cass. 18 nov. 1834; Paris, 6 janv. 1832; 16 nov. 1833; 26 janv. et 31 juill. 1835).

57. Mais les notaires qui ont été trompés sur le nom et la personne de la partie contractante, quoique civilement et solidairement responsables des dommages-intérêts, ne sont pas sujets à la contrainte par corps (Paris, 12 therm. an XII, - Sir. 17, 161).

58. NOVATION. Une dette originairement commerciale, ne perd pas ce caractère, par cela seul qu'elle est ensuite reconnue par acte notarié, et garantie par une hypothèque. Une telle reconnaissance n'opérant pas novation, le débiteur peut être condamné en tribunal de commerce, avec contrainte par corps; même quand le créancier lui aurait

remis les titres, si dans l'acte il a été stipulé que les intérêts seraient servis à 6 p. 0/0, comme pour prêt commercial (C. civ. 1271, 1273; — Grenoble, 17 juin 1826, -Sir. 28, 139; — Cass. 21 fév. 1826, -Sir. 27, 61). — V. *inf.* n. 134.

59. OFFICIERS PUBLICS. — V. *sup.* n. 19.

60. PARENTS. La contrainte par corps ne peut être exercée entre parents dans les cas spécifiés ci-dessus n. 9, 10, 11.

61. Cependant le tiers-porteur d'un billet à ordre, souscrit originairement par un frère au profit de son frère, peut exercer la contrainte par corps contre le souscripteur; à ce cas ne s'étend pas la prohibition de la loi (Bourges, 8 mai 1837).

62. Mais la contrainte par corps peut être exercée entre oncle et neveu; le lien de parenté existant entr'eux n'y fait point obstacle (C. civ. 2063; — Lyon, 3 fév. 1830, - Devill. 31, 251).

63. PRODIGUE. Celui qui a été déclaré prodigue, peut être condamné par corps, au paiement d'effets qui, de leur nature, emportent contrainte par corps, et qui ont été souscrits avant la dation du Conseil (Bruxelles, 13 av. 1808).

64. PROPRIÉTAIRE DÉPOSSÉDÉ OU RÉINTÉGRÉ. — V. *sup.* n. 15, 21.

65. PROROGATION DE JURIDICTION. De ce qu'un particulier est justiciable du tribunal de commerce par *prorogation de juridiction*, il ne s'ensuit point que la contrainte par corps puisse être prononcée contre lui, s'il n'y a pas fait de commerce (Cass. 5 mars 1811).

66. RELIQUATAIRES DE COMPTES. Il est laissé à la prudence des juges de prononcer la contrainte par corps pour reliquat de comptes de tutelle, curatelle, d'administration de corps et communautés, établissements publics ou de toute autre administration confiée par justice et pour toute restitution à faire par suite desdits comptes (C. proc. 126).

67. La faculté accordée aux juges par l'art. 534 du même code de prononcer la contrainte par corps en matière de reddition de compte n'est pas limitée au cas où cette voie d'exécution serait prononcée par la loi à raison de l'objet du compte (Carré, Le Praticien, Lepage).

68. SEPTUAGÉNAIRES. — V. *sup.* n. 25.

69. SÉQUESTRES. — V. *sup.* n. 17.

70. STELLIONATAIRES. Lorsque le stellionat résulte de ce qu'un emprunteur a hypothéqué des immeubles qui n'étaient pas sa propriété, simultanément avec d'autres immeubles qui lui appartenaient, il est contraignable par corps pour la totalité de la somme empruntée; la contrainte n'est pas restreinte à la valeur de l'immeuble hypothéqué frauduleusement (Cass. 19 juin 1816, - Sir. 17, 32). — V. *sup.* n. 12, 25.

71. Mais il n'y a plus lieu à contrainte par corps, lorsque l'hypothèque inscrite sur l'immeuble déclaré libre est rayée de manière à ce que le créancier n'éprouve aucun préjudice (Turin, 28 av. 1808, - Sir. 12, 202).

Renvoi au § 9 ci-après, n. 253 à 288.

72. SYNDICS. L'art 126 du C. de proc. civ. qui autorise les juges à prononcer la contrainte par corps, pour reliquat de compte de toute administration confiée par justice peut être étendu même aux syndics provisoires d'une faillite (Cass. 18 janv. 1814).

73. Il en est de même à plus forte raison des syndics définitifs; quoiqu'ils ne gèrent et ne plaident que pour la masse, il ne s'ensuit pas qu'ils ne puissent être condamnés par voie de contrainte par corps (Cass. 19 janv. 1819, - Sir. 20, 62).

74. TUTEUR. TUTRICE. Le tuteur qui a cessé ses fonctions, peut être condamné par corps au paiement des capitaux mobiliers dont il se reconnait lui-même redevable, bien que le compte de tutelle n'ait pas encore été rendu (C. proc. 126; — Corse, 31 août 1826, - Sir. 28, 56). — V. *sup.* n. 10.

Art. 2. TABLEAU DES CONTRAIGNABLES EN MATIÈRE DE DENIERS ET EFFETS MOBILIERS PUBLICS. — V. *sup.* n. 26 à 34.

75. ADJUDICATAIRES. Les adjudicataires de coupes de bois nationaux, qui ne paient pas leur folle-enchère ou ne fournissent pas caution solvable, sont sujets à la contrainte par corps (Circ. de la régie, 27 brum. an IX, - Sir. 1, 275).

76. ADMINISTRATION DES DOMAINES. Cette administration a la faculté de renoncer à la contrainte par corps contre les redevables, lorsque l'exercice de ce droit serait plus onéreux que profitable à l'état (Lett. min. Just. 29 fév. 1808, - Sir. 10, 2, 263).

77. AGENTS. — V. *sup.* n. 28, 30, 31.

78. CAUTION. — V. *sup.* n. 30, 31.

79. COMMUNES. — V. *sup.* n. 30, 31.

80. COMPTABLES. La contrainte par corps peut être exercée sans jugement préalable, et par l'autorité administrative seule, contre les préposés comptables constitués en débet (Déc. min. 18 brum. an XIV, et 22 av. 1806). — V. *sup.* n. 27, 30.

81. CONTRIBUTIONS INDIRECTES. Les amendes ou condamnations pécuniaires prononcées par les tribunaux correctionnels en matière de contributions indirectes ou d'octroi, ont un caractère de peine; en conséquence, l'exécution de ces condamnations contre les contrevenants, peut être poursuivie par la voie de la contrainte par corps, et cela encore bien que les jugements de condamnation ne renferment pas de dispositions expresses à cet égard (C. pén. 9, 52; — Cass. 14 fév. 1832). — V. *sup.* n. 32.

82. DOUANES. Les redevables des droits de douane, amende et confiscation, peuvent être poursuivis par la voie de la contrainte par corps (av. Cons. d'Et. 8 therm. et 7 fruct. an XII, - Sir. 4, 186). — V, *sup.* n. 32.

83. ENTREPRENEURS. Un entrepreneur de transports militaires est passible de la contrainte par corps, à raison des condamnations prononcées contre lui en faveur d'un sous-traitant (Lyon, 30 juin 1827, - Sir. 28, 123). — V. *sup.* n. 31.

84. ETABLISSEMENTS PUBLICS. — V. *sup.* n. 30, 31.

85. ETAT. — V. *sup.* n. 31.

86. FEMME. FILLE. — V. *sup.* n. 33.

87. FOURNISSEURS. Les fournisseurs d'armée qui ont chargé un individu d'opérations relatives à leurs fournitures, ne peuvent être condamnés par corps au paiement des frais de voyage, appointements, gratifications et indemni-

tés que cet individu peut avoir à réclamer (Cass. 5 sept. 1810, - Sir. 11, 32). — V. *sup.* n. 31.

88. HOSPICE. — V. *sup.* n. 30, 31.

89. OCTROI. — V. *sup.* n. 32, 81.

90. PERCEPTEUR. — V. *sup.* n. 29, 30.

91. PRÉPOSÉS. — V. *sup.* n. 28, 30. 31.

92. SEPTUAGÉNAIRE. — V. *sup.* n. 33.

93. SOUMISSIONNAIRE. — V. *sup.* n. 31.

94. TRAITANT. — V. *sup.* n. 31.

§ 3. CONTRE QUI, AU PROFIT DE QUI ET EN QUELS CAS IL PEUT Y AVOIR LIEU A CONTRAINTE PAR CORPS EN MATIÈRE DE COMMERCE.

95. *La contrainte par corps sera prononcée, sauf les exceptions et modifications ci-après, contre toute personne condamnée pour dettes commerciales au paiement d'une somme principale de 200 et au-dessus* (L. 17 av. 1832, art. 1).

96. Une dette est commerciale quand elle résulte d'un acte réputé *acte de commerce* aux termes des art. 632 et 633 du C. de comm. rapportés *sup.* note 23, p. 240, n. 39 et 40. — V. note 118 et note 49, n. 31.

Il suffit que, de la part de l'obligé, la convention soit un acte de commerce, pour qu'elle donne lieu à contrainte par corps contre lui (Cass. 26 mai 1829).

97. *Ne sont point soumis à la contrainte par corps en matière de commerce :*

1° *Les femmes et les filles non légalement réputées marchandes publiques.*

2° *Les mineurs non commerçants, ou qui ne sont point réputés majeurs pour fait de leur commerce.*

3° *Les veuves et héritiers des justiciables des tribunaux de commerce assignés devant les tribunaux en reprise d'instance, ou par action nouvelle, en raison de leur qualité* (Même loi, art. 2). — V. C. de comm. art. 1 à 7.

98. *Les condamnations prononcées par les tribunaux de commerce contre les individus non négociants, pour signatures apposées, soit à des lettres de changes réputées simples promesses aux termes de l'art. 112 du C. de comm., soit à des billets à ordre, n'emportent point la contrainte par corps, à moins que ces signatures et engagements n'aient eu pour cause des opérations de commerce, trafic, change, banque ou courtage* (Même loi, art. 3).

99. *La contrainte par corps, en matière de commerce, ne pourra être prononcée contre les débiteurs qui auront commencé leur soixante-dixième année* (Ibid, art. 4).

IL A ÉTÉ FAIT APPLICATION DES RÈGLES QUI PRÉCÈDENT DANS LES CAS SUIVANTS :

100. ACCEPTEUR DE CHANGE. L'accepteur d'une lettre de change est justiciable des tribunaux de commerce, et sujet à la contrainte par corps, quoiqu'il ne soit pas commerçant (Paris, 6 déc. 1806).

101. La négociation après l'échéance n'ôte pas à la lettre de change son caractère d'effet de commerce. Ainsi, le porteur qui n'en est devenu propriétaire qu'après l'échéance, peut obtenir la contrainte par corps contre l'*accepteur*, et même contre l'*endosseur*, son cédant (Paris, 6 av. 1809, - Sir. 10, 43).

102. ACTEUR. Les artistes qui ont contracté avec un directeur de spectacle doivent être considérés comme concourant à l'exploitation d'une entreprise commerciale. Par conséquent, l'acteur qui manque à ses engagements peut être actionné devant le tribunal de commerce et condamné par corps (Paris, 11 juill. 1825, - Sir. 26, 96).

103. ADMINISTRATEUR. Les administrateurs, mandataires et agents d'une société anonyme, telle que la compagnie d'assurances maritimes de Paris, ne sont pas passibles de la contrainte par corps, à raison du paiement des sommes assurées par la compagnie (C. civ. 2063; C. de comm. 32; Cass. 23 mai 1826).

104. AGENTS. La contrainte par corps peut être prononcée contre les entrepreneurs d'agences d'affaires (Pardessus, n. 41; Merlin, Rép. v° *Faillite*, § 2, art. 4; Carré. p. 583; Vincens, t. 1, p. 134). — V. *sup.* n. 103 et *inf.* n. 105.

105. AGENT D'AFFAIRES. Un agent d'affaires est réputé commerçant. — En conséquence, les simples billets par lui souscrits sont censés faits pour son agence, s'il n'énoncent pas une autre cause, et le rendent justiciable des tribunaux de commerce et contraignable par corps (Paris, 6 déc. 1814 - Sir. 16, 54).

106. AGENT DE CHANGE. Les opérations de commerce ou de banque que les agents de change font pour leur compte, nonobstant la prohibition des lois, les soumettent à la contrainte par corps (Bordeaux, 19 av. 1836).

107. ARCHITECTE. La contrainte par corps ne peut être prononcée contre l'architecte qui s'est engagé à diriger une construction (Coin-Delisle, p. 81).

108. ARMATEUR. L'armateur est contraignable par corps à l'exécution de ceux des engagements du capitaine dont la loi le déclare responsable (C. comm. 216; Cass. 8 nov. 1832).

Et lorsqu'un navire est forcé de *relâcher*, les passagers qui ont fait marché pour leur nourriture pendant la traversée peuvent exiger d'être défrayés des dépenses de la relâche. Ils peuvent aussi faire résilier la convention faite pour leur transport, surtout si le navire était, à son départ, dans un état tellement mauvais, que le capitaine ait dû prévoir la relâche. En un tel cas, le capitaine peut même être condamné par corps; il dirait vainement qu'il n'est que le mandataire de l'armateur (C. comm. 400, 403; Poitiers, 30 av. 1828).

109. ARTISANS. La contrainte par corps peut être prononcée contre les artisans qui achètent des matières premières pour les confectionner et les revendre (Coin-Delisle. p. 74).

110. ASSOCIÉ. En matière commerciale, un associé peut être condamné par corps envers son associé, au paiement des dommages-intérêts résultant de ce que la dissolution de la société a été demandée à contre-temps (Cass. 24 brum. an XII, - Sir. 4, 129).

111. AUBERGISTE. La contrainte par corps peut être prononcée contre les aubergistes, traiteurs, cabaretiers, libraires, éditeurs, imprimeurs, etc. (Coin-Delisle, p. 78, n. 10).

112. AUTEUR. La contrainte par corps ne peut être prononcée contre l'auteur pour frais de papier et d'impression de l'ouvrage qu'il livre ensuite au commerce (Pardessus. n. 15; Vincens, p. 133). — Ni contre l'auteur, rédac-

teur et propriétaire d'un journal pour les achats qu'il fait à ce sujet (Carré, p. 548, 549).

113. AVAL. L'individu non-négociant qui a donné son aval sur un billet à ordre souscrit par un négociant est passible de la contrainte par corps, si le billet à ordre a pour cause une opération de commerce (Bruxelles, 17 mars 1812, - Sir. 14, 369).

114. Pour que le donneur d'aval, non commerçant, soit contraignable par corps, il suffit que le souscripteur du billet soit contraignable lui-même (Grenoble, 24 janv. 1829).

115. Cependant le donneur d'aval qui n'affecte expressément que ses meubles pour sûreté de l'obligation qu'il contracte, n'est pas contraignable par corps, comme le serait le donneur d'aval ordinaire (Paris, 20 vent. an XIII, - Sir. 6, 970), — V. *inf.* n. 127, 144.

116. AVOCAT. Un billet à ordre souscrit ou endossé par un avocat, reconnu tel dans le protêt, ne le soumet pas à la contrainte par corps, lorsque d'ailleurs, l'engagement de l'avocat n'est aucunement causé pour opération de commerce. — Peu importe qu'il ait été qualifié *marchand* dans quelques actes de la procédure (Cass. 26 janv. 1814).

117. AVOUÉ. — V. *sup.* note 21, n. 177, 178.

118. BILLET A DOMICILE. Ce billet est d'une tout autre nature que le billet de change : il n'emporte pas la contrainte par corps (Colmar, 14 janv. 1817,-Sir. 18, 125). — Quand même il serait déclaré payable dans un lieu autre que celui où il a été souscrit (Bordeaux, 21 janv. et 5 mai 1836; — Grenoble, 3 fév. 1836; — Paris, 18 août 1836; — Lyon, 12 janv. 1839; — Locré; Pardessus; Favard).

119. Cependant il a été jugé que le billet à domicile payable dans un lieu autre que celui où il est souscrit et où les fonds sont reçus par le souscripteur, s'il ne peut être rigoureusement assimilé à une lettre de change, constitue néanmoins un acte de commerce, en ce qu'il renferme remise de place en place; il soumet, dès-lors, le souscripteur, même non-négociant, à la contrainte par corps (Bourges, 4 déc. 1829; 19 mars 1839; — Toulouse, 14 mai 1831; — Lyon, 16 août 1837; 30 août 1838, - Devill. 39, 292).

120. BILLET A ORDRE. Un billet à ordre souscrit par un non-négociant ne constitue pas un acte de commerce, par cela seul qu'il est causé *valeur reçue en marchandises*. Le souscripteur d'un tel billet n'est donc passible de la contrainte par corps qu'autant qu'il serait prouvé que le billet a pour cause une opération commerciale (Paris, 19 mars 1831; 25 nov. 1834, - Devill. 35, 104).

121. Quant au billet à ordre souscrit par un commerçant, il cesse d'être de plein droit présumé fait pour son commerce, s'il est causé valeur reçue en objets mobiliers. Dans ce cas, il ne suffit pas pour condamner le souscripteur par corps, de déclarer qu'il est commerçant; les juges doivent vérifier la véritable cause du billet (Cass. 3 juin 1835).

122. CABARETIERS. La contrainte par corps peut être prononcée contre les aubergistes, traiteurs, cabaretiers, libraires, éditeurs, imprimeurs, etc. (Coin-Delisle, p. 78, n. 10).

123. CAFETIERS. Les cafetiers sont des commerçants, et comme tels, ils sont justiciables des tribunaux de commerce et sujets à la contrainte par corps à raison des billets à ordre qu'ils ont souscrits (Rouen, 4 déc. 1818, - Sir. 19, 328).

124. CAUTION. Le commerçant qui se rend caution de l'exécution d'un mandat commercial confié à un tiers est soumis à la contrainte par corps pour l'exécution de son cautionnement (C. civ. 2060; Cass. 23 juill. 1833). — V. *sup.* n. 18.

125. Mais l'individu non-commerçant qui cautionne une dette ou obligation commerciale, n'est pas, à raison de ce fait, assujéti à la contrainte par corps, si, d'ailleurs, il ne s'y est pas soumis lors du cautionnement (C. civ. 2060 et 2063; C. comm. 637; Cass. 21 juill. 1824, - Sir. 26, 73; Rouen, 20 août 1833).

126. Il en est de même 1° de la garantie consentie en une forme non commerciale par un non-commerçant, à raison d'un crédit ouvert à un commerçant par un autre commerçant : dans ce cas, il n'y a pas lieu à contrainte par corps contre le garant (C. comm. 141, 632; Paris, 15 janv. 1831).

127. 2° D'un cautionnement de lettres de change *à créer*; ce cautionnement n'ayant point le caractère d'un aval n'emporte point contrainte par corps, du moins à l'égard d'un non-commerçant (C. comm. 142; Paris, 12 av. 1834).

128. 3° Du cautionnement par un individu non-commerçant d'une dette ou obligation commerciale, telle que la promesse de fournir des billets à ordre pour prix d'une vente commerciale, si, d'ailleurs, il ne s'est pas soumis à la contrainte par corps lors du cautionnement (C. civ. 2060; C. comm. 637; Cass. 7 juin 1837).

129. CODÉBITEUR. Le codébiteur de lettres de change qui en a payé le montant après condamnation par corps, a la même voie de contrainte contre son codébiteur pour le remboursement de la portion due par ce dernier, alors même que la cause originaire des lettres de change serait purement civile (C. civ. 2063, 1251; Cass. 17 av. 1833).— V. *sup.* n. 58.

130. COMMERÇANT. Le commerçant qui souscrit des billets à ordre *valeur reçue comptant*, ou *pour intérêts de ces valeurs*, au profit d'un particulier non-commerçant, se rend, pour les uns et les autres, justiciable des tribunaux de commerce, et contraignable par corps (Paris, 10 mars 1814, - Sir. 16, 128).

131. Cependant un billet souscrit par un commerçant, lorsqu'il est causé pour *valeur en frais de poursuite d'une affaire de prises*, ne peut donner lieu à contrainte par corps (Cass. 8 janv. 1812).

132. Et lorsque la contrainte par corps pour une somme supérieure à 200 fr. a été prononcée contre le débiteur, elle peut toujours être mise à exécution, bien que des paiements partiels postérieurs au jugement de condamnation, aient réduit le montant de la dette à une somme inférieure à 200 fr. (Paris, 11 août 1841).

133. COMMISSIONNAIRE. Les condamnations prononcées contre les commissionnaires de roulage emportent contrainte par corps (Paris, 1 germ. an XIII, - Sir. 5, 564).

134. CONCORDATAIRE. Le débiteur affranchi de la contrainte par corps, par une clause de son concordat, ne devient pas ultérieurement contraignable, par cela seul qu'il ne paie pas aux échéances fixées, surtout si par le

concordat, les créanciers ayant exigé et reçu le cautionnement de la femme du failli, ils n'offrent point de s'en désister (Cass. 9 déc. 1812, -Sir. 13, 181 ; 3 janv. 1814). — V. *inf.* n. 143.

135. CULTIVATEUR. La contrainte par corps ne peut être prononcée contre le cultivateur qui achète des tonneaux propres à contenir le vin de ses récoltes qu'il veut vendre (Pardessus, n. 13 ; Jousse). — Ni contre celui qui achète des bestiaux destinés à l'agriculture et qui les revend après les avoir engraissés (Pardessus, n. 14).

136. DIRECTEUR. Les directeurs de messageries sont responsables par corps de la perte des objets qui leur ont été confiés, si cette perte n'est pas arrivée par cas fortuit (Paris, 19 av. 1809).

137. Un directeur de spectacle n'est pas, à raison de sa qualité, justiciable des tribunaux de commerce, et contraignable par corps (Paris, 26 pluv. an x, -Sir. 7, 307).

138. EDITEUR — V. *sup.* n. 112, 122.

139. ENDOSSEUR. L'endosseur d'un billet à ordre, souscrit par un marchand, n'est pas soumis à la contrainte par corps, si lui-même n'est ni négociant, ni marchand (Cass. 11 fév. 1807). — V. *sup.* n. 101.

140. ENTREPRENEUR. La contrainte par corps peut être prononcée contre les entrepreneurs d'établissements de vente à l'encan, et contre les entrepreneurs de spectacles, de danses et autres divertissements (Vincens; Pardessus, n. 43, 46 ; Carré, p. 584 et 585).

141. FACTEUR. Le facteur ou commis de marchand est contraignable par corps pour une contestation qui s'est élevée entre lui et des tiers, ou entre le facteur et le marchand lui-même, au sujet de son commerce.

142. FAILLI. Un créancier du failli ne peut, durant les opérations de la faillite, poursuivre isolément le paiement de sa créance, ni exercer aucune voie d'exécution, et spécialement la voie de la contrainte par corps : on ne saurait autoriser des poursuites à fin de paiement contre le failli qui, dessaisi de ses biens, n'a plus la faculté de payer (C. comm. 494 ; Angers, 31 juill. 1823 ; — Paris, 12 oct. et 23 nov. 1837, -Devill. 38, 429).

143. Mais la contrainte par corps doit être prononcée contre le failli pour le paiement du dividende réglé par le concordat (Bordeaux, 6 déc. 1837, -Devill. 39, 194).

144. FEMME. FILLE. V. *sup.* n. 97. — La femme qui a garanti par un aval un billet souscrit par son mari n'est contraignable par corps qu'autant qu'elle serait marchande publique (C. civ. 220, 2066 ; C. comm. 142 ; Bruxelles, 30 nov. 1830, -Devill. 31, 63).

145. FOURNISSEUR. Les fournisseurs d'armée qui ont chargé un individu d'opérations relatives à leurs fournitures, ne peuvent être condamnés par corps au paiement des frais de voyage, appointements, gratifications et indemnités que cet individu peut avoir à réclamer (Cass. 5 sept. 1810, -Sir. 11, 32).

146. HERITIER. — V. *sup.* n. 97 et *inf.* n. 169.

146 *bis.* IMPRIMEUR-LIBRAIRE. — V. *sup.* n. 111 et 112.

147. LIQUIDATEUR. Le liquidateur d'une société de commerce, qui a été, en même temps, chargé de gérer l'établissement sous sa responsabilité personnelle, est contraignable par corps (Paris, 28 av. 1841).

148. MAITRE. Quoique le maître ou patron d'un établissement ou atelier, puisse, à cause de la nature de sa profession, être traduit devant les tribunaux de commerce par ses commis ou employés, en paiement des appointements ou salaires qu'il leur a promis, il n'en est pas moins vrai que la contrainte par corps ne peut, dans aucun cas, être prononcée contre lui à raison de ces mêmes appointements ou salaires (L. 15 germ. an VI, art. 1 et 4 ; Cass. 15 av. 1829).

149. MAITRE DE PENSION. INSTITUTEUR. Le directeur d'une maison d'éducation, qui souscrit des billets à ordre, au profit d'un marchand pour fournitures faites à son pensionnat, est contraignable par corps (Paris, 26 nov. 1807, -Sir. 8, 55. — *Contrà*, Pardessus; Locré; Vincens; Favard ; Dalloz ; Carré).

150. MANDATAIRES. — V. *sup.* n. 103.

151. MARCHAND. Le souscripteur d'un billet à ordre, qui s'y qualifie *marchand*, ne peut prétexter ensuite qu'il ne l'est pas, afin de se soustraire à la contrainte par corps (Paris, 28 juin 1813, -Sir. 14, 188. — *Contrà*, Bruxelles, 28 août 1811, -Sir. 12, 168, et d'après ce dernier arrêt la preuve de la fausse qualification peut être faite par témoins).

152. La contrainte par corps ne peut être prononcée à raison d'un billet à ordre souscrit par un commerçant lorsqu'il n'énonce pas la valeur fournie : la loi n'autorise la contrainte par corps pour les billets à ordre qu'autant qu'ils expriment que la valeur a été *reçue comptant* ou qu'elle a été fournie en *argent* ou *en marchandises* (Cass. 28 juillet 1813, -Sir. 13, 126 ; — 18 nov. 1831, -Devill. 32, 22).

153. MARCHANDE PUBLIQUE. Une femme marchande publique, qui souscrit des billets à ordre, *valeur reçue comptant*, est passible de la contrainte par corps. Il n'est pas nécessaire que ce billet soit causé *valeur en marchandises dont les parties font respectivement négoce* (Cass. 15 nov. 1813, -Sir. 15, 74).

154. Mais la femme marchande publique n'est pas soumise à la contrainte par corps pour le paiement de lettres de change par elle souscrites ou endossées, alors que ces lettres de change n'ont pour cause que le renouvellement d'effets antérieurs (*primitivement dus par son mari*) et sont ainsi étrangères au commerce de la femme (Montpellier, 30 juill. 1830, -Devill. 31, 70). — V. *sup.* n. 144.

155. MARI DE MARCHANDE. Le mari, non-commerçant, n'est point tenu *par corps*, des obligations commerciales contractées par sa femme marchande publique et commune en biens (C. civ. 220 ; C. comm. 5 ; — Lyon, 26 juin 1822, -Sir. 23, 288 ; — Paris, 7 août 1832, -Devill. 33, 52).

156. MINEUR. — V. *sup.* n. 97.

157. NÉGOCIANTS. Tout négociant est contraignable par corps pour avoir souscrit ou endossé un billet à ordre, causé *valeur reçue comptant*, à moins que des termes du billet ou de quelque autre preuve également décisive, il ne résulte qu'ils sont pour autre cause que pour marchandises (Cass. 9 vendém. an XIII, -Sir. 5, 246).

158. NON-NÉGOCIANTS. — V. *sup* n. 98, 125 et suiv. et *inf.* n. 164.

159. PORTEUR D'EAU. La vente qu'un porteur d'eau avec tonneaux à bras consent de son fonds constitue une

opération commerciale. En conséquence, les difficultés relatives à cette vente sont de la compétence des tribunaux de commerce; et la contrainte par corps peut être prononcée contre le vendeur, en cas d'inexécution de la condition (Paris, 15 juill. 1831).

160. PRÊT. Un simple prêt entre marchands ne produit pas la contrainte par corps (Cass. 15 janv. 1806).

161. RÉCEVEUR DE RENTE. La contrainte par corps peut être prononcée contre les receveurs de rentes (Coin-Delisle, p. 80).

162. SEPTUAGÉNAIRE. — V. *sup*. n. 99.

163. SOCIÉTAIRE. Les sociétaires d'une banque sont contraignables par corps, encore que leurs traites offrent une garantie hypothécaire et territoriale (Cass. 21 mars 1808).

164. SOUSCRIPTEUR. La contrainte par corps ne peut être prononcée contre un particulier non-commerçant, à raison d'un billet à ordre qu'il a souscrit (Cass. 20 flor. an XI, -Sir. 3, 319).

165. Mais il en est autrement lorsqu'il est reconnu que le billet a été souscrit pour *fait de commerce*. A cet égard, l'appréciation des juges du fond échappe à la censure de la Cour de Cassation (Cass. 13 janv. 1829, Sir. 30, 160).

166. SPÉCULATEUR. Le spéculateur sur les fonds publics est contraignable par corps (Cass. 18 fév. 1806;— Merlin; Carré; Coin-Delisle).

167. Mais la contrainte par corps ne peut être prononcée contre celui qui achète un édifice dans l'intention de le démolir (Carré; Coin-Delisle).

168. TRAITEUR. — V. *sup*. n. 122.

169. VEUVE. La contrainte par corps n'a pas lieu contre la veuve et les héritiers d'un négociant, pour les dettes de celui-ci (Bruxelles, 13 janv. 1813, -Sir. 16, 80). — V. *sup*. n. 97.

170. VENDEUR. La contrainte par corps ne peut être prononcée contre l'acheteur ou le vendeur d'un fonds de commerce (Coin-Delisle, p. 78).

171. Mais elle peut l'être contre celui qui achète et revend des effets publics par l'intermédiaire d'un agent de change (Paris, 29 déc. 1807).

V. la note 43, § 1.

§ 4. DE LA CONTRAINTE PAR CORPS CONTRE LES ÉTRANGERS.

172. *Tout jugement* QUI INTERVIENDRA *au profit d'un* FRANÇAIS *contre un étranger* NON-DOMICILIÉ *en France, emportera la contrainte par corps, à moins que la somme principale de la condamnation ne soit inférieure à cent cinquante francs, sans distinction entre les dettes civiles et les dettes commerciales* (L. 17 av. 1832, art. 14).

173. QUI INTERVIENDRA. Il ne suffit pas qu'un jugement intervienne entre le créancier français et l'étranger, pour que celui-ci soit contraignable par corps; il faut que l'obligation ait été contractée *directement* en faveur du français, de sorte que si le français est seulement cessionnaire d'un étranger créancier originaire, il ne peut ni traduire l'étranger débiteur devant les tribunaux français, ni faire procéder à son arrestation provisoire; mais il en est autrement s'il s'agit de lettres de change, billets à ordre ou autres valeurs semblables, qui ont été transmises par endossement au français qui poursuit (Paris, 27 mars 1833;— Cass. 26 janv. 1833;—Paris, 15 oct. 1834, et 27 mars 1835).

174. FRANÇAIS. Il n'y a que ceux qui ont la qualité de français qui peuvent exercer la contrainte par corps contre les étrangers; l'étranger qui a été admis à établir son domicile en France même à y jouir de tous les droits civils, ne peut réclamer l'exercice de ce droit (Douai, 7 mai 1828, -Sir. 29, 79;—Caen, 12 janv. 1832).

175. NON-DOMICILIÉ. Ainsi, pour qu'un étranger soit à l'abri de la contrainte par corps, il suffit qu'il soit domicilié en France (Cass. 6 fév. 1826). Cependant s'il ne s'y était créé qu'un domicile fictif, il resterait soumis à l'arrestation provisoire (Douai, 9 déc. 1829, -Devill. 32, 648). Et si après la condamnation il obtenait du roi une ordonnance l'autorisant à établir son domicile en France, il devrait être déchargé de la contrainte par corps (Paris, 25 av. 1834).

176. *Avant le jugement de condamnation, mais après l'échéance ou l'exigibilité de la dette, le Président du tribunal de première instance dans l'arrondissement duquel se trouvera l'étranger non-domicilié, pourra,* S'IL Y A DE SUFFISANTS MOTIFS, *ordonner son* ARRESTATION PROVISOIRE, *sur la requête du créancier français. Dans ce cas, le créancier sera tenu de se pourvoir en condamnation dans la huitaine de l'arrestation du débiteur, faute de quoi, celui-ci pourra demander son élargissement. La mise en liberté sera prononcée par ordonnance de référé, sur une assignation donnée au créancier par l'huissier que le président aura commis dans l'ordonnance même qui autorisait l'arrestation, et à défaut de cet huissier, par tel autre qui sera commis provisoirement* (même loi, art. 15).

177. S'IL Y A DE SUFFISANTS MOTIFS. Le soin d'apprécier ces motifs, est abandonné aux premiers juges dont la décision n'est point sujette à cassation (Cass. 25 sept. 1829, Sir. 30, 151).

178. ARRESTATION PROVISOIRE. Au moyen de cette disposition, le créancier peut user d'une mesure de sûreté qui ne permet plus à l'étranger non-domicilié de disparaître sans payer sa dette.

179. *L'arrestation provisoire n'aura pas lieu ou cessera, si l'étranger justifie qu'il possède sur le territoire français, un établissement de commerce ou des immeubles, le tout d'une valeur suffisante pour assurer le paiement de la dette; ou s'il fournit pour caution une personne domiciliée en France et reconnue solvable* (même loi, art. 16). — V. note 27 n. 231.

180. *Le débiteur étranger condamné pour dette commerciale jouira du bénéfice des art. 4 et 6 de la présente loi* (V. sup. n. 99). *En conséquence, la contrainte par corps ne sera point prononcée contre lui, ou elle cessera dès qu'il aura commencé sa soixante-dixième année. Il en sera de même à l'égard de l'étranger condamné pour dette civile, le cas de stellionat excepté. La contrainte par corps ne sera pas prononcée contre les étrangères pour dettes civiles, sauf aussi le cas de stellionat conformément au premier § de l'art. 2066 du C. civ., qui leur est déclaré applicable* (V. sup., n. 25). — (même loi, art. 18).

§ 5. DE LA CONTRAINTE PAR CORPS EN MATIÈRE CRIMINELLE, CORRECTIONNELLE ET DE POLICE.

181. *L'exécution des condamnations* (par suite de crimes et délits) *à l'amende, aux restitutions, aux dommages-intérêts et aux frais, pourra être poursuivie par la voie de la contrainte par corps* (C. pén. 52).

182. *Tous les individus condamnés pour un même crime ou pour un même délit, seront tenus solidairement des amendes, des restitutions, des dommages-intérêts et des frais* (C. pén. 55).

183. *La contrainte par corps aura lieu pour le paiement des amendes* (résultant de contraventions de police). C. pén. 467.

184. *Les restitutions, indemnités et frais* (pour raison de contraventions de police) *entraîneront la contrainte par corps* (C. pén. 469).

V. loi du 17 avril 1832, art. 33 et suiv.

§ 6. DE L'ÉTENDUE DE LA CONTRAINTE PAR CORPS POUR DOMMAGES-INTÉRÊTS, RÉPARATIONS ET RESTITUTIONS, ET POUR AMENDES, FRAIS ET DÉPENS, EN MATIÈRE CIVILE ET COMMERCIALE, ET EN MATIÈRE CRIMINELLE, CORRECTIONNELLE ET DE POLICE.

Art. 1. DOMMAGES-INTÉRÊTS, RÉPARATIONS ET RESTITUTIONS.

185. ACTION CIVILE. L'art. 126 du Code de proc. est applicable au cas où une action civile, à raison d'un délit, est formée devant les tribunaux civils; mais il ne l'est pas, lorsque l'action est formée par un tiers qui n'aurait pas été partie au procès criminel, ou par un accusé acquitté qui n'aurait connu son dénonciateur qu'après la session de la cour d'assises, et enfin lorsque l'action est formée contre les héritiers de l'auteur du délit (Carré, t. 1, n. 533; — Demiau, p. 113).

186. ARBITRAGE DU JUGE. Sous l'empire du code de proc., les juges ont la faculté, mais ne sont pas tenus de prononcer la contrainte par corps pour dommages-intérêts (C. proc. 126; — Colmar, 17 mars 1810). Il en était de même sous l'ancienne jurisprudence (Cass. 2 therm. an II, - Sir. 2, 9; 12 août 1807, - Sir. 7, 433).

187. CONDAMNATION COMMERCIALE. Un tribunal peut prononcer la contrainte par corps à la suite d'une condamnation pour dommages-intérêts, se rattachant à un billet à ordre endossé par un marchand, encore que la matière soit civile, le tribunal de commerce n'étant saisi qu'à cause de la qualité de marchand de l'une des parties (C. proc. 126; Cass. 2 août 1827, - Sir. 28, 18).

188. COUPE DE BOIS. DÉGRADATION. Le propriétaire d'un immeuble hypothéqué, qui, même avant la saisie immobilière, fait des coupes extraordinaires de bois, et commet des dégradations, peut être condamné par corps à des dommages-intérêts envers ses créanciers hypothécaires, comme agissant en fraude de leurs droits (Paris, 26 août 1809, - Sir. 10, 189). Mais, après la saisie, la condamnation est obligatoire et non facultative, pourvu que les dommages-intérêts ne s'élèvent pas à une somme moindre de trois cents francs (C proc. 683, 126; — C. civ. 2065; — Carré, t. 1, n. 535; — Pigeau, 2, 213).

189. DÉNONCIATION CALOMNIEUSE. L'art. 52 du C. pén. qui autorise la contrainte par corps pour dommages-intérêts en matière criminelle, s'applique au cas où ces dommages-intérêts sont prononcés à la suite d'un acquittement contre un dénonciateur calomnieux (Cass. 31 mai 1816).

190. FEMME. La femme poursuivie comme complice de banqueroute frauduleuse et acquittée, mais qui est condamnée par la cour d'assises à des dommages-intérêts envers les créanciers, ne peut pas y être condamnée par corps, les dommages-intérêts en ce cas étant purement civils, et non la conséquence d'une condamnation criminelle (C. pén. 52; — C. civ. 2066; — L. 17 av. 1832, art. 38; — Cass. 14 déc. 1839, - Devill. 40, 147).

191. Mais la femme commune en biens est soumise à la contrainte par corps, pour dommages-intérêts résultant d'un crime ou délit (L. 17 av. 1832, art. 21 et 41; — Douai, 7 juin 1837, - Devill. 38, 328).

192. Du reste, c'est un point constant, la contrainte par corps ne peut être prononcée contre les femmes pour dommages-intérêts en matière civile; l'art. 126 du C. de proc. n'ayant pas dérogé à l'art. 2066 du C. civ. (Cass. 6 oct. 1813; 20 mai 1818; 26 déc. 1827; 17 janv. 1832; — Colmar, 7 av. 1821; — Paris, 26 fév. 1829).

193. JUGEMENT POSSESSOIRE. La contrainte par corps peut être prononcée pour assurer l'exécution d'un jugement possessoire (Carré, 1, 132; — Pigeau, p. 478; — Delaporte, 1, 27).

194. POURSUITES APRÈS CASSATION. La contrainte par corps accordée par un arrêt, pour obtenir le prix des condamnations qu'il prononce, appartient de droit à la partie qui, après cassation de cet arrêt, poursuit la restitution des sommes payées (Cass. 15 janv. 1812; 22 janv. 1822, - Sir 22, 151, 152).

195. PRIX DE VENTE. On doit comprendre sous le titre de dommages-intérêts, pouvant donner lieu à contrainte par corps, s'ils s'élèvent à plus de trois cents francs, le prix de vente à restituer à l'acquéreur par le vendeur, en cas d'éviction ou de nullité de la vente (C. proc. 126; — C. civ. 1630; — Paris, 27 janv. 1810, - Sir. 7, 917; — Colmar, 7 av. 1821).

196. QUOTITÉ. La contrainte par corps ne peut être prononcée, ni pour des dommages-intérêts inférieurs à trois cents francs, quand même la condamnation serait la suite d'une annulation d'acte pour cause de dol et de fraude (C. proc. 126; — C. pén. 52, 55; — C. civ. 2065; — Cass. 30 déc. 1828, - Sir. 29, 156): — ni pour des dommages-intérêts s'élevant à plus de trois cents francs, lorsque la condamnation frappant plusieurs individus, se trouve, au moyen de la division, être moindre de cinq cents francs, à l'égard de chacun d'eux; pourvu, bien entendu, qu'il n'y ait pas de solidarité entre les débiteurs (C. proc. 126; — C. civ. 2065; — Cass. 5 déc. 1827, - Sir. 28, 161).

197. SAISIE. Lorsque sur l'action récursoire d'un gardien, condamné envers le saisissant à payer la valeur des objets saisis comme ayant été enlevés par la partie saisie, celle-ci a été elle-même condamnée à payer au gardien, d'abord la même somme, puis une autre à titre de dommages-intérêts, ces deux sommes doivent, bien que cela ne soit énoncé qu'à l'égard de la seconde, être considérées comme ayant le caractère de dommages-intérêts, et par suite les juges sont autorisés à prononcer la contrainte par corps, si, réunies, elles excèdent trois cents francs (Cass. 30 juill. 1833).

198. SOLIDARITÉ. — V. *sup.* n. 196.

199. SOMME INDÛMENT REÇUE. On ne peut considérer comme dommages-intérêts, la restitution d'une somme indûment perçue, et par suite, on ne peut prononcer la contrainte par corps à raison de cette restitution (C. proc. 126; — Nancy, 18 mai 1827).

Art. 2. AMENDES, FRAIS ET DÉPENS.

200. Sous l'empire de la loi du 15 germ. an VI (abrogée

par celle du 17 avril 1832), la contrainte par corps n'avait pas lieu pour amendes en matière civile (Déc. min. 18 niv. an IX, -Sir. 1, 534).

201. AMENDES. — V. *sup.* n. 200, et *inf.* n. 208.

202. CONDAMNATION CIVILE. La contrainte par corps ne peut être prononcée pour des dépens en matière civile (C. civ. 2063; — Cass. 17 janv. 1832, et 30 juill. 1833). — Alors même qu'ils seraient adjugés à titre de dommages-intérêts (C. proc. 126; — Toulouse, 20 fév. 1832)

203. CONDAMNATION COMMERCIALE. La contrainte par corps, en matière de commerce, ne peut être prononcée pour les dépens (Cass. 14 nov. 1809, -Sir. 10, 64; 14 av. 1817; 4 janv. 1825; 30 déc. 1828, -Sir. 29, 156).

204. CONDAMNATION CORRECTIONNELLE. En matière criminelle, correctionnelle et de police, les frais de la procédure emportent la contrainte par corps, de sorte qu'en matière correctionnelle, la contrainte par corps a lieu pour les frais de poursuites, comme pour l'amende à laquelle le délit a donné lieu (Cass. 10 frim. et 19 vent. an XII, -Sir. 4, 250; — Décr. 20 sept. 1809; Arr. des Cons. et Instr. de la régie, 6 brum. et 3 pluv. an XI).

205. En cette matière, la contrainte par corps a toujours lieu de plein droit pour l'exécution des condamnations prononcées; l'art. 52 du C. pén. portant que l'exécution pourra être poursuivie par cette voie, est indicatif d'un droit, et non d'une simple faculté, et même cet article n'est pas restreint aux condamnations intervenues contre les prévenus, car il s'applique également aux condamnations intervenues contre les plaignants, en cas de succombance (Bordeaux, 15 nov. 1828, -Sir. 29, 117).

206. CONDAMNATION CRIMINELLE. — V. *sup.* n. 204.

207. CONDAMNATION DE POLICE. La condamnation aux dépens envers le trésor public, prononcée par un tribunal de police, emporte contrainte par corps, encore qu'elle ne soit pas prononcée par le jugement (Cass. 2 janv. 1807). — V. *sup.* n. 204.

208. NOTAIRES. Les notaires sont contraignables par corps au paiement des amendes prononcées contre eux, pour contravention à la loi du 7 vent. an VIII sur les cautionnements (av. Cons. d'Et., 17 pluv. an IX, -Sir. 1, 431.

§ 7. DE QUELS JUGEMENTS PEUT RÉSULTER LA CONTRAINTE PAR CORPS.

209. Nous avons vu *sup.* n. 4, 5 et 6, que la contrainte par corps, dans les cas même où elle est autorisée par une loi, ne peut être appliquée qu'en vertu d'un jugement; que l'appel ne suspend pas la contrainte par corps, lorsqu'elle est prononcée par un jugement provisoirement exécutoire en donnant caution; et que les jugements des tribunaux civils ou de commerce prononçant la contrainte par corps, sont toujours sujets à l'appel, relativement à cette disposition, même quand ils sont rendus en dernier ressort; toutefois, cet appel ne suspend point l'exécution.

IL A ÉTÉ FAIT APPLICATION ET INTERPRÉTATION DE CES RÈGLES DANS LES CAS SUIVANTS :

210. ADMINISTRATION. C'est à l'administration à décerner une contrainte pour fait de comptabilité administrative; mais toute discussion sur la régularité de l'emprisonnement est dévolue aux tribunaux (L. 15 germ. an VI; Arr. 16 therm. an VIII; déc. Cons. d'Et. 6 déc. 1820, -Sir. 21, 82).

211. AMIABLES-COMPOSITEURS. Dans les matières où la contrainte par corps est autorisée par la loi, notamment lorsqu'il s'agit de reliquat de compte de tutelle, les arbitres volontaires et amiables-compositeurs peuvent l'appliquer comme les tribunaux. La décision des arbitres est un véritable jugement dans le sens de l'art. 2067 du C. civ. (Pau, 4 juill. 1821, -Sir. 24, 12). — V. le n. suiv.

212. APPEL. La contrainte par corps peut être prononcée sur appel, bien qu'elle n'ait pas été prononcée en première instance, dans les cas où elle doit avoir lieu de plein droit, notamment pour l'exécution des condamnations correctionnelles à l'amende et aux frais (Cass. 14 juill. 1827). — Elle peut être prononcée sur appel, sans que les juges soient tenus d'en donner aucun motif explicite, lorsque déjà elle avait été prononcée en première instance, comme accessoire de la condamnation principale (Cass. 21 juin 1825, -Sir. 26, 301). — V. *sup.* n. 209.

213. L'appel interjeté, quant au chef de la contrainte par corps, d'un jugement du tribunal de commerce, rendu en dernier ressort, n'est pas suspensif, bien que l'exécution provisoire n'ait pas été prononcée par le jugement, et que le créancier n'offre pas caution (Paris, 27 août 1836, -Sir. 37, 447).

214. ARBITRES. La contrainte par corps peut être prononcée par des arbitres volontaires. Le mot jugement employé dans l'art. 2067 du C. civ. doit s'entendre d'une décision rendue par des arbitres volontaires, tout aussi bien que d'une décision rendue par des juges-magistrats. On ne peut dire que pour prononcer la contrainte par corps, il faut avoir juridiction et commandement, et que si la loi permet aux parties de conférer à des arbitres la juridiction, elle ne leur a pas également donné la faculté de conférer à des arbitres le commandement inséparable du pouvoir constitué (C. civ. 2067; — Cass. 11 juill. 1823, -Sir. 24, 5; — *Contrà*, Toulouse, 9 janv. 1809, quand même les arbitres y auraient été autorisés par les parties; — Pardessus, n. 1404, qui refuse ce pouvoir aux arbitres, soit volontaires, soit forcés). — V. *sup.* n. 211.

215. Les arbitres nommés pour décider des contestations relatives à une société de commerce, sont compétents pour prononcer la contrainte par corps, comme pour statuer sur le fond (Cass. 5 nov. 1811, -Sir, 12, 18; — Toulouse, 17 mai 1825). — Lors même qu'ils jugent sans appel (Paris, 20 mars 1812). — V. *inf.* n. 223.

216. CONDAMNATION ILLÉGALE. Le moyen pris de ce que la contrainte par corps a été prononcée hors des cas déterminés par la loi est d'ordre public, et peut dès lors être proposé pour la première fois en cour de cassation, bien que la condamnation, ayant été prononcée par un jugement confirmé sur l'appel, la partie ne se soit pas prévalue de ce moyen devant la cour royale (C. civ. 2066; Cass. 17 janvier 1832).

217. CONDAMNATION D'OFFICE. Les juges ne peuvent en aucun cas prononcer d'office la contrainte par corps (Carré, 1, 540; Jousse; Rodier) : mais ils peuvent accorder d'office le sursis à son exécution (Carré, 1, 541; — Delaporte, 1, 133; — Annal. not. 1, 244).

218. INCOMPÉTENCE. JUGES CIVILS. La contrainte par corps ne peut être prononcée par les juges civils pour l'exécution de condamnations à l'égard desquelles la loi civile n'accorde pas cette voie d'exécution. Ils ne peuvent en puiser le principe dans les dispositions des lois crimi-

nelles, sous prétexte que le fait qui sert de base à la condamnation constitue un crime ou délit, et que, d'après ces lois, la contrainte par corps a lieu pour l'exécution des condamnations aux réparations civiles; ce serait, de la part des juges, transformer leur juridiction civile en juridiction criminelle (C. civ. 2063; — C. pén. 52; — Cass. 18 nov. 1834). — V. note 28, n. 147.

219. JUGES DE PAIX. Les juges de paix peuvent prononcer la contrainte par corps dans les matières qui sont de leur compétence, en se conformant à l'art. 126 du C. de proc. civ. (Carré, 1, 530).

220. JUGEMENT PAR DÉFAUT. Un jugement par défaut qui prononce la contrainte par corps, peut comme tout autre jugement, acquérir force de chose jugée, et le débiteur qui a laissé passer les délais pour se pourvoir contre ce jugement est non-recevable à l'attaquer, alors même qu'il prétendrait que la contrainte par corps a été prononcée hors des cas prévus par la loi (Rouen, 26 fév. 1839. — *Contrà*, Paris, 29 pluv. an X, - Sir. 2, 314, motivé sur ce que l'omission de se présenter sur l'assignation et d'attaquer le jugement par les voies de droit imprime à ce jugement le caractère d'un *jugement volontaire ou d'acquiescement* auquel la loi refuse effet). — V. la note 116.

221. JUGEMENT POSTÉRIEUR. Lorsqu'une dette emporte contrainte par corps, les tribunaux peuvent prononcer la contrainte par un jugement postérieur à celui qui a statué sur la dette elle-même (Turin, 22 pluv. an XIII, - Sir. 5, 514).

222. JUGEMENT EN DERNIER RESSORT. Lorsqu'un jugement prononce sur le fond *en dernier ressort*, la disposition par laquelle il prononce la contrainte par corps, est également en dernier ressort; la condamnation par corps n'étant que l'accessoire de la condamnation sur le fond (Nîmes, 12 mai 1819, - Sir. 20, 209; — Paris, 20 mai 1813).

223. Il en est ainsi alors même que les juges ou arbitres, n'ont rendu une décision souveraine sur le fond, qu'en vertu d'une convention faite par les parties (Cass. 5 nov. 1811, - Sir. 12, 18). — V. *sup.* n. 209, 214, 215.

224. OMISSION. Lorsqu'un jugement passé en force de chose jugée a omis de statuer sur une demande en contrainte par corps, on ne peut pas se pourvoir par action nouvelle pour la faire ordonner (Bruxelles, 24 mars 1809).

225. De même, lorsqu'un jugement adjuge des dommages-intérêts à donner par état, sans prononcer la contrainte par corps dans les cas où elle est autorisée, cette contrainte ne peut être ordonnée par le jugement qui liquide les dommages-intérêts (Carré, 2, 1843; — Lepage, 538).

225 *bis*. ORDONNANCE SUR RÉFÉRÉ. La contrainte par corps ne peut être décernée par ordonnance du juge en référé (Montpellier, 17 juin 1807, - Sir. 15, 42). — V. cependant *sup.* n. 176.

§ 8. DE LA DURÉE DE LA CONTRAINTE PAR CORPS.

226. *L'emprisonnement pour dette commerciale cessera de plein droit après un an, lorsque le montant de la condamnation principale ne s'élèvera pas à 500 fr.; — après deux ans lorsqu'il ne s'élèvera pas à 1000 fr.; — après trois ans lorsqu'il ne s'élèvera pas à 3000 fr.; — après quatre ans lorsqu'il ne s'élèvera pas à 5000 fr.; — après cinq ans lorsqu'il sera de 5000 fr. et au-dessus* (L. du 17 av. 1832, art. 5).

227. *Dans tous les cas où la contrainte par corps a lieu en matière civile ordinaire, la durée en sera fixée par le jugement de condamnation; elle sera d'un an au moins et de dix ans au plus. — Néanmoins, s'il s'agit de fermages de biens ruraux, aux cas prévus par l'art. 2062 du C. civ., ou de l'exécution des condamnations intervenues dans le cas où la contrainte par corps n'est pas obligée, et où la loi attribue seulement aux juges la faculté de la prononcer, la durée de la contrainte par corps ne sera que d'un an au moins et de cinq ans au plus* (Même loi, art. 7).

228. *En matière de deniers et effets mobiliers publics, la contrainte par corps n'aura jamais lieu que pour une somme principale excédant 300 fr. — Sa durée sera fixée dans les limites de l'art. 7 de la présente loi* § 1 (Même loi, art. 13). — V. le n. qui précède.

229. *La contrainte par corps exercée contre un étranger en vertu de jugement pour dette civile ordinaire, ou pour dette commerciale, cessera de plein droit après deux ans, lorsque le montant de la condamnation principale ne s'élèvera pas à 500; — après quatre ans lorsqu'il ne s'élèvera pas à 1000 fr.; — après six ans lorsqu'il ne s'élèvera pas à 3000 fr.; — après huit ans lorsqu'il ne s'élèvera pas à 5000 fr.; — après dix ans lorsqu'il sera de 5000 fr. et au-dessus. — S'il s'agit d'une dette civile pour laquelle un Français serait soumis à la contrainte par corps, les dispositions de l'art. 7* (V. sup. n. 227) *seront applicables aux étrangers, sans que toutefois le minimum de la contrainte puisse être au-dessous de deux ans* (Même loi, art. 17).

230. *Les arrêts, jugements et exécutoires portant condamnation, au profit de l'État, à des amendes, restitutions, dommages-intérêts et frais en matière criminelle, correctionnelle ou de police, ne pourront être exécutés par la voie de la contrainte par corps que cinq jours après le commandement qui sera fait aux condamnés, à la requête du Receveur de l'enregistrement et des domaines.....* (Même loi, art. 33).

231. *Les individus contre lesquels la contrainte par corps aura été mise à exécution, aux termes de l'art. précédent, subiront l'effet de cette contrainte jusqu'à ce qu'ils aient payé le montant des condamnations ou fourni une caution admise par le Receveur des domaines, ou, en cas de contestation de sa part, déclarée bonne et valable par le tribunal civil de l'arrondissement. — La caution devra s'exécuter dans le mois à peine de poursuite* (Même loi, art. 34).

232. *Néanmoins, les condamnés qui justifieront de leur insolvabilité suivant le mode prescrit par l'art. 420 du C. d'instr. crim., seront mis en liberté après avoir subi quinze jours de contrainte, lorsque l'amende et les autres condamnations pécuniaires n'excéderont pas 15 fr; un mois lorsqu'elles s'élèveront de 15 à 50 fr.; deux mois lorsque l'amende et les autres condamnations s'élèveront de 50 à 100 fr.: et quatre mois lorsqu'elles excéderont 100 fr.* (Même loi, art. 35).

233. *Lorsque la contrainte par corps aura cessé en vertu de l'art. précédent, elle pourra être reprise, mais une seule fois, et quant aux restitutions, dommages-intérêts et frais seulement, s'il est jugé contradictoirement avec le débiteur qu'il lui est survenu des moyens de solvabilité* (Même loi, art. 36).

234. *Dans tous les cas, la contrainte par corps exercée en vertu de l'art. 33* (V. sup. n. 230), *est indépendante des peines prononcées contre les condamnés* (Même loi, art. 37).

235. *Lorsque la condamnation prononcée n'excédera pas 300 fr., la mise en liberté des condamnés, arrêtés ou détenus à*

la requête et dans l'intérêt des particuliers, ne pourra avoir lieu en vertu des art. 34, 35 *et* 36 (V. sup. n. 231, 232, 233) *qu'autant que la validité des cautions ou l'insolvabilité des condamnés auront été, en cas de contestation, jugées contradictoirement avec le créancier. La durée de la contrainte par corps sera déterminée par le jugement de condamnation dans les limites de six mois à cinq ans* (Même loi, art. 39).

236. *Dans tous les cas, et quand bien même l'insolvabilité du débiteur pourrait être constatée, si la condamnation prononcée, soit en faveur d'un particulier, soit en faveur de l'État, s'élève à 300 fr., la durée de la contrainte sera déterminée par le jugement de condamnation dans les limites fixées par l'art. 7 de la présente loi. — Néanmoins, si le débiteur a commencé sa soixante et dixième année avant le jugement, les juges pourront réduire le minimum à six mois et ils ne pourront dépasser un maximum de cinq ans. — S'il a atteint sa 70e année pendant la durée de la contrainte, sa détention sera de plein droit réduite à la moitié du temps qu'elle avait encore à courir aux termes du jugement* (Même loi, art. 40).

Il a été fait application de ce qui précède aux cas suivants :

237. CONDAMNATION CONDITIONNELLE. La durée de la contrainte par corps pour le recouvrement des frais mis à la charge des condamnés, ne peut être fixée qu'autant que les frais sont liquidés : elle ne peut l'être d'une manière hypothétique et conditionnelle, pour le cas où ces frais s'élèveraient à plus de 300 fr. (Cass. 6 et 20 av. 1837, - Devill. 38, 903). — V. *sup.* n. 227 et 236.

238. CONDAMNATION CRIMINELLE etc. L'art. 39 de la loi du 17 av. 1832 (V. *sup.* n. 235) d'après lequel la durée de la contrainte par corps prononcée pour une somme non excédant 300 fr., doit être déterminée par le jugement de condamnation dans les limites de six mois à cinq ans, ne s'applique qu'aux condamnations prononcées dans l'intérêt des particuliers ; elle ne s'applique point à celles prononcées au profit de l'Etat (Cass. 24 janv., 20 mars et 2 oct. 1835; 2 août 1838, - Devill. 39, 711).

239. Dans ce cas, si le débiteur justifie de son insolvabilité, la durée de la contrainte par corps ne peut être fixée à une année; elle ne doit pas excéder quatre mois (L. 17 av. 1832, art. 7, 35 et 40; — Cass. 20 juin 1837, - Devill. 38, 190). — V. *inf.* n. 246, 247.

240. EFFET DE LA CASSATION. La disposition d'un arrêt correctionnel portant fixation de la durée de la contrainte par corps pour assurer le paiement d'une amende et de réparations civiles qu'il prononce, ne doit pas être annulée par cela seul que la disposition relative aux réparations civiles est cassée (Cass. 5 sept. 1840). — V. *inf.* n. 251.

241. EFFET RÉTROACTIF. La contrainte par corps peut être exercée depuis la loi de 1832 pour une dette commerciale inférieure à 200 fr., résultant de condamnations prononcées antérieurement à cette loi : appliquer en ce cas la loi nouvelle dans la disposition qui interdit la contrainte par corps pour une somme inférieure à 200 fr., ce serait lui donner un effet rétroactif (C. civ. 2; — Paris, 18 avr. 1834). — V. *sup.* n. 95.

242. Cependant il a été jugé que, depuis cette loi, les juges ne peuvent valablement prononcer la contrainte par corps en matière commerciale pour une somme au-dessous de 200 fr., alors même que la dette était échue antérieurement à la publication de cette loi (Toulouse, 13 fév. 1835).

243. Mais l'obligation de déterminer la durée de la contrainte dans le cas de l'art. 7 (V. *sup.* n. 227) s'applique au cas où la contrainte par corps est prononcée pour une créance antérieure à la promulgation de la loi, et par un arrêt qui confirme un jugement antérieur à cette même loi. Ce n'est point là donner à la loi un effet rétroactif (Cass. 25 fév. 1835 et 13 av. 1836).

244. FRAIS NON LIQUIDÉS. Lorsque l'arrêt d'une cour d'assises fixe la durée de la contrainte par corps pour le recouvrement des frais mis à la charge du condamné, il est nul en ce chef, si cet arrêt ne contient pas le montant de la liquidation de ces frais (Cass. 6 et 13 oct. 1836, - Devill. 37, 823). — V. *sup.* n. 237.

245. Cependant, sur le vu des pièces de la procédure établissant que les frais s'élèvent à plus de 300 fr., la cour d'assises peut prononcer la contrainte par corps, malgré que ces frais ne soient pas encore liquidés (Cass. 11 nov. 1836, - Devill. 37, 823).

246. INSOLVABILITÉ. L'art. 35 (V. *sup.* n. 232) de la loi du 17 av. 1832, qui, au cas d'insolvabilité constatée, réduit la durée de la contrainte par corps à quatre mois pour condamnations aux frais en matière criminelle ou de police au-dessus de 100 fr. ne s'applique pas aux condamnations qui excèdent 300 fr. Dans ce cas, la durée de la contrainte par corps doit être fixée dans les limites déterminées par l'art. 7 de la loi (V. *sup.* n. 227). Et si, lors de la condamnation, les juges ont omis de faire cette fixation, rien n'empêche qu'ils réparent ultérieurement cette omission. (Cass. 14 mai 1836). — V. *sup.* n. 239.

247. En matière criminelle, correctionnelle et de police, la mise en liberté du condamné détenu par suite d'une condamnation pécuniaire de 300 fr. et au-dessus au profit de l'Etat, n'a pas lieu de plein droit, après l'expiration du délai fixé par le jugement, pour la durée de la contrainte par corps : le condamné est tenu de justifier, en outre, de son insolvabilité (Cass. 24 janv. 1835). — V. *sup.* n. 231, 232, 236.

248. OMISSION. En matière civile, les juges qui en prononçant la contrainte par corps omettent d'en fixer la durée, ne peuvent réparer cette omission par un jugement ultérieur. La durée de la contrainte se trouve alors de plein droit fixée au minimum. (Nîmes, 16 août 1838, - Devill. 39, 100; Coin-Delisle).

249. Il en est de même de l'omission commise par un tribunal correctionnel : elle ne peut être réparée par un tribunal civil (Paris, 9 juin 1836).

250. Il a été cependant jugé que quand la durée n'a point été fixée, le jugement n'en est pas moins un titre suffisant pour autoriser l'arrestation du débiteur, attendu que la condamnation doit avoir lieu pour le minimum (Aix, 30 mars 1838).

251. L'omission de fixer la durée de la contrainte par corps en matière civile donne ouverture à cassation, quand même cette omission aurait été réparée par un jugement postérieur (Cass. 12 nov. 1838, - Devill. 39, 147). — V. *sup.* n. 240.

252. En matière criminelle, l'omission est réparable. — V. *sup.* n. 246.

253. SOLIDARITÉ. Le jugement ou l'arrêt, en matière criminelle, correctionnelle ou de police, qui prononce contre deux individus *solidairement* des condamnations pécuniaires s'élevant à plus de 300 fr., doit fixer la durée de la contrainte par corps, bien qu'au moyen de la division entre les débiteurs, la part de chacun d'eux dans la condamnation se trouve en définitive au-dessous de 300 fr. (L. 17 av. 1832, art. 40; — C. pén. 55; — Cass. 20 mars et 14 mai 1835).

254. STELLIONAT. L'art. 7 de la loi du 17 avril 1832, qui ordonne que, dans tous les cas où la contrainte par corps a lieu en matière civile ordinaire, la durée en soit fixée par le jugement de condamnation, est applicable aux condamnations par corps prononcées pour stellionat (Nîmes, août 1838, - Devill. 39, 100; — Cass. 12 nov. 1838, - Devill. 39, 147).

§ 9. DU STELLIONAT. — V. *sup.* § 2-1°, art. 1.

255. Le mot *stellionat* tire son origine du mot latin *stellio*, qui était donné à une espèce de lézard qu'on distinguait par la finesse et la variété de ses couleurs, parce que les coupables du délit de stellionat emploient toutes sortes de ruses et de finesses pour cacher leurs fraudes (Merlin, v° *Stellionat*).

Aux termes de l'art. 2059 du C. civ. rapporté *sup.* n. 12, la contrainte par corps a lieu, en matière civile, pour le stellionat. Et il y a stellionat: — lorsqu'on vend ou qu'on hypothèque un immeuble dont on sait n'être pas propriétaire. — Lorsqu'on présente comme libres des biens hypothéqués, ou que l'on déclare des hypothèques moindres que celles dont ces biens sont chargés.

256. Aux termes de l'art. 2066 du même code rapporté *sup.* n. 25, la contrainte par corps pour cause de stellionat pendant le mariage n'a lieu contre les femmes mariées que lorsqu'elles sont séparées de biens, ou lorsqu'elles ont des biens dont elles se sont réservé la libre administration et à raison des engagements qui concernent ces biens.

Il a été fait application de ces articles dans les cas suivants:

257. ACQUÊT. L'obligation imposée au mari par l'art. 2136 du C. civ. de faire inscrire l'hypothèque de sa femme ou de la déclarer à ses acquéreurs, à peine de stellionat, s'étend même à des immeubles qui sont *acquêts de communauté*. — La femme ne peut pas, en consentant à subroger le créancier poursuivant à son rang hypothécaire, décharger son mari de la contrainte par corps à laquelle il est soumis par suite de ce stellionat. (Paris, 12 déc. 1816, - Sir. 17, 228).

258. Même, le mari commerçant qui consent hypothèque sur un immeuble, sans déclarer l'existence de l'hypothèque légale non inscrite de sa femme, se rend coupable de stellionat, encore bien que cet immeuble n'ait été acquis que depuis le mariage. Vainement dirait-il que, d'après l'art. 563 du C. de comm., la femme d'un commerçant n'a d'hypothèque que sur les immeubles qui appartenaient au mari à l'époque du mariage: cet article n'est applicable que lorsqu'il s'agit du règlement des droits de la femme en concours avec les créanciers du mari tombé en faillite (Bordeaux, 15 mars 1833). — V. *sup.* n. 114, 115.

259. BONNE FOI. La fausse déclaration que des immeubles ne sont pas grevés d'hypothèques, ne constitue pas le stellionat, si l'auteur de la déclaration était de bonne foi. — Ainsi, le mari qui vend un immeuble et le déclare franc d'hypothèque, n'est pas stellionataire, bien que cet immeuble soit grevé de l'hypothèque légale de sa femme, s'il est établi qu'il a pu croire à l'anéantissement de cette hypothèque, par exemple, si la femme a donné son consentement à la vente, mais en état de minorité, et que ce consentement soit par suite annulé (C. civ. 2136; Cass. 21 fév. 1827; Toulouse, 16 janv. 1829; Paris, 8 fév. 1815). — V. n. 267, 285, 286.

260. CASSATION. Ce n'est qu'aux juges du fonds qu'il appartient d'apprécier les circonstances constitutives de la bonne foi en fait de stellionat: leur décision sur ce point ne peut donner ouverture à cassation (Cass. 21 fév. 1827).

261. CHOSE D'AUTRUI. Celui qui hypothèque des immeubles qu'il sait appartenir à autrui, est stellionataire, encore que ses biens propres soient plus que suffisants pour répondre de sa dette (Paris, 5 mess. an XI, - Sir. 7, 1210).

262. Est stellionataire celui qui, pour sûreté d'une rente dont il était déjà débiteur, a constitué une hypothèque sur un immeuble qui ne lui appartenait pas; et ce, encore qu'il n'eût aucun intérêt à constituer l'hypothèque, et que le créancier n'eût pas le droit de l'exiger. Dans ce cas, le stellionat rend exigible le capital de la rente (Paris, 2 mai 1809, - Sir. 12, 353).

263. Un débiteur qui hypothèque un immeuble comme lui appartenant, mais dont cependant il a vendu la nue-propriété, peut n'être pas déclaré stellionataire, si, d'après les circonstances, il y a lieu de croire que le débiteur n'a entendu hypothéquer que l'usufruit qui lui restait (Paris, 22 mars 1825, - Sir. 26, 194).

264. DATION EN PAIEMENT. Au cas de dation en paiement, on commet un stellionat quand on donne en paiement un immeuble dont on sait n'être pas propriétaire (Coin-Delisle, art. 2059, n. 6).

265. DÉCLARATION DE FRANCHISE. En règle générale, il n'y a pas stellionat par cela seul que le vendeur ne déclare pas une hypothèque, même une hypothèque légale existante sur son bien (Cass. 25 juin 1817, - Sir. 18, 13), tellement que, dans ce cas, le créancier ne peut demander une sûreté nouvelle, une caution, si l'hypothèque préexistante a dû être connue de lui (Bruxelles, 28 déc. 1809, - Sir. 10, 209).

266. Mais il y a stellionat dans le fait de déclarer des hypothèques moindres que celles dont les biens se trouvent grevés, aussi bien au cas où ces hypothèques sont inscrites, que lorsqu'elles ne sont pas inscrites; la circonstance de l'inscription ne fait pas disparaître la fraude résultant de la fausseté de la déclaration (Cass. 15 av. 1836).

267. Cependant la fausse déclaration que des immeubles ne sont grevés que de *telles* ou *telles* hypothèques, ne constitue pas le stellionat, si l'auteur de la déclaration était de bonne foi, c. à-d. si ayant représenté un état d'inscription conforme à sa déclaration, il en est survenu dans le temps intermédiaire, ne provenant ni de son fait, ni d'engagements personnels, et qu'il ait pu ignorer à cause de la distance (Paris, 8 fév. 1815).

268. ECHANGE. Celui qui échange une propriété *qui ne lui appartient pas*, se rend stellionataire; ainsi décidé à l'égard d'un co-propriétaire indivis, qui n'est devenu pro-

priétaire de la totalité de l'objet par lui échangé, qu'après l'échange (Cass. 16 janv. 1810; — *Contrà*, Duranton, Coin-Delisle). — V. n. 278.

269. FEMME. La femme mariée sous le régime dotal, pas plus que la femme mariée en communauté, ne peut être déclarée stellionataire lorsqu'elle n'a contracté qu'avec l'assistance et sous l'autorisation de son mari, à l'égard de biens dont elle n'avait pas la libre administration (Limoges, 31 mai 1838, - Sir. 39, 23; — C. civ. 2066). — V. n. 278.

270. Le mari qui hypothèque les biens de sa femme, commet un stellionat; peu importe que l'acceptation de l'hypothèque ait été faite sous une condition résolutoire, et que le contrat soit annulé dès son principe par l'événement de cette condition (Angers, 27 juill. 1814, - Sir. 16, 126).

271. Cependant les époux qui frauduleusement présentent comme libres et hypothèquent des biens dotaux, ne se rendent point par-là coupables de stellionat. Ils ne sont responsables que de leur fait dolosif, et si leur créancier était primitivement porteur contre eux d'une obligation commerciale emportant contrainte par corps, ce créancier abusé par l'échange des créances, peut être autorisé à rentrer dans les droits que lui donnait son titre primitif (C. civ. 1382; — Paris, 14 fév. 1829). — V. n. 257 et 287.

272. HYPOTHÈQUE CONDITIONNELLE. Bien que des immeubles ne soient grevés d'hypothèque, que conditionnellement, (notamment dans le cas où le créancier a consenti à l'abandon de son hypothèque, sous la condition que des billets à lui remis, seront payés), le propriétaire qui en hypothèquant ensuite ces immeubles, les déclare francs et quittes, s'expose aux peines du stellionat, si, faute d'accomplissement de la condition, la première hypothèque vient à être exercée (Cass. 11 janv. 1825).

273. HYPOTHÈQUE ÉTEINTE. Il n'y a pas stellionat par cela seul, qu'un immeuble, vendu franc et quitte d'hypothèques, est grevé d'inscriptions, si les hypothèques n'ont aucune réalité, et sont éteintes par le paiement. Seulement, le vendeur est tenu, à peine de dommages-intérêts, de rapporter main-levée des inscriptions (C. civ. 1626; — Lyon, 5 av. 1827). — V. *sup*. n. 71.

274. Mais il y a stellionat, non-seulement lorsque l'emprunteur déclare des hypothèques moindres que celles qui grèvent réellement ses biens, mais encore, lorsque déclarant l'importance des inscriptions existantes, il ajoute faussement que les causes de ces inscriptions ont été éteintes en tout ou en partie (Cass. 12 nov. 1838, - Sir. 39, 147).

275. Cependant, de ce que des hypothèques inscrites, non déclarées par un débiteur, seraient devenues sans effet au moyen de la main-levée qui lui en aurait été donnée, il n'en est pas moins passible de la contrainte par corps comme stellionataire, si ces hypothèques ont causé au créancier le même préjudice que si elles eussent encore existé; par exemple, si elles l'ont empêché de surenchérir l'immeuble hypothéqué, dans la pensée que le prix en serait absorbé par les hypothèques dont les inscriptions subsistaient encore (Cass. 13 av. 1836).

276. HYPOTHÈQUE LÉGALE. Quand il s'agit de l'hypothèque légale de la femme, le mari qui ne l'a pas inscrite est tenu de la déclarer à peine de stellionat, surtout s'il n'est pas constant que l'acquéreur ait eu connaissance de l'hypothèque légale non déclarée (Cass. 25 juin 1817, - Sir. 18, 13).

277. Depuis, il a été jugé qu'un mari se rendait coupable de stellionat, quand même il croirait ou pourrait croire que celui au profit duquel est la nouvelle hypothèque, a connaissance de l'hypothèque légale. Il suffit qu'il ait présenté sciemment à son créancier une hypothèque illusoire, car alors, il ne peut être réputé de bonne foi (Limoges, 18 av. 1828). — V. n. 257, 258.

278. INDIVISION. La femme commune qui hypothèque comme lui appartenant et francs de toute affectation, les biens indivis entre elle et les héritiers de son mari, peut être poursuivie comme stellionataire, lorsque par l'événement du partage, les biens hypothéqués tombent dans le lot des héritiers du mari et que l'indivision n'a point été déclarée (Colmar, 31 mai 1820, - Sir. 21, 181). — V. n. 268, 288.

279. OFFRE. Celui qui hypothèque un immeuble appartenant à autrui, et se rend ainsi stellionataire, ne peut se garantir de la contrainte par corps, en offrant à son créancier la valeur de l'immeuble frauduleusement hypothéqué (Cass. 19 juin 1816, - Sir. 17, 32; — *Contrà*, Duranton.

280. RATIFICATION. Celui qui vend un immeuble qu'il sait ne pas lui appartenir, est stellionataire, et par suite soumis à la contrainte par corps, alors même que la vente aurait été ensuite ratifiée par le véritable propriétaire, et que le vendeur serait même devenu propriétaire de l'objet vendu (Cass. 14 fév. 1837).

281. SUBROGATION. — V. *sup*. n. 257.

282. SUBROGÉ-TUTEUR. TUTEUR. Il n'y a point stellionat de la part des tuteurs et subrogés-tuteurs, qui, après avoir vendu les biens des mineurs, sans formalités de justice, en se portant fort pour les mineurs, avec promesse d'employer le prix au paiement des créances affectées sur ces biens, ont diverti les deniers, et laissé évincer l'acquéreur (Colmar, 7 av. 1821).

283. Mais il y a stellionat de la part du tuteur qui consent hypothèque sur ses biens, sans déclarer expressément qu'ils sont déjà affectés à l'hypothèque légale non inscrite de son pupille, encore que, par des circonstances particulières, le créancier ait pu avoir connaissance de cette hypothèque (Poitiers. 29 déc. 1830, - Devill. 31, 264).

284. USUFRUIT. — V. *sup*. n. 263.

285. VENDEUR. Il n'y a point de stellionat proprement dit, de la part d'un vendeur, s'il n'y a pas mauvaise foi; à cet égard, il n'y a point à distinguer entre le cas où l'on vend ou hypothèque un immeuble dont on n'est pas propriétaire, et le cas où l'on présente comme libres des biens hypothéqués : l'exception de bonne foi, peut toujours être invoquée (Toulouse, 16 janv. 1820).

286. Cependant, lorsqu'un mari qui a négligé d'inscrire l'hypothèque légale de sa femme, vend l'immeuble légalement hypothéqué, sans déclarer l'hypothèque, il doit être déclaré stellionataire, aux termes de l'art. 2136 du C. civ.; vainement on dirait que cet article est applicable seulement au cas de constitution d'hypothèque et ne s'applique pas au cas de vente. En un tel cas, l'exception de bonne foi n'est pas admissible, du moins s'il y a eu, non-seulement absence de déclaration de l'hypothèque légale, mais encore déclaration expresse qu'il n'existait pas d'hypothèque (Cass. 20 nov. 1826, - Sir. 20, 170).

287. Se rend aussi stellionataire le mari qui vend l'immeuble dotal, sans donner connaissance à l'acquéreur de la dotalité (Riom, 30 nov. 1813).—V. *sup.* n. 271.

288. VEUVE. Une veuve commune en biens, qui a engagé comme lui appartenant en propre les biens de la communauté, encore indivis entre elle et les héritiers de son mari, n'est pas stellionataire, quoique par l'effet du partage, ces biens ou quelques-uns d'entre eux tombent dans le lot des héritiers du mari (Duranton, 18, 448).—V. *sup.* n. 278.

§ 10. DE L'EXERCICE DE LA CONTRAINTE PAR CORPS OU DE L'EMPRISONNEMENT DU DÉBITEUR.

289. Les règles à suivre quand il s'agit d'emprisonner, de recommander ou d'élargir un débiteur, sont expliquées aux art. 780 à 805 du Code de proc. civ. et aux art. 22 à 32 de la loi du 17 avril 1832.

V. *acquiescement* note 116.

[32]

DU CAUTIONNEMENT — DE LA CAUTION.

DIVISION SOMMAIRE.

INDICATION ALPHABÉTIQUE.

§ 1. DE LA NATURE DU CAUTIONNEMENT ET DE SES DIFFÉRENTES ESPÈCES.

1. *Celui qui se rend caution d'une obligation se soumet envers le créancier à satisfaire à cette obligation, si le débiteur n'y satisfait pas lui-même* (C. civ. 2011).

2. Le cautionnement participe en tout de la nature de

l'obligation principale ; c'est un accessoire qui en a tous les traits et toutes les qualités ; de sorte qu'au moment où cette obligation principale s'anéantit, le cautionnement s'évanouit avec elle. Il n'y a d'exception à cette règle que celle dont est question au n° 2 de l'art. 2012 du C. civ. — V. *inf.* n. 23.

3. Il est aussi de la nature du cautionnement de n'avoir pas plus d'étendue que l'obligation pour laquelle il est donné, de sorte qu'on ne peut pas plus exiger de la caution que du débiteur principal (C. civ. 2013).

4. La caution est appelée quelquefois *fidéjusseur*, dénomination qu'elle tire des deux mots latins *fide jubere*, qui signifient qu'elle veut qu'on prenne confiance en elle sur la promesse qu'elle donne de la solvabilité du débiteur.

5. Il y a trois sortes de cautions ; la caution conventionnelle, la caution légale et la caution judiciaire :

Art. 1. DE LA CAUTION CONVENTIONNELLE.

6. Ce cautionnement est celui qui n'a pour principe que la bonne volonté d'obliger ceux pour lesquels on se rend garant. Cette sorte de cautionnement se met au nombre des contrats de bienfaisance (Pothier, *tr. des oblig.* n. 366 ; C. civ. 1105).

Art. 2. DE LA CAUTION LÉGALE.

7. Ce cautionnement qu'on appelle *nécessaire* est celui que la loi exige, dans les cas mentionnés aux art. 120, 123, 124, 601, 771, 807, 1518, 2185-5° du Code civil.

8. La loi exige aussi que certains fonctionnaires publics et employés consignent des sommes plus ou moins fortes pour sûreté de leur gestion. Nous avons traité cette matière note 29, n. 135 et suiv.

Art. 3. DE LA CAUTION JUDICIAIRE.

9. Le cautionnement judiciaire est celui qui est exigé en justice, sur la demande de l'une des parties, ou qui est ordonné par le juge, dans les cas spécifiés aux art. 16 du Code civil, 135, 155, 166, 167, 517, 519 du Code de procéd. civile, 114 du Code d'instruction criminelle et 273 du Code pénal.

10. Nous avons déjà parlé *sup.* note 27 n. 230 et suiv. de la caution à fournir par les étrangers en exécution des art. 16 du C. civ., 166 et 167 du C. de proc. civ. lorsqu'ils procèdent en France comme demandeurs et qu'on appelle *caution judicatum solvi.*

§. 2. DES OBLIGATIONS QUI PEUVENT ÊTRE L'OBJET D'UN CAUTIONNEMENT.

11. *Le cautionnement ne peut exister que sur une obligation valable.— On peut néanmoins cautionner une obligation, encore qu'elle pût être annulée par une exception purement personnelle à l'obligé ; par exemple, dans le cas de minorité* (C. civ. 2012).

Il a été fait application de cette disposition de loi dans les cas suivants :

12. AVANTAGE INDIRECT. Le cautionnement d'un pacte expressément prohibé par la loi, telle qu'une donation déguisée faite au profit d'un successible après épuisement de la quotité disponible, est nul, comme la donation elle-même, encore que le cautionnement renferme la stipulation qu'il sera valable, quoique l'obligation principale puisse être annulée par des exceptions personnelles au débiteur principal, ou pour toute autre cause. — Et la nullité d'un tel cautionnement peut être opposée par la caution, alors même qu'en contractant elle aurait eu connaissance du vice de l'obligation principale. (Grenoble, 4 déc. 1830-Devill. 32, 166).

13. De même, un acte de partage, nul en ce qu'il renferme au profit de l'un des héritiers, un avantage plus grand que la loi ne le permet, ne peut être valablement cautionné. (Cass. 15 juin 1837-Devill. 38, 477).

14. OBLIGATION ANNULABLE. L'obligation contractée par la femme mariée, sans autorisation, est plutôt *annulable* que *nulle* en soi. Elle peut donc être valablement cautionnée. (Paris, 24 juill. 1819.-Sir. 20, 145).

15. Il en est de même des obligations contractées par le mineur non autorisé. Elles peuvent être cautionnées par le tuteur. (Duranton 18, 309 ; Toullier 6, 394 ; Championnière 2, 1422 ; Zachariæ 3, 424. n. 5).

16. On peut aussi cautionner l'obligation souscrite par celui qui est pourvu d'un conseil judiciaire pour cause de prodigalité. (Solon, n. 280).

17. OBLIGATION FUTURE OU ÉVENTUELLE. Un cautionnement n'est pas nul parcequ'il est contracté sur des obligations futures ou éventuelles ; il suffit, pour sa validité, que l'obligation soit valable (Paris, 13 mars 1816-Sir. 17. 48. ;—Pothier, *tr. des oblig.* n. 399. ;—Delvincourt 3, 254).

18. OBLIGATION NULLE DE PLEIN DROIT. Une telle obligation ne peut être cautionnée. (Championnière, 2, 1422).—V. *sup.* n. 14.

19. Il en est de même de l'obligation que contracte un interdit pour cause de démence. (Zachariæ 2, 297. ;—Solon, 2. 281—*Contrà*, Toullier, 6, 293).

20. OBLIGATION PRESCRITE. On ne peut cautionner une obligation prescrite. (Delvincourt, 3, 252 ; —*Contrà*, Troplong, *prescr.* n. 30).

21. VENTE DE BIEN DOTAL. La vente d'un fonds dotal peut être cautionnée, même par les enfants de la femme (Cass. 11 mars 1807 ; 3 août 1825-Sir. 26, 119). — V. *sup.* n. 14, 18.

22. VENTE DE BIEN DE MINEUR. Une telle vente consentie par un mineur, sans formalités, n'entraîne pas la nullité du cautionnement d'un tiers ; ce tiers est tenu à garantie. (Cass. 30 nov. 1812,-Sir. 16, 140). — V. *sup.* n. 14, 18, 21.

§. 3. DE L'ÉTENDUE DU CAUTIONNEMENT.

23. *Le cautionnement ne peut excéder ce qui est dû par le débiteur, ni être contracté sous des conditions plus onéreuses. —Il peut être contracté pour une partie de la dette seulement, et sous des conditions moins onéreuses.—Le cautionnement qui excède la dette, ou qui est contracté sous des conditions plus onéreuses n'est point nul : il est seulement réductible à la mesure de l'obligation principale.* (C. civ. 2013).

24. *On peut se rendre caution sans ordre de celui pour lequel on s'oblige, et même, à son insu. — On peut aussi se rendre caution, non seulement du débiteur principal, mais encore de celui qui l'a cautionné.* (C. civ. 2014).—V. *inf.* n. 28, 29.

25. *Le cautionnement ne se présume pas, il doit être exprès et on ne peut pas l'étendre au-delà des limites dans lesquelles il a été contracté* (C. civ. 2015).

26. *Le cautionnement indéfini d'une obligation principale s'étend à tous les accessoires de la dette, même aux frais de la première demande, et à tous ceux postérieurs à la dénonciation qui en est faite à la caution* (C. civ. 2016). — V. *inf. n.* 31 *bis.*

27. *Les engagements des cautions passent à leurs héritiers, à l'exception de la contrainte par corps, si l'engagement était tel que la caution y fût obligée* (C. civ. 2017).

APPLICATION DE CES ARTICLES :

28. CAUTION SUPPLÉMENTAIRE. Il y a une différence essentielle entre le *certificateur de caution* et la *caution supplémentaire* : la caution supplémentaire cautionne le débiteur principal, au lieu que le certificateur cautionne simplement la caution et ne cautionne pas le débiteur principal. (Cass. 29 fév. 1820).

29. CERTIFICATEUR DE CAUTION. — V. le n. qui précède.

30. CRÉDIT. Celui qui, sous forme de crédit, s'est rendu caution de traites à créer, n'est pas déchargé à l'égard des traites tirées à une plus longue échéance que celle énoncée dans l'acte de cautionnement, alors que le crédit était déclaré permanent et valable jusqu'à révocation. (Paris, 12 avril 1834).

30 *bis.* DÉPENS. La caution solidaire condamnée en première instance, conjointement avec le débiteur principal, peut, sur l'appel interjeté par celui-ci, et bien qu'elle n'interjete pas appel elle-même, être condamnée aux dépens d'appel solidairement avec l'appelant. — Pour éviter une telle condamnation la caution doit ou exécuter le jugement, ou faire des offres réelles. (C. civ. 2016. ; Bourges, 25 mars 1829).

31. HYPOTHÈQUE. Celui qui est obligé à fournir une caution, ne peut offrir une hypothèque, même sur des biens libres, en remplacement du cautionnement. (Zachariæ, 3. §. 425. — *Contrà*, Pothier, *tr. des oblig.* n. 393. — et de son côté le créancier ne peut exiger du débiteur que la caution consente hypothèque sur ses biens. (Duranton, 18, 328).

31. *bis.* INTÉRÊTS. La caution qui s'est obligée pour une somme principale, ne l'est pas pour les intérêts, bien que cette somme porte intérêts, du moins alors que la caution a pu ne pas connaître l'existence d'un fait par suite duquel courraient ces intérêts. (C. civ. 2016 ;—Bordeaux, 21 déc. 1833.-Devill. 34, 271).

32. OBLIGATION COMMERCIALE OU NON COMMERCIALE. Le cautionnement apposé par un commerçant au bas d'un simple billet autre qu'un effet de commerce, constitue un engagement purement civil comme est l'obligation à laquelle il se rattache, et non un engagement commercial : l'exception à l'art. 1326 du C. civ. établie par la jurisprudence pour les matières commerciales, se trouve ici sans application. (Bordeaux, 27 janv. 1829).

33. De même, celui qui, par un acte séparé, s'est rendu caution solidaire de l'accepteur d'un effet de commerce, ne peut être considéré comme donneur d'aval; et dans le cas où il y aurait un protêt de l'effet, la dénonciation dans les délais de la loi n'en peut être exigée à l'égard de cette caution, comme à l'égard d'un endosseur ordinaire. (Paris, 13 déc. 1813-Sir. 16, 98). — V. *note* 97.

34. Le simple cautionnement d'une dette ou obligation commerciale (ou réputée telle par la loi) n'est pas un acte de commerce qui rende la caution justiciable du tribunal de commerce, alors que l'individu qui a cautionné n'est point commerçant. (C. com. 632 ; — Poitiers, 29 juill. 1824-Sir. 26, 69 ;—Bruxelles, 30 oct. 1830-Sir. 31, 62 ; — Orléans, 17 juin 1841,-Devill. 41, 490. — V. *inf. n.* 37.

35. Le négociant qui se rend caution d'une dette commerciale, même envers un autre négociant, ne fait point en cela une opération commerciale, si la cause du cautionnement est étrangère à son commerce ; en conséquence il n'est pas justiciable du tribunal de commerce à raison de ce cautionnement. (Angers, 8 fév. 1830).

36. Il n'y a que le cautionnement souscrit sous la forme d'un billet à ordre, par un négociant au profit d'un autre négociant pour garantie d'une opération de commerce, qui constitue une opération commerciale rendant le souscripteur justiciable du tribunal de commerce. (C. com. 631 ;—Paris 18 fév. 1830).

37. Cependant il a été jugé que le cautionnement d'une obligation commerciale, souscrit même par un non-commerçant constituait un engagement commercial, rendant le souscripteur justiciable du tribunal de commerce. (C. com. 631 ; —Caen, 25 fév. 1825 ; -Sir. 26, 70 ;—Paris, 12 avr. 1834 ; — Rouen, 6 août 1838-Devill. 39, 47 ; 26 déc. 1840).

38. OBLIGATION INDÉTERMINÉE. Le cautionnement indéterminé pour toute espèce d'obligations est nul (Zachariæ, *dr. civ. fr.* 3, § 243).

39. PROMESSE. Celui qui promet de livrer ou engager des immeubles pour sûreté des engagements d'un tiers, sans s'obliger personnellement de payer à son défaut, n'est pas une *caution* proprement dite, dans le sens de l'art. 2011 du C. civ. (V. *sup.* n. 1); il ne peut s'appliquer l'exception portée en l'art. 2037, pour le cas où le créancier a détérioré la créance principale (Cass. 25 nov. 1812,-Sir. 13, 177 ;—Duranton, 18, 382). — V. *inf.* n. 113.

40. Quoique le cautionnement se puisse faire par une lettre missive ou même verbalement (V. note 26 n. 114), il faut néanmoins avoir grande attention de ne pas prendre pour cautionnement ce que dit ou écrit une personne, c'est pourquoi si je vous ai dit ou écrit par une lettre, qu'un homme qui vous demandait de l'argent à emprunter était solvable, on ne peut pas prendre cela pour un cautionnement, car j'ai pu en cela, n'avoir d'autre intention que de vous certifier ce que je croyais, et non pas de m'obliger.

Suivant ces principes, 1° ces termes d'une lettre écrite à un maître de pension : *Un tel doit mettre son fils en pension chez vous, c'est un homme de probité qui vous paiera bien*, ne renferment aucune obligation. — 2° Si j'accompagne une personne chez un marchand pour acheter des étoffes, le marchand n'en doit pas conclure que j'ai cautionné cette personne. — 3° Quoiqu'une personne soit entrée en paiement pour une autre, même pour son fils, en payant pour lui une partie de sa dette, on n'en peut pas conclure qu'elle ait voulu le cautionner pour le surplus de la dette. — 4° S'il était porté sur une obligation, qu'elle a été passée en ma présence et que je l'eusse souscrite, on ne pourrait pas en conclure que je me suis rendu caution; je dois être censé, en ce cas, n'avoir signé que comme témoin (Pothier, *tr. des oblig.* n. 402; — Duranton, 18, 318).

41. La promesse de *faire jouir et valoir jusqu'à parfait paiement*, stipulée dans un acte de subrogation consenti par un emprunteur au profit du prêteur, peut être considérée comme ayant le caractère, non d'une *obligation directe* de la part de l'emprunteur, mais d'un simple cautionnement: du moins, l'arrêt qui le décide ainsi, n'offre qu'une appréciation d'acte qui ne peut donner ouverture à cassation (Cass. 23 mai 1833)

42. RETRAIT DE CAUTIONNEMENT. Lorsque la caution désignée dans une acte de sur-enchère sur aliénation volontaire, déclare après le délai de quarante jours fixé par l'art. 2185, ne plus vouloir servir de caution, la surenchère doit être déclarée nulle; et les juges ne peuvent accorder au sur-enchérisseur une prorogation de délai pour désigner une nouvelle caution (C. proc. 833; — Cass. 27 mai 1823).

§ 4. DE LA CAPACITÉ DE LA CAUTION.

43. *Le débiteur obligé à fournir une caution, doit en présenter une qui ait la capacité de contracter* (C. civ. 2018 et 2040).

43 *bis*. *Celui qui ne peut pas trouver une caution, est reçu à donner à sa place un gage en nantissement suffisant* (C. civ. 2041).

44. *Lorsqu'il s'agit d'un cautionnement judiciaire, la caution doit, en outre, être susceptible de contrainte par corps* (C. civ. 2040). — V. note 31, n. 36.

APPLICATION DE CES ARTICLES :

45. FEMME MARIÉE. La question de savoir si une femme a pu cautionner, doit être jugée d'après les lois existantes à l'époque de l'acte de *cautionnement*. En conséquence, est valable le cautionnement souscrit depuis la publication du C. civ., soit par une femme mariée sous l'empire de la coutume de Normandie, qui prohibait tout cautionnement de sa part (Rouen, 4 fév. 1808, 24 juin 1809, -Sir. 9, 359, 397; — Cass. 27 août 1810, -Sir. 11, 40). — Soit par une femme mariée avant le C. civ., dans les pays régis par le sénatus-consulte Velleïen, qui défendait à la femme de cautionner (Cass. 5 mars 1811).

46. Il en est même ainsi du cautionnement souscrit par une femme sous l'empire de ce sénatus-consulte, si depuis la publication des titres du C. civ. sur les *obligations conventionnelles et le cautionnement*, la femme l'a ratifié soit par elle-même, soit par procureur (Turin, 23 fév. 1807).

47. INCAPABLE ET CAPABLE. Lorsqu'une personne s'est engagée comme cofidéjusseur avec un incapable, notamment avec un mineur, la restitution obtenue par celui-ci pour cause de minorité, fait retomber sur l'autre la totalité de l'obligation (Pothier, *tr. des oblig.* n. 425).

48. MARI. Le mari peut être *caution judiciaire* de sa femme, lorsqu'il n'y a entre les époux, ni communauté de biens, ni régime dotal, et qu'ainsi la femme conserve les revenus de ses biens personnels; peu importe d'ailleurs, que dans l'instance sur laquelle est intervenu le jugement qui a ordonné à la femme de fournir caution, le mari ait figuré pour l'autorisation de sa femme (Bordeaux, 29 juin 1830).

§ 5. DE LA SOLVABILITÉ DE LA CAUTION.

49. *Le débiteur obligé à fournir une caution, doit en présenter une qui ait un bien suffisant pour répondre de l'objet de l'obligation, et dont le domicile soit dans le ressort de la Cour royale où elle doit être donnée* (C. civ. 2018 et 2040).

50. *La solvabilité d'une caution ne s'estime qu'eu égard à ses propriétés foncières, excepté en matière de commerce, ou lorsque la dette est modique. — On n'a point égard aux immeubles litigieux, ou dont la discussion deviendrait trop difficile par l'éloignement de leur situation* (C. civ. 209).

51. *Lorsque la caution reçue par le créancier, volontairement ou en justice, est ensuite devenue insolvable, il en doit être donné une autre. Cette règle reçoit exception, dans le cas seulement où la caution n'a été donnée qu'en vertu d'une convention par laquelle le créancier a exigé une telle personne pour caution* (C. civ. 2020).

APPLICATION DE CES ARTICLES :

52. INSUFFISANCE. Ne possèdent point des biens suffisants pour répondre de l'obligation : Celui qui n'a qu'une propriété résoluble (Delvincourt, 3, 257), — et celui qui n'est qu'usufruitier (Proudhon, *de l'usufr.* 1, 18).

53. INTERVENTION. La caution dont la solvabilité est contestée est non-recevable à intervenir dans l'instance pour établir elle-même sa solvabilité; la partie qui a fourni la caution a seule qualité à cet effet (Paris, 15 avr. 1820; — Thomine, 2, 567).

54. MODE DE VÉRIFICATION. Si la solvabilité d'une caution judiciaire n'est pas contestée, les tribunaux ne sont aucunement assujettis à suivre un mode particulier de vérification pour constater la suffisance des biens (Turin, 28 mai 1806).

55. A défaut d'autres titres, la valeur des immeubles présentés par une caution judiciaire afin de justifier de sa solvabilité, peut être prouvée suffisamment par un extrait de la matrice du rôle des contributions constatant le revenu réel des biens (C. proc. 518; — Montpellier, 18 août 1831, - Devill. 32, 157).

56. En tous cas, l'art. 2165 du Code civ. qui règle le mode à suivre pour l'estimation des immeubles, dans le cas de réduction des hypothèques conventionnelles, ne s'applique pas à l'estimation des immeubles offerts par la caution (C. proc. 518; — Carré, 2, 1827).

57. SITUATION. Une caution peut être réputée solvable dans le sens de la loi, encore que les immeubles dont elle offre l'acceptation, soient situés dans le ressort d'une autre cour que la cour dans l'étendue de laquelle les parties sont domiciliées. Les juges peuvent arbitrer équitablement, dans quels cas la discussion des immeubles offerts deviendrait trop difficile, par l'éloignement de leur situation; à cet égard, les tribunaux n'ont point de règle absolue d'après laquelle ils doivent nécessairement se décider (Turin, 15 avr. 1808, - Sir. 12, 371; — Thomine, 2, 564).

§ 6. DE LA FORME DU CAUTIONNEMENT.

58. *Le cautionnement* NE SE PRÉSUME PAS; *il doit être* EXPRÈS, *et on ne peut pas l'étendre au-delà des limites dans lesquelles il a été contracté* (C. civ. 2015).

59. *Ne se présume pas*. De ce que le cautionnement et la solidarité ne se présument pas, il ne s'ensuit pas qu'on ne

puisse les établir que par écrit. Leur existence peut être prouvée même par témoins, lorsque l'obligation principale à laquelle ils se rapportent peut elle-même être établie par ce genre de preuve. Ainsi, par exemple, le cautionnement solidaire ayant pour objet un objet *commercial*, peut être établi par témoins (C. civ. 1341; Cass. 26 mai 1829). — V. *sup.* n. 40.

60. *Exprès.* De ce que le cautionnement doit être exprès, il ne s'ensuit pas qu'il doive être écrit; son existence peut être prouvée même par témoins, lorsque cette preuve est admissible d'après les règles générales sur la preuve des obligations, par exemple, lorsqu'il existe un commencement de preuve par écrit (Cass. 1 fév. 1836). — V. *sup.* n. 40.

APPLICATION DE L'ARTICLE QUI PRÉCÈDE :

61. ACCEPTATION. Le créancier au profit duquel le débiteur a stipulé en son absence, peut valablement agir contre la caution. Dans ce cas, les poursuites valent acceptation (C. civ. 1121; Championnière 2, 1418; — Grenoble, 15 juin 1833).

62. APPROBATION D'ÉCRITURE. DOUBLE ÉCRIT. Lorsque le cautionnement est consenti purement et simplement, il n'est pas nécessaire qu'un double de l'acte sous seing-privé qui le renferme soit remis à la caution (C. civ. 1325; Cass. 22 nov. 1825,-Sir. 26, 145).

63. Mais quand l'acte qui contient cautionnement est synallagmatique, comme quand le créancier en considération de ce qu'il lui a été fourni caution, consent à ne réclamer la somme qu'après certain délai, ou à suspendre ses poursuites contre le débiteur, dans tous ces cas l'acte doit être fait double à peine de nullité (C. civ. 1325; Paris, 16 déc. 1814 et 17 fév. 1829,-Sir. 16, 168,-Sir. 29, 130; — Cass. 14 mai 1817,-Sir. 18, 47). — V. note 26, n. 56 à 64.

64. Lorsque l'acte de cautionnement est sous seing-privé il doit être revêtu d'un bon ou approuvé de la part de la caution qui n'a pas écrit cet acte (C. civ. 1326). — V. note 26, n. 65 à 84.

65. DIVISION. La partie condamnée à fournir caution ne peut diviser le cautionnement entre deux personnes, c. à-d. fournir deux cautions dont chacune ne s'obligerait que pour moitié (C. proc. 522; Carré, 2, 1832).

66. FORME DE L'ACTE. Lorsque le débiteur est obligé de donner caution, soit par la convention, soit par la loi, le créancier peut exiger que la caution s'oblige par acte devant notaire. — Quant aux cautions judiciaires, elles s'obligent au greffe de la justice par un acte que reçoit le greffier (Pothier, *tr. des oblig.* n. 403; C. proc. civ. 517 et suiv.).

67. PREUVE. — V. *sup.* n. 59 et 60 et note 26, sect. 3, § 6, n. 110 et suiv.

68. REJET. Lorsqu'une caution est rejetée, la partie est recevable à en présenter une autre, si le jugement ne lui a pas fixé un délai, à peine de déchéance (C. proc. 522; Carré, 2, 1832; Pigeau, 2, 298; *le Praticien*, 4, 19).

§ 7. DE L'EFFET DU CAUTIONNEMENT.

69. L'arrêt d'une cour d'appel qui déclare que l'effet d'un cautionnement date plutôt de l'époque où l'obligation a pris naissance que de celle où il a été fait, porte plus sur un point de *fait* que sur un point de *droit*. Par conséquent, sa décision ne peut donner ouverture à cassation (Cass. 1 déc. 1813,-Sir. 14, 139).

ART. 1. DE L'EFFET DU CAUTIONNEMENT ENTRE LE CRÉANCIER ET LA CAUTION.

70. *La caution n'est obligée envers le créancier à le payer qu'à défaut du débiteur, qui doit être préalablement discuté dans ses biens, à moins que la caution n'ait renoncé au bénéfice de discussion, ou à moins qu'elle ne soit obligée solidairement avec le débiteur; auquel cas l'effet de son engagement se règle par les principes qui sont établis pour les dettes solidaires* (C. civ. 2021). — V. note 106.

71. *Le créancier n'est obligé de discuter le débiteur principal que lorsque la caution le requiert, sur les premières poursuites dirigées contre elle* (C. civ. 2022).

72. On ne peut appliquer ces deux articles qu'en matière civile et non en matière commerciale, où le bénéfice de division et de discussion ne peut être invoqué (Emerigon, 2, 561; Boulay-Paty, 2, 563; Despeisses, 2, 617, n. 9; Decormis, 2, 1752).

73. La caution peut, en vertu des articles mentionnés ci-dessus n. 70 et 71, être poursuivie *directement*, sauf, si elle le requiert, la discussion du débiteur principal. — Il en était ainsi, même avant le code civil (Cass. 2 janv. 1808).

74. Cependant, lorsqu'une personne s'est rendue caution d'une dette non liquide, mais jusqu'à concurrence seulement d'une somme déterminée, le créancier ne peut, avant la liquidation de la dette, contraindre la caution à payer cette somme par provision; le débiteur lui-même n'étant contraignable qu'après la liquidation de la dette, la caution ne doit pas être contrainte au paiement plus tôt (Pothier, *obligat.* n. 371).

74 *bis*. De même, au cas d'obligation contractée par un débiteur de payer *toutes les fois qu'il serait par justice ordonné*, la caution ne peut être poursuivie qu'après un jugement obtenu contre le débiteur principal (Turin, 6 pluv. an XII,-Sir. 4, 2, 638).

75. Mais le créancier ne peut, sans avoir au préalable constitué le débiteur principal en demeure, diriger des poursuites contre la caution (Delvincourt; Duranton, 18, 331. — *Contrà*, Zachariæ).

76. Le bénéfice de discussion devant être réclamé par la caution sur les *premières poursuites* dirigées contre elle, ne peut l'être pour la première fois en cause d'appel, alors même qu'en première instance la caution aurait contesté l'existence ou étendue du cautionnement (Cass. 27 janv. 1835).

77. Il y a exception à ce qui est dit ci-dessus n. 70 et 72.

78. 1° *Relativement à la caution judiciaire qui ne peut point demander la discussion du débiteur principal* (C. civ. 2042).

79. 2° *Et relativement à celui qui a simplement cautionné la caution judiciaire, lequel ne peut demander la discussion du débiteur principal et de la caution* (C. civ. 2043).

80. *La caution qui requiert la discussion doit indiquer au créancier les biens du débiteur principal, et avancer les deniers suffisants pour faire la discussion. — Elle ne doit indiquer ni des biens du débiteur principal situés hors de l'arrondissement*

de la cour royale du lieu où le paiement doit être fait, ni des biens litigieux, ni ceux hypothéqués à la dette qui ne sont plus en la possession du débiteur (C. civ. 2023).

81. Lorsque la caution est poursuivie faute d'avoir pu indiquer des biens appartenant au débiteur, elle n'est pas déchue du droit de demander la discussion, si pendant le cours de l'instance il survient des biens à ce dernier. Elle est donc alors recevable à proposer l'exception de discussion (Merlin, *rép.* v° *caution*; Zachariæ. — *Contrà*, Duranton, 18, 337).

82. *Toutes les fois que la caution a fait l'indication de biens autorisée par l'art. précédent* (n. 80) *et qu'elle a fourni les deniers suffisants pour la discussion, le créancier est, jusqu'à concurrence des biens indiqués, responsable, à l'égard de la caution, de l'insolvabilité du débiteur principal survenue par le défaut de poursuites* (C. civ. 2024).

83. Lorsqu'une créance est garantie par un cautionnement et que la caution sur les poursuites à elle faites a indiqué pour être discutés préalablement tant les biens hypothéqués que les autres biens libres du débiteur, on ne peut appliquer à ce cas l'art. 2209 du C. civ. d'après lequel le créancier ne peut poursuivre la vente des immeubles qui ne lui sont pas hypothéqués, que dans le cas d'insuffisance des biens qui lui sont hypothéqués. — Le créancier est donc tenu de discuter tous les biens indiqués, sans distinction, et s'il borne ses poursuites aux biens hypothéqués, il perd son recours contre la caution, jusqu'à concurrence de la valeur des biens non discutés. — Dans ce cas, et tant que la valeur des immeubles non discutés n'est pas déterminée, les juges peuvent décider que la caution doit, en l'état, être réputée ne rien devoir, et annuler par ce motif les poursuites dirigées contr'elle (Cass. 8 av. 1835).

84. *Lorsque plusieurs personnes se sont rendues caution d'un même débiteur pour une même dette, elles sont obligées chacune à* TOUTE LA DETTE (C. civ. 2025).

85. *Néanmoins, chacune d'elles peut, à moins qu'elle n'ait renoncé au bénéfice de division, exiger que le créancier divise préalablement son action, et la réduise à la part et portion de chaque caution — Lorsque, dans un temps où une des cautions a fait prononcer la division, il y en avait d'insolvables, cette caution est tenue proportionnellement de ces insolvabilités; mais elle ne peut plus être recherchée à raison des insolvabilités survenues depuis la division.* (C. civ. 2026).

86. *Si le créancier a divisé lui-même et volontairement son action, il ne peut revenir contre cette division, quoiqu'il y eût, même antérieurement au temps où il l'a ainsi consentie, des cautions insolvables* (C. civ. 2027).

87. Lorsque deux personnes ont cautionné le même individu dans deux actes séparés, elles ne peuvent invoquer le bénéfice de division (Duranton, 18, 346. — *Contrà*, Delvincourt, 3, 143).

88. La caution ne peut user du bénéfice de discussion que lorsqu'elle est poursuivie par le créancier, et jamais lorsqu'elle offre elle-même le paiement de sa portion dans la dette cautionnée (Pothier, n. 499; Toullier, 7, 73).

Art. 2. DE L'EFFET DU CAUTIONNEMENT ENTRE LE DÉBITEUR ET LA CAUTION.

89. *La caution qui a payé a son recours contre le débiteur principal, soit que le cautionnement ait été donné au su ou à l'insu du débiteur. — Ce recours a lieu tant pour le principal que pour les* INTÉRÊTS (V. *sup.* n. 31 *bis*) *et les frais* (V. *sup.* n. 30 *bis*); *néanmoins la caution n'a recours que pour les frais par elle faits depuis qu'elle a dénoncé au débiteur principal les poursuites dirigées contre elle. — Elle a aussi recours pour les* DOMMAGES-INTÉRÊTS *s'il y a lieu* (C. civ. 2028).

90. INTÉRÊTS. Toutes les sommes payées par la caution au créancier produisent intérêts à partir du jour du paiement, sans distinction entre les sommes payées pour *intérêts* et les sommes payées pour *capital*. — Les intérêts pour lesquels la caution qui a payé a un recours contre le débiteur aux termes de l'art. qui précède sont les intérêts des sommes payées et non pas seulement les intérêts payés (C. civ. 1154, 2001; — Toulouse, 4 fév. 1829; — Caen, 7 août 1840; — Domat; Rousseau de Lacombe; Delvincourt; Duranton).

91. Les intérêts ou arrérages non prescrits qui ont été payés par la caution ne sont soumis qu'à la prescription de trente ans, la caution, dans ce cas, ne pouvant être traitée plus défavorablement que le *mandataire* ou le *negotiorum gestor* qui a agi utilement pour autrui (C. civ. 2277; Caen, 7 août 1840; Troplong, des *prescr.* 2, 1034. — *Contrà*, Vazeille 2, 617). — V. note 26, n. 183.

92. Cette solution est fondée sur le même principe qui a fait décider que la prescription de *trois ans* établie en matière de contributions directes contre les réclamations des Percepteurs par l'art. 149 de la loi du 3 frim. an VII, n'est pas opposable au *tiers* qui ayant désintéressé l'administration demande au contribuable le remboursement des sommes qu'il a payées à sa décharge (Nancy, 21 août 1826, - Sir. 29, 127; — Cass. 22 janv. 1828, - Sir. 29, 35).

93. Mais les intérêts dûs à la caution à raison des sommes qu'elle a payées sont sujets à la prescription de cinq ans (C. civ. 2277; Caen, 7 août 1840).

94. DOMMAGES-INTÉRÊTS. Le débiteur principal doit, en cas de préjudice, des dommages-intérêts à la caution qui a payé pour lui (Toullier, 6, 267). — Il en est ainsi, même dans le cas où le cautionnement a été constitué à titre onéreux (Duranton, 18, 351. — *Contrà*, Delvincourt, 3, 145).

95. *La caution qui a payé la dette est subrogée à tous les droits qu'avait le créancier contre le débiteur* (C. civ. 2029). —V. *inf.* n. 112.

96. Cette subrogation a lieu de plein doit et sans qu'il soit besoin de l'exprimer en la quittance, par application de l'art. 1251, n. 3 du C. civ. qui l'accorde à toute personne qui était tenue pour d'autres du paiement de la dette par elle acquittée.

97. C'est d'après les lois existantes à l'époque du paiement que doit être jugée la question de savoir si la caution qui a payé pour le débiteur principal est subrogée aux droits du créancier (Cass. 1 sept. 1808).

98. *Lorsqu'il y avait plusieurs débiteurs principaux solidaires d'une même dette, la caution qui les a tous cautionnés a, contre chacun d'eux, le recours pour la répétition du total de ce qu'elle a payé* (C. civ. 2030).

Cette disposition est conforme à celle de l'art. 1200 du C. civ. portant que quand il y a solidarité entre les débiteurs chacun peut être contraint pour la totalité de la dette; elle autorise ainsi le circuit et la pluralité d'actions; mais quand l'un des débiteurs solitaires a remboursé la caution, il n'y a plus de circuit d'actions, ce débiteur ne pouvant réclamer de ses co-débiteurs que la part de chacun dans la dette par application de l'art. 1214 du même code.

99. *La caution qui a payé une première fois n'a point de recours contre le débiteur principal qui a payé une seconde fois, lorsqu'elle ne l'a point averti du paiement par elle fait; sauf son action en répétition contre le créancier. — Lorsque la caution aura payé sans être poursuivie et sans avoir averti le débiteur principal, elle n'aura point de recours contre lui dans le cas où, au moment du paiement, ce débiteur aurait eu des moyens pour faire déclarer la dette éteinte : sauf aussi son action en répétition contre le créancier* (C. civ. 2031). — V. les art. 1235 et 1377 du C. civ.

100. *La caution, même avant d'avoir payé,* PEUT AGIR *contre le débiteur, pour être par lui indemnisée :*

101. 1° *Lorsqu'elle est poursuivie en justice pour le paiement.*

102. 2° *Lorsque le débiteur* A FAIT FAILLITE *ou est en déconfiture.*

103. 3° *Lorsque le débiteur s'est obligé de lui rapporter sa décharge dans un certain temps.*

104. 4° *Lorsque la dette est devenue exigible par l'échéance du terme sous lequel elle avait été contractée.*

105. 5° *Au bout de dix années, lorsque l'obligation principale n'a point de terme fixe d'échéance, à moins que l'obligation principale, telle qu'une tutelle, ne soit pas de nature à pouvoir être éteinte avant un temps déterminé* (C. civ. 2032).

106. PEUT AGIR. La faculté accordée à la caution, même avant d'avoir payé, d'agir dans les cas ci-dessus contre le débiteur principal, ne lui confère que le droit de former une action en justice; elle ne lui donne pas le droit de poursuivre le débiteur par *voie d'exécution parée*, alors qu'elle n'est pas porteur d'un titre exécutoire, comme dans le cas où elle agit au moyen d'une subrogation (Bordeaux, 22 fév. 1832). — V. note 28, ch. 2.

107. A FAIT FAILLITE. La caution qui n'a pas encore été poursuivie, ne peut, en cas de faillite du débiteur, se présenter concurremment avec le créancier, à la distribution des deniers (Duranton, 18, 360; Pardessus, 4, 1216). — V. C. civ. 1188; — C. com. 437 et suiv.
V. *Perte de la chose*, note 170.

Art. 3. DE L'EFFET DU CAUTIONNEMENT ENTRE LES COFIDÉJUSSEURS.

108. *Lorsque plusieurs personnes ont cautionné un même débiteur pour une même dette, la caution qui a acquitté la dette a recours contre les autres cautions, chacune pour sa part et portion. Mais ce recours n'a lieu que lorsque la caution a payé dans l'un des cas énoncés en l'art.* 2032 (C. civ. 2033)

Par cette disposition qui ne permet le recours que pour la part et portion de chaque caution, la loi évite le circuit d'actions comme dans le cas de l'art. 1214 du C. civ. — V. *sup.* n. 98.

§ 8. DE L'EXTINCTION DU CAUTIONNEMENT.

109. *L'obligation qui résulte du cautionnement, s'éteint par les mêmes causes que les autres obligations* (C. civ. 2034). — V. aussi les art. 1262, 1281, 1287, 1294, 2180 du même Code et la note 26 n. 310 et suiv.

110. *La confusion qui s'opère dans la personne du débiteur principal et de sa caution, lorsqu'ils deviennent héritiers l'un de l'autre, n'éteint point l'action du créancier contre celui qui s'est rendu caution de la caution* (C. civ. 2035). — V. la note 169 et aussi les art. 1208, 1234, 1300, 1301, 2012, 2014 et 2043 du C. civ.

111. *La caution peut opposer au créancier toutes les exceptions qui appartiennent au débiteur principal, et qui sont inhérentes à la dette. — Mais elle ne peut opposer les exceptions qui sont purement personnelles au débiteur* (C. civ. 2036). — V. aussi pour le 1er alin. ci-dessus, les art. 1281, 1288, 1294, 1365 du C. civ.; pour le 2e alin. les art. 1124, 1166, 1208, du même Code, et les art. 520 et 545 du C. de com.

112. *La caution est déchargée, lorsque la subrogation aux droits, hypothèques et priviléges du créancier ne peut plus, par le fait de ce créancier, s'opérer en faveur de la caution* (C. civ. 2037). — V. aussi les art. 1251-3°, 1382, 2029 et 2039 du même Code.

113. *L'acceptation volontaire, que le créancier a faite d'un immeuble ou d'un effet quelconque en paiement de la dette principale, décharge la caution, encore que le créancier vienne à en être évincé* (C. civ. 2038). — V. aussi les art. 1271-1° et 1626 du même Code.

114. *La simple prorogation de terme, accordée par le créancier au débiteur principal, ne décharge point la caution, qui peut, en ce cas, poursuivre le débiteur pour le forcer au paiement* (C. civ. 2039). — V. aussi les art. 1385 et suiv., 1740 du même Code, et *sup.* n. 104.

APPLICATION DE CES ARTICLES.

115. AFFECTATION HYPOTHÉCAIRE. Celui qui donne une affectation hypothécaire, pour la sureté d'une créance, sans s'obliger lui-même au paiement subsidiaire, n'est pas une *caution*, dans le sens des art. 2031 et 2037 du C. civ.; il ne peut demander sa décharge, sur le fondement que la subrogation aux droits, priviléges et hypothèques du créancier, ne peut plus par le fait de ce créancier, s'opérer en sa faveur (Cass. 10 août 1814,-Sir. 15, 242). — V. *sup.* n. 39.

116. APPEL. Une caution n'est pas recevable à interjeter appel d'un jugement rendu contre le débiteur principal, lorsque ce jugement a acquis l'autorité de la chose jugée contre ce débiteur, sauf toutefois pour la caution, le droit de faire valoir lors des poursuites exercées contre elle, les exceptions personnelles qui peuvent exister en sa faveur; la chose jugée ne lui étant opposable, qu'en ce qui touche les exceptions qui lui sont communes avec l'obligé principal (C. civ. 1351, 2036; — C. proc. 443; — Grenoble, 18 janv. 1832,-Devill. 33, 160). — V. *sup.* n. 30 *bis*.

117. BAIL. Celui qui, dans un bail, a cautionné le preneur, ne peut refuser de payer les fermages qui peuvent être dus au propriétaire, sous prétexte que ce dernier, ayant consenti à ce que son fermier quittât la ferme et emportât son mobilier, ne peut plus subroger la caution dans ses droits sur ce mobilier; alors surtout qu'il est constant que le résiliement du bail, loin d'avoir préjudicié à la caution, lui a été avantageux (C. civ. 2037; — Cass. 22 nov. 1825, -Sir. 26, 146).

118. L'exécution volontaire d'un bail sous seing-privé, de la part des preneurs, rend non-recevable leur caution à opposer la nullité du bail, résultant de ce qu'il n'a pas été signé de l'un d'eux (C. civ. 1338, 2012 et 2036; — Cass. 22 nov. 1825, -Sir. 26, 146).

119. CONFUSION, — V. *sup.* n. 110. L'acceptation par le débiteur principal, de la succession de la caution obligée à la même dette, n'entraîne pas la confusion des actions que le créancier était en droit d'exercer séparément contre chacun d'eux, de telle sorte qu'il ne puisse plus poursuivre le paiement de sa créance, que contre le principal obligé; le créancier conserve une action distincte contre la succession de la caution (C. civ. 2035; — Riom, 5 août 1840).

120. COUPE DE BOIS. Le créancier ayant hypothèque sur une forêt, qui laisse vendre sans opposition ni acte conservatoire, une grande partie de la superficie, et laisse ainsi gravement altérer le gage de sa créance, peut être réputé s'être mis par-là dans l'impossibilité d'opérer une subrogation utile au profit de la caution, en telle sorte que la décharge de cette caution doive être prononcée (C. civ. 2037; — Cass. 23 mai 1833).

121. DÉBITEUR ÉLARGI. Celui qui cautionne un débiteur emprisonné à condition qu'il sera élargi, cesse d'être lié par son cautionnement, si le débiteur est emprisonné de nouveau pour les mêmes causes (C. civ. 2034; 1184; — Paris, 29 août 1812, -Sir. 14, 440).

122. Même, la caution ne peut être poursuivie à raison d'une obligation dont le principal obligé a été judiciairement relaxé (C. civ. 2036; — Cass. 29 brum. an XII, -Sir. 7, 2, 821).

123. DÉCHÉANCE. Lorsqu'il a été déclaré par un jugement qu'un créancier a perdu son privilége par omission de formalités conservatrices; si le créancier exerce son recours contre la caution, celle-ci est fondée à lui opposer *déchéance*, attendu l'impossibilité de subrogation au privilége, dans le sens de l'art. 2037 du C. civ. En ce cas, la subrogation est réputée impossible par le fait du créancier (Cass. 25 juill. 1827, -Sir. 28, 17).

124. DOT. La femme qui, par transaction passée avec les tiers-détenteurs des biens de son mari, a renoncé à toute action contre eux pour raison de sa dot, moyennant une somme arbitrairement convenue qui ne l'a pas entièrement désintéressée, perd, par le fait de cette transaction, le droit de recourir contre la caution de son mari, pour le paiement du surplus de sa dot, en ce que par sa renonciation, elle s'est mise dans l'impossibilité de subroger la caution dans ses droits contre les tiers-détenteurs (C. civ. 2037; — Cass. 18 janv. 1833).

125. EFFET DE COMMERCE. La règle établie par l'art. 2037 du C. civ. (V. *sup.* n. 112) pour le cas où le créancier a nui à la caution, en diminuant les droits, hypothèques et priviléges de la créance, cesse d'être applicable lorsque le créancier est un porteur de lettre de change, exerçant son recours contre le tireur, et que le porteur de la lettre de change, qui a donné main-levée d'une inscription hypothécaire prise par lui-même, n'a d'ailleurs fait perdre au tireur aucune sûreté commerciale, n'a négligé aucune des procédures et formalités que lui imposait sa qualité de porteur de lettre de change, aux termes des art. 118, 161, 162, 164 et 187 du C. de com. (Cass. 17 janv. 1831). — V. t. 1, p. 67, a.

126. L'assignation donnée au souscripteur d'effets de commerce, interrompt la prescription contre la caution solidaire, en sorte qu'elle ne peut courir à son profit, tant que la péremption de l'assignation n'a été ni demandée, ni prononcée (C. civ. 2034; — Paris, 13 déc. 1813, -Sir. 16, 98).

127. EXCEPTIONS. — V. n. 111, 121, 122, 133.

128. FAIT DU CRÉANCIER. — INSCRIPTION. L'art. 2037 du C. civ., est applicable (V. *sup.* n. 112) aussi bien lorsque le fait du créancier est simplement *négatif*, *in omittendo (tel que la non-inscription ou le défaut de renouvellement d'une inscription)*, que lorsque ce fait est *positif*, *in committendo* (Pau, 3 janv. 1824, -Sir. 26; — Toulouse, 27 août 1829, -Sir. 30; — Cass. 29 mai 1838; 14 juin 1841; — *Contrà*, Rennes, 19 mars 1811, -Devill. 35, 339; — Bruxelles, 16 mai 1821, -Devill. 35, 339; — Douai, 21 juin 1831, -Devill. 35, 966; — Caen, 3 juill. 1841). — V. *inf.* n. 134.

129. Mais il ne peut être invoqué lorsque la perte des droits et hypothèques, est reconnue par les juges imputable aussi bien à la caution qu'au créancier (Cass. 12 mai 1835).

130. NOVATION. Lorsqu'un propriétaire reçoit des billets à ordre de son fermier pour le paiement de ses loyers, il ne peut plus, dans le cas où le fermier et celui qui devait payer les billets à ordre sont tous deux insolvables, exercer le recours contre la caution du fermier (Cass. 2 janv. 1807; — C. civ. 2038). — V. *sup.* n. 113.

131. Mais la collocation, même provoquée par le créancier, n'est pas un paiement : ce n'est qu'une indication de paiement; en conséquence la caution ne cesse pas d'être obligée, parce que les biens du débiteur principal sont vendus et le créancier colloqué en ordre utile. Le créancier peut ne pas vouloir profiter de sa collocation, pour s'en tenir au cautionnement solidaire (C. civ. 2038; — Colmar, 22 av. 1815, -Sir. 17, 41). — V. *novation*, note 168.

132. PROROGATION. Lorsqu'une personne s'est rendue caution d'un individu, le jour même où les meubles de celui-ci devaient être vendus par suite de saisie, en s'obligeant à représenter ces meubles au jour nouvellement fixé pour la vente, si cette vente n'a pas lieu au jour indiqué à raison d'un sursis obtenu en justice, la caution est indéfiniment tenue de l'obligation qu'elle a contractée de représenter les objets, même après l'expiration du délai, dans lequel cette représentation devait avoir lieu de sa part. Elle ne peut, dans ce cas, prétendre avoir été déchargée par le retard qu'on a mis à vendre (C. civ. 2039; — Turin, 3 mess. an X, -Sir. 3, 2, 563). — V. *sup.* n. 114.

133. Lorsque le créancier est resté très-longtemps sans poursuivre le débiteur principal, et que celui-ci est devenu insolvable, ce n'est pas une raison de présumer qu'il ait été payé, et de décharger la caution sous ce seul prétexte, surtout lorsque la prorogation de délai a été demandée par la caution (C. civ. 2036, 2039; — Paris, 21 av. 1806, -Sir. 7, 819).

134. SOLIDARITÉ. L'art. 2037 du C. civ. (V. *sup.* n. 112), s'applique à la caution solidaire, comme à la caution simple, laquelle demeure déchargée lorsqu'elle ne peut plus obtenir une subrogation pleine et entière aux droits du créancier (Cass. 17 août 1836; 29 mai 1838; 14 juin 1841). — V. *sup.* n. 125.

135. Il s'applique même au débiteur solidaire, lequel, au cas de subrogation impossible, peut demander sa décharge lorsqu'il est poursuivi pour la part tombant à la charge de son co-débiteur (Cass. 13 janv. 1816; — Nîmes, 3 déc. 1819, -Sir. 20, 121).

136. SUBROGATION PARTIELLE. Lorsque la subrogation aux droits du créancier n'est empêchée que pour partie, par son fait *positif* ou *négatif*, la caution n'est affranchie de son engagement que dans la même proportion (C. civ. 2037; — Toulouse 2 janv. 1823; — Zachariæ).

137. SUBROGATION POSTÉRIEURE AU PAIEMENT. Il n'y a de subrogation conventionnelle que celle qui est faite en même temps que le paiement (C. civ. 1250-1°), sinon la dette est éteinte (C. civ. 1236). — Cependant, lorsque le créancier ne reçoit son remboursement de la part du débiteur, que sous la condition de lui remettre une procuration en blanc, afin d'effectuer un transport avec subrogation au profit du tiers qui a fourni les fonds pour payer, et que le remboursement du créancier n'est pas alors constaté par un acte écrit, ce remboursement est réputé n'avoir été opéré que du jour même du transport, malgré toutes présomptions qui tendraient à établir qu'il a eu lieu antérieurement. En conséquence, et encore bien que la cession avec subrogation n'ait été effectuée qu'à une époque de beaucoup postérieure au paiement réel, la caution qui se trouve obligée par l'effet de cette subrogation, n'a aucun recours à exercer contre le cédant, sous prétexte que par son fait, elle se trouverait obligée au paiement d'une dette éteinte (C. civ. 2037; — Cass. 12 fév. 1840).

138. SURETÉS ACQUISES APRÈS CAUTIONNEMENT. L'art. 2037 du C. civ. ne s'applique pas au cas où les droits ou hypothèques n'ont été acquis par le créancier, que *postérieurement* au cautionnement, et ainsi n'existaient pas quand la caution a contracté (Cass. 12 mai 1835. — *Contrà*, Caen, 18 mars 1828).

§ 9. DE LA RÉCEPTION DES CAUTIONS.

139. La caution judiciaire doit être présentée au greffe du tribunal qui a rendu le jugement ordonnant de la fournir. On procède à cet effet comme il est dit aux art. 517 et suiv. du C. de proc. civ.

140. Quant à la caution à fournir d'après la loi ou la convention, le créancier peut exiger qu'elle ait lieu par devant notaire (V. *sup.* n. 66). En cas de refus, on doit recourir à justice, et alors, on fait encore application des art. 517 et suiv. du C. de proc. civ.

141. Mais quoique le titre des réceptions de caution du Code de procédure, puisse s'appliquer aux cautions légales et conventionnelles, comme aux cautions judiciaires, quant au mode de procéder à leur admission, chacune d'elles n'en conserve pas moins le caractère qui lui est propre, et que nous avons indiqué *sup.* n. 6, 7, 8, 9, 10; toutes ne sont pas pour cela des cautions judiciaires. Ainsi, les deux premières espèces de cautions, quoiqu'elles aient été fournies en exécution d'un jugement qui l'a ordonné, après contestation, n'en conservent pas moins leur qualité de *cautions légales*, *cautions conventionnelles* (Carré, n. 1829; — Coin-Delisle sur l'art. 2060).

§ 10. DE LA JURIDICTION.

142. Lorsqu'il s'agit de l'exécution d'un cautionnement en matière civile, la caution est justiciable des tribunaux civils, et elle doit être citée en conciliation et assignée comme il est dit aux art. 49 et 59 du C. de proc. civ. — V. *sup.* la note 20.

143. Quand il s'agit de l'exécution d'un cautionnement en matière commerciale, la caution est justiciable des tribunaux de commerce, et elle doit être assignée en se conformant à l'art. 420 du C. de proc. civ. — V. la note 118.

144. La caution est justiciable des tribunaux de commerce dans les cas spécifiés ci-dessus n. 52 et suiv. — V. aussi la note 31.

V. *sup.* n. 34, 35, 36, 37,

§ 11. DU DROIT D'ENREGISTREMENT.

145. — V. les notes 117 et 218.

---

[33]

DE LA FOI DUE AUX ACTES ET AUX ÉNONCIATIONS. — DES DISPOSITIONS ÉNONCIATIVES ET LIMITATIVES.

DIVISION SOMMAIRE.

Indication alphabétique.

§ 1. DE LA FOI DUE AUX ACTES ET AUX ÉNONCIATIONS.

Dispositions générales.

1. *L'acte, soit authentique, soit sous seing-privé, fait foi, entre les parties, même de ce qui n'y est exprimé qu'en termes énonciatifs, pourvu que l'énonciation ait un rapport direct à sa disposition. Les énonciations étrangères à la disposition ne peuvent servir que d'un commencement de preuve* (C. civ. 1320).

2. *Il fait la même foi entre leurs héritiers et ayants-cause* (C. civ. 1319 et 1322).

V. *sur la foi due à l'acte authentique* la note 26, n. 36 et suiv. — *Et sur le commencement de preuve par écrit*, même note n. 132, 154 et suiv.

Art. 1. DE LA FOI DUE AUX ACTES.

3. L'acte authentique ne fait pas toujours foi ainsi que le portent les deux articles précités. L'effet peut en être suspendu en s'inscrivant en faux (V. note 26, n. 37) contre cet acte, ou en l'attaquant par voie de nullité ou de rescision (C. civ. 1304), car la foi commandée par la loi ne doit porter que sur le *matériel de l'acte*, elle est étrangère à la *sincérité et à la bonne foi* des stipulations, des déclarations ou aveux qui y sont contenus, l'acte reçu par un Notaire ou tout autre officier public pouvant tout aussi bien qu'un écrit s. s. p., être simulé entre les parties (C. civ. 1109 et suiv.; Toullier, 8, 65; Cass. 10 juin 1816, 5 fév. 1828).

4. Ainsi donc, c'est seulement des faits qui se sont passés en présence du Notaire, *tempore gesti instrumenti*, que les actes authentiques font foi même contre les tierces personnes, *Contrà omnes* (Toullier, 8, 148 et s.)

5. A l'égard des faits qui se sont passés hors la présence du Notaire, et qu'il n'a rapportés que sur la foi des parties ou de l'une d'elles, ou sur ce qui a été dit dans les conférences, ce ne sont plus que de simples énonciations auxquelles le caractère d'authenticité ne peut plus s'appliquer au moins avec la même extension. A cet égard, il faut distinguer entre les parties et les tiers. — V. *inf.* les art. 6, 15 et suiv. et aussi la note 26, n. 39.

6. L'acte sous seing-privé, de même que l'acte authentique, fait foi entre les parties, leurs héritiers et ayants-cause, lorsque la signature de ceux qui l'ont souscrit a été reconnue (C. civ. 1322 et suiv.), mais en est-il de même à l'égard des tiers? Le doute naît de ce que l'art. 1322 ne parle que des *parties*, leurs *héritiers* et *ayants-cause* entre lesquels cet acte doit faire foi, en quoi il est conçu comme l'art. 1319 qui veut que l'acte authentique prouve la convention qu'il renferme, *rem ipsam*, même vis-à-vis des tiers, mais on considère ces deux articles comme contenant une légère inexactitude dans leur rédaction et on a toujours pensé et jugé qu'on pouvait les appliquer aux tiers, car si les actes de cette espèce ne prouvaient pas contre les tiers il en résulterait que les ventes et aliénations s. s. p. ne pourraient jamais servir de titre et de fondement à la prescription (Toullier, n. 239).

7. Toutefois il y a entre l'acte authentique et l'acte sous seing privé deux différences remarquables : c'est que pour que l'acte sous seing-privé soit de nature à acquérir une prescription ou à devenir titre ancien (V. *inf.* n. 12) il faut qu'il fasse foi de sa date, or, il ne le peut qu'au moyen de l'une des trois circonstances énumérées en l'art. 1328 du C. civ., jusque là il ne prouve point qu'il ait été passé à la date qu'il porte; et d'un autre côté pour qu'il prouve contre les tiers et pour que ceux-ci ne puissent se refuser à toute exécution, il faut que la signature des souscripteurs ait été reconnue ou légalement tenue pour reconnue soit par un acte consenti volontairement devant Notaire, soit par un jugement, conformément aux art. 1323 et suiv. du C. civ. tandis que l'acte authentique n'est sujet à aucun de ces deux inconvénients.

8. Il résulte de la différence que nous venons d'établir qu'il est toujours plus avantageux de contracter par acte authentique faisant foi de sa date dès maintenant, plutôt que par acte s. s. p. dont la reconnaissance volontaire ou en justice peut occasionner plus de frais que si la convention avait été arrêtée d'abord authentiquement. — V. *inf.* n. 29.

9. L'acte authentique ne fait cependant pas foi en tous lieux, car il est des cas où pour que l'acte fasse foi hors du ressort de l'officier public, sa signature doit être légalisée par le président du tribunal de sa résidence. — V. la note 125.

Art. 2. DES ÉNONCIATIONS AYANT UN RAPPORT DIRECT A LA DISPOSITION.

10. Pothier (*tr. des oblig.* n. 737) pose l'exemple suivant relatif aux énonciations qui font pleine foi comme ayant un rapport direct à la disposition : « si quelqu'un, par un acte, passe reconnaissance d'une rente en ces termes, *reconnait que telle maison par lui possédée est chargée envers Robert, présent, de tant de rente par chacun an, dont les arrérages ont été payés jusqu'à ce jour, et en conséquence s'oblige de la lui continuer*, ces termes, *dont les arrérages ont été payés*, quoiqu'ils ne soient qu'énonciatifs et qu'il ne soit pas exprimé que Robert reconnait les avoir reçus, font néanmoins foi du paiement contre *Robert*, partie à l'acte, parce qu'ils ont un trait au dispositif de l'acte, et qu'il devait être question dans l'acte de ce qui était effectivement dû des arrérages de cette rente.

Art. 3. DES ÉNONCIATIONS ÉTRANGÈRES A LA DISPOSITION.

11. Lorsque les énonciations qui se trouvent dans un acte sont absolument étrangères au dispositif de l'acte, elles peuvent bien faire quelque demi-preuve, mais elles ne font point une preuve entière, même contre les personnes qui ont été parties à l'acte. — Par exemple, si, dans le contrat de la vente d'un héritage que *Pierre* m'a faite, il est énoncé que cet héritage lui vient de la succession de *Jacques* : un tiers qui, comme héritier en partie de *Jacques*, aura donné contre moi la demande en revendication de sa portion en cet héritage, ne pourra pas pour fonder sa demande, prouver, par cette seule énonciation qui se trouve en mon contrat, que cet héritage était effec-

tivement de la succession de *Jacques*, quoique je sois partie en l'acte où se trouve cette énonciation, parce qu'elle est absolument étrangère à la disposition de l'acte, et que je n'avais pour lors aucun intérêt de m'opposer à cette énonciation (Pothier, *ibid.*, n. 738).

12. Quoiqu'il soit dit en l'art. 1320 du C. civ. (V. *sup.* n. 1) que les énonciations étrangères ne puissent servir que d'un commencement de preuve, cependant cette règle reçoit exception quand il s'agit d'actes anciens soutenus par une *longue possession*, car alors, les énonciations forment une preuve (*in antiquis enuntiativa probant*) qui ne cède qu'à la preuve contraire, tellement que le titre non suivi de possession demeure, dans ce cas, prescrit, et son ancienneté, loin d'élever une présomption favorable, deviendrait la base d'une fin de non-recevoir contre toute prétention (Toullier, t. 8, p. 264, n. 164; Pothier, n. 7). — Le temps qui est nécessaire pour conférer aux actes le caractère de l'ancienneté, doit être fixé à trente ans (C. civ. 1335; Toullier, t. 8, n. 167).

13. C'est sur ce principe qu'on se base lorsqu'il s'agit de fixer la limite de deux héritages contigus appartenant à deux propriétaires, l'ancienneté du titre de l'un jointe à la possession doit l'emporter sur l'autre, de sorte que ce dernier n'a droit qu'à ce qui reste du terrain lorsque le propriétaire ayant un titre plus ancien a prélevé la contenance déterminée en son titre. — V. aux formules t. 1, p. 87, alin. 15.

14. Toutefois la règle relative à l'ancienneté du titre ne peut être invoquée lorsque le droit auquel on l'applique est une servitude discontinue (tel que le droit de puiser de l'eau à un puits) qui ne peut s'acquérir par titre (Bordeaux, 28 mai 1834; Pardessus, n. 268. — *Contrà*, Proudhon, *usuf.* t. 6, n. 34).

Art. 4. DE QUELLES CHOSES LES ACTES FONT FOI CONTRE LES TIERS PAR LEURS ÉNONCIATIONS.

15. L'acte prouve contre un tiers *rem ipsam*, c.-à-d. que, la chose même est intervenue. Par exemple, l'acte qui renferme le contrat de vente d'un héritage, prouve, même contre un tiers qu'il y a eu effectivement une vente de cet héritage (Pothier, *tr. des oblig.* n. 739).

16. Mais l'acte ne fait pas foi contre un tiers qui n'a pas été partie à cet acte, de ce qui y est énoncé. Par exemple, s'il est énoncé dans le contrat de vente que la maison du vendeur a un droit de vue sur la maison voisine, cette énonciation ne fera aucune preuve contre le propriétaire de la maison voisine, qui est un tiers qui n'était point partie à l'acte (*Ibid.*).

17. De même, si *Paul* prenant la qualité de mandataire de *Martin*, en vertu de procuration donnée à Paris *tel* jour, vend à *Jacques* un immeuble qu'il déclare appartenir à son mandant, comme l'ayant recueilli dans la succession de son père; cet acte prouve contre tous que *Paul* a vendu l'immeuble à *Jacques*, qu'il a dû être mandataire de *Martin*, et qu'il a dit que l'immeuble était échu à ce dernier dans la succession de son père. Mais ce même acte ne saurait prouver ni que *Paul* fût réellement mandataire de *Martin*, ni que l'immeuble fût avenu à ce dernier de la manière indiquée en l'acte; car le Notaire devant lequel on s'est présenté pour dresser l'acte de vente n'a eu aucune connaissance personnelle de ces faits qui ne se sont point passés en sa présence, et dont il ne parle que sur la foi de *Paul*. On peut donc contester ces faits sans attaquer l'acte par la voie du faux; et, s'ils sont contestés, Paul ou celui qui les prétendrait vrais serait obligé de les prouver (Toullier, t. 8, n. 150).

18. Bien plus, en supposant que la prétendue procuration de *Paul* ait été copiée en entier et mot-à-mot dans le contrat, cette relation ne serait point contre *Martin* ni contre ses héritiers ou ayants-cause, une preuve suffisante de l'existence de la procuration, si elle n'était pas représentée. Ainsi jugé par le parlement de Paris dans l'affaire du Duc de Nivernais rapportée par Dumoulin : on demandait à celui-ci une rente considérable, prétendue crée par *Engelbert de Clèves*, son auteur, en vertu de procuration spéciale copiée en entier dans le contrat de constitution, mais le demandeur n'ayant point produit d'autre preuve du mandat perdit son procès (Toullier, n. 151).

19. Dumoulin va plus loin : il suppose que *Titius* ait donné devant Notaires une procuration de vendre, en vertu de laquelle son mandataire vend ensuite à *Caïus*, devant les mêmes Notaires, qui remettent à l'acquéreur le contrat dans lequel la procuration est copiée en entier. Dumoulin décide que le contrat, quoique la procuration y soit copiée en entier, quoiqu'elle se trouve ainsi souscrite par les mêmes Notaires qui l'avaient reçue, ne forme point une preuve suffisante du mandat contre le mandant, parce que les actes authentiques ne font pleine foi que des choses qui se passent au moment même où l'acte est reçu et rédigé, et non pas des faits antérieurs, quoique les Notaires en eûssent une parfaite connaissance. La procuration qu'ils avaient reçue était un fait passé; ils n'avaient plus ni mission ni qualité pour l'attester et en rendre témoignage; ce n'était point pour cela qu'ils étaient appelés, mais pour recevoir un contrat de vente. Lorsqu'ils avaient été précédemment appelés pour recevoir la procuration, leur mission avait fini au moment même où ils avaient remis le brevet ou l'expédition (*Ibid.* n. 153).

20. L'art. 13 de la loi du 25 vent. an XI en prescrivant aux Notaires sous peine d'amende et d'une action disciplinaire d'annexer à leurs actes les procurations des contractants doit rassurer les parties sur le sort des actes où elles sont représentées par des mandataires.

21. Toutefois cette règle souffre exception relativement aux titres *anciens* dont nous avons parlé *sup.* n. 12, même contre les tiers, lorsque les énonciations sont soutenues de la longue possession. Par exemple, quoique le long usage n'attribue pas droit de servitude, néanmoins, si ma maison a depuis très-longtemps une vue sur la maison voisine, et que dans les anciens contrats de l'acquisition qu'en ont faite mes auteurs, il soit énoncé qu'elle a ce droit de vue, ces anciens contrats soutenus de ma possession, feront foi du droit de vue contre le propriétaire de la maison voisine, quoiqu'il soit un tiers, et que ses auteurs n'aient jamais été parties dans ces contrats (Pothier, n. 740. — V. *sup.* n. 11, 14 et la note 22.

22. Lorsque, dans une quittance passée devant Notaire, il est dit que la somme a été reçue d'un *tel* par les mains du Notaire qui reçoit l'acte, cette énonciation est sans doute valable quand les autres parties ont signé l'acte, parce que alors cet acte vaut toujours comme acte sous seing-privé, mais quand toutes les parties ou l'une d'elles seulement ne

sait pas signer, ou bien quand l'acte doit nécessairement pour sa validité conserver la forme d'acte authentique nous croyons qu'il y a du danger à insérer dans l'acte que le paiement est fait par les mains du Notaire, car de deux choses l'une, ou cette énonciation est faite dans le but d'opérer la décharge du Notaire vis-à-vis du débiteur ou elle n'est pas faite dans ce but; dans le premier cas l'acte est nul comme acte authentique puisqu'il contient une stipulation qui peut profiter indirectement au Notaire qu'elle expose d'ailleurs à une action disciplinaire et à des dommages-intérêts (L. 25 ventôse an XI, art. 8 et 68. — V. note 2, n. 21 et suiv.), dans le second cas elle est parfaitement inutile si elle ne doit avoir aucun effet soit comme énonciation d'ordre soit autrement.

23. De ce que les actes authentiques prouvent *rem ipsam* contre les tiers, en doit-on conclure que l'inventaire des titres d'une succession, fait par-devant Notaires, dans lequel il est dit qu'il s'est trouvé un brevet d'obligation d'une certaine somme subie par un *tel*, pour cause de prêt, en *tel* temps et devant *tel* Notaire, fait foi de la dette contre le débiteur qui est un tiers et qui n'était pas présent à l'inventaire, sans qu'il soit besoin de rapporter le brevet d'obligation? non; car de ce que l'inventaire prouve *rem ipsam*, il s'ensuit seulement qu'il s'est trouvé un brevet d'obligation ; mais il ne s'en suit pas que la dette soit due, parce que le défaut de représentation du brevet d'obligation fait présumer ou qu'il y a quelque vice ou défaut dans ce brevet qu'on ne représente pas, qui empêche qu'il ne puisse faire foi de la dette, ou que depuis l'inventaire il a été rendu au débiteur lors du paiement qu'il a fait du contenu en l'obligation (Pothier, *ibid.*, 741).

24. Néanmoins s'il était constant que depuis l'inventaire il est arrivé un incendie de la maison où étaient les titres, qui les aurait consumés, la mention du brevet d'obligation portée par l'inventaire pourrait faire foi de la dette, comme paraît le supposer la *loi 57 ff. de adm. tut.* : ce qui pourrait avoir lieu dans le cas auquel le débiteur n'alléguerait pas l'avoir payée, ou peut-être dans le cas auquel le terme de paiement porté dans l'énoncé de l'obligation, n'étant pas encore échu, la présomption serait que la dette n'a pas été acquittée (*Ibid.*).

25. La même règle s'applique aux énonciations qui n'ont de rapport qu'à des faits, dont, en les supposant vrais, l'on peut néanmoins, dans la suite, tirer des conséquences pour établir certains droits. — Par exemple, si dans des actes de l'état civil, des procès-verbaux de conseils de famille, l'on avait attribué à un individu une parenté, comme celle de cousin paternel ou maternel, neveu, oncle, fils, etc., cet individu pourrait se prévaloir de cette énonciation, surtout si elle était ancienne et soutenue de possession, pour repousser les prétentions de ceux qui voudraient le dépouiller de cette parenté, et lui contester le droit de recueillir une succession. La difficulté de se procurer des preuves dans des temps reculés a fait admettre que les énonciations de pareils faits font foi dans les actes anciens (Toullier, 8, p. 268, n. 166).

26. Tout ce qui est dit au présent article n'ayant, comme on le voit, de rapport qu'à la matérialité des faits et non à leur sincérité, sauf les cas relatifs à l'ancienneté soutenue de la possession, ne contient rien qui ne soit conforme à la règle : *res inter alios acta non nocet, nec obligat, nec facit jus inter alios.*

Art. 5. QUELLE FOI EST DUE AUX ÉNONCIATIONS SUR LES REGISTRES DE LA RÉGIE DE L'ENREGISTREMENT.

27. Ces registres ne font pas foi entièrement de tout ce qu'ils contiennent surtout relativement aux actes authentiques; si on devait y avoir même foi, il en résulterait de graves conflits lorsqu'ils mentionneraient des faits contraires aux actes où les énonciations auraient été puisées. Ils ne font qu'assurer l'existence et constater la date des actes relatés sur les registres (V. note 18, n. 4 et suiv.; C. civ. 1328).

28. Lorsqu'il s'agit d'actes authentiques et dont il reste des minutes chez les officiers publics, on conçoit que la relation des dispositions principales de ces actes vienne fortifier l'acte lui-même et que le rapprochement de deux choses (*l'acte et la relation*) forme une foi complète.

29. Mais lorsqu'il s'agit d'actes sous seings-privés, sans doute il peut en être de même lorsque le même rapprochement peut avoir lieu ; mais quand on a perdu l'original transcrit sur les registres ou sur lequel on a puisé les énonciations portées aux registres, une copie ou un relevé, tiré de ces registres, ne peut suppléer au défaut de représentation de l'original. Sur ce dernier point beaucoup de personnes sont dans une si grande erreur, qu'elles trouvent un égal avantage à faire un acte soit devant Notaire soit sous seing-privé. Pour ces derniers actes, suivant elles, l'enregistrement tient lieu de minute, de sorte qu'en cas de perte de l'original il n'est besoin que d'en tirer une copie certifiée par le préposé du bureau d'enregistrement et cette copie fait autant de foi que l'original. S'il en était ainsi, ceux qui possèdent quelque chose auraient de quoi frémir, car il suffirait de fabriquer un acte en y faisant apposer des signatures fausses, de le faire ensuite enregistrer, puis, après l'avoir fait disparaître, de tirer une copie de la transcription qui en aurait été faite sur les registres pour prouver qu'on est réellement propriétaire. — La perte d'un acte sous seing-privé est un inconvénient auquel on ne peut remédier, il n'y a que le dépôt qui en est fait par acte en minute devant l'officier public compétent pour recevoir ce dépôt qui puisse donner une parfaite sécurité sur ce *point*. Nous disons sur ce *point*, car l'acte sous seing-privé est sujet à d'autres inconvénients que nous énumérerons à la note 177. — V. *sup.* n. 8.

Art. 6. QUELLE FOI EST DUE AUX ÉNONCIATIONS DANS LES ACTES RELATIVEMENT AU DROIT D'ENREGISTREMENT.

30. Les énonciations *pour ordre* dans les actes ne peuvent donner ouverture à aucun droit d'enregistrement (Délib. 15 mai 1822).

31. Ainsi, lorsque dans un compte entre un adjudicataire d'immeubles et un seul des créanciers colloqués sur le prix de cet immeuble, ce dernier admet des paiements qui sont énoncés comme ayant été faits par l'acquéreur à des tiers, le droit de quittance n'est pas exigible sur le montant de ces paiements, parce que, dans l'absence de toutes les personnes qui ont le droit d'opérer la libération, les simples relations de paiement dont il s'agit ne peuvent être considérées que comme des énonciations pour ordre qui ne donnent ouverture à aucun droit (*Ibid.*; *Contrôl.* 386).

32. De même, on ne pourrait faire suffisamment résulter une libération des expressions d'un acte ainsi conçu : *le vendeur déclare que, depuis la vente qu'il a consentie, il n'a*

été ni recherché, ni inquiété par les créanciers auxquels était désigné le prix de la vente, ce qui lui fait présumer que l'acquéreur, ainsi qu'il l'a affirmé, les a payés, d'autant plus que la plupart de ces créanciers étant des ouvriers et des entrepreneurs dont les droits seraient aujourd'hui prescrits, il est probable qu'ils eussent fait leurs diligences en temps utile; demeurant toujours néanmoins à la charge de l'acquéreur de représenter les quittances, dans le cas où elles deviendraient nécessaires, et de relever et garantir le vendeur de toutes poursuites, à concurrence de la somme de 31,577 fr., prix de son acquisition. Il a été décidé qu'une semblable déclaration était seulement passible du droit fixe (Délib. 22 mai 1827, - Rol. 1955; Contrôl. 1391).

33. Le droit pour les quittances de remboursement de rentes et obligations dans lesquelles il n'est pas fait *réserve des intérêts*, n'est dû que sur les sommes qui y sont exprimées; mais à l'égard des quittances annonçant que *tous les intérêts échus ont été payés*, le droit est exigible sur le nombre d'années d'arrérages ou d'intérêts révolus d'après la date du titre si elle ne remonte pas à cinq ans, ou sur cinq années si la date du titre est plus ancienne, à moins que le paiement de ces intérêts ne résulte d'actes en forme qui seraient mentionnés (Déc. min. Fin. 28 juin 1808).

34. Enfin, on ne peut percevoir de droits par induction, notamment dans le cas posé en la note *a*, p. 81 du tome 1; il faut pour cela une stipulation expresse qui puisse être considérée comme formelle; telle serait celle insérée dans un acte portant quittance de *telle* somme pour une année d'arrérages de *telle* rente, *et pour toutes choses relatives à cette rente*, car alors cette stipulation emporte libération de tous les intérêts échus antérieurement et dont on ne produit pas de quittance en forme, toutefois on les réduit à cinq années lorsqu'ils s'élèvent à plus de cinq d'après ce que nous avons dit *sup.* n. 30 (Délib. 21 oct. 1818; 8 fév. 1823; 27 mars 1827, - Rol. 552). — Telle serait encore celle contenue dans un acte portant cession de la somme de 1500 fr. *restant due* au cédant sur celle de 2000 fr.; il résulte, en effet, de cette énonciation que les 500 fr. formant la différence ont été payés et sont sujets au droit. Dans ce cas on éviterait le droit en déclarant dans la cession que les 1500 fr. cédés font partie de 2000 fr.

35. Si, dans un acte contenant obligation au profit d'une personne pour la nue-propriété et d'une autre personne pour l'usufruit, il est déclaré pour ordre entre elles que la somme prêtée provient du remboursement qui leur a été fait de pareille somme qui leur était due dans les mêmes qualités par un *tel* suivant un acte de *tel* jour, cette déclaration, par le motif exprimé ci-dessus n. 30, ne pourra donner lieu à aucun droit de quittance. Elle ne pourrait donner lieu non plus à un droit fixe, parce qu'elle peut être considérée comme une disposition dépendante de l'obligation. — V. *sup.* note 18, n. 428 et suiv.

36. Mais nous croyons qu'il en serait autrement de la disposition relative aux arrérages payés dans le cas posé *sup.* n. 10.

37. Une déclaration tendant à faire connaître l'actif de la succession doit être réputée *simple énonciation* et non pas *obligation*, lors même qu'elle est faite par les parties dans l'inventaire et que ces parties se reconnaissent elles-mêmes débitrices. Le motif est qu'il n'y a pas plus lieu à percevoir un droit sur une déclaration verbale que sur un titre sous seing-privé inventorié, et que les déclarations ont uniquement pour objet de donner, sauf vérification ultérieure, un aperçu de l'avoir et des charges de la succession (Cass. 22 mars 1814; — Délib. 2 oct. 1822; — Jug. de Cambray 14 juill. 1842, - Rol. 6634).

§ 2. DES DISPOSITIONS LÉGALES, ÉNONCIATIVES ET LIMITATIVES.

Art. 1. DES DISPOSITIONS ÉNONCIATIVES.

38. Dans toutes les lois il y a des dispositions *démonstratives* qu'on appelle aussi *énonciatives* ou *indicatives* et des dispositions *limitatives*.

39. Une disposition est *démonstrative* lorsqu'elle prononce sur une espèce particulière, sans exclure la même décision sur d'autres espèces qui peuvent y avoir rapport (*Duparc-Poullain*). — Dans ce cas, la loi n'énonce le fait qu'elle indique que comme exemple, et alors elle admet les autres cas semblables, elle ne limite point son effet au cas indiqué.

40. On doit considérer comme dispositions démonstratives ou énonciatives :

41. 1° L'art. 2135 du C. civ. qui accorde hypothèque légale non-seulement pour les dots et conventions matrimoniales mais encore pour les créances paraphernales. — V. *note* 30, *n.* 59.

42. 2° L'art. 638 du C. de comm. lequel s'applique non-seulement aux *billets* mais aux *obligations* même notariées. — V. *note* 49, *n.* 31.

43. 3° L'art. 25 du C. civ. — V. *note* 27, *n.* 266; *note* 30, *n.* 288.

44. 4° L'art. 534 du C. de proc. civ. — V. *note* 31, *n.* 67.

45. 5° L'art. 46 du C. civ., quoi qu'il ne permette de prouver par témoins les naissances, mariages et décès qu'en deux cas seulement : 1° lorsqu'il n'a point existé de registres de l'état civil; 2° lorsqu'ils seront perdus (Cass. 12 mars 1807, - Sir. 7, 261; 5 fév. 1809, - Sir. 9, 221; 22 déc. 1819, - Sir. 20, 281).

46. 6° L'art. 283 du C. de proc. civ. qui spécifie certaines causes de reproche. Il a été, en effet, souverainement décidé que les juges pouvaient admettre contre les témoins d'autres motifs de reproche que ceux énumérés en cet art. (Cass. 3 juill. 1820, - Sir. 21, 107; — Toullier, t. 9, p. 465, n. 303 et suiv.). Ainsi :

47. 1° On peut admettre comme motifs de reproche contre un témoin, ou qu'il a un intérêt direct à la vérification du fait en litige, ou qu'il a un procès civil avec l'une des parties, ou qu'il se trouve son débiteur (*Ibid.*; Limoges, 27 juin 1839, - Devill. 40, 22; — Cass. 15 fév. 1837; 10 juin 1839).

48. 2° Les habitants d'une commune sont reprochables comme témoins, dans un procès intéressant la commune (Bourges, 7 déc. 1824, - Sir. 25, 168; — Poitiers, 16 nov. 1826, - Sir. 28, 58; — Toulouse, 4 juin 1828, - Sir. 28, 275; — Cass. 17 mai 1827).

49. 3° Un témoin peut être reproché s'il est l'avocat de la partie qui l'a fait citer; — ou l'exécuteur testamentaire de l'auteur des faits sur lesquels il est appelé à déposer; — ou l'administrateur d'une succession que le procès con-

cerne; — ou le mandataire de l'une des parties (Bruxelles, 17 mars 1834; — Poitiers, 12 déc. 1837,- Devill. 38, 298).

50. Toutefois, l'appréciation des premiers juges relativement aux reproches autres que ceux spécifiés en l'art. 283 du C. de proc. ne peut donner ouverture à cassation (Cass. 12 déc. 1831; 15 fév. 1837; 10 juin 1839).

51. Mais la faculté d'apprécier les reproches laissée aux juges ne leur donne pas le droit d'entendre les témoins valablement reprochés, sous cette restriction, *d'avoir à leur déposition tel égard que de raison* (C. proc. 292; — Cass. 26 juin 1839), et à plus forte raison d'entendre la lecture de leur déposition : lire la déposition, sous tel prétexte que ce soit, ce serait s'exposer à faire sur l'esprit des juges, une impression qui reviendrait malgré eux, et qui rendrait à peu près inutile la faculté de reprocher (Locré, V. notre observ. au bas de la p. 85 du t. 1).

Sur les différents cas de reproches spécifiés audit art. 283, on peut voir les dissertations de Toullier, t. 9, p. 466, n. 303 et suiv.

Art. 2. DES DISPOSITIONS LIMITATIVES.

52. La disposition *limitative* est celle qui, en établissant une maxime, la limite à certains cas au-delà desquels on ne peut jamais l'étendre (Duparc-Poullain). — V. *sup.* n. 34 et suiv.

V. *assignat démonstratif et limitatif*, note 24, n. 245, 501.

[34]

DES ACTES CONSERVATOIRES, D'ADMINISTRATION, D'HÉRITIER ET DE PROPRIÉTÉ.

DIVISION SOMMAIRE.

INDICATION ALPHABÉTIQUE.

§ 1. DES ACTES CONSERVATOIRES.

1. On appelle *acte conservatoire*, ce que fait quelqu'un pour empêcher qu'il ne soit porté préjudice à ses droits (*Merlin*). — Nous dirons ci-après, art. 2, n. 11 et suiv., en quels cas et pour quelles causes il y a lieu de faire des actes conservatoires.

Art. 1. DE L'OBJET DES ACTES CONSERVATOIRES. — PAR QUELS ACTES ON LES EXERCE.

2. Les actes conservatoires ont pour objet des *immeubles* ou des *meubles* :

3. S'ils concernent des *immeubles*, il faut, pour être valables, qu'ils ne troublent pas la jouissance du possesseur. Par exemple, s'il arrivait que l'on comprît dans un décret d'immeubles un héritage vous appartenant, vous pourriez, pour conserver votre propriété, former opposition à la vente de cet héritage; une telle opposition est un acte conservatoire qui est valable, parce qu'il ne trouble pas la jouissance du possesseur, et qu'il ne l'empêche, ni ses créanciers, de percevoir les fruits que produit l'héritage dont il s'agit.

4. S'ils concernent des *meubles*, cette condition n'est pas nécessaire : celui qui se prétend propriétaire est autorisé à faire tous les actes qui tendent à la conservation de la chose mobilière, quand même ils empêcheraient le possesseur d'en jouir.

5. Cette différence est fondée sur ce que les égards dus à la jouissance ne doivent pas être un obstacle à la conservation des droits de chacun. Un immeuble ne peut pas être soustrait aux recherches de celui qui le revendique, quand sa demande est légitime (V. *inf.* Séquestre, n. 27). Mais il en est autrement d'un meuble; celui qui le possède pouvant aisément le détourner, il est juste que le prétendu propriétaire puisse faire les actes conservatoires convenables pour s'en assurer la restitution, quand il aura justifié sa demande (*Merlin*).

6. Ainsi, les actes conservatoires tendent à *conserver* l'action, et non à *l'exercer*; d'où il résulte que faire des actes conservatoires et suivre la procédure établie à cet effet, ce n'est point exercer une action.

7. Toutefois, il faut bien prendre garde de trop étendre ce principe. Il ne suffit point, en effet, de prétendre à un droit pour faire un acte conservatoire, il faut que ce droit soit préexistant et établi; il faut qu'il soit, au moins, éventuel, quoique incertain, car, si la condition suspend le droit du créancier aussi bien que l'obligation du débiteur, le premier n'en a pas moins acquis, par la convention, un droit éventuel qui ne peut lui être enlevé sans son consentement, un droit irrévocable quoique incertain, et qui ne peut s'évanouir que par le défaut d'accomplissement de la condition; il doit donc avoir la faculté et les moyens de conserver ce droit (C. civ. 1180; Pothier, *oblig.* n. 222; Toullier 6, n. 528). — V. *inf.* n. 37.

8. D'où il suit que celui dont la qualité de créancier ne doit résulter que d'un litige soumis ou à soumettre à la décision des tribunaux ne peut faire d'actes conservatoires; ainsi, lorsque j'ai payé à vous seul une somme qui était due tant à vous qu'à plusieurs autres et que vous vous êtes obligé de me donner dans *tel* délai une quittance et main-levée consentie par tous les ayants-droit à la somme, si vous manquez à votre engagement je ne pourrai former ni saisie-arrêt ni opposition entre les mains de personnes qui vous doivent; tant que je n'ai point obtenu de condamnation contre vous, je suis sans titre pour agir par des moyens conservatoires, parce que, pour cela, il faut être ou créancier ou dans un des autres cas prévus par la loi et que nous spécifierons ci-après n. 11 et suiv.

9. S'il suffit d'un droit éventuel pour exercer des mesures conservatoires, il n'en est pas de même quand il s'agit d'exercer l'action; en effet, dans ce dernier cas, il faut que l'intérêt soit né et actuel. — V. *note* 28, *n.* 175.

10. Les actes au moyen desquels on peut prendre des mesures conservatoires sont : 1° les appositions de scellés; 2° l'assignation donnée par le créancier à l'héritier pendant le délai pour faire inventaire et délibérer, spécialement afin de reconnaissance de la signature du défunt, sauf à ne poursuivre qu'après l'expiration des délais (Cass. 10 juin 1807,-Sir. 7, 291); 3° les inscriptions hypothécaires; 4° les inventaires; 5° les oppositions; 6° les saisies-arrêts; 7° les saisies-revendications; 8° les significations; 9° les sommations.

Cependant les saisies, sous certains rapports, rentrent dans la classe des actes d'exécution.

Art. 2. EN QUELS CAS ET POUR QUELLES CAUSES ON PEUT FAIRE DES ACTES CONSERVATOIRES.

11. ABSENCE. Les mesures *conservatoires* prescrites par la loi du 11 vent. an II, au cas de succession échue pendant l'absence d'un militaire, doivent être observées lors même que l'existence du militaire absent n'est ni prouvée ni reconnue (C. civ. 136; Orléans, 12 août 1829).

12. ACTE CONSTITUTIF. Il faut distinguer les actes purement conservatoires des actes constitutifs; ceux-ci, pour être valables, doivent avoir acquis la certitude de la date; mais il suffit que les autres soient sous signature privée, de ce nombre est l'acte sous seing-privé par lequel un débiteur reconnaît pour exécuté un jugement par défaut rendu contre lui, lequel acte peut être opposé aux tiers, quoique cette reconnaissance n'ait pas acquis de date certaine avant l'expiration des six mois, par le motif que la précaution a été établie dans l'intérêt du défaillant et non dans l'intérêt des tiers (C. proc. 156; — C civ. 1328; — Caen, 26 av. 1814) — V. note 30, n. 325.

13. CONDITION SUSPENSIVE. Le créancier, dont le droit est soumis à une condition suspensive, peut, avant que la condition soit accomplie, exercer tous les actes conservatoires de son droit. — V. *sup.* n. 7.

14. DROITS DU DÉBITEUR. Dans le cas où un délai conventionnel a été accordé au débiteur comme dans le cas de la condition, le créancier peut, avant l'échéance, et à titre d'actes conservatoires, exercer les droits de son débiteur autres que ceux exclusivement attachés à sa personne (C. civ. 1166); prendre inscription au nom de ce dernier (C. pr. 778); intervenir dans l'instance en séparation de biens introduite par la femme contre son mari (C. civ. 1446, 1447); requérir l'apposition ou la levée des scellés après le décès du débiteur (C. proc. 909, 930); faire procéder à l'inventaire (C. pr. 941, 909, 930); intervenir dans les partages (C. civ. 882); demander la séparation du patrimoine du défunt d'avec le patrimoine de l'héritier (C. civ. 878).

15. INSCRIPTION. — V. n. 14 et n. 35.

16. INSTANCE. En général, on est libre de faire des actes conservatoires avant et pendant une instance. Cela est fondé sur l'équité. (Berriat St.-Prix, p. 176). — V. cependant *sup.* n. 7 et 14.

17. INVENTAIRE. — V. n. 14, 24.

18. PARTAGE. — V. n. 14.

19. SAISIE-ARRET. Les saisies-arrêts ne peuvent être pratiquées pour sûreté de créances non exigibles, parce

que ce ne sont pas de simples actes conservatoires; ce sont de véritables actes d'exécution, qui ne peuvent avoir lieu en vertu d'un jugement frappé d'appel, si ce jugement n'est pas exécutoire par provision (C. civ. 1188; C. proc. 457 et 557; — Bourges, 17 mars 1826; — Bordeaux, 28 août 1827, -Sir. 28, 76).

20. Cependant il a été décidé que si une saisie-arrêt est une simple mesure conservatoire lorsqu'elle s'oppose au remboursement d'un capital, elle a un tout autre caractère lorsqu'elle s'oppose au paiement annuel des intérêts du capital saisi (C. proc. 557; — *arr. gouv.* 25 germ. an XI; Cass. 18 nov. 1816, -Sir. 17, 160).

21. SAISIE-REVENDICATION. — V. n. 3, 10 et 52.

22. SCELLÉS. — V. *sup.* n. 14.

23. SÉPARATION DE CORPS OU DE BIENS. La femme demanderesse en séparation de biens peut former une saisie-gagerie sur les meubles et effets garnissant la maison maritale (C. pr. 519, 869; — Limoges, 7 mars 1823).

24. La femme peut, même avant d'avoir obtenu sa séparation de corps, requérir un inventaire des meubles et effets de la communauté (Amiens, 5 pluv. an XIII, -Sir. 5, 445).

25. Mais les tribunaux ne peuvent ordonner que pendant l'instance en séparation, les revenus communs seront perçus par un tiers chargé de rendre compte, et que les biens seront administrés par un séquestre (Amiens 4 prair. an XII, -Sir. 5, 273; — Liège, 13 janv. 1809, -Sir. 12, 211; — Angers, 27 août 1817, -Sir. 18, 131).

26. SÉPARATION DE PATRIMOINES. — V. n. 14.

27. SÉQUESTRE. Celui qui se prétend propriétaire d'un immeuble et qui le revendique en cette qualité peut demander le séquestre. C'est une mesure conservatoire de la plus grande importance, surtout en matière de résolution de vente d'immeubles, lorsqu'on a juste sujet de craindre que le détenteur actuel ne fasse des coupes ou détériorations au préjudice du véritable propriétaire. — La demande d'un séquestre offre un moyen à peu près certain de déjouer les calculs perfides d'un acquéreur de mauvaise foi. Nous avons vu, en effet, des acquéreurs insolvables, lorsqu'il n'y avait point de *titre authentique* à leur opposer, qui, pour obtenir une indemnité comme condition de leur déguerpissement immédiat, se laissaient condamner en première instance sans qu'on pût prononcer contre eux l'exécution provisoire du jugement (C. proc. 135), puis qui interjetaient ensuite appel de ce jugement; le tout afin de pouvoir, pendant ces instances, commettre des dévastations sur les biens au préjudice du vendeur, qui, de plus, avait à supporter sans espoir de les recouvrer presque tous les frais des deux instances avancés par lui pour arriver à exécution. — Il est vrai que lorsqu'un séquestre est établi, le vendeur a toujours les mêmes frais à supporter, mais avec l'exécution provisoire accordée au séquestre nommé en exécution de l'art. 135 (lequel séquestre peut être la personne du vendeur), celui-ci n'a plus à craindre les dévastations pendant toute la durée du procès. — Il est vrai encore que le vendeur peut obtenir contre l'acquéreur des dommages-intérêts pour le paiement desquels la contrainte par corps peut être prononcée pendant cinq ans (C. proc. 126, note 31, n. 226, 227), mais cette action devient sans effet à raison de l'insolvabilité et le créancier au lieu d'arriver à son résultat en est pour de nouveaux frais.

Dans cette circonstance, l'acte authentique a un avantage que n'offre pas l'acte sous seing-privé, puisqu'avec celui-là on peut obtenir l'exécution provisoire et qu'on ne le peut avec celui-ci. Outre cela, l'acte authentique, à cause des frais qu'il occasionne, donne un moyen d'éprouver la solvabilité d'un acquéreur. — V. *note* 33, *n.* 8 *et* 29.

28. TAILLIS. La loi qui, en accordant un sursis à certains débiteurs, permet à leurs créanciers de faire des actes conservatoires, soit sur la propriété de leurs biens, soit sur le prix ou la valeur qui la représente, autorise ceux-ci à empêcher leurs débiteurs propriétaires des bois taillis non aménagés, de faire abattre en entier ceux de ces bois qui ont atteint leur maturité; dans ce cas, si les bois ne se coupaient qu'à l'âge de vingt ans, le débiteur ne peut couper qu'un vingtième par an (L. L. 5 déc. 1814, 16 janv. 1816; — Bourges, 15 janv. 1819; — Cass. 20 mai 1820; Merlin, vº *taillis* n. 3). — V. note 30, n. 363.

29. TITRES. Pour faire des actes conservatoires, il faut avoir les titres ou permissions exigées par la loi (Berriat Saint-Prix, p. 176; — C. proc. 557 et suiv, 583 et suiv, 626 et suiv., et note 7, n. 53; 636 et suiv., 819 et suiv.; — C. com. 197 et suiv.).

Art. 3. DES PERSONNES QUI ONT LE DROIT DE FAIRE DES ACTES CONSERVATOIRES.

30. ABSENT. Un notaire commis pour représenter les absents, a bien le droit de faire des actes conservatoires, mais il n'a point celui de provoquer un partage (C. civ. 113, 114; — Bruxelles, 8 av. 1813, -Sir. 14, 16).

31. ADMINISTRATEUR. Un simple administrateur peut faire des actes conservatoires.

32. CESSIONNAIRE. Quoiqu'un cessionnaire de créance trouve, lors de la signification du transport, des oppositions sur son cédant, il peut faire des actes conservatoires de son droit, tels que des saisies et oppositions, entre les mains des fermiers et locataires du débiteur cédé (Paris, 2 vent. an XI, -Sir. 3, 505).

33. Même, le cessionnaire d'une créance qui a stipulé son recours en garantie contre le cédant, peut, en cas de non-paiement et avant d'avoir entièrement discuté le débiteur principal, faire une saisie-arrêt au préjudice du cédant à titre de mesure conservatoire (Bordeaux, 2 juill. 1813, -Sir. 15, 11).

34. COMMUNES. L'art. 3 de la loi du 19 vendem. an V, qui défend aux communes de suivre aucune action devant les autorités constituées, sans l'autorisation préalable, ne leur interdit pas de faire, sans cette autorisation, des actes conservatoires (Cass. 28 brum. an XIV, -Sir. 6, 88). — V. *inf.* Maire n. 47.

35. CRÉANCIER. Le créancier pour sûreté de sa créance, peut faire des actes conservatoires sur les biens de son débiteur :

1º Lorsqu'il est en instance avec ce dernier sur le droit même qu'il prétend exercer. Ainsi, le créancier peut, en attendant le jugement définitif et s'il a privilége ou hypothèque, prendre inscription sur les immeubles affectés à sa créance. S'il n'a qu'un titre privé, il peut demander incidemment la reconnaissance des écriture et signature. — V. *sup.* n. 7 et 8.

2° Lorsque le créancier ou le tribunal a accordé un délai au débiteur. Dans ce cas, les actes conservatoires diffèrent selon que le délai résulte de la convention des parties, ou qu'il a été accordé par le juge, pour l'exécution de son jugement. Le délai conventionnel suppose, lorsqu'il est stipulé, la possibilité où se trouve le débiteur de remplir son engagement à l'époque fixée; tandis, au contraire, que le délai accordé par le juge, et que l'on appelle délai de grâce, suppose l'impossibilité où se trouve le débiteur de remplir son obligation à l'expiration du délai conventionnel. De là, la conséquence que pendant le délai conventionnel, le créancier ne peut faire que des actes conservatoires, qui n'apportent aucun changement à la convention, aucun trouble à la jouissance du débiteur, comme des inscriptions hypothécaires; au lieu que pendant le délai de grâce, le créancier peut faire des actes conservatoires de son droit, même ceux qui tendent à forcer indirectement le débiteur à payer avant l'expiration du délai, comme une saisie-arrêt (C. civ. 1244; — C. proc. 125; — Carré, sur l'art. 125; — Pigeau, 1, 49; — Toullier, 6, n. 673). — V. *sup.* n. 14.

3° Lorsque la condition sous laquelle la dette a été contractée n'est pas encore accomplie, le créancier n'en a pas moins alors le droit d'exercer tous les actes conservatoires. Ainsi, il peut faire les mêmes actes que le créancier dans le cas d'un délai conventionnel, et spécialement stipuler une hypothèque pour sa sûreté, prendre inscription, interrompre la prescription par un acte judiciaire, produire à l'ordre des biens du débiteur, sauf à ne toucher le montant de la collocation qu'après l'accomplissement de la condition. — V. *sup.* n. 7, 8, 13.

36. De la faculté accordée à tout créancier d'une succession de requérir l'apposition des scellés, dérive par analogie, le droit d'employer des mesures pour la conservation des valeurs mobilières qui peuvent se trouver hors du domicile du défunt. Ainsi, le vendeur de bois à couper, créancier en cette qualité, peut s'opposer à ce que la coupe soit continuée, tant que l'héritier n'aura pas pris qualité (C. civ. 2092, 2093, 2102; — Besançon, 9 fév. 1827).

37. DONATAIRE. Quoiqu'on puisse faire des actes conservatoires en vertu d'un droit éventuel quoique incertain, (V. *sup.* n. 7), on ne le peut toutefois, que quand ce droit est irrévocable, et non sujet à s'évanouir par le défaut d'accomplissement de la condition. — Ainsi, un époux donataire de son conjoint par un acte de donation entre-vifs et à cause de mort ou par testament, ne serait pas fondé à faire des actes conservatoires sur les biens de ce conjoint avant l'événement du décès (Roll. de V. n. 5 et 6).

38. EMIGRÉ. L'émigré rayé provisoirement, a pu faire des actes conservatoires (Paris, 23 août 1808, - Sir. 9, 12).

39. ENFANT NATUREL. L'enfant naturel reconnu n'ayant point de droits à la succession de son père ou de sa mère comme *propriétaire*, mais seulement comme *créancier*, peut, à ce dernier titre, exercer des actes conservatoires pour sûreté des répétitions qui lui sont accordées, mais il ne peut disposer des immeubles (Jugem. du trib. et de la C. R. de Paris, du 14 fruct. an XI, - Sir. 4, 33).

40. ETABLISSEMENTS PUBLICS. Les administrateurs des hospices, fabriques et établissements publics, peuvent faire des actes conservatoires pour ces divers établissements (Ord. Roy. 2 avril 1817). — V. *sup.* note 19, n. 79 et suiv.; tome 1, p. 13, *a* et *b*.

41. FABRIQUES. L'art. 77 du décret du 30 déc. 1809, qui défend aux fabriques de suivre aucune action devant les autorités constituées, sans l'autorisation préalable du conseil de préfecture, ne leur interdit pas de faire, sans cette autorisation, des actes conservatoires (Bruxelles, 20 av. 1811, - Sir. 13, 42).

42. FEMME. La femme demanderesse en séparation de biens, est autorisée à faire des actes conservatoires de ses droits (C. proc. 869).

43. HÉRITIER. L'héritier peut, dans l'intérêt de la succession, et sans qu'on puisse en induire qu'il a pris qualité, faire des actes purement conservatoires (C. civ. 779, 796). — Il le peut, même lorsqu'il y a un légataire universel, saisi de plein droit aux termes de l'art. 1006 du C. civ., tant que ce légataire ne lui a pas notifié son titre, ou bien tant que ce titre est attaqué par l'héritier (Amiens, 7 mai 1806, - Sir. 7, 1037). — V. note 30, n. 232.

44. La nomination d'un gérant pour l'administration des biens de la succession, est un acte purement conservatoire, de surveillance et d'administration; elle peut dès-lors, être demandée par celui qui n'a pas encore fait acte d'héritier, et qui est seulement habile à succéder (C. civ. 779; — Cass. 27 avril 1823, - Sir. 26, 422).

45. LÉGATAIRE. La remise des titres de propriété d'une succession, faite au légataire de l'usufruit, lors de l'inventaire, n'est qu'un acte provisoire et conservatoire, qui ne lui attribue aucun droit à la détention de ces titres. Le légataire de la nue-propriété peut en exiger la remise, sauf à en aider l'usufruitier, quand celui-ci en aura besoin (C. civ. 842; — Paris, 9 avril 1828). — V. *sup.* n. 43.

46. LOCATAIRES PRINCIPAUX. Les principaux locataires peuvent faire des actes conservatoires, tels que des saisies-gageries, et saisies-revendications sur les meubles, effets et fruits de leurs locataires et fermiers (C. proc. 819 et suiv.).

47. MAIRE. L'autorisation nécessaire à un maire pour faire valoir en justice les droits de la commune, n'est pas nécessaire pour la validité d'un acte d'appel, considéré comme simple acte conservatoire (L. L. 4 déc. 1789; 29 vendém. an V, art. 3; 28 pluv. an VIII; — Cass. 28 brum. an XIV, 12 juill. 1808, 20 mars 1827, 10 mars 1829).

48. MARI. Le mari peut faire des actes conservatoires dans l'intérêt de sa femme (C. civ. 1549). — V. *sup.* n. 37.

49. NOTAIRE COMMIS. — V. *sup.* n. 30.

50. PÈRE. Le père, durant le mariage, peut comme administrateur des biens de ses enfants mineurs, faire des actes conservatoires dans leur intérêt (C. civ. 839).

51. PRÊTE-NOM. Celui qui est propriétaire d'une créance, aux termes d'un titre positif, fait valablement tous les actes conservatoires de cette créance, encore que réellement il ne soit que prête-nom d'un tiers. Dans ce cas, tous les actes que fait le prête-nom, profitent à ce tiers, notamment en matière d'inscription hypothécaire (Cass. 15 juin 1831).

52. PROPRIÉTAIRE. Tout propriétaire peut, pour sûreté d'une chose mobilière qu'il prétend lui appartenir, faire tous actes qui tendent à lui conserver cette chose, quand même ils empêcheraient le détenteur d'en jouir (Pigeau, 1, 123. — V. *sup.* n. 4). Ainsi, lorsque la chose est entre les mains de celui contre qui on veut réclamer, on

peut saisir-revendiquer, on peut même saisir-gager (C. proc. 819 et suiv.; 826 et suiv.); et quand la chose est entre les mains d'un tiers, on peut saisir-revendiquer ou former une saisie-arrêt entre les mains de ce tiers (C. proc. 819, 557).

53. SÉQUESTRE. — V. *sup.* n. 27.

54. SYNDICS. Les syndics d'une faillite peuvent faire des actes conservatoires pour la masse des créanciers (C. comm. 468 et suiv.).

55. TUTEUR. Les tuteurs peuvent faire des actes conservatoires dans l'intérêt des pupilles et interdits (C. civ. 450, 509).

56. Ils peuvent, sans l'autorisation du conseil de famille, faire des offres réelles tendant à l'exercice de la faculté de réméré; c'est là un acte purement conservatoire (C. civ. 464, 1258-2°; — Cass. 5 déc. 1826, - Sir. 27, 308).

57. Même, le tuteur qui a perdu sa qualité, peut néanmoins faire des actes conservatoires dans l'intérêt de son mineur; il peut, par exemple, appeler d'un jugement qui préjudicie à son pupille (Colmar, 25 juill. 1817, - Sir. 18, 230). — V. *inf.* n. 74 et suiv.).

58. USUFRUITIER. L'usufruitier étant essentiellement mandataire du nu-propriétaire, tous actes conservatoires de l'usufruit profitent à ce dernier, notamment les actes conservatoires d'une créance hypothécaire (Cass. 7 oct. 1813, - Sir. 15, 143). — V. *sup.* n. 45.

59. VENDEUR. — V. *sup.* n. 36.

§. 2. DES ACTES D'ADMINISTRATION.

60. Les mots *actes d'administration*, désignent les actes qui sont nécessaires seulement pour la conservation d'une chose, ou qui n'ont d'autre objet que d'en tirer le produit ordinaire qu'on doit naturellement en attendre (Roll. de V. v° *administration*). Ils s'emploient par opposition à ce qu'on appelle *actes de propriété*. Pour distinguer les *actes d'administration* des *actes de propriété*, voir nos observations t. 1, p. 103, note *b*.

Art. 1. QUI PEUT FAIRE DES ACTES D'ADMINISTRATION. — EN QUELS CAS.

61. ABSENT. Lorsqu'un militaire est absent, il y a lieu de lui nommer un administrateur pour le représenter. Cette nomination doit être faite par le tribunal de première instance (C. civ. 112 et suiv.), et non par le conseil de famille, comme le prescrivait la loi du 11 ventôse an II; — (V. n. 11. — Nîmes, 28 janv. 1823, - Sir. 25, 81.).

La qualité et les fonctions de cet administrateur, ne cessent point par le jugement de déclaration d'absence. Elles subsistent tant que l'envoi en possession des héritiers n'a point été demandé et ordonné (C. civ. 120, 112; — Cass. 18 mars 1829)

62. CRÉANCIER. Quoique les syndics aient l'administration de la faillite, les créanciers ont le droit de s'opposer aux actes qui leur paraîtraient dommageables (Cass. 28 janv. 1824, - Sir. 25, 70).

63. EMANCIPÉ. Le droit que la loi confère au mineur émancipé de faire des actes d'administration, ne lui donne pas celui de renouveler un bail plus de trois ans avant l'expiration du bail courant, et de stipuler au nouveau bail que les fermages des neuf années lui seront comptés par anticipation (C. civ. 481, 1718; — Nîmes, 12 juin 1821, - Sir. 22, 138).

64. FAILLI. Le failli n'étant réellement dessaisi de l'administration de ses biens, que par l'effet du jugement qui déclare sa faillite, il s'ensuit que les actes mêmes d'aliénation, faits par lui avant ce jugement, doivent être réputés valables quand ils sont exempts de fraude, encore que ces actes aient été passés depuis l'époque où l'ouverture de la faillite a été rétroactivement fixée par le jugement (C. com. 442 et 446; — Cass. 13 mai 1829). — V. *inf.* n. 73.

65. FEMME MARIÉE. La femme ne peut faire, sans l'autorisation de son mari, que des actes de pure administration, même à l'égard de ses biens paraphernaux. Mais, quand elle reçoit des capitaux mobiliers et consent à la radiation des inscriptions hypothécaires qui en assurent le paiement, elle n'excède pas les bornes d'une légitime administration (C. civ. 217, 1576; — Turin, 19 janv. 1810, - Sir. 11. 79; — Aix 25 juin 1824, - Sir. 25, 185). — V. les notes au bas des formules d'*autorisation*.

66. GÉRANT. Un tiers peut être nommé, sur la demande d'un des héritiers pour administrer les biens d'une succession, encore bien qu'il n'y ait aucun litige; mais ce tiers ne peut être assimilé à un séquestre judiciaire (C. civ. 1961; — Cass. 27 av. 1825, - Sir. 26, 422).

67. HÉRITIER. C'est à l'héritier, et non au donataire, que doit être confiée l'administration des biens d'une succession (Orléans, 10 juin 1818).

68. HÉRITIER BÉNÉFICIAIRE. — V. note 23.

69. HOSPICE. L'administration des biens affectés à l'entretien des hospitalières et des filles de charité, appartient aux commissions administratives des hospices et des établissements de secours à domicile (arrêté 27 prair. an IX).

70. MARI. Le mari administre seul les biens de la communauté (C. civ. 1421). — Il a aussi l'administration de tous les biens personnels de sa femme (C. civ. 1428). — V. note 24, n. 136-7°.

71. PÈRE. Le père est, durant le mariage, administrateur des biens personnels de ses enfants mineurs (C. civ. 389). — V. note 24, n. 124.

72. PÈRE NATUREL. Il n'a pas droit, comme le père légitime, à la garde de ses enfants naturels reconnus, non plus qu'à l'administration et à l'usufruit de leurs biens personnels; dans ce cas, les tribunaux peuvent, pour l'avantage des mineurs, confier la garde de leur personne et l'administration de leur biens à leur mère (C. civ. 372, 383, 384, 389; — Pau, 13 fév. 1822, - Sir. 23, 89; — Caen, 27 août 1828, - Sir, 30, 245).

73. SYNDICS PROVISOIRES. Quoique ayant l'administration de la faillite, les syndics provisoires n'ont qualité ni pour poursuivre la vente des immeubles, ni pour demander la conversion d'une vente par expropriation forcée en vente sur publications volontaires (Paris, 21 août 1810, - Sir. 14, 196). — V. *sup.* n. 64.

74. TUTEUR. L'administration des biens du mineur appartient de plein droit au survivant de ses père et mère (C. civ. 390). Elle appartient aussi au tuteur nommé par le conseil de famille, et qui peut être autorisé par ce conseil à s'aider dans sa gestion, d'un ou plusieurs administrateurs particuliers, salariés et gérant sous sa responsabilité (C. civ. 450, 454). — V. *sup.* n. 55 et suiv.

A cet égard, il faut distinguer entre les actes de *simple administration* et les actes de *haute administration*.

Simple administration. Passer des baux de neuf ans et au-dessous, recevoir un capital mobilier et donner main-levée de l'inscription hypothécaire prise pour sa conservation ou subroger sans garantie dans l'effet de cette inscription, poursuivre les débiteurs etc., sont des actes de simple administration; même, le droit conféré par la loi du 24 mars 1806, aux mineurs émancipés ainsi qu'aux tuteurs des mineurs ou interdits, n'ayant en inscriptions ou promesses d'inscriptions de cinq pour cent consolidés, qu'une rente de cinquante francs et au-dessous, d'en faire le transfert sans besoin d'autorisation spéciale, doit être mis au rang des actes de simple administration.

Haute administration. Passer des baux au-dessus de neuf ans, accepter une donation, un legs ou une succession, introduire en justice une action relative aux droits immobiliers du mineur ou acquiescer à une demande relative aux mêmes droits, transporter des rentes sur l'état au-dessus de cinquante francs, céder des capitaux, même quand ils sont exigibles, etc., sont des actes de haute administration que le tuteur ne peut valablement pas faire sans l'autorisation du conseil de famille (C. civ. 461, 463, 464). Il faut de plus pour les actes qui ont pour objet *d'emprunter*, *aliéner*, *hypothéquer*, *partager*, et *transiger* pour le mineur, que la délibération du conseil de famille qui autorise ces actes, soit *homologuée* par le tribunal civil de première instance (C. civ. 458, 466, 467); dans tous les autres cas ci-dessus, cette formalité n'est point obligatoire, puisque la loi ne l'exige pas.

§ 3. DES ACTES D'HÉRITIER.

75. On entend par *acte d'héritier* ou *faire acte d'héritier*, toute action qui annonce de la part de l'auteur de cette action, la volonté *tacite* d'être héritier. Il ne s'agit donc point ici des actes par lesquels l'héritier prend *formellement* le titre ou la qualité d'héritier dans un acte, car alors il manifeste la volonté *expresse* d'être héritier. — V. la note 62.

Art. 1. EN QUELS CAS ON EST RÉPUTÉ FAIRE ACTE D'HÉRITIER.

76. *Les actes purement conservatoires, de surveillance et d'administration provisoire, ne sont pas des actes d'adition d'hérédité, si l'on n'y a pas pris le titre ou la qualité d'héritier* (C. civ. 779).

77. *Cependant, quand l'héritier fait un acte qui suppose nécessairement son intention d'accepter, et qu'il n'aurait droit de faire qu'en sa qualité d'héritier, ce fait constitue de sa part une acceptation tacite de la succession* (C. civ. 778). — V. note 38 n. 17.

APPLICATION DE CES DEUX ARTICLES AUX CAS SUIVANTS :

78. ACTES PUREMENT CONSERVATOIRES. Les scellés, l'inventaire, sont des actes conservatoires qui n'emportent point adition d'hérédité; toutefois, il ne serait pas prudent d'y prendre le titre d'héritier, cependant si en prenant cette qualité, l'héritier *se réserve formellement d'accepter ou renoncer*, il est évident que ces expressions détruisent tout le sens que la loi attache, en général, à cette prise de qualité. — V. *inf.* n. 96.

79. Il en est de même, lorsque l'héritier présomptif forme des saisies-arrêts, des inscriptions hypothécaires, des demandes en interruption de prescription; qu'il fait protester des lettres de change, qu'il arrête les dégradations qui se commettent sur les biens; qu'il s'oppose au déménagement des locataires qui n'ont pas payé leurs loyers; dans tous ces cas, on ne fait point *acte d'héritier* (Chabot, art. 779). — V. *sup.* n. 76.

80. ACTES DE SURVEILLANCE ET D'ADMINISTRATION PROVISOIRE. Lorsque l'héritier présomptif a pris les clefs de la maison, ou même l'a habitée pour veiller à la conservation de ce qui s'y trouve; lorsqu'il a réglé les comptes des fermiers ou débiteurs courants; lorsqu'il a payé, même de ses deniers, des dettes de préférence ou incontestables pour éviter des frais, ou qu'il en a payé d'autres, en faisant exprimer ses motifs dans les quittances; lorsqu'il afferme une terre ou une maison qui allaient se trouver sans fermiers; lorsqu'il a fait des réparations urgentes; les actes qu'il fait, dans tous ces cas, ne peuvent le constituer héritier, puisqu'il auraient pu être faits par un *negotiorum gestor* étranger, surtout s'il en justifie la nécessité ou l'utilité pour la succession, et si ces actes n'avaient réellement, eu égard aux circonstances, que le caractère d'administration provisoire (L. 21, § 1, *de acquir. hæred.* —Chabot, art. 779; —Toullier, 4, 331).

81. ACTES DE VIOLENCE. Il n'y a que ce qui se fait volontairement et sans contrainte qui puisse donner la qualité d'héritier. Ainsi, les actes faits par force et violence ne peuvent imprimer cette qualité, qu'on ne peut avoir sans l'intention (L. 6, § 7 et L. 85, D. *de acquir. hæred.* — Domat, n. 7 et 15).—V. *inf.* n. 99.

82. ACQUIESCEMENT. Lorsque l'héritier présomptif acquiesce à une demande judiciaire formée contre lui comme héritier, il fait en cela acte d'héritier (C. civ. 800 : —Chabot, sur le d. art.).

83. ACTIONS. Lorsque l'héritier intente contre ses cohéritiers une demande en licitation ou partage de la succession à laquelle il est appelé, lorsqu'il intente contre des tiers-détenteurs la demande en délaissement ou en restitution d'un bien dépendant de l'hérédité; lorsqu'il demande la nullité d'une disposition faite ou d'une obligation consentie par le défunt, ou la rescision d'une vente que le défunt avait souscrite; lorsqu'il exerce un droit quelconque mobilier ou immobilier, qui est tombé dans la succession : dans tous ces cas et autres semblables, c'est faire acte d'héritier, parcequ'alors, l'héritier présomptif exerce des actions qui n'appartiennent qu'au maître ou propriétaire (C. civ. 778; —Chabot, sur le d. art. n. 12; — Delvincourt, t. 2, p. 78).

84. ADMINISTRATION EN MAITRE. Lorsque l'habile à succéder se met en possession des biens de la succession, en perçoit les revenus, les loue ou les afferme, fait des réparations qui ne soient pas nécessaires, coupe des bois, change la surface du sol des héritages ou la forme des édifices; lors en un mot qu'il administre en propriétaire, en maître, il fait acte d'héritier (C. civ. 778; —Chabot, sur le d. art. n. 14; —Toullier, t. 4, n. 328, 331).

85. CAPACITÉ. Pour qu'un fait constitue un acte d'héritier, il faut qu'il émane de l'habile à succéder lui-même ayant capacité à cet effet, ou de son fondé de pouvoir; ainsi, une femme mariée pourrait ne pas être déclarée héritière, parce que son mari aurait pris possession des biens de l'hérédité à elle échue, surtout si le fait était entièrement personnel au mari (Riom, 18 av. 1825, aff Rivière et Leydier). — V. *sup.* note 4 et *inf.* n. 119

86. CESSION DE DROITS. La donation, vente ou transport que fait de ses droits successifs un des co-héritiers, soit à un étranger, soit à tous ses co-héritiers, soit à quelques-uns d'eux, emporte de sa part acceptation de la succession (C. civ. 780).

87. CHOSE COMMUNE, DIVISIBLE OU INDIVISIBLE. Lorsque l'habile à succéder jouit d'une chose indivisible qui était commune entre lui et le défunt, comme d'un droit de passage ou de toute autre servitude, il est évident que, sans qu'il y ait même lieu de rechercher l'intention, il n'y a pas d'acceptation tacite, car l'héritier avait, pour jouir de toute la chose, un droit personnel (C. civ. 778; Chabot sur led. art.).

Toutefois, si la chose commune était divisible, l'habile à succéder qui en prendrait l'entière possession ou jouissance ferait acte d'héritier. Dans ce cas, il doit se restreindre à ne jouir que de la portion ou jusqu'à concurrence seulement de la portion qui lui appartient personnellement. Toutefois, cette copropriété divise pouvant, en certains cas, justifier l'héritier d'une pareille prise de possession, les juges doivent examiner s'il en résulte nécessairement l'intention d'accepter la succession (C. civ. 778; Chabot, *ibid.* n. 9 et 13).

88. CONDITION. La déclaration faite par un habile à succéder, qu'il n'entend pas être tenu des dettes, si elles excèdent l'actif, déclaration dont il s'est désisté ensuite en renonçant à la succession, ne peut pas le faire considérer comme héritier pur et simple, parce qu'une telle déclaration exprime l'intention de ne pas confondre les biens et de renoncer s'il y a lieu (Cass. 5 fév. 1806, aff. Geyr).

89. CRÉANCIER. L'habile à succéder fait acte d'héritier quand il prend dans la succession une somme ou une chose qui lui serait due par le défunt, ou que ce dernier lui aurait léguée, car les qualités de créancier ou de légataire ne lui donnaient pas le droit de prendre ces choses, mais seulement de les demander aux héritiers et de se les faire délivrer par eux ou par la justice. La qualité d'héritier lui donnait seule le droit de s'en mettre en possession de son autorité privée. En le faisant, il a donc fait un acte qu'il n'avait droit de faire qu'en la qualité d'héritier (C. civ. 778; Chabot sur led. art.; Toullier, t. 4, n. 330).

90. DONATION. — V. *sup.* n. 86.

91. DROITS DE MUTATION. Le paiement des droits de mutation de la part du successible n'emporte point acte d'héritier surtout quand il n'a point pris lui-même la qualité d'héritier. Ainsi décidé dans une espèce où un successible, sur la contrainte décernée contre lui, avait payé quelques centimes pour les droits de mutation occasionnés par la succession, sur une quittance dans laquelle la qualité d'héritier du défunt lui avait été donnée (Cass. 24 déc. 1828, aff. Allègre. — *Contrà*, Caen, 17 janv. 1834, aff. Cardin).

92. EXÉCUTEUR TESTAMENTAIRE. Lorsque l'un des habiles à succéder est en même temps exécuteur testamentaire, il ne fait point acte d'héritier en faisant vendre à sa requête les meubles de la succession, en payant les dettes, etc. (C. civ. 778; Pothier, *tr. des succ.*, chap. 3, sect. 3, art. 1). V. *inf.* n. 112, 113.

93. FAITS DOUTEUX. Toutes les fois qu'il y a doute sur la qualité des actes de l'habile à succéder, comme il est censé les avoir faits pour son intérêt propre et en qualité d'héritier, c'est à lui de prouver qu'il les a faits par un autre motif ou dans une autre qualité (Toullier 4, n. 332). — V. cependant *inf.* n. 112, 113.

94. FEMME MARIÉE. — V. *sup.* n. 85.

95. FRAIS FUNÉRAIRES. On n'est pas censé faire acte d'héritier toutes les fois qu'on remplit quelque devoir de piété envers ses parents, comme lorsqu'on paie de ses propres deniers leurs frais funéraires (Domat, Toullier, Pothier, *ibid.*).

96. HABILE. Le mot *habile* s'entend de celui qui est capable, qui a droit ou qui peut avoir droit. Ainsi, on dit que quelqu'un est *habile à succéder* ou *à se dire et porter héritier*, pour exprimer qu'il n'a aucune incapacité qui l'empêche de succéder. Celui qui est appelé à une succession, et qui veut se réserver de l'accepter ou d'y renoncer, doit donc avoir soin, dans les actes conservatoires ou d'administration qu'il peut faire, de dire qu'il n'agit que comme habile à se porter héritier. — V. *sup.* n. 78.

97. HYPOTHÈQUE. L'habile à succéder fait acte d'héritier lorsqu'il grève un immeuble d'hypothèque, de servitude ou d'autres droits réels (C. civ. 778).

98. IGNORANCE. Pour faire acte d'héritier, il faut savoir que la succession est ouverte et qu'on y est appelé, d'où il suit que quand on ignore son existence on peut être censé avoir agi pour le compte de l'auteur de la succession, considéré comme vivant, mais non pour le compte de la succession considérée comme nous étant dévolue (L. 4, 19, 21 et 27. *D. de acquir. hæred.*; Domat, *lois civiles*, liv. 1, tit. 3, sect. 2, n. 1 et 9).

99. INTENTION. Pour constituer un *acte d'héritier* la loi exige l'*intention* (C. civ. 778). Il faut que l'acte la *suppose* nécessairement et qu'il ne soit pas possible que l'héritier présomptif ait eu, en le faisant, d'autre intention que celle d'accepter la succession; de sorte que s'il était possible qu'il eût eu, d'après la nature de l'acte et les circonstances, une autre intention, l'acte ne supposerait pas nécessairement l'intention d'accepter (Chabot, sur l'art. 778 n. 7). — Par exemple, si l'habile à succéder a disposé d'une chose qu'il croyait dépendre de la succession de sa mère, tandis qu'elle dépendait de la succession de son père, il n'aura pas fait d'acte d'héritier de sa mère, parce qu'un pareil acte ne renferme pas la volonté d'accepter la succession de cette dernière, pourvu toutefois qu'il prouve sa bonne foi ou son erreur (L. 87. *D. de acquir. hæred.*; Pothier, *des succ.* ch. 3, sect. 3, art. 1, § 1; Toullier, 4, 39; Chabot, art. 778, n. 6 et 9). — V. *sup.* n. 81 et *inf.* n. 112, 113.

100. JUGEMENT. Le jugement qui, sur la demande d'un créancier de la succession, en paiement d'une somme, rejette l'exception d'un successible qui prétend n'être pas héritier, et le condamne en cette qualité, n'a pas, relativement à la qualité d'héritier, l'autorité de la chose jugée à l'égard des autres créanciers et des co-successibles, parce que *n'est héritier qui ne veut* et qu'un jugement ne fait loi qu'entre les parties entre lesquelles il a été rendu, *res inter alios judicata, aliis nec prodest, nec nocet.* L'héritier peut donc encore, dans ce cas, renoncer à la succession ou l'accepter sous bénéfice d'inventaire (C. civ. 800; Montpellier, 1 juill. 1828; Toulouse, 23 juill. 1828, - Sir. 29, 118 et 293; Pothier, *des succ.*, ch. 3, sect. 3; Chabot, sur l'art. 800; Toullier, t. 10, n. 236).

101. LÉGATAIRE. — V. *sup.* n. 89.

102. MAITRE. L'habile à succéder qui donne à bail un bien dépendant de la succession, en prenant la qualité de propriétaire, fait acte d'héritier et ne peut plus renoncer à la succession (Cass. 27 juin 1837, aff. Cavalier et Soulier). — V. *sup.* n. 80, 83, 84, 107.

103. MANDATAIRE. Lorsque l'habile à succéder était fondé de pouvoir du défunt et qu'il a continué de faire en cette qualité, après le décès, des actes de propriété, il ne peut être réputé avoir fait acte d'héritier, pourvu d'ailleurs qu'il n'ait pas connu le décès, ou, dans le cas où il en aurait eu connaissance, que les actes par lui faits aient été urgents (C. civ. 778, 1991 ; Delvincourt, t. 2, p. 778.

Et même, quand l'habile à succéder a fait des actes conservatoires ou d'administration en vertu de la procuration que lui aurait donnée le défunt, si dans ces actes il a eu soin de faire des réserves et protestations contre la qualité d'*héritier* qu'il prenait, il ne pourra être réputé avoir fait acte d'héritier pur et simple s'il vient ensuite à renoncer ou à accepter sous bénéfice d'inventaire (Toullier, t. 4, n. 331 ; Nouveau Denisart). — V. *inf.* n. 111.

104. MARI. — V. *sup.* n. 85.

105. OBJETS DÉPÉRISSANT OU DISPENDIEUX A CONSERVER. Lorsque l'habile à succéder s'est dispensé de demander l'autorisation et d'observer les formalités indiquées par l'art. 796 du C. civ. au cas où il existe dans la succession des objets susceptibles de dépérir ou dispendieux à conserver, il faut décider que dans ce cas il a fait acte d'héritier, puisque non-seulement il a disposé en maître, mais qu'il a négligé les formes qui lui étaient prescrites pour le cas où il ne voulait vendre que comme héritier présomptif (C. civ. 778, 796 ; Chabot, sur ces art.). — Cependant la vente faite, en cas d'urgence, sans l'autorité de la justice, pendant les délais pour délibérer, ne rendrait point l'habile à succéder héritier pur et simple, pourvu qu'au plus tard à l'expiration des délais et en faisant sa déclaration de répudier la succession ou de la prendre sous bénéfice d'inventaire, il s'obligeât de rendre compte du prix des choses qu'il a été forcé de vendre (L. 20, § 1. *D. de acquir. hæred.* ; Poullain-Duparc, t. 4, p. 16 ; Toullier, t. 4, n. 328).

106. PAIEMENT. Lorsque l'habile à succéder exige ou reçoit ce qui est dû à la succession, il fait acte d'héritier, car il prend les biens de la succession et ne peut le faire qu'en sa qualité d'héritier (C. civ. 778 ; Chabot, sur led. art. n. 18 ; Toullier, t. 4, n. 331 ; L. 20, § 4. *D. de acquir. hæred.*).

107. Il en est de même lorsqu'il a payé avec des deniers de la succession une dette ou un legs, ou une charge quelconque de l'hérédité, parce qu'alors il dispose en maître des biens de la succession, et s'il en dispose en qualité d'héritier ce ne peut être qu'avec la volonté d'être héritier (C. civ. 778 ; Chabot, *ibid.*, n. 20 ; Delvincourt, t. 2, p. 78).

108. Mais il doit en être autrement soit lorsqu'il a payé de ses propres deniers purement et simplement, parce qu'alors il a pu agir comme *negotiorum gestor,* dans le seul intérêt de la succession pour éviter des poursuites ou des demandes en résolution, soit lorsqu'il l'a fait par subrogation aux droits du créancier étant tenu de la dette avec le défunt, soit lorsqu'il s'agit de dettes criardes, de legs modiques faits à des domestiques à titre de récompense ou de legs pieux (L. 20. *D. de acquir. hæred* ; Pothier, *ibid.* ; Chabot, *ibid.*, n. 19 et suiv. ; Delvincourt, 2, p. 78 ; Nouv. Denisart, 1, p. 222 et suiv.).

109. POSSESSION ANTÉRIEURE AU DÉCÈS. Les actes d'administration quand ils constituent des actes de maître font présumer l'acceptation de la succession, ainsi que nous l'avons vu *suprà* ; mais il en serait autrement si, dès avant l'ouverture de la succession, l'habile à succéder avait été mis en possession de quelque bien à titre précaire, car, dans ce cas, la continuation de la détention, même après l'extinction du titre, n'ayant pas de rapport à la qualité d'héritier, obligerait seulement l'habile à succéder au paiement des loyers (Domat, *ubi sup.* n. 2).

110. Mais lorsqu'avant la mort de l'auteur de la succession, l'habile à succéder s'est emparé des biens sans un juste titre (par exemple, sans déclaration d'absence) ; s'il continue ensuite de rester en jouissance, en usant comme maître et faisant des actes bien marqués de propriété, il doit être considéré comme héritier pur et simple (Riom, 29 mars 1810, aff. Artaud).

111. PROTESTATIONS. Lorsque l'habile à succéder se trouve obligé de faire quelque acte dont il craint qu'on induise une acceptation, il peut, même d'avance et par un acte particulier, expliquer son intention en protestant que ce qu'il fait ou fera sera sans approuver la qualité d'héritier, mais seulement ou pour la conservation des biens ou pour les autres causes qui l'y obligeront et qu'il expliquera par sa protestation. Il peut aussi demander l'autorisation de la justice. Et si ce qu'il aura dit se trouve sincère, les actes ne lui nuiront point. — Cependant s'il s'agissait d'un acte qui, par sa nature emporterait nécessairement acceptation tacite (tel serait un acte de propriété), ce serait en vain que l'habile à succéder déclarerait ou protesterait qu'il n'entend pas se porter héritier, car de pareilles protestations sont démenties par la nature même de l'acte et c'est le cas d'appliquer la règle « *contrà actum protestatio non valet* » (L. 20, § 1. *D. de acquir. hæred.* ; L. 14, § 8. D. de *relig. et sumpt.* ; Domat ; Nouv. Denisart, 1, p. 220 et suiv. ; C. civ. 779 ; Chabot ; Toullier, t. 4, n. 331). — V. *sup.* n. 103.

112. QUALITÉ DIFFÉRENTE DE CELLE D'HÉRITIER. Lorsque l'habile à succéder fait un acte qu'il avait aussi le droit de faire dans une autre qualité que celle d'héritier, il n'est pas obligé de déclarer cette autre qualité ; il suffit qu'elle existe réellement pour qu'on ne puisse pas dire qu'il a fait acte d'héritier ; car c'est une condition essentielle de l'acceptation tacite, que l'habile à succéder n'ait eu le droit de faire l'acte dont on veut la faire résulter, qu'en sa qualité d'héritier (L. 20. *D. de acquir. hæred.* ; Coutum. d'Orléans, 336 ; C. civ. 778 ; Pothier, *ibid.* ; Chabot, *ibid.*).

113. Ainsi, lorsque l'habile à succéder *ab intestat* est institué héritier, s'il paie alors les dettes de la succession, s'il s'empare des biens, on doit présumer que c'est comme institué, tout aussi bien que comme héritier *ab intestat*, et dans ce cas, il est censé avoir agi dans la qualité qui ne pouvait lui nuire (L. 22. *D. de acquir. hæred.* ; Chabot, *ibid.* ; Riom, 18 av. 1825, aff. Rivier, - Sir. 26, 75). — V. *sup.* n. 87, 92, 99.

114. RECÉLÉ. — SOUSTRACTION. Lorsqu'un héritier présomptif prend des effets de la succession, même sans intention de les divertir et seulement pour en jouir, il fait

acte d'héritier ; il s'est immiscé et cela suffit pour qu'il soit déchu de la faculté de renoncer. Il en doit être de même, à plus forte raison, de l'héritier présomptif qui divertit ou recèle les effets de la succession, car la fraude par lui pratiquée ne peut le faire traiter plus favorablement que celui qui a pris de bonne foi et publiquement, aussi est-il privé de sa part dans les effets divertis ou recelés non-seulement comme héritier mais encore comme légataire ou donataire contractuel (C. civ. 792 ; Cass. 16 janv. 1834, aff. Pinçon ; Bordeaux, 16 juin 1840, aff. Hucher).

115. RENONCIATION. La renonciation même gratuite, que fait un des héritiers au profit d'un ou de plusieurs de ses cohéritiers emporte de sa part acceptation de la succession. — Il en est de même de la renonciation qu'il fait au profit de tous ses cohéritiers indistinctement, lorsqu'il reçoit le prix de sa renonciation (C. civ. 780).

116. RÉPARATIONS CIVILES. On n'est pas censé faire acte d'héritier lorsqu'on venge la mort de ses parents, quand même on conclurait à des réparations civiles ; car elles sont adjugées au poursuivant, non pas en qualité d'héritier, mais pour l'indemniser personnellement du dommage que la mort prématurée du défunt lui a causé, tellement que l'héritier même renonçant peut poursuivre cette réparation, et que les héritiers ne peuvent rien prétendre sur les sommes qui en proviennent parce que ce ne sont pas des effets de la succession (Toullier, t. 4, n. 333).

117. SOCIÉTÉ. Lorsque l'habile à succéder était en société avec le défunt, ou qu'ils avaient quelque chose de commun ensemble, il ne fait pas acte d'héritier s'il continue la gestion ou s'il use des biens communs pourvu que ce ne soit pas *animo hœredis* (L. 78, D. *de acquir. hæred.*). — Toutefois il doit se garder d'user de ces biens plus qu'il n'eût pu le faire comme les possédant en commun (Pandect, liv. 29, tit. 2, sect. 1, art. 1 ; Pothier, *ibid.*).

118. TRANSACTION. Lorsque l'héritier présomptif fait un compromis ou transige sur un procès qui intéresse la succession, par exemple avec des légataires, il fait alors acte d'héritier (C. civ. 778, 800 ; Chabot, *ibid.* ; Ferrière, *cout. de Paris*, art. 317, n. 10).

119. TUTEUR. Les actes faits par un tuteur ne peuvent emporter adition d'hérédité pour le mineur ou l'interdit, avec d'autant plus de raison, que, dans ce cas, l'acceptation ne peut être faite que sous bénéfice d'inventaire (C. civ. 461). — V. *sup.* n. 85

120. VALEUR. On ne doit point considérer la valeur de la chose dont l'héritier présomptif a disposé, pour le réputer héritier. C'est une ancienne règle de notre droit français que « *qui prend des biens de succession jusqu'à la valeur de cinq sous fait acte d'héritier.* » (Loisel, *Inst. cout.*, liv. 2, tit. 5, reg. 3. — *cout. de Paris*, 317 ; *d'Orléans*, 336).

121. VENTE. — V. *sup.* n. 86, 115.

V. v[is] *Abandon de biens par un héritier bénéficiaire*, note 23. — *Acceptation de succession*, note 62. — *Héritiers*, note 78.

§ 4. DES ACTES DE PROPRIÉTÉ.

122. On appelle *acte de propriété* l'action de celui qui agit en maître et comme propriétaire d'une chose.

Nous avons désigné aux trois paragraphes qui précèdent plusieurs cas où les actes conservatoires, d'administration et d'héritier constituaient des actes de propriété. — V. les n. 83 et 84.

En se reportant au Dictionnaire des formules, t. 1, p. 105, note *b*, alin. 2 et suiv. ainsi qu'aux 33 formules *d'autorisations maritales*, p. 106 à 128, on pourra être à même de distinguer en quels cas on fait ou ne fait pas *acte de propriété*, quoique cela ne soit pas toujours facile, la loi n'ayant pas fixé le sens du mot. — V. note 22 et t. 1, p. 199, note *a*.

[35]

DES ABRÉVIATIONS, ANNEXES ET CERTIFIÉ-VÉRITABLES, BLANCS, CHIFFRES OU ÉNONCIATIONS EN TOUTES LETTRES, CONTEXTE, ECRITURES ILLISIBLES, INTERVALLES ET LACUNES.

DIVISION SOMMAIRE.

INDICATION ALPHABÉTIQUE.

§ 1. DISPOSITIONS GÉNÉRALES.

1. *Les actes des Notaires seront écrits en un seul et même contexte, lisiblement, sans abréviation, blanc, lacune, ni intervalle; .... Ils énonceront en toutes lettres les sommes et les dates; les procurations des contractants seront annexées à la minute....; le tout à peine de 100 fr. d'amende contre le Notaire contrevenant* (L. 25 vent. an XI, art. 13). — Cette amende a été réduite à 20 fr. par l'art. 10 de la loi du 16 juin 1834. — Et il faut y ajouter le décime. V. note 19. —Pour la manière de constater les contraventions v. la note 44. — V. aussi *inf.* note 36, n. 1.

2. Les notaires ne sont passibles que d'une seule amende de 20 fr. pour chaque acte par eux reçu, lors même que plusieurs contraventions du genre de celles spécifiées en l'article qui précède ont été constatées par un seul procès-verbal. (Ind. Cass. 24 avril 1809, 29 janv. 1812. ; — Amiens, 19 juill. 1834. — Rol. 4603). — V. inf. n. 15, et la note 36, n. 3.

3. Aucune des contraventions à cet article n'ayant été considérée par le législateur comme pouvant être de nature à compromettre le sort des actes, les notaires sous ce rapport ne sont passibles d'aucuns dommages-intérêts.

4. Avant d'enregistrer un acte notarié, le Receveur doit s'assurer que cet acte est revêtu de la signature des parties, des témoins instrumentaires ou du notaire en second, et du notaire rédacteur. En cas d'omission *irréparable* ou d'insistance de la part du notaire pour que l'acte soit enregistré dans son état d'imperfection, le receveur déférera à la demande de l'officier public; mais il constatera, en même temps, l'état matériel de l'acte par un procès-verbal qu'il adressera au directeur. Mention de ce procès-verbal sera faite en marge de l'enregistrement de l'acte. Dans les dix premiers jours de chaque trimestre, les receveurs s'assureront que tous les actes susceptibles d'être inscrits sur le répertoire y sont portés à leur date. Les employés supérieurs, après avoir fait la même vérification chez les notaires, devront constater par des procès-verbaux le refus qui leur serait fait de représenter des minutes, quelle qu'en soit la cause. — Communication de la nouvelle instruction devra être donnée par les receveurs aux notaires de leur arrondissement, afin qu'ils soient de plus en plus convaincus que ce n'est pas par un motif de fiscalité, mais bien dans des vues d'intérêt public, que l'administration appelle particulièrement l'attention de ses employés sur l'exécution des lois relatives au notariat. (Instr. Gén. de la Régie, 16 janv. 1838. n° 1554).

5. Du reste aucun préposé de la Régie ne doit se permettre de faire sur ou en marge des actes argués d'irrégularités aucunes mentions ou observations critiques relatives aux dits actes; par le motif que de telles annotations pourraient avoir des inconvénients dans l'intérêt des notaires. Ce qui s'applique aux répertoires comme aux actes (Déc. min. 30 août 1825. - instr. n. 1347.; J. Enreg. art. 11563).

L'art. rapporté ci-dessus n. 1. a donné lieu aux interprétations suivantes :

§. 2. ABRÉVIATIONS. — V. *sup.* n. 1.

6. On appelle *abréviation* le retranchement qu'on fait de quelques lettres, ou même de quelques mots ou phrases, dans l'écriture.

La crainte d'une amende, (dit Toullier t. 8, *p.* 176. *n.* 106), nous délivrera sans doute pour toujours de ces *et cætera*, dont on se plaignait depuis si longtemps. — au fait, les actes anciens pour la *plupart* sont presque toujours terminés par ces mots : *auquel lieu* et cª., *nonobstant* et cª., *promettant* et cª., *obligeant* et cª., *renonçant* et cª. : ou bien par ceux-ci *transportant* et cª., *dessaisissant* et cª., *voulant* et cª.; tous termes ne signifiant rien que des choses sous-entendues dans l'acte et qui se traduisaient par ceux-ci : *auquel lieu* (celui où l'on avait élu domicile), *nonobstant* changement de demeure, le débiteur consent la signification de tous actes et exploits de justice; *promettant* exécuter le contenu en ces présentes; *obligeant* à cet effet ses biens meubles et immeubles; *renonçant* à toutes choses contraires. — *transportant* tous ses droits à la chose vendue ou transportée ; *s'en dessaisissant* à son profit; *voulant* qu'il en soit mis en possession par qui et ainsi qu'il appartiendra.

7. Malgré le texte positif de la loi, toutes les abréviations ne sont pas défendues, on tolère celles qui de tout temps ont été en usage et qui seraient presque ridicules si elles n'étaient point abréviées ; de ce nombre sont celles-ci qui ne peuvent au surplus présenter aucun sens autre que celui attaché à l'abréviation comme : Sʳ. pour *sieur* ; *M.* pour *monsieur* ; *Mᵐᵉ* pour *madame* ; *Madˡᵉ.* pour *mademoiselle* ; *led.* pour *ledit*; *lad.* pour *ladite* ; *mᵉ* pour *maître*; *nº* pour *numéro*.

8. Il a même été décidé que les mots *St.-Vast*, *J.-B.*, *Vᵉ*. et *St. Nicolas*, pouvaient être écrits de cette manière dans les actes notariés, parce qu'ils sont reconnus dans l'usage comme représentant les mots *Saint-Vast*, *Jean-Baptiste*, *Veuve* et *saint-Nicolas*. (Bruxelles 26 janv. 1828). — Il ne faudrait toutefois pas prendre cet arrêt pour règle relativement aux lettres *J.-B.* parce que l'usage est contraire à ce qui y est exprimé.

9. Mais ce sont des abréviations défendues que d'écrire *soᵉ* pour *somme*, *noʳᵉ* pour *notaire*, *coᵉ* pour *comme*, *sgfᵒⁿ* pour *signification*, *obligᵒⁿ*. pour *obligation*, 7ᵇʳᵉ. 8ᵇʳᵉ. 9 ʳᵉ. xᵇʳᵉ. pour *septembre*, *octobre*, *novembre*, *décembre* et cela quel que soit l'usage à cet égard, car cet usage peut seulement être pris en considération par la régie et par les tribunaux.

V. n. 20 n. 33 et *inf.* n. 60.

§ 3. ANNEXE DES PROCURATIONS. — CERTIFIÉ-VÉRITABLE. — V. *sup.* n. 1.

10. ANNEXE. Le notaire n'encourt pas d'amende pour avoir omis d'énoncer dans une obligation que la procuration qui y a donné lieu était annexée à cet acte, si l'annexe existe réellement. (déc. min. fin. 11 avril 1815).

11. Le notaire n'est pas en contravention lorsqu'il se borne à énoncer, dans un acte par lui reçu, que la procuration qui a servi de base à cet acte est jointe à une de ses minutes. Seulement il est obligé de joindre à l'expédition qu'il délivre celle de la procuration. (déc. min. just. - J. Enr. 5827).

12. Lorsqu'un mandataire substitué donne quittance d'une somme due à son commettant, le notaire ne peut, sans contravention, se contenter d'annexer l'acte de substitution ; l'annexe de l'acte qui contenait pouvoir de substituer est également indispensable sous peine d'amende. (déc.

min. fin. 16 juill. 1828 - Rol, 2297; — Nancy, 9, fév. 1836. - Rol. 5063).

13. Expéditions des procurations en minute doivent être annexées à la minute du contrat aussi bien que celles en brevet. (Rennes, 2 fév. 1833, - Rol. 4424).

14. C'est à l'inventaire dressé par le notaire, et non au procès-verbal de levée de scellés, que doivent être annexées les procurations des héritiers non présents, 1° parceque l'art. 13 de la loi de ventôse prononce une amende contre le notaire qui néglige d'annexer les procurations des contractants; 2° et parce que l'inventaire a toujours été considéré comme un acte qui doit établir les qualités des héritiers. Seulement les juges de paix peuvent mentionner dans leurs procès-verbaux que ces procurations ont été remises au notaire pour demeurer jointes audit inventaire (Circ. du min. just. 3 av. 1827 et 28 av. 1832-Rol. 2085. et 3780).

15. En quelque nombre que soient les procurations non annexées à un même acte, il n'y a lieu qu'à une seule amende de 20 fr. outre le dixième. (délib. de la régie 7, fév. 1818 - J. Enr. 5991). — V. *sup*. n. 2.

16. La disposition de la loi qui impose l'obligation d'annexer les procurations des contractants ne s'étend pas seulement aux procurations, elle s'étend en outre :

17. 1° Aux autorisations maritales données aux femmes mariées; de telles autorisations, en effet, équivalent toujours à des procurations, lors même que, dans la réalité, la femme ne doit pas agir dans l'intérêt du mari. (Augan p. 56).

18. 2° Aux consentements en vertu desquels les actes sont passés (statuts des notaires de Paris 9 vent. an XIII).

19. 3° Les jugements d'homologation d'avis de parents qui ont autorisé à emprunter pour des mineurs ou interdits ou à hypothéquer leurs biens pour sûreté d'une dette.

20. Mais elle ne s'étend pas aux actes où figurent :

21. 1° Un mari comme exerçant les droits et actions mobiliers et possessoires de sa femme ou comme chef de la communauté conventionnelle qui existe entre lui et sa femme; faisant observer seulement que, dans ces deux cas, l'annexe d'un extrait du contrat de mariage en ce qui concerne l'établissement du régime est nécessaire pour justifier du droit du mari à toucher un capital mobilier de la femme et donner, en conséquence, main-levée de l'inscription qui aurait été prise soit au nom d'elle seule soit au nom des deux, car, sans cela, le conservateur n'opérerait point la radiation de l'inscription sur la simple représentation de l'expédition de la quittance qui ne comprendrait point cet extrait.

22. 2° Un tuteur, un curateur ou un subrogé-tuteur.

23. 3° Un administrateur d'hospice ou autre établissement public.

Car, dans tous ces cas, les actes existent sur des registres, dans des dépôts publics auxquels l'on peut toujours recourir. Il suffit, en ce cas, que la qualité soit constante (Loret 1. 266).

24. Cependant il nous semble que le défaut de justification de l'acte établissant la qualité de tuteur ou curateur est de nature, dans bien des circonstances, à compromettre gravement les intérêts des mineurs ou interdits, car s'il suffit de se dire tuteur ou curateur pour qu'on doive croire que vous l'êtes nous ne voyons là rien de bien rassurant pour la fortune de ces mineurs ou interdits. La responsabilité de la qualité doit, dans ce cas, reposer sur quelqu'un; si ce n'est pas sur le notaire qui reçoit l'acte ainsi que nous le verrons à la note 39, V° *capacité*, relativement à la qualification de majeur donnée dans un acte à une partie qui était mineure, ce ne peut être que sur la partie qui contracte avec celui qui se dit tuteur ou curateur, et dans ce cas si elle est solvable il peut n'y avoir en cela aucun inconvénient, mais si elle ne l'est pas, s'il y a entre elle et le faux tuteur un concert frauduleux, il nous semble qu'alors pour éviter le danger il devrait être défendu aux conservateurs des hypothèques d'opérer des radiations sans la justification de cette qualité, et que l'usage contraire par eux pratiqué peut les rendre responsables sans aucun recours de leur part contre le notaire, car celui-ci n'est tenu que de connaître l'individualité des parties qui se présentent devant lui, il n'est même point passible de dommages-intérêts à raison du défaut d'annexe (V. *sup*. n. 3), en supposant qu'il y eût obligation de joindre à sa minute l'acte de nomination de tuteur ou curateur comme devant être assimilé à une procuration.

25. 4° Un mandataire agissant en vertu d'un pouvoir *verbal*; car la loi ne peut obliger à représenter et annexer un acte qui n'existe pas. En vain dirait-on que la loi est positive, qu'il faut que la partie qui se présente devant le notaire exhibe sa procuration ou se retire. Il n'y a point de similitude entre ce cas et celui où la partie déclare seulement agir en vertu d'une procuration qu'elle ne représente pas. Dans le cas d'un pouvoir verbal, la partie adverse doit s'imputer d'avoir contracté avec une partie qui ne justifiait point d'un pouvoir écrit, elle devait au moins exiger que le mandataire se *portât fort* au besoin de son commettant; dans l'autre cas, elle doit s'imputer aussi le défaut de justification, mais le notaire qui était prévenu de l'existence d'un pouvoir écrit est passible de l'amende pour ne se l'être point fait représenter; ce serait un moyen d'éluder la loi qui a voulu prévenir les inconvénients attachés au défaut de représentation et d'annexe que de ne point astreindre la partie à cette justification qui est souvent la base fondamentale de la convention tellement que si le pouvoir en vertu duquel le mandataire agit ne se trouve point dans la procuration, l'acte fait en conséquence demeure sans effet. (C. civ. 1989, 1998; — Loret, 1, 264; — Augan, 53; — Metz, 10 déc. 1817). — V. t. 1. p. 103. a. et *sup*. note 33, n. 17 et suiv.

26. Il a été fait aussi exception à l'obligation d'annexer les procurations dans les cas suivants :

27. 1° Lorsque la procuration a été passée en minute devant le Notaire qui reçoit l'acte passé par le mandataire. Ce serait une superfluité que d'exiger dans ce cas l'annexe d'une expédition de cette procuration.

28. 2° Lorsque la procuration se trouve déjà annexée à un acte précédemment passé dans la même étude. Il suffit alors de s'y référer, en énonçant l'acte auquel cette procuration est annexée. — V. *sup*. n. 11.

29. Mais, dans ces deux cas, à l'expédition en forme exécutoire de l'acte, le Notaire doit joindre une expédition de la procuration, pour qu'elle soit réellement exécutoire (Loret, 1, 263; — Déc. min. Just. 28 mars 1807; 4 juill. 1818, - Roll. de V., art. 3061; — Déc. min. Fin. 17 nov.

1809). — Ce qui ne doit s'entendre, bien entendu, que de la procuration de la partie *obligée* par l'acte, et non de la procuration de la partie qui, par un mandataire, a accepté l'obligation contractée à son profit.

30. Lorsque les pièces annexées proviennent d'une étude autre que celle où existe l'acte fait en conséquence, le Notaire détenteur de la minute de ce dernier acte doit se dispenser de délivrer des expéditions *isolées* de ces annexes, par les motifs suivants : *un Notaire ne peut délivrer copie que des actes qu'il a reçus et dans lesquels il a instrumenté, et ceux qui sont annexés ne peuvent être délivrés en copie par lui que comme accessoires de celui qu'il expédie, et à* la suite *de celui-ci comme renseignement ou justification; quant aux actes judiciaires* surtout, *qui seraient joints ou annexés, il ne peut en être demandé de copies qu'aux greffiers. C'est dans ce sens que doit être entendu l'art.* 21 *de la loi du* 25 *vent. an* XI; *autrement le Notaire usurperait les fonctions de greffier, les droits du fisc seraient frustrés; la copie réclamée du Notaire, et délivrée par lui, ne serait d'ailleurs qu'une copie de copie aux termes de l'art.* 1335 *du C. civ.* (Déc. Min. Just. transmise par le Procureur du Roi de la Seine aux Notaires de Paris le 6 mai 1826). — V. note 45.

31. Toutefois, il n'est pas de rigueur d'annexer l'expédition entière d'une procuration générale; il suffit de joindre un extrait de cette procuration, en ce qui concerne l'acte auquel il se rattache. — V. note 5, n. 83 et suiv.

32. Lorsque un acte est reçu par deux Notaires et que la procuration énoncée dans cet acte est en minute ou annexée à un autre acte de l'étude du Notaire en second, peut-on se dispenser de l'annexer à l'acte passé devant le Notaire en premier, car les deux Notaires sont opérateurs aux yeux de la loi? Il nous semble que non, et l'usage d'ailleurs y est opposé, car le but de la loi a été qu'on pût facilement se référer à la procuration qui, lorsqu'elle est dans la même étude, est censée faire corps avec l'acte fait en conséquence, et que le Notaire détenteur de la minute de ce dernier acte pût librement joindre à l'expédition de l'acte une expédition de la procuration.

33. Il ne faut pas confondre *l'annexe* avec le *dépôt* de pièces. Le dépôt, en effet, est sujet à un droit fixe d'enregistrement, tandis que l'annexe n'opère aucun droit.

34. A cet égard il y a deux règles à suivre :

35. 1° Si la pièce jointe est relative à l'acte passé et ne doit, en quelque sorte, faire avec lui qu'un seul tout, par exemple, s'il s'agit d'un acte de décès qui est joint à un acte de notoriété attestant la qualité d'héritiers, ou s'il s'agit d'un acte ratifié qui est joint à la ratification; dans ces cas et autres semblables il y a *annexe* et non *dépôt*.

36. 2° Si la pièce annexée est étrangère à l'acte que l'on passe, par exemple, si à un acte de vente l'acquéreur joint le brevet d'une procuration qu'il donne à un tiers pour administrer les biens acquis, c'est alors un dépôt et non plus une annexe (Dict. Enreg. v° *Annexe*).

37. Ensuite, pour qu'il y ait *annexe* il ne suffit pas qu'une pièce ayant rapport à un acte s'y trouve jointe; autrement la pièce, quoique jointe *de fait*, ne pourrait réellement s'attacher à l'acte. Or, en matière d'enregistrement, tout acte trouvé parmi les minutes d'un Notaire ou autre officier public, est un acte *déposé* chez lui et dont il a dû dresser un acte de dépôt, sous peine d'une amende de 50 fr. (réduite à 10 fr.). (L. 22 frim. an VII, art. 43). Si cet acte de dépôt n'existe pas, il y a contravention. Cela se justifie d'ailleurs, par la nécessité d'assurer l'existence des actes isolés (Déc. min. Fin. et Just. 18 avr. 1817, - J^al enr. 5758).

38. D'où il suit qu'il est utile pour éviter toute méprise et toute confusion à cet égard de faire sur la pièce annexée ou déposée une mention de son annexe, ainsi que nous le dirons ci-après n. 40.

39. Lorsqu'il s'agit de délivrance de certificats de propriété, en conformité de l'art. 6 de la loi du 28 flor. an VII, pour constater les droits des héritiers, et pour parvenir notamment au paiement de sommes dues par le Trésor, à l'auteur d'une succession, il faut que le Notaire certificateur soit ou détenteur ou dépositaire des pièces servant de base au certificat, parce que le Trésor ou les administrations n'admettent jamais que le certificat et l'acte de décès; mais il faut bien se garder de mettre au rang des pièces déposées le titre de la créance ou certificat d'inscription, ainsi que cela est arrivé à quelques anciens Notaires de province qui ne pouvant justifier leur inconséquence prétendaient que les parties l'avaient ainsi voulu : car, aux termes de la loi précitée, l'ancien extrait doit être échangé contre un nouveau qui n'est autre chose qu'un décompte de la somme étant alors à payer.

V. au t. 1, la formule d'*ampliation* p. 75, les formules d'*annexe* p. 76, et *sup.* note 10, n. 18.

40. CERTIFIÉ-VÉRITABLE. Ce n'est pas seulement pour éviter toute méprise et confusion (V. *sup.* n. 38), mais dans le but d'en constater à l'avance l'identité, et prévenir toute supposition de nouvelle pièce, qu'il est utile non-seulement que l'annexe soit constatée ou *mentionnée* dans l'acte, mais encore qu'il soit fait mention de l'annexe sur la pièce même qui est annexée.

41. Lorsque la pièce annexée est sous seing-privé, ou lorsqu'elle émane d'officiers ou de magistrats d'une juridiction étrangère au Notaire, il est en outre d'usage de la faire certifier véritable par la partie qui la représente pour l'annexer ou en faire dépôt; cette précaution est, au surplus, nécessaire pour prévenir les faux. L'attestation se fait alors en même temps que la mention relative à l'annexe.

V. au tome 1 les formules d'*annexe* p. 76.

§ 4. BLANC. — V. *sup.* n. 1.

42. Le blanc est un espace non rempli dans les actes, et qui donne lieu à l'amende de 20 fr. dont nous avons parlé *sup.* n. 1. — Mais il n'y a pas lieu à pluralité d'amendes quand il y a plusieurs blancs. — V. *sup.* n. 2.

43. Pour qu'un blanc donne lieu à l'amende, il faut qu'il ait été laissé dans l'acte exprès pour recevoir soit un ou plusieurs mots, soit une ou plusieurs lignes.

44. Mais on ne doit pas considérer comme un *blanc* l'espace qui reste ordinairement au bout d'une ligne dont le sens est complet. Ces espaces forment des alinéas dont le législateur n'a point entendu proscrire l'usage (Rapport d'une commission de la Ch. des Députés. - Séance du 24 mars 1838, - Roll. de V. 5985). Seulement, comme l'on pourrait être tenté d'abuser du blanc que laisse un alinéa, il est d'usage que les Notaires brisent les lignes en remplissant ces blancs de traits de plume. Cela se fait sans qu'il

soit besoin d'approuver la rature de ces blancs; il n'en est point comme de ces blancs laissés à dessein au milieu d'une ligne ou d'une page et qui donnent lieu à une amende s'ils ne sont point approuvés. — V. *inf.* n. 49.

45. Dans les villes où il y a plusieurs Notaires qui sont dans l'usage de signer leurs actes en second mutuellement, il est très possible de faire des actes dans lesquels on ne laisse point de blancs lors de la signature des parties. Mais dans les petites localités où il n'y a qu'un ou deux Notaires, cela n'est pas aussi facile; il est donc d'usage de laisser en blanc les noms ou du Notaire en second ou des témoins et le nombre de mots rayés jusqu'à la signature de ce Notaire ou des témoins. Sans doute, ce n'est point régulier, mais est-il possible de faire autrement? Non, car jusqu'à cette signature qui n'a jamais lieu que quelques jours après, on ne peut être assuré qu'il n'y aura pas en écrivant les noms des témoins quelques mots rayés à ajouter à ceux dont le nombre est à constater. On peut cependant éviter cette irrégularité en opérant la réforme dont nous avons parlé *sup.* note 27, n. 171 *in fine.* — V. *sup.* n. 4.

46. Il n'y a que les procurations en brevet qui soient exceptées de la règle générale qui défend aux Notaires de laisser aucun blanc dans les actes qu'ils reçoivent, mais ce blanc ne doit être laissé que pour être rempli ensuite du nom du mandataire (Nancy, 20 janv. 1842).

47. Ainsi, lorsqu'il s'agit d'une procuration en minute le nom du mandataire doit être rempli immédiatement. Sans cette précaution, on pourrait avoir autant de mandataires différents qu'il aurait été délivré d'expéditions de la même procuration, et il n'y aurait de véritable mandataire que celui dont le nom serait par la suite écrit sur la minute.

48. Il y a contravention punissable d'amende dans les cas suivants :

49. 1° Lorsqu'un Notaire forcé de laisser momentanément dans un acte des blancs qu'il n'a pu remplir ensuite faute de renseignements suffisants, a tiré dans ces blancs des barres horizontales qu'il n'a point fait approuver par les parties soit en marge soit à la fin de l'acte au moment de la signature de cet acte (Circ. min. Just. 8 juill. 1823 et 30 août 1825,-Rol. 1564;-Contrôl. 1081). — Cependant un jugement de la Seine du 30 mai 1832, a décidé qu'un Notaire n'est pas en contravention pour n'avoir point fait approuver les barres horizontales avec lesquelles il a rempli les blancs laissés dans un acte (Rol. 3756; Roll. de V. 1651). — Un jugem. du même trib. du 5 janv. 1842, a décidé qu'il devait en être ainsi lorsque les barres avaient été tirées au moment de la signature de l'acte (Roll. de V. 5373).

50. 2° Lorsque le paraphe des parties a été apposé en marge d'un acte, sans indication de son motif (Amiens, 19 juill. 1834,-Rol. 4605).

51. 3° Lorsqu'un renvoi paraphé, mis à la marge ou au bas d'un acte, a été laissé en blanc. Il y a, dans ce cas, contravention, parce que les renvois font partie de l'acte.

52. 4° Lorsqu'un blanc a été laissé au-dessus du paraphe des parties pour y placer l'approbation des ratures laquelle ne comportait que ces mots « *mots nuls* » suivis du paraphe des parties (Jug. de Paris, 16 juin 1824,-Rol. 6092).

53. 5° Lorsque les mots rayés n'ont point été comptés et que néanmoins les parties ont paraphé au-dessous de cette mention « *mots nuls* » (Amiens, 19 juill. 1834).

54. 6° Lorsque le nom du mandataire n'a point été rempli dans l'acte sous seing privé ou authentique annexé à l'acte notarié, parce que la pièce annexée fait corps avec l'acte auquel elle est jointe (Amiens, 19 juill. 1834,-Rol. 4605; —Jug. de Provins, 25 juill. 1839,-Rol. 6197).

55. 7° Lorsque un Notaire met des mots en *titre* ou en *vedette* et qu'il existe du blanc à côté ou au-dessous de ces mots (Nancy, 18 janv. 1840,-Rol. 6091).

56. Il n'appartient point aux magistrats de décider, en s'attachant plutôt à l'esprit qu'au texte de la loi, qu'une contravention prévue par la loi et régulièrement constatée, n'est qu'une simple omission, qui ne présente pas le caractère de la fraude et ne doit être l'objet d'aucune répression. D'où il suit que les blancs dans un acte et les ratures non approuvées rendent le Notaire passible d'amende, lors même que le tribunal considérerait le fait de la contravention comme insignifiant (Nancy, 28 av. 1837,-Rol. 5273). — Cependant, suivant une décision du Min. des Fin. du 1 oct. 1832, il n'y a pas contravention susceptible d'être poursuivie lorsque les blancs et les ratures non constatés qui existent dans un acte notarié sont insignifiants. Dans l'espèce, le notaire avait écrit dans un cahier de charges que l'enlèvement des arbres à vendre aurait lieu *en dedans le. . . . . prochain*, et l'adjudication de ces arbres indiquait l'époque de cet enlèvement : il avait rayé les mots « *tant en son nom* » sans le constater à la fin de l'acte (Déc. min. Fin. 1 oct. 1832,-Roll. de V. 1859). — V. *inf.* n. 71.

57. L'approbation des blancs suivie du paraphe des parties peut, sans contravention, être placée après la formule « *fait et lu* » (Déc. min. Fin. 6 juill. 1825,-Rol. 1208. — *Contrôl.* 930). — V. *sup.* n. 49.

V. *Expéditions, grosses, extraits*, note 64.

§ 5. CHIFFRES OU ÉNONCIATIONS EN TOUTES LETTRES. — V. *sup.* n. 1.

58. Il n'est pas interdit d'écrire en chiffres les sommes et les dates dans les actes privés; mais, comme ce mode offre les plus graves inconvénients, l'usage le plus général est d'écrire au moins les sommes en toutes lettres. Il y a, même, obligation de le faire pour le bon ou approuvé dans certains écrits privés (C. civ. 1326. — V. note 26, n. 65)

59. Mais, dans les actes notariés, il est défendu, sous peine d'amende (V. *sup.* n. 1), d'écrire les sommes et les dates en chiffres.

60. Toutefois la prohibition ne s'étend pas aux chiffres indicatifs du numéro, 1° de la demeure des parties, 2° des patentes, 3° des inscriptions de rentes sur l'Etat, 4° des actions de banque et de compagnies, 5° des inscriptions hypothécaires; ni à ceux des articles et clauses des actes et contrats : par le motif que la loi ne prescrit l'énonciation en toutes lettres que des *sommes* et *dates*, et que les abréviations dont on vient de parler sont d'un usage tellement reconnu qu'il serait presque ridicule de les écrire autrement. — V. *sup.* n. 6 et suiv.

61. Dans tous les cas, il suffit qu'on ait exprimé une seule fois en toutes lettres des *sommes* ou des *dates* pour s'être conformé au vœu de la loi.

62. Ainsi, lorsqu'une liquidation a été établie en toutes lettres, et que le reliquat à diviser entre les parties est pareillement déterminé en toutes lettres, le Notaire peut, sans contravention, porter en chiffres ce qui revient à chacun des héritiers (Colmar, 18 mai 1829, - Rol. 2627. — *Contról.* 1882). — V. *sup.* n. 58.

V. *répertoire*, note 17, n. 50.

§ 6. CONTEXTE. — V. *sup.* n. 1.

63. L'unité de contexte d'un acte doit s'entendre, suivant quelques auteurs, de la série et de l'enchaînement des dispositions, clauses et conditions relatives aux conditions qu'il renferme, lesquelles doivent être rédigées sans blanc, lacune ni intervalle, comme le dit l'art. 13 de la loi, qui en cela ne fait que développer le sens du mot contexte. — Il s'agirait, alors, d'une unité de temps.

64. Mais cette opinion ne nous semble pas conforme à l'esprit de la loi; puisqu'il s'agit, dans la loi, de la forme des actes (ce qu'on doit inférer de ces mots « *les mots seront écrits en un seul et même contexte* »), il est plus rationnel de penser que le législateur a eu en vue l'unité de forme et voulu que les actes fussent écrits non pas de la même main mais d'une écriture non discordante, comme si des lignes ou des pages étaient écrites en caractères extraordinairement gros et d'autres en caractères très-fins. — Il est évident, en effet, que dans ce cas il serait possible sinon de changer la teneur d'un acte, du moins de l'altérer considérablement en insérant entre deux lignes d'un gros caractère des dispositions écrites en tout petit caractère. — Selon nous, lorsqu'on a commencé à écrire un acte en laissant entre deux lignes un espace, par exemple, de cinq millimètres il faut continuer le même mode d'écriture ou à peu près, s'en écarter peu sans qu'il y ait nécessité de le faire comme cela arrive quelquefois quand on a des *titres*, des *chapitres* à ouvrir, car si on laisse tantôt l'espace que nous venons d'indiquer entre deux lignes, tantôt une espace de quinze ou vingt millimètres, il est évident qu'alors on fait une chose *insolite*, *décousue*, n'offrant point de *gravité* et qu'on se met dans une position identique à celle où l'on écrit en laissant des blancs, des lacunes ou des intervalles. — V. *note* 36 *n.* 23.

§ 7. ÉCRITURE ILLISIBLE. — V. *sup.* n. 1.

65. Il n'est pas nécessaire qu'un acte soit illisible en toutes ses parties pour donner lieu à l'amende de 20 fr.; il suffit qu'il soit illisible en certaines parties principales et cela a été décidé ainsi relativement à la date (Cass. 20 fév. 1820). — V. *note* 20 *n.* 33.

66. Mais lorsque les caractères de l'écriture lisibles d'abord sont devenus ensuite illisibles, il faut distinguer: si c'est par accident, il n'y a pas lieu à amende; si, au contraire, c'est par le fait du Notaire qui a employé de la mauvaise encre ou a écrit de manière à ne pouvoir être lu, il doit y avoir lieu à amende. — V. *sup.* n. 3.

67. Quand les caractères de l'écriture d'un acte se sont effacés avec le temps, que le papier a été corrompu par l'humidité du lieu où il était déposé, ou bien qu'il a été percé par les insectes, rongé par les rats, on peut prouver par témoins la teneur de ce titre devenu ainsi illisible par suite de l'un ou de l'autre de ces accidents. On doit appliquer à ces cas l'art. 1348-4° du Code civil, car il y a alors véritablement perte de titre par suite de cas fortuit, imprévu et résultant d'une force majeure (Toullier, 9, n. 220).

68. Du reste, si la preuve testimoniale manque, les clauses qui sont tellement effacées qu'on ne peut les lire sont nulles; cependant, dans l'ancien droit, s'il s'agissait de clauses effacées postérieurement à l'acte, par exemple, depuis la confection d'un testament, on devait écouter celui qui formait une demande sur le fondement de pareilles clauses, ce qui supposait qu'au moins le demandeur fournirait des indices suffisants pour opérer le rétablissement des clauses qu'il prétendait avoir été rayées à son préjudice, par autre que par le testateur, et lorsque le testament avait acquis toute sa consistance (L. 1, *D. de his quæ in testam. delentur*).

§ 8. INTERVALLE. — LACUNE. — V. *sup.* n. 1.

69. *L'intervalle* doit s'entendre de l'espace trop grand que le Notaire aurait laissé entre deux lignes de manière à pouvoir en ajouter une troisième. — V. *sup.* n. 64.

70. La *lacune* doit s'entendre de l'espace qui a pu être laissé dans une ligne entre deux mots.

71. Un notaire qui, dans un procès-verbal d'adjudication de biens en détail, a laissé en blanc des intervalles entre le prix de quelques articles adjugés et les signatures des adjudicataires, est en contravention lors même qu'il ne s'élèverait aucun doute sur la pureté de ses intentions, parce qu'il n'en a pas moins été le maître de remplir après coup ces blancs ou intervalles comme il l'a jugé à propos, et que c'est ce que la loi a voulu empêcher (Metz, 13 janv 1819). — V. *sup.* n. 56.

---

[36]

DES SURCHARGES, INTERLIGNES, ADDITIONS ET RATURES.

DIVISION SOMMAIRE.

Indication alphabétique.

§. I. DISPOSITIONS GÉNÉRALES.

1. *Il n'y aura ni surcharge, ni interligne, ni addition dans le corps de l'acte; et les mots surchargés, interlignés ou ajoutés, seront nuls. Les mots qui devront être rayés le seront de manière que le nombre puisse en être constaté à la marge de leur page correspondante, ou à la* FIN DE L'ACTE, *et approuvé de la même manière que les renvois écrits en marge; le tout à peine d'une amende de* 50 *fr. contre le notaire, ainsi que de tous dommages-intérêts, même de destitution en cas de fraude.* (L. 25 vent. an XI. art. 16). — Cette amende a été réduite à 10 fr. par l'art. 10 de la loi du 16 juin 1824, mais on doit y ajouter le décime — V. note 19.

A LA FIN DE L'ACTE. Par ces mots, la *fin de l'acte*, la régie de l'enregistrement éleva, dans un temps, cette singulière prétention, que quand les mots n'étaient pas comptés à la marge ils devaient l'être avant le *fait et passé* qui, suivant elle, formait la clôture de l'acte, comme si ce qui suit le *fait et passé* et qui comprend ordinairement le lieu de la passation, la date, les déclarations relatives aux signatures et la mention de la lecture ne faisaient point une partie essentielle et constitutive de l'acte; et même la cour Roy. de Metz a appuyé cette doctrine par arrêt du 8 av. 1824. Mais, après plusieurs procès-verbaux dressés contre des notaires qui avaient placé avant les signatures le renvoi constatant le nombre de mots rayés, la régie reconnut enfin son erreur. (Délib. 6 avr. et 1 juin 1825; — déc. min. fin. 9 mai et 6 juill. 1825). —V. note 37, n. 24.

Pour la manière de constater les contraventions à cet article de la loi, v. la note 44.

2. Cette disposition ne s'applique point aux actes sous seings-privés, dont la forme en général est restée dans les purs termes du droit naturel, ainsi que l'a décidé la Cour de cassation relativement à la surcharge non approuvée de la date du jour, dans un testamment olographe, par son arrêt du 11 juin 1810. - Sir. 10, 289.

3. Il n'est dû qu'une seule amende quoiqu'il existe dans un même acte plusieurs ratures et surcharges, interlignes ou additions (Cass. 24 avr. 1809). — Mais lorsqu'un même procès-verbal est relatif à plusieurs actes contenant des contraventions à l'art. précité, il est dû une amende pour chaque acte. (Cass. 29 janv. 1812; Metz, 15 janv. 1819 - J. Enreg. 4195, 6555).

V. note 35 n. 4.

§. II. SURCHARGES.

4. On entend par surcharge la substitution d'un mot à un autre par le changement des lettres qui composaient celui déjà écrit.

5. D'où il suit que la surcharge qui ne porte que sur une ou deux lettres, sans changer le sens du mot ainsi surchargé ou qui porte sur des *chiffres* (V. *sup. note* 35, *n.* 58 *et suiv.*), ne peut donner lieu à une amende; c'est ainsi au surplus que le législateur l'a implicitement entendu puisqu'il n'est mention dans la loi que des mots surchargés, cependant quand les chiffres tiennent lieu de mots il nous semble plus prudent de les reproduire à la marge par un renvoi approuvé. — V. *inf.* n. 31.

6. Cette conclusion se trouve fortifiée par un arrêt de la Cour de Cassation du 3 août 1808 portant que la surcharge d'une lettre dans un mot essentiel à la validité d'un testament n'en opère pas la nullité, lorsque d'ailleurs aucune incertitude ne peut exister sur le mot qui est écrit. Dans l'espèce il s'agissait du mot *dicté* dont le C. avait été corrigé, ayant été mal à propos fait en grande capitale.

7. Mais il ne faut pas, comme nous venons de le dire, que la surcharge ou correction s'étende à des *mots* entiers, car il a été décidé que quelle que soit la valeur des *mots* surchargés (fussent-ils insignifiants), l'amende est encourue et les préposés doivent rapporter procès-verbal, sans avoir égard aux raisons alléguées par les officiers publics pour atténuer les contraventions par eux commises (Déc. min. Fin. 8 nov. 1814; J[al] enreg. 5765). — Cependant il a été fait remise de l'amende dans une espèce où la répétition des *mots* surchargés ne pouvait laisser de doute sur le sens de la phrase (Déc. min. Fin. 4 déc. 1829; - Rol. 2779). Dans l'espèce les mots surchargés se trouvaient approuvés tacitement par la répétition des mêmes mots. — V. *sup.* note 35, n. 61, 62.

8. Mais l'approbation d'une surcharge dispense-t-elle de l'amende, surtout quand on reproduit à la marge les mots surchargés?

Pour l'affirmative : jug. de Clermont 20 juin, 15 sept. 1816; de Saint-Amand 12 août 1837. - Roll. de V. 4042; Déc. min. Fin. 27 janv. 1817; J[al] enreg. 5683.

Pour la négative : jug. de Châteaubriant, 1 juill. 1841; - Rol. 6275; d'Avesnes 15 sept. 1840; - Rol. 6094; de Montluçon, 14 janv. 1836; - Rol. 5064; Bourges 19 janv. 1838.

9. L'approbation n'a d'autre objet que de couvrir la nullité du mot surchargé :

Mais pour ce que cette approbation couvre la nullité du mot surchargé il faut qu'elle soit faite en la forme d'un renvoi. On ne doit pas même en excepter le cas où la surcharge existant dans un renvoi serait approuvée à la fin de ce renvoi. — V. *inf. rature* n. 25.

10. Du reste, l'amende n'est due par le notaire que quand l'acte contenant des mots surchargés est encore en sa possession, d'où il suit qu'on ne peut le rendre passible d'une amende quand il s'agit d'un acte délivré en brevet (Jug. de la Seine, 19 mai 1841; - Roll. de V. 5215).

11. Mais, lorsque, par une rature, le notaire a fait disparaître les signes des lettres qui existaient auparavant, l'on doit néanmoins présumer jusqu'à preuve contraire, qu'il y avait quelque chose d'écrit avant la rature. En conséquence, si le notaire a écrit d'autres mots sur cette rature sans qu'il y ait eu approbation, il y a double contravention; l'une, en ce que le nombre des mots rayés n'a pu être constaté, l'autre en ce qu'il y a eu surcharge (Bruxelles, 28 juill. 1830; - Roll. de V. 2224).

12. Il y a aussi contravention dans les cas suivants :

13. 1° Lorsque le notaire a opéré une surcharge en changeant le nombre primitif de *quatre* en celui de *quatorze*, pour indiquer le nombre de mots rayés (Jug. de Fontainebleau 25 nov. 1841; - Rol. 6443).

14 2° Quand les dates des actes sont illisib. ou font remarquer

des dates précédentes (Cass. 20 fév. 1820, 20 fév. 1816). La surcharge de la date, dans ce cas, opère la nullité des mots surchargés, et par suite la nullité du contrat comme acte authentique sauf à valoir comme sous seing-privé s'il est signé des parties (Cass. 27 mars 1812, - Sir. 12, 369).

15. 3° Quand un mot substantiel à l'acte est surchargé, comme le nom d'un témoin instrumentaire dans un testament. Dans ce cas, la signature de ce témoin ne couvre point la nullité de l'acte et ne corrige point par elle-même la surcharge si cette surcharge n'a point été approuvée en reproduisant le mot à la marge (Aix, 15 janv. 1824; - Rol. 1080; Toulouse, 29 av. 1826; - Rol. 2454).

16. La peine prononcée contre toute surcharge n'empêche point que la surcharge soit qualifiée faux, si elle a été faite méchamment et dans le dessein de nuire à autrui, fût-ce même pour opérer une post-date et frauder les lois sur l'enregistrement (Cass. 20 fév. 1809). — Mais, dans ce cas, la régie de l'enregistrement doit prendre la voie de l'inscription de faux pour réclamer le double droit sur un pareil acte (Cass. 23 mars 1836; - Rol. 5070). — V. *inf.* n. 24 et 39).

17. Comme il n'y a point de règle établie pour les surcharges dans les actes sous seings-privés, on doit soumettre les questions qui s'élèvent à ce sujet à l'appréciation des Juges, lesquels ont toujours à vérifier la sincérité des mots (Merlin, Quest., v° *testam.*, § 16.

V. *inf.* n. 40 et suiv.

§ III. INTERLIGNES. — V. *sup.* n. 1.

18. On entend par *interligne* l'espace qui reste entre deux lignes.

19. Tout interligne peut donner lieu à une amende de 10 fr. - V. *sup.* n. 1, 2 et 3. — Même quand il a été approuvé par les parties - V. *sup.* n. 8. — L'approbation couvre seulement la nullité de l'acte quand les mots interlignés ont été reproduits à la marge. - V. *sup.* n. 9.

20. Car, la nullité de l'acte entier peut résulter d'un interligne, si on y avait placé la mention d'une formalité essentielle, par exemple, en matière de testament, la mention de la lecture en présence des témoins. (Colmar, 25 avril 1812).

V. *sup.* n. 10, 16, 17, et note 35, n. 64.

§ IV. ADDITIONS. — V. *sup.* n. 1.

21. On entend par *addition* ce qui est ajouté dans le corps d'un acte, pour faire partie de cet acte.

22. Toute addition donne lieu à une amende de 10 fr. - V. *sup.* n. 1. 2 et 3.

23. L'addition de quelques mots écrits sur une ligne brisée par des points, d'une autre main que le corps de l'acte et ne faisant pas avec cet acte un seul et même *contexte*, constitue une contravention, lors même qu'elle aurait eu lieu avant la clôture de l'acte. Dans tous les cas, le notaire ne peut être admis à faire entendre des témoins sur le fait de la contravention, sans observer la marche prescrite par les art. 253 et 254, du C. de proc. (Colmar, 1 fév. 1831. - Rol. 3257). — V. *inf.* n. 33. 38.

24. Le notaire qui de concert avec l'une des parties, substitue une date à la véritable au moyen d'une addition, et qui, du consentement de toutes, diminue le prix réel de la vente, ne se rend pas coupable du faux prévu par l'art. 146 du C. pén. (Cass. 21 mai 1839 - Rol. 5871). — V. *sup.* n. 16.

V. *sup.* n. 10, 17, et note 35, n. 64.

§ V. RATURES. — V. *sup.* n. 1.

25. On appelle *rature* l'écriture qui a été effacée, en passant un trait de plume dessus.

26. Mais il faut qu'on puisse lire ce qui a été effacé non-seulement pour que le nombre puisse en être compté et constaté, mais encore pour qu'on puisse au besoin savoir si ce qui a été rayé devait l'être ou ne l'aurait pas été par erreur ou bien le faire revivre quand il a été rayé mal-à-propos.

27. C'est, selon nous, une chose fort difficile que de bien rayer des mots inutiles et de les bien compter.

28. Lorsqu'on rédige, on a tort de s'arrêter au milieu d'un mot pour le rayer, il faut le terminer, puis le rayer; car, si le mot n'est point en entier, quand arrive le moment de compter les ratures, on n'a pas toujours soin d'examiner chaque mot pour distinguer s'il forme ou non un mot, et on le compte pour un mot quand il n'y a très souvent que quelques lettres qui ne présentent aucun sens.

29. D'un autre coté, doit-on considérer comme un ou plusieurs mots, les mots composés, tels que, c'est-à-dire, ledit, ayant-cause, ayant-droit, beau-père, belle-mère etc.? Il nous semble qu'on doit les compter pour plusieurs mots encore bien qu'ils ne forment qu'un seul mot par leur signification, car, n'étant pas dit dans la loi qu'il faille qu'un mot ait un sens pour être, dans ce cas, compté comme nul, on doit prendre la loi avec sa signification grammaticale qui porte qu'un mot se compose d'une ou plusieurs syllables, or, les traits d'union ajoutés pour avertir qu'il survient d'autres syllables pour donner ou compléter le sens, étant séparés du premier mot, il est clair que ce qui suit le trait forme des mots détachés. Si on adoptait le système contraire, il faudrait en tirer cette conséquence qu'on ne doit pas compter les mots rayés quand ils n'ont pas de sens, et dans ce cas on éprouverait beaucoup plus de difficulté à bien compter les mots rayés.

30. Lorsque, dans un acte, il y a des lignes entières qui sont rayées, il est inutile de compter le nombre de mots dont chaque ligne se compose. On tire alors un trait continu sur toutes les lignes et au nombre de lignes rayées on ajoute le nombre de mots épars dans la page ou dans l'acte; de cette manière le but de la loi est atteint plus complètement en tirant une barre qui ne laisse dans la ligne aucun intervalle dont on puisse abuser, et d'un autre côté cela donne moins d'embarras pour compter les ratures.

31. La loi n'étant relative qu'à l'approbation des ratures de mots, on doit être par cela même dispensé d'approuver les ratures de chiffres, surtout quand les sommes sont mentionnées en toutes lettres, mais quand les chiffres tenaient lieu de mots il nous semble qu'alors il est plus prudent de les compter plutôt pour la régularité de l'opération que dans la crainte d'une amende. — V. *sup.* note 35, n. 62.

32. Les mots rayés doivent être comptés et approuvés à la marge de la page correspondante ou à la fin de l'acte. A ce sujet il a été décidé :

33. 1° Que le notaire qui avait écrit à la fin de l'acte et

en marge, *rayé deux mots*, puisqu'il les avait effacés et avait ajouté immédiatement au-dessous, *rayé compris ceux de la présente mention six mots*, était passible de l'amende quoiqu'il existât au-dessous une approbation de la part des parties. (Amiens, 19 juill. 1834). = V. note 37, n. 24.

34. 2° Qu'on devait admettre jusqu'à preuve contraire, que les ratures faites sur la minute d'un acte authentique, avaient eu lieu postérieurement à sa passation, lorsque cette minute ne contenait aucune mention à ce sujet. (Bruxelles, 28 juill. 1830, - Roll. de V. 2224). — V. *sup.* n. 11.

35. 3° Qu'il y avait contravention susceptible d'amende, toutes les fois que la mention du nombre des mots rayés, mise à la fin de l'acte, n'était pas approuvée par un paraphe ou une signature des parties, outre celle de l'acte. (Déc. min. just.; — Lyon, 18 janv. 1832. ; - Roll. de V. 1755.

36. 4° Qu'on pouvait faire revivre des mots par une reproduction et approbation faites à la marge. (Jug. de Montluçon 14 janv. 1836, - Rol. 5064). Seulement nous ferons observer que bien qu'un tel mode ait été reconnu bon par le jugement, il vaut mieux rayer et faire un renvoi toutes les fois que la marge le permet, de manière à n'employer ce mode qu'à la rigueur, c.-à-d. quand la reproduction des mots rayés étant impossible à la marge on mentionne à cette marge que *telles* lignes rayées ou *tels* mots rayés à *telle* ligne revivront.

37. 5° Que les ratures qui existent dans un acte délivré en brevet au-delà du nombre de celles approuvées, et qui ont été constatées par le receveur lors de l'enregistrement de cet acte, ne constituent pas une contravention à la charge du notaire rédacteur (jug. de la Seine, 7 juill. 1837, - Rol. 5364 ;— 19 mai 1841, - Roll. de V. 5213), — et pour que les ratures, dans ce cas, ne soient pas présumées avoir été faites par celui chez lequel l'acte se trouve, le notaire doit avoir le plus grand soin de constater l'état matériel de l'acte, lors du rapport pour minute. Cette présomption existe suivant M. Toullier, t. 8, n. 125 et suiv.— *Contrà*, Merlin, *rép.* v° *Ratification* n. 9; — Dans tous les cas, la preuve testimoniale est admissible, ainsi décidé, à l'égard d'un testament dont plusieurs lignes avaient été bâtonnées par le testateur, qui en était toujours resté en possession (Cass. 21 fév. 1837; - Roll. de V. 3746). — Même décision à l'égard d'un testament trouvé au moment du décès entre les mains d'un tiers (Douai, 26 mai 1838, - *ibid.*, 4155).

38. 6° Que l'approbation des ratures faites dans un renvoi, mise à la fin de ce renvoi, quoique approuvée par le paraphe des parties en même temps que le renvoi, constitue une addition, et par conséquent une contravention, parce que les mots raturés doivent être constatés et approuvés spécialement de la même manière que les renvois (Bourges, 19 janv. 1838, - Roll. 5514).

39. 7° Que l'administration de l'enregistrement doit prendre la voie de l'inscription de faux, pour réclamer un double droit sur un acte notarié, dont le défaut d'enregistrement dans les délais, résulte de ce qu'une date a été substituée à une autre, au moyen de ratures et d'une addition, le tout non approuvé (Cass. 23 mars 1836, - Roll. 5070). — V. *sup.* n. 16 et 24.

40. M. Toullier (t. 8, n. 117 et suiv.), résume la doctrine des interprètes, relativement aux ratures dans les actes, et l'applique à l'état actuel de notre législation, laquelle, loin de dire que les ratures annulent l'acte en entier, ne dit même pas que les mots rayés soient nuls. — Il distingue d'abord les ratures constatées et approuvées, de celles qui ne le sont pas; les premières annulent les mots ou les dispositions rayées, sans nuire à la validité de l'acte; les ratures non constatées, peuvent seules faire naître des difficultés et des doutes.

41. On doit donc distinguer : 1° les ratures faites par les tiers, des ratures faites par les parties, ou de leur consentement.

Car, si les ratures ont été faites par des tiers, (fait qui peut être prouvé par témoins) sans le concours ou le consentement des parties intéressées, elles ne peuvent nuire à la validité de l'acte, ni entraîner la nullité des dispositions rayées. En effet, les droits acquis aux parties par un acte une fois parfait ne sauraient être détruits par le fait d'un tiers, soit qu'il y ait dessein ou non.

42. 2° Les ratures faites à dessein, *consultò*, des ratures faites inconsidérément ou par mégarde, *inconsulto.*

Car les ratures faites à dessein par les parties, annullent les dispositions rayées. Elles prouvent, en effet, que celui qui les a faites ou fait faire, improuve les mots ou la disposition rayée. Tandis que si elles ont été faites inconsidérément ou par mégarde, les mots ou les dispositions rayées conservent encore évidemment leur valeur, pourvu d'ailleurs qu'on puisse les lire.

43. 3° Les ratures *antérieures*, des ratures *postérieures* à la perfection de l'acte.

Dans le premier cas, les mots ou la disposition rayée, sont annulés et le surplus de l'acte subsiste. La signature des parties fait d'ailleurs supposer qu'elles ont admis ces ratures.

Dans le second cas, une nouvelle distinction est à faire : ou les deux contractants ont concouru à la radiation et alors les dispositions rayées sont nulles, ou c'est un seul des contractants qui a fait la radiation sans que l'autre y ait consenti et en ce cas de deux choses l'une. S'il l'a fait dans l'intention de préjudicier à l'autre, c'est un délit qui ne peut nuire à celui-ci : s'il l'a fait, au contraire, dans l'intention de gratifier cet autre contractant, la radiation dégage ce dernier, et opère la remise de la dette; car l'anéantissement ou la destruction volontaire du titre ne saurait avoir moins de force que la remise volontaire (C. civ. 1282, 1283).

44. 4° Les ratures sur une partie *essentielle* de l'acte et sans laquelle il ne peut être valable, des ratures sur une partie *indifférente*, sans laquelle l'acte pourrait également subsister, ou sur une disposition indépendante, séparée des autres et *non connexe*.

Essentielle. Les ratures qui existent dans un endroit essentiel ou dans un endroit suspect de la pièce, annullent toutes les dispositions de l'acte; la question de savoir quels sont les endroits essentiels ou suspects, est abandonnée à la prudence des juges, en posant seulement pour règle, que l'on doit regarder comme essentiel ce qui contient quelque disposition ou obligation, et comme endroits suspects ceux par lesquels il serait plus facile de découvrir les faux comme la date, etc.

Indifférente. Les ratures sur une partie indifférente ne nuisent point à la validité de l'acte, et n'ont point l'effet de le faire annuler. Du reste, on considère comme purement accessoires, toutes les redondances qui n'ajoutent rien aux dispositions de l'acte, et sans lesquelles ces dispositions n'en subsisteraient pas moins, sans lesquelles même l'acte n'en serait que plus clair et plus précis, et qui devraient être raturées.

Non connexe. Si les dispositions de l'acte sont *non connexes*, la rature d'une seule ne nuit point à la validité des autres, si d'ailleurs elle ne présente rien de suspect; en sorte que l'on applique à ce cas, la règle *utile per inutile non vitiatur*. Si, au contraire, toutes les dispositions de l'acte sont *connexes*, la rature d'une seule entraîne la nullité de toutes les autres; l'acte est nul dans son entier.

43. 5° Les ratures encore illisibles, de celles qui ne le sont pas.

Lorsque, dans les différents cas ci-dessus, les ratures faites postérieurement à un acte, sans le concours de toutes les parties, sont absolument *illisibles*, celui qui a intérêt de faire valoir l'acte dans toute son intégrité, a contre l'auteur des ratures, s'il est connu, une action en dommages-intérêts, et contre la partie qui voudrait injustement profiter du fait de ces ratures, une action pour la contraindre à exécuter l'acte, si l'on peut parvenir à en connaître la teneur. Ce cas est comparable à celui de la suppression des actes.

Des ratures ou plutôt des dispositions sont illisibles lorsqu'on ne peut en apercevoir le sens par la vue, mais qu'il faut y suppléer par l'intelligence, par des conjectures tirées de quelques mots qui suivent ou qui précèdent (L. 1, D. de *quæ in testam. delent.*).

V. *sup.* n. 13; note 35, n. 52, 53, 56; note 37, n. 20, 21, 24, 25.

[37]

DES RENVOIS ET APOSTILLES.

Indication alphabétique.

DISPOSITIONS GÉNÉRALES.

1. *Les renvois et apostilles ne pourront, sauf l'exception ci-après, être écrits qu'en* MARGE; *ils seront* SIGNÉS *ou* PARAPHÉS *tant par les notaires que par* LES AUTRES SIGNATAIRES, *à* PEINE DE NULLITÉ *des renvois et apostilles. — Si la* LONGUEUR DU RENVOI *exige qu'il soit transporté à la fin de l'acte, il devra être non-seulement signé ou paraphé comme les renvois écrits en marge, mais encore expressément approuvé par les parties, à* PEINE DE NULLITÉ *du renvoi.* (L. 25 vent. an XI, art. 15). — V. la note 44.

2. Le renvoi est la marque ou croix qui est mise dans le corps de l'écriture pour annoncer qu'il faut se reporter à la marge où il y a une croix semblable. (Loret, 1, 255).

3. Et l'apostille est l'addition ou note qui est écrite à la marge immédiatement au-dessous du renvoi.

4. MARGE. La marge d'un acte se compose de trois doigts environ de blanc qu'on laisse ordinairement à la gauche de la page. (Arrêt de réglem. du parlem. de Paris 4 sept. 1685).

5. On doit aussi considérer comme *marge* les blancs qui sont laissés en tête et au bas des pages, et en conséquence on peut y placer des renvois que les parties doivent approuver. Toutefois comme il semble que la loi n'a entendu parler que d'une marge, il serait, à notre avis, plus prudent de ne laisser cette marge qu'à la gauche et d'écrire en le haut de la page ainsi qu'en bas sans qu'il soit possible d'y ajouter après coup une seule ligne, car les espaces laissés tant en haut qu'en bas peuvent à la rigueur être considérés comme des *blancs*, et en effet il n'est pas sans exemple qu'on ait ajouté quelques fois des lignes dans ces espaces; on est en cela livré à la discrétion des employés de la régie de l'enregistrement qui ne voyant pas toujours les choses du même œil ont toute latitude pour dresser, dans ce cas, des procès-verbaux d'après lesquels les Procureurs du Roi doivent poursuivre les notaires inculpés. En suivant notre conseil on évite toute espèce de tracasserie sur ce point.

6. Tout renvoi doit donc être porté à la marge (V. *sup.* n. 1). L'arrêt de réglement du 16 sept. 1685 le voulait ainsi; mais l'ordonnance du mois d'oct. 1535 défendait de faire aucune apostille soit en marge soit en tête des actes et prescrivait qu'elles fussent mises à la fin. — Placer des renvois à la fin de l'acte (sauf l'exception dont sera ci-après parlé n. 18) serait une dérogation à la loi qu'on ne doit point se permettre, sans doute parce que le législateur a reconnu qu'il offrait des inconvénients. Dans tous les cas (mettant de coté l'action disciplinaire) un renvoi placé à la fin pourrait être valable, seulement il faudrait plus qu'un paraphe, il faudrait une signature spéciale, un signe d'approbation, parce qu'alors on n'est plus dans les termes de la loi qui se contente d'un paraphe quand le renvoi est fait à la marge. C'est au surplus l'opinion de M. Toullier (t. 8, n. 110), car dit-il, c'est toujours la volonté des parties qui fait la loi.

7. SIGNÉS OU PARAPHÉS. La loi n'ayant donné aucune définition du paraphe, il en résulte qu'on doit regarder comme paraphe les initiales des noms et prénoms des signataires apposées au-dessous du renvoi; la prescription de la loi n'ayant eu pour but que d'empêcher que ces renvois ne fussent ajoutés après coup et à l'insu des parties contractantes (Bourges, 9 mars 1836. - Roll. de V. 3305).

8. On ne peut étendre l'obligation de faire *signer ou parapher* les renvois, aux annotations que les notaires ont l'habitude de faire en marge de leurs procès-verbaux de ventes de meubles afin de faire connaître si les acheteurs ont ou non payé le prix de leur adjudication, parce que ces annotations personnelles au notaire n'ont pas le caractère de renvois. (Colmar, 28 juill. 1827 - Sir. 28, 85).

9. En combinant les art. 13 (V. *sup. note* 35, *n.* 1), 14 (V. *sup. note* 15, *n.* 1), 15 (V. *sup. n.* 1), 16 (V. *sup. note* 36, *n.* 1), de la loi du 25 vent. an XI, on voit que l'obligation de signer ou parapher s'applique aux renvois de ce qui compose un *acte*, ce qui fait naître la question de savoir si quand un acte se fait dans un même jour ou dans plusieurs

jours mais par vacations la loi impose l'obligation de faire signer les renvois des précédentes vacations par celles des parties qui ne comparaissent qu'à des vacations postérieures.

10. Jusqu'ici il nous a semblé (et nous avions en cela pour nous l'usage général) qu'il n'y avait point d'obligation de faire parapher les renvois des premières vacations d'un acte par la partie qui ne comparaissait qu'aux dernières vacations, mais lorsqu'on pèse les motifs de l'arrêt de la Cour Royale de Bourges rapporté sous le n. 7, qui précède, lesquels nous paraissent fondés sur une saine interprétation de la loi, nous avons la ferme conviction que l'usage est en contradiction avec l'esprit de la loi qui a eu pour but d'empêcher que les renvois ne fussent ajoutés après coup et à l'insu des parties contractantes. Lors, en effet, qu'une partie dûment sommée de comparaître à un procès-verbal, tel qu'un inventaire, laisse donner défaut contre elle aux premières vacations, si elle comparait aux subséquentes vacations elle ne le fait ordinairement qu'en se rendant compte de ce qui a été fait en son absence : le corps de l'acte ne pouvant changer de teneur surtout quand le nombre de mots rayés est constaté à la fin de chaque vacation, il est alors inutile que ce qui a été fait à cette vacation soit signé postérieurement de la partie qui n'a pas comparu; ce serait d'ailleurs en contradiction avec la mention faite des parties qui ont signé ; mais il ne doit pas en être de même des renvois, contenant des modifications, ni du renvoi constatant le nombre de mots rayés (V. *sup.* note 36. n. 1), le contenu en l'acte est chose invariable, mais le contenu en la marge pouvant varier par une addition faite en l'absence de la partie qui n'aurait pas paraphé le renvoi, il est alors fort à propos, et la saine raison le veut ainsi, que tous les renvois soient approuvés par toutes les parties même par celles qui ont comparu après les autres.

11. Dans les procès-verbaux d'adjudication qui sont presque toujours précédés d'un cahier de charges, c'est une faute de ne pas faire signer ou parapher les renvois du cahier des charges par les adjudicataires surtout quand l'adjudication suit immédiatement ce cahier de charges. Dans ce cas ils sont nuls faute d'approbation aux termes d'un arrêt de la Cour R. de Caen du 9 janv. 1827. aff. Levallois.

12. Voilà un point fort important qui tout d'abord fait naître la question de savoir quand est-ce qu'une adjudication sera considérée comme ne formant qu'un seul et même acte avec le cahier des charges :

13. Si l'on consulte nos formules d'adjudication de biens à vendre p. 47 et 53 du t. 1, on doit y voir des adjudications qui ne forment qu'un seul et même acte avec l'adjudication et qui par cette raison ne sont sujettes ni à être *répertoriées* ni à être *enregistrées* séparément.

14. Si, au contraire, l'on consulte notre formule d'adjudication de biens à louer p. 135 du tome 1, on doit y voir une adjudication qui forme un acte séparé du cahier des charges et qui, par conséquent, doit être répertorié et enregistré séparément. — Toutefois pour qu'il ne s'élève sur ce point aucune équivoque, il est mieux de dresser et de dater le cahier des charges d'un jour antérieur à l'adjudication. — Même, à une certaine époque, la chambre des notaires de Paris prit une délibération qui prescrivait de ne procéder à des adjudications que lorsque le cahier des charges était enregistré. Sa sollicitude était louable, parceque elle avait pour objet d'empêcher des modifications au moyen de renvois réputés non connus de l'adjudicataire par cela seul qu'ils n'étaient pas signés de lui.

15. Il est enjoint aux Receveurs de l'Enregistrement de parapher les renvois en même temps qu'ils enregistrent les actes, (Arrêt du Conseil, 21 juin 1775. — Ordres Généraux de la régie, art. 30), sous peine de suspension ou de destitution. (Circ. 14. mai 1808).

16. Par les autres signataires. Ces expressions de la loi « *les autres signataires* » ne doivent point être prises dans leur sens littéral. Elles ne peuvent être appliquées qu'aux parties contractantes et aux témoins instrumentaires. Il est d'usage, en effet, de ne point faire signer ou parapher les renvois par les personnes qui ne signeraient l'acte que par honneur ou déférence. — V. note 15 n. 125.

17. Cependant quand les parties ou l'une d'elles ne savent pas signer, et qu'elles ont des conseils, il est bon de faire signer ou parapher ces derniers, afin que les parties ne puissent alléguer ensuite que les renvois ont été ajoutés après coup, n'étant point signés ni paraphés de leurs conseils.

18. Longueur du renvoi. En général, le renvoi doit être porté à la marge, ce n'est que quand il est trop long qu'on doit le porter à la fin de l'acte.

19. Mais la loi, en voulant que les longs renvois soient portés à la fin de l'acte, entend-elle qu'ils doivent être placés avant les signatures ou après?

20. Suivant nous il faut distinguer; si l'addition à faire à l'acte se fait à l'instant de signer et *avant*, par forme d'*observation*, on l'exprime en mentionnant qu'*avant de signer les parties sont convenues de telle chose* et en rappelant brièvement le *fait et passé* comme on le voit en la formule p. 150 alin. 69, 70 du tome 1, et il n'est pas besoin alors de signature particulière comme approbation. (Bordeaux, 14 mars 1840. - Roll. de V. 4805).

21. Si l'addition se fait *par renvoi* avant de signer, il faut alors approuver le renvoi en ces termes « *approuvé l'acte ci-dessus et le long renvoi* » puis signer. Cette approbation est nécessaire pour faire voir que la partie a eu connaissance du renvoi. Mais quand la partie ne sait ni écrire ni signer, le mode que nous indiquons n'est point praticable, même quand on mentionne que la partie ne sait point écrire, parce qu'alors rien ne témoignerait que cette partie a eu connaissance du renvoi. Il faut, dans ce cas, recourir à la clause additionnelle revêtue des formalités prescrites par la loi pour la validité d'un contrat. — V. n. 20, 25, 26.

22. Si l'addition se fait par renvoi après les signatures, il faut alors que la signature de chaque partie soit précédée des mots « *approuvé le renvoi* », et si la partie ne peut écrire elle même ces derniers mots quoique sachant signer on doit mentionner qu'elle ne sait écrire et recourir encore à la clause additionnelle. — V. *inf.* n. 25, 26, et t. 1, p. 217, alin. 12 et 13.

23. Car il a été décidé que les renvois mis à la fin des actes notariés ne sont pas approuvés, par cela seul qu'ils sont placés avant les signatures. Pour la validité du renvoi, il faut qu'il y ait de la part des signataires une approbation *spéciale et expresse* qui ne laisse aucun doute sur leur intention d'approuver. (Cass. 23 mars 1829-Sir. 29, 139). — Lyon, 18 janv. 1832, - Roll. de V. 1755. ; — Grenoble, 26 déc. 1832. - Roll. de V. 2011. — Peu importe que les signatures soient précédées de ces mots, *approuvé le renvoi*, écrits par le notaire. (Cass. 6 juin 1826, - Sir. 27, 211).

24. Cela a été décidé notamment relativement à des mots rayés constatés avant le *fait et passé* qui clôture l'acte, lorsque cet acte avait été signé des parties sans que les signatures fussent précédées ni suivies d'aucune marque particulière qui indiquât l'intention d'approuver le renvoi relatif à la rature. (Montpellier, 13 fév. 1829 - Sir. 30, 13). — V. note 36. n. 1.

25. Bien plus, dans une espèce où la clause additionnelle avait été insérée en marge et par prolongement au bas d'un acte sans nouvelle mention de l'impossibilité où se trouvait l'une d'elles de la signer, il a été décidé, à cause de l'importance de cette clause, laquelle dérogeait entièrement à l'acte auquel elle se trouvait jointe, qu'elle formait un pacte nouveau, un acte particulier, qui était nul s'il n'était pas revêtu de toutes les formalités requises par la loi pour la validité du contrat, et par conséquent de la signature des parties ou des énonciations qui tiennent lieu de ces signatures. (Cass. 30 mars 1840 - Roll. de V. 4805; — Pau, 17 janv. 1835. - Roll. de V. 2881).

26. Ainsi, quoique la mention de la lecture d'un acte comprenne celle des renvois écrits en marge à la fin de cet acte (V. *note* 16, *n*. 9), il y a exception comme on vient de le voir pour les clauses additionnelles qui forment comme un acte particulier par leur importance, en conséquence ces clauses additionnelles doivent être revêtues de toutes les formalités requises par la loi de ventôse pour la validité d'un contrat, lesquelles formalités se trouvent réunies dans la formule que nous avons donnée, t. 1, p. 150, alin. 69, 70.

27. A PEINE DE NULLITÉ. Ainsi, le défaut d'approbation des renvois et apostilles, soit à la marge, soit à la fin de l'acte, n'emporte plus la nullité de l'acte, comme autrefois sous l'empire de l'arrêt de réglement de 1685 (V. *sup*. n. 6); il emporte seulement nullité des renvois et apostilles, ce qui s'applique aux simples renvois comme aux longs renvois. — V. *sup*. n. 1.

28. Cependant, le renvoi non approuvé entraînerait la nullité de l'acte si les mots qu'il comporte étaient nécessaires pour la validité de l'acte comme acte authentique. Ainsi décidé à l'égard d'un testament dont le lieu de la passation faisait l'objet d'un renvoi non approuvé (Lyon, 18 janv. 1832). — Ou bien si les mots compris au renvoi contenaient une *disposition principale* telle qu'une substitution d'héritier (Grenoble, 26 déc. 1832).

29. Mais le défaut d'approbation ne donne pas lieu à l'amende de 10 fr.; la loi prononçant seulement la nullité des apostilles, il n'appartient point aux juges de suppléer une peine qui n'existe point dans cette loi. (Cass. 24 avr. 1809. - Sir. 9, 252).

30. Ce défaut d'approbation ne peut donner lieu contre le Notaire qu'à une action disciplinaire et non à des dommages-intérêts (L. 25 ventôse an XI, art. 68).

31. Mais, (*dit Toullier*, *t*. 8, *n*. 111 et 112), la loi déclarant nuls les renvois, apostilles et interlignes non approuvés, le Notaire ne doit pas les insérer dans la grosse ou expédition de l'acte qu'il délivre à chacune des parties. C'est ce que jugea fort bien l'arrêt rendu par le parlement de Paris le 27 déc. 1627; sa disposition est d'autant plus applicable à notre législation actuelle, qu'elle prononce plus expressément que l'ancienne, la nullité des renvois, apostilles et interlignes non approuvés.

32. Les Notaires doivent y faire une attention d'autant plus sérieuse, qu'en insérant dans leurs expéditions des renvois, additions et interlignes déclarés nuls par la loi, ils paraissent exposés à se voir traités comme faussaires, puisque les art. 145 et 147 du Code pénal punissent comme des faux caractérisés les altérations, additions ou intercalations faites aux actes publics.

33. Si le Notaire (ajoute-t-il) s'aperçoit qu'il existe dans sa minute des renvois, apostilles ou interlignes non approuvés, et néanmoins convenus par les parties, il doit les assembler toutes pour réparer le défaut d'approbation. Si l'une d'elles s'y refusait, il ne resterait à l'autre que le recours à la justice, et le succès serait fort incertain parce qu'il serait difficile de trouver des preuves pour appuyer ce recours.

V. *Expédition*, note 64.

[38]

DE LA FORME DES ACTES OU DES ACTES NULS ET IMPARFAITS.

Indication alphabétique.

DISPOSITIONS GÉNÉRALES.

1. *Tout acte fait en contravention aux dispositions contenues aux art.* VI, VIII, IX, X, XIV, XX, LII, LXIV, LXV, LXVI *et* LXVII, *de la loi du 25 vent. an* XI, *est nul*, *s'il n'est pas revêtu de la signature de toutes les parties; et lorsque l'acte sera revêtu de la signature de toutes les parties contractantes*, *il ne vaudra que comme écrit sous signature privée*, *sauf*, *dans les deux cas*, *s'il y a lieu*, *les dommages-intérêts*

contre le Notaire contrevenant (L. 25 vent. an XI, art. 68). — V. pour les dommages-intérêts la note 39.

2. C'est, sans doute, par erreur que cet article ne fait point mention de l'art. XII de la loi, lequel renvoie pour les peines à celui rappelé ci-dessus n. 1.

3. Par l'art. VI de ladite loi, il est défendu à tout Notaire d'instrumenter hors de son ressort (V. les notes 2 n. 50; 12 et 39).

4. Par l'art. VIII, les Notaires ne peuvent recevoir d'actes pour leurs parents ou alliés à certains degrés (V. *note* 2, *n.* 21 *et suiv.*).

5. Par l'art. IX, les actes doivent être reçus par deux Notaires, ou par un Notaire assisté de deux témoins (V. *note* 14).

6. Par l'art. X, deux Notaires, parents ou alliés au degré prohibé par l'art. VIII, ne peuvent courir au même acte. Les parents, alliés, soit du Notaire, soit des parties, au degré prohibé par ledit art., leurs clercs et leurs serviteurs, ne peuvent être témoins (V. *note* 2, *n.* 40 *et note* 14).

7. Par l'art. XII, les actes doivent énoncer les noms des témoins instrumentaires, leur demeure, le lieu, l'année et le jour où les actes sont passés (V. *note* 14 *et note* 12).

8. Par l'art. XIV, les actes doivent être signés par les parties, les témoins et les Notaires qui doivent faire mention à la fin de l'acte tant de ces signatures que de la déclaration des parties de ne savoir ou ne pouvoir signer (V. *note* 15).

Avant d'enregistrer un acte notarié, le Receveur doit s'assurer que cet acte est revêtu de la signature des parties, des témoins instrumentaires ou du Notaire en second et du Notaire rédacteur. En cas d'omission *irréparable* ou d'insistance de la part du Notaire pour que l'acte soit enregistré dans son état d'imperfection, le Receveur déférera à la demande de l'officier public; mais il constatera, en même temps, l'état matériel de l'acte par un procès-verbal qu'il adressera au Directeur. Mention de ce procès-verbal sera faite en marge de l'enregistrement de l'acte. Communication de la présente instruction sera donnée par les Receveurs aux Notaires de leur arrondissement, afin qu'ils soient de plus en plus convaincus que ce n'est pas par un motif de fiscalité, mais bien dans des vues d'intérêt public, que l'administration appelle particulièrement l'attention de ses employés sur l'exécution des lois relatives au notariat (Inst. gén. 16 janv. 1838, n. 1534,-Rol. 5425).

9. Par l'art. XX, les Notaires doivent garder minute de tous les actes qu'ils reçoivent, excepté de quelques-uns qui peuvent être délivrés en brevet (V. *note* 39).

D'où il suit qu'un Notaire s'expose à des dommages-intérêts quand il délivre en brevet une procuration contenant pouvoir d'accepter une donation, la loi exigeant que cette procuration soit en minute (C. civ. 932).

10. Par l'art. LII, tout Notaire doit cesser ses fonctions aussitôt après la notification qui lui a été faite de sa suspension, de sa destitution ou de son remplacement, et il ne peut les reprendre qu'après l'expiration du temps de sa suspension (V. *note* 2, *n.* 57 *et suiv.*).

11. Par l'art. LXIV, les Notaires doivent exercer leurs fonctions et conserver rang entre eux, suivant la date de leurs réceptions respectives, etc.

12. Par l'art. LXV, tout Notaire est tenu, dans les deux mois de la délivrance de sa commission, de prêter serment et de déposer ses signature et paraphe au greffe des tribunaux de première instance de son ressort.

13. Par les art. LXVI et LXVII, les Notaires qui réunissaient des fonctions incompatibles, ont été tenus, dans les trois mois du jour de la publication de la loi, de faire leur option et d'en déposer l'acte au greffe du tribunal de première instance de leur résidence. — Et à compter du jour de leur option, ils ont eu un délai de trois mois pour obtenir leur commission, et pour prêter serment et déposer aux greffes des tribunaux de leur ressort et au secrétariat de la municipalité de leur résidence, leurs signature et paraphe.

14. *L'acte authentique est celui qui a été reçu par officiers publics ayant le droit d'instrumenter dans le lieu où l'acte a été rédigé, et avec les solennités requises* (C. civ. 1317).

15. *L'acte qui n'est point authentique par l'incompétence ou l'incapacité de l'officier, ou par un défaut de forme, vaut comme écriture privée, s'il a été signé des parties* (C. civ. 1318).

16. *La partie qui voudra obtenir copie d'un acte non enregistré, ou même resté imparfait, présentera sa requête au Président du tribunal de première instance, sauf l'exécution des lois et réglements relatifs à l'enregistrement* (C. proc. 841). — *La délivrance sera faite, s'il y a lieu, en exécution de l'ordonnance mise au bas de la requête; et il en sera fait mention au bas de la copie délivrée* (C. proc. 842). — *En cas de refus de la part du Notaire ou dépositaire, il en sera référé au Président du tribunal de première instance* (C. proc. 843).

INTERPRÉTATION des dispositions ci-dessus :

17. ACCEPTATION DE SUCCESSION. L'acte depuis déclaré nul pour vice de forme ou pour incapacité de celui avec lequel l'héritier a traité, entraîne l'acceptation tacite, quand il supposait nécessairement l'intention d'accepter (Duranton, 6, 383). — V. note 34.

18. ACTE SOLENNEL. Lorsque l'imperfection d'un acte provient seulement du défaut de signature du Notaire et des témoins, et qu'il est signé de toutes les parties, il vaut comme acte sous seing-privé; pourvu qu'il ne s'agisse pas d'un acte solennel pour lequel l'authenticité était requise, comme un contrat de mariage, une donation, une constitution d'hypothèque, etc. (Cass. 28 brum. an XIV, - Sir. 6, 2, 614). — V. *inf.* n° 33.

19. ACTE SOUS SEING-PRIVÉ. Un acte sous seing-privé peut être imparfait, aussi bien qu'un acte authentique ou notarié, par exemple, par le défaut de rédaction en double original, le défaut d'approbation de la somme, et le défaut de date ou de signature.

20. ANNULATION PAR UNE LOI POSTÉRIEURE. Encore qu'un acte, régulier dans son principe, soit annulé par une loi postérieure, les faits consignés dans cet acte et qui ont pour objet, par exemple, de fixer le montant des rapports de dots à des sommes moindres que celles promises, n'en restent pas moins constants entre les parties qui l'ont souscrit (Cass. 29 flor. an VII, - Sir. 1, 1, 208). — V. *inf.* n. 22 et 23.

21. APPROBATION D'ÉCRITURE. — V. n. 19 et 25.

22. CHEFS DISTINCTS. Lorsque l'imperfection d'un acte vient de ce qu'il n'est pas signé de toutes les parties, il peut néanmoins se soutenir vis-à-vis des parties signataires, soit lorsqu'il s'agit d'une obligation unilatérale,

soit lorsque l'acte se divise en plusieurs chefs distincts. Du reste, il peut être invoqué, contre ces mêmes parties, comme un commencement de preuve par écrit (V. *inf.* n. 33). — Sous ce rapport, la présence réelle du second Notaire ou des témoins instrumentaires aux actes ne serait pas inutile; car leur témoignage mettrait l'intérêt d'une partie à l'abri de toute espèce de surprise de la part de l'autre. — V. n. 20, 23 et 33.

23. COMMENCEMENT DE PREUVE PAR ÉCRIT. L'acte imparfait peut servir de commencement de preuve par écrit ainsi qu'il est dit au n° qui précède, mais en est-il de même :

24. 1° De l'acte nul pour défaut de rédaction en double original? *Pour l'affirmative* : Turin, 6 mai 1806; Bordeaux, 3 mars 1826; Besançon; 12 juin 1828; Merlin, *rép.* v° *double écrit*; Delvincourt, 2, p. 615; Toullier, 8 n. 322 et 9 n. 84; Troplong, v° *vente*, 1, n. 33; Solon, 2, n. 29; et la cour de Cass. par arrêt du 14 frim. an XIV a décidé, dans ce cas, que la convention pouvait être prouvée par un ensemble de pièces communes aux deux parties, c.-à-d. par leur correspondance mutuelle. — *Pour la négative*, Paris, 27 nov. 1811; Amiens, 15 juill. 1826; Bourges, 29 mars 1831; Duranton, t. 4, n. 1285 et 13, n. 164; Favard, v° *acte s. s. p.*, sect. 1; Chardon 1, n. 125; Coulon 1, 113.

25. 2° De l'acte nul pour défaut d'approbation de l'écriture? *Pour l'affirmative*, Cass. 2 juin 1823; 1 juill. 1828; 4 fév. 1829; Orléans, 14 janv. 1828; Lyon, 18 déc. 1828. — *Pour la négative*, Bruxelles, 13 août 1811; Amiens, 17 janv. 1823; Metz, 7 fév. 1823; Bourges, 11 janv. 1825; Lyon, 26 janv. 1828.

26. 3° De l'acte non signé de celui à qui on l'oppose, mais écrit seulement de sa main? Oui, suivant arrêt de Cass. du 5 déc. 1818, -Sir. 19, 160.

27. Il a même été décidé que, quand il s'agit de l'existence d'une convention dont l'objet excède 150 fr., par exemple, une vente, une signature en blanc donnée au Notaire par le prétendu acquéreur, et les notes ou mémorial de ce Notaire contenant l'indication du nom des parties, de l'objet de la convention et du prix stipulé, constituent un commencement de preuve par écrit, qui autorise celui qui se dit le vendeur à prouver par témoins tant contre l'acquéreur que contre le Notaire, l'existence de la convention et l'obligation où était le Notaire de rédiger l'acte dans les formes légales (Limoges, 3 août 1837).

V. note 26, n. 132, et *inf.* n. 50.

28. COPIE D'ACTE IMPARFAIT. Il n'en est pas d'un acte imparfait comme d'un acte parfait (V. note 21). Le Notaire ne peut, de sa seule autorité, délivrer copie de l'acte imparfait sans y avoir été autorisé comme il est dit *sup.* n. 16. — Dès qu'un acte n'est pas valide, il ne faut pas qu'une partie puisse, à son gré, s'armer d'une pièce qui porte les signes extérieurs d'un acte authentique et exécutoire, et par ce moyen se livrer à des poursuites rigoureuses. La partie qui a figuré dans l'acte doit, dans ce cas, recourir à justice sans avoir besoin d'appeler l'autre partie et à cet effet elle présente au Président du tribunal, par le ministère d'un avoué, une requête dans laquelle elle expose que, malgré le vice qui se rencontre dans cet acte, elle a besoin, par *tel* motif, d'en avoir copie, offrant d'en payer les frais, sauf son recours contre celui qui peut les devoir, et sauf l'exécution des lois sur l'enregistrement. A la suite de cette requête, le Président met son ordonnance portant que copie de l'acte sera, par le Notaire, délivrée à la partie requérante. — Le Notaire doit faire mention de l'ordonnance au bas de la copie qu'il délivre de l'acte, et la requête ainsi que l'ordonnance doivent lui être remises pour être annexées au procès-verbal constatant la délivrance. — Toutefois, malgré cette ordonnance, la délivrance n'est pas toujours obligatoire, car le Code de proc. porte qu'elle sera faite, *s'il y a lieu*, ce qui suppose que le Notaire doit être entendu et, en effet, son témoignage doit être d'un grand poids dans l'occasion. S'il s'agit, par exemple, d'une obligation pour prêt, que l'emprunteur ait signée avant la réalisation des fonds et qu'ensuite le prêteur se soit retiré sans vouloir effectuer ce prêt, le Notaire, seul témoin, devra être entendu dans ses explications et il pourra résulter de son audition que le juge du référé refuse en définitive d'autoriser la délivrance de copie de l'acte imparfait. — V. *inf.* n. 54.

29. Le référé, dans cette circonstance, doit être introduit non par le Notaire mais par la partie qui a requis la délivrance. En conséquence, c'est à celle-ci d'assigner le Notaire. On ne doit point appliquer à ce cas l'art. 944 du C. de proc. civ. (Pigeau, 2, p. 355; Carré, *ibid.*).

30. Avant de refuser la copie de l'acte resté imparfait il est de l'intérêt du Notaire de peser les conséquences de son refus, car il s'expose à des dommages intérêts si le Président juge en référé que son excuse n'est pas fondée (Carré, sur l'art. 842). — Toutefois, quand l'acte resté imparfait a été déclaré nul postérieurement comme frauduleux, le Notaire n'est pas tenu d'en délivrer expédition (Cass. 15 mars 1835, aff. Durat-de-Lasalle). — Dans tous les cas, le juge ne peut, par une ordonnance sur référé, condamner par corps. Ce droit, suivant l'art. 2067 du C. civ. (V. *note* 31), n'appartient qu'aux jugements émanés du tribunal. Le juge du référé ne peut non plus condamner aux dépens, parce que cette condamnation est définitive, et que l'art. 809 du C. de proc. portant que les ordonnances sur référé ne feront aucun préjudice au principal, le pouvoir du juge doit alors se borner à statuer provisoirement. Il faudrait donc, pour arriver à une condamnation par corps et aux dépens, prendre la voie ordinaire, c. à-d. assigner devant le tribunal.

31. Si, dans l'occasion, la justice refusait d'ajouter foi à la déclaration du Notaire relative aux faits qui se sont passés lors de la signature de l'acte imparfait de la part de certaines parties, il faut convenir que les parties auxquelles on oppose cet acte pourraient difficilement se garantir de ses effets, soit quand il est valable comme acte unilatéral, soit quand il peut servir d'un commencement de preuve par écrit, car nous avons vu *sup.* note 26, n. 154, que le commencement de preuve par écrit n'ayant point été défini par la loi est abandonné à l'appréciation des juges.

32. DÉFAUT DE FORME. Un acte notarié est imparfait pour vice de forme, lorsque, contenant des conventions synallagmatiques, il n'est pas signé de toutes les parties qui y sont dénommées, ou qu'il n'est pas terminé par la déclaration qu'elles n'ont pu signer laquelle supplée au défaut des signatures (Pigeau, 2, p. 336). — Il l'est aussi dans les cas spécifiés *sup.* n. 3 et suiv.

33. DISPOSITIONS INDÉPENDANTES. De ce qu'un acte qualifié contrat de mariage est nul comme tel, en ce

qu'il n'a été passé qu'après la célébration du mariage, il ne s'ensuit pas que des conventions particulières contenues dans cet acte, telles qu'une vente, doivent être annulées; ces conventions doivent avoir leur plein et entier effet, si d'ailleurs elles réunissent les conditions voulues pour leur validité (C. civ. 1595; Cass. 11 nov. 1828, - Sir. 29, 63). — V. *sup*. n. 20, 22.

Il en serait de même 1° d'un bail quoique non signé de la caution, si le bailleur renonçait à l'exiger (Pigeau, 2, p. 336). — 2° D'un bail fait à un tiers par la femme autorisée de son mari dans un acte qui serait nul entre ces deux derniers aux termes des art. 307 et 1443 du C. civ. au chef qui contiendrait une séparation volontaire entre eux. 3° De l'emprunt fait par l'acquéreur, d'une tierce personne, pour payer le prix d'une vente nulle pour défaut de signature de la femme du vendeur, lorsque le même acte contient la vente et l'emprunt.

34. DOUBLE ÉCRIT. Quand un acte notarié est nul comme acte authentique pour défaut de forme, il vaut comme acte sous seing-privé s'il est signé de toutes les parties, lors même que contenant des conventions synallagmatiques il n'aurait pas été fait *double*. Dans ce cas, les parties ayant eu l'intention de faire un acte authentique, n'ont pas dû suivre les formes prescrites par l'art. 1325 du C. civ. (C. civ. 1318; — Paris, 13 av. 1813, - Sir. 14, 255; — Bruxelles, 17 juin 1812, - Sir. 13, 67; — Cass. 8 mai 1827).

35. Cependant il a été décidé que quand la nullité d'un acte provient de ce qu'il n'a jamais été revêtu de la signature du Notaire, en ce cas, n'ayant jamais eu aucune apparence d'authenticité, il ne peut valoir comme acte privé, quoique signé par les parties, si d'ailleurs il ne réunit pas toutes les conditions nécessaires pour la validité des actes sous seing-privé, notamment la mention qu'il a été fait double s'il s'agit de conventions synallagmatiques (Paris, 17 déc. 1829, - Sir. 30, 119).

Il faut donc pour qu'un acte notarié imparfait vaille comme acte sous seing-privé sans avoir été fait double qu'il s'agisse réellement d'un acte notarié, c. à-d. d'un acte qui ait été reçu par un Notaire et soit resté en dépôt dans son étude, car si l'acte qu'on rapporterait, quoique rédigé dans la forme notariale, ne portait pas la signature du Notaire, s'il avait été reçu par son clerc en son absence et sans son consentement, s'il n'avait été ni répertorié ni mis au rang de ses minutes, cet acte pourrait alors être annulé comme non fait double (Paris, 14 août 1815; 17 déc. 1829). — V. *sup*. n. 18.

36. EFFET DE L'ACTE IMPARFAIT. Lorsque le titre, au lieu d'être infecté d'un défaut de forme ou d'un vice qui en opère la nullité, est imparfait faute de signature, celui qui ne l'a point signé n'est pas obligé de détruire ou de faire annuler un acte qui réellement n'a jamais eu d'existence. Ainsi, le possesseur muni d'un tel titre ne pourrait prescrire que par trente ans (Toullier, t. 7, n. 607. — V. *sup*. n. 18 et *inf*. n. 44.

36 *bis*. Lorsque l'acte nul pour vice de forme est un testament notarié, la nullité est tellement absolue qu'il ne peut servir pour faire connaître l'héritier désigné dans un autre testament qui se réfère au testament nul (Cass. 21 nov. 1814).

37. ENREGISTREMENT. Les actes notariés ne sont pas nuls à défaut d'enregistrement dans les délais fixés par la loi. — V. note 18, n. 8 et suiv., 19 et suiv., 50 et suiv. et *sup*. n. 8.

Seulement lorsqu'un tel acte est signé de toutes les parties, et qu'ainsi il peut valoir comme acte sous seing-privé, il est passible des droits d'enregistrement comme s'il était parfait en la forme. Mais lorsqu'un acte n'est point signé de l'une des parties parce qu'elle est illettrée et qu'il est seulement certifié à sa place par deux témoins, un tel acte, dans ce cas, n'est point passible du droit proportionnel d'enregistrement (Cass. 30 oct. 1809, - Sir. 10, 6). — Il n'y aurait lieu à percevoir le droit proportionnel que sur les chefs distincts ou dispositions indépendantes dont il est parlé *sup*. n. 22 et 23, quand les conditions nécessaires pour leur validité ont été observées.

38. EXÉCUTION VOLONTAIRE. L'exécution d'un contrat ne suffit pas pour lui assurer effet, lorsqu'il est entaché d'une nullité substantielle telle que celle résultant du défaut de signature de l'une des parties contractantes, surtout si l'exécution a eu lieu dans l'ignorance de la nullité. Pour que l'exécution couvre le vice, il faut qu'il soit établi que la partie qui a exécuté connaissait le moyen de nullité et a voulu y renoncer, car l'art. 1338 du C. civ. portant que l'exécution volontaire couvre la nullité n'est relatif qu'aux obligations contre lesquelles la loi admet l'action en nullité ou en rescision, et non aux actes nuls par défaut de convention et faussement qualifiés de contrats. (Cass. 27 mars 1812, 27 août 1812 et 18 janv. 1828). — Cela s'applique même à un acte sous seing-privé. (C. civ. 1338; — Bourges, 24 fév. 1832). — V. *inf*. n° 50, 46.

39. FAUX. Un faux en écriture publique est punissable, bien que l'acte contenant le faux soit nul pour vice de forme (Metz, 18 janv. 1820), — ou soit devenu après coup sans effet (Cass. 20 nov. 1807, - Sir. 8, 193).

40. INCOMPÉTENCE OU INCAPACITÉ. Lorsque l'acte est revêtu de la signature des parties, du notaire et des témoins, et que la nullité ne vient que de l'incompétence ou de l'incapacité de l'officier public, l'acte doit valoir comme acte sous seing-privé, s'il n'est pas du nombre de ceux pour lesquels la forme authentique est essentielle. — V. *sup*. n. 15, 18 et note 2, n° 102.

41. MENTION DE LA SIGNATURE. — V. n. 32 et 47.

42. MORT AVANT LA SIGNATURE. — V. note 15. n. 110.

43. OBLIGATION UNILATÉRALE. — V. *sup*. n. 22.

44. POUVOIR (Défaut de). — Un contrat synallagmatique est sans effet à l'égard de toutes les parties, s'il est nul à l'égard de l'une d'elles, de manière qu'il n'y ait pas lien réciproque, par exemple quand un *compromis* est fait sans pouvoir de l'une des parties (Toulouse, 29 av. 1820).

45. PRESCRIPTION. Celui qui a possédé plus de dix ans, en vertu d'un contrat de vente dont l'original est nul (pour défaut de signatures des parties contractantes et des témoins, mais dont l'expédition délivrée à l'acquéreur mentionne ces signatures et est pleinement régulière), n'est pas fondé à faire valoir son titre, comme un *juste* titre, lequel avec bonne foi autorise la prescription décennale aux termes de l'art. 2265. — Mais il est fondé à faire valoir le titre, comme un titre *translatif*, lequel, avec bonne foi, autorise le détenteur dépouillé à ne pas restituer les fruits qu'il a perçus (C. civ. 550, 2265, 2267; Angers, 9 mars 1825, - Sir. 26, 181). — V. *sup*. n. 36 et la note 22, p. 197, n. 163.

46. REFUS DE SIGNER. Lorsqu'une ou plusieurs des parties contractantes ont refusé de signer un acte sous seing-privé, les parties qui ont signé peuvent se dédire. (Pothier, *oblig.*). — Il a même été jugé que le refus fait par une partie de signer un acte sous seing-privé synallagmatique, dans lequel elle contractait conjointement avec d'autres qui ont signé, a pour effet de rendre l'acte nul ou non obligatoire, même à l'égard des parties qui ont signé, encore bien que leurs intérêts soient distincts de ceux de la partie non signataire; tellement que cet acte n'est pas susceptible d'être ratifié par l'exécution volontaire qu'il aurait reçue de la part de toutes les parties (C. civ. 1322, 1338; — Grenoble, 1 fév. 1834, - Devill. 35, 2. 188). — V. *sup.* n. 38.

47. SIGNATURES. Un acte notarié est imparfait non-seulement lorsqu'il n'est pas signé des parties, témoins et notaire, mais encore lorsqu'il n'est pas fait mention de leurs signatures ou de la déclaration de ne savoir signer des parties qui ne le peuvent. (V. *sup.* n. 8).

48. Cependant il n'est pas nécessaire, à peine de nullité qu'un acte notarié contienne la mention de la signature des notaires; dans tous les cas, la nullité ne s'appliquerait pas au défaut de mention de la signature du notaire en second. (Av. Cons. d'Et. 16. juin 1810. — Cass. 11 mars 1812). — V. *sup. note* 13 *n.* 102 *et suiv.*

49. SOLIDAIRES. Un contrat nul, comme acte public, ne vaut pas comme acte privé, si étant passé entre trois personnes dont deux (le mari et la femme) sont solidaires pour un même objet il manque la signature de l'une des parties solidaires: les parties signataires ne peuvent être aucunement tenues d'exécuter l'acte, sous prétexte qu'elles contractaient solidairement (C. civ. 1200, 1203; — Cass. 27 mars 1812; Toullier, t. 8, n. 103), à moins toutefois que les parties qui ont signé n'offrent d'exécuter l'engagement dans toute son étendue. (Toullier, n. 133).

50. Cet acte ne vaut même pas comme commencement de preuve par écrit entre les parties qui l'ont signé, aux fins d'établir qu'elles ont entendu que la convention aurait effet nonobstant le défaut de signature et que cette convention a même reçu exécution de leur part. (C. civ 1338, 1347; — Cass. 26 juill. 1832, - Devill. 32, 492). — V. *sup.* n. 23 et suiv., 38.

51. SOMMATION DE RÉALISER. La nullité d'un acte sous seing-privé synallagmatique résultant de ce que l'une des parties contractantes ne l'a pas revêtu de sa signature, n'est point couverte à l'égard de l'autre partie contractante, par la sommation que lui fait la partie non signataire de réaliser l'acte devant notaire. La partie qui a signé peut donc, nonobstant cette sommation, refuser d'exécuter la convention. (C. civ. 1322, et 1338; Bourges, 30 mars 1831. - Devill. 33, 175).

52. SUPPRESSION D'ACTE. Quelle que soit la cause qui rende l'acte notarié imparfait, fût-ce le défaut de signature de l'une ou de plusieurs des parties, le notaire n'a pas le droit de supprimer l'acte. Cela lui est expressément défendu par un arrêt de règlement du 21 mars 1659, cité par *Langlois*, ch. 33; et la même défense résulte implicitement de l'art. 841 du C. de proc. civ. (V. sup. n. 16), qui autorise les parties à se faire délivrer copie de l'acte imparfait. D'ailleurs un pareil acte peut servir de commencement de preuve par écrit. (V. *sup.* n. 23 et suiv.) — V. note 13, n. 47; note 39 et t. 1. p. 120, note a.

53. SUSPENSION. — V. note 2, p. 7, n. 100 et suiv.

54. TESTAMENT. Les notaires ne sont tenus de garder minute et de donner copie que des actes parfaits qu'ils reçoivent, d'où il suit qu'ils n'y sont point obligés quand il s'agit d'actes tels que testaments demeurés imparfaits et sans valeur notamment pour défaut de leur signature motivé sur ce que le testateur a paru atteint d'aliénation mentale. (Bordeaux, 3 août 1841. - Devill. 42, 22). — V. *sup.* n. 36. *bis.*

[39]

RESPONSABILITÉ OU DOMMAGES-INTÉRÊTS CONTRE LES NOTAIRES.

Indication alphabétique.

1. Tout acte fait en contravention aux dispositions contenues aux art. 6, 8, 9, 10, 12, 14, 20, 52, 64, 65, 66 et 67 de la loi du 25 ventôse an XI est nul s'il n'est pas revêtu de la signature de toutes les parties contractantes; et lorsque l'acte sera revêtu de la signature de toutes les parties

contractantes, *il ne vaudra que comme écrit sous signature privée, sauf, dans les deux cas, s'il y a lieu, les dommages-intérêts contre le Notaire contrevenant (art. 68 de la loi du 25 ventôse an* XI).

Cette dernière partie d'article a reçu les interprétations suivantes; quant à l'autre partie elle a reçu ses développements sous le titre *de la forme des actes* ou *des actes nuls et imparfaits* à la note 38, p. 435, n. 3 à 13.

2. ABUS DE CONFIANCE. Un Notaire doit être considéré comme coupable d'abus de confiance et devient passible des peines portées en l'art. 408 du C. pén., lorsqu'il est déclaré et reconnu qu'il a volontairement détourné des sommes qu'il s'était fait remettre pour payer l'enregistrement de certains actes (Cass. 6 janv. 1837). — Ou pour en opérer le placement (Cass. 25 fév. 1843).

3—4. Un Notaire est responsable et contraignable par corps pour raison des deniers qui lui ont été confiés pour être placés et dont il a disposé à son profit (Lyon, 3 fév. 1830; — Paris, 6 janv. 1832; 22 mai 1832). — V. note 31.

5. Le dépôt fait entre les mains d'un Notaire, d'un acte s. s.-p. relatif à un acte notarié par lui reçu, n'est pas réputé fait à raison des fonctions du Notaire auxquelles ce dépôt ne se rattache pas, mais seulement à raison de la confiance personnelle qu'il inspire. En conséquence, la suppression de cet acte de la part du Notaire dépositaire n'est pas passible des peines prononcées par les art. 254 et 255 du C. pén. contre les dépositaires publics qui détournent les pièces qui leur sont confiées, mais seulement de celles établies par l'art. 406 du même code contre l'abus de confiance (Cass. 24 juin 1841, -Devill. 42, 281).

6. ACCEPTATION DE DONATION. Le Notaire est responsable de la nullité résultant du défaut de mention, dans un acte de donation, de l'acceptation du donataire, lorsque celui-ci était présent (Cass. 27 mars 1839; — Rennes, 20 mars 1841).

7. ACTE PROHIBÉ. Un Notaire ne serait pas responsable de la nullité d'un acte qu'il aurait reçu et qui serait prohibé par les lois, attentatoire aux bonnes mœurs ou contraire à l'ordre public, parce que les parties sont elles-mêmes coupables et que personne n'est censé ignorer la loi.

8. ACTE SIGNÉ DE CONFIANCE. Les actes doivent être reçus par les Notaires eux-mêmes. En conséquence, si le Notaire n'entend pas les parties, s'il n'est pas présent à la rédaction ni à la signature de l'acte, enfin s'il signe de confiance un acte faux qui lui est présenté par son confrère, partie en cet acte, il engage sa responsabilité (Cass. 1 juin 1840).

9. Quoique la présence du Notaire en second ne soit pas rigoureusement nécessaire à la passation d'un acte notarié, ce Notaire est cependant responsable du faux commis en cet acte par le Notaire qui l'a reçu en premier (Rennes, 19 juill. 1834; — Cass. 11 nov. 1835). — V. *inf.* n. 50.

10. Un Notaire qui a signé en second une expédition n'est point responsable de la fausseté des énonciations que renferme cette expédition; cette signature en second étant surabondante (Paris, 25 janv. 1834). — V. *inf.* n. 46.

11. ADJUDICATION SANS LA PARTIE. Le Notaire commis par justice pour procéder à la vente volontaire d'immeubles saisis par suite de conversion est responsable de la nullité qu'il a commise s'il procède à l'adjudication hors la présence de la partie saisie et s'il omet de faire apposer les affiches et de faire faire dans les journaux les insertions prescrites par les art. 959 et suiv. du C. de proc. (Colmar, 4 juin 1830).

12. BORDEREAU D'INSCRIPTION. — V. *inf.* n. 25.

13. CAPACITÉ. Les Notaires ne sont pas responsables du défaut de capacité des parties contractantes qui se présentent devant eux, par exemple, d'un mandataire révoqué (Cour de justice d'Alger, 17 avril 1833).

14. L'attestation faite dans un acte notarié de la majorité d'une partie contractante, qui était encore mineure, jointe à l'attestation de son individualité, ne peut donner lieu à des dommages-intérêts contre le témoin qui l'a faite, dans le cas où l'obligation vient à être annullée pour cause de minorité : la preuve du fait de majorité ne pouvant résulter que de l'acte même de naissance du contractant et ne devant, en aucun cas, être suppléée par la preuve testimoniale (Paris, 11 fév. 1826). — V. *inf.* n. 53 et suiv.

15. Lorsqu'un Notaire a passé un acte au nom d'une personne incapable, par exemple, d'un mandataire dont les pouvoirs étaient annullés, il peut être déclaré responsable de la nullité de cet acte, s'il a procédé malgré l'opposition de la personne intéressée, et s'il est reconnu que celui qui a stipulé n'agissait que sous la direction et dans l'intérêt du Notaire et n'était que l'instrument de cet officier (Metz, 30 mars 1833).

16. CERTIFICAT DE PROPRIÉTÉ. Le Notaire est responsable de la vérité des faits qu'il atteste dans les certificats de propriété. Mais lorsqu'il délivre un certificat de propriété d'une rente sur l'Etat à un individu pourvu d'un conseil judiciaire, il n'est pas obligé de mentionner cette circonstance dans son certificat; son silence à cet égard ne peut le rendre responsable de l'aliénation de la rente consentie en vertu du certificat de propriété, sans l'assistance du conseil judiciaire (L. 28 flor. an VII, art. 6; — Cass. 8 août 1827).

17. CERTIFICAT DE VIE. Les Notaires certificateurs sont garants envers le Trésor de la vérité des certificats de vie par eux délivrés (Décret 20 août 1806). Cette responsabilité existe lors même que l'individualité du comparant aurait été attestée par deux témoins. Il ne peut exercer de recours contre les témoins qu'autant qu'ils ont signé le certificat de vie, et non parce qu'ils auraient apposé leurs signatures sur le registre tenu par le Notaire certificateur en conformité du décret précité (Jug. de la Seine, 21 fév. 1837, confirmé par arrêt de la C. R. du 2 fév. 1838). — V. *inf.* n. 53 et suiv.

18. CHANGEMENT DE DATE. Lorsqu'un Notaire n'a pas revêtu de sa signature un acte signé des parties et des témoins, et que plus tard il lui substitue une autre date, on ne peut prétendre que le changement de date a été fait à l'insu des parties, sans s'inscrire en faux contre les énonciations actuelles (Jug. de Melun, 13 août 1834). — V. *inf.* n. 59.

19. CLERC. Quoiqu'en général un Notaire, et à plus forte raison un clerc, ne puissent pas être considérés comme obligés par les stipulations renfermées dans l'acte qui a été rédigé par leurs soins, cependant les tribunaux peuvent déclarer nuls les actes faits ensuite au préjudice des droits des parties contractantes, quand à raison de circonstances particulières il était du devoir soit du Notaire soit de son

clerc de veiller à la conservation des droits résultant du premier acte (Cass. 7 déc. 1831, aff. Hoguais). — V. note 14, n. 18.

20. Un Notaire est responsable du fait de ses clercs, lorsqu'ils ont agi comme ses préposés (Cass. 2 déc 1824). Mais il n'en est pas responsable pour des faits étrangers à leurs fonctions de clercs, par exemple, il n'est pas responsable des enlèvements d'effets mobiliers qu'ils peuvent commettre, au préjudice les uns des autres, dans les chambres qu'il leur a données à occuper dans la maison dont il est principal locataire (Paris, 24 juin 1837).

21. Le Notaire peut être déclaré responsable du déficit des sommes reçues par ses clercs au-dessus de simples expéditionnaires, dans son étude, en son absence, notamment pour une association de remplacement militaire annoncée publiquement, et qui avait déjà eu lieu de la même manière les années précédentes en la même étude (Cass. 2 déc. 1824, - Sir. 25).

V. note 2, n. 74; note 14, n. 18, et *inf.* n. 32, 72, 100.

22. COMMISSIONS PARTICULIÈRES. Un Notaire est passible de responsabilité, lorsqu'en recevant l'acte de subrogation à l'hypothèque légale d'une femme il avait promis au créancier subrogé de le prévenir du rendez-vous qui serait fixé pour la libération de l'acquéreur de l'immeuble du mari, s'il a néanmoins délivré le prix aux époux vendeurs sans égard à cette subrogation (Paris, 18 nov. 1839).

23. Lorsqu'un Notaire s'est chargé de faire rayer des inscriptions hypothécaires et qu'il a reçu les fonds nécessaires à ce sujet, il doit être considéré comme mandataire de son client et il est tenu de payer l'intérêt des sommes qu'il n'a pas employées conformément au mandat. Il peut même, suivant les circonstances, être condamné aux dommages-intérêts (Paris, 14 fév. 1823).

24. Le Notaire qui a reçu une somme pour l'enregistrement d'un acte s. s.-p. et qui se charge en conséquence de remplir cette formalité, est responsable, s'il ne l'accomplit pas dans le délai fixé, du dommage qui peut en résulter pour la partie. — Il est responsable de l'éviction que cette partie éprouve et qui provient de ce que la vente faite en sa faveur n'étant pas enregistrée, elle n'a pu l'opposer aux tiers auxquels les mêmes objets ont été revendus (Bordeaux, 4 août 1836).

25. Lorsqu'un Notaire a été chargé, moyennant salaire, de rédiger des bordereaux d'inscription hypothécaire, il peut être déclaré responsable de la nullité de l'inscription, causé par l'irrégularité des bordereaux bien qu'ils aient été remis au client, lequel a requis lui-même l'inscription (Cass. 9 août 1836; — Toulouse, 25 juill. 1838).

26. CONTRAINTE PAR CORPS. — V. *sup.* n. 3 et note 31, n. 55 et suiv.

27. CONTRAT DE MARIAGE. Un contrat de mariage ayant été annullé pour raison de la parenté des témoins avec les parties, le Notaire qui l'avait reçu a été déchargé de la demande en dommages-intérêts formée contre lui, parce qu'on ne pouvait lui reprocher ni dol ni fraude, ni même une faute grossière équivalente au dol. — Dans l'espèce, le contrat de mariage remontait à une époque rapprochée de l'émission du C. civ., et avant cette époque il y avait diversité d'opinions et de jurisprudence sur la nécessité de l'assistance des témoins au contrat de mariage, surtout si dans l'acte avait figuré un conseil tel qu'un magistrat ou un avocat (Riom, 20 nov. 1818, - Sir. 20; — 28 mai 1824, - Sir. 26; — *Contrà*, Colmar, 16 mars 1815, - Sir. 14).

28. DÉPOT. Le Notaire qui se charge de recevoir pour le compte de son client, des capitaux, avec indication d'emploi, est un véritable mandataire, tenu de rendre compte et non un simple dépositaire, qui doit en être cru sur sa déclaration pour le fait de l'emploi ou de la restitution des sommes reçues (Paris, 18 janv. 1834). — V. *sup.* n. 8 et *inf.* n. 70.

29. DOMICILE ELU. Un Notaire qui, *spontanément et sans nécessité*, a, dans l'un de ses actes et notamment dans un bordereau d'inscription, fait élection de domicile pour son client en son étude, contracte par cela même l'obligation de recevoir et de transmettre les notifications faites en cette même étude, à peine de dommages-intérêts (Cass. 9 mars 1837; — Jugements de la Seine, 4 août 1837 et 20 juin 1839).

30. DON MUTUEL. Un Notaire n'est pas responsable de la nullité résultant de ce que, contrairement à l'art. 1097 du C. civ., il a rédigé en un seul acte une donation mutuelle entre époux, parce que cette nullité provient également du fait des parties qui ne peuvent être censées avoir ignoré la loi (Bourges, 28 août 1832). — V. *inf.* n. 31, 41, 47 et suiv.

31. DONATION. L'époux mineur, âgé de 16 ans, ne peut, pendant le mariage, disposer en faveur de son conjoint en la forme des donations entre-vifs; il ne le peut qu'en la forme des testaments; et le Notaire peut, en conséquence, être déclaré responsable de la nullité d'un pareil acte, prononcée sur ce motif: alors surtout que les parties ayant déclaré s'en rapporter au Notaire sur la forme à donner à l'acte, il y a eu ainsi faute et imprudence de sa part à ne pas adopter la forme qui ne pouvait donner lieu à aucune difficulté (Cass. 12 av. 1843). — V. n. 30.

32. Le Notaire est responsable de la nullité d'une donation, prononcée par le motif que l'un des témoins était son clerc (Bruxelles, 31 mai 1809, - Sir. 10). — V. *sup.* n. 19 et suiv.

33. La nullité résultant de ce qu'un témoin n'est pas citoyen français ne donne pas lieu à des dommages-intérêts contre le Notaire, parce qu'il n'y a ni dol ni fraude (Colmar, 10 août 1818). Cependant, par cet arrêt, le Notaire a été condamné à payer les frais de passation et de transcription de la donation annullée et 600 fr. de dommages-intérêts pour indemniser le donataire de la perte qu'il avait éprouvée par la vente d'une partie de ses immeubles pour satisfaire aux charges de la donation.

34. ENREGISTREMENT. Le défaut d'enregistrement d'un acte notarié donne ouverture à la responsabilité contre le Notaire qui l'a reçu, encore bien qu'il ne lui ait été remis aucun fonds pour le faire enregistrer : néanmoins cette même responsabilité cesse si le même acte ne peut produire son effet par quelqu'autre vice indépendant de la faute ou de la négligence du Notaire (Colmar, 14 fév. et 14 mai 1813). — V. *inf.* n. 123.

35. De ce qu'un Notaire n'a pas rédigé son acte de manière à éviter des droits d'enregistrement, il ne s'ensuit pas qu'il soit responsable des droits vis-à-vis de ses clients, dont il a rédigé d'ailleurs fidèlement les conventions (Cass. 24 août 1825, - Sir. 26).

36. Lorsqu'un Notaire, par suite de contestations sur la quotité des droits, a retiré du bureau d'enregistrement un acte qu'il avait présenté en temps utile, ce Notaire est passible du double droit si l'acte n'a pas reçu la formalité dans le délai (Jug. de Nérac, 29 déc. 1837).

37. Quand un Notaire se refuse à faire la déclaration prescrite par l'art. 16 de la loi du 22 frimaire an VII, (dans le cas où un contrat de vente impose à l'acquéreur une charge non évaluée et susceptible d'être ajoutée au prix), et a retiré cet acte du bureau de l'enregistrement où il l'avait présenté en temps utile, ce Notaire est passible de l'amende ou du double droit, si l'acte n'a pas reçu la formalité dans le délai (Jug. de Rennes, 11 av. 1838; — Jug. de Vic, 23 août 1838).

38. Un Receveur est fondé à exiger que le Notaire qui présente à la formalité une quittance par laquelle un créancier reconnait avoir reçu de son débiteur une somme pour *solde* de tous travaux jusqu'au jour de l'acte, fournisse une déclaration de la somme totale dont le débiteur est libéré. Ainsi, il doit exiger cette déclaration si l'acte porte quittance, indépendamment de la somme payée, de toutes autres choses. — Et si à défaut de cette déclaration, l'acte n'a pas été enregistré dans le délai prescrit par la loi, le Notaire encourt la peine du double droit (Jug. de Charleville, 30 déc. 1836).

39. Lorsqu'une déclaration de command n'a été enregistrée qu'après le délai fixé et que le Receveur, quoique n'ayant point exigé et perçu les droits ou amendes résultant du retard, prétend qu'il a donné la formalité le jour même ou l'acte lui a été remis, tandis que de son côté le Notaire soutient qu'il avait déposé son acte au bureau en temps utile et que le retard provient de la négligence du Receveur; c'est au Notaire à fournir la preuve du fait par lui articulé. — S'il s'agit d'une valeur excédant 150 fr., le fait du dépôt de l'acte dans le délai utile doit être établi par une preuve ou un commencement de preuve écrite (Orléans, 12 juin 1833). — V. note 18, n. 480.

40. ERREUR. L'erreur commise par un Notaire dans l'expédition du cahier des charges en y faisant mention d'une obligation qui ne se trouve pas dans la minute, par exemple, lorsqu'elle portait « que l'adjudicataire bâtira un mur de 2 mètres non compris fondation tandis que l'expédition porte 2 mètres *y compris chaperon et fondation*, ne peut, si elle n'a pas été commise de mauvaise foi, donner lieu à responsabilité (Cass. 19 janv. 1832).

41. Les erreurs commises dans une expédition exposent le Notaire aux dommages-intérêts des parties. Ainsi jugé relativement à un don mutuel entre époux, passé depuis le code qui annulle cette sorte d'actes, lorsqu'ils sont faits en un seul et même acte, mais auquel l'expédition donnait une date antérieure au code (Bourges, 28 août 1832) — V. *sup.* n. 30.

42. L'erreur commise dans un acte de main-levée relativement à l'énonciation d'une inscription hypothécaire, peut donner lieu à responsabilité contre le Notaire, s'il en résulte un préjudice pour la partie. Dans l'espèce, les deux inscriptions avaient la même date, il s'agissait de donner main-levée de l'inscription vol. 134, n. 72413 et cette main-levée a été faite pour l'inscription vol. 134, n. 72412 (Lyon, 13 av. 1832).

43. Lorsqu'un Notaire a délivré une expédition inexacte et que sur la foi de cette expédition un tiers a passé un traité préjudiciable, il ne peut plus exercer d'action en garantie contre le Notaire s'il s'est fait réintégrer dans ses droits (Cass. 30 nov. 1830).

44. Le Notaire qui mentionne dans une expédition que les témoins ont signé la minute, tandis que leurs signatures n'y sont point apposées, rend ses héritiers passibles des dommages-intérêts qui ont été la suite de cette erreur (Paris, 1 flor. an XI, - Sir. 3).

45. L'erreur commise par un Notaire dans l'expédition d'un contrat peut n'entraîner contre lui aucune responsabilité, encore qu'elle ait donné lieu à une transaction entre les parties, si le dommage résultant de l'erreur est, relativement à l'objet du contrat, d'une valeur tellement minime qu'elle ne paraisse pas avoir été l'unique cause de la transaction (Cass. 19 janv. 1832).

46. EXPÉDITION. Le Notaire, même après la cessation de ses fonctions, est soumis, vis-à-vis des parties contractantes, à leur faire délivrer par son successeur, expédition des actes passés devant lui, tellement qu'il est responsable des dommages résultant pour les parties du défaut de délivrance des expéditions par son successeur (Bourges, 17 juin 1829, - Devill. 31, 65). — Dans l'espèce, la minute n'avait été replacée ni à sa date ni à son année et s'était retrouvée postérieurement à l'introduction de l'instance, c.-à-d. à une époque où la partie avait été rejetée d'un ordre faute de production de l'expédition de son titre. Mais il est un moyen infaillible d'éviter le retour d'une pareille erreur, c'est de couvrir ses minutes d'un papier de couleur qui, variant essentiellement chaque année, mette ainsi à même de retrouver une minute adirée sans chercher autre part que dans les cartons de l'année; car alors l'erreur devient presque impossible, la différence de couleur jointe à l'âge du papier étant de nature soit à prémunir celui qui replace contre toute erreur, soit à faire remarquer une minute mal placée à celui qui est à sa recherche. — V. *sup. n.* 10 *et inf. n.* 40 *et suiv.*, 78.

47. FAUSSE APPLICATION DU DROIT. Les fautes les plus graves commises dans une liquidation de communauté sur les principes relatifs aux reprises, récompenses ou indemnités, ne peuvent entraîner de responsabilité contre le Notaire (Riom, 28 juill. 1829). — V. *sup.* n. 31.

48. Les nullités que commettent les Notaires dans leurs actes cessent de donner lieu à la responsabilité lorsqu'il s'agit d'un point de droit qui donnait lieu à une diversité d'opinions, en sorte que le Notaire ait pu adopter de bonne foi le système qui lui paraissait préférable. — Et spécialement, le Notaire qui a reçu un testament qui l'instituait exécuteur testamentaire salarié ne doit pas alors même que le testament a été annullé pour cette cause, être déclaré passible de dommages-intérêts envers les légataires (Douai, 2 janv. 1837).

49. Lorsqu'un Notaire ayant la confiance de l'une des parties, qui s'est même abstenue d'être présente à la rédaction de l'acte, a commis une erreur grossière, préjudiciable à cette partie; cette erreur, bien qu'elle touche au fond du droit, peut être considérée comme une faute grave donnant lieu à responsabilité (Rouen, 21 janv. 1841).

50. FAUX. Le Notaire qui, en prêtant une somme d'argent sur simple billet, pour le compte de son client, même à des personnes désignées par le client lui-même, néglige de faire signer le billet en sa présence, peut en-

suite, si la signature de l'un des emprunteurs est reconnue fausse, être déclaré responsable de la perte de la somme prêtée (Angers, 28 mars 1833). — V. *sup.* n. 8, 9, 10 et *inf.* n. 55, 67.

51. HÉRITIERS. La responsabilité encourue par un Notaire qui, par sa faute, a commis des nullités dans un contrat, doit être subie par ses héritiers, mais avec moins de rigueur, surtout si l'action en responsabilité n'est exercée qu'après nombre d'années, et s'il y a lieu de penser que le Notaire aurait pu avoir des moyens justificatifs qui ne se retrouvent pas à la portée de ses héritiers (Angers, 9 mars 1825, - Sir. 26). — V. *sup.* n. 44.

52. HYPOTHÈQUE. Lorsqu'une hypothèque a été conférée dans un acte sur tous les *biens présents et à venir* du débiteur, au lieu de l'être spécialement, le Notaire n'est pas responsable (Orléans, 26 janvier 1839). — V. *inf.* n. 88 et suiv.

53. INDIVIDUALITÉ. Le Notaire qui, ayant négligé de s'assurer de l'identité et de la qualité des individus, passe de fausses procurations, est responsable des conséquences de cette omission (Paris, 12 therm. an XII, - Sir. 17; Toulouse, 28 janv. et 19 déc. 1820, - Sir. 22).

54. La responsabilité des Notaires relativement à l'individualité des parties ne cesse pas d'avoir lieu parce qu'ils se borneraient à prêter leur ministère, sans concourir à préparer les conventions passées devant eux, lors, par exemple, qu'il s'agit d'une obligation consentie sous un faux nom (Cass. 17 mars 1828).

55. Lorsqu'une vente est déclarée nulle pour cause de faux par supposition du vendeur, le Notaire qui a négligé de se faire certifier l'individualité de ce dernier est responsable de cette nullité envers le tiers-acquéreur qui est obligé de déguerpir (Cass. 29 déc. 1828). — Mais il en serait autrement si ce tiers-acquéreur avait connaissance de la nullité dont le premier contrat était vicié (Cass. 4 av. 1831).

56. Lorsque le Notaire a été trompé non sur les noms mais sur les prénoms des parties, il ne peut être tenu du préjudice qui en résulte (Cass. 8 janv. 1823).

57. Un individu consent à faire un prêt d'argent à un autre qui le trompe sur son individualité. Il amène l'emprunteur chez le Notaire et fait rédiger une obligation. Cet acte ne contient aucune déclaration sur l'individualité. Le Notaire ayant un juste sujet de croire que le prêteur avait été clairvoyant dans son propre intérêt pourra être déchargé de la responsabilité, s'il prouve les faits articulés, parce que la perte de la créance est arrivée moins par sa négligence que par la faute du prêteur (Cass. 17 mars 1828). — Mais si l'acte passé est, par exemple, une vente et que la personne supposée soit le vendeur, les tiers qui auraient réacheté de l'acquéreur, s'ils sont évincés par suite de la supposition de personne, peuvent considérer la négligence du Notaire comme cause du dommage qu'ils éprouvent, et par suite exercer contre lui une action en dommages-intérêts (Toulouse, 30 déc. 1828, - Sir. 29). — Cependant il en serait autrement si les tiers-acquéreurs avaient eu connaissance de la supposition de personne (Montpellier, 1 juill. 1829, - Sir. 30).

58. Dans tous les cas, le Notaire qui a négligé de faire certifier l'individualité n'est pas tellement responsable des suites de cette négligence, que les tribunaux ne puissent le décharger de la responsabilité, principalement dans le cas où les dommages éprouvés n'ont pas pour cause principale la négligence du Notaire (Angers, 19 janv. 1828). V. *sup.* n. 14, 17.

59. INSCRIPTION DE FAUX. Lorsqu'une inscription de faux a été rejetée, le Notaire qui a reçu l'acte peut être reçu à intervenir dans l'instance en faux incident dirigée contre cet acte, et même il a droit à des dommages-intérêts si cette inscription de faux lui a causé un dommage réel et appréciable (Cass. 24 juill. 1840, - Devill. 41, 79; — Paris, 29 juin 1826, - Sir. 27). — V. *sup.* n. 18.

60. INSCRIPTION HYPOTHÉCAIRE. — V. *sup.* n. 23, 25, 42.

61. INTERDITS. Le Notaire qui a négligé de faire mention du jugement d'interdiction ou de nomination de conseil sur le tableau affiché dans son étude, doit indemniser ceux qui ont traité avec l'incapable, du préjudice que peut leur causer la nullité de l'acte (Art. 18 de la loi du 25 vent. an XI).

62. INTERVENTION. Un Notaire, quoique étranger au fond d'une contestation, peut intervenir dans l'instance, par exemple, lorsqu'il y est inculpé d'avoir fait signer aux témoins un acte pour un autre, et de ne leur avoir pas fait lecture de l'acte par eux signé (C. proc. 339, 466; — Nîmes 11 juill. 1827, - Sir. 28). — V. *sup.* n. 59.

63. INVENTAIRE. Un Notaire est responsable de sa négligence apportée dans la confection d'un acte. — Tellement que lorsqu'une femme veuve n'a fait procéder à l'inventaire de la communauté qu'après le délai qui lui est accordé par la loi pour renoncer, elle peut prétendre que c'est par le fait ou la négligence du Notaire que ce retard a eu lieu et en faire tomber sur lui la responsabilité. — En conséquence, s'il y a eu renonciation par la veuve après le délai fixé par la loi, il ne peut demander la nullité de cette renonciation, quoiqu'il y ait un intérêt personnel, par exemple, s'il est créancier de la communauté (Paris, 12 déc. 1836).

64. Le Notaire auquel des papiers inventoriés ont été laissés, ne peut être passible de dommages-intérêts pour défaut de représentation de quelques-uns de ces papiers s'ils étaient insignifiants (Cass. 19 juill. 1838).

65. Le Notaire qui omet de coter et parapher les pièces dont il fait la description dans un inventaire est responsable des suites que peut avoir l'omission de cette formalité. En conséquence, si ce sont des inscriptions de rentes sur l'Etat que le Notaire a négligé de coter et parapher, et que profitant de cette circonstance, le mari survivant au nom duquel elles étaient, les ait vendues à son profit et sans le concours des héritiers de sa femme, le Notaire est responsable des dommages-intérêts envers ce dernier (Paris, 7 nov. 1839).

66. Le notaire qui représente un héritier absent devient, dans ce cas, responsable solidairement avec celui qui a dressé l'inventaire du préjudice causé à l'absent (Même arrêt).

67. JURIDICTION. Les Notaires ne peuvent être poursuivis en dommages-intérêts que devant les tribunaux civils d'arrondissement, sauf appel et sans préjudice de la voie criminelle en cas de faux et autres délits du ressort des tribunaux criminels (Cass. 30 juin 1814 et 16 mars 1816. — V. *note* 2. *n.* 59 *et* 60.

68. C'est devant le tribunal du domicile du Notaire et non devant le tribunal saisi de la demande à fin de nullité d'un acte reçu par ce Notaire que doit être portée l'action en garantie ou responsabilité formée contre lui à raison de cette nullité (C. proc. 59 et 181; — Bordeaux, 27 juin 1839).

69. JUSTIFICATION DE DROITS. Un Notaire n'est pas tenu, sous peine de responsabilité, d'exiger des parties la justification de leurs droits, par exemple, la représentation des actes qui établissent la libération d'un immeuble sur lequel une hypothèque a été consentie, lorsque d'ailleurs il ne s'est pas constitué le mandataire de la partie intéressée (Paris, 27 nov. 1834).

70. MANDATAIRE. Un Notaire est responsable non-seulement des fautes graves qu'il commet dans l'exercice de ses fonctions, mais encore de toute faute ou négligence dans l'exécution des mandats dont il se charge par suite de ces mêmes fonctions. — Ainsi, lorsque les deniers d'un prêt ont été remis au Notaire rédacteur de l'obligation pour les garder en dépôt jusqu'au rapport des justifications hypothécaires qui sont la condition du contrat, si le Notaire prend sur lui de remettre les fonds à l'emprunteur avant que celui-ci ait fait les justifications, il est responsable du dommage qui en résulte pour le prêteur. — Il y a d'ailleurs mandat suffisamment constaté dans ce double fait 1° que les deniers ont été remis au Notaire qui en fait l'aveu; 2° que l'acte contenait comme condition formelle du prêt que les biens affectés seraient affranchis des hypothèques dont ils étaient grevés (Cass. 3 déc. 1835; 5 déc. 1836).

71. Un Notaire ne peut être responsable de l'insuffisance des sûretés qui ont été données à un prêteur, si l'on n'établit pas qu'il a agi comme mandataire de ce dernier, surtout dans la circonstance où le prêteur a figuré personnellement dans l'acte (Aix, 22 juill. 1839).

72. Lorsqu'un Notaire s'est chargé comme mandataire, sous le nom de son clerc, d'opérer un placement sur hypothèque, il est garant de l'insuffisance des sûretés données par le débiteur, lorsque cette insuffisance est la suite de son imprudence, par exemple, s'il devait connaître les sûretés par suite des actes qu'il avait passés pour le débiteur (Paris, 25 juin 1840).

73. Un Notaire ne peut pas être responsable de l'insuffisance de l'hypothèque qui a été stipulée dans une obligation par lui reçue, si l'on n'établit pas qu'il a agi comme mandataire du créancier, et même dans le cas de l'affirmative qu'il y a eu faute grave dans l'appréciation de la valeur des immeubles (Paris, 30 mars 1837).

74. Lorsqu'un Notaire chargé de faire une adjudication d'immeubles à terme a reçu le pouvoir d'en toucher le prix et qu'en même temps des honoraires ont été fixés, il est responsable du recouvrement du prix par application des art. 1991 et 1992 du C. civ. (Metz, 24 juin 1822).

75. Le Notaire qui ayant été chargé de procéder à une vente et d'en recevoir le prix pour le distribuer aux plus anciens créanciers hypothécaires, omet plusieurs de ces créanciers, et remet le surplus des deniers au vendeur sans la participation de l'acquéreur, est tenu, comme mandataire, de la faute par lui commise (Colmar, 29 pluv. an x).

76. Le Notaire qui prend sur lui de faire seul la distribution entre créanciers du prix de la vente versé dans ses mains, est responsable des suites de son imprudence et de sa négligence, quelque bonne intention qu'il ait eue (Cass. 20 juill. 1821).

77. Lorsqu'un Notaire se rend volontairement le mandataire de ses clients, il est responsable des fautes qu'il commet dans l'exécution de ce mandat. En conséquence, le Notaire entre les mains duquel a été remis le prix d'une vente passée devant lui, et qui, faisant acte de mandataire ou de *negotiorum gestor*, paie ce prix aux créanciers inscrits mais sans avoir égard au rang des inscriptions, est tenu de garantir l'acquéreur des poursuites des créanciers premiers inscrits non payés (Cass. 22 juin 1836).

78. MINUTE ADIRÉE. Le Notaire qui ne peut délivrer expédition d'un acte, doit indemniser son client du préjudice qu'il en éprouve (Douai, 1 juill. 1816; — Riom, 28 fév. 1825), sauf son recours contre son successeur qui a égaré la minute (Bourges, 17 juin 1829, - Devill. 31, 65). — V. *sup*. n. 46.

79. Les tribunaux sont juges de l'étendue de la responsabilité des Notaires; en conséquence, le Notaire qui a perdu la minute d'un acte, peut seulement être condamné à fournir un nouvel acte à ses frais pour tous dommages-intérêts, sans qu'il y ait en cela violation de la règle qui déclare les Notaires responsables des fautes qu'ils commettent dans l'exercice de leurs fonctions (Cass. 20 janv. 1841).

V. note 38, n. 9 et *inf*. n. 87.

80. NOTAIRE EN SECOND. — V. *sup*. n. 9, 10.

81. NOTIFICATIONS. — V. *sup*. n. 29.

82. NOTORIÉTÉ. Un Notaire qui reçoit un acte de notoriété n'est pas responsable de la sincérité de la déclaration des témoins (Jug. de la Seine 2 mars 1839).

83. OBLIGATION. Le Notaire qui a négligé de dresser l'acte d'une obligation consentie devant lui, est passible des dommages-intérêts des parties (Riom, 28 fév. 1825).

84. OMISSION DE FORMALITÉS. Les Notaires sont responsables de l'omission des formalités extrinsèques des actes, c. à d. qui n'ont trait qu'à la forme et sont étrangères aux conventions des parties (Cass. 14 mai 1822).

85. Mais ils ne sont pas responsables de la nullité de leurs actes, lorsque cette nullité résulte de l'omission de formalités intrinsèques.

86. PERSONNE INTERPOSÉE. L'art. 175 du C. pén. qui défend à tout fonctionnaire public de prendre ou recevoir directement ou indirectement, par des actes simulés ou par personnes interposées, un intérêt dans les actes, entreprises ou régies dont il avait, au temps de l'acte, l'administration ou la surveillance, n'est point applicable à un Notaire qui se rend, sous le nom d'un tiers, cessionnaire de la créance dont il reçoit l'acte de cession (Cass. 18 avr. 1817).

87. POUVOIR DISCRÉTIONNAIRE. Les tribunaux ont un pouvoir discrétionnaire pour décider quand et dans quelle mesure un Notaire doit être déclaré responsable du préjudice résultant des nullités par lui commises dans les actes qu'il reçoit; et ils peuvent, sans violer la loi, le condamner pour tous dommages-intérêts aux dépens de l'action dirigée contre lui (Cass. 27 nov. 1837): surtout lorsqu'il s'agit d'un point qui divise la jurisprudence (Douai, 2 janv. 1837). — V. *sup*. n. 79.

88. PRÊT. Un Notaire est responsable d'un prêt qu'il a fait, comme mandataire de son client, s'il a accepté des immeubles insuffisants pour hypothèque (Paris, 11 juill. 1836; — Caen, 9 av. 1839; — Douai, 22 déc. 1840, - Devill. 41, 2, 139; —Cass. 14 déc. 1841,-Devill. 42, 1, 143; — Paris, 18 fév. 1842) : lors surtout qu'il savait ou devait savoir que les immeubles n'étaient plus en la possession du débiteur, parce que l'acte d'aliénation de ces biens avait été passé devant lui (Paris, 9 juill. 1836).

89—90. Le Notaire n'est pas responsable des conséquences d'un prêt qu'il a conseillé, s'il n'a pas agi comme mandataire du prêteur et s'il n'a reçu de lui aucun salaire (Cass. 25 août 1831; — Paris, 22 mai et 16 août 1832, 13 mai et 22 nov. 1833; — Aix, 22 juill. 1839).

91—92. Quoiqu'un Notaire ait imprudemment donné des renseignements favorables sur un emprunteur insolvable, il n'est pas garant du prêt, s'il résulte des circonstances de l'affaire que la principale et la véritable cause du dommage éprouvé par le prêteur est sa propre imprudence, s'en étant notamment rapporté à des tiers pour vérifier des faits dont il devait par lui-même prendre connaissance : seulement le Notaire peut être condamné aux dépens de l'instance (Caen, 6 août 1829; — Cass. 25 août 1831).

93. Le Notaire ne peut être responsable d'un prêt fait par son client, s'il n'est pas établi que ce dernier s'en soit reposé uniquement sur le soin et la surveillance de cet officier public, ni que ce dernier se soit constitué le mandataire du prêteur pour autre chose que ce qui dérivait de la nature de ses fonctions (Paris, 22 mai 1832).

94. Un Notaire ne peut être responsable d'un prêt, s'il n'a pas été chargé de le faire lui-même comme mandataire et s'il n'a reçu du prêteur aucun salaire à cette occasion (Paris, 16 août 1832).

95. Un Notaire ne peut être déclaré responsable de l'insolvabilité d'un débiteur dont il a passé l'obligation, s'il n'est pas établi qu'il ait reçu mission, lors de cet acte, de s'assurer, soit de la valeur des biens donnés en hypothèque, soit des charges qui pouvaient les grever, et si d'ailleurs les faits de négligence qu'on pourrait lui reprocher ne sont pas la cause directe du préjudice (Paris, 26 janv. 1833).

96. Lorsqu'un prêt a été négocié par le Notaire lui-même, dans l'intérêt de son client, qui l'avait chargé de ses intérêts, ce fonctionnaire peut être considéré comme ayant agi en qualité de mandataire. En conséquence, il est responsable de la négligence qu'il a apportée dans l'exécution de ce mandat (Rennes, 9 juill. 1834).

97. Un Notaire ne peut pas être responsable de l'insuffisance des sûretés qui ont été données à un prêteur, si l'on n'établit pas qu'il ait agi comme mandataire de ce dernier, et si d'ailleurs celui-ci avait pour conseil un agent d'affaires (Rennes, 23 fév. 1837).

98. Le Notaire qui a payé de ses deniers, mais seulement à titre d'avance, les intérêts d'une somme prêtée en son étude, a droit de les répéter contre le créancier, dans le cas où il n'a pas été remboursé par le débiteur (Paris, 30 mars 1837).

99. Lorsque le Notaire qui a reçu un acte de prêt, a été, dans cette circonstance, le mandataire respectif du prêteur et de l'emprunteur, le prêteur est libéré par le versement des fonds entre les mains du Notaire, contre lequel seul l'emprunteur a dès-lors action. Si donc le Notaire devient insolvable, l'emprunteur ne peut recourir contre le prêteur pour le contraindre à payer une seconde fois. — Et dans ce cas, la preuve du mandat respectif donné au Notaire peut résulter de l'ensemble des circonstances de la cause, et notamment de ce fait que ni l'une ni l'autre des parties n'était présente à l'acte d'emprunt (Cass. 7 mars 1842).

100. PRÊTE-NOM. Celui qui est indiqué par une procuration comme le fondé de pouvoirs n'est cependant responsable de l'exécution du mandat, vis-à-vis du mandant, qu'autant qu'il se trouve être mandataire sérieux. En conséquence, lorsqu'un Notaire chargé des intérêts d'une personne a fait donner par cette personne procuration à son clerc, pour conserver lui-même le droit de dresser les actes, la responsabilité du mandat, à l'encontre du mandant, repose tout entière non sur le clerc qui n'est qu'un simple prête-nom, mais sur le Notaire (Orléans, 7 janv. 1842). — V. *sup.* n. 19 et suiv.

101. PREUVE TESTIMONIALE. La preuve testimoniale que le Notaire qui a fait un placement de fonds a agi en vertu d'un mandat qui le rend responsable est admissible, lorsqu'il y a dans la cause des actes ou écrits du Notaire formant commencement de preuve par écrit (Paris 11 juill. 1836). — V. *sup.* n. 99.

102. RESSORT. Le Notaire qui instrumente hors de son ressort s'expose aux dommages-intérêts des parties (art. 6 de la loi du 25 ventôse an XI).

103. Ne peut être considéré, comme instrumentant hors de son ressort, le Notaire qui ayant rédigé, hors de son ressort, dans le lieu même de l'adjudication, une promesse de vente s. s. p., la réalise en acte public dans le lieu même de sa résidence (Cass. 3 juill. 1826).

104. SECRET. Un Notaire n'est pas astreint, en passant un acte, à déclarer les droits qui existent déjà sur un immeuble aliéné ou hypothéqué et dont il aurait connaissance. — Ainsi, le Notaire qui a reçu l'acte constatant un prêt en faveur de deux époux mariés sous le régime dotal, avec subrogation de la part de la femme dans son hypothèque légale, ne peut être déclaré responsable de ce prêt sur le motif qu'il aurait connaissance de la dotalité et qu'il n'en aurait pas averti le prêteur (Paris, 16 août 1832).

105. SIGNATURE. Le Notaire est-il responsable de la nullité résultant de ce qu'il *n'a pas* signé l'acte revêtu de la signature de toutes les parties? *Oui*, suivant un arrêt de Colmar du 21 avril 1812; deux arrêts de Nîmes des 14 fév. et 14 mai 1813; un arrêt d'admission de la cour de Cass. du 15 fév. 1814, et un arrêt de Bourges du 29 avril 1825. *Non*, suivant un arrêt de la C. sup^{re} de Bruxelles du 2 avr. 1833, et deux arrêts de la cour de Cass. des 2 nov. 1807 et 25 mars 1834). — V. note 38, n. 54.

106. Un acte notarié est nul s'il ne fait pas mention de la signature des témoins et le Notaire est responsable de la nullité envers les parties (Bourges, 28 juill. 1829; — Paris, 25 mai 1826, - Sir. 27).

107. L'omission de la mention d'une seule signature dans un acte qui en contient plusieurs ne peut donner lieu à des dommages-intérêts contre le Notaire, parce que l'omission d'une seule signature peut être regardée comme une inadvertance légère et excusable (Douai, 7 mai 1819, - Sir. 20).

108. SOCIÉTÉ COMMERCIALE. Le Notaire qui, dans l'extrait d'un acte de société commerciale, passé devant

lui, et qu'il a délivré pour être publié en conformité de l'art. 42 du C. de comm., a omis d'énoncer certaines clauses de l'acte (notamment une clause relative à la signature sociale), est responsable des suites de cette omission, surtout lorsqu'il s'est officieusement chargé de remettre lui-même l'extrait au greffe du tribunal de commerce (Douai, 21 nov. 1840).

109. SUPPRESSION D'ACTE. — V. *sup.* n. 5.

110. TÉMOINS. Les Notaires sont responsables de la nullité résultant de l'incapacité des témoins instrumentaires. Ils doivent s'enquérir de la capacité des témoins appelés aux testaments, comme de ceux appelés à tous actes notariés (Cass. 15 janv. 1835). — Alors surtout que leur attention a été éveillée sur le point relatif à la capacité (Paris, 27 fév. 1835), — à moins qu'ils ne prouvent que le fait qui leur est reproché ne provient ni de leur négligence ni de leur imprudence (Douai, 7 janv. 1839). — Mais l'omission d'interpeler le témoin sur l'existence de la parenté rend le Notaire responsable; peu importe que ce témoin ait été choisi par le testateur lui-même (Lyon, 3 janv. 1842).

111. Quand un testament a été déclaré nul pour cause d'incapacité de l'un des témoins qui avait été condamné à une peine afflictive et infamante, le Notaire peut, suivant les circonstances, être rendu responsable envers les parties (Limoges, 22 janv. 1838).

112. La nullité résultant de ce que quelques-uns des témoins sont parents ou alliés du légataire au degré prohibé, est bien moins le fait du Notaire que celui du testateur qui requiert la présence du témoin; ainsi, le Notaire ne peut être rendu responsable (Trèves, 18 nov. 1812; — Toulouse, 23 juill. 1838). — Pour mettre, dans ce cas, sa responsabilité à couvert, il est bon que le Notaire après avoir interpellé les témoins au sujet de leur capacité constate par qui ils ont été appelés et fasse mention de leur déclaration relative à la capacité; ce qui peut avoir lieu en ces termes : « *En présence de* TELS, *témoins instrumentaires appelés par le testateur* (OU : *par le légataire*) *et ayant les capacités voulues par la loi, ainsi qu'ils l'ont déclaré et affirmé après avoir été individuellement interpellés à ce sujet par le Notaire.*

113. TESTAMENT. Le Notaire est responsable envers les légataires, de la nullité d'un testament notarié lorsqu'il y a énoncé irrégulièrement le nom d'un des témoins, par exemple, s'il a écrit *Gallemand* au lieu de *Galland* qui est le véritable nom (Jug. de Versailles, 21 janv. 1835). — V. le n. précédent.

114. Un Notaire est-il responsable de la nullité d'un testament qui ne porte pas mention expresse de la lecture en présence des témoins? *Oui*, d'après deux arrêts rendus, l'un par la C. R. de Colmar le 4 juill. 1809, et l'autre par la C. R. de Grenoble le 13 juill. 1831. *Non*, d'après un arrêt de la C. R. de Rouen du 7 juin 1809.

115. Un Notaire qui avait omis de dater un testament public annulé pour cette irrégularité, a été déclaré non responsable envers les parties (Riom, 10 janv. 1810, - Sir. 11. — *Contrà*, Rouen, 24 juill. 1828, - Sir. 29.

116. La surcharge du nom d'un témoin instrumentaire rend nul le testament et entraîne par suite la responsabilité du Notaire envers les parties (Toulouse, 29 avril 1826).

117. Un Notaire a été déchargé de la responsabilité dans une espèce où dans la mention de l'écriture d'un testament par le Notaire, le mot *rédigé* avait été écrit à la place du mot *écrit* (Colmar, 11 fév. 1815, - Sir. 18).

118. Un testament ayant été annullé pour défaut de mention qu'il ait été écrit par le Notaire, celui-ci a été déchargé du recours en garantie, par le motif que l'erreur du Notaire avait été partagée par d'habiles jurisconsultes (Bordeaux, 3 fév. 1811).

119. Le testament qui accorde aux débiteurs du testateur, non dénommés, un délai pour se libérer et leur fait remise des intérêts dont ils pourraient être redevables, est nul si le Notaire et un des témoins sont au nombre des débiteurs, mais le Notaire n'est pas responsable de la nullité (Riom, 28 juill. 1829). — V. *sup.* n. 48.

120. Un Notaire a été déchargé de la responsabilité à l'occasion d'un testament annullé comme contenant des legs en faveur de deux de ses filles et d'une de ses nièces, parce que ce n'est point là une erreur grave comparable au dol (Douai, 29 mai 1810).

121. Le Notaire qui a reçu un testament déclaré nul parce qu'il a négligé de faire approuver par la signature des parties un renvoi, placé à la fin de l'acte, destiné à faire connaître le lieu où il a été passé, peut n'encourir qu'une responsabilité partielle (Cass. 27 nov. 1837).

122. Les Notaires sont responsables de la nullité des testaments résultant du défaut de mention expresse de la déclaration du testateur qu'il ne sait ou ne peut signer (Cass. 14 mai 1822, - Sir. 23).

123. Lorsqu'un testament a été annullé pour une cause qui n'engage point la responsabilité du Notaire, on ne peut, plus tard, réclamer contre ce Notaire des dommages-intérêts, en se fondant sur une autre cause de nullité que renfermerait le testament mais qui n'aurait pas servi de base au jugement qui l'a déclaré nul (Agen, 16 août 1836).

124. TESTAMENT MYSTIQUE. Les héritiers d'un Notaire ont été déclarés non responsables de la nullité d'un testament mystique du 6 prairial an XII, résultant de ce que l'acte de suscription passé à la campagne a été signé par quatre témoins seulement, tandis qu'il aurait dû l'être par les six témoins présents à l'acte (Agen, 16 août 1836).

125. VENTE DU MÊME OBJET A DEUX. Un Notaire n'est pas responsable des conséquences des actes qu'il reçoit. Ainsi, lorsqu'un individu a vendu le même objet à deux individus différents devant le même Notaire, le second acquéreur n'est pas fondé à actionner ce Notaire en dommages-intérêts sous le prétexte qu'il connaissait la première vente lorsqu'il a passé la seconde, surtout si le premier acquéreur avait disparu après son acquisition sans payer son prix (Paris, 25 juin 1810).

[40]

DE LA DÉLIVRANCE DE LA CONTENANCE DES IMMEUBLES EN MATIÈRE DE VENTE ET DE BAIL A FERME.

Indication alphabétique.

V. LA NOTE 8, P. 42 DU COMMENTAIRE.

VENTE. 1. *Le vendeur est tenu de délivrer la contenance telle qu'elle est portée au contrat, sous les modifications exprimées aux art. 1617 et suivants* (C. civ. 1616).

2. L'alluvion survenue depuis la vente, doit entrer dans le calcul de la contenance, lorsque le vendeur a été de bonne foi; mais il doit en être autrement dans le cas contraire (Troplong, t. 1, n. 333).

3. Lorsque l'adjudicataire ne trouve pas à asseoir son contrat, en ce sens qu'il ne sait ou prendre le terrain qui lui a été vendu, il peut faire refus de payer, si on ne lui donne caution (Cass. 4 mars 1817).

3 *bis*. Lorsqu'une personne a vendu certains objets à *telle* mesure générique, dont il y a plusieurs espèces, on peut, pour connaître l'espèce que les parties ont eue en vue, se décider par l'exécution même qu'a reçue le contrat. Ainsi, un terrain ayant été vendu comme contenant *tant* d'aunes carrées, s'il y a par la suite des temps contestation sur la contenance, s'il se trouve que dans le pays il y ait eu plusieurs espèces d'aunes, si enfin on vérifie que le terrain a réellement le nombre d'aunes convenu, en prenant pour règle l'une des deux usitées, les juges peuvent en inférer que c'est celle-là qui a été entendue par les parties devoir leur servir de règle (Liège, 4 prair. an XIII, -Sir. 7. 2, 878; — C. civ. 1156. 1162).

4. *Si la vente d'un immeuble a été faite avec indication de la contenance*, A RAISON DE TANT LA MESURE, *le vendeur est obligé de délivrer à l'acquéreur, s'il l'exige, la quantité indiquée au contrat. Et si la chose ne lui est pas possible, ou si l'acquéreur ne l'exige pas, le vendeur est obligé de souffrir une diminution proportionnelle du prix* (C. civ. 1617).

5. A RAISON DE TANT LA MESURE. Si vous m'avez vendu une métairie contenant 60 hectares de terre labourable, à raison de 1,000 fr. l'hectare, ce qui fait en tout pour le prix de l'immeuble 60,000 fr., vous serez obligé, si je l'exige, de me livrer les 60 hectares dont nous sommes convenus. Si cependant la métairie ne contient que 50 hectares, et qu'il vous soit impossible de me livrer les 10 hectares qui manquent à la contenance indiquée dans le contrat, vous devez supporter une diminution dans le prix. Ainsi, au lieu de vous devoir 60,000 fr., je ne vous en devrai que 50,000, parce que le prix étant basé sur le pied de 1,000 fr. l'hectare, ne s'est élevé à 60,000, que dans la croyance où nous étions, qu'il y avait 60 hectares; puisqu'il n'y en a que 50, le prix doit nécessairement se réduire à 50,000 francs; autrement vous me vendriez l'hectare plus cher que nous n'en sommes convenus (Rogron, sur l'art. 1617).

6. La stipulation que le vendeur ne sera point garant du défaut de mesure a effet, encore que le déficit excède un vingtième, surtout quand il s'agit d'une vente judiciaire (Liége, 20 fév., 1812, -Sir. 13, 37). — Il a été cependant décidé que la stipulation n'avait d'effet qu'autant que le déficit n'excédait point un vingtième (Paris, 16 juin 1807, -Sir. 7, 1051).

7. *Si, au contraire, dans le cas de l'art. précédent* (V. sup. n. 4), *il se trouve* UNE CONTENANCE PLUS GRANDE *que celle exprimée au contrat, l'acquéreur a le choix de fournir le supplément du prix, ou de se désister du contrat, si l'excédant est d'un vingtième au-dessus de la contenance déclarée* (C. civ. 1618).

8. UNE CONTENANCE PLUS GRANDE. Dans le cas ci-dessus pris pour exemple n. 5; si la métairie vendue pour soixante hectares à mille francs l'hectare, contient soixante-cinq hectares, il y aura cinq hectares de plus que la contenance indiquée, ce qui fera plus d'un vingtième en sus, car le vingtième de soixante est de trois. Je pourrai donc résilier la vente, car il est possible que mon intention n'ait pas été d'acheter ces cinq hectares de plus. Cependant, si je consens à ce que la vente soit maintenue, je devrai vous payer les cinq hectares qui excèdent la contenance indiquée, et je vous devrai soixante-cinq mille francs. Si au lieu de soixante hectares il s'en était trouvé soixante-deux, l'augmentation étant au-dessous du vingtième, je ne pourrais pas faire résilier la vente, et je devrais vous payer les deux hectares qui se trouvent en sus, parce qu'on ne peut supposer qu'une si légère augmentation dans le prix, eût pu me faire renoncer à acheter, si je l'avais connue lors du contrat (Rogron, sur l'art. 1618). — V. *inf*. n. 9.

9. Lorsque, dans une vente de terre à *tant* la mesure, avec indication approximative de la quantité, les parties déclarent qu'elles se feront raison du prix, s'il se trouve y avoir plus ou moins de mesure que le contrat n'en indique, cette clause n'est réputée dérogatoire à l'art. 1618 du C. civ. (qui autorise l'acquéreur à résilier, si le nombre de mesures excède d'un vingtième) qu'autant que l'excédant pourrait être réputé *approximatif* de la quantité vendue; si donc, le nombre des mesures existantes en réalité se trouve plus que double des mesures indiquées dans la vente, l'acquéreur n'est point réputé avoir voulu déroger à l'art. 1618; il peut demander la résiliation (Bordeaux, 7 mars 1812). — V. *sup*. n. 5.

10. DANS TOUS LES AUTRES CAS, *soit que la vente soit faite d'un corps certain et limité, soit qu'elle ait pour objet des fonds distincts et séparés, soit qu'elle commence par la mesure ou par la désignation de l'objet suivie de la mesure, l'expression de cette mesure, ne donne lieu à aucun supplément de prix, en faveur du vendeur, pour l'excédant de mesure, ni en faveur de l'acquéreur, à aucune diminution du prix pour moindre mesure, qu'autant que la différence de la mesure réelle à celle exprimée au contrat, est d'un vingtième en plus ou en moins*, EU ÉGARD A LA VALEUR DE LA TOTALITÉ *des objets vendus* S'IL N'Y A STIPULATION CONTRAIRE (C. civ. 1619).

11. DANS TOUS LES AUTRES CAS; c.-à-d. lorsque les objets n'ont pas été vendus à *tant* la mesure, mais en totalité pour un certain prix, la contenance étant indiquée dans

l'acte, comme quand je vous vends pour trente mille francs la métairie qui m'appartient, et qui contient quarante hectares. Il faut alors que l'erreur soit au moins d'un vingtième en plus ou en moins, pour que le prix convenu puisse être augmenté ou diminué, parce que le prix ayant été fixé pour la chose en bloc, telle qu'elle est et non à tant la mesure, on ne doit pas rechercher une exactitude rigoureuse dans l'expression de sa contenance, et ce n'est que dans le cas où l'erreur est assez considérable que l'on doit modifier le prix (Rogron, sur l'art. 1619).

12. EU ÉGARD A LA VALEUR DE LA TOTALITÉ : c.-à-d. qu'il faut que l'erreur dans la contenance produise une différence d'un vingtième dans la valeur totale des objets vendus. Ainsi, quand je vous vends pour quarante mille francs un fonds contenant cinquante hectares de terres labourables, et vingt hectares de vignes, en tout soixante-dix hectares; s'il manque trois hectares de vignes, ce n'est pas le vingtième de soixante-dix hectares, et si l'on ne considérait que la contenance, il n'y aurait pas lieu à diminution de prix; mais comme l'hectare de terres labourables vaut quatre cents francs, celui de vignes mille francs, et qu'il en manque trois, ce qui fait trois mille francs, c.-à-d. plus du vingtième du prix total qui est de quarante mille francs, il y aura lieu à diminution (Rogron, *ibid.*;— Troplong, *vente* 1. 343;— Duvergier, *vente*, 1, 292;— Duranton, 16, 231). — Et cette diminution doit porter sur *toute* la différence, c.-à-d. sur les trois mille francs et non pas seulement sur les mille francs qui resteraient, si on opérait la déduction de deux mille francs, formant le vingtième des quarante mille francs. — V. *sup.* n. 5 et 8.

13. S'IL N'Y A STIPULATION CONTRAIRE : car on peut convenir que quelque différence qu'il y ait dans la contenance indiquée, le prix ne sera ni augmenté, ni diminué (Rogron, *ibid.*).

14. Cette stipulation de non-garantie de contenance est très-usitée, on pourrait même dire qu'elle est de style dans bien des localités. Pour les ventes de biens d'une grande étendue et celles faites de gré à gré, on conçoit qu'il puisse en être ainsi, par le motif que les acquéreurs ont été à même de vérifier la mesure, ou d'exiger la représentation des titres avant d'acheter, et que faute d'avoir pris ces précautions, ils n'ont point à se plaindre des effets d'une pareille stipulation; cependant, le mieux serait d'observer ce que nous disons p. 139, note *a* du t. 1. Mais pour les ventes faites en lieu public par adjudication, il est du devoir du notaire, pour éviter des plaintes qui le plus souvent retombent avec juste raison sur son compte, de se conformer à la formule p. 44, alin. 22, ou plutôt de ne rien stipuler relativement à la contenance, et de laisser les parties se régler par la loi qui accorde une tolérance du vingtième sur la valeur de la chose, ainsi que nous l'avons vu *sup.* n. 12.

Il est vrai que le plus souvent la stipulation de non-garantie est faite pour se soustraire à autant de procès qu'il y a d'acquéreurs, car quand il n'y a point d'accord entre les vendeurs et les acquéreurs, il peut en résulter des sommations, des assignations, des jugements de nomination d'arpenteur, des procès-verbaux, etc., qui peuvent occasionner de grands frais. Le moyen de les éviter, est de stipuler, dans le cas de garantie, que le juge de paix, en prorogeant à cet effet sa juridiction, sera compétent pour statuer sur les difficultés de l'arpentage et la nomination d'un arpenteur, et que les frais seront supportés par moitié. La crainte d'avoir à supporter des frais, est de nature à concilier le différend, en opérant l'arpentage amiablement et évitant ainsi de recourir à justice.

15. Lorsqu'une vente judiciaire porte la clause qu'elle est consentie *sans aucun recours en diminution de prix*, *ni garantie pour défaut de mesure*, l'acquéreur ne peut pas demander une diminution du prix, encore que l'étendue de l'objet acquis soit moindre de plus d'un *vingtième* que l'étendue portée en la vente. Vainement, on dirait qu'une telle clause est seulement de style (Cass. 18 nov. 1828, - Sir. 29, 119).

16. Celui qui a vendu une coupe de *bois taillis* avec énonciation d'une contenance de treize arpents, et stipulation de non-garantie de la contenance, est passible d'une action en diminution de prix, s'il se trouve n'y avoir que huit arpents au lieu de treize; il y a donc lieu, dans ce cas, comme pour le cas de sur-mesure, d'appliquer l'art. 8 du tit. 16 de l'ordonnance de 1669 sur les eaux et forêts, lorsqu'il s'agit d'une vente faite avant le Code forestier et avec soumission à l'ordonnance de 1669. — Et si une telle action en diminution de prix n'est intentée que plus d'une année après la vente, on doit écarter l'exception de tardiveté, parce que l'art. 1622 du Code civil, ne s'applique qu'aux ventes d'immeubles (Cass. 25 mai 1830). — Il a même été décidé que cet article ne s'applique pas au cas de vente de meubles ou d'objets mobiliers, réputés meubles, tels que les bois taillis (Cass. 25 fév. 1812, et 24 mai 1815, - Sir. 15, 1, 180 et 335).

17. *Dans le cas où, suivant l'art. précédent* (V. sup. n. 10) *il y a lieu à augmentation de prix pour excédant de mesure, l'acquéreur* A LE CHOIX, *ou de se désister du contrat, ou de fournir le supplément du prix, et ce, avec les intérêts, s'il a gardé l'immeuble* (C. civ. 1620).

A LE CHOIX, parce qu'il est possible que cette augmentation de plus d'un vingtième en sus du prix convenu, excède les moyens de l'acheteur, ou l'argent qu'il voulait mettre à son acquisition (Rogron, sur l'art. 1620).

18. Cependant, lorsqu'il est stipulé, dans le contrat, que le prix sera augmenté ou diminué, en raison de l'excédant ou du déficit de mesure des objets vendus, l'acquéreur ne peut se désister de la vente, il doit payer l'augmentation (Bordeaux, 19 mars 1811).

19. En tout cas, l'adjudicataire sur vente forcée n'a pas le droit de demander la résolution du contrat pour défaut de contenance; il ne peut que demander une diminution proportionnelle du prix (Riom 12 fév. 1818).

20. *Dans tous les cas où l'acquéreur a le droit de se désister du contrat, le vendeur est tenu de lui restituer, outre le prix, s'il l'a reçu, les frais de ce contrat* (C. civ. 1621). — V. note 8, p. 43, n. 33 et suiv.

20 *bis*. Ce qui doit comprendre, non-seulement les frais d'acte, mais encore les droits d'enregistrement, ainsi que les dépenses légitimes que l'acquéreur aura faites pour la conservation de la chose.

21. *L'action en supplément de prix de la part du vendeur, et celle en diminution de prix ou en résiliation du contrat, de*

la part de l'acquéreur, doivent être intentées dans l'année, à compter du jour du contrat, à peine de déchéance (C. civ. 1622).

21 *bis*. Mais si l'acquéreur avait changé la forme de la chose, s'il avait fait acte de propriété, en ajoutant à l'immeuble des constructions, il ne serait plus recevable dans son action, à moins qu'il ne se soumît à rétablir les lieux dans l'état où ils étaient au moment de la vente; car il ne peut forcer le vendeur à recevoir autre chose que l'objet même qu'il a vendu dans l'état où il était lors de la vente.

22. La disposition de cet article ne s'applique pas aux actions de même nature intentées par l'administration des eaux et forêts, contre les adjudicataires de coupes de bois dans les forêts nationales (Cass. 3 nov. 1813).

23. Elle ne paraît pas non plus devoir s'appliquer à une donation de biens ruraux, d'après ce que nous avons dit *sup.* note 9, n. 6 et suiv.

24. Mais elle s'applique : 1° au cas où la vente a été faite avec garantie de la contenance (Cass. 22 juill 1834), comme à celui où il n'a point été fait de stipulation, relativement à la garantie, et qu'alors l'action en indemnité n'est fondée que sur la loi (Cass. 22 juill. 1834, - Devill. 34, 500; 28 av. 1840, Devill. 40, 600; — Colmar, 29 mai 1817).

25. 2° Au cas où le vendeur et l'acquéreur sont convenus, même par un acte séparé de la vente, qu'il y aurait lieu à augmentation ou diminution du prix, si la contenance vendue se trouvait au-dessus ou au-dessous d'un vingtième; une telle convention n'ayant pas pour objet de proroger l'action à trente ans (Agen, 7 juill. 1832; — Cass. 22 juill. 1834; 27 av. 1840; — Colmar, 29 mai 1817. — *Contrà*, Bordeaux, 19 mars 1811; 5 juillet 1827).

26. 3° Au cas de vente à la mesure, comme au cas de vente de corps certains (Troplong, 1, n. 334; Duvergier, 1, n. 302). — Mais il en est autrement de la vente d'une quotité de terrain déterminée, dans ce cas l'action en revendication de l'excédant n'est prescriptible que par trente ans (Cass. 3 août 1831 et 30 août 1837; — Grenoble, 11 déc. 1837).

27. 4° Au cas où le défaut de contenance provient d'un défaut de livraison de partie de la chose vendue. On ne serait pas fondé à assimiler ce défaut de livraison à une éviction partielle, pour en conclure que l'acquéreur a contre le vendeur une action en garantie soumise, quant à sa durée, à la prescription de trente ans (Cass. 28 avr. 1840, - Devill. 40, 600).

28. 5° Au cas où une terre ayant été vendue publiquement sur affiches et publications, et le revenu porté au-delà de sa juste valeur, l'acquéreur se croit autorisé à former une demande en diminution de prix comme pour défaut de contenance (Paris, 5 mai 1810, - Sir. 11, 343) : à ce cas ne s'applique pas l'art. 2262 du C. civ.

29. L'action en supplément ou diminution de prix ou en résiliation de contrat dure trente ans, 1° dans le cas où la demande formée par l'acquéreur d'un domaine, en réduction du prix de la vente, sur le motif que quelques unes des pièces de terre de ce domaine ont subi des retranchements, est considérée plutôt comme une demande en réduction pour défaut de *livraison*, que comme une demande en réduction de prix pour défaut de *contenance* soumise à la déchéance d'une année (Cass. 30 août 1837, - Devill. 37, 972).

30. 2° Dans le cas où le vendeur d'une *quotité de terrain déterminée* revendique un excédant que l'acquéreur a usurpé sur une portion de terrain réservée par le vendeur et bien distincte de celle vendue au moyen de rapports et plans (Cass. 3 août 1831, - Devill. 32, 552).

31. 3° Lorsque l'excédant de contenance a été délivré par erreur à l'acquéreur (Grenoble, 11 déc. 1837, - Devill. 39, 91; Troplong, 1, n. 333).

32. Mais la disposition de l'art. 1622 qui porte que la prescription court du jour du contrat reçoit exception dans les cas suivants : 1° lorsque l'acquéreur n'a été mis en possession des biens vendus qu'à une époque postérieure à la vente, et c'est de cette époque qu'il faut faire partir le délai d'un an (Cass. 28 av. 1840).

33. 2° Lorsque les parties ont fixé une époque à laquelle il serait procédé au mesurage : la prescription, dans ce cas, ne court qu'à partir du jour indiqué (Duranton, 6, n. 238; Duvergier, 11, n. 301).

34. 3° Lorsqu'il résulte des circonstances de la cause et sans qu'une preuve écrite soit nécessaire à cet égard, que l'acquéreur qui n'a point intenté son action dans l'année a été relevé par le vendeur de la déchéance qu'il avait encourue (Cass. 8 déc. 1834, - Devill. 35, 444).

35. La notification faite aux créanciers du vendeur par l'acquéreur qui veut purger, n'opère pas contre lui une fin de non-recevoir, qui l'empêche de se plaindre ultérieurement du défaut de mesure (Paris 16 juin 1807).

36. *S'il a été vendu deux fonds par le même contrat, et pour un seul et même prix, avec désignation de la mesure de chacun, et qu'il se trouve moins de contenance en l'un et plus en l'autre, on fait compensation jusqu'à due concurrence, et l'action, soit en supplément, soit en diminution du prix, n'a lieu que suivant les règles ci-dessus établies* (C. civ. 1623). — V. *sup.* n. 9.

37. Cet article s'applique même au cas où indépendamment de la mesure indiquée pour chacun des fonds en particulier, il y a eu désignation de leur mesure en bloc (Cass. 13 fév. 1836, - Devill. 36, 219).

38. Et il n'y a ni violation de la chose jugée, ni excès de pouvoir, dans l'arrêt qui décide, contrairement à des actes administratifs, qu'une vente de divers terrains a été faite à la *mesure* (pour en conclure qu'on peut lui appliquer la règle des compensations de contenance), lorsque les actes administratifs postérieurs aux premiers ont déterminé l'étendue de terrain que cette vente devait nécessairement contenir (Cass. 15 fév. 1836).

39. BAIL. *Si, dans un bail à ferme, on donne aux fonds une contenance moindre ou plus grande que celle qu'ils ont réellement, il n'y a lieu à augmentation ou diminution de prix pour le fermier, que dans les cas et suivant les règles exprimés au titre de la vente* (C. civ. 1765).

D'où il suit qu'il faut appliquer au bail à ferme tout ce que nous avons dit sous les 38 articles qui précèdent.

[41]

DU MUR MITOYEN, DE LA CLOTURE FORCÉE, DES ÉTAGES D'UNE MAISON, DES RUELLES ET COURS COMMUNES, DU FOSSÉ MITOYEN, DES HAIES ET PLANTATIONS D'ARBRES.

DIVISION SOMMAIRE.

Indication alphabétique.

1. Il y a des choses dont la propriété est commune entre deux ou plusieurs personnes, tels sont les murs, ruelles, cours, haies et fossés séparant deux héritages contigus, et les étages d'une maison appartenant à plusieurs.

2. Les règles relatives à la mitoyenneté sont expliquées aux articles 653 à 671 du C. civ. que nous allons rappeler dans leur ordre.

§ 1. DU MUR MITOYEN.

3. *Dans les villes et les campagnes, tout mur servant de séparation entre bâtiments jusqu'à l'héberge, ou entre cours et jardins, et même entre enclos dans les champs, est présumé mitoyen, s'il n'y a titre ou marque du contraire* (C. civ. 653).

4. *Il y a marque de non-mitoyenneté, lorsque la sommité du mur est droite et à plomb de son parement, et présente de l'autre un plan incliné; lors encore, qu'il n'y a que d'un côté, ou un chaperon, ou des filets et corbeaux de pierre qui y auraient été mis en bâtissant le mur; dans ces cas, le mur est censé appartenir exclusivement au propriétaire du côté duquel sont l'égout ou les corbeaux et filets de pierre* (C. civ. 654).

5. La partie du mur de séparation entre bâtiments, qui dépasse le toit le moins élevé, est réputée appartenir au propriétaire du toit le plus élevé (Delvincourt, 1, p. 552; — Duranton, 5, n. 306; — *Contrà*, Pardessus, n. 150).

6. Cependant lorsque les titres de propriété de deux maisons contigues, déclarent que le mur qui les sépare est *mitoyen*, on doit entendre qu'il est mitoyen dans toute sa hauteur : à ce cas ne s'applique pas l'art. 653, portant qu'en l'absence de titres, le mur séparatif doit être présumé mitoyen jusqu'à l'héberge seulement (Cass. 9 mars 1840).

7. Mais, lorsque de deux maisons séparées par un même mur, sans qu'il y ait marque de non-mitoyenneté, l'une n'a été construite qu'après l'autre, et depuis moins de trente ans, le propriétaire de cette maison ne peut invoquer la présomption de mitoyenneté; il ne peut, en conséquence, appuyer aucune construction sur ce mur, qu'après en avoir acquis la mitoyenneté (Bourges, 21 déc. 1836; — Devill. 37, 477).

8. La propriété exclusive d'un mur mitoyen peut s'acquérir par la prescription, comme la propriété de tout autre immeuble. Il suffit, pour cela, d'y avoir fait des actes ou entreprises qui excluent toute supposition de mitoyenneté; et il n'est pas nécessaire, du reste, que les actes de possession se soient étendus à la totalité du mur (Pau, 18 août 1834, - Devill. 35, 298; — Pardessus, n. 161; — *Contrà*, Duranton, 5, 311; — Zachariæ, 2. § 239).

9. La présomption de propriété résultant de la possession annale, ne détruit pas l'effet de la présomption de mitoyenneté, laquelle ne cède qu'aux titres contraires, mais non à la possession annale, quelque bien caractérisée qu'elle puisse être, à moins qu'elle ne remontât à un temps suffisant pour opérer la prescription (Toullier, 3, 188; — Merlin, *rép.* v° *mitoy.* § 1, n. 8; — Pardessus, n. 161; — Zachariæ; Coulon; — *Contrà*, Duranton; Garnier).

10. Il faut entendre par *héberge*, le point où deux bâtiments de hauteur inégale, profitent l'un et l'autre du mur qui les sépare. — V. *inf.* n. 16.

11. On entend par corbeaux, des pierres saillantes, ordinairement destinées à supporter une poutre ou autre gros morceau de bois. Elles sont plates en dessus, et arrondies en dessous, ce qui forme une ligne courbe, appelée *corbe* dans l'ancien langage, d'où l'on a fait corbeau.

12. On entend par *chaperon*, le sommet du mur présentant un plan incliné, semblable à celui que figure l'un des côtés d'un couvert, mesuré depuis le faîte jusqu'à la gouttière.

13. Le filet qu'on désigne sous le nom de *larmier*, est

une ligne en tuiles un peu saillante au bas du chaperon, pour rejeter les eaux au-delà du parement du mur. Si le chaperon et le filet existent des deux côtés, le mur est censé mitoyen. Dans le cas contraire, il n'y a plus de mitoyenneté (Toullier, 3, n. 189).

14. La présomption de mitoyenneté d'un mur auquel il existe de chaque côté un chaperon ou des filets et corbeaux, cesse, lorsqu'il s'agit d'un mur de campagne séparant un terrain non clos, d'avec un héritage clos; dans ce cas, le mur est censé appartenir au propriétaire de l'héritage clos (Toullier, t. 3, n. 190).

15. Il en est ainsi : 1° toutes les fois qu'un mur séparatif de deux héritages, parait avoir été construit dans l'intérêt de l'un des deux voisins; cette circonstance devant être considérée comme une marque de non-mitoyenneté (Merlin, *rép.* v° *mitoyenneté* § 1, n. 3; — Pardessus, v° *servit.* n. 164; — Solon, v° *servit.* n. 134).

16. 2° Et lorsque, même dans les villes et faubourgs, il n'existe de bâtiments que d'un seul côté (Pau, 18 août 1834, - Devill. 35, 298; — Duranton, 5, n. 303; — Zachariæ, 2, § 239; — Carou, n. 95; — seulement suivant Pothier, *société*, n. 202, — Delvincourt, 1, p. 552, — Toullier, 4, n. 187, et Pardessus, n. 150, le mur doit être réputé mitoyen jusqu'à la hauteur prescrite pour la clôture des héritages).

17. Dans le cas de l'art. 654, et lorsqu'il y a présomption de mitoyenneté, il faut que les filets et corbeaux aient été mis en bâtissant le mur. En conséquence, si l'un des voisins s'avisait d'y en adapter postérieurement, l'autre voisin aurait le droit de les faire supprimer, mais si ce voisin négligeait pendant trente ans de s'y opposer, la prescription ferait supposer qu'ils ont été mis en bâtissant le mur (Merlin, v° *Mur*).

18. La loi ne reconnait que les signes qu'elle désigne, et tous autres que les localités ou les anciens usages pouvaient admettre, sont considérés comme n'existant pas : cependant, les usages antérieurs au C. civ. doivent continuer d'être observés quant aux murs qui étaient alors construits, puisque la loi n'a pas d'effet rétroactif (Toullier, 3, n. 192).

19. Lorsque les terrains contigus sont d'inégale hauteur, la partie basse du mur jusqu'au niveau du terrain supérieur, est la propriété particulière du maître de ce terrain; la mitoyenneté ne commence qu'à partir du niveau du sol le plus élevé, et ne finit qu'à la hauteur des murs de clôture, dont la partie basse n'est point comptée à ce sujet (Capeau, 2, p. 498).

20. Mais si le voisin inférieur a coupé à pic la portion du terrain qui formait pente de son côté, il est obligé de soutenir les terres, par un mur à ses frais, et de l'entretenir; si ce mur est continué au-dessus du sol supérieur, il peut alors devenir mitoyen à partir de ce sol seulement, la portion inférieure étant toujours la propriété particulière du constructeur (Capeau, 2, p. 498).

21. La loi ne réglant que la mitoyenneté du mur en maçonnerie, laisse en question la clôture en bois séparant deux propriétés, de sorte qu'on ne sait à quel signe reconnaître la mitoyenneté de cette clôture en bois, en l'absence de toute espèce d'actes : cependant, la coutume d'Auxerre contient une règle à ce sujet, l'art. 104 porte : « Pans et » cloisons de bois ne seront réputés mitoyens, s'ils ne sont » assis sur le milieu de la *seule* qui fait le pan, et que l'é» paisseur de la dite *seule*, passe autant d'un côté que de » l'autre. »

22. *La réparation et la reconstruction du mur mitoyen sont à la charge de tous ceux qui y ont droit et proportionnellement au droit de chacun* (C. civ. 655).

23. Les réparations à faire à des lieux d'aisances et à un escalier, communs à deux maisons contigües, doivent être faites par les propriétaires de ces deux maisons, non pas par moitié, mais seulement dans la proportion de la valeur et du revenu de chacune de ces maisons (Lyon, 5 fév. 1834).

24. Si le mur mitoyen est endommagé par la faute d'un seul, la réparation est à sa charge, ainsi que les dommages-intérêts, s'il y a lieu (Pardessus; Toullier).

25. *Tout copropriétaire d'un mur mitoyen peut se dispenser de contribuer aux réparations et reconstructions, en abandonnant le droit de mitoyenneté, pourvu que le mur mitoyen ne soutienne pas un bâtiment qui lui appartienne* (C. civ. 656). — V. *inf.* ce qui est dit sur l'art. 663 du C. civ.

26. Cet abandon doit être notifié au voisin avant qu'il se dispose à réparer.

27. Celui qui abandonne la mitoyenneté pour s'affranchir des réparations, peut ne renoncer à la mitoyenneté que pour la partie du mur sur laquelle sont appuyées les poutres du voisin ou autre construction qui accélère la dégradation de ce mur; par application de l'art. 699 du C. civ. qui porte, qu'on peut s'affranchir d'une servitude en abandonnant le fonds assujetti, d'où il suit qu'il ne faut pas entendre par ce mot la totalité du fonds mais seulement la partie assujettie (Toullier, 3, n. 680).

28. L'abandon de la mitoyenneté d'un mur n'empêche pas celui qui l'a fait de racheter dans la suite la mitoyenneté, en payant la moitié de la valeur du mur et du sol sur lequel il est assis (Pothier; Pardessus; Toullier).

29. La faculté d'abandonner la mitoyenneté existe dans les villes et faubourgs, comme à la campagne (Cass. 29 sept. 1819; — Toulouse, 9 janv. 1834).

30. L'abandon de la mitoyenneté décharge seulement celui qui le fait des réparations auxquelles donne lieu la vétusté du mur, et de toutes celles qui ne proviennent pas de son fait (Pothier; Toullier; Pardessus; Duranton).

31. Si le voisin resté propriétaire de la totalité du mur négligeait de le réparer et le laissait tomber en ruine, celui qui aurait fait l'abandon pourrait le révoquer et demander en conséquence à partager les matériaux provenant de la ruine du mur et à rentrer dans la moitié du terrain sur lequel il était assis; car l'abandon n'était fait que pour être dispensé de contribuer aux réparations, le voisin ne les faisant pas, celui qui a abandonné la mitoyenneté rentre dans ses droits (Pothier; Toullier; Pardessus; Delvincourt; Duranton).

32. *Tout copropriétaire peut faire bâtir contre un mur mitoyen et y faire placer des poutres ou solives dans toute l'épaisseur du mur, à cinquante-quatre millimètres* (deux pouces près), *sans préjudice du droit qu'a le voisin de faire réduire à l'ébauchoir la poutre jusqu'à la moitié du mur, dans le cas où il voudrait lui-même asseoir des poutres dans le même lieu, ou y adosser une cheminée* (C. civ. 657).

33. Le droit de mitoyenneté entraîne le droit de faire supprimer les jours de souffrance pour bâtir contre le mur,

à moins qu'il n'existe une réserve expresse pour la conservation des jours de souffrance. Il ne suffirait pas que l'acte établissant la mitoyenneté eût dit que les jours de souffrance seront grillés, barrés et à verre dormant, et vainement le possesseur des jours de souffrance exciperait soit d'une longue possession, soit de la destination du père de famille (Lyon, 19 av. 1826, -Sir. 27, 143).

34. L'interdiction de bâtir contre un mur au préjudice de jours légalement existants dans ce mur, et la prohibition d'acquérir la mitoyenneté de ce mur, doivent être restreintes à la portion du mur qu'il est nécessaire de laisser libre pour l'exercice de la servitude; les juges ne peuvent faire porter cette interdiction sur toute l'étendue de ce mur, sans donner à la servitude une extension prohibée par la loi (Cass. 5 déc. 1838).

35. L'un des propriétaires du mur mitoyen ne peut, sans le consentement de l'autre, ou sans expertise préalable, faire exécuter aucuns travaux dans le corps du mur (Delvincourt, 3, p. 168; Solon, n. 151. — *Contrà*. Duranton, 5, n. 335).

36. Les maçons ne sont plus tenus sous le Code civil, comme ils l'étaient par l'art. 203 de la coutume de Paris, de signifier aux voisins qu'ils démolissent, percent ou édifient un mur mitoyen (Duranton, 5, n. 336; Toullier, 3, n. 207. — *Contrà*, Favard, v° *Servit.*

37. *Tout copropriétaire peut faire exhausser le mur mitoyen; mais il doit payer seul la dépense de l'exhaussement, les réparations d'entretien au-dessus de la hauteur de la clôture commune, et en outre l'indemnité de la charge, en raison de l'exhaussement et suivant la valeur* (C. civ. 658).

38. Celui qui a construit à ses frais un exhaussement sur le mur mitoyen, ne peut y pratiquer les vues ou jours à fer maillé et verre dormant que l'art. 676 du C. civ. autorise tout propriétaire à faire dans son mur (Douai, 17 fév. 1810. — *Contrà*, Duranton, 5, n. 333).

39. Et même celui qui a acquis par prescription un droit de vue ou de jour sur l'héritage de son voisin, ne peut, sous prétexte que les jours en sont obstrués, s'opposer aux constructions que le voisin a entreprises sur son propre fonds (Pau, 12 av. 1826, -Sir. 27, 14).

40. Le copropriétaire qui exhausse le mur mitoyen doit indemniser l'autre copropriétaire du tort qui peut en résulter pour celui-ci; mais les simples embarras ou gênes ne doivent pas donner lieu à indemnité (Paris, 4 mai 1813, -Sir. 14, 88).

41. Le droit d'exhaussement doit être entendu dans ce sens, qu'il n'en puisse rien résulter de dommageable au voisin, comme de lui intercepter toute lumière (Bruxelles, 23 août 1810). — Si le voisin élevait le mur ou le bâtiment sans aucun but utile pour lui-même et dans le dessein évident de nuire à son voisin, celui-ci, éprouvant un préjudice notable, pourrait demander aux juges qu'ils en modérassent la hauteur (Bruxelles, 23 août 1810; — Metz, 12 juin 1807).

42. *Si le mur mitoyen n'est pas en état de supporter l'exhaussement, celui qui veut l'exhausser doit le faire reconstruire en entier à ses frais et l'excédant d'épaisseur doit se prendre de son côté* (C. civ. 659).

43. *Le voisin qui n'a pas contribué à l'exhaussement peut en acquérir la mitoyenneté en payant la moitié de la dépense qu'il a coûtée, et la valeur de la moitié du sol fourni pour l'excédant d'épaisseur, s'il y en a* (C. civ. 660).

44. La faculté d'acquérir la mitoyenneté dans le cas dont il s'agit peut être exercée, encore bien que le voisin acquéreur ne se propose pas de bâtir contre le mur et qu'il n'ait d'autre but que de contraindre l'auteur de l'exhaussement à fermer les jours ou fenêtres qu'il y a pratiqués (Cass. 1 déc. 1813, -Sir. 14, 93.)

45. Elle s'applique au cas d'un exhaussement antérieur ou postérieur au Code civil (Même arrêt).

46. Celui qui achète la mitoyenneté n'est tenu de le faire que pour la partie qu'il veut occuper, ainsi donc s'il veut appuyer un bâtiment contre le mur voisin, il doit prendre la mitoyenneté depuis les fondations ordinaires jusqu'à l'extrémité de la partie de son édifice qui est appuyée sur le mur. Ce qui excède en hauteur n'est pas mitoyen, s'il n'y veut consentir; et si les fondations sont plus profondes que suivant l'usage il n'est pas tenu d'acheter la moitié de cet excédant de fondations (Favard, v° *Servitude*, sect. 2, § 4; Toullier, 3, n. 194).

47. Si le mur avait été construit à grands frais et dans l'intention d'ôter au voisin le désir d'acheter la mitoyenneté, il y aurait lieu à en modérer le prix pour fixer celui de la cession (Favard, § 4, n. 3).

48. De même, le propriétaire ne pourrait se prévaloir de ce que son mur serait ou plus épais ou d'une construction plus élevée que suivant l'usage; la valeur, dans ce cas, devrait en être réduite aux dimensions ou matériaux accoutumés (Pardessus, n. 155).

48 *bis*. Lors même que le mur existerait depuis plus de 30 ans, le propriétaire ne pourrait s'en prévaloir pour se dispenser de céder la mitoyenneté, parce que l'acquisition de cette mitoyenneté étant purement facultative la prescription n'a pu courir contre lui (C. civ. 2232; Duranton, 2, 5. n. 322).

49. Les frais de l'expertise nécessaire pour fixer le prix de la moitié du mur, sont à la charge de l'acquéreur de la mitoyenneté et des offres faites par lui pour s'affranchir de ces frais ne sont pas valables (Limoges, 12 av. 1820; — Riom, 11 juill. 1838).

50. Celui qui est grevé de la servitude d'une gouttière placée sur le mur séparatif peut, malgré cette servitude, acquérir la mitoyenneté, mais à la charge de ne rien faire qui puisse entraver le droit de l'autre propriétaire pour l'écoulement des eaux. Toutefois, il peut bâtir sur le mur et changer la direction de la gouttière, mais en entretenant à ses frais une autre gouttière pour conduire les eaux sur son terrain (Toullier, 3, n. 546). Ainsi la servitude n'en continue pas moins d'exister parce qu'elle est indépendante du droit de mitoyenneté (Favard, v° *Servitude*, sect. 2).

51. *Tout propriétaire joignant un mur a de même la faculté de le rendre mitoyen en tout ou partie, en remboursant au maître du mur la moitié de sa valeur, ou la moitié de la valeur de la portion qu'il veut rendre mitoyenne et moitié de la valeur du sol sur lequel le mur est bâti* (C. civ. 661). — V. note 28, n. 218 *bis*.

52. La faculté d'acquérir la mitoyenneté d'un mur n'est pas interdite à celui qui ne joint pas immédiatement ce mur, par exemple, s'il existe un intervalle inutile entre le mur et le terrain de celui qui veut acquérir la mitoyen-

neté (Bourges, 9 déc. 1837, - Devill. 38, 159; — Pardessus; Solon Delvincourt).

53. La valeur du mur est celle du moment de l'acquisition et non celle du temps de la construction (Toullier, 3, n. 193 et 203), et le vendeur ne peut invoquer pour le paiement du prix de la mitoyenneté le privilége de l'art. 2103 du C. civ. (Paris, 23 juill. 1833, - Devill. 34, 93).

54. Dès l'instant que le propriétaire voisin a régulièrement déclaré sa volontéd'acquérir la mitoyenneté, le propriétaire du mur ne peut plus le démolir, et si cependant il le fait, il doit le rétablir dans l'état où il était auparavant (Rouen, 20 janv. 1841).

55. On peut exercer la faculté d'acquérir la mitoyenneté, quand même on n'aurait ni l'intention ni la possibilité d'y appuyer des constructions (Pardessus, n. 155; Solon, n. 142).

56. La faculté accordée à tout voisin joignant un mur d'en acquérir la mitoyenneté ne peut être exercée que sous la condition de respecter le droit de vûe que le propriétaire du mur aurait acquis sur le fonds voisin, soit par titre, soit par prescription, soit par la destination du père de famille. Le voisin peut seulement bâtir à la distance légale (Cass. 19 janv. 1825; 21 juill. 1836; — Toulouse, 21 avr. 1830; — Paris, 20 mai et 3 juin 1836).

57. Celui qui acquiert la mitoyenneté d'un mur a le droit de faire boucher les fenêtres que le propriétaire dudit mur y a pratiquées toutes les fois que celui-ci n'a point acquis par titre ou par prescription le droit de les conserver (Paris, 18 juin 1836).

58. De simples jours de tolérance établis dans un mur ne peuvent constituer, au profit du propriétaire dudit mur, une servitude de vue sur le fonds voisin et ne peuvent dès-lors être un obstacle à l'acquisition, par ce voisin, de la mitoyenneté du mur (Toulouse, 28 déc. 1832; — Cass. 30 mai 1838).

59. Celui qui a autorisé le propriétaire voisin à faire porter une partie d'un mur sur sa propriété, n'est pas fondé à en demander la démolition : il est obligé de supporter l'existence de ce mur jusqu'à sa destruction naturelle (C. civ. 543, 2232; — Cass. 26 juill. 1841).

60. La faculté de rendre le mur mitoyen ne s'étend pas au cas où ce mur dépend d'un édifice public, hors du commerce, notamment d'une église (Toulouse, 13 mai 1831). — Mais ces édifices se trouvent soumis à l'application du principe sur l'acquisition forcée de la mitoyenneté, dès l'instant que leur destination est changée et qu'ils sont devenus propriété privée (Cass. 5 déc. 1838, - Devill. 39, 33).

61. Le propriétaire du mur dont le voisin veut acquérir la mitoyenneté peut toujours exiger que la valeur de ce mur soit déterminée par experts, et c'est à celui qui veut acquérir la mitoyenneté à supporter les frais de l'expertise. Peu importe qu'il eût préalablement fait des offres suffisantes (Limoges, 12 av. 1820; Riom, 11 juill. 1838).

62. *L'un des voisins ne peut pratiquer dans le corps d'un mur mitoyen aucun enfoncement ni y appliquer ou appuyer aucun ouvrage sans le consentement de l'autre ou sans avoir à son refus fait régler par experts les moyens nécessaires pour que le nouvel ouvrage ne soit pas nuisible aux droits de l'autre* (C. civ. 662). — V. *inf.* n. 67 et *sup.* n. 7.

63. Lorsque l'usage des lieux ne fixe pas l'épaisseur du mur mitoyen il faut la déterminer par sa hauteur et en proportion de ce que sa base devra supporter de charge. C'est ainsi qu'on peut suppléer au silence de la loi (Pardessus, n. 152; — Metz, 12 juin 1807).

64. Celui qui n'a pas acquis la mitoyenneté d'un mur ne peut en faire aucun usage, pas même y appliquer des ceps de vignes et des espaliers (Paris, 30 janv. 1811).

65. Même quand il a acquis la mitoyenneté, l'un des voisins ne doit point adosser contre le mur mitoyen des fumiers, bois, terres ou autres matières qui le dégradent, ou qui par leur élévation seulement permettraient de voir chez l'autre voisin (Pardessus; Toullier).

66. Il ne peut faire aucune corniche ou saillie du côté de l'autre voisin, y passer des tuyaux de poële ou des gouttières en saillie, quoique les eaux revînssent sur ses combles ou sur son héritage. Il ne peut que les établir sur l'épaisseur du mur et sur la moitié qui est de son côté de manière que les eaux ne l'endommagent pas (Toullier, 3, n. 212).

67. Le consentement dont il est parlé à l'art. 662, doit être donné par écrit; dans le cas contraire, la preuve testimoniale ne serait pas admise, s'agissant d'un droit de propriété d'une valeur indéterminée (Toullier, 3, n. 206).

§ 2. DU MUR DE CLOTURE.

68. *Chacun peut contraindre son voisin, dans les villes et faubourgs, à contribuer aux constructions et réparations de la clôture faisant séparation de leurs maisons, cours et jardins, assis ès-dites villes et faubourgs; la hauteur de la clôture sera fixée suivant les réglements particuliers, ou les usages constants et reconnus; et à défaut d'usage et de réglements, tout mur de séparation entre voisins, qui sera construit ou rétabli à l'avenir, doit avoir au moins 32 décimètres de hauteur, compris le chaperon, dans les villes de 50 mille âmes et au-dessus, et 26 décimètres dans les autres* (C. civ. 663).

69. C'est à l'autorité administrative qu'est réservé le droit de statuer sur ce que l'on doit entendre par les mots *ville* et *faubourg*, quant à la clôture forcée (Duranton, 5, n. 319; Pardessus, n. 147; Zachariæ, 2, § 240).

70. L'art. 663 n'est point une modification de l'art. 656 du C. civ. — En conséquence, les propriétaires dans les villes et faubourgs, comme les propriétaires dans les campagnes, peuvent se dispenser de contribuer à la construction ou réparation d'un mur mitoyen, en renonçant à la mitoyenneté. — Il n'y a point à distinguer entre une construction *nouvelle* et la *réédification* d'une construction *déjà existante* (Cass. 29 sept. 1819; 5 mars 1828; — Toulouse, 7 janv. 1834; — Douai, 5 fév. 1840. — *Contrà*, Angers, 23 avr. 1819; — Paris, 29 juill. 1823; — Amiens, 15 août 1838; — Bordeaux, 7 déc. 1827).

71. L'article 663 est applicable même à un terrain qui sert d'exploitation pour les maisons, cours et jardins, situés dans les villes et faubourgs (Cass. 27 nov. 1827; 14 mai 1828; — Limoges, 26 mai 1838). — Mais il n'est point applicable à des prairies (Limoges, 26 mai 1838, - Devill. 39; Toullier, 3, n. 165).

72. Une haie ne peut, dans les villes et faubourgs, être considérée comme une clôture; dès-lors, l'un des propriétaires peut contraindre l'autre à remplacer cette haie par

un mur (Amiens, 15 août 1838, -Devill. 39; Duranton, 5, n. 382).

73. La hauteur légale d'un mur de séparation entre voisins dans une ville doit se mesurer à partir du sol le plus élevé, et la construction doit se faire en entier aux frais des deux voisins (Caen, 13 mai 1837).

74. Lorsqu'à une clôture en bois déjà existante entre deux maisons voisines, et détruite par vétusté, il y a nécessité de substituer une clôture en maçonnerie, cette nouvelle clôture doit être élevée sur l'emplacement de l'ancienne, bien que le dessous de cet emplacement, dans lequel les fondations du mur doivent être assises, soit la propriété exclusive de l'un des deux propriétaires voisins. Il n'en est pas de ce cas comme de celui où, s'agissant d'élever une clôture entre héritages non clos jusqu'alors, chacun des propriétaires est tenu de fournir la moitié du sol nécessaire (Cass. 5 déc. 1832, -Devill. 33).

75. Les deux propriétés doivent être situées dans l'enceinte de la ville ou des faubourgs, pour que l'art. ci-dessus soit applicable : l'héritage situé à l'extrémité d'un faubourg ne donnerait pas lieu aux règles de la mitoyenneté contre le voisin dont la propriété ne ferait pas partie de ce faubourg (Pardessus, n. 148; Toullier, n. 165).

§ 3. DES ÉTAGES D'UNE MAISON.

76. *Lorsque les différents étages d'une maison appartiennent à divers propriétaires, si les titres de propriété ne règlent pas le mode de réparations et reconstructions, elles doivent être faites ainsi qu'il suit :*

Les gros murs et le toit sont à la charge de tous les propriétaires, chacun en proportion de la valeur de l'étage qui lui appartient. Le propriétaire de chaque étage fait le plancher sur lequel il marche. Le propriétaire du premier étage fait l'escalier qui y conduit, le propriétaire du second étage fait, à partir du premier étage, l'escalier qui conduit chez lui, et ainsi de suite (C. civ. 664).

77. *Lorsqu'on reconstruit un mur mitoyen ou une maison, les servitudes actives et passives se continuent à l'égard du nouveau mur ou de la nouvelle maison, sans toutefois qu'elles puissent être aggravées et pourvu que la reconstruction se fasse avant que la prescription soit acquise* (C. civ. 665).

78. Les voûtes des caves et autres objets qui intéressent la conservation de la maison et que la loi n'a pas précisés sont aussi à la charge des propriétaires, chacun en raison de la valeur de l'étage qui lui appartient. C'est une ventilation à établir (Pardessus, n. 193).

79. Le propriétaire du rez-de-chaussée n'est tenu de réparer la voûte des caves qu'en proportion de son droit dans la maison entière, si la cave est commune à tous les propriétaires, et celui qui possède le dernier étage est tenu d'entretenir deux planchers, celui sur lequel il marche et celui qui sépare son étage d'avec le grenier; à moins que le grenier ne soit resté en commun, et dans ce cas l'entretien du plancher est à la charge de tous (Pardessus, n. 193).

80. Si l'escalier était couvert d'un toit particulier, chacun y contribuerait aussi pour son étage (Toullier, 3, n. 224).

81. Il doit en être de même de l'escalier de la cave, du grenier, de l'allée, de la porte cochère et du puits (Duranton, 5. n. 149), d'un passage commun, d'une cour, de la fosse d'aisances.

82. Dans toutes les circonstances il doit être fait une estimation particulière ou ventilation de chaque étage, ou autre partie de l'édifice possédé en commun, afin d'établir la contribution. On estime chaque pièce comme si elle était nue, et eu égard seulement à sa dimension et à son utilité (Toullier, t. 3, n. 223).

83. Lorsqu'une maison est divisée par étages entre plusieurs propriétaires, le propriétaire de l'étage supérieur a le droit soit d'exhausser le toit commun, soit de faire au mur de l'étage qui lui appartient les innovations qu'il juge convenables, soit de construire un nouvel étage (Grenoble, 12 août 1828 et 15 juin 1832; — Paris, 17 mars 1838).

84. Toutefois, la décision précédente doit être restreinte au cas où les constructions projetées ne causeraient aucune surcharge dommageable à la propriété commune et n'apporteraient aucun préjudice aux intérêts des propriétaires inférieurs (Grenoble, 27 nov. 1821, 12 août 1828, 15 juin 1832 précité; — Rouen, 22 mai 1840).

85. Lorsque, dans le cas précédent, le propriétaire de l'étage supérieur veut faire construire un nouvel étage, les propriétaires inférieurs sont obligés de contribuer aux frais de la construction des gros murs. (Nîmes, 4 fév. 1840, -Devill. 40, 505).

86. Lorsqu'une maison, divisée par étages entre plusieurs propriétaires, est sujette à reculement, les propriétaires inférieurs ne peuvent se refuser à laisser établir le nouveau mur de face dans l'intérieur de leurs étages respectifs (Nîmes, 4 fév. 1840).

87. On doit suivre les usages et réglements locaux, pour la réparation des allées, portes, puits, aqueducs, fosses d'aisances et autres choses communes dont le Code civil ne parle pas (Toullier; Pardessus).

88. Lorsque la répartition des impôts entre les divers propriétaires de la maison n'a pas été faite par un acte quelconque, chacun des propriétaires doit y contribuer pour les gros murs, le toit, la porte cochère ou l'allée, sauf l'impôt des portes et fenêtres qui ne concerne que chacun en particulier (Duranton, 5, n. 346).

§ 4. DES RUELLES ET COURS COMMUNES.

89. La ruelle ou la cour existant entre les bâtiments de deux particuliers, est censée mitoyenne : il y a alors communauté forcée, s'il n'y a titre de propriété en faveur ni de l'un ni de l'autre; ils peuvent donc diriger sur cette ruelle ou cour l'égoût de leurs toits respectifs, y ouvrir des portes et des jours, y établir des chûtes d'eau et même des tuyaux de descente (Cass. 5 déc. 1827). — V. *sup.* n. 23, 81, 87.

90. Si l'un des voisins a joui seul pendant 30 ans de toute la ruelle, soit que l'autre s'en soit servi ou non pour l'égoût de ses eaux, le premier en acquiert la propriété par prescription à la charge de la servitude en faveur de son ancien copropriétaire. L'usage, en effet, que celui-ci a fait de la ruelle ne lui a conservé son droit que pour la chûte de ses eaux, et la prescription a couru contre lui quant à la propriété (Garnier, 2, p. 216).

91. Le communiste ne peut imposer aucune servitude sur le fonds commun, ni aucune autre charge au profit d'un tiers, malgré les autres communistes.

92. Un seul des communistes peut empêcher les innovations au fonds commun, quoique reconnues avantageuses et agréées par tous les autres. Il faut cependant excepter les changements qui seraient nécessaires à la conservation de la chose commune.

93. Celui qui acquiert en son propre et privé nom l'extinction d'une servitude ou de tout autre droit qu'un tiers avait sur le fonds commun, est censé le faire pour tous ses consorts qui doivent contribuer proportionnellement aux frais de l'acquisition.

94. L'application de la règle que, *nul ne peut être tenu de rester dans l'indivision*, n'a pas lieu à l'égard des objets qui, par leur nature, doivent rester dans l'état d'indivision, telles sont les ruelles et cours existant entre deux bâtiments et à cause du besoin que les héritages qui s'en servent ont de la chose commune. En ce cas, les propriétaires voisins sont moins en état d'indivision qu'en état de servitude réciproque (Bordeaux, 4 déc. 1835).

§ 5. DU FOSSÉ MITOYEN.

95. *Tous fossés entre deux héritages sont présumés mitoyens, s'il n'y a titre ou marque du contraire* (C. civ. 666).

96. On devrait considérer comme titre plutôt que comme une simple marque de non-mitoyenneté, les bornes existantes, pourvu qu'elles ne fussent pas démenties par un titre. Elles feraient présumer la propriété exclusive du fossé contre celui du côté duquel elles se trouveraient (Duranton, 5, n. 349).

97. Le jugement qui, sur le possessoire, maintient un particulier dans la *possession* d'un pied de terrain au-delà d'un fossé, et qui déclare par conséquent que ce fossé est tout entier sur le terrain de ce particulier, ne suffit pas pour détruire la présomption légale de la mitoyenneté du fossé (Bourges, 26 mai 1825,-Sir. 26; — Douai, 15 fév. 1836; — Poitiers, 23 juin 1836,-Devill. 37, 116).

98. Celui qui creuse un fossé ne peut le faire sur la limite séparative de son héritage; il doit laisser entre la propriété voisine et le fossé un espace égal à la profondeur de ce fossé (L. 13 *ff. finium regundor*; Proudhon 2, n. 589). —Mais l'usage, dans le plus grand nombre de localités, est de laisser un franc-bord de 50 centimètres (Solon, *servit.* n. 267).

99. *Il y a marque de non-mitoyenneté, lorsque la levée ou le rejet de la terre se trouve d'un côté seulement du fossé* (C. civ. 667).

100. Il n'y a de signe de l'existence de la non-mitoyenneté d'un fossé que celui admis par le Code civil; tout autre est sans valeur légale (Duranton; Pardessus; Daviel). — Toutefois, il y a exception à l'égard 1° de la propriété des fossés qui longent les chemins vicinaux (Garnier); 2° et des fossés creusés sur le bord des routes, qui doivent être présumés appartenir à l'Etat (Foucart, Garnier, Isambert, Daviel).

101. *Le fossé est censé appartenir à celui du côté duquel le rejet se trouve* (C. civ. 668).

102. La berge ou répare d'un fossé est encore la propriété de celui qui a creusé le fossé, à moins de titre ou preuve contraire; toutefois, l'arrêt qui décide le contraire est à l'abri de la cassation (Caen, 14 juill. 1825,-Sir. 26; — Cass. 22 fév. 1827).

103. Cette berge est susceptible de prescription comme toute autre partie d'un fonds (Caen, 14 juill. 1825).

104. *Le fossé mitoyen doit être entretenu à frais communs* (C. civ. 669).

105. Le curage du fossé, s'il avait été répété pendant plusieurs années, ne suffirait pas pour établir une présomption de propriété au profit de celui qui aurait fait ce curage et employé à la culture de son terrain les terres provenant de ce curage (Angers, 6 mars 1833; — Duranton, 5, n. 358).

106. Le propriétaire d'un fossé creusé sur la limite de son héritage, est présumé, jusqu'à preuve contraire, propriétaire au-delà d'une espace de terrain d'un pied ou trente-trois centimètres : cette présomption de propriété résulte de l'obligation imposée, notamment dans l'ancienne province de Bourgogne, à celui qui ouvre un fossé, de laisser un pied entre la ligne séparative des deux héritages et le bord du fossé. — La circonstance que le fossé a été creusé à une époque où les deux héritages appartenaient à un même propriétaire, n'empêche pas que le propriétaire actuel du fossé ne puisse invoquer cette présomption (Dijon, 22 juill. 1836; — Toullier, 3, n. 227; — Solon, n. 195).

107. On ne peut, en abandonnant la mitoyenneté, refuser de concourir à l'entretien d'un fossé, servant à l'écoulement des eaux pluviales, dont la stagnation serait nuisible aux fonds voisins (Zachariæ, 3, § 239; — Caron, 1, n. 520; — Favard, v° *servit.*; — *Contrà*, Duranton, 5, n. 360; — Pardessus, n. 184; — Solon, n. 192).

108. La terre provenant du curage des fossés bordant un chemin grevé d'une servitude de passage, est réputée appartenir au propriétaire du chemin, de telle sorte que, dans le silence du titre des servitudes à cet égard, ce propriétaire a le droit de s'opposer à ce qu'elle soit employée à l'entretien du chemin, par celui auquel le passage est dû (Cass. 22 nov. 1837, - Devill. 38, 516).

109. Le co-propriétaire d'un fossé mitoyen, ne peut en reprendre la moitié, sans le consentement de l'autre copropriétaire (Angers, 1 juin 1836). — Il ne peut non-plus en exiger le partage (Pardessus, n. 185; — *Contrà*, Duranton, 5, n. 361).

110. La possession pendant le temps requis pour prescrire, serait suffisante pour faire acquérir la mitoyenneté du fossé. Elle détruirait ainsi, l'effet du titre et des marques contraires à la mitoyenneté (Duranton, n. 352, — Pardessus, n. 183).

111. Les riverains sont obligés de faire et d'entretenir à leurs dépens des fossés séparatifs de leurs bois d'avec ceux de l'état, ou de leurs héritages d'avec les routes royales (C. forest. art. 14).

§ 6. DES HAIES ET PLANTATIONS D'ARBRES.

112. *Toute haie qui sépare des héritages est réputée mitoyenne, à moins qu'il n'y ait qu'un seul des héritages en état de clôture, ou s'il n'y a titre ou possession suffisante au contraire* (C. civ. 670).

Ainsi, le principe que toute haie séparative est mitoyenne, souffre quatre exceptions :

113. *La première*, lorsqu'il y a titre qui attribue la haie à l'un des voisins exclusivement; il est évident alors, que la présomption de la loi doit cesser, et qu'il n'y a plus à considérer l'état de clôture de l'un ou de l'autre héritage.

114. *La deuxième*, lorsqu'il y a possession suffisante qui détruit la présomption de mitoyenneté. Cette possession qui est mise par l'art. 670 sur la même ligne que le mot *titre* doit être *trentenaire* pour tenir lieu de *titre*; une simple possession annale, ne serait pas suffisante (Bourges, 31 mars 1832, et 31 mars 1837; — Angers, 7 juill. 1830; — Cass. 13 déc. 1836 et 17 janv. 1838).

115. Il n'importe que les deux fonds soient ou non en état de clôture, ou même que le fonds du voisin le soit seul (Duranton, n. 369).

116. *La troisième*, lorsqu'un seul des héritages est en état de clôture : alors la haie appartient à cet héritage. — Cet article fait règle, même dans les localités où un usage contraire existait avant sa promulgation. Un pareil usage n'est pas de ceux conservés par l'art. 671 du C. civ. (Bourges, 30 nov. 1831, - Devill. 33, 37).

117. Les mots *en état de clôture*, ne signifient pas qu'il suffit que l'héritage soit clos d'une manière quelconque : comme il est question ici de haies, ce ne peut être que les clôtures de cette espèce, que le législateur a eues en vue. Ainsi, l'un des fonds est entouré de fossés de trois côtés, et du quatrième par une haie, dans ce cas, il ne paraît pas douteux que la haie qui sépare les deux héritages, ne soit censée appartenir exclusivement au fonds qui est clos de haies de toutes parts, sauf preuve contraire (Duranton, 5, n. 368).

118. Lorsque l'un des deux héritages seulement est clos, si le propriétaire de l'héritage non-clos se mettait en devoir de le clore, comme il acquerrait par-là une présomption de mitoyenneté, le maître de l'héritage clos pourrait lui faire signifier un acte de protestation pour conserver la présomption de propriété exclusive, qui résulte de ce que son héritage est seul en ce moment en état de clôture.

119. *La quatrième*, c'est quand il y a des bornes qui attribuent la haie exclusivement à l'un des héritages; peu importe qu'ils soient tous deux en état de clôture, et que l'autre le soit seul (Duranton, t. 5, n. 367).

120. Les haies sont vives ou sèches.

121. Les haies *vives* ou *à pied*, sont celles qui se forment avec des arbrisseaux vivants, tels que charmilles, églantiers, épines, noisetiers, ronces, rosiers, sureaux etc.

122. Les haies sèches ou mortes, se forment de bois secs, liés ensemble, et qu'on renouvelle de temps à autre.

123. La haie sèche peut être posée sur la ligne de séparation des deux héritages, sans observer aucune distance.

124. Lorsqu'il existe à la fois une haie et un fossé entre deux fonds qui sont clos l'un et l'autre, ou qui ne le sont ni l'un ni l'autre, la haie est présumée mitoyenne, et le fossé appartient en entier au propriétaire du côté duquel il se trouve (Duranton, 5, n. 375). — Ou bien le fossé est mitoyen, mais la haie appartient à celui dont elle touche le fonds (Pardessus, n. 188).

125. La présomption légale de mitoyenneté s'applique : 1° à chaque portion comme à la totalité de la haie (Cass. 13 déc. 1836, - Devill. 37), — 2° Au cas où les haies font la clôture des champs et la bordure des routes (Foucard. — *Contrà*, Garnier).

126. Le propriétaire d'une haie ne peut être forcé d'en vendre ou céder la mitoyenneté au propriétaire de l'héritage adjacent (Solon, n. 206).

127. *Il n'est permis de planter des arbres à haute tige, qu'à la distance prescrite par les réglements particuliers actuellement existants, ou par les usages constants et reconnus; et à défaut de réglements et usages, qu'à la distance de deux mètres de la ligne séparative des deux héritages pour les arbres à haute tige, et à la distance d'un demi-mètre pour les autres arbres et haies vives* (C. civ. 671). — V. note 55, n. 175.

128. L'usage dont parle cet article, peut, à défaut de réglements écrits ou même d'attestations par d'anciens auteurs, être établi par la notoriété publique, et par conséquent, par la preuve testimoniale (Bourges, 16 nov. 1830, - Devill. 31, 152; — Poitiers, 7 janv. 1834).

129. La distance se calcule à partir du centre de l'arbre jusqu'à la ligne séparative des deux propriétés (Solon, n. 243). — Mais quand les deux propriétés sont séparées par un cours d'eau, la distance doit se calculer du bord de la propriété opposée, et non du milieu du ruisseau (Pardessus, n. 194; — *Contrà*, Solon, n. 142; — Duranton, n. 387).

130. Les règles sur la distance doivent être observées, quand même la plantation plus rapprochée, ne causerait aucun dommage au fonds voisin (Cass. 20 mars 1828).

131. Ces règles s'appliquent aux forêts (Rennes, 19 juin 1838); — aux héritages urbains comme aux héritages ruraux (Nîmes, 14 juin 1833, - Devill. 33, 481).

132. Mais elles ne s'appliquent pas aux fonds communaux (Curasson, 8, n. 787); — ni au cas où par suite de l'existence d'un mur de clôture par exemple, les arbres ne pourraient porter aucun préjudice, ni par leur ombre, ni par leurs racines (Solon, n. 239).

133. L'espace de un mètre ou un demi-mètre, est présumé appartenir au propriétaire de la haie, sauf la preuve contraire, et si le voisin ne réclame pas dans les trente ans, la présomption est inattaquable (Duranton, n. 384).

134. Lorsque des arbres à haute tige, placés hors de la distance légale, ont dans l'origine fait partie d'une haie, le propriétaire qui, pour conserver ses arbres, invoque la prescription, ne peut compter sa possession depuis la plantation de la haie, mais seulement depuis l'époque où les arbres, en s'élevant au-dessus de la haie, sont devenus arbres à haute tige (Amiens, 21 déc. 1831; — Bourges; 16 nov. 1830). — Hors ce cas, la prescription court à partir de la plantation (Cass. 29 mai 1832). — V. note 55, n. 40, 175).

135. De ce qu'il y a prescription acquise, relativement à des arbres placés sur le fonds d'autrui, il ne s'en suit pas nécessairement qu'il y ait prescription acquise relativement au fonds, lorsque les faits possessoires se rapportent exclusivement aux arbres plantés sur la berge d'un fossé (Caen, 14 juill. 1825, - Sir. 26, 29).

136. *Le voisin peut exiger que les arbres et haies plantés à une moindre distance soient arrachés* (V. sup. n. 127). — *Celui sur la propriété duquel avancent les branches des arbres du voisin peut contraindre celui-ci à couper ces branches.* — V. note 55, n. 142.

Si ce sont les racines qui avancent sur son héritage, il a droit de les y couper lui-même — (C. civ. 672).

137. Le propriétaire, sur le fonds duquel des branches avancent, n'a pas le droit de les couper lui-même, quand même il s'agirait des arbres d'un bois communal (Cass. 15 fév. 1811; — C. for. 150; — Troplong, 1, n. 355). — Mais il peut couper lui-même les racines; le fermier a le droit de demander en son nom personnel contre le propriétaire voisin, l'ébranchage des arbres qui nuisent à ses récoltes (Cass. 9 déc. 1817).

138. Le droit de demander l'ébranchage peut être exercé nonobstant tous anciens réglements et usages contraires; à ce cas, ne s'applique point l'art. 671 du C. civ. (Cass. 31 déc. 1810).

139. Le droit acquis par la destination du père de famille de conserver des arbres à une distance moindre que la distance légale, n'emporte pas le droit de conserver les branches de ces arbres qui avancent sur le fonds voisin (Cass. 16 juill. 1835). — V. note 55, n. 142.

140. *Les arbres qui se trouvent dans la haie mitoyenne sont mitoyens comme la haie et chacun des deux propriétaires a le droit de requérir qu'ils soient abattus* (C. civ. 673).

141. Chacun des co-propriétaires a également le droit de prendre les fruits venus sur les branches de l'arbre qui se trouvent de son côté (Duranton, 5, n. 376). — sans être tenu à restitution (*ibid.* 5, n. 400).

142. La haie doit être entretenue à frais communs; toutefois, rien n'empêche l'un des co-propriétaires, d'abandonner la mitoyenneté, pour se dispenser de contribuer dorénavant à son entretien (Pardessus, n. 184 et 187).

143. Mais il ne peut la racheter, après l'avoir abandonnée (Pardessus, n. 185 et 187).

144. Un des voisins ne peut exiger que la haie soit détruite (Duranton, n. 381).

145. Mais il peut remplacer la haie mitoyenne par un mur qui ne dépasse pas la limite de sa propriété, c. à-d. le milieu du sol occupé par cette haie, sans que le voisin, si cette construction nouvelle ne lui fait aucun préjudice, soit fondé à s'en plaindre (Cass. 22 av. 1829).

[42]

ACTE PASSÉ EN CONSÉQUENCE D'UN AUTRE.

INDICATION ALPHABÉTIQUE.

DISPOSITIONS GÉNÉRALES.

1. *Les Notaires, Huissiers, Greffiers et les secrétaires des administrations centrales et municipales, ne peuvent délivrer en brevet, copie ou expédition, aucun acte soumis à l'enregistrement sur la minute ou l'original, ni faire aucun autre acte en conséquence* (V. inf. n. 45), *avant qu'il ait été enregistré, quand même le délai pour l'enregistrement ne serait pas encore expiré, à peine de cinquante francs d'amende, outre le paiement du droit.*

Sont exceptés les exploits et autres actes de cette nature, qui se signifient à partie ou par affiches et proclamations, et les effets négociables compris sous l'art. 69, § 2, *nombre 6 de la présente.* — (Art. 41 de la loi du 22 frim. an VII). — V. le n. suivant.

2. *Les billets à ordre, les cessions d'actions et coupons d'actions mobiliaires des compagnies et sociétés d'actionnaires, et tous autres effets négociables de particuliers ou de compagnies à l'exception des lettres de change tirées de place en place, pourront n'être présentés à l'enregistrement qu'avec les protêts qui en auront été faits* (Art. 69, § 2, n. 6 de la loi du 22 frim. an VII). — V. *inf.* n. 61.

3. *Aucun notaire, huissier, greffier, secrétaire ou autre officier public, ne pourra faire ou rédiger un acte en vertu* (V. inf. n. 45) *d'un acte sous signature privée, ou passé en pays étranger, l'annexer à ses minutes, ni le recevoir en dépôt, ni en délivrer extrait, copie ou expédition, s'il n'a été préalablement enregistré, à peine de cinquante francs* (a) *d'amende, et de répondre personnellement du droit, sauf l'exception mentionnée dans l'article 41 de la présente.* (Art. 42 de la loi du 22 frim. an VII). — V. *sup.* n. 1. et *inf.* dépôt n. 46.

4. *L'art. 41 de la loi du 22 frim. an VII, continuera d'être exécuté; néanmoins, à l'égard des actes que le même officier aurait reçus, et dont le délai d'enregistrement ne serait pas encore expiré, il pourra en énoncer la date, avec la mention*

(a) Cette amende a été réduite à dix francs par l'art. 10 de la loi du 16 juin 1824. — V. pour le décime la note 19.

que le dit acte sera présenté à l'enregistrement, en même temps que celui qui contient ladite mention; mais dans aucun cas, l'enregistrement du deuxième acte, ne pourra être requis avant celui du premier, sous les peines de droit (art. 56 de la loi du 28 av. 1816).

5. Le défaut de mention que les deux actes seront enregistrés en même temps, n'autorise pas à réclamer une amende, lorsqu'ils ont été enregistrés simultanément; mais si le second acte était soumis à la formalité avant le premier, l'amende serait encourue (Déc. Min. Fin. du 17 fév. 1819).

6. *Les notaires pourront faire des actes en vertu* (V. inf. n. 45) *et par suite d'actes s. s. p. non enregistrés, et les énoncer dans leurs actes, mais sous la condition que chacun de ces actes s. s. p. demeurera annexé à celui dans lequel il se trouvera mentionné, qu'il sera soumis avant lui à la formalité de l'enregistrement, et que les notaires seront personnellement responsables, non-seulement des droits d'enregistrement et de timbre, mais encore des amendes auxquelles les actes sous seing-privé seront assujettis. Il est dérogé à cet égard seulement à l'art. 41 de la loi du 22 frim. an* VII (art. 13 de la loi du 16 juin 1824).

7. On ne peut poursuivre le notaire qu'après que la partie a été discutée dans ses biens pour le paiement des droits résultant de l'acte relaté sans enregistrement préalable ou simultané (Cass. 3 juill. 1811;—Jug. de Senlis, 8 janv. 1835;—Jug. de Thionville, 17 mars 1841).

8. Le droit d'enregistrement *d'un acte* passé en pays étranger (qui ne peut s'élever à plus de dix francs, quand il s'agit de biens immeubles, situés en pays étranger, ou dans les colonies françaises, aux termes de l'art. 3 de la loi du 16 juin 1824), est proportionnel et doit être le même que s'il avait été souscrit en France, et pour des biens situés dans le Royaume, lorsqu'il est fait mention de cet acte dans les actes publics (art. 58 de la loi du 28 avril 1816). Le mot *acte* s'applique aux jugements passés en pays étranger (Cass. 14 avr. 1834).

9. La facilité donnée par l'article de loi mentionné sous le n. 6 ci-dessus, est spéciale pour les notaires; d'autres officiers publics ne peuvent en demander l'application.

10. Des dispositions du même n. 6 ci-dessus, on doit conclure qu'il est permis à un Notaire de faire un acte en vertu d'un autre acte s. s. p. non timbré.—V. *inf.* n. 24.

11. Le recouvrement des amendes a lieu par voie de contrainte; la contrainte devenue exécutoire par le visa du juge de paix, doit être suivie comme s'il y avait jugement; on peut payer comme forcé et contraint, ou former opposition à la contrainte, à la charge de faire statuer par le tribunal civil (V. note 44).

Application des articles de loi précités:

12. ACTE ADMINISTRATIF. Un notaire ne commet pas de contravention en relatant dans l'un de ses actes, une ordonnance royale et une délibération du conseil général, sans qu'elles aient été préalablement enregistrées, parce que l'ordonnance et la délibération sont exemptes d'enregistrement (Déc. Min. Fin. 30 nov. 1821).—V. note 18, n. 161, 366, 377 et *inf.* n. 91.

13. Les notaires ne peuvent, sans contravention à la loi du timbre, faire d'acceptation des legs faits aux fabriques et bureaux de bienfaisance, si les expéditions des arrêtés des Préfets qui autorisent à les accepter, ne sont pas sur papier timbré (Jug. d'Arcis-sur-Aube, 17 mars 1837).

14. Un notaire est passible d'amende, lorsqu'il rédige l'acte de dépôt d'un cahier de charges, auquel est annexée l'expédition sur papier non timbré d'un arrêté du Préfet qui autorise une commune à vendre un immeuble; mais il ne contrevient pas à la loi sur le timbre, en mentionnant cet arrêté dans le contrat de vente (Jug. de Bar-sur-Aube, 17 déc. 1839).

15. Un notaire est passible d'amende, lorsqu'il annexe à une vente d'immeuble faite au profit d'une commune, l'expédition sur papier non timbré d'un arrêté du Préfet, qui autorise cette commune à vendre ou à acquérir cet immeuble (Jug. de Lure, 17 mars 1840).

16. ACTE DE L'ÉTAT CIVIL.—V. *inf.* n. 95.

17. ACTE PASSÉ EN PAYS ÉTRANGER. On peut sans contravention mentionner dans un acte notarié passé en France, un acte notarié passé en pays étranger, sauf à le soumettre à la formalité, avant celui dans lequel il est mentionné (*délib.* 7 sept. 1832, et Déc. Min. Fin. 18 dud.)—V. *sup.* n. 7.

18. Il n'y a pas contravention à mentionner dans un acte notarié des actes passés en pays étranger, lorsque les droits auxquels ils étaient sujets, ont été perçus sur un jugement qui les relatait (*Ibid.* 27 août 1825;—Contrôl. 997; Roll. 1260).

19. ACTE REÇU EN UNE QUALITÉ DIFFÉRENTE. Un notaire serait en contravention, s'il présentait à l'enregistrement le procès-verbal d'estimation qu'il aurait rapporté comme arpenteur-juré, en même temps que l'acte de dépôt qu'il en aurait dressé comme notaire (délib. 15 mars 1820).

20. ACTE REÇU PAR UN PRÉDÉCESSEUR. Quoique l'art. 56 de la loi du 28 avril 1816 (V. *sup.* n. 4) paraisse ne s'appliquer qu'au même officier public, qui soumet à l'enregistrement deux actes faits en conséquence l'un de l'autre, cependant il a été décidé qu'un notaire avait pu, sans contravention, mentionner dans une transaction, un testament reçu par son prédécesseur, lequel testament n'a été enregistré qu'avec la transaction (sol. de la régie, 12 mai 1835).

21. ACTE DÉJA RELATÉ. Lorsque des droits de mutation sont prescrits parce que la régie a négligé de les réclamer dans les deux ans de l'enregistrement des actes qui les rendaient exigibles, ces droits ne peuvent être perçus lors de la production en justice des actes dont il s'agit (Cass. 24 juin 1828).—Il a été toutefois décidé, que la mention faite depuis plus de deux ans, dans un acte présenté à l'enregistrement, d'un autre acte s. s. p. non soumis à la formalité, n'empêche pas que les droits de cet acte ne puissent être réclamés, en vertu d'une mention ultérieure faite dans d'autres actes, et non encore couverte par la prescription de deux ans (Jug. de la Seine, 30 juin 1824. — Déc. Min. Fin. 13 janvier 1826).

22. ACTES RESPECTUEUX. On peut, dans la notification d'un acte respectueux, mentionner l'acte respectueux quoique non encore enregistré, parce que les deux actes ne constituent qu'un seul procès-verbal, même quand ils ont

eu lieu en deux vacations (Sol. 26 mars 1839; — Rol. 5994).

23. ACTES A ENREGISTRER GRATIS OU EN DÉBET. La défense de recevoir un acte en conséquence d'un autre, si celui-ci n'a été préalablement enregistré, s'applique aux actes susceptibles d'être enregistrés gratis ou en débet.

24. ACTES SUR PAPIER NON TIMBRÉ. Il est permis à un notaire de faire un acte en vertu d'un autre acte s. s. p. non timbré, parce que le but de l'art. 13 de la loi du 16 juin 1824, a été d'accorder aux notaires, la faculté de faire usage des actes s. s. p. tels qu'ils leur sont présentés par les parties, sans être obligés de se déplacer préalablement pour les faire enregistrer et viser pour timbre (délib. 8 janvier et 30 mars 1825; — Déc. Min. Fin. 18 sept. 1832).

25. ADJUDICATION. Un notaire est passible de l'amende lorsqu'il rédige un acte d'adjudication préparatoire, en vertu des affiches qui ont annoncé la vente, sans que les affiches soient enregistrées, parce que l'apposition des affiches étant indispensable, il agit en conséquence de ces affiches, en en faisant mention dans l'acte de vente préparatoire (Cass. 15 fév. 1814).

26. Le notaire qui procède à l'adjudication d'un immeuble, ne peut sans contrevenir à la loi, se dispenser de faire enregistrer le certificat de l'imprimeur, mentionné en son procès-verbal et constatant l'insertion de l'annonce dans son journal, quoiqu'il soit vrai de dire que l'adjudication n'a pas lieu en vertu des affiches, mais bien en vertu du jugement qui a renvoyé la vente devant le notaire (Cass. 26 janv. 1831). — Dans l'espèce, il y avait un certificat de l'imprimeur légalisé par le Maire.

27. Le notaire qui, dans un procès-verbal d'adjudication mentionne des publications insérées dans un journal, sans annexer à son procès-verbal un des exemplaires de ce journal, signé de l'imprimeur, ne contrevient pas à l'article 42 de la loi de frim., si cet exemplaire n'est point enregistré (Jug. d'Orléans, 10 août 1835) : dans l'espèce il n'était fait mention ni du certificat de l'imprimeur, ni de l'annexe d'un exemplaire, de sorte qu'il a pu être décidé par le tribunal que, sans la preuve de l'existence d'un certificat, il ne peut y avoir de contravention à la loi.

28. Un procès-verbal de remise d'adjudication dressé par un notaire, peut être enregistré sans amende après la rédaction du procès-verbal d'adjudication définitive, pourvu que la remise considérée comme première vacation, soit encore dans le délai fixé pour la formalité (Cass. 11 sept. 1811).

29. AMENDES. — V. *inf.* n. 71.

30. ASSURANCE (Police d'). L'indication dans un acte notarié de la date et du numéro d'une police d'assurance, ainsi que du nom de la compagnie qui a fait cette assurance, avec subrogation aux droits de l'assuré contre cette compagnie constitue-t-elle une contravention à l'art. 42 de la loi du 22 frim. an VII? *Oui*, suivant jugements de Blois du 19 av. 1837, de Montargis, du 25 juillet 1837, d'Epernay, du 9 février 1838, de Beauvais, du 3 juill. 1838, de Laon, du 20 avril 1839, de la Seine, du 14 juill. 1841. *Non*, suivant jugements de Compiègne, du 27 septembre 1828, de Rennes, du 12 juin 1833, de Strasbourg, du 36 août 1835, de Rouen, du 6 juin 1838, de Toul, du 21 mai 1839.

31. Dans tous les cas, il n'y a pas contravention, quand la police n'est pas énoncée positivement (Douai, 11 avril 1837), ou quand il est énoncé que les parties ont déclaré sous leur responsabilité qu'il existait une assurance contre l'incendie (Jug. de Montargis, 15 juin 1841). — V. t. 1, p. 51, *alin.* 19.

32. Mais il en est autrement, lorsque l'acte fait mention d'une *police d'assurance*, contractée par une *compagnie désignée*, et que des engagements sont la conséquence de cette assurance (Jug. de Montargis, 15 juin 1841).

33. AVIS DE PARENTS. Un notaire est en contravention, lorsqu'il énonce dans le contrat de mariage d'une mineure, la délibération enregistrée du conseil de famille portant consentement au mariage, ou qui nomme un tuteur ad-hoc à la future (Jug. de Grenoble 27 juill. 1836, et de Fontainebleau 24 juill. 1839). — Mais il n'y a pas contravention, si dans une ratification faite par un mineur émancipé, le notaire énonce l'acte d'émancipation, avant qu'il ait été enregistré (Jug. de Chateaudun, 18 déc. 1835, - Championnière, n. 38).

34. BAIL S. S. P. Un notaire peut, sans contrevenir à l'art. 42 de la loi du 22 frim. an VII, énoncer dans un acte de vente d'immeubles, le bail de ces biens fait sous signature privée et non enregistré (Jug. de Grenoble, 27 juill. 1836).

35. BILLETS. Il n'y a pas de contravention, lorsqu'un notaire rédige une affectation d'hypothèque, consentie pour sûreté de billets à ordre en circulation, parce qu'il est impossible de joindre ces billets à l'acte notarié, lesquels sont d'ailleurs affranchis de la formalité jusqu'au protêt (sol. 21 juill. 1830; 19 mars 1832).

36. Un notaire peut, sans contravention, mentionner dans un acte des billets à ordre non enregistrés. La remise que fait un débiteur à son créancier, de deux billets à ordre, en paiement de ce qu'il lui doit, n'est pas passible du droit de quittance, s'il est stipulé que la libération du débiteur n'aura lieu que par l'acquittement de ces billets (Jug. de la Seine 14 mai 1840).

37. BILLET ADIRÉ. Lorsqu'un huissier est chargé de poursuivre le paiement d'un billet, il arrive quelquefois que dans l'exploit de demande il déclare que le billet dont on réclame le montant est adiré; dans ce cas, on perçoit le droit proportionnel d'enregistrement sur le montant de l'effet lors de l'enregistrement de l'exploit, sauf la restitution de ce droit, si dans les deux ans les parties justifient que la formalité avait eu lieu antérieurement, mais il ne doit être exigé, ni droit ni amende de timbre, pour l'effet non représenté, parce qu'on ne doit pas supposer que le billet ait été fait en contravention aux lois sur le timbre.

Mais l'officier public commet-il une contravention à l'art. 42 de la loi du 22 frim. an VII, quand il agit en vertu d'un billet déclaré adiré? *Non*, suivant une délibération de la régie du 29 mars 1820, motivée sur ce qu'on ne peut faire enregistrer un billet qui est perdu. *Oui*, suivant un arrêt de cassation du 23 novembre 1825, portant que l'huissier a encouru l'amende, la loi ne faisant aucune exception pour le cas où il est allégué qu'un acte s. s. p. est adiré.

Il faut toutefois, remarquer que cet arrêt n'a pas eu à statuer sur le fait de la contravention, mais seulement sur le point de savoir si le droit proportionnel était exigible sur les billets adirés.

38. CESSION. Il y contravention, lorsqu'un notaire reçoit l'acte de transport d'une créance sur une commune, établie par une convention dont la date et le contenu sont indiqués sans mention de l'enregistrement (Jug. de Montdidier, 23 août 1839; —Contrôl. 5668).

39. COMMAND. Un notaire peut, sans contravention, recevoir une déclaration de command, avant l'enregistrement du contrat de vente (Jug. de Montmorillon, 24 juil. 1838).

40. Il peut aussi, sans contravention, recevoir une déclaration de command d'une vente faite en justice, avant que le jugement d'adjudication ait été soumis à la formalité de l'enregistrement (Jug. de Toulon, 2 mai 1839).

41. Il peut également recevoir une déclaration de command, ou rédiger un contrat de revente, en conséquence d'un procès-verbal d'adjudication d'immeubles, sujet à l'approbation de l'autorité administrative, avant que ce procès-verbal soit enregistré et approuvé (Déc. Min. Fin. 17 déc. 1835).

42. COMPTE COURANT. Un notaire est en contravention, lorsqu'il fait enregistrer un compte courant et en banque, sans soumettre en même temps à la formalité les quittances produites (Déc. Min. Fin. 29 prair. an VIII, — loi du 16 juin 1824, art. 13).

43. COMPTE DE TUTELLE. Un notaire peut-il sans contravention, énoncer dans un compte de tutelle, que la remise de ce compte, avec les pièces à l'appui, a été faite par le tuteur au mineur devenu majeur? *Oui*, suivant un jugement d'Evreux du 7 fév. 1829, une délibération de la régie du 10 nov. 1829, une solution du 18 mai 1830, une autre solution du 29 mars 1831, et un jugement de Blois du 24 juin 1840, parce que l'art. 472 du C. civ. n'ayant prescrit aucune forme pour le compte à remettre par le tuteur à l'oyant, ce compte peut n'être qu'un projet composé de simples notes dépourvues de date et de signature, et qu'une semblable énonciation est trop vague pour qu'elle doive nécessairement faire présupposer l'existence d'un acte dans l'acception légale du mot et de nature à ne pouvoir être relatée sans enregistrement préalable. *Non*, suivant une solution de la régie du 21 avril 1828, jugem. de Macon du 15 mai 1837, et jugement de Metz du 13 fév. 1838.

44. Un notaire peut sans contravention relater dans un compte de tutelle, un billet non enregistré remis au mineur comme provenant des fonds de la tutelle, parce que l'acte notarié qui contient cette mention, ne prend ni sa cause, ni son fondement dans un acte s. s. p. (Cass. 10 mai 1821).

45. « DÉFINITION DE L'ACTE EN CONSÉQUENCE D'UN AUTRE. » Un acte est passé en conséquence d'un autre, lorsque le premier fait essentiellement la base du second, ou lorsqu'on en tire pour celui-ci une induction active; ainsi ratifier un acte, donner quittance du prix y porté ou fournir un cautionnement pour son exécution avant qu'il ait été enregistré, c'est contrevenir à l'art. 41 de la loi (dict. d'enreg. 1re édit. v° *acte en conséquence d'un autre*, n. 8). — V. *sup.* n. 1 et *inf.* *Inventaire* n. 54, Procuration, n. 72.

Du reste, les expressions *en conséquence* et *en vertu*, employées dans les art. 41 et 42 de la loi de frim. (V. *sup.* n. 1 et 3) et dans la loi du 16 juin 1824, sont synonymes, et n'ont qu'un même sens (Contrôl. 3925). — V. les n. 46 et 51.

46. DÉPOT. V. *sup.* note 18, p. 141, n. 764; V. aussi *sup.* les n. 3, 6 et 45. Un acte de dépôt peut-il être considéré comme fait en *vertu* et *par suite* de l'acte sous seing-privé déposé, et par conséquent ce dernier acte peut-il n'être soumis à l'enregistrement qu'avec l'acte de dépôt? Nous posons cette question, parce qu'il existe une décision du Min. des Fin. du 28 nov. 1839, qui a décidé qu'il y avait contravention quand l'acte déposé n'avait point été enregistré avant le dépôt, les termes de la loi de 1824 ne contenant dispense de faire enregistrer préalablement les actes annexés, que quand les actes où ils sont mentionnés sont la conséquence des premiers; or, un dépôt n'est pas la conséquence de l'acte déposé. — V. *sup.* n. 6.

Il existe toutefois une décision contraire rendue au sujet de coupons d'actions mobilières, et portant que le notaire n'avait point commis de contravention, en ne les faisant enregistrer qu'avec l'acte de dépôt (Jug. de Meaux, 6 août 1840).

47. DEVIS ET MARCHÉS. Un bail notarié contenait les dispositions suivantes « *Les constructions à faire, la machine hydraulique, leurs accessoires, et généralement toutes les dépendances de l'usine, seront établis conformément aux devis et marchés passés avec les entrepreneurs qui s'en sont chargés, lesquels devis et marchés ont été approuvés par les comparants.* » Une contrainte fut décernée en paiement de l'amende et des droits de prétendu sous seing-privé, constatant les marchés, mais sur l'opposition, elle a été annulée (Jug. de Rouen, 6 juin 1838). — Mais il a été décidé qu'il y avait contravention quand un notaire procédait à une adjudication de travaux pour une commune, en conséquence d'un devis non enregistré (Jug. de Péronne, 8 juin 1842).

48. DONATION. Un notaire ne contrevient pas à la loi lorsqu'il énonce dans un acte de démission de biens, que les dettes mises à la charge du donataire sont dues par actes s. s. p., parce qu'il ne fait qu'exprimer la déclaration du donateur, et qu'il n'est pas au pouvoir de ce donateur, de faire enregistrer, ni de représenter des actes qui sont entre les mains des créanciers (délib. 27 avril 1822).

49. ECHANGE. Il n'y a pas de contravention dans le fait d'un notaire qui présente en même temps à l'enregistrement deux contrats par lui reçus, dont le dernier contient échange d'un bien que l'une des parties avait acquis par le premier contrat non relaté dans l'acte d'échange. En ce cas, l'échange doit être considéré comme étant par lui-même indépendant du premier acte, puisque l'acquisition qui a précédé cet échange aurait pu s'opérer par conventions verbales et n'être constatée par écrit que postérieurement, d'où il suit que l'échange aurait pu même être enregistré avant la vente (Cass. 24 juill. 1815).

50. ENDOS. Effets *négociables*. Lorsque l'endossement d'un billet à ordre a lieu par acte devant Notaire (l'endosseur ne sachant pas signer), cet acte doit être enregistré dans le délai de 10 ou 15 jours de sa date (V. *sup.* note 18, n. 75, 382 et 396). — Il en doit être de même du

billet, c.-à-d. qu'il doit être soumis à l'enregistrement avant ou en même temps que l'endos, il n'existe à cet égard aucune exception à la règle rapportée *suprà* n. 6. — On ne saurait s'étayer de l'art. 69, § 2, n. 6, de la loi du 22 frim. an VII, portant que *les effets négociables pourront n'être présentés à l'enregistrement qu'avec les protêts qui en auront été faits*, parce que l'exception qu'il contient ne s'applique qu'aux protêts et ne peut s'étendre d'un cas à un autre. — V. *inf.* n. 61 et note 18, n. 75.

51. ETAT DÉTAILLÉ. Par acte notarié du 10 mars 1837, Lottin vend à Rousselle toutes les pièces de terre labourable, chenevières, prés, vignes, enclos, plantations et luzerne qui lui appartiennent sur les territoires de Duriville, Larothiers, Briennel, Chauminel et Radouvillers, et en même temps il remet à l'acquéreur qui l'accepte une déclaration détaillée, certifiée et signée de lui vendeur. — Le Notaire a commis une contravention en relatant et énonçant cette déclaration dans la vente sans la soumettre à l'enregistrement avant cette vente, parce qu'il n'est pas nécessaire, pour qu'il y ait contravention, que l'acte s. s. p., soit la cause unique et immédiate de l'acte public, il suffit qu'il en soit un des éléments (Jug. de Bar-sur-Aube, 11 juill. 1837). — V. *sup.* n. 45.

52. ENONCIATION VAGUE. Quand on énonce vaguement dans un contrat, un acte s. s. p. non enregistré, on ne commet pas de contravention; ainsi décidé : 1° dans une espèce où la police d'assurance n'était pas positivement énoncée (Jug. de Douai, 11 août 1837; 2° dans une espèce où l'on imposait à l'acquéreur l'obligation d'entretenir le contrat d'assurance de la maison vendue (Jug. de la Seine, 29 mars 1838).

53. ETAT DE FRAIS. Un Notaire peut sans contravention recevoir une obligation pour frais non taxés, sans que l'état de ces frais soit enregistré, un état de frais n'étant point un acte; mais il en serait autrement si cet état avait été taxé par le juge (Déc. min. Fin. 11 juin 1818).

54. INVENTAIRE. Un Notaire peut, sans contravention, énoncer des actes non enregistrés dans un inventaire (Arrêté du gouvernement 22 ventôse an VII).

55. S'il s'agit de billets sujets à l'amende du timbre et d'actes qui doivent être enregistrés dans un délai déterminé, c'est contre les parties que la Régie doit poursuivre les droits (Cass. 22 mars 1815).

56. Un Notaire peut ne faire enregistrer l'ordonnance apposée à la suite d'un inventaire, interrompu par un référé, qu'avec la continuation de cet inventaire (Déc. min. Fin. 29 déc. 1807).

57. L'ordonnance de nomination d'un Notaire commis pour représenter un absent, peut, quoique non enregistrée, être énoncée dans un inventaire, sans qu'il y ait contravention (Jug. de Saverne, 20 fév. 1836).

58. On peut énoncer dans un inventaire l'acte de nomination du subrogé-tuteur, qui n'a point été enregistrée préalablement, parce que l'inventaire est plutôt la conséquence de la disposition de l'art. 451 du Code civil qui oblige le tuteur de faire inventaire, en présence du subrogé-tuteur, que celle de la nomination du subrogé-tuteur (Cass. 3 janv. 1827).

59. Le Notaire n'est point en contravention quand il procède à un inventaire avant que la prestation de serment des experts soit enregistrée (Délib. 20 juin 1827; — Cass. 3 janv. 1827. — *Contrà*, Dieppe, 14 mars 1826).

60. Un inventaire ne peut être considéré comme fait en conséquence d'un testament; d'où il suit que le Notaire n'est point en contravention (Solut. 8 nov. 1834). — V. *inf. Vente de meubles*, n. 97.

61. LETTRE DE CHANGE. *Les lettres de change tirées de place en place, et celles venues de l'étranger ou des colonies françaises, pourront n'être présentées à l'enregistrement qu'avec l'assignation. Dans le cas de protêt faute d'acceptation, les lettres de change devront être enregistrées seulement avant que la demande en remboursement ou en cautionnement puisse être formée contre les endosseurs ou le tireur* (L. 28 av. 1816, art. 50). — V. *sup.* n. 2.

Pour faire une juste application de la disposition ci-dessus, il ne faut pas confondre les protêts faute de paiement (C. comm. 162) avec les protêts faute d'acceptation (C. comm. 119). Ainsi, le protêt ne rend pas passible du droit d'enregistrement une lettre de change non acceptée; c'est l'assignation ou la demande après le protêt qui rend le droit exigible (Déc. min. Fin. 1 août 1817). — D'où il suit qu'il y a contravention, lorsqu'une lettre de change n'est soumise à l'enregistrement qu'après l'assignation sur protêt (Cass. 7 nov. 1820).

Un Notaire peut recevoir l'acte d'endossement d'une lettre de change non enregistrée et même l'acte de prorogation de cet endossement, mais seulement dans le cas où il n'y aurait pas eu de protêt, parce que le protêt rend l'enregistrement obligatoire (Délib. 8 av. 1817). Mais l'endossement est sujet à l'enregistrement dans les 10 ou 15 jours de sa date comme tout autre acte notarié. — V. *sup.* n. 50 et note 18, n. 75.

62. LIQUIDATION. Un Notaire peut mentionner, sans contravention, dans un partage ou une liquidation, des titres de créances non enregistrés. Un partage n'étant pas un titre constitutif, mais seulement énonciatif de créances, il y a même raison de décider que pour un inventaire où les énonciations peuvent avoir lieu sans qu'il y ait contravention (Cass. 22 août 1818).

63. Les actes s. s. p. ou passés en pays étrangers quoique non enregistrés, peuvent, sans contravention, être énoncés par le Notaire, dans un acte contenant compte et liquidation de reprises entre un mari et sa femme (Jug. de la Seine, 4 déc. 1834,-Rol. 4689.

64. Mais un Notaire ne peut énoncer des titres de créances s. s. p. non enregistrés dans une liquidation de reprises de la femme séparée de biens et ayant renoncé à la communauté. En cas de contravention il est passible de l'amende, et est en outre responsable des droits dûs pour ces actes mais seulement après que les parties ont été discutées dans leurs biens (Jug. de Senlis, 8 janv. 1835,-Rol. 4728).

65. MARIAGE. Un Notaire peut énoncer dans un contrat de mariage que la dot consiste en un billet à ordre non enregistré, écrit sur timbre proportionnel et dont il donne l'analyse; parce qu'une semblable énonciation constatant purement et simplemement la nature de l'apport peut être assimilée à la mention des actes s. s. p. dans les inventaires (Solut. 30 janv. 1835).

66. Un Notaire commet une contravention, lorsque dans un contrat de mariage, il énonce que l'apport du futur lui

provient de sa première communauté, ainsi que le constate l'inventaire fait après la dissolution de cette communauté par un autre Notaire et non préalablement enregistré, attendu que cet inventaire était nécessaire à rappeler (Déc. min. Fin. 26 sept. 1835).

67. PARTAGE. Le Notaire qui a reçu un partage d'immeubles entre cohéritiers, n'est pas en contravention, pour avoir rédigé le même jour l'acte de vente par l'un des copartageants des biens compris dans son lot, parce que le premier acte n'est pas la cause déterminante du second, quoi que ce soit du premier que résulte le droit de faire le dernier (Cass. 24 juill. 1815; — Déc. min. Fin. 6 nov. 1822).

68. Un Notaire peut mentionner dans un partage des billets non enregistrés, sans que l'on puisse percevoir le droit d'obligation sur ces billets quoique souscrits par l'un des héritiers (Délib. 1 mars 1833). Mais cela ne doit pas s'appliquer aux billets ou actes s. s. p. qui seraient faits par les héritiers depuis l'ouverture de la succession (Délib. 27 juin 1834).

69. Un Notaire peut mentionner dans un partage des titres de créances non enregistrés (Cass. 22 mars 1814 et 24 août 1818). — V. n. 62.

70. PLAN. Le Notaire qui joint à un acte de vente un plan non signé de lui, n'est point passible d'amende, parce qu'une vente n'est point la conséquence d'un plan levé pour en faciliter la rédaction (Cass. 2 août 1808).

71. PLURALITÉ D'AMENDES. Le Notaire n'est passible que d'une seule amende, pour avoir fait un acte en conséquence de plusieurs autres s. s. p. non soumis à la formalité de l'enregistrement (Déc. min. Fin. 21 mai 1836).

72. PROCURATION. Un Notaire ne commet point une contravention quand il reçoit une procuration donnée à l'effet de ratifier une adjudication qui n'est pas encore enregistrée, parce qu'on ne peut pas dire qu'elle soit faite en conséquence de cette adjudication (Solut. 8 sept. 1832).

73. Il y a même raison de décider à l'égard d'une procuration portant pouvoir de céder un billet non enregistré, parce que cette procuration n'est pas faite en conséquence et en vertu de ce billet (Solut. 27 janv. 1833).

74. PROTÊTS. Les actes de protêts faits par les Notaires devront être enregistrés dans le même délai, et seront assujettis au même droit d'enregistrement que ceux faits par les huissiers, *c. à-d. que le délai pour les Notaires comme pour les Huissiers sera de quatre jours et le droit d'enregistrement de 2 fr. outre le décime*). Aucun Notaire ou Huissier ne pourra protester un effet négociable ou de commerce non écrit sur papier du timbre prescrit, ou non visé pour timbre, sous peine de supporter personnellement une amende de 20 fr. pour chaque contravention : il sera tenu en outre d'avancer le droit de timbre ou les amendes encourues dans les cas déterminés par les art. 19, 20, 21 et 22 de la loi, sauf son recours contre les contrevenants. — L'art. 23 de la loi du 16 juin 1824 est abrogé en ce qu'il peut contenir de contraire au présent article (L. 24 mai 1834 art. 23). — V. *sup.* n. 6.

75. Du reste, l'enregistrement des effets négociables de particuliers ou de compagnies ainsi que des billets à ordre, cessions et coupons d'actions mobiliaires des compagnies et sociétés d'actionnaires, n'est pas exigé des Notaires et Huissiers avant le protêt, quoique le protêt ait lieu en conséquence. — V. *sup.* n. 2.

76. Mais, à l'égard des effets non négociables, l'officier public est en contravention s'il ne les fait pas enregistrer avant le protêt (Cass. 19 nov. 1834).

76 *bis*. On peut, sans contravention, présenter à l'enregistrement les effets et les protêts en même temps que les assignations données en vertu de ces actes (Même arrêt de Cassation).

V. *sup. Lettre de change.* n. 61.

77. QUITTANCES. Un Notaire est passible d'amende lorsque, dans une quittance contenant libération définitive, il énonce qu'un à-compte a été payé, suivant une quittance reçue par un autre Notaire, laquelle n'était point enregistrée (Cass. 22 oct. 1811).

78. Mais il peut, sans contravention, énoncer dans une quittance passée devant lui, que cette quittance ne fera qu'une seule et même avec celle non enregistrée qui a été donnée s. s. p., parce que la mention de ce paiement n'avait pas pour objet de se faire un titre de la quittance s. p. p. qui se trouve au contraire annulée de fait (Déc. min. Fin. 5 juill. 1822 et Solut. 3 av. 1835).

79. Le Notaire est en contravention quand il passe la quittance d'un legs fait par un testament non enregistré (Jug. de Troyes, 20 nov. 1832). — Il l'est aussi quand il énonce dans une quittance d'arrérages de rente viagère l'acte s. s. p. non enregistré, constitutif de cette rente, et de plus il se rend responsable des droits de cet acte sans que la régie soit tenue de s'adresser à la partie (Jug. de la Seine, 7 déc. 1842).

80. Il y a contravention quand un Notaire passe la quittance d'un legs fait par un testament non enregistré qui a été rédigé par un autre Notaire, même quand les parties lui ont déclaré que le testament a été enregistré (Déc. min. Fin. 10 mars 1819).

81. Un Notaire n'est point en contravention quand il insère, dans une quittance finale, la déclaration des parties qu'à certaines époques, trois à-comptes ont été payés suivant quittances particulières qui, avec les présentes, ne feront qu'une même chose, parce que l'acte n'a pas été fait en vertu de quittances s. s. p., mais en vertu de la déclaration par laquelle les parties ont reconnu que le paiement avait été effectué (Jug. de la Seine, 20 juill. 1821).

82. Un Notaire est passible d'amende quand il annexe à des quittances de prix d'acquisition, faites par une commune, des certificats de l'architecte constatant l'époque de l'entrée en possession de cette commune, si les certificats ne sont pas soumis à la formalité avant ou en même temps que l'acte, auquel ils sont annexés, parce que ces certificats sont des éléments constitutifs des quittances et ne peuvent être classés parmi les actes d'administration publique exempts d'enregistrement, un architecte n'étant qu'un *agent salarié* de l'administration municipale (Jug. d'Amiens, 23 août 1838).

83. Si une pièce telle qu'une obligation en brevet est

rapportée pour minute à un Notaire qui en dresse un acte de dépôt et qu'il existe à la suite ou en marge de cette pièce des quittances données soit par le Notaire pour raison des frais qui lui ont été payés, soit par les parties en déduction du principal ou des accessoires de l'obligation, le Notaire n'est point passible d'amende si dans l'acte de dépôt il ne rappelle en aucune manière les mentions de paiement apposées à la suite de l'obligation, parce que l'existence des mentions de paiement, n'ayant été ni constatée ni garantie par l'acte de dépôt, ces mentions pourraient être biffées, pourraient même disparaître entièrement sans que l'acte de dépôt cessât d'être véridique, ce qui prouve que le dépôt ne s'applique pas aux mentions de paiement (Solut. 8 av. 1840).

84. Le défaut de mention dans un acte notarié de la quittance des droits perçus sur l'acte s. s. p. qui y est relaté, ne constitue pas une contravention, si ce dernier acte a été déposé dans l'étude du Notaire rédacteur (Solut. 14 oct. 1838, - Rol. 4947), ou bien si dans la relation de la quittance des droits on donne toutes les indications nécessaires pour prouver que l'acte s. s. p. a été enregistré (Solut. 23 av. 1830).

85. RATIFICATION. Un Notaire ne peut recevoir la ratification d'un acte de vente non enregistré, parce que la ratification est la conséquence de la vente (Cass. 12 déc. 1808). — V. *sup*. n. 33, 72.

86. RÉCÉPISSÉ. Lorsqu'un Notaire énonce dans un acte un récépissé délivré par un préposé de la Caisse des dépôts et consignations, sans copier la relation littérale de l'enregistrement, il commet une contravention (Jug. d'Amiens, 24 fév. 1842).

87. RECONNAISSANCES. Lorsque des reconnaissances s. s. p. sont converties en une obligation notariée, il n'est pas nécessaire de faire enregistrer les reconnaissances, et le Notaire ne commet aucune contravention en les mentionnant dans l'acte qu'il reçoit (Solut. 11 juill. 1838). — V. *sup*. n. 78.

88. REMISE DE TITRES. Un Notaire n'est pas passible d'amende pour avoir énoncé dans un contrat de vente que le vendeur a remis à l'acquéreur des titres non enregistrés, parce que la vente n'est pas la conséquence de cette remise de titres, laquelle n'est au contraire que la conséquence de la vente (Jug. de Rennes, 22 janv. 1834,—*Contr*. 2879).

89. Jugé en sens contraire dans une espèce où le vendeur s'était obligé par le contrat de vente de remettre ou avait remis à l'acquéreur la police d'assurance de la propriété vendue (Jug. de la Seine, 29 mars 1838).

90. RÉSILIEMENT. Le Notaire qui reçoit l'acte de résiliement d'un bail, sans faire enregistrer en même temps le bail, encourt l'amende parce que l'un est fait en conséquence de l'autre (Cass. 11 nov. 1812).

91. REVENTE. Un Notaire peut, sans contravention, rédiger un contrat de revente en conséquence d'un procès-verbal d'adjudication sujet à l'approbation de l'autorité administrative, avant que le procès-verbal soit enregistré et approuvé (Déc. min. Fin. 17 déc. 1835).

92. TESTAMENT. Un Notaire peut recevoir en dépôt les testaments olographes, avant qu'ils aient été enregistrés, parce que la remise lui en est faite en vertu de l'ordonnance du juge, mais dans ce cas, il doit fournir au Receveur dans les dix jours qui suivent l'expiration de trois mois, à compter du décès des testateurs, des extraits certifiés des testaments dont les droits ne lui ont pas été remis par les héritiers ou légataires (Déc. min. Fin. 29 sept. 1807).

93. Il peut même recevoir ce dépôt avant l'enregistrement de l'ordonnance d'*ouverture du testament* (Jug. de Colmar, 12 juin 1826). V. *sup*. n. 18 et 60.

94. Lorsqu'on mentionne un testament ou un acte de donation entre-vifs et à cause de mort (qui ne sont sujets à l'enregistrement que dans les trois mois du décès du testateur ou donateur), dans un acte notarié postérieur, le Notaire commet-il une contravention? *Oui*, si l'acte postérieur est fait en conséquence du testament ou de la donation, ce qui ne peut guère avoir lieu que quand on opère sur les droits ouverts par le décès du donateur ou testateur, car autrement ce serait stipuler sur une succession future. — *Non*, si l'acte postérieur n'est pas fait en conséquence du premier, d'où il suit qu'on peut, dans ce cas, mentionner le premier acte dans le second. — V. *sup*. n. 1 et 45.

95. TRADUCTION. Le Notaire ne peut, sans contravention, recevoir le dépôt d'un acte de naissance écrit en langue étrangère et accompagné d'une traduction si elle n'est enregistrée préalablement, attendu que cette traduction forme un acte distinct. (Délib. 18 av. 1818; — Déc min. Fin. 2 nov. 1831; 7 mars 1833).

96. VENTE. Un Notaire ne commet pas une contravention en énonçant dans un contrat de vente, que le prix se trouve compensé avec des billets non enregistrés, parce qu'on ne peut faire application à ce cas de l'art. 42 de la loi du 22 frimaire an VII : l'objet des parties étant d'annuler les billets plutôt que de leur donner une date certaine (Déc. min. Fin. 3 mars 1824; Solut. 15 oct. 1835). — V. *sup*. n. 34.

97. VENTE DE MEUBLES. Une vente de meuble qui a été suspendue par une opposition peut être reprise par le Notaire avant que l'ordonnance sur référé qui en ordonne la continuation ait été soumise à la formalité de l'enregistrement (Déc. min. Fin. 26 déc. 1838).

98. Lorsqu'une vente de meubles aura lieu par suite d'inventaire, il en sera fait mention au procès-verbal, avec indication de la date de l'inventaire, du nom du Notaire qui y aura procédé et de la quittance de l'enregistrement. Chaque séance sera close et signée par l'officier public et deux témoins domiciliés (Art. 5 de la loi du 22 pluv. an VII).

Cet article, comme on le voit, ne prononce aucune peine pour le défaut de mention dans les procès-verbaux de vente, de la date des inventaires qui les ont précédés et de leur enregistrement.

[43]

DU DÉPOT DES CONTRATS DE MARIAGE DES COMMERÇANTS. — DE LA MENTION DE PATENTE.

Indication alphabétique.

§ 1. DU DÉPOT DES CONTRATS DE MARIAGE DES COMMERÇANTS.

1. *Tout contrat de mariage entre époux dont l'un sera commerçant, sera transmis par extrait, dans le mois de sa date, aux greffes et chambres désignés par l'art.* 872 *du C. de proc. civ., pour être exposé au tableau, conformément au même art. Cet extrait annoncera si les époux sont mariés en communauté, s'ils sont séparés de biens, ou s'ils ont contracté sous le régime dotal* (C. de comm. art. 67).

2. *Le notaire qui aura reçu le contrat de mariage, sera tenu de faire la remise ordonnée par l'article précédent, sous peine d'une amende de* 100 *francs* (a), *et même de destitution et de responsabilité envers les créanciers, s'il est prouvé que l'omission soit la suite d'une collusion* (art. 68 du C. de comm.).

3. Le délai d'un mois court à partir de la date du contrat de mariage, et non du jour de la célébration. Il doit être augmenté d'un jour par cinq myriamètres de distance du lieu où a été passé le contrat à celui où le dépôt doit être fait (Déc. Min. Fin. 19 oct. 1813).

4. Dans les localités où les chambres de notaires et d'avoués n'ont point un local destiné à leur réunion, accessible au public et offrant un tableau spécialement destiné aux insertions, les notaires ne sont pas tenus de faire les affiches prescrites par l'art. 872 du C. de proc. (Colmar, 10 juin 1834).

5. L'extrait du contrat de mariage peut même n'être pas affiché, s'il n'y a point de chambres de notaires et d'avoués dans la commune du domicile du mari commerçant (Paris, 10 mars 1821).

Toutefois il a été reconnu le 16 juill. 1823 par Déc. des Min. des Fin. et de la Justice, que l'extrait du contrat de mariage passé entre époux dont l'un est commerçant, doit être affiché aux greffes des tribunaux de première Instance et de Commerce, et *à défaut* d'existence de tribunal de commerce, dans la salle de la Mairie du domicile du mari, et toujours dans les chambres désignées par l'art. 872 du C. de proc. civ., parce qu'elles existent au chef-lieu de chaque arrondissement (Bourges, 13 juin 1826).

6. Lorsque la qualité de commerçant n'a point été indiquée dans le contrat de mariage, le notaire doit néanmoins faire le dépôt, lorsque cette qualité est notoire, parce que les notaires sont censés connaître la profession et l'individualité des parties (Bordeaux, 22 juin 1836).

7. Mais lorsque l'époux a pris dans son contrat de mariage la qualité de commerçant qu'il n'a pas réellement, le notaire est-il obligé de déposer l'extrait aux greffes et chambres? *Oui*, suivant un arrêt de la C. R. de Colmar, du 4 mai 1829. *Non*, suivant une solution de la Régie, du 20 mai 1820.

8. Le notaire doit faire l'avance des droits de dépôt des contrats de mariage aux greffes et chambres, sauf son recours contre les parties (Déc. Min. Fin. 27 juin 1809).

9. Il est dû autant d'amendes qu'il y a de contrats non-déposés aux lieux indiqués par la loi, mais il n'en est dû qu'une par contrat dont le dépôt aurait été omis dans plusieurs greffes et chambres (Déc. Min. Fin. et Just.).

10. Les amendes se prescrivent par deux ans: l'amende pour défaut de dépôt est de vingt francs (Cass. 27 août 1828; — Bourges, 13 juin 1826; — Colmar, 4 mai 1829).

11. *Sont commerçants ceux qui exercent des actes de commerce et en font leur profession habituelle* (C. de com. art. 1).

12. ACTEUR. Les engagements des acteurs sont commerciaux (Paris, 30 mai 1808, et 11 juill. 1825).

(a) Cette amende a été réduite à 20 fr. par l'art. 10 de la loi du 16 juin 1824, mais nonobstant cette réduction, c'est cent francs qu'il faut payer, et non vingt francs, dès qu'il y a condamnation de cent fr., parce que ce n'est pas à l'administration à accorder une modération que les tribunaux n'ont point admise (Sol. 4 av. 1835).

13. AGENT D'AFFAIRES. Celui qui tient à Paris un bureau d'affaires et de correspondance générale, est réputé commerçant (Cass. 18 nov. 1813).

14. ARTISAN. Les artisans ne sont pas commerçants, à moins qu'il ne joignent à cette qualité celle de fabricants et marchands (Lettres du Min. de la Just. 7 avril 1811, et 5 mai 1812).

15. ASSURANCE A PRIME (Directeur d'). Le directeur d'une société d'assurance à prime contre l'incendie et les risques de mer, doit être réputé commerçant aux termes des art. 632 et 633 du C. de comm. (Cass. 8 avril 1828, et 1er av. 1830).

16. AUBERGISTE. Un aubergiste n'est pas un commerçant proprement dit, dans le sens du décret du 17 mars 1808 (Cass. 6 déc. 1815), à moins qu'il ne fasse le commerce de vins, et n'achète des denrées (Bourges, 26 août 1824.

17. BANQUIER. Les négociants, banquiers, fabricants et marchands, sont des commerçants (Lett. du Min. de la Just. 7 av. 1811, et 5 mai 1812).

18. BOTTIER. Un simple bottier n'est pas commerçant (Jug. de Pithiviers, 6 déc. 1838).

19. BOUCHER. Le marchand boucher est réputé commerçant (Jug. de Provins, 14 mai 1841).

20. BOULANGER. Les boulangers ne sont pas réputés commerçants (Cass. 28 février 1811 ;=Dijon, 16 mars 1838). —Cependant, à Paris, l'usage est contraire à ces décisions.)

21. CABARETIER. Un cabaretier doit être réputé commerçant (Cass. 23 av. 1813.

22. CAFETIER. Les cafetiers sont commerçants (Rouen, 4 déc. 1818). —V. *inf.* n. 74.

23. CHARRON. Doit-on réputer commerçant un maître charron? *Oui*, suivant arrêts de la C. R. d'Amiens du 4 av. 1826 et de la C. R. d'Orléans du 31 déc. 1835. *Non*, suivant arrêt de la C. R. de Turin, du 3 déc. 1810).

24. Mais un simple charron n'est pas commerçant (Jug. de Pithiviers, 6 déc. 1838); c'est un simple artisan qui travaille seulement sur commande, et va travailler à la journée, de son état, chez le fermier (Orléans, 1er déc. 1835).

25. CORDONNIER. Un cordonnier ou simple cordonnier n'est pas réputé commerçant (Colmar, 22 nov. 1811 ;— Jug. de Pithiviers, 6 déc. 1838).

26. COUTELIER. Un coutelier n'est pas commerçant; il ne doit être considéré que comme un simple ouvrier (Bordeaux, 22 juin 1836).

27. DÉBITANT DE TABAC. Les débitants de tabacs sont de simples préposés de la régie. Ils ne sont pas commerçants, parce qu'ils vendent des pipes et des briquets (Bruxelles, 5 mai 1813).

28. EBÉNISTE. Un ébéniste qui déclare se constituer en dot son fonds de commerce, doit être réputé commerçant (Bordeaux, 19 janv. 1835).

29. ENTREPOT MUNICIPAL. L'adjudicataire d'un entrepôt municipal ne peut être considéré comme commerçant (Bruxelles, 5 mai 1813 ; —Toulouse, 5 mars 1825).

30. ENTREPRENEUR DE TRAVAUX PUBLICS. Les entrepreneurs de travaux publics (tels que ceux d'une église), sont commerçants, et en cette qualité, justiciables des tribunaux de commerce, quand même le cahier de charges attribuerait les contestations aux tribunaux ordinairçs (Rouen, 26 déc. 1840, -Devill. 41, 151).

31. FABRICANT. Les fabricants sont réputés commerçants (V. *sup.* n. 14). — mais il n'en est pas de même des fabricants de salpêtre pour le compte de l'état; ceux-ci étant des préposés ou commissionnés spécialement, ne peuvent, par cette raison, être réputés commerçants (Angers, 28 janv. 1824).

32. FOULONNIER. Les foulonniers qui exploitent en grand, doivent être considérés comme commerçants (Rouen, 2 déc. 1825).

33. INSTITUTEUR. Le directeur d'une maison d'éducation ne fait pas un acte de commerce en achetant les fournitures nécessaires à son établissement (Paris, 19 mars 1814; 16 déc. 1836).

34. JUGE. Un ancien juge de tribunal de commerce qui a accepté ou tiré des effets de commerce, ne doit pas être pour cela réputé commerçant (Rennes, 10 av. 1811).

35. LIMONADIER. Un limonadier-confiseur n'est point réputé commerçant, lorsqu'il n'est pas prouvé qu'il fait habituellement des actes de commerce par l'achat et revente en gros de denrées de différentes espèces (Turin, 3 déc. 1811 ; 7 janv. 1812).

36. MAITRE DE PENSION. Le maître d'un pensionnat autorisé suivant les lois, ne doit pas être considéré comme commerçant (Cass. 14 déc. 1827;—Paris, 16 déc. 1836).

37. MAITRE DE POSTE. Un maître de poste étant un commissionné du gouvernement, ne doit pas être rangé dans la classe des marchands (Bruxelles, 11 janv. 1808); mais les achats de chevaux qu'il fait pour sa profession, sont-ils des actes de commerce? *Oui*, suivant arrêt de la C. R. de Paris, du 6 oct. 1813; *Non*, suivant arrêt de la C. R. de Limoges, du 1er juin 1821.

38. MANUFACTURIER. La profession de manufacturier est essentiellement commerciale (Paris, 9 sept. 1813).

39. MARCHAND. Les marchands sont réputés commerçants (V. *sup.* n. 14 et 17).

40. MARCHAND DE BIENS. Celui qui achète habituellement des immeubles pour les revendre, n'est pas pour cela réputé commerçant (Paris, 14 mai 1812).

41. MARCHAND DE BIERRE. Un marchand de bierre doit être considéré comme commerçant (Bordeaux, 26 janv. 1835).

42. MARÉCHAL-FERRANT. Il n'est pas réputé commerçant (Jug. de Provins, 14 mai 1841).

43. MEUNIER. Le meunier qui est en même temps marchand de grains ou de farines, est réputé commerçant (Cass. 26 janv. 1818 ;—Angers, 11 déc. 1823).

44. NÉGOCIANT. Les négociants sont réputés com merçants (V. *sup.* n. 14 et 17).

45. NOTAIRE. Le notaire qui fait habituellement des opérations de banque et de courtage, peut être considéré comme commerçant (Paris, 29 mars 1827 ; — Cass. 28 mai 1828).

46. OUVRIER. Les ouvriers ne sont pas commerçants, à moins qu'ils ne joignent à cettte qualité celle de fabricants et marchands (V. *sup.* n. 14 et 17).

47. PÉPINIÉRISTE. Un jardinier-pépiniériste n'est pas justiciable des tribunaux de commerce, pour le fait de vente des arbres provenant de sa pépinière (Colmar, 17 juin 1809).

48. PHARMACIEN. Un pharmacien est-il réputé commerçant? *Oui*, suivant arrêt de la C. R. de Nîmes du 27 mai 1829, et l'usage à Paris ; *Non*, suivant arrêt de la C. R. de Montpellier, du 19 fév. 1836).

49. POMPES FUNÈBRES (Entrepreneur des). L'entrepreneur du service des pompes funèbres, doit être rangé dans la classe des commerçants, à raison des fournitures qui lui sont faites relativement à son entreprise. Il est réputé avoir acheté pour revendre (Cass. 9 janv. 1810).

50. PRÊTEUR SUR GAGES. Les prêteurs sur gages sont-ils commerçants? *Oui*, suivant arrêt de la C. R. de Paris du 2 niv. an XI; *Non*, suivant arrêts de la C. R. de Bruxelles des 4 mai 1807 et 28 mai 1808.

51. SERRURIER. Le serrurier en bâtiment qui achète habituellement du fer pour le revendre après l'avoir travaillé, est essentiellement commerçant, encore qu'il travaille pour des entreprises ou des commandes (Cass. 5 mars 1812).

52. SPECTACLES (Entrepreneur de). La profession des entrepreneurs de spectacles est essentiellement commerciale (art. 632 du C. de comm.).

53. TAILLEUR D'HABITS. Le maître-tailleur d'habits qui vend les étoffes qu'il confectionne, est commerçant (Bordeaux, 22 juin 1836).

54. TAILLEUR DE PIERRES. Un maître tailleur de pierres n'est pas commerçant, s'il se borne à tailler lui-même ou à faire tailler par ses ouvriers les pierres qui lui sont confiées pour cet objet. Mais s'il achète habituellement des pierres brutes, pour les revendre après les avoir travaillées, il peut, à juste titre, être considéré comme un commerçant (Cass. 15 déc. 1830).

55. TEINTURIER. Un teinturier imprimeur en toiles n'est pas réputé commerçant (Turin, 11 déc. 1811).

§ 2. DE LA MENTION DE LA PATENTE DE CEUX QUI EXERCENT UN COMMERCE, UNE PROFESSION OU UNE INDUSTRIE.

56. *Nul ne pourra former de demande, ni fournir aucune exception ou défense en justice, ni faire aucun acte ou signification par acte extra-judiciaire, pour tout ce qui serait relatif à son commerce, sa profession ou son industrie, sans qu'il soit fait mention en tête des actes, de la patente prise avec désignation de la classe, de la date, du numéro et de la commune où elle aura été délivrée, à peine d'une amende de cinq cents francs* (maintenant cinquante francs), *tant contre les particuliers sujets à la patente, que contre les fonctionnaires publics qui auraient fait ou reçu lesdits actes, sans mention de la patente. La condamnation à cette amende, sera poursuivie au tribunal civil du département, à la requête du commissaire du pouvoir exécutif près ce tribunal. Le rapport de la patente ne pourra suppléer au défaut de l'énonciation, ni dispenser de l'amende prononcée ci-dessus* (Loi du 1er brum. an VII, art. 37).

57. *Les notaires, greffiers, avoués et huissiers, sont tenus de faire mention de la patente des particuliers qui y sont sujets, dans tous les actes et exploits, le tout sous peine de l'amende de cinq cents francs* (50 *fr.*) prononcée par l'art. 37 de la loi du 1er brum. an VII (Ord. R. du 23 déc. 1814).

58. Un notaire doit-il prêter son ministère à la partie qui ne représente pas la patente à laquelle elle est assujettie? suffit-il pour éviter la contravention, qu'il mentionne dans son acte que le commerçant n'est pas muni de patente? *Oui*, suivant arrêts de la C. R. d'Aix, du 4 déc. 1835, de la C. R. d'Angers du 4 av. 1838, et jug. de la Seine du 18 nov. 1836. *Non*, suivant arrêt de la C. R. d'Orléans, du 3 février 1836.

59. Depuis le 1er janvier 1838, on doit ajouter trois centimes additionnels au principal de la contribution des patentes, pour tenir lieu du droit de timbre des livres de commerce, qui en sont, en conséquence, affranchis. Aucune partie de ces centimes additionnels n'entrera dans le calcul de la portion du droit des patentes, qui est attribuée aux communes (art. 4 de la loi de finances du 20 juill. 1837).

60. Il y a amende quand on se borne à dire que les parties sont dûment patentées, mais qu'elles ne peuvent représenter leurs patentes de l'année, parce que les rôles ne sont pas encore établis. (Déc. Min. Fin. 25 mars 1824).

61. L'amende est encourue quand le numéro seul de la patente est rappelé (Déc. Min. Fin. 3 oct. 1817 et 17 av. 1831).

62. Une patente est suffisamment mentionnée, quand on s'exprime ainsi dans l'acte : « Patenté sous le no 1er du rôle supplémentaire des patentes de la présente année, demeurant à.... » (Cass. 11 mai 1831).

63. Ce n'est pas la patente de l'année où la fourniture des marchandises a été faite, qu'il faut relater dans l'acte, mais bien la patente de l'année où l'acte a été rédigé.

64. Peut-on se dispenser d'énoncer la patente de l'année courante, du premier janvier au premier avril, en rappelant celle de l'année précédente? *Oui*, suivant une solution de la Régie du 16 niv. an VII, et un arrêt de Cass. du 21 therm. an IX, - Sir. 7, 2, 1096. *Non*, suivant une autre solution du 4 mars 1815.

65. Lorsque les notaires et autres fonctionnaires ont fait mention de la patente dans les actes qu'ils rédigent, le but de la loi est atteint, et on ne peut ni exiger d'eux la représentation de la patente mentionnée, ni requérir contre eux une condamnation à l'amende (V. le n. suiv.)

66. La loi n'exige pas que les tribunaux fassent mention de la patente des parties dans le prononcé de leurs jugements, et ne les autorise pas non plus, soit à requérir la représentation de la patente à l'audience, avant de statuer sur les contestations, soit à prononcer d'office sur les contraventions aux droits de patente (Déc. Min. Fin. 30 janv. 1821).

67. Les procès verbaux de vérification et d'affirmation de créances, devant être considérés plutôt comme l'œuvre du juge, que comme celle du greffier, il n'est pas nécessaire qu'ils contiennent la mention de la patente de chaque créancier (Déc. Min. Fin. 25 août 1826).

68. Un greffier de justice de paix n'est pas en contraven-

tion, pour avoir omis de relater dans un acte de prorogation de compétence, la patente d'individus qui y sont assujettis, parce que cette prorogation ne peut être considérée comme un acte du greffe, et qu'elle se rattache au jugement qui en est la suite (solut. 20 mai 1831).

69. Les avoués des cours royales son tenus, de même que les avoués des tribunaux de première instance, de mentionner dans les actes de leur ministère, les patentes des commerçants dénommés dans ces actes, comme parties requérantes (Déc. Min. Fin. 26 fév. 1819).

Il a été fait application des règles ci-dessus, dans les cas suivants :

70. BREVET D'APPRENTISSAGE. Doit-on mentionner la patente d'un artisan, dans l'acte par lequel il s'engage à montrer son état à un apprenti ? La question n'a pas encore reçu de solution ; toutefois, la négative nous paraît préférable, par le motif que tout individu peut montrer une profession, sans être soumis à la patente, et que enseigner et exercer un état, sont deux choses différentes.

70 *bis*. COMMERÇANT. — V. *inf.* n. 85, et note 49, n. 31.

71. COMMISSAIRE PRISEUR. Les commissaires priseurs sont soumis à la patente (ord. R. 16 janv. 1822).

72. Ils ne sont pas tenus, sous peine d'amende, de relater dans leurs actes la patente à laquelle ils sont assujettis (Déc. Min. Fin. 26 mai 1825).

73. Mais ils doivent, sous peine d'amende, mentionner dans les ventes de marchandises faites à la requête de marchands la patente des requérants (Jug. de Rouen, 10 mai 1826).

74. CONCIERGE. Le concierge d'un cercle, qui vend à son profit aux membres de ce cercle, et même aux personnes étrangères qui y sont admises, des objets de consommation, tels que café, liqueurs etc., doit être assimilé aux cafetiers, et soumis comme tel à la patente de troisième classe (ord. du Cons. d'Ét. 26 déc. 1840, -Devil., 41, 2, 198).

75. CONTRAVENTIONS (Constatation de). Le procès verbal constatant une contravention à la loi, doit mentionner que l'acte est relatif au commerce, à la profession ou à l'industrie des parties. L'apport des minutes ne peut suppléer à ce défaut d'indication (Cass. 20 août 1833).

76. ESTIMATEUR HABITUEL. Est assimilé aux arpenteurs et, à ce titre, assujetti à la patente, l'estimateur habituel des objets mobiliers et de la bonne et mauvaise exploitation des métairies, lors de la sortie des fermiers (Déc. du cons. d'Ét. du 3 fév. 1835).

77. EXPERT. Les particuliers nommés experts par les tribunaux, et dont la profession est sujette à la patente, ne sont assujettis ni à représenter leur patente, ni à en faire mention dans leurs procès verbaux (délib. 17 oct. 1815).

78. HUISSIER. L'huissier qui a signifié, sans faire mention de la patente du requérant, un exploit préparé par un autre huissier, n'a pas de recours contre ce dernier pour le remboursement de l'amende encourue (Jug. de Joigny, 18 nov. 1826).

79. Un huissier n'est pas tenu, sous peine d'amende, de faire mention de sa patente dans les actes de son ministère (Jug. de Charleville, 26 janv. 1843).

80. JOURNALIER. Les journaliers ne sont dispensés de la patente qu'autant qu'ils travaillent pour les maîtres du même état. S'ils travaillent pour leur propre compte, à la journée ou à l'entreprise, ils sont sujets à la patente (Jug. de St.-Flour 19 déc. 1827 ;— Délib. 29 av. 1828).

81. MAIN-LEVÉE. Il n'est pas nécessaire d'énoncer la patente des parties dans la main-levée d'une inscription prise en vertu d'une obligation consentie pour fait de commerce, par un commerçant au profit d'un autre (Jug. de Saint-Quentin, 26 janv. 1831).

82. MAISONS DE COMMERCE. Les gérants des maisons de commerce qui ne sont point associés dans ces maisons, ne sont point assujettis à la patente (Ord. R. du 20 janv. 1819). — V. *inf.* n. 86.

83. MANDATAIRE. Il y a contravention, lorsqu'un notaire n'énonce pas dans un acte, la patente de l'une des parties représentée par un mandataire, quoique la procuration annexée contienne la mention de la patente (Jug. d'Hazebrouck, 19 nov. 1842).

84. MARCHAND DE BESTIAUX. Ne doit pas être imposé à la patente de marchand de bestiaux, le propriétaire ou fermier qui se borne à vendre des bestiaux nourris et engraissés sur les pâturages par lui exploités (Ord. R., 18 août 1842).

85. OBLIGATIONS NOTARIÉES. Les notaires ne sont pas tenus d'énoncer la patente d'un commerçant dans une obligation consentie pour prêt fait en *espèces*, parce que les art. 632 et 638 du C. de comm. sont exclusivement relatifs à la compétence des tribunaux (Cass. 15 mars 1832; — Jug. de Béthune, 25 juill. 1835; — Délib. 17 oct. 1828; — *Contrà*, Paris, 23 juin 1807 ; 6 déc. 1814 ; 6 août 1819 ; — Douai, 7 fév. 1825).

86. Mais il y a obligation d'énoncer la patente : 1° Dans une obligation souscrite par les gérants d'une société pour le compte de cette société (Jug. de la Seine, du 9 janv. 1840). — V. ci dessus n. 82 ; — 2° Dans une obligation consentie par un tisserand au profit d'un marchand d'étoffes pour fourniture de marchandises (Jug. de Provins, 14 mai 1841).

87. REMPLACEMENT MILITAIRE. Il y a contravention, lorsque, dans un acte de remplacement militaire, passé entre un particulier et une compagnie, ou un agent de remplacement, on n'énonce pas la patente de l'agent ou de la compagnie (Paris, 28 mai 1842 ; — jug. de Vitré. 10 fév. 1841).

88. SAISIE-ARRÊT. L'énonciation de la patente n'est pas de rigueur dans une dénonciation de saisie-arrêt, faite à la requête d'un commerçant pour un fait étranger à son commerce (Cass. 29 déc. 1829).

89. SOCIÉTÉ. — V. *sup.* n. 82, 86.

90. VENTE. La vente d'un fonds de commerce constitue-t-elle un acte commercial, et le notaire qui la reçoit, doit-il énoncer la patente du vendeur? *Oui*, suivant deux jugements de la Seine des 26 déc. 1829 et 23 nov. 1831. *Non*, suivant jugements de la Seine du 25 mars 1835 et de Châtillon-s.-Seine du 30 déc. même année.

91. Dans tous les cas, il n'y a pas d'obligation d'énoncer la patente, quand la vente est faite par la veuve et les héritiers du commerçant (même jug. du 26 déc. 1829).

92. Suivent le tableau des patentables, et le tarif du droit de patente, d'après la loi du 1 brum. an VII.

Classes des patentes.	INDICATION ALPHABÉTIQUE DES PROFESSIONS SUJETTES A PATENTE.	TARIF DU DROIT DE PATENTE EU ÉGARD A LA POPULATION. de 100,000 âmes et au-dessus.	de 50,000 âmes à 100,000.	de 30,000 âmes à 50,000.	de 20,000 âmes à 30,000.	de 10,000 âmes à 20,000.	de 5,000 âmes à 10,000.	au-dessous de 5,000 âmes.
		fr.	fr.	fr.	fr.	fr.	fr.	fr.
1	1° *Agents* de change; 2° *armateurs*; 3° *chiffonniers* en gros; 4° *commissionnaires* de marchandises; 5° *courtiers*; 6° *directeurs* d'agences ou bureaux d'affaires; 7° *directeurs* d'établissements de ventes à l'encan; 8° *entrepreneurs* d'établissements de ventes à l'encan; 9° *entrepreneurs* de la République; 10° *fournisseurs* de la République; 11° *marchands de bois* en chantier ou en magasin, ou exploitant ventes dans les bois, forêts et plantations de la République, des communes ou des particuliers; 12° *marchands de bois* de marine; 13° *marchands de charbon* de terre en gros; 14° *marchands en gros* de draperie, mercerie, soierie, étoffes de coton, toilerie, linon, mousseline, gazes, dentelles, acier, fer et autres métaux, quincaillerie, vins, liqueurs, vinaigre, épicerie, droguerie, cuirs et peaux; 15° *marchands* tanneurs	300	240	180	120	80	50	40
2	1° *Apothicaires*; 2° *architectes*; 3° *bijoutiers*; 4° *brasseurs*; 5° *confiseurs*; 6° *constructeurs* de navires; 7° *distillateurs*; 8° *entrepreneurs* de bâtiments; 9° *horlogers*; 10° *joailliers*; 11° *imprimeurs*; 12° *lapidaires*; 13° *marchands en détail* de draperie, étoffes en soie, toilerie, étoffes de coton, mousselines, s'ils en font leur principal commerce; 14° *notaires* (*); 15° *orfèvres*; 16° *pharmaciens*; 17° *restaurateurs*; 18° *traiteurs*.	100	80	60	40	30	25	20
3	1° *Amidonniers*; 2° *aubergistes*; 3° *carrossiers*; 4° *charcutiers*; 5° *ciriers*; 6° *corroyeurs*; 7° *détenteurs*, *entrepreneurs* et *fermiers* de bacs sur les fleuves et rivières; 8° *fabricants* d'eau-de-vie; 9° *fourreurs*; 10° *huissiers* et *huissiers-priseurs*; 11° *jaugeurs* de liquides; 12° *limonadiers*; 13° *maîtres* de billard; 14° *maîtres* d'hôtel garni; 15° *manchonniers*; 16° *marchands* cartiers et cartonniers; 17° *marchands* de chevaux et autres bêtes de somme, de bœufs, vaches, veaux, moutons et cochons; 18° *marchands* de comestibles; 19° *marchands* cordonniers; 20° *marchands en détail* de linons, gazes, dentelles, droguerie et teinture; de laine, fil et coton; 21° *marchands* de grains autres que ceux de leurs récoltes; 22° *marchands merciers* en détail; 23° *marchands* de papier; 24° *marchands* de rubans; 25° *marchands*-tailleurs; 26° *marchands* de vin, liqueurs et vinaigre; 27° *pâtissiers*; 28° *paumiers*; 29° *peseurs-jurés*; 30° *propriétaires* de bâtiments faisant le cabotage; 31° *rôtisseurs*; 32° *tanneurs*; 33° *tapissiers*.	75	60	45	30	25	20	15
4	1° *Appréteurs* d'étoffes; 2° *armuriers*; 3° *bains publics* (teneurs de); 4° *bonnetiers*; 5° *chapeliers*; 6° *couteliers*; 7° *couvreurs*; 8° *dentistes*; 9° *ébénistes*; 10° *éperonniers*; 11° *fabricants* de couvertures de soie, coton ou laines; 12° *fripiers*; 13° *gantiers*; 14° *libraires*; 15° *loueurs* de chevaux et de voitures suspendues; 16° *maîtres* de traçons; 17° *marchands* de bois n'exploitant point de ventes dans les bois, forêts et plantations de la République et des particuliers, et n'ayant ni chantiers ni magasins; 18° *marchands* de couleurs, de boutons; 19° *marchands* d'écorces, tan et tourbe; de fayence; de meubles; d'objets de curiosité; de papiers peints; de verre et verroterie; de porcelaine et cristaux, modes, plumes peintes, fleurs artificielles; 20° *marchands en détail* de fer, acier et autres métaux, épicerie, quincaillerie, cuirs et peaux; 21° *mesureurs* de sels; de toiles et autres étoffes; 22° *officiers* de santé; 23° *parfumeurs*; 24° *perruquiers*-coiffeurs de dames; 25° *plombiers*; 26° *selliers*; 27° *serruriers*; 28° *taillandiers* . . .	50	40	30	20	15	10	8

(a) Maintenant les Notaires exercent sans patente, mais ils sont assujettis à un cautionnement (*L. 25 vent. an XI, art. 33*).

Classes des patentes.	INDICATION ALPHABÉTIQUE DES PROFESSIONS SUJETTES A PATENTE.	TARIF DU DROIT DE PATENTE EU ÉGARD A LA POPULATION. de 100,000 âmes et au dessus.	de 50,000 âmes à 100,000.	de 30,000 âmes à 50,000.	de 20,000 âmes à 30,000.	de 10,000 âmes à 20,000.	de 5,000 âmes à 10,000.	au-dessous de 5,000 âmes.
		fr.	fr.	fr.	fr.	fr.	fr.	fr.
5	1° *batteurs* d'or ; 2° *blatiers*; 3° *bouchonniers* ; 4° *boulangers*; 5° *bourreliers*; 6° *boyaudiers*; 7° *brossiers* ; 8° *cabaretiers* ; 9° *charpentiers* ; 10° *charrons* ; 11° *constructeurs* de barques, bateaux et batelets ; 12° *déchireurs* de bateaux; 13° *entrepreneurs* de pavé, de chaussées et routes; de vidanges ; 14° *évantaillistes* ; 15° *ferblantiers* ; 16° *facteurs* d'instruments de physique , d'astronomie et de mathématiques ; 17° *fumistes* ; 18° *galonniers* ; 19° *layetiers*; 20° *lunettiers*; 21° *luthiers*; 22° *marchandes*-lingères ; 23° *marchands* de baromètre; de briques, ardoises, tuiles, plâtre, chaux et lattes; de chanvre, lin et filasse; de résine, de poudre à tirer; de cordes et cordages; de chocolat, macaroni et autres pâtes de même nature; de cannes; de musique et de cartes de géographie; de tableaux et gravures en boutique ; 24° *mariniers* en chef; 25° *mégissiers* ; 26° *menuisiers*; 27° *meuniers*; 28° *miroitiers* ; 29° *opticiens*; 30° *poêliers*; 31° *tablettiers*; 32° *tireurs* d'or; 33° *tourneurs* sur métaux	40	32	24	16	10	8	5
6	1° *Argenteurs* ; 2° *arpenteurs*; 3° *boisseliers*; 4° *bouquinistes*; 5° *carreleurs*; 6° *chaudronniers* ; 7° *coffretiers* ; 8° *cordiers*; 9° *crémiers*; 10° *dégraisseurs*; 11° *distillateurs* d'eau-forte ; 12° *doreurs* ; 13° *fabricants* à métiers pour leur compte ; 14° *fabricants* de colle ; 15° *fondeurs* ; 16° *fourbisseurs* ; 17° *friseurs* de laine ; 18° *fruitiers* en boutique ; 19° *grainiers* ; 20° *herboristes* ; 21° *imprimeurs* en taille-douce; 22° *lamiers*; 23° *laveuses* de cendres; 24° *malletiers*; 25° *marbriers* ; 26° *marchands* d'eaux minérales; de tabac, gibier et volailles; de fourrages, de salins et potasse; de parasols; de peaux pour l'habillement et l'armement ; 27° *maréchaux-ferrants* ; 28° *nattiers* ; 29° *parcheminiers* ; 30° *plâtriers* ; 31° *potiers* d'étain; de terre; 32° *restaurateurs* de tableaux; 33° *revendeurs*; 34° *rubaniers*; 35° *teinturiers*; 36° *tondeurs*; 37° *tonneliers* ; 38° *vanniers* ; 39° *voiliers*	30	24	18	12	8	5	4
7	1° *Balanciers*; 2° *bimbelotiers*; 3° *bouviers* pour le transport des marchandises ; 4° *brodeurs* ; 5° *charbonniers* ; 6° *cloutiers* ; 7° *conducteurs* de voitures pour le transport des marchandises; 8° *cordonniers*; 9° *couturières*, 10° *épingliers*; 11° *ferrailleurs*; 12° *fontainiers*; 13° *gainiers*; 14° *galonniers* ; 15° *graveurs* sur métaux ; 16° *marchands* de charbon de terre en détail; de jouets d'enfants; de poisson frais et salé, de sabots , de sel; 17° *passementiers*; 18° *patachiers*; 19° *perruquiers*; 20° *pompiers*; 21° *relieurs*; 22° *tailleurs*; 23° *tailleurs* de pierres; 24° *tisserands*; 25° *tourneurs* en bois; 26° *vendeurs* de bière, cidre et eau-de-vie en détail; 27° *vitriers*; 28° *voituriers* pour le transport des marchandises	20	16	12	8	5	4	3

TARIF du droit de patente sans égard à la population et indication des professions sujettes à ce droit de patente.

	DROIT DE 500 F.	DROIT DE 200 FR.	DROIT DE 40 FR.	DROIT DE 30 FR.	DROIT DE 20 FR.	DROIT A ARBITRER.
	—	—	—	—	—	—
HORS CLASSE.	Les banquiers.	Les courtiers de navires et de marchandises, entrepreneurs de roulage, de voitures publiques par terre et par eau.	Les marchands forains avec voitures.	Les colporteurs avec chevaux ou autres bêtes de sommes.	Les colporteurs avec balle, soit qu'ils aient domicile ou non.	Les entrepreneurs ou directeurs de spectacles ou autres amusements publics, dans lesquels les spectateurs paient leurs places, une représentation complète, établie d'après le nombre et le prix de chaque place.

[44]

DE LA CONSTATATION ET POURSUITE DES CONTRAVENTIONS. — PROCÈS-VERBAUX — CONTRAINTES.

DIVISION SOMMAIRE.

Indication alphabétique.

§ 1er. PRINCIPES GÉNÉRAUX.

1. *Toutes suspensions, destitutions, condamnations d'amendes et dommages-intérêts, seront prononcées contre les notaires par le tribunal civil de leur résidence, à la requête des parties intéressées ou d'office à la poursuite et diligence des procureurs du roi. Ces jugements seront sujets à l'appel et exécutoires par provision, excepté quant aux condamnations pécuniaires* (L. du 25 vent. an XI, art. 53). — La voie de l'appel est ouverte au ministère public comme aux notaires (Cass. 29 oct. 1830, Devill. 31, 49).

2. *Le premier acte de poursuite pour le recouvrement des droits d'enregistrement, et le paiement des peines et amendes prononcées par la présente, sera une contrainte; elle sera décernée par le receveur ou préposé de la régie; elle sera visée et déclarée exécutoire par le juge de paix du canton où le bureau sera établi, et elle sera signifiée. — L'exécution de la contrainte ne pourra être interrompue que par une opposition formée par le redevable, et motivée avec assignation à jour fixe, devant le tribunal civil du département; dans ce cas, l'opposant sera tenu d'élire domicile dans la commune où siége le tribunal* (L. 22 frim. an VII, art. 64).

La manière d'instruire les instances dans le cas prévu par cet article, est indiquée *sup.* p. 128, note 18 n. 552 et suiv. et *inf.* n. 35.

3. *Le recouvrement des droits de timbre et des amendes de contravention y relatives, sera poursuivie par voie de contrainte; et en cas d'oppositions, les instances seront instruites et jugées selon les formes prescrites par les lois des 22 frim. an VII et 27 vent. an IX sur l'enregistrement. — En cas de décès des contrevenants, lesdits droits et amendes seront dus par leurs successeurs, et jouiront, soit dans les successions, soit dans les faillites ou tous autres cas, du privilége des contributions directes* (L. 28 av. 1816, art. 76).

4. Ainsi, c'est le procureur du roi, qui poursuit les contraventions dans le cas spécifié *sup.* n. 1, alors la défense orale du prévenu a lieu comme en matière civile (C. proc. 85.), et la voie d'appel lui est ouverte; tandis que dans les cas mentionnés *sup.* n. 2 et 3, c'est la régie qui poursuit, et le ministère public doit seulement être entendu, la défense a lieu par mémoires respectivement signifiés, et il n'y a point lieu à appel.

5. La connaissance d'une contravention aux lois sur le timbre et l'enregistrement, appartient au tribunal du lieu dans lequel la contravention a été constatée, et non au tribunal du domicile du contrevenant (C. Cass. de Belgique 27 fév. 1828).

§ 2. QUI A LE DROIT DE CONSTATER LES CONTRAVENTIONS.

6. Tous les employés de l'administration de l'enregistrement, ont le droit de constater les contraventions par des procès-verbaux faisant foi jusqu'à preuve contraire (Orléans, 27 mars 1835; — Cass. 16 mars 1836).

7. Ce droit s'étend non-seulement aux contraventions passibles d'amende, mais encore à toutes les irrégularités ou infractions à la loi du 25 vent an XI.

8. Il s'étend même aux contraventions commises par les notaires à l'art. 176 du C. de comm. qui leur prescrit de tenir un registre particulier pour y transcrire en entier jour par jour et par ordre de date, les protêts qu'ils ont faits (déc. de la Régie, 16 août 1825).

§ 3. COMMENT SE CONSTATENT LES CONTRAVENTIONS.

9. Les employés qui dressent des procès-verbaux de contravention à la loi du 25 vent. an XI, doivent s'abstenir de faire aucune mention en marge des actes qu'ils considèrent comme irréguliers, ils doivent se borner à faire connaître la sincérité de leurs procès-verbaux par le notaire contrevenant, sauf, en cas de refus, à l'affirmer devant le juge de paix. En conséquence, les employés ne peuvent ajouter, à la suite de la relation d'enregistrement apposée sur une minute, la réserve de poursuivre le notaire à raison d'une contravention (Jug. de Montdidier, 6 déc. 1833). — V. les notes 35, n. 5, et ci-après § 6.

10. La rédaction d'un procès-verbal n'est prescrite que pour les contraventions qui entraînent une peine quelconque. Quant aux irrégularités qui n'entraînent aucune peine, il doit en être fait un relevé, qui, de même que les procès-verbaux, est transmis au procureur du roi (Instr. gén. 21 frim. an XIII; 21 juin 1808; 5 juin 1837).

11. Il n'est pas nécessaire que les procès-verbaux constatant des contraventions aux lois sur le timbre soient rédigés au lieu et au moment où les contraventions sont reconnues (Jug. d'Epernay, 23 mars 1838).

12. L'affirmation des procès-verbaux, devant le juge de paix, n'est pas nécessaire quand les pièces sont dans les mains des préposés de l'administration (Cass. 21 germ. an X).

13. Mais l'affirmation dans les vingt-quatre heures doit avoir lieu s'il n'y a pas de pièces à l'appui, qui constatent la contravention. Toutefois, il a été décidé qu'un procès-verbal constatant le refus fait par un notaire de communiquer un acte est valable quoique non affirmé devant le juge de paix (Jug. d'Autun, 10 juill. 1838). — Il a été aussi décidé par le même jugement : 1° Que la preuve testimoniale n'était pas admissible contre l'exactitude du procès-verbal. 2° Qu'aucune circonstance ne devait empêcher la communication des actes, d'après l'art. 54 de la loi du 22 frim. an VII. 3° Et que les préposés pouvaient dresser des procès-verbaux après les heures fixées par l'art. 1037 du C. de proc. civ.

14. La loi du 14 fruct. an III, qui exige que les procès-verbaux soient affirmés, ne dispose que pour les matières de douanes, et ne peut s'étendre aux contraventions relatives au timbre (Cass. 13 mess. an IX, 2 brum. an XI, 26 frim. an XIII), et même en matière d'enregistrement proprement dite, l'affirmation n'est pas nécessaire pour la validité du procès-verbal (Cass. 26 juin 1820).

15. Le délai de vingt-quatre heures, accordé pour l'affirmation, se compte d'heure à heure, à peine de nullité du procès-verbal; (Cass. 5 janv. 1809).

16. La loi n'exige point que dans l'affirmation, on rappelle en détail les faits établis au procès-verbal, il suffit qu'elle porte sur la vérité du contenu en ce procès-verbal (Cass. 19 fév. 1808).

17. S'il y avait faux dans le procès-verbal, le défaut d'affirmation ne détruirait pas l'existence de ce faux (Cass. 20 nov. 1807).

18. On doit affirmer dans les vingt-quatre heures, les procès-verbaux de contravention au notariat, toutes les fois que les contraventions non reconnues par les contrevenants pourraient être ensuite déguisées (Sol. 12 janv. 1833).

19. Toutefois, le procès-verbal constatant le refus fait par un notaire de communiquer son répertoire aux préposés, ne peut être argué de nullité, ni à raison du défaut d'affirmation dans les vingt-quatre heures, ni à cause de la parenté entre ce notaire et l'adjoint du maire, qui a assisté à la rédaction de ce procès-verbal (Cass. 14 mars 1820).

20. Pour poursuivre le paiement d'une amende encourue par un notaire ou autre officier public, il n'est pas nécessaire de faire viser, approuver ou affirmer le procès-verbal qui constate les contraventions qui ont donné lieu à l'amende ; la contrainte seule est sujette aux formalités voulues par la loi (Cass. 9 juin 1813).

§ 4. QUI A LE DROIT DE POURSUIVRE LES CONTRAVENTIONS.

21. C'est au ministère public et non à la régie à poursuivre la condamnation au paiement d'une amende qu'elle prétend avoir été encourue par un notaire, pour défaut du dépôt de l'extrait d'un contrat de mariage de commerçant (Cass. 10 déc. 1822).

22. Il en est de même de toutes autres contraventions aux lois sur le notariat (Cass. 30 juin 1814 et 16 mars 1816; — Déc. Min. Just. 4 juill. 1838.

23. Il y a toutefois exception : 1° Pour les contraventions relatives aux poids et mesures, l'art. 5 de la loi du 4 juill. 1837, qui porte que le recouvrement des amendes se fera par *voie de contrainte*, ayant rendu inapplicable l'art. 53 de la loi du 25 vent. an XI. — 2° Et pour les contraventions encourues aux termes de la loi du 22 frim. an VII, relative aux droits d'enregistrement et aux peines et amendes qu'elle prononce (art. 49, 64 et 65 de la d. loi)

24. La contrainte est le premier acte de poursuite, lorsqu'il s'agit : 1° du recouvrement des droits d'enregistrement, peines et amendes, prononcées par la loi du 22 frim. an VII, (art. 64 de ladite loi). 2° De contraventions aux lois du timbre (art. 76 de la loi du 28 avr. 1816). 3° De contraventions aux lois sur les ventes publiques de meubles (art. 8 de la loi du 22 pluv. an VII). 4° Et de contraventions à la loi relative aux poids et mesures (L. 4 juill. 1837, art. 5). Quand il s'agit d'autres contraventions V. *inf.* n. 49.

25. Elle doit être décernée, visée et déclarée exécutoire, et l'exécution ne peut en être interrompue que de la manière indiquée *sup.* n. 2.

26. Les contraintes rendues exécutoires, ne confèrent point hypothèque (Cass. 28 janv. 1828).

27. Elles doivent être signifiées par les huissiers de la justice de paix, et à personne ou domicile, sous peine de nullité (Cass. 23 fév. 1807). Elles peuvent cependant l'être au domicile du mandataire du contraignable, ayant pouvoir à cet effet (Cass. 24 juin 1806). — V. note 20.

28. La régie, après s'être désistée d'une contrainte paraissant irrégulière, peut en décerner une autre pour le même droit (Cass. 16 mai 1821).

29. L'opposition suspend l'exécution de la contrainte (Cass. 12 therm. an IX, et 15 prair. an XIII).

30. S'il n'y a pas d'opposition à la contrainte, l'action

se prescrit par une interruption de poursuites pendant une année (art. 61 de la loi du 22 frim. an VII).

31. L'opposition à la contrainte avec assignation, constituant l'instance, on ne peut point dès-lors opposer comme moyen de prescription, le défaut de réponse dans l'année; il n'y a plus, dans ce cas, à éviter que la péremption d'instance qui est de trois ans (Cass. 27 juill. 1813).

32. Un itératif commandemment fait dans l'année de la signification de la contrainte, suffit, aux termes de l'art. 2244 du C. civ., pour empêcher la prescription d'être acquise par interruption de poursuites (Cass. 1 av. 1834).

33. La prescription annale résultant de l'interruption de poursuites sans instance engagée, ne peut être invoquée que contre les demandes soumises aux prescriptions spéciales prononcées par l'art. 61 de la loi de frimaire. Elle ne pourrait être opposée à une demande qui ne serait susceptible d'être prescrite que par trente ans (Délib. 22 sept. 1835).

34. Il y a interruption de poursuites, pendant une année, et par conséquent prescription, lorsqu'une demande en restitution, signifiée le 30 juin 1827, sans qu'aucune instance ait été ouverte, n'a été renouvelée que le 30 juin 1828 (délib. 9 fév. 1830).

35. *L'instruction des instances se fait par simples mémoires respectivement signifiés. Il n'y aura d'autres frais à supporter pour la partie qui succombera, que ceux du papier timbré, des significations, du droit d'enregistrement des jugements. Les tribunaux accorderont, soit aux parties, soit aux préposés de la régie qui suivront les instances, le délai qu'ils leur demanderont pour produire leurs défenses. Il ne pourra, néanmoins, être de plus de trois décades; les jugements seront rendus dans les trois mois au plus tard, à compter de l'introduction des instances, sur le rapport d'un juge, fait en audience publique, et sur les conclusions du commissaire du directoire. Ils seront sans appel et ne pourront être attaqués que par voie de Cassation* (L. du 22 frim. an VII, art. 65). — Ce délai de trois mois n'est point de rigueur, il est purement réglementaire (Cass. 7 juill. 1840).

36. Il y a exception à ce qui est dit au numéro qui précède, lorsque la partie actionnée par la régie, voulant exercer une action récursoire contre un tiers, appelle celui-ci en garantie, car alors le débat est plutôt entre ceux-ci, qu'avec la régie : or, dans ce cas, ils peuvent constituer avoués, signifier des conclusions, et appeler des jugements (Ind. de jug. de Tours du 2 av. 1832, réformé par la C. R. d'Orléans le 12 juin 1833, déféré à la cour de Cass. qui a rejeté le pourvoi le 23 déc. 1835, aff. la Régie c. Ernoult, qui a mis en cause Me Bidaut, notaire, lequel a appelé en garantie le receveur d'enregistrement auquel il reprochait de n'avoir point, dans les vingt-quatre heures, enregistré l'acte dont il s'agissait et qu'il disait lui avoir déposé en temps utile). — V. note 18 n. 480.

37. Les contraintes sont toujours soumises à la condition d'augmenter ou diminuer s'il y a lieu (Cass. 27 mars 1810).

38. En matière de contravention au timbre des avis, journaux, etc, la régie n'est pas assujettie à faire précéder sa contrainte de la signification du procès-verbal, dans les trois jours de sa date (Jug. d'Epernay. 23 mars 1838).

39. Toutefois, à l'égard de certaines contraventions que les officiers publics peuvent faire disparaître, les employés de la régie doivent rapporter un procès-verbal faisant foi jusqu'à preuve contraire (V. *sup.* § 3).

40. Une contrainte n'est pas nulle pour ne pas contenir l'énonciation du titre sur lequel elle est fondée, lorsque d'ailleurs, les fausses énonciations ont été rectifiées dans l'instance par la régie (Cass. 25 juill. 1814).

§ 6. CONTRAVENTIONS A CONSTATER PAR PROCÈS-VERBAL SUIVI DE CONTRAINTE. —

V. note 18, n. 551 et suiv.

41. Lorsque les contraventions, telles que celles relatives aux timbres des affiches, avis, journaux et papiers de musique, sont fugitives, elles doivent être constatées par des procès-verbaux auxquels on annexe les exemplaires saisis, avec indication des circonstances et du nom du distributeur ou afficheur (L. du 13 brum. an VII art. 31 et 32; L. du 28 avril 1816 art. 76).

42. Un procès-verbal est de toute nécessité pour constater les contraventions aux lois sur le timbre, même depuis la loi du 28 av. 1816; la voie de contrainte que l'art. 76 de cette loi a substitué aux assignations n'est nullement exclusive des procès-verbaux, qui doivent, au contraire, servir de base aux contraintes (Cass. 26 fév. 1835).

43. Ce procès-verbal n'est pas sujet à affirmation (Cass. 2 brum. an X; 13 brum. an X; 26 frim. an XIII), parce que la preuve matérielle de la contravention est rapportée.

44. Les préposés ne sont autorisés à retenir les actes en contravention à la loi du timbre, que dans le cas où ils leur sont présentés. Ils ne pourraient le faire, si ces actes n'étaient que joints accidentellement à un autre acte soumis à l'enregistrement (Cass. 14 av. 1807).

45. Lorsque le procès-verbal emporte confiscation des objets qui constituent la contravention, comme dans le cas de faux timbres, ou de papiers vendus sans titre, sa nullité pour vide de forme ne dispense pas de prononcer la confiscation (décret du 1er germ an XIII; — Cass. 2 oct. 1818).

46. Lorsque des injures, menaces ou voies de fait ont eu lieu contre un employé qui en a dressé procès-verbal, l'action doit être exercée personnellement par cet employé, si les injures étaient étrangères à ses fonctions, qui n'ont été ni troublées ni empêchées (Cass. 12 janv. 1819).

47. Dans le cas ci-dessus, le procès-verbal de l'employé ne fait pas foi jusqu'à preuve contraire, parce qu'il a pu être rédigé dans son propre intérêt; en conséquence, la preuve par témoins doit être administrée (Bordeaux, 14 mars 1840).

48. Lorsqu'un acte s. s. p. a été trouvé parmi les minutes d'un notaire, le procès-verbal du préposé de la régie, doit être rédigé contradictoirement avec ce notaire, et à défaut, avec l'assistance du maire ou de l'adjoint, ou en tirant une copie collationnée et en forme de l'acte s. s. p. conformément aux art. 52, 54 et 56 de la loi du 22 frim. an VII, autrement le procès-verbal devient insuffisant pour autoriser la régie à réclamer l'amende et les droits dûs sur l'acte (Jug. de Montargis 1er mars 1830).

Co

§ 7. CONTRAVENTIONS A CONSTATER PAR PROCÈS-VERBAL A REMETTRE ENSUITE AU PROCUREUR DU ROI.

49. Doivent être remis au procureur du roi (V. *sup.* n. 4), qui poursuit au nom du ministère public, les procès-verbaux de contravention aux lois : 1° sur le dépôt des contrats de mariage. - V. *sup.* n. 21. — 2° Sur le dépôt des répertoires. - V. L. 22 frim. an VII, art. 49. — 3° Sur le notariat. - V. *sup.* n. 1. — Et on ne peut point considérer comme loi sur le notariat quoi qu'elle concerne les notaires, celle du 22 frim. an VII, concernant le recouvrement des droits d'enregistrement, et le paiement des droits et amendes qu'elle prononce (Cass. 29 oct. 1830, - Devill. 31, 49). — 4° Sur les patentes. - V. la note 43, n. 56. — 5° Sur l'obligation de transcrire les protêts sur un registre particulier (C. de comm. art. 176). — V. *sup.* n. 8 et 23.

§ 8. QUELLES CONTRAVENTIONS SONT A LA CHARGE DES HÉRITIERS. — V. *sup.* n. 3.

50. Pour discerner dans quels cas les héritiers sont passibles de la peine encourue par leur auteur, il faut distinguer si cette peine, d'après la loi, est appliquée aux *actes* ou aux *personnes*.

51. En matière de contraventions aux lois fiscales, comme dans toutes les autres matières, les amendes ont un caractère pénal, encore bien qu'elles se poursuivent devant les tribunaux civils : elles sont personnelles, l'action s'en éteint donc par le décès du contrevenant, lorsqu'il a lieu avant que la condamnation ait été prononcée (Cass. 9 déc. 1813). — V. *sup.* n. 1 et 4.

52. Mais lorsqu'il y a obligation ou jugement contre le contrevenant, ses héritiers deviennent passibles de l'amende et on ne peut, avant de les poursuivre, se dispenser de leur faire signifier, soit l'obligation, soit le jugement, conformément aux règles du droit civil.

53. En cas de retard à passer déclaration d'une mutation par décès, les peines prononcées sont personnelles. En conséquence, si le redevable du droit de mutation meurt débiteur du demi-droit en sus, ses héritiers ne sont point passibles de cette amende; mais s'il était décédé avant l'échéance du délai fixé par la loi pour passer la déclaration, ils deviendraient responsables de la peine du retard (Déc. Min. Fin. 15 juill. 1806).

54. Ce principe doit être appliqué au cas où des héritiers, pour empêcher l'expertise de biens acquis par leur auteur décédé, se soumettent à payer un supplément de droits *simples* sur la plus-value des dits biens (délib. 5 fév. 1825).

55. En cas de décès de ceux qui ont contrevenu aux lois sur le timbre, les droits et amendes seront dûs par leurs successeurs, et jouiront, soit dans les successions, soit dans les faillites, ou tous autres cas, du privilége des contributions directes (art. 76 de la loi du 28 avr. 1816).

56. Le triple droit prononcé par l'art. 40 de la loi du 22 frim. an VII, sur les contre-lettres s. s. p. ayant pour objet une augmentation du prix stipulé dans les ventes, ne peut être exigé des héritiers de l'acquéreur, lors même qu'elle est constatée dans un inventaire, parce que ce triple droit est exigé à titre *d'amende*; le droit simple ne peut pas même être réclamé, parce qu'il ne doit être exigé que sur les actes translatifs de propriété, d'usufruit ou de jouissance de biens immeubles, sur les déclarations de biens de même nature, et sur la plus-value résultant d'une expertise; et que les contre-lettres ne constituent ni un acte translatif, ni une déclaration de mutation, et ne peuvent suppléer une expertise (sol. 4 juin 1835, contraire à une délib. du 21 fév. 1827, portant que les héritiers des auteurs d'une contre-lettre en matière de vente d'immeubles, ne doivent pas payer l'amende prononcée par l'art. 40 de la loi du 22 frim., mais qu'ils sont seulement obligés d'acquitter le simple droit sur le montant simulé du prix).

57. La loi du 19 déc. 1790, et celle du 22 frim. an VII, ayant appliqué la peine du double-droit aux *actes* s. s. p. contenant mutation d'immeubles qui ne seraient pas enregistrés dans le délai, et non aux *personnes*, il en résulte que pour percevoir ce double droit, on n'est pas tenu de prouver l'existence des contrevenants. En conséquence, le double droit dû en exécution de l'art. 39 de la loi du 22 frim. an VII, peut être exigé, lorsque les actes sont présentés à la formalité de l'enregistrement, par les héritiers ou représentants de celui qui a contracté, ou par tout autre (Avis du cons. d'Ét. 3 et 9 fév. 1810). — Ce principe doit être appliqué aux mutations verbales, dont les héritiers acquittent les droits, lorsque la preuve de ces mutations est suffisamment établie contre eux ou leur auteur.

§ 9. DES MOYENS DE SE DÉCHARGER DES CONTRAVENTIONS. — PRESCRIPTION.

58. En matière de contraventions de la part d'officiers ministériels, poursuivis par le ministère public, tous les préposés de la régie sont sans qualité pour accepter des offres réelles d'amendes, à raison desdites contraventions; en conséquence le notaire assigné pour s'entendre condamner à une amende de contravention à la loi du 25 ventôse an XI, ne peut faire cesser l'instance par des offres réelles (Paris, 23 juill. 1826, et 17 déc. 1833). Cependant, on peut faire à la régie une offre qu'elle communique au ministère public, lequel y fait ou non droit après avoir consulté le tribunal sur la moralité ou la capacité du notaire (Sol. 12 janv. 1833).

59. ENREGISTREMENT — VENTE DE MEUBLES. *La prescription de deux ans, établie par le numéro premier (a) de l'article 61 de la loi du 22 frim. an VII, s'applique tant aux amendes de contravention aux dispositions de ladite loi, qu'aux amendes pour contraventions aux lois sur le timbre et sur les ventes de meubles. Elle court du jour où les préposés ont été mis à portée de constater les contraventions au vu de chaque acte soumis à l'enregistrement, ou du jour de la présentation des répertoires à leur visa. Dans tous les cas, la prescription pour le recouvrement des droits simples d'enregistrement et des droits de timbre,*

(a) Cet article est ainsi conçu :

Il y a prescription pour la demande des droits, savoir : 1° après deux années, à compter du jour de l'enregistrement, s'il s'agit d'un droit non perçu sur une disposition particulière dans un acte ou d'un supplément de perception insuffisamment faite, ou d'une fausse évaluation dans une déclaration et pour la constater par voie d'expertise, les parties seront également non-recevables, après le même délai, pour toute demande en restitution de droits perçus. 2°.... 3°....

qui auraient été dûs indépendamment des amendes, reste réglée par les lois existantes (L. du 16 juin 1824 art. 14). — Cet art. reproduit, à l'égard des contraventions aux lois sur l'enregistrement et les ventes publiques de meubles, la disposition d'un avis du Cons. d'Etat du 18-22 août 1810.

60. La prescription établie par l'art. 61 de la loi du 22 frim. an VII, ne s'applique point au cas où l'administration réclame des droits à raison d'actes qui n'ont jamais été présentés à l'enregistrement (Cass. 31 août 1810). Cet art., en effet, n'a pour objet que les forcements d'enregistrement, les suppléments de perception, les demandes en restitution et les expertises en cas de fausse évaluation.

61. NOTARIAT. L'action pour faire condamner aux amendes, sera prescrite après deux ans, à compter du jour où les contraventions auront été commises dans les cas déterminés : 1° par la loi du 16 floréal an IV, concernant le dépôt des répertoires ; 2° par l'art. 37 de la loi du 1 brum. an VII, pour la mention à faire des patentes ; 3° par la loi du 25 vent. an XI, contenant organisation du notariat ; 4° et par l'art. 68 du C. de comm. pour la publication des contrats de mariage de commerçants (L. 16 juin 1824, art. 14). — Avant cette dernière loi, l'amende pour le défaut de dépôt d'un contrat de mariage ne se prescrivait que par trente ans (Bourges, 13 juin 1826).

62. La déclaration du notaire portant qu'il se tient pour signifié le procès-verbal de contravention, n'interrompt pas la prescription (Solut. de la Régie).

63. TIMBRE. Les amendes de timbre ne se prescrivent par deux ans que quand elles se trouvent dans les cas prévus par l'art. 14 de la loi du 16 juin 1824 : ce délai court du jour où les préposés ont été à portée de constater les contraventions par des actes soumis à l'enregistrement, et non du jour où ils auraient pu les découvrir par des vérifications (Cass. 11 nov. 1834). — V. *sup.* n. 59.

64. Dans tous les autres cas non-prévus par cet article, les droits ne se prescrivent que par trente ans (Déc. Min. Fin. 12 sept. 1825).

65. SYSTÈME DÉCIMAL. Il en est de même des amendes concernant le système décimal. Suivant l'état de la législation, ces amendes ne se prescrivent que par trente ans, mais il y a dérogation à ce principe pour les notaires, lesquels jouissent de la prescription de deux ans (art. 14 de la loi du 16 juin 1824). — V. *sup.* n. 23, 59.

V. note 18, n. 810 et suiv.

[45]

TIMBRE. — ACTES A LA SUITE L'UN DE L'AUTRE SUR LA MÊME FEUILLE.

Indication alphabétique.

DISPOSITIONS GÉNÉRALES :

1. *Il ne pourra être fait ni expédié deux actes à la suite l'un de l'autre sur la même feuille de papier timbré, nonobstant tout usage ou règlement contraire* (L. 13 brum. an VII, art. 23), *sous peine d'une amende de cent francs* (réduite à 20 fr. par la loi du 16 juin 1824), *contre les officiers et fonctionnaires publics, et de trente francs* (maintenant 3 fr.) *contre les particuliers, outre le paiement des droits de timbre* (même loi art. 26).

2. *Sont exceptés : les ratifications des actes passés en l'absence des parties, les quittances de prix de ventes et celles de remboursement de contrats de constitution ou obligation, les inventaires, procès-verbaux et autres actes qui ne peuvent être consommés dans un même jour et dans la même vacation, les procès-verbaux de reconnaissance et levée de scellés qu'on pourra faire à la suite du procès-verbal d'apposition, et les significations des huissiers qui peuvent également être écrites à la suite des jugements et autres pièces dont il est donné copie* (même loi art. 23).

3. *Il pourra aussi être donné plusieurs quittances sur une même feuille de papier timbré, pour à-compte d'une seule et même créance, ou d'un seul terme de fermage ou loyer. Toutes autres quittances qui seront données sur une même feuille de papier timbré n'auront pas plus d'effet que si elles étaient sur papier non timbré* (même loi art. 23).

APPLICATION DE CES ARTICLES :

4. ACCEPTATION DE DONATION. L'acceptation d'une donation ne peut être écrite à la suite de cette donation et sur la même feuille de papier timbré (Jug. d'Epernay, 30 av. 1840).

5. ACCEPTATION DE TRANSPORT OU DE DÉLÉGATION. Un notaire peut-il rédiger, à la suite d'un trans-

port de créance passé dans son étude, l'acte d'acceptation de ce transport par le débiteur? OUI, suivant jugement de Falaise du 22 x^bre 1823, délibération de la Régie du 11 fév. 1824, solut. du 29 mars 1830. Jug. d'Evreux du 15 août 1837. — NON, suivant jugement de St.-Dié du 6 mars 1835, d'Arcis-sur-Aube du 25 août 1836, de Metz du 27 nov. 1837, de Dreux du 27 juin 1838 et un arrêt de Cass. du 16 juill. 1838.

6. ACCEPTATION DE LETTRE DE CHANGE. L'acceptation peut être souscrite au bas de la lettre de change. (C. com. 122).

7. ACCUSÉ DE RÉCEPTION. On peut mettre un accusé de réception au bas d'une lettre de voiture, par le motif qu'on peut l'assimiler à l'acquit d'une lettre de change ou d'un billet à ordre. (Délib. 2 vend. an XIV).

8. ACQUIESCEMENT. L'acquiescement à un jugement par défaut ne peut être écrit à la suite de l'expédition de ce jugement, parce qu'un acquiescement n'est pas une ratification (délib. 30 déc. 1831).

9. ACQUIT. On peut mettre l'acquit d'un paiement à la suite du mandat que ce paiement concerne (déc. Min. Fin. 11 fév. 1806).

10. ACTE AU PROFIT DE PLUSIEURS. Des conventions passées entre parties étrangères les unes aux autres et non co-intéressées peuvent, sans contravention, être insérées dans le même acte, parce qu'elles ne constituent qu'un seul et même acte (délib. 16 juin 1824).

11. ACTES RESPECTUEUX. La réquisition de l'acte respectueux et sa notification peuvent être écrits sur la même feuille, parce qu'il n'y a réellement qu'un procès-verbal en deux vacations ou en deux parties (solut. 16 juin 1832).

12. On ne peut écrire la 2e ou 3e notification d'un acte respectueux à la suite de la 1re et sur le même timbre, parce que chaque notification est un acte distinct et séparé passible d'un droit de timbre particulier (déc. Min. Fin. 18 fév. 1832).

13. ACTES SOUS SEING-PRIVÉ EN PLUSIEURS ORIGINAUX. Il n'est dû qu'une seule amende pour un acte sous seing-privé écrit à la suite d'un autre, quoiqu'il soit fait en plusieurs originaux, parcequ'il n'y a qu'un seul acte; mais on doit exiger le paiement des droits de timbre pour chacun des originaux, (délib. 2 juill. 1812; déc. Min. Fin. 11 août 1812).

14. ADHÉSION. On peut rédiger à la suite d'un acte de société les adhésions données par de nouveaux associés en vertu d'une stipulation du contrat, parce que ces adhésions ne forment que la continuation de l'acte social (déc. Min. Fin. 5 janv. 1829).

15. Il doit en être de même de l'adhésion à une proposition d'assurance, parce que sans adhésion l'acte d'assurance n'existerait pas. (V. *la note au bas de la page 95 du dictionnaire des formules*).

16. Mais l'adhésion à un procès-verbal d'expertise ne peut être faite à la suite de ce procès-verbal (sol. 7 mai 1833).

17. ADJUDICATION. On ne peut, sans contravention, rédiger l'acte de vente d'un immeuble, à la suite d'un procès-verbal d'adjudication qui mentionne que cet immeuble n'a pu être vendu aux enchères (Jug. de Blois, 23 août 1837; de Troyes, 10 mai 1838; d'Auxerre, 4 mars 1841).

18. Il y a aussi contravention à mettre le procès-verbal d'adjudication d'un immeuble devant notaire et le procès-verbal de modifications au cahier des charges, à la suite de l'acte de dépôt de ce cahier des charges ou d'un procès-verbal d'expertise; l'adjudication et les modifications ne peuvent être mises qu'à la suite du cahier des charges (Cass. 8 janv. 1838 et 5 nov. 1839). — V. *inf.* n. 21.

19. Même prohibition existe à l'égard d'un greffier, lequel ne peut rédiger l'acte de dépôt du cahier des charges à la suite de ce cahier de charges (délib. 20 déc. 1816; déc. Min. Fin. 15 mars 1818).

20. AFFICHE. Un huissier ne peut rédiger un procès-verbal d'apposition de placards à la suite d'un exemplaire de cette affiche, parce qu'une affiche n'est pas une pièce dont on délivre copie, et un procès-verbal d'apposition n'est pas une signification (déc. Min. Fin. 30 janv. 1810 et 13 déc. 1832).

21. ARPENTAGE. (Procès-verbal d'). Un notaire ne peut rédiger l'acte de dépôt d'un procès-verbal d'arpentage à la suite de l'acte d'adjudication des biens arpentés — V. *sup.* n. 18.

22. ARRÊTÉ DE COMPTE. — V. *inf.* n. 32.

23. AVAL. L'aval peut être souscrit au bas d'un effet de commerce, ou fourni par acte séparé, pour en garantir le paiement. — (Roland, v° *aval*; C. com. 141, 187).

24. BILLET. On ne peut écrire deux billets ou deux obligations sur la même feuille de papier timbré (Jug. de Chartres 28 ventose an X.) sous peine d'un amende de 6 p. 0/0, qui ne peut pas être moindre de 5 fr. (L. 13 brumaire an VII art. 26; L. 16 juin 1824, art. 12).

L'accepteur et le souscripteur d'une lettre de change doivent chacun l'amende ci-dessus fixée. A défaut d'accepteur, l'amende est due par le premier endosseur. Pour les billets à ordre et les effets non-négociables, l'amende est due par le premier endosseur ou le premier cessionnaire. (L. 24 mai 1834, art. 19). — Il y a solidarité entre les contrevenants, sauf recours. (art. 21).

25. Les transports, cessions ou endossements peuvent être écrits sur de simples billets ou promesses de payer, non-négociables, et faits sur du papier au timbre proportionnel de la quotité prescrite par la loi; les billets simples acquittant le droit de timbre de la même manière que les effets négociables (déc. Min. Fin. 31 août 1815).

26. CAHIER DE CHARGES. Un acte contenant des modifications à un cahier des charges déposé par un avoué dans l'étude d'un notaire, peut d'après l'art. 699 du C. de proc. civ. être rédigé à la suite de ce cahier et sur la même feuille (Solut. 8 sept 1831); mais il ne pourrait se mettre à la suite de l'acte de dépôt. — V. *sup.* n° 18 et *inf.* n° 95

27. CAUTIONNEMENT. Les actes de cautionnement et ceux de déclaration de command en matière de vente de bois de la caisse d'amortissement, peuvent être rédigés à la suite des procès-verbaux d'adjudication dont ils sont le complément (déc. Min. Fin. 19 février 1819).

28. Il résulte de cette décision qu'on doit admettre comme règle générale, que toutes les fois que l'obligation de fournir caution est imposée par l'acte d'adjudication, l'acte de cautionnement étant le complément du premier

acte et étant indispensable pour son exécution, peut être mis à sa suite, sans contravention à la loi du timbre (délib. 11 fév. 1824).

29. CESSIONS. — V. *sup*. n. 25.

30. CODICILES. Plusieurs codiciles peuvent être écrits sans contravention à la suite du testament auquel ils se rapportent, parce qu'on doit les considérer comme des ratifications pures et simples ou comme des révocations de ce testament (délib. 11 juin 1833; décret 15 juin 1812).

31. COMMAND. Les déclarations de command peuvent être écrites, sans contravention, à la suite de la vente, d'après la règle admise par la régie de l'enregistrement relativement au cautionnement. — V. n. 28 et 104.

32. COMPTE DE TUTELLE. Un notaire peut, sans contravention, rédiger un arrêté de compte de tutelle à la suite du compte (solut. 12 et 20 fév. 1830 et jug. de Chartes 5 mai 1838). — V. *inf*. n. 71 et 80.

33. CONCILIATION. — COMPARUTION (Procès-verbal de). On peut écrire à la suite les uns des autres, sur un registre particulier, les procès-verbaux de conciliation et de non-conciliation, et les mentions de non-comparution au bureau de paix (déc. Min. Just. de 1808).

34. CONTRAINTES. Les commandements et autres actes collectifs en matière de contributions directes et autres, peuvent être écrits sur la même feuille de papier timbré (déc. Min. Fin. 15 oct. 1829).

35. CONTRAT DE MARIAGE. Tous changements et contre-lettres qui sont faits à un contrat de mariage, doivent être avant la célébration rédigés à la suite de la minute de ce contrat et sur le même timbre (C. civ. 1397)

36. CONVENTIONS. Des conventions passées entre parties étrangères les unes aux autres et ayant des intérêts divers, peuvent, sans contravention, être contenues dans le même acte, parce que le tout ne constitue qu'un seul et même acte (délib. 16 juin 1824).

37. DÉCHARGES. Les décharges des prix des ventes à l'encan d'objets mobiliers peuvent être mises à la suite ou en marge des procès-verbaux de ventes : dans ce cas, les quittances et décharges doivent être rédigées en forme authentique (avis Cons. d'état, 7 et 21 oct. 1809).

38. Les décharges données aux officiers publics des titres, papiers ou sommes d'argent déposées entre leurs mains peuvent être rédigées à la suite des actes de dépôt, par application de l'avis du Conseil d'Etat précité n° 37. (Délib. 11 janv. 1826).

39. Il n'y a pas contravention à rédiger la décharge d'un transfert de rente sur l'Etat à la suite de la procuration donnée pour faire ce transfert et en toucher le prix (Jug. de Melun 12 janv. 1841).

40. DÉLIVRANCE DE LEGS. L'acte de délivrance d'un legs peut être écrit, sans contravention, à la suite de l'acte de consentement à l'exécution du testament (Solut. 27 fév. 1831).

41. Mais il y a contravention à écrire à la suite les uns des autres, sur la même feuille de papier, plusieurs actes de délivrance de legs. (Jug. de Versailles 5 août 1841).

42. DÉPOT. L'acte de dépôt d'une ratification peut sans contravention être écrit à la suite de la vente ratifiée. L'acte de dépôt d'une quittance de prix de vente peut aussi sans contravention être écrit à la suite de cette vente. L'acte de dépôt de la quittance d'un legs peut être écrit à la suite du testament, bien que cette quittance ait été passée devant un autre Notaire (Jug. de Falaise 22 déc. 1823).

43. ENDOSSEMENT. — V. *sup*. n. 25.

44. EXPÉDITIONS. EXTRAITS. Les actes ou extraits d'actes, et les procurations en vertu desquels ils ont été passés, et qui doivent y demeurer annexés pour leur validité, peuvent être expédiés sur la même feuille de papier timbré de 1 fr. 25 (déc. Min. Fin. 11 oct. 1808).

45. Il en est de même quand une procuration est rappelée dans un acte fait en conséquence, pourvu que cette procuration soit annexée à un acte antérieur de la même étude (déc. Min. Fin. 17 nov. 1819).

46. L'extrait du procès-verbal d'adjudication de coupes de bois de l'état, et du cautionnement, qui est délivré à l'adjudicataire, peut être écrit à la suite d'un exemplaire du cahier des charges (Instr. Gén. n. 789).

47. Un Greffier ne peut, sans contravention, rédiger, sur le même état, plusieurs extraits de jugements portant condamnation de dommages-intérêts au profit des communes (déc. Min. Fin. 1er mars 1808).

48. EXPERTISE (Procès-verbal d'). Un notaire ne peut, sans contravention, rédiger le partage avec tirage au sort des lots, à la suite du procès-verbal d'expertise qui a précédé ce partage, sur la même feuille de papier timbré (jug. de vitré, 22 juin 1840). — V. *sup*. n. 18.

49. GARDE-FORESTIER. Les gardes-forestiers étant assimilés aux huissiers, en ce qui concerne leurs significations, peuvent en conséquence les écrire à la suite des procès-verbaux et autres pièces dont ils délivrent copie (déc. Min. Fin. 23 nov. 1835). — V. *inf*. n. 87 et suiv.

50. HOMOLOGATION. Les expéditions des jugements d'homologation des délibérations de conseils de famille doivent contenir non-seulement le jugement même, mais encore la délibération homologuée, l'ordonnance du Président qui prescrit la communication au ministère public et les conclusions du Procureur du Roi, parce que ces divers actes forment ensemble la minute qui doit rester au Greffe et dont aucune partie ne peut être expédiée séparément. Toutefois lorsqu'une première expédition a été levée, il est permis ensuite de ne délivrer que les extraits qui seront demandés (déc. min. fin. et Just. 30 Janv. 1830.)

51. La requête tendant à l'homologation d'une délibération de conseil peut être écrite à la suite de cette délibération, et le jugement d'homologation peut être écrit à la suite de la requête. (C. Proc. civ. art. 885 et 886).

52. Les jugements d'homologation ne doivent pas être rédigés sur l'expédition des liquidations et partages faits devant le notaire commis (Riom, 23 avril 1834).

53. Les jugements d'homologation des actes de notoriété concernant l'état civil peuvent, ainsi que les actes intermédiaires, être mis à la suite de l'acte homologué, sous la condition que l'expédition délivrée par le Greffier comprendra tous ces actes (déc. min. fin. 27 août 1824).

54. HONORAIRES. — V. *inf*. n. 68 et 98.

55. INTERDICTION. On peut mettre le certificat d'in-

sertion au tableau des interdictions ou le procès-verbal de nomination du conseil de l'interdit, sur l'expédition du jugement d'interdiction (déc. min. fin. 23 juin 1807).

56. INTERROGATOIRE. On peut écrire l'addition à un interrogatoire, à la suite de cet interrogatoire (C. proc. civ. art. 334).

57. INVENTAIRE. On peut rédiger l'inventaire d'une succession à la suite de la vente de meublés, si le notaire a énoncé dans le préambule de son acte, que les parties entendaient ne rédiger qu'un seul acte (Jug. de Langres, 17 janv. 1832, acquiescé par la Régie).

58. JUGEMENTS. Les jugements peuvent être inscrits à la suite les uns des autres (C. proc. civ. art. 18 et 138, et Instr. Gén. n. 373).

59. Même, un greffier peut rédiger un jugement à la suite d'un autre de la même audience qui n'a point été achevé et qui même se trouve rayé (Déc. Min. Fin. 12 nov. 1817).

60. LETTRE DE CHANGE. Les acceptations, acquits et endossements de lettres de change et autres effets négociables peuvent être inscrits sur le même timbre que les lettres de change et autres effets dont ils sont la conséquence.

61. OBLIGATION. Il n'est pas permis d'écrire deux obligations sur la même feuille de papier timbré (V. *sup.* n. 244).

62. PARTAGE. On ne peut écrire un partage à la suite d'un inventaire (Déc. Min. Fin. 14 sept. 1831).

Mais on peut avant de clore l'inventaire faire le partage ou tout autre acte. — V. *sup.* n. 48.

63. POLICE D'ASSURANCE. On ne peut écrire sur la même feuille de papier timbré deux polices d'assurance relatives au même bien, l'une au profit du propriétaire et la seconde au profit de son acquéreur accepté par la compagnie (délib. 26 août 1831).

64. PROCURATION. Le mandat de plaider devant le tribunal de commerce peut être donné au bas de l'original de la copie de l'assignation (art. 414 du C. de proc. civ.); mais on ne peut étendre cette faculté aux procurations données pour plaider devant les juges de paix. — V. n. 37 et suiv., 44 et suiv., 82.

65. PROROGATION DE DÉLAI. On ne peut, sans contravention, écrire une prorogation de délai sur la même feuille de papier que l'obligation à laquelle elle se rapporte (Déc. Min. Fin. 11 août 1831).

66. PROTÊT. Les huissiers peuvent, sans contravention, rédiger à la suite du protêt les dénonciations aux endosseurs, parce que cette dénonciation est la suite nécessaire et obligée du protêt (délib. 22 oct. 1807).

67. QUALITÉS. La décision qui intervient sur les oppositions aux qualités d'un jugement, et qui se réduit à les approuver si elles sont régulières ou à les rectifier si elles ont besoin de l'être, doit être portée sur les qualités mêmes et non sur une feuille de papier séparée (Déc. Min. Fin. et Instr. 21 mai 1811).

68. QUITTANCES. Lorsqu'un notaire a fait mention, sur la minute d'un acte, du montant des frais de cet acte qui lui a été avancé par les contractants, il peut, sans contravention, se faire donner par les parties à la suite de cette même minute la quittance de ce qu'il a été dans le cas de leur rembourser, parce que cette quittance n'est qu'une mention d'ordre (Déc. Min. Fin. 21 fév. 1824).

69. On peut, tant sur la minute que sur l'expédition des actes de vente, écrire, sans contravention, les quittances du prix de ces mêmes ventes, soit que ces quittances aient la forme authentique, soit qu'elles aient la forme d'acte s. s. p., mais les quittances s. s. p. ne peuvent se mettre que sur l'expédition (Déc. Min. Fin. 19 mars 1824).

70. Lorsque, pour prix d'une convention, un particulier s'est obligé de faire faire des constructions, la quittance de *l'ouvrier* qui a exécuté les travaux ne peut, sans contravention, être mise à la suite de la convention (délib. 19 juin 1824).

71. On peut rédiger, à la suite de l'acte de présentation d'un compte de tutelle, la quittance du reliquat qu'il présente; ce reliquat de compte pouvant être considéré comme une obligation en faveur de l'oyant (Déc. Min. Fin. 28 juin 1825).

72. A la suite d'un acte de vente on peut mettre la quittance du prix de cette vente, lors même que la quittance aurait aussi pour objet le prix d'une autre vente, parce que ces deux quittances ne forment qu'un seul et même acte (Sol. 23 juin 1830).

73. Les quittances pour plusieurs trimestres du traitement de l'instituteur ou de tout autre employé d'une commune, ainsi que les quittances pour portion du prix de l'entretien de l'horloge, de fournitures, de salaires etc., ne peuvent être écrites à la suite les unes des autres et sur la même feuille de papier timbré pour chaque partie prenante (Sol. 18 fév. 1831).

74. On ne peut rédiger à la suite les unes des autres et sur la même feuille de papier timbré, les quittances que les créanciers donnent séparément à la caisse des consignations des sommes appartenant à leur débiteur et qui leur ont été distribuées, parce que les droits des créanciers sont distincts comme si le débiteur payait directement (Déc. Min. Fin. 17 mai 1831).

75. Il y a contravention quand la quittance donnée au débiteur par le donataire ou cessionnaire de la créance, est rédigée à la suite de l'acte de donation ou de transport, au lieu de l'être à la suite du titre constitutif de cette créance (Déc. Min. Fin. 10 juill. 1832). — V. *sup.* n. 4 et 5.

76. Il y a aussi contravention au timbre, quand la quittance d'un prix de vente est écrite à la suite de l'acte de ratification de cette vente, écrit sur une feuille séparée du contrat d'acquisition (Déc. Min. Fin. 7 août 1832). — V. *sup.* n. 42.

77. Les quittances d'arrérages de rente ne peuvent être mises à la suite de l'acte de constitution, parce qu'il ne s'agit dans ce cas ni d'un prix de vente, ni d'un remboursement (Déc. Min. Fin. 12 mars 1833)

78. Les quittances de prix de vente ne peuvent être mises, sans contravention, qu'à la suite de la vente; cependant on peut les écrire à la suite d'une première quittance donnée à l'acquéreur, et énonçant que la somme reçue a été remise au notaire pour être payée aux créanciers en présence du vendeur et à la suite de ladite quittance (Jug. de Bernay, 23 déc. 1833, — *Contrà*, délib. 8 août 1834).

79. Il y a contravention lorsqu'un notaire rédige sur une même feuille séparée du procès-verbal d'adjudication d'immeubles en détail, quoique mise à la suite de ce procès-verbal, plusieurs quittances données à des acquéreurs dis-

tincts, parce que les adjudications forment, dans ce cas, autant de contrats particuliers pour chaque adjudicataire. Il faut alors autant de feuilles que de quittances (Jug. de Dreux, 11 mai 1842).

80. RATIFICATION. On doit considérer les arrêtés de compte de tutelle comme des ratifications des comptes en projet, et c'est pour cela qu'ils peuvent être mis à la suite de ces projets (Sol. 11 juill. 1825) — V. *sup.* n. 32, 42 et 76.

81. RETRAIT DE RÉMÉRÉ. Un notaire peut, sans contravention, rédiger un retrait de réméré à la suite de l'acte de vente, parce que l'acte de retrait ne constate qu'un paiement effectué par le vendeur ou son créancier, d'une somme qu'on doit considérer ou comme prix de vente ou comme montant d'obligation (Déc. Min. Fin. 5 déc. 1825).

82. RÉVOCATION. Les révocations de procurations et de testaments, peuvent être faites et expédiées sur la même feuille que ces actes (Décret, 15 juin 1812).

83. SAISIE. Un procès-verbal de saisie mobilière peut, sans contravention, être rédigé à la suite d'un autre procès-verbal, daté de la veille, constatant un refus d'ouvrir les portes (C. de proc. civ. art. 587).

84. SCELLÉS. L'ordonnance et le procès-verbal de levée de scellés peuvent être mis à la suite du procès-verbal d'apposition (Déc. Min. Fin. 20 avr. 1813).

85. SÉPARATION. Le certificat du greffier, attestant que lecture du jugement de séparation de corps et de biens a été faite, peut être mis à la suite de l'expédition du jugement (Solut. 8 fév. 1831). — V. *sup.* n. 53.

86. SERMENT. La prestation de serment des employés peut, sans contravention, être mentionnée sur leur commission. Il est même permis de mettre sur la même feuille la présentation d'un garde champêtre, son approbation et la prestation de son serment, trois choses qui constituent un seul acte qui ne peut être consommé dans le même jour (Cass. 5 vendem. an IX).

87. SIGNIFICATION. L'original de la signification d'un jugement qui prononce une condamnation pour délit forestier, peut être mis à la suite de l'extrait de ce jugement et visé pour timbre au droit de 1 fr. 25 cent. (Déc. Min. Fin. 24 oct. 1828). — V. *sup.* n. 49.

88. Deux exploits de signification d'un même jugement, faits à la même requête et aux mêmes personnes, l'un au domicile élu, et l'autre au domicile réel, par deux huissiers différents, peuvent être écrits à la suite de l'expédition de ce jugement (Solut. 27 août 1812).

89. Mais l'huissier commet une contravention s'il écrit à la suite de l'exploit la main-levée d'une opposition signifiée au payeur du trésor (Déc. Min. Fin. 6 oct. 1841; — Instr. n. 1646).

90. SOCIÉTÉ. — V. *sup.* n. 14 et suiv.

91-92. SOUMISSION. La soumission d'un entrepreneur qui s'engage à exécuter des travaux à faire à un bâtiment communal, ne peut, sans contravention, être écrite à la suite du devis estimatif de ces travaux dressé par un architecte (Déc. Min. Fin. 5 nov. 1830).

93-94. SUBSTITUTION. Lorsqu'une procuration et une substitution ont été reçues en minute et par actes séparés par le même notaire, on ne peut en délivrer extrait ni expédition sur la même feuille de papier timbré, parce que la minute de la substitution n'aurait pas pu être écrite sans contravention à la suite de la procuration. Il en serait autrement si on avait fait usage de ces deux actes dans un acte subséquent, car, alors, ils pourraient être expédiés à la suite de l'expédition de l'acte dans lequel ils seraient mentionnés. — V. *sup.* n. 44.

95. SURENCHÈRE. En cas de surenchère sur aliénation volontaire, le cahier des charges additionnelles peut, sans contravention, être rédigé à la suite de l'acte qui donne lieu à la surenchère (Déc. Min. Fin. et Just. 6 et 11 déc. 1822).

96. TAXE. L'art. 319 du C. de proc. civ. portant que les vacations des experts seront taxées par le président au bas de la minute de leur rapport, on doit en conclure que la requête qui est présentée à cet effet, peut, comme la taxe, être portée à la suite de ce même rapport (Déc. Min. Fin. 27 mars 1822).

97. Un huissier peut, sans contravention, rédiger à la suite des procès-verbaux de vente de meubles, l'état des frais de vente et autres poursuites (art. 657 du C. de proc. civ; — art. 45 du décret du 16 fév. 1807 contenant le tarif des frais et dépens; — Solut. du 25 sept. 1822).

98. La taxe d'honoraires peut être mise en marge ou à la suite des actes notariés (Sol. 8 mai 1824).

99. TESTAMENT. — V. *sup.* n. 82.

100. TIMBRE ANCIEN. Lorsque les dispositions d'une loi permettent d'écrire un acte à la suite d'un autre, on peut user de cette faculté, quoique le timbre dont le papier du premier acte a été frappé ait été supprimé (Déc. Min. Fin. 4 brum. an XI).

101. Ce qui s'applique à un acte mis à la suite d'un premier qui a été passé dans un pays réuni, avant sa réunion à la France, et sur du timbre en usage dans ce pays; mais si ce premier acte était sur papier *libre*, le second devrait être écrit sur papier *timbré* (Déc. Min. Fin. 7 juill. 1807).

102. TRANSPORT. — V. *sup.* n. 25.

103. UNION DE CRÉANCIERS. Les délibérations de créanciers unis peuvent être rédigées dans un seul cahier de papier timbré, à la suite les unes des autres (Solut. de la Régie).

104. VENTE CONDITIONNELLE. Lorsqu'une vente est faite sous une condition suspensive, l'acte contenant déclaration de l'accomplissement de la condition suspensive peut être écrit à la suite de la vente et sur le même timbre, parce qu'il doit nécessairement être considéré comme formant le complément et la ratification de cette vente (Jug. d'Auxerre, 4 mars 1841). — V. *sup.* n. 14 et suiv. 80, 86.

105. VENTE D'IMMEUBLES. — V. n. 17 et suiv.

106. VENTES DE MEUBLES. L'officier public chargé de vendre les meubles de divers particuliers peut ne faire qu'une seule déclaration préalable et ne rédiger qu'un seul procès-verbal de vente (délib. 16 juin 1824). — V. *sup.* n. 57 et 62.

[46--47]

TIMBRE. — ALTÉRATION DU TIMBRE ET DOUBLE USAGE DU PAPIER TIMBRÉ.

INDICATION ALPHABÉTIQUE.

DISPOSITIONS GÉNÉRALES.

1. *L'empreinte du timbre ne pourra être couverte d'écriture ni altérée* (L. 13 brum. an VII art. 21).

2. *Le papier timbré qui aura été employé à un acte quelconque, ne pourra plus servir pour un autre acte, quand même le premier n'aurait pas été achevé* (L. 13 brum. an VII art. 22).

3. *Il est prononcé par la présente, une amende, savoir : 1° de quinze francs* (réduite à 5 fr. par l'art. 10 de la loi du 16 juin 1824) *pour contravention par les particuliers aux dispositions de l'art.* 21. - V. sup. n. 1. — 2° *de vingt-cinq francs* (5 fr.) *pour contravention au même article par les officiers et fonctionnaires publics.* — 3° *de trente francs* (5 fr.) *pour chaque acte ou écrit s. s. p. fait en contravention à l'art.* 22. - V. sup. n. 2. — 4°.... 5° *de cent francs* (20 fr.) *pour contravention à l'art.* 22 (V. sup. n. 2) *par les officiers et fonctionnaires publics* (L. 13 brum. an VII, art. 26).

APPLICATION DE CES ARTICLES :

4. ALTÉRATION. L'altération du timbre sec, comme celle du timbre noir, d'une feuille de papier, constitue une contravention passible de l'amende (Cass. 4 juill. 1813).

5. Mais il n'y a pas de contravention quand le verso des empreintes du timbre noir et sec se trouve couvert d'écriture (Déc. Min. Fin. 16 juin 1807).

6. Lorsqu'il y a contravention pour avoir altéré le timbre, on ne peut percevoir, outre l'amende, le droit des timbres altérés (Jug. de Belfort 30 août 1832).

V. *répertoire*, note 17 n. 102 et suiv.

7. DOUBLE USAGE. Il y a contravention lorsque le notaire rédige une expédition ou la délivre sur une feuille dont une partie a été enlevée, parce qu'il est évident que cette partie avait été employée à un autre acte terminé ou non (Cass. 10 av. 1839).

8. L'art. de loi rapporté *sup.* n. 2 n'est point applicable au cas où il ne s'agit que d'un même acte, comme d'un exploit d'huissier rédigé d'abord par l'un et signifié ensuite par un autre qui y a substitué son immatricule au moyen de ratures approuvées, si d'ailleurs le premier huissier n'avait pas signé l'acte, et l'avait laissé incomplet et non utilisé (Cass. 11 juill. 1815).

9. Il n'y a pas lieu à amende lorsqu'un acte a été recommencé à la suite d'un premier dont la rédaction a été biffée comme présentant des irrégularités que le second a eu pour objet de rectifier (délib. 3 déc. 1816).

10. Toutefois, si les lignes raturées formaient le commencement d'un autre acte, il y aurait contravention à la loi (Cass. 1er frim. an X).

11. Mais un officier public ne contrevient pas à la loi, en rédigeant un acte à la suite de lignes biffées n'ayant aucun rapport à cet acte, si les mots rayés ne constituent pas un commencement d'acte (Jug. de Lesparre, 2 mai 1828, acquiescé par la Régie).

12. Si un notaire, à la suite d'une vente, écrit quelques lignes relatives à un autre acte, et qu'après les avoir rayées, il rédige sur la même feuille la quittance du prix de cette vente, les ratures peuvent constituer une méprise, mais elles ne constituent pas une contravention (Sol. juin 1832).

13. Un notaire ne commet pas de contravention, en rédigeant un acte sur une feuille de papier timbré, en tête de laquelle un autre acte avait été commencé, mais sans aucune indication soit de date, soit d'objet de convention, soit de fait (Cass. 27 janv. 1836). L'acte ainsi commencé était en neuf lignes qui comprenaient le *par-devant* et la comparution de plusieurs parties. Le Notaire avait rayé ces lignes et inscrit à la suite un procès-verbal de vente de meubles.

14 Un huissier, avec l'intention de faire un protêt, avait copié des billets sur une feuille de papier timbré : après avoir biffé ces lignes qui formaient un commencement de protêt, il a rédigé à la suite un exploit d'une autre nature et a été condamné à l'amende (Jug. de la Seine 19 juill. 1838).

15. L'officier public qui emploie du papier timbré ayant déjà servi, et qui a été soumis à l'action du lavage, non-seulement commet une contravention et encourt une amende mais s'expose encore à une peine disciplinaire (Jug. de Rouen, 8 juill. 1841).

V. note 45, n. 59.

[48]

DES OFFRES RÉELLES ET CONSIGNATIONS.

DIVISION SOMMAIRE.

Indication alphabétique.

§ 1. DE L'OBJET DES OFFRES. EN QUELS CAS ELLES PEUVENT AVOIR LIEU.

1. *Lorsque le créancier* (V. note 25) *refuse de recevoir son paiement* (V. note 84), *le débiteur peut lui faire des offres réelles, et, au refus du créancier de les accepter, consigner la somme ou la chose offerte* (C. civ. 1257).

2. Mais, malgré ces offres et la consignation, le créancier peut, s'il les croit insuffisantes, continuer, mais à ses risques et périls, les poursuites par lui exercées contre le débiteur, sans être obligé de faire déclarer préalablement l'insuffisance de ces offres (Cass. 4 juill. 1838).

3. *Les offres réelles suivies d'une consignation libèrent le débiteur; elles tiennent lieu à son égard de paiement, lorsqu'elles sont valablement faites, et la chose ainsi consignée demeure aux risques du créancier* (C. civ. 1257). — V. *inf.* n. 32 et s.

4. Il n'y a que la consignation qui suit les offres réelles qui libère le débiteur, tellement :

5. Que les intérêts des sommes consignées appartiennent aux créanciers opposants sur ces sommes et qui ont nécessité la consignation. Il en est ainsi lors surtout qu'elle a eu lieu en conséquence de jugements qui ont déterminé ceux des opposants auxquels les sommes consignées seraient remises, et qui, par suite, ont en quelque sorte dessaisi le débiteur de la propriété de ces sommes (Cass. 6 janv. 1840).

6. Qu'il n'est pas responsable de la perte des deniers arrivée par un cas fortuit auquel la négligence des consignataires a donné lieu (Poitiers, 26 therm. an X,-Sir. 2, 2, 222).

7. Mais de ce qu'une consignation est valable et libératoire entre le débiteur et le créancier, il ne s'ensuit pas qu'elle soit également libératoire entre le créancier du consignant et des tiers-saisissants dont la saisie a occasionné la consignation (Cass. 16 juin 1813,-Sir. 15, 300).

8. Et même, quoique par la consignation précédée d'offres, le débiteur soit libéré de sa dette, il reste cependant seul tenu, dans le cas où la somme consignée ne peut être retirée par le créancier qu'à la charge de faire emploi, de discuter et faire juger la validité de l'emploi qui est proposé. Cette obligation est tout-à-fait étrangère à la caisse des consignations (Bordeaux, 4 fév. 1830,-Sir. 30, 129).

9. Il doit être fait des offres réelles dans tous les cas où le débiteur veut obtenir sa libération, et est en droit de l'exiger: le débiteur saisi lui-même n'en est pas dispensé, tellement que les offres réelles et à deniers découverts qu'il fait à l'audience et au moment de l'adjudication au poursuivant et aux créanciers inscrits sont irrégulières et ne doivent pas arrêter l'adjudication. Il faut qu'elles soient faites dans la forme réglée, soit par les art. 687 et 688 du C. de proc. civ., soit par les art. 1256 et suiv. du C. civ. (Cass. 18 fév. 1840).

10. Cependant il y a dispense pour le débiteur d'offrir à son créancier direct dans les cas suivants :

11. 1° Lorsqu'un créancier opposant sur le prix d'une vente a été autorisé à toucher des mains de l'acquéreur en donnant caution dans un délai déterminé; il n'est point créancier direct de l'acquéreur s'il ne fournit de lui-même et sans avoir été sommé caution dans le délai. En conséquence, si l'acquéreur direct (débiteur du vendeur) est autorisé à consigner son prix de vente, il peut très-bien faire la consignation, sans offres réelles préalables au créancier opposant (Cass. 24 juin 1812).

12. 2° Lorsqu'il s'agit de la consignation par l'acquéreur du prix d'acquisition d'un immeuble frappé d'inscriptions dont l'existence est un obstacle à ce que le vendeur puisse en toucher le prix (Bordeaux, 28 mars 1833,-Sir. 33, 375).

12 *bis*. 3° En matière de réméré, lorsque le vendeur veut reprendre l'immeuble, il n'est pas obligé d'accompagner sa demande d'offres réelles et complètes, il suffit qu'il fasse connaître sa volonté à cet égard. — V. note 121.

§ 2. QUI PEUT OFFRIR; A QUI ET EN QUEL LIEU; ET DES FORMALITÉS NÉCESSAIRES POUR LA VALIDITÉ DES OFFRES.

13. *Pour que les offres réelles soient valables, il faut : 1° Qu'elles soient faites au créancier ayant la capacité de recevoir, ou à celui qui a pouvoir de recevoir pour lui* (C. civ. 1257-1°). — Ainsi :

14. On ne peut faire la consignation, même d'une somme

modique, entre les mains d'une personne privée, présente à la réalisation des offres ; cette consignation ne libérerait pas le débiteur (Cass. 2 mess. an x, - Sir. 20, 474).

15. La consignation ne doit être précédée d'offres réelles qu'à l'égard du créancier direct qui peut recevoir et libérer (Cass. 24 juin 1812). — V. *sup.* n. 11.

16. On ne peut, avant partage, faire d'offres à ses cohéritiers ni consigner pour raison d'un rapport à succession (Cass. 18 prair an VII, - Sir. 1, 1, 217).

17. Les receveurs de l'enregistrement sont sans qualité pour accepter avant condamnation par les tribunaux, des offres réelles d'amendes encourues pour contravention de la part d'officiers ministériels. Les juges ne peuvent, dès-lors, condamner le receveur qui a refusé de telles offres, aux frais faits ultérieurement, sous prétexte que l'amende étant invariablement fixée par la loi, les offres réelles auraient dû être acceptées. Il en est ainsi même au cas où les offres ont eu lieu après la demande à fin de condamnation formée à la requête du ministère public (Paris 25 juil. 1826, - Sir. 27, 139).

18. 2° *Qu'elles soient faites par une personne capable de payer* (C. civ. 1258-2°). — V. aussi les art. 1238, 1108, 1123 et suivants, 1320 du même Code.

19. Tellement que lorsqu'une personne tierce, étrangère à une obligation, veut en opérer l'extinction, elle doit faire le paiement ou les offres réelles au nom et en l'acquit du débiteur. Si elle énonce que le montant du paiement ou des offres provient de *ses propres deniers*, et requiert formellement la subrogation aux droits du créancier, les offres sont nulles (Cass. 12 juill. 1813).

20. Mais il y a exception à cette règle quand il s'agit de la subrogation légale. — V. note 27, n. 383 ; note 28, n. 265 et note 114.

21. 3° *Qu'elles soient de la* TOTALITÉ *de la somme* EXIGIBLE, *des* ARRÉRAGES OU INTÉRÊTS *dus, des* FRAIS *liquidés, et d'une somme pour les frais non-liquidés, sauf à la parfaire* (C. civ. 1258-3°).

22. Les offres réelles, pour être valables, doivent comprendre et indiquer d'une manière spéciale une somme particulière et suffisante pour chacun des articles dont se compose la dette (*principal, intérêts, frais liquidés et frais non-liquidés*) : l'insuffisance de la somme offerte spécialement pour l'un des articles, entraîne la nullité des offres, lors même que les sommes offertes seraient, en bloc, suffisantes pour payer la totalité de la dette ; la loi n'admet pas de compensation entre l'excédant d'un article et le déficit d'un autre, surtout quand l'excédant n'existe que dans la somme offerte pour frais non-liquidés (Bordeaux, 3 avr. 1833).

23. TOTALITÉ. Pour être valables, les offres réelles doivent être de la totalité de la dette ; elles ne peuvent être faites à diverses reprises, et le créancier doit être présent ou appelé à la consignation (Colmar, 9 mai 1807). — V. C. civ. 1244.

24. Cependant les offres réelles sont suffisantes, encore qu'elles ne soient pas de toute la somme due, quand elles sont de la somme demandée par le créancier dans son commandement (Paris, 11 août 1806).

25. EXIGIBLE. Cependant le débiteur d'une dette dont plusieurs termes sont échus, peut valablement offrir un seul de ces termes, pourvu que l'offre de ce terme soit entière (Duranton, 12, n. 206).

26. ARRÉRAGES OU INTÉRÊTS. Il en est ainsi même en matière de lettre de change ; en conséquence, les offres qui ne renferment pas, quant aux intérêts, tous ceux qui ont couru depuis le jour du protêt sont insuffisantes et nulles ; à cet égard l'offre de parfaire ne peut suffire (Paris, 25 août 1810, - Sir. 14, 240). — V. *inf.* n. 47 et 84.

27. FRAIS. Dans l'expression *frais* sont compris les droits d'enregistrement qui peuvent avoir été payés par le créancier. Ainsi, le débiteur qui offre, outre le principal et les intérêts de la créance, une certaine somme *pour frais, sauf à parfaire*, fait par cela même offre des droits d'enregistrement qui peuvent avoir été payés par le créancier : de telles offres ne peuvent, sous ce rapport, être déclarées insuffisantes et nulles (Cass. 19 déc. 1827, - Sir. 28, 41).

28. Il n'est pas nécessaire pour la validité des offres que la somme offerte pour frais non-liquidés soit égale aux frais exposés (Toullier, t. 7, n. 192).

29. 4° *Que le terme soit échu s'il a été stipulé en faveur du créancier* (C. civ. 1258-4°). — V. aussi les art. 1186 et 1187 du C. civ., *sup.* n. 25 et la note 77.

30. 5° *Que la condition sous laquelle la dette a été contractée soit arrivée* (C. civ. 1258-5°).

31. Car, en recevant avant l'accomplissement de la condition, le créancier serait exposé à être obligé à rendre au cas qu'elle vînt à défaillir.

32. Mais il n'est pas défendu par la loi de faire des offres réelles conditionnelles ; à ce sujet il a été jugé :

33. Que des offres réelles sont valables quoique conditionnelles, lorsque la condition qui est apposée n'est que l'exercice d'un droit légitime appartenant au débiteur. Ainsi, la partie saisie peut, en faisant des offres réelles du montant de la dette, apposer à ces offres la condition de la vérification des objets saisis, à l'effet de constater leur état et de rendre le gardien ou le saisissant responsable de leur détérioration (Cass. 31 janv. 1820).

34. Que les offres non intégrales et d'ailleurs conditionnelles ne peuvent autoriser la mise en liberté provisoire du débiteur emprisonné (Cass. 27 mai 1807, - Sir. 8, 273).

35. Et que le débiteur qui fait faire des offres réelles et conditionnelles au domicile élu par son créancier dans un commandement, et qui défend à l'huissier de consigner dans le cas où ces offres ne seraient pas acceptées, peut être déclaré n'avoir pas eu l'intention de se libérer ; surtout s'il n'a pas renouvelé ses offres depuis que la condition qu'il y avait apposée est devenue sans objet. En ce cas, les offres par lui faites doivent être déclarées nulles (Cass. [illegible] fév. 1825, - Sir. 26, 162).

36. 6° *Que les offres soient faites au lieu dont on est convenu pour le paiement, et que, s'il n'y a pas de convention spéciale sur le lieu du paiement, elles soient faites ou à la personne du créancier, ou à son domicile, ou au domicile élu pour l'exécution de la convention* (C. civ. 1258-6°).

37. Ainsi, lorsqu'il y a domicile élu pour le paiement c'est à ce domicile seul que les offres réelles doivent être faites pour être valables. En conséquence, sont nulles les offres faites au créancier parlant à sa personne (Cass. 8 av 1818).

38. Il n'est point dérogé à ce principe : 1° ni par l'art. 584 du C. de proc. qui accorde au débiteur la faculté de faire des offres au domicile élu par le commandement préalable à saisie-exécution, lorsque la convention a déterminé un autre lieu pour le paiement. Dans ce cas, c'est à ce lieu que les offres doivent être faites à peine de nullité (Cass. 28 av. 1814).

2° Ni par l'art. 673 du même Code qui autorise suffisamment le débiteur à faire des offres réelles au domicile élu par le créancier dans un commandement tendant à saisie immobilière (Nîmes 23 janv. 1827, - Sir. 28, 189).

39. 7° *Que les offres soient faites par un officier ministériel ayant caractère pour ces sortes d'actes* (C. civ. 1258 - 7°). — V. *inf.* n. 86.

40. Les notaires, non moins que les huissiers, ont qualité pour faire des offres réelles (Lyon 14 mars 1827, - Sir. 28, 5; Bordeaux 30 juin 1836, - Sir. 37, 79). — Et pour faire aussi la sommation d'assister à la consignation des offres (Agen 17 mai 1836, - Sir. 37, 79).

41. Les uns et les autres peuvent rédiger le procès-verbal d'offres dans l'appartement de la partie, malgré l'opposition de cette partie, sans commettre en cela une violation de domicile. Dès-lors, les injures et violences dont ils sont l'objet ne sont pas excusables. Ainsi décidé à l'égard d'un huissier (C. pén. 184 et 224; C. proc. 68; Paris 2 août 1833).

42. *Tout procès-verbal d'offres désignera l'objet offert, de manière qu'on ne puisse y en substituer un autre, et si ce sont des espèces, il en contiendra l'énumération et la qualité* (C. proc. 812).

43. On ne peut offrir des billets de banque en paiement, par le motif que le cours de ces billets n'est point forcé. (V. note 28, n. 729). Il en est de même, à plus forte raison, des monnaies étrangères.

44. Il n'est pas non plus loisible au débiteur d'offrir en paiement de sa dette toute espèce de monnaie. Ainsi, quoique la monnaie de cuivre ou de billon ait cours forcé, cependant le créancier ne peut être tenu d'en accepter en paiement au-delà de ce qui est nécessaire pour former l'appoint d'une pièce de 5 fr. (Décr. 18 août 1810).

45. *Le procès-verbal fera mention de la réponse, du refus ou de l'acceptation du créancier, et s'il a signé, refusé ou déclaré ne pouvoir signer* (C. proc. 813).

46. *Le jugement qui déclarera les offres valables, ordonnera, dans le cas où la consignation n'aurait pas encore eu lieu, que, faute par le créancier d'avoir reçu la somme ou la chose offerte, elle sera consignée ; il prononcera la cessation des intérêts, du jour de la réalisation* (C. proc. 816).

47. Il résulte suffisamment de cet article que tout créancier a le droit de se pourvoir devant les tribunaux pour faire prononcer la validité d'offres non acceptées et être autorisé à consigner, et que par conséquent cette action ne peut être frustratoire (Bordeaux, 16 janv. 1833).

48. C'est la consignation seule des sommes offertes et non leur réalisation ou exhibition à l'audience, qui fait cesser le cours des intérêts : le mot *réalisation* employé dans l'art. 816 ci-dessus rapporté ne doit s'entendre que d'une consignation (Bordeaux, 16 janv. 1833). — V. n. 26 et 84.

§ 3. DE LA CAISSE DES DÉPOTS ET CONSIGNATIONS OU D'AMORTISSEMENT; ET DES DÉPOTS QUI PEUVENT Y ÊTRE FAITS.

49. La caisse d'amortissement établie par la loi du 28 niv. an XIII était autorisée à recevoir les consignations ordonnées par jugement ou par décision administrative ainsi que les consignations volontaires. — Ses attributions ont été transférées par l'art. 110 de la loi du 28 av. 1816 à la caisse des dépôts et consignations instituée par cette dernière loi.

50. La caisse des dépôts et consignations reçoit donc seule, non seulement les consignations ci-dessus mentionnées mais encore l'argent des particuliers, des communes et des établissements publics, qui peuvent l'en retirer ou à présentation ou à l'époque convenue; les sommes ainsi déposées portent un intérêt de 3 p. 0/0, pourvu qu'elles soient restées à la caisse trente jours (Ord. roy. 3 juill. 1816). Cependant à l'égard des dépôts volontaires faits par les particuliers, l'intérêt n'est que de 2 p. 0/0 et ne court qu'après 60 jours d'encaissement et les remboursements ne sont exigibles que 45 jours après la demande (Ord. roy. 19 janv. 1835).

51. Il y a donc des consignations judiciaires, des consignations légales et des consignations volontaires.

52. La consignation judiciaire est celle qui a été valablement ordonnée par la justice ou par décision administrative. Ainsi doivent être consignés :

53. Les sommes dont les cours et tribunaux ou les autorités administratives ont ordonné la consignation ou le séquestre (Ord. roy. 3 juill. 1816, art. 2, n. 5; Dumesnil, *tr. de la consign.* n. 259).

54. Les deniers trouvés lors d'une apposition de scellés ou d'un inventaire, si le tribunal l'ordonne ainsi, sur le référé provoqué par le juge de paix (Dumesnil, *ibid.* n. 260).

55. Les sommes d'argent trouvées ou provenues des ventes et recouvrements dans une succession bénéficiaire, lorsque, sur la demande de quelque créancier, le tribunal en a ordonné la consignation. Toutefois cette consignation ne doit être ordonnée qu'autant que l'héritier bénéficiaire aurait refusé de donner caution (Dumesnil, *ibid.* n. 261).

56. La consignation légale est celle qui a lieu en vertu d'une disposition de la loi. Ainsi doivent être consignés :

57. 1° Les deniers provenant des ventes et recouvrements des biens faisant partie de l'actif d'un failli, sous la déduction des sommes arbitrées par le juge-commissaire pour le montant des dépenses et frais (C. com. 489; Dumesnil n. 262).

58. 2° Le produit des coupes et des ventes de fruits pendants par racines sur des immeubles saisis réellement et non affermés lors de la saisie, ensemble les loyers, fermages ou autres prestations échus depuis la transcription de la saisie, au fur et à mesure des échéances (C. proc. 685, 687; Dumesnil n. 263).

59. 3° Les deniers saisis par un huissier chez un débiteur contre lequel il exerce une saisie-exécution; lorsqu'il n'a pas été convenu entre qui de droit d'un séquestre volontaire, dans les trois jours du procès-verbal de saisie (C. proc. 590; Dumesnil n. 264).

60. 4° Les sommes saisies et arrêtées entre les mains de dépositaires ou débiteurs, à quelque titre que ce soit; celles provenant de biens meubles de toute espèce, par

suite de saisies ou de ventes volontaires, lorsqu'il y a des oppositions (C. pr. 656, 657; Dumesnil n. 268).

61. 5° Les sommes remises par un débiteur à un garde du commerce ou à un huissier exerçant la contrainte par corps, pour éviter l'arrestation, et ce lorsque le créancier n'a pas voulu la recevoir dans les vingt-quatre heures accordées à ces officiers ministériels pour en faire la remise (Ord. 3 juill. 1816, art. 2, n. 3; Décr. 14 mars 1808; Dumesnil n. 269).

62. 6° Les sommes que les débiteurs incarcérés doivent déposer ès-mains du geôlier, pour être mis en liberté, lorsque le créancier ne les a pas acceptées dans les vingt-quatre heures (C. proc. 798; Dumesnil n. 270).

63. 7° Les deniers remis à tout officier ministériel pour faire des offres extrajudiciaires ou judiciaires, lorsqu'elles ne sont pas acceptées, à moins qu'il n'en ait été dispensé (Dumesnil n. 271).

64. 8° Le prix que doivent consigner les adjudicataires de bâtiments de mer vendus par autorité de justice (C. com. 209; Dumesnil n. 272).

65. 9° Les sommes et deniers trouvés dans une succession vacante ou provenant du prix des biens de cette succession, même lorsqu'il n'y a pas d'opposition. A défaut de consignation, l'officier ministériel peut, à titre de réparation de dommage, être condamné à payer aux créanciers les intérêts qu'eût produit la consignation, intérêts qui courent de plein droit sans qu'il soit besoin de mise en demeure (C. civ. 813, 1153; C. proc. 657; Av. Cons. d'Ét. 13 oct. 1809; Ord. roy. 3 juill. 1816, art. 2, 11, 13; Cass. 21 juin 1823; -Sir. 27, 83).

66. 10° Le prix d'une vente d'effets mobiliers, lorsque l'officier ministériel en est requis ultérieurement par un créancier, quand même cet officier aurait été constitué dépositaire du consentement des héritiers et des créanciers de la succession. Dans ce cas, le défaut de consignation le rend passible des intérêts que cette consignation aurait produits (C. civ. 1936; C. pr. 656 et 657; Ord. 3 juill. 1816 art. 2; Cass. 12 déc. 1826, -Sir. 27, 79).

67. 11° Les sommes qu'un Notaire est chargé, au cas de séquestre d'une succession litigieuse, de recouvrer dans l'intérêt de la succession; à cet égard, les juges ne peuvent ordonner que les sommes resteront en dépôt dans les mains de ce Notaire (Ord. 3 juill. 1816, art. 4, n. 16; Montpellier, 19 juin 1827).

68. 12° L'indemnité d'expropriation pour cause d'utilité publique, toutes les fois que les ayants-droit ne peuvent ou ne veulent la recevoir, si l'administration prend possession des immeubles expropriés (L. 3 mai 1841, art. 53; Dumesnil n. 277).

69. La consignation volontaire est celle qui a lieu volontairement. Ainsi, on doit considérer comme consignations volontaires :

70. 1° Celle faite par l'acquéreur d'un bien de mineur vendu en justice, sans expropriation, lorsque d'ailleurs il n'y a point d'ordre établi entre les créanciers et qu'enfin le dépôt n'a point été valablement ordonné par la justice (Paris, 18 juin 1825).

71. 2° Celle opérée par un acquéreur ou donataire, au cas de purge (Dumesnil, *tr. de la consign.* n. 224).

72. 3° Et généralement toutes les consignations de sommes offertes à des créanciers refusants par des débiteurs qui veulent se libérer (Dumesnil, *ibid.*).

§ 4. DE LA CONSIGNATION DES OFFRES RÉELLES ET DES CONDITIONS A OBSERVER POUR QUE CETTE CONSIGNATION SOIT VALABLE.

73. *Si le créancier refuse les offres, le débiteur peut, pour se libérer, consigner la somme ou la chose offerte, en observant les formalités prescrites par l'art.* 1259 *du C. civ.* (C. proc. 814).

74. *Il n'est pas nécessaire, pour la validité de la consignation, qu'elle ait été autorisée par le juge* (C. civ. 1259).

75. Cependant, le débiteur entre les mains duquel a été formée une saisie et l'acquéreur d'un immeuble hypothéqué qui veulent se libérer, doivent faire rendre un jugement qui autorise la consignation (Toullier, t. 7, n. 215). — V. *sup.* n. 47.

76. *Il suffit* 1° *qu'elle ait été précédée d'une sommation signifiée au créancier, et contenant l'indication du jour, de l'heure et du lieu où la chose offerte sera déposée* (C. civ. 1259-1°).

77. D'où il suit qu'il n'est pas nécessaire à la validité d'une consignation qu'elle soit précédée d'une sommation au créancier pour y être présent (Cass. 20 flor. an x, -Sir. 2, 2, 419). — V. *inf.* n. 85.

78. Toutefois, si le débiteur autorisé à consigner, assigne le créancier à se trouver au lieu où doit se faire la consignation, il n'est pas nécessaire, à peine de nullité, ni que l'assignation soit au délai fixé pour les ajournements, ni que le récépissé du receveur soit notifié au créancier (Cass. 24 juin 1812). V. note 20. — Il n'est pas nécessaire non plus que la sommation, quand elle est faite par l'acquéreur au vendeur d'être présent à la consignation soit signifiée au domicile réel de ce dernier, elle est valablement signifiée au domicile qu'il a élu pour l'exécution du contrat (Bordeaux, 28 mars 1833). — V. note 11 et note 20.

79. Cependant il a été décidé qu'il ne peut être fait de consignation valable, sans y appeler ceux qui ont droit sur les deniers consignés (Cass. 1 fruct. an XI, -Sir. 4, 2, 28).

80. Mais l'acquéreur qui, après la purge, veut consigner son prix, n'est pas tenu d'y appeler les créanciers inscrits, il doit seulement leur signifier le procès-verbal de consignation (Persil, *rég. hyp.* art. 2187, n. 3; Grenier, *hyp.* t. 2, n. 463; Cass. 18 germ. an XIII, -Sir. 5, 2, 138. — *Contrà*, Paris, 23 therm. an x, -Sir. 5, 286; Cass. 12 fruct. an XI, -Sir. 4, 95). — En tout cas, il n'est pas nécessaire d'appeler les créanciers, quand la consignation a été ordonnée par jugement (Merlin rép., v° *Consignation* n. 27; Toullier t. 7, n. 216).

81. 2° *Que le débiteur se soit dessaisi de la chose offerte, en la remettant dans le dépôt indiqué par la loi pour recevoir les consignations, avec les* INTÉRÊTS *jusqu'au jour du* DÉPÔT (C. civ. 1259-2°).

82. DÉPÔT. C'est dans la caisse du receveur de l'arrondissement où est situé l'immeuble, et non dans celle du receveur du domicile du vendeur, que doit être faite la consignation de la part de l'acquéreur de son prix d'acquisition (Bordeaux 28 mars 1833). — V. *sup.* n. 36.

83. Cependant lorsque par le cahier des charges ou par l'acte de vente il a été fait élection de domicile pour l'exécution de l'acte de vente ou qu'un lieu a été convenu pour le paiement du prix, c'est dans le premier cas, au lieu du domicile élu, et dans le second cas au lieu indiqué pour le paiement, que la consignation doit être faite (Paris, 15 mai 1816, - Sir. 17, 52; Caen, 6 fév. 1826, - Sir. 27, 222). V. *sup.* n. 36.

84. INTÉRÊTS. Les juges peuvent cependant dispenser le débiteur qui a consigné, de payer les intérêts jusqu'au jour de la consignation, si elle a été retardée par le fait du créancier (Cass. 27 flor. an X, - Sir. 2, 1, 301). — V. *sup.* n. 26 et 48.

85. 3° *Qu'il y ait eu procès-verbal dressé par l'officier ministériel, de la nature des espèces offertes, du refus qu'a fait le créancier de les recevoir, ou de sa non-comparution, et enfin du dépôt* (C. civ. 1259-3°). V. *sup.* n. 42 et suiv.

86. Un particulier ne peut à lui seul, faire une consignation valable, il faut qu'un officier ministériel en dresse le procès-verbal. — Ce procès-verbal ne peut être dressé que par un huissier ou un Notaire (V. *sup.* n. 40, 41) : il ne peut l'être par un receveur de consignation, lequel est sans caractère pour rédiger ces sortes d'actes (Nîmes, 22 août 1809, - Sir. 10, 553).

87. 4° *Qu'en cas de non-comparution de la part du créancier, le procès-verbal du dépôt lui ait été signifié avec sommation de retirer la chose déposée* (C. civ. 1259-4°).

88. La libération du débiteur date du jour du dépôt et non pas du jour où l'acte de dépôt a été signifié au créancier (Duranton t. 12, n. 225. — *Contrà*, Rogron, sur l'art. 1259).

§ 5. DES EFFETS DES OFFRES RÉELLES. — DES EFFETS DE LA CONSIGNATION. — DU RETRAIT DES FONDS CONSIGNÉS.

89. Les offres réelles suivies de consignation ont pour effet de libérer le débiteur ainsi que nous l'avons dit *sup.* n. 3.

89 bis. *La consignation volontaire ou ordonnée sera toujours à la charge des oppositions, s'il en existe, et en les dénonçant au créancier* (C. civ. 817).

90. *Les frais des offres réelles et de la consignation sont à la charge du créancier, si elles sont valables* (C. civ. 1260).

91. D'où il suit qu'ils sont à la charge du débiteur quand le créancier accepte les offres sans contestation, parce que alors le débiteur est présumé en retard ; cependant lorsqu'il est prouvé que les offres ont été nécessitées par la mauvaise volonté du créancier, les frais peuvent rester à la charge de celui-ci (Duranton t. 12, n. 224; Toullier t. 6, n. 205. — *Contrà*, Pigeau p. 404).

92. *Tant que la consignation n'a point été acceptée par le créancier, le débiteur peut la retirer; et s'il la retire, ses co-débiteurs ou ses cautions ne sont point libérés* (C. civ. 1261).

93. Lorsque des offres sont adressées à plusieurs, pour un objet indivisible, il n'y a pas acceptation valable de nature à empêcher la rétractation des offres, s'il n'y a acceptation de la part de tous ceux à qui elles sont adressées (Cass. 4 juill. 1810). — V. *inf.* n. 103.

94. Le débiteur qui a fait une consignation volontaire à la caisse d'amortissement peut la retirer lorsqu'elle n'a été suivie ni d'acceptation ni d'opposition, en donnant aux préposés de la caisse une simple décharge, et en leur remettant le récépissé qu'il a reçu lors de la consignation. — S'il y a eu acceptation ou opposition, le remboursement de la consignation ne peut s'effectuer que sur la remise aux consignataires d'un jugement qui l'ordonne, ou d'un acte authentique portant le consentement des tiers acceptants ou opposants (Av. Cons. d'Et. 16 mai 1810).

95. Quant au remboursement d'une consignation judiciaire il ne peut être effectué par la caisse d'amortissement qu'en vertu d'un jugement rendu, toutes parties intéressées présentes ou dument appelées et sur la représentation du certificat prescrit par l'art. 548 du C. de proc. — Ce remboursement ne peut être ordonné par jugement rendu sur simple requête (Circ. min. Just. 1 sept. 1812, - Sir. 14, 2, 111).

96. La caisse des consignations est tenue, conformément au droit commun, d'imputer les paiements partiels qu'elle fait, d'abord sur les intérêts, et ensuite sur le capital (C. civ. 1254; Ord. roy. 3 juill. 1816; Paris, 20 mars 1830 et 7 janv. 1831).

97. Cette caisse n'a pas le droit d'exiger quittance notariée des sommes qu'elle paie : elle doit se contenter d'une quittance s. s. p. (Cass. 14 av. 1836).

98. Le directeur ou préposé de la caisse des dépôts et consignations ne doit pas nécessairement être appelé au jugement qui ordonne la délivrance au profit d'un individu d'une somme déposée à la caisse. En conséquence, lorsque ce jugement a été rendu entre tous les prétendants-droit et qu'il a acquis force de chose jugée, le directeur de la caisse ne peut se refuser à en exécuter les dispositions, et si son refus donne lieu à une instance dans laquelle il ait succombé, il doit être condamné aux dépens (C. proc. 130; Bordeaux, 6 sept. 1831, - Devill. 32, 597).

99. Lorsque le débiteur est tombé en faillite avant que le créancier ait accepté la consignation, celui-ci ne peut plus accepter les offres à l'exclusion des autres créanciers du failli (Duranton t. 12, n. 240; Dumesnil n. 367). — Et ce, par le motif que tous les biens du failli sont saisis-arrêtés, par la seule force de la loi, au profit de la masse de ses créanciers (Cass. 12 fév. 1811).

100. Les co-débiteurs ou cautions ne peuvent s'opposer à ce que le débiteur retire la consignation de la chose due, tant qu'elle n'a pas été acceptée par le créancier, ou déclarée valable par le juge (Duranton t. 12, n. 232. — *Contrà*, Pigeau, Dumesnil n. 363).

101. Lorsque le débiteur qui a consigné est décédé avant l'acceptation du créancier, ce décès ne nuit point au droit que celui-ci a d'accepter (Dumesnil n. 368).

102. Le créancier a le même droit d'accepter, au cas de mort civile ou d'interdiction légale du débiteur, pourvu que la consignation ait été faite par le débiteur, lorsqu'il avait encore la jouissance de ses droits civils (Dumesnil n. 369).

103. Les héritiers du créancier ont le droit d'accepter la consignation sur laquelle leur auteur ne s'était point encore expliqué ; mais l'acceptation faite par un seul héritier n'a d'effet que jusqu'à concurrence de sa part dans la succession (Dumesnil n. 370). — V. *sup.* n. 93.

104. *Lorsque le débiteur a lui-même obtenu un jugement passé en force de chose jugée qui a déclaré ses offres et sa consignation bonnes et valables, il ne peut plus, même du consen-*

tement du créancier, retirer sa consignation au préjudice de ses co-débiteurs ou de ses cautions (C. civ. 1262).

105. Il n'est pas nécessaire, à peine de nullité, qu'une consignation, faite en vertu d'un jugement qui a validé des offres réelles et autorisé le débiteur à en consigner le montant, soit précédée de nouvelles offres (Cass. 16 vent. an XI, - Sir. 3, 249).

106. Le versement à la caisse des dépôts et consignations des sommes dont un débiteur fait offre à son créancier pour se libérer, n'est obligatoire qu'autant que le créancier et le débiteur ne s'entendent pas pour faire un autre emploi de la somme due : lors donc qu'après le dépôt à la caisse, les parties tombent d'accord pour déposer ailleurs ou employer les deniers déposés, les juges peuvent ordonner le retrait de la somme et son emploi, conformément aux volontés des parties intéressées. Peu importe que le dépôt à la caisse ait d'abord eu lieu en vertu d'un jugement : la consignation ne constituant qu'une mesure provisoire, le retrait peut en être autorisé, sans qu'il y ait en cela violation de l'autorité de la chose jugée. = Il en est ainsi, encore bien que le mode d'emploi ordonné en définitive ait été écarté par un premier jugement rejetant la demande en la forme, si ce jugement n'a pas statué sur le fond de la demande elle-même (Cass. 21 août 1840).

107. *Le créancier qui a consenti que le débiteur retirât sa consignation après qu'elle a été déclarée valable par un jugement qui a acquis force de chose jugée, ne peut plus, pour le paiement de sa créance, exercer les priviléges ou hypothèques qui y étaient attachés; il n'a plus d'hypothèque que du jour où l'acte par lequel il a consenti que la consignation fût retirée a été revêtu des formes requises pour emporter hypothèque* (C. civ. 1263).

§ 6. DES OFFRES DE CORPS CERTAINS.

108. *Si la chose due est un corps certain qui doit être livré au lieu où il se trouve, le débiteur doit faire sommation au créancier de l'enlever, par acte notifié à sa personne ou à son domicile, ou au domicile élu pour l'exécution de la convention. Cette sommation faite, si le créancier n'enlève pas la chose, et que le débiteur ait besoin du lieu dans lequel elle est placée, celui-ci pourra obtenir de la justice la permission de la mettre en dépôt dans quelque autre lieu* (C. civ. 1264).

§ 7. DU TRIBUNAL COMPÉTENT.

109. *La demande qui pourra être intentée soit en validité, soit en nullité des offres ou de la consignation, sera formée d'après les règles établies pour les demandes principales : si elle est incidente, elle le sera par requête* (C. proc. 815). — V. note 28, n. 669, 670.

110. Le juge de paix ne peut connaître d'une demande en validité d'offres réelles, même dans les limites de sa compétence (Caron, n. 75.—*Secùs*, Chauveau, t. 1, n. 400; Augier, v° *Offres*, n. 2).

111. Lorsque, pour empêcher l'effet d'une opposition, le débiteur fait des offres réelles, c'est le Tribunal devant lequel se plaide le mérite de l'opposition qui doit statuer sur la validité des offres (Paris, 9 flor. an XI, - Sir. 3, 290).

112. Mais en matière de saisie immobilière, le Tribunal de la situation des biens peut seul connaître de la validité des offres faites par le débiteur au domicile élu dans le commandement, encore que ce domicile élu se trouve dans le ressort d'un autre Tribunal (Cass. 10 déc. 1807, - Sir. 8, 94).

113. L'assignation en nullité d'offres pour cause d'insuffisance est valablement donnée au domicile élu dans l'acte d'offres (C. proc. 59; Limoges, 5 janvier 1839).

---

[49]

DES INTÉRÊTS ET ARRÉRAGES. — DE L'USURE.

DIVISION SOMMAIRE.

Indication alphabétique.

Chap. 1er. DES INTÉRÊTS.

1. On appelle *intérêt* le profit que le créancier retire d'un *principal* non aliéné, pour raison de l'usage que le débiteur a eu de ce principal.

2. Quand le *capital* a été aliéné, les profits que le créancier en retire s'appellent *arrérages*. — V. la note 156.

§ 1. DE DIFFÉRENTES ESPÈCES D'INTÉRÊTS.

3. On distingue quatre sortes d'intérêts : 1° l'intérêt conventionnel, c. à-d. civil ou commercial; 2° l'intérêt légal ou de plein droit; 3° l'intérêt judiciaire ou moratoire; 4° et l'intérêt de l'intérêt ou l'anatocisme.

Art. 1. DE L'INTÉRÊT CONVENTIONNEL, C.-À-D. CIVIL ET COMMERCIAL.

4. *Il est permis de stipuler des intérêts pour simple prêt, soit d'argent, soit de denrées ou autres choses mobilières* (C. civ. 1905).

5. *L'intérêt est légal ou conventionnel; l'intérêt légal est fixé par la loi; l'intérêt conventionnel peut excéder celui de la loi, toutes les fois que la loi ne le prohibe pas* (C. civ. 1907). Cet article a été modifié par la loi du 3 sept. 1807 (V. *inf.* n. 30 et 31).

5 *bis*. Lorsque le prêt d'une inscription de rente 5 p. 0/0 sur l'état a été fait, non à raison ou sur le pied du capital éventuel de cette rente, mais à raison du capital nominal de cette même rente, laquelle a été stipulée restituable en nature au prêteur, les intérêts du prêt doivent être calculés uniquement sur le capital nominal (Cass. 21 juin 1842).

Art. 2. DE L'INTÉRÊT LÉGAL OU DE PLEIN DROIT.

6. Cet intérêt court indépendamment de toute stipulation dans les cas spécifiés aux art. 456, 474, 609, 612, 856,

1207, 1440, 1573, 1548, 1579, 1620, 1652, 1846, 2001, 2028 du C. civ., et 184 du C. de comm. — V. *inf.* n. 43 et s.

Art. 3. DE L'INTÉRÊT JUDICIAIRE OU MORATOIRE.

7. *Dans les obligations qui se bornent au paiement d'une certaine somme, les dommages et intérêts résultant du retard dans l'exécution ne consistent jamais que dans la condamnation aux intérêts fixés par la loi; sauf les règles particulières au commerce et au cautionnement. — Ces dommages et intérêts sont dus sans que le créancier soit tenu de justifier d'aucune perte. — Il ne sont dus que du jour de la demande, excepté dans les cas où la loi les fait courir de plein droit* (C. civ. 1153).

7 *bis.* Il y a entre l'intérêt *moratoire* et l'intérêt *conventionnel* cette différence, que le premier est régi par la loi sous laquelle a eu lieu le retard de paiement, tandis que l'intérêt conventionnel est régi par la loi sous laquelle le contrat s'est formé (Caen, 3 avr. 1824, - Sir. 26, 9).

8. Bien que l'intérêt conventionnel ait été fixé au-dessous du taux légal dans une obligation à terme, l'intérêt moratoire n'en est pas moins dû d'après ce taux, à compter du jour de la demande en justice (Paris, 17 mai 1836).

9. En matière d'antichrèse, si la créance pour laquelle elle a été constituée ne portait point intérêt dans le principe, et qu'elle fût échue, la seule constitution d'antichrèse suffit pour lui faire produire des intérêts moratoires à compenser, jusqu'à concurrence de leur montant, avec les fruits du fonds (Proudhon, 1, n. 77).

10. Un commandement de payer le capital échu d'une créance n'est pas une demande judiciaire qui fasse courir les intérêts (Riom, 17 mai 1830, - Devill. 33, 463). — V. *inf.* n. 87.

11. Il en est de même des contraintes décernées en paiement de droits de douane (Bordeaux, 4 juill. 1832, - Devill. 33, 35).

12. Mais la demande d'intérêts faite par un créancier dans un acte de production à l'ordre est une demande judiciaire qui fait courir les intérêts (Amiens, 23 fév. 1821, - Sir. 22, 114; — Toulouse, 26 janv. 1833; — Cass. 2 avr. 1833).

13. De même, la demande formée par les notaires pour leurs déboursés par une requête au bas de laquelle le juge de paix délivre un exécutoire, fait courir les intérêts (V. note 5, p. 22, n. 123). — V. *inf.* n. 63 et 108.

13 *bis.* La convention faite pour déterminer en quels cas une créance produira intérêt avant son échéance, n'équivaut pas à une renonciation à l'intérêt moratoire (Cass. 23 nov. 1812, - Sir. 13, 177).

Art. 4. DE L'INTÉRÊT DE L'INTÉRÊT OU DE L'ANATOCISME.

14. *Les intérêts échus des capitaux peuvent produire des intérêts, ou par une demande judiciaire, ou par une convention spéciale, pourvu que, soit dans la demande, soit dans la convention, il s'agisse d'intérêts dus au moins pour une année entière* (C. civ. 1154).

15. *Néanmoins les revenus échus tels que fermages, loyers, arrérages de rentes perpétuelles ou viagères, produisent intérêt du jour de la demande ou de la convention. La même règle s'applique aux restitutions de fruits et aux intérêts payés par un tiers au créancier, en acquit du débiteur* (C. civ. 1155).

16. Avant le Code civil, l'anatocisme était prohibé par l'ordonnance de 1673 tit. 6, art. 1 et 2, et cette ordonnance n'a point été abrogée par les lois des 4 oct. 1789, 11 av. 1793, 3 therm. an IV et 15 fruct. an VI (Cass. 8 frim. an XII, - Sir. 4, 1, 120).

17. Mais depuis le Code civil et avant la loi du 3 sept. 1807, on a pu stipuler l'intérêt de l'intérêt parce qu'il n'existait pas de prohibition légale contre l'anatocisme (Limoges, 10 mars 1808; — Cass. 20 fév. 1810, et 5 oct. 1813, - Sir. 13, 76).

18. L'art. 1154 rapporté *sup.* n. 14 est applicable à une dette créée avant le code (Paris, 14 mai 1819, - Sir. 20, 190).

18 *bis.* Cet art. 1154 doit être entendu en ce sens, que les intérêts courus pendant une fraction d'année, en sus d'une ou de plusieurs années révolues, doivent être compris dans le calcul de la capitalisation, tout aussi bien que les intérêts des années entières et complètes (Bordeaux, 17 déc. 1841, - Devill. 42, 99).

19. Peut-on stipuler d'avance dans une obligation, qu'à défaut de paiement des intérêts, ces intérêts se capitaliseront à chaque échéance et porteront intérêt jusqu'à libération? Pour l'AFFIRMATIVE : Montpellier, 20 juin 1839 (suivant cet arrêt, il suffit pour la validité de la stipulation qu'elle porte sur des intérêts qui, lors de leur capitalisation, seront échus et dus au moins pour une année entière. Pour LA NÉGATIVE : Nîmes, 9 fév. 1827.

20. L'héritier bénéficiaire est obligé, de même que l'héritier pur et simple, à payer l'intérêt de l'intérêt dans les cas prévus par les art. 1154 et 1155 du C. civ. (Cass. 16 août 1825, - Sir. 26, 126; — *Contrà*, Paris 14 mai 1819; - Sir. 20, 190).

21. Les intérêts pour arrérages de rente foncière ne sont pas anatocisme (Cass. 30 av. 1806, - Sir. 6, 254).

22. La prime accordée annuellement par un journal, au propriétaire d'une rente affectée à son cautionnement, comme indemnité du risque que court le propriétaire, est un revenu du capital de cette rente dans le sens de l'art. 1155 du code civil, susceptible d'être capitalisé et de produire des intérêts; on ne peut considérer cette prime comme un produit industriel (Cass. 10 déc. 1835, - Sir. 36, 327).

23. Lorsque les intérêts d'une créance ont été réunis au capital dans une distribution par contribution, ils forment un seul tout avec ce capital, et ne sont plus prescriptibles par cinq ans, mais seulement par 30 ans (Nancy, 26 juin 1837, - Devill. 39, 179).

24. Les intérêts du reliquat d'un compte courant entre commerçants peuvent aussi être capitalisés pour produire eux-mêmes intérêts, quoiqu'il s'agisse d'intérêts de moins d'une année; l'art. 1154 du C. civ. est sans application dans ce cas (Cass. 12 nov. 1834; - Sir. 35, 1. 334; — Grenoble, 16 fév. 1836, - Sir. 37. 361).

25. La capitalisation des intérêts peut être demandée quoique la créance ne soit pas liquide et qu'il y ait contestation liée sur son quantum (Cass. 10 déc. 1838).

26. Mais elle ne peut être demandée d'avance: elle n'est autorisée qu'à l'égard d'intérêts déjà échus; les juges ne peuvent donc pas ordonner la capitalisation, quoique la demande en ait été formée avant toute échéance d'intérêts bien que depuis cette demande plusieurs années d'intérêts

soient devenues exigibles (Riom 21 juill. 1840). — Elle ne peut non plus s'opérer en faisant produire intérêts volontairement et sans demande à des intérêts échus antérieurement, de sorte qu'on ne peut valablement stipuler que les intérêts échus de plusieurs années seront capitalisés pour produire intérêts à partir des diverses époques d'échéances antérieures à la convention; la capitalisation ne peut leur faire produire d'intérêts que pour l'avenir (Cass. 21 mars 1841, — J[al] Man. art. 24).

27. L'art. 1154 cité *sup.* n. 14, n'est pas applicable aux restitutions de fruits ou revenus, uniquement régies par l'art. 1155, qui ne dispose pas que les intérêts échus de ces restitutions puissent eux-mêmes produire des intérêts (Cass. 15 janv. 1839).

28. Il ne l'est pas non-plus aux intérêts d'un capital dont on réclame condamnation, et qui ne seront dûs qu'en vertu du jugement même de condamnation. Les juges ne peuvent donc, en prononçant la condamnation demandée, accorder les intérêts des intérêts à partir de la demande (Cass. 14 juin 1837).

29. L'acquéreur de biens de l'Etat, qui s'est soumis à l'application de la législation générale des ventes de domaines nationaux, est tenu, de plein droit, et après chaque échéance fixée par le contrat, de l'intérêt des sommes par lui dues : ici ne s'applique pas la règle du droit commun d'après laquelle les intérêts des intérêts ne peuvent courir que par une demande judiciaire (L. L. 30 août 1792; 15 flor. an x; 5 vent. an xii; — Décr. 22 oct. 1808).

§ 2. DU TAUX DES INTÉRÊTS.

30. *Le taux de l'intérêt conventionnel doit être fixé par écrit* (C. civ. 1907). — V. *inf.* n. 80 et suiv.

31. *L'intérêt conventionnel ne peut excéder, en matière civile cinq pour cent, ni* EN MATIÈRE DE COMMERCE *six pour cent, le tout sans retenue* (L. 3 sept. 1807, art. 1).

EN MATIÈRE DE COMMERCE. Pour que l'intérêt puisse être stipulé à 6 p. 0/0, il n'est pas nécessaire, lorsqu'il s'agit d'une obligation pour prêt, que le prêteur et l'emprunteur soient *commerçants*, l'art. 638 du C. de comm. n'étant point limitatif et s'appliquant non-seulement aux *billets* mais aux *obligations* même notariées. Ainsi, il suffit que l'emprunteur soit commerçant, car à son égard l'opération est de plein droit commerciale si une autre cause n'a point été indiquée dans l'acte (Paris, 6 août 1829; — Bourges, 29 mai 1824; — Douai, 4 juill. 1821, 27 fév. 1825; — Rennes, 2 juill. 1838; — Cass. 12 déc. 1838). — V. *acte de comm.* note 118.

Si donc, en dehors de l'obligation qui ne porte l'intérêt qu'à 5 p. 0/0, il a été souscrit par l'emprunteur commerçant des billets à ordre ou au porteur pour la différence de 5 à 6 p. 0/0, le débiteur ne peut en demander l'annulation ni former une demande en restitution pour les intérêts déjà payés sous le prétexte qu'ils sont usuraires, parce que la dette a une cause commerciale qui subsiste jusqu'à son acquittement (Pardessus, t. 1, n. 50), tellement que si les termes d'exigibilité de cette obligation viennent à être prorogés, soit par le premier créancier, soit par tout autre étant à ses droits, avec création de nouveaux billets pour la différence d'intérêts, le débiteur n'a pas plus d'action en annulation et en restitution que pour les premiers billets. C'est alors comme si la dette avait été créée dans l'origine avec stipulation d'un intérêt de 6 p. 0/0. La circonstance que le débiteur aurait cessé d'être commerçant lors d'une prorogation et d'une nouvelle création de billets, ne changerait point la solution que nous venons de donner, parce que encore une fois la nature de la dette est invariable, et que les prorogations consenties par le créancier n'opèrent point novation dans la dette. Dans toutes les hypothèses, le souscripteur de l'obligation nous paraît être sujet à la contrainte par corps attendu la nature de la dette (Ind. de l'arrêt de la C. Roy. de Paris du 6 août 1829). — V. *inf.* n. 81.

32. *Il n'est rien innové aux stipulations d'intérêts par contrats ou autres actes faits jusqu'au jour de la présente loi* (*ibid.* art. 5).

33. Une stipulation d'intérêts à 10 p. 0/0, faite dans un contrat de prêt avant la loi de 1807, avec la convention que cet intérêt sera servi jusqu'à parfait remboursement du capital, doit produire son effet, même depuis la promulgation de cette loi, quand même le prêt n'aurait été fait que pour une année (Poitiers, 8 fév. 1825; Cass. 5 mars 1834; 15 nov. 1836). — C'est la loi du *lieu du contrat* et non celle du *lieu de l'exécution* qui doit régler la stipulation des intérêts conventionnels (Ind. des mêmes arrêts; Bordeaux, 26 janv. 1831). — Cependant il a été décidé :

34. 1° Que la loi de 1807 qui fixe le taux de l'intérêt à 6 p. 0/0 en matière commerciale, est applicable aux intérêts échus depuis sa promulgation, bien qu'ils résultent d'un quasi-contrat antérieur (Cass. 13 mai 1817, - Sir. 18, 225. — *Contrà*, en matière civile, Bruxelles, 24 mai 1809 - Sir. 10, 567).

35. 2° Que des intérêts peuvent être alloués en justice au-dessus du taux fixé par la loi de 1807, bien que les intérêts aient couru depuis la loi s'ils se rattachent à des négociations et traités antérieurs à la loi (Cass. 21 juin 1825, - Sir. 26, 301).

36. 3° Qu'une stipulation d'intérêts au taux exorbitant de 1 p. 0/0 par mois contenue dans une obligation souscrite en pays étranger, en faveur d'un étranger, conformément à la loi du pays, peut avoir effet en France, en ce qui touche les intérêts échus avant la demande judiciaire. Quant aux intérêts courus depuis cette demande, ils ne doivent être accordés par les juges qu'au taux légal de 5 p. 0/0 (Aix, 14 janv. 1825, - Sir. 26, 66).

37. 4° Que lorsque, dans un contrat de vente antérieur à la loi de 1807, les intérêts du prix ont été stipulés à plus de 5 p. 0/0, jusqu'à une époque déterminée pour le paiement de ce prix, cette stipulation peut être considérée comme ne devant avoir effet que jusqu'à l'époque fixée par le contrat; tellement que si, à cette époque, le prix n'est pas payé, les intérêts moratoires qui ont couru depuis la loi de 1807, ne doivent plus être alloués qu'au taux fixé par cette loi (Bordeaux, 13 août 1829, - Sir. 31, 47; — Cass. 13 juill. 1829). — On peut induire de ces arrêts qu'un intérêt en matière de vente stipulé à plus de 5 p. 0/0 serait réductible à ce taux, en vain dirait-on qu'à cause du taux excessif l'acquéreur est censé avoir acheté d'autant moins cher, et que par ce motif le taux doit être maintenu.

38. Lorsqu'un testateur impose à son héritier l'obligation de payer à un légataire une rente à 6 p. 0/0, sur un capi-

tal déterminé, ce n'est pas là une fixation d'intérêts au taux prohibé (Décr. 17 juill. 1808).

39. Les tribunaux civils, saisis d'une contestation en matière commerciale, peuvent adjuger l'intérêt à 6 p. 0/0 (Cass. 16 juill. 1817, - Sir. 19, 15).

40. Une stipulation d'intérêts, dans un acte, n'est pas nulle, par cela seul que le taux n'en a pas été fixé; dans ce cas, le créancier peut exiger le taux fixé par la loi (Bourges, 11 juin 1825, - Sir. 26, 220).

41. Des intérêts supérieurs au taux légal fixé par la loi de 1807, n'ont pu être perçus en vertu du décret du 18 janv. 1814, (*qui permettait d'en stipuler au-dessus de 5 et de 6 p. 0/0*), qu'autant qu'il y aurait eu stipulation expresse (Cass. 16 mai 1838).

42. Les intérêts des dots peuvent, sans qu'il y ait usure, être stipulés au-dessus du taux légal établi pour les créances ordinaires (C. civ. 1548; — Riom. 12 mars 1828, - Devill. 32, 16).

43. L'intérêt d'un prêt fait pour la construction d'une salle de spectacle peut, comme s'appliquant à une entreprise commerciale être stipulé sur le pied de 6 p. 0/0 (Cass. 10 mai 1837).

44. Mais les sommes dont l'Etat se trouve redevable par suite de l'exécution de marchés administratifs ne sont productives d'intérêts qu'au taux de 5 p. 0/0 et non de 6; de tels marchés n'ayant pas nécessairement un caractère commercial (Ord. 6 fév. 1831, - Devill. 31. 349).

§ 3. EN QUELS CAS IL EST DU DES INTÉRÊTS DE PLEIN DROIT C.-A D. SANS STIPULATION.

45. Indépendamment des cas spécifiés aux art. que nous avons rappelés *sup.* n. 6, il est dû des intérêts de plein droit et sans besoin de demande judiciaire, lorsqu'il s'agit :

46. 1° Ou de la restitution d'un objet produisant des fruits ou d'une indemnité à défaut de restitution (Cass. 23 fév. 1825).

47. 2° De sommes payées par un débiteur solidaire, en l'acquit de son co-débiteur; ces sommes produisent intérêts du jour du paiement, même alors qu'elles ont été employées à payer des intérêts (Bordeaux, 16 juill. 1830).

48. 3° De créances provenant d'opérations commerciales réglées par compte courant, d'après l'usage constant du commerce (Cass. 17 mars 1824, - Sir. 25, 147). — Quand même l'une des parties ne serait pas commerçante, s'il s'agit d'affaires d'une nature commerciale (Bordeaux, 4 juil. 1832, - Devill. 33, 33; — Cass. 11 janv. 1841).

49. 4° Du solde d'un compte courant (Paris, 24 juin 1812).

50. 5° D'avance entre commerçants pour remboursement de billets en souffrance (Paris, 18 mai 1825). — Ou d'une créance provenant d'un engagement commercial, notamment d'une lettre de change protestée, surtout lorsqu'elle a été portée dans un compte courant (Cass. 6 nov. 1832).

51. 6° De la vente d'une chose qui produit des fruits ou revenus : dans ce cas, l'acquéreur n'est point dispensé de payer les intérêts de son prix par cela seul qu'il a été saisi-arrêté dans ses mains à la requête des créanciers du vendeur (Bruxelles, 9 août 1809, - Sir 12, 351).

51 *bis*. Il n'est pas nécessaire qu'une chose produise actuellement des fruits ou revenus pour que le prix porte intérêts, il suffit qu'elle soit susceptible d'en produire, ce qui doit avoir lieu d'une terre, d'une maison, d'un troupeau et non d'une bibliothèque, d'une tapisserie et autres choses semblables (C. civ. 1652; — Rogron, sur le d. art.).

52. 7° D'une vente volontaire dont le prix a été stipulé payable à une époque déterminée sans intérêt, quand il survient une surenchère suivie d'adjudication : la surenchère, dans ce cas, détruit l'effet du contrat volontaire (Paris, 11 janv. 1816, - Sir. 17, 7).

53. 8° D'une rétrocession ordonnée par jugement en faveur d'enfants mineurs dont les biens ont été vendus sans observation des formalités voulues par la loi (Poitiers, 22 juin 1825, - Sir. 26, 7).

54. 9° D'un crédit ouvert à un particulier non-commerçant chez un banquier; dans ce cas, les sommes fournies par l'emprunteur à-compte sur son débet sont productives d'intérêts à son profit, et ces intérêts doivent être réglés au même taux que ceux perçus par le banquier pour les sommes qu'il a avancées (Orléans, 22 août 1840).

55. 10° D'avances faites par l'époux survivant, pour arriver à la libération de la société d'acquêts; dans ce cas, ces avances sont réputées faites par cet époux en qualité de mandataire (C. civ. 2001; — Bordeaux, 29 déc. 1831, - Devill. 32, 633).

56. 11° De sommes pour lesquelles un créancier a été colloqué dans une distribution, lorsque, d'ailleurs, la somme en distribution est elle-même productive d'intérêts, et quand même le juge n'aurait point formellement ordonné que les intérêts lui seraient payés depuis la délivrance du bordereau. Il importerait peu que, dans l'origine, sa créance ne portât point intérêt (C. proc. 665, 672; — Cass. 14 avr. 1836).

57. 12° D'une créance sur l'état transférée par un associé qui a été condamné à en rendre compte à son associé (Cass. 28 juin 1825, - Sir. 26, 137).

58. 13° De condamnations prononcées contre l'auteur d'un fait dommageable obligé de garantir ou rendre indemne un individu des condamnations prononcées contre lui comme garant au profit d'un tiers; dans ce cas, l'auteur du fait peut être condamné à payer au garanti l'intérêt des sommes payées au tiers à partir du jour du paiement (Cass. 30 janv. 1826, - Sir. 27, 234). — V. *inf.* n. 86 et 210 *bis*.

59. 14° De rapport à une succession; dans ce cas, l'intérêt court du jour de l'ouverture de cette succession et non pas seulement du jour du jugement qui condamne à rapporter (C. civ. 856; — Bordeaux, 2 fév. 1819).

60. Mais il n'est pas dû d'intérêts de plein droit sans demande judiciaire, quand il s'agit :

61. 1° D'avances en argent ou en marchandises, même entre marchands (Colmar, 12 juill. 1824, - Sir. 25, 122).

62. 2° D'avances faites à une société de commerce par le négociant qu'elle a choisi pour son facteur ou commissionnaire (Cass. 5 vendém. an XI, - Sir. 3, 50).

63. 3° De la créance d'un avoué pour ses frais et vacations. Mais il en est autrement de la créance qu'il pourrait avoir, à raison d'avances faites en qualité de mandataire ordinaire, lesquelles porteraient intérêts à partir du jour

des avances constatées (C. civ. 2001; — Cass. 23 mars 1819, -Sir. 19, 327). — V. *sup.* n. 13.

64. 4° Des avances faites par le *negotiorum gestor* ou *curateur* (C. civ. 474 et 1999; — Cass. 7 nov. 1825, -Sir. 26, 187). — Il en était autrement dans l'ancien droit.

65. 5° D'une somme d'argent due par un débiteur quoique marchand (Angers, 29 mai 1807).

66. 6°. D'avances faites par un fermier pendant la durée du bail, pour réparation des biens affermés (Cas. 7 nov. 1825, -Sir. 26, 187).

67. 7° Des sommes restituables après cassation de l'arrêt en vertu duquel elles ont été reçues. Dans ce cas, on ne peut dire que celui qui a reçu fût de mauvaise foi (C. civ. 1378; — Cass. 15 janv. 1812, -Sir. 22, 151; 22 janv. 1822).

68. 8° De sommes accordées en réparation d'un préjudice causé. Dans ce cas, les intérêts ne courent qu'à partir du jour où le débiteur a pu connaître la nature et l'importance de ce qu'il doit, notamment par la signification de l'expertise, et non à partir du jour de la demande (Cass. 15 fév. 1837).

69. 9° Des fruits à restituer par un acquéreur, au cas d'annulation de la vente qui lui a été faite (Cass. 24 déc. 1838, -Sir. 39, 396).

70. 10° De biens de communauté restés en la possession de la femme après la mort du mari. On ne peut appliquer à ce cas la règle établie *sup.* n. 59 (Cass. 17 mars 1835, -Devill. 36, 858).

71. 11° D'une condamnation à prononcer contre une personne qui a reçu une somme non due. Dans ce cas, pour qu'il y ait lieu de condamner avec intérêts, il n'est pas nécessaire que la perception avec mauvaise foi soit explicitement constatée; il suffit que l'arrêt constate qu'il a été trop reçu, par suite de créances usuraires masquées avec mauvaise foi (C. civ. 1378; — Cass. 23 mars 1831).

72. 12° De provisions accordées à l'héritier qui réclame contre le détenteur d'une hérédité la part qui lui appartient (Cass. 29 av. 1840).

V. *inf.* n. 134.

§ 4. DE L'INTERPRÉTATION DES STIPULATIONS RELATIVES AUX INTÉRÊTS. — DE LA PREUVE. — DES PRÉSOMPTIONS.

73. Il n'est pas nécessaire pour faire courir les intérêts d'une dette, qu'ils résultent de termes exprès de l'obligation : la stipulation des intérêts peut être déclarée résulter implicitement d'une clause de l'acte, portant que l'obligation ne portera pas intérêt jusqu'à une certaine époque (Bordeaux, 28 mai 1832; — *Contrà*, Agen, 19 mars 1833, suivant cet arrêt, ces mots d'une obligation « *sans intérêts jusqu'alors* » ne font pas courir de plein droit les intérêts après l'expiration du terme).

74. L'obligation de payer les intérêts pour une dette doit être expresse; ainsi : 1° La clause d'une obligation par laquelle le débiteur promet de payer sa dette dans un nombre d'années fixé, *avec l'intérêt à la fin de chaque année*, ne prouve pas qu'il y ait eu stipulation faisant courir de plein droit les intérêts après l'expiration du terme (Bordeaux, 2 mai 1826).

75. 2° La clause, *sans intérêt jusqu'à l'échéance du terme*, n'équivaut pas à la stipulation d'intérêts à partir de l'échéance (Agen, 19 juin 1824, -Sir. 25, 70).

76. 3° La clause d'une obligation portant que la dette sera payée à *telle* époque, *sans intérêts jusqu'alors*, ne renferme pas implicitement la stipulation que les intérêts courent après l'échéance du terme. Il en est ainsi du moins à l'égard des tiers (Bourges, 28 mai 1827).

77. 4° La stipulation dans un billet qu'il sera payable après un délai fixé, avec intérêt *jusqu'à cette époque*, ne fait pas courir de plein droit les intérêts après l'expiration du terme, encore bien qu'il soit présumable que, dans l'intention des parties, l'intérêt devait continuer jusqu'au paiement; cette présomption ne pouvant suppléer la convention spéciale exigée par la loi (Bourges, 25 av. 1826, -Sir. 27, 59).

78. Cependant il a été jugé 1° Que la clause d'une obligation par laquelle le débiteur s'oblige au paiement *sans intérêt jusqu'au terme seulement*, équivaut à une stipulation d'intérêts à partir de l'expiration du terme (Bourges, 11 juin 1825, -Sir. 26, 220).

79. 2° Que malgré qu'un contrat ne renferme point de stipulation d'intérêts, les tribunaux peuvent cependant en adjuger, à compter de l'obligation, s'il est résulté des débats du procès que telle avait été l'intention commune des parties (Cass. 30 brum. an XII, -Sir. 7, 1027).

79 *bis*. 3° Que lorsque par un acte de prêt il a été stipulé que la somme prêtée porterait *intérêts du jour de son versement*, cet intérêt court après comme avant l'échéance des termes de remboursement, sans besoin de mise en demeure du débiteur (Cass. 10 mai 1837).

80. Une stipulation d'intérêts ne peut être prouvée par témoins ni par les livres et registres du créancier, même en matière commerciale. A cet égard, il faut un écrit dans le sens de l'art. 1907 du C. civ. lequel ne distingue point entre les négociants et les simples particuliers (Rennes, 16 av. 1811, -Sir. 13, 116). — V. *sup.* n. 30 et 68.

81. L'art. 1907 qui exige un écrit qui fixe le taux de l'intérêt conventionnel ne doit pas être entendu en ce sens que la stipulation d'intérêts soit nulle, si elle est déguisée et fondue dans un acte avec le capital; la stipulation n'est nulle qu'autant qu'elle est excessive (Cass. 25 janv. 1815).

82. Le taux des intérêts n'est pas fixé par écrit lorsque les parties cumulent, dans l'obligation écrite, les intérêts avec le capital pour n'en faire qu'un seul tout (Cass. 29 janv. 1812).

§ 5. DE QUELLE ÉPOQUE LES INTÉRÊTS SONT DUS.

83. En général, les intérêts des sommes dues ne courent pas de plein droit à compter du jour de l'échéance : ils ne courent que du jour de la *mise en demeure* ou de la demande. Le principe est le même pour les effets de commerce que pour les simples obligations (Cass. 3 brum. an VIII, -Sir. 1, 1, 252). — Les exceptions à cette règle sont énumérées ci-dessus n. 46 à 59.

84. Lorsqu'une instance a été suspendue ou abandonnée pendant longtemps, mais sans toutefois que la péremption en ait été prononcée ni demandée, les intérêts dus au créancier doivent être accordés à partir du jour où cette instance a été engagée, encore que le créancier, au lieu de la reprendre purement et simplement, ait procédé par action ou assignation nouvelle (Paris, 12 janv. 1830, -Sir. 30, 81).

85. L'héritier d'un usufruitier ne doit les intérêts des

valeurs fongibles, qui, des mains de l'usufruitier, ont passé dans les siennes, qu'à dater du jour de la demande. Vainement on dirait que ces intérêts ont couru de plein droit, d'après les art. 586, 587 et 617 du C. civ., ou bien encore que l'héritier n'étant et ne pouvant se croire propriétaire, l'art. 549 s'oppose à ce qu'il fasse les fruits siens (Cass. 30 nov. 1829, - Sir. 30, 23).

86. Ce n'est que dans les obligations qui se bornent au paiement d'une certaine somme, que les intérêts sont dus seulement à compter du jour de la demande. La règle ne s'étend pas au cas où les intérêts sont accordés pour réparations d'un préjudice résultant de faits dommageables. Dans cette hypothèse les intérêts étant compensatoires et non simplement moratoires, peuvent être accordés du jour de la demande principale, quoiqu'ils n'aient pas alors été réclamés (Besançon, 8 août 1832, 5 nov. 1834). — V. *sup.* n. 58 et *inf.* n. 210 *bis*.

87. Mais ils ne sont pas dus à raison de la demande du principal, il faut encore qu'il y ait eu demande des intérêts formellement énoncée (Thomine, t. 1, n. 76; — Toullier, t. 6 n. 272). — V. *sup.* n. 10.

88. Ainsi, la citation en conciliation ne fait courir les intérêts qu'autant qu'ils sont spécialement et expressément demandés, et qu'elle est suivie d'une demande avec conclusion au paiement des intérêts (C. pr. 57; — Carré, t. 1, p. 121 et n. 232; — Merlin, *rép.* v° *intérêts* § 4; — Toullier, t. 6, n. 317; — Bretonnier, *quest.* v° *intérêts*).

89. On ne peut, en exécution d'un jugement qui condamne à payer les intérêts par anatocisme, réclamer que les intérêts échus lors du jugement; mais ce jugement suffit pour faire courir de la même manière les intérêts à échoir (Toullier, t. 6, n. 272).

90. Celui qui devait une somme non productive d'intérêts, et qui l'a payée par erreur avant l'échéance du terme, peut demander au créancier que celui-ci lui fasse raison des intérêts jusqu'au jour de l'échéance, ou qu'il lui restitue la somme à la charge par lui (débiteur) de lui donner les mêmes sûretés (Duranton, t. 11, n. 113).

91. Les créances sur le département de la guerre sont productives d'intérêts, non à partir du jour où elles ont été réclamées, mais seulement à partir de leur liquidation (Ord. 6 fév. 1831, - Devill. 31, 2, 349).

92. Les entrepreneurs de travaux publics ont droit à l'intérêt des sommes qui leur sont allouées, à partir du jour de la demande adressée au conseil de préfecture (Cons. d'Et. 6 juin 1834).

93. Et lorsque des indemnités de différentes natures ont été accordées à un particulier par arrêté du conseil de préfecture, la suspension de paiement occasionnée par le pourvoi du Ministre au Conseil d'Etat contre l'un des chefs de cet arrêté, fait courir les intérêts à l'égard de l'indemnité accordée par le chef non attaqué, bien que l'arrêté du conseil de préfecture ait été réformé sur l'autre chef (Cons. d'Etat. 20 juill. 1836).

94. La demande en paiement qui fait courir les intérêts de toute somme due, doit s'entendre d'une demande directement formée dans le but d'obtenir le paiement de la dette, dans l'instance sur laquelle intervient la condamnation, et non d'une demande qui serait formée dans une autre instance ayant un autre but. Ainsi, le propriétaire d'un domaine indûment possédé par un tiers n'a droit à l'intérêt des jouissances indûment perçues, que du jour où il a demandé la restitution de ces jouissances, et non pas à partir d'une demande qui aurait été antérieurement formée à fin de cessation de l'indue jouissance (Cass. 15 janv. 1839).

95. Le cohéritier entre les mains duquel ont été laissées lors de l'inventaire, des sommes et valeurs inventoriées, ne doit comme dépositaire l'intérêt de ces sommes qu'à partir de l'époque où il est mis en demeure par ses cohéritiers d'en faire la restitution, et non du jour où il les a reçues (C. civ. 856 et 1936; — Cass. 19 juill. 1836).

96. La règle de l'art. 1153 du C. civ. aux termes duquel les dommages-intérêts dus pour le retard dans le paiement d'une somme d'argent ne consistent que dans la condamnation aux intérêts de cette somme à partir du jour de la demande, est inapplicable :

97. 1° Au cas où la somme réclamée a été détournée frauduleusement au préjudice de celui qui en demande la restitution. Dans ce cas, les juges peuvent ordonner, à titre de dommages-intérêts, le paiement ou la restitution des intérêts, à partir de l'époque du détournement (Cass. 10 déc. 1835, - Devill. 36, 327).

98. 2° Au cas où des dommages-intérêts sont accordés pour réparation d'un fait dommageable, notamment pour inexécution d'un mandat. Dans cette hypothèse, les intérêts peuvent être accordés à partir d'une époque antérieure à la demande formée par le mandant contre le mandataire (C. civ. 1991; — Cass. 23 juill. 1835).

99. 3° A des intérêts compensatoires qui forment un tout identique avec la condamnation principale; tels sont les intérêts d'une indemnité accordée pour défaut de délivrance d'un immeuble productif de fruits; dans ce cas, les intérêts peuvent être accordés du jour du préjudice éprouvé par le créancier (Toulouse, 29 nov. 1834, - Devill. 35, 462).

100. 4° Au cas où un individu pour avoir fait illégalement procéder à la vente d'objets possédés par un tiers, est condamné à titre de dommages-intérêts aux intérêts du prix de vente; dans ce cas, les intérêts peuvent courir à partir du jour de la vente et non à partir du jour de la demande (Cass. 31 juill. 1832).

101. L'obligation imposée par le cahier des charges à l'adjudicataire sur folle-enchère, de payer les intérêts de son prix, non-seulement à partir de son entrée en jouissance mais encore à partir de la première adjudication, n'a rien d'illicite; l'adjudicataire ne peut donc se refuser à l'exécution de cette clause; vainement il dirait que les intérêts, comme représentant les fruits, ne sont dus que par celui qui a perçu ces fruits (C. civ. 1652; — C. proc. 744; — Cass. 12 nov. 1838, - Devill. 39, 200).

102. Les créanciers hypothécaires colloqués éventuellement sur le prix resté entre les mains de l'acquéreur pour le service d'une rente viagère ou d'un douaire, ont droit, lors de l'extinction de la rente ou du douaire, de prendre sur le capital, outre le montant de leur collocation, les intérêts échus depuis le jour de la clôture de l'ordre, jusqu'au moment où la somme sur laquelle ils ont été colloqués est devenue disponible, alors surtout qu'ils ne se trouvent en concours qu'avec des créanciers chirographaires, qui ne peuvent prétendre aucun droit soit sur le prix de l'immeuble hypothéqué, soit sur ses accessoires (C. civ. 2151; — C. pr. 767; — Cass. 22 janv. 1840).

103. Lorsqu'une compagnie s'est volontairement obligée à faire participer ses sous-traitants à l'indemnité qu'elle obtiendrait du gouvernement, et que cette indemnité a été obtenue, les intérêts de la part revenant aux sous-traitants ne doivent leur être accordés que du jour de leur demande, et non pas du jour où l'indemnité a été obtenue, la compagnie ne pouvant être considérée comme ayant agi, dans ce cas, en qualité de mandataire des sous-traitants (C. civ. 1996; — Cass. 21 juin 1837, - Devill. 38, 36).

104. L'adjudicataire par voie de surenchère ne doit, à moins de clause expresse contraire, les intérêts du prix de son adjudication, qu'à compter du jour de cette adjudication, et non à partir de la date du contrat d'aliénation primitif (C. civ. 1652, 2188; — Riom. 19 janv. 1820; — Cass. 14 août 1833; — Paris, 15 juill. 1837, - Devill. 38, 131).

105. Celui qui réclame un capital et les intérêts échus, peut conclure à des intérêts moratoires pour le tout, à dater du jour de la demande judiciaire, notamment quand il s'agit de dot (Cass. 10 déc. 1817, - Sir. 18, 197).

106. L'intérêt moratoire est dû à partir de la demande régulièrement formée, encore qu'elle n'ait pas été suivie de condamnation (Cass. 17 nov. 1807, - Sir. 8, 108). — Ou qu'elle ait été formée devant un juge incompétent (Paris, 27 juin 1817; — *Contrà*, Paris, 5 janv. 1837).

107. En matière de commerce, l'intérêt moratoire est dû non seulement du jour de l'assignation, mais encore du jour du protêt. Toutefois, il faut entendre *protêt à défaut de paiement*, et non *protêt à défaut* d'acceptation (Cass. 25 août 1813, - Sir. 13, 131).

108. Entre co-héritiers renvoyés par le tribunal devant un notaire aux termes de l'art. 976 du C. de proc., la demande formée devant ce notaire et constatée par son procès-verbal, est une demande judiciaire telle que l'art. 1153 l'exige pour faire courir les intérêts (Cass. 22 fév. 1813).

§ 6. DU PAIEMENT, DE L'IMPUTATION, DE LA RETENUE, DE LA RÉDUCTION, DE LA RÉPÉTITION OU RESTITUTION ET DE LA COLLOCATION DES INTÉRÊTS.

Art. 1. DU PAIEMENT DES INTÉRÊTS.

109. Les dispositions des lois romaines, qui ne voulaient pas que les intérêts excédâssent le capital, n'ont pas été reçues en France. Ainsi, un créancier peut exiger tous les intérêts échus et non prescrits, encore qu'ils s'élèvent au-dessus du capital (Cass. 6 mess. an XIII, - Sir. 5, 2, 687; — *Contrà*, Colmar, 9 prair. an XIII, - Sir. 5. 2, 661).

V. *paiement en général*, note 84.

Art. 2. DE L'IMPUTATION DES INTÉRÊTS. (C. civ. 1754, 2081).

110. Lorsque l'hypothèque est située dans un pays où le prêt à intérêt est défendu, et que le contrat a été passé dans un pays où le prêt à intérêt était autorisé, le tiers-détenteur poursuivi par l'action hypothécaire ne peut demander que les intérêts payés jusqu'au jour de l'action soient imputés sur le principal, conformément à la loi du lieu de la situation de l'hypothèque : on doit suivre, à cet égard, la loi du lieu du contrat (Cass. 14 mess. an XIII, - Sir. 7, 1026).

111. Lorsque des intérêts excessifs sont cumulés avec le principal dans l'obligation, les à-comptes payés ne peuvent être imputés sur le capital, en tant qu'ils excèdent le taux fixé par la loi (Cass. 29 janv. 1812).

112. Mais des intérêts excessifs payés depuis le Code civil pour un prêt fait antérieurement à ce Code peuvent être imputés sur le capital (Turin, 2 mai 1807, - Sir. 8, 89).

V. *imputation en général* note 84 et *inf.* n. 125.

Art. 3. DE LA RETENUE DES INTÉRÊTS.

113. Autrefois les intérêts conventionnels ne pouvaient, à moins d'une stipulation expresse, être exemptés de la retenue qui avait lieu pour les contributions foncières (Cass. 13 germ. an X, - Sir. 2. 354). — A moins que la dette ne fût commerciale (Cass. 17 mars 1824, - Sir. 25, 147; — *Contrà*, Nîmes, 21 flor. an XIII. - Sir. 5. 469).

114. Mais suivant la loi du 3 sept. 1807 (V. *sup.* n. 31), la *non-retenue* n'a plus besoin d'être stipulée, il n'y a que la retenue qui doit l'être.

115. Les intérêts qui étaient soumis à la retenue pour contributions par les lois existantes à l'époque du contrat sont restés soumis à cette même retenue depuis et nonobstant la loi du 3 sept. 1807 (Riom, 23 août 1813, - Sir. 15, 236; — Limoges, 2 juill. 1817). — En conséquence, une rente constituée en 1745 n'a point été dégagée par la loi de 1807 de la retenue à laquelle elle se trouvait assujétie par l'édit de 1749, et des lois subséquentes telles que celles du 1 déc. 1790. Cette loi de 1807 n'a absolument point d'effet rétroactif, c. à-d. qu'elle ne s'applique ni aux rentes créées avec stipulation de retenue, ni aux rentes créées sous l'empire d'une loi autorisant la retenue ou avec une convention tacite de retenue, ni même aux rentes créées sans convention expresse ou tacite de retenue mais qui postérieurement à leur création auraient été soumises à la retenue par des lois rétroactives. Cette loi ne rétroagit pas même pour détruire l'effet d'une loi rétroactive (Cass. 25 fév. 1818). — (*a*).

(*a*) TABLEAU de la quotité et des variations depuis l'année 1710 jusqu'à la loi du 3 sept 1807 de la retenue des contributions sur les *rentes perpétuelles* soit foncières soit constituées à prix d'argent, ainsi que sur les intérêts. — Quant aux rentes viagères, d'après les lois des 1 déc. 1790 (art. 8) et 3 frim. an VII (art. 100), il faut distinguer :

1° Si le capital moyennant lequel la rente viagère a été constituée est connu, la retenue se fait dans la proportion de l'intérêt que le capital eût porté en rente perpétuelle. Ainsi, sur une rente viagère de 800 fr. constituée moyennant 6000 fr., la retenue pour l'an V, l'an VI ou l'an VII, sera de 60 fr., cinquième partie de 300 fr., montant de l'intérêt de 6000 fr.

2° Si le capital n'est pas connu, la retenue est de la moitié de la proportion de la contribution foncière. Ainsi, sur une rente de 800 créée pour prix de la vente d'un immeuble, sans expression d'un capital, la retenue pour chacune des trois années V, VI et VII serait de 80 fr.

1710 1. oct. à 1717 31 déc.	1/10	Déclaration du 14 oct. 1710.
1718 1. janv. à 1725 31 juill.	Néant	Edit du mois d'août 1717.
1725 1. août à 1727 31 déc.	1/50	Décl. du 5 juin 1725.

116. Cependant les intérêts d'un capital légué avant la loi du 3 sept. 1807, mais qui sont échus seulement depuis cette loi, ne sont pas sujets à la retenue autorisée par l'édit du mois de mai 1749 et lois subséquentes quand aucune convention particulière n'a fixé le quantum des intérêts de ce capital (Cass. 22 mars 1820).

117. Toutefois on remarquera que ce n'est que la *stipulation* qu'il faut respecter dans les conventions antérieures à la loi actuelle; ainsi lorsque des intérêts ont couru sans fixation de leur taux par suite d'une convention ou stipulation, ils peuvent, sans contravention à aucune loi, être exigés depuis la loi du 3 sept. 1807 à 5 p. 0/0 sans retenue, quoiqu'ils fussent assujetis à la retenue d'après les lois antérieures (Cass. 13 mai 1817 et 22 mars 1820). V. le n. qui précède.

118. Il n'y a pas lieu à retenue sur les intérêts courus depuis la loi de 1807, bien que ces intérêts aient été *conventionnels* dans le principe, si plus tard et par de nouvelles conventions ou de nouveaux événements, ils ont pris le caractère d'intérêts moratoires (Caen, 3 avr. 1824; - Sir. 26, 9).

Art. 4. DE LA RÉDUCTION DES INTÉRÊTS.

119. Les intérêts qui ont couru depuis le 1 janv. 1791 jusqu'à la publication de la loi du 29 messidor an IV sur les remboursements sont réductibles d'après l'échelle de dépréciation (L. 26 brum. an VI art. 3; Cass. 17 mars 1824 - Sir. 25, 147). — V. t. 1. p. 201 et suiv.

120. En matière de compensation, des intérêts courus pendant le papier monnaie ne peuvent être compensés, sans réduction, avec les jouissances de certains immeubles du débiteur, dont le créancier aurait profité pendant la même période de temps; du moins lorsque la liquidation et la compensation de ces jouissances n'ont été demandées que depuis la loi du 26 brum. an VI, qui a ordonné la réduction des intérêts, c. à-d. à une époque où déjà cette réduction était acquise au débiteur (C. civ. 1291; Cass. 7 nov. 1825, - Sir. 26, 187).

121. Les juges ne peuvent réduire une stipulation d'intérêts en matière commerciale, portés à 25 p. 0/0 en niv. et frim. an IV, par le motif qu'avant le Code civil il n'existait aucune loi qui eût défendu de stipuler l'intérêt à plus de 6 p. 0/0 (Cass. 11 av. 1810).

122. Ils ne le peuvent non plus en matière civile pour prêts faits depuis le Code civil mais avant la loi du 3 sept. 1807 (Cass. 20 fév. 1810). — Même sous prétexte d'usure, par le motif qu'à cet égard la loi du 3 sept. 1807 est introductive d'un droit nouveau (Cass. 29 janv. 1812). — Même aussi pour les intérêts qui ont couru depuis la promulgation de cette loi (Cass. 3 mars 1834; 15 nov. 1836).

Art. 5. DE LA RÉPÉTITION OU RESTITUTION DES INTÉRÊTS. — (C. civ. 1235).

123. Quoique tout ce qui a été payé sans être dû soit sujet à répétition, cependant des intérêts payés volontairement ne sont pas sujets à répétition, encore qu'ils ne fussent pas dus, et que la loi ou les prohibât ou refusât action pour les exiger (Cass. 6 av. 1815).

124. Mais la répétition est admise à l'égard des intérêts payés quand ils étaient usuraires (Cass. 31 mars 1813). — V. inf. *usure* n. 183.

125. A l'égard des intérêts perçus depuis la loi du 3 sept. 1807 au-delà du taux fixé par cette loi, ils doivent, bien qu'ils dérivent d'un contrat antérieur, être restitués au débiteur ou imputés sur le capital, si les termes stipulés pour le paiement de ce capital étaient échus avant la loi de 1807 : en un tel cas, on doit considérer que les intérêts ont continué d'être payés, moins en vertu de la première convention qu'en vertu d'une prorogation de délai accordée chaque année et réglée en conséquence par la loi sous l'empire de laquelle elle a eu lieu (Bordeaux, 13 août 1829, - Devill. 31, 47; Montpellier, 30 janv. 1832; V. *sup.* n. 37). — V. *sup.* n. 110 et suiv.

Art. 6. DE LA COLLOCATION DES INTÉRÊTS.

126. *Le créancier inscrit pour un capital produisant inté*

1728 1. janv. à 1733 31 déc.	Néant	Décl. du 7 juill. 1727.
1734 1. janv. à 1736 31 déc.	1/10	Décl. 17 nov. 1733.
1737 1. janv. à 1741 30 sept.	Néant	Arrêt du Cons. 1 janv. 1737.
1741 1. oct. à 1746 31 déc.	1/10	Décl. du 29 août 1741.
1747 1. janv. à 1749 31 déc.	11/100	Décl. et édit de déc. 1746 portant addition de 2 s. par livre.
1750 1. janv. à 1756 30 sept.	6/100	Edit de déc. 1746 et de mai 1749.
1756 1. oct. à 1759 30 sept.	11/100	*Idem.* et décl. 7 juill. 1756.
1759 1. oct. à 1763 31 déc.	33/200	*Idem.* et édit de fév. 1760.
1764 1. janv. à 1782 31 déc.	11/100	Edits de 1746 et 1749; décl. de 1756; décl. du 21 nov. 1763; édits de déc. 1769 et de nov. 1771.
1783 1. janv. à 1786 31 déc.	16/100	Edits de 1746 et 1749; décl. de 1756; édits de nov. 1771 et de juill. 1782.
1787 1. janv. à 1790 31 déc.	11/100	L'augmentation résultant du dernier édit ayant cessé.
1791	1/5	Décret 7 juin 1791 art. 1 et 2.
1792 et 1793.	1/4	Loi 30 juill. 1792 art. 2; loi 3 août 1793 art. 5.
1794 1. janv. au 1. vend. an III	1/5	Loi 23 niv. an III art. 14.
Ans III, IV	1/10	Loi 19 vent. an III et 8 mess. an IV.
Ans V, VI, VII	1/5	Loi 15 pluv. an V art. 4; loi 3 frim. an VII, art. 98 et suiv.
An VIII	1/4	Loi 3 frim. an VII; loi 27 brum. an VIII art. 6.
An IX et suivants jusqu'à 1807 3 sept.	1/5	Loi du 3 frim. an VII art. 98 et suiv.
Depuis le 3 sept. 1807	Néant	Loi du 3 sept. 1807. — V. le n. 149 de la présente note.

rêts ou arrérages, a droit d'être colloqué pour deux années seulement et pour l'année courante, au même rang d'hypothèque que pour son capital, sans préjudice des inscriptions particulières à prendre portant hypothèque à compter de leur date, pour les arrérages autres que ceux conservés par la première inscription (C. civ. 2151).

127. Mais cette règle n'est pas sans exception. Il a été, en effet, jugé qu'elle est inapplicable :

128. 1° Aux intérêts d'un prix de vente, lesquels sont dus au vendeur pour toutes les années échues lors de la collocation, lorsque le débiteur n'oppose pas la prescription quinquennale dont nous parlerons *inf.* n. 150 (V. *Privilége*, note 29, n. 167).

129. 2° A la collocation en sous-ordre. En un tel cas, le créancier qui demande à être colloqué en sous-ordre sur le montant de la collocation de son débiteur, a droit à la totalité des intérêts qui lui sont dus (Bordeaux, 3 juill. 1834).

V. en outre les cas rapportés note 25, n. 16, 17, 24, 25, 26.

Chap. 2. *DES ARRÉRAGES.*

130. On entend par *arrérages* ce qui est *dû* et *échu* d'un revenu ou d'une rente, d'un loyer, d'une ferme. — V. *sup.* n. 2.

131. Le même mot s'emploie pour désigner les arrérages *à échoir*, quoique, suivant son sens propre, le mot *arrérage* ne doive s'entendre que ce qui est resté en *arrière* et qu'on appelait autrefois *arriérages*. C'est dans ce sens qu'on devrait interpréter le legs des arrérages d'une rente, lequel ne devrait point être réduit aux arrérages échus seulement. — V. *note* 24.

132. Les arrérages à échoir d'une rente en grains peuvent faire l'objet d'une convention. — V. note 7 n. 15 et suiv.

133. Les arrérages étant des accessoires qui suivent le sort du principal, il en résulte que la saisie du capital emporte celle des arrérages (C. proc. 640).

V. pour les différentes sortes de rentes les notes 76 et 197.

§ 1. EN QUELS CAS LES ARRÉRAGES PORTENT INTÉRÊTS. — DE LA PRÉSOMPTION DE LIBÉRATION.

134. Les arrérages d'une rente viagère même de celle constituée pour prix de vente d'immeubles ne produisent pas intérêts de plein droit; ils n'en produisent que du jour de la demande : l'art. 1155 du C. civ. déroge à cet égard à l'art. 1652 du même code (Toulouse, 14 août 1818, - Sir. 19, 221; Paris, 14 août 1823, - Sir. 25, 109).

135. Les quittances de trois années consécutives d'arrérages d'une rente ou redevance font *présumer* la libération des années précédentes (Pothier, *Oblig.* n. 812; *Louage*, n. 179 et suiv.). — C'est de la multiplicité des paiements que la présomption tire toute sa force, tellement qu'une seule quittance de trois années consécutives payées à la fois ne fournirait point cette présomption (*L.* 3. *C. de apoch. public.*; Pothier, *ibid.* n. 184; Nouv. Denisart, v° *Arrérages*, § 8).

136. Toutefois cette présomption cède à la preuve contraire, laquelle doit être admise d'autant plus facilement que la présomption dont il s'agit n'ayant point été textuellement reproduite dans le Code rentre dans la classe des présomptions qui sont abandonnées aux lumières et à la prudence des juges (Pothier, *ibid.*; Toullier, t. 7, n. 339; Cass. 8 mars 1837, aff. Ravinet). — Ainsi, quoiqu'il existe trois ou quatre quittances consécutives, les juges peuvent rejeter la présomption de libération des années antérieures; mais d'un autre côté ils peuvent admettre la présomption quoiqu'il n'y ait eu que deux quittances et même une seule sans réserve, si d'ailleurs d'autres circonstances rendaient vraisemblable le fait de la libération quant aux années précédentes et venaient fortifier le commencement de preuve par écrit résultant de la quittance émanée du créancier et donnée sans réserve (Toullier, *ibid.*) — V. note 26 n. 129, 154.

137. L'on convenait autrefois qu'il fallait rejeter la présomption de droit résultant du paiement de trois années consécutives, s'il apparaissait quelque raison pour laquelle le créancier avait reçu les derniers arrérages avant les précédents; comme si c'étaient des administrateurs temporaires qui eûssent voulu se faire payer les arrérages échus pendant le temps de leur administration (Pothier, *Louage* n. 182; Nouv. Denisart, *ibid.*).

138. Dans tous les cas, la présomption de libération résultant du paiement des arrérages de trois années consécutives ne peut avoir lieu qu'autant que ce paiement a été reçu par la personne même qui forme la demande des arrérages antérieurs, ou par quelqu'un aux droits de qui cette personne succède. Par exemple, si j'ai vendu un héritage dont il m'était dû plusieurs années de fermages; quoique l'acquéreur se soit fait payer les trois années échues depuis son acquisition, il n'en résultera pas de fin de non-recevoir contre ma demande des années antérieures (Pothier, *ibid.* n. 180; Nouv. Denisart, *ibid.*).

139. D'un autre côté, pour qu'il y ait lieu à la même présomption, il faut que ce soit la même personne à laquelle on a donné quittance des trois années consécutives qui soit débitrice des arrérages précédents. C'est pourquoi les quittances de trois années consécutives de fermages que j'ai données à un nouveau fermier de ma terre, n'opèrent point contre moi de présomption de paiement des fermages qui m'étaient dûs par le fermier précédent (Pothier, *ibid.*, n. 181; Nouv. Denisart, *ibid*).

140. On peut aisément conclure de ce qui précède que trois consignations de trois années consécutives d'arrérages après sommation faite au créancier de recevoir le paiement, n'opèrent pas non plus la présomption de libération dont nous venons de parler. En effet, le créancier n'ayant pas donné de quittance, on ne peut pas lui imputer le défaut de réserve quant aux années précédentes (Pothier, *ibid.* n. 185; Nouv. Denisart, *ibid.*).

141. Indépendamment de la preuve contraire admissible comme nous venons de le dire, il reste au créancier, qui a contre lui la présomption résultant de ses quittances, la faculté de déférer le serment au débiteur (Pothier, *ibid.* n. 183).

142. Jusqu'à présent nous n'avons parlé que des quittances d'arrérages. Quant à la quittance du capital, lorsqu'elle est donnée sans réserve des intérêts ou arrérages, elle en fait présumer le paiement et en opère la libération (C. civ. 1908). — V. note 84.

143. Les arrérages échus produisent intérêts du jour de

la demande ou de la convention, quoique les termes forment moins d'une année : ce qui n'a pas lieu à l'égard des intérêts pour lesquels il faut une année au moins. — V. *sup.* n. 13 et 14.

§ 2. QUI PEUT OU DOIT PAYER LES ARRÉRAGES. — EN QUEL LIEU ET DE QUELLE MANIÈRE.

144. Les arrérages des rentes à la charge d'une succession, ainsi que les intérêts des dettes, doivent être supportés pour le tout par l'usufruitier universel, et pour sa quote-part par l'héritier à titre universel; en sorte que les héritiers nu-propriétaires n'en doivent rien payer (Proudhon, n. 1797). — V. les notes 24 et 48.

145. Quant au lieu où les arrérages des rentes doivent être acquittés, on distingue les rentes *portables* d'avec les rentes *quérables*. — Les premières sont celles que le débiteur est obligé de porter au créancier, les autres sont celles que le créancier est obligé d'aller chercher ou quérir au domicile du débiteur; — Toute rente est quérable s'il n'en est autrement convenu (C. civ. 1247). — V. la note 84.

146. A l'égard des arrérages de rentes payables en grains, vin, huile ou autres denrées, ils peuvent être exigés en nature dans le courant de l'année qui suit leur échéance. — Mais, après l'année, soit que la rente soit portable, soit qu'elle soit quérable; on ne peut plus s'en faire payer qu'en argent et suivant les mercuriales du marché le plus voisin, eu égard aux saisons et aux prix communs de l'année sans qu'il y ait lieu à augmentation, parce que la chose aurait acquis plus de valeur depuis l'échéance du terme ou le jour de la demande (arg. C. pr. 129; — Toullier, t. 7, n. 62). — Et même ce que nous disons pour les années précédentes s'applique même à la dernière année dans le cas où la restitution en nature est impossible (Même art.; Toullier t. 7, n. 63).

147. Il faut, toutefois, que *l'impossibilité* soit réelle et absolue; il faut que le débiteur ne puisse pas se procurer les fruits, même moyennant un prix beaucoup plus cher que le prix commun au moment de l'échéance ou de la demande; le système contraire serait destructif de la foi due aux conventions et donnerait lieu aux injustices les plus criantes : supposons, en effet, qu'il s'agisse de froment dont le prix commun des quatre saisons, au moment de la demande, fût de 20 fr. l'hectolitre; trois mois après et au moment du jugement qui condamne à payer cette année en nature, le prix marchand est de 40 francs, si le débiteur pouvait, sous le prétexte qu'il lui est impossible de donner ce qu'il n'a pas, se libérer en donnant 20 francs pour un hectolitre, il occasionnerait une perte de moitié au créancier, d'ailleurs il ne paierait pas ce qu'il doit, car il doit du froment en nature pour la dernière année (Toullier, *ibid.*).

148. Lorsqu'un fermier s'est seulement obligé de donner chaque année tant de mesures de vin, de cidre, etc., du cru de la ferme, en sus des fermages en argent, il ne peut être obligé d'acheter les denrées promises, s'il n'en a pas recueilli sur les biens affermés dans l'année où elles sont dues, surtout si les prestations en nature n'étaient qu'un faible accessoire du prix, et si telle paraissait être d'ailleurs l'intention des contractants (Toullier, n. 51).

§ 3. DE LA RETENUE DES ARRÉRAGES.

149. Les arrérages de rentes sont, ainsi que les intérêts, sujets à une retenue eu égard au temps de la fondation de la rente, lorsque le contrat ne contient pas stipulation de franchise et que la constitution est antérieure à la loi du 3 sept. 1807, car depuis cette loi la retenue n'a lieu qu'autant qu'elle a été stipulée. — V. *sup.* n. 113 et suiv.

Chap. 3. DE LA PRESCRIPTION DES INTÉRÊTS ET ARRÉRAGES.

150. LES ARRÉRAGES *de rentes perpétuelles et viagères*; — *Ceux des pensions alimentaires*; — *les* INTÉRÊTS *des sommes prêtées, et généralement tout ce qui est payable par année ou à des termes périodiques plus courts*; *se prescrivent par cinq ans* (C. civ. 2277). — Pour les loyers et fermages v. la note 105.

151. Pour que le créancier ait encouru la prescription, il faut qu'il ait pu agir et exercer son action contre son débiteur, d'où il suit que quand il a été stipulé que le créancier ne pourrait exiger les intérêts que lors de l'échéance du principal, la prescription de cinq ans se trouve suspendue, elle ne court que du jour de cette échéance (arg. C. civ. 2257; — Troplong, *prescr.* t. 2, n. 1010).

152. Les cinq dernières années d'intérêts auxquelles le créancier est réduit par l'art. 2277 du C. civ. se comptent en remontant du jour de la demande par lui formée, et non pas du jour où ces cinq années se trouvent révolues d'après la date du contrat (Bordeaux, 21 fév. 1838; — Troplong, t. 2, n. 1003; — Vazeille, t. 2, n. 611).

153. Toutefois, la prescription de cinq ans pour les arrérages d'une rente viagère, qui se compte ordinairement en remontant, à partir de l'exploit du demandeur, se compte différemment lorsque le crédi-rentier est décédé; en un tel cas, c'est à partir du décès que se comptent, en remontant, les cinq ans utiles pour la prescription (Paris, 22 juill. 1826, Sir. 27, 177).

154. Proposer la prescription trentenaire contre le capital, c'est proposer virtuellement la prescription quinquennale contre les arrérages. Ainsi, lorsque les parties ont excipé de la prescription trentenaire contre le capital, les juges doivent suppléer la prescription quinquennale contre les arrérages (C. civ. 2223; — Cass. 26 fév. 1822).

155. La prescription de cinq ans dont il s'agit doit être appliquée encore qu'il y ait présomption et même aveu de non-paiement (Paris, 10 fév. 1826). — Cette prescription est fondée bien moins sur une présomption de paiement que sur une considération d'ordre public, d'après laquelle le créancier est puni d'une négligence qui, en laissant accumuler les arrérages, aurait coopéré à la ruine du débiteur. Ainsi, la reconnaissance par le débiteur que la rente n'a pas été payée depuis un certain nombre d'années, mais toutefois sans obligation de sa part de payer les arrérages échus, ne le prive pas du droit d'opposer la prescription des arrérages remontant au-delà de cinq ans (Cass. 10 mars 1834).

156. ARRÉRAGES. Quand il s'agit d'arrérages courus avant le code civil, il faut distinguer entre les arrérages de rentes *foncières* ou *viagères* et les arrérages de rentes *constituées* :

Les arrérages de rentes *foncières* courus *avant* la loi du 20 août 1790, et les arrérages de rentes *viagères* courus jusqu'au Code, sont restés soumis à la prescription de trente ans (Cass. 24 prair. an VIII; 30 nov. 1807; 25 av. 1820; — Paris, 17 janv. 1823). — Mais depuis 1790, les arrérages de rentes *foncières* n'ont été soumis qu'à la prescription de cinq ans ainsi que le porte la loi du 20 août pour les arrérages *à échoir*.

Quant aux arrérages de rentes *constituées*, ils n'étaient soumis qu'à la prescription de cinq ans, en vertu de l'ordonnance de 1510. — Cependant ils étaient soumis à la prescription de trente ans dans les pays où cette ordonnance n'avait pas été publiée (Cass. 3 janv. 1809, -Sir. 10, 134; 19 av. 1809).

157. Et même la prescription dont il s'agit a couru à compter de chacune des années non-payées ; de sorte que pour celles qui étaient échues à l'époque de la loi de 1790, l'on ne peut prétendre qu'elles ont formé dès-lors un capital qui n'aurait été soumis, pour sa totalité, qu'à la prescription trentenaire. On doit appliquer cette prescription à chacune des années prise isolément (Cass. 25 av. 1820).

158. Mais du nombre d'années qui se sont écoulées et dont on veut faire résulter la prescription, on doit déduire les cinq années pendant lesquelles la prescription a été suspendue du 2 nov. 1789 au 2 nov. 1794 (L. L. 6 juill. 1791 et 20 août 1792, -Sir. 24, 2, 143). — Toutefois cette dernière loi n'empêche pas que les arrérages échus pendant la durée de ces cinq ans ne soient prescriptibles à partir du 2 nov. 1794 (Cass. 16 av. 1828, -Sir. 29, 41).

159. L'art. 2277 du C. civ. ne s'applique pas aux arrérages de dots constituées antérieurement au code, sous l'empire d'une loi qui n'admettait pas la prescription de cinq ans. Il ne s'applique même pas aux arrérages qui ont couru depuis le code (Paris, 23 juin 1818, -Sir. 19, 34).

160. Lorsqu'un jugement passé en force de chose jugée a décidé que les fruits et revenus touchés par un propriétaire évincé, seraient compensés avec les arrérages de rentes viagères qui lui étaient dus par celui qui a été reconnu propriétaire, et que ce dernier a déclaré, par un acte extra-judiciaire, accepter cette compensation, il est non-recevable à opposer la prescription de cinq ans, pour se dispenser de payer tous les arrérages échus dont il est débiteur (C. civ. 1289 et 2277; — Cass. 19 janv. 1825, -Sir. 26, 204).

161. La prescription quinquennale a été déclarée applicable aux arrérages de pensions alimentaires dues au gouvernement comme représentant les émigrés qui y avaient droit (Décr. 17 janv. 1811).

162. Le paiement des arrérages d'une rente éteinte par la prescription ne peut être considéré comme une renonciation à la prescription acquise (C. civ. 2220, 2221 ; — Cass. 14 mai 1834).

163. Les arrérages, fermages et intérêts perçus par l'héritier putatif ou son cessionnaire lors de son entrée en possession de l'hérédité, ne se prescrivent que par trente ans et non par cinq ans (Duranton, t. 1, n. 582).

164. INTÉRÊTS. La prescription de cinq ans ne s'applique point aux intérêts échus avant le code, encore qu'ils n'aient été réclamés que six ans après la publication de ce code (Cass. 30 janv. 1816).

165. Mais elle s'applique aux intérêts dus en vertu d'un contrat antérieur au code civil qui sont échus depuis (Amiens, 21 déc. 1824, -Sir. 25, 340; — Limoges, 30 juin 1825, -Sir. 26, 170; — Cass. 9 juin 1829, -Sir. 30, 346).

166. Les intérêts qui ont couru depuis une demande judiciaire jusqu'au jour du jugement ne sont pas soumis à la prescription de cinq ans. Ils doivent être alloués par les juges, quel que soit au moment de leur décision le laps de temps écoulé à partir de la demande (Cass. 12 juill. 1836, -Sir. 37, 224; — Paris, 27 juin 1817).

167. La prescription de cinq ans s'applique aux intérêts d'un prix de vente d'immeubles tout comme aux intérêts de sommes prêtées (Metz, 29 mai 1818 ; — Colmar, 26 juin 1820 ; — Limoges, 17 juill. 1822; — Cass. 7 fév. 1826; — Toulouse, 14 fév. 1826 ; — Nîmes, 23 janv. 1827; — Cass. 14 juill. 1830, et 9 juin 1829 ; — Grenoble, 6 juin 1829. — *Contrà*, Paris, 31 janv. 1818 et 12 déc. 1823; — Agen, 10 mai 1824; — Metz, 15 fév. 1822; — Corse, 16 mai 1827; — Paris, 28 fév. 1825; d'après ce dernier arrêt, lorsqu'il est dit dans l'acte que les intérêts courront à 5 p. 0/0 *par an*, cette stipulation ne leur donne pas le caractère d'intérêts payables à des termes périodiques).

168. Elle s'applique aussi aux intérêts dus en vertu d'une condamnation judiciaire, comme aux intérêts conventionnels (Amiens, 24 juill. 1833; — Cass. 12 mars 1833; 12 mai 1835; 29 janv. 1838; 12 mars 1833; — Bordeaux, 13 août 1834 ; — Limoges, 26 janv. 1828; — Bourges, 18 mars 1825 ; — Amiens, 21 déc. 1824 ; — Nîmes, 5 mai 1830; — *Contrà*, Bordeaux, 13 mars 1820 ; — Paris, 2 mai 1816; — Agen, 18 mars 1824; — Lyon, 4 fév. 1825; — Paris, 21 déc. 1829; Rennes, 22 déc. 1834).

169. Ne sont pas sujets à la prescription de cinq ans :

170. 1° Les intérêts du prix d'adjudication courus avant la distribution du prix entre les créanciers, soit en ce que ces intérêts devant être payés par l'adjudicataire seulement après le réglement entre les créanciers ne peuvent être considérés jusque-là comme payables par année ou à des termes périodiques; soit en ce que la prescription étant uniquement fondée sur une présomption de paiement, loin que cette présomption puisse exister dans l'espèce, il y a preuve contraire à paiement, puisque l'adjudicataire ne doit payer qu'à la fin de l'ordre (Grenoble, 19 mars 1829 et 30 août 1833). — V. *sup*. n. 23.

171. 2° Les intérêts du prix à restituer lorsqu'une vente est annulée et que le vendeur a été condamné à la restitution du prix (Poitiers, 22 juin 1825, -Sir. 26, 7).

172. 3° Les intérêts qui sont le produit de sommes que le créancier n'a pu se faire payer, telles sont les sommes dont le tuteur n'a pas encore rendu compte au pupille, les comptes dus par le mandataire à son mandant, les comptes-courants entre négociants, les sommes détournées etc. (Troplong, *prescr*. t. 2, n. 1027; — Cass. 30 av. 1833; 21 mai 1822). — V. *sup*. n. 151.

173. 4° Les intérêts des sommes que les co-héritiers doivent à la succession (C. civ. 856; — Colmar, 1 mars 1836; — Troplong, *prescr*. n. 1032: — Vazeille, n. 616).

174. 5° Les intérêts des sommes sujettes à rapport par les héritiers, s'ils ne sont pas soumis à la prescription quinquennale (C. civ. 856; — 24 nov. 1838).

175. 6° Les restitutions de fruits à faire par le co-héritier qui a joui seul de l'hérédité; ces restitutions n'étant soumises qu'à la prescription de trente ans (Troplong, *ibid*. n. 1032; — Vazeille, *prescr*. t. 1 n. 371 et t. 2 n. 616; — Duranton, t. 21 n. 452).

175 *bis*. Les intérêts d'un prix de vente lorsqu'il a été

stipulé dans le contrat que l'acquéreur ne les paierait que d'après l'ordre qui serait ouvert entre les créanciers du vendeur; dans ce cas, la prescription ne court pas tant que cet ordre n'est pas clos (Amiens, 13 août 1840,-Devill. 41, 429). — V. *sup.* n. 151. 172).

176. Mais sont soumis à la prescription quinquennale :

177. 1° Les intérêts des reprises dotales de la femme (Bordeaux, 8 fév. 1828; — Limoges, 26 janv. 1828,-Sir. 29, 31).

178. 2° Les intérêts produits par des avances commerciales (Paris, 18 mai 1825).

179. 3° Les intérêts dus par la caisse d'amortissement (av. Cons. d'Ét. 24 déc. 1808 et 24 mars 1809).

180. 4° Les intérêts moratoires résultant de condamnation judiciaire (Cass. 2 juin 1835). — Sous l'ancienne jurisprudence, ces intérêts ne se prescrivaient que par trente ans (même arrêt; — Bourges, 18 mars 1823,-Sir. 26, 269).

181. 5° Les intérêts dus par l'usufruitier au nu-propriétaire qui a fait l'avance des capitaux nécessaires pour acquitter les dettes dont le fonds était grevé (C. civ. 612; — Toulouse, 9 sept. 1833).

182. 6° Les intérêts des cautionnements des fonctionnaires publics et des officiers ministériels (av. Cons. d'Etat, 24 mars 1809; — Ord. en Cons. d'Etat, 28 mai 1838).

183. 7° Les intérêts d'un bordereau de collocation (Paris; 12 nov. 1836,-Sir. 37, 148). — Toutefois, il a été décidé que quand les intérêts d'une créance ont été réunis au capital dans une distribution par contribution, ils forment un seul tout avec ce capital, et ne sont plus prescriptibles par cinq ans, mais seulement par trente ans (Nancy, 26 juin 1837,-Sir. 39, 177).

184. 8° Les intérêts d'un prix de vente, quoique non stipulés par le contrat (Douai, 3 juill. 1834; — Troplong, *prescr.* t. 2, n. 1023; — Coulon, t. 1, p. 262; — Toullier, t. 1, n. 62; — *Contrà*, Paris, 7 déc. 1831 et 23 mai 1833).

Chap. 4. DE L'USURE.

185. *Lorsqu'il sera prouvé que le prêt conventionnel a été fait à un taux excédant celui qui est fixé par l'art. 1 de la présente loi, le prêteur sera condamné, par le tribunal saisi de la contestation, à restituer cet excédant s'il l'a reçu, ou à souffrir la réduction sur le principal de la créance, et pourra même être renvoyé, s'il y a lieu, devant le tribunal correctionnel pour y être jugé conformément à l'art. suivant* (L. 3 sept. 1807, art. 3). — V. *sup.* n. 30 et 31.

186. *Tout individu qui sera prévenu de se livrer habituellement à l'usure sera traduit devant le tribunal correctionnel, et, en cas de conviction, condamné à une amende qui ne pourra excéder la moitié des capitaux qu'il aura prêtés à usure. — S'il résulte de la procédure qu'il y a eu escroquerie de la part du prêteur, il sera condamné, outre l'amende ci-dessus, à un emprisonnement qui ne pourra excéder deux ans* (*ibid.* art. 4).

Ces deux articles ont reçu les interprétations suivantes :

187. I. CAS CARACTÉRISANT L'USURE. Pour juger s'il y a usure dans une stipulation d'intérêts, il faut suivre la loi en vigueur dans le lieu où le contrat a été passé et où il doit recevoir son exécution, plutôt que la loi du domicile du prêteur (Turin, 28 flor. an XIII,-Sir. 5, 537).

188. Toutefois, il est bon d'observer qu'avant la loi de 1807, il n'existait pas de prohibition légale, soit contre l'usure, soit contre l'anatocisme. — L'art. 1907 du C. civ. n'avait aucunement limité le taux de l'intérêt, ni proscrit l'intérêt de l'intérêt (Cass. 5 oct. 1813,-Sir. 13, 76). — D'où il suit qu'on ne peut déclarer usuraire et réduire une constitution de rente en grains, faite en France sous l'empire des lois intermédiaires (Cass. 3 mai 1809).

189. L'usure ne consiste pas seulement dans la perception de l'intérêt usuraire stipulé; elle consiste aussi dans la simple stipulation soit *verbale* soit *par écrit* d'un tel intérêt; ainsi, le délit d'usure est consommé par le seul fait de la signature de l'emprunteur au bas d'une obligation usuraire, et de la remise de cette obligation aux mains du prêteur. — Peu importe que, depuis, mais après les poursuites commencées, il y ait eu réduction des intérêts au taux légal; et vainement on dirait que les stipulations *verbales* ne laissent pas au prêteur les moyens d'obliger le débiteur au paiement des intérêts convenus (Cass. 23 fév. 1826; 14 juill. 1827; 8 mai 1829,-Sir. 30, 347). — V. *inf.* n. 211 et suiv.

190. Il n'est pas nécessaire, pour constituer des prêts usuraires, que ces prêts soient faits en argent et qu'ils portent stipulation d'un intérêt illégal. Ainsi, les tribunaux peuvent considérer des ventes de marchandises comme des prêts à usure (Cass. 21 août 1829,-Sir. 30. 132). — La vente d'objets mobiliers imposée moyennant un prix non débattu, comme condition du prêt d'une somme d'argent, et dans le but de masquer la perception d'intérêts usuraires doit donc être annulée comme constituant une usure. Les juges ne peuvent donner effet à la vente, en se bornant à réduire l'obligation à la valeur des objets mobiliers par eux arbitrés, jointe au montant de la somme réellement prêtée (Paris, 7 fév. 1835).

191. La loi de 1807 n'est pas applicable à l'escompte ou aux négociations d'effets de commerce, d'où il suit que le banquier qui escompte ou négocie des effets pour un tiers, peut percevoir, en sus de l'intérêt légal, un droit d'escompte ou de commission dont la fixation dépend de la convention des parties (Cass. 26 août 1823; 8 av. 1825; 4 fév. 1828; 16 août 1828; 23 juin 1829).

192. Cependant il y a usure lorsque l'escompte est reconnu déguiser un prêt conventionnel, comme aussi lorsque l'escompte n'est pas réel, car s'il est réel, quelqu'en soit le taux, ce n'est pas de l'usure (Cass. 16 août 1828; 23 juin 1829; 19 fév. 1830; 8 avr. et 26 août 1825).

193. L'usure masquée sous la forme d'opérations de change n'en est pas moins usure. Toutefois ne sont pas réputés usure les frais de change et rechange, excédant l'intérêt légal, payés au preneur des lettres de change simulées par le souscripteur pour leur négociation (Cass. 8 nov. 1823,-Sir. 27, 84).

194. Tout don en sus de l'intérêt légal, alors même que le surplus ou le don ne serait que l'équivalent du dommage reconnu et constaté, constitue une usure déguisée (Pau, 17 janv. 1824,-Sir. 28, 66).

195. La donation qualifiée rémunératoire consentie par l'emprunteur en faveur du prêteur à la suite de l'emprunt, peut, lorsqu'il parait qu'elle a été une condition du prêt, être annulée pour tout ce qui excède l'intérêt légal (Bordeaux, 17 déc. 1827,-Sir. 28, 63).

196. Il n'y a pas usure de la part de celui qui, ayant déposé l'inscription d'une rente sur l'état pour servir de

cautionnement à un individu, exige de celui-ci l'intérêt à 5 p. 0/0 du prix d'achat, tout en se réservant de percevoir les intérêts que paye le trésor royal. Cette opération ne pouvant être assimilée à un prêt (Rouen, 4 déc. 1827, - Sir. 28, 91).

197. On peut valablement stipuler que le vendeur sous pacte de rachat, n'usera de cette faculté qu'en payant à l'acquéreur une somme plus forte que celle qui constitue le prix de la vente : ce n'est pas là une stipulation usuraire (Paris, 9 mars 1808).

198. Mais le vendeur ne peut stipuler, lorsqu'il accorde un délai à l'acheteur pour le paiement du prix, que les intérêts seront d'une somme plus forte que celle qui est réglée par la loi (Chardon, *dol et fraude* t. 1, n. 480).

199. La stipulation d'une part réglée à l'avance et *à forfait*, dans les bénéfices à réaliser dans une société commerciale, indépendamment de l'intérêt légal d'une somme prêtée à cette société, est illicite et usuraire (Cass. 17 avr. 1837; — Duvergier, *contr. de société*, n. 58).

200. Le transport d'une rente pour un prix moindre que son capital, présente une négociation usuraire (Chardon, t. 1, n. 483). — V. *inf.* n. 224.

201. II. PREUVE DE L'USURE. Lorsqu'une des parties demande l'exécution d'un contrat fait en sa faveur, et que l'autre partie soutient ce même contrat entaché d'usure et de simulation, les juges peuvent admettre la preuve testimoniale, et même de simples présomptions, pour constater l'usure (Cass. 18 therm. an XIII, - Sir. 7, 2, 1244; — Douai, 27 av. 1827, - Sir. 28, 341; — Riom, 16 janv. 1827; — C. civ. 1341, 1348, 1353, 1367).

202. On peut dans le cas ci-dessus prouver par témoins contre et outre le contenu aux actes, surtout s'il existe un commencement de preuve par écrit (Besançon 24 mess. an IX, - Sir. 2, 315).

203. Il n'est pas nécessaire de recourir à l'inscription de faux, bien que le contrat soit fait par acte authentique, à moins que les faits constitutifs d'usure ne soient en contradiction expresse avec les énonciations de l'acte (C. civ. 1319; — Cass. 28 juin 1821, - Sir. 22, 259; Caen, 25 juill. 1827, - Sir. 30, 204). — V. le n. suiv.

204. Ainsi, encore qu'une obligation mentionne que les espèces ont été comptées en présence du notaire, le débiteur peut être admis à prouver par témoins, et sans être tenu de prendre la voie de l'inscription de faux, que l'obligation est usuraire; le notaire, en effet, a pu rester étranger à la simulation des choses qui se passaient devant lui (Bourges, 2 juin 1831, - Sir. 32, 120).

205. III. ACTION DU DÉBITEUR. Le débiteur n'a pour la restitution des intérêts usuraires perçus par le créancier qu'une action civile devant les tribunaux ordinaires ou civils (Circ. Min. Just. 30 frim. an X, - Sir. 7, 2, 1244; — Cass. 3 fév. 1809; — Paris, 23 av. 1812, 26 août 1841). — Tellement que la partie civile ne peut pas intervenir dans un procès correctionnel sur un délit d'habitude d'usure aux fins de réclamer des intérêts civils (Cass. 4 mars 1826; 19 fév. 1830; 8 mars 1838; 4 nov. 1839; 5 sept. 1840; — Bordeaux, 12 juill. 1837). — V. note 28, chap. 1.

206. Toutefois, l'intervention des parties lésées est recevable si, au fait d'usure, se joint celui d'escroquerie, mais seulement quant à ce dernier chef de prévention, sauf à voir leur intervention repoussée si ce délit vient à n'être pas établi (Cass. 6 janv. 1837).

207. Le débiteur d'une obligation ou lettre de change usuraire n'est plus recevable à demander la restitution des intérêts illégalement perçus, lorsque le paiement de cette obligation a été ordonné par des jugements intervenus sur les poursuites exercées par le créancier contre le débiteur (C. civ. 1351; — Nîmes, 14 déc. 1838, - Devill. 39, 244; — Toulouse, 31 juill. 1829, - Sir. 30, 132; — Cass. 27 mai 1840; 13 av. 1841; — Chardon, n. 529; — *Contrà*, Bourges, 2 juin 1831; - Devill. 32, 120). — Il y a, dans ce cas, chose jugée.

208. Lorsque des intérêts usuraires ont été perçus, l'option accordée par la loi entre la restitution des intérêts perçus en trop et la réduction sur le principal appartient au prêteur (Cass. 16 janv. 1837). — V. *sup.* n. 185.

209. Lorsque des intérêts usuraires ont été payés, il ne s'opère pas de plein droit une compensation entre les intérêts et la dette principale, ni une imputation de ces mêmes intérêts sur les sommes légitimement dues; la compensation et l'imputation ne peuvent s'opérer qu'autant qu'il y a eu demande en restitution ou réduction de la part du débiteur et par l'effet du jugement de condamnation qui liquide les sommes à restituer (C. civ. 1290, 1377, 1378; — Cass. 9 nov. 1836, 16 janv. 1837, 21 juin 1842. — V. *sup.* n. 185).

210. La nullité d'une stipulation d'intérêts usuraires n'est pas couverte par l'exécution de la convention, ni par la circonstance qu'à l'acte originaire, il aurait été substitué d'autres actes; ces derniers actes doivent être réputés empreints du même vice que le premier (C. civ. 1338; — Cass. 31 déc. 1833).

210 *bis*. Les intérêts des sommes perçues usurairement et dont la restitution est ordonnée sont dus non pas seulement du jour de la demande en justice, mais du jour où ces sommes ont été payées (C. civ. 1153, 1378; — Montpellier, 20 déc. 1841, - Devill. 42, 179; — Chardon, 3, n. 504).

211. On peut valablement transiger sur des intérêts usuraires perçus par le créancier ou sur un procès intenté dans le but de faire réduire une obligation comme viciée d'usure (C. civ. 2046; — Cass. 21 nov. 1832, - Devill. 33, 95; 22 janv. 1833).

212. Toutefois la transaction n'est valable que lorsque le débiteur se trouve pleinement libéré (Cass. 16 nov. 1836; — *Contrà*, arrêt de cassation du 9 fév. 1836, portant que la transaction est valable, lors même qu'elle aurait été souscrite avant que le débiteur se fût complétement libéré et à une époque où il était sous le coup de poursuites de la part de son créancier.

213. IV. CONDITION CONSTITUTIVE DE L'USURE. L'usure ne donne lieu à des poursuites devant les tribunaux de répression et n'offre les caractères d'un délit que lorsqu'elle est *habituelle* (Cass. 22 nov. 1811, - Sir. 17, 24).

214. Pour qu'un individu puisse être déclaré coupable de se livrer habituellement à l'usure, il suffit qu'il soit reconnu et constaté qu'il a fait successivement divers prêts conventionnels à un taux usuraire. Si la perception successive des intérêts usuraires d'un seul prêt ne constitue pas l'habitude d'usure, il en est autrement d'une succession de prêts usuraires faits à la même personne (Cass. 4 mars 1826; — Paris, 21 juill. 1826, - Sir. 27, 189). — Suivant ce dernier arrêt il suffit qu'il y ait, à la même personne, un seul prêt usuraire et plusieurs renouvellements usuraires.

215. Et même des renouvellements de prêts usuraires antérieurs à la loi du 3 sept. 1807, avec nouvelles conventions d'intérêts usuraires et perception de ces intérêts sous l'empire de cette même loi, sont des éléments légaux du délit d'habitude d'usure. Il n'y a en cela nul effet rétroactif (Cass. 3 juin 1826, -Sir. 27, 178).

216. Bien qu'un particulier ait déjà été condamné pour habitude d'usure, des faits d'usure antérieurs et inconnus lors de la première condamnation peuvent néanmoins être l'objet d'une condamnation nouvelle; du moins, au cas où le fait d'usure se confond avec un fait d'escroquerie (C. inst. crim. 360; — Cass. 5 août 1826, -Sir. 27, 120). — V. n. 186.

217. V. PEINES. — POURSUITES DU MINISTÈRE PUBLIC. Le prévenu qui a commis des faits d'usure dans divers arrondissements, en nombre suffisant dans chacun pour constituer l'habitude d'usure, peut être traduit indifféremment devant le juge de chaque arrondissement (Cass. 15 oct. 1818, -Sir. 19, 261).

218. Le maximum de l'amende au cas de délit d'habitude d'usure, étant fixé à la moitié des sommes prêtées à usure, (V. *sup.* n. 186), le jugement de condamnation doit à peine de nullité énoncer le montant de ces sommes : cette énonciation peut seule fournir à la cour de cassation un moyen légal de vérifier si l'amende prononcée n'excède pas le maximum de la peine (Cass. 12 nov. 1819, -Sir. 20, 86; 7 mai 1824).

219. Pour la fixation de l'amende, on doit, dans le calcul des capitaux prêtés, faire entrer le montant des renouvellements du même prêt; ces renouvellements sont eux-mêmes considérés comme de nouveaux prêts usuraires (Cass. 3 juin 1826, -Sir. 27, 178; — 31 mars 1837; — 23 mars 1838. — *Contrà*, Rennes, 27 déc. 1837, - Devill. 38, 1, 940; — Caen, 30 mars 1841).

220. Sont passibles chacun d'une amende et non d'une seule amende :

221. 1° Les associés qui font des prêts usuraires avec des valeurs de la société (Cass. 14 déc. 1838, - Sir. 39, 332).

222. 2° Le mari et la femme qui font des prêts usuraires avec des valeurs de la communauté (Cass. 30 août 1838).

223. Une condamnation pour usure réprime tous les faits antérieurs, même ceux qui n'auraient pas été compris distinctement dans le jugement de condamnation : tellement que ces faits antérieurs ne doivent pas entrer en considération pour la fixation de l'amende dont le même individu pourrait être ultérieurement passible à raison de nouveaux faits d'usure (Cass. 25 août 1836, -Devill. 37, 410).

224. VI. PRESCRIPTION DU DÉLIT D'USURE ET DE L'ACTION CIVILE EN RESTITUTION. La prescription de trois ans établie pour les délits correctionnels, et par conséquent applicable au délit d'usure habituelle, n'est pas applicable aux faits particuliers d'usure qui peuvent servir à la constatation du délit d'usure habituelle. Ainsi, l'amende peut être calculée en prenant pour base même les sommes prêtées antérieurement aux trois ans qui ont précédé les poursuites (C. inst. cr. 638; Cass. 4 août 1820, - Sir. 25, 39; — 15 juin 1821; — 21 oct. 1841, - Devill. 42, 984). — Et la prescription ne commence à courir qu'à compter du dernier fait usuraire (Cass. 21 oct. 1841). — Même, la perception des intérêts usuraires est par elle-même un fait d'usure (Cass. 29 janv. 1842).

225. La prescription du délit d'usure ne peut couvrir des prêts usuraires dont la stipulation remonte à plus de trois ans, mais dont la perception des intérêts a eu lieu depuis moins de trois ans (Cass. 25 fév. 1826).

226. L'action civile ayant pour objet la restitution d'intérêts usuraires n'est soumise qu'à la prescription trentenaire (Caen, 25 juill. 1827, - Sir. 30, 204; — Angers, 27 mars 1829; — Montpellier, 1 mars 1833; — Bourges, 2 juin 1832).

227. Mais l'action en rescision d'un contrat pour usure est prescriptible par dix ans (Cass. 11 prairial an VII, - Sir. 1, 215), — à partir du jour de l'acte si l'usure est déguisée, car si elle est apparente elle ne se prescrit que par 30 ans (C. civ. 1304; Caen, 29 avr. 1833, - Devill. 38, 310). — Suivant M. Chardon, n. 342 et suiv., la prescription, dans le premier cas, ne court que du jour de la libération.

228. Toutefois, la reconnaissance ou exécution de l'obligation, de la part de l'héritier du donateur, ne le rend pas non-recevable à en opposer la nullité, s'il n'est prouvé que lors de cette reconnaissance il savait que la donation était usuraire (C. civ. 1340; Bordeaux, 17 déc. 1827, - Sir. 28, 65).

[50]

DES FRUITS ET REVENUS.

DIVISION SOMMAIRE.

INDICATION ALPHABÉTIQUE.

§ 1. CE QU'ON ENTEND PAR FRUITS ET REVENUS.

1. On entend par les mots *fruits* et *revenus*, les bénéfices que produit une chose ou qui se perçoivent successivement et périodiquement à l'occasion de cette chose. — On doit aussi considérer comme tels les bénéfices provenant des intérêts dans les sociétés, entreprises ou compagnies de finances (Merlin, *rép.* v° *Communauté* § 2).

2. Toutefois, on ne peut considérer comme fruits les arbres de haute futaie qui n'ont pas été mis en coupes réglées (Cass. 8 déc. 1836, - Devill. 37, 76).

§ 2. DES DIFFÉRENTES ESPÈCES DE FRUITS ET REVENUS, ET DE LEUR NATURE MOBILIÈRE OU IMMOBILIÈRE.

3. On distingue trois espèces de fruits : les fruits *naturels*, les fruits *industriels* et les fruits *civils* (C. civ. 582). — V. t. 1, p. 165, note *a* et *inf.* n. 10, 14, 15.

4. Les fruits sont meubles de leur nature. *Cependant les récoltes pendantes par racines et les fruits des arbres non encore recueillis sont immeubles* (C. civ. 520). — Cette disposition n'empêche point que ces fruits ne puissent être saisis mobilièrement (Lett. Min. Just. 11 prair. an XIII, - Sir. 5, 2, 240; — Dijon, 17 mess. an XIII, - Sir. 5, 2, 45; — C. proc. 626 et s.).

5. *Mais dès que les grains sont coupés et les fruits détachés, quoique non enlevés, ils sont meubles. — Et si une partie seulement de la récolte est coupée, cette partie seule est meuble* (ibid).

6. *Les coupes ordinaires des bois taillis ou de futaies, mises en coupes réglées, ne deviennent meubles, qu'au fur et à mesure que les arbres sont abattus* (C. civ. 521)

7. *Toutefois, si les coupes de bois qui pouvaient être faites durant la communauté conjugale, ne l'ont point été, il est dû récompense à l'époux non-propriétaire du fonds ou à ses héritiers* (C. civ. 1403).

7. *A l'égard des fruits naturels et industriels recueillis postérieurement à la transcription de la saisie, ou du prix qui en provient, ils sont immobilisés pour être distribués avec le prix de l'immeuble par ordre d'hypothèque* (C. proc. 682).

9. Les fruits pendants par racines ou non encore recueillis, quand il s'agit de les vendre en cet état, sont considérés comme immeubles quant au mode à employer pour les vendre, tellement que (sauf le cas de saisie-brandon) les huissiers n'ont pas le droit de procéder aux ventes publiques de pareils fruits. Ces objets n'étant point, en cet état, de nature mobilière, il n'appartient qu'aux notaires d'en faire la vente (Cass. 8 juin 1831; 4 juin 1834: - Devill. 41, 402; 11 mai 1837; 28 août 1838).

Art. 1. DES FRUITS NATURELS.

10. *Les fruits naturels sont ceux qui sont le produit spontané de la terre. Le produit et le croît des animaux sont aussi des fruits naturels* (C. civ. 583).

11. Ainsi, les herbes qui viennent dans les prés, les arbres qui croissent dans les forêts, la laine et les agneaux produits par les troupeaux de moutons, le produit des ruches à miel, d'une garenne, d'un colombier et la pêche d'un étang, sont des fruits naturels (Proudhon, de *l'usuf.* n. 902, 903). — V. t. 1, page 165, note *a*.

12. Quand un bail est fait moyennant une quantité de fruits à prendre en nature sur le fonds, ou dans la grange lors de la récolte, les fruits, dans ce cas, n'étant pas aliénés mais partagés entre le bailleur et le preneur, comme il n'y a aucune novation dans l'objet du revenu, le produit du bail ne peut appartenir qu'à la classe des fruits naturels ou industriels (Proudhon, *ibid.* n. 905). — V. *inf.* n. 16.

13. Il devrait en être de même d'une rente foncière qui serait créée moyennant une portion de fruits à lever chaque année sur le fonds (*ibid*).

Art. 2. DES FRUITS INDUSTRIELS.

14. *Les fruits industriels d'un fonds sont ceux qu'on obtient par la culture* (C. civ. 583). — Ainsi la moisson qu'on récolte sur les champs, la vendange recueillie sur la vigne, sont des fruits industriels comme étant le résultat de la culture (Proudhon, *ibid.*). — V. t. 1, p. 165, note *a*.

Art. 3. DES FRUITS CIVILS.

15. *Les fruits civils sont les loyers des maisons, les intérêts des sommes exigibles, les arrérages des rentes. — Les prix des baux à ferme sont aussi rangés dans la classe des fruits civils* (C. civ. 584). — V. t. 1, p. 165, note *a*.

16. Ainsi, les fruits civils se perçoivent à l'occasion de la chose, sans naître directement de la chose même (Proudhon, de l'*usuf.* n. 904). — Il n'y a pas de distinction à faire pour le cas où le prix du bail est payable en argent, de celui où il l'est en denrées d'une quantité fixe, comme un nombre de mesures de blé ou de tonneaux de vin : dès que le revenu ne forme point une portion des fruits du fonds (V. *sup.* n. 12), il en résulte une espèce d'aliénation qui, opérant novation dans la prestation due par le preneur, donne à ce qui en fait l'objet le caractère de fruits civils (*ibid.*).

§ 3. COMMENT S'ACQUIÈRENT LES FRUITS. — DES DROITS QUE CONFÈRE LA PROPRIÉTÉ.

17. Les fruits naturels et industriels s'acquièrent en un seul instant, celui de la perception, ou celui de la séparation du sol. Ainsi, la moisson pour l'usufruitier s'acquiert par la coupe des blés, et la vendange par la coupe des grappes de raisin (Proudhon, de l'*usuf.* n. 906).

18. Mais, les fruits civils sont réputés s'acquérir jour par jour; c'est pour cela qu'ils appartiennent à l'usufruitier et lui sont acquis, à proportion de la durée de son usufruit; c'est une règle qui s'applique aux prix des baux à ferme comme aux autres fruits civils (C. civ. 586).

19. Pour les fruits qui s'acquièrent jour par jour, on ne doit pas compter par heure, mais par jour de jouissance, de sorte qu'il faut que ce jour soit arrivé à son terme pour que le droit à la partie des fruits civils qui y correspond, soit réellement acquis (Proudhon, n. 910). — Ainsi, le revenu du dernier jour de la vie de l'usufruitier n'est jamais acquis à ses héritiers, s'il n'est mort à la fin de la dernière heure de ce jour (Proudhon, n. 910; — Pothier, *douaire*).

20. La disposition de l'art. 586 du Code civil (V. *sup.* n. 18) ne s'applique néanmoins qu'aux fruits civils ordinaires, car il y a plusieurs espèces particulières de fruits civils *irréguliers* qui ne s'acquièrent pas jour par jour dans une même proportion; ainsi, celui d'une usine non affermée, et dont le produit se perçoit chaque jour, comme la mouture d'un moulin, le produit d'une scie à eau ou à vent, celui d'une papeterie ou d'une forge, celui qui résulte de l'extraction d'une mine, d'une carrière ou d'une tourbière, sont tous des fruits civils; cependant ils ne sont pas acquis chaque jour pour la trois-cent-soixante-cinquième partie du revenu annuel (Proudhon. n. 911).

21. La pêche d'une rivière non-navigable ni flottable appartient aux propriétaires des fonds riverains; le produit de la pêche, qui n'est qu'une espèce de fruit civil, et non pas un fruit naturel, ni un fruit industriel des fonds adjacents à la rivière, ne s'acquiert pas jour par jour dans une même proportion (*ibid.*).

22. Le casuel d'une cure, quoique fruit civil du bénéfice, ne s'acquiert pas non plus jour par jour comme les arrérages d'une rente (*ibid.*).

23. Les fruits appartiennent à celui dont le droit est établi par un titre valable, ou dont les vices étaient ignorés de lui, ou bien à celui dont le droit résulte de la loi. Ils appartiennent aussi au simple possesseur, quant il réunit les conditions voulues par la loi, ainsi qu'il est dit à l'art. 1 ci-après.

Art. 1. DE LA POSSESSION DE BONNE OU DE MAUVAISE FOI.

24. *Le simple possesseur ne fait les fruits siens que dans le cas où il possède de bonne foi : dans le cas contraire, il est tenu de rendre les produits avec la chose au propriétaire qui la revendique* (C. civ. 549). — V. *inf.* n. 41 et suiv.

25. La décision des juges sur la question de savoir si un possesseur est de bonne ou de mauvaise foi, s'il doit ou ne doit pas restituer les fruits par lui perçus, peut tout au plus offrir un mal-jugé : elle ne peut donner ouverture à cassation (Cass. 13 déc. 1830, - Devill. 31, 24; 23 mars 1824, - Sir. 25, 79).

26. Celui qui a droit aux *fruits perçus* jusqu'à telle époque, a droit non-seulement aux fruits *réellement* perçus mais encore aux fruits que la loi l'autorisait à percevoir, lorsque ces fruits lui sont accordés comme *siens*, en vertu d'un titre qui a eu un effet légal, bien qu'il se trouve rescindé, révoqué ou annulé. Tel est le donataire dont le titre est révoqué pour survenance d'enfant (Cass. 8 janv. 1816). — Ou par l'effet du droit de retour (Duranton, t. 11, n. 94).

27. L'Etat, obligé de restituer une succession présumée vacante, fait même les fruits *siens* (Proudhon, *domaine privé* t. 1, n. 432).

28. Il en est de même, lorsque l'Etat a possédé de bonne foi une succession à titre de deshérence, bien qu'il n'ait réclamé et obtenu le jugement d'envoi en possession que longtemps après l'ouverture de la succession. Dans ce cas, il n'y a pas lieu de distinguer entre les fruits perçus avant ou après le jugement d'envoi en possession : ils sont tous acquis à l'Etat qui ne doit restituer que les fruits échus depuis la demande des héritiers, en retenant même sur le montant de ces fruits 5 p. 0/0 pour frais de régie et d'administration (C. civ. 138, 549, 550; — Paris, 1 août 1834).

29. Il y a bonne foi et les fruits appartiennent aussi au possesseur dans les cas suivants :

30. 1° Lorsqu'il s'agit des fruits des biens d'un mineur, vendus sans formalités de justice. Dans ce cas, bien que la vente soit sujette à rescision, cependant si le prix a tourné au profit du mineur, d'une manière quelconque, l'acquéreur est réputé de bonne foi, et n'est pas, en conséquence, tenu à la restitution des fruits, quand la rescision est prononcée. Vainement dirait-on que son titre portant en lui-même la preuve du vice dont il est infecté, l'acquéreur n'a pu être de bonne foi (Cass. 5 déc. 1826, - Sir. 27. 311). — V. *inf.* n. 49.

31. 2° Dans le cas de vente des propres d'une femme mineure, par acte où le mari intervient avec promesse de faire ratifier sa femme après majorité. Si l'acquéreur est évincé par action en restitution, il peut être réputé avoir possédé de bonne foi et être dispensé de rendre les fruits (Amiens, 18 juin 1814, - Sir. 15, 40).

32. 3° Lorsqu'un acquéreur a possédé plus de dix ans, en vertu d'un contrat de vente dont l'original est nul pour défaut de signatures des parties contractantes et des témoins, et dont l'expédition à lui délivrée mentionne ces signatures et est pleinement régulière. Dans ce cas, l'ac-

quéreur est fondé à faire valoir son titre comme un titre *translatif*, lequel, avec bonne foi, autorise le détenteur dépouillé à ne pas restituer les fruits qu'il a perçus (C. civ. 550, 2265, 2267; — Angers, 9 mars 1825,-Sir. 26, 181). — V. note 22.

33. 4° Lorsque le légataire a possédé en vertu d'un testament notarié, signé seulement de trois témoins, quoiqu'il ait été passé dans un lieu qui, depuis, a été jugé n'être pas *campagne*, dans le sens de l'art. 974 du C. civ. — Dans ce cas, la nullité du testament n'est pas un vice qui doive nécessairement être réputé avoir été connu du légataire, lors de sa prise de possession des biens légués (Lyon, 29 nov. 1828, - Sir. 29, 220; — Toulouse, 6 juill. 1821,-Sir. 22, 207).

34. 5° Dans le cas d'annulation d'un contrat de rente viagère, pour omission d'une formalité intrinsèque, provenant du fait du notaire. En un tel cas, le donataire de la rente n'est pas tenu à la restitution des arrérages perçus de bonne foi (Douai, 7 mai 1819,- Sir. 20, 127).

35. 6° Lorsque le co-héritier a, en vertu d'un partage provisionnel fait avec ses co-héritiers, joui d'une portion de biens plus considérable que celle à laquelle il avait réellement droit, surtout s'il a joui de bonne foi (Nîmes, 2 août 1827, - Sir. 28, 195).

36. 7° Lorsque l'héritier présent s'empare de bonne foi de toute la succession, et jouit de la part d'un co-héritier absent, dont l'existence n'est pas reconnue. En un tel cas, l'héritier fait les fruits siens, jusqu'au jour où l'action en pétition d'hérédité est exercée au nom de l'absent. L'art. 138 du C. civ. n'est point introductif d'un droit nouveau (Cass. 3 avr. 1821). — V. *inf*. n. 42.

37. 8° Lorsque l'héritier recueille une succession à défaut de parents plus proches, qui ne se présentent pas dans les trois mois et quarante jours. (Cass. 12 déc. 1826; Toullier, t. 4. n. 311).

38. 9° Lorsque l'enfant naturel et le conjoint survivant, recueillent les biens du défunt faute de parents au degré successible, après avoir demandé et obtenu l'envoi en possession et rempli toutes les formalités prescrites (Toullier, t. 4. n. 311.

39. 10° Lorsqu'il s'agit de l'acquisition d'un immeuble fait à vil prix. Dans ce cas, si l'acquéreur a possédé de bonne foi, il n'est tenu de la restitution des fruits ou du paiement des intérêts qu'à compter du jour de la demande en rescision pour lésion. (Cass. 15 déc. 1830. — Devill. 31. 33).

40. 11° Lorsque l'adjudicataire d'un corps de domaine s'est, en vertu de son adjudication, mis en possession de portions de terrain non comprises dans le procès-verbal de saisie, et s'il l'a fait de bonne foi. (Cass. 8 fév. 1837.)

40 *bis*. 12° Lorsque l'héritier du possesseur de mauvaise foi est de bonne foi. (Douai, 1. juill. 1840.)

V. *Action possessoire*, note 28, n. 323.

41. Mais il y a mauvaise foi et, par conséquent, les fruits n'appartiennent pas au possesseur dans les cas suivants :

42. 1° Lorsque le co-héritier d'un absent s'est emparé, au préjudice des enfants de l'absent, de la part de succession qui revenait à leur père. Dans ce cas, l'art. 138 du C. civ. ne lui est point applicable (Cass. 10 nov. 1824 - Sir. 25, 167.)

43. 2° Lorsqu'un enfant naturel reconnu, ayant joui de la succession de son père, son titre vient à être annulé. (Angers, 23 therm. an XIII - Sir. 7, 971). — V. *sup*. n. 37.

44. 3° Lorsque le co-héritier, même de bonne foi, s'est mis en possession de la part de son co-héritier. (Bordeaux, 20 mars 1834.)

45. 4° Lorsque l'héritier a, en cette qualité, joui de sa part des fruits de la succession dans l'ignorance du testament qui l'instituait légataire; dans ce cas, il ne fait pas les fruits siens malgré sa bonne foi, si plus tard il renonce à sa qualité d'héritier pour s'en tenir à celle de légataire. (Cass. 9 nov. 1831. - Devill. 32, 5.)

46. 5° Lorsque l'héritier a appréhendé la totalité de la succession après une renonciation émanée de son co-héritier, lequel avait antérieurement accepté sous bénéfice d'inventaire; dans ce cas, il peut être, sur la réclamation de ce dernier, considéré comme possesseur de mauvaise foi, attendu la nullité de la renonciation. (Cass. 23 mars 1840).

47. 6° Dans le cas de révocation d'une donation pour inexécution des conditions. (Duranton, t. 11, n. 94.

48. 7° Lorsqu'on possède en vertu d'un titre déclaré nul par la loi et dans lequel on a été personnellement partie. (Bourges, 28 août 1832 - Devill. 34, 38) — V. sup. n. 32, 33, 34.

49. 8° Lorsqu'on achète sciemment un immeuble appartenant à un mineur, sans l'accomplissement des formalités requises. (Bourges, 11 mars 1837 - Devill. 38. 75; Duranton, t. 4, n. 353; Troplong, *prescr*. t. 2, n. 917). — V. *sup*. n. 30.

49 *bis*. 9° Lorsque le possesseur a possédé avec un titre de *vente*, tandis que dans le fait il n'y avait que *antichrèse* et que cette simulation de vente a eu lieu en fraude des droits d'un tiers. (Cass. 1 juin 1826).

V. *sup*. note 28 p. 308 n. 326.

50. 10° Lorsque la partie qui obtient un arrêt de condamnation, s'est, en vertu de cet arrêt, fait payer un capital. En un tel cas elle ne jouit pas de ce capital avec bonne foi de manière à faire nécessairement les fruits siens (Cass. 11 nov. 1828).

50 *bis*. 11° Lorsque l'acquéreur d'un bien dotal n'a pas veillé à l'accomplissement des conditions suivant lesquelles le contrat de mariage autorisait l'aliénation ou exigeait l'emploi du prix. (Cass. 12 mai 1840. — *Contrà*, Riom 26 juin 1839 - Devill. 40, 145.) — Ou bien, lorsque l'acquéreur connaissant le vice de la vente a été évincé avant de payer son prix. (Cass. 25 avr. 1842).

51. 12° Lorsqu'on se rend acquéreur contre la prohibition formelle de l'art. 1596 du C. civ. : dans ce cas, on ne saurait être considéré comme possesseur de bonne foi, par le motif qu'on ne peut être présumé ignorer les vices de son titre. (Cass. 11 janv. 1843.)

Art. 2. De la restitution des fruits.

51 *bis*. Il n'y a lieu à restitution des fruits perçus par le simple possesseur que lorsqu'il est de mauvaise foi. Car s'il est de bonne foi les juges ne peuvent ordonner la restitution des fruits même pour partie. (Cass. 11 juin 1806.) V. *sup*. n. 4 et *inf*. n. 61.

52. Pour qu'il y ait lieu à restitution de fruits, il faut que le jugement qui prononce la condamnation déclare le possesseur de mauvaise foi, en ce qu'il connaissait les vices de l'acte rescindé. La mauvaise foi ne se présumant pas, un tel jugement devrait être annulé, s'il avait omis de constater la mauvaise foi. (Cass. 8 fév. 1830; 24 juill. 1839; 12 mai 1840.) — Et dire seulement qu'il y a eu indue possession par un possesseur évincé, ce n'est pas constater que ce possesseur qui jouissait en vertu d'un titre translatif de propriété fût de mauvaise foi, et dès-lors il ne saurait, sur ce seul motif, être condamné à la restitution des fruits perçus antérieurement à la demande en revendication de la chose, ou en nullité du titre. (Cass. 24 déc. 1834; — 25 mars 1835). — Mais l'arrêt qui déclare que c'est par abus, sans droit ni qualité, qu'une partie s'est emparée d'une propriété, constate suffisamment sa mauvaise foi; et dans ce cas la restitution des fruits perçus est justement ordonnée (Cass. 20 janv. 1835). — Il en est de même lorsque la disposition d'un arrêt est fondée sur ce que le possesseur avait reconnu n'être ni propriétaire ni possesseur avec l'intention de le devenir et ne détenir les biens que précairement. (Cass. 24 janv. 1842).

53. Le co-héritier qui a perçu les fruits d'une succession indivise ne doit la restitution de ces fruits en fonds héréditaires, qu'autant qu'il ne peut les restituer en argent; auquel cas les juges peuvent lui accorder, pour faire cette restitution en argent un délai moral. (C. civ. 829. 856; Toulouse, 25 juill. 1828 - Sir. 30, 180).

54. L'acquéreur sur qui le rachat est exercé n'est tenu de restituer les fruits qu'il a perçus qu'à compter du jour où le vendeur a consommé le rachat par le remboursement ou la consignation du prix de la vente. (Cass. 14 mai 1807).

55. Lorsque des biens paraphernaux ont été vendus par le mari seul, mais pour libérer sa femme, l'acquéreur condamné à rendre ces biens à la femme, ne doit les fruits qu'à compter du jour où la nullité de la vente est demandée contre lui, encore bien qu'il n'ait pas ignoré la qualité des biens vendus. (Nîmes 25 vent. an XI - Sir. 4, 529). — V. *sup.* n. 31.

56. La restitution de fruits que doit faire le mari, contre lequel la séparation de corps a été prononcée, doit avoir lieu, non à compter du jour du jugement qui a séparé les deux époux, mais à compter du jour où la femme a formé sa demande en séparation de corps. (Bruxelles, 28 mars 1810).

57. Le principe consacré par l'art. 1539 du C. civ., d'après lequel, si la femme séparée a laissé la jouissance de ses biens à son mari, celui-ci n'est tenu qu'à la représentation des *fruits existants*, lorsqu'il lui en est fait demande, s'applique à la femme séparée *judiciairement*, comme à la femme séparée *contractuellement*. (Bourges, 15 juill. 1829; — Bordeaux 26 janv. 1831).

58. L'acquéreur d'un bien grevé de fidéicommis n'est tenu à la restitution des fruits que du jour de la demande en délaissement, et non pas du jour de l'ouverture du fidéicommis, encore qu'il eût connaissance de l'existence de ce fidéicommis. (Cass. 9 janv. 1827.)

59. Le possesseur doit la restitution des fruits du jour de la réclamation du véritable propriétaire; alors même qu'après avoir succombé en première instance, le véritable propriétaire est resté longtemps sans interjeter appel. Quelle qu'ait été la durée du silence du véritable propriétaire, la bonne foi du possesseur est réputée avoir cessé du moment de la demande. (Caen 25 juill. 1826 - Sir. 28, 131).

60. Les arbres de haute futaie qui n'ont pas été mis en coupes réglées, ne peuvent être considérés comme fruits, en ce sens que le possesseur, même de bonne foi, puisse être dispensé de restituer au véritable propriétaire la valeur de ceux de ces arbres qu'il a coupés pendant la durée de son indue possession. (Cass. 8 déc. 1836. - Devill. 37, 76.)

61. Le possesseur de bonne foi est tenu de restituer au propriétaire le produit des mines, carrières et tourbières qui n'étaient pas en exploitation lorsque sa possession a commencé. (Duranton t. 4, n. 350). — V. *sup.* n. 51 *bis*.

62. Le possesseur évincé, tenu de restituer des fruits postérieurs à la demande, doit restituer non-seulement ceux qu'il a réellement perçus depuis cette demande, mais encore ceux qui, tels que des fermages antérieurement produits, ne sont venus à échéance qu'à une époque postérieure. (Cass. 30 juin 1840.)

63. Le légataire universel qui, sans délivrance préalable demandée aux héritiers à réserve, s'est mis en possession de la totalité des biens de la succession, doit la restitution des fruits à compter du jour de son indue possession. (Bordeaux, 24 avr. 1834.) — V. note 24, p. 225 n. 318).

64. L'indue possession qui donne lieu à une restitution de fruits par un acquéreur de mauvaise foi, peut être reportée à une époque antérieure à l'acte de vente, si des faits et circonstances de la cause il résulte que l'acquéreur s'était mis en possession avant la passation de l'acte. (Cass. 12 juill. 1837.)

65. Lorsqu'après séparation d'une ou plusieurs sections d'une commune, cette commune continue à jouir seule des biens communaux, elle doit, en sa qualité de communiste et sans qu'il soit nécessaire d'examiner sa bonne ou mauvaise foi, restituer la portion de fruits due aux sections distraites à partir du jour même de la distraction et non pas seulement à partir de la demande. (Cass. 24 avr. 1833.)

66. Les juges peuvent, alors que l'admission d'une requête civile et la rétractation du jugement attaqué ont remis les parties dans le même état qu'avant ce jugement, ordonner la restitution des fruits perçus en vertu de ce même jugement, sans qu'il soit nécessaire de constater préalablement qu'ils ont été perçus de mauvaise foi. (Cass. 5 juin 1839.) — V. *sup.* n. 37.

67. Plusieurs possesseurs successifs peuvent être condamnés conjointement et solidairement à une restitution de fruits, par appréciation des actes qui leur ont transmis cette jouissance; et l'arrêt de condamnation échappe à la censure de la Cour de cassation (Cass. 24 janv. 1842).

Art. 3. DE LA LIQUIDATION DES FRUITS.

68. *Les jugements qui condamneront à une restitution de fruits ordonneront qu'elle sera faite en nature pour la dernière année; et pour les années précédentes, suivant les mercuriales du marché le plus voisin, eu égard aux saisons et aux prix communs de l'année; sinon à dire d'experts, à défaut de mercuriales. Si la restitution en nature pour la dernière année est impossible, elle se fera comme pour les années précédentes* (C. proc. 129).

69. *Celui qui sera condamné à restituer des fruits en rendra compte dans la forme ci-après; et il sera procédé comme sur les autres comptes rendus en justice* (C. proc. 526). — Cette forme est indiquée aux art. 527 et suiv. du même Code.

Ces deux articles ont reçu les interprétations suivantes :

70. Les juges ne peuvent régler arbitrairement le montant des fruits à restituer, ni fixer le montant de la restitution, cumulativement avec d'autres condamnations d'intérêts et de dommages-intérêts, sans qu'il y ait eu préalablement un compte rendu dans les formes prescrites par le code de procédure civile (Cass. 25 juin 1832; 20 déc. 1819-Sir. 20, 187). — Ils ne peuvent non plus renvoyer à cet égard devant experts (Cass. 26 fév. 1838).

71. Mais ils peuvent fixer eux-mêmes la valeur des fruits d'après une déclaration de la partie contre laquelle la restitution est prononcée; et cette partie ainsi condamnée sur son propre aveu, n'est pas recevable à se plaindre de ce que l'évaluation n'a pas été faite suivant les mercuriales, ou par une expertise (Cass. 30 mars 1831).

72. Ils peuvent aussi, après compte rendu, en fixer le reliquat d'après les documents respectivement fournis par les parties, s'ils leur paraissent suffisants, sans être obligés de s'assujettir aux mercuriales des marchés, ni d'ordonner une expertise (Cass. 18 avr. 1832).

73. La partie qui, devant la Cour Royale, au lieu de conclure à l'application des mercuriales, pour l'évaluation d'une restitution de fruits, a demandé aux juges une évaluation fixe, n'est pas recevable à se faire un moyen de cassation de ce qu'il a été procédé selon ce mode d'évaluation (Cass. 15 janv. 1839).

74. Les juges d'appel qui, en infirmant le jugement frappé d'appel, ordonnent une restitution de fruits, doivent renvoyer devant le tribunal de première instance le compte à faire pour connaître le montant des fruits à restituer : ce compte constitue une instance nouvelle que la Cour Royale ne peut retenir sans violer la règle des deux degrés de juridiction (Cass. 26 fév. 1838. — *Contrà*, Cass. 5 juin 1839).

75. Lorsque les fruits ne se portent pas aux marchés, et si leur valeur n'est pas fixée par les mercuriales, on peut sans recourir à une expertise, constater le prix à l'aide de courtiers de commerce (Carré, t. 1, n. 545; — Demiau, p. 116).

76. Lorsque les fruits ne sont pas encore parvenus à maturité, on doit consulter pour l'estimation l'usage local (Carré, t. 1, n. 546).

77. Les juges peuvent, d'équité et par aperçu, décider que certaines indemnités, qui seraient dues au possesseur évincé, peuvent se compenser avec les fruits dont il aurait à rendre compte. En un tel cas, il n'est pas nécessaire de procéder à liquidation ou calcul selon l'art. 540 du C. pr. civ. (Cass. 1 juin 1826,-Sir. 27, 383).

§ 4. DES CHARGES DES FRUITS.

Sont à la charge des fruits :

78. 1° *Les frais des labours, travaux et semences faits par des tiers* (C. civ. 548). — V. *privilége*, note 29 n. 63 et suiv.

79. Mais il ne résulte pas de cette disposition, qu'on doive, en toute circonstance, tenir compte aux tiers de leurs frais de labours, travaux et semences. On ne le doit que quand on a commandé ou donné son consentement (V. note 101) à ce que ces travaux et semences fussent faits, ou bien quand on en a tiré profit, en recueillant les fruits; d'où il suit que lorsqu'un tiers a, par erreur, cultivé une pièce d'héritage pour une autre, il n'est pas toujours fondé à réclamer ses frais. Si le détenteur de l'héritage recueille les fruits, le tiers a alors droit à une réclamation; mais si, les façons faites, le tiers vient à être actionné en trouble de possession (V. note 28, n. 329 et suiv.), il sera exposé à perdre le prix de ses travaux, surtout si le détenteur établit que son héritage se trouve, par ces travaux, en état de forculture, ou bien s'il allègue que son intention est de les détruire parce qu'il ne lui conviennent pas, et qu'il les détruise en effet au lieu d'en tirer profit (V. note 22, n. 29).

80. Mais l'article rapporté *sup.* n. 78, n'est applicable qu'aux fruits existant en nature, de sorte que quand il s'agit de la restitution, non des fruits eux-mêmes, mais de leur valeur, il doit être fait compte au tiers tenu de restituer, non-seulement des frais énumérés en cet article, mais encore des frais de toute nature qui ont précédé la réalisation de la valeur des fruits, tels que frais de transport et d'octroi (Cass. 15 janv. 1839).

81. 2° *Les réparations d'entretien* (C. civ. 605).

82. 3° *Les charges annuelles de l'héritage, telles que les contributions et autres qui, dans l'usage sont censées charges des fruits* (C. civ. 608). — Les frais de garde, de curage des rivières et fossés font partie de ces charges (Marcadé, sur l'art. 608).

83. Toutefois, le possesseur de mauvaise foi ne peut en restituant les fruits, déduire la valeur des impôts payés (Proudhon, t. 2, n. 554).

§ 5. DE LA PRESCRIPTION DES FRUITS ET REVENUS.

84. La prescription de cinq ans ne peut être opposée par le possesseur de mauvaise foi, tenu comme tel à la restitution des fruits (C. civ. 2277; — Cass. 13 déc. 1830-Devill. 31, 24).

85. Il en est de même des fruits d'une succession, perçus par un co-héritier, qu'il y ait de sa part bonne ou mauvaise foi; car ce ne sont pas là des arrérages ou des intérêts dans le sens de l'art. 2277 (arrêt précité).

86. Cependant celui qui possède un immeuble appartenant à autrui, en prescrit les fruits par cinq ans, si le véritable propriétaire a droit et titre pour réclamer annuellement les fruits ou la représentation des fruits. Par exemple, lorsque dans un partage, l'un des partageants a été laissé en possession des biens de son co-partageant, sous la condition que celui-ci recevrait en échange d'autres immeubles; si cet échange n'a pas eu lieu, le co-partageant resté en possession de la totalité des biens à partager, ne sera pas tenu de la restitution des fruits au-delà des cinq dernières années (Amiens, 26 juin 1826,-Sir. 28, 172).

V. *Prescription*, note 49, n. 150 et suiv.

§ 6. DU REVENU ET DES CHARGES EN MATIÈRE D'ENREGISTREMENT.

87. Le droit d'enregistrement se perçoit : *pour les échanges*, sur une évaluation qui doit être faite en capital, d'après le revenu annuel multiplié par vingt, sans distraction des charges (V. note 18, n. 275-4°); — *pour les transmissions de propriété entre-vifs, à titre gratuit, et celles qui s'effectuent*

par décès, sur une évaluation faite et portée à vingt fois le produit des biens ou le prix des baux courants, *sans distraction des charges* (V. note 18 n. 275-7°); — *Pour les transmissions d'usufruit seulement, soit entre-vifs à titre gratuit, soit par décès*, sur une évaluation portée à dix fois le produit des biens ou le prix des baux courants, *sans distraction des charges* (V. note 18, n. 275-8°).

88. Le véritable revenu de la terre est ce qui reste, après que celui qui la cultive a retiré ou plutôt prélevé sur les fruits le prix de ses travaux, labours et semences et tout ce qu'il lui en a coûté, pour que la chose produite soit mise en l'état où elle doit être pour être vendue au taux des mercuriales.

89. Toutes les déductions qu'on opère dans ce cas ne sont point de ces *charges* qu'il soit défendu de *distraire* (V. *sup.* n. 87), mais des besoins sans lesquels la récolte n'aurait point existé ou n'aurait point été ce qu'elle est, ou ne pourrait être appréciée.

90. Ainsi, supposons qu'un hectare de *terre* labourable ait produit douze hectolitres de blé, valant seize fr. l'hectolitre, la valeur totale sera de. 196f

A quoi ajoutant la paille provenant des gerbes, évaluée à 200 kilogr., laquelle, à raison de 10 cent. le kilogr., produit 20f

le produit de la récolte est de. 216f

Mais en déduisant :

Pour les fumiers à raison de huit voitures à l'hectare à 6 francs l'une.	48	184f
Pour les trois façons ou labours, évaluées chacune 24 fr.	72	
Pour la semence évaluée à 1 hectolitre 50 litres à raison de 18 fr. l'hectolitre.	27	
Pour le moissonnage qui est ordinairement de un hectolitre par hectare, 18 fr. ci. . . .	18	
Pour le charroi des gerbes dont le nombre est évalué à 80 qui, à 5 cent. l'une, donnent. .	4	
Pour le battage et le vannage, lequel est ordinairement de 1 fr. 50 cent. par hectolitre, ci.	15	

Le revenu de la terre sera réduit à. . . . . 32f.

Et comme ce revenu, quand il s'agit d'une terre, n'est pas le même pour toutes les années, on doit former une année moyenne en réunissant le produit des trois dernières années qui ne donnent, en réalité, que deux années de produit à cause de la sole des jachères, et on divise ce produit par trois. Ainsi décidé à l'égard du prix d'un bail qui n'était pas le même pour toutes les années (Sol. 16 sept. 1814, - Championnière, 3432; — 18 fév. 1836, - Jal Enr. 11, 467).

91. Il y aurait lieu de déduire encore la portion contributoire de l'hectare de terre dans les frais de la garde champêtre (V. note 18, n. 285), mais il n'y aurait pas lieu de déduire la contribution foncière qui est une *charge* de même que le serait une rente foncière, quoiqu'elle diminue réellement le revenu applicable à un objet.

92. Quand il s'agit d'une vigne, on estime le vin comme s'il était tout envaisselé, puis on déduit de la quantité évaluée en litres, les fumiers et façons, les frais de vendange, plus le charroi de la vendange, le loyer de la cuve, l'achat des tonneaux.

93. Lorsqu'il s'agit d'un bois, on procède comme il est dit *sup.* note 18. n. 285.

94. On ne procède ainsi que quand il n'existe pas de baux, et dans les cas seulement où la perception du droit doit être basée sur le revenu (V. note 18, n. 275-7°), car quand il existe des baux, ce sont eux qui donnent le revenu (*ibid.*). — Le sens de l'art. 15 de la loi du 22 frim. an VII, étant que les baux, lorsqu'il en existe de courants, non *contestés par la régie*, doivent servir de base à l'évaluation, et que ce n'est qu'à défaut de baux courants au moment de l'ouverture du droit qu'on doit rechercher le produit matériel de l'immeuble (Cass. 4 août 1807 et 5 av. 1808 - Sir. 7, 117 et 1063; 9 déc. 1835, - Roll. 4975), tellement qu'on ne peut prendre pour règle du revenu, ni la matrice de la contribution foncière (arrêt du 4 août précité), ni des marchés et d'anciens baux authentiques (Cass. 6 déc. 1836, - Rol. 5226).

95. Cependant il a été décidé qu'à défaut de bail courant les héritiers et légataires peuvent produire le bail le plus rapproché (Cass. 30 mars 1808, - Rol. v° *succession* § 6, n. 44). — Dans tous les cas, lorsque les immeubles sont affermés par un bail qui stipule pour les premières années déjà écoulées, un prix inférieur à celui déterminé pour les autres, on ne doit pas prendre les dernières années pour base du revenu, c'est le prix moyen du bail qu'il convient d'établir (Sol. 16 sept. 1814; — Délib. 18 fév. 1836, - Rol. 5099).

96. Mais lorsque l'évaluation du revenu des immeubles transmis en propriété ou usufruit, à tout autre titre qu'à titre onéreux, est insuffisante aux yeux de la régie, et que cette insuffisance ne peut être établie par actes qui puissent faire connaître le véritable revenu des biens, il y a lieu à expertise (V. note 18, n. 279). — D'où il suit que quand il existe des actes qui peuvent faire connaître le véritable revenu, la régie est fondée à se refuser à une expertise et à se prévaloir de ces actes, pour faire rectifier l'erreur commise dans l'évaluation (Cass. 5 avr. 1808).

Pour le délai de l'expertise, V. *sup.* note 18, n. 789 et s.

[51]

DES CONTREDITS, DIRES ET DÉCLARATIONS, RÉQUISITIONS, RÉSERVES ET PROTESTATIONS.

DIVISION SOMMAIRE.

Indication alphabétique.

§ 1. DES CONTREDITS.

1. Le mot *contredit* désigne les écritures que fournit une partie contre la production de son adversaire, dans les affaires qui s'instruisent par écrit; par exemple, dans les *ordres* et *contributions de deniers*.—V. ces mots, notes 104 et 202.

2. On l'emploie aussi dans toute circonstance où l'on fait un dire en réponse à un autre dire pour détruire l'effet de celui-ci, mais alors, on lui donne plutôt le nom de *protestation*. — V. *inf.* n. 3 et 16.

§ 2. DES DIRES ET DÉCLARATIONS.

3. DIRES. On appelle ainsi les observations ou contestations faites dans un procès-verbal.

4. DÉCLARATIONS. Le mot *déclaration*, pris dans son acceptation la plus absolue, est la manifestation de la part d'une personne, soit de sa volonté, soit d'un fait étant à sa connaissance.

5. On distingue les déclarations qui, par leurs dispositions, ont pour objet : 1° ou de manifester une intention personnelle; 2° ou de s'opposer aux prétentions d'un tiers, ce qui s'appelle *protester* (V. *inf.* n. 16); 3° ou de profiter à un tiers, ce qui s'appelle *stipuler* pour ce tiers (V. la note 52); 4° ou de changer les dispositions d'un acte, de manière à en former un différent du premier (V. *Contre-lettre*).

6. Quand on emploi le mot *déclaration* pour désigner en termes de jurisprudence l'objet auquel on l'applique, on dit : la *déclaration d'absence* (C. civ. 112 et suiv.)—La *déclaration affirmative* (C. proc. 571). — La *déclaration de cessation de fonctions* (L. 25 niv. an XIII, art. 5). — La *déclaration de changement de domicile* (C. civ. 114; — C. élect. du 19 av. 1831, art. 10). — La *déclaration de command* ou *élection d'ami* (C. pr. 707; — C. for. 23; — C. pêche fluv. 17, V. note 148). — La *déclaration de condamné* (C. inst. crim. 377). — La *déclaration de décès* (9. civ 78). — La *déclaration de dettes actives et passives* dans les inventaires (V. note 145). — La *déclaration d'emploi* (V. note 114). — La *déclaration estimative* (V. note 18, n. 276). — La *déclaration de faillite* (C. com. 437 et suiv., 586). — La *déclaration de grossesse* (V. note 18, n. 71). — La *déclaration d'hypothèque* (V. note 28, n. 247). — La *déclaration de jugement commun* (C. proc. 184, 339, 474). — La *déclaration de mineur* (C. instr. crim. 79). — La *déclaration de non-jouissance de traitement* (V. *certif. de vie*) — La *déclaration de naissance* (C. civ. 55 et suiv. — C. pén. 346 et suiv., V. note 63). — La *déclaration d'origine de deniers* (V. note 114). — La *déclaration de succession* (V. note 192). — *La déclaration de vente de meubles* (V. note 109).

7. On connait aussi la déclaration que le tuteur doit faire dans l'inventaire, s'il lui est dû quelque chose par le mineur (C. civ. 451). — V. v° *Inventaire* note 145.

8. Les déclarations pures et simples donnent lieu à un droit fixe d'enregistrement. V. note 56. — Elles donnent lieu aussi à un droit proportionnel lorsqu'elles établissent une transmission de biens meubles ou immeubles, une obligation ou une libération. — Par exemple, lorsqu'un acquéreur de biens immeubles déclare que la vente qui lui a été faite est simulée, qu'il n'est qu'une personne interposée pour faire passer ces biens au fils du vendeur, cette déclaration est passible du droit proportionnel de vente (Cass. 1 mars 1815). — Et lorsqu'une rente viagère a été créée sur deux têtes, la déclaration faite postérieurement par l'un des rentiers, que les fonds ont été fournis par l'autre, et que c'est à celui-là qu'appartient toute la rente, est une cession de moitié de cette rente. — V. note 18, n. 270.

§ 3. DES RÉQUISITIONS.

9. Le mot *réquisition* se dit principalement des demandes consignées dans les procès-verbaux avec les dires et observations des parties. — V. *les formules d'adjudication*, et la note 177. — Ce mot désigne aussi les conclusions du ministère public.

10. Le même mot s'emploie quand il s'agit de requérir le ministère d'un notaire (V. note 2, n. 3). — Quant au mode de réquisition, il doit strictement avoir lieu par sommation lorsqu'il s'agit d'un acte à faire à plusieurs jours de délai, mais, quand il s'agit d'un acte à faire sans délai et pour lequel la partie allègue l'urgence, la réquisition peut n'être alors que verbale; et, dans les deux cas, le notaire qui se refuse à y obtempérer sans empêchement légitime, s'expose à être suspendu de ses fonctions (V. note 2, n. 73). — D'où il suit que le refus non motivé du notaire peut être établi par témoins, comme constituant un délit.

11. Toutefois, le refus fait par un notaire d'instrumenter un jour de fête ou de dimanche, peut être fondé d'après ce que nous avons rapporté *sup.* note 13, n. 47 et suiv.

V. note 119.

§ 4. DES RÉSERVES ET PROTESTATIONS.

12. RÉSERVES. Les réserves supposent qu'on entend se défendre contre les dires et déclarations d'une partie adverse, et qu'on n'est pas dans l'intention d'abandonner un droit. — Elles ont pour effet de détruire la présomption d'acquiescement ou de renonciation, soit à une fin de non-recevoir, soit à un droit qui résulterait d'un acte fait par une partie.

13. Toutefois, elles ne peuvent avoir de force que dans le cas où l'acte auquel elles se rapportent est de nature à laisser du doute sur l'intention de celui de qui il émane, d'où il suit que celles contraires à l'acte dans lequel elles sont insérées ne sont d'aucun effet.

14. Les réserves de se pourvoir contre un jugement sont nulles ou sans effet, lorsque l'auteur des réserves fait quoique ce soit qui suppose la volonté d'acquiescer (Bordeaux, 10 mai 1826). — V. *acquiescement* note 116.

15. En général, il est utile de terminer les différents actes de procédure, les procès-verbaux relatifs à des contestations, et notamment les inventaires, par des réserves générales de tous les droits et actions de la partie. Et même lorsqu'on a en vue la conservation d'un droit spécial, il est mieux de l'indiquer d'une manière positive.

16. PROTESTATIONS. Une partie *proteste* ordinairement contre les inductions que l'on pourrait tirer d'un acte émané d'elle. Mais lorsque l'héritier présomptif fait un

acte qui, de sa nature, emporte acceptation, ce serait en vain qu'il protesterait qu'il n'entend pas se porter héritier (V. note 34). — Toutefois, il peut être utile de protester, dans ce cas, à l'égard des actes d'administration qui peuvent n'être pas des actes d'héritier (*ibid.*).

17. Les protestations indiquent aussi que l'on n'admet ni comme constants, ni comme réguliers, les dires et déclarations d'une partie adverse.

18. Et même, les clauses et protestations qu'un huissier insère de son chef dans la quittance qu'il donne au débiteur poursuivi, ne peuvent, dans aucun cas, s'interpréter au préjudice du créancier, elles s'interprètent plutôt en sa faveur (Bruxelles, 14 vent. an XII, - Sir. 5, 330).

19. Des réserves et protestations contre un acte que l'on exécute spontanément, et que l'on pouvait se dispenser d'exécuter, doivent rester sans effet comme inconciliables et incompatibles avec l'exécution que l'on poursuit (C. civ. 1338; — Cass. 27 et 28 juill. 1829).

V. *Jugement par défaut*, note 75. — *Acquiescement*, note 116, — *Exceptions*, note 176.

[52]

DE LA STIPULATION OU PROMESSE ACTIVE.

DIVISION SOMMAIRE :

Indication alphabétique.

§ 1. CE QUE L'ON ENTEND PAR STIPULATION.

1. Le mot *stipulation* a, parmi nous, une acception toute différente de celle qu'il avait dans le droit Romain.

Dans le droit Romain, la stipulation n'était pas autre chose que la formule de l'interrogation et de la réponse : promettez-vous? je promets. Me donnerez-vous telle chose? Je vous la donnerai. Ferez-vous telle chose? Oui je la ferai. C'est de-là que sont venues jusqu'à nous les formalités conservées dans les cérémonies religieuses du baptême et du mariage. Les Romains croyaient cette formalité nécessaire pour s'assurer que la promesse était faite avec reflexion, *serio et deliberato animo*. Si cette formalité n'était pas employée, les lois regardaient la convention comme frivole, et refusaient une action pour contraindre à l'exécuter. C'était la seule manière efficace de s'obliger dans tous les contrats auxquels le droit civil n'avait pas donné un nom spécial, c. à-d. dans tous les contrats autres que la vente, le louage, le mandat, la société, le prêt et le dépôt; ceux-ci exceptés, tous les contrats qui n'étaient pas en forme de *stipulation*, ne produisaient régulièrement aucune action en justice.

Notre jurisprudence n'a jamais admis cette distinction : et dans tous les temps, le simple pacte a été, parmi nous, tout aussi obligatoire que la stipulation la plus solennelle. De-là vient que, dans notre usage, le mot *stipulation* se dit de toutes les clauses, de toutes les conditions, de tous les engagements qui interviennent dans un acte.

Cependant, dans une acception précise et exacte, la stipulation est la convention par laquelle on oblige quelqu'un envers soi à faire, à donner ou à souffrir quelque chose; elle est l'opposé d'une promesse.

Promettre, s'entend passivement; *stipuler* s'entend *activement*. En promettant, on donne une action contre soi; en stipulant on en acquiert une contre celui qui promet. Ainsi, je promets que je vous paierai cent francs je m'engage : vous acceptez cette promesse, vous stipulez.

§ 2. DE LA STIPULATION POUR SOI MÊME, SES HÉRITIERS ET AYANTS-CAUSE. — PRINCIPES GÉNÉRAUX.

2. *On ne peut, en général, s'engager, ni stipuler en son propre nom que pour soi-même* (C. civ. 1119).

3. *On est censé avoir stipulé* POUR SOI *et* POUR SES HÉRITIERS *et* AYANTS-CAUSE, *à moins que le contraire* NE SOIT EXPRIMÉ *ou ne résulte* DE LA NATURE DE LA CONVENTION (C. civ. 1121).

POUR SOI. - V. *inf.* n. 4 et suiv. — POUR SES HÉRITIERS. - V. *inf.* n. 7 et suiv. — POUR SES AYANTS-CAUSE. - V. *inf.* n. 12 et suiv. — NE SOIT EXPRIMÉ. - V. *inf.* n. 10. — DE LA NATURE DE LA CONVENTION. - Car, si j'ai stipulé une rente, elle s'éteint avec moi. Si je suis caution judiciaire, je serai soumis à la contrainte par corps (C. civ. 2017 et 2040).

Art. 1. DE LA STIPULATION POUR SOI-MÊME.

4. Dans certaines circonstances, on stipule et promet pour soi-même, quoique la convention fasse mention d'un tiers; comme quand nous avons un *intérêt personnel* à la stipulation, ou que le tiers nommé *n'est qu'un mandataire*.

5. *Intérêt personnel*. Ainsi, ce n'est pas stipuler pour un autre, mais pour moi, quoique je stipule qu'on fera quelque chose pour un tiers, si j'ai un intérêt personnel et appréciable à prix d'argent que cela se fasse; comme si je suis moi-même obligé envers ce tiers à le faire. Par exemple, si m'étant obligé envers *Jacques* à lui reconstruire, dans l'espace d'un certain temps, sa maison qui menace ruine, et ayant d'autres ouvrages à faire, je fais marché avec un maçon pour qu'il construise dans ledit temps la maison de *Jacques*, je suis censé stipuler plutôt pour moi que pour *Jacques*; et alors la convention est valable, car étant obligé envers *Jacques* à cette construction, et tenu de ses dommages-intérêts, j'ai vraiment un intérêt personnel qu'elle se fasse (L. 38, § 20. 21, 22, D. de verb. oblig; — Pothier, n. 59).

6. *N'est qu'un mandataire*. Ainsi, ce n'est pas non-plus stipuler pour un autre, que de dire que la chose ou la somme que je stipule sera délivrée ou payée à un tiers désigné par la convention. Par exemple, si par le contrat je vous vends un *tel* héritage pour la somme de mille francs que vous paierez à *Pierre*, je ne stipule point pour un autre c'est pour moi et non pour *Pierre* que je stipule. *Pierre* n'est dans la convention que comme une personne à qui je donne pouvoir de la recevoir pour moi et en mon nom. Ce n'est pas en sa personne, mais en la mienne que réside la créance; c'est de ma part et en mon nom qu'il la reçoit; il se forme alors entre lui et moi, ou un contrat de mandat si mon intention était qu'il m'en rendit compte, ou une donation si mon intention était de la lui donner (Pothier, n. 58). — V. *Indication de paiement*, note 100.

V. *inf.* n. 11 *bis*.

Art. 2. DE LA STIPULATION POUR SES HÉRITIERS.

7. Quoiqu'on stipule pour ses héritiers, c'est en réalité stipuler ou promettre pour soi-même et non pour autrui, puisque nos héritiers sont, en quelque sorte, la continuation de nous-mêmes; *hæres personam defuncti sustinet*. Au surplus la stipulation est toujours sous-entendue, *qui paciscitur, sibi hæredique suo pacisci intelligitur*. — V. *sup.* n. 3.

8. Toutefois, ce n'est que quand nous stipulons pour nos héritiers en tant que nos héritiers, que le contrat est valable; dans le cas contraire, c'est stipuler en faveur d'une personne étrangère au contrat, or, une telle stipulation est nulle, bien que cette personne devienne par la suite héritière du stipulant (Pothier, *oblig.* n. 62; — Toullier, t. 6, n. 154).

9. Du reste, il n'est pas indispensable de les appeler *héritiers*, quand ce n'est que qu'à ce titre d'héritiers qu'ils peuvent figurer dans la convention. Ainsi, lorsque je stipule de mon créancier qu'il n'exigera ni de moi ni de ma fille *Paulinie*, la somme que je lui dois, il est visible que je ne stipule ainsi pour ma fille, que dans le cas où elle deviendrait débitrice, en prenant la qualité d'héritière dans ma succession (Pothier, *ibid.*; — Toullier, *ibid.*).

10 Mais la règle posée ci-dessus n. 7, n'empêche pas d'*étendre* ou de *restreindre* l'effet d'une convention ayant pour objet nos héritiers. Ainsi, la convention qui, d'après cette règle, aurait dû profiter à tous, peut être restreinte à un seul; par exemple, on peut décharger l'un des héritiers d'une dette, de même qu'on peut faire passer à un seul des héritiers, la totalité d'une créance (L. 23, D. *de pactis*; — Pothier, n. 63 et 64; — Toullier, t. 6, n. 414).

11. La stipulation devant, en général, s'entendre d'une chose avantageuse pour les héritiers, il en résulte que le notaire qui en cédant son office s'interdirait et interdirait à ses *enfants* le droit de pouvoir exercer les fonctions de notaire dans le lieu où l'office est établi, excéderait les bornes de l'autorité paternelle, et ferait une stipulation nulle (C. civ. 1119, 1139; — L. 28 avr. 1816. art. 91; — Déc. Min. Just. — Bioche, art. 1053).

11 *bis*. Lorsqu'en matière de servitudes ou autres droits réels, on a stipulé pour *soi* et *les siens*, cette expression *les siens*, ne doit pas être prise dans un sens restrictif qui en limite l'application aux seuls *descendants* de l'auteur de la stipulation; elle doit s'entendre de tous ceux qui ont succédé, à quelque titre que ce soit, au propriétaire du fonds en faveur duquel le droit réel a été établi (Bourges, 3 janv. 1829).

12. De même, la clause d'un partage portant que les copartageants s'accorderont mutuellement les uns aux autres le libre passage et issue avec charriot, sur les parties de terre qui leur sont respectivement échues, est un pacte *in rem*, *non in personam*, qui établit une servitude de passage même en faveur des héritiers et ayants-cause des copartageants (Bruxelles, 16 janv. 1823. - Sir. 24, 177).

Art. 3. DE LA STIPULATION POUR SES AYANTS-CAUSE.

12 *bis*. Ce qui est dit ci-dessus des héritiers doit s'appliquer aux successeurs à titre particulier, connus sous le nom d'*ayants-cause*; car bien qu'en général l'on soit censé stipuler pour soi et ses ayants-cause, comme il est des cas où le contraire résulte de la convention, par exemple, quand le droit et même l'exercice du droit sont bornés à la personne de celui qui stipule, nul doute alors qu'on ne puisse, par une stipulation expresse, transmettre aux ayants-cause le bénéfice d'une convention dont ils n'auraient pas profité de plein droit (Pothier, *oblig.* n. 67, 68, 69; — Toullier, t. 6, n. 420 et suiv.

13. Toutefois, celui qui aurait stipulé pour ses héritiers, ne serait pas censé avoir étendu sa stipulation à ses ayants-cause, à moins qu'après le mot *héritiers* on n'eût ajouté un etc., ce qui comprendrait les *ayants-cause* (Pothier, n. 69).

14. Ainsi, de ce qu'un particulier ou un seigneur aurait créé sur ses biens une rente foncière, pour s'assurer un droit de séance dans une chapelle construite par lui, il ne faudrait pas en conclure que le droit *honorifique* soit essentiellement, comme la charge de la rente, attaché à la détention du bien grevé, quand même la stipulation porterait pour lui et ses *successeurs* : le droit honorifique peut être réputé attaché à la personne du fondateur et de ses héritiers, encore bien que la charge réelle pèse sur l'immeuble et ses détenteurs (Cass. 1 fév. 1823). — V. *sup.* n. 11 *bis*.

§ 3. DE LA STIPULATION POUR AUTRUI.

15. *On peut cependant se porter fort pour un tiers, en promettant le fait de celui-ci : sauf l'indemnité contre celui qui s'est porté fort ou qui a promis de faire ratifier, si le tiers refuse de tenir l'engagement* (C. civ. 1120).

16. *On peut pareillement stipuler au profit d'un tiers, lorsque telle est la condition d'une stipulation que l'on fait pour soi-même ou d'une donation que l'on fait à un autre. Celui qui a fait cette stipulation ne peut plus la révoquer si le tiers a déclaré vouloir en profiter* (C. civ. 1121).

17. Rapprochant les art. 1119 et 1120 du C. civ. (V. *sup.* n. 2 et 3), on voit que pour produire une obligation, il faut s'engager pour soi-même, et que pour engager un *tiers*, il faut, non-seulement promettre le fait de ce *tiers*, mais se porter fort de lui; d'où il suit que celui qui aurait promis qu'un tiers donnerait ou ferait quelque chose, ne serait point obligé; le motif, en effet, est qu'en promettant la chose ou le fait d'autrui, nous promettons ce qu'il nous est ordinairement impossible de donner ou de faire (L. 83, D. *de verb. oblig.*; *Instit. tit. de inut. stip.*).

18. Cependant la promesse du fait d'autrui est obligatoire, lorsque celui qui promet se soumet à une certaine peine, ou même simplement aux dommages-intérêts en cas d'inexécution : comme quand je promets que *Titius* fera telle chose, et s'il ne la fait pas, je vous donnerai *tant*; alors c'est moins une obligation pénale qu'une obligation conditionnelle (*Instit. de inut. stip.* § 9, 19 et 21; — Toullier, t. 6, n. 138),

19. En examinant la disposition de l'art. 1121 du C. civ. (V. *sup.* n. 15), on obtient la confirmation de ce qui vient d'être dit, c. à-d. qu'on ne peut s'engager ni stipuler que pour soi-même, et que par conséquent on ne le peut pour autrui. Toutefois la prohibition cesse lorsque la stipulation pour autrui est une condition de la stipulation que l'on fait pour soi-même.

Ainsi, je ne puis pas stipuler directement en mon nom que vous ferez présent à *Paul* du *Thesaurus de Meerman*, parce que c'est stipuler pour autrui, c'est stipuler une chose à laquelle je n'ai aucun intérêt, mais je puis valablement stipuler que si dans *tel* temps vous ne faites pas présent à *Paul* du *Thesaurus de Meerman* vous me paierez 1000 francs pour le pot-de-vin d'un marché que nous fesons ensemble, car, en ce cas, le présent que vous devez faire à *Paul* n'est qu'une *condition*. L'objet de la stipulation est que vous me donnerez 1000 fr. et cette somme, je la stipule pour moi, j'ai intérêt de l'avoir. Tellement que je pourrai l'exiger de vous si vous n'accomplissez pas la condition dans le temps fixé. (Instit. de inut. stip. § 20).

Je puis aussi valablement stipuler ainsi : je vous donne 10000 fr. sous la condition que vous ferez 500 fr. de rente viagère à *Paul*.

Dans les deux cas ci-dessus, *Paul* acceptant la stipulation aura une action contre celui avec qui j'ai contracté pour le forcer à l'exécution.

20. Il a été fait application des règles ci-dessus dans les cas suivants :

21. 1° Lorsqu'un créancier hypothécaire inscrit sur un immeuble, fait, en cette qualité, assurer l'immeuble et paie la prime sur sa valeur totale, l'assurance doit avoir effet non-seulement dans l'intérêt du créancier et jusqu'à concurrence de sa créance, mais aussi dans l'intérêt du propriétaire et pour la valeur totale de l'immeuble. Vainement on dirait que le créancier n'a pu stipuler pour autrui. (Colmar 27 juin 1823 ; Cass. 29 déc. 1824.- Sir. 25, 175).

22. 2° Il n'est pas nécessaire, à peine de nullité, que celui qui accepte une cession au nom d'un tiers, soit fondé des pouvoirs de ce tiers, ou se porte fort pour lui ; la cession, quoique imparfaite, peut recevoir sa perfection par la ratification expresse ou tacite du tiers. Et la ratification tacite s'induit de cette circonstance que le tiers aurait exécuté les stipulations faites au profit du cédant. (Paris, 7 fév. 1807).

23. 3° L'obligation contractée envers une personne qui, bien que stipulant en son propre nom, agissait en réalité comme mandataire, et dans l'intérêt d'un tiers, est valable. (Cass. 6 juill. 1842).

24. 4° Un conscrit remplacé est obligé personnellement au prix de son remplacement, encore qu'il n'ait point paru dans l'acte et que son père en ait stipulé seul et en son nom les conditions. Il suffit que le fils ait profité du remplacement. (Paris 7 fév. 1814.-Sir. 15, 87.)

25. 5° L'acquéreur qui, par son contrat, s'est obligé au service d'une rente affectée sur l'immeuble vendu, devient par là débiteur personnel du créancier de la rente, bien que celui-ci n'ait pas été partie à l'acte. En conséquence, le créancier peut exercer directement des poursuites contre l'acquéreur, sans être obligé de recourir préalablement contre le vendeur, débiteur primitif. (Bordeaux, 25, août 1828. - Sir. 29, 123.)

26. 6° Lorsqu'en faisant abandon de tous ses biens à l'un de ses créanciers, un débiteur a stipulé que ce dernier serait tenu de payer les créances antérieures à la sienne, cette stipulation impose au créancier cessionnaire une obligation personnelle, dont les tiers créanciers peuvent, bien qu'ils n'aient pas figuré à l'acte, réclamer directement l'exécution contre lui. (Cass. 4 juin 1833).

Art. 1. DE LA STIPULATION EN SE PORTANT-FORT. — V. *sup.* n. 15.

27. La simple promesse du fait d'autrui est insuffisante, il faut se porter fort pour lui, ou bien promettre qu'il ratifiera ce que l'on stipule en son nom, et garantir le fait valable pour lui. (Pothier, *oblig.* n. 56 ; — Toullier, t. 6, n. 127). V. *sup.* n. 15. 17.

28. Il y a présomption qu'on se porte-fort dans les cas suivants :

29. 1° Lorsque le stipulant promet que *telle* personne se rendra caution pour lui ; auquel cas il est obligé de donner la caution promise ou la caution d'une autre personne également solvable. (L. 14, § 2. D. *constitutâ pecuniâ;* Toullier, t. 6, n. 136).

30. 2° Quand j'ai promis le fait d'une personne sur laquelle j'ai quelque empire, comme le fait de mon serviteur ou de mon héritier présomptif; en ce cas, je suis censé m'être porté fort pour lui, je suis engagé. (L. 45 et 49, D. *de verb. oblig.* ; — Toullier n. 136, 137).

31. Mais il n'y a pas présomption qu'on se porte-fort lorsque le tiers signe pour l'une des parties contractantes un acte s. s. p. synallagmatique tel qu'un bail et déclare simplement *approuver* l'acte pour cette partie : en un tel cas, il ne doit pas être considéré comme s'étant *porté-fort* pour elle ; une telle stipulation ne pouvant résulter que d'une

intention formellement manifestée. L'acte est donc nul, à défaut de lien de droit entre les parties. (Bourges 24 fév. 1832).

32. Lorsqu'un *porte-fort* agit à la fois comme stipulant et comme promettant, dans un contrat synallagmatique, la promesse et la stipulation doivent avoir également effet. Ainsi, la ratification du vendeur l'obligera à passer l'acte de vente ; mais il aura en même temps le droit d'obliger à l'achat celui qui était convenu d'acheter. (Championnière et Rigaud, t. 1, n. 225. — *Contrà*, Duranton, t. 10 n. 237).

33. Un créancier peut, en exerçant les droits de son débiteur, former une demande contre celui qui s'est porté-fort pour un tiers engagé envers ce débiteur ; faute par ce tiers de remplir l'engagement. Ainsi, lorsqu'après un partage dans lequel une mère se porte-fort d'un de ses enfants interdit, le subrogé-tuteur de cet enfant fait procéder à un nouveau partage, le créancier d'un autre co-partageant peut demander contre la mère une condamnation à des dommages-intérêts résultant de la non-exécution du premier partage. (Cass. 23 janv. 1839, -Devill. 39, 238).

34. Un compromis passé en l'absence de quelques unes des parties intéressées, est valable, si les parties présentes se sont portées-fort pour les absents, surtout si ces dernières ont déclaré ensuite ratifier le compromis. (C. proc. 1005 ; — Toulouse 25 juin 1831).

Art. 2. De la stipulation par le fait d'un tiers.

35. Bien que nous ne puissions rien stipuler pour autrui si l'on ne promet pas le fait de ce dernier, nous le pouvons cependant lorsque nous ne faisons que prêter notre ministère à une autre personne dont nous sommes tuteur ou mandataire. C'est alors la personne elle même pour qui nous stipulons qui est censée contracter ; c'est elle qui est réellement partie dans l'acte. (Pothier, oblig. n. 74 ; — Toullier t. 6, n. 155).

36. Mais pour que je sois censé avoir contracté par le ministère d'un tuteur ou mandataire, et que le contrat que l'un ou l'autre a fait en mon nom m'oblige, il est nécessaire qu'ils n'aient pas excédé leurs pouvoirs. Par exemple, si un tuteur avait vendu sans formalités de justice un bien appartenant à son pupille, celui-ci ne serait point censé avoir fait ce contrat par le ministère de son tuteur : il ne serait point obligé ; de même, si un mandataire ordinaire chargé d'acheter une terre pour le prix de 100,000 fr. en avait donné 120,000, le mandant ne serait point censé avoir contracté par son ministère, et ne serait point obligé excepté que le mandataire offrît de l'indemniser des 20,000 de surplus. (L. 3, § 4. et L. 4, D. *mandati*).

37. Cependant si j'ai contracté sans procuration, je suis un *negotiorum gestor*, et le contrat conserve toute sa force si la personne au nom de laquelle j'ai agi le ratifie, car la ratification équipolle à procuration. (Pothier n. 75). — et si elle ne veut pas ratifier, le contrat est nul et ne produit aucun effet contre elle, car je n'ai pu l'engager sans son consentement. Quant à moi, je ne serai pas non-plus obligé si je me suis borné à prendre la qualité de faisant et agissant, sans me dire mandataire ou me porter-fort.

38. Nous sommes aussi censés contracter par le ministère d'un autre, quoiqu'il agisse lui-même en son nom ; comme lorsqu'il contracte pour des affaires auxquelles nous l'avons préposé, ainsi :

39. 1° Nous sommes censés stipuler par le ministère de nos associés, lorsqu'ils contractent pour les affaires de la société.

40. 2° L'armateur d'un navire est passible de l'action *exercitoria* de la part de ceux qui ont contracté avec le capitaine de ce navire pour des affaires relatives à la conduite du bâtiment, puisque ce capitaine est le préposé de l'armateur.

41. 3° Ceux qui ont contracté avec le préposé à un commerce ou à une manufacture, pour des affaires relatives à ce commerce, ont contre le commettant l'action *institoria*.

42. Car tous ces préposés contractent eux-mêmes et sont les véritables parties, tellement que leurs commettants ne font qu'accéder à leur contrat et aux obligations qui en résultent, à la différence des tuteurs, curateurs, syndics, administrateurs, mandataires, qui ne sont pas censés contracter par eux-mêmes, mais seulement prêter leur ministère pour contracter ainsi que nous l'avons dit *sup.* n. 35. (Pothier, n. 82.)

Art. 3. De l'acceptation de la stipulation. — V. *sup.* n. 16.

43. La déclaration faite par le tiers, qu'il entend profiter de la stipulation, peut intervenir avant même que le terme fixé pour l'exécution de la disposition soit arrivé. Ainsi, lorsque je vous donne 10,000 fr. à la condition que vous ferez à *Paul* une rente viagère de 500 fr. *qui ne commencera à courir que dans deux ans* ; *Paul* n'a pas besoin d'attendre que les deux ans soient révolus pour avoir le droit de rendre irrévocable la stipulation faite à son profit. Il la rend telle à l'instant même de la stipulation, s'il déclare vouloir en profiter.

44. Si la charge avait été soumise à une condition, le tiers n'aurait pas moins le droit de l'accepter pour la rendre irrévocable. Ainsi, lorsque traitant avec vous je vous charge de donner 1000 fr. à *Pierre*, s'il revient de l'armée, s'il se marie, ou s'il épouse telle personne ; une telle stipulation étant valable, *Pierre* aura assurément le droit de l'accepter (L. 71, §. 1, D. de *de condit.* et *demonst.* ; Toullier t. 5, n. 40); toutefois cette acceptation n'est point indispensable, ainsi décidé à l'égard d'un acte entre vifs par lequel une personne donnait ses biens à une autre, à la charge d'en faire, après le décès du donateur, un emploi déterminé au profit d'un tiers, par exemple, d'une congrégation religieuse ; cette donation constituant une donation conditionnelle qui devenait valable par l'acceptation du donataire, sans qu'il fût besoin de l'acceptation du tiers. (Cass. 14 juin 1843).

45. Il doit en être de même à plus forte raison lorsque la stipulation est *pure et simple*, parce qu'alors la charge doit être accomplie sur le champ s'il n'a été accordé aucun délai. (*ibid.*)

46. Mais l'acceptation du *tiers* doit intervenir du vivant de celui qui a stipulé pour ce tiers. Ainsi, la déclaration d'un acquéreur portant qu'il acquiert tant *pour lui que pour un tiers désigné*, est une *stipulation pour autrui* qui ne lie irrévocablement l'acquéreur qu'autant que la déclaration a été acceptée par le tiers avant la révocation. Si donc l'acquéreur vient à décéder sans avoir révoqué sa déclaration mais toutefois avant l'acceptation du tiers, alors ce tiers ne peut plus accepter, en ce que le concours des deux volontés pour la validité du contrat ne subsisterait plus. (Bordeaux

21 juill. 1827 ; — *Contrà*, Duranton n. 158; Roll. de V... v° stip. n. 43.)

47. Toutefois il n'est pas besoin que l'acceptation de la part du tiers soit signifiée au stipulant ou acceptée de nouveau par lui, par le motif qu'il l'a acceptée d'avance en la stipulant, dès-lors, et cette acceptation de la part du stipulant étant inutile, il n'y a pas nullité de l'acte notarié contenant la ratification du tiers, par cela seul que l'un des témoins instrumentaires de cet acte aurait déclaré accepter pour le créancier absent. (Cass. 27 août 1833).

48. Aucune forme spéciale n'étant établie par la loi pour l'acceptation du tiers, on doit admettre qu'une déclaration de volonté quelconque, même tacite, par exemple en touchant une partie de la chose stipulée à son profit, ou en s'en mettant en possession, suffit pour lui faire acquérir irrévocablement le droit. (Grenier n. 74 ; — Toullier t. 5, n. 216 ; — Duranton n. 136). — V. *note* 10 n. 11.

49. Cependant si un créancier en vertu d'une délégation a pris une inscription hypothécaire sur les biens du débiteur délégué, cette inscription n'est pas réputée acceptation de la délégation. (Cass. 21 fév. 1810).

50. On ne peut regarder comme acceptation valable celle qui serait faite par le notaire devant lequel aurait été passé l'acte renfermant des stipulations au profit d'une partie absente, quand même il se porterait fort pour elle ; nul ne pouvant tout-à-la fois être notaire et partie dans le même acte. (Toulouse, 31 juill. 1830 - Devill. 31, 133 ; — Rouen, 2 fév. 1829 - Sir. 30, 175).

Art. 4. De la révocation de la stipulation. — V. *sup.* n. 16.

51. Celui qui a fait une stipulation peut toujours la révoquer, jusqu'à ce que le tiers au profit de qui elle a été faite ait déclaré vouloir en profiter. Un contrat, en effet, peut se résoudre, par un consentement contraire des mêmes parties : *nihil tàm naturale est quæque eodem modo dissolvi quo colligata sunt.* (Pothier, n. 73). — Seulement il n'est ici besoin que du consentement contraire de celui qui a fait la stipulation

52. Comme conséquence de la faculté qu'a le stipulant de révoquer sa stipulation, on doit admettre que tant que celui au nom duquel une autre personne a acheté un objet sans mandat, mais en se portant-fort pour lui, n'a pas accepté et ratifié cette stipulation, il n'a aucun droit sur la chose acquise ; dès-lors, l'acheteur peut valablement transporter la propriété de cette chose à une autre personne (Toulouse 27 juin 1839, - Devill. 40, 110).

53. Mais lorsqu'un contrat de vente contient une indication de paiement, cette indication, encore qu'elle n'ait pas été acceptée par le créancier hypothécaire indiqué, ne peut être révoquée par le vendeur ; il en était ainsi, du moins, sous le régime hypothécaire de 1771, lorsque l'acquéreur avait pris des lettres de ratification qui avaient été scellées sans opposition de la part du créancier indiqué. (Cass. 6 mess. an XII - Sir. 4, 448).

54. Indépendamment du droit de révocation, le stipulant peut agir aussi pour demander la résolution du contrat, lorsque l'autre partie ne satisfait pas à son engagement envers le tiers. (Toullier, n. 150).

§. 4. Du droit d'enregistrement par suite des stipulations.

55. Lorsqu'on a acheté un immeuble tant pour soi que pour un tiers dont on s'est porté-fort, si le tiers n'a pas accepté ou ratifié l'acquisition et ne s'est pas mis en possession de l'objet acquis, ses héritiers ne doivent pas comprendre cet objet dans la déclaration qu'ils font après son décès et n'ont aucun droit de mutation à payer. (Cass. 15 mai 1826).

56. Lorsqu'un tiers se porte-fort pour une personne, en se constituant caution de l'obligation pour le cas de non-ratification de la part de cette personne, le droit de cautionnement est dû. (Délib. 26 fév. 1828.)

57. Mais ce droit de cautionnement n'est pas dû, en sus du droit de mutation, sur la promesse de garantie faite par le vendeur dans le contrat de vente d'un immeuble, même sous prétexte que le vendeur ne serait pas propriétaire de cet immeuble et aurait vendu la chose d'autrui, surtout alors que les parties qui y auraient intérêt ne contestent pas la validité de la vente. (Cass. 7 mai 1834).

V. note 18, n. 441.

[53]

DES TIERS. — DES AYANTS-DROIT.

DIVISION SOMMAIRE :

Indication alphabétique.

§. 1. Des tiers.

Art. 1. Ce qu'on entend par tiers.

1. Le tiers est celui qui n'a point été partie dans un acte ou dans un jugement, et auquel rien de ce qui a été fait dans cet acte ou dans ce jugement ne peut nuire : *res inter alios acta, vel judicata, aliis non nocere.*

2. Pour distinguer les *tiers* d'avec les *ayants-cause*, V. *sup.* la note 6. p. 33.

Art. 2. Des actes a l'égard des tiers. — des droits des tiers.

3. *Les conventions n'ont d'effet qu'entre les parties contractantes, elles ne nuisent point aux tiers et elles ne lui profitent que dans les cas prévus par l'art.* 1121 (C. civ. 1165).

4. *Les contre-lettres ne peuvent avoir leur effet qu'entre les parties contractantes : elles n'ont point d'effet contre les tiers.* (C. civ. 1321).

5. *Les actes sous seing-privé n'ont de date contre les tiers que du jour où ils ont été enregistrés, du jour de la mort de celui ou de l'un de ceux qui les ont souscrits, ou du jour où leur substance est constatée dans des actes dressés par des officiers publics, tels que procès-verbaux de scellé ou d'inventaire.* (C. civ. 1328).

V. aussi les art. 1298, 2005 et 2009 du C. civ.

Application des règles qui précèdent aux cas suivants :

6. ACTES CONSERVATOIRES OU CONSTITUTIFS. — V. note 34, n. 12.

7. ACTES FRAUDULEUX. Lorsque la simulation d'un acte est opposée par des tiers dont elle tend à frauder les droits, la preuve par témoins de cette simulation peut être reçue. (Cass. 22 therm. an IX. - Sir. 2, 24 ; 11 frim. an X - Sir. 2, 140). — V. *inf.* n. 27.

8. ACTES SOUS SEING-PRIVÉ. — V. note 13 n. 22 et suiv. p. 61.

9. AUTORISATION MARITALE. Les tiers n'ont pas qualité pour opposer à la femme mariée le défaut d'autorisation à l'égard du transport par elle fait d'une créance mobilière qui est le remploi de ses propres aliénés. (Bruxelles 30 janv. 1808. - Sir. 10, 491). — V. *inf.* n. 24.

10. CAUSE FAUSSE. Le souscripteur d'une obligation notariée causée pour prêt *fait avant l'acte*, mais dont la cause véritable a été l'introduction de marchandises prohibées, saisies à leur entrée en France, est recevable à prouver, sans inscription de faux, la fausseté de la cause de l'obligation, et à faire annuler, par suite, cette obligation, même à l'égard d'un tiers cessionnaire (L. 25 vent. an XI, art. 19 ; C. civ. 1319 ; — Colmar 19 fév. 1828).

11. CESSION. Tant que le transport d'une créance n'a été suivi ni de la remise du titre, ni de la signification au débiteur cédé ni de l'acceptation de celui-ci, le cédant n'est pas réputé légalement *dessaisi*. En conséquence, le débiteur cédé ne peut refuser de se libérer entre ses mains, sous prétexte que la créance transportée est devenue la propriété du cessionnaire. Vainement on dirait que l'exception de non-efficacité de la cession, avant la signification au débiteur, n'est établie qu'en faveur des tiers. (C. civ. 1689, 1690 ; — Cass. 4 déc. 1827. - Sir. 28. 42 ; — Bordeaux, 29 avr. 1829).

12. De même, le transport d'une créance par un failli, avant l'ouverture de sa faillite, ne saisit pas le cessionnaire à l'égard des tiers, si ce transport n'a été signifié au débiteur cédé, ou si le débiteur ne l'a accepté que postérieurement à la faillite. (C. civ. 1690 ; — C. comm. 440 ; Bordeaux, 18 août 1829. - Sir. 30, 5).

13. CONTRE-LETTRE. Un acte s. s. p qui augmente le prix d'une vente ou cession porté dans un acte public, n'est pas nul comme contre-lettre si cette augmentation est au profit d'un tiers qui n'était pas partie dans le premier acte. (Cass. 26 fév. 1807). — V. note 18 n. 205 et suiv. et *inf.* n. 19.

14. CONVENTIONS MATRIMONIALES. Lorsque des époux se persuadant faussement que leur mariage est nul, en contractent un second, les conventions qu'ils font avant leur second mariage sont sans effet, en tant qu'elles modifient celles qui ont eu lieu lors du premier mariage. Dans ce cas, les conventions faites à l'occasion du second mariage peuvent être attaquées par des tiers dont les titres de créance seraient même postérieurs aux nouvelles conventions des époux. (C. civ. 1167, et 1394 ; Cass. 23 août 1826. - Sir. 27. 108).

15. DOUBLE ÉCRIT. Dans un acte synallagmatique s. s. p. le défaut de reconnaissance d'écriture et de mention qu'il a été fait double, ne peut être opposé par des tiers. Ce droit n'appartient qu'aux parties contractantes entre elles. (C. civ. 1325 ; Paris 13 août 1823. - Sir. 25, 111).

16. FOI DUE AUX ACTES AUTHENTIQUES. Les actes authentiques font foi, même à l'égard des tiers, de la sincérité des conventions qu'ils renferment ; et la foi qui leur est due ne peut être détruite par de simples présomptions fondées sur la parenté qui existe entre les parties. (C. civ. 1319 ; — Bordeaux, 25 août 1810. - Sir. 11, 185).

17. JUGEMENT PAR DÉFAUT. La péremption d'un jugement par défaut non exécuté dans les six mois peut être opposée par les tiers, même par le tiers-détenteur poursuivi en vertu de ce jugement, tout aussi bien que par le défaillant lui-même ; l'exception de péremption n'étant pas personnelle à la partie condamnée. (Cass. 10 nov. 1817 - Sir. 18, 121 ; — Nîmes 5 juill. 1809). — V. *acquiescement* note 116 et *sup.* n. 6.

18. LETTRE. En matière civile, un tiers ne peut se prévaloir en justice du contenu de lettres missives, contre le vœu de celui à qui elles ont été adressées, (C. civ. 324, 1347 ; Cass. 12. juin 1823). — Mais il en est autrement en matière commerciale, (C. comm. 109 ; Cass. 24 juill. 1821. - Sir. 22. 341).

19. MANDAT. Les contre-lettres entre le mandataire et les tiers font pleine foi de leur date et de leur contenu contre le mandant, même à l'égard du mandataire : le mandant n'étant pas un tiers dans le sens de l'art. 1321 du C. civ. (C. civ. 1321, 1328 ; — Bordeaux 25 juill. 1826, - Sir. 27, 41). — V. *sup.* n. 13.

20. Tant que la révocation du mandat n'a point été signifiée au mandataire, les tiers traitent valablement avec lui encore qu'il ait eu connaissance de la révocation. (Turin, 20 mai 1807).

21. PARTAGE. Avant le code civil, le partage était, comme depuis, déclaratif et non attributif de propriété, non-seulement entre co-héritiers, mais encore à l'égard des

tiers. Ainsi, l'hypothèque consentie par un co-héritier pendant l'indivision était restreinte de plein droit aux immeubles tombés dans son lot par l'effet du partage (Bruxelles, 20 fév. 1811 ; C. civ. 883).

22. PREUVE TESTIMONIALE. La défense de prouver par témoins contre et outre le contenu aux actes, ne s'applique qu'entre les parties contractantes ; elle ne concerne pas les tiers. Ainsi, le tiers poursuivi par un acquéreur en restitution d'un objet expressément mentionné dans la vente qui lui a été consentie, peut être admis à repousser l'action, en prouvant, par témoins, qu'avant la vente, il avait été autorisé par le vendeur à s'emparer de l'objet réclamé, et même que l'acquéreur en avait eu connaissance (Cass. 24 mars 1829). — V. n. 7 et 27.

23. RATIFICATION. La règle d'après laquelle l'effet de la ratification remonte au jour de l'acte ratifié, n'a lieu que sauf les droits acquis à des tiers : ainsi, lorsque la femme ratifie l'obligation souscrite en son nom par son mari et subroge le créancier dans son hypothèque légale, cette subrogation n'est d'aucun effet à l'égard des tiers qui ont acquis hypothèque seulement depuis l'acte ratifié, mais dont l'inscription a précédé la ratification. (C. civ. 1338, 2135 ; — Cass. 24 janv. 1825 - Sir. 26, 38). — V. note 30 n. 333.

24. REMPLACEMENT MILITAIRE. L'entrepreneur de remplacements militaires, dont l'établissement n'a pas été autorisé, ainsi que l'exige l'ordonnance du 14 nov. 1821, ne peut opposer aux tiers qui ont traité *de bonne foi* avec lui, le défaut d'autorisation, et s'affranchir par là des obligations contractées envers eux, en invoquant l'illégalité de ses opérations. (C. civ. 1133 ; Bordeaux 28 juill. 1828. - Sir. 29, 46). — V. *sup.* n. 9.

25. REMPLOI. La clause de contrat de mariage portant : *que les immeubles qui écherront aux époux leur demeureront propres, sans que pour cela ceux de la femme soient considérés comme dotaux, et qu'ils pourront être aliénés à la charge d'un bon et fidèle remplacement*, doit s'entendre en ce sens, que les aliénations consenties par la femme sont nulles, même à l'égard des tiers, si le remploi n'a pas eu lieu. (C. civ. 1431, 1497 ; Cass. 22 nov. 1820 - Sir, 21, 404).

26. RÉSOLUTION. Lorsqu'un contrat est résolu pour vice inhérent à l'obligation, cette résolution a lieu de plein droit, même à l'égard des tiers ; en conséquence, les tiers ne peuvent se prévaloir des droits par eux acquis dans l'intervalle du contrat à la résolution (C. civ. 1183 ; Paris 14 août 1812. - Sir. 12, 434).

27. SIMULATION. Aucune simulation n'a l'effet d'altérer les droits d'un tiers. En conséquence, tous actes faits pour masquer et consolider un premier acte dommageable aux droits des tiers, deviennent querellables comme l'acte même auquel ils servent d'appui (Cass. 4 déc. 1820. - Sir. 22, 74.) — Cette simulation peut être opposée par les tiers à l'égard des actes authentiques, sans inscription de faux ; telle serait la simulation dans une vente devant notaire, résultant de ce que l'acte de vente porterait que le prix a été payé comptant (C. civ. 1319 ; Bordeaux, 22 janv. 1828) — V. *sup.* n. 7 et 22.

28. SOCIÉTÉ. Pour les sociétés commerciales comme pour les sociétés civiles, l'art. 1834 du C. civ. ne regarde que les associés entr'eux. Dans l'intérêt des tiers, il suffit que la société sous la foi de laquelle ils ont contracté ait été publiquement connue (Cass. 23 nov. 1812. - Sir. 16, 171).

29. SUBROGATION. La subrogation consentie par le créancier au profit d'une tierce personne qui le paye, ne peut avoir lieu par acte sous seing-privé ; elle doit être faite par acte authentique, du moins à l'égard des tiers (C. civ. 1250 ; Grenoble 13 mai 1824. - Sir. 25, 310).

30. SUCCESSION. Lorsque entre deux prétendants-droit à une même succession, il est intervenu un jugement passé en force de chose jugée, qui reconnaît dans les deux parties leur qualité de parents du défunt, mais la reconnaît dans l'une d'elles à un degré plus proche, il ne résulte pas de ce jugement qu'un tiers soit non-recevable à revendiquer la succession encore qu'il soit parent du défunt à un degré moins proche que celui qui a succombé dans la première instance, s'il prouve que celui qui a triomphé n'était point du tout parent (Cass. 6 therm. an XI. - Sir. 3, 2, 538).

V. note 6. p. 33.

§. 2. DES TIERS-DÉTENTEURS OU TIERS-ACQUÉREURS.

31. On appelle *tiers-détenteur ou tiers-acquéreur* celui qui a acquis et qui possède un fonds grevé d'hypothèques ou de toutes autres charges réelles, et qui, en cette qualité, est obligé de supporter ces charges ou de délaisser le fonds.

32. Voir à cet égard la note 28 au mot *action hypothécaire* p. 302 n. 238 et suiv. — V. aussi note 22, n° 103 ; note 24, n. 349, 352, 354, 360, 461 ; note 25, n° 11, 28,

§. 3. DES AYANTS-DROIT.

33. On appelle ainsi celui qui a des droits plus étendus que ceux du simple *ayant-cause* (V. ce mot note 6). — Ainsi, lorsqu'un immeuble de communauté a été vendu par l'époux survivant à un *tiers*, il ne peut être procédé ensuite au partage de cet immeuble et des autres immeubles de cette communauté sans appeler ce *tiers* et sans observer les formalités judiciaires en cas d'absence ou de contestation de sa part. Ce *tiers* ne se trouve point dans la catégorie des simples créanciers qui, pour éviter que le partage ne soit fait en fraude de leurs droits, peuvent s'opposer à ce qu'il y soit procédé hors de leur présence ; c'est un *ayant-droit* à la propriété de l'immeuble, soumis à la vérité pour l'irrévocabilité de son droit à l'évènement du partage, mais qui doit être considéré non pas comme un simple assistant au partage mais comme partie prenante.

Si donc un premier partage amiable a eu lieu entre l'époux survivant et les héritiers de l'époux prédécédé en l'absence de l'acquéreur quoique dûment appelé par une simple sommation, un tel partage est nul à l'égard de ce dernier sans lequel on n'a pu opérer s'il n'était point présent ; et, dans ce cas, à défaut de consentement de la part de l'*ayant-droit*, il ne peut être procédé, malgré lui, à un second partage soit amiable soit judiciaire par le motif qu'il y a eu chose jugée par le premier partage (C. civ. 882, 1351 ; Jug. d'Auxerre, 12 mai 1840 et 31 janv. 1843). — V. t. 1, p. 71. a.

V. COMMUNICATION, note 21, p. 180, n. 23, 26, 27.

[54]

DE LA REMISE DE CLEFS, DE TITRES ET D'ESPÈCES DE MONNAIE OU AUTRES CHOSES PRÉCIEUSES.

Division sommaire :

§ 1. DE LA REMISE DE CLEFS OU DE TITRES.

Art. 1. EN MATIÈRE DE VENTE D'IMMEUBLES (n. 1 à 6).

Art. 2. EN MATIÈRE DE VENTE D'EFFETS MOBILIERS (n. 7 et 8).

Art. 3. EN MATIÈRE DE VENTE DE DROITS INCORPORELS (n. 9 et 10).

§ 2. DE LA REMISE D'ESPÈCES DE MONNAIE OU AUTRES CHOSES PRÉCIEUSES (n. 11 et 12).

Indication alphabétique :

§ 1. DE LA REMISE DE CLEFS OU TITRES. — V. *sup.* note 8, p. 42.

Art. 1. EN MATIÈRE DE VENTE D'IMMEUBLES.

1. *La délivrance est le transport de la chose vendue en la puissance et possession de l'acheteur* (C. civ. 1604).

2. *L'obligation de délivrer les immeubles est remplie de la part du vendeur lorsqu'il a remis les clefs, s'il s'agit d'un bâtiment, ou lorsqu'il a remis les titres de propriété* (C. civ. 1605).

3. Cette remise de clefs ou de titres a une importance dont on n'est pas toujours pénétré lorsqu'on fait un acte translatif de propriété par vente ou échange; ainsi, bien que la vente soit parfaite entre les parties, et que la propriété soit acquise de droit à l'acheteur, à l'égard du vendeur, dès qu'on est convenu de la chose et du prix, quoique la chose n'ait pas encore été livrée ni le prix payé (C. civ. 1583), cependant si la vente est faite à la condition que l'acquéreur n'entrera en jouissance que dans certain délai, il reste au vendeur à faire la délivrance de l'immeuble. Son obligation à cet égard est remplie lorsqu'il a remis les clefs, s'il s'agit d'un bâtiment, ou lorsqu'il a remis les titres de propriété quand il s'agit de toute espèce de biens immeubles : ces deux choses (les clefs d'une maison et les titres de propriété), représentant l'objet immobilier vendu (Rogron, sur l'art. 1604).

D'où il suit que lorsque pour une maison, il n'y a ni remise de clefs, ni remise de titres de propriété, le vendeur n'ayant point effectué la délivrance de l'immeuble, peut être contraint par l'acquéreur à la lui faire, surtout quand un tiers qui jouit de l'immeuble, apporte de la résistance à le désemparer. Mais cette remise, légalement parlant, ne doit être faite que de l'une des deux manières ci-dessus indiquées, l'acquéreur ne peut pas exiger qu'on l'introduise dans la maison pour figurer la prise de possession; la délivrance dont il s'agit étant une tradition *symbolique*, le vendeur ne peut être tenu, d'après l'esprit et les termes de la loi, qu'à la remise des clefs ou des titres.

Si donc, à l'époque fixée pour la délivrance, un tiers, tel qu'un locataire, ne veut point vider les lieux, l'acquéreur ne pourra exiger que le vendeur expulse le locataire; la résistance apportée par ce locataire devra être considérée comme un trouble de fait dont le vendeur n'est pas responsable, et non comme un trouble de droit constituant une éviction, surtout si le tiers ne prétend point à la propriété de l'immeuble. L'acquéreur ne peut donc exiger que les clefs ou les titres; en lui remettant les titres, ce sera à lui d'expulser le locataire, sauf à mettre en cause son vendeur, et à le rendre passible des dommages-intérêts et des dépens de l'instance si ce locataire justifiait qu'il n'était point à terme. S'il n'est point fait de remise de titre, ce sera, dans ce cas, au vendeur d'expulser lui-même le locataire pour pouvoir effectuer la remise des clefs.

Et quand même le tiers prétendrait à la propriété de l'immeuble, cela ne constitue le vendeur garant du trouble que quand la prétention est jugée fondée, d'où il suit que quand elle ne l'est pas, le vendeur n'est passible d'aucuns dépens.

Il résulte donc de ce qui précède :

1° Qu'un acquéreur, pour entrer en jouissance d'un immeuble sans aucune difficulté, fait bien de s'informer à l'avance si celui qui en est en possession au moment de la vente, a de la solvabilité et n'a rien à opposer pour rendre la chose libre, car en cas de résistance mal-fondée et d'insolvabilité de la part de ce dernier, l'acquéreur est exposé non-seulement à voir différer le moment de son entrée en jouissance, mais encore à soutenir un procès qui exigera des avances, pour lesquelles il aura un recours illusoire contre l'indu possesseur, si son vendeur lui a remis les titres en temps utile, car encore une fois, la remise des titres vaut pour celui-ci délivrance, et le vendeur a satisfait à tout ce qu'on peut exiger de lui sous ce rapport, par le fait de cette remise.

2° Et qu'un vendeur qui n'a point de titres de propriété valables à remettre à son acquéreur, est obligé, quand il s'agit d'une maison, d'en expulser à ses risques et périls le tiers occupant, pour pouvoir effectuer la remise des clefs et qu'il est passible de dommages-intérêts envers son acquéreur.

Lorsqu'il s'agit d'un héritage, la raison de décider est la même; le vendeur doit, à ses risques et périls, faire cesser l'occupation du tiers, c'est le seul moyen de suppléer au défaut de remise des titres de propriété.

4. Les titres dont la remise est nécessaire pour opérer la tradition en matière de vente d'immeubles, doivent s'entendre de ceux qui assurent la propriété entre les mains du vendeur, et non pas seulement du contrat de vente passé entre lui et l'acquéreur (Duvergier, t. 1, n. 255; — Troplong, t. 1, n. 276).

5. Du reste, dans ce cas, il y a délivrance de la chose vendue dès l'instant que l'acheteur a été mis en possession de cette

chose, encore que la propriété du vendeur ne paraisse reposer que sur des titres sujets à contestation (Cass. 25 av. 1851, - Devill. 52, 625).

6. Et le vendeur, actionné pour défaut de délivrance ou de livraison, peut être condamné à subir une réduction proportionnelle sur le prix. Vainement il prétendrait que ce défaut de délivrance ne peut donner lieu contre lui qu'à la résolution de la vente et à des dommages-intérêts (Cass. 30 août 1837).

Art. 2. EN MATIÈRE DE VENTE D'EFFETS MOBILIERS.

7. *La délivrance des effets mobiliers s'opère ou* PAR LA TRADITION RÉELLE *ou* PAR LA REMISE DES CLEFS DES BATIMENTS *qui les contiennent, ou même* PAR LE SEUL CONSENTEMENT DES PARTIES, *si le transport ne peut pas s'en faire au moment de la vente, ou si l'acheteur les avait déjà en son pouvoir à un autre titre* (C. civ. 1606).

PAR LA TRADITION RÉELLE. Cette tradition est différente de la tradition *feinte* ou *symbolique* dont nous avons parlé *sup.* n. 3. Chacune de ces traditions est appropriée à la nature de l'objet : car rien n'est plus délivrable en réalité qu'un objet mobilier et rien n'est plus matériellement impossible à délivrer en réalité qu'un immeuble, tellement que, dans ce dernier cas, le législateur a cru devoir fixer les faits qui devaient être considérés comme emportant délivrance.

PAR LA REMISE DES CLEFS DES BATIMENTS. Cette manière de délivrer est tout aussi réelle que la tradition réelle même, car lorsqu'on remet les clefs du contenant, c'est bien rendre l'acquéreur maître du contenu.

Mais la remise des titres de propriété du bâtiment ne tiendrait pas lieu de délivrance comme dans le cas spécifié *sup.* n. 2.

PAR LE SEUL CONSENTEMENT DES PARTIES. Ce mode de délivrance est substitué à la tradition réelle dans deux cas seulement : 1° Lorsque le transport de l'effet mobilier vendu ne peut pas se faire au moment de la vente; 2° Et lorsque l'acheteur avait déjà l'objet en son pouvoir à un autre titre (par exemple, à titre de locataire, d'usufruitier, etc.) Cette disposition forme une innovation au droit romain et à l'ancienne jurisprudence dont les principes étaient que, pour qu'une obligation transmît la propriété, elle devait être suivie de la tradition : *Traditionibus dominia rerum, non nudis pactis, transferuntur.*

8. Le fait de la délivrance peut aussi être déterminé par appréciation de certaines circonstances ; c'est ainsi que la tradition réelle, d'après l'usage constant du commerce, résulte suffisamment de l'empilage fait par l'acheteur et de l'apposition de sa marque sur les bois vendus gisant sur le terrain (Dijon, 3 août 1824 ; — Cass. 15 janv. 1828).

Art. 3. EN MATIÈRE DE VENTE DE DROITS INCORPORELS.

9. *La tradition des droits incorporels se fait, ou par la remise des titres, ou par l'usage que l'acquéreur en fait du consentement du vendeur* (C. civ. 1607).

Par exemple, si vous m'avez vendu un droit de passage sur votre héritage, la tradition aura lieu, soit par la remise du titre de propriété de cet héritage, soit du moment où j'exercerai ce passage de votre consentement.

10. Toutefois, quand il s'agit du transport d'une créance, d'un droit ou d'une action sur un tiers, il n'est pas suffisant que la délivrance s'opère entre le cédant et le cessionnaire par la remise du titre, il faut encore au regard des tiers que la cession soit signifiée au débiteur cédé pour opérer un dessaisissement total (C. civ. 1689, 1690). — V. note 96, et note 53, n. 11.

§ 2. DE LA REMISE D'ESPÈCES DE MONNAIE OU AUTRES CHOSES PRÉCIEUSES.

11. Il est une sorte de remise qui nous a toujours préoccupé par les conséquences qu'elle peut avoir au cas de mécompte, c'est celle qui a lieu par l'envoi que l'on fait assez fréquemment de numéraire d'un lieu à un autre dans des sacs cachetés, avec une étiquette portant le nom du destinataire et indication de la somme expédiée, laquelle indication se trouve répétée sur le registre de l'administration qui transporte.

D'un côté on dit : s'il y a eu erreur commise par l'expéditeur lors de l'envoi, et que le destinataire ait signé à la marge du registre pour la décharge de l'administration messagère, il faut distinguer :

Si le destinataire a conservé intacts les sacs pour ne les ouvrir ensuite qu'en présence de l'expéditeur, il n'y a en cela rien qui puisse compromettre les intérêts du destinataire, au cas d'erreur dans le compte des espèces.

Mais si, au contraire, le destinataire a fait l'ouverture des sacs après avoir donné décharge sur le registre, il se sera rendu responsable de toute la somme mentionnée au registre.

Le destinataire ne pourrait couvrir sa responsabilité qu'en vérifiant les espèces avant de donner décharge sur le registre, si toutefois le préposé du bureau de la messagerie voulait bien se prêter à cet arrangement, ce qui est douteux, car lui n'a que des groupes bien attachés et portant leurs cachets intacts à remettre au destinataire, sans s'occuper de ce qu'ils contiennent puisqu'ils ont été remis ainsi à l'administration qui n'a point eu à vérifier le compte des espèces.

Mais d'un autre côté, on répond, et c'est notre opinion : l'envoi fait au destinataire est tout de confiance; n'ayant point énuméré les espèces à leur départ, il est tout simple qu'il les énumère à leur arrivée; si donc le nombre indiqué sur la feuille d'envoi ne se trouve pas au lieu de destination, le destinataire doit être cru sur son affirmation, car autrement il n'aurait tenu qu'à l'expéditeur de faire peser sur le destinataire une responsabilité contre laquelle ce dernier ne peut se garantir qu'en appelant un magistrat ou des témoins qu'aucune loi ne l'oblige à appeler; la décharge donnée sur le registre de la messagerie ne peut d'ailleurs lui être opposée comme contenant un aveu de sa part, car cette décharge n'est donnée qu'à cette messagerie, laquelle n'a point à demander à être déchargée de la valeur en numéraire mentionnée dans les sacs, mais seulement des groupes s'ils sont reconnus intacts. V. note 59, n. 28. — Toutefois, il est de l'intérêt du destinataire d'avertir promptement l'expéditeur du déficit existant pour que son silence ne forme point contre lui une présomption sujette à être interprétée défavorablement par les juges (C. civ. 1349, 1353).

12. Ce que nous disons du numéraire, est applicable aux choses précieuses : seulement, nous ferons observer qu'en matière commerciale il peut y avoir lieu de faire application des art. 91 à 108 du C. de commerce.

V. *Communication* note 21. — et *Délivrance* ou *Tradition*, note 8.

[55]

DES SERVITUDES OU SERVICES FONCIERS.

Indication alphabétique.

§. 1. DE LA DÉFINITION ET NATURE DES SERVITUDES.

1. Toute servitude comprend une modification au droit de *jouissance* et au droit *d'exclusion* (Toullier, t. 3, n. 375). Pour les modifications au droit de disposer (V. *sup.* note 22, n. 19 et suiv.).

2. La nature des servitudes dans la personne de celui qui les doit, ne consiste qu'à souffrir faire *telle* ou *telle* chose sur sa propriété, ou à s'abstenir de la faire. (Toullier, n. 378).

3. On peut donc définir les servitudes en général un droit réel, *jus in re*, établi sur la chose d'autrui, et en vertu duquel le propriétaire est obligé de souffrir ou de ne pas faire certains actes pour l'utilité ou l'agrément d'une personne déterminée ou d'un héritage voisin, ou, pour parler plus exactement, du possesseur de cet héritage. — La

servitude est un droit relativement à celui à qui elle est due; c'est une diminution de droit, c'est une charge, c'est une servitude proprement dite, relativement au possesseur de la chose ou du terrain qui la doit (Toullier, n. 577).

4. *Une servitude est une charge imposée sur un héritage pour l'usage et l'utilité d'un héritage appartenant à un autre propriétaire.* (C. civ. 637).

5. Ainsi, la loi ne reconnaît plus de servitudes personnelles et on ne peut considérer comme telle la constitution de servitude de la part du propriétaire d'une maison qui, en vendant une portion de terrain adjacent à cette maison, impose à l'acquéreur l'obligation de ne pas bâtir sur ce terrain. (Cass. 7 fév. 1825). — On ne pourrait non plus considérer comme servitude personnelle la défense de bâtir devant une maison ou un fonds pendant la vie du propriétaire de ce fonds; cette servitude n'en serait pas moins perpétuelle, l'usage ou l'étendue en serait seulement modifié. (*arg. de l'arrêt précité*). — V. note 52, n. 12, et inf. n. 201.

6. On doit considérer plutôt comme droit de *propriété* que comme simple servitude, le droit que les propriétaires de maisons ou de terrains situés sur une rue ont de passer par cette rue et d'y avoir des ouvertures (Bourges, 6 avr. 1829).

7. Mais lorsqu'un propriétaire a établi une dérivation de cours d'eau au moyen d'une rigole pour arroser plusieurs prairies lui appartenant, s'il arrive que l'un des prés inférieur soit vendu par lui, la rigole quoique pratiquée pour l'usage de plusieurs prairies, ne peut être réputée *commune* entre les propriétaires des diverses prairies; c'est une véritable servitude établie sur le pré supérieur. (Cass. 15 juin 1814).

8. Une servitude peut absorber complètement l'usage du fonds asservi. Ainsi, une servitude de passage peut, d'après les actes qui l'ont établie, ôter au propriétaire du fonds assujetti le droit de passer sur ce même fonds. (Cass. 25 juin 1834).

9. Sont susceptibles de servitudes par leur nature ;

10. 1° Le domaine public et le domaine municipal. (Toullier, t. 3, n. 479).

11. 2° Les immeubles placés hors du commerce, lorsque les servitudes sont compatibles avec les usages auxquels ces immeubles sont destinés; par exemple, le droit de vue sur les rues et places publiques. (Toullier, t. 3, n. 475; — Proudhon, t. 2, n. 363; — Zachariæ, t. 2, §. 249; — *Contrà*, Pardessus n. 35). — V. *inf.* n. 146.

12. 3° Les héritages qu'on ne possède pas encore mais qu'on espère posséder ou acquérir. (Toullier, n. 578; Pardessus n. 261).

13. *La servitude n'établit aucune prééminence d'un héritage sur l'autre.* (C. civ. 638).

14. *Elle dérive ou de la situation naturelle des lieux, ou des obligations imposées par la loi, ou des conventions entre les propriétaires.* (C. civ. 639).

15. Mais on ne peut regarder comme servitude dérivant de la situation naturelle des lieux l'établissement de tuyaux de cheminées donnant de la fumée dans la maison voisine : dans ce cas, celui qui les établit est obligé de les élever de manière que la fumée n'en soit pas dirigée trop habituellement dans la maison de son voisin. (Solon, n. 258).

§ 2. DES SERVITUDES NATURELLES OU QUI DÉRIVENT DE LA SITUATION DES LIEUX.

16. *Les fonds inférieurs sont assujettis, envers ceux qui sont plus élevés, à recevoir les eaux qui en découlent naturellement sans que la main de l'homme y ait contribué.* (C. civ. 640).

17. Il n'existe pas de servitude naturelle du fonds supérieur sur le fonds inférieur pour les eaux ménagères et l'égoût des toits. (Cass. 15 mars 1830). — V. *inf.* n. 226.

18. Si le lit par lequel les eaux s'écoulent d'un fond sur les fonds inférieurs était comblé, les propriétaires de fonds inférieurs pourraient être contraints par l'autorité administrative d'en faire le curage, chacun dans l'étendue de son domaine. (L. L. 20 août 1790; 28 sept. 1791, tit. 2, art. 16; 14 flor. an XI. — Pardessus, n. 92 et p. 5314 — Solon, n. 48).

19. *Le propriétaire inférieur ne peut point élever de digue qui empêche cet écoulement.* (C. civ. 640). — V. *inf.* n. 7[...]

20. Mais quand le propriétaire d'un étang inférieur construit des vannes et relais pour le mettre en rapport avec l'étang supérieur, il ne peut, après un siècle, être querellé sous prétexte 1° que la hauteur excessive de ces relais empêche le dessèchement de l'étang supérieur; 2° et que c'est là une servitude imprescriptible. (Cass. 30 août 1808 -Sir. 9. 248).

21. De son côté, le propriétaire du fonds supérieur ne peut être contraint, par le propriétaire du fonds inférieur, à construire un mur de soutènement pour prévenir ou empêcher l'éboulement de son terrain. (Pau, 14 fév. 1832; Solon, n. 52).

22. *Le propriétaire supérieur ne peut rien faire qui aggrave la servitude du fonds inférieur.* (C. civ. 640).

23. Ce principe est applicable alors même que les deux fonds sont séparés par la voie publique; dans ce cas, comme dans celui où les deux héritages se joignent, il n'est pas permis au propriétaire supérieur de faire, sur son fonds, des travaux qui, en dirigeant les eaux sur la voie publique, auraient pour résultat de porter dommage aux propriétés inférieures (Cass. 8 janv. 1834; Solon, n. 2.)

24. Mais celui qui est obligé de recevoir les eaux pluviales d'un mur mitoyen, ne peut, en cas d'élévation du mur, se plaindre que la servitude soit aggravée (Metz, 12 juin 1807).

25. *Celui qui a une source dans son fonds peut en user à sa volonté, sauf le droit que le propriétaire du fonds inférieur aurait acquis par titre ou par prescription.* (C. civ. 641).

26. *La prescription, dans ce cas, ne peut s'acquérir que par une jouissance non-interrompue pendant l'espace de trente années, à compter du moment où le propriétaire du fonds inférieur a fait et terminé des ouvrages apparents destinés à faciliter la chûte et le cours de l'eau dans sa propriété* (C. civ. 642).

27. Ainsi, un aqueduc *souterrain*, visible seulement dans quelqu'une de ses parties, doit être considéré comme un ouvrage *apparent*. Il n'est pas nécessaire d'ailleurs qu'il soit prouvé que cet ouvrage existant dans le fonds supérieur où jaillit la source, y a été pratiqué par le propriétaire du fonds inférieur qui réclame la servitude, ou par ses auteurs; il suffit que ce dernier allègue une possession immé-

moriale non contredite par son adversaire (Cass. 12 avr. 1830).

28. Du reste, les auteurs sont très divisés d'opinions sur la question de savoir si les ouvrages apparents doivent être faits sur le fonds supérieur ou sur le fonds inférieur (Marcadé, sur le d. art.).

29. *Le propriétaire de la source ne peut en changer le cours lorsqu'il fournit aux habitants d'une commune, village ou hameau, l'eau qui leur est nécessaire; mais si les habitants n'en ont pas acquis ou prescrit l'usage, le propriétaire peut réclamer une indemnité, laquelle est réglée par experts.* (C. civ. 643).

30. *Celui dont la propriété borde une eau courante, autre que celle qui est déclarée dépendance du domaine public par l'art. 538, au titre de la distinction de biens, peut s'en servir à son passage pour l'irrigation de ses propriétés. — Celui dont cette eau traverse l'héritage peut même en user dans l'intervalle qu'elle y parcourt, mais à la charge de la rendre, à la sortie de ses fonds, à son cours ordinaire* (C. civ. 644).

31. Il résulte de cet article que quand la rivière borde seulement ma propriété sans y entrer, en sorte qu'elle n'est à moi que pour la moitié de sa largeur (l'autre moitié appartenant au second riverain), je ne puis pas détourner le cours de l'eau et en priver par là les propriétaires d'en face qui y ont le même droit que moi; je puis seulement prendre l'eau à son passage, c. à-d. tout en laissant la rivière dans son lit naturel. Mais si, au contraire l'eau passe dans dans ma propriété, j'en suis alors seul propriétaire, sous l'obligation de la transmettre aux fonds inférieurs comme je la reçois des fonds supérieurs et dès-lors je puis en disposer comme je l'entendrai, lui faire faire tel parcours qu'il me plaira, pourvu que je la fasse rentrer dans son lit à sa sortie de mon fonds. — Dans les deux cas, je ne puis me servir de l'eau que pour l'irrigation de mes propriétés, je ne puis l'employer à aucun autre usage.

32. Cet article ne s'applique qu'aux eaux courantes, aux cours d'eau non dépendants du domaine public et aux petites rivières. Elle ne s'applique donc :

33. Ni aux eaux d'un canal creusé de main d'homme : dans ce cas, le propriétaire riverain ne peut faire de prises d'eau sur ce canal qu'autant qu'il a un titre qui lui en confère le droit. (Cass. 28 nov. 1815; 9 déc. 1818; 7 août 1839; 17 mars 1840; 24 juin 1841; Colmar 12 sept. 1812). — Ni aux rivières navigables ou flottables, — ni aux lacs ou étangs, — ni aux canaux appartenant soit à l'état, soit à des particuliers (Cass. 9 déc. 1818).

34. *S'il s'élève une contestation entre les propriétaires auxquels ces eaux peuvent être utiles, les tribunaux, en prononçant, doivent concilier l'intérêt de l'agriculture avec le respect dû à la propriété, et dans tous les cas, les règlements particuliers et locaux sur le cours et l'usage des eaux doivent être observés.* (C. civ. 645).

35. Ainsi, lorsqu'un propriétaire riverain prétend que l'autre prend plus d'eau qu'il n'en doit prendre, ou si les propriétaires inférieurs trouvent que ceux qui sont au-dessus absorbent une trop grande quantité d'eau, c'est aux tribunaux de juger la contestation.

36. *Tout propriétaire peut obliger son voisin au bornage de leurs propriétés contiguës; le bornage se fait à frais communs* (C. civ. 646).

37. Le bornage ne peut être rangé parmi les servitudes, ce ne peut être qu'un engagement entre propriétaires voisins régi par l'art. 1370 du C. civ. — V. note 125.

38. *Tout propriétaire peut clore son héritage, sauf l'exception portée en l'art. 682.* (C. civ. 647). V. les notes 41 et 123.

38 bis. *Le propriétaire qui veut se clore perd son droit au parcours et vaine pâture, en proportion du terrain qu'il y soustrait* (C. civ. 648). — V. la note 123.

§ 3. DES SERVITUDES LÉGALES OU QUI SONT ÉTABLIES PAR LA LOI.

39. *Les servitudes établies par la loi ont pour objet l'utilité publique ou communale, ou l'utilité des particuliers* (C. civ. 649).

40. Quand elles n'ont trait qu'à des intérêts privés et qu'elles ne sont pas établies pour le maintien de l'ordre public, elles ont cela de particulier, qu'on peut s'en affranchir par une possession libre de trente ans. Ainsi, lorsque des arbres sont plantés à une distance moindre que celle prescrite par l'art. 671 du C. civ., ils ne sont pas atteints par la prohibition du Code, si, à l'époque de la réclamation, les arbres se trouvent avoir trente ans d'existence (Toulouse, 9 déc. 1826, - Sir. 27, 210; — Cass. 9 juin 1823, - Sir. 26, 176).

41. *Les servitudes établies pour l'utilité publique ou communale ont pour objet le marche-pied le long des rivières navigables ou flottables, la construction ou réparation des chemins et autres ouvrages publics ou communaux. Tout ce qui concerne cette espèce de servitudes est déterminé par des lois ou des règlements particuliers* (C. civ. 650).

Il n'a point été dérogé à ces règlements par la loi du 12 mai 1825, laquelle en dispensant pour l'avenir les propriétaires riverains des routes de supporter les frais du curage des fossés, n'a pas déchargé les terrains de la servitude légale qui leur a toujours été imposée, de recevoir les produits du curage de ces fossés, servitude dont l'exercice est indispensable au maintien de la viabilité (arr. Préfect. de l'Yonne, 7 juin 1843).

42. Cet article n'est applicable qu'aux servitudes établies pour l'utilité publique ou communale, lorsque l'existence n'en est pas contestée. D'où il suit que quand il s'agit de savoir si une telle servitude existe ou n'existe pas, les Tribunaux ne doivent suivre que les règles générales du droit (Cass. 23 fév. 1809, - Sir. 11, 283).

43. *La loi assujettit les propriétaires à différentes obligations l'un à l'égard de l'autre, indépendamment de toute convention* (C. civ. 651)

44. *Partie de ces obligations est réglée par les lois sur la police rurale. — Les autres sont relatives au mur et au fossé mitoyens, au cas où il y a lieu à contre-mur, aux vues sur la propriété du voisin, à l'égout des toits, au droit de passage* (C. civ. 652).

Art. 1. DU MUR ET DU FOSSÉ MITOYENS. — *Renvoi à la note 41.* C. civ. 653 à 673.

Art. 2. DE LA DISTANCE ET DES OUVRAGES INTERMÉDIAIRES, REQUIS POUR CERTAINES CONSTRUCTIONS.

45. *Celui qui fait creuser un puits ou une fosse d'aisance près d'un mur mitoyen ou non; celui qui veut y construire cheminée ou âtre, forge, four ou fourneau; y adosser une étable; ou établir contre ce mur un magasin de sel ou amas de matières*

corrosives, est obligé à laisser la distance prescrite par les règlements et usages particuliers sur ces objets, ou à faire les ouvrages prescrits par les mêmes règlements et usages, pour éviter de nuire au voisin (C. civ. 674).

46. Ainsi, un propriétaire ne peut faire aucun travail qui porte atteinte à la propriété du voisin, et lui cause un dommage illicite : si le travail cause ce dommage, le propriétaire doit le réparer, alors même qu'il se serait conformé aux règlements. Il est tenu en outre de prendre de nouvelles précautions pour l'avenir, ou même, s'il est nécessaire, de supprimer son travail.

47. Mais d'un autre côté, l'obligation imposée par cet article à celui qui veut construire un four contre le mur qui sépare sa propriété de celle du voisin, n'est pas applicable au cas où le mur a par lui-même une épaisseur suffisante pour empêcher le four de nuire au voisin (Riom, 14 nov. 1842,-Devill. 43, 7).

Art. 3. DES VUES SUR LA PROPRIÉTÉ DE SON VOISIN.

48. Quoique le titre de cette section ne parle que des vues, la loi distingue cependant les *vues* proprement dites des simples *jours*. Le Code dans ses art. 675, 676, 677, appelle *jours*, les fenêtres qui n'ouvrent pas et qui procurent la lumière sans donner passage à l'air ; on les appelle aussi *jours de souffrance* ou de *tolérance*, tandis que, dans les art. 678, 679, 680, il appelle *vues* les fenêtres ou autres ouvertures qui donnent passage à l'air comme à la lumière.

49. *L'un des voisins ne peut, sans le consentement de l'autre, pratiquer dans le mur mitoyen aucune fenêtre ou ouverture, en quelque manière que ce soit, même à verre dormant* (C. civ. 675).

50. *Le propriétaire d'un mur, joignant immédiatement l'héritage d'autrui, peut pratiquer dans ce mur des jours ou fenêtres à fer maillé et verre dormant; ces fenêtres doivent être garnies d'un treillis de fer dont les mailles auront un décimètre (environ trois pouces huit lignes) d'ouverture au plus, et d'un châssis à verre dormant* (C. civ. 676).

51. *Ces fenêtres ou jours ne peuvent être établis qu'à vingt-six décimètres* (huit pieds) *au-dessus du plancher ou sol de la chambre qu'on veut éclairer, si c'est à rez-de-chaussée, et à dix-neuf décimètres* (six pieds) *au-dessus du plancher pour les étages supérieurs* (C. civ. 677).

52. Celui qui a ouvert des jours sur la propriété de son voisin, peut acquérir par prescription le droit qu'ils ne soient pas à fer maillé et verre dormant (Cass. 9 août 1815, -Sir. 14, 9;—Pardessus, n. 286).

53. De même, la servitude de vue acquise par prescription sur le fonds voisin, confère à celui au profit de qui elle existe, le droit d'empêcher le voisin d'élever sur son fonds, dans le rayon de la distance légale, des constructions qui détruiraient ou obstrueraient les jours (Montpellier, 28 déc. 1825;—Nancy, 7 fév. 1828;—Bordeaux, 1 déc. 1827;—Colmar, 23 mars 1833:—Cass. 1 déc. 1835,-Sir. 36, 604.—*Contrà*, Cass. 10 janv. 1810;—Pau, 12 avr. 1826;—Nîmes, 21 déc. 1826;—Bastia, 19 oct 1834,-Devill. 35, 301).

54. *On ne peut avoir de vues droites ou fenêtres d'aspect, ni balcons ou autres semblables saillies sur l'héritage clos ou non clos de son voisin, s'il n'y a 19 décimètres* (6 pieds) *de distance entre le mur où on les pratique et le dit héritage* (C. civ. 678. —V. *inf.* n. 64, 172.—La règle posée en cet art. s'applique à un bien rural comme à une maison d'habitation (Marcadé).

55. La défense faite par cet article d'ouvrir des vues droites ou fenêtres d'aspect sur l'héritage voisin, sans observer la distance prescrite, s'applique même au cas où le terrain est commun. Dans ce cas, la distance se compte à partir du terrain commun (Cass. 5 mai 1851,-Devill. 35, 836; —*Contrà*; Caen, 24 août 1842,-Devill. 43, 78). Suivant ce dernier arrêt, l'art. précité ne s'applique qu'aux fonds appartenant privativement à autrui et non aux terrains communs.

Cette défense s'applique aussi au cas où le terrain intermédiaire est consacré, soit à la fréquentation du public, soit à la fréquentation de quelques particuliers auxquels il est commun (Nancy, 25 nov. 1816, -Sir, 17, 155). — V. *inf.* n. 66.

56. Dans tous les cas, le droit de vue (lorsque son effet ou son étendue n'est pas expressément déterminé par un titre conventionnel), ne s'étend sur le fonds voisin et n'emporte prohibition d'y bâtir, qu'à la distance de six pieds (Cass. 24 juin 1825). — V. *inf.* n. 125.

57. Mais on peut ouvrir des vues droites ou fenêtres d'aspect sur la voie publique, quand même elles se trouveraient à une distance moindre de six pieds de l'héritage voisin (Bourjon; Desgodets; Cochin; Delvincourt; Toullier, 3, n. 528; —Pardessus, n. 204;—Duranton, 5, n. 412;—Solon, n. 294;—Marcadé; —*Contrà*, Nancy, 25 nov. 1816; -Sir. 17, 155;—Zachariæ, § 244).

58. On ne peut considérer comme pouvant procurer des vues droites sur les héritages voisins :

59. 1° Les espaces vides qui existent entre les barreaux d'une claire-voie construite sur un mur d'enceinte ou de clôture (Cass. 3 août 1836).

60. 2° Des piles de bois à brûler élevées temporairement dans un chantier (Paris, 6 août 1833).

61. La saillie d'un balcon doit être considérée, à l'égard d'une maison voisine étant sur le même alignement comme une vue droite (Toullier, 3. n. 522; —Duranton, 5, n. 413).

62. La situation d'un héritage supérieur formant terrasse et ayant vue sur la propriété voisine, ne donnerait pas à celui qui voudrait y construire un bâtiment le droit d'ouvrir des vues dans le mur de ce bâtiment, sans observer la distance prescrite par l'art. 678 (Pardessus, n. 294).

63. *On ne peut avoir des vues par côté ou obliques sur le même héritage, s'il n'y a six décimètres* (deux pieds) *de distance* (C. civ. 679). — V. *sup.* n. 53.

64. *La distance dont il est parlé dans les deux articles précédents se compte depuis le parement extérieur du mur où l'ouverture se fait, et, s'il y a balcons ou autres semblables saillies, depuis leur ligne extérieure jusqu'à la ligne de séparation des deux propriétés* (C. civ. 680). — V. *inf.* n. 172.

65. Cette distance se compte à partir de l'arrêté du jambage ou montant de la croisée jusqu'à la ligne séparative des deux propriétés, et non pas à partir du parement extérieur du mur dans lequel l'ouverture se fait (Bourjon, part. 2, ch. 12, sect. 2; — Desgodets, *cout. de Paris*, art. 202, n. 14; — Pardessus, n. 207; — Solon, n. 290; — Duranton, 5, n. 413).

66. Mais le propriétaire d'une maison placée en retour d'équerre avec une autre maison sur une cour commune,

n'est pas tenu d'observer la distance prescrite par cet art. pour les vues qu'il ouvre dans sa maison, dans l'angle même ou encoignure des deux maisons, et qui sont obliques relativement à la maison voisine, lorsque par suite du peu de largeur de sa maison, il lui est impossible d'user autrement de son droit de communauté sur la cour (Paris, 11 juin 1842). — V. *sup.* n. 55.

Art. 4. DE L'ÉGOUT DES TOITS.

67. *Tout propriétaire doit établir des toits de manière que les eaux pluviales s'écoulent sur son terrain ou sur la voie publique; il ne peut les faire verser sur le fonds de son voisin* (C. civ. 681).

68. Par cet article, le propriétaire d'un fonds est obligé de faire des toits pour empêcher l'eau pluviale qui tombe sur son fonds de couler ensuite chez le voisin.

69. Car, lorsque les eaux du toit d'une maison causent, en s'écoulant, des dommages à la propriété d'autrui, le propriétaire de cette maison peut être condamné à faire cesser et à prévenir ces dommages. Ainsi, quand les eaux en tombant sur une cour appartenant au propriétaire de la maison, s'infiltrent dans une cave qui se trouve immédiatement au-dessous de la cour, et qui appartient à un autre individu, le propriétaire de la maison et de la cour peut être obligé à paver sa cour de telle manière que le propriétaire de la cave n'en ressente aucun préjudice. Vainement, le propriétaire de la cour dirait que c'est là grever sa propriété d'une servitude non-établie par titre ou par possession (Cass. 13 mars 1827).

70. Et même, quand le fonds couvert par le toit est supérieur au fonds voisin, il n'en résulte pas qu'on puisse faire verser ou écouler l'égout de ce toit sur ce dernier fonds. Ce n'est point là le cas d'invoquer l'art. 640 du C. civ., qui assujétit le fonds inférieur à recevoir les eaux du fonds supérieur; la servitude naturelle définie par cet article n'existant que pour les fonds qui sont dans leur état naturel, et non en faveur de ceux que le main de l'homme a couverts de bâtiments. Ainsi, dans ce cas, le propriétaire du fonds inférieur a le droit, non-seulement de faire des constructions pour empêcher l'écoulement des eaux, mais encore de forcer le propriétaire du fonds supérieur ou de supprimer son toit ou d'absorber les eaux chez lui (Colmar, 5 mai 1819. -Sir. 20, 150).

71. Le *tour d'échelle* n'est plus sous l'empire du C. civ. une servitude légale (Merlin, *rép.* v° tour d'échelle; Locré 8 p. 406; Zachariæ 2, § 246; Garnier, p. 320).

72. D'où il suit que la servitude de *tour d'échelle* est indépendante de la servitude d'égoût des toits; et que l'acquisition par la prescription du droit d'égoût n'emporte pas acquisition du droit de tour d'échelle (Bourges, 23 août 1831. - Devill. 32, 131; — Toullier, t. 3, n. 646; — *Contrà*, Merlin, v° ibid. § 2, *in fine*.)

73. Toutefois, il a été décidé que quoique cette servitude ne soit pas une suite nécessaire de la servitude d'égoût de toits, cependant si le propriétaire était dans l'impossibilité de faire les réparations nécessaires à la toiture de sa maison sans passer sur le fonds voisin, ce passage pourrait lui être accordé momentanément, après autorisation demandée et obtenue en connaissance de cause, mais non à titre de servitude (Bordeaux, 20 déc. 1836, - Devill. 38, 132). — Sauf indemnité (Bruxelles, 28 mars, 1823. - Sir. 25, 374).

74. Cette impossibilité de réparer peut résulter de l'état de clôture forcée dont est parlé en la note 41 n. 68 (Pardessus p. 369, n. 312; — Duranton, t. 5, n. 316 et s.; — *Contrà*, Toullier, t. 3, n. 559; Favard de Langlade v° *servit*). — V. *inf.* n. 143.

Art. 5. DU DROIT DE PASSAGE OU DE L'ENCLAVE.

75. *Le propriétaire dont les fonds sont enclavés, et qui n'a aucune issue sur la voie publique peut réclamer un passage sur les fonds de ses voisins pour l'exploitation de son héritage, à la charge d'une indemnité proportionnée au dommage qu'il peut occasionner* (C. civ. 682). — V. *sup.* n. 73. 74.

76. Un fonds est enclavé non-seulement quand on n'en peut pas sortir sans passer sur un voisin, mais quand on n'en peut pas sortir dans *telle* circonstance, avec *telle* voiture; en un mot quand on n'en peut pas sortir de la manière voulue pour l'exploitation du fonds (Marcadé).

77. Le passage peut être exigé :

78. 1° Par le propriétaire d'un arbre pour ramasser les fruits qui sont tombés sur le fonds du voisin (Merlin, *rép.* v° arbre §. 8; Pardessus, servit. n. 196; Toullier, 3, n. 517; Lassaulx 3. p. 306). — Mais le passage peut être refusé quand le fonds voisin est en état de clôture (Duranton, 5, 401; Delvincourt, 1, p. 564).

79. 2° Pour le curage d'une rivière, sur les propriétés riveraines de cette rivière (Henrion de Pansey, ch. 27, p. 286, — *Contrà*, Garnier, p. 266.).

80. 3° Lorsque le chemin par lequel un propriétaire se rend à son héritage est momentanément inondé. (Pardessus n. 226; Solon, n. 345).

81. 4° Lorsque l'absence d'issue sur la voie publique est complète et absolue. (Cass. 31 mai 1825 - Sir. 26, 220) — ou bien lorsque la voie publique n'est pas praticable (Cass. 23 août 1827 - Sir. 28, 111; Besançon, 23 mai 1828). — Ou bien lorsque l'issue n'est pas suffisante pour l'exploitation (Cass. 16 fév. 1835).

82. 5° Lorsque le fonds enclavé n'a d'issue que par un chemin de halage (Toulouse, 19 janv. 1825; Bordeaux, 15 janv. 1835 - Devill. 36, 334).

83. 6° Pour arriver à une fontaine appartenant à une commune, tout aussi bien que s'il s'agissait d'un fonds de terre appartenant à un particulier (Pau, 14 mars 1831).

84. 7° Par l'acquéreur du droit de tourber un fonds; l'art. 682 ne disposant pas exclusivement en faveur du propriétaire du fonds enclavé (Amiens 23 mai 1813 - Sir. 14, 98). — V. *inf.* n. 87, 98.

85. 8° Par le co-partageant, l'acquéreur, le donataire et le légataire, sur le fonds de la succession du vendeur, du donateur et du testateur; parce qu'il y a nécessairement dans tous les partages, toutes les ventes, toutes les donations et toutes les dispositions à cause de mort, la convention tacite dictée par l'équité que le co-partageant, l'acquéreur, le donataire et le légataire, aura la libre jouissance du bien à lui abandonné (Duparc-Poullain, t. 3. p. 303; Toullier, t. 3, n. 614). — V. *inf.* n. 93. 133.

86. 9° Sur les propriétés imprescriptibles, telles que les domaines de la couronne, comme sur toute autre propriété prescriptible (Cass. 7 mai 1829). — Et sur un fonds communal (Proudhon, *usuf.* t. 8, p. 143).

87. 10° Avec bœufs et charrette, après un simple passage à pied si cela devient nécessaire à l'exploitation du fonds, par suite d'un nouveau mode de culture, sauf augmentation d'indemnité à raison du surcroit de servitude (Agen, 18 juin 1823. - Sir. 24. 89). — V. n. 84, 98.

88. 11° Alors même que la servitude de passage cesse d'être nécessaire, bien qu'elle n'ait été accordée qu'à cause de l'enclave (Toulouse, 16 mai 1829. -Sir. 30, 243). — V. *inf.* n. 95.

89. Mais il n'y a pas enclave et le passage peut être refusé :

90. 1° Lorsque le terrain prétendu enclavé aboutit à une lande grevée d'une servitude de passage. Peu importe que cette lande soit très difficile, si d'ailleurs elle est susceptible d'être réparée au moyen de quelques travaux dont le prix excéderait de peu de chose l'indemnité accordée par la loi (Rennes, 22 mars 1826 - Sir. 28, 74).

91. 2° Lorsque le fonds prétendu enclavé a une issue sur la voie publique, quelque longue ou difficile qu'elle soit (Rouen, 16 juin 1835. - Devill. 36, 87).

92. 3° Lorsque le fonds prétendu enclavé n'est séparé de la voie publique que par un fossé d'irrigation, encore que ce fossé soit, dans son état actuel, un obstacle à ce que le propriétaire du fonds arrive à la voie publique, si d'ailleurs cet obstacle peut être levé au moyen de travaux faciles à exécuter et peu dispendieux (Colmar, 26 mars 1831).

93. 4° Lorsque l'état d'enclave a cessé au moyen d'acquisitions faites par le propriétaire du fonds enclavé. — En un tel cas, si la possession de la servitude a duré plus de trente ans on doit présumer qu'une indemnité a été originairement payée au propriétaire du fonds asservi; et dès lors ce propriétaire est tenu, lors de son affranchissement, de payer à titre de remboursement la somme à laquelle cette indemnité peut être évaluée. (Lyon, 24 déc. 1841. - Devill. 42, 166). Il doit également indemniser le propriétaire du fonds précédemment enclavé des dépenses que peut exiger l'établissement d'un nouveau passage sur son propre fonds (Agen, 14 août 1834. - Devill. 35, 414). — V. *sup.* n. 88.

94. Mais on ne peut refuser le passage, au cas d'enclave, sous prétexte que le fonds enclavé avait anciennement une issue par un chemin vicinal actuellement envahi ou détruit et que le propriétaire de ce fonds pourrait en obtenir le rétablissement ou demander passage sur les terrains limitrophes de ce chemin (Cass. 16 fév. 1835).

95. Lorsque, par l'effet d'un partage, un fonds se trouve enclavé, le propriétaire de ce fonds ne peut réclamer un passage que de ses co-partageants, quand même le passage serait plus facile et plus court par un autre terrain (Toullier t. 3, n. 550; Coulon, *quest.* dial. 23; Duranton, 5 n. 420; Solon, n. 328). — V. *sup.* n. 85 et *inf.* n. 155.

96. Le propriétaire d'un fonds enclavé, qui use, pour l'exploiter, d'un libre passage sur un fonds voisin, ne peut sous prétexte que ce passage n'est que de pure tolérance, réclamer à titre d'enclave un autre passage sur un autre voisin, tant que celui dont il se sert ne lui est pas contesté; jusque là, il n'y a pas enclave dans le sens de la loi.

97. De même, celui auquel d'anciens titres accordent un droit de passage sur des fonds contigus, et qui, dès lors, ne saurait être considéré comme enclavé, ne peut tant qu'il n'a pas été jugé que ce droit de passage ne subsiste plus, et quelle que soit l'ancienneté des titres, demander un passage moyennant indemnité, sur un autre héritage voisin. L'action qu'il forme à cet égard doit être rejetée comme étant prématurée (Cass. 27 fév. 1839).

98. La servitude de passage due au cas d'enclave peut être modifiée et étendue dans son exercice sauf indemnité si par suite d'une nouvelle destination donnée au fonds enclavé et son changement d'exploitation, le passage existant se trouve insuffisant pour les besoins de l'exploitation nouvelle. (Cass. 8 juin 1836). — V. *sup.* n. 84. 87.

99. Le fait d'enclave d'un terrain peut être déclaré constant par les juges d'après les documents de la cause, sans qu'ils soient tenus d'ordonner une expertise (Cass. 24 déc. 1835. -Devill. 36, 522).

100. L'action du propriétaire d'un fonds enclavé à fin de passage sur les fonds voisins, moyennant indemnité, doit être dirigée contre tous les voisins ; elle n'est pas recevable, si elle n'est dirigée que contre l'un d'eux (Montpellier 5 août 1830. - Sir. 31, 96.)

101. *Le passage doit régulièrement être pris du côté où le trajet est le plus court du fonds enclavé à la voie publique* (C. civ. 683).

102. *Néanmoins il doit être fixé dans l'endroit le moins dommageable à celui sur le fonds duquel il est accordé* (C. civ. 684).

103. La disposition de l'art. 683 qui veut que le passage soit régulièrement pris du côté où le trajet est le plus court, n'est pas tellement absolue que les juges ne puissent s'en écarter, si cela leur paraît convenable (Cass. 1 mai 1811).

104. Ainsi, le propriétaire du fonds servant peut offrir le passage d'un côté où le trajet est plus long, s'il le croit moins dommageable pour lui (Bordeaux, 15 janv. 1833. - Sir. 36, 334; Toullier, t. 3, n. 548; Pardessus, n. 219 et 220 ; Solon, n. 325 s.)

105. *L'action en indemnité, dans le cas prévu par l'art. 682, est prescriptible, et le passage doit être continué, quoique l'action en indemnité ne soit plus recevable* (C. civ. 685).

106. La prescription de l'indemnité court, non pas seulement du jour où le passage a été reconnu nécessaire et l'indemnité réglée, mais du jour où a commencé le passage (Cass. 23 août 1827. - Sir. 28, 111).

107. La servitude de passage étant établie par la loi elle-même au profit du propriétaire enclavé, il ne peut pas être question pour lui de l'acquérir par prescription (une servitude de passage n'étant pas d'ailleurs de nature à s'acquérir par ce moyen, comme on le voit par les art. 688 et 691); mais il peut par une jouissance de trente années, prescrire l'obligation où il était de payer une indemnité au propriétaire du fonds sur lequel il passe (Marcadé).

108. Cependant il a été décidé 1° que cette espèce de servitude quoique discontinue a toujours pu s'acquérir par la possession, surtout quand il existe des signes apparents de l'exercice de la servitude, sans avoir à prouver que cette possession avait eu lieu au *vu* et *su* du propriétaire, et qu'après trente ans d'usage le propriétaire sur lequel s'était exercé le passage nécessaire ne pouvait plus réclamer l'indemnité (Cass. 16 juill. 1821. - Sir. 22, 134; 16 fév. 1835; Bordeaux, 12 fév. 1827).

109. 2° Et que le droit de passer, au cas d'enclave, sur tel point de la propriété plutôt que sur tel autre, ou bien sur un fonds voisin qui pourrait offrir une voie plus directe, peut et a pu s'acquérir par la prescription de 30 ans (Amiens 19 mars 1824; Pau, 14 mars 1831).

110. Le propriétaire enclavé, qui pour l'exploitation de son fonds, a passé pendant 30 ans sur les héritages de l'un des propriétaires voisins, a prescrit par là l'indemnité due à raison de ce passage, alors même que le passage a été exercé tantôt sur un fonds, tantôt sur un autre, si d'ailleurs

il est établi que le propriétaire enclavé n'a agi ainsi qu'en bon voisin et pour ne pas aggraver la servitude. — Et même, dans ce cas, il importerait peu que, des deux fonds sur lesquels le passage a été alternativement exercé, le propriétaire voisin n'en possédât qu'un en son nom personnel, l'autre étant propre à son épouse (Cass. 21 mars 1831 ; 11 juill. 1837 - Devill. 38, 11).

111. Offrir une indemnité pour le droit de passage nécessaire à l'exploitation d'un terrain enclavé, ce n'est pas renoncer à la prescription que l'on pourrait avoir acquise de ce droit de passage (Bourges, 15 juin 1824. - Sir. 26, 209).

112. Anciennement, sous l'empire des coutumes qui n'admettaient pas de servitude sans titre, le droit de passage, au cas d'enclave, ne pouvait comme toute autre servitude, s'acquérir par la prescription ; le fait de passage par le propriétaire du fonds enclavé, quelque temps qu'il eût duré, était toujours réputé précaire et de tolérance, et ne pouvait par conséquent engendrer la prescription ni du droit de passage lui-même, ni de l'indemnité due au propriétaire du fonds sur lequel le passage était exercé (Cass. 27 juin 1832). — Mais il en était autrement sous l'empire des coutumes où les servitudes discontinues ne s'acquéraient que par titre : dans ce cas, la nécessité était un titre suffisant (Cass. 23 août 1827 - Sir. 28, 111).

113. Le passage reconnu nécessaire, sur un terrain communal, pour mener des bestiaux à l'abreuvoir, peut être considéré non comme une servitude de passage, mais bien comme un mode de jouissance de la chose commune (Cass. 23 mars 1836).

§. 4. Des servitudes établies par le fait de l'homme.

Art. 1. Des diverses espèces de servitudes qui peuvent être établies sur les biens.

114. *Il est permis aux propriétaires d'établir sur leurs propriétés, ou en faveur de leurs propriétés, telles servitudes que bon leur semble, pourvu néanmoins que les services établis ne soient imposés ni à la personne ni en faveur de la personne; mais seulement à un fonds et pour un fonds et pourvu que ces services n'aient d'ailleurs rien de contraire à l'ordre public. — L'usage et l'étendue des servitudes ainsi établies se règlent par le titre qui les constitue; à défaut de titre par les règles ci-après* (C. civ. 686).

115. Pour savoir si le droit que l'on présente comme constituant une servitude foncière mérite ou non cette qualité, s'il doit être maintenu comme tel ou déclaré nul comme entaché de personnalité, il faut examiner non pas seulement s'il est établi entre deux immeubles, mais aussi s'il est vraiment à la charge d'un des fonds et au profit de l'autre. Car, si on donnait au fonds *A* le droit de chasse sur le fonds *B*, il y aurait bien là quant à la forme une servitude comme la loi l'entend, une servitude réelle, une obligation d'immeuble à immeuble, un service foncier, puisque le droit est établi entre un fonds et un autre fonds ; mais sous cette forme, le droit qui, à la vérité, est établi sur un fonds ne l'est pas au profit de l'autre fonds, mais bien au profit d'une personne; car, le fonds *A* ne recueille aucune utilité, aucun agrément du droit de chasse dont jouit son propriétaire ; ce droit de chasse du propriétaire sur une ou plusieurs terres voisines ne procure au fonds dominant ni une exploitation plus facile, ni une habitation plus commode, ni un aspect plus agréable. Tandis que lorsque la servitude a pour objet d'obliger le voisin à me laisser passer sur son fonds, ou bien seulement à ne pas planter dans telle partie de son terrain, pour ne pas cacher le point de vue dont jouit mon salon, il y a alors véritablement servitude foncière ; car c'est à ma maison elle-même, que s'attache le profit de la servitude; c'est cette maison elle même qui devient plus commode par l'effet du passage, et plus agréable par l'effet du point de vue ; tellement qu'il a été décidé qu'il y a constitution de servitude réelle et non personnelle, au profit du fonds et non de la personne, de la part du propriétaire d'une maison qui, en vendant une portion de terrain adjacent à cette maison, impose à l'acquéreur l'obligation de ne pas bâtir sur ce terrain (Cass. 7 fév. 1823). — Et, dans ce cas, la servitude passe à l'acquéreur de la maison quoique le contrat ne contienne aucune mention de cette servitude (Solon, n. 443). — V. *inf.* n. 124.

116. On peut aussi léguer, en usufruit, à une personne un droit de passage sur un fonds, pour arriver à sa propriété, sans que cette disposition puisse être considérée comme une servitude imposée en faveur de la personne (Proudhon, *usuf.* t. 1, n. 369; Salviat, *ibid.* t. 1, p. 65).

117. Des servitudes peuvent être établies 1° par le copropriétaire d'un fonds indivis au profit du fonds commun (Toullier, t. 3. n. 579 ; Pardessus n. 266).

118. 2° Par l'usufruitier, l'usager, l'antichrésiste d'un fonds au profit de ce fonds, sauf au propriétaire à y renoncer si les conditions auxquelles ces servitudes ont été accordées lui paraissent trop onéreuses (Proudhon t. 3, n. 1452 ; Pardessus n. 260 ; Solon n. 349 et 353; Toullier 3, n. 580). — V. *inf.* n. 228.

119. 3° Par le nu-propriétaire de l'héritage. Mais quand il s'agit d'une servitude passive, l'usufruitier peut en empêcher l'exercice tant que dure son usufruit (Solon, n. 352).

120. 4° Par le détenteur d'un fonds hypothéqué ; pourvu que cela ne porte point préjudice aux droits des créanciers hypothécaires (Duranton, t. 5, n. 546 ; Solon, n. 359 et suiv.) : car, en ce cas, les créanciers pourraient demander contre le débiteur le remboursement de leurs créances sans attendre l'échéance du terme (Toullier, t. 3, n. 571 ; Pardessus, n. 245).

121. 5° Par un héritier sur les biens dont il est plus tard déchu pour cause d'indignité ; car elles continuent de subsister malgré la résolution de son droit (Solon, n. 351).

122. 6° Par le mari sur les biens propres de sa femme : et celle-ci, en acceptant la communauté, ne peut se refuser à l'exercice du droit de servitude (Pardessus, n. 248).

123. Lorsqu'entre des co-partageants, la servitude de puisage ou de lavoir à une fontaine a été stipulée au profit d'un des lots composé d'habitation et de terres labourables, l'acquéreur à titre singulier de terres en labour ne peut revendiquer le droit de puisage ou de lavoir (Rouen, 26 juill. 1811 ; Daviel, t. 2, n. 952).

124. La clause par laquelle il a été stipulé que de deux usines établies près l'une de l'autre sur la même rivière, l'une ne pourra être convertie en moulin à grains, constitue une servitude réelle qui affecte le fonds entre les mains des tiers-acquéreurs dans le contrat desquels cette charge n'a pas été stipulée (Daviel, n. 607). — V. *sup.* n. 115.

125. L'étendue d'une servitude conventionnelle de vue, lorsqu'elle n'a point été déterminée par le titre constitutif de la servitude, doit être fixée d'après l'ensemble et l'esprit des conventions et circonstances, et aussi d'après la destination du père de famille. Ainsi, les juges peuvent décider qu'aucune construction ne peut être élevée au-delà d'une certaine hauteur par le propriétaire du fonds grevé de la servitude de vue, ou à une distance de plus de 6 pieds du fonds où sont établis les jours ou vues; dans ce cas est inapplicable l'art. 678 du C. civ. (Cass. 26 juill. 1831). — V. *sup.* n. 56.

126. L'usage d'une servitude ne peut être étendu aux propriétés annexées à l'héritage auquel est due la servitude, à moins qu'elles ne proviennent d'échange opéré avec partie de ce fonds, ou bien d'alluvion et d'attérissement (Pardessus n. 59).

127. Le propriétaire d'une usine située sur un cours d'eau, peut être déclaré par appréciation des titres contenant des énonciations générales n'avoir sur ce cours d'eau qu'un droit de servitude limité aux besoins de l'usine, suivant la destination qu'elle avait lors de l'établissement de la servitude, de telle sorte que cette destination ne puisse pas être changée, et cela encore bien qu'elle ait pu résulter dans le principe de la banalité de l'usine (Cass. 20 nov. 1839 - Devill. 39, 918).

128-129. *Les servitudes sont établies, ou pour l'usage des bâtiments, ou pour celui des fonds de terre. — Celles de la première espèce s'appellent* URBAINES, *soit que les bâtiments auxquels elles sont dues soient situés à la ville ou à la campagne. — Celles de la seconde espèce se nomment* RURALES (C. civ. 687).

130. URBAINES. Telles sont celles pour lesquelles on convient : que le bâtiment d'un voisin soutiendra le bâtiment de l'autre; qu'on pourra appuyer des poutres sur son mur; qu'il recevra sur son terrain l'égoût des toits; qu'on pourra avoir des fenêtres, des balcons, donnant sur sa propriété sans conserver la distance requise; qu'il ne pourra pas élever son bâtiment de manière à nuire aux jours, aux vues etc., etc.

131. RURALES. Telles sont le droit de passer sur le fonds voisin; le droit d'acquéduc, c. à-d. de conduire de l'eau dans sa propriété par le terrain d'autrui; le droit de puiser de l'eau à la source d'autrui; celui de faire paître un troupeau sur l'héritage d'un autre, etc.

132. *Les servitudes sont continues ou discontinues. — Les servitudes* CONTINUES *sont celles dont l'usage est ou peut être continuel, sans avoir besoin du fait actuel de l'homme : tels sont les conduites d'eau, les égoûts, les vues et autres de cette espèce. — Les servitudes* DISCONTINUES *sont celles qui ont besoin du fait actuel de l'homme pour être exercées : tels sont les droits de passage, puisage, pacage et autres semblables* (C. civ. 688).

133. CONTINUES. Une prise d'eau constitue une servitude continue, susceptible de s'acquérir par prescription, alors même que pour en user, il est nécessaire de lever une vanne ou écluse : ce fait, purement accidentel et qui sert seulement à faire cesser l'interruption dans l'usage de la servitude, ne donne pas à cette servitude le caractère de servitude discontinue (Pau, 11 juin 1834 - Devill. 35, 202; Pardessus, p. 40; Daviel, n. 912; Duranton, n. 402).

134. DISCONTINUES. Le droit d'avoir continuellement et de manière très apparente, des escaliers et des lavoirs sur le terrain d'autrui, est une servitude discontinue (Cass. 21 nov. 1807 - Sir. 8, 37).

135. La servitude de passage, alors même qu'il en existe un signe apparent, telle qu'une porte ouverte par l'héritage voisin, est une servitude discontinue qui ne peut s'acquérir que par titre (Cass. 24 nov. 1835. - Devill. 36, 52).

136. La servitude d'évier ou d'égoût des eaux ménagères, ayant besoin pour être exercé du fait actuel de l'homme, est une servitude discontinue qui ne peut s'acquérir par prescription (Aix, 24 janv. 1838 et Duranton - Devill. 38, 348; Daviel, n. 710 et 942).

137. Le droit d'extraire des terres dans un fonds pour l'avantage d'une propriété foncière, constitue une véritable servitude discontinue, soit que le fonds dominant appartienne à des particuliers, soit qu'il appartienne à une communauté d'habitants (Cass. 15 avril 1833).

138. Une prise d'eau pour arrosage constitue une servitude non apparente et discontinue, qui ne peut par conséquent s'établir que par titre (Aix, 25 mai 1838 - Devill. 48 845).

139. *Les servitudes sont apparentes ou non apparentes. — Les servitudes apparentes sont celles qui s'annoncent par des ouvrages extérieurs tels qu'une porte, une fenêtre, un aqueduc. Les servitudes non apparentes sont celles qui n'ont pas de signe extérieur de leur existence, comme, par exemple, la prohibition de bâtir sur un fonds ou de ne bâtir qu'à une hauteur déterminée* (C. civ. 689).

140. La servitude *altius non tollendi* ne comprend pas la servitude de prospect. Ainsi, la défense de bâtir sur un terrain au-delà d'une certaine hauteur, n'emporte pas prohibition de planter des arbres à haute tige sur ce terrain, ni d'y placer momentanément des piles de bois, qui surpassent la hauteur convenue (Cass. 12 déc. 1836, - Devill. 37, 316). — V. *sup.* n. 5.

Art. 2. COMMENT S'ÉTABLISSENT LES SERVITUDES PAR LE FAIT DE L'HOMME.

141. *Les servitudes continues et apparentes s'acquièrent par titre ou par la possession de trente ans* (C. civ. 690).

Cette disposition n'exclut pas la preuve par témoins de l'établissement de ces sortes de servitudes par un commun accord, lorsqu'il existe à cet égard un commencement de preuve par écrit; or, on doit considérer comme tel les déclarations contenues dans une requête signifiée par acte d'avoué à avoué, bien que cet acte ne soit pas signé de la partie (C. civ. 1347; — Cass. 7 juill. 1840; — Paris, 14 juin 1843).

142. On peut acquérir par prescription le droit de conserver les branches d'arbres qui avancent sur la propriété du voisin, une telle servitude étant continue et apparente (Paris, 16 fév. 1824, - Sir. 25, 25). — V. note 41, n. 37.

143. L'établissement d'un fossé par le riverain du canal d'un moulin, pour arroser sa propriété avec les eaux de ce canal, constitue une servitude continue et apparente, susceptible de s'acquérir par prescription (Cass. 13 juin 1827).

144. On peut acquérir par prescription une servitude sur une église, pourvu toutefois que cette servitude ne porte aucune atteinte à la destination de cette église (Troplong, *Prescr.* 1, n. 173).

145. Mais on ne peut acquérir par prescription : 1° le droit de faire écouler sur la voie publique des eaux nuisibles à la salubrité (Troplong, 1, n. 140; Vazeille, 1, n. 95; Solon, n. 420). — Ni des eaux sales, cette servitude étant discontinue (Daviel, n. 710). — Une rue, dans une ville, étant une propriété hors du commerce, qui n'appartient à personne, il en résulte qu'on ne peut y acquérir un droit de servitude par prescription, notamment celui d'aqueduc, et qu'en un tel cas la suppression de cet aqueduc peut avoir lieu par ordre de l'autorité municipale et sans indemnité (Cass. 13 fév. 1828).

146. 2° Une servitude de vue sur une promenade publique étant au nombre des choses hors du commerce (Poitiers, 31 janv. 1831, - Devill. 38, 78). — V. *sup.* n. 11.

147. Les jours ouverts dans le mur de côté d'une maison et au-dessus du toit de la maison voisine, doivent être considérés comme des jours de *simple tolérance*, et non comme une servitude susceptible de s'acquérir par prescription. Dès lors, leur existence depuis plus de trente ans n'est pas un obstacle à ce que le voisin exhausse sa maison de manière à détruire ou obstruer ces jours (Cass. 24 déc. 1838, - Devill. 39, 56).

148. La possession sert à déterminer l'étendue et le mode d'exercice des servitudes établies par titre, même de celles qui ne sont pas susceptibles de prescription (Zachariæ, 2, § 253; Solon, n. 402). — V. *inf.* n. 191.

149. Toutefois il a été décidé que la prescription de dix ou vingt ans établie par l'art. 2265 du C. civ. au profit du tiers-détenteur de bonne foi, n'était point applicable en matière de servitudes. A l'égard des tiers-détenteurs comme à l'égard de tous autres, les servitudes ne s'acquièrent que par la possession trentenaire (Cass. 10 déc. 1834; 20 déc. 1836; 28 mars 1837; 16 avr. 1838; Paris, 25 août 1834; — Orléans, 31 déc. 1835; — Limoges, 14 fév. 1837; — Bordeaux, 29 mai 1838).

150. En matière de servitude prescriptible, celui qui possède est dispensé de prouver une possession suffisante pour la prescription de la servitude. C'est à celui qui nie la servitude et qui assigne au pétitoire, à établir que le possesseur n'a aucun droit à la servitude (Limoges, 15 fév. 1837, - Devill. 38, 171; Duranton, 5, n. 641; Pardessus, n. 324; Delvincourt, 1, n. 572).

151. Cependant il a été jugé que tout héritage étant présumé libre jusqu'à preuve contraire, c'est à celui qui prétend avoir acquis la servitude et non à celui qui la nie qu'incombe la preuve de la possession au moyen de laquelle elle a pu s'acquérir (Grenoble, 14 juill. 1832, - Devill. 33, 14; Toullier 3, n. 174; Coulon 1, p. 414).

152. *Les servitudes continues non apparentes et les servitudes discontinues apparentes ou non apparentes ne peuvent s'établir que par titres. — La possession même immémoriale ne suffit pas pour les établir; sans cependant qu'on puisse attaquer aujourd'hui les servitudes de cette nature déjà acquises par la possession, dans les pays où elles pouvaient s'acquérir de cette manière* (C. civ. 691).

153. On suppose un titre suffisant dans les cas suivants: 1° pour un chemin de service existant entre plusieurs héritages : en conséquence, celui qui y exerce depuis un temps immémorial un droit de passage n'est pas assujéti, comme dans le cas d'une servitude discontinue, à produire des titres à l'appui da sa possession (Agen, 28 déc. 1824, - Sir. 28, 3).

154. 2° Lorsque le titre constitutif d'une servitude discontinue (par ex. d'un droit de pacage), a été détruit par force majeure, et qu'il n'existe plus qu'un acte qui, rappelant l'ancien titre, se borne à dire que la servitude est due à *plusieurs habitants de cette commune*, sans désignation de ces habitants; en un tel cas, ceux des habitants qui se prétendent les ayants-droit à la servitude, sont admissibles à prouver par témoins la longue possession qu'ils ont eue : ce n'est pas là établir une servitude discontinue par la preuve testimoniale (Bourges, 7 janv. 1829).

155. Mais la clause d'un acte de partage portant que *les fonds sont divisés et partagés respectivement avec leurs droits d'entrées, d'issues, etc.*, ne peut être considérée comme titre suffisant pour établir une servitude de passage d'un fonds sur l'autre, quand les entrées et issues prétendues existantes lors du partage ne sont pas constatées par ce titre ou par un autre. Peu importe que depuis le partage l'un des copartageants ait souffert que l'autre passât sur son fonds (Grenoble, 4 mai 1824, - Sir. 25, 182). — V. *sup.* n. 85. 75.

156. Celui qui, pendant trente ans, a usé de fosses d'aisances établies sous la maison du voisin, et ce, au moyen de tuyaux inédifiés dans la maison voisine, a acquis, par prescription, le droit de continuer d'en jouir. C'est là un droit de *propriété*, et non un droit de *servitude* imprescriptible (Cass. 22 oct. 1811, - Sir. 11, 379).

157. De ce que la loi porte *qu'on ne peut attaquer aujourd'hui les servitudes discontinues déjà acquises par la possession immémoriale*, il n'en résulte pas que le jugement qui autorise aujourd'hui la preuve d'une *possession immémoriale*, *antérieure au Code civil*, à l'égard d'une servitude discontinue, dans les pays où elle s'acquérait de cette manière, soit en opposition avec la loi (Cass. 31 déc. 1810, - Sir. 11, 81; 7 nov. 1826, - Sir. 27, 28).

158. La preuve de la possession immémoriale ne doit pas nécessairement être faite suivant les règles ou usages anciennement admis pour prouver cette espèce de possession (Cass. 20 nov. 1837; 1 juill. 1838. — *Contrà*, Pau, 15 mars 1834; — Agen, 8 janv. 1833).

159. Celui qui a concédé une servitude par un titre nul ne peut exciper de cette nullité, si une possession de 30 ans a suivi le titre, soit que la servitude fût de nature à être prescrite, soit qu'elle ne le fût pas (Pardessus, n. 269).

160. Lorsque l'on paie quelque redevance pour l'exercice d'un droit de servitude même non apparente et discontinue, un titre n'est pas indispensable pour établir l'existence de ce droit (Pardessus, n. 269; Dunod. *prescr.* p. 292).

161. La règle, que les servitudes discontinues ne peuvent s'établir que par *titres*, et qui prohibe par conséquent toute *preuve testimoniale* de possession en cette matière, est inapplicable au cas où le droit même à la servitude étant reconnu, il ne s'agit plus que de déterminer le mode d'exercice ou d'étendue (Cass. 29 fév. 1832).

162. Les servitudes discontinues ne cessent pas d'être imprescriptibles, encore bien qu'il y ait eu contradiction (C. civ. 2238; Cass. 8 août 1837).

163. *La destination du père de famille vaut titre à l'égard des servitudes continues et apparentes* (C. civ. 692).

164. *Il n'y a destination du père de famille que lorsqu'il est prouvé que les deux fonds actuellement divisés ont appartenu au même propriétaire et que c'est par lui que les choses*

ont été mises dans l'état duquel résulte la servitude (C. civ. 693).

165. Il n'est pas nécessaire pour établir la destination du père de famille que le signe apparent de servitude soit un ouvrage d'*art*; il suffit que le signe existe *naturellement*, comme quand il s'agit du cours d'un ruisseau (Bourges, 13 déc. 1825, - Sir. 26, 222).

166. La destination du père de famille ne peut être invoquée que pour les servitudes qui dérivent de la situation des lieux, notamment :

167. 1° Lorsque les titres établissent que les deux fonds ont appartenu au même propriétaire, dans l'état où ils se trouvent. Il n'est pas nécessaire de prouver que c'est par ce propriétaire lui-même que les choses ont été mises dans cet état (Bordeaux, 21 fév. 1826).

168. 2° Toutes les fois que les signes apparents de la servitude ont été établis de main d'homme (Solon, n. 389). — Telles sont les servitudes d'aqueduc ou de conduite d'eau (Cass. 20 déc. 1825, - Sir. 26, 179).

169. 3° Pour faire maintenir des arbres qui ne seraient pas à la distance légale de la propriété voisine (Duranton, 5, n. 389. — *Contrà*, Solon, n. 246).

D'où il suit qu'elle ne peut être invoquée :

170. 1° Pour le droit de vue établi par le père de famille sans prohibition expresse *altiùs non tollendi*; car, dans ce cas, il n'est pas interdit au propriétaire de l'héritage as servi à ce droit, de bâtir sur son terrain en se conformant aux usages et coutumes. (Cass. 28 av. 1817; Pau, 12 déc. 1834, - Devill. 35, 303).

171. 2° Pour la servitude de tour d'échelle (Bordeaux, 20 déc. 1836, - Devill. 38, 132.)

172. 3° Pour la servitude qui ne permet de bâtir qu'à une certaine hauteur (Caen, 13 mai 1837). — Il en est ainsi, alors même qu'il s'agit de propriétaires des différents étages de la même maison. En conséquence, le propriétaire du rez-de-chaussée et du premier étage, peut élever sur le terrain attenant des constructions qui obstruent la vue des étages supérieurs, pourvu toutefois qu'il les tienne à la distance voulue par les art. 678 et 680 du C. civ. (Cass. 15 fév. 1843).

173. Lorsque le propriétaire de deux maisons contigues les a vendues, en même temps, dans l'état où elles se trouvent; chacun des acquéreurs est obligé de ne faire à sa maison aucun changement qui puisse nuire à celle de son voisin (Bruxelles, 23 août 1810, - Sir. 11, 286).

174. Mais, de ce qu'un propriétaire a construit un mur entre deux maisons à lui appartenantes, il ne s'ensuit pas que, par destination du père de famille, il y ait pour les acquéreurs de ces deux maisons, servitude ou obligation de ne pas élever le mur et de le conserver tel qu'il a été construit (Metz, 12 juin 1807).

175. Celui qui trouve sur un terrain par lui acquis, des arbres plantés à une distance du fonds de son voisin moindre que celle prescrite par la loi, ne peut, après l'abattage de ces arbres, en planter de nouveaux à la même distance. Vainement il opposerait la destination du père de famille à son voisin, acquéreur du même auteur que lui (Paris, 25 août 1825. - Sir. 26, 20; — Rennes, 19 juin 1838).

176. Et celui qui en vendant un héritage a déclaré le vendre avec toutes ses circonstances et dépendances et dans l'état où il se trouvait alors, ne peut ultérieurement demander la suppression d'une servitude (de vue et d'égoût) existant sur un héritage voisin dont il est également propriétaire, si cette servitude existait à l'époque de la vente. En un tel cas, il y a titre de servitude au profit de l'acquéreur : les règles sur l'acquisition des servitudes par destination du père de famille sont inapplicables (Cass. 29 janv. 1839).

177. La destination du père de famille peut être prouvée par témoins, sans commencement de preuve par écrit (Toullier, 3 n. 610; Duranton, 5, n. 574; Zachariæ, 2, § 252; Solon, n. 383. — *Contrà*, Delvincourt, sur l'art. 693; Pardessus n. 291).

178. Le propriétaire dont le fonds est inondé par un étang, même sans crues extraordinaires, n'est pas fondé à réclamer ni qu'il y soit porté remède, ni qu'il lui soit accordé des indemnités, si le fonds inondé provient du propriétaire de l'étang, s'il a été vendu tel qu'il se comportait, et si depuis la vente il n'a pas été fait d'innovation à l'état primitif des lieux. En ce cas, il y a servitude par destination du père de famille (Angers, 20 janv. 1815. - Sir. 15, 65).

179. *Si le propriétaire de deux héritages, entre lesquels il existe un signe apparent de servitude, dispose de l'un des héritages, sans que le contrat contienne aucune convention relative à la servitude, elle continue d'exister activement ou passivement en faveur du fonds aliéné ou sur le fonds aliéné* (C. civ. 694). — V. *sup.* n. 165, 176.

180. On doit appliquer cet article 1° au cas de servitude discontinue comme au cas de servitude continue (Toulouse, 21 juill. 1836; Caen 15 nov. 1836; Limoges, 4 août 1840; Douai, 1. juill. 1837; Cass. 26 av. 1837, et 24 fév. 1840; Merlin; Pardessus; Solon; Carou; — *Contrà*, Lyon 11 juin 1831; 21 avril 1837; Malleville; Toullier; Delvincourt; Favard de Langlade; Garnier). — Et il n'est pas nécessaire, dans ce cas, que la servitude ait une origine légale (Cass. 8 juin 1842).

181. 2° Au cas d'adjudication sur expropriation forcée, comme au cas de vente volontaire, lorsque l'adjudication ne renferme aucune clause contraire (Bourges, 17 janv. 1831 - Devill. 32, 88).

182. L'art. 694 suppose le cas d'un propriétaire de *deux héritages* entre lesquels il existe un signe apparent de servitude : il ne s'applique pas au cas de vente en divers lots *d'un même corps de propriété*. Ainsi, quand un domaine composé d'un château et d'une ferme a été vendu en deux lots séparés, l'acquéreur de la ferme a le droit, si son contrat n'y met obstacle, de forcer l'acquéreur du château à boucher des portes par lesquelles il peut communiquer avec la cour de cette ferme (Cass. 10 mai 1825. - Sir. 26, 255; Solon, n. 282. — *Contrà*, Cass. 26 avr. 1837 et 24 fév. 1840).

183. La destination du père de famille peut être invoquée, dans les cas prévus par l'art. 694, encore que les signes apparents de la servitude soient l'effet de la situation naturelle des lieux (Solon, n, 389). V. *sup.* n. 165.

184. Lorsque de deux maisons contigues appartenant au même propriétaire, la plus élevée est vendue avec stipulation que les *servitudes actives et passives continueront d'exister*, le vendeur ne peut plus élever la maison qui lui est restée, de manière à fermer les fenêtres existantes au mo-

ment de la vente dans la partie supérieure du mur latéral de l'autre maison ; ces fenêtres, quoique pratiquées dans le mur latéral appelé *pignon*, constituant une véritable servitude établie par destination du père de famille (Colmar 3 déc. 1817. - Sir. 22, 16).

185. Et lorsque, au contraire, le propriétaire de deux maisons contigues en a vendu une avec la clause générale *d'affranchissement de toute servitude*, cette clause générale ne suffit pas pour affranchir la maison vendue de la charge d'une servitude apparente qui existait avant la vente, au profit de l'autre maison. L'affranchissement de la servitude ne peut résulter en ce cas que d'une stipulation expresse (Cass. 2 fév. 1825). — Ainsi décidé à l'égard d'un évier commun entre le premier étage d'une maison et le deuxième étage vendu à un tiers (Cass. 8 déc. 1824. - Sir. 25, 362).

185 *bis*. Si le propriétaire d'un bâtiment, en vendant une partie de ce bâtiment, cède aussi la mitoyenneté du mur de séparation, sans réserve des jours pratiqués, l'acquéreur est censé avoir acquis le droit de mitoyenneté dans toute son étendue; il peut faire fermer les jours (Angers, 20 août 1818, - Sir. 19, 277).

186. *Le titre constitutif de la servitude, à l'égard de celles qui ne peuvent s'acquérir par la prescription, ne peut être remplacé que par un titre récognitif de la servitude et émané du propriétaire du fonds asservi* (C. civ. 695).

187. Ainsi, lorsque l'écrit qui constatait l'établissement d'une servitude se trouve perdu, et qu'il s'agit d'une servitude de nature à ne pas s'établir par prescription, il est clair que cette preuve unique de la servitude ne peut résulter que d'un nouvel écrit destiné à remplacer le premier en constatant et reconnaissant l'existence de cet écrit primitif (Marcadé).

188. Mais il n'y a que le propriétaire du fonds asservi qui puisse être tenu de fournir un titre récognitif. Le propriétaire du fonds servant ne peut y être tenu comme le serait le débiteur d'une rente (C. civ. 2263 ; Troplong ; Toullier ; Curasson — *Contrà*, Pothier ; Pardessus ; Merlin ; Delvincourt ; Solon.).

189. Pour que le titre récognitif d'une servitude puisse remplacer le titre constitutif, il n'est pas nécessaire que la teneur de ce titre y soit relatée comme l'exige l'art. 1337 du C. civ., lequel n'est point applicable aux servitudes (Cass. 16 nov. 1829 ; 2 mars 1836). — V. note 33 n. 14.

190. *Quand on établit une servitude, on est censé accorder tout ce qui est nécessaire pour en user.— Ainsi, la servitude de puiser de l'eau à la fontaine d'autrui emporte nécessairement le droit de passage* (C. civ. 696).

191. Dans le cas d'établissement d'une servitude par convention, on doit, comme toujours, rechercher la commune intention des parties; dans le cas, au contraire, d'établissement par prescription, on ne doit jamais aller au delà de ce qui a été possédé, d'après cette maxime de droit, *tantùm prescriptum, quantùm possessum*. — V. *sup.* n. 85. 95. 148.

Art. 3. Des droits du propriétaire du fonds auquel la servitude est due.

192. *Celui auquel est due une servitude a droit de faire tous les ouvrages nécessaires pour en user et pour la conserver* (C. civ. 697).

193. Ainsi, celui dont la propriété est traversée par un canal artificiel appartenant à un tiers, et qui a le droit, à titre de servitude, de traverser ce canal pour aller d'une partie de sa propriété dans l'autre, peut jeter un pont sur le canal pour faciliter l'exercice de sa servitude, pourvu que ce pont porte des deux côtés sur sa propriété et ne cause aucun préjudice au propriétaire du canal (Cass. 12 janv. 1841).

194. *Ces ouvrages sont à ses frais et non à ceux du propriétaire du fonds assujetti, à moins que le titre d'établissement de la servitude ne dise le contraire* (C. civ. 698).

195. Lorsque les propriétaires d'un droit de servitude ont des droits inégaux, ils doivent supporter les frais d'entretien et les autres charges dans une proportion égale à leurs droits. — Ainsi, les frais d'entretien d'un ouvrage nécessaire à plusieurs maisons voisines, par exemple les frais de récurage d'un aqueduc, doivent être supportés en commun et proportionnellement par les propriétaires des maisons qui en profitent et sans qu'il soit besoin d'aucune stipulation à cet égard (Cass. 2 fév. 1825 ; Solon, n. 576).

196. Les réparations à faire à un puits doivent être supportées également par tous ceux qui y ont droit de puisage sans qu'il y ait lieu à distinguer si ce droit est à titre de propriété ou à titre de servitude (Daviel, 2, n. 908).

197. Lorsque le propriétaire de la servitude ne répare pas et n'entretient pas les objets sur lesquels elle s'exerce, il peut y être forcé par le propriétaire du fonds grevé de cette servitude, quand celui-ci y a un intérêt légitime (Cass. 29 nov. 1827 ; Pardessus, n. 57).

198. *Dans le cas même où le propriétaire du fonds assujetti est chargé par le titre de faire à ses frais les ouvrages nécessaires pour l'usage ou la conservation de la servitude, il peut toujours s'affranchir de la charge en abandonnant le fonds assujetti au propriétaire du fonds auquel la servitude est due* (C. civ. 699).

199. Toutefois on ne doit pas entendre que ce soit le fonds tout entier qu'il faille abandonner, dans ce cas : Il suffit d'abandonner la portion asservie (Toullier, 3, n. 680; Duranton, 5, n. 615; Pardessus n. 69; Solon n. 476; Marcadé).

200. *Si l'héritage pour lequel la servitude a été établie vient à être divisé, la servitude reste due pour chaque portion, sans néanmoins que la condition du fonds assujetti soit aggravée. Ainsi, par exemple, s'il s'agit d'un droit de passage, tous les co-propriétaires seront obligés de l'exercer par le même endroit* (C. civ. 700).

201. Un droit de pâturage pour un certain nombre de bestiaux, avec cette condition, *pourvu que les bestiaux appartiennent au propriétaire de tel domaine ou à son fermier*, est une constitution d'un droit *réel* dont l'exercice n'est attaché ni à la *personne* de l'individu désigné, ni à la possession *entière* du domaine dont cet individu était propriétaire ; il suffit d'avoir acquis les bâtiments de cette propriété et le droit de pâturage lui même, pour être habile à exercer ce droit. Vainement on dirait que le droit de pâturage avait été constitué seulement dans l'intérêt de l'exploitation des héritages appartenant à l'individu nommé au contrat de constitution. (Amiens, 17 avr. 1828- Sir. 29, 68 ; Cass. 20 juin 1827).

202. *Le propriétaire du fonds débiteur de la servitude ne peut rien faire qui tende à en diminuer l'usage ou à le rendre*

plus incommode. — Ainsi il ne peut changer l'état des lieux, ni transporter l'exercice de la servitude dans un endroit différent de celui où elle a été primitivement assignée. — Mais cependant, si cette assignation primitive était devenue plus onéreuse au propriétaire du fonds assujetti, ou si elle l'empêchait d'y faire des réparations avantageuses, il pourrait offrir au propriétaire de l'autre fonds un endroit aussi commode pour l'exercice de ses droits, et celui-ci ne pourrait pas le refuser (C. civ. 701). — V. *sup.* n. 140.

203. Cet article n'est pas introductif d'un droit nouveau, d'où il suit qu'on peut, sans effet rétroactif, en étendre la disposition aux servitudes établies avant la publication du code (Pau, 9 fév. 1835).

204. C'est par l'état du fonds dominant, à l'époque où la servitude a été établie, qu'on doit décider si le déplacement est ou non préjudiciable au propriétaire de la servitude. On ne doit avoir aucun égard aux innovations opérées ou projetées depuis cette époque (Pau, 9 fév. 1835).

205. Les juges ne peuvent maintenir l'existence d'une construction de nature à diminuer l'usage d'une servitude, notamment d'une servitude de jour, sur le motif que le dommage actuel qui en résulte pour le propriétaire du fonds dominant est bien léger, si d'ailleurs il est constant que le dommage pourrait devenir grave dans le cas où ce propriétaire voudrait faire quelques dispositions nouvelles sur son propre fonds (Cass. 18 mai 1835).

206. Le propriétaire d'une cour sur laquelle existe une servitude de vue au profit de la maison voisine, ne peut faire couvrir cette cour d'un toit en vitrage; ce toit, bien qu'il n'intercepte pas tout-à-fait la lumière du jour, ayant cependant pour effet de diminuer l'usage de la servitude, et de le rendre plus incommode (Cass. 15 janv. 1840).

207. Mais celui qui a un droit de passage, non à titre de servitude, mais à titre de co-propriété, est fondé à s'opposer à ce qu'il soit fait aucun changement à l'état des lieux, sans sa participation (Cass. 17 nov. 1840, - Devill. 41, 150). — V. *inf.* n. 216.

208. Bien que, dans un acte de partage, il ait été stipulé que les prairies des copartageants continueraient d'être arrosées comme par le passé, et qu'il ne pourrait être fait aucun changement aux fossés et rigoles servant à conduire les eaux, cependant celui sur le fonds duquel se trouve un aqueduc destiné à cet usage, peut le déplacer si cela lui est avantageux, et s'il ne résulte de ce déplacement aucun préjudice pour les autres copartageants (Pau, 3 juin 1831).

209. Le propriétaire du fonds grevé d'une servitude de passage à pied, à cheval et avec bœufs et charrette, peut établir au lieu où la servitude s'exerce, des ouvrages pour son utilité particulière, notamment une barrière, pourvu que ces ouvrages n'empêchent pas celui auquel la servitude est due d'en user commodément, suivant son titre (Bordeaux, 4 mai 1832, - Devill. 33, 285).

210. Le propriétaire d'un bâtiment grevé d'une servitude d'égoût ne peut se faire autoriser à pratiquer, même à ses frais, sur l'édifice dominant, des ouvrages qui rendraient le mode d'écoulement des eaux moins onéreux pour lui, mais dont il pourrait résulter quelque inconvénient pour le propriétaire de l'édifice dominant. Il n'obtiendrait même pas ce droit par l'acquisition de la mitoyenneté du mur dans lequel il veut pratiquer les ouvrages (Bourges, 21 déc. 1831, - Devill. 33, 55).

211. L'art. 701 précité est applicable au cas où le propriétaire d'une maison inférieure, soumise à la servitude d'égoût et de jour au profit de la maison supérieure, veut faire exhausser sa maison : ce propriétaire peut changer l'état des lieux et exhausser le toit de sa maison sur lequel s'écoule l'égoût et se prend la servitude du jour, pourvu que les nouvelles constructions, en changeant le mode d'exercice de la servitude, ne rendent pas cet exercice moins commode qu'il n'était auparavant (Cass. 9 mars 1840).

212. La faculté de déplacer une servitude s'applique aux servitudes conventionnelles, comme aux autres espèces de servitudes (Pau, 9 fév. 1835). — Quand même le débiteur de la servitude y aurait renoncé (Cass. 19 mai 1824, - Devill. 35, 2, 461. — *Contrà*, Pau 9 fév. 1835).

213. Elle ne peut être exercée que par le propriétaire du fonds servant et non par le propriétaire du fonds dominant (Cass. 16 mai 1838).

214. Lorsque le propriétaire d'une usine grevée de servitude (telle que celle de faire jouir un tiers des résidus de cette usine), change la destination de cette usine, de telle sorte que l'exercice de la servitude ne soit plus possible, il y a lieu à indemnité (Cass. 16 avr. 1838).

215. Celui qui achète un fonds soumis à une servitude, est tenu des dommages-intérêts dus au propriétaire du fonds dominant, pour raison d'obstacles à l'exercice de la servitude, bien que le changement de destination du fonds servant, cause de cet obstacle, soit le fait du vendeur et non de l'acquéreur, et alors surtout que la demande en dommages-intérêts repose principalement sur le préjudice que pourra éprouver à l'avenir le fonds dominant (Cass. 16 avr. 1838).

216. La jouissance commune établie par convention tant des eaux servant à l'irrigation des propriétés riveraines que des issues d'arrosement, constitue une véritable servitude. En conséquence, si l'assignation primitive du lieu où s'exerce la prise d'eau commune devient plus onéreuse à l'un des communistes, celui-ci peut la changer en offrant à ses communistes un autre endroit aussi commode pour l'exercice de leurs droits (Cass. 24 avr. 1838). — V. *sup.* n. 207).

217. Le tour d'échelle, même conventionnel, est une servitude et non un droit de propriété. En conséquence, le propriétaire de l'héritage servant peut bâtir sur la limite assujettie, pourvu qu'il ne gêne pas le propriétaire dominant dans ses réparations et reconstructions (Paris, 6 août 1810).

217 *bis*. Le propriétaire qui a concédé une servitude de pacage sur son fonds peut, d'après l'interprétation des titres, être réputé en diminuer l'usage, s'il envoie lui-même pacager sur ce fonds des bestiaux dépendant de domaines qu'il a acquis depuis la constitution de la servitude. Dans ce cas, celui à qui la servitude est due a le droit de s'opposer à ce que ces bestiaux soient admis au pacage.— Mais le propriétaire d'un domaine à raison duquel un droit de pacage a été concédé sur un fonds voisin, n'aggrave pas la condition du fonds servant, par cela seul qu'il a divisé son domaine en deux exploitations, et augmenté par suite le nombre des bestiaux qu'il envoie au pacage (Cass. 30 déc. 1839).

218. *De son côté, celui qui a un droit de servitude ne peut en user que suivant son titre, sans pouvoir faire, ni dans le*

fonds qui doit la servitude ni dans le fonds à qui elle est due de changement qui aggrave la condition du premier (C. civ. 702.).

219. Ainsi, celui qui, par droit de servitude, est obligé de recevoir les eaux pluviales d'un mur mitoyen, ne peut, en cas d'élévation du mur, se plaindre que la servitude soit aggravée (Metz, 12 juin 1807).

220. Celui qui possède une servitude d'aqueduc a droit de faire couler par les tuyaux de l'aqueduc toute l'eau qu'ils peuvent contenir, sans qu'il soit nécessaire d'examiner si tout ou partie de cette eau provient d'une source autre que celle pour laquelle l'aqueduc avait été établi; pourvu toutefois que le niveau des nouvelles eaux, au point où elles entrent dans le canal, ne soit pas plus élevé que celui de la source primitive. On ne peut voir là une aggravation de servitude, si d'ailleurs toutes précautions ont été prises pour que le fonds asservi n'éprouve pas un plus grand préjudice que dans le principe (Riom, 23 janv. 1829).

221. Quoique les servitudes ne puissent être étendues à d'autres fonds que ceux pour lesquels elles ont été établies, cependant, l'acquéreur d'une prise d'eau pour l'usage d'une usine établie sur un fonds déterminé peut faire servir la prise d'eau à une portion d'usine construite sur un autre fonds, alors que la servitude n'en est pas aggravée, en ce que, d'après les conventions, la nouvelle portion d'usine aurait pu être élevée sur le premier fonds (Caen, 5 déc. 1827.- Sir. 30, 206).

222. Le droit de passage constitué par un acte de partage sur un fonds, en faveur de certains fonds compris dans d'autres lots, peut s'exercer pour le service des bâtiments construits depuis le partage, comme pour le service de ceux existant à cette époque (Caen 27 août 1842-Devill. 43, 103).

223. Le propriétaire du fonds servant qui soutient que, dans l'origine, le passage ne s'exerçait qu'à pied et à cheval et non avec charrettes ou voitures, n'est pas fondé à demander que le passage soit restreint suivant le mode d'usage primitif, si le chemin est d'une largeur suffisante pour le passage des voitures. Il n'a que le droit de répéter une indemnité contre le propriétaire de la servitude pour l'élargissement que le chemin aurait reçu (Cass. 19 avr. 1842).

224. Mais le droit de passer sur le fonds d'autrui avec *bœufs et charrette*, pour l'exploitation d'un fonds, n'entraîne pas nécessairement le droit d'y faire passer les bestiaux pour les envoyer au pacage (Bordeaux, 25 mai 1830).

225. Une servitude acquise par prescription ne peut être employée à un autre usage que celui qui a servi à l'acquérir, si l'innovation à cet usage est nuisible au propriétaire du fonds asservi. Ainsi, celui qui a acquis par prescription un droit de prise d'eau sur le canal de son voisin, pour faire mouvoir un moulin à tan, ne peut convertir son usine en moulin à huile, faisant concurrence avec un moulin semblable existant sur le fonds asservi, et cela encore qu'il n'apporte aucun changement au système extérieur de l'usine, ni à la prise d'eau qui l'alimente (Cass. 15 janv. 1834).

226. La servitude de recevoir les eaux des gouttières et celles qui viendront d'une cour voisine, ne comprend pas la charge de recevoir les eaux ménagères et urinaires provenant de cette cour (Paris, 14 mars 1836). — V. *sup.* n. 17.

§ 5. DE L'EXTINCTION DES SERVITUDES.

227. *Les servitudes cessent, lorsque les choses se trouvent en tel état, qu'on ne peut plus en user* (C. civ. 703).

228. La servitude que l'usufruitier a, pendant la durée de sa jouissance, acquise au profit du fonds, cesse à l'expiration de l'usufruit (Salviat, *usuf.* art. 83). — V. *sup.* n. 118.

229. La servitude *de ne point bâtir*, imposée à un fonds, continue de subsister, encore que par suite d'un changement opéré dans l'état des lieux, le fonds servant se trouve border la voie publique (Paris, 9 août 1836).

230. Lorsqu'une servitude, telle que celle d'égout, ne peut plus s'exercer sur le point originairement déterminé, par suite de travaux exécutés par des propriétaires voisins sur leurs propres fonds, la servitude doit prendre fin : le propriétaire du fonds dominant n'a pas le droit d'exiger qu'une autre partie du fonds servant soit destinée à l'exercice de la servitude, alors du moins que par là la servitude se trouverait aggravée (Cass. 16 mai 1838).

231. La servitude d'aqueduc, établie sur un fonds autre que celui où prend naissance la source qui sert à alimenter l'aqueduc, ne se trouve point éteinte par cela seul, que cette source vient à tarir; à ce cas ne s'applique pas l'article 703 (Riom 23 janv. 1829).

232. Une servitude qui porte sur un objet essentiellement périssable, et que la main de l'homme ne peut réparer ni perpétuer, par exemple sur un arbre, doit être réputée essentiellement temporaire et de tolérance, à moins qu'elle n'ait été établie par une convention expresse qui lui donne un caractère perpétuel. En conséquence, celui qui n'a en sa faveur que la simple possession d'une servitude sur un arbre, dont il se sert pour soutenir une barrière, n'est pas fondé, au cas où le propriétaire de l'arbre vient à l'abattre, à se plaindre du trouble qui est apporté à sa possession, et à demander par voie d'action en complainte, qu'un nouvel arbre, ou un poteau pour en faire l'office, soit replanté à la place de l'arbre qui a été abattu (Cass. 6 avr. 1841).

233. *Elles s'éteignent aussi par la remise de la servitude* (*Ind.* C. civ. 1234).

234. Mais celui qui a fait remise d'une servitude, peut, en prouvant son ignorance du tort qui devait en résulter pour lui, revenir sur cette remise, comme quand l'expérience d'une année pluvieuse, prouve combien est préjudiciable un ouvrage tel qu'une digue faisant refluer les eaux sur son fonds (Toullier, 3, n. 674).

235. Le silence du propriétaire du fonds supérieur, à l'égard des travaux faits par le propriétaire du fonds inférieur, pour s'affranchir d'une servitude d'égout, ne peut être considéré comme une remise de la servitude. Il peut, en conséquence, demander pendant trente ans la destruction de ces travaux (Duranton, 5 n. 173; — *Contrà*, Favard, sect. 1 et 5; — Toullier, 3, n. 674). Suivant ce dernier auteur, il y a remise de la servitude, mais elle n'est point gratuite, il y a lieu par conséquent à indemnité.

236. Les servitudes sur les rues et places publiques ne peuvent être modifiées ou enlevées pour utilité publique qu'après indemnité (Proudhon; Duranton; Solon; — *Contrà*; Pardessus; Coulon).

237. *Elles revivent, si les choses sont rétablies de manière qu'on puisse en user, à moins qu'il ne se soit déjà écoulé un espace de temps suffisant pour faire présumer l'extinction de la servitude, ainsi qu'il est dit à l'article* 707 (C. civ. 704).

238. Ainsi, les servitudes existant sur un édifice qui vient à être détruit, revivent de plein droit dès que l'édifice est reconstruit (Vazeille n. 426; — Toullier, n. 695; — *Contrà*, Dunod, p. 295; — Maleville).

239. Le droit de cours d'eau éteint par le tarissement d'une source, revit avec la source, alors même que celle-ci a cessé pendant plus de trente ans, à moins que le propriétaire n'ait fait des actes propres à lui assurer le bénéfice de la prescription (Proudhon, n. 1579).

240. Lorsqu'une servitude est due par un héritage de la succession à un fonds de l'héritier, cette servitude revit au profit de ce dernier par la vente qu'il fait de ses droits successifs (Proudhon, *usuf.* n. 2095; — Duranton, 5, n. 666).

241. Le dessèchement d'un étang a bien fait cesser les servitudes d'abreuvage ou de pacage qui grevaient l'étang avant son dessèchement, mais il n'a pas définitivement éteint ces servitudes, lesquelles revivent si plus tard le fonds servant est remis en nature d'étang (Cass. 30 déc. 1839).

242. Lorsque l'Etat aliène une propriété domaniale, il la transmet avec les servitudes qui y sont inhérentes. Il ne suffit pas que l'objet vendu paraisse affranchi de toutes servitudes lors de la vente, pour que l'aliénation emporte réellement exemption de la servitude; tel est le cas où l'Etat vend une rue sur laquelle existe un droit de passage rendu impraticable depuis quelques années par l'exhaussement de la rue, sans toutefois que la servitude de passage se soit éteinte par non-usage pendant trente ans (Cass. 11 fév. 1828, - Sir. 29, 164; — Cass. 29 fév. 1832).

243. *Toute servitude est éteinte, lorsque le fonds à qui elle est due, et celui qui la doit, sont réunis dans la même main* (C. civ. 705).

244. Il s'opère alors une confusion de droits; toutefois la servitude renaîtrait si l'acquisition faite de l'un des fonds était annulée, rescindée ou révoquée pour une cause quelconque, notamment dans le cas spécifié ci-dessus n. 240.

245. L'acheteur à pacte de rachat, prescrit contre le vendeur lui-même, la liberté des héritages qui sont dans son patrimoine, et qui doivent des servitudes au fonds qu'il a acheté sous réserve de rachat (Duranton, 16. n. 411; — Coulon, 3, p. 407; — *Contrà*, Troplong, *vente*, 2, n. 737; — Duvergier, *ibid.* n. 66).

246. *La servitude est éteinte par le non-usage pendant trente ans* (C. civ. 706).

247. *Les trente ans commencent à courir, selon les diverses espèces de servitudes, ou du jour où l'on a cessé d'en jouir lorsqu'il s'agit de servitudes discontinues, ou du jour où il a été fait un acte contraire à la servitude lorsqu'il s'agit de servitudes continues* (C. civ. 707).

248. Ainsi, quand il s'agit d'une servitude *discontinue*, tel qu'un droit de passage, le non-exercice du droit est aux yeux de la loi, la manifestation suffisante d'une renonciation faite à ce droit, ou d'un aveu tacite que ce droit n'était pas fondé, et la servitude ne se conserverait pas par la seule existence de la porte qui servait à l'exercer (Pardessus, n. 308. — *Contrà*. Toullier, 3, n. 709). — Au contraire, quand il s'agit d'une servitude *continue*, il ne suffit pas que celui auquel la servitude était due ne l'ait pas exercée pendant trente ans, il faut encore que le propriétaire du fonds assujetti ait fait un acte contraire; car, si celui qui a un droit de vue bouche ses fenêtres, et que cet état de choses dure pendant trente ans, sans que le propriétaire de la maison assujettie ait élevé son bâtiment, la servitude n'en devra pas moins subsister (Pardessus, n. 308).

249. Toutefois, la servitude ne s'éteint pas par le non usage, lorsque le propriétaire s'est trouvé dans l'impossibilité d'exercer son droit durant les trente ans (Toullier; Proudhon; Maleville; Favard; Solon).

250. Pour prescrire par le non-usage un droit de servitude, il faut que la servitude soit de telle nature qu'elle ait pu rester, pendant tout le temps requis pour prescrire dans un état constant de non-exercice. La libération de la servitude ne peut résulter d'un état de lieux essentiellement variable, et dépendant de circonstances indéterminées (Caen, 5 déc. 1827, - Sir. 30. 206).

251. Celui qui vend la faculté de bâtir sur son terrain est libéré de son obligation, si l'acquéreur laisse passer trente ans sans user de son droit; cette décision a lieu encore qu'il soit stipulé que le vendeur ne possédera qu'à titre précaire le fonds sur lequel la construction doit être faite (Limoges, 22 mars 1811).

252. Mais la servitude consistant à laisser les vendeur d'un héritage fouiller, quand bon leur semblera, dans toute l'étendue de cet héritage, pour y chercher et rassembler des eaux, n'étant pas d'un exercice usuel et continuel, ne peut être rangée au nombre des servitudes qui s'éteignent par le non-usage pendant trente ans (Paris, 18 niv. an XI, Sir. 7, 1199).

253. Dans le cas d'établissement par titre d'une servitude de vue, l'ouverture d'une seule vue ou fenêtre dans les trente ans, suffit pour conserver le droit entier de servitude, dès-lors de nouvelles fenêtres peuvent être ouvertes plus de trente ans après la date du titre constitutif (Caen 1 mars 1839).

254. Celui qui réclame une servitude en vertu d'un titre ancien ayant plus de trente ans de date, et qui n'a pas la possession actuelle, est tenu, au cas où la partie adverse oppose l'extinction de la servitude par non-usage pendant trente ans, de faire preuve de sa non-extinction : ce n'est pas à celui qui oppose la prescription, bien que demandeur quant à cette exception, à faire preuve du non-usage (Cass. 15 fév. 1842).

255. Si, après trente ans de non-usage d'une servitude qui demeure alors éteinte, le propriétaire du fonds servant souffre des actes d'exercice de la servitude, il est censé avoir par-là tacitement renoncé à son extinction par prescription. Vainement on dirait que la servitude, éteinte de plein droit par le non-usage pendant trente ans, n'a pu revivre que par trente ans de nouvel usage (Orléans, 31 déc. 1835, - Devill. 3, 65).

256. *Le mode de la servitude peut se prescrire comme la servitude même, et de la même manière* (C. civ. 708).

257. Ainsi, quand vous aviez le droit de puiser de l'eau à ma fontaine la nuit comme le jour, et que vous vous êtes abstenu, depuis trente années consécutives, d'en venir puiser la nuit, vous n'aurez plus que le droit d'en

puiser pendant le jour; le non-usage a restreint votre servitude, l'a éteinte dans une partie comme elle l'aurait éteinte pour le tout, si vous aviez absolument cessé de puiser de l'eau.

258. Mais il peut arriver qu'on perde la servitude sans en acquérir d'autre. Ainsi, celui qui a acquis le droit de puisage à une fontaine, et qui a puisé à une autre fontaine située dans le même fonds ou dans un autre fonds appartenant au même propriétaire, perd la servitude dont il n'a pas joui pendant trente ans et n'acquiert pas celle dont il a joui (Vazeille, 1, 446; — Toullier, 3, n. 701; — Pardessus, n. 304).

259. *Si l'héritage en faveur duquel la servitude est établie appartient à plusieurs par indivis, la jouissance de l'un empêche la prescription à l'égard de tous* (C. civ. 709).

260. *Si parmi les copropriétaires il s'en trouve un contre lequel la prescription n'a pu courir, comme un mineur, il aura conservé le droit de tous les autres* (C. civ. 710).

261. La propriété étant alors possédée en commun, et chaque propriétaire ayant un droit qui frappe sur toutes les parties du fonds entier, il en résulte que les actes utiles qu'il accomplit profitent, non pas à telle ou telle partie du fonds, mais à tout le fonds, comme s'ils étaient faits par les divers copropriétaires réunis, et que la présence d'un copropriétaire mineur ou interdit conservera la servitude dans son intégrité au profit du fonds entier, et dès-lors au profit de tous les copropriétaires.

[56]

ENREGISTREMENT. — DROIT FIXE DE 2 FR.

INDICATION ALPHABÉTIQUE.

LOI DU 22 FRIMAIRE AN VII, ART. 68. § 2.

Sont sujets à un droit fixe de 2 fr., aux termes de la loi du 22 frim. an VII, art. 68, § 2.

I. Les inventaires de meubles, objets mobiliers, titres et papiers. — Il est dû un droit par chaque vacation.

1. Les inventaires ne doivent que le droit fixe de 2 fr. pour chaque vacation, par quelque officier ou autorité qu'ils aient été rédigés, excepté en matière de faillite où il n'est dû que deux francs, quelle que soit la durée de l'opération (L. 24 mai 1834, art. 11), et quand même l'opération aurait été enregistrée en plusieurs fois (délib. 22 janv.-4 fév. 1836; - Roll. 5083).

2. Ne donnent point ouverture à un droit particulier :

3. 1° La nomination et la prestation de serment d'experts ou de commissaires-priseurs, contenues dans les inventaires et la prisée à laquelle ils procèdent, les unes et les autres dérivant de l'inventaire. — V. note 18, n. 435.

4. 2° Les déclarations de dettes, contenues dans les inventaires. — V. note 33, n. 33 *bis*.

5. 3° Les énonciations de dons manuels (délib. 12 déc. 1826; — Jug. de Colmar, 25 juin 1829; — Cass. 28 avr. 1829; - Rol. 2462).

6. 4° La remise provisoire de pièces même non-enregistrées, entre les mains du notaire, parce qu'alors il ne s'agit pas d'un dépôt de pièce pour minute (délib. 3 mai 1826; - Rol. 1509). — Mais il en serait autrement d'un dépôt de sommes et effets mobiliers. — V. *inf.* n. 69 et suiv.

7. 5° La disposition d'un inventaire portant que la totalité des effets est restée en la possession de la veuve pour les représenter (délib. 25 janv. 1833; - Rol. 4044).

8. Pour connaître la manière de calculer les vacations, V. la note 5, n. 280 et suiv.

9. Pour le lieu d'enregistrement, v. la note 18, n. 252

et suiv. — Pour le délai d'enregistrement, V. aussi la note 18, n. 40 et suiv.

10. Quand un acte est fait en conséquence d'un autre, V. la note 42.

II. Les clôtures d'inventaires.

11. Les clôtures d'inventaires n'opèrent aucun droit particulier d'enregistrement, d'après l'art. 1456 du C. civ., en ce que la clôture est une partie intégrante de l'inventaire comme étant ordonnée par justice (J. Enr. 2379).

III. Les procès-verbaux d'apposition, de reconnaissance et de levée de scellés — Il est dû un droit par chaque vacation.

12. Il en est de ces procès-verbaux comme de ceux d'inventaire. — V. *sup*, n. 1.

13. Les procès-verbaux de description du mobilier d'une succession sont assimilés aux procès-verbaux d'apposition de scellés (Sol. 10 fév. 1831; — Rol. 3202).

14. Mais les procès-verbaux de carence dressés en exécution de l'art. 924 du C. de proc. civ., ne sont soumis qu'au droit fixe de un franc, quel que soit le temps employé à leur rédaction (Déc. min. Fin. 8 oct. 1823).

15. Ne donnent point ouverture à un droit particulier :

16. 1° La requête pour parvenir à la levée des scellés, laquelle n'est point sujette à l'enregistrement; toutefois, l'ordonnance du juge, mise à la suite, est passible du droit fixe de un franc (Déc. min. Fin. 1 juill. 1814).

17. 2° La disposition d'un procès-verbal d'apposition de scellés, qui porte établissement de gardien (Déc. min. Fin. 25 av. 1809).

18. Mais le procès-verbal de levée de scellés qui contient nomination et prestation de serment d'experts, est passible d'un droit particulier pour la prestation de serment qui peut avoir lieu par acte séparé; et il n'est dû aucun droit pour la nomination (Déc. min. fin. 25 juill. 1810).

19. Il en est de même des oppositions à levée de scellés par comparution personnelle dans le procès-verbal, lesquelles sont sujettes au droit fixe de un franc (L. 22 frim. an v, art. 68. § 1).

20. En cas de décès du titulaire d'une cure, le juge de paix est tenu d'apposer le scellé d'office, sans rétribution pour lui et son greffier, ni autres frais, si ce n'est le seul remboursement du papier timbré (décr. 6 nov. 1813, art. 16).

21. Dans le cas où des militaires en activité de service se trouvent héritiers, le juge de paix doit immédiatement après l'apposition des scellés, les en avertir, s'il sait à quel corps ou armée ils sont attachés; il doit également en instruire le Ministre de la Guerre, et le double de ses lettres doit être copié à la suite de son procès-verbal, sans qu'il résulte de ces copies une augmentation de droit (L. du 11 vent. an II, art. 1).

IV. Les procès-verbaux de nomination de tuteurs et curateurs.

22. Lorsque ces nominations sont faites par actes séparés, elles sont sujettes au droit fixe de deux francs. Si elles se rattachent à une autre disposition elles n'opèrent aucun droit; ainsi, par exemple, la nomination d'un curateur dans l'acte même d'émancipation ne donne pas lieu au droit de deux francs (Déc. min. Fin. 20 juin 1809); la nomination de tuteur, contenue dans le testament qui institue un héritier, est de l'essence du testament et n'est passible d'aucun droit (délib. 5 juin 1816). — V. *inf*. n. 34 et suiv.

V. Les jugements de juges de paix portant renvoi ou décharge de demande, débouté d'opposition, validité de congé, expulsion, condamnation à réparation d injures personnelles, et généralement tous ceux qui, contenant des dispositions DÉFINITIVES, ne donnent pas ouverture au droit proportionnel.

23. On doit considérer comme DÉFINITIF et non comme interlocutoire, le jugement d'un juge de paix portant sursis à prononcer sur une demande en dommages-intérêts, jusque après jugement au fonds par les tribunaux compétents; ce jugement est un renvoi pur et simple pour incompétence (Sol. 12 déc. 1830; - Rol. 3193).

LOI DU 28 AVRIL 1816, ART. 43.

Sont sujets au droit fixe de deux francs, aux termes de l'art. 43 de la loi du 28 avril 1816.

VI. Les acquiescements purs et simples. — V. note 116.

24. Pour qu'un acquiescement soit considéré comme pur et simple, il n'est pas nécessaire que l'acte qui le contient ne comprenne que la disposition relative à l'acquiescement, il suffit qu'il soit pur et simple en ses termes et ne soit point la conséquence d'une autre disposition donnant lieu à un droit proportionnel. — V. *inf*. n. 40.

25. Il ne doit être perçu qu'un seul droit pour les acquiescements donnés par le même acte à l'exécution d'un testament ou à la délivrance d'un legs, en quelque nombre que soient les cohéritiers donnant leur acquiescement, parce que les cohéritiers, ayant de fait accepté la succession, sont liés entr'eux par un intérêt commun; tandis que jusqu'à ce qu'ils aient fait connaître s'ils acceptent ou s'ils renoncent, ils sont étrangers entre eux (délib. 10 août 1822; - Rol. 328).

26. De même, lorsque les enfants d'un individu décédé ratifient son testament, qui léguait à l'un d'eux la totalité de la succession, sous condition de payer aux autres des sommes d'argent, cet acquiescement n'est passible que du droit fixe, sauf à percevoir 50 cent. p. 0/0 sur les à-comptes payés par le légataire (Rol. 1403) ou seulement le droit fixe de un franc comme délivrance de legs (Contrôl. 1073).

27. L'adhésion à une dissolution de société n'est sujette qu'au droit fixe de deux francs, et non à celui de cinq fr., parce que la société ne peut être dissoute sans le consentement de tous les associés (Sol. 21 juin 1832; — Rol. 3730). — V. note 18, n. 873.

28. Si la demande qui donne lieu à l'acquiescement n'est pas fondée sur un titre enregistré et susceptible de l'être, le droit auquel l'objet de cette demande se trouverait soumis par le tarif, s'il eût été convenu par acte public, doit être perçu indépendamment du droit dû par le jugement (L. 22 frim. an VII, art. 69, § 2, n. 9).

VII. Les actes de notoriété.

29. Il est dû deux droits fixes sur un acte de notoriété énonciatif de la date de la naissance de deux individus non constatée aux registres de l'état civil, puisqu'il s'agit d'intérêts individuels (Sol. 31 déc. 1825; - Rol. 1364).

30. Mais l'acte de notoriété constatant : 1° que les père

et mère sont décédés; 2° qu'ils ont laissé trois enfants, héritiers chacun pour un tiers, n'est passible que d'un seul droit fixe, car l'acte ne constate qu'un seul fait, l'hérédité des enfants résultant du décès de leurs père et mère, puisque la qualité héréditaire ne pouvait être établie sans établir simultanément le fait du décès (délib. 22 fév. 1833; -Rol. 4032).

VIII. Les actes refaits pour nullité ou autre motif, sans aucun changement qui ajoute aux objets des conventions ou à leur valeur.

31. Lorsque le droit proportionnel a été perçu sur un cautionnement fourni pour un emploi, et que ce cautionnement n'a pas été admis, on ne peut exiger le droit proportionnel sur le second acte de cautionnement donné en remplacement du premier. Si ce droit a été perçu il est restituable, parce que le premier cautionnement n'ayant pas été admis, l'acte par lequel il a été souscrit n'était qu'un acte imparfait (Déc. min. Fin. 30 août 1817).

32. Lorsqu'une donation devenue nulle par survenance d'enfants, en vertu de l'art. 960 du C. civ., est renouvelée en conformité de l'art. 964 du même Code, pour recevoir son effet, l'acte qui la fait revivre n'est passible que du droit fixe de deux francs, dès qu'il ne consacre pas de nouvelle transmission (délib. 16 fév. 1827; — Rol. 1739). — Mais si les biens sont transmis aux donataires dans un ordre différent, il en résulte un échange.

V. *inf.* n. 121.

IX. Les avis de parents.

33. Il n'est dû que le seul droit fixe de deux francs :

34. 1° Sur la délibération de parents qui autorise une mineure à contracter mariage, et lui nomme un curateur aux fins du mariage (délib. 29 janv. 1825; — Rol. 1097).

35. 2° Sur la délibération qui nomme un subrogé-tuteur à un mineur et autorise la veuve à provoquer le partage de la succession de son mari (*Ibid.*).

36. 3° Sur la délibération qui, après avoir nommé un subrogé-tuteur au mineur, désigne un notaire pour procéder à l'inventaire du mobilier et deux experts appréciateurs qui prêtent serment, parce que l'ensemble de ces dispositions constitue l'avis de parents; mais il est dû un droit particulier de 1 fr. pour la prestation de serment des experts (*ibid*).

37. 4° Sur les actes qui, conservant la tutelle à la mère dans le cas où elle se remarie, nomment pour cotuteur son second mari (Instr. 449 § 2).

— V. *sup.* n. 22.

X. Les autorisations pures et simples.

38. L'autorisation donnée par le mari à sa femme pour *ester en justice*, n'est pas passible du droit, si elle est contenue dans l'acte auquel elle se rapporte. (Sol. - Man. enr. p. 86).

XI. Les certificats de cautions et de cautionnements.

39. Le certificat de caution est l'acte par lequel on se rend caution d'une caution (C. civ. 2014).

XII. Les consentements purs et simples.

40. On ne doit voir qu'un simple consentement dans l'acte par lequel des enfants renoncent à la faculté de s'opposer à l'exécution du testament de leur père; mais si le consentement avait lieu moyennant une somme, il constituerait une cession de droits successifs, et le droit proportionnel serait exigible (délib. 24 flor. an XIII — V. *sup.* n. 24 et suiv.).

41. On doit considérer comme consentement la main-levée pure et simple d'une inscription ou d'une opposition, lorsqu'elle est donnée dans un acte civil.

42. Lorsque, dans une quittance, il est donné main-levée de l'opposition ou de l'inscription que le créancier avait formée sur son débiteur, cette disposition est un accessoire et la suite immédiate de la quittance; ainsi, elle ne peut être assujettie à aucun droit, le seul à percevoir fût-il inférieur à 2 fr. est celui de 50 cent. p. 0/0 (déc. min. fin. 28 juin 1808; délib. 29 juin 1822. - Rol. 351; Contrôleur 404; Ind. Cass. 2 mars 1830. - Rol. 2883).

43. On ne doit percevoir que 2 fr. sur l'acte qui contient main-levée par un individu de quatre inscriptions dans l'effet desquelles il se trouvait subrogé jusqu'à concurrence et pour sûreté d'une *même* créance sur plusieurs débiteurs solidaires (délib. 5 juin 1822).

44. Mais si plusieurs individus donnent respectivement main-levée de plusieurs inscriptions prises contre divers autres non-solidaires, il est dû autant de fois 2 fr. qu'il y a de main-levées indépendantes. — Il en est de même quand, par un même acte, une main-levée a été donnée à un débiteur par plusieurs créanciers ayant chacun un titre différent (Sol. 6 fév. 1837. — Rol. 5165). — V. *inf.* Procuration n. 91 et suiv.

45. Une main-levée donne lieu au droit de libération 1° quand il est déclaré dans l'acte que les causes de l'inscription ne *subsistent plus* (délib. 29 juin 1822; jug. d'Amiens 22 déc. 1825; déc. min. fin. 27 sept. 1827; délib. 25 sept. 1815); ou que la partie se désiste de tous droits et actions (Jug. de la seine 19 août 1837 et 10 mai 1838. - Rol. 5641). 2° Quand l'acte de main-levée constate la remise au débiteur de la grosse de l'obligation (C. civ. 1283; Sol. 27 nov. 1828 - Rol. 2340).

46. On doit aussi considérer comme consentement la cession de priorité d'hypothèque consentie, sans bourse déliée, par un créancier à un créancier moins ancien, pourvu que les deux créances soient utilement colloquées (délib. 20 mars 1829, - Rol. 2522). — Mais la perception du droit fixe n'est que provisoire et il y aurait lieu à percevoir le droit proportionnel de 1 p. 0/0 par réclamation s'il arrivait que par l'effet de l'ordre le cédant ne fût pas colloqué utilement (déc. min. fin. 7 juin 1808).

XIII. Les décharges également pures et simples et les récépissés de pièces. — V. *sup.* n. 24.

47. Cette disposition s'applique non-seulement aux décharges et aux récépissés de pièces, mais encore aux décharges de dépôts et consignations de sommes et effets mobiliers donnés aux officiers publics par les déposants ou leurs héritiers, lorsque la remise des effets leur est faite. — V. *inf.* n. 58 et 59.

48. Ainsi, ne sont sujettes qu'au droit fixe :

49. 1° La décharge pure et simple d'une somme d'argent donnée par un mandant à son mandataire, soit que le mandataire ait ou n'ait point été chargé de régir et administrer (délibération 5 oct. 1827 - Rol. 1997; jugement du Mans 12 août 1829; délibération 19 janv. 1830. - Rol. 2772). — Et il n'est pas nécessaire que la

qualité de celui à qui elle est donnée soit établie par un acte antérieur. (délib. 19 fév. 1828. — Contrôl. 1559).

50. 2° La reconnaissance de remboursement d'une somme déposée entre les mains d'un propriétaire, par son fermier, à titre de garantie de l'exécution des clauses du bail (C. civ. 2079; délib. 24 juill. 1835. - Rol. 4049).

51. 3° L'acte constatant la remise par un créancier à son débiteur d'un titre de créance que celui-ci lui avait déposé à titre de gage et de garantie, ou la renonciation du créancier au transport qui lui avait été fait (Sol. 12 juin 1841. - Rol. 6316).

52. Mais l'acte par lequel il est donné décharge à un notaire du prix principal et des intérêts d'une vente d'immeubles, qu'il a été chargé de recevoir des acquéreurs, soit en vertu d'un mandat verbal, soit par une clause du contrat de vente, est passible du droit proportionnel de 50 cent p. 0/0, s'il n'est pas justifié de quittances en forme délivrées aux acquéreurs, alors que dans cette décharge, il est énoncé que les sommes dont le notaire a rendu compte avaient été reçues par lui de *tels* et *tels* acquéreurs, parce qu'alors la décharge n'est plus *pure et simple* et est une preuve écrite de la libération des acquéreurs, ayant la même force qu'une quittance qui leur aurait été donnée directement par le vendeur (Cass. 5 mai 1840. - Rol. 5981.)

53. L'acte notarié qui constate la remise de la grosse de l'obligation faite volontairement par le créancier à son débiteur, est passible du droit de 50 cent. pour 0/0 comme quittance, surtout s'il est dit dans cet acte que le créancier *décharge* son débiteur, expression qui s'applique plutôt à la somme due qu'à la remise du titre (C. civ. 1283; déc. min. just. 1 janv. 1811; Sol. 27 nov. 1828, - Rol. 2340).

54. Il y a lieu de ne percevoir que le droit fixe de 2 fr. dans les cas suivants :

55. 1° Sur le paiement fait par un mari à sa femme séparée de biens, pour la remplir de ce qu'il a reçu pour elle (Cass. 18 fév. 1833). — Mais quand la femme n'a point accepté la communauté, le droit de quittance est dû (Cass. 4 août 1841).

56. 2° Sur l'acte par lequel la femme reconnait avoir reçu, après la dissolution de la communauté, le mobilier qu'elle s'était réservé comme propre (délib. 30 nov. 1825).

57. 3° Sur toute quittance de dot donnée par la femme commune ou dotale ou ses héritiers, soit au mari soit à ses héritiers, parce qu'alors le mari n'était que dépositaire ou comptable comme chef de la communauté ou administrateur des biens dotaux (Délib. 14 oct. 1834 et 8 nov. 1839. - Rol. 4624 et 5982).

58. 4° Sur l'acte par lequel le survivant des époux qui a profité de la faculté donnée par l'art. 453 du C. civ., remet à ses enfants dont il a été le tuteur, le montant du mobilier de la succession (déc. min. fin. 10 déc. 1827). — Mais si le survivant n'a pas été tuteur de celui de ses enfants qui le décharge, il fait une acquisition mobilière jusqu'à concurrence du prix qu'il paye.

59. 5° Sur le paiement par l'héritier de l'usufruitier au nu-propriétaire de capitaux dont l'usufruit est éteint (délib. 21 av. 1837 — Rol. 5250).

60. Sur la remise de la succession faite par l'institué à l'héritier élu suivant un testament contenant institution fiduciaire (déc. min. fin. 19 av. 1819).

XIV. Les déclarations aussi pures et simples en matière civile et de commerce. — V. *sup.* n. 24.

61. Pour être pure et simple la déclaration doit énoncer un fait dont il ne résulte ni libération, ni obligation, ni transmission.

62. Sont sujettes au droit fixe de 2 fr. :

63. La déclaration faite par le domanier, en matière de domaine congéable, relativement au détail des terres et des édifices et superfices dont se compose la tenue à domaine congéable (Sol. 28 juin 1831. - Rol. 5374.)

64. 2° L'acte particulier par lequel le mari déclare avoir reçu et affecte sur ses propres biens des sommes provenant des biens dotaux de sa femme (C. civ. 1549; délib. 3 avr. 1829. - Rol. 2615).

65. Mais la déclaration portant qu'une vente n'était que simulée est une véritable rétrocession (Cass. 25 oct. 1808). — V. note 51, n. 8.

XV. Les dépôts d'actes et pièces chez des officiers publics.

66. Les actes de dépôts de plusieurs contrats, au nom de divers individus ayant des intérêts distincts, donnent lieu à autant de droits qu'il y a de pièces déposées. Ainsi décidé à l'égard 1° de plusieurs contrats de mariage de commerçants déposés par un même acte (déc. min. fin. et just. - J. Enr. 5005). — 2° De plusieurs procurations données par des personnes ayant des intérêts distincts (déc. min. fin. 3 oct. 1817). — 3° De dix contrats de vente consentis par le même vendeur à dix acquéreurs différents déposés par un seul acte pour la purge des hypothèques légales (Sol. 7 oct. 1831 - Rol. 3343). — 4° D'un contrat de vente ou procès-verbal d'adjudication concernant plusieurs acquéreurs ou adjudicataires ayant des intérêts distincts, mais non-solidaires (jug. de Corbeil 16 mars 1837, de Bernay 21 août 1837, de Senlis 14 juill. 1840. - Rol. 6034. — *Contrà*, jug. de Vitry-le-Français 12 juin 1838, de Béthune 6 janv. 1840 - Rol, 6132). — 6° D'une seule pièce, par ex. une procuration souscrite par plusieurs personnes ayant chacune un intérêt distinct (déc. min. fin. 19 janv. 1821; Sol. 12 oct. 1830; délib. 8 mars 1833; jug. de la Seine 21 avr. 1830. - Rol. 2934).

67. Mais si, dans l'acte de dépôt, les parties font des stipulations qui ne se trouvent pas dans l'acte déposé, elles contractent mutuellement de nouvelles conventions qui, ne dérivant pas nécessairement de l'acte de dépôt, opèrent un droit distinct selon leur nature, conformément à l'art. 11 de la loi du 22 frim. an VII. (V. note 18, n. 428). Ainsi, lorsque l'acte de dépôt d'une vente s. s. p. contient quittance de ce qui restait dû sur le prix par l'acquéreur, il est dû sur le montant de cette quittance un droit particulier de 50 cent. p. 0/0. (délib. 7 juin 1826. - Rol 1537).

68. Il ne faut pas confondre le dépôt avec l'annexe, laquelle ne donne lieu à aucun droit parce qu'elle fait partie intégrante de l'acte auquel elle se rattache (V. t. 1, p. 77, alin. 12. — V. aussi note 42.

XVI. Les dépôts et consignations de sommes et effets mobiliers chez des officiers publics, lorsqu'ils n'opèrent pas la libération des déposants, et les décharges qu'en donnent les déposants ou leurs héritiers lorsque la remise des objets déposés leur est faite. — V. *sup.* n. 41.

69. Ainsi, sont sujets au droit fixe de 2 francs :

70. 1° Le dépôt du prix d'une vente effectué par l'acte d'acquisition même, entre les mains du notaire rédacteur. — Mais si le dépôt est fait par acte postérieur, il doit être perçu le droit de 50 cent. p. 0/0 pour la libération qu'il opère, et il ne peut être exigé que 2 fr. pour la décharge donnée ensuite par le vendeur.

71. 2° Le dépôt de sommes d'argent entre les mains d'un *particulier*, si celui-ci se charge du dépôt, non comme obligé personnellement, mais pour faire un placement en rentes au gré des déposants : dans ce cas, ce dépositaire n'est qu'un mandataire (délib. 23 sept. 1825. - Rol. 1266). — Sans cette condition, le dépôt est sujet au droit de 1 p. 0/0 (L. 22 frim. an VII, art. 69, § 3, n. 3).

72. 3° Les reconnaissances de dépôt de *titres* de créances chez un particulier qui est autorisé à en recouvrer le montant, même lorsqu'il souscrit, par le même acte, une hypothèque pour sureté du dépôt; parce qu'en assujettissant au droit de 1 fr. p. 0/0 les reconnaissances de dépôt de *sommes* chez des particuliers, la loi a gardé un silence absolu sur celles de dépôts de toute autre espèce de biens meubles (Sol. 22 août 1825. — Contrôl. 1050).

73. Mais sont sujettes au droit proportionnel de 1 franc pour 0/0 :

74. 1° La reconnaissance *sous seing-privé*, délivrée par un notaire, d'un dépôt de somme fait entre ses mains, parce qu'alors l'acte sous seing-privé émane plutôt d'un simple particulier que d'un officier public (Sol. 30 janv. 1829 — 8 et 18 déc. 1833. - Rol. 5035).

75. 2° L'acte portant reconnaissance d'une somme pour travaux, et dépôt de cette somme entre les mains du notaire rédacteur qui ne devra s'en dessaisir qu'au moment de la remise de certaines pièces par le créancier (délib. 29 déc. 1833. — Rol. 5032).

76. 3° La clause par laquelle un notaire qui reçoit un contrat de vente, est chargé d'en recouvrer le prix et de payer l'intérêt à l'usufruitier des biens aliénés, bien que ce notaire n'ait pas expressément accepté le mandat à lui donné (Jug. de Sarreguemines, 26 déc. 1837. - Rol. 5411).

XVII. Les désistements purs et simples.

77. Pour être *pur et simple*, le désistement doit être l'abandon gratuit d'une prétention quelconque. — V. *sup.* n. 24.

78. Toutefois il y a des désistements qui, quoique purs et simples, donnent ouverture à des droits proportionnels, ainsi :

79. 1° Le désistement d'une vente opère une rétrocession.

80. 2° Le désistement d'une réserve d'usufruit opère une réunion de cet usufruit à la nue-propriété.

81. 3° L'acte par lequel le délégataire d'une créance, qui a fait notifier au débiteur la délégation consentie à son profit par le créancier, déclare se désister du bénéfice de cette délégation et de la signification au débiteur délégué, opère une novation passible du droit de rétrocession de 1 fr. p. 0/0 (délib. 27 fév. 1829 - Rol. 2496). — V. *sup.* n. 51.

82. Mais le droit fixe est seul exigible et le droit de rétrocession ne l'est pas 1° sur l'acte par lequel le créancier renonce au transport d'une indemnité *éventuelle* qui lui avait été fait par son débiteur pour *supplément* de garantie (Jug. de Lille 18 déc. 1829, - Rol. 2848).

83. 2° Sur le désistement par le bailleur des fonds d'un cautionnement, de son privilége de second ordre (délib. 19 janv. 1825. - Rol. 1252).

XVIII. Les exploits et autres actes du ministère des huissiers, qui ne peuvent donner lieu au droit proportionnel : sont exceptés les exploits relatifs aux procédures devant les juges de paix, les prud'hommes, les Cours Royales, la Cour de Cassation et les Conseils de sa Majesté, jusques et compris les significations des jugements et arrêts définitifs ; les déclarations d'appel ou de recours en cassation ; les significations d'avoué à avoué, et les exploits ayant pour objet le recouvrement des contributions directes et indirectes, publiques et locales. — La dernière disposition de cet article a été modifiée, en ce que l'enregistrement des exploits relatifs au recouvrement des contributions, doit avoir lieu gratis, par l'art. 6 de la loi du 16 juin 1824.

84. Mais il est dû un droit pour chaque demandeur ou défendeur, en quelque nombre qu'ils soient dans le même acte, excepté les copropriétaires et cohéritiers, les parents réunis, les cointéressés, les débiteurs ou créanciers associés ou solidaires, les séquestres, les experts et les témoins, qui ne seront comptés que pour une seule et même personne, soit en demandant, soit en défendant, dans le même original d'acte, lorsque leurs qualités y seront exprimées (L. 22 frim. an VII, art. 68, § 1, n. 30; L. 27 vent. an IX, art. 13). — Ainsi, il est dû autant de droits qu'il y a de demandeurs non-solidaires contre une seule personne ou contre plusieurs personnes solidaires, *et vice versâ*. S'il s'agit de plusieurs demandeurs et de différents demandeurs, on doit exiger autant de droits qu'il se trouve de demandeurs, et relativement au nombre des parties contre lesquelles chacun poursuit : ainsi, s'il y a quatre demandeurs et trois défendeurs, et que chaque demandeur ait un intérêt direct et personnel contre chaque défendeur, il est dû douze droits; on multiplie un nombre par l'autre. (Déc. min. fin. et just. 31 juill. et 16 août 1808; délib. 14-27 av. 1833. - Rol. 4882).

XIX. Les lettres missives qui ne contiennent ni obligation ni quittance, ni aucune autre convention donnant lieu au droit proportionnel.

85. Ainsi, la lettre écrite par un négociant à l'un de ses correspondants, par laquelle, en annonçant l'existence d'un bon donné pour effectuer en son nom un paiement à un tiers, il prie la personne à qui il adresse la lettre d'aviser aux moyens de faire ce paiement, n'est ni une lettre de crédit ni une obligation : c'est une simple missive contenant procuration pour négocier, et passible du droit fixe (Délib. 11 avril 1818).

86. De même, la correspondance réciproque des parties qui contient promesse de vente d'une coupe de bois, n'est soumise qu'au droit fixe, si le consentement réciproque exigé par l'art. 1589 du C. civ. n'existe point (Déc. min. fin. 5 oct. 1821, - Rol. 61).

87. Mais il en est autrement si, par leur correspondance réciproque, les parties conviennent l'une de vendre, l'autre d'acquérir *tel* bien à *telle* condition ; dans ce cas, il y a vente sujette au droit proportionnel (Cass. 14 frim. an XIV).

88. La lettre écrite par un maire en sa qualité, est un acte administratif exempt de l'enregistrement, et dont, par conséquent, on peut faire usage devant le tribunal sans la faire enregistrer (Cass. 26 mars 1825).

XX. Les nominations d'experts hors jugement.

89. Toutefois, les nominations d'experts contenues dans les procès-verbaux de conciliation ne sont sujettes qu'au droit fixe de 1 fr. (Instr. 1104).

XXI. Les procès-verbaux et rapports d'employés, gardes, commissaires, séquestres, experts et arpenteurs.

90. Il n'est dû qu'un seul droit sur le procès-verbal d'arpenteur, dressé à requête de plusieurs propriétaires (Jug. de Lyon 11 oct. 1834; délib. 27 janv. 1835).

XXII. Les procurations et pouvoirs pour agir ne contenant aucune stipulation ni clause donnant lieu au droit proportionnel.

91. Il n'y a pas lieu à percevoir le droit de pouvoir, il y a exemption, dans les suivants :

92. 1° Sur la procuration s. s. p. donnée ou pour passer déclaration d'une succession (ordres généraux art. 38).— Ou pour faire la déclaration préalable à une vente de meubles (*ibid.* art. 20; délib. 30 avr. 1830, et 6 oct. 1840).

93. 2° Sur le pouvoir donné par un maire pour retirer d'un bureau de poste des envois d'argent destinés à des expéditions d'actes de l'état civil : ce pouvoir est même exempt du timbre comme acte administratif (déc. min. fin. 28 juin 1827).

94. 3° Sur les procurations des sous-officiers et soldats en retraite ou en réforme, à l'effet de toucher pour eux à la caisse du payeur, les arrérages qui leur étaient dus pour leur pension (Décr. 21 déc. 1808). — Mais il en serait autrement des procurations données par des militaires d'un grade supérieur.

95. 4° Sur le pouvoir donné par contrat de mariage au futur d'aliéner les biens dotaux, parce que c'est une convention de mariage irrévocable, dont l'ensemble constitue le contrat de mariage (délib. 17 nov. 1826).

96. Ne sont sujettes qu'au droit de 2 fr. :

97. 1° La remise par un acquéreur à son coacquéreur, de la portion du prix dont il est tenu, à la charge par cet associé de demeurer seul chargé du prix total envers le vendeur (Sol. 17 vent. an XI).

98. 2° La procuration à l'effet de vendre des biens : quoiqu'elle dispense le mandataire de rendre compte du prix et qu'elle ait été enregistrée avec la vente, elle ne peut être considérée comme transport de créance (Jug. de Wissembourg, 7 mai 1834; -Rol. 4508).

99. 3° La procuration qui, chargeant le mandataire de vendre des immeubles, en fixe le prix payable dans un délai de deux ans, soit que la vente ait eu lieu ou non; car l'obligation de payer, dans ce cas, renferme une condition suspensive, puisque, dans l'intervalle des deux ans, le mandat peut finir par l'une des circonstances prévues par l'art. 2003 du C. civ. (Sol. 30 mars 1832; - Rol. 3723).

100. 4° La procuration donnée à l'effet de vendre, à condition que le prix ne pourra être inférieur à une somme déterminée, et qu'en cas d'insuffisance ou d'excédant le mandataire sera tenu de la parfaire dans le premier cas, et en profitera dans le second cas (Jug. de Nevers, 13 août 1841. - Rol. 6386; — *Contrà*, jugem. de Charolles, 7 juin 1840; - Roll. 6042).

101. 5° La procuration donnée pour acquérir un objet déterminé et moyennant un prix énoncé dans le pouvoir; parce qu'il n'y a pas encore vente. Mais il n'en est pas de même de la procuration donnant pouvoir de déclarer au profit d'un tiers une vente consentie au constituant; la procuration, dans ce cas, équivaut à la déclaration de command après délai et est passible des droits proportionnels (délib. 21 nov. 1814; - Sol. 20 avr. 1821). — Toutefois, comme le droit de mutation, dans ce cas, est à la charge de l'acquéreur, il ne peut être exigé de lui, tant qu'il n'a pas fait connaître son acceptation, et alors la procuration n'est actuellement passible que du droit fixe (V. note 18, n. 469 et suiv.; 561 et suiv.).

102. 6° La procuration donnant pouvoir à plusieurs mandataires obligés solidairement de vendre en détail un immeuble, avec cession à leur profit du prix éventuel de la vente, moyennant une somme déterminée, pour sureté de laquelle l'un d'eux avait hypothéqué ses biens (Cass. 27 août 1817; — Contrôl. 2963).

103. Mais sont sujets au droit proportionnel :

104. 1° L'acte par lequel le mandataire s'oblige de donner au mandant une certaine somme à prendre sur la vente en détail des biens de ce dernier, promet de servir de caution aux acquéreurs qui pourront se présenter, et se réserve les biens qui n'auront pas été vendus (Cass. 20 janv. 1808).

105. 2° La procuration de vendre des immeubles, moyennant un prix payé comptant par le mandataire au mandant, avec stipulation que, si le résultat de la vente à faire s'élève à plus, l'excédant appartiendra au mandataire à titre d'indemnité pour ses peines, la perte de son temps et l'avance de ses fonds (délib. 4 sept. 1829; - Rol. 2637).

106. 3° La procuration de vendre dans laquelle il est stipulé que le mandataire fera état au mandant de 725 fr. par quarante-deux ares, et que le surplus du prix appartiendra au mandataire à titre d'indemnité : et même si le mandataire, après avoir vendu les biens, substitue un tiers à son mandat, il résulte de cette substitution une cession de créance (délib. 20 oct. 1829; - Rol. 2871).

107. 4° La procuration donnée par des cohéritiers à l'un d'eux, à l'effet de vendre des biens héréditaires pour payer les dettes, si, en même temps, ils lui cèdent à forfait tout ce qui restera d'actif (Cass. 5 mars 1833; - Rol. 3988).

108. 5° Le pouvoir donné par un débiteur de souscrire une obligation à son créancier qu'il dénomme (Sol. de la Régie, - *Man. Enreg.* p. 93). — Il en serait autrement si le créancier n'était pas nommé.

109. D'un autre côté, les procurations donnent lieu à autant de droits de deux francs, qu'il y a de constituants qui ne sont ni associés, ni cohéritiers, ni solidaires (délib. 16 janv. 1829; - Rol. 2559).

110. Et même des acquéreurs non-solidaires qui ont à faire des notifications pour purge légale, ne peuvent s'affranchir de la pluralité des droits, parce qu'ils se seraient associés dans le but de remplir les formalités de la purge (Sol. 7 nov. 1834). — Il faut, pour s'affranchir de la pluralité des droits, qu'il y ait association antérieure au mandat (Bruxelles 19 fév. 1835). — V. *inf.* n. 106.

111. Cependant il a été décidé : 1° que l'acte par lequel plusieurs propriétaires riverains déclarent s'unir pour soutenir leur droit de pêche, sur un procès-verbal dressé contre

quelques-uns d'entre eux, et nomment deux mandataires pour les représenter devant les autorités compétentes, n'est soumis qu'à deux droits fixes (délib. 8 mai 1837;-Contrôl. 5137). — 2° Et que l'acte par lequel plusieurs propriétaires de marais s'associent pour donner pouvoir à l'un d'entre eux de suivre le procès intenté contre eux par une compagnie de desséchement, n'est passible que d'un seul droit fixe (Jug. de Savenay, 27 août 1840; -Contrôl. 6051).

112. Quand le mandataire constitué par plusieurs personnes et par des mandats différents, se substitue par un seul acte un autre mandataire, il est dû autant de droits qu'il y a de mandants primitifs, parce que ce n'est pas l'ancien mandataire qui sera représenté, mais bien les personnes pour lesquelles il agissait (délib. 9-21 oct. 1835; - Rol. 4918).

113. Il en est de même, lorsqu'un mandataire constitué par une seule personne, s'en substitue plusieurs autres, pour agir séparément au nom de la personne qu'il représente, parce qu'alors chaque mandataire substitué étant chargé d'opérations distinctes, il en résulte que le mandant se trouve avoir plusieurs mandataires, de même que s'il eût donné pouvoir à chacun d'eux (*ibid.*). — D'où il suit que si, dans une procuration enregistrée, on a laissé le nom du mandataire en blanc, et qu'ensuite on remplisse ce blanc des noms de plusieurs personnes qui devront agir particulièrement, il y a lieu d'exiger plusieurs droits et un supplément doit être réclamé (délib. 23 oct. 1817).

114. Mais lorsqu'un mandataire a reçu d'une même personne plusieurs mandats, la substitution d'un nouveau mandataire n'opère qu'un seul droit, parce qu'il n'y a qu'une simple substitution d'une personne à une autre pour agir dans un seul intérêt (*ibid*).

115. Il n'y a pas lieu à la pluralité de droits sur les procurations relatives à une assurance mutuelle contre la grêle ou l'incendie, quelque soit le nombre des souscripteurs de ces procurations (Déc. min. Fin. 21 déc. 1821; -Rol. 201; — Jug. de Doulens 8 mars 1826). — Mais il en est autrement du pouvoir donné par trois bateliers, à l'effet d'assurer en commun et par forme de société leurs bateaux et chargements; ce pouvoir est sujet à trois droits fixes, parce que les mandants n'étaient pas encore cointéressés, et qu'ils donnaient pouvoir seulement d'unir leurs intérêts (délib. 14-22 avr. 1840; -Rol. 6006).

116. *Pierre* donne pouvoir à *Paul* d'agir en leur nom commun. Par un autre acte, *Paul* se substitue quelqu'un avec pouvoir d'agir en son nom et en celui de *Pierre*; dans ce cas il ne sera dû sur ce dernier acte qu'un seul droit (Sol. 1 juin 1835).

117. La procuration donnée collectivement par des cohéritiers à l'effet de recueillir une succession purement ou simplement, ou sous bénéfice d'inventaire, ou d'y renoncer est-elle passible de plusieurs droits de deux francs? — Non, suivant une solution du 20 oct. 1832, et un jug. de Château-Thierry du 3 déc. 1835; - Contrôl, 2352; - Rol. 4978; basés sur ce que tous les actes qui font suite à l'adition d'hérédité ont lieu dans un but commun. — Oui, suivant délib. des 5 juin 1822, et 22 fév. 1823; - Rol, 4029, basées sur ce qu'il n'y a plus unité ou communauté d'intérêts, car tant que les cohéritiers n'ont pas pris qualité définitive, les uns peuvent accepter, et les autres renoncer.

118. Mais si une procuration donnée collectivement par des cohéritiers ou colégataires pour régler les affaires d'une succession et administrer les biens qui en dépendent, n'est passible que d'un droit fixe, quelque soit le nombre des constituants, cet acte devient passible d'autant de droits fixes qu'il y a de constituants, lorsqu'il contient pouvoir de renoncer à la succession ou au legs, parce qu'alors chaque cohéritier ou colégataire agit dans son intérêt particulier (délib. 26 mai 1829; - Rol 2562; 5 juin 1822).

119. Cependant il a été décidé que la procuration donnée par un tuteur pour renoncer, au nom de six enfants mineurs, à la succession de leur père, n'est pas passible de six droits (Sol. 27 juil. 1836; -Championnière v° *Mandat* n. 39).

120. Quant à la procuration donnée par un père et une mère, tant en leur nom comme habiles à recueillir chacun un quart de la succession d'un de leurs fils, qu'en celui de leurs enfants mineurs, à l'effet de les représenter dans toutes les opérations relatives à cette succession, elle est passible de trois droits fixes, dont deux pour les père et mère qui ont chacun un intérêt distinct, et un pour les enfants qui ne donnent pas pouvoir eux-mêmes, et qui sont représentés sans distinction par leur père et mère (délib. 8 fév. 1826; - Rol. 1408).

121. La procuration donnée par plusieurs cointéressés ou associés n'est passible que d'un seul droit. Ainsi décidé sur la réclamation: 1° de cinquante-un boulangers de Montpellier qui avaient donné pouvoir à l'effet de provoquer le rapport de divers arrêtés de l'autorité, relatifs au règlement du prix du pain (délib. 5 oct. 1812). — 2° Et de seize cochers des routes de Neuilly, Nanterre et Rueil, qui avaient donné pouvoir de suivre l'exécution du règlement de police qui les autorisait à stationner au bout des Champs-Elysées et de soutenir leurs droits et intérêts communs (délib. 1 mars 1823).

122. Mais les procurations collectives que les créanciers de l'arriéré donnent à un agent à Paris, à l'effet de toucher le montant de leurs créances sur le trésor, sont soumises à autant de droits qu'il y a de créanciers (Déc. Min. Fin. 12 sept. 1817).

XXIII. Les promesses d'indemnités indéterminées et non susceptibles d'estimation.

123. La procuration qui contient don et remise au profit du mandataire, du cinquième d'une somme qu'il est chargé de recouvrer, ne doit sur ce cinquième que le droit de 1 fr. p. 0/0 comme marché (Déc. Min. Fin. 20 janv. 1818.) — Mais si la somme promise était indéterminée, il ne serait dû que le droit fixe. - Rol. v° *Procur.* n. 26).

124. Lorsque des indemnités sont éventuelles et que la quotité en est déterminée, elles sont passibles du droit proportionnel (délib. 9 flor. an VII).

XXIV. Les reconnaissances pures et simples ne contenant aucune obligation ni quittance.

125. La reconnaissance à l'inventaire par un des héritiers d'avoir souscrit au profit du défunt une obligation s. s. p. qui lui est représentée par ses cohéritiers, n'est pas passible du droit proportionnel (Ind. Cass. 22 mars 1814; - Championnière, 909). — V. note 33, n. 37).

126. Cependant, lorsqu'en procédant à l'inventaire, la veuve ainsi que les enfants comme habiles à se porter héritiers, reconnaissent une dette du défunt, le droit de 1 p. 0/0 est exigible, surtout si plus tard ils ont accepté la succession (Cass. 13 av. 1830).

127. Il en est de même lorsque les reconnaissances de dettes se font en présence des créanciers, dans les inventaires comme quand un ou plusieurs héritiers se reconnaissent débiteurs, soit envers la succession, soit envers un ou plusieurs cohéritiers présents; dans ce cas le droit de 1 p. 0/0 est exigible (Inst. 3 fruct. an XIII, n. 290).

XXV. Les résiliements purs et simples, faits par acte authentique dans les vingt-quatre heures des actes résiliés.

128. Il suffit que l'acte soit passé dans les vingt-quatre heures pour jouir du droit fixe (Championnière, n. 339). — Le délai se compte par heure, et si l'acte n'indique pas l'heure, le délai comprend la journée du lendemain (*id.* n. 336). - V. note 18, n. 61, et t. 1, p. 136 *a.* — Cependant il a été décidé qu'on ne doit soumettre qu'au droit fixe l'acte de résiliement d'un partage anticipé entre vifs, fait après les vingt-quatre heures du contrat, quand l'un des copartageants a protesté dans ce délai contre le partage et par acte d'huissier; parce que la protestation faite dans les vingt-quatre heures contre un acte, en suspend nécessairement l'effet jusqu'à l'acte de résiliement, qui étant une suite de la protestation, est censé avoir été fait dans le même délai (J.al *Enreg.* 1144; — *Contrà*, Championnière, 338).

129. Le résiliement *sous seing privé* même enregistré dans les vingt-quatre heures, ne jouit pas du droit fixe (*id.* n. 340).

130. L'affranchissement du droit proportionnel, établi pour les résiliements opérés dans les vingt-quatre heures, s'étend aux actes résiliés (*id.* n. 332, 334; — Ind. Cass. 5 août 1828, - Sir. 28, 424). — Cependant dans une espèce où il avait été présenté simultanément à la formalité trois actes notariés, dont le premier portait vente de droits successifs paternels, *sans aucune désignation*, moyennant 4000 fr., le deuxième, résiliement pur et simple de cette vente, en date du même jour, et le troisième, nouvelle vente consentie, trois jours après, entre les mêmes parties, moyennant le même prix, mais avec *consistance* de la part héréditaire qui serait l'objet de la vente, il a été décidé que le droit proportionnel de mutation perçu sur le dernier contrat devait l'être aussi sur le premier, et ce par les motifs suivants : « L'acte de résiliement devait, sans doute, être enregistré au droit fixe, parce qu'il avait été fait devant notaire, dans les vingt-quatre heures de l'acte résilié; mais l'acte résilié contenait une vente parfaite, et il était passible du droit de mutation. On n'est pas fondé à dire qu'il n'est résulté des trois actes qu'une seule mutation; car, par le premier, le vendeur s'était dépouillé des objets vendus, et c'est parce que l'acte de résiliement du même jour l'en avait ressaisi qu'il a pu les vendre de nouveau. Il y a donc eu réellement trois mutations; et si l'acte de résiliement intermédiaire n'est pas lui-même sujet au droit proportionnel, c'est qu'une disposition expresse de la loi l'en a dispensé (Sol. 21 mars 1832, - Rol. 3641).

131. Le résiliement doit être pur et simple, c. à-d. que les choses doivent être remises dans l'état où elles étaient avant l'acte résilié (*id.* 341).

132. Ne sont sujets qu'au droit fixe :

133. 1° La résiliation d'un bail fait avec des arrhes (délib. 17 juill. 1822).

134. 2° Les résiliements purs et simples de contrats de mariage, soit qu'ils aient été passés dans les vingt-quatre heures des contrats, soit qu'ils n'aient lieu qu'après le délai, parce que, dans ce dernier cas, ce sont de véritables désistements, et les droits du contrat sont restituables (délib. 28 août 1824; - Rol. 1089). — V. *sup.* n. 130 et note 18, n. 639 et suiv.

XXVI. Les rétractations et révocations.

135. Il s'agit ici des rétractions et révocations autres que celles des actes synallagmatiques dont il peut résulter une *résolution* ou *rétrocession*.

136. Si, par l'acte de révocation d'une procuration on nomme un nouveau mandataire, il est dû pour cette nomination un autre droit fixe de 2 fr. d'après l'art. 11 de la loi du 22 frim. an VII, attendu qu'elle ne dérive pas nécessairement de la révocation. Cependant, la révocation d'avoué contenant nomination d'un nouvel avoué par le même acte, n'opère qu'un seul droit (Circ. 2050).

137. La révocation d'un testament est un acte de dernière volonté, qui ne doit être enregistré que dans les trois mois du décès; si cet acte ne contient que la déclaration de mourir *ab intestat*, on ne peut le considérer comme un acte de libéralité tarifé au droit de cinq francs; il n'opère que le droit fixe de 2 fr. (Sol. 14 niv. an XIII). — Et il peut être mis à la suite du testament (Décr. 15 juin 1812; — Délib. 11 juin 1823).

XXVII. Les reconnaissances d'enfants naturels par acte de célébration de mariage. — V. note 18, n. 1025 et 360 *bis*.

138. La reconnaissance de plusieurs enfants naturels ne constitue qu'une disposition et n'opère qu'un droit, parce qu'il ne s'agit que de fixer les droits d'hérédité (Déc. Min. Fin. 17 déc. 1819; - Délib. 8 fév. 1826). — Ces reconnaissances doivent être enregistrées sur l'expédition (Déc. Min. Fin. 5 août 1816). — Et l'officier de l'État civil devra, sous sa responsabilité personnelle, faire mention en marge de la *minute* de l'acte, de la formalité qui aura été donnée à la première expédition; il devra aussi rappeler cette mention dans toutes les expéditions subséquentes qu'il sera requis de délivrer, faute de quoi l'enregistrement serait exigible sur ces dernières expéditions (Déc. Min. Fin. 8 juin 1821).

V. *Enregistrement* (principes généraux) note 18, et *décime par franc* note 19.

[57]

DU DROIT PROPORTIONNEL DE 4 fr. ET DE 5. 50 P. 0/0 A TITRE ONÉREUX.

Division sommaire :

§ 5. Retrait de réméré après le délai stipulé (n. 168 à 173).

Indication alphabétique :

Dispositions Générales.

Sont sujets au droit de quatre francs par cent francs aux termes de la loi du 22 frim. an VII art. 69, § VII.

1. 1° *Les adjudications, ventes, reventes, cessions, rétrocessions et tous autres actes civils et judiciaires translatifs de propriété ou d'usufruit* de biens immeubles *à titre onéreux. Les adjudications à la folle-enchère* de biens de même nature *sont assujettis au même droit, mais seulement sur ce qui excède le prix de la précédente adjudication, si le droit a été acquitté. La quotité du droit d'enregistrement des adjudications de domaines nationaux sera réglée par des lois particulières.* — V. note 18, p. 111, n. 275-6°.

2. 2° *Les baux à rentes perpétuelles* de biens immeubles, *ceux à vie et ceux dont la durée est illimitée.* — (V. note 60).

3. 3° *Les déclarations ou élections de command ou d'ami, par suite d'adjudications ou contrats de ventes* de biens immeubles *autres que celles de domaines nationaux, si la déclaration est faite après les vingt-quatre heures de l'adjudication ou du contrat, ou lorsque la faculté d'élire command n'y a pas été réservée.*

4. 4° *Les parts et portions indivises de* biens immeubles, *acquises par licitation.*

5. 5° *Les retours de changes et partages* de biens immeubles.

6. 6° *Les retraits exercés après l'expiration des délais convenus par les contrats de vente sous faculté de réméré.*

7. *Dans tous les cas où les actes seront de nature à être transcrits au bureau des hypothèques, le droit sera augmenté d'un et demi pour cent, et la transcription ne donnera plus lieu à aucun droit proportionnel* (L. 28 avr. 1816, art. 54 et 52).

V. pour la liquidation du droit la note 18, p. 110 et 111, n. 272 et suiv., 275-6°, 276 et suiv.

V. aussi pour les charges la note 18, p. 110, n. 274 et suiv. et la note 50 p. 505, n. 87 et suiv.

§ 1. Transmissions immobilières a titre onéreux par actes civils et judiciaires. — V. *sup.* n. 1.

8. ACQUISITION NOUVELLE. Celui qui, après avoir acquis un bien, s'en rend de nouveau adjudicataire, ne doit pas payer un nouveau droit de mutation, si le prix n'est pas supérieur à celui de la première vente, et s'il n'y a pas eu de possesseur intermédiaire entre les deux ventes. (Déc. Min. Fin. 17 nov. 1818; -Sol. 13 juin 1830; -Délib. 25 mai 1825, 5 mai 1829, 5 sept. 1834, 1 av. 1842).

9. ACTE DE COMPLÉMENT. Lorsque deux individus acquéreurs d'une maison pour en jouir en commun leur vie durant, conviennent ensuite que l'un d'eux aura la jouissance de la totalité de la maison, en payant à l'autre une rente, le deuxième acte n'est pas le complément du premier, il opère le droit proportionnel de vente (Cass. 18 juill. 1815).

10. ACTION DE LA BANQUE. — V. note 18, p. 331, n. 755 et suiv.

11. ADJUDICATION. S'il y a plusieurs adjudicataires, il faut réunir le prix des lots adjugés au même, pour en former une somme totale, et établir la perception comme s'il n'y avait eu, à l'égard de chaque acquéreur, qu'une seule adjudication, parce que, relativement à chaque individu il n'y a qu'un vendeur et qu'un acquéreur (Délib. 19 mars 1823; -Contrôl. 511).

12. La perception du droit, pour les adjudications forcées, ne peut être différée, sous prétexte qu'il y a appel du jugement; seulement il y a lieu à la restitution du droit proportionnel lorsque l'adjudication est annulée par les voies légales (Av. Cons. d'Et. 22 oct. 1808; -Délib. 12 juin 1835; -Rol. 4809). — V. note 18, n. 734.

13. ALIÉNATION NOUVELLE. Lorsqu'un père, après avoir donné éventuellement à son fils le quart de tous ses biens présents et à venir, lui vend ensuite la totalité de ses biens, le droit de vente est exigible sur la totalité du prix de cette aliénation, sans qu'il y ait lieu de défalquer le droit de donation applicable à la portion donnée, parce que, suivant l'art. 1083 du C. civ., la donation des biens que le donateur délaissera à son décès n'est irrévocable

qu'en ce sens, qu'il ne peut plus disposer de ses biens à titre gratuit si ce n'est pour sommes modiques (Délib. 11 janv. 1826).

14. BIENS EN DESHÉRENCE. Les ventes de biens provenant de succession en deshérence sont passibles du droit de 5 fr. 50 p. 0/0, tant que les biens ne sont pas devenus domaniaux par un laps de trente années (Déc. Min. Fin. 11 août 1818).

15. BIENS DE L'ETAT. Les ventes de domaines de l'Etat sont sujettes au droit de 2 p. 0/0, même quand l'adjudicataire, faute de paiement, est déchu du bénéfice de son adjudication (L. L. 26 vendém. an VII, 15 et 16 flor. an X, 5 vent. an XII; — Cass. 14 mars 1837). — V. *inf.* n. 31.

16. BIENS SITUÉS EN PAYS ETRANGER. Les ventes de biens immeubles situés en pays étrangers ou dans les colonies, ne sont pas passibles du droit proportionnel d'enregistrement. Elles ne donnent lieu qu'au droit fixe de 10 francs, sans que, dans aucun cas, le droit fixe puisse excéder le droit proportionnel qui serait dû s'il s'agissait de biens situés en France (L. 16 juin 1824, art. 4). — Mais il y a autant de droits qu'il y a d'acquéreurs quand il s'agit d'une adjudication par lots (Sol. 27 oct. 1836). — Toutefois, la vente faite *en France* de biens immeubles situés dans les colonies françaises où l'enregistrement est établi, n'est sujette qu'au droit fixe d'un franc (Jug. d'Uzès, 20 juill. 1836).

17. Mais les ventes d'immeubles faites dans l'île de Corse sont soumises au droit de 2 p. 0/0, auquel il convient d'ajouter le droit de transcription (arrêté de l'admin. de l'île, 21 prair. an IX; — Déc. Min. Fin. 17 mai 1817, qui fixent à moitié du taux ordinaire les droits à percevoir sur les contrats de mariage, donations en faveur de mariage et ventes). — Et comme c'est la situation des immeubles qui détermine l'application du droit, il en résulte qu'il faut appliquer le tarif de l'île à un acte qui serait passé à Paris (Délib. 31 mai 1825; - Rol. 719).

18. CESSION D'ACTION EN RESCISION. La cession de l'action en rescision d'un immeuble pour cause de lésion des 7/12 est sujette au droit de 5 fr 50, parce qu'elle a pour objet la remise de l'immeuble et non le supplément du prix que l'acquéreur a seul la faculté d'offrir pour se libérer de l'action (C. civ. 1674, 1681; - Délib. 12 juin 1833; — Jug. de la Seine, 9 mars 1838; - Rol. 5522). — V. note 28, n. 224, 292.

19. CESSION DE DROITS SUCCESSIFS. Toute cession de droits successifs à titre onéreux, donne ouverture au droit proportionnel de mutation, attendu qu'elle opère la transmission d'une part héréditaire dans les meubles et immeubles de la succession (Cass. 19 brum. an XIV, et 22 fév. 1808).

20. Elle est passible du droit proportionnel de 4 ou de 5, 50 p. 0/0 *selon que l'individu cesse ou ne cesse pas*, quand elle est faite par un héritier à son co-héritier, moyennant un prix payable à terme, même quand elle contient stipulation que le cessionnaire pourra se libérer du prix en abandonnant au cédant un immeuble désigné (Cass. 9 juill. 1839). — V. *inf. meubles et immeubles* n. 84, *licitation* n. 133.

21. CHARGES. — V. note 18, p. 111. n. 275-6°. — Toutes les charges doivent être ajoutées au prix, quelque éventuelles qu'elles soient (Jug. de la Seine. 12 juin 1812), mais seulement pour le montant de leur estimation, sans égard à leur valeur nominale, quand elles sont éventuelles (Sol. 7 déc. 1831). — D'où il suit qu'il n'y a que les charges qui peuvent ajouter au prix que l'on doit joindre au capital de la vente (Cass. 9 pluv. an XIII). — Ainsi on doit ajouter au prix :

22. 1° Le capital des rentes foncières quand les immeubles sont vendus à charge de les servir (Cass. 13 niv. et 19 prair. an XI, 9 fruct. an XII, 14 messidor an XIII, 7 fév. 1827; — Jug. de Rouen, 29 mai 1839). — Il en est de même quand, dans une adjudication, le vendeur a déclaré qu'il n'était pas à sa connaissance que l'immeuble fût grevé d'aucune rente ni service foncier, et que néanmoins, s'il en existait, elles seraient à la charge de l'acquéreur jusqu'à concurrence seulement de 3 francs par an : le motif est qu'une telle clause a dû influer sur le prix de l'adjudication (Délib. 8 mai 1822).

23. 2° La charge de payer les contributions foncières qui remontent à une époque antérieure à l'entrée en jouissance de l'acquéreur (Casss. 19 mai 1819, - Sir. 19, 402). — Pourvu que ces contributions fussent alors *exigibles*, or elles ne sont telles qu'à l'expiration d'un mois, elles ne sont point acquises à l'Etat jour par jour. Il en est de même quand le paiement des intérêts concorde avec celui de la contribution (Sol. 9 mai 1831; — déc. Min, Fin. 1 fév. 1822; - Rol. 242).

24. 3° La charge de payer l'intérêt du prix à partir d'une époque antérieure à l'entrée en jouissance (Délib. 19 mars 1823). — Mais quand ces intérêts excèdent le taux légal, on ne doit pas considérer l'excédant comme une charge à ajouter au prix (Délib. 20 fév. 1835).

25. 4° La charge de ne percevoir les fermages des biens que lorsqu'un tiers délégataire aura été rempli de sa créance, surtout si les intérêts du prix sont payables à partir du jour de la vente (Jug. de Lyon, 5 fév. 1839; - Rol. 5722).

26. 5° La charge de payer des honoraires, frais et droits, en matière d'adjudication, au delà de 10 p. 0/0 (Délib. 28 juill. 1824; - Instr. 1150 § 2). — Cependant une décision du Min. Fin. du 23 mai 1809 porte que les honoraires du Notaire rédacteur ne peuvent entrer dans la liquidation des droits d'enregistrement, et un arrêt de Cass. du 18 déc. 1816, porte que pour déterminer s'il y a excès, les droits et honoraires peuvent être fixés par le président du Tribunal et la différence ajoutée au prix principal pour la liquidation du droit. — V. note 5, n. 231 et suiv., 256 et suiv.

27. En tout cas, quand une adjudication porte que l'adjudicataire sera dispensé de payer 10 p. 0/0 en sus de son adjudication, contrairement aux dispositions du cahier des charges, on ne peut ajouter ces 10 pour 0/0 au prix pour liquider le droit de vente sur le tout (Jug. de Saumur, 7 mars 1836).

28. Mais lorsque dans un contrat de vente il est stipulé que l'acquéreur paiera le droit d'enregistrement *en déduction du prix* convenu, il faut, pour la liquidation de ce droit, déduire du prix de la vente la somme à laquelle s'élève le droit d'enregistrement, parce qu'en principe, le droit d'enregistrement est à la charge de l'acquéreur, et qu'ainsi le prix réel est la somme qui résulte du prix convenu diminué des droits à percevoir (Cass. 21 germ. et 29 pluv. an XII). — Mais les frais de la quittance du prix non-payé comptant ne doivent pas être déduits, parce qu'il est possible que cette quittance n'ait jamais lieu (Délib. 24 août 1837; - Rol. 1903). — A cet égard, voici la règle

qu'il faut suivre pour arriver promptement à un résultat à peu près exact : — 1° Lorsqu'il s'agit d'une vente sujette au droit de 5, 50 p. 0/0 (ou de 6, 05 décime compris), on multiplie le prix stipulé par 2,000, et on divise le produit par 2121. — 2° Quant aux ventes sujettes au droit de 4 p. 0/0 (4 fr. 40 cent.), on multiplie le prix convenu par 250, et on divise le produit par 261. L'un et l'autre résultat représentent la somme sur laquelle le droit doit être assis.

29. Et lorsque le vendeur se charge de payer le droit d'enregistrement et autres frais, le tout fixé à 10 p. 0/0, l'administration a décidé que le droit devait être assis sur le prix, déduction faite du onzième. — En supposant, a-t-elle dit, qu'un immeuble soit vendu 10,000 fr., à la charge par l'acquéreur d'acquitter tous les frais fixés à 10 p. 0/0, l'adjudicataire aura à payer à son vendeur 11,000 fr., et cependant les droits d'enregistrement ne seront réglés que sur 10,000 fr., conformément à l'instr. 1150 (V. *sup.* n. 26). — Si au contraire, le même immeuble est vendu 11,000, les frais étant laissés à la charge du vendeur et réglés aussi à 10 p. 0/0, en faisant déduction du onzième, il restera toujours 10,000 fr., somme sur laquelle les droits seront liquidés (Sol. 18 janv. 1833; Rol. 3998).

30. 6° La charge imposée à l'acquéreur de tenir compte au fermier d'une somme à lui due pour semences, cette somme étant le prix d'une chose devenue immobilière par sa destination (Déc. Min. Fin. 1 fév. 1822; Rol. 242; — *Contrà*, jug. de Dreux, 23 déc. 1838). — Cependant il a été décidé que l'obligation imposée à un adjudicataire de vigne de payer aux vignerons tout ce qui pourrait leur être dû pour façons de l'année courante et en sus du prix de la vente, n'est point une charge qui doive être ajoutée à ce prix. La récolte étant abandonnée à l'acquéreur, ces frais deviennent naturellement une charge de la jouissance (Délib. 8 mai 1822).

31. 7° L'obligation imposée à l'acquéreur d'acquitter les termes échus d'une prime d'assurance, mais non celle de payer les primes qui ne sont pas encore exigibles, parce que celles-ci ne profitent pas au vendeur (Championnière, 3225).

32. 8° Les dettes à la charge de la succession en matière de cession de droits successifs. A cet égard, le receveur doit exiger une déclaration des dettes, quand le contrat n'en fait pas mention (Instr. Gén. 30 déc. 1825 n. 1180). — V. note 18, p. 111, n. 276. — On doit même ajouter au prix une somme donnée au cédant par l'auteur de la succession et dont le cessionnaire est chargé de faire le rapport (Déc. Min. Fin. 17 nov. 1820).

33. 9° La charge imposée à l'acquéreur d'un moulin de rembourser au locataire de ce moulin la prisée des tournants, virants et travaillants. Le motif est que ces ustensiles sont devenus immeubles par destination (Délib. 18 août 1815).

34. 10° La réserve de jouissance pour un temps postérieur à la vente, mais seulement lorsqu'elle excède le terme courant des revenus à échoir lors de la vente (Jug. de la Seine, 22 avr., 15 et 23 juill. 1835; — Jug. d'Auxerre, 21 mai 1832; — Cass. 1 fév. 1831; Rol. 4818). — V. *inf.* n. 68.

35. Mais on ne doit point ajouter au prix :

36. 1° Les obligations de faire, imposées à l'acquéreur et tenant à la nature du contrat, telles sont celles de remettre les biens au même état après en avoir enlevé la chose vendue, de relever les fossés après avoir effectué une coupe de bois (Championnière, 3236). — V. *inf.* n. 84 et suiv.

37. 2° L'obligation contractée par le vendeur de faire des travaux, réparations ou augmentations à la chose vendue soit avant soit après la livraison, parce qu'on a eu égard à cette augmentation dans la fixation du prix (av. Cons. d'Ét. 17-27 fév. 1811). — Toutefois, une estimation article par article de ces travaux et un prix distinct sont nécessaires pour leur appliquer le droit de 1 p. 0/0, comme marché de construction, car on ne doit percevoir le droit de 5, 50 p. 0/0, que quand les choses sont immobilières au moment de la transmission (Championnière, 2336). Ainsi décidé à l'égard de la vente d'un terrain sur lequel le vendeur s'est engagé de faire exécuter une fontaine publique, cette vente n'ayant été passible que du droit de marché sur le prix des travaux non-exécutés (Sol. 8 déc. 1832).

38. 3° Les réserves stipulées par le vendeur quand elles n'ont point été déboursées par l'acquéreur. Ainsi décidé à l'égard de la vente d'une forêt, à la charge d'exécuter le bail fait moyennant 120,000 fr. payés comptant, et 22,000 f. et douze stères de bois payables par année, de manière que l'acquéreur n'avait à toucher que ces deux derniers articles, le vendeur s'étant réservé les 120,000 fr. déjà touchés (Cass. 8 fév. 1832).

39. CHOSE D'AUTRUI. L'acte de cession d'un immeuble en remplacement et pour tenir lieu d'un autre immeuble précédemment vendu, mais dont l'acquéreur n'a pu prendre possession, parce qu'il n'appartenait pas au vendeur, est passible du droit proportionnel sur la valeur des biens (Délib. 18 nov. 1836).

40. COMMUNES. Les ventes de biens appartenant aux départements, arrondissement et communes, sont passibles des mêmes droits que toutes les autres ventes (Déc. Min. Fin. 27 juin 1809, 18 av. 1831). — Il en est de même des acquisitions faites par les communes etc., sans déclaration d'utilité publique, et sans avoir rempli les formalités prescrites par la loi du 7 juill. 1833, relatives à l'expropriation pour cause d'utilité publique (L. 18 avr. 1831, art. 17; — L. 7 juill. 1833. — Cass. 23 août 1841; — Jug. de Guingamp, 9 nov. 1841). — V. note 60, n. 211.

41. CONVERSION. La conversion d'une donation en une vente n'est passible que du droit fixe de 1 franc, si le droit de vente n'est pas supérieur à celui de la donation, car il ne s'opère toujours qu'une seule mutation (Sol. 8 mai 1832).

41 *bis*. DÉLÉGATION. La délégation consentie par un débiteur de ce qui peut lui revenir dans le prix d'un immeuble *à vendre*, n'est passible ni du droit de vente immobilière, ni de celui d'antichrèse, parce qu'on ne confère au délégataire aucun droit, soit à la propriété, soit à la possession et jouissance de l'immeuble, on ne peut exiger que le droit de 1 p. 0/0 (Jugem. de la Seine, 16 déc. 1840; Rol. 6141).

42. DOMAINE CONGÉABLE. Lorsque le congément est exercé, non par le propriétaire foncier, mais par le cessionnaire de ce propriétaire, le droit de 4 p. 0/0 est exigible (Cass. 1 vent. an XII). — Il en serait de même si le congément était exercé par un cessionnaire du droit de congé-

dier (Cass. 25 niv. an x). — Dans tous les cas, le droit de 1 fr. 50 p. 0/0 n'est pas exigible sur le remboursement, parceque les hypothèques sont résolues par le congément (Cass. 11 nov. 1833, et 5 mai 1834).

43. DROIT D'HABITATION. La vente d'un droit d'habitation est sujette au droit de 5 fr. 50 cent. p. 0/0 (Délib. 3 août 1831). — V. note 22 n. 45.

44. DROIT LITIGIEUX. Lorsqu'une vente de maison est faite pour 440,000 fr., dont 340,000 fr. pour l'immeuble, et 100,000 fr. pour les droits et répétitions que le vendeur a à exercer pour atteinte portée à sa propriété par des constructions faites à une maison contigue à la sienne, le droit de 5, 50 p. 0/0 doit porter sur la totalité du prix, si l'indemnité des 100,000 fr. a pour cause des droits litigieux sur une servitude du fonds (Délib. 30 déc. 1828).

45. DROIT DE REVENDICATION. La cession du droit de revendiquer un immeuble est passible du droit de 5, 50 p. 0/0 comme étant de nature immobilière (Délib. 6 avr. 1827). — V. *sup*. n. 18.

46. ETABLISSEMENTS PUBLICS. Les ventes de biens immeubles appartenant aux bureaux de bienfaisance, aux hospices, aux séminaires, fabriques, congrégations, consistoires et autres établissements publics, sont assujettis au droit ordinaire de 5 fr. 50 cent. p. 0/0 (Déc. Min. Fin. 24 déc. 1827; 22 mars 1825). — Il en est de même des acquisitions faites au profit de ces établissements (L. 18 av. 1831, art. 17).

47. FOLLE-ENCHÈRE. Lorsque le prix de la seconde adjudication est supérieur à celui de la première, il doit être perçu sur l'excédant un droit de 2 fr. ou de 5, 50 p. 0/0 suivant qu'il s'agit de meubles ou d'immeubles (L. 22 frim. an VII, art. 69; — L. 28 avr. 1816, art. 52).

48. Pour liquider les droits, il faut, 1° déduire le prix de la première adjudication sur celui de la seconde; 2° ajouter à ce restant de prix les frais et loyaux-coûts qui doivent être remboursés par le second adjudicataire, excepté les droits d'enregistrement et de transcription payés pour la première adjudication (Délib. 10 vendém. an XIII).

49. L'adjudication sur folle-enchère est exempte du droit proportionnel, quoique le fol-enchérisseur soit entré en possession des biens et qu'il ait payé une partie du prix, lorsque le montant de cette adjudication n'est pas supérieur à celui de la précédente qui a acquitté le droit proportionnel (Cass. 12 déc. 1822; — Délib. 24 janv. 1834). — Elle n'est alors sujette qu'au droit fixe de 3 francs (L. 28 avr. 1816; art. 44).

50. L'adjudication sur folle-enchère ne perd pas son caractère: 1° Quand les parties ont consenti qu'elle n'eût lieu que pour une portion des biens et sans l'observation des formalités prescrites par la loi (Sol. 16 août 1830), et quand elle n'a point eu lieu aux enchères (Sol. 8 oct. 1831).

51. Lorsqu'une adjudication qui a été résolue par une revente sur folle-enchère n'a pas été enregistrée dans le délai, on est fondé à exiger du fol-enchérisseur : 1° les droits proportionnels sur la différence entre le prix de la première adjudication et celui de la seconde; 2° Et le double droit sur la totalité du prix de la première adjudication (Cass. 27 mai 1825; — Jug. de la Seine, 10 mai 1838). — Il y a solidarité entre les fol-enchérisseurs pour les droits d'enregistrement, quand même l'immeuble aurait été adjugé sans solidarité (Cass. 19 nov. 1834). — V. *sup*. n. 15).

52. IMMEUBLES PAR DESTINATION. Lorsqu'on vend un bien-fonds avec les objets placés pour son exploitation, le droit d'enregistrement fixé pour les transmissions immobilières est dû sur le prix cumulé du bien qui est immeuble par sa *nature*, et des objets qui sont immobiliers par leur destination (Instr. 290 § 26). — Pour distinguer les biens meubles d'avec les immeubles, V. les notes 86 et 87.

53. Toutefois, les objets mobiliers devenus immeubles par destination ne sont sujets qu'au droit de 2 p. 0/0, quoiqu'ils soient aliénés avec le fonds auquel ils sont attachés, si, dans cette vente ils sont désignés comme meubles, et s'ils ont été estimés article par article avec un prix distinct (Cass. 23 avr. 1833, — *Contrà*, délib. 15 avr. 1836 motivée notamment sur ce que l'estimation avait été faite, non par têtes de bétail, mais par espèces; — Jug. de la Seine. 15 juil. 1837; 12 juill. 1838; et cependant dans l'espèce du dernier jugement, il s'agissait d'ustensiles déclarés ne plus servir à l'usine.

54. Mais il en serait autrement de la vente d'une manufacture en *activité* et *affermée*, avec les machines servant à son exploitation, parce que le vendeur n'a pu leur ôter le caractère d'immeubles par destination (délib. 13 déc. 1833).

55. IMMEUBLES PAR LEUR NATURE. — V. la note 87.

56. LICITATION. — V. *inf*. n. 133 et suiv.

57. MINES. Les ventes de mines sont sujettes au droit de 5, 50 p. 0/0 (L. 21 avr. 1810).

Il en est ainsi en matière d'indivision, c. à-d. lorsqu'un acquéreur vend à son coacquéreur la moitié du droit d'exploiter une mine acquise *solidairement* (Jug. de la Seine, 10 fév. 1841; — Cass. 30 mars 1842).

58. MOULIN. Les moulins fixés sur piliers étant immeubles, donnent lieu au droit de 5, 50 p. 0/0. Il n'en est pas de même des autres. Cependant il a été décidé qu'un moulin à vent non fixé mais posé sur des piliers, n'en était pas moins immeuble (Cass. 12 mai 1834).

59. NUE-PROPRIÉTÉ. Le droit pour raison de la vente de la nue-propriété, faite à un usufruitier qui a acquitté le droit d'enregistrement pour son usufruit, ne doit être perçu que sur la valeur de la nue-propriété, sans qu'il y ait lieu d'y joindre celle de l'usufruit. - V. note 18, n. 275-8° — Il en est de même :

1° Quand la nue-propriété est vendue à celui qui ne possède pas l'usufruit, quoique ce soit par un seul et même acte si on a déterminé un prix pour la nue-propriété et un autre prix pour l'usufruit, parce que ces deux prix *réunis* forment la valeur totale de la propriété (Cass. 8 janv. 1822, 20 mars et 26 déc. 1826). — V. *inf*. n. 63.

2° Quand le nu-propriétaire et l'usufruiter vendent, par le même acte, leurs droits à deux acquéreurs distincts dès qu'il n'y a pas réserve d'usufruit par les vendeurs (délib. 6 fév. 1827).

V. *inf*. n. 75 *bis*.

60. PARTAGE. — V. *inf*. n. 155.

61. PLACES DANS LES EGLISES. Les concessions de places dans les églises ne donnent lieu qu'au droit de 2 p. 0/0 sur le capital au denier dix de la redevance à payer par chaque adjudicataire (délib. 19 juin 1824).

62. Et quand une communauté israélite fait, entre ses membres, la distribution de places dans une synagogue,

moyennant des sommes déterminées à un taux différent, l'acte doit être considéré comme un partage dont les soultes sont purement mobilières (Cass. 8 mars 1836 — *Contrà*, Sol. 13 déc. 1830).

63. RÉMÉRÉ. — V. *inf.* n. 168.

64. RÉSERVE D'USUFRUIT. *Si l'usufruit est réservé par le vendeur, il sera évalué à la moitié de tout ce qui forme le prix du contrat, et le droit sera perçu sur le total; mais il ne sera dû aucun droit pour la réunion de l'usufruit à la propriété* (L. 22 frim. an VII, art. 15, n. 6). — V. *sup.* note 18 n. 275-6°.

65. D'où il suit qu'il n'y a lieu de rien ajouter au prix, lorsqu'au moment de l'aliénation, l'usufruit appartient à un *tiers*, parce qu'alors il n'y a point réserve d'usufruit (Cass. 3 janv. 1827). — V. *sup.* n. 59.

66. La réserve d'usufruit est une charge qui ne doit pas être ajoutée au prix de la vente, dans les cas suivants :

67. 1° Lorsque la somme que représente l'usufruit n'est payable qu'après le décès de l'usufruitier, sans intérêts jusque-là (délib. 6 nov. 1822).

68. 2° Lorsque cette réserve n'est que du terme courant (Déc. Min. Fin. 23 août 1808). — Ou même de l'année courante (délib. 12 juill. 1823; — Solut. 9 mai 1831). — Et qu'elle porte sur les loyers payés d'avance au vendeur, quand ces loyers n'excèdent pas un terme (Jug. de la Seine, 22 av. 1835). — V. *sup.* n. 34.

69. 3° Lorsque le vendeur d'un bois se réserve dix coupes sur pied restant à exploiter. Dans ce cas, en effet, les acquéreurs ne sont privés d'aucune jouissance, car le vendeur aurait pu aliéner les coupes à un autre comme il se les est réservées. C'est plutôt une vente *moins* dix coupes, c. à-d. avec un retranchement de partie de la chose vendue, qu'une vente avec réserve d'usufruit (Cass. 1 fév. 1831).

70. 4° Lorsque le propriétaire d'un immeuble après l'avoir loué pour 99 ans, moyennant une somme par lui réservée, vend ensuite la nue-propriété à un autre, moyennant un prix comptant et à la charge de n'entrer en jouissance qu'à l'expiration du bail. Le droit, dans ce cas, n'est dû que sur le prix stipulé pour la nue propriété, de même que quand l'usufruit et la nue-propriété sont vendus à deux individus différents (L. 22 frim. an VII, art. 4 et 31; — Cass. 23 nov. 1833, 14 avr. 1834). — V. *inf.* n. 73.

71. Mais il y a lieu d'ajouter au prix la réserve d'usufruit :

72. 1° Lorsque la vente est faite sous la condition de supporter, dans le cas de survie de la femme du vendeur, la charge d'usufruit stipulée en faveur de cette dernière par son contrat de mariage. Dans ce cas, la réserve de jouissance doit être évaluée par la partie avant l'enregistrement, sauf à recourir à l'expertise si le prix réel de l'immeuble se trouve insuffisamment évalué (Cass. 24 juin 1811).

73. 2° Lorsque le prix d'une vente d'immeubles faite avec réserve d'usufruit est stipulé payable dans douze années et exempt d'intérêts pendant les deux premières. Il faut, dans ce cas, pour la liquidation du droit, ajouter à ce prix moitié en sus pour la réserve, et déduire deux années d'intérêts (délib. 15 janv. 1823).

74. Si la nue-propriété d'un immeuble est vendue moyennant une rente viagère de 250 fr. avec stipulation que cette rente sera portée à 300 francs dans le cas où le vendeur qui s'est réservé l'usufruit ne pourrait ou ne voudrait plus user de cette réserve, le droit de mutation doit être perçu sur 2,500 fr. plus sur la moitié de cette somme, c. à-d. sur 3750 francs, et non pas seulement sur 2,500 et sur le capital des 50 fr. formant la différence entre 250 et 300 fr. de rente, ce qui ne ferait que 3,000 fr. (délib. 29 mars 1826).

75. La capitalisation d'office de la rente viagère n'a lieu qu'à défaut par les parties d'avoir elles-mêmes évalué le capital de cette rente.

75 *bis*. RÉUNION D'USUFRUIT A LA PROPRIÉTÉ. - V. *sup.* note 18, n° 275-6°. — Lorsque deux personnes ont acquis conjointement par un même acte et moyennant un seul prix sur lequel le droit proportionnel a été perçu, l'une la nue-propriété et l'autre l'usufruit d'un immeuble, la renonciation gratuite à l'usufruit en faveur du nu-propriétaire pas plus que le décès de l'usufruitier ne donnent lieu au droit proportionnel (Cass. 11 août 1833; — Jug. de Dieppe, 26 déc. 1837; d'Abbeville, 9 déc. 1839; d'Epinal, 9 mars 1840). — Il n'est dû de droit proportionnel au décès de l'usufruitier que quand le droit de mutation n'a pas été acquitté sur la valeur entière lors de l'acquisition (Jug. du Mans, 2 juill. 1839; - Instr. Gén. n. 1205 § 4 et 1210 § 9. — *Contrà*, Jug. de la Seine, 21 avr. 1841).

76. SERVITUDES. Les servitudes ou services fonciers étant immeubles donnent lieu au droit de 5, 50 p. 0/0. — Il en est ainsi, même à l'égard d'un adjudicataire de bois de l'Etat, assujetti par une clause du cahier des charges à la servitude des droits de pâturage et de pacage au profit de communes, quand il se libère de ces droits moyennant un prix déterminé (Déc. Min. Fin. 18 sept. 1811; — délib. 27 sept. 1826; 4 oct. 1826, et 23 oct. 1834).

77. SURENCHÈRE. Dans le cas de revente sur surenchère, l'acquéreur ou le donataire qui conserve l'immeuble mis aux enchères, en se rendant dernier enchérisseur, doit acquitter un supplément de droit d'enregistrement sur l'excédant du prix porté dans le premier contrat (Instr. 233). — V. *sup.* n. 47 et suiv.

78. TRANSFERT. Une vente d'immeubles est sujette au droit de 5. 50 p. 0/0, encore bien qu'elle se trouve liée à une cession d'inscriptions au grand-livre, exemptes d'enregistrement; ou même qu'elle soit présentée comme formant le prix de ces effets (Jug. de la Seine, 27 fév. 1821; — Déc. Min. Fin. 2 juill. 1819; 16 mai 1821; 1 fév. 1822).

79. USUFRUIT. La loi règle différemment la liquidation des droits, selon que l'usufruit est l'objet d'une transmission ou d'une réserve faite par le vendeur : dans le cas de transmission elle asseoit le droit dû sur le prix de la vente de l'usufruit, ou sur dix fois la redevance imposée ou sur dix fois la revenu annuel du bien, tandis que dans le cas de réserve elle fixe l'évaluation de l'usufruit réservé à moitié de la nue-propriété (Déc. 8 août 1818; note 18 n. 276-7°-8°). V. *sup.* n. 59, 64 et suiv. 75 *bis*.

80. VENTE AVEC CHARGES. Le droit de 5. 50 p. 0/0 est du encore que le transport de la propriété ne soit pas fait pour de l'argent, mais à la charge de remplir des conditions onéreuses (Cass. 7 fév. 1814).

81. VENTE CONDITIONNELLE ET SUSPENSIVE. — V. *sup.* p. 138, note 18, n. 713 et suiv., 715 et suiv.

82. VENTE DE DROITS SUCCESSIFS. — V. *sup.* n. 19.

83. VENTE REFAITE. — V. note 36 n. 130.

84. VENTILATION. *Lorsqu'un acte translatif de propriété ou d'usufruit comprend des meubles et des immeubles, le droit d'enregistrement doit être perçu sur la totalité du prix au taux réglé pour les immeubles, à moins qu'il ne soit stipulé un prix particulier pour les objets mobiliers, et que ces objets ne soient désignés et estimés article par article dans le contrat* (L. 22 frim. an VII, art. 9). — V. *sup.* n. 37 et 53.

85. Cette disposition n'est applicable qu'aux meubles qui par leur nature et leur forme extérieure peuvent être détaillés, désignés et évalués article par article. D'où il suit qu'il n'y a pas lieu de percevoir le droit de 5. 50 p. 0/0 sur tout le prix à défaut de ventilation, lorsqu'un acte de vente ou cession porte ;

86. 1° Sur des immeubles et sur des créances mobilières telles que revenus arriérés et litigieux dont l'indication est difficile (Cass. 21 oct. 1811). — Mais il y a lieu d'exiger une ventilation pour déterminer le prix attribué à l'immeuble attendu que le droit de transport de créance doit être liquidé sur le capital et non sur le prix de la cession (Sol. 11 mai 1832).

87. 2° Sur un immeuble et une redevance en blé, vendus moyennant un même prix. Dans ce cas, on ne doit percevoir que 2 p. 0/0 sur le capital de la redevance légalement établi par la production des mercuriales (Déc. Min. Fin. 10 oct. 1821).

88. 3° Sur un domaine et des rentes foncières vendus pour un seul prix. Dans ce cas, il n'est dû que 2 p. 0/0 sur le capital des rentes, quelque soit leur prix, mais il y a lieu d'exiger une ventilation du prix relatif aux immeubles, afin d'établir régulièrement la prescription du droit de 5. 50 p. 0/0 (délib. 21 nov. 1828).

89. 4° Sur un immeuble et un fonds de commerce, vendus moyennant 7,000 francs pour l'immeuble et 18,000 francs pour le fonds de commerce, sans estimation article par article; parce que l'art. 9 de la loi de frim. (V. *sup.* n. 84) est sans application dans l'espèce, le mot *meuble* employé dans cet article ne comprenant pas ce qui fait l'objet d'un commerce (C. civ. 533).

90. Mais on doit considérer comme objets susceptibles d'être détaillés, désignés et évalués article par article, et par conséquent comme donnant lieu au droit de 5. 50 p. 0/0 sur la totalité du prix à défaut de ventilation :

91. 1° La vente d'un hôtel avec une *partie* des meubles qui le garnissent, moyennant un prix distinct pour chaque nature de biens; quand même il serait convenu que le mobilier serait livré à une époque déterminée d'après l'état estimatif que les parties en dresseraient à l'amiable; ou quand même ce mobilier serait compris dans un inventaire fait dans la huitaine (délib. 3 oct. 1827).

92. 2° La vente qui comprend à la fois des immeubles et des *navires* ou *bateaux*, moyennant un prix pour chaque nature de biens : la vente de ces derniers objets ne devant, dans tous les cas, jouir de la rédaction à un franc fixe que lorsqu'elle est isolée et sans mélange d'autres biens (L. 21 avr. 1838, art. 64 ; — Jug. de la Réole, 18 juill. 1838).

93. 3° La vente sous-seing privé d'immeubles et de *meubles* qui n'ont été estimés article par article que dans l'acte de dépôt de cette vente, effectué après le décès de l'un des contractants (délib. 18 nov. 1828). — Le motif de cette décision est que l'état estimatif doit être contenu dans le contrat même, ou joint à ce contrat (Déc. Min. Fin. 30 mai 1809). — Tellement que s'il n'y était pas joint, cet état ne pourrait suppléer au défaut de désignation dans le contrat et ne saurait être assimilé à un inventaire authentique (délib. 6 fév. 1838).

94. Cependant il a été jugé que le droit de 2 p. 0/0 est seul exigible pour les meubles, quoique le contrat ne stipule pas de prix distinct :

95. 1° Lorsque le contrat porte que les objets mobiliers seront détaillés et décrits dans un état qui sera dressé pour être annexé à la vente, et que cet annexe a effectivement eu lieu (Jug. de Pau, 20 août 1834; -Rol. 4735).

96. 2° Lorsque le détail des objets est fait article par article sans stipulation d'un prix distinct (Jug. de Coutances 24 juin 1837).

97. Lorsqu'un fonds est vendu avec les fruits qui en dépendent. Bien qu'il soit stipulé dans la vente qu'elle a lieu moyennant 100.000 dont 5,000 sont le prix des récoltes, tant *sur pied* que *rentrées* ou *vendues*, le droit de 5. 50 p. 0/0 est dû sur tout le prix, parce que les fruits ne sont pas entièrement coupés (Cass. 19 vendém. an XIV ; — Délib. 9 nov. 1815). — Cependant il en serait autrement si les fruits étaient vendus par un acte séparé.

98. C'est se conformer au vœu de la loi que de se référer pour une vente de meubles et immeubles par un même contrat, soit à un bref état qui précède l'acte et qui est le résultat d'un inventaire authentique, soit à un inventaire dans lequel les objets mobiliers ont été décrits et estimés, pourvu qu'un prix distinct ait été assigné aux objets mobiliers (Ind. Cass. 5 mai 1817; — Délib. 8 oct. 1825; 5 juil. 1826 et 15 janv. 1830). — V. *sup.* n. 95, 96.

99. L'art. 9 de la loi de frim. (V. *sup.* n. 84), ne se servant que du mot *contrat*, et un *jugement* n'étant point un contrat, on doit en conclure que l'adjudication de meubles et immeubles par un seul jugement n'est passible que du droit de 2 p. 0/0 sur les meubles, quoiqu'ils ne soient pas estimés article par article.

V. *Dation en paiement* note 201.

§ 2. BAUX A RENTES PERPÉTUELLES, A VIE ET D'UNE DURÉE ILLIMITÉE DE BIENS IMMEUBLES — V. *sup.* n. 2 et 7.

100. Ces sortes de baux sont sujets au droit de 5. 50 p. 0/0 parce qu'ils opèrent un démembrement de la propriété et sont susceptibles d'hypothèque. — V. note 22 n. 33.

101. BAIL A DURÉE ILLIMITÉE. On doit considérer comme baux d'une durée illimitée :

102. 1° Celui dont la durée ne doit avoir pour terme que le décès d'une tierce personne (Déc. Min. Fin. - Rol. 17).

103. 2° Celui qui est consenti pour un nombre d'années déterminé avec la clause qu'à l'expiration du temps convenu le preneur aura la faculté de rester en jouissance tant que cela lui conviendra, en continuant d'acquitter le prix stipulé (Cass. 7 déc. 1813).

104. 3° Celui fait pour trois années sous la condition que la partie qui voudra s'en désister sera tenue d'avertir l'autre six mois d'avance, sinon que le bail continuera sans terme de la même manière et aux mêmes clauses et conditions jusqu'à ce que l'un ou l'autre des contractants fasse sa renonciation (Cass. 7 germ. an XII).

105. 4° Celui dans lequel il est stipulé que les fermiers ne tiennent que pour un an à partir de la Toussaint suivante, avec faculté de cesser à chaque Toussaint en prévenant avant le premier mai de chaque année (Délib. 3 déc. 1820).

106. 5° Celui fait sous la condition que si, dans le cours de l'avant-dernière année, le bailleur ne notifie pas au preneur la volonté de faire cesser le bail ou réciproquement, il s'opèrera un nouvel engagement de bail qui se prolongera par périodes de trois ans (délib. 15 mai 1822).

107. Mais on ne peut considérer comme étant d'une durée illimitée : 1° le bail fait pour tout le temps de son absence par un individu appelé au service militaire (Déc. 22 avr. 1806).

108. 2° Le bail qui ne doit être prolongé qu'autant qu'à son expiration le bailleur vivrait encore (Délib. 24 nov. 1824).

109. 3° Le bail d'un an portant qu'il sera renouvelé de plein droit par tacite reconduction, si les parties ne se sont pas averties dix mois à l'avance (Solut. 11 avr. 1832).

110. *Pour les baux dont la durée est illimitée, le droit de 5, 50 p. 0/0 se liquide sur un capital formé de vingt fois le prix annuel et les charges aussi annuelles en y ajoutant également les autres charges et les deniers d'entrée* (L. 22 frim. an VII, art. 15). — V. note 18, n. 275-2° et *sup.* n. 21 et suiv.

Cependant il a été décidé que c'est le droit de 4 p. 0/0 et non celui de 5, 50 qu'il faut percevoir sur la clause d'un contrat de mariage portant que les biens de la succession de la mère de la future sont restés en la possession du père et que ce dernier s'oblige de payer une rente annuelle à sa fille, pendant tout le temps que la jouissance de ces biens lui sera laissée (Délib. 1 sept. 1835). — V. note 60.

111. BAIL EMPHYTÉOTIQUE. Dans l'état actuel de la législation et depuis la promulgation du Code civil, l'effet propre et particulier du bail emphytéotique étant d'opérer la translation et l'aliénation à temps de la propriété de l'immeuble donné à emphytéose, il en résulte que le prix d'un tel bail est sujet au droit de 5, 50 p. 0/0 (Cass. 1 avr. 1840).

112. Il en est de même : 1° de la cession à titre onéreux du bail emphythéotique (même arrêt). — 2° De sa transmission à titre héréditaire (Cass. 1 av. 1840). — 3° Et de sa donation en nue-propriété (Jug. de Laon, 16 nov. 1839).

113. Le droit proportionnel sur une cession est dû sur le prix stipulé au contrat et sur la redevance emphytéotique (Jug. de Rouen, 8 Juill. 1841; de Lille, 11 mai 1839 et 13 fév. 1841; de la Seine, 2 déc. 1840).

114. Les baux emphytéotiques sont sujets au droit de transcription, mais ce droit doit être liquidé sur le prix exprimé, quelle que soit la durée de la jouissance (Jug. de la Seine, 4 déc. 1834; — *Contrà*, Jug. de Lille, du 9 août 1838, portant que le droit de transcription se règle à dix fois le prix annuel du bail en y joignant les charges quoique sa durée excède trente années).

V. la note 105 pour la durée du bail emphytéotique.

115. BAIL A RENTE PERPÉTUELLE. Le bail à rente perpétuelle est le contrat par lequel le propriétaire d'un immeuble en cède la propriété à la charge d'une rente qu'il retient sur cet immeuble. — V. *aux formules*, v° *bail à rente foncière*, p. 165).

116. Le droit de 5, 50 p. 0/0 se liquide sur un capital formé de vingt fois la rente et les charges (V. note 18, n. 275-2° et *sup.* n. 21 et 110). — Cependant l'évaluation au denier vingt, n'a lieu que dans le cas où le bail à rente est fait sans expression de capital; car s'il est fixé, comme le preneur ne serait tenu que de rembourser ce capital, c'est le capital qui forme réellement le prix de l'aliénation (Solut. 22 mess. an VIII; — *Contrà*, Cass. 19 mai et 17 déc. 1834; — Jug. de Provins, 10 juill. 1839).

117. La condition, dans un bail à rente, de rentrer dans le bien, à défaut de paiement, est purement comminatoire; cet acte n'étant pas une vente (Cass. 19 mai 1819).

118. BAIL A VIE. Le bail à vie est la cession de la jouissance d'un immeuble, moyennant un prix annuel payable pendant la vie du preneur, ou moyennant une somme une fois payée.

119. On doit considérer comme bail à vie et non comme un bail de durée illimitée le bail à l'année qui doit durer jusqu'à la vente de la chose, en prévenant le locataire trois mois d'avance, à défaut de quoi l'année recommencerait, surtout si les impôts des portes et fenêtres sont à la charge du bailleur, et si le prix est stipulé payable à la fin du bail (Déc. Min. Fin. 10 sept. 1834).

120. Le droit auquel est sujet le bail à vie de biens immeubles se règle, sans distinction de ceux faits sur une ou plusieurs têtes, par un capital formé de dix fois le prix et les charges annuelles, en y ajoutant le montant des deniers d'entrée et des autres charges s'il s'en trouve d'exprimées. — V. note 18, n. 275-3°.

121. Les baux à vie sont passibles du droit de 4 ou de 5, 50 p. 0/0 selon que l'acte est ou n'est pas sujet à transcription, ainsi :

122. Lorsque le bail à vie est conçu dans les termes d'une vente à vie, il est translatif de droits immobiliers, par conséquent il est sujet au droit de 5,50 p. 0/0, mais, dans ce cas, il n'y a pas lieu d'asseoir le droit sur le montant des contributions mises à la charge du preneur, parce que ces contributions sont une charge annuelle de la possession à titre de propriétaire (Délib. 6 déc. 1817, et 17 août 1822).

123. Mais si l'acte pouvait être rangé dans la classe des baux ordinaires, c. à-d. si, quoique contenant un bail à vie, on était forcé, d'après les clauses, de n'y voir qu'un louage au lieu d'une transmission d'usufruit, alors le bail resterait dans le tarif de la loi de frimaire comme les licitations qui étaient comprises sous le même paragraphe, puisqu'on ne pourrait prétendre qu'un tel bail est sujet au droit de transcription. Mais alors la charge des contributions devrait être ajoutée à la redevance pour la liquidation du droit (Circ. de la compt. du 17 déc. 1832, n. 28).

§ 3. DÉCLARATIONS OU ÉLECTIONS DE COMMAND OU D'AMI FAITES APRÈS LES 24 HEURES. — V. *sup.* n. 3.

124. Pour qu'une déclaration de command par acte séparé ne soit sujette qu'au droit fixe de trois francs, il faut que la faculté d'élire un command ait été *réservée* dans l'acte d'adjudication ou le contrat de vente, et que la déclaration ait été faite par *acte public et notifiée dans les vingt quatre heures* de l'adjudication ou du contrat (L. 22 frim. an VII, art. 68, § 1 n. 24; — L. 28 avr. 1816, art. 44). — V. note 18, n. 61 et suiv.

125. Si les trois conditions (*la réserve, la déclaration par acte public dans les 24 heures et la notification aussi dans les 24 heures*) n'existent pas, toute déclaration de command faite après le délai est considérée comme une revente donnant lieu au droit de 4 p. 0/0 et à celui de 1,50 p. 0/0 pour droit de transcription (Délib. 14 juin 1833; - Instr. 1437, § 6; — Jug. de Ruffec, 9 déc. 1839 - Rol. 6103 : excepté pour les cas de licitation où il n'y a pas lieu de percevoir le droit de transcription (Délib. 28 oct. 1836).

126. Donnent lieu au droit proportionnel comme faites tardivement ou n'étant pas conformes au vœu de la loi :

127. 1° La déclaration de command faite après les vingt-quatre heures de l'*approbation* par le Préfet d'une vente consentie par un hospice : le bénéfice de la loi n'étant accordé qu'aux déclarations faites dans les vingt-quatre heures des contrats de vente mêmes (Déc. Min. Fin. 21 fév. 1823).

128. 2° La déclaration de command faite après les vingt-quatre heures, soit en conséquence d'une procuration donnée dans le délai par l'adjudicataire primitif, soit en conséquence d'une procuration donnée à l'effet d'accepter la déclaration de command, si celle-ci n'a pas été faite et notifiée dans le délai légal (Solut. 20 avr. 1821, et 19 juin 1832).

129. 3° Toute déclaration par laquelle le command garantit les objets vendus, change le mode de paiement ou apporte toute autre modification aux conditions du premier acte, parce que pour caractériser une déclaration de command, il faut qu'elle soit faite simplement et pour les mêmes prix, charges et conditions que l'acquisition faite par le mandataire (Cass. 31 janv. 1814). — V. *aux formules* p. 199, note *a*.

130. Cependant il n'est pas dû de droit de revente sur la déclaration de command par laquelle l'adjudicataire d'immeubles en bloc et en un seul prix, fait entre différentes personnes la division des biens, et fixe la somme à payer par chaque command, si toutefois chaque lot est transmis en entier (Cass. 18 fév. 1839) : — ou en réserve une partie pour lui (Cass. 19 août 1835).

131. Ni sur la déclaration par laquelle l'acquéreur sous faculté d'élire command en tout ou en partie, déclare qu'il achète pour lui les matériaux des bâtiments à démolir et la superficie des bois, et le surplus pour un tiers qu'il désigne (Cass. 26 nov. 1834).

132. Lorsque la vente des biens d'une succession bénéficiaire est faite devant un Notaire commis par le Tribunal, cette vente est en quelque sorte judiciaire; et par suite, l'avoué dernier enchérisseur a trois jours pour désigner son commettant, à partir du jour de l'adjudication, quoique la réserve d'élire un command n'ait pas été faite dans l'acte (C. proc. 707; — Cass. 26 fév. 1827).

§ 4. ACQUISITIONS PAR LICITATION. — RETOURS D'ÉCHANGES ET DE PARTAGES DE BIENS IMMEUBLES. — V. *sup.* n. 4 et 5.

133. Les parts et portions indivises de biens immeubles acquises par licitation, et les retours de partages de biens de même nature, sont passibles du droit proportionnel de 4 p. 0/0. — Elles ne sont point sujettes au droit de transcription parce que les licitations et partages ne sont point de nature à être transcrits, étant déclaratifs et non translatifs de propriété (C. civ. 883) — V. *sup.* n. 7. — Toutefois, ce droit est dû lorsque la transcription de l'acte au bureau des hypothèques est requise (Cass. 9 mai 1837).

134. Sont considérées comme portions indivises celles qui sont vendues au co-licitant ou co-héritier de manière à faire cesser l'indivision. Lors donc qu'un héritier vend sa part d'un immeuble à un cohéritier qui ne réunit point toutes les autres parts, l'acte est sujet au droit de 5, 50 p. 0/0 comme étant de nature à être transcrit puisqu'il n'y a que la réunion de toutes les parts dans les mains du même cohéritier qui, faisant cesser l'indivision, ait pour effet de faire tomber les hypothèques du chef des cohéritiers vendeurs (Cass. 21 janv. 1840; — Jug. de Chalons, 21 mai 1841).

135. Toutefois, il a été décidé que le droit de transcription n'est pas dû sur l'acte par lequel deux des héritiers se rendent adjudicataires en commun d'immeubles dépendant de la succession (Jug. de la Seine 20 juin 1832; 12 août 1834; — Délib. 28 oct. suiv.; — Solut. 28 juil. 1837; 5 juin 1834). — V. *inf.* n. 141.

136. Lorsqu'un colicitant acquiert une portion des biens vendus et que le surplus est adjugé à des étrangers, on ne doit assujettir au droit de 4 p. 0/0 que ce qui excède sa part virile dans le prix de la totalité des biens vendus (Délib. 27 juin 1817, 4 sept. 1822, 14 av. 1824, 15 nov. 1826, 14 août 1829, 26 fév. 1833; — Déc. Min. Fin. 22 oct. 1819; — Délib. 8 déc. 1835; — Cass. 8 nov. 1839, 28 janv. 1840). — Il a été cependant décidé que le droit de 4 p. 0/0 est dû sur tout ce qui excède la quote part du colicitant dans le prix seulement de l'immeuble par lui acquis (Déc. Min. Fin. 24 nov. 1840; — Jug. d'Evreux, 21 janv. 1843; — Cass. 19 mai 1843).

137. Et il n'y a pas lieu de déduire la part revenant à l'acquéreur dans le prix d'une adjudication précédente ou d'adjudications faites d'après le même cahier de charges (Délib. 8 déc. 1835; — Jug. de Metz, 29 déc. 1837; 2 janv. 1838; de Valenciennes, 30 août 1838; — Cass. 18 nov. 1839; 29 juin et 1 déc. 1840; 22 fév. 1841).

APPLICATION DE CE QUI PRÉCÈDE AUX CAS SUIVANTS :

138. ACQUISITION EN COMMUN. Lorsque l'un des coacquéreurs d'un immeuble acquis en commun vend à un tiers sa part indivise dans cet immeuble, la licitation qui s'opère ensuite entre ce nouvel acquéreur et les autres copropriétaires ne donne lieu qu'au droit de 4 p. 0/0. En vain dirait-on que les parties contractantes n'avaient pas un titre commun de propriété (Cass. 22 fév. 1827). — V. *inf. Cession* n. 141.

139. Mais il y a lieu au droit de 5,50 p. 0/0 sur l'acquisition de la moitié d'un immeuble, faite par celui qui possédait déjà l'autre moitié comme cessionnaire du copropriétaire du vendeur, parce que la portion acquise ayant pu être grevée d'hypothèque le contrat était de nature à être transcrit (Cass. 21 janv. 1840; — Jug. de Limoges, 13 fév. 1840; — de Soissons, 20 janv. 1841; de Châlons-sur-Marne, 21 mai 1841; de Beaupréau, 12 janv. 1842).

140. ACQUISITION ENTRE ÉPOUX. L'acquisition faite pendant le mariage, à titre de licitation ou autrement, de portion d'un immeuble dont l'un des époux était propriétaire par indivis ne formant point un conquêt aux termes de l'art. 1408 du C. civ., il en résulte qu'il n'est dû que le droit de 4 p. 0/0 si l'indivision cesse entièrement (Déc. Min. Fin. 1 mars 1822; — Délib. 22 fév. 1825, 15 fév.

1826). — A moins qu'il n'ait été déclaré que l'acquisition était pour tenir nature de propre à l'acquéreur (propriétaire de l'autre portion), et que le prix avait été payé des deniers de l'époux acquéreur (Délib. 6 fév. 1827 et 1 mars 1833).

141. CESSION. La cession faite par un héritier à tous ses cohéritiers de ses droits dans la succession immobilière et indivise est sujette au droit de 5, 50 p. 0/0, parce que l'indivision ne cesse pas (Jug. de Moulin, 26 nov. 1829; de St.-Quentin, 5 déc. 1832; — Cass. 16 mai 1832). — V. *sup.* n. 135.

142. Il en est de même de la cession faite entre copropriétaires et faisant cesser l'indivision, si, du contexte des deux actes, il résulte qu'ils n'ont eu lieu séparément que pour frauder les droits, par exemple quand on se rend d'abord acquéreur d'une très-petite fraction pour n'avoir à payer que 4 p. 0/0 sur l'acquisition des autres fractions (Jug. de Laon, 17 janv. 1839).

143. Mais la cession faite par la femme survivante aux héritiers de son mari de la moitié lui revenant dans les biens de la communauté, n'est assujettie qu'au droit de 4 p. 0/0 (Jug. de Rethel, 22 mai 1835).

144. DONATION. Quoique la donation de biens indivis avec le donataire, quand elle est faite à ce dernier, fasse cesser l'indivision, il n'en est pas moins vrai qu'elle est sujette au droit de transcription, parce que l'art. 939 du C. civ. porte que toute donation sera transcrite (Cass. 5 mai 1841).

145. Ce qui précède n'est applicable qu'aux donations entre-vifs en ligne *directe*, car pour les donations entre *collatéraux* et personnes *non-parentes* le droit de transcription ne doit pas être perçu lors de l'enregistrement (L. 21 avr. 1832; — Instr. du 30 avr. 1832, n. 1399).

146. ECHANGE. Lorsqu'il y a retour dans un échange, le droit doit être perçu sur le montant de ce retour ou plus-value, à raison de 5, 50 p. 0/0, ce qui comprend le droit de transcription (Déc. Min. Fin. 3 juill. 1822).

147. Mais il n'est pas nécessaire que le retour soit stipulé d'une manière formelle; il suffit qu'il y ait une différence dans la valeur capitale des biens, ainsi la propriété s'évaluant au denier vingt et l'usufruit au denier dix, il s'en suit qu'un échange sans soulte d'une nue-propriété d'immeuble contre l'usufruit d'un autre, évalués chacun deux cents francs de revenu, est passible du droit de soulte sur 2,000 fr., parce que l'une des propriétés vaut 4,000 fr. quand l'autre ne vaut que 2,000 fr. (Délib. 6 avr. 1827; — Cass. 27 av. 1812).

148. Quand un échange a été déclaré fait sans soulte ni retour (les biens ayant le même revenu), si cependant l'un des immeubles est grevé d'une rente au profit d'un tiers, et que l'échangiste auquel il est cédé reçoive un capital, moyennant lequel il s'oblige de payer la rente, on ne peut considérer cette disposition comme constituant une soulte, puisque les biens sont égaux en revenu. C'est une délégation de rente passible du droit de 2 p. 0/0 (Délib. 12 oct. 1827).

149. Mais quand les parties ont stipulé une soulte plus forte que la différence entre les capitaux formés de la multiplication par vingt du revenu des biens échangés, le droit de 5, 50 p. 0/0 doit être perçu sur la soulte payée, et non pas sur la différence que donnent les revenus (Cass. 21 mars 1833; — Jug. de la Seine, 29 nov. 1838).

150. L'échange portant qu'il est fait sans soulte ni retour, parce que, malgré la différence du revenu, la valeur vénale de chaque part est égale, est sujet au droit de 5, 50 p. 0/0 sur le capital au denier vingt de la différence dans le revenu des biens échangés (Jug. de la Seine, 18 juin 1834).

151. De même, lorsque deux objets échangés sont grevés de rentes inégales, s'ils sont évalués à un revenu égal, y *compris la rente*, outre le droit d'échange sur le capital du revenu, on doit percevoir le droit de retour sur l'excédant de la plus forte rente sur la plus faible, puisque cet excédant est une charge (Cass. 14 vent an XIII; 28 av. 1830).

152. Lorsque par un échange fait moyennant une soulte, les frais de l'acte restent à la charge de celui qui la reçoit, il faut retrancher de cette soulte la partie de frais qui se rapporte à cette soulte, laquelle opère vente (Jug. de la Seine, 30 janv. 1833). — V. *sup.* n. 28 et 29.

153. NUE-PROPRIÉTÉ. La nue-propriété et l'usufruit étant deux droits distincts, il n'y a point, par conséquent, d'indivision entre l'usufruitier et le nu-propriétaire. Si donc l'usufruitier se rend acquéreur, il n'est dû aucun droit sur la moitié du prix applicable à l'usufruit; mais la moitié du prix applicable à la nue-propriété, est sujette au droit de 5, 50 p. 0/0 (Jug. de la Seine, 12 juin 1833; — Délib. 12 nov. suiv.).

154. Cependant l'usufruitier de la moitié des biens de la succession, qui se rend adjudicataire de la nue-propriété de ces biens, ne doit le droit que sur la moitié du prix excédant la valeur de cet usufruit; et le droit de transcription n'est pas exigible, si l'adjudicataire possède déjà *une portion des immeubles* comme donataire de biens présents et à venir dans le cas de l'art. 1085 du C. civ. (Jug. de la Seine, 24 janv. 1839).

155. PARTAGE. Les soultes de partage et de licitation ne sont généralement sujettes qu'au droit de 4 p. 0/0. — V. *sup.* n. 5.

156. Toutefois, lorsque les biens partagés sont de diverses espèces, le prix des soultes doit être imputé d'abord sur le montant des rentes sur l'état, puis sur les créances à terme, ensuite sur les capitaux des rentes et sur les meubles, enfin sur les immeubles; c'est dans ce sens que doit être perçu le droit proportionnel (Déc. Min. Fin. et Just. - Instr. 342).

157. Mais si la cession n'indique pas de quoi se compose l'hérédité, ce droit doit nécessairement être perçu à raison de 4 p. 0/0 sur le prix total, sauf réduction à 1 ou 2 p. 0/0, si par une déclaration de succession sincère il est établi que la succession se composait de valeurs mobilières très-supérieures à la somme donnée en retour (Délib. 24 mai 1826). — V. note 18, n. 610 et suiv.

158. Lorsqu'une chose est partagée dans l'acte même qui en opère transmission aux copartageants, le partage est une clause dépendante de l'acte qui ne donne pas ouverture à un droit particulier (Délib. 19 mars 1823; 14 avr. 1824). — V. note 18, n. 428.

159. PARTAGE ANTICIPÉ. Lorsque le partage ne comprend que les biens donnés par un ascendant, conformément aux art. 1075 et 1076 du C. civ., les sommes qu'un ou plusieurs des donataires sont chargés de payer aux

autres ne sont point considérées comme des soultes ou retours de partage sujets au droit de 4 p. 0/0, et il n'y a lieu, dans ce cas, qu'au droit de 1 p. 0/0; mais si on réunit aux biens donnés, d'autres biens qui étaient précédemment indivis entre les donataires, la soulte ou la portion de soulte applicable à ces derniers biens est passible du droit de 4 p. 0/0 outre le droit fixe de 5 fr. Dans ce dernier cas, à défaut de stipulation spéciale dans l'acte, le receveur doit, avant l'enregistrement, exiger une déclaration (V. note 18, n. 276) estimative de la soulte qui se rapporte aux biens étrangers à la donation (Cass. 11 déc. 1858).

160. L'exemption du droit de transcription s'applique même à une donation d'immeubles faite par des père et mère à leurs enfants à charge de restitution au profit des enfants nés et à naître (Délib. 16 mars 1841).

161. RÉMÉRÉ. Lorsque l'acquéreur à réméré de la moitié d'un immeuble acquiert l'autre moitié et la faculté de rachat, cette nouvelle acquisition n'est passible, comme licitation, que du droit de 4 p. 0/0 (Solut. 19 av. 1832).

162. SOCIÉTÉ. L'acte par lequel des associés cèdent à leur coassocié leur part de l'immeuble qui formait leur mise sociale, n'est passible, comme licitation, que du droit de 4 p. 0/0 (Cass. 14 janv. 1835; 17 août 1836).

163. Mais il en serait autrement, si, *durant la société*, un immeuble qui lui appartient, était adjugé ou vendu à un ou plusieurs des associés; ce contrat serait, non pas une licitation, mais une vente pure et simple, sujette au droit de 5, 50 p. 0/0 sur le prix intégral (Instr. Gén. 24 déc. 1836-n. 1528).

164. En matière de société en commandite, l'associé commanditaire, qui, *après la dissolution de la société*, devient adjudicataire sur licitation d'immeubles qui faisaient partie du fonds social, doit le droit de transcription sur la *totalité* de son prix, bien qu'il ne doive le droit d'enregistrement de 4 p. 0/0 que sur la part acquise de son coassocié (Jug. de la Seine, 4 août 1837).

165. SUCCESSION BÉNÉFICIAIRE. L'adjudication des biens d'une succession au profit de l'héritier bénéficiaire donne lieu à la perception du droit de 4 p. 0/0 sur les parts acquises et de 1. 50 p. 0/0 sur tout le prix comme étant de nature à être transcrit puisque ces héritiers sont obligés de même que tous autres adjudicataires de représenter le prix de ces immeubles aux créanciers hypothécaires suivant l'ordre et distribution (Cass. 15 janv. 1840).

166. Mais si, dans l'intervalle du jour de l'adjudication à celui de l'enregistrement, l'héritier sous bénéfice d'inventaire qui s'est rendu adjudicataire accepte purement et simplement cette succession par acte au greffe du tribunal, il n'est pas dû de droit de transcription sur le procès-verbal d'adjudication (délib. 22 mars 1842). — Une renonciation au bénéfice d'inventaire qui serait postérieure à l'enregistrement de l'adjudication serait un fait ultérieur qui ne pourrait donner lieu à restitution (Cass. 12 août 1839). — V. note 18 n. 610 et suiv.

167. USUFRUIT. — V. *sup.* n. 155.

§. 5. RETRAIT DE RÉMÉRÉ APRÈS LE DÉLAI STIPULÉ. — V. *sup.* n. 6 et 7.

168. Le retrait de réméré exercé dans le délai stipulé et présenté à l'enregistrement avant l'expiration de ce délai n'est sujet qu'au droit de 50 centimes p. 0/0 sur la somme remboursée à l'acquéreur (L. 22 frim. an VII art. 69, §. 2 n. 11; — Cass. 26 août 1825).

169. Le retrait exercé après le délai fixé par le contrat de vente est sujet au droit de 4 p. 0/0 seulement comme rétrocession parce qu'il n'est pas susceptible d'être transcrit (déc. min. fin. 22 fév. 1830. - Instr. 1320). Quand même le délai aurait été prorogé par jugem. (Cass. 22 brum. an XIV).

170. Quant au retrait exercé après le délai de *cinq ans* il est sujet au droit de 5,50 p. 0/0 quoiqu'il ne cesse pas d'être une véritable rétrocession (solut. 7 mai 1830) : quand même il aurait été prorogé par acte authentique (Jug. de Vitré 22 janv. 1840).

171. Sont aussi sujets au droit de 5. 50 p. 0/0 :

172. 1° Le retrait exercé par le cessionnaire du vendeur (délib. 21 oct. 1831).

173. 2° Celui exercé par un mari sur l'immeuble vendu avec faculté de rachat par son père, quand ce retrait est exercé, en partie, à titre de remploi, au profit de sa femme, présente et acceptant, pour lui tenir lieu de biens dotaux aliénés (Cass. 4 août 1835).

[58]

DES CHARGES ET CLAUSES, EN GÉNÉRAL. — DES CLAUSES PÉNALES.

DIVISION SOMMAIRE :

Indication alphabétique.

§. 1. Des charges et clauses, en général.

1. Le mot *charge* signifie ici *obligation*, *condition onéreuse* et s'applique à tout ce qui est dû sur une chose soit mobilière soit immobilière ou sur une masse de biens. (V. note 27, n. 13). — C'est à cette acception que se rapportent les charges publiques, les charges personnelles et réelles, les charges de communauté, de succession et autres dont nous parlerons ci-après n. 6 et suiv.

2. Le mot *clause* signifie *stipulation particulière* - V. note 52. — Ainsi, toute espèce de pacte particulier et accessoire se trouve compris sous cette dénomination, et c'est pour cela que dans l'usage on se sert indifféremment du mot *clauses* et de celui de *conditions* pour exprimer les différentes conventions d'un traité.

3. On peut insérer dans une convention plus ou moins de *clauses*, la volonté des parties n'a d'autres limites à cet égard que les bonnes mœurs, l'ordre public et les lois prohibitives. Mais la clause qui porte que le prix d'un remplacement ne sera payé que un an après l'admission au corps, et, en cas de *cession*, qu'après le congé définitif, ne constitue point une clause illicite quoiqu'on ne puisse lui assigner une clause plausible (Cass. 27 juin 1837). — V. note 7.

4. Il y a certaines clauses qui sont tellement de l'essence des actes, qu'on les regarde comme de style, parce qu'elles sont sous-entendues (C. civ. 1160).

5. On distingue plusieurs espèces de clauses (V. note 153). — Et notamment les clauses *générales*, *spéciales*, *impossibles*, *surabondantes*, *obscures et indépendantes*.

1° Les clauses *générales* renferment de droit les clauses *spéciales*, tandis que les clauses *spéciales* dérogent à celles qui sont *générales*. — V. note 27, n. 32.

2° Les clauses *impossibles* n'obligent pas. — V. note 27, n. 17, 18, 19.

3° Les clauses *surabondantes* ou *inutiles* ne vicient pas les autres. — V. note 27, n. 36 et 37.

4° Les clauses *obscures* s'expliquent par celles qui précèdent ou qui suivent, et, dans le doute, on doit les interpréter contre celui qui a stipulé et en faveur de celui qui a contracté (C. civ. 1162, 1602). — V. note 27, n. 33, et note 52.

5° Les clauses *illisibles* ou *insignifiantes* ou *inintelligibles* sont nulles, mais ne vicient pas l'acte. Quant aux clauses *insolites*, elles fournissent des arguments pour établir et prouver la fraude.

6° Les clauses *indépendantes* donnent lieu à la pluralité des droits. — V. note 18, n. 428

Art. 1. Des charges publiques.

6 On appelle *charges publiques* 1° toutes les contributions directes ou indirectes qui sont proposées au corps législatif qui ne les vote que pour un an.

Cependant toutes les fois qu'un chemin vicinal, entretenu à l'état de viabilité par une commune, sera habituellement ou temporairement dégradé par des exploitations de mines, de carrières, de forêts ou de toute entreprise industrielle appartenant à des particuliers, à des établissements publics, à la couronne ou à l'Etat, il pourra y avoir lieu à imposer aux entrepreneurs ou propriétaires, suivant que l'exploitation ou les transports auront lieu pour les uns ou les autres, des subventions spéciales dont la quotité sera réglée annuellement par les conseils de préfecture et proportionnée à la dégradation extraordinaire qui devra être attribuée aux exploitations (L. 21 mai 1836 art. 14).

2° Certaines charges locales communes aux habitants d'un pays seulement, telles que les réparations d'un pont d'une chaussée, d'un chemin, etc.

3° Les charges imposées par la police, ou par l'autorité municipale : telles sont celles qui concernent la salubrité comprenant l'obligation de balayer les rues, ou de les arroser durant la chaleur, chacun au-devant de sa maison, la sûreté et la tranquilité publique, le bon ordre, les mœurs, les cultes, le commerce, les états et professions, les établissements publics, etc.

4° Certains engagements que chacun est obligé de remplir dans sa famille, comme la tutelle ou curatelle de ses parents, etc. — V. notes 66 et 163.

Art. 2. Des charges personnelles et réelles ou foncières.

7. Les charges *personnelles* sont celles qui n'obligent directement que la personne de celui qui en est tenu.

Et les charges *réelles ou foncières* sont celles qui, au contraire, ne grèvent directement que la chose à raison de laquelle elles ont été contractées. — V. note 55.

8. La différence qui existe entre les charges *personnelles* et les charges *réelles*, c'est que les premières quoiqu'elles puissent être contractées à raison d'une chose (comme dans le louage) ne sont directement imposées qu'à la personne qui les a contractées, de sorte que, l'héritage changeant de mains, la charge ne passera pas pour cela au détenteur, elle continuera de grever l'obligé, et après sa mort son héritier en sera tenu bien que l'héritage ne lui revienne point.

9. Tandis que les charges *réelles* ne pèsent directement que sur le fonds, et le suivent en quelques mains qu'il passe, pour être acquittées par le nouveau possesseur; telle est celle qui pèse sur l'usufruitier pour les réparations d'entretien.

10. Cette distinction est importante, car quand la charge est *personnelle*, aucune des parties ne peut, sans le consentement de l'autre, se départir de son engagement, même en abandonnant la chose. — Au contraire, quand la charge est *réelle*, la personne n'étant obligée qu'à cause des biens qu'elle possède (tel est le tiers-possesseur d'un bien hypothéqué. - V. note 28 n. 155) peut se dégager par l'abandon de la chose.

11. Pour connaître toute l'étendue des charges dont les contrats sont susceptibles, il faut se référer aux formules des divers contrats, à la note 153 relative aux *conditions*,

en général et à la note 7 qui traite de *l'objet* et de la *matière* des contrats.

V. V^is *droits personnels et réels* note 27 n. 386 et 399. — *Actions personnelles et réelles* note 28 n. 195. — *Servitudes* note 55. — *Obligations* note 107. — *Surenchère* note 147.

Art. 3. Des charges de communauté, du mariage, de succession, de donation, de testament.

12. 1° Charges de communauté. On appelle ainsi les dettes et les dépenses qui sont à la charge de la communauté, et ne doivent pas être supportées par les propres des époux. — V. *communauté* note 166. — C. civ. 1409.

13. 2° Charges du mariage. On appelle ainsi les dépenses et les obligations particulières qu'entraîne l'union des époux et qui sont mentionnées aux art. 203 et suiv., 385, 852, 1448 du C. civ.

14. 3° Charges de succession. On appelle ainsi les obligations qui sont à la charge de l'héritier par le seul effet de l'acceptation de l'hérédité (C. civ. 724). — V. *acte d'héritier* note 34.

15. 4° Charges de donation. On appelle ainsi les obligations imposées au donataire soit par le donateur soit par la loi. - V. *donation* note 81.

16. 5° Charges de testament. On appelle ainsi les obligations imposées par le testateur ou par la loi au légataire. — V. *legs* note 24.

V. v^is *actif et passif* notes 25 et 26.

Art. 4. Des charges en matière d'enregistrement.

17. Pour les transmissions à titre onéreux et les baux de toute espèce on doit ajouter les *charges* au prix pour la liquidation du droit proportionnel. — V. note 18, n. 275. - 1°. - 2°. - 3°. - 6° et note 57, n. 21.

18. Pour les transmissions soit par échange, soit par donation entre-vifs à titre gratuit, soit par décès, le droit proportionnel se perçoit d'après une évaluation portée à dix ou vingt fois le revenu ou le produit des biens ou le prix des baux courants sans distraction des charges. — V. note 18, n. 275. - 4°. - 7°. - 8° et note 30 n. 87.

§. 2. Des clauses pénales.

19. *La clause pénale est celle par laquelle une personne, pour assurer l'exécution d'une convention, s'engage à quelque chose en cas d'inexécution.* (C. civ. 1226).

20. Ainsi, la clause pénale forme la sanction que les parties elles-mêmes veulent donner à l'acte, en déterminant volontairement dans la convention même, la peine qui sera encourue par celui qui manquera à sa promesse, tellement que lorsque l'indemnité a été fixée, par avance, pour le cas d'inexécution, les juges ne peuvent sous prétexte d'impossibilité d'exécution (quand elle est survenue par le fait de la partie obligée), prononcer la résolution de la convention et fixer eux-mêmes l'indemnité à raison des dommages et de ceux qui seront présumés devoir être éprouvés à l'avenir (Cass. 1 déc. 1828).

21. Et de ce qu'il aurait été stipulé dans la convention que la quotité de l'indemnité serait fixée de gré à gré entre les parties, il faut en conclure non que l'engagement a été contracté sous une condition potestative de la part des obligés, mais qu'en cas de refus de ceux-ci, le juge doit intervenir pour fixer cette même quotité (Cass. 4 juin 1835; — Amiens, 25 avr. 1826; — Montpellier, 13 fév. 1828).

22. La peine ajoutée à un compromis ou à une transaction pour le cas où l'une des parties refuserait de s'y soumettre doit être subie par celle qui l'attaque dès l'introduction de son action, et n'est pas restituée dans le cas même où cette action est admise, à moins que le compromis ou la transaction ne soient radicalement nuls. Celui qui, dans ce cas, demande le paiement de la peine ne renonce pas pour cela à l'exécution de la transaction (Toullier, t. 6, n. 828, et suiv.).

23. Dans le cas ci-dessus, l'exécution de la clause pénale ne peut être suspendue par le juge que lorsque l'acte est argué de faux (C. proc. 135 ; — Toullier, t. 6, n. 833).

24. *La nullité de l'obligation principale entraîne celle de la clause pénale.* (C. civ. 1227). — V. note 27 n. 42.

25. Ainsi, la clause pénale ajoutée à une convention portant promesse de mariage est nulle comme portant atteinte à la liberté illimitée qui doit exister dans les mariages. Toutefois l'inexécution peut donner lieu à des dommages-intérêts quand elle a causé un préjudice (Cass. 21 déc. 1814 ; 30 mai et 11 juin 1838 ; 23 janv. 1839). — Mais il n'y aurait pas nullité des conventions particulières et indépendantes du contrat de mariage dans le cas rappelé note 38 n. 33.

26. Il y aurait aussi nullité de la clause pénale ou dédit dans le cas où un acte de société serait nul pour défaut de publication. Ainsi, l'associé qui invoquerait cette nullité ne serait pas dans la nécessité de payer le dédit stipulé dans le cas où il voudrait se retirer de la société avant le terme convenu (Paris, 23 déc. 1831).

27. *La nullité de la clause pénale n'entraîne point celle de l'obligation principale* (C. civ. 1227).

28. La clause pénale étant en quelque sorte extérieure à l'acte a une existence qui lui est propre, tellement qu'elle peut par elle-même être valable ou nulle sans que la convention principale en reçoive la moindre atteinte. Ainsi, quand je reconnais vous devoir *telle* somme que je m'oblige de vous rembourser à *telle* époque sous peine de vous payer 15, p. 0/0 d'intérêts, la nullité de la clause pénale ne peut nuire à l'obligation principale.

29. *Le créancier, au lieu de demander la peine stipulée contre le débiteur qui est en demeure, peut poursuivre l'exécution de l'obligation principale* (C. civ. 1228).

30. Si l'obligation primitive est sans terme, et l'obligation secondaire et pénale avec terme, par exemple lorsque j'ai promis d'abattre le bois qui vous gêne, et si je ne l'abats pas dans *deux* ans de vous payer 600 fr., vous ne pouvez pas, à la vérité, exiger la peine de 600 fr. avant l'expiration des deux ans, car je ne m'y suis soumis que dans le cas où je négligerais pendant deux ans d'abattre le bois; mais comme je n'ai point mis de terme à l'obligation primitive d'abattre le bois, elle est pure et simple, elle est exigible de suite et sans délai. Si donc vous voulez renoncer à la peine de 600 fr. qui ne peut être encourue qu'à l'expiration des deux années, vous pouvez agir de suite pour me faire condamner à abattre le bois, ou vous faire autoriser à l'abattre à mes dépens; car le créancier, au lieu de demander la peine stipulée contre le débiteur qui est en demeure, peut, comme le dit l'article précité, poursuivre l'exécution de l'obligation principale (Toullier, t. 6, n. 806).

31. Mais si les parties ont entendu par une clause non-seulement traiter, comme à forfait, des dommages-intérêts, mais encore convertir l'obligation elle-même en une somme d'argent, au cas où le débiteur ne l'exécuterait pas, laissant cette exécution à sa volonté au moyen de la somme promise, la convention relative à cette somme n'est plus une clause pénale, c'est une novation conditionnelle, et le créancier ne peut, en ne demandant pas la somme stipulée, exiger l'accomplissement de la convention principale (Duranton, t. 10, n. 485).

32. *La clause pénale est la compensation des dommages et intérêts que le créancier souffre de l'inexécution de l'obligation principale. — Il ne peut demander en même temps le principal et la peine, à moins qu'elle n'ait été stipulée pour le simple retard* (C. civ. 1229).

33. La clause pénale peut donc être considérée sous deux rapports, l'*inexécution* du contrat et le *retard* apporté à l'exécution.

34. Ainsi, quoique les deux obligations subsistent ensemble après l'événement de la condition qui donne naissance à l'obligation secondaire, le créancier ne peut régulièrement exiger l'accomplissement des deux; il ne peut exiger à la fois la peine stipulée et l'exécution de l'obligation primitive; il faut qu'il choisisse entre l'une et l'autre.

35. Mais la peine sera encourue et exigible sans préjudice de l'obligation primitive, si elle a été stipulée pour réparation des dommages-intérêts que doit souffrir le créancier, non de l'inexécution absolue de l'obligation, mais du simple retard à remplir son obligation dans le délai fixé par la convention (Cass. 27, av. 1840). — Ou, s'il a été convenu par le contrat que l'infraction à ses engagements de la part de l'obligé donnerait lieu d'exiger le principal et la peine (Toullier, t. 6, n. 802).

36. D'où il suit qu'on pourrait dans le contrat même insérer deux clauses pénales : l'une pour le retard dans l'exécution, et l'autre pour l'inexécution même du contrat, mais qu'elles ne pourraient pas être cumulées s'il n'y avait pas une stipulation expresse à cet égard (*Code du Journal du Palais*).

37. Il n'y a pas inexécution de l'obligation et la peine n'est pas encourue dans les cas suivants :

38. 1° Lorsqu'un bail, ayant été fait à la condition que le locataire ne sous-louerait pas à un ouvrier se servant de marteau, ce locataire a sous-loué à un de ces ouvriers, si le bail n'a pas été suivi d'exécution (Toullier, t. 6, n. 85). — V. *bail*, note 105.

39. 2° Lorsque la clause pénale ayant été convenue au cas où l'on ferait appel d'un jugement, la partie appelante se désiste de son appel (Toullier, t. 6, n. 835).

40. La peine stipulée pour simple retard est encourue par le débiteur, et il y a lieu au cumul du principal et de la peine dans les cas suivants :

41. 1° Lorsqu'il a été stipulé qu'une somme payée par le débiteur, à valoir sur des créances hypothécaires, resterait acquise au créancier, au cas de non-paiement dans un *délai déterminé*, de certaines conditions imposées au débiteur, et serait imputée sur des créances chirographaires : dans ce cas, l'inaccomplissement des conditions autorise le créancier à demander paiement de la totalité de la créance hypothécaire, sans tenir compte de la somme déjà payée (Cass. 27 av. 1840).

42. 2° Alors même que le débiteur obtiendrait du juge un délai de grâce (Duranton, 11, 342).

43. *Soit que l'obligation primitive contienne, soit qu'elle ne contienne pas un terme dans lequel elle doive être accomplie, la peine n'est encourue que lorsque celui qui s'est obligé, soit à livrer, soit à prendre, soit à faire, est en demeure* (C. civ. 1230).

44. Cet article paraît supposer que la mise en demeure est toujours nécessaire pour que la peine soit encourue, et qu'ainsi la seule échéance ne pourrait être considérée, dans aucun cas, comme un motif suffisant d'exiger le paiement de la clause pénale; mais en rapprochant cet article de l'art. 1139 du C. civ., qui permet d'insérer la mise en demeure dans l'acte même, il en résulte que la simple indication du terme insérée dans l'acte d'une manière générale est suffisante pour que le créancier soit dispensé de mettre le débiteur en demeure; en conséquence, toutes les fois que cette clause spéciale se trouvera dans le contrat, comme la mise en demeure résulte alors de la seule échéance du terme, il sera alors pleinement satisfait aux exigences de l'art. 1230, et la peine stipulée sera encourue par la seule échéance du terme.

45. Ainsi, lorsqu'il est stipulé qu'une convention sera résolue *de plein droit* faute de l'accomplissement, dans un certain délai, d'une condition imposée à l'un des obligés, l'obligé est constitué en demeure par l'effet même de la convention, sans qu'il soit besoin d'un acte spécial de mise en demeure (Cass. 27 av. 1840). — Selon Duranton, t. 2, n. 381 et suiv., une interpellation doit être faite au débiteur, à moins qu'il n'ait été expressément stipulé que la mise en demeure résulterait de la seule échéance du terme, auquel cas s'applique la maxime : « *Dies pro homine interpellat.* » — Et suivant un arrêt de la cour de Bruxelles, du 24 mai 1809, si un débiteur est convenu de rembourser le capital dans le cas où il ne paierait pas les intérêts à une époque déterminée, le défaut de paiement des intérêts au terme convenu ne rend pas le capital exigible de plein droit : le créancier doit s'adresser au juge pour faire exécuter la convention.

46. Mais la convention par laquelle une partie s'oblige à livrer, à un terme fixé, une chose dont elle a reçu le prix, et, à défaut de livraison, à payer les intérêts de ce prix, ne constitue pas essentiellement une obligation avec *clause pénale* : une telle convention peut n'être considérée que comme une simple stipulation d'intérêts, qui oblige le débiteur à les payer sans qu'il soit nécessaire de le mettre préalablement en demeure de remplir son obligation principale (Cass. 3 déc. 1834).

47. Du reste, avant le Code civil, l'effet d'une clause pénale était subordonné à la mise en demeure du débiteur et à un jugement préalable qui en ordonnât l'exécution (Cass. 26 av. 1808). — V. *inf.* n. 55.

48. *La peine peut être modifiée par le juge lorsque l'obligation principale a été exécutée en partie* (C. civ. 1231).

49. La clause pénale fait la loi du juge comme elle fait la loi des parties : il doit donc l'appliquer dans toute sa rigueur par cela seul que l'exécution n'a pas eu lieu. Il ne lui est permis ni d'y rien ajouter ni d'en rien retrancher, à

moins que l'on se trouve dans le cas prévu par l'art. 1231 précité lorsque la convention a été exécutée en partie.

50. Le principe qui ne permet pas au juge de modifier la peine s'il n'y a eu exécution partielle a été admis dans les cas suivants, où il a été décidé :

51. 1° Que l'exécution pure et simple de la clause pénale devait être ordonnée sans pouvoir réduire ou modérer la peine stipulée, même au cas où la peine stipulée paraissait excessive (Cass. 1 déc. 1828).

52. 2° Que le créancier ne pouvait demander une somme plus forte que celle fixée par la clause pénale, quand bien même le dommage résultant de l'obligation principale serait plus considérable que cette somme (Duranton, 11, 341).

53. Mais si, dans une obligation qui se borne au paiement d'une certaine somme, il a été stipulé par une clause pénale que faute de paiement au terme fixé, le débiteur paierait au créancier une somme supérieure à l'intérêt légal, il y a lieu à réduire cet intérêt à celui fixé par la loi (Liége, 9 mars 1826; Aix, 21 août 1829; Cass. 2 mars 1831; Toullier, 6, 266; Duranton, 11, 342).

54. Et lorsque deux huissiers ont fait entre eux un traité d'association sur l'exercice de leur charge avec une clause pénale, si l'arrêt décide que le contrat a été tacitement résilié par le consentement des parties contractantes, et par suite règle par forme de transaction entre les parties les dommages-intérêts qu'elles peuvent se devoir respectivement, cet arrêt ne fait en cela qu'une simple appréciation des faits et circonstances de la cause, et ne peut donner ouverture à cassation (Cass. 10 fév. 1825).

55. Quant au principe qui laisse au juge la faculté de réduire la peine au cas d'exécution partielle, il ne reçoit pas son application si les parties ont formellement exprimé une intention contraire (Toullier, 6, 839).

56. Les clauses pénales sont-elles de rigueur? n'en est-il pas de comminatoires (a)? — V. note 62, n. 100.

57. Il était de principe, avant le Code civil, que les clauses pénales, insérées dans les contrats, ne devaient être considérées que comme comminatoires, et que leurs effets n'étaient définitivement acquis que lorsque des jugements en avaient ordonné l'exécution, les lois romaines relatives aux conditions pénales n'étant pas reçues en France. — V. *sup.* n. 47.

58. Ce principe est le même sous le Code civil, mais seulement pour le cas où l'obligation ayant été exécutée en partie la peine peut être modifiée par le juge, et alors même qu'il aurait été convenu que la peine ne serait pas comminatoire. Ainsi décidé, à l'égard d'une demande en résolution de contrat de rente viagère et remboursement du capital formée pour défaut de paiement des arrérages en vertu d'une clause pénale stipulée au contrat, par les motifs que l'art. 1231 et l'art. 1983 du C. civ. ne sont pas introductifs d'un droit nouveau et n'ont fait que confirmer les anciens principes de l'ancienne jurisprudence sur la matière. D'où il résulte, que si le créancier de la rente viagère décède avant d'avoir obtenu un jugement sur sa demande, ses héritiers ne sont pas recevables à reprendre et à poursuivre la demande en résiliation du contrat de rente; ils ne peuvent que réclamer les arrérages échus de la rente laquelle s'est éteinte par le décès du créancier (Cass. 26 av. 1808 et 5 mars 1817).

59. *Lorsque l'obligation primitive contractée avec une clause pénale est d'une chose indivisible, la peine est encourue par la contravention d'un seul des héritiers du débiteur, et elle peut être demandée, soit en totalité contre celui qui a fait la contravention, soit contre chacun des co-héritiers pour leur part et portion et hypothécairement pour le tout, sauf leur recours contre celui qui a fait encourir la peine* (C. civ. 1232).

60. Par exemple, j'ai stipulé de votre auteur qu'il ne pourrait ouvrir de fenêtres au-devant de mon bâtiment sous peine de 900 fr. en cas de contravention, avec hypothèque sur un immeuble pour sûreté de cette somme. Si vous lui succédez avec vos deux frères, et que vous ouvriez des fenêtres au-devant de mon bâtiment, je pourrai réclamer de vous les 900 francs en totalité parce que vous êtes en faute; ou bien demander 300 fr. à vous et 300 fr. à chacun de vos frères sauf à eux leur recours contre vous qui avez fait encourir la peine.

61. Dans ce cas, si l'immeuble hypothéqué a passé à une personne autre que celle qui a commis la contravention, cette personne pourra être poursuivie en vertu de l'hypothèque qui est indivisible, pour le paiement total de la peine, sauf à elle son recours contre celui qui a contrevenu à l'obligation.

62. *Lorsque l'obligation primitive contractée sous une peine est divisible, la peine n'est encourue que par celui des héritiers du débiteur qui contrevient à cette obligation, et pour la part seulement dont il était tenu dans l'obligation principale, sans qu'il y ait d'action contre ceux qui l'ont exécutée. — Cette règle reçoit exception lorsque la clause pénale ayant été ajoutée dans l'intention que le paiement ne pût se faire partiellement, un co-héritier a empêché l'exécution de l'obligation pour la totalité. En ce cas, la peine entière peut être exigée contre lui et contre les autres co-héritiers pour leur portion seulement, sauf leur recours* (C. civ. 1233).

63. Mais le créancier qui a reçu d'un cohéritier sa part dans la dette, sans faire aucune réserve, ne peut exiger de cet héritier sa part dans la peine, quoique les héritiers ne satisfassent pas au surplus de l'obligation (Duranton, 11, 379).

V. v^is *obligations* en général note 107 — *obligations divisibles et indivisibles* note 92.

[59]

DES MINUTES ET BREVETS.

DIVISION SOMMAIRE :

(a) On ne répute *comminatoires* que les clauses qui ont rapport au temps dans lequel on doit remplir *telle* ou *telle* obligation. Ainsi, lorsqu'une partie s'est obligée de faire ou de livrer *telle* chose dans *tel* délai, si elle ne l'a pas fait on présume qu'il y a de l'oubli ou qu'un contre-temps l'en a empêchée; on croit alors alors qu'il est juste de lui laisser encore la faculté d'accomplir son obligation, en l'avertissant de le faire par une interpellation judiciaire (Merlin, v° *comminatoire*.

§. 3. A qui doit rester la minute : 1° lorsqu'un acte est reçu par plusieurs notaires, - V. le tableau indicatif. — 2° lorsqu'un notaire se fait substituer par un autre notaire (n. 56 à 71.)

§. 4. De la transmission des minutes, — des mesures conservatoires. — du dépot provisoire (n. 72 à 82).

Art. 1. En quels cas il y a lieu a transmission de minutes (n. 83 à 89).

Art. 2. A qui et par qui la transmission doit être faite. — du délai pour l'effectuer. — du dépot définitif et conditionnel (n. 90 à 107).

Art. 3. De l'état sommaire des minutes (n. 108 à 112).

Art. 4. Des recouvrements (n. 113 à 115).

§ 5. Des dépots de minutes ailleurs que dans les études de notaires (n. 116 à 118).

Indication alphabétique.

§ 1. De l'obligation ou sont les notaires de garder minute de tous leurs actes. — Exceptions a cette règle. — Tableau des brevets.

1. *Les notaires sont établis pour recevoir tous les actes et contrats... et pour en conserver le dépôt...* — V. note 2, n. 1.

2. *Les notaires seront tenus de garder minute de tous les actes qu'ils recevront. — Ne sont néanmoins compris dans la présente disposition les certificats de vie, procurations, actes de notoriété, quittances de fermage, de loyers, de salaires, arrérages de pensions et rentes, et autres actes simples qui,* d'après les lois, *peuvent être délivrés en brevet* (L. 25 vent. an XI, art. 20). — Sous les peines prononcées par l'art. 68 de la même loi, rappelé note 38, n. 1 et 9.

3. Il n'y a point de différence entre une minute et un brevet relativement à la forme; seulement une minute doit être toujours conservée par le notaire, lequel n'a que le droit d'en délivrer des expéditions et grosses (V. note 64), tandis que le brevet se délivre en original, à moins qu'il ne soit rapporté et déposé pour minute afin d'en tirer des expéditions ou grosses.

4. Le mot *minute* vient du mot latin *minuta*, qui, avec le mot *scriptura* sous-entendu, signifie *écriture petite;* il est employé par opposition aux copies délivrées aux parties, qu'on appelle généralement *grosses* parce qu'elles sont écrites en caractères plus gros et plus lisibles.

5. L'on donnait autrefois aux minutes le nom de *briefs*, *brefs* ou *brevets*, et le notaire en faisait la remise aux parties; mais comme de cette remise, il résultait de grands inconvénients quand une partie perdait son *brief*, les notaires prirent l'habitude, et furent ensuite astreints à transcrire au long les *briefs* des actes sur des registres qu'on nommait *protocoles*, et à garder ces registres pour y avoir recours au besoin, comme aussi à mentionner sur le registre le nombre d'expéditions ou de grosses délivrées. Cette transcription était signée du notaire; mais la minute, qui était remise aux parties, était signée de deux notaires (Ordon. de *Charles VII*, 1 déc. 1437; d'Orléans, de 1539). — Ainsi les registres et protocoles des notaires ne présentaient que la copie des minutes des actes; celles-ci étaient toujours remises aux parties.

6. Ce n'est que par l'art. 84 de l'ordonnance d'Orléans de 1560, et par l'art. 165 de l'ordonnance de Blois, de 1579, qu'il fut enjoint aux notaires de faire signer les actes et les contrats par les parties et les témoins instrumentaires; et même l'ordonnance d'Orléans leur prescrivit formellement *d'expédier aux parties, ce requérant, lesdits contrats ou actes en* brief, *et par eux soussignés, sans que lesdites parties soient tenues les lever en forme si bon leur semble.* Ainsi, à cette époque on délivrait encore aux parties les *brevets*, à moins qu'il ne leur convînt mieux d'en tirer expédition ou grosse.

7. Cet état de choses ne pouvant subsister longtemps, les notaires furent les premiers à reconnaître qu'il y avait nécessité de garder minute des actes dont les parties avaient un besoin réciproque, et qui, d'un autre côté, pouvaient intéresser les tiers, et il intervint quelques lois particulières, notamment l'art. 1 de l'ordonnance de 1731, qui prescrivirent aux notaires de garder minute de certains contrats. — V. *inf.* le tableau *A* (côté gauche, p. 552).

8. Ainsi, jusqu'à la nouvelle législation, la règle était que tous les actes pouvaient être délivrés en brevet, à l'exception de ceux dont les lois ordonnaient de garder minute (Toullier, t. 8, n. 447).

9. Au contraire, depuis la loi de ventôse an XI, on suit la règle inverse, c'est à dire qu'il doit être gardé minute de tous les actes, et que ceux qui peuvent être délivrés en brevet forment l'exception. — V. *sup.*, n. 2.

10. Il n'est pas inutile de comparer ces deux époques pour rendre plus claire la disposition finale de l'art. 20 de

la loi de ventôse, rappelé *sup.* n. 2, qui renvoie aux lois antérieures pour les actes qu'on peut délivrer en brevet. Ainsi, en énumérant tous les actes pour lesquels il y avait anciennement obligation de garder minute, on saura de

(*a*) TABLEAU COMPARATIF SERVANT A RECONNAITRE LES ACTES QUI

ACTES EN MINUTE SOUS L'ANCIENNE LÉGISLATION, — OU EXCEPTION A LA RÈGLE QUI, SOUS CETTE LÉGISLATION, PERMETTAIT DE FAIRE LES ACTES EN BREVET.

1 ABANDON de biens entre débiteurs et créanciers.

2 ACCEPTATION de succession ou de communauté (arrêt du parlement de Paris, du 14 fév. 1731).

3 ACTES DE PRISE DE POSSESSION et autres concernant les matières bénéficiales.

4 ACTES TRANSLATIFS ET DÉCLARATIFS DE PROPRIÉTÉ de biens immeubles et d'héritages — V. *inf. ventes.*

5 ATERMOIEMENTS (contrats d').

6 BAUX de toute espèce.

7 CHANGEMENTS de contrats de mariage avant célébration

8 COMMAND (déclaration de).

9 COMPTES.

10 CONCORDATS entre débiteurs et créanciers.

11 CONSTITUTIONS de rentes perpétuelles ou viagères.

12 CONTRATS DE MARIAGE.

13 CONVENTIONS au-dessus de 300 f. (déc. 7. déc. 1723).

14 DÉLAISSEMENTS

15 DÉPÔT (actes de)

16 DEVIS D'OUVRAGES au-dessus de 300 fr. (décl. 7 déc. 1723).

17 DONATIONS ENTREVIFS (ordonn. de fév. 1731 art. 1)

18 ECHANGES d'immeubles (arrêt Cons. 10 av. 1683).

19 INVENTAIRES, soit en conséquence d'articles ou contrats de mariage, soit de communauté entre mari et femme (arr. de réglement 14 mars 1731); ainsi que tous ceux après décès, absence, ou interdiction.

20 LICITATIONS

21 LIQUIDATIONS.

22 MAIN-LEVÉES.

23 MARCHÉS au-dessus de 300 (décl. 7 déc. 1723).

24 OBLIGATIONS au-dessus de 300 fr. (décl. 7 déc. 1723).

25 PARTAGES.

26 QUITTANCES de dots et de rapports (ordonn. de 1629 art. 130). — D'emploi par privilège de bailleur de fonds ou de constitutions. (Sentence de régl. Châtelet de Paris 3 oct. 1689, confirmée par arrêt du 31 juillet 1690).

27 RÉCOLEMENTS. — V. *sup.* Inventaires.

28 RENONCIATIONS à succession ou communauté. — V. *sup.* acceptation.

29 SOCIÉTÉS.

30 TITRES-NOUVELS.

31 TRAITÉS.

32 TRANSACTIONS.

33 TRANSPORTS de droits successifs.

34 UNION (contrats d') entre créanciers.

35 VENTE de biens immeubles et d'héritages (arr. Cons. 10 av. 1683; — 5 juin 1706 et 21 janv. 1749; — Parlem. 19 av. 1714; — Ordonn. d'Orléans art. 83).

suite qu'els étaient alors les actes qui pouvaient être délivrés en brevet, et on aura en cela un moyen à peu près certain d'appliquer la loi de ventôse. On peut consulter à cet égard le tableau comparatif ci-dessous (*a*).

PEUVENT ÊTRE DÉLIVRÉS EN BREVET SOUS LA LÉGISLATION ACTUELLE.

ACTES EN BREVET SOUS LA LÉGISLATION ACTUELLE, — OU EXCEPTION A LA RÈGLE QUI, SOUS CETTE LÉGISLATION, OBLIGE DE GARDER MINUTE DE TOUS LES ACTES.

1 Actes simples qui, d'après la loi, peuvent être délivrés en brevet. (L. de ventose, an XI, art. 20). On doit entendre par *actes simples* ceux dont le contenu, la nature et les effets ne présentent qu'un objet ou un intérêt simple en lui-même et passager, tels sont les actes unilatéraux par lesquels une seule partie s'engage, et qui ne contiennent point de stipulations que les tiers aient le droit d'invoquer. (*Rapp. de M. Favard au Conseil d'Etat lors de la disc. de la loi.*); d'où il suit qu'on ne peut délivrer en brevet, et qu'on doit au contraire garder minute de tous actes synallagmatiques et de tous ceux dont l'effet est perpétuel et se transmet des parties contractantes à leurs héritiers ou ayants-cause à perpétuité.

2 On peut considérer le sens des mots *actes simples* comme étant expliqué par une déclaration du roi du 7 déc. 1723, à laquelle le législateur de l'an XI, par ces mots *d'après les lois*, a sans doute entendu se référer, laquelle déclaration a soumis les actes des notaires de Paris à un droit de timbre de 10 ou 20 sous (en remplacement du Contrôle auquel ils étaient assujétis), selon que ces actes étaient simples ou compliqués, et pour l'application de cette disposition, a établi la nomenclature des actes simples que l'on peut délivrer en brevet sur papier de 10 sous. Toutefois, comme on peut encore douter que cette déclaration établisse une règle parfaite sur la division des actes en brevets et minutes, c'est au notaire à juger dans l'occasion s'il doit s'y conformer, et, dans le doute si un acte peut être délivré en brevet, il doit le passer en minute.

3 Actes respectueux. On peut délivrer ces actes en brevet aussi bien que les consentements, mais ce n'est pas l'usage.

4 Annexes. Pour les actes qui peuvent être délivrés en brevet, les procurations et autorisations annexées ne font point obstacle à cette délivrance, malgré que l'art. 13 de la loi de ventose porte qu'elles seront annexées à la minute, ce dernier mot étant synonime d'acte.

5 Apprentissage. C'est une faute de délivrer ces actes en brevet, car il y a, en général, obligation réciproque entre les deux parties.

6 Assurances. Ces actes ne peuvent être délivrés en brevet que quand le montant de la prime a été acquitté soit comptant, soit en billets de primes, parce qu'alors l'acte est purement unilatéral, n'intéressant plus que l'assuré.

7 Attestations. (Décl. 7 déc. 1723.)

8 Autorisations de mari à femme (id).

9 Cautionnements (Décl. 7 déc. 1723).

10 Certificats — v. sup. *Attestations*.

11 Certificats de vie (L. de ventose, art. 20).

11 *bis*. Compulsoire. — V. note 64 n. 179.

12 Consentements (décl. 7 déc. 1723). Ce qui s'applique aux consentements à mariage, même aux actes par lesquels le roi et les princes de sa famille donnent leur agrément à un contrat de mariage.

13 Conventions au-dessous de 300 fr. (décl. 7 déc. 1723).

14 Décharges de pièces, papiers et meubles.

15 Désaveu (décl. 7 déc. 1723).

16 Désistements (id). — Bien que ces actes puissent être délivrés en brevet, cependant il a été décidé que quand ils sont relatifs à une instance, la partie à laquelle ils sont signifiés peut en exiger le dépôt en l'étude d'un notaire (Bruxelles, 25 mai 1810).

17 Devis au-dessous de 300 fr. (id).

18 Effets négociables. Ces effets se délivrent toujours en brevet et jamais en minute, parce qu'on agit sur la signature.

19 Elargissements. (id.)

20 Main-levées d'opposition (id).

21 Marchés au-dessous de 300 fr. (id.)

22 Notoriété (Actes de). Généralement ces actes se délivrent en brevet, mais on doit faire exception pour les actes de notoriété après décès et établissant le nombre et les qualités des héritiers à défaut d'inventaire, parce que ces actes ne sont point d'un intérêt passager. — V. sup. *actes simples*.

23 Obligations au-dessous de 300 fr. (décl. 7 déc. 1723). Mais il y a lieu de garder minute des obligations 1° lorsqu'elles contiennent promesse d'emploi et de subrogation (Parlem. de Paris, 17 avril 1766; C. civ. 1250.)

24 2° Lorsqu'elles constatent la remise d'un gage mobilier, à cause du droit que conserve le débiteur sur ce gage (C. civ. 2080).

25 3° Quand elles confèrent un droit d'antichrèse (C. civ 2086), — il y a même raison de décider que pour le gage.

26 4° Lorsqu'elles ont pour objet la réparation d'un dommage, parce qu'alors, éteignant tout procès, le débiteur et le créancier sont liés par l'acte qui a été fait.

27 5° Quand elles ont pour objet les aliments dont est question aux art. 205 et suiv. du C. civ.

28 Procurations. — Il est permis de délivrer en brevet toute espèce de procurations, même celles à l'effet de faire donation (Bordeaux, 3 juin 1836). Il n'y a d'exception que 1° pour les procurations à l'effet d'accepter les donations. V. note 38, n° 9-2°. Et pour celles contenant pouvoir de vendre des rentes sur l'État au-dessus de 50 fr., faisant observer que l'administration exige pour plus de garantie du trésor public, comme pour la facilité de ses recherches, que lorsque la procuration vient des départements, elle peut être délivrée en brevet, et que lors même qu'elle aurait été retenue en minute, l'expédition doit en être déposée soit à un notaire de Paris, soit à un notaire des cantons ruraux du département de la Seine (Dictionn. du notariat, v° minute, n° 43). — V. sup. Annexe.

29 Prorogations de délai pures et simples. Elles ne sont pas telles quand le créancier accorde un délai et que le débiteur renonce au droit d'anticiper sa libération.

30 Quittances de fermages, de loyers, de salaires, arrérages de pensions et rentes, etc. (L. de ventose, art. 20.) — V. inf. *Titre*.

31 Rétractations (décl. 7 déc. 1723).

32 Révocations de procurations (id).

33 Testament. La loi du 25 ventose a-t-elle abrogé l'édit du mois de mars 1693 qui autorisait la remise aux testateurs des minutes ou originaux de leurs testaments? Oui, suivant un avis du Conseil-d'État du 7 avril 1821. — Non, suivant jugement du tribunal civil de Clamecy, du 14 juillet 1836. - Roll. de V... 3312, motivé sur ce qu'une loi générale ne déroge point à une loi spéciale, et un jug. d'Amiens, du 29 nov. 1837. — Roll. de V... 3990.

34 Titre étant la conséquence d'un autre. Tous actes simples qui n'ont rapport à aucun titre ou acte, et ne contiennent aucune obligation respective peuvent être délivrés en brevet (décl. 7 déc. 1723). On ne peut ranger au nombre de ces actes les quittances de remboursements de rentes et celles de remboursements de capitaux, lorsque les obligations étaient en minute : un acte en minute n'est bien détruit que par un autre acte en minute.

35 Transports d'apprentissage (id). Il peut en être de même d'un transport de créance, mais si ce transport était fait pour demeurer quitte par le cédant envers le cessionnaire d'une somme due par jugement ou arrêt, ou autre acte dont il y aurait minute, il faudrait aussi en garder minute, parce qu'alors l'acte est utile au cessionnaire pour se faire payer et au cédant pour établir sa libération (Massé, t. 1, p. 73.) V. *sup. Titre*.

36 Ventes de meubles. Les officiers publics chargés de procéder aux ventes aux enchères d'effets mobiliers ne peuvent délivrer en brevet les procès-verbaux constatant ces ventes; ils doivent au contraire en conserver minute (Avis Cons. d'Etat, 9 déc. 1829; lettr. du min. just. 8 févr. 1830).

11. Hors les cas exceptionnels prévus par la loi, et qui sont expliqués au tableau (côté droit), il y a obligation pour les notaires de garder minute ; c'est un principe d'ordre public auquel les parties elles-mêmes ne peuvent déroger en autorisant le notaire à délivrer en brevet un acte qui doit rester en minute.

12. La peine pécuniaire, en cas de contravention, serait sans doute moins forte avec une autorisation que sans autorisation, mais la peine disciplinaire n'éprouverait d'atténuation qu'autant que le notaire aurait des motifs d'excuse un peu plausibles.

13. Quant au sort de l'acte, il y aurait nullité, à moins qu'il ne fût signé des parties, auquel cas il pourrait valoir comme acte sous seing privé s'il ne s'agissait point d'un acte solennel. — V. note 38, n. 9 et 18, et note 39.

14. On ne distingue ordinairement un acte en brevet d'un acte en minute que par la place qu'il occupe sur l'une ou l'autre colonne du répertoire. — V. note 17, p. 86.

15. Cependant il serait mieux de faire mention dans le contexte de l'acte de sa délivrance en brevet, - V. la formule de consentement à mariage.—Les parties ne pourraient plus alors prétexter d'ignorance à cet égard, et le notaire ne serait plus le maître de changer leurs dispositions sur ce point.

16. Lorsque l'acte délivré en brevet est rapporté pour minute à un notaire, il doit en être dressé un acte de dépôt. Il ne serait pas suffisant de faire mention de cette remise sur le répertoire en portant l'acte dans la colonne des minutes, surtout quand le double du répertoire est déposé au greffe, car alors l'original et la copie ne seraient plus semblables (L. 22 frim. an XII, art. 43 ; délib. 6 janv. 1837). — V. note 64.

17. Y a-t-il obligation de rapporter le brevet pour minute au notaire même qui l'a passé ou à ses successeurs ? La Chambre des notaires de Paris, par l'art. 27 de ses statuts, de 1679, et par une délibération du 9 ventôse an XIII, a résolu la question affirmativement; ajoutant que le dépôt ne peut avoir lieu en l'étude d'un autre notaire par voie d'annexe, et qu'au cas de suspension, destitution, remplacement ou décès du notaire qui a reçu l'acte, le brevet ne peut être déposé qu'au notaire qui l'a signé en second.

18. Le motif qui a animé la Chambre dans cette circonstance est sans contredit très-louable; il a pour objet de maintenir la bonne harmonie entre les notaires, en ce qu'il ne permet point le déplacement des affaires; mais il est, d'un autre côté, nuisible à la liberté des parties, en ce qu'elles seraient mises dans la nécessité de se transporter souvent à de grandes distances pour effectuer le dépôt, et que d'ailleurs on ne peut les forcer de se présenter devant *tel* officier ministériel plutôt que devant *tel* autre.

19. Du reste, quant au point de légalité, il est indifférent que le dépôt ait lieu en l'étude du notaire qui a reçu le brevet ou en une autre étude, l'art. 21 de la loi du 25 vent. an XI est positif sur ce point. — V. note 64, n. 55 et 123.

V. note 42, n. 3 et 83.

ART. 1. — DES CAS OU LES NOTAIRES PEUVENT SE DESSAISIR DES MINUTES.

20. *Les notaires ne pourront se dessaisir d'aucune minute, si ce n'est dans les cas prévus par la loi et en vertu d'un jugement. — Avant de s'en dessaisir, ils en dresseront et signeront une copie figurée, qui, après avoir été certifiée par le président et le commissaire* (PROCUREUR DU ROI) *du tribunal civil de leur résidence sera substituée à la minute, dont elle tiendra lieu jusqu'à sa réintégration* (L. 25 vent. an XI, art. 22).

21. Il résulte de ce qui précède : 1° que le notaire ne doit pas cesser d'être le possesseur, le gardien de la minute, mais encore qu'elle ne doit sortir ni de ses mains, ni de son étude. Ainsi reconnu par un acte de notoriété du Châtelet de Paris du 18 nov. 1687.

22. 2° Que les juges ont le droit d'ordonner l'apport au greffe des minutes d'actes notariés dans les causes où cette inspection peut éclairer leur religion ; il n'est pas indispensable pour cela que l'acte soit attaqué pour faux (Cass., 6 janv. 1830). — Quand le notaire est empêché de faire lui-même l'apport au greffe, il peut être ordonné que le dépôt de la minute sera fait au greffe de la justice-de-paix du canton de la résidence du notaire (Bordeaux, 16 juin 1838). — Toutefois, dans le cas où la minute n'est demandée que comme pièce de comparaison, il suffit d'en faire une copie collationnée (C. instr. crim. 454, 455. — C. proc. 200 et suiv.).

23. 3° Qu'un notaire est passible de peines disciplinaires pour avoir joint une minute au dossier d'une instance de compte dans laquelle il était partie (Metz, 7 mai 1822).

24. 4° Qu'il l'est aussi pour avoir apporté une minute au tribunal afin d'établir qu'il n'avait point commis la contravention qui lui était imputée, si cet apport n'avait point été préalablement ordonné par le juge.

25. Il y a cependant exception à cette règle dans les cas suivants :

26. 1° Lorsqu'il s'agit d'actes administratifs reçus par les notaires comme délégués des préfets pour le compte des établissements publics; il y a alors nécessairement obligation de s'en dessaisir pour que ces actes soient revêtus de l'approbation qui est indispensable pour leur validité. — V. note 21, n. 8.

27. 2° Quand il s'agit du procès-verbal des difficultés et dires des parties dressé par le Notaire commis par justice en exécution de l'art. 977 du C. de proc. civ.

28. 3° Lorsqu'il s'agit de mettre à la suite d'un acte un nouvel acte qui contient l'exécution du premier ou qui en porte quittance et décharge. Dans ce cas, en effet, le Notaire peut transporter sa minute dans une autre étude (Stat. not. 18 sept. 1687; — Ind. L. 13 brum. an VII, art. 23. — V. note 45).

29. 4° Lorsqu'il s'agit de l'enregistrement des actes. — V. note 18. — Et de la légalisation des actes en brevet. — V. note 125.

30. La prohibition de se dessaisir des minutes s'applique non-seulement à celles des actes que les notaires

ont reçus eux-mêmes, mais encore à celles des actes reçus par leurs prédécesseurs et généralement à toutes celles qui existent dans leurs études, à quelque titre et de quelque manière qu'elles y aient été déposées (Favard, v° *acte notarié*). — Il n'y a point d'exception pour les testaments olographes d'étrangers qui auraient été déposés à un Notaire par un acte constatant ce dépôt; — Ni pour les expéditions d'actes passés à St.-Domingue et déposées à des Notaires en France (Orléans, 15 juin 1827; — Cass. 17 juin 1828).

Pour la communication des actes, V. la note 21.

Art. 2. DES PRÉCAUTIONS A PRENDRE POUR LA CONSERVATION DES MINUTES.

31. Quoique, dans l'origine, les notaires de Paris ne conservâssent pas, en général, les minutes de tous leurs actes, néanmoins il restaient dépositaires des minutes ou briefs qui leur avaient été rapportés par les parties, pour avoir les grosses dont elles avaient besoin. Les minutes étaient, dans les mains du Notaire, les garants de la fidélité de la grosse qu'il avait délivrée; elles étaient, pour le créancier, la preuve de la vérité de l'obligation dont il poursuivait l'exécution : sous ce point de vue, le public était intéressé à la sûreté du domicile des Notaires. Ce fut pour entourer ce domicile d'un plus grand grand respect, et donner à ce sujet un signal qui frappât les yeux de tous les citoyens, que le Roi *Charles* VI, par ses lettres-patentes du mois d'avril 1411, ordonna qu'en signe de la sauvegarde spéciale qu'il accordait aux Notaires de Paris, ils mettraient à leurs maisons des panonceaux Royaux aux armes de France.

32. Tous les Notaires de France sont autorisés à mettre de semblables panonceaux à leurs portes. C'est même une obligation qui leur a été imposée (Déc. Min. Just., juin 1805).

33. C'est encore pour la sûreté des domiciles des Notaires que l'édit du mois de mai 1575, exige qu'ils aient des *maisons convenables et capables*, c. à-d. à l'abri des inondations et incendies, et disposées de manière à assurer la conservation du dépôt qui leur est confié. C'est pour cela qu'à Paris, par exemple, il était défendu aux notaires d'habiter les maisons qui étaient construites sur les ponts. Cette défense avait eu pour motif la perte des minutes d'un Notaire, survenue par la chute d'une maison qu'il habitait sur un pont renversé ensuite par une crue extraordinaire d'eau.

34. C'est pour cela aussi qu'il est du devoir des Notaires de ne négliger aucune précaution pour que le dépôt qui leur est confié ne soit pas exposé aux dangers résultant de l'incendie, des inondations et même de l'humidité habituelle de la pièce dans laquelle ces mêmes minutes seraient conservées; car on a des exemples que l'humidité seule d'un local a suffi, pendant l'espace de peu d'années, pour altérer une minute au point de ne pouvoir être lue, et par conséquent, de ne plus mériter aucune foi. Il est hors de doute qu'en ce cas, le Notaire pourrait être déclaré responsable envers les parties de la perte des actes qui les concernent. — V. note 35, n. 67.

35. Il en serait de même si un Notaire prenait un domicile sujet aux inondations, et que par une crue d'eau qu'il aurait dû prévoir, ses minutes se trouvassent perdues.

36. Mais, quand il arrive des événements majeurs que la prudence humaine ne peut prévoir, comme le feu du ciel, l'incendie d'une maison voisine, le sac et le pillage d'une ville, qui entraînent la perte forcée des minutes, le Notaire qui en est dépositaire doit, dans ce cas malheureux, faire constater juridiquement le fait par le Tribunal de son arrondissement, afin de prévenir les réclamations des parties.

37. La nécessité de conserver intact un dépôt de minutes et de le mettre à l'abri des accidents, a dû éveiller la sollicitude de bien du monde, et probablement qu'il n'est pas impossible d'inventer un meuble incombustible dans lequel les Notaires déposeraient tous leurs actes. C'est un point assez important pour fixer l'attention de ceux qui gouvernent, et nous espérons bien qu'un temps viendra où l'on prescrira à tous les dépositaires de papiers précieux, l'usage de meubles pouvant résister à l'action du feu. Un meuble ne serait d'ailleurs pas plus embarrassant que les planches ou rayons sur lesquels on dépose ordinairement les minutes, lesquelles sont ainsi exposées à s'altérer de manière qu'au bout d'un demi-siècle, elles sont presque illisibles.

Art. 3. DE LA PERTE DE MINUTES.

Cette perte peut arriver ou par le *fait des tiers*, ou par *par accident*, ou par le *fait du Notaire*.

38. Fait des tiers. Quand elle arrive par le *fait des tiers*, le Notaire doit immédiatement après qu'il en a eu connaissance, se pourvoir contre celui qui la lui a soustraite ou retenue; il doit encore faire déposer les témoins qui auraient été présents à la soustraction ainsi qu'à la passation de l'acte, et leurs dépositions jointes à la déclaration de ceux qui auraient passé l'acte, justifieraient de l'existence dudit acte et de sa forme (*Ferrière*).

39. Dans le cas ci-dessus, le Notaire doit d'abord former sa plainte devant le magistrat du lieu, afin que celui-ci puisse porter ses investigations où il le juge à propos.

40. Accident. Sous l'ancienne jurisprudence, lorque la perte d'une minute était arrivée par cas fortuit ou force majeure, le Notaire ou les parties pouvaient obtenir du juge une ordonnance portant que les personnes à qui une expédition de l'acte avait été remise ou déposée, auraient à la rapporter chez le Notaire, afin qu'il en tirât une copie qui tînt lieu de minute.

41. Sous la législation nouvelle, le Notaire qui se trouve dans un cas semblable, est autorisé à compulser, après avoir obtenu à ce sujet une ordonnance du juge, les registres de l'enregistrement, à l'effet de faire l'extrait des actes dont les minutes sont détruites (Décr. 16 août 1793). — Il est vrai que la loi de ventôse an XI est muette sur ce point, mais il ne résulte pas de ce silence, qu'on doive repousser les deux modes ci-dessus indiqués, on doit au contraire les adopter l'un et l'autre parce qu'ils se prêtent un mutuel secours (*Fouquet, biblioth. du Barr.* p. 117; — *Favard*, v° *acte notarié*, § 2; — Roll. de V. v° *minute* n. 87; — Douai, 1 juil. 1816.-Sir. 17, 50).

42. Dans le cas ci-dessus, il est du devoir du Notaire de s'adresser d'abord à la Chambre des Notaires pour l'informer de l'accident et réclamer son concours et son assistance auprès du ministère public, chargé spécialement d'exercer sa surveillance sur les Notaires, et par conséquent d'admettre des excuses quand le cas y échet.

43. Fait du notaire. De l'obligation où sont les Notaires de garder minute de tous leurs actes, il résulte : 1° Que lors même que les causes d'un acte ne subsistent plus, et que les obligations et charges qui y sont stipulées sont acquittées, le Notaire ne peut ni remettre la minute aux parties, ni la supprimer, quand même elles l'en requerraient, sous peine de destitution. Ainsi décidé, suivant arrêt de règlement du 18 nov. 1687, par les motifs que ni le Notaire, ni les parties elles-mêmes ne peuvent être juges de l'importance qu'il peut y avoir de retrouver cette minute, et que l'acte contenant des conventions dont l'effet est d'être perpétuelles, aucune cause ne peut justifier la remise ou la suppression de la minute.

44. 2° Et qu'un Notaire ne peut se permettre de déchirer une minute, même du consentement des parties. Il existe à ce sujet deux arrêts : l'un du 3 avril 1677 qui, sur la preuve administrée par un héritier, qu'un Notaire après le décès du testateur avait déchiré un acte dont on ne trouva pas les morceaux, condamna ce Notaire, bien qu'il prétendît que la pièce déchirée n'était qu'un simple projet, conjointement avec ceux qui avaient eu part au déchirement, aux dommages-intérêts de la partie; — Et l'autre du 27 sept. 1674, rendu par le Parlement de Paris, qui admet la preuve par témoins sur le fait de suppression et de lacération d'un testament, malgré la prétention élevée par le Notaire que cet acte était imparfait et non signé. — V. note 38, n. 34.

§ 2. DE LA FORME DES MINUTES.

45. Les Notaires ne peuvent plus, comme anciennement, rédiger leurs minutes sur des registres; ils doivent se servir de feuilles détachées (Déc. Min. Fin. Just. 15 fév. 1809). — Et on peut employer à cet effet du papier de toute dimension (L. 13 brum. an VII, art. 19). — V. note 61.

46. C'est par les Notaires eux-mêmes ou par leurs clercs que doivent être écrits les actes notariés, à cause du secret qui doit présider aux conventions, et pour plus de garantie (Lett. patentes, 1 sept. 1541; — Arr. 4 sept. 1632). — Mais il n'y aurait pas nullité dans le cas où un acte aurait été écrit par une autre personne ou par la partie. Ainsi jugé relativement à une *donation* écrite par le donateur lui-même (Nîmes, 28 juin 1810).

47. Il était prescrit aux Notaires par l'ordonnance de 1539 (V. *sup.* n. 3), de déclarer à la fin de l'acte que la minute était restée en la possession, soit du Notaire recevant s'il était seul, soit de *tel* d'entre les deux Notaires si l'acte avait été reçu par deux Notaires, mais comme l'obligation de garder minute est aujourd'hui de droit (hors les cas exceptés), et que c'est au Notaire recevant, c. à-d. au au Notaire en premier ou premièrement nommé dans l'acte que la minute reste de droit, l'on n'a plus attaché la même importance aux mentions dont il s'agit qui ne se font plus que dans les expéditions. Si tel est l'usage (et nous ne pouvons le nier) il faut convenir que les points les plus importants tiennent à bien peu de chose, puisque cela dépend de l'arrangement ou de la place qu'un nom occupe en tête d'un acte. Il nous semble qu'un point aussi grave (celui de la détention d'une minute), mérite bien une mention particulière et spéciale et qu'il est de la plus grande utilité que chaque partie sache lors de la lecture et de la signature d'un acte en la possession de qui cet acte est resté, car toutes les parties ne sont pas au fait des usages reçus entre Notaires, et il est bien possible que sur l'expédition, quand elle est signée des deux Notaires, on ait omis de mentionner en la possession de qui la minute est restée. Pour obvier à l'inconvénient que nous signalons, il n'est pas inutile de se conformer à l'alin. 24 de la formule p. 256.

48. Il est défendu aux Notaires de recevoir aucune déclaration par manière de déposition ou de révélation, sur des minutes ni autrement (Statuts des Not. de Paris, 28 mars 1688).

49. L'usage adopté par la majeure partie des Notaires est de faire parapher par les parties le *recto* de chacun des rôles dont se composent les minutes. Cette précaution a pour but d'empêcher l'altération des conventions par addition de lignes ou substitution de feuilles. — Ces paraphes sont ordinairement placés au bas du *recto*, mais ils peuvent l'être aussi soit en *haut*, soit en *marge*. Dans ce dernier cas, les paraphes doivent être précédés des mots *premier rôle*, *second rôle* etc. — V. note 37, n. 5.

50. Un Notaire qui a une certaine quantité d'actes semblables à faire peut d'avance faire imprimer, lithographier ou autographier les minutes, grosses et expéditions, en se conformant aux lois sur le timbre, soit pour la délivrance et la dimension du papier, soit pour le nombre de lignes. Cependant la chambre des Notaires de Paris a pris une décision contraire par délibération du 21 mars 1839; — Roll. de V. 4490; et d'un autre côté, la régie de l'enregistrement par délib. du 12 oct. 1827, reconnaissant qu'un écrit sans date ni signature pouvait être timbré à l'extraordinaire sans amende, n'étant point un acte, a décidé qu'il n'était pas nécessaire que les papiers destinés à l'impression d'actes et écrits sujets au timbre fussent revêtus de la formalité avant l'impression. — Roll. de V., 352.

51. Pour les autres conditions à observer dans la forme des actes, V. la note 38, qui renvoie, savoir : 1° pour l'indication des noms, prénoms et résidence des Notaires, à la note 1. — Pour la prohibition de recevoir des actes dans le cas de parenté, à la note 2 n. 21 et suiv., et à la même note n. 40. — Pour l'indication des noms, prénoms, qualités et demeures des parties et des témoins certificateurs de l'individualité à la note 3. — Pour le lieu, l'année et le jour où les actes sont passés et la défense faite au notaire d'instrumenter hors de son ressort à la note 12. — Pour la date des actes à la note 13. — Pour les témoins instrumentaires à la note 14. — Pour la signature des actes à la note 15. — Pour la lecture à la note 16. — Pour les abréviations, annexes, blancs, chiffres, contexte, écriture illisible, intervalles et lacunes à la note 35. — Pour les surcharge, interlignes, additions et ratures à la note 36. — Pour les renvois et apostilles à la note 37.

Art. 1. Des doubles minutes et doubles-brevets.

52. Est-il convenable de faire des actes en doubles-minutes?

Lorsque les deux minutes sont tout-à-fait conformes l'une à l'autre, nous ne voyons nul inconvénient à les faire en cette forme. Mais comme il peut arriver qu'il n'y ait point de conformité, et que l'une des minutes contienne plus ou moins que l'autre, nous voyons alors un grand inconvénient à adopter le mode des doubles-minutes. — V. *inf.* n. 53.

C'est donc avec raison que les notaires de Paris se sont interdit expressément de faire plusieurs minutes du même acte par une délibération du 10 déc. 1775, où l'on cite comme conforme un arrêt du parlement du 12 mars 1773.

53. Quoi qu'il en soit, les actes notariés que l'on passe en double-minute doivent être enregistrés comme il est dit note 18, p. 107, n. 236. — Mais à ce sujet nous ferons observer que si l'art. 26 de la loi du 22 frim. an VII prescrit aux notaires de faire enregistrer leurs actes *au bureau de leur résidence*, ni cet article ni aucun autre ne prononcent d'amende pour cette contravention, d'où il suit que si l'un des notaires ayant 15 jours pour faire enregistrer sa minute au bureau de sa résidence l'a soumise à l'enregistrement au bureau de la résidence de son confrère le onzième jour de la date de l'acte quand celui-ci n'avait que 10 jours pour faire enregistrer; il n'a point pour cela commis de contravention, car l'art. 33 de la loi de frimaire ne punit que le défaut absolu d'enregistrement dans le délai fixé par la loi pour chaque notaire.

54. Ce que nous disons des doubles-minutes doit nécessairement s'appliquer aux doubles-brevets, et à cet égard il convient aussi de faire observer que la volonté des parties ne suffirait pas pour dispenser le notaire de la conservation de la minute d'un acte en le faisant faire en double-brevet, dont chacun serait remis à chaque partie contractante, car, dans les *arrêts notables* il existe un arrêt du 19 avril 1714, qui annule un contrat de vente de maison passé en double-brevet, et dont il n'était point resté de minute au notaire. — V. *sup.* n. 6.

Mais les brevets peuvent être faits en plusieurs originaux. C'est ainsi que les procurations destinées à être envoyées dans les pays éloignés ou au-delà des mers se font par duplicata, pour éviter tout retard dans l'un ou l'autre envoi.

55. Lorsqu'un acte est en double minute, c'est au plus ancien des deux notaires qu'appartient le droit de délivrer la *Grosse* exécutoire de l'acte, quand l'ancienneté confère le droit d'avoir la minute, sinon à celui auquel le tableau ci-après l'attribue. Mais on admet que chaque notaire peut délivrer expédition sur la minute qui se trouve en ses mains. Il n'existe toutefois sur ce point aucune règle tracée par la loi, et s'il advenait que les deux notaires délivrassent chacun une grosse, comme la remise de la grosse au débiteur fait présumer sa libération (C. civ. 1283.), nous ne voyons dans le mode de garder double-minute rien de bien rassurant pour les contractans. C'est un inconvénient à ajouter à celui signalé *sup.* n. 50.

§. 3. A QUI DOIT RESTER LA MINUTE: 1° LORSQU'UN ACTE EST REÇU PAR PLUSIEURS NOTAIRES, 2° LORSQU'UN NOTAIRE SE FAIT SUBSTITUER PAR UN AUTRE NOTAIRE.

56. RÉCEPTION PAR PLUSIEURS NOTAIRES. Lorsque le notaire en premier fait signer sa minute par un notaire en second, qui y est simplement désigné sous le nom de *confrère*, sans relation de son nom, celui-ci ne peut jamais être le détenteur de la minute. — V. note 1.

57. Mais lorsqu'il arrive que chacune des parties fait concourir le notaire de son choix à la rédaction de l'acte, il y a alors réellement deux notaires rédacteurs. C'est ce que l'on reconnaît à l'indication des noms de ces deux notaires en tête de l'acte; dans ce cas il n'y a point de difficulté sur la possession de la minute, une fois que le nom de *tel* du notaire a été mis le premier en tête de l'acte. — V. *sup.* n. 47.

58. Lorsqu'il y a concours de deux notaires à la rédaction de l'acte, il est nécessaire qu'ils soient à l'avance d'accord sur le point de savoir lequel sera dénommé le premier, et par conséquent retiendra la minute. A cet égard, il ne doit s'élever entre eux nul débat devant les parties, on doit faire l'application du règlement de la chambre de discipline, et ce n'est qu'à défaut de règlement que les notaires peuvent s'adresser aux tribunaux.

59. Les règles consacrées à cet égard par la jurisprudence sont :

60. 1° Que la minute appartient au plus ancien en exercice (*a*) des deux notaires, quand même elle aurait été dressée par le plus jeune, sauf les exceptions mentionnées au tableau ci-dessous (*b*).

(*a*) Le rang d'ancienneté entre les Notaires est fixé : 1° par l'antériorité de prestation de serment; 2° par l'antériorité de l'investiture royale, au cas de prestation de serment le même jour.

Lorsque la prestation de serment et l'investiture royale ont eu lieu le même jour, le rang d'ancienneté doit appartenir au plus âgé.

Si un Notaire démissionnaire vient à exercer ensuite dans un autre ressort, son rang d'ancienneté ne date que du jour de sa nouvelle prestation de serment (Cass. 16 avr. 1834).

Dans tous les cas, il n'y a point de prééminence d'une classe sur l'autre (Paris, 22 août 1831).

(*b*) TABLEAU INDICATIF DES NOTAIRES A QUI APPARTIENT LA GARDE DE LA MINUTE POUR LES ACTES CI-APRÈS ÉNONCÉS.

DÉNOMINATION DES ACTES.	INDICATION DU NOTAIRE AUQUEL APPARTIENT LA MINUTE.	DÉCISIONS QUI ATTRIBUENT LA PRÉFÉRENCE.
1 Abandonnement ou cession de biens volontaire par un débiteur à ses créanciers.	Au Notaire du cédant	Par application de la doctrine des auteurs, des réglements de chambres et en raison de l'intérêt des parties à la conservation de la minute. — Dans tous les actes où il y a contestation sur la garde d'une minute, on doit en référer à la Chambre de discipline, chargée de prévenir et de concilier tous différends entre Notaires et d'émettre son opinion par simple avis (arr. 2 niv. an XII).

DENOMINATION DES ACTES.	INDICATION DU NOTAIRE AUQUEL APPARTIENT LA MINUTE.	DÉCISIONS QUI ATTRIBUENT LA PRÉFÉRENCE.
2. Affectation hypothécaire.	Au Notaire du créancier.	*Ut sup.*
3. Antichrèse.	» du créancier.	*Ut sup.* alin. 1.
4. Bail à rente ou emphytéotique.	» de l'acquéreur ou preneur.	Délib. des Not. de Paris, 11 nov. 1817, et *ut sup.* alin. 1.
5. Bail à ferme ou à loyer.	» du bailleur.	Délib. des Not. de Paris, 11 nov. 1817, et *ut sup.* alin. 1.
6. Bail à vie.	» du preneur ou acquéreur.	Délib. des Not. de Paris, 28 oct. 1725, et *ut sup.* alin. 1.
7. Brevet d'apprentissage	» de l'apprenti.	*Ut sup.* alin. 1.
8. Cautionnement.	» du créancier.	*Ut sup.* alin. 1.
9. Cession de bail sans concours du baill.	» du cédant.	*Ut sup.* alin. 1.
10. Cession de bail avec le conc. du baill.	» du bailleur.	*Ut sup.* alin. 1.
11. Compte de tutelle, de bénéfice d'inventaire et d'exécut. testamentaire. (*a*)	Au Notaire plus ancien.	Délib. des Not. de Paris, 2 oct. 1817 et 23 août 1823.
12. Concordat.	» du failli.	*Ut sup.* alin. 1.
13. Constitution de rente perpétuelle ou viagère.	» du prêteur.	Délib. des Not. de Paris, 11 nov. 1817, et *ut sup.* alin. 1.
14. Contrat de mariage. — Inventaire ou transport en conséquence de contrat ou articles de mariage	» de la future épouse.	Délib. des Not. de Paris, 11 nov. 1817, et *ut sup.* alin. 1.
15. Délégation.	» du cessionnaire.	*Ut sup.* alin. 1.
16. Devis et marché.	» de la partie qui fait faire l'entreprise.	*Ut sup.* alin. 1.
17. Donation.	Au Notaire plus ancien, quoique l'acte contienne vente au donataire de quelques effets mobiliers et de récolte	Délib. des Not. de Paris, 24 juill. 1695, et *ut sup.* alin. 1.
18. Echange sans soulte.	Au Notaire plus ancien	*Ut sup.* alin. 1.
19. Echange avec soulte.	» de l'échangiste qui paye ou doit la soulte.	Délib. des Not. de Paris, 11 nov. 1817, et *ut sup.* alin. 1. — Na. On ne doit pas considérer comme *soulte* les frais mis à la charge de l'une des parties.
20. Inventaire (*a*), récolement (*a*).	Au Notaire plus ancien, quand même 1° sa résidence serait la plus éloignée, 2° il n'aurait pas reçu le testament du défunt, 3° il ne serait le notaire ni de la veuve ni de l'exécuteur testamentaire, 4° et son confrère serait le notaire de la famille. — V. *sup.* n. 60, 66 et suiv.	Paris 22 août 1831, 13 juin 1832, 4 janv. 1833; Nancy, 24 août 1835. — Une commission de justice ne confère point au notaire moins ancien le droit à la minute (délib. not. de Paris, 24 sept. 1818). — L'inventaire une fois commencé, le notaire qui survient ensuite ne peut, même quand il est plus ancien, avoir droit à la minute; s'il y avait déjà deux notaires, il ne peut co-opérer; s'il n'y en avait qu'un, il peut alors seulement co-opérer.
21. Liquidation (*a*).	Au Notaire plus ancien. — V. *inf.* n. 69.	Paris, 13 juin 1832.
22. Main-levée d'inscron., sans paiement.	» du créancier.	*Ut sup.* alin. 1.
23. Marché.	» de la partie qui fait faire l'entreprise	*Ut sup.* alin. 1.
24. Nantissement.	» du créancier.	*Ut sup.* alin. 1.
25. Obligation.	» du prêteur.	Délib. des Not. de Paris, 11 nov. 1817, et *ut sup.* alin. 1.
26. Obligation pour la nue-propriété à l'un et l'usufruit à l'autre.	» de l'usufruitier.	Délib. des Not. de Paris, 24 sept. 1812, et *ut sup.* alin 1.
27. Ordre amiable et distribution par contribution.	» du vendeur; du débiteur.	*Ut sup.* alin. 1.
28. Ouverture de crédit.	» du créancier.	*Ut sup.* alin 1.
29. Partage (*a*).	Au Notaire plus ancien. — V. *sup.* n. 69.	Paris, 13 juin 1832.
30. Procès-verb. de comparution et autres.	» du requérant.	*Ut sup.* alin. 1,
31. Quittance pure et simple.	» de la partie qui fait le paiement, même lorsque, s'agissant d'un prix de vente, il y a constitution de rente pour une partie de ce prix, parce qu'elle n'a lieu que par accident.	Délib. des Not. de Paris, 11 nov. 1817, et 19 oct. 1698, et *ut sup.* alin. 1.
32. Quittance avec subrogation.	» de la partie qui fait le paiement, étant observé que le notaire de celui qui reçoit le paiement exclut le notaire de celui qui a prêté les deniers.	Délib. des notaires de Paris, 23 janv. 1695, et *ut sup.* alin. 1.
33. Ratification.	Au Notaire de la partie à qui cette ratification profite, quand il y a concours de cette partie.	*Ut sup.* alin. 1.
34. Réméré (retrait de)	Au Notaire de la partie qui l'exerce.	*Ut sup* alin. 1.
35. Remplacement militaire.	» du remplaçant.	*Ut sup.* alin. 1.
36. Résiliation.	» de la partie à qui la chose retourne.	*Ut sup.* alin. 1.
37. Retrait successoral.	» de l'héritier.	*Ut sup.* alin. 1.
38. Sous-bail.	Au Notaire plus ancien.	Délib. des not. de Paris, 20 mai 1824, et *ut sup.* alin. 1.
39. Titre nouvel.	» du créancier.	*Ut sup.* alin. 1.
40. Transport de bail.	Au Notaire plus ancien.	Dél. des not. de Paris. 20 mai 1824, et *ut sup.* alin. 1.
41. Transport de créance.	» du cessionnaire.	Délib. des Not. de Paris, 11 nov. 1817, et *ut sup.* alin. 1.
42. Vente pure et simple. — V. *inf.* n. 68.	» de l'acquéreur.	Délib. des Not. de Paris, 11 nov. 1817, et *ut sup.* alin. 1.
43. Vente en usufruit au profit de l'un, et en nue-propriété au profit de l'autre.	» de l'usufruitier.	Délib. des Not. de Paris, 13 nov. 1815, et *ut sup.* alin. 1.

(*a*) Les enfants naturels n'étant point héritiers (C. civ. 756), il a été décidé que le Notaire de l'enfant naturel qui n'avait pas encore obtenu l'envoi en possession n'avait pas le droit de concourir à l'inventaire même dans le cas où le nombre de deux Notaires ne serait pas complété par les héritiers légitimes: que le droit de concourir à toutes les opérations de la succession ne lui était acquis que par l'envoi en possession et que dans tous les cas, le Notaire de l'enfant naturel ne pouvait retenir les minutes des actes, bien qu'il fût plus ancien que celui des héritiers légitimes, ou de l'époux survivant commun en biens (statuts des Notaires de Paris, 23 janv. 1806), mais qu'il avait le droit de rétention s'il était le plus ancien lorsque l'enfant naturel ne se trouvait en concours qu'avec des légataires ou un exécuteur testamentaire, ou un conjoint survivant non commun en biens quoique donataire ou légataire.

61. 2° Et qu'il ne peut y avoir plus de deux notaires coopérant au même acte (arg. L. 25 vent. an XI. art. 9. — C. proc. 935.)

62. S'il s'en présente un plus grand nombre, les deux plus anciens excluent les autres; et le nombre de voix qu'un notaire a pour lui parmi les parties intéressées n'est d'aucune influence pour l'attribution de la minute (Colmar, 30 juill. 1825 - Sir. 26, 18; — Paris, 22 août 1831.)

63. Cependant, deux notaires appelés par des parties ayant un *même intérêt* ne peuvent exclure des collègues plus jeunes qu'eux, choisis par d'autres parties. Dans ce cas, l'acte doit être reçu par le plus ancien des deux notaires, et par le plus ancien de ceux appelés dans un intérêt différent.

64. La circonstance que l'acte aurait été fait dans telle étude par suite de sommation ne serait point attributive de la minute au notaire de cette étude, au préjudice de l'autre notaire co-opérant (délib. des Not. de Paris, 2 avril 1807.)

65. Les notaires exclus peuvent assister comme conseils, mais ils n'ont aucun droit aux honoraires des notaires instrumentaires.

66. Le notaire de l'exécuteur testamentaire n'a point de préférence pour l'opération de l'inventaire sur le notaire choisi par les héritiers ou le survivant, d'où il suit qu'il n'a droit à la minute que quand il est le plus ancien (Paris, 2 août 1831).

67. Le notaire de la veuve *non commune en biens* n'a pas droit à la minute de l'inventaire; elle appartient au notaire des héritiers quoique plus jeune que celui nommé par la veuve. — Mais la minute de l'inventaire, après *séparation de biens*, appartient au plus ancien des notaires.

68. Le notaire commis par justice pour un inventaire n'en conserve toutefois la minute que quand il est le plus ancien. — Mais cette disposition ne peut s'étendre au cas où le notaire est, *en vertu de la loi*, commis par justice à l'effet d'une liquidation ou d'une vente judiciaire.

69. En matière de liquidation, c'est ordinairement le notaire qui a fait l'inventaire que le tribunal commet. — Cependant, s'il y a concours de deux notaires, le droit d'être nommé pour la liquidation appartient au plus ancien (Stat. des not. de Paris, 30 déc. 1823.)

70. Pour le partage des émoluments, nous renvoyons à la note 3, p. 15, en faisant observer que, dans le cas de concours, les honoraires *proportionnels* ne peuvent être plus élevés que s'il n'y avait qu'un seul notaire, mais qu'il en est autrement des honoraires par vacation, chaque notaire ayant droit à des vacations entières.

71. SUBSTITUTION D'UN NOTAIRE PAR UN AUTRE. Pour le cas où un notaire se fait substituer par un de ses confrères, V. *sup.* note 2, p. 8, n. 134 et suiv.

§ 4. DE LA TRANSMISSION DES MINUTES. — DES MESURES CONSERVATOIRES. — DU DÉPÔT PROVISOIRE.

72. *Les minutes et répertoires d'un notaire remplacé ou dont la place aura été supprimée pourront être remis par lui ou par ses héritiers à l'un des notaires résidant dans la même commune, ou à l'un des notaires résidant dans le même canton, si le remplacé était le seul notaire établi dans la commune* (L. 25 vent. an XI. art. 54).

73. Cependant, lorsqu'il y a deux notaires dans une commune, si l'un d'eux donne sa démission, il peut céder ses minutes au notaire nommé pour le remplacer, quoique ce dernier, par ordre du gouvernement, aille exercer dans une autre résidence du même canton. Le notaire qui reste dans la commune ne peut prétendre, dans ce cas, que les minutes ne doivent pas en sortir tant qu'il reste dans cette commune un notaire pour les recueillir (Dijon, 1 avr. 1818; Aix, 29 sept. 1838). — Mais il en serait autrement si la nouvelle résidence se trouvait hors du canton de l'ancienne. — Roll. de V... v° *minute* n. 126.

74. *Immédiatement après le décès du notaire ou autre possesseur de minutes, les minutes et répertoires seront mis sous les scellés par le juge de paix de la résidence, jusqu'à ce qu'un autre notaire en ait été provisoirement chargé par ordonnance du président du tribunal de la résidence* (même loi, art. 61).

75. Il y a lieu aussi à apposition de scellés lorsqu'un notaire est tombé en faillite (Ind. Bruxelles, 23 mars 1829).

76. C'est au syndic de la Chambre de discipline qu'il appartient, aussitôt qu'il est averti du décès d'un notaire, de faire apposer les scellés sur ses minutes et répertoires (Stat. not. de Paris, 3 brum. an XIII).

77. Le juge-de-paix lui-même doit d'office apposer les scellés, et s'il négligeait de le faire, le procureur du roi pourrait requérir cette apposition (*ibid*).

78. L'apposition des scellés ayant un but d'intérêt public, aucun motif ne peut en dispenser. Il doit en être ainsi lors même que les héritiers du notaire décédé seraient majeurs et présents, et qu'ils regarderaient cette apposition de scellés comme inutile pour leurs intérêts (*motifs de la loi*). — Cependant il a été décidé, 1° qu'à la mort d'un notaire, le président du tribunal peut, en commettant le jour même du décès un autre notaire pour être dépositaire des minutes et répertoires et en recevoir la remise en présence des héritiers, dispenser de l'apposition des scellés; 2° et que, dans ce cas, la remise au notaire commis et la remise par celui-ci au successeur peut avoir lieu sans récolement (ord. sur requête du présid. du tribunal de Perpignan, 12 mars 1843 - Contrôl. 6622). — V. *inf.* n. 108 et suiv.

79. Lorsqu'un notaire prétend que son prédécesseur a gardé par devers lui une partie des actes et papiers dépendant de l'office à lui vendu, il peut faire apposer les scellés sur le meuble où il soutient que ces papiers sont déposés, après toutefois y avoir été autorisé par le juge (Bourges, 10 août 1836).

80. Ce n'est qu'en vertu de l'ordonnance du président du tribunal que les scellés doivent être levés.

81. Si, avant la levée des scellés, les parties contractantes ou leurs héritiers avaient besoin de la grosse ou de l'expédition d'un acte, ils devraient présenter une requête au président du tribunal, qui permettrait la levée momentanée

des scellés à l'effet de faire la recherche de la minute dont l'expédition serait faite par un notaire commis.

82. C'est au président du tribunal à ordonner le dépôt provisoire des minutes et répertoires dans les mains d'un autre notaire. Le choix de ce magistrat doit nécessairement porter sur un des notaires du canton où résidait l'officier décédé. Il y a lieu à ce sujet de se référer à l'art. 54 de la loi. - V. sup. n. 72. — En tout cas, son ordonnance n'est pas susceptible d'opposition (jug. de Cusset, 2 mars 1829). V. *inf.* n. 100.

82 *bis.* Le dépôt dont il s'agit n'étant que *provisoire*, il en résulte que le dépositaire choisi par le président doit remettre ensuite les minutes et répertoires au fils ou à l'étranger qui remplace le défunt dans ses fonctions.

Art. 1. EN QUELS CAS IL Y A LIEU A TRANSMISSION DE MINUTES.

83. La démission d'un notaire, sa destitution, son remplacement, son décès, la translation de sa résidence et la suppression de sa place donnent lieu à la transmission de ses minutes et répertoires, ainsi que nous allons l'expliquer.

84. 1° Démission. Il y a lieu à transmission des minutes lorsqu'un notaire a présenté un successeur à l'agrément du roi (L. 25 vent. an XI, art. 54), en conformité de l'art. 91 de la loi du 28 avril 1816. Dans ce cas, un prix peut être stipulé pour la démission — V. n. 191.

85. 2° Destitution. Le notaire n'a plus le droit de transmettre ses minutes dans le cas où il est destitué de ses fonctions. Il a aussi perdu, par la destitution, le droit de présenter un successeur à l'agrément du Roi (Angers, 11 févr. 1841. J[al] Man. art. 9. — *Contrà*, jug. de Barcelonnette, de 1841).

86. 3° Remplacement. Lorsqu'un notaire devient incapable d'exercer ses fonctions, physiquement ou moralement, il doit être pourvu à son remplacement après vérification des causes alléguées et par un jugement (Ind. L. 25 vent. an XI, art. 53.) — Mais alors il a le droit de transmettre ses minutes de même que le notaire démissionnaire (même loi, art. 54). — Sous l'empire de la loi du 29 sept. - 6 oct. 1791, c'était à l'autorité administrative et non à l'autorité judiciaire qu'il appartenait de statuer sur l'incapacité du notaire (Paris, 25 therm. an X).

87. 4° Décès. Le décès du titulaire donne lieu à transmission de ses minutes de la part de ses héritiers (L. 25 vent. an XI, art. 54).

88. 5° Translation de résidence. Le notaire qui est autorisé à changer de résidence a le droit de transmettre ses minutes (*ibid*). — Mais il ne peut les emporter s'il quitte le canton de son ancienne résidence (Ann. not. t. 4, p. 125).

89. 6° suppression de la place. Lorsqu'un office de notaire est supprimé, ce notaire ou ses héritiers ont aussi le droit de transmettre les minutes de cet office (*ibid*).

Art. 2. A QUI ET PAR QUI LA TRANSMISSION DOIT ÊTRE FAITE. — DU DÉLAI POUR L'EFFECTUER. — DU DÉPÔT DÉFINITIF ET CONDITIONNEL.

90. *Si la remise des minutes et répertoires du notaire remplacé n'a pas été effectuée, conformément à l'art.* 54, *dans le mois à compter du jour de la prestation de serment du successeur, la remise en sera faite à celui-ci* (L. 25 vent. an XI, art. 55).

91. Mais le remplaçant d'un notaire décédé ne peut contraindre les héritiers de ce dernier à lui remettre les minutes de leur auteur, lorsque, avant toute demande de sa part, et même avant sa nomination, ces héritiers avaient déjà traité de ses minutes avec un autre notaire (Cass. 26 niv. an XII. - Sir. 4. 546).

92. Du reste, la cession d'un office comprend nécessairement la cession des minutes, lorsqu'il n'y a point eu de réserve. Le prédécesseur ne peut les retenir pour les emporter à sa nouvelle résidence qui est dans le même canton (jug. de Châteaulin, 20 févr. 1839. - Roll. de V... 4547).

93. *Lorsque la place de notaire sera supprimée, le titulaire ou ses héritiers seront tenus de remettre les minutes et répertoires, dans le délai de deux mois du jour de la suppression, à l'un des notaires de la commune, ou à l'un des notaires du canton, conformément à l'art.* 54. (L. 25 vent. an XI. art. 56.)

94. Cette obligation étant imposée au *titulaire* ou à *ses héritiers*, il en résulte que ce n'est qu'au titulaire qu'il appartient de traiter de la remise des minutes avec un autre notaire, au cas de faillite. Les syndics de la faillite n'ont pas ce droit (Bruxelles, 25 mars 1829.)

95. Cependant les minutes et papiers de l'étude d'un notaire décédé peuvent être vendus par le tuteur des enfants mineurs; et même cette vente peut avoir lieu par acte s. s. p., et sans l'accomplissement des formalités exigées pour la vente des meubles appartenant à un mineur (Bordeaux, 30 mai 1840).

96. *Le commissaire du gouvernement* (Procureur du Roi) *près le tribunal de première instance est chargé de veiller à ce que les remises ordonnées par les articles précédents soient effectuées; et dans le cas de suppression de la place, si le titulaire ou ses héritiers n'ont pas fait choix, dans les délais prescrits, du notaire à qui les minutes et répertoires devront être remis, le commissaire indiquera celui qui en demeurera dépositaire. — Le titulaire ou ses héritiers, en retard de satisfaire aux dispositions des art.* 54 *et* 56, *seront condamnés à* 100 *fr.* (*maintenant* 20 *fr.*) *d'amende par chaque mois de retard, à compter du jour de la sommation qui leur aura été faite d'effectuer la remise* (même loi, art. 57).

97. Le notaire est soumis à la contrainte par corps à raison de cette remise. — V. note 31.

98. La transmission des offices étant légalement autorisée par la loi du 28 avr. 1816, et emportant nécessairement celle des minutes en faveur du successeur présenté à l'agrément du Roi, il en résulte que les règles qui précèdent ne sont plus susceptibles d'application que dans les cas de destitution ou de suppression d'un titre de notaire. — V. sup. n. 79, 92.

99. Ainsi, il faut distinguer entre le *remplacement* et la *suppression* : lorsqu'il y a *remplacement* dans les cas spécifiés sup. n. 85, 86 et 88, le délai pour la remise n'est que d'un mois, tandis que lorsqu'il y a *suppression*, le délai, pour effectuer cette remise, est de deux mois. Mais l'amende n'est pas due de plein droit, il faut une sommation d'effectuer la remise et une assignation à fin de condamnation qui peut ne pas être prononcée si le retard est justifié. La sommation comme l'assignation doivent être données à requête du procureur du roi.

100. Les minutes confiées à la garde des notaires étant le fruit de leurs travaux, en même temps qu'elles intéressent tous les citoyens, on doit, sous ce double rapport, les considérer comme une propriété commune qui, pour la garantie de chacun, doit être remise aux mains d'un tiers, et ce tiers doit être ou un notaire de la commune où résidait le titulaire, ou un notaire du même canton (V. sup. n. 72). Ce n'est qu'à défaut de cette remise dans le mois, quand le titre subsiste encore, que le successeur du titre doit en demeurer dépositaire (V. sup. n. 88); et quand le titre est supprimé, ce n'est qu'à défaut de remise dans les deux mois qu'il peut y avoir lieu à l'amende (V. sup. n. 96), et que le procureur du roi peut indiquer un dépositaire (V. *ibid*); mais dans ce dernier cas, une sommation nous semble indispensable - V. *ibid*. — Le président du tribunal ne pourrait pas intervenir pour faire la remise dont il s'agit; surtout il ne pourrait pas faire choix d'un notaire autre que celui désigné par les héritiers (Colmar, 14 juin 1811).

101. La remise ordonnée par les articles rappelés sup. n. 90 et 93 est un dépôt définitif, quand elle a eu lieu *volontairement*, soit de la part du titulaire, soit de la part de ses héritiers. C'est à eux d'établir que ce dépôt n'était que provisoire (Orléans, 11 déc. 1828).

102. La remise faite sur l'indication du procureur du roi est aussi une remise définitive — V. sup. n. 96.

103. La remise des minutes ne pourrait-elle pas être limitée jusqu'à un certain temps ou par une condition? Par exemple, un notaire décède laissant un fils qui n'est pas dans l'âge de se faire recevoir. Ce fils désirant conserver les minutes de son père, lui sera-t-il interdit, ainsi qu'à ses cohéritiers, d'en faire le dépôt, soit au successeur du titre, soit à un autre notaire de la même commune, ou du canton, avec la condition que ce dépôt cessera dans le cas où le fils serait nommé en remplacement de son père? Oui, car ce n'est alors qu'un dépôt provisoire (Ind. Orléans; 11 déc. 1828).

104. La remise ne peut être faite qu'à un notaire; d'où il suit que si un notaire, par testament ou vente, transmettait ses minutes à un individu qui ne serait pas notaire, la disposition ne pourrait recevoir d'effet qu'en ce sens que l'acquéreur devrait se faire recevoir notaire, ou qu'il aurait le droit de faire remise des minutes à un notaire, en retirant l'émolument (déc. Min. Fin. 26 juill. 1616).

105. Cependant cette remise peut être faite à tous les notaires d'une même résidence lorsqu'ils ont acquis l'office en commun. Dans ce cas, s'ils ne peuvent s'en partager les minutes, et que de leur propre mouvement ils les aient déposées dans l'une des salles de la chambre de discipline pour leur convenance particulière, la chambre ne peut être responsable si quelques minutes viennent à s'égarer, alors surtout qu'il n'a point été fait un état de ces minutes et que la chambre ne s'en est pas constituée gardienne (Bourges, 17 juin 1829).

106. Dans le cas ci-dessus, rien ne s'opposerait à la licitation des minutes entre les notaires qui s'en seraient rendus acquéreurs en commun. Et il y aurait même raison de décider pour le cas où la remise des minutes serait précédée d'une vente aux enchères à laquelle ne seraient admis que les notaires de la résidence.

107. La remise dont il s'agit doit comprendre non-seulement les minutes et répertoires, mais encore toutes les pièces qui ont été confiées au cédant comme notaire, telles que actes imparfaits, expéditions, notes et documents concernant les clients, alors surtout que le notaire cédant s'est obligé, par le traité, à transmettre à son successeur tous les papiers qui se trouvaient dans l'étude (Bourges, 20 février 1837).

Art. 3. De l'état sommaire des minutes.

108. *Dans tous les cas* (ceux expliqués aux art. rappelés sup. n. 72, 93, 96), *il sera dressé un état sommaire des minutes remises; et le notaire qui les recevra s'en chargera au pied de cet état, dont un double sera remis à la chambre de discipline* (L. 25 vent. an XI, art. 58).

109. Cet état doit avoir lieu dans *tous les cas* de transmission, celui de décès du titulaire, comme celui de remplacement ou de suppression de la place.

110. Pour le faire, les parties ont la faculté d'adopter le mode qui leur paraît le plus convenable, pourvu que l'acte de dépôt contienne des indications suffisantes pour assurer la conservation des minutes; le plus souvent on procède à un simple récolement sur les répertoires, et on constate ensuite dans l'acte de dépôt les minutes qui existent en nature et celles qui se trouvent en déficit. Cet acte peut être fait par les parties elles-mêmes sous leurs seings-privés; il doit seulement être en double original (Déc. Min. Just. 30 mai 1838). — V. la formule d'*Etat sommaire de minutes*.

111. On ne doit point confondre l'*Etat sommaire* avec l'*Inventaire*, lequel devrait désigner chaque minute, énoncer le nom des parties qui y ont figuré ainsi que la date, l'enregistrement et la nature de l'acte.

112. Il y a lieu à état sommaire et non à inventaire lors même que les minutes remises se trouveraient placées sous scellés, le titulaire étant décédé (C. proc. 937; Déc. Min. Just. 21 avr. 1828). — Dans ce cas, l'état dont il s'agit doit être dressé en présence du juge de paix (Déc. Min. Just. 22 mai 1828). — V. sup. n. 78.

Art. 4. Des recouvrements.

113. *Le titulaire ou ses héritiers, et le notaire qui recevra les minutes aux termes des art.* 54, 55 *et* 56 (*rappelés sup. n.* 72, 90 *et* 93), *traiteront de gré à gré des recouvrements, à raison des actes dont les honoraires sont encore dus, et du bénéfice des expéditions. S'ils ne peuvent s'accorder, l'appréciation en sera faite par deux notaires dont les parties conviendront, ou qui seront nommés d'office parmi les notaires de la même résidence, ou, à leur défaut, parmi ceux de la résidence la plus voisine* (L. 25 vent. an XI, art. 59).

114. Cette disposition concerne la remise qui a été volontaire de la part du titulaire ou de ses héritiers, et celle qui a été faite sur l'indication du procureur du roi (V. sup. n. 96). — Mais elle n'est point applicable au notaire destitué — V. sup. n. 85.

115. De ce qui précède, il résulte que le notaire qui cède sa charge ne peut se réserver le droit de faire lui-même les

recouvrements des sommes qui lui restent dues à raison des actes qu'il a reçus; il doit à cet égard traiter de gré à gré avec son successeur. — En tout cas, les expéditions des actes ne pourraient lui être remises à cet effet sans l'autorisation du président du tribunal (L. 25 vent. an XI, art. 59 et 23; Orléans, 12 juin 1839). — V. note 7, n. 49 et la formule de *Vente d'office*.

Art. 5. DE DÉPÔTS DE MINUTES AILLEURS QUE DANS LES ÉTUDES DE NOTAIRES.

116. *Tous dépôts de minute, sous la dénomination de* CHAMBRES DE CONTRATS, BUREAUX DE TABELLIONNAGE *et autres, sont maintenus à la garde de leurs possesseurs actuels. — Les grosses et expéditions ne pourront en être délivrées que par un notaire de la résidence des dépôts, ou, à défaut, par un notaire de la résidence la plus voisine. — Néanmoins, si lesdits dépôts de minutes ont été remis au greffe d'un tribunal, les grosses et expéditions pourront, dans ce cas seulement, être délivrées par le greffier* (L. 25. vent. an XI, art. 60).

117. Ces dépôts existent ordinairement aux archives de la préfecture. — Il en existe un aussi au secrétariat général du département de la marine pour les minutes d'actes passés à St-Domingue par les officiers publics, lesquels, par ordonnance du roi en date du 17 déc. 1825, ont été astreints à en faire la remise au lieu sus-indiqué.

118. Bien que les notaires ne puissent faire que des copies collationnées des actes dont ils ne sont pas dépositaires, il y a cependant exception à cette règle par l'art. qui précède. En conséquence, les notaires peuvent délivrer des grosses et même de simples expéditions des actes faisant partie de ces dépôts de minutes, sans les soumettre à l'enregistrement et sans les porter au répertoire; mais ils seraient assujettis à cette double formalité s'ils délivraient des copies collationnées au lieu d'expéditions (Déc. Min. Fin, 18 avr. 1809).

V. les notes indiquées sup. n. 51.

[60]

DU DROIT D'ENREGISTREMENT DES DONATIONS ENTRE-VIFS.

DIVISION SOMMAIRE.

Indication alphabétique.

---

§ 1. DE LA QUOTITÉ DES DROITS RELATIFS AUX DONATIONS ET AUX MUTATIONS.

1. *Sont* SUJETTES AU DROIT DE 1 fr. 25 c. PAR 100 fr. : 1° *Les donations entre-vifs en propriété ou usufruit, de biens meubles* (V. *inf. n.* 5) *en ligne directe. — Il ne sera perçu que moitié droit, si elles sont faites par contrat de mariage aux futurs.*— 2° *Les mutations en propriété ou usufruit de biens meubles, qui s'effectuent par décès, entre collatéraux* (V. *inf. n.* 6) *et autres personnes non-parentes* (*id*). *, soit par succession, soit par testament ou autres actes de libéralité à cause de mort* (L. 22 frim. an VII art. 69 §. IV).

1. *bis. Quant aux mutations par décès en propriété ou usufruit en ligne directe, elles sont sujettes pour les* BIENS MEUBLES *au droit de vingt-cinq centimes par cent francs* (L. 22 frim. an VII art. 69 §. 1). *; et pour les* BIENS IMMEUBLES *au droit de 1 fr. par cent fr.* (même loi art. 69. §. 3, n. 4).— V. *inf.* n. 5.

2. *Sont sujettes au droit de 2 fr. 50 cent. par 100 fr. : 1° Les donations entre-vifs en propriété ou usufruit de biens meubles, par des collatéraux et autres personnes non-parentes* (*V. inf.* 6). *Il ne sera perçu que moitié droit, si elles sont faites par contrat de mariage aux futurs.* = *2° Les donations entre-vifs en propriété ou usufruit de biens immeubles en ligne directe* (*V. inf. n.* 4 *et* 5). *— Il ne sera perçu que moitié droit, si elles sont faites par contrat de mariage aux futurs.* = *3° Les transmissions de propriété ou d'usufruit de biens immeubles qui s'effectuent par décès entre époux* (V. *inf. n.* 4). (L. 22 frim. an VII. art. 69. §. VI).

3. *Sont sujettes au droit de 5 fr. par 100 fr. : 1° Les donations entre-vifs de biens immeubles en propriété ou usufruit par des collatéraux et autres personnes non-parentes* (*V. inf. n.* 6. *— Il ne sera perçu que moitié droit, si elles sont faites par contrat de mariage aux futurs* (*V. inf. n.* 6.) = *2° Les mutations de biens immeubles, en propriété ou usufruit qui s'effectuent par décès, entre collatéraux et personnes non-parentes, soit par succession, soit par testament ou autre acte de libéralité à cause de mort.* (V. inf. n.6). (L. 22 frim. an VII. art. 69. §. VIII).

4. *Les droits des donations entre-vifs et des mutations qui s'effectuent par décès soit par succession, soit par testament, ou autres actes de libéralité à cause de mort, de propriété ou d'usufruit de biens meubles et immeubles entre époux, en ligne collatérale et entre personnes non-parentes, seront perçus selon les quotités ci-après :* POUR LES BIENS IMMEUBLES ; *d'un époux à un autre époux, par donation ou testament, 3 fr. par 100 fr. ; — Des frères et sœurs à des frères et sœurs ou descendants d'iceux, successions de neveux et nièces, petits-neveux et petites nièces, dévolues à des oncles et tantes, grands-oncles et grand'tantes et autres parents au degré successible, 5 fr. par 100 fr. ; entre toutes autres personnes, 7 fr. par 100 fr. ;* = POUR LES BIENS MEUBLES ; *— entre époux 1 1/2 par 100 ; — entre frères, sœurs, oncles, tantes, neveux et nièces, et autres parents au degré successible, 2 1/2 p. 0/0 ; — Entre toutes autres personnes 3 1/2 p. 0/0. — Lorsque l'époux survivant ou les enfants naturels seront appelés à la succession à défaut de parents au degré successible, ils seront considérés, quant à la quotité des droits, comme personnes non-parentes. — Lorsque les donations entre-vifs auront été faites par contrats de mariage aux futurs, il ne sera perçu que moitié droit* (L. 28 av. 1816. art. 53). — V. inf. n. 6.

5. *Le droit d'enregistrement fixé par les §. 4 et 6 et l'art. 69 de la loi du 22 frim. an* VII, *pour les donations entre-vifs en ligne directe,* (V. sup. n. 1 *et* 2), *à 1 f. 25 p. 0/0 sur les biens meubles, et à 2 f. 50 sur les immeubles est réduit, en ce qui concerne les donations portant partage, faites par actes entre-vifs conformément aux art. 1075 et 1076 du C. civ., par les pères et mères ou autres ascendants, entre leurs enfants et descendants, au droit de 0,25 cent. par 100 fr. sur les biens meubles, et de 1 fr. p. 0/0 fr. sur les immeubles, ainsi qu'il est réglé pour les successions en ligne directe. — Le droit de 1 1/2 p. 0/0 ajouté au droit d'enregistrement par l'art. 54 de la loi du 28 avril 1816, ne sera perçu pour les dites donations que lorsque la transcription en sera requise au bureau des hypothèques* (L. 16 juin 1824 art. 3). — V. sup. n. 1 bis.

6. *Les droits d'enregistrement des donations entre-vifs et des mutations par décès, soit par succession, soit par testament ou autres actes de libéralité à cause de mort, qui auront lieu à compter de la promulgation de la présente loi, de biens meubles ou immeubles en ligne collatérale et entre personnes non-parentes seront perçues selon les quotités ci-après ;*

Entre frères et sœurs, oncles et tantes, neveux et nièces : — POUR LES DONATIONS ENTRE-VIFS PAR CONTRAT DE MARIAGE ; *sur les meubles 2 fr. p. 0/0 ; sur les immeubles 4,50 p. 0/0 ;* — POUR LES DONATIONS ENTRE-VIFS, HORS CONTRAT DE MARIAGE ET LES MUTATIONS PAR DÉCÈS ; *sur les meubles 3 fr. p. 0/0; sur les immeubles 6,50 p. 0/0.*

Entre grands-oncles et grand'tantes, petits neveux et petites nièces, cousins-germains, POUR LES DONATIONS ENTRE-VIFS PAR CONTRAT DE MARIAGE ; *sur les meubles 2, 50 p. 0/0 ; sur les immeubles 5 p. 0/0 :* — POUR LES DONATIONS ENTRE-VIFS HORS CONTRAT DE MARIAGE ET LES MUTATIONS PAR DÉCÈS ; *sur les meubles 4 p. 0/0 fr. ; sur les immeubles 7 p. 0/0.*

Entre parents au-delà du 4° degré et jusqu'au douzième : POUR LES DONATIONS ENTRE-VIFS PAR CONTRAT DE MARIAGE ; *sur les meubles 3 fr. p. 0/0 fr. ; sur les immeubles 5 fr. 50 c. p. 0/0 fr.;* — POUR LES DONATIONS ENTRE-VIFS HORS CONTRAT DE MARIAGE ET LES MUTATIONS PAR DÉCÈS ; *sur les meubles; 5 p. 0/0; sur les immeubles 8 p. 0/0 fr.*

Entre personnes non parentes :—POUR LES DONATIONS ENTRE-VIFS PAR CONTRAT DE MARIAGE; *sur les meubles 4 fr. p. 0/0 ; sur les immeubles 6 fr. p. 0/0 fr.* — POUR LES DONATIONS ENTRE-VIFS HORS CONTRAT DE MARIAGE ET LES MUTATIONS PAR DÉCÈS ; *sur les meubles 6 fr p. 0/0 fr. ; sur les immeubles 9 p. 0/0 fr.* (L. 21 av. 1832 art. 33). = Mais le droit de transcription ne sera pas ajouté à ces droits (Instr. 1399).

7. Pour connaître d'un seul coup d'œil la quotité des droits, nous avons dressé le tableau suivant :

Tableau de la quotité des droits dus sur les donations entre-vifs et les mutations par décès.

		meubles.	*immeubles.*
En ligne directe	Donations ordinaires (L. 22 frim. an VII. - V. *sup.* n. 12).	1 25 p. %	4 » p. %
	Donations par contrat de mariage (*id.*)	» 62 1/2	2 75
	Donations portant partage par des ascendants (L. de 1824. - V. *sup.* n. 5)	» 25	1 »
	Mutations par décès (L. 22 frim. an VII. - V. *sup.* n. 1 bis).	» 25	1 »
Entre époux	Donations par contrat de mariage avec dessaisissement (L. 28 avril 1816. - V. *sup.* n. 4). (*a*)	» 75	1 50
	Mutations par décès par suite d'actes de libéralité (*id.* - V. *sup.* n. 4)	1 50	3 »
	Mutations quand l'époux survivant succède à défaut de parents (*id.* - V. *sup.* n. 4 et L. de 1832. - V. *sup.* n. 6).	6 »	9 »
Entre frères et sœurs, oncles et tantes, neveux et nièces.	Donations ordinaires (L. 21 av. 1832. - V. *sup.* n. 6)	3 »	6 50
	Donations par contrat de mariage (*ibid.*) (*a*)	2 »	4 50
	Mutations par décès (*ibid.*)	3 »	6 50
Entre grands-oncles et grand'-tantes, petits-neveux et petites-nièces, cousins-germains.	Donations ordinaires (L. 21 av. 1832. - V. *sup.* n. 6).	4 »	7 »
	Donations par contrat de mariage (*ibid.*) (*b*)	2 50	5 »
	Mutations par décès (L. 21 av. 1832. - V. *sup.* n. 6)	4 »	7 »
Entre parents au-delà du 4me degré et jusqu'au 12^{e}	Donations entre-vifs ordinaires (L. 21 av. 1832. - V. *sup.* n. 6)	5 »	8 »
	Donations par contrat de mariage (*ibid*) (*b*).	3 »	5 50
	Mutations par décès (*ibid.*)	5 »	8 »
Entre personnes non-parentes (*c*)	Donations ordinaires (L. 21 av. 1832. - V. *sup.* n. 6).	6 »	9 »
	Donations par contrat de mariage (*ibid.*) (*b*)	4 »	6 »

(*a*) Les donations entre futurs ayant été assimilées aux donations entre époux, il en résulte que cet article doit être ici sans importance (délib. 30 juill. 1837 — J^{al} Enreg. 5841).

(*b*) La réduction de droits n'a lieu que pour les donations faites aux futurs *par contrat de mariage*. Il ne suffit pas qu'elles soient faites *en faveur de mariage* (Cass. 30 janv. 1839; 7 nov. 1842). — Mais on doit considérer comme faite en faveur de mariage, la donation qui a lieu à la suite du contrat de mariage (C. civ. 1396, 1397 — jug. de la Seine, 12 mai 1841). — V. Inf n. 123.

(*c*) On doit considérer comme donations faites à personnes non-parentes celles faites à des alliés, telle est la donation consentie par un beau-père ou une belle-mère en faveur de son gendre ou de sa bru; l'assimilation entre les parents et alliés qui résulte des art. 161, 162, 407 et 410 du C. civ. étant seulement relative aux personnes et aux rapports et obligations, et n'étant point applicable aux biens et à leur transmission, soit par décès, soit par actes de libéralité entre-vifs (Déc. Min. Fin. 1 mai et 21 juill. 1820; jug. de Charolles, 30 août 1838; Cass. 28 janv. 1839).

Pour les MUTATIONS PAR DÉCÈS, V. la note 192.

§ 2. DE LA LIQUIDATION DU DROIT.

8. Le droit d'enregistrement des transmissions à titre gratuit ou onéreux et des mutations par décès, d'objets mobiliers, se liquide sur la déclaration estimative des parties. - V. note 18, n° 275-8°

9. Quant aux immeubles, l'évaluation doit en être faite et portée, pour la propriété à vingt fois le produit des biens ou le prix des baux courants, et pour l'usufruit à dix fois ce produit, le tout sans distraction des charges - V. note 18, n. 275-7-8°. — On ne fait aucune distinction pour la perception entre la donation à titre onéreux et celle purement gratuite (Cass. 13 mai 1807 et 28 janv. 1818); et si réserve est faite par le donateur de la faculté de disposer d'une somme à prendre sur la valeur des immeubles donnés, c'est une charge qui n'empêche pas de percevoir le droit proportionnel sur le capital au denier vingt du revenu des immeubles (jug. de Limoges, 21 déc. 1841).

10. Cette évaluation ne doit avoir lieu, article par article, que quand il s'agit de mutations par décès (Cass. 14 mars 1814. - Sol. 24 juin 1835).

11. C'est d'après le prix des baux courants que le droit doit être établi. — On ne peut admettre une évaluation sans déclaration du revenu des biens donnés, c'est-à-dire une évaluation en capital, et si cependant elle a eu lieu ainsi, la régie peut exiger une déclaration estimative (Cass. 19 déc. 1809. V. note 18, n. 276, 289). — Elle ne doit point avoir égard à la valeur vénale quand même elle serait plus forte que le revenu, sauf à elle à requérir l'expertise (Sol. 19 nov. 1812; 28 juill. 1815; délib. 1 sept. 1824; 20 mars 1827).

V. pour la fixation du revenu la note 18, n. 274 et suiv. et la note 50, n. 87 et suiv.

§ 3. DES DONATIONS ENTRE-VIFS A TITRE GRATUIT OU ONÉREUX.

12. DONATION ALTERNATIVE. On ne peut percevoir que le droit fixé pour les donations de valeurs mobilières dans les cas suivants, la loi n'assujétissant les mutations immobilières au droit proportionnel qu'alors qu'elles s'effectuent:

13. 1° Lorsque le donateur d'une somme déterminée ou d'une rente se réserve de la payer, soit en argent, soit en biens-fonds, ou lorsque le donataire se réserve lui-même le choix (Déc. Min. Fin. 11 oct. 1808 et 3 févr. 1817; délib. 9 av. 1825 et 28 juin 1826; 20 mars 1833; Sol. 7 av. 1837; - Roll. 5311).

14. 2° Sur la clause d'un contrat de mariage portant que le père du futur fait donation à celui-ci d'une somme payable après son décès, productive jusqu'alors d'intérêts, et avec stipulation que le donataire aura le droit de pren-

dre dans la succession *tel* domaine. Dans ce cas, l'exercice de la faculté de se faire payer en immeubles dépend d'un événement futur et incertain, et cette faculté n'a pas l'effet de transmettre, d'ors et déjà, la propriété du domaine (Cass. 20 août 1827).

15. 3° Lorsque, dans un contrat de mariage, le père de l'un des futurs s'oblige à les nourrir et loger, et, en cas d'incompatibilité, à leur servir une pension annuelle ou bien à leur céder la jouissance de *tel* immeuble à son choix (jug. de Clermont-Ferrant, 14 juill. 1836 — *contrà*, délib. 6 mai 1828).

16. Mais on doit percevoir le droit fixé pour les donations de valeurs immobilières sur la donation faite par contrat de mariage d'un immeuble sous réserve d'usufruit, ou d'une somme à prendre sur le prix de cet immeuble dans le cas où le donateur userait de la faculté par lui réservée d'en faire la vente, par le motif que la donation saisit actuellement de l'immeuble le donataire (Ind. Cass. 17 août 1831. - Instr. 1388).

17. Dans les cas ci-dessus où la donation est assujétie au droit mobilier, l'acte de délivrance d'un immeuble est passible d'un supplément de droits, défalcation faite du droit qui a été perçu sur l'acte primitif, faisant observer que si cet acte est un contrat de mariage, ou une donation alternative faite avant le mariage et en faveur du mariage, la modération de droits dont jouissent les donations par contrat de mariage, s'applique à l'acte de délivrance des immeubles, toutes les fois que la faculté de délivrer des immeubles a été réservée par l'acte de donation (Déc. Min. Fin. 3 fév. 1817; délib. 18 mars 1829).

18. Et si le donateur s'est réservé la faculté de payer la dot en argent ou en *créances*, à son choix, l'acte par lequel il se libère en créances sur particuliers ne peut être assujéti au droit de délégation, puisque la propriété de ces créances est censée transmise par la donation; il n'est dû que le droit de quittance (dél. 4 mai 1827) ou seulement le simple droit de 1 fr. comme acte de complément (Rol. v°. donation, § 2, n. 12).

19. Lorsque l'acte d'abandonnement de la chose alternative n'est réalisé qu'après le décès du donateur, son héritier n'est pas censé pour cela avoir recueilli la chose pour laquelle le donataire a opté quant l'objet a été désigné dans la donation. Ce donataire est réputé propriétaire de l'immeuble à partir de la donation (Délib. 9 av. 1825 — Instr. 1173, § 3).

20. Si l'option de délivrer telle ou telle espèce de biens n'avait pas été réservée dans la donation, la délivrance d'immeubles ne serait en réalité qu'une dation en paiement passible du droit de vente (Cass. 15 mai 1817)

21. DONATION DE NUE-PROPRIÉTÉ. Lorsque le même acte contient donation de la nue-propriété d'un domaine au profit d'une personne, et de l'usufruit au profit tant d'un parent du donateur que d'un étranger, le donataire de la nue-propriété doit acquitter le droit d'enregistrement sur la valeur entière formée de vingt fois le revenu, sans distraction des charges, et par là il se libère d'avance du droit sur la réunion qui s'opérera ultérieurement dans ses mains, de l'usufruit avec la propriété. Quant à l'usufruit, il est assujéti à un droit distinct sur le capital, formé de dix fois le revenu, aussi sans distraction des charges. Ce droit doit être liquidé pour moitié au taux fixé entre parents, et pour l'autre moitié à celui de 9 p. 0/0 entre étrangers; mais il n'y a pas lieu d'ajouter au droit d'usufruit celui de transcription, parce que l'usufruit n'existait pas avant la donation qui l'établit, qu'il ne peut, en conséquence, se rencontrer aucune hypothèque qui ait frappé spécialement cet usufruit non-existant, et que, quant aux hypothèques qui grèveraient la propriété entière, une seule transcription de l'acte de donation est suffisante, et aura son effet pour le tout (délib. 28 oct. 1825 — Instr. 1187).

22. DONATION ONÉREUSE. Les charges considérables, imposées au donataire, ne peuvent changer le caractère de la donation et la faire envisager comme une simple vente, parce que le Code (art. 945, 949, 953, 954 et 956), permet de stipuler des charges dans les actes de donation. Une semblable donation entraîne des effets absolument distincts de la mutation à titre de vente, soit à l'égard des donateurs, soit à l'égard des donataires. Pour asseoir le droit de vente, il faudrait que les parties déclarâssent formellement qu'elles se dessaisissent à titre de vente (Déc. Min. Fin. 8 mai 1810; 31 oct. 1816 — Instr. 476 et 527).

23. Ainsi, la donation de biens immeubles faite à la charge de payer une somme d'argent au donateur, n'est sujette qu'au droit de donation (délib. 8 janvier 1825).

24. La donation par une mère à ses enfants à la condition que l'un des donataires recevra chez lui la donatrice, moyennant une pension qui lui sera payée par les autres donataires, n'est pas sujette, pour cette stipulation, à un droit particulier de bail à nourriture, parce que la clause dont il s'agit est une condition expresse de la donation (délib. 13 août 1833).

25. Une donation entre-vifs de droits successifs mobiliers ne peut être considérée comme une constitution de rente, par cela seul que les donataires s'obligent de servir une rente viagère au donateur. (jug. de Mantes, 14 août 1840).

26. DONATION SECONDAIRE. Il n'est pas dû de droit particulier de mutation pour les sommes d'argent que le donataire a été chargé de payer à des tiers à titre de libéralité, lorsque le droit proportionnel a été perçu sur la totalité des biens compris dans la donation. Il y a lieu d'appliquer à l'espèce l'avis du conseil d'état du 10 sept. 1808, relatif aux dispositions testamentaires, et d'après lequel, toutes les fois que le droit a été acquitté sur l'intégralité des biens donnés, le vœu de la loi est considéré comme suffisamment rempli (Cass. 21 janv. 1812).

Il en est de même :

27. 1° De la disposition d'un contrat de mariage portant que le futur a reçu de son père, en avancement de sa succession, une somme de 24,000 fr. à la charge par lui de payer à son frère, s'il survit à son père, et à dater du décès de celui-ci, une rente viagère de 800 fr. au capital de 12,000 fr., laquelle rente, en cas de prédécès du fils, sera convertie en une rente perpétuelle de 600 fr. au profit de la succession du père. Une telle disposition est passible du droit de donation mobilière sur 24,000, et non de celui de 2 p. 0/0 sur 12,000 parce qu'il est de principe que dans les donations des pères aux enfants le droit d'enregistrement doit porter non pas sur le capital des stipulations onéreuses, mais seulement sur les valeurs qui sont l'objet de la donation (Déc. Min. Fin. 2 nov. 1821).

28. 2° De la donation faite par une mère à deux de ses enfants, à la charge de nourrir et entretenir un autre fils de

la donatrice, acceptant. Cette disposition n'est passible du droit proportionnel que sur le capital du revenu des biens donnés, sans qu'il y ait lieu de regarder comme une donation tacite, en ligne collatérale, le consentement donné par celui-ci à la donation qui semble le priver de ses droits (délib. 22 sept. 1824). — V. inf. n. 114.

29. 3° De la clause d'un contrat de mariage par laquelle le père constitue à son fils une pension viagère, à condition que celui-ci le laissera jouir, pendant sa vie, des biens maternels. Cette disposition ne constitue, en effet, qu'une donation de pension, et non une cession d'usufruit (Cass. 6 janv. 1834).

30. Mais lorsque les dispositions de l'acte constituent des donations mutuelles, lorsqu'on ne peut pas dire que l'ascendant est plutôt donateur que donataire, il n'y a toujours lieu à percevoir qu'un seul droit, puisque l'une des conditions est la conséquence de l'autre, mais ce droit doit être le plus fort. Ainsi, des père et mère constituent en dot à leur fils une somme de 40,000 fr. à la charge de les laisser jouir pendant leur vie d'un bien à lui appartenant et étant d'un revenu de 1,400 fr.; dans ce cas on doit percevoir le droit de 4 p. 0/0 sur 14,000 qui est plus fort que celui de 62 1/2 p. 0/0 sur 40,000, et abandonner celui-ci (délib. 13 déc. 1833; jug. de Meaux, 20 mars 1834; sol. 1 déc. 1831 et 20 mars 1834).

31. Si un testateur a légué ses biens à *Denis*, à la charge par ce dernier de remettre à titre purement gratuit à *Louis* un immeuble qui appartient au légataire, faute de quoi *Denis* perdra le bénéfice de son legs qui sera alors acquis à *Louis*; l'acte par lequel *Denis* abandonne à *Louis* l'immeuble désigné est passible du droit de donation entre-vifs. En effet, *Louis* tient l'immeuble de la volonté du testateur, mais il ne le tient pas de lui, puisque celui-ci n'en était pas propriétaire; c'est *Denis* seul qui a transmis, et il l'a fait à titre purement gratuit (Sol. 4 juin 1828).

32. RÉSERVES. Bien qu'il soit dit *sup.* n. 21, qu'il ne doive être fait aucune distraction des charges affectées à la donation, on ne doit cependant point considérer comme telles les réserves que s'est faites le donateur sur les biens donnés et qui les font retourner à ses héritiers. La réserve, dans ce cas, ne peut donner ouverture au droit de donation entre-vifs (Cass. 15 juin 1808; 28 janv. 1818).

33. Ces deux arrêts doivent être entendus en ce sens que, d'après les art. 946 et 947 du C. civ., la réserve d'un effet compris dans la donation, ou d'une somme fixe sur les biens donnés, est censée comprise dans la donation par contrat de mariage, tandis qu'à l'égard des donations faites hors contrat de mariage, la réserve est censée exclue. Ainsi, une donation entre-vifs, faite par contrat de mariage, avec réserve par le donateur de disposer d'une somme à prendre sur les biens donnés, n'en est pas moins passible du droit sur la totalité de l'immeuble (délib. 29 mai 1827). — Si donc l'immeuble est évalué 600 francs de revenu, en égard à la réserve éventuelle de 6,000 fr., il faut exiger que la partie déclare le revenu total.

34. La réserve, dans une donation par contrat de mariage, de la faculté de disposer d'une somme sur la valeur de l'immeuble donné conditionnellement, constitue-t-elle une restriction qui diminue d'autant la valeur des biens donnés, ou bien une charge? Dans le sens de la restriction, Cass. 17 août 1831. — *Contrà*, en ce sens qu'il y aurait charge Instr. 1388. §. 2.

35. La réserve d'usufruit des biens compris dans une donation d'immeubles, et la convention que le donateur jouira pendant sa vie des biens de son conjoint prédécédé, ne peuvent la faire considérer comme un échange : ce sont des conditions onéreuses imposées aux donataires qui ne changent pas la nature de l'acte et ne lui ôtent pas son caractère de libéralité. (Jug. de Senlis 25 mai 1841. - Rol. 6293).

36. DONATION DE SOMMES PAYABLES AU DÉCÈS. Le droit proportionnel est dû sur les donations de sommes payables au décès du donateur. Ainsi décidé :

37. 1° Lorsque le donateur déclare se dessaisir immédiatement sur les plus clairs et apparents biens qu'il possède; quoique la somme soit exigible seulement au décès du donateur, qu'elle ne produise point d'intérêts, et qu'aucune sûreté ne soit donnée pour le paiement (Cass. 8 juill. 1822; 15 mars 1825; 28 janv. 1839; délib. 7 oct. 1828); — Quoique la donation soit faite sous la réserve du droit de retour et sous la condition d'un retranchement dans le cas où elle excéderait la portion disponible (Cass. 17 av. 1826; délib. 22 mars 1825; 15 nov. suiv.; 11 mai 1827; jug. de Lannion 10 mai 1837; de St.-Pol 25 juill. 1835); — Quoique la donation soit faite avec réserve d'usufruit (Jug. de la Seine 25 fév. 1842).

38. 2° La donation d'une somme de 800,000 payable six mois après le décès du donateur qui s'oblige de payer pour intérêts une rente de 9,000. — Le droit, dans ce cas, doit être perçu sur 800,000, et non sur le capital au denier dix de la rente (délib. 12 juill. 1826).

39. 3° Lorsque, par contrat de mariage, les père et mère d'un époux lui assurent, pour ses droits légitimaires, une quote-part de leurs biens, et la lui garantissent jusqu'à concurrence d'une somme de 150,000 francs dont 12,000 payés comptant, 60,000 fr. payables en rentes et le surplus non productifs d'intérêts. Il y a là donation entre-vifs opérant transmission actuelle des 150,000 et la démission faite ultérieurement par les père et mère en faveur de leurs enfants ne donne pas ouverture aux droits de mutations pour les biens précédemment donnés par le contrat de mariage (Cass. 7 avr. 1823). — V. *inf.* n. 48.

V. pour le cas où il n'y a pas dessaisissement actuel, la note 18, p. 135, n. 963. et suiv.

40. DONATION DE SOMMES A PRENDRE SUR LA SUCCESSION. Le droit proportionnel est dû aussi sur la donation d'une somme à prendre sur la succession du donateur, car on ne saurait voir de différence entre une somme payable au décès du donateur, et celle à prélever sur la succession; ainsi décidé à l'égard d'une somme donnée entre-vifs et irrévocablement à prendre sur les plus clairs et apparents biens de la succession (délib. 22 mars 1826; 2 juill. 1829). — Mais il en est autrement quand la donation est faite sans *qu'il puisse être pris inscription sur les propriétés* ou seulement sans hypothèque et que la somme n'est point productive d'intérêts avant l'ouverture de la succession. (Jug. d'Epernay 7 av. 1827; Cass. 5 nov. 1839. — *Contrà*, Limoges, 20 mars 1838).

41. D'où il suit que si le donateur d'une somme d'argent à prendre sur sa succession s'oblige à en payer *pendant sa vie les intérêts*, cette stipulation de jouissance a un effet

actuel et non subordonné à l'événement du décès, et le droit proportionnel doit être perçu à raison de la jouissance sur le capital au denier dix du revenu, sauf la perception du capital au denier vingt lors de l'événement qui saisirait réellement le donataire (Instr. 1132. §. 6.) V. le n. qui précède.

42. Du reste, la seule stipulation d'une hypothèque sur les biens présents du donateur n'est point suffisante pour opérer *dessaisissement*; elle n'a pour but que de garantir la donation au cas où elle se réaliserait (délib. 9 mars 1809, 1 oct. 1823, 27 juill. 1827, 28 déc. 1827, 25 juin 1830).

V. aussi la note 18 p. 153, n. 963 et suiv.

43. DONATION D'IMMEUBLES A PRENDRE AU DÉCÈS. Le droit fixe de 5 fr. est exigible sur les donations subordonnées au décès : telle est la disposition par laquelle les père et mère du futur lui donnent et même assurent après leur mort, par préciput et hors part, la propriété d'un immeuble (Jug. de Lorient, 20 déc. 1838). — V. note 18 n. 963 et suiv.

44. Mais l'acte qui contient donation 1° d'immeubles dont la propriété est transmise à *l'instant même au donataire*, 2° Des meubles et bestiaux qui existeront au décès du donateur dans les bâtiments donnés est passible sur la première disposition du droit proportionnel et sur la seconde du droit fixe, bien que ces bestiaux soient estimés, car l'évaluation n'oblige ni le donataire ni les héritiers, tellement que le donateur peut aliéner tout ou partie des objets donnés, sans que le donataire soit fondé à s'y opposer ou à réclamer des héritiers l'équivalent de ce qu'il n'aura pas retrouvé en nature dans la succession du donateur, seulement lors du décès de celui-ci il y aurait lieu de percevoir le droit proportionnel sur la valeur de ceux de ces meubles et bestiaux qui se trouveraient dans la succession (déc. min. fin. 28 juin 1822).

45. Cependant est sujette au droit proportionnel, la clause contenue dans un partage anticipé, qui porte que deux enfants seront propriétaires incommutables de leurs lots, et que les trois autres n'entreront en possession et jouissance qu'au décès du donateur surtout quand, à l'égard de ceux-ci, les dispositions de l'acte font supposer une transmission actuelle (Jug. de Charolles 13 av. 1838).

46. Lorsqu'en faveur du mariage le père assure à sa fille, mais après sa mort seulement, la propriété d'un immeuble, à la charge par elle de rapporter à la masse de la succession une somme fixe qui, en attendant, produira intérêts au profit du père, on ne peut dire que cette disposition ait un caractère d'éventualité. Au décès du père, l'immeuble ne fera plus partie de sa succession, la transmission est donc actuelle, et il y a lieu de percevoir le droit de donation sur le capital au denier vingt du produit des biens à évaluer par les parties (Délib. 21 av. 1826).

47. DONATION D'USUFRUIT OU SOUS RÉSERVE D'USUFRUIT. La donation faite à un descendant, pour jouir des immeubles qu'elle a pour objet jusqu'au décès du donateur, époque où le tout rentrera dans la masse pour être partagé au gré de la loi, sans être sujet à rapporter les loyers échus, ne présente, jusqu'au décès du donateur, qu'une donation d'usufruit passible du droit proportionnel sur dix fois le produit annuel des biens (Délib. 5 nov. 1825). — V. *sup*. n. 9.

48. La clause d'un contrat de mariage par laquelle les père et mère donnent et assurent à leur enfant une quote-part de leurs biens, *tels qu'ils se trouveront au jour de leur décès*, avec réserve d'usufruit, doit être considérée plutôt comme institution contractuelle, bien qu'il y ait une réserve d'usufruit, que comme donation entre-vifs. Si donc, par la suite, les père et mère se démettent des mêmes biens en faveur de leurs enfants, la démission donne ouverture au droit de mutation (Cass. 7 av. 1823). — V. *sup* n. 39.

49. On doit considérer comme éventuelle, la donation faite sous réserve d'usufruit et à la condition que le donataire acquittera les dettes dont les biens se trouveront grevés au décès du donateur (Délib. 3 août 1822).

50. Pour le cas où le donateur s'oblige à payer l'intérêt d'une somme payable à son décès, V. *sup*. n. 11.

§ 4. DES DONATIONS CONTENANT PARTAGE PAR DES ASCENDANTS.

51. *Les donations portant partage, faites par actes entre-vifs, conformément aux art.* 1075 *et* 1076 *du C. civ. par les père et mère ou autres ascendants, entre leurs enfants et descendants, ne seront assujettis qu'au droit de* 25 *centimes par* 100 *fr. sur les biens meubles, et de* 1 *fr. p.* 0/0 *sur les immeubles, ainsi qu'il est réglé pour les successions en ligne directe. Le droit d'un et demi p.* 0/0, *ajouté au droit d'enregistrement par l'art.* 54 *de la loi du* 28 *avril* 1816, *ne sera perçu pour lesdites donations que lorsque la transcription en sera requise au bureau des hypothèques* (Inst. 1136).

APPLICATION DE CETTE DISPOSITION :

52. ABSENCE DE QUELQUE DONATAIRE. La donation à titre de partage anticipé doit jouir de la réduction quoique faite en l'absence de quelques-uns des donataires qui l'acceptent postérieurement; et le droit de 1 p. 0/0 ne doit être perçu qu'à mesure que les acceptations ont lieu (Délib. 29 mai 1827).

53. Il doit en être de même : 1° Lorsque la donation étant faite par un père qui a huit enfants, le partage ne se compose que de deux lots et que le donataire d'un de ces lots a seul accepté (C. civ. 932; — Cass. 11 av. 1838).

54. 2° Lorsqu'un père ayant huit enfants fait donation à sept d'entre eux seulement, de tous ses biens meubles et immeubles, sans désignation de parts ou attributions de lots; la loi n'exigeant point que le partage se trouve matériellement effectué (Cass. 26 avr. 1836).

55. 3° Lorsque tous les biens sont donnés à deux enfants acceptant, à la charge de payer une somme aux autres non présents, ou s'il est énoncé que les autres ont reçu précédemment ce qui leur revenait (Jug. de la Seine 30 nov. 1831, de Saverne 24 mai 1834; — Cass. 9 août 1837).

56. ACCEPTATION IRRÉGULIÈRE. La régie de l'enregistrement n'a point à juger de la validité des actes, d'où il suit :

57. Qu'une donation faite à l'un des enfants à la charge de payer à ses frères encore mineurs leur quote-part en numéraire, n'est point privée du bénéfice de la loi de 1824, parce qu'elle serait acceptée au nom des mineurs par une personne sans qualité (Délib. 14 fév. et 20 mai 1834).

58. Et que la circonstance de la minorité de l'un des deux donataires est indifférente pour l'application du droit proportionnel; surtout si ce mineur est représenté par son

père et obligé par une clause pénale d'accepter à sa majorité (Sol. 4 avr. 1832).

59. CONTRAT DE MARIAGE. Les donations dont il s'agit ne peuvent être assujetties à la moitié des droits fixés par la loi du 16 juin 1824, parce qu'elles seraient faites par contrat de mariage (Sol. 27 mars 1835).

60. DISPOSITIONS INDÉPENDANTES. Les dispositions indépendantes de la donation opèrent un droit particulier (L. 22 frim. an VII, art. 2). - V. note 18, n. 428. — Mais on ne doit point considérer comme telles :

61. 1° Le partage des biens donnés quand il est une des conditions essentielles de la donation, ou l'attribution que le donateur fait à chaque donataire d'une portion de biens. Dans ce cas, la donation est passible du droit de 1 p. 0/0 sur la *masse* des biens donnés, et non sur *chaque* lot, sans qu'il y ait lieu de percevoir un droit fixe de 5 fr. pour le partage (Délib. 6 janv. 1829). Cependant il y aurait lieu au droit fixe de partage, outre celui de donation, si les donataires partageaient seuls entre eux, sans le concours des donateurs (Déc. Min. Fin. 14 frim. an XII).

62. 2° La donation faite par un père du quart des biens dont il mourra saisi, en faveur de son fils qui s'oblige de payer ses dettes actuellement existantes fondées ou non fondées en titre, jusqu'à concurrence de 1,000 fr. qui ne pourront non plus que les intérêts être exigés du vivant du donateur : dans ce cas, la charge imposée au donataire est aussi incertaine que l'institution faite en sa faveur et le droit d'obligation n'est point dû sur les 1,000 (Sol. 24 mars 1814).

63. 3° La clause par laquelle les père et mère du futur lui font donation d'un immeuble dont ils se réservent l'usufruit en s'obligeant de lui payer un loyer annuel. C'est une condition de la donation, et le droit de bail à vie ne doit pas être perçu, outre celui de donation (Délib. 28 janv. 1834).

64. 4° La donation faite par une mère à son fils d'une somme de 33,000 fr., avec cession, pour se libérer, d'une maison dont elle se réserve la jouissance, ainsi que le droit de retour, et pour laquelle elle paiera un loyer de 1650 fr. Il n'y a, dans ce cas, ni vente ni bail à vie, mais simple donation immobilière (Délib. 24 déc. 1833).

65. 5° La clause portant qu'une des sommes données a été remise précédemment à l'un des donataires, dans le but du partage, et qu'il la conservera jusqu'à une époque déterminée pour en payer l'intérêt. C'est là une condition, ou même un mode d'exécution du partage anticipé, et le droit d'obligation n'est pas dû sur cette clause (Jug. de la Seine, 4 av. 1832).

66. On doit, au contraire, voir des dispositions indépendantes dans les cas suivants :

67. 1° Lorsqu'une veuve, en donnant à ses enfants, la moitié des conquêts de sa communauté, fait entre eux le partage tant de ses conquêts que des biens propres du défunt. Il est dû, dans ce cas, un droit particulier de 5 fr. parce que le partage ne dérive pas de la donation (Délib. 17 janv. 1824).

68. 2° Lorsqu'un père fait donation de tous ses biens entre ses trois enfants, présents et acceptant, en les chargeant de son passif qui consiste en une dette de 6,000 fr. qu'il a contractée envers son fils aîné, par acte enregistré S'il y a alors paiement des deux tiers de la dette au profit de ce fils, l'acte sera sur cette disposition passible du droit de libération. Quant à l'autre tiers il ne sera point passible de ce droit, parce qu'il demeure éteint par la confusion qui est un effet nécessaire de la donation (Sol. 31 déc. 1827).

69. 3° Lorsqu'une mère fait donation, à titre de partage anticipé, à l'un de ses enfants, de ses biens à la charge de payer 24,000 fr. à son autre enfant. En acceptant ce partage, les donataires sont convenus qu'une somme de 6,000 fr. due par acte antérieur par l'un d'eux au donataire des immeubles serait compensée avec partie des 24,000 fr. qu'il doit recevoir de ce dernier. Il est dû pour cette quittance par compensation un droit proportionnel de libération (Délib. 4 juill. 1828).

70. 4° Lorsque la mère constitue une dot à sa fille sur ses biens personnels, sous la caution solidaire de son mari qui paie cette dot en se faisant subroger dans les droits de la donataire. Cette disposition est passible du droit de 1 p. 0/0 comme subrogation, outre celui de donation (Délib. 27 août 1833).

71. DONATION A UN ENFANT UNIQUE. Il n'y a pas lieu sur une pareille donation à la réduction du droit, parce que, dans ce cas, la donation n'est pas faite en vue de prévenir les difficultés relatives à l'hérédité (Délib. 22 sept. 1824 ; — Jug. de la Seine, 30 janv. 1833 ; — de Digne, 6 mai 1841 ; — de Cahors, 7 av. 1836 ; 13 août 1838 ; 16 mai 1839 ; — Cass. 20 janv. 1840 ; 13 août 1838) ; — Lors même qu'on imposerait au donataire la charge de restitution à ses enfants nés ou à naître par portions égales (Cass. 20 janv. 1840).

72. Mais il y a lieu à cette réduction lorsqu'un ascendant donne à titre de partage anticipé à sa fille unique un immeuble en pleine propriété avec l'usufruit de biens meubles, et aux enfants de cette dernière la nue-propriété des meubles (Jug. d'Orléans, 13 août 1830 ; — de Coutances, 24 juin 1837). — V. *inf.* n. 76.

73. Toutefois, il a été décidé que la réduction ne pouvait avoir lieu sur une donation faite à un enfant unique et sur celle faite le même jour, par un acte séparé, au fils du donataire, quoique les deux actes fussent présentés simultanément à l'enregistrement (Délib. 12 fév. 1839).

74. DONATION A UN ENFANT NATUREL. Une donation contenant partage, faite par des ascendants, n'en est pas moins conforme aux art. 1075 et 1076 du C. civ., parce qu'un lot serait assigné à un enfant naturel (Délib. 10 mars 1835).

75. DONATION A QUELQUES-UNS DES ENFANTS. L'acte par lequel les père et mère, pour égaliser leurs deux enfants, dont un avait été précédemment doté, donnent à l'autre des immeubles et une somme d'argent, doit jouir de la réduction de droits (Ind. Cass. 9 août 1837 ; — Délib. 20 av. 1838). — V. *sup.* n. 52.

76. DONATION AUX PETITS ENFANTS. L'art. 1075 du C. civ. n'excluant pas les descendants du vivant de leurs père et mère, on en a conclu que le descendant pouvait être appelé à la donation, du vivant de son père, sans que cette donation fût privée du bénéfice de la loi de 1824, (Sol. 27 oct 1822 ; — Cass. 30 déc. 1834 ; — Jug. de Saint-Pons, 29 juin 1836, — de Nantes, 20 juill. 1841). — V. *sup.* n. 72.

77. DONATION PARTIELLE. Une donation qui ne comprend pas tout ce que possède le donateur, n'en est pas moins faite dans les termes des art. 1075 et 1076 du C. civ., lorsque d'ailleurs elle réunit les autres conditions prescrites, parce que l'art. 1077 admet la possibilité d'une démission avec réserves (Délib. 7 sept 1825, 14 avr. 1826, 30 av. 1830; — Déc. Min. Fin. 14 sept. 1829).

Il a été fait application de ce principe :

78. 1° A la donation faite à titre de partage anticipé par une mère à tous ses enfants d'une somme d'argent qu'elle partage entre eux, bien qu'elle soit faite à la charge par les donataires de rapporter ladite somme à la succession de la donatrice et de lui payer solidairement une rente viagère (Délib. 11 mai 1825).

79. 2° A la donation faite par un père à chacun de ses enfants d'une somme égale, à titre de supplément de dot. Quoique rien n'indique que le donateur ait voulu opérer un partage dans le sens des art. 1075 et 1076 du C. civ., il est néanmoins constant que l'acte transmet à chacun des enfants un droit de propriété indivise à l'objet donné, et qu'ainsi il y a partage (Délib. 22 juin 1827).

80. 3° A la donation faite par un père à ses enfants, d'une somme d'argent payable à chacun d'eux à une époque déterminée (Jug. de Nogent-le-Rotrou, 20 avr. 1837). — V. le n. 81.

81. DONATION PAR PRÉCIPUT. Mais le bénéfice de la loi de 1824, n'est point applicable à un acte par lequel un père qui a quatre enfants, après avoir calculé la portion disponible de sa fortune, déclare avoir déjà disposé en faveur de son fils aîné de *telle* valeur et donne le surplus à ses trois filles par portions égales ou inégales. Le motif est que, dans ce cas, le donateur ne manifeste nullement l'intention d'agir en vertu des art. 1075 et 1076 du C. civ., et que cette donation est faite à titre de préciput et hors part, et par conséquent en dehors du partage des biens du donateur (Délib. 11-18 janv. 1839).

82. DONATION REFAITE. Lorsqu'une donation à titre de partage anticipé a été faite à la charge de loger et nourrir le donateur ou de lui payer, à son gré, la pension qu'il lui plairait de fixer, une telle donation peut bien être nulle d'après l'art. 944 du C. civ., mais elle n'est pas moins actuelle et passible du droit de 1 p. 0/0. Si cet acte est refait ensuite avec la charge de payer une pension déterminée, ce nouvel acte n'est passible que du droit fixe de 1 fr., sauf à percevoir le droit d'échange si la composition des lots est changée de manière qu'une partie des biens primitivement assignée à l'un soit ensuite dévolue à un autre (Délib. 1 mai 1827). — V. *inf.* n. 224.

83. La donation refaite entre les mêmes donataires, mais avec l'addition d'une clause qui dispense de rapport, n'est passible que du droit fixe de 1 fr. comme acte de complément (Délib. 13 mars 1827). — V. note 18. n. 414 et suiv.

84. DONATION SOUS SEING-PRIVÉ. Cette donation ne peut être privée du bénéfice de la loi du 16 juin 1824 (Cass. 21 déc. 1831; 9 août 1836).

85. INDIVISION. Il n'y a pas lieu à la réduction du droit, toutes les fois que la donation ne contient point partage, parce que alors cette donation n'est pas dans les termes des art. 1075 et 1076 du C. civ. (Délib. 22 sept. 1824).

D'où il suit que cette réduction ne peut s'appliquer :

86. 1° A la donation faite par une mère à ses enfants et petits-enfants, dont quelques-uns sont mineurs, de tous ses biens immeubles, pour les réunir à ceux de leur père et aïeul, afin de pouvoir partager le tout entre eux, car, si le partage ne peut à cause de la minorité, se faire valablement qu'en justice, il n'en est pas moins vrai que les biens sont restés dans l'indivision et qu'ainsi la donation ne rentre plus dans les termes de l'exception (Délib. 27 fév. 1827). — Cependant, si le partage avait lieu dans l'acte de donation, elle devrait profiter du bénéfice de la loi de 1824 malgré la minorité de quelques uns des donataires, parce que le partage peut recevoir son exécution et que l'administration n'est pas juge de la validité des contrats (Sol. 4 juin 1828). — Ainsi, la réduction s'applique au cas où l'indivision est l'effet de la minorité de quelques donataires, si le partage a été soumis à la formalité avec la donation (Délib. 12 mai 1829).

87. Mais il n'est pas nécessaire que l'indivision cesse entièrement pour que la donation contienne partage, dans le sens de la loi de 1824. Il suffit que la totalité de la masse à distribuer ait reçu une distribution entre tous, non par des déterminations de simples quotités de droits, mais par des affectations spéciales. Ainsi, le bénéfice de cette loi est applicable au cas où un ascendant donne à plusieurs de ses enfants ses immeubles indivis, et attribue aux autres, pour leurs droits, soit du mobilier, soit une somme en argent que les enfants qui reçoivent les immeubles sont chargés de leur payer (Cass. 28 av. 1829; 1 déc. 1830; Sol. 14 sept. 1831; — Déc. Min. Fin. 30 mai 1826; — Délib. 23 oct. 1827, 8 janv. 1828, 16 mai 1827).

Par suite de ce principe il a été décidé :

88. 1° Que la donation faite par un ascendant à ses enfants ne peut être privée de la réduction de droits, parce qu'elle laisserait subsister l'indivision pour certains immeubles, si, du reste, le partage a lieu pour les autres biens et que l'indivision ait pour cause la difficulté et les inconvénients d'un partage (Délib. 24 av. 1829).

89. 2° Qu'il y a partage, dans le sens de la loi de 1824, lorsque la mère de quatre enfants donne à deux d'entre eux la moitié d'un domaine pour en jouir en commun, et la moitié d'un autre domaine aux deux autres qui resteront également dans l'indivision (Jug. de Jonzac, 17 juin 1830).

90. 3° Que l'indivision d'un des immeubles donnés ne s'oppose pas à la réduction de droits, si, en faisant le partage des autres biens, les donataires reconnaissent l'impossibilité de les diviser (Jug. de Corbeil, 3 juill. 1830).

91. 4° Que la réduction est applicable à la donation par laquelle, vu l'impossibilité de diviser les immeubles estimés 10,000 fr., la mère les attribue tous à l'un de ses enfants, à la charge de payer ses dettes montant à 8,000 fr. et de lui servir, pendant sa vie, les intérêts des 2,000 fr. restants, dont le partage aura lieu par portions égales, entre tous ses enfants, sous la réserve néanmoins, en faveur de la donatrice, de retirer tout ou partie de cette somme pour subvenir à ses besoins (Sol. 24 mai 1831).

92. 5° Qu'il y a lieu aussi à réduction si la donation ne renferme qu'une attribution de quotité, et consiste dans une somme d'argent ou une créance liquide, parce qu'il importe peu de dire que l'on donne 20,000 francs, à cha-

cun de ses cinq enfants, ou de dire qu'ils auront chacun le cinquième de la somme de 100,000 francs (délib. 30 av. 1830; — Sol. 16 juin 1830 et 24 mai 1831).

93. 6° Que, si les biens donnés ne sont possédés par le donateur que par indivis, l'indication des portions que chacun des donataires aura, équivaut à un partage dans le sens de la loi du 16 juin, parce que l'indivision rend impossible une division plus spéciale (Délib. 7 mai. 1825; — Cass. 29 mai 1831).

94. 7° Que la loi de 1824 est applicable à la donation faite par un père à ses enfants, sans division des biens, ni assignation expresse de quotité, quand toutefois, cette quotité est suffisamment indiquée par la charge imposée conjointement aux donataires, par l'absence de toute disposition contraire, et par ce principe naturel consacré par l'art. 745 du C. civ., que les enfants succèdent par égales portions quand ils sont tous au premier degré et appelés de leur chef (délib. 6 janv. 1837). — Il en est ainsi lors même que la donation est faite par des père et mère à leurs enfants, au nombre de deux, pour jouir des biens chacun par moitié (délib. 11-16 sept. 1835).

95. 8° Que, lorsqu'un immeuble ne peut se diviser, et que l'ascendant en fait donation à ses enfants à titre de partage, et chacun pour une portion, il fait en cela tout ce qu'il lui était possible de faire et les droits de chacun sont fixés (délib. 3 mai 1826).

96. 9° Que la donation ne peut être privée du bénéfice de la loi de 1824, parce qu'au lieu de contenir partage, elle porte que chacun des donataires aura le tiers de tous les biens, sans aucun partage en nature; le sens des art. 1075 et 1076 du C. civ. étant qu'il n'y a pas de différence entre avoir droit à une chose ou avoir la chose elle-même, et qu'il y a réellement distribution et partage lorsque l'acte de donation détermine et fixe la part à laquelle les donataires auront droit dans chacun des biens donnés, sauf à eux à faire cesser l'indivision s'ils le jugent convenable (délib. 15 av. et 11 juill. 1834; — Sol. 11 mai 1835; — Ind. Cass. 14 fév. 1832 et 26 mars 1833).

97. Toutefois, on ne peut appliquer la réduction du droit à l'acte par lequel une mère donne à titre de partage anticipé à l'un de ses enfants le sixième d'un domaine à la charge par le donataire de laisser, au profit de ses frères et sœurs, le surplus de cet immeuble dont la donatrice l'autorise à provoquer le partage. Un tel acte fait en l'absence et sans le consentement des cinq autres enfants, et qui, loin de contenir partage, exprime au contraire que le donataire pourra le provoquer, est une donation pure et simple (Cass. 23 janv. 1828).

98. LICITATION. Lorsque la licitation des biens restés indivis dans la donation a lieu par le même acte entre les enfants donataires, en présence des donateurs qui n'ont point distingué la portion de chacun des enfants, le droit de 4 p. 0/0 est exigible sur la somme qui excède la part de l'adjudicataire, outre le droit de donation (Jug. de Saint-Michel, 6 juin 1838).

99. Quoique les biens donnés par un ascendant à ses deux enfants aient été déclarés impartageables, on ne peut invoquer le bénéfice de la loi de 1824, si l'indivision ne cesse entre les codonataires que parce que l'un d'eux cède immédiatement sa portion à l'autre à titre d'échange (Sol. 5 nov. 1829).

100. MUTATION SECRÈTE. Le bénéfice de la loi de 1824, est applicable au partage anticipé fait verbalement lorsque la mutation est établie par l'inscription des enfants au rôle de la contribution foncière, suivie du paiement volontaire des contributions (Jug. de Thionville, 22 fév. 1837).

101. PARTAGE. — TIRAGE AU SORT. La faveur de la loi de 1824 est applicable :

102. 1° Au cas où la donation est faite par l'ascendant et le partage par les donataires, dans le même acte et en présence du donateur (Déc. Min. Fin. 14 sept. 1829).

103. 2° Au cas où le partage dont la donation est suivie comprend dans une même masse les biens donnés et ceux transmis aux donataires par le décès de leur mère, ou parce que les lots sont tirés au sort, ou bien encore parce que tous les enfants sont chargés de contribuer à la formation d'un lot en faveur d'un de leurs frères actuellement en démence ou interdit, dans le cas où il recouvrerait la santé (délib. 1 juin 1825).

104. 3° Au cas où le donateur a formé autant de lots qu'il y a de donataires; peu importe que le donateur se soit réservé l'usufruit des biens et qu'il ait été stipulé que les lots ne pourront être tirés au sort avant le décès du donateur (Sol. 17 janv. 1829).

105. PARTAGE AJOURNÉ. Quand le partage est fait par un autre acte que la donation, en présence des donateurs (la donation renfermant la charge de partager ultérieurement), si la donation et le partage faits séparément sont présentés simultanément à la formalité, on doit appliquer immédiatement le tarif de la loi de 1824; si au contraire, la donation est présentée à l'enregistrement avant le partage, on doit percevoir le droit sur le pied de l'ancien tarif, sauf à appliquer le nouveau tarif et à restituer l'excédant, lors de la présentation à la formalité d'un partage subséquent fait en présence du donateur (délib. 25 mars 1825; 19 sept. 1828; 12 mai 1829; 22 janv. et 30 av. 1830); — Quoique ce partage n'ait été réalisé qu'après le délai stipulé (délib. 1 oct. 1833).

106. Mais si la condition de partager ultérieurement les biens en présence et sous l'autorité des donateurs n'était point formellement imposée dans l'acte de donation; si, au contraire, il résultait des termes de cet acte, que les donataires auront l'option d'effectuer le partage ou de jouir des biens par indivis, le droit de 4 p. 0/0 serait exigible pour la donation, et ne serait point sujet à restitution, quels que fussent les événements ultérieurs (V. note 18, n. 610). Ainsi décidé à l'égard d'une donation faite avec *recommandation* de partager les biens dans l'année (Instr. 1336; — Délib. 7 nov. 1828).

107. PARTAGE INÉGAL OU CONTENANT D'AUTRES BIENS. Il n'est pas nécessaire, pour jouir de la réduction du droit, que les parts des descendants donataires soient égales (Délib. 14 avr. 1826).

108. Lorsque les biens donnés par un ascendant sont immédiatement réunis aux biens indivis de la succession de l'ascendant prédécédé, pour ne faire du tout qu'un seul partage et qu'aucun retour n'est stipulé, il n'est pas dû de droit de soulte sous le prétexte que les immeubles prove-

nant de la succession seraient inégalement répartis entre les enfants (Jug. d'Hazebrouk, 19 juin 1841; de vendôme, 17 juin 1841. — *Contrà*, délib. 4 août 1840; — Jug. de Louviers, 26 août 1842, lors même qu'il est déclaré que la soulte est entièrement applicable aux biens donnés). — Mais s'il y a une soulte ou portion de soulte applicable aux biens réunis à ceux provenant de la donation, elle est passible du droit de 4 p. 0/0 outre le droit fixe de 5 francs, et il y a lieu, dans ce cas, d'exiger une déclaration estimative de la partie de la soulte qui se rapporte aux biens étrangers à la donation (Cass. 11 déc. 1838; 27 janv. 1840; 23 fév. 1841; — Jug. de Montauban, 2 mars 1842; de Civrai, 14 mai 1840).

109. RÉSILIATION DE DONATION. Lorsque le partage des biens donnés est résilié ultérieurement, quoique ce soit remettre en commun les biens dont l'indivision avait cessé par l'effet de ce partage, cette circonstance ne peut faire revenir sur la perception du droit de 1 p. 0/0, la mise en commun des biens opérée ultérieurement n'ayant pu changer la nature de la mutation (Sol. 25 juin 1830).

110. SOULTES OU CHARGES. Le bénéfice de la loi de 1824 est applicable en ce sens, qu'il n'y a pas lieu de percevoir le droit de 4 p. 0/0 :

111. 1° Au cas où les biens de l'ascendant donateur sont ou partagés par portions inégales avec stipulation d'une soulte imposée à un ou plusieurs des enfants au profit des autres, ou attribués en totalité à un seul des donataires, à charge de payer une somme d'argent à chacun des codonataires; c'est-là une licitation qui équivaut à partage (Délib. 28 av. 1826; 30 av. 1830; 28 fév. 1837; — Cass. 1 déc. 1830). — Le motif est qu'il n'y a point partage dans le sens de l'art. 68 § 3 de la loi du 22 frim. an VII, car les enfants n'ont jamais été copropriétaires. — V. note 57.

112. 2° Au cas de donation à l'un des enfants du donateur, à la charge par cet enfant de payer aux créanciers de son frère une somme déterminée (Jug. de Saintes, 28 juill. 1836; — Cass. 30 déc. 1839).

113. 3° A la donation consentie par un père à ses enfants à la condition que tous les enfants contribueront à la formation d'un lot en faveur d'un de leurs frères actuellement en démence et interdit, dans le cas où il recouvrerait la santé (Délib. 1 juin 1825; 3 mai 1826).

114. Mais il n'est pas applicable à la donation faite par un père à deux de ses enfants, à la charge de payer une pension au troisième enfant (Cass. 8 juin 1841). — V. *sup.* n. 28.

115. USUFRUIT. La même transmission ne pouvant donner ouverture à deux droits de mutation, il en résulte que si le partage anticipé comprend des biens précédemment donnés en nue-propriété par contrat de mariage, la perception du droit proportionnel ne peut frapper sur ces biens; il n'est dû qu'un droit fixe de 3 francs pour la réunion de l'usufruit à la propriété (Délib. 23 fév. 1827; — Jug. d'Avesnes, 12 mars 1840).

116. La stipulation que le donateur pourra vendre l'un des immeubles donnés et qu'en cas de vente le prix appartiendra en usufruit au donateur qui en a fait réserve et en nue-propriété au donataire, ne fait point obstacle à la perception du droit de donation *immobilière* (Jug. de la Seine, 24 août 1842).

§ 5. DES DONATIONS PAR CONTRAT DE MARIAGE. — V. C. civ. 1084, 1085, 1086.

117. Les donations de biens présents et à venir faites par contrat de mariage, soit qu'elles soient faites cumulativement ou par des dispositions séparées, sont passibles du droit proportionnel pour les *biens présents*, toutes les fois qu'il est stipulé que le donataire entrera de suite en jouissance (av. Cons. d'Et. 19-22 déc. 1809).

118. Mais il n'y a pas lieu de percevoir un second droit proportionnel sur l'acte par lequel il est délivré des immeubles au donataire de biens présents et à venir, pour le remplir de la donation qui lui avait été faite, lorsque le premier acte avait déjà supporté ce même droit proportionnel (Délib. 20-26 oct. 1835).

119. Si une donation comprend des biens présents et à venir et qu'à cet acte il n'ait pas été annexé un état des dettes et charges actuelles du donateur (C. civ. 1084), qu'en outre, celui-ci se soit réservé l'usufruit des biens donnés, ce donateur ne pouvant donner que les biens existants à l'époque de son décès (C. civ. 1085), il s'en suit que le donataire n'est saisi actuellement que d'une expectative éventuelle, et que la donation n'est point passible avant le décès d'un droit proportionnel comme pour une mutation actuelle (Cass. 14 juill. 1807; 13 av. 1815, et 14 mai 1823).

120. Ce qui précède s'applique à une donation éventuelle par contrat de mariage faite par une tante à sa nièce de tous ses biens présents et à venir, lorsqu'elle se réserve l'usufruit de ses biens et la faculté de disposer d'une certaine somme, quand même il aurait été dit que la donatrice se dessaisit de tous droits de propriété : la donataire ne pouvant être irrévocablement saisie qu'au décès de la donatrice des biens à venir (Cass. 28 janv. 1819).

121. Mais si, dans une donation de biens présents et à venir, il est dit que le donataire pourra pendant la vie du donateur disposer d'une somme de 5,000 francs, le droit proportionnel sera dû sur ces 5,000 francs (Cass. 20 mars 1833).

122. Si postérieurement à une donation de biens présents et à venir, le donateur abandonne à titre de partage au donataire un immeuble en exécution de cette donation, il est vrai de dire que la transmission ne s'opère que par ce second acte. Toutefois, comme elle se rattache évidemment au premier et qu'elle n'en est que le complément et l'exécution, elle doit jouir de la modération du droit accordée aux donations faites en faveur de mariage, et on doit imputer sur les droits présentement exigibles ceux indument perçus lors de l'enregistrement du contrat de mariage à quelque époque qu'il remonte (Délib. 19 juin 1829; — *Contrà*, délib. 6-11 nov. 1835).

123. Les donations entre-vifs faites en *faveur de mariage* ne jouissent pas de la réduction du droit. - V. *sup.* n. 7, note *a*. — Cependant lorsqu'une donation faite antérieurement au contrat de mariage n'a été acceptée par le futur que par ce contrat, elle est passible de la modération accordée aux donations faites par contrat de mariage; le motif est qu'une donation n'est parfaite que par l'acceptation, et que dès que cette acceptation a lieu par contrat de mariage, la donation est aussi faite par ce contrat (Cass. 9 avr. 1828).

124. Lorsque les constitutions dotales sont imputables sur la succession d'un ascendant, il faut distinguer si elles ont lieu *sans renonciation* ou *avec renonciation* par le futur à demander compte et partage de la succession de cet ascendant :

125. Dans le premier cas, si la dot se compose *entièrement* de biens déjà recueillis par le futur dans la succession antérieurement ouverte de son père ou de sa mère, le survivant ne donne réellement rien : le futur aurait pu faire lui-même cette déclaration, et il n'est dû aucun droit proportionnel. — Ainsi, s'il est exprimé dans le contrat, ou s'il est justifié par un inventaire ou un partage, que la dot constituée par le survivant se compose en entier d'effets ou sommes existantes dans la succession, la constitution de dot est une simple déclaration d'apports. Seulement si la délivrance de la dot avait lieu dans le contrat, ou s'il était stipulé que la célébration du mariage équivaudra à décharge, il serait dû le droit fixe de 2 francs pour décharge. Si la constitution était promise, il serait dû le droit fixe de 5 francs comme lotissement. Il importe peu que la constitution dotale soit imputable, au besoin, sur la succession du constituant, s'il est justifié par un inventaire que les droits du futur sont supérieurs. — S'il n'est point énoncé dans le contrat ou justifié par des actes authentiques que les sommes ou valeurs constituées en dot se trouvent dans la succession échue au futur, cette constitution est passible du droit de 62 c. 1/2 p. 0/0 (Délib. 5 fév. 1833; — Instr. 1333). — Cependant il a été décidé que le droit de donation ne doit pas être perçu sur la clause d'un contrat de mariage portant que la mère de la future constitue en dot à cette dernière une somme à valoir sur les biens qui lui reviennent dans la succession de son père, mais il est bon d'observer qu'il résultait du rapprochement des diverses clauses du contrat, que c'était la future épouse elle-même qui se constituait en dot, et qu'il n'y avait aucune libéralité de la part de la mère (Jug. de la Seine 11 fév. 1836).

126. Du reste, la condition de rapporter la dot en cas de demande de compte et partage est nécessairement sous-entendue; d'où il suit que la stipulation de cette condition n'est d'aucune influence sur la perception (Instr. 1333).

127. Dans le second cas, c. à-d. lorsque la constitution de dot est faite par le père ou la mère survivant, avec imputation sur la succession du prédécédé, et *renonciation pure et simple* par le futur à demander compte et partage de cette succession, elle ne peut être considérée que comme déclaration d'apports, ou comme une donation mobilière, selon que la constitution est faite avec des valeurs provenant de la succession ouverte ou avec des deniers provenant de l'ascendant survivant (Délib. 5 fév. 1830 basée sur les arrêts de Cass. des 30 août 1814, 8 juill. 1818, et 20 mai 1828).

128. C'est par application de ce principe qu'il a été décidé qu'il n'est dû que le droit de donation mobilière de 62 c. 1/2 p. 0/0 :

129. 1° Sur la donation par un père à sa fille de la somme de 9,400 francs imputable d'abord sur la succession de sa défunte épouse, et ensuite sur la sienne à échoir, au moyen de laquelle les futurs époux renoncent à ne demander compte et partage des biens de la mère qu'en rapportant à ladite succession la somme ci-dessus. Le droit de cession d'usufruit sur la moitié de cette somme n'est pas dû (Jug. de Baugé, 14 avr. 1829; de Metz, 20 août 1829; — Instr. 1333).

130. 2° Sur la donation par une mère à son fils d'une somme de 6,000 francs précédemment remise, ladite somme imputable sur ses droits dans la succession de son père, et l'excédant, s'il y en a, sur la succession de sa mère; au moyen de quoi le compte que la mère pourra devoir à son fils de la succession de son père sera *ajourné* et *prorogé* au décès de la mère (Jug. de Senlis, 22 déc. 1829; — Instr. 1333).

131. 3° Sur la renonciation à demander compte, stipulée dans une constitution dotale faite pour tenir lieu de droits échus, si le donataire conserve la faculté de demander compte et partage, en rapportant la somme reçue (Délib. 26 mars 1833; - Roll. 4102). — Et même quand il y a renonciation par le donataire à demander compte et partage de la communauté, dont le donateur *reste en possession* (Cass. 9 mai 1831).

132. 4° Sur la disposition par laquelle le donataire, au moyen de la constitution dotale qui lui est faite par sa mère, lui cède tous les revenus échus et à échoir des biens de la communauté et de la succession de son père, jusqu'à liquidation à faire (Sol. 18 oct. 1832; — Jug. de Besançon, 14 mars 1836, - Rol. 5015).

133. 5° Sur la constitution à la future par son père d'une somme de 250,000 francs dont il se rend garant, et dans laquelle néanmoins sont compris tous les droits échus antérieurement à la future, soit du chef de sa mère, soit de tout autre chef, estimés dans leur ensemble à 100,000 francs, mais en telle sorte, que s'ils venaient à valoir plus, la constitution n'en serait pas augmentée, et que, s'ils venaient à valoir moins, elle n'en serait pas diminuée, et avec cette réserve, tant pour le constituant que pour son héritier, qu'ils pourront se libérer, tant desdits droits que de l'émolument entier de la constitution en argent ou en fonds (Délib. 20 sept. 1831).

134. Dans les cas rapportés sup. n. 129, 130, 131 ; le droit de donation n'eût pas même été exigible, s'il eût été exprimé dans le contrat ou établi par des actes en forme que la dot avait été constituée en valeurs existantes dans la succession de l'ascendant prédécédé.

135. Mais si la renonciation du futur à demander compte et partage est conçue dans des termes qui la convertissent d'un simple ajournement de compte en un abandon de droits successifs; s'il en résulte d'une manière explicite que le constituant fera les fruits siens des revenus des biens du prédécédé, ou même qu'il pourra disposer de la propriété, il y a lieu de percevoir le droit de transmission soit d'usufruit soit de propriété, au taux déterminé par la nature mobilière ou immobilière des biens de la succession (délib. 5 fév. 1830). — Ainsi, le droit est purement mobilier s'il est établi qu'aucun immeuble ne dépend de la succession (délib. 27 juill. 1825).

136. Par suite de ce qui est dit au n. qui précède, il a été décidé par délib. du 5 fév. 1830. - Instr. 1333 :

137. 1° Que quand la future épouse s'est constituée en dot 12,000 francs provenant de la succession de sa mère, et qui lui ont été remis par son père, au moyen de quoi elle a déclaré n'avoir aucun compte ni partage à demander à celui-ci, et consentir qu'il *jouisse en usufruit sa vie durant* des

biens maternels, le droit de cession d'usufruit est exigible sur 6,000 francs.

138. 2° Que si la future se constitue en dot ses droits non encore liquidés dans la succession de sa mère, à compte desquels droits son père lui remettra 12,500 francs en argent avec convention qu'au moyen de la délivrance de cette somme, le père *ne pourra jamais être astreint à rendre aucun compte* de la succession de son épouse, ni être recherché *de son vivant* à raison de cette succession il est dû le droit de vente sur 6,250 francs et non celui de donation sur 12,500 francs.

139. 3° Que s'il était dit que le père ou la mère survivant percevra à *son profit* tous *les intérêts* et *revenus*, et ne *rendra compte* dans le partage que des capitaux, le droit de bail à vie ou à durée illimitée des biens de la succession serait exigible.

140. 4° Que si, d'après les termes du contrat, le survivant pouvait disposer *en toute propriété* des biens de la succession échue à l'enfant doté, le droit de vente devrait être perçu sur le montant total de la constitution de dot imputable sur cette succession, et non pas seulement sur la moitié de cette constitution comme au cas de cession d'usufruit.

141. 5° Que si la constitution de dot était faite par un frère ou une autre personne pour remplir le futur de ses droits dans une succession échue, cette constitution produirait l'effet d'une cession de droits successifs (Cass. 7 nov. 1820).

142. 6° Que la disposition d'un contrat de mariage contenant abandon par un fils mineur à son père de l'usufruit de ses droits mobiliers et immobiliers dans la succession de sa mère, est une cession passible du droit de mutation quoique cette disposition ne soit pas suivie d'une renonciation positive à demander compte et partage: la minorité du cédant ne peut être un obstacle à la cession suivant l'art. 1398 du C. civ. (délib. 6 fév. 1812).

Art. 1. Des dispositions diverses susceptibles d'être insérées dans les contrats de mariage.

143-144. AMEUBLISSEMENT. La clause d'un contrat de mariage portant que l'immeuble ameubli appartiendra en usufruit ou en propriété au survivant, avec ou sans condition d'indemniser la communauté, n'est qu'une condition de mariage qui ne peut donner ouverture au droit de donation éventuelle, ni à celui de mutation à l'évènement (délib. 24 oct. 1834; Ind. Cass. 26 déc. 1831).

145. BAIL. Lorsqu'un père, fermier d'un immeuble, déclare dans le contrat de mariage de sa fille, constituer en dot à celle-ci 1° son bail dont le futur s'oblige de payer le prix 2° et la jouissance de divers ustensiles estimés, avec les avantages de la cession, une somme de 20,000, on doit percevoir, pour cette convention, le droit de cession de bail sur le montant des redevances annuelles, et celui de donation mobilière sur 20,000 francs. (Délib. 19 août 1828).

146. BAIL A NOURRITURE. Sont sujets au droit de 62 c. 1/2 p. 0/0 :

147. 1° L'obligation contractée par le père du futur au profit de ce dernier de loger et nourrir chez lui les futurs époux et leur famille (charge évaluée à 2,000 francs par an) ou de leur payer une pension de 4,000 francs au capital de 80,000, remboursable à la volonté du fils s'ils ne peuvent pas vivre ensemble; dans ce cas le droit est dû sur la plus forte somme parcequ'il dépend du donataire de rendre cette somme exigible (Cass. 18 avr. 1821). — En tout cas, l'obligation contractée par la mère du futur de nourrir les futurs à la condition qu'elle jouira du capital de la dot de la future n'est pas passible du droit d'obligation sur la reconnaissance par la mère d'avoir reçu la dot, quoiqu'elle se soit obligée hypothécairement à la rendre lorsqu'elle n'aura plus à supporter la charge de nourrir (Jug. d'ussel 28 juin 1839. - Rol. 5,864).

148. 2° La promesse par la mère de la future de loger et nourrir les futurs époux, ainsi que les enfants qui naîtront du mariage, autant de temps qu'il plaira à l'une ou à l'autre des parties, mais à la charge par les futurs époux de payer à la mère une somme annuelle de 400 francs à titre de pension. Dans ce cas, sans avoir égard à la pension, on doit reconnaître dans la disposition dont il s'agit une donation mobilière en faveur de mariage, et percevoir le droit sur le montant multiplié par dix de l'évaluation à faire donner à la nourriture et au logement promis aux futurs époux (délib. 4 mai 1822).

149. 3° L'obligation que contractent les futurs de travailler au profit des père et mère de l'un d'eux à la charge par ceux-ci de nourrir et entretenir la nouvelle famille, tant que l'une ou l'autre partie ne fera pas cesser l'habitation commune; dans ce cas, le droit est dû sur le capital au denier dix de la valeur de la nue-propriété. Celle clause ne constitue ni un bail à nourriture ni une convention tellement nulle comme condition potestative d'après l'art. 1174 du C. civ, qu'elle ne soit sujette qu'au droit fixe (délib. 8 fév. 1831). — V. *inf.* n. 155.

150. 4° L'obligation contractée par le père de l'un des futurs de les nourrir, et en cas d'incompatibilité de leur servir une pension annuelle ou, à son choix, de leur céder la jouissance d'un immeuble désigné. — V. *sup.* n. 15.

151. Mais la disposition portant que, dans le cas où les futurs époux viendraient à quitter la maison de leur mère, cette dernière leur paiera une somme annuelle de 200 fr. à prendre sur les revenus des biens de la succession du père de la future dont la mère conservera l'administration n'est pas indépendante de celle qui règle la cohabitation, puisqu'elle ne doit se réaliser qu'autant que les enfants cesseraient d'habiter avec leur mère; d'un autre côté, la future n'ayant pas renoncé à demander compte et partage de la succession de son père, l'engagement qu'elle a pris, pour le cas de séparation, de laisser à sa mère l'administration des biens paternels, est révocable à sa volonté et ne saurait par conséquent être assimilé à une cession d'usufruit. Il ne s'agit ici que d'un prélèvement sur sa propre chose, sauf compte à établir ultérieurement et ce prélèvement n'est sujet à aucun droit. (délib. 4 mai 1822).

152. BAIL A VIE. Il y a bail à vie et non simple mandat dans la disposition suivante d'un contrat de mariage qui porte : *les biens dont la future a le droit de jouir dès à présent étant régis et administrés par son père, qui en touche les revenus, il continuera cette administration jusqu'à la mort de la grand' mère de la future, époque jusqu'à laquelle le père s'engage à lui payer, en équivalent des revenus, une pension annuelle* de 3,500 francs (Cass. 10 mars 1819). — Dans ce cas, c'est le

droit de 4 p. 0/0 et non celui de 5,50 p. 0/0 qu'il faut percevoir (délib. 1 - 5 sept. 1835. - Rol. 4,827).

153. Mais l'arrêt ci-dessus n'est point applicable :

154. 1° A la disposition portant que la mère de l'un des futurs s'oblige de nourrir et entretenir la nouvelle famille tant qu'elle conservera l'administration, gestion et jouissance des biens de sa fille, et que, s'il survient incompatibilité d'humeurs entr'elle et ses enfants, elle rendra compte à ces *derniers des fruits qu'elle pourra avoir perçus* (jug. de Dax 30 juin 1828).

155. 2° A la clause d'un contrat de mariage dans lequel il est stipulé que les futurs seront logés, nourris et entretenus dans la maison du père de l'un d'eux moyennant leur travail, et qu'en cas de séparation le futur époux exploitera tous les immeubles appartenant à ce dernier, à la charge d'une pension annuelle et viagère. C'est le droit de 62 c. 1/2 p. 0/0, qu'il faut appliquer à cette disposition sur le capital au denier dix de l'estimation donnée à l'avantage annuel que les futurs obtiendront par l'effet de cette convention (délib. 6 av. 1822). Toutefois l'avantage annuel résultant d'une pareille clause n'est pas la valeur du logement, de la nourriture et de l'entretien que les futurs recevront des père et mère ; il s'établit une compensation entre la valeur du logement, de la nourriture et de l'entretien et les travaux des futurs, de sorte que si les frais de nourriture, etc., se trouvaient compensés par la valeur des travaux fournis il n'y aurait aucun avantage, et il ne pourrait être dû aucun droit proportionnel mais seulement le droit fixe de 1 franc (Sol. 25 juill. 1822).

156. CAUTIONNEMENT. Lorsque le cautionnement a pour objet une obligation éventuelle, il faut distinguer : si la somme garantie égale 1,000 francs, le droit de cautionnement à raison de 50 cent. p. 0/0 doit être perçu puisqu'il ne s'élève qu'à 5 francs, droit qui n'excède pas celui de la disposition que le cautionnement a pour objet; si, au contraire, la somme garantie est inférieure ou supérieure à 1000 francs le droit de 50 cent. p. 0/0 doit également être perçu sauf, dans ce dernier cas, à restreindre ce droit à 5 francs *maximum* qui ne peut jamais être dépassé aux termes de l'art. 69, §. 2 n° 8 de la loi du 22 frim. an VII. (Délib. 13 janv. - 17 mai 1837 - Rol. 5,253). — V. inf. n. 163, 164.

157. CHARGE DE DONNER. — V. *sup.* n° 26 et suiv.

158. CONDITION DE MARIAGE. La stipulation portant que le survivant des époux sera propriétaire de la communauté ou aura l'usufruit des biens communs est une condition du mariage. Il en est ainsi pour tous les gains de survie (Jug. de la Seine 18 déc. 1833). — V. note 18 p. 153, n. 965.

158. bis. Les contrats de mariage qui ne contiennent que les déclarations d'apport, les stipulations de communauté de biens, et toutes autres clauses qui, en formant le pacte de famille et de société entre les conjoints, ne peuvent être considérées comme des dispositions de libéralité au profit des futurs, de leurs parents ou autres, ne sont sujets qu'à un seul droit fixe de 5 francs. — L'établissement de communauté entre les futurs fait partie du contrat et n'opère pas un droit particulier. (Déc. min. Fin. 5. complém. an X).

159. CONTRAT DE MARIAGE TARDIF. Lorsque le contrat de mariage est passé après la célébration du mariage devant l'officier de l'état civil, les donations qu'il contient au profit des époux ne doivent pas jouir de la réduction de droits que la loi n'accorde qu'à celles faites aux futurs dans les contrats passés avant le mariage. Néanmoins la déclaration d'apports est passible du droit fixe de 5 francs. (Circ. 1721). — V. *sup.* n. 7, p. 564, note a.

160. DÉLÉGATION. La disposition par laquelle le futur, pour assurer à la future les avantages stipulés en sa faveur, lui délègue des capitaux placés sur des particuliers ne donne ouverture à aucun droit, puisque cette garantie nouvelle ne forme qu'une disposition accessoire (délib. 9 mai 1817). — V. *inf.* n. 229.

161. GARANTIE DE VALEUR. La clause d'un contrat de mariage portant que si l'immeuble constitué en dot ne produit pas une somme déterminée, dans le cas où il conviendrait aux futurs de le vendre le donateur complètera la différence, n'est passible d'aucun droit particulier, dès que celui de donation immobilière est perçu sur le capital du revenu déclaré (Délib. 12 mai 1829).

162. Lorsque le père, qui est aussi le tuteur de la future, s'engage à lui parfaire la somme à laquelle sont évalués les droits héréditaires mobiliers et immobiliers à elle revenant dans différentes successions non-liquidées, dans le cas où par le résultat de la liquidation, ces droits ne s'élèveraient pas à ladite somme, on ne peut exiger un droit d'obligation attendu que l'apport était déjà la propriété de la fille et qu'en sa qualité de tuteur il en était débiteur avant la passation du contrat de mariage (Jug. de Strasbourg 15 av. 1823). — Seulement il est dû le droit de donation éventuelle (Délib. 1 mars 1833).

163. On doit considérer comme cautionnement la disposition par laquelle le futur se constituant en dot un intérêt dans une compagnie, son père lui garantit que cet intérêt s'élèvera, pendant la durée de cette entreprise à 100,000 plus aux intérêts de cette somme, et s'oblige à le parfaire s'il n'atteint pas ce taux. Toutefois, le droit de 50 c. p. 0/0 ne peut frapper que sur le capital et non sur les intérêts (Déc. 12 janv. 1821 ; délib. 26 sept. 1828; jug. de la Seine, 7 juill. 1830).

164. Mais on ne doit pas percevoir le droit de cautionnement sur la clause portant que si le futur ne trouve pas dans la succession de son père un revenu égal à une pension que celui-ci lui assigne dès à-présent, la mère sera tenue de lui fournir ce qui manquera. La mère, en effet, n'a rien à payer pendant la vie de son mari : ce n'est là qu'une donation éventuelle, passible actuellement du droit fixe (Délib. 20 sept. 1826). — V. note 18 n. 873 et 964.

165. IMPUTATION DE DOT. Il ne doit pas être perçu de droit fixe d'enregistrement sur la clause insérée dans les contrats de mariage, par laquelle des ascendants stipulent que la dot constituée aux futurs sera imputée sur la succession du premier mourant des père et mère, et qu'il ne pourra être exigé de compte du survivant d'eux qu'en rapportant la dot en entier (Déc. min. fin. 16 juill. 1823). — V *sup.* n. 124 et suiv.

166. OBLIGATION. Le contrat portant exclusion de communauté, et par lequel la femme donne quittance à son mari d'une somme dont elle s'oblige de payer les intérêts et pour sûreté de laquelle elle hypothèque ses biens propres pour le remboursement de cette somme, présente tous les caractères d'une obligation passible du droit de 1 p. 0/0, parce que, au moyen de l'exclusion de commu-

nauté chaque époux doit jouir à part et divisément de ses biens (Cass. 16 nov. 1813).

167. Est sujette aussi au droit d'obligation la déclaration par le futur qu'il apporte en dot une somme de 15,000 fr. qui lui est due par ses père et mère, lesquels s'obligent de la lui rembourser aussitôt qu'il en aura trouvé l'emploi en immeubles (Sol. 7 oct. 1834).

168. Il en est de même de la disposition par laquelle le futur s'oblige de payer à son beau-père une partie de la somme qu'il s'est constituée en dot (Délib. 28 oct. 1834).

169. OFFICE. La constitution de dot faite par le titulaire d'un office à sa fille, avec engagement de donner sa démission en faveur du futur époux, dans un délai déterminé, est passible de deux droits d'enregistrement, l'un pour la donation sur le contrat de mariage, l'autre sur l'ordonnance de nomination du futur époux pour la mutation de l'office (Sol. 14 mars 1837-Instr. 1539).

170. PARTAGE. La déclaration, insérée dans un contrat de mariage en secondes noces, qu'un enfant du premier lit non présent à l'acte a été rempli de sa part dans la première communauté, n'engendre aucun droit particulier de partage, puisque cette déclaration faite en l'absence de l'enfant ne peut lui être opposée (Délib. 16 déc. 1825).

171. PROMESSE DE BAIL. La promesse de bail n'est considérée nulle part dans la loi comme valant bail, de sorte qu'elle n'est sujette à aucun droit (Délib. 15 mai 1819). — Cependant, lorsque dans un acte synallagmatique (tel qu'un contrat de mariage) dont l'objet principal est une association commerciale qui doit durer quatre années, il est exprimé qu'à l'expiration de ce terme l'un des sociétaires s'oblige de passer bail à l'autre pour 9, 12, 15 ou 18 années au choix de ce dernier des lieux nécessaires à son commerce, on ne doit pas voir dans cette convention une simple promesse de bail, mais un bail réel passible du droit proportionnel. Il importe peu que le preneur n'ait pas accepté le bail et qu'il ait apposé sa signature sans réserves si le contrat est obligatoire pour toutes les parties (Cass. 26 nov. 1822).

172. RAPPORT. La clause qui dispense de rapporter en nature à la succession des objets mobiliers donnés dans le même contrat par préciput et hors part, n'est passible d'aucun droit, comme étant le complément et l'exécution de la disposition principale et de l'essence même du préciput (Délib. 15 mars 1825).

173. RECONNAISSANCE DE DOT. La reconnaissance énoncée dans le contrat, de la part du futur, d'avoir reçu la dot apportée par la future ne donne pas lieu à un droit particulier (L. 22 frim. an VII, art. 68, § 3, n. 1). — Mais si le père du futur reconnaît avoir lui-même reçu la dot, il y a alors obligation sujette au droit de 1 p. 0/0 puisqu'il devient comptable de la somme; toutefois on ne doit pas exiger en même temps le droit de quittance pour la libération du constituant (Sol. 18 vendém. an IX). — Il en est de même de la remise au père du futur des effets mobiliers apportés en dot par la future si ces effets sont estimés dans le contrat (Sol. 7 juill. 1831).

174. RENTE VIAGÈRE. La donation d'une rente viagère de 500 fr. que le donateur se réserve de racheter pour un capital de 10,000 fr. est passible du droit proportionnel sur cette dernière somme (Cass. 18 av. 1821; délib. 28 juill. 1829).

175. SUBROGATION. — V. *sup.* n. 70.

176. USUFRUIT. Le contrat de mariage qui constate que la future épouse apporte en mariage une corbeille de valeur de 7,000 fr. provenant d'un don fait par le futur, et qui porte que l'oncle de la future lui fait donation de l'usufruit de différents capitaux s'élevant à 100,000 fr. mis à la disposition du futur, est passible 1° du droit de 75 c. p. 0/0 sur la valeur de la corbeille; 2° et de celui de 2 p. 0/0 sur 50,000 fr. représentant la valeur de l'usufruit des capitaux (délib. 27 oct.-2 nov. 1840 - Rol. 6014).

177. VENTE. Le contrat de mariage qui contient vente au futur par ses père et mère de biens meubles ou immeubles moyennant 4,000 francs avec stipulation qu'il retiendra à titre de dot sur cette somme celle de 1,000 francs, est passible du droit de vente sur 4,000 francs et de celui de 62 c. 1/2 p. 0/0 sur 1,000 francs. (délib. 11 mars 1814; 28 juil. 1815; 5 déc. 1834).

178. Il y a donation et vente dans le contrat de mariage où, après avoir doté le futur de 30,000 fr., ses père et mère cèdent aux nouveaux époux, pour faire partie de leur communauté, leur fonds de commerce, moy. 30,000 francs compensés avec la dot du futur. (Sol. 14 mai 1831. — *Contrà*, Sol. 30 août 1831 portant que la cession n'est qu'un mode de paiement de la donation).

179. Mais il n'y a pas lieu de percevoir le droit de vente sur la disposition portant que les père et mère du futur recevront la dot constituée à la future, qui doit vivre chez eux, et qu'en cas de séparation cette dot sera remboursée en immeubles non encore désignés, en proportion des sommes touchées, parce que la prétendue vente qui paraitrait en résulter peut ne se réaliser jamais, et qu'à défaut de consentement réciproque il n'existe réellement ni vente ni promesse de vente. Le droit ne serait dû que sur l'acte de délivrance (délib. 15 sept. 1824 ; Sol. 27 janv. 1836. - Rol. 5017).

§. 6. Des donations entre époux pendant le mariage.

180. Les donations faites entre époux pendant le mariage étant déclarées révocables par l'art. 1096 du C. civ., n'opèrent pas mutation de propriété, et ne doivent être assujéties qu'au droit fixe de 5 francs, sauf, dans le cas de non-révocation, le paiement du droit proportionnel, sur la déclaration du donataire dans les six mois du décès du donateur. — Il doit en être ainsi lors même qu'il est exprimé que le dessaisissement est actuel (Instr. 290. §. 27 ; — Délib. 11 fév. 1834). — V. note 18 p. 98 n. 74, et *droits de mutation après décès* note 192.

V. pour les *dispositions éventuelles* la note 18 n. 963.

§ 7. Des personnes et choses sujettes au droit proportionnel de donation.

181. ACCEPTATION. La remise d'une dette est considérée, pour la perception, comme une donation mobilière, lorsqu'elle a le caractère d'une libéralité. Ainsi, il y a libéralité lorsqu'un créancier, dans la prévoyance d'un danger, donne à un tiers une quittance pour la remettre au débiteur en cas de mort (Cass. 2 av. 1823). Mais elle ne peut être considérée comme libéralité lorsqu'elle est faite par composition avec un débiteur en faillite (délib. 29 sept. 1824).

182. La réduction volontaire et spontanée d'un douaire de 3,000 francs de rente viagère, à 1700 de pareille rente, opère aussi le droit de donation mobilière, et non une simple réunion d'usufruit à la propriété (délib. 14 avr. 1826).

183. Mais si la remise de la dette n'a pas un caractère de libéralité, le droit de quittance à raison de 50 cent. p. 0/0 est seul exigible d'après les art. 1282 et suiv. du C. civil.

183 bis. ACTION EN RESCISION. — V. *sup.* n. 227.

184. ALLIANCE. Les donations faites à des alliés sont sujettes aux mêmes droits que ceux réglés pour les donations entre personnes non-parentes. — V. *sup.* n. 7, et la note a.

185. Cependant il a été décidé: 1° que la disposition d'un contrat de mariage par lequel le père de l'une des parties s'oblige de loger et nourrir les futurs ainsi que leurs descendants et de payer annuellement à chacun des deux époux une somme de 1000 francs doit être considérée comme une libéralité en ligne directe (délib. 6 mai 1828).

186. 2° Et que la donation d'un immeuble faite par un père à son fils dans son contrat de mariage, avec stipulation que cet immeuble entrera dans la communauté établie entre le donataire et la future, est censée faite au fils seul. (Sol. 12 juin 1830 ; délib. 20 mai 1834).

187. BAIL. La donation d'une jouissance emphytéotique est une cession de bail si elle est faite à la charge de payer la redevance (délib. 24 mai 1833 et 21 janv. 1834; *Contrà* Jug. de Laon 16 nov. 1839. - Rol. 5923).

188. BAIL A NOURRITURE. C'est le droit de donation et non celui de bail à nourriture qui doit être perçu sur un acte par lequel une personne s'engage à élever un enfant et à le nourrir gratuitement depuis sa naissance jusqu'à une époque déterminée (délib. 15 - 21 déc. 1835. - Rol. 5012).

189. BIENS SITUÉS A L'ÉTRANGER. Les donations de biens situés soit en pays étranger soit dans les colonies françaises où le droit d'enregistrement n'est pas établi ne sont passibles que d'un droit fixe de 10 francs sans que, dans aucun cas, ce droit puisse excéder le droit proportionnel qui serait dû s'il s'agissait de biens situés en France (L. 16 juin 1824, art. 4).

190. CONSTITUTION DE RENTE OU PENSION. Celle faite à titre gratuit est sujette au droit de donation.

191. DÉMISSIONS. Celles consenties par les ascendants au profit de leurs descendants sont sujettes au droit de donation ; mais si elles contiennent partage, le droit est réduit à 1 fr. et à 25 c. p. 0/0. — V. *sup. le tableau* n. 7 et les n. 51 et suiv.

192. DON MANUEL. Ce don est exempt du droit proportionnel, à moins que le donateur n'intervienne pour le confirmer. Il ne peut avoir pour objet que des valeurs ou effets mobiliers dont la transmission s'opère par la tradition réelle, ce qui a été appliqué à une donation de rentes au porteur faite de la main à la main (Délib. 19 août 1831; - Instr. 1388, § 3; — Jug. de la Seine, 23 av. 1842; - Roll. 6423). — La perception ne peut donc être fondée que sur l'acte qui constitue la donation (C. civ. 931; — Délib. 30 oct.- 8 déc. 1829; — Cass. 23 mai 1822).

193. Par suite du principe ci-dessus posé, il a été décidé qu'il n'est dû que le droit fixe de 2 francs, et non le droit proportionnel :

194. 1° Sur l'acte par lequel le produit d'une souscription ouverte pour soutenir la veuve d'un ouvrier qui a péri par accident est remis à cette veuve (Délib. 17 avr. 1822).

195. 2° Lorsqu'après qu'il a été consommé, le don manuel est énoncé dans un acte par une des parties, hors la présence de l'autre et même après son décès (Délib. 28 sept. 1825, 19 août 1831; — Sol. 6 mai 1830).

196. 3° Sur la déclaration d'un don manuel faite, soit dans un inventaire soit dans une liquidation ou un partage pour établir la consistance de la succession (Délib. 12 déc. 1826; — Jug. de Colmar, 25 juin 1829). — Soit dans un partage anticipé (Cass. 28 av. 1829).

197. 4° Sur le partage de communauté fait entre les enfants et le survivant des époux, et dans la masse duquel on comprend un don manuel reçu par l'un des co-partageants à titre de supplément de dot, à condition qu'il serait imputé sur la succession du prémourant ; dans ce cas, le décédé est censé le seul donateur (Délib. 27 août 1833).

198. 5° Lorsque la déclaration du don manuel a lieu dans un contrat de mariage, comme énonciation de l'origine de l'apport ; cette déclaration étant une disposition intégrante de l'acte (Délib. 28 sept. 1825; 8 janv. 1828; 19 août 1831; — Sol. 6 mai 1830).

199. 6° Sur la clause d'un contrat de mariage portant que les apports des futurs proviennent de dons manuels qui leur ont été faits par une personne présente au contrat, si cette personne reste étrangère à cette clause, bien qu'elle stipule comme partie au contrat pour d'autres donations au profit des futurs (Cass. 2 août 1838). — Ou bien lorsque cette personne n'est présente au contrat que pour assister les futurs (Jug. de la Seine, 31 janv. 1839; 5 déc. 1839).

200. Mais le droit proportionnel de donation est dû :

201. 1° Sur la mention d'un don manuel, faite dans un acte où le donateur et le donataire sont parties (Jug. d'Orléans, 26 août 1834).

202. 2° Sur l'acte (tel qu'une liquidation portant partage) où le don manuel se trouve constaté par la reconnaissance du donateur et du donataire (Cass. 9 août 1836; — Jug. de Laon, 11 av. 1839; — Jug. de Meaux, 17 fév. 1841).

203. 3° Sur l'acte qui constate la remise faite par un héritier à un tiers d'une somme d'argent que l'on déclare avoir été léguée *verbalement* par l'auteur de la succession; un tel legs ne pouvant résulter que d'une disposition écrite (Jug. de St.-Jean d'Angely, 20 mars 1838).

204. 4° Sur un acte de société passé entre un père et son fils, dans lequel il est énoncé que sur la mise du fils, 8,000 fr. lui ont été donnés en avancement d'hoirie par son père à des époques indiquées: le père ne désavouant pas cette déclaration est censé ratifier la donation (Jug. de Toul, 14 juin 1827).

205. 5° Sur la clause d'un contrat de mariage portant que les apports de l'un des futurs proviennent de dons manuels qui lui ont été faits antérieurement et en avancement d'hoirie par ses père et mère, dont l'un est présent et *fondé de pouvoir de l'autre* (Jug. de Valenciennes, 27 juin 1839; de Versailles, 7 mai 1840). — Même quand le donateur n'était présent au contrat que pour donner son con-

sentement au mariage, surtout si la somme donnée devait être imputable sur le compte de tutelle à rendre à la future (Cass. 16 mars 1840).

206. 6° Sur la clause portant que les apports de la future proviennent de dons manuels qui lui ont été faits par une tante par alliance, qui figure au contrat parmi les personnes qui en ont arrêté les conditions, et non parmi les témoins honoraires (Cass. 26 mai 1841).

207. 7° Sur la clause par laquelle un tiers intervenant déclare qu'il est chargé par une personne qui ne veut pas être nommée de remettre 3,000 fr. à la future (Délib. 31 mars 1826).

208. DONATION ALTERNATIVE. Elle n'est passible que du droit fixé pour les valeurs qui engendrent le même droit. — V. *sup*. n. 12 et suiv.

209. DONATION CONDITIONNELLE. L'acte par lequel des père et mère donnent à leurs enfants une somme payable lors de l'établissement par mariage ou autrement des petits enfants (c. à-d. des enfants des donataires) n'est passible que du droit fixe comme donation conditionnelle *et non à terme*, quoique la donation soit faite entre-vifs et avec clause de retour (Cass. 14 déc. 1840).

210. DONATION D'EFFETS NÉGOCIABLES. Les donations entre-vifs d'effets négociables opèrent les mêmes droits d'enregistrement que les donations des autres biens mobiliers (Circ. 1678).

211. DONATION AUX ÉTABLISSEMENTS PUBLICS, COMMUNES ETC. — Les donations au profit des départements, arrondissements, communes, hospices, séminaires, fabriques, congrégations, consistoires et autres établissements publics, sont soumis au droit proportionnel d'enregistrement et de transcription établis par les lois existantes (L. 18 avr. 1831, art. 17). — Cette loi a abrogé toutes celles antérieures, notamment l'art. 7 de la loi du 16 juin 1824. — V. note 57, n. 40.

212. Il en est de même : 1° des dons faits aux établissements des caisses d'épargnes (L. 5 juin 1835, art. 10).

213. 2° Et des donations faites à l'université de France, laquelle doit être assimilée à un établissement particulier, quoi qu'elle soit à la charge de l'Etat (Délib. 15 mai 1841; — Déc. Min. Fin. 11 juill. 1841).

214. Mais l'acte de constitution d'une rente au profit d'une fabrique, à la charge de faire dire annuellement des messes pour le repos de l'âme du constituant, est sujet au droit fixe de un franc, parce qu'alors c'est une fondation qui n'a pas le caractère d'une donation (Jug. de Bayeux 8 juin 1838; — Sol. 6 sept. 1838; — *Contrà*, délib. 17 av. 1835; — 14-25 mai 1839).

215. L'acceptation provisoire d'une donation faite à un établissement public, n'autorise pas la perception du droit proportionnel, parce qu'aux termes de l'art. 937 du C. civ. l'autorisation d'accepter prescrite par l'art. 919 doit toujours précéder l'acceptation (Délib. 11-15 juillet 1837). — Il n'y a lieu qu'au droit fixe de 1 fr.

216. DONATION A L'ETAT. Il y a lieu d'enregistrer *gratis* l'acte par lequel les habitants d'un canton s'engagent, envers l'administration des Ponts-et-Chaussées, au paiement d'une somme qui sera employée aux travaux de confection d'une route royale, sous la condition que cette route traversera l'une de leurs villes (Sol. 1 juin 1835).

217. DONATION DE JOUISSANCE. La donation d'une jouissance d'immeubles temporaire est passible des droits d'enregistrement et de transcription établis pour les donations d'usufruit. — V. *sup*. n. 187.

218. DONATION LIBÉRATIVE. La donation faite pour se libérer d'une dot est passible du droit ordinaire de vente à moins que l'option n'ait été laissée à l'une des parties. — V. *sup*. n. 12 et suiv. et *dation en paiement*, note 201.

219. DONATION DE MEUBLES ET D'IMMEUBLES. Il n'y a pas lieu de considérer comme entièrement immobilière une donation qui comprend des immeubles et des meubles non désignés ni estimés article par article. La perception doit avoir lieu sur chaque nature de biens. A ce cas ne s'applique point l'art. 9 de la loi du 22 frim. an VII, lequel ne concerne que les ventes (Délib. 1 juin 1827).

220. DONATION DE NUE-PROPRIÉTÉ. — V. *sup*. n. 21.

221. DONATION RÉCIPROQUE. — V. *Droit de mutation* note 192.

222. DONATION DE RENTES SUR L'ETAT. Les donations de rentes inscrites sur l'état depuis plus d'un an avec indication du numéro, de la date et du montant, ne sont passibles que d'un droit fixe, comme salaire de la formalité (L. 18 juill. 1836, art. 6). — Mais elles sont sujettes au droit de donation mobilière lorsque les rentes ne sont point inscrites et qu'elles ne sont point indiquées comme le prescrit la loi, ou bien qu'elles sont déjà inscrites sous le nom du donataire lors de la donation (Instr. 20 nov. 1836, n. 1525) — Ou bien quand même elles auraient été inscrites depuis plus d'un an sous le nom du donataire, si elles ne l'ont jamais été sous celui du donateur (Délib. 1 oct.-18 nov. 1841; -Rol. 6349). — Dans tous les cas, si, dans l'acte portant cession ou transfert d'une inscription, il intervient des stipulations donnant par elles-mêmes ouverture à un droit proportionnel d'enregistrement, comme si, pour prix d'un transfert, le cessionnaire transmet au cédant un immeuble, l'exemption dont jouit le transfert ne peut avoir l'effet d'affranchir la mutation de cet immeuble du droit qui lui est applicable (Déc. Min. Fin. 14 sept. 1825; — Cass. 7 nov. 1826).

223. DONATION PAR LE ROI. Les donations d'immeubles faites par contrat de mariage ou tout autre acte notarié, par le *Roi* contractant en son nom personnel, sont exemptes de l'enregistrement comme acte émané du Souverain, et qui aurait pu faire le sujet d'une ordonnance; mais les actes subséquents qui peuvent avoir lieu par suite de la donation, soit de la part des Préfets, soit de la part des Intendants des domaines du Roi, doivent acquitter les droits ordinaires de mutation (Déc. Min. Fin. 27 mars 1810).

224. DONATION REFAITE. Lorsqu'après une donation faite par un père à son fils, par son contrat de mariage, de la totalité de ses biens, à la charge de payer une somme déterminée à son autre enfant, il est reconnu que cette somme ne suffit pas pour remplir ce dernier de ce qu'il aurait à prétendre sur la succession paternelle, et qu'en conséquence, le donateur annulle ladite donation, et donne par un nouvel acte, le tiers de ses biens à l'un de ses enfants

et les deux tiers à l'autre, on ne peut percevoir le droit proportionnel sur cette seconde donation qui n'a pour but que de réduire la première, laquelle a subi la perception dont elle était passible (Délib. 26 oct. 1825). — V. *sup.* n. 82.

225. DONATION SECONDAIRE. — V. *sup.* n. 26.

226. PENSION. L'acte par lequel des père et mère constituent à leur fils une pension viagère et alimentaire, garantie par hypothèque, avec expression d'un capital remboursable au cas de mariage du donataire est passible du droit de 1, 25 p. 0/0 comme donation entre-vifs (Jug. d'Argentan, 5 mars 1842, -Rol. 6353).

227. PRIX DE VENTE. L'acte contenant donation entre-vifs du prix d'une vente d'immeubles et de l'action en rescision de cette vente, est passible du droit de mutation mobilière sur le montant du prix, et de celui de donation immobilière sur la valeur de l'action en rescision déclarée par les parties en conformité de l'art. 16 de la loi du 22 frim. an VII (Délib. 3 et 11 mai 1842. — V. note 18, n. 276).

228. RELIGIEUX. Lorsque des parents promettent de payer une somme à titre de dot religieuse de leur fille, l'acte n'est passible que du droit de donation en ligne directe, quoique la somme doive être touchée par la communauté, seule acceptante, et qui s'oblige de nourrir et entretenir la donataire, la disposition n'étant qu'en faveur de cette dernière; mais il résulte de l'intervention de l'établissement une association passible du droit fixe de 5 fr. (Délib. 24 juill. 1827).

229. Quant à la délégation d'un prix de vente faite par une sœur converse à une communauté religieuse, à la charge par celle-ci de loger, nourrir et entretenir la donataire, elle n'est passible que du droit de 2 p. 0/0 sur le capital aliéné, comme bail à vie (Sol. 4 juin 1841; — Jug. de Valence, 10 août 1842; -Rol. 6356). — V. *sup.* n. 160.

230. REPRISES. La donation par une veuve à l'un de ses enfants, d'une somme déterminée à prendre sur les reprises *mobilières* dues à la donatrice par la succession de son mari, est purement mobilière, *quant à présent*, bien qu'il soit exprimé que ces reprises seront spécialement exercées sur un domaine dépendant de la communauté à laquelle elle n'a pas renoncé (Délib. 31 mars 1826).

231. SUBSTITUTION. La donation faite à charge de restitution aux enfants nés et à naître, conformément aux art. 1049 et 1050 du C. civ. ne saisit que les grevés de restitution; ils sont pleinement propriétaires des objets substitués, et leur position est celle de tout propriétaire sous une condition *résolutoire*. Les appelés n'ont aucun droit aux biens avant que la substitution soit ouverte; ils n'ont qu'une expectative et point de droit acquis (Délib. 28 oct. 1834; — 16 mars 1841).

232. TRANSCRIPTION (Droit de). La donation de biens indivis avec le donataire est sujette au droit de transcription. — V. note 57 n. 144, et *sup.* n. 21.

233. USUFRUIT. — V. *sup.* n. 21.

234. VENTE. Si les ascendants abandonnent à la future un immeuble moyennant un prix, on doit percevoir sur cet abandon le droit de donation au lieu de celui de vente, quoiqu'il ne soit pas dit dans l'acte à quel titre les ascendants se dessaisissent, parceque le but de la loi est de favoriser les transmissions en ligne directe, et que d'ailleurs les ventes en ligne directe sont considérées par la jurisprudence des tribunaux comme des donations déguisées sujettes à rapport. (délib. 21 août 1824).

235. La conversion d'une donation en une vente n'est passible que du droit fixe de 1 fr., si le droit de vente n'est pas supérieur à celui de donation, car il ne s'opère, dans ce cas, qu'une seule mutation (Sol. 8 mai 1832).

V. DOUBLE-DROIT note 18, n. 196 et suiv. — DROIT DE SUCCESSION OU DE MUTATION PAR DÉCÈS note 192.

[61]

DU TIMBRE.

DIVISION SOMMAIRE :

Indication alphabétique :

§ 1. DES DIFFÉRENTES SORTES DE TIMBRE.

1. On distingue le timbre de *dimension*, le timbre *proportionnel* et le timbre *extraordinaire*.

2. Les timbres, pour le droit établi sur la dimension, sont gravés pour être marqués en *noir*; ceux pour le droit gradué en raison des sommes, sont gravés pour être frappés à sec; chaque timbre porte son prix (L. 13 brum. an VII, art. 4).

Art. 1. DU TIMBRE DE DIMENSION ET DES ACTES QUI Y SONT SOUMIS

3. Le droit pour le papier grand-registre (*a*) est fixé à 2 fr. et il ne peut être plus élevé. Celui pour le grand papier (*b*) est de 1 fr. 50; pour le moyen-papier (*c*) *appelé papier-expédition* de 1 fr. 25; pour le petit-papier (*d*) (*appelé papier-minute*) de 70 c.; et pour la 1/2 feuille (*e*) de 35 c. (L. 28 av. 1816, art. 62). — Pour les effets de commerce V. au bas de la p. la note *f*, et *inf.* n. 10.

4. = *Sont assujettis au timbre de dimension tous papiers à employer pour les actes et écritures soit publics soit privés, savoir* : 1° *les actes des notaires, et les extraits, copies et expéditions qui en sont délivrés; ceux des huissiers, et les copies et expéditions qu'ils en délivrent; les actes et les procès-verbaux des gardes et de tous autres employés ou agents ayant droit de verbaliser, et les copies qui en sont délivrées; les actes et jugements de la justice de paix, des bureaux de paix et de conciliation, de la police ordinaire, des tribunaux et des arbitres, et les extraits, copies et expéditions qui en sont délivrés; les actes particuliers des juges de paix et de leurs greffiers, ceux des autres juges et des procureurs du roi, et ceux reçus aux greffes ou par les greffiers, ainsi que les extraits, copies et expéditions qui s'en délivrent; les actes des avoués ou défenseurs officieux près les tribunaux, les copies ou expéditions qui en sont faites ou signifiées; les consultations, mémoires, observations et précis signés des hommes de loi et défenseurs officieux, les actes des autorités constituées administratives qui sont assujettis à l'enregistrement ou qui se délivrent aux citoyens, et toutes les expéditions ou extraits des actes, arrêtés et délibérations desdites autorités, qui sont délivrés aux citoyens; les pétitions et mémoires, même en forme de lettres, présentés au directoire exécutif, aux ministres, à toutes autorités constituées, aux commissaires de la trésorerie nationale, à ceux de la comptabilité nationale, aux directeurs de la liquidation générale, et aux administrations ou établissements publics; les actes entre particuliers sous signature privée, et le double des comptes de recette ou de gestion particulière; et généralement tous actes et écritures, extraits, copies et expéditions, soit publics soit privés, devant ou pouvant faire titre ou être produits pour obligation, décharge, justification, demande ou défense.*

5. 2° *Les registres de l'autorité judiciaire où s'écrivent des actes sujets à l'enregistrement sur les minutes, et les répertoires des greffiers; ceux des administrations centrales et municipales, tenus pour objets qui leur sont particuliers et n'ayant point de rapport à l'administration générale, et les répertoires de leurs secrétaires; ceux des notaires, huissiers et autres officiers publics et ministériels, et leurs répertoires; ceux des receveurs des droits et des revenus des communes et des établissements publics; ceux des fermiers des postes et messageries; ceux des compagnies et sociétés d'actionnaires; ceux des établissements particuliers et des maisons particulières d'éducation; ceux des agents d'affaires, directeurs, régisseurs, syndics de créanciers et entrepreneurs de travaux et fournitures; ceux des banquiers, négociants, armateurs, marchands, fabricants, commissionnaires, agents de change, courtiers, ouvriers et artisans; ceux des aubergistes, maîtres d'hôtels garnis et logeurs, sur lesquels ils doivent inscrire les noms des personnes qu'ils logent; et généralement tous livres, registres et minutes de lettres qui sont de nature à être produits en justice et dans le cas d'y faire foi, ainsi que les extraits, copies et expéditions qui sont délivrés desdits livres et registres* (L. 13 brum. an VII, art. 12). — V. pour l'affranchissement du timbre des livres de commerce la note 43, n. 59.

6. *Les écritures privées qui auraient été faites sur papier non-timbré, sans contravention aux lois du timbre, quoique non comprises nommément dans les exceptions, ne pourront être produites en justice sans avoir été soumises au timbre extraordinaire ou au visa pour timbre, à peine d'une amende de* 30 *fr.* (5 *fr.*), *outre le droit de timbre* (L. 13 brum. an VII, art. 30).

7. Les minutes peuvent être rédigées sur toute espèce de papier timbré, et le nombre des lignes par feuille n'est pas limité; mais il n'en est pas de même à l'égard des expéditions. — V. note 64.

V. *inf.* le tableau alphabétique p. 582 où les actes exempts du timbre sont distingués de ceux qui y sont soumis.

8. L'impôt du timbre diffère dans ses quotités pour les affiches, les avis, annonces ou prospectus, les journaux, la musique gravée et les registres de commerce. — Toutefois, les registres de commerce en sont affranchis, - V. la note 43, n. 59.

9. Toutes les affiches, autres que celles émanées de l'autorité publique, quelle que soit leur nature et leur objet, doivent être sur papier timbré (L. 9 vendém. an VI, art. 56).

Cependant les annonces, prospectus et catalogues de librairie et d'objets relatifs aux sciences et aux arts (les prospectus de journaux exceptés), sont dispensés du timbre (L. L. 25 mars 1817, art. 76; 15 mai 1818, art. 83; jug. de la Seine 22 janv. 1835).

Le papier ne peut être de couleur blanche si ce n'est les avis, annonces et prospectus qui ne sont pas destinés à

(*a*) Sa hauteur métrique est de 0.4204, sa largeur de 0.5946, et sa superficie de 0.2500.

(*b*)	—	—	0.3536,	—	0.5000,	—	0.1768.
(*c*)	—	—	0.2973,	—	0.4204,	—	0.1250.
(*d*)	—	—	0.2500,	—	0.3536,	—	0.0884.
(*e*)	—	—	0.2500,	—	0.1768,	—	0.0442.

(*f*) Quant aux effets de commerce, devant avoir en dimension moitié de la demi-feuille de petit papier, coupée en long, la hauteur est de 0.0884, la largeur de 0.2500, et la superficie de 0.221.

Nota. Pour avoir la superficie du papier, on multiplie la hauteur par la largeur, et le résultat fait connaître cette superficie.

être affichés (L. 28 av. 1816, art. 66; L. L. 28 juill. 1791; 28 av. 1816, art. 65). — Elles doivent être soumises au timbre avant l'impression sous les peines portées par les art. 65, 66 et 67 de la loi du 28 avril 1816, par les particuliers eux-mêmes, attendu que le papier pour les affiches, avis ou annonces n'est plus fourni par la régie de l'enregistrement (L. L. 25 mars 1817, art. 77; 15 mai 1818, art. 76). — Le prix de la feuille d'affiches portant 25 décim. carrés de superficie est de 10 c.; celui de la 1/2 feuille est de 5 c. (L. 28 av. 1816, art. 65). — V. *sup.* les notes au bas de la p. 579.

Art. 2. DU TIMBRE PROPORTIONNEL.

10. *Le droit de timbre créé pour les effets négociables ou de commerce, est gradué en raison des sommes à y exprimer, sans égard à la dimension du papier* (V. sup. la note *F* au bas de la p. 579) (L. 13 brum. an VII, art 2). — Le droit est de 50 c. p. 100 fr. (art. 9). — Il avait été augmenté de 2/5 par la loi du 28 av. 1816; mais une loi du 24 mai 1834, est revenue aux premières fixations : il en résulte que depuis le 1 janv. 1835, le droit de timbre sur les *lettres de change et billets à ordre*, sur les *billets* et *obligations non-négociables*, de 500 fr. et au-dessous (qui avait été fixé à 35 c. par la loi du 16 juin 1824) est réduit à 25 c.; que celui des billets de 1000 fr. est de 50 c.; de 2000 fr. 1 fr., etc. : mais l'amende, en cas de de contravention, est portée à 6 p. 0/0 du montant des effets, le souscripteur comme l'accepteur ou endosseur d'une lettre de change ou billet à ordre sont soumis chacun à cette amende : il en est de même à l'égard du souscripteur et du premier cessionnaire d'un billet ou d'une obligation non-négociable (L. 24 mai 1834, art. 19). — V. inf. *visa pour timbre* n. 45, et *amende* n. 58.

Cependant le droit de timbre sur les lettres de change et billets à ordre, sur les billets et obligations non-négociables d'une somme de 300 fr. et au-dessous, a été réduit à 15 c. au lieu de 25 c. par l'art. 16 de la loi du 20 juillet 1837.

11. Il a été toutefois décidé que le billet souscrit sur papier non timbré par l'acquéreur d'un immeuble, pour le paiement d'une somme en sus du prix énoncé dans le contrat de vente, est passible, pour la contravention au timbre, de l'amende de 5 fr. comme contre-lettre, et non de l'amende de 6 pour cent comme billet ou obligation (Solut. de la régie, - Roll. de V... 5615).

12. Les lettres de change tirées par seconde, troisième ou quatrième, pourront, quoiqu'étant écrites sur papier non-timbré, être enregistrées dans le cas de protêt, sans qu'il y ait lieu au droit de timbre et à l'amende, pourvu que la première écrite sur timbre proportionnel soit représentée conjointement au receveur de l'enregistrement (L. 1 mai 1822, art. 6). — V. *inf.* n. 23.

13. Les lettres de change, billets à ordre ou autres effets négociables passés devant notaires doivent être rédigés sur papier du timbre proportionnel s'ils sont délivrés en brevet; mais si le notaire en retient minute, il peut rédiger l'acte sur papier de dimension, pourvu que l'expédition destinée à être négociée, endossée et acceptée, soit écrite sur du papier revêtu du timbre proportionnel (Championniè[illegible] r. n. 4047).

1[illegible] Quand il est fait dépôt de sommes entre les mains d'u[illegible]aire, la reconnaissance qui en est délivrée, est soumise au timbre de dimension, si un acte de dépôt est dressé en forme, parce qu'alors le notaire fait un acte de son ministère. — Tandis que la reconnaissance est assujétie au timbre proportionnel, s'il n'est donné du dépôt qu'un simple bon ou récépissé, parce que alors elle présente les caractères d'une obligation ordinaire quoique qualifiée de dépôt (Ind. av. Cons. d'Et. 1 av. 1808).

15. Les cautionnements ne sont point sujets au timbre proportionnel, mais seulement à celui de dimension : ce sont des engagements qui n'ont point le nom d'*obligations* et en effet la loi sur l'enregistrement ne les tarife point comme *obligations*, d'où il suit qu'on ne peut leur appliquer l'art. 19 de la loi de 1834 rappelé *sup* n. 10.

16. Sont soumis au timbre proportionnel :

17. 1° Les obligations civiles et non-négociables (Cass. 1 mai 1809).

18. 2° Des reçus ou récépissés de sommes ou créances, quand elles portent obligation de *faire compte* de la somme par le souscrivant (Cass. 14 mars 1813).

19. 3° Les billets émis par un particulier pour la mise en loterie d'une propriété qui lui appartient, car ils font titre au porteur, soit pour la remise de l'immeuble au billet gagnant, soit pour le remboursement du montant des billets dans le cas où la loterie n'aurait pas lieu (Cass. 30 nov. 1807).

20. Toute obligation déguisée sous le nom de reconnaissance de dépôt entre toutes personnes, est assujettie au timbre proportionnel, comme les billets et obligations non-négociables, désignés en l'art. 6 de la loi du 16 prair. an VII, (Av. Cons. d'Et. 1 avr. 1808). — Mais les reconnaissances de dépôt pures et simples n'y sont point assujetties (*ibid.*).

21. Mais ne sont point soumis au timbre proportionnel :

22. 1° Les transports, cessions et endossements, écrits sur de simples billets ou promesses de payer faits sur papier du timbre prescrit. — V. note 45 n. 25.

23. 2° Les copies de lettre de change délivrées pour être négociées, lorsque les *duplicata* sont égarés, quoiqu'elles soient faites sur papier non-timbré (Délib. 25 mai 1825). — V. *sup.* n. 12.

24. 3° Le papier non-timbré servant d'allonge à un effet négociable écrit sur papier du timbre proportionnel (Délib. 17 oct. 1837).

25. Les porteurs de papiers de commerce sont admis à les échanger contre d'autres sortis également des bureaux de la régie. — Les porteurs de formules d'effets de commerce timbrées à l'extraordinaire, peuvent aussi en faire frapper d'autres en échange de celles qu'ils rapporteront (Circ. 7 mars 1807; 10 avr. 1828. — Instr. gén. 28 août et 24 déc. 1827; 30 mai 1828. — Déc. 23 juill. et 9 nov. 1827; 23 mai 1828).

25 *bis*. Les comptes de retours ne sont soumis qu'au timbre de dimension (Déc. Min. Fin. 22 févr. 1822).

Art 3. DU TIMBRE EXTRAORDINAIRE.

26. *Les particuliers et administrations publiques qui voudront se servir de papiers autres que ceux de la régie, ou de parchemins, seront admis à les faire timbrer avant d'en faire usage. Si les papiers ou les parchemins se trouvent être de di-*

mension différente du papier de la Régie, le timbre, quant au droit établi en raison de la dimension, sera payé au prix du format supérieur (L. 13 brum. an VII, art. 7 et 18). — Les préposés de la régie jouissent de la faculté accordée aux administrations publiques (Cass. 15 juill. 1806). — Il en est de même des conservateurs des hypothèques (Sol. 9 fév. 1832).

27. *Cette faculté est interdite aux notaires, huissiers, greffiers, arbitres, avoués ou défenseurs officieux., et à tous autres officiers ou fonctionnaires publics : ils sont tenus, sous peine d'une amende de 100 francs* (réduite à 20 fr. par l'art. 10 de la loi du 16 juin 1824), *de se servir du papier timbré débité par la Régie* (même loi, art. 18 et 26). — *Les notaires et autres officiers publics peuvent néanmoins faire timbrer à l'extraordinaire du parchemin, lorsqu'ils sont dans le cas d'en employer* (même loi, art. 18).

27 bis. *Il est fait défense aux notaires, huissiers, greffiers arbitres et experts, d'agir, aux juges de prononcer aucun jugement, et aux administrations publiques de rendre aucun arrêté sur un acte, registre ou effet de commerce non écrit sur papier timbré ou non visé pour timbre* (L. 13 brum. an VII, art. 24). — V. note 43 n. 59.

28. *Il est également fait défense à tous receveurs de l'enregistrement : 1° d'enregistrer aucun acte qui ne serait pas sur papier du timbre prescrit, ou qui n'aurait pas été visé pour timbre; 2° d'admettre à la formalité de l'enregistrement des protêts d'effets négociables, sans se faire représenter ces effets en bonne forme* ; 3°... (L. 13 brum. an VII, art. 23).

28 *bis*. Un greffier, qui avait expédié une tutelle sur papier timbré à l'extraordinaire, a été, en conséquence, condamné à l'amende (Cass. 15 mess. an XI).

29. *Tout acte fait ou passé en pays étranger, ou dans les îles et colonies françaises où le timbre n'aurait pas encore été établi, sera soumis au timbre avant qu'il puisse en être fait aucun usage en France, soit dans un acte public, soit dans une déclaration quelconque, soit devant une autorité judiciaire ou administrative* (même loi, art. 13).

30. Le timbre extraordinaire donne lieu aussi à deux droits, l'un de dimension, l'autre proportionnel. Le timbre de dimension est différent dans chaque département, et cependant le papier timbré à l'extraordinaire peut servir par toute la France (Championnière, 4052). — Quant aux papiers destinés aux effets de commerce, ils ne peuvent être timbrés à l'extraordinaire qu'à Paris (Décr. 17 avr. 1806; — Ordon. 8 juill. 1827; — Déc. Min. Fin. 6 mars 1832). A cet effet on est admis à remettre les papiers destinés à ces effets, en payant immédiatement les droits, au receveur du timbre extraordinaire du chef-lieu de chaque département : ces papiers sont transmis par la poste à l'administration centrale de l'enregistrement qui les fait timbrer à l'atelier général; ils sont ensuite renvoyés au directeur du département, qui les fait parvenir aux négociants auxquels ils appartiennent (Déc. Min. Fin. 31 août 1841; — Circ. Direct. Génér. 15 sept. 1841).

31. Le timbre extraordinaire ne peut être refusé, sous prétexte que les papiers qui y sont soumis diffèrent, par la dimension, de ceux débités par la régie. On procède, dans ce cas, pour connaître la dimension, comme il est dit *sup.* au bas de la p. 579.

32. On ne doit point admettre au timbre à l'extraordinaire sans payer l'amende :

33. 1° Un billet souscrit en France. — Mais si on présente à la formalité du timbre un effet venant de l'étranger ou des colonies, le timbre y est apposé sans amende, à moins que ce billet ait déjà été, avant sa présentation au timbre, endossé ou accepté en France. Cependant si l'endossement est en blanc, il n'y a point contravention (Cass. 2 brum. an X, Sir. 12, 144).

34. 2° Les pétitions et autres pièces assujéties au timbre (Circ. 1402). — V. *inf.* le tableau p. 582.

35. 3° Les tarifs ou prix courants de marchandises *après* l'impression; cette faculté n'étant accordée qu'aux effets de commerce (Déc. Min. Fin. 17 mai 1831).

36. Mais on doit admettre au timbre à l'extraordinaire sans payer l'amende :

37. 1° un écrit non daté ni signé, parceque ce n'est pas un acte (Délib. 12 oct. 1827)

38. 2° Les patentes, même quand les formules sont imprimées (Circ. 15 déc. 1806, et 25 nov. 1807; — Déc. 24 déc. 1823).

39. 3° Les mémoires imprimés que les avoués distribuent de concert avec les parties, et les affiches judiciaires qu'ils font apposer (Déc. 5 pluv. an XI).

40. 4° Tous les actes destinés à être produits devant le Conseil d'Etat, pourvu qu'une note en marge de la main d'un avocat au Conseil constate leur destination (Déc. 10 janv. 1823).

§ 2. De la débite du timbre.

41. *Nul ne pourra vendre ou distribuer de papier timbré, qu'en vertu d'une commission de la régie, à peine d'une amende de 100 fr. pour la première fois, et de 300 fr. en cas de récidive. Le papier saisi sera confisqué au profit de l'Etat* (L. 13 brum. an VII, art. 27). — La première de ces amendes a été réduite à 20 fr. par l'art. 10 de la loi du 16 juin 1824).

42. Les employés de l'enregistrement dans les départements, et les veuves d'employés à Paris, sont chargés exclusivement de la débite des papiers timbrés (Déc. Min. Fin. 8 août 1821). — Les percepteurs des contributions directes peuvent aussi en être chargés, mais seulement pour le timbre proportionnel de 25 et 50 centimes, et pour le papier de dimension de 35 et de 70 centimes (Déc. Min. Fin. 8 av. 1836, et 18 janv. 1841).

43. Il y a exception à ce qui est dit ci-dessus pour le papier à affiches, avis ou annonces. — V. *sup.* n. 9.

44. Lorsqu'il y a lieu à échange de papiers d'après ce qui est dit *sup.* n. 25, on ne peut y contraindre la régie, qu'autant que ces papiers n'ont point été salis ni déchirés, et qu'ils sont en état d'être rétablis parmi les papiers de la débite ordinaire (Instr. 1217, 1230 et 1469).

§ 3. Du visa pour timbre.

45. On distingue trois sortes de visa pour timbre : le *visa au comptant*, le *visa en débet*, le *visa gratis*.

46. Visa au comptant. Ce visa se donne sur les papiers destinés à contenir des effets d'une valeur excédant

20,000 fr., à raison de 0,50 cent. par 1,000 fr. : il doit mentionner la somme pour laquelle l'effet est tiré, le montant du supplément du droit et la date de la perception (L. 13 brum. an VII, art. 11).

47. Il se donne aussi sur les effets venant de l'étranger ou des colonies, et sur les écritures faites sur papier non-timbré, que l'on veut produire en justice (L. 13 brum. an VII, art. 15 et 30).

48. Visa en débet. Ce visa se donne dans les mêmes cas que l'enregistrement en débet. — V. note 18, p. 114, n. 311 et suiv.

49. Visa gratis. Ce visa se donne dans les mêmes cas que l'enregistrement gratis. — V. note 18, p. 115, n. 340 et suiv.

50. Quelle que soit l'analogie qui paraît exister entre le visa gratuit et l'exemption du timbre, il y a cependant une différence en ce que les actes soumis au visa *gratis* ne sont exempts que du droit, tandis que les actes exempts du timbre le sont du droit et de la formalité tout-à-la fois.

Pour les actes *exempts du timbre*, V. *inf.* n. 54.

§ 4. Des actes exempts du timbre et de ceux qui y sont soumis.

51. Sont exceptés du droit et de la formalité du timbre, savoir :

52. 1° *Les actes du Corps législatif et ceux du Pouvoir exécutif; — les minutes de tous les actes, arrêtés, décisions et délibérations de l'administration publique en général; et de tous établissements publics, dans tous les cas où aucun de ces actes n'est sujet à l'enregistrement sur la minute, et les extraits, copies et expéditions qui s'expédient ou se délivrent par une administration ou un fonctionnaire public à une autre administration publique ou à un fonctionnaire public, lorsqu'il y est fait mention de cette destination ; — les inscriptions sur le grand-livre de la dette nationale, et les effets publics ; — tous les comptes-rendus par des comptables publics ; — les doubles, autres que celui du comptable, de chaque compte de recette ou gestion particulière et privée ; — les quittances de traitements et émoluments des fonctionnaires et employés salariés par l'Etat; — les quittances ou récépissés délivrés aux collecteurs et receveurs de deniers publics, celles que les collecteurs de contributions directes peuvent délivrer aux contribuables, celles des contributions indirectes qui s'expédient sur les actes, et celles de toutes autres contributions qui se délivrent sur feuilles particulières, et qui n'excèdent pas 10 fr. ; — les quittances des secours payés aux indigents, et des indemnités pour incendies, inondations, épizooties et autres cas fortuits ; — toutes autres quittances, même celles entre particuliers, pour créances en sommes non excédant 10 fr., quand il ne s'agit pas d'un à-compte ou d'une quittance finale sur une plus forte somme ; — les engagements, enrôlements, congés, certificats, cartouches, passeports, quittances pour prêt et fournitures, billets d'étape, de subsistance et de logement, et autres pièces ou écritures concernant les gens de guerre, tant pour le service de terre que pour le service de mer ; — les pétitions présentées au corps législatif ; — celles qui ont pour objet des demandes de congés absolus ou limités, et de secours, et les pétitions des déportés et réfugiés des colonies, tendant à obtenir des certificats de résidence, passeports et passages pour retourner dans leur pays; — les certificats d'indigence ; — les rôles qui sont fournis pour l'appel des causes; — les actes de police générale et de vindicte publique, et ceux des commissaires du directoire exécutif* (Procureur du Roi), *non soumis à la formalité de l'enregistrement, et les copies des pièces de procédure criminelle qui doivent être délivrées sans frais.*

53. 2° *Les registres de toutes les administrations publiques et des établissements publics pour ordre et administration générale ; — ceux des tribunaux, accusateurs publics et des commissaires du directoire exécutif, où il ne se transcrit aucune minute d'actes soumis à la formalité de l'enregistrement; — ceux des receveurs des contributions publiques et autres préposés publics* (L. 13 brum. an VII, art. 16).

54. Tous les actes énumérés aux deux numéros qui précèdent et les interprétations que l'article précité de la loi de brumaire a reçues, se trouvent résumés dans le tableau alphabétique suivant (*a*).

Pour les actes soumis au timbre, V. *sup.* n. 4, 5 et 29 et aussi le tableau suivant (*a*) qui comprend également les interprétations que la jurisprudence a données à la loi.

(*a*) TABLEAU ALPHABÉTIQUE

DES ACTES SOUMIS AU TIMBRE.

1 Acte fait ou passé à l'étranger, etc. — V. *sup.* n. 29.

2 Actes publics sujets à faire titre. — V. *sup.* n. 4 *in fine*.

3 Actes sous seings-privés sujets à faire titre. — Ils ne sont sujets à la formalité que quand on veut les produire en justice. — V. n. 4 et 6 et *inf.* alin. 4.

4 Actes synallagmatiques. — Ils ne sont soumis qu'au timbre de dimension quand ils sont sous seing-privé, lors même qu'ils emportent obligation de sommes d'argent (déc. 30 août 1827).

5 Administrations. — V. *sup.* n. 5.

6 Affiches manuscrites. — Apposées par un Notaire pour annoncer une vente publique de meubles, elles doivent, à peine d'amende, être écrites sur papier timbré (Jug. de Dreux, 4 déc. 1841; - Contrôl. 6233). — V. *sup.* n. 8.

7 Agents — *d'affaires*. - V. *sup.* n. 5. — *de change*. - V. *sup.* n. 5. — *ayant droit de verbaliser*. - V. *sup.* n. 4.

8 Arbitres. — V. *sup.* n. 4.

9 Armateur. — V. *sup.* n. 5.

10 Arrêtés des préfets. Les copies ou expéditions des arrêtés des Préfets, qui accordent l'autorisation aux communes de vendre, ache-

DES ACTES EXEMPTS DU TIMBRE.

1 Actes de l'autorité administrative. V. note 18, p. 105, n. 161.

2 Administration publique. V. *sup.* n. 52 et 53.

3 Cahier des charges. V. note 18, n. 176.

4 Certificats d'indigence. V. *sup.* n. 52.

5 Certificats de vie. Les certificats de vie délivrés aux militaires et marins ne sont exempts du timbre que quand il s'agit de toucher des pensions sur le trésor public (Ordonn. 20 juin 1817; Déc. 17 juillet et 28 août 1822; Instr. gén. 17 août 1822 - V. ci contre *alin.* 17. — Les certificats des pensionnaires de l'ancienne liste civile sont aussi exempts du timbre (Circ. 2 fév. 1837). — V. les formules de certificats, p. 220, note A et p. 228.

6 Chambres de notaires. Le récépissé délivré par le secrétaire d'une chambre de notaires, d'extraits de contrats de mariage entre époux dont l'un est commerçant, est exempt du timbre (Cass. 16 fév. 1824).

§ 5. Du paiement des droits et amendes de timbre.

55. *Il est prononcé une amende, savoir : 1°... 2°... 3° de trente francs* (réduits à 5 fr. par l'art. 10 de la loi du 16 juin 1824), *pour chaque acte ou écrit sous signature privée fait sur papier non timbré; 4°... 5° de cent francs* (20 fr.) *pour chaque*

SUITE DU TABLEAU ALPHABÉTIQUE

DES ACTES SOUMIS AU TIMBRE.

ter ou louer, sont soumises au timbre, lorsqu'il en est fait usage en les produisant à l'occasion des ventes, acquisitions ou locations faites au nom de la commune (Déc. 27 fév. 1837; Av. com. 22 août 1839; jug. de Bar-sur-Aube 17 déc. 1839). — Mais il n'y a point de contravention à les relater dans ces actes si on ne spécifie point qu'elles sont sur papier libre (*ibid.*).

11 Artisans. — V. *sup.* n. 5.

12 Aubergiste. — V. *sup.* n. 5.

13 Autorité — *administrative*, - V. *sup.* n. 4. — *judiciaire*, - V. *sup.* n 5.

14 Avoués. — V. *sup.* n. 4.

15 Banquiers. — V. *sup.* n. 5.

16 Caisse d'épargnes. Les procurations notariées données pour retirer des sommes de la caisse d'épargnes (Instr. gén. 31 juill. 1833, n. 1490).

17 Certificats de vie, délivrés aux actionnaires de tontine pour toucher leurs dividendes (Instr. 20 fév. 1822, n. 1221, - Contrôl. 330). — V. le Dictionnaire des formules, p. 233.

18 Chambres des notaires. Deux seulement des registres que les chambres des notaires sont tenus d'avoir, sont soumis au timbre : 1° celui sur lequel sont inscrits les actes emportant transmission d'usufruit et de jouissance et autres que l'art. 77 de la loi du 15 mai 1818 déclare sujets au timbre; 2° le registre de recette et de dépense du trésorier de la chambre (Instr. 29 déc. 1829, n. 1303; déc. 28 nov. 1829). — V. ci-contre alin. 6

19 Commissionnaires. — V. *sup* n. 5.

20 Compagnies d'actionnaires. — V. *sup.* n. 50.

21 Consultations. — V. *sup.* n. 4. — Toute consultation d'avocat contenant un avis à suivre, et quoique n'étant pas destinée à être produite en justice bien qu'elle puisse néanmoins l'être, doit être écrite sur papier timbré (Cass 6 fév. 1815; 8 janvier 1822; 23 nov. 1824). — N'étant pas sur timbre, si elle est jointe à un dépôt de pièces fait au greffe, l'avocat signataire est passible d'amende (Cass. 19 nov. 1839). — V. ci-contre alin. 9.

22 Copies. — V. *sup.* n. 4 et 5, et ci-dessus alin. 10.

23 Courtiers. — V. *sup.* n. 5.

24 Décharge. — V. *sup.* n. 4 *in fine.*

25 Défense. — V. *sup.* n. 4 *in fine.*

26 Défenseurs officieux. — V. *sup.* n. 4.

27 Demande. — V. *sup.* n. 4 *in fine.*

28 Directeurs. — V. *sup.* n. 5.

29 Écritures publiques ou privées. — V. *sup.* n. 4 et ci-dessus alin. 2, 3 et 4.

30 Effets négociables ou non. — V. *sup.* n. 10.

30 *bis.* Entreprise de travaux et fournitures. — V. *sup.* n. 5.

31 Employés. — V. *sup.* n. 4.

32 Établissements de bienfaisance. — Les expéditions et extraits d'actes contenant donation ou legs en faveur des établissements de bienfaisance (Déc. 30 sept. 1825). — V. ci-contre alin. 12.

33 Établissements d'éducation. — V. *sup.* n. 5.

34 États de dépense. — Dressés par les avoués, ils sont soumis au timbre dans les matières ordinaires, lorsqu'ils forment, comme actes judiciaires ou comme actes du greffe, partie intégrante de la procédure. — Dans les matières sommaires, n'étant considérés que comme de simples notes, ils peuvent être rédigés sur papier libre (Déc. 30 avr. 1840).

35 Expéditions. — V. *sup.* n. 4, 5, 7; *alin.* 10; la note 64 et ci-contre *alin.* 12.

36 Extraits. — V. *sup.* n. 4, 5, 7; *alin.* 10; la note 64 et ci-contre *alin.* 12.

37 Fabricant. — V. *sup.* n. 5.

38 Fermiers des postes et messageries. — V. *sup.* n. 5.

39 Gardes. — V. *sup.* n. 4.

40 Greffiers. — V. *sup.* n. 4 et 5, et *inf.* alin 73.

41 Hommes de loi. — V. *sup.* n. 4, et ci-dessus alin. 21.

42 Huissiers. — V. *sup* n. 4 et 5.

43 Inventaires. Les Notaires qui procèdent à des inventaires ne peuvent délivrer sur papier libre des notes constatant la valeur des meubles et effets inventoriés (Cass. 23 mai 1808).

44 Juges. — V. *sup.* n. 4.

DES ACTES EXEMPTS DU TIMBRE.

7 Colons de Saint-Domingue. — V. note 18, p. 116, n. 372.

8 Comptables publics. — V. *sup.* n. 52.

9 Consultation. Une consultation d'avocat, trouvée chez un notaire et contraire dans son opinion à la demande du consultant, n'est plus qu'un écrit confidentiel et est exempte du timbre, tant qu'elle n'a pas été produite en justice (Cass. 14 juin 1808). V. ci-contre *alin.* 21.

10 Copies. — V. *sup.* n. 52 et *inf.* alin. 12.

11 Corps législatif. — V. *sup.* n. 52.

12 Cour des Comptes. Les expéditions ou extraits d'arrêts de la Cour des Comptes, notifiés aux justiciables de cette Cour, sont exempts du timbre, sauf à exiger que les secondes expéditions ou seconds extraits qui seraient demandés par les comptables eux mêmes, soient écrits sur papier timbré (Déc. 17 sept. 1832.

13 Crimes et délits. — V. note 18, p. 117, n. 378 et 379.

14 Effets publics. — V. *sup.* n. 52.

15 Établissements publics. — V. *sup.* n. 52 et 53.

16 État civil. — Les actes et certificats de dépôts des registres de l'état civil ne sont pas sujets au timbre (déc. 24 sept. 1808). — Mais l'expédition d'un acte de l'état civil, délivrée au trésorier d'une fabrique y est sujette (Cass. 6 nov. 1832). — V. ci-contre alin. 32.

17 États de situation. — Ceux que le tuteur datif est tenu de remettre au subrogé-tuteur doivent être rédigés et remis sans frais sur papier non-timbré (C. civ. 470).

18 Expéditions. — V. *sup.* n. 52 et *sup.* alin. 12.

19 Expropriation *pour cause d'utilité publique.* — Les plans, procès-verbaux, certificats, significations, jugements, contrats, quittances et autres actes sont exempts du timbre. Seulement ils doivent être visés pour timbre et enregistrés gratis, lorsqu'il y a lieu à la formalité de l'enregistrement. — Il n'est dû aucun droit pour la transcription des actes au bureau des hypothèques (L. 3 mai 1841, art. 58).

20 Extraits. — V. *sup.* n. 52 et alin. 12.

21 Factures. — Les mémoires ou factures, acceptés par les débiteurs, ne sont point assujétis au timbre (Délib. 15 mars 1831).

22 Feuille d'audience. — V. *sup.* n. 52.

23 Garde nationale. — V. note 18, p. 117, n. 389.

24 Inscriptions au grand-livre. — V. *sup.* n. 52.

25 Juges-de-paix. — Les actes ou procès-verbaux des juges de paix, constatant les causes de la disparition des militaires et le défaut de moyens d'existence de leurs veuves et orphelins, sont exempts du timbre (Déc. 26 janv. 1824).

26 Lettres missives. — Quand elles renferment des engagements ou des reconnaissances de dettes et promesses de payer,

acte public ou expédition écrit sur papier non timbré, et pour contravention aux art. 17, 18. (V. sup. n. 26, 27), 22 (V. note 46), 23 (V. note 42), et 24 (V. suprà n. 28) ; 5° *et du vingtième de la somme exprimée dans un effet négociable, s'il*

SUITE DU TABLEAU ALPHABÉTIQUE

DES ACTES SOUMIS AU TIMBRE.

45 JUGES DE PAIX. Un juge de paix est passible de l'amende, si les actes de son ministère, quoique non signés de son greffier, sont écrits sur papier libre (Cass. 7 mars 1808).

46 JUSTICE DE PAIX. – BUREAU DE CONCILIATION. — V. *sup.* n. 4.

47 JUSTIFICATION. — V. *sup.* n. 5, *in fine.*

48 LETTRE DE VOITURE. — Lors même qu'elles ne sont pas signées, elles sont soumises au timbre, si elles contiennent toutes les énonciations exigées pour une lettre de voiture (jug. de Bazas, 3 mai 1837; d'Angers 20 juin 1838). — MISSIVE - V. *sup.* n. 4 et 5 et ci-contre alin. 26. — DE CHANGE - V. *sup.* n. 10.

49 LIVRES. — V. *sup.* n. 3.

50 LOGEURS. — V. *sup.* n. 5.

51 MAISONS D'ÉDUCATION. — V. *sup.* n. 5.

52 MAITRES D'HÔTEL GARNI. — V. *sup.* n. 5.

53 MARCHANDS. — V. *sup.* n. 5.

54 MÉMOIRES. — V. *sup.* n. 4 et ci-devant alin. 21.

55 MONT-DE PIÉTÉ. — Les registres d'engagement et de dégagement du mont-de-piété sont assujétis à l'impôt du timbre, car aucune loi expresse ne les en affranchit (Cass. 14 vendém. an X).

56 NÉGOCIANTS. — V. *sup.* n. 5.

57 NOMINATIONS D'EXPERTS. — Un acte de partage et un procès-verbal de nomination d'experts sont soumis au timbre (Cass. 19 déc. 1809).

58 NOTAIRES — V. *sup.* n. 4. 5, 7, et *alin.* 2 et 43.

59 OBLIGATIONS. Un acte portant reconnaissance de plusieurs sommes antérieurement exigibles, prorogation de délai pour le tout et quittance d'une partie des intérêts à échoir, peut être écrit sur du papier de dimension. (Dél. 25 octobre 1836.) V. *sup.* n. 4, 17 et 20, et ci-contre, *alin.* 26.

60 OFFICIERS PUBLICS ET MINISTÉRIELS. — V. *sup.* n. 4.

61 OUVRIERS. — V. *sup.* n. 5.

62 PARTAGE. — V. *sup. alin.* 57.

63 PAYEURS DU TRÉSOR. — Une quittance donnée devant notaire aux payeurs du trésor public par des fournisseurs qui ne savent pas signer est soumise au droit de timbre et d'enregistrement (déc. 12 sept. 1833). — V. ci-contre *alin.* 36.

64 PÉTITIONS. V. *sup.* n. 4 et *alin.* 21.

65 POLICE ORDINAIRE. — V. *sup.* n. 4.

66 PROCUREUR DU ROI. — V. *sup.* n. 4.

69 RÉCLAMATION. — Une réclamation faite près d'un directeur de l'enregistrement, pour obtenir une restitution de droits, doit être sur papier timbré (déc. 16 mars 1813).

67 RÉCÉPISSÉS des matières versées à la monnaie, suivis d'un bon payable en espèces, sont seulement sujets au timbre de dimension (déc. min. fin. 5 déc. 1834).

68 RECEVEURS DES COMMUNES. — V. *sup.* n. 5

70 RÉGISSEURS. — V. *sup.* n 5.

71 REGISTRES. — Les extraits des registres des receveurs de l'enregistrement n'étant, dans le sens de la loi, ni des expéditions, ni des copies d'actes, peuvent être écrits sur une même feuille de papier, et sur du papier de toute dimension (délib. 1 fév. 1839). — On ne peut, sans contravention, intercaler des feuilles de papier non timbrées, dans un registre assujéti au timbre (Cass. 11 prair. an X. — Les registres destinés à la perception de l'octroi de bienfaisance d'une ville doivent être timbrés (Cass. 13 mess. an IX). — V. *inf. alin.* 74 ; ci-contre *alin.* 37 ; *sup.* n. 5 et *alin.* 55.

72 RÉPERTOIRES. — V. *sup. n.* 5.

73 SCELLÉS. Les procès verbaux de nomination de tuteur et d'apposition de scellés doivent être écrits sur papier timbré, parce qu'ils sont compris dans la classe des actes qui doivent être enregistrés sur la minute (Cass. 17 fév. 1806 ; 7 avr. 1806 ; 28 août 1809.) — V. *sup.* n. 4 et 5.

74 SOCIÉTÉS D'ACTIONNAIRES. Les registres tenus par le percepteur du péage d'un pont appartenant à une société d'actionnaire, sont soumis à la formalité du timbre (Cass. 25 vent. an X). — V. *sup.* n. 5 et *alin.* 71.

75 SYNDICS DE CRÉANCIERS. — V. *sup.* n. 5.

76 TESTAMENT. — Un testament olographe fait sur papier libre bien qu'il ait été révoqué par un testament subséquent, peut donner lieu à poursuivre l'amende contre les héritiers du testateur : car la révocation du testament n'entraîne pas l'annulation de la contravention. (Délib. 31 mai 1825).

77 TRIBUNAUX. — V. *sup.* n. 4 et 5.

78 TUTELLE. — V. *sup. alin.* 73.

DES ACTES EXEMPTS DU TIMBRE.

elles sont exemptes du timbre, tant qu'on n'en veut pas faire usage par acte public (Jug. 5 av. 1821 ; délib. 30 mars 1822 ; 27 juill. 1827). — Et même il n'y a pas lieu d'exiger l'amende des Notaires qui présentent à la formalité, avant de s'en servir par acte public, des mandats faits en forme de lettres missives (déc. 25 oct. 1808). — V. ci contre alin. 59 et *sup.* n. 4 et 6.

27 LIVRES DE COMMERCE. — V. note 43, p. 465, n. 59.

28 MANDATS. — V. *sup.* alin. 26.

29 MÉMOIRES. — Les mémoires imprimés distribués aux juges et au public sont exempts du timbre quand ils ne font que rappeler les signatures des avocats et défenseurs officieux; mais les exemplaires qui sont destinés à être produits en justice doivent être timbrés (Déc. 13 juin 1809.) V. *sup.* n. 4 et 6.

30 NOTAIRE — Un circulaire imprimée par laquelle un nouveau Notaire donne connaissance de sa nomination, de sa prestation de serment et de sa demeure, est exempte du timbre (Délib. 7 avr. 1824). — V. *sup.* n. 4 et 6.

31 ORDONNANCES DU ROI. — Elles peuvent être annexées à un acte notarié, quoiqu'elles ne soient pas timbrées (déc. 16 déc. 1828). — V *sup.* n. 52.

32 PÉTITION. — V. *sup.* n. 52.

33 POLICE GÉNÉRALE — V. *sup.* 52.

34 POUVOIR EXÉCUTIF. — V. *sup.* n. 52.

35 PROCUREURS DU ROI. — V. *sup.* n. 53.

36 QUITTANCES — *de contributions*, - V. *sup.* n. 52 — *Au-dessous* de 10 fr. - V. *sup.* n. 52. — *de secours et indemnités*. - V. *sup.* n. 52. — *de mois de nourrice et de l'indemnité* de 50 fr. accordée, par l'arrêté du 30 vent. an XI, à la nourrice qui a conservé jusqu'à l'âge de 12 ans un enfant trouvé ; elles sont exemptes du timbre comme les quittances de secours accordés aux indigents (déc. min. fin. 10 janv. 1834 ; 8 av. 1835). — *de traitements et émoluments* ; celles des sommes payées sur les *fonds du Trésor et par le Trésor* aux vicaires à titre de *secours* ou de *supplément* de traitement, lors même que le montant de ce supplément et le traitement fait par la commune, réunis, s'élèvent à plus de 300 fr. par an. Mais lorsque le traitement *seul*, accordé par la commune, excède 300 fr., toutes les quittances de ce traitement continuent à être sujettes au timbre (déc. min. 17 oct. 1809; 2 et 23 déc. 1837).

37 REGISTRES — *de commerce*, - V. *sup.* alin. 27. — *d'ordre*, - V. *sup.* n. 52.

38 SECOURS. — V. *sup.* n. 52.

39 SERVICE MILITAIRE. — V. *sup.* n. 52 et alin. 25.

40 VINDICTE PUBLIQUE. — V. *sup.* n. 52.

est écrit sur papier non timbré, ou sur un papier timbré d'un timbre inférieur à celui qui aurait dû être employé, et pour contravention aux art. 22 *et* 23 (V. note 46 et 42); *l'amende sera de trente francs* (5 fr.) *dans les mêmes cas, pour les effets au-dessous de* 600 *francs. Les contrevenants, dans tous les cas ci-dessus, paieront en outre les droits du timbre* (L. 13 brum. an VII, art. 26).

56. *L'amende fixe de* 30 *francs dont il vient d'être parlé pour les effets, billets et obligations au-dessous de* 600 *fr. écrits sur papier non timbré, est réduite au vingtième du montant de ces effets sans qu'elle puisse néanmoins, dans aucun cas, être inférieure à* 5 *fr. Lorsqu'un effet, un billet ou une obligation, aura été écrit sur du papier d'un timbre inférieur à celui qui aurait dû être employé, l'amende du vingtième prononcée par lesdits articles, ne sera plus perçue que sur le montant de la somme excédant celle qui aurait dû être exprimée sans contravention dans le papier employé, mais sans qu'elle puisse, dans aucun cas, être inférieure à* 5 *francs. Les effets, billets ou obligations, écrits sur papier portant le timbre de dimension, ne seront assujétis à aucune amende, si ce n'est dans le cas d'insuffisance du prix du timbre et dans la proportion ci-dessus fixée* (L. 16 juin 1824 art. 12).

57. L'amende du vingtième (5 p. 0/0) dont est ci-dessus parlé a été fixée à celle de 6 p. 0/0 qui double ainsi qu'on l'a dit sup. n. 10.

58. *Lorsqu'une lettre de change ou un billet à ordre venant soit de l'étranger, soit des îles ou des colonies, dans lesquelles le timbre ne serait pas encore établi, aura été acceptée ou négociée en France, avant d'avoir été soumis au timbre ou au visa pour timbre, l'accepteur ou le premier endosseur résidant en France seront tenus chacun d'une amende de* 6 *p.* 0/0 *du montant de l'effet.* (L. 24 mai 1834, art. 20).

59. *Aucune amende prononcée aux art.* 19 *et* 20 *ci-dessus* (*V.* sup. *n.* 10 *et* 58), *ne pourra être au-dessous de* 5 *francs. Les contrevenants seront solidaires pour le montant du droit et des amendes, sauf le recours de celui qui en aura fait l'avance pour ce qui ne sera pas à sa charge personnelle* (L. 24 mai 1834, art. 21).

Les articles qui précèdent ont reçu les interprétations suivantes :

60. Affiches, etc. — La contravention à l'obligation de se servir de papier de couleur, est punie d'une amende de 100 fr. (20 fr.) à la charge de l'imprimeur qui sera toujours tenu d'indiquer son nom et sa demeure au bas de l'affiche (L. L. 25 mars 1817, art. 77; 15 mai 1818, art. 76), et qui ne peut prétexter pour se soustraire à l'amende, qu'il n'a point donné l'ordre de la placarder (Cass. 23 vent. an X).

61. Pareille amende est due par ceux qui seront convaincus d'avoir fait afficher ou distribuer des imprimés non-timbrés. Les afficheurs et distributeurs, peuvent, en outre, être condamnés aux peines prononcées par l'art. 474 du C. pénal. Chaque distribution séparée constitue une contravention passible d'une nouvelle amende de 20 fr. (Jug. de la Seine, 2 juill. 1833). Il a même été décidé que l'amende était due pour *chaque* exemplaire saisi, imprimé sur papier non-timbré (Cass. 1 mars 1836). — V. *inf.* n. 69.

62. L'avoué qui est indiqué sur un avis imprimé pour fournir des renseignements relatifs à une vente, n'est point pour cela réputé l'auteur de l'avis et de la distribution; il faut que ce fait soit prouvé, car il n'est pas tenu à cet acte parmi ceux de son ministère (Cass. 11 juin 1811).

63. Copie certifiée. Un avoué ne peut, sans contravention, certifier une copie de jugement écrite sur papier non-timbré (Jug. de Sens 19 août 1836).

64. Effets négociables. V. *sup.* n. 10, 55 et suiv. — L'effet négociable souscrit en contravention aux lois sur le timbre par une femme sous puissance de mari et non autorisée à le consentir, est passible de l'amende de 6 p. 0/0 bien qu'elle prétende cet effet nul, tant que la nullité n'en a pas été prononcée avec la partie légitime (Cass. 13 fév. 1815).

65. Le porteur d'effets de commerce, écrits sur papier non-timbré, est fondé à réclamer du souscripteur le remboursement des droits de timbre et amendes qu'il a acquittés avant de commencer les poursuites (Cass. 20 juill. 1841).

66. Etat. Le timbre des quittances fournies à l'Etat ou délivrées en son nom, est à la charge des particuliers qui les donnent ou les reçoivent : il en est de même pour autres actes entre l'Etat et les particuliers (L. 13 brum. an VII, art. 29).

67. Quittance. Lorsqu'une quittance écrite sur papier libre, revêtue d'un timbre extraordinaire qui est apposé moyennant l'amende portée par la loi, est produite en justice par le défendeur à la demande en paiement de la somme qu'elle mentionne, le juge ne peut, en prenant cette quittance pour base du jugement par lequel il déboute le demandeur, condamner celui-ci à rembourser au défendeur le montant de l'amende qu'il a été contraint de débourser pour le défaut de timbre (Cass. 17 fév. 1807, -Sir. 7, 737). — V. *inf.* n. 68.

68. Solidarité. Sont solidaires pour le paiement des droits de timbre et amendes, tous les signataires pour les actes synallagmatiques, les prêteurs et les emprunteurs pour les obligations, les créanciers et les débiteurs pour les quittances, et les officiers ministériels qui ont reçu ou rédigé des actes énonçant des livres non timbrés (L. 28 avr. 1816, art. 75). — Avant 1816, l'amende pour quittance non timbrée ne pouvait être formée que contre le débiteur qui, seul, devait en outre payer les droits par application de l'art. 1248 du C. civ. (Cass. 2 fruct. an IX et 28 août 1809). — V. *sup.* n. 8.

69. Il y a solidarité et même contrainte par corps entre ceux qui ont fait afficher ou distribuer, et les afficheurs et distributeurs dans le cas rappelé *sup.* n. 61 (L. 28 avr. 1816, art. 69). — L'imprimeur, pour avoir tiré des exemplaires d'annonces, avis ou affiches sur papier non timbré, est seul passible de l'amende de 50 fr. (Déc. Min. Fin. 15 janv. 1818).

70. V. acte en conséquence d'un autre, note 42 p. 456. — actes a la suite l'un de l'autre, note 45, p. 475. — altération du timbre et double-usage du papier timbré, note 46-47 p. 478. — constatation, poursuite et prescription des contraventions, note 44, p. 469.

[62]

DE L'ACCEPTATION ET DE LA RENONCIATION OU RÉPUDIATION.

DIVISION SOMMAIRE.

Indication alphabétique.

Chap. I. DE L'ACCEPTATION, EN GÉNÉRAL.

1. *L'acceptation* est en général, le consentement de celui à qui on fait une offre, et qui la reçoit ou l'agrée (Merlin, *rép.*).

2. Pour former un contrat, il faut une *offre* de la part d'une partie, et une *acceptation* de cette offre par l'autre partie. — V. *Contrat* note 107.

3. L'acceptation n'est nécessaire que quand il s'agit d'un acte *synallagmatique*, car une partie ne peut demeurer engagée, sans que l'autre le soit aussi ; mais il en est autrement, c. à-d. que l'acceptation n'est pas nécessaire, quand il s'agit d'un acte unilatéral, tel qu'une reconnaissance, une obligation de payer une somme prêtée, une déclaration, un titre-nouvel, une quittance etc., par conséquent, l'usage ancien pratiqué par certains Notaires, d'accepter une obligation pure et simple pour le créancier n'était d'aucune influence sur le sort de cet acte, aussi valable sans acceptation qu'avec acceptation (Bruxelles, 30 juill. 1811). — V. note 52, n. 47 et 50.

4. Il n'est pas toujours nécessaire que l'acceptation soit *expresse*. Elle ne doit l'être que pour les actes ou contrats *solennels* (V. note 10, p. 49 et note 52, n. 1). Quant aux autres actes ou contrats, il suffit, en général, d'une acceptation *tacite* (V. note 52, n. 48 et 49).

Pour *les acceptations de dons et legs*, — V. les notes 10 et 24.

§ 1. DE L'ACCEPTATION DE SUCCESSION.

Art. 1. DES DIFFÉRENTES ESPÈCES D'ACCEPTATIONS. — QUI PEUT ACCEPTER.

5. *Une succession peut être acceptée purement et simplement, ou sous bénéfice d'inventaire* (C. civ. 774). — Il n'y a pas d'autre manière d'accepter une succession. Une *acceptation conditionnelle* serait nulle ; ainsi, par exemple, une fille successible sommée de choisir entre sa dot et sa part héréditaire, ne peut déclarer qu'elle opte pour cette dernière part, dans le cas où des biens grevés de substitution entreront libres dans l'hérédité, et où la renonciation faite par tel autre cohéritier aurait son effet (Cass. 3 août 1808).

6. Il n'est ici question que de *l'acceptation pure et simple*, qu'on appelle aussi *adition d'hérédité*. Quant à *l'acceptation bénéficiaire*, — V. la note 85.

7. *Nul n'est tenu d'accepter une succession qui lui est échue* (C. civ. 775). — Et cela, bien que tout héritière soit saisi de la succession qui lui est échue par le seul fait du décès qui lui a donné ouverture. Cet article reproduit l'ancienne maxime « *nul n'est héritier qui ne veut.* »

8. La présomption est donc pour l'*acceptation* de la part de l'héritier, car il est saisi de plein droit aux termes de l'art. 724 du C. civ. Le délai accordé par la loi pour renoncer fortifie cette présomption ; en effet, quand le délai est expiré sans qu'il y ait eu renonciation de la part de l'héritier présomptif, les frais faits par un créancier contre ce dernier jusqu'à sa renonciation tardive sont à la charge de la succession (C. civ. 797).

9. Du reste, une fois qu'il y a eu acceptation, soit expressément, soit tacitement, la qualité est ineffaçable suivant la maxime « *semel hæres, semper hæres.* »

10. Les règles ci-dessus sont applicables à tous les héritiers, même à ceux institués, soit par testament, soit par contrat de mariage. — V. notes 24 et 81, et *inf.* n. 36.

11. La présomption d'acceptation d'une succession ne peut être admise que pour les parties capables de leurs droits, car l'acceptation entraîne de plein droit pour l'héritier l'obligation d'en payer les dettes ; ce qui exige nécessairement la capacité pour contracter. L'article suivant consacre ce principe :

13. *Les femmes mariées ne peuvent valablement accepter une succession sans l'autorisation de leur mari ou de justice, conformément aux dispositions du chap. VI du titre du mariage. — Les successions échues aux mineurs et aux interdits ne pourront être valablement acceptées que conformément aux dispositions du titre* DE LA MINORITÉ, DE LA TUTELLE *et* DE L'ÉMANCIPATION (C. civ. 776).

14. L'autorisation donnée par le mari à sa femme, peut être tacite ; tellement qu'il a été jugé qu'elle peut résulter de ce que la femme aura pris possession, au vu et su de son mari, d'objets mobiliers dépendant de la succession (Bourges, 9 juillet 1831).

15. Une succession échue à une femme, ne peut être valablement acceptée tacitement en son nom par son mari. L'acceptation doit émaner directement de la femme, après autorisation du mari ou de la justice, alors surtout que la femme est mariée sous le régime dotal (Amiens, 11 juin 1814 — Riom, 18 av. 1825 ; — Lyon, 17 juill. 1829). — A ce sujet, il a été jugé que quand des faits d'immixtion et d'adition d'hérédité sont personnels au mari, et qu'ils ont eu lieu sans mandat de sa femme, ou même qu'ils sont en contradiction avec la dernière volonté de cette dernière, manifestée par des actes authentiques, ils ne peuvent attribuer à celle-ci la qualité d'héritière. Dans ce cas, le mari ne peut être réputé le mandataire légal de sa femme (Riom, 18 av. 1825 et 19 av. 1828).

16. La femme mariée, bien qu'incapable, est néanmoins libre avec l'autorisation de son mari ou de justice, d'accepter une succession, soit purement et simplement, soit sous bénéfice d'inventaire, et après avoir accepté sous bénéfice d'inventaire, elle ne peut encourir la déchéance de sa qualité d'héritière bénéficiaire.

17. Mais il n'en est pas de même du mineur qui sera toujours, quoiqu'il arrive et quoiqu'il fasse, héritier bénéficiaire par la seule force de la loi (C. civ. 461). — Ainsi, le

mineur ne peut jamais être tenu des dettes de la succession qui lui est échue que comme héritier bénéficiaire ; et bien que le tuteur n'ait rempli aucune des formalités nécessaires pour l'acceptation sous bénéfice d'inventaire, le mineur ne sera jamais obligé comme héritier pur et simple qu'autant que, depuis sa majorité, il aura fait personnellement, en cette qualité, acte d'adition d'hérédité (Bordeaux, 1 mars 1832).

18. La qualité d'héritier bénéficiaire du mineur ne peut se perdre alors même : 1° qu'il aurait spolié la succession (Bruxelles, 9 déc. 1815; — Limoges, 30 juill. 1827).

19. 2° Et qu'on lui aurait donné, dans les actes, le titre d'héritier pur et simple (Cass. 10 mai 1841). — Même depuis sa majorité, si ces actes, quoique judiciaires, n'émanent pas de lui ou de son mandataire direct (Pau, 16 janv. 1832).

10. Mais si le mineur devenu majeur fait lui-même acte d'héritier, il perd le bénéfice que la loi attachait à son état de minorité, et devient héritier pur et simple (Agen, 29 mars 1838).

21. Du reste, le mineur devenu majeur est recevable, tant qu'il n'a pas fait personnellement acte d'héritier, soit à accepter lui-même la succession qui a été acceptée pour lui pendant sa minorité, soit même à la répudier.

22. Les règles qui précèdent sont, en tous points, applicables : 1° Au mineur, même émancipé, qui n'a pas le droit d'accepter une succession autrement que sous bénéfice d'inventaire.

23. 2° A l'interdit, auquel on ne pourra opposer pour le constituer héritier pur et simple, que des faits qui seraient postérieurs à la main-levée de l'interdiction.

24. Quant au prodigue, il ne lui est pas défendu d'accepter une succession, même purement et simplement, sans l'assistance de son curateur. Il reste, à cet égard, dans les termes du droit commun.

25. Le droit d'accepter une succession peut être étendu non-seulement au successible lui-même, mais à ses créanciers, comme on le verra ci-après n. 129, 240.

26. Mais si le créancier poursuit l'héritier en cette qualité, il doit, avant tout, rapporter la preuve que cet héritier a accepté, sauf à user ensuite du droit qu'il a lui même de faire cette acceptation. — Ainsi, lorsque sur la poursuite dirigée contre lui, le successible nie qu'il ait pris la qualité d'héritier, c'est au créancier qui le poursuit à prouver qu'il a accepté la succession (Liége, 4 janv. 1812; — Chabot, t. 2, art. 778).

27. *Lorsque celui à qui une succession est échue est décédé sans l'avoir répudiée, ou sans l'avoir acceptée expressément ou tacitement, ses héritiers peuvent l'accepter ou la répudier de son chef* (C. civ. 781).

28. *Si ces héritiers ne sont pas d'accord pour accepter ou pour répudier la succession, elle doit être acceptée sous bénéfice d'inventaire* (C. civ. 782). — V. note 85.

29. Il résulte de ce dernier article que, lorsque de plusieurs cosuccessibles, les uns ont accepté une succession échue au défunt, les autres ne peuvent pas y renoncer; ils sont obligés de l'accepter sous bénéfice d'inventaire, à moins qu'ils ne renoncent à la succession même du défunt (Rennes, 19 juin 1811; — Toullier, 4, 321; — Duranton, 6, 409; — Chabot).

30. Si quelqu'un est appelé à une succession à double titre, c. à-d. en son nom personnel comme héritier direct, et au nom d'un tiers, comme représentant d'un autre héritier, qui est lui-même décédé sans avoir pris qualité, il doit se prononcer expressément sur l'acceptation ou la répudiation et dans l'une et l'autre de ses qualités. — Ainsi, une répudiation pure et simple de sa part ne sera présumée faite que pour les droits qu'il exerce directement et personnellement : il pourra donc être attaqué comme héritier du chef de la personne qu'il représente, tant qu'il n'aura pas également fait une renonciation expresse à cet égard (Limoges, 22 juin 1840).

Art. 2. Des faits qui constituent ou non l'acceptation.

31. *L'acceptation peut être expresse ou tacite : Elle est expresse, quand on prend le titre ou la qualité d'héritier dans un acte authentique ou privé; elle est tacite, quand l'héritier fait un acte qui suppose nécessairement son intention d'accepter, et qu'il n'aurait droit de faire qu'en sa qualité d'héritier* (C. civ. 778). — Mais la première de ces deux conditions suffit pour emporter acceptation (Duranton, 6, 375; — *Contrà*, Chabot).

32. *Les actes purement conservatoires, de surveillance et d'administration provisoire, ne sont pas des actes d'adition d'hérédité, si l'on n'y a pas pris le titre ou la qualité d'héritier* (C. civ. 779).

33. Quelque modiques que soient les objets emportés chez lui par un héritier, sans les faire inventorier, ou dont il a disposé au profit d'un tiers, l'héritier doit être réputé avoir fait en cela acte d'héritier (Bourges, 23 janv. 1828). — Et même le fait d'avoir disposé du mobilier sans en avoir fait dresser inventaire, peut rendre l'héritier bénéficiaire héritier pur et simple (Cass. 15 juin 1826).

34. Cependant l'héritier qui, en présence de deux personnes par lui appelées, emporte chez lui sans le faire préalablement inventorier, une partie du mobilier du défunt, peut, selon les circonstances, être déclaré n'avoir pas fait acte d'héritier : par exemple, s'il a manifesté formellement l'intention de se constituer seulement dépositaire du mobilier, pour le représenter lorsqu'il serait nécessaire, et si l'enlèvement du mobilier a eu lieu dans le but seulement de ne pas payer le loyer de la chambre où il se trouvait (Lyon, 17 juill. 1829).

35. Lorsque des héritiers ont renoncé valablement à une succession, si ensuite, sans fraude et en une autre qualité que celle d'héritiers, ils vendent des immeubles de la succession répudiée, cette vente n'annule pas leur renonciation (Paris, 5 mess. an x, - Sir. 1, 210).

36. Un donataire de tous les meubles et immeubles, qui se trouve ensuite héritier du donateur, n'est pas censé faire adition d'hérédité, s'il reste en possession des biens en vertu de la donation, encore que cette donation soit frappée de nullité (Amiens, 11 juin 1814. - Sir 15, 69).

37. Mais le donataire universel à cause de mort, qui a fait acte de donataire, ne peut être assimilé à l'héritier qui a perdu par son acceptation pure et simple, la faculté du bénéfice d'inventaire : il n'est pas comme ce dernier *loco hæredis*. — Son acceptation expresse ou tacite, ne lui ôte pas la faculté de renoncer ultérieurement, afin de faire valoir les créances personnelles qu'il peut avoir à exercer contre la succession : on ne peut enfin lui opposer la maxime « *semel hæres, semper hæres* » (Cass. 29 fév. 1820).

38. Lorsque le souverain fait la remise au fils d'un condamné révolutionnairement d'objets confisqués sur son père, il est réputé donner à titre de grâce, et non restituer. Ainsi, le fils, en sollicitant et recevant la remise, ne peut être considéré comme ayant fait acte d'héritier (Cass. 19 août 1822).

39. Le successible qui se pourvoit devant l'autorité administrative, afin d'obtenir la main-levée du séquestre apposé sur les biens de la succession, n'est pas censé se porter héritier pur et simple, alors même que, dans sa demande, il a pris le titre d'héritier (Paris 12 mai 1826).

40. Il en est de même de la demande en levée de scellés (Cass. 16 mai 1815); — et lorsque la qualité d'héritier a été prise dans une procuration donnée à un tiers pour la levée des scellés, la confection de l'inventaire et la vente du mobilier, surtout lorsque le droit de renoncer a été réservé dans l'inventaire (Cass. 1 août 1809, - Sir. 10).

41. Celui qui, sur les poursuites d'un créancier de la succession, donne des défenses au fond, ne fait point en cela un acte d'héritier qui ait nécessairement pour effet d'empêcher toute répudiation ultérieure de l'hérédité (Paris, 29 pluv. an XI, - Sir. 7).

Pour plus de développement, V. *acte d'héritier*, note 34, p. 420, n. 76 et suiv.

42. *La donation, vente ou transport que fait de ses droits successifs un des cohéritiers, soit à un étranger, soit à ses cohéritiers, soit à quelques-uns d'eux, emporte de sa part acceptation de la succession. = Il en est de même : 1° de la renonciation même gratuite, que fait un des héritiers au profit d'un ou de plusieurs de ses cohéritiers; de la renonciation qu'il fait même au profit de tous ses cohéritiers indistinctement, lorsqu'il reçoit le prix de sa renonciation* (C. civ. 780).

43. Au nombre des signes qui indiquent l'adition d'hérédité, la loi place, en première ligne, le simple effet résultant de l'énonciation du titre ou de la qualité d'héritier insérée *volontairement* dans un *acte* par le successible. — V. *sup.* n. 31. — Tout dépend donc, dans ce cas, des premières énonciations qui seront inscrites dans les actes conservatoires; celui, en effet qui veut se ménager la faculté de renoncer, en profitant du délai que la loi lui accorde pour délibérer sur son acceptation, ne doit jamais prendre jusques-là d'autre titre que celui d'*habile à se porter héritier* du défunt; car s'il prend le titre d'héritier même sous toute réserve, il n'en sera pas moins héritier irrévocable d'après la maxime : « *Semel hæres, semper hæres* ». L'effet de ses réserves se réduirait à lui permettre d'accepter ultérieurement sous bénéfice d'inventaire.

44. Pour que l'énonciation du titre ou de la qualité d'héritier dans un *acte* attribue réellement cette qualité, il faut qu'elle ait été prise par un habile à succéder, dans l'intention d'accepter l'hérédité et de s'obliger aux charges qu'impose une pareille acceptation (Paris, 12 mai 1826; — Toullier, 4, 325). — Mais si j'annonce par une lettre écrite à un ami, que *telle* personne vient de mourir et que j'en suis héritier, je ne ferai point là adition d'hérédité. Une pareille lettre ne sera point l'*acte* dont parle la loi. — Il en sera de même si, dans un acte authentique ou privé, il m'arrive de dire ou de laisser écrire que je suis héritier de *telle* personne, quoique cette qualité soit entièrement étrangère à l'acte, qu'elle soit sans influence sur les stipulations qui y sont renfermées, qu'elle n'ait eu d'autre but, par exemple, que de me désigner d'une manière plus claire (Toullier, *ibid.*). — Cependant on peut, suivant les circonstances, voir une acceptation dans le fait d'avoir pris dans une lettre missive le nom ou la qualité d'héritier (Chabot, art. 778; — Duranton, 6, 373).

45. Si, au contraire, un héritier appelé par la loi donne une *procuration* pour recueillir la succession, pour faire *tels* ou *tels* actes qui emportent adition d'hérédité, comme de *vendre les biens*, de *partager*; s'il ne se borne pas en même temps à prendre la qualité *d'habile à succéder* ou celle *d'héritier présomptif*, ou s'il ne donne pas *pouvoir d'accepter*, pouvoir qui exclurait l'idée d'une acceptation actuelle; dans tous ces cas, il y aura acceptation *expresse*. Cela est évident, parce que lorsque l'héritier donne les pouvoirs dont il s'agit, on peut dire qu'il agit réellement lui-même, il use à l'instant même de ses droits (Chabot, sur l'art. 778, n. 27). = Il n'en serait point autrement, quand même la procuration serait révoquée avant que le mandataire eût agi (Duranton, 6, 339. — *Contrà*, Pujol, art. 778, n. 6).

Ce serait aussi faire acte d'héritier, que d'en prendre la qualité dans un commandement fait aux débiteurs de la succession (Limoges, 19 fév. 1831).

46. On peut accepter une succession pour partie, et la répudier pour l'autre partie dans l'intérêt de l'un ou de plusieurs des cohéritiers (Cass. 24 mars 1814). — Mais alors on est réputé à l'égard des autres héritiers et des tiers, avoir accepté toute la succession, car elle est indivisible (Toullier, 4, 312; — Championnière, Tr. 1, n. 527, 528).

Art. 3. DU DÉLAI POUR ACCEPTER UNE SUCCESSION.

47. Pour accepter ou renoncer à une succession, il faut deux choses principales : 1° Qu'elle soit ouverte (C. civ. 1130), car l'acceptation faite avant son ouverture n'est point obligatoire. Si donc, sur un faux bruit de la mort d'une personne, l'habile à succéder a pris la qualité d'héritier, et s'est mis en possession des biens, cette acceptation n'étant point valable, il pourra renoncer en apprenant la mort de cette personne, pourvu que depuis la mort, il n'ait pas continué de faire des actes d'héritier; il devra seulement rendre compte de ce qu'il a fait (Toullier, 4, 315; — Pothier, *des successions*, ch. 3, sect. 3).

48. 2° Et être appelé à cette succession à l'instant même de l'acceptation. Si donc au moment où l'acceptation a été faite, il existait un parent plus proche ne s'étant présenté que depuis, cette acceptation cesserait d'être obligatoire, quand même le parent plus proche venant à renoncer, la succession se trouverait dévolue à l'acceptant. Mais si ce parent ne se présente point, l'acceptation ne peut être rétractée sous prétexte que l'acceptant n'était pas appelé, parce que l'héritier qui ne se présente pas est considéré comme s'il n'existait pas (Ind. Cass. 5 therm. an XII, et 8 fév. 1810; — Pothier, *ibid.*; Chabot).

49. *La faculté d'accepter une succession, se prescrit par le laps de temps requis pour la prescription la plus longue des droits immobiliers* (C. civ. 789).

50. Il n'est pas nécessaire, dans ce cas, que le cohéritier qui a pris possession de l'entière hérédité l'ait possédée pendant le temps nécessaire pour prescrire, il suffit pour être déchu de la faculté d'accepter la succession que l'hé-

ritier ait gardé le silence pendant trente ans (Riom, 25 mai 1810: — Paris, 13 août 1823, 3 juin et 13 nov. 1835; — Rouen, 6 juin 1838; — Cass. 14 juill. 1840).

51. Quand un héritier au premier degré renonce, l'héritier du dégré subséquent a trois mois et 40 jours pour faire inventaire et délibérer, à compter du jour où il a connu la renonciation qui donne ouverture à son droit (Duranton, 6, 470).

Art. 4. DES EFFETS DE L'ACCEPTATION.

52. *L'effet de l'acceptation remonte au jour de l'ouverture de la succession* (C. civ. 777).

53. Ainsi, on ne pourrait pas se porter héritier, uniquement à compter du moment où l'on accepte. Il est de toute nécessité que l'acceptation remonte au jour de l'ouverture d'après la maxime « *qui semel hæres, semper hæres* » et cette autre maxime « *le mort saisit le vif* » dont l'art. 724 du C. civ. forme le corollaire.

Les conséquences de ce principe sont :

54. 1° Que l'héritier prend la succession tout entière, telle qu'elle était au moment où elle s'est ouverte. Profitant de tous les bénéfices survenus, et supportant les charges ainsi que les pertes, il a droit à tous les fruits et revenus échus avant l'acceptation, si toutefois il n'ont pas été perçus par un possesseur de bonne foi. - V. note 22, n. 168. — Et d'un autre côté, il est tenu de rembourser tout ce qui a été payé, soit pour la conservation des biens, soit pour l'acquit des dettes et charges, comme ausssi de payer tout ce qui reste dû

55. 2° Qu'il profite des renonciations qui ont pu être faites par ses cohéritiers dans l'intervalle qui s'est écoulé depuis l'ouverture de la succession jusqu'à son acceptation (C. civ. 785, 786). — V. *inf.* n. 216 et suiv.

56. 3° Que lors même que l'héritier qui accepte ne serait appelé à la succession qu'à la place d'un héritier plus proche qui aurait renoncé, l'effet de son acceptation remonterait toujours à l'époque de l'ouverture de la succession (Chabot, sur l'art. 777).

57. 4° Et que lorsque l'héritier ayant renoncé, et que la prescription n'est pas acquise, il veut user de la faculté que la loi lui donne d'accepter encore la succession, cette acceptation remonte à l'époque de l'ouverture (Chabot, *ibid.*).

58. Les créanciers d'un héritier renonçant, qui ont accepté la succession, et qui se sont mis en possession de la part revenant à leur débiteur, sans faire inventaire, sont tenus personnellement de toutes les dettes et charges de la succession (Chabot, art. 788 n. 7. — *Contrà*, Vazeille, *ibid.* n. 12). — V. note 25.

Art. 5. DE LA RÉTRACTATION DE L'ACCEPTATION.

59. *Le majeur ne peut attaquer l'acceptation expresse ou tacite qu'il a faite d'une succession, que dans le cas où cette acceptation aurait été la suite d'un dol pratiqué envers lui : il ne peut jamais réclamer sous prétexte de lésion, excepté seulement dans le cas où la succession se trouverait absorbée ou diminuée de plus de moitié, par la découverte d'un testament inconnu au moment de l'acceptation* (C. civ. 783).

60. Suivant cet article, il n'y a que deux exceptions à l'irrévocabilité de l'acceptation : le cas de *dol*, et le cas de *découverte d'un testament inconnu*. Et ces exceptions ne peuvent être opposées que par l'héritier majeur.

Cependant il a été décidé :

61. 1° Que l'exception relative au *dol* doit être étendue au cas où l'acceptation a été extorquée par *violence*, ou bien a été le résultat d'une *erreur*, deux causes qui vicient le consentement (C. civ. 1109; — nouv. Denisart, 1, 226; — Chabot).

62. 2° Que la restitution pour cause de dol a lieu, non-seulement à l'égard des auteurs du dol, mais encore à l'égard de tous autres, tellement que l'héritier peut poursuivre la réparation du tort qu'il a souffert par suite de son acceptation, même contre celui qui, sans avoir participé au dol, a contribué par sa faute à le faire réussir (Cass. 5 déc. 1838, - Devill. 38, 945).

63. 3° Que le défaut d'inventaire de la part de l'héritier qui a accepté par suite de dol, ne peut être opposé comme formant obstacle à sa renonciation ultérieure, même par les créanciers étrangers au dol (même arrêt).

64. 4° Que lorsque l'acceptation vient à être annulée comme ayant été le résultat du dol, tout ce qui a été payé aux créanciers par l'héritier de ses propres deniers est sujet à répétition (C. civ. 1235; 1377; même arrêt).

65. 5° Que la restitution au cas de découverte d'un testament produit son effet aussi bien à l'égard des créanciers qu'à l'égard des légataires (Chabot; Vazeille; Malpel; Dalloz; Delaporte; Pujol; — *Contrà*, Duranton, Delvincourt).

66. 6° Que la restitution n'aurait pas lieu, sous prétexte que la succession serait absorbée ou diminuée de plus de moitié par la découverte de dettes inconnues au moment de l'acceptation (Chabot; Vazeille; Maleville; Duranton; Delvincourt; Malpel; Pujol).

67. 7° Que l'héritier d'un donateur qui a accepté purement et simplement sa succession, ignorant la donation non transcrite, a le droit de réclamer une indemnité à raison du préjudice à lui causé par le défaut de transcription (Delvincourt, 275, — *Contrà*, Duranton, 8, 519).

68. 8° Que l'héritier mineur qui a accepté la succession sous bénéfice d'inventaire, peut, (de même que l'héritier majeur), se faire restituer contre son acceptation ; et pour cela il lui suffit d'être lésé, à la différence du majeur qui, pour être relevé de son acceptation, doit prouver qu'il n'y a été induit que par suite du dol (C. civ. 1305; — Cass. 5 déc. 1838, cité *sup.* n. 62).

69. La qualité d'héritiers prise par les enfants d'un individu dont le décès n'est pas prouvé, peut être rétractée par eux, bien que l'existence de leur père ne soit pas non plus établie. Vainement on dirait que la qualité d'héritier, une fois prise, est indélébile et ne peut être répudiée (Bourges 22 juill. 1828, - Sir. 30. 74).

70. En exerçant les droits de succession abandonnés par leur débiteur, les créanciers peuvent examiner et contester tous actes qui pourraient tendre à altérer ces droits, tels que legs ou autres (Vazeille, art. 788).

71. Ainsi, ils peuvent demander la révocation de l'acceptation, toutes les fois qu'il y a eu intention évidente de les frustrer, alors même qu'il n'y a pas eu connivence (Delvincourt, 2, 180, lequel cite Lebrun et Pothier).

72. Mais il ne peuvent demander la résolution de l'acceptation que leur débiteur aurait faite d'une succession oné-

reuse (Vazeille, art. 881), — à moins qu'il n'y ait connivence frauduleuse entre l'héritier et les créanciers de cette succession (Chabot, art. 881, — Malpel, 220; — Grenier, 2, 423).

Pour *l'acceptation sous bénéfice d'inventaire*, V. la note 85.

§ 2. De l'acceptation de communauté.

73. *Après la dissolution de la communauté, la femme ou ses héritiers et ayants-cause ont la faculté de l'accepter ou d'y renoncer : toute convention contraire est nulle* (C. civ. 1453).

74. Dans aucun cas, la faculté de renoncer ne peut être attribuée au mari. S'il en était autrement, ce serait lui donner le droit de protester contre ses propres actions; car la communauté bonne ou mauvaise est son ouvrage comme seul administrateur; tellement qu'il en est seul propriétaire si la femme ou ses héritiers ne l'acceptent pas lors de sa dissolution dans le délai fixé par la loi.

75. Ainsi, toute disposition par laquelle la femme se serait engagée d'avance à accepter la communauté serait nulle comme contraire à l'ordre public et aussi comme portant sur un droit futur, car la communauté est entièrement assimilée sous ce rapport aux successions, et jusqu'au moment où la dissolution de la communauté s'opère, la femme n'a eu sur les biens réputés communs, qu'un droit purement éventuel dont elle n'était point saisie et qui ne pouvait être de sa part l'objet d'aucune stipulation. La communauté est donc pour la femme ou ses représentants, ce qu'est pour l'héritier lui-même le *droit* d'accepter ou de *répudier* la succession.

Il a été toutefois décidé :

76. Que l'art. 1453 précité, n'a pas eu pour objet de prohiber l'acceptation anticipée, mais seulement d'établir en principe général, la faculté pour la femme d'accepter ou de répudier la communauté, et de rendre illicite toute convention qui aurait pour but de lui enlever cette faculté. — Ainsi, lorsque par une demande en séparation de corps, la femme par l'exploit d'assignation, conclut *à être renvoyée devant notaire pour procéder à la liquidation et au partage de la communauté*, elle se trouve par-là dispensée de l'accepter, sous peine de déchéance, dans le délai prescrit par l'article 1463 du C. civ. (Cass. 21 juin 1831; — C. civ. 1445).

77. 2° Que la femme qui s'est mariée sous l'empire d'un statut qui ne lui permettait pas de renoncer à la communauté, ne peut y renoncer, encore que la communauté se soit dissoute sous l'empire d'une loi qui permet une telle renonciation, et qui prohibe toute stipulation contraire (Bruxelles, 18 déc. 1811).

78. De ce que des héritiers de la femme ont accepté sa succession, il ne faut pas en conclure qu'ils aient implicitement accepté la communauté ayant existé entre elle et son mari; quoique faisant partie de la succession, le droit d'accepter ou de répudier la communauté reste tel qu'il était avant sa mort; par conséquent, ses représentants peuvent en profiter comme elle l'aurait pu elle-même (Bellot, 2, 197).

79. Cependant, s'ils renonçaient à la succession de la femme, ils seraient réputés renoncer à ce droit qui en fait partie intégrante, d'où il suit qu'ils ne pourraient plus accepter la communauté (Bellot, 2, 196).

80. *La femme qui s'est immiscée dans les biens de la communauté, ne peut y renoncer. Les actes purement administratifs ou conservatoires n'emportent point immixtion* (C. civ. 1454).

Cet art. reproduit les dispositions des art. 778 et 779, rappelés *sup.* n. 31 et 32, et il en résulte qu'entre l'acceptation et la répudiation de la communauté, il y a cette différence : que l'*acceptation* peut être *expresse* ou *tacite*, tandis que la renonciation doit résulter d'un acte formel, et ne se présume pas. Mais par *acceptation* expresse on doit entendre un acte écrit; une déclaration verbale serait insuffisante, elle n'équivaudrait même pas à une acceptation tacite (Bellot, 2, 202). Du reste, il est indifférent que l'acte d'acceptation soit authentique ou sous seing-privé. — V. *inf.* n. 188.

81. A ce sujet, nous devons faire observer que les actes faits par la femme avant la dissolution de la communauté sont aussi étrangers à l'acceptation de la communauté que les actes qui auraient été faits par le présomptif héritier avant l'ouverture de la succcession, seraient étrangers à l'acceptation de la succession elle-même. En vain alléguerait-on que c'est la femme qui a réellement administré, que c'est réellement elle qui a compromis la communauté par sa mauvaise gestion, ses prodigalités ou ses folles dépenses; la loi ayant voulu la protéger contre sa propre faiblesse, en lui réservant, en tout état de cause, la faculté de mettre ses biens personnels à l'abri des poursuites qui seraient dirigées par les créanciers de la communauté. — V. C. civ. 124.

82. Mais, après la dissolution de la communauté, la femme ne peut plus invoquer le privilége attaché à son état de femme mariée placée sous l'autorité de la puissance maritale, et comme elle est appelée alors à faire valoir ses droits, on peut lui opposer ces actes d'immixtion, comme autant de preuves qui établissent une acceptation formelle contre laquelle il ne lui est plus permis de revenir.

83. Cependant, si la dissolution de la communauté s'est opérée pendant la durée du mariage, l'acceptation volontaire de la femme peut résulter d'actes ou de déclarations qu'elle aurait faits sans l'autorisation de son mari, car elle était, au besoin suffisamment autorisée par justice, et ce sont-là d'ailleurs, de ces actes qui échappent à la nécessité de l'autorisation, puisqu'ils ont pour objet la discussion des droits de la femme, contradictoirement avec ceux du mari. — V. *sup.* n. 76.

84. On doit considérer comme un fait *d'immixtion* qui fait perdre le droit de renoncer ensuite à la communauté, la vente faite après le décès du mari par la femme, d'une partie des objets servant à l'exploitation du fonds faisant partie de la communauté (Bruxelles, 20 mai 1826).

Pour les autres faits emportant *acceptation*, V. *sup.* n. 31 et suiv., et la note 34, p. 420, n. 75 et suiv.

85. *La femme majeure qui a pris dans un acte la qualité de commune, ne peut plus y renoncer ni se faire restituer contre cette qualité, quand même elle l'aurait prise avant d'avoir fait inventaire, s'il n'y a eu dol de la part des héritiers du mari* (C. civ. 1455).

86. *La femme survivante qui veut conserver la faculté de renoncer à la communauté, doit, dans les trois mois du jour du décès du mari, faire faire un inventaire fidèle et exact de tous les biens de la communauté, contradictoirement avec les héritiers du mari, ou eux dument appelés. — Cet inventaire doit être par elle affirmé sincère et véritable, lors de sa clôture, devant l'officier public qui l'a reçu* (C. civ. 1456).

Par application de ces articles il a été décidé :

87. 1° Que la femme est déchue de la faculté de renoncer

à la communauté soit légale soit conventionnelle à défaut d'inventaire dans les trois mois du décès du mari. (Limoges 19 juin 1835; Paris 2 av. 1816. — *Contrà*, Besançon, 23 fév. 1828; Bordeaux 24 fév. 1829, lorsque l'inventaire a été fait le jour qui a suivi l'expiration des trois mois ; — Metz, 24 juill. 1824, lorsque d'ailleurs le retard ne peut être imputé à la femme). — Encore bien qu'il y ait eu apposition de scellés à la requête des créanciers (Bruxelles, 18 mai 1811); — et qu'il n'y ait pas eu immixtion de la part de la femme (Cass. 22 déc. 1829).

88. 2° Que, dans le cas ci-dessus, la femme est tenue de *toutes* les dettes de la communauté, *ultrà vires*, tant à l'égard des *héritiers* de son mari pour la reprise des propres de celui-ci (Cass. 24 mars 1828); — que vis-à-vis des créanciers, l'art. 1483 du C. civ. qui restreint les obligations de la femme commune à ses droits dans la communauté ne pouvant être appliqué qu'au cas où il y a eu inventaire régulier dans les délais (Cass. 22 déc. 1829; — *Contrà*, arrêt de Cass. 21 déc. 1830 motivé sur ce que le seul effet du défaut d'inventaire est de priver la femme de la faculté de n'être tenue des dettes que jusqu'à concurrence de son émolument dans la communauté, et de la soumettre au paiement de la moitié des dettes, quel que soit cet émolument. — V. inf. n. 274.

89. 3° Que la femme commune qui n'a point fait inventaire après la mort de son mari, et qui a vendu plusieurs objets dépendant de la communauté, n'est point déchue par cela seul du droit de renoncer, s'il est constant d'ailleurs que la femme était absente lors du décès de son mari, qu'elle n'a retiré aucun émolument de la communauté, et que le prix de la vente par elle faite a été consacré à payer les dettes de la succession (Paris, 10 janv. 1835).

90. 4° Que le défaut d'inventaire, dans les trois mois, n'est point un obstacle à la validité de la renonciation lorsqu'il est établi que la femme n'a détourné aucun objet dépendant de la communauté, et que d'ailleurs l'inventaire était impossible en raison soit de la misère de la femme, soit de l'absence de tout objet à inventorier. Il n'y a pas lieu, dans ce cas, d'opposer à la femme le défaut de procès-verbal de carence (Pothier, *communauté* ch. 2, §. 4).

91. 5° Qu'on ne peut opposer à la femme survivante ou à ses héritiers le défaut d'inventaire, lorsqu'il en a été fait un à la requête de tiers intéressés et lorsque, d'ailleurs, la femme elle-même ou ses héritiers n'avaient en leur possession aucun des effets dépendant de la communauté. (Nancy, 29 mai 1828).

92. 6° Que la disposition de l'art. 1456 n'est pas applicable à la femme mariée antérieurement au C. civ., et sous l'empire d'une jurisprudence qui assurait à la femme la faculté de renoncer sans être tenue de faire inventaire (Bordeaux, 24 fév. 1831; — *Contrà*, Limoges, 19 juin 1835; Bordeaux, 7 mai 1836, soit que la communauté ait été stipulée sous l'empire d'une législation qui n'exigeait pas l'accomplissement de la formalité d'inventaire, soit qu'elle l'ait été sous l'empire d'une législation qui accordait trente ans pour dresser l'inventaire, n'y ayant, dans ces deux cas, nul effet rétroactif.

93. 7° Que la femme séparée de biens peut renoncer à la communauté, sans faire dresser un inventaire préalable ; cette obligation n'étant imposée qu'à la femme survivante (Grenoble 12 fév. 1830); — pourvu qu'elle ne se soit point immiscée (Rouen, 10 juill. 1826).

94. 8° Que toute femme qui renonce dans le délai prescrit n'est pas tenue de faire procéder à l'inventaire des biens de la communauté (Metz, 24 juill. 1824 ; Besançon 23 fév. 1828; Cass. 16 fév. 1832).

95. 9° Que le défaut d'inventaire de la part de la veuve commune, qui a accepté par suite de dol, ne peut être opposé comme formant obstacle à sa renonciation ultérieure, même par les créanciers étrangers au dol. (Cass. 5 déc. 1838).

96. 10° Que lorsque l'acceptation d'une communauté vient à être annulée comme ayant été le résultat du dol, tout ce qui a été payé aux créanciers par la veuve, de ses deniers personnels, est sujet à répétition (même arrêt).

97. 11° Que l'inventaire fait après dissolution de la communauté emporte contre l'époux survivant présomption suffisante de la vérité de toutes les déclarations qu'il renferme. Ainsi, il ne peut être admis à prétendre, à moins qu'il ne rapporte la preuve de ses allégations, que cet inventaire renferme des erreurs au sujet de créances dont il serait présumé avoir fait le recouvrement (Nancy, 28 mai 1839; Cass. 19 janv. 1841).

98. *Dans les trois mois et quarante jours après le décès du mari, elle doit faire sa renonciation au greffe du tribunal de première instance dans l'arrondissement duquel le mari avait son domicile : cet acte doit être inscrit sur le registre établi pour recevoir les renonciations à succession* (C. civ. 1457).

99. *La veuve peut, suivant les circonstances, demander au tribunal de première instance une prorogation du délai prescrit par l'article précédent pour sa renonciation : cette prorogation est, s'il y a lieu, prononcée contradictoirement avec les héritiers du mari, ou eux dument appelés* (C. civ. 1458).

100. Le délai fixé pour la renonciation n'est point fatal, il est comminatoire : ainsi, la déchéance ne peut pas être opposée, lorsque l'époux survivant s'est trouvé dans des circonstances telles qu'il lui a été impossible d'agir (Nancy 29 mai 1828; *Contrà*, Nîmes, 19 av. 1839). — V. note 58 n° 56 et suiv.

101. *La veuve qui n'a point fait sa renonciation dans le délai ci-dessus prescrit, n'est pas déchue de la faculté de renoncer, si elle ne s'est point immiscée et qu'elle ait fait inventaire; elle peut seulement être poursuivie comme commune jusqu'à ce qu'elle ait renoncé, et elle doit les frais faits contre elle jusqu'à sa renonciation. — Elle peut également être poursuivie après l'expiration des quarante jours depuis la clôture de l'inventaire, s'il a été clos avant les trois mois.* (C. civ. 1459).

102. On peut suppléer à l'inventaire par un procès-verbal de carence, lorsque la femme n'a pas fait procéder à l'inventaire dans le délai prescrit; si elle justifie de sa bonne foi et si elle rapporte la preuve qu'il ne lui a pas été possible de faire inventaire ou qu'il n'y existait rien à inventorier.

103. Quand une femme, qui avait renoncé à la suite d'un divorce nul pour cause de fraude, a été ensuite déclarée commune en biens avec son mari décédé, elle ne peut plus être admise à renoncer à la communauté, si lors de la décision qui reconnait l'existence de la communauté, cette femme s'est déjà immiscée dans l'administration des biens et si elle n'a pas fait inventaire dans les délais. En un tel cas, la femme n'est pas fondée à prétendre qu'ayant la possession d'état de femme non commune, les délais pour faire inventaire, délibérer et renoncer à la communauté, n'ont pu

courir contre elle qu'à partir du jugement qui a décidé qu'elle avait été commune en biens (Cass. 2 juill. 1838).

104. Mais on ne peut plus renoncer à la communauté lorsqu'on a laissé s'écouler 30 ans sans faire la renonciation; l'art. 789 du C. civ. (V. sup. n. 189) relatif aux renonciations à successions doit être étendu aux renonciations à communauté (Paris 11 août 1825. - Sir. 26, 26).

105. *La veuve qui a diverti ou recélé quelques effets de la communauté est déclarée commune, nonobstant sa renonciation; il en est de même à l'égard de ses héritiers* (C. civ. 1460).

106. *Celui des époux qui aurait diverti ou recélé quelques effets de la communauté est privé de sa portion dans lesdits effets* (C. civ. 1477).

107. Pour que le détournement emporte acceptation de la communauté, il faut qu'il ait été opéré dans une intention frauduleuse. Une simple omission n'a pas ce caractère (Paris, 28 août 1837). — A ce sujet, les Cours Royales ont un pouvoir discrétionnaire pour déclarer si l'un des époux s'est rendu coupable de recel (Cass. 12 août 1828 et 18 janv. 1834).

108. Ainsi, l'époux qui après dissolution de la communaté, a fait volontairement des déclarations desquelles il est résulté qu'il présentait comme lui étant propres des biens qui devaient être compris dans la communauté, peut être déclaré coupable de recel (Bordeaux 5 janv. 1826 et 18 janv. 1838).

109. De même, la vente simulée faite par le mari, d'effets mobiliers de la communauté, dans le but de se les approprier, constitue le détournement ou le recel prévu par l'article précité (Cass. 5 av. 1832).

110. Toutefois, si l'époux qui a commis le détournement opère la restitution de son plein gré avant toute poursuite, il se trouve par cela même relevé de la déchéance prononcée contre lui (Cass. 10 déc. 1835). — Il en est de même, à plus forte raison, à l'égard de l'héritier de l'époux, alors qu'il restitue librement les objets qui avaient été détournés de la communauté par son auteur (Paris, 5 août 1839).

111. L'époux qui a diverti une créance de la communauté doit être forcé à rapporter cette créance ainsi que les arrérages, sans pouvoir réclamer aucun droit soit sur le capital soit sur les arrérages qu'il ne peut même retenir sous prétexte qu'ils sont prescrits (Cass. 10 déc. 1835).

112. La simple tentative de divertissement, lorsqu'elle n'a manqué son effet que par des circonstances indépendantes de la volonté de celui qui s'est efforcé de l'opérer, suffit pour emporter la déchéance (Paris, 25 juin 1828; — Bordeaux, 18 janv. 1838).

113. La déchéance prononcée contre l'époux spoliateur comprend non-seulement ses droits de communauté, mais encore tous les droits qu'il peut avoir à un autre titre, (tel que donataire ou légataire), sur les effets recélés (Paris, 25 juin 1828 et 16 fév. 1839; Bourges 10 fév. 1840; Rouen, 6 août 1840; Nancy, 10 déc. 1841; Cass. 5 av. 1832, et 1 déc. 1841). — Quand même, s'agissant d'un usufruit, l'époux donataire aurait été dispensé de faire inventaire (Bordeaux, 18 janv. 1838; Cass. 12 août 1828).

114. Au surplus, la femme qui a diverti des objets de la communauté avant sa dissolution, n'en conserve pas moins le droit de demander la séparation de biens. (Paris, 6 mars 1810 et 15 déc. 1815; Rennes, 17 juill. 1816). — Seulement elle perd, dans la liquidation, le droit qu'elle aurait eu de faire comprendre dans le partage les objets détournés.

115. *Si la veuve meurt avant l'expiration des trois mois sans avoir fait ou terminé l'inventaire, les héritiers auront, pour faire ou pour terminer l'inventaire, un nouveau délai de trois mois, à compter du décès de la veuve, et de quarante jours pour délibérer, après la clôture de l'inventaire. — Si la veuve meurt ayant terminé l'inventaire, ses héritiers auront, pour délibérer, un nouveau délai de quarante jours à compter de son décès. — Ils peuvent, au surplus, renoncer à la communauté, dans les formes établies ci-dessus; et les art. 1458 et 1459 (V. sup. n. 99 et 101) leur sont applicables.* (C. civ. 1461).

116. Dès que le délai accordé pour l'acceptation est comminatoire, l'échéance ne peut pas être opposée à l'héritier de la femme qui a les mêmes droits que la femme elle-même, lorsqu'elle vient à décéder avant d'avoir déclaré son acceptation.

117. *Les dispositions des art. 1456 et suiv. sont applicables aux femmes des individus morts civilement, à partir du moment où la mort civile a commencé* (C. civ. 1462). — V. sup. n. 83 et suiv. et la note 27, p. 274, n. 250 et suiv.

Puisqu'il y a lieu à liquidation dans tous les cas où la communauté est dissoute, alors même que le mariage subsiste, il en doit être de même, à plus forte raison, quand le mariage est dissous par la mort civile.

118. *La femme divorcée ou séparée de corps, qui n'a point, dans les trois mois et quarante jours après le divorce ou la séparation définitivement prononcés, accepté la communauté, est censée y avoir renoncé, à moins qu'étant encore dans le délai, elle n'en ait obtenu la prorogation en justice, contradictoirement avec le mari, ou lui dûment appelé.* (C. civ. 1463).

119. En règle générale, la femme qui ne fait point connaître sa renonciation est réputée avoir accepté la communauté jusqu'à preuve contraire, preuve qui résultera de la renonciation qu'elle aura faite après l'expiration des délais ordinaires. — V. sup. n. 86.

120. Mais lorsque la dissolution de la communauté a été prononcée par justice, c'est la présomption contraire qui est admise, la femme est réputée de droit avoir renoncé jusqu'à preuve contraire résultant d'une acceptation formelle.

121. La femme d'un condamné à une peine emportant mort civile jouit des mêmes délais qui sont accordés à la femme séparée ou divorcée, pour accepter la communauté (C. proc. 174; Carré 1. 754).

122. L'art. 1463 s'entend de l'acceptation *tacite* comme de l'acceptation *expresse*. Ainsi, la femme qui, en formant sa demande en séparation de corps, conclut à la liquidation et au partage de la communauté existant entr'elle et son mari, est réputée par cela même accepter tacitement la communauté (Lyon, 24 déc. 1829; Cass. 21 juin 1831).

123. A l'égard du délai fixé pour accepter la communauté, il court du jour où le jugement de séparation a acquis l'autorité de la chose jugée, par l'expiration des delais d'appel, et non du jour même de la prononciation du jugement (Cass. 2 déc. 1834).

124. De même, lorsque le jugement qui prononce la séparation de corps ordonne au mari de rendre compte des biens de la communauté, ce n'est que du jour de la reddition du compte qui fait connaitre à la femme l'état de la

communauté, que court contre elle le délai fixé pour l'acceptation (Cass. 29 janv. 1818).

125. Il n'est pas absolument indispensable que la femme séparée de corps obtienne une prorogation de délai pour conserver son droit à l'acceptation, mais comme elle se trouve alors à la discrétion du juge qui est souverain appréciateur des motifs qui ont pu l'empêcher d'agir, il importe, pour éviter toute discussion, de se renfermer, autant qu'il est possible, dans les délais déterminés par la loi. — Aussi, malgré le texte de l'art. 1463, il a été décidé :

126. 1° Que la femme séparée de corps, bien qu'elle ait laissé écouler trois mois et quarante jours depuis la séparation, sans déclarer qu'elle acceptait la communauté, n'est point déchue de la faculté d'accepter, si, dans ce délai, elle a provoqué les actes qui pouvaient la mettre à même de faire son option en connaissance de cause, de telle sorte qu'aucune négligence ne lui soit imputable (Colmar, 8 août 1833).

127. 2° Que si, le délai, quoique expiré, a été retardé par des discussions soulevées dans le besoin de fixer la masse de la communauté, la justice peut proroger ce délai sans violer la loi qui limite à trois mois et quarante jours le droit d'acceptation (Cass. 2 déc. 1834; — *Contrà*, Paris, 21 av. 1840; — Poitiers, 23 fév. 1842, en ce que la femme ne doit plus être recevable à accepter si, dans le délai, elle n'a pas fait connaître, soit formellement, soit tacitement, son intention).

128. 3° Que des projets d'arrangement amiable constatés par la correspondance des époux ne dispensent pas la femme de demander une prorogation de délai avant l'expiration du terme légal (Paris, 22 av. 1840).

129. *Les créanciers de la femme peuvent attaquer la renonciation qui aurait été faite par elle ou par ses héritiers en fraude de leurs créances, et accepter la communauté de leur chef* (C. civ. 1464).

130. Cet article n'est que la reproduction de l'art. 788 du C. civ. et il doit recevoir la même interprétation. Dans l'une et l'autre hypothèse, il n'y a qu'à appliquer le principe posé par les art. 1166 et 1167. — V. note 23, et *inf.* n. 240 et suiv.

L'art. 1464 trouve donc son complément dans l'art. 788 qui est plus explicatif. En effet, suivant ce dernier article, la renonciation n'est annulée qu'en faveur des créanciers, et jusqu'à concurrence seulement de leurs créances; elle ne l'est pas au profit de la femme ou de ses héritiers qui ont renoncé.

131. Du reste, il n'y a rien à conclure de ce que l'article 1464 a substitué le mot *fraude* au mot *préjudice*, qui se trouve employé dans l'art. 788, car en fait de renonciation à un droit acquis, considéré dans ses rapports avec les droits des créanciers du renonçant, le simple préjudice est toujours regardé comme une fraude (Code du J[al] du Palais).

132. *La veuve, soit qu'elle accepte, soit qu'elle renonce, a droit, pendant les trois mois et quarante jours qui lui sont accordés pour faire inventaire et délibérer, de prendre sa nourriture et celle de ses domestiques, sur les provisions existantes, et à défaut, par emprunt au compte de la masse commune, à la charge d'en user modérément. — Elle ne doit aucun loyer à raison de l'habitation qu'elle a pu faire pendant ces délais, dans une maison dépendante de la communauté ou appartenant aux héritiers du mari; et si la maison qu'habitaient les époux à l'époque de la dissolution de la communauté, était tenue par eux à titre de loyer, la femme ne contribuera point pendant les mêmes délais au paiement dudit loyer, lequel sera pris sur la masse* (C. civ. 1465). — V. *inf.* n. 278.

133. *Dans le cas de dissolution de la communauté par la mort de la femme, ses héritiers peuvent renoncer à la communauté dans les délais et dans les formes que la loi prescrit à la femme survivante* (C. civ. 1466).

134. Le droit à la nourriture et au logement n'appartient à la veuve que pendant les trois mois et quarante jours; il est épuisé si une prorogation de délai est accordée pour faire l'inventaire ou pour délibérer sur l'acceptation ou la renonciation (Delvincourt et Malleville; — *Contrà*, Bellot, 2, 359); ou bien si la femme fait inventaire ou répudie la communauté avant le délai fixé (Pothier n. 570; — Bellot, 359). Dans tous les cas, c'est un droit exclusivement attaché à la personne de la femme, et qui ne passe point à ses héritiers : ceux-ci ne peuvent que déclarer, du chef de la femme, qu'ils acceptent ou répudient la communauté, et si la femme décède pendant le délai accordé pour faire inventaire, ils n'ont droit à réclamer aucune indemnité pour la nourriture qu'elle aurait prise ou le logement qu'elle aurait occupé.

135. L'appréciation des faits relatifs à l'exécution de l'art. 1465 est entièrement dans le domaine des juges du fond et ne peut donner ouverture à cassation (Cass. 10 janv. 1837). — Ainsi, les tribunaux peuvent arbitrer la somme qui doit être accordée à la veuve pour sa nourriture et celle de ses domestiques (Paris, 20 fév. 1815, et 24 jan. 1826; — Cass. 7 nov. 1827). — Et la décision du juge du fait ne saurait être critiquée sous prétexte que la somme allouée serait excessive (Cass. 7 nov. 1827).

136. Il y a lieu toutefois de compenser la jouissance de fait avec le droit qui résulte pour la femme d'être nourrie et logée aux dépens de la communauté pendant les trois mois et quarante jours. — Ainsi, il est satisfait à l'obligation d'une manière suffisante, lorsque la veuve est restée après le décès de son mari, en jouissance des valeurs considérables de la succession et de l'habitation qu'il occupait (Paris, 2 fév. 1831; — Cass. 10 janv. 1837).

Chap. 2. DE LA RENONCIATION, EN GÉNÉRAL.

137. La renonciation est, en général, l'action de renoncer à une chose quelconque.

I. *Quelles sont les choses auxquelles on peut renoncer.*

138. En général, chacun peut renoncer aux facultés, aux droits, aux priviléges qui ont été établis en sa faveur : *invito beneficium non datur* (L. 69, D. *de regulis juris*). — V. *sup.* note 27 n. 9 et 51.

139. Ainsi : 1° Le mineur parvenu à sa majorité, a le droit de renoncer à l'action que la loi lui accorde pour faire rescinder les actes qui ont été faits à son préjudice pendant sa minorité. — V. note 171.

140. 2° La femme mariée, devenue veuve, a le même droit pour les actes faits pendant son mariage sans l'autorisation de son mari.

141. 3° Les nullités d'actes et de procédures sont couvertes par l'acquiescement des parties intéressées à les faire valoir. — V. note 116.

142. 4° Quoiqu'il y ait servitude réciproque de commune

à commune, pour le droit de parcours qui entraine avec lui le droit de vaine pâture (L. 28 sept. - 6 oct. 1791), cependant l'une des communes peut empêcher le parcours sur son territoire, en renonçant à son droit à l'égard de l'autre commune. Il ne s'agit point alors d'un point d'ordre public. D'ailleurs, les droits auxquels l'intérêt public empêche qu'on puisse renoncer valablement, peuvent faire la matière d'une renonciation, lorsque l'action qui résulte de ces droits est ouverte, et n'intéresse plus que des particuliers (Merlin, v° *renonciation* § 1, n. 4).

143. Mais la règle posée ci-dessus n. 138, ne peut être étendue aux droits et aux priviléges dont l'établissement a pour objet l'intérêt public. — V. note 27, n. 10.

144. Ainsi : 1° On ne peut déroger par des conventions particulières, aux lois qui intéressent l'ordre public et les bonnes mœurs (C. civ. 6).

145. 2° L'intérêt public ayant fait attribuer au mari la puissance sur son épouse, au père la puissance sur ses enfants, et au survivant des époux la puissance tutélaire sur les enfants communs, on ne peut, même dans un contrat de mariage, prévenir les effets de l'une et de l'autre puissance par une renonciation anticipée (C. civ. 1388).

146. 3° On ne peut d'avance renoncer à une prescription non encore acquise (C. civ. 2220).

147. 4° On ne peut non plus en matière civile et commerciale fixer le taux des intérêts à un taux qui excède le taux légal. — V. note 49.

148. Une renonciation n'est valable qu'autant qu'elle confère un droit à un tiers dénommé ou désigné contractant et acceptant, et que ce tiers se trouve avoir *intérêt* à en réclamer l'exécution. Ainsi, serait nulle et sans effet la renonciation que feraient deux époux en se mariant, à la faculté de s'avantager l'un l'autre pendant le mariage, la loi leur permettant de se faire réciproquement des avantages (C. civ. 1091) et n'autorisant à stipuler valablement que pour soi et dans son propre intérêt (C. civ. 1121. — Cass. 31 juill. 1809; 15 juill. 1812; 21 déc. 1818). — V. notes 214 et 52.

149. Quoiqu'une renonciation ait pour celui qui en profite l'effet d'une donation, il n'en résulte pas qu'elle doive être regardée comme une donation. En effet, renoncer au bénéfice d'un droit, ce n'est pas toujours faire un acte de pure libéralité (Merlin, *quest.* v° *légitimité* § 7; V. *donation*, note 81). — En tout cas, la renonciation à un droit, faite gratuitement en faveur d'un tiers ne peut être assimilée à une donation, en ce qui touche les formes, notamment l'acceptation (C. civ. 932; — Cass. 12 nov. 1822). — V. note 52, n. 44 et *inf.* n. 185.

II. *A quelles époques on peut renoncer aux droits et aux priviléges susceptibles de renonciation.*

150. On ne peut pas répudier ce qu'on n'a pas le droit de demander. - V. note 27 n. 12. — En effet, l'abandonnement d'une chose qui ne nous appartient pas n'étant point un abandon et ne la faisant pas tomber en deshérence, il en résulte que la répudiation prématurée d'une chose sur laquelle on n'a aucun droit, n'est pas même une répudiation; c'est un acte nul qui n'a point d'effet (Dantoine).

151. Ainsi donc, on renoncerait inutilement :

152. 1° A une succession non-encore ouverte (C. civ. 791, 1130, 1600). — Ou avant l'accomplissement de la condition sous laquelle on y est appelé.

153. 2° A une communauté avant sa dissolution (C. civ. 1453). — V. *sup.* n. 73.

154. 3° A un legs conditionnel avant l'événement de la condition. — V. note 24, n. 129.

155. 4° A la compensation, avant que le droit en fût acquis.

III. *De la manière de renoncer, et de l'interprétation des renonciations.*

156. MANIÈRE DE RENONCER. Les renonciations se font de deux manières : EXPRESSÉMENT, ou bien TACITEMENT c. à-d. PAR DES FAITS.

157. EXPRESSÉMENT. Une simple renonciation verbale est valable comme peut l'être un contrat passé verbalement (C. civ. 1341. — C. comm. 109). — V. note 27, n. 22.

158. TACITEMENT, c. à-d. PAR DES FAITS. Pour que des faits emportent renonciation, il faut qu'il en résulte une volonté manifeste de renoncer, c. à-d. que ces faits soient directement et à tous égards contraires au droit ou au privilége dont il s'agit (Merlin, *rép.* v° *renonciat.* § 3; — Toullier, 10, 186 et 187).

159. Ainsi, 1° l'exécution volontaire d'un acte nul ou rescindable, lorsqu'elle a lieu dans les formes et à l'époque déterminées par la loi, emporte la renonciation aux moyens et exceptions que l'on pouvait opposer contre cet acte (C. civ. 1338).

160. 2° L'exécution volontaire d'une donation par les héritiers ou ayants-cause du donateur, après son décès, emporte leur renonciation à opposer, soit les vices de forme, soit toute autre exception (C. civ. 1340).

161. 3° L'acceptation d'un office emporte de plein droit la démission d'un office avec lequel il est incompatible (Merlin. *ibid.*; — L. 25 vent. an XI. art. 7). — Mais pour qu'un fait emporte irrévocablement renonciation au droit avec l'exercice duquel il est incompatible, il faut qu'il ait sa pleine exécution et l'on ne pourrait pas en tirer une pareille conséquence, s'il était réduit à une tentative infructueuse (Merlin, *ibid.* § 3).

162. INTERPRÉTATION DES RENONCIATIONS. Quant à la manière d'interpréter les renonciations, qu'elles soient expresses ou qu'elles résultent de simples faits, il est un principe sur lequel tous les auteurs sont d'accord : c'est qu'elles doivent être resserrées dans leurs termes précis, et que l'on ne doit jamais les étendre d'un cas à un autre (Merlin, *ibid.*).

163. Ainsi, 1° le propriétaire qui a acquis, par le défrichement d'une terre inculte ou le dessèchement d'un marais, l'exemption des contributions publiques pendant le nombre d'années déterminé par la loi du 3 frim. an VII, ne perd pas cette exemption par le paiement qu'il fait volontairement pendant quelques années des taxes auxquelles il a été indûment imposé (Merlin, *ibid.*).

164. 2° Celui qui, étant affranchi par sa dignité des tutelles et des curatelles, consent à être tuteur ou curateur d'une personne à laquelle il prend un intérêt particulier, ne perd pas pour cela son privilége; et il pourra le faire

valoir, si, par la suite, on le nommait tuteur ou curateur d'un autre individu (L. 2. *C. de excusationibus tutorum*).

165. 3° Quand un contrat est infecté de deux vices qui peuvent donner lieu à deux actions différentes, l'une en nullité, l'autre en rescision, la renonciation à l'action en nullité n'emporte pas la renonciation à l'action en rescision (Toullier, 8, 510).

166. 4° Le Notaire et les témoins instrumentaires dans un acte ne sont pas censés avoir renoncé à leurs droits sur l'immeuble, objet du contrat, quand l'une des parties y fait une déclaration qui suppose la non-existence desdits droits. — V. note 2, n. 121, 122; note 14, n. 44 et suiv.; note 39, n. 104.

167. 5° La renonciation faite dans une transaction à tous droits, actions et prétentions, ne s'entend que de ce qui est relatif au différend qui a donné lieu à la transaction (C. civ. 2048).

168. Le particulier qui, à l'égard d'un immeuble, est reconnu avoir un *titre de propriété*, dont la validité n'est pas contestée, ne peut être évincé que par l'effet d'un autre titre, exprès et positif, opérant l'inefficacité du premier titre. Il ne suffit pas de simples arguments ou même de présomptions d'où l'on induirait qu'il y a eu renonciation au titre de propriété (C. civ. 1315). — La renonciation à exciper d'un acte écrit et authentique est un fait qui doit être prouvé par écrit (C. civ. 1341, 1317). — Des présomptions, quelque graves et précises qu'elles puissent être, sont insuffisantes pour établir en un tel cas le fait de renonciation (Cass. 13 juin 1827).

169. Cependant, la renonciation, de la part des parties contractantes, à une convention même écrite (par ex. à une vente), peut être induite par les juges de présomptions graves, précises et concordantes quand ces présomptions sont appuyées d'un commencement de preuve par écrit (Cass. 14 nov. 1831; 13 juin 1827).

§ 1. DE LA RENONCIATION A SUCCESSION.

170. On ne peut répudier une succession sous condition, parce que ce serait mettre une condition aux droits des tiers (Toullier, 4, 339). — L'héritier institué lui-même sous une condition ne peut renoncer avant l'événement de la condition, si ce n'est par une convention faite avec les héritiers légitimes (Toullier, 4, 340).

Art. 1. PAR QUI LA RENONCIATION PEUT ÊTRE FAITE.

171. Toute renonciation comportant une aliénation, il en résulte que pour renoncer valablement il faut avoir la capacité de contracter. — V. note 4.

172. Pour pouvoir renoncer valablement il faut n'avoir accepté ni expressément ni tacitement la succession. — V. *sup.* n. 31.

173. Le mari de la femme mariée sous le régime de la communauté légale peut renoncer à une succession mobilière échue à cette dernière (C. civ. 1401 et 1421; Toullier, 4, 341, — *Contrà*, Vazeille, n. 7.

174. Mais une autorisation est nécessaire pour renoncer 1° au tuteur, agissant pour son pupille mineur ou interdit (C. civ. 461 et 509). — 2° au mineur émancipé (C. civ. 461 et 484); et à ce sujet il a été décidé que la délibération du conseil de famille qui autorise le tuteur ou le mineur émancipé à renoncer à une succession, n'est pas soumis à la nécessité de l'homologation du tribunal, encore que la succession comprenne des immeubles; une telle délibération ne devant pas être assimilée aux délibérations autorisant l'aliénation des biens immeubles d'un mineur (C. civ. 458 et 461; Toulouse, 5 juin 1829). — 3° A l'individu pourvu d'un conseil judiciaire (C. civ. 499 et 513). — 4° A la femme mariée même non commune ou séparée de biens (C. civ. 217 et 218).

175. Les envoyés en possession ont le droit de répudier une succession à laquelle l'absent était appelé, pourvu que cette renonciation n'ait point été contraire à ses intérêts, auquel cas il est mieux d'accepter sous bénéfice d'inventaire (Roll. de V... n. 35)

176. *Les héritiers de celui à qui une succession est échue peuvent la répudier de son chef* (C. civ. 781). — V. *sup.* n. 172.

177. *Mais les héritiers qui auraient diverti ou recélé des effets d'une succession sont déchus de la faculté d'y renoncer; ils demeurent héritiers purs et simples, nonobstant leur renonciation, sans pouvoir prétendre aucune part dans les objets divertis ou recélés* (C. civ. 792). — V. *sup.* n. 105.

178. Il faut pour l'application de cet article que le divertissement soit prouvé d'une manière positive; il ne suffirait pas qu'un cohéritier fût condamné à rapporter à la succession un objet dont il serait détenteur et qu'il prétendrait lui avoir été donné, pour que l'article qui précède lui fût appliqué (Caen, 6 nov. 1827).

179. On doit faire application de cet article à ceux qui ont renoncé avant le divertissement ou le recel, comme à ceux qui ont renoncé après (Rennes, 13 fév. 1830; Toullier, 4, 350).

180. Il doit même être appliqué à l'héritier d'une femme commune qui, du vivant de celle-ci, a coopéré avec le mari au détournement frauduleux d'un objet dépendant de la communauté (Cass. 10 déc. 1835).

Art. 2. COMMENT DOIT ÊTRE FAITE LA RENONCIATION.

181. *La renonciation à une succession ne se présume pas : elle ne peut plus être faite qu'au greffe du tribunal de première instance dans l'arrondissement duquel la succession s'est ouverte, sur un registre particulier tenu à cet effet* (C. civ. 784).

182. La renonciation diffère de l'acceptation, en ce sens qu'un héritier est toujours présumé accepter (V. *sup.* n. 8), et qu'il n'est point présumé renoncer; il faut, à ce dernier égard, une déclaration formelle au greffe du tribunal, tellement que quand la renonciation est faite à un greffe autre que celui du tribunal de l'arrondissement dans lequel la succession s'est ouverte, elle est nulle et ne peut produire aucun effet, soit à l'égard des tiers, soit à l'égard du renonçant lui-même (Poitiers, 28 juin 1839; Toullier, 4, 338; Favard, § 1, n. 3). — Cependant il a été jugé que quand l'acte de renonciation manque de la publicité voulue par l'art. précité, cela n'autorise point le renonçant à demander la nullité de la renonciation émanée de sa volonté (Cass. 11 août 1825).

183. Mais quoique la renonciation ne puisse être faite qu'au greffe, cela n'empêche pas qu'un successible ne puisse s'engager envers un autre à ne pas se porter héritier (Championnière, 1, 517; Vazeille, n. 2; Dalloz, ch. 5, sect. 2, n. 1). — Et, bien qu'une telle promesse n'ait effet que par la renonciation postérieure, néanmoins l'effet de cette

renonciation existe, non pas du jour de l'acte fait au greffe, mais du jour de l'acte civil constatant la promesse (Championnière, 1, 519).

184. Celui qui est appelé à une succession dans une double qualité, d'abord comme héritier direct et en second lieu comme représentant d'un héritier, n'est censé renoncer que pour la part qui lui est propre s'il fait une renonciation sans exprimer en quelle qualité (Limoges, 22 juin 1840).

185. Une renonciation à succession, en faveur d'un tiers qui n'est pas héritier, est moins une renonciation qu'une donation. Elle doit donc être faite, non par acte au greffe, mais par contrat en la forme de donation, à peine de nullité (Cass. 17 août 1815). — Il en est de même de la renonciation faite par un cohéritier au profit de ses cohéritiers (Duranton, 6, 397). — D'où suit que la présence du notaire en second ou des deux témoins à la lecture et à la signature d'un tel acte est de rigueur pour sa validité par application de la loi du 21 juin 1843, relative à la forme des actes notariés. — V. *sup.* n. 149.

186. Mais la renonciation à succession, de la part de quelques héritiers, en faveur du donataire d'un de leurs cohéritiers, ne peut être soumise aux formalités requises pour les donations entre-vifs : elle est valablement faite par simple acte au greffe. Le donataire, en ce cas, doit être assimilé à un véritable cohéritier (Caen, 26 fév. 1827).

187. Du reste, l'acte par lequel un cohéritier reconnaît la validité d'une donation faite à son cohéritier, et renonce par conséquent à prendre part aux biens donnés n'est pas une renonciation à succession, assujettie aux formes prescrites par l'art. 784 du C. civ. (Nîmes, 30 juin 1819).

188. La procuration donnée par l'habile à succéder pour renoncer en son nom à la succession n'a pas besoin d'être authentique (C. civ. 1985; Duranton, 6, 472. — *Contrà* Roll. de V... n. 59). — V. *sup.* n. 80.

Art. 3. QUAND LA RENONCIATION PEUT ÊTRE FAITE.

189. *La faculté de répudier une succession se prescrit par le laps de temps requis pour la prescription la plus longue des droits immobiliers* (C. civ. 789). — V. *sup.* n. 50.

190. Ainsi, pour que l'héritier renonçant soit déchu de la faculté d'accepter, il suffit qu'il ait gardé le silence pendant 30 ans. — V. *sup.* n. 50.

191. L'héritier qui a renoncé ne peut donc plus revenir sur sa renonciation dès que la succession a été acceptée par un autre héritier même sous bénéfice d'inventaire (Cass. 19 mai 1835).

192. Mais une simple abstention de la part de l'héritier ne produirait pas le même effet qu'une renonciation ; dans le premier cas, il aura toujours trente ans à compter de l'ouverture de la succession, pour former sa demande en pétition d'hérédité contre l'héritier de degré subséquent qui se sera emparé de la succession à son préjudice, et contre l'héritier de même degré qui se sera saisi de la totalité de la succession, alors qu'il n'avait droit qu'à une portion seulement.

193. Ces mots de l'art. 790 : *si elle n'a pas déjà été acceptée par d'autres* » ne s'appliquent qu'à des héritiers réguliers et non à des héritiers irréguliers (Paris, 25 juill. 1826; Toullier, 4, 300; Duranton, 6, 508).

194. C'est pour cela que l'héritier qui a renoncé peut, après trente ans, reprendre la succession tant qu'elle est vacante (Riom, 25 mars 1810 ; — Cass. 24 mars 1814 et 15 avril 1818 ; Paris, 15 août 1825 ; — Douai, 16 nov. 1831; — Pau, 31 août 1835) : — Et qu'il en est de même quand la succession a été acceptée par le conjoint du défunt (Paris, 25 juill. 1826).

195. Quant à l'héritier qui, après avoir renoncé, s'est emparé de toute la succession, sans opposition de la part de ses cohéritiers, la prescription contre l'action en pétition d'hérédité qui compète à ces derniers ne court à son profit que de l'époque de la prise de possession, et non du jour du décès de l'auteur commun (Riom, 25 mai 1810 ; — Paris, 15 août 1829 ; — Grenoble, 16 juill. 1833 ; — Cass. 23 janv. 1838).

196. *On ne peut, même par contrat de mariage, renoncer à la succession d'un homme vivant, ni aliéner les droits éventuels qu'on peut avoir à cette succession* (C. civ. 791).

197. Cette disposition est contraire à l'ancienne législation, de sorte qu'on éprouve quelques difficultés à appliquer le principe posé en l'article qui précède. — Dans la rigueur des principes, un acte qui est vicié d'une nullité radicale, qui est déclaré contraire aux mœurs et à l'ordre public, n'a que les apparences d'un acte ; il n'existe pas et conséquemment il n'est sujet ni à ratification, ni à rescision, ni même à une demande en nullité. — V. note 27, n. 66.

Cependant il a été décidé :

198. 1° Que la renonciation faite par avance à une succession future peut être ratifiée après que la succession s'est ouverte (Cass. 11 août 1825).

199. 2° Que les stipulations faites sur diverses successions sont essentiellement divisibles. Conséquemment le traité par lequel plusieurs héritiers cèdent à leur cohéritier, moyennant un seul prix pour le tout, leur part indivise dans une succession échue et dans une succession à échoir, ne doit être annulé qu'en ce qui concerne la succession future, alors surtout que le cessionnaire offre d'appliquer la totalité du prix à la cession des successions échues (Cass. 17 janv. 1837 ; Lyon, 19 mai 1840. — *Contrà*, Limoges, 13 fév. 1828 ; — Riom, 13 déc. 1828 ; — Montpellier, 4 août 1832 ; — Toulouse, 27 août 1835).

200. 3° Que la prohibition de faire aucune stipulation sur une succession future ne s'applique pas aux successions des personnes absentes depuis plusieurs années, bien que leur absence n'ait pas été déclarée (Cass. 3 août 1829 ; — Rouen, 30 déc. 1823 ; — Pau, 4 fév. 1830).

201. 4° Qu'une mère ne peut constituer en dot à sa fille les biens qu'elle doit elle-même recueillir dans la succession de ses père et mère non-encore décédés (Bordeaux, 1 juin 1838 ; Toullier, 4. 353; Merlin; Favard).

202. 5° Qu'on doit annuler comme portant sur une succession future le cautionnement constitué avec engagement de la part de la caution qu'elle s'engage à payer au décès d'une personne vivante dont elle est présomptive héritière et sur ce qui lui reviendra dans sa succession (Rennes, 2 déc. 1837).

203. 6° Que l'action en nullité d'un traité fait sur une succession future se prescrit par dix ans à compter du jour de l'ouverture de la succession, et non par 30 ans (Cass. 12 mars 1812, 3 août 1827 ; 28 mars 1828 ; Bastia, 14 av. 1834 ; Rouen, 30 déc. 1823; Pau, 4 fév. 1830 ; Toulouse,

11 juill. 1834 et 16 janv. 1841). — Et que lorsqu'on a renoncé, avant la promulgation du C. civ., à une succession qui ne s'est ouverte que depuis cette époque, le délai dans lequel l'action en nullité de la renonciation peut être intentée doit être réglé par le C. civ. (Cass. 28 mai 1828).

204. 7° Que le pacte sur une succession future formé sous une législation qui le réputait valable n'en doit pas moins recevoir son exécution lorsque les père et mère ne sont eux-mêmes décédés que depuis la promulgation du Code civil (Cass. 5 fév. 1840. — *Contrà*, Bastia, 14 avril 1834).

V. *objet et matière des contrats* note 7 n. 42 et suiv., — 68 et suiv. = V. aussi C. civ. art. 918.

Art. 4. Des effets de la renonciation.

205. *L'héritier qui renonce est censé n'avoir jamais été héritier* (C. civ. 785).

Il en est de même de l'héritier qui vend ses droits successifs, c. à-d. que la part qui lui accroîtrait s'il n'avait pas renoncé accroît à son acquéreur (Roll. de v. v° *accroissement* n. 31 ; Vazeille, art. 786 ; Pothier, *tr. du contr. de vente* n. 546. — *Contrà* Delvincourt, 3 p. 175).

206. La renonciation remonte toujours à l'instant de l'ouverture de la succession ; tellement que le renonçant n'a pas le droit de réclamer les revenus de la succession qui sont échus depuis le décès jusqu'à sa renonciation ; et lorsqu'en vertu de la saisine (C. civ. 724) il a provisoirement administré les biens de la succession (C. civ. 779), il n'est considéré, après sa renonciation, que comme un administrateur étranger, et en cette qualité il est tenu de rendre compte aux héritiers qui ont accepté (Chabot 2 et 3).

207. D'où il suit : 1° Que l'enfant qui a renoncé à la succession de son père ne peut être contraint à payer les aliments fournis à celui-ci par un étranger, et pour la prestation desquels son père n'avait point, avant sa mort, intenté d'action contre lui. En effet, du rappprochement des art. 208, 209 et 210 du C. civ., il résulte que la demande d'aliments ne peut être formée que du vivant et de la part de celui à qui les aliments peuvent être dus. (Cass. 12 mai 1812 ; Merlin, rép. v° alim. §. 3.

208. 2° que quand une somme a été prêtée au père pour sa subsistance et celle de son fils qui vivait avec lui, celui-ci n'est pas tenu de la payer s'il ne s'est pas personnellement obligé (Cass. 17 mars 1819; Merlin, *ibid.*).

209. 3° Et que le renonçant conserve contre la succession tous les droits qu'il avait contre le défunt, et qui auraient été éteints par confusion s'il n'avait pas renoncé : la saisine est censée n'avoir jamais eu lieu à son égard (Duranton, 6, 489).

210. 4° Que l'enfant donataire, qui renonce à la succession pour s'en tenir au don, peut ultérieurement revenir contre sa renonciation et réclamer sa réserve légale dans la succession si la donation est annulée (Nîmes, 30 janv. 1827 ; Montpellier, 15 fév. 1827). — Cependant il a été jugé que la renonciation à succession faite par un successible donataire, pour s'en tenir à son don, ne peut être considérée comme conditionnelle, en ce sens qu'elle puisse ultérieurement être rétractée, si la donation reste sans effet à cause d'une donation antérieure (Nîmes, 6 fév. 1824; Cass. 20 fév. 1830. — *Contrà*, Riom 3 fév. 1820).

211. 5° Que le successible qui a renoncé, ne peut attaquer sa renonciation, pour cause de lésion. Il ne peut se prévaloir de la règle qui considère comme partage le premier acte entre successibles (Cass. 11 août 1825).

212. En général, celui qui a renoncé à une succession par suite d'ignorance invincible sur sa composition, peut être restitué contre sa renonciation. Ainsi, l'héritier institué par deux testaments successifs qui n'a pas demandé le bénéfice de son institution en vertu du premier, par le motif qu'il était nul, n'est pas réputé avoir renoncé à l'hérédité, s'il ignorait l'existence du second ; il est fondé à réclamer l'exécution de ce dernier testament, alors qu'il en a connaissance (Paris, 22 av. 1816 ; 9 fév. 1818).

213. En principe, l'acceptation et la répudiation d'une succession sont soumises, quant à leurs formes et à leurs effets, aux lois sous l'empire desquelles elles ont eu lieu. En conséquence, c'est d'après le code que doit être décidée la question de savoir si la répudiation, faite sous son empire, d'un legs ouvert avant sa promulgation, peut être rétractée (*Code du journal du palais*).

214. Mais tout ce qui touche au droit des héritiers et des légataires, comme de savoir si le droit d'acceptation est prescrit, doit être régi par la loi sous l'empire de laquelle la succession s'est ouverte (Cass. 23 janv. 1837).

215. Toutefois, relativement aux renonciations faites avant la promulgation de la loi nouvelle, elles doivent être appréciées d'après les anciens principes. — Ainsi, lorsqu'un acte ancien énonce que les enfants ont répudié la succession de leur père, cette énonciation fait foi contre leurs descendants, d'après la règle « *in antiquis enuntiativa probant* » (C. civ. 1320 ; Bruxelles, 9 nov. 1820 ; Pothier, *oblig.* n. 705; Toullier, 162). — V. note 33.

216. *La part du renonçant accroît à ses cohéritiers ; s'il est seul elle est dévolue au degré subséquent* (C. civ. 786). — V. *inf.* n. 277.

217. *On ne vient jamais par représentation d'un héritier qui a renoncé : si le renonçant est seul héritier de son degré, ou si tous ses cohéritiers renoncent, les enfants viennent de leur chef et succèdent par tête* (C. civ. 787).

218. L'accroissement qui s'opère par l'effet de la renonciation ne se fait pas au profit des cohéritiers ou autres parents du défunt indistinctement, mais suivant les règles établies pour les divers ordres de succession.

219. Ainsi, dans les successions qui sont déférées par souche, la part du renonçant accroît à ses cohéritiers de la même branche ou de la même souche préférablement à ceux des autres branches ou des autres souches, car ce sont proprement ceux de la branche ou de la souche qui sont ses cohéritiers.

220. Tandis que lorsque la succession se divise entre les deux lignes paternelle et maternelle, il ne peut y avoir accroissement d'une ligne à l'autre qu'à défaut de parents au degré successible dans la ligne du renonçant.

221. C'est ce que les exemples suivants vont faire mieux comprendre :

222. 1° Supposons, en effet, que le défunt ait laissé trois enfants et que l'un d'eux renonce : dans ce cas, les deux tiers de l'hérédité qui appartiennent aux deux acceptants, se trouvent accrus de l'autre tiers qui était échu au renonçant : et si le renonçant a laissé lui-même des en-

fants, sa part ne passe point à eux, mais bien aux deux acceptants lesquels se trouvent seuls héritiers pour le tout, comme si le renonçant n'avait pas existé.

223. Et quand même le renonçant n'aurait pas été en concours avec des frères ou sœurs, mais avec des enfants ou descendants de frères ou sœurs prédécédés, ces enfants n'auraient encore aucun droit à l'hérédité, lors même qu'ils se trouveraient à un degré plus proche; car ils se trouvent privés du bénéfice de la représentation, tandis que par la représentation les descendants de frères ou sœurs prennent la place de ces derniers (C. civ. 742; Chabot; Duranton, 6. 493).

224. 2° Si l'on suppose que le renonçant soit, non l'un des fils du défunt, mais l'un des enfants d'un fils prédécédé, alors la part du renonçant n'accroît qu'aux cohéritiers de sa souche, c. à-d. à ses frères et sœurs, et non à ses oncles et tantes, ni à leurs représentants s'il y en a.

225. 3° Si le renonçant était un arrière petit-fils du défunt et qu'il y eût d'autres arrière-petits-fils de sa branche, l'accroissement aurait lieu au profit de ceux-ci, et non au profit des autres branches de la souche du renonçant.

226. 4° Si tous les frères et sœurs renoncent à la succession de leur père, leurs enfants viennent de leur chef et succèdent par tête (C. civ. 787). — Alors, si l'un d'eux renonce également, sa part n'accroît pas seulement aux autres enfants de sa souche, mais indistinctement à tous les petits enfants non-renonçants.

227. 5° Tous les héritiers au premier degré ayant renoncé, supposons, au contraire, d'une part plusieurs petits-enfants, d'autre part les enfants d'un petit-enfant prédécédé : ceux-ci, malgré la renonciation de leur aïeul, viendront prendre à la succession de leur bisaïeul la part qu'y aurait prise leur père, s'il eût vécu, la représentation les élevant au même degré. (Duranton, 6.132 et 494).— Et si l'un d'eux renonce, sa part accroîtra à ses frères et sœurs.

227 *bis*. 6° Lorsque le défunt a laissé deux frères consanguins et un frère utérin, et que l'un des frères consanguins renonce à la succession, la division ayant lieu entre les deux lignes paternelle et maternelle (C. civ. 733), la part du renonçant qui aurait été d'un quart de l'hérédité entière n'accroît qu'à l'autre frère consanguin qui a accepté. (Chabot; Delvincourt; Duranton).

228. 7° Si, avec un frère utérin et un frère consanguin, on suppose deux neveux, enfants d'un autre frère consanguin prédécédé, et que l'un de ces derniers renonce, sa part accroît exclusivement à l'autre neveu, qui recueille alors le quart de la succession (Delvincourt, 2,104).

228 *bis*. 8° Lorsque le défunt a laissé un frère utérin et un frère consanguin, si le premier renonce, la part qu'il aurait eue n'est pas dévolue aux autres parents de la ligne maternelle; elle accroît au frère consanguin (C. civ. 750 et 752; Chabot, n. 4; Duranton, n. 495). — Les descendants de l'enfant consanguin auraient le même droit, lors même qu'ils seraient privés du bénéfice de la représentation (Chabot, n. 4; Duranton, n. 496).

229. 9° Si le défunt laisse pour héritiers tout-à-la fois des frères consanguins, des frères utérins et des frères germains, la renonciation d'un consanguin profite bien aussi aux germains comme aux autres consanguins, mais elle ne profite pas aux utérins : et, *vice versà*, la renonciation d'un utérin ne profite pas aux consanguins (C. civ. 733 et 752; Duranton, n. 498).

230. 10° Lorsqu'il s'agit d'une succession échue conjointement au père, à la mère et aux frères et sœurs du défunt, si le père et la mère renoncent, celui d'entre eux qui accepte ne profite aucunement de la part du renonçant; elle n'accroît qu'aux frères et sœurs du défunt (C. civ., 752; Chabot, n. 5); — ou aux descendants de ses frères ou sœurs (*Ibid.*).

231. 11° S'il s'agit d'une succession échue à des ascendants seulement, la part de celui qui renonce accroît à ceux de ses cohéritiers qui sont de la même ligne que lui, *paternelle* ou *maternelle*, mais elle n'accroît pas aux cohéritiers d'une autre ligne (C. civ. 733;—Chabot, n. 3).

232. Lorsqu'il y a des enfants naturels, il importe de voir, quant au bénéfice de l'accroissement, avec qui les enfants sont en concours (Duranton, 6. 499).

233. 1° Si c'est avec des enfants légitimes et qu'un de ceux-ci renonce, l'accroissement profite à tous les enfants indistinctement. Supposons, par exemple, trois enfants légitimes et deux naturels, et une succession de 30,000 fr. Un des légitimes renonçant, chaque enfant naturel aura 2,500 francs, au lieu de 2,000 francs qu'il aurait eus sans la renonciation, et chacun des deux autres enfants légitimes 12,500 (Duranton *ibid.*).

234. 2° Si l'on suppose que c'est un des enfants naturels qui renonce, l'autre enfant de cette qualité aura également 2,500 francs et chacun des légitimes aura 9,166. 66, tandis que sans la renonciation ils n'auraient eu que 8,666. 66 chacun (*Ibid.*).

235. 3° Si les enfants naturels sont en concours avec des ascendants, ou des frères ou sœurs du défunt, ou des descendants d'eux, la renonciation d'un ascendant, ou d'un frère, ou d'une sœur, ne profite point aux enfants naturels, qui n'ont toujours que moitié de l'hérédité; et, *vice versà*, celle de l'un de ces enfants ne profite pas aux ascendants ou aux frères et sœurs : elle ne profite qu'aux autres enfants naturels, qui ont toujours droit à cette moitié, quel que soit leur nombre (C. civ. 756. 787; — Duranton, n. 500).

236. 4° Il en est de même, si les enfants naturels sont en concours avec d'autres parents collatéraux : la renonciation de l'un de ceux-ci laisse toujours le quart entier aux parents légitimes, n'y en eût-il qu'un seul; et celle des enfants naturels laisse toujours aux autres les trois quarts de l'hérédité (*ibid.*).

237. 5° Mais si les ascendants et tous les frères et sœurs ou descendants de frères et sœurs renoncent, la renonciation profite aux enfants naturels, en ce sens qu'ils ont droit aux trois quart de la moitié (C. civ. 757; — Duranton, *ibid.*).

238. Les cohéritiers du renonçant ne peuvent refuser la part qu'il leur abandonne, pour s'en tenir à celles qui leur sont personnellement échues, l'accroissement se fait *etiam invito*. Ils ont dû prévoir que leur cohéritier pourrait renoncer, et qu'en conséquence, ils se trouveraient héritiers pour le tout, leur acceptation est donc indivisible (Chabot, n. 9; Delvincourt; Toullier, 3, 343; — Duranton, n. 502).

239. Mais l'accroissement n'est pas forcé, lorsque la renonciation est le résultat de l'annulation d'une acceptation

au sujet de laquelle l'héritier s'est fait restituer (Chabot, n. 9; — Delvincourt; Duranton; Toullier, 4, 336).

Art. 5. DE L'ANNULATION DE LA RENONCIATION DE LA PART DES CRÉANCIERS.

240. *Les créanciers de celui qui renonce au préjudice de leurs droits, peuvent se faire autoriser en justice à accepter la succession du chef de leur débiteur, en son lieu et place. — Dans ce cas, la renonciation n'est annulée qu'en faveur des créanciers, et jusqu'à concurrence seulement de leurs créances : Elle ne l'est pas au profit de l'héritier qui a renoncé* (C. civ. 788).

241. Ce droit d'accepter ne peut être exercé que par les créanciers antérieurs à la renonciation, qui sont porteurs de titres authentiques ou ayant date certaine (Pujol). Car autrement le renonçant pourrait, en contractant des dettes simulées, revenir d'une manière indirecte contre sa renonciation (Chabot; Delvincourt; Toullier, 4, 348; Duranton, 6, 512). — Du reste, il n'est pas besoin que tous les créanciers se réunissent pour accepter, un seul suffit, mais en ce cas, l'acceptation ne peut profiter qu'à lui seul (Delvincourt; Chabot).

242. Mais pour qu'ils puissent l'exercer, il n'est pas nécessaire qu'ils établissent la fraude ni l'insolvabilité du débiteur par la discussion de ses biens; il suffit qu'à l'époque de la renonciation, le débiteur ne payant pas ait été soumis à des poursuites (Bourges, 19 déc. 1821, - Sir. 24, 8; Chardon, *Dol et fraude*, 2. 264; De Conflans, — *Contrà*, Delvincourt, 2, 313; Toullier, 4, 348). — Ou bien qu'il y ait seulement préjudice pour eux par le fait de la renonciation, car suivant l'article précité, le simple *préjudice* suffit (Duranton, 6, 511; - Roll. de V... n. 137).

243. Il n'est pas nécessaire non plus que le débiteur ait renoncé formellement, il suffit qu'il se soit abstenu de la succession pour qu'ils se fassent autoriser en justice à accepter en son nom (Toullier, 4, 319; Vazeille; Duranton, 6, 519. et suivant ce dernier auteur, ils le peuvent même sans autorisation).

244. Toutefois l'acceptation de la part des créanciers peut n'avoir lieu que sous bénéfice d'inventaire, et alors, comme étant au lieu et place de l'héritier lui-même, ils peuvent soit abandonner la succession, soit déclarer l'acceptation; mais une acceptation pure et simple aurait pour objet de les obliger au paiement de toutes les dettes et charges. — V. *sup*. n. 58.

245. Du reste, cette acceptation peut avoir lieu encore bien que les juges n'aient point annulé la renonciation comme frauduleuse (Paris, 13 fév. 1826; Toullier, 6.371).

246. Une renonciation est frauduleuse, lorsque tous les biens sont parvenus entre les mains des héritiers par le moyen d'actes simulés ou de personnes interposées; car alors les héritiers doivent être considérés comme héritiers purs et simples et tenus de toutes les dettes (Bourges, 19 déc. 1821; Nîmes, 9 juill. 1825; Delvincourt, 2,313; Toullier, 4,332; Duranton, 6,511).

247. Lorsqu'une procuration est donnée par le créancier à l'effet d'employer tous les moyens nécessaires pour obtenir le remboursement de sa créance, le mandataire se trouve suffisamment autorisé à accepter la succession qui a été répudiée par le débiteur (Bourges, 19 déc. 1821; Pothier, ch. 3, sect. 3; Toullier, t. 4, 348, et t. 6, 371; Roll. de V... v°. accept. n. 35).

248. Si le renonçant avait reçu un don ou un legs qu'il eût dû rapporter ou laisser dans la succession en acceptant, ses créanciers devraient en faire le rapport fictivement par imputation sur la part qu'il aurait prise (Duranton, n. 515).

249. L'autorisation d'accepter au lieu et place du débiteur qui a renoncé peut être accordée par un simple jugement sur requête (Chabot; Delvincourt; Duranton). — Mais la requête doit être signifiée aux co-héritiers qui auraient dû profiter de la renonciation, et ils doivent être mis en cause, afin qu'ils aient à contredire, s'il y a lieu (Duranton), si mieux ils n'aiment, eux ou le renonçant, empêcher l'effet de l'acceptation en acquittant les créances (Chabot; Delvincourt; Toullier; Duranton).

250. Dans le cas d'acceptation, les co-héritiers ont recours contre le renonçant, parce qu'il n'a plus de droits et que tous les biens leur appartenaient par droit d'accroissement (Toullier, 4, 349).

251. Les créanciers de celui qui renonce ne sont pas les seuls qui puissent attaquer la renonciation par lui faite : elle peut l'être aussi par tous ceux qui ont droit et intérêt de prétendre qu'il avait déjà accepté lorsqu'il a renoncé, et en conséquence qu'il doit être considéré comme héritier, nonobstant sa renonciation postérieure (Chabot; Duranton, 6,504). — Tels sont, en général :

252. 1° Les créanciers de la succession, afin de l'avoir pour obligé jusqu'à concurrence de sa part héréditaire (Duranton, 6, 504).

253. 2° Les légataires de sommes, de quantités ou de choses léguées *in genere*, afin qu'ils soient obligés envers eux de la même manière (*Ibid.*). — Mais il en est autrement des légataires universels ou à titre universel, ou même des légataires à titre particulier de corps héréditaires, attendu qu'ils n'ont pas d'intérêt à attaquer la renonciation, puisque, lors même que personne n'accepterait, ils auront toujours ce qui leur a été légué (*Ibid.*).

254. 3° Les co-héritiers, soit afin de n'être tenus que pour une part moindre des dettes et des legs de sommes, de quantités ou de choses léguées *in genere*, soit afin d'obliger le renonçant qui avait fait acte d'héritier à rapporter le legs à lui fait par le défunt, sans clause de préciput (Cass. 22 janv. 1817; Duranton. *ibid*).

Pour les *droits des créanciers*, V. la note 25, p. 241, n. 52 et suiv.

Art. 6. DE LA RÉVOCATION DE LA RENONCIATION DE LA PART DU RENONÇANT.

255. Le renonçant ne peut se faire restituer contre sa renonciation que dans les cas suivants, par application des règles du droit commun :

256. 1° Lorsqu'elle a été la suite d'un dol pratiqué soit par une personne qui avait intérêt à ce que la renonciation eût lieu, par exemple, un co-héritier, soit par un tiers (C. civ. 1109 et 1116; Chabot; Delvincourt; Duranton).

257. 2° Lorsqu'elle est la suite d'une violence exercée, même de la part de tout autre qu'un co héritier (*Ibid.*)

258. 3° Lorsque la renonciation a été faite par l'héritier pour s'en tenir à un don ou à un legs qui lui avait été fait par le défunt, et que, depuis, la nullité de la donation ou du testament a été prononcée (Riom, 3 fév. 1820; Nîmes, 30 janv. 1827; Delvincourt; Toullier; — *Contrà*, Nîmes, 6 fév. 1824).

259. Mais le majeur ne peut pas plus révoquer sa renonciation que son acceptation, pour cause de lésion, quelle-

qu'elle soit. Ainsi, la découverte de créances actives considérables, et dont il n'y aurait pas eu d'indices dans les papiers compris dans l'inventaire, ne rendrait pas le renonçant recevable à revenir contre sa renonciation (Chabot; Toullier, 4, 351).

260. Cependant, s'il avait été trompé par un fait apparent, dont la fausseté se serait découverte depuis sa renonciation, il pourrait la révoquer comme fondée sur une erreur de fait; par exemple, s'il avait par un testament qui eût absorbé ou extrêmement diminué la succession, et dont la fausseté ou la révocation aurait été depuis découverte (Arg. C. civ. 783; Lebrun, *Succession*; Delvincourt, 2, 106; Toullier, 4,351).

261. Toutefois, il en serait autrement, si le testament, au lieu d'être faux ou révoqué, avait été, depuis la renonciation, annulé pour vices de forme ou autres moyens de nullité; car la renonciation ne peut être rétractée sous prétexte d'une erreur de droit (*L.* 2, *C. De juris et facti ignor.*; Merlin, *rép.* v° choix; Toullier, *ibid.*).

V. *sup. n.* 59 *et suiv.*; 212 *et suiv.*

§ 2. DE LA RENONCIATION A COMMUNAUTÉ ET DE SES EFFETS.

262. Les effets de la renonciation sont tellement corrélatifs aux effets de l'acceptation que ce qui est dit pour les uns s'applique nécessairement aux autres. — C'est pour cela que nous renvoyons *sup.* n. 73 et suiv.

263. *La femme qui renonce perd toute espèce de droits sur les biens de la communauté, et même sur le mobilier qui y est entré de son chef. — Elle retire seulement les linges et hardes à son usage* (C. civ. 1493). — Delà les conséquences suivantes :

264. 1° La femme renonçante perd tout droit sur l'immeuble qu'elle aurait ameubli, dans son contrat de mariage, par une clause d'ameublissement déterminé, et les héritiers du mari en demeurent seuls propriétaires (C. civ. 1507; Toullier, 13, 277). Toutefois, la femme renonçante peut reprendre l'immeuble qu'elle a ameubli, en faisant cession au mari ou à ses héritiers de la valeur actuelle de cet immeuble (Duranton, 15.78; Delvincourt, 284; — *Contrà*, Toullier, 13,84; Bellot, 3,156; Zachariæ, 3, § 224).

265. 2° Lorsque, durant le mariage, le mari et la femme ont doté conjointement un enfant commun d'un conquêt de communauté, ce conquêt, après la renonciation, doit être considéré, entre les mains de l'enfant, non comme un bien maternel pour moitié, mais comme un bien paternel; et, par conséquent, l'enfant n'est pas tenu de le rapporter en nature à la succession de sa mère (Cass. 18 mai 1824; Toullier, 13, 278).

266. 3° Lorsqu'un immeuble a été acquis conjointement par deux époux communs en biens, si le mari fait faillite et que la femme renonce à la communauté, en ce cas, le privilége du vendeur inscrit dans les dix jours de la faillite ne peut pas plus être exercé sur la part de la femme que sur celle du mari (Cass. 16 juillet 1818).

267. 4° Le préciput étant un prélèvement sur la communauté comme convention de mariage, et non un avantage entre époux, il en résulte que la femme renonçante est privée de ce préciput, à moins que le contrat de mariage ne lui ait réservé le droit de le prendre, même en renonçant (C. civ. 1515).

268. 5° La renonciation embrassant tous les biens de la communauté, la femme doit récompense aux héritiers du mari de tout ce qui en a été tiré, soit pour acquitter ses dettes ou charges personnelles, soit pour le recouvrement, la conservation ou l'amélioration de ses biens personnels (Arg. C. civ. 1437; Pothier, n. 572; Bellot, 2,559).

269. 6° Le mobilier de la femme qui est entré en communauté ne peut être repris par elle, à moins qu'il n'ait été stipulé qu'elle aurait ce droit même en renonçant (C. civ. 1514).

270. 7° Le droit accordé à la femme de retirer seulement ses linges et hardes en renonçant ne s'étend qu'aux effets d'un usage à peu près journalier qui forment en quelque sorte le pécule personnel de la femme, et composent toute sa garde-robe (Toullier, 13,283); elle ne s'étend pas aux parures de luxe ni aux meubles meublants (Code du Journal du Palais); mais on doit l'étendre à la montre et à la tabatière de la femme (Toullier, *ibid.*).

271. Au cas de faillite du mari, la femme a des droits plus étendus et qui sont expliqués aux art. 557 et suiv. du Code de commerce.

272. *Mais la femme renonçante a le droit de reprendre : — 1° Les immeubles à elle appartenant, lorsqu'ils existent en nature, ou l'immeuble qui a été acquis en remploi, — 2° le prix de ses immeubles aliénés dont le remploi n'a pas été fait et accepté, comme il est dit ci-dessus ; — 3° toutes les indemnités qui peuvent lui être dues par la communauté* (C. civ. 1493). — V. la note 200.

273. Ces prélèvements ont lieu lors même que la veuve accepte la communauté (C. civ. 1470), parce qu'ils ont pour objet des biens qui ne faisaient pas partie de la communauté, d'où il suit qu'on ne peut pas dire qu'ils sont un effet de la renonciation. — Toutefois, la femme qui a renoncé ne peut exiger le prélèvement de ses reprises sur la succession de son mari au préjudice des créanciers personnels de ce dernier, qu'autant qu'elle aura demandé la séparation des patrimoines, conformément à l'art. 878 du C. civ. (Orléans, 10 juillet 1813; Cass. 14 août 1820). — V. note 29.

274. *La femme renonçante est déchargée de toute contribution aux dettes de la communauté, tant à l'égard du mari qu'à l'égard des créanciers. Elle reste néanmoins tenue envers ceux-ci lorsqu'elle s'est obligée conjointement avec son mari, ou lorsque la dette, devenue dette de la communauté, provenait originairement de son chef; le tout, sauf son recours contre le mari ou ses héritiers* (C. civ. 1494). — V. *sup.* n. 88.

275. Elle est même déchargée, au cas de renonciation, des frais d'inventaire; lesquels restent à la charge de la communauté, alors même que l'inventaire a été requis par la femme (Rouen, 1er juillet 1841; Pothier, *De la commun.* n. 274; Toullier, 12,300.

276. *Elle peut exercer toutes les actions et reprises ci-dessus détaillées, tant sur les biens de la communauté que sur les biens personnels du mari. = Ses héritiers le peuvent de même, sauf en ce qui concerne le prélèvement des linges et hardes, ainsi que le logement et la nourriture pendant le délai donné pour faire inventaire et délibérer; lesquels droits sont purement personnels à la femme survivante* (C. civ. 1495). — V. *sup.* n. 273, 134 et suiv.

277. Lorsque la femme a laissé plusieurs héritiers dont l'un renonce tandis que l'autre accepte, la part du renonçant dans la communauté n accroit point à ce dernier; les droits se divisent de telle sorte que la liquidation se fera à

l'égard de l'un par le partage de la communauté jusqu'à due concurrence, tandis qu'à l'égard de l'autre le mari réputé propriétaire de la part que cet héritier aurait pu prétendre dans la communauté, ne lui doit compter également jusqu'à due concurrence que des indemnités que la femme aurait pu prétendre (Code du Journal du Palais; Toullier, 13,189; Delvincourt, 3,50).

278. Les droits de la femme à l'égard de l'indemnité accordée pour le logement et la nourriture ainsi que pour le prélèvement des linges et hardes et l'indemnité à raison du deuil, lui sont personnels et ne peuvent profiter ni aux héritiers de la femme ni à ses créanciers. Et si la femme vient à décéder elle-même après avoir opéré ce prélèvement ou reçu cette indemnité, les héritiers du mari ne peuvent former aucune demande en restitution contre sa succession (*Ibid.*).

Pour le droit d'enregistrement et le droit de mutation par décès, V. les notes 57 et 192.

[63]

DES ACTES DE L'ETAT CIVIL. — NAISSANCE, MARIAGE ET DÉCÈS.

DIVISION SOMMAIRE :

Sect. 1. DES ACTES DE L'ÉTAT CIVIL. — DISPOSITIONS GÉNÉRALES (n. 1 à 63).

§ 1. DES ACTES DE NAISSANCE. (n. 64 à 99).

§ 2. DU MARIAGE CIVIL.

Art. 1. DES ACTES DE MARIAGE ET DES FORMALITÉS QUI PRÉCÈDENT LE MARIAGE (n. 100 à 143).

Art. 2. DU MARIAGE PROPREMENT DIT.

I. *Des qualités et conditions requises pour contracter mariage* (n. 144 à 211).

II. *Des formalités relatives à la célébration du mariage* (n. 212 à 227).

III. *Des oppositions au mariage* (n. 228 à 274).

IV. *Des demandes en nullité de mariage* (n. 275 à 324).

V. *De la preuve du mariage* (n. 325 à 349).

VI. *Des effets civils d'un mariage nul* (n. 350 à 360).

Art. 3. DES OBLIGATIONS QUI NAISSENT DU MARIAGE (n. 361 à 407).

Art. 4. DES DROITS ET DEVOIRS RESPECTIFS DES ÉPOUX (n. 408 à 425).

Art. 5. DE LA DISSOLUTION DU MARIAGE (n. 426 à 429).

Art. 6. DES SECONDS MARIAGES (n. 430 à 437).

§ 3. DES ACTES DE DÉCÈS (n. 438 à 469).

Sect. II. DES ACTES DE L'ÉTAT CIVIL CONCERNANT LES MILITAIRES HORS DU TERRITOIRE DU ROYAUME (n. 470 à 502).

Sect. III. DE LA RECTIFICATION DES ACTES DE L'ÉTAT CIVIL (n. 503 à 516).

Indication alphabétique :

Abandon. — V. n. 385. 398.
Abréviation 23.
Absent 177 s. 303. 332. 436. 451. 469. 500.
Acceptation de communauté 407.
Accouchement 64. 70 s. 481.
Acte authentique 14. 82. 112. 124. 259. 341. 461.
Acte fait en pays étranger 41. 44 s.
Actes de l'état civil 1 s.
Actes de l'état civil pour les militaires hors du territoire du royaume 470 s.
Acte respectueux 141. 180. 186 s. 253.
Acte sous seing-privé 239.
Action 296. 299. 313 s. 337. 344 s. 368 s.
Adjoint 10. 20. 451 s.
Adoption 2. 171.
Adultère 206. 412.
Age 7. 87 91. 141. 239. 307. 311. 446. 454.
Agent diplomat. consulaire 45 s.
Aliments 370 s. 409 s. 422.
Alliés 195. 197. 384.
Altération 32 37. 53. 55 s 347.
Amende 50 s. 59 s. 65. 92. 116. 267. 322 s. 450.
Année 7. 37 109 s 448.
Annexe 27.
Appel 63. 260. 263 s. 306. 503. 510.
Asile 423.
Assignation 230.
Attestation 126 s.
Authenticité 1. 12. 14. 29. 45.
Autorisation 52. 178 190. 254. 425. 438 s. 488.
Avantages matrimoniaux. — V. *Donation*.
Avis 451 s 462 s.
Banni 175.
Baptême 88.
Bigamie 162 s 338.
Blanc 23. 80.
Bonne-foi 177. 350 s. 433.
Capacité de contracter mariage 144 s.
Cassation 300.
Célébration de mariage 43. 88. 100 s. 128. 131 s. 212 s. 321.
Chiffres 23.
Chose jugée 63. 190. 514.
Clandestinité 223. 282. 284.
Clôture des registres 23 s.
Cohabitation 282. 289 310. 337.
Collatéraux 304 s. 313 s. 433 416 s.
Commencement de preuve par écrit 39. 43. 89.
Conciliation 252.
Concubinage 209.
Conseil de famille 192 s. 218. 230. s. 243
Conseil judiciaire 147. 240.
Consentement 124 s. 134. 141. 158. 169 s. 191 s. 275 s.
Contravention 11. 50 s. 59. 92. 301 s.
Convol en secondes noces 371. 387 s 430 s.
Copie 242. 250.
Cote et paraphe 22. 101. 477. 479.
Créancier 363.
Curateur 231.
Curé 10. 152 284. 305.
Date 7. 23.
Date certaine 39.
Décès (acte de 69. 126. 438 s.
Décès en voyage de mer 467 s.
Décharge 396. 401.
Déclaration 2. 8. 64 s. 70 s. 444 s. 481.
Délai 64 s. 251. 258. 263 s. 309 438. 481 s.
Délégation 10. 11.
Délit 54. 59. 60.
Demande 294 s. 299. 303.
Démence 154. 159. 184. 186. 230. 234 s. 244. 305.
Dépens 274. 466.
Dépôt 5. 25. 95.
Désaveu 82.
Destitution 488.
Désistement 259. 262.
Devoirs respectifs des époux 408 s.
Disparition 177. 186 299.
Dispense 102. 155 s. 200 s. 210. 219. 322.
Dissentiment 169. 180. 183.
Dissolution du mariage 426 s.
Docteur, etc. 70 s.
Dol 276. 277.
Domicile 7. 79. 100. 119. 124. 128 s. 141. 215 s. 248. 391. 416 s. 446. 448. 454.
Domicile d'origine 485. 489. 509.
Dommages-intérêts 11. 55 57. 60. 83. 105. 116. 234. 245. 272 s. 421.
Donation 157. 281. 339. 385. 400. 421. 454.
Dot 368 s.
Droits respectifs des époux 408 s.
Droit d'expédition 34.
Droits personnels 299. 312. 390.
Droit de sceau et d'enregist. 201.
Effets d'un mariage nul 350 s.
Effet suspensif 271.
Election de domicile 246. 249. 256.
Emprisonnement 65. 92.
Enfant adoptif 375.
Enfant adultérin 2. 11. 82 s. 190. 196. 205. 376. 507.
Enfant incestueux 85. 190. 205. 376. 507.
Enfant naturel 2. 171. 190. 191 196 205. 377. 383.
Enfant trouvé 91.
Enfant sans vie 448.
Enonciatif 243.
Enonciation 9. 31. 36 s. 79 s. 100. 141.
Enquête 499.
Erreur 275. 277 s. 285. 287. 288 s. 334.
Erreur de droit 334. 336.
Etranger 288. 409.
Exécution provisoire 264. 270.
Exécution à mort 460. 464.
Expédition. — V *Extrait*.
Extrait 28. 29. 31 s. 49. 455. 468. 484. 487. 491 s 497. 501. 516.
Faible d'esprit 148.
Faillite 400.
Famille royale 4.
Faux 31. 32. 53. 56. 285. 347.
Femme 8.
Femme de militaire 456.
Feuille-volante 55. 57 58. 341.
Fin de non-recevoir 138. 300. 336.
Foi 28. 31. 41. 67. 449.
Forçat libéré 287.
Fraude 281. 343 s.
Fureur 244.
Gains de survie 339.
Gendre 255 258 371.
Gratis 123. 201 438.
Greffe 5. 25. 26. 27. 29.
Greffier criminel 460.
Grossesse 291. 307.
Habiles au mariage 144 s.
Héritier 312.
Heure 7. 79. 100. 438 s. 447 s 465.
Homologation 120 178.
Hôpitaux 452 s. 496 s.
Hypothèque 400
Hypothèque légale 225.

Sect. 1. DES ACTES DE L'ÉTAT CIVIL. — DISPOSITIONS GÉNÉRALES.

1. Les actes de l'état civil sont destinés à constater d'une manière authentique les faits qui établissent l'état des personnes, en constituant la famille, tels que *la naissance*, *le mariage*, *le décès*.

2. On doit également mettre au rang des actes de l'état civil, les déclarations de maternité et de paternité, les reconnaissances d'enfants naturels ou adultérins, les adoptions, et en général tous les jugements qui prononcent sur des questions d'État. Mais par les articles du C. civ. que nous allons rappeler successivement, la loi ne s'occupe que de la série des actes qui doivent être inscrits jour par jour à la suite les uns des autres, et qui forment *les registres de l'état civil*. — (C. du Journal du Palais).

3. Ces registres sont communs à toutes les familles, par quelque rang, quelques fonctions, quelques richesses qu'elles soient distinguées. Destinés à marquer les trois grandes époques de la vie, ils nous rappellent que nous naissons, que nous nous reproduisons, que nous mourons tous selon les mêmes lois; que la nature nous crée égaux, sans nous faire pourtant semblables, *pares magis quàm similes*. (*Rapport au Tribunat*).

4. Il existe toutefois aujourd'hui des registres particuliers pour la famille royale, qui sont tenus par le chancelier président de la chambre des pairs, lequel remplit les fonctions attribuées par les lois aux officiers de l'État civil (*Ord. roy.* 23 *mars* 1816).

5. Pour rendre les recherches plus faciles, un décret du 20 juil. 1807 ordonne de rédiger, sur papier timbré, tous les dix ans, des tables alphabétiques des actes de l'État civil en triple expédition, dont une est déposée au greffe, une autre à la mairie et l'autre à la préfecture.— Le même décret prescrit aussi des tables annuelles.

6. Du reste, les formalités des actes de l'état civil ne sont pas prescrites à peine de nullité; ces actes ne peuvent être annulés par le juge qu'autant que les circonstances lui en feraient une loi (Toullier, 1, 311 ; Desclozeaux, n. 52 ; Bruxelles, 4 juil. 1811). - V. *inf.* n. 16. — En tous cas, un acte n'est pas nul pour avoir été inscrit sur un registre non timbré (Cass. 13 fruct. an X).

7. *Les actes de l'état civil énonceront l'année, le jour et l'heure où ils sont reçus, les prénoms, noms, âge, profession et domicile de tous ceux qui y sont dénommés* (C. civ. 34).

8. Quand il s'agit d'un acte qui, dans certains cas, doit être précédé d'une déclaration, cette déclaration peut être faite par une femme ou par un mineur. A ce cas ne s'applique pas l'art. 37 du C. civ. (Duranton, 1,288). — V. *inf.* n. 15 et 70.

9. *Les officiers de l'état civil ne pourront rien insérer dans les actes qu'ils recevront, soit par note, soit par énonciation quelconque, que ce qui doit être déclaré par les comparants* (C. civ. 35).

10. Anciennement les officiers de l'état civil étaient les curés des paroisses. Aujourd'hui, ce sont les maires et ad-

joints qui remplissent ces fonctions dans toutes les communes (L. 28 pluv. an VIII, art. 13). — D'où il suit que les adjoints ont, de plein droit et sans délégation du Maire, qualité pour dresser les actes de l'état civil (Angers, 25 mai 1822) — principalement ceux qui regardent la famille du maire (Code du Journal du Palais).

11. Les déclarations qui doivent être faites dans les actes doivent être conformes au prescrit des art. 57, 76, 79 et 85 du C. civ.; en conséquence, l'enfant né d'une femme mariée ne peut pas être inscrit sur les registres de l'état civil comme l'enfant de cette femme et d'un autre que de son mari (Besançon, 4 août 1808), — et la contravention à cet article pourrait donner lieu à une action en dommages-intérêts (Duranton, 1,283.316; Desclozeaux, n. 63).

12. *Dans les cas où les parties intéressées ne seront point obligées de comparaître en personne, elles pourront se faire représenter par un fondé de procuration spéciale et authentique* (C. civ. 36).

13. L'obligation de comparaître en personne existe pour le mariage, lequel n'est plus possible par procureur. — V. *inf.* n. 131.

14. Mais quand il y a lieu à procuration, elle doit être *spéciale*, c.-à-d. donnée particulièrement et nommément pour certaines affaires, et *authentique*, c.-à-d. passée devant notaire sans qu'il soit besoin d'en garder minute. — V. note 39.

15. *Les témoins produits aux actes de l'état civil ne pourront être que du sexe masculin, âgés de 21 ans au moins, parents ou autres, et ils seront choisis par les personnes intéressées* (C. civ. 37). — V. *sup.* n. 8.

16. Les conditions exigées pour l'état civil sont moins rigoureuses que celles prescrites pour les actes notariés; car, suivant l'art. précité, il n'est pas même nécessaire que les témoins soient français. - V. note 14. — Toutefois, s'ils ne sont pas du sexe masculin, il y a nullité (Caen, 13 juin 1819). — V. *sup.* n. 6.

17. *L'officier de l'état civil donnera lecture des actes aux parties comparantes, ou à leur fondé de procuration, et aux témoins — Il y sera fait mention de l'accomplissement de cette formalité* (C. civ. 38).

18. *Ces actes seront signés par l'officier de l'état civil, par les comparants et les témoins, ou mention sera faite de la cause qui empêchera les comparants et les témoins de signer* (C. civ. 39). — *V. inf.* n. 131. 139.

19. *Les actes de l'état civil seront inscrits dans chaque commune sur un ou plusieurs registres tenus doubles* (C. civ. 40).

20. On peut, suivant la population de la commune, avoir trois registres, un pour les actes de naissance, un pour ceux de mariage, un pour ceux de décès; ou n'en avoir qu'un seul pour tous ces actes; mais alors même qu'il n'y en aurait qu'un, il doit être tenu double (*Marcadé*).

21. Les actes non inscrits dans les délais prescrits par la loi ne peuvent y être inscrits ensuite que sur la réquisition des parties intéressées, et en vertu de jugements rendus en grande connaissance de cause de l'omission, le ministère public entendu, sauf le droit qu'a le ministère public d'agir d'office dans les cas qui intéressent l'ordre public (Av. cons. d'Et. 8 et 12 brum. an XI).

22. *Les registres seront cotés par première et dernière, et paraphés sur chaque feuille, par le président du tribunal de première instance ou par le juge qui le remplacera* (C. civ. 41).

23. *Les actes seront inscrits sur les registres de suite, sans aucun blanc. Les ratures et les renvois seront approuvés et signés de la même manière que le corps de l'acte. Il n'y sera rien écrit par abréviation, et aucune date ne sera mise en chiffres* (C. civ. 42). — V. *inf.* n. 85.

24. La loi exige ici plus qu'elle ne demande pour les actes notariés dans lesquels les renvois sont simplement paraphés. — V. *sup.* note 37.

Mais jusqu'à la clôture des registres dont il va être parlé au n°. suivant, on doit admettre la possibilité de faire rectifier les erreurs existantes dans les noms et prénoms en faisant concourir à cette rectification toutes les parties qui ont comparu à l'acte (Instr. min. fin. 8 nov. 1826 sur les pièces à produire par les héritiers de pensionnaires pour toucher le décompte des arrérages dûs au décès). — V. *inf.* n. 61.

25. *Les registres seront clos et arrêtés par l'officier de l'état civil, à la fin de chaque année, et dans le mois l'un des doubles sera déposé aux archives de la commune, l'autre au greffe du tribunal de première instance* (C. civ. 43).

26. Il peut arriver cependant qu'il y ait nécessité de clore et d'arrêter les registres avant l'expiration de l'année; lorsque, par exemple, une instruction judiciaire ou criminelle exige la production des registres en justice. Il y a été pourvu par une ordonnance du 18 août 1819, qui est ainsi conçue : « Art. 1. Lorsque des cours ou tribunaux auront » ordonné l'apport au greffe des registres courants de l'état » civil, les officiers de l'état civil sur la signification qui » leur en sera faite, se procureront dans la quinzaine au » plus tard de nouveaux registres. — Art. 2. Aussitôt qu'ils » en seront munis, ils cloront et arrêteront les registres » dont l'apport aura été ordonné, et ils y mentionneront la » cause pour laquelle ils sont clos avant la fin de l'année.— » Art. 3. Les cours et tribunaux comprendront les frais des » nouveaux registres dans la liquidation des frais et dépens » auxquels doit être condamnée la partie qui succombe. »

27. *Les procurations et les autres pièces qui doivent demeurer annexées aux actes de l'état civil seront déposées, après qu'elles auront été paraphées par la personne qui les aura produites, et par l'officier de l'état civil, au greffe du tribunal, avec le double des registres dont le dépôt doit avoir lieu audit greffe* (C. civ. 44).

28. *Toute personne pourra se faire délivrer, par les dépositaires des registres de l'état civil, des extraits de ces registres. Les extraits délivrés conformes aux registres, et légalisés par le président du tribunal de première instance, ou par le juge qui le remplacera, feront foi, jusqu'à inscription de faux* (C. civ. 45).

29. Ces registres forment une propriété publique qui est accessible à tous. Mais les extraits qui en sont délivrés ne sont authentiques que lorsqu'ils sont revêtus de la signature du maire ou adjoint (V. *sup.* n. 10) pour les registres retenus à la mairie, ou du greffier dépositaire pour les doubles déposés au greffe. — Ils n'ont point cette authenticité quand ils sont délivrés par les employés des mairies qui se qualifient de *secrétaires* ou de *secrétaires-généraux* (*Av. cons. d'ét. 6 juin - 2 juil. 1807*).

30. La légalisation a pour objet d'assurer l'exécution de

l'acte en confirmant la vérité de la signature. Elle n'est point nécessaire lorsqu'il est fait usage de l'acte dans le ressort même du tribunal de première instance, dans lequel est située la municipalité où l'acte a été reçu, car la signature y est réputée connue; elle a par elle-même force exécutoire dans toute l'étendue de la juridiction. Mais la légalisation devient nécessaire lorsqu'elle est produite hors du ressort. Du reste, la légalisation n'est point constitutive de l'authenticité de l'acte ; elle n'en forme que la preuve (Code du Journal du Palais).

31. L'extrait délivré fait foi de la vérité des énonciations qu'il renferme. Toutefois, il n'y a lieu de s'inscrire en faux que lorsque l'énonciation erronée porte sur un fait constitutif de l'acte, et non sur les circonstances accessoires : ainsi, lorsque les témoins ont fait une fausse déclaration, ils ont commis le crime de faux; mais s'ils ont ajouté à une déclaration vraie des circonstances erronées, il n'y a point eu faux en écriture authentique puni par la loi (Vazeille; Favard de Langlade; Duranton. — *Contrà*, Chabot). — A cet égard, il a été jugé que les constatations de l'officier public, *de visu et auditu*, font foi jusqu'à inscription de faux. Mais les simples énonciations de l'officier public, d'après les déclarations des comparants, ne font foi que jusqu'à preuve contraire. Ainsi, la voie de l'inscription de faux n'est pas nécessaire pour attaquer un acte de naissance qui, sur la déclaration des comparants, attribue à un enfant d'autres père et mère que ses père et mère véritables. Il suffit, dans ce cas, de la preuve testimoniale (Cass. 12 juin 1823).

32. L'altération commise dans la partie substantielle de l'extrait d'un acte de naissance, spécialement dans la date de la naissance constitue un faux en écriture authentique, soit que la signature ait été légalisée, soit qu'elle ne l'ait point été (Cass. 30 août 1811, 22 oct. et 26 déc. 1812).

33. Les extraits ne peuvent être exigés gratuitement, le coût en est réglé par le tarif annexé au décret du 12 juill. 1807; mais il n'est rien dû pour la rédaction des actes et leur inscription dans les registres.

34. Tarif du droit d'expédition non compris rembourse- du timbre :

	DROIT D'EXPÉDITION		
	à Paris.	dans les villes de 50 000 âmes et au-dessus	partout ailleurs.
1° Pour un acte de naissance, de décès ou de publication de mariage.	0 75	0 50	« 30
2° Pour un acte de mariage, ou d'adoption.	1 50	1 »	« 60

35. *Lorsqu'il n'aura pas existé de registres ou qu'ils seront perdus, la preuve en sera reçue tant par titres que par témoins; et dans ce cas, les mariages, naissances et décès pourront être prouvés tant par les registres et papiers émanés des père et mère décédés que par témoins* (C. civ. 46).

36. Cet article est simplement énonciatif et la preuve par témoins peut être admise dans tous les cas, lorsqu'il paraît aux tribunaux qu'il y a présomption suffisante que l'on a omis d'inscrire à sa date sur le registre une naissance, un mariage ou un décès. La première chose avant tout, c'est l'assurance ou le rétablissement de l'état des hommes (*Rapp. au Trib.*; Cass. 22 déc. 1819; 1 juin 1830; 22 août 1831).

37. Ainsi, la disposition de l'art. 46 peut être étendue : 1° au cas où les registres existent, mais ont été altérés par la soustraction d'une ou plusieurs feuilles (Duranton, 2,249; Cass. 21 juin 1814) : — 2° au cas de perte d'une pièce annexée aux registres, par exemple, une procuration à l'effet de reconnaître un enfant naturel (Cass. 16 fév. 1837) : — 3° au cas où il y a eu erreur ou inexactitude dans la rédaction d'un acte de décès (Cass. 12 déc. 1827; Bourges, 31 août 1829).

38. Mais l'admission à la preuve est facultative, et quoiqu'il soit allégué qu'une feuille de l'état civil aurait été enlevée ou perdue, la preuve peut être refusée par le juge (Nîmes, 3 mai 1826; Cass. 12 déc. 1827 et 24 mars 1829).

39. Il n'est pas besoin d'un commencement de preuve par écrit pour être admis à la preuve testimoniale (Trèves, 19 janv. 1807). — Cette preuve peut résulter de titres privés (*actes de famille*), pourvu qu'ils aient acquis date certaine (Paris, 3 janv. 1825; Lyon, 27 juin 1833; Cass. 8 nov. 1820, 23 mars 1825, 29 nov. 1826, 10 juin 1833 et 18 déc. 1838).

40. On peut suppléer au défaut d'actes de l'état civil : 1° par la reconnaissance et la légitimation insérées dans l'acte de mariage du père et de la mère de l'enfant, quand il s'agit de la naissance de ce dernier (Rennes, 30 juill. 1812).

41. 2° Pour la naissance d'un enfant à l'étranger (Paris, 9 août 1813).

42. 3° Quand il s'agit du décès d'un individu, alors même que les registres ont été régulièrement tenus (Cass. 12 mars 1807 et 2 fév. 1809); — et, à plus forte raison, lorsqu'ils n'ont pas été régulièrement tenus ou qu'ils présentent des lacunes et des omissions (Riom, 30 janv. 1810; Aix, 28 mars 1811; Bordeaux, 29 août 1811); — et qu'il n'a pas été possible de dresser acte dans les formes ordinaires (Rennes, 31 juil. 1834).

43. 4° Par l'acte de la célébration religieuse du mariage, car alors on doit facilement présumer que la célébration civile a eu lieu, mais qu'il aura été omis d'en faire mention sur les registres (Rennes, 5 déc. 1831); — cependant les juges peuvent se refuser à admettre la célébration, lorsque, d'ailleurs, il n'existe ni commencement de preuve par écrit, ni présomption grave (Cass. 20 mars 1838).

44. *Tout acte de l'état civil des français et des étrangers, fait en pays étranger, fera foi s'il a été rédigé dans les formes usitées dans ledit pays.* (C. civ. 47).

45. Cet article s'applique au cas où l'acte ne concerne que des français tout aussi bien qu'au cas où il concerne tout à la fois des français et des étrangers, alors surtout qu'il n'existait pas dans le pays d'agent consulaire français. Ainsi, dans quelque forme que l'acte soit reçu, s'il est régulier, il a toute l'autenticité nécessaire pour constater le fait soit de la naissance, soit du mariage, soit du décès (Cass. 7 juill. 1835; Toullier, 1, 310). — C'est l'application de la maxime *locus regit actum*.— V. notes 46, 47.

46. *Tout acte de l'état civil des Français en pays étranger sera valable, s'il a été reçu conformément aux lois françaises*

par les agents diplomatiques ou par les consuls (C. civ. 48). — V. *inf.* n. 220.

47. C'est l'application du principe : « que les agents diplomatiques et consulaires sont toujours réputés se trouver sur le territoire de la nation à laquelle ils appartiennent ou qu'ils représentent » (Motifs du Code; Delvincourt, 1,32 ; Duranton, 1,291). - V. note 27, n. 98. 133. — Mais, comme on le voit *suprà* n. 43, les Français seuls ne doivent point s'adresser, en pays étranger, à l'autorité locale, quand il y a un agent diplomatique ou consul français; tellement, qu'un mariage célébré par un consul entre un Français et une étrangère est nul; et la nullité ne peut être couverte par la possession d'état (Cass. 10 août 1819). = Ainsi, les officiers français, à l'étranger, ne sont compétents que pour des Français.

48. *Dans tous les cas où la mention d'un acte relatif à l'état civil devra avoir lieu en marge d'un autre acte déjà inscrit, elle sera faite à la requête des parties intéressées par l'officier de l'état civil, sur les registres courants ou sur ceux qui auront été déposés aux archives de la commune, et par le greffier du tribunal de première instance sur les registres déposés au greffe; à l'effet de quoi l'officier de l'état civil en donnera avis, dans les trois jours, au procureur du roi près le tribunal, qui veillera à ce que la mention soit faite d'une manière uniforme sur les deux registres* (C. civ. 49).

49. Cette mention se fait ordinairement en vertu d'un jugement ordonnant la rectification par application des art. 100 et 101 du C. civ. (V. *inf.* n. 514) : mais elle peut résulter aussi d'une prescription formelle de la loi, comme il arrive notamment dans le cas prévu par l'art. 62 du même code (V. *inf.* n. 97), pour les reconnaissances d'enfants naturels dont il doit être fait mention en marge de l'acte de naissance. C'est alors à l'officier de l'état civil qu'il incombe de faire lui-même la mention ordonnée par la loi : — et il résulte d'un avis du conseil d'état, en date du 4 mars 1808, qu'à partir du jour où la mention aura été faite, les fonctionnaires autorisés à délivrer les extraits des actes de l'état civil ne pourront plus donner d'expédition sans que cette mention y soit jointe (C. proc. 857).

50. *Toute contravention aux articles précédents, de la part des fonctionnaires y dénommés, sera poursuivie devant le tribunal de première instance et punie d'une amende qui ne pourra excéder* 100 *francs* (C. civ. 50).

51. Ces contraventions ne donnent point lieu à des poursuites devant les tribunaux de police correctionnelle (Av. Cons. d'Ét. 30 niv. - 4 pluv. an XII).

52. L'amende peut être prononcée contre le procureur du roi lui-même, aussi bien que contre l'officier de l'état civil. Mais il y a entre ces deux fonctionnaires cette différence que le procureur du roi ne peut pas être poursuivi sans autorisation du gouvernement, condition qui n'est pas nécessaire pour traduire en justice l'officier de l'état civil, par le motif qu'il n'est point un agent du gouvernement, comme cela résulte de deux avis bien formels du Cons. d'État des 30 niv. - 4 pluv. an XII et 28 juin 1806 (Favard ; Toullier, 1,312 ; Besançon, 1,333 ; Vazeille, 1, 209). — Ainsi donc, les officiers de l'état civil peuvent être traduits en justice, sans autorisation préalable du gouvernement (Cass. 11 juin 1807 ; Duranton, 3 juin 1811).

53. *Tout dépositaire des registres sera civilement responsable des altérations qui y surviendront, sauf son recours, s'il y a lieu, contre les auteurs desdites altérations* (C. civ. 51).

54. La responsabilité civile est celle qui résulte d'un quasi-délit, tandis que la responsabilité criminelle résulte du délit lui-même. On paie de sa personne la responsabilité criminelle, et de sa bourse la responsabilité civile. — Ici la poursuite est exercée directement par la partie lésée, soit par voie principale devant la juridiction civile, soit par voie incidente devant la juridiction criminelle si elle est saisie (Code du Journal du Palais).

55. *Toute altération, tout faux dans les actes de l'état civil, toute inscription de ces actes faite sur une feuille volante, et autrement que sur les registres à ce destinés, donneront lieu aux dommages-intérêts des parties, sans préjudice des peines portées au Code pénal* (C. civ. 52).

56. Cet article s'occupe exclusivement de la matérialité et de la culpabilité du fait, alors qu'il tombe sous la juridiction criminelle. Il trouve son complément dans la loi pénale. — Ainsi, on ne doit entendre ici, comme dans l'article précédent, par *altération*, que celle qui a un caractère criminel et porte un dommage réel; c'est le faux avec tous ses caractères, tel qu'il est déterminé et puni par les art. 145 et suiv. du C. pén.

57. Quant à l'inscription des actes qui serait faite sur une feuille volante, le fait est puni conformément à l'art. 192 du C. pén. Mais cet article de la loi pénale ne parle pas comme notre article de toute inscription faite autrement que sur les registres à ce destinés, d'où la conséquence qu'on ne pourrait pas appliquer la pénalité à ce fait, mais il resterait toujours à prononcer les dommages-intérêts. — Toutefois, on retomberait alors sous le coup de l'art. 50. — V. *sup. n.* 50 *et suiv.*

58. Du reste, l'acte de l'état civil qui se trouverait inscrit sur une feuille volante ne serait pas nul pour cela, car la faute ou la négligence de l'officier de l'état civil, ne peut avoir pour effet d'enlever à la partie son état civil, ainsi décidé à l'égard de la reconnaissance d'un enfant naturel (Metz, 19 août 1824). — Seulement, il doit être pris les mesures nécessaires pour que l'acte ainsi détaché soit régulièrement inscrit à sa date, soit par la transcription en marge, en vertu de jugement, soit par un renvoi énonçant qu'il a été ajouté à *tel* et *tel* feuillet du même registre ou d'un registre suivant (Code du journal du Palais).

59. *Le procureur du roi au tribunal de première instance sera tenu de vérifier l'état des registres lors du dépôt qui en sera fait au greffe; il dressera un procès-verbal sommaire de la vérification, dénoncera les contraventions ou délits commis par les officiers de l'état civil, et requerra contre eux la condamnation aux amendes* (C. civ. 53).

60. D'après cet article, c'est le procureur du roi qui doit, tant au civil qu'au criminel, diriger la poursuite comme partie principale, pour faire prononcer l'application de la peine, au civil s'il s'agit d'une contravention emportant une simple amende, au criminel s'il s'agit d'un délit ou d'un crime caractérisé par la loi pénale puni tout à la fois d'amende et d'emprisonnement; sauf, dans l'un et l'autre cas, aux parties intéressées à agir comme parties jointes concurremment avec le ministère public, pour obtenir les dommages-intérêts qui leur sont dûs (Code du J[al]. du Pal.).

61. En faisant sa vérification, le procureur du roi ne

doit rien changer à la teneur des actes. Il faut attendre pour cela la réquisition des parties (*rapport au Tribunat*). Cependant, s'il s'agit de simples erreurs ou omissions qui ne tiennent en rien à la substance de l'acte, le procureur du roi, après avoir fait appeler les parties intéressées et de leur consentement pourrait faire procéder sans jugement à la correction (Code du J[al]. du Pal.). — V. *sup.* n. 23.

62. *Dans tous les cas où un tribunal de première instance connaîtra des actes relatifs à l'état civil, les parties intéressées pourront se pourvoir contre le jugement* (C. civ. 54).

63. De cette disposition et de celle de l'art. 53 (V. *sup.* n. 59), il résulte que le ministère public ayant l'action principale au civil, peut faire rendre jugement contre l'officier de l'état civil, en l'absence des parties intéressées; mais que ce jugement ne pourrait avoir d'autre force que celle qu'aurait eue un jugement rendu par la voie criminelle. — Pour tous autres que le ministère public, et spécialement pour les parties intéressées qui n'ont pas été appelées à discuter leurs droits, il est *res inter alios acta*; il ne forme pas contre elles force de chose jugée (C. civ. 1351), et les parties intéressées seront, dans ce cas, toujours admises à y former *tierce-opposition* par les voies que le code de procédure indique par les art. 474 à 479. — Mais, par les mots *se pourvoir contre le jugement*, on ne doit pas nécessairement entendre le pourvoi par appel; car les mots *parties intéressées* s'appliquent ici, comme dans l'art. 100 du C. civ. (V. *inf. n.* 513), aux personnes intéressées à l'existence de l'acte, et non pas aux parties en cause, que l'on ne désigne jamais dans le langage légal par cette dénomination. La loi n'entend donc parler ici que de la tierce-opposition et non de l'appel : il n'y aura donc lieu à appel que dans les limites du droit commun, c.-à-d. quand la contestation aura pour objet une demande excédant 1500 fr. (Code du J[al]. du Pal.; L. 11 av. 1838; — *Contrà*, Marcadé).

§ 1. DES ACTES DE NAISSANCE.

64. *Les déclarations de naissance seront faites, dans les trois jours de l'accouchement, à l'officier de l'état civil du lieu; l'enfant lui sera présenté* (C. civ. 55).

65. Ces déclarations doivent être faites dans le délai déterminé, sous peine d'un emprisonnement de six jours à six mois, et d'une amende de 16 à 300 fr. (C. pén. 346).

66. Mais, après le délai de trois jours, il faut un jugement pour que l'officier de l'état civil puisse recevoir une déclaration de naissance (Av. Cons. d'Ét. 12 brum. an XI; Instr. Min. 23 déc. 1815, 20 et 21 août 1816; Colmar, 25 juill. 1828). — V. *sup.* n. 8.

67. Cependant, il a été décidé : 1° que l'inscription, quoique tardive, n'en est pas moins valable (Angers, 25 mai 1822) : 2° que l'acte de naissance ne fait foi de l'âge ou du jour de la naissance qu'autant qu'il est fait dans les délais prescrits par la loi (Paris, 9 août 1813); ce qui suppose que la déclaration a dû être reçue : — 3° et que l'inscription tardive et à une fausse date, si elle est faite sans intention de nuire, ne constitue qu'une irrégularité susceptible de rectification et non le crime de faux (Cass. 3 mess. an XII).

68. Lorsque l'enfant est dans un état de maladie tel qu'il ne peut être transporté sans courir danger de la vie, l'officier de l'état civil peut être requis de se rendre au lieu dans lequel il se trouve (Delvincourt; Favard; Maleville).

69. C'est *vivant* que l'enfant doit être présenté. S'il est *mort* avant que la naissance ait été enregistrée, il est défendu à l'officier de l'état civil d'exprimer que l'enfant est *décédé*, car ce serait préjuger la question souvent très-importante de savoir s'il a eu vie ou non, question qui ne doit être décidée que par les tribunaux. L'officier doit seulement exprimer que l'enfant lui a été présenté *sans vie*, et recevoir les déclarations des témoins sur les prénoms, noms, qualités et demeures des père et mère, et sur l'époque précise de la naissance. Cet acte est inscrit à sa date sur les registres des décès (Décr. 4 juill. 1806; Marcadé).

70. *La naissance de l'enfant sera déclarée par le père, ou à défaut du père par les docteurs en médecine ou en chirurgie, sages-femmes, officiers de santé ou autres personnes qui auront assisté à l'accouchement; et lorsque la mère sera accouchée hors de son domicile, par la personne chez qui elle sera accouchée. — L'acte de naissance sera rédigé de suite, en présence de deux témoins* (C. civ. 56).

71. Chacune des personnes dénommées dans cet art. n'est pas tenue de faire la déclaration concurremment avec les autres; chacune d'elles n'est obligée qu'à défaut de l'autre, dans l'ordre indiqué. — Ainsi:

72. 1° Lorsque le père est présent, c'est sur lui seul que repose l'obligation, puisque sa propre déclaration fait preuve contre lui de sa paternité tant en mariage que hors mariage.

73. 2° L'accoucheur n'est pas tenu de faire la déclaration, lorsque l'accouchement s'est opéré en présence du père (Lyon, 19 juill. 1827; Bruxelles, 20 oct. 1831).

74. 3° L'officier de santé ou la sage-femme qui a fait l'accouchement ne sont tenus de faire la déclaration que lorsque le père est absent ou dans l'impossibilité d'agir (Metz, 22 mars 1824).

75. 4° Les personnes présentes ne sont également tenues de faire cette déclaration, qu'à défaut de l'accoucheur ou de la sage-femme (Cass. 7 nov. 1823; Metz, 22 mars 1824).

76. Quand il s'agit de la seconde disposition de l'art. 56, c'est la personne chez qui l'accouchement a eu lieu qui est tenue de faire la déclaration avant les autres personnes dénommées et seulement à défaut du père (Code du J[al]. du Pal.).

77. Il ne faut pas confondre la personne qui fait la déclaration avec les témoins qui en attestent la vérité; - V. *sup.* n. 8; — ni le *père* avec le *mari*, car il s'agit ici du père légalement connu à l'avance, soit par le mariage, soit par une reconnaissance de l'enfant avant la naissance.

78. Il n'y a point d'excuse à admettre pour justifier la déclaration tardive. A ce sujet, il a été décidé qu'une déclaration incomplète équivaut à l'absence de déclaration (Cass. 21 juin 1833). — Cependant, il a été décidé que le père qui n'a pas fait la déclaration est excusable, s'il était absent lors de l'accouchement, bien qu'il soit revenu pendant le délai (Amiens, 2 janv. 1837).

79. *L'acte de naissance énoncera le jour, l'heure et le lieu de la naissance, le sexe de l'enfant, et les prénoms qui lui seront donnés, les prénoms, noms, profession et domicile des père et mère, et ceux des témoins* (C. civ. 57).

80. Les prénoms de l'enfant sont indiqués par la personne qui fait la déclaration, ou, à son défaut, ils sont donnés par l'officier de l'état civil, à qui il est fait défense de laisser aucun blanc sur le registre; - V. *sup.* n. 23. — Ils doivent être pris parmi les noms en usage dans les divers calendriers, et parmi ceux des personnages connus de l'histoire ancienne; il est interdit aux officiers publics d'en admettre aucun autre dans leurs actes (L. 11 germ. an XI).

81. Quant au nom *propre* de l'enfant ou nom de famille, il n'est pas donné par l'acte; mais il doit résulter des énonciations que cet acte renfermera, et spécialement de l'indication des prénoms, noms, profession et domicile des père et mère.

82. La loi prévoit ici le cas le plus général, celui d'un enfant né pendant le mariage; et dans cette circonstance, l'enfant né de la femme mariée ne peut pas être inscrit sur les registres de l'état civil comme l'enfant de cette femme et d'un autre que son mari (Besançon, 4 août 1808; Duranton, 1,316); mais si le père et la mère ne sont pas mariés et que leurs noms soient déclarés, l'officier de l'état civil doit agir alors avec plus de circonspection; car l'acte qu'il est chargé de rédiger sera attributif de paternité et de maternité, sauf le désaveu. — La maternité est toujours certaine, et la personne qui a fait l'accouchement a un mandat tacite et nécessaire, en vertu duquel elle fait la reconnaissance de l'enfant au nom de la mère qui ne peut se présenter. — Quant à la paternité, la déclaration ne peut être reçue que si elle est faite par le père lui-même, ou, en son absence, par son mandataire spécial porteur de sa procuration authentique, car il y alors un acte complexe. Outre le fait de la naissance, l'officier de l'état civil constate, en sa qualité de magistrat, que telle personne s'est présentée devant lui pour reconnaître un enfant naturel, ce dont il lui est donné acte (C. civ. 334,336; Code du J[al]. du Pal.).

83. Dans ce dernier cas, la rectification du registre pourrait être demandée avec dommages-intérêts contre qui de droit, par celui qu'on aurait, sans son aveu, indiqué comme père de l'enfant né hors mariage (Toullier, 1,316 ; Favard).

84. On ne peut non plus, dans un acte de naissance, donner comme prénom à un enfant né hors mariage, le nom propre de famille de celui que l'on voudrait indiquer comme le père (Bruxelles, 5 janv. 1807).

85. S'il résulte des indications transmises à l'officier de l'état civil que l'enfant serait né d'un commerce incestueux ou adultérin, la déclaration ne doit pas être reçue, et dans ce cas l'acte de l'état civil ne renfermera que le nom de la mère indiquée (Duranton, 1,316; Delvincourt, 1, 230 et 236).

86. Les officiers de l'état civil chargés de constater des faits matériels ne devant rien ajouter aux déclarations qui leur sont faites (V. *sup.* n. 9), il en résulte :

Que si les déclarants, en présentant l'enfant, refusaient de dénommer la mère à laquelle il appartient, la déclaration n'en devrait pas moins être reçue, sauf à la justice criminelle à instruire pour rechercher s'il n'y aurait pas lieu à poursuivre en suppression d'état; et l'enfant est alors inscrit sur les registres comme né de père et mère inconnus. Il lui est donné un prénom qui devient pour lui-même son nom patronymique.

Et que si le père se présente en refusant de faire connaître la mère, la déclaration doit être également reçue, sauf toujours l'action de la justice criminelle : car, avant tout, l'acte de naissance a pour objet de faire foi du fait de l'accouchement (Rouen, 20 mai 1809; Toullier 2,942; Duranton 3,937).

87. Toutefois, un acte de naissance n'est pas nul, encore qu'il n'y soit fait mention ni de l'âge du père et de la mère, ni de celui des témoins, ni de la présentation de l'enfant à l'officier de l'état civil, ni même du lieu de la naissance (Bruxelles, 4 juill. 1811).

88. L'acte de naissance peut être dressé après la cérémonie du baptême; mais il ne doit pas en être fait mention dans l'acte civil; c'est pour l'acte de mariage seulement que l'acte de l'état civil doit être rédigé au préalable (Concordat 23 fruct. an IX, — 3 germ. an X, art. 54). — Cependant, lorsqu'un acte de naissance indique, non le jour de la naissance, mais seulement le jour du baptême, l'enfant est censé né le jour de son baptême (Cass. 19 prair. an XII).

89. En général, l'énonciation contenue dans un acte de naissance peut, suivant les circonstances, servir de commencement de preuve par écrit, surtout celle qui résulte de la déclaration faite par la sage-femme (Rouen, 20 mai 1829).

90. Et les parents qui ont signé l'acte de naissance de l'enfant deviennent par la suite non-recevables à contester la légitimité qui résulte de cet acte même (Cass. 13 et 18 av. 1820; 24 juill. 1835; Angers, 11 av. 1821; Montpellier, 4 fév. 1824, 2 mars 1832).

91. *Toute personne qui aura trouvé un enfant nouveau-né sera tenue de le remettre à l'officier de l'état civil, ainsi que les vêtements et autres effets trouvés avec l'enfant, et de déclarer toutes les circonstances du temps et du lieu où il aura été trouvé. — Il en sera dressé un procès-verbal détaillé qui énoncera en outre l'âge apparent de l'enfant, son sexe, les noms qui lui seront donnés, l'autorité civile à laquelle il sera remis. Ce procès-verbal sera inscrit sur les registres* (C. civ. 58).

92. La contravention à cet article est punie d'un emprisonnement de 6 jours à 6 mois et d'une amende de 16 fr à 300 fr. — Mais cette disposition n'est point applicable à celui qui aurait consenti à se charger de l'enfant et qui aurait fait sa déclaration à cet égard devant la municipalité du lieu où l'enfant a été trouvé (C. pén. 347).

93. *S'il naît un enfant pendant un voyage de mer, l'acte de naissance sera dressé dans les vingt-quatre heures, en présence du père s'il est présent, et de deux témoins pris parmi les officiers du bâtiment, ou, à leur défaut, parmi les hommes de l'équipage. Cet acte sera rédigé, savoir : sur les bâtiments du roi, par l'officier d'administration de la marine; et sur les bâtiments appartenant à un armateur ou négociant, par le capitaine, maître ou patron du navire. L'acte de naissance sera inscrit à la suite du rôle d'équipage* (C. civ. 59).

94. Le principe, en cette matière, est que le navire français, n'importe où il se trouve, représente le sol de la France. — Le rôle d'équipage qui forme le registre du bord est l'état dressé, avant le départ du bâtiment, de toutes les personnes embarquées.

95. *Au premier port où le bâtiment abordera, soit de relâche, soit pour toute autre cause que celle de son désarmement,*

les officiers de l'administration de la marine, capitaine, maître ou patron, seront tenus de déposer deux expéditions authentiques des actes de naissance qu'ils auront rédigés, savoir : dans un port français, au bureau du préposé à l'inscription maritime, et dans un port étranger, entre les mains du Consul. — L'une de ces expéditions restera déposée au bureau de l'inscription maritime ou à la chancellerie du Consulat, l'autre sera envoyée au Ministre de la marine, qui fera parvenir une copie, de lui certifiée, de chacun desdits actes, à l'officier de l'état civil du domicile du père de l'enfant, ou de la mère, si le père est inconnu : cette copie sera inscrite de suite sur les registres (C. civ. 60).

96. *A l'arrivée du bâtiment dans le port de désarmement, le rôle d'équipage sera déposé au bureau du préposé à l'inscription maritime, qui enverra une expédition de l'acte de naissance de lui signée à l'officier de l'état civil du domicile du père de l'enfant, ou de la mère, si le père est inconnu : cette expédition sera inscrite de suite sur les registres* (C. civ. 61).

97. *L'acte de reconnaissance d'un enfant sera inscrit sur les registres à sa date; et il en sera fait mention en marge de l'acte de naissance, s'il en existe un* (C. civ. 62).

98. La forme de l'acte de reconnaissance ainsi que ses effets étant déterminés par les art. 334 et suiv. du C. civ., c'est à ces derniers articles qu'il faut se reporter. Il n'en est parlé ici que comme d'une simple formalité que l'officier de l'état civil doit remplir, 1° en recevant l'acte de reconnaissance; 2° en opérant la mention ordonnée.

99. Mais, comme on le verra sous l'art. 334, il y a d'autres modes de reconnaissance, qui n'en doivent pas moins être transcrits sur les registres, quoiqu'ils n'aient point été reçus par l'officier de l'état civil (*Code du Journal du Pal.*).

§ 2. DU MARIAGE CIVIL.

Art. 1. DES ACTES DE MARIAGE ET DES FORMALITÉS QUI PRÉCÈDENT ET ACCOMPAGNENT LE MARIAGE.

100. *Avant la célébration du mariage, l'officier de l'état civil fera deux publications, à huit jours d'intervalle, un jour de dimanche. Les publications et l'acte qui en sera dressé énonceront les prénoms, noms, professions et domiciles des futurs époux, leur qualité de majeur ou de mineur, et les prénoms, noms, professions et domiciles de leurs père et mère. Cet acte énoncera, en outre, les jours, lieux et heures où les publications auront été faites; il sera inscrit sur un seul registre qui sera coté et paraphé, comme il est dit en l'art. 41* (V. *sup.* n. 22), *et déposé à la fin de chaque année au greffe du tribunal de l'arrondissement* (C. civ. 63).

101. *Un extrait de l'acte de publication sera et restera affiché à la porte de la maison commune, pendant les huit jours d'intervalle de l'une à l'autre publication. Le mariage ne pourra être célébré avant le troisième jour, depuis et non compris celui de la seconde publication* (C. civ. 64).

102. Les deux publications prescrites par l'art. 63 sont en général indispensables, cependant, l'art. 169 (V. *inf.* n. 219) permet de demander dispense de la seconde; mais il n'est pas requis, à peine de nullité, qu'elles soient faites deux dimanches consécutifs (*Code du J[al] du Pal.*).

103. La loi a entendu parler de publications faites à haute et intelligible voix devant la porte de la maison commune ; mais dans l'usage cette forme a été abandonnée comme n'étant d'aucune utilité; il est suffisamment satisfait aux prescriptions de la loi par l'affiche qui reste exposée pendant huit jours, aux termes de l'art. 64; mais il faut que l'affiche des publications soit disposée de manière qu'elle puisse être facilement consultée par le public : en sorte que les publications dont parle l'art. 63 ne se font réellement pas (*Ibid.*).

104. Le mariage ne peut être célébré que le onzième jour après la première publication, c.-à-d. le mercredi qui suit le dernier dimanche, ou le troisième jour dans le cas où il n'est fait qu'une seule publication (*Ibid.*).

105. Si l'officier de l'état civil se refusait à faire la publication, il faudrait se retirer devant le juge, même par voie de référé, afin que les causes de son refus pussent être appréciées; et si les causes alléguées n'étaient point sérieuses, il s'exposerait à des dommages-intérêts (*Ibid.*).

106. Sous l'empire du Code, le défaut de publications préalables n'entraîne pas nullité du mariage (Riom, 10 juill. 1829), — lors même que le mariage n'a été précédé que d'une seule publication (Grenoble, 27 fév. 1817).

107. Mais les publications de bans (qui ne sont pas de nullité absolue pour les mariages faits en France), sont de nécessité absolue pour des mariages faits en pays étranger (devant un fonctionnaire étranger), par des Français qui n'ont pas cessé d'être domiciliés en France. Relativement à de tels mariages dans l'étranger, la publication des bans est le seul mode possible de publicité en France (Cass. 9 mars 1831 aff. Fauvel; Cass. 9 mars 1831 aff. Flore-Dieu; Cass. 6 mars 1837; Montpellier, 15 janv. 1839; Rennes, 6 juill. 1840).

108. Toutefois, il n'en est pas de même lorsque le Français qui veut contracter mariage en pays étranger demeure depuis longtemps dans ce pays et n'a conservé en France ni domicile, ni résidence, parce qu'alors il n'y a plus en France de domicile où puisse se faire la publication (Toullier 1,578; Duranton, 2,277).

V. *inf.* n. 215, 221, 222, 323.

109. *Si le mariage n'a pas été célébré dans l'année, à compter du jour du délai des publications, il ne pourra plus être célébré qu'après que de nouvelles publications auront été faites dans la forme ci-dessus prescrite* (C. civ. 65).

110. L'année se compte à partir du jour où le mariage aurait pu être célébré. C'est alors seulement que les publications ont produit leur effet. Ce serait donc une erreur de faire partir le délai du jour de la seconde publication (*Code du Journal du Pal.*)

111. Le dernier jour de l'année est dans le délai utile pour la célébration du mariage. Ainsi, lorsque la dernière publication aura eu lieu le dimanche 3 juill. 1842, le mariage pourra encore être célébré utilement le mercredi 7 juill. 1843 (*Ibid.*). — En cas de dispense, l'année courra du 3e jour après la publication (Toullier 1,567; Duranton, 1,229; Vazeille 1,157).

112. *Les actes d'opposition au mariage seront signés sur l'original et sur la copie par les opposants ou par leurs fondés de procuration spéciale et authentique; ils seront signifiés, avec la copie de la procuration, à la personne ou au domicile des parties, et à l'officier de l'état civil qui mettra son visa sur l'original* (C. civ. 66).

113. Bien qu'en général, les actes d'opposition à ma-

riage doivent être signifiées par le ministère d'huissier, cependant une opposition notifiée par le père lui-même en présence des parties, au moment de la célébration du mariage, et reçue par l'officier de l'état civil, forme obstacle au mariage tant qu'elle n'a pas été levée (Montpellier, 12 août 1839).

114. Quant à l'acte même d'opposition, il a été décidé qu'il ne serait pas régulier si la signature de l'opposant ou de son fondé de pouvoir ne se trouvait pas effectivement apposée tout au moins sur l'original (Liége, 24 oct. 1812).

Pour le droit de former opposition au mariage et pour la forme des oppositions, V. *inf.* n. 228 et suiv.

115. *L'officier de l'état civil fera, sans délai, une mention sommaire des oppositions sur le registre des publications; il fera aussi mention, en marge de l'inscription desdites oppositions, des jugements ou des actes de main-levée dont expédition lui aura été remise* (C. civ. 67).

116. *En cas d'opposition, l'officier de l'état civil ne pourra célébrer le mariage avant qu'on lui en ait remis la main-levée, sous peine de trois cents francs d'amende et de tous dommages-intérêts* (C. civ. 68).

117. *S'il n'y a point d'opposition, il en sera fait mention dans l'acte de mariage; et si les publications ont été faites dans plusieurs communes, les parties remettront un certificat délivré par l'officier de l'état civil de chaque commune, constatant qu'il n'existe point d'opposition* (C. civ. 69).

Le mode de procédure à suivre pour qu'il soit statué sur l'opposition est d'ailleurs spécialement déterminé par les art. 177 à 179 du C. civ. — V. *inf.* n. 251 et suiv.

118. *L'officier de l'état civil se fera remettre l'acte de naissance de chacun des futurs époux. Celui des époux qui serait dans l'impossibilité de se le procurer, pourra le suppléer, en rapportant un acte de notoriété délivré par le juge de paix du lieu de sa naissance, ou par celui de son domicile* (C. civ. 70).

119. *L'acte de notoriété contiendra la déclaration faite par sept témoins, de l'un ou de l'autre sexe, parents ou non parents, des prénoms, nom, profession et domicile du futur époux, et de ceux de ses père et mère, s'ils sont connus; le lieu, et, autant que possible, l'époque de sa naissance et les causes qui empêchent d'en rapporter l'acte. Les témoins signeront l'acte de notoriété avec le juge de paix; et s'il en est qui ne puissent ou ne sachent signer, il en sera fait mention* (C. civ. 71).

120. *L'acte de notoriété sera présenté au tribunal de première instance du lieu où doit se célébrer le mariage. Le tribunal, après avoir entendu le procureur du roi, donnera ou refusera son homologation, selon qu'il trouvera suffisantes ou insuffisantes les déclarations des témoins, et les causes qui empêchent de rapporter l'acte de naissance* (C. civ. 72).

121. C'est seulement pour le mariage qu'il peut être suppléé par un acte de notoriété au silence ou à l'absence des registres de l'état civil. On ne pourrait, sur un pareil acte, ordonner la rectification des registres (Bourges 31 août 1819 et 20 fév. 1820; Colmar, 11 janv. 1831; Favard; Delvincourt): — car les effets des actes de notoriété doivent toujours être restreints au fait même qu'il s'agissait de constater et à la circonstance pour laquelle ils ont été requis (Metz, 4 mars 1817; Code du J[al] du Pal.).

122. La disposition des articles qui précèdent est applicable dans tous les cas, spécialement aux personnes nées hors de France qui ne peuvent rapporter les actes que la loi exige (Instr. Min. 1 juin 1821); — ainsi qu'aux étrangers (Instr. Min. 24 fév. 1808); — même au cas où le domicile des père et mère est inconnu (Instr. Min. 11 mess. an XII).

123. Si les futurs époux se trouvent dans la nécessité de rapporter l'acte de notoriété qui leur est nécessaire pour le mariage, chacun doit procéder à cet égard séparément (Delvincourt 1,65). — Du reste, les actes de notoriété doivent être délivrés gratis aux indigents (Instr. Min. 13 mars 1815).

124. *L'acte authentique du consentement des père et mère ou aïeuls et aïeules, ou, à leur défaut, celui de la famille, contiendra les prénoms, noms, professions et domiciles du futur époux, et de tous ceux qui auraient concouru à l'acte, ainsi que leur degré de parenté* (C. civ. 73). — V. *inf.* n. 169 et suiv.

125. Cet article n'exigeant point que l'acte de consentement fasse mention de l'autre partie avec qui le mariage doit être contracté, il en résulte que l'officier de l'état civil doit accepter comme régulier l'acte du consentement qui porte uniquement autorisation de se marier, sans qu'il soit nécessaire de désigner avec quelle personne (Roll. de v... v° *consentem*, n. 24; *Contrà*, Duranton, 211; Vazeille, 116; Pezzani 260). — Mais si, dans l'acte qui porte le consentement au mariage d'un enfant mineur, le notaire a laissé en blanc le nom du futur, et que ce blanc soit rempli, l'officier de l'état civil ne peut refuser de célébrer le mariage sur le motif que le nom n'a pas été écrit par la même main que le corps de l'acte (Duranton 2,92. — *Contrà*, Pezzani 262).

126. Pour se marier, les futurs époux ne sont pas tenus de produire les actes de décès de leurs père et mère, lorsque les aïeuls ou aïeules attestent ce décès. En cas de mort ou d'absence des père et mère et des aïeuls ou aïeules, dont le consentement ou le conseil est requis, le défaut de preuve du décès ou de l'absence est suppléé par une déclaration assermentée des futurs mariés, et des quatre témoins de l'acte de mariage (Av. Cons. d'Ét. 27 mess. — 4 therm. an XIII; 19-30 mars 1808).

127. Il en est de même dans le cas où le nom d'un des deux futurs ne serait pas orthographié dans son acte de naissance comme celui de son père, et dans le cas où l'on aurait omis quelqu'un des prénoms de ses parents ou quelque lettre, car alors le témoignage des père et mère ou aïeux pour les majeurs, du conseil de famillle ou tuteur *ad-hoc* pour les mineurs, assistant au mariage ou attestant l'identité, doit suffire pour procéder à la célébration du mariage (Avis précité de 1808).

128. *Le mariage sera célébré dans la commune où l'un des deux époux aura son domicile. Ce domicile, quant au mariage, s'établira par six mois d'habitation continue dans la même commune* (C. civ. 74).

129. Le domicile, quant au mariage, est celui qui résulte de la résidence, mais il n'est pas possible de soutenir qu'il y ait impossibilité de se marier pour celui qui n'a pas de résidence ou de domicile fixe. Cependant, la disposition de l'article est formelle, il exige *six mois d'habitation continue*, et par ce motif on doit exiger une résidence de six mois consécutifs de celui qui a abdiqué son domicile réel et n'a pas encore acquis une habitation de six mois dans une autre commune, l'ancien domicile étant censé n'avoir jamais

existé (Duranton 2, 220). — Mais il ne faut pas entendre par *habitation continue* six mois de résidence sans déplacement ; il suffit que l'établissement d'une habitation dans la commune remonte à six mois avant le jour de la célébration du mariage (Code du J[al] du Pal.).

130. Du reste, cet article ne parle du domicile, quant au mariage, que relativement à la célébration ; il est étranger aux publications qui doivent être faites au domicile actuel, sans que l'on puisse exiger la condition de six mois de résidence dont l'art. 63 (V. *sup.* n. 100) ne fait aucune mention ; au contraire, les art. 103 et 104 du C. civ. établissent que l'on peut acquérir un domicile le jour même par une simple declaration. Seulement, dans ce cas, l'art. 167 (V. *inf.* n. 216) exige que les publications soient faites en outre au précédent domicile. Un avis du cons. d'État du 2-4 complém. an XIII a fait application de ces principes aux militaires (*Ibid.*).

131. *Le jour désigné par les parties après les délais des publications, l'officier de l'état civil, dans la maison commune, en présence de quatre témoins* (V. *sup.* n. 15), *parents ou non parents, fera lecture aux parties des pièces ci-dessus mentionnées, relatives à leur état et aux formalités du mariage, et du chap. VI du titre du mariage, sur les droits et les devoirs respectifs des époux. Il recevra de chaque partie, l'une après l'autre, la déclaration qu'elles veulent se prendre pour mari et femme ; il prononcera, au nom de la loi, qu'elles sont unies par le mariage, et il en dressera acte sur le champ* (C. civ. 75).

132. Les principales conditions exigées tant par cet article que par le précédent et tous ceux qui se rapportent à la célébration du mariage, sont : 1° qu'il doit être célébré (C. civ. 191) *publiquement*, à peine de nullité, - V. *inf.* n. 321, — 2° et que la déclaration des futurs époux lors de la célébration du mariage, qu'ils veulent se prendre pour mari et femme sont des formalités substantielles sans l'accomplissement desquelles il ne saurait y avoir de mariage valable (Cass. 22 av. 1833). Toutes les autres conditions, même celle de la publicité du mariage dans la maison commune, sont relatives à des circonstances de fait que les juges ont le droit d'apprécier pour décider si, en effet, le mariage a été célébré publiquement ; elles ne constituent que des formalités accessoires dont l'absence n'entraîne pas nécessairement la nullité du mariage (Code du J[al] du Pal.) — V. *sup.* n. 107 et *inf.* n. 188.

A ce sujet il a été décidé :

133. 1° que le mariage qui n'a point été célébré dans la maison commune n'est pas essentiellement nul (Riom 10 juill. 1829 ; Cass. 22 juil. 1807, 21 juin 1814) ;

134. 2° que le mariage d'un mineur contracté avec le consentement d'un conseil de famille composé de parents ou alliés autres que les proches parents indiqués pas la loi n'est pas essentiellement nul (Cass. 22 juill. 1807).

135. 3° Que le mariage n'est pas nul, par cela seul qu'il n'a été célébré qu'en présence de deux témoins (Grenoble, 27 fév. 1817).

136. 4° que l'incapacité des témoins ne saurait être une cause de nullité du mariage, leur présence ne constituant pas une formalité substantielle (Cass. 28 flor. an XI ; 21 juin 1814 ; Grenoble, 27 fév. 1817 ; Bourges, 23 mai 1822).

137. 5° que le défaut de signature de l'un des époux n'invalide pas l'acte même à l'égard de la reconnaissance de l'enfant né antérieurement au mariage (Toulouse, 26 mars 1824).

138. 6° qu'il y a lieu d'admettre l'inscription de faux de la part de l'un des époux qui demande à prouver que, malgré les énonciations contraires renfermées dans l'acte de mariage, l'officier de l'état civil n'a pas demandé aux parties si elles se prenaient pour mari et femme, et qu'il n'a pas prononcé que l'union conjugale était formée entre elles, tellement que la signature apposée librement à l'acte par les parties ne peut être regardée comme une fin de non-recevoir contre la demande en inscription de faux. Ce sont là des formalités substantielles sans l'accomplissement desquelles il ne saurait y avoir de mariage (Cass. 22 av. 1833).

139. 7° qu'il ne dépend pas de l'officier de l'état civil, après que les parties ont déclaré qu'elles voulaient se prendre pour mari et femme, et qu'il a lui-même prononcé qu'elles étaient unies par le mariage de refuser de signer l'acte de la célébration, sous le prétexte que l'une des parties intéressées aurait elle-même refusé de signer (Grenoble, 5 av. 1824 ; Montpellier, 4 fév. 1840). — V. *sup.* n. 18.

140. L'acte civil du mariage constitue seul le mariage, et il ne peut être procédé à la célébration religieuse que sur la preuve que le mariage a été contracté devant l'officier de l'état civil (L. 8 germ. an X, art. 54 ; C. pén. 199 et 200).

141. *On énoncera dans l'acte de mariage : 1° les prénoms, noms, professions, âge, lieux de naissance et domiciles des époux ; — 2° s'ils sont majeurs ou mineurs ; — 3° les prénoms, noms, professions et domiciles des père et mère ; — 4° le consentement des pères et mères, aïeuls ou aïeules, et celui de la famille, dans le cas où ils sont requis ; — 5° les actes respectueux, s'il en a été fait ; 6° les publications dans les divers domiciles ; 7° les oppositions s'il y en a eu ; leur main-levée, ou la mention qu'il n'y a point eu d'opposition ; — 8° la déclaration des contractants de se prendre pour époux, et le prononcé de leur union par l'officier public ; — 9° les prénoms, noms, âge, professions et domiciles des témoins, et leurs déclarations, s'ils sont parents ou alliés des parties, de quel côté et à quel degré* (C. civ. 76).

142. Toutes les formalités rappelées dans cet article ne sont pas également substantielles : il en est des mentions exigées comme des formalités elles-mêmes. Ce qui importe avant tout, c'est que l'acte constate *la déclaration des contractants de se prendre pour époux, et le prononcé de leur union par l'officier public.* Toutes les autres énonciations, quoiqu'elles-mêmes très importantes ne sont qu'accessoires ; il y aurait toujours moyen de rectifier les erreurs selon le mode indiqué par les art. 99 et 100. — V. *inf.* n. 503, 513.

143. Mais si les deux mentions ci-dessus ne se trouvaient pas dans l'acte, il n'y aurait pas réellement mariage, et conséquemment l'acte qui aurait été dressé de la prétendue célébration serait sans nulle valeur. — V. *sup.* n. 132 et suiv.).

V. *sup.* n. 124 et suiv.

Art. 2. DU MARIAGE PROPREMENT DIT.

I. *Des qualités et conditions requises pour pouvoir contracter mariage.*

144. *L'homme avant dix-huit ans révolus, la femme avant*

quinze ans révolus, ne peuvent contracter mariage (C. civ. 144) — V. note 4.

145. Sont habiles aussi à contracter mariage :

146. 1° Ceux qui ont l'âge requis par la loi nouvelle qui abaisse l'âge de puberté, dès que cette loi a été sanctionnée, quoiqu'elle ne soit point encore obligatoire au lieu du domicile. Le motif est que les lois qui intéressent l'état des personnes n'ont pas besoin d'être promulguées pour produire leurs effets; il suffit qu'elles soient de notoriété publique (Décr. 29 déc. 1813; Cass. 27 juin 1838).

147. 2° Celui qui est pourvu d'un conseil judiciaire, pourvu qu'il ait été assisté de ce conseil (Caen, 19 mars 1839).

148. 3° Celui qui est faible d'esprit (Lebret; Pocquet de Livonnière).

149. 4° Le sourd-muet, pourvu qu'il ait manifesté suffisamment sa volonté par signes ou par écrit (Pothier, *Mariage*, n. 93; Marcadé). — V. note 16, n. 16.

150. Mais sont inhabiles à contracter mariage :

151. 1° L'interdit, même dans ses intervalles lucides (Vazeille 1,288; Pezzani, 150. — *Contrà*, Pothier, v° *Mariage* n. 92; Zachariæ 3, § 464; Despaisse 1,246). — V. *inf.* n. 185.

152. 2° Les prêtres catholiques, alors même qu'ils ont déclaré renoncer au ministère ecclésiastique. A cet égard, la charte de 1830 n'a rien changé au droit préexistant résultant du concordat et de la loi organique du 18 germ. an X (Cass. 21 fév. 1833; Bordeaux, 20 juill. 1807; Turin, 30 mai 1811; Paris, 18 mai 1818 et 27 déc. 1828; Zachariæ; Favard; Pezzani; — *Contrà*, jugem. de Ste.-Menehould, 18 août 1827; de Nancy, 23 av. 1828; de Cambrai, 7 mai 1828, - Sir. 29, 39; d'Issoudun, 27 sept. 1831; Toullier, 1, 560; Merlin, *rép.* v° *Céléb.* et v° *Mariage*; Vazeille, 1, 94; Duranton, 2, 34 et 130). — V. *inf.* n. 162.

153. 3° Le mort civilement : étant mort aux yeux de la loi il est par conséquent incapable d'avoir une volonté (Marcadé).

154. 4° L'individu atteint d'imbécillité ou de démence : n'ayant pas l'usage de sa raison, il est incapable de donner un consentement valable (*Ibid.*). — V. *inf.* n. 159.

155. *Néanmoins il est loisible au roi d'accorder des dispenses d'âge pour des motifs graves* (C. civ. 145).

156. Un arrêté du 20 prair. an XI règle la forme dans laquelle ces dispenses doivent être accordées. Il renferme également des dispositions à l'égard des dispenses qu'il est indispensable de solliciter pour d'autres causes, telles que la dispense nécessaire pour pouvoir contracter mariage dans les cas prévus par l'art. 164 du C. civ. (V. *inf.* n. 200), et la dispense de la seconde publication dans le cas prévu par l'art. 169 du même code (V. *inf.* n. 219). — Cet arrêté est ainsi conçu : « Art. 1. Les dispenses pour se marier » avant 18 ans pour les hommes et 15 ans pour les fem- » mes, et celles pour se marier dans les degrés prohibés » par l'art. 163 seront délivrées par le gouvernement sur » le rapport du grand-juge. — Art. 2. Le procureur du roi » près le tribunal de première instance de l'arrondissement » dans lequel les impétrants se proposent de célébrer le » mariage, lorsqu'il s'agira de dispenses dans les degrés » prohibés, ou de l'arrondissement dans lequel l'impétrant » a son domicile, lorsqu'il s'agira de dispenses d'âge, met- » tra son avis au pied de la pétition tendante à obtenir ces » dispenses, et elle sera ensuite adressée au grand-juge. — » Art. 3. Les dispenses de la seconde publication des » bans, dont est mention dans l'art. 169 (V. *inf.* n. 219) du » C. civ., seront accordées, s'il y a lieu, au nom du gouver- » nement, par le procureur du roi près le tribunal de pre- » mière instance dans l'arrondissement duquel les impé- » trants se proposent de célébrer leur mariage; et il sera » rendu compte par le procureur du roi au grand-juge mi- » nistre de la justice, des causes graves qui auront donné » lieu à chacune de ces dispenses. — Art. 4. La dispense » d'une seconde publication de bans sera déposée au se- » crétariat de la mairie où le mariage sera célébré. Le se- » crétaire en délivrera une expédition dans laquelle il sera » fait mention du dépôt, et qui demeurera annexé à l'acte » de célébration du mariage. — Art. 5. L'arrêté du gou- » vernement portant la dispense d'âge, ou celle dans les » degrés prohibés, sera, à la diligence du procureur-géné- » ral, et, en vertu d'ordonnance du président, enregistré au » greffe du tribunal civil de l'arrondissement dans lequel le » mariage sera célébré. L'expédition de cet arrêté, dans » laquelle il sera fait mention de l'enregistrement, demeu- » rera annexée à l'acte de célébration de mariage. — V. » *inf.* n. 201. »

157. La dispense d'âge pour contracter mariage a pour effet d'attribuer à celui qui l'a obtenue, tous les droits et toutes les capacités conférés par la loi à celui qui a l'âge requis; notamment, en ce qui touche les donations par contrat de mariage entre époux (Bastia, 3 fév. 1836).

158. *Il n'y a pas de mariage lorsqu'il n'y a pas de consentement* (C. civ. 146).

159. La démence est une cause de nullité absolue du mariage, même alors que le mariage a été contracté pendant la poursuite en interdiction, mais avant cette interdiction prononcée (Cass. 9 janv. 1821). — V. *sup.* n. 154 et *inf.* n. 275.

160. *On ne peut contracter un second mariage avant la dissolution du premier* (C. civ. 147).

161. *Quiconque étant engagé dans les liens du mariage en aura contracté un autre avant la dissolution du précédent, sera puni de la peine des travaux forcés à temps. L'officier public qui aura prêté son ministère à ce mariage, connaissant l'existence du précédent, sera condamné à la même peine* (C. pén. 340).

162. On considère comme pouvant constituer une sorte de bigamie le mariage du prêtre, parce qu'étant irrévocablement lié par les vœux qui l'attachent à l'église comme à une épouse, il a reçu, en entrant dans les ordres, un caractère indélébile qui ne permet pas de le considérer comme libre, même alors qu'après avoir renoncé à l'exercice de ses fonctions curiales, il prétend rentrer dans la vie privée (Paris, 18 mai 1818; 27 déc. 1828; 14 janv. 1832; Cass. 21 fév. 1833). — V. *sup.* n. 152.

163. Le condamné par contumace à une peine emportant mort civile, se rend coupable de bigamie, lorsqu'engagé dans les liens d'un premier mariage, il en contracte un second avant l'expiration des cinq ans à partir de sa condamnation par contumace (Cass. 18 fév. 1819).

164. La tentative du crime de bigamie est punissable

comme le crime même (Cass. 28 juill. 1826). — Cependant il a été décidé que les démarches faites auprès de l'officier de l'état civil, même la publication des bans, ne suffisent pas pour constituer de la part de celui qui est engagé dans les liens d'un premier mariage une tentative punissable du crime de bigamie (C. pén. 2 et 340 ; Angers, 29 mai 1829 ; Douai, 26 août 1836 ; Paris, 30 juin 1840 ; Cass. 23 nov. 1839).

165. En tous cas, la tentative de bigamie ne constitue ni crime ni délit, alors que le second mariage devait avoir lieu avec une étrangère et en pays étranger (C. pén. 2 et 340; Douai, 26 août 1836). — V. *inf.* n. 168.

166. La nullité en la forme du second mariage ne suffirait pas pour disculper le prévenu de bigamie (Cass. 19 nov. 1807). — Ainsi, l'individu qui s'est marié trois fois peut être puni comme bigame, à raison de l'existence simultanée du deuxième, et du troisième mariage, malgré la nullité du deuxième mariage résultant de ce qu'il aurait été contracté pendant l'existence du premier (Cass. 16 janv. 1826).

167. La femme n'encourt pas la peine prononcée contre les bigames, par cela seul qu'elle se remarie sans avoir prouvé la dissolution de son premier mariage. Cette peine n'est encourue qu'après qu'il a été prouvé que le premier mariage existait encore lorsque le second a été contracté (Cass. 12 pluv. an XIII, - Sir. 5, 189 ; — *Contrà*, Paris, 2 déc. 1816).

168. Un Français déjà marié, s'il se permet de convoler en pays étranger avec une étrangère, est punissable en France. Il dirait vainement que son crime a été commis envers une étrangère : l'étrangère épousée est française, à l'instant même du mariage criminel (Cass. 18 fév. 1819). — V. *sup.* n. 165.

V. note 28, n. 47 et 62.

169. *Le fils qui n'a pas atteint l'âge de 25 ans accomplis, la fille qui n'a pas atteint l'âge de 21 ans accomplis, ne peuvent contracter mariage sans le consentement de leurs père et mère : en cas de dissentiment, le consentement du père suffit* (C. civ. 148). — V. *sup.* n. 124 et suiv.

170. Cette disposition est une conséquence du principe suivant posé en l'art. 371 du C. civ. « L'enfant, à tout âge, doit honneur et respect à ses père et mère ; » — d'où il suit que le consentement des père et mère est nécessaire non-seulement pour le premier mariage, mais encore pour les mariages subséquents.

171. C'est au père naturel et non au père adoptif à consentir au mariage du mineur de 25 ans (*Proudhon, Etat des personnes*).

172. Le consentement ne peut résulter de l'assistance des père et mère au contrat de mariage de leur enfant, quand même ils lui auraient constitué une dot par ce contrat (Toulouse, 29 juill. 1828).

173. On ne peut plus faire usage d'un consentement, lorsque celui qui l'a donné est mort à l'époque du mariage, ou ne jouit plus de tous ses droits. Si donc, le père, qui a donné son consentement au mariage par acte authentique, meurt, ou est interdit, ou frappé de mort civile avant la célébration du mariage, il faut un nouveau consentement de la mère ou des ascendants ou de la famille (Zachariæ, 3, § 462 ; Duranton, 2, 94 ; Vazeille, 1, 121).

174. Le consentement du père n'est pas obligatoire :

175. 1° Lorsqu'il est banni (Duranton, 2, 82) ;

176. 2° Lorsqu'il a été condamné par contumace à une peine emportant mort civile. Dans ce cas, il peut être passé outre à la célébration du mariage, même dans les cinq ans, sans qu'il soit besoin de faire constater sa fuite ou son absence (Duranton, 2, 811 ; Vazeille, 1, 123 ; Pezzani, 288 ; — *Contrà*, Toullier, 1, 543).

177. 3° Lorsqu'il a abandonné sa femme et ses enfants. Dans ce cas, il n'est pas recevable à se plaindre de ce que le mariage a été fait sans son consentement, s'il y a eu bonne foi ; à plus forte raison les époux eux-mêmes (Rouen, 24 fév. 1818).

178. Mais l'absence présumée du père ne suffit pas pour dispenser le fils mineur de recourir à son consentement. Dans ce cas, si le consentement de la mère supplée à celui du père, il doit être autorisé ou homologué par le tribunal pour mettre le mariage à l'abri de la demande en nullité de la part du père (Duranton, 2, 87).

179. Au mariage de l'enfant et d'une fille surtout, le consentement de la mère est essentiel comme celui du père; du moins, en ce sens que le consentement de la mère doit lui être demandé, et qu'elle doit avoir tous les moyens de donner des conseils à son enfant. Si donc, le consentement n'est pas demandé à la mère, elle a le droit de former opposition et d'empêcher le mariage (Riom, 30 juin 1817 ; Duranton, 2, 77 ; Pezzani, 252).

180. Dans le cas ci-dessus il ne peut être procédé à la célébration du mariage qu'après que l'enfant a fait un acte respectueux à la mère pour constater qu'elle est en dissentiment avec le père. — V. tome 1, p. 29.

181. La déchéance de la tutelle encourue par la femme, au cas de convol de sa part, ne dispense pas de demander son consentement, et ce consentement a pour effet : 1° de rendre inadmissible l'opposition de la famille au mariage de l'enfant (Pezzani, 274 ; Duranton, 2, 90 ; Vazeille, 120). — 2° de valider les conventions matrimoniales consenties par cet enfant quand il a été assisté de sa mère dans le contrat (Bastia, 3 fév. 1836).

182. *Si l'un des deux est mort, ou s'il est dans l'impossibilité de manifester sa volonté, le consentement de l'autre suffit* (C. civ. 149).

183. *Si le père et la mère sont morts, ou s'ils sont dans l'impossibilité de manifester leur volonté, les aïeuls et aïeules les remplacent : s'il y a dissentiment entre l'aïeul et l'aïeule de la même ligne, il suffit du consentement de l'aïeul. — S'il y a dissentiment entre les deux lignes, ce partage emportera consentement* (C. civ. 150).

184. Les tribunaux peuvent apprécier les causes qui mettent l'ascendant dans l'impossibilité de manifester sa volonté; il n'est pas besoin que son interdiction ait été prononcée (Poitiers, 11 mars 1830; Vazeille). — Toullier (t. 1, 543) est d'un avis contraire; surtout, dit-il, si l'impossibilité résulte de l'état de démence; et cependant il est possible qu'il n'y ait pas lieu à interdiction légale et que l'impossibilité de manifester une intention sur un fait précis soit notoire (Code du J[al] du Pal.).

185. La condamnation à une peine afflictive et infamante qui entraîne l'interdiction légale, place l'ascendant

dans l'impossibilité de manifester sa volonté (Toullier, 1, 543).

186. Dans le cas prévu par l'art. 150, lorsque la puissance paternelle relativement au mariage passe dans les mains des ascendants d'un degré supérieur, il faut appliquer les mêmes principes en cas de dissentiment entre l'aïeul et l'aïeule, ou, en cas de disparition de celui qui le premier devait donner son consentement; mais il faut remarquer que la ligne paternelle l'emportera toujours sur la ligne maternelle. — Si donc le père, la mère et l'aïeul paternel sont morts, il suffira du consentement de l'aïeule paternelle, encore que l'aïeul maternel s'oppose au mariage. Et dans ce cas il n'est pas besoin de signifier des actes respectueux à l'ascendant qui refuse son consentement (Poitiers, 8 juill. 1830).

187. *Les enfants de famille ayant atteint la majorité fixée par l'art.* 148 (V. *sup.* n. 169), *sont tenus avant de contracter mariage, de demander, par un acte respectueux et formel, le conseil de leur père et de leur mère, ou celui de leurs aïeuls et aïeules, lorsque leur père et leur mère sont décédés, ou dans l'impossibilité de manifester leur volonté* (C. civ. 151).

188. Mais ce consentement n'étant pas indispensable (V. *sup.* n. 152) dans le cas de l'article qui précède, c.-à-d. pour les fils qui ont atteint 25 ans et les filles qui ont atteint 21 ans, il en résulte que le mariage n'est pas nul par cela seul que les enfants n'ont pas adressé à leurs père et mère des actes respectueux (Cass. 12 fév. 1833).

189. *V. la note* 124 *où nous traitons des actes respectueux, pour le développement de l'art.* 151 *qui précède et des art.* 152, 153, 154, 155, 156, 157 *du C. civ. que nous ne commentons point ici.*

190. *Les dispositions contenues aux art.* 148 *et* 149 (V. sup. n. 169 *et* 182) *sont applicables aux enfants naturels légalement reconnus* (C. civ. 158).

Mais la disposition de cet article n'est point applicable aux enfants adultérins ou incestueux, alors même que leur filiation serait reconnue par un jugement passé en force de chose jugée (Pezzani, 407). — Dans ce cas, l'enfant adultérin ou incestueux, comme l'enfant abandonné, qui est sans état parce qu'il est né de père et mère inconnus, comme l'enfant naturel lui-même qui n'a plus de famille, parce qu'il a perdu son père et sa mère, passent sous le pouvoir d'un tuteur *ad-hoc* qui leur est nommé par le juge sur requête présentée au nom de l'enfant mineur; de sorte que c'est en réalité le juge qui est appelé à donner son autorisation pour le mariage; car si le tuteur refusait de consentir, et si les motifs déduits par le tuteur ne paraissaient pas fondés, il pourrait être ordonné qu'il fût passé outre à la célébration du mariage (Code du J^al du Pal.).

191. *L'enfant naturel qui n'a point été reconnu, et celui qui, après l'avoir été, a perdu ses père et mère, ou dont les père et mère ne peuvent manifester leur volonté, ne pourra, avant l'âge de* 21 *ans révolus, se marier qu'après avoir obtenu le consentement d'un tuteur* ad-hoc *qui lui sera nommé* (C. civ. 159).

192. *S'il n'y a ni père ni mère, ni aïeuls ni aïeules, ou s'ils se trouvent tous dans l'impossibilité de manifester leur volonté, les fils ou filles mineurs de vingt-un ans ne peuvent contracter mariage sans le consentement du conseil de famille* (C. civ. 160). — *V.* sup. *n.* 184.

193. Toutefois, il y a lieu de se pourvoir devant le juge contre le refus qui serait fait par le conseil de famille de consentir au mariage. En cette matière, l'intervention du juge ne doit jamais être récusée; car c'est toujours à lui qu'il faudra recourir pour savoir si un mariage peut être célébré, et si le mariage qui a été célébré doit être annulé ou maintenu (C. proc. civ. 883). — Les membres du conseil de famille opposés au mariage peuvent donc se pourvoir contre la délibération (Paris, 24 av. 1837).

194. En tout cas, il n'est pas indispensable que le consentement du conseil de famille précède les publications (Agen, 10 déc. 1806). — Et les publications ne doivent pas pour cela être faites dans la commune où le conseil s'assemble (*Ibid.*).

195. *En ligne directe, le mariage est prohibé entre tous les ascendants et descendants légitimes ou naturels, et les alliés dans la même ligne* (C. civ. 161). — Pour la parenté par adoption, V. C. civ. 348.

196. L'art. 736 du C. civ. explique les degrés de parenté en ligne directe. Mais on remarquera que la prohibition du mariage est étendue même à la parenté purement naturelle et résultant du seul lien du sang. Ainsi, lorsqu'un individu a une fille naturelle qu'il n'a pas reconnue, il ne pourra pas l'épouser s'il est établi, par des lettres émanées de lui ou par tout autre moyen que cette fille est vraiment son enfant. Il en serait de même de sa fille adultérine, bien que cette fille ne soit pas et ne puisse pas être reconnue par lui aux termes de l'art. 335 du C. civ. (Marcadé).

197. *En ligne collatérale, le mariage est prohibé entre le frère et la sœur légitimes ou naturels, et les alliés au même degré* (C. civ. 162.). — *V.* inf. *n.* 301.

198. Cette disposition a eu pour but d'empêcher d'affligeants désordres, non-seulement relativement à la morale, mais encore relativement à la constitution physique des enfants.

199. *Le mariage est encore prohibé entre l'oncle et la nièce, la tante et le neveu* (C. civ. 163).

200. *Néanmoins il est loisible au roi de lever, pour des causes graves, les prohibitions portées par l'art.* 162, *aux mariages entre beaux-frères et belles-sœurs, et par l'art.* 163 *aux mariages entre l'oncle et la nièce, la tante et le neveu* (C. civ. 164 et L. 16 av. 1832).

201. *Il est perçu sur les dispenses de parenté pour mariage un droit de sceau de* 200 *fr., et un droit d'enregistrement de* 40 *fr., mais les lettres de dispense sont délivrées gratis aux indigents* (L. 28 av. 1816, art. 55, 15 mai 1818, art. 77). — V. sup. n. 156 et note 18, n. 356.

202. On doit regarder le mariage comme prohibé :

203. 1° Entre le grand-oncle et sa petite-nièce. Ce mariage ne peut donc avoir lieu qu'en conséquence de dispense (Av. Cons. d'Ét. 7 mai 1808; Toullier, 1, 538; Proudhon, 1, 230; Duranton, 2, 168; Delvincourt, 1, 67; Merlin, *Empêchem.* § 4. — *Contrà*, Zachariæ; Locré; Dalloz.).

204. 2° Pour raison d'honnêteté publique, entre un individu et la fille d'une femme avec laquelle il avait contracté un premier mariage qui a été annulé (Duranton, 2, 159).

205. 3° Entre parents par suite d'adultère ou d'inceste. (Favard, v° *Mariage*; Duranton, 2, 160; Vazeille, 1, 132; Pezzani, 449). — A cet égard, il a été décidé que l'enfant

naturel, incestueux ou adultérin de la femme, est allié du mari de cette femme (Cass. 6 av. 1809).

206. 4° Entre la femme séparée de corps pour adultère et son complice, quand elle est devenue veuve (Delvincourt, 1, 132; Vazeille, 1, 105; Pezzani, 548).

207. Mais ne sont point empêchements au mariage :

208. 1° La qualité d'oncle et de nièce, de tante et de neveu, par alliance (Toullier, 1, 538; Duranton, 2, 171).

209. 2° L'affinité résultant d'un commerce illégitime même authentiquement prouvé; en sorte que le mariage peut avoir lieu entre une personne et les enfants ou descendants d'une autre personne avec laquelle elle a vécu en concubinage (Merlin, *Empêchem.*; Duranton, 2, 157; Vazeille, 1, 108; Pothier, *Mariage*, 162; — *Contrà*, Delvincourt, 1, 307; Pezzani, 458; Zachariæ, 1, § 84). — Cependant, relativement au mariage d'une femme avec l'amant de sa mère, il a été décidé que si cet amant pouvait être réputé allié au degré prohibé, il faudrait du moins, pour opposer l'empêchement, que le lien illicite fût légalement constaté et qu'il n'y eût aucune preuve à faire à l'époque où l'empêchement est opposé; aucune recherche n'étant admissible à cet égard (Nîmes, 3 déc. 1811).

210. Les causes graves dont est question en l'art. 164 ne doivent point provenir de l'existence antérieure d'un commerce scandaleux, parce que ce serait un encouragement donné à la corruption des mœurs. Les circonstances qui méritent d'être prises en considération sont surtout celles qui doivent rendre les mariages profitables aux familles. Il faut placer en première ligne l'intérêt des enfants qui retrouveraient dans un oncle la protection d'un père, dans une tante les soins d'une mère. Il convient aussi de faciliter le mariage qui aurait pour résultat de conserver un établissement ou une exploitation dont la ruine blesserait des intérêts importants à ménager. Enfin, l'union qui devrait procurer à l'un des époux un état ou des moyens d'existence, celle qui tendrait à prévenir ou à terminer un procès, à empêcher un partage nuisible, à faciliter des arrangements de famille, serait accueillie plus favorablement quant à la dispense (*Instr. Min. Just. aux Proc. gén. pour l'exécution de la loi de* 1832.).

211. Pour la légitimation des enfants nés d'une précédente union illicite qui a été ensuite autorisée, V. la note 144.

II. *Des formalités relatives à la célébration du mariage.* — V. sup. n. 100 et suiv.

212. *Le mariage sera célébré publiquement devant l'officier civil du domicile de l'une des deux parties (C. civ.* 165*).* — V. sup. n. 128, 131.

213. Cependant en principe, un mariage célébré hors la maison commune est valable - V. *sup.* n. 133 —, et plus spécialement les mariages *in extremis* ne sont pas nuls (Paris, 4 vent. an XII; Cass. 11 juin 1806; Grenoble, 23 fév. 1814; Toullier, 2, 649; Proudhon, 1, 220) —, alors même qu'il ne serait pas énoncé en l'acte que les portes fussent restées ouvertes (Cass. 13 fruct. an X et 28 flor. an XI; 21 juin 1814; Bruxelles, 18 fév. 1809; Grenoble, 23 fév. 1815; Toulouse, 26 mars 1824).

214. Le mariage célébré devant un officier de l'état civil incompétent, en ce qu'il procède hors de son territoire, peut néanmoins être déclaré valable, si, du reste, il est constant qu'il a été célébré publiquement (Bourges, 24 mai 1822; Cass. 31 août 1824).

215. *Les deux publications ordonnées par l'art.* 63 (V. sup. n. 100.) *au titre des actes de l'état civil, seront faites à la municipalité du lieu où chacune des parties contractantes aura son domicile* (C. civ. 166). — V. sup. n. 106 et 107.

216. *Néanmoins, si le domicile actuel n'est établi que par six mois de résidence, les publications seront faites en outre à la municipalité du dernier domicile* (C. civ. 167.) — V. sup. n. 128 et suiv.

217. *Si les parties contractantes, ou l'une d'elles sont, relativement au mariage, sous la puissance d'autrui, les publications seront en outre faites à la municipalité du domicile de ceux sous la puissance desquels elles se trouvent* (C. civ. 168). — V. aussi les art. 151, 152 et 153 du C. civ.

218. Les publications à faire au domicile de ceux qui ont la puissance paternelle sont nécessaires, soit dans le cas de minorité, puisque ceux qui l'exercent ont un consentement à donner, soit dans le cas de majorité, puisqu'ils ont alors tout au moins un conseil qu'ils sont également tenus de donner. Par conséquent, les publications doivent être faites à la municipalité du lieu où se tient le conseil de famille et du tuteur *adhoc*, lorsqu'on se trouve dans les cas prévus par les art. 159 et 160 du C. civ. (Delvincourt, 1, 63; Toullier, 1, 562). — V. *sup.* n. 191 et suiv.

219. *Il est loisible au Roi ou aux officiers qu'il préposera à cet effet, de dispenser, pour des causes graves, de la seconde publication* (C. civ. 169). — *V. sup. n.* 100 *et* 156.

220. *Le mariage contracté en pays étranger entre Français, et entre Français et étrangers, sera valable, s'il a été célébré dans les formes usitées dans le pays, pourvu qu'il ait été précédé des publications prescrites par l'art.* 63 (V. sup. n. 100), *au titre des actes de l'état civil, et que le Français n'ait point contrevenu aux dispositions contenues au chap. précédent.* - V. sup. n. 144 à 211. (C. civ. 170)

221. Relativement à cette dernière disposition, la jurisprudence est différente de celle adoptée pour l'application des art. 63 et 64 du C. civ. rappelés *sup.* n. 100 et suiv. ; car il a été jugé qu'il y a nullité, 1° quand le mariage contracté en pays étranger entre Français n'y résidant pas, n'a point été précédé de publications, et si les époux n'ont point fait d'actes respectueux pour obtenir le consentement de leurs père et mère (Paris, 10 déc. 1827 ; 30 mai 1829; Cass. 9 mars 1831 ; 6 mars 1837 ; Montpellier, 15 janv. 1839; Rennes, 6 juil. 1840). - V. *sup.* n. 107 et 108. — Mais la possession d'état couvre la nullité (V. *inf.* n. 326).

222. 2° Si le mariage n'a été contracté à l'étranger que pour éviter la publicité en France (Colmar, 2 janv. 1823).

223. La clandestinité d'un mariage contracté en pays étranger par un Français devant un consul français ne résulte pas de cela seul que l'acte de célébration n'énonce pas le lieu où le mariage a été contracté : on doit présumer qu'il l'a été en la chancellerie du consulat, avec toute la publicité nécessaire (Paris, 13 juin 1836). — V. *sup.* n. 46 et suiv.

224. *Dans les trois mois après le retour du Français sur le territoire du royaume, l'acte de célébration du mariage contracté en pays étranger sera transcrit sur le registre public des mariages du lieu de son domicile* (C. civ. 171).

225. Le défaut de transcription n'opère pas nullité ou inefficacité du mariage en France (Cass. 12 fév. 1833 ; Toullier, 1, 579). — En tout cas, ce défaut de transcription ne peut être opposé à la femme (Cass. 16 juin 1829 ; 12 fév. 1833 ; Bruxelles, 28 juin 1830), et ne peut empêcher l'effet de son hypothèque légale du jour du mariage (Cass. 23 nov. 1840). — Toutefois, cette transcription peut avoir lieu à la requête de la femme, même après le décès du mari (Cass. 16 juin 1829).

226. Et encore bien que le mariage n'ait point reçu de publicité en France par la transcription sur les registres de l'état civil, et qu'aucun des époux n'annonce l'intention de se prévaloir du mariage pour régler leur état civil et celui de leurs enfants, le ministère public est cependant recevable à demander la nullité d'un mariage contracté en pays étranger entre beau-frère et belle-sœur, français (Cass. 8 nov. 1824).

227. Lorsque la transcription n'a lieu qu'après les trois mois du mariage, ce mariage n'a d'effet que du jour de la transcription et non du jour de sa célébration (Delvincourt, 1, 315). — Mais vis-à-vis des tiers le fait du mariage est réputé par la prononciation du divorce lorsque l'acte de mariage n'a point été transcrit dans le délai (Montpellier, 3 juin 1830). — Cependant la femme mariée en pays étranger peut, bien que l'acte de mariage n'ait pas été transcrit dans le délai, demander la nullité d'un second mariage contracté en France avant la dissolution du premier et antérieurement à la transcription (Duranton, 2, 240).

III. *Des oppositions au mariage.*

228. *Le droit de former opposition à la célébration du mariage appartient à la personne engagée par mariage avec l'une des deux parties contractantes* (C. civ. 172).

229. *Le père, et à défaut du père, la mère, et à défaut de père et mère, les aïeuls et aïeules, peuvent former opposition au mariage de leurs enfants et descendants, encore que ceux ci aient vingt-cinq ans accomplis* (C. civ. 173).

230. *A défaut d'aucun ascendant, le frère ou la sœur, l'oncle ou la tante, le cousin ou la cousine germains, ne peuvent former aucune opposition que dans les deux cas suivants : 1° lorsque le consentement du conseil de famille, requis par l'art. 160 n'a pas été obtenu ; 2° lorsque l'opposition est fondée sur l'état de démence du futur époux : cette opposition, dont le tribunal pourra prononcer main-levée pure et simple, ne sera jamais reçue qu'à la charge, par l'opposant, de provoquer l'interdiction et d'y faire statuer dans le délai qui sera fixé par le jugement* (C. civ. 174).

231. *Dans les deux cas prévus par le précédent article, le tuteur ou curateur ne pourra, pendant la durée de la tutelle ou curatelle, former opposition qu'autant qu'il y aura été autorisé par un conseil de famille, qu'il pourra convoquer* (C. civ. 175).

232. En principe, le droit de former opposition ne peut être étendu à d'autres personnes que celles qui sont dénommées aux quatre articles qui précèdent, lesquels sont limitatifs d'une manière absolue (Toulouse, 9 janv. 1839).

Ainsi, sont non-recevables à former opposition :

233. 1° Celui qui n'a été marié que devant l'église, lorsque l'autre époux prétendu veut contracter un mariage devant l'officier de l'état civil (Bastia, 3 fév. 1834).

234. 2° Un fils, un neveu et une petite-nièce, quand il s'agit du mariage de leur mère, de leur tante et grand' tante (Bruxelles, 22 av. 1806 ; Aix, 16 mars 1813) —, même sous prétexte de démence, et, dans ce cas, l'opposant doit être condamné à des dommages-intérêts (Bruxelles, 25 sept. 1812).

235. 3° Un gendre, quand il s'agit du mariage de son beau-père, même sur le motif qu'il serait en démence (Nîmes, 13 août 1823).

236. 4° Le ministère public. Quoique la loi lui donne action pour faire annuler tout mariage contracté en contravention aux art. 144, 147, 161, 162 et 163 du C. civ. (V. *sup.* n 144, 160, 195, 197, 199), il n'a point pour cela qualité pour former opposition à un mariage projeté (Paris, 26 av. 1833 ; Merlin, v° *opposition* ; Toullier, 1, 591 ; Zachariæ, 3. § 454 ; Vazeille, 1, 165). — Cependant, il a été décidé qu'il avait du moins qualité pour s'opposer à un mariage entre parents au degré prohibé, avant qu'il soit contracté, cette opposition étant nécessaire pour conserver le moyen de le faire annuler après qu'il a été contracté (Bruxelles, 2 août 1808).

237. Toute opposition à un mariage projeté doit être fondée sur un empêchement légal ; la loi ne laisse point au juge un pouvoir discrétionnaire à ce sujet (Cass. 7 nov. 1814 ; Montpellier, 12 août 1839). — Ainsi :

238. 1° Un père ne peut motiver son opposition sur le fait que son gendre futur l'a gravement calomnié (Bruxelles, 17 janv. 1809).

239. 2° L'inégalité des conditions, la différence de couleur (les nègres exceptés), d'âge, de fortune et d'état, ne peuvent être de la part des parents un moyen d'opposition au mariage (Bordeaux, 22 mai 1806).

240. 3° Les père et mère ne peuvent s'opposer au mariage de leur fils, par le motif qu'il est pourvu d'un conseil judiciaire et qu'un contrat de mariage n'a point été préalablement rédigé avec l'assistance du conseil judiciaire (Caen, 19 mars 1839). — Le conseil judiciaire n'a point non plus le droit de former une opposition fondée sur les mêmes motifs (*Ibid.*) — Mais lorsque l'opposition d'un père au mariage de son fils majeur est fondée sur la prodigalité de celui-ci, et qu'une instance en nomination de conseil judiciaire se trouve engagée, les juges peuvent ordonner qu'il sera sursis au mariage, jusqu'à ce qu'il ait été statué sur la dation du conseil judiciaire (Caen, 20 nov. 1837).

241. En tout cas, une opposition nouvelle ne peut être formée après qu'une première opposition a été rejetée. C'est le cas d'appliquer la maxime « *opposition sur opposition ne vaut.* » (Bruxelles, 26 déc. 1812 ; Merlin, *opposit.* ; Zachariæ). — Mais une opposition nulle pour vice de forme peut être renouvelée même après désistement, tant qu'il n'a point été statué sur sa validité, par la raison qu'on a pour former opposition jusqu'à la célébration du mariage (Delvincourt, 1, 122 ; Duranton, 2, 206 ; Vazeille, 1, 177).

242. Les père et mère devant être considérés comme ayant un intérêt distinct, il en résulte que l'exploit de demande en main-levée est nul s'il ne fait pas mention que chacun d'eux en a reçu une copie séparée (C. pr. 66). — V. *inf.* n. 250.

243. Mais l'art. 174 du C. civ. (V. *sup.* n. 230) est simplement énonciatif. En conséquence, un conseil de famille composé de parents ou alliés plus éloignés que ceux qui

sont énumérés en l'art. 407 du même Code peut, lorsqu'il n'y a pas d'ascendant, charger le tuteur ou un de ses membres de former opposition au mariage de l'enfant mineur (Duranton, 2, 197). — En tout cas, ni le tuteur ni les membres du conseil de famille ne peuvent être condamnés aux dommages-intérêts (Magnin, 1, 161).

244. Et lorsqu'un individu forme opposition au mariage d'un parent collatéral, qu'il prétend être dans un état d'imbécillité, de démence ou de fureur, il ne suffit pas qu'il offre de faire statuer sur l'interdiction dans le délai qui sera fixé par le jugement; il faut, en outre, pour que l'opposition soit reçue, que l'opposant articule par écrit les faits qui peuvent y donner lieu, et qu'il désigne les témoins qu'il se propose de faire entendre (Colmar, 15 déc. 1810; Duranton, 2, 196).

245. L'art. 175 du C. civ. (V. *sup.* n. 231) ne s'applique pas au tuteur du majeur interdit. Ce tuteur peut donc, en sa seule qualité, former opposition au mariage de son pupille (Duranton, 2, 199).

246. *Tout acte d'opposition énoncera la qualité qui donne à l'opposant le droit de la former; il contiendra élection de domicile dans le lieu où le mariage devra être célébré; il devra également, à moins qu'il ne soit fait à la requête d'un ascendant, contenir les motifs de l'opposition : le tout à peine de nullité, et de l'interdiction de l'officier ministériel qui aurait signé l'acte contenant opposition* (C. civ. 176). — *V. la note* 11.

247. Le complément de cet article se trouve dans les dispositions contenues aux art. 66, 67, 68 et 69 du C. civ. (V. *sup.* n. 112 et suiv.).

248. L'opposition d'un père au mariage de son fils ne constitue pas le père demandeur. En conséquence, la demande en main-levée de l'opposition doit être portée devant le tribunal du domicile du père, selon la règle ordinaire des juridictions (*V. note* 20), et non devant le tribunal du lieu où le mariage devait se célébrer et où le père a dû, pour se conformer à la loi, faire élection de domicile (C. pr. 59; Paris, 23 mars 1829). — V. *inf.* n. 256.

249. Lorsque ceux, au mariage desquels opposition est formée, ont tout-à-la fois une résidence de six mois dans une commune, et un domicile réel dans un autre, il n'est pas nécessaire que l'élection de domicile prescrite à l'opposant soit faite dans toutes les communes. L'opposant ne pouvant savoir dans quel lieu sera célébré le mariage, il suffit qu'il fasse élection de domicile ou au lieu de la résidence du futur époux, ou au lieu de son domicile réel (Duranton, 2, 208).

250. Lorsque les père et mère ont formé opposition par un seul et même acte, la demande en main-levée leur est valablement signifiée par une seule copie (Paris, 29 mai 1829). — V. *sup.* n. 242.

251. *Le tribunal de première instance prononcera dans les dix jours sur la demande en main-levée* (C. civ. 177). — *V.* sup. *n.* 242, 250.

252. Cette demande est dispensée du préliminaire de conciliation; car elle requiert célérité (Angers, 21 prair. an XI; Bourges, 2 janv. 1810; Douai, 22 av. 1819; Bruxelles, 29 mars 1820; Merlin, v° *opposit.*; Delvincourt; Toullier; Proudhon; Duranton; Vazeille; Locré — *Contrà*, Amiens, 30 vent. an XII; Bordeaux, 12 fruct. an XIII).

253. Elle ne peut être formée avant le délai d'un mois à partir de la notification du dernier acte respectueux (Agen, 27 août 1829; Amiens, 18 janv. 1840; — *Contrà*, Montpellier, 31 déc. 1821).

254. L'autorisation donnée par le mari à la femme pour former opposition au mariage de l'enfant commun, suffit pour autoriser la femme à ester en justice sur la demande en main-levée (Limoges, 15 janv. 1825).

255. Du reste, le père a qualité, comme représentant de sa fille mineure, pour demander la main-levée de l'opposition formée au mariage de celle-ci par la mère qui n'a pas été consultée (Riom, 30 juin 1817).

256. Toutefois, il a été décidé contrairement à ce qui est dit *sup.* n. 248, que l'élection de domicile prescrite par la loi était attributive de juridiction (Bruxelles, 6 déc. 1830; Liége, 9 mars 1831; Locré, 2, 173; Merlin, v° *opposit.*; Duranton, 2, 212; Vazeille, 1, 274).

257. D'où il suit que le jugement de l'opposition doit appartenir au tribunal de l'élection de domicile, même alors que le mariage serait célébré de fait dans une autre commune (Paris, 28 déc. 1839; 26 mars et 3 av. 1841; Bordeaux, 7 janv. 1840).

258. En règle générale, l'instance doit être jugée dans les dix jours; mais ce délai n'est pas tellement de rigueur qu'il ne puisse être élevé des exceptions dont le juge appréciera la gravité en décidant si elles sont pertinentes et admissibles. Ainsi, lorsqu'une demande en interdiction est formée à l'appui d'une opposition à mariage, le juge peut surseoir à statuer sur la demande en main-levée jusqu'après le jugement en interdiction, mais il doit fixer un délai après lequel il sera passé outre (Paris, 21 fév. 1825). — Toutefois, on ne pourrait ordonner un sursis indéfini (Lyon, 24 janv. 1828; Cass. 6 janv. 1829; Bruxelles, 13 therm. an XI).

259. Le désistement d'une opposition doit être donné par acte authentique; il ne peut l'être par acte sous seing-privé (Besançon, 31 déc. 1824).

260. En matière d'opposition à mariage, il peut être procédé comme en toute autre matière à l'exécution du jugement, sans attendre l'expiration du délai d'appel; c'est à l'opposant de se pourvoir (Besançon, 30 juill. 1822).

261. Du reste, le jugement sur l'opposition au mariage est susceptible d'opposition, s'il a été rendu par défaut (Amiens, 10 mai 1821).

262. Toutefois, il n'y a pas péremption d'instance par la seule échéance des dix jours, car l'officier de l'état civil ne peut procéder à la célébration que sur la représentation d'un désistement ou d'une main-levée (Merlin; Vazeille; Favard; Toullier).

263. *S'il y a appel, il sera statué dans les dix jours de la citation* (C. civ. 178).

264. Mais dans quel délai l'appel doit-il être signifié? Si le jugement n'est point exécutoire par provision, il faudra faire application de l'art. 449 du C. civ. qui défend d'interjeter appel d'un tel jugement dans la huitaine du jour où il a été rendu : mais s'il est exécutoire par provision, l'appel doit être immédiatement interjeté, car, tant qu'il n'aura pas été signifié, l'officier de l'état civil ne pourra se dispenser de procéder à la célébration s'il en est requis, sur le vu d'un jugement accompagné d'un certificat de non-opposition et appel.

265. C'est ce dernier système qui paraît avoir été admis, car il a été décidé :

266. 1° Que le jugement qui, sur une demande en main-levée d'opposition, se borne à ordonner la comparution des parties, est susceptible d'un appel immédiat (Cass. 21 mars 1809 ; Rouen, 17 janv. 1820 et 17 janv. 1821).

267. 2° Que la célébration du mariage faite dans les délais de l'appel est régulière et valable (Bourges, 2 janv. 1810). — Toutefois, cet arrêt ajoute que, dans ce cas, l'officier de l'état civil encourt l'amende, ce qui paraît inconciliable avec le droit qu'avait ce fonctionnaire.

268. 3° Et que, si le mariage a été célébré après le jugement de l'opposition, mais pendant le délai de l'appel, le droit que l'opposant avait d'interjeter appel subsiste bien en principe; mais son appel doit être déclaré non-recevable pour défaut d'intérêt, si le mariage a été célébré publiquement (Rennes, 12 déc. 1814).

269. Le délai de dix jours pour statuer en appel sur les demandes en main-levée d'opposition à mariage n'est pas de rigueur, l'instance n'est point périmée par l'expiration de ce délai, lequel n'est accordé qu'en faveur de celui qui provoque le mariage, et ne peut, par conséquent, être invoqué contre lui (Cass. 4 nov. 1807; Toullier, 1, 589).

270. Mais, d'un autre côté, l'appel doit être jugé dans les dix jours de la citation, encore que l'appelant ait assigné à un délai plus long (le délai ordinaire des ajournements) et que, comptant sur ce délai, il n'ait pas comparu, et, dans ce cas, l'arrêt qui statue par défaut doit ordonner l'exécution provisoire (Nîmes, 30 déc. 1806).

271. Le pourvoi en cassation contre l'arrêt qui fait main-levée d'une opposition à mariage n'est pas suspensif (Riom, 27 juin 1806; Paris, 19 sept. 1815; Lyon, 13 fév. 1818; *Contrà*, Delvincourt, 1, 125; Duranton, 2, 215).

272. *Si l'opposition est rejetée, les opposants, autres néanmoins que les ascendants, pourront être condamnés à des dommages-intérêts* (C. civ. 179).

273. Il n'y a lieu à dommages-intérêts qu'autant qu'il y a eu préjudice causé volontairement. Ainsi, lorsque l'opposition, quoique rejetée, a été formée dans une bonne et droite intention, il n'y a pas lieu de prononcer des dommages-intérêts (Bruxelles, 7 nov. 1810).

274. Quant aux dépens, les juges peuvent user du pouvoir discrétionnaire qui leur appartient de les compenser (C. civ. 131); ainsi, les père et mère, ou l'ascendant qui succombent dans leur opposition ne doivent pas être condamnés à tous dépens (Amiens, 15 fév. 1806 ; Caen, 10 déc. 1819). — Cependant le contraire a été décidé relativement à une mère qui avait succombé dans son opposition (Paris, 19 sept. 1815).

IV. *Des demandes en nullité de mariage.*

275. *Le mariage qui a été contracté sans le consentement libre des deux époux, ou de l'un d'eux, ne peut être attaqué que par les époux, ou par celui des deux dont le consentement n'a pas été libre. — Lorsqu'il y a eu erreur dans la personne, le mariage ne peut être attaqué que par celui des deux époux qui a été induit en erreur* (C. civ. 180). — *V.* sup. *n.* 145 *et suiv.* 158 *et* 159.

276. Il n'y a point de consentement valable s'il n'a été donné que par erreur ou s'il a été extorqué par violence ou surpris par dol (C. civ. 1109). = V. note 101.

277. Dans tous les cas, c'est au juge qu'il appartient d'apprécier les faits qui lui sont dénoncés et de déclarer si, en effet, d'après les circonstances de la cause, il y a motif suffisant de déclarer que le consentement n'a point été librement donné, mais qu'il a été le résultat de l'erreur, du dol ou de la violence (Code du J[al]. du Pal.).

278. Quant à l'erreur sur la personne, il faut qu'elle soit telle qu'il soit démontré que ce n'était pas la personne même que l'on croyait épouser qui s'est en effet présentée devant l'officier de l'état civil. — On a même étendu l'application de ce principe aux mariages que l'on a considérés comme simulés, parce que les prétendus époux n'auraient pas eu en le contractant la volonté formelle de s'épouser.

279. C'est par application de ces principes qu'il a été décidé :

280. 1° Qu'un mariage peut être déclaré nul par le juge s'il résulte des circonstances qu'il n'a pas été sérieusement célébré (Caen, 13 juin 1819).

281. 2° Qu'un mariage peut, sans être annulé, être déclaré frauduleux et simulé quant aux conditions qui ont précédé sa célébration, auquel cas les avantages testamentaires ou conventionnels qui seront reconnus avoir été le résultat de la fraude devront être réputés non-écrits (Aix, 4 mars 1813).

282. 3° Qu'un mariage peut être réputé clandestin lorsque les époux n'ont pas cohabité ensemble, et lorsque la femme n'a pas porté publiquement le nom de son mari (Bourges, 23 mai 1822). — Toutefois, le mariage tenu secret, bien qu'il ait été caché aux tiers, n'en doit pas moins produire tout son effet entre les époux (Cass. 15 pluv. an XIII; Agen, 18 nov. 1822).

283. 4° Que celui des époux qui demande à prouver que son consentement n'a pas été libre peut faire entendre ses propres parents dans l'enquête, par application de l'art. 251 du C. civ. (Montpellier, 6 mai 1826).

284. 5° Qu'on pouvait considérer qu'il y a erreur dans la personne, lorsqu'une catholique a épousé un ci-devant moine-profès dont la qualité lui avait été cachée (Colmar, 6 déc. 1811).

285. 6° Qu'un mariage peut être déclaré nul, lorsque l'un des contractants, par suite de faux ou de manœuvres frauduleuses, a pris un nom de famille et des qualités qui ne lui appartenaient pas, si d'ailleurs cette double circonstance a été pour l'autre époux la cause déterminante du mariage : l'erreur sur la personne devant s'entendre aussi bien d'une erreur sur l'individu *physique* que d'une erreur sur l'état civil de l'individu (Bourges, 6 août 1827).

286. 7° Que l'impuissance ou le défaut de conformation de l'un des époux ne peut être une cause de nullité du mariage, alors même qu'il en résulterait un obstacle à l'union des sexes (Riom, 30 juin 1828; Gênes, 7 mars 1811; — *Contrà*, Trèves, 27 janv. et 1 juill. 1807).

287. 8° Que le mariage contracté par erreur avec un forçat libéré n'est point nul pour cela (Zachariæ, 3, § 462; Pezzani, n. 55. — *Contrà*, Duranton, 2, 62).

288. 9° Qu'il en est de même du mariage contracté par

erreur par une Française avec un étranger qu'elle croyait Français (Duranton, 2, 59).

289. *Dans le cas de l'art. précédent* (V. sup. n. 275), *la demande en nullité n'est plus recevable, toutes les fois qu'il y a eu cohabitation continuée pendant six mois depuis que l'époux a acquis sa pleine liberté ou que l'erreur a été par lui reconnue* (C. civ. 181).

290. Cet article n'est que l'application des règles générales qui régissent la ratification soit expresse soit tacite (C. civ. 1338). — V. note 208.

291. Ainsi, le vice du consentement se couvre par la ratification expresse ou tacite. — La ratification tacite résulte d'une cohabitation continuée pendant six mois depuis la recouvrance de la liberté ou la découverte de l'erreur. La grossesse de la femme, même arrivée après la découverte de l'erreur ou la recouvrance de la liberté, ne signifierait rien; elle prouverait tout simplement qu'il y a eu cohabitation, mais non une cohabitation continuée pendant six mois (Marcadé).

292. Quant à la ratification expresse, elle doit être une approbation non équivoque donnée par une déclaration expresse et *adhoc* (*Ibid*).

293. Le vice du consentement se couvre aussi par la prescription de dix ans par application de l'art. 1304 du C. civ. (Duranton; — *Contrà*, Marcadé qui porte la prescription à 30 ans).

294. *Le mariage contracté sans le consentement des père et mère, des ascendants, ou du conseil de famille, dans les cas où ce consentement était nécessaire, ne peut être attaqué que par ceux dont le consentement était requis, ou par celui des deux époux qui avait besoin de ce consentement* (C. civ. 182).

295. Ainsi, le légataire d'une somme déterminée, à charge de poursuivre une demande en nullité de mariage formée par un ascendant, n'a pas qualité pour suivre cette demande après le décès de l'ascendant testateur qui l'avait intentée. (Agen, 20 déc. 1824).

296. *L'action en nullité ne peut plus être intentée, ni par les époux, ni par les parents dont le consentement était requis, toutes les fois que le mariage a été approuvé expressément ou tacitement par ceux dont le consentement était nécessaire, ou lorsqu'il s'est écoulé une année sans réclamation de leur part, depuis qu'ils ont eu connaissance du mariage. Elle ne peut être intentée non plus par l'époux, lorsqu'il s'est écoulé une année sans réclamation de sa part, depuis qu'il a atteint l'âge compétent pour consentir par lui-même au mariage* (C. civ. 183).

297. Ces deux articles ne sont également que l'application au mariage des principes généraux du droit concernant la ratification expresse qui résulte d'un acte formel ou la ratification tacite qui porte sur des faits précis dont l'appréciation est abandonnée à la discrétion du Juge. (Duranton, 1,72; Proudhon 1,248; Merlin, v° *mariage*; Toullier, 1, 613).

298. Ainsi: on peut établir par des présomptions que le père et la mère ont eu connaissance du mariage (Cass. 16 av. 1817; Rouen, 24 fév. 1818; Colmar, 19 juin 1823).

299. Le père qui a abandonné sa femme et ses enfants ne peut, après sa reparition, attaquer pour défaut de consentement de sa part le mariage contracté par sa fille mineure avec le consentement de sa mère (Paris, 8 janv. 1816; Rouen, 24 fév. 1818). - V. *sup.* n. 177. — Et la fille mariée ne pourrait elle-même, après le décès de son père, reprendre cette action, soit du chef de son père, soit en son nom personnel (Rouen, 24 fév. 1818). — V. *inf.* n. 312.

300. Les juges sont tenus à peine de cassation de leur arrêt, pour écarter la fin de non-recevoir résultant de l'art. 183, de constater positivement que le père a ignoré le mariage de son enfant; une simple supposition à cet égard ne suffirait pas. (Cass. 5 av. 1817).

301. *Tout mariage contracté en contravention aux dispositions contenues aux art.* 144, 147, 161, 162 *et* 163 (V. sup. n. 144, 155, 195, 197, 199), *peut être attaqué soit par les* ÉPOUX *eux-mêmes, soit par tous ceux qui y ont* INTÉRÊT, *soit par le* MINISTÈRE PUBLIC (C. civ. 184).

302. ÉPOUX. Ainsi, l'époux qui, au moment du mariage, avait l'âge requis, peut en demander la nullité pour contravention à l'art. 184 du C. civ., ce droit n'étant pas limité à l'époux qui n'a pas atteint l'âge exigé pour contracter mariage (Toullier, 1,625).

303. Lorsqu'une femme, dont le mari est absent a contracté un second mariage sans pouvoir rapporter la preuve de la dissolution du premier, c'est au second mari à fournir cette preuve lorsqu'il demande la nullité du second mariage (Cass. 21 juin 1831).

304. INTÉRÊT. La loi par ces expressions « *ceux qui ont intérêt* » n'entend parler que de ceux qui ont un intérêt *né et actuel* (C. civ. 187), et non de ceux qui pourraient avoir un intérêt éventuel à voir annuler le mariage, comme les collatéraux. — Ainsi, la demande en nullité du mariage ne peut être formée, même par voie d'exception et pour repousser une action, que par les parties intéressées (Cass. 12 nov. 1839). — V. inf. n. 321.

305. Les collatéraux ne peuvent être admis à demander la nullité d'un mariage que dans les cas et pour les causes expressément déterminées par la loi; ni le cas de démence, ni le cas d'engagement dans les ordres sacrés, ne font exception à la règle générale (C. civ. 191; Cass. 9 janv. 1821; 12 nov. 1839).

306. MINISTÈRE PUBLIC. Toutefois, le ministère public n'est pas recevable à interjeter appel en son nom 1° d'un jugement qui a déclaré un mariage nul pour défaut de célébration dans la maison commune (Cass. 5 mars 1821). — 2° D'un jugement qui a déclaré un mariage nul pour défaut de consentement (Cass. 1 août 1820 et 5 mars 1821).

307. *Néanmoins le mariage contracté par des époux qui n'avaient point encore l'âge requis, ou dont l'un des deux n'avait point atteint cet âge, ne peut plus être attaqué; 1° lorsqu'il s'est écoulé six mois depuis que cet époux ou les époux ont atteint l'âge compétent; 2° lorsque la femme qui n'avait point cet âge a conçu avant l'échéance de six mois* (C. civ. 185).

308. *Le père, la mère, les ascendants et la famille qui ont consenti au mariage contracté dans le cas de l'article précédent, ne sont point recevables à en demander la nullité* (C. civ. 186).

309. Ces deux articles renferment l'application des principes posés sous les art. 180 et 181 (V. *sup.* n. 275 et 289), relatifs à la ratification. On remarquera seulement que le délai de six mois accordé pour demander l'annulation du mariage court à partir du jour où l'époux qui n'avait point l'âge requis a atteint cet âge, c. à-d. l'âge compétent pour se marier et non l'âge de majorité qui est l'âge compétent pour exercer une action (Pau, 28 fév. 1818; Cass. 4 nov. 1822).

310. Le fait de la cohabitation des époux pendant les six

mois ne fait point obstacle à la demande en nullité. Il n'en est point de ce cas comme de celui où il y a eu défaut de consentement (Cass. 4 nov. 1822). — V. *sup*. n. 289.

311. Toutefois la nullité du mariage, fondée tout à la fois, sur le défaut d'âge et sur la violence, ne peut être écartée, par cela seul qu'il s'est écoulé six mois depuis que l'époux a atteint l'âge compétent. Ce motif, suffisant pour écarter la nullité prise du défaut d'âge, est sans effet relativement à la nullité prise de la violence (Cass. 4 nov. 1822).

312. Du reste, le droit accordé à l'ascendant de demander la nullité du mariage contracté sans son consentement lui est personnel, et ne passe ni aux ascendants du degré supérieur, ni aux héritiers ni aux légataires, alors même que le testateur aurait fait de la poursuite une condition expresse de son legs (Agen, 30 déc. 1824; Toullier, 1, 613; Duranton, 2,289; Vazeille 1,266). — V. *sup*. n. 299.

313. *Dans tous les cas où, conformément à l'art.* 184 (V. sup. n. 301), *l'action en nullité peut être intentée par tous ceux qui y ont un intérêt, elle ne peut l'être par les parents collatéraux, ou par les enfants nés d'un autre mariage, du vivant des deux époux, mais seulement lorsqu'ils y ont un intérêt né et actuel* (C. civ. 187.)

314. A l'égard du principe posé en cet article et qui est déjà rappelé sup. n. 34, nous ferons remarquer que les tribunaux exercent un pouvoir d'appréciation qui est, sous certains rapports, discrétionnaire ; car il a été jugé :

315. 1° Qu'un parent collatéral est recevable à attaquer un mariage, encore qu'il n'ait pas un intérêt pécuniaire : l'intérêt qu'il a d'empêcher les enfants issus du mariage de prendre le nom de famille suffit pour lui donner le droit de demander la nullité (Cass. 22 juin 1819).

316. 2° Que les collatéraux ont intérêt et qualité pour demander la nullité d'un mariage, lorsqu'il n'y a pas eu acte de célébration, ou lorsque cet acte n'est pas rapporté (Aix, 18 av. 1817; Cass. 22 juin 1819).

317. Les ascendants peuvent agir même quand ils n'ont aucun intérêt; on ne peut, en ce cas, appliquer la maxime, *point d'intérêt, point d'action* (Delvincourt) : — ou quand ils n'ont qu'un intérêt d'honneur (Proudhon 1,251). — V. *sup*. n. 313.

318. *L'époux au préjudice duquel a été contracté un second mariage peut en demander la nullité du vivant même de l'époux qui était engagé avec lui.* (C. civ. 188). — *V*. sup. *n*. 160.

319. *Si les nouveaux époux opposent la nullité du premier mariage, la validité ou la nullité de ce mariage doit être jugée préalablement* (C. civ. 189).

320. *Le procureur du roi, dans tous les cas auxquels s'applique l'art.* 184. (V. sup. n. 301), *et sous les modifications portées en l'art.* 185, (V. sup. n. 307), *peut et doit demander la nullité du mariage du vivant des deux époux, et les faire condamner à se séparer* (C. civ. 190.)

321. *Tout mariage qui n'a point été contracté publiquement et qui n'a point été célébré devant l'officier public compétent, peut être attaqué par les époux eux-mêmes, par les père et mère, par les ascendants et par tous ceux qui y ont un intérêt né et actuel, ainsi que par le ministère public* (C. civ. 191). — V. sup. *n*. 302, 304, 306.

322. *Si le mariage n'a point été précédé des deux publications requises, ou s'il n'a pas été obtenu des dispenses permises par la loi, ou si les intervalles prescrits n'ont point été observés, le procureur du roi fera prononcer contre l'officier public une amende qui ne pourra excéder* 300 *francs, et contre les parties contractantes, ou ceux sous la puissance desquels elles ont agi une amende proportionnée à leur fortune* (C. civ. 192).

323. *Les peines prononcées par l'article précédent seront encourues par les personnes qui y sont désignées, pour toutes contraventions aux règles prescrites par l'art.* 165, *lors même que ces contraventions ne seraient pas jugées suffisantes pour faire prononcer la nullité du mariage* (C. civ. 193). — V. sup. n. 212.

324. Tous les articles rappelés *sup*. n. 318 à 323 sont relatifs à l'inaccomplissement de certaines formalités que le législateur n'a point considérées comme substantielles; ils se trouvent tous résumés dans le principe posé en l'art. 165 du C. civ. — V. *sup*. n. 212 et suiv.

V. *De la preuve du mariage.*

325. *Nul ne peut réclamer le titre d'époux et les effets civils du mariage, s'il ne représente un acte de célébration inscrit sur le registre de l'État civil, sauf les cas prévus par l'art.* 46 *au titre des actes de l'état civil* (C. civ. 194). — V. sup. n. 35 et suiv.

326. *La possession d'état ne pourra dispenser les prétendus époux qui l'invoqueront respectivement, de représenter l'acte de célébration du mariage devant l'officier de l'état civil* (C. civ. 195).

327. *Lorsqu'il y a possession d'état, et que l'acte de célébration du mariage devant l'officier de l'état civil est représenté, les époux sont respectivement non-recevables à demander la nullité de cet acte* (C. civ. 196).

328. *Si néanmoins, dans le cas des articles* 194 *et* 195, *il existe des enfants issus de deux individus qui ont vécu publiquement comme mari et femme, et qui soient tous deux décédés, la légitimité ne peut être contestée, sous le seul prétexte du défaut de représentation de l'acte de célébration, toutes les fois que cette légitimité est prouvée par une possession d'état qui n'est point contredite par l'acte de naissance* (C. civ. 197).

329. La possession d'état est la réunion de faits publics et notoires qui indiquent un rapport certain d'alliance, de filiation ou de parenté entre plusieurs personnes. C'est le témoignage public qui s'élève en faveur de ceux qui l'invoquent, pour constater qu'il a toujours été reconnu par tous qu'ils sont bien ce qu'ils disent être, époux unis légitimement en mariage, ou enfants issus d'un mariage légitime (Merlin, *mariage*, sect. 5; Delvincourt, 1,72; Toullier, 1, 312).

330. Toutefois cette possession n'a pas les mêmes caractères et ne produit pas les mêmes effets à l'égard des époux et à l'égard des enfants ; la loi ayant attaché plus d'importance, en ce qui concerne les enfants, à la preuve résultant de la possession d'état, qu'en ce qui touche les époux.

331. En effet : à l'égard des époux, la possession d'état ne s'établit que par la représentation même de l'acte; ou bien, dans les cas extraordinaires, par l'application de la règle posée en l'art. 46 ou de la disposition spéciale de l'art. 198. (V. *inf*. n. 344). Ils ne pourraient pas, et l'art. 195 du C. civ. le déclare positivement, venir dire qu'ils ne se rappellent pas où leur mariage a été célébré ; mais que ce mariage est suffisamment prouvé par leur longue et publique possession d'état d'époux légitimes. Un époux, en effet, ne peut pas oublier le lieu de son mariage; et quant à la possession d'état, il est trop facile de s'en procurer une fausse. Et quand même les époux prétendraient et offri-

raient de prouver que leur mariage a vraiment été célébré en *tel* endroit, à *telle* époque, par *tel* officier de l'état civil qui n'a pas eu soin d'en dresser l'acte, si le registre ne présentait aucun blanc, aucune interruption, alors comme on ne serait pas dans le cas de l'art. 46 et qu'on ne serait pas non plus dans le cas de procès criminel prévu par l'art. 198, les réclamants ne devraient pas être admis à faire cette preuve. C'était à eux de veiller à ce que l'acte fût rédigé par l'officier : *vigilantibus jura subveniunt, non dormientibus* (Marcadé). — V. *inf.* n. 338.

332. Tandis qu'à l'égard des enfants, on ne peut leur demander plus qu'il n'est possible d'exiger d'eux. Ainsi, pour établir leur propre possession d'état, il n'est pas besoin qu'ils rapportent, comme les époux eux-mêmes, la preuve authentique et publique constatant que le mariage a bien été réellement célébré; car il est possible qu'ils ignorent le lieu de la célébration, et qu'ils se trouvent ainsi dans l'impossibilité absolue de représenter un acte qui existe cependant à sa date sur les registres de l'état civil; mais ils sont toujours tenus de justifier que leur père et mère ont eu la possession constante et publique d'époux légitimes unis en mariage (C. civ. 322; Toullier, 2, 877).

333. Ce qui est dit au n° qui précède s'applique au cas où les père et mère de l'enfant sont tous deux décédés. Car, lorsque l'un des époux est mort, et que l'autre est déclaré absent, l'enfant qui a la possession légitime n'est point par cela seul dispensé de représenter l'acte de célébration du mariage (Toulouse, 24 juin 1820); — Alors surtout qu'il déclare connaître le lieu où le mariage a été célébré, et dans ce cas il doit être admis à la preuve par témoins que le mariage a été célébré (Paris, 20 mai 1808; 7 fév. 1809).

334. Mais il ne peut être suppléé par la preuve testimoniale au défaut de représentation de l'acte de mariage par l'enfant, lorsque ses père et mère ou l'un d'eux existent encore. (Paris, 20 mai 1808 et 7 fév. 1809; Toulouse, 24 juin 1820; Bourges, 17 mars 1830).

335. Par application des articles précités du C. civ. il a été décidé :

336. 1° Que la fin de non-recevoir établie par l'art. 196 du C. civ. contre la demande en nullité de mariage de la part des époux, lorsqu'il y a possession d'état, et que l'acte de célébration est représenté, est générale et absolue : elle peut donc être opposée non-seulement au cas où les époux demandent la nullité du mariage pour briser leurs liens, mais encore au cas où ils ne demandent cette nullité que pour arriver à faire déclarer valable un second mariage par eux contracté. (Cass. 23 août 1826).

337. 2° Qu'une femme qui n'a point co-habité avec son mari et qui n'a jamais porté son nom, n'a pas la possession d'état d'épouse légitime, dans le sens de l'art. 196 ; ainsi, elle est recevable à attaquer l'acte de mariage (Bourges, 23 mai 1822).

338. 3° Que la possession d'état suffit à la preuve d'un mariage contracté par un français dans un pays où il est reconnu qu'il ne se tient pas de registres de l'état civil (Metz, 2 juin 1814).

339. 4° Que celui qui prétend être l'époux veuf d'une personne décédée doit représenter l'acte de son mariage (à moins qu'il n'ait pas été tenu de registres, ou que les registres soient perdus) : il ne suffit pas que l'état de l'époux prétendu ne soit contesté que par des héritiers collatéraux, plus de cinq ans après la mort du défunt; et encore que ces héritiers paraissent avoir reconnu le mariage en qualifiant leur adversaire de *veuf* de la défunte et en acceptant la tutelle de son enfant, comme d'un enfant légitime (Bruxelles, 7 juin 1806).

340. 5° Que la nullité d'un mariage contracté en pays étranger, sans publications préalables en France, est couverte par la possession d'état (Paris, 23 janv. 1832; Rennes, 6 juill. 1840); mais cette possession d'état ne peut être opposée à un tiers (Montpellier 15 janv. 1839) : — *id*... par la possession d'état jointe à la représentation de l'acte de célébration (Paris, 13 juin 1836); — *id*... par la possession d'état et par la reconnaissance de la légitimité du mariage (Cass. 12 fév. 1833); — *id*... encore qu'il n'y ait pas eu notification d'actes respectueux; et cette possession d'état peut résulter de faits qui se seraient accomplis en pays étranger, alors surtout qu'elle est opposée non à un tiers mais à l'un des époux (Cass. 25 fév. 1839); — *id*... A l'égard des père et mère de l'époux français, lorsqu'ils ont approuvé le mariage (Rennes, 6 juill. 1840).

341. 6° Que l'art. 196 ne peut s'appliquer au cas où l'acte de célébration n'est pas inscrit sur les registres de l'état civil, mais seulement sur une feuille volante; une feuille volante ne constituant point un acte authentique, et les actes de l'état civil ne faisant preuve en justice que lorsqu'ils ont ce caractère (Duranton, 2,231; Marcadé; — *Contrà*, Delvincourt; Toullier). — V. *sup.* n. 55, 57, 58.

342. 7° Que l'enfant qui, après le décès de ses père et mère, ne peut représenter leur acte de mariage, est tenu de prouver tout-à-la fois et qu'ils ont vécu publiquement comme mari et femme, et que lui-même a la possession d'état d'enfant légitime conforme à l'acte de naissance qu'il doit représenter (Cass. 30 août 1832; Paris, 1 fév. 1836). — Ainsi, l'énonciation contenue dans l'acte de naissance d'un enfant qu'il est enfant légitime et que ses père et mère sont mariés, ne suffit pas pour établir après le décès de ceux-ci la légitimité de l'enfant; il faut encore, à défaut d'acte de célébration de mariage, qu'il prouve que ses père et mère ont vécu publiquement comme mari et femme, et qu'il a la possession d'état d'enfant légitime (Aix, 26 mai 1810; Paris, 9 mars 1811; 11 mai 1816; 23 fév. 1822; Pau 9 mai 1829; Lyon, 15 janv. 1823; Cass. 10 juill. 1823; 27 nov. 1833).

343. 8° Et que la présomption de légitimité qui, suivant l'art. 197 du C. civ., ne peut être contestée sous le seul prétexte du défaut de représentation de l'acte de célébration de leur mariage, peut être invoquée par l'enfant, lorsque ceux-ci ont vécu publiquement comme mari et femme, alors même qu'un acte irrégulier de la célébration serait produit (Paris, 18 déc. 1837; Cass. 11 août 1841).

344. *Lorsque la preuve d'une célébration légale du mariage se trouve acquise par le résultat d'une procédure criminelle, l'inscription du jugement sur les registres de l'état civil assure au mariage, à compter du jour de sa célébration, tous les effets civils, tant à l'égard des époux, qu'à l'égard des enfants issus de ce mariage* (C. civ. 198).

345. *Si les époux ou l'un d'eux sont décédés sans avoir découvert la fraude, l'action criminelle peut être intentée par tous ceux qui ont intérêt de faire déclarer le mariage valable, et par le procureur du roi* (C. civ. 199).

346. *Si l'officier public* (c.-à-d. le coupable) *est décédé lors de la découverte de la fraude* (c.-à-d. lorsque l'action est intentée), *l'action sera dirigée au civil contre ses héritiers, par le procureur du Roi, en présence des parties intéressées et sur leur dénonciation* (C. civ. 200). — Marcadé.

347. Ces trois articles sont relatifs au cas où il y aurait eu suppression d'état résultant, soit d'un faux commis sur les registres de l'état civil, soit d'une lacération ou d'une altération criminelle. — V. *sup.* n. 33.

348. L'action criminelle ne sera d'ailleurs éteinte par le décès de l'officier public que dans le cas, bien entendu, où l'officier public serait l'auteur du crime (Duranton, 2,262). — V. note 28 ch. 1.

349. Et le jugement du tribunal civil rendu contre ses héritiers aura, dans ce cas, le même effet relativement à la preuve du mariage, qu'aurait eu le jugement criminel (Delvincourt 1,68).

VI. *Des effets civils d'un mariage nul.*

350. *Le mariage qui a été déclaré nul, produit néanmoins les effets civils, tant à l'égard des époux qu'à l'égard des enfants, lorsqu'il a été contracté de bonne foi* (C. civ. 201).

351. *Si la bonne foi n'existe que de la part de l'un des deux époux, le mariage ne produit les effets civils qu'en faveur de cet époux et des enfants issus du mariage* (C. civ. 202).

352. La bonne foi des époux se présume; c'est à ceux qui prétendent que les époux n'étaient pas de bonne foi à justifier de la mauvaise foi (Paris, 9 fruct. an XIII).— Ainsi, dans le cas de nullité de mariage pour incapacité de l'un des époux, la bonne foi de l'autre époux doit être prouvée par lui, pour qu'il puisse réclamer le bénéfice des effets civils de son mariage (Cass. 9 janv. 1821).

353. Cependant pour qu'un mariage contracté de bonne foi, quoique nul, produise les effets civils d'un mariage valable, il faut qu'outre le fait de célébration du mariage les formalités essentielles aient été observées lors de ce mariage, et que la nullité dont il est entaché tienne à des circonstances ignorées des parties ou de l'une d'elles.—Ainsi, ne peut produire d'effets civils le mariage contracté seulement devant un prêtre depuis la loi du 10 sept. 1792. (Bourges, 17 mars 1830).

354. La bonne foi exigée par la loi ne peut résulter que d'une erreur de fait et non d'une erreur de droit. — Ainsi, le mariage contracté entre un beau-frère et une belle-sœur avant la loi du 16 av. 1832 ne peut être réputé contracté de bonne foi; dès-lors, il ne peut produire les effets civils, soit en faveur des époux, soit en faveur des enfants issus du mariage (Colmar, 14 juin 1838).

355. L'époux qui, en demandant la nullité du mariage, a reconnu qu'il avait été contracté de bonne foi, n'est plus recevable à contester la légitimité des enfants issus de ce mariage (Paris, 18 janv. 1819; Douai, 19 nov. 1819; Cass. 13 av. 1820).

356. Il en est ainsi alors même que la nullité résulterait d'une erreur de droit (Paris, 18 janv. 1819 et 18 déc. 1837); — d'où il résulte :

357. 1° Que le mariage contracté par celui qui est frappé de mort civile pourra produire des effets civils, non pas à son égard, mais à l'égard de l'autre époux de bonne foi et des enfants issus du mariage. — V. note 27, n. 288.

358. 2° Que le mariage annulé pour cause de bigamie produit des effets civils à l'égard de l'époux de bonne foi (Paris, 2 déc. 1816).

359. 3° Que les enfants jouiront de l'état d'enfant légitime et les époux auront le droit de demander respectivement l'exécution de leurs conventions matrimoniales, comme s'il y avait eu un véritable mariage (Delvincourt, 1, 69). — Seulement, les avantages matrimoniaux ne pourront être réclamés que par un seul époux au jour où les gains de survie s'ouvriront (Toullier, 1, 881).

360. Du reste, il suffit que la bonne foi ait existé au moment du contrat (Proudhon, 2, 5).

Art. 3. DES OBLIGATIONS QUI NAISSENT DU MARIAGE.

361. *Les époux contractent ensemble, par le fait seul du mariage, l'obligation de nourrir, entretenir et élever leurs enfants* (C. civ. 203).

362. Dans cet article il ne s'agit que des dépenses de nourriture, d'entretien et d'éducation pendant l'enfance : ce sont là des dépenses nécessaires qui forment la première charge de la famille; et c'est au père, le chef et l'administrateur de la famille, à régler ces dépenses comme il le jugera convenable, d'après l'état de la fortune commune (Code du J[al] du Pal.).

363. L'entretien comprend nécessairement tout ce qui est à l'usage de l'enfant, comme les vêtements et le coucher, lesquels objets demeurent acquis à cet enfant et forment sa propriété, tellement qu'un créancier des époux n'a pas le droit de les saisir (C. proc. 592) et que le subrogé-tuteur de l'enfant peut s'opposer à ce qu'ils soient vendus soit par le tuteur soit par les créanciers à la mort des père et mère.

364. L'obligation résultant de l'art. précité est une obligation solidaire qui frappe également sur les deux époux (Paris, 31 août 1832; 13 juin 1836; Cass. 26 fév. 1834; Grenoble, 28 janv. 1836): — sans doute, parce que le refus de satisfaire à cette obligation peut être considéré comme un quasi-délit qui oblige également tous les intéressés à la réparation du dommage (C. civ. 1382; Code du J[al] du Pal.). — V. *inf.* n. 394.

365. Les deux époux sont ainsi obligés et même seuls obligés vis-à-vis des tiers. En conséquence, l'instituteur n'a pas d'action personnelle contre l'enfant, mais seulement contre ses parents (Paris, 17 nov. 1838).

366. Toutefois, si l'enfant a quitté la maison paternelle sans le consentement de son père, il ne peut forcer son père à payer les dettes qu'il a contractées même pour sa nourriture (Bruxelles, 19 janv. 1811).

367. L'obligation imposée au père de fournir à la nourriture, à l'entretien et à l'éducation de ses enfants cesse, lorsque ces enfants ont par eux-mêmes fortune suffisante, alors surtout que le père se trouve privé de l'usufruit légal des biens de ses enfants mineurs, faute d'avoir fait inventaire (C. civ. 1442; Nîmes, 1 mai 1826; Bordeaux, 21 mai 1833; Proudhon, Usuf. 1, 184).

368. *L'enfant n'a pas d'action contre ses père et mère pour un établissement par mariage ou autrement* (C. civ. 204).

369. Cette disposition est conforme à l'ancien droit français et contraire au droit romain. Elle proscrit les actions en constitution de dot. — Cependant, il a été décidé que l'enfant a action à l'égard des dépenses que peuvent entraîner des études servant de complément à des études

déjà faites et indispensables pour rendre apte à l'exercice d'une profession que le fils a embrassée par les conseils de son père ou de sa mère (Bordeaux, 6 juill. 1832).

370. *Les enfants doivent des aliments à leurs père et mère et autres ascendants qui sont dans le besoin* (C. civ. 205).

371. *Les gendres et belles-filles doivent également, et dans les mêmes circonstances, des aliments à leurs beau-père et belle mère : mais cette obligation cesse : 1° lorsque la belle-mère a convolé en secondes noces; 2° lorsque celui des époux qui produisait l'affinité, et les enfants issus de son union avec l'autre époux sont décédés* (C. civ. 206).

372. *Les obligations résultant de ces dispositions sont réciproques* (C. civ. 207).

373. Il s'agit ici d'une obligation rigoureuse qui doit être renfermée dans les termes de la loi, et qui ne peut être invoquée que par ceux qui sont expressément dénommés. — Ainsi, le frère n'aura pas à cet égard d'action contre son frère.

374. Mais des aliments peuvent être réclamés :

375. 1° Par l'enfant adoptif contre son père adoptif et réciproquement, parce que la loi, en mettant l'enfant adoptif sur la même ligne que l'enfant légitime, lui a fait attribution de tous les droits que pouvait exercer ce dernier (C. civ. 349).

376. 2° Par les enfants incestueux et adultérins, suivant la disposition formelle des art. 762, 763 et 764 du C. civ. (Code du J[al]. du Pal.).

377. 3° Par l'enfant naturel (Paris, 28 mars 1840; Cass. 27 août 1811); mais sa réclamation ne peut être faite aux ascendants de celui qui l'a reconnu (Cass. 7 juill. 1817).

378. 4° Par le mort civilement (Paris, 18 août 1808). — Mais si la condamnation ayant eu lieu par contumace, le père vient à mourir dans le délai de grâce des 5 ans, l'enfant sera fondé à répéter contre la succession les sommes par lui fournies (Douai, 14 fév. 1832).

379. 5° Entre époux (ind. C. civ. 212).

380. Le juge n'est pas tenu d'ailleurs d'accorder les aliments par cela seul que celui qui les réclame est dans le besoin, il y a encore à apprécier quelles sont les causes qui ont amené cet état d'indigence; car les aliments sont accordés comme un secours au malheur et non comme une prime à la paresse.

Par application de ce qui est dit aux art. rappelés *sup.* n. 370, 371, 372, il a été décidé :

381. 1° Que les parents qui ont entièrement satisfait à l'obligation qui leur est imposée par l'art. 203, en donnant à leurs enfants une éducation convenable, peuvent, suivant les circonstances, être dispensés de fournir ultérieurement des aliments (Paris, 3 av. 1833).

382. 2° Qu'un père ne peut refuser des aliments à son fils, sous le prétexte qu'il se serait marié sans son consentement (Bruxelles, 19 janv. 1811).

383. 3° Que la mère a qualité pour réclamer des aliments au nom de son enfant naturel, dont l'administration lui est laissée par le père qui l'a reconnu (Colmar, 24 mars 1813).

384. 4° Que les effets de l'alliance tels qu'ils sont réglés pour l'obligation de fournir des aliments sont d'ailleurs restrictifs et spéciaux, d'où il suit qu'on ne saurait étendre le principe aux autres dispositions de la loi concernant l'alliance (Cass. 16 juin 1834).

385. 5° Que l'ascendant est réputé avoir besoin et droit à des aliments, par cela seul que ses revenus sont insuffisants. Ses enfants ne peuvent l'obliger par préalable ni à en manger les capitaux ni à leur en faire l'abandon (Bordeaux, 16 fév. 1828).

386. 6° Que l'obligation de se fournir des aliments cesse lorsqu'il est au pouvoir de celui qui les réclame de s'en procurer par son travail et son industrie (Trèves, 13 août 1819).

387. 7° Que les enfants doivent des aliments à leur mère, encore qu'elle ait convolé en secondes noces, si le nouvel époux n'a pas des biens suffisants pour lui en fournir (Colmar, 5 janv. 1810).

388. 8° Que la mère qui s'est remariée n'en conserve pas moins le droit de recevoir des aliments de ses enfants du premier lit. — Il résulte même du fait de convol une obligation nouvelle pour les enfants, en ce que le père et son épouse étant unis et inséparables, les enfants ne peuvent plus lui offrir de le recevoir chez eux pour se dispenser de lui payer une pension (Poitiers, 25 nov. 1824).

389. 9° Que l'obligation de se fournir des aliments s'étend entre les aïeuls et petits enfants. Ainsi, l'aïeul peut être tenu de continuer à sa petite-fille la pension alimentaire qu'il faisait à sa fille (Cass. 28 oct. 1807), et même, la pension alimentaire due par un fils à son père, en vertu de jugement, continue d'être due par la succession du fils, s'il meurt avant son père (Nancy, 15 nov. 1824).

390. 10° Qu'une somme prêtée pour procurer des aliments ne peut être réclamée après le décès de l'emprunteur, contre ceux de ses proches qui auraient dû lui en fournir. Le droit de réclamer des aliments est exclusivement attaché à la personne, et ne peut être exercé par les créanciers (Cass. 17 mars 1819; — *Contrà*, Lyon, 23 août 1831; Cass. 8 mars 1831).

391. 11° Que toute convention qui aurait pour effet d'astreindre un père à résider dans un lieu déterminé et à y recevoir les termes de sa pension alimentaire, est nulle comme contraire à la morale ou aux droits de la puissance paternelle (Bourges, 9 août 1832).

392. 12° Que l'action en paiement d'aliments dûs à l'enfant peut être dirigée directement contre l'aïeul, lorsque le père et la mère de l'enfant sont dans l'impossibilité de pourvoir à ses besoins (Lyon, 23 août 1831; Maleville; Favard; Toullier; Zachariæ; Vazeille; Duranton).

393. *Les aliments ne sont accordés que dans la proportion du besoin de celui qui les réclame, et de la fortune de celui qui les doit* (C. civ. 208).

394. L'obligation imposée aux enfants de fournir des aliments à leurs père et mère peut, suivant les circonstances, être déclarée *indivisible* et par suite *solidaire* entre eux; en cette matière, les juges sont investis d'un pouvoir discrétionnaire (Cass. 3 août 1837). — V. *sup.* n. 364.

395. C'est à celui qui réclame des aliments à prouver, comme demandeur principal, qu'il est dans le besoin; comme c'est au défendeur à prouver, par voie d'exception, les moyens d'existence du demandeur (Duranton, 2, 410).

396. *Lorsque celui qui fournit ou celui qui reçoit des aliments est replacé dans un état tel, que l'on ne puisse plus en donner, ou que l'autre n'en ait plus besoin en tout ou en partie, la décharge ou réduction peut en être demandée* (C. civ. 209).

397. Le jugement qui accorde une pension alimentaire peut être toujours modifié et être même rapporté, si les circonstances ne rendent plus cette allocation nécessaire (Colmar, 19 janv. 1824; Paris, 1 déc. 1832; Pau, 8 janv. 1838).

398. Celui qui a obtenu une pension est libre d'en abandonner le bénéfice, et il ne peut, en règle générale, en laisser accumuler les arrérages (Paris, 1 déc. 1832).

399. Lorsque des enfants ont été obligés de donner des aliments à leurs père et mère, ceux des enfants qui ne reçoivent rien dans la succession ont droit d'exiger que les sommes par eux payées à titre d'aliments leur soient restituées par les autres enfants qui retirent un bénéfice de la succession (Paris, 23 juin 1818).

400. La constitution d'une rente viagère, annuelle, à titre d'aliments, par un fils à son père, avec hypothèque, doit être considérée comme une donation, irrévocable de sa nature, et non comme formant pour le père un simple droit à aliment, qui s'éteint avec les facultés de celui qui en est chargé. En conséquence, le père peut, même après la faillite survenue de son fils, poursuivre, pour avoir paiement des arrérages échus de la rente et garantie de ceux à échoir, la vente des biens affectés au service de la rente (Paris, 14 mai 1828).

401. L'aïeul d'un mineur, qui s'est obligé à le nourrir, loger et entretenir jusqu'à sa majorité, ne peut être déchargé de cette obligation par cela seul que le père du mineur serait en position d'y pourvoir lui-même. Son obligation ne doit cesser qu'autant que sa position de fortune ne lui permettrait plus d'y satisfaire (Bordeaux, 29 août 1837).

402. *Si la personne qui doit fournir des aliments justifie qu'elle ne peut payer la pension alimentaire, le tribunal pourra, en connaissance de cause, ordonner qu'elle recevra dans sa demeure, qu'elle nourrira et entretiendra celui auquel elle devra des aliments* (C. civ. 210).

403. *Le tribunal prononcera également si le père ou la mère qui offrira de recevoir, nourrir et entretenir dans sa demeure l'enfant à qui il devra des aliments, devra dans ce cas être dispensé de payer la pension alimentaire* (C. civ. 211).

404. Quand les père et mère sont hors d'état de payer une pension alimentaire à leurs enfants, ils ne peuvent être contraints à les recevoir chez eux (Amiens, 13 janv. 1838).

405. Toutefois, ils peuvent être obligés de fournir des aliments à leurs enfants, hors de leur domicile, lorsqu'il est reconnu que des inconvénients mutuels résulteraient d'une vie commune (Aix, 3 août 1807; Bordeaux, 20 juin 1832; Duranton, 2, 413. — *Contrà*, Nîmes, 20 août 1807). — Mais cette obligation ne comprend pas celle de fournir un mobilier et de pourvoir aux frais de premier établissement (Bordeaux, 20 juin 1832).

406. Un père ne peut être obligé de prendre chez son fils les aliments qui lui seraient dûs (Besançon, 14 janv. 1808).

407. Lors du réglement des aliments, les juges peuvent prévoir le cas d'acceptation ou de renonciation à la communauté, et déterminer en conséquence éventuellement diverses sommes pour le réglement de la pension alimentaire (Cass. 23 juin 1841).

V. note 26, § 7, *n.* 163 et suiv.

Art. 4. DES DROITS ET DEVOIRS RESPECTIFS DES ÉPOUX.

408. *Les époux se doivent mutuellement fidélité, secours, assistance* (C. civ. 212).

409. L'obligation qui existe entre les époux de se fournir des aliments est une obligation de droit naturel, dont l'exécution peut être réclamée, même entre étrangers, devant les tribunaux français si l'époux demandeur est domicilié en France (Paris, 19 déc. 1833; Colmar, 9 janv. 1834).

410. Cette obligation subsiste pour les époux même après la séparation de corps (Arg. C. civ. 301; Toullier, 2, 780; Vazeille, 2, 588; Duranton, 2, 533).

411. Elle subsiste à plus forte raison pour le cas de séparation de biens; et à ce sujet il a été décidé que lorsque la séparation est prononcée pour cause de la mauvaise administration du mari, le juge peut ordonner que la femme paiera une pension annuelle à son mari en autorisant ce dernier à toucher ce secours directement des mains du fermier, et dans ce cas le juge peut attribuer à la femme l'administration exclusive des biens qu'elle a apportés en mariage (Rouen, 23 janv. 1834; Cass. 6 mai 1835).

412. Bien plus, l'époux contre lequel la séparation de corps a été prononcée, même pour cause d'adultère peut, s'il est dans l'indigence, réclamer des aliments contre l'autre époux (Lyon, 16 mars 1833; 16 juill. 1835; Colmar, 9 janv. 1834; Toullier, 2, 780).

413. *Le mari doit protection à sa femme, la femme obéissance à son mari* (C. civ. 213.)

414. Par la première disposition de cet article, le mari doit défendre sa femme contre toute oppression (Duranton, 2, 432). — Par sa force, par sa puissance corporelle comparée à celle de la femme, il est aisé de voir que la nature même l'a établi le protecteur de sa femme.

415. Par la seconde disposition de cet article, la femme doit soumission et obéissance à son mari. C'est de sa part un devoir religieux et moral, sanctionné par la loi, mais pour l'accomplissement duquel cette loi ne donne aucun moyen coërcitif, à moins qu'on ne prétende que le mari est souverain dans ce cas et qu'à lui seul il appartient de forcer sa femme, même par des moyens extrêmes, à exécuter les ordres qu'il lui donne, mais alors il y a des limites qu'il doit se bien garder de franchir pour que ses actions ne tournent pas en excès, sévices ou injures graves autorisant la séparation de corps (C. civ. 306; 231).

416. *La femme est obligée d'habiter avec le mari, et de le suivre partout où il juge à propos de résider : le mari est obligé de la recevoir, et de lui fournir tout ce qui est nécessaire pour les besoins de la vie, selon ses facultés et son état* (C. civ. 214).

417. L'obligation imposée à la femme de cohabiter avec le mari est la première conséquence de la puissance maritale, c'est là une règle d'ordre public qui ne peut souffrir qu'une seule exception, celle posée en l'art. 878 du C. proc. civ. — Hors cette exception nécessaire, la femme, en quelque circonstance que ce soit, doit suivre le mari partout où il lui plaira de fixer sa résidence, même à l'étranger, bien que, dans ce cas, l'exécution devienne de plus en plus difficile, si la femme s'y refuse, puisque les décisions rendues à

cet égard par les tribunaux français seront sans force exécutoire dans le pays où le mari voudrait entraîner sa femme (Marcadé; Proudhon, 1, 260).

418. Toutefois, si la femme se refuse à exécuter l'obligation à laquelle elle est soumise, quels seront les moyens de contrainte que le mari pourra employer pour la forcer non pas seulement à le suivre dans un nouveau domicile qu'il aura choisi en France, mais même à réintégrer le domicile conjugal qu'elle aura abandonné? — On doit décider que le droit du mari est absolu, et qu'il peut l'exercer par tous les moyens que la loi met à sa disposition, excepté l'exercice de la contrainte corporelle, que la jurisprudence et les auteurs font généralement difficulté de lui accorder. Ainsi donc :

419. 1° Le mari peut être autorisé à employer la force publique pour ramener sa femme au domicile conjugal qu'elle a abandonné (Paris, 29 mai 1808; Pau, 12 av. 1810; Turin, 7 juill. 1810; Colmar, 4 janv. 1817; Cass. 9 août 1826; Dijon, 25 juill. 1840. — *Contrà*, Bourges, 15 juill. 1811; Riom, 6 av. 1818; Metz, 18 juin 1818; Toulouse, 24 août 1818; Colmar, 10 juill. 1833).

420. 2° Le mari peut saisir-arrêter les revenus de sa femme pour l'obliger à réintégrer le domicile conjugal (Paris, 22 prair. an XIII, 16 mars 1834, 14 mars 1835; Nîmes, 11 juin 1806; Riom, 13 août 1810; 6 av. 1818; Bourges, 15 juill. 1811; Toulouse, 24 août 1818; Lyon, 27 nov. 1832; Colmar, 10 juill. 1833).

421. 3° Quand la femme refuse d'habiter avec son mari, il y a lieu contre elle à dommages-intérêts ou à la privation des avantages stipulés à son profit (Bourges, 17 mai 1808).

422. 4° Le mari peut, dans ce cas, refuser à sa femme des aliments (Colmar, 10 juill. 1833).

423. 5° Et même il a action contre les personnes qui donnent asile à sa femme, lorsqu'ils la retiennent après qu'elle aura été mise en demeure de revenir avec lui (Metz, 23 nov. 1819).

424. Lorsque tous les moyens ci-dessus sont insuffisants pour ramener et retenir la femme au domicile conjugal, il ne reste plus au mari que de se pourvoir en séparation de corps pour injure faite à son caractère par l'effet même de la désertion réitérée du domicile conjugal de la part de sa femme (Code du J[al]. du Pal.).

425. *Les art. 215 à 226 du C. civ. sont relatifs à l'autorisation que le mari doit donner à sa femme, ou dont elle est dispensée dans certains cas. Il en sera question à la note* 68.

Art. 5. De la dissolution du mariage.

426. *Le mariage se dissout : 1° par la mort de l'un des époux; 2° par le divorce légalement prononcé; 3° par la condamnation devenue définitive de l'un des époux à une peine emportant mort civile* (C. civ. 227).

427. Le divorce ayant été aboli par la loi du 8 mai 1816, il n'existe plus que deux causes de dissolution du mariage : *la mort naturelle et la mort civile.*

428. La séparation de corps n'opère point dissolution du mariage. — V. note 3, p. 11, n. 45.

429. La mort civile n'est point encourue du jour de la condamnation, elle ne l'est que du jour de l'exécution. — V. note 27, n. 254 et suiv., 290 et suiv.

Art. 6. Des seconds mariages.

430. *La femme ne peut contracter un nouveau mariage qu'après dix mois révolus depuis la dissolution du mariage précédent* (C. civ. 228).

431. Si, en effet, il était permis à la femme de convoler avant les 10 mois, terme légal fixé par l'art. 312 du C. civ. pour la gestation, il y aurait incertitude sur la question de savoir si l'enfant né dans cet intervalle appartiendrait au premier ou au second mariage (Merlin; Favard; Toullier; Delvincourt; Proudhon).

432. Mais la défense faite à la veuve de se remarier avant 10 mois n'a le caractère que d'un empêchement simplement prohibitif et non d'un empêchement dirimant : en conséquence, le second mariage contracté par la femme dans les 10 mois n'est pas pour cela vicié de nullité (Dijon, 3 juill. 1807; Colmar, 7 juin 1808; Cass. 29 oct. 1811).

433. En tous cas, les collatéraux du premier mari n'ont pas le droit de demander la nullité du second mariage, surtout s'il a été contracté de bonne foi (Dijon, 3 juill. 1807).

434. Par son second mariage contracté dans les 10 mois, la femme ne perd pas les avantages qui lui avaient été faits par son premier mari (Colmar, 7 juin 1808).

435. La disposition de l'art. 228 précité est applicable au cas où un mariage serait déclaré nul, d'où il suit que la femme dont le mariage a été déclaré nul ne peut se remarier dans les 10 mois qui suivent le jour où la nullité de son union a été prononcée. Il en est de ce cas comme de celui de divorce pour cause déterminée (C. civ. 296; Trèves, 30 av. 1806).

436. Les femmes des militaires absents ne peuvent se remarier, sans administrer la preuve légale du décès de leurs maris : la preuve qui résulterait d'un acte de notoriété n'est pas suffisante (Av. Cons. d'Et. 12 germ. an XIII).

437. L'enfant dont la mère s'est remariée au mépris de la prohibition de l'art. 228, et qui est né 269 jours après la dissolution du premier mariage et 181 jours depuis le second, est présumé appartenir plutôt au second mari qu'au premier (C. civ. 312; Toullier, 2, 669; Proudhon, 2, 37; Rousseau de Lacombe, v° *Enfant*).

§ 3. Des actes de décès.

438. *Aucune inhumation ne sera faite sans une autorisation, sur papier libre et sans frais, de l'officier de l'état civil, qui ne pourra la délivrer qu'après s'être transporté auprès de la personne décédée, pour s'assurer du décès, et que 24 heures après le décès, hors les cas prévus par les réglements de police* (C. civ. 77). — V. C. pén. 358 à 360.

439. L'autorisation dont parle cet article devrait, si l'on s'en tenait à ses termes, n'être délivrée que 24 heures après le décès. Ce n'est pas là ce que le législateur a voulu dire; son idée est que l'inhumation ne doit avoir lieu que 24 heures au plus tôt après le décès. Quant à l'autorisation, elle peut se délivrer et se délivre, en effet, plus tôt; mais avec la mention que l'inhumation ne pourra se faire avant telle heure (Décr. 4 therm. an XIII; Marcadé).

440. La déclaration dont il s'agit doit être faite au plus tard dans les vingt-quatre heures (L. 20 sept. 1792, tit. 5, art. 1). — V. *inf.* n. 444.

441. Les précautions indiquées par cet article prémunissent contre le danger des inhumations précitées. La consta-

tation de l'instant précis de la mort est pour la science elle-même un mystère; il y a en cela une question de haute médecine légale (*Motifs du Code*; *Maleville*). — C'est pour cela que le transport de l'officier de l'état civil auprès de la personne décédée a été remplacé dans l'usage par le transport d'un homme de l'art qui constate que le décès est bien réel et en délivre certificat. — L'officier de l'état civil donne alors lui-même son autorisation sur le vu de ce certificat, et, s'il y a trace de mort violente, la conduite qu'il doit tenir est tracée par l'art. 81 du C. civ.— V. *inf.* n. 454.

442. Du reste, les art. 358 à 360 du C. pén. établissent les peines encourues par ceux qui concourent à une inhumation précitée, même par le prêtre, lequel doit s'assurer qu'elle a été autorisée par l'officier de l'état civil (Montpellier, 12 juill. 1841; Code du J[el]. du Pal.)

443. Le décret du 23 prair. an XII contenant réglement sur les inhumations est ainsi conçu : — « Art. 1. Aucune « inhumation n'aura lieu dans les églises, temples, synago- « gues, hôpitaux, chapelles publiques et généralement dans « aucun des édifices clos et fermés où les citoyens se réu- « nissent pour la célébration de leurs cultes, ni dans l'en- « ceinte des villes et bourgs. — Art. 2. Il y aura, hors « de chacun de ces villes et bourgs, à la distance de 35 à « 40 mètres au moins de leur enceinte, des terrains spé- « cialement consacrés à l'inhumation des morts. — Art. 3. « les terrains les plus élevés et exposés au nord seront « choisis de préférence; ils seront clos de murs de deux « mètres au moins d'élévation. On y fera des plantations, « en prenant les précautions convenables pour ne point « gêner la circulation de l'air. — Art. 4. Chaque inhuma- « tion aura lieu dans une fosse séparée : chaque fosse qui « sera ouverte aura un mètre cinq décimètres à deux mè- « tres de profondeur, sur huit décimètres de largeur, et sera « ensuite remplie de terre bien foulée. — Art. 5. Les fosses « seront distantes les unes des autres de trois à quatre dé- « cimètres sur les côtés, et de trois à cinq décimètres à la « tête et aux pieds. —Art. 6. Pour éviter le danger qu'en- « traîne le renouvellement trop rapproché des fosses, l'ou- « verture des fosses pour de nouvelles sépultures n'aura « lieu que de cinq années en cinq années; en conséquence, « les terrains destinés à former les lieux de sépulture seront « cinq fois plus étendus que l'espace nécessaire pour y dé- « poser le nombre présumé des morts qui peuvent y être « enterrés chaque année. »

444. *L'acte de décès sera dressé par l'officier de l'état civil, sur la déclaration de deux témoins. Ces témoins seront, s'il est possible, les deux plus proches parents ou voisins, ou, lorsqu'une personne sera décédée hors de son domicile, la personne chez laquelle elle sera décédée, et un parent ou autre* (C. civ. 78). V. *sup.* n. 440, 9 et 64.

444 *bis*. Cet article contient une règle générale qui exige la déclaration de deux témoins, même dans le cas des art. 80, 82, 83 et 84 du C. civ. rappelés *inf.* n. 452, 455, 460, 462 (Marcadé).

445. Au cas où il a été impossible de retrouver le cadavre d'un ouvrier englouti dans une mine, l'acte dressé par un officier public, sur la réquisition du directeur de l'exploitation, et annexé au registre de l'état civil, conformément au décret du 3 janv. 1813, tient suffisamment lieu de l'acte du décès de cet ouvrier (Duranton, 2, 330).

446. *L'acte de décès contiendra les prénoms, nom, profession et domicile de la personne décédée; les prénoms et nom de l'autre époux, si la personne décédée était mariée ou veuve; les prénoms, noms, âge, professions et domiciles des déclarants; et, s'ils sont parents, leur degré de parenté. — Le même acte contiendra de plus, autant qu'on pourra le savoir, les prénoms, noms, profession et domicile des père et mère du décédé, et le lieu de sa naissance* (C. civ. 79). — V. *sup.* n. 8.

447. Cet article et le précédent s'occupent tous deux de l'individualité et des liens de famille du décédé. Mais on remarquera qu'ils n'exigent point la mention du jour et de l'heure du décès. — V. *sup.* n. 7.

448. Lorsque le cadavre d'un enfant dont la naissance n'a pas été enregistrée est présenté à l'officier de l'état civil, cet officier ne doit pas exprimer qu'un tel enfant est décédé, mais seulement qu'il lui a été présenté sans vie. — Il reçoit de plus la déclaration des témoins touchant les noms, prénoms, qualités et demeures des père et mère de l'enfant, et la désignation des an, jour et heure auxquels l'enfant est sorti du sein de sa mère. Cet acte ainsi dressé est inscrit sur les registres des décès, sans qu'il en résulte aucun préjugé sur la question de savoir si l'enfant a eu vie ou non (Décr. 4 juill. 1806).

449. Du reste, l'acte en lui-même ne fait foi que du décès et toutes les autres circonstances sont accessoires (Duranton, 1,322; Toullier, 1,330 et 8,166); d'où il suit que celui qui réclame l'état et les droits d'un individu dont on lui oppose l'acte de décès doit prouver son identité avec cet individu avant d'être admis à s'inscrire en faux contre cet acte de décès. (Cass. 5 av. 1820; Toulouse, 7 juill. 1818).

450. Les maires sont tenus, sous peine d'une amende de 30 fr. pour chaque mois de retard, de faire tous les 3 mois le relevé des actes de décès survenus dans les trois mois précédents et d'envoyer ce relevé à l'enregistrement pour faciliter la perception des droits de mutation (L. 22 frim. an VII. art. 55).

451. Et, dans chaque commune où ne réside pas un juge de paix, le maire ou son adjoint est tenu de donner avis sans aucun délai au juge de paix de son canton, ou à défaut au suppléant le plus voisin, de la mort de toute personne de son arrondissement, qui laisse pour héritiers des pupilles, des mineurs ou des absents, à peine de suspension de fonctions (arr. 22 prair. an V).

452. *En cas de décès dans les hôpitaux militaires, civils ou autres maisons publiques, les supérieurs, directeurs, administrateurs et maîtres de la maison, seront tenus d'en donner avis, dans les 24 heures, à l'officier de l'état civil, qui s'y transportera pour s'assurer du décès, et en dressera l'acte conformément à l'art. précédent, sur les déclarations qui lui auront été faites et sur les renseignements qu'il aura pris. — Il sera tenu, en outre, dans lesdits hôpitaux et maisons des registres destinés à inscrire ces déclarations et ces renseignements. — L'officier de l'état civil enverra l'acte de décès à celui du dernier domicile de la personne décédée, qui l'inscrira sur les registres* (C. civ. 80). — *V. sup. n.* 444 *bis*.

453. Les registres tenus dans les hôpitaux ne dispensent pas l'officier de l'état civil de tenir les siens avec la même exactitude. — Du reste, il peut être fait mention dans les actes dont il s'agit du lieu du décès, parce qu'il ne présente rien de deshonorant : ce n'est point le cas d'appliquer la prohibition portée en l'art. 85 du C. civ. rapporté inf. n. 461 (Delvincourt, 1, 37).

454. *Lorsqu'il y aura des signes ou indices de mort violente, ou*

d'autres circonstances qui donneront lieu de le soupçonner, on ne pourra faire l'inhumation qu'après qu'un officier de police assisté d'un docteur en médecine ou en chirurgie, aura dressé procès-verbal de l'état du cadavre, et des circonstances y relatives, ainsi que des renseignements qu'il aura pu recueillir sur les prénoms, nom, âge, profession, lieu de naissance et domicile de la personne décédée (C. civ. 81).

455. *L'officier de police sera tenu de transmettre de suite à l'officier de l'état civil du lieu où la personne sera décédée, tous les renseignements énoncés dans son procès-verbal d'après lesquels l'acte de décès sera rédigé. — L'officier de l'état civil en enverra une expédition à celui du domicile de la personne décédée, s'il est connu : cette expédition sera inscrite sur les registres* (C. civ. 82). — V. *sup.* n. 444 *bis*.

456. Ces deux articles trouvent leur complément dans l'art. 44. du C. d'instruction criminelle. Il y a donc d'après ces articles deux rapports de la part des gens de l'art. L'un dressé aux termes de l'art. 77 du C. civ. (V. *sup.* n. 438), qui constate le fait du décès, et qui doit énoncer également quelles sont les causes apparentes de la mort et quel est l'état du cadavre, surtout s'il présente des traces évidentes de mort violente, et l'autre dressé en exécution de l'art. 44 du C. d'instr. crim. qui est plus spécialement consacré à la recherche des causes probables du décès.

457. Les juges d'instruction et en général tous les officiers de police judiciaire, ont le droit d'exercer les fonctions attribuées par ce dernier article aux procureurs du Roi. Ainsi, le Maire, après avoir procédé à la constatation du décès comme officier de l'état civil, peut ensuite procéder à l'instruction criminelle comme étant lui-même officier de police judiciaire; c'est au surplus le juge du lieu où le cadavre a été découvert qui a juridiction tant qu'il n'est pas survenu un fait légal qui détermine le transport de la juridiction dans un autre lieu (Cass. 20 flor. an XIII).

458. Lorsque le nom de la personne décédée n'est point connu, il ne peut qu'être dressé un procès-verbal constatant les circonstances dans lesquelles il a été trouvé et la description de tous les objets qui peuvent servir à la reconnaissance; mais on ne peut procéder alors à la rédaction d'un acte de décès qui sera fait sur la déclaration des témoins, lorsque le cadavre aura été reconnu. (Code J^al. Pal).

459. Du reste, l'acte de décès doit être rédigé dans la forme ordinaire, sans énoncer qu'il est le résultat d'une instruction criminelle (Cass. 12-20 frim. an VII). Et il a été décidé par le même arrêt que le décès d'une personne morte d'une mort imprévue et violente, est suffisamment constaté par un acte dressé par l'officier de l'état civil, quoique cet acte ne fasse aucune mention des renseignements donnés par l'officier de police.

460. *Les greffiers criminels seront tenus d'envoyer, dans les 24 heures de l'exécution des jugements portant peine de mort, à l'officier de l'état civil du lieu où le condamné aura été exécuté, tous les renseignements énoncés en l'art.* 79 (*V.* sup. *n.* 446), *d'après lesquels l'acte de décès sera rédigé* (C. civ. 83). — *V.* sup. *n.* 444 bis.

461. Le procès-verbal de l'exécution est la pièce qui constate authentiquement le décès. L'inscription de l'acte de décès sur les registres n'est plus alors qu'une formalité nécessaire pour la régularité des registres, et qui est établie aussi dans l'intérêt de la famille du condamné, afin qu'elle puisse, le cas échéant, justifier de son décès, sans qu'il résulte de l'acte même qu'il est la conséquence d'une exécution de la justice. Car l'art. 85, rapporté *inf.* n. 464, défend expressément d'énoncer cette circonstance sur les registres de l'état civil.

462. *En cas de décès dans les prisons ou maisons de réclusion et de détention, il en sera donné avis sur le champ, par les concierges ou gardiens, à l'officier de l'état civil, qui s'y transportera comme il est dit en l'art.* 80 (*V.* sup. *n.* 452), *et rédigera l'acte de décès* (C. civ. 84). — V. sup. *n.* 444 bis.

463. L'avis dont il s'agit doit être donné sur le champ pourvu que le délai n'excède pas 24 heures (Marcadé).

464. *Dans tous les cas de mort violente, ou dans les prisons et maisons de réclusion, ou d'exécution à mort, il ne sera fait sur les registres aucune mention de ces circonstances, et les actes de décès seront simplement rédigés dans les formes prescrites par l'art.* 79 ((C. civ. 85).

465. La disposition contenue dans ce dernier article est la conséquence de ce principe que l'acte de décès n'a d'autre objet, par rapport à l'état civil des personnes, que de constater le fait même du décès, abstraction faite des diverses circonstances qui l'ont précédé, accompagné ou suivi, et même du jour ou de l'heure auxquels il est survenu. L'acte ne doit donc contenir aucunes énonciations autres que celles qui se trouvent énumérées en l'art. 79, et dont le souvenir ne pouvait qu'être pénible (Maleville ; Delvincourt, 1,37).

466. Mais, si l'officier de l'état civil indiquait les mentions défendues par cet article, les parties pourraient la faire disparaître au moyen d'un jugement de rectification, conformément à l'art. 99 du C. civ., et les frais de ce jugement retomberaient à la charge de l'officier de l'état civil, puisque c'est par sa faute qu'il serait nécessité (Marcadé).

467. *En cas de décès pendant un voyage de mer, il en sera dressé acte dans les vingt-quatre heures, en présence de deux témoins pris parmi les officiers du bâtiment, ou, à leur défaut, parmi les hommes de l'équipage. Cet acte sera rédigé, savoir : sur les bâtiments du roi, par l'officier d'administration de la marine; et sur les bâtiments appartenant à un négociant ou armateur, par le capitaine, maître ou patron du navire. L'acte de décès sera inscrit à la suite du rôle de l'équipage* (C. civ. 86).

468. *Au premier port où le bâtiment abordera, soit de relâche, soit pour toute autre cause que celle de son désarmement, les officiers de l'administration de la marine, capitaine, maître ou patron, qui auront rédigé des actes de décès, seront tenus d'en déposer deux expéditions, conformément à l'art.* 60. — *A l'arrivée du bâtiment, dans le port du désarmement, le rôle d'équipage sera déposé au bureau du préposé à l'inscription maritime; il enverra une expédition de l'acte de décès, de lui signée, à l'officier de l'état civil du domicile de la personne décédée : cette expédition sera inscrite de suite sur les registres* (C. civ. 87).

469. Il ne s'agit ici que des décès survenus dont il a été dressé un acte régulier sur le vu du cadavre de la personne décédée. — Quant aux accidents survenus en mer, même à l'occasion, par exemple, d'une personne qui se serait noyée aux yeux de tout l'équipage, ce n'est pas un acte de décès qui peut être dressé, mais un procès-verbal constatant le fait pour servir ce que de droit. C'est ensuite aux tribunaux à décider si, d'après les circonstances signalées

le décès peut être déclaré, ou s'il faut s'en référer aux dispositions sur l'absence (Code J[al]. Pal.) — V. *sup.* n. 445.

Sect. 2. DES ACTES DE L'ÉTAT CIVIL CONCERNANT LES MILITAIRES HORS DU TERRITOIRE DU ROYAUME.

470. *Les actes de l'état civil faits hors du territoire du royaume, concernant des militaires ou autres personnes employées à la suite des armées, seront rédigés dans les formes prescrites par les dispositions précédentes* (C. civ. 88).

471. Lorsque les armées sont en marche, elles sont réputées, par une fiction de droit, ne jamais quitter le sol de la patrie : où est le drapeau français, là est la France (Maleville).

472. Mais cet article et les suivants ne s'appliquent point aux marins ; à leur égard les actes de l'état civil se trouvent réglés, quant aux naissances par les art. 59 à 61 du Code civ., et quant aux décès par les art. 86 et 87. — La loi ne parle pas du mariage en ce qui les concerne d'où il suit qu'un mariage ne pourrait pas être valablement contracté à bord ; il ne pourrait être célébré que devant le Consul français au premier port de relâche ou de débarquement, ou devant le magistrat du pays suivant les formes usitées dans le pays.

473. Les dispositions des articles compris en la présente section ne sont d'ailleurs applicables qu'aux militaires hors de France. Lorsqu'ils se trouvent dans l'intérieur du Royaume, ils restent soumis aux prescriptions du droit commun. (Avis Cons. d'Et. 4 complément. an XIII).

474. *Le quartier-maître dans chaque corps d'un ou plusieurs bataillons ou escadrons, et le capitaine-commandant dans les autres corps, rempliront les fonctions d'officiers de l'état civil : ces mêmes fonctions seront remplies, pour les officiers sans troupes et pour les employés de l'armée, par l'inspecteur aux revues attaché à l'armée ou au corps d'armée* (C. civ. 89).

475. Ces officiers sont revêtus de toutes les fonctions de l'officier de l'état civil ; ils constatent les naissances et les décès et célèbrent les mariages. — Mais cette désignation étant une affaire de règlement intérieur, ces fonctions ont pu être transmises depuis à des officiers d'un autre grade (Delvincourt, 1, 39). — Elles ont été, en effet, transportées successivement des quartiers-maîtres aux majors et des inspecteurs aux revues aux intendants militaires (Ordonn. Roy. 29 juill. 1817).

476. *Il sera tenu, dans chaque corps de troupes, un registre pour les actes de l'état civil relatifs aux individus de ce corps, et un autre à l'état major de l'armée ou d'un corps d'armée, pour les actes civils relatifs aux officiers sans troupes et aux employés : ces registres seront conservés de la même manière que les autres registres des corps et états-majors, et déposés aux archives de la guerre, à la rentrée des corps ou armées sur le territoire du royaume* (C. civ. 90).

477. *Les registres seront cotés et paraphés, dans chaque corps, par l'officier qui le commande ; et à l'état-major, par le chef de l'état-major-général* (C. civ. 91).

478. Ces articles n'exigent pas que les registres soient tenus doubles (Delvincourt, 1, 39 ; — Duranton, 1, 333 ; — Proudhon, 1, 115). — C'est sans doute parce qu'ils doivent être transcrits, en France, sur les registres de l'état civil du domicile d'une des parties. — V. *inf.* n. 501.

479. Quand le commandant du corps est en même temps l'officier de l'état civil, il résulte de l'art. 91 précité qu'il peut lui-même coter et parapher le registre (Code j[al] Pal.).

480. S'il n'y a pas eu de registre, ou s'ils ont été perdus, détruits, interrompus, la preuve testimoniale peut être admise (L. 3 janv. 1817) ; — V. *sup.* n. 35 et suiv.

481. *Les déclarations de naissance à l'armée seront faites dans les dix jours qui suivront l'accouchement* (C. civ. 92).

482. *L'officier chargé de la tenue du registre de l'état civil devra, dans les 10 jours qui suivront l'inscription d'un acte de naissance au dit registre, en adresser un extrait à l'officier de l'état civil du dernier domicile du père de l'enfant, ou de la mère, si le père est inconnu* (C. civ. 93).

483. La déclaration de naissance peut être faite par toute personne, et n'est particulièrement imposée à aucune comme obligation légale. — Mais si elle n'était pas faite dans les dix jours, il n'y aurait pas lieu cependant à poursuites criminelles, car l'art. 346 du C. pén. renvoie seulement aux art. 55 et 56 du C. civ. et non à l'art. 9 (Code j[al] Pal.).

484. Les extraits des actes de l'état civil doivent être envoyés non-seulement aux officiers de l'état civil du domicile des parties, mais au ministre de la guerre lui-même (*Ibid*).

485. Quant au domicile du militaire, il est souvent très-difficile à déterminer, parce que d'ordinaire il n'est établi nulle part, et alors il conserve son domicile d'origine. — V. note 3, n. 24 et suiv.

486. *Les publications de mariage des militaires et employés à la suite des armées, seront faites au lieu de leur dernier domicile : elles seront mises en outre, vingt-cinq jours avant la célébration du mariage, à l'ordre du jour du corps, pour les individus qui tiennent à un corps ; et à celui de l'armée ou du corps d'armée, pour les officiers sans troupes, et pour les employés qui en font partie* (C. civ. 94).

487. *Immédiatement après l'inscription sur le registre de l'acte de célébration du mariage, l'officier chargé de la tenue du registre en enverra une expédition à l'officier de l'état civil du dernier domicile des époux* (C. civ. 95).

488. Les militaires sont placés, quant au mariage, tant sur le territoire que hors du territoire sous une législation spéciale. Ainsi les officiers de l'armée de terre et de mer sont tenus de se pourvoir d'une autorisation du ministre de la guerre pour se marier ; les sous-officiers et soldats ne le peuvent qu'après en avoir obtenu la permission du conseil d'administration de leur corps (Décr. 16 juin 1808 ; 3 août 1818, 28 août 1808 ; L. 19 mai 1834). — Sous peine de destitution contre l'officier public qui aurait procédé au mariage sans se faire remettre les permissions (*Ibid*).

489. Le dernier domicile dont parle l'art. 94 pour les publications de mariage doit s'entendre du domicile d'origine et non du dernier lieu de garnison (Code J[al] Pal). — Du reste, les publications n'étant pas exigées à peine de nullité, il doit sembler que celles faites à l'ordre du jour seraient suffisantes (*Ibid.*).

490. Il n'est pas nécessaire, à peine de nullité, que le mariage d'un militaire en expédition en pays étranger soit célébré par l'officier de l'état civil de l'armée. Il peut l'être valablement avec une étrangère devant l'officier de l'état civil du pays étranger (Paris, 8 juill. 1820 ; — Colmar, 25 janv. 1823 ; — Cass. 23 août 1826). — V. *sup.* n. 46, 220.

491. L'expédition de l'acte doit être régulièrement adressée à chacun des officiers de l'état civil du domicile de chacun des époux s'ils avaient des domiciles distincts (Duranton, 3, 335).

492. Du reste, l'expédition de l'acte adressée en France et son inscription sur les registres de l'état civil n'ajoutent rien à la validité du contrat (Merlin, *domicile*; Proudhon, 1, 115; — Vazeille, 1, 195).

493. *Les actes de décès seront dressés dans chaque corps par le quartier-maître; et pour les officiers sans troupes et les employés, par l'inspecteur aux revues de l'armée, sur l'attestation de trois témoins; et l'extrait de ces registres sera envoyé dans les dix jours à l'officier de l'état civil du dernier domicile du décédé* (C. civ. 96). *V.* inf. n. 497 *et suiv.*

494. Le capitaine-commandant a aussi qualité pour dresser un acte de décès. — V. *sup.* n. 474 et suiv.

495. Cet article exige un témoin de plus que dans les cas ordinaires parce que ce n'est pas trop de trois témoins dans le cas de guerre où il peut arriver si souvent qu'un homme soit cru mort, quand il est seulement atteint d'une blessure dont il peut guérir (Marcadé).

496. *En cas de décès dans les hôpitaux militaires ambulants ou sédentaires, l'acte en sera rédigé par le directeur desdits hôpitaux, et envoyé au quartier-maître du corps, ou à l'inspecteur aux revues de l'armée ou du corps d'armée dont le décédé faisait partie : ces officiers en feront parvenir une expédition à l'officier de l'état civil du dernier domicile du décédé* (C. civ. 97).

497. Les personnes désignées en cet article et dans le précédent ont seules caractère pour constater les décès, tellement qu'un prêtre espagnol n'a pu, dans un hôpital français, hors du territoire, constater le décès d'un militaire français, même avec le visa d'un commissaire des guerres français qui se serait borné à attester la vérité de la signature, d'où il suit qu'il n'y a pas crime de faux dans la fabrication d'un pareil acte (Cass. 17 août 1815).

498. C'est seulement par l'extrait des registres que le décès peut être prouvé, surtout quand rien n'établit ni la non-existence, ni la perte de ces registres (Colmar, 12 août 1814); tellement qu'on ne peut suppléer par un acte de notoriété à l'omission des formalités exigées pour constater le décès des militaires hors du territoire (avis Cons. d'Et. 17 germ. an XIII), et que les actes ne peuvent être dressés sur de simples présomptions (Toullier, 1, 417; — Delvincourt, 1, 43).

499. Cependant, lorsque la preuve du décès des militaires est établie d'une manière incomplète sur les registres de l'état civil du régiment, il peut y être suppléé par une enquête (Colmar, 12 août 1814; — Rennes, 6 août 1816).

500. Ces articles ne s'appliquent pas à ceux qui ont disparu ou dont il a été impossible de constater la mort violente au milieu des événements de la guerre, depuis le 22 avril 1792, jusqu'au traité de paix du 20 nov. 1815, car pour ce cas particulier il a été rendu une loi spéciale le 13 janv. 1817, qui autorise les héritiers présomptifs ou l'épouse du militaire ou marin en activité de service ayant cessé de paraître, avant le 20 nov. 1815, à son corps et au lieu de son domicile ou de sa résidence, à se pourvoir au tribunal de son dernier domicile, soit pour faire déclarer son absence, soit pour faire constater son décès : dans ce dernier cas la preuve testimoniale du décès pourra être ordonnée.

501. *L'officier de l'état civil du domicile des parties auquel il aura été envoyé de l'armée expédition d'un acte de l'état civil, sera tenu de l'inscrire de suite sur les registres* (C. civ. 98).

502. Le domicile des parties est celui qu'elles avaient avant de quitter la France. — V. *sup.* n. 485, 489, 509.

Sect. 3. DE LA RECTIFICATION DES ACTES DE L'ÉTAT CIVIL.

503. *Lorsque la rectification d'un acte de l'état civil sera* DEMANDÉE, *il y sera statué,* SAUF L'APPEL, *par le* TRIBUNAL COMPÉTENT, *et sur les conclusions du procureur du roi. Les parties intéressées seront appelées, s'il y a lieu* (C. civ. 99). — *V.* sup. *n.* 126, 127.

504. SERA DEMANDÉE. La demande en rectification doit toujours être faite par demande principale, alors même qu'elle se présente incidemment dans une instance liée entre parties (Poitiers, 7 av. 1824). — La marche et le mode de rectification sont réglés par les art. 855 et suiv. du Code proc. civ. — V. note 28, n. 669.

505. Le droit de demander la rectification n'appartient :

506. 1° Qu'aux parties intéressées : tels sont 1° celui qui, sans son aveu, a été indiqué comme père d'un enfant naturel (Besançon, 4 août 1808; Toullier, 1, 316). — 2° les héritiers de l'individu qui avait titre et possession d'état d'enfant légitime, encore qu'il se soit écoulé plus de 5 ans depuis le décès de ce dernier (Aix, 11 juin 1828; Toullier, 2, 912; Duranton, 3, 152). — Les membres d'une famille, quand les énonciations de l'acte ont pour effet de faire entrer dans cette famille des personnes qui lui sont étrangères, et cela encore bien qu'ils n'aient pas un intérêt pécuniaire né et actuel à obtenir cette rectification (Paris, 19 av. 1834).

507. 2° Et qu'au ministère public, dans les cas qui intéressent l'ordre public (Instr. Min. 22 brum an XIV), comme — 1° lorsqu'il s'agit de la reconnaissance d'un enfant né d'un commerce incestueux ou adultérin. — 2° Lorsque l'âge a été dissimulé pour échapper à l'action des lois sur le recrutement. — 3° Quand il s'agit de personnes notoirement indigentes (Toulouse, 1 août 1836) — 4° Ou de la réparation d'une omission (même arrêt).

508. La demande en rectification peut être formée par simple requête, sans qu'il soit nécessaire de signaler son contradicteur, sauf au tribunal à ordonner la mise en cause des parties intéressées (Besançon, 12 juill. 1811).

509. TRIBUNAL COMPÉTENT. La compétence est déterminée par la situation du greffe du Tribunal de première instance où a dû être déposé le double du registre dans lequel se trouve l'acte dont la rectification est demandée (Duranton, Coin Delisle, Descloseaux, Carré, Toullier). — Cependant il a été décidé : 1° que la rectification pouvait être prononcée par un Tribunal autre que celui du lieu où les actes avaient été reçus (Cass. 19 juill. 1809). — 2° Et que c'était devant le Tribunal du domicile d'origine que devait être portée la demande en rectification de l'acte de décès d'un Français dressé en pays étranger (Paris, 11 mai 1811; — Cass. 10 mars 1813).

510. SAUF L'APPEL. Le demandeur en rectification a le droit de se pourvoir par appel contre le jugement même alors qu'il est seul en cause (C. proc. 858). Mais la partie qui se pourvoit par appel ne peut intimer le procureur gé-

néral devant la Cour et plaider contradictoirement avec lui. Dans ce cas, le ministère public n'a que la voie de réquisition. (Bruxelles, 6 frim. an XIV).

511. La voie de l'appel est ouverte au ministère public relativement aux jugements qui ordonnent une rectification (Bourges, 2 fév. 1820).

512. PARTIES INTÉRESSÉES. La rectification doit être ordonnée après la mise en cause de toutes les parties intéressées (Bordeaux 11 juin 1828).

513. *Le jugement de rectification ne pourra, dans aucun temps, être opposé aux parties intéressées qui ne l'auraient point requis, ou qui n'y auraient pas été appelées* (C. civ. 100).

514. Ce jugement ne peut avoir force de chose jugée, comme toute autre décision judiciaire, que contre ceux qui ont été parties en cause. Toutes autres personnes ont le droit de se pourvoir par la voie de la tierce-opposition suivant les formalités prescrites par les art. 474 et suiv. du C. de proc. civ. (Code Jal. Pal. — *Contrà*, Toullier 1, 334; Delvincourt, 1,32, lesquels pensent que l'on n'a pas même besoin de prendre la voie de la tierce-opposition, et que la rectification doit être réputée non-existante à l'égard des tiers.

515. *Les jugements de rectification seront inscrits sur les registres par l'officier de l'état civil, aussitôt qu'ils lui auront été remis; et mention en sera faite en marge de l'acte réformé* (C. civ. 101).

516. De cette manière, en délivrant expédition de l'acte réformé, on doit aussi délivrer la mention qui énonce la rectification, ce qui dispense de lever une expédition du jugement de rectification (av. Cons. 25 fév. - 4 mars 1808).

[64]

DES EXPEDITIONS ET EXTRAITS; DES GROSSES, SECONDES GROSSES ET AMPLIATIONS; DES COPIES, COPIES DE COPIES, COPIES-COLLATIONNÉES OU COLLATIONS DE PIÈCES, ET COPIES-FIGURÉES; DU COMPULSOIRE.

DIVISION SOMMAIRE.

Indication alphabétique :

§ 1. Des expéditions.

1. On donne le nom d'*expédition* à la copie d'un acte délivrée par un fonctionnaire ou une autorité ayant qualité à cet effet.

Art. 1. A qui appartient le droit de délivrer expédition. — Ce qui s'applique aux grosses ainsi qu'aux extraits.

2. *Le droit de délivrer des grosses et des expéditions n'appartiendra qu'au Notaire possesseur de la minute; et néanmoins, tout Notaire pourra délivrer copie d'un acte qui lui aura été déposé pour minute* (L. 25 vent. an XI, art. 21). — V. *inf.* n. 123.

3. Cet article condamne implicitement l'usage des doubles-minutes, car il ne suppose que l'existence d'une seule minute. - V. note 59, n. 52 — En conséquence, il ne doit pas être permis au notaire qui est possesseur de la seconde minute d'en délivrer des grosses et des expéditions; ce droit n'appartient qu'à celui qui est possesseur de la principale minute. Et pour prévenir tout inconvénient au sujet d'une double grosse, il est important de déterminer dans l'acte, par quel Notaire la seule grosse qui doive exister sera délivrée. Quant à l'attribution du droit de délivrance de cette grosse, on doit suivre les bases adoptées pour le droit de conservation de minute. — V. note 59, le tableau *b* n. 60.

4. Le droit dont il s'agit en l'article précité n'appartient plus au possesseur quand il s'agit de minutes d'actes confiées à sa garde et qui l'intéressent personnellement, ou bien de minutes d'actes reçus par un prédécesseur et dans lesquels ses parents au degré prohibé ont été parties. Il est besoin, dans ce cas, ou de présenter requête au président du tribunal de première instance à fin de nomination d'un Notaire de la résidence du canton pour la délivrance des expéditions et grosses (Roll. de V. v° *Expéd.* n. 6); — Ou de se faire substituer par un confrère par application de la circulaire ministérielle, dont nous avons parlé note 2, n. 134, toutefois, on peut douter que cette circulaire soit spéciale pour ce cas, car si le Notaire substituant a le droit de délivrer grosses et expéditions d'une minute passée devant lui pendant que cette minute est restée de fait en sa possession, ce qu'il peut certifier au besoin sur l'expédition (Roll. de V., 2033), on n'en peut dire autant quand ce Notaire n'est point détenteur de la minute et qu'il ne peut, par conséquent, attester que l'acte a été passé en sa présence, qu'il en a été le rédacteur, que les parties l'ont signé etc. (Roll. de V... *ibid.* et 360).

5. Mais le droit de délivrer copie d'un acte déposé pour minute ne s'étend pas aux pièces annexées quand ce sont des expéditions ou extraits provenant de l'étude d'un confrère. — V. note 35, n. 30.

Art. 2. A qui expédition peut être délivrée.

6. *Les Notaires ne pourront, sans l'ordonnance du président du Tribunal de première instance, délivrer expédition, ni donner connaissance des actes à d'autres qu'aux personnes intéressées en nom direct, héritiers ou ayants-droit, à peine de dommages-intérêts, d'une amende de* 100 *francs* (réduite à 20 fr., par l'art. 10 de la loi du 16 juin 1824), *et d'être, en cas de récidive, suspendus de leurs fonctions pendant trois mois; sauf néanmoins l'exécution des lois et règlements sur le droit d'enregistrement, et de celles relatives aux actes qui doivent être publiés dans les tribunaux* (L. 25 vent. an XI, art. 23).

7. Le Notaire ou autre dépositaire qui refusera de délivrer expédition ou copie d'un acte aux parties intéressées en nom direct, héritiers ou ayants-droit, peut y être condamné et par corps. — V. *inf.* n. 154.

8. A cet égard il a été jugé que le retard qu'un Notaire, mis en demeure, apporte dans la délivrance d'une expédition, l'expose aux dommages intérêts des parties (Bourges, 17 juin 1829).

9. Les Notaires et autres fonctionnaires dépositaires d'actes doivent laisser prendre sans frais aux préposés de l'enregistrement, à toute réquisition, les renseignements, extraits et copies qui leur sont nécessaires pour les intérêts de l'état (art. 54 de la loi du 22 frim. an VII). - V. *sup.* note 21, n. 4, 64 et suiv. — D'où il suit que ces préposés ont le droit de se faire délivrer ces extraits et copies par les Notaires dépositaires des actes. — V. note 5, n. 76.

10. L'affaire se juge sommairement, et le jugement s'exécute, nonobstant opposition ou appel. — V. *inf.* n. 156.

11. Pour le développement de ces dispositions, V. *sup.* v° *communication* note 21, n. 2, 3, 21 et suiv., 57 et suiv. 60 et suiv., 65 et suiv. : ce qui est dit de la *communication* s'appliquant à la *délivrance des expéditions.*

12. On peut, dans le cours d'une instance, se faire délivrer expédition ou extrait d'un acte. — V. *inf.* n. 160.

13. *Les greffiers et dépositaires des registres publics en délivreront, sans ordonnance de justice, expédition, copie ou extrait à tous requérants, à la charge de leurs droits, à peine de tous dépens, dommages et intérêts* (C. proc. 853). — Quant à la délivrance d'une seconde grosse, V. *inf.* n. 43.

Ainsi, la voie du compulsoire n'est pas celle à prendre pour obtenir expédition d'actes déposés dans un greffe. Le greffier qui s'y refuse peut, après sommation de la partie, y être condamné même par corps (Colmar, 14 juin 1814).

14. *Si les frais et déboursés de la minute de l'acte sont dus au dépositaire, il pourra refuser expédition tant qu'il ne sera pas payé desdits frais, outre ceux d'expédition* (C. civ. 851).

15. Même quand ce sont les syndics d'une faillite qui demandent à un Notaire l'expédition de divers actes qu'il a

passés pour le failli; il ne suffit pas, dans ce cas, qu'ils offrent de lui payer le coût de ces expéditions (Paris, 23 oct. 1834).

16. Mais les Notaires ne peuvent forcer ceux pour lesquels ils reçoivent des actes à en lever des expéditions; ils ne sont fondés à réclamer que les déboursés et honoraires des minutes; les parties étant libres de ne requérir des expéditions que quand cela leur convient (arrêt du Parlement de Paris, 14 oct. 1550). — V. note 5, n. 125, *in fine*.

17. Quand il s'agit de la copie d'un acte imparfait, V. note 38, n. 28.

Art. 3. DE LA FORME DES EXPÉDITIONS.

18. Toute expédition doit contenir 25 lignes à la page, et 15 syllabes à la ligne. — V. note 5, n. 67, et note 61, n. 7.

19. Elle doit être la copie littérale de la minute, sans omettre l'orthographe et la ponctuation, car une omission est de nature à changer le sens d'un acte. Il en doit être ainsi à l'égard des testaments olographes surtout, dont les mots raturés ou surchargés doivent être indiqués principalement quand il n'y a point pour ces mots d'approbation de la part du testateur. - V. note 38, n. 31 et suiv. — On ne doit pas non plus omettre la relation de toutes les signatures.

20. Toutefois, les Notaires doivent omettre dans les expéditions, extraits ou copies, les clauses, qualifications, énonciations ou expressions, tendant à rappeler d'une manière directe ou indirecte le régime féodal, à peine d'une amende de 100 fr. (réduite à 20 francs par l'art. 10 de la loi du 16 juin 1824), qui sera double en cas de récidive (L. 25 vent. an XI, art. 17; — Décr. 8-23 pluv. an II). — V. cependant l'art. 62 de la charte constitutionnelle.

21. Le même article de la loi de ventôse étend la prohibition aux mesures et annuaire de l'Etat, ainsi qu'à la numération décimale, mais on ne peut en faire l'application aux expéditions qui doivent être l'image de la minute; ce n'est donc que quand les contraventions existent sur la minute qu'il y a lieu à amende. — V. *Minute*, note 59.

22. Il y a exception à ce qui est dit à l'avant dernier numéro pour les communes et autorités constituées, lesquelles peuvent exiger des expéditions ou copies d'actes non purgées des expressions féodales (L. 11 mess. an II).

23. Dans tous les cas, en omettant les expressions féodales, mention doit en être faite sur les expéditions.

24. Seulement, dans les expéditions on remplace ces mots : « *les présentes* ou *la présente minute* par ceux-ci *la minute des présentes ou ces présentes.* » — V. t. 1, p. 31, note *a*.

25. Les Notaires ne doivent pas insérer dans les expéditions qu'ils délivrent les renvois, apostilles et interlignes non-approuvés comme étant nuls (Toullier, 8, 111; — L. 25 vent an XI, art. 15). — A l'égard des ratures non constatées et des additions et surcharges non-approuvées qui se trouvent sur la minute, les Notaires doivent en faire mention dans les expéditions, afin de mettre les parties à même de tirer de ces ratures et additions telles inductions que bon leur semblera (Toullier, 8, 128).

26. Mais on ne saurait étendre aux expéditions la défense faite aux Notaires de laisser aucun blanc dans leurs actes, parce que la loi de ventôse ne régit que les minutes et n'établit pas sur ce point de règle explicite ou implicite pour les expéditions. Nous croyons donc que M. Toullier (t. 8, n. 107) a avancé un fait inexact quand il dit qu'on a toujours entendu et pratiqué la loi dans ce sens qu'elle régissait les expéditions comme les minutes. - V. note 35. — Les Notaires sont d'ailleurs suffisamment intéressés à ne point laisser de blancs dans les expéditions, car autrement les parties et même des tiers, pourraient insérer dans ces expéditions des dispositions qui ne seraient pas sur les minutes, et alors ces Notaires pourraient devenir passibles des conséquences d'une expédition ainsi erronée par le fait de leur négligence.

27. La signature du Notaire dépositaire de la minute suffit pour la validité ou l'authenticité de l'expédition entière ou par extrait. Quant à la signature d'un second Notaire (surtout de celui qui n'a point signé la minute), elle peut servir à attester la vérité de la signature du Notaire dépositaire de la minute, c'est une espèce de légalisation officieuse de la signature du Notaire en premier, rendant les faux plus difficiles et pouvant être un moyen de surveillance réciproque dans la forme extérieure des expéditions et extraits, mais n'ayant nullement pour objet d'attester la conformité de l'expédition ou de l'extrait avec la minute qui n'est jamais représentée au Notaire en second (Paris, 25 janv. 1834).

28. Par suite de cet arrêt la chambre des Notaires de Paris a, par délibération du 27 av. 1834, pris une délibération portant : 1° *Que les grosses, expéditions et extraits des actes ne doivent être signés que par le Notaire possesseur de la minute*: 2° *que les renvois sur les grosses expéditions et extraits doivent être signés par le Notaire qui les délivre*; 3° *Et qu'une mention marginale, signée par le Notaire, et placée à la fin de chaque grosse, expédition et extrait, doit indiquer le nombre des rôles et des renvois, et celui des mots rayés.*

29. *Il sera fait mention, dans toutes les expéditions des actes publics, civils ou judiciaires qui doivent être enregistrés sur les minutes, de la quittance des droits, par une transcription littérale et entière de cette quittance sous peine d'une amende de 5 fr.* (L. 22 frim. an VII, art. 44).

30. Ainsi, le Notaire est passible d'amende quand, au lieu de copier la quittance du receveur, il se contente d'énoncer dans son expédition la date et le folio de l'enregistrement, le nom du bureau et celui du receveur (Cass. 18 nov. 1806; — Déc. Min. Fin., 24 mai 1808).

31. *Pareille mention sera faite dans les minutes des actes publics, civils, judiciaires ou extra-judiciaires qui se feront en vertu d'actes sous seing-privé ou passés en pays étranger, et qui sont sujets à l'enregistrement par la présente* (L. 22 frim. an VII, art. 44).

32. Toutefois, le but de la loi est suffisamment rempli : 1° quand il est énoncé que l'acte s. s. p. relaté a été enregistré le... au bureau de... F°... case... par N... qui a reçu 5 francs 50 cent. (Sol. 23 av. 1830, - Roll. 2897). — 2° Quand le Notaire, en annexant à un acte un autre acte s. s. p., se borne à énoncer sommairement l'enregistrement de cet acte, sans transcrire littéralement la mention, laquelle est devenue sans objet du moment que l'acte s. s. p. se trouve annexé à l'acte public dans lequel il est relaté (Déc. Min. Fin. 6 mai 1833; — Sol. 14 oct. 1835). — Mais il y a lieu à amende quand à la suite d'un acte quelconque le Notaire donne l'extrait d'une procuration an-

nexée à la minute de cet acte sans transcrire littéralement la mention de l'enregistrement de la procuration qu'il énonce comme ayant été dument enregistrée (Sol. 13 août-1 déc. 1841).

Art. 4. DE LA FOI DUE AUX EXPÉDITIONS. — Renvoi au § 3, art. 7.

§ 2. DES EXTRAITS.

33. On appelle *extrait* l'expédition partielle ou abrégée d'un acte ou d'un écrit quelconque. — On distingue deux sortes d'extraits : l'extrait *littéral* qui consiste à rapporter textuellement *telle* ou *telle* disposition d'un acte, et l'extrait *analytique* ou raisonné qui consiste à rendre avec exactitude, mais non textuellement, le sens de tout ou partie d'un acte.

34. Les extraits n'étant que des expéditions abrégées, les règles relatives aux expéditions sont les mêmes pour les extraits, quant à la foi qui leur est due, au mode de les délivrer et de les expédier, et aux formalités du timbre, d'où il suit qu'il y a obligation de transcrire en entier la mention d'enregistrement dans les extraits (Jug. de la Seine, 6 mars 1812).

35. Mais il n'en est pas de même du droit de se procurer les extraits, et des honoraires auxquels les extraits peuvent donner lieu. —Nous n'admettons pas, en effet, par argument de l'art. 853 du C. de proc. civ., que toutes les fois que le mot *expédition* ou *copie* se trouve dans la loi, la disposition s'applique aux *extraits*, car l'art. 2158 du C. civ., relatif à la radiation des inscriptions exclut les extraits surtout ceux qui sont analytiques (V. note 149), l'art. 2181 du C. civ. relatif à la transcription des contrats exclut toute espèce d'extraits (V. note 3.), quand, d'un autre côté, l'art. 983 du C. de proc. civ.. et les art. 67 et 68 du C. de comm. spécifient la faculté d'exiger des extraits. — Il est vrai que l'art. 846 du Code de proc. accorde aux tiers le droit de demander expédition ou *extrait*, mais l'art. 839 du même Code relatif aux parties intéressées n'accorde pas à celles-ci le même droit, or, cette différence est favorable à l'opinion que nous avons émise à cet égard note 5, n. 83 et suiv.

§ 3. DES GROSSES, SECONDES GROSSES ET AMPLIATIONS.

36. *Les grosses seules seront délivrées en forme exécutoire: elles seront intitulées et terminées dans les mêmes termes que les jugements des tribunaux* (L. 25 vent. an XI, art. 25). — V. aux formules le mot *grosse*.

37. *Il doit être fait mention, sur la minute, de la délivrance d'une première grosse, faite à chacune des parties intéressées; il ne peut lui en être délivré d'autre, à peine de destitution, sans une ordonnance du président du Tribunal de première instance, laquelle demeurera jointe à la minute* (Même loi, art. 26).

38. Cette mention n'est prescrite que quand il s'agit de la délivrance d'une première grosse. Elle ne l'est pas quand il s'agit d'une seconde ou troisième grosse, parce que la délivrance ne pouvant avoir lieu que sur ordonnance, le Notaire n'a plus à ce sujet de responsabilité. Elle est bien moins obligatoire quand il s'agit d'expéditions ou d'extraits; si donc elle a lieu dans ce cas, ce ne peut être que pour ordre.

39. La mention dont il s'agit ne peut résulter de l'inscription sur la minute des lettres F. G. ou des mots FAIT GROSSE. En effet, ce n'est point une mention que la grosse a été *faite* que la loi prescrit, mais bien la mention de sa *délivrance*, et le Notaire doit signer cette mention qui doit être considérée comme un procès-verbal annexé à sa minute (Orléans 24, juin 1839). — Cette mention se fait ordinairement en ces termes : FAIT GROSSE DÉLIVRÉE LE..., puis le Notaire appose sa signature au-dessous; mais on ne doit pas faire la mention dont il s'agit d'un seul jet; lorsque la grosse est expédiée on ne doit mettre sur la minute que *fait grosse* et lorsque le Notaire la délivre, il doit ajouter *délivrée le...*, puis signer la mention. Procéder autrement serait contraire à la vérité, peut-être nuisible aux intérêts de la partie, et à ceux du Notaire en lui ôtant son action pour raison de ses frais, car strictement celui-ci ne pourrait être admis à protester contre sa mention en représentant une grosse qu'il est censé avoir délivrée.

40. Du reste, foi est due à la mention de la délivrance, de sorte qu'il n'y a point d'obligation pour le Notaire de se faire donner décharge de la première grosse.

41. *Chaque Notaire sera tenu d'avoir un cachet ou sceau particulier, portant ses nom, qualité et résidence, et, d'après un modèle uniforme, le type de la République Française. — Les grosses et expéditions des actes porteront l'empreinte de ce cachet* (Même loi, art. 27).

42. *La partie qui voudra se faire délivrer une seconde grosse soit d'une minute d'acte, soit par forme d'ampliation sur une grosse déposée, présentera, à cet effet, requête au président du Tribunal de première instance : en vertu de l'ordonnance qui interviendra, elle fera sommation au Notaire pour faire la délivrance à jour et heure indiqués, et aux parties intéressées pour y présentes; mention sera faite de cette ordonnance au bas de la seconde grosse, ainsi que de la somme pour laquelle on pourra exécuter, si la créance est acquittée ou cédée en partie* (C. proc. 844).

43. *En cas de contestation, les parties se pourvoiront en référé* (C. proc. 845).

44. Ce n'est pas devant le président du Tribunal du lieu de la résidence du Notaire dépositaire de l'acte que le référé doit être porté, mais bien devant celui du Tribunal du domicile du défendeur; dans le silence de la loi sur ce cas particulier, on doit appliquer les règles générales sur la compétence (Pau, 31 août 1837).

45. *Une seconde expédition exécutoire d'un jugement ne sera délivrée à la même partie, qu'en vertu d'ordonnance du président du Tribunal où il aura été rendu. — Seront observées les formalités prescrites pour la délivrance des secondes grosses des actes devant Notaires* (C. proc. 854).

Art. 1. DES GROSSES ET DE LEUR OBJET.

46. On appelle *Grosse* la copie authentique d'un acte, délivrée en forme exécutoire par l'officier public compétent. Ainsi, c'est la formule exécutoire qui distingue les grosses des autres copies authentiques, et en fait une classe à part. Il ne faut donc pas confondre les *grosses* avec les *expéditions* quoiqu'elles aient la même foi. La grosse est une expédition: mais toute expédition n'est pas une grosse (Toullier, 8, 418; Duranton, n. 13,24). L'expédition ne confère que le simple droit d'action c. à-d. le droit d'agir en justice, tandis que la grosse autorise à poursuivre l'exécution directement comme avec un jugement.

47. Le droit d'exécution que confère la grosse émane de la convention qui fait la loi des parties; mais c'est au nom du Roi, chef du pouvoir exécutif que cette exécution a lieu, c'est lui qui délègue au notaire le soin de transmettre aux officiers de justice le devoir d'exécuter, en sorte que le

notaire n'est dans la circonstance que le Ministre du Roi, cela résulte formellement des termes de la formule exécutoire qui doit être ainsi entendue. « *Nous* (le Roi) etc., *Mandons et ordonnons* etc. — V. inf. n. 75.

48. Puisqu'une *grosse* a pour objet d'autoriser une poursuite, il faut qu'il s'agisse de choses liquides, certaines et exigibles (C. proc. 551 et suiv. — V. *inf. n.* 54.

Art. 2. De quels actes il peut être délivrée grosses.

49. Les notaires ont le droit de délivrer grosses :

50. 1° Des actes authentiques dont les minutes sont en leur possession (V. *sup.* n. 2).

51. 2° Des actes sous seings-privés qui leur sont déposés, lorsque toutes les parties qui les ont souscrits, ou celles qui sont débitrices d'après les mêmes actes, les reconnaissent devant notaire et en effectuent le dépôt, parceque alors ils deviennent authentiques (C. civ. 1322; Cass. 27 mars 1821). — Il n'est pas besoin pour cela que le créancier intervienne pour reconnaître sa signature (Bourges, 27 juin 1823).

52. 3° D'une ordonnance de référé rendue par le Président du tribunal civil et consignée sur un procès-verbal reçu par un notaire (Stat. not. de Paris, 29 sept. 1814).

53. 4° D'un titre même prescrit; par le motif que la prescription n'est pas de plein droit, qu'il faut l'opposer et que tant qu'elle n'est pas opposée, le titre subsiste.

54. 5° D'une donation entre-vifs, même quand il s'agit d'une somme à payer par les héritiers du donateur. — V. *inf.* n. 66.

55. 6° Des brevets qui leur ont été rapportés pour minute (Arg. L. 25 vent. art. 21; Roll. de V. v° *grosse*). — Ce rapport ne peut être fait qu'au notaire qui a passé le brevet, s'il est encore notaire, sinon au notaire qui l'a signé en second, et en cas de décès du notaire en premier et du notaire en second, à tel autre notaire que l'on juge à propos, lequel fait alors MENTION A LA FIN DE LA GROSSE que les notaires qui ont signé le brevet sont décédés ou ne sont plus notaires (Massé t. 3, ch. 20; Merlin, *rép.* v° acte notarié n. 16.) — V. *inf.* n. 123.

56. 7° Des actes d'un notaire décédé, lorsque pendant la vacance de l'office ils ont été nommés à cet effet par le président du tribunal civil de la résidence (L. 25 vent. an XI, art. 61). — V. note 59.

57. 8° Des actes notariés compris dans les dépôts publics connus sous la dénomination de chambres de contrats, bureaux de tabellionnage et autres (L. 25 vent. an XI, art. 60).

58. Mais pour que ces actes puissent être délivrés en forme de *grosse*, il faut que l'obligation consiste à *donner*, et non à *faire*, parce que les obligations de cette dernière espèce se résolvent en des dommages-intérêts qu'il faut auparavant liquider (C. civ. 1142; — C. proc. 551 et suiv.). — L'obligation doit donc avoir pour objet, non un meuble ou un immeuble, mais une somme de deniers, certaine et liquide, ou du moins quelque espèce consistant en poids, nombre ou mesure, et encore dans ce dernier cas il faut, avant de poursuivre, ajourner le débiteur pour voir apprécier l'espèce (Loyseau). — En un mot, elle doit être pure et simple, claire et certaine, non-suspendue ni modifiée par aucune condition, de manière qu'il ne puisse s'élever aucune difficulté sur son exécution (*ibid.*)

59. Voici quelques cas difficiles qui ont donné lieu à des solutions que nous adoptons :

60. 1° Lorsque le cédant d'une rente s'est obligé seulement de la payer, après discussion du débiteur, par ces mots *fournir et faire valoir*, *et payer lui-même*, le cessionnaire ne peut se pourvoir que par simple action pour faire ordonner la discussion, pour ensuite faire condamner le cédant à payer la rente (Loyseau).

61. 2° Si, au contraire, la cession est faite avec obligation par le cédant de payer la rente, *sans que le débiteur cédé puisse être poursuivi en aucune manière*, une telle clause doit produire alors exécution parée, parce qu'elle fait que le contrat est plutôt une constitution de rente sur le cédant qu'une cesssion de rente déjà constituée, et que le transport qui y est mentionné est plutôt une assignation de dette qu'une vraie vente (*Ibid.*).

62. 3° Mais si le cédant a promis de payer lui-même, *à défaut de paiement par le débiteur, et après qu'il aura refusé de payer sur un simple commandement à lui fait*, il n'est pas nécessaire que toutes ces conditions soient vérifiées avant qu'on puisse procéder par voie de saisie-exécution, une telle clause ayant exécution parée (Loyseau).

63. Il ne peut être délivré grosse par les Notaires :

64. 1° D'un transport de créance, à moins que le débiteur cédé ne soit intervenu au transport avec nouvelle obligation de payer; il n'est pas besoin, dans ce dernier cas, qu'il y ait novation dans la dette.

65. 2° D'un acte de cession, dans le cas spécifié *sup.* n. 60.

66. 3° D'un testament, même quand il contiendrait legs d'une somme déterminée. Le légataire, en effet, ne pouvant se mettre en possession de la chose que par une demande en délivrance faite en justice, il en résulte que ce n'est que le jugement ordonnant cette délivrance qui doit être délivré en forme exécutoire. — Mais il en serait autrement d'une donation entre-vifs et à cause de mort (telle est celle faite entre époux); quoique mixte, elle participe des donations entre-vifs — V. *sup.* n. 54.

67. 4° D'un contrat de mariage ne présentant que les droits éventuels des époux.

68. 5° D'un procès-verbal contenant vente de meubles à crédit. Mais il en serait autrement si l'acheteur avait comparu au procès-verbal avec obligation de payer à une époque déterminée.

68 *bis*. 6° D'un acte imparfait. — V. note 38, n. 28.

Art. 3. A quelles personnes il peut être délivré grosses.

69. Anciennement l'exécution devait se faire seulement sur les mêmes personnes qui avaient figuré dans le contrat et non sur les héritiers ni sur la veuve pour sa part dans la communauté; de sorte qu'il fallait venir par action pour faire déclarer le contrat exécutoire contre eux comme il l'était contre le défunt. — Mais cette formalité a été abrogée par l'art. 877 du C. civ. portant : « Les titres exécutoires contre le défunt sont pareillement exécutoires contre l'héritier personnellement, et néanmoins les créanciers ne pourront en poursuivre l'exécution que huit jours après la signification de ces titres à la personne ou au domicile de l'héritier. » Ce qui s'applique non-seulement à l'héritier, mais à toute personne qui prend la place du défunt, telle est une veuve.

70. Ce n'est qu'aux parties intéressées que la première grosse d'un acte doit être délivrée. Chacune d'elles peut exiger une grosse en ce qui la concerne, de sorte qu'il peut être délivré plusieurs premières grosses d'un même acte, mais alors le notaire doit avoir soin de mentionner sur chaque grosse qu'elle est délivrée à *telle* partie et de faire pareille mention sur la minute.

71. Les parties intéressées sont celles qui ont le droit de poursuivre l'exécution de l'acte, puisque la grosse a principalement pour but cette exécution (Toullier, 8, 420; Duranton, n. 1318); — d'où il suit que dans les actes unilatéraux, comme les prêts, les constitutions de rentes, etc., il ne doit être délivré de grosse qu'au créancier, et non pas au débiteur (Toullier, n. 421; Duranton, *ibid.*).

72. Le motif de la prohibition de délivrer grosse à d'autres qu'aux parties intéressées est fondé sur ce que la remise volontaire du titre fait présumer la remise de la dette ou le paiement (C. civ. 1283). — V. note 133.

73. On ne peut délivrer autant de grosses d'un titre-nouvel qu'il y a d'héritiers co-propriétaires. Le débiteur, en effet, ne doit qu'un seul titre au créancier originaire; il doit en être de même vis-à-vis de ses héritiers, lesquels ne peuvent qu'user de la voie de l'ampliation, s'ils veulent avoir chacun une grosse. — Cependant, il peut être convenu par le titre que chaque cohéritier aura droit à une grosse exécutoire jusqu'à concurrence de ses droits, ce qui occasionne aux héritiers moins de frais que des ampliations, mais alors on doit faire sur chaque grosse la mention dont est parlé *sup.* n. 70. — V. *inf.* n. 104.

Art. 4. DE LA FORME DES GROSSES. — CE QUI S'APPLIQUE AUX SECONDES GROSSES ET AMPLIATIONS.

74. Pour la forme des grosses on doit observer ce que nous avons dit *sup.* n. 18 et suiv. relativement à la délivrance des expéditions.

75. Seulement toute grosse, sous le règne actuel (celui de Louis Philippe) doit être intitulée ainsi : « LOUIS-PHILIPPE, ROI DES FRANÇAIS, *à tous présents et à venir*, SALUT : — et terminée ainsi : *Mandons et ordonnons à tous huissiers sur ce requis de mettre ces présentes à exécution; à nos procureurs-généraux et à nos procureurs près les tribunaux de première instance d'y tenir la main; à tous commandants et officiers de la force publique d'y prêter main-forte lorsqu'ils en seront légalement requis. En foi de quoi nous avons fait sceller ces présentes.* » (Ordonn. roy. 16 août 1830.)

76. Les grosses qui ont été délivrées sous les différents gouvernements qui ont précédé la révolution de 1830 continuent d'être exécutoires soit avec les formules qui leur ont été données à l'époque de leur délivrance (Riom, 25 nov. 1830; Bordeaux, 8 déc. 1831), — soit avec les formules rectifiées par suite de l'ordonn. du roi du 30 août 1815 (Circ. Min. Just. 20 déc. 1830).

77. Les anciennes expéditions d'actes notariés qui, dans certains pays, n'étaient pas délivrées en forme de grosse exécutoire, et pour l'exécution desquelles on devait prendre des lettres de chancellerie, peuvent aujourd'hui être rendues exécutoires au moyen d'une simple ordonnance du président du tribunal civil de l'arrondissement où réside le notaire qui a reçu l'acte (Bordeaux, 26 av. 1841).

78. Les grosses doivent porter l'empreinte du cachet du notaire. Il doit en être de même des expéditions. - V. *sup.* n. 41. — Toutefois, n'est pas nulle l'exécution d'un acte notarié faite sur une grosse non revêtue du sceau du notaire (Toullier, 8, 60; Carré, 2, 1904).

79. On peut délivrer une grosse par extrait. Toutefois, pour prévenir des contestations semblables à celles qui se sont déjà élevées sur des procédures dirigées en vertu de grosses par extrait, il est prudent de se faire autoriser par l'acte même à délivrer ainsi la grosse, et de rapporter dans cette grosse l'autorisation existante à ce sujet.

80. Quoique la première grosse d'un acte notarié n'ait pas été revêtue de la formule exécutoire, ce n'en est pas moins une *grosse* dans le sens légal; et dès lors il ne peut en être délivré une seconde (en forme) qu'après une requête présentée au président du tribunal et sommation faite aux parties intéressées. — Les poursuites exercées en vertu de la grosse qui, dans un tel cas, aurait été délivrée sans l'observation des formalités prescrites, sont essentiellement nulles (Cass. 23 août 1826).

81. Ce qui est dit *sup.* n. 2 et suiv. est applicable aux grosses.

Art. 5. DES SECONDES GROSSES.

82. Un notaire ne peut délivrer une seconde grosse, sous peine de destitution, sans une ordonnance du président du tribunal. - V. *sup.* n. 37. — Dans ce cas, on procède comme il est dit *sup.* n. 39 et suiv.

83. C'est au président du tribunal civil dans l'arrondissement duquel réside le notaire dépositaire de la minute que la requête (laquelle se fait ordinairement par le ministère d'avoué) doit être présentée. — La demande, dans ce cas, étant indéterminée, est par conséquent soumise aux deux degrés de juridiction, alors même que le montant de la somme portée au titre serait inférieur à 1500 fr. (Bordeaux, 20 janv. 1831).

84. La requête, quand il s'agit d'une seconde grosse, est la seule voie à suivre. On ne peut à ce cas appliquer l'art. 839 du C. de proc. civ., lequel ne statue que sur le cas de refus de délivrer *expédition* ou *copie* d'un acte, et non sur celui où il s'agit de la remise d'une *seconde grosse* (Toulouse, 20 mars 1838). — V. note 75.

85. La demande de la seconde grosse d'une obligation ne peut être écartée par des présomptions de paiement qu'autant qu'elles sont établies par la loi (Cass. 20 mars 1826).

86. On a élevé la question de savoir si les parties peuvent dispenser de l'ordonnance du président en se présentant volontairement devant le notaire dépositaire de la minute, et en consentant la délivrance d'une seconde grosse à celle d'entr'elles qui la demande. L'affirmative est adoptée par M. Toullier (t. 8, n. 453), et il se fonde sur ce que c'est du consentement des parties que la nouvelle grosse tire alors son autorité, ce qui oblige à constater ce consentement d'une manière authentique et à ne le recevoir que de parties capables de contracter. — Mais dans l'usage on suit l'opinion contraire, et on se fonde sur ce que : 1° les grosses étant des actes de l'autorité publique (V. *sup.* n. 47) ne peuvent être délivrées que suivant les formes prescrites par la loi; laquelle n'a tracé qu'un seul mode qui suppose l'intervention de la justice, et exclut par conséquent le consentement des parties à l'effet de dispenser de l'intervention.

87. Du reste, M. Toullier lui-même (t. 8, n. 457) reconnaît que les grosses par ampliation doivent être tirées de l'autorité du magistrat, et cependant les règles relatives aux ampliations s'appliquent aux secondes grosses.

88. Lorsque le président ordonne la délivrance, elle ne peut être faite par le notaire qu'en présence et du consentement du débiteur ou lui dument appelé. - V. *sup.* n. 42. — Cependant, si postérieurement à l'ordonnance, le débiteur consent à la délivrance de la seconde grosse, elle est alors délivrée par le notaire au vu de ce consentement constaté par acte authentique, sans autres formalités que celles constatant cette délivrance; dans ce cas, une sommation n'est point indispensable.

89. Mais lorsque le débiteur ne consent pas à la délivrance de la seconde grosse, le créancier signifie l'ordonnance de délivrance tant au débiteur qu'au notaire, avec sommation à celui-ci de faire la délivrance aux jour et heure indiqués, et au débiteur d'y être présent. - V. *sup.* n. 42. — Dans ce cas, l'original de la sommation faite au notaire doit être visé par lui sans frais, ou, en cas de refus, par le procureur du roi conformément à l'art. 1039 du C. de proc. civ. (Carré).

90. Il n'y a pas de délai de rigueur pour sommer le notaire de faire la délivrance, et les parties d'y être présentes, de sorte que rigoureusement le délai de 24 heures est suffisant. Cependant, lorsque les parties intéressées sont éloignées, le délai doit être augmenté d'un jour par trois myriamètres de distance, conformément à l'art. 1033 du C. de proc. civ. (Carré) — V. note 20.

91. Si les parties ne se présentent pas chez le notaire aux jour et à l'heure indiqués, le notaire donne défaut contr'elles, et n'en passe pas moins à la délivrance de la grosse en leur absence (Carré; Toullier, n. 462).

92. En cas de contestation sur la délivrance de la grosse, les parties se pourvoient en référé. - V. *sup.* n. 43; — et alors la délivrance ne peut plus avoir lieu qu'en vertu de l'ordonnance de référé ou du jugement, qui doivent être signifiés au notaire. — On se pourvoit en référé devant le président, et on est renvoyé par lui à l'audience selon la nature de la contestation (Carré; Toullier, n. 458).

93. Le notaire constate la délivrance de la seconde grosse par un procès-verbal auquel il annexe l'original de la sommation, surtout quand il donne défaut contre le débiteur qui ne comparaît point. Ce procès-verbal doit être en la forme ordinaire des actes notariés (Toullier, *ibid.*; Carré; Pigeau; Demiau); — et il doit en être gardé minute, car ce n'est point un acte simple, le notaire ayant intérêt à le conserver en original pour prouver que les formalités requises ont été accomplies. — V. note 59, le tableau *a*, p. 552, alin. 11 *bis*.

94. Le procès-verbal de délivrance se met ordinairement à la suite de l'acte dont il est délivré une seconde grosse, mais sur une feuille de timbre séparée. - V. note 45. — Et la grosse se délivre soit à la suite de l'expédition du procès-verbal, soit en faisant à la fin de cette grosse une mention de délivrance dans laquelle on rappelle la requête, l'ordonnance, la sommation et le procès-verbal. - V. aux formules, v° *Grosse*. — On doit, dans la seconde grosse, mentionner la somme pour laquelle elle sera exécutoire, surtout lorsque la créance a été acquittée ou cédée en partie. — V. *sup.* n. 42.

95. Il n'est pas nécessaire de faire mention sur la minute de la délivrance d'une seconde grosse. — V. *sup.* n. 38.

96. Lorsqu'il s'agit de l'obtention d'une seconde grosse par les préposés de la régie de l'enregistrement, dans l'intérêt de l'état, les formes ci-dessus doivent être observées : la loi ne contenant nulle exception pour ce cas. - V. note 21. — Toutefois, la demande en délivrance se fait, dans ce cas, au président du tribunal, sur simple mémoire, sans le ministère d'avoué, conformément au mode de procédure suivi pour les affaires concernant la régie (L. 27 vent. an IX; av. Cons. d'Et. 1 juin 1807; Instr. gén. 436).

97. Les frais occasionnés par la délivrance de la seconde grosse sont à la charge de celui qui l'obtient (Arg. ordonn. 30 août 1815; Duranton, 1321), — surtout quand la perte de la première grosse n'a point eu lieu par le fait du débiteur.

98. Quand le notaire prétend que les frais de la minute ou ceux de la première grosse lui sont dûs, il ne peut se refuser à la délivrance de la seconde grosse jusqu'au paiement de ces frais, surtout quand le créancier d'accord sur la délivrance avec le débiteur offre de payer les frais de la seconde grosse. La remise précédemment faite de la première grosse établit, en effet, une preuve suffisante du paiement des frais de la minute et de cette première grosse (Arg. Cass. 18 nov. 1816). — Cependant, si le notaire alléguait que cette remise n'a eu lieu que sous la réserve des frais à lui dûs, la solution ci-dessus devrait être différente; mais toujours est-il qu'il y a du danger pour le notaire à remettre les pièces aux parties sous débet, le mieux pour lui est de se faire payer lors de cette remise ou au moins de se faire régler le montant de ses frais en une reconnaissance. — V. note 5, n. 139.

Art. 6. DES AMPLIATIONS.

99. Le mot *ampliation* dérivé du latin *ampliare*, augmenter, rendre plus ample, signifie proprement en termes de palais et de finance, *le double*, le duplicata d'un titre, lorsqu'il est tel qu'il forme un second original de ce titre quand il est signé des mêmes parties, à la différence de la copie où l'on fait seulement mention des signatures dont l'original est revêtu (Toullier, 8, 456).

100. On donne le nom d'ampliation aux secondes grosses qu'un notaire délivre sur une grosse originale qui lui a été déposée. — V. *sup.* n. 42.

101. Les formes à suivre pour l'obtention d'une seconde grosse étant communes à celles à suivre pour se faire délivrer une grosse par ampliation (V. *sup.* n. 42), nous renvoyons à ce qui est dit *sup.* n. 82 et suiv.

102. Seulement, lorsqu'il s'agit de la délivrance par ampliation d'une grosse déposée, on peut s'adresser au président du tribunal dans l'arrondissement duquel le dépôt a été fait, pourvu que ce dépôt n'ait pas été effectué frauduleusement dans un lieu éloigné du domicile des parties (Toullier, 8, n. 455).

103. Il y a lieu à délivrance d'ampliations, lorsqu'une grosse étant commune entre plusieurs, les intéressés aiment mieux faire les frais d'une ampliation pour chacun que d'avoir recours à celui d'entre eux qui se serait chargé d'aider les autres au besoin de cette grosse. On délivre donc des ampliations :

104. 1° Lorsque le propriétaire d'une créance en fait le transport à plusieurs personnes y ayant des droits distincts. Dans ce cas, on annexe la grosse au transport, et on pro-

cède pour les ampliations comme il est dit *sup.* n. 42 et suiv.

105. 2° Lorsque, dans une liquidation de communauté ou succession, ou bien dans un partage de société, il se trouve des rentes ou créances que les partageants divisent entre eux. Dans ce cas, on annexe également la grosse à l'acte de liquidation ou de partage.

106. 3° Lorsque le débiteur laisse plusieurs héritiers: ceux-ci n'étant tenus des dettes de leur auteur que pour leur part et portion virile, le créancier peut, dans ce cas, exiger qu'il lui soit délivré autant de grosses, par forme d'ampliation, qu'il y a d'héritiers (Toullier, 8, 456). V. *sup.* n. 73.

Art. 7. DE LA FOI DUE AUX GROSSES ET EXPÉDITIONS.

107. *Les copies, lorsque le titre original subsiste, ne font foi que de ce qui est contenu au titre, dont la représentation peut toujours être exigée* (C. civ. 1334).

108. *Lorsque le titre original n'existe plus, les copies font foi d'après les distinctions suivantes :*

109. 1° *Les grosses ou premières expéditions font la même foi que l'original : il en est de même des copies qui ont été tirées par l'autorité du magistrat, parties présentes ou dument appelées, ou de celles qui ont été tirées en présence des parties et de leur consentement réciproque.*

110. 2° *Les copies qui, sans l'autorité du magistrat, ou sans le consentement des parties, et depuis la délivrance des grosses ou premières expéditions, auront été tirées sur la minute de l'acte par le Notaire qui l'a reçue, ou par l'un de ses successeurs, ou par officiers publics qui, en cette qualité, sont dépositaires des minutes, peuvent, au cas de perte de l'original, faire foi quand elles sont anciennes. — Elles sont considérées comme anciennes, quand elles ont plus de trente ans; si elles ont moins de trente ans, elles ne peuvent servir que de commencement de preuve par écrit*..... (C. civ. 1335).

111. Il résulte de la disposition rapportée *sup.* n. 107, que l'expédition d'un acte délivrée par le notaire dépositaire de la minute ne fait foi que par la présomption légale, que cette expédition est conforme à la minute. En conséquence, la partie qui, pour la plus prompte expédition de l'affaire, a consenti à être jugée, sans compulsoire, sur l'expédition de son adversaire, peut néanmoins sur l'appel, se prévaloir des énonciations de sa propre expédition, et demander subsidiairement que la minute de l'acte soit représentée au compulsoire (Cass. 10 août 1840).

112. Mais quand, dans le cas prévu par la disposition rapportée *sup.* n. 108 le titre original n'existe plus ou ne se retrouve pas, la partie qui représente la grosse de ce titre n'est pas obligée de prouver que cette minute a existé : autrement, ce serait tout remettre en question et on ne le peut que lorsqu'une vérification est possible; ce point manquant, on ne peut que prendre les choses dans l'état où elles sont : la grosse forme donc par elle-même, et jusqu'à inscription de faux, preuve légale de l'existence antérieure de la minute (Bourges, 17 mai 1827), tellement que son exécution ne peut être suspendue par les tribunaux (Toulouse, 9 août 1834) — à moins que l'on ne s'inscrive en faux (C. civ. 1319; Cass. 17 mess. an X).

113. Il a même été décidé que le créancier qui ne peut représenter la grosse de son contrat n'en doit pas moins obtenir collocation à son rang d'hypothèque, sur la représentation d'une simple expédition de ce contrat. Vainement, un créancier contestant soutiendrait que la grosse non représentée pourrait porter quittance, ou que sa remise au débiteur pourrait faire présumer l'extinction de la dette (Cass. 13 mars 1828). — V. *sup.* n. 72 et 98.

114. Les grosses ou premières expéditions ainsi que les copies qui ont été tirées par l'autorité du magistrat ou du consentement des parties font donc la même foi que l'original, au cas de perte de la minute.

115. Mais comment distinguer les premières des secondes expéditions? On ne le peut régulièrement qu'en exigeant une mention tant sur la minute que sur chaque expédition, spécifiant si c'est une première ou seconde expédition, à qui elle est délivrée et la date de sa délivrance. Mais la loi ne contenant à ce sujet aucune prescription, il en résulte que dans l'usage on ne fait aucune distinction entre les diverses expéditions qui ont été délivrées par le notaire qui a reçu la minute de l'acte.

116. Cependant, les copies tirées sur la minute de l'acte, sans l'autorité du magistrat ou sans le consentement des parties, depuis la délivrance des grosses ou premières expéditions, soit par le notaire qui a reçu l'acte, soit par un de ses successeurs (V. *sup.* n. 110), peuvent, toujours au cas de perte de l'original, faire foi quand elles sont anciennes, c.-à-d. quand elles ont plus de 30 ans, sinon elles ne peuvent servir que de commencement de preuve par écrit.

117. L'ancienneté, dans ce cas, serait facile à déterminer, si l'expédition portait la date de sa délivrance, mais cela ne s'observe que quand l'expédition est délivrée par un successeur. Il faut donc établir cette ancienneté par tous les moyens qui peuvent être au pouvoir des parties, notamment par les cotes et paraphes qui peuvent avoir été mis sur l'expédition par suite d'inventaire .

§ 4. DES COPIES ET COPIES DE COPIES.

118. On appelle *copie* la transcription d'un titre ou d'un écrit quelconque faite littéralement ou mot à mot sur l'original (Toullier, 8, 412).

119. Les copies sont destinées à perpétuer le titre original : seulement, quand le titre subsiste, elles ne font foi que de ce qui est contenu en l'original, c'est pourquoi la représentation de cet original peut toujours être exigée (V. *sup.* n. 107). — Mais quand ce titre n'existe plus, elles font foi comme lui, lorsqu'elles ont la forme de grosses ou premières expéditions, qu'elles ont été tirées par l'autorité du magistrat ou du consentement des parties, ou bien quand elles sont anciennes. — V. *sup.* n. 109 et 110.

120. La représentation du titre original se fait, en général, aux dépens de celui qui a eu tort dans la vérification. Ainsi, lorsque le demandeur produit une première grosse ou expédition qui, de sa nature, fait provisoirement foi, c'est au défendeur qui prétend qu'elle est inexacte, à prouver la réalité de sa prétention. Si, au contraire, le défendeur ne produit qu'une expédition ou copie délivrée par suite des premières, et à laquelle la même foi provisoire ne soit pas attachée, ou bien une copie irrégulière et informe, c'est à lui de justifier son action en produisant l'original ou la minute du titre, et il doit faire l'avance des frais de cette production, sauf son recours, en définitive, s'il y a lieu (Toullier, 8, 462).

121. Quant à la preuve de la perte du titre original, elle

se fait par une attestation du notaire qui a reçu l'acte, ou de son successeur ou autre dépositaire de ses minutes, sauf la preuve contraire.

122. *Lorsque les copies tirées sur la minute d'un acte ne l'auront pas été par le Notaire qui l'a reçu, ou par l'un de ses successeurs, ou par officiers publics qui, en cette qualité, sont dépositaires des minutes, elles ne pourront servir, quelle que soit leur ancienneté, que de commencement de preuve par écrit* (C. civ. 1335-3°). — *V. sup.* n. 108 et suiv. et *inf.* n. 127.

123. Il semble résulter de cette disposition que, quand un acte délivré en brevet est rapporté pour minute à un notaire autre que celui qui l'a reçu, la grosse ou expédition qui est délivrée ne conduit pas au but qu'on s'est proposé, puisqu'elle ne peut valoir que comme copie. — V. note 59, n. 17 et *sup.* n. 2 et 55.

124. Du reste, la disposition qui précède s'applique à tous les officiers publics, même aux juges, en sorte que les copies qu'ils délivreraient, la relation qu'ils feraient, même dans les jugements et arrêts, d'actes dont ils ne sont point dépositaires des minutes, ne peuvent servir que de commencement de preuve par écrit (Cass. 3 juin 1812; C. proc. civ. 1040).

125. Dans le cas prévu par l'article rappelé *sup.* n. 122, le tiers qui aurait représenté une minute à un officier public pour en tirer copie, pourrait être tenu de la représenter à moins qu'il ne prouvât qu'il l'a perdue par accident ou qu'il l'a depuis déposée à un notaire chez lequel elle n'existe plus.

126. Dans ce même cas, pour que l'expédition puisse former un commencement de preuve par écrit, il n'est pas nécessaire qu'elle ait 30 ans de date; ces mots, *quelle que soit leur ancienneté*, qui terminent l'art. 1335-3°, n'ayant été ajoutés dans la loi que pour établir une distinction entre les secondes expéditions délivrées par un officier public détenteur de la minute, lesquelles ne font pleine foi que quand elles ont plus de 30 ans (V. *sup.* n. 110), et les expéditions délivrées par un notaire non dépositaire de l'acte, lesquelles ne peuvent jamais servir que de commencement de preuve par écrit. Ne point accorder cet effet à une expédition tirée sur la minute représentée à un notaire, serait attribuer aux expéditions moins d'effet qu'à des copies de copies qui peuvent servir de preuves par écrit (Montpellier, 22 fév. 1831). — Mais dans l'espèce le demandeur fut admis à prouver l'existence de la minute.

127. *Les copies de copies pourront, suivant les circonstances, être considérées comme de simples renseignements* (C. civ. 1335-4°).

128. Quand même la copie serait tirée sur une première copie, tirée elle-même sur l'original authentique avec les formalités requises et par autorité de justice, cette seconde copie ne pourrait être considérée que comme simple renseignement et ne pourrait faire titre; parce que, dans ce cas, la certification du notaire ne peut valoir plus que la déposition d'un témoin qui ne dépose que sur la foi d'autrui ou sur un ouï-dire (Dumoulin, n. 83) — car, le témoignage du notaire se réduit à dire : « Je certifie la présente conforme à « une copie qu'on m'a présentée, au pied de laquelle se « trouvait la signature de *tel*, se disant notaire en *tel* en- « droit, et qui certifiait cette copie conforme à l'original « dont il se disait dépositaire » (Toullier, 8, 459).

129. Cependant, si la copie d'une copie en forme, par exemple, d'une première expédition ou d'une copie tirée sur l'original par autorité de justice, parties présentes ou dûment appelées, était collationnée aussi par autorité de justice ou du consentement des parties, cette copie collationnée aurait la même force que la première expédition en forme (Pothier, n. 741); — à moins que depuis la délivrance de la première expédition, il ne soit survenu de nouvelles raisons de contester l'original, comme quand, après avoir acquitté un legs fort modique en me présentant une copie de copie de codicile que j'avais alors fort peu d'intérêt à contester, le même légataire se prévaut du même codicile pour exiger de moi le paiement d'un legs fort considérable, car il y a là deux actes différents, j'ai pu approuver l'un, l'exécuter même, quoique irrégulier, sans approuver l'autre (Dumoulin, n. 34; Pothier, *ibid.*; Toullier, n. 741).

130. Quand on se prévaut de copies vis-à-vis de tiers qui n'ont point été appelés à leur délivrance, elles ne peuvent former contre eux qu'une simple présomption telle quelle, en faveur de celui qui invoque cette copie à l'appui de sa possession. L'erreur où il était sur la force de ce titre peut servir à l'excuser, et à le faire considérer comme possesseur de bonne foi, à l'effet de le dispenser du rapport des fruits; mais elle ne suffirait pas pour servir de fondement à la prescription (Dumoulin, n. 35; Toullier, 8, 442).

131. *La transcription d'un acte sur les registres publics ne pourra servir que de commencement de preuve par écrit; et il faudra même pour cela : 1° Qu'il soit constant que toutes les minutes du Notaire, de l'année dans laquelle l'acte parait avoir été fait soient perdues, ou que l'on prouve que la perte de la minute de cet acte a été faite par un accident particulier; — 2° Qu'il existe un répertoire en règle du Notaire, qui constate que l'acte a été fait à la même date; — Lorsqu'au moyen du concours de ces deux circonstances, la preuve par témoins sera admise, il sera nécessaire que ceux qui ont été témoins de l'acte s'ils existent encore, soient entendus* (C. civ. 1336).

132. Et même la mention d'un acte sur les registres publics peut, selon les circonstances, servir, comme la *transcription* entière, de commencement de preuve par écrit, autorisant la preuve testimoniale sous les conditions imposées par l'art. 1336 du C. civ. — Il en est ainsi spécialement de la relation de l'enregistrement d'une procuration donnée pour reconnaître un enfant naturel, lorsque cette relation fait mention expresse et littérale de la date de la procuration, de son objet et du nom du mandant (Cass. 16 fév. 1837).

Du reste, la transcription d'un acte sur les registres publics fait foi entre les parties, si, contre tout usage, elles l'ont signé (Toullier, 8, 472).

133. Une copie collationnée est une pièce certifiée conforme à l'original par un fonctionnaire ayant qualité. A ce sujet, on distingue les collations extrà-judiciaires et les collations judiciaires.

Art. 1er. DE LA COLLATION EXTRA-JUDICIAIRE.

134. Ces collations sont celles qui se font sans ordonnance du juge, sur la simple réquisition des parties. Ces collations se font par les notaires; on leur met entre les mains la pièce que l'on veut collationner, et ils en font une copie au bas de laquelle ils constatent avoir fait la collation dans les termes exprimés en la formule.

134 *bis.* Les copies collationnées doivent être datées et signées par les officiers publics qui les font; mais comme elles ne sont point un acte proprement dit, le notaire qui fait une copie collationnée, n'a pas besoin de se faire assister d'un second notaire ou de témoins (Cass. 27 janv. 1835; arg. C. civ. 1335-2°; V. *sup.* n. 110).

135. Cependant, l'usage est contraire. - V. aux formules *Copie collationnée.* — de plus, les notaires sont dans l'obligation d'inscrire les copies collationnées au répertoire; Déc. Min. Fin. 9 prair. an XII; jug. de Castel-Sarrazin, 29 août 1842; (V. note 17); de les soumettre à l'enregistrement au droit de 1 fr. (V. note 99); et de faire enregistrer l'acte dont il est fait copie avant la délivrance de cette copie (V. note 42).

136. Ce qui est dit au numéro qui précède ne s'applique point aux expéditions ou extraits faits par un notaire, sur les actes qu'il a reçus ou qui lui ont été déposés pour minute. L'application n'en peut être faite qu'aux copies faites sur pièces représentées et ensuite retirées. V. note 59, n. 118.

137. *Lorsqu'un acte dont il n'y a pas de minute, ou un exploit contient des renseignements dont la trace puisse être utile pour la découverte des droits dus, le Receveur aura la faculté d'en tirer copie, et de la faire certifier conforme à l'original par l'officier qui l'aura présenté. En cas de refus, il pourra réserver l'acte pendant 24 heures seulement, pour s'en procurer une collation en forme, à ses frais, sauf répétition s'il y a lieu. Cette disposition est applicable aux actes s. s. p. qui seront présentés à l'enregistrement* (L. 22 frim. an VII. art. 56.)

138. Mais, conformément à l'art. 1335 du C. civ. rapporté *sup.* n. 109, cette copie, pour avoir les caractères d'une collation en forme, doit être faite par un notaire en présence de la partie, ou elle dûment appelée, et dans ce cas, voici comment l'on procède : le refus fait par la partie qui a présenté l'acte à la formalité, de certifier conforme à l'original la copie tirée par le receveur, doit être constaté par un procès-verbal de ce préposé. Ce procès-verbal doit contenir en outre l'interpellation à la partie de se trouver dans le délai de 24 heures, en l'étude d'un notaire désigné, pour y voir procéder à la collation en forme de l'acte retenu par le receveur. Dans le cas où la partie refuserait d'acquiescer à cette interpellation ou d'attester son adhésion par sa signature au bas du procès-verbal du receveur, celui-ci aurait à lui faire signifier immédiatement et avant de se dessaisir de l'acte, une sommation extra-judiciaire d'être présent à la collation. L'acte qui en sera rédigé par le notaire pour la délivrance de la copie rappellera l'interpellation à la partie faite dans le procès-verbal du receveur, la sommation qui a suivi ce procès-verbal, et constatera la comparution du receveur, la présence ou l'absence de la partie (Cass. 13 août 1833; Instr. 1446).

139. Lorsque l'acte présenté à l'enregistrement est une vente s. s. p. qui relate une précédente mutation, les acquéreurs dénommés au premier acte doivent être appelés à la collation, sinon la contrainte est nulle à leur égard (Délib. 17 oct. 1837. - Rol. 5407).

Art. 2. DE LA COLLATION JUDICIAIRE.

140. La collation judiciaire est ainsi appelée parce qu'elle se fait pendant le cours des poursuites et en vertu de l'ordonnance du juge qui est saisi du différend existant entre les parties.

141. *Les parties pourront collationner l'expédition ou copie à la minute dont lecture sera faite par le dépositaire; si elles prétendent qu'elles ne sont pas conformes, il en sera référé à jour indiqué par le procès-verbal, au Président du tribunal, lequel fera la collation; à cet effet le dépositaire sera tenu d'apporter la minute. — Les frais du procès-verbal ainsi que ceux du transport du dépositaire seront avancés par le requérant* (C. proc. 852).

141. *bis. En matière de vérification d'écriture, si le dépositaire est personne publique, il fera préalablement expédition ou copie collationnée des pièces, laquelle sera vérifiée sur la minute ou original par le Président du tribunal de son arrondissement, qui en dressera procès-verbal; ladite expédition ou copie sera remise par le dépositaire au rang de ses minutes pour en tenir lieu jusqu'au renvoi des pièces; et il pourra en délivrer des grosses ou expéditions, en faisant mention du procès-verbal qui aura été dressé. — Le dépositaire sera remboursé de ses frais par le demandeur en vérification, sur la taxe qui en sera faite par le juge qui aura dressé le procès-verbal, d'après lequel sera délivré exécutoire* (C. proc. 203 et 245). — V. Code Instr. crim. 455.

V. *inf.* n. 174 et suiv. pour le procès-verbal de collation.

§. 6. DES COPIES FIGURÉES.

142. *Les notaires ne pourront se dessaisir d'aucune minute, si ce n'est dans les cas prévus par la loi, et en vertu d'un jugement. — Avant de s'en dessaisir, ils en dresseront et signeront une copie figurée qui, après avoir été certifiée par le président et le commissaire* (procureur du Roi) *du tribunal civil de leur résidence, sera substituée à la minute dont elle tiendra lieu jusqu'à sa réintégration* (L. 25 vent. an XI. art. 22). — V. sup. n. 140.

143. La copie dont il s'agit doit être le tableau de la minute, trait pour trait. Ainsi, elle doit faire connaître toutes les imperfections de l'original, les ratures, les surcharges, les interlignes, les fautes d'orthographe, l'indication des blancs, lacunes, renvois et autres circonstances (Arg. C. proc. civ. 226 et 227 ; Loret).

144. C'est ordinairement en matière de vérification d'écritures et de faux incident ou principal qu'une pareille copie doit être faite (C. proc. 201 et 221 ; C. Instr. crim. 452 et 455).

145. Le notaire doit nécessairement faire au greffe du tribunal le dépôt de la pièce *en personne* (Ordonn. de 1737, art. 5);—surtout, quand le notaire doit signer et parapher *ne varietur* la pièce arguée de faux (C. proc. 227 ; C. Instr. crim. 449 ; Carnot, sur ce dernier acte). — Toutefois, comme la loi actuelle garde le silence sur ce point, l'on en a conclu que le législateur s'en est rapporté à la prudence du magistrat ou du notaire. — V. note 59, n. 22.

146. Lorsqu'il est ordonné au notaire de faire l'envoi de plusieurs minutes, il suffit d'un seul procès-verbal du greffe et d'une seule expédition de ce procès-verbal (Carnot): — mais alors le notaire doit mentionner sur chaque copie figurée que l'expédition du procès-verbal est jointe à l'une de ces copies, comme cela se pratique en matière d'annexe — V. note 35, n. 28.

147. La copie figurée ne doit pas produire l'effet que l'art. 1335 du C. civ. (V. *sup.* n. 109) attache aux copies tirées par ordre du magistrat, parce que les parties n'ont point été présentes ou dûment appelées (Carré).

148. Si la minute dont l'apport est ordonné se trouve

sur un registre ou protocole, comme on en tenait autrefois, le tribunal ou le juge peut, en ordonnant l'apport du registre, dispenser de la copie figurée ou collationnée (C. Instr. crim. 455). — Mais alors les grosses et expéditions des actes contenus aux registres peuvent, s'il n'a pas été fait de copie collationnée, être délivrées par le greffier (C. proc. 245). — Cependant, si le notaire se présentait au greffe pour délivrer lui-même les expéditions des actes non argués de faux, il y serait autorisé (Carnot, sur l'art. 455; Arg. C. proc. 245).

149. Le notaire doit être remboursé de ses frais conformément aux tarifs civil (V. note 5, n. 88) et criminel, sur la taxe du juge (C. proc. 203 ; Carnot, *ibid.*). — Mais, en matière civile, c'est le notaire qui doit avancer au greffier les déboursés et honoraires, tant du procès-verbal de collation, que de l'expédition qui lui en est délivrée (Carré, sur l'art. 203); ce qui ne doit pas avoir lieu en matière criminelle où tous les actes sont faits à la requête du ministère public.

150. La copie figurée envoyée au greffe n'est point un acte qui nécessite l'assistance d'un second notaire ou de témoins (V. *sup.* n. 134); — ou qui soit sujet à être répertorié (V. note 17). — Cependant elle est soumise au droit d'enregistrement de 1 fr. (V. note 99) et au timbre de dimension (V. note 61). — V. *sup.* n. 135.

§ 7. DES VOIES A PRENDRE POUR AVOIR EXPÉDITION OU COPIE D'UN ACTE. — DU COMPULSOIRE.

Art. 1. QUI A LE DROIT DE DEMANDER EXPÉDITION OU COPIE D'UN ACTE.

151. Il n'y a que les parties intéressées en nom direct, héritiers ou ayants-droit qui puissent demander expédition ou copie d'un acte, sans avoir besoin d'une autorisation de justice (C. proc. 839 et 841). — V. *inf.* n. 153 et suiv.

152. Pour les actes non enregistrés ou imparfaits - V. *inf.* n. 157 — et pour les secondes grosses ou ampliations de grosses déposées - V. *sup.* n. 42 et suiv.

153. A l'égard des tiers qui n'ont point été parties, ils ne peuvent se faire délivrer que, dans le cours d'une instance, expédition ou extrait d'un acte dans lequel ils n'ont point été parties, mais ils ont besoin d'être autorisés à cet effet par justice (C. proc. 846 et suiv.). — V. *inf.* n. 160 et suiv. et *sup.* n. 6.

V. *Communication*, note 21.

Art. 2. DU MOYEN DE SE PROCURER EXPÉDITION OU COPIE D'UN ACTE PAR LES PARTIES INTÉRESSÉES.

154. *Le notaire ou autre dépositaire qui refusera de délivrer expédition ou copie d'un acte aux parties intéressées en nom direct, héritiers ou ayants-droit, y sera condamné, et par corps, sur assignation à bref délai, donnée en vertu de permission du Président du tribunal de première instance, sans préliminaire de conciliation* (C. proc. 839). — V. sup. n. 6.

155. Quand la demande est faite par un héritier, il doit être déclaré non-recevable s'il ne justifie pas de son prétendu titre d'héritier, et s'il ne précise aucunement les actes qu'il prétend rechercher et compulser (Cass. 28 janv. 1835).

156. *L'affaire sera jugée sommairement, et le jugement exécuté, nonobstant opposition ou appel* (C. proc. 840). — V. sup. n. 10.

157. *La partie qui voudra obtenir copie d'un acte non enregistré, ou même resté imparfait, présentera sa requête au Président du tribunal de première instance, sauf l'exécution des lois et réglements relatifs à l'enregistrement* (C. proc. 841). — V. note 18 n. 50 et 262.

158. *La délivrance sera faite, s'il y a lieu, en exécution de l'ordonnance mise en suite de la requête; et il en sera fait mention au bas de la copie délivrée* (C. proc. 842).

159. *En cas de refus de la part du notaire ou dépositaire, il en sera référé au Président du tribunal de première instance*, (C. proc. 843).

Art. 3. DU MOYEN DE SE PROCURER EXPÉDITION OU EXTRAIT D'UN ACTE PAR CEUX QUI N'Y ONT POINT ÉTÉ PARTIES.

160. *Celui qui, dans le cours d'une instance, voudra se faire délivrer expédition ou extrait d'un acte dans lequel il n'aura point été partie, se pourvoira ainsi qu'il va être réglé* (C. proc. 846).

161. Cette disposition ne s'applique qu'aux tiers. Elle ne s'applique point aux héritiers ou ayants-droit; quoiqu'ils n'aient point été parties dans l'acte, c'est à leur égard l'art. 839 dont il convient de faire l'application. — V. *sup.* n. 154.

162. Mais elle ne s'applique pas aux livres ou registres de particuliers qui ne sont ni notaires ni dépositaires (Rennes, 21 juin 1811 ; Carré, 3, 2877). — Dans tous les cas, la vérification, ordonnée par un tribunal de commerce, des livres et papiers d'un négociant, ne peut être assimilée à un compulsoire; d'où il suit qu'une telle vérification n'est pas nulle pour défaut de présence ou de citation des parties, quoique le jugement porte qu'elle sera faite parties présentes ou dûment appelées (Cass. 28 août 1813 ; 9 mai 1821).

163. Toutefois, il a été jugé que des légataires sont non-recevables à demander le compulsoire d'un acte s. s. p. intervenu entre le testateur et un tiers, et que ces derniers ont déposé chez un notaire, sous enveloppe cachetée, pour, l'ouverture n'en être faite que dans un cas prévu qui ne s'est pas réalisé. Les légataires, en effet, ne peuvent avoir plus de droits que le testateur (Cass. 2 mai 1838). — Mais ils ont le droit de demander expédition de l'acte de dépôt (*Ibid.*).

164. Du reste, les juges sont investis d'un pouvoir discrétionnaire pour ordonner ou refuser, selon les circonstances, un compulsoire qui leur est demandé (Cass. 2 mai 1838).

Art. 4. DU COMPULSOIRE, DE SA FORME ET DE CELLE DE LA COLLATION.

165. *La demande à fin de compulsoire sera formée par requête d'avoué à avoué, elle sera portée à l'audience sur un simple acte, et jugée sommairement sans aucune procédure* (C. proc. 847). — V. note 28. n. 700.

166. Cette demande ne peut être formée que dans le cours d'une instance liée, et non par action principale (Paris, 4 juill. 1809 et 8 fév. 1810; Rouen, 13 mars 1826; Pigeau, 2, 341 ; Carré, 3, 2876). — V. note 28, n. 669.

167. En tout cas, elle ne suspend pas le jugement du fond (Carré, 3, 2881 ; Berriat 661, 20; Rodier).

168. Il faut nécessairement établir dans la demande qu'on a intérêt à demander le compulsoire, par exemple, que le titre a un rapport direct à l'objet en litige, et a essentiellement une influence dans la cause (Rennes, 27 juill. 1809; Carré); — mais il n'est pas nécessaire d'indiquer la date du titre recherché, et le nom du notaire qui l'a reçu (Paris, 1er mars 1809).

169. Il a même été décidé : 1° qu'une fabrique quoique partie ne peut être autorisée à compulser les actes de famille d'un débiteur à l'effet de prouver par témoins au moyen d'un commencement de preuve par écrit, les reconnaissances faites successivement dans ces actes, de l'existence d'une rente que le débiteur soutient être prescrite (Rouen, 13 juin 1827).

170. 2° Et qu'on ne peut ordonner le compulsoire de l'inventaire fait après le décès du prétendu débiteur, pour y trouver la preuve que la créance résulte d'une pièce énoncée en cet inventaire, spécialement de la quittance de paiement d'une rente que le débiteur prétend être prescrite. Les énonciations contenues en un inventaire et les quittances qui s'y trouveraient mentionnées ne peuvent être considérées comme actes interruptifs de prescription (Jug. de la Seine, 31 janv. 1838).

171. On peut répondre à la requête par laquelle le compulsoire est demandé. Mais la requête en demande et celle en réponse ne peuvent excéder six rôles chacune (Tarif, 75).

172. *Le jugement sera exécutoire, nonobstant appel ou opposition* (C. proc. 848).

173. Lorsqu'une partie obtient la permission de compulser ou collationner, elle fait signifier la commission ou le jugement à la partie adverse. Celle-ci est sommée en même temps de se trouver à jour fixe et heure précise en l'étude du notaire ou au domicile de tout autre dépositaire de la pièce à compulser. Pareille signification est faite au dépositaire, avec sommation de représenter la pièce aux jour et heure indiqués (Massé). — Cette signification doit être faite à toutes les parties intéressées dans l'acte, encore bien qu'elles ne soient pas parties dans la contestation (Pigeau, 2, 343).

174. *Les procès-verbaux de compulsoire ou collation seront dressés et l'expédition ou copie délivrée par le notaire ou dépositaire, à moins que le tribunal qui l'aura ordonnée n'ait commis un de ses membres ou tout autre juge du tribunal de première instance ou un autre notaire* (C. proc. 849).

175. Lorsque c'est le juge qui doit compulser, on ne peut provoquer le compulsoire qu'après avoir obtenu, sur requête à lui présentée, une ordonnance indicative du jour, de l'heure et du lieu ; car alors ce peut ne plus être dans l'étude du notaire que la commission s'exécute, mais dans le lieu où siége le tribunal, ou bien dans l'hôtel du juge (C. proc. 1040 ; Pigeau ; Carré).

176. Le procès-verbal ne doit commencer qu'une heure après l'échéance de l'assignation, et il doit en être fait mention dans ce procès-verbal (Ordonn. de 1667, tit. 12, art. 2 ; Massé, v° *Compulsoire ;* Carré).

177. L'officier public qui procède au compulsoire décrit exactement les minutes, grosses, annexes et actes quelconques qu'il compulse, de même que les registres. Il constate le nombre de renvois, de paraphes, de blancs ou lacunes et de signatures ; le défaut de paraphe ou d'approbation de ce qui en aurait été susceptible ; tout ce qui paraît défectueux, surchargé, interligné, gratté ou altéré ; enfin la couverture, le nombre de feuillets, l'état et le résultat des registres, et le nombre ou le manque de signatures à la fin (Roll. de V. v° *compulsoire.*)

178. Le procès-verbal de compulsoire doit être fait en minute, surtout quand il constate des faits et des dires dont les parties puissent respectivement se prévaloir ; et alors le notaire délivre expédition ou extrait tant de ce procès-verbal que de la pièce compulsée. — V. note 45 et note 59, n. 10, alin. 11 *bis*.

179. En délivrant ce procès-verbal en brevet, on pourrait y insérer l'expédition ou l'extrait de la pièce compulsée, mais on devrait, dans ce cas, faire usage de papier à expédition. — V. note 59, *ibid.* et note 61.

180. Indépendamment de ce qui est constaté au procès-verbal de compulsoire, l'officier commis fait mention de la collation et de la date de la délivrance sur les expéditions qu'il tire des actes ou autres pièces, en déclarant que la collation a eu lieu sur la minute ou l'original, en vertu de la commission ou du jugement de compulsoire.

181. Quand la pièce est compulsée par un autre notaire que celui qui est dépositaire de la minute ou de l'original, ce dernier prépare une expédition de la pièce compulsée ; il représente la minute ou l'original au notaire commis au compulsoire ; celui-ci collationne l'expédition remise par le notaire dépositaire, et en fait mention tant au pied de la minute ou de l'original, qu'à la suite de cette expédition.

182. *Dans tous les cas, les parties pourront assister au procès verbal, et y insérer tels dires qu'elles aviseront.* (C. proc. 850).

183. Les parties peuvent se faire assister de leurs avoués auxquels il est dû, dans ce cas, un droit par vacation (Tarif, 92).

184. *Pour les frais et déboursés de minute et d'expédition*. V. sup. n. 14 et suiv.

185. Si, par des motifs non fondés sur le défaut de paiement des frais et déboursés, le notaire dépositaire des pièces à compulser fait refus, et que ce refus soit mal fondé, on lui donne assignation à bref délai par application de l'art. 839 rapporté *sup.* n. 154.

V. *Communication*, note 21. — V. *Minutes et brevets*, note 59.

[65]

DE LA MINORITÉ ET DE L'INTERDICTION.

DIVISION SOMMAIRE :

Art. 5. De l'interdiction légale par suite de condamnations criminelles ou correctionnelles. (n. 170).

I. De l'interdiction légale par suite de condamnations criminelles (n. 171. à 178)

II. De l'interdiction légale par suite de condamnations correctionnelles (n. 179).

Art. 3. De l'interdiction des officiers publics (n. 180 à 186).

Indication alphabétique :

§ 1. DISPOSITIONS GÉNÉRALES.

1. *Le mineur est l'individu de l'un et de l'autre sexe qui n'a point encore l'âge de vingt-un ans accomplis* (C. civ. 388).

2. *Toute personne peut contracter, si elle n'est pas déclarée incapable par la loi.* (C. civ. 1123).

3. *Les incapables de contracter sont : les mineurs; les interdits ;....* (C. civ. 1124). — V. note 4.

4. *Le mineur, l'interdit... ne peuvent attaquer, pour cause d'incapacité, leurs engagements, que dans les cas prévus par la loi. — Les personnes capables de s'engager ne peuvent opposer l'incapacité du mineur, de l'interdit... avec qui elles ont contracté* (C. civ. 1125). — D'où il suit qu'ils sont, comme ils l'étaient par le droit Romain, capables d'obliger les autres mais incapables de s'obliger eux-mêmes.

5. *L'interdit est assimilé au mineur, pour sa personne et pour ses biens : les lois sur la tutelle des mineurs s'appliqueront à la tutelle des interdits* (C. civ. 509).

§ 2. DE LA MINORITÉ.

6. L'état de minorité constitue un état d'incapacité légale, fondée sur la faiblesse de l'âge, qui ne permet pas de supposer une volonté précise à celui qui n'a pas atteint l'âge déterminé par la loi (Delvincourt, 1, 163; Toullier, 2, 1077; Duranton, 3, 404; Proudhon, 2, 167). — C'est pour cela que le mineur est soumis : 1° à la puissance paternelle pendant le mariage de ses père et mère, et à son administration quant à ses biens personnels (C. civ. 372 à 389); — 2° à l'autorité d'un tuteur, chargé de le représenter dans tous les actes civils (C. civ. 450, V. note 34, n. 74), laquelle autorité concourt avec la puissance paternelle après dissolution du mariage des père et mère du mineur (C. civ. 390); — 3° et à l'assistance d'un curateur (C. civ. 482).

Cet état de minorité considéré par rapport au tuteur ne cesse que par la reddition du compte de tutelle (C. civ. 472; Merlin).

7. Pour considérer la minorité dans son ensemble et suivre l'état du mineur dans ses diverses modifications, il faut se reporter :

8. 1° Relativement au mariage, aux art. 144, 148, 224, (*V. note* 65) 476, 1095, 1398 et 2208 du C. civ.

9. 2° Relativement aux obligations, aux art. 1124, 1125, 1304 à 1314, 1384, 1663, 1676, 1990, 2012, 2045, 2064, 2121, 2195, 2206, 2207, 2252 et 2278 du C. civ. et aux art. 2, 3, 6, 63 et 114 du C. de comm.

10. 3° Relativement aux donations et legs, aux art. 463, 903, 904, 907, 935, 940, 942 et 1070 du C. civ. (V. notes 10 et 24).

11. 4° Relativement aux successions et partages, aux art. 461, 462, 465, 466, 776, 817, 819, 838, 839 et 1687 du C. civ.

12. 5° Relativement à la procédure, aux art. 49, 83, 285, 398, 444, 481, 484, 910, 911 et 929 du C. de proc. civ.

13. 6° Et relativement à la loi pénale, aux art. 79 et 340 du C. d'Instr. crim.

14. L'incapacité dont le mineur est frappé n'est pas tellement absolue, que le principe ne doive souffrir quelques exceptions nécessaires, par exemple :

15. 1° En ce qui concerne certaines obligations naturelles, comme la reconnaissance d'un enfant naturel, l'administration de son pécule et la gestion de ses affaires personnelles, lorsque, de fait, il en a le maniement. Dans tous les

cas et dans toutes les circonstances analogues il est, tout au moins, émancipé de droit.

16. 2° En ce qui concerne les quasi-délits, les délits et les crimes, pour raison desquels l'enfant mineur est toujours réputé majeur, sauf vérification de la question de discernement (V. *inf.* n. 27 et suiv.), circonstance sans laquelle il n'existe plus qu'un dommage matériel indépendant de toute intention criminelle. Ainsi, l'enfant qui commet un crime, un délit ou un quasi-délit, quel que soit son âge, n'en doit pas moins compte de ses actions à la justice répressive comme s'il était majeur; et les poursuites sont alors dirigées contre lui personnellement dans les formes ordinaires, sans adjonction de tuteur ni de curateur, sauf à modifier la rigueur de la peine dans son application.

17. Il en est de même de la réparation civile du crime, délit ou quasi-délit. Elle peut être poursuivie directement contre l'enfant mineur par la partie civile devant les tribunaux criminels, sans être obligée de mettre le tuteur en cause (Grenoble, 4 mars 1833; Bourges, 18 août 1838. — *Contrà*, Metz, 1 août 1829; Colmar, 13 mars 1831).

18. De son côté, le mineur, en matière civile, peut agir directement toutes les fois qu'il s'agit d'un intérêt qui lui est propre et personnel, pour lequel il n'aurait aucun représentant naturel, par exemple, à l'occasion d'une plainte pour sévices ou mauvais traitements de la part de son père ou de son tuteur (Aix, 3 août 1807; Caen, 31 déc. 1811).

19. 3° Lorsque le mineur a caché sa qualité et a reçu, comme majeur : dans ce cas, le mineur s'étant lui-même donné pour majeur devra subir les conséquences de son propre fait, et il ne pourra ensuite être admis à se faire payer une seconde fois sous le prétexte que le premier paiement était nul, surtout alors qu'il s'agit d'un paiement fait en justice sur la collocation dans un ordre et après délivrance de bordereau (C. civ. 1306, 1310; Colmar, 22 av. 1836).

20. 4° Le mineur peut ester en justice, en certaine circonstance, avec l'autorisation de son père ou tuteur, par exemple, pour cause d'élargissement (Colmar, 20 nov. 1840).

21. Par suite des principes ci-dessus posés, le mineur pouvant être considéré comme majeur relativement à certains faits ou à certains actes, est soumis à des actions qui, par leur nature, sembleraient ne devoir être appliquées qu'aux majeurs; telles sont les poursuites en interdiction ou en dation de conseil judiciaire.

22. Ainsi, l'interdiction peut être prononcée contre un mineur (Metz, 30 août 1823; Dijon, 24 av. 1830; Paris, 28 nov. 1835). — V. *inf.* n. 30.

23. Egalement, on peut donner un conseil judiciaire à un mineur; et alors ce conseil continue à exercer ses fonctions après que le mineur a atteint sa majorité (Rennes, 16 déc. 1833).

24. Dans le premier cas, l'interdiction aura pour effet d'empêcher le mineur de dissiper son pécule à sa majorité, et dans le second cas, la dation du conseil judiciaire sera une mesure utile pour le mineur dans certaines circonstances. Mais il importe, dans ces deux cas, que le mineur qui annonce, aux approches de sa majorité, un esprit de désordre, de dissipation et d'inconduite, ne soit pas abandonné un seul jour à lui-même, car il y aurait à craindre que le temps employé pour la procédure en interdiction, si elle ne pouvait être dirigée que contre un majeur, ne fût mis à profit pour sa ruine.

25. Le domicile personnel du mineur est au domicile où s'est ouverte la tutelle, tant que le tuteur n'a pas été nommé. D'où il suit que c'est devant le tribunal de ce domicile que doit être poursuivie une demande en interdiction formée contre lui avant qu'il ait été pourvu d'un tuteur (Paris, 28 nov. 1835).

26. Mais quand un tuteur a été nommé, le mineur perd le domicile paternel pour prendre le domicile tutélaire (C. civ. 108). A cet égard, il faut distinguer entre ces deux domiciles qui ont des effets bien différents : le domicile paternel est pour l'enfant le domicile d'origine, qui le suivra toute sa vie, jusqu'à ce qu'il intervienne de sa part un fait direct exprimant qu'il veut avoir un autre domicile, tandis que le domicile tutélaire n'est en quelque sorte pour lui qu'un domicile de circonstance et d'occasion, parce qu'étant placé accidentellement sous la puissance d'un tuteur, il doit le suivre partout où il plaira à son tuteur de résider. Toutefois, le domicile de la tutelle ne change pas pour cela, c'est toujours au domicile d'origine que s'ouvre la tutelle, et quel que soit le domicile du tuteur, que celui-ci peut transporter d'un lieu dans un autre, le domicile de la tutelle ne changera jamais (C. civ. 407). — *Code du J*al. *du Palais.*

27. Relativement au discernement dont est parlé *sup.* n. 16, la loi ne paraît point avoir reconnu des époques diverses dans la minorité elle-même; cependant, il est utile de rapporter ici les distinctions constamment faites par la législation et indiquées par la nécessité :

28. Chez les Romains, la minorité qui durait jusqu'à vingt-cinq ans, était divisée en deux époques principales : 1° la *pupillarité*, 2° et la *puberté.*

29. 1° La *pupillarité* était subdivisée en deux périodes, l'*enfance* et la *puérilité*. — L'*enfance* s'étendait jusqu'à sept ans accomplis, et pendant ce temps l'enfant était absolument incapable de contracter, parce qu'il n'est pas en état de discerner ni de comprendre ce qu'il fait. Sa volonté est nulle, son tuteur peut seul vouloir et agir pour lui. Il ne peut faire de contrats même pour rendre sa condition meilleure : d'où il suit que les conventions faites avec un enfant seraient censées faites *jocandi causâ*, et considérées comme n'ayant jamais existé, tant à leur égard qu'à l'égard de ceux avec qui ils auraient contracté. — La *puérilité* qui commençait à sept ans finissait à la *puberté*, c.-à-d. à l'âge de quatorze ans accomplis pour les garçons et de douze ans pour les filles.

30. Les pupilles, au moins dans le dernier état du droit romain, étaient tous également capables de contracter (Inst. *De inut. stip.* § 10), toutefois, sous cette modification que le contrat, s'il avait été fait sans l'autorisation du tuteur, avait toute sa force contre ceux qui s'étaient engagés envers le pupille; tandis que celui-ci n'était nullement obligé et pouvait changer de volonté sans autre motif que le défaut d'autorisation du tuteur, sans alléguer aucune espèce de lésion. Le pupille n'était alors engagé que sous la condition qu'il ne changerait pas de volonté (*L.* 13, § 29, *D. de act. empt.* — *Inst. de autorit. tut. in pr.* — *L.* 16, *D. de min.*). Si le mineur avait contracté sous l'autorité de son tuteur, le contrat était valide; mais il pouvait être rescindé

ou annulé, en obtenant du Préteur le bénéfice de la restitution en entier, qui ne s'accordait qu'en connaissance de cause, et seulement lorsqu'il était prouvé que le mineur était lésé (*L.* 5, *C. de in integ. restit. min.*).

31. 2° La *puberté* qui commençait à quatorze ou à douze ans, comme il est déjà dit ci-dessus, faisait sortir les mineurs de la puissance de leurs tuteurs; ils pouvaient contracter seuls, et les engagements qu'ils souscrivaient avaient la même validité que ceux des pupilles autorisés de leurs tuteurs, c.-à-d. qu'ils valaient jusqu'à ce qu'ils fussent rescindés, au moyen du bénéfice de la restitution, ce qui n'avait lieu toujours qu'en établissant la lésion.

32. Ces distinctions qui étaient suivies en pays de droit écrit, et qui avaient été adoptées par plusieurs de nos coutumes, ne sont pas renouvelées par le C. civ. - V. *sup.* n. 1. — Seulement, il contient une disposition, qui se rapproche de l'ancien droit (V. *sup.* n. 31), relativement aux *pubères*, en ce qu'il autorise la restitution du mineur non pas comme mineur mais comme lésé (C. civ. 1305) ; d'où l'on conclut que le mineur doit prouver, dans ce cas, que l'acte lui cause un préjudice quelconque (Toullier, 6, 106 et 7, 573 ; Duranton, *oblig.* 185).

33. Pour la *capacité de contracter*, V. la note 4. — Pour l'*émancipation*, V. la note 82. — Pour la *tutelle*, V. la note 163. — Pour l'*action en nullité ou en rescision des conventions*, V. la note 171.

§ 3. DE L'INTERDICTION.

34. L'*interdiction* est l'état d'un individu déclaré, par l'autorité judiciaire, incapable soit des actes de la vie civile, et, comme tel, privé de l'administration de sa personne et de ses biens; soit des droits civiques, civils et de famille tout-à-la fois; soit de continuer ses fonctions.

35. On distingue 1° l'interdiction par suite d'aliénation des facultés mentales, 2° l'interdiction légale par suite de condamnations criminelles ou correctionnelles, 3° l'interdiction par laquelle il est défendu à un officier public de continuer ses fonctions.

Art. 1. DE L'INTERDICTION PAR SUITE D'ALIÉNATION DES FACULTÉS MENTALES.

36. Cette sorte d'interdiction repose sur l'intérêt qu'inspire le malheur attaché à la personne de l'interdit, aussi ses biens doivent-ils être employés à adoucir son état (C. civ. 510). — Il en est autrement de l'interdiction légale. — V. *inf.* n. 155 et 171.

I. *Quelles personnes peuvent être interdites et pour quelles causes.*

37. *Le majeur qui est dans un état habituel* D'IMBÉCILLITÉ, *de* DÉMENCE *ou de* FUREUR, *doit être interdit, même lorsque cet état présente des intervalles lucides.* (C. civ. 489).

38. Pour que cet état autorise l'interdiction, il faut qu'elle soit habituelle, et suivant la jurisprudence de la Cour de cassation deux faits suffisent pour constituer l'habitude.

39. L'IMBÉCILLITÉ est cet état de l'esprit qui, sans priver un individu de sa raison, ne lui laisse que des idées infiniment bornées, et l'empêche de pourvoir en rien à ses affaires.

40. A cet égard il a été décidé :

41. 1° Qu'une faiblesse d'esprit, quoiqu'elle n'aille pas jusqu'à la privation de toute raison, peut être suffisante pour faire réputer en état habituel d'imbécillité celui qui en est atteint, et motiver par suite son interdiction, lorsqu'il est reconnu qu'elle le rend incapable de gouverner sa personne et d'avoir une volonté libre qui lui soit propre; par exemple, lorsque l'individu est le jouet de ceux qui l'entourent et quelquefois victime de leurs mauvais traitements, qu'il n'a aucune énergie, cède à toutes les influences, aux suggestions, aux obsessions des personnes qui le maîtrisent, et dont les facultés intellectuelles sont tellement énervées, qu'il n'est plus accessible à aucun sentiment honorable (Cass. 6 déc. 1831. — *Contrà*, Colmar, 2 prair. an XIII).

42. 2° Et que la demande en interdiction peut être écartée lorsque les médecins représentent l'état de la personne à interdire comme le résultat d'une maladie passagère (Besançon, 4 pluv. an IV).

43. La DÉMENCE est la privation habituelle de la raison.

44. La FUREUR est la démence portée à l'excès, et rendant dangereux à la société ceux qui en sont atteints. L'état de fureur n'est pas continu.

45. On ne saurait appliquer cette disposition :

46. 1° Au cas où un individu, follement épris de son propre mérite, déprise hautement l'autorité supérieure, sans menaces ni provocations (Nîmes, 27 janv. 1808). — Un individu, en cet état, ne peut être interdit.

47. 2° Ni au cas où un individu est tracassier dans sa famille, processif dans le monde, irrévérentieux envers les magistrats, vainement dépensier et même imbu d'erreurs plus ou moins graves, ou d'illusions : la liberté civile, cet arbitre souverain, cette royauté de soi-même qui constitue l'être raisonnable son propre régulateur, sous la dépendance des lois, ne pouvant être enchaînée ou restreinte que dans l'un des trois cas prévus par l'art. 489 du C. civ. (Jug. de la Seine, 30 août 1817).

48. Toutefois, les juges ont un pouvoir discrétionnaire dans l'appréciation des faits qui sont présentés comme devant motiver l'interdiction; car lorsque toutes les formalités ont été remplies et qu'il ne leur reste plus qu'à prononcer le jugement, ils sont libres de décider, d'après les circonstances, qu'il n'y a pas lieu à interdiction, mais qu'il suffit de donner un conseil judiciaire à celui dont on demandait l'interdiction (Cass. 5 juill. 1837).

49. Cependant, la Cour de cassation a le droit d'examiner si les faits qui ont servi de base au jugement qui a prononcé l'interdiction, tels qu'ils ont été spécifiés et caractérisés par le juge, constituent réellement l'état d'imbécillité capable d'entraîner l'interdiction (Cass. 6 déc. 1831).

50. Le mineur, comme le majeur, peut être interdit, surtout pour cause de fureur. - V. *sup.* n. 22 et suiv. — La disposition de l'art. 489 rappelé *sup.* n. 37 doit être entendue en ce sens en se reportant aux motifs du Code (Delvincourt, 1, 475; Toullier, 2, 1314; Duranton, 3, 716; Arg. C. civ. 174 et 175).

51. Toute interdiction doit être prononcée par justice : celle qui résulterait d'un acte volontairement consenti par celui qui se serait soumis à l'interdiction (tel serait l'acte par lequel le mari céderait irrévocablement à son épouse l'administration de ses biens, voulant que cette cession soit regardée comme l'équivalent d'une interdiction judiciaire) ne pourrait avoir d'effet légal, quand même cet acte aurait été homologué par justice (Cass. 7 sept. 1808).

II. *Qui peut provoquer l'interdiction.*

52. *Tout parent est recevable à provoquer l'interdiction de son parent. Il en est de même de l'un des époux à l'égard de l'autre* (C. civ. 490).

53. *Dans le cas de fureur, si l'interdiction n'est provoquée ni par l'époux, ni par les parents, elle doit l'être par le procureur du Roi, qui, dans les cas d'interdiction ou de démence, peut aussi la provoquer contre un individu qui n'a ni époux, ni épouse, ni parents connus* (C. civ. 491).

54. L'action en interdiction est essentiellement une action de famille qui ne peut être exercée que par les parents ou l'époux de celui dont l'interdiction est demandée, à moins que la folie ne dégénérant en fureur il y ait nécessité d'y pourvoir dans un intérêt d'ordre public et de sûreté générale.

55. Mais, hors ce cas, la poursuite n'appartient qu'à l'un des parents ou à l'époux, elle ne peut être exercée par le ministère public que lorsqu'il n'existe pas de parents pour veiller à la sûreté de celui qui est privé de ses facultés intellectuelles. Admettre trop légèrement dans tous les cas l'action du ministère public, c'eût été autoriser dans l'intérieur des familles des recherches inquisitoriales qui ne sont permises que lorsque l'intérêt social lui-même les rend absolument nécessaires.

56. Ainsi, les art. 490 et 491 du C. civ. (V. *sup.* n. 52) sont absolument restrictifs, et il n'est permis, sous aucun prétexte, de donner la moindre extension aux dispositions qu'ils renferment.

Au sujet de ce qui précède il a été décidé :

57. 1° Que nul n'est recevable à provoquer l'interdiction d'un individu, qui serait même dans un état habituel de fureur, s'il ne lui est attaché par les liens de la parenté ou du mariage. Tout ce qu'il est possible de faire alors, c'est de dénoncer le fait au procureur du roi qui a capacité pour intenter l'action.

58. 2° Que, même lorsqu'il s'agit d'imbécillité ou de démence, s'il n'y a ni époux ni épouse ni parents connus, on ne peut encore que dénoncer le fait au procureur du roi pour qu'il veuille bien y pourvoir.

59. 3° Que les alliés eux-mêmes n'étant pas parents, n'ont pas qualité pour agir. — Ainsi, le beau-père n'a pas qualité pour provoquer l'interdiction de son gendre et *vice versâ*; et la fin de non-recevoir qui résulte de son défaut de qualité peut-être opposée en tout état de cause, même sur l'appel (Metz, 14 déc. 1824; Paris, 23 mai 1835).

60. 4° Que, lorsqu'une interdiction est provoquée pour cause de démence, les juges doivent écarter cette demande, si l'époux et les plus proches parents, surtout le père de la personne à interdire, s'opposent à l'interdiction (Besançon, 4 pluv. an XIII).

61. 5° Que quand un individu dont le ministère public provoque d'office l'interdiction pour cause de démence, déclare avoir des parents (ce qui rendrait l'action du ministère public non-recevable), et surtout qu'il indique le lieu de sa naissance et celui où existe sa famille, on ne peut prononcer son interdiction, sous prétexte qu'il ne donne pas d'indication précise des noms et demeure de ses parents. C'est au ministère public à prouver la non-existence des parents (Cass. 7 août 1826).

62. 6° Que tout tuteur peut, en cette qualité, provoquer, au nom de ses pupilles, l'interdiction ou la nomination d'un conseil judiciaire, que ceux-ci pourraient provoquer eux-mêmes s'ils étaient majeurs (Bruxelles, 15 mai 1807 et 3 août 1808; Duranton, 3, 719).

63. 7° Que celui qui a demandé une procuration à une personne, ayant par là reconnu sa capacité, est non-recevable à intenter contre cette même personne une demande en interdiction (Cass. 12 brum. an X).

64. 8° Que la qualité d'étranger ne fait point obstacle à ce que la demande en interdiction soit formée par cet étranger, s'il est parent de celui qu'il voulait faire interdire (Liége, 10 mars 1823; — *Contrà*, Code du J[al]. du Pal.).

65. 9° Que la femme qui poursuit l'interdiction de son mari n'a pas besoin de se faire autoriser soit par lui, soit par justice, pour suivre l'instance en interdiction. Les formalités spéciales qu'elle doit remplir en cette circonstance emportent avec elle autorisation suffisante (Toulouse, 8 fév. 1823; Rouen, 16 flor. an XIII). — V. *inf.* n. 71.

III. *De la poursuite en interdiction. — De l'administration provisoire.*

66. *Toute demande en interdiction sera portée devant le tribunal de première instance* (C. civ. 492).

67. *Les faits d'imbécillité, de démence ou de fureur seront articulés par écrit. Ceux qui poursuivront l'interdiction présenteront les témoins et les pièces.* (C. civ. 493).

68. Les demandes en interdiction sont soumises à une procédure spéciale qui est expliquée tant par les articles du C. civ. qui précèdent et qui suivent, que par les art. 890 à 897 du C. de proc., placés également sous la rubrique de l'interdiction (Delvincourt, 1, 133; Toullier, 2, 449; Duranton, 3, 723).

69. La demande en interdiction doit être jugée d'après les lois existantes à l'époque où le jugement est rendu, sans égard aux lois existantes lorsque la demande a été formée ou instruite (Rouen, 8 flor. an XII).

70. Elle doit être portée devant le tribunal du domicile du défendeur (Cass. 23 juill. 1840. — *Contrà*, Bordeaux, 20 germ. an XIII. Suivant cet arrêt ce doit être devant les juges du tribunal de la résidence du défendeur comme étant les plus à portée de vérifier les faits).

71. Quand c'est une femme mariée dont les parents demandent l'interdiction pour cause de démence, elle doit, à peine de nullité du jugement d'interdiction, être autorisée par son mari ou par justice, pour ester en jugement sur la demande : — et si ce jugement a été rendu contre la femme non autorisée, le mari est recevable à l'attaquer par tierce-opposition (Cass. 9 janv. 1822). — V. *sup.* n. 65.

72. Lorsqu'il s'agit d'un mineur, il n'est pas nécessaire, à peine de nullité, que la demande en interdiction de ce mineur soit dirigée contre son tuteur; elle peut l'être contre le mineur seul et personnellement (Metz, 30 août 1823; — *Contrà*, Dijon, 24 av. 1830).

73. *Le tribunal ordonnera que le conseil de famille, formé selon le mode déterminé à la section 4 du chap. 2, du titre de la* MINORITÉ, DE LA TUTELLE ET DE L'ÉMANCIPATION, *donne son avis sur l'état de la personne dont l'interdiction est demandée* (C. civ. 494).

74. Quoique cet article renvoie aux art. 407 et suiv. du C. civ., cependant les règles tracées par ces derniers articles ne doivent pas être appliquées quand il s'agit de la poursuite en interdiction, aussi rigoureusement qu'en matière de tutelle de mineurs (Delvincourt, 1, 133; Toullier,

2, 450; Duranton, 3, 728; Favard, § 2, n. 3). — Il faut remarquer, en effet, que dans cette poursuite le conseil de famille n'est appelé à donner qu'un simple avis à titre de renseignement, auquel le juge aura tel égard que de raison, si le conseil n'a pas été rigoureusement composé suivant les prescriptions légales, mais qui, pour cela, ne devra point être absolument rejeté (Code du J[al]. du Pal.).

75. C'est par application de ces règles qu'il a été décidé :

76. 1° Que le juge de paix a un pouvoir presque discrétionnaire pour la composition du conseil de famille : s'il appelle des parents au lieu d'amis on doit supposer qu'il y a eu des motifs suffisants de récuser les parents qui n'ont point été appelés ou de refus de la part de ceux-ci de concourir à l'assemblée (Aix, 19 mars 1835).

77. 2° Que le conseil de famille peut être composé en partie d'amis, bien qu'il y ait des parents dans la distance de deux myriamètres (Paris, 28 fév. 1814).

78. Celui dont l'interdiction est demandée peut être appelé à comparaître devant le conseil, si le juge de paix le croit nécessaire. Toutefois, ce n'est point là une formalité imposée par la loi et qui entraîne la nullité de l'interdiction (Aix, 19 mars 1835).

79. Le conseil de famille peut même être convoqué dans la chambre du conseil sous la présidence du tribunal civil (Paris, 15 mai 1813; Delvincourt, 1, 323).

80. Mais si celui dont l'interdiction est demandée se plaint que le conseil de famille ait été irrégulièrement composé, il doit être entendu dans sa plainte et on pourra, sur sa demande, prendre l'avis du conseil de famille composé tel qu'il l'indiquera lui-même, sauf à avoir tel égard que de raison à l'un et l'autre avis qui resteront tous deux joints à la procédure comme pièces de conviction : le défendeur à l'interdiction peut donc, après avoir subi l'interrogatoire, demander la nullité de la délibération du conseil de famille irrégulièrement composé; auquel cas on doit se borner à ordonner la convocation d'un nouveau conseil de famille, sans annuler la poursuite en interdiction (Caen, 28 juin 1827).

81. Il y a lieu d'appliquer à la délibération du conseil de famille la disposition de l'art. 883 du C. de proc. civ. qui ordonne que, toutes les fois que les délibérations du conseil de famille ne seront pas unanimes, l'avis de chacun des membres qui la composent ainsi que du juge de paix soit mentionné dans le procès-verbal (Caen, 28 juin 1827).

82. Toutefois, le juge de paix satisfait au vœu de la loi en déclarant qu'il lui est impossible, d'après les circonstances de la cause, d'émettre son avis sur la demande en interdiction, le conseil se trouvant partagé (Metz, 29 déc. 1818).

83. *Ceux qui auront provoqué l'interdiction ne pourront faire partie du conseil de famille : cependant l'époux ou l'épouse et les enfants de la personne dont l'interdiction sera provoquée, pourront y être admis sans y avoir voix délibérative.* (C. civ. 495).

Cet article doit être entendu en ce sens :

84. 1° Que les enfants de la personne dont l'interdiction est poursuivie, peuvent faire partie, comme membres délibérants, du conseil de famille, alors qu'ils ne sont pas les provocateurs de l'interdiction (Rouen, 30 nov. 1836). — Ce n'est que quand ils sont provocateurs et par exception que les enfants ou l'époux n'ont point voix délibérative au conseil de famille (Cass. 13 mars 1833).

85. 2° Que, dans tous les cas, la participation des enfants à la délibération n'est point obligatoire, d'où il suit que l'absence des enfants, lors de cette délibération, n'emporte pas nullité (Colmar, 14 juill. 1836).

86. 3° Que l'exclusion du conseil de famille, comme membres délibérants, relative aux enfants ne saurait être étendue aux gendres, alors surtout qu'ils n'ont pas provoqué l'interdiction (Cass. 13 mars 1832).

87. 4° Que la prohibition établie par cet article ne s'applique qu'à ceux qui ont personnellement demandé l'interdiction (Metz, 29 déc. 1818).

88. Cependant, la femme de celui dont l'interdiction est poursuivie a le droit de demander la nullité des délibérations prises par le conseil de famille pour arriver à l'interdiction, si elle n'a pas été appelée à y participer, comme aussi d'attaquer le jugement d'interdiction, s'il n'a pas été affiché conformément à l'art. 501 du C. civ. ; mais on peut lui opposer les acquiescements qu'elle aurait donnés à ce jugement (Rennes, 27 déc. 1830).

89. *Après avoir reçu l'avis du conseil de famille, le tribunal interrogera le défendeur à la chambre du conseil ; s'il ne peut s'y présenter, il sera interrogé dans sa demeure, par l'un des juges à ce commis, assisté du greffier. Dans tous les cas, le procureur du Roi sera présent à l'interrogatoire* (C. civ. 496).

90. Lorsqu'il y a impossibilité de procéder à l'interrogatoire, soit parce que le défendeur se refuse obstinément à le subir, soit parce qu'il est dans un tel état de fureur continuelle, qu'il y aurait danger à l'approcher, il faudra bien se résoudre à y renoncer, mais ce ne sera qu'après avoir constaté de la manière la plus expresse l'impossibilité absolue de remplir la formalité exigée, que le juge pourra passer outre aux autres modes d'instruction (C. proc. civ. 893). — Il est, en effet, de principe que l'interrogatoire du défendeur est exigé à peine de nullité, et que les juges ne peuvent rejeter la demande sans qu'il ait été procédé à cet interrogatoire sur le simple avis de la famille (Orléans, 26 fév. 1819; Delvincourt, 1, 323; Duranton, 3, 734).

91. Du reste, le juge peut autoriser la preuve de faits nouveaux tendant à justifier la demande en interdiction, même après que l'interrogatoire a été subi, alors même qu'ils n'auraient été ni articulés, ni même indiqués dans la requête (Agen, 3 juill. 1827).

92. Lorsque le ministère public poursuit d'office l'interdiction d'un individu, et que l'assistance d'un interprète est nécessaire pour l'interrogatoire, soit des témoins, soit de celui dont on poursuit l'interdiction, les honoraires de cet interprète doivent être passés en taxe (Décr. 18 juill. 1811, art. 120; Dalmas, p. 323). — Il en est de même des honoraires des médecins appelés à constater l'état mental de l'individu (Dalmas, *ibid.*).

93. *Après le premier interrogatoire, le tribunal commettra, s'il y a lieu, un administrateur provisoire, pour prendre soin de la personne et des biens du défendeur* (C. civ. 497). — En outre de l'administrateur provisoire, le tribunal peut nommer en chambre du conseil, par jugement non susceptible d'appel, un curateur à la personne de l'individu non interdit, placé dans un établissement d'aliénés (L. 30 juin 1838 art. 38).

94. Les fonctions de l'administrateur provisoire consistent à assister le défendeur dans l'instance, comme ayant le soin de sa personne, et à veiller à l'administration de ses biens en bon père de famille. — Il a donc dès le jour de sa nomination à exercer des pouvoirs qui se rapprochent beaucoup de ceux du tuteur.

95. Quant à la personne, l'administrateur provisoire a le droit de requérir l'exécution de toutes les mesures qu'il juge nécessaires au bien-être de celui dont l'interdiction est poursuivie, sauf le droit acquis à ce dernier de se pourvoir devant le tribunal contre cette exécution; car l'adminstrateur qui n'est placé ni sous la surveillance du conseil de famille, ni sous l'inspection d'un subrogé-tuteur ne doit rendre compte de ses actions qu'au juge qui l'a nommé. — Mais par provision, et à la charge par lui d'en rendre compte à toute réquisition au juge, dès qu'il en sera sommé, il prend nécessairement autorité sur la personne dont le soin lui est confié, et il peut lui assigner la résidence qu'il jugera convenable, sans toutefois que la liberté de sa défense puisse être gênée en aucune manière.

96. Si donc, l'interdiction est poursuivie contre un chef de famille, l'administrateur provisoire pourra prendre les mesures nécessaires, s'il y a lieu, pour faire retirer celui qui lui est confié du domicile conjugal, et il aura le même droit à l'égard de la femme mariée, dans le cas où le juge n'aurait pas cru devoir confier au mari cette administration. — Mais le droit qu'aura l'administrateur ainsi donné au mari provisoirement ne s'étendra ni sur la femme ni sur les enfants (Code du J[al]. du Pal.).

97. Quant aux biens, l'administrateur provisoire a tous les droits qui appartiennent au tuteur, et qui sont de simples droits d'administration; comme son titre n'est que provisoire, il ne devra naturellement faire que des actes d'une impérieuse nécessité. — Mais s'il y a urgence et que les affaires soient dans un tel état qu'il y ait nécessité d'aliéner sur le champ des capitaux, il devra se retirer devant le juge pour obtenir les autorisations nécessaires; il a été, en effet, décidé que l'administrateur provisoire n'a pas le pouvoir de disposer du mobilier sans autorisation de justice (Bruxelles, 30 août 1806).

98. Ce serait aussi la marche qu'il y aurait à suivre s'il fallait procéder à la vente d'un immeuble, donner une hypothèque, faire un emprunt, etc.; dans tous ces cas, l'administrateur, et seulement s'il y avait urgence bien constante, présenterait requête au tribunal, et après avoir fait constater la nécessité d'y pourvoir, contradictoirement avec celui dont il a l'administration ou lui dûment appelé, il pourrait être autorisé à faire la vente ou l'emprunt, ou à concéder l'hypothèque sous les conditions et dans les formes qui seraient déterminées par le jugement. — Toutefois, s'il avait outrepassé ses pouvoirs, ce serait dans l'intérêt seulement de celui qui aurait été soumis à sa surveillance que la nullité de l'acte pourrait être relevée. Ainsi, l'acquéreur d'un immeuble vendu en justice avec clause que le bien est loué à bail pour dix-huit ans, n'a pas qualité pour demander la nullité du bail sur le motif qu'il aurait été consenti pendant la poursuite en interdiction par un administrateur provisoire qui n'aurait pu dès lors donner à bail que pour neuf années (Cass. 3 av. 1830).

99. L'administrateur provisoire doit compte d'ailleurs comme le tuteur et dans la même forme de sa gestion quand elle finit. — Il rendra donc son compte au défendeur lui-même en personne, si la demande en interdiction est rejetée. — Si l'interdiction est prononcée, il y aura lieu d'appliquer alors la disposition finale des art. 505 du C. civ. et 895 du C. de proc. civ., et l'administrateur rendra compte de sa gestion provisoire au tuteur de l'interdit, s'il ne l'est pas lui-même. — Dans le cas où il serait lui-même nommé tuteur, il n'en devrait pas moins arrêter son compte d'administration provisoire, au jour où il aura pris la tutelle, car il y aura alors novation dans son titre, et ses droits comme ses obligations relativement aux deux comptes qu'il aura à rendre à la cessation de l'interdiction ne seront pas les mêmes. En effet, il ne sera tenu de sa gestion provisoire que comme administrateur, tandis qu'il sera tenu de la gestion de la tutelle comme tuteur. En un mot, il sera obligé pour le compte d'interdiction en vertu de l'hypothèque légale que la loi attache à la gestion de la tutelle de l'interdit, tandis qu'aucune hypothèque légale n'est attachée à la gestion provisoire exercée pendant l'instance en interdiction. — *V. note* 30, *n.* 167.

100. Du reste, celui dont on poursuit l'interdiction est recevable à former opposition au jugement par défaut qui a nommé un administrateur provisoire. Mais, sur cette opposition, il ne peut procéder sans l'assistance de l'administrateur provisoire qui lui a été donné (Bruxelles, 4 janv. 1816).

101. Quand le jugement qui nomme un administrateur provisoire est contradictoire, il peut être attaqué par la voie de l'appel (Cass. 10 août 1825).

102. *Le jugement sur une demande en interdiction ne pourra être rendu qu'à l'audience publique, les parties entendues ou appelées* (C. civ. 498).

103. *En rejetant la demande en interdiction, le tribunal pourra néanmoins, si les circonstances l'exigent, ordonner que le défendeur ne pourra désormais plaider, transiger, emprunter, recevoir un capital mobilier, ni en donner décharge, aliéner ni grever ses biens d'hypothèques, sans l'assistance d'un conseil qui lui sera nommé par le même jugement* (C. civ. 499). — V. note 74.

104. *En cas d'appel du jugement rendu en première instance, la Cour Royale pourra, si elle le juge nécessaire, interroger de nouveau, ou faire interroger par un commissaire, la personne dont l'interdiction est demandée* (C. civ. 500).

105. Les lois sur la procédure règlent la forme de l'appel et le délai dans lequel cet appel doit être déclaré (C. proc. 443 et suiv.). — A l'égard de l'interdiction, on reste dans les termes du droit commun qui fixe ce délai à trois mois, à partir de la signification du jugement, qui sera faite à l'interdit personnellement et à lui seul, s'il n'a pas été pourvu d'un administrateur provisoire, et tant à lui qu'à son administrateur provisoire, s'il y en a un (Delvincourt, 1, 136; Toullier, 2, 453; Duranton, 3, 740; Favard § 1, n. 5).

106. Il résulte de l'art. 894 du C. de proc. civ. que l'appel interjeté par celui dont l'interdiction aura été prononcée doit être dirigé contre le provoquant; et que l'appel interjeté par le provoquant, ou par un des membres de l'assemblée, doit l'être contre celui dont l'interdiction aura été provoquée. — Et, par conséquent, que tout membre du conseil de famille indistinctement a le droit personnel de se rendre appelant du jugement, alors même qu'il n'aurait pas figuré comme partie dans les qualités du jugement; car il est réputé partie en cause par cela seul qu'il a pris part à l'assemblée du conseil de famille conformément à l'art. 494 du C. civ. (Code du J[al]. du Pal.).

107. Du reste, toute partie qui s'est trouvée en cause devant les premiers juges a le droit d'interjeter appel du jugement qui rejette l'interdiction. — Ainsi, le donataire qui, en première instance, a été reçu intervenant sur la demande en interdiction dirigée contre le donateur, a qualité pour interjeter appel du jugement qui prononce l'interdiction (Bordeaux, 2 av. 1833; Bioche, v° *Interdiction*, n.

57). — Mais le donataire n'a pas qualité pour former tierce-opposition au jugement qui a prononcé l'interdiction du donateur, hors sa présence, alors même que, par suite de ce jugement, la donation est arguée de nullité (Riom, 9 janv. 1808).

108. *Tout arrêt ou jugement portant interdiction, ou nomination d'un conseil, sera, à la diligence des demandeurs, levé, signifié à partie, et inscrit, dans les dix jours, sur les tableaux qui doivent être affichés dans la salle de l'auditoire et dans les études des notaires de l'arrondissement* (C. civ. 501).

109. Les formalités imposées par cet article n'auront pas besoin d'être remplies deux fois dans le cas où le jugement qui a prononcé l'interdiction sera confirmé sur l'appel. Ce n'est que lorsque l'arrêt de Cour royale qui prononcera une interdiction sera infirmatif qu'il y aura lieu de remplir ces formalités.

110. Mais il est suffisamment satisfait aux prescriptions de l'article qui précède, lorsque le jugement portant interdiction ou nomination d'un conseil judiciaire a été notifié à la chambre des notaires de l'arrondissement conformément à l'art. 92 du tarif (Turin, 4 janv. 1812). — Et il n'est pas nécessaire, à peine de nullité, que le jugement soit inséré par extrait dans un journal conformément à ce même art. 92 du tarif, il suffit qu'il ait reçu la publicité nécessaire par l'affiche dans les études des notaires de l'arrondissement (Angers, 8 déc. 1813; Nancy, 17 fév. 1829).

111. Du reste, on ne peut opposer aux tiers le jugement d'interdiction qu'autant que les formalités prescrites pour la publicité ont été remplies (Bruxelles, 12 juill. 1819), — et qu'à partir du jour de l'accomplissement de ces formalités (Florence, 25 janv. 1812).

IV. *Des effets de l'interdiction.*

112. *L'interdiction ou la nomination d'un conseil aura son effet du jour du jugement. Tous actes passés postérieurement par l'interdit ou sans l'assistance du conseil seront nuls de droit* (C. civ. 502).

113. D'après cet article et les suivants, ce n'est point à compter du jour de la demande, comme on aurait été porté à le décider en appliquant les principes généraux du droit, mais à partir du jour où a été rendu le jugement, que l'incapacité a commencé à produire son effet.

114. Quant à la nullité des actes passés postérieurement au jugement d'interdiction elle est absolue, tellement qu'il n'est pas même besoin d'en demander l'annulation; car par cela seul qu'il était interdit il n'a pu s'engager. Mais la nullité n'existe qu'à son égard. — V. *sup.* n. 4.

115. Mais lorsqu'un jugement prononçant une interdiction est rétracté pour cause d'incompétence, tous les actes qui ont été faits de bonne foi pendant la durée de l'interdiction n'en doivent pas moins être maintenus au profit des tiers (Nîmes, 13 janv. 1836; Cass. 24 déc. 1838). — V. *inf.* n. 122.

116. *Les actes antérieurs à l'interdiction pourront être annulés, si la cause de l'interdiction existait notoirement à l'époque où ces actes ont été faits* (C. civ. 503.)

117. Ces actes ne sont pas nuls de droit, mais ils sont annulables et peuvent être attaqués par cela seul qu'ils ont été souscrits par un individu dont l'interdiction a été ultérieurement prononcée. — Ce qui s'applique même aux actes qui auraient été passés pendant le cours de l'instance en interdiction qui eux-mêmes ne sont pas nuls de plein droit (Paris, 10-19 mai 1816; Metz, 25 fév. 1819; Bruxelles, 3 janv. 1825).

118. Le juge a un pouvoir discrétionnaire pour déterminer, d'après les enquêtes, l'époque à laquelle la démence était notoire, et annuler par voie de conséquence tous les actes que l'interdit a pu souscrire depuis cette époque (Cass. 5 août 1824).

119. Ainsi, celui qui poursuit l'interdiction peut demander pour la première fois en appel qu'il soit déclaré que les causes de l'interdiction existaient à une époque déterminée antérieure à la demande (Rennes, 4 juill. 1814).

120. Mais, lorsque le juge, en prononçant l'interdiction, n'a pas déterminé l'instant précis auquel la démence a commencé à être notoire, cette époque ne peut plus être fixée à l'égard de chacun des actes qui seront attaqués que par une enquête faite contradictoirement avec les parties en cause. L'enquête sur laquelle l'interdiction a été prononcée serait pour elles *res inter alios acta* (Nîmes, 22 mai 1818 et 10 mars 1819). — Cependant, cette enquête peut servir de renseignement utile.

121. D'ailleurs, on peut, après que l'interdiction a été prononcée pour cause de démence, demander la nullité de tout acte antérieur, quelle que soit sa date, en offrant de rapporter la preuve que la démence était notoire à ce moment, même alors qu'à cette époque une première demande en interdiction aurait été rejetée (Montpellier, 16 janv. 1825).

122. Ainsi, la vente faite par un individu dont la démence était notoire au moment de l'acte, et dont l'interdiction a été prononcée depuis, doit être annulée alors même que l'acquéreur ayant traité de bonne foi aurait ignoré que le vendeur fût en démence (Rennes, 16 nov. 1815). — V. *sup.* n. 115.

123. A l'égard des actes qui n'ont pas acquis date certaine au jour où le jugement d'interdiction a été rendu, ils doivent être déclarés nuls (Amiens, 15 fév. 1825). — Et ils ne peuvent pas servir de commencement de preuve par écrit de l'antériorité de l'obligation (Rouen, 22 juill. 1828).

124. Cependant, les billets souscrits par un interdit, portant une date antérieure à l'interdiction, sont opposables aux héritiers de l'interdit, bien qu'ils n'aient acquis date certaine que depuis l'interdiction : il n'y a pas présomption d'anti-date à l'égard des héritiers de l'interdit, lesquels ne sont pas des *tiers* dans le sens de la loi (C. civ. 1328; Bourges, 4 janv. 1831).

125. *Après la mort d'un individu, les actes par lui faits ne pourront être attaqués pour cause de démence, qu'autant que son interdiction aura été prononcée ou provoquée avant son décès; à moins que la preuve de la démence ne résulte de l'acte même qui est attaqué* (C. civ. 504).

126. Cet article établit une distinction qu'il importe de saisir :

127. En principe, nul acte ne peut être annulé pour cause d'imbécillité ou de démence, s'il ne porte avec lui-même la preuve qu'en effet il est l'œuvre d'une personne en démence; sous aucun prétexte, il n'est permis de chercher dans des circonstances extérieures la preuve que la per-

sonne qui s'est obligée ne jouissait pas du libre exercice de ses facultés (Nîmes, 13 janv. 1836; Cass. 24 déc. 1838).

128. Mais si l'interdiction a été provoquée, alors il s'élève une présomption générale de démence qui reporte son effet sur tous les actes de la vie de l'individu dont l'interdiction est demandée, et alors il est permis de chercher la preuve de la démence dans des faits extérieurs à l'acte, parce que ce n'est pas seulement un fait isolé qui est signalé mais une habitude générale de démence qui avait fini par acquérir une consistance telle que les parties intéressées se sont trouvées dans l'indispensable nécessité de provoquer l'interdiction. — Il suffira donc qu'il y ait eu demande en interdiction formée en justice, alors même que l'instance serait restée impoursuivie, pour que les parties intéressées soient autorisées à attaquer pour cause de démence, après le décès du défendeur, les actes qu'il aura faits de son vivant (Paris, 13 juill. 1808; Gênes, 5 fév. 1812).

129. Toutefois, le principe posé dans la dernière disposition de l'art. 504 n'est pas tellement général qu'il doive être appliqué lui-même aux actes de toute nature; cette disposition ne régissant que les conventions synallagmatiques, les contrats à titre onéreux.

130. A l'égard des actes gratuits (des donations et des testaments), on sera toujours admis à prouver que, soit le donateur, soit le testateur, ne jouissait pas, au moment de la confection de l'acte, du libre exercice de ses facultés intellectuelles, qu'il n'était pas sain d'esprit (C. civ. 901): — car un testament peut être attaqué pour cause de démence, après la mort du testateur, encore bien que son interdiction n'ait été ni prononcée ni même provoquée de son vivant (Bourges, 6 mars 1822; Cass. 26 mars 1822 et 10 mars 1824).

131. Les dispositions testamentaires d'un interdit sont appréciées uniquement d'après les lois du temps de l'acte et de l'interdiction, en ce qui touche la capacité du testateur. Il ne faut pas tenir compte des lois ou des évènements des temps ultérieurs (Colmar, 31 juill. 1823).

132. Les articles qui précèdent ne sont point applicables au testament olographe, lequel fait foi de sa date (C. civ. 970). — En conséquence, s'il a une date antérieure à l'époque de l'interdiction pour démence, il sera réputé fait avant la démence (Riom, 20 janv. 1824; Cass. 15 av. 1825).

V. *De la tutelle et subrogé-tutelle de l'interdit.*

133. *S'il n'y a pas d'appel du jugement d'interdiction rendu en première instance, ou s'il est confirmé sur l'appel, il sera pourvu à la nomination d'un tuteur et d'un subrogé-tuteur à l'interdit, suivant les règles prescrites au titre* de la minorité, de la tutelle et de l'émancipation. *L'administrateur provisoire cessera ses fonctions, et rendra compte au tuteur s'il ne l'est pas lui-même* (C. civ. 505).

134. Par le jugement d'interdiction, l'interdit est placé sous l'autorité d'un tuteur, comme s'il était effectivement retombé en minorité (Delvincourt, 1, 137; Toullier, 2, 436; Duranton, 3, 747). — Cependant, cette tutelle n'a pas le même caractère; car il n'est plus fait mention ni de la tutelle légale des père et mère, ni de la tutelle légitime des ascendants, ni de la tutelle testamentaire, lesquelles ne peuvent plus avoir lieu (Cass. 11 mars 1812; Paris, 1 mai 1813). — Il n'existe plus que la tutelle légale du mari dont sera parlé *inf.* n. 136.

135. Il ne peut être procédé en matière d'interdiction à la nomination du tuteur que sur le jugement d'interdiction et après qu'il a été dûment notifié, car jusque là il n'est pas susceptible d'exécution, la nomination d'un tuteur est donc nulle, si elle est faite avant la signification du jugement. — Mais en prononçant la nullité de cette nomination, le tribunal ne peut ni ordonner que le nouveau tuteur sera nommé par un conseil de famille composé d'autres membres que ceux qui ont pris part à la première nomination, ni procéder lui-même à la nomination d'un nouveau-tuteur (Cass. 13 oct. 1807).

136. *Le mari est, de droit, le tuteur de sa femme interdite* (C. civ. 506).

137. Il n'y a lieu à tutelle légale que dans le cas ci-dessus. Dans tous les autres cas, il y a lieu à tutelle dative, même alors que l'interdit a encore son père (Cass. 11 mars 1812; 27 nov. 1816; Poitiers, 23 fév. 1825).

138. Toutes les autres règles relatives à la tutelle des mineurs sont applicables à la tutelle des interdits, quant à la nomination du subrogé-tuteur, quant aux causes qui dispensent de la tutelle, et quant aux motifs d'incapacité, d'exclusion et de destitution (C. civ. 420 et suiv.; 427 et suiv.; 442 et suiv.). — Tellement que le conseil de famille aura le droit de destituer le mari de sa tutelle légale, comme il a le droit de destituer le père lui-même (Code du J[al]. du Pal.).

139. Dans le cas d'interdiction de la femme, il n'est plus nécessaire pour les contrats qui l'intéressent de requérir soit l'autorisation de son mari, soit l'autorisation de justice: se trouvant placée sous la protection des lois qui régissent les mineurs, il suffit à son égard de remplir les formalités que ces lois imposent (Amiens, 29 déc. 1823.)

140. *La femme pourra être nommée tutrice de son mari. En ce cas, ce conseil de famille réglera la forme et les conditions de l'administration, sauf le recours devant les tribunaux de la part de la femme qui se croirait lésée par l'arrêté de la famille* (C. civ. 507).

141. Cet article contient une double exception à l'art. 442-3° du C. civ. en ce que la loi permet à la femme non seulement d'être tutrice, mais encore de faire partie du conseil de famille (Bruxelles, 20 juill. 1812).

142. Quand elle a été nommée tutrice, tous les pouvoirs passent en sa main, et elle acquiert elle-même autorité sur la personne et sur les biens du mari. — Mais elle n'en reste pas moins soumise au pouvoir marital, en ce sens qu'elle demeure frappée pour elle-même de la même incapacité qu'auparavant; elle ne peut procéder que sous l'autorité de justice conformément à l'art. 222 du C. civ. (Rennes, 3 fév. 1819).

143. Le conseil de famille peut refuser de nommer la femme tutrice de son mari interdit, sans être tenu d'exprimer le motif de sa décision (Cass. 27 nov. 1816; Orléans, 9 août 1817).

144. Lorsque la femme n'a pas été nommée tutrice de son mari interdit, elle ne peut réclamer l'administration, 1° de ses biens personnels; 2° des biens de son mari; 3° et de ceux de la communauté: cette administration appartient au mari et par conséquent à son tuteur dans le cas d'interdiction (Paris, 7 janv. 1815; Orléans, 9 août 1817; Rennes, 3 fév. 1819; Toullier, 2, 1344 et 1348 et 12, 309; Bellot, *mariage*, 311). — Mais la puissance maritale n'est pas donnée à ce tuteur, de sorte qu'elle ne pourra s'adresser qu'à

la justice pour obtenir l'autorisation de contracter (Marcadé; Rennes, 3 fév. 1819).

145. Quant à l'administration des biens personnels des enfants elle passe entre les mains de la femme (Arg. C. civ. 390; Toullier, 12, 309; Marcadé). — Il en est de même de la personne des enfants et de la surveillance de leur éducation (Orléans, 9 août 1817; Magnin, 1, 368 et 439).

146. Du reste, lorsque le mari est interdit, l'administration provisoire des biens de la communauté n'appartient pas de plein droit à la femme, pendant l'intervalle qui s'écoule jusqu'à la nomination du tuteur : il y a lieu de nommer alors un administrateur provisoire (Rennes, 27 déc. 1830).

147. *Nul, à l'exception des époux, des ascendants et descendants, ne sera tenu de conserver la tutelle d'un interdit au delà de dix ans. A l'expiration de ce délai, le tuteur pourra demander et devra obtenir son remplacement* (C. civ. 508).

148. *L'interdit est assimilé au mineur, pour sa personne et pour ses biens : les lois sur la tutelle des mineurs s'appliqueront à la tutelle des interdits* (C. civ. 509).

149. Mais cette assimilation n'est point *absolue et pour tous*, car :

150. 1° Le mineur arrivé à 16 ans peut tester (C. civ. 904). — Tandis que l'interdit ne le peut valablement, n'étant pas capable de manifester une volonté dans la forme légale : seulement le testament authentique ou olographe qu'il aura fait avant son interdiction sera valable et devra recevoir son exécution, parce qu'on doit supposer qu'il aura constamment persévéré dans une pensée qu'il avait émise au moment où il jouissait de sa raison (Bruxelles, 15 av. 1825).

151. 2° Le mineur arrivé à un certain âge est déclaré capable de se marier (C. civ. 144) : — tandis que la loi est muette à cet égard relativement à l'interdit, et de ce silence il résulte que l'interdit n'a pas capacité pour contracter mariage (Code du J[al]. du Pal.; Marcadé).

152. 3° Le mineur peut reconnaître un enfant naturel (C. civ. 334); — et l'interdit ne le pourra valablement.

153. 4° Quand un interdit meurt, sa succession doit être réputée ouverte au domicile de son tuteur (Agen, 10 av. 1813; *Contrà*, Code du J[al]. du Pal., lequel est pour le domicile d'origine ou de famille).

154. Du reste, la poursuite en interdiction n'arrête pas l'action des créanciers, lesquels ont, en conséquence, le droit d'exercer toute saisie soit contre l'individu même dont l'interdiction est demandée, tant qu'il ne lui a pas été nommé un administrateur provisoire, soit contre cet administrateur après que la nomination a eu lieu, soit contre le tuteur, après que l'interdiction a été prononcée (Paris, 5 mars 1829).

155. *Les revenus d'un interdit doivent être essentiellement employés à adoucir son sort et à accélérer sa guérison. Selon les caractères de sa maladie et l'état de sa fortune, le conseil de famille pourra arrêter qu'il sera traité dans son domicile, ou qu'il sera placé dans une maison de santé, et même dans un hospice* (C. civ. 510). — V. sup. n. 36.

156. L'objet prévu par cet article est un de ceux pour lesquels le règlement de la famille (V. *sup.* n. 140) pourra donner lieu à une réclamation de la femme tutrice.

157. *Lorsqu'il est question du mariage de l'enfant d'un interdit, la dot ou l'avancement d'hoirie, et les autres conventions matrimoniales seront réglés par un avis du conseil de famille homologué par le tribunal, sur les conclusions du procureur du Roi.* (C. civ. 511).

158. Il ne s'agit ici que du contrat de mariage qui ne peut être fait sans que le conseil de famille soit appelé à y participer pour doter l'enfant avec une part des biens appartenant à l'interdit. Le conseil de famille, dans ce cas, n'a point à délibérer sur l'opportunité du mariage ou sur sa convenance, mais seulement sur les intérêts pécuniaires de l'enfant (Delvincourt; Toullier; Duranton; Proudhon; Merlin; Favard), — ainsi :

159. 1° Si l'enfant se dote lui-même, il peut passer le contrat avec l'autorisation de ceux sous la puissance desquels il se trouve s'il est mineur, ou sans autorisation s'il est majeur.

160. 2° Si l'enfant est doté par la mère, il n'est nul besoin de convoquer le conseil de famille pour passer le contrat qui ne sera soumis ni à l'avis de la famille ni à l'homologation de justice.

161. 3° S'il n'est point passé de contrat, il n'y aura point à demander l'avis du conseil de famille, et le mariage sera célébré dans la forme ordinaire sur la représentation du consentement de ceux sous la puissance desquels l'enfant est placé.

162. 4° Si c'est la femme qui est interdite et qu'il s'agisse de doter l'enfant à ses dépens avec une partie de ses biens, le mari, fût-il tuteur, n'a pas le droit de disposer en propriété ni en usufruit, d'une portion quelconque des biens de la femme interdite, pour l'établissement des enfants communs (Code du J[al]. du Pal.)

163. L'article précité du C. civ. est applicable quand il s'agit d'établir de toute autre manière que par mariage (Marcadé). — Ainsi, la vente d'un immeuble appartenant à un interdit peut être autorisée lorsqu'il s'agit d'établir l'un de ses enfants non-seulement par le mariage, mais en lui assurant une profession honorable (Amiens, 6 août 1824).

VI. *De la main-levée de l'interdiction.*

164. *L'interdiction cesse avec les causes qui l'ont déterminée; néanmoins la main-levée ne sera prononcée qu'en observant les formalités prescrites pour parvenir à l'interdiction, et l'interdit ne pourra reprendre l'exercice de ses droits qu'après le jugement de main-levée* (C. civ. 512).

165. L'action dont il s'agit en cet article doit être considérée comme un droit exclusivement personnel à l'interdit lui-même et qu'il peut exercer librement sans autorisation ni contrôle.

166. Ainsi, l'interdit sera toujours recevable à présenter lui-même sa requête tendant à obtenir main-levée de l'interdiction avec pièces à l'appui et indication de témoins s'il en avait à faire entendre. — D'où il suit que l'interdit a qualité pour agir seul quand il veut demander la main-levée de son interdiction, sans avoir à mettre en cause son tuteur (Cass. 12 fév. 1816); — surtout, lorsqu'il a pour tuteur et subrogé-tuteur des parents successibles intéressés à ce qu'il ne reprenne pas l'administration de ses biens (Bordeaux, 8 mars 1822. — *Contrà*, Riom, 2 déc. 1830).

167. Dans le cas qui précède, le tuteur qui ne doit pas être nécessairement appelé dans l'instance en main-levée

d'interdiction, n'est pas recevable à former tierce-opposition au jugement (Cass. 12 fév. 1816; — *Contrà*, Metz, 6 août 1818). — Il en est de même à plus forte raison du subrogé-tuteur (Duranton, 3, 791).

168. Le jugement de main-levée est soumis aux mêmes formalités que le jugement d'instruction. Par conséquent, il est nul faute d'avoir été rendu public par affiches (Colmar, 6 fév. 1813; Toullier, 2, 1364).

169. La demande en main-levée doit être portée devant le tribunal du nouveau domicile de l'interdit (Paris, 13 germ. an x; Carré, 3, 3028; Lepage, 593; Le praticien, 5, 178; — *Contrà*, Thomine, 2; 1054).

Art. 2. DE L'INTERDICTION LÉGALE PAR SUITE DE CONDAMNATIONS CRIMINELLES OU CORRECTIONNELLES.

170. L'*interdiction légale* est celle qui est prononcée par la loi elle-même. Elle comprend les incapacités dont est parlé aux art. 28, 29, 30, 31, 34 et 42 du C. pén.

Elle est ou le résultat d'une peine, soit afflictive, soit infamante, ou d'une peine correctionnelle.

I. *De l'interdiction légale par suite de condamnations criminelles.*

171. Cette interdiction étant une peine, les biens du condamné ne peuvent être employés à alléger ses maux (C. pén. 31). — C'est en cela principalement qu'elle diffère de l'interdiction dont est parlé *sup.* n. 36.

172. Elle est encourue par celui qui a été condamné à la peine des travaux forcés à temps, à la détention ou à la réclusion, et elle subsiste pendant toute la durée de la peine; la condamnation, dans ce cas, suspend l'exercice de tout ou partie des droits civils du condamné suivant la nature de la peine, tout en lui faisant perdre définitivement tous les droits politiques attachés à la qualité de citoyen. — V. note 27, p. 278, n. 316 à 324.

173. Toutefois, on remarquera que l'interdiction dont il vient d'être parlé, laquelle n'a d'application qu'aux droits civils dont elle prive de l'exercice, n'atteint pas les condamnés à la dégradation civique et au carcan; le motif est que ces deux peines n'ayant pas pour effet de prolonger la détention du condamné, celui-ci peut pourvoir lui-même à l'administration de ses biens.

174. Dans tous les cas, la privation momentanée ou la suspension des droits civils n'a pas pour effet de rendre les condamnés incapables de tester (C. civ. 902; Rouen, 28 déc. 1822); — quand même il s'agirait d'un militaire condamné à cinq ans de fers et à la dégradation pour insubordination, aux termes des art. 15 et 21 du C. pén. milit. du 21 brum. an v (L. 25 sept.-6 oct. 1791, tit. 4, art. 2; Paris, 4 mai 1831).

175. A celui qui se trouve en état d'interdiction légale, il doit être nommé un tuteur et un subrogé-tuteur pour gérer et administrer ses biens, dans les formes prescrites pour les nominations des tuteurs et des subrogés-tuteurs aux interdits (C. pén. 29). — V. *sup.* n. 133.

176. L'interdiction légale faisant l'objet de l'art. 29 du C. pén. ne s'applique qu'au cas où la condamnation est contradictoire, car quand cette condamnation a lieu par contumace, il faut se reporter à l'art. 471 du C. d'Instr. crim. qui porte que les biens du condamné seront régis comme biens d'absents, à partir de l'exécution de l'arrêt par effigie (Carnot).

177. L'art. 31 du C. pén. disposant que pendant la durée de la peine il ne pourra être remis au condamné aucune somme, aucune provision, aucune portion de ses revenus, il en résulte que le tuteur ne peut porter en dépense dans son compte les sommes qu'il prétendrait avoir remises au condamné.

178. Il y a, comme on vient de le voir, deux sortes d'interdictions, l'une réglée par l'art. 28 du C. pén. n'a de rapport qu'aux droits civiques; celle-là, à moins de grâce ou de commutation, est perpétuelle et subsiste même après l'expiration de la peine; l'autre, réglée par l'art. 29 n'a de rapport qu'aux droits civils et n'a d'autre durée que celle de la peine. Elles existent ensemble pendant la durée de la peine, mais elles se séparent après le temps d'expiation, la première pour subsister, la seconde pour s'anéantir.

V. note 3, n. 62 et note 10, n. 45.

II. *De l'interdiction légale par suite de condamnations correctionnelles.*

179. Cette sorte d'interdiction est attachée à une condamnation pour délits. Elle prive le condamné, dans certains cas, de l'exercice de ses droits civiques, civils et de famille, en tout ou en partie. Les droits dont le condamné peut être privé sont énumérés en l'art. 42 du C. pén. — V. note 27, p. 278, n. 325 et suiv.

Art. 3. DE L'INTERDICTION DES OFFICIERS PUBLICS.

180. On appelle ainsi l'état d'un officier public auquel il est interdit de continuer ses fonctions.

181. L'interdiction est *perpétuelle* ou *à temps* :

182. L'interdiction *perpétuelle* prend ordinairement le nom de destitution. — V. à ce sujet la note 2, n. 2, 30, 37 s. 82 s. 99 s.

183. L'interdiction *à temps* prend celui de suspension. — V. à ce sujet la note 2, n. 2, 30, 37 s. 66 s. 72 s. 99 s.

184. Cette interdiction ne peut avoir lieu que par un jugement (V. note 2, n. 39). — Il en est de même de l'interdiction prononcée contre un officier public pour cause d'aliénation de ses facultés mentales, auquel cas il doit être pourvu à son remplacement.

185. Lorsque la loi prohibe aux notaires de faire certains actes, on ne donne point à cette prohibition le nom d'interdiction, mais celui d'empêchement. — V. note 2, n. 21 et suiv., 106 et suiv.

186. Ceux qui sont interdits ne peuvent, durant l'interdiction, faire aucune fonction de leur charge, à peine de nullité et des dommages-intérêts des parties et même d'une peine correctionnelle. — V. note 2, n. 87.

V. note 11, n. 3.

[66]

DES CURATEURS. — DES CURATELLES.

DIVISION SOMMAIRE :

§ 1. DISPOSITIONS PRINCIPALES (n. 1 à 5).

Indication alphabétique :

§ 1. DISPOSITIONS PRINCIPALES.

1. La *curatelle* est une charge conférée soit par un conseil de famille, soit par la justice, à l'effet de veiller aux intérêts d'autrui. On nomme *curateur* celui à qui cette charge est confiée.

2. On doit distinguer deux classes de *curatelles* : la curatelle aux personnes, qui supplée à quelque imperfection morale, à quelque accident qui prive ceux qui en sont atteints de l'usage naturel de leurs facultés ; et la curatelle aux choses, sans égard aux personnes. On peut ranger dans la première classe la curatelle aux mineurs émancipés, la curatelle au ventre ; et dans la seconde, la curatelle aux successions vacantes, aux biens délaissés par hypothèque, au bénéfice d'inventaire, aux biens des absents, aux condamnés.

3. La curatelle est, comme la tutelle, une charge publique à laquelle on ne peut se soustraire, à moins d'excuses légitimes.

4. Les causes de destitution et d'incapacité, et le mode de nomination, sont les mêmes pour les curateurs que pour les tuteurs.

5. On distingue plusieurs sortes de curateurs :

§. 2. DE LA CAPACITÉ NÉCESSAIRE POUR ÊTRE CURATEUR.

6. La curatelle étant une charge publique, dont l'objet est, en général, de veiller à la personne ou aux biens d'autrui, il en résulte nécessairement que tout curateur doit être majeur, mâle, jouissant des droits civils, et ne se trouver d'ailleurs dans aucun cas particulier d'exception ou d'exclusion prévu par la loi relativement au tuteur.

7. Cependant, la mère ou l'aïeule pouvant être tutrices (C. civ. 442), peuvent, à plus forte raison, être curatrices à cause du droit que la naissance donne à une femme sur ses enfants ou petits-enfants (Nouv. Denisart).

§. 3. DU CURATEUR AU MINEUR ÉMANCIPÉ.

8. Le conseil de famille présidé par le juge de paix, a seul qualité pour nommer un curateur au mineur émancipé (C. civ. 480). — Cependant, quand un mineur émancipé est dépourvu de curateur, il peut lui en être nommé un par le tribunal saisi de la contestation dans laquelle ce mineur est partie (Cass. 11 frim. an IX). — En tout cas, lorsqu'il y a vice dans la nomination d'un curateur, cette nullité est relative et ne peut être opposée que par le mineur (Cass. 11 frim. an IX).

9. Mais il est un cas où le mineur étant émancipé de plein droit par le mariage (C. civ. 476), est naturellement pourvu d'un curateur; c'est quand il s'agit d'une femme qui se marie en état de minorité, son mari, dans ce cas, est son curateur né (Merlin, *rép.* v° Curat. § 1). — C'est là un bénéfice accordé au mariage, car ceux qui deviennent chefs de famille et à qui la puissance paternelle est concédée dans toute son étendue, ne peuvent rester assujétis à la surveillance d'autrui. — Cependant, si le mari est mineur lui-même, l'autorisation du juge est nécessaire à la femme, soit pour ester en jugement, soit pour contracter (C. civ. 224) : mais à cet égard, il faut faire une distinction fondée sur la loi elle-même, c'est que le mari mineur émancipé par le mariage, étant capable de tous les actes résultant de l'émancipation est capable, par voie de conséquence, d'autoriser sa femme pour les actes de cette nature ; son autorisation ne serait donc insuffisante que pour les emprunts, aliénations d'immeubles ou autres actes pour la validité desquels la loi exige le concours du conseil de famille. — V. note 34, n. 74.

10. Le curateur a une mission bien différente de celle du tuteur; en effet, le curateur n'agit point en son nom personnel et n'a pas de gestion proprement dite ; il ne fait qu'assister le mineur émancipé qui figure toujours comme partie principale (C. civ. 480. 482 et suiv.); tandis, au contraire, que le tuteur agit, en général, et contracte en son nom pour le mineur, sauf les autorisations et approbations du conseil de famille, dans les cas déterminés par la loi, ce qui l'oblige à rendre compte (C. civ. 450 et suiv., 469).

11. Cependant, lorsque le curateur a négligé de surveiller l'emploi d'un capital reçu par le mineur émancipé, ou qu'il ne s'est pas suffisamment assuré de garanties, il peut devenir responsable comme ayant manqué des soins auxquels il était naturellement tenu par ses fonctions.

12. Lorsque le mineur a agi, sans l'assistance de son curateur, il faut distinguer :

13. S'il s'agit d'un acte, cet acte est sujet à nullité ou res-

cision pour cause de lésion, sur la demande du mineur seulement (C. civ. 1124, 1125 et 1305); car cet acte est valable à l'égard du majeur qui a contracté sans opposer au mineur son incapacité (C. civ. 1125).

14. S'il s'agit d'une condamnation résultant d'un jugement dans lequel le mineur émancipé n'a point été assisté de son curateur, ce mineur a le droit d'y former opposition ou appel dans les délais pour le faire annuler, faute de quoi ce jugement acquérrait contre lui force de chose jugée. — Mais, dans ce cas, le majeur qui a volontairement procédé avec le mineur non assisté de curateur, ne peut se prévaloir de cette circonstance pour faire regarder comme non avenue la procédure faite jusques là; il peut seulement exiger l'assistance du curateur pour la procédure à continuer. Le mineur, en effet, peut toujours faire sa condition meilleure, et toutes les fois qu'il a fait une chose avantageuse pour lui, sans la participation de son curateur, il l'a fait aussi valablement que s'il avait été autorisé (Merlin, *rép. et quest.*, v° Curateur). — V. *sup.* n. 8.

15. C'est par application de ce principe qu'il a été décidé que l'autorisation accordée par le conseil de famille à un curateur, postérieurement à l'action par lui intentée sans cette autorisation, régularise cette action et la rend recevable. Cette autorisation a, en ce cas, un effet rétroactif (Bourges, 25 janv. 1832). — V. note 74, n. 78.

§. 4. Du curateur au ventre.

16. *Si, lors du décès du mari, la femme est enceinte, il sera nommé un curateur au ventre par le conseil de famille. — A la naissance de l'enfant, la mère en deviendra tutrice, et le curateur en sera de plein droit le subrogé-tuteur* (C. civ. 393).

17. Pour qu'il y ait lieu à la nomination d'un curateur au ventre, il suffit que la veuve déclare être enceinte, elle n'est pas tenue de fournir la preuve de la vérité de son allégation. Dans ce cas, le droit des parents plus proches du défunt à l'envoi en possession de sa succession, peut être suspendu par cette allégation et sans qu'il soit autrement établi que le défunt laisse sa femme enceinte (Aix, 19 mars 1807).

18. Le curateur au ventre est institué tout à la fois *dans l'intérêt de l'enfant* et *des collatéraux*. — Dans l'intérêt de l'enfant, pour qu'il ne soit rien fait qui puisse préjudicier à ses droits, car à sa naissance il sera admis au partage des biens composant la succession paternelle, pourvu qu'il naisse viable (C. civ. 725), car c'est par l'époque de la conception que se règlent ses droits (Delvincourt, 1, 108 et 114; Toullier, 2, 315; Locré, 6, 41; Favard). — Dans l'intérêt des collatéraux, afin de prévenir tout soupçon de supposition de part.

19. Il faut donc que le curateur au ventre ait soin de faire tous actes conservatoires dans l'intérêt de l'enfant, et l'un de ses devoirs les plus impérieux est de se trouver présent à l'accouchement afin de constater avec les gens de l'art l'état de viabilité de l'enfant : non pas que l'acte qui en serait dressé pût avoir une authenticité certaine, mais parce qu'il importe de réunir en cette circonstance tous les documents qui seraient de nature à éclairer la religion du juge sur la question de savoir si l'enfant présenté mort à l'officier de l'état civil a eu vie ou non.

20. Le curateur au ventre n'a point de parti à prendre dans l'action en désaveu, qui serait intentée contre l'enfant sur le motif que la naissance aurait été tardive; il n'est là que pour veiller à ce que les faits soient constatés, sauf aux tribunaux à en faire l'appréciation.

21. Mais il peut prendre qualité pour l'enfant avant sa naissance dans une succession. L'enfant conçu étant réputé né toutes les fois qu'il s'agit de son intérêt, il en résulte qu'il a une capacité subordonnée à la condition qu'il naîtra viable (Chabot, sur l'art. 725); et que le curateur devra être partie nécessaire dans les opérations du partage pour la conservation des droits éventuels de l'enfant.

22. La disposition concernant l'institution d'un curateur au ventre doit être appliquée dans tous les cas où l'enfant a acquis des droits qui se rattachent nécessairement à sa conception; comme, par exemple, lorsqu'un enfant naturel a été reconnu avant sa naissance, ou, lorsque seulement il a été fait soit un legs direct, soit une donation au profit d'un enfant non encore né, mais que l'on suppose conçu (Code du J[al]. du Pal.).

§. 5. Du curateur a succession vacante.

23. Lorsqu'une succession est vacante, le tribunal de première instance du lieu de l'ouverture nomme un curateur. — V. à cet égard la note 85.

§. 6. Du curateur au délaissement par hypothèque.

24. Nous avons déjà parlé de ce curateur sous la note 28, p. 303, n. 255. — Nous en reparlerons v° *délaissement*, note 137.

§. 7. Du curateur au bénéfice d'inventaire.

25. Il a déjà été question de ce curateur au sujet de l'administration et vente des biens abandonnés par un héritier bénéficiaire, à la note 23, p. 206, n. 49 et suiv. — Nous en reparlerons v° *bénéfice d'inventaire*, note 85.

§ 8. Du curateur aux biens des absents.

26. *S'il y a nécessité de pourvoir à l'administration de tout ou partie des biens laissés par une personne présumée absente et qui n'a point de procureur fondé, il y sera statué par le tribunal de première instance, sur la demande des parties intéressées* (C. civ. 112).

27. La manière d'exécuter cette disposition consiste, en général, à nommer un *curateur* qui représente le présumé absent dans l'exercice de ses droits et actions. — Le tribunal peut nommer lui-même ce curateur sans qu'il soit nécessaire de convoquer le conseil de famille à cet égard (Biret, p. 61).

28. Ce curateur reçoit du jugement non seulement son titre, mais encore la spécification des divers actes dont sa mission se compose, par conséquent, la mesure même et l'étendue de ses pouvoirs, d'où il suit :

29. 1° Qu'il peut plaider en sa qualité de curateur, sans autorisation expresse, et représenter l'absent dans l'instance sur l'appel, après avoir interjeté cet appel (Cass. 25 août 1813).

30. 2° Et qu'il a toute qualité pour agir valablement comme curateur jusqu'à infirmation de son titre (Cass. 6 nov. 1828).

31. Mais, à défaut de limitation de ses pouvoirs, le curateur a qualité pour représenter l'absent tant en jugement que hors jugement (Limoges, 13 mai 1829; Demante, n.

51; Talandier, p. 69), et pour exercer toutes les actions que l'absent pourrait exercer lui-même, soit en attaquant les ventes consenties en minorité par l'absent qu'il représente, soit en demandant par voie d'exception la nullité de la vente des biens qui doivent entrer dans le partage (Bourges, 30 août 1819); — et même celui qui a titre apparent de curateur est réputé par cela seul avoir titre suffisant pour intenter une action en complainte au nom de l'absent, sans qu'il y ait à s'occuper des vices dont son titre de curateur pourrait être infecté (Cass. 27 août 1828).

32. Quand un curateur a été nommé à un absent, les débiteurs de ce dernier ne peuvent quereller sa nomination, sous prétexte : 1° que ce curateur serait insolvable ou n'offrirait pas une responsabilité suffisante, sauf aux tribunaux à ordonner suivant les circonstances que le curateur fournira caution, ou bien que sa nomination ne serait pas régulière (Bruxelles, 3 juin 1819; Merlin; Talandier), 2° et que l'absent ayant laissé un mandataire, c'est à ce mandataire qu'il appartient d'agir (Cass. 6 nov. 1828). — V. *sup.* n. 31.

33. Ils ne peuvent non plus attaquer la validité du pouvoir qui aurait été donné par l'absent (Rennes, 13 janv. 1819).

34. Doivent être supportés par le présumé absent les frais faits soit sur la demande d'une *partie intéressée* aux fins de pourvoir à l'administration des biens, soit d'office par le ministère public (Duranton, 1, 407; Talandier, p. 97).

35. On appelle *parties intéressées*: 1° les créanciers qui ont un intérêt né et actuel; 2° ceux qui ont des droits à discuter avec le présumé absent; 3° les héritiers présomptifs; 4° les donataires; 5° les légataires; car le testament peut être connu (Maleville; Pigeau; Roll. de V....; Demoly; Code du J^{al}. du Pal. — *Contrà*, Delvincourt, 1, 43; Toullier, 1, 394; Locré).

36. Seulement, on remarquera que le curateur à l'absence représentant tous les héritiers de l'absent, ceux-ci n'ont pas qualité pour former tierce-opposition au jugement rendu contre lui (Cass. 12 août 1824).

37. Mais tant que l'existence d'un héritier absent n'est pas constatée, le curateur n'a pas qualité pour attaquer un testament laissé par le défunt, soit qu'il y ait absence présumée ou déclarée (Colmar, 24 déc. 1816).

38. Les créanciers du présumé absent peuvent rester en cause comme exerçant les droits de leur débiteur, nonobstant la présence de l'administrateur des biens (Cass. 8 av. 1812).

39. Relativement à la compétence du tribunal, il faut distinguer : s'il s'agit d'une administration générale qui comprenne la gestion de toutes les affaires du présumé absent, c'est au tribunal du dernier domicile de l'absent que l'on doit s'adresser; si, au contraire, il s'agit d'une administration partielle, d'une affaire qui peut requérir célérité, rien ne s'oppose à ce que le tribunal de la situation des biens soit saisi (Code du J^{al}. du Pal.)

40. Le curateur des biens d'un absent ne doit pas tenir compte des intérêts à moins qu'il n'ait fait emploi pour son usage personnel des sommes par lui touchées. Il a droit à des frais de gestion (Cass. 24 juill. 1832; Colmar, 24 août 1841). — V. note 49, n. 64.

41. Comme tout comptable commis par justice, le curateur à l'absence est tenu de rendre un compte à la fin de sa gestion (C. proc. 527). — A la différence du curateur *ad hoc* qui, lorsqu'il n'a fait qu'un acte déterminé par le conseil de famille, ne doit pas de compte de sa gestion (Cass. 21 juin 1808).

§ 9. DU CURATEUR AUX CONDAMNÉS.

42. Il résulte de l'art. 25 du C. civ. que le condamné *contradictoirement* à une peine emportant mort civile (V. note 27, n. 281) ne peut procéder en justice, ni en demandant ni en défendant que sous le nom et par le ministère d'un curateur spécial qui lui est nommé par le tribunal où l'action est portée.

43. Le droit de procéder en justice est un acte essentiel du droit civil; et comme l'individu frappé de mort civile est susceptible d'acquérir (C. civ. 25-2°), il fallait bien lui donner, soit en demandant, soit en défendant, le droit d'intenter des actions ou de répondre à celles qui seraient dirigées contre lui; mais jamais il ne peut être admis à ester en son nom, ni comme partie principale ni comme partie jointe. Son curateur seul doit toujours être en cause, et il ne doit pas même être assigné pour voir nommer ce curateur, comme lui-même n'a pas le droit de donner assignation dans ce but. Cette nomination se fait sur simple requête présentée au tribunal, et ne doit être précédée d'aucune mise en demeure extrà-judiciaire (Cass. 6 déc. 1836).

44. Il résulte de ce qui précède que toute sommation faite à un individu frappé de mort civile est nulle, alors même qu'il serait resté en possession de ses biens (Nîmes, 6 juill. 1812).

45. A l'égard des condamnés par *contumace*, l'art. 28 du C. civ. dispose que leurs biens doivent être administrés et leurs droits exercés de même que ceux des absents (C. civ. 28), c.-à-d. par un curateur (V. *sup.* n. 26 et suiv.). — Mais la disposition de cet article a été modifiée : 1° par l'art. 471 du C. d'Instr. crim. : 2° et par un avis du Conseil d'état du 20 sept. 1809 qui charge l'administration des domaines de faire toutes les démarches et actes nécessaires pour mettre sous le séquestre les biens et droits du contumax, et de les gérer et administrer au profit de l'état jusqu'à l'envoi en possession qui peut être demandé par les héritiers conformément à l'art. 120 du C. civ.

46. C'est la justice et non le conseil de famille du contumax qui doit nommer le curateur à l'effet d'administrer ses biens (Caen, 3 mars 1828).

47. Lorsqu'il y aura lieu de réviser une condamnation pour homicide, et que cette condamnation aura été portée contre un individu mort depuis, la Cour de cassation créera un curateur à sa mémoire, avec lequel se fera l'instruction, et qui exercera tous les droits du condamné (C. d'Instr. crim. 447).

[67]

DU RECOURS EN GARANTIE, EN GRACE, EN CASSATION, AU CONSEIL DE PRÉFECTURE, ET AU CONSEIL D'ÉTAT.

DIVISION SOMMAIRE :

Indication alphabétique :

§ 1. DU RECOURS EN GARANTIE.

1. Le mot *recours* est ici employé pour signifier l'action en garantie, ou bien celle en dommages-intérêts que l'on a contre quelqu'un.

2. Il y a lieu à recours en matière de *tradition*, lorsque, la dette étant hypothécaire, l'héritier qui possède le fonds hypothéqué à cette dette est poursuivi pour le tout sur ce fonds — V. note 8, n. 26.

3. Il y a lieu aussi à recours en matière d'éviction par suite de vente :

4. 1° Lorsque le contrat contient une promesse de garantie, même générale et non précise. — V. note 9, n. 19.

5. 2° Lorsque le fait de la garantie est indivisible. — *Ibid.* n. 47.

6. 3° Lorsque l'éviction provient des vices intrinsèques de l'acte de vente, comme quand les formalités judiciaires prescrites par la loi n'ont pas été remplies. — *Ibid.* n. 36.

7. 4° Lorsque les servitudes occultes existantes au jour du contrat n'ont pas été déclarées dans la vente. — *Ibid.* n. 88.

8. Mais il n'y a pas lieu à recours en cas d'éviction :

9. 1° Lorsque la garantie est restreinte aux faits et promesses du vendeur, et que l'éviction ne provient pas du fait personnel de ce dernier. — V. note 9, n. 25.

10. 2° Lorsque l'éviction est un fait du souverain. — *Ibid.* n. 34.

11. 3° Contre le cessionnaire du vendeur, lorsque l'acquéreur lui a payé son prix. — *Ibid.* n. 46.

12. 4° Lorsque le délaissement de la chose vendue a été opéré sur la justification certaine et non équivoque du droit du poursuivant. — *Ibid.* n. 58.

13. 5° Contre les vendeurs précédents en franchissant les vendeurs intermédiaires, lorsque ce n'est que par la faute de l'un des derniers que l'éviction a eu lieu. — *Ibid.* n. 61.

14. 6° Pour raison des frais de la part de l'acheteur contre son vendeur, lorsque celui-ci, sur la demande en garantie, a offert non-seulement la restitution de son prix, mais encore une indemnité pour l'éviction. — *Ibid.* n. 76.

15. 7° Lorsque le vendeur a vendu un héritage tel qu'il se comportait avec les servitudes tant actives que passives. — *Ibid.* n. 87.

16. En matière de legs il n'y a pas lieu à recours dans les cas rappelés note 24, n. 64, 366, 506.

17. En matière de cautionnement, il y a lieu à recours dans les cas rappelés note 32, n. 89, 98, 99, 108.

18. En matière de dépôt de contrat de mariage et de mention de patente, — V. note 43, n. 8 et 78.

V. *demande récursoire*, note 28, n. 677 et suiv.

§ 2. DU RECOURS EN GRACE.

19. On appelle ainsi la requête présentée au nom du condamné pour obtenir la remise, en tout ou en partie, des peines corporelles ou pécuniaires qu'il a encourues par son délit ou par son crime : et on appelle *grâce* la remise obtenue.

Art. 1. QUI A LE DROIT DE FAIRE GRACE. — ET QUAND CE DROIT PEUT ÊTRE EXERCÉ.

20. *Le roi a le droit de faire grâce et celui de commuer les peines.* (Ch. constit. art. 21).

21. La grâce accordée ne peut être que la remise entière ou partielle de la peine prononcée par les tribunaux. Elle ne peut être entendue de l'abolition du crime en en interdi-

sant la poursuite, car ce serait entraver le cours de la justice à laquelle le roi a délégué, sans en rien retenir, le pouvoir de rendre la justice, ne se réservant que celui de pardonner aux coupables qui, condamnés par les juges compétents, imploreraient sa clémence (*Ibid.* art. 48).

22. La grâce est entière, lorsque le roi fait remise de toutes les peines avant l'exécution de l'arrêt qui condamne. — Elle est partielle, lorsque, soit avant, soit après l'exécution, il se borne à exempter le condamné d'une partie de la peine, ou à en abréger la période, ou à commuer la peine en substituant une peine plus douce à une peine plus rigoureuse, une peine correctionnelle à une peine infamante.

23. Le droit de grâce peut être appliqué à tous les crimes, même à ceux de lèze-majesté. — Mais l'application ne peut en être faite en matière disciplinaire, par exemple, dans le cas de pension d'un officier public (Déc. min. 12 av. 1839-Devill. 39, 2, 400).

Art. 2. COMMENT S'OBTIENNENT LES LETTRES DE GRACE.

24. C'est au ministre de la justice que le condamné, sa famille, ses amis doivent adresser le mémoire de recours en grâce.

25. Les présidents des Cours d'assises, ceux des tribunaux ou chambres des appels de police correctionnelle, et les chefs du jury peuvent recommander à l'indulgence du roi le condamné qui leur en paraît digne, dans une lettre confidentielle qu'ils adressent au garde des sceaux. Mais un tribunal correctionnel et une Cour royale excèdent leurs pouvoirs, en prenant une délibération pour recommander un condamné à la clémence du roi; ni l'art. 595 du C. d'Instr. crim. relatif aux cours spéciales, ni l'art. 25, § 3 de la loi du 10 mars 1818 relatif aux délits militaires ne peuvent servir de règle ou fournir argument aux tribunaux ordinaires (Cass. 7 oct. 1826).

26. Le roi accorde la grâce dans des lettres; il l'accorde ou de son propre mouvement, ou sur le rapport du ministre de la justice. Dans l'un et l'autre cas, il n'est tenu de prendre l'avis de personne, et s'il interroge quelque magistrat de l'ordre administratif ou judiciaire, ce n'est que pour mieux s'éclairer.

27. Les lettres de grâce et de commutation de peine sont adressées aux Cours royales et entérinées par elles sans examen préalable en audience publique. — Les condamnés ne peuvent demander l'entérinement de leurs lettres de grâce, qu'après s'être remis sous la main de la justice, s'ils sont parvenus à lui échapper. Placés à la barre de la Cour, sous la garde de la force publique, mais libres et sans fers, ils entendent debout, tête découverte et dans une attitude respectueuse, la lecture des lettres de grâce et la prononciation de l'arrêt qui les entérine (Legraverend, t. 18, ch. 18).

Art. 3. DES EFFETS DE LA GRACE.

28. La grâce accordée à un condamné diffère essentiellement :

29. 1° De l'*absolution*, en ce qu'elle présuppose délit et culpabilité; d'où il suit qu'elle réintègre le condamné dans ses droits civils, mais seulement *ex nunc*. — Ainsi, la mort civile dont un condamné est frappé conserve ses effets du jour de la condamnation jusqu'au jour où il a reçu sa grâce. En conséquence, si quelque succession s'est ouverte dans l'intervalle, il en est privé. Il n'y a de réintégration pleine et entière, *ex tunc*, du jour de la condamnation, que par révision et absolution : par conséquent, la grâce n'empêche point le condamné de demander la révision de son jugement dans les cas où cette voie est ouverte (Cass. 30 nov. 1810).

30. 2° De la *réhabilitation*, en ce sens que la grâce a pour effet seulement de faire cesser la peine, tandis que la réhabilitation a pour effet de relever le condamné de toutes les incapacités soit politiques, soit civiles qu'il a encourues. La prérogative royale ne s'étend pas jusqu'à attribuer à la grâce les effets de la réhabilitation (Av. Cons. d'Ét. 8 janv. 1823).

31. La grâce emporte de plein droit la remise de toutes les peines, encore bien que cette remise ne soit pas textuellement exprimée dans les lettres; sauf le recouvrement des frais de procédure et des condamnations prononcées au profit de la partie civile. Toutefois, le condamné ne peut répéter ce que le gouvernement a reçu ou recouvré, soit à titre d'amende, soit à titre de confiscation (Déc. min. 6 mai 1815).

32. D'où il suit que le condamné qui a obtenu la remise ou la commutation de sa peine ne peut ensuite subir une condamnation nouvelle pour un crime antérieur, à moins que ce crime ne fût passible d'une peine plus grave que celle déjà encourue (C. Instr. crim. 365, 379; Cass. 15 oct. 1825).

33. Le recours en grâce ne suspend pas l'exécution des jugements, à moins que le ministre de la justice n'ait ordonné le sursis (Legraverend, 2, 234; Cass. 16 pluv. an XIII).

34. La clause *sauf les droits de la partie civile et des tiers*, est d'usage dans toutes les lettres de grâce : mais alors même qu'elle s'y trouverait omise, elle en serait encore la condition tacite. — Ainsi, la désertion d'un remplaçant entraîne la résolution du contrat de remplacement, lorsque telle était la convention des parties, bien que le déserteur ait été amnistié (Cass. 25 nov. 1817).

35. Lorsque le roi accorde la grâce à un condamné, sous la condition qu'il paiera, à titre d'amende, une somme déterminée à *tel* hospice ou aux pauvres de *telle* commune, il ne peut, sous prétexte d'indigence, être mis en liberté, tant qu'il ne justifie point du paiement intégral de ladite somme, parce que ce n'est qu'à cette condition que le chef de l'État a usé de clémence envers lui (Legraverend).

36. Lorsque le condamné est un *contumax*, V. la note 27, n. 298 s. 312.

37. V. aussi *absolution*, note 27, n. 298 s, 303 s. — *Réhabilitation*, note 27, n. 312 s, 324.

§ 3. DU RECOURS EN CASSATION. — Renvoi à la note 95.

§ 4. DU RECOURS AU CONSEIL DE PRÉFECTURE.

38. Le conseil de préfecture est une juridiction établie dans chaque département pour prononcer en première instance et sauf recours au conseil d'État, sur toutes les affaires contentieuses qui sont de la compétence de l'autorité administrative.

Art. 1. DE L'ORGANISATION DU CONSEIL DE PRÉFECTURE.

39. Il y a, dans chaque département, un conseil de préfecture composé ou de cinq membres, ou de quatre membres, ou de trois membres, suivant les départements (L. 28 pluv. an VIII, art. 2).

40. Lorsque le préfet assistera au conseil de Préfecture, il présidera. En cas de partage, il aura voix prépondérante (*Ibid.* art. 5.)

41. Les arrêtés de conseils de préfecture n'ont caractère légal qu'autant qu'ils ont été délibérés et rendus par le nombre de membres prescrit par la loi, c.-à-d. par trois membres au moins (Arrêt du Cons. 22 janv. 1808). — Dans le cas d'annulation pour ce motif, le conseil d'État renvoie les parties devant le même conseil (Même arrêt).

Art. 2. DES ATTRIBUTIONS DU CONSEIL DE PRÉFECTURE.

42. Le conseil de préfecture prononce : 1° sur les demandes de particuliers, tendant à obtenir la décharge ou la réduction de leurs cotes de contributions directes; 2° sur les difficultés qui pourraient s'élever entre les entrepreneurs de travaux publics et l'administration, concernant le sens ou l'exécution des clauses de leurs marchés; — 3° sur les réclamations des particuliers qui se plaindront de torts et dommages procédant du fait personnel des entrepreneurs et non du fait de l'administration; — 4° sur les demandes et contestations concernant les indemnités dues aux particuliers, à raison des terrains pris ou fouillés pour la confection des chemins, canaux et autres ouvrages publics; 5° sur les difficultés qui pourront s'élever en matière de grande voirie; —6° sur les demandes qui seront présentées par les communautés des villes, bourgs ou villages, pour être autorisés à plaider; — 7° sur le contentieux des domaines nationaux (L. 28 pluv. an VIII, art. 4).

43. L'attribution des conseils de préfecture, en matière de domaines nationaux, est limitée au contentieux (arrêté des consuls, 7 mess. an IX).

44. Les conseils de préfecture ne sont pas compétents pour prononcer la réduction du prix d'une adjudication faite par le gouvernement (Décr. 25 juill. et 18 août 1807).

45. Les conseils de préfecture ne peuvent réformer les arrêtés rendus par les préfets (Décr. 12 nov. 1809). — Ils ne peuvent non plus réformer leurs décisions; ce droit n'appartient qu'à l'autorité supérieure (Décr. 7 fév. 1809, 21 juin 1813); — surtout, lorsqu'il s'agit de décisions contradictoires (déc. 10 av. 1812).

46. Les arrêtés des conseils de préfectures ayant le même caractère et les mêmes effets que les jugements des tribunaux (Décr. 21 juin 1813), il est d'ordre public que ces arrêtés soient motivés surtout en matière contentieuse, et que l'absence de ces motifs soit un moyen de nullité (L. 20 av. 1810, art. 1; ordonn. en Cons. d'Ét. 12 déc. 1818; 18 juill. 1834 et 21 déc. 1837). — Il est aussi d'ordre public que les motifs portent sur chacun des chefs de réclamation (Ordonn. 9 mai 1834).

47. Comme conséquence de ce qui vient d'être dit, on doit appliquer aux actes de l'autorité administrative les dispositions de la loi du 11 brum. an VII et de l'art. 2123 du C. civ., qui accordent l'hypothèque aux condamnations judiciaires (av. Cons. d'Ét. 25 therm. an XII). — V. note 30.

48. On ne peut, dans un cahier de charges dressé pour l'adjudication d'une entreprise de fournitures, stipuler que le conseil de préfecture sera juge en dernier ressort des contestations qui pourraient s'élever sur l'exécution du marché. (Ordonn. en Cons. d'Ét. 18 déc. 1839).

49. Les conseils de préfecture étant une juridiction d'exception ne peuvent connaître de l'exécution de leurs jugements; ils ne peuvent, notamment, déclarer qu'un de leurs précédents arrêtés a été suffisamment exécuté (Ordonn. en Cons. d'Ét. 22 août 1838).

50. Un conseil de préfecture ne peut ordonner que des parties procéderont à une expertise devant un tribunal civil, pour arriver à l'interprétation d'un acte administratif soumis à son appréciation : ce serait déléguer sa juridiction. Le tribunal doit donc refuser de procéder à l'expertise ordonnée (L. L. 24 août 1790, tit. 2, art. 13; 16 fruct. an III; Rennes, 5 mars 1834).

51. Les arrêtés des conseils de préfecture peuvent être rendus un jour férié (Foucard, 3, 373; arrêt du Cons. 30 mai 1834).

52. Le doyen ou président d'un conseil de préfecture ne peut rendre aucune décision en état de référé (Ordonn. 12 av. 1838).

53. Les membres d'un conseil de préfecture ne peuvent s'abstenir pour cause de récusation (Foucard, 3, 372; arrêt du Cons. 26 juill. 1826).

Art. 3. DU DÉLAI DU RECOURS AU CONSEIL DE PRÉFECTURE.

54. On peut se pourvoir même après 30 ans contre un arrêté du conseil de préfecture qui n'a été ni signifié ni exécuté (Ordonn. en Cons. d'Et. 25 av. 1839).

55. Le délai ordinaire pour se pourvoir est de trois mois à compter du jour de la signification de l'arrêté à personne ou domicile. - V. *inf.* n. 96. — Il court du jour où la partie a fait un acte qui suppose qu'elle a eu connaissance de l'arrêté. Cette connaissance résulte notamment d'une opposition formée par la partie à l'arrêté, dans la croyance qu'il était par défaut, tandis qu'il est contradictoire (Ordonn. en Cons. d'Ét. 29 janv. 1841).

56. Et lorsqu'un particulier prétend qu'un arrêté n'a pas été signifié à son domicile véritable, cette prétention soulève une question préjudicielle de domicile qui doit être décidée par l'autorité judiciaire avant que le conseil de préfecture puisse statuer sur l'opposition formée à cet arrêté (Cons. d'Ét. 6 av. 1836).

57. Les arrêtés du conseil de préfecture rendus par défaut sont, comme les jugements des tribunaux (C. proc. 158), susceptibles d'opposition, nonobstant toute signification, tant qu'ils n'ont pas été exécutés. Tant que l'opposition est ouverte, l'appel au conseil d'État n'est pas recevable, la voie d'opposition doit être préalablement épuisée (Décr. 22 mars 1813; ord. roy. 13 déc. 1815; ordonn. en Cons. d'Ét. 1 août 1834; 14 déc. 1837).

58. Lorsqu'un arrêté du conseil de préfecture vise les observations de toutes les parties, cela suffit pour que l'arrêté soit réputé contradictoire et qu'il ne puisse pas être rapporté par un arrêté ultérieur (Ordonn. 24 déc. 1818).

59. Toutefois, le pourvoi formé au conseil d'État contre un arrêté du conseil de préfecture rendu par défaut, rend la partie non-recevable à revenir par voie d'opposition devant le conseil de préfecture, tant que le conseil d'État n'a pas statué (Ordonn. en Cons. d'Ét. 26 fév. 1840).

60. Est par défaut, et par conséquent susceptible d'opposition, un arrêté du conseil de préfecture rendu sans qu'il y ait eu de défense produite de la part de l'une des parties intéressées, encore bien que cette partie ait concouru à une expertise sur l'objet en litige (Ordonn. en Cons. d'Ét. 27

nov. 1838). — Mais lorsqu'après la production des moyens du défendeur, le conseil de préfecture ordonne une visite de lieux, à laquelle le défendeur comparaît, l'arrêt qui intervient ensuite au fond est contradictoire, bien qu'il soit rendu sans production de nouvelles défenses (Ordonn. en Cons. d'Ét. 29 janv. 1841).

61. Celui qui, devant le conseil de préfecture, se borne à proposer un déclinatoire, et demande un sursis pour défendre au fond dans le cas où le conseil se déclarerait compétent, est recevable à former opposition à l'arrêté qui, après rejet du déclinatoire, a statué sur le fond : sous ce dernier rapport, l'arrêté doit être réputé par défaut (Ordonn. en Cons. d'Ét. 5 sept. 1836).

62. Mais un arrêté ne peut être considéré comme rendu par défaut, par cela seul que le mémoire, présenté par une partie aurait été adressé au préfet, considéré comme juge, au lieu de l'être au Conseil de préfecture lui-même, si d'ailleurs ce Conseil en a pris connaissance (Ordonn. 26 fév. 1840).

63. On ne peut attaquer devant le Conseil d'État des arrêtés d'un Conseil de préfecture qui ne sont que la conséquence nécessaire d'un arrêté précédent contre lequel on ne s'est pas pourvu en temps utile (Ordonn. 4 juill. 1837).

64. Lorsqu'un Conseil de préfecture se déclare incompétent pour rétracter sa décision rendue par défaut, il faut attaquer cette décision devant le Conseil d'État : il y aurait irrégularité et danger de déchéance à n'attaquer que la décision par défaut (Arr. du Cons. 24 mars 1819).

65. La voie de la tierce-opposition est ouverte contre des arrêtés de Conseil de préfecture, de la part des parties auxquelles ces arrêtés font griefs et qui n'y ont été ni appelées ni entendues (Cons. d'Ét. 8 janv. 1836).

66. Mais les arrêtés des Conseils de préfecture ne sont pas susceptibles d'être attaqués par la voie de la requête civile (Cormenin, tit. 2, ch. 3, § 14. — *Contrà*, Macarel, 1, 47).

V. *inf.* § 5, n. 96 et suiv.

§ 5. DU RECOURS AU CONSEIL D'ÉTAT.

67. Le conseil d'État est une réunion de magistrats choisis par le roi pour donner leur avis sur tout ce qui intéresse l'administration générale du royaume, et particulièrement sur les affaires *contentieuses* dont la connaissance est attribuée par les lois à l'autorité administrative.

68. Il est régi par l'ordonn. roy. du 18 sept. 1839.

Art. 1. DE LA COMPOSITION DU CONSEIL D'ÉTAT.

69. Le conseil d'État se compose des ministres secrétaires d'État; des conseillers d'État; des maîtres des requêtes; des auditeurs; d'un secrétaire-général ayant titre et rang de maître des requêtes (Art. 1er de ladite ordonnance). — Le ministre de la justice est président du conseil d'État; un conseiller d'État est nommé par le roi vice-président (art. 2). — Les membres du conseil d'État sont en service ordinaire ou en service extraordinaire (art. 3).

70. Le service ordinaire se compose : 1° de trente conseillers d'État, y compris le vice-président, 2° de trente maîtres des requêtes, 3° de quatre-vingts auditeurs (art. 4). — Les maîtres des requêtes ont voix consultative dans toutes les affaires et voix délibérative dans celles dont ils sont rapporteurs (art. 22).

71. Le service extraordinaire se compose de ceux qui auront été appelés par le roi à en faire partie comme Conseillers d'État ou maîtres des requêtes. — Ils ne pourront prendre part aux travaux et délibérations qu'après y avoir été autorisés par ordonn. du roi (art. 8). — Pourront seuls recevoir cette autorisation : 1° les sous-secrétaires d'État, 2° les membres des conseils administratifs placés auprès des ministères, 3° les chefs préposés à la direction d'une branche de service dans les départements ministériels, 4° le préfet de la Seine, 5° le préfet de police (art. 9).

72. Les auditeurs au conseil d'État sont divisés en deux classes. La première classe ne peut en comprendre plus de quarante, et nul ne peut en faire partie s'il n'a été pendant deux ans au moins auditeur de seconde classe (art. 12). — Ils assistent aux séances des comités auxquels ils sont attachés, et ils ont voix délibérative dans les affaires qu'ils y rapportent. Ils assistent également aux assemblées générales du Conseil d'État, et ils ont voix consultative dans les affaires qu'ils y rapportent (art. 23).

73. Nul ne peut être nommé Conseiller d'État s'il n'est âgé de 30 ans accomplis; maître des requêtes, s'il n'est âgé de 27 ans; auditeur, s'il n'est âgé de 21 ans et licencié en droit (art. 13).

74. Pour l'examen des affaires non contentieuses, le conseil d'État est divisé en cinq comités, qui sont : 1° le comité de législation, 2° le comité de la guerre et de la marine, 3° le comité de l'intérieur et de l'instruction publique, 4° le comité du commerce, de l'agriculture et des travaux publics, 5° le comité des finances (art. 15).

75. Indépendamment de ces comités, un comité spécial est chargé de diriger l'instruction écrite et de préparer le rapport de toutes les affaires contentieuses (art. 26).

Art. 2. DES ATTRIBUTIONS ET DE LA COMPÉTENCE DU CONSEIL D'ÉTAT.

76. Le conseil d'État est appelé à *donner son avis*: 1° sur les réglements d'administration publique qui comprennent les matières énumérées sous les alin. 15, 16, 24, 26, 30, 31, 38-1°, 57, 65, 67, 68 du tableau alphabétique ci-dessous (*a*).

77. 2° Sur les ordonnances qui doivent être rendues

(*a*) TABLEAU ALPHABÉTIQUE DES MATIÈRES QUI SONT DE LA COMPÉTENCE DU CONSEIL D'ÉTAT.

1 ACTES DU SAINT-SIÉGE, etc. -- V. inf. *Bulles*.
2 AFFAIRES ADMINISTRATIVES qui en vertu de dispositions législatives ou réglements doivent être examinées par le conseil d'état.
3 AGENTS DU GOUVERNEMENT (mis en jugement des...). -- Constit. 22 frim. an VII, : ordonn. 12 mars 1831, art. 3.
4 APPELS COMME D'ABUS. -- Concordat 18 germ. an X.
5 ARRÊTÉS DES COMMISSIONS spéciales créées par le Roi pour l'exécution des conventions diplomatiques s'il y a réserve de recours dans les ordonnances (ordonn. 7 août 1822 et 25 janvier 1824).
6 ASSOCIATIONS RELIGIEUSES. -- V. *Congrégations*.
7 Ateliers. -- V. inf. *Manufactures*.
8 AUTORISATIONS de plaider demandées par les communes, hospices, bureaux de bienfaisance, et les fabriques, et autres établissements publics qui leur sont assimilés.
9 BACS ou bateaux des passagers, ponts, (établissement de-

dans la même forme que les réglements d'administration publique; ce qui comprend les matières énumérées sous les alin. 9, 10, 11, 13, 17, 18, 20, 21, 32, 33, 34, 39, 40, 43, 44, 45, 46, 47, 49-1°, 51, 62, 63, 64 du même tableau.

et tarifs des droits à percevoir (L. L. 14 flor. an x, art. 10 et 11; 28 av. 1816, art. 231; 17 août 1828.

10 **Banque de France** (statuts de la...) — L. 22 av. 1806, art. 22.

11 **Baux** à longues années de biens ruraux appartenant aux hospices, aux établissements d'instruction publique et aux communautés d'habitants (arr. 7 germ. an ix, art. 2; L. 25 mai 1835).

12 **Biens communaux** (jouissance de). -- Décr. 9 brum. an xiii, art. 5.

13 **Budgets** des villes ayant plus de 100,000 fr. de revenus. -- Ordonn. 8 avr. 1821, art. 2.

14 **Bulles** et actes du St.-Siége; actes des autres cultes et communions soumis à ces formalités, statuts des congrégations religieuses de femmes dûment approuvées par l'évêque diocésain.

15 **Canaux** et rivières non navigables (curage des) (L. 14 flor. an xi).

16 **Chambres consultatives** des manufactures, fabriques, arts et métiers (organisation des...) —L. 22 germ. an xi).

17 **Changements** ou additions de noms (L. 11 germ. an xi, art. 15).

18 **Chapelles domestiques** et oratoire particuliers (érection des...) décr. 22 déc. 1812, art. 1; L. 18 germ. an x, art. 44.

19 **Chemins vicinaux** (entretien des...) L. 28 juill. 1824, art. 9 et 10.

20 **Commerce de la boucherie** (projets des statuts et des réglements pour le... (arr. 8 vend. an xi; ordonn. 12 janv. 1825 et 27 oct. 1829).

21 **Communes** (transactions entre les communes et les particuliers sur les droits de propriété) (arr. 21 frim. an xii, art. 2).

22 **Compétence** (questions de...) qui s'élèvent entre les autorités administratives en matière contentieuse

23 **Conflits** positifs ou négatifs. -- Ordonn. roy. 18 sept. 1839.

24 **Congrégations** et associations religieuses (statuts et réglements des) décr. 3 mess. an xii. -- V. sup. *Bulles*.

25 **Contributions directes** (remise de) – L. 24 flor. an viii, art. 28.

26 **Contributions indirectes**. —Mesures nécessaires à prendre pour assurer les perceptions confiées à l'administration des... et réprimer les fraudes et contraventions. —L. L. 24 avr. 1806 et 17 oct. 1814.

27 **Course de chevaux**. (décr. 4 juill. 1806, art. 26, 27 et 28).

28 **Cour des comptes** (pouvoirs dirigés contre les arrêts de la...) pour violation des formes ou de la loi.

29 **Décisions**. -- Des ministres prises en matière contentieuse. - Relatives soit aux marchés passés avec les ministres, avec l'intendant de la maison du Roi, ou en leur nom, soit aux travaux et fournitures faits pour le service de leurs départements respectifs (décr. 11 juin 1806, art. 14; arr. 5 niv. an viii, art. 11). -- Du conseil de l'université (décr. 17 mars 1808, art. 88 et 144; 15 nov. 1811, art 47, 49 et 50. -- Des conseils privés des colonies, dans les cas prévus par les ordonnances réglementaires. -- Des commissions spéciales créées par la loi du 16 sept. 1807. -- Sur le dessèchement des marais.

30 **Détenus** et autres (réglement sur le travail des...) — Code pénal art. 41.

31 **Digues** (entretien des) et ouvrages d'art qui y correspondent (L. 14 flor. an xi).

32 **Dons** et legs qui peuvent être faits tant en faveur des établissements ecclésiastiques que de tous autres établissements d'utilité publique (acceptation des...) -- Ord. roy. 2 av. 1817.

33 **Eaux** de fontaines dans Paris (projets des statuts et réglements pour les...) -- Décr. 2 fév. 1812, art. 3.

34 **Eglises** (l'emprunt et la répartition des sommes nécessaires pour les réparations et reconstruction des...) -- L. 14 fév. 1810, art. 1 et 3.

35 **Entreprises**. -- V. *Sociétés* inf. alin. 64.

36 **Etablissements**. -- V. sup. *Baux* et inf. *Manufactures*.

37 **Excès**. -- V. inf. *Incompétence*.

38 **Fabriques**. -- V. *Chambres consultatives*.

39 **Garde nationale** (organisation de la...). -- L. 22 mars 1831, ordonn. 30 sept. 1818 et 27 déc. 1815; Sén. cons. 2 vend. an xiv. -- Suspension des officiers de la... (L. 22 mars 1831, art. 61).

40 **Grand-livre** de la dette publique (Rectification d'erreurs commises sur le..., quant aux noms, prénoms et dates de naissances des créanciers de l'Etat). -- Arr. 27 frim. an xi, art. 1.

41 **Honneur** à rendre à la mémoire des magistrats des anciennes Cours souveraines et des Cours royales (décr. 6 juill. 1810, art. 78).

41 *bis*. **Hospices**. – V. sup. *Baux*.

42 **Incompétence** ou excès de pouvoir (recours formés pour...) contre toutes décisions administratives.

43 **Legs**. -- V. sup. *Dons*.

44 **Lits d'hôpitaux** (fixation de la proportion de la jouissance à rendre aux fondateurs de... ou à leurs représentants). -- Arr. 28 fruct. an x, art. 4.

45 **Majorats** (coupe des bois affectés aux...) - Décr. 4 mai 1809.

46 **Manufactures** et ateliers à odeur incommode et insalubre (établissement des...) décr. 15 oct. 1810. – V. sup. alin. 16.

47 **Mines** (les concessions de...) -- L. 21 av. 1810 et 27 av. 1838.

48 **Monts de piété** (réglements nécessaires à la marche et à l'amélioration de l'administration des...) -- Décr. 24 mess. an xii, art. 7.

49 **Naturalisation** exceptionnelle, en vertu du sénatus-consulte du 19 fév. 1808 (demandes en...).

50 **Octrois** -- des *villes* ayant plus de 20,000 fr. de revenus (frais de régie des...). -- Décr. 21 brum. an xiii, art. 1. -- De *navigation* (arr. 8 prair. an xi, art. 15). -- En *régie* (décr. 17 mai 1809, art. 136).

51 **Oratoires**. -- V. sup. *Chapelles*.

52 **Plans d'alignements** (L. 16 sept. 1807).

53 **Poissy** (Caisse de...) décr. 6 fév. 1811, art. 32.

54 **Ponts**. -- V. sup. *Bacs* alin. 9.

55 **Pourvois**. -- V. sup. *Cour des comptes*.

56 **Prises maritimes** (validité des...). -- Ordonn. 9 sept. 1831.

57 **Projets**. -- V. inf. *Questions*.

58 **Prudhommes** (établissem. des). -- L. 18 mars 1806.

59 **Questions**, projets d'ordonnance, projets de loi qui lui sont renvoyés par le ministre.

60 **Recours** contre les décrets et les ordonnances susceptibles d'opposition ou d'interprétation. -- Contre les arrêtés des anciens directoires de départements et des administrations centrales. -- Contre les arrêtés de conseils de préfectures contradictoirement rendus. -- Contre les arrêtés contradictoires des préfets, dans les cas spéciaux où les parties peuvent recourir directement au conseil d'Etat contre lesdits arrêtés.

61 **Réglements d'administration publique** (L. 22 frim. an viii; réglem. 5 niv. an viii; sén. cons. 28 flor. an vii; ordonn. 23 août 1814; 19 av. 1817 et 5 nov. 1828).

62 **Rivières non navigables**. -- V. *Canaux* alin. 15.

63 **Séminaires** (établissem. des...). -- L. 23 vent. an xii, art. 8.

64 **Sociétés anonymes**, entreprises d'assurances et tontines, C. comm. art. 37; av. Cons. d'Et. 1 avr. 1809; décr. 18 nov 1810; ord. roy. 14 nov. 1821; inst. minist. 22 oct. 1817 et 16 juil. 1818; décr. 24 août 1793.

65 **Tarif** des droits à percevoir sur les passages des bacs, bateaux et ponts. -V. sup. alin. 9. -- Des droits de navigation intérieure (L. 30 flor. an x, art. 3). -- Des droits à percevoir dans les bureaux de pesage, jaugeage et mesurage publics (L. 25. flor. an x, art. 2).

66 **Taxe des frais** (réglement sur la...). -- C. proc. civ. 1042; L. 20 avr. 1810, art. 5 et 15.

67 **Tontines**. -- V. sup. *Société*, alin. 64.

68 **Tribunaux de commerce** et villes susceptibles d'en recevoir (détermination du nombre des), ainsi que du nombre des juges et des juges suppléants. -- Code de commerce 615.

69 **Tribunaux** (police et discipline des).--V. sup. *Taxe*, alin. 66.

70 **Vente en détail** de boissons (abonnement pour la...), -- L. 28 avr. 1816, art. 70 et 78.

78. 3° Sur les objets énumérés aux alin. 2, 14, 53 du même tableau.

79. Il délibère sur les matières quasi-contentieuses énumérées sous les alin. 3, 4, 8, 17, 48, 55, du même tableau.

80. Il délibère aussi et propose les ordonnances qui statuent sur les matières contentieuses comprises aux alin. 5, 22, 23, 28, 29, 41 *bis*, 59 dudit tableau.

81. Le roi a délégué la justice civile, commerciale et criminelle; d'où il résulte que les questions d'État, de propriété, de titre privé, la connaissance des crimes et délits sont formellement dévolus aux tribunaux, comme distributeurs, au nom du roi, de la justice déléguée, et qu'elles ne sauraient être du ressort du Conseil d'État.

82. Mais le roi ayant retenu la justice administrative, qui est rendue par son Conseil d'État, c'est à ce conseil qu'il appartient, comme Cour du souverain, de maintenir par le réglement des conflits, la division fondamentale des pouvoirs administratif et judiciaire, car toute justice émanant du Roi (Ch. const. art. 48), lui seul a qualité pour déterminer les attributions des deux pouvoirs dont il est la source. Comme conséquence de ce principe, le Conseil d'État approuve les conflits qui ont pour but de rendre à l'autorité administrative une matière qui lui appartient, tandis qu'il annule ceux par lesquels cette autorité voudrait enlever à l'autorité judiciaire des questions de sa compétence.

83. Quoique le roi ait retenu la justice administrative, son Conseil d'État n'exerce pas le pouvoir exécutif au nom du roi. Il prononce seulement sur les matières contentieuses de l'administration, lorsqu'elles permettent des débats contradictoires. Ainsi donc, le véritable caractère du Conseil d'État, sa principale attribution consiste à éclairer le souverain dans l'exercice du pouvoir administratif. De là les conséquences suivantes : 1° qu'au *souverain*, seul, *en conseil d'Etat*, il appartient de régler ces luttes d'attributions connues sous le nom de conflits, entre l'administration et les tribunaux, 2° que c'est au conseil d'État à dégager, en matière de conflit négatif, ce qui est administratif de ce qui est judiciaire, afin de mettre le *souverain* à portée de maintenir la grande ligne de démarcation entre le pouvoir administratif et le pouvoir judiciaire, et de mettre ainsi les parties en état de réclamer avec sécurité la justice qui leur est due.

84. Le conseil d'État fixe les compétences entre les Préfets, les Conseils de préfecture et les ministres; il casse, soit les arrêts de la Cour des comptes pour vices de forme et violation de la loi, soit les arrêtés des conseils de préfecture, dans le même intérêt et sur la dénonciation des ministres.

85. Il prononce en dernier ressort sur les matières contentieuses. Mais il ne suffit pas qu'une matière soit contentieuse pour qu'elle lui soit dévolue immédiatement; il faut encore qu'elle ait parcouru le degré du pouvoir administratif qui doit en connaître en premier lieu, d'où il suit que le conseil d'État est une sorte de tribunal d'appel, et c'est pour cela qu'il ordonne le renvoi soit aux ministres, soit aux conseils de préfecture, soit aux tribunaux, selon la nature des matières et l'ordre des juridictions.

86. En matière contentieuse administrative, le Conseil d'État n'est qu'un tribunal d'exception qui n'a pas l'exécution de ses propres arrêts ou décisions : elle appartient au juge du territoire (Décr. 21 brum. an XIII). — Il faut en excepter cependant les enquêtes, expertises, visites de lieux, et même les arrêts définitifs ordonnant des liquidations ou des paiements, qui ne peuvent s'exécuter que par voie administrative (Cormenin, 1, 207). — A cet égard il a été jugé que, lorsqu'il s'agit de faits administratifs (par exemple de savoir si un chemin litigieux entre un particulier et une commune était anciennement vicinal, et depuis quel temps ce chemin est fermé par des barrières), le Conseil d'État peut charger le Préfet local de faire la vérification (Ord. 23 juin 1819).

87. Le conseil d'État doit respecter la chose jugée. Il ne peut donc revenir contre ses propres décisions lorsqu'elles sont contradictoires, à moins qu'il ne s'agisse d'une matière non contentieuse pour le cas seulement de lésion dans les droits ou la propriété du réclamant (L. 22 juill. 1806, art. 40).

88. Il n'est jamais juge (sauf lorsqu'il s'agit de majorat) du mérite d'un acte judiciaire. Il a pu seulement élever le conflit, ce qui ne permet plus au tribunal de passer outre, sinon son jugement peut être déclaré non avenu par le Conseil d'État.

89. On ne peut se pourvoir par voie contentieuse dans les matières gracieuses qui ne dépendent que de la libre volonté des pouvoirs administratifs (Foucard, 3, 519; Daviel, 1, 421; arrêts du Cons. 8 janv. et 26 fév. 1817; 23 juill. 1823, 7 av. 1824; 16 mars 1836).

90. Le Conseil d'État saisi du pourvoi contre un arrêté par défaut du Conseil de préfecture qui serait susceptible d'opposition, peut néanmoins statuer quant à la question de savoir si le Conseil de préfecture était compétent (Ordonn. en Cons. d'État, 1 août 1834).

91. L'art. 117 de l'ordonn. du 1 août 1827 qui, dérogeant sur ce point au droit commun déclare, suspensif le pourvoi au conseil d'État contre les décisions des Conseils de préfecture relatives à la possibilité ou défensabilité des forêts, ne renferme point d'excès de pouvoir de la part du pouvoir exécutif, et dès-lors est obligatoire (Cass. 5 juill. 1834).

92. Le conseil d'État ne peut ordonner la suppression, comme injurieux, de passages contenus dans des actes antérieurs au pourvoi formé devant lui (Ord. en Cons. d'État. 27 oct. 1837).

93. On ne peut proposer devant le Conseil d'État des moyens de nullité contre un arrêté par défaut du Conseil de préfecture, lorsqu'en formant opposition à cet arrêté on n'a pas fait valoir ces moyens (Ordonn. en Cons. d'État. 24 av. 1837).

94. Les établissements religieux non reconnus en France n'ont pas qualité pour se pourvoir en Conseil d'État par la voie contentieuse (Ordonn. en cons. d'État. 18 nov. 1838).

95. Le Conseil d'État ne connait des excès de pouvoir reprochés aux juges d'appel que lorsqu'il a été elevé un conflit : s'il y a eu seulement exception d'incompétence, c'est le cas de recourir à la Cour de cassation (Décr. 6 nov. 1813).

Art. 3. DU DÉLAI DE RECOURS AU CONSEIL D'ÉTAT. — DÉCHÉANCE.

96. Le délai pour se pourvoir devant le Consei d'État contre la décision d'une autorité qui y ressortit, ne sera pas recevable après trois mois du jour où cette décision aura été notifiée (Décr. juill. 22 1806).

97. Le jour de la signification et celui de l'échéance ne sont pas compris dans le délai de trois mois. Ainsi, le pourvoi contre une décision signifiée le 12 mai est valablement formé le 13 août (Ordonn. en Cons. d'État, 15 juill. 1832 et 16 août suiv. — *Contrà*, ord. 17 juin 1818).

98. La notification doit être faite par huissier. Il ne suffit pas qu'il y ait un envoi officiel (Décr. 17 av. 1812). — Il en serait de même à plus forte raison : de l'envoi fait à la partie par un appariteur ou valet de ville (Ord. 26 fév. 1817). — D'une lettre que le ministre déclarerait avoir été mise à la poste à l'adresse de la partie (Ord. 20 juin 1839). — Cependant, le délai peut courir s'il résulte des circonstances que la partie en a eu pleine connaissance (Ord. 7 av. 1839).

99. L'insertion au bulletin des lois d'une ordonnance réglementaire qui peut porter atteinte à des droits privés vaut notification aux parties intéressées. Ainsi, l'insertion au bulletin des lois de l'ordonnance royale du 10 juill. 1835, rendue pour l'exécution de la loi du 15 av. 1829 sur la pêche fluviale, a valu notification aux riverains et les a mis en demeure d'attaquer cette ordonnance dans les trois mois devant le conseil d'État, en ce qu'elle porterait atteinte à des droits de pêche qu'ils prétendent leur appartenir (Ord. 1 juill. 1839).

100. La notification doit être faite à la personne ou au domicile, conformément à l'art. 443 du C. de proc. civ. (Ord. 27 nov. 1814).

101. La signification faite par le préfet, au nom de l'État, de l'arrêté d'un conseil de préfecture statuant sur une demande d'indemnité formée par un propriétaire pour dommages résultant de travaux publics, fait courir le délai du pourvoi, non seulement à l'égard du propriétaire réclamant, mais encore à l'égard de l'État lui-même (Ordonn. 26 déc. 1839).

102. Le délai pour se pourvoir contre un arrêté est suspendu par le décès de la partie à laquelle l'arrêté a été signifié, et ne reprend son cours qu'à dater d'une signification nouvelle faite à ses héritiers (C. proc. 447 ; ordonn. 13 août 1838). — Et lorsqu'une des parties dénommées dans la requête en pourvoi est décédée à l'époque de la production de cette requête, le pourvoi doit être réputé non-avenu à son égard (Ord. 1 août 1834).

103. Le pourvoi ne profite qu'aux parties dénommées dans la requête ; il ne peut profiter à celles qui n'y sont dénommées que sous le nom de *consorts* (Ordonn. 1 août 1834. — V. note 20, n. 61.

104. Lorsqu'un ministre a laissé expirer les délais pour se pourvoir au Conseil d'État contre une décision du conseil de préfecture en matière de contravention de voirie, son pourvoi, quoique tardif, doit être examiné par le Conseil d'État dans l'intérêt de la loi (Ordonn. 3 sept. 1836).

105. Lorsqu'un particulier n'a pu obtenir des différents ministres auxquels il s'est adressé une décision sur sa réclamation, il peut se pourvoir en réglement de juges devant le Conseil d'État (L. 7-14 oct. 1790 ; ordonn. 10 sept. 1817 ; 25 fév. 1818 et 26 juill. 1837).

106. L'omission par le conseil d'État de statuer sur les dépens, en faisant droit au fond, doit être réparée par une ordonnance additionnelle rendue sur la demande de la partie qui a obtenu gain de cause (Ordonn. 28 mai 1838).

107. Devant le Conseil d'État, comme devant tous tribunaux, les tiers qui ont intérêt dans une contestation sont recevables à y intervenir (Ordonn. 16 août 1832).

108. On doit appliquer au Conseil d'État les règles sur la péremption d'instance (Ordonn. 9 janv. 1832) — et sur la récusation (arr. Cons. 2 av. 1828).

V. *sup*. n. 54 et suiv.

[68]

DE L'AUTORISATION DE LA FEMME MARIÉE.

DIVISION SOMMAIRE :

Indication alphabétique :

§ 1. NATURE DE L'AUTORISATION MARITALE.

1. L'autorisation maritale est l'approbation que le mari donne aux actes que la femme ne peut faire sans son consentement : l'un des effets les plus remarquables de l'autorité maritale étant que la femme perd, en se mariant, la faculté d'exercer seule la plupart de ses droits civils (Toullier, 2, 6?7).

2. Cette autorisation est nécessaire non-seulement pour le maintien de la puissance du mari, ainsi qu'on le pensait autrefois, mais encore pour l'intérêt commun des époux et de leurs enfants (Pothier; Merlin; Locré; Toullier; Vazeille).

3. Elle formait autrefois une formalité absolument essentielle pour *habiliter* la femme, c.-à-d. pour la rendre capable de contracter. Car on distinguait entre l'*autorisation* et le simple *consentement*. L'autorisation était quelque chose de plus qu'un consentement. Il fallait donc une autorisation expresse et formelle ; et ce mot *autorisation* était comme sacramentel, tellement que le concours du mari à l'acte et la mention de son consentement étaient insuffisants (Pothier; Merlin).

4. Il en est autrement sous le régime actuel, car le C. civ. n'exige que l'expression du consentement du mari sans prescrire de mots sacramentels; il se contente même du concours du mari dans l'acte, c.-à-d. qu'il suffit que le consentement soit tacite. — V. *inf*. n. 7.

5. Nous allons examiner : 1° Dans quels cas l'autorisation du mari est ou n'est pas nécessaire à la femme, 2° Quand et comment l'autorisation doit être donnée par la justice, 3° Quels sont les effets de l'autorisation et du défaut d'autorisation.

§ 2. DANS QUELS CAS L'AUTORISATION DU MARI EST OU N'EST PAS NÉCESSAIRE A LA FEMME.

6. En général, l'autorisation maritale est nécessaire pour contracter, comme pour plaider, dans toutes les positions et dans toutes les circonstances où la loi n'a point établi d'exception.

Art. 1. EN QUELS CAS L'AUTORISATION DU MARI EST NÉCESSAIRE A LA FEMME.

7. *La femme, même non commune ou séparée de biens, ne peut donner, aliéner, hypothéquer, acquérir à titre gratuit ou onéreux, sans le concours du mari dans l'acte, ou son consentement par écrit* (C. civ. 217).

8. Les dispositions du C. civ. relatives à la nécessité de l'autorisation du mari ont le caractère de statut d'ordre public : comme telles, elles sont applicables à la femme mariée avant le code, sous l'empire d'une législation qui lui permettait de contracter sans cette autorisation, et dont le contrat de mariage renfermait, même à cet égard, une stipulation expresse (Cass. 3 janv. 1832 ; 3 janv. et 19 nov. 1832).

9. Ainsi, la femme mariée sous une législation qui lui permettait de disposer de ses biens sans autorisation, ne peut, depuis le Code civil, passer sans l'autorisation de son mari, des reconnaissances emportant abandon de droits à elle acquis. Le code, à cet égard, a un effet rétroactif (Cass. 7 déc. 1836).

Par application du principe qui exige l'autorisation maritale, il a été décidé :

10. 1° Que lorsqu'une femme mariée, qui a reçu de son mari la procuration de lui acheter un immeuble, acquiert l'immeuble tant pour elle que pour son mari, cette contravention au mandat ne peut lui profiter, et n'empêche pas le mari d'aliéner l'immeuble en totalité, comme si l'achat avait eu lieu exclusivement pour son compte (Cass. 1 brum. an XIII).

11. 2° Que la nécessité de l'autorisation s'étend même aux biens paraphernaux; d'où il suit que la femme ne peut faire, sans autorisation, que des actes de pure administra-

tion, et qu'il y a aliénation prohibée, si la femme excède ses revenus annuels et engage ses revenus à venir par lettre de change ou à tout autre titre (Aix, 25 juin 1824).— V. note 34.

12. 3° Que la femme d'un marchand, qui a souscrit des billets à ordre *conjointement* et *solidairement* avec son mari, est valablement obligée, encore qu'elle ne soit pas explicitement autorisée (Gênes, 30 août 1811; Rouen, 14 nov. 1828; Cass. 8 av. 1829). La femme suit, dans ce cas, la condition de son mari, et elle est justiciable comme lui des tribunaux de commerce (Paris, 1 oct. 1806).

13. 4° Qu'il en est de même de toute femme qui s'engage *conjointement* avec son mari et même *solidairement* avec lui, encore que celui-ci n'ait pas déclaré autoriser sa femme; en un tel cas, il y a concours simultané et par suite autorisation tacite.

14. 5° Que les conventions consenties par une femme dans un acte où figure son mari, en se qualifiant seulement de *futur époux*, sont valables quoiqu'elles ne fassent pas mention que la femme a été autorisée par son mari (Cass. 11 nov. 1828).

15. 6° Que la femme qui accepte une traite tirée sur elle est suffisamment autorisée à s'obliger, lorsque le tireur est son mari lui-même (Paris, 2 fév. 1830).

16. 7° Que la femme qui, pour cautionner son mari, accepte une lettre de change, est suffisamment autorisée à s'obliger, lorsque la lettre est tirée par le mari même (Caen, 2 août 1814).

17. 8° Que l'acceptation apposée par un mari à une lettre de change tirée sur lui par sa femme, n'équivaut pas à autorisation (Paris, 12 janv. 1815).

18. 9° Et que, lorsqu'au bas d'une lettre de change, signée par son mari, une femme a apposé ces mots *pour caution*, et y a joint sa signature, on ne peut voir là un concours du mari à l'engagement (Nîmes, 2 fév. 1810). — V. *inf.* n. 26.

I. *De l'autorisation donnée à la femme non commune ou séparée de biens.*—V. sup. n. 7.

19. L'autorisation du mari, ou, à son défaut, de la justice, est nécessaire à la femme, même séparée de corps, pour ester en jugement. En conséquence, est nul tout jugement obtenu contre la femme sans cette autorisation (Cass. 6 mars 1827).

20. Quoique la femme séparée de biens puisse, aux termes de l'art. 1449 du C. civ., disposer de son mobilier et l'aliéner, il ne s'ensuit pas que l'obligation par elle contractée sous forme d'*emprunt*, sans l'autorisation de son mari, soit valable et puisse être exécutée sur les revenus et le mobilier que la femme pourrait aliéner sans autorisation. L'emprunt fait sans autorisation, même jusqu'à concurrence seulement du mobilier et des revenus de la femme, n'est valable que lorsqu'il est fait dans des circonstances qui lui donnent le caractère d'un acte d'administration (Montpellier, 10 juin 1830; Paris, 7 août 1820; Grenoble, 14 juin 1825; Rouen, 18 nov. 1825). V. les notes au bas de la p. 103 du t. 1.

A cet égard il a été décidé :

21. 1° Que l'obligation souscrite sans autorisation par la femme séparée peut être déclarée nulle encore qu'elle ait été causée pour l'entretien de son ménage et celui de ses enfants. Les juges ont à cet égard tout pouvoir d'apprécier les circonstances pour déterminer si l'obligation sort des bornes d'une simple administration (Cass. 12 fév. 1828; 18 mars 1829; 5 mai 1829).

22. 2° Qu'on doit considérer comme étranger à l'administration des biens de la femme, et comme constituant une obligation nulle à défaut d'autorisation, le transport consenti sans autorisation par la femme séparée de biens de fermages même échus à elle dûs, avec promesse d'en *garantir* le remboursement au cessionnaire, alors que déjà la femme avait cédé ces mêmes fermages à un autre individu (Cass. 3 janv. 1831).

23. 3° Que l'obligation contractée sans autorisation par une femme séparée de biens, et pour toute autre cause qu'un acte d'administration ou un cas d'absolue nécessité, est valable jusqu'à concurrence de son mobilier et nulle pour le surplus (Cass. 5 mars 1832; 18 mai 1819; 16 mars 1813).

24. 4° Que l'arrêt qui décide que l'obligation même à terme contractée sur son mobilier par une femme séparée sans l'autorisation de son mari est valable, en ce qu'elle n'excède pas les bornes des actes d'administration et n'est pas hors de proportion avec la fortune mobilière de la femme, ne renferme qu'une décision de fait qui échappe à la censure de la Cour de cassation (Cass. 21 août 1839).

25. 5° Que la femme séparée de biens qui, sans l'autorisation de son mari, place ses capitaux en rente viagère, ne fait point en cela un acte qui excède les bornes de l'administration de ses biens (Paris, 17 mai 1834).

26. 6° Que l'endossement d'un billet à ordre n'est pas de sa nature un acte d'administration. En conséquence, la femme qui n'a reçu de son mari qu'une procuration générale, n'est pas, pour cela, autorisée à faire le transport par endossement d'un billet à ordre appartenant au mari (Bruxelles, 13 fév. 1809).

27. En matière mobilière, l'assignation donnée à la femme séparée de biens est valable, encore qu'il n'y soit pas fait mention de son mari pour l'autoriser (Paris, 8 fév. 1808). — V. note 20.

II. *De l'autorisation donnée à la femme mariée sous le régime dotal.*

28. L'art. 1576 du C. civ. portant que la femme ne peut aliéner ses biens paraphernaux sans l'autorisation de son mari est applicable même à la femme mariée avant le Code civ., et alors même que la loi ancienne lui accordait la faculté d'en disposer seule à son gré (Grenier, 1, 262).

29. Lorsqu'une femme a obtenu de la justice la permission d'aliéner par la voie des enchères devant notaire un immeuble à elle dotal, si son mari appose sa signature sur le cahier des charges, concourt au dépôt qui en est fait chez le notaire, requiert plus tard la mise aux enchères par ce fonctionnaire à l'époque fixée et assiste aux enchères quand elles sont ouvertes sans s'y opposer, c'est le cas de décider qu'il a suffisamment autorisé sa femme à vendre, alors même qu'il n'a pas signé le procès-verbal d'adjudication et qu'il a refusé d'y donner son adhésion (Grenoble, 14 janv. 1830).

30. Lorsqu'une femme plaide pour ses biens dotaux, le mari est responsable des dépens non seulement s'il l'a autorisée à plaider, mais encore s'il a refusé de le faire sans en déduire les motifs (Besançon, 28 av. 1806). — Il en est au-

trement quand il s'agit des biens paraphernaux (Cass. 24 vendem. an VII). — V. *inf.* n. 83.

III. *De l'autorisation donnée à la femme pour faire le commerce.*

31. *La femme, si elle est marchande publique, peut, sans l'autorisation du mari, s'obliger pour ce qui concerne son négoce; et, au dit cas, elle oblige aussi son mari, s'il y a communauté entre eux. Elle n'est pas réputée marchande publique, si elle ne fait que détailler les marchandises du commerce de son mari; mais seulement quand elle fait un commerce séparé* (C. civ. 220).

32. Un mari qui a autorisé sa femme à faire le commerce peut révoquer l'autorisation qu'il lui a donnée; il serait même fondé à interdire le commerce à sa femme quoiqu'elle fût déjà commerçante lors de son mariage (Pardessus, 1, 64; Toullier, 12, 257). — Mais alors la révocation de l'autorisation n'est valable à l'égard des tiers qu'autant qu'elle a été affichée au tribunal de commerce et insérée dans les journaux (Toullier, 12, 258; Pardessus, *ibid.*).

33. La femme même séparée de biens ne peut devenir commerçante sans le consentement de son mari (C. comm. 4; Pardessus, 1, 63).

34. Ce consentement peut s'induire de ce qu'elle fait un un commerce public au vu et su de son mari et sans opposition de sa part, quand même il y aurait eu quelques signes d'improbation de la part de ce dernier, et que de fait il n'aurait pas résidé au lieu du commerce lorsque la femme a contracté une obligation; à cet égard, il n'est pas besoin d'une autorisation expresse (C. comm. 4 et 5; Cass. 14 nov. 1820; 1 mars 1826; 27 mars 1832; Toullier; Duranton; Pardessus): — ou de ce que le mari a laissé à sa femme une procuration générale à l'effet d'administrer ses biens et affaires (Paris, 5 mars 1833).

35. La femme n'est marchande publique qu'autant qu'elle fait un commerce séparé; c'est dans ce cas seulement que les obligations qu'elle contracte sont valables sans autorisation, bien que non revêtues d'un bon ou approuvé de sa main (C. civ. 1326; Cass. 1 mai 1820).

A ce sujet il a été décidé :

36. 1° Que quelque part qu'elle prenne au commerce de son mari, la femme ne peut être pour cela réputée marchande publique (Pardessus, 1, 65; Cass. 1 mai 1820).

37. 2° Qu'il n'est pas nécessaire que le commerce de la femme soit autre que celui du mari : il suffit qu'il soit séparé; ainsi une femme non commune en biens pourrait avoir un intérêt particulier dans une entreprise où le mari en aurait un aussi (Pardessus, 1, 65).

38. 3° Que lorsque la femme, sans être marchande publique, est préposée à la gestion ou de la maison de commerce de son mari, ou d'une branche de ses opérations, elle peut obliger le mari pour tous actes concernant sa gestion, car alors, il y a, de la part du mari, autorisation suffisante (Liége, 12 vent. an XII; Cass. 25 janv. 1821; 2 av. 1822; — *Contrà*, Bruxelles, 27 fév. 1809).

39. 4° Que lorsque la femme d'un marchand illettré est dans l'habitude de faire les affaires de son mari et de signer pour lui, le billet ou l'endossement souscrit par la femme « *pour son mari* » oblige celui-ci envers le tiers-porteur de bonne foi (Angers. 7 fév. 1819).

40. 5° Que la femme marchande publique peut, sans autorisation, vendre un immeuble acheté, même à rente viagère, des bénéfices ou du produit de son commerce (Cass. 8 sept. 1814).

41. 6° Que la femme qui tient en son nom un hôtel garni est réputée marchande publique. Elle s'oblige, en conséquence, valablement sans l'autorisation de son mari pour tout ce qui concerne la tenue et l'exploitation de l'hôtel (Paris, 21 nov. 1812; Duranton, 2, 474).

42. 7° Que le titulaire d'un bureau de loterie est réputé commerçant : si c'est une femme, elle est marchande publique; et, dans ce cas, elle peut aliéner le bureau de loterie (Paris, 26 av. 1811).

43. Le consentement du mari à ce que sa femme soit marchande publique ne suffit pas quand celle-ci est mineure; il faut en outre qu'elle ait 18 ans accomplis et qu'elle soit autorisée de ses parents ou d'un conseil de famille (C. comm. 2; Toulouse, 26 mai 1821; Pardessus, 1, 63. — *Contrà*, Grenoble, 17 fév. 1823).

VI. *Quand et comment l'autorisation du mari doit être donnée.*

44. Le concours du mari dans l'acte ou son consentement par écrit valent pour la femme autorisation. — V. *sup.* n. 7.

A cet égard il a été décidé :

45. 1° Que l'autorisation doit être donnée *avant* ou *lors* de l'acte; celle qui n'est donnée qu'après ne valide pas l'obligation (Grenoble, 26 juill. 1828; Rouen, 18 nov. 1825).

46. 2° Que l'approbation mise par le mari au bas d'une obligation contractée par sa femme sans son autorisation ne valide pas cette obligation, si l'approbation n'a été donnée ni *avant*, ni *lors*, mais *après* l'acte, sans le concours et au préjudice de la femme (Cass. 12 fév. 1828).

47. 3° Que quand une obligation souscrite par une femme porte la signature de son mari, c'est là une preuve d'abord que le mari a autorisé l'obligation, et ensuite que l'autorisation a été donnée *lors de la passation de l'acte*. Or, cette preuve écrite suffit pour qu'il ne soit pas permis d'invoquer des présomptions ou des preuves testimoniales contraires aux fins d'établir que l'autorisation a été donnée postérieurement à l'acte (Cass. 22 mars 1831).

48. 4° Que l'obligation par acte sous seing-privé, consentie par une femme mariée n'est pas nulle, encore que l'autorisation du mari ne se trouve qu'à la fin de l'acte et immédiatement après la signature de la femme. Cela suffit pour qu'il y ait concours du mari dans l'acte (Turin, 17 déc. 1830).

49. 5° Qu'un acte de partage signé par la femme, sans autorisation du mari, devient valable ou efficace, par l'approbation ultérieure du mari, bien que cette approbation résulte non d'un *écrit*, mais d'un *fait* du mari, tel que la prise de possession ou la jouissance volontaire et continue du lot attribué à la femme par le partage (Colmar, 28 nov. 1816).

50. 6° Que les actes passés par le mari comme mandataire de sa femme en vertu de la procuration qu'elle lui a donnée, valent autorisation à cette dernière de lui conférer ce mandat (Paris, 16 janv. 1838). —V. *aux formules p.* 110, *note a.*

51. *Toute autorisation générale, même stipulée par contrat de mariage n'est valable que quant à l'administration des biens*

de la femme (C. civ. 223). — V. note 34 et la note B. au bas de la p. 103 du *Dictionn. des formules*.

52. D'où il suit que, quand il s'agit d'un acte de propriété, il faut alors une autorisation spéciale pour chaque affaire particulière ; c'est un point constant que nous avons suffisamment développé à la note *a* de la p. 103 de la formule d'*autorisation générale*.

53. L'autorisation expresse ne peut résulter de ce que le mari aurait autorisé sa femme à faire un acte antérieur, auquel la nouvelle obligation se rapporterait, alors du moins que la seconde obligation n'est pas la conséquence forcée de la première et aggrave la position de la femme (Cass. 26 juin 1839).

54. Si la femme a contracté, sans se dire autorisée de son mari, quoiqu'il existât un acte d'autorisation, le contrat où cet acte n'a pas été référé peut être annulé; car c'est la même chose qu'il n'existe pas d'acte d'autorisation, ou que la femme n'en fasse pas usage (Pothier, *puiss. mar.* n. 74; Lebrun, *De la commun.*; Toullier, 2, 647).

55. L'énonciation dans le contrat que l'acte portant autorisation maritale a été représenté est même insuffisante, si le contrat était attaqué sans que l'on pût justifier de l'autorisation du mari; il serait annulé encore bien que l'on produisît un extrait de l'enregistrement où l'acte a été référé (Toullier, 2, 646). —V. note 33.

56. L'autorisation donnée par le mari à la femme, dans le contrat de mariage, d'aliéner comme elle le jugera à propos, un de ses immeubles désignés, et sans qu'elle ait besoin d'aucune autre autorisation, ne dispense pas la femme, lorsqu'elle veut réaliser la faculté d'aliénation qui lui a été donnée, de se faire autoriser de nouveau par son mari (Cass. 14 déc. 1840).

57. Une autorisation générale ne donne pas à la femme le droit d'ester en justice : il faut une autorisation spéciale pour chaque procès (Carré, 3, 2973; Maleville, 1, 222; Paris, 13 mars 1817).

58. On ne peut considérer comme générale l'autorisation donnée à une femme mariée de demander l'annulation des engagements par elle contractés solidairement avec son mari (Cass. 29 juin 1842).

Art. 2. En quels cas l'autorisation du mari n'est pas nécessaire a la femme.

59. *L'autorisation du mari n'est pas nécessaire lorsque la femme est poursuivie en matière criminelle ou de police* (C. civ. 216).

60. Le droit de défense, en pareille matière, est trop sacré pour être subordonné à aucune espèce de formalité : mais il faut qu'il s'agisse bien d'une action criminelle, d'une action dirigée contre la femme par le ministère public; cependant, il en serait de même de l'action civile en réparation du dommage causé par un délit (tel serait celui de calomnie), alors même que la partie lésée intenterait cette action devant le tribunal correctionnel, comme le permet l'art. 182. du C. d'Instr. crim (Marcadé; Cass. 31 mai 1816).

61. Mais l'art. 216 précité n'est pas applicable au cas où c'est la femme qui intente le procès. Dans ce cas, elle doit être autorisée de son mari (Cass. 1 juill. 1808).

62. *La femme peut tester sans l'autorisation de son mari* (C. civ. 226).

63. Mais l'état de la femme, en ce qui concerne la nécessité et la forme de l'autorisation maritale, est immuablement fixé, dans ce cas, par la loi du domicile matrimonial, de sorte qu'elle n'est point régie par le statut d'un nouveau domicile acquis après séparation de corps (Cass. 19 janv. 1807).

64. L'autorisation du mari n'est pas nécessaire non plus à la femme quand il s'agit d'obligations naturelles. A cet égard il a été décidé :

65. 1° Que les obligations contractées par une femme mariée, en l'absence du mari et sans autorisation, peuvent être déclarées valables, lorsque la femme s'est obligée pour des sommes modiques destinées à lui fournir des aliments (Paris, 1 mai 1823).—Il en est ainsi à l'égard surtout de la femme *étrangère*, quand il s'agit d'un *logement* en France ou même de tout ce qui est aliment : le mari qui consent au voyage de sa femme consent nécessairement d'avance à ce qu'elle s'oblige pour sa subsistance pendant le voyage (Bruxelles, 23 fév. 1808 et 25 août 1810) : — lors même qu'il s'agit pour la femme *étrangère* d'ester en jugement, le Code civil ne s'appliquant qu'aux femmes françaises; dans ce cas, elle n'a besoin de l'autorisation ni du mari ni de justice; en tout cas, si une autorisation était nécessaire, le tribunal pourrait la lui donner sans être tenu d'appeler préalablement le mari et de l'entendre en la chambre du conseil (Bruxelles, 29 août 1811).

66. 2° Qu'une obligation souscrite par une femme mariée est valable contre le mari et les biens de la communauté, quoique faite sans l'autorisation du mari, si les fournitures que cette obligation a eu pour objet ont été livrées de bonne foi, si elles n'ont pas été excessives, et si elles ont profité à la communauté (C. civ. 214; Cass. 14 fév. 1826).

67. 3° Que l'autorisation maritale n'est pas nécessaire à la femme pour reconnaître un enfant naturel : en conséquence, un tel acte qui n'est que l'accomplissement d'une obligation naturelle est valide et peut produire tous ses effets après la dissolution du mariage, s'il n'existe pas d'enfants légitimes (C. civ. 337; Toullier, 2, 961).

67 *bis*. 4° Que l'autorisation du second mari n'est pas nécessaire à la femme pour consentir au mariage des enfants de son premier lit. — V. la note *a* au bas de la formule de *consentement à mariage*.

68. Egalement, l'autorisation maritale n'est pas nécessaire :

69. 1° Pour des actes extra-judiciaires, préparatoires ou conservatoires; ainsi, une femme serait reçue à faire un protêt, une saisie foraine et autres de cette espèce, à donner même des assignations (Pardessus, 1, 70).

70. 2° Pour le placement d'une somme allouée à sa femme dans un ordre, lorsque ce placement a été reconnu par justice pourvoir aux véritables intérêts de la femme (Paris, 21 août 1840).

71. 3° Au cas de saisie immobilière des biens d'une femme mariée : dans ce cas, il n'est pas besoin qu'elle soit pourvue d'une autorisation lors du jugement d'adjudication (Amiens, 21 nov. 1838; Cass. 11 nov. 1839).

72. 4° Pour accepter un *mandat* (C. civ. 1990). V. note 80; — requérir l'inscription de ses créances (C. civ. 2139, 2194 et 2195; Paris, 31 août 1810). — Faire transcrire les donations à elles faites.

73. 5° Pour les obligations résultant des quasi-contrats et des délits et quasi-délits, V. la note 26.

Art. 3. De l'autorisation donnée a la femme par le mari, a l'effet d'ester en jugement.

74. *La femme ne peut ester en jugement sans l'autorisation de son mari, quand même elle serait marchande publique, ou non commune ou séparée de biens* (C. civ. 215).

75. L'autorisation de la femme pour ester en jugement résulte suffisamment de la présence du mari dans tous les actes de procédure : une autorisation expresse n'est pas nécessaire en ce cas (Cass. 26 frim. an XIII; 22 av. 1808; 22 av. 1828; 3 juin 1835; Montpellier, 2 janv. 1811 ; Grenoble, 21 fév. 1832).

76. Lorsque la femme défenderesse ne provoque pas l'autorisation du mari, c'est au demandeur à la provoquer (Carré, 3, 2911 ; Proudhon, 1, 271): — et s'il ne l'a point provoquée, il peut, postérieurement à l'assignation, réparer cette omission, lorsqu'aucun délai fatal n'a couru (C. proc. 861 ; Carré, 3, 2192 ; Cass. 5 av. 1812 ; Bourges, 27 nov. 1829 ; — *Contrà*, Cass. 7 oct. 1811).

77. Il y a nécessité pour la femme de se faire autoriser par son mari, et, à son refus, par justice.

78. 1° Lorsqu'il s'agit d'un procès commencé avant son mariage (Cass. 21 germ. an XII ; 20 therm. an XII ; Toullier, 2, 620; Maleville; Renusson).— Ce n'est point là donner un effet rétroactif à la loi (Turin, 20 mess. an XIII).

79. 2° Lorsqu'elle se dit plaider en vertu d'une procuration de son mari qu'elle ne produit pas (Cass. 16 juill. 1806).

80. 3° Lorsqu'il s'agit de prêter le serment décisoire à elle déféré dans le cours de l'instance: la simple autorisation d'ester en jugement ne comporte pas celui de prêter serment, il lui faut, pour ce cas, une autorisation spéciale (Angers, 28 janv. 1825).

81. 4° Lorsqu'il s'agit pour la femme de défendre à un pourvoi en cassation dirigé contre un arrêt rendu, à son profit, bien que dans la même affaire elle ait été autorisée à procéder en première instance et en appel (Cass. 14 juill. 1819).

82. Mais la femme autorisée par son mari à intenter toutes actions relatives à ses biens personnels, et à défendre à toutes demandes, est suffisamment autorisée par cela même à défendre sur un pourvoi en cassation sans qu'il soit nécessaire d'assigner le mari (Cass. 2 août 1820).

83. L'autorisation donnée par le mari à sa femme pour ester en jugement, ne le rend pas personnellement responsable des dépens prononcés contre la femme (Montpellier, 10 flor. an XIII). — Il en est de même quand il s'agit des biens paraphernaux de la femme (Cas. 24 vendem. an VII.) Mais il en est autrement quand il s'agit des biens dotaux de la femme, soit qu'il l'ait autorisée à plaider, soit qu'il ait refusé de le faire sans en déduire de motifs (Besançon, 28 av. 1806). — V. *sup.* n. 30.

84. La femme qui intente une action ou interjette appel, sans autorisation de son mari ou de la justice, ne doit pas, par cela seul, être déclarée non-recevable : en un tel cas, les juges doivent seulement surseoir à prononcer jusqu'à ce que l'autorisation ait été rapportée (Cass. 21 nov. 1832; 17 janv. 1838; 11 août 1840). — Et ce sursis peut être demandé par l'adversaire de la femme (Duranton, 2, 464).

§ 3. De l'autorisation donnée par la justice, en cas de refus ou d'incapacité du mari. — Quand et comment cette autorisation doit être donnée.

85. Pour le mode de procéder, V. les art. 861, 862, 863 et 864 du C. de proc. civ.

Art. 1. De l'autorisation par la justice au cas de refus du mari.

86. *Si le mari refuse d'autoriser sa femme à ester en jugement, le juge peut donner l'autorisation* (C. civ. 218).

87. L'autorisation donnée par le juge à la femme mariée, sur le refus du mari dûment constaté, peut être implicite. Ainsi : 1° lorsqu'à défaut par le mari d'autoriser la femme défenderesse à ester en jugement, il y a lieu à autorisation de justice, cette autorisation est valablement accordée par l'arrêt qui statue au fond ; il n'est pas nécessaire qu'elle le soit préalablement aux conclusions à prendre par la femme (Cass. 16 janv. 1838. — *Contrà*, Turin, 20 mess. an XIII).

88. 2° L'autorisation de justice emporte autorisation d'interjeter appel au cas où la femme succombera, à moins que l'autorisation n'ait été expressément limitée au premier degré de juridiction (Poitiers, 21 mars 1827 ; Riom, 20 mai 1839 ; — *Contrà*, Cass. 5 août 1840, au cas d'une autorisation donnée incidemment et pour régulariser une procédure introduite).

89. 3° Lorsqu'une femme, mise en cause comme défenderesse, ainsi que son mari pour l'autoriser, a toujours fait défaut, et a été autorisée par le tribunal lors du jugement définitif, cette autorisation suffit pour valider la procédure antérieure, si les actes de cette procédure n'ont été que des errements de pure instruction simplement préparatoires et qui n'ont pu porter préjudice à la femme (Cass. 17 déc. 1834).

90. La femme mariée, sommée de produire dans un ordre, ne peut y encourir aucune déchéance ou forclusion, sans avoir été autorisée. Dès-lors, et à défaut par le mari d'autoriser son épouse à produire, le tribunal est tenu d'accorder cette autorisation (Cass. 21 av. 1828 ; Toulouse, 19 mars 1833).

91. Les tribunaux de commerce peuvent incidemment accorder ou refuser aux femmes mariées, pour ester en jugement, l'autorisation qui doit suppléer celle de leurs maris (Colmar, 31 juill. 1810 ; Bruxelles, 19 août 1811 ; Cass. 17 août 1813).

92. *Si le mari refuse d'autoriser sa femme à passer un acte, la femme peut faire citer son mari directement devant le tribunal de première instance de l'arrondissement du domicile commun, qui peut donner ou refuser son autorisation, après que le mari aura été entendu ou dûment appelé en la chambre du conseil* (C. civ. 219).

93. La femme qui demande à la justice une autorisation refusée par son mari n'est pas dans l'obligation de se faire autoriser d'abord par celui-ci, ou, à son défaut, par la justice elle-même pour ester dans le jugement qui devra prononcer sur sa demande; elle est suffisamment autorisée à cet égard par le refus même du mari (Aix, 27 août 1827).

94. Le juge ne doit accorder d'autorisation à la femme, pour ester en jugement, qu'après sommation au mari et ci-

tation à la chambre du conseil pour qu'il ait à donner l'autorisation (Aix, 9 janv. 1810).

95. L'obligation imposée aux juges de première instance de juger en chambre du conseil les causes d'un refus d'autorisation, n'est pas également imposée aux juges d'appel (Cass. 23 août 1826 ; Nîmes, 18 janvier 1830 ; - *Contrà*, Paris, 5 déc. 1840).

96. L'autorisation accordée par justice à la femme pour procéder au partage et à la liquidation d'une succession, renferme implicitement autorisation de former toute action ayant pour objet la délivrance de la portion afférente à la femme dans cette succession (Poitiers, 28 fév. 1834).

97. Du reste, l'autorisation accordée à la femme par la justice, à défaut d'autorisation du mari, ne peut rétroagir et valider une cession antérieurement faite par la femme sans autorisation (Toulouse, 18 août 1827).

98. Et une telle autorisation n'empêche pas que l'acte soit soumis à toutes les règles qui concernent la rescision des contrats (Toullier, 2, 651).

Art. 2. DE L'AUTORISATION PAR LA JUSTICE, EN CAS D'INCAPACITÉ DU MARI.

99. *Lorsque le mari est frappé d'une condamnation emportant peine afflictive ou infamante, encore qu'elle n'ait été prononcée que par contumace, la femme, même majeure, ne peut, pendant la durée de la peine, ester en jugement ni contracter, qu'après s'être fait autoriser par le juge, qui peut, en ce cas, donner l'autorisation, sans que le mari ait été entendu ou appelé* (C. civ. 221).

100. L'autorisation de la femme pour ester en jugement est tellement nécessaire que tout jugement obtenu contre elle peut être annulé sur sa requête pour défaut d'autorisation, encore même que le mari étant frappé d'une condamnation afflictive, il n'y ait lieu qu'à autorisation par le juge (Cass. 29 mars 1808).

101. *Si le mari est interdit ou absent, le juge peut, en connaissance de cause, autoriser la femme, soit pour ester en jugement, soit pour contracter* (C. civ. 222).

102. Le juge peut autoriser la femme non-seulement quand l'absence du mari a été déclarée, mais encore toutes les fois que le mari ne se trouve pas actuellement dans le lieu de la résidence de sa femme (Agen, 31 juill. 1806 ; Toullier, 2, 65 ; Maleville, 1, 232 ; Duranton, 2, 506 : — ou qu'il se trouve dans un lieu trop éloigné pour faire parvenir son autorisation (Talandier).

103. Seulement, quand le mari n'est pas *présent* dans le lieu de la résidence de sa femme, s'il n'est ni interdit ni *absent* dans le sens des art. 112 et suiv. du C. civ., sa femme ne peut être autorisée par justice qu'il ne soit *préalablement* assigné à personne ou domicile pour donner ou refuser son autorisation (Colmar, 31 juill. 1810).

104. Dans le cas de simple absence de fait, la femme doit établir la disparition de son mari par la production d'une pièce probante, telle qu'un acte de notoriété ou un certificat du maire constatant son éloignement (Thomine-Desmazures, 2, 1010).

105. Et lors même que le mari est apte à autoriser sa femme, il ne le peut, ou du moins son autorisation est insuffisante, lorsque la femme plaidant contre son mari veut faire un acte de désistement valable : dans ce cas, il faut une autorisation expresse de la justice (Cass. 14 fév. 1810 ; Duranton, 2, 475).

106. *Si le mari est mineur, l'autorisation du juge est nécessaire à la femme, soit pour ester en jugement, soit pour contracter* (C. civ. 222).

107. Cet article n'est pas applicable au cas où il s'agit d'actes d'administration pour lesquels le mineur émancipé n'a pas besoin lui-même de l'autorité de curateur (Toullier, 2, 653). — Le mineur, en effet, étant émancipé de plein droit par le mariage (C. civ. 476) a qualité pour ces sortes d'actes et, par conséquent, pour autoriser à les faire.

108. Le mari pourvu d'un conseil judiciaire n'a point capacité pour autoriser sa femme à ester en jugement (Cass. 11 août 1840 ; Rennes, 7 déc. 1840. - J[al]. Man. art. 28). — Mais il a cette capacité quand il y est lui-même autorisé de son conseil judiciaire (Paris, 27 août 1833).

§ 4. DES EFFETS DE L'AUTORISATION.

109. L'effet immédiat de l'autorisation, soit qu'elle émane du mari, soit qu'elle émane de la justice, est de faire cesser l'incapacité de la femme mariée, et de rendre l'acte pour lequel elle est autorisée aussi valide qu'il le serait, si elle n'était pas engagée dans les liens du mariage (Pothier, n. 76 ; Toullier, 2, 655).

110. Mais il y a une différence remarquable dans les effets de l'autorisation du mari et celle de la justice (Pothier, n. 13 ; Toullier, 2, 655 et suiv.) :

111. 1° Lorsque la femme agit autorisée de son *mari* elle engage non-seulement la propriété de ses biens propres, mais même les biens de la communauté ; l'acte devient alors commun à son mari ; celui-ci en autorisant sa femme s'oblige, d'après la maxime, *qui auctor est se obligat* : maxime contraire à celle, *qui auctor non se obligat*, applicable aux tuteurs et mandataires (C. civ. 1419, 1426 et 1427 ; Toullier, 12, 239, 282, 283 ; Bourjon, *commun.* chap. 5, sect. 4, n. 23 et 24. - V. aux formules la note *a* au bas de la p. 30 et la note 32, n. 35 et suiv.). — Il importe peu, dans ce cas, que l'obligation concerne les affaires particulières de la femme ; seulement il y a lieu à récompense ou indemnité, lors de la dissolution de la communauté (C. civ. 1431, 1432 ; Pothier, 13 ; Toullier, 12, 239 et 283).

112. 2° Lors, au contraire, que la femme n'agit qu'avec l'autorisation de la *justice*, elle n'oblige pas les biens de la communauté parmi lesquels il faut comprendre les revenus de la femme elle-même. Elle n'engage que la nue-propriété de ses propres (C. civ. 1410 et 1424 ; Bourjon et Toullier, *ibid.*). — Cependant, il en est autrement : 1° lorsqu'il s'agit d'obligations contractées par la femme autorisée de justice soit pour tirer de prison son mari, soit pour l'établissement des enfants communs (C. civ. 1427), — 2° d'obligations contractées pour des affaires communes ou intéressant le mari (Toullier, 12, 239), — 3° ou d'obligations ayant tourné au profit de la communauté (C. civ. 1312, 1410, 1424 ; Toullier, 2, 656 ; Vazeille, 368 ; Duranton, 2, 508), seulement, dans ce dernier cas, la communauté n'est tenue que jusqu'à concurrence de ce dont elle a profité, et c'est au créancier de se pourvoir pour le surplus sur la nue-propriété des biens de la femme pendant la communauté, et sur tous ses biens après la dissolution (Duranton, *ibid.*).

113. Quant aux procès soutenus par la femme et aux

condamnations qui en ont été la suite il faut suivre la même distinction; c.-à-d. que si la femme a été autorisée de son mari, la condamnation pourra être exécutée sur les biens de la communauté, et même sur ceux du mari, mais il en sera autrement si elle n'a été autorisée que de la justice (Toullier, 2, 658; Proudhon, *usuf*. n. 1776; Duranton, 461; Vazeille, 369). — V. *sup*. n. 30 et 835

§ 5. PAR QUI ET QUAND LA NULLITÉ RÉSULTANT DU DÉFAUT D'AUTORISATION PEUT ÊTRE OPPOSÉE. — DANS QUELS CAS ELLE EST COUVERTE.

114. *La nullité fondée sur le défaut d'autorisation ne peut être opposée que par la femme, par le mari ou par leurs héritiers* (C. civ. 225).

Art. 1. PAR QUI PEUT ÊTRE OPPOSÉE LA NULLITÉ POUR DÉFAUT D'AUTORISATION.

115. La nullité résultant du défaut d'autorisation ne peut être opposée :

116. 1° Par ceux avec lesquels la femme non autorisée a contracté (Paris, 28 germ. an XIII).

117. 2° Par les tiers (V. note 53, n. 9).

118. 3° Par le tiers-acquéreur des biens du mari, lorsqu'il s'agit d'une surenchère formée par la femme sans autorisation (Grenoble, 11 juin 1825).

119. 4° Par les créanciers de la femme. Il y a en cela exception à l'art. 1166 du C. civ. (Angers, 1 août 1810; Grenoble, 2 août 1827).

120. 5° Par le mari qui a tenu son mariage secret (Cass. 30 av. 1808).

121. 6° Par le mari, lorsque, dans une procédure sur une expropriation forcée, sa femme a été partie comme *créancière*, et qu'il n'y a eu aucune condamnation à son préjudice; car la faculté que la loi confère au mari de proposer la nullité pour défaut d'autorisation est moins relative à ses propres intérêts qu'à ceux de la femme (Besançon, 29 germ. an XII).

122. 7° Par la caution de sa femme (C. civ. 1125; 2012; Duranton, 2, 510).

123. 8° Par le garant de la femme condamné avec elle : la disposition de l'art. 225 du C. civ. étant limitative en faveur de la femme, du mari ou de ses héritiers (Cass. 17 déc. 1834).

124. Mais la nullité résultant du défaut d'autorisation peut être opposée :

125. 1° Par le mari et par la femme, lorsque celle-ci, en souscrivant une obligation, a faussement énoncé y être autorisée par son mari. C'était au créancier à établir préalablement si la femme était autorisée (Paris, 9 therm. an XII).

126. 2° Par la femme, lorsqu'une condamnation prononcée contre elle emporte aliénation ou restriction de sa dot ou de ses propres, et que le jugement de condamnation a été rendu contre elle après avoir été assignée seulement *dans la personne de son mari* et défendue sans mandat par ce dernier qui se défendait en même temps lui-même. En un tel cas, le jugement est nul à l'égard de la femme, pour sa dot et ses propres; nul, non pas d'une nullité d'annulabilité, qui doive être prononcée par la voie de l'appel ou de la cassation, mais d'une nullité de non-existence toujours opposable, et que tout juge peut constater ou déclarer par voie d'exception (Paris, 27 août 1816).

127. La validité des actes souscrits par la femme sans autorisation peut être soutenue par ceux qui ont contracté avec cette femme la croyant veuve, alors qu'ils prouvent par une série d'actes où la femme prenait la qualité de veuve, et par la notoriété publique, qu'elle était réellement veuve à l'époque où les obligations ont été passées (Cass. 12 mars 1807).

128. Lorsqu'une femme a plaidé sans autorisation, les jugements obtenus contre elle, quoique nuls en la forme, ne peuvent être attaqués par voie d'action principale en nullité (Cass. 7 oct. 1812).

Art. 2. QUAND LA NULLITÉ PEUT ÊTRE OPPOSÉE POUR DÉFAUT D'AUTORISATION.

129. C'est à ceux qui ont contracté avec une femme mariée à prouver qu'elle a été valablement autorisée: le défaut d'autorisation constituant un fait négatif, on ne peut exiger du mari ou de la femme qu'ils aient à l'établir (Paris, 2 janv. 1808).

130. Cependant, si la femme ou ses ayants-cause prétendent que l'autorisation n'a été donnée qu'après la passation de l'acte, le créancier peut être admis à prouver par témoins qu'elle a été donnée au moment même où l'acte a été passé (Turin, 17 déc. 1810).

131. Le défaut d'autorisation de la femme mariée peut être opposé en tout état de cause, même en cause d'appel (C. proc. 464; Toulouse, 8 fév. 1825,)—même après avoir conclu au fond (C. proc. 173; Bordeaux, 1 mars 1826), — même en cassation (Cass. 16 prair. an XIII), — encore bien que la femme n'ait fait aucune démarche pendant le procès pour se pourvoir de l'autorisation, et qu'ayant fait défaut lors de l'audience, elle ait laissé ignorer à ses adversaires le défaut dont elle se plaint pour la première fois (Cass. 29 mars 1808), — même après avoir succombé sur l'appel interjeté par elle sans autorisation (Cass. 5 août 1840); — mais elle ne peut proposer, pour la première fois, devant la Cour de cassation le moyen tiré de ce qu'elle n'aurait pas été autorisée pour ester en première instance (Cass. 29 juin 1842).

132. La nullité résultant de ce qu'une femme remariée a esté en justice en qualité de tutrice de ses enfants mineurs, sans autorisation maritale et sans confirmation dans la tutelle, ne peut être opposée ni à la femme ni aux enfants, encore que la femme se soit frauduleusement qualifiée veuve (Cass. 28 mai 1823).

133. Le défaut d'autorisation ne peut être opposé à la femme mariée, encore qu'elle ait plaidé en qualité de veuve, et que ce soit par son fait que la partie adverse ait négligé de la faire autoriser (Bordeaux, 12 germ. an XIII).

134. Le mari qui a défendu en première instance et en appel, sur une demande intentée contre lui par sa femme, n'est pas recevable à présenter pour la première fois devant la Cour de cassation, un moyen tiré du défaut d'autorisation de son épouse (Cass. 16 nov. 1825).

135. Lorsqu'une obligation est contractée par une femme, sans l'autorisation de son mari, celui-ci a, pour faire annuler l'obligation, une action à lui propre, distincte et indépendante de celle de sa femme. En conséquence, les

jugements ordonnant contre la femme l'exécution de l'obligation, ne font point obstacle à l'exercice de l'action du mari (Montpellier, 27 av. 1831).

136. L'action donnée au mari pour faire annuler les actes faits au mépris de son autorisation commence à se prescrire du jour où les actes ont été faits, si le mari les a connus, et du jour où il en aura eu connaissance s'ils ont été faits à son insu (Solon, 2, 489; Toullier, 2, 660).

137. Lorsqu'une femme mariée a pris, dans une instance, la qualité de fille ou de veuve, la nullité peut en être demandée par elle, son mari ou ses héritiers, sans que les tiers puissent objecter qu'elle a caché sa qualité : c'était à eux à savoir s'ils contractaient avec une personne capable. — Il en serait autrement si, dans le lieu qu'elle habite, elle passait aux yeux de tous pour fille ou veuve (Toullier, 2, 622, 623; Duranton, 2, 462, 463). Cette fausse déclaration constituerait un dol et non un faux caractérisé donnant lieu à une action criminelle (Toullier, *ibid.*; Pothier, 53, 54; Duparc-Poullain, 5, 181). — V. *sup.* n. 120.

138. La procédure dirigée contre une femme non autorisée de son mari ou de la justice, en paiement d'obligations par elle contractées, est nulle, bien que lors de l'obligation la femme ait laissé ignorer qu'elle fût mariée ; peu importe au surplus qu'il s'agisse d'effets de commerce (Cass. 15 nov. 1836).

139. Lorsqu'une femme autorisée seulement à *vendre* ou à consentir tous actes à *titre onéreux*, n'a fait en réalité qu'une *donation déguisée*, elle est recevable ainsi que ses héritiers après son décès à demander la nullité de la donation pour défaut d'autorisation (C. civ. 905; Pau 19 mars 1831.)

140. La emme peut, en cas d'absence de son mari, être autorisée par justice à vendre des biens dépendants de la communauté, même pour une autre cause que l'établissement de ses enfants : l'art. 1427 du C. civ. qui spécifie ce cas n'étant pas limitatif. La femme qui a vendu, ainsi autorisée, n'est donc pas admissible à critiquer ensuite l'aliénation qu'elle a consentie (Bourges, 13 fév. 1830).

141. Un bail à ferme consenti à une femme mariée sans autorisation est nul; au cas d'annulation, la femme n'est tenue de restituer au bailleur que les fruits par elle perçus et dont elle a profité; elle ne peut être condamnée à payer soit le prix du bail, soit la valeur des fruits produits à dire d'experts. — Dans ce même cas, le bailleur n'est pas fondé à former une saisie-gagerie, pour sûreté des sommes représentant les fruits dont la valeur doit lui être rendue (J[al] Man. art. 50).

142. La femme autorisée à poursuivre sa séparation de biens, l'est par cela même pour poursuivre l'exécution du jugement qui la prononce. — Dans tous les cas, le mari contre lequel cette exécution est poursuivie non en sa qualité de mari, mais en sa qualité de débiteur de la femme, ne serait pas recevable à se prévaloir du défaut d'autorisation (Cass. 11 av. 1842).

Art. 3. DANS QUELS CAS EST COUVERTE LA NULLITÉ RÉSULTANT DU DÉFAUT D'AUTORISATION.

143. Une ratification postérieure, donnée par le mari seul, ne saurait valider l'acte de la femme et suppléer à l'autorisation requise (Cass. 26 juin 1839. — *Contrà*, Colmar, 28 nov. 1816, rappelé *sup.* n. 49), — à moins que la femme ne l'ait ratifié en vertu de l'autorisation ultérieure du mari (Toullier, 2, 648).

144. Celui qui contracte avec une femme non autorisée doit s'assurer si elle est commerçante, car si elle ne l'était pas, l'obligation serait nulle sans qu'on pût être admis à prouver qu'elle en a retiré un avantage personnel. Cependant, si le mari s'était appliqué le profit des actes en les exécutant ou en réclamant leur exécution, il cesserait d'être recevable à en demander la nullité (C. comm. 5; Pardessus, 1, 71).

145. Un jugement obtenu contre une femme non autorisée ne peut acquérir l'autorité de la chose jugée. La femme dûment autorisée peut en interjeter appel, ou, s'il est en dernier ressort, prendre la voie de la requête civile pour violation d'une forme exigée à peine de nullité (C. proc. 480 ; Duranton, 2, 468).

146. La femme devient non-recevable à attaquer son engagement, lorsqu'elle a pris vis-à-vis du tiers qui contracte avec elle, un faux nom ou qu'elle a produit un faux acte d'autorisation (Duranton, 2, 494). — V. *sup.* n.137

147. Le mari qui est intervenu en justice pour assister sa femme, relativement à la nullité que celle-ci a proposée d'une procédure faite contre elle, et résultant du défaut d'autorisation, n'est pas du tout censé avoir couvert, par son intervention, la nullité de la procédure antérieure, ni avoir voulu autoriser la femme à l'effet de plaider au fond (Colmar, 2 mars 1810).

148. Si la femme ne se dit pas autorisée par son mari dans l'acte d'opposition qu'elle fait signifier, l'acte est nul; mais la nullité est couverte, si le mari comparaît en justice en même temps que sa femme, pour l'autoriser à ratifier l'acte d'opposition (Rome, 5 oct. 1810).

149. L'art. 1304 du C. civ. établissant la prescription de 10 ans au plus, contre toute action en nullité ou en rescision d'une convention, s'applique à l'action en nullité que peut intenter l'héritier d'une femme mariée qui aurait contracté sans autorisation de son mari. Peu importe à cet égard que la nullité soit proposée non par voie d'*action*, mais bien par voie d'*exception*, si depuis plus de 10 ans le demandeur en nullité a connu ou dû connaître le vice de la convention (Cass. 28 juin 1826).

[69]

DE L'USUFRUIT.

DIVISION SOMMAIRE :

§ 1. DE LA NATURE DU DROIT D'USUFRUIT (n. 1 à 7).

§ 2. COMMENT S'ÉTABLIT L'USUFRUIT (n. 8).

Art. 1. DE L'USUFRUIT LÉGAL OU ÉTABLI PAR LA LOI (n. 9 à 11).

Art. 2. DE L'USUFRUIT ÉTABLI PAR LA VOLONTÉ DE L'HOMME (n. 12 à 15).

Indication alphabétique:

§ 1. DE LA NATURE DU DROIT D'USUFRUIT.

1. *L'usufruit est le droit de jouir des choses dont un autre a la propriété, comme le propriétaire lui-même, mais à la charge d'en conserver la substance* (C. civ. 578).

2. L'un (l'usufruitier) est donc propriétaire du domaine utile, et l'autre, propriétaire du fonds même abstraction faite des fruits, soit naturels, soit industriels, soit civils qu'il peut produire, de sorte que tous deux, usufruitier et nu-propriétaire, sont propriétaires fonciers; d'où il résulte : 1° que le caractère principal de l'usufruit est de constituer un *démembrement de la propriété*, ce qui fait que cette propriété cesse d'être pleine et entière dans les mains du nu-propriétaire (L. 7. C. de reb. alien. non alien; — Instit. de *usufr.*; — Proudhon n. 5; — Toullier, 3, n. 387). — V. note 22, n. 46.

3. 2° Que l'usufruit est un droit réel, faisant partie de la propriété, et non une créance pour laquelle l'inscription d'office soit nécessaire lors de la transcription d'un contrat de vente ou d'une donation (Déc. Min. 7 et 22 mars 1807).

4. 3° Et que le nu-propriétaire ne peut forcer l'usufruitier à recevoir le rachat de son usufruit, comme on peut forcer le propriétaire d'une rente foncière à en recevoir le rachat (C. civ. 530).

5. De *la charge de conserver la substance*, il résulte que l'usufruitier n'a droit de jouir qu'à la charge de conserver, sans pouvoir disposer de la chose, ni la dénaturer ni l'altérer. Il peut faire les changements accidentels qui, sans affecter la substance de la chose, ni intervertir l'usage auquel elle est destinée, peuvent lui procurer une jouissance plus avantageuse; mais il ne pourrait ni changer la superficie du fonds d'une manière dommageable, ni imposer des servitudes, ni changer la destination, ni s'abstenir d'entretenir en bon père de famille, parce qu'alors il ne conserverait plus la substance de la chose (Proudhon, n. 4; — Delvincourt, 1, 348; — Duranton, n. 463). — V. *inf.* n. 42.

6. Ainsi donc, l'usufruitier d'une maison ne pourrait ni en agrandir ni en diminuer les fenêtres (Pothier, *douaire*, n. 17; Proudhon, n. 1112). — Ni retourner la face du bâtiment, ni en changer le vestibule d'entrée, ni y établir des escaliers dérobés, ni changer la forme des jardins: il peut bien orner ce qu'il trouve, mais il ne doit point le le dénaturer (L. 13, § 7. D. *de usuf.*, Proudhon, 12, 1111).

7. De ce qui précède il résulte que l'usufruit ne peut être perpétuel, et qu'il est dans son essence d'être limité pour prendre fin à une époque déterminée ou indéterminée, mais qui n'en doit pas moins arriver, sans quoi le titre de propriété se trouvant séparé du droit qu'a tout propriétaire de jouir et disposer de sa chose de la manière la plus absolue ne serait qu'un titre inutile.

— V. *Servitudes* note 55 n. 3.

§ 2. COMMENT S'ÉTABLIT L'USUFRUIT.

8. *L'usufruit est établi par la loi ou par la volonté de l'homme* (C. civ. 579).

Art 1. DE L'USUFRUIT LÉGAL OU ÉTABLI PAR LA LOI.

9. Il y a usufruit légal : 1° dans le cas de l'art. 384 du C. civ., c. à-d. lorsque le père ou la mère ont la jouissance des biens de leurs enfants mineurs. — V. note 144.

10. 2° Dans le cas de l'art. 754. du C. civ., c. à-d. lorsque le père ou la mère survivant a l'usufruit du tiers des biens auxquels il ne succède pas en propriété.

11. 3° Dans le cas de l'art. 1555 du C. civ., lorsque la femme est autorisée par justice à vendre ses biens dotaux pour l'établissement des enfants du premier lit, auquel cas la jouissance doit être réservée au mari.

Art. 2. DE L'USUFRUIT ÉTABLI PAR LA VOLONTÉ DE L'HOMME.

12. Hors les cas dont est parlé *sup.* n. 8, 9 et 10, l'usufruit ne peut être constitué que par un acte régulier fait à titre gratuit ou à titre onéreux. Dans tous les cas, c'est par la disposition même insérée dans l'acte que l'on pourra connaître, si, en effet, les parties ont entendu fonder un usufruit ou faire un autre contrat. Sous ce rapport, la dénomination qui serait donnée dans l'acte ne serait d'aucune considération, si, en réalité, il résultait de l'ensemble de l'acte que l'intention réelle des parties n'a point été de constituer un usufruit; comme aussi on pourra voir un usufruit dans toute disposition qui portera attribution de la nue-propriété à l'un et des fruits à l'autre. A cet égard il a été jugé :

13. 1° Que l'époux survivant a droit à *l'usufruit des immeubles* de l'époux prédécédé, par cela seul que le contrat de mariage de ces époux porte la clause suivante : « Le survivant sera *propriétaire absolu* des meubles et effets mobiliers et actions réputées telles de la communauté, et dispensé de donner caution (Cass. 24 déc. 1828).

14. 2° Que le testateur qui, après avoir divisé la moitié de ses biens en nue-propriété d'une part, et en usufruit de l'autre, aura ajouté qu'il léguait à un tiers la *toute jouissance* de l'autre moitié de ses biens, a eu l'intention par ces mots *toute jouissance* de disposer de la pleine propriété (Cass. 5 déc. 1838).

15. 3° Que la clause par laquelle le donateur se réserve les fruits des biens donnés tout en déclarant qu'il ne subira pas les charges imposées d'ordinaire à l'usufruitier, peut être considéré comme emportant constitution d'un usufruit pouvant être saisi immobilièrement, et non comme une simple réserve de fruits qui pourrait être seulement l'objet d'une saisie-arrêt (Nîmes, 23 déc. 1807).

Art. 3. DE L'USUFRUIT ÉTABLI PAR JUGEMENT.

16. L'usufruit peut, en certains cas, être établi par jugement. Ainsi, dans le partage d'une succession, l'inégalité des lots en nature peut être compensée par le délaissement de l'usufruit de quelque immeuble, tout aussi bien que par une soulte (Salviat, 1, 17; Malleville; — *Contrà*; Proudhon., 304; Toullier, 3, 391; Duranton, 4, 489).

17. L'usufruit, sous l'empire du droit romain, pouvait s'établir *par jugement* dans les partages judiciaires, quand la chose était difficile à partager, et alors on adjugeait la propriété à l'un et l'usufruit à l'autre (L. 6, § 1, D. *de usuf.* — L. 6. § 10, D. 2, *comm. divid.*; — L. 16, § 2. D. *fam. ercis*).

Art. 4. DE L'USUFRUIT ACQUIS PAR PRESCRIPTION.

18. Parmi les modes d'acquérir l'usufruit dont parle l'art. rappelé *sup.* n. 7, la loi ne porte pas la prescription, ce qui fait naître la question de savoir si, en effet, l'usufruit peut s'acquérir par prescription.

19. Entre le nu-propriétaire et l'usufruitier, à ne les considérer que d'après les rapports directs qu'ils peuvent avoir ensemble, on décidera que la prescription ne peut pas donner droit au possesseur de se faire déclarer usufruitier; car s'il a eu la possession de la chose à titre de maître pendant trente ans, ce n'est pas seulement la jouissance qu'il en aura prescrit, mais encore la pleine propriété, et lui-même ne sera pas admis à scinder son droit.

20. Mais, cependant il y aura un cas dans lequel la prescription de l'usufruit sera admise, c'est celui où l'usufruitier tient son droit *à non domino*, c. à-d. d'un propriétaire apparent. Dans ce cas, on peut dire que le droit d'usufruit est susceptible de s'acquérir par la prescription. Ainsi, celui qui ayant acquis l'usufruit d'un immeuble, en a joui avec titre et bonne foi pendant 10 ans, au vu et au su de la partie intéressée à contester, a, par cette possession, acquis le droit d'en jouir pendant toute sa vie (Cass. 17 juill. 1816).

21. L'usufruitier a l'exercice de l'action possessoire. — V. note 22. n. 187 et note 28 n. 514.

V. *inf. non-usage*, n. 234.

Art. 5. DE L'USUFRUIT PUR ET SIMPLE OU CONDITIONNEL.

22. *L'usufruit peut être établi, ou purement, ou à certain jour, ou à condition* (C. civ. 580).

23. On peut insérer dans l'acte constitutif de l'usufruit toute clause qui n'est contraire ni aux lois ni aux bonnes mœurs. Ainsi :

24. 1° Le testateur peut imposer pour condition au legs d'usufruit que le partage ne sera pas demandé pendant toute la durée de l'usufruit sur le bien légué. Ce n'est pas là une condition illicite qui doive être réputée non écrite (Cass. 20 janv. 1836 ; Duranton, 7, 80 ; Delvincourt, 2, 344 ; Maleville, 2, 200 ;-Roll. de V... v° *partage* n. 12). — Cette décision n'est point en opposition avec l'art. 815 du C. civ., lequel est sans effet devant la volonté du testateur.

25. 2° L'usufruit sur un même bien peut être possédé indivisément par plusieurs, et alors les colégataires de l'usufruit sont légalement saisis de l'universalité du legs dont l'entière jouissance appartient au dernier survivant (Cass. 1 juill. 1841). — Seulement si un tel legs a été fait à trois pour en jouir séparément pendant 10 ans, et que l'un vienne à mourir dans le cours de 10 ans, le légataire qui le suivra ne pourra entrer en jouissance qu'à l'expiration des 10 années, parce qu'il est de principe que la caducité totale ou partielle de tout legs particulier ne doit profiter qu'à l'héritier qui en était chargé, lorsqu'il n'y a ni droit d'accroissement ni substitution (L. 35, D. *de usuf. leg.* ; Proudhon, n. 422). — Mais il en serait autrement d'un legs fait par un mari à sa femme pour en jouir *durant sa viduité*, et après elle à *tel* individu: dans ce cas, si la viduité cesse par l'effet d'un second mariage, celui-ci jouira à compter du jour du second mariage, par le motif que, dans l'intention du testateur, il doit succéder immédiatement à la veuve (Proudhon, n. 423).

26. 3° L'usufruit déclaré incessible et insaisissable ne pourra être cédé ni saisi; cependant l'usufruit légué à titre d'aliments et déclaré insaisissable par le testament peut être saisi en partie par les créanciers postérieurs en vertu de permission du juge (C. proc. 582; Toulouse, 18 nov. 1823; Cass. 15 fév. 1825).

27. 4° Encore bien que le plein propriétaire soit libre de constituer au profit d'un tiers à titre gratuit ou onéreux l'usufruit qu'il détachera de la nue-propriété, lui-même cependant ne pourra pas se considérer dans les transactions comme étant à la fois nu-propriétaire ou usufruitier pour prendre, suivant les occurrences, l'une ou l'autre qualité. Par conséquent, celui qui a la pleine propriété d'un immeuble ne peut en donner l'usufruit à antichrèse (Cass. 12 av. 1836):— Et il ne lui est également pas permis de donner une hypothèque avec condition qu'elle ne portera que sur l'usufruit de l'immeuble dont il a la toute propriété (Cass. 12 av. 1836); une telle hypothèque ne pouvant être concédée sur l'usufruit de l'immeuble que par l'usufruitier seulement et sous les conditions qui sont attachées à l'exercice de son droit.

28. 5° Un droit d'usufruit constitué contractuellement par un époux au profit de son épouse sur les immeubles pour le cas de prédécès du donateur, est censé établi sous la double condition et de la survie du donataire et de l'existence d'immeubles au moment de l'ouverture de la succession. L'usufruit ne peut donc être exercé sur le prix des immeubles aliénés depuis le don (Dijon, 12 avr. 1820).

29. 6° Le legs de l'usufruit, avec pouvoir d'aliéner, confère au légataire la propriété de la chose qu'il a pour objet. C'est, en effet, une chose impossible que la coexistence d'un simple droit d'usufruit séparé de la propriété, avec la puissance d'aliéner (Voët; Merlin, *quest.* v° *condition de manbournie*; — *Contrà*, Proudhon, n. 516).

30. 7° Lorsqu'un vendeur d'immeubles sous réserve d'usufruit s'est interdit le droit de vendre cet usufruit, sous peine de le voir éteint en faveur du nu-propriétaire, il n'est pas recevable à se prévaloir de cette clause pour empêcher l'expropriation de ce même usufruit à la requête de ses créanciers (Cass. 7 mai 1818).

31. Lorsque l'usufruit a été légué à quelqu'un sous condition, et la nue-propriété à une autre personne, c'est à cette personne et non à l'héritier qu'appartient la jouissance en attendant l'événement de la condition (Ricard, *donat.* n. 728; Duranton, 4, 494).

§ 3. PAR QUI ET AU PROFIT DE QUI L'USUFRUIT PEUT ÊTRE ÉTABLI.

32. Pour pouvoir constituer un usufruit, il faut être propriétaire de la chose et avoir capacité d'aliéner; l'usufruit étant un démembrement de la propriété (Proudhon, n. 301). — V. note 4.

33. Ainsi, celui qui n'est que copropriétaire d'un fonds peut léguer l'usufruit de sa part indivise (L. 5 D. *de usuf.* — Proudhon, n. 333).

34. D'un autre côté, toute personne est capable d'acquérir un usufruit, si une loi ne l'en déclare incapable; tel est le mort civilement dans le sens de l'art. 25 du C. civ. (Proudhon, n. 305). — V. note 4.

35. Quoique l'usufruit ne puisse être établi pour être transmissible héréditairement, cependant il peut être établi sur plusieurs têtes (arg. C. civ. 580 et 1972 ; — Proudhon, n. 310).

36. Un droit d'usufruit peut être légué à quelqu'un tant pour lui que pour ses héritiers (L. 5, D. *quib. mod. usuf. amit.*). Dans ce cas, les héritiers recueilleront après le décès de leur auteur, non par l'effet d'une substitution, puisque l'usufruit étant un droit personnel qui finit avec la vie, n'est pas susceptible d'être transmis de cette manière, mais par l'effet d'un droit qui leur sera propre, *jure suo*, non comme transmis mais comme répété à leur profit par le testateur, *non transmissus, sed repetitus* (même loi). — Du reste, ces héritiers seront uniquement ceux qui seront appelés en premier degré, et même le mot *héritier* doit être borné aux enfants et descendants du légataire, lesquels doivent être au moins conçus au jour du décès du testateur. Il n'est pas besoin, dans ce cas, qu'ils acceptent la succession de leur auteur; ils doivent seulement fournir un nouveau cautionnement, s'ils n'en ont été dispensés, et faire un nouvel inventaire (Proudhon, n. 313).—V. note 52.

37. Cependant si c'était par une convention que le droit d'usufruit eût été stipulé tant pour soi que pour ses héritiers, il ne suffirait point, dans ce cas, d'avoir la qualité d'héritiers présomptifs, il faudrait encore par application de l'art. 1122 du C. civ. (V. note 52), avoir accepté la succession du défunt pour pouvoir demander la délivrance de l'usufruit

stipulé au profit des héritiers. Dans ce cas, ce serait toujours un nouvel usufruit qui se trouverait établi sur la tête des héritiers; et une nouvelle caution, un nouvel inventaire seraient nécessaires (Proudhon, n. 326).

38. Un droit d'usufruit peut être légué, soit au profit d'une commune, soit au profit d'un établissement public ou d'un corps quelconque reconnu par la loi, tels sont les hospices, les séminaires, les colléges; mais ils doivent obtenir l'autorisation du gouvernement (note 10). — Quant à la durée du legs, V. *inf.* n. 267.

39. L'emphytéote peut aussi constituer un usufruit sur le fonds (Duranton, 478).

§ 4. DES CHOSES SUJETTES A USUFRUIT.

40. *L'usufruit peut être établi sur toute espèce de biens meubles ou immeubles* (C. civ. 581). — V. les notes 86 et 87.

41. Ainsi, on peut constituer en usufruit un droit de passage, de chemin, de cours d'eau et de toute autre servitude (Salviat, 1, 26; — Proudhon, 1, 369). — V. note 55.

42. L'usufruit peut être établi sur un droit d'usufruit (C. civ. 1568). — Cependant, comme ce revenu constitue par rapport à l'usufruitier un capital dont il doit avoir seulement la jouissance, si on lui donnait le revenu lui-même en usufruit, ce serait non-seulement altérer la substance de la chose, mais la détruire, en lui attribuant tout le droit de propriété, au préjudice et à l'exclusion du nu-propriétaire. C'est ainsi que l'usufruitier peut seulement réclamer le placement du fonds de réserve dès qu'il est distribué, afin d'en percevoir les intérêts. — V. note 28, n. 764.

43. De même, l'usufruit d'un bail ne permet à l'usufruitier que de réaliser le bénéfice provenant du bail pour le compte du nu-propriétaire, à la charge d'en faire le placement chaque année à son profit; car alors ce qui constitue un revenu de sa nature forme réellement un capital relativement au contrat d'usufruit (Code du J[al] du Pal.).

44. Si un Notaire ou autre officier public avait légué tous ses biens en usufruit, ou même tous ses biens mobiliers, ce legs comprendrait non-seulement la jouissance des sommes qui lui seraient dues au moment de sa mort par ses clients pour les actes de son ministère, mais encore celle du produit à retirer du droit de présenter au Roi un successeur à l'office (Duranton, 476)

45. L'usufruit peut être établi sur les meubles qui, sans se consommer de suite, se détériorent peu à peu par l'usage, même sur les choses fongibles (C. civ. 587, 589).

46. Le grevé d'une substitution peut constituer un usufruit sur les biens substitués, sauf résolution lors de l'ouverture de la substitution (Proudhon, n. 366; — Duranton, n. 479).

47. La réserve légale qui est assignée aux enfants ou autres descendants, dans les successions de père et mère ou autres ascendants, ne peut être grevée d'usufruit au préjudice des réservataires, parce qu'autrement ils ne l'auraient plus toute entière, et telle que la loi leur accorde. - V. *inf.* n. 147.

48. Le fonds dotal ne peut être grevé d'usufruit par le mari, puisque ce fait constituerait une aliénation. Cependant, tant que le mariage subsiste et qu'il n'y a pas de séparation, l'acquéreur peut se faire maintenir dans son droit (Proudhon, 365).

49. L'usufruitier n'a pas le droit de s'emparer des essaims qui s'arrêtent sur le fonds. Il peut seulement en jouir comme d'un accessoire (Fournel, v° *abeilles*).

50. L'usufruit assuré à l'époux survivant par le contrat de mariage sur les *meubles*, comprend les capitaux et les créances actives (Bordeaux, 16 mai 1832; — Toullier, 3, 24; — Duranton, 4, 172; — Proudhon, 2, 1029).

51. L'usufruit d'un *immeuble* s'étend à tout ce que le propriétaire incorpore à l'immeuble pendant la durée de l'usufruit (Paris, 19 mai 1841). — V. note 22.

52. Ainsi, lorsque l'usufruit porte sur des immeubles, l'usufruitier soit à titre gratuit, soit à titre onéreux, a le droit de jouir aussi des choses (telles sont les bestiaux et ustensiles aratoires) qui, quoique mobilières de leur nature, sont attachées au service du fonds (arg. C. civ. 615, 1018 et 1064; — Proudhon, 531). — V. note 22.

53. Il y a d'autres choses sujettes à usufruit dont nous ne parlerons que sous les n. 107, 110, 126 ci-après pour ne point changer l'ordre dans lequel nous rapportons les art. du Code civ.

V. aussi *objet et matières des contrats* note 7.

§ 5. DES DROITS ET ACTIONS DE L'USUFRUITIER. — DES DIVERSES ESPÈCES DE FRUITS.

54. *L'usufruitier a le droit de jouir de toute espèce de fruits soit naturels, soit industriels, soit civils que peut produire l'objet dont il a l'usufruit* (C. civ. 582).

55. Les lois concernant l'usufruit, quand elles règlent un simple mode de jouissance sur les biens ne sont pas des lois d'ordre public qui saisissent les personnes au jour de leur promulgation. Ainsi, l'usufruit constitué antérieurement au Code civil, et spécialement l'usufruit résultant du douaire, doit être réglé, quant à ses effets, par les lois anciennes (Paris 8 fév. 1812).

56. L'art. 582 qui précède doit être entendu en ce sens:

57. 1° Que l'usufruitier a le droit de construire une usine, lorsque c'est un moyen de tirer meilleur parti des produits du fonds (Proudhon, 3, 1144; — Maleville 2. 74).

58. 2° Que l'usufruitier d'un immeuble peut réclamer la jouissance de la maison construite sur cet immeuble par l'héritier nu-propriétaire après le décès de son auteur, à la charge toutefois de payer une juste indemnité (Proudhon, 2, 1129; — *Contrà*, Duranton, 4, 618). — V. note 22, n. 85.

59. *Les fruits naturels sont ceux qui sont le produit spontané de la terre. Le produit et le croît des animaux sont aussi des fruits naturels. — Les fruits industriels d'un fonds sont ceux qu'on obtient par la culture* (C. civ. 583).

60. Le profit fait sur le bétail étant au nombre des fruits naturels qui appartiennent à l'usufruitier, il doit en être tenu compte à l'usufruitier ou à ses héritiers, lorsqu'il est réalisé seulement après l'expiration de l'usufruit (Bordeaux, 16 janv. 1841).

61. Il résulte de cette décision que les fruits naturels et industriels sont acquis à l'usufruitier au moment même où ils sont réalisés, tandis que pour les fruits civils dont il va être parlé, il faut se reporter au jour même où l'usufruit s'est ouvert.

62. *Les fruits civils sont les loyers des maisons, les intérêts des sommes exigibles, les arrérages des rentes. — Les prix des baux à ferme sont aussi rangés dans la classe des fruits civils* (C. civ. 584).

63. *Les fruits naturels et industriels, pendants par branches ou par racines au moment où l'usufruit est ouvert, appartiennent à l'usufruitier. — Ceux qui sont dans le même état au moment où finit l'usufruit, appartiennent au propriétaire, sans récompense de part ni d'autre des labours et des semences, mais aussi sans préjudice de la portion des fruits qui pourrait être acquise au colon partiaire, s'il en existait au commencement ou à la cessation de l'usufruit* (C. civ. 585).

64. Il résulte de cet article que si, lors de la cessation de l'usufruit, l'usufruitier avait négligé d'ensemencer des terres, les dommages-intérêts dont il se serait rendu passible, faute d'avoir agi en bon père de famille, ne devraient pas être estimés seulement sur le produit net du fonds, mais bien suivant toute la valeur des fruits que l'héritage aurait dû produire s'il avait été convenablement cultivé puisque ces fruits auraient été dévolus au propriétaire sans aucune déduction des frais de culture et de semences (Proudhon, n. 1149). — Et si les frais de labours et semences étaient encore dus à un tiers au moment de l'ouverture ou de la cessation de l'usufruit, ce tiers aurait toujours droit au privilége de l'art. 2102, mais l'usufruitier et le nu-propriétaire auraient leur recours l'un contre l'autre suivant le cas (Proudhon, 1150; — Toullier, 400; — Duranton, 4. 530).

65. *Les fruits civils sont réputés s'acquérir jour par jour, et appartiennent à l'usufruitier, à proportion de la durée de son usufruit. Cette règle s'applique aux prix des baux à ferme, comme aux loyers des maisons et autres fruits civils* (C. civ. 586).

66. Lorsque l'usufruitier, en passant bail, a perçu un pot-de-vin ou quelques fermages d'avance, ses héritiers doivent rembourser au propriétaire la partie correspondante au temps du fermage à courir depuis son décès (Proudhon, 999; — Duranton, 4.556).

67. Et lorsque l'usufruitier a reçu le remboursement d'une créance, ses héritiers n'en doivent les intérêts au nu-propriétaire que du jour de la mise en demeure et non du jour de l'extinction de l'usufruit (Colmar, 19 nov. 1834).

68. C'est la loi de l'époque à laquelle a été constitué l'usufruit, qui doit en régler les effets, et notamment c'est d'après cette loi qu'il faut décider à qui appartiennent les fruits pendants à la fin de l'usufruit (Cass. 21 juillet 1818). V. *sup.* la note 50 et aussi la note *a* au bas de la page 165 du dictionn. des formules.

69. *Si l'usufruit comprend des choses dont on ne peut faire usage sans les consommer, comme l'argent, les grains, les liqueurs, l'usufruitier a le droit de s'en servir, mais à la charge d'en rendre de pareille quantité, qualité et valeur, ou leur estimation à la fin de l'usufruit* (C. civ. 587).

70. Par cette disposition, l'usufruitier est autorisé à consommer la chose, il en devient donc plein et entier propriétaire avec droit d'user et d'abuser; seulement il devient débiteur soit du prix, soit d'une chose semblable à celle qui lui a été livrée. Mais alors le contrat d'usufruit tel qu'il est défini par la loi ne subsiste plus, puisque l'usufruitier peut ne plus conserver la substance de la chose sujette à usufruit. Ainsi donc, lorsque l'usufruit a pour objet une chose fongible et qui se consomme par l'usage, l'usufruitier en devient propriétaire à la charge de représenter la même valeur quand l'usufruit prend fin (Bordeaux, 30 déc. 1840).

71. Il en doit être ainsi alors même qu'il s'agit de la veuve usufruitière d'un marchand: continuant le commerce elle est réputée le faire à ses risques et périls, et les héritiers n'ont droit qu'à la valeur estimative du fonds de commerce. C'est donc en vain qu'on lui opposerait qu'elle s'est expressément chargée de régir et qu'on demanderait l'application de l'art. 453 du C. civ., qui oblige de conserver en nature (Rouen, 5 juil. 1824).

72. Cependant lorsque l'usufruitier d'un fonds de commerce a formellement manifesté l'intention de conserver et de rendre au propriétaire ce fonds de commerce *en nature* et qu'il l'a réellement conservé en remplaçant les marchandises vendues, durant le cours de l'usufruit, par d'autres marchandises appartenant au même genre de commerce, le propriétaire a le droit, lors de la cessation de l'usufruit, de reprendre les marchandises *en nature*. C'est dans ce cas l'art. 453 et non l'art. 587 du C. civ. qu'il faut appliquer (Cass. 10 av. 1814).

73. Les choses fongibles dont fait mention l'art. 587 précité ne sont pas saisissables entre les mains de l'usufruitier, par le motif qu'elles ne sont pas entièrement la propriété de ce dernier; il ne peut même ni vendre ni louer à des tiers l'usage de ces choses (C. proc. 608; — Rennes, 21 mai 1835; — Proudhon, 5, 2795; — Bioche, v° *saisie-exécution* n. 18; — Code du J^{al} du Pal.).

74. *L'usufruit d'une rente viagère donne aussi à l'usufruitier, pendant la durée de son usufruit, le droit d'en percevoir les arrérages, sans être tenu à aucune restitution* (C. civ. 588).

75. Cette disposition ne doit recevoir son application que quand ce sera le créancier de la rente viagère établie sur sa tête ou sur la tête d'un tiers, qui aura constitué l'usufruit, soit sur cette rente viagère en particulier, soit sur tous ses biens en général (Code du J^{al} du Pal.).

76. *Si l'usufruit comprend des choses qui, sans se consommer de suite, se détériorent peu à peu par l'usage, comme du linge, des meubles meublants, l'usufruitier a le droit de s'en servir pour l'usage auquel elles sont destinées, et n'est obligé de les rendre, à la fin de l'usufruit, que dans l'état où elles se trouvent non détériorées par son dol ou par sa faute* (C. civ. 589).

77. Toutefois, lorsque l'usufruit d'un fonds de commerce tel qu'un fonds de marchand de gravures, se compose de choses fongibles (les gravures) et de choses non-fongibles (les planches des gravures), il doit être considéré comme formant un tout indivisible dans lequel domine le caractère d'objets fongibles. Dès-lors, l'usufruitier ne peut se libérer envers le nu-propriétaire en lui rendant les objets composant le fonds de commerce dans l'état où ils se trouvent; il doit en rendre la valeur estimative (Paris, 27 mars 1841; — Cass. 13 déc. 1842).

78. Pour l'exécution de cet article, l'usufruitier doit avoir le soin de faire constater d'abord dans l'inventaire l'état matériel des objets sujets à un dépérissement probable; et cette précaution elle-même ne sera pas suffisante, car au moment encore où la perte totale en deviendra imminente, il devra appeler le propriétaire pour faire constater contradictoirement avec lui que tel objet mobilier se trouve dans un état tel qu'il sera impossible de le représenter ultérieurement. — Il en doit être de même lorsque la chose sujette à usufruit vient à périr par cas fortuit ou force majeure, car il importe que l'événement soit constaté.

79. Mais cet article n'est point applicable, quand les

objets qui dépérissent ne sont, pour l'usufruitier, productifs d'aucun revenu, ni d'aucun agrément; dans ce cas, le nu-propriétaire peut disposer de ces objets, malgré l'opposition de l'usufruitier (Poitiers, 2 av. 1818).

80. Les objets, suivant cet article, ne pouvant être employés qu'à l'usage auquel ils ont été destinés, il en résulte que l'usufruitier est obligé de se conformer à la disposition du père de famille et qu'il ne pourrait faire servir les objets à un usage qui dût en entraîner plutôt le dépérissement ou la perte. Ainsi, le linge et les autres meubles de ménage ne pourraient être employés au service d'une auberge ou d'un pensionnat. Lorsque le propriétaire n'employait ses chevaux et ses voitures qu'à un usage particulier, l'usufruitier ne pourrait les destiner au louage (L. 12, § 4, D. *de usu et habitat.*; Proudhon, 1808).

81. *Si l'usufruit comprend des bois taillis, l'usufruitier est tenu d'observer l'ordre et la quotité des coupes, conformément à l'aménagement ou à l'usage constant des propriétaires; sans indemnité toutefois en faveur de l'usufruitier ou de ses héritiers, pour les coupes ordinaires soit de taillis, soit de baliveaux, soit de futaie qu'il n'aurait pas faites pendant sa jouissance. — Les arbres qu'on peut tirer d'une pépinière sans la dégrader, ne font aussi partie de l'usufruit qu'à la charge par l'usufruitier de se conformer aux usages des lieux pour le remplacement* (C. civ. 590).

82. Tout bois, toute forêt peut être naturellement divisée en deux parties, le taillis et la futaie. — Le taillis est la partie plus spécialement consacrée à donner un revenu plus ou moins régulier. — La futaie est cette partie plus spécialement réservée pour demeurer incorporée au fonds.

83. Si le bois ou la forêt se trouvent en exploitation régulière, si l'aménagement est réglé par un usage constant, l'usufruitier n'a qu'à suivre cet usage en continuant les coupes dans leur ordre accoutumé. Mais lorsque cet usage n'existe pas, rien n'empêche l'usufruitier de se pourvoir à cet égard, afin que l'étendue de son droit soit bien déterminée, en faisant déclarer contradictoirement avec le nu-propriétaire, qu'il sera autorisé à faire *telle* coupe à *tel* âge et de *telle* étendue sous telles conditions. Car comme le bénéfice de la coupe ne lui est acquis que dans le cas où elle aura été faite, on éviterait ainsi le danger qui résulte pour la propriété de ce que l'usufruitier est naturellement porté à devancer toujours les coupes dans le seul but de ne pas laisser retomber aux mains du nu-propriétaire la portion qui peut paraître lui être légitimement acquise : En effet, ainsi que le porte l'article précité, il n'est dû aucune indemnité à l'usufruitier ou à ses héritiers pour les coupes qu'il aurait pu faire et qu'il n'a pas faites avant l'expiration de l'usufruit; il en est ainsi alors même qu'il aurait été empêché par force majeure de faire une coupe pendant sa jouissance. (Proudhon 3. 1178 ; Duranton 4. 568; Zachariæ, 2 §. 227. — *Contrà*, Delvincourt, 1. 512).

84. Mais la coupe sera réputée faite en ce qui le concerne par la vente qu'il en aura consentie à un tiers, pourvu que la coupe eût pu se faire au moment où la vente a été passée. Toutefois, la Cour de Cassation a fait une distinction. Elle a pensé qu'on devait s'arrêter à l'état matériel où se trouvaient les choses au moment où s'est éteint l'usufruit, et tout en maintenant la vente faite par l'usufruitier, elle a attribué à l'usufruitier ou à ses héritiers, le prix de la vente au prorata de ce qui aurait été coupé au jour où l'usufruit a cessé, pour donner le surplus au nu-propriétaire, d'où la conséquence que si la coupe n'avait pas été commencée, le prix entier appartiendrait au nu-propriétaire. Ainsi, la vente d'une coupe de bois faite par l'usufruitier, à l'époque où il avait le droit de couper les bois est valable à l'égard du nu-propriétaire, pour les arbres encore sur pied au décès de l'usufruitier; seulement le prix de la vente doit être partagé entre les héritiers de l'usufruitier et le nu-propriétaire, dans la proportion des bois coupés et de ceux qui étaient pendants par racine à l'extinction de l'usufruit (Cass. 21 juill. 1818).

85. Du reste, et quant aux exploitations à faire pendant toute la durée de l'usufruit, et en l'absence d'un règlement particulier, la seule règle qui doit être suivie avant tout par l'usufruitier est pour lui de se conformer à l'ordre d'aménagement adopté par le propriétaire. Ainsi, lorsqu'il y a eu aménagement par le propriétaire d'un bois taillis, l'usufruitier ne peut invoquer l'usage des lieux, lors même que l'aménagement n'aurait été que partiel, et que l'usufruitier demanderait à appliquer l'usage au surplus du bois taillis. (Paris, 22 juill. 1812).

86. Toutefois, lorsque l'usufruitier fait une coupe prématurée, il n'en devient pas moins propriétaire des arbres coupés (L. 48 §. 1. D. de usuf.) — Seulement cette coupe constitue un abus de jouissance auquel le nu-propriétaire est recevable à s'opposer (Proudhon n. 1171).—Et si, dans ce cas, l'usufruit avait pris fin à une époque où la coupe n'aurait pas encore dû être faite, il serait dû des dommages-intérêts au propriétaire qui en aurait profité s'il l'avait trouvée sur pied; ces dommages-intérêts doivent être portés à la valeur estimative qu'auraient les bois au moment de sa rentrée en jouissance s'ils n'étaient pas coupés ; déduction faite de la nouvelle réserve dont il profite (Proudhon 1171).

87. *L'usufruitier profite encore toujours en se conformant aux époques et à l'usage des anciens propriétaires, des parties de bois de haute futaie qui ont été mises en coupes réglées, soit que les coupes se fassent périodiquement sur une certaine étendue de terrain, soit qu'elles se fassent d'une certaine quantité d'arbres pris indistinctement sur toute la surface du domaine* (C. civ. 591).

88. Les arbres de haute futaie non soumis à des coupes réglées, mais épars sur différents points du fonds ne peuvent être coupés par l'usufruitier. Mais l'indemnité due au propriétaire pour cette dégradation n'est exigible qu'à la fin de l'usufruit (Paris, 12 déc. 1811).

89. Egalement encore lorsque le nu-propriétaire est dans l'usage de couper tous les ans une quantité plus ou moins grande d'arbres de haute futaie, soit pour des réparations, soit pour en tirer profit, on ne peut considérer ce fait comme une exploitation régulière qui constitue une mise en coupe réglée que l'usufruitier pourrait faire (Agen, 14 juill. 1836 ; Cass. 14 mars 1838).

90. D'un autre côté, l'usufruitier qui abat des arbres auxquels il n'avait pas droit de toucher, est tenu à des dommages-intérêts (Rennes, 22 déc. 1815).

91. *Dans tous les autres cas, l'usufruitier ne peut toucher aux arbres de haute futaie: il peut seulement employer, pour faire les réparations dont il est tenu, les arbres arrachés ou brisés par accident; il peut même, pour cet objet, en faire abattre s'il est nécessaire, mais à la charge d'en faire constater la nécessité avec le propriétaire* (C. civ. 592).

92. Le propriétaire a le droit d'abattre les arbres de hau-

te-futaie qui se détériorent, sans aucune indemnité pour l'usufruitier. Hors, ce cas, il ne peut les couper pendant la durée de l'usufruit (Duranton, 4, 560). - V. *sup.* n. 76 et 78. — Il ne peut même les ébrancher pour se faire du bois de chauffage (Proudhon, 1,194).

93. *Il peut prendre, dans les bois, des échalas pour les vignes; il peut aussi prendre, sur les arbres, des produits annuels ou périodiques; le tout suivant l'usage du pays ou la coutume des propriétaires* (C. civ. 593).

94. *Les arbres fruitiers qui meurent, ceux même qui sont arrachés ou brisés par accident, appartiennent à l'usufruitier, à la charge de les remplacer par d'autres* (C. civ. 594).

95. Dans le cas de ce dernier article, l'usufruitier ne peut, en abandonnant les arbres fruitiers morts ou arrachés, se dispenser de les replanter (Delaporte, Pandectes franc. 2,151; Salviat 1,78). Mais l'usufruitier qui aurait dépeuplé les vergers en abattant les arbres fruitiers qui ne seraient ni morts ni brisés par les vents s'exposerait à la déchéance de son usufruit pour abus de jouissance (L. 13 §. 4 D. de usuf.)

96. *L'usufruitier peut jouir par lui-même, donner à ferme à un autre, ou même vendre ou céder son droit à titre gratuit. S'il donne à ferme, il doit se conformer, pour les époques où les baux doivent être renouvelés et pour leur durée, aux règles établies pour le mari à l'égard des biens de la femme, au titre du contrat de mariage et des droits respectifs des époux.* (C. civ. 595). — V. les art. 1429 et 1430 du C. civ. et aussi la note 105 pour savoir à qui l'usufruitier peut louer.

97. Le droit de l'usufruitier n'est pas restreint aux baux à ferme, il s'étend aussi aux baux à loyer d'immeubles. — Il n'est pas non plus restreint à la vente ou cession à titre gratuit, il s'étend aussi à toute aliénation à titre onéreux (Marcadé): tellement que l'usufruitier peut donner son droit à antichrèse à ses créanciers. (Proudhon, *usuf.* 891); et qu'il peut l'hypothéquer (C. civ. 2118; V. note 50). Seulement quand l'usufruit porte sur une créance mobilière, la cession qui est faite de ce droit doit être signifiée (Cass. 22 av. 1825; C. civ. 1690); et il en doit être de même de la constitution d'usufruit d'une créance, même par testament, (Proudhon 1036).

98. Lorsque l'usufruitier vend ou cède son droit, l'usufruit ne change pas pour cela de nature, et l'acquéreur ou le donataire ne peut exercer l'usufruit que comme l'usufruitier originaire lui-même, sous les mêmes conditions, à la charge de restituer au nu-propriétaire les objets soumis à l'usufruit, lors de l'événement prévu par le contrat primordial pour la cessation de l'usufruit (C. du J[al] du Pal).

99. Par application des art. 1429 et 1430 du C. civ. l'usufruitier a le droit personnel de faire tout bail qui n'excédera pas neuf années. Le bail qu'il aurait consenti pour plus de neuf années ne sera, en cas de cessation de l'usufruit, obligatoire vis-à-vis du nu-propriétaire que pour le temps qui restera à courir, soit de la première période de neuf ans si les parties s'y trouvent encore, soit de la seconde, et ainsi de suite, de manière que le fermier n'ait que le droit d'achever la jouissance de la période de neuf ans où il se trouve. A l'égard des baux de neuf ans ou au dessous que l'usufruitier aura passés ou renouvelés, plus de trois ans avant l'expiration du bail courant s'il s'agit de biens ruraux, et plus de deux ans avant la même époque s'il s'agit de maisons, ils seront sans effet, à moins que leur exécution n'ait commencé avant la cessation de l'usufruit.

100. Et ces règles ne doivent pas souffrir exception: 1° Pour le cas où l'usufruit aurait été constitué à terme fixe. Bien qu'alors l'usufruitier connaisse parfaitement l'époque à laquelle ses droits cesseront, il n'en est pas moins autorisé, comme le tuteur, comme le mari, à tirer le meilleur parti de la chose en la donnant à bail pour neuf ans.

101. 2° Quand il s'agit des baux que la femme usufruitière fait des biens du mari (Cass. 4 mai 1825).

102. 3° A l'égard du bail fait par un usufruitier dont le droit ne s'est ouvert que depuis le code civil, et a été constitué antérieurement. (Cass. 4 mai 1825; — *Contrà*, Bruxelles 13 av. 1815; Paris 18 août 1825; Proudhon n. 1215).

103. En général, le bail consenti par l'usufruitier ne peut être attaqué pour cause de lésion résultant de la vilité du prix. La fraude, en pareil cas, doit être prouvée, mais l'anticipation et la vilité du prix ne suffisent pas pour la faire présumer (Cass. 11 mars 1824; Duranton, *Louage* n. 33; Duvergier, *Louage* 1,102: — *Contrà*, Code du J[al] du Pal; Caen 13 août 1812, suivant cet arrêt, le nu-propriétaire n'est pas tenu d'entretenir le bail fait à vil prix, lors même que le fermier offrirait d'augmenter le fermage).

104. Toutefois l'usufruitier qui afferme un immeuble soumis à l'usufruit pour un temps plus long que la loi ne le lui permet, peut valablement s'obliger envers le fermier au paiement d'une indemnité pour le cas où ce dernier serait évincé du bail. (Caen 11 août 1825).

105. La nullité des baux consentis par l'usufruitier en dehors des limites légales, ne peut être proposée par le preneur (Duvergier, *Louage* 1.41; — *Contrà*, Duranton 4, 587). — Mais elle peut l'être par le nu-propriétaire même quand il succède à l'usufruitier. (Bruxelles, 29 juill. 1812): — et quand il n'a la nue-propriété que d'une partie, (les autres parties appartenant à l'usufruitier tant en toute propriété qu'en usufruit), mais alors la nullité ne peut être demandée pour le tout sous prétexte que le bail est indivisible ou que l'immeuble ne peut être partagé (Metz, 29 juill. 1818).

106. Le nu-propriétaire n'est pas tenu, lors de la cessation de l'usufruit, d'exécuter le louage des meubles, comme il est tenu de l'exécution du bail consenti par l'usufruitier sur les immeubles. (Proudhon 3, 1217).

107. *L'usufruitier jouit de l'augmentation survenue par alluvion à l'objet dont il a l'usufruit* (C. civ. 596).

108. Quand un fonds est nouvellement occupé par les eaux, l'usufruitier doit être admis à jouir de la portion du lit abandonné qui, à raison de cette occupation, revient au propriétaire (Zachariæ 2, §. 227; Proudhon 2, 530).

109. Mais il ne peut prétendre à la jouissance des îles et îlots formés dans la rivière, (Proudhon 4,1294; et 2,524; Delvincourt 1,516; Zachariæ 2, §. 227. — *Contrà*, Duranton, 4,421 et 580).

110. *Il jouit des droits de servitude, de passage et généralement de tous les droits dont le propriétaire peut jouir, et il en jouit comme le propriétaire lui-même* (C. civ. 597).

111. Il est même tenu de les exercer, car ayant la jouissance exclusive du fonds, il serait responsable envers le nu-propriétaire s'il les laissait perdre par le non-usage.

112. Par application de l'art. précité du C. civ. il a été décidé :

113. 1° Que l'usufruitier est essentiellement mandataire du nu-propriétaire, et que tous autres conservatoires de l'usufruit profitent à la nue-propriété, notamment les actes conservatoires d'une créance hypothécaire (Cass. 7 oct. 1813).

114. 2° Que quand le réméré vient à être exercé sur l'immeuble affecté d'usufruit, l'usufruitier a le droit de toucher le prix du rachat, pour en jouir pendant son usufruit. (Proudhon 4,2515).

115. 3° Qu'il en est de même lorsque l'immeuble est frappé de rescision pour lésion, ou s'il est exproprié pour utilité publique (Proudhon, 4,2525 et 2526).

116. 4° Que l'usufruitier d'une créance peut la recevoir et donner quittance, sans l'intervention du nu-propriétaire (Proudhon, 2, 1031 ; Zachariæ 2, §, 225). — Qu'il en est de même du capital d'une rente (ibid. 2, 1045).

117. 5° Que l'usufruitier peut aussi intenter la demande en remboursement d'une rente perpétuelle, faute de paiement des arrérages. (Proudhon, 3, 1395); — et l'action en résolution de la vente du fonds sujet à usufruit, pour cause de non-paiement du prix (Ibid. 1415).

118. 6° Que l'usufruitier peut acquérir un droit de servitude pour l'avantage du fonds dont il a la jouissance (Proudhon, 3, 1452). — Mais, dans ce cas, la servitude ne profite au fonds que lorsqu'il y a stipulation à cet égard, ou lorsqu'elle est établie au profit de ceux qui posséderont après lui (Toullier, 3, 580).

119. 7° Que l'acquisition d'une servitude de passage au cas d'enclave du fonds dont l'usufruit a été légué, est à la charge de l'héritier du testateur (Proudhon, 4, 1886; Salviat, 1, 282).

120. 8° Que l'usufruitier qui trouve un bail établi par le testateur, ne peut le faire résilier volontairement sans le concours de l'héritier (Proudhon, 3, 1227). — Mais quand il s'agit de l'exécution du bail, comme des réparations, les actions inhérentes à la chose appartiennent à l'usufruitier (Proudhon, 550).

121. 9° Que, lorsqu'un testateur lègue l'usufruit d'un fonds enclavé, et auquel on ne peut parvenir qu'en traversant d'autres héritages qui sont aussi les siens, il est censé accorder à l'usufruitier la faculté de passer sur les fonds intermédiaires pour arriver à celui dont la jouissance lui est léguée; car, qui veut la fin veut les moyens (L. 1, § 1, D. *si usuf. petatur*; Proudhon, 551). — Il en est de même lorsque le fonds par lequel il faut passer a été légué à un tiers, le testateur étant censé ne l'avoir donné que sous la condition de supporter la charge du passage (L. 15, § 1, D. *de usu et usu leg.*; Proudhon, 552) : — et même quand il faut passer sur des fonds qui n'appartenaient pas au testateur, et qu'il est nécessaire d'acquérir un droit de passage, c'est à l'héritier d'en supporter la charge (Proudhon, 553). — V. note 55, n. 85.

122. 10° Que l'usufruitier n'a pas le droit de consentir la vente ou cession, ni la novation des créances soumises à son usufruit (Proudhon, 2, 1054).

123. 11° Qu'il est non-recevable à intenter l'action en retrait conventionnel, et celle en rescision pour cause de lésion (Proudhon, 3, 1397 et 1414).

124. 12° Que quand l'usufruit porte sur une portion d'immeubles impartageables, l'usufruitier n'a pas le droit de demander la licitation des immeubles eux-mêmes, afin d'exercer son droit d'usufruit sur une part proportionnelle du prix de vente, il ne peut que demander la vente de l'usufruit des immeubles, pour percevoir ensuite sur le prix la portion correspondante à la valeur de son droit d'usufruit (Paris, 7 mars 1843). — V. Proudhon, 3, 1251.

125. Quant à l'action en partage d'une chose indivise avec d'autres, elle appartient à l'usufruitier comme au nu-propriétaire, par le motif que nul n'est tenu de demeurer dans l'indivision (C. civ. 815.), mais l'usufruitier doit mettre en cause le nu-propriétaire pour que le partage soit définitif, car ils ont droit tous deux à la propriété, et de son côté le nu-propriétaire doit appeler l'usufruitier (Proudhon, n. 1245 et 1254), — mais entre l'usufruitier et le propriétaire, il n'y a point de communion ou d'indivision, d'où il suit que l'un ne pourrait former contre l'autre une demande en licitation ou partage, et que si le nu-propriétaire se rend adjudicataire de la totalité de l'immeuble, les créanciers personnels de l'usufruitier conserveront néanmoins l'effet de leurs hypothèques sur cet immeuble, sans qu'on puisse leur opposer l'art. 883 du C. civ. (Cass. 3 août 1829).

V. *actions*, note 28, — *servitudes*, note 55.

126. *Il jouit aussi, de la même manière que le propriétaire, des mines et carrières qui sont en exploitation à l'ouverture de l'usufruit; et néanmoins, s'il s'agit d'une exploitation qui ne puisse être faite sans une concession, l'usufruitier ne pourra en jouir qu'après en avoir obtenu la permission du roi. — Il n'a aucun droit aux mines et carrières non encore ouvertes, ni aux tourbières dont l'exploitation n'est point encore commencée, ni au trésor qui pourrait être découvert pendant la durée de l'usufruit* (C. civ. 598). — V. la loi du 21 av. 1810 sur les mines.

127. L'usufruitier a le droit, en vertu de cet article, de continuer toute exploitation commencée, comme le nu-propriétaire le ferait lui-même, sauf à se mettre personnellement en règle vis-à-vis de l'administration, en remplissant à son égard les formalités que la loi du 21 av. 1810 impose. Cependant, il a été jugé que la disposition du § 1 de l'art. précité ne peut plus recevoir son application, attendu qu'elle a été abrogée par la loi de 1810, qui a réglé le mode de jouissance des mines (Lyon, 1 juill. 1840; — *Contrà*, Proudhon, 3, 1200; Duranton, 4, 567 et 574; Toullier, 3, 416; et 12, 128; Roll. de V. *usuf.* n. 323).

128. L'usufruitier a aussi le droit d'ouvrir une carrière pour en extraire les matériaux nécessaires aux réparations dont il est tenu (Proudhon, 3, 1204), — et d'ouvrir une marnière pour en tirer l'engrais nécessaire à l'exploitation du fonds soumis à l'usufruit où se trouve la marne (*Ibid.* 1208).

129. Mais quand c'est l'usufruitier qui découvre lui-même le trésor dans le fonds dont il a l'usufruit, il a droit à la moitié du trésor en vertu de l'art. 716 du C. civ., non plus comme usufruitier, mais comme étant lui-même l'inventeur (Grenoble, 3 janv. 1811).

130. *Le propriétaire ne peut, par son fait, ni de quelque manière que ce soit, nuire aux droits de l'usufruitier. — De son côté, l'usufruitier ne peut, à la cessation de l'usufruit, réclamer aucune indemnité pour les améliorations qu'il prétendrait avoir faites, encore que la valeur de la chose en fût aug-*

mentée. — Il peut cependant, ou ses héritiers, enlever les glaces, tableaux et autres ornements qu'il aurait fait placer, mais à la charge de rétablir les lieux dans leur premier état (C. civ. 599).

131. Ainsi et en principe, le nu-propriétaire n'a pas le droit, pendant toute la durée de l'usufruit, de faire des innovations, en changeant la forme de la chose ou sa destination, sans le consentement de l'usufruitier, et il ne peut rien faire qui soit capable de porter préjudice à l'exercice du droit d'usufruit (Lyon, 15 déc. 1832; Proudhon, 878; Duranton, 5, 588). — Ainsi, le nu-propriétaire qui élèverait sur un fonds voisin un moulin dans la seule vue de détruire l'usufruit qui porte sur le moulin établi dans le fonds dont il est nu-propriétaire, devrait être condamné à supprimer ce nouveau moulin, ou à le laisser chômer, sous peine de tous dommages-intérêts (*Même arrêt*).

132. Quand il s'agit de terres, on n'envisage communément que le revenu le plus considérable qu'on peut en tirer, quelle que soit d'ailleurs la nature particulière du produit. Ainsi, l'usufruitier peut arracher un plant comme des vignes, pour y faire quelques changements de cette nature, pourvu que le fonds en devienne meilleur et que le revenu en soit augmenté (Proudhon, n. 1433).

133. Le mot *amélioration* s'entend de tout ouvrage qui, fait dans le fonds ou ajouté au fonds, en augmente le produit, ou la valeur, ou les agréments, sans avoir été nécessairement entrepris pour rétablir ou entretenir l'héritage, ou pour le conserver et en prévenir la perte (Proudhon, n. 1437). — Ainsi, construire un bâtiment utile où il n'y en avait point, c'est faire une amélioration, parce que c'est ajouter au fonds une chose qui n'était point dans l'état pré-existant et qui en augmente la valeur (*Ibid.* n. 1441).

134. En ce qui concerne les améliorations, la loi suppose qu'elles ont été faites par lui dans la vue d'un intérêt personnel pour augmenter sa propre jouissance; et par cela seul qu'il a augmenté par des incorporations l'immeuble dont il avait l'usufruit, il est réputé avoir abandonné son droit de propriété qui aurait pu servir de fondement à une demande en revendication. Ainsi, des constructions faites par l'usufruitier sur le sol du nu-propriétaire, sont (ou peuvent être) réputées des améliorations pour lesquelles il n'est dû aucune indemnité par le propriétaire soit à l'usufruitier, soit aux entrepreneurs. Les entrepreneurs et constructeurs ne sont pas même autorisés à reprendre leurs matériaux; à ce cas ne s'étend pas l'art. 555 du C. civ. (Cass. 23 mars 1825; Bourges, 24 fév. 1837; Salviat, 1, 55; Proudhon, 3, 1441; *Contrà*; Delvincourt, 1, 517; Duranton, 4, 389; Code J[al]. Pal.).

135. Toutefois ce principe devra être restreint aux constructions immobilières et à tout ce qui aura été uni à la chose par incorporation, mais à cet égard il faut distinguer :

136. Ce qui est réputé immeuble par incorporation comme étant attaché à perpétuelle demeure ne pourra être réclamé ni par l'usufruitier ni par ses héritiers par application de l'art. 525 du C. civ.

137. Mais il pourra enlever non-seulement les glaces, bien qu'elles aient été placées de manière à faire corps avec la boiserie, les tableaux et autres ornements qui auraient été scellés à l'immeuble, à plâtre, à chaux ou à ciment, mais encore les objets mobiliers qu'il aura lui-même placés dans le fonds pour son exploitation et qui seront ainsi devenus, quant à lui, immeubles par destination, auquel cas il n'est pas douteux que la saisie immobilière qui serait pratiquée contre l'usufruitier, ne dût comprendre, comme faisant partie intégrante de l'usufruit, tout le matériel d'exploitation qui aurait été placé par l'usufruitier sur le fonds, soit qu'il l'exploite lui-même, soit qu'il en laisse l'exploitation à un fermier.

138. La plus-value résultant des constructions entièrement nouvelles que l'usufruitier a faites sur l'immeuble dont il avait l'usufruit, ne peut donc être exigée par lui du nu-propriétaire. En tout cas, il n'appartient pas au nu-propriétaire de démolir les constructions et d'enlever les matériaux en rétablissant les lieux dans leur état primitif.

139. Mais les dégradations reprochées à l'usufruitier doivent se compenser jusqu'à due concurrence avec les améliorations qu'il a faites (Pothier, *douaire*, 277 et *propriété*, 350; Delvincourt, 1, 517; Proudhon, 5, 2625; Duranton, 4, 622).

140. Si c'est le fermier de l'usufruitier qui a fait des réparations ou des améliorations dans le fonds, il n'a d'action que contre l'usufruitier ou ses héritiers pour les réparations d'entretien; mais, s'il s'agit de grosses réparations, il a action tant contre le propriétaire que contre l'usufruitier ou ses héritiers, sauf à ne l'exercer contre le nu-propriétaire qu'à la fin de l'usufruit, et s'il s'agit d'améliorations il a le droit d'en être remboursé par le propriétaire dans les termes de l'art. 555 du C. civ., et cette solution relative aux améliorations s'applique au cessionnaire d'un droit d'usufruit (Proudhon, n. 1456).

§ 6. DES OBLIGATIONS DE L'USUFRUITIER.

Art. 1. DE L'INVENTAIRE DES MEUBLES ET DE L'ÉTAT DES IMMEUBLES.

141. *L'usufruitier prend les choses dans l'état où elles sont; mais il ne peut entrer en jouissance qu'après avoir fait dresser, en présence du propriétaire, ou lui dûment appelé, un inventaire des meubles et un état des immeubles sujets à l'usufruit* (C. civ. 600).

142. La première condition qui doit être remplie avant l'entrée en jouissance de l'usufruitier est de dresser l'acte qui fixera quant à l'état matériel des choses les droits réciproques et de l'usufruitier et du nu-propriétaire : — l'inventaire des meubles et le procès-verbal constatant l'état des immeubles, sont donc des formalités essentielles sans lesquelles l'usufruitier ne sera pas mis régulièrement en possession. — Mais si l'on néglige de faire cet inventaire ou de dresser procès-verbal, et si, de fait, l'usufruitier se met en possession des biens, il n'en exercera pas moins son droit d'usufruit sur la chose, d'abord, parce que la loi ne dit pas qu'à défaut d'accomplissement de cette formalité il en sera privé, et ensuite parce que, dans ce cas, le nu-propriétaire n'est pas moins en faute que l'usufruitier lui-même, car il a à s'imputer de ne pas l'avoir forcé à faire contradictoirement avec lui l'inventaire des meubles et le procès-verbal de l'état des immeubles.

143. Ainsi, tant que l'usufruitier n'a pas fait un inventaire régulier, il ne peut être mis légalement en possession, et tout intéressé peut s'opposer à ce qu'il continue son indue possession; mais il n'en résulte pas qu'il doive être déclaré déchu de son droit d'usufruit, parce qu'il se serait mis

en possession sans inventaire (Angers, 14 août 1833; Cass. 25 fév. 1836). — Dans ce cas, l'usufruitier qui entre en jouissance avant d'avoir fait faire inventaire, ne peut être condamné à rendre au nu-propriétaire les fruits qu'il a perçus. L'héritier nu-propriétaire peut seulement demander que l'usufruitier procède à l'inventaire, et lui faire fixer à cet effet par la justice un délai, passé lequel les tribunaux ordonneront la mise en séquestre des biens soumis à l'usufruit (Grenoble, 27 mars 1824; — *Contrà*, Toulouse, 29 juill. 1829).

144. Egalement, l'usufruitier a droit aux fruits à partir du jour où l'usufruit s'est ouvert, encore qu'il n'ait pas fait dresser l'état des immeubles soumis à l'usufruit, et qu'il ne soit pas entré en possession (Bastia, 15 juin 1835). — Il doit en être ainsi, lors surtout que l'héritier était de bonne foi (Bordeaux, 19 janv. 1827; Nîmes, 5 janv. 1838).

145. Quand l'usufruitier est entré en jouissance de l'immeuble soumis à son usufruit, sans en avoir préalablement constaté l'état, il est présumé l'avoir reçu en bon état. — Mais il doit être admis à combattre cette présomption par la preuve testimoniale, quand il invoque un commencement de preuve par écrit. Le procès-verbal de visite d'un immeuble soumis à usufruit dressé par un expert peu de temps avant l'entrée en jouissance de l'usufruitier peut, s'il est signé par le propriétaire lui-même, servir de commencement de preuve par écrit, et faire admettre l'usufruitier à prouver par témoins que l'immeuble était en mauvais état, lorsqu'il en a pris possession (Nancy, 28 nov. 1824. — *Contrà*, quant à la preuve, Bordeaux, 19 janv. 1827).

146. Du reste, quant au mobilier, à défaut d'inventaire pendant la durée de l'usufruit on sera forcé de recourir à l'inventaire par commune renommée, ainsi qu'il est dit en l'art. 1415 du C. civ. : car, la dispense de faire inventaire énoncée par le testateur qui ne laisse pas d'héritier à réserve dans un legs universel d'usufruit, ne produit pas d'autre effet que d'affranchir l'usufruitier de l'obligation de faire cet inventaire à ses frais : les héritiers ayant la nue-propriété peuvent toujours y procéder à leurs dépens (Bruxelles, 18 déc. 1811 et 19 juin 1812; Poitiers, 29 av. 1807; Proudhon, 2,80; Salviat, 1, 104; Duranton, 4,508; — *Contrà*, Agen, 3 niv. an XIV.—Bordeaux, 24 juin 1842, et ce dernier arrêt porte que la dispense de donner caution et de faire inventaire peut même s'induire des réserves faites au profit de l'usufruitier, comme d'administrer sans pouvoir être inquiété à cet égard pour dégradations, etc.). — Quand même il existerait une clause pénale dans le testament (Toulouse, 23 mai 1831). — Mais, dans tous les cas, la clause qui dispense ne peut avoir d'effet à l'égard des héritiers à réserve, quand elle doit entamer la réserve légale, il n'y a d'exception à cet égard que pour les donations faites entre époux. — V. *inf.* n. 157.

147. Cependant, il a été décidé que la veuve qui, en qualité de donataire, avait sous sa caution juratoire l'usufruit du mobilier dépendant de sa communauté, perdait cet usufruit par le défaut d'inventaire (C. civ. 1442; Rennes, 27 juin 1818).

148. Lors de la cessation de l'usufruit établi sur le mobilier provenant de la communauté, les héritiers du nu-propriétaire ont bien le droit d'option entre la reprise en nature des biens qui composaient leur part dans le mobilier ou le prix qui lui a été donné dans l'inventaire; mais ils ne peuvent exiger la moitié du prix provenant de la vente qui aura été faite du mobilier après le décès de l'usufruitier (Douai, 24 août 1839).

149. Lorsque, dans un contrat de mariage, l'usufruit des conquêts de la communauté est accordé à l'époux survivant, la clause a un effet rétroactif au jour de l'acquisition des biens. En conséquence, l'époux survivant a pu recueillir cet usufruit au décès de son conjoint, et faire les fruits siens, sans qu'il ait été dressé un état des immeubles, et sans qu'il y ait eu de sa part demande en délivrance (Cass. 20 janv. 1830; Bastia, 3 fév. 1836).

Art. 2. DE LA CAUTION A DONNER PAR L'USUFRUITIER. — DE LA DISPENSE DE CAUTION. — DE L'OBLIGATION DE JOUIR EN BON PÈRE DE FAMILLE.

150. *L'usufruitier donne caution de jouir en bon père de famille, s'il n'en est dispensé par l'acte constitutif de l'usufruit; cependant, les père et mère ayant l'usufruit légal du bien de leurs enfants, le vendeur ou le donateur sous réserve d'usufruit, ne sont pas tenus de donner caution* (C. civ. 601). — V. note 32.

151. La caution, que l'usufruitier doit fournir, peut être remplacée par une autre garantie, une hypothèque ou un gage (Duranton, 4, 603; Toullier, 3, 442; Zachariæ, 2, § 226; Coulon, 1, 214).

152. L'usufruitier peut faire entrer jusqu'à due concurrence, dans le cautionnement qu'il est tenu de fournir, une somme dont il n'a que la nue-propriété, mais qui se trouve entre les mains du nu-propriétaire des biens sujets à l'usufruit, comme usufruitier lui-même de cette somme (Cass. 17 mars 1835).

153. L'usufruitier peut offrir et faire accepter un cautionnement partiel. Il peut aussi offrir et faire accepter plusieurs cautionnements, l'un à l'égard de certains objets et l'autre à l'égard d'autre chose (Proudhon, 2,820). — et quand un usufruit a été établi sur plusieurs têtes, chacun des usufruitiers doit successivement fournir sa caution (Proudhon, 423 et 816).

154. Lorsqu'un droit d'usufruit est aliéné par l'usufruitier, ou exproprié sur lui, la caution se trouve dégagée pour l'avenir, et le tiers-acquéreur de l'usufruit est tenu, en général, de fournir lui-même caution (Proudhon, 2,851).

155. Ne sont pas tenus de fournir caution, s'il n'y a stipulation contraire à cet égard:

156. 1° L'acquéreur à titre onéreux d'un droit d'usufruit (Proudhon, 2,830; *Contrà*, Duranton, 4,610).

157. 2° L'époux donataire d'usufruit sous l'empire d'un statut qui le dispensait de fournir caution, quoique le droit d'usufruit ait été ouvert sous l'empire du Code civil; autrement, ce serait donner à la disposition du Code civil un effet rétroactif (Bordeaux, 29 av. 1809; Bourges, 28 juin 1826; Caen, 10 mars 1831; Cass. 4 av. 1832).

158. 3° L'époux survivant donataire en usufruit sous l'empire du C. civ., lorsque cet usufruit porte sur des biens composant la réserve légale des enfants de son conjoint prédécédé (C. civ. 1094; Orléans, 19 déc. 1822; Rouen, 13 juin 1840; Cass. 17 mai 1843; Deloporte, 4,384; Massé, 1,199. — *Contrà*, Nancy, 21 mai 1825; Orléans, 19 déc. 1822; Rouen, 13 juin 1840; Proudhon, 824; Duranton, 4, 611).

159. 4° L'usufruitier dispensé, mais dont l'insolvabilité est notoire (Paris, 6 janv. 1826). — V. *inf.* n. 163.

160. 5° Et les personnes dénommées en l'art. 601 précité du C. civ. — Toutefois, le vendeur sous réserve d'usufruit devient sujet à caution quand sa jouissance est dommageable par suite d'abus graves et constants (Aix, 29 mars 1817; Cass. 27 juin 1825; Montpellier, 7 juin 1831). — Et le père qui a donné à ses enfants la nue-propriété de ses biens et n'en est plus qu'un usufruitier, ne peut valablement recevoir le paiement de capitaux à lui dûs (C. civ. 949; Turin, 16 fév. 1811).

161. Quant à la dispense de faire inventaire accordée à l'usufruitier, elle ne dispense pas de fournir caution (Bourges, 13 mess. an XIII).

162. La dispense de donner caution est une faveur purement personnelle à celui à qui elle a été accordée, puisqu'elle n'est fondée que sur la considération de la personne de l'usufruitier; d'où il suit qu'il n'y a que lui qui puisse en profiter, et qu'il ne pourrait en transmettre le bénéfice à d'autres (L. 66. D. *de reg. jur.*). Ainsi, lorsqu'un usufruitier dispensé vient à tomber en faillite, les syndics de ses créanciers ne peuvent s'en prévaloir ni se refuser à donner sûreté pour l'avenir. Il doit en être de même de l'acquéreur d'un usufruitier dispensé (Proudhon, n. 859).

163. Mais la dispense de caution accordée par le testateur à l'usufruitier peut être modifiée et déclarée sans effet, lorsque l'état des choses existant au moment de la constitution de l'usufruit a changé. Tel est le cas où l'usufruit portant sur des immeubles, ces immeubles ont été vendus et se trouvent ainsi convertis en un capital mobilier, et celui où l'usufruitier est devenu insolvable (Bordeaux, 16 mai 1832; Lyon, 15 janv. 1836; Proudhon, 2, 863).

164. Lorsqu'un usufruitier contracte en justice l'obligation de jouir en bon père de famille et de rendre à l'expiration de sa jouissance les objets soumis à son droit, ce contrat judiciaire emporte, au profit du nu-propriétaire, une hypothèque générale, encore que, par le titre constitutif de l'usufruit, l'usufruitier soit dispensé de faire inventaire et de fournir caution. — V. note 30, n. 336.

165. Par l'obligation que la loi impose à l'usufruitier (V. *sup.* n. 150) de jouir en bon père de famille, celui-ci doit administrer de manière à mériter l'approbation d'un homme juste et éclairé qui serait sans intérêt à la chose (L. 9, D. *de usuf.*; Proudhon, n. 1469); ainsi :

166. 1° L'usufruitier ne peut établir un lieu de prostitution, ni louer à cet usage illicite les lieux d'habitation dont il a la jouissance (L. 27, § 1, D. *de usuf.*; Proudhon, n. 1470).

167. 2° Si l'usufruit porte sur une usine, l'usufruitier ne doit pas la laisser chômer; et s'il s'agit d'un colombier, d'une garenne ou d'un étang, il est obligé d'entretenir la population du colombier et de la garenne et d'empoissonner l'étang aux époques marquées par les usages des lieux (*Ibid.*).

168. 3° L'usufruitier d'une vigne, qui serait en bon état de production, ne pourrait la convertir en champ ou en pré (*Ibid.*).

169. 4° L'usufruitier d'un enclos où il y aurait des plantations, même de pur agrément, ne pourrait les arracher pour mettre le terrain en culture, sous le spécieux prétexte d'augmenter le revenu du domaine et de faire par là une amélioration, en substituant un produit utile à une plantation stérile, attendu qu'une superficie de cette espèce a reçu une destination fixe par le maître (L. 13, § 4. D. *de usuf.*; Proudhon, n. 1472).

170. 5° L'usufruitier d'une forêt ne peut en arracher les bois pour en mettre le fonds en culture; mais il peut défricher une terre inculte pour l'implanter d'une manière utile (Proudhon, *ibid.*).

171. 6° Pour le mode de culture et de jouissance, l'usufruitier doit se conformer aux usages des lieux, tels qu'ils sont observés par les bons cultivateurs (Proudhon, n. 1475).

172. 7° Chaque fois que la superficie a reçu une détermination fixe, par la destination du père de famille, l'usufruitier ne peut la changer, parce que le droit de changer la superficie fait alors partie du droit de disposer qui n'appartient qu'au propriétaire (Proudhon, n. 1472).

V. *hypothèque légale*, note 30, n. 69.

173. *Si l'usufruitier ne trouve pas de caution, les immeubles sont donnés à ferme ou mis en séquestre; — les sommes comprises dans l'usufruit sont placées; — les denrées sont vendues, et le prix en provenant est pareillement placé; les intérêts de ces sommes et les prix des fermes appartiennent dans ce cas à l'usufruitier* (C. civ. 602).

174. Cet article détermine la conduite qu'il y a à tenir lorsque l'usufruitier ne peut pas fournir caution; le droit d'usufruit est alors en réalité suspendu et se trouve converti en un contrat particulier qui tient du séquestre. Les biens soumis à l'usufruit sont régis par un tiers quant aux immeubles, et sont entièrement dénaturés quant aux meubles. L'usufruitier n'a plus alors de droits à exercer que sur les valeurs qui forment les revenus annuels des biens. Mais par qui les meubles seront-ils vendus? par qui le bail des immeubles sera-t-il fait?

175. Quant aux meubles, comme ils appartiennent au propriétaire, il n'est pas permis d'en disposer sans lui; ainsi, la vente ne pourra avoir lieu que d'un commun consentement, et si les parties ne sont pas d'accord, elle sera faite par autorité de justice (Proudhon, 840).

176. Quant aux immeubles, l'usufruitier n'en a pas moins le droit de passer les baux, pourvu qu'il choisisse un fermier solvable que le nu-propriétaire ne puisse raisonnablement refuser d'accepter. Ainsi, lorsqu'à défaut de caution fournie par l'usufruitier, les immeubles doivent être donnés à ferme, il n'est pas nécessaire que le bail soit fait aux enchères, surtout si l'usufruitier offre de donner au nu-propriétaire communication des conditions du bail et d'y insérer les mêmes charges que dans les locations faites par le précédent propriétaire (Turin, 29 août 1807).

177. Mais, en principe, l'usufruitier qui a donné à ferme les biens sujets à l'usufruit, ne peut être dispensé par cela seul de donner caution, surtout lorsqu'il ne justifie pas de la solvabilité du fermier (Aix, 28 janv. 1808).

178. Enfin, lorsque l'immeuble soumis à l'usufruit vient à être vendu, soit parce qu'il était possédé par indivis, soit pour le paiement d'une créance hypothécaire exigible, l'usufruitier, même alors qu'il est dispensé de donner caution, ne peut exiger que le prix de l'immeuble lui soit remis. Il n'a droit qu'aux intérêts de ce prix dont le capital doit être placé (Bourges, 10 déc. 1832).

179. Lorsque l'usufruitier ne trouve pas de caution, le nu-propriétaire pourrait, suivant les circonstances, deman-

der à être préféré lui-même comme fermier ou séquestre (Proudhon, 839).

180. *A défaut d'une caution de la part de l'usufruitier, le propriétaire peut exiger que les meubles qui dépérissent par l'usage soient vendus, pour le prix en être placé comme celui des denrées; et alors l'usufruitier jouit de l'intérêt pendant son usufruit; cependant, l'usufruitier pourra demander, et les juges pourront ordonner, suivant les circonstances, qu'une partie des meubles nécessaires pour son usage lui soit délaissée sous sa simple caution juratoire, et à la charge de les représenter à l'extinction de l'usufruit* (C. civ. 603).

181. Par cette disposition l'usufruitier devient un simple dépositaire de la chose d'autrui, et il ne peut en disposer. Cependant, s'il venait à en disposer, on se trouverait placé dans l'hypothèse prévue par l'art. 2279 du C. civ., auquel il faut se reporter pour toutes les difficultés qui peuvent s'élever sur une vente de meubles faite sans droit ni qualité par celui qui n'en était pas le légitime propriétaire. Et ces meubles seront affectés au paiement par privilége des loyers dûs au propriétaire pour location des lieux dans lesquels ils auront été placés. — V. note 29, n. 63 et suiv.

182. *Le retard de donner caution ne prive pas l'usufruitier des fruits auxquels il peut avoir droit; ils lui sont dûs du moment où l'usufruit a été ouvert* (C. civ. 604).

183. Cependant, lorsque l'usufruit provient d'un legs pour lequel une demande en délivrance est nécessaire, les fruits ne sont dûs à l'usufruitier que du jour de cette demande par application de l'art. 1014 du C. civ., à moins que cette délivrance n'ait été consentie tacitement (Marcadé; V. note 24, n. 308 à 326). — Ainsi donc, l'art. 604 ne forme point exception à l'art. 1014, comme le texte le fait supposer. La 1re partie de l'art. 604 étant suffisante, la 2e devenait inutile; elle n'a été donnée que pour compléter l'idée première et le but a été mal atteint. Si le sens de cet article n'était point tel que nous l'indiquons, il pourrait arriver que l'usufruitier légataire en retard de donner caution serait mieux partagé que celui qui n'a point à fournir caution ou qui la fournit de suite, car on ne peut contester que celui-ci soit astreint à demander la délivrance.

Art. 3. DES RÉPARATIONS.

184. *L'usufruitier n'est tenu qu'aux réparations d'entretien. — Les grosses réparations demeurent à la charge du propriétaire, à moins qu'elles n'aient été occasionnées par le défaut de réparations d'entretien, depuis l'ouverture de l'usufruit; auquel cas l'usufruitier en est aussi tenu* (C. civ. 605).

185. *Les grosses réparations sont celles des gros murs et des voûtes, le rétablissement des poutres et des couvertures entières; — celui des digues et des murs de soutènement et clôtures aussi en entier. — Toutes les autres réparations sont d'entretien* (C. civ. 606).

186. Ces articles trouvent leur complément dans l'art. 1754 du C. civ. qui explique ce que l'on doit entendre par *réparations locatives ou de menu entretien.* Toutefois, à l'égard de l'usufruitier, la règle est plus rigoureuse qu'à l'égard du locataire, car l'art. 606 charge l'usufruitier de toute réparation qui, de sa nature, n'est pas une grosse réparation.

187. A l'égard de ces réparations, l'usufruitier et le nu-propriétaire ont action l'un contre l'autre pour se forcer réciproquement à remplir leurs engagements, car le propriétaire nuirait aux droits de l'usufruitier (V. *sup.* n. 150), s'il se refusait à faire les grosses réparations qui seules pourront mettre l'usufruitier en état de jouir de la chose, et conséquemment d'exercer son droit. Toutefois, si le nu-propriétaire refuse, non-seulement il pourra y être contraint par justice, mais il est dans le droit de l'usufruitier de faire lui-même ces grosses réparations à la charge de remboursement, et, quant au mode de remboursement, on appliquera le principe posé en l'art. 609 du C. civ. rapporté *inf.* n. 212.

188. Par application de ces deux articles, il a été décidé, savoir : EN CE QUI CONCERNE LES GROSSES RÉPARATIONS :

189. 1° Que l'usufruitier peut contraindre le propriétaire à faire les grosses réparations au commencement de l'usufruit, et celles qui, pendant sa durée, deviennent nécessaires (Orléans, 21 fév. 1821; Duranton, 4, 615). — *Secùs*, lorsque l'usufruitier doit prendre les choses dans l'état où elles se trouvent (Douai, 2 déc. 1834).

190. 2° Qu'en admettant qu'en principe l'usufruitier ne pût contraindre le nu-propriétaire à faire les grosses réparations qui sont indispensables à la conservation de l'immeuble soumis à usufruit, il aurait néanmoins le droit de les faire lui-même, sauf à être remboursé de ses avances au moment de la cessation de l'usufruit (Douai, 2 déc. 1834; Proudhon, 1651, 1684).

191. 3° Que les co-propriétaires par indivis d'une maison sont tenus solidairement envers l'usufruitier de faire les grosses réparations (Cass. 11 janv. 1825; Toullier, 6,782).

192. 4° Que, lorsqu'il a été stipulé, dans l'acte de vente de la nue-propriété d'un immeuble, que l'immeuble serait livré en bon état de réparations, s'il arrive que, ultérieurement, l'usufruitier fasse faire, après en avoir obtenu l'autorisation du tribunal, de grosses réparations à l'immeuble (lesquelles sont à la charge exclusive du nu-propriétaire), en ce cas, l'usufruitier doit être considéré comme ayant agi en l'acquit et dans l'intérêt du nu-propriétaire ou de ses créanciers, et comme ayant rempli leurs obligations. — Il peut, à ce titre, être colloqué par *privilége* pour le montant des réparations, sur le prix de la nue-propriété, bien qu'il n'ait rempli aucune des formalités prescrites en général pour la conservation des priviléges; à ce cas ne s'appliquent pas les art. 2102 et 2106 du C. civ. (Cass. 30 juill. 1827).

193. 5° Qu'on doit mettre au rang des grosses réparations à la charge du propriétaire le rétablissement de la charpente des combles d'une maison (Proudhon, 3,1634), — le rétablissement d'une seule poutre (*Ibid.*), — les travaux nécessaires pour assainir ou dessécher un terrain submergé par la rupture des digues, et sans aucune faute de la part de l'usufruitier (*Ibid.* n. 1642).

ET EN CE QUI CONCERNE LES MENUES RÉPARATIONS :

194. 1° Que le nu-propriétaire, pendant la durée de l'usufruit, a une action contre l'usufruitier pour le forcer à faire les réparations d'entretien qui peuvent être nécessaires à la conservation de la chose. Son droit ne se borne pas à demander la cessation de l'usufruit pour abus de jouissance (Cass. 27 juin 1825; Proudhon, 1648).

195. 2° Que, pendant la durée de l'usufruit, le nu-propriétaire peut exiger la réparation des dégradations qui altèrent la substance du fonds et astreindre l'usufruitier à

fournir une caution, dans la crainte de dégradations nouvelles (Montpellier, 7 juin 1831).

196. 3° Qu'en cas de contestation, le juge a d'ailleurs tout pouvoir discrétionnaire pour décider si des réparations d'entretien sont nécessaires. — Ainsi, le juge, en appréciant la nature et le peu d'importance des réparations d'entretien que réclame l'immeuble soumis à un usufruit peut même dispenser l'usufruitier de l'obligation actuelle de procéder à quelques-unes de ces réparations, par le triple motif qu'elles sont intérieures, qu'elles n'altèrent pas la substance de la propriété, et que le cautionnement déjà fourni par l'usufruitier donne au nu-propriétaire une ample garantie. Dans ce cas, les offres précédemment faites par l'usufruitier, acceptées par le propriétaire et consacrées par un jugement, de faire annuellement les réparations d'entretien, ne s'appliquent naturellement qu'à celles de ces réparations qui seraient nécessaires et indispensables (Cass. 10 déc. 1828).

197. 4° Que l'usufruitier n'est pas tenu de réparer les planchers qui tombaient déjà en vétusté lors de son entrée en jouissance (Cass. 10 déc. 1828).

198. 5° Qu'après que l'usufruit a cessé, toute action doit être refusée au nu-propriétaire, qui doit s'imputer de n'avoir pas surveillé l'administration de sa chose pour exiger que les menues réparations fussent faites en temps utile. Ainsi, le propriétaire de biens immeubles anciennement grevés d'usufruit n'est pas recevable à réclamer contre les héritiers de l'usufruitier une indemnité à raison de prétendues dégradations commises par leur auteur, lorsque l'état des biens n'a été constaté, ni au commencement ni à la fin de l'usufruit et qu'un laps de temps considérable s'est écoulé depuis cette dernière époque (Bordeaux, 19 janv. 1827).

199. *Ni le propriétaire, ni l'usufruitier ne sont tenus de rebâtir ce qui est tombé de vétusté, ou ce qui a été détruit par cas fortuit* (C. civ. 607). — V. *inf.* n. 247.

200. Lorsque la chose a péri par défaut de réparations à la charge du nu-propriétaire, elle doit être rétablie par lui pour que l'usufruit puisse être exercé. — Et si l'usufruitier a reconstruit l'édifice détruit par cas fortuit, il a droit, à la fin de l'usufruit, si le nu-propriétaire *veut* conserver les constructions, au remboursement du prix de la main-d'œuvre et des matériaux : l'art. 555 étant applicable à l'usufruitier comme au tiers qui a bâti sur le terrain d'autrui (Colmar, 13 janv. 1831; Proudhon, 3, 1450). — V. note 22, n. 83.

201. Quand l'immeuble est tombé de vétusté ou qu'il a été détruit par cas fortuit, l'usufruit n'en continue pas moins de subsister, soit sur les débris provenant de la chose soit sur la chose elle-même, dans l'état où elle se trouve après la transformation qu'elle a subie. Si l'usufruitier n'a par son titre, que l'usufruit du bâtiment même considéré comme servant à habitation, la loi décide que, dans ce cas particulier, son droit ne s'étend pas aux matériaux provenant de la démolition; d'où il suit qu'il ne pourrait prétendre qu'ils devraient être vendus pour que l'on opérât ensuite le placement de l'argent dont il toucherait les intérêts pendant la durée de son usufruit (Code Jal. Pal.).—V. *inf.* n. 283 et suiv.

202. Le cas fortuit est, en général, tout événement qu'aucune prudence humaine ne pouvait prévoir, et qu'ainsi il n'a été donné ni à l'usufruitier ni au propriétaire d'empêcher.

203. L'usufruitier est responsable à l'égard du nu-propriétaire de l'incendie des bâtiments soumis à son usufruit et qu'il a donnés à bail, à moins qu'il ne prouve que l'incendie a eu lieu par cas fortuit : il y a présomption de faute contre lui, comme contre le locataire de bâtiments loués (C. civ. 1733; Toulouse, 15 mai 1837; ind. Lyon, 7 mars 1840; — *Contrà*, Proudhon, 3, 1551; Zachariæ, 2, § 280; Code Jal. Pal.).

Art. 4. DES DETTES ET CHARGES.

204. *L'usufruitier est tenu, pendant sa jouissance, de toutes les charges annuelles de l'héritage; telles que les contributions et autres qui, dans l'usage, sont censées charges des fruits* (C. civ. 608).

205-206. Par application de ce principe, il a été décidé : 1° que les contributions imposées sur l'immeuble sujet à usufruit doivent être comptées, pour la fixation du cens électoral, à l'usufruitier et non au nu-propriétaire, encore que ce dernier paye ces contributions par suite de conventions passées entre lui et l'usufruitier (Cass. 9 av. 1829).

207. 2° Que les centimes additionnels perçus pour de grands travaux d'utilité générale sur des départements ou arrondissements, sont à la charge de l'usufruitier (Proudhon, 4, 1874 et 1792). — Il en est de même des corvées (*Ibid.* 1794).

208. 3° Qu'il en est de même des arrérages des rentes foncières (Proudhon, 4, 1833); — à partir du jour de l'entrée en jouissance ou de la délivrance du legs (Proudhon, 4, 1813).

209. 5° Et des frais de garde des bois et forêts (Proudhon, 1789).

210. 5° De toute redevance de superficie dont l'édifice soumis à usufruit se trouve chargé pour avoir été construit sur un terrain communal ou public (Proudhon, n. 1790).

211. 6° Des réquisitions en denrées, qui peuvent être exigées pour les fournitures des armées, le logement et le passage des troupes (*Ibid.* 1795).

212. *A l'égard des charges qui peuvent être imposées sur la propriété pendant la durée de l'usufruit, l'usufruitier et le propriétaire y contribuent ainsi qu'il suit : — le propriétaire est obligé de les payer, et l'usufruitier doit lui tenir compte des intérêts. — Si elles sont avancées par l'usufruitier, il a la répétition du capital à la fin de l'usufruit* (C. civ. 609).

213. Il s'agit ici des charges extraordinaires et non annuelles sur le bien. Et on ne peut considérer comme telle la charge des frais d'un procès sur la jouissance, lesquels doivent être supportés par le nu-propriétaire seul, lorsque l'usufruit a été constitué à titre onéreux (Zachariæ, 2, § 228), — ni celle des frais de partage avec un tiers de l'objet soumis à usufruit (*Ibid.* 1887).

214. S'il s'agissait de dépenses ordonnées pour fournir, non à de simples réparations d'entretien, mais bien aux frais de premier établissement, ou même de grosses réparations des puits et fontaines publiques, des églises et presbytères, des digues et chaussées, des canaux d'irrigation, de salubrité ou de desséchement, comme encore des

frais de premier établissement pour l'ouverture et la confection d'un chemin vicinal ou autres objets d'utilité municipale, les sommes exigées devront être considérées comme des charges imposées sur la propriété même, et au paiement desquelles le propriétaire et l'usufruitier doivent concourir conformément à l'art. 612 rapporté *inf.* n. 220 (Proudhon, 1796). — Mais il en serait autrement des frais de réparations de ces objets, l'usufruitier devrait les supporter (*Ibid.* 1875).

215. Les dispositions de l'article précité sont fondées sur l'équité : en effet, si, pour s'affranchir de la charge, on vendait une portion de l'immeuble, l'usufruitier serait privé de la jouissance de cette portion; si, au contraire, l'immeuble est conservé, il est juste, puisqu'il en jouit, qu'il tienne compte au nu-propriétaire de l'intérêt de la somme que celui-ci a été obligé d'avancer pour raison de la charge.

216. Mais la règle ci-dessus ne s'appliquera pas au droit de mutation lui-même dû à raison de l'ouverture de la succession qui aura donné naissance à la fois et à la nue-propriété et à l'usufruit, car il s'agit alors d'une dette qui est personnelle à chacun des ayants-droits et pour laquelle l'un n'a aucune répétition à exercer contre l'autre. A cet égard, il a été décidé : 1° que l'usufruitier n'est pas tenu de faire l'avance des droits de mutation dus à raison de la transmission de la nue-propriété (Douai, 18 nov. 1834). — 2° que l'héritier de la nue-propriété ne peut demander qu'une part de l'hérédité soumise à l'usufruit soit vendue pour acquitter les droits de mutation qui sont sa charge personnelle (Cass. 9 juin 1815), — 3° que le conjoint survivant qui, en sa qualité d'usufruitier, a payé les droits de mutation tant pour la nue-propriété que pour l'usufruit, peut répéter la somme qu'il a fournie pour la nue-propriété; n'étant pas obligé d'attendre la fin de l'usufruit, ou de souffrir la vente des biens jusqu'à due concurrence (Paris, 4 av. 1811).

217. *Le legs fait par un testateur, d'une rente viagère ou pension alimentaire, doit être acquitté par le légataire universel de l'usufruit dans son intégrité, et par le légataire à titre universel de l'usufruit dans la proportion de sa jouissance, sans aucune répétition de leur part* (C. civ. 610).

218. Cette disposition n'est point limitative; elle s'étend même aux rentes ou pensions viagères dont le testateur aurait été lui-même débiteur envers des tiers, et à la dette légale des aliments (Proudhon, n. 1812 et 1818. — Toutefois, lorsque ces rentes ou pensions excèdent le revenu des biens, l'usufruitier ne peut être forcé de les acquitter dans son intégrité, parce qu'il n'y a que l'héritier qui puisse être tenu *ultrà vires* (Proudhon, 1820). — V. *inf.* n. 219.

219. *L'usufruitier à titre particulier n'est pas tenu des dettes auxquelles le fonds est hypothéqué : s'il est forcé de les payer, il a son recours contre le propriétaire, sauf ce qui est dit à l'art. 1020, au titre des donations entre-vifs et des testaments* (C. civ. 611).

Cependant, en cas d'insuffisance des biens libres d'une succession pour acquitter les dettes, les legs particuliers d'usufruit doivent, de même que les legs particuliers en nue-propriété, subir une réduction proportionnelle, à moins que le testateur n'ait manifesté l'intention de ne soumettre les legs particuliers d'usufruit à cette réduction, qu'après épuisement des legs particuliers de la nue-propriété (Cass. 8 fév. 1843).

220. *L'usufruitier, ou universel, ou à titre universel, doit contribuer avec le propriétaire au paiement des dettes ainsi qu'il suit : — on estime la valeur du fonds sujet à usufruit; on fixe ensuite la contribution aux dettes à raison de cette valeur. — Si l'usufruitier veut avancer la somme pour laquelle le fonds doit contribuer, le capital lui en est restitué à la fin de l'usufruit, sans aucun intérêt. — Si l'usufruitier ne veut pas faire cette avance, le propriétaire a le choix, ou de payer cette somme, et, dans ce cas, l'usufruitier lui tient compte des intérêts pendant la durée de l'usufruit, ou de faire vendre jusqu'à due concurrence une portion des biens soumis à l'usufruit* (C. civ. 612).

221. Il s'agit dans l'art. 610, non-seulement d'un usufruitier universel et d'un usufruitier à titre universel institués par *testament*, mais encore de tout acquéreur à titre gratuit, lequel est tenu des dettes proportionnellement à la valeur de l'objet acquis, quand l'acquisition est universelle ou à titre universel. Il ne s'agit pas de l'acquéreur à titre onéreux, parce qu'à son égard c'est son vendeur qui doit payer les intérêts et arrérages avec le produit annuel du prix (Marcadé).

222. A l'égard de l'acquéreur ou donataire à titre gratuit d'un usufruit particulier, il ne doit l'intérêt d'aucune dette; pas même les arrérages d'une rente constituée en perpétuel avec hypothèque sur le fonds sujet à l'usufruit (Bruxelles, 9 déc. 1812; Rouen, 12 janv. 1842); seulement, quand le fonds est hypothéqué à la dette, il peut se trouver forcé d'en payer même le capital; dans ce cas, il a son recours contre le débiteur pour le capital et les intérêts, et contre le propriétaire non-débiteur pour le capital seulement.

223. Les intérêts des dettes passives échues avant la délivrance du legs ou l'entrée en jouissance de l'usufruitier doivent rester, comme dette de la succession, à la charge de l'héritier seul (Proudhon, n. 1800).

224. Quoiqu'il y ait un usufruitier, l'héritier, qui représente la personne du défunt n'en reste pas moins débiteur lui-même encore des arrérages des rentes passives et des intérêts des capitaux dûs par la succession du testateur, parce que ce dernier, en léguant l'usufruit de ses biens à un autre, n'a pu, au préjudice de ses créanciers, faire aucune novation dans la personne du débiteur que la loi leur donne : l'usufruitier n'est donc envers eux qu'un débiteur ajouté à un autre pour le temps de jouissance (Proudhon, 1799). — Sauf le recours du nu-propriétaire contre l'usufruitier (*Ibid*, n. 1802). — Mais le légataire n'en a pas moins directement action contre l'usufruitier, le legs étant une charge de sa jouissance; cela évite au surplus le circuit d'actions (Duranton, 637).

225. Le choix des biens à vendre appartient à l'héritier et non à l'usufruitier quand ils ne peuvent se concerter (Proudhon, 1915). — Cependant, l'usufruitier a le droit d'être entendu pour faire adopter ce qui serait le plus convenable aux intérêts des deux parties.

226. Pour plus ample explication de ces trois articles (610, 611 et 612), il faut se reporter à la note 24 qui fait connaître la différence qu'il y a entre un *légataire universel*, un *légataire à titre universel* et un *légataire à titre particulier*.

227. Lorsque c'est l'héritier nu-propriétaire qui a avancé la somme nécessaire au remboursement des dettes, l'intérêt des avances lui est dû par l'usufruitier universel ou à titre universel sans qu'il y ait de distinction à faire entre

les créances qui produisaient des intérêts de plein droit et celles qui n'en produisaient pas (Riom, 12 fév. 1830; Toulouse, 8 déc. 1833; Bordeaux, 1 mars 1838; Cass. 4 fruct. an XIII).

228. Toutefois, les intérêts ainsi réclamés par le nu-propriétaire sont prescriptibles par cinq ans (Toulouse, 9 déc. 1833; Troplong, *prescript.* 2,1007). — Mais ils ne sont à la charge de l'usufruitier qu'à dater du jour de son entrée en jouissance ou de la délivrance de son legs (Proudhon, 4, 1813).

229. La contribution aux dettes dont parle l'art. 612 consiste pour l'usufruitier à avancer la somme nécessaire pour le paiement de la *totalité* des dettes, ou à souffrir qu'il soit vendu une partie des biens jusqu'à concurrence du montant de ces dettes. Cette contribution ne peut être d'une quote-part arbitrée par les juges (Riom, 12 fév. 1830).

230. Lorsque l'héritier est obligé de vendre pour payer les dettes, il peut le faire au préjudice du bail consenti par le légataire de l'usufruit (Proudhon, 2. 1218).

231. Quand il s'agit d'évaluer un usufruit on admet que la moitié des biens en usufruit équivaut au quart en propriété, quoique, en général, cette appréciation soit laissée à la prudence du juge (Cass. 21 juill. 1813; 7 janv. 1824).

232. *L'usufruitier n'est tenu que des frais des procès qui concernent la jouissance, et des autres condamnations auxquelles ces procès pourraient donner lieu* (C. civ. 613).

233. Comme c'est l'usufruitier qui doit payer les frais réputés charges des fruits, il doit, par la même raison, être tenu des dépens concernant la jouissance. Mais, à cet égard, il faut distinguer si l'usufruit a été établi A TITRE GRATUIT OU A TITRE ONÉREUX.

234. A TITRE GRATUIT. Dans cette hypothèse, il faut encore distinguer si le procès concerne seulement le droit de jouissance, ou la nue-propriété seulement, ou enfin la pleine propriété du bien : — s'il s'agit du droit de jouissance, l'usufruitier seul supporte les frais. — S'il s'agit de la nue-propriété, c'est le nu-propriétaire qui doit supporter les frais. — S'il s'agit de la pleine propriété, 1° l'usufruitier ne devra point supporter de frais, s'il n'a point été mis en cause, ils seront pour le compte du nu-propriétaire qui n'avait point qualité pour plaider au nom de l'usufruitier. — 2° Si, l'usufruitier étant en cause avec le nu-propriétaire, le procès a été perdu par eux sans qu'il s'ensuive extinction de l'usufruit (ne s'agissant que d'une partie des biens soumis à usufruit), c'est le cas d'appliquer le principe de l'art. 609 (V. *sup.* n. 212), — 3° si, l'usufruitier, étant toujours en cause avec le nu-propriétaire, ils ont succombé dans un procès dont la perte entraîne l'extinction de l'usufruit, on établira la proportion de ce que l'usufruit pouvait valoir relativement à la nue-propriété, et l'usufruitier paiera les frais dans cette proportion, — 4° dans le cas de gain du procès, l'usufruitier, quoique n'ayant pas été appelé en cause, devra néanmoins contribuer aux frais que l'insolvabilité de l'adversaire empêcherait de recouvrer, et en en payant seulement les intérêts.

235. A TITRE ONÉREUX. Quand l'usufruit est ainsi établi, c'est à celui qui l'a constitué à en garantir le libre exercice au cessionnaire et à supporter par conséquent les frais du procès relatif à la jouissance.—V. note 9, n. 68 et suiv. et *sup.* n. 221.

Art. 5. DE LA RESPONSABILITÉ DE L'USUFRUITIER A L'ÉGARD DES USURPATIONS ET DES ANIMAUX QUI PÉRISSENT.

236. *Si, pendant la durée de l'usufruit, un tiers commet quelque usurpation sur le fonds, ou attente autrement aux droits du propriétaire, l'usufruitier est tenu de le dénoncer à celui-ci faute de ce, il est responsable de tout le dommage qui peut en résulter pour le propriétaire, comme il le serait de dégradations commises par lui même* (C. civ. 614).

237. Cependant l'usufruitier, en vertu de son droit de propriété personnel, a l'exercice de toutes les actions possessoires qu'il peut intenter directement et sans le concours du nu-propriétaire, car il a la jouissance en vertu d'un titre qui lui est propre. Ainsi donc, il peut former, mais dans son intérêt seul :

238. 1° Toute action en complainte ou en réintégrande — V. note 28, n. 328 et 334.

239. 2° L'action en bornage, laquelle, en général, peut être intentée par tous ceux qui possèdent (Bordeaux, 22 juin 1836; Delvincourt, 1, 544; Toullier, 3,181; Duranton, 5, 287; Pardessus, *servit.* n. 118). — Seulement, le bornage qui a été exécuté avec l'usufruitier ne concerne que la jouissance, il ne peut être opposé au nu-propriétaire qui peut, même pendant la durée de l'usufruit, demander un nouveau bornage (Même arrêt; Proudhon, 1243).

240. Dans les cas ci-dessus, l'usufruitier aura néanmoins le droit d'appeler le propriétaire pour le mettre en cause, afin de déclaration de jugement commun.

241. Mais l'article précité recevra son application directe : 1° lorsque l'usufruitier, ne voulant pas poursuivre le nouvel œuvre, en abandonnera la poursuite au nu-propriétaire; car il faut alors qu'il le mette en demeure d'agir; 2° lorsque l'usufruitier croira que l'atteinte est fondée sur un droit légitime; circonstance dont il ne peut se rendre juge au détriment du nu-propriétaire (Code J[al]. Pal.).

242. *Si l'usufruit n'est établi que sur un animal, qui vient à périr sans la faute de l'usufruitier, celui-ci n'est pas tenu d'en rendre un autre, ni d'en payer l'estimation* (C. civ. 615).

243. *Si le troupeau sur lequel un usufruit a été établi périt entièrement par accident ou par maladie, et sans la faute de l'usufruitier, celui-ci n'est tenu envers le propriétaire que de lui rendre compte des cuirs ou de leur valeur. — Si le troupeau ne périt pas entièrement, l'usufruitier est tenu de remplacer, jusqu'à concurrence du croît, les têtes des animaux qui ont péri* (C. civ. 616).

244. Il faut faire une grande différence entre l'usufruit frappant sur un seul animal, ou même sur plusieurs animaux considérés comme autant d'individus distincts, et celui qui frappe sur un ensemble d'animaux formant un troupeau. Dans le premier cas, qui est celui de l'art. 615, il y a autant d'objets de l'usufruit que d'animaux; dans le second cas, que prévoit l'art. 616, l'usufruit n'a qu'un seul objet, le troupeau, la collection des animaux pris dans leur ensemble et comme formant une unité.

245. Si donc, l'usufruit porte spécialement et divisément sur chacun des animaux, par exemple, sur 15 ou 20 chevaux, la mort arrivée sans votre faute de dix éteint l'usufruit quant à eux, et le laisse subsister comme avant pour les autres. De sorte que, si ce sont des juments qui vous restent, les poulains qu'elles pourront vous donner vous appartiendront comme fruits, sans que le propriétaire puisse exiger de vous que vous éleviez dix de ces poulains pour remplacer les chevaux morts (Marcadé).

246. Si, au contraire, l'usufruit est établi sur un troupeau, objet unique et indivisible de la jouissance, ce trou-

peau, comme tout autre objet d'un usufruit, doit être perpétuellement entretenu et maintenu dans son premier état; il faut prendre pour le réparer une partie de ses produits, lesquels n'appartiennent à l'usufruitier que sous la déduction de l'entretien. Ainsi, les vieilles têtes qui meurent ou qui deviennent incapables de produire, doivent être enlevées et remplacées sur le croît; et si la moitié même du troupeau vient à périr en une seule année, les petits qui naîtront ensuite doivent être gardés pour le faire remonter peu à peu au niveau où il était d'abord et qu'il doit toujours conserver. Mais, dans ce cas, le troupeau ne se reconstitue qu'avec les animaux nés après l'événement ou avec ceux qui, déjà nés, se trouvent encore en la possession de l'usufruitier au moment de cet événement, et non au moyen du prix des jeunes animaux antérieurement vendus (Marcadé; Duranton, 4, 630. — *Contrà*, Zachariæ, 2).

§ 7. DE L'EXTINCTION DE L'USUFRUIT.

247. *L'usufruit s'éteint* : PAR LA MORT NATURELLE ET PAR LA MORT CIVILE *de l'usufruitier*; PAR L'EXPIRATION DU TEMPS *pour lequel il a été accordé;* — PAR LA CONSOLIDATION OU LA RÉUNION, *sur la même tête, des deux qualités d'usufruitier et de propriétaire*; PAR LE NON-USAGE DU DROIT *pendant trente ans*; — PAR LA PERTE TOTALE DE LA CHOSE *sur laquelle l'usufruit est établi* (C. civ 617).

248. PAR LA MORT NATURELLE ET PAR LA MORT CIVILE. Cependant, la mort civile d'une personne dont la vie a été prise pour terme de la durée d'un usufruit, n'opère pas son extinction (Toullier, 3, 450; Duranton, 4, 659; Zachariæ, 2, § 230). — En tout cas, c'est au propriétaire qui prétend que la chose est libérée à justifier de sa prétention (Arg. C. civ. 1315, 1983).

249. Et si l'usufruit a été constitué conjointement au profit de plusieurs, sans délimitation de terme, il durera jusqu'au décès de celui des usufruitiers institués qui vivra le dernier (Code J[al]. Pal.).

250. PAR L'EXPIRATION DU TEMPS. Lorsqu'un legs d'usufruit est fait à terme, pour cinq ans par exemple, le point de départ pour la computation des cinq ans doit être pris dès le moment de la mort du testateur (Proudhon, 4, 203).

251. Quand il s'agit d'un usufruit pour un temps déterminé constitué à titre onéreux ou à titre gratuit, il faut distinguer : — Dans le contrat à titre onéreux l'usufruitier peut stipuler pour lui et les siens, non encore nés, et s'il achète l'usufruit d'un immeuble sous la condition que cet usufruit durera trente ans, c'est là un droit qu'il transmettra à ses héritiers quels qu'ils soient. — Dans le contrat à titre gratuit, l'usufruitier qui entre en jouissance ne peut être saisi qu'autant qu'il pourra accepter, soit la donation, soit le legs, et il ne sera admis à faire cette acceptation que pour lui-même et non pour les siens (V. note 52). Il faudra donc, dans ce cas, que chacun des institués qui seront appelés à recueillir successivement la jouissance, aient la même capacité, d'où il suit que la donation ou le legs ne pourront profiter qu'à ceux-là qui étaient nés ou conçus au moment où la donation a été effectuée, au moment où la succession s'est ouverte. Ils seront considérés comme recueillant l'institution directe par l'effet de la clause insérée dans la donation ou le testament qui déclarera que la chose est donnée en usufruit pour 30 ans à *tel* et *tel* (Code J[al]. Pal.).

252. PAR LA CONSOLIDATION OU LA RÉUNION. La réunion des deux qualités d'usufruitier et de nu-propriétaire établit, en effet, une confusion de droits, laquelle est un mode d'extinction d'obligation aux termes de l'art. 1300 du C. civ.

Toutefois, l'usufruit éteint par consolidation renaît lorsque l'usufruitier vient à perdre la propriété (Proudhon, 4, 2061; Toullier, 3, 456; Duranton, 4, 666; Zachariæ, 2, § 230). — Et lorsque la cession à titre gratuit se fait au profit du propriétaire, il n'est pas nécessaire d'observer les formalités requises pour les donations entre-vifs (Proudhon, 893).

253. Lorsque l'usufruit d'un immeuble est constitué sous cette condition, qu'en cas d'aliénation il se réunira à la nue-propriété, l'usufruitier ne peut empêcher la saisie de cet usufruit poursuivie par ses créanciers personnels, si l'acte de constitution ne lui donne pas action de se pourvoir à cette fin (Cass. 7 mai 1818). — Mais, dans ce cas, il y aura à décider si la vente de l'usufruit faite ainsi sur expropriation forcée rentre dans les termes prévus par la condition qui ne pouvait s'entendre que d'une vente volontaire. La condition qui défend à l'usufruitier de vendre ou de céder son droit serait bien, en effet, une condition licite; mais on ne peut, par le même contrat, interdire à ses créanciers d'en poursuivre la vente forcée, à moins que la constitution d'usufruit n'ayant été faite à titre gratuit, le donateur ou le testateur n'eût expressément déclaré comme condition du legs ou de la donation que l'usufruit serait insaisissable (Code J[al]. Pal.).

254. PAR LE NON-USAGE DU DROIT. Le non-usage du droit pendant 30 ans opère une prescription au profit du nu-propriétaire. Ainsi, le droit de ramage ou de prendre du bois pour un emploi déterminé, considéré soit comme droit superficiaire, soit comme servitude, se perd par le non-usage pendant 30 ans, de sorte que la libération du fonds est alors prescrite (Cass. 11 juin 1834; Proudhon, 8, 274 et 290).

255. Toutefois, lorsque plusieurs communes jouissent divisément de leurs droits d'usage dans une même forêt, la prescription acquise contre l'une d'elles profite aux autres usagers, et non au propriétaire de la forêt (Cass. 17 déc. 1835).

256. En tout cas, l'acquéreur d'un immeuble ne peut prescrire par 10 ans contre l'usufruitier qui n'a pas été mis en demeure de se représenter; par conséquent, tous les fruits perçus par l'acquéreur, même ceux perçus avant la demande doivent être restitués, sauf à les compenser avec les améliorations dont profite l'usufruitier (C. civ. 2265; Paris, 1 mars 1808; — *Contrà*, Toullier, 3,458; Duranton, n. 673; Delvincourt, *1*,370).

257. PAR LA PERTE DE LA CHOSE. Lorsque la perte de la chose est le résultat d'une action en éviction formée par un tiers, véritable propriétaire, l'usufruitier, dans ce cas, n'a point d'action en garantie contre le constituant, si c'est un donateur ou testateur, ni contre ses héritiers (Proudhon, 1461). — V. note 9, n. 6.

V. *sup.* n. 199, 242 et 243.

258. L'usufruit s'éteint aussi par la novation (V. note 168); par la remise volontaire (V. note 133); par la nullité ou la rescision (V. note 171); et par l'effet de la condition

résolutoire (V. note 153; C. civ. 958 et 963). — V. *inf.* n. 262.

259. Il peut s'éteindre également par l'abandon que fait volontairement l'usufruitier de son droit, et cet abandon, sans être exprimé d'une manière formelle, peut s'induire d'un consentement tacite. Ainsi, le beau-père qui a signé comme témoin l'acte de vente d'un objet dont il avait l'usufruit, vente faite par son gendre, est censé avoir donné son consentement à cet acte et doit être considéré comme ayant formellement renoncé à son usufruit (Agen, 17 juill. 1813). — V. note 2, n. 121 et 122; note 14, n. 44 et suiv.; note 62, n. 158 et suiv.

260. L'usufruit peut encore cesser par l'effet d'une expropriation pour cause d'utilité publique qui frappera la propriété. Dans ce cas, le contrat est résolu par la seule force de la loi; mais alors, aux termes de l'art. 40 de la loi du 3 mai 1841, le nu-propriétaire et l'usufruitier exercent leurs droits sur le montant de l'indemnité, au lieu de l'exercer sur la chose, en sorte que l'usufruit devient alors mobilier. Seulement l'usufruitier sera tenu de donner caution, sauf les père et mère ayant l'usufruit légal (V. *sup.* n. 150) des biens de leurs enfants, qui en sont dispensés; d'où il suit que l'usufruitier qui, par son titre, est dispensé de donner caution, même le vendeur ou donateur sous réserve d'usufruit, qui en sont dispensés par la loi (V. *sup.* n. 150) seront tenus, dans ce cas particulier, de la fournir; et, en effet, il y a interversion de titres qui a fait entière novation dans les droits réciproques des parties à cet égard (Code J[al]. Pal.). — V. *sup.* n. 193.

261. En tout cas, quoique le droit soit acquis au propriétaire de rentrer en jouissance de son fonds dès l'instant de la cessation de l'usufruit, cependant il doit laisser à l'usufruitier ou à ses héritiers, pour le déguerpissement qu'ils ont à faire, un délai suffisant, eu égard à la nature et à l'importance des objets qui sont à déplacer (Proudhon, 3, 2583).

262. *L'usufruit peut aussi cesser par l'abus que l'usufruitier fait de sa jouissance, soit en commettant des dégradations sur le fonds, soit en le laissant dépérir faute d'entretien. — Les créanciers de l'usufruitier peuvent intervenir dans les contestations, pour la conservation de leurs droits; ils peuvent offrir la réparation des dégradations commises, et des garanties pour l'avenir. — Les juges peuvent, suivant la gravité des circonstances ou prononcer l'extinction absolue de l'usufruit, ou n'ordonner la rentrée du propriétaire dans la jouissance de l'objet qui en est grevé, que sous la charge de payer annuellement à l'usufruitier ou à ses ayants-cause une somme déterminée jusqu'à l'instant où l'usufruit aurait dû cesser* (C. civ. 618).

263. C'est au juge qu'il appartient de vérifier les faits pour déclarer s'il y a abus dans la jouissance, et si l'abus est tel qu'il doive entraîner la révocation du contrat. Cette appréciation sera nécessairement plus rigoureuse quand il s'agira d'une concession à titre gratuit que lorsque la constitution aura été faite à titre onéreux; mais, dans l'un et l'autre cas, les conséquences seront les mêmes, et celui qui, après avoir payé son droit d'usufruit, s'en trouvera privé par suite de l'abus qu'il en aura fait, ne pourra prétendre à aucune restitution, car il n'aura qu'à s'imputer à lui seul le préjudice qu'il éprouve. Du reste, le juge qui a le droit de retirer à l'usufruitier sa jouissance à raison de l'abus qu'il en fait, peut se borner à le condamner à fournir caution dans le cas où il en aurait été dispensé; il peut aussi se contenter de prononcer une condamnation à des dommages-intérêts. Enfin, le dernier paragraphe de l'article précité montre qu'il exerce sur le règlement de toutes les contestations le pouvoir le plus entier, puisqu'il est autorisé à faire entre les parties, d'après les circonstances du fait, la répartition la plus équitable.

264. Au surplus, la disposition de l'article est générale et doit être appliquée à toutes les constitutions d'usufruit, même à l'usufruit qui a été établi, soit avant le code, soit depuis le code, par contrat de mariage. — Ainsi, la veuve qui abuse de l'usufruit que lui accorde son contrat de mariage antérieur au C. civ., peut en être privée principalement s'il est constaté que les faits d'abus sont postérieurs à la publication de cet article (Cass. 5 fév. 1818).

265. Dans certaines circonstances, la révocation de l'usufruit motivé sur l'abus de jouissance pourra rétroagir sur les tiers, bien qu'en principe le nu-propriétaire soit forcé de reprendre les choses dans l'état où elles auront été mises par l'usufruitier. Ainsi, lorsque la révocation de l'usufruit est motivée non-seulement sur le défaut de réparation des bâtiments, mais aussi sur le défaut de culture et d'engrais, elle emporte par cela même révocation du bail qui a été fait par l'usufruitier (Rouen, 12 août 1834; Cass. 22 mars 1836), — surtout, quand c'est le fermier qui a commis l'abus, mais alors la révocation du bail doit être prononcée contradictoirement avec le fermier (*Ibid.*)

266. Si l'usufruitier n'avait commis des dégradations que sur quelques-uns des fonds soumis à sa jouissance, il pourrait être déclaré déchu de son droit d'usufruit, même à l'égard des autres fonds sur lesquels il n'y aurait eu aucune dégradation commise (Proudhon, 2460).

V. *sup.* n. 195 et *inf.* n. 279.

267. *L'usufruit qui n'est pas accordé à des particuliers ne dure que trente ans* (C. civ. 619).

268. Autrefois, l'usufruit concédé à perpétuité au profit d'une corporation ou d'un établissement public, ne pouvait durer que cent ans, conformément à la loi 56, ff. *de usufructu* (Cass. 17 janv. 1838; Proudhon, 1,330; Toullier, 3, 455).

269. Sous l'empire du C. civ. un tel usufruit ne doit durer que 30 ans, sans doute, parce qu'on a calculé que cette durée formait le terme moyen de l'existence d'une génération, et qu'on ne pouvait pas, sans trop blesser les intérêts des familles, séparer l'usufruit de la nue-propriété pendant un temps plus long.

270. A cet égard, il a été décidé : 1° que l'usufruit légué anciennement à un établissement public doit durer cent ans et non pas trente seulement, si le droit s'est ouvert avant la promulgation du C. civ. (Cass. 17 janv. 1838; Proudhon, 1,40).

271. 2° Que l'usufruit d'un immeuble ne peut être établi à perpétuité au profit d'une succession de personnes (Rennes, 29 déc. 1836).

272. 3° Que malgré la disposition de l'art. 619, un testateur peut assigner une durée plus longue que 30 ans à l'usufruit légué à des établissements publics (Proudhon, 1. 331).

273. 4° Que la suppression d'un établissement public a le même effet que la mort; elle éteint l'usufruit, quoique les 30 ans fixés ne soient pas expirés (Toullier, 460).

274. *L'usufruit accordé jusqu'à ce qu'un tiers ait atteint un âge fixe, dure jusqu'à cette époque, encore que le tiers soit mort avant l'âge fixé* (C. civ. 620).

275. Cet article parle bien de la mort du tiers désigné, mais il ne dit rien du décès de l'usufruitier lui-même. Or, pour savoir si l'usufruit cessera au décès de l'usufruitier, il faut distinguer : — si l'usufruit a été constitué à titre gratuit et si l'acte ne renferme aucune disposition de laquelle on doive induire particulièrement que le donateur a voulu appeler à recueillir l'institution les ayants-droit de l'usufruitier, l'usufruit cessera ; — mais, si l'usufruit a été constitué à titre onéreux, l'usufruitier, en précisant un terme, n'a voulu, au contraire, courir aucune chance aléatoire, il a stipulé pour les siens nés et à naître, et, malgré son décès, le contrat devra continuer à produire son effet au profit de ses ayants-droit jusqu'au terme fixé.—V. *sup.* n. 251.

276. *La vente de la chose sujette à usufruit ne fait aucun changement dans le droit de l'usufruitier ; il continue de jouir de son usufruit s'il n'y a pas formellement renoncé* (C. civ. 621).

277. Il en sera de même si la vente, au lieu d'être volontaire, résulte d'expropriation forcée; soit que la saisie porte sur la nue-propriété ou sur l'usufruit.

278. Également, le nu-propriétaire peut hypothéquer la nue-propriété qui lui reste, comme aussi l'usufruitier peut conférer hypothèque sur son usufruit. Mais il y a cette différence entre les deux concessions hypothécaires que l'hypothèque donnée par l'usufruitier (qui ne peut consentir à autrui plus de droits qu'il n'en a lui-même), suit le sort de l'usufruit lui-même, en sorte qu'elle s'éteint par toutes les causes qu'entraîne la cessation de l'usufruit lui-même tandis que l'hypothèque conférée par le nu-propriétaire demeure attachée irrévocablement à l'immeuble même, dont elle suit le sort pour s'étendre à la toute propriété, aussitôt que, par une cause quelconque, la consolidation de l'usufruit et de la nue-propriété sera opérée entre ses mains.

279. *Les créanciers de l'usufruitier peuvent faire annuler la renonciation qu'il aurait faite à leur préjudice* (C. civ. 622). — V. note 62, n. 137 et suiv.

280. Il n'y a que les créanciers antérieurs à la renonciation qui peuvent prétendre qu'elle a été faite à leur préjudice (Proudhon, n. 703). — La fraude se présume quand la renonciation a été gratuite (*Ibid.* n. 2237; Duranton, n. 701); mais quand elle a eu lieu moyennant un prix il faut prouver que le nu-propriétaire a été complice de la fraude (Duranton, n. 702).

281. Cet article s'étend à toute aliénation que l'usufruitier peut faire de son droit. Lorsque l'usufruit porte sur des immeubles, l'exercice du droit ne souffre point de difficulté, il suffit d'appliquer soit à la nue-propriété, soit à l'usufruit de l'immeuble, les lois sur l'expropriation forcée.

282. A l'égard des meubles, la décision présentera de graves difficultés, car on ne peut saisir la nue-propriété d'un immeuble ou son usufruit, surtout lorsqu'il s'agit de certains meubles, tels que ceux qui sont consacrés à un usage déterminé, ou ceux qui se consomment par l'usage qu'on en fait. Aussi a-t-il été décidé que le créancier de l'usufruitier n'a pas le droit, pour obtenir le paiement de sa créance, de faire saisir les meubles sur lesquels porte l'usufruit (Rennes, 21 mai 1836; Proudhon, 2, 1074); et, à cet égard, les créanciers du nu-propriétaire n'auront pas plus de droits que ceux de l'usufruitier ; tout ce qu'ils pourraient faire à ce sujet serait de former opposition entre les mains de l'usufruitier sur la créance éventuelle à laquelle l'ouverture de l'usufruit a donné lieu. — Seulement, il y a certains autres meubles (comme les rentes, les créances, et en général, tout ce qui est revenu) dont les créanciers de l'usufruitier seront admis à saisir les revenus, de même que les créanciers du nu-propriétaire pourront saisir le fonds qui produit ces revenus. — Ainsi, les uns (les créanciers de l'usufruitier) se feront attribuer les revenus échus, et pourront faire sur les fruits toute saisie-brandon, toute saisie-arrêt, toute saisie-exécution, les autres (les créanciers du nu-propriétaire) feront vendre le fonds mobilier, soit rentes ou actions, à la charge par l'acquéreur de supporter l'usufruit (C. J[al]. Pal.). — V. note 25.

283. *Si une partie seulement de la chose soumise à l'usufruit est détruite, l'usufruit se conserve sur ce qui reste* (C. civ. 623).

284. *Si l'usufruit n'est établi que sur un bâtiment, et que ce bâtiment soit détruit par un incendie ou autre accident, ou qu'il s'écroule de vétusté, l'usufruitier n'aura le droit de jouir ni du sol ni des matériaux. — Si l'usufruitier était établi sur un domaine dont le bâtiment faisait partie, l'usufruitier jouirait du sol et des matériaux* (C. civ. 624).

285. La règle est que l'usufruit s'éteint par la perte *totale* de la chose. En effet, si l'usufruit ne comprend qu'une maison destinée à être habitée et qu'elle vienne à être détruite en totalité, il y aura extinction de l'usufruit, parce qu'on ne peut dire alors que le bâtiment existe sous une nouvelle forme dans les matériaux qui n'en sont que les débris. — Mais si le bâtiment détruit dépend d'un domaine, l'usufruit subsistant sur ce domaine ne sera point pour cela éteint et pourra s'exercer sur les matériaux. — V. *sup.* n. 199 et 247.

286. Lorsque le propriétaire qui a légué l'usufruit de sa maison l'avait assurée contre l'incendie, et qu'elle vient à être incendiée après son décès, l'usufruitier (surtout s'il n'a point payé la prime) ne doit point profiter de l'indemnité qui est alors l'exécution d'un contrat dont les effets passent à l'héritier seul, à moins d'une disposition contraire de la part du testateur (Proudhon, n. 1606). — Il serait peut-être plus juste de décider que l'indemnité doit être employée à la reconstruction de la maison incendiée.

287. Lorsque le bâtiment grevé d'usufruit vient à tomber et cause du dommage aux propriétés voisines ou à quelques personnes, c'est au nu-propriétaire et non à l'usufruitier de pourvoir aux indemnités qui peuvent être dues aux tiers qui ont souffert du dommage, à moins que la ruine n'ait été occasionnée par le défaut d'entretien durant l'usufruit, ou même avant son ouverture, si l'usufruitier, en ayant eu connaissance, a négligé d'y faire les réparations nécessaires (C. civ. 1386; Toullier, 11. 317).

V. Legs, note 24. — Substitution, note 73. — Usufruit légal ou Jouissance légale, note 144. — Enregistrement, note 18.

[70]

DES ACTES JUDICIAIRES ET EXTRA-JUDICIAIRES.

DIVISION SOMMAIRE :

Indication alphabétique :

§ 1. DES ACTES JUDICIAIRES.

1. On appelle acte *judiciaire* celui qui se fait en la présence ou sous la surveillance directe ou indirecte du juge.

2. Les actes judiciaires tendent à faire statuer le juge sur une contestation, tels sont les assignations à parties ou à témoins, les ajournements, les citations, les actes d'appel, les réquisitions d'ordre, etc.

3. Ils ne se passent pas tous en la présence du juge, mais le premier acte de toute procédure judiciaire, c.-à-d. la demande, soumet la contestation au juge, l'en saisit, et tous les actes ultérieurs sont aussi faits ou en sa présence ou sous son autorité. — V. note 20, n. 4.

4. Par l'acte judiciaire, la partie, indépendamment des droits généraux accordés par la loi, jouit des droits particuliers qu'elle est censée recevoir de l'intervention directe ou indirecte du juge (Berriat, p. 641).

5. En général, ce n'est que sur une interpellation judiciaire et proposée par le juge lui-même, sur la demande de l'une des parties, que le silence peut être pris pour un aveu. — V. note 215 et note 26, n. 155.

V. *hypothèque*, note 30, n. 255 et suiv. — *Cautionnement judiciaire*, note 32.

§ 2. DES ACTES EXTRAJUDICIAIRES.

6. L'acte *extrajudiciaire* est celui auquel le juge ne participe ni par sa présence ni par sa surveillance, et qui est fait hors cette présence ou cette surveillance.

7. Les actes extrajudiciaires ont pour objet de prévenir une contestation, de conserver un droit : telles sont les offres réelles, la consignation (V. note 48), les significations, sommations, oppositions, commandements, etc. — V. *note* 20, *n.* 5, et *acte conservatoire, note* 34.

8. Quelquefois ils exigent l'intervention du juge ; mais ils émanent toujours d'une juridiction gracieuse ou volontaire, comme les nominations de tuteur, les émancipations, les actes des notaires, etc.

9. L'opposition à un jugement par défaut contre partie, formée par acte *extrajudiciaire*, doit être réitérée dans la huitaine par acte *judiciaire*, à peine de nullité (C. proc. 162).

10. Un acte extrajudiciaire n'a point l'autorité de forcer qui que ce soit à s'expliquer sur les interpellations qu'il contient. Si l'on accordait un effet semblable à l'acte extrajudiciaire, ce serait accorder par là même au particulier qui le notifie une autorité sur son adversaire, tandis que tous les particuliers sont égaux aux yeux de la loi (Berriat, 641).

11. Cependant, dans le cas de l'art. 1139 du C. civ., l'interpellation faite par acte extrajudiciaire peut avoir pour effet de forcer l'interpellé à s'expliquer. — V. *note* 58, *n.* 45.

[71]

DES AISANCES, APPARTENANCES ET DÉPENDANCES.

Indication alphabétique :

1. Le mot *aisances*, en parlant d'une maison, s'entend de tout ce qui a rapport à cette maison et en forme un accessoire de peu d'importance qu'il n'est pas besoin de désigner : le mieux est cependant de désigner tout ce qui compose une maison, pour éviter toute contestation sur ce point, car on doit savoir que les procès, relativement aux dépens, ne se règlent point sur l'importance de la chose, quand il s'agit d'un immeuble ; un objet immobilier de valeur de 5 fr. coûtant souvent plus, par les incidents qui s'élèvent dans l'instance, qu'un objet de valeur de 100,000 fr.

2. On appelle *appartenances* et *dépendances* les parties intégrantes d'une chose et qui, avec elle, ne constituent qu'un tout.

3. En général, les *aisances*, *appartenances* et *dépendances* comprennent tout ce qui, par la loi, l'usage ou la destination du père de famille, est annexé à une chose principale, et destiné pour en être l'accessoire et en former partie (L. 19, D. *de auro et arg.* ; L. 20, § 7. D. *de instr. vel inst. leg.* ; L. 91, § 5, D. *de leg.*) ; ainsi :

4. 1° Les statues scellées en plâtre sur leurs gaînes qui sont elles-mêmes encastrées dans des murs sur terrasses, et les orangers d'un jardin sont des appartenances et dépendances d'une maison, d'un jardin et d'une orangerie.

5. 2° Les avenues, parcs, enclos, potagers, etc., sont compris dans les appartenances et dépendances d'un château.

6. 3° Les métairies, les fermes qui entourent ou avoisinent un domaine principal, et qui n'ont toujours fait avec ce domaine et dépendances, qu'une même régie, doivent être considérées comme appartenances et dépendances de ce domaine.

7. 4° Lorsqu'une ferme a été vendue d'après le prix du

bail, sans aucune réserve, tout ce qui fait partie de la ferme est compris dans la vente, encore que le procès-verbal d'adjudication détaille les diverses parties de la ferme et que plusieurs des objets qui en dépendent ne s'y trouvent pas désignés.

8. 5° Les biefs et sous-biefs sont une dépendance des moulins et usines pour l'utilité desquels ils ont été pratiqués, alors même qu'ils n'auraient pas été entièrement creusés à cet effet. Le propriétaire du moulin est propriétaire du bief, et par suite des bords de l'eau, tellement que le riverain d'un tel bief n'a pas la prise d'eau aux termes de l'art. 644 (Cass. 14 août 1827).

9. 6° Tout canal de fuite d'un moulin à eau est présumé, de plein droit, faire partie intégrante du moulin au service duquel il est destiné, et comme tel il est compris de plein droit dans la vente du moulin (Toulouse, 1 juin 1827; Bordeaux, 23 janv. 1828).

10. 7° Lorsqu'un moulin, le canal et les eaux qui le font mouvoir, font corps avec une propriété appartenant au même maître, si celui-ci vend le moulin avec ses appartenances et ses dépendances, et qu'il lui reste encore des propriétés arrosables et arrosées en dessus ou en dessous de ce moulin, il ne vend l'usage de l'eau que pour faire mouvoir le moulin; il ne vend ni le canal ni les eaux; il en reste propriétaire et n'en transmet que l'usage (Cass. 18 juill. 1822).

11. Toutefois, le droit sur des marais communaux, bien qu'accessoire à la propriété d'un immeuble, n'est point compris dans la saisie de l'immeuble sous le titre d'*appartenances* et *dépendances*, parce que ces dernières expressions ne doivent s'entendre que des appartenances et dépendances des bâtiments ruraux et des pièces désignées dans le procès-verbal, et non de biens communaux étant la co-propriété des habitants et partageables seulement par tête : d'où il suit que l'adjudicataire de l'immeuble ne peut réclamer, comme comprise dans la saisie, la portion des marais communaux échue au saisi par suite du partage fait avant l'adjudication (C. proc. 731; Cass. 29 janv. 1822).

12. Quant au legs d'un château ou d'une maison avec ses appartenances et ses dépendances, il ne comprend les fonds et autres biens particuliers qui y sont adjacents, que quand le tout a été acquis par un même contrat, ou quand le père de famille en a usé comme des appartenances ou dépendances du château ou de la maison (Rousseaud de Lacombe; Fachin, liv. v, ch. 63).

[72]

DES ASCENDANTS.

Indication alphabétique :

1. On appelle *ascendants* tous les parents dont on descend en ligne directe; et dans ce sens les père et mère sont du nombre des ascendants; mais, parce qu'ils sont au premier degré, on les distingue des autres ascendants, et ce dernier nom est plus propre aux aïeul et aïeule et autres qui sont au-dessus.

2. Les ascendants ont des droits et sont soumis à des obligations que nous allons rappeler succinctement :

3. ABSENCE. Les ascendants ont droit à la surveillance des enfants d'un père qui a disparu, ainsi qu'il est dit aux art. 142 et 143 du C. civ.

4. ACCEPTATION DE DONATION. Les ascendants peuvent accepter les donations faites à leurs petits-enfants mineurs. — V. *note* 10, *n*. 32, 57 *et suiv.*, 78.

5. ACTE RESPECTUEUX. Relativement au mariage, les petits-enfants sont obligés de demander le consentement de leurs aïeuls et aïeules. — V. C. civ. 150 et note 63, n. 186 et suiv.

6. ALIMENTS. Des aliments sont dûs à l'ascendant dans les cas prévus par les art. 205 et 206 du C. civ., par cela seul qu'il est dans le besoin et encore qu'il n'éprouve pas d'infirmités qui le mettent hors d'état de pourvoir à sa subsistance; c'est aux enfants, gendres et belles-filles à prouver qu'il a des moyens d'existence (Colmar, 23 fév. 1813).— V. note 63, n. 370 et suiv., 409 et suiv., 422.

7. COMMUNAUTÉ. L'immeuble abandonné ou cédé par père, mère ou autre ascendant à un époux, soit pour le remplir de ce qu'il lui doit, soit à la charge de payer les dettes du donateur à des étrangers, n'entre point en communauté, sauf récompense ou indemnité (C. civ. 1406).

8. Et lorsque la communauté est poursuivie pour les dettes de l'un des époux, déclaré par contrat franc et quitte de toutes dettes antérieures au mariage, le conjoint a droit à une indemnité, qui se prend soit sur la part de communauté revenant à l'époux débiteur, soit sur les biens personnels dudit époux; et en cas d'insuffisance, cette indemnité peut être poursuivie par voie de garantie contre le père, la mère, l'*ascendant* ou le testateur, qui l'auraient déclaré franc et quitte (C. civ. 1513).

9. CRIMES ET DÉLITS. — V. C. pén. 312 et 380.

10. DÉPENS. Les dépens peuvent être compensés en tout ou en partie entre conjoints, *ascendants*, descendants, frères et sœurs, ou alliés au même degré (C. proc. civ. 131).

11. DONATION. Les pères et mères, les autres *ascendants*, les parents collatéraux des époux, et même les étrangers, peuvent par contrat de mariage disposer de tout ou partie des biens qu'ils laisseront tant au profit des époux qu'au profit de leurs enfants à naître (C. civ. 1082). — C'est ce qu'on appelle *institution contractuelle*, *substitution*. - V. notes 73 et 81.

12. Mariage. En ligne directe, le mariage est prohibé entre tous les ascendants et descendants légitimes ou naturels, et les alliés dans la même ligne (C. civ. 161 ; - V. note 63, n. 195). — V. n. 5 et 14.

13. Nullité de contrat. La violence est une cause de nullité de contrat, même lorsqu'elle a été exercée sur les ascendants de la partie contractante (C. civ. 1113). — La seule crainte révérentielle envers le père, la mère, ou autre ascendant, sans qu'il y ait eu de violence exercée, ne suffit point pour annuler le contrat (C. civ. 1114).

14. Opposition. Les ascendants dont le consentement est requis pour la validité du mariage de leurs petits-enfants ont le droit d'y former opposition ; et ils ne peuvent être condamnés à des dommages-intérêts pour l'avoir fait (C. civ. 176, 179, 182 et suiv. ; V. note 63, n. 246, 272, 294 et suiv.)

15. Partage anticipé. Les père et mère et autres ascendants peuvent faire, entre leurs enfants et descendants, la distribution et le partage de leurs biens, conformément aux art. 1075 et suiv. du C. civ. — V. note 60, n. 51 et suiv.

16. Quotité disponible. Les ascendants ont la faculté de disposer de leurs biens en faveur de leurs descendants dans les proportions indiquées par les art. 913 et suiv. du C. civ. — *V. note* 130.

17. Réserve légale. Mais d'un autre côté les enfants ne peuvent disposer de la totalité de leurs biens au préjudice de leurs ascendants; ceux-ci ayant droit à une réserve (C. civ. 915) qui peut toutefois se réduire à une nue-propriété lorsque la disposition est entre époux (C. civ. 1094). — V. *note* 130.

18. Retour légal. Les ascendants succèdent à l'exclusion de tous autres aux choses par eux données à leurs enfants ou descendants décédés sans postérité, lorsque les objets donnés se retrouvent en nature dans la succession (C. civ. 747). — *Pour ce retour comme pour le retour conventionnel*, v. *la note* 190.

19. Succession. Les successions sont déférées aux enfants et descendants du défunt, à ses *ascendants* et à ses parents collatéraux, dans l'ordre et suivant les règles établies par les art. 731, 746 et suiv. du C. civ. — *V. note* 88.

20. Témoignage. Les ascendants ne peuvent être pris pour témoins dans les actes notariés. — *V. note* 2, *n.* 21 *et suiv.*

21. Ils ne peuvent être non plus appelés ni reçus en témoignage (*C. instr. crim.* 156 et 322). — Mais ce dernier article n'est pas applicable au témoignage, par exemple, d'un aïeul naturel de l'accusé (Liége, 24 déc. 1823).

22. Tutelle. Les ascendants ne sont pas tenus de conserver la tutelle d'un interdit au delà de 10 ans (C. civ. 508).

23. Et quoiqu'un mineur devenu majeur ne puisse disposer au profit de celui qui aura été son tuteur, si le compte définitif de la tutelle n'a été préalablement rendu et apuré, il le peut cependant au profit de l'ascendant qui a été son tuteur (C. civ. 907).

[73]

DES SUBSTITUTIONS.

DIVISION SOMMAIRE :

Indication alphabétique :

§ 1. DE L'ABOLITION ET PROHIBITION DES SUBSTITUTIONS.

1. *Toutes substitutions sont interdites et prohibées à l'avenir* (Décr. 25 oct. - 14 nov. 1792, art. 1).

2. *Les substitutions faites avant la publication du présent décret, par quelques actes que ce soit, qui ne seront pas ouvertes à l'époque de ladite publication, sont et demeurent abolies et sans effet* (*Ibid.* art. 2).

3. *Les substitutions ouvertes lors de la publication du présent décret n'auront d'effet qu'en faveur de ceux seulement qui auront alors recueilli les biens substitués, ou le droit de les réclamer* (Ibid. art. 3).

4. Les substitutions autorisées sous l'ancienne législation avaient pour objet la transmission de tous les biens de la famille, à perpétuité de mâle en mâle par ordre de primogéniture, à la charge que chacun des héritiers conserverait pour rendre lui-même à un héritier désigné. Ce sont ces substitutions qui ont été abolies par le décret précité.

5. *Les substitutions sont prohibées. — Toute disposition par laquelle le donataire, l'héritier institué, ou le légataire sera chargé de conserver et de rendre à un tiers, sera nulle, même à l'égard du donataire, de l'héritier institué, ou du légataire.....* (C. civ. 896).

6. Les substitutions qui ont été proscrites en principe par l'article qui précède, ont cependant été admises, sous forme d'exception, par le C. civ. lui-même (V. *inf.* n. 71), en faveur des petits-enfants du donateur ou testateur, ou des enfants de ses frères et sœurs; et peu à peu elles se sont étendues dans la législation, de telle sorte que maintenant elles peuvent être considérées comme érigées en principe, pourvu que la substitution se fasse jusqu'au deuxième degré inclusivement. — V. *inf.* n. 73.

7. L'art. 896 lui-même qui, dans l'origine, n'était composé que des deux premiers paragraphes, a subi les modifications résultant des changements opérés par la loi politique, ainsi qu'on le voit par son troisième paragraphe qui, avec le rétablissement de la noblesse, a ramené le régime des dotations en faveur des chefs de famille qui désiraient attacher un apanage à la transmission d'un titre héréditaire. — Il est vrai que la dernière disposition de l'art. 896 s'est trouvé restreinte par la loi du 12 mai 1835, qui défend toute institution nouvelle de majorats pour l'avenir; mais tous les majorats qui étaient constitués lors de la promulgation de cette loi, n'en doivent pas moins continuer, dans l'état actuel de notre législation, à produire perpétuellement leur effet, par le maintien de la substitution établie à l'infini, de mâle en mâle, par ordre de primogéniture, comme cela avait lieu sous la législation ancienne. — V. *inf.* n. 52 et s.

8. Mais la loi du 17 mai 1826 (V. *inf.* n. 73), en étendant au deuxième degré inclusivement le droit de substitution, et surtout en permettant (ce que le Code avait défendu) d'établir la charge de rendre au profit de l'un des enfants ou petits-enfants du donataire, à l'exclusion de tous les autres, a, de fait, réintégré dans notre législation une substitution véritable, car les art. 1048 et suiv. stipulaient plutôt un droit de retour qu'une substitution. — Il est à remarquer que cette loi a si bien rétabli le droit de substitution, que si, dans une famille, on renouvelait, de deux générations en deux générations, le même acte, il se trouverait une substitution formelle établie au profit de l'une des branches, à l'exclusion de toutes les autres (C. Jal. Pal.).

9. Ainsi, l'état actuel de la législation, à l'égard des substitutions, se trouve partagé entre :

10. 1° Les anciennes substitutions qui étaient en cours d'exécution au moment où fut rendue la loi de 1792 (V. *sup.* n. 1, 2 et 3), abolitive de toutes les substitutions alors existantes.

11. 2° Les substitutions créées depuis la promulgation du C. civ. en faveur de tous les enfants nés et à naître, au premier degré seulement, d'un enfant donataire ou d'un frère ou d'une sœur également donataire, disposition autorisée par les art. 1048 et 1049 du C. civ., mais sous la condition formelle exprimée par l'art. 1050, que la charge de restitution serait au profit de tous les enfants nés et à naître du grevé, sans exception ni préférence d'âge ou de sexe. — V. *inf.* n. 75.

12. 3° Les substitutions créées à titre de majorat depuis le rétablissement de la noblesse opéré par les actes des 30 mars et 14 août 1806, substitutions qui sont interdites pour l'avenir à partir de la promulgation de la loi du 12 mai 1835. — V. *inf.* n. 54.

13. 4° Et les substitutions qui sont autorisées par la loi du 17 mai 1826, avec la charge de rendre à *un* ou *plusieurs* enfants du donataire nés ou à naître jusqu'au deuxième degré inclusivement. — V. *inf.* n. 73.

14. Sont nulles, comme renfermant des substitutions prohibées, par application de l'art. 896 rappelé *sup.* n. 5 :

15. 1° La clause par laquelle le testateur déclare que « si son légataire meurt sans laisser d'enfant légitime, il veut que les biens légués retournent à ses héritiers collatéraux » (Pau, 4 janv. 1826; Cass. 30 mars 1829; Amiens, 25 fév. 1837).

16. 2° La disposition qui, après avoir institué conjointement deux légataires universels, ajoute que l'entière hérédité passera à celui qui survivra (Montpellier, 30 av. 1833; Cass. 26 déc. 1836). — V. *inf.* n. 42.

17. 3° La clause par laquelle, après avoir institué un légataire universel, le testateur ajoute « à la charge de rendre l'entière hérédité à la fin de ses jours, ou plutôt, si bon lui semble, à l'aîné de ses enfants mâles, et, à défaut de mâles, à l'aînée de ses filles » (Agen, 30 janv. 1806; Cass. 7 janv. 1806; Favard). — Mais V. *inf.* n. 71 et suiv.

18. 4° La clause d'un testament par laquelle le testateur, après avoir institué un légataire universel, déclare que, dans le cas où ce légataire décéderait avant sa majorité, les objets tant mobiliers qu'immobiliers dépendants de sa succession devenus libres par ce décès, appartiendront à d'autres légataires désignés (Cass. 8 janv. 1812; Paris, 7 therm. an XII; 30 août 1820; Toulouse, 18 janv. 1841; Toullier, 5, 42; Grenier, 1, 121; Roll. de V...., 241).

19. 5° La clause pénale ayant pour objet d'assurer l'exécution d'une substitution prohibée; telle est celle par laquelle un tiers est institué héritier universel pour le cas où

l'héritier naturel attaquerait un testament antérieur contenant une substitution (Paris, 28 juin 1811 ; Cass. 30 juill. 1827 ; Bordeaux, 30 juill. 1832 et 2 janv. 1833 ; Roll. de V..., 343).

20. 6° La disposition par laquelle un testateur, après avoir imposé à l'héritier institué l'obligation de conserver et de rendre, déclare qu'en cas de décès de ce dernier et des substitués, sans postérité, tous les biens qui se trouveront exister alors appartiendront à un tiers (Cass. 25 mai 1836).

21. 7° La disposition par laquelle deux époux, dans leurs testaments respectifs, s'instituent réciproquement légataires universels, pour jouir, faire et disposer de leurs biens, en toute propriété, à la charge cependant, qu'après leur décès leurs biens soient partagés entre les deux familles (Bruxelles, 6 déc. 1809 ; Cass. 16 déc. 1833). — V. *inf.* n. 143.

22. 8° Toute disposition qui, après avoir attribué la propriété à l'un à partir d'un moment donné, tellement qu'il en aura été investi, transférera ensuite à l'autre cette même propriété après un intervalle de temps donné, de manière que la propriété ne puisse lui arriver qu'après avoir passé par les mains du premier institué (C. Jal. Pal.). — V. *inf.* n. 31.

23. 9° Dans la clause suivante « J'institue pour mon héritier *Paul*, à la charge de conserver et de rendre mes biens à *Pierre*, et en cas que *Paul* ne soit pas mon héritier, je lui substitue *Jean*. » *Jean*, en effet, étant subrogé, le cas échéant, à tous les droits que *Paul* était appelé à exercer et sous les mêmes conditions, il y a en cela charge de conserver et de rendre les biens à *Pierre*. L'institution sera donc nulle à l'égard de tous (C. Jal. Pal.).

24. Mais il n'y a point substitution prohibée :

25. 1° Quand le testateur institue un légataire universel dans le cas où son légataire viendrait à décéder sans enfants mâles (Cass. 23 juill. 1834 ; 21 juin 1841).

26. 2° Lorsque le testateur déclare qu'il entend que toute sa succession tant mobilière qu'immobilière soit partagée également entre les héritiers qu'il institue, et que, dans le cas de décès d'un ou de plusieurs d'entre eux, il veut que leur portion accroisse aux autres, s'ils sont décédés sans postérité, et sans avoir disposé (Rouen, 10 juin 1814 ; Cass. 3 juin 1823).

27. 3° Dans la clause d'un testament qui porte que dans le cas où la personne à laquelle le testateur lègue l'usufruit de ses immeubles viendrait à se marier et à laisser lors de son décès un ou plusieurs enfants légitimes, les biens légués en usufruit deviendront sa propriété et feront partie de sa succession (Rouen, 22 fév. 1834 ; Cass. 17 juin 1835).

28. 4° Dans la disposition par laquelle un testateur institue plusieurs individus pour ses légataires universels, à la condition expresse que si l'un d'eux vient à décéder sans postérité, sa portion accroîtra à ses co-légataires universels survivants et non à ses père et mère, c.-à-d. à ses héritiers naturels (Cass. 17 fév. 1836). — V. *inf.* n. 42.

29. 5° Lorsqu'un testateur, après avoir institué un légataire universel, ajoute qu'au cas où ce légataire décéderait sans enfants avant sa mère, celle-ci recueillerait la succession (Paris, 17 déc. 1836).

30. 6° Dans la disposition testamentaire ainsi conçue : J'institue pour mon seul et unique héritier universel et général mon frère...., pour prendre possession de mes biens et hérédités après ma mort, d'après un inventaire général dressé en bonne forme, pour jouir des revenus, sa vie durant, et, après sa mort, mon neveu.... prendra possession de tous les biens que j'aurais laissés à mon frère, et si mon neveu venait à mourir avant lui et sans enfants légitimes, après la mort de mon frère tous mes biens passeraient aux enfants de mes nièces (Montpellier, 12 mars 1830 ; Cass. 25 juill. 1832).

31. 7° Dans la clause ainsi conçue : « Je donne et lègue tous mes autres biens à.... et à Thimoléon de M...., je déclare néanmoins que je n'entends léguer aud. Thimoléon de M.... la propriété de sa portion desdits biens que dans le cas où il laissera à l'époque de son décès des enfants légitimes, et le contraire arrivant, je lui lègue seulement la jouissance et l'usufruit desdits biens ; et, au dit cas, je lègue la nue-propriété à Eugène D...., mon neveu (Cass. 25 juill. 1832 ; Toulouse, 15 juin 1833).

32. 8° Dans la clause suivante : « Si le légataire vient à mourir sans enfants, le legs passera à *telle* autre personne (Paris, 14 av. 1836).

33. 9° Lorsque la disposition insérée au testament ne renferme pas expressément la charge de *conserver et de rendre*, ce qui est le caractère principal des substitutions fidéicommissaires (Bordeaux, 9 mai 1836 ; Cass. 20 nov. 1837).

34. 10° Dans la clause d'une donation par contrat de mariage faite sous la réserve du droit de retour au profit du donateur et de ses héritiers, dans le cas de prédécès du donataire sans enfants ou descendants (Bordeaux, 5 mars 1824 ; 22 juin 1835 ; Cass. 8 juin 1836).

35. 11° Dans la clause par laquelle un testateur appelle ses frères et sœurs à son hérédité au cas où son héritier ne recueillerait pas sa succession, ou décéderait sans en avoir disposé (Montpellier, 13 fév. 1829).

36. La volonté de faire une substitution doit être *expresse* ; elle doit résulter au moins du sens et de la signification des termes. Ainsi, une volonté purement *précaire* de la part du testateur, c.-à-d. qui ne serait exprimée qu'en termes de *prière*, ne suffirait pas (Cass. 5 juin 1809). — D'où il suit que le simple vœu exprimé par le testateur que celui qu'il institue légataire, dispose en faveur d'un tiers des biens légués, ne suffit pas pour constituer une substitution prohibée (Cass. 20 janv. 1824).

La nullité de la substitution est absolue dans le cas posé en l'art. 896 rappelé *sup.* n. 5.—Ainsi :

37. Lorsque l'un des institués, après avoir été saisi lui-même de la propriété des biens, à l'ouverture de la succession, a été chargé de conserver pour rendre ensuite à un second institué, l'intervalle de temps pendant lequel la propriété sera demeurée sur sa tête, comme propriété indivise et indéterminée, puisqu'elle devait définitivement passer à un tiers, emporte nullité de l'acte. Et cette nullité doit aux termes de l'art. précité, rétroagir sur le premier institué lui-même. En effet, dans l'intention même du disposant, il n'a pas voulu faire en faveur du premier institué une attribution définitive, puisqu'il l'a grevé de substitution. Ce serait donc le gratifier au delà de sa part que de lui donner à titre définitif ce que le testateur n'avait voulu

lui attribuer qu'à titre provisoire, ce serait créer un testament et non ordonner l'exécution d'une volonté exprimée. — La nullité de la substitution emporte donc toujours nullité de l'attribution faite au premier institué (Cass. 18 janv. 1808; 7 nov. 1810 et 26 juin 1811). — Et si la substitution ne frappe que partie des biens légués, le legs ne sera annulé qu'à l'égard de cette portion de biens qui était seule grevée de substitution (Bordeaux, 21 août 1813; Cass. 3 août 1815).

38. Cependant, si la substitution se trouve, par le fait, séparée de l'institution première, on pourra arriver à cette conséquence que la nullité résultant de la substitution ne rétroagira pas nécessairement dans ce cas particulier sur l'institution première, qui aura son effet, même après que la disposition faite au profit du second institué aura été déclarée nulle. C'est ce qui aura lieu, par exemple, lorsque l'institution, ayant été d'abord pure et simple, la clause d'où résulte la substitution aura été ajoutée par codicile, ou bien, lorsqu'étant insérée dans le même testament, elle sera tellement indépendante de la première qu'il en résultera la preuve que l'une et l'autre n'ont pas été, chez le testateur, le résultat de l'émission d'une seule et même pensée. — Dans ce cas, la seconde institution étant nulle sera réputée non écrite, et la première institution demeurera seule pour produire son effet (Favard, ch. 1, sect. 5, n. 5). — Et si la clause établissant la substitution est nulle en la forme, elle sera alors réputée non écrite, et il ne restera plus que l'institution principale qui, dans ce cas, recevra son exécution (*Ibid.* n. 7 et suiv.). — Cependant, il a été décidé que la nullité de la substitution entraînait celle de l'institution, bien que la substitution fût faite par un acte distinct de celui qui contenait l'institution principale, par exemple, par un codicile annexé à un testament, si d'ailleurs des termes, dont s'est servi le disposant, il résulte que le tout formait une seule et même disposition (Cass. 21 juin 1841).

39. Il en sera de même toutes les fois que les termes desquels résulterait la substitution paraîtront avoir été ajoutés, sans qu'il y ait eu à cet égard une pensée bien arrêtée dans l'esprit du testateur d'établir une substitution.

40. Dans ces diverses hypothèses, on pourra décider que l'institution ne renferme pas une substitution, mais qu'il y a été seulement ajouté une condition contraire à la loi, et qui, aux termes de l'art. 900, devra être réputée non-écrite, en sorte que la première institution restera seule pour recevoir son exécution. — Toutefois, jamais une pareille distinction ne pourra être admise lorsque l'institution établie d'un seul contexte renfermera à la fois la charge de conserver et de rendre, car alors il y aurait violation formelle de l'art. 896 du C. civ.

41. Dans tous les cas douteux, on devra appliquer la maxime « qu'un acte doit plutôt être interprété dans le sens où il sera valable que dans le sens où il serait absolument nul. » Ainsi, toutes les fois que l'institution pourra être prise dans le sens d'une institution conjointe, susceptible d'exécution, elle devra être maintenue alors même qu'elle pourrait présenter également le sens d'une substitution prohibée. — Spécialement, si elle est faite au profit des enfants d'une personne, on doit supposer que le testateur n'a eu en vue de gratifier que les enfants seulement qui seraient nés ou conçus au moment du décès, c.-à-d. les enfants capables de recevoir, plutôt que les enfants qui naîtraient ou seraient conçus même après son décès, et qui, à ce titre, se trouveraient incapables. — On décidera donc qu'il a voulu plutôt faire un testament valable au profit des capables qu'un testament nul au profit d'incapables; car il ne pouvait ignorer que celui qui n'est pas encore conçu n'a pas de capacité pour recevoir (C. civ. 725; Douai, 10 av. 1840). — Dans le cas qui précède, les enfants existant lors de la donation, recueillent cette donation en entier à l'exclusion des enfants à naître (Liége, 18 nov. 1828).

42. En principe, toutes les fois que la clause d'un testament emportant substitution d'une personne à une autre peut être entendue dans le sens d'une substitution vulgaire qui est permise, aussi bien que dans le sens d'une substitution prohibée, on doit la déclarer valable (Toulouse, 4 juill. 1840; Roll. de V..., *substit.* n. 124). — Ainsi, est valable la clause ainsi conçue : « Je lègue tout mon mobilier à Joseph O.... et aux époux M.... ; mais, le cas arrivant où Joseph O... vienne à décéder avant les époux M..., je veux que ceux-ci profitent de mon entière disposition; il en sera de même dans le cas où les époux M... décéderaient avant Joseph O... (Même arrêt).— V. *sup.* n. 16 et 28.

43. La disposition testamentaire portant que les institués ne pourront vendre ni aliéner les biens légués, et qu'ils seront forcés de les laisser à leurs enfants ou à leurs *héritiers*, peut être interprétée, soit d'après l'acception ordinaire du mot *héritiers*, soit d'après les autres passages du testament, comme ne renfermant qu'une substitution aux premier et deuxième degrés, permise par la loi du 17 mai 1826 (V. *inf.* n. 73.), sans qu'il en résulte une ouverture à cassation (Cass. 24 mars 1829, 5 fév. 1835).

44. Mais toute clause par laquelle on aura voulu, sous une forme tacite, cacher une substitution réellement fidéicommissaire, devra être déclarée nulle (Merlin, *quest.* v°. *substit.* § 6; Favard, v°. *substit.* ch. 1, sect. 3, n. 21; Proudhon, v° *usuf.* 4446).

45. La substitution peut d'ailleurs être établie par des preuves antérieures à l'acte. Ainsi, on peut invoquer des lettres de la testatrice pour prouver que le testament régulier en la forme qui est représenté, quoique renfermant un legs pur et simple, couvre en réalité une substitution fidéicommissaire ou plutôt un fidéicommis tacite (Orléans, 8 av. 1813; Cass. 22 déc. 1814. — *Contrà*, Limoges, 11 janv. 1841; Cass. 16 mars 1842, et suivant ce dernier arrêt la déclaration écrite ne confère pas à la personne désignée comme substituée un droit contre le légataire ou ses héritiers pour se faire mettre en possession des biens compris dans le legs).

46. Le testateur peut cependant, en instituant un légataire universel, déclarer qu'il le charge de disposer des immeubles légués en faveur des parents du testateur luimême, comme il lui conviendra, et en choisissant ceux à qui il reconnaîtra le plus de mérite. Une pareille disposition n'étant pas strictement obligatoire, ne constitue pas une substitution (Aix, 9 fév. 1841).

47. Lorsqu'un testateur a légué la jouissance d'une portion de ses immeubles à un tiers, qu'il a ensuite ordonné que cette jouissance se continuerait à perpétuité en faveur des descendants du légataire, et qu'enfin il a prescrit que si ce dernier décédait sans postérité légitime, ou, si la postérité venait à s'éteindre, la jouissance serait amortie au

profit de la succession de lui testateur; une telle disposition ne contient pas une substitution prohibée (Cass. 22 juill. 1835, 24 mai 1837; Montpellier, 10 fév. 1836)

§ 2. DES EXCEPTIONS A LA RÈGLE QUI PROHIBE LES SUBSTITUTIONS; OU DES SUBSTITUTIONS FIDÉI-COMMISSAIRE ET VULGAIRE.

48. Le mot *substitution* exprime l'action de mettre une personne à la place d'une autre, pour recueillir à son défaut ou après elle le profit d'une disposition. Cette espèce de subrogation se fait par deux voies différentes : la première s'appelle *fidéicommis* ou *substitution fidéicommissaire*; la seconde s'appelle *substitution directe* ou *vulgaire*.

49. La *substitution fidéicommissaire* est celle qui a lieu lorsque le substitué ne doit profiter de l'institution ou du legs qu'après le premier appelé, et ne les reçoit par conséquent que de la main de celui-ci; telle est cette disposition : *J'institue Pierre mon héritier, et je veux qu'à sa mort il remette ma succession à Antoine.*

50. La *substitution directe* ou *vulgaire* n'est autre chose que l'institution d'un second héritier ou légataire, pour le cas où le premier serait incapable ou refuserait d'accepter la disposition faite en sa faveur. Par exemple, si un testateur dit : *J'institue Pierre mon héritier; et au cas qu'il ne veuille pas ou ne puisse pas l'être, j'institue Antoine*, il résultera de ces termes une substitution appelée directe, parce que, si elle vient à s'ouvrir, Antoine prendra directement la succession de la main du testateur.

51. Par la *substitution fidéicommissaire* on ne doit recueillir que *l'un après l'autre*, tandis que par la *substitution directe ou vulgaire*, l'un doit recueillir à défaut de l'autre.— V. *note* 24, *n.* 398.

Art. 1. DE LA SUBSTITUTION FIDÉICOMMISSAIRE RELATIVE AUX MAJORATS.

52....*Néanmoins les biens libres formant la dotation d'un titre héréditaire que le Roi aurait érigé en faveur d'un prince ou d'un chef de famille, pourront être transmis héréditairement ainsi qu'il est réglé par l'acte du 30 mars 1806, et par celui du 14 août suivant* (C. civ. 896). — V. *sup.* n. 5.

53. Mais cette disposition a été modifiée ainsi qu'il suit :

54. *Toute disposition de majorats est interdite à l'avenir* (art. 1 de la loi du 12 mai 1835). —*Les majorats fondés jusqu'à ce jour avec des biens particuliers, ne pourront s'étendre au delà de deux degrés, l'institution non-comprise* (art. 2.)— *Le fondateur d'un majorat pourra le révoquer en tout ou en partie, ou en modifier les conditions. — Néanmoins, il ne pourra exercer cette faculté s'il existe un appelé qui ait contracté antérieurement à la présente loi, un mariage non-dissous ou dont il soit resté des enfants. En ce cas, le majorat aura son effet restreint à deux degrés, ainsi qu'il est dit dans l'art. précédent* (art. 3.)— *Les donations ou portions de donations consistant en biens soumis au droit de retour en faveur de l'Etat, continueront à être possédées ou transmises conformément aux actes d'investiture, et sans préjudice des droits d'expectative ouverte par la loi du 5 déc. 1814* (art. 4).

55. *A l'avenir, aucun traitement, aucune pension, aucune dotation ne pourra être attaché à la dignité de Pair.* (L. 29 déc. 1831, § 32, remplaçant l'art. 23 de la Charte Const. de 1830).

56. Il y avait deux espèces de majorats : le majorat *de propre mouvement*, et le majorat *sur demande*. Le majorat *de propre mouvement* était formé de biens donnés par le prince et provenant du domaine public, il était donné en conséquence de services rendus à l'État par un acte du corps législatif, sur la proposition du Roi. — Le majorat *sur demande* était celui qu'un chef de famille était autorisé à former de ses propres biens.

57. Le majorat était constitué *pour la pairie* ou *hors la pairie*. — Le majorat *pour la pairie* devait être d'un revenu net de 30,000 fr. pour un *Duc*; de 20,000 fr. pour un *Marquis* ou *Comte* et de 10,000 fr. pour un *Vicomte* ou *Baron* (Ord. roy. 25 août 1817 et 10 fév. 1824). — Le majorat *hors la pairie* devait être d'un revenu net au moins de 10,000 f. pour un *Marquis ou Comte*, et de 5,000 fr. pour un *Vicomte* ou *Baron* (Décr. 1 mars 1808; ord. roy. 10 fév. 1824). — Il n'y avait pas de majorat de *Chevalier*.

58. On pouvait faire entrer dans la formation d'un majorat : 1° des immeubles non grevés de substitution, 2° des biens grevés d'inscriptions hypothécaires ayant pour cause des rentes non exigibles, ou des créances non actuellement remboursables, pourvu que le requérant pût fournir sur ses autres biens une sûreté suffisante, 3° des rentes sur l'état et des actions de la banque de France (Décr. 1 mars 1808 et 17 mai 1809). — V. note 28, n. 785 et suiv.

59. En aucun cas, les biens admis dans la composition des majorats ne pouvaient excéder le tiers des biens libres appartenant à l'impétrant au moment de la formation; tellement que lorsqu'au décès du fondateur les biens affectés au majorat excèdent la quotité disponible, et ont été soumis à la réduction autorisée par les art. 920 et 921 du C. civ., le majorat est annulé et la transmission du titre reste sans effet (Ord. roy. 10 fév. 1824).

60. La femme mariée pouvait constituer en majorat, en faveur de son mari et de leurs descendants communs, les biens à elle propres, sans qu'il fût besoin d'autre autorisation que celle requise par l'art. 217 du C. civ (Décr. 17 mai 1809). — V. note 68 et le numéro qui précède.

61. Les majorats sont transmissibles dans la descendance *naturelle* ou *adoptive* du titulaire, de mâle en mâle, par ordre de primogéniture. Toutefois, les enfants adoptifs ne viennent au titre et au majorat, en vertu du seul acte d'adoption, qu'autant que les lettres patentes de la concession originaire en contiendraient l'autorisation expresse, ou en vertu d'une autorisation spéciale postérieure (Décr. 1 mars 1808). — Mais la descendance *naturelle* et *légitime* est seule admise pour les majorats de pairs, ce qui paraît exclure les enfants *adoptifs* (Ord. roy. 25 août 1817; Favard, v° *majorat*); faisant observer qu'il n'y a plus d'admission au titre de pair par droit d'hérédité aux termes de la loi du 29 déc. 1831, § 30, remplaçant l'art. 23 de la Ch. Constit.

62. La transmission dans la descendance de mâle en mâle, *par ordre de primogéniture*, doit s'entendre de la primogéniture dans les branches, et non dans toute la descendance de l'institué; c.-à-d. qu'elle doit être considérée dans la descendance de celui qui est grevé de la transmissibilité, de manière que la transmission suive toujours jusqu'à épuisement la ligne directe du descendant du premier né de l'institué, de mâle en mâle, de préférence aux branches collatérales, quoiqu'elles aient des premiers nés plus anciens d'âge relativement à l'institué. Ainsi, l'institué laissant deux fils, le fils de l'aîné prédécédé recueille le majorat

préférablement à son oncle, et il y vient de son chef comme descendant de la branche aînée : ainsi de suite dans la descendance de ce petit-fils (Favard, *ibid.*).

63. Mais, dans le cas d'extinction de mâle d'une branche, le majorat passe à l'autre branche (Paris, 30 juill. 1817).

64. Le majorat étant hors de la succession du titulaire, il en résulte que le fils aîné qui renonce à la succession de son père, recueille le majorat sans être tenu des dettes (Paris, 29 nov. 1808). — Du reste, la création d'un majorat constitue au profit de l'enfant qui en est investi, une donation par préciput et hors part (Cass. 22 mai 1833).

65. L'enfant, au profit duquel un majorat a été constitué, a le droit de retenir sur les biens qui le composent, non-seulement la quotité disponible, mais encore sa réserve, lorsqu'il existe dans la succession d'autres biens de *même nature*. — L'on doit considérer comme étant de *même nature* tous les immeubles, quelsque soient d'ailleurs leur espèce et leur mode de culture (Caen, 6 mars 1839).

66. Les biens qui forment les majorats sont inaliénables; ils ne peuvent être engagés ni saisis. Ainsi, tous actes qui les frapperaient de privilége ou hypothèque, ou qui en contiendraient aliénation sont nuls de droit, tellement qu'il est défendu aux notaires de recevoir de pareils actes; aux préposés de l'enregistrement de les enregistrer; aux juges d'en prononcer la validité (Décr. 1 mars 1808, art. 40, 41, 43). — V. note 2, n. 70 et 89.

67. Cependant, les titulaires peuvent obtenir, s'il y a nécessité ou utilité, l'autorisation d'aliéner ou d'échanger. La demande doit être adressée au garde des sceaux, et elle est examinée par la commission du sceau des titres. Si son avis est favorable, il intervient une ordonnance qui autorise l'aliénation ou l'échange, spécifie le mode à l'amiable ou aux enchères et les conditions de la vente et ordonne, s'il y a lieu, le dépôt du prix à la Caisse des consignations jusqu'au remploi (Décr. 1 mars 1808).

68. La jouissance des biens suit le titre sur toutes les têtes où il la fixe (Décr. 1 mars 1808); à la charge de payer une pension à la veuve du titulaire, pension qui est de la moitié ou du tiers des revenus, selon les cas prévus, et qui d'ailleurs est subordonnée à cette double condition : 1° que la veuve n'aura pas personnellement un revenu égal à celui que la pension lui aurait donné, 2° qu'elle restera en viduité, ou ne se remariera qu'avec la permission du roi (*Ibid.*).

69. Les revenus des majorats sont insaisissables, hors les cas et les proportions où ils auraient pu être délégués. Or, ils ne peuvent être délégués que pour les dettes privilégiées indiquées par l'art. 2101 du C. civ. et par les n. 4 et 5 de l'art. 2103. Encore la délégation n'est-elle permise qu'autant que les réparations n'excéderont pas celles qui sont à la charge des usufruitiers. En tous cas, la délégation ne peut avoir lieu que jusqu'à concurrence de la moitié du revenu (*Ibid.* art. 51 et 52).

70. S'il survient des cas qui exigent des travaux ou des réparations considérables aux édifices ou propriétés composant le majorat, et excédant les sommes dont la disposition est ci-dessus autorisée, il y est pourvu, s'il y a lieu, par une ordonnance du Roi, sur la demande du titulaire et l'avis de la commission du sceau (*Ibid.*).

ART. 2. DE LA SUBSTITUTION FIDÉICOMMISSAIRE EN FAVEUR DES ENFANTS OU PETITS-ENFANTS DU GREVÉ, QUI PEUT ÊTRE TOUT AUTRE QUE LE FILS OU LA FILLE, LE FRÈRE OU LA SOEUR DU DONATEUR OU TESTATEUR.

71. *Sont exceptées des deux premiers paragraphes de l'art. précédent* (rappelés *sup.* n. 5) *les dispositions permises aux père et mère et aux frères et sœurs, au chap.* VI *du présent titre* (c.-à-d. aux art. 1048 à 1074 du C. civ). — (C. civ. 897).

72. *Les biens dont les pères et mères ont la faculté de disposer pourront être par eux donnés, en tout ou en partie, à un ou plusieurs de leurs enfants, par actes entre-vifs ou testamentaires, avec la charge de rendre ces biens aux enfants nés et à naître, au premier degré seulement, desdits donataires* (C. civ. 1048).

73. La disposition permise par cet art. en faveur des enfants a été étendue aux petits-enfants du donataire ou légataire, quelqu'il soit, par la loi du 17 mai 1826 ainsi conçue : « *Les biens dont il est permis de disposer aux termes des art.* 913, 915 *et* 916 *du C. civ. pourront être donnés en tout ou en partie, par acte entre-vifs ou testamentaire, avec la charge de les rendre à un ou plusieurs enfants du donataire, nés ou à naître, jusqu'au deuxième degré inclusivement. — Seront observés pour l'exécution de cette disposition, les art.* 1051 *et suiv. du C. civ. jusques et y compris l'art.* 1074. »

74. *Sera valable, en cas de mort sans enfants, la disposition que le défunt aura faite par acte entre-vifs ou testamentaire, au profit d'un ou plusieurs de ses frères ou sœurs, de tout ou partie des biens qui ne sont point réservés par la loi dans sa succession, avec la charge de rendre ces biens aux enfants nés et à naître, au premier degré seulement desdits frères ou sœurs donataires* (C. civ. 1049).

75. *Les dispositions permises par les deux articles précédents ne seront valables qu'autant que la charge de restitution sera au profit de tous les enfants nés et à naître du grevé, sans exception ni préférence d'âge ou de sexe* (C. civ. 1050).

76. Les art. 1048, 1049 et 1050 du C. civ. (rappelés *sup.* n. 72, 74 et 75) sont pour ainsi dire entièrement abrogés par la loi de 1826 (rappelée *sup.* n. 73). — Ils n'admettaient les substitutions qu'avec la charge de rendre les biens aux enfants nés et à naître du donataire, au premier degré seulement; et l'art. 1050 exigeait, à peine de nullité, que la charge de restitution fût établie au profit de tous les enfants nés et à naître du grevé, sans exception ni préférence d'âge ou de sexe. — Ces deux principes fondamentaux ont été changés par la loi du 17 mai 1826 qui permet aujourd'hui d'établir la substitution jusqu'au deuxième degré, et la charge de restitution au profit de l'un des enfants du donataire à l'exclusion des autres.

77. Ainsi, le titre même du chapitre qui précède l'article 1048 du C. civ. devrait être changé, et rétabli comme le porte l'art. 2 qui précède notre n. 71, car aujourd'hui les substitutions sont permises de la part de toute personne au profit de toute personne, pourvu qu'elles portent seulement sur la quotité disponible et qu'elles s'appliquent à un ou plusieurs de leurs enfants sans s'étendre au-delà de deux degrés.

Toutefois, la disposition faite au profit du fils, à la charge de rendre à des tiers, au cas où il n'aurait pas d'enfants, ne renferme pas une substitution au profit de ces enfants. En conséquence, le grevé, que la survenance d'enfants affranchit de la charge de conserver et de rendre à des tiers, n'est pas tenu de conserver et de rendre à ses enfants, qui dès-lors ne sont pas fondés, après la mort de leur père, à revendiquer contre les tiers-détenteurs auxquels il les aurait aliénés, les biens faisant l'objet de la disposition (Cass. 23 nov. 1842).—V. *inf.* n. 130.

78. Les degrés doivent se compter d'ailleurs d'après les règles établies par l'art. 737 du C. civ., en sorte que la substitution ne peut pas s'étendre au-delà de deux générations, mais la loi actuelle ne défend pas de la renouveler.— V. *sup.* n. 8.

79. Lorsque l'art. 1048 (V. *sup.* n. 72) a établi, en principe, que jamais la réserve légale ou la légitime des enfants ne pourrait être frappée de substitution, lorsque la loi du 17 mai 1826 toute favorable qu'elle est à l'extension des substitutions, a également déclaré que les substitutions ne pouvaient porter que sur les biens dont il est permis de disposer aux termes des art. 913, 915 et 916 du C. civ; l'une et l'autre de ces lois ont posé une règle d'ordre public à laquelle il n'est pas permis de déroger par des conventions particulières. — De sorte que les créanciers, les acquéreurs et donataires du grevé sont fondés à demander que la substitution soit restreinte à la portion disponible pour que la disposition ne fasse point fraude à leurs droits. — V. *note* 6, *n.* 3; *note* 23; *et inf. n.* 87.

80. Et même l'acquiescement appliqué à l'abandon d'un droit ouvert serait sans effet, parce que la loi a défendu de comprendre, sous quelque prétexte que ce fût, une portion quelconque d'une réserve légale dans une substitution. Ce sont là des biens libres qui ne peuvent pas être déclarés inaliénables.

81. L'héritier à réserve grevé de substitution sur tous les immeubles de la succession peut, lorsque cette disposition excède la portion disponible, demander qu'il soit fait distraction, sur la masse, de tels immeubles qu'il conviendra à l'effet de composer avec l'actif mobilier, la quotité réservée qui doit être affranchie de la substitution.

82. Pour déterminer si la substitution entame la réserve, la valeur est suffisamment fixée, savoir : à l'égard du mobilier par la prisée de l'inventaire contradictoire, et à l'égard des immeubles par l'estimation d'un seul expert, lorsque ces opérations ont été faites du consentement du grevé et du tuteur à la substitution (Paris, 14 juin 1836).

83. En cas de substitution au profit des petits-enfants du testateur, le paiement des legs particuliers en capitaux et rentes perpétuelles ne peut être mis à la charge de l'héritier réservataire grevé de substitution. Le montant de ces legs doit, au contraire, être prélevé sur la quotité disponible. — Mais il en est autrement des legs de rentes et de pensions viagères, le grevé de substitution est tenu de les acquitter comme étant une charge naturelle des fruits dont il a la jouissance (Paris, 30 janv. 1838).

84. *Si, dans les cas ci-dessus, le grevé de restitution au profit de ses enfants, meurt, laissant des enfants au premier degré et des descendants d'un enfant prédécédé, ces derniers recueilleront, par représentation, la portion de l'enfant prédécédé* (C. civ. 1051).

85. *Si l'enfant, le frère ou la sœur auxquels des biens auraient été donnés par acte entre-vifs, sans charge de restitution, acceptent une nouvelle libéralité faite par acte entre-vifs ou testamentaire, sous la condition que les biens précédemment donnés demeureront grevés de cette charge, il ne leur est plus permis de diviser les deux dispositions faites à leur profit, et de renoncer à la seconde pour s'en tenir à la première, quand même ils offriraient de rendre les biens compris dans la seconde disposition* (C. civ. 1052).

86. Ce dernier article contient une décision particulière qui devra toujours recevoir son exécution, lorsqu'elle aura été adoptée comme condition d'une seconde substitution ajoutée à une donation première : c'est une loi qui est imposée au donataire et qui devient irrévocable lorsqu'elle est acceptée par lui. — Cette disposition sera nécessairement applicable à toute substitution nouvelle qui serait créée en vertu de la loi du 17 mai 1826.

87. Mais le seul fait de l'acceptation d'une seconde disposition rend inaliénables les biens compris dans la première donation, alors que ces biens contribuaient à former la réserve du donataire, et ce, par le motif qu'étant libre d'accepter ou de répudier la seconde donation, il doit se soumettre à toutes les conséquences de la condition qui lui est imposée par cette donation (Toullier, n. 732; Grenier, n. 364. — *Contrà*, C. J[al]. Pal. et *sup.* n. 79). — Toutefois, la substitution faite après coup ne peut nuire aux droits que les tiers ont acquis sur les biens donnés pendant le temps intermédiaire (Coin-Delisle, art. 1052).

88. *Les droits des appelés seront ouverts à l'époque où, par quelque cause que ce soit, la jouissance de l'enfant, du frère ou de la sœur, grevés de restitution, cessera : l'abandon anticipé de la jouissance au profit des appelés, ne pourra préjudicier aux créanciers des grevés antérieurs à l'abandon* (C. civ. 1053).

89. Les substitutions ne pouvant être établies qu'au profit des enfants nés ou à naître du donataire, ou au profit de l'un de ses enfants nés ou à naître, il en résulte que si le donataire grevé de substitution ne se marie pas, jamais la condition prévue ne pourra se réaliser, car l'enfant naturel pas plus que l'enfant adoptif ne peuvent profiter de la clause de substitution que l'enfant légitime est seul admis à invoquer. — L'enfant naturel, en effet, n'est jamais compris dans le langage légal sous la dénomination d'enfant. Quant à l'enfant adoptif, la substitution ne peut lui profiter, car son adoption ne produit pas à l'égard des donations l'effet de la révocation pour cause de survenance d'enfants (Arg. C. civ. 960; C. J[al]. Pal.).

90. L'article précité prévoit le cas où le grevé fera un abandon anticipé de ses droits, en renonçant pour lui-même à l'effet de la substitution; mais cet abandon ne peut jamais être fait au préjudice des droits des créanciers qui ont alors la faculté de réclamer l'usufruit des biens compris dans la substitution pendant tout le temps que vivra le grevé. Ainsi, à l'égard des créanciers du grevé, l'appelé n'est pas plus qu'un nu-propriétaire, et, en ce qui le concerne, ces créanciers sont de véritables usufruitiers; c'est le contrat d'usufruit qui a été mis à la place du contrat de constitution; mais l'usufruit cessera dès que les créanciers seront désintéressés.

91. Du reste, l'abandon anticipé ne transmet la propriété aux appelés que conditionnellement, quand la substitution a été établie au profit de tous les enfants à naître du grevé. En effet, les enfants qui pourraient naître par la suite n'en auraient pas moins droit à réclamer leur part dans les biens; d'où il suit que le sort de la substitution ne sera définitivement réglé qu'au jour du décès de l'appelé. — La décision sera la même si la substitution est établie au profit

de l'aîné des enfants mâles; car si l'abandon étant fait au profit du fils aîné, celui-ci venait à décéder avant l'appelé, sans laisser lui-même d'enfant mâle, ce serait le fils puîné qui aurait seul droit à réclamer l'effet de la substitution, en sorte que les biens devront lui être remis au décès de l'appelé. — V. *sup.* n. 62.

92. Dans le cas d'abandon volontaire par le grevé au profit des appelés, on ne doit jamais décharger le tuteur à la substitution de sa responsabilité, car il doit constamment veiller à la conservation des droits éventuels des appelés.

93. *Les femmes des grevés ne pourront avoir, sur les biens à rendre, de recours subsidiaire, en cas d'insuffisance des biens libres, que pour le capital des deniers dotaux, et dans le cas seulement où le testateur l'aurait expressément ordonné* (C. civ. 1054).

94. Cet article contient une exception à l'inaliénabilité des biens compris dans la substitution, mais seulement pour le remboursement du capital des *deniers dotaux*, et par cette expression on doit entendre les deniers placés sous le *régime dotal* (C. civ. 1540 et 1564; C. J[al]. Pal.).

95. *Celui qui fera les dispositions autorisées par les articles précédents pourra, par le même acte, ou par un acte postérieur, en forme authentique, nommer un tuteur chargé de l'exécution de ces dispositions : ce tuteur ne pourra être dispensé que pour une des causes exprimées à la section* VI *du chapitre* 11 *du titre* DE LA MINORITÉ, DE LA TUTELLE ET DE L'ÉMANCIPATION (C. civ. 1055). — V. note 93.

96. La nomination de tuteur, même insérée dans un testament olographe, n'en serait pas moins valable, parce qu'il reçoit en réalité la forme authentique par le dépôt qui en est fait en vertu de l'ordonnance rendue en exécution de l'art. 1007 du C. civ. et que l'authenticité donnée postérieurement à l'acte est alors suffisante (C. J[al]. Pal.).

97. *A défaut de ce tuteur, il en sera nommé un à la diligence du grevé, ou de son tuteur, s'il est mineur, dans le délai d'un mois, à compter du jour du décès du donateur ou testateur, ou du jour que, depuis cette mort, l'acte contenant la disposition aura été connu* (C. civ. 1056).

98. Il est naturel, puisqu'il s'agit de conserver les droits éventuels de l'appelé, de composer le conseil de famille comme s'il s'agissait de sa propre tutelle. Alors l'exécution sera simple, si le grevé a déjà des enfants ou même s'il est marié, car on agira comme si des enfants existaient. Mais si le grevé n'est pas même marié, remplacera-t-on les parents de la ligne supposée maternelle par trois amis, ou prendra-t-on le propre conseil de famille du grevé lui-même, en réunissant ses parents paternels et ses parents maternels; ou enfin choisira-t-on les parents les plus proches du grevé et les parents les plus proches de l'institué? on n'est pas d'accord sur tous ces points. Toutefois, lorsque la composition du conseil de famille a été faite de bonne foi elle doit être réputée régulière, surtout dans le cas où il y a doute, ce qui pourra autoriser, suivant les circonstances, à en modifier la composition. En tout cas, le tuteur à la substitution qui aura accepté la charge ne sera jamais reçu à demander la nullité de la délibération en vertu de laquelle il aura été nommé, pour se faire décharger dans la suite de la responsabilité qu'il aura encourue (C. J[al]. Pal.).

99. *Le grevé qui n'aura pas satisfait à l'article précédent sera déchu du bénéfice de la disposition; et, dans ce cas, le droit pourra être déclaré ouvert au profit des appelés, à la diligence, soit des appelés, s'ils sont majeurs, soit de leur tuteur ou curateur, s'ils sont mineurs ou interdits, soit de tout parent des appelés majeurs, mineurs ou interdits, ou même d'office, à la diligence du procureur du roi près le tribunal de première instance du lieu où la succession s'est ouverte* (C. civ. 1057).

100. La déchéance prononcée par cet article est rigoureuse et absolue : en conséquence, les juges ne peuvent, dans ce cas, se dispenser de déclarer le droit à la substitution ouvert au profit des appelés (Paris, 29 mai 1841; Cass. 17 av. 1843).

101. Par application du même principe, l'appelé pourrait être déclaré déchu de son droit à conserver les biens :

102. 1° S'il en faisait abus; par exemple, s'il avait vendu comme libres une partie des biens compris dans la substitution, ou bien, s'il commettait des dégradations ou détériorations telles que l'existence des immeubles fût compromise.

103. 2° Pour cause d'inexécution des conditions et pour cause d'ingratitude, par application des art. 1046 et 1047, 954 et 955 du C. civ.

104. 3° Et pour cause de survenance d'enfant, si la disposition était faite, comme la loi du 17 mai 1826 (V. *sup.* n. 73.) le permet, au profit d'un étranger, par un donateur qui n'aurait pas eu d'enfant au moment où elle a eu lieu. Faisant observer que cette révocation aurait également été opérée sous le Code dans le cas d'une substitution établie par un oncle au profit de ses neveux ou nièces dans une donation faite à un frère ou à une sœur (C. J[al]. Pal.).

105. *Après le décès de celui qui aura disposé à la charge de restitution, il sera procédé, dans les formes ordinaires, à l'inventaire de tous les biens et effets qui composeront sa succession, excepté néanmoins le cas où il ne s'agirait que d'un legs particulier. Cet inventaire contiendra la prisée à juste prix des meubles et effets mobiliers* (C. civ. 1058).

106. *Il sera fait, à la requête du grevé de restitution, et dans le délai fixé au titre* DES SUCCESSIONS, *en présence du tuteur nommé pour l'exécution. Les frais seront pris sur les biens compris dans la disposition* (C. civ. 1059).

107. *Si l'inventaire n'a pas été fait à la requête du grevé dans le délai ci-dessus, il y sera procédé dans le mois suivant, à la diligence du tuteur nommé pour l'exécution, en présence du grevé ou de son tuteur* (C. civ. 1060).

108. *S'il n'a point été satisfait aux deux articles précédents, il sera procédé au même inventaire, à la diligence des personnes désignées en l'art. 1057, en y appelant le grevé ou son tuteur, et le tuteur nommé pour l'exécution* (C. civ. 1061).

109. *Le grevé de restitution sera tenu de faire procéder à la vente, par affiches et enchères, de tous les meubles et effets compris dans la disposition, à l'exception néanmoins de ceux dont il est mention dans les deux articles suivants* (C. civ. 1062).

110. *Les meubles meublants et autres choses mobilières qui auraient été compris dans la disposition, à la condition expresse de les conserver en nature, seront rendus dans l'état où ils se trouveront lors de la restitution* (C. civ. 1063).

111. *Les bestiaux et ustensiles servant à faire valoir les terres seront censés compris dans les donations entre-vifs ou testa-*

mentaires desdites terres; et le grevé sera seulement tenu de les faire priser et estimer, pour en rendre une égale valeur lors de la restitution (C. civ. 1064). — V. notes 86 et 87.

112. Mais cet article ne déroge point au principe que les accessoires (les bestiaux et ustensiles) sont purement mobiliers s'ils ont été attachés à l'exploitation par le fermier, car le donateur n'a pu disposer de ce qui ne lui appartenait pas.

113. *Il sera fait par le grevé, dans le délai de six mois, à compter du jour de la clôture de l'inventaire, un emploi des deniers comptants, de ceux provenant du prix des meubles et effets qui auront été vendus, et de ce qui aura été reçu des effets actifs. — Ce délai pourra être prolongé, s'il y a lieu* (C. civ. 1065).

114. *Le grevé sera pareillement tenu de faire emploi des deniers provenant des effets actifs qui seront recouvrés et des remboursements de rentes; et ce, dans trois mois au plus tard après qu'il aura reçu ces deniers* (C. civ. 1066).

115. *Cet emploi sera fait conformément à ce qui aura été ordonné par l'auteur de la disposition, s'il a désigné la nature des effets dans lesquels l'emploi doit être fait; sinon, il ne pourra l'être qu'en immeubles, ou avec privilége sur des immeubles* (C. civ. 1067).

116. Par ces mots « *Privilége sur des immeubles* » on ne doit pas entendre une simple hypothèque, car la loi a bien soin de distinguer les priviléges sur des immeubles, des simples hypothèques qui donnent privilége seulement à l'égard de certains créanciers. — V. les notes 29 et 30.

117. *L'emploi ordonné par les articles précédents sera fait en présence et à la diligence du tuteur nommé pour l'exécution* (C. civ. 1068). — V. *inf.* n. 121.

118. *Les dispositions par actes entre-vifs ou testamentaires, à charge de restitution, seront à la diligence, soit du grevé, soit du tuteur nommé pour l'exécution rendues publiques : savoir, quant aux immeubles, par la transcription des actes sur les registres du bureau des hypothèques du lieu de la situation ; et quant aux sommes colloquées avec privilége sur des immeubles, par l'inscription sur les biens affectés au privilége* (C. civ. 1069).

119. *Le défaut de transcription de l'acte contenant la disposition pourra être opposé par les créanciers et tiers acquéreurs, même aux mineurs ou interdits, sauf le recours contre le grevé et contre le tuteur à l'exécution, et sans que les mineurs ou interdits puissent être restitués contre ce défaut de transcription, quand même le grevé et le tuteur se trouveraient insolvables* (C. civ. 1070).

120. *Le défaut de transcription ne pourra être suppléé ni regardé comme couvert par la connaissance que les créanciers ou les tiers acquéreurs pourraient avoir eue de la disposition par d'autres voies que celle de la transcription* (C. civ. 1071).

121. *Le tuteur nommé pour l'exécution sera personnellement responsable, s'il ne s'est pas en tout point conformé aux règles ci-dessus établies pour constater les biens, pour la vente du mobilier, pour l'emploi des deniers, pour la transcription et l'inscription, et, en général, s'il n'a pas fait toutes les diligences nécessaires pour que la charge de restitution soit bien et fidèlement acquittée* (C. civ. 1073).

122. *Si le grevé est mineur, il ne pourra, dans le cas même de l'insolvabilité de son tuteur, être restitué contre l'inexécution des règles qui lui sont prescrites par les articles du présent chapitre* (C. civ. 1074).

123. Les art. 1069 et 1074 rappelés *sup.* n. 118 et suiv. ne sont que la reproduction des principes écrits dans les art. 939 à 942 du C. civ., principes également applicables à la substitution qui est une simple condition ajoutée à la donation entre-vifs. — V. note 81.

Art. 3. DE LA SUBSTITUTION DIRECTE OU VULGAIRE. — V. *sup.* n. 50.

124. *La disposition par laquelle un tiers serait appelé à recueillir le don, l'hérédité ou le legs, dans le cas où le donataire, l'héritier institué ou le légataire, ne le recueillerait pas, ne sera pas regardée comme une substitution et sera valable* (C. civ. 898).

125. Cet article donne l'exemple d'une substitution vulgaire ; et c'est pour plus de précision que cette explication a été donnée, car il n'était nul besoin d'avertir que deux héritiers pouvaient être institués pour recueillir l'hérédité *l'un à défaut de l'autre*.

126. Cette expression « *à défaut les uns des autres* » n'est donc point caractéristique de la substitution prohibée, mais au contraire elle s'applique fort bien à la substitution vulgaire. Ainsi, lorsque le testateur, après avoir institué *Pierre* pour son héritier, déclare qu'à son défaut il lui substitue *Paul*, tout ce qui résulte d'une telle disposition, c'est qu'il appelle l'un et l'autre directement à recueillir l'hérédité, le premier purement et simplement, et le second sous une condition expressément déterminée. — Si donc, la condition ne s'accomplit pas, l'institution au profit du second institué demeurera sans effet, mais si l'événement prévu arrive, le second institué prenant immédiatement et à l'ouverture même de la succession la place du premier, vient de son chef recueillir les biens, comme s'il avait été seul institué; il n'y a donc pas substitution fidéicommissaire, car nul n'a été chargé de conserver pour lui transmettre. — La double disposition qui a été faite avec l'emploi du terme « *je substitue* » pouvait donc avoir lieu sous toute autre forme parfaitement régulière et légitime. Par exemple, le testateur aurait pu dire « *J'institue Pierre pour mon légataire universel, et dans le cas où Pierre ne pourrait pas recueillir ma succession, j'institue Paul pour mon légataire universel.* »

127. Quels que soient les termes du testament, dès que la disposition conjointe a pour effet d'appeler le légataire directement à prendre une part plus ou moins forte dans la succession, sans que l'un soit chargé de la remettre à l'autre après intervalle de temps, la disposition est valable; elle ne renferme qu'une substitution vulgaire; l'un des institués est seulement substitué à l'autre pour un cas donné, à l'effet de venir exercer les droits du défunt comme subrogé au défunt lui-même, à partir du moment de son décès, après avoir été saisi par l'effet de la maxime « *le mort saisit le vif* (C. J[al]. Pal.).

128. Ainsi, on peut prendre pour types de substitution vulgaire les formules qui suivent :

« J'institue Paul, Pierre et Jean, et je les substitue l'un à l'autre lorsqu'ils mourront. »

« En cas de mort, avant moi, de mon héritier institué, je lui substitue un tel, »

« J'institue Paul, et s'il ne peut ou ne veut être mon héritier, je lui substitue Pierre. »

129. De sorte que la clause par laquelle le testateur, après avoir institué trois légataires, déclare « qu'en cas de

décès sans postérité de l'un ou de l'autre, la portion du prédécédé profite tout entière à celui ou à ceux d'entre eux qui survivront pour être partagés par les vivants également » peut être considérée comme renfermant une simple substitution vulgaire ou un legs direct par droit d'accroissement (Paris, 12 mars 1813; Cass. 19 juill. 1814).

130. Et qu'il en est de même de la clause par laquelle le testateur, après avoir institué un premier légataire, en désigne un second pour le cas où le premier serait mort ou viendrait à décéder au service (Colmar, 18 janv. 1837;)— *Secùs*, pour le cas de décès sans enfants, Cass. 23 nov. 1840. —V. *sup.* n. 77.

131. V. *sup.* n. 24 à 35, divers cas de substitutions non prohibées.

132. V. aussi *sup.* n. 14 à 23 divers cas de substitutions prohibées.

133. *Il en sera de même de la disposition entre-vifs ou testamentaire par laquelle l'usufruit sera donné à l'un et la nue-propriété à l'autre* (C. civ. 899).

134. C'est encore par un excès de précaution que le législateur a pris soin d'indiquer que l'attribution de l'usufruit à l'un et de la nue-propriété à l'autre ne constituaient pas une substitution prohibée. En effet, il s'agit alors d'un simple démembrement de la propriété qui est expressément autorisé par la loi. - V. note 69. — S'il pouvait y avoir substitution dans une disposition semblable, il faudrait proscrire de la manière la plus absolue le contrat d'usufruit, qui emporterait toujours avec lui substitution.

135. Relativement à l'usufruit lui-même, on a demandé s'il était permis de le grever de substitution, c.-à-d. si, après avoir institué un premier légataire usufruitier de tous ses biens, le testateur pouvait en instituer un second, un troisième, enfin autant qu'il voudrait en désigner pour recueillir ce même usufruit, non pas seulement à défaut les uns des autres, mais de telle sorte que l'un n'entrerait en jouissance qu'en succédant à l'autre, au moment où l'usufruit du premier institué viendrait à cesser. Or, à cet égard il a été décidé :

136. 1° Que le legs d'usufruits successifs, c.-à-d. au profit de légataires appelés à recueillir les uns après les autres, est valable et ne peut être considéré comme constituant une substitution prohibée (Rouen, 10 juin 1814 ; Toulouse, 4 juill. 1840).

137. 2° Qu'un droit d'usufruit peut être substitué pourvu que tous les appelés soient capables de recevoir au moment où la succession vient à s'ouvrir; les légataires appelés à recueillir l'usufruit légué en second ou troisième ordre étant des légataires sous condition (Favard, v° *substit.* ch. 1, sect. 3; Salviat, *usuf.* 2,10; Proudhon, *usuf.* 446).

138. 3° Qu'on doit le décider ainsi par application de l'art. 1972 du C. civ. concernant les rentes viagères constituées sur plusieurs têtes (Cass. 22 juill. 1835; 24 mai 1837; Montpellier, 10 fév. 1836).

Art. 4. DES SUBSTITUTIONS CONNUES DANS LE DROIT ROMAIN SOUS LE NOM DE « *eo quod supererit* » OU « *de residuo* » ET SOUS CELUI DE « *si quid supererit.* »

139. Ces sortes de substitutions sont permises, car elles ne contiennent ni charge de rendre, ni obligation de conserver; V. *sup.* n. 5. — Elles n'entravent pas la circulation, elles n'opèrent pas la stérilité des patrimoines, deux causes qui ont fait proscrire les substitutions. Ainsi donc :

140. 1° Le fidéicommis connu sous la dénomination de *eo quod supererit* (*de ce qui restera*) ou *de residuo*, ne renferme pas une substitution de la nature de celles qui sont prohibées par le C. civ. et par la loi du 17 mai 1826 (Cass. 5 juill. 1832, 14 mars 1832 et 21 juin 1841).

141. Dans ce cas, si l'auteur de la substitution a disposé que le grevé aurait toute faculté de *vendre* et *aliéner*, et que ce qui *existera* ou *restera* à son décès appartiendra au substitué, le grevé ne peut transmettre par testament les biens substitués qui lui restent à son décès. Une telle substitution a le caractère d'une substitution de *eo quod supererit*, et non le caractère d'une substitution *conditionnelle*. Il en est ainsi, et la disposition par testament ne peut avoir lieu, alors surtout que le testateur a dit que le légataire aurait la faculté de *vendre et aliéner*, ou bien de disposer par *vente ou autrement*, ces dernières expressions étant limitatives (Cass. 1 fév. 1827). — Mais il peut les transmettre par donation entre-vifs (Rennes, 23 av. 1837 ; Colmar, 3 mai 1836).

142. 2° La disposition par laquelle le testateur donne ses biens, avec faculté au légataire de les aliéner ou charger, et d'en faire comme de son bien personnel et propre, sans en donner à qui que ce soit état, inventaire ou inspection, n'est pas viciée par une disposition subséquente suivant laquelle les biens ainsi donnés et qui se trouveraient dans la succession du légataire devraient retourner aux héritiers légitimes du testateur existants au décès du légataire. Il en est ainsi surtout de la disposition faite sous l'empire du Code (Bruxelles, 14 nov. 1809, 7 fév. 1816 ; Colmar, 6 fév. 1824). — Mais il en est autrement de la disposition faite sous l'ancien droit, parce qu'alors, par l'effet de la substitution de *eo quod supererit* ou *de residuo*, le tiers appelé avait droit au quart des biens que le grevé était tenu de lui conserver et de lui rendre, ce qui n'a pas lieu de la substitution *si quid supererit* (*s'il reste quelque chose*) (Bruxelles, 14 nov. 1809; Cass. 14 mars 1832).

143. 3° Lorsqu'un époux a, par son testament, légué à son conjoint tous ses meubles et effets mobiliers pour en jouir pendant sa vie, en pleine et absolue propriété, à condition que, tant lesdits meubles que ceux qu'il aurait de son chef seraient, après sa mort, partagés par moitié entre leurs héritiers respectifs, dans l'état où il les laisserait, pour ce qui en resterait, le conjoint légataire peut disposer de ces meubles légués de la manière la plus absolue (Cass. 14 mars 1832 ; Rennes 29 av. 1837).

144. Il en est de même du fidéicommis connu sous la dénomination de « *si quid supererit* » (*s'il reste quelque chose*); il ne contient point substitution prohibée. Il a été, en effet, décidé que la clause par laquelle un testateur, après avoir fait un legs au profit de plusieurs personnes, *pour par elles en jouir, faire et disposer de la manière la plus absolue*, déclare qu'au cas de décès de l'un des légataires sans postérité, sa part accroîtra aux autres, ou retournera à ses héritiers naturels, ne renferme pas une substitution fidéicommissaire, mais seulement une disposition *si quid supererit*, non prohibée par la loi (Cass. 17 fév. 1836; 27 fév. 1843).

145. Mais si la disposition n'autorisait à *vendre* ou à *engager* qu'en *cas de besoin*, il y aurait substitution prohibée, car

si le besoin n'a pas lieu, il y a obligation de rendre (Nîmes, 17 août 1808).

§ 3. DES CONDITIONS APPOSÉES AUX SUBSTITUTIONS, AINSI QU'AUX DISPOSITIONS ENTRE-VIFS OU TESTAMENTAIRES.

146. *Dans toute disposition entre-vifs ou testamentaire, les conditions impossibles, celles qui seront contraires aux lois ou aux mœurs, seront réputées non écrites* (C. civ. 900).

Cet article déclare la condition non écrite, en sorte que la disposition principale continue à subsister pour produire son effet. Il y a donc dérogation pour les donations et testaments à l'art. 1172 du C. civ. qui porte que « toute condition d'une chose impossible, ou contraire aux bonnes mœurs, ou prohibée par la loi est nulle et rend nulle la convention qui en dépend. » — Toutefois, le principe est le même, il n'y a que les conséquences qui diffèrent : dans le cas de l'art. 1172, la condition porte sur l'essence même du contrat dont elle est indivisible, en sorte que la condition manquant, l'obligation elle-même est détruite dans son principe; tandis que dans le cas de l'art. 900 la condition est entièrement étrangère à la disposition elle-même, en sorte qu'elle ne doit être prise que comme une considération tout à fait secondaire, sortie, plutôt d'un moment d'irréflexion que d'une pensée bien arrêtée. Mais alors il y a, indépendamment de la condition illicite, une manifestation certaine de volonté qui doit produire son effet par cela seul qu'elle a été déclarée.

Ainsi donc, pour la condition impossible, il est évident que le donateur ou testateur, en insérant une telle clause dans l'acte comme condition de sa libéralité, n'a pas voulu en faire une condition sérieuse, car il n'avait qu'à ne pas exprimer la volonté de donner; mais dès qu'il a déclaré que son intention formelle était de gratifier, c'est que telle était, en effet, sa volonté, qui sera exécutée ainsi qu'il l'a exprimé, sans l'accomplissement de la condition s'il est reconnu par le juge qu'elle ne peut pas être exécutée parce qu'elle est impossible. — V. note 81, n. 16.

147. Quant aux conditions contraires aux lois ou aux mœurs, la règle doit être la même, et l'on doit se référer à cet égard à l'art. 6 du C. civ.

148. Par application de l'art. 900 précité du C. civ. il a été décidé qu'il y avait condition illicite :

149. 1° Dans la clause par laquelle il serait défendu au légataire de changer de religion, ou bien qui imposerait au père légataire l'obligation d'élever ses enfants dans une religion déterminée (Colmar, 9 mars 1827).

150. 2° Dans la défense faite au légataire d'épouser une personne issue de famille chapitrale (Cass. 13 mai 1813) — ou de se marier avec *telle* personne, lorsqu'il existe des motifs d'honnêteté qui doivent engager à contracter le mariage que le testateur a eu en vue de défendre, comme le serait l'existence d'un enfant naturel reconnu (Bruxelles, 6 mai 1809).

151. 3° Dans l'obligation imposée au légataire de ne pas se marier; mais il n'en est pas de même de la condition de ne pas se remarier (Cass. 20 janv. 1806; Riom, 1 av. 1811; Toulouse, 25 av. 1826; Lyon, 22 déc. 1829). — V. *inf.* n. 162.

152. 4° Dans l'obligation souscrite au profit d'une personne sous la condition expresse qu'elle ne se remariera pas pendant la vie de celui qui l'oblige (Paris, 14 juin. 1810; Cass. 11 juin 1811).

153. 5° Dans toute clause qui tendrait à diminuer, dans son essence, l'autorité légitime du mari sur la femme, telle qu'elle est déterminée par la loi, comme le serait la défense faite à la femme de cohabiter avec le mari, de le suivre partout où il lui plairait de résider, de renoncer à la séparation de corps, en se réunissant à son mari. — Mais il en serait autrement d'une condition qui serait un simple accessoire de la puissance maritale : telle serait la condition qui enlèverait au mari l'administration des biens de la femme, lorsqu'elle porterait sur des biens dont le mari n'est pas nécessairement et exclusivement l'administrateur légal.

154. 6° Dans toute clause qui serait de nature à porter atteinte aux principes essentiels de la puissance paternelle. — Mais on maintiendrait toute condition qui porterait uniquement sur des circonstances accessoires, notamment en ce qui concernerait l'administration des biens.

155. 7° Dans la clause par laquelle le testateur nommerait pour tuteur à l'enfant mineur l'administrateur (autre que le père) aux biens légués à cet enfant. Il n'y aura dans ce cas de valable que la disposition qui confère l'administration des biens (Paris, 22 fév. 1838).

156. 8° Dans la clause insérée dans un testament portant prohibition aux héritiers d'administrer, aliéner et hypothéquer les biens de la succession pendant quarante ans (Lyon, 7 av. 1835).

157. 9° Dans la disposition par laquelle un testateur déclare d'une manière générale qu'il veut que sa succession soit partagée suivant ce que prescrivait une ancienne coutume abrogée qu'il désigne (Agen, 21 juill. 1827; Gand, 6 juill. 1833; Cass. 23 déc. 1828. — *Contrà*, Bourges, 13 déc. 1814; 16 fév. 1822; Cass. 19 juill. 1810).

158. Mais il a été décidé qu'il y avait condition licite :

159. 1° Dans la disposition faite sous la condition que le légataire embrassera plutôt *telle* profession que *telle* autre.

160. 2° Dans le legs fait à une personne sous condition qu'elle se mariera, et qui, dans le cas contraire, appelle un tiers à recueillir les biens (Pau, 23 juin 1825; Cass. 20 déc. 1831).

161. 3° Dans le legs fait par une mère à sa fille d'une rente qui serait payable pendant tout le temps qu'elle resterait dans le célibat (Liége, 6 janv. 1806).

162. 4° Dans la défense de se remarier, lorsqu'elle a été faite par le conjoint prédécédé au conjoint survivant. — Mais la prohibition qui serait faite par un tiers désintéressé à ce qu'une personne veuve se remariât devra être réputée non écrite. — V. *sup.* n. 151.

163. 5° Dans le legs fait par l'un des époux à l'autre soit d'une rente viagère, soit d'un usufruit, soit d'un droit d'habitation, pour n'en jouir que pendant la viduité de l'époux donataire (Paris, 18 niv. an XII; Bruxelles, 20 mai 1807; Lyon, 18 nov. 1813; Liége, 8 janv. 1806).

164. 6° Dans le legs fait par le mari à sa femme sous condition de ne pas convoler, ou de ne pas se marier avec *telle* personne désignée (Lyon, 13 nov. 1813; Poitiers 14 juin 1838).

165. 7° Dans le legs de la portion disponible fait par une

mère à sa fille mariée sous le régime de la communauté, sous la condition que le mari n'aura pas l'administration des biens légués et que la femme seule en jouira sur ses simples quittances (Paris, 27 janv. 1833; 27 août et 7 mars 1835).

166-168. 8° Dans la disposition testamentaire par laquelle il est laissé à des enfants mineurs une portion de biens, avec la clause expresse qu'ils seront administrés par une personne désignée, autre que le père, et que ce dernier sera privé de la jouissance des biens légués (Cass. 11 nov. 1828; Bruxelles, 17 juin 1838).

169. 9° Dans la donation faite sous la condition que le donataire vivra avec le donateur (Pau, 2 janv. 1827; Toullier, 262; Duranton, 131).

170. 10° Dans le legs fait sous la condition que le légataire ne prétendra rien sur la succession de ses père et mère (Angers, 27 juill. 1827; Toullier, 5,269; Duranton, 146).

171. 11° Dans la clause d'un testament par laquelle un père, en défendant à ses enfants toutes appositions de scellés, tous inventaires et autres actes judiciaires au sujet de sa succession, déclare que celui qui violera la défense sera privé de sa part dans la quotité disponible (Liége, 11 déc. 1812; Bordeaux, 2 janv. 1833; 30 juill. 1832).

172. Du reste, et en principe général, un arrêt peut décider que tout ce qui, dans le texte d'un testament olographe, présente un non-sens, doit être réputé non écrit, d'après la maxime *utile per inutile non viciatur*, sans qu'il y ait en cela violation de l'art. 900 du C. civ. (Cass. 15 janv. 1834).

173. Mais il ne faut pas confondre les conditions accessoires dont il s'agit (celles qui sont impossibles, ou contraires aux lois ou aux mœurs), avec les conditions substantielles qui entraînent la nullité de l'institution parce qu'elles ont été la cause principale de la libéralité. — V. *sup.* n. 37 et suiv.

V. Legs, note 24, n. 121 et suiv.

§ 4. PAR QUI PEUT ÊTRE DEMANDÉE LA NULLITÉ D'UNE SUBSTITUTION.

174. Alors même qu'il y aurait substitution prohibée dans une donation ou dans un legs, il faut, avant tout, vérifier la qualité de celui qui demande la nullité de l'institution, car, s'il n'a point intérêt, il sera non-recevable dans sa demande, en sorte que la nullité ne pourra être poursuivie que par celui-là seul qui serait appelé à recueillir le bénéfice de l'institution annulée.

175. Egalement, si celui qui avait intérêt à intenter l'action a exécuté le testament, il s'est rendu par cela même non-recevable à demander la nullité du legs que ce testament renferme.

176. Ainsi, les héritiers du sang ne sont pas recevables à attaquer pour cause de substitution une clause secondaire d'un testament, alors qu'une première institution parfaitement valable est elle-même en cours d'exécution. Ils sont sans intérêt tant que leur droit n'est pas ouvert. Et, en principe, ils seront toujours déclarés non-recevables à cet égard, si le testament renferme une substitution valable d'un légataire universel, parce qu'alors c'est ce légataire qui a seul qualité pour demander la nullité (Montpellier, 10 fév. 1836; Cass. 24 mai 1837).

177. Celui-là seul qui est appelé à profiter du legs est recevable à demander la nullité d'une première institution comme renfermant une substitution prohibée (Douai, 1 av. 1840).

178. Mais, en général, celui qui a exécuté le testament qui aurait pu être attaqué comme entaché de substitution s'est par cela même rendu non-recevable à demander ultérieurement la nullité de ce testament (Orléans, 2 av. 1840; Douai, 10 av. 1840; Cass. 24 juill. 1839). — Ainsi, l'héritier du sang, institué légataire d'un usufruit, se rend non-recevable à attaquer le testament, même pour cause de substitution, lorsqu'il demande la délivrance de l'usufruit qui lui a été légué (Douai, 10 av. 1840).

179. Bien que les nullités d'ordre public (V. *sup.* n. 79) ne soient jamais susceptibles d'être couvertes, par exécution ou ratification, il a été cependant décidé qu'une substitution prohibée peut être couverte par la ratification ou l'exécution volontaire de l'acte de la part du grevé (Montpellier, 24 mars 1841; C. civ. 1338).

V. Legs, note 24, n. 512 et suiv.

§ 5. DE LA FIDUCIE APPELÉE AUSSI INSTITUTION D'HÉRITIER FIDUCIAIRE, OU SUBSTITUTION FIDUCIAIRE.

180. On appelle *fiducie* la disposition par laquelle un testateur charge quelqu'un, en l'instituant héritier pour la forme, d'administrer sa succession et de la tenir en dépôt jusqu'au moment où il doit la remettre au véritable héritier. D'où il résulte que l'héritier fiduciaire n'est héritier que de nom, qu'il n'est pas saisi de la successsion; que ce n'est que sur sa tête que repose la propriété des biens du défunt; qu'il n'en est que l'administrateur (*L.* 46. *D. ad senatus-consultum trebellianum*).

181. Cette manière de disposer, qui était connue et pratiquée dans notre ancienne jurisprudence, n'a point été prohibée par l'art. 896 du C. civ.

182. Pour qu'une institution soit réputée fiduciaire, il n'est pas nécessaire que celui auquel l'hérédité doit être rendue soit l'enfant du testateur; ni que l'institué ou grevé soit parent du testateur; ni que celui à qui l'hérédité doit être rendue soit un enfant en bas âge, et tel qu'il ait besoin de tuteur; ni que l'institué soit chargé de rendre l'hérédité entière, car il peut être autorisé à retenir un fonds; ni enfin que la restitution soit faite avant la majorité, quoique cette circonstance forme seule une présomption de fiducie (L. 78, § 3, D. *ad senat. consult. treb.*; L. 4 et L. 48, § 13, *ibid.*; L. 46, D. *ibid.*; L. 43, § 3, *de legat.* - 2°; L. 3, § 3, *de usuris*; Merlin, v° fiduciaire).—V. aux formules, page 16.

183. Par application de ce qui précède, il a été décidé qu'il y a substitution fidéicommissaire prohibée et non fiducie :

184. 1° Dans l'institution faite par le mari en faveur de sa femme, pour jouir des biens à sa volonté à la charge de les remettre à la fin de ses jours, ou quand bon lui semblera, à celui de leurs enfants qu'elle voudra choisir (Cass. 18 frim. an v; Nîmes, 17 août 1808; Limoges, 1 juill. 1817; Toulouse, 18 mai 1824).

185. 2° Lorsque le délai pour la remise des biens est fixé à la mort de l'institué; les lois romaines supposant toutes que la remise doit être faite avant que l'appelé ait atteint ou sa quinzième année ou un âge déterminé (Merlin, v° *fiduc.*).

186. Mais on ne doit voir qu'une simple fiducie :

187. 1° Dans la disposition par laquelle un père ayant des enfants mineurs institue héritières sa mère et son épouse, à la charge de rendre l'hérédité à l'un des enfants lors de sa majorité ou plutôt si bon leur semble, et avec pouvoir d'élire entre les enfants (Nîmes, 16 déc. 1831).

188. 2° Dans la disposition par laquelle un père ayant des enfants mineurs, a disposé en faveur de son frère, à la charge de remettre à ses enfants, sans fixer d'époque à la remise, et en lui donnant la faculté d'élire (Cass. 23 nov. 1807).

189. Le grevé ou institué fiduciaire n'étant qu'un simple administrateur, il en résulte qu'il ne fait pas les fruits siens et qu'il doit les restituer avec l'hérédité même (L. 3, § 3, D. *de usuris*).

190. Toutefois, l'institué fiduciaire n'est pas traité aussi rigoureusement qu'un tuteur; il ne devra pas les intérêts des intérêts.

191. L'institué fiduciaire n'étant pas saisi de la propriété des biens de la succession, il suit encore que la fiducie n'est pas éteinte par le prédécès de la personne à laquelle il est chargé de rendre; et que, dans ce cas, l'effet s'en transmet de plein droit à l'héritier de cette personne (Merlin, *ibid.*).

192. Du reste, celui qui institue un enfant mineur ayant son père ou sa mère, peut encore nommer un administrateur étranger pour gérer les biens légués (Proudhon, *usuf.* 240). — V. note 24, n. 124.

193. Celui au profit de qui les biens doivent être gérés ne peut révoquer la fiducie sous le prétexte que le grevé n'est qu'un mandataire.

194. Ne peut-on faire une institution fiduciaire que par testament? Il nous semble qu'elle peut avoir lieu aussi par donation entre-vifs. Il a été, en effet, jugé que la donation est valable encore que la tradition ait été faite à un tiers, chargé de remettre le don au donataire, et que le tiers n'ait fait cette remise qu'après la mort du donateur (Lyon, 25 fév. 1835). — V. note 10, n. 124.

195. Le grevé fiduciaire n'étant pas le véritable héritier, puisqu'il n'est que le gardien de la succession, n'est point obligé d'acquitter pour son compte les droits d'enregistrement pour la mutation opérée par la mort de l'instituant. Seulement, s'il en fait l'avance comme il y est obligé en sa qualité de détenteur des biens, ce sera d'après les relations de parenté existantes entre les appelés et l'instituant que le droit sera liquidé, mais le montant des droits devra lui être restitué par les appelés (Merlin, *ibid.*).

196. Quant à la clause insérée dans un testament, par laquelle le testateur, après avoir disposé d'une partie de ses biens en faveur de mineurs, désigne une tierce-personne pour occuper ces biens ou les affermer à son profit, jusqu'à la majorité des légataires, à la charge de payer à ceux-ci, à leur majorité, une somme déterminée pour chaque année de jouissance, on ne peut la considérer comme un bail en faveur de cette tierce-personne. Ce n'est qu'une sorte de mandat donné par le testateur pour régir, sous la condition y exprimée, les biens assurés aux légataires, et la disposition ne donne lieu qu'au droit fixe lors de l'enregistrement du testament (Délib. 1 mai 1822, Jal. Enreg. 7206). — V. note 99.

---

[74]

DU CONSEIL JUDICIAIRE AUX INCAPABLES ET AUX PRODIGUES.

DIVISION SOMMAIRE :

Indication alphabétique :

§ 1. QUELLES PERSONNES PEUVENT ÊTRE POURVUES D'UN CONSEIL JUDICIAIRE.

1. *En rejetant la demande en interdiction, le tribunal pourra néanmoins, si les circonstances l'exigent, ordonner que le défendeur ne pourra désormais plaider, transiger, emprunter, recevoir un capital mobilier ni en donner décharge, aliéner ni grever ses biens d'hypothèques, sans l'assistance d'un conseil qui lui sera nommé par le même jugement* (C. civ. 499). — V. *inf. n.* 63 *et suiv.*

2. Suivant cet article un conseil judiciaire peut être nommé à celui qui, sans être dans un état habituel d'imbécillité, de démence ou de fureur, offre cependant un affaiblissement des facultés intellectuelles assez prononcé pour que l'entière liberté de ses actions ne lui soit pas laissée. Pour distinguer celui qui est pourvu de conseil dans ce cas, de celui qui en est pourvu comme prodigue, nous appellerons le premier incapable.

3. *Il peut être défendu aux prodigues de plaider, de transiger, d'emprunter, de recevoir un capital mobilier et d'en donner décharge, d'aliéner ni grever leurs biens d'hypothèques, sans l'assistance d'un conseil qui leur est nommé par le tribunal* (C. civ. 513). — V. *inf.* n. 63 et suiv.

4. Suivant cet article un conseil judiciaire peut être nommé à celui qui a toute sa raison, mais qui a seulement le défaut de prodiguer, en se livrant, soit à de folles dépenses, soit à des dépenses qui sont hors de proportion avec sa fortune ou les gains qu'il fait. — Toutefois, il a été décidé que des faits isolés, attestant une mauvaise gestion, ne sauraient motiver la nomination d'un conseil judiciaire (Metz, 27 fév. 1812).

5. Du reste, ce n'est pas l'inhabileté du raisonnement, c'est l'incapacité d'administrer qui constitue la faiblesse d'esprit et autorise la nomination du conseil judiciaire. — Ainsi donc, on ne peut nommer un conseil judiciaire au prêtre qui administre sagement ses biens, sous le prétexte qu'il a des opinions erronées en matière de religion (Angers, 10 prair. an XIII).

6. Les tribunaux peuvent donner un conseil judiciaire :

7. 1° A la personne qui, à raison de son grand âge, est tombée dans un tel état de faiblesse d'esprit qu'il est à craindre que l'on en abuse pour lui faire souscrire des obligations et consentir des contrats dont elle n'aurait pas bien apprécié les conséquences (Lyon, 2 prair. an XII ; Riom, 4 mai 1825).

8. 2° A un individu possédé d'une manie de procès qui pourrait entraîner sa ruine et celle de sa femme et de ses enfants (Bourges, 25 nov. 1837).

9. 3° A la femme séparée de biens (Bourges, 5 juill. 1837; Cass. 4 juill. 1838; Rennes, 7 déc. 1840; Montpellier, 4 déc. 1841).

10. 4° A la femme dont le mari a disparu, sans qu'il soit nécessaire de faire prononcer l'absence du mari (Caen, 20 mars 1828; Cass. 9 mai 1829).

11. 5° A un mineur, en suivant le mode de procéder indiqué note 65 ; — mais, quand il s'agit d'un mineur émancipé, la dation du conseil emportera révocation de l'émancipation.

12. 6° Au sourd-muet, alors qu'il ne sait ni lire ni écrire (Lyon, 14 janv. 1812).

13. 7° A un négociant : seulement alors, les tiers qui traitent avec lui seront dûment avertis par le jugement que les obligations commerciales qu'il voudra désormais contracter ne seront valables qu'autant que sa signature sera appuyée de celle du conseil sans lequel il ne peut aliéner (C. Jal. Pal.).

14. Les motifs qui peuvent nécessiter la dation d'un conseil judiciaire sont abandonnés à la prudence des tribunaux ; et leurs jugements à cet égard ne peuvent donner ouverture à cassation (Cass. 4 juill. 1838).

15. Ainsi, il peut être nommé un conseil judiciaire au prodigue, quel que soit l'état de sa fortune, et encore qu'elle ne consiste qu'en une pension viagère (Turin, 20 fév. 1807). — Il n'est pas nécessaire pour cela que sa fortune soit dissipée. Autrefois, il fallait avoir dissipé le tiers.

16. Mais le choix d'un fondé de pouvoir, dilapidateur, ne suffit pas pour justifier le reproche de prodigalité contre la personne qui l'a choisi (Besançon, 9 av. 1808).

17. Avant le Code civ., les tribunaux ne pouvaient placer sous l'autorité d'un conseil judiciaire, les personnes qui n'étaient pas dans un état à être interdites (Cass. 24 niv. an X).

V. note 65, n. 21, 23, 48 et 62.

§ 2. QUI PEUT DEMANDER LA DATION D'UN CONSEIL JUDICIAIRE. — QUI PEUT ÊTRE NOMMÉ CONSEIL.

18. *La défense de procéder sans l'assistance d'un conseil peut être provoquée par ceux qui ont droit de demander l'interdiction....* (C. civ. 514).

19. Sont, en conséquence, recevables à demander la dation d'un conseil :

20. 1° Le mari, quand il s'agit de sa femme même séparée de biens. — V. *sup.* n. 9.

21. 2° Le tuteur, au nom de ses mineurs, quand il s'agit d'un parent de ceux-ci (Bruxelles, 15 mai 1807 et 3 août 1808 ; Duranton, 3, 719).

22. 3° Le prodigue lui-même, quand il s'agit de sa personne (Toullier, 1373 ; — *Contrà*, Duranton, 3, 804).

23. 4° Le ministère public, mais seulement lorsque la personne à pourvoir est sans parents connus (C. civ. 491 ; Besançon, 25 août 1810; Delvincourt, 1,321).

24. 5° Le conseil de famille, quand il s'agit du second conseil judiciaire ou curateur *ad-hoc*, nécessaire pour assister le prodigue, lorsqu'il a à plaider contre son premier conseil judiciaire en reddition de compte (Turin, 12 av. 1808).

25. 6° Les parents ou l'époux de celui auquel on veut donner un conseil (C. civ. 490).

26. En tout cas, un beau-père n'a pas qualité pour provoquer l'interdiction de son gendre (Paris, 23 mai 1835 ; Duranton, 7,718). — Il en est de même des autres alliés.

26 *bis*. On peut nommer plusieurs conseils à la même personne. Seulement, s'il n'est pas dit qu'ils sont nommés l'un à défaut de l'autre, il faut l'avis de tous pour les actes où leur assistance est requise. S'ils sont nommés à défaut l'un de l'autre, il faut s'adresser de préférence au premier

nommé et n'aller aux autres qu'en cas d'empêchement du premier (Toullier, 1377).

27. Lorsque le conseil judiciaire est donné d'office par le tribunal, ceux qui ont provoqué l'interdiction ne peuvent être condamnés aux dépens, parce qu'on ne peut pas dire qu'ils aient succombé (C. proc. civ. 130; Delvincourt).

28. Le conseil judiciaire doit être pris plutôt hors de la famille que parmi les plus proches parents. — V. note 30, n. 277).

§. 3. Du mode de procéder sur la demande en dation de conseil judiciaire.

29. *La demande en dation de conseil doit être intentée et jugée de la même manière que l'interdiction. — La défense de procéder ne peut être levée qu'en observant les mêmes formalités* (C. civ. 514). — V. *sup.* n. 18.

30. Quant à la procédure, qu'elle soit introduite par voie incidente ou par voie principale, le mode d'instruction est toujours le même. Ainsi, on agira à l'égard du prodigue, comme à l'égard de celui dont on poursuit l'interdiction, en présentant une requête dans la même forme, qui sera suivie de rapport à l'audience, de convocation du conseil de famille, des interrogatoires du défendeur et des enquêtes conformément à ce qui est prescrit par l'art. 897 du C. de proc. civ.

31. La nomination d'un conseil judiciaire à un mineur ne peut résulter que d'un jugement, dans lequel le mineur aura été personnellement appelé comme partie en cause : elle est sans effet, si elle a été poursuivie contre le subrogé-tuteur, lors surtout qu'elle n'a pas même été signifiée au pupille devenu majeur (Nîmes, 22 av. 1839).

32. Quoique la procédure en matière de conseil judiciaire soit absolument la même qu'en matière d'interdiction, cependant, comme il ne s'agit pas ici d'une incapacité absolue, mais seulement d'une mesure qui est toute dans l'intérêt du prodigue, on pourra être moins rigoureux sur l'accomplissement de certaines formalités. — Ainsi, on pourra décider :

33. 1° Que l'interrogatoire prescrit par l'art. 496 du C. civ., comme acte préliminaire de la procédure en interdiction, n'est pas exigé, a peine de nullité, lorsqu'il s'agit de nommer un conseil judiciaire (Agen, 18 fév. 1841).

34. 2° Que l'interrogatoire auquel doit être soumis celui contre qui est formée une demande en dation de conseil judiciaire, n'est pas prescrit à peine de nullité ; et, dans tous les cas, le défendeur ne pourrait se plaindre de ce que cette formalité n'a pas eu lieu, si lui-même s'est refusé à subir l'interrogatoire (Cass. 4 juill. 1838).

35. *Aucun jugement, en matière d'interdiction ou de nomination de conseil, ne pourra être rendu, soit en première instance, soit en cause d'appel, que sur les conclusions du ministère public* (C. civ. 515).

36. La demande subsidiaire d'un conseil à la personne dont on poursuit l'interdiction peut être faite pour la première fois en Cour d'appel : ce n'est point là une demande nouvelle (Paris, 26 therm. an XI).

37. Lorsque le prodigue a acquiescé au jugement qui lui a donné un conseil judiciaire, il ne peut être admis à en interjeter ultérieurement appel (Turin, 4 janv. 1812).

38. Relativement à la forme de procéder, tant en première instance que sur l'appel, et aux formalités à remplir pour donner au jugement de dation de conseil judiciaire toute la publicité nécessaire, v. les art. 500 et 501 du C. civ. et la note 65.

39. Le jugement qui nomme un conseil judiciaire ne peut être révoqué qu'en observant les mêmes formalités que celles qui sont prescrites pour la main-levée de l'interdiction.

40. Cependant, le conseil judiciaire donné à la femme avant son mariage cesse, de plein droit et sans formalités, par l'effet du mariage; la puissance maritale remplaçant ce conseil, surtout si les époux sont mariés sous le régime de la communauté légale (Nancy, 3 déc. 1838).

§ 4. Des droits et devoirs, obligations et responsabilité du conseil judiciaire.

41. La charge donnée par justice au conseil judiciaire est une charge publique que celui-ci est tenu d'accepter. Cependant, s'il prétend avoir des excuses à faire valoir, il doit les présenter devant le tribunal qui a fait la nomination et qui seul a capacité pour les apprécier (Rennes, 14 août 1823), sans être astreint à suivre les règles établies au titre de la tutelle.

42. Quant aux excuses, il sera statué sur la demande même du conseil judiciaire ; mais, pour ce qui concerne l'incapacité, l'exclusion ou la destitution, c'est le prodigue lui-même qui aura droit de former cette demande contre son conseil. — Il pourra à cet égard introduire une action directement, sans qu'il soit tenu de se faire donner un conseil *ad-hoc* ; mais, en thèse générale, toutes les fois que le prodigue aura une action pécuniaire à intenter contre son conseil, il devra, avant tout, se pourvoir en justice pour qu'un conseil *ad-hoc* lui soit donné. Ce n'est point au conseil de famille qu'il appartient de lui nommer ce conseil (Turin, 12 av. 1808; Berriat, 682, n. 7 ; Merlin).

43. Toutefois, le conseil judiciaire n'a ni le droit d'administration qui appartient au tuteur, ni le pouvoir de représenter en justice le prodigue ; seulement, celui-ci ne peut ester en jugement sans son assistance ; et toute signification faite au prodigue est d'ailleurs nulle, si elle n'est faite en même temps à son conseil judiciaire (Bruxelles, 13 av. 1808).

44. D'où il suit que l'individu pourvu d'un conseil judiciaire n'a pas qualité pour se désister seul d'une instance qu'il aurait régulièrement intentée avec l'assistance de son conseil. — Seulement, si le conseil refuse de donner son consentement au désistement, l'individu qui est pourvu d'un conseil ne peut que se faire autoriser par justice à donner seul ce désistement ou se pourvoir en nomination d'un conseil *ad-hoc* pour faire statuer contradictoirement sur ce point avec le conseil en titre (Bruxelles, 27 nov. 1823).

45. De son côté, le conseil judiciaire ne peut demander seul la nullité des engagements qui ont été souscrits par le prodigue ; il faut, dans ce cas, que le prodigue soit mis en cause, afin que le jugement à intervenir soit déclaré commun avec lui, et qu'il puisse être exécuté sur sa personne et sur ses biens (Paris, 13 fév. 1841 - J[al]. Man. art. 14. — *Contrà*, Paris, 26 juin 1838, en ce sens que le conseil judiciaire a qualité pour agir seul en justice afin de faire prononcer la nullité des engagements souscrits par le prodigue).

46. Le conseil judiciaire ne peut se rendre adjudicataire

des biens vendus volontairement par la personne qui ne peut agir sans son assistance. — V. note 4, n. 54.

47. Le conseil judiciaire n'ayant aucune administration, et ses fonctions se bornant à donner des avis, il n'est comptable de rien ni assujéti à aucune responsabilité ou hypothèque légale (Toullier, 2,1377.) — V. note 30, n. 168 *bis*.

§ 5. DES EFFETS DE LA NOMINATION D'UN CONSEIL JUDICIAIRE OU DE LA VALIDITÉ DES ACTES DE L'INCAPABLE OU DU PRODIGUE.

48. *La nomination d'un conseil aura son effet du jour du jugement. Tous actes passés postérieurement sans l'assistance du conseil seront nuls de droit* (C. civ. 502). — V. *sup.* n. 1 et 3.

49. Mais il faut observer que la nomination d'un conseil judiciaire n'a point, comme l'interdiction, pour effet d'opérer un changement d'état : tellement que le prodigue continue d'avoir l'exercice de ses droits civils et politiques (V. note 27); de voter dans les assemblées de famille et dans les assemblées électorales (Toullier, 1366).

50. Les obligations souscrites par le prodigue avant la dation du conseil judiciaire doivent sans aucun doute être exécutées, mais la question de savoir s'il est nécessaire qu'elles aient acquis date certaine avant le jugement qui nomme le conseil est très controversée.

51. Un arrêt de la Cour roy. de Paris du 26 juin 1838 (V. *sup.* n. 45), tout en posant le principe que l'obligation doit avoir acquis date certaine, admet néanmoins le créancier à prouver que la date donnée à l'acte est bien la véritable.

52. Mais la Cour roy. d'Angers a jugé le 8 déc. 1813 que les obligations souscrites par un individu auquel a été donné un conseil judiciaire ne peuvent être exigées après la nomination du conseil qu'autant qu'elles ont acquis date certaine. — D'où il suit que s'il s'agit d'effets négociables, le tiers-porteur ne peut être admis à établir par ses livres, ni même par témoins, qu'ils étaient en circulation avant cette époque (Même arrêt).

53. D'un autre côté, la Cour roy. d'Orléans, par arrêts des 25 août 1837 et 21 mars 1838, a décidé que le billet qui porte une date antérieure à l'époque où le souscripteur a été pourvu d'un conseil judiciaire fait foi de sa date tant que le prodigue ou son conseil ne rapportent pas la preuve qu'il aurait été antidaté. — On peut, néanmoins, dans ce cas, déférer le serment supplétoire à celui qui réclame le paiement du billet.

54. Enfin, par une autre décision qui est celle à laquelle on peut s'arrêter, le billet souscrit par un individu auquel est donné un conseil judiciaire ne fait pas foi par lui-même de sa date, lorsqu'elle est antérieure à la dation du conseil judiciaire; c'est à celui qui en réclame le paiement de prouver qu'il a été réellement souscrit à une époque où le souscripteur avait la libre disposition de ses droits (Paris, 10 mai 1816; Cass. 9 juill.. 1830; Orléans, 3 juill. 1835).

55. Au surplus, les tribunaux ont un pouvoir discrétionnaire pour rechercher si, en effet, l'obligation a été souscrite avant que le jugement ait été rendu, et pour en ordonner le paiement s'il leur apparaît que la date antérieure à la nomination du conseil est sincère (Bourges, 4 janv. 1831; Paris, 20 av. 1831; Lyon, 2 nov. 1831).

56. Il n'en est point à cet égard en matière de dation de conseil judiciaire comme en matière d'interdiction; car, en matière d'interdiction, tout acte qui n'a pas acquis date certaine avant le jugement d'interdiction est absolument sans valeur; c'est aux créanciers à faire leurs diligences pendant la procédure en interdiction pour assurer une date certaine aux titres dont ils sont porteurs. — Le motif de cette distinction repose sur la nature même des deux actions : l'incapacité de l'interdit est absolue, celle du prodigue n'est que relative.

57. Ainsi, tous les actes souscrits par l'interdit avant son interdiction, même ceux qui ont acquis date certaine sont sujets à être annulés; mais une action semblable ne sera jamais admise contre les actes souscrits par le prodigue avant la dation du conseil judiciaire.

58. Quant aux actes qui seraient souscrits par l'interdit, après l'interdiction prononcée, ils sont absolument nuls; mais ceux qui seraient souscrits par le prodigue sans l'assistance de son conseil judiciaire ne sont pas viciés de la même nullité radicale.

59. Ainsi, des obligations contractées par le prodigue sans l'assistance de son conseil ne sont pas absolument nulles; elles sont seulement sujettes à rescision pour cause de lésion (Metz, 21 mai 1817). — Mais il ne s'agit ici que de la simple lésion, car si l'obligation a eu une juste cause et s'il a été fait des deniers un juste emploi, il n'y aura pas de motif d'en prononcer la nullité bien que cela soit dans le droit rigoureux du juge, car il est de principe que la publicité donnée au jugement de nomination de conseil judiciaire dans le lieu du domicile de celui qui est pourvu de ce conseil, a pour effet d'entraîner la nullité de tous les actes passés ultérieurement par l'incapable sans assistance du conseil, dans quelque lieu qu'ils aient été souscrits (Cass. 29 juin 1819; Merlin, *quest.* v° *tabl. des interd.* § 2). — Mais il faut nécessairement que les affiches et publications exigées aient eu lieu pour que le jugement produise son effet (Trèves, 20 janv. 1810; Cass. 16 juill. 1810).

60. C'est aussi par suite de la rigueur du droit que les sommes prêtées à un individu pourvu d'un conseil judiciaire, sans que les formalités requises aient été remplies, ne sont pas sujettes à restitution, le prêteur n'ayant pas d'action en justice pour en exiger le remboursement (Rennes, 30 mai 1839; Cass. 5 août 1840), — à moins qu'il ne prouve que ces sommes ont tourné au profit de cet individu (C. civ. 1312).

61. Mais la nullité résultant du défaut d'assistance peut être couverte par une ratification même tacite de la part de ce dernier. — Ainsi, celui qui est pourvu d'un conseil judiciaire ne peut faire seul remploi d'un capital mobilier, mais lorsque le remploi a eu lieu, il peut être ratifié tacitement tant par le conseil judiciaire que par l'incapable lui-même, auquel cas ni l'un ni l'autre ne sont recevables à demander la nullité de l'acte de remploi (Bruxelles, 10 oct. 1823).

62. Et si un individu pourvu d'un conseil judiciaire parvient à vendre, sans l'assistance de son conseil, une rente sur l'État dont il était propriétaire, en dissimulant sa qualité, il n'y a de recours à exercer, dans le cas où le capital aurait été dissipé, ni contre l'agent de change qui a opéré

le transfert, ni contre le notaire qui a délivré le certificat de propriété, ni contre le trésor public (Cass. 8 août 1827; C. civ. 1310).

63. Le prodigue conserve toute capacité et toute liberté d'action pour les actes qu'il ne lui est pas expressément défendu de faire sans l'assistance de son conseil judiciaire par l'art. 513 du C. civ. rappelé *sup.* n. 3. — D'où il résulte :

64. 1° Qu'il conserve la libre administration de ses biens, reçoit ses revenus, en donne quittance, les emploie comme il lui plaît (Toullier, n. 1378).

65. 2° Qu'il pourra accepter une donation entre-vifs sans son conseil, et même une succession.— V. note 62, n. 62.

66. 3° Qu'il conserve le pouvoir de faire un testament soit par acte authentique soit par acte olographe sans l'assistance de son conseil (Aix, 14 fév. 1808; Amiens, 19 déc. 1814; Lyon, 27 août 1825; Toulouse, 26 mai 1836). — Sauf aux parties intéressées à prouver qu'en effet il n'était pas sain d'esprit au moment de la confection du testament (Cass. 19 déc. 1814).

67. 4° Qu'il peut contracter mariage sans l'assistance de son conseil judiciaire (Toullier, 1379; Caen, 19 mars 1839). — Sauf à prendre son avis sur les conventions matrimoniales, en cas qu'elles contiennent quelque donation entre-vifs ou quelque ameublissement; car ce serait alors une aliénation qu'il ne peut faire sans l'assistance de son conseil, et lorsque cet avis n'a pas été pris relativement aux conventions, le prodigue conserve le droit de se prévaloir plus tard du défaut d'assistance du conseil (Caen, 19 mars 1839). Mais il n'en aurait pas besoin si les conventions matrimoniales ne contenaient que des dons de survie, parce qu'ils participent de la nature des donations à cause de mort ou testamentaires (Toullier, *ibid.*)

68. Toutefois, le prodigue ne pourra, sans être assisté de son conseil :

69. 1° Ni être nommé tuteur, parce qu'il faut pour l'être la plénitude de ses droits et que l'acceptation de la tutelle entraîne avec elle une hypothèque légale (C. J^{al}. Pal.).

70. 2° Ni faire une donation entre-vifs, surtout quand elle a pour objet de le dépouiller de la jouissance de l'objet; comme c'est le faible du prodigue de donner, on conçoit que la loi ait voulu le prémunir contre sa propre faiblesse.

71. 3° Ni ester en justice afin d'obtenir la main-levée de l'opposition formée au mariage qu'il a projeté (Toulouse, 2 déc. 1839).

72. 4° Ni renoncer à une succession. — V. note 62, n. 174).

73. 5° Ni autoriser sa femme à ester en justice (Paris, 27 août 1833) — ou à contracter, car le fait de l'autorisation oblige le mari ainsi que nous l'avons dit note 68, n. 111.

74. 6° Ni faire un paiement; à moins qu'il n'ait rendu sa condition meilleure et pour cela il ne doit pas acquitter la dette avant son échéance (Duranton, *oblig.* n. 663).

75. 7° Ni renoncer aux nullités existantes dans les actes qu'il n'aurait pu passer sans l'assistance de son conseil.

76. 8° Ni renoncer à la prescription (C. civ. 2222)—. Le droit lui étant acquis, ce serait l'aliéner que de s'engager à ne pas en user.

77. L'action en nullité doit être exercée dans les dix ans, à partir du jour où l'incapacité a cessé (C. civ. 1304).

78. Le conseil judiciaire donne son autorisation soit par l'apposition de sa signature sur l'acte même soit par un acte particulier qu'on annexe à l'acte pour lequel il est fait. — V. note 33. — Mais il ne peut la donner après coup, parce que cette autorisation postérieure serait la ratification d'un acte nul (Delvincourt, 3,321; Duranton, 3,807). — V. note 66, n. 15.

79. Les tiers qui ont traité avec le prodigue assisté de son conseil ne peuvent pas plus se prévaloir de son incapacité que ceux qui ont traité avec un interdit ne peuvent alléguer la sienne, c.-à-d. que l'individu soumis à l'assistance d'un conseil oblige envers lui, mais qu'il ne s'oblige point envers les autres, si ce n'est pour rendre sa condition meilleure. — V. note 63, n. 4.

80. Tout ce que nous disons du prodigue s'applique à l'incapable.

V. *Minorité et interdiction*, note 63. — *Nullité ou rescision*, note 171.

[75]

DES JUGES, DES TRIBUNAUX CIVILS, DES COURS ROYALES ET DE LEURS JUGEMENTS ET ARRÊTS.

Division sommaire :

Indication alphabétique:

§ 1. DES JUGES.

Art. 1. INSTITUTION, ADMISSION, OBLIGATIONS, DROITS ET DEVOIRS DES JUGES.

1. Les juges sont des magistrats chargés de rendre la justice au nom du roi (Charte Constit. de 1830 art. 48). — Leur principal devoir est de rendre bonne justice à leurs justiciables; ils ne peuvent se dispenser de prononcer en matière civile, sous prétexte du silence, de l'obscurité ou de l'insuffisance de la loi sous peine d'être pris à partie et poursuivis comme coupables de déni de justice (C. civ. 4; C. proc. 505 et suiv.).

2. Les membres des tribunaux de première instance et de commerce, et les juges de paix conservent le titre de *juges*. — Ceux des Cours royales, de la Cour des comptes et de la Cour de cassation prennent le nom de *conseillers*.

3. Les juges sont nommés et institués par le roi (Charte, *ibid.*). — Toutefois, les juges des tribunaux de commerce et les prudhommes sont élus par des assemblées convoquées à cet effet.

4. Les juges nommés par le roi sont inamovibles (Charte Const. art 49). — excepté les juges de paix (*Ibid.* art. 52, —

les membres des tribunaux de commerce et des conseils de prudhommes qui ne sont plus institués à vie.

5. L'inamovibilité s'étend non-seulement au titre, mais encore à la résidence. Ainsi donc, un juge ne peut être changé de siége sans son consentement : s'il en était autrement, la garantie qui résulte pour les justiciables de l'indépendance des juges perdrait toute sa force. — Mais aussi il est obligé de résider au lieu où siége la Cour ou le tribunal dont il fait partie, tellement que le défaut de résidence est assimilé à l'absence (Décr. 30 mars 1808). — Les juges suppléants sont seulement astreints à la résidence dans le canton (Décr. 18 août 1810, art. 29).

6. Néanmoins, les juges peuvent être suspendus et destitués dans les circonstances et de la manière prévues par les lois, mais seulement après une condamnation prononcée par les tribunaux compétents. — Une déchéance ou suspension peut, suivant la gravité des faits, résulter d'une condamnation à une peine même de simple police (L. 20 av. 1810), — et même les juges que des infirmités graves et permanentes empêchent de continuer leurs fonctions doivent être admis à la retraite (L. 16-18 juin 1824).

7. Les juges institués par le roi reçoivent un traitement de l'État, excepté les membres des tribunaux de commerce dont les fonctions sont gratuites ainsi que celles des prudhommes. — Les juges suppléants, ceux de Paris exceptés, n'ont point de traitement (L. 10 déc. 1830, art. 4).

8. Du reste, les magistrats rendent la justice gratuitement, en ce sens qu'il leur est défendu de rien recevoir pour les actes qu'ils font dans l'exercice de leurs fonctions (L. L. 3 août 1789, art. 7; 24 août 1790, tit. 2, art. 2; Const. 22 frim. an VIII, art. 205. — Cette règle souffre cependant exception, pour certains droits alloués aux juges de paix par le tarif du 16 fév. 1807.

9. Ils ne doivent, sous aucun prétexte, recevoir par eux-mêmes, ni par personnes interposées, aucun don des parties. S'ils l'ont fait, ils peuvent être récusés (C. proc. 378), et punis, selon la gravité des cas, de la dégradation civique et même de peines plus sévères (C. pén. 177 et 178).

10. Le choix des juges appartient au Roi. Mais les lois ont déterminé des conditions de capacité que le souverain lui-même doit nécessairement respecter. Ces conditions varient suivant le degré de la hiérarchie et la nature de la juridiction à laquelle doivent être attachés les magistrats. Elles sont relatives à l'âge, au temps d'étude et à l'exercice de la profession d'avocat. Nul ne peut être nommé juge s'il n'est français ou naturalisé tel.

11. L'âge est de 25 ans accomplis pour les juges ou suppléants des tribunaux de première instance : de 27 ans pour les présidents de ces tribunaux et pour les conseillers de Cours royales (L. 28 av. 1818) : de 30 ans pour les présidents de Cours royales, (*ibid.* art. 65); pour les juges de paix et les suppléants de juges de paix (Const. de l'an III, art. 209) : pour les juges et les suppléants des tribunaux de commerce (C. comm. 620; et les prudhommes, (décr. 11 juin 1809) : de 40 ans pour les présidents des tribunaux de commerce (C. comm. 620).

12. Le gouvernement ne peut, dans aucun cas, accorder de dispense d'âge; elles seraient illégales et nulles, et le tribunal devrait surseoir à l'installation, jusqu'à ce que le Roi eût fait droit aux remontrances qui lui seraient adressées (Carré, 1, 115 et 116). — Cependant, les jugements auxquels auraient participé des juges ainsi nommés pourraient être déclarés valables, d'après la règle « *Error communis facit jus.* » — V. note 2, n. 102.

13. Nul ne peut être nommé juge d'un tribunal d'arrondissement ou conseiller d'une Cour royale, s'il n'est licencié en droit, et s'il n'a suivi le barreau pendant deux ans, après avoir prêté serment devant une Cour, ou s'il n'est dans un cas d'exception prévu par la loi (L. 20 av. 1810, art. 64, 65). — Mais ces conditions ne sont point exigées pour les juges de paix; pour les juges des tribunaux de comm. (C. comm. 620); et pour les prudhommes.

14. Tout juge ou suppléant doit prêter serment et être installé dans ses fonctions avant de pouvoir siéger (L. 24 août 1790; Ord. roy. 3 mars 1815). — Le serment est prêté devant le tribunal de première instance par les juges de paix et leurs suppléants; devant la Cour Roy. par les présidents, juges et suppléants de leur ressort (Décr. 4 mess. an XII); devant les premiers présidents par les conseillers des Cours royales ; entre les mains du Roi, par les premiers présidents des Cours royales, s'ils sont à Paris, ou entre celles des fonctionnaires délégués par le Roi, s'ils ne sont pas à Paris (Ord. 3 mars 1815). — Les juges des tribunaux de commerce prêtent serment à l'audience de la Cour Roy., si elle a son siége dans le même arrondissement communal ; dans le cas contraire, la Cour commet, si les juges le demandent, le tribunal civil de leur arrondissement (C. comm. 629); quant aux prudhommes, ils prêtent serment entre les mains du préfet ou du fonctionnaire qui le remplace.

15. Un serment prêté devant une autorité incompétente doit être réputé nul et non avenu (Toullier, 336).

16. Les fonctions de juges sont incompatibles : — avec toutes autres de l'ordre judiciaire (L. L. 24 vendem. an III; 24 mess. an V); — avec toutes fonctions de l'ordre administratif et avec celles de conseiller de préfecture (L. L. 24 mars 1791; 14 juin 1793; 24 vendem. an III; — avec la profession d'avocat (Ord. 20 nov. 1822); — avec celle de notaire (L. 25 vent. an XI, art. 7); — avec toutes fonctions ecclésiastiques (L. 11 sept. 1790; — avec toute fonction sujette à comptabilité pécuniaire (L. 24 vend. an III). — Cependant, les juges suppléants peuvent être en même temps avocats, notaires ou avoués; mais ils ne peuvent être pris parmi les huissiers, les greffiers ou les fonctionnaires administratifs (L. 27 mars 1791). — En cas d'incompatibilité de fonctions, le magistrat doit dans les 10 jours de la notification de sa nomination faire son option (L. 24 vendém. an III).

17. Les parents et alliés jusqu'au degré d'oncle et de neveu inclusivement ne peuvent être en même temps membres d'un même tribunal ou d'une même Cour, soit comme juges soit comme officiers du ministère public, ou même comme greffiers, sans une dispense du Roi. En cas d'alliance survenue depuis la nomination, celui qui l'a contractée ne peut continuer ses fonctions sans obtenir une dispense du Roi. Il n'est accordé aucune dispense pour les tribunaux composés de moins de huit juges (L. 20 av. 1810). — Ces règles s'appliquent aux juges suppléants comme aux autres juges. Mais les juges suppléants ne doivent pas être comptés dans le nombre de huit juges au-dessous duquel il n'est pas accordé de dispense.

18. Les parties ont en outre la faculté de demander le

renvoi d'un tribunal à un autre pour cause de parenté ou alliance (C. proc. civ. 368).

19. Il est interdit aux juges : 1° de se rendre cessionnaires de procès, droits et actions litigieux (V. note 4, n. 59); — 2° de se rendre adjudicataires de biens (V. note 4, n. 51); — 3° de se charger de la défense soit verbale soit par écrit, soit à titre de consultation, même dans les tribunaux où ils n'exercent pas leurs fonctions, des parties autres que leurs femmes, parents ou alliés en ligne directe, et leurs pupilles (C. proc. 86). — Mais cette dernière disposition ne s'applique pas aux juges suppléants (Bioche, v° *juges* n. 40).

20. Les juges sont exempts de tout service étranger aux fonctions judiciaires (L. 27 vent. an VIII); notamment de celui de la garde nationale, mais ils peuvent s'y présenter volontairement (L. 22 mars 1831, art. 28). La loi ne prononce d'incompatibilité que pour les juges d'instruction et les membres du ministère public qui ont droit de requérir la force armée (*Ibid.* art. 11).

21. Ils sont électeurs et éligibles dans certaines assemblées, telles que les conseils municipaux.

22. Ils ont droit à un traitement pendant l'exercice de leurs fonctions, et reçoivent, en outre, des droits d'assistance qui se distribuent par séance entre les membres présents (L. 27 vent. an VIII, art. 19; Décr. 30 janv. 1811, art. 30 et 31).

Pour la préséance, V. note 27, n. 371 et suiv.

Art. 2. DE LA RÉCUSATION DES JUGES.

23. Les parties ne peuvent se soustraire à la juridiction d'un juge légalement constitué, à moins qu'il n'existe de graves raisons de suspecter son impartialité; de là le droit de *récusation*. — Ce droit est essentiellement facultatif pour les parties; s'il n'est pas exercé, le juge peut connaître de l'affaire (Rennes, 8 juill. 1819; Cass. 18 fév. et 18 juin 1828); — et la partie qui n'a pas usé de la récusation ne peut ensuite demander la nullité du jugement sous prétexte que le juge aurait dû s'abstenir (Cass. 20 av. 1841).

24. En général, les causes de récusation ne peuvent être invoquées que par la partie qui a sujet de craindre la partialité du juge pour son adversaire. — Toutefois, la récusation fondée sur la parenté ou l'alliance est valablement proposée par les deux parties (Berriat; Pigeau; Carré; Favard).

25. *Tout juge peut être récusé pour les causes ci-après....* (C. proc. 378).

26. Par le mot *juge* il faut entendre non-seulement les juges titulaires des tribunaux, mais encore 1° les juges suppléants; 2° les avocats et avoués que l'on appelle pour compléter le tribunal à défaut de juges suppléants (Favard, 762; Pigeau, 1, 509; Thomine, 378); 3° les membres des tribunaux de commerce (Favard, *ibid.*; Carré, 1363); 4° les prudhommes; 5° les arbitres (Cass. 16 déc. 1828. — V. note 183); toutefois, quand les parties les ont choisis librement et spontanément, elles n'ont le droit de les récuser que pour causes survenues depuis le compromis (C. proc. 1014); 6° les juges de paix; mais, à leur égard, les causes de récusation ne sont pas les mêmes (C. proc. 44. — V. note.94).

27. Les causes de récusation relatives aux juges s'appliquent au ministère public quand il est partie jointe; mais lorsqu'il est partie principale, il ne peut être récusé (C. proc. 381); — quant aux greffiers, ils ne peuvent être récusés en aucun cas.

28. 1° *S'il est parent ou allié des parties ou de l'une d'elles, jusqu'au degré de cousin issu de germain* (C. proc. 378). 1°.—

29. Cette cause de récusation est fondée sur l'affection présumée du juge pour l'une des parties. Elle existe encore bien que le juge soit parent des deux parties (Carré, n. 1367). Mais elle cesse d'être applicable, 1° si le juge n'est parent que du tuteur ou curateur de l'une des parties, ou des membres ou administrateurs d'un établissement, société, direction ou union, partie dans la cause, à moins que lesdits tuteurs, administrateurs ou intéressés, n'aient un intérêt distinct ou personnel (C. proc. 379), — 2° à plus forte raison, si la parenté ou l'alliance existe entre un juge et l'avocat, ou l'avoué de l'une des parties (Cass. 12 juin 1809).

30. *Si la femme du juge est parente ou alliée de l'une des parties, ou si le père est parent ou allié de la femme de l'une des parties, au degré ci-dessus, lorsque la femme est vivante, ou qu'étant décédée il en existe des enfants : si elle est décédée et qu'il n'y ait point d'enfants, le beau-père, le gendre, ni les beaux-frères ne pourront être juges. La disposition relative à la femme décédée s'appliquera à la femme divorcée s'il existe des enfants du mariage dissous* (C. proc. 378 - 2°).

31. Dans le cas de dissolution du mariage par le divorce, le beau-père, le gendre et les beaux-frères ne pourront être récusés que s'il existe des enfants issus du mariage (Carré, n. 1369; *Contrà*, Pigeau, 1, 425).

32. 3° *Si le juge, sa femme, leurs ascendants et descendants, ou alliés dans la même ligne ont un* différend sur pareille question *que celle dont il s'agit entre les parties* (C. proc. 378 - 3°).

33. On doit entendre par *différend* un procès né et actuel, et non un procès éventuel (Cass. 18 mess. an XI; 27 niv. an XII). — Quant aux mots *sur pareille question*, ils signifient seulement que le différend dans lequel le juge est intéressé doit présenter en droit ou en fait une question susceptible de recevoir une même solution que celui qui lui est déféré. Il n'est pas nécessaire qu'il soit identique dans toutes les circonstances (Carré, n. 1371).

34. Et pour prouver s'il y a *différend sur pareille question*, les juges peuvent interdire ou autoriser la preuve testimoniale suivant les circonstances (Carré, n. 1372).

35. 4° *S'ils ont un procès en leur nom dans un tribunal où l'une des parties sera juge; s'ils sont créanciers ou débiteurs d'une des parties* (C. proc. 378 - 4°).

36. Le juge qui est locataire de l'une des parties, ou qui lui paie une rente constituée, n'est pas récusable s'il n'est dû ni loyers ni arrérages : il n'a pas, dans ce cas, un grand intérêt à ménager cette partie (Favard, 762; Pigeau, 1, 514; Carré, 1373). — Mais il y a lieu à récusation : 1° si le juge est débiteur d'un capital, même non exigible (Carré, 1333); 2° si une partie a accepté sur lui un transfert de créance, fait avant l'introduction de l'instance; ou même, si depuis le procès commencé, une partie devient propriétaire d'une créance sur un juge par succession ou donation (Favard, *ibid.*).

37. Celui qui récuse, sur le motif de la parenté du juge

avec le créancier du récusant, n'est pas tenu de justifier préalablement de l'existence ou de la validité du titre qui fonde les droits du créancier. Il suffit, pour que la récusation soit admissible, de la déclaration faite et signée par ce dernier au bas d'un acte extra-judiciaire (Paris, 1 mars 1836).

38. 5º *Si, dans les cinq ans qui ont précédé la récusation, il y a eu* procès criminel *entr'eux et l'une des parties, ou son conjoint, ou ses parents ou alliés en ligne directe* (C. proc. 378 - 5º).

39. Le mot *procès criminel* est employé ici par opposition à *procès civil*; il comprend, par conséquent, les procès de police correctionnelle et ceux de simple police (Carré, 1375; Favard, 763; Dalloz, 532).

40. 6º *S'il y a procès civil entre le juge, sa femme, leurs ascendants et descendants ou alliés dans la même ligne, et l'une des parties, et que ce procès, s'il a été intenté par la partie, l'ait été avant l'instance dans laquelle la récusation est proposée; si, ce procès étant terminé, il ne l'a été que dans les six mois précédant la récusation* (C. proc. 378 - 6º).

41. Si le procès civil est né depuis l'instance, la récusation ne peut avoir lieu que dans le cas où le juge est demandeur. Autrement, la partie pourrait se créer à elle-même un moyen de récusation (Pigeau, 1, 513; Favard, 763).

42. 7º *Si le juge est tuteur, subrogé-tuteur ou curateur, héritier présomptif ou donataire, maître ou commensal de l'une des parties; s'il est administrateur de quelque établissement, société ou direction, partie dans la cause; si l'une des parties est sa présomptive héritière* (C. proc. 378 - 7º).

43. Un juge est maître de ses domestiques, de ses commis, de ses secrétaires et autres personnes qu'il salarie, qu'il a chez lui habituellement, et qui font, en quelque sorte, partie de sa maison; mais il n'est pas le maître de ses fermiers (Pigeau, 1, 513; Carré, 1377).

44. Le juge est commensal d'une partie, lorsqu'il mange habituellement à sa table, ou qu'il la reçoit habituellement à la sienne. Mais il n'en est pas de même quand le juge et la partie sont pensionnaires chez une même personne (Berriat, 328; Favard, 763).

45. Dans un procès intéressant une commune, les juges ne sont pas récusables par cela seul qu'ils sont habitants de la commune, si d'ailleurs ils ne figurent pas dans l'affaire comme administrateurs ou en leur nom personnel (Cass. 4 juill. 1816; 17 déc. 1828).

46. 8º *Si le juge a donné conseil, plaidé ou écrit sur le différend; s'il en a précédemment connu comme juge ou comme arbitre; s'il a sollicité, recommandé ou fourni aux frais du procès; s'il a déposé comme témoin; si, depuis le commencement du procès, il a bu ou mangé avec l'une ou l'autre des parties dans leur maison, ou reçu d'elle des présents* (C. proc. 378 - 9º).

47. Un juge est récusable :

Lorsqu'il a non-seulement conseillé d'intenter ou de soutenir le procès, mais encore qu'il a dirigé les démarches, recherché les titres de la partie : dans ce cas, il peut être considéré comme ayant été conseil (Carré, 1378).

48. Lorsque l'une des parties a fait des présents à la femme, aux enfants du juge, ou à de très proches parents demeurant avec lui : ces personnes sont réputées personnes interposées; autrement, il y aurait trop de facilité à faire indirectement ce qu'il est interdit de faire directement (Carré, n. 1383; Favard, 763 : Merlin).

49. Mais un juge ou arbitre n'est pas récusable :

50. Lorsqu'il a bu ou mangé avec la partie chez lui ou en maison-tierce : dans ce cas, en effet, il n'est pas son obligé, mais il en est autrement, s'il a mangé dans une hôtellerie aux frais de la partie (Carré, 1382).

51. Quand il a fait connaître son avis sur l'affaire extrajudiciairement (Favard, 763; Carré, 1381; Arg. Montpellier, 1 juin 1829).

52. Quand, n'ayant connu de l'affaire que pour se déclarer incompétent, il fait ensuite partie du tribunal auquel l'affaire est portée (Arg. Cass. 2 fév. 1809).

53. Pour avoir pris du café ou de la liqueur avec l'une des parties dans sa maison, lorsque cela a eu lieu fortuitement, à la campagne, sur l'invitation tant de la partie que de ses adversaires et avec ceux-ci (Cass. 16 nov. 1825).

54. 9º *S'il y a inimitié capitale entre le juge et l'une des parties; s'il y a eu de sa part aggressions, injures ou menaces, verbalement ou par écrit, depuis l'instance, ou dans les six mois précédant la récusation proposée* (C. proc. 378 - 9º).

55. La récusation ne peut être admise pour inimitié capitale qu'autant que la partie articule des faits positifs établissant l'inimitié (Cass. 9 nov. 1808; Paris, 30 août 1810) — et que ces faits n'ont pas été suivis de réconciliation (Carré, 1384; Berriat, 328).

56. Mais l'agression, les menaces, les injures d'une partie contre le juge ne donnent pas ouverture au droit de récusation; autrement, il dépendrait d'une partie d'écarter un juge dont elle redouterait les lumières et la probité (Cass. 25 août 1810; Pigeau; Carré; Berriat). — Peu importe même que le juge offensé soit saisi d'une plainte dirigée contre l'offenseur (Cass. 27 août 1823).

57. L'énumération des causes de récusation contenues en l'art. 378 du C. de proc. civ. est limitative (Agen, 28 août 1809; Favard; Berriat; Carré; Thomine).

58. *Tout juge qui saura cause de récusation en sa personne sera tenu de le déclarer à la chambre, qui décidera s'il doit s'abstenir* (C. proc. 380). — On appelle cette abstention *déport du juge*.

59. La loi ne fixant pas de délai pour la déclaration, il en résulte qu'elle est valablement faite en tout état de cause (Favard; Carré).

60. Le juge peut s'abstenir pour d'autres causes que celles qui motiveraient sa récusation, surtout, s'il reste assez de juges pour former le tribunal (Cass. 2 juin 1832; Carré). — En tout cas, il n'est pas nécessaire que la décision soit signifiée aux parties qui, par conséquent, ne peuvent ni y former opposition ni en appeler (Paris, 18 mars 1808; Berriat; Favard; Carré).

61. Les art. 382, 383 et 384 du C. de proc. civ. règlent le délai et la forme de la récusation; faisant observer que le délai doit être augmenté à raison des distances aux termes de l'art. 1033 du même Code.

62. Les art. 385, 386, 387, 388 et 389 du C. de proc. sont relatifs à l'instruction et au jugement concernant la récusation, ainsi qu'à la preuve ou commencement de preuve des causes de récusation.

63. L'art. 390 du C. de proc. concerne l'amende dont est passible celui dont la récusation n'aura point été admise.

64. Les art. 391, 392, 393, 394, 395 et 396 du Code de proc. sont relatifs à l'appel des jugements sur récusation, ce qui comprend le jugement sur l'admissibilité de la récusation, celui qui admet la preuve testimoniale des faits allégués, et celui qui statue au fond (Carré, 391).

65. Une récusation peut être dirigée contre un tribunal en masse ou individuellement contre un assez grand nombre de ses membres pour qu'il ne reste pas assez de magistrats pour rendre un jugement valable (Cass. 6 déc. 1808; 4 mai 1831; Angers, 12 janv. 1815). — Mais la récusation, dans ce cas, ne peut être appréciée que par la juridiction supérieure, c.-à-d. par la Cour royale, s'il s'agit de la récusation d'un tribunal, et par la Cour de Cassation s'il s'agit de la récusation d'une Cour royale (Cass. *ibid.*; Agen, 28 août 1809). — Toutefois, lorsqu'un tribunal a été récusé, et que les affaires ont été renvoyées devant un autre, la Cour peut rendre la connaissance de ces affaires au tribunal récusé, si les causes de récusation n'existent plus (Colmar, 23. av. 1813).

Art. 3. DE LA PRISE A PARTIE CONTRE LES JUGES.

66. *Les* juges *peuvent être pris à partie dans les cas suivants...* (C. proc. 505).

67. Par le mot *juges* la loi comprend tous les officiers de l'ordre judiciaire qui administrent la justice. - V. *sup.* n. 26 et 27. — Il n'est pas besoin de l'autorisation du gouvernement pour agir contre eux par la voie de la prise à partie (C. Instr. crim. 483, 486; Merlin; Carré; Berriat).

68. Si le juge est mort, la prise à partie est valablement dirigée contre ses héritiers ou représentants; le but unique de cette action étant d'obtenir des dommages-intérêts (Carré, 1803; Thomine, 756). — Mais elle ne peut être dirigée contre un des membres du tribunal, parce que la délibération étant secrète, on ne peut savoir quelle a été l'opinion de ce juge (Carré, 1802).

69. 1°— *S'il y a dol, fraude ou concussion qu'on prétendrait avoir été commis, soit dans le cours de l'instruction, soit lors des jugements* (C. proc. 505 - 1°).

70. Il y a dol et fraude lorsqu'il paraît évident que c'est par faveur ou par haine que le juge a rendu sa décision. — Il y a concussion si c'est par cupidité (L. 15, D. *de judiciis*; Berriat, 467).

71. L'erreur grave commise par un juge d'instruction pour avoir décerné un mandat d'arrêt à raison d'un fait ne constituant point un délit, peut donner lieu à la prise à partie (Cass. 23 juill. 1806; Toullier; Berriat; Merlin; Favard. — *Contrà*, Cass. 17 juill. 1832).

72. 2° *Si la prise à partie est expressément prononcée par la loi* (C. proc. 505 - 2°).

73. Le Code de procédure civile ne prononce expressément la prise à partie dans aucune circonstance; mais il en est autrement en matière criminelle. — V. C. instr. crim. 77, 112, 164, 271, 370.

74. 3° *Si la loi déclare les juges responsables, à peine de dommages-intérêts* (C. proc. 505 - 3°).

75. La loi déclare responsables, à peine de dommages-intérêts : 1° les juges qui prononcent la contrainte par corps en matière civile, hors des circonstances prévues par la loi (C. civ. 2063); — le juge de paix qui laisse périmer par sa faute une instance liée devant lui (C. proc. 15); le juge de paix qui fait la levée des scellés avant l'expiration des délais légaux (C. proc. 928). — Les dommages-intérêts sont alors demandés par la voie de la prise à partie (Pigeau, 1791). — V. C. pén. 114, 117 et 119.

76. 4° *S'il y a déni de justice* (C. proc. 505-4°).

77. Il y a déni de justice : lorsque les juges refusent de répondre les requêtes qui leur sont présentées (C. proc. 506); — quand ils négligent de juger les affaires en état et en tour d'être jugées (C. proc. 506); — lorsqu'ils refusent de juger, sous prétexte du silence, de l'obscurité ou de l'insuffisance de la loi (C. civ. 4).

78. Le déni de justice est constaté par deux réquisitions comme il est dit en l'art. 507 du C. de proc. civ.

79. La prise à partie sera portée soit à la Cour royale, soit à la Cour de Cassation, suivant le rang des magistrats ou la hiérarchie des tribunaux et Cours (C. proc. 509).

80. Pour exercer le droit de prise à partie, il faut une requête dont la forme est indiquée par les art. 511 et 512 du C. de proc. civ.

81. Toute partie qui a formé une demande de prise à partie sera condamnée à une amende, sans préjudice des dommages-intérêts, s'il y a lieu, dans les deux cas suivants : 1° si la requête est rejetée (C. proc. 512); 2° si sa demande est rejetée (C. proc. 516).

82. Lorsque la requête est admise, le juge doit s'abstenir de la connaissance du différend et de toutes les causes que la partie ou ses parents en ligne directe ou son conjoint pourraient avoir dans le tribunal (C. proc. 514).

83. Mais lorsque la prise à partie est accueillie, le juge doit être condamné à des dommages-intérêts équivalents au préjudice souffert par le demandeur.

84. On peut se pourvoir soit par appel, soit par requête civile, suivant que le jugement a été rendu en premier ou en dernier ressort, si la partie, au profit de laquelle le jugement a été rendu, a été complice de la fraude.

§ 2. DES TRIBUNAUX CIVILS, OU DE PREMIÈRE INSTANCE, OU D'ARRONDISSEMENT.

Art. 1. DE L'ORGANISATION DES TRIBUNAUX.

85. Il existe un tribunal de première instance par arrondissement. Il siége ordinairement au chef-lieu, sauf quelques exceptions à la règle, mais il n'y a qu'un tribunal pour le département de la Seine. Ce tribunal est institué pour juger les causes civiles qui ne sont pas dévolues par une disposition spéciale à une autre juridiction. Chaque tribunal est composé d'un plus ou moins grand nombre de juges, suivant la population ou l'importance de son ressort. Ce nombre varie de trois à douze juges titulaires, et de deux à cinq suppléants (L. L. 27 vent. an VIII; 20 av. 1810; 11 av. 1838). — Il peut être augmenté dans les grandes villes; à Paris, il est de trente-six juges et de huit suppléants (L. L. 20 av. 1810, art. 55; 10 déc. 1830, art. 4; 23-24 av. 1841).

86. Les tribunaux composés de sept à dix juges et de quatre suppléants se divisent en deux chambres; ceux où

il y a douze juges et six suppléants se divisent en trois chambres : il y en a une spécialement occupée des affaires correctionnelles (L. 27 vent. an VIII; Décr. 18 août 1810). — Le tribunal de Paris a cinq chambres civiles et trois chambres correctionnelles. — Lorsqu'une chambre manque de juges, elle peut se compléter au moyen de collègues appelés des autres chambres : et cette formation est légale, bien que la majorité et même le président aient été appelés de chambres étrangères, pourvu qu'à cet égard on ait suivi les règles tracées par l'ordonnance royale du 24 sept. 1828 (Cass. 18 mai 1814; 20 av. 1842).

87. Si les circonstances l'exigent, le roi peut créer par ordonnance des chambres temporaires (L. 28 av. 1810, art. 39). — Les juges suppléants qui font partie de ces chambres comme juges ou substituts reçoivent pendant toute leur durée le même traitement que les juges (L. 11 av. 1838). — Le roi nomme à chaque tribunal un président et autant de vice-présidents qu'il y a de chambres. Dans les tribunaux composés de plusieurs chambres, les juges sont répartis de manière qu'il y en ait trois au moins et cinq au plus dans chacune (Décr. 18 août 1810). — Les suppléants sont spécialement attachés à chaque chambre, et font, s'il y a lieu, le service dans une autre chambre. Ils sont compris dans le roulement annuel. — Le roulement des juges d'une chambre à l'autre se fait de manière qu'ils passent successivement dans toutes (Décr. 1810, art. 15). — Il a lieu dans la dernière quinzaine qui précède les vacances par une commission composée du président, des vice-présidents et du doyen, le procureur du roi entendu (Ord. roy. 1820).

88. Les suppléants n'ont point de fonctions habituelles : leur service n'est qu'accidentel et momentané, lorsque les juges titulaires sont empêchés. Ils peuvent néanmoins assister à toutes les audiences; ils ont voix consultative (L. 20 av. 1810, art. 41). Mais ils ont toujours voix délibérative dans les assemblées générales lorsqu'ils remplacent un juge (L. 11 av. 1838). — Lorsqu'un juge suppléant est appelé à remplacer un titulaire suspendu disciplinairement de ses fonctions pour plus d'un mois, il reçoit le traitement de ce juge (*Ibid.*).

89. Dans tous les cas où les tribunaux de première instance statuent en assemblées générales, l'assemblée doit être composée au moins de la majorité des juges en titre (L. 11 av. 1838).

90. Dans les tribunaux composés de plusieurs chambres, le service pendant les vacations se fait par une chambre composée du président ou de l'un des vice-présidents, et de deux juges qui n'ont pas été juges d'instruction, et qui ne sont ni ne doivent être de service à la chambre de police correctionnelle, de manière que tous les juges fassent successivement le service (Décr. 30 mars 1808).

91. Il existe auprès de chaque tribunal de première instance un procureur du roi et un ou plusieurs substituts chargés de remplir les fonctions du ministère public. — Il y a aussi 1° un greffier et un ou plusieurs commis-greffiers; 2° une compagnie d'avoués; 3° une compagnie d'huissiers; 4° et en outre, auprès d'un grand nombre de tribunaux, un collége d'avocats; — du moment que des avocats en nombre suffisant pour les besoins du service sont inscrits au tableau d'un tribunal, ils peuvent seuls présenter la défense orale des parties. Les avoués ne plaident que devant les tribunaux qui n'ont pas de collége d'avocats.

Art. 2. DE LA COMPÉTENCE DES TRIBUNAUX CIVILS.

92. La compétence des tribunaux de première instance peut être envisagée 1° sous le rapport de la nature des affaires ou de l'attribution, 2° sous le rapport de l'étendue du territoire, 3° sous le rapport de la fixation du taux du premier ou du dernier ressort.

1. *Compétence d'attribution.*

93. Les tribunaux civils ont la juridiction ordinaire en matière civile : les cas où ils sont compétents forment la règle; ceux où ils sont incompétents, l'exception. — Ainsi, leur compétence embrasse 1° toutes les affaires civiles, autres que celles attribuées par la loi aux juges de paix; 2° les demandes en réglement de juges, lorsqu'un même différend est porté devant deux ou plusieurs juges de paix du ressort (C. proc. 363). — 3° les affaires commerciales, tant de terre que de mer, lorsqu'il n'existe pas de tribunal de commerce dans le ressort; 4° les contestations dévolues par leur nature à des juridictions exceptionnelles, mais qui sont connexes à des affaires ressortissant à la juridiction (Cass. 29 juin 1820); 5° les actions civiles relatives à la perception des contributions indirectes, quelle qu'en soit la valeur (L. 11 sept. 1790); 6° les difficultés d'exécution de leurs jugements et de ceux rendus, soit par des arbitres, des juges de paix et des tribunaux de commerce, soit par des tribunaux criminels, en ce qui concerne les condamnations civiles (Carré, 2, 437); 7° les actions civiles en réparation du préjudice résultant d'un fait qualifié délit par la loi, lorsqu'il n'existe pas d'action au criminel de la part du ministère public (C. instr. crim. 3, 32 et 408; Paris. 16 nov. 1833);-8° les demandes en dommages-intérêts intentées contre le dénonciateur ou contre la partie civile par le prévenu acquitté par une chambre du conseil ou d'accusation. Il en serait autrement si c'était la Cour d'assises qui eût statué sur la prévention : ce serait devant cette Cour que devrait être portée l'action en dommages-intérêts (Lyon, 18 janv. 1828); mais peu importe que la demande en dommages-intérêts résulte d'une action poursuivie devant les tribunaux militaires (Cass 1 therm. an X).

94. Enfin, les tribunaux de première instance statuent, comme juges du second degré, sur les appels des jugements des tribunaux de paix (L. 27 vent. an VIII); et sur les appels des sentences arbitrales rendues sur des matières qui, s'il n'y eût pas eu d'arbitrage, eussent été de la compétence du tribunal de première instance, soit en premier, soit en dernier ressort (C. proc. 1023).

95. L'incompétence des tribunaux civils pour connaître des contestations spécialement attribuées aux juridictions d'exception, telles que les justices de paix et les tribunaux de commerce, peut, du reste, être couverte par le consentement des parties. Ainsi donc, les tribunaux civils peuvent, lorsque les parties ne s'y opposent pas, connaître, 1° des matières attribuées aux juges de paix (Bruxelles, 16 juin 1820; *Contrà*, Paris, 16 août 1833); dans ce cas, l'incompétence est opposable en tout état de cause (Cass. 28 juin 1825); 2° des matières commerciales (Bruxelles, 28 nov. 1808; Rennes, 2 déc. 1815; Cass. 10 juill. 1816; 9 av. 1827); dans ce cas, le renvoi devant le tribunal de commerce ne peut plus être demandé par le défendeur qui a posé des conclusions devant le tribunal de première instance (Poitiers, 12 juill. 1833; Cass. 24 av. 1834, 9 janv. 1838, 18 mars 1839).

II. *Compétence territoriale.*

96. La répartition des affaires civiles entre les différents tribunaux de première instance constitue la compétence territoriale. — L'attribution d'une affaire à tel tribunal civil plutôt qu'à tel autre est déterminée, tantôt par la situation des biens litigieux, tantôt par le domicile de l'une des parties, selon que l'action est réelle ou personnelle. — Enfin, dans certains cas, la loi prend en considération la nature de la contestation ou la qualité des parties.

97. Le législateur paraît s'être décidé d'après les considérations suivantes : 1° en matière personnelle, le débiteur mérite plus de faveur que celui envers lequel il s'est obligé ; 2° en matière réelle, on doit préférer à tout autre le juge qui se trouve à portée d'instruire le mieux la cause, à raison des localités ou de diverses circonstances ; 3° il faut, en toute matière, prévenir la multiplicité des instances ; 4° dans certains cas spéciaux, il faut attribuer la connaissance du litige au juge qui, par sa position, est plus à portée d'apprécier la difficulté.

98. Pour les différentes sortes d'actions, V. *sup.* note 28, p. 325, n. 640 et suiv.

99. A l'égard des actions relatives à l'exécution d'un jugement précédemment rendu, la connaissance en appartient, en général, au tribunal dont ce jugement est émané (C. proc. 472). — Toutefois, cette règle souffre les exceptions suivantes : 1° lorsque le jugement, dont l'exécution est poursuivie, émane d'un juge de paix ou d'un tribunal de commerce, le tribunal compétent est celui de l'exécution (C. proc. 553) ; 2° dans le cas où il s'agit d'une sentence arbitrale, c'est le tribunal dont le président a délivré l'ordonnance d'exequatur (C. proc. 1021) ; — 3° dans le cas où l'exécution est poursuivie dans un autre ressort que celui du tribunal qui a rendu le jugement, le tribunal du lieu peut statuer provisoirement sur la contestation, sauf à renvoyer la connaissance du fond au tribunal d'exécution (C. proc. 554) ; — 5° en cas de demande en nullité d'emprisonnement, en expropriation forcée et autres dans lesquels la loi attribue juridiction (C. proc. 472) ; ainsi, lorsque le commandement a été fait en vertu d'un acte notarié, l'élection de domicile faite dans le commandement est attributive de juridiction (Arg. C. civ. 111 ; Amiens, 21 déc. 1837) ; mais le prétendu débiteur pourrait demander principalement la nullité du titre notarié devant le tribunal du domicile du créancier et incidemment celle du commandement.

III. *Compétence de premier ou de dernier ressort.*

100. Les tribunaux civils jugent :

101. EN PREMIER RESSORT : 1° toutes les actions personnelles, réelles ou mixtes d'une valeur indéterminée, ou excédant 1,500 fr. de principal, ou 60 fr. de rente, à l'exception de celles réservées aux juges de paix ou aux tribunaux de commerce (V. les notes 94 et 118) ; 2° toutes les contestations relatives au domaine de l'État excédant la même valeur (Cass. 13 prair. an x ; 12 mess. an XIII ; 23 mars 1808) ; — 3° les difficultés d'exécution des jugements de commerce ou d'arbitres, et des condamnations civiles prononcées par les tribunaux criminels.

102. EN DERNIER RESSORT SEULEMENT : les appels des tribunaux de paix, et de certaines sentences arbitrales (L. 27 vent. an VIII, art. 7).

103. EN PREMIER ET EN DERNIER RESSORT : 1° les actions personnelles et mobilières, réelles ou mixtes, d'une valeur déterminée n'excédant pas 1500 fr. de principal, ou 60 fr. de revenu en rente ou bail authentique (L. 11 av. 1838) ; 2° toutes les affaires dans lesquelles les parties capables de disposer de leurs droits ont consenti à être jugées sans appel (V. note 77) ; 3° les actions civiles relatives à la perception des contributions indirectes, quelqu'en soit la valeur (L. 11 sept. 1790) ; 4° celles relatives à des demandes en paiement de droits d'enregistrement (V. note 18, n. 532) ; 5° celles en rétablissement de productions communiquées à des avoués ; 6° dans certains cas, les actions disciplinaires dirigées contre des officiers ministériels (Décr. 30 mars 1808).

§ 3. DES COURS ROYALES.

104. Les Cours royales sont instituées pour connaître en appel des jugements rendus par les tribunaux inférieurs.

105. Il existe vingt-sept Cours royales. Leur ressort et le lieu de leur résidence sont fixés par l'art. 21 de la loi de ventose an VIII. — Le nombre des membres de chaque Cour varie d'après la population du ressort (Décr. 6 juill. 1810 ; Ord. roy. 1 août 1821). — Il est, en général, de 24 conseillers au moins, y compris un premier président et autant de présidents que de chambres (*Ibid.* et Décr. 30 mars 1808) ; toutefois, la Cour de Bastia n'est composée que de 20 conseillers ; celle de Paris en a cinquante-six (Même décret). — Ce nombre peut être augmenté par le roi, pourvu qu'il n'excède pas à Paris soixante et dans les autres villes quarante (L. 20 av. 1810) ; mais il ne saurait être diminué par ordonnance, parce que les magistrats sont inamovibles pendant leur vie. — V. *sup.* n. 4.

106. Les conseillers des Cours royales n'ont pas de suppléants comme les juges de première instance (*Ibid.*).

107. Les Cours royales sont divisées en chambres ou sections : celles de 24 membres forment trois chambres dont une connaît des affaires civiles, une des mises en accusation, et une des appels de police correctionnelle. Il y a deux chambres civiles dans les Cours composées de trente conseillers, et trois dans celles qui ont quarante conseillers ou plus (Décr. 6 juill. 1810). — La première chambre civile est habituellement présidée par le premier président, les autres sections le sont par des présidents. — Si le besoin du service l'exige, une chambre temporaire peut être formée des conseillers désignés par le Roi (Décr. 6 juill. 1810) ; toutefois, il n'est pas nécessaire que l'arrêt énonce la cause d'empêchement des juges non présents, ni qu'il constate que l'on a suivi l'ordre d'ancienneté (Cass. 2 niv. an XIV).

108. Les conseillers doivent faire alternativement le service dans toutes les chambres. A cet effet, il s'opère tous les ans un roulement. — V. *sup.* n. 87.

109. Le service de la chambre des vacations se fait par le président et les conseillers composant la chambre des appels de police correctionnelle, et, en cas d'absence ou d'empêchement, par les moins anciens conseillers de la chambre des mises en accusation, d'après l'ordre du tableau (Ord. Roy. 11 oct. 1820).

110. Les fonctions du ministère public sont exercées au-

près de chaque Cour royale par un Procureur général, qui peut se faire suppléer par des avocats-généraux et des substituts placés sous ses ordres. — Il y a également auprès de chaque Cour royale un greffier en chef et des commis-greffiers, ainsi qu'une compagnie d'avoués et une d'huissiers.

111. Les Cours royales statuent sur les appels : 1° des jugements des tribunaux civils et de commerce (L. 27 vent. an VIII; C. comm. 644); — 2° des sentences rendues par des arbitres forcés ou ordinaires; — 3° des ordonnances de référé; 4° des jugements des Consuls les plus voisins de leur ressort (Ord. 1681, liv. 1, tit. 9); — 5° des décisions rendues par les préfets en conseil de préfecture, en matière électorale (L. 2 juill. 1828); — 6° des difficultés relatives au paiement des droits universitaires (Décr. 16 nov. 1811).

112. Elles connaissent aussi : 1° de l'exécution des jugements, soit en premier, soit en dernier ressort, dans certaines circonstances (V. *appel*, note 186), 2° de la réhabilitation des faillis (V. note 133); 3° des prises à partie (V. *sup.* n. 66); 4° des fautes de discipline (V. note 89); — 5° des réglements de juges, dans certains cas.

113. La Cour royale compétente est celle dans le ressort de laquelle se trouve placé le tribunal dont la décision est attaquée.

114. Le premier président de chaque Cour royale statue, 1° sur les requêtes en abréviation de délai présentées avant la distribution des causes (Décr. 30 mars 1808; 2° sur les difficultés qui s'élèvent, soit sur la distribution, sur la litispendance ou la connexité des causes (*Ibid.*); 3° sur les réclamations faites par un enfant afin de révocation des ordres de détention donnés en exécution de l'art. 382 du C. civ; 4° sur la demande en indication du jour où il sera prononcé sur un jugement de rectification d'acte de l'état civil, quand il n'y a pas d'autres parties en cause que le demandeur en rectification (C. proc. 858; V. note 63). — Il est en outre chargé de la surveillance et de la direction du service intérieur de la Cour (Décr. 30 mars 1808; 6 juill. 1810).

115. Les demandes portées devant les Cours royales s'introduisent suivant les circonstances par ajournement (V. la note 20) ou par appel (V. la note 186). — Les moyens d'instruction varient selon que l'affaire est ordinaire ou sommaire, en première instance ou en appel, simple ou compliquée d'incidents.

L'arrêt est rendu soit par défaut, soit contradictoirement.

Les voies ordinaires par lesquelles les arrêts peuvent être attaqués sont, suivant les cas, l'opposition et l'appel, et les voies *extraordinaires* sont la tierce-opposition, la cassation et la requête civile. — V. la note 95.

§ 4. DES JUGEMENTS ET ARRÊTS.

116. On entend, en général, par jugement, toute décision que rend un tribunal ou une Cour de justice sur le différend qui lui est soumis. Mais le mot *jugement* s'applique plus spécialement aux décisions des tribunaux inférieurs, et le nom *arrêt* aux décisions des Cours royales et de la Cour de cassation. La décision que rend un juge seul, par exemple, à la suite d'une requête ou d'un procès-verbal s'appelle *ordonnance* (V. note 222).

117. La plupart des formalités nécessaires à la validité des jugements de première instance s'appliquant également aux arrêts des Cours royales et aux jugements des tribunaux de commerce, nous nous contenterons d'indiquer les différences qui les signalent; — V. *appel*, note 186. — Pour les jugements des juges de paix, V. la note 94, et pour les arrêts de la Cour de cassation, V. la note 95.

118. Toutes les affaires, suivant leur nature, doivent être jugées lorsqu'elles sont instruites. Toute préférence pour le rang et le tour d'être jugé est une injustice (L. 24 août 1790). — Si les juges refusent de juger l'affaire en état, ils peuvent être pris à partie sans pouvoir argumenter du silence ou de l'obscurité de la loi (C. proc. 505, 506; C. civ. 4). — Les tribunaux de commerce ont la faculté de renvoyer les parties devant arbitres (C. proc. 429), mais les tribunaux civils ne peuvent ni renvoyer devant arbitres ni devant un avocat, un avoué ou toute autre personne pour obtenir un arrangement ou un avis (Boncenne, 2,581; Merlin, V^is^. *arbitrage*, *avis*, *avocat*.

Art. 1. DES DIFFÉRENTES ESPÈCES DE JUGEMENTS.

119. On distingue : 1° les jugements contradictoires et par défaut; 2° les avant faire droit et définitifs; les avant-faire droit se subdivisent eux-mêmes en jugements préparatoires, interlocutoires et de provision; 3° les jugements de premier et de dernier ressort; 4° les jugements de forclusion et de délibéré; 5° et les jugements sur requête, d'expédient, d'homologation et d'adjudication.

Les diverses dispositions d'un jugement forment autant de jugements distincts, lorsqu'elles sont d'une nature différente. Ainsi, un jugement peut être *définitif* dans sa première partie, par exemple, dans la disposition qui condamne une partie à faire des réparations et interlocutoire dans la seconde partie qui ordonne la vérification de ces réparations (Rennes, 30 mai 1817; Bioche, v° jugem.).

I. *Des jugements contradictoires et par défaut.*

120. JUGEMENTS CONTRADICTOIRES. Le jugement contradictoire est celui qui est rendu sur les défenses respectives des parties. — Est réputé tel celui qui a été rendu dès que les conclusions au fond ont été respectivement prises à l'audience, quand même l'avoué refuserait de plaider (Arg. C. proc. 342, 343; Décr. 30 mars 1808; Cass. 17 vendém. an XIII, 23 mars 1819), — ou aurait été révoqué sans constitution de nouvel avoué (C. proc. 342; Grenoble, 23 août 1832). — Mais si les conclusions avaient été seulement signifiées, le jugement serait par défaut; il en serait de même dans le cas où les conclusions ayant été prises à l'audience on aurait ordonné, avant faire droit, un interlocutoire, si de nouvelles conclusions n'ont point été posées, l'interlocutoire pouvant, en effet, modifier la contestation (Thomine; Boncenne; Cass. 1 niv. an VIII, 12 mars 1816). — V. *Jugement commun*, note 28, n. 672.

121. JUGEMENT PAR DÉFAUT. On distingue deux espèces principales de jugements par défaut, savoir : 1° le jugement rendu contre une partie, faute par elle d'avoir constitué avoué dans les délais de l'ajournement, ou de se présenter à l'audience au jour indiqué par l'assignation si la cause est pendante devant un tribunal de commerce ou une justice de paix; ce jugement se nomme *défaut contre partie*, ou *défaut faute de constitution d'avoué*, ou *défaut faute de comparaître*; — 2° et le jugement rendu, soit contre une partie dont l'avoué constitué ne se présente pas à l'audience au jour indiqué par l'avenir, ou se présente et refuse de

conclure au fond, soit contre une partie qui s'est présentée en personne ou par mandataire à une audience précédente, devant un tribunal de paix ou de commerce, ou qui, après avoir proposé un déclinatoire, refuse de plaider au fond; on appelle ce jugement *défaut contre avoué*, ou *défaut faute de conclure*, ou *défaut faute de plaider*; toutefois, il ne faut pas confondre ce jugement avec le jugement contradictoire rendu *faute de plaider* après conclusions au fond *prises à l'audience*, dont est parlé *sup.* n. 120.

122. On distingue encore le jugement par défaut rendu contre le demandeur, on l'appelle jugement de *défaut-congé* (C. proc. 154, 434, 80). — Ce jugement n'est susceptible ni d'opposition ni d'appel (Cass. 25 janv. 1832).

123. Il existe une autre espèce de jugement par défaut : c'est celui rendu contre une partie dans les affaires instruites par écrit, *faute* par elle de *produire* ses pièces et mémoires dans les délais prescrits; il est assimilé à un jugement contradictoire et n'est pas susceptible d'opposition (C. proc. 98, 99, 100, 113).

124. Défaut profit-joint. Si de deux ou plusieurs parties assignées, les unes comparaissent et les autres font défaut, on prononce le défaut contre les non-comparants, mais on n'en adjuge pas le profit au demandeur, parce que les intérêts des défaillants étant les mêmes que ceux des parties présentes, ils peuvent obtenir gain de cause avec ces dernières; en conséquence, l'on joint le profit du défaut à la cause pendante entre les comparants, pour statuer sur le tout par une seule et même décision. Le jugement qui ordonne la jonction s'appelle communément *jugement de défaut profit-joint* (C. proc. 153).

125. Cette procédure a pour but : 1° d'économiser les frais, 2° d'assurer aux défendeurs un plus mûr examen de la cause, 3° et d'éviter l'inconvénient possible de plusieurs jugements rendus en sens contraire sur les mêmes faits (Thomine).

126. Lorsque l'un des défendeurs n'a pas pris de conclusions, qu'il est resté défaillant et que l'instance lui est ainsi étrangère, il ne peut faire revivre cette instance contre le demandeur et le défendeur qui l'ont abandonnée et invoquer l'interruption de prescription qui en est résultée.

127. Sur l'appel d'une ordonnance de référé il y a lieu à rendre jugement de défaut profit-joint contre celle des parties qui ne se présente pas (Limoges, 16 fév. 1842).

128. Quand un des défendeurs a seul constitué avoué, si cet avoué n'a pas conclu, il y a lieu d'ordonner la réassignation de la partie défaillante; la partie, en effet, est réputée avoir comparu du moment qu'elle a constitué avoué (Arg. Cass. 4 juill. 1826 et 17 av. 1831 ; Boitard, 153).

129. Lorsqu'une seule partie a été assignée et qu'elle a appelé en cause un garant qui ne comparaît pas, il n'y a pas lieu à prononcer de défaut profit-joint; l'art. 153 n'est applicable qu'au cas où il y a plusieurs défendeurs assignés par le même individu (Poitiers, 30 juin 1835).

130. Si le profit du défaut n'avait pas été joint au fond, la partie qui aurait d'abord comparu serait recevable à former opposition au jugement par défaut rendu contre elle (Lyon, 15 déc. 1826).

131. La jonction du défaut n'a pas lieu en matière de justice de paix (Carré, n. 86 ; C. proc. 19 et suiv. ; — *Contrà*, Lepage, 81) — ni en matière de commerce (C. proc. 643 ; Aix, 11 déc. 1824 ; Angers, 3 août 1825 ; Lyon, 25 fév. 1828 ; Cass. 26 mai 1829).

II. *Des avant-faire droit ou jugements préparatoires, interlocutoires et de provision.*

132. Jugements préparatoires et interlocutoires. Les jugements préparatoires et interlocutoires sont définis par l'art. 452 du C. de proc. civ. — Toutefois, il n'est pas toujours facile de tracer des règles certaines pour déterminer dans quelle catégorie on doit ranger *tel* ou *tel* jugement. Mais les règles suivantes pourront servir à résoudre la difficulté.

133. Le jugement *préparatoire* n'a d'autre but que d'instruire la cause sans faire entrevoir la tendance et l'opinion du juge sur le droit litigieux. — Le jugement *interlocutoire*, au contraire, laisse entrevoir cette tendance la plupart du temps, en l'attachant à un point décisif qu'il veut éclaircir (Boncenne, 2, 260).

134. Jugements provisoires. Le jugement de *provision* ou *provisoire* est celui par lequel le tribunal ordonne des mesures propres à pourvoir aux inconvénients dont pourraient souffrir, soit les parties, soit les objets litigieux pendant le temps qu'exige l'instruction d'une cause; par exemple, lorsqu'une partie a besoin d'aliment; lorsqu'une maison revendiquée peut être dégradée par le détenteur; lorsqu'un créancier porteur d'un titre a un besoin pressant d'un à-compte ; lorsqu'une partie réclame d'être maintenue dans la possession d'un objet dont on lui conteste la jouissance. Dans tous ces cas, on ordonne une provision en faveur du titre ou de la possession, ou un séquestre, s'il y a danger à conserver la possession (Berriat, 247 ; Pigeau, 572).

135. On peut réclamer une provision en tout état de cause : 1° avant l'instance, par la voie d'un référé ; 2° pendant l'instance, en vertu de conclusions signifiées ; 3° et même en appel (Berriat, 247 ; Carré, 575 ; Pigeau, 574).

136. Si l'affaire est en état sur le provisoire et sur le fond, il est statué sur le tout par un seul et même jugement, pour éviter des frais inutiles (C. proc. 134).

III. *Des jugements de premier et de dernier ressort ou jugements définitifs.*

137. Les jugements définitifs sont ceux qui statuent sur la contestation et la terminent. Ainsi, est définitif le jugement qui prononce définitivement et explicitement des condamnations formelles en soumettant leur quotité éventuelle à une expertise (Rennes, 30 mai 1817 ; Metz, 3 juill. 1818). — Est définitif aussi et non pas simplement préparatoire, le jugement qui, après une expertise faite et rapportée, rejette une demande en nouvelle expertise, et avant de faire droit sur une licitation, renvoie la partie devant le notaire commis pour se concilier sur le mode de partage (Cass. 6 déc. 1836).

138. Un jugement peut être mixte ; et cela arrive lorsqu'il contient des dispositions définitives et des dispositions interlocutoires, par exemple, si le tribunal décide qu'il y a société, mais ordonne qu'un compte sera préalablement rendu. Le jugement est tout à la fois définitif en ce qui touche l'existence de la société, et interlocutoire quant à la reddition préalable du compte (Boncenne, 361).

IV. *Des jugements de forclusion, de délibéré, sur requête, d'expédient, d'homologation et d'adjudication.*

139. JUGEMENT DE FORCLUSION. Le jugement de forclusion est rendu contre une partie qui a négligé de produire, dans une *instruction par écrit*, un *ordre* ou une *distribution par contribution* (C. proc. 660, 664, 756).

140. JUGEMENT DE DÉLIBÉRÉ. Le jugement de délibéré est celui par lequel le tribunal ordonne que les pièces seront mises sur le bureau pour être délibéré de l'affaire au rapport d'un juge nommé par le jugement avec indication du jour auquel le rapport sera fait (C. proc. 93).

141. JUGEMENT SUR REQUÊTE. Le jugement sur requête est la décision que rend un tribunal sur la demande d'une partie sans contradicteur : tels sont les jugements d'envoi en possession, ceux qui autorisent l'héritier bénéficiaire à vendre des immeubles de la succession (C. proc. 859, 986).

142. JUGEMENT D'EXPÉDIENT. On nomme *expédient* le jugement proposé par les parties. Ces jugements ont la force et l'autorité des jugements rendus après défenses contradictoires. Ils en diffèrent en ce qu'ils ne sont pas susceptibles d'appel de la part des parties qui y ont concouru (Cass. 14 juill. 1813; Paris, 18 mars 1811 et 16 juin 1813).—Dans la réalité, le jugement d'expédient est l'ouvrage des parties dont il constate les conventions; c'est un contrat judiciaire revêtu des formes du jugement. La partie qui y a concouru est liée, comme elle le serait par une convention, à la condition toutefois que les formalités prescrites pour la validité de la convention auront été observées; par exemple, si le jugement d'expédient qui renferme une transaction entre un tiers et des mineurs n'a pas été soumis préalablement à l'avis de trois jurisconsultes, il n'est pas valable (C. civ. 467; Turin, 29 juill. 1809). — Mais le jugement peut être attaqué dans les mêmes cas et pour les mêmes causes que les conventions, par exemple, pour cause d'erreur, de dol ou de violence; dans ces cas, il doit être attaqué par les mêmes voies que les jugements ordinaires. — Quant aux tiers, ils sont toujours recevables à se pourvoir contre un jugement d'expédient par les voies légales (Lyon, 8 août 1833).

143. JUGEMENT D'HOMOLOGATION. On appelle ainsi le jugement qui donne à une délibération du conseil de famille ou à une opération d'experts un caractère d'authenticité ou de force exécutoire qu'elle n'aurait pas eue sans cela (C. civ. 448, 458, 467, 483, 511; C. proc. 249, 885; C. comm. 516).

143 *bis*. JUGEMENT D'ADJUDICATION. On appelle ainsi la déclaration faite par le juge tenant l'audience des criées que la propriété de l'immeuble mis en vente appartient au dernier enchérisseur à la charge par lui d'acquitter les charges de son enchère.

ART. 2. DE LA FORMATION DES JUGEMENTS.

144. Les jugements décidant de l'état, de l'honneur, des biens des citoyens, leur forme est déterminée par des règles fondamentales et de droit public dont l'observation est prescrite à peine de nullité. Ainsi, les jugements et arrêts doivent être rendus par un tribunal composé de juges au nombre prescrit, et qui aient assisté à toutes les audiences de la cause; ils doivent être rendus publiquement; ils doivent contenir les motifs; le tout à peine de nullité (L. 20 av. 1810, art. 7).

I. *Composition du tribunal.*

145. La composition des tribunaux est réglée par la loi et ne peut être arbitrairement changée par les tribunaux. Ainsi, ils n'ont pas le droit de réunir leurs sections, sans une disposition formelle de la loi (Cass. 28 fév. 1828); — les jugements des tribunaux civils et de commerce ne peuvent être rendus par moins de trois juges (L. 20 av. 1810, art. 40; C. comm. 626) ; les arrêts des Cours royales en matière civile ne peuvent l'être par moins de sept (L. 27 vent. an VIII, art. 27). — Mais ils peuvent l'être et le sont ordinairement par un plus grand nombre ; tous les magistrats qui ont assisté aux plaidoiries doivent y prendre part, tellement que le vote de tous les juges qui ont assisté aux débats est acquis aux parties (Cass. 14 av. 1830). — V. *sup.* n. 83 et suiv., 104 et suiv.

II. *Assistance des juges aux plaidoiries.*

146. Les juges ne peuvent participer au jugement qu'autant qu'ils ont assisté à toutes les plaidoiries, à peine de nullité du jugement (L. 20 av. 1810, art. 7; Cass. 3 déc. 1806, 30 mars 1812 et 13 juin 1838). — Cependant, lorsque les juges n'ont pas assisté à toutes les audiences, le jugement est valable si les conclusions et les plaidoiries ont été reprises devant eux (Cass. 3 juill. 1820, 27 fév. 1821, 2 fév. 1825, 28 fév. 1827 et 31 mai 1838).

147. Est valable aussi le jugement définitif rendu par des juges autres que ceux qui ont concouru à rendre un jugement préparatoire ou interlocutoire (Rennes, 10 nov. 1807; Cass. 18 av. 1810 et 19 nov. 1818).

III. *Formation de la décision.*

148. Les jugements sont ordinairement rendus après l'audition des plaidoiries, et après les conclusions du ministère public, dans le cas où son audition est requise (C. proc. 83).

149. Les tribunaux ont le droit d'ordonner la réouverture des débats après que les plaidoiries sont terminées, lorsqu'une partie demande à produire des pièces qui peuvent exercer une grande influence sur la décision de la cause (Bruxelles, 28 juin 1831).

150. Le président recueille les opinions après que la discussion est terminée (Décr. 30 mars 1808, art. 330). — Les opinions sont recueillies secrètement (Constit. an III, art. 208), et motivées par chaque juge (Demiau, 101).

151. Les jugements doivent être rendus à la pluralité des voix, et le tribunal peut se retirer dans la chambre du conseil pour délibérer (C. proc. 116). — Le ministère public n'a pas le droit d'être présent à cette délibération (Thomine, 1, 330).

152. Les juges opinent chacun à leur tour, en commençant par le dernier reçu (Décr. 30 mars 1808, art. 35), afin d'éviter l'influence des opinions émises par les membres plus anciens. Néanmoins, dans les affaires sur rapport, le rapporteur opine le premier (*Ibid.*).

IV. *Prononcé du jugement.*

153. Le jugement n'a d'existence légale que du jour où il a été prononcé et non de celui où il a été délibéré. En effet, jusqu'à cette prononciation, il est susceptible de modification (Cass. 26 vent. an VIII; Berriat, 230; Merlin).

154. Le jugement doit être prononcé sur le champ;

néanmoins, les juges ont le droit de continuer la cause à l'une des prochaines audiences pour le prononcé (C. proc. 116). — Mais il est nul, s'il est prononcé à une audience composée d'autres juges que ceux qui l'ont arrêté (L. 24 août 1790; Cass. 26 vendém. an VIII) — ou par un président qui n'y a pas concouru (Cass. 6 therm. an XI).

155. Il n'est pas nécessaire, à peine de nullité, que l'officier du ministère public qui a porté la parole dans une cause soit présent à la prononciation du jugement (Cass. 12 juin 1828). — Il suffit de constater que le ministère public a été entendu (Cass. 3 janv. 1838).

V. *Publicité du jugement.*

156. Tout jugement doit être rendu publiquement, à peine de nullité (L. 20 av. 1810; Cass. 29 mai 1833). — Cependant le huis-clos peut être ordonné (C. proc. 87); et, en certains cas, comme lorsqu'il s'agit d'une exécution de dépens, on peut procéder en chambre du conseil (Cass. 2 fév. 1826).

157. La publicité de l'audience résulte suffisamment du jugement portant qu'il a été rendu « *bureau ouvert au public* » ou « *à l'audience civile tenante* » ou « *à l'audience* » — mais elle ne résulte pas de la mention « *après en avoir délibéré dans la chambre du conseil* » si le jugement n'énonce pas que les juges sont rentrés à l'audience (Cass. 12 niv. et 22 brum. an VII).

VI. *Motifs du jugement.*

158. Tout jugement ou arrêt doit, à peine de nullité, être motivé, c.-à-d. contenir le développement succinct des raisons qui ont déterminé le juge (L. 20 av. 1810, art. 7; C. proc. 141). — Cette nullité est d'ordre public, et elle doit être prononcée, quoique ce moyen n'ait pas été proposé (Cass. 26 juill. 1837).

159. La nécessité d'énoncer les motifs s'applique à toute espèce de jugements, même aux jugements par défaut, aux jugements sur opposition aux jugements par défaut, aux ordonnances de référé et aux jugements qui statuent sur des exceptions préjudicielles (Colmar, 6 flor. an XI; Orléans, 9 déc. 1818; Paris, 1 frim. an XI; Cass. 12 juill. 1819 et 13 mars 1820). — Mais il n'est pas nécessaire de motiver les jugements interlocutoires qui ordonnent une enquête ou une expertise, avant faire droit et sauf les moyens et exceptions des parties au fond (Paris, 2 déc. 1812; Cass. 4 janv. 1820).

Art. 3. DE LA RÉDACTION DES JUGEMENTS.

160. La rédaction des jugements se divise en deux parties : — l'une comprend les noms, professions et demeures des parties, les noms des avoués, les conclusions et les points de fait et de droit. C'est l'ouvrage des avoués, ce sont les qualités du jugement sur lesquelles se fait la rédaction (C. proc. 142). — L'autre contient les noms des juges, du procureur du roi, s'il a été entendu, les motifs et le dispositif. Cette partie est l'ouvrage du juge et du greffier (C. proc. 138 et 141). — La réunion de ces deux parties forme la rédaction du jugement; et l'omission de l'une des formalités dont se compose le jugement dans son ensemble entraîne la nullité de ce jugement quand il s'agit de *formalités substantielles* ou *constitutives du jugement* (Cass. 14 niv. an VIII; 11 juin 1811; 15 juill. 1815; 11 fév. 1833; Rennes, 21 juin 1816. — *Contrà*, Cass. 8 août 1808 et 9 mai 1823).

I. *De la minute du jugement.*

161. Le greffier porte sur la feuille d'audience du jour la minute de chaque jugement aussitôt qu'il est rendu. — Il fait mention en marge des noms des juges et des magistrats du ministère public qui y ont assisté (Décr. 30 mars 1808; C. proc. 138). — A l'issue de l'audience ou dans les vingt-quatre heures, le président vérifie cette feuille, et signe, ainsi que le greffier, la minute de chaque jugement et la mention faite en marge (*Ibid.*)

162. Le jugement doit être rédigé de manière qu'on ne puisse pas reconnaître l'opinion personnelle de chaque juge (Arg. Cass. 27 juin 1822). — Seulement, quand il se forme plus de deux opinions, les juges plus faibles en nombre doivent se réunir à l'une des deux opinions qui auront été émises par le plus grand nombre (C. proc. 117 et suiv.).

II. *Des qualités du jugement.*

163. Le greffier ne peut rédiger ni expédier un jugement que sur les qualités signifiées entre les parties (C. proc. 142).

164. Mais cette règle souffre exception : 1° lorsque le jugement est par défaut, même quand le défaut est contre avoué faute de conclure; 2° dans les instances concernant l'enregistrement et qui s'instruisent sur simples mémoires. Il en est autrement s'il y a avoué en cause (Pigeau; Carré; Thomine; Boncenne).

165. Les qualités contiennent les noms, professions et demeures des parties, les conclusions et les points de fait et de droit (C. proc. 142).

166. Les *conclusions* comprennent celles qui ont été prises par les parties, soit dans leurs exploits, soit pendant le cours de l'instance pour modifier, corriger ou augmenter leurs conclusions originaires. L'omission des conclusions entraîne la nullité du jugement (Rennes, 8 sept. 1815) et cette nullité n'est pas couverte par des défenses au fond signifiées sur appel (Toulouse, 24 janv. 1823).

167. Les jugements des tribunaux de commerce doivent également et sous la même peine contenir les conclusions des parties ainsi que les POINTS DE FAIT et DE DROIT.

168. LE POINT DE FAIT est l'énoncé de tous les faits constituant le procès et qui ont amené les parties à soumettre leur différend au tribunal. Cet énoncé résulte suffisamment de la copie des actes introductifs d'instance et des conclusions, lorsque ces actes renferment eux-mêmes une analyse des circonstances de la cause (Rennes, 23 déc. 1814; Cass. 17 mars 1829).

169. LE POINT DE DROIT est l'énoncé sommaire de toutes les questions sur lesquelles le tribunal avait à statuer (Cass. 4 prair. an IX). Ces questions de droit ont été considérées comme suffisamment posées dans un arrêt portant « *Y a-t-il lieu de confirmer le jugement dont est appel?* » ou bien « *Y a-t-il lieu d'ordonner que le jugement dont est appel sera exécuté selon sa forme et teneur?* (Cass. 5 brum. an XI; 7 août 1839).

170. L'omission des conclusions, des points de fait et des points de droit entraîne la nullité du jugement (Rennes, 21 juin 1816; Cass. 11 juin 1811).

171. Le droit de dresser les qualités appartient à la partie qui se fait délivrer l'expédition du jugement ou lève le jugement. Le droit de lever le jugement appartient à la par-

tie qui a obtenu gain de cause (Arg. Décr. 16 fév. 1807). — Cependant, la partie qui succombe peut faire sommation à l'autre de lever le jugement dans les trois jours, et, faute par celle-ci de le faire, la première peut lever une expédition du jugement et pour cela dresser les qualités (Décr. 6 fév. 1807). — Et si le jugement prononce des condamnations en faveur de l'un et de l'autre des plaideurs, les qualités sont rédigées par l'avoué le plus diligent (Boncenne, 2, 430).

172. Les qualités sont signifiées à l'avoué de l'adversaire (C. proc. 142). — L'original de cette signification reste déposé pendant 24 heures entre les mains des huissiers audienciers (C. proc. 143). — Dans ce délai, l'avoué qui veut s'opposer aux qualités le déclare à l'huissier qui est tenu d'en faire mention sur l'original (C. proc. 144).

173. En usant du droit d'opposition, l'adversaire peut empêcher, 1° que le rédacteur des qualités ne donne à la cause le tour le plus favorable dans l'arrangement des faits ou dans la manière de poser les questions; 2° qu'il ne masque les points faibles par lesquels le jugement pourrait être attaqué, soit en appel, soit en cassation; 3° que les conclusions ne soient tronquées ou changées; 4° qu'on y fasse parler comme héritier pur et simple celui qui n'a plaidé que comme héritier bénéficiaire, ou qu'on n'attribue à une partie un domicile qu'elle n'a pas (Bioche).

174. L'opposition peut encore être faite, parce que la partie qui la forme prétend avoir elle-même le droit de lever le jugement. Toutefois, si l'opposition n'était pas faite dans le délai de 24 heures, elle pourrait encore avoir lieu postérieurement par acte d'avoué à avoué, dénoncé au greffier tant que le jugement ne serait pas levé (Arg. C. proc. 1029; Pigeau; Dalloz; Thomine; Carré).

175. Les parties sont réglées sur ces oppositions par le juge qui a présidé, et, en cas d'empêchement, par le juge le plus ancien. — Les rectifications ordonnées sont faites à l'instant même sur l'original des qualités; et pour constater le règlement, le président inscrit et signe en marge *un bon à expédier* qui vaut main-levée de l'opposition (Carré; Thomine).

176. Lorsqu'en présence du président, l'opposant aux qualités fait à la partie adverse l'offre du montant des condamnations, le président peut se refuser, quant à présent, à autoriser l'expédition du jugement, et renvoyer les parties devant qui de droit pour faire statuer sur la validité des offres (Cass. 17 mars 1835).

177. Les qualités une fois signifiées, et les oppositions levées, l'original est déposé entre les mains du greffier qui le range parmi ses minutes. C'est sur ces qualités et sur la minute que se fait l'expédition du jugement, laquelle est en outre intitulée et terminée au nom du Roi (C. proc. 146). — Cette expédition doit contenir tout ce que comprend la rédaction du jugement.

178. On ne peut délivrer par extrait des grosses de jugement; des expéditions ainsi tronquées seraient sans force et manqueraient des conditions nécessaires pour leur validité (Bioche). — Cependant, on peut délivrer des extraits en forme de grosse des procès-verbaux ou jugements d'adjudication (*Ibid.*). — V. note 64, n. 79.

III. *De la signification du jugement.*

179. Le jugement une fois levé doit être signifié avant qu'il soit possible de procéder à son exécution (C. proc. 147). — S'il y a avoué en cause, le jugement ne peut être exécuté qu'après avoir été signifié à avoué, à peine de nullité (*Ibid.*) *des poursuites* (Bioche).

180. Les jugements provisoires et définitifs qui prononceront des condamnations seront, en outre, signifiés à la partie, à personne ou domicile, et il sera fait mention de la signification à l'avoué (C. proc. 147).

181. La signification est nécessaire pour toute espèce de jugement, soit contradictoire, soit par défaut; même pour celui qui écarte une exception péremptoire et ordonne de plaider au fond (Cass. 4 mars 1829). — Toutefois, cette signification n'est pas nécessaire s'il s'agit, 1° d'un jugement de fixation de plaidoirie, de remise ou renvoi d'audience pouvant faire grief ou préjudice à la partie, 2° d'un jugement rendu sur une simple exception dilatoire, tel que celui qui débouterait d'une demande en communication de pièces (Poitiers, 1 juin 1832), 3° et d'un jugement ordonnant une comparution de parties (Carré, 502).

182. Pour la signification en général, V. la note 20.

Art. 3. DES EFFETS DES JUGEMENTS.

183. Le jugement a pour effets principaux : 1° *d'être considéré comme la vérité* (res judicata pro veritate habetur), *par suite de l'autorité attribuée par la loi à la chose jugée*, (non bis in idem), tant que cette présomption légale n'est pas détruite par les voies de droit; 2° *de produire une hypothèque* (V. note 30); 3° *de terminer la contestation*, s'il est définitif; 4° *d'anéantir l'interruption de prescription* opérée par la demande, quand cette demande est rejetée, 5° *de produire l'action judicati.*

184. Le droit déclaré par un jugement ou par un arrêt remonte toujours au jour de la demande (C. civ. 1445; Pau, 24 juill. 1835).

185. 1° D'ÊTRE CONSIDÉRÉ COMME LA VÉRITÉ PAR SUITE DE L'AUTORITÉ ATTRIBUÉE PAR LA LOI A LA CHOSE JUGÉE. — tellement que les parties ne peuvent faire rectifier le jugement que par les moyens établis par la loi. — V. *inf.* n. 203 et suiv.

186. C'est une conséquence de l'autorité que la loi attribue à la chose jugée par l'art. 1350 - 3° du C. civ; mais cette autorité n'a lieu qu'à l'égard de ce qui a fait l'objet du jugement : et il faut que la chose demandée soit la *même*; que la demande soit fondée sur la *même cause*; que la demande soit entre les *mêmes parties*, et formée par elles et contre elles en la *même qualité* (C. civ. 1351). — V. note 53, n. 33.

187. *Même demande.* Il n'y a pas identité de demande, lorsque la même obligation est considérée sous deux rapports différents, surtout relativement à la compétence. Ainsi, le juge qui s'est déclaré compétent pour statuer sur une contestation relative à une convention privée, peut se déclarer par la suite incompétent sur des conclusions établissant que la contestation est réellement du ressort de l'autorité administrative (Cass. 29 mai 1813; 27 av. 1825; 26 janv. 1841).

188. Il n'est pas indispensable que la chose demandée se trouve absolument dans le même état que celui où elle était lors de la première demande. L'identité existe encore

bien que l'objet ait subi des modifications dans sa forme, sa qualité ou son étendue (L. 14. ff. *de excep. rei jud.*; Duranton, 13, 461). — La règle est la même, que la chose demandée soit un corps certain, ou une quantité ou un droit (L. 7, *ibid.*; Duranton, 463).

189. On ne peut également demander une partie de la chose qu'on a précédemment réclamée en totalité : la partie est, en effet, comprise dans le tout (L. 21. *ibid.*). — Mais, par la raison inverse, on est recevable à demander le tout, après en avoir réclamé une partie (Toullier, 10, 153). — Cependant, la demande générale n'exclut pas la demande spéciale qui peut être fondée sur d'autres motifs; en sorte que celui qui a succombé dans sa prétention tendante à se faire reconnaître propriétaire de la totalité, peut ensuite demander à être reconnu seulement propriétaire indivis d'une partie (Cass. 13 déc. 1830; 14 fév. 1831; 12 janv. 1832; 10 juill. 1838).

190. Mais ces principes reçoivent des modifications selon les circonstances. Dans le doute, les tribunaux doivent rejeter l'exception de la chose jugée (Toullier, 157).

191. *Même cause.* Par *cause* de la demande, il faut entendre la cause prochaine de l'action (L. 27, *ibid.*), et non l'espèce ou le genre d'action qui est employé pour réclamer la chose, de sorte que si la nouvelle demande n'est fondée que sur un nouveau moyen, elle doit être écartée par l'exception de la chose jugée (Cass. 29 janv. 1821).

192. Lorsque deux demandes successives entre les mêmes parties ont chacune une cause différente, le jugement rendu sur la première ne peut être opposé contre la seconde demande, comme ayant l'autorité de la chose jugée. Ainsi, ce qui a été jugé entre les mêmes parties, à l'occasion du même cours d'eau, à l'égard du droit de pêche, ne peut être opposé à l'égard d'un droit de navigation, encore bien que dans l'une et l'autre instance il s'agisse d'apprécier la même possession (Cass. 30 mars 1841).

193. Mais lorsqu'une action nouvelle tend au même but que le demandeur se proposait d'atteindre par une première demande, on peut lui opposer l'autorité de la chose jugée résultant de la décision déjà rendue, si le nouveau point de vue sous lequel est considérée l'obligation ne présente pas un caractère parfaitement distinct résultant d'un droit particulier. Ainsi, la demande en abaissement des eaux de l'étang inférieur, sous quelque forme qu'elle soit présentée, constitue toujours la même demande soit que l'instance ait été d'abord motivée sur la nécessité de faire la pêche d'un étang supérieur, soit que le propriétaire supérieur la reproduise en déclarant qu'il veut dessécher son étang (Cass. 6 av. 1831).

194. Cependant, le jugement qui a omis de statuer sur une demande reconventionnelle ne peut pas être invoqué, lorsqu'elle est de nouveau reproduite, sous le prétexte qu'elle aurait été rejetée *formâ negandi* (Cass. 19 mars 1835). — Il doit en être de même lorsque, sans s'occuper de son mérite, une telle demande a été rejetée comme formée tardivement, avec ou sans réserve de la reproduire ultérieurement.

195. *Mêmes parties.* Sont considérés comme ayant été *parties* au jugement ceux qui, sans avoir figuré personnellement dans l'instance, y étaient représentés, 1° par leurs mandataires, tuteurs, curateurs, maires ou autres administrateurs légitimes (Toullier, 198); — 2° par leurs auteurs, et, à cet égard, il a été jugé que les condamnations prononcées contre le vendeur peuvent être exécutées contre l'acquéreur (Cass. 30 nov. 1840).

196. Il importe peu, du reste, que la question à juger soit la même et fondée sur la même cause, si elle s'agite entre des parties différentes. Personne, en effet, ne doit être condamné sans avoir été entendu (Toullier, 194). — Un jugement où je n'ai été ni partie, ni appelé, ne peut m'être opposé sans injustice et je puis toujours y former tierce-opposition.

197. *Même qualité.* Sans l'identité de qualités, il n'y a pas identité de parties (Pothier, n. 40). — Par exemple, si j'ai formé contre vous une demande comme tuteur, je puis évidemment la renouveler en mon nom personnel, car lors de la première action, ce n'était pas moi, mais bien mon pupille qui était en cause (Toullier, 213). — Il en est de même dans le cas où ayant réclamé un immeuble comme m'appartenant, je viens le revendiquer plus tard comme ayant été la propriété d'un individu dont j'ai hérité.

198. 2° DE PRODUIRE UNE HYPOTHÈQUE. Le jugement produit hypothèque au profit de celui qui l'a obtenu sur les biens présents et à venir de la partie condamnée. — Peu importe que ce jugement soit contradictoire ou par défaut, définitif ou provisoire. — Et lors même qu'il défend seulement de faire une chose (V. note 30, n. 226).

199. 3° DE TERMINER LA CONTESTATION. Si la demande est juste, le jugement définitif condamne le défendeur; si elle n'est pas fondée, il en déboute le demandeur, et met *hors de cause* le défendeur; si elle n'est pas admissible, il déclare le demandeur non-recevable (Berriat, 253).

200. Une instance peut-elle être terminée en se désistant du jugement? A cet égard, il faut distinguer : — Celui qui a obtenu plein et entier gain de cause par un jugement en premier ressort, renonce valablement au droit que ce jugement a consacré en sa faveur. — Mais il ne peut renoncer à l'instance terminée par ce jugement, pour en intenter une nouvelle; il y a contrat judiciaire (Parlem. de Paris, 24 mars 1712; Merlin, v° *contr. judic.*).

201. 4° D'ANÉANTIR L'INTERRUPTION DE PRESCRIPTION. En effet, aux termes de l'art. 2247 du C. civ., lorsqu'une demande est rejetée, elle n'a plus pour effet d'interrompre la prescription.

202. 5° DE PRODUIRE L'ACTION JUDICATI, pour l'exécution des dispositions que le jugement renferme.

203. Cette action n'est prescriptible que par 30 ans, quoique l'action primitive pût être prescrite dans un moindre intervalle de temps. Elle est personnelle, quand même l'action jugée aurait été réelle, parce que la contestation forme entre les parties un contrat judiciaire tacite qui produit novation.

204. Cette action en exécution du jugement est subordonnée à plusieurs formalités indispensables pour sa validité. —V. *Exécution*, note 194.—Elle dure 30 ans, mais la prescription pourrait être suspendue par un appel auquel on n'aurait pas donné suite, en sorte qu'elle ne commencerait à courir qu'à l'expiration des 30 ans depuis l'appel, (Bourges, 10 fév. 1836).

§ 5. DES VOIES OUVERTES CONTRE LES JUGEMENTS.

205. On peut se pourvoir contre les jugements selon les

circonstances par des voies *ordinaires* et par des voies *extraordinaires*.

206. Les voies *ordinaires* sont *l'opposition* contre les jugements par défaut, et *l'appel* contre les jugements définitifs en premier ressort.

207. Les voies *extraordinaires* contre les jugements sont: 1° la *requête civile;* 2° la *cassation;* 3° la *tierce-opposition.*

Art. 1. DES VOIES ORDINAIRES CONTRE LES JUGEMENTS.

I. De l'opposition aux jugements par défaut.

208. Les jugements rendus par défaut, soit contre partie, soit contre avoué, peuvent être attaqués par les mêmes voies et dans les mêmes circonstances que les jugements contradictoires. — Ils sont, en outre, soumis en général à un recours particulier nommé opposition et par lequel la partie défaillante porte de nouveau la connaissance du litige devant le juge qui a statué une première fois et lui demande de rapporter sa décision.

209. JUGEMENTS SUJETS OU NON SUJETS A OPPOSITION. Sont attaquables par la voie de l'opposition :—1° les jugements par défaut : en matière d'enregistrement (V. note 18, n. 590); en matière de domaines (Cass. 14 niv. an VIII); en matière de douanes. — 2° Les arrêts par défaut rendus sur appel d'ordonnance de référé, quoique l'ordonnance de référé ne soit pas elle-même soumise à ce recours. — 3° Les jugements rendus sur requête pour parvenir à l'interdiction.— 4° Ceux qui déclarent une partie, qui ne s'est pas présentée au jour indiqué, déchue du droit de prêter serment (Amiens, 12 août 1826; Besançon, 1 mars 1828). — 5° Les décisions judiciaires rendues par défaut contre un avocat en matière disciplinaire (Arg. Cass. 27 av. 1810).—6° Tous les jugements rendus par défaut, soit contre avoué, soit contre partie, en quelque matière que ce soit, à moins qu'une disposition précise et spéciale n'en ait autrement ordonné. — Et même la partie qui a obtenu un premier jugement par défaut peut former opposition au jugement obtenu contre elle en son absence par le défendeur sur son opposition au premier jugement (Poitiers, 9 mars 1827; Carré; Boncenne; Thomine).

210. Mais l'opposition n'est pas recevable contre les jugements rendus : — 1° Sur délibéré ou instruction par écrit. Mais cette règle ne s'applique qu'aux affaires où ce mode d'instruction est facultatif, et non à celles où il a lieu de plein droit comme en matière d'enregistrement.— 2° Par des arbitres (C. civ. 1016). — 3° Pour constater une prestation de serment (Nîmes, 24 août 1829). — 4° En matière de saisie immobilière, quand ces jugements prononcent sur les nullités proposées contre la procédure antérieure ou postérieure à l'adjudication préparatoire (Décr. 2 fév. 1811). — 5° Pour joindre le défaut. Ils ne prononcent, en effet, aucune décision judiciaire, le profit du défaut étant toujours réservé. — 6° Après un premier jugement de jonction du défaut (C. proc. 153). — 7° Pour débouter d'une première opposition (C. proc. 22 et 165).

211. Si la qualité du jugement est contestée, la partie condamnée ne peut se faire un moyen de cassation de ce que ce jugement aurait été qualifié par défaut, puisque cette qualification, loin de lui porter préjudice, lui ouvrait, au contraire, la voie de l'opposition (Cass. 13 mars 1826).

212. DÉLAI DE L'OPPOSITION. Le délai dans lequel l'opposition peut être formée varie suivant que le jugement contre lequel elle est dirigée a été rendu par défaut CONTRE PARTIE OU CONTRE AVOUÉ..

213. I. *Contre partie.* Le droit de former opposition au jugement par défaut contre partie existe jusqu'à *l'exécution* du jugement (C. proc. 158). — L'*exécution* est même nécessaire; ainsi, la signification du jugement, quoique avouée par le défaillant, n'empêcherait pas l'opposition (Cass. 24 juin 1834).

214. Cet article est applicable aux jugements des tribunaux de commerce (C. comm. 643). — D'où il résulte que si la partie n'a pas comparu, elle est recevable à former opposition jusqu'à l'exécution du jugement rendu contre elle (Paris, 21 mars 1807; Colmar, 10 janv. 1816; Cass. 31 mars 1828).

215. *Le jugement est réputé exécuté*, LORSQUE LES MEUBLES SAISIS ONT ÉTÉ VENDUS *ou* QUE LE CONDAMNÉ A ÉTÉ EMPRISONNÉ OU RECOMMANDÉ *ou que la* SAISIE D'UN OU DE PLUSIEURS DE SES IMMEUBLES LUI A ÉTÉ NOTIFIÉE, *ou que les* FRAIS ONT ÉTÉ PAYÉS, *ou enfin lorsqu'il y a* QUELQUE ACTE DUQUEL IL RÉSULTE NÉCESSAIREMENT QUE L'EXÉCUTION DU JUGEMENT A ÉTÉ CONNUE DE LA PARTIE DÉFAILLANTE (C. proc. 159).

216. QUAND LES MEUBLES SAISIS ONT ÉTÉ VENDUS. Il faut qu'il y ait *saisie* et que la saisie soit suivie de la *vente.* Ainsi, il ne suffirait pas d'une simple saisie-exécution ou d'une saisie-brandon (Trèves, 13 fév. 1811; Cass. 18 fév. 1811; Pigeau; Carré), — et, à plus forte raison, un commandement fait même à la personne du condamné ne serait pas suffisant parce qu'il ne constitue qu'un avertissement (Orléans, 28 mars 1814; Paris, 14 janv. 1815; Cass. 10 nov. 1817; Riom, 9 juin 1820; Amiens, 10 nov. 1827; Limoges, 22 juill. 1839).

217. Toutefois, les tribunaux peuvent, d'après les circonstances, réputer le jugement exécuté, quoique la saisie n'ait pas été suivie de la vente, par exemple, 1° si cette saisie a été faite contradictoirement avec le saisi (Poncet, 1, 378); — 2° ou bien s'il a empêché ou retardé la vente, de manière à ce qu'il soit certain qu'il a eu connaissance du défaut, par une protestation signée de lui et faite même sur un simple commandement (Paris, 31 déc. 1811; Cass. 3 déc. 1822; Riom, 12 fév. 1825); — 3° par la sollicitation dûment constatée que la vente n'ait pas lieu (Paris, 23 juin 1810); — 4° par la déclaration de l'huissier qu'il avait demandé terme et délai, pourvu que cette déclaration fût signée de lui (Thomine, 1,303); — 5° par sa résistance à l'exécution de la sentence (Montpellier, 20 août 1810); — 6° par une opposition à la saisie, insérée au procès-verbal, quand même il aurait refusé de la signer (Riom, 2 août 1818).

218. QUAND LE CONDAMNÉ A ÉTÉ EMPRISONNÉ OU RECOMMANDÉ. Mais l'arrestation du débiteur, même non suivie d'emprisonnement, est un acte duquel il résulte nécessairement que l'exécution du jugement a été connue du débiteur, et fait en conséquence courir le délai d'appel (Paris, 7 oct. 1840; — *Contrà*, Colmar 16 déc. 1812; Carré; Pigeau).

219. QUAND LA SAISIE D'UN OU DE PLUSIEURS DE SES IMMEUBLES LUI A ÉTÉ NOTIFIÉE. La vente n'est pas, dans ce cas, nécessaire comme en matière de saisie mobilière; mais il est indispensable que la saisie ait été notifiée au débiteur (Carré, n. 663).

S'il s'agit d'un étranger qui n'a pas de domicile en France, et que les actes d'exécution aient été notifiés au

Procureur du Roi conformément à l'art. 69 du C. de proc., le défaillant a, pour former opposition, les longs délais fixés par l'art. 73 du même Code (Trèves, 13 fév. 1813).

220. QUAND LES FRAIS ONT ÉTÉ PAYÉS. Ce paiement emporte, en effet, exécution volontaire, et l'exécution volontaire doit au moins produire les mêmes effets que l'exécution forcée. — Même quand ils ne l'auraient été qu'avec protestations et réserves (Rennes, 7 janv. 1812). — Mais il en est autrement lorsque ce paiement a été fait sans le concours de la partie condamnée et au moyen d'un prélèvement ordonné par le jugement de défaut lui-même sur des sommes à elle dues et déposées à la caisse des consignations (Cass. 7 déc. 1836).

221. QUAND IL Y A QUELQUE ACTE D'EXÉCUTION CONNU DU DÉFAILLANT. Doivent être considérés comme actes d'exécution suffisants pour rendre l'opposition du débiteur non-recevable : — 1° tout acte d'exécution volontaire.—2° Une inscription hypothécaire prise en vertu d'un jugement ne portant que reconnaissance d'écriture, pourvu qu'elle soit le seul acte possible d'exécution du jugement, et qu'il ne contienne aucune condamnation pécuniaire même pour frais, car alors l'exécution devrait avoir lieu par cette voie (Cass. 22 juin 1818 et 19 déc. 1820), pourvu que l'inscription ait été précédée de la signification du jugement (Toulouse, 10 déc. 1824), ou qu'il résulte des circonstances que le défendeur en a eu connaissance (Riom, 19 déc. 1829). — 3° Une saisie-arrêt, lorsqu'elle a été suivie d'une assignation ou demande en validité contenant l'énonciation expresse du jugement par défaut, et que le défaillant a constitué avoué sur cette assignation (Cass. 30 juin 1812; 22 mai 1827), — 4° Un procès-verbal de carence dressé au lieu d'un procès-verbal de saisie-exécution, lorsqu'il n'existe pas de meubles dans les lieux où l'on se présente pour exécuter ou que les meubles existants seraient insuffisants pour payer les frais (Cass. 23 av. 1816; 1 mai 1823; 9 fév. 1836; 5 déc. 1838; Limoges, 20 juill. 1821; Colmar, 27 nov. 1824; Toulouse 28 av. 1828).—Du reste un procès-verbal de carence vaut exécution alors surtout que le créancier n'avait à sa disposition aucun autre moyen utile d'exécution (Bordeaux 9 juill. 1830; Paris 2 et 30 janv. 1840; Douai. 8 juin 1841).

222. II. CONTRE AVOUÉ. Lorsque le jugement aura été rendu contre une partie ayant un avoué, l'opposition ne sera recevable que pendant huitaine, à compter du jour de la signification à avoué (C. proc. 157).

223. Cet article est applicable aux jugements des tribunaux de commerce (C. comm. 643).— Par conséquent, la partie n'a que huitaine si, s'étant présentée soit en personne soit par un fondé de procuration, à l'audience où le jugement a été rendu ou à une audience précédente, elle a été condamnée faute de plaider au fond (Cass. 13 nov. 1822; 11 déc. 1838; Paris, 10 nov. 1825; 26 fév. 1836; 30 déc. 1837; 29 juin 1839).

224. La huitaine accordée pour former l'opposition n'est pas franche; l'art. 1033 ne s'applique, en effet, qu'aux actes signifiés à personne ou domicile. Ainsi, l'opposition à un jugement signifié le 19 doit être formée au plus tard le 26 (Bordeaux, 18 av. 1828; Pigeau; Dalloz; Carré).

225. La huitaine ne doit pas non plus être augmentée à raison des distances (Ind. C. proc. 1033; Cass. 5 fév. 1811; Favard; Pigeau; Boncenne).

226. Les jours fériés comptent dans la huitaine, même lorsqu'ils se trouvent être les derniers jours du délai légal, (Bruxelles, 13 mars 1812; Cass. 6 juill. 1812; 7 mars 1814; Rennes, 19 juin 1817).

227. Mais si, dans la huitaine, il survient une interruption de procédure, comme mort ou cessation des fonctions d'un avoué, ou décès d'une des parties, le délai de l'opposition est nécessairement suspendu. — Quand c'est l'avoué du demandeur qui a cessé ses fonctions, le délai ne reprend son cours qu'à dater de la notification du nouvel avoué et pour ce qui reste à courir de la huitaine (Arg. C. proc. 162, 349; Favard). — Lorsque c'est l'avoué du défaillant, ou bien il a cessé ses fonctions avant la signification du jugement, et alors cette signification ne pouvant avoir lieu qu'à domicile et non à avoué, l'opposition est recevable jusqu'à l'exécution, car il faut, suivant l'art. 157 (V. *sup.* n. 222), pour que le délai courre qu'il y ait eu signification à avoué (Favard; Pigeau); ou bien il les a cessées dans la huitaine de cette signification, et alors le demandeur peut signifier de nouveau le jugement à partie, avec mention de la cessation des fonctions; auquel cas, si le défendeur constitue un nouvel avoué, le délai reprend son cours, s'il ne le fait pas, l'opposition est recevable jusqu'à l'exécution (Favard).

228. Quand le défendeur meurt pendant les délais d'opposition, la huitaine ne reprend son cours qu'à dater de la signification du jugement à l'avoué constitué par l'héritier du défunt; et si cet héritier ne constitue pas avoué, l'opposition est recevable jusqu'à l'exécution, le mandat de l'avoué finissant par le décès de la partie (Arg. C. proc. 447; Favard, ibid).

229. FORME DE L'OPPOSITION. *Lorsque le jugement a été rendu contre une partie n'ayant pas d'avoué, l'opposition peut être formée, soit* PAR ACTE EXTRAJUDICIAIRE, *soit* PAR DÉCLARATION SUR LES COMMANDEMENTS, PROCÈS-VERBAUX DE SAISIE OU D'EMPRISONNEMENT, *ou* TOUT AUTRE ACTE D'EXÉCUTION, *à la charge par l'opposant de la réitérer avec constitution d'avoué par requête dans la huitaine; passé lequel délai elle ne sera plus recevable, et l'exécution sera continuée sans qu'il soit besoin de la faire ordonner* (C. proc. 162).

230. PAR ACTE EXTRA-JUDICIAIRE. Dans ce cas, l'exploit, doit contenir les moyens de la partie opposante. Toutefois leur omission n'entraînerait pas nullité, puisque l'opposition doit être renouvelée par requête d'avoué qui les contient.

231. PAR DÉCLARATION SUR LES COMMANDEMENTS ETC. L'huissier est tenu de recevoir ces déclarations, et de les mentionner sur les actes d'exécution. S'il s'y refusait, on pourrait former l'opposition par acte extrajudiciaire, et afin d'arrêter l'exécution, introduire un référé devant le Président du tribunal qui, sur la déclaration d'opposition, ne saurait se dispenser d'ordonner le sursis : à défaut de ce moyen, on fait constater par notaire le refus illégal de l'huissier (Carré, 676; Demiau, 134).

232. Il est tenu de le faire lors même que ce n'est pas la partie condamnée qui forme opposition, mais, ses parents ou serviteurs qui se trouvent à son domicile lors de la tentative d'exécution (Thomine, 307; Demiau, 134). — Et l'huissier qui refuserait de consigner une telle déclaration sous prétexte qu'on ne lui exhibe ni ordre ni mandat écrit de la partie, serait passible de dommages-intérêts (Demiau, 134; Carré, 677). — V. note 48 n. 14.

233. Du reste, l'huissier, sur une telle déclaration, doit suspendre l'exécution jusqu'à ce qu'elle ait été appréciée par le tribunal, ou par le président en référé; car il n'est pas juge de son mérite. (Carré, ibid).

234. Mais l'opposition n'a pas besoin d'être réitérée si elle est formée par conclusions motivées sur la production faite, dans le cours d'une instance, d'un jugement par défaut rendu contre partie et non encore exécuté, et que les juges aient rendu la réitération impossible en mettant sur le champ la cause en délibéré (Cass. 30 mai 1837)

235. La requête d'opposition réitérative ne serait pas non plus nécessaire si l'opposition était formée par exploit contenant assignation avec constitution d'avoué et les moyens de la partie opposante. Le vœu de la loi est suffisamment rempli; car la partie adverse a le moyen de poursuivre, sur l'ajournement, une décision qui soit inattaquable. (Nîmes, 13 juin 1810; Riom 9 juin 1820; Colmar, 22 av. 1825; Paris 4 mars 1830; 9 mai 1831).

236. Si l'opposition et l'ajournement sont compris dans le même exploit, ils doivent se diviser, en ce sens que lors même que l'acte ne pourrait valoir comme ajournement, il pourrait être bon comme opposition, et le défaillant ne saurait être privé de ce bénéfice que par un jugement (Cass. 12 fév. 1807).

237. La huitaine accordée pour renouveler l'opposition n'est pas franche. Ainsi, serait nulle une opposition extrajudiciaire formée le 29 oct. et réitérée le 7 nov. suiv. (Cass. 18 av. 1811). Mais elle serait valablement réitérée le 6 nov. (Rennes, 17 juin 1812).

238. Il y a lieu, pour ce cas, au supplément de délai à raison des distances. (C. proc. 1033; Rennes, 16 mars 1809; Nîmes, 9 août 1810; Trèves, 17 fév. 1813; Cass. 16 mars 1813; Montpellier, 8 janv. 1824).

239. Si le jugement n'a pas encore été exécuté, le défaillant ne sera pas déchu du droit de former opposition, par cela seul qu'il n'aura pas réitéré son opposition dans la huitaine, ou qu'il l'aura réitérée par un acte irrégulier. (Cass. 18 av. 1811; Bourges, 15 fév. 1823 et 1 fév. 1832).

240. Le délai d'opposition peut, en outre, être suspendu pour diverses causes, telles que décès, démission ou suspension de l'avoué, ou décès de l'une des parties avant l'expiration du délai. (Pigeau; Carré). Et, dans les cas urgents, celui qui a obtenu le défaut peut faire ordonner que l'opposition sera réitérée par requête avant l'expiration de la huitaine (Paris, 16 janv. 1807).

241. La requête de réitération doit être signifiée à avoué. Cependant l'opposition notifiée à personne ou domicile est valable, si elle contient constitution d'avoué. (Trèves, 10 août 1810; Carré).

242. Dans les affaires commerciales, l'opposition doit être signifiée au domicile qui a dû être élu d'après l'art. 422 du C. proc. civ. et contenir les moyens de l'opposant et assignation dans le délai de la loi (C. proc. 435, 437; C. comm. 643,) — Si l'on attend l'exécution pour la former, on peut arrêter cette exécution par une déclaration sur le procès-verbal de l'huissier (V. sup. n. 231), mais, dans ce cas, elle doit être réitérée sous la forme d'exploit contenant assignation, et notifiée au domicile élu (C. proc. 437) — dans les trois jours, si non elle doit être non-avenue (C. proc. 438; Nîmes, 9 août 1810; Metz, 8 mai 1824; Lyon, 30 nov. 1830), — et l'exécution est continuée sans qu'il soit besoin de la faire ordonner (Paris, 24 août 1831). — Ces trois jours ne sont pas francs, ainsi l'opposition faite le 1er doit être renouvelée le 4 au plus tard (Favard), mais le délai doit être augmenté à raison des distances (Cass. 16 mars 1813).

243. *Lorsque le jugement aura été rendu contre une partie ayant un avoué, l'opposition ne sera recevable qu'autant qu'elle aura été formée par requête d'avoué à avoué* (C. proc. 160).

244. *La requête contiendra les moyens d'opposition, à moins que les* MOYENS DE DÉFENSE *n'aient été signifiés avant le jugement, auquel cas il suffira de déclarer qu'on les emploie comme moyens d'opposition : l'opposition qui ne sera pas signifiée dans cette forme n'arrêtera pas l'exécution ; elle sera rejetée sur un simple acte et sans qu'il soit besoin d'aucune autre instruction* (C. proc. 161).

245. MOYENS DE DÉFENSE. Ces moyens peuvent être rappelés succinctement (Rennes, 29 juin 1809); ils ne seraient point suffisamment indiqués si l'opposant déclarait qu'il les développera en plaidant (Toulouse, 17 mars 1807), ou que l'opposition est fondée sur une nullité d'acte, sans indiquer laquelle (Bourges, 24 août 1808).

246. La requête doit être, — *signifiée* par un huissier audiencier, — *signée* d'un avoué à peine de nullité (Toulouse, 2 nov. 1808), — *datée*, aussi à peine de nullité, sur la copie comme sur l'original (Bruxelles, 30 av. 1807).

247. La nullité de l'opposition n'est pas encourue de plein droit. — Elle peut être couverte : 1° par le silence de la partie intéressée (Cass. 14 mess. an XIII), 2° par sa renonciation expresse ou tacite à se prévaloir de la tardiveté (Cass. 9 janv. 1827; 11 mai 1830; 26 mars 1834).

248. EFFETS DE L'OPPOSITION, l'opposition a pour effets :

249. 1° De suspendre l'exécution du jugement, à moins qu'il n'ait été déclaré exécutoire par provision dans les cas spécifiés aux art. 17, 135 s., 159, 433, 450, 457 s. du C. de proc. civ.

250. Elle empêche, en conséquence, le jugement de défaut d'acquérir l'autorité de la chose jugée. Cet effet s'étend à toutes les parties du jugement, à moins que le défaillant n'ait acquiescé à quelques unes, ou que l'acte d'opposition ne contienne des restrictions.

251. L'exécution du jugement de défaut est suspendue par l'opposition jusqu'au jugement de débouté d'opposition qui ordonne que le jugement par défaut sera exécuté selon sa forme et teneur.

252. L'opposition formée par acte extrajudiciaire et non réitérée dans la huitaine n'interrompt pas la péremption (Lyon 4 déc. 1810).

253. L'exécution provisoire peut être demandée et ordonnée pour la première fois par le jugement qui prononce sur l'opposition au jugement par défaut. (Toulouse, 16 août 1825; Paris, 1 mars 1831; Thomine, 156. — *Contrà*, Metz, 21 nov. 1817; Limoges, 26 mai 1823; Carré, 661; Poncet).

254. 2° De donner à celui qui l'a formée le droit de plaider d'abord sur sa recevabilité ; ensuite sur le fond, c. à-d. sur la demande en rétractation du jugement par défaut.

255. Le tribunal examine d'abord si l'opposition est régulière et a été formée en temps utile ; auquel cas il reçoit le défaillant opposant au jugement par défaut rendu contre lui. Puis il statue sur le fond, ou renvoie les parties à une

autre audience pour la discussion du principal ; si, lors de cette discussion, l'opposition paraît bien fondée, on décharge l'opposant des condamnations prononcées contre lui, et faisant droit au principal, on déboute l'autre plaideur de sa réclamation, ou bien on le déclare non-recevable dans sa demande, ou enfin on le condamne directement si c'est un défendeur. Toutefois, le tribunal a le droit, d'après les circonstances, de laisser les frais du défaut à la charge de l'opposant qui fait réformer ce jugement, surtout quand il y a eu négligence de sa part. (Rennes, 26 av. 1814; Grenoble, 2 fév. 1818; Caen, 4 juill. 1826 et 1 fév. 1828; Limoges, 4 juill. 1821; — *Contrà*, Paris, 13 mars 1823; Coffinières; Chauveau).

256. Lorsque l'opposition est irrégulière, ou n'a été formée qu'après l'expiration des délais, on déclare purement et simplement l'opposant non-recevable. — si au contraire, on la juge régulière mais mal fondée, on reçoit le défaillant opposant au jugement par défaut, puis statuant au principal, on annulle l'opposition, et on ordonne que le premier jugement sortira son plein et entier effet, pour être exécuté selon sa forme et teneur. — L'opposant est alors condamné aux dépens de l'incident.

257. L'avoué qui a occupé pour la partie qui a obtenu le jugement par défaut est tenu d'occuper pour elle sur l'opposition (Carré, 686).

258. Les différents effets de l'opposition ne sauraient profiter aux parties contre lesquelles le jugement a été rendu contradictoirement ni aux autres défaillants dont l'opposition n'a pas été formée en temps utile. (Limoges, 20 fév. 1810; Pigeau). — Ces derniers ne peuvent revenir contre le jugement que par appel, ou par les autres voies extraordinaires de recours (Cass. 3 juin 1806; Nîmes, 12 fév. 1807).

II. De l'appel contre les jugements.

259. *Renvoi à la note* 186.

Art. 2. Des voies extraordinaires contre les jugements.

I. De la requête civile.

260. *Renvoi à la note* 95.

II. De la cassation.

261. *Renvoi à la note* 95.

III. De la tierce-opposition.

262. *Renvoi à la note* 95.

§. 6. De l'exécution forcée des jugements contradictoires et par défaut et des jugements et actes administratifs, et des jugements et actes étrangers. — De la péremption.

263. *Renvoi à la note* 194.

[76]

DES RENTES FONCIÈRES, PERPÉTUELLES ET VIAGÈRES.

DIVISION SOMMAIRE :

Indication alphabétique :

§ 1. DE LA DÉFINITION DU MOT *rente*.

1. Le mot *rente*, qui dérive du latin *reddere*, et qui, d'après son étymologie, pourrait s'appliquer à toute redevance annuelle, ne désigne, dans l'usage, que celles qui représentent un capital ou un immeuble aliéné, ou à l'égard desquelles la libéralité du constituant en tient lieu et produit les mêmes effets (Chrestien de Poly).

§ 2. DES RENTES ANCIENNES.

2. Il y avait autrefois deux espèces principales de rentes : les rentes FONCIÈRES et les rentes CONSTITUÉES.

3. FONCIÈRES. Les rentes foncières étaient le produit d'un *bail à rente*. On appelait ainsi un contrat par lequel le propriétaire d'un immeuble en cédait la propriété à la charge d'une rente qu'il retenait sur cet immeuble, et que le preneur contractait l'obligation de payer pendant tout le temps qu'il posséderait l'héritage (Pothier, *bail à rente*, n. 3). — De sorte que le preneur pouvait délaisser l'immeuble pour se libérer de la rente. - V. *tome* 1, p. 165, *bail à rente foncière*, — et que la rente s'éteignait par la destruction de l'immeuble (Pothier, n. 190). — Pour réputer alors une rente véritablement foncière, elle devait être établie par le contrat de cession sans aucun prix; ainsi, la vente faite moyennant 10,000 fr. pour lesquels on payait 500 fr. de rente constituait une vente et non un bail à rente, ce qui ne permettait plus de se libérer de la rente en abandonnant le fonds (Cass. 15 germ. an IX; 12 vendem. an XI; 12 janv. 1814).

4. Ces rentes étaient considérées comme *immeubles*, et en raison de cela elles étaient *irrachetables*, c.-à-d. que le créancier ne pouvait être obligé de souffrir le rachat, personne ne pouvant être obligé de vendre son bien (Pothier, n. 23). Elles étaient une délibation de la propriété de l'héritage sur lequel elles étaient assises (Pothier, *ibid.* 7 et 19). — Tellement qu'elles pouvaient être hypothéquées. - V. note 30. — Cependant, ce principe souffrait exception pour les rentes foncières assises sur les maisons des villes et faubourgs, par le motif que beaucoup de propriétaires laissant tomber en ruines leurs maisons, les rentes en absorbaient le revenu (Édits de 1441, 1553 et 1544). — Du reste, la faculté du rachat pouvait toujours être stipulée entre les parties, et c'était même une clause assez générale, mais il est remarquable que la circonstance du rachat n'apportait aucun changement à la nature de la rente (Pothier, n. 67; Renusson; Denizart; Merlin).

5. Du même principe que la rente foncière existait dans l'immeuble, qu'elle en était la propriété, il résultait : 1° que le preneur ne pouvait faire à l'immeuble aucun changement qui mît le bailleur en risque de perdre la rente, quoique, du reste, le preneur dût toujours entretenir convenablement cet immeuble (Pothier, n. 42 et 44); — 2° que le bailleur avait pour le paiement des arrérages un privilége sur les fruits de l'héritage; — 3° que les héritiers et acquéreurs du preneur restaient solidaires entre eux, quoique l'héritage se divisât entre eux, même sans stipulation expresse à cet égard et sans pouvoir opposer l'exception de discussion (Cass. 8 déc. 1812; Pothier, 88 et 89); — que les arrérages des rentes foncières ne se prescrivaient que par 30 ans, et même par quarante, lorsque l'action hypothécaire était jointe à l'action personnelle (Pothier, 212).

6. Tout ce système sur les rentes foncières a été successivement détruit : 1° par les lois du 4 août 1789 et du 18-29 déc. 1790, qui ont permis le rachat des rentes foncières et réglé le mode et le taux du rachat, ainsi que l'effet résultant de la faculté du rachat tant à l'égard du propriétaire de la rente et du débiteur qu'à l'égard des créanciers du bailleur; — 2° par la même loi du 4 août 1789 qui a défendu de créer à l'avenir aucune redevance foncière non remboursable; — 3° par la loi du 20 août 1792 abolitive de la solidarité; faisant observer que le créancier d'une rente ancienne ne peut exiger de chacun des débi-rentiers que le service de sa portion de la rente due, quoique, depuis la publication de cette loi, ces débi-rentiers n'aient pas fait constater la quotité de la redevance dont chacun était tenu (Nîmes, 22 janv. 1812; Cass. 8 déc. 1812; Bourges, 16 juin 1829); — 4° par cette même loi du 20 août 1792 qui a réduit pour l'avenir à cinq ans la prescription des arrérages des rentes foncières.

7. CONSTITUÉES. La constitution de rente était définie autrefois « *un contrat par lequel l'un des contractants vend à l'autre une rente annuelle et perpétuelle dont il se constitue le débiteur pour un prix licite convenu entre eux, qui doit consister en une somme de deniers qu'il reçoit de lui, sous la faculté de pouvoir toujours racheter la rente, lorsqu'il lui plaira, pour le prix qu'il a reçu pour la constitution, et sans qu'il puisse y être contraint* » (Pothier, *du contr. de constit.*) — De cette définition il résulte que l'on considérait la constitution de rente comme une espèce de contrat de *vente*. Mais ce n'était qu'un tour imaginé pour déguiser les prêts à une époque où ils étaient défendus. Ce contrat n'avait, en effet, été inventé que pour qu'on pût se passer du prêt à intérêt défendu par les lois de l'Église (Pothier, n. 3).

8. Les rentes constituées n'étant pas un droit réel qu'eût le créancier dans un héritage, mais une simple créance personnelle résultant de l'obligation souscrite par le débiteur, elles n'avaient aucune situation, et comme tous les autres droits personnels, elles étaient régies par la loi du domicile du créancier; de sorte que c'était d'après cette loi qu'on devait décider si elles étaient meubles ou immeubles (Pothier, n. 115). — Ainsi, une rente constituée, d'immeuble qu'elle était, devenait meuble, lorsque le créancier qui était domicilié sous une coutume qui réputait immeubles les rentes, transférait son domicile sous une coutume qui les réputait meubles, *et vice versâ* (*Ibid.* n. 116). — Il en était de même lorsque la rente, qui appartenait à une personne soumise à une loi qui réputait les rentes immeubles, passait, soit à titre universel, soit à titre singulier, à un successeur soumis à une loi qui les réputait meubles, *et vice versâ* (*Ibid.* n. 117).

9. Les rentes constituées étaient meubles en pays de droit écrit et dans quelques coutumes, telles que celles de Blois, Reims, Troye etc., mais les coutumes de Paris, Orléans, etc., les rangeaient dans la classe des immeubles, et tel était, en général, le droit des pays coutumiers (Pothier, n. 112; Maleville).

10. Mais, bien qu'une rente, qui était immeuble en la personne du créancier devînt meuble par sa translation de domicile, ou par la transmission de cette rente à une personne régie par une coutume qui réputait meubles les rentes, néanmoins si, avant la translation de domicile du créancier, ou avant la transmission de la rente, des droits d'hypothèque avaient été conférés à des tiers, ces droits continuaient de subsister, quoique la rente fût devenue meuble quant à tous ses autres effets (Pothier, *ibid.*).

11. La constitution d'une rente avec assignat sur un héritage n'en changeait pas la nature, puisque cet assignat n'était qu'une hypothèque, un accessoire de la rente (*Ibid.* n. 119).

12. La rente constituée était divisible entre les héritiers soit du créancier, soit du débiteur. Mais ces héritiers devaient se réunir pour le rachat.

§ 3. DES RENTES NOUVELLES.

13. Les rentes, dans l'état de la législation actuelle, sont toutes mobilières, en quoi il n'y a point de différence entre les anciennes et les nouvelles.

14. Les lois qui déterminent les principes sur la distinction des biens sont des lois d'ordre public qui ont saisi tous les contrats antérieurs au jour de la promulgation. — Ainsi, les rentes ou redevances créées à une époque où elles étaient immobilières sont devenues mobilières par la détermination de la loi (Cass. 9 août 1831 et 11 fév. 1833; L. 11 brum. an VII). — Toutefois, cette dernière loi, en les dépouillant de leur caractère immobilier a ordonné que les hypothèques et priviléges existant lors de sa publication seraient inscrits pour tout délai, dans les trois mois de cette publication, et elle a disposé qu'à défaut d'inscription les hypothèques n'auraient d'effet que du jour de l'inscription qui en serait faite postérieurement, et que les priviléges dégénèreraient en hypothèque qui n'aurait rang que du jour où elle serait inscrite (Cass. 29 juin 1813 et 8 nov. 1824; Duranton, 4, 142); — Mais ce changement de nature ne peut s'opérer qu'à la charge de purger les hypothèques auxquelles ces rentes foncières étaient sujettes avant la publication de la loi de brumaire an VII (Cass. 27 nov. 1835); faisant observer que quand les formalités de transcription et de purge ont eu lieu une fois il n'est pas nécessaire de les remplir une seconde fois ainsi que cela a lieu pour chaque transmission d'un immeuble, car alors ces rentes ne donnent plus droit de suite sur l'immeuble dont elles formaient le prix (Metz, 26 mai 1835, 10 fév. 1836; Limoges, 15 juin 1838; Paris, 30 juin 1838).

15. Par conséquent, la donation faite par un mari à sa femme de tous ses biens meubles comprend nécessairement les rentes foncières qui avaient avant le Code un caractère immobilier qu'elles ont perdu par le seul effet de la promulgation du C. civ. (Cass. 28 fév. 1832 et 2 juill. 1833; Merlin; Duranton).

16. Il y a trois espèces de rentes : les rentes *foncières*, les rentes *constituées en perpétuel* et les *rentes constituées en viager*.

Art. 1. DES RENTES FONCIÈRES.

I. Comment et sur quoi elles s'établissent.

17. *Toute rente établie à perpétuité pour le prix de la vente d'un immeuble, ou comme condition de la cession à titre onéreux ou gratuit d'un fonds immobilier est essentiellement rachetable. — Il est néanmoins permis au créancier de régler les clauses et conditions du rachat. — Il lui est aussi permis de stipuler que la rente ne pourra lui être remboursée qu'après un certain terme, lequel ne peut excéder trente ans : toute stipulation contraire est nulle* (C. civ. 530).

18. Cet article contient implicitement l'abrogation des rentes appelées autrefois foncières. En les déclarant rachetables, on les a, en effet, dépouillées de leur caractère de rentes foncières (Merlin; Delvincourt; Toullier; Duranton; Thémis). — Il résulte de là que, quand même on qualifierait aujourd'hui de bail à rente l'aliénation d'un immeuble moyennant une rente, cette rente ne formerait plus, à proprement parler, une *rente foncière*. Cette redevance ne peut plus exister dans l'immeuble dont elle est le prix; elle n'est plus une partie de cet immeuble. Ce n'est plus qu'une rente sur particulier que la loi déclare meuble, qu'une créance qui n'affecte l'héritage que par privilége ou hypothèque, selon qu'elle est le prix d'une concession à titre onéreux ou la condition d'une libéralité (Cass. 29 juin 1813; Toullier; Merlin).

19. On doit, et c'est un point important, distinguer entre le cas où la rente a été créée directement pour prix de l'aliénation d'un immeuble, comme, quand l'aliénation a lieu moyennant 500 fr. de rente au capital de 10,000 fr., et celui où, dans l'acte d'aliénation, on a d'abord établi un prix principal, que l'on a, par le même acte, converti en une rente perpétuelle, comme quand l'aliénation a lieu moyennant 10,000 fr. pour lesquels on s'oblige à payer 500 fr. de rentes; car, dans ce dernier cas, il y a novation, tellement : 1° que la rente n'a plus d'autre nature que celle d'une rente constituée, par conséquent, soumise aux règles de celle-ci, 2° que le créancier n'a plus ni privilége ni hypothèque sur l'immeuble aliéné, à moins d'une réserve expresse à cet égard dans le contrat, 3° et que le créancier, a, par cela même, renoncé à l'action résolutoire, à défaut de paiement (Cass. 12 janv. 1814; Duranton, 4, 152; Toullier, 7, 305).

II. Du taux auquel on peut créer les rentes foncières.

20. Il est libre aux parties de stipuler le rachat d'une rente foncière à tel taux qu'elles jugent convenable (C. civ. 530, rapporté *sup.* n. 17). Peu importe que la rente paraisse excéder le taux de 5 p. 0/0 fixé par la loi du 3 sept. 1807; car d'une part cette loi ne s'est occupée que de l'intérêt de l'argent, et d'autre part, les rentes dont est ici question sont le prix auquel les parties ont porté l'immeuble et qui représente le revenu (Duranton, 4, 157; Chardon, p. 20; Cotelle, *Inst.* n. 80). — V. toutefois, la note 49, n. 37.

Art. 2. DES RENTES CONSTITUÉES EN PERPÉTUEL.

I. Comment elles s'établissent.

21. *On peut stipuler un intérêt moyennant un capital que le prêteur s'interdit d'exiger. — Dans ce cas, le prêt prend le nom de constitution de rente* (C. civ. 1909).

22. Autrefois, le prêt à intérêt étant défendu, on donnait au contrat la couleur d'une vente (V. *sup.* n. 7); et delà une foule de difficultés et de décisions qui ne peuvent plus s'élever aujourd'hui que l'on a restitué à ce contrat sa véritable nature, et qu'il est reconnu qu'il n'est plus au fond qu'un *prêt à intérêt*.

23. Les rentes constituées moyennant un capital sont *meubles*, comme toutes les autres rentes (C. civ. 529); — Cependant, la saisie et l'expropriation de ces rentes sont sujettes à des règles particulières (C. proc. 636 s.).

24. Le capital peut être fourni en grains, denrées ou autres choses mobilières (Arg. C. civ. 1905; Merlin, rép. v°.

rente constituée. — *Contrà*, Pothier, n. 29, 33), — et la rente être servie aussi en denrées (Cotelle; Garnier).

25. Les rentes constituées ne sont point des charges du fonds hypothéqué : ce sont de simples créances; d'où il suit que l'usufruitier d'un héritage grevé de rentes constituées n'est pas tenu de servir les arrérages des rentes comme il est tenu pendant la jouissance de payer les charges annuelles du fonds (Bruxelles, 9 déc. 1812). — V. note 69.

26. *Cette rente peut être constituée de deux manières, en perpétuel ou en viager* (C. civ. 1910).— V. *inf*. n. 53 et suiv.

27. Il est de l'essence de la rente constituée que, par rapport au débiteur, elle soit perpétuelle ou viagère, c.-à-d. qu'il ne soit point forcé d'en rembourser le capital, autrement le contrat serait un prêt à intérêt (Pothier, n. 43). C'est seulement à ce caractère particulier que l'on reconnaît la rente, l'on ne peut y assimiler l'intérêt produit par une obligation à terme fixe, quelque éloigné que soit ce terme. On ne saurait prétendre qu'il y a là une sorte de *rente à temps*; car, dans le langage de la loi, *rente* et *intérêt d'obligation à terme fixe* sont deux choses tout-à-fait distinctes; chacun de ces droits est gouverné par des règles qui lui sont propres (C. civ. 1154, 1155, 1185, 1254-4°; 1904).

28. Mais le débiteur peut quelquefois être obligé au remboursement, sans que pour cela le contrat soit dénaturé; par exemple, s'il a promis de faire un emploi et qu'il y manque, s'il ne donne pas les sûretés promises ou qu'il les diminue (Pothier, n. 48).

29. *La rente constituée en perpétuel est essentiellement rachetable. — Les parties peuvent seulement convenir que le rachat ne sera pas fait avant un délai qui ne pourra excéder dix ans, ou sans avoir averti le créancier au terme d'avance qu'elles auront déterminé* (*C. civ.* 1911).

30. Ce délai diffère de celui relatif à la rente formant le prix d'un immeuble, lequel, dans ce dernier cas, est de 30 ans. — V. *sup*. n. 17.

31. *Le débiteur d'une rente constituée en perpétuel peut être contraint au rachat ; — 1° s'il cesse de remplir ses* OBLIGATIONS *pendant deux années; — 2° s'il manque à fournir au prêteur les sûretés promises par le contrat* (C. civ. 1912).

32. OBLIGATIONS. On voit, par cet article, que le contrat de constitution est soumis à toutes les règles ordinaires des contrats, et spécialement qu'il est résoluble dans le cas où l'une des parties ne remplirait pas ses engagements, savoir : le prêteur, en refusant de livrer la chose promise au terme convenu, et l'emprunteur, en négligeant, soit de payer les arrérages ou intérêts aux époques prescrites, soit de fournir les sûretés promises pour le remboursement.

33. La disposition de cet article relative au cas de non-paiement des arrérages est applicable aux rentes constituées à titre gratuit ou par forme de donation tout aussi bien qu'aux rentes constituées par forme de placement (Cass. 12 juill. 1813). — Elle s'applique même aux rentes constituées antérieurement au Code (Poitiers, 27 déc. 1809; Bordeaux, 25 avril 1811; Cass. 10 nov. 1818. — *Contrà*, Bruxelles, 13 déc. 1808).

34. Dès que le débiteur d'une rente constituée a manqué de payer deux années échues d'arrérages, il a cessé de remplir ses obligations, et il peut être contraint au rachat. On ne peut dire qu'il n'a cessé de remplir ses obligations qu'à l'échéance de la première année, et qu'il a dû s'écouler deux autres années à compter de cette époque pour qu'il pût être contraint au rachat (Cass. 12 nov. 1822).

35. Il en est de même lorsqu'il laisse passer deux années sans payer les arrérages, bien qu'il n'ait cessé de payer que parce qu'il était en compte avec le créancier et qu'il ait cru sa dette éteinte par compensation, s'il est jugé plus tard qu'il n'y a pas réellement compensation (Caen, 9 juin 1824).

36. Lorsque la rente est portable (c.-à-d. payable au domicile du créancier), le capital devient exigible de plein droit par la seule expiration du terme de deux années, et sans qu'il soit besoin d'une mise en demeure. Le droit acquis dès ce moment au créancier de demander le remboursement ne peut lui être enlevé, ni par des offres réelles faites postérieurement par le débiteur (Cass. 8 av. 1818), — ni par des offres réelles faites avant toute mise en demeure (Douai, 17 nov. 1814).

37. Et dans le même cas d'une rente portable dont les arrérages n'ont point été payés pendant deux ans, celui qui n'est devenu créancier que par l'effet d'une mutation opérée à son profit, ne peut se prévaloir du bénéfice de la loi qu'autant qu'il a fait connaître d'une manière légale, c.-à-d. par une notification, sa qualité et son domicile au débiteur (Caen, 17 janv. 1823; 13 av. 1824; Cass. 19 av. 1831).

38. Lorsque la rente est quérable (c.-à-d. lorsqu'elle a été stipulée payable au domicile du débiteur, ou que le contrat n'indique pas le lieu de paiement), le seul défaut de paiement des arrérages pendant deux années ne donne pas au créancier le droit de réclamer le remboursement du capital. Il faut encore que le débiteur ait été mis en demeure de payer les arrérages dans son propre domicile (Aix, 10 déc. 1836; Grenoble, 19 juill. 1827; Caen, 20 mars 1839; Duranton, 17, 620; Favard), — et que, pour poursuivre par voie d'exécution forcée, le remboursement ait été préalablement ordonné par justice (Cass. 28 juin 1836).

39. Quand une rente est payable dans un lieu où ne demeure pas le créancier, elle est quérable et non portable, bien que ce créancier ou ses représentants y soient venus demeurer depuis (Caen, 3 août 1827).

40. Du reste, dès que le débiteur d'une rente quérable a été mis en demeure et qu'il n'y satisfait pas, il peut être contraint au rachat quand même il aurait fait des offres réelles avant l'exercice de l'action en remboursement (Cass. 12 mai 1819; Poitiers, 19 août 1833). — Mais, s'il n'a pas été mis en demeure avant l'assignation, il est recevable à offrir le paiement des arrérages échus (Turin, 27 av. 1812). — Il a même été décidé que le débiteur qui n'a pas payé au moment du commandement a droit à un délai moral, sauf aux juges à en arbitrer l'étendue, et que des offres de paiement faites dans la huitaine de ce commandement peuvent être déclarées valables (Bourges, 7 déc. 1826; Aix, 10 déc. 1836; Caen, 20 mars 1839).

41. Pour que le débiteur de la rente quérable soit valablement mis en demeure par un commandement, il faut que ce commandement ait été fait par un huissier déclaré être porteur de pièces et avoir un mandat spécial (C. proc. 556; Aix, 10 déc. 1836). — Il en est de même, à plus forte raison, si l'huissier, dans son exploit, a déclaré que le paiement devait être fait entre les mains d'un tiers désigné (Cass. 28 juin 1836); — lors, surtout, que ce tiers ne de-

meure pas dans le lieu même du domicile du débiteur (Aix, 10 déc. 1836).

42. La citation au bureau de paix, donnée par le créancier d'une rente quérable au débiteur, aux fins de se concilier sur la demande en paiement des arrérages échus, équivaut à une sommation de payer ou mise en demeure, lorsque le domicile du débiteur est dans le lieu même où siége la justice de paix (Riom, 4 août 1826).

43. SURETÉS. L'acquéreur d'un immeuble arrenté, qui s'est obligé de servir la rente, n'est point tenu de fournir en outre au créancier les sûretés spéciales que le débiteur originaire lui avait promises, s'il n'en a été chargé en termes exprès (Bruxelles, 9 mars 1811).

44. Le créancier peut demander au débiteur le remboursement du capital de la rente, lorsqu'une partie quelconque des biens hypothéqués a été vendue, de telle sorte que cette partie de biens puisse être purgée de l'hypothèque (Cass. 4 mai 1812; Paris, 23 août 1834. — *Contrà*, Paris, 11 fév. 1815; Toullier, 6, 666; Duranton, 11, 129). — Il en est ainsi lors même que l'immeuble (seul hypothéqué) est aliéné dans son intégrité et sans être morcelé, si cet immeuble est de valeur inférieure au montant du capital de la rente, de telle sorte que le créancier soit en danger de ne recevoir que partie de sa créance quand l'acquéreur voudra purger l'hypothèque (Paris, 21 juin 1814). — Et même, dans le cas de vente partielle d'un immeuble qui avait été abandonné à la charge d'une rente perpétuelle hypothéquée sur cet immeuble, le créancier peut faire prononcer la résolution du contrat de rente, n'étant nullement tenu de se soumettre aux conditions imposées aux simples créanciers hypothécaires par les art. 2166 et suiv. du C. civ. (Cass. 21 déc. 1829). — V. note 30, n. 4.

45. Il le peut aussi, lorsque les immeubles affectés au service de la rente viennent à périr. Le débiteur ne peut se refuser au remboursement, en offrant des sûretés nouvelles, même dans le cas où les premières auraient péri par le fait du souverain (Cass. 17 mars 1818).

46. Le Code civil et le Code de procédure ont abrogé l'art. 15 de la loi du 11 brum. an VII, d'après lequel la vente forcée de l'immeuble grevé ne rend point exigibles les capitaux aliénés. — Ainsi, le créancier d'une rente constituée peut demander le remboursement du capital, en cas d'expropriation de l'immeuble hypothéqué, si tel était le droit statutaire lors de la constitution (Bruxelles, 27 sept. 1809; — *Contrà*, 1° Bruxelles, 17 mai 1809, pour le cas d'une rente constituée avant le Code civ. si le service de la rente est mis à la charge de l'acquéreur ou adjudicataire avec affectation de l'immeuble, 2° Bruxelles, 11 déc. 1806, si le créancier n'a pas fait juger l'exigibilité avec son débiteur avant ou à l'instant de procéder à la vente).

47. *Le capital de la rente constituée en perpétuel devient aussi exigible en cas de faillite ou de déconfiture du débiteur* (C. civ. 1913).

48. Le capital d'une rente constituée ne devient pas exigible, par cela seul que la succession de celui qui en était tenu n'a été acceptée que sous bénéfice d'inventaire. On ne peut assimiler ce cas à celui où le débiteur tombe en déconfiture, ni au cas où le débiteur ne donne pas les sûretés promises (C. civ. 806; Cass. 27 mai 1829).

49. La preuve de la faillite, et conséquemment la résolution du contrat, résulte du jugement de déclaration de faillite. La preuve de la déconfiture résulte aussi d'une déclaration judiciaire. Mais, ni dans l'un ni dans l'autre cas, la résolution du contrat de rente n'est prononcée de plein droit; il faut que le créancier se pourvoie en justice pour faire déclarer le contrat résolu et faire ordonner la restitution du capital (C. J[al]. Pal.).

50. Le vendeur d'un immeuble moyennant une rente est fondé, en cas de faillite de son acheteur, à demander la résolution du contrat. Il n'est pas réduit à se contenter du remboursement du capital de la rente (Angers, 12 juin 1816).

II. Du taux des rentes constituées.

51. Anciennement, les rentes constituées moyennant un capital fourni pouvaient être établies au taux qu'il plaisait aux parties (L. 5 therm. an IV). — Mais depuis la loi du 3 sept. 1807 qui a fixé le taux de l'intérêt à cinq pour cent en matière civile et à six pour cent en matière commerciale, c'est ce taux qui a lieu aujourd'hui. — V. note 49.

52. Du reste, c'est au temps où le contrat de constitution a été passé qu'on doit avoir égard pour examiner la légitimité du taux de la rente (Pothier, n. 16).

53. Lorsque la rente excède le taux légal, le débiteur a le choix ou de demander la nullité du contrat, ou de faire réduire la rente au taux légal. Et, dans ce cas, il doit être tenu compte au débiteur des arrérages perçus en trop (Pothier, 18 et 19; Chardon, p. 44).

54. Mais on ne peut appliquer ce qui vient d'être dit au cas d'un prêt fait en denrées ou objets mobiliers. Dans ce cas, le prêt ne peut être réputé usuraire. L'argent a une valeur fixe, tandis que la valeur des objets mobiliers et des marchandises est sujette à des chances et à des variations très fréquentes. C'est là un contrat aléatoire dans lequel il y a pour les parties une égale chance de gain ou de perte (Garnier, p. 9; Chardon, n. 20; Cotelle, n. 21). — Au surplus, la loi n'accorde pas d'action en lésion en matière de vente mobilière (Cass. 9 av. 1828; C. civ. 1910).

Art. 3. DES RENTES CONSTITUÉES EN VIAGER.

I. Comment elles s'établissent.

55. *La rente viagère peut être constituée à titre onéreux, moyennant une somme d'argent, ou pour une chose mobilière appréciable, ou pour un immeuble* (C. civ. 1968).

56. Dans les deux premiers cas la rente viagère participe de la rente constituée (V. *sup.* n. 21). Et dans le second, elle participe de la rente foncière. — V. *sup.* n. 17.

57. Quand elle est le prix d'une somme d'argent, la constitution de rente viagère peut être régulièrement faite par un acte unilatéral signé seulement de celui qui s'oblige à la servir (Angers, 18 fév. 1837). — Mais il en doit être autrement quand elle est le prix d'un immeuble.

58. *Elle peut être aussi constituée, à titre purement gratuit, par donation entre-vifs ou par testament. Elle doit être alors revêtue des formes requises par la loi* (C. civ. 1969). — V. note 81; t. 1, p. 310, alin. 11 et la note au bas de la page; et l'art. 76 du J[al]. du Manuel.

59. Quand un acte porte constitution de rente viagère pour aliments et récompenses de services rendus par un

ancien domestique, c'est moins une donation que le paiement d'une dette naturelle. En conséquence, un tel acte n'est pas assujéti à la révocation pour survenance d'enfants (C. civ. 960; Bruxelles, 16 janv. 1813).

60. L'acte sous seing-privé par lequel un héritier déclare que pour exécuter une recommandation qui lui a été faite par le défunt, il constitue une rente viagère au profit d'un ancien serviteur, est un acte valable qui doit produire tout son effet. Cet acte constitue une promesse qui peut devenir le fondement d'une action civile, le juge pouvant au besoin recourir à des présomptions pour lui donner une force irrévocable (Metz, 28 av. 1806).

61. Et lorsqu'un acte est déclaré nul comme partage d'ascendant, il ne peut être maintenu comme constituant une rente viagère. Il n'y a pas lieu d'appliquer alors la disposition de l'art. 918 du C. civ. relative aux rentes viagères constituées au profit de successibles (Paris, 23 août 1836; Cass. 20 juin 1837).

62. L'époux qui a fait donation à son conjoint, par contrat de mariage, de l'usufruit de tous les biens qu'il laisserait à son décès ne s'interdit pas par cette clause la faculté de les vendre à charge de rente viagère pourvu que ce soit sans fraude (Poitiers, 6 fév. 1834; Cass. 13 nov. 1836; Duranton, 9, 711).

63. Lorsqu'une rente viagère a été constituée au profit de deux époux, le mari, comme maître de la communauté, n'a pas le droit de renoncer, pendant le mariage, à l'hypothèque qui assure le paiement de la rente et qui doit avoir son effet au profit de la femme après la dissolution du mariage, en cas qu'elle survive à son mari (Bruxelles, 15 janv. 1829).

64. Et lorsque des époux vendent conjointement des biens qui sont propres à l'un d'eux moyennant une rente viagère stipulée au profit de l'un et de l'autre ainsi que du survivant d'eux, ce n'est point là une disposition prohibée par l'art. 1097 du C. civ. — Et en supposant qu'il en résultat au profit de l'un des époux un avantage qui dût être déclaré nul, la vente elle-même faite au profit d'un tiers-acquéreur n'en devrait pas moins être maintenue (Angers, 7 mars 1842).

65. *Dans le cas de l'article précédent, la rente viagère est réductible, si elle excède ce dont il est permis de disposer : elle est nulle si elle est au profit d'une personne incapable de recevoir* (C. civ. 1970). — V. les notes 150 et 151, 24 et 81.

66. *La rente viagère peut être constituée, soit sur la tête de celui qui en fournit le prix, soit sur la tête d'un tiers qui n'a aucun droit d'en jouir* (C. civ. 1971).

67. *Elle peut être constituée sur une ou plusieurs têtes* (C. civ. 1972).

68. Quand plusieurs personnes fournissent en commun le fonds de la rente viagère, elles doivent stipuler dans quelle proportion elles jouiront de la rente. A défaut de convention on doit supposer que la division se fait par tête, en sorte que chaque décès éteindra la rente dans cette proportion (Duranton, 18, 134). — Mais il en est autrement de la rente viagère constituée au profit de deux époux, elle passe tout entière sur la tête du survivant (Cass. 18 janv. 1859).

69. *Elle peut être constituée au profit d'un tiers, quoique le prix en soit fourni par une autre personne. — Dans ce dernier cas, quoiqu'elle ait les caractères d'une libéralité elle n'est point assujétie aux formes requises pour les donations; sauf les cas de réduction et de nullité énoncés dans l'art.* 1960 (C. civ. 1973).

70. Lorsqu'une personne place sa fortune en rentes viagères dont elle stipule la survivance au profit de ses neveux et nièces, cette stipulation, quoique purement gratuite en faveur des survivanciers, ne peut être considérée comme une donation, révocable par survenance d'enfants (Paris, 24 vent. an XII).

71. *Tout contrat de rente viagère créée sur la tête d'une personne qui était morte au jour du contrat ne produit aucun effet* (C. civ. 1974).

72. *Il en est de même du contrat par lequel la rente a été créée sur la tête d'une personne atteinte de la maladie dont elle est décédée dans les vingt jours de la date du contrat* (C. civ. 1975).

Ces vingt jours doivent être complets, et le jour *à quo* ne doit pas être compris dans le délai. Par conséquent, le contrat de rente viagère constitué le 24 mai ne peut produire aucun effet, si celui, sur la tête duquel la rente était constituée est décédé le 13 juin suivant de la maladie dont il était atteint au jour du contrat (Rouen, 13 déc. 1821). — V. *inf.* n. 76.

73. Les héritiers de la partie au profit de laquelle une rente viagère a été constituée par acte sous seing-privé, peuvent contester la date de l'acte pour établir que la constitution de rente est postérieure au décès de leur auteur, ou tout au moins que leur auteur est décédé dans les vingt jours de la date véritable du contrat, et qu'ainsi le contrat est sans effet aux termes des deux articles précités. En ce cas, les héritiers agissant non du chef du défunt, mais en vertu de la loi, la date n'est pas certaine à leur égard (C. civ. 1322, 1328; Cass. 13 juill. 1824; Colmar, 20 déc. 1830; Angers, 18 fév. 1837).

74. Lorsqu'une rente viagère est constituée sur la tête d'une femme enceinte, si cette femme meurt des suites de ses couches dans les vingt jours qui suivent le contrat, la constitution de rente n'en reste pas moins valable : la grossesse étant un événement naturel et non une maladie (Ricard, 1, 108 et suiv.; Duranton, 18, 148).

75. La disposition de l'art. 1975 est générale et absolue. Elle s'applique et au cas où la rente viagère est constituée sur la tête d'un tiers, et au cas où elle est établie par le constituant sur sa propre tête (Paris, 9 fév. 1807; Cass. 19 janv. 1814; Merlin).

76. Le jour de la date du contrat ne doit pas compter dans les vingt jours exigés par cet article pour assurer la validité de la constitution de rente viagère à titre onéreux (Grenoble, 5 fruct. an XII; Rouen, 3 déc. 1821; Toullier, 6, 47; Merlin, v° *délai*; Bioche, *id.*). — Cet article, en effet, ne concerne que les contrats de rente à titre onéreux, il ne s'applique pas aux contrats de rente à titre gratuit, par exemple, à une donation faite sous condition imposée au donataire de servir une rente viagère au donateur (Cass. 18 juill. 1836).

77. Les parties ne peuvent pas déroger aux dispositions de la loi en s'accordant pour antidater le contrat de constitution d'une rente viagère établie par acte sous seing-privé (Paris, 6 déc. 1822; Cass. 19 janv. 1814 et 13 juill. 1824).

78. On peut être admis à prouver par témoins que celui au profit duquel une rente viagère a été créée était atteint au moment où le contrat a été passé, de la maladie dont il est décédé (Rennes, 19 mai et 20 août 1813).—Et si le créancier de la rente viagère meurt frappé d'apoplexie deux jours après avoir constitué la rente à titre onéreux, le juge peut ordonner qu'il sera vérifié par des gens de l'art s'il n'était pas atteint au moment du contrat de la maladie dont il est décédé (Paris, 13 juill. 1808; Colmar, 5 nov. 1811).

79. Lorsque la rente viagère a été créée sur la tête de plusieurs personnes, elle n'est pas nulle, parce que l'une de ces personnes viendrait à décéder dans les vingt jours de la maladie dont elle était atteinte au jour de la constitution, surtout alors que la rente était réversible en entier sur les autres têtes (Cass. 22 fév. 1820; Grenoble, 21 juin 1822).

II. Du taux de la rente viagère.

80. *La rente viagère peut être constituée au taux qu'il plait aux parties contractantes de fixer* (C. civ. 1976).

81. La constitution d'une rente viagère ne peut être considérée comme un contrat usuraire à quelque taux que la rente ait été fixée, car elle comprend à la fois une partie du capital qui se trouve confondu avec les intérêts (Cass. 11 prair. an VII; Riom, 23 déc. 1808; Bordeaux, 23 août 1814; Pothier, 249).

82. Cependant, le contrat de rente viagère peut être réduit par les juges comme contenant un prêt usuraire déguisé (Cass. 31 déc. 1833).

83. Et une vente à charge de rente viagère est réputée ne contenir aucun prix, et doit, en conséquence, être annullée, si l'arrérage est inférieur au revenu annuel des biens aliénés (Poitiers, 23 therm. an XI; Cass. 11 juill. 1806; Paris, 21 juill. 1826; Angers, 21 fév. 1828; Orléans, 24 mai 1831; — *Contrà*, Riom, 26 mai 1826). — Il en est ainsi lors même que la rente est en argent (Bourges, 10 mai 1826).

84. Mais si la vente a été faite pour une somme fixe, et, en outre, pour une rente viagère, on ne peut dire que la vente soit sans prix, quelque modique que soit le capital fixe, et encore que la rente soit au-dessous du revenu annuel du bien vendu (Poitiers, 10 prair. an XII). — Il en est de même lorsque l'acquéreur contracte l'obligation de loger, nourrir, etc., le vendeur pendant sa vie tant en santé qu'en maladie; cette obligation forme un prix suffisant, bien que la valeur présumée de la pension viagère soit inférieure au revenu de l'immeuble (Cass. 16 av. 1822; 5 mai 1829; Agen 17 fév. 1830).

85. Du reste, la vente faite moyennant une rente viagère est un contrat aléatoire non susceptible de rescision pour cause de lésion (Angers, 21 fév. 1838; Toulouse, 22 nov. 1831; Cass. 1 av. 1829).

III. De la résolution du contrat de rente viagère pour défaut de sûretés ou défaut de paiement des arrérages.

86. *Celui au profit duquel la rente viagère a été constituée moyennant un prix, peut demander la résiliation du contrat, si le constituant ne lui donne pas les sûretés stipulées pour son exécution* (C. civ. 1977).

87. Cet article ne s'entend que des sûretés stipulées dans le contrat même de constitution. Ainsi, quand ces sûretés ont été fournies, le constituant ou débiteur de la rente ne peut plus être obligé à en fournir de nouvelles (Dijon 14 mars 1817; Cass. 18 déc. 822).

88. Mais le créancier peut demander la résolution du contrat, non-seulement dans le cas où le constituant ne lui donne pas les sûretés promises, mais encore dans le cas où il diminue les sûretés qu'il a données (Bruxelles, 23 août 1810; Riom, 4 août 1818). — Toutefois, cette insuffisance de sûretés ne donne pas lieu à résiliation, si elle résulte d'un fait indépendant de la volonté du débiteur, par exemple, de la dépréciation de l'immeuble hypothéqué au service de la rente (Paris, 21 déc. 1836).

89. Ce n'est pas donner au Code un effet rétroactif que de prononcer la résolution d'un contrat de rente viagère pour diminution des sûretés, lorsque la rente a été constituée antérieurement au Code, si les sûretés n'ont été diminuées que postérieurement (Riom, 4 août 1818).

90. C'est diminuer les sûretés relatives à une rente viagère que d'aliéner tout ou partie de l'immeuble hypothéqué au service de la rente, sans imposer à l'acquéreur l'obligation de la servir, et de telle sorte que l'acquéreur puisse purger et que par suite des arrérages annuels puissent être acquittés partiellement. Peu importe que l'acquéreur eût lui-même perdu, avant la vente, toute action hypothécaire sur l'immeuble, par défaut de renouvellement de son inscription : on ne peut, dans ce cas, opposer au créancier de la rente que c'est par son fait ou sa négligence que les sûretés ont été diminuées (Riom, 4 août 1818 ; Bruxelles, 23 août 1810; Cass. 16 av. 1839).

91. La résolution du contrat de rente viagère, pour non-exécution, quant aux sûretés stipulées, et pour défaut de paiement des arrérages ne soumet point le créancier à la restitution de ce qui excédait, dans les arrérages payés, le taux de l'intérêt légal (Paris, 22 fév. 1837; Bruxelles, 10 août 1833).

92. Quant à la résiliation pour cause d'inexécution des conditions, elle n'entraîne pas nécessairement l'obligation de diminuer le capital à rembourser en raison des intérêts qui auraient été payés au-dessus du taux légal (Cass. 22 juin 1825).

93. Au cas de résolution d'une rente viagère, le débirentier doit les fruits du jour de la mise en demeure, et les intérêts des arrérages du jour de la demande judiciaire qui en est faite (Bordeaux, 10 janv. 1839).

94. En cas de révocation d'une donation de rente viagère pour cause de survenance d'enfant, le donataire n'est tenu d'aucune restitution. Il est seulement privé du droit de percevoir les arrérages pour l'avenir; à son égard, les arrérages sont réputés des fruits civils (Guadeloupe, 5 juin 1824; Bordeaux, 13 av. 1835; Cass. 2 av. 1829 et 23 mai 1836). Il ne doit même la restitution des arrérages que du jour où la naissance de l'enfant lui a été notifiée conformément à l'art. 962 du C. civ., alors même qu'il aurait eu une connaissance personnelle de la naissance de l'enfant (Cass. 2 av. 1829).

95. *Le seul défaut de paiement des arrérages de la rente n'autorise point celui en faveur de qui elle est constituée à demander le remboursement du capital, ou à rentrer dans le fonds par lui aliéné; il n'a que le* DROIT DE SAISIR *et de* FAIRE VENDRE *les biens de son débiteur, et de faire ordonner ou consentir, sur le produit de la vente, l'emploi d'une somme suffisante pour le service des arrérages* (C. civ. 1978).

96. Cet article est applicable aussi bien lorsque la cessation du paiement des arrérages est définitive par suite de l'insolvabilité absolue du débiteur, que lorsqu'elle est sim-

plement momentanée par l'effet d'une gêne qui peut cesser (Cass. 16 déc. 1822).

97. Il s'applique aussi au cas où la rente a été constituée au profit d'un tiers par le vendeur qui a chargé l'acquéreur d'en faire le service (Orléans, 6 fév. 1833; Cass. 13 juin 1837). — Et au cas où la rente viagère a été constituée sous l'empire d'une législation qui autorisait la résolution à défaut de paiement des arrérages (Cass. 17 juill. 1824 ; Bordeaux, 19 août 1829, — *Contrà*, Bordeaux, 10 fév. 1807, 15 déc. 1812).

98. Mais il ne s'applique pas à la cession que le rentier a faite à un tiers moyennant certaines concessions du contrat même constitutif de la rente. En pareil cas, si le tiers n'acquitte pas les prestations promises, le cédant peut demander la résolution de la cession par lui consentie (Bordeaux, 15 juill. 1816; 1 août 1834, 18 fév. 1835; Cass. 28 mars 1817 ; Toulouse, 2 juin 1832).

99. On peut valablement stipuler dans un contrat de rente viagère qu'à défaut de paiement des arrérages, le créancier aura droit au remboursement des deniers formant le prix de la constitution de la rente, ou que le contrat sera résolu, l'art. 1978 précité n'étant pas prohibitif d'une telle stipulation, qu'on appelle *pacte commissoire* (Cass. 26 mars 1817; Bordeaux, 15 déc. 1812, 30 août 1814, 15 juill. 1816, 14 mars 1822, 14 mars 1829 ; Rouen, 27 janv. 1813; Metz, 28 juin 1820; Bruxelles, 20 nov. 1822; Limoges, 25 mars 1841 ; Troplong, *vente*, 2, 648). — Hors le cas de stipulation, le créancier n'a d'autre voie que l'expropriation du débiteur par voie de saisie et vente, bien que la rente ait été constituée pour vente d'immeubles (Cass. 18 déc. 1822).

100. Lorsqu'il a été stipulé que le contrat serait résolu faute de paiement d'un ou de plusieurs termes de la rente viagère, si le débiteur a laissé prononcer la résolution par un jugement de première instance, il n'est plus recevable à faire des offres réelles sur l'appel pour arrêter l'effet de la clause résolutoire (Bordeaux, 30 août 1814; Cass. 26 mars 1817 ; Duranton, 18, 169).

101. Mais lorsqu'il a été stipulé que la vente serait résolue de plein droit à défaut par le débiteur de payer deux semestres aux échéances stipulées, la seule échéance du terme suffit, dans ce cas, pour emporter résiliation de contrat. La disposition de l'art. 1978 du C. civ. est une de ces prévisions de la loi qui n'ont d'effet qu'à défaut des prévisions de l'homme (Cass. 16 juin 1818, 19 août 1824 ; Bordeaux, 14 mars 1829, 10 janv. 1839 ; Duvergier; Troplong). — Cependant, il a été décidé que la résolution du contrat et l'exécution de la clause pénale n'étaient pas acquises par la seule demande du créancier, et que si celui-ci décédait avant le jugement la rente se trouvant éteinte, les héritiers ne pouvaient plus poursuivre la demande en résolution de l'acte de constitution et n'avaient droit que sur les intérêts échus à son décès (Cass. 5 mars 1817).

102. DROIT DE SAISIR. Ce droit comprend la saisie-arrêt comme toutes autres poursuites. En conséquence, le créancier d'une rente viagère a droit, en cas de défaut de paiement des arrérages, de saisir-arrêter les sommes dues à son débiteur, jusqu'à concurrence de ce qui est nécessaire pour assurer à l'avenir le service de la rente (Cass. 16 av. 1839).

103. DROIT DE FAIRE VENDRE. Ce droit peut être exercé non seulement sur les biens hypothéqués, mais encore sur tous les autres biens, sauf le droit qu'a le débiteur de prouver la suffisance des biens hypothéqués (C. civ. 2209; Cass. 7 oct. 1807).

IV. De la collocation sur le prix des biens du débiteur.—V. *sup.* n. 95.

104. Quoique, dans l'inscription hypothécaire prise pour la conservation d'une rente viagère, le capital n'ait été évalué qu'au denier dix; cependant, le créancier a droit d'être colloqué pour le capital au denier vingt, de manière à assurer le service de la rente (Nîmes, 11 av. 1807 ; Paris, 30 mai 1831 et 10 mai 1832).

105. Toutefois, il a été décidé :

106. 1° Que le créancier ne peut prétendre à être colloqué pour le capital, il n'a droit qu'au service de la rente, d'où il suit que l'acquéreur du bien hypothéqué doit retenir jusqu'à l'extinction de la rente une somme suffisante pour produire des intérêts égaux aux arrérages (Paris, 5 juill. 1806), — et qu'on ne peut le contraindre à recevoir le remboursement du capital constitué (Paris, 8 août 1806).

107. 2° Que le juge ne peut ordonner qu'une somme formant le capital au denier vingt d'une rente viagère restera, pour la servir, aux mains de l'acquéreur, sauf à distribuer ce capital aux créanciers postérieurs, après l'extinction de la rente. Les créanciers postérieurs ont droit d'exiger qu'il soit procédé à l'adjudication au rabais d'une somme suffisante pour assurer le service de la rente (Caen, 18 mai 1813).

108. Le créancier d'une rente viagère est obligé de prendre inscription à chaque échéance de sa rente, s'il veut conserver un rang hypothécaire pour plus de deux années d'arrérages (C. civ. 2151; Cass. 13 août 1828; Bordeaux, 3 fév. 1829; 13 fév. 1832. — *Contrà*, Bordeaux, 23 août 1823).

109. Les frais faits pour obtenir un jugement de condamnation au paiement des arrérages échus d'une rente, ne peuvent être considérés comme accessoires du capital de la rente, et, comme tels, colloqués sans inscription au même rang que le capital (C. civ. 2151 ; Bordeaux, 15 fév. 1832).

V. De l'extinction de la rente viagère.

110. *Le constituant ne peut se libérer du paiement de la rente en offrant de rembourser le capital, et en renonçant à la répétition des arrérages payés ; il est tenu de servir la rente pendant toute la vie de la personne ou des personnes sur la tête desquelles la rente a été constituée, quelle que soit la durée de la vie de ces personnes, et quelque onéreux qu'ait pu devenir le service de la rente* (C. civ. 1979).

111. Par cet article la résolution du contrat n'est point laissée à la disposition du débiteur, lequel ne peut jamais refuser le service de la rente, même quand les chances lui paraissent défavorables. Le débiteur de la rente viagère ne peut, en conséquence, contraindre le créancier à en souffrir le rachat ou remboursement (Cass. 21 mess. an IV).

112. *La rente viagère n'est acquise au propriétaire que dans la proportion du nombre de jours qu'il a vécu.* - V. note 50, n. 19. — *Néanmoins, s'il a été convenu qu'elle serait payée d'avance, le terme qui a dû être payé est acquis du jour où le paiement a dû en être fait* (C. civ. 1980).

113. Toutefois, la règle posée en cet article peut être modifiée par la convention.

114. *La rente viagère ne peut être stipulée insaisissable, que lorsqu'elle a été constituée à titre gratuit* (C. civ. 1981).

115. Elle ne peut pas être stipulée insaisissable lorsqu'elle a été constituée à titre onéreux, parce qu'elle représente alors pour les créanciers la partie du patrimoine qui a été donné en échange de la constitution de rente (Limoges, 24 déc. 1840, - J[al]. Man. art. 27).

116. C'est au surplus la rente elle-même qui est saisissable, de sorte que le droit ne se réduit pas seulement aux arrérages qui sont échus (Caen, 21 juin 1814; Paris, 2 janv. 1825).

117. Quand une rente viagère est déclarée par le contrat constitutif *incessible*, elle n'a ce caractère, qu'en ce sens qu'on ne peut céder les arrérages à échoir. Les arrérages échus peuvent être cédés (C. proc. 581; Rouen, 29 janv. 1829).

118. *La rente viagère ne s'éteint pas par la mort civile du propriétaire; le paiement doit en être continué pendant sa vie naturelle* (C. civ. 1982).

119. Dans le cas de mort civile, le droit du crédi-rentier à toucher les arrérages de la rente viagère doit faire partie de sa succession : ce sont alors les héritiers seuls qui peuvent recevoir pour eux-mêmes et donner quittances, sauf à rapporter la preuve de l'existence du crédi-rentier qui est frappé de mort civile. — Une exception doit être admise cependant en faveur de l'individu frappé de mort civile qui a droit de conserver la rente viagère, lorsqu'elle a été constituée par legs ou donation à son profit à titre de pension alimentaire (C. civ. 25).— V. note 27, v° *aliments*.

120. La rente viagère n'est pas éteinte par le décès du rentier, lorsque c'est le débiteur de la rente qui lui donne criminellement la mort. En ce cas, il y a lieu à la résolution du contrat (Poitiers, 13 niv. an X; Paris, 18 janv. 1811).

121. *Le propriétaire d'une rente viagère n'en peut demander les arrérages qu'en justifiant de son existence, ou de celle de la personne sur la tête de laquelle elle a été constituée* (C. civ. 1983).

122. La disposition de cet article doit être entendue en ce sens que la saisie faite par le crédi-rentier est nulle s'il ne représente pas un certificat de vie en bonne forme. Ainsi, n'est pas valable le certificat de vie délivré par un notaire certificateur seul et sans témoins : les notaires ne pouvant délivrer seuls des certificats de vie que lorsqu'il s'agit de rentes sur l'État (Cass. 19 nov. 1817). — Mais il n'y a point nullité à ne point donner en tête du commandement copie du certificat de vie; la loi s'en rapportant à la prudence des juges pour apprécier les preuves de l'existence réelle du créancier (Cass. 18 juin 1817).

123. Les créanciers de rentes viagères, étrangers ou domiciliés en pays étranger, ainsi que ceux domiciliés en France, qui jouissent sur des têtes étrangères, sont admis à fournir des certificats de vie délivrés par les agents extérieurs français, en présence de quatre témoins connus de ces agents, qui attesteront l'individualité de ces créanciers (Arrêté des Consuls, 9 frim. an XI).

§ 4. DE LA PRESCRIPTION DU TITRE DE LA RENTE. — DU TITRE-NOUVEL.

124. *Après vingt-huit ans de la date du dernier titre, le débiteur d'une rente peut être contraint à fournir à ses frais un titre-nouvel à son créancier ou à ses ayants-cause* (C. civ. 2263).

125. Pour obtenir la réalisation de cet acte, il suffit, si le débiteur n'y consent pas, de le mettre en demeure par un acte extrajudiciaire (V. note 70) de fournir le titre, ou mieux de l'assigner directement devant le tribunal sans préliminaire de conciliation par application de l'art. 49 - 7° du C. de proc. civ.

126. Ce tribunal est celui du domicile du débiteur parce qu'il s'agit d'une action personnelle et non celui de la situation de l'immeuble, car il ne s'agit point d'une action réelle ou mixte (Paris, 18 janv. 1823). — Toutefois, il devrait en être autrement d'une demande en déclaration d'hypothèque, parce que, n'étant relative qu'à l'immeuble, l'action est alors une action réelle (C. civ. 2180). — Cependant, il a été décidé que c'est un titre-nouvel qui doit être fourni par le tiers-détenteur d'un immeuble affecté à une rente ou à toute autre charge, bien qu'il ne soit point obligé personnellement à la rente (Nancy, 14 juin 1837. — *Contrà*, Troplong, *presc.* 2,842). — V. *déclar. d'hypothèque*, note 28.

127. Mais, de ce que le créancier d'une rente ne s'est pas fait passer un titre-nouvel au bout de 28 ans, il ne s'ensuit pas que la rente soit prescrite, si les arrérages ont continué d'être servis par le débiteur (Arg. C. civ. 2248; Paris, 1 niv. an XIII; Cass. 20 nov. 1839; Troplong, *prescript.* 837 et 844). — Or, à cet égard, il suffit d'un commencement de preuve par écrit émané du débiteur. — V. note 26, n. 129 et suiv.; note 64, n. 168 et 169.

128. La prescription d'un titre de rente commence à courir du jour de la date du titre, et non du jour de l'échéance de la première annuité de la rente; une constitution de rente n'étant pas une créance à jour fixe dans le sens de l'art. 2257 du C. civ. (Cass. 5 août 1829; Pau, 26 juin 1827). Mais, suivant ce dernier arrêt, la prescription ne court du jour du titre constitutif que quand il n'y a eu aucun paiement d'arrérages, et s'il en a été fait elle court du jour du premier paiement.

129. Les vingt-huit ans ne courent contre l'acquéreur d'un immeuble affecté au service de la rente, dans le cas où cet acquéreur est devenu personnellement obligé au paiement de la rente, qu'à partir du jour de son obligation personnelle, et non à compter de la date du dernier titre consenti par le débiteur originaire (Cass. 23 fév. 1831).

130. Lorsque, par un jugement d'ordre, l'acquéreur a été chargé de servir la rente, il y a en cela l'équivalent d'un titre-nouvel, et par suite le créancier est non-recevable à exiger la passation d'un titre de cette espèce, s'il ne s'est pas écoulé vingt-huit ans depuis la date du jugement d'ordre (Cass. 6 mai 1811; 27 av. 1812 et 23 fév. 1831).

131. Le mari peut passer titre-nouvel d'une rente due par sa femme. Comme c'est lui qui doit en payer les arrérages, c'est à lui de les reconnaître (Bellot, 1,267).

132. Un titre-nouvel n'a pas besoin d'être accepté par le créancier. Il ne s'agit, en effet, que d'une reconnaissance interruptive de prescription. — Mais il est plus prudent de faire intervenir le créancier pour l'accepter et couvrir ainsi les irrégularités que le titre-nouvel pourrait contenir et qui pourraient motiver un refus de l'admettre comme valable. A cet égard, il a été décidé que les énonciations erronées ne changent pas la nature du contrat primordial, par

exemple, quand on énonce qu'une rente est foncière, tandis qu'elle est constituée (C. civ. 1531; Cass. 12 janv. 1814).

133. Les frais du titre-nouvel sont à la charge du tiers-détenteur, et non du créancier, parce que le changement de possesseur de l'immeuble ne provient pas du fait de ce dernier, sauf son recours contre son vendeur (Massé).

V. *acte récognitif*, note 208.

Pour la *capacité* des parties, V. la note 4. — Pour les *arrérages* et la *retenue*, V. la note 49. — Pour l'*extinction des priviléges et hypothèques*, V. la note 28, n. 283, la note 29, n. 327, et la note 172.

---

[77]

DU TERME OU DÉLAI. — DE LA PROROGATION DE DÉLAI ET DE JURIDICTION.

Division sommaire :

Indication alphabétique:

§ 1. DU TERME OU DÉLAI.

1. On appelle ainsi le délai qui est fixé par la loi ou par la convention des parties. — V. *inf.* n. 78.

2. Quand une obligation est contracté sans terme, le créancier peut en exiger aussitôt le paiement ou l'exécution; tandis que la détermination d'un terme fait que l'exécution ou le paiement de l'obligation ne peut être exigée présentement, mais seulement au jour indiqué.

3. *Le terme diffère de la condition, en ce qu'il ne suspend point l'engagement, dont il retarde seulement l'exécution* (C. civ. 1185).

4. Le terme n'étant point indiqué dans l'engagement de payer une certaine somme quand les *moyens du débiteur le lui permettront*, ce qui équivaut à l'engagement de payer *quand il le pourra*, les juges doivent, dans ce cas, fixer un terme de paiement suivant les circonstances (C. civ. 1901; Bordeaux, 7 av. 1838; Duranton, 17,583).

Art. 1. DES DIFFÉRENTES ESPÈCES DE TERME.

5. Le terme est DÉTERMINÉ ou INDÉTERMINÉ : il peut aussi être EXPRÈS ou TACITE.

6. DÉTERMINÉ. Le terme est déterminé, lorsque le contrat a fixé pour le paiement ou l'exécution, un jour qui arrivera certainement : comme quand je m'oblige de vous payer *telle* somme à *telle* époque.

7. INDÉTERMINÉ. Le terme est indéterminé quand le jour pris pour le paiement ou l'exécution est *incertain*.

8. A cet égard, il a été jugé que le délai accordé par les juges au débiteur pour l'exécution des obligations par lui

contractées, ne doit pas nécessairement être limité par la fixation d'un jour certain : il peut n'avoir pour limite que la fin d'une procédure d'ordre qui doit fournir les moyens de remplir les conditions de l'obligation (Cass. 14 mai 1838).

9. Il ne faut toutefois pas confondre le jour incertain comme *terme* avec le jour incertain comme *condition*; car, quand le terme forme condition notamment en matière de legs (V. note 24), la disposition est valable ou nulle suivant que l'événement arrive ou n'arrive pas. — V. *note* 153.

10. EXPRÈS. Le terme est exprès lorsqu'il est exprimé par la convention.

11. TACITE. Le terme est tacite lorsqu'il résulte tacitement de la nature des choses qui sont l'objet de l'obligation ou du lieu dans lequel doit se faire le paiement. Par exemple, si un entrepreneur s'est engagé à me bâtir une maison, je dois attendre la saison convenable, pour exiger de lui qu'il remplisse son obligation : si j'ai promis de vous donner une chose à Rome, l'engagement renferme tacitement le temps qui est nécessaire pour envoyer cette chose à Rome (L. 73, D. *de verb. oblig.*; Pothier, n. 228).

Art. 2. COMMENT SE COMPTENT LES DÉLAIS.

12. Les échéances par mois se comptent par quantième, date par date, et non par révolution mensuelle, ou délai de 30 jours. Ainsi, un billet souscrit le 28 février pour être payé dans les six mois est payable le 28 du sixième mois, bien qu'il faille aller au bout du mois pour qu'il y ait eu six révolutions mensuelles depuis la souscription du billet et que le mois de février n'ait que 28 ou 29 jours, comme aussi le délai d'un mois à partir du décembre n'expirera que le 1 janvier, quoique le mois de décembre ait 31 jours (Cass. 27 déc. 1811; 12 mars 1816, 13 août 1817; 21 juill. 1818; Orléans, 3 mars 1819). — Il doit en être de même des échéances *par année*.

13. Quand le délai est fixé par *jours*, la computation s'en fait de jour à jour, et non d'heure à heure, bien que le jour s'entende, en général, de l'espace qui s'écoule de minuit à minuit. Ainsi, les délais indiqués dans la loi par les mots *huitaine*, *quinzaine*, *six semaines*, et autres semblables doivent toujours se compter du jour qui sert de point de départ au jour correspondant, et portant le même nom de la semaine ou de l'une des semaines subséquentes suivant l'étendue du délai. Ainsi, un jugement rendu un jeudi et portant la fixation de la cause à quinzaine ou à six semaines, exprime par là que l'affaire devra être plaidée le second ou le sixième jeudi suivant (Lyon, 17 juill. 1834).

14. Il faut toutefois remarquer que le jour bissextile est compté dans les délais de jours, mais non pas dans les délais de mois et d'années, parce qu'il est censé ne faire qu'un avec le jour précédent (L. 98; D. *de verb. sign.*; Merlin, v°. *jour bissextile*).

15. Les délais par *heures* se comptent *de momento ad momentum*. Ainsi, lorsqu'une chose doit être faite dans les 24 heures qui suivront *tel* acte, ces 24 heures ne comprennent pas tout le jour qui suit celui dont l'acte porte la date; et si cet acte a été fait le 20 à 10 heures du matin, le délai de 24 heures expirera le 21 à pareille heure (Cass. 8 janv. 1807).

16. Mais, en général, le jour *à quo*, c.-à-d. celui qui commence le terme, ne doit pas être compris dans le délai. Ainsi, pour une obligation de payer dans 10 jours et souscrite le 1 juin, le débiteur aura toute la journée du 11 pour satisfaire à son obligation (Toullier, 6, 682). — Pour une obligation de payer une somme dans l'année, on ne pourra pas l'exiger le dernier jour de l'année, parce que ce dernier jour fait partie du terme (L. 42, D. *de verb. oblig.*; Pothier, *oblig.* 231).

17. Au contraire, le jour de l'échéance *ad quem* doit être compris dans le terme; il en fait partie, tellement qu'on ne pourra demander le paiement d'une obligation le jour même de l'échéance (Toullier, Berriat). — Mais quand il s'agit d'un délai franc, on ne compte ni le terme *à quo*, ni le terme *ad quem*, la maxime à appliquer étant alors celle-ci « *dies termini non computatur in termino* » (Toullier, 6, 683; Berriat; Grenier; Zachariæ; Troplong; Merlin).

18. Lorsque le législateur fixe un délai en se servant des mots *à compter* ou *à partir* de tel *jour*, ce jour terme n'est pas compris dans le délai (Cass. 19 fév. 1823); il doit en être de même des mots *depuis* tel *jour* (Merlin; Toullier; Brillon).

19. Les délais francs sont ceux fixés pour les ajournements, citations et autres actes faits à personne ou domicile (C. proc. 1033).

20. En matière d'enregistrement, lorsque le délai pour remplir la formalité expire un jour de fête légale, il n'est pas non plus compté; il faut, dans ce cas, un délai utile. — V. note 18 n. 14, 34 et 65.

21. Mais, en toute autre matière, lorsque les délais se composent de mois ou de jours, la circonstance que le délai expire un jour de fête légale ne doit pas être prise en considération pour le proroger d'un jour, mais il n'en est pas de même du cas où la loi fixe un délai de 24 heures (Cass. 22 juill. 1828).

Art. 3. DES EFFETS DU TERME.

22. *Ce qui n'est dû qu'à terme ne peut être exigé avant l'échéance du terme; mais ce qui a été payé d'avance ne peut être répété* (C. civ. 1186).

23. Le débiteur qui paie avant l'échéance du terme, quoique, par erreur, n'a pas l'action en répétition; mais il en est autrement en matière d'obligation conditionnelle.

24. Mais le terme n'a point pour effet d'empêcher le créancier d'exercer avant l'échéance tous actes conservatoires de son droit pourvu qu'il ne porte en cela aucun préjudice au débiteur (C. proc. 125; Toullier, 6, 663. - V. note 34). — Aussi, la loi permet-elle au créancier de former avant l'échéance du terme une demande en reconnaissance d'obligation sous seing-privé, à ses frais et à la condition de ne pouvoir prendre inscription avant cette échéance. — V. note 30, n. 222 et 223.

25. Une saisie-arrêt ou opposition peut-elle être considérée comme un acte conservatoire, que le créancier à terme puisse faire, avant l'échéance de la dette, au préjudice du débiteur, si d'ailleurs il n'y a pas sûreté? Oui, suiv. Sirey, t. 17, 2, 77. — Pigeau, Lacroix-Frainville et Locré sont du même avis quand il s'agit du legs à long terme d'une somme d'argent et que l'hérédité ne se compose que de valeurs mobilières, ils pensent même que dans ce cas le légataire universel peut être obligé de fournir caution puisqu'on a contre lui l'action en séparation de patrimoines, mais leur avis est que, dans les cas ordinaires, la saisie-ar-

rêt peut souffrir difficulté (Sirey, *ibid.*; Roger, n. 120; Carré, n. 1926). — V. *inf.* n. 76.

26. *Le terme est toujours présumé stipulé en faveur du débiteur, à moins qu'il ne résulte de la* STIPULATION *ou des* CIRCONSTANCES, *qu'il a été aussi convenu en faveur du créancier* (C. civ. 1187).

27. STIPULATION. Le terme est présumé stipulé en faveur du créancier, lorsque la stipulation est expresse ou tacite.

28. Elle est expresse lorsque le contrat porte en termes formels que le débiteur ne pourra rembourser avant le terme fixé, ou qu'il sera obligé d'avertir le créancier, par exemple, six mois auparavant (Toullier, 6, 674), — ou bien s'il est dit que le remboursement aura lieu à *telle* époque et non avant.

29. Par la fixation du terme, l'acquéreur d'un immeuble dont le prix est payable dans un délai déterminé avec défense d'anticipation du terme, et qui doit faire son paiement à un créancier indiqué, ne peut obliger ce créancier indiqué à recevoir son paiement avant le terme (L. L. 11 frim. an VI; 16 niv. an VI; Cass. 15 niv. an VIII).

30. Elle est tacite lorsqu'il résulte de la stipulation même qui règle le terme qu'elle a pour objet l'intérêt du créancier aussi bien que celui du débiteur. Par exemple, si dans un prêt à intérêt, il était dit que le prêteur ne s'est déterminé à prêter qu'en raison de ce que l'emprunteur avait consenti de prendre les fonds pour tant d'années, il résulterait de là que le terme est stipulé en faveur du créancier (*Ibid.* 677).

31. De ce qu'un prêt à intérêt est fait pour un certain espace de temps, il n'en peut résulter que ce terme soit réputé stipulé en faveur du créancier comme en faveur du débiteur. Du moins il faudrait distinguer :

32. S'il était dit : je vous prête *telle* somme pour un an, pour cinq ans, etc., on pourrait voir là l'intention de la part du prêteur de faire un placement pour tout le temps convenu, sans permettre à l'emprunteur de rembourser plus tôt (*Ibid.*).

33. Mais si, comme dans l'usage, le prêt était constaté sous la forme d'une simple reconnaissance de devoir avec promesse de payer dans un an, dans cinq ans, ou même avec la fixation du jour; comme alors le débiteur est le seul qui stipule, l'on doit supposer aussi qu'il n'a réglé le terme de paiement que dans son intérêt seul; et la présence du créancier à l'obligation ne devrait être considérée que comme un consentement donné aux stipulations faites par le débiteur.

34. CIRCONSTANCES. Il résulte des circonstances que le terme a été stipulé en faveur du créancier dans les cas suivants :

35. 1° Lorsqu'un testateur a légué une somme à un mineur pour lui être payée à sa majorité, si du reste, il paraît que le testateur n'a pas voulu que la somme fût payée au tuteur, dans la crainte qu'il ne vînt à la dissiper : auquel cas le débiteur ne serait pas libéré par le paiement qu'il aurait fait au tuteur devenu insolvable (L. 15, D. *de ann. leg.*; Pothier, n. 511 ; Toullier, 6, 678).

36. 2° Lorsqu'il importe beaucoup à celui au profit de qui la chose doit être faite, qu'elle ne soit faite ni avant ni après l'époque déterminée (Nouv. Denizart, v° *délai*).

37. Par exemple, l'obligation de livrer dix chevaux *au mois de mai*, n'est pas la même que celle de livrer dix chevaux *d'ici au mois de mai*. — Le terme apposé à la première obligation est invariable : elle ne peut s'acquitter auparavant, parce que le créancier peut ne vouloir recevoir qu'à l'époque déterminée les dix chevaux qui l'embarrasseraient si on les lui livrait auparavant : l'époque fixée est alors une condition. — Dans le second cas, au contraire, le débiteur peut, quand bon lui semblera, s'acquitter de sa promesse : l'époque fixée est alors un délai.

38. Si j'achète des bœufs à la fin d'automne pour n'être livrés qu'au printemps, le terme est en ma faveur, car j'ai voulu que le vendeur nourrît les bœufs pendant l'hiver (Toullier, *ibid.*).

39. Au surplus, dans les obligations relatives au commerce, on présume toujours que le terme est stipulé en faveur du créancier aussi bien qu'en faveur du débiteur. Et cette règle est générale pour toutes obligations, il n'y a point de distinction à faire, quoique la loi ne se soit expliquée expressément que dans certains cas; ainsi le veut l'intérêt du commerce (C. comm. 146 et 187; Pardessus, n. 187; Toullier, n. 679). — Si donc, en cette matière, le débiteur veut anticiper le paiement, c'est à lui de prouver ou qu'il a été dérogé à la règle par une convention, ou que l'usage l'y autorise; et même cette preuve ne serait point admise si quelque article positif de loi défendait d'anticiper (Toullier, *ibid.*).

40. Lorsque le débiteur ne peut se libérer avant le terme fixé, et qu'il s'agit d'un prêt à intérêt, c'est en vain qu'il offrirait de tenir compte des intérêts à courir jusqu'à ce terme; car le paiement anticipé pourrait causer du préjudice au créancier, soit qu'il se trouvât embarrassé de garder un capital dont il n'avait pas dû penser à faire un nouvel emploi, soit qu'il espérât voir tomber avant le terme un papier-monnaie sans valeur, soit qu'il ne voulût recevoir ni être soupçonné de recevoir des intérêts qui ne lui seraient pas dûs si son capital lui était rentré avant l'échéance (Toullier, 6, 677).

41. Le terme a encore pour effet d'empêcher la compensation (C. civ. 1291.— V. note 167). — Mais il en est autrement du terme de grâce. — V. *inf.* n. 77.

42. L'effet du délai est tel aussi que celui qui n'a pas profité du temps qui était accordé pour agir doit supporter la peine de sa négligence. Souvent, cette peine est de n'être plus reçu à faire une chose qui lui aurait été utile; d'autres fois c'est d'être condamné aux dommages-intérêts de la partie qui a souffert du retard. — V. note 159.

43. Tous les moments du délai peuvent être employés utilement à faire une chose pour laquelle il est accordé (Nouv. Denizart, v° *délai*). — Ainsi, celui qui est assigné à comparaître dans huitaine peut se présenter le lendemain, s'il le veut, mais le délai de l'assignation étant établi pour les deux parties, il n'en faut pas moins laisser écouler la huitaine, pour que le défendeur puisse prendre défaut-congé contre le demandeur. — V. note 75.

44. Lorsque certains événements, tels qu'une force majeure, ne permettent pas de faire pendant le délai ce qui était prescrit, ce délai se trouve alors suspendu et il reprend son cours lorsque l'opération devient praticable (Cass. 24 janv. 1815; 21 juin 1815; Berriat, p. 151). — Ainsi, l'état de blocus peut faire relever de la déchéance du droit de surenchérir (Colmar. 9 nov. 1814).

45. On peut demander la prorogation de quelques délais lorsqu'ils sont insuffisants; mais il faut, en général, le faire avant leur expiration (C. civ. 1458; C. proc. 74, 179 et 279).

Art. 4. DE LA DÉCHÉANCE DU TERME.

46. La déchéance est la perte d'un droit par le défaut d'exercice dans un temps donné, ou lorsqu'on a négligé de remplir les conditions ou formalités qui étaient prescrites, ou que l'on s'était imposées. Aussi, s'accorde-t-on à qualifier de *prescription* les déchéances que les lois font résulter du laps de certains délais soit en matière de procédure, soit relativement au fond des droits (Voët et Merlin, v° *prescript.*) : ainsi décidé relativement aux créances arriérées de l'État par la loi du 28 janv. 1831.

47. *Le débiteur ne peut plus réclamer le bénéfice du terme lorsqu'il a fait* FAILLITE, *ou lorsque, par son fait, il a diminué les* SURETÉS *qu'il avait données par le contrat à son créancier* (C. civ. 1188).

48. Lorsque le débiteur n'a rien fait pour donner de l'inquiétude à son créancier, celui-ci est sans action pour réclamer son remboursement (*L.* 9, *D. de rebus creditis*). Et non-seulement le débiteur pourrait, en ce cas, repousser la demande par voie d'exception, mais, s'il faisait défaut, l'exception devrait être suppléée par les juges qui ne doivent condamner le défaillant qu'autant que la demande se trouve juste et bien vérifiée (C. proc. 150). — Or, le titre sur lequel le créancier la fonderait prouverait en même temps qu'elle est prématurée, et par conséquent qu'elle doit être rejetée (Toullier, 6, 664).

49. Dans l'hypothèse ci-dessus, si le créancier forme sa demande avant l'échéance du terme, non-seulement il est exposé à en payer les frais, si le débiteur vient à payer au terme fixé, mais il peut être tenu envers ce dernier à des dommages-intérêts, si la demande prématurée lui a causé quelque préjudice, si elle a nui à son crédit parce qu'il s'agirait d'un négociant (Toullier, 6, 664).

50. Cependant, si le créancier, ayant intenté sa demande avant l'échéance, le terme vient à échoir pendant l'instance, le débiteur doit être condamné purement et simplement, comme si l'action n'eût pas été prématurée dans son principe. Ainsi le décide la loi 16, D. *de petitione hæreditatis*, qui rend sa disposition commune au créancier à terme et au créancier sous condition. En sorte que c'est le temps du jugement qu'il faut considérer pour savoir si la demande est bien ou mal fondée (Voët, *de judiciis*, n. 26; Toullier, 6, 664).

51. FAILLITE. L'état de faillite du débiteur est une cause de déchéance du terme. Mais il n'en est pas de même à l'égard du créancier; en conséquence, le débiteur à terme ou sous condition ne peut être obligé par le mauvais état des affaires de son créancier, de verser ce qu'il doit à la caisse d'amortissement, avant la révolution du terme ou l'exécution de la condition (Paris, 20 déc. 1810).

52. La disposition de l'article précité du C. civ. est applicable non-seulement au débiteur en faillite, mais encore au débiteur en déconfiture (Toulouse, 20 nov. 1835; Duranton, 11, 117). — Ainsi, la donation faite par un père à sa fille d'une somme d'argent à-compte des droits successifs de cette dernière devient exigible avant le décès du donateur, quoiqu'elle ait été déclarée payable seulement à cette époque, si ce dernier vient à faire faillite ou à tomber en déconfiture : la stipulation relative au paiement de la somme donnée constitue un terme et non une condition (Même arrêt).

53. Elle est applicable aussi au débiteur contumax, ou constitué prisonnier, ou dont les biens ont été vendus à la requête d'autres créanciers (C. proc. 124).

54. SURETÉS. Il y a lieu à déchéance du bénéfice du terme pour diminution de sûretés :

55. 1° Lorsqu'une partie quelconque des biens qui étaient hypothéqués à la dette a été vendue, de telle sorte que cette partie de biens puisse être purgée de l'hypothèque (Cass. 9 janv. 1810; 4 mai 1812). — Peu importe que le créancier ait été colloqué sur le prix de l'aliénation partielle, on ne peut regarder sa demande en collocation comme une renonciation aux droits qu'il a de s'opposer au morcellement de son hypothèque et de refuser le remboursement partiel de sa créance (Même arrêt; Toullier, 6, 666).

56. 2° Lorsque le débiteur s'est rendu coupable de stellionat (Pau, 3 juill. 1807; Bourges, 11 déc. 1839). — V. la note 30.

57. 3° Lorsque le débiteur vend ou donne l'usufruit de l'immeuble hypothéqué à la dette (Proudhon, *de l'usuf.* 2, 892).

58. 4° Lorsque le débiteur ne fournit pas les sûretés promises par le contrat à son créancier, tout aussi bien que quand il diminue les sûretés données (Duranton, 11, 124).

59. 5° Lorsque le débiteur qui a obtenu du juge la faculté de se libérer à différents termes, laisse passer un terme sans accomplir le paiement : il doit alors payer la totalité de la somme due (Toullier, 6, 671).

60. Mais il n'y a pas lieu à déchéance du bénéfice du terme :

61. 1° Lorsque le créancier étant chirographaire n'a de titre valable qu'une obligation personnelle : le droit accordé par l'art. 1188 de poursuivre son débiteur avant l'échéance du terme s'il diminue les sûretés données par le contrat n'appartenant qu'au créancier ayant hypothèque valable (Aix, 16 août 1811).

62. 2° Lorsque la diminution des sûretés ne provient pas du fait du débiteur, mais est le résultat d'un accident ou d'une force majeure, ou de circonstances qui ne puissent lui être imputées (Toullier, 6, 669).

§ 2. DU TERME OU DÉLAI DE GRACE.

63. On appelle ainsi le délai qui est accordé par le juge, dans certains cas, à la partie condamnée pour satisfaire à la condamnation. Ce délai court du jour du jugement s'il est contradictoire, et du jour de la signification de ce jugement s'il est par défaut (Turin, 28 vent. an XII). Il peut être accordé lors même qu'il y a acte authentique et titre exécutoire (Gênes, 17 déc. 1813; Bordeaux, 28 fév. 1814; Agen, 6 déc. 1824; Cass. 1 fév. 1830; Paris, 23 av. 1831; *Contrà*, Pau, 26 nov. 1807; Bruxelles, 18 juin 1812; Colmar, 14 janv. 1815; Toullier, 6, 659; Carré, sur l'art. 122, C. proc.; Pigeau, 1, 514).

Art. 1. DU DÉLAI ACCORDÉ AU DÉBITEUR EN RETARD.

64. *Les juges* PEUVENT, *en considération de la* POSITION DU DÉBITEUR, *et en usant de ce pouvoir avec une grande réserve, accorder des délais modérés pour le paiement, et* SURSEOIR *à l'exécution des poursuites,* TOUTES CHOSES DEMEURANT EN ÉTAT (C. civ. 1244).

65. PEUVENT. Toutefois cette faculté cesse au cas où il y a

stipulation contraire entre les parties (Bordeaux, 23 juill. 1838; Toullier; Malleville; Roll. de V...; Zachariæ). — En tout cas, elle n'autorise pas les juges à méconnaître l'indivisibilité de l'obligation; par exemple, à ordonner que la créance soit acquittée d'année en année par fractions (Colmar, 18 août 1816).

66. POSITION DU DÉBITEUR. Prenant en considération cette position, le créancier, dont la créance est exigible et qui est dans le besoin, peut être condamné à subir des délais pour la totalité de sa créance, lorsque le débiteur a éprouvé des revers et qu'il est lui-même dans le besoin (Paris, 18 déc. 1806).

67. Lorsqu'un billet à ordre a pour cause une dette non commerciale, le juge peut, selon les circonstances, accorder un délai au débiteur (Cass. 31 juill. 1817).

68. Mais le droit d'accorder un délai ne peut être étendu aux affaires commerciales; il existe, en effet, des règles spéciales et contraires relativement aux commerçants débiteurs par lettres de change et billets à ordre (Cass. 22 juin 1812, 31 juill. 1817; C. comm. 157 et 187).

69. SURSIS. La faculté d'accorder un sursis à l'exécution des poursuites ne s'applique pas non plus en matière commerciale. Seulement, s'il ne s'agit pas de lettres de change, les tribunaux peuvent, aux termes de l'ordonnance des répits de 1669, en condamnant à payer la somme due, accorder une surséance de trois mois sans qu'ils puissent jamais la renouveler (Colmar, 24 janv. 1806; — *Contrà*, Colmar, 22 nov. 1815 pour les lettres de change, dans les circonstances calamiteuses entre proches et lorsque la dette a une origine non commerciale).

70. En tout cas, les juges ne peuvent surseoir à l'exécution d'un jugement de tribunal de commerce. En conséquence, s'ils prononcent un sursis, le créancier peut sans égard au jugement continuer les poursuites de droit, notamment l'expropriation forcée (Colmar, 12 frim. an XIV).

71. Lorsque le débiteur n'a requis aucun délai lors du jugement de condamnation, il ne peut ensuite obtenir du tribunal un sursis en formant opposition aux poursuites (Colmar, 30 août 1809). — Cependant, le juge peut accorder délai au débiteur exproprié et suspendre les poursuites dirigées contre lui, lorsque l'auteur de ces poursuites les a rendues tortionnaires et vexatoires (Rouen, 7 août 1813).

72. TOUTES CHOSES DEMEURANT EN ÉTAT. Le créancier a le droit, pendant le délai de grâce, de faire tous les actes conservatoires qui ont pour objet d'assurer le paiement de sa créance, sans changer, pendant ce délai, la position du débiteur, et sans nuire à la jouissance qu'il avait au moment du jugement (C. proc. 125; Carré).

73. Ainsi, le créancier ne pourra pas faire saisir les meubles du débiteur pour les mettre sous le séquestre. Cependant, s'il les vend, ou s'il les détourne frauduleusement, le créancier pourra faire procéder à la saisie en donnant assignation au débiteur, pour le faire déclarer déchu du délai de grâce dont il se serait rendu indigne (Toullier, 6, 674).

74. La même déchéance serait encourue par le débiteur, s'il aliénait, en se faisant payer comptant, les immeubles sur lesquels le créancier aurait négligé de faire inscrire sa créance : car, ou il les aurait vendus pour payer ses créanciers, et alors il ne doit pas se plaindre que ceux-ci le contraignent à payer, ou il les aurait vendus pour en détourner le prix, et alors la fraude le rendrait indigne de la grâce qui lui aurait été accordée (*Ibid.*).

75. S'il est échu au débiteur une succession, le créancier peut s'opposer à la levée des scellés, et à ce que le partage soit fait hors sa présence. Il peut même s'opposer à ce que les sommes ou les meubles qui reviennent au débiteur lui soient remis; car toutes choses doivent demeurer dans l'état où elles étaient lors du jugement (*Ibid.*)

76. Il peut, par la même raison, former opposition au remboursement d'une rente due au débiteur; comme aussi faire saisir-arrêter les sommes dues au débiteur, qui deviendraient exigibles avant le délai de grâce, et même faire ordonner que le tiers-saisi soit tenu de se libérer entre les mains du saisissant après le délai (*Ibid.*).

77. *Le terme de grâce n'est point un obstacle à la compensation* (C. civ. 1292). — V. note 167.

Art. 2. DU DÉLAI ACCORDÉ EN MATIÈRE DE PROCÉDURE.

78. *Dans les cas où les tribunaux peuvent accorder des délais pour l'exécution de leurs jugements, ils le feront par le jugement même qui statuera sur la contestation, et qui énoncera les motifs du délai* (C. proc. 122).

79. La disposition de cet article est absolue. Peu importe que le jugement de condamnation ait été rendu par défaut, et que conséquemment aucun délai n'ait pu être demandé par la partie condamnée lors de ce jugement (Bordeaux, 29 juin 1827; Thomine; Carré; — *Contrà*, Dijon, 8 janv. 1817; Toullier, 6, 661; et suivant ce dernier arrêt, les juges peuvent accorder des délais par un jugement postérieur quand ils ne leur ont pas été demandés lors du premier jugement).

80. *Le délai courra du jour du jugement s'il est contradictoire, et de celui de la signification s'il est par défaut* (C. proc. 123).

81. Cette disposition doit être restreinte au cas de délai accordé pour l'exécution d'une condamnation : d'où il suit que le délai fixé par un jugement même contradictoire ne court que du jour de la signification et non du jour de la prononciation (Bordeaux, 14 août 1833).

82. Quant au délai fixé par un jugement pour faire une option, il est suspendu par l'opposition ou l'appel formé contre ce jugement, alors même que cette opposition ou cet appel seraient non-recevables, tellement que le délai ne commence à courir que du jour de la décision qui prononce la fin de non-recevoir (Orléans, 24 août 1830).

§ 3. DE LA PROROGATION DE DÉLAI.

83. Le juge est toujours le maître de proroger les délais qu'il a accordés, quand la loi ne s'y oppose pas formellement, et qu'à cet égard il n'y a pas de droit acquis à l'une des parties (Cass. 28 mars 1827).

84. Cependant, lorsque les juges d'appel ont déclaré dans leur arrêt que le délai qu'ils accordaient à une partie était de rigueur, ils ne peuvent plus lui en accorder un second sans renverser la chose jugée (C. civ. 1351; Nîmes, 14 therm. an XII).

85. Toutefois, de ce qu'une demande n'a été accueillie qu'à la charge par le demandeur de justifier de certains faits dans un délai déterminé, il ne s'ensuit pas toujours que ce délai passé sans justification, le demandeur ne puisse plus réclamer l'exécution du jugement s'il offre de faire les

justifications ordonnées. Le délai accordé dans ce cas par justice peut n'être considéré que comme comminatoire (Cass. 7 août 1826).

86. Mais des poursuites irrégulièrement faites ne prorogent point le délai qui était donné pour en faire de régulières (Cass. 22 niv. an XII).

87. Ce qui est dit ci-dessus n'est point applicable en matière de commerce ; ainsi, le débiteur pour cause commerciale, surtout si, par un atermoiement avec ses créanciers, il a obtenu délai pour le paiement, ne peut, en cas de non-paiement du premier terme convenu, et quelle que soit d'ailleurs sa position, obtenir prorogation du tribunal de commerce (Douai, 13 av. 1814).

88. Il n'y a de délai de grâce que celui qui est accordé par le juge. On ne peut considérer comme tel le délai accordé par le créancier dans un acte de prorogation.

V. *arbitrage*, note 183.

§ 4. DE LA PROROGATION OU ATTRIBUTION DE JURIDICTION. — DE SES DIVERSES ESPÈCES.

89. La prorogation ou attribution de juridiction est une extension donnée par les parties ou par la loi à la juridiction ordinaire d'un tribunal.

90. La juridiction des tribunaux peut être prorogée de deux manières, savoir : par le consentement des parties ou par l'autorité de la loi. — Dans le premier cas, la prorogation est *volontaire*; dans le second, elle est *légale* ou *forcée*.

Art. 1. DE LA PROROGATION VOLONTAIRE DE JURIDICTION.

I. Cas où elle a lieu.

91. La prorogation volontaire de juridiction peut avoir lieu dans cinq cas différents :

92. 1° *Lorsque les parties portent une affaire devant un juge qui n'est pas appelé à en connaître, à cause du domicile du défendeur, ou de la situation de l'objet litigieux.*

93. La compétence, à raison du domicile ou de la situation des objets litigieux, ayant été établie dans un intérêt purement privé, les parties doivent, par ce motif, avoir la faculté de renoncer aux lois qui la déterminent (Carré; Henrion). — Peu importe que le tribunal dont on veut étendre les pouvoirs soit ordinaire ou d'exception : ainsi, le juge de paix devient, par le consentement des parties, compétent pour connaître d'une action personnelle et mobilière dont l'objet n'excède pas 200 fr., quoique le défendeur ne soit pas domicilié dans son territoire, ou d'une action possessoire quoique l'objet litigieux soit situé dans un canton étranger (C. proc. 7 ; Colmar, 25 av. 1817 ; Merlin).

94. 2° *Lorsqu'elles soumettent à un juge une affaire qui n'est pas dans le cercle de ses attributions.*

95. Mais alors il faut distinguer s'il s'agit de proroger une juridiction ordinaire ou une juridiction extraordinaire.

96. Dans la première hypothèse, les parties ont, sans doute, le droit d'étendre la compétence du tribunal : il a la plénitude de la juridiction et n'est qu'accidentellement incompétent pour juger les causes placées dans les attributions des tribunaux extraordinaires. Ces derniers tribunaux n'ont été institués que dans l'intérêt des particuliers, qui peuvent par conséquent renoncer au bénéfice de leur juridiction (Henrion. — *Contrà*, Carré). — La juridiction des tribunaux civils peut, en conséquence, être étendue par le consentement des parties : 1° aux matières commerciales, 2° aux matières de la compétence des juges de paix. Toutefois, dans ce cas, l'incompétence du tribunal de première instance n'étant pas purement relative est proposable en tout état de cause, et le consentement des parties ne peut s'induire de leur silence.

97. Dans la seconde hypothèse, il faut distinguer et voir si le tribunal extraordinaire dont on veut proroger la compétence est institué pour connaître de toutes les affaires jusqu'à une certaine somme, ou seulement d'un certain genre d'affaires. — S'il s'agit d'une affaire de la nature de celles sur lesquelles le juge est appelé à statuer lorsque leur valeur est d'une somme déterminée par la loi, mais qui excède sa compétence, parce qu'elle a pour objet une somme trop élevée, alors sa juridiction peut être prorogée, parce qu'il a, par le titre de son office, le germe de la compétence, le principe de l'autorité nécessaire pour statuer sur le tout. Il n'est plus nécessaire de lui conférer une juridiction nouvelle ; il suffit d'étendre celle qu'il a déjà reçue de la loi (C. proc. 7 ; Cass. 3 frim. an IX ; 22 déc. 1806 ; 10 janv. 1809 ; Henrion ; Merlin ; Favard ; Carré) : — si, au contraire, le tribunal (tel est un tribunal de commerce) n'est compétent que pour un certain genre d'affaires, toute prorogation de juridiction est impossible ; il n'appartient qu'à la loi de conférer l'autorité publique, et si elle n'a investi le juge d'aucun pouvoir relativement à la contestation qu'on voudrait lui déférer, on n'étendrait pas, mais on créerait en réalité une juridiction (Cass. 22 juin 1808 ; Henrion ; Carré).

98. 3° *Lorsqu'elles renoncent d'avance à appeler du jugement qui sera rendu sur la contestation qui les divise.*

99. Cette faculté a été consacrée par l'art. 6 de la loi du 24 août 1790, et résulte implicitement des art. 7 du C. de proc. civ. et 639 du C. de comm., et du droit qu'ont les plaideurs d'étendre les compétences dont les tribunaux ont le germe (Henrion ; Merlin ; Poncet ; Carré). — Mais il faut que l'intention des parties soit manifestée d'une manière précise ; on ne saurait l'induire de leur déclaration de s'en rapporter à justice, car par cette déclaration on n'abdique point à l'avance toute réclamation contre l'erreur que pourrait commettre le tribunal (Cass. 18 germ. an XI, 10 mai 1827 ; Paris, 13 mars 1810 ; Rouen, 7 nov. 1811 ; Metz, 26 mai 1821 ; Bordeaux, 15 janv. 1831 ; Merlin).

100. L'acquiescement régulièrement donné par les parties à ce que le tribunal qu'elles ont saisi statue en dernier ressort, s'étend à tous jugements préparatoires et définitifs qui peuvent intervenir sur leurs contestations (Cass. 1 flor. an IX ; Favard ; Merlin). — De même, la prorogation de la juridiction du juge appelé à statuer en premier ressort implique nécessairement prorogation de la juridiction du juge appelé à connaître de l'appel. Ainsi, lorsque deux parties confèrent au juge de paix le droit de statuer en premier ressort sur une demande de valeur de 2000 fr., elles attribuent implicitement au tribunal de première instance compétence pour statuer sur l'appel, encore bien qu'en général il ne puisse juger en dernier ressort au delà de 1500 fr. (Arg. Cass. 12 mars 1829 ; Merlin ; Carré).

101. 4° *Lorsqu'elles consentent à ce qu'un tribunal d'appel évoque le fond de l'affaire dans des hypothèses non prévues par la loi.*

102. L'art. 473 du C. de proc. civ. accorde aux juges la faculté d'évoquer ou de ne pas évoquer le fond de l'affaire dans les cas qu'il prévoit. Or, lorsque la loi donne aux tribunaux un droit dont elle les laisse libres de ne pas user, elle annonce par là que l'exercice de ce droit n'intéresse pas l'ordre public : les parties peuvent donc le modifier (Carré).

103. 5° *Lorsqu'elles ont fait soumission de juridiction.*

104. On appelle soumission de juridiction la convention par laquelle des parties s'engagent d'avance à porter devant un tribunal qui ne serait pas leur juge naturel, les difficultés qui pourront s'élever à l'occasion d'un contrat intervenu entre elles. La soumission de juridiction s'opère soit par la simple élection de domicile (*V. note* 11), soit par toute autre stipulation (Carré).

105. La soumission de juridiction peut avoir lieu en matière réelle ou personnelle : il suffit que le juge auquel on convient de soumettre le différend ne soit pas incompétent *ratione materiæ.*

106. L'ordre public ne permettant pas qu'un Français renonce à la juridiction de son souverain, il en résulte qu'il ne peut, en se soumettant à une juridiction étrangère, perdre, quant aux biens qu'il a en France, la faculté de débattre ses droits devant ses juges naturels (Grenoble, 3 janv. 1829).

107. Le tribunal qui a rendu un jugement sur prorogation de juridiction est compétent pour connaître de l'exécution de ce jugement, à moins que la prorogation n'ait été stipulée en faveur d'un tribunal d'exception, ou qu'il ne s'agisse d'actes d'exécution spécialement attribués par la loi à un autre tribunal.

II. Par qui et en quelle forme peut être consentie la prorogation de juridiction.

108. Par qui. La prorogation de juridiction constituant une espèce de transaction, il en résulte que ceux-là seuls ont qualité pour la consentir qui ont la libre disposition de leurs droits et la capacité d'ester en justice (Arg. C. comm. 639; Carré). — V. *les notes* 4, 63, 68 et 74.

109. En quelle forme. La juridiction des tribunaux peut, en général, être prorogée *expressément* ou *tacitement.*

110. *Expressément.* Elle est prorogée expressément lorsque les parties en conviennent, soit dans les premiers actes de la procédure, soit d'avance au moyen d'une soumission de juridiction (Henrion).

111. *Tacitement.* Elle est prorogé tacitement lorsqu'une partie assignée devant un tribunal incompétent, à raison de son domicile ou de la situation de l'objet litigieux, y procède sans réclamation et pose des conclusions au fond (Henrion).

112. Toutefois, la prorogation volontaire ne peut résulter devant les justices de paix que du consentement exprès des parties. Elle ne saurait s'induire de leur comparution et de leur plaidoirie sans protestation devant le juge incompétent. Le Code de proc. (art. 7) exige, en effet, formellement que la déclaration des parties soit *signée* d'elles, ou qu'il soit fait mention qu'elles ne savent signer. Un consentement tacite est donc insuffisant; le juge doit, dans ce cas, se déclarer incompétent (Cass. 22 juin 1808, 20 mai 1829; Henrion; Carré. — *Contrà*, Cass. 12 mars 1829; Favard; Merlin). — Cependant, serait valable l'acquiescement donné par les parties au jugement rendu, et résultant de l'apposition de leurs signatures au bas de la minute de ce jugement (Pau, 5 août 1809).

113. L'acte contenant prorogation de la juridiction du juge de paix doit indiquer d'une manière précise le différend qui existe. — Néanmoins, est suffisante la déclaration des parties portant *qu'elles ont soumis à la décision du juge de paix le différend existant entre elles au sujet d'une réclamation que le demandeur a l'intention de former ci-après contre le défendeur*, lorsque, du reste, les parties ont immédiatement pris leurs conclusions respectives sur le différend. Il y a alors relation nécessaire entre l'acte de prorogation et les conclusions (Cass. 2 août 1831).

III. Des effets de la prorogation de juridiction.

114. Le consentement des parties valablement donné attribue compétence au juge prorogé, mais il ne lui impose pas l'obligation de décider leur différend. Chaque juge ne doit la justice qu'à ses justiciables (Cass. 11 mars 1807, 8 av. 1810; Carré; Merlin).

115. Dans aucune circonstance, la prorogation de juridiction ne saurait faire présumer la volonté de la part des parties de renoncer à l'application des dispositions des lois relatives au fond du droit. Ainsi, lorsque l'objet litigieux est d'une valeur supérieure à 150 fr., le juge de paix saisi de la contestation ne peut ordonner une enquête, à moins que les parties ne se trouvent dans un cas d'exception où le tribunal de première instance aurait le droit de prescrire cette mesure (C. civ. 1341). — *V. note* 26, *n.* 110 *et suiv.*

116. Lorsque la prorogation a été stipulée en faveur d'un juge de paix ou de commerce, ou quand il s'agit d'actes d'exécution attribués spécialement par la loi à un autre tribunal; alors le tribunal prorogé ne tenant, dans aucun cas, de la loi le privilége de connaître de l'exécution de ses jugements ne saurait en être investi par la volonté des parties : ce serait créer et non étendre une juridiction. — V. *sup.* n. 97.

117. La prorogation de juridiction n'a d'effet qu'entre les parties qui l'ont consentie, et non à l'égard des personnes appelées ultérieurement en cause, telles que des garants ou coobligés (Carré).

V. *sup.* n. 100 et 107.

Art. 2. DE LA PROROGATION LÉGALE OU FORCÉE DE JURIDICTION. — DE LA RECONVENTION.

118. La prorogation légale est celle qui a lieu indépendamment de la volonté des parties, et par la seule force de la loi. Elle existe dans le cas de demandes incidentes, reconventionnelles ou en garantie. — V. note 28, n. 670, 677 et 688.

119. On appelle *reconvention* la demande que le défendeur, cité en justice, forme à son tour devant le même juge contre le demandeur, afin d'anéantir ou de restreindre les effets de l'action intentée par celui-ci (Carré, 258). — Dans ce cas, le défendeur se constitue demandeur sur son exception.

120. La reconvention est recevable contre le demandeur qui fait défaut (Carré, 253, 258).

121. Un tribunal ayant la juridiction ordinaire peut statuer reconventionnellement sur une demande de la compétence d'un tribunal d'exception. Ainsi, un tribunal civil, seul compétent pour connaître de la demande formée contre un fermier relativement à des pailles, devient compétent pour connaître dans la même affaire d'une demande à fin de réparations et dégradations d'objets placés dans les attributions du juge de paix (Cass. 13 juill. 1807).

122. La reconvention est valablement formée pour la première fois en appel (C. proc. 464). — Mais il ne s'ensuit pas qu'elle soit recevable en tout état de cause. — V. note 28, n. 684.

[78]

DES HÉRITIERS. — DE L'ABSENCE.

DIVISION SOMMAIRE :

Chap. 1. DES HÉRITIERS (n. 1 et 2).

§ 1. DES DIFFÉRENTES ESPÈCES D'HÉRITIERS (n. 3, 4 et 5).

Art. 1. DES HÉRITIERS INSTITUÉS (n. 6 à 16).

Art. 2. DES HÉRITIERS LÉGITIMES (n. 17 à 19).

Art. 3. DES HÉRITIERS PUTATIFS OU APPARENTS (n. 20 à 27).

Art. 4. DES HÉRITIERS CONSIDÉRÉS PAR RAPPORT A L'APPRÉHENSION DES SUCCESSIONS (n. 28 et 29).

I. Héritiers présomptifs, délibérants, immiscés, renonçants (n. 30 à 33).

II. Héritiers nécessaires, héritiers siens et nécessaires, et héritiers étrangers (n. 34 à 36).

III. Héritiers purs et simples; héritiers bénéficiaires (n. 37 et 38).

Art. 5. DES HÉRITIERS CONSIDÉRÉS PAR RAPPORT A LA NATURE ET A LA QUALITÉ DES AVANTAGES QUE LEUR PROCURENT LES SUCCESSIONS (n. 39 à 41).

§ 2. DES QUALITÉS REQUISES POUR SUCCÉDER.

Art. 1. DES INCAPABLES DE SUCCÉDER (n. 42 à 60).

Art. 2. DES INDIGNES DE SUCCÉDER (n. 61 à 80).

Art. 3. DES EFFETS DE L'INDIGNITÉ (n. 81 à 86).

§ 3. DES DROITS ET ACTIONS ATTACHÉS A LA QUALITÉ D'HÉRITIER (n. 87 et 88).

Art. 1. DES DROITS ACTIFS QUI PEUVENT ÊTRE EXERCÉS PAR L'HÉRITIER (n. 89 à 96).

Art. 2. DES DROITS PASSIFS QUI PEUVENT ÊTRE EXERCÉS CONTRE L'HÉRITIER (n. 97 à 107).

Chap. 2. DE L'ABSENCE (n. 108 à 110).

§ 1. DE LA PRÉSOMPTION D'ABSENCE (n. 111 à 140).

§ 2. DE LA DÉCLARATION D'ABSENCE (n. 141 à 159).

§ 3. DES EFFETS DE L'ABSENCE.

Art. 1. DE L'ENVOI EN POSSESSION PROVISOIRE OU DÉFINITIF (n. 160 à 231).

Art. 2. DES DROITS SUCCESSIFS OU ÉVENTUELS QUI PEUVENT COMPÉTER A L'ABSENT, DEPUIS SON ABSENCE (n. 232 à 258).

Art. 3. DE CE QUI ADVIENT DU MARIAGE DE L'ABSENT (n. 259 à 268).

Art. 4. DE LA SURVEILLANCE DES ENFANTS MINEURS DU PÈRE QUI A DISPARU (n. 269 à 276).

§ 4. DES MILITAIRES ABSENTS (n. 277 à 299).

Indication alphabétique :

Chap. 1. DES HÉRITIERS.

1. Dans l'acception la plus commune, on entend par *héritier* celui qui recueille, à titre successif, tous les droits actifs et passifs qu'avait un défunt au moment de sa mort.

2. Le droit naturel ne connaît point d'héritiers dans l'ordre de la nature; la mort, en nous dépouillant de tous les biens que nous possédons, nous ôte avec eux le droit de les transmettre à nos proches ou à nos amis, car nous ne pouvons donner ce que nous n'avons plus. Ce serait donc au premier occupant que devrait naturellement appartenir le patrimoine de chaque individu qui abandonne la vie; mais cette règle ferait naître des combats presque continuels, si elle était mise en pratique; il est d'ailleurs dans le vœu de l'équité que chaque personne ait, en mourant, la consolation de prévoir que ses biens seront partagés conformément à ses désirs; aussi, voyons-nous que, chez tous les peuples, les législateurs se sont attachés à régler l'ordre des successions, à les déférer à certaines personnes plutôt qu'à d'autres. Ce sont ces personnes, choisies par les lois de chaque peuple pour succéder aux défunts, que nous appelons *héritiers* (Merlin, v° *héritier*).

§ 1. DES DIFFÉRENTES ESPÈCES D'HÉRITIERS.

3. On distingue les héritiers *institués*, qui tiennent leurs droits de la volonté de l'homme, et les héritiers *légitimes* qui tiennent leurs droits de la loi.

4. Mais il arrive quelquefois des méprises sur la vocation de l'homme ou sur celle de la loi. Tel agit de bonne ou de mauvaise foi, comme héritier institué ou légitime, sans l'être réellement; et ceci amène une subdivision des héritiers *institués* ou *légitimes*, en héritiers *véritables* et en héritiers *putatifs* ou *apparents*.

5. Il y a d'autres subdivisions des héritiers, tirées des différentes manières dont les héritiers se comportent, relativement aux successions qui leur sont déférées et aussi de la nature et de la quantité des avantages que leur procurent les successions.

Art. 1. DES HÉRITIERS INSTITUÉS.

6. Les héritiers *institués* excluent toujours les héritiers légitimes, lorsque rien ne fait obstacle à la validité de l'institution, parce que, toutes choses égales, la volonté de l'homme prévaut toujours sur les dispositions de la loi (L. 89, D. *de reg. jur.*).

7. On peut instituer un héritier de deux manières, par acte entre-vifs et par testament; et c'est pour cela qu'on sous-divise les héritiers institués en héritiers *contractuels* et en héritiers *testamentaires*. — V. les notes 24 et 81.

8. Les héritiers institués tant contractuels que testamentaires se sous-divisent encore en héritiers *libres*, en héritiers *fiduciaires* ou *grevés*, en héritiers *fidéicommissaires* et en héritiers *nommés* ou *élus*, et aussi en héritiers *démissionnaires* et héritiers *adoptés* ou *affiliés*.

9. Les héritiers *libres* sont ceux qui ne sont point chargés de substitution, ou qui en étant chargés contre la prohibition de la loi sont dispensés de les exécuter.

10. Les héritiers *fiduciaires* ou *grevés* sont ceux qui sont institués à la charge de remettre la succession à d'autres personnes. — On donne la qualité d'héritiers *grevés* à ceux qui ont le droit de jouir, soit toute leur vie, soit pendant un certain temps, des biens compris dans l'institution, et qui sont seulement tenus de les laisser à leur mort, ou après la révolution du temps fixé pour leur jouissance, à ceux qui sont appelés à la substitution, s'ils se trouvent encore vivants à cette époque. — Les héritiers fiduciaires sont ceux qui sont institués uniquement pour avoir l'administration des biens de l'hérédité, et qui, en conséquence, sont obligés, dans le temps marqué par l'institution, de restituer ces biens avec les fruits qu'ils en ont perçus. — V. note 75).

11. Les héritiers *fidéicommissaires* sont ceux qui reçoivent des mains des héritiers grevés l'hérédité que ceux-ci avaient appréhendée à charge de la leur remettre.

12. On appelle héritier *nommé* ou *élu*, tantôt l'héritier direct qui a été désigné par un tiers à qui le testateur en avait confié le droit (V. note 24, n. 4 et 507), tantôt celui d'entre plusieurs fidéicommissaires qui a été choisi par le grevé, en conséquence du pouvoir que donnait à celui-ci le titre même de son institution (V. note 75, n. 180 et suiv.).

13. C'est improprement qu'on appelle *héritiers* tous ceux qui recueillent une succession par l'effet de la volonté de l'homme. En effet, le principe d'où il faut partir étant que *le mort saisit le vif*, il résulte de cette règle qu'on ne doit reconnaître pour *héritiers* proprement dits que ceux qui sont saisis de plein droit, par la mort du défunt, de *tous* les biens possédés par ce dernier; car, dès qu'on est obligé de demander à un tiers la délivrance de ce à quoi l'on est appelé par la volonté du défunt, il est sensible qu'on ne représente pas immédiatement celui à qui il s'agit de succéder, et que, par conséquent, on ne peut pas être considéré comme son héritier (Merlin).

14. D'où il suit que quand le testateur ne peut disposer que d'une partie de ses biens, en ce cas les héritiers du sang sont les seuls héritiers, les seuls saisis par la loi avant la délivrance des legs ((C. civ. 1004). La disposition de la loi l'emporte alors sur la volonté de l'homme. Ce n'est donc que quand le testateur n'a ni ascendants ni descendants et qu'il peut disposer de l'universalité de ses biens sans aucune réserve, que l'héritier institué ou légataire universel est saisi de plein droit de toute la succession par la mort du testateur, sans être tenu de demander la délivrance (C. civ. 1006), et qu'alors il *représente* la personne du défunt. En ce

cas, les héritiers du sang ne sont appelés à la succession qu'en second ordre et seulement à défaut de testament.

15. La démission de biens est un acte par lequel une personne fait de son vivant un abandonnement général et à titre universel de ses biens à ses héritiers présomptifs, pour en jouir suivant l'ordre des successions *ab intestat*. Ceux à qui cet abandonnement est fait s'appellent héritiers *démissionnaires* (C. civ. 1075. — V. note 81). — La démission tient le milieu entre les dispositions entre-vifs et les dispositions à cause de mort, d'où il résulte que les démissionnaires sont des héritiers contractuels et testamentaires tout ensemble (Merlin).

16. Les héritiers *adoptés* ou *affiliés* sont contractuels en ce qu'ils doivent leur qualité à un contrat, et légitimes en ce que la qualité d'adopté leur étant une fois imprimée par le contrat, ils ont droit de succéder à l'adoptant, quand même ce contrat ne contiendrait aucune disposition à cet égard (Merlin). — V. note 165.

Art. 2. DES HÉRITIERS LÉGITIMES.

17. On distingue deux sortes d'héritiers *légitimes* : les HÉRITIERS DU SANG qu'on appelle aussi héritiers *réguliers*, et les héritiers *irréguliers*.

18. HÉRITIERS DU SANG OU RÉGULIERS. Ces héritiers sont les parents légitimes du défunt (C. civ. 723, 724). — Ces héritiers se divisent en trois classes : 1° les descendants; 2° les ascendants; 3° les collatéraux (C. civ. 731).

19. HÉRITIERS IRRÉGULIERS. On appelle ainsi ceux qui succèdent à l'universalité des biens d'un défunt, sans néanmoins représenter sa personne. Ce sont les enfants naturels, le conjoint survivant et l'État. - V. note 88. — Ces successeurs sont héritiers dans ce sens qu'ils jouissent de l'effet de la maxime *le mort saisit le vif*; et ils ne le sont pas en tant qu'ils ne représentent pas la personne du défunt, c.-à-d. qu'ils ne sont tenus au paiement de ses dettes et à l'entretien de ses obligations, que jusqu'à concurrence de ce qu'ils ont amendé de ses biens. Il y a donc dans ces successeurs un mélange de droits et de qualités qui seraient incompatibles dans toute autre personne; et c'est pour cela qu'on les appelle héritiers *irréguliers*. — Du reste, ces héritiers sont tenus de se faire envoyer en possession, quoiqu'ils aient la qualité d'héritiers (C. civ. 724).

Art. 3. DES HÉRITIERS PUTATIFS OU APPARENTS.

20. On appelle ainsi celui qui, se croyant ou ne se croyant pas héritier véritable, s'empare comme tel d'une succession, et en jouit, en dispose même, comme si elle lui appartenait réellement.

21. Les ventes que l'héritier apparent a faites surtout après inventaire et partage avec d'autres cohéritiers légitimes, ne peuvent point être attaquées par le véritable héritier qui se présente, si les acquéreurs sont de bonne foi. Le principe est vrai avant comme depuis le Code civil (C. civ. 1599; Cass. 3 août 1815; Montpellier, 11 janv. 1830; Toulouse, 5 mars 1833; 25 déc. 1839; Caen, 17 juill. 1833; Limoges, 27 déc. 1833; Bourges, 16 juin 1837; Merlin, *quest.*; Chabot, art. 756; Duvergier; Coulon; Malpel; De Conflans. — *Contrà*, Poitiers, 13 juin 1822; 10 av. 1832; Orléans, 27 mai 1836; Toullier; Troplong; Grenier; Duranton; Vazeille, Loiseau).

22. Il en est ainsi alors même que l'héritier apparent a été de mauvaise foi (Rouen, 25 mai 1839. — *Contrà*, Bordeaux, 24 déc. 1834; Montpellier, 9 mai 1838).

23. Il en est de même des hypothèques conventionnelles consenties par l'héritier apparent sur les immeubles de la succession, et à plus forte raison encore de l'hypothèque légale au profit de la femme de cet héritier (Toulouse, 21 déc. 1830; Paris, 8 juill. 1833).

24. Mais le principe ci-dessus ne saurait être étendu à la vente du titre même d'héritier et des droits qui en dérivent. Une telle aliénation est nulle à l'égard du véritable héritier et doit être annulée sur sa demande. C'était aux acquéreurs à s'enquérir de la qualité réelle de leur vendeur (C. civ. 756 et 1599; Cass. 26 août 1833; Duvergier, 2, 303) — ou de l'universalité des droits successifs (Rouen, 16 juill. 1834).

25. Lorsqu'un héritier apparent s'est mis en possession des biens héréditaires, et que la veuve du défunt a traité avec lui de la liquidation de la communauté ainsi que de tous ses autres droits et reprises, l'héritier plus proche à qui la succession est restituée profite de cette transaction sans qu'on puisse lui opposer que n'y ayant point été partie, elle doit être sans effet à son égard (Angers, 2 mai 1807).

26. L'héritier apparent fait les fruits siens, lorsqu'il possède de bonne foi, et encore qu'il n'ait pas fait inventaire, même quand il s'agit d'un enfant adultérin se croyant légitime, ou de l'Etat (C. civ. 459, 762; Cass. 18 août 1830; Limoges, 27 déc. 1833; Paris, 3 juill. 1834; 1 juin 1837; Cass. 7 juin. 1837). — V. note 49, n. 163.

27. Les servitudes, les transactions et les actes interruptifs de prescription faits par l'héritier apparent profitent au véritable héritier ou doivent être maintenus par lui (Solon; Zachariæ; Troplong).

Art. 4. DES HÉRITIERS CONSIDÉRÉS PAR RAPPORT A L'APPRÉHENSION DES SUCCESSIONS.

28. Une autre division des héritiers *institués* ou *légitimes* ou *apparents* est tirée des différentes manières dont ils se comportent relativement aux successions qui leur sont déférées.

29. Ces héritiers considérés sous ce rapport se divisent : 1° en héritiers présomptifs, en héritiers délibérants, en héritiers immiscés, et en héritiers qui ont renoncé, 2° en héritiers *nécessaires*, en héritiers *siens* et *nécessaires*, et en héritiers *étrangers*; 3° en héritiers purs et simples et en héritiers bénéficiaires.

I. Héritiers présomptifs, délibérants, immiscés, renonçants.

30. HÉRITIER PRÉSOMPTIF. On appelle ainsi celui qui se trouve dans le degré le plus apparent de successibilité, et qui, par cette raison, est présumé devoir être héritier, mais ne l'est pas encore. On lui donne cette qualité, soit avant le décès de celui à qui il s'agit de succéder, soit après l'ouverture de sa succession, jusqu'à ce qu'il ait pris qualité ou renoncé. — V. note 34, n. 44.

31. HÉRITIER DÉLIBÉRANT. Dans ce dernier cas, l'héritier présomptif prend encore le nom d'héritier *délibérant*. — V. les notes 62 et 85.

32. HÉRITIER IMMISCÉ OU DÉCLARÉ. On appelle ainsi l'héritier qui a fait une acceptation expresse ou tacite de l'hérédité. — V. les notes 34 et 62.

33. HÉRITIER RENONÇANT. On appelle ainsi l'héritier qui a abdiqué la succession qui lui était déférée. — V. note 63.

II. Héritiers nécessaires, héritiers siens et nécessaires, et héritiers étrangers.

34. Il n'y a point d'héritiers *nécessaires* dans le droit français, on suit la maxime, *nul n'est héritier qui ne veut.* Notre jurisprudence n'admet qu'une exception à cette règle, en faveur des créanciers de l'héritier : elle ne souffre pas qu'il renonce à leur préjudice, et lorsqu'il le fait, elle autorise ses créanciers à se faire subroger à ses droits, en se chargeant de tous les risques de la succession; ce qui le rend au moins nominalement héritier malgré lui. — V. note 62.

35. Les lois romaines en disposaient autrement : elles appelaient héritier *nécessaire*, l'esclave institué par son maître. Quelque obérée que fût la succession qui lui était dévolue, il ne pouvait la répudier. Cela avait été ainsi réglé parce que les Romains regardaient comme un déshonneur de n'avoir point d'héritier sous le nom duquel leurs créanciers fissent saisir et vendre leurs biens après leur mort : du reste, ils ne croyaient pas gêner trop un esclave, en le forçant d'accepter une succession onéreuse, puisque la liberté était le prix de son acceptation, et que d'ailleurs il pouvait, en demandant la séparation des biens du défunt d'avec les siens, mettre ses propres acquisitions futures à l'abri des poursuites des créanciers de l'hérédité. — Les héritiers *siens* étaient ceux que le défunt avait dans le premier degré de sa puissance au moment de sa mort : on leur donnait ce nom, parce que les nœuds de la puissance paternelle unissaient le père et le fils si étroitement, que le patrimoine du premier était en quelque sorte considéré, même de son vivant, comme le patrimoine du second; de sorte qu'après la mort de celui-là, celui-ci était censé succéder à son propre bien, et par conséquent, être héritier de lui-même. On les appelait encore *nécessaires*, parce que le droit civil les nécessitait, comme les esclaves, à accepter les successions de leurs pères ou aïeuls, quelque obérées qu'elles fussent.

36. Les héritiers étrangers étaient tous ceux qui n'étant ni *nécessaires* ni *siens*, avaient une pleine liberté, d'accepter ou de répudier les successions qui leur étaient dévolues soit par testament, soit *ab intestat*. Tels étaient les enfants émancipés, les petits-enfants dont le père était encore avec eux sous la puissance de leur aïeul, les agnats, les cognats, etc.

III. Héritiers purs et simples; héritiers bénéficiaires.

37. HÉRITIER PUR ET SIMPLE. On appelle ainsi celui qui a accepté une succession purement et simplement, et qui, en cette qualité, est tenu de toutes les dettes du défunt, quand même elles excéderaient la valeur des biens qu'il en a hérités.

38. HÉRITIER BÉNÉFICIAIRE. On appelle ainsi celui qui, en appréhendant une succession, en a fait constater le montant par un inventaire fait dans le temps et dans les formes déterminées par la loi, et qui, par cette précaution, s'est mis dans le cas de ne répondre des dettes et des faits du défunt que jusqu'à concurrence de la valeur des biens dont la succession est composée. — V. la note 85.

Art. 5. DES HÉRITIERS CONSIDÉRÉS PAR RAPPORT A LA NATURE ET A LA QUALITÉ DES AVANTAGES QUE LEUR PROCURENT LES SUCCESSIONS.

39. Ainsi considérés, les héritiers se divisent en héritiers *universels*, et en héritiers *particuliers* ou *portionnaires*.

40. L'héritier *universel* est celui qui succède seul à tous les biens et à tous les droits du défunt (C. civ. 1003).

41. L'héritier *particulier* ou *portionnaire* est celui qui ne succède au défunt que dans une certaine quotité, ou dans une certaine espèce de ses biens (C. civ. 1010). — Quelquefois, parmi cette sorte d'héritier, on institue un héritier *principal* : c'est celui d'entre plusieurs héritiers portionnaires qui est le plus avantagé. Cet avantage plus considérable résultait autrefois de certaines coutumes; et c'est de là que quelques-unes appelaient le fils aîné héritier principal (Merlin). — V. note 81.

§ 2. DES QUALITÉS REQUISES POUR SUCCÉDER.

Art. 1. DES INCAPABLES DE SUCCÉDER.

42. *Pour succéder, il faut nécessairement exister à l'instant de l'ouverture de la succession. — Ainsi, sont incapables de succéder : 1° celui qui n'est pas encore conçu; 2° l'enfant qui n'est pas né viable; 3° celui qui est mort civilement* (C. civ. 725).

43. En droit, l'enfant conçu est réputé né toutes les fois qu'il y va de son intérêt (L. 7, *de statu homin.*). Il recueille toutes les successions ouvertes depuis sa conception.

44. Mais il faut : 1° que l'enfant qui n'était que conçu soit né *vivant* : car ceux qui naissent morts sont réputés n'avoir jamais existé (L. 129, D. *de verb. sign.*), — 2° qu'il soit né viable, *vitæ habilis*, c.-à-d. dans un état de formation assez avancé et assez parfait pour qu'il pût conserver la vie qu'il venait de recevoir.

45. Ainsi donc, trois choses sont à prouver pour attribuer à un enfant le droit de succéder : l'une, qu'il était conçu au moment de l'ouverture de la succession; l'autre, qu'il est *né vivant*; la troisième qu'il est *né viable*.

46. *Conçu*. Sur ce point, nos lois sur la légitimité supposent : 1° qu'un enfant peut être né viable, quoiqu'il naisse le cent quatrevingtième jour (6 mois) au plus tôt depuis sa conception (C. civ. 314), 2° que la grossesse peut durer trois cents jours (10 mois) (C. civ. 315). — V. note 144.

47. *Né-vivant*. Sur ce point, il n'est pas toujours facile de prouver qu'un enfant est né vivant, lorsqu'il est mort peu d'instants après sa naissance. Il s'agit alors de savoir à quels signes on reconnaîtra s'il a vécu. Or, l'on regarde comme certain que l'enfant était vivant, s'il a crié. Cependant ce signe n'est pas le seul qui puisse constater l'existence (L. 3, C. *de posth.*). Suivant deux arrêts, l'un du parlement de Flandre du 2 déc. 1697 (Desjauneaux, t. 2, § 192), et l'autre du parlement de Rouen du 20 fév. 1734 (Dictionn. de droit normand, v° *viduité*), il suffit que l'enfant ait fait quelques mouvements et que l'on ait senti son cœur battre pendant quelques minutes. Mais suivant la médecine, les mouvements ne constituent pas toujours la vie acquise hors du sein de la mère. L'enfant a quelquefois des mouvements convulsifs ; et s'il est très faible, il a quelquefois des respirations incomplètes, accompagnées de soupirs; dans ce cas, il n'a pas respiré complètement, et c'est une respiration complète qui acquiert à l'enfant sa vie propre et indépendante de celle de sa mère. A l'appui de cette opinion, on cite *Hippocrate* qui prescrit de ne pas couper le cordon ombilical, tant que l'enfant n'a

pas respiré complètement et crié. Ainsi donc, les pulsations, les mouvements des membres, de simples soupirs, effets de respirations incomplètes, n'acquièrent pas la vie civile à un enfant; et les mouvements des membres, du diaphragme, des artères, peuvent durer, sans la vie complète, jusqu'à une et deux heures (Merlin, v° *vie*, § 1).

48. Mais relativement à la preuve des signes de vie il a été décidé : 1° que la déposition d'une sage-femme jointe à l'acte d'inhumation est suffisante pour prouver qu'un enfant est né vif surtout étant à terme par un accouchement ordinaire (Arrêt du parlement de Rouen, 10 mai 1759, Merlin, *ibid.*). Mais ce que cet arrêt a décidé à l'égard d'une sage-femme, il faut l'étendre aux autres personnes qui ont été présentes à l'accouchement, parce qu'elles sont en cela témoins nécessaires, et s'écarter du principe *unus testis, nullus testis* qui réduirait souvent les parties à l'impossible.

49. 2° Et que lorsqu'un enfant est né vivant, cette circonstance qu'il a eu vie, fait présumer de plein droit qu'il est né viable. Dans ce cas, c'est à celui qui conteste la viabilité à prouver son assertion (Limoges, 12 janv. 1813).

50. *Né viable.* Sur ce point, on peut poser en principe qu'une fois prouvé que l'enfant est né vivant, il est censé né *viable*, à moins que cette présomption ne soit détruite par une preuve contraire ou par les présomptions légales établies au titre de la paternité et de la filiation ; par exemple, l'enfant qui est né avant le cent quatrevingtième jour de sa conception n'est pas légalement présumé viable.

51. Quant aux moyens de discerner si un enfant qui meurt a plus ou moins de 180 jours, la médecine les a trouvés par l'*inspection du cœur et des progrès de son organisation*, tellement qu'on peut, à quelques jours près, assigner l'âge d'un enfant qui aurait respiré et qui serait mort avant terme, et prononcer s'il avait les six mois exigés par la loi. Le cœur, en effet, n'a dans le principe qu'un seul ventricule; ce n'est que peu après que le second se forme, et que le cœur se sépare par une cloison percée d'un trou qui se rétrécit et se ferme après la naissance. Ce trou donne de moins en moins passage d'un ventricule à l'autre, tellement qu'à la naissance il ne laisse passer de l'un à l'autre que très peu de sang. Mais à proportion que, de l'époque de la naissance, on remonte vers celle de la conception, ce trou s'élargit au point que les deux ventricules, peu après la conception, n'en font qu'un. L'enfant ne peut donc respirer complètement et continuer de vivre que lorsque l'organe respiratoire (le poumon) est formé; or, cet organe n'est formé qu'à quatre mois et demi; c'est alors que le poumon, en se développant, acquiert les forces de résistance nécessaires à ses fonctions. Ainsi, la nature met la moitié de la gestation à la formation du poumon, et l'autre moitié à le fortifier. Un enfant peut donc à cinq mois respirer et même continuer de vivre au moyen de beaucoup de soins (Merlin, *ibid.*).

52. Toutefois, la non-viabilité de l'enfant pourrait être présumée, s'il y avait dans l'enfant imperfection de membres, défaut de cheveux, confusion de doigts, cécité, clôture de bouche ou de narines, ou autres circonstances de même nature. Il ne suffit pas d'argumenter du défaut de cris, du manque absolu d'ongles, de l'extrême petitesse de l'enfant, et du fait constant qu'il est venu au monde par l'opération césarienne (Limoges, 12 janv. 1813).

53. Mais il n'y a pas lieu de présumer cette non-viabilité quand un enfant est né vivant, à terme, bien conformé et avec tous les organes nécessaires à la vie, dans ce cas l'enfant doit être légalement réputé né viable lors même qu'il serait mort presque aussitôt sa naissance et dans un état apoplectique apparent, si d'ailleurs il n'est pas prouvé que cet état fût le résultat d'un vice de conformation ou d'une lésion antérieure à la naissance (Bordeaux, 8 fév. 1830).

54. Du reste, c'est à celui qui allègue qu'un enfant n'est pas né viable à en rapporter la preuve positive. La présomption est pour la viabilité (Bordeaux, 8 fév. 1830). — Et même lorsqu'un enfant a été inscrit sur le registre des actes de naissance sans énoncer qu'il fût mort-né, cet acte de naissance fait foi que l'enfant a eu vie, tellement que le contraire ne peut résulter d'aucune preuve testimoniale, ni même de l'acte de décès dressé le même jour et énonçant que l'enfant est mort en naissant (Paris, 13 flor. an XII; — *Contrà*, Angers, 25 mai 1822).

55. Est valable le compromis par lequel des arbitres sont saisis de la question de savoir si un enfant est né viable ou non; cette question ne présentant point une véritable question d'état, ce qui ne doit s'entendre que de l'état des personnes (C. proc. 1004; Bruxelles, 26 fév. 1807).

56. Celui qui est mort civilement est incapable de succéder (C. civ. 25 et 725). — V. note 27, n. 251 et suiv.

57. Mais cette incapacité ne commence que lorsque la mort civile est encourue. Il faut donc qu'elle soit encourue avant l'ouverture de la succession (*Ibid.*).

58. Les étrangers ont aujourd'hui le droit de succéder de la même manière que les Français, dans toute l'étendue du royaume (L. 14 juill. 1819). — V. note 27, n. 174 et suiv.

59. Il faut toutefois que l'étranger qui réclame une succession soit capable de succéder suivant les lois de son pays (Arg. C. civ. 3; Toullier, 4, 102).—Ainsi, les religieux et religieuses sont, en Prusse, incapables de succéder; c'est une loi personnelle qui les suit partout (Merlin, *rép.* v° *succ.*; Toullier, *ibid.*).

60. Cependant, il y a une exception au principe que, pour être habile à succéder, il faut être habile à succéder dans son pays, c'est le cas de la mort civile encourue par une condamnation judiciaire. Cette mort civile, en effet, ne suit point hors de sa patrie celui qui en est frappé, parce que les jugements rendus dans une souveraineté n'ont pas d'effet dans une autre (Toullier, *ibid.*).

Art. 2. DES INDIGNES DE SUCCÉDER.

61. *Sont indignes de succéder et comme tels exclus des successions* : 1° *celui qui serait* CONDAMNÉ POUR AVOIR DONNÉ OU TENTÉ DE DONNER LA MORT *au défunt*; 2° *celui qui aurait* PORTÉ CONTRE LE DÉFUNT UNE ACCUSATION CAPITALE JUGÉE CALOMNIEUSE; 3° *l'héritier majeur qui, instruit du meurtre du défunt*, NE L'AURA PAS DÉNONCÉ A LA JUSTICE (C. civ. 728).

62. L'indignité est une cause d'exclusion tant à l'égard de l'héritier du sang que de l'enfant naturel, de l'époux survivant et de tout légataire (Delvincourt; Toullier; Favard; Duranton).

63. Les causes d'indignité sont expressément déterminées par la loi, elles ne peuvent être étendues par analogie d'un cas à un autre. Ces causes sont au nombre de trois :

64. 1° CONDAMNATION POUR AVOIR DONNÉ OU TENTÉ DE DONNER LA MORT. Il faut qu'une condamnation soit intervenue, c.-à-d. il faut que la justice criminelle ait été saisie et qu'elle ait prononcé la culpabilité de l'héritier *pour avoir donné ou tenté de donner la mort au défunt*. Toute autre condamnation, même infamante, pour coups et blessures, mutilations, tortures, séquestration de personne, vol avec circonstances aggravantes, n'emporte pas indignité, car la loi ne l'a pas déclaré; et l'on doit être d'autant plus rigoureux dans l'application du principe qu'elle pose qu'aux termes de l'art. 730 (V. *inf.* n.85.), ce n'est pas seulement l'indigne lui-même qui se trouve frappé d'exclusion, mais aussi ses enfants qui ne peuvent plus venir à aucune succession de son chef par droit de représentation.

65. Du principe posé, il résulte que si l'héritier présomptif qui a été poursuivi pour avoir donné ou tenté de donner la mort au défunt est décédé lui-même pendant l'instruction, la poursuite criminelle se trouvant éteinte, il n'est plus possible de se prévaloir contre ses héritiers de l'indignité qui ne pouvait résulter que de la condamnation. On ne sera donc pas admis à établir au civil par la preuve testimoniale qu'en effet il était l'auteur du meurtre, afin de le faire déclarer indigne, encore qu'une pareille action soit autorisée contre les héritiers du prévenu décédé pendant l'instruction pour obtenir les dommages-intérêts auxquels pouvait l'exposer le fait qui lui était reproché (C. J[al]. Pal.).

66. On ne peut exclure de la succession celui qui a été condamné par contumace pour avoir donné la mort au défunt, s'il est lui-même décédé dans les cinq années de grâce (Duranton, 6, 100). En effet, lorsque le condamné meurt dans les cinq années de grâce à partir de l'exécution du jugement par effigie, il est réputé mort dans l'intégrité de ses droits, conséquemment on ne peut opposer à ses héritiers les dispositions d'une condamnation qui a eu lieu sans un débat contradictoire avec l'accusé, lequel a pu juger à propos de ne se point présenter n'étant point à même de fournir ou critiquer les preuves qui se rattachaient à l'accusation portée contre lui.

67. Lorsque l'homicide a été involontaire, il n'en résulte pas une cause d'indignité contre l'héritier présomptif, qui n'en est pas moins admis à succéder à la personne homicidée (Chabot; Toullier; Duranton; Favard; Vazeille).

68. Le même principe est applicable dans le cas où l'homicide serait excusable aux termes des art. 321, 322 et 324 du C. pén. (Chabot; Duranton. — *Contrà*, Merlin, Favard, Vazeille, Malpel). — La difficulté sur cette dernière question provient de ce que la question d'excuse étant posée après la question de culpabilité, il n'en reste pas moins une décision du jury qui déclare le prévenu coupable d'avoir donné ou tenté de donner la mort au défunt, et une condamnation laquelle est alors réduite aux proportions d'une peine correctionnelle. Mais cette condamnation n'est certainement pas celle entendue par l'art. 727 précité du C. civ. (C. J[al]. Pal.).

69. La disposition de l'art. 727 est d'ordre public et il n'est pas permis d'y déroger par des conventions ou des actes. Ainsi, la personne lésée ne peut elle-même, en pardonnant l'offense, relever de l'indignité celui qui se trouve frappé d'incapacité par la loi. De même, les lettres de grâce et la prescription de la peine ne peuvent pas non plus relever de l'indignité (Chabot; Toullier; Duranton; Vazeille; Malpel).

70. 2° ACCUSATION CAPITALE JUGÉE CALOMNIEUSE PORTÉE CONTRE LE DÉFUNT. Par *accusation capitale* on doit entendre celle qui aurait pour conséquence d'entraîner l'application d'une peine emportant mort naturelle ou civile (Toullier; Maleville; Duranton; Vazeille; Malpel; — *Contrà* : Chabot; Delvincourt; Favard, en ce sens que l'application d'une peine simplement infamante suffirait pour établir l'indignité).

71. Du reste, on doit appliquer à ce cas d'indignité les principes ci-dessus développés pour le premier cas d'indignité.

72. 3° DÉFAUT DE DÉNONCIATION A LA JUSTICE DU MEURTRE DU DÉFUNT. Ainsi, pour le majeur, c'est un devoir rigoureux que la loi impose de dénoncer le meurtre du défunt dont il recueille la succession; car, en profitant du crime sans dénoncer le meurtrier, il se rend en quelque sorte complice direct du meurtre (C. J[al]. Pal.).

73. Mais le mineur qui, après avoir recueilli la succession en minorité, ne dénoncerait pas à la justice, quand il a atteint sa majorité, le meurtre du défunt dont il a eu connaissance étant mineur, ne peut être déclaré indigne; ce serait donner à la loi une extension qu'elle ne comporte pas (C. J[al]. Pal. — *Contrà*, Duranton).

74. *Le défaut de dénonciation ne peut être opposé aux ascendants et descendants du meurtrier, ni à ses alliés au même degré, ni à son époux ou à son épouse, ni à ses frères ou sœurs, ni à ses oncles et tantes, ni à ses neveux et nièces* (C. civ. 728).

75. On ne doit étendre les exceptions à nul autre qu'aux dénommés en cet article. Toutefois, on doit comprendre dans l'ascendance ou descendance directe, et les enfants naturels, et les enfants adoptifs et les enfants incestueux et adultérins, en ce sens qu'ils ne seront pas tenus de faire la dénonciation, ni contre leur aïeul naturel ou adoptif, ni contre leurs frères ou sœurs, oncles ou tantes, neveux ou nièces dans l'ordre de la nature, bien que la loi ne reconnaisse pas entre eux le lien civil (C. J[al]. Pal.)

76. De même, les alliés du meurtrier au degré de frère ou de sœur, d'oncle ou de tante, de neveu ou nièce, ne peuvent être déclarés indignes pour défaut de dénonciation du meurtre dont ils étaient instruits (Chabot; Vazeille).

77. Les causes d'indignité devant être appréciées et jugées, l'héritier présomptif qui se trouve dans l'un des cas d'exclusion déterminés par la loi n'en est pas moins saisi aux termes de l'art. 724 du C. civ. comme héritier légitime des biens, droits et actions du défunt auquel il succède; il peut donc se mettre lui-même en possession des biens ou demander l'envoi en possession lorsque cette formalité est exigée, mais sauf restitution, si l'on vient à faire déclarer l'indignité.

78. L'action en déclaration d'indignité étant toute personnelle ne sera recevable que de la part du cohéritier y ayant intérêt; ainsi, les héritiers de la ligne paternelle ne pourront faire exclure de la succession comme indigne l'héritier de la ligne maternelle qui entre avec eux en partage, s'il existe d'autres héritiers maternels capables de recueillir la succession à défaut de celui qu'ils voudraient faire déclarer indigne.

79. Egalement, les créanciers de l'appelé à la succession

ne pourront provoquer la déclaration d'indignité lorsque celui-ci gardera le silence (C. civ. 1166; Chabot. — *Contrà*, Vazeille) — ou bien lorsque l'appelé aura déclaré renoncer à son action (Duranton).

80. Il a été toutefois décidé que le cohéritier qui a seul formé une action en indignité doit seul en recueillir le bénéfice. A son égard, l'action est indivisible dans ses effets, quoique divisible dans son exercice. — Néanmoins, si l'action en indignité a été écartée à l'égard de l'un de ses cohéritiers, il ne profite pas de la part que ce cohéritier eût obtenue au cas de succès; cette part profite à l'adversaire contre qui l'action en indignité était exercée (Cass. 14 déc. 1813).

Art. 3. DES EFFETS DE L'INDIGNITÉ.

81. *L'héritier exclus de la succession pour cause d'indignité est tenu de rendre compte de tous les fruits et revenus dont il a eu la jouissance depuis l'ouverture de la succession* (C. civ. 729).

82. Cette restitution n'est due que du jour de la demande (Toullier; Malpel; Dalloz). — Il ne peut s'en affranchir par la prescription de cinq ans, n'étant point possesseur de bonne foi (C. civ. 2277; Chabot; Delvincourt; Duranton; Vazeille).-V. note 50. — Mais il pourra invoquer la prescription qui couvre tous les vices de la possession (V. note 22), et, dans ce cas, l'indignité elle-même se trouvera prescrite (V. note 28), c'était aux parties intéressées à agir en temps utile (C. J^{al}. Pal.).

83. La déclaration d'indignité a pour effet de dessaisir l'indigne de la succession *ab initio*, en sorte qu'il doit être considéré comme n'ayant jamais eu le titre d'héritier. C'est pour cela que tous les droits et actions qui s'étaient momentanément éteints par confusion par suite de la réunion en sa personne de son titre d'héritier et de ses droits personnels, se trouvent revivre (Toullier, 4, 116).

84. Toutefois l'indigne, tant qu'il demeure saisi, ayant tous les droits de l'héritier apparent (V. *sup.* n. 20), et même plus de droits encore puisqu'il a en sa faveur un titre certain qui sera même définitif s'il n'est point attaqué, c'est aux ayants-droit à s'imputer de n'avoir point immédiatement intenté leur action. Par conséquent, l'indignité n'entraîne pas la révocation des hypothèques et aliénations à titre onéreux consenties par l'indigne à des tiers de bonne foi avant le jugement qui déclare l'indignité; mais elle entraîne la révocation des dispositions qu'il aurait faites à titre gratuit (Chabot; Toullier; Duranton; Merlin; Malpel).

85. *Les enfants de l'indigne, venant à la succession de leur chef, et sans le secours de la représentation, ne sont pas exclus pour la faute de leur père; mais celui-ci ne peut, en aucun cas, réclamer, sur les biens de cette succession, l'usufruit que la loi accorde aux pères et mères sur les biens de leurs enfants* (C. civ. 730).

86. Il résulte de cette disposition que si les enfants de l'indigne ne peuvent prétendre à la succession que par représentation et comme exerçant les droits de leur père, ils seront écartés, par exemple, s'ils se trouvent en concours avec leur oncle ou leur tante (Duranton, 3, 131).

Pour la *jouissance légale*, V. la note 144.

§ 3. DES DROITS ET ACTIONS ATTACHÉS A LA QUALITÉ D'HÉRITIER.

87. *Les héritiers légitimes sont saisis de plein droit des biens, droits et actions du défunt, sous l'obligation d'acquitter toutes les charges de la succession* (C. civ. 724).

88. Cet article ne fait que reproduire l'ancienne maxime « *le mort saisit le vif* », et il nous amène à considérer ces droits et actions sous deux rapports : *activement* et *passivement*.

Art. 1. DES DROITS ACTIFS QUI PEUVENT ÊTRE EXERCÉS PAR L'HÉRITIER.

89. De ce que les héritiers sont saisis de plein droit des droits et actions du défunt, il en résulte des effets *actifs* en leur faveur.

90. Mais pour qu'ils en aient l'exercice, il faut que ces droits n'aient point été éteints par la mort du défunt, car il y en a qui sont attachés à la personne et qui finissent avec elle, tels sont : les droits d'usufruit, d'usage et d'habitation ; le droit d'un donateur de révoquer la donation pour cause d'ingratitude; celui du mari d'intenter contre sa femme l'action d'adultère; celui de tout citoyen de se pourvoir en réparation d'injures.

91. Mais la disposition par laquelle un testateur aurait défendu à son héritier d'agir contre *Pierre*, son débiteur, en paiement d'une dette, n'aurait pas pour effet d'éteindre cette dette à l'égard de l'héritier de ce dernier (L. 8, D. *de liberat.*).

92. Celui qui doit garantir ne peut évincer. — Ainsi, lorsque des héritiers ont, dans un acte de vente, reconnu un tiers pour leur cohéritier, et que ce tiers a vendu conjointement avec eux sa portion indivise dans l'immeuble au même acquéreur, s'il arrive que plus tard ces héritiers fassent juger que le tiers n'avait réellement aucun droit sur la succession, ils ne peuvent exercer une action en éviction pour la part vendue par ce dernier, en ce qu'ils sont garants des suites de leur reconnaissance (C. civ. 1382; Cass. 24 janv. 1826).

93. Et même l'héritier des garants pour une partie seulement est passible en totalité de l'exception de garantie, lorsque c'est lui qui poursuit. En ce cas, la garantie est indivisible (Riom, 13 déc. 1809; Cass. 5 janv. 1815 et 11 août 1830). — V. *inf.* n. 96.

94. Un cohéritier est non-recevable à attaquer, comme faite en fraude de ses droits, la vente consentie par son cohéritier sans sa participation d'un immeuble dépendant de la succession à partager, lorsqu'il a connu la vente, et l'a en quelque sorte exécutée; par exemple, lorsqu'il a poursuivi lui-même l'effet d'une délégation faite à son profit dans le contrat. Une telle approbatian ou ratification de la vente a l'effet d'un acquiescement, et ne peut être détruite par des réserves ou protestations contraires (C. civ. 1338; Cass. 28 juill. 1829). — V. note 51, n. 19.

95. Chaque ayant-droit dans une succession ou dans une communauté peut, même avant tout partage, poursuivre pour sa part et portion le paiement des créances dues à la succession ou à la communauté. Vainement les débiteurs poursuivis diraient que le partage seul déterminera quels seront les droits respectifs des cohéritiers ou communistes sur ces créances (C. civ. 883; 1476; Bourges, 6 août 1828; Paris, 19 janv. 1831 — *Contrà*, Bourges, 14 janv. 1831).

96. Cependant il a été jugé que lorsqu'une succession est échue à plusieurs, l'un d'eux ne peut, sans l'assistance des autres, ou du moins sans les mettre en cause, demander,

pour défaut de paiement du prix, la résolution d'une vente qui aurait été consentie par le défunt (C. civ. 883, 1223, 1670; Cass. 6 mai 1829). — V. *sup.* n. 93.

ART. 2. DES DROITS PASSIFS QUI PEUVENT ÊTRE EXERCÉS CONTRE L'HÉRITIER. — DES TITRES EXÉCUTOIRES CONTRE LE DÉFUNT.

97. Les effets *passifs* de la qualité d'héritier sont les obligations de payer les dettes contractées par le défunt, de faire délivrance des legs universels ou particuliers, de supporter ou d'acquitter les dispositions contractuelles d'usufruit ou autres, en un mot *d'acquitter toutes les charges de la succession* (V. *sup.* n. 87).

98. Pour pouvoir actionner en justice l'héritier appelé par la loi à une succession, il n'est pas nécessaire de prouver que cet héritier a accepté. Il suffit que l'héritier ne prouve point avoir renoncé (Cass. 21 flor. an X; -*Contrà*, Liége, 4 janv. 1812) — *V. note* 62, *n.* 8.

99. De ce que des héritiers présomptifs ont promis à leur auteur d'exécuter les dispositions qu'il ferait verbalement, et de ce que, satisfait de cette promesse, leur auteur n'a point consigné cette promesse par écrit, il ne s'ensuit pas que les héritiers puissent être contraints, soit à tenir leur promesse, soit à payer le montant des libéralités, par forme de dommages-intérêts (Cass. 18 janv. 1813).

100. *Les titres exécutoires contre le défunt sont pareillement exécutoires contre l'héritier personnellement; et néanmoins les créanciers ne pourront en poursuivre l'exécution que huit jours après la signification de ces titres à la personne ou au domicile de l'héritier* (C. civ. 877).

101. Cet article est applicable même au cas d'une succession ouverte avant le Code civil (Paris, 9 mess. an XI).

102. Mais il n'est pas applicable au cas où les titres ont été rendus exécutoires contre les héritiers eux-mêmes (Bruxelles, 15 mess. an XIII), — ni lorsqu'on agit contre l'héritier par voie d'action simple par suite d'un titre exécutoire, par exemple, si on lui demande le remboursement du capital d'une rente foncière faute de paiement (Paris, 29 déc. 1814; Rennes, 22 nov. 1816).

103. Peut-on obtenir deux titres exécutoires contre le même individu? — V. à ce sujet la note 28, n. 185.

104. De ce que l'héritier ne peut être contraint à prendre qualité pendant les délais que l'art. 795 du C. civ. lui donne pour délibérer, il ne s'ensuit pas qu'il soit défendu de lui faire la signification du titre (Paris, 29 déc. 1814; Duranton, 7, 458). — Toutefois, on ne peut saisir-arrêter contre lui que huit jours après la signification faite à personne ou domicile (Roger, 156).

105. La signification de titre prescrite avant toute exécution ne peut être suppléée par la connaissance que l'héritier a eue du titre par une autre voie (Pau, 5 sept. 1829; — *Contrà*, Angers, 21 mars 1834).

106. Un simple commandement de payer ne doit point être considéré comme un acte d'exécution dans le sens de l'art. 877 précité du C. civ.; d'où il suit qu'un tel commandement est valablement fait dans le délai prescrit par cet article, et en même temps que la signification du titre à l'héritier, pourvu que les poursuites n'aient lieu que huit jours après. Le commandement dans ce cas est interruptif de prescription (Cass. 22 mars 1832; Angers, 21 mars 1834; Rouen, 9 av. 1834). — Mais il n'en serait point ainsi d'un commandement tendant à saisie-immobilière qui fait partie de la procédure même de saisie et qui, par conséquent, doit être considéré comme un acte d'exécution; dans ce cas, il faut une signification de titre huit jours avant le commandement et une notification utile du commandement conformément à l'art. 875 du C. de proc. civ. (Bruxelles, 10 mai 1810; Rennes, 5 juill. 1817; Cass. 3 août 1825; Grenoble, 22 juin 1826; Pau, 5 sept. 1829; Bastia, 12 fév. 1833; Colmar, 11 mars 1833; Paris, 19 av. 1839).

107. V. *signification*, note 20; *créanciers*, note 25; *actions*, note 28, ch. 2; *acte d'héritier et acte conservatoire*, note 54; *grosse*, note 64, n. 69; *mutation par décès*, note 192.

Chap. 2. DE L'ABSENCE.

108. Dans le langage de la loi, le mot *absent* prend diverses significations, sur lesquelles il est nécessaire d'être bien fixé. Il s'emploie d'abord dans le sens usuel pour exprimer celui qui n'est pas présent à son domicile; mais il sert, en outre, à désigner plus particulièrement celui dont on ignore le sort parce qu'il a disparu de son domicile, sans que l'on puisse savoir ce qu'il est devenu (Delvincourt; Toullier; Proudhon; Duranton; Merlin).

109. Alors s'élève la question de savoir s'il est encore vivant ou s'il est décédé, et, tant que cette incertitude règne, les parties intéressées se trouvent en présence de deux présomptions qui se combattent : *présomption de vie*, qui exige que les biens, droits et actions restent dans les mains et sous le nom de l'absent; *présomption de mort*, dont les héritiers présomptifs peuvent exciper pour se faire remettre les biens, droits et actions de l'absent présumé, à titre héréditaire.

110. Naturellement, la *présomption de vie* a plus de force dans les premiers temps qui suivent la disparition de l'absent, mais peu à peu elle s'affaiblit de jour en jour, en sorte que chaque période de temps qui s'écoule sans rapporter des nouvelles de l'absent ou donner le moindre indice sur ce qu'il est devenu, vient ajouter à la *présomption de mort* une force nouvelle, jusqu'à ce que par le laps de temps lui-même qui se sera écoulé cette présomption de mort vienne à se changer en une certitude complète (C. Jal Pal.).

§ 1. DE LA PRÉSOMPTION D'ABSENCE.

111. *S'il y a* NÉCESSITÉ *de pourvoir à l'administration de tout ou partie des biens laissés par une personne présumée absente, et qui n'a point de* PROCUREUR *fondé, il y sera statué par le* TRIBUNAL DE PREMIÈRE INSTANCE, *sur la demande des* PARTIES INTÉRESSÉES (C. civ. 112).

112. NÉCESSITÉ. Il y a lieu à l'application de cet article, toutes les fois que les intérêts d'une personne non présente se trouvent tellement en souffrance, que des réclamations s'élèvent. En effet, c'est alors seulement que se fait sentir la nécessité de mêler un tiers à la gestion des affaires d'autrui.

113. PROCUREUR FONDÉ. Si l'absent a laissé une procuration dont l'effet vient à cesser par suite de la mort naturelle ou civile du mandataire ou par toute autre cause, il y a lieu de pourvoir aux mesures conservatrices prescrites par cet article et les deux suivants (Biret, p. 5). — V. note 80.

114. Il doit en être de même, si les intérêts de l'absent

se trouvent en opposition avec ceux du fondé de pouvoir (Metz, 15 mars 1823).

115. Lorsque l'absent a laissé un fondé de pouvoir pour administrer une succession qui lui est échue avant son éloignement, il n'est pas nécessaire de nommer un Notaire pour le représenter au partage; le mandataire peut même introduire en justice la demande en partage (Bruxelles, 13 mai 1817; Demante; Talandier).

116. Mais les parties intéressées peuvent demander aux Tribunaux la révocation du mandat donné par l'absent, si le mandataire en abuse (Biret, p. 110).

117. Tribunal de première instance. C'est au Tribunal du domicile de la personne présumée absente, que doit être jugée la question de présomption d'absence; les Tribunaux de la situation des biens ne sont saisis ensuite que de la question de savoir s'il y a nécessité de pourvoir à l'administration des biens situés dans leur ressort, et de désigner un Notaire aux termes de l'art. 113 du C. civ. (Limoges, 15 fév. 1816; Toullier, 1, 390; Duranton, 1, 404; Talandier; Plasman).

118. Parties intéressées. On doit entendre par ces mots les héritiers présomptifs, les donataires ou légataires, les créanciers, associés ou communistes, les enfants de l'absent, son conjoint sous tous les régimes, et ses ascendants, bien que ces derniers ne soient pas héritiers présomptifs (Biret; Talandier; Loret; Demoly; Carré; Favard; Coulon; Plasman; Demante; Duranton; Delvincourt). — V. *inf.* n. 143.

119. Le curateur nommé pour représenter le présumé absent, a qualité pour exercer toutes les actions que l'absent pourrait exercer lui-même. Ainsi, il peut demander par voie d'exception, la nullité de la vente des biens qui doivent entrer dans le partage, et il peut aussi attaquer les ventes consenties en minorité par l'absent qu'il représente (Bourges, 30 août 1819).

120. Il a aussi qualité pour ester en justice, interjeter appel et plaider sur cet appel au nom de l'absent (Caen, 24 juill. 1811; Cass. 25 août 1814).

121. L'administration des biens peut être donnée à tous autres qu'un Notaire (Cass. 8 av. 1812; Locré; Proudhon; Toullier; Duranton).

122. Celui qui est actionné par le curateur ou le représentant d'un absent régulièrement nommé par justice, n'est pas recevable à critiquer la qualité de celui qui agit au nom de l'absent. Ainsi, il ne peut prétendre que l'absent ayant laissé un mandataire, c'est à ce mandataire qu'il appartient d'agir (Cass. 6 nov. 1828), et il ne peut attaquer la validité du pouvoir qui a été donné par l'absent (Rennes, 13 janv. 1819). Cependant, si le débiteur du présumé absent soutient que le curateur n'offre pas une responsabilité suffisante, les juges peuvent soumettre le curateur à donner caution (Bruxelles, 3 juin 1819).

123. Au surplus, le curateur à l'absence, représente tous les héritiers de l'absent, tellement qu'ils n'ont pas qualité pour former tierce-opposition au jugement rendu contre lui (Cass. 12 août 1824).

124. Toutefois, tant que l'existence d'un héritier absent n'est pas constatée, le curateur n'a pas qualité pour attaquer un testament laissé par le défunt, soit qu'il y ait absence présumée ou déclarée (Colmar, 24 déc. 1816).

125. Du reste, les créanciers du présumé absent peuvent rester en cause comme exerçant les droits de leur débiteur nonobstant la présence de l'administrateur des biens (Cass. 8 av. 1812).

126. Mais les pouvoirs de l'administrateur provisoire cessent de plein droit par l'effet du jugement qui a ordonné l'envoi en possession provisoire au profit des héritiers présomptifs.

127. Le curateur ne doit pas tenir compte des intérêts à moins qu'il n'ait fait emploi des sommes par lui touchées, pour son usage personnel. Il a droit à des frais de gestion (Cass. 24 juill. 1832; — Colmar, 24 août 1841).

128. *Le tribunal, à la requête de la partie la plus diligente, commettra un notaire pour représenter les présumés absents, dans les inventaires, comptes, partages et liquidations dans lesquels ils seront intéressés* (C. civ. 113).

129. Le principe posé en l'art. 112 qui précède, est appliqué ici à l'opération d'un partage et, en général, de toute liquidation de compte; du reste, la disposition de l'art. 113 est parfaitement distincte de la précédente, car il peut y avoir tout-à-la fois un curateur pour l'administration générale des biens, et un Notaire pour les inventaires, comptes, partages et liquidations; comme aussi le Notaire peut être lui-même choisi par le Tribunal pour être administrateur général des biens ou curateur à l'absence, mais alors ce n'est plus en vertu de l'art. 113 qu'il exerce la gestion, mais en vertu de l'art. 112. Le mandat donné par Justice au Notaire, est, en effet, un mandat spécial pour les opérations déterminées par l'art. 113, et non un mandat général qui autorise le Notaire à gérer toutes les affaires du présumé absent. Ainsi donc, si le mandataire s'est emparé de cette gestion, il est tenu de toutes les obligations du *negotiorum gestor*, et ses actes doivent être appréciées d'après les règles relatives aux quasi-contrats qui imposent au gérant volontaire l'obligation d'agir en bon père de famille (Limoges, 19 mars 1823). — V. note 26, n. 180 et s.

130. Le Notaire est d'ailleurs responsable des fautes lourdes qu'il commet dans l'exécution de la mission qui lui est confiée en exécution de l'art. 113 (Paris, 7 nov. 1839). — Ainsi, en principe, les pouvoirs du Notaire sont expressément délimités, et le Notaire n'aurait point action pour provoquer (Bruxelles, 8 avr. 1813; Merlin; Duranton; Biret).

131. Le Notaire commis par justice en vertu des art 112 et 113, ne peut plus instrumenter pour faire les actes qui intéressent l'absent (Merlin; Duranton; Roll. de V.).— V. note 2, n. 42. — Même comme Notaire en second (Duranton).

132. Il n'y a lieu de nommer un Notaire pour représenter les présumés absents qu'autant que l'absence est constatée ou présumée, mais si l'existence des intéressés ou supposés tels n'est pas reconnue, on ne peut donner un représentant à des personnes qui sont censées ne plus exister (Paris, 27 mai 1808; Turin, 13 juin 1808; Bruxelles, 20 juill. 1808; Rennes, 9 avr. 1810; Bordeaux, 16 mai 1832 et 16 déc. 1835). Ainsi, il n'y a lieu à l'application de l'art. 113, que dans le cas où il s'agit d'une succession échue au presumé absent au jour de sa disparition (Bordeaux, 16 mai 1832). — V. *inf.* n. 232 et 236.

V. *Curateur*, note 66, n. 26 et suiv.

133. *Le ministère public est spécialement chargé de veiller*

aux intérêts des personnes présumées absentes; et il sera entendu sur toutes les demandes qui les concernent (C. civ. 114).

134. D'où il suit que le ministère public a qualité : 1° pour faire nommer un administrateur, un curateur ou un Notaire, à l'effet de représenter la personne présumée absente, alors même qu'elle a laissé une procuration, s'il croit cette mesure nécessaire; et il peut appeler du jugement qui rejette sa demande (Cass. 8 avr. 1812; Metz, 15 mars 1823). — Lors même que le fondé de pouvoir a des intérêts contraires à ceux de son mandant (Metz, 15 mars 1823).

135. 2° Pour requérir que les sommes dues à un présumé absent soient consignées dans un dépôt public (Bruxelles, 26 av. 1821).

136. 3° Pour prouver que le mandataire est insolvable, et c'est à lui de fournir cette preuve (Agen, 14 mars 1811).

137. 4° Pour demander, par voie d'appel incident, que le légataire qui a obtenu l'envoi en possession provisoire soit tenu de fournir caution (Toulouse, 24 mars 1836).

138. 5° Pour faire nommer à l'absent un curateur *ad-hoc* pour exercer ses droits, c.-à-d. pour le représenter dans un ordre où ils sont en péril, lorsque celui qui a obtenu l'envoi en possession provisoire n'agit pas (Colmar, 14 juill. 1837).

139. La communication au ministère public est de rigueur (Rennes, 24 déc. 1811; — Merlin, *quest.*, v° *Conclusions*).

140. Mais les dépens de l'instance sont toujours à la charge de l'absent, lorsque c'est le ministère public qui agit (Duranton, 1, 407).

§ 2. De la déclaration d'absence.

141. *Lorsqu'une personne aura cessé de paraître au lieu de son domicile ou de sa résidence, et que* DEPUIS QUATRE ANS *on n'en aura point eu de nouvelles, les* PARTIES INTÉRESSÉES *pourront se pourvoir devant le* TRIBUNAL DE PREMIÈRE INSTANCE, *afin que l'absence soit déclarée* (C. civ. 115).

142. DEPUIS QUATRE ANS. Ce délai de quatre ans doit courir du jour où les dernières nouvelles ont été données, et non du jour où elles ont été reçues (Maleville, — *Contrà*, Delvincourt, 1, 45).

143. PARTIES INTÉRESSÉES. Les intéressés à faire déclarer l'absence sont tous ceux qui ont un intérêt non-seulement né et actuel, mais encore éventuel et subordonné au décès du présumé absent (Delvincourt; Toullier; Duranton). — V. *sup.* n. 118.

144. Mais les créanciers de l'absent ne le peuvent : ils n'ont pour la déclaration d'absence, ni intérêt né et actuel, ni intérêt éventuel; le droit qui leur appartient de faire nommer un curateur à l'absence, suffit pour qu'ils puissent exercer leur action sur les biens de l'absent, et ils peuvent d'ailleurs de leur chef aux termes de l'art. 1166 du C. civ. exercer directement toutes les actions qui appartiennent au présumé absent (Delvincourt; Proudhon; Toullier; Merlin; Duranton; Biret; Locré, Zachariæ. — *Contrà*, Demoly, Maleville, Plasman).

145. Les créanciers de l'héritier présomptif de l'absent n'ont pas le droit non plus de requérir de son chef la déclaration d'absence ou l'envoi en possession des biens. C'est-là un droit qui doit être considéré comme étant exclusivement attaché à la personne (C. civ. 1661; Metz, 15 fév. 1821, et 7 août 1823; Colmar, 30 août 1837; Toullier; Duranton; Merlin; Delvincourt; Locré; — *Contrà*, Colmar, 26 juin 1823; Demoly; Talandier).

146. Toutefois, on peut stipuler sur la succession d'un présumé absent, ce n'est pas stipuler sur une succession future (Cass. 3 août 1829). Et alors le cessionnaire a le droit de poursuivre la déclaration d'absence et l'envoi en possession provisoire pour arriver à l'envoi définitif (Bordeaux, 21 juin 1838).

147. TRIBUNAL DE PREMIÈRE INSTANCE. Le Tribunal compétent est celui du dernier domicile (Roll. de V.., v° *absent*). — V. note 3.

148. *Pour constater l'absence, le tribunal, d'après les pièces et documents produits, ordonnera qu'une enquête soit faite contradictoirement avec le procureur du roi, dans l'arrondissement du domicile, et dans celui de la résidence, s'ils sont distincts l'un de l'autre* (C. civ. 116).

149. Il ne s'agit point ici d'une enquête faite suivant les formes rigoureuses des art. 252 et suiv. du C. de proc. civ., et dans les délais qu'ils déterminent à peine de nullité, mais il n'en faut pas moins que les règles générales destinées à assurer la manifestation de la vérité soient observées (Delvincourt; Duranton; Demoly). Il est nécessaire surtout, que la forme employée donne toute assurance qu'il n'a rien négligé pour obtenir, s'il était possible, des renseignements sur le sort de l'absent; ainsi, l'enquête qui doit précéder la déclaration d'absence ne peut être faite sommairement à l'audience (Colmar, 16 therm. an XII; — Merlin; Pigeau; Toullier; Talandier).

150. Mais les témoins peuvent être entendus en tout lieu (Locré; Demoly). — Et l'enquête peut, d'ailleurs, être toujours recommencée (Delvincourt; Duranton).

151. Le ministère public peut faire procéder à une contre-enquête (Proudhon).

V. *domicile* et *résidence*, note 3.

152. *Le tribunal, en statuant sur la demande, aura d'ailleurs égard aux motifs de l'absence, et aux causes qui ont pu empêcher d'avoir des nouvelles de l'individu présumé absent* (C. civ. 117).

153. *Le procureur du Roi enverra, aussitôt qu'ils seront rendus, les jugements tant préparatoires que définitifs, au ministre de la justice qui les rendra publics* (C. civ. 118).

154. *Le jugement de déclaration d'absence ne sera rendu qu'un an après le jugement qui aura ordonné l'enquête* (C. civ. 119.

155. Le jugement de déclaration d'absence ouvre un nouvel ordre de faits et crée des droits nouveaux; jusques-là, il n'existait qu'une simple présomption d'absence, mais rien n'établissait que l'on dût donner quelque valeur à la présomption de décès. — La déclaration d'absence, au contraire, rendue après enquête et un an après le jugement qui a ordonné l'enquête, établit déjà que des doutes graves s'élèvent sur l'existence de celui qui, mis ainsi en demeure de donner de ses nouvelles, n'a point répondu à l'appel qui lui était fait; la présomption de mort commence à prévaloir, et la première conséquence du jugement qui déclare l'absence, est d'autoriser les héritiers présomptifs de l'absent à demander à être envoyés en possession de ses biens, conformément à ce qui est prescrit par l'art. 120 du C. civ. (Delvincourt; Toullier; Maleville).

156. Le jugement rendu est sujet à appel, spécialement de la part du ministère public (Duranton, 1, 425).

157. Après le jugement rendu, l'état de l'absent déclaré est désormais fixé, et toutes les actions auxquelles son décès aurait pu donner ouverture, peuvent être éventuellement exercées, à moins que l'on ne découvre des faits nouveaux qui n'auraient pas été connus lors du jugement, comme l'existence d'une procuration ou la découverte de nouvelles qui auraient été reçues avant le jugement, circonstances qui seraient de nature à en détruire l'effet, aussi bien que la reparition de l'absent, ou la réception de nouvelles donnant la preuve de son existence (Roll. de V...). — Mais hors ces cas, la présomption de mort qui résulte du jugement de déclaration d'absence commence à produire tous ses effets; ainsi, l'action en pétition d'hérédité ou l'envoi en possession ne peuvent être demandés qu'après avoir fait constater la déclaration d'absence (Colmar, 16 therm. an XII; Rennes, 3 fév. 1815; Limoges, 15 fév. 1836).

158. Du reste, le jugement de déclaration d'absence ne porte aucune atteinte aux droits du curateur à l'absence ou du Notaire, nommés conformément aux art. 112 et 113 (V. *sup.* n. 111, 128), dont les fonctions ne cessent que par l'effet du jugement d'envoi en possession.

159. Mais il peut être statué par un seul et même jugement sur la demande en déclaration d'absence et sur l'envoi en possession provisoire des biens (Cass. 17 nov. 1808; Merlin; Toullier; Carré; Duranton).

§ 3. Des effets de l'absence.

Art. 1. De l'envoi en possession provisoire ou définitif.

160. *Dans le cas où l'absent n'aurait point laissé de procuration pour l'administration de ses biens,* SES HÉRITIERS PRÉSOMPTIFS *au jour de sa disparition ou de ses dernières nouvelles, pourront, en vertu du jugement définitif qui aura déclaré l'absence, se faire* ENVOYER EN POSSESSION PROVISOIRE *des biens qui appartenaient à l'absent au jour de son départ ou de ses dernières nouvelles, à la charge de donner* CAUTION *pour la sûreté de leur administration* (C. civ. 120).

161. Héritiers présomptifs. Il faut, pour déterminer quels sont ces héritiers, se reporter toujours aux faits résultant de l'enquête et du jugement de déclaration d'absence : de sorte que c'est au juge, (lequel étant maître du genre de preuve qui doit être admis, peut s'en rapporter à un simple acte de notoriété (Cass. 14 nov. 1811 ; Merlin), qu'il appartient de désigner le jour auquel doit être fixé la disparition de l'absent, et qui est provisoirement considéré comme pouvant être le jour de son décès. Il ne reste plus alors qu'à rechercher quel était ce jour-là ses héritiers légitimes, car ce sont ces héritiers qui seuls ont le droit de demander l'envoi en possession (Trèves, 28 déc. 1812; Toullier, 1, 422; Proudhon, 1, 154; Duranton, 1, 439).—Et alors le nouvel héritier qui prétend revendiquer l'envoi en possession est tenu, aux termes de l'art. 136 (V. *inf.* n. 236) de prouver l'existence de l'absent au moment où son droit personnel se serait ouvert (Trèves, 28 déc. 1812).

162. Envoi en possession provisoire. Le droit de demander l'envoi en possession provisoire est un droit acquis au présomptif héritier et fait partie de sa succession. Il peut être exercé par ses propres héritiers ou légataires (Bourges, 3 fruct. an XII, 2 mars 1831; Paris, 11 fév. 1813; Plasman); - et par le cessionnaire des droits héréditaires (Colmar, 30 août 1837; — Bordeaux, 21 juin 1838).

163. Les biens recueillis par l'héritier présomptif à la suite de l'envoi en possession provisoire font partie de sa succession. Ainsi, non-seulement ces biens se partagent entre ses propres héritiers, qui les possèdent sous la même condition qu'il les possédait lui-même (Turin, 5 mai 1810; Angers, 28 août 1828; Duranton; Roll. de V...) : — Mais encore, il peut transmettre cette possession à un légataire (Turin, *Ibid.*; Angers, *Ibid.*).

164. Celui des présomptifs héritiers de l'absent qui n'a pas été partie en cause n'en participe pas moins au bénéfice du jugement, il lui suffit pour cela de faire reconnaître sa qualité par voie principale (Colmar, 12 août 1814; Bourges, 2 mars 1831); — Et il n'est pas tenu de former tierce-opposition (Colmar et Bourges, *Ibid.*; Paris, 18 mars 1831; Cass. 3 déc. 1834).

165. Quant aux créanciers de l'absent ils ne sont pas recevables à former tierce-opposition au jugement qui ordonne l'envoi en possession provisoire (Grenoble, 15 fév. 1815.)

166. Des enfants qui se prétendent issus du mariage contracté par l'absent depuis ses dernières nouvelles doivent se pourvoir par action principale pour faire reconnaître leur filiation. Jusques-là ils sont sans qualité pour s'opposer à l'envoi en possession provisoire des biens au profit des héritiers collatéraux au jour des dernières nouvelles (Paris 18 mars 1831 ; Cass. 3 déc. 1834).

167. Caution. L'enfant naturel ne peut demander l'envoi en possession provisoire de la portion qui lui est dévolue par la loi dans les biens de son père absent sans donner caution (Agen, 16 avr. 1822). — Et les héritiers lui doivent la restitution de la totalité des fruits, sauf à l'enfant naturel à en tenir compte à l'absent, lorsqu'il se représentera. Il n'y a pas lieu dans ce cas à retenir une part des revenus conformément à l'art. 127 du C. civ. rapporté *inf.* n. 198 (Agen, *ibid.*).

168. Les héritiers présomptifs ne sont tenus, après l'envoi en possession provisoire, des obligations solidaires contractées par l'absent que chacun pour leur part et portion (Paris, 29 mai 1811).

169. Les héritiers doivent payer les droits de mutation dans les six mois à compter de l'envoi en possession provisoire (Grenoble, 13 fév. 1815).

170. *Si l'absent a laissé une procuration, ses héritiers présomptifs ne pourront poursuivre la déclaration d'absence et l'envoi en possession provisoire, qu'après dix années révolues depuis sa disparition ou depuis ses dernières nouvelles* (C. civ. 121).

171. Celui qui, avant de s'éloigner de son domicile, a donné une procuration nécessaire pour que ses intérêts ne demeurent point abandonnés et ses droits en péril, a pu se croire dispensé de donner de ses nouvelles. La présomption de vie a alors plus de force; et la présomption de mort ne peut prévaloir contre la volonté de l'homme.

172. Mais, d'après l'article précité, il s'agit d'une procuration générale, car une procuration spéciale laissée pour une affaire déterminée ne pourrait mettre obstacle, ni à la nomination d'un curateur à l'absence, ni à la désignation d'un Notaire conformément aux art. 112 et 113 pour les affaires auxquelles la procuration n'aurait pas pourvu.—(V. *sup.* n. 111, 128). — Toutefois, une procuration spéciale suffirait pour empêcher la demande en déclaration d'absence avant l'accomplissement de dix années (Toullier, 1, 424). Mais il faut pour cela que la procuration ait été

acceptée, car alors c'est comme s'il n'y avait pas de procuration, l'absence pourrait être déclarée et l'envoi en possession prononcé après les délais fixés par les art. 115 et suiv. du C. civ. (Biret).

173. Si la procuration générale fixait elle-même un temps plus long que dix ans, la présomption de la loi l'emporterait sur la volonté de l'homme, et son effet se réduirait à dix années (Maleville; Paris, 23 nov. 1811).

174. Aussitôt après que les dix années sont révolues, les parties intéressées peuvent requérir toutes les mesures conservatoires qui peuvent être jugées utiles pendant l'instance d'envoi en possession (Rennes, 1 août 1817).

175. Et si, après l'expiration des dix ans, le mandataire produit un testament qui le déclare légataire universel, il n'en doit pas moins être procédé conformément à l'art. 123 (V. *inf.* n. 178) à l'envoi en possession provisoire, sauf à lui à faire valoir ensuite les droits résultant du testament (Bordeaux, 21 août 1813).

176. *Il en sera de même si la procuration vient à cesser; et, dans ce cas, il sera pourvu à l'administration des biens de l'absent, comme il est dit au chap. 1 du présent titre.* (C. civ. 122). — V. *sup.* n. 111, 128 et 133.

177. Du jour où la procuration cesse, le droit des parties intéressées à agir est ouvert sans attendre l'expiration des dix ans, mais seulement pour qu'il soit pourvu à l'administration des biens de l'absent, conformément aux art. 112 et 113 du C. civ. (V. *sup.* n. 111, 128). — Quant à la déclaration d'absence, elle ne poura être poursuivie qu'après dix ans (Maleville; Duranton).

178. *Lorsque les héritiers présomptifs auront obtenu l'envoi en possession provisoire, le testament, s'il en existe un, sera ouvert à la réquisition des parties intéressées ou du procureur du Roi près le tribunal; et les légataires, les donataires, ainsi que tous ceux qui avaient, sur les biens de l'absent, des droits subordonnés à la condition de son décès pourront les exercer provisoirement, à la charge de donner caution* (C. civ. 123).

179. Suivant cet article, l'ouverture du testament est subordonnée à la condition que les héritiers présomptifs auront obtenu l'envoi en possession provisoire.

180. Mais les parties intéressées (légataires ou donataires) peuvent exercer leur droit après la déclaration d'absence par voie directe, sans même attendre que l'envoi en possession ait été demandé. Elles doivent se borner à demander la délivrance de leur don aux héritiers ou à l'administrateur légal (Orléans, 25 juin 1835). — Et si les héritiers n'ont pas demandé l'envoi en possession, elles sont dans l'obligation de faire nommer un administrateur ou curateur pour procéder contre lui (Orléans, *ibid.*).

181. Quant au légataire universel, il est toujours tenu de diriger sa demande contre l'héritier présomptif, il n'a pas droit de demander directement l'envoi en possession (Aix, 8 juill. 1807; Merlin; Delvincourt; Duranton; Talandier; Biret; — *Contrà*, en ce sens que le légataire universel a le droit de réclamer l'envoi en possession provisoire, même après qu'il a été ordonné au profit des héritiers du sang, Nîmes, 11 juill. 1809; Locré; Toullier).

182. Les héritiers présomptifs envoyés en possession provisoire des biens de l'absent, doivent à son légataire le rapport de la totalité des fruits à compter du jour de la demande en délivrance (Cass. 30 août 1820; Merlin).

183. Tous les gains de survie étant ouverts par l'envoi en possession, l'époux présent qui n'est pas commun en biens, peut alors exercer ses droits. — V. *inf.* n. 186.

184. L'obligation de donner caution est un principe général qui s'applique même à l'époux présent, et alors même qu'il en serait dispensé par le contrat de mariage (Maleville); — et au nu-propriétaire qui rentre par l'envoi en possession dans le bien dont l'absent avait l'usufruit (Delvincourt).

185. Quand une femme est envoyée en possession des biens d'un absent qui forment pour elle des paraphernaux, elle peut donner son mari pour caution (Limoges, 27 mai 1823).

186. *L'époux commun en biens, s'il opte pour la continuation de la communauté, pourra empêcher l'envoi provisoire, et l'exercice provisoire de tous les droits subordonnés à la condition du décès de l'absent, et prendre ou conserver, par préférence, l'administration des biens de l'absent. Si l'époux demande la dissolution provisoire de la communauté, il exercera ses reprises et tous ses droits légaux et conventionnels, à la charge de donner caution pour les choses susceptibles de restitution. — La femme, en optant pour la continuation de la communauté, conservera le droit d'y renoncer ensuite* (C. civ. 124).

187. D'après cet article, l'époux commun en biens resté au domicile conjugal est préféré aux héritiers présomptifs même pour les biens qui ne font pas partie de la communauté. Ainsi, le mari non-seulement conserve l'administration des biens de la communauté, mais il prend aussi l'administration des biens propres à sa femme absente et dont elle se serait réservée la gestion par son contrat de mariage. Il peut, en outre, demander la dissolution provisoire de la communauté pour exercer lui-même les droits de survie et arrêter la liquidation comme si le mariage était réellement dissous.

188. Mais cette disposition n'est admise qu'au seul cas de la communauté de biens. Ainsi, sous le régime de la communauté, si l'absence de l'un des époux est déclarée, ni les enfants, ni les héritiers, ni les légataires n'auront droit de réclamer la délivrance provisoire de la part de biens qui leur serait afférente en cas de décès de l'absent, lorsque l'époux présent aura opté pour la continuation de la communauté. Ils devront attendre pour exercer leurs droits héréditaires la dissolution effective et réelle du mariage, ou un changement de volonté de la part de l'époux présent qui, après avoir opté pour la continuation de la communauté, voudrait abandonner son droit et demander la dissolution provisoire.

189. Si c'est la femme qui déclare son option pour la continuation de la communauté, elle devient maîtresse de cette communauté, mais seulement comme simple administratrice, tellement qu'elle ne peut se livrer, soit pour ses biens propres, soit pour ceux de la communauté, aux actes qui excèdent les bornes d'une simple administration sans y être autorisée par justice, à défaut de son mari absent. Mais elle est quant aux droits appartenant à son mari, investie du pouvoir de le représenter dans tous les actes, sauf à se faire autoriser par justice pour tous les actes qu'elle ne peut faire sans cette autorisation.

190. La femme doit être autorisée par justice à faire son option et aucun délai ne lui est imposé à cet égard (Favard) : — et quand elle a opté, c'est contre elle que doivent être dirigées personnellement les actions qui concernent l'absent (Limoges, 28 av. 1812).

191. La femme qui opte peut exercer tous les droits échus à son mari dans les successions ouvertes avant sa disparition; mais pour les droits attachés aux successions ouvertes depuis, elle est tenue de rapporter la preuve de l'existence de son mari au moment où les droits se sont ouverts (C. civ. 135; Rennes, 2 av. 1827). — Toutefois, elle doit être admise à exercer provisoirement ses droits de survie sans être tenue de prouver le décès de son mari, même à l'égard des créanciers de ce dernier (Orléans, 25 juin 1835).

192. La femme pas plus que le mari ne sont dispensés de donner caution (Maleville; Toullier; Demoly; Talandier; Biret. — *Contrà*, Favard, Proudhon, Duranton).

193. *La possession provisoire ne sera qu'un dépôt qui donnera à ceux qui l'obtiendront l'administration des biens de l'absent, et qui les rendra comptables envers lui, en cas qu'il reparaisse ou qu'on ait de ses nouvelles* (C. civ. 125).

194. Tant que dure la possession provisoire, c'est la présomption que l'absent est encore en vie qui l'emporte, les possesseurs ne sont que de simples dépositaires ou séquestres qui doivent restitution aux maîtres ou aux véritables ayants-droits, et du fonds et des fruits. — Le compte est rendu dans les formes ordinaires à l'absent ou à son fondé de pouvoirs.

195. Cette administration étant assez semblable à celle de la tutelle, il en résulte que celui qui est envoyé en possession ne doit pas, relativement aux instances concernant les biens de l'absent, être condamné personnellement aux dépens (Toulouse, 8 juin 1831).

196. *Ceux qui auront obtenu l'envoi provisoire, ou l'époux qui aura opté pour la continuation de la communauté, devront faire procéder à l'inventaire du mobilier et des titres de l'absent, en présence du procureur du roi près le tribunal de première instance, ou d'un juge de paix requis par ledit procureur du roi. — Le tribunal ordonnera, s'il y a lieu, de vendre tout ou partie du mobilier. Dans le cas de vente, il sera fait emploi du prix ainsi que des fruits échus. — Ceux qui auront obtenu l'envoi provisoire pourront requérir, pour leur sûreté, qu'il soit procédé, par un expert nommé par le tribunal, à la visite des immeubles, à l'effet d'en constater l'état. Son rapport sera homologué en présence du procureur du Roi; les frais en seront pris sur les biens de l'absent* (C. civ. 126).

197. L'inventaire doit comprendre tous les biens, et, en cas de communauté, les biens qui la composent doivent également y être compris, quand même l'inventaire serait fait par le mari auquel appartient naturellement toute la communauté (Arg. C. civ. 1421), sauf à la femme à en demander le partage (Delvincourt; Duranton. — *Contrà*, Marcadé, en ce sens que quand c'est la femme qui est absente, le mari n'est pas obligé de faire l'inventaire de la communauté).

198. *Ceux qui par suite de l'envoi provisoire ou de l'administration légale, auront joui des biens de l'état, ne seront tenus de lui rendre que le cinquième des revenus s'il reparaît avant quinze ans révolus depuis le jour de sa disparition, et le dixième s'il ne reparaît qu'après les quinze ans. — Après trente ans d'absence, la totalité des revenus leur appartiendra* (C. civ. 127).

199. Ce n'est pas seulement à ceux qui ont joui des biens de l'absent en qualité d'envoyés en possession provisoire, mais encore à ceux qui en ont eu l'administration légale, que la loi réserve une partie des fruits (Cass. 29 déc. 1830).

200. Quand un cohéritier n'a point été partie au jugement d'envoi en possession provisoire, il n'en a pas moins droit au partage des fruits à partir du jour où il les demande (C. J[al]. Pal.).

201. C'est après 30 ans d'absence, à partir du jour du jugement de déclaration et non à partir du jour même de la disparition que la totalité des revenus appartient aux envoyés en possession (C. J[al]. Pal.; Marcadé).

202. Dans le cas où l'absent reparaît, l'attribution qui est faite d'une partie des revenus à ceux qui ont administré ses biens n'est qu'une juste rémunération des soins qu'ils leur ont donnés. Du reste, cet émolument appartient aussi bien à l'époux administrateur qu'aux héritiers ou légataires envoyés en possession (C. J[al]. Pal.).

203. *Tous ceux qui ne jouiront qu'en vertu de l'envoi provisoire ne pourront aliéner ni hypothéquer les immeubles de l'absent* (C. civ. 128).

204. Mais cette prohibition ne peut avoir effet que relativement à l'absent qui reparaît ou relativement à ses ayants-droit autres que les envoyés en possession eux-mêmes. — Ainsi, celui qui aurait acheté l'immeuble et même celui qui l'aurait vendu ne pourraient ni l'un ni l'autre demander la nullité de la vente, car celui d'entre eux qui se constituerait demandeur se trouverait dans la nécessité, pour justifier son action, de rapporter la preuve que l'absent était soit vivant soit mort au jour où le contrat a été passé, faute de quoi il serait déclaré non-recevable aux termes de l'art. 135 du C. civ.

205. Quant à l'hypothèque qui aurait été conférée elle subsistera éventuellement pour être exercée à sa date dans le cas où l'immeuble hypothéqué resterait définitivement entre les mains de celui qui l'a conférée (C. civ. 2125).

206. Mais relativement à l'absent lui-même ou à ses représentants directs, à titre héréditaire, ni l'hypothèque consentie ni la vente faite par celui qui a été envoyé en possession provisoire ne pourraient produire d'effet. — Cependant, en vertu de l'art. 2126 du C. civ., les biens des absents peuvent être hypothéqués pour les causes et dans les formes établies par la loi, ou en vertu de jugements. — V. les art. 457 et suiv., 2125 du C. civ. et la note 30.

207. La prohibition de vendre les immeubles ne s'étend pas aux meubles; d'où il suit que celui qui a l'envoi en possession provisoire peut disposer des meubles même incorporels sans autorisation de justice (Paris, 27 av. 1814; Merlin, v° *absent*, — *Contrà*, Duranton, Delvincourt, Plasman).

208. Mais ceux qui sont envoyés en possession provisoire ne peuvent sans autorisation de justice transiger au nom de l'absent (Bruxelles, 27 juill. 1834).

209. *Si l'absence a continué pendant 30 ans depuis l'envoi provisoire, ou depuis l'époque à laquelle l'époux commun aura pris l'administration des biens de l'absent, ou s'il s'est écoulé cent ans révolus depuis la naissance de l'absent, les cautions seront déchargées, tous les ayants-droit pourront demander le partage des biens de l'absent, et faire prononcer l'envoi en possession définitif par le tribunal de première instance* (C. civ. 129).

210. Les trente ans doivent se compter à partir de la date du jugement.

211. Si la centième année venait à s'écouler avant la déclaration d'absence, on pourrait obtenir immédiatement l'envoi en possession définitive, sans avoir besoin de réclamer au préalable la possession à titre provisoire (Delvincourt, 1, 48; Toullier, 1, 445; Demoly, 403).

212. Du reste, lorsqu'il s'est écoulé cent ans depuis la naissance de l'absent, la présomption de mort remonte par un effet rétroactif au jour de la disparition ou des dernières nouvelles (Cass. 22 déc. 1813; Locré; Merlin; Biret; Talandier).

213. *La succession de l'absent sera ouverte au jour de son décès prouvé, au profit des héritiers les plus proches à cette époque, et ceux qui auraient joui des biens de l'absent seront tenus de les restituer, sous la réserve des fruits par eux acquis en vertu de l'art.* 127 (C. civ. 130).

214. Cet article et les deux suivants prouvent que les effets produits par l'absence ne sont jamais que du provisoire. Et par le présent article on voit que toute présomption de la loi cède ici devant la preuve du fait.

215. La disposition de l'art. 130 qui précède s'applique à tous les héritiers même aux légataires. Si donc, en apprenant la mort de l'absent, on découvrait un testament qui appelât *tels* ou *tels* à sa succession, il est clair que les légataires, ou, s'ils étaient morts, leurs représentants, viendraient utilement réclamer les biens, pourvu, 1° que les légataires eûssent survécu au testateur, sans quoi le legs serait nul, 2° et qu'on fût encore dans les 30 ans de la mort de l'absent, car le droit de demander l'envoi en possession des biens de l'absent se prescrit par trente ans *à partir de la déclaration d'absence*, et celui de réclamer la succession de l'absent se prescrit aussi par 30 ans, mais *à partir du décès de l'absent* (Marcadé).

216. *Si l'absent reparait ou si son existence est prouvée pendant l'envoi provisoire, les effets du jugement qui aura déclaré l'absence cesseront, sans préjudice, s'il y a lieu, des mesures conservatoires prescrites au chap. I du présent titre, pour l'administration de ses biens* (C. civ. 131). — V. *sup.* n. 111.

217. Tous les effets de la déclaration d'absence sont détruits par le fait de la reparition de l'absent, mais il est obligé de prendre les choses dans l'état où elles se trouvent, il n'a aucun compte à demander. Ainsi l'absent, lors de sa reparition, ne peut attaquer le jugement de déclaration d'absence (Colmar, 4 mars 1815). — Mais, s'il était mineur au moment de son absence, il peut attaquer le compte de tutelle dans le cas où il n'aurait pas été apuré en justice, contradictoirement avec le ministère public (Colmar, *ibid.*).

218. Si l'existence de l'absent est seulement prouvée, la possession demeure provisoirement dans les mains de ceux qui sont saisis des biens, jusqu'à ce que l'absent ait manifesté sa volonté, mais le bénéfice de l'art. 127 (V. *sup.* n. 198) cesse immédiatement (Toullier, 1, 438). — Du reste, tout mode de preuve peut être admis pour établir que l'absent existe (Biret).

219. Mais en principe et sauf appréciation par les juges d'après les circonstances de la cause, les frais relatifs au jugement de déclaration d'absence et à l'envoi en possession provisoire, doivent, après le retour de l'absent, être supportés par les héritiers qui ont obtenu la possession (Colmar, 4 mars 1815).

220. *Si l'absent reparait, ou si son existence est prouvée, même après l'envoi définitif, il recouvrera ses biens dans l'état où ils se trouveront, le prix de ceux qui auraient été aliénés, ou les biens provenant de l'emploi qui aurait été fait du prix de ses biens vendus* (C. civ. 132).

221. Ainsi, il reprend ses biens avec les hypothèques dont ils ont été grevés pendant son absence (Delvincourt, 1, 49), — et il n'a d'action contre le débiteur que pour le paiement du prix restant dû sur les immeubles (Maleville). — Il n'a droit qu'aux capitaux, le détenteur ayant fait les fruits siens comme possesseur de bonne foi depuis l'envoi en possession définitive, sans toutefois pouvoir opposer la prescription à l'absent de retour (Maleville).

222. Quant à ses autres droits ils se réduisent à un compte qu'il doit demander à ceux qui ont joui de ses biens, afin d'arriver à une restitution *ex æquo et bono*, car l'administrateur ayant pu se croire propriétaire a été autorisé à abuser. Aussi décide-t-on généralement que la restitution doit être calculée sur le bénéfice qu'a pu réaliser l'administrateur *quantò locupletior* (Duranton, 1, 509).

223. *Les enfants et descendants directs de l'absent pourront également, dans les 30 ans à compter de l'envoi définitif, demander la restitution de ses biens, comme il est dit en l'article précédent* (C. civ. 133).

224. Ainsi, les enfants et descendants de l'absent peuvent toujours, en justifiant de leurs qualités, obtenir la restitution des biens de leur père présumé absent contre ceux qui ont été envoyés en possession provisoire : mais ils ne peuvent, sans prouver le décès de leur père, obtenir l'envoi en possession définitive (Colmar, 20 août 1814).

225. Ce droit appartient aux enfants naturels légalement reconnus comme aux autres descendants (Toullier, 1, 451).

226. Mais il n'appartient pas aux héritiers collatéraux qui n'ont pas formé leur demande d'envoi en possession provisoire (Toullier; Merlin; Proudhon; Duranton).

227. *Après le jugement de déclaration d'absence, toute personne qui aurait des droits à exercer contre l'absent, ne pourra les poursuivre que contre ceux qui auront été envoyés en possession des biens, ou qui en auront l'administration légale* (C. civ. 134).

228. C'est contre les envoyés que s'exercent les droits et actions compétents contre l'absent; et réciproquement, ces envoyés exercent ceux appartenant à cet absent.

229. Avant la déclaration d'absence, c'est contre l'absent lui-même qu'il faut procéder.

230. Toutefois, les envoyés provisoires n'ayant point le caractère d'héritiers réels ne seront pas tenus des dettes *ultrà vires*.

231. Les biens d'un absent sont prescriptibles. Provisoirement, la prescription de ses biens est présumée courir contre l'envoyé; mais s'il est prouvé plus tard que l'absent vivait, c'est contre lui qu'elle a couru réellement (Marcadé).

Art. 2. DES DROITS SUCCESSIFS OU ÉVENTUELS QUI PEUVENT COMPÉTER A L'ABSENT DEPUIS SON ABSENCE.

232. *Quiconque réclamera un droit échu à un individu dont*

l'existence ne sera pas reconnue, devra prouver que ledit individu existait quand le droit a été ouvert : jusqu'à cette preuve, il sera déclaré non-recevable dans sa demande (C. civ. 135).

233. Il s'agit dans ce qui précède, n. 160 à 231, des droits irrévocablement acquis à l'absent au jour même de sa disparition.

Mais ici il s'agit des droits survenus depuis la disparition et pour lesquels le demandeur doit fournir la preuve de ce qu'il allègue suivant la maxime « *actori incumbit onus probandi.* — Ainsi, des intérêts qui sont dûs ou non dûs, selon que l'absent est ou n'est pas en vie, ont un caractère de droits éventuels, en ce sens que l'héritier de l'absent (même militaire) qui réclame de tels intérêts (dûs à l'absent, s'il est en vie), est obligé de prouver qu'il n'y a pas décès (Cass. 8 déc. 1824).

234. Cependant, le mandataire a nécessairement le droit de recueillir les fruits venant à échoir depuis la disparition de l'absent, sans être tenu de prouver l'existence de ce dernier au moment où ils sont échus. Car, alors même que l'absent serait décédé à cette époque, le mandataire n'en devrait pas moins compte des fruits aux héritiers (Bruxelles, 4 nov. 1827).

235. Les légataires peuvent aussi bien que les cohéritiers invoquer les dispositions des art. 135 et 136 du C. civ. (Colmar, 24 déc. 1816; Rouen, 29 janv. 1817).

236. *S'il s'ouvre une succession à laquelle soit appelé un individu dont l'existence n'est pas reconnue, elle sera dévolue exclusivement à ceux avec lesquels il aurait eu le droit de concourir, ou à ceux qui l'auraient recueillie à son défaut* (C. civ. 136).

237. Ainsi, celui qui réclame une portion de droits héréditaires, du chef d'une personne qui a disparu, est tenu de justifier qu'elle existait au moment de l'ouverture de la succession ; c'est à lui d'en rapporter la preuve (Toulouse, 1 mai 1823; Bordeaux, 16 mai 1832; Nancy, 31 janv. 1833). — Tant que cette preuve n'est pas rapportée, les héritiers présents ne sont pas obligés de tenir compte de leur prétendu cohéritier absent. On agit absolument comme si l'absent était mort (Poitiers, 29 av. 1807 ; Paris, 6 juill. 1812; Colmar, 24 déc. 1816; Nancy, 20 janv. 1819; Talandier; Marcadé).

238. Le mari même qui demande le partage d'une succession échue à sa femme est tenu de rapporter la preuve de l'existence de sa femme au moment où la succession s'est ouverte (Bourges, 4 déc. 1840).

239. Si l'héritier dont l'existence n'est pas reconnue laisse des descendants, ceux-ci viendront par représentation. — Ainsi, en ligne directe, lorsque l'un des enfants a disparu, les descendants qu'il a lui-même laissés doivent toujours être admis au partage des biens de leur aïeul, concurremment avec leurs oncles et leurs tantes, soit du chef de leur père, s'il existe encore, soit de leur chef et par représentation s'il n'existe plus (Paris, 27 janv. 1812 ; Metz, 28 juin 1814 ; Limoges, 11 mars 1823).

240. Ceux qui recueillent en vertu de l'article précité ne viennent pas comme simples envoyés en possession, mais bien comme propriétaires. On ne peut exiger d'eux aucune mesure conservatoire, et ils peuvent disposer des biens. Ainsi :

241. 1° Les héritiers présents ont le droit de s'emparer de la totalité de la succession, alors même que le défunt aurait chargé un exécuteur testamentaire de l'administration de ses biens jusqu'à ce que le sort de l'absent ait été fixé (Aix, 30 août 1811). — Mais si le testateur avait déclaré que la portion de biens par lui léguée à un individu absent ne pourrait être recueillie par ceux à qui elle serait dévolue à son défaut qu'après un temps déterminé, cette clause devrait avoir son effet (Bruxelles, 3 juin 1809).

242. 2° Les héritiers présents ne sont pas tenus de donner caution pour le cas où l'absent se représenterait (Turin, 27 mai 1808; Bruxelles, 20 juill. 1808; Rennes, 9 av. 1810; Toullier, 1, 480; Demoly).

243. 3° Les créanciers du seul héritier présent ont le droit de poursuivre la vente de toute l'hérédité, sauf l'action du cohéritier absent en revendication de sa part et portion entre les mains des tiers détenteurs (Rouen, 30 mai 1818).

244. Lorsque l'héritier vient réclamer sa part héréditaire après que le partage a été opéré en son absence, il est tenu de prendre les choses dans l'état où elles se trouvent. Il n'a point action pour faire opérer un nouveau partage. Il peut seulement s'adresser successivement à chacun de ses cohéritiers pour obtenir de chacun d'eux ce qu'il a reçu de trop (Paris, 25 janv. 1825), — et il doit prendre en paiement dans la succession à partager tous les rapports que doivent faire ceux de ses cohéritiers qui, par suite de son absence, ont reçu au-delà de ce qui leur revenait effectivement (Paris, *ibid.*).

245. Du reste, la disposition de l'art. 136 précité s'applique non-seulement au cas où l'absence est déclarée, mais encore au cas où il n'y a eu aucune poursuite en déclaration d'absence (Bruxelles, 21 germ. an XIII; Liège, 18 prair. an XIII; Poitiers, 29 av. 1807 ; Agen, 4 janv. 1808; Turin, 15 juin 1808; Colmar, 26 juin 1823; Toullier, 1, 479; Merlin; Favard; Duranton). — Toutefois, la simple non-présence ne suffirait pas, il faut l'incertitude sur l'existence ; en effet, l'idée du législateur n'a pas pu être que si un individu s'en allait, par exemple, faire un voyage de quelques mois pour affaires, et que pendant ce temps il fût appelé à une succession, des cohéritiers avides pûssent s'en emparer aussitôt, sous prétexte qu'ils ne reconnaissent pas son existence (Marcadé).

246. *Les dispositions des deux articles précédents* (V. sup. n. 232 et 236) *auront lieu sans préjudice des actions en pétition d'hérédité et d'autres droits, lesquels compèteront à l'absent ou à ses représentants ou ayants-cause, et ne s'éteindront que par le laps de temps établi pour la prescription* (C. civ. 137).

247. Lorsque, dans les art. 135 et 136, on refuse à un individu dont l'existence n'est pas reconnue, l'exercice de droits qui peut-être lui appartiennent, puisqu'il existe peut-être, ce n'est pas pour le dépouiller irrévocablement de ses droits. — Si donc, avant qu'il y ait prescription accomplie, cet individu se représente, ou si ses héritiers ou ayants-cause prouvent qu'il existe encore ou qu'il existait quand les droits se sont ouverts, rien ne s'oppose plus à ce que ces droits soient exercés soit par lui, soit par ses représentants ou ayants-cause. On entend par *représentants* d'un individu ceux qui ont succédé à ses droits et à sa personne, c.-à-d. ses héritiers; et on entend par *ayants-cause* ceux qui, sans être ses héritiers, peuvent exercer un ou plusieurs de ses

droits, tels sont les donataires, les légataires, les créanciers en vertu de l'art. 1166 du C. civ. — V. la note 6.

248. Les mots *action en pétition d'hérédité* se réfèrent à l'article précédent, qui ne s'occupe que des successions échues à l'absent; ceux *en pétition d'autres droits* sont relatifs à la disposition plus large de l'art. 135 qui pose le principe général pour *tous les droits* quelconques subordonnés à la condition de l'existence de l'individu.

249. Le laps de temps établi pour la prescription est de 30 ans pour la pétition d'hérédité, mais ainsi qu'on le verra à la note 172, il y a des actions qui se prescrivent par un temps plus court.

250. Lorsque les biens de l'absent ont été aliénés par l'héritier apparent, cet absent, ou ses héritiers ou ayants-cause peuvent, en se représentant avant la prescription accomplie, agir contre l'acquéreur pour revendiquer ses biens (Marcadé). — V. *sup.* n. 20 et suiv.

251. *Tant que l'absent ne se représentera pas, ou que les actions ne seront point exercées de son chef, ceux qui auront recueilli la succession, gagneront les fruits par eux perçus de bonne foi* (C. civ. 138).

252. L'héritier présent qui, de bonne foi, jouit de toute l'hérédité, ne doit compte des fruits au cohéritier qui se présente qu'à partir du jour où l'action en pétition d'hérédité est formée contre lui (Cass. 3 av. 1821; Duranton; Talandier).

253. Il ne peut répéter les dépenses utiles ou nécessaires qu'il a faites pour la conservation ou l'embellissement des immeubles dont il a joui (Cass. 3 av. 1821; Merlin). — Mais il en serait autrement des dépenses concernant les grosses réparations qui ne sont pas une charge des fruits (C. J^{al}. Pal.).

254. L'héritier apparent de bonne foi fait les fruits siens, même ceux antérieurs à l'ouverture de la succession (Cass. 7 juin 1837).

255. L'État qui a possédé de bonne foi une succession à titre de déshérence fait les fruits siens jusqu'à la réclamation des héritiers (Paris, 1 août 1830; 5 juill. 1834, Cass. 7 juin 1837).

256. On ne peut considérer comme étant de bonne foi le cohéritier d'un absent qui s'est emparé au préjudice des enfants de l'absent de la part héréditaire qui revenait à leur père. Il ne peut conséquemment faire les fruits siens (Limoges, 11 mars 1823; Cass. 10 nov. 1824).

257. Lorsque le juge, en accordant à un seul héritier l'universalité de la succession, réserve formellement les droits des héritiers éventuels, notamment du côté maternel, qui ne sont pas connus, l'héritier saisi ne peut, lors de la restitution, garder les fruits comme possesseur de bonne foi (Cass. 9 nov. 1831; 14 août 1833).

258. Et l'héritier qui, après avoir joui en cette qualité, se fait restituer contre son acceptation pour s'en tenir à la qualité de légataire que lui donne un testament d'abord ignoré, doit rendre les fruits qu'il a perçus de bonne foi, sur sa part héréditaire (Cass. 3 av. 1821; 9 nov. 1831; Paris, 25 mars 1829; Bordeaux, 20 mars 1834).

V. *fruits* et *revenus*, note 50.

Art. 3. DE CE QUI ADVIENT DU MARIAGE DE L'ABSENT.

259. *L'époux absent dont le conjoint a contracté une nouvelle union sera seul recevable à attaquer ce mariage par lui-même ou par son fondé de pouvoir, muni de la preuve de son existence* (C. civ. 139).

260. Ainsi, tant que dure l'absence d'un époux, il n'y a qu'empêchement prohibitif au nouveau mariage de son conjoint, il n'y a point empêchement dirimant, c.-à-d. emportant la nullité du mariage. — Toutefois, quand l'absence finit, ce nouveau mariage se trouve nul ou valable, selon que l'absent existait encore ou était déjà mort, quand il a été contracté.

261. Il suit donc de ce qui précède que lorsque l'un des époux a disparu, quelque soit le laps de temps écoulé, on ne peut admettre de présomption de mort qui autorise l'époux à se remarier. — Cependant, si un second mariage a été contracté de fait, il se trouve sous la protection du principe posé par l'art. 135, et ce nouveau mariage devient inattaquable, il y a lieu à déclarer le demandeur simplement non-recevable sans statuer au fond (Delvincourt).

262. Lors donc que la femme de l'absent s'est remariée, le second mari ne peut demander la nullité du premier mariage, sans rapporter la preuve de l'existence du premier mari, même alors que l'absence n'aurait pas été déclarée par jugement et qu'il y aurait seulement présomption d'absence (Lyon, 3 fév. 1830; Cass. 21 juin 1831; 18 av. 1838; Douai, 16 mai 1837).

263. Il en est de même des enfants d'un premier lit, ils ne peuvent demander la nullité d'un second mariage contracté par leur mère, qu'autant qu'ils rapportent la preuve que le premier mari vivait au jour de la célébration du second mariage (Cass. 18 av. 1838).

264. Toutefois, le second mariage contracté par la femme après la disparition de son premier mari, emporte à l'égard de la femme présomption légale du décès du premier mari (Cass. 12 août 1838); — tellement que tous ceux qui sont autorisés à se prévaloir de ce décès sont dispensés d'en rapporter la preuve; l'absent devant être réputé décédé et tous les droits ouverts, comme si la preuve de son décès était irrévocablement acquise (Bourges, 23 av. 1822; Lyon, 3 fév. 1831; Cass. 12 août 1828 et 21 juin 1831).

265. Mais si le premier mari reparait, toutes ces présomptions cessent, car il a droit d'attaquer le mariage soit par lui-même, soit par un fondé de pouvoirs : le même droit appartient au ministère public et à toute personne intéressée, une fois l'existence de l'absent prouvée (Marcadé).

266. *Si l'époux absent n'a point laissé de parents habiles à lui succéder, l'autre époux pourra demander l'envoi en possession provisoire des biens* (C. civ. 140).

267. L'époux présent est, en effet, dans ce cas, le seul héritier de l'absent, aux termes de l'art. 767 (Maleville). — Et, par suite, il pourra en cette qualité demander l'envoi en possession définitive.

268. Mais s'il y a des parents habiles à succéder, l'époux présent ne pourra exercer ce droit, sauf celui qui lui est attribué en cas de communauté par l'art. 124 du C. civ. rapporté *sup.* n. 186 (Toullier, 1. 467).

Art. 4. DE LA SURVEILLANCE DES ENFANTS MINEURS DU PÈRE QUI A DISPARU.

269. *Si le père a disparu, laissant des enfants mineurs issus d'un commun mariage, la mère en aura la surveillance, et elle exercera tous les droits du mari quant à leur éducation et à l'administration de leurs biens* (C. civ. 141).

270. *Six mois après la disparition du père, si la mère était décédée lors de cette disparition, ou si elle vient à décéder avant que l'absence du père ait été déclarée, la surveillance des enfants sera déférée par le conseil de famille aux ascendants les plus proches, et, à leur défaut, à un tuteur provisoire* (C. civ. 142).

271. *Il en sera de même dans le cas où l'un des époux, qui aura disparu, laissera des enfants mineurs issus d'un mariage précédent* (C. civ. 143).

272. Ces trois articles établissent à l'égard des enfants abandonnés par leur père, un système de surveillance qui n'est point la tutelle, mais qui s'en rapproche beaucoup.

273. Il y a également lieu à l'application de ces articles dans le cas où le père et la mère auraient tous deux disparu (Toullier, 1, 390; Proudhon, 1, 167; Biret; Demoly).

274. Il ne s'agit plus ici de l'absence présumée ou constatée légalement, mais de la simple disparition; et, en général, il y a lieu de faire application de cette disposition toutes les fois qu'il y aura nécessité de pourvoir à la surveillance de la personne et à l'administration des biens, quand un enfant se trouvera abandonné.

275. Si la mère est présente, les pouvoirs qu'elle exerce sont ceux d'une tutrice, mais il n'y a pas lieu à subrogée-tutelle (Toullier, 1, 458). — Et dans le cas où elle serait incapable d'exercer cette administration, elle pourrait être confiée par justice à une autre personne sur la demande de la famille ou la réquisition du ministère public. — La déclaration d'absence ne fait point obstacle à ce qui vient d'être dit. En tout cas, la mère doit avoir la jouissance légale des biens ou l'usufruit accordé par l'art. 384 du C. civ. (Duranton, 1, 521).

276. Quant au délai de six mois fixé par l'art. 142, il n'est pas de rigueur, il pourrait être devancé s'il y avait nécessité d'y pourvoir, car on a pensé que le ministère public veillerait pendant ce délai de six mois (Maleville; C. J^al. Pal.).

§ 4. DES MILITAIRES ABSENTS.

277. L'absence des militaires a donné lieu, avant et depuis le Code civil, à des dispositions exceptionnelles formant pour eux une législation spéciale, abrogée en partie, il est vrai, mais qu'il est cependant utile de connaître.

278. Ces dispositions se trouvent dans les quatre lois ci-après analysées : la première est du 11 vent. an 2; la deuxième du 16 fruct. an 2; la troisième du 6 brum. an v; et la quatrième du 13 janv. 1817

279. Les trois premières de ces lois, antérieures à la publication du Code civil, et que cette publication n'a point abrogées, avaient pour but de protéger d'une manière toute particulière les militaires et autres citoyens attachés au service des armées.

Art. 1. LOIS DU 11 VENTÔSE ET DU 16 FRUCTIDOR AN 2.

280. D'après la loi du 11 vent. an 2, quand il s'ouvrait une succession à laquelle était appelé un militaire, le juge de paix qui avait mis les scellés était tenu d'en avertir ce militaire, s'il savait à quel corps il était attaché, et d'en instruire aussi le ministre de la guerre, afin que celui-ci en fît parvenir la nouvelle au militaire (Art. 1). — Si, dans le délai d'un mois, l'absent ne donnait pas de nouvelles et n'envoyait pas de procuration, l'agent national (le maire) de la commune où la succession s'était ouverte devait convoquer un conseil de famille devant le juge de paix, à l'effet de nommer un curateur à l'absent. Ce curateur était chargé de faire lever les scellés et d'administrer les biens de la succession, ou la part de succession échue au militaire absent, pour lui en rendre compte s'il revenait (Art. 3 et 4).

281. La loi du 16 fruct. an 2 n'a fait qu'étendre les dispositions de la loi de ventôse à tous les citoyens attachés au service des armées, de sorte qu'il n'y a rien à dire de particulier sur cette loi qui se confond avec celle de ventôse.

282. Cette loi de ventôse ne doit pas être entendue en ce sens que le militaire absent soit réputé vivant à l'effet de recueillir les successions échues pendant son absence. L'unique objet de cette loi est de prescrire, ainsi que l'exige le seul fait de *non-présence*, certaines *mesures tutélaires et conservatoires* dans l'intérêt du militaire absent pour le cas où son existence au moment de l'ouverture de la succession serait reconnue plus tard. D'où il suit que les héritiers du militaire qui obtiennent l'envoi en possession de ses biens ne peuvent réclamer sa part dans les successions ouvertes depuis ses dernières nouvelles, qu'en prouvant selon le droit commun que le militaire existait lors de l'ouverture de ces successions (C. civ. 135 et 136; Rouen, 29 janv. 1817; Nancy, 1 mars 1827; Bordeaux, 22 mai 1827). — V. note 34, n. 11 et *sup.* n. 232 et 236.

283. Cette même loi, relative aux mesures de précautions à prendre dans l'intérêt des militaires absents au profit desquels une succession vient à s'ouvrir, n'a pas été abrogée par la loi du 13 janv. 1817 indicative des formes dans lesquelles l'absence des militaires doit être constatée. En conséquence, au cas où une succession vient à s'ouvrir au profit d'un militaire absent, il y a lieu à l'apposition des scellés et à la nomination d'un curateur (Poitiers, 3 juill. 1826; Bourges, 20 nov. 1826; Nancy, 1 mars 1827; Orléans, 12 août 1829; Cass. 23 août 1837).

284. Le curateur à l'absence du militaire a qualité pour poursuivre le recouvrement des créances dues à l'absent et notamment le prix d'un remplacement. Vainement, on prétendrait qu'au cas d'absence du militaire et d'après la loi du 13 janv. 1817, c'est aux héritiers seuls qu'il appartient d'agir après avoir fait déclarer l'absence (Paris, 1 juill. 1826).

285. Les militaires absents ne sont soumis aux effets ordinaires de l'absence, tels qu'ils sont déterminés par le C. civ., que lorsque, d'après la loi du 13 janv. 1817, leur absence a été déclarée par jugement. C'est, au contraire, le cas de prendre en leur faveur les mesures conservatoires prescrites par la loi du 11 vent. an 2 (Poitiers, 3 juill. 1826; Bourges, 20 nov. 1826; Limoges, 15 nov. 1829).

286. La loi de ventôse s'applique aux successions testamentaires comme aux successions *ab intestat* échues aux militaires absents (Cass. 9 mars 1819; Duranton).

Art. 2. LOI DU 6 BRUMAIRE AN 5.

287. Cette loi, toute de circonstance, a prescrit, dans l'intérêt des militaires absents, diverses mesures tendant à la conservation de leurs droits et de leurs propriétés. — Ainsi, aucune prescription ni péremption d'instance n'a pu s'acquérir contre eux, depuis leur départ jusqu'à l'expira-

tion d'un mois après la publication de la paix générale, ou l'obtention d'un congé absolu à eux accordé. Ce délai d'un mois augmentait et pouvait être étendu jusqu'à deux ans, selon les lieux où se trouverait le militaire au moment de la publication de la paix (art. 2).

288. Les jugements prononcés contre ces militaires ne pouvaient donner lieu à aucune expropriation ni dépossession, et ne devaient, du reste, être mis à exécution, qu'à la charge par la partie poursuivante de donner valable caution de rapporter, le cas échéant (art. 4 et 5).

289. Ces mesures extraordinaires ont cessé, bien entendu, dans les délais prescrits par la loi même qui les ordonnait, c.-à-d. un mois (ou tout au plus, et pour quelques-uns seulement deux ans) après la paix générale, laquelle, comme on sait, a été conclue à Paris, le 30 mai 1814. — Toutefois, le délai que cette loi de brumaire avait fixé a été prorogé par celle du 21 déc. 1814, jusqu'au 1 avril 1825, pour tous les militaires non rentrés en France à cette époque du 21 déc. 1814.

290. Cette loi étant uniquement relative à la guerre de révolution qu'a terminée le traité de paix générale du 30 mai 1814, il en résulte qu'un militaire qui, plus tard, a fait la guerre d'Espagne, ne peut se prévaloir de la loi du 6 brum. an v, pour repousser une exception de péremption qui aurait couru de 1821 à 1824 (Grenoble, 22 déc. 1824; Nîmes, 8 août 1811).

291. Elle n'a point suspendu le cours de la prescription à l'égard des militaires en activité de service ; elle leur a seulement donné le droit de se faire relever des prescriptions accomplies pendant leur absence, en formant leurs réclamations dans un délai déterminé (Bourges, 6 mars 1825; Poitiers, 30 août 1825 ; Grenoble, 16 juin 1831 ; Bastia, 4 mai 1836 ; Cass. 23 nov. 1831 ; 8 fév. 1836 ; *Contrà*, Lyon, 12 fév. 1835 ; Paris, 16 août 1837 ; Troplong).

292. Le bénéfice de cette loi a pu être invoqué par un garde d'honneur (réputé militaire) du jour où il a été porté sur les contrôles du régiment (Cass. 6 fév. 1815). — Mais il n'a pu l'être par un gendarme, qui n'a point fait partie de l'armée (Cass. 14 nov. 1827).

Art. 3. LOI DU 13 JANVIER 1817.

293. Le grand nombre des militaires ayant disparu dans les guerres qui ont eu lieu depuis 1792 jusqu'en 1815, avait jeté les familles et les biens, dans un état d'incertitude et de suspension qui devait appeler l'attention toute spéciale du législateur. En effet, la loi du 13 janv. 1817 est venue permettre de faire prononcer, avec des formalités moins difficiles que celles du Code, et sous un plus bref délai, leur déclaration d'absence :

294. 1° D'après le Code, la déclaration d'absence d'un individu ne peut être demandée qu'après quatre ans (V. *sup.* n. 141), ou même, dix ans depuis son départ ou ses dernières nouvelles, selon qu'il a ou non laissé une procuration (V. *sup.* n. 170), et elle ne peut être prononcée qu'un an plus tard (V. *sup.* n. 148, 154), c.-à-d. après cinq ou onze ans d'absence.

295. Au contraire, d'après la loi du 13 janv. 1817 (art. 1), les héritiers d'un militaire de terre ou de mer, en activité de service pendant les guerres qui ont eu lieu depuis le 21 avr. 1792, jusqu'au 20 nov. 1815, et qui avait cessé avant cette dernière époque de paraître à son corps et au lieu de son domicile et de sa résidence, ont pu se pourvoir de suite en déclaration d'absence.

296. La déclaration a donc pu être demandée, même pour des militaires qui n'avaient disparu qu'en octobre ou novembre 1815, dès cette époque de janvier 1817, c. à-d. après 14 mois seulement depuis leur disparition, et elle a pu être prononcée un an après. Il fallait cependant qu'il ne s'agît pas d'un militaire ayant appartenu à un corps ou à un équipage servant hors d'Europe. Dans ce cas, en effet la déclaration ne pouvait être prononcée qu'après quatre ans depuis la disparition (art. 4). — Ainsi, un militaire, même ayant laissé une procuration a pu, si son corps servait en Europe, être déclaré absent, en vertu de l'art. 4 de cette loi, après deux ans et deux mois depuis sa disparition tandis qu'il n'aurait pu l'être qu'après onze ans depuis le Code civil. Mais, dans le cas de procuration, les envoyés en possession seraient tenus, si l'absent reparaissait, de restituer la totalité des fruits perçus pendant les dix premières années d'absence (art. 9).

297. Cette loi n'étant relative qu'aux militaires qui avaient disparu avant le 20 nov. 1815, il en résulte que ceux qui ont pu disparaître postérieurement sont restés et restent soumis au droit commun, c. à-d. aux dispositions du Code, *quant à la déclaration d'absence*, car, tant qu'ils ne seraient qu'*absents présumés*, c'est la loi du 11 vent. an 2, qu'il faudrait appliquer (Marcadé; Talandier).

298. L'absence déclarée en vertu de la loi du 13 janv. 1817 a pour effet de faire remonter la présomption de décès de l'absent au jour de ses dernières nouvelles; tellement que les successions ouvertes à son profit, même avant cette loi et depuis les dernières nouvelles, doivent, selon le droit commun, être attribuées à ceux avec lesquels l'absent aurait eu le droit de concourir, ou à ceux qui les auraient recueillies à son défaut. Les héritiers présomptifs qui obtiennent l'envoi en possession des biens de l'absent, ne peuvent réclamer sa part dans ces successions, qu'en prouvant son existence au moment où elles se sont ouvertes (C. civ. 135 et 136; Cass. 20 juin 1831; Nancy, 31 janv. 1833).

299. Toutefois, la vente par un cohéritier de la portion d'un immeuble échue à son cohéritier militaire absent dans une succession ouverte avant la loi du 13 janv. 1817, a pu être jugée valable, bien que le vendeur n'ait pas fait déclarer l'absence dans les formes voulues par la loi de 1817, et nonobstant la loi du 11 vent. an 2, qui a eu pour but de conserver les droits des défenseurs de la patrie dans les successions ouvertes à leur profit. — Dans ce cas, les juges ont pu, sans violer ces lois ni l'art. 1699 du C. civ. qui annulle la vente de la chose d'autrui, déclarer la vente valable, en se fondant sur le défaut de nouvelles de l'absent depuis plus de quarante ans, et sur l'offre faite par le vendeur de donner caution pour la portion de l'immeuble en danger d'éviction (Cass. 24 déc. 1834).

[79]

DE L'AGE REQUIS POUR LES ACTES DE LA VIE CIVILE OU POLITIQUE ET POUR LES FONCTIONS PUBLIQUES.

Division sommaire :

Indication alphabétique:

§ 1. DE LA MAJORITÉ OU DE L'AGE REQUIS POUR LES ACTES DE LA VIE CIVILE.

1. *La majorité est fixée à vingt et un ans. A cet âge on est capable de tous les actes de la vie civile, sauf la restriction portée au titre du mariage* (C. civ. 488).

2. Les lois qui fixent la majorité sont essentiellement des lois d'ordre public qui saisissent toutes les personnes au moment même de leur promulgation (Nîmes, 19 frim. an XI); en sorte que tous ceux qui avaient atteint l'âge de 21 ans au moment même de la promulgation du C. civ., ont cessé par cela même d'être soumis à l'autorité d'un tuteur, bien que la loi antérieure eût fixé la majorité à 25 ans; comme aussi dans le cas où une loi nouvelle viendrait à reporter la majorité au-delà de 21 ans, tous ceux qui, au moment de la promulgation de la loi nouvelle, n'auraient pas atteint l'âge fixé, retomberaient en état de minorité, à moins qu'il ne fût fait exception en leur faveur par une disposition transitoire formelle (C. J[al]. Pal.; Turin, 17 mai 1806).

3. Ainsi donc le majeur, par cela seul qu'il a atteint l'âge de majorité, est réputé capable d'exercer tous ses droits civils, à moins qu'il ne se trouve frappé accidentellement de quelque incapacité personnelle qui ne lui permette pas d'user du bénéfice de la loi. — Par exemple, la femme qui est capable à 21 ans aussi bien que l'homme de tous les actes de la vie civile, parce qu'elle est majeure comme lui, perd cette capacité par le mariage en passant sous la puissance de son mari (V. note 68). — Il en est de même au cas d'interdiction ou de dation de conseil judiciaire (V. les notes 65 et 74).

4. La restriction dont parle l'article rapporté *suprà* n. 1, n'est pas la seule applicable à la majorité. Ainsi, l'âge de 21 ans ne donne pas le droit de se marier sans le consentement de père et mère. Il faut 25 ans pour les garçons suivant l'art. 148 du C. civ. (V. note 63, n. 169). — Il en est de même, c.-à-d. qu'on ne peut être adopté avant 25 ans sans rapporter le consentement de ses père et mère ou du survivant d'eux (C. civ. 346).

V. MINORITÉ, note 65.

§ 2. DE L'AGE REQUIS POUR LES ACTES DE LA VIE POLITIQUE.

5. La majorité politique est réglée par les lois fondamentales du royaume. C'est ainsi :

6. 1° Que le *roi* est majeur à l'âge de dix-huit ans accomplis (L. 31 août 1842).

7. 2° Que les *pairs* ont entrée dans la chambre à 25 ans et voix délibérative à 30 ans seulement (Ch. Const. art. 24).

8. 3° Qu'aucun *député* ne peut être admis dans la chambre, s'il n'est âgé de 30 ans (Ch. Const. art. 32).

9. 4° Que pour être *électeur* il faut avoir 25 ans (Ch. Const. art. 34; L. 21 mars 1831, art. 17).

§ 3. DE L'AGE REQUIS POUR EXERCER DES FONCTIONS PUBLIQUES.

10. Il faut être âgé :

11. De 22 ans pour être substitut de procureur du roi (L. 20 av. 1810, art. 64).

12. De 25 ans pour être juge ou juge suppléant d'un tribunal de première instance, ou pour être procureur du roi (*Ibid.*), — ou pour être juge de paix (L. L. 24 août 1790; 27 vent. an VIII), — ou pour être notaire (L. 25 vent. an XI, art. 35 (V. note 89), — ou pour être référendaire de la Cour des comptes (Décr. 28 sept. 1807), — ou pour être substitut de procureur général (L. 20 av. 1810, art. 65).

13. De 27 ans pour être président de tribunal de première instance (L. 20 av. 1810, art. 64), — ou pour être juge ou greffier dans une Cour royale (*Ibid.* art. 65).

14. De 30 ans pour être président de Cour royale (*Ibid.* art. 65), — ou procureur général (*Ibid.*), — ou président, maître des comptes ou greffier en chef de la Cour des comptes (Décr. 28 sept. 1807), — ou juge de tribunal de commerce (L. L. 24 août 1790; 27 vent. an VIII).

15. De 35 ans pour être président de tribunal de commerce (L. 24 août 1790).

§ 4. DES PRIVILÉGES ET PRÉROGATIVES ATTACHÉS A L'AGE.

16. PRIVILÉGES. On acquiert par l'âge le privilége :

17. 1° De n'être plus soumis à la contrainte par corps à 70 ans. — V. note 31, n. 25, 33 et 99.

18. 2° De refuser d'être tuteur à 65 ans ou de s'en faire décharger à 70 ans (C. civ. 433).

19. PRÉROGATIVES. On acquiert par l'âge la prérogative qui résulte de l'ancienneté.

20. Cette ancienneté est conférée par la priorité de réception dans une compagnie. Elle se détermine, en principe, par l'époque de la prestation de serment; car c'est le serment qui donne le caractère d'officier public.

21. L'ancienneté ne forme, en général, qu'un titre honorifique, qui donne à celui qui en est l'objet la préséance et quelquefois même une place distinguée dans les assemblées générales ou dans les cérémonies publiques. — V. *préséance*, note 27, n. 371.

22. Parmi les notaires, l'ancienneté procure encore le droit de rester dépositaire de la minute d'un acte reçu par deux notaires, et d'exclure les notaires plus jeunes en cas de concours de plus de deux notaires. — V. note 59, n. 56 et suiv. et note 64, n. 2.

§ 5. QUEL JOUR EST ACQUIS L'AGE DE MAJORITÉ.

23. En général, quand il s'agit de supputer l'âge d'un individu, le jour de sa naissance se compte tout entier, bien qu'il fût en partie, et quelquefois presque totalement écoulé à l'instant où cet individu est venu au monde, et la même observation s'applique au jour du décès (L. 132 et 134, D. *de verb. sign.*). — Si donc, un testateur avait institué un enfant son héritier, dans le cas où il parviendrait à l'âge d'un an, et que cet enfant fût décédé le dernier jour de sa première année, il aurait recueilli la disposition faite en sa faveur.

24. Toutefois, il ne faut pas conclure de ces lois :

25. 1° Que deux enfants nés le même jour sont toujours réputés être du même âge; car entre deux jumeaux ou bien entre deux enfants nés le même jour de différentes mères et appelés à recueillir la même succession, c'était celui qui avait vu le jour le premier qui jouissait du droit d'aînesse (Nouv. Denizart, v° *aînesse*).

26. Ni qu'un mineur soit réputé majeur avant la fin du dernier jour de sa 21e année; on doit, au contraire, tenir pour constant que celui qui aurait fait un contrat dans lequel il aurait été lésé, le dernier jour de sa 21e année, serait restituable contre cet acte comme étant encore mineur au moment de la passation du contrat (L. 3, D. *de minoribus*; L. 7, D. *ad leg. Juliam de adult.*).

27. Lorsque la loi règle l'âge auquel on sera capable de contracter, d'exercer telles fonctions ou de faire quelque autre chose, il est nécessaire que les années soient *accomplies*. On ne saurait argumenter de ce que souvent la loi prend soin de dire que le nombre d'années qu'elle exige doit être *accompli*; il ne faut voir là que l'application d'une règle qui n'a point d'exceptions.

V. *Terme*, note 77.

§ 6. DES DISPENSES D'AGE.

28. Le droit d'accorder des dispenses n'appartient en général, qu'au Souverain, dans les cas prévus par la loi.

29. Des dispenses sont nécessaires :

30. 1° Pour le mariage, relativement à l'âge, à la parenté et à la seconde publication. — V. note 63, v° *dispenses*.

31. 2° Pour exercer une fonction publique, mais seulement lorsque les lois autorisent formellement la dispense. Ainsi, ceux qui ont exercé des fonctions administratives ou judiciaires peuvent être dispensés de la justification d'étude, pour remplir les fonctions de notaire (L. 25 vent. an XI, art. 42). — Mais il n'y a pas lieu d'accorder de dispenses d'âge aux candidats âgés de moins de 25 ans (Déc. Min. Just. 29 juill. 1843).

32. Ont besoin de dispenses pour siéger dans une même Cour ou dans un tribunal composé de huit juges et plus, ceux qui sont parents ou alliés jusqu'au degré d'oncle et de neveu inclusivement, quand même la parenté ou alliance ne serait survenue qu'après leur nomination (L. 20 av. 1810, art. 63).

33. Les dispenses doivent être étroitement restreintes aux cas pour lesquels elles ont été accordées, car elles s'écartent du droit commun.

34. Elles ont pour effet de rendre valable ce qui sera fait contre les dispositions des lois.

[80]

DU MANDAT OU PROCURATION. — DE LA SUBSTITUTION ET DE LA RÉVOCATION DE POUVOIRS.

Division sommaire :

Indication alphabétique :

---

§ 1. DE LA NATURE ET DE L'OBJET DU MANDAT. — DE LA FORME ET DE LA PREUVE DU MANDAT. — DU MANDAT GRATUIT OU SALARIÉ. — DE L'ÉTENDUE DU MANDAT. — PAR QUI ET A QUI IL PEUT ÊTRE DONNÉ.

Art. 1. DE LA NATURE ET DE L'OBJET DU MANDAT.

1. *Le mandat ou procuration est un acte par lequel une personne donne à une autre le pouvoir de faire quelque* CHOSE POUR LE MANDANT *et en son nom.* — *Le contrat ne se forme que par* l'acceptation *du mandataire* (C. civ. 1984).

2. CHOSE. Il n'y a pas de mandat si la chose qu'on charge de faire est déjà faite (L. 12, D. *mandati*), — ou bien si, étant à faire, elle est contraire aux lois ou aux bonnes mœurs (C. civ. 6) : toutefois, quoique la chose soit possible, il faut encore que la loi permette de la confier à un tiers ; car on ne peut ni tester ni se marier par procuration. — V. *inf.* n. 70.

3. POUR LE MANDANT. Bien qu'il soit de la nature ou de l'essence du mandat que les risques et périls retombent sur le mandant, cette règle peut cependant être modifiée par des conventions particulières. Ainsi, la promesse faite à une personne de lui payer une somme déterminée à la charge par elle d'obtenir, à ses frais, le réglement et le remboursement d'une créance, et sous la condition qu'elle ne pourra rien réclamer ou répéter pour ses avances en cas de non-réussite, peut être considérée comme ayant le caractère d'un mandat (Cass. 6 mars 1827). — V. *inf.* n. 31.

4. Et même un engagement de faire, pris moyennant salaire, est un mandat lorsqu'il concerne l'exercice d'un art libéral, par exemple, c'est comme mandataire qu'un maître de langue ou de musique donne des leçons à ses élèves, qu'un avocat fait un mémoire ou une consultation, qu'un géomètre arpente un champ. — Tandis que l'engagement est un louage d'ouvrage et d'industrie lorsqu'il concerne l'exercice d'un art mécanique, comme quand un maçon construit une maison qu'on l'a chargé de construire, ou bien quand un voiturier transporte les marchandises qu'on lui a confiées (Merlin, v° *notaire*, § 6 ; Troplong, *louage*, 3, 804). — V. *inf.* n. 25.

5. ACCEPTATION. En principe, il n'y a de contrat que par le concours simultané des deux parties. Mais il peut en être autrement en matière de mandat ; aussi, tant que la procuration du mandant n'est pas acceptée, il n'y a qu'*acte de*

mandat; ce n'est que par l'acceptation du mandataire qu'il y a *contrat*. — V. *inf.* n. 23.

ART. 2. DE LA FORME ET DE LA PREUVE DU MANDAT.

6. *Le mandat peut être donné ou* PAR ACTE PUBLIC, *ou* PAR ÉCRIT SOUS SEING-PRIVÉ, *même* PAR LETTRE. *Il peut aussi être donné* VERBALEMENT; *mais la preuve testimoniale n'en est reçue que conformément au titre des contrats ou des obligations conventionnelles en général.* — L'ACCEPTATION *du mandat peut n'être que tacite, et résulter de l'exécution qui lui a été donnée par le mandataire* (C. civ. 1985).

7. Les immeubles situés en France étant régis par les lois françaises, et ces lois autorisant le mandat sous seing-privé, est, en conséquence, valable le mandat à l'effet d'aliéner ou d'hypothéquer des immeubles situés en France quoique donnés dans un pays où les mandats n'ont d'effet qu'autant qu'ils ont été reçus par un magistrat ou par un notaire : à ce cas ne s'applique pas la maxime *locus regit actum* (C. civ. 3; Cass. 5 juill. 1827).

8. PAR ACTE PUBLIC. Il n'y a obligation de donner le mandat par acte public ou authentique, c.-à-d. devant notaire, que quand la loi l'exige formellement. A cet égard, il a été jugé :

9. 1° Qu'une procuration sous seing-privé est suffisante pour conférer hypothèque (Cass. 27 mai 1819; 5 juill. 1827). — Mais une procuration authentique est nécessaire pour donner main-levée d'une inscription hypothécaire (Lyon, 29 déc. 1827). — Cependant le cessionnaire d'une créance hypothécaire par acte sous seing-privé pourrait donner main-levée en vertu de cet acte, si le notaire en l'annexant à la main-levée attestait que la cession a été réellement signée par le cédant et prenait sur lui, vis-à-vis du conservateur, la responsabilité de son attestation; il suffirait alors de donner avec la main-levée une expédition ou extrait du transport rapppelant l'inscription. - V. note 42. — Du moins le conservateur des hypothèques d'Auxerre radie sur la représentation de telles pièces.

10. 2° Qu'une donation peut être faite en vertu d'une procuration sous seing-privé (Toulouse, 19 mars 1824; Cass. 21 mars 1826; Duranton, 18, 433; Merlin, *rép.* v° acte s. s. p., § 2. — *Contrà*, Dijon, 15 janv. 1840). — Mais elle ne peut être acceptée qu'en vertu d'une procuration authentique (V. note 10, n. 18).

V. *minute* et *brevet*, note 59.

11. PAR ÉCRIT SOUS SEING-PRIVÉ. Il n'est pas nécessaire que l'acte contenant un mandat même salarié soit fait en double original (Duranton, 18, 217). — Cependant cette précaution peut être fort utile quand le mandant veut forcer le mandataire soit à rendre compte, soit à remettre son original. — V. *inf.* n. 89.

12. Lorsque celui à qui un individu a donné sa signature en blanc remplit le blanc-seing d'un acte de procuration qui le constitue mandataire, alors cependant que cet acte ne devait pas avoir cette destination, le mandant ne peut opposer aux tiers qui ont traité avec le mandataire l'exception de dol (Toullier, 8, 263). — V. note 15, n. 20.

13. L'endossement en blanc ou irrégulier d'un effet négociable n'est considéré que comme un mandat. Par conséquent, le porteur, en vertu d'un tel endossement, est passible des exceptions que le souscripteur pouvait opposer à l'endosseur lui-même, c.-à-d. que si, lors de la présentation de l'effet au souscripteur, l'endosseur se trouve débiteur envers ce dernier, il s'établira entre eux une compensation à laquelle le porteur ne pourra point s'opposer même quand il prouverait avoir réellement fourni la valeur de l'effet (Cass. 30 déc. 1840. - Jal. Man. art. 25).

14. PAR LETTRE. La règle que le mandat peut être donné par acte sous seing privé, même par simple lettre, est applicable, quel que soit l'objet du mandat. Ainsi, le mandat de vendre un immeuble peut être donné par lettre, lors même qu'un précédent mandat donné par acte authentique aurait excepté cet immeuble de ceux que le mandataire avait pouvoir de vendre (Cass. 6 fév. 1837).

15. VERBALEMENT. Le mandat verbal ne peut être prouvé par témoins que lorsque la preuve testimoniale est admissible. Or, nous avons vu à la note 26, n. 110, que cette preuve ne peut être admise pour une valeur au-dessus de 150 fr., à moins qu'il n'y ait un commencement de preuve par écrit (*Ibid.* n. 132). — Aussi, a-t-il été décidé :

16. 1° Que la preuve qu'un mandat pour vendre a été donné peut résulter contre le mandataire de lettres missives par lui écrites renfermant reconnaissance du mandat (Caen, 10 août 1825).

17. 2° Qu'il peut être suppléé à la perte d'une procuration par la relation qui en est faite dans un acte reçu par un notaire (Rennes, 19 fév. 1821).

18. 3° Que le mandat verbal donné par la femme à son mari peut être prouvé par des présomptions fondées sur ses propres déclarations (Toulouse, 16 janv. 1841).

19. 4° Qu'on peut trouver la preuve de l'existence d'un mandat non constaté par écrit, dans une poursuite correctionnelle en abus de confiance formée par le mandant contre le mandataire pour détournement des sommes touchées en vertu du mandat, et décider par suite que le paiement fait au prétendu mandataire est opposable au mandant et libératoire (Cass. 10 juin 1841).

20. 5° Que le mandat donné par le testateur de détruire un testament sous seing-privé, dans certains cas prévus, ne peut être légalement exécuté surtout après le décès du testateur s'il n'est pas donné par écrit (Cass. 1 sept. 1812).

21. Avant le C. civ., le mandat pouvait résulter de la volonté tacite des parties, même lorsqu'il s'agissait d'une somme à raison de laquelle la preuve testimoniale n'était pas admissible (Cass. 3 nov. 1813). — Mais il en est autrement sous le C. civ. qui n'admet pas le mandat tacite (Proudhon, *usuf.* 3, 1327; Duranton, 18, 218). Ainsi : le domestique n'est pas le mandataire tacite de son maître pour acheter à crédit les provisions de celui-ci, d'où il suit que lorsqu'un domestique qui a reçu l'argent de son maître pour acheter les provisions du ménage, détourne cet argent et se fait délivrer les marchandises à crédit, le maître, dans ce cas, n'est aucunement tenu vis-à-vis des fournisseurs qui ont suivi la foi du domestique (Cass. 22 janv. 1812). — Il en est ainsi alors surtout que le crédit est considérable (Paris, 13 sept. 1828). — L'élection de domicile faite par un commandement de payer n'emporte pas pouvoir pour la personne chez laquelle le domicile est élu, de recevoir la somme due au créancier et en donner quittance (Cass. 6 frim. an XIII).

22. Cependant la femme qui fait habituellement les affaires de son mari peut être considérée comme son mandataire tacite (Duranton, 18, 219). — Le secrétaire d'un évêché qui arrête le compte de fournitures faites pour l'évêché doit être réputé agir comme mandataire de l'évêque, et

l'obliger par cela même à payer le solde du compte, bien qu'il n'y ait pas de mandat apparent (Agen, 5 juill. 1833). — La remise des pièces à un huissier lui confère le mandat de faire une exécution (C. proc. 556; Delvincourt; Toullier, 7, 23).

23. ACCEPTATION. Lorsqu'on a à déterminer l'effet d'un mandat accepté, et qu'il faut préciser le lieu de l'acceptation du mandat, il ne faut pas examiner en quel lieu le mandat a été donné, ou en quel lieu est parvenue l'acceptation du mandat; il faut examiner en quel lieu il y a eu acceptation faite du mandat (Cass. 21 juill. 1819).

Art. 3. DU MANDAT GRATUIT OU SALARIÉ.

24. *Le mandat est gratuit, s'il n'y a convention contraire* (C. civ. 1986).

25. Cet article ne s'applique qu'au mandataire privé et volontaire; car, à l'égard de l'officier investi d'un caractère public et mandataire forcé, tel qu'un notaire, un agent de change, l'emploi qui est fait de son ministère emporte avec soi, et indépendamment de toute promesse spéciale, l'obligation de payer le salaire qui est attaché par la loi à l'exercice de ce ministère (Cass. 24 juill. 1832; 16 av. 1833). - V. note 5, n. 34. — Par application de ce principe on doit décider que celui qui par état ne fait rien pour rien peut bien réclamer un salaire lorsqu'il a été employé à des choses de son état, mais alors il faut faire la distinction dont nous avons parlé *sup.* n. 4.

26. La présomption que le mandat est gratuit n'est pas applicable en matière de commerce : on doit, au contraire, présumer que le mandat est salarié, sauf au juge à régler lui même l'indemnité d'après l'importance des services rendus (Rennes, 9 av. 1827).

27. Le mandat n'est plus gratuit :

28. 1° Lorsqu'il a été stipulé dans le mandat que le mandataire ne serait salarié qu'en cas de succès de l'affaire (Cass. 6 mars 1827 ; Paris 26 juin 1836).

29. 2° Lorsque le mandant a promis au mandataire que s'il surveillait avec soin les intérêts qui lui sont confiés, *il s'en trouverait bien;* une telle promesse emportant obligation de payer une indemnité pour les soins donnés (Bordeaux, 5 fév. 1827).

30. 3° Lorsque le mandat étant salarié, le mandant le révoque, et que cette révocation est intempestive et préjudiciable aux intérêts du mandataire. Une indemnité, dans ce cas, peut être exigée, mais non le salaire convenu (Cass. 6 mars 1827 ; Paris, 26 juin 1836).

31. Encore bien qu'il ait été stipulé qu'un mandataire aurait droit à un salaire déterminé en cas de réussite d'une opération ou liquidation, et cela nonobstant toute révocation, et à titre d'avances et honoraires; cependant, ce mandataire peut être déclaré non-recevable à réclamer ce salaire, si, à défaut de soins et de démarches de sa part, le mandant a été obligé de choisir un autre mandataire qui a amené l'affaire à fin, et s'il ne justifie d'ailleurs d'aucune avance (Cass. 6 mars 1827 et 11 nov. 1834).

32. Et lorsqu'un mandat a été annulé comme obtenu par suite de manœuvres frauduleuses, le mandataire ne peut réclamer le salaire qui lui a été promis (Cass. 7 août 1837).

Art. 4. DE L'ÉTENDUE DU MANDAT.

33. *Il est* (le mandat) *ou spécial et pour une affaire ou certaines affaires seulement, ou général et pour toutes les affaires du mandant* (C. civ. 1987).

34. Par application de cet article il a été décidé : 1° que le mari qui a reçu pouvoir, par son contrat de mariage, de vendre un immeuble appartenant à sa femme, a par cela seul pouvoir de ratifier une vente antérieure du même immeuble (Cass. 17 mars 1840).

35. 2° Que le pouvoir donné à un mandataire de vendre les biens du mandant et d'en recevoir le prix, l'autorise à céder les sommes provenant de la vente et à toucher le prix de la cession (Bordeaux, 23 juill. 1826; 22 janv. 1827).

36. 3° Que la procuration contenant pouvoir de vendre ne renferme pas pouvoir suffisant pour recevoir le prix, alors surtout que le paiement ne doit pas être fait comptant; conséquemment, le paiement qui serait fait en pareille circonstance entre les mains du mandataire n'est pas libératoire (Rennes, 24 août 1822; Cass. 18 nov. 1824; Rouen, 9 nov. 1839).

37. 4° Que le mandat portant pouvoir de poursuivre la vente d'un immeuble ne donne pas autorisation au mandataire de se rendre adjudicataire au nom du mandant. Dans ce cas, il doit rester adjudicataire en son nom personnel (Bordeaux, 25 mai 1837; Cass. 1 av. 1839. -V. *inf.* n. 69). — Un tel pouvoir ne donne pas non plus le droit de toucher le prix de la vente (Rouen, 9 nov. 1839).

38. 5° Que l'ordre donné à un entrepreneur de payer les ouvriers emporte autorisation d'emprunter pour faire la paie, s'il ne lui a pas été laissé somme suffisante : le mandat de faire une chose comprenant le pouvoir de faire tout ce qui est nécessaire pour son exécution (Bordeaux, 9 fév. 1829; Cass. 24 fév. 1825, 15 fév. 1826 et 15 fév. 1830).

39. 6° Que le mandat de recouvrer une créance, alors qu'il a été consenti sous la forme d'un acte de cession irrévocable, donne pouvoir au mandataire de transiger et de compromettre (Bordeaux, 25 juill. 1826). — Mais le mandat à l'effet de recouvrer des rentes, de délivrer des quittances, de requérir hypothèques et opérer des rachats, ne contient pas nécessairement pouvoir de provoquer une expropriation et de délivrer à cet effet à un huissier un mandat spécial. Un tel mandat a bien pour effet de mettre à couvert la responsabilité de l'huissier, mais non de valider la saisie vis-à-vis du débiteur (Paris, 25 mai 1831 ; Colmar, 3 mars 1832).

40. 7° Que le mandat de poursuivre l'annulation d'une obligation par tous les moyens de droit, ne renferme pas le pouvoir d'interjeter appel (Rennes, 7 mai 1823).

41. 8° Qu'on ne peut, en vertu d'une procuration générale, se porter caution pour un tiers (Bruxelles, 13 fév. 1809).

42. 9° Que le pouvoir de plaider devant un tribunal supérieur est suffisant pour le recours en cassation (Cass. 20 mess. an XI). — A l'égard du pouvoir *spécial* de comparaître en justice devant un tribunal de police, il est suffisant pour avouer ou désavouer les faits du procès (Cass. 24 fév. 1809).

43. 10° Que le pouvoir de se concilier renferme celui de reconnaître la demande en partie (Douai, 13 mai 1836).

44. 11° Que le pouvoir de louer ne renferme pas celui de recevoir le prix du louage (Duranton, 12,51 ; Toullier, 7, 25).

45. Du reste, on remarquera que le mandataire ne peut jamais être investi du droit d'agir en justice en son nom

personnel : nul en France ne plaidant par procureur, si ce n'est le Roi (C. proc. 69 ; Aix, 18 fév. 1808 ; Cass. 29 oct. 1824 et 6 av. 1831 ; Nîmes, 23 déc. 1830).

46. *Le mandat conçu en termes généraux n'embrasse que les* ACTES D'ADMINISTRATION. — *S'il s'agit d'aliéner ou d'hypothéquer, ou de quelqu'autre* ACTE DE PROPRIÉTÉ, *le mandat doit être exprès* (C. civ. 1988).

47. ACTES D'ADMINISTRATION. Au sujet de la première disposition de cet article il a été décidé :

48. 1° Que la procuration contenant un pouvoir général et spécial pour tous les actes d'administration est suffisante pour autoriser le mandataire à donner à bail des biens immeubles, encore qu'ils ne fûssent pas dans les mains du mandant au moment où la procuration a été donnée et qu'ils dépendissent d'une succession non encore acceptée par le mandant (Orléans, 14 juin 1820 ; Cass. 8 août 1821).

49. 2° Que la charge générale d'une procuration pour régir et administrer ne donne pas le droit d'obliger le mandant par des billets étrangers à l'administration qu'il confie au mandataire (Bordeaux, 22 pluv. an IX).

50. 3° Que le mandat de louer à tels prix, clauses et conditions que le mandataire jugera convenables, peut suffire pour autoriser le mandataire à consentir un bail pour la durée de quinze années (Paris, 27 nov. 1813).

V. *Actes d'administration*, note 34 et *aux formules*, page 103, note B.

51. ACTE DE PROPRIÉTÉ. Relativement à la seconde disposition de l'art. 1988, il a été décidé :

52. 1° Que le mandat donné pour emprunter et hypothéquer à la sûreté des emprunts, autorise à constituer des hypothèques pour dettes antérieures (Cass. 23 janv. 1843 ; *Contrà*, Turin, 2 fév. 1811).

53. 2° Que le pouvoir de constituer une dot emporte pouvoir de consentir hypothèque sur les biens du mandant pour sûreté de la dot constituée (Paris, 17 mars 1829).

54. 3° Que le pouvoir illimité d'emprunter, d'hypothéquer et même d'aliéner, n'autorise point le mandataire à hypothéquer les biens de son mandant au profit de ses créanciers personnels : ce serait alors agir pour soi et non pour son mandant. - V. *sup.* n. 1 et 3. (Turin, 10 nov. 1810).

55. 4° Que le mandat de poursuivre par toutes voies de droit le remboursement d'une créance est, de la part du mandant, une autorisation suffisante pour accepter, du chef du débiteur, la succession à laquelle ce débiteur a renoncé (Bourges, 19 déc. 1821).

56. 5° Que le mandataire ne peut acquérir les biens qu'il est chargé de vendre, encore que ce ne soit pas du propriétaire, mais des créanciers de ce dernier, qu'il tienne son mandat (Liége, 3 déc. 1806). — Il en serait de même, à plus forte raison, de l'acquisition que le mandataire ferait sous le nom d'un tiers, son prête-nom, du bien de son mandant ; toutefois, le prête-nom ne serait pas recevable à opposer la nullité de la vente au mandataire à qui il aurait prêté son nom (Bordeaux, 27 fév. 1828).

57. 6° Que le mandat de souscrire des lettres de change et de soumettre ainsi le mandant à la contrainte par corps doit être exprès ; il ne peut s'induire d'un mandat général relatif aux biens et qui contiendrait pouvoir de régler et acquitter toutes les dettes du mandant (Aix, 10 juin 1833).

58. 7° Qu'une femme mariée ne peut valablement donner même à son mari une procuration pour contracter des emprunts illimités, cette procuration ne pouvant être donnée par la femme qu'en vertu d'une autorisation du mari également illimitée ou générale et conséquemment nulle (Cass. 18 mars 1840, 19 mai 1840 ; Proudhon ; Toullier ; Bellot — *Contrà*, Poitiers, 25 fév. 1823 ; Paris, 16 janv. 1838). V. *tome* 1, *p.* 103, *note* A.

59. 8° Que lorsque le mandat porte pouvoir d'emprunter une somme déterminée, si le mandataire l'emprunte deux fois, à deux prêteurs différents, le mandant est obligé envers tous deux (Zachariæ, 3, § 415). — Mais on peut l'éviter par la manière de faire la procuration. — V. la formule *d'autorisation*, p. 114, alin. 8 et la note *a* au bas de la page 115.

60. 9° Que le gérant d'une société en commandite ne peut vendre et hypothéquer les immeubles de la société qu'en vertu d'un mandat spécial (Cass. 21 av. 1841).

61. 10° Que le liquidateur d'une société de commerce doit être considéré comme un mandataire ordinaire, et comme ne pouvant, à ce titre, hypothéquer les immeubles sociaux sans un pouvoir exprès (Cass. 15 janv. 1812 ; 3 août 1819 ; 2 juin 1836).

V. *acte de propriété* note 34 et aux formules p. 103 note B.

62. *Le mandataire ne peut rien faire au-delà de ce qui est porté dans son mandat : le pouvoir de transiger ne renferme pas celui de compromettre* (C. civ. 1989).

63. Ce n'est point excéder son mandat :

64. 1° Que de régler les honoraires de l'officier public par qui se fait une vente, quand la procuration donne pouvoir de vendre et toucher le prix de cette vente. Ainsi, s'il y a eu réglement à ce sujet entre le notaire et le fondé de pouvoir chargé de vendre, le vendeur ne peut demander la taxe contre le notaire (Paris, 21 av. 1806).

65. 2° Que de souscrire une obligation pour *prêt*, quand le mandat contient pouvoir de consentir *obligation* et *billets* relatifs au commerce du mandat ; s'il résulte de l'aveu des parties qu'elle a pour cause réelle un solde de compte relatif à ce commerce (Cass. 8 juill. 1807).

66. 3° Que de s'obliger seul au nom de son mandant, lorsque le pouvoir était donné à plusieurs pour agir *conjointement*, si celui qui a agi était notoirement connu pour mandataire, et si le mandant n'a pas réclamé lorsqu'il a eu connaissance des actes de ce mandataire (Cass. 24 fév. 1829).

67. 4° Que de ratifier la renonciation faite sans pouvoir spécial par l'avoué du mandant à une exception existant en faveur de son client, lorsque le mandat était spécial à l'effet de se désister et de transiger (Cass. 26 mars 1834).

68. 5° Que d'adhérer à une société en commandite formée entre le débiteur en déconfiture et ses créanciers, en vertu d'un mandat donné pour traiter, composer, transiger, prendre tous arrangements en cas de faillite (Cass. 4 janv. 1843).

69. Mais quand le mandataire outrepasse les pouvoirs qui lui ont été donnés, il n'agit plus ni comme mandataire,

ni comme ayant-cause; il n'est plus qu'un tiers stipulant pour autrui sans droit ni qualité. Il faut alors examiner quel a été le mode d'obligation; car si le mandataire s'est porté fort ou se trouve sous l'application des principes posés aux art. 1120 et 1121 (V. note 52); — tandis que si le mandataire n'a agi qu'en sa seule qualité, l'obligation est absolument nulle, puisque celui au profit duquel il aura contracté a dû avant tout vérifier les termes du mandat. Toutefois, le mandant peut toujours ratifier ce qui a été fait en son nom, et l'obligation devient alors parfaite pourvu que l'autre partie n'ait pas jusqu'à ce moment retiré son consentement (C. J[al]. Pal.). — Dans tous les cas, celui qui a traité avec le non-mandataire a action contre celui-ci pour la restitution des sommes qu'il lui a indûment payées en sa qualité de mandataire (C. civ. 1235; V. *sup.* n. 37).

V. *inf.* n. 118 et suiv.

Art. 5. Par qui et a qui le mandat peut être donné.

70. Ainsi que nous l'avons déjà dit *sup.* n. 2, on ne peut donner procuration ni pour se marier ni pour tester. Mais il nous semble que rien n'empêche de se faire représenter dans un contrat de mariage par un mandataire (V. note 166). Il n'y a pas plus de prohibition pour ce cas que pour celui où un membre de conseil de famille, un tuteur, un subrogé-tuteur, un curateur et un exécuteur testamentaire se font représenter par des mandataires.

71. *Les femmes et les mineurs émancipés peuvent être choisis pour mandataires : mais le mandant n'a d'action contre le mandataire mineur, que d'après les règles générales relatives aux obligations des mineurs* (V. note 65) *et contre la femme mariée et qui a accepté le mandat sans autorisation* (V. note 68) *de son mari, que d'après les règles établies au titre du contrat de mariage et des droits respectifs des époux* (C. civ. 1990).

72. Le mandat doit être passé entre personnes capables (V. note 4), et c'est par exception seulement que l'article précité autorise les femmes mariées et les mineurs émancipés à se charger de l'exécution d'un pareil contrat. Sans doute, lorsque le mandat est conçu en termes généraux, la femme et le mineur émancipé ont toute capacité, puisque tous deux ont le droit d'administration. Mais il n'en est pas moins contraire aux règles rigoureuses du droit que la femme qui ne peut aliéner sans le consentement de son mari, que le mineur qui ne peut faire sans l'assistance de son curateur aucun acte qui dépasse les bornes de l'administration, aient la capacité de faire au nom d'autrui ce que ni l'un ni l'autre ne peuvent faire pour eux-mêmes. Du reste, l'article qui précède a pris soin d'avertir le mandant qu'il n'aurait dans ce cas contre le mandataire qu'un recours illusoire s'il était fait abus du mandat, et cela encore bien qu'il eût constitué un mineur émancipé pour mandataire, le croyant majeur; c'était à lui de prendre toutes ses précautions pour n'être pas en erreur (C. J[al]. Pal.).

73. Mais de ce que les femmes et les mineurs émancipés peuvent être mandataires, il n'en résulte pas qu'ils puissent charger un mandataire d'aliéner leurs biens, excepté que la femme soit séparée, et que le mineur étant émancipé, les actes à faire rentrent dans les bornes de leur capacité (Favard).

74. Toutefois, s'ils ont excédé leurs pouvoirs, les tiers qui auront contracté avec eux n'auront point le recours dont nous avons parlé *sup.* n. 69; la loi ayant entendu prémunir la femme et le mineur émancipé contre toute espèce d'engagement personnel entraînant une responsabilité. — V. note 65, n. 19 et *inf.* n. 92.

§ 2. Des obligations du mandataire.—Responsabilité.—Compte de gestion. — Substitution de pouvoirs. — Solidarité entre mandataires.

Art. 1. De la responsabilité du mandataire au cas d'inexécution ou de fautes dans sa gestion.

75. *Le mandataire est tenu d'accomplir le mandat tant qu'il en demeure chargé, et répond des dommages-intérêts qui pourraient résulter de son inexécution.—Il est tenu de même d'achever la chose commencée au décès du mandant, s'il y a péril en la demeure* (C. civ. 1991. — V. *inf.* n. 115).

76. Par application de cet article il a été décidé : 1° que si celui qui a reçu commission d'expédier des marchandises dans un bref délai les remet à un commissionnaire de roulage, pour être transportées dans un délai fixé, son mandat est rempli. Il n'est point responsable envers le mandant du retard qui a lieu par la faute du commissionnaire de roulage (Metz, 16 fév. 1816). — Il en est de même lorsqu'un mandataire a été chargé d'envoyer à un tiers *sous bon couvert* et de mettre lui-même à la poste des valeurs, il n'est pas, dans ce cas, responsable de la perte de ces valeurs arrivée faute d'avoir affranchi ou chargé la lettre d'envoi. Il suffit à sa justification qu'il soit établi que l'ordre donné a été exécuté de bonne foi (Paris 11 août 1842). — En tout cas, le mandataire n'est pas responsable de l'inexécution du mandat envers son mandant, lorsqu'elle n'a eu pour objet que d'éviter à celui-ci un dommage notable (Cass. 6 av. 1831; Bordeaux, 13 déc. 1831).

77. 2° Qu'une administration de messageries qui, moyennant un salaire convenu, se charge du recouvrement d'un effet de commerce, est responsable de l'inexécution du mandat à elle confié, encore que par suite d'un événement de force majeure, même public et connu de tous, la voiture du lieu où la traite était payable, n'ait pu partir, si d'ailleurs cette administration avait toute facilité de remettre la traite à celui qui la lui avait confiée, ou d'en faire le recouvrement par une autre voie que celle de sa voiture (Paris, 9 juin 1831).

78. 3° Que le commissionnaire qui, ayant déjà frété un navire pour expédier des marchandises conformément à l'ordre de son commettant, reçoit contre-ordre, doit suspendre l'expédition : s'il la consomme, elle reste pour son compte (Cass. 24 déc. 1817).

79. 4° Que celui qui est indiqué par une procuration comme le fondé de pouvoirs n'est cependant responsable de l'exécution du mandat, vis-à-vis du mandant, qu'autant qu'il se trouve être mandataire sérieux. Lors donc qu'un notaire chargé des intérêts d'une personne a fait donner par cette personne procuration à son clerc pour conserver lui-même le droit de dresser les actes, la responsabilité du mandat, à l'encontre du mandant, repose tout entière non sur le clerc, qui n'est qu'un simple prête-nom, mais sur le notaire (Orléans, 7 janv. 1842; Paris, 22 juin et 26 juill. 1843). — V. note 39, v[is] *clerc* et *mandataire*.

80. 5° Que pour exercer son action en dommages-inté-

rêts contre le mandataire qui a abusé du mandat, le mandant doit attendre que les pertes soient réalisées. Tant que ces pertes ne sont encore qu'éventuelles, les juges ne doivent pas même lui accorder une hypothèque pour sa garantie sur les biens de son mandataire (Paris, 20 mars 1811).

81. *Le mandataire répond non-seulement du dol, mais encore des fautes qu'il commet dans sa gestion. — Néanmoins, la responsabilité relative aux fautes est appliquée moins rigoureusement à celui dont le mandat est gratuit, qu'à celui qui reçoit un salaire* (C. civ. 1992).

Cet article a reçu les interprétations suivantes :

81 *bis*. 1° Le mandataire, alors surtout qu'il est salarié, est responsable envers le mandant de toute faute même légère et de toute négligence. — Par exemple, si après avoir refusé sans juste motif une offre qui lui était faite et qui était acceptable, il n'a pu vendre ensuite qu'à un prix inférieur (Aix, 23 av. 1813; Douai, 5 av. 1841). — Pour défaut de renouvellement d'inscriptions hypothécaires (Guadeloupe, 14 août 1839; Cass. 2 mars 1842). — Pour n'avoir point exécuté l'ordre donné par le mandant de faire assurer des marchandises au départ, si la perte de ces marchandises est ensuite arrivée par cas fortuit (Aix, 23 juin 1842). — Pour n'avoir point exécuté l'ordre donné par le mandant de se faire payer de ce qui lui est dû pour ses avances sur une personne désignée, et dans ce cas il n'est plus recevable à exiger du mandant son remboursement (Cass. 15 mars 1821).

82. 2° Celui qui reçoit des lettres de change pour en faire le recouvrement au profit du propriétaire et qui en détourne les fonds, est tenu comme mandataire et non comme dépositaire (Dijon, 26 juin 1816). — Mais seulement lorsque le mandat était purement gratuit et non salarié (Cass. 20 mai 1814). Toutefois, il en est autrement du mandataire salarié qui détourne ou dissipe les sommes qu'il doit administrer et rendre; il se rend coupable du délit d'abus de confiance prévu par l'art. 408 du C. pén. et est, en conséquence, passible des peines d'amende et d'emprisonnement (Cass. 18 nov. 1813).

83. 3° Dans ce cas, lorsqu'un mandataire a passé un acte de vente qui est préjudiciable à son mandant, si l'acquéreur a été de concert avec le mandataire, la vente peut être déclarée comme nulle et viciée de dol et de fraude (Cass. 8 mars 1825).

84. 4° L'inexécution ou l'exécution dommageable d'un mandat accepté donne lieu à des dommages-intérêts contre le mandataire, quand il y a faute grave de sa part; peu importe qu'il n'ait pas été salarié. Ainsi, un négociant qui a promis de faire accepter une lettre de change, et qui néglige d'obtenir cette acceptation, devient responsable en cas de faillite par le tireur (Aix, 23 av. 1813).

85. 5° Un mandataire salarié dont la négligence à déposer le montant des aliments quoiqu'il eût reçu la somme nécessaire, a donné lieu à la mise en liberté légale d'un débiteur, doit être condamné à payer au créancier les causes de l'arrestation de son débiteur en principal et accessoires; encore que le salaire du mandat fût très modique, et qu'il n'y ait eu qu'oubli de la part du mandataire (Paris, 26 nov. 1816).

86. 6° Le mandataire salarié qui transfère au nom de son mandant une rente sur l'État à un agent de change, et qui néglige de se faire payer du prix dans les trois jours suivants, commet une faute et devient responsable de l'insolvabilité de cet agent de change, survenue le quatrième jour (Paris, 22 av. 1824).

87. 7° La modicité du salaire n'est pas un motif suffisant pour affranchir entièrement le mandataire de la réparation du dommage par lui causé en ne remplissant pas son mandat. C'est seulement une raison pour modérer la condamnation (Cass. 2 janv. 1831).

88. 8° Le mandataire chargé d'opérer le recouvrement des effets de commerce, et qui, au lieu de poursuivre le débiteur en cas de non-paiement, ainsi que son mandat lui en imposait l'obligation, reçoit d'autres effets de commerce et les envoie à son commettant, doit garantir le paiement de ces effets, alors surtout qu'il a perçu un droit de commission, perception qui, dans l'usage du commerce, assujétit le mandataire à la garantie des effets par lui reçus en paiement (Grenoble, 29 mars 1822).

Art. 2. DU COMPTE DE GESTION.

89. *Tout mandataire est tenu de rendre compte de sa gestion, et de faire raison au mandant de tout ce qu'il a reçu en vertu de sa procuration, quand même ce qu'il aurait reçu n'eût point été dû au mandant* (C. civ. 1993).

Cet article a reçu les interprétations suivantes :

90. Le mandataire qui prouve par pièces avoir employé en l'acquit de son mandant les sommes qu'il a touchées pour ce dernier, peut être dispensé de lui rendre un compte en forme (Cass. 11 janv. 1843).

91. Un clerc de notaire n'est pas nécessairement réputé le mandataire de ce dernier, et à ce titre tenu de lui rendre compte comme un mandataire ordinaire des sommes qu'il a touchées ou payées en son nom, alors qu'il n'a agi que sous la surveillance et d'après les ordres du notaire. — Ce compte ne peut surtout être exigé du clerc, après qu'un long temps s'est écoulé depuis qu'il est sorti de l'étude du notaire où sont demeurées toutes les pièces nécessaires pour l'établir et le justifier. — Dans ce cas, le notaire n'a contre son clerc qu'une action pour se faire par lui rembourser les sommes qu'il prouverait avoir été détournées à son préjudice (Cass. 11 juin 1839).

92. La femme qui, comme mandataire de son mari, a touché des sommes appartenant à ce dernier, doit, de même que tout autre mandataire, rendre compte de son mandat. Tant que ce compte n'a pas été rendu, elle est présumée avoir seule profité des sommes par elle touchées pour son mari, surtout quand ce dernier est décédé peu de temps après la réception de la somme et qu'il résulte des circonstances que la femme a dû retenir ou détourner cette somme d'une manière quelconque à son profit (Cass. 18 déc. 1834. — *Contrà*, Arg. C. civ. 1450, Toullier, 14, 362; Delvincourt, 3, 120; Bellot, 4, 309. Suivant ces auteurs, il existe à l'égard de la femme qui s'ingère dans l'administration des biens de son mari la même présomption de libération qu'à l'égard d'un commis vis-à-vis de son patron). — V. *sup*. n. 69 et 74.

93. La dispense de rendre compte donnée dans le mandat par le mandant au mandataire peut être déclarée licite et valable, alors du moins qu'il s'agit d'un mandat confié par un fils à son père, et que la dispense de rendre compte paraît avoir eu pour objet de procurer des aliments au père (Cass. 24 août 1831).

94. Lorsque le mandat a été donné par quelqu'un en qualité d'héritier, s'il arrive ultérieurement que par jugement passé en force de chose jugée il perde cette qualité, l'héritier véritable peut exiger directement du mandataire qu'il lui rende compte de la gestion parfaite du mandat et le mandataire n'est point fondé à dire qu'il ne doit compte qu'à la personne de son mandant (Paris, 4 mai 1811).

95. Le mandataire qui, avant l'apurement du compte qu'il doit à son mandant, est devenu cessionnaire d'une créance sur ce dernier et en a poursuivi le paiement, compense cette créance avec le reliquat dont il pourra être tenu, et ce, par préférence au transport de ce reliquat éventuel que le mandant aurait depuis fait à un tiers (Paris, 18 av. 1836).

96. Lorsque les recettes et les dépenses d'un compte ne sont établies que sur l'aveu du mandataire, les juges ne peuvent diviser cet aveu pour rejeter des articles du compte et admettre les autres (Cass. 8 juin 1842).

97. Le co-mandataire, même solidaire, n'est pas responsable de ce que son co-mandataire a fait en dehors des limites de son mandat : ainsi, lorsque deux co-mandataires solidaires ont été chargés de vendre les biens du mandant, à la charge de lui compter une somme déterminée, quel que fût le prix de vente, et que l'un d'eux, abusant de son mandat, ait touché plus qu'il n'avait droit de recevoir, l'autre mandataire n'est pas responsable des sommes abusivement reçues par son co-mandataire.—Et si, dans ce cas, le mandant, après avoir poursuivi pour les contraindre à payer une seconde fois les acquéreurs qui avaient mal payé une première, leur a fait remise de la dette, cette remise doit réduire d'autant, en ce qui touche le mandataire qui a bien géré, la somme déterminée qu'il s'était engagé à payer au mandant (Cass. 6 av. 1841)

97 *bis*. Le mandataire qui fait remise de partie de la créance n'en doit pas moins compte de la totalité comme s'il l'avait reçue (Cass. 6 av. 1841). — Toutefois, il ne doit pas compte des intérêts usuraires qu'il a pu percevoir à l'aide des capitaux provenant du mandat, et le mandant ne peut exiger ce compte sans se rendre complice de l'usure (Metz, 6 fév. 1824).

Art. 3. DE LA SUBSTITUTION DE POUVOIRS.

98. *Le mandataire répond de celui qu'il s'est substitué dans la gestion. — 1° quand il n'a pas reçu le pouvoir de se substituer quelqu'un; — 2° quand ce pouvoir lui a été conféré sans désignation d'une personne, et que celle dont il a fait choix était notoirement incapable ou insolvable. — Dans tous les cas, le mandant peut agir directement contre la personne que le mandataire s'est substituée* (C. civ. 1994).

99. Il résulte de cet article que le mandataire n'est pas tenu d'accomplir par lui-même le mandat, et qu'il peut, sauf stipulation contraire, en charger un tiers, des faits duquel il doit répondre (Disc. Cons. d'Ét.). — Et il en répond toujours, excepté dans les deux cas suivants :

100. I° Lorsque la procuration contient le pouvoir de substituer *telle personne nominativement*, auquel cas, le mandataire usant de ce pouvoir, c'est le substitué qui le remplace et devient seul l'homme du mandant. D'où il suit; —1° que le substitué étant, dans ce cas, l'homme du mandant, le mandataire primitif ne saurait être tenu, en aucune manière, de l'usage que pourra faire le substitué du pouvoir qui lui est confié ; —2° que le mandant doit ratifier tout ce que le substitué aura fait en vertu de la substitution s'il s'est conformé au mandat originaire ; — 3° Que le mandant seul peut le révoquer, et que le mandataire primitif ne le peut pas; — 4° que le substitué doit compte de sa gestion au mandant et non au mandataire, lequel, au contraire, doit lui-même au substitué compte de sa gestion momentanée ; —5° et que la mort du mandataire n'altère pas les pouvoirs du substitué, valables jusqu'au décès du mandant.

101. Il y a même à remarquer que le mandataire principal qui s'est substitué une personne ne devient pas responsable de la gestion de cette personne, par cela que depuis la substitution, le mandant l'aurait autorisé, pour la même espèce d'affaires, à choisir toute personne qui lui paraîtrait capable (Cass. 10 juill. 1827).

102. II° Lorsque la procuration contient le pouvoir de *substituer* sans désigner la personne que le mandataire devait choisir, pourvu que le substitué fût alors notoirement *solvable et capable*. Si, en effet, le substitué était notoirement *solvable* et *capable*, le mandataire est affranchi de toute garantie des faits du substitué, d'où l'on doit conclure que le substitué, sauf quelques modifications, devient tout-à-fait l'homme du mandant, et par conséquent : — 1° que le mandant est tenu de ratifier tout ce que le substitué a fait par suite de cette substitution;—2° que la mort du mandataire ne fait pas cesser la substitution, laquelle n'est éteinte de plein droit que par le décès du mandant; — 3° que le mandant peut, à toute heure, révoquer le substitué, encore qu'il ne juge pas à propos de révoquer le mandataire qui l'avait établi ; — 4° que le substitué peut valablement rendre compte au mandataire qui lui a transmis ses pouvoirs, et que celui-ci peut même l'y contraindre sans que le substitué puisse s'y soustraire, sous prétexte qu'il est devenu l'homme du mandant; — 5° que le substitué est déchargé valablement tant envers le mandant qu'envers le mandataire par la quittance de ce dernier ; — 6° et que le mandataire a le droit de révoquer le substitué, lequel, quoique tenu envers le mandant, n'en tient pas moins ses pouvoirs du mandataire primitif : toutefois, il est plus prudent, dans ce cas, de donner formellement au mandataire le pouvoir de révoquer la substitution.

103. Mais si, au contraire, le substitué était notoirement *insolvable* ou *incapable*, le mandataire est responsable de la gestion du substitué et celui-ci devient tout-à-fait l'homme du mandataire.

104. Lorsque la substitution a été faite par un mandataire *qui n'en avait pas reçu le pouvoir* ou à qui cette faculté avait été *interdite*, il est constant que dans les deux cas le substitué n'est que l'homme du mandataire. D'où il suit que c'est régulièrement au mandataire qu'il doit rendre compte ; que c'est par lui qu'il doit être révoqué, et qu'il ne peut pas agir après la mort naturelle ou civile du mandataire. — Mais, dans ce cas, le mandant n'est point privé d'action contre le substitué ; il peut, s'il le juge à propos, agir directement contre lui par application de l'art. 1994 rappelé *sup*. n. 98; il profite de l'avantage d'un choix fait sans son autorisation ou au mépris de sa défense, et conserve tous ses droits contre le mandataire qui a outrepassé le mandat.

105. Mais, dans tout état de cause, c'est au mandant

que le mandataire primitif doit rendre compte de la gestion qu'il a eue, et non à la personne qu'il se serait substitué même en vertu d'un pouvoir exprès. — V. cependant *sup.* n. 100-4°.

106. Le pouvoir de substituer contenu en une procuration doit-il être limité à la personne du mandataire, ou bien la faculté de substituer passe-t-elle aux substitués eux-mêmes à l'infini? Nous croyons que le pouvoir de substituer est personnel au mandataire primitif et ne passe point au substitué; l'art. 1994 du C. civ. le donne suffisamment à entendre, car il ne fait mention que du mandataire et du substitué et non de ceux que ce dernier se serait substitués. C'est au surplus un droit assez exorbitant que celui de mettre quelqu'un à sa place sans encore l'étendre au-delà des termes de la loi. Si l'intention du législateur avait été d'étendre la faculté de substituer, il se serait infailliblement expliqué sur les effets d'une substitution illimitée en donnant une part de responsabilité au substitué vis-à-vis de ceux qu'il aurait commis à sa place, car on ne saurait admettre que le mandataire primitif devienne responsable de ces derniers à la nomination desquels il n'a nullement pris part. — La seule manière légale d'user plusieurs fois de la faculté de substituer est de révoquer les pouvoirs donnés au substitué, et alors le mandataire primitif transmet les pouvoirs à un autre comme s'il n'avait jamais substitué.

107. Mais ceci nous amène à poser une autre question, qui est celle de savoir si, quand le mandataire primitif a substitué quelqu'un dans tous ses pouvoirs sans s'en réserver aucun, il peut encore faire usage de sa procuration en même temps que le substitué en fait lui-même usage. — Il le peut, selon nous, tant qu'il est responsable de la gestion de son substitué et que celui-ci ne relève que de lui, car, dans ce cas, le mandataire primitif doit être considéré comme un mandant vis-à-vis de son substitué. Or, par cela seul qu'on a donné pouvoir de faire, on n'a pas entendu pour cela se priver du droit de faire soi-même, si on le juge convenable. — Mais il ne le peut au cas d'une procuration contenant pouvoir de substituer *telle* personne, parce que alors le substitué ne relève plus que du mandant, et que le mandataire est déchargé de toute responsabilité et n'a même plus le droit de révoquer le substitué désigné.

108. Sauf les exceptions dont est parlé *sup.* n. 100 et 102, le mandataire est responsable et s'oblige personnellement, s'il n'y a positivement convention contraire, même quand il substitue dans l'intérêt de son mandant (Paris, 10 nov. 1812). — Cependant il a été décidé que le capitaine d'un navire, chargé de vendre des marchandises dans un lieu désigné par la facture, mais qui n'en trouvant pas un prix assez avantageux dans ce lieu, les y laisse en consignation seulement, peut être considéré comme ayant suffisamment rempli son mandat, s'il a pu croire en cela mieux servir les intérêts de son mandant. Si donc, il arrive que les marchandises soient vendues par le consignataire pour un prix inférieur à celui auquel le capitaine lui-même eût pu les vendre dans les lieux indiqués pour la vente, celui-ci n'est pas tenu d'en payer la différence à son mandant (C. civ. 1989; Cass. 18 mars 1835).

Art. 4. DE LA SOLIDARITÉ ENTRE LES MANDATAIRES. — EN QUELS CAS LE MANDATAIRE DOIT DES INTÉRÊTS ET EST DÉCHARGÉ DE TOUTE RESPONSABILITÉ VIS-A-VIS DES TIERS.

109. *Quand il y a plusieurs fondés de pouvoirs ou mandataires établis par le même acte, il n'y a de solidarité entre eux qu'autant qu'elle est exprimée* (C. civ. 1995).

110. Cet article ne fait qu'appliquer au mandat les règles ordinaires qui régissent la solidarité (C. civ. 1202). — Toutefois, si plusieurs mandataires se chargent d'une affaire indivisible, ils seront tenus non pas expressément comme des débiteurs solidaires, mais comme le sont les codébiteurs d'une chose indivisible par application des art. 1222 et suiv. du C. civ. (C. J[al]. Pal.). — V. *sup.* n. 97.

111. *Le mandataire doit l'intérêt des sommes qu'il a employées à son usage, à dater de cet emploi; et de celles dont il est reliquataire, à compter du jour qu'il est mis en demeure* (C. civ. 1996).

112. Cet article est applicable de plein droit aux débets des préposés de l'administration de l'enregistrement et des domaines et de toutes les administrations et régies des contributions directes (Av. Cons. d'Et. 20 juill. 1808).

113. Le mandataire qui a reçu le remboursement d'une rente due à son mandant, et qui en a employé le capital à ses propres affaires, peut être condamné à payer au mandant les arrérages de la rente comme s'étant volontairement substitué au débiteur; mais il ne saurait être admis à opposer au mandant la prescription de cinq ans pour les arrérages échus, parce qu'en recevant le remboursement de la rente il a lui-même conservé les droits du mandant (C. civ. 2277; Cass. 21 mai 1822).

114. La mise en demeure résulte suffisamment de la simple sommation extrajudiciaire adressée par le mandant au mandataire pour le contraindre à payer les sommes dont il est reliquataire; une demande judiciaire n'est pas nécessaire (Bourges, 13 av. 1840; Duranton, 18, 248).

115. Les intérêts, quand il s'agit de réparations d'un fait dommageable, notamment de l'inexécution d'un mandat, peuvent être accordés à partir d'une époque antérieure à la demande. A ce cas ne s'applique pas l'art. 1153 qui n'est relatif qu'aux obligations se bornant au paiement d'une certaine somme (Cass. 30 janv. 1826, 23 juill. 1835).

116. Lorsque l'un des créanciers d'un individu a reçu mandat des autres créanciers à l'effet de vendre et de recevoir le prix des biens à eux abandonnés par leur débiteur, l'application faite à tort par ce créancier dans son compte de gestion d'une partie des deniers dont il est reliquataire, au paiement de ses créances personnelles, constitue l'emploi de ces deniers à son profit, et par suite il en doit les intérêts à dater de cet emploi (Bourges, 13 av. 1840).

117. La preuve de l'emploi des sommes à l'usage du mandataire doit être mise à la charge du mandant, même relativement à l'époque à laquelle l'emploi aurait eu lieu (Duranton, 18, 146.— *Contrà*, C. J[al]. Pal.).

118. *Le mandataire qui a donné à la partie avec laquelle il contracte en cette qualité une suffisante connaissance de ses pouvoirs, n'est tenu d'aucune garantie pour ce qui a été fait au-delà, s'il ne s'y est personnellement soumis* (C. civ. 1997).

119. Mais quand est-ce que le mandataire sera réputé avoir donné une suffisante connaissance de ses pouvoirs? Si, comme cela a été décidé (V. note 35, n. 54) une annexe fait partie de l'acte notarié auquel elle est jointe, la lecture (V. note 16) qui est faite de cet acte par le notaire aux parties est censée comprendre aussi celle de l'annexe, et alors on doit tenir pour constant que la partie a eu par

cette lecture connaissance ou communication de tous les pouvoirs contenus en la procuration annexée à l'acte notarié. — Si cependant l'opinion contraire prévaut, il faut convenir alors qu'il ne serait point inutile de mentionner dans tout acte fait en vertu d'une procuration, si la partie a eu connaissance des pouvoirs qui y sont contenus, car nous ne voyons pas que cette connaissance résulte de l'énoncé que l'on fait ordinairement de cette procuration dans les actes. — C'est pour éviter toute équivoque sur ce point que nous conseillons de libeller cet énoncé de la manière indiquée en la formule de *délégation*, p. 358, alin. 4.

120. Il s'agit, en effet, d'un point fort important, car le mandataire qui a excédé ses pouvoirs a fait une chose nulle; il n'a pu engager ni son mandant ni celui avec qui il a contracté; cependant le tiers qui aura traité de bonne foi et qui aura intérêt à l'exécution de ce traité pourra exercer son recours contre le mandataire s'il a ignoré l'étendue des pouvoirs de ce dernier, tandis qu'il ne le pourra s'il a connu les limites de ces mêmes pouvoirs.

121. Mais suivant le Code du Journal du Palais, l'art. 1997 précité du C. civ. doit être entendu en ce sens que la garantie de la part du mandataire n'aura lieu que dans le cas où le mandataire serait en faute pour n'avoir pas donné une suffisante connaissance de ses pouvoirs; car si la partie avec laquelle il a contracté n'a pas même demandé à faire cette vérification, en sorte que le mandataire aura lui-même traité de bonne foi, cette garantie ne devra pas être prononcée. Cette partie elle-même doit se reprocher d'avoir agi légèrement.

122. Par application de l'art. précité du C. civ. il a été décidé que des agents et syndics d'une faillite qui, agissant comme mandataires, ont donné à la partie une connaissance suffisante de l'acte en vertu duquel ils agissaient, ne sont tenus à aucune garantie pour ce qui a été fait au-delà (Cass. 28 mars 1814).

V. *sup.* n. 69 et 74.

§ 3. DES OBLIGATIONS DU MANDANT RELATIVES AUX ENGAGEMENTS, AVANCES ET PERTES ET SALAIRE DU MANDATAIRE. — INTÉRÊTS DUS AU MANDATAIRE. — SOLIDARITÉ ENTRE MANDANTS.

Art. 1. DE L'EXÉCUTION DES ENGAGEMENTS PRIS PAR LE MANDATAIRE.

123. *Le mandant est tenu d'exécuter les engagements contractés par le mandataire, conformément au pouvoir qui lui a été donné. — Il n'est tenu de ce qui a pu être fait au-delà, qu'autant qu'il l'a ratifié expressément ou tacitement* (C. civ. 1998).

124. Quand une femme a signé des billets comme mandataire de son mari, et seulement pour renouveler d'anciens billets signés de lui, en y joignant les accessoires indispensables, et pour le préserver d'exécutions dommageables encourues par son défaut de paiement, la femme a été en cela nécessairement *negotiorum gestor*, et le mari dont l'affaire a été administrée doit remplir les engagements que sa femme a contractés en son nom (Dijon, 26 juin 1816).

125. Les pouvoirs du mandataire prennent fin dès que l'opération dont il a été chargé est consommée. — V. *inf.* n. 144.

126. Le mandataire peut être *personnellement* responsable des engagements par lui pris pour son mandant, lorsqu'il a seul provoqué le traité, que c'est avec lui seul que ce traité a été passé, qu'il en a reçu le prix et qu'il a promis de le faire exécuter (Cass. 10 août 1831 et 19 janv. 1832).

127. Le mandant ne peut être considéré comme un tiers à l'égard du mandataire. — En conséquence, les actes du mandataire faits dans les limites de son mandat, et notamment un bail sous seing-privé, obligent le mandant, bien qu'ils n'aient acquis date certaine que depuis la révocation du mandat, sauf les cas de dol ou de fraude (Bordeaux, 22 janv. 1827; (Cass. 19 nov. 1834; Paris, 7 janv. 1834; Bourges, 17 mai 1842).

128. La ratification des actes faits par un mandataire qui a excédé ses pouvoirs assure effet à ses actes, et ne permet pas de les quereller par action en rescision, encore que la ratification ne contienne pas la substance des conventions ratifiées et la mention des motifs de l'action en rescision. — A cet égard, l'art. 1338 applicable à la ratification des obligations qu'on a souscrites soi-même ne s'applique pas aux conventions faites par un mandataire; la ratification de celles-ci étant réglée par l'art. 1998 précité du C. civ. (Cass. 26 déc. 1815).

129. En tout cas, le mandataire qui a excédé les bornes de son mandat, ne peut, pour mettre sa responsabilité à couvert, se prévaloir de l'approbation de ses actes par le mandant, lorsque cette ratification est contenue dans une lettre confidentielle adressée par le mandant à un tiers (Lyon, 21 juill. 1819; Cass. 4 av. 1821). — V. note 53, n. 18.

130. La question de savoir si le mandant a ratifié un acte fait par le mandataire en dehors de ses pouvoirs est dans les attributions exclusives des Cours royales et ne saurait renfermer une violation de la loi (Cass. 18 nov. 1824).

131. Toutefois, le fait par un mandant d'avoir participé aux bénéfices qui sont résultés d'une opération en dehors des termes du mandat, n'emporte pas nécessairement ratification de l'excès de pouvoir du mandataire et peut n'être pas considéré comme une ratification tacite (Bordeaux, 21 mars 1837).

Art. 2. DES AVANCES ET PERTES ET DU SALAIRE DU MANDATAIRE.

132. *Le mandant doit rembourser au mandataire les* AVANCES *et* FRAIS *que celui-ci a faits pour l'exécution du mandat, et lui payer ses* SALAIRES, *lorsqu'il en a été promis. — S'il n'y a aucune faute imputable au mandataire, le mandant ne peut se dispenser de faire ces remboursements et paiements, lors même que l'affaire n'aurait pas réussi, ni faire réduire le montant des frais et avances, sous le prétexte qu'ils auraient pu être moindres* (C. civ. 1999).

133. *Le mandant doit aussi indemniser le mandataire des* PERTES *que celui-ci a essuyées à l'occasion de sa gestion, sans imprudence qui lui soit imputable* (C. civ. 2000).

134. AVANCES. Le mandataire ne peut, sans autorisation spéciale, payer aux tiers dont il obtient des emprunts pour son mandant, des suppléments d'intérêt ou droits de commission non autorisés par la loi ou par l'usage : les sommes par lui ainsi payées restent à sa charge personnelle (Paris, 18 av. 1836).

135. Le notaire qui, en qualité de mandataire de l'une de ses parties, a payé au conservateur des hypothèques, pour radiation d'inscriptions frappant les biens du man-

dant, un droit plus élevé que celui fixé par la loi, ne peut exiger du mandant le remboursement de ce qui a été payé en trop; il y a faute à payer ce qui n'est pas dû (Amiens, 21 nov. 1823).

156. Le gérant nommé par un concordat entre le failli et ses créanciers peut être privé du remboursement de ses avances, et être déclaré comptable des sommes non recouvrées pour défaut de diligences (Rouen, 16 fév. 1829).

157. Les objets confiés au mandataire par le mandant ne peuvent être retenus par lui à titre de gages pour sûreté des avances qu'il fera pour le mandant. Il ne peut, comme tout autre créancier, qu'agir par les voies de droit pour se faire payer (Bordeaux, 14 janv. 1830). — Cependant, celui qui a acheté des marchandises pour un commerçant n'est pas tenu d'en faire la délivrance si on ne lui paie toutes les dépenses qu'il a faites à l'occasion de son mandat, encore que le commerçant soit tombé en faillite, et que la majorité de ses créanciers lui ait accordé une remise. — Dans ce cas, si le mandataire a expédié une partie des marchandises à son commettant, et s'il a ensuite signé le concordat, il n'est présumé avoir accordé une remise que pour les marchandises expédiées (Bruxelles, 13 juin 1810; Duranton, 8, 264).

158. L'avoué qui a payé les honoraires dûs à l'avocat dont il a réclamé le ministère est fondé à en réclamer le montant de son client (Cass. 30 déc. 1840. -J[al]. Man. art. 20).

159. FRAIS. En règle générale, le mandataire doit être indemnisé des frais qu'il a faits pour le mandant. — Toutefois, lorsque le mandat est donné par un fonctionnaire public à raison de ses fonctions, il ne donne pas lieu, comme le mandat ordinaire, à l'action personnelle contre le mandant. Ainsi, un receveur d'enregistrement qui charge un huissier de poursuivre des redevables n'est point tenu personnellement des frais dûs à cet huissier (L. 22 frim. an VII, art. 66; Cass. 24 mars 1825).

140. SALAIRES. Le gérant nommé par un concordat passé entre le failli et ses créanciers n'a aucun droit aux honoraires qui lui ont été promis, si, par sa négligence, il n'a pas rempli son mandat (Rouen, 16 fév. 1829).

141. Le mandataire dont le mandat est révoqué cesse d'avoir droit au salaire promis, encore qu'il gère utilement, si d'ailleurs le mandant s'est donné un gérant salarié (Bruxelles, 24 fév. 1810). — Il doit en être de même quand le mandataire n'a fait aucune démarche ni avances pour l'accomplissement de son mandat, et que la chose se trouve accomplie sans révocation de mandat, surtout quand c'est par les soins d'un autre mandataire (Cass. 11 nov. 1834.)— Dans tous les cas, les créanciers d'un mandant ne sont pas recevables à opposer au mandataire qui réclame le salaire stipulé, qu'il n'a pas accompli le mandat, alors que, depuis ce prétendu non-accomplissement, le mandataire a renouvelé sans fraude et sur transaction la promesse de la somme stipulée pour salaire. Il en est ainsi alors surtout que le salaire est réclamé non par le mandataire mais par son cessionnaire de bonne foi (Cass. 18 juill. 1843).

142. Lorsque le mandataire n'a pu exécuter son mandat qu'après les délais qui lui avaient été prescrits, s'il est cependant établi qu'il a agi pour le mieux des intérêts du mandant, ce dernier doit être condamné au paiement des avances, frais et salaires dûs au premier (Cass. 25 juin 1834).

143. Il n'est pas dû de salaire au mandataire lorsqu'il s'est immiscé frauduleusement dans les affaires d'autrui au moyen d'un mandat annulé comme dolosif et frauduleux (Cass. 7 août 1837).

144. Le mandataire auquel il est dû des salaires n'est pas en droit de saisir entre les mains des débiteurs de ses mandants les sommes appartenant à ceux-ci, lorsqu'il y a un règlement de compte à faire entre ses mandants et lui, et qu'ainsi sa créance n'est pas certaine et liquide (C. proc. 559; Paris, 27 fév. 1828). — Il ne le peut, lors même que le mandant a reconnu le compte des avances du mandataire, en ajoutant que, par suite de leurs opérations, le mandataire lui devait diverses sommes qui balançaient son compte; cette reconnaissance n'établissant point en faveur du mandataire un titre liquide, sa qualité de comptable le faisant même présumer débiteur jusqu'à règlement définitif (Bordeaux, 1 août 1817).

145. Le mandat ayant pour objet une chose illicite ne peut donner lieu à aucune indemnité au profit du mandataire (Turin, 12 déc. 1807).

V. *honoraires* et *vacations*, note 5.

146. PERTES. En règle générale, le mandataire doit être indemnisé de ses pertes arrivées sans imprudence de sa part. — Cependant, lorsque les pertes ont été occasionnées par un fait de force majeure, et spécialement par un fait du Prince, le mandant n'est pas tenu d'en indemniser le mandataire (Paris, 26 juill. 1839; Cass. 23 déc. 1840). — V. note 9, n. 34.

147. Lorsqu'un ancien Notaire a consenti à gérer une étude par intérim jusqu'à ce que le propriétaire de l'office ait atteint l'âge requis par les lois, les dommages-intérêts auxquels il a droit, en cas d'inexécution du traité, doivent être proportionnés, non-seulement aux frais de déplacement, mais encore aux bénéfices dont il a été privé (Agen, 21 mai 1836; Toullier, 6, 263).

ART. 3. DES INTÉRÊTS DUS AU MANDATAIRE. — V. note 49.

148. *L'intérêt des avances faites par le mandataire lui est dû par le mandant, à dater du jour des avances constatées* (C. civ. 2001).

149. Des gages ou émoluments dus à un mandataire et reconnus par le mandant dans un arrêté de compte, ne sont pas productifs d'intérêts, comme le seraient des avances faites par le mandant pour le mandataire (Cass. 10 fév. 1836).

150. Les intérêts des avances doivent être alloués à raison de 6 p. 0/0, bien que le mandant ne soit pas négociant, si le mandat avait néanmoins un caractère commercial (Cass. 18 fév. 1836).

151. Par ces mots *avances constatées* employés dans l'article précité, on doit entendre que les intérêts courent du jour même où il est établi par titres et pièces ou autres documents que ces avances ont été faites, pour que alors le mandataire n'éprouve aucun préjudice des services par lui rendus au mandant, et non du jour où il a été constaté avec le mandant qu'elles ont été faites, parce que alors le mandataire, pour obtenir l'intérêt de ses avances, serait obligé de les faire constater en justice, et alors il pourrait arriver qu'ils ne lui fussent alloués qu'à partir d'une

époque postérieure à la demande, d'où il suivrait qu'il serait moins bien traité qu'un créancier ordinaire.

152. Mais bien que les Notaires soient, dans toute l'acception du mot, les mandataires de leurs clients, ils n'ont cependant droit aux intérêts des sommes par eux avancées pour droit d'enregistrement des actes passés devant eux par ces mêmes clients, qu'à compter du jour de la demande en justice, et non à partir du jour même des avances. On se fonde pour cela sur ce que l'article précité du C. civ. n'a point modifié les art. 29 et 30 de la loi du 22 frim. an VII. qui ont chargé les Notaires d'acquitter ces droits (Caen, 7 juin 1837 ; Cass. 30 mars 1830, 11 nov. 1833, 24 juin 1840; — *Contrà*, Amiens, 21 nov. 1823; Riom, 8 déc. 1838). — Mais la stipulation de ces intérêts dans l'acte, et la prise d'un exécutoire devant le juge de paix les font courir. - V. note 5, n. 125.

Art. 4. DE LA SOLIDARITÉ ENTRE LES MANDANTS.

153. *Lorsque le mandataire a été constitué par plusieurs personnes pour une affaire commune, chacune d'elles est tenue solidairement envers lui de tous les effets du mandat* (C. civ. 2002).

154. Lorsqu'un mandat a été donné par deux personnes pour gérer une affaire qui leur est commune, et dans laquelle une troisième est intéressée, la solidarité pour le paiement des dépenses faites par le mandataire ne peut être limitée aux parts dont sont tenus personnellement les signataires du mandat. Elle doit, au contraire, embrasser la totalité des sommes dues au mandataire, même la part à la charge de la partie qui n'a pas stipulé dans le mandat (Cass. 11 fév. 1834).

155. Les Notaires ont une action solidaire contre chacune des parties pour le paiement de leurs déboursés et honoraires, même quand il est stipulé que ces frais seront à la charge de *telle* ou *telle* partie (V. note 5, n. 9 et suiv.).

156. L'avoué a aussi une action solidaire pour le paiement de ses frais contre les parties qui l'ont constitué (Liége, 2 av. 1810; Rennes, 25 août 1812, 29 mars 1829; Paris, 9 fév. 1833).

157. Dans le cas de gestion volontaire de l'affaire d'autrui, la ratification de cette gestion de la part du propriétaire le lie envers le gérant comme le mandat exprès, notamment en ce qui touche l'obligation solidaire de rembourser au mandataire ses frais et avances. Ceci s'applique au cas d'approbation donnée par l'administration des domaines à des poursuites exercées par un tiers dans l'intérêt de l'Etat (Cass. 11 fév. 1834).

V. *sup.* n. 109 et suiv.

§ 4. DES DIFFÉRENTES MANIÈRES DONT LE MANDAT FINIT.

158. Le mandat finit tout naturellement par l'achèvement de l'opération pour laquelle il a été donné : dès-lors le mandataire ne peut postérieurement et d'accord avec la partie adverse, anéantir cette opération pour lui en substituer une autre qui soit obligatoire pour le mandant, et cette partie adverse ne peut, dans ce cas, avoir droit à des dommages-intérêts contre le mandataire dont le mandant refuse d'approuver l'opération (Bourges, 19 juill. 1831).

159. *Le mandat finit* aussi PAR LA RÉVOCATION du mandataire, — PAR LA RENONCIATION *de celui-ci au mandat*, — PAR LA MORT NATURELLE OU CIVILE, L'INTERDICTION *ou la* DÉCONFITURE, *soit du mandant*, *soit du mandataire* (C. civ. 2003).

160. PAR LA RÉVOCATION. *Le mandant peut révoquer sa procuration quand bon lui semble, et contraindre, s'il y a lieu, le mandataire à lui remettre, soit l'écrit sous seing privé qui la contient, soit l'original de la procuration, si elle a été délivrée en brevet, soit l'expédition s'il en a été gardé minute* (C. civ. 2004).

161. En principe, le mandat est révocable à la volonté du mandant. Mais cette faculté cesse pour le mandant, lorsque le mandat a été donné comme condition d'un engagement synallagmatique ; tel est le mandat donné tout-à-la-fois dans l'intérêt du mandataire et du mandant, et comme condition d'un contrat passé entre eux (Bordeaux, 19 août 1831).

162. Cependant la convention par laquelle l'une des parties se charge de recouvrer une succession dévolue à l'autre, et de faire les avances nécessaires, sans répétition, même en cas de non-réussite, mais à la condition de partager l'émolument à recueillir, n'enlève pas au mandataire le droit de révoquer la procuration quand bon lui semble, sauf à indemniser le mandataire des dommages que la révocation peut lui causer, ce n'est point là une convention synallagmatique qui ne puisse être révoquée que d'un consentement mutuel, où pour les causes autorisées par la loi (Cass. 6 mars 1827; — *Contrà*, Bordeaux, 7 juill. 1837).

163. On pouvait valablement stipuler, dans une obligation hypothécaire, qu'à défaut de paiement par le débiteur dans le délai fixé, le créancier aurait, après simple commandement, le droit de faire vendre les immeubles hypothéqués aux enchères devant Notaire, sur affiches, sans saisie ni autres formalités; mais l'art. 742 du nouveau Code de procédure civile a prohibé cette stipulation qu'on appelait la clause de la voie parée. Toutefois, la prohibition de cet article n'est pas applicable aux contrats passés antérieurement au 2 juin 1841, époque de la promulgation de la loi sur la saisie immobilière; de sorte que les conventions de cette espèce sont encore obligatoires aujourd'hui, et que la vente peut avoir lieu dans la forme convenue (C. civ. 2; Cass. 13 juill. 1842; Bordeaux, 25 juin 1841, et 10 mars 1842; Pau, 28 janv. 1842).

164. Le mandant n'est pas un tiers dans le sens de l'art. 1328, à l'égard des actes faits par son mandataire. En conséquence, s'il conteste, sous prétexte d'antidate, les actes sous seing-privé faits par le mandataire, il est tenu de prouver qu'ils ont été réellement passés après la révocation du mandat (Bordeaux, 22 janv. 1827; Cass. 19 nov. 1834; Bordeaux, 17 mai 1842).

165. Mais le bail verbal consenti par un mandataire général n'est pas suffisamment constaté, au profit du preneur et contre le mandant, par la déclaration du mandataire; surtout lorsque cette déclaration n'est faite par le mandataire que depuis sa révocation (Angers, 11 av. 1823).

166. Une révocation doit être expresse ; ainsi, le mandat donné pour liquider une société n'est pas, de sa nature, révocatoire d'un mandat précédent donné à l'effet de vendre les immeubles de cette société (Cass. 3 août 1819).

167. Le mandat relatif à certains actes d'administration

n'est pas révoqué par la nomination d'un conseil judiciaire au mandataire (Duranton, 18, 286).—V. *inf.* n. 179.

168. *La révocation notifiée au seul mandataire ne peut être opposée aux tiers qui ont traité dans l'ignorance de cette révocation, sauf au mandant son recours contre le mandataire* (C. civ. 2005).

169. *La constitution d'un nouveau mandataire pour la même affaire vaut révocation du premier, à compter du jour où elle a été notifiée à celui-ci* (C. civ. 2006).

170. Tant que la révocation du mandat n'a pas été signifiée au mandataire, les tiers traitent valablement avec lui, encore qu'ils ait eu connaissance de la révocation (Turin, 20 mai 1807). — Ainsi, le paiement fait au mandataire révoqué est valable, lorsque la révocation du mandat n'a pas été connue du débiteur (jug. de la Seine, 13 flor. an XII).

171. Par la renonciation. *Le mandataire peut renoncer au mandat, en notifiant au mandant sa renonciation, — Néanmoins, si cette renonciation préjudicie au mandant, il devra en être indemnisé par le mandataire, à moins que celui-ci ne se trouve dans l'impossibilité de continuer le mandat sans en éprouver lui-même un préjudice considérable* (C. civ. 2007).

172. Pour que la renonciation soit admise, surtout au cas où le mandat n'est pas gratuit, il faut d'abord qu'elle soit justifiée par un motif grave dont le juge appréciera la valeur, et en second lieu qu'elle ne soit pas faite à contretemps. — Si ces deux circonstances ne se rencontrent pas, le mandataire qui se refuse à exécuter ce qu'il a promis manque à une obligation de faire qui se résout en dommages-intérêts. — La renonciation sera réputée faite à contre-temps toutes les fois que l'état des choses sera tel, qu'il résultera de l'abandon du mandat un préjudice réel pour le mandant.

173. Par la mort naturelle ou civile. Encore bien que le mandat finisse par la mort naturelle ou civile du mandant, cependant le mandataire n'en est pas moins tenu de faire tous les actes pour lesquels il y a péril en la demeure, quoique le décès du mandant ait été connu de lui.

174. Ainsi il a encore malgré ce décès les pouvoirs suffisants pour faire la consignation des aliments afin de valider la contrainte par corps (Paris, 31 août 1841).

175. Mais les héritiers du mandataire ne sont pas subrogés dans ses droits; ils ne peuvent pas se perpétuer indéfiniment dans l'exercice du mandat, et intenter une action longtemps après le décès, pour demander la nullité d'une vente qui aurait été consentie par leur auteur (Poitiers, 1 août 1825).—V. *inf.* n. 186.

176. La remise d'une somme d'argent (d'un titre ou de billets) à un individu pour être employée à des restitutions secrètes en faveur de tierces personnes, peut être considérée comme un de ces mandats qui prennent fin par la mort du mandant. En conséquence, si celui qui a déposé la somme d'argent décède avant qu'elle ait reçu la destination alléguée, le mandataire doit la rendre aux héritiers du défunt, et non aux personnes indiquées pour la recevoir (Caen, 12 mars 1827; — Montpellier, 6 mars 1828; — Douai, 31 déc. 1834). — Toutefois, il doit en être autrement lorsque le mandant a exprimé la volonté que l'exécution de son mandat eût lieu même après son décès; en un tel cas, le légataire universel du mandant ne peut être admis à revendiquer les billets, surtout si le testateur les a exclus formellement du legs (Nîmes, 9 janv. 1833).

V. note 27, n 230 et suiv.

177. Par l'interdiction. L'interdiction est une cause d'extinction du mandat, parce qu'elle opère un changement d'état dans la personne. — V. note 65, n. 34.

178. Par application de ce principe, on doit décider que le mandat donné par une femme non-mariée cesse de plein droit et sans révocation expresse par l'effet du mariage qu'elle a contracté ultérieurement (Ind. Cass. 26 av. 1832). —A moins que la femme n'eût, par son contrat de mariage, capacité de faire la chose pour laquelle le mandat avait été donné (Duranton, 18, 286). — V. *inf.* n. 184.

179. Le mandat relatif aux actes de propriété est révoqué par la nomination d'un conseil judiciaire au mandataire (Duranton, 18, 286; Merlin). — V. *sup.* n. 167.

179 *bis*. Et lorsque le mandat concerne un mineur émancipé, il doit prendre fin alors que l'émancipation est retirée (C. J^al pal.).

180. Par la déconfiture. La faillite comme la déconfiture est une cause d'extinction du mandat, le particulier en déconfiture comme le commerçant en faillite sont, en effet, placés dans un état d'insolvabilité qui, leur ôtant toute capacité pour leurs propres affaires, ne peut la leur conserver pour les affaires d'autrui.

181. Ainsi, dans le cas où une lettre de change restée la propriété du tireur a été par lui endossée à un mandataire pour en obtenir le paiement, et que ce mandataire a lui-même, dans ce but, endossé la traite au profit d'un tiers, bien que ce tiers puisse valablement verser entre les mains du mandataire le produit de la traite acquittée, tant que le mandat n'a pas pris fin, cependant, si ce mandataire tombe en faillite, le tiers ne peut payer le porteur d'une traite tirée par le mandataire et non-acceptée avant la faillite; le paiement fait en pareil cas, après cessation du mandat, ne saurait être opposé au tireur (Bordeaux, 23 nov. 1831, et 18 juill. 1832).

182. *Si le mandataire ignore la mort du mandant, ou l'une des autres causes qui font cesser le mandat, ce qu'il a fait dans cette ignorance est valide* (C. civ. 2008).

183. Ainsi, une assignation donnée au nom d'une personne décédée, mais dans l'ignorance du décès, a pu interrompre la prescription (Paris, 25 avr. 1807; Cass. 6 nov. 1832; Pothier, n. 106).

183 *bis*. Et dans le cas où une vente est critiquée comme faite par un mandataire après le décès du mandant, il suffit qu'un arrêt se borne à déclarer la vente valable, sans s'expliquer sur le point de savoir si le décès était ou non connu lorsqu'elle a eu lieu, pour qu'on ne soit pas recevable à prouver devant la Cour de cassation que l'acquéreur connaissait alors le décès (Cass. 16 juill. 1834).

184. Du reste, quand le mandat a été donné par une femme non-mariée, les actes consentis par le mandataire de cette femme, postérieurement au mariage contracté par elle, sont valables tant à l'égard des tiers qu'à l'égard du mandataire, si celui-ci a stipulé dans l'ignorance du changement d'état de son mandant (Cass. 26 av. 1832).

185. *Dans les cas ci-dessus, les engagements du mandataire sont exécutés à l'égard des tiers qui sont de bonne foi* (C. civ. 2009). — V. note 53, et *sup.* n. 168.

185 *bis*. Les tiers, en effet, ne peuvent avoir à souffrir de l'imprudence qu'a eue le mandant de donner sa confiance à un mandataire de mauvaise foi. — Mais quel moyen peut-on employer pour éviter que le mandataire n'abuse du mandat après sa révocation? — Sans doute, le mandant peut exiger la remise, soit de l'original, soit de l'expédition de la procuration (V. *sup* n. 160). — Il peut aussi signifier (V. *sup*. n. 168) la révocation aux tiers avec lesquels le mandataire peut contracter, ce qui n'est praticable que lorsqu'il s'agit d'une affaire à traiter avec une personne déterminée. — Il peut bien encore signifier la révocation au Notaire dépositaire de la minute de la procuration avec défense d'en délivrer de nouvelles expéditions et avec réquisition de faire une mention de la révocation sur la minute pour que aucune expédition ne puisse être délivrée et que, dans tous les cas, elle ne puisse l'être sans cette mention (V. note 84). Mais si on considère que le mandataire peut tirer des copies d'expéditions déposées (V. note 35, n. 30) qui le dispensent de recourir à la minute ou bien déposer le brevet pour en avoir autant d'expéditions que bon lui semble, on reconnaîtra qu'il est bien difficile d'empêcher que le mandataire n'abuse du mandat.

186. *En cas de mort du mandataire, ses héritiers en doivent donner avis au mandant, et pourvoir, en attendant, à ce que les circonstances exigent pour l'intérêt de celui-ci* (C. civ. 2010). — V. *sup*. n. 173 et suiv.

§ 5. De la prescription.

187. Le mandat ne se prescrit pas par dix ans, mais seulement par trente ans; ainsi, un mandataire peut agir en vertu d'une procuration qui a plus de dix années de date, si le mandat ne s'est pas trouvé éteint par l'une des causes indiquées au § 4 qui précède (Montpellier, 22 juill. 1822; Roll. de V.).

188. L'action du mandataire contre le mandant, en paiement du prix convenu pour l'exécution du mandat, se prescrit aussi par trente ans (Bordeaux, 5 fév. 1827). — Mais les intérêts des avances faites par le mandataire sont prescriptibles par cinq ans, pourvu qu'il soit intervenu un règlement sur le chiffre de ces avances, et que le mandataire ait eu dès-lors un titre dont il ait pu poursuivre l'exécution (Cass. 18 fév. 1836; Rouen, 4 mai 1843).

189. L'action du mandant contre le mandataire afin de reddition de compte se prescrit également par trente ans, à partir du jour de la révocation du mandat; et cette révocation peut, suivant les circonstances, résulter de la seule constitution d'un nouveau mandataire, alors même qu'elle n'aurait pas été notifiée au premier mandataire (Cass. 14 mai 1829, 29 juill. 1839; Troplong, 490; Duranton, 18, 276).

190. Il n'est pas permis au mandant d'opposer au mandataire que celui-ci n'est qu'un détenteur à titre précaire des sommes par lui recouvrées, qui ne peut invoquer la prescription pour raison de l'exécution du mandat et de la reddition de son compte de gestion (Cass. 29 juill. 1828).

§ 6. De la compétence.

191. Le mandat ayant pour objet des opérations commerciales doit être réputé avoir lui-même un caractère commercial : par suite, les actions qui en dérivent sont de la compétence des Tribunaux de commerce. Telle est l'action du mandataire en paiement des salaires qu'il prétend lui être dus (C. comm. 632).

192. Cependant il a été décidé : 1° Que le mandat donné par un commerçant à un autre commerçant de recouvrer une créance, constitue non une obligation commerciale, mais une obligation purement civile de la compétence du Tribunal civil (Bordeaux, 28 nov. 1838; — *Contrà*, Lyon, 17 fév. 1833; Bordeaux, 14 av. 1840).

193. 2° Qu'il en est de même du mandat donné par les créanciers d'un négociant auxquels celui-ci a fait abandon de ses biens, de gérer, administrer et vendre les biens abandonnés (Limoges 8 déc. 1836).

194. 3° Qu'en matière commerciale, s'il s'élève une contestation entre un mandant et un mandataire, relativement à l'exécution du mandat, le mandataire doit être assigné devant le Tribunal de son domicile : il ne peut l'être devant le Tribunal du lieu où il a été payé de ses avances : ce n'est pas le cas d'appliquer l'art. 420, n. 3 du C. de proc. civ. (Cass. 22 janv. 1818; — *Contrà*, Lyon, 17 fév. 1833).

V. *quasi-contrat*, note 26; *Enregistrement*, note 56; *Command*, note 148; *Prescription*, note 172.

[81]

DES DONATIONS ENTRE-VIFS. — DES PARTAGES D'ASCENDANTS OU PARTAGES ANTICIPÉS. — DES DONATIONS PAR CONTRAT DE MARIAGE.

Division sommaire :

Indication alphabétique :

CHAP. 1. DES DONATIONS ENTRE-VIFS.

§ 1. PRINCIPES GÉNÉRAUX.

Art. 1. DES MANIÈRES DE DISPOSER A TITRE GRATUIT.

1. La donation entre-vifs a pour objet de transmettre la propriété (C. civ. 711). — V. note 22.

2. *On ne pourra disposer de ses biens* A TITRE GRATUIT *que* PAR DONATION *entre-vifs ou par testament* (V. notes 24 et 152), *dans les formes ci-après établies* (C. civ. 893).

3. A TITRE GRATUIT. Il ne résulte pas de ces mots que les *donations à titre onéreux* ou *donations à charge* cessent d'être gratuites. — V. *inf*. n. 137 et suiv.

4. PAR DONATION ENTRE-VIFS. Cet article ne reconnaît pas les dispositions appelées autrefois *donations à cause de mort*, mais l'abolition qui résulte des premiers mots de cet article ne s'applique point aux donations antérieures au Code, encore même que le donateur soit décédé depuis le Code (Turin, 31 août 1808). — Elle ne s'applique pas non plus aux *donations par contrat de mariage* dont nous parlerons *inf*. n. 274 ni aux donations entre époux dont il sera question en la note 214.

Art. 2. DE CE QUI CARACTÉRISE LA DONATION ENTRE-VIFS.

5. *La donation entre-vifs est un acte par lequel le donateur se dépouille actuellement et irrévocablement de la chose donnée en faveur du donataire qui l'accepte* (C. civ. 894).

6. C'est se dépouiller actuellement et irrévocablement :

7. 1° Quand on donne une somme d'argent à prendre sur les fonds et immeubles propres seulement qui *dépendront de la succession du donateur*, si l'acte est qualifié entre-vifs, s'il porte stipulation de droit de retour et constitution d'hypothèque pour sûreté de la somme donnée (Cass. 6 août 1827; Bourges, 1 juin 1829); — ou *sur les biens les plus clairs et liquides de la succession du donateur*, avec réserve d'usufruit, droit de retour et hypothèque (Riom, 25 fév. 1825). — Il en est ainsi alors même qu'il n'y a point d'hypothèque (Paris, 27 déc. 1834).

8. 2° Quand on s'oblige envers quelqu'un à contribuer à sa dot pour une somme déterminée; et alors l'acte est nul s'il n'est pas fait par acte authentique (Nîmes, 8 déc. 1808).

9. 3° Quand, par donation, on se reconnaît *dès à présent débiteur* de la somme donnée avec intérêts encore bien qu'elle ne soit payable qu'après le décès du donateur (Cass. 22 av. 1817).

10. 4° Quand on donne sous une condition casuelle, suspensive, telle que la survie du donataire; il suffit pour cela qu'il y ait *dessaisissement actuel* de la part du donateur (Bruxelles, 5 mars 1829 et 27 mars 1833; Toullier, 5, 277). — V. *inf*. n. 135.

11. Mais ce n'est point se dépouiller d'une manière actuelle et irrévocable :

12. 1° Que de donner entre-vifs à son domestique *telle* somme avec faculté d'hypothèque, à la condition qu'il servira son maître jusqu'à son décès, s'il est stipulé qu'en cas de prédécès du domestique, ses héritiers auront droit à des gages, non à la somme donnée (Cass. 29 déc. 1823).

13. 2° Que de donner une certaine somme à prendre dans la succession du donateur, en argent ou en immeubles, alors qu'aucune hypothèque n'est conférée par le donateur pour sûreté de cette somme (Cass. 25 juin 1839. — *Contrà*, Bordeaux, 5 juill. 1839).

V. encore la note 18, n. 968 et suiv. pour savoir quand il y a ou n'y a point *dessaisissement*.

Art. 3. DES CONDITIONS RELATIVES AUX DONATIONS ENTRE-VIFS.

14. *Dans toute disposition entre-vifs ou testamentaire, les conditions impossibles, celles qui seront contraires aux lois ou aux mœurs seront réputées non écrites* (C. civ. 900). — V. *inf*. n. 133 et 137, 240 et 329.

15. C'est par la loi existante au jour où la donation a été faite qu'il faut apprécier la valeur des conditions sous lesquelles elle a été faite (*Chabot*, 1, 98).

16. Le Code n'expliquant point ce qu'il entend par une condition *impossible*, il peut en résulter du doute. Il n'y en a point à l'égard de l'impossibilité naturelle et de l'impossibilité de fait, lesquelles sont réputées non écrites. Quant à l'impossibilité relative, les lois romaines décident qu'elle n'annulle point les contrats, et qu'une stipulation est valable, quoiqu'une personne s'engage à faire une chose qui lui est personnellement impossible, si elle est possible à une autre. — Cette décision doit être suivie sous l'empire du Code, parce qu'elle est fondée en raison. En effet, en promettant de me donner 10,000 fr. si je fais un tableau ou une statue, quoique je ne sache pas les premiers éléments de la peinture ni de la sculpture, vous pouvez avoir eu l'intention de m'engager à me rendre habile dans ces arts. La condition d'une chose impossible à celui à qui elle est imposée doit donc être valable, dans tous les cas où cette impossibilité peut cesser (Toullier, 6, 482; Duranton, 8, 112; Delvincourt, 2, 60; Ricard; Furgole). — V. note 73, n. 146.

17. Est valable l'obligation imposée au donataire de cohabiter avec le donateur, en faisant un même ménage et en travaillant au bien commun; une telle stipulation ne peut être assimilée à une servitude personnelle ou à un louage d'ouvrage pour un temps indéterminé formellement proscrit par l'art. 1780 du C. civ. (Pau, 2 janv. 1827).

18. La clause d'une donation portant que les biens donnés passeront aux héritiers du donateur, si le donataire n'en a pas disposé par vente ou *autrement*, doit être entendue en ce sens que la disposition n'est permise que par

acte entre-vifs, et non par acte de dernière volonté (Rouen, 28 janv. 1831). — V. note 73, n. 141.

19. Mais l'interdiction faite au donataire par un ascendant donateur, de vendre ou aliéner les biens donnés, *de quelque manière que ce soit*, ne comprend pas la prohibition de disposer de ces biens par testament (Cass. 2 janv. 1838). — Il en est de même à plus forte raison de l'interdiction temporaire stipulée par un donateur d'aliéner pendant sa vie et sans son consentement les biens donnés; une telle stipulation n'est contraire ni aux lois ni à l'ordre public (Angers, 29 juin 1842).

V. *legs*, note 24, n. 146 et *substitution*, note 73, n. 121 pour les diverses conditions qu'il est permis ou défendu d'insérer dans les dispositions entre-vifs ou à cause de mort. — V. aussi note 7, n. 26 et suiv.

Art. 4. DE LA CAPACITÉ DE DISPOSER OU DE RECEVOIR PAR DONATION ENTRE-VIFS ET AUSSI PAR TESTAMENT.

20. *Pour faire une donation entre-vifs ou un testament, il faut être sain d'esprit* (C. civ. 901).

21. Il importe peu que la preuve de l'absence de raison résulte de l'acte même ou de faits qui lui sont étrangers; ce qu'il y a à rechercher et à constater, c'est de savoir si le donateur ou le testateur avait au moment où il disposait, le sentiment de la valeur légale de la disposition qu'il écrivait ou qu'il dictait. — Et, à cet égard, le soin que le donateur ou le testateur aura pris d'exprimer ou de faire déclarer par le notaire qu'il était sain d'esprit, sera sans conséquence, car ni lui-même ni le notaire n'auront capacité suffisante pour apprécier l'état réel des choses. C'est au juge seul qu'il appartient de décider d'après les faits qui lui sont soumis, les déclarations qui lui sont faites, les preuves qui lui sont rapportées tant par titres que par témoins, si le donateur et le testateur étaient sains d'esprit au moment où l'acte a été passé (C. J^al. Pal.). — Les juges ont donc un pouvoir discrétionnaire absolu pour apprécier si un testateur était sain d'esprit au moment où il a fait son testament; à cet égard, leur déclaration ne peut être attaquée devant la Cour de Cassation comme renfermant un excès de pouvoir ou une violation de loi (Cass. 26 mars 1822; 19 janv. 1837).

22. Par application de l'art. précité du C. civ. il a été décidé :

23. 1° Qu'un testament peut être déclaré nul par cela seul que le testateur était depuis très longtemps et jusqu'à son décès dans un état habituel de démence, et que rien ne justifiait d'ailleurs qu'à l'époque du testament il se fût trouvé dans un intervalle lucide, et conséquemment qu'il ait été sain d'esprit pour pouvoir disposer de ses biens (Cass. 26 mars 1822; 26 fév. 1838; Paris, 17 juin 1822; Agen, 7 août 1834).

24. 2° Que la démence, bien que limitée dans un certain ordre d'idées, peut, suivant les circonstances, devenir une cause de nullité du testament de celui qui en est atteint (Bordeaux, 14 av. 1833).

25. 3° Qu'il n'y a pas lieu d'annuler un testament pour cause de démence, par cela seul que le testateur s'est donné la mort immédiatement après l'avoir écrit (Cass. 8 juill. 1823; 6 mars 1822; 11 nov. 1829; Turin, 7 juin 1809; Liége, 12 fév. 1812; Orléans, 26 fév. 1829).

26. 4° Que la démence n'est une cause de nullité que lorsqu'elle est complète; il ne suffit pas que le disposant ait éprouvé quelque affaiblissement dans ses facultés intellectuelles, s'il a conservé cependant des intervalles lucides, et s'il est établi que le jour de l'acte il avait le jugement entièrement libre et sain (Bordeaux, 20 fév. 1830; Cass. 12 mai 1838).

27. 5° Que le disposant n'a point la capacité requise, non-seulement lorsqu'il est dans un état de *démence* ou *d'imbécillité* autorisant l'interdiction, mais encore lorsqu'il est dans un état de *faiblesse d'esprit* qui autorise la nomination d'un conseil judiciaire (Cass. 17 mars 1813).

28. 6° Que lorsqu'un testament public énonce qu'il a été dicté par le testateur, qui a déclaré, après en avoir entendu la lecture, y persister et en requérir acte, on ne peut, sans inscription de faux, être admis à prouver par témoins que le testateur était dans un état de stupeur et de désorganisation morale qui ne lui permettait pas de manifester ses dernières volontés (Grenoble, 3 août 1829; — *Contrà*, C. J^al. Pal.).

29. 7° Que la suggestion et la captation ne sont des causes particulières de nullité des dispositions entre-vifs ou testamentaires que quand elles sont le résultat du dol et de la fraude. — D'où il suit : qu'on ne peut fonder les faits de suggestion et de captation sur l'existence d'un commerce adultérin entre le testateur et la légataire instituée (Cass. 26 mars 1822, 8 juill. 1823; Pau, 20 mars 1822; Liége, 11 av. 1829). — 2° Et qu'une passion telle que la jalousie, portée au point de déterminer un suicide, ne suffit pas pour prouver l'absence des facultés mentales, et par suite rendre incapable de disposer (Liége, 12 fév. 1812; Cass. 26 mars 1822, 11 nov. 1829; Orléans, 26 fév. 1829). — V. note 24, n. 23, 388 et suiv.

30. C'est par les lois existantes à l'époque de la donation que se règle la capacité du donataire (Cass. 8 vent. an XIII; Merlin; Toullier; Proudhon; Duranton).

31. *Toutes personnes peuvent disposer et recevoir, soit par donation entre-vifs, soit par testament, excepté celles que la loi en déclare incapables* (C. civ. 902).

32. Tous ceux que la loi rend incapables, soit de donner, soit de recevoir, doivent être déterminés par un texte précis, car les incapacités ne se présument jamais (Delvincourt; Toullier; Favard; Duranton; Chabot).

33. Sont incapables de disposer à titre gratuit : — 1° ceux dénommés aux art. 903 et suiv. du C. civ. ci-après expliqués; — 2° le mort civilement (V. note 27, n. 275 et J^al. du Man. art. 15); — 3° celui qui est frappé d'interdiction par un jugement passé en force de chose jugée (V. note 150); — 4° ceux qui sont frappés d'interdiction par l'effet d'une condamnation criminelle, à une peine afflictive et infamante à temps (V. note 27, n. 316), mais à leur égard, on doit distinguer entre la faculté de faire une donation entre-vifs et la faculté de tester : la donation entre-vifs serait nulle, car ils sont privés par suite de l'application d'une peine, de l'administration et conséquemment de la disposition de leurs biens; mais le testament qu'ils feront pendant la durée de la peine sera valable, parce que l'exécution de cet acte se reportera au moment du décès, c.-à-d. à une époque où ils échapperont à l'action de la loi pénale (Nîmes, 16 juin 1833; Rouen, 28 déc. 1822); toute-

fois, les conventions matrimoniales et le mariage n'étant pas indivisibles quant à la capacité des parties, les juges peuvent, tout en maintenant le mariage, prononcer pour cause d'interdiction la nullité d'une donation faite par l'un des époux à son conjoint dans le contrat de mariage, encore que les deux actes aient eu lieu dans le même jour (Cass. 28 déc. 1831). — V. note 24, n. 273.

34. Là s'arrêtent toutes les prohibitions, et il n'est permis sous aucun prétexte d'en établir de nouvelles que la loi n'aurait pas expressément prévues. Ainsi : — 1° un sourd-muet est capable de faire une donation entre-vifs, lorsqu'il ne sait ni lire ni écrire, si d'ailleurs il résulte des circonstances laissées à l'appréciation des juges qu'il a pu exprimer sa volonté (Cass. 30 janv. 1844).

35. 2° L'incapacité de donner et de recevoir, prononcée par l'ancienne loi entre concubins n'existe plus sous l'empire du C. civ. (Pau, 20 mars 1822 ; Montpellier, 13 fév. 1829 ; Lyon, 18 janv. 1822 ; Grenoble, 26 déc. 1832 ; Bordeaux, 21 août 1833). — Cependant, si une disposition entre concubins se trouvait déguisée sous la forme d'un contrat onéreux, elle pourrait être déclarée nulle comme ayant une fausse cause (Cass. 19 janv. 1830).

36. 3° L'incapacité de celui à qui il a été donné un conseil judiciaire n'est relative qu'aux actes expressément dénommés dans le jugement même qui le frappe d'une sorte d'interdiction accidentelle et déterminée ; de sorte qu'à défaut de prohibition expresse dans le jugement il pourra faire une donation entre-vifs ou un testament sans l'assistance de son conseil judiciaire (Aix, 14 fév. 1808 ; Amiens, 19 déc. 1814 ; Lyon, 27 août 1825 ; Toullier ; Grenier ; Merlin ; Duranton. — *Contrà*, note 24, n. 171). — V. note 74, n. 66, 67, 70.

37. *Le mineur âgé de moins de 16 ans ne pourra aucunement disposer, sauf ce qui est réglé au chap.* IX *du présent titre* (C. civ. 903). — V. C. civ. 1095 et la note 214.

38. *Le mineur parvenu à l'âge de 16 ans ne pourra disposer que par testament, et jusqu'à concurrence seulement de la moitié des biens dont la loi permet au majeur de disposer* (C. civ. 904).

39. Le mineur qui a capacité pour recevoir aux termes de l'art. 935 du C. civ. (V. note 10) n'a point, aux termes des deux articles qui précèdent, capacité pour donner, et même tant qu'il n'a pas atteint sa majorité, il lui est absolument interdit de faire une donation entre-vifs, à moins qu'elle n'ait pour cause, ainsi qu'il résulte de l'art. 1095, un établissement par mariage, auquel cas il est réputé majeur (Delvincourt ; Toullier ; Favard ; Duranton ; Proudhon). — Tellement que l'époux mineur, âgé de 16 ans, ne peut, pendant le mariage, disposer en faveur de son conjoint en la forme des donations entre-vifs (V. note 39, n. 31).

V. *quotité disponible*, note 150.

40. *La femme mariée ne pourra donner entre-vifs sans l'assistance ou le consentement spécial de son mari, ou sans y être autorisée par la justice, conformément à ce qui est prescrit par les art. 217 et 219 au titre du mariage. — Elle n'aura besoin ni du consentement du mari, ni d'autorisation de la justice, pour disposer par testament* (C. civ. 905).

V. *autorisation*, note 68 ; *acceptation*, note 10.

41. *Pour être capable de recevoir entre-vifs, il suffit d'être conçu au moment de la donation. — Pour être capable de recevoir par testament, il suffit d'être conçu à l'époque du décès du testateur. — Néanmoins la donation ou testament n'auront leur effet qu'autant que l'enfant sera né viable* (C. civ. 906).

42. Est valable cependant la donation faite à un individu non encore conçu, pourvu que l'acceptation ait lieu après sa conception (Duranton, 8, 223 ; Demante, 7, 377 ; Grenier, 1, 138 ; Poujol. — *Contrà*, Coin-Delisle, 906 et 932).

V. sur la *viabilité* de l'enfant, la note 78, n. 42 et suiv.

43. *Le mineur, quoique parvenu à l'âge de 16 ans, ne pourra, même par testament, disposer au profit de son tuteur. — Le mineur devenu majeur ne pourra disposer, soit par donation entre-vifs, soit par testament, au profit de celui qui aura été son tuteur, si le compte définitif de la tutelle n'a été préalablement rendu et apuré. Sont exceptés, dans les deux cas ci-dessus, les ascendants des mineurs, qui sont ou qui ont été leurs tuteurs* (C. civ. 907).

44. La prohibition de cet article ne s'applique pas au second mari de la veuve qui ne s'est pas fait maintenir dans la tutelle, d'où il suit que ce second mari n'est pas incapable de recevoir du mineur avant toute reddition du compte (C. civ. 395, 396 ; Limoges, 4 mars 1822 ; Nîmes, 16 août 1833 ; Montpellier, 21 déc. 1837 ; — *Contrà*, C. J[al]. Pal.).

45. *Les enfants naturels ne pourront, par donation entre-vifs ou par testament, rien recevoir au-delà de ce qui leur est accordé au titre des successions* (C. civ. 908). — V. C. civ. 756 à 763.

46. L'incapacité des enfants naturels n'est pas absolue, il n'y a que l'enfant légitime qui soit recevable à exiger qu'ils soient restreints à la quotité que la loi leur attribue (Toulouse, 8 juin 1839 ; Paris, 16 juin 1838. — *Contrà*, Toulouse, 22 juill. 1840).

47. Les prohibitions qui frappent l'enfant naturel ne s'étendent pas à ses enfants légitimes, lesquels sont capables de recevoir au delà de la part à laquelle leur père aurait été restreint alors surtout que le prédécès du père rend inapplicables les principes relatifs à l'interposition de personnes (Douai, 9 mai 1836 ; Cass. 13 av. 1840).

48. La reconnaissance d'un enfant naturel postérieurement au legs qui lui a été fait n'a pas pour effet de rendre ce legs caduc ; seulement l'enfant, en recevant ce legs, doit l'imputer sur la quotité disponible à laquelle il a droit (Bourges, 16 nov. 1839).

49. Quant aux enfants incestueux ou adultérins ils ne peuvent recevoir que des aliments (C. civ. 762 et 763. — V. note 7, n. 62 *bis*.

50. *Les docteurs en médecine ou en chirurgie, les officiers de santé et les pharmaciens qui auront traité une personne pendant la maladie dont elle meurt, ne pourront profiter des dispositions entre-vifs ou testamentaires qu'elle aurait faites en leur faveur pendant le cours de cette maladie. — Sont exceptés, 1° les dispositions rémunératoires faites à titre particulier, eu égard aux facultés du disposant et aux services rendus ; — 2° les dispositions universelles, dans le cas de parenté jusqu'au quatrième degré inclusivement, pourvu toutefois que le décédé n'ait pas d'héritiers en ligne directe ; à moins que celui au profit de qui la disposition a été faite ne soit lui-même du nombre de ces héri-*

tiers. — Les mêmes règles seront observées à l'égard du ministre du culte (C. civ. 909).

51. L'article précité suppose que la libéralité est l'effet d'une suggestion qui a par elle-même le caractère de la fraude. — D'où il suit que les dispositions de cet article ne s'appliquent point :

52. 1° A celui qui, sans titre légal, a exercé la médecine, la chirurgie et la pharmacie à l'égard du malade donateur ou testateur, lorsque celui-ci a été traité par lui, sa vie durant, comme son fils (Cass. 24 juill. 1832; Grenier; Toullier; Delvincourt).

53. 2° Au pharmacien qui a fourni les médicaments, sans avoir traité lui-même le malade comme aurait pu faire le médecin (Cass. 12 oct. 1812).

54. 3° Au ministre du culte qui n'a pas confessé la testatrice pendant la maladie dont elle est morte, mais qui, postérieurement au testament de celle-ci, lui a donné à l'instant où elle allait expirer l'absolution et l'extrême-onction (Grenoble, 14 av. 1806; Toulouse, 20 nov. 1833).

55. 4° A celui qui épouse la malade qu'il a traitée, car alors il rentre dans les termes du droit commun qui permet les donations réciproques, soit en vue du mariage, soit durant le mariage, ou au moment de sa dissolution, et qui rend inapplicable l'article précité (Cass. 22 août 1822). — V. note 24, n. 256.

56. En tout cas, l'article qui précède ne s'applique point aux alliés (Cass. 12 oct. 1812).

V. encore sur la *capacité* du testateur et du légataire la note 24, n. 160 et suiv., 253 et suiv.

57. *Les dispositions entre-vifs ou par testament, au profit des hospices, des pauvres d'une commune, ou d'établissements d'utilité publique, n'auront leur effet qu'autant qu'elles seront autorisées par une ordonnance royale* (C. civ. 910).

58. Toutes les corporations reconnues par la loi sont des êtres moraux qui ne peuvent posséder que sous la surveillance de l'autorité publique et sous les conditions que la loi leur impose spécialement (Delvincourt; Toullier; Favard; Duranton; Grenier). — Aussi, une loi du 2 janv. 1817 et deux ordonnances du roi des 2 av. 1817 et 20 sept. 1827 ont-elles déterminé dans quelles formes doit être sollicitée l'autorisation sans laquelle ni le don ni le legs ne peuvent avoir d'effet. — A cet égard, l'intervention du gouvernement ne se borne pas à prononcer sur l'exécution pure et simple de la volonté du donateur ou testateur. Il se met lui-même au lieu et place de ce dernier; il apprécie le sentiment qui a pu le déterminer à faire sa disposition, il considère les relations de famille qui devaient s'opposer à la libéralité, et comme il aurait droit d'en détruire absolument l'effet par un rejet absolu, il peut aussi, en adoptant un tempérament sage, ordonner la réduction soit de la donation, soit du legs. — Mais en cela il ne prononce pas comme juge, il use seulement du droit de haute surveillance dans un intérêt général, en sorte que la décision que rend alors le Roi est purement gracieuse, elle n'est soumise à aucun recours soit direct soit indirect par la voie contentieuse, de sorte que les parties ne peuvent que se pourvoir par la première de ces voies en déclarant qu'elles forment devant le ministre compétent opposition à ce que l'autorisation d'accepter soit accordée à la corporation qui a été gratifiée. — Toutefois, à l'égard des donations, le droit de se pourvoir ne peut appartenir à personne, puisque la réclamation n'est admise que de la part de celui qui a un intérêt né et actuel.

59. Il est de principe en cette matière que le gouvernement ne peut intervenir que pour fixer l'étendue de la donation ou du legs, et conférer au donataire ou légataire la capacité qui lui manque pour accepter, mais il n'a pas compétence pour expliquer lui-même le testament ou le modifier dans son essence, surtout relativement aux clauses qui intéressent directement des parties privées. A cet égard, on reste dans les termes du droit commun, et c'est aux tribunaux qu'il appartient exclusivement de statuer sur les contestations auxquelles l'exécution du testament ou de la donation peuvent donner lieu entre les parties intéressées.

60. Toutefois, l'autorisation n'est pas nécessaire dans tous les cas, car il a été décidé :

61. 1° Que l'autorisation du roi exigée pour qu'un séminaire puisse recevoir les dons à lui faits par actes entre-vifs ou de dernière volonté n'est pas nécessaire pour l'acceptation d'un don manuel, lequel est parfait et affranchi de toute formalité relative à son acceptation de la part du séminaire, dès que la délivrance de l'objet donné a été faite dans les mains de l'administrateur de l'établissement (Bourges, 21 nov. 1831; Cass. 26 nov. 1833; Coin-Delisle).

62. 2° Qu'un don manuel fait à un séminaire peut être accepté sans l'autorisation du gouvernement : tel le don fait par un prêtre au directeur d'un séminaire d'une somme formant la plus grande partie de sa succession, à la charge, par le séminaire, de lui servir une rente annuelle représentant l'intérêt à six pour cent de cette somme (Paris, 12 janv. 1835).

63. Mais, dans tous les autres cas, l'autorisation est nécessaire, et elle doit être exigée alors même que la somme donnée a reçu une affectation spéciale, comme lorsque le défunt a ordonné que tous ses biens seraient vendus et que le prix en serait employé à des prières (Caen, 13 janv. 1823; Cass. 26 nov. 1828. — *Contrà*, Cass. 16 juill. 1834).

V. note 24, n. 268 et suiv. et aux formules, p. 12 et 13.

64. *Toute disposition au profit d'un incapable sera nulle, soit qu'on la déguise sous la forme d'un contrat onéreux, soit qu'on la fasse sous le nom de personnes interposées. Seront réputées personnes interposées, les père et mère, les enfants et descendants, et l'époux de la personne incapable* (C. civ. 911).

65. Cet article pose, il est vrai, une règle et établit une présomption légale, mais cette présomption peut être détruite par la preuve contraire qui doit être administrée par la personne gratifiée. — Ainsi, on pourra décider que la donation faite au profit de l'époux d'une personne incapable de recevoir, peut être déclarée valable, lorsqu'il résulte des circonstances de la cause que cet époux est réellement donataire direct, et non personne interposée au lieu et place de son conjoint, notamment lorsqu'avant le mariage le donataire avait été institué légataire universel par le donateur (Amiens, 6 flor. an XII; Bourges, 7 janv. 1835; Cass. 10 nov. 1836; — *Contrà*, Cass. 13 juill. 1813; 10 nov. 1834; Paris, 7 mai 1833; Toullier; Duranton; Favard).

66. La mère d'un enfant naturel est réputée toujours personne interposée, même à l'égard d'une donation faite avant la naissance de l'enfant, mais après le moment de la

conception, à moins qu'il ne résulte des faits de la cause qu'en réalité la volonté du donateur n'a pas été de gratifier l'incapable (Angers, 13 août 1809, 19 janv. 1814; Agen, 25 mars 1823; Nîmes, 13 juill. 1824; Toulouse, 5 mars 1827; Paris, 31 août 1827, 26 av. 1833, 7 mai 1833, 4 mai 1840; Lyon, 25 mars 1835; Cass. 13 juill. 1813 et 10 nov. 1834; Toullier; Duranton; Favard. — *Contrà*, Amiens, 6 flor. an XIII; Grenoble, 15 juill. 1811; Poitiers, 7 av. 1824; Angers, 8 déc. 1824; Cass. 1 août 1827, 18 mars 1828 et 10 nov. 1836).

67. Mais il n'en est pas de même quand il s'agit d'appliquer la règle ci-dessus aux enfants adultérins ou incestueux. En effet, la reconnaissance de ces enfants étant interdite par la loi il en résulte que l'on ne doit pas même rechercher si l'enfant gratifié peut être qualifié adultérin ou incestueux, en sorte que la donation qui lui sera faite par personne interposée sera valable comme celle qui lui aurait été faite directement (Poitiers, 7 av. 1824; Angers, 8 déc. 1824; Cass. 1 août 1827; — *Contrà*, Angers, 13 août 1806; Cass. 13 juill. 1813 et 5 janv. 1832; Toulouse, 5 mars 1827; Lyon, 25 mars 1835; Toullier; Duranton; Favard). — V. note 7, n. 62 *bis*.

68. En tout cas, la mère de l'enfant adultérin reconnu ne peut pas être considérée comme personne interposée, surtout si elle se trouvait mariée avec le père putatif au moment où la donation a eu lieu (Angers, 8 déc. 1824; Cass. 18 mars 1828; 1 août 1827).

69. Mais il n'y a plus lieu d'invoquer l'interposition de personne, lorsque l'incapable qu'on voulait gratifier était lui-même décédé au moment de la disposition. — V. *sup.* n. 47.

70. Quant aux communautés religieuses non autorisées elles sont incapables de recevoir aucune libéralité. Dès lors les legs au profit de personnes faisant partie de telles communautés doivent être annulés, si les légataires sont reconnus n'être que des personnes interposées (Cass. 5 août 1841; 26 av. et 5 juill. 1842; Agen, 12 août 1842. — *Contrà*, Grenoble, 13 janv. 1841).

71. On doit admettre la preuve testimoniale et les présomptions à l'effet d'établir la quotité des sommes qu'a pu s'approprier la personne interposée qui s'est immiscée dans la succession (Bruxelles, 19 juill. 1814; Cass. 8 août 1826; 15 fév. 1827 et 27 av. 1830).

72. Les effets de l'interposition de personne sous le rapport de la nullité de la donation sont les mêmes que dans tous les autres cas où il y a résolution de contrat (V. note 153). On remarquera seulement quant aux fruits que la personne interposée sera par cela même constituée en mauvaise foi, et qu'elle devra, par conséquent, la restitution des fruits (Coin-Delisle, 23).

73. *On ne pourra disposer au profit d'un étranger que dans le cas où cet étranger pourrait disposer au profit d'un Français* (C. civ. 912).

74. Cet article a été abrogé par la loi du 14 juillet 1819 ainsi conçue : *les étrangers auront le droit de disposer et de recevoir de la même manière que les Français dans toute l'étendue du royaume.* — V. note 27, n. 176 et suiv.

75. D'après cette loi, l'étranger doit être considéré, en ce qui concerne la donation ou le testament, comme s'il était Français.

§ 2. DE LA FORME DES DONATIONS. — DU DON MANUEL.

76. TOUS ACTES *portant donation entre-vifs seront passés* DEVANT NOTAIRE, *dans la forme ordinaire des contrats* ; *et il en restera* MINUTE, *sous* PEINE DE NULLITÉ (C. civ. 931).

77. TOUS ACTES. La loi ne s'occupe que des donations pour lesquelles un acte est nécessaire, de sorte qu'elle ne régit point les *donations manuelles*, les dons opérés sans fraude, de la main à la main, et sans acte, lesquels sont valables lorsqu'ils portent sur des meubles, des effets mobiliers ou une somme d'argent, et en général sur les objets à l'égard desquels la possession vaut titre (Besançon, 15 déc. 1812; Cass. 12 déc. 1815).

78. Il y a lieu d'appliquer les règles relatives au don manuel dans les cas suivants :

79. 1° Quand les objets ont été remis à un tiers pour être délivrés de la main à la main au donataire désigné (Besançon, 15 déc. 1812; Cass. 12 déc. 1815). — V. note 10, n. 11.

80. 2° Quand il s'agit d'un don manuel d'actions au porteur de la ville de Paris, dont la remise a été faite au donataire (Cass. 23 mai 1822).

81. 3° Quand le don manuel est fait pour cause de mort, car alors il constitue un véritable legs tacite qui doit recevoir son exécution (Merlin, *quest.* v° donation, § 6, n. 4; Favard, v° don manuel, n. 4).

82. 4° Quand on donne manuellement des effets de commerce par un simple endossement, valeur en compte ou en blanc. Cette remise peut être faite par un tiers même après la mort du donateur (Cass. 12 déc. 1815; 21 août 1837): —et même des billets à ordre transmis au donateur par un endos en blanc peuvent être, de sa part, l'objet d'un don manuel, sans qu'il soit nécessaire qu'il les revête de son endossement ou y appose sa signature; l'effet à ordre revêtu d'un endossement en blanc étant en quelque sorte un effet au porteur (Cass. 21 août 1837; Paris, 23 janv. 1840). — V. note 80, n. 9 et 10.

La simple énonciation *Bon pour un tel...* (le nom du donataire), suivie de la signature du donateur est suffisante pour constituer le don manuel (Agen, 15 mai 1833). — Il en serait de même de l'énonciation *Bon pour don* (Paris, 6 mai 1815). — En tout cas, la déclaration de l'endosseur supplée à l'irrégularité de l'endossement (C. comm. 138; Cass. 25 janv. 1832).

83. 5° Quand le don manuel est du capital d'une rente constituée; dans ce cas, la preuve de ce don résulte suffisamment de ce que le mari a fourni les deniers avec lesquels la rente a été constituée au profit de la femme (Lyon, 23 fév. 1835; Bordeaux, 4 mars 1835).

84. 6° Quand un don manuel a été énoncé et reconnu postérieurement dans un acte sous seing-privé. Il ne résulte pas de ce fait qu'il ait perdu son caractère, et qu'il soit nul faute d'être revêtu des formalités relatives aux donations (Caen, 12 janv. 1822; Cass. 23 mai 1822; Bordeaux, 19 juill. 1831).

85. 7° Quand le père fournit une somme pour le remplacement militaire de son fils; il y a, dans ce cas, don manuel par la seule intention présumée des parties, sans qu'il soit nécessaire d'en passer acte authentique (Grenoble, 21 juill. 1836).

V. *sup.* n. 61 et 62.

86. Mais il n'y a pas lieu d'appliquer les règles relatives au don manuel :

87. 1° Lorsque les choses ont été déposées entre les mains d'un tiers pour être employées après le décès du déposant dans un but déterminé. Dans ce cas, c'est aux héritiers que les objets doivent être restitués par application des principes qui régissent le dépôt volontaire (Nîmes, 17 mai 1817; Cass. 22 nov. 1819). — V. note 80, n. 176.

88. 2° A la simple remise d'un manuscrit : cette remise ne pouvant constituer l'attribution de la propriété à titre de don manuel (Paris, 4 mai 1816).

89. 3° Aux choses incorporelles comme les rentes, les créances; ces valeurs ne pouvant être transmises qu'au moyen d'un transport ou de tout autre acte qui en tienne lieu. Ainsi décidé à l'égard de billets non-négociables (Poitiers, 27 nov. 1833).

90. 4° Lorsqu'il existe dans le possesseur une double qualité pour posséder. Ainsi, il n'y aura pas présomption de don manuel en faveur d'un aubergiste relativement à l'argent d'une personne décédée dans son hôtellerie (Bourges, 30 juill. 1828); — et la preuve du fait tendant à constater le don manuel ne sera pas admissible s'il s'agit d'une somme excédant 150 fr., à moins d'un commencement de preuve par écrit (C. civ. 1347 et 1348; Grenoble, 20 janv. 1826).

91. 5° A la remise d'une quittance par le débiteur à son créancier; cette remise ne pouvant avoir pour effet de faire revivre l'obligation précédemment éteinte par le paiement, et de constituer un don manuel de la somme quittancée de telle sorte qu'on puisse exiger de nouveau le paiement de l'obligation originaire. En tout cas, cette quittance ne peut former entre les mains du créancier auquel elle aurait été rendue un commencement de preuve par écrit du don manuel ou du renouvellement de la dette primitive (C. civ. 1282 et 1283; Grenoble, 20 janv. 1826).

92. En tout cas, le don manuel d'un objet, lorsqu'il n'est constaté par aucun acte, est présumé fait par préciput et avec dispense de rapport, surtout quand il n'y a d'autre preuve de ce don que l'aveu du donataire, lequel affirme que le don lui a été fait par préciput et avec dispense de rapport (C. civ. 843; Bordeaux, 2 mai 1831). — V. note 146.

93. DEVANT NOTAIRE. Il s'agit ici d'un acte solennel pour lequel il ne suffit pas de rapporter la preuve de l'intention, il faut encore que cette intention ait été expressément manifestée dans une forme en quelque sorte sacramentelle. C'est pour cela que la loi exige que la donation soit passée devant notaire, et alors tout étant de rigueur on devra se conformer non-seulement à ce que nous avons dit, note 38, relativement à la forme des actes, mais encore à la loi du 21 juin 1843 relative à la présence du second notaire ou des deux témoins à l'acte et qui est rapportée à l'art. 76 du Journ. du Manuel.

94. Mais de ce que l'art. 931 du C. civ. veut que tous les actes de donation entre-vifs soient passés devant notaire, il ne s'ensuit pas que les juges, pour déterminer le sens et l'étendue d'une donation ne puissent recourir à des actes sous signature privée, et même à une correspondance du donateur explicative de sa volonté (Cass. 23 nov. 1850).

95. Toutefois, quand la donation indirecte en faveur d'un tiers est contenue dans un contrat de vente sous seing-privé, elle est valable, car ce n'est point un acte de donation proprement dit (C. civ. 1121; Toullier, 5, 176). — V. note 52.

96. De même, l'obligation souscrite au profit d'une personne pour la récompenser de services rendus, n'est pas une libéralité, mais une véritable obligation qui n'est pas nulle, faute d'avoir été reçue dans la forme ordinaire des donations (Colmar, 10 déc. 1808 et 10 juill. 1809; Cass. 3 août 1814, 26 janv. et 22 août 1826; Bordeaux, 21 mars 1835; Grenoble, 14 juill. 1836; Caen, 19 mai 1841).

V. note 62, n. 149 et 185 et aux formules la note *a* au-bas de la p. 310.

97. MINUTE. S'il n'y a pas minute d'une donation est elle nulle.

98. Mais le donateur peut-il être représenté dans la donation par un fondé de pouvoir par acte sous seing-privé ? On décide que non, parce que la donation faite en vertu d'un mandat sous seing-privé du donateur ne manifeste pas la volonté de celui-ci dans la forme authentique, puisque son consentement n'a pas été reçu et constaté par un officier public, et qu'un pareil acte ne fait pas pleine foi de la donation. A ce cas ne s'applique pas l'art. 1985 du C. civ. qui doit être entendu, non dans un sens absolu, mais dans un sens relatif, c.-à-d. que la forme du mandat est nécessairement subordonnée à la forme essentielle de l'acte qu'il a pour objet (Cass. 21 juin 1837; 19 av. 1843; Merlin, *rép.* v° hypoth. sect. 2, § 2.) — V. cependant note 80, n. 10.

99. Et de ce que l'art. 933 du C. civ. exige que la procuration pour *accepter* une donation soit en minute, il ne s'ensuit pas que la procuration pour *donner* ne puisse pas être délivrée en brevet (Bordeaux, 3 juin 1836; Cass. 21 juin 1837; — *Contrà*, Cass. 19 av. 1843 fondé sur ce que si une procuration en minute est nécessaire pour la simple *acceptation*, elle doit l'être à plus forte raison pour la donation même.

100. La renonciation faite en faveur d'un tiers qui n'est pas héritier est une donation. — V. note 62, n. 185.

101. A PEINE DE NULLITÉ. Toutefois, il a été jugé que bien qu'une donation faite en vertu d'un mandat *verbal* soit nulle, cependant elle est susceptible de ratification par simple exécution, tout aussi bien que par un écrit spécial, d'où il suit que celui-là est non-recevable à proposer la nullité, qui a connu la donation, qui l'a exécutée constamment, et qui est lui-même un ayant-cause du donateur (Cass. 21 mars 1826).

Art. 1. DE L'ACCEPTATION DES DONATIONS.

102. Les art. 932, 933, 934, 935, 936, 937 et 938 du C. civ. relatifs à l'acceptation et aux effets de la donation ainsi qu'à la notification de l'acceptation font l'objet de la note 10 à laquelle nous renvoyons.

Art. 2. DE LA TRANSCRIPTION DES DONATIONS. — DE LA GARANTIE A DÉFAUT DE TRANSCRIPTION.

103. *Lorsqu'il y aura donation de* BIENS SUSCEPTIBLES D'HYPOTHÈQUES, *la transcription des actes contenant la donation et l'acceptation, ainsi que la notification de l'acceptation qui aurait eu lieu par acte séparé, devra être faite aux bureaux des hypothèques dans l'arrondissement desquels les biens sont situés* (C. civ. 939). — V. note 111.

BIENS SUSCEPTIBLES D'HYPOTHÈQUES. Sont sujettes à transcription toutes les donations immobilières ou de droits immobiliers, notamment les donations de droits d'usage et d'habitation (Riom 23 mai 1842). — V. note 30, n. 9, et note 27, n. 410 et suiv.

104. La transcription prescrite par cet article est une formalité purement extrinsèque à l'acte de donation, et dont l'omission n'emporte pas nullité, même quand la transcription n'a point eu lieu du vivant du donateur (Cass. 12 déc. 1810). — Elle n'est nécessaire que pour son efficacité et n'influe en rien, ni sur l'influence, ni sur la validité de la donation : elle ne peut donc être déclarée nulle pour avoir été transcrite dans les dix jours qui précèdent la faillite (C. comm. 446 et 448; Grenoble, 17 juin 1822).

105. Quand une donation a été faite *avant* le code, elle est soumise aux mêmes règles que les donations faites *depuis* le Code, en ce sens, du moins que pour les unes comme pour les autres, il n'y a pas nécessité de faire transcrire avant le décès du donateur (Cass. 17 av. 1811).

106. Du reste, l'art. 25 de la loi du 11 brum. an VII, sur la nécessité de la transcription pour rendre les actes translatifs de propriété opposables à des tiers, s'applique à une donation comme à une vente (Cass. 2 av. 1821).

107. Le principal objet de la transcription d'une donation est d'en assurer l'effet contre tout tiers à qui le donateur confère des droits après la donation. Il importe peu que ces tiers soient des acquéreurs des biens donnés, ou qu'ils soient des créanciers hypothécaires, ou que le donation soit faite par contrat de mariage (Cass. 10 av. 1815).

108. *Cette transcription sera faite à la diligence du mari, lorsque les biens auront été donnés à sa femme; et si le mari ne remplit pas cette formalité, la femme pourra y faire procéder sans autorisation. — Lorsque la donation sera faite à des mineurs, à des interdits ou à des établissements publics, la transcription sera faite à la diligence des tuteurs, curateurs ou administrateurs* (C. civ. 940).

109. Mais il n'y a pas de nécessité à ce que cette transcription soit faite par les personnes ci-devant dénommées elles-mêmes. Elle peut être requise par toutes personnes, en vertu d'un simple mandat verbal. Car, ce qui importe, c'est l'accomplissement du fait même, c'est que la transcription ait été opérée, afin que tous les tiers intéressés soient dûment avertis (C. Jal Pal).

110. *Le défaut de transcription pourra être opposé par toutes personnes* AVANT INTÉRÊT, *excepté toutefois celles qui sont chargées de faire faire la transcription, ou leurs ayants-cause et le donateur* (C. civ. 941).

111. AYANT INTÉRÊT. Doivent être regardés comme parties intéressées à opposer le défaut de transcription :

112. 1° L'acquéreur d'un immeuble compris dans la donation que le vendeur en aurait précédemment faite (Cass. 10 mars 1840). — Alors même que cet acquéreur aurait eu connaissance de la donation (Agen, 17 déc. 1824; Limoges, 16 mai 1839; Cass. 10 mars 1840).

113. 2° Les créanciers du donateur lui-même, lesquels peuvent saisir les immeubles tant que la donation n'a point été transcrite (Cass. 23 juill. 1822). — Il en est ainsi alors même qu'ils s'adressent à l'acquéreur du donataire, et qu'ils n'ont acquis hypothèque que *postérieurement* à la donation, et même *postérieurement* à la *transcription* de la vente faite par le donataire; cette transcription de la vente ne pouvant pas suppléer au défaut de transcription de la donation (Cass. 21 fév. 1828). — Mais si le donateur *garantit* l'effet de la vente consentie par le donataire, cette promesse de garantie peut le faire considérer comme co-vendeur et donner par suite à la vente toute force même vis-à-vis des tiers (Paris, 11 juill. 1829; Cass. 24 mars 1830).

114. 3° Les créanciers chirographaires du donateur, lesquels peuvent saisir les fruits de l'immeuble donné, tant que la transcription de la donation n'a point été opérée (Cass. 10 mars 1840, et 7 av. 1841; Limoges, 9 mars 1843). — Même quand ces créanciers sont postérieurs à la donation (Cass. 2 av. 1821, 4 janv. 1830, 7 av. 1841; Agen, 17 déc. 1824, Bordeaux, 2 juin 1827; Pau, 16 janv. 1832).

115. 4° Et à plus forte raison les créanciers hypothécaires inscrits sur l'immeuble donné, avant la transcription de la donation (Cass. 23 juill. 1822; Montpellier, 27 av. 1840).

115 *bis*. 5° La mère d'enfants majeur et mineurs auxquels il a été fait une donation à son préjudice : dans ce cas, elle ne pourra opposer qu'aux majeurs le défaut de transcription, elle ne le pourra à l'égard des mineurs dont elle était tutrice et qu'elle doit par conséquent garantir de l'inexécution de cette formalité (Paris, 10 fév. 1814). — V. *inf.* n. 122.

116. Mais on doit considérer comme étant dans l'exception et par conséquent comme n'étant point intéressés à opposer le défaut de transcription :

117. 1° L'héritier du donateur, parce qu'il est l'ayant-cause de ce dernier (Toulouse, 29 mars 1808 et 11 avr. 1809; Colmar, 13 déc. 1808; Limoges, 10 janv. 1810).

118. 2° Le créancier de l'héritier du donateur (Paris, 21 nov. 1840).

119. 3° Le second donataire du même objet, parce qu'il est l'ayant cause du donateur (Nîmes, 1 déc. 1826; Montpellier, 2 juin 1831; Merlin, *rép.* v° *don*, sect. 6, § 3, et *quest.* v° *transcr.* § 6; Grenier; — *Contrà*, Duranton; Maleville; Delvincourt; Coin-Delisle). — V. *inf.* n. 147.

120. 4° Les légataires du donateur (Caen, 27 janv. 1813; Agen, 8 nov. 1832; Merlin, *quest.* v° *transc.* § 6; Coin-Delisle; Duranton).

121. 5° Celui qui a acheté du mari les biens qu'il avait précédemment donnés à sa femme. Le tiers acquéreur est, en ce cas, réputé *l'ayant-cause* du mari, lequel, comme donateur et comme chargé de faire faire la transcription ne peut se prévaloir de l'omission de cette formalité (Angers, 31 mars 1830). — Il en est ainsi, à plus forte raison lorsque le tiers a eu connaissance de la donation (Cass. 4 juin 1823).

122. *Les mineurs, les interdits, les femmes mariées, ne seront point restitués contre le défaut d'acceptation ou de transcription des donations; sauf leur recours contre leurs tuteurs ou maris, s'il y échet, et sans que la restitution puisse avoir lieu, dans le cas même où lesdits tuteurs et maris se trouveraient insolvables* (C. civ. 942).

123. Le recours, dans ce cas, donne lieu à une action en garantie contre celui qui est chargé de faire faire la transcription. — V. note 10, n. 67, 118 et suiv., 128, 138 et 165.

Art. 3. DE LA GARANTIE DE LA PART DU DONATEUR.

124. Le donateur ne doit aucune garantie de la chose

donnée (V. note 9, n. 6) — à moins qu'il ne fût de mauvaise foi, auquel cas il devrait indemniser le donataire de toutes les dépenses qu'il lui aurait occasionnées, même des dépenses voluptuaires (Pothier, *Cout. d'Orléans* et *donation*; Grenier, 97 ; Duranton, 8, 529).

125. Cependant, il est tenu de la garantie lorsqu'il l'a promise (Duranton, 8, 526). — Mais comme la garantie n'est pas de droit, il en résulte qu'il faut spécifier tous les cas de garantie ou stipuler une garantie générale. — V. la formule de *donation*. p. 589, alin. 4.

126. Il en est aussi tenu : 1° lorsque la donation est rémunératoire; car, dans ce cas, la donation n'étant pas gratuite et étant faite en compensation de charges imposées au donataire ou de services reçus par lui, la garantie est due par le donateur si le donataire est évincé (Besançon, 2 juill. 1828). — V. note 9, n. 8.

127. 2° Lorsque pour s'acquitter d'un legs, l'héritier donne au donataire ou légataire un effet de la succession (Dumoulin; Loyseau; Ricard; Pocquet de Livonnière). V. *sup.* n. 115.

Art. 4. DE CE QUE DOIT COMPRENDRE LA DONATION ENTRE-VIFS.

128. *La donation entre-vifs ne pourra comprendre que les biens présents du donateur; si elle comprend des biens à venir, elle sera nulle à cet égard* (C. civ. 943).—Mais V. *inf.* n. 273.

129. Cet article contient-il prohibition de donner une chose dont la délivrance est remise à un temps futur? A cet égard, il faut distinguer :

130. Si la chose promise est au moment de la donation dans les mains et à la disposition du donateur, la donation sera valable, car la condition relative à la délivrance n'est plus alors qu'une circonstance accessoire qui ne modifie en aucune manière l'acte de donation. Il ne s'agit pas, en effet, d'un bien futur, puisqu'il existe au moment même de la donation dans le domaine du donateur. On ne dispose donc que d'un bien présent sous une condition déterminée, qui est parfaitement valable et qui doit ainsi recevoir son exécution. Dans ce cas, la donation n'est autre chose qu'une donation de biens présents faite avec réserve de la jouissance de la part du donateur jusqu'au moment fixé pour la délivrance. Or, une pareille disposition est expressément autorisée par l'art. 949 du C. civ.; peu importe que le moment déterminé pour la tradition se reporte à l'époque même du décès du donateur; car la propriété de la chose n'en est pas moins transportée irrévocablement au donataire par l'acte même de donation.

131. Mais s'il s'agit d'un immeuble ou même d'un objet corporel ou incorporel qui n'existait pas entre les mains du donateur au moment de la donation, l'acte sera absolument sans effet, et il sera déclaré nul par la représentation de la preuve qu'en effet l'objet donné a été acquis par le donateur postérieurement à l'acte de donation, alors même qu'il se trouverait dans sa succession. Toutefois, il faudra que cette preuve soit rapportée, car la présomption sera acquise au donataire. Ainsi donc, si c'est une somme d'argent qui a été donnée par une disposition entre-vifs, sous la condition qu'elle sera payable au décès du donateur, cette stipulation sera valable, car on ne pourrait rapporter la preuve que le donateur ne possédait pas cette somme au jour de la donation. Il suffira qu'elle se trouve dans sa succession; ce n'est pas là, en effet, une disposition portant sur une chose future. L'aliénation se reporte au jour même de la donation; et à partir de ce moment, le donateur n'a plus été considéré que comme simple usufruitier de la somme donnée qu'il avait irrévocablement distraite de ses biens.

132. Il résulte donc de ce qui précède qu'on doit considérer comme faite entre-vifs et irrévocable la donation d'une somme d'argent avec réserve d'usufruit, à prendre sur tous les biens du donateur et exigible après son décès. Elle doit, en conséquence produire son effet, bien que le donataire soit décédé avant le donateur (Paris, 27 déc. 1834).

133. Mais la question de savoir si la donation entre-vifs d'une somme d'argent à prendre dans la succession du donateur est valable, est controversée. — V. *sup.* n. 3 et suiv.

134. Toutefois de telles donations sont valables quand elles sont faites par contrat de mariage. — V. *inf.* n. 329.

Art. 5. DES DONATIONS POTESTATIVES. — DES DONATIONS A TITRE ONÉREUX. — DE LA RÉSERVE DE DISPOSER.

135. *Toute donation entre-vifs, faite sous des conditions dont l'exécution dépend de la seule volonté du donateur sera nulle* (C. civ. 944).

136. Cet article applique aux donations en particulier le principe général posé aux art. 1170 et 1174 du C. civ., principe fondé sur ce que la propriété ne doit jamais demeurer incertaine. Or, comment le donataire pourrait-il être saisi, même vis-à-vis du donateur, si ce dernier, par l'effet d'une clause insérée au contrat, pouvait, de sa seule volonté, reprendre la propriété de sa chose. Ce serait tout à la fois donner et retenir; or, d'après l'ancien axiome, *donner et retenir ne vaut*. Toutefois, cette maxime ne forme point obstacle à ce que la donation soit faite sous une condition suspensive; par conséquent, la condition de survie du donataire ou de ses descendants peut être apposée à une donation entre-vifs (V. *sup.* n. 10).

137. *Elle sera pareillement nulle si elle a été faite sous la condition d'acquitter d'autres dettes ou charges que celles qui existaient à l'époque de la donation, ou qui seraient exprimées, soit dans l'acte de donation, soit dans l'état qui devrait y être annexé* (C. civ. 945).

138. Relativement au donateur et au donataire il faut dire :

1° Que s'il est défendu au donataire par l'art. 943 du C. civ. (V. *sup.* n. 128) d'accepter la donation de biens futurs, il lui est également interdit par l'art. 945, en recevant des biens présents, de se grever de charges futures dont il lui serait impossible d'apprécier l'importance.

2° Que l'obligation imposée en termes indéfinis au donataire de payer les dettes du donateur emporte nullité de l'acte de donation. Il en est de même de l'obligation mise à la charge du donataire de donner une somme déterminée à chacun des domestiques que le donateur aura lors de son décès (Cass. 17 therm. an VII).

3° Que le donataire universel de biens présents n'est point tenu vis-à-vis du donateur de payer les dettes de ce dernier existantes au jour de la donation s'il n'en a été chargé par une clause expresse insérée dans la donation et si elles n'y sont mentionnées (Toulouse, 15 juill. 1859; Cass. 26 fév. 1825 et 2 mars 1840). — Cependant, si une donation a été faite à la charge par le donataire de payer *toutes* les dettes du donateur conformément à l'état qui en serait annexé à l'acte de donation, cette dernière disposition ne doit être considérée que comme explicative de la première et non comme limitative; si donc, une dette actuellement existante se trouve omise dans l'état annexé, le donataire n'en doit pas moins être condamné à la payer, surtout s'il en a eu connaissance et a manifesté l'intention de l'acquitter (Cass. 18 fév. et 7 av. 1829).

4° Qu'il en est ainsi lors surtout qu'il résulte soit de l'acte lui-même soit des circonstances de la cause, que le donateur, loin d'imposer cette condition au donataire, a voulu l'y soustraire (Montpellier, 3 av. 1833; Toulouse, 29 juin 1836).

5° Qu'une donation faite à la charge d'acquitter les dettes du donateur alors existantes est valable quoiqu'il n'y ait pas eu d'état de dettes joint à la donation (Grenoble, 8 mai 1833).

6° Que la qualité de donataire n'est point indélébile comme celle d'héritier. En conséquence, le donataire universel, même après avoir recueilli et accepté la donation, peut en tout temps y renoncer et s'en dessaisir en restituant les biens donnés et tout ce qu'il en a perçu; il n'est sujet aux dettes qu'à raison de sa détention et aussi longtemps qu'elle dure (Paris, 25 fév. 1819; Toullier, 5, 818; Vazeille; Grenier; Delvincourt).

7° Que les donations entre vifs, lors même qu'elles sont faites à titre onéreux, c.-à-d. à la charge de payer certaines dettes, peuvent être considérées comme des contrats de bienfaisance auxquels les donataires sont admis à renoncer (Grenoble, 12 août 1828; Maleville. — *Contrà*, Toullier, 5, 283; Grenier).

139-140. Mais relativement aux tiers, la donation faite sans que le donataire soit chargé des dettes peut avoir le caractère de fraude, et il y a fraude suffisamment établie :

141. 1° Quand un individu fait donation gratuitement de quelques immeubles pour l'usufruit à son fils et pour la nue-propriété à son petit-fils mineur, alors que cet individu est obligé solidaire comme caution envers un autre qui obtient jugement quelques jours après la donation. Il y a dans ce cas mauvaise foi de la part du donateur et de son fils (Grenoble, 5 mars 1825).

142. 2° Quand, après dissolution d'une société, l'un des associés reliquataire envers l'autre fait donation gratuitement à sa fille, dans l'intervalle de la demande au jugement de condamnation au paiement de ce reliquat, de tous ses biens; que plus tard la fille s'oblige à loger ses père et mère leur vie durant et à leur payer une rente viagère insaisissable; et que le donateur, nonobstant la donation, continue à jouir d'une partie des biens donnés. Il n'est pas besoin pour cela de constituer le donataire en mauvaise foi (Bordeaux, 13 fév. 1826).

143. 3° Quand un individu, déjà débiteur de sommes excédant son avoir, fait donation par contrat de mariage à sa future épouse d'une somme qui prime dans un ordre un créancier du mari. La bonne foi du donataire n'est, dans ce cas, d'aucune considération (Bordeaux, 2 mai 1826).

144. 4° Quand un individu, menacé par son créancier d'être poursuivi devant les tribunaux, se dépouille ainsi que sa femme de tout ce qu'il possède, et abandonne sa fortune entière à ses enfants, sans les charger de payer ce créancier (Bordeaux, 19 nov. 1836).

145. 5° Quand un père fait donation à ses deux enfants d'une somme de 100,000 fr.; que bientôt après il tombe en faillite et qu'il est établi qu'au moment de cette donation, le donateur connaissait son insolvabilité et prévoyait sa faillite prochaine (Cass. 30 juill. 1839).

146. Par les motifs énoncés aux arrêts que nous venons de rapporter, on doit conclure qu'une donation qui serait faite à la charge de payer certains créanciers et en omettrait d'autres ne serait point pour cela à l'abri de la nullité pour cause de fraude. En effet, les charges imposées à un acte de libéralité n'empêchent pas qu'il ne doive être considéré comme une donation (Cass. 24 nov. 1825; Amiens, 6 juin 1840).

147. Le donataire diffère de l'héritier en ce que celui-ci est l'ayant-cause de son auteur dans le sens le plus absolu; tandis que le donataire universel de biens présents (semblable en cela à l'acquéreur) n'est l'ayant-cause du donateur que quant aux actions qui dérivent de la donation et aux obligations qu'elle lui impose; ainsi donc lorsque le donateur de tous biens a vendu avant la donation un immeuble appartenant au donataire universel, celui-ci étant passible de l'action en garantie envers le tiers-acquéreur comme tenu des dettes du donateur (dans le cas où il en est tenu), ne peut évincer ce tiers-acquéreur qu'après avoir renoncé à la donation (Bordeaux, 7 août 1834). — V. *sup.* n. 119.

148. Mais à tout autre égard il n'est qu'un tiers quant au donateur, et l'art. 138 du C. civ. lui est applicable; en conséquence, celui qui accepte une donation entre-vifs, à la charge de payer les dettes du donateur alors existantes, est dispensé de payer une obligation sous-seing privé de ce dernier, qui n'a acquis par l'enregistrement de date certaine que postérieurement à la donation, quoique la date apparente fût antérieure (Agen, 22 nov. 1821; Nîmes, 11 fév. 1822; Nancy, 14 fév. 1828; Bruxelles, 11 mars 1829; Bordeaux, 30 mars 1829; Angers, 20 fév. 1829; Grenoble, 9 mai 1833; Bordeaux, 19 nov. 1836; Cass. 30 janv. 1828; Toullier, 8, 245). — V. note 6.

149. *En cas que le donateur se soit réservé la liberté de disposer d'un effet compris dans la donation, ou d'une somme fixe sur les biens donnés, s'il meurt sans en avoir disposé, ledit effet ou ladite somme appartiendra aux héritiers du donateur, nonobstant toutes clauses et stipulations à ce contraires* (C. civ. 946).

150. Quand il s'agit de donations entre-vifs la propriété de l'objet réservé demeure au donateur, tellement qu'elle ne peut sortir de ses mains que par une déclaration nouvelle de volonté, soit par vente, soit par échange, soit par donation entre-vifs, soit par testament. — Mais il en est autrement de la réserve faite dans une donation par contrat de mariage (C. civ. 1086). — V. *inf.* n. 329.

151. *Les quatre articles précédents* (rapportés *sup.* n. 128, 135, 137, 149) *ne s'appliquent point aux donations dont est mention aux chap.* VIII (C. civ. 1081 à 1090. - V. *inf.* n. 275 et suiv.) *et* IX (C. civ. 1091 à 1100 - V. note 214) *du présent titre* (C. civ. 947).

V. *inf.* n. 329 pour d'autres donations sous condition potestative.

Art. 6. DE LA DONATION D'EFFETS MOBILIERS. — DE LA RÉSERVE D'USUFRUIT.

152. *Tout acte de donation* D'EFFETS MOBILIERS *ne sera va-*

lable que pour les effets dont un ÉTAT ESTIMATIF, SIGNÉ DU DONATEUR ET DU DONATAIRE, *ou de ceux qui acceptent pour lui, aura été annexé à la minute de la donation* (C. civ. 948).

153. D'EFFETS MOBILIERS. Ce qui s'applique aux titres de créances et aux actions dans les compagnies de finances ou d'industrie comme aux meubles corporels (Limoges, 28 nov. 1826; Bordeaux, 6 août 1834; C. Jal. Pal.)

154. ÉTAT ESTIMATIF. Cet état n'est pas nécessaire :

1° pour les meubles par leur nature s'ils sont immeubles par destination (Aix, 17 therm. an XIII; Riom, 22 janv. 1825). Non plus que pour les donations de droits successifs. — V. la note *a* au bas de la formule, p. 572.

155. 2° Pour les donations de sommes d'argent, de sorte qu'il n'est pas besoin d'énumérer, soit dans l'acte, soit dans un état à part le nombre et la nature des espèces; la simple énonciation suffisant pour opérer la saisine irrévocable du donataire (C. Jal. Pal.).

156. 3° Pour les dons manuels, la tradition étant suffisante (V. *sup.* n. 77).

157. 4° Pour les donations à cause de mort faites entre époux par contrat de mariage ou pendant le mariage (Cass. 5 déc. 1816, 16 juill. 1817; Bruxelles, 23 mai 1830). — V. note 214.

158. 5° Lorsque les objets mobiliers sont désignés dans un acte authentique antérieur auquel il est référé, tel qu'un inventaire dans lequel se trouve cet état estimatif (Limoges, 28 nov. 1826; Cass. 11 juill. 1831).

159. Mais cet état est nécessaire : 1° pour les donations faites aux époux par contrat de mariage (Grenoble, 6 av. 1813; Cass. 27 fév. 1821).

160. 2° Pour les donations de reprises dans des successions désignées; en ce sens qu'il faut des actes, des indications faisant connaître en détail quelles sont ces reprises (Limoges, 28 nov. 1826).

161. Il faut que l'état contienne article par article l'évaluation des objets donnés; une estimation en bloc même à la suite d'une désignation détaillée est insuffisante (Bordeaux, 3 juin 1840).

162. En tout cas, la donation de tous biens meubles, noms, raisons, voies et actions, ne comprend pas les créances ou dettes actives du donateur, lorsqu'une clause subséquente, contenant l'énumération des biens meubles donnés, ne désigne que des effets mobiliers (Bordeaux, 6 août 1834. — *Contrà*, Duranton, 8,412; Toullier, 5,817; lesquels pensent qu'un état estimatif n'est pas nécessaire).

163. SIGNÉ DU DONATEUR ET DU DONATAIRE. Cet état devant être signé, il en résulte que quand les parties ne savent pas signer, il faut que cet état soit fait devant notaire dans la forme ordinaire des actes, à moins que le détail estimatif ne soit fait dans l'acte de donation même, car d'une façon comme de l'autre le but de la loi est atteint. Cela pouvait se pratiquer au surplus ainsi, d'après l'art. 15 de l'ordonnance de 1731 (Grenier, 170; Toullier, 5, 181; Roll. de V.). — V. note 17, n. 56.

164. *Il est permis au donateur de faire la réserve à son profit, ou de disposer au profit d'un autre, de la jouissance ou de l'usufruit des biens meubles ou immeubles donnés* (C. civ. 949). — V. note 69 et C. civ. 1422.

165. Ainsi, la réserve de l'usufruit sur la tête d'un tiers forme une des conditions du contrat qui est obligatoire alors même que le tiers-gratifié n'aurait pas déclaré son acceptation par un acte formel; cette réserve ne constituant pas une libéralité soumise à l'acceptation, bien qu'elle soit faite en faveur d'un tiers dans un contrat de mariage (Cass. 5 nov. 1818 et 28 juin 1837; Toulouse, 19 nov. 1832). — Dès-lors le tiers a une action directe pour la conservation de son droit, et dans le cas où l'immeuble donné viendrait à être saisi par les créanciers du donataire, il a droit d'intervenir pour exiger que le droit éventuel qu'il a sur l'immeuble soit expressément réservé par une clause insérée dans l'acte d'adjudication (Cass. 28 juin 1837).

166. Quand le donateur a fait des augmentations ou améliorations au fonds dont il s'est réservé l'usufruit, elles appartiennent au donataire par droit d'accroissement sans qu'il soit besoin d'une nouvelle disposition (Vazeille; — *Contrà*, Grenier, 317).

167. *Lorsque la donation d'effets mobiliers aura été faite avec réserve d'usufruit, le donataire sera tenu, à l'expiration de l'usufruit, de prendre les effets donnés qui se trouveront en nature, dans l'état où ils seront; et il aura action contre le donateur ou ses héritiers, pour raison des objets non existants, jusqu'à concurrence de la valeur qui leur aura été donnée dans l'état estimatif* (C. civ. 950).

168. Mais lorsqu'à la cessation de l'usufruit les meubles sont brisés ou tellement usés qu'ils sont absolument hors d'usage, le donataire ne peut être forcé de les recevoir, il a le droit d'en exiger la valeur (Proudhon, 5,2643).

§ 3. DE LA RÉVOCATION DES DONATIONS ENTRE-VIFS.

169. *La donation entre-vifs ne pourra être révoquée que pour cause d'inexécution des conditions sous lesquelles elle aura été faite, pour cause d'ingratitude, et pour cause de survenance d'enfants* (C. civ. 953).

Art. 1. DE LA RÉVOCATION POUR CAUSE D'INEXÉCUTION DES CONDITIONS.

170. *Dans le cas de révocation pour cause d'inexécution des conditions, les biens rentreront dans les mains du donateur, libres de toutes charges et hypothèques du chef du donataire; et le donateur aura, contre les tiers détenteurs des immeubles donnés, tous les droits qu'il aurait contre le donataire lui-même* (C. civ. 954).

171. Mais si, sur la demande en révocation, les créanciers du donataire font offre de remplir les conditions de la donation, au lieu et place de leur débiteur, les tribunaux peuvent écarter la demande en révocation, et, dans ce cas, le donateur ne peut exiger d'eux une caution (Riom, 17 av. 1818 et 3 janv. 1826; Bordeaux, 7 déc. 1829; Cass. 14 mai 1838). — Le même droit appartient sans aucun doute aux tiers-détenteurs, mais quand la charge (telle l'obligation de loger, nourrir et soigner) ne peut, d'après la volonté du donateur, être accomplie par une personne autre que le donataire, ces tiers-acquereurs ne peuvent repousser l'action en délaissement fondée sur le défaut d'exécution de la condition, en proposant de payer au donateur une somme représentative des services promis (Limoges, 28 janv. 1841).

172. La donation de biens présents et à venir faite en faveur de mariage est comme toute autre donation entre-vifs révocable pour cause d'inexécution des conditions (Cass. 13 fév. 1826 et 14 mai 1838; Toulouse, 9 fév. 1832; Coin-Delisle).

173. La donation moyennant une rente viagère est sujette à révocation à défaut de paiement des arrérages. On ne peut appliquer à ce cas l'art. 1978 du C. civ. portant que le seul défaut de paiement des arrérages n'autorise point la résiliation du contrat (Poitiers, 6 janv. 1837; Caen, 21 av. 1841).

174. Les partages anticipés faits par les ascendants entre leurs enfants sont, comme les donations, soumis à la révocation pour inexécution des conditions, et même le droit de révocation après le décès de l'ascendant donateur peut être exercé par ses héritiers (Cass. 8 mess. an XI; Limoges, 21 juin 1836).

175. L'action en révocation dont il s'agit peut être cédée par le donateur à un tiers et valablement exercée par ce dernier (Toulouse, 9 fév. 1832; Coin-Delisle). — Et elle ne se prescrit que par 30 ans (Vazeille, 2, 719; Grenier, 210).

176. Lorsqu'après une donation, le donateur fait vente des biens donnés, cette vente comporte nécessairement la cession de l'action en révocation de la donation dont l'existence rendrait la vente sans effet; la cession de tous *droits et actions*, comprenant celle des actions rescisoires et révocatoires, n'a pas besoin d'être expresse (Pau, 2 janv. 1827).

177. Le défaut de mise en demeure n'est point un obstacle à la révocation de la donation, lorsque d'ailleurs l'exécution des conditions n'était plus possible (Pau, 2 janv. 1817).

178. Lorsque l'objet (tel qu'un droit d'habitation) donné par plusieurs personnes est indivisible, la révocation provenant du chef d'un seul des donateurs entraîne l'annulation de la donation pour le tout, sauf le recours du donataire du droit d'habitation contre les autres donateurs (Rennes, 8 août 1836).

179. Lorsque des charges sont imposées à un donataire, au profit de tiers, l'inexécution de ces charges donne aux tiers le droit de réclamer la révocation de la libéralité (Vazeille; — *Contrà*, Dalloz, Delvincourt).

180. *La révocation, pour cause d'inexécution des conditions..., n'aura jamais lieu de plein droit* (C. civ. 956).

181. Au cas d'inexécution des conditions d'une donation, comme au cas d'inexécution de toutes autres conventions, les juges ont la faculté d'accorder un délai au donataire pour l'accomplissement de ces conditions; ils ne sont pas obligés de prononcer la révocation de la donation dès qu'elle leur est demandée (C. civ. 1184; Bordeaux, 7 déc. 1829; Cass. 14 mai 1838). — Toutefois, ils ne peuvent se dispenser de la prononcer alors que l'inexécution serait devenue impossible par suite de cas fortuits ou de force majeure (Pau, 2 janv. 1827).

En tout cas, les fruits, quand la révocation est prononcée pour cause d'inexécution, sont dus à compter du jour où le donataire a pu accomplir la condition et non du jour de la demande (Delvincourt; Duranton; Toullier, 5,542). — V. *inf.* n. 203, 225 et suiv.

Art. 2. DE LA RÉVOCATION POUR CAUSE D'INGRATITUDE.

182. *La donation entre-vifs ne pourra être révoquée pour cause d'ingratitude que dans les cas suivants :*

1° *Si le donataire a attenté à la vie du donateur ;* (C. civ. 955).

183. Il n'est pas besoin, pour établir ce fait, d'une condamnation émanée de la juridiction criminelle : le reproche pourra être vérifié par la voie civile. — V. note 78, n. 64.

184. 2° *S'il s'est rendu coupable envers lui de* SÉVICES, DÉLITS *ou* INJURES GRAVES; (C. civ. 955).

185. SÉVICES. On entend par *sévices* de mauvais traitements. Ils autorisent la révocation de la donation alors même qu'ils sont exercés sur le conjoint ou sur les enfants du donateur (Vazeille; Delvincourt; — *Contrà*, Dalloz).

186. DÉLITS. Lorsqu'un domestique, après avoir reçu une donation de son maître, abuse du mandat qu'il tient de ce dernier pour administrer ses biens, de telle sorte qu'il se rende coupable d'infidélité dans sa gestion ; lorsque, d'ailleurs, il tente par de faux rapports de semer la haine et la division dans la famille du donateur, ce sont là des délits et même des injures qui autorisent la révocation de la donation (Paris, 29 mars 1806).

187. Le vol commis par le donataire, au préjudice du donateur, est un délit autorisant la demande en révocation ; l'article précité ne s'appliquant pas seulement au délit commis contre la personne (Cass. 24 déc. 1827). — Mais, pour que la révocation de la donation puisse être prononcée, il faut que le dommage résultant du délit ait compromis les moyens d'existence du donateur ; des soustractions de peu d'importance seraient insuffisantes (Paris, 29 mars 1806 et 17 janv. 1833).

188. INJURES GRAVES. La qualification de *voleur*, donnée par un fils à son père dans un écrit confidentiel non signé et ne portant aucune adresse, n'est point une injure suffisante pour autoriser la révocation, alors surtout que l'éducation du donateur et du donataire a été négligée (Toulouse, 29 av. 1825).

189. Lorsqu'un homme veuf s'est remarié et que de son mariage avec sa seconde femme est issu un enfant 245 jours après le décès de sa première femme, les héritiers de cette femme sont non-recevables à prouver que cet enfant avait été conçu avant le décès de cette même femme, pour en conclure que le mari s'étant rendu coupable d'adultère, les donations à lui faites par sa femme doivent être révoquées pour ingratitude (Amiens, 2 mai 1807).

190. 3° *S'il lui refuse des aliments* (C. civ. 955).

191. Mais il n'y a point lieu à révocation de la donation sous le prétexte que le donataire refuse des aliments au donateur, si ce dernier a le droit d'en demander à ses descendants ou ascendants (C. civ. 205; Vazeille; Coin-Delisle; — *Contrà*, Duranton, 8,558).

192. Les donations rémunératoires sont, comme toutes autres donations, sauf celles en faveur de mariage, soumises à la révocation pour cause d'ingratitude (C. J[al]. Pal.).

193. Lorsque, par suite des faits et circonstances de la cause, une Cour royale a décidé qu'un notaire ne pouvait, sans se rendre coupable d'ingratitude envers le donateur, se dispenser de renoncer à l'objet de la donation, cette Cour a pu déclarer valable la renonciation au bénéfice de la donation faite par le tuteur du donataire encore en minorité, renonciation faite avec l'autorisation du conseil de famille (C. civ. 467 ; Cass. 12 mai 1830).

194. *La révocation pour cause d'ingratitude n'aura jamais lieu de plein droit* (C. civ. 956). — V. *sup.* n. 180 *et* 181.

195. Et elle pourra n'avoir pas lieu quand le donataire est mineur, son âge pouvant l'excuser (Vazeille; Delvincourt; Grenier; Duranton). — V. note 63, n. 23 et suiv.

196. La simple remise de dette n'est pas sujette à révocation, soit par ingratitude, soit par survenance d'enfants, à moins que la remise n'ait été faite par forme de donation (Toullier, 5, 312; Poujol; Coin-Delisle; — *Contrà*, Furgole; Pothier; Delvincourt; Duranton; Vazeille). — V. note 133.

197. *La demande en révocation pour cause d'ingratitude devra être formée dans l'année, à compter du jour du délit imputé par le donateur au donataire, ou du jour que le délit aura pu être connu par le donateur. — Cette révocation ne pourra être demandée par le donateur contre les héritiers du donataire, ni par les héritiers du donateur, contre les héritiers du donataire, à moins que, dans ce dernier cas, l'action n'ait été intentée par le donateur, ou qu'il ne soit décédé dans l'année du délit* (C. civ. 957).

198. La révocation peut être demandée dans l'année par les héritiers du donateur comme par le donateur lui-même contre le donataire; seulement quand elle est exercée contre les héritiers du donataire par les héritiers du donateur, il faut ou que ce dernier ait lui-même intenté l'action ou qu'il soit décédé dans l'année du délit, ayant ou n'ayant pas fait de poursuites (Cass. 24 déc. 1827).

199. Le délai d'un an est opposable aux héritiers du donateur comme au donateur lui-même, et les héritiers sont tenus, à peine de déchéance, d'exercer l'action pendant le laps de temps qui reste à courir lors du décès du donateur, pour parfaire l'année (Douai, 15 janv. 1828).

200. Toutefois, le droit de révocation, pour cause d'ingratitude, d'une donation faite par un époux à son conjoint, ne passe pas aux héritiers du donateur, encore bien que les faits établissant l'ingratitude aient donné lieu à une poursuite en séparation de corps de la part de l'époux donateur, si d'ailleurs la révocation n'a pas été demandée par l'époux donateur décédé après l'année du délit. Les héritiers ne peuvent reprendre l'action en séparation, pour établir la révocation, sur les faits relevés par le défunt (Paris, 6 juill. 1814). — Et cela encore bien que la prescription ne courant pas entre époux (C. civ. 2253) l'action en révocation dure toute la vie du donateur (Cass. 17 mars 1833).

201. En tout cas, les créanciers du donateur ne peuvent demander au nom de celui-ci la révocation de la donation pour cause d'ingratitude du donataire (Duranton, 10,559).

202. Et si le donateur a volontairement exécuté une donation, il n'est plus recevable à se prévaloir, pour en demander la révocation, des faits d'ingratitude antérieurs à cette exécution, bien qu'il ne se soit pas écoulé un an depuis ces faits (Cass. 4 janv. 1842; Ricard; Rousseau de Lacombe; Duranton).

203. *La révocation pour cause d'ingratitude ne préjudiciera ni aux aliénations faites par le donataire, ni aux hypothèques et autres charges réelles qu'il aura pu imposer sur l'objet de la donation, pourvu que le tout soit antérieur à l'inscription qui aurait été faite de l'extrait de la demande en révocation, en marge de la transcription prescrite par l'art. 939. — Dans le cas de révocation, le donataire sera condamné à restituer la valeur des objets aliénés, eu égard au temps de la demande, et les fruits à compter du jour de cette demande* (C. civ. 958).

204. La transcription au bureau des hypothèques avertit les tiers qu'ils ne peuvent plus acquérir de droits sur les biens donnés; mais jusques-là ils ont pu le faire sans craindre l'action en révocation pour cause d'ingratitude, autrement il serait très difficile pour ne pas dire impossible de se garantir d'une demande en révocation, surtout si les parties venaient à se concerter pour arriver à une révocation par des moyens frauduleux, en se faisant des injures qui ne seraient point sérieuses. En matière d'inexécution des conditions, au contraire, on peut encore se garantir de la révocation, car il est alors loisible, ou de ne traiter qu'après justification de l'accomplissement des conditions, ou de se mettre au lieu et place du donataire en remplissant les conditions.

205. *Les donations en faveur de mariage ne seront pas révocables pour cause d'ingratitude* (C. civ. 959).

206. On ne doit pas distinguer à cet égard entre les donations faites aux époux et celles qu'ils se font eux-mêmes en faveur de mariage (Cass. 30 mars 1824; 30 mai 1836; Rouen, 28 janv. 1837; Riom, 19 août 1839).—V. note 214.

Toutefois, au cas de donation mutuelle, l'opinion à peu près unanime des auteurs n'admet pas la révocation à l'égard du donateur injurié.

Art. 3. DE LA RÉVOCATION POUR CAUSE DE SURVENANCE D'ENFANTS.

207. *Toutes donations entre-vifs par personnes qui n'avaient point d'enfants ou de descendants actuellement vivants dans le temps de la donation, de quelque valeur que les donations puissent être, et à quelque titre qu'elles aient été faites, et encore qu'elles fussent mutuelles ou rémunératoires, même celles qui auraient été faites en faveur du mariage par autres que par les ascendants aux conjoints, ou par les conjoints l'un à l'autre, demeureront révoquées de plein droit par la survenance d'un enfant légitime du donateur, même d'un posthume, ou par la légitimation d'un enfant naturel par mariage subséquent, s'il est né depuis la donation* (C. civ. 960).

208. La révocation pour cause de survenance d'enfant au donateur est d'ordre public; elle est fondée sur cette considération que le donateur n'aurait certainement pas fait la disposition s'il avait pensé qu'il lui surviendrait des enfants légitimes. D'où il résulte que la révocation n'aura pas lieu si, au moment où la donation a été faite, le donateur avait déjà un enfant légitime, car alors la présomption établie par la loi ne peut plus être révoquée, puisque le donateur a disposé malgré l'existence d'un enfant qui avait déjà droit à une réserve légale. Ainsi donc :

209. 1° La naissance d'un second enfant légitime postérieurement à la donation n'entraîne point la révocation.

210. 2° Si le donateur avait, au moment de la donation, un enfant légitime qui vient à mourir après cette donation, la survenance d'un second enfant ne la révoquera point. Mais il en serait autrement de la donation faite après le décès du premier enfant; car, dans ce cas, la naissance d'un second enfant emporterait révocation de cette donation.

211. Du reste, par ces mots *enfants* et *descendants* employés dans l'article précité du C. civ., on ne doit entendre que la descendance légitime (Jug. de la Seine, 19 nov. 1842. - Devill. 44, 2, 51). Tellement :

212. 1° Que la naissance et la reconnaissance d'un enfant naturel n'auront aucun effet à l'égard des donations antérieures qui continuent de subsister, sauf, s'il y a lieu.

le droit de réduction, lors du décès de son père ou de sa mère.

213. 2° Que la légitimation de l'enfant naturel par mariage subséquent est également sans effet sur la donation, s'il était déjà né au moment où elle a eu lieu, quand même il n'aurait pas été alors reconnu par le donateur ou la donatrice.

214. 3° Que l'adoption d'un enfant, alors même qu'il ne serait pas né au jour où la donation a eu lieu, est sans aucune influence sur la donation; sauf le droit qu'il aura de forcer le donataire à rapporter tout ou partie de ce qu'il aura reçu, s'il en résultait une diminution de la réserve légale à laquelle il a droit comme étant sur le même rang que l'enfant légitime. — Mais l'adopté profitera de la révocation opérée par la survenance d'un enfant légitime avec lequel il viendra en partage sur l'objet donné, qui sera ainsi rentré dans le domaine du donateur, s'il s'y trouve encore au moment de son décès (C. J[al] Pal.).

215. On doit considérer comme étant sans enfants au moment de la donation :

216. 1° Le donateur ayant un enfant unique mort civilement à l'époque de cette donation, auquel cas elle est révoquée par la survenance d'autres enfants (Ricard; Furgole; Pothier; Bourjon).

217. 2° Celui qui n'a qu'un fils unique dont l'absence le fait supposer mort; dans ce cas, la donation est révoquée par la survenance d'autres enfants (*Ibid.*). — Seulement, le retour de l'enfant révoque la donation (Grenier, 183; Delvincourt; Vazeille).

218. Mais la donation qui aura été faite à un enfant naturel par son père ou par sa mère sera-t-elle sujette à révocation par la survenance d'un enfant légitime? Non, suivant le Code du J[al]. du Pal., parce que l'enfant naturel, ayant un droit de créance nécessaire sur la succession de son père ou de sa mère qui l'ont reconnu, la donation qui lui aura été faite sera considérée plutôt comme un paiement que comme une attribution gratuite. Seulement, elle pourra être sujette à réduction. Dans le même sens, arrêt de la Cour Royale de Paris, du 29 déc. 1843, lorsque la donation a eu lieu, à titre de constitution de dot.

219. La révocation pour survenance d'enfant n'a lieu qu'autant qu'il s'agit d'une véritable libéralité. Si donc, un acte, quoique qualifié de donation, se trouve, à raison des charges et conditions imposées au donataire, n'être point un acte de libéralité, mais un contrat à titre onéreux, la révocation n'en peut être prononcée au cas de survenance d'enfants (Cass. 2 av. 1829; 25 mai 1836; Bordeaux, 10 av. 1843). — Toutefois, si le contrat à titre onéreux renferme une donation déguisée, les enfants seront recevables à l'attaquer (Cass. 6 nov. 1832).

220. Les libéralités qui ne sont que la condition au profit d'un tiers d'une stipulation que l'on fait pour soi-même, sont tout aussi bien que les donations directes, révoquées par la survenance d'enfants du donateur (Rennes, 18 août 1836).

221. Une donation est révoquée par la légitimation d'un enfant naturel né postérieurement, encore que cet enfant ait été inscrit sur les registres de l'état civil, et sur la propre déclaration de la mère, comme né d'un autre que de celui qui l'a légitimé (Paris, 2 juin 1809).

222. Mais au cas de donation mutuelle entre non-conjoints, quel est l'effet de la révocation? On pense généralement que les deux donations sont révoquées au cas de survenance d'enfants même à l'égard du donateur qui n'a point d'enfants (Pothier, *Donat.* sect. 3, art. 2, § 1; Toullier, 5, 308; Grenier, 187 *bis*; Duranton, 590; Poujol, 960; Vazeille, 960. — *Contrà*, Delvincourt; Guilhon). — V. note 24, n. 458.

223. *Cette révocation aura lieu, encore que l'enfant du donateur ou de la donatrice fût conçu au temps de la donation* (C. civ. 961).

224. La règle qui veut que l'enfant exerce ses droits à partir du jour où il a été conçu reçoit ici une exception; mais c'est parce que la maxime n'ayant été admise que dans l'intérêt de l'enfant, elle ne doit pas être tournée contre lui.

225. *La donation demeurera pareillement révoquée, lors même que le donataire serait entré en possession des biens donnés, et qu'il y aurait été laissé par le donateur depuis la survenance de l'enfant; sans néanmoins que le donataire soit tenu de restituer les fruits par lui perçus, de quelque nature qu'ils soient, si ce n'est du jour que la naissance de l'enfant ou sa légitimation par mariage subséquent lui aura été* NOTIFIÉE *par exploit ou tout autre acte en bonne forme; et ce, quand même la demande pour rentrer dans les biens donnés n'aurait été formée que postérieurement à cette notification* (C. civ. 962).

226. Il résulte de cet article que le donataire conserve les fruits qu'il a faits siens, c.-à-d. comme propriétaire, jusqu'au jour où il a une connaissance légale du fait qui donne lieu à la révocation. De sorte qu'à partir de ce moment il n'est plus qu'un simple possesseur constitué en mauvaise foi et qui dès-lors ne peut plus s'approprier les fruits.

227. Et si, avant la naissance de l'enfant qui a opéré la révocation de la donation, le donateur a perçu les fruits des biens donnés en s'en mettant de fait en possession, il doit les restituer au donataire ou à ses héritiers, parce que tant que la révocation de la donation n'est pas opérée, le donataire n'est pas un simple possesseur avec un titre coloré; il a une propriété pleine et entière qui lui donne droit à tout ce que la chose a produit, jusqu'au jour où son droit s'est trouvé résolu (Cass. 8 janv. 1816).

228. On doit considérer comme *fruits* et non comme *capitaux* les arrérages des rentes viagères, en ce sens que le donataire n'est point obligé de les restituer au cas de révocation (Cass. 2 av. 1829).

229. NOTIFIÉE. Il faut, pour la restitution des fruits, que la notification de la naissance ou de la légitimation ait lieu par exploit ou acte en bonne forme : la connaissance que le donataire en aurait eue ne pourrait tenir lieu de cette notification, parce que cela pourrait astreindre à une preuve que la loi n'admet point (Cass. 2 av. 1829). — Cependant, si ce donataire avait été nommé tuteur de l'enfant survenu au donateur, ce fait suppléerait à la notification (Cass. 6 nov. 1832). — Il en serait de même si le donataire avait paru comme témoin dans l'acte de naissance de cet enfant.

230. *Les biens compris dans la donation révoquée de plein droit rentreront dans le patrimoine du donateur, libres de toutes charges et hypothèques du chef du donataire, sans qu'ils puis-*

sent demeurer affectés, même subsidiairement, à la restitution de la dot de la femme de ce donataire, de ses reprises ou autres conventions matrimoniales; ce qui aura lieu quand même la donation aurait été faite en faveur du mariage du donataire et insérée dans le contrat, et que le donateur se serait obligé comme caution, par la donation, à l'exécution du contrat de mariage (C. civ. 963).

231. *Les donations ainsi révoquées ne pourront revivre ou avoir de nouveau leur effet, ni par la mort de l'enfant du donateur, ni par aucun acte confirmatif; et si le donateur veut donner les mêmes biens au même donataire, soit avant soit après la mort de l'enfant par la naissance duquel la donation avait été révoquée, il ne le pourra faire que par une nouvelle disposition* (C. civ. 964).

232. Le contrat ayant été résolu par la volonté de la loi n'est plus susceptible d'être ratifié. Mais la prescription peut courir ainsi que nous le verrons *inf.* n. 234, parce que le donataire n'ayant plus aucun titre pour conserver la chose donnée devient à cet égard un tiers possesseur capable de prescrire contre le véritable propriétaire qui doit s'imputer de n'avoir pas revendiqué la chose en temps utile.

233. *Toute clause ou convention par laquelle le donateur aurait renoncé à la révocation de la donation pour survenance d'enfant, sera regardée comme nulle, et ne pourra produire aucun effet* (C. civ. 965).

Et cela par la raison que la révocation a été introduite, non en sa faveur ,mais en celle de ses enfants.

234. *Le donataire, ses héritiers ou ayants-cause, ou autres détenteurs des choses données, ne pourront opposer la prescription pour faire valoir la donation révoquée par la survenance d'enfant, qu'après une possession de trente années, qui ne commenceront à courir que du jour de la naissance du dernier enfant du donateur, même posthume; et ce, sans préjudice des interruptions telles que de droit* (C. civ. 966).

235. C'est la prescription de trente ans et non celle de dix ans qu'il faut appliquer à l'action en révocation pour survenance d'enfants, lors même que la donation étant déguisée sous la forme d'un contrat à titre onéreux, il y a nécessité d'attaquer ce contrat pour simulation (Cass. 6 nov. 1832).

236. INTERRUPTIONS. On doit entendre par ce mot les interruptions provenant du fait de la minorité des enfants *après le décès du donateur*, car c'est à lui et non aux enfants qu'appartient directement l'exercice du droit de revendication. — Ainsi, la prescription courra à partir de la naissance du dernier enfant légitime jusqu'au décès du donateur, et elle sera alors suspendue, s'il ne s'est pas écoulé trente ans depuis la naissance du dernier enfant, au cas qu'il laisse un seul enfant mineur (C. J[al]. Pal.)

Ch. 2. DES PARTAGES D'ASCENDANS OU PARTAGES ANTICIPÉS.

Bien que les dispositions du C. civ. soient peu explicatives sur cette matière, il faut cependant tenir pour constant que les ascendants ne peuvent s'affranchir entièrement des règles concernant les partages des successions, ainsi qu'on le verra ci-après :

§ 1. PAR QUI PEUT ÊTRE FAIT UN PARTAGE ANTICIPÉ. — SI LA DIVISION DES OBJETS EST NÉCESSAIRE.

237. *Les père et mère et autres ascendants pourront faire, entre leurs enfants et descendants, la distribution et le* PARTAGE *de leurs biens* (C. civ. 1075).

238. Un collatéral ne peut, comme un ascendant, faire entre ses héritiers le partage de ses biens (Duranton, 9, 617; Grenier, 1, 395; Merlin, rép. partage d'ascend.; Pujol. — *Contrà*, Delvincourt, 2, 357).

239. PARTAGE. Il n'est pas nécessaire, pour qu'il y ait partage, que la division des biens soit opérée entre les donataires, il suffit que l'acte de donation détermine et fixe la part à laquelle les donataires auront droit dans chacun des immeubles donnés (Cass. 14 fév. 1832 et 26 mars 1833). — V. note 60, n. 88 et suiv., 96 et suiv.

§ 2. DE LA FORME ET DES CONDITIONS ET RÈGLES DU PARTAGE ANTICIPÉ.

240. *Ces partages pourront être faits par actes entre-vifs ou testamentaires, avec les* FORMALITÉS, CONDITIONS *et* RÈGLES *prescrites pour les donations entre-vifs et testaments* (C. civ. 1076).

241. FORMALITÉS. Les partages faits par actes entre-vifs ou testamentaires sont des actes solennels assujettis à des formalités prescrites par les art. 931 et suiv., 967 et suiv. du C. civ. — On ne doit point en excepter les partages anticipés faits pour n'avoir d'effet qu'après la mort du disposant (Cass. 17 fév. 1808). — V. *sup.* ch. 1, n. 76, la note 10 et la note 152.

242. CONDITIONS. L'ascendant qui fait entre ses enfants le partage des biens d'un autre ascendant peut disposer du quart de ses biens par préciput au profit de l'un de ses enfants, pour le cas où les autres attaqueraient le partage. Une telle condition n'a rien d'illicite ou de prohibé (Cass. 16 mars 1830 et 1 mars 1831). — V. *inf.* n. 329.

243. Les partages anticipés faits par actes entre-vifs sont, comme ayant le caractère de véritables donations, révocables pour cause d'inexécution des conditions sous lesquelles l'abandon des biens a eu lieu. Et ce droit de révocation, après le décès de l'ascendant donateur, passe à ses héritiers (Limoges, 21 juin 1836).

244. La clause par laquelle l'un des copartageants ne peut aliéner l'immeuble compris dans son lot, sans en avoir préalablement offert l'échange à ses copartageants est licite; elle ne transmet pas un droit réel sur les objets à ceux auxquels cet échange doit être offert, mais seulement une action en dommages-intérêts (Limoges, 1 juillet 1840). — V. *sup.* n. 19.

245. L'ascendant qui fait le partage de ses biens entre ses enfants ne peut déroger à l'art. 866 du C. civ., d'après lequel le rapport de l'excédant de la quotité disponible doit se faire en nature, lorsque le retranchement de cet excédant peut s'opérer commodément (Rouen, 14 juin 1836)

246. Il ne peut non plus stipuler la clause de révocabilité dans l'acte de partage par acte entre-vifs (Duranton, 9, 626).

247. La renonciation formelle à ses droits que ferait dans l'acte l'un des enfants au profit de tous les autres ne produirait aucun effet et ne pourrait lui être opposée, lorsqu'à l'ouverture de la succession il viendrait réclamer ses droits héréditaires (C. J[al]. Pal.).

248. RÈGLES. Les règles prescrites pour les donations entre-vifs et les testaments ne sont pas les seules que l'on doive suivre en pareille matière. Il faut aussi faire l'application des principes constitutifs du partage, notamment de l'art. 832 du C. civ. relatif à la formation et composition des lots. D'où il suit :

249. Que le partage par lequel un ascendant a attribué à l'un de ses descendants tous ses immeubles, ou bien tous ses meubles et la presque totalité des immeubles à l'un, et quelques immeubles ou une somme d'argent aux autres (V. note 73, n. 65) peut être annulé, à moins, toutefois, que les immeubles ne puissent pas se partager commodément. Il est alors, en effet, impossible, d'établir des relations parfaitement exactes entre des immeubles et des meubles, puisque rigoureusement on ne peut comparer que des objets de même nature (Cass. 16 août 1826; 7 juin 1832; Limoges, 5 août 1836; Lyon, 20 janv. 1837; Caen, 15 juin 1833; — *Contrà*, Grenoble, 14 août 1820 et 25 nov. 1823; 11 fév. 1823). — Mais, à cet égard, la déclaration du père que les biens sont impartageables ne suffirait pas pour constater l'impossibilité de les diviser (Lyon, 20 janv. 1837).

250. Cependant il a été jugé : 1° Que les juges peuvent se dispenser d'annuler un partage qui aurait mis toutes les créances et rentes dans un même lot, si d'ailleurs elles sont peu considérables, relativement à la valeur totale de la succession, et quand même ce lot présenterait relativement aux autres une inégalité matérielle et de convenance. On peut alors imposer aux autres lots l'obligation de fournir une compensation en biens de nature à faire disparaître l'inégalité (Cass. 12 août 1840).

251. 2° Que, quand des dons en argent faits antérieurement à quelques-uns des enfants, les ont, à peu près, remplis de leur réserve légale, et qu'il ne reste plus aucune somme d'argent dans les biens, il suffit alors de leur attribuer des immeubles pour le complément de ce qui leur revient (Agen, 10 mai 1838).

252. 3° Que, quand le co-partageant majeur a, par un acte entre-vifs, consenti à recevoir pour son lot une somme d'argent, il ne peut ultérieurement, et, après le décès de l'ascendant donateur, demander la nullité du partage et réclamer une part d'immeubles (Caen, 27 mai 1843). — V. *inf.* n. 267.

253. Les enfants entre lesquels un père a fait, par acte entre-vifs, le partage anticipé de tous ses biens, ne sont tenus du paiement des dettes du donateur qu'autant qu'il est établi que ces dettes existaient au moment de la donation; autrement, rien ne serait plus facile que d'annihiler la donation (Agen. 14 nov. 1842; Douai, 12 fév. 1840. — *Contrà*, Agen, 14 juin 1837; Cass. 12 août 1840; en ce sens que les enfants sont tenus de plein droit du paiement de toutes les dettes, le donataire n'étant que l'ayant-cause du donateur; dans le même sens, Ricard, Toullier, 5, 816; Duranton, 9, 630; Grenier, 1, 395; Roll. de V. 59; Delvincourt, 2, 359). — V. *sup.* n. 148 et le n. 254 ci-après.

254. Cependant, les enfants donataires de leurs père et mère, par suite d'un partage d'ascendants qui leur a attribué tous les biens et droits de ces derniers, y compris les droits appartenant à la mère contre son mari à raison de l'aliénation de ses propres, ne sont pas recevables à intenter du chef de leur mère une action en revendication des propres maternels contre les tiers-détenteurs, soit, parce qu'ils sont tenus, comme représentant leur père, de toutes ses dettes antérieures à la donation et par conséquent de la garantie de ses faits et promesses, soit parce que la créance de leur mère s'est éteinte par la confusion en leur personne de la qualité de débiteur et de créancier (Cass. 12 août 1840; 22 mai 1839).

255. La donation en avancement d'hoirie qu'un ascendant a faite à l'un de ses enfants d'une somme payable à son décès, ne fait pas obstacle à ce que cet ascendant comprenne ultérieurement cette somme dans un partage testamentaire entre tous ses enfants. Dans ce cas, le donataire ou ses créanciers ne sont recevables à demander l'exécution de la donation, qu'en faisant préalablement tomber le partage par tous autres moyens de droit (Cass. 9 juill. 1840).

255 *bis.* Les partages anticipés par actes entre-vifs sont, comme les donations entre-vifs ordinaires, sujets à révocation pour inexécution des conditions, ingratitude et survenance d'enfants. — V. *sup.* n. 174, 182 et suiv., 207 et suiv.

§ 3. DE CE QUI PEUT FAIRE L'OBJET DU PARTAGE ANTICIPÉ.

256. ...*Les partages* (anticipés) *faits par actes entre-vifs ne pourront avoir pour objet que les biens présents* (C. civ. 1076).

Cette disposition est la même que celle de l'art. 943 rappelé *sup.* n. 128.

257. *Si tous les biens que l'ascendant laissera au jour de son décès n'ont pas été compris dans le partage, ceux de ces biens qui n'y auront pas été compris seront partagés conformément à la loi* (C. civ. 1077).

258. Le partage n'est pas nul, encore bien que l'ascendant ait omis quelques biens, que les objets compris dans chaque lot soient éparpillés, et que le partage donne à chaque enfant moins que la réserve légale. Il n'y a lieu qu'à un supplément en biens ou en argent et non à nullité (Lyon, 22 juin 1825).

§ 4. ENTRE QUI DOIT ÊTRE FAIT LE PARTAGE ANTICIPÉ.

259. *Si le partage n'est pas fait entre tous les* ENFANTS *qui existeront à l'époque du décès, et les* DESCENDANTS *de ceux prédécédés, le partage sera nul pour le tout. Il en pourra être provoqué un nouveau dans la forme légale, soit par les enfants ou descendants, qui n'y auront reçu aucune part, soit même par ceux entre qui le partage aurait été fait* (C. civ. 1078). — V. *inf.* n. 264.

260. ENFANTS. Les enfants naturels reconnus sont compris ici parmi ceux qui viennent à partage, de sorte que le partage sera nul si l'ascendant a omis d'y comprendre son enfant naturel (Vazeille, 1078; — *Contrà*, Duranton, 9, 633). — V. note 73, n. 89.

261. DESCENDANTS. Le prédécès de l'un des enfants avant le testateur ne rend pas caduc le partage testamentaire, fait par le père commun alors que l'enfant décédé laisse des descendants; les petits-enfants prenant la place de l'enfant prédécédé. A ce cas ne s'applique pas l'art. 1039 du C. civ. (Riom, 26 nov. 1828; Limoges, 29 fév. 1832. — *Contrà*, Limoges, 2 mars 1832, en ce que l'effet de la caducité doit être restreint au partage, ainsi qu'aux legs et autres dispositions qui peuvent se rapporter à l'enfant prédécédé).

262. Lorsqu'un acte contenant un réglement de compte entre un ascendant et quelques-uns de ses enfants et gendres, fait des abandons de biens à chacun d'eux, sous forme de vente ou constitution de rente viagère, est attaqué pour cause de dol ou de fraude par celui des enfants qui n'y a pas été partie, les juges peuvent, même d'office, appréciant les clauses d'un tel acte, déclarer qu'il renferme un par-

tage d'ascendants, et qu'il est nul pour omission de l'un des enfants; que, par suite aussi, sont nulles toutes les stipulations accessoires que contient l'acte entre l'ascendant et ses gendres (Cass. 20 juin 1837).

263. Le droit de demander un nouveau partage, lorsqu'un des enfants existants au moment du décès de l'ascendant a été omis, ne se prescrit pas par dix ans, mais par trente ans, tant à l'égard de l'enfant omis qu'à l'égard des co-partagés eux-mêmes (Duranton, 9, 643; Pujol).

264. Lorsqu'un acte contenant à la fois un partage d'ascendants en forme de donation entre-vifs, et une libéralité préciputaire en faveur de l'un des enfants, n'a été accepté que par l'enfant avantagé, la nullité résultant du défaut d'acceptation de la part des autres enfants doit être restreinte au partage; elle ne s'étend pas à la libéralité préciputaire, et cela encore que cette libéralité ait été faite comme clause pénale pour le cas où il y aurait refus d'exécuter le partage (Cass. 21 nov. 1833). — V. *sup.* n. 242.

§ 5. DE LA RESCISION DU PARTAGE ANTICIPÉ POUR CAUSE DE LÉSION.

265. *Le partage fait par l'ascendant pourra être attaqué pour cause de lésion de plus du quart : il pourra l'être aussi dans le cas où il résulterait du partage et des dispositions faites par préciput, que l'un des copartagés aurait un avantage plus grand que la loi ne le permet* (C. civ. 1079).

266. Un partage anticipé n'est pas nul quoiqu'il contienne lésion ou des erreurs au préjudice de l'un des enfants. Il y a lieu seulement d'ordonner la rectification ou modification du partage, ou sa réduction à la quotité disponible (Riom, 25 av. 1818; Cass. 24 juill. 1828; 6 juin 1834.—*Contrà*, Grenoble, 30 juill. 1839; Grenier, 1, 393; Toullier, 5, 808).

267. Lorsque le lot d'un des copartageants a été composé d'une somme d'argent payable à la mort de l'ascendant donateur, la circonstance que ce copartageant a perçu pendant la vie du donateur les intérêts de cette somme, ne le rend pas non-recevable à demander plus tard la rescision du partage pour cause de lésion (Caen, 27 mai 1843). — Tout partage pouvant être attaqué par les enfants pour lésion, encore bien qu'ils l'aient exécuté pendant la vie de l'ascendant (Caen, 15 juin 1833), ou qu'ils aient adhéré au partage, l'art. 918 du C. civ. ne pouvant recevoir, dans ce cas, d'application (Grenoble, 8 mai 1835; Duranton, 9, 648; Pujol). — V. *sup.* n. 252.

Mais l'aliénation consentie par l'enfant donataire après partage, de tout ou partie du lot à lui attribué, le rend non-recevable à en demander la rescision pour lésion (Agen, 6 juin 1833)

268. Lorsque les ascendants existent, le partage qu'ils ont fait de leurs biens entre leurs descendants peut être attaqué pour cause de lésion. Et le délai de dix ans pour demander cette rescision court de l'époque du partage et non de l'époque du décès de l'ascendant qui a fait le partage (Limoges, 24 déc. 1835; Toulouse, 15 mai 1838; Grenoble, 30 juill. 1839 et 6 mai 1842; Cass. 12 juill. 1836; Nîmes, 12 juill. 1842. —*Contrà*, Agen, 6 juill. 1824; Bordeaux, 4 janv. 1837; Caen, 13 juin 1833; Nîmes, 17 mars 1841).

269. Mais pour la prescription de l'action en réduction de libéralités excessives le délai de dix ans ne court que du jour du décès de l'ascendant donateur (Montpellier, 23 mai 1842).

270. Lorsque, soit par l'acte même portant démission et partage de ses biens par un ascendant entre ses enfants avec don par préciput de la quotité disponible au profit de l'un d'eux, soit par un acte passé immédiatement après, cession a été faite à ce dernier par l'un des autres enfants de ses droits dans les biens donnés, une simple lésion au préjudice du cédant même inférieure au quart, entraîne la nullité de la cession; il n'en est pas de cette cession comme d'un partage ordinaire (Limoges, 9 mars 1843).

271. Lorsqu'un père, en mariant ses enfants, a promis de maintenir l'égalité entre eux dans le partage de ses biens, cette égalité ne peut être détruite par aucun acte postérieur : chacun des enfants est donc fondé à attaquer le partage testamentaire fait par son père, si ce partage blesse d'une manière notable l'égalité promise; en un tel cas, il n'est pas nécessaire pour que le partage puisse être attaqué qu'il y ait lésion de plus du quart (Limoges, 29 fév. 1832).

272. La disposition de l'art. 1079 qui permet d'attaquer pour simple lésion le partage qui renferme au profit de l'un des copartagés un avantage plus grand que la loi ne le permet, n'est introduite que dans l'intérêt du successible dont la réserve se trouverait compromise par cet avantage : si donc le successible est en même temps donataire par préciput, comme il a sa réserve entière, il ne peut demander la rescision du partage que pour lésion de plus du quart. Ce quart, dans ce cas, ne doit être calculé que relativement à la réserve et en dehors de la portion disponible acquise au donataire (Grenoble 8 mai 1833; Caen 21 mars 1838; Duranton 9,648).

273. *L'enfant qui, pour une des causes exprimées en l'article précédent, attaquera le partage fait par l'ascendant, devra faire l'avance des frais de l'estimation; et il les supportera en définitive, ainsi que les dépens de la contestation, si la réclamation n'est pas fondée* (C. civ. 1080).

Chap. 3. DES DONATIONS PAR CONTRAT DE MARIAGE AUX ÉPOUX ET A LEURS ENFANTS.

274. Les manières de disposer par contrat de mariage au profit des époux et de leurs enfants à naître sont au nombre de trois : 1° la donation entre-vifs de *biens présents*, 2° la donation de biens qui *existeront au décès du disposant* et qu'on appelle *institution contractuelle*, 3° et la donation de *biens présents et à venir* qui participe tout à la fois de la donation entre-vifs et de l'institution contractuelle.

§ 1. DE LA DONATION (PAR CONTRAT DE MARIAGE) DE BIENS PRÉSENTS.

275. *Toute donation entre-vifs de biens présents, quoique faite par contrat de mariage* AUX ÉPOUX *ou à l'un d'eux, sera soumise* AUX RÈGLES GÉNÉRALES *prescrites pour les donations faites à ce titre.* — ELLE NE POURRA AVOIR LIEU *au profit des enfants à naître, si ce n'est dans les cas énoncés au ch.* VI *du présent titre* (C. civ. 1081). — V. *inf.* n. 313.

276. Il s'agit ici d'une donation entre-vifs qui est régie par la loi du lieu où elle a été faite. — V. *inf.* n. 348.

277. AUX ÉPOUX. Quoiqu'une donation universelle soit faite par un père *aux futurs conjoints*, elle est censée faite au profit de son fils seulement, s'il n'y a pas dans l'acte de

stipulation spéciale en faveur de l'autre époux (Bruxelles 9 juin 1810).

278. AUX RÈGLES GÉNÉRALES. Cependant les donations par contrat de mariage sont des actes à titre onéreux qui imposent au donateur les obligations de garantie attachées aux contrats de cette espèce. D'où il suit que le donateur est tenu de rapporter main-levée des inscriptions qui grèvent les biens qu'il a donnés (C. civ. 1440; Cass. 22 niv. an x; Rouen 3 juill. 1828). — Toutefois, ces donations n'emportent hypothèque qu'autant qu'elle a été expressément stipulée (Bordeaux 17 mars 1836).

279. Une donation sous seing-privé faite entre français en pays étranger, dans un contrat de mariage ayant date certaine, a effet en France, entre les parties ou leurs héritiers si les donations dans cette forme sont permises dans le lieu du contrat (Paris 11 mai 1816; 22 nov. 1828).

280. Mais la donation par contrat de mariage peut être annulée ou révoquée sur la demande des créanciers, comme faite en fraude de leurs droits, alors même que le donataire n'aurait aucunement participé à la fraude et l'aurait complètement ignorée (Cass. 30 janv. 1827; Paris 11 juill. 1829). — Surtout s'il est établi qu'au temps du contrat l'avoir du donateur était absorbé par des dettes (Bordeaux 2 mai 1826). — V. *sup.* n. 139 et suiv.

281. Lorsque, dans une donation faite par contrat de mariage, le donateur s'est réservé l'usufruit des biens donnés, et que par une autre clause il s'est démis de l'usufruit en faveur du donataire sous certaines conditions, l'inexécution des conditions ne peut être un moyen de nullité que contre la démission d'usufruit; elle ne peut faire prononcer la révocation de la donation. (Riom 17 av. 1818).

282. ELLE NE POURRA AVOIR LIEU etc. La dernière disposition de l'art. 1081 relative aux donations qui seraient faites au profit des enfants à naître doit aujourd'hui subir la même modification que les dispositions auxquelles cet article renvoie. En effet, toutes les substitutions que la loi du 17 mai 1826 (V. *note* 73 *n.* 76) autorise, peuvent être, à plus forte raison, insérées dans un contrat de mariage. d'où il suit qu'on peut maintenant établir, par contrat de mariage, une substitution au profit de l'un des enfants à naître à l'exclusion des autres, pour toute la portion disponible c. à-d. non réservée par la loi aux héritiers, ce que ne permettait pas l'art. 1081 avant la promulgation de cette loi.

283. Du reste, la donation faite en contrat de mariage par l'ascendant de l'un des conjoints à l'autre conjoint, pas plus que celle faite aux deux conjoints, n'est point révoquée par survenance d'enfants (C. civ. 960; Cass. 18 nov. 1841, 30 juin 1842 et 3 av. 1843).

§ 2. DE LA DONATION (PAR CONTRAT DE MARIAGE) DE BIENS EXISTANTS AU DÉCÈS DU DONATEUR, OU DES INSTITUTIONS CONTRACTUELLES.

284. *Les père et mère, les autres ascendants, les parents collatéraux des époux, et même les étrangers, pourront, par contrat de mariage, disposer de tout ou* PARTIE DES BIENS *qu'ils laisseront au jour de leur décès,* TANT AU PROFIT DESDITS ÉPOUX, QU'AU PROFIT DES ENFANTS A NAÎTRE *de leur mariage, dans le cas où le donateur* SURVIVRAIT *à l'époux donataire. — Pareille donation, quoique faite au profit seulement des époux ou de l'un d'eux, sera toujours, dans ledit cas de survie du donateur, présumée faite au profit des enfants et descendants à naître du mariage* (C. civ. 1082).

285. Une institution contractuelle renfermée dans un contrat de mariage sous seing-privé fait en pays étranger est valable, si la loi de ce pays autorise les contrats de mariage en cette forme (Cass. 31 janv. 1832. — *Contrà*, Cass. 20 mai 1818). — V. *sup.* n. 279.

286. Les institutions contractuelles ne sont pas soumises à la formalité de la transcription ; par le motif qu'elles ne sont pas translatives de propriété et qu'elles laissent à l'instituant le droit d'hypothéquer et d'aliéner les biens compris dans l'institution (Pau 2 janv. 1827 ; Cass. 31 janv. 1832).

287. La dot constituée *en attendant la succession du donateur à laquelle le donataire est expressément réservé* peut être considérée comme renfermant une institution contractuelle au profit du donataire (Cass. 8 déc. 1837).

288. Les institutions contractuelles peuvent donner lieu au droit d'accroissement, par exemple, quand elles sont faites au profit de deux époux dont l'un décède sans postérité (Favard, v° *Instit. contract.*).

289. Une femme en puissance de mari n'a pas besoin d'être autorisée pour faire une institution contractuelle, puisque c'est une disposition à cause de mort qui n'ôte pas la liberté de disposer si ce n'est à titre gratuit (Grenier 2,431; Coulon 1,409. — *Contrà*, Duranton 9,725).

290. L'institution contractuelle faite par un mineur est inattaquable, s'il a gardé le silence pendant dix ans à partir de sa majorité (C. civ. 1304; Duranton 9,725; Grenier 2,431. —*Contrà*, Merlin, rép. v° *prescription*).

291. PARTIE DES BIENS. On doit entendre par ces mots, non pas des objets spéciaux et déterminés, mais une partie constituant un titre universel; car le don d'un objet spécial constituerait une donation entre-vifs. (Duranton, 9,676).— Cependant il a été décidé que la clause par laquelle des père et mère assurent à leur enfant une somme d'argent à prendre *dans leur succession et avant partage*, peut être considérée plutôt comme une institution contractuelle que comme une donation entre-vifs, parce qu'il s'agit alors d'une chose incertaine et éventuelle et non d'un immeuble ou d'un contrat dont la propriété doit incontestablement passer au donataire (Cass. 1 mars 1821).

292. Enfin, il y a institution contractuelle toutes les fois que le donateur assure à l'un des futurs époux une part déterminée dans sa succession (Cass. 8 déc. 1837; Amiens 15 déc. 1838; Coin-Delisle). — Et cette institution résulte de la promesse d'égalité ou assurance de part héréditaire, faite par contrat de mariage à un enfant par ses père et mère, tellement que les instituants sont privés non seulement du droit de disposer à titre gratuit si ce n'est pour sommes modiques d'aucune portion de leurs biens, mais encore de la faculté de grever de substitution même partiellement la part héréditaire de l'institué (Paris, 26 janv. 1833; Douai, 28 mars 1835; Cass. 11 mars 1834; Limoges 29 fév. 1832).

293. Toutefois si un père institue par contrat de mariage son fils héritier pour une part égale en sa succession à l'encontre de ses autres enfants, il n'y a pas dans cette clause une institution irrévocable ou universelle au profit de l'institué, en cas de prédécès des autres enfants. L'instituant

reste libre de disposer de la quotité disponible de ses biens s'il meurt après ses autres fils, en ne laissant d'autre enfant que l'institué lui-même (Cass. 15 déc. 1818; Duranton 9,715).

294. TANT AU PROFIT DES ÉPOUX QU'AU PROFIT DES ENFANTS A NAITRE. D'où il suit : 1° qu'une institution contractuelle faite uniquement au profit des enfants à naître du mariage, et non d'abord au profit des époux n'est point valable (Duranton 9, 678).

295. 2° Qu'on ne peut étendre le bénéfice de l'institution aux enfants nés après ou avant le mariage pour lequel elle a été faite, en supposant même que l'instituant fût un ascendant de l'institué (Duranton 9, 722).

296. 3° Que l'adoption d'un enfant par le donataire n'empêche pas la caducité de la donation pour le cas de survie du donateur (Duranton, 9,749).

297. 4° Qu'on ne peut valablement stipuler, en cas de prédécès du donataire, que les biens du donateur appartiendront exclusivement à tel ou tel enfant issu du mariage (Toulouse, 3 juin 1825; Duranton, 9,692). — Ni que le donataire pourra distribuer les biens entre ses enfants comme il l'entendra (Grenier, 2,420. — *Contrà*, Duranton 9,691). — Ni que le donataire pourra choisir un de ses enfants pour recueillir la totalité de ses biens, ou une part plus forte que celle des autres (Duranton 9,690).

298. 5° Que l'institution contractuelle faite avec clause d'association des frères et sœurs de l'époux institué est nulle quant aux frères et sœurs (Bourges, 19 déc. 1821; Duranton; Grenier; Roll. de V. ; Favard, Dalloz; Delvincourt. — *Contrà*, Cass. 13 janv. 1818; Vazeille; Merlin; Chabot). — et cette nullité profite à l'époux institué et non à l'époux instituant. (Cass. 13 janv. 1818.—*Contrà*, Duranton, 9,694).

299. SURVIVANT. L'institution contractuelle au profit de l'un des époux profite nécessairement aux enfants nés et à naître de cet époux, , par le seul effet de l'institution et sans qu'il soit besoin de stipulation expresse à cet égard, quand même le donataire viendrait à prédécéder le donateur: les enfants nés du mariage sont les représentants légaux de leurs père et mère et sont réputés, eu égard au mariage, ne faire avec eux qu'une seule et même personne (C. J[ai] Pal).— La survie du donateur produit donc, en matière de dispositions à cause de mort par contrat de mariage, un effet différent des autres dispositions à cause de mort lesquelles sont nulles par le prédécès de l'institué (C. civ. 1039.— V. note 24 n. 484).—Et même les enfants, en cas de survie, recueillent la donation par un droit qui leur est propre *ipso jure* et non par droit de transmission sans avoir besoin d'accepter la succession de leur auteur, de sorte qu'ils reçoivent les biens directement des mains du donateur.

300. La condition de survie de l'institué ou de ses enfants apposée à une institution contractuelle est réputée accomplie, si, au décès de l'instituant il existe un fils de l'institué, bien que ce fils, survivant de fait, soit frappé de mort civile (Cass. 10 mars 1813).

301. En tout cas, ce n'est point aux héritiers du donateur à prouver que celui-ci a survécu au donataire et à sa postérité, c'est aux ayants-cause du donataire à faire la preuve du décès du donateur (Duranton, 9,730).

302. L'institution contractuelle faite par un autre qu'un ascendant est caduque en cas du prédécès de l'institué sans postérité issue du mariage en faveur duquel est faite l'institution. Ainsi, les enfants de l'institué nés d'un second mariage ne peuvent profiter de l'institution (Bourges, 19 déc. 1821).

303. *La donation, dans la forme portée au précédent article, sera irrévocable, en ce sens seulement que le donateur ne pourra plus disposer, à titre gratuit, des objets compris dans la donation, si ce n'est pour sommes modiques, à titre de récompense ou autrement* (C. civ. 1083). — V. *inf.* n. 326.

Par application de cet article il a été décidé :

304. 1° Qu'on ne peut renoncer à une institution contractuelle avant le décès de l'instituant, et par conséquent avant l'ouverture de l'institution : une telle renonciation étant nulle soit comme portant sur des droits successifs non encore ouverts ou sur une succession future, soit comme emportant dérogation ou changement aux conventions matrimoniales (C. civ. 791 et 1395; Lyon, 16 janv. 1838 ; Poitiers, 25 juill. 1839; Cass. 10 août 1840 et 16 août 1841; Metz, 26 nov. 1823; Toulouse 15 av. 1842. — *Contrà*, Cass. 22 fév. 1831, 13 av. 1812; Toullier, 13, 122; Duvergier, *vente* 1,232; Troplong, *vente* 1,250; Benech).

305. 2° Que l'instituant qui ne se réserve qu'une somme d'argent peut disposer ensuite d'une plus forte somme, si l'institué y consent. Les créanciers de l'institué, postérieurs au consentement, ne peuvent l'attaquer comme nuisible à leurs droits (Cass. 8 nov. 1813).

306. 3° Que l'institution contractuelle ne dépouille l'instituant ni de la faculté de vendre, quand même il y aurait prohibition à ce sujet (Riom. 4 déc. 1810). — Ni du droit de vendre à rente viagère; une disposition de cette espèce ne pouvant être considérée comme étant à titre gratuit et faisant fraude à l'institution (Cass. 15 nov. 1836). —Ni de la faculté de grever ses biens de toutes servitudes créées en bon père de famille et sans aucune haine de l'institution (Cass. 20 déc. 1825).

307. 4° Que frauder l'institué au profit des enfants de ce dernier en leur faisant une vente simulée, n'est point frauder l'institution, et les créanciers de l'institué sont non-recevables à attaquer la vente (Cass. 7 vent. an XII).

308. 5° Que lorsque, tout en reconnaissant qu'une vente faite par un instituant a été préjudiciable à l'institué, les juges n'ont pas déclaré que cet acte fût véritablement simulé et ne contient qu'une libéralité déguisée, ils ne sont pas dans l'obligation de l'annuler dans son entier (Cass. 5 nov. 1806).

309. 6° Que la clause d'un contrat de mariage par laquelle l'un des époux stipule qu'en cas de prédécès sans enfants, son conjoint survivant ne sera tenu de donner aux héritiers collatéraux du prédécédé qu'une somme fixe pour leurs droits d'hérédité, constitue non un pacte sur une succession future mais une institution contractuelle (Cass. 29 juin 1842).

310. 7° Que la clause d'un contrat de mariage par laquelle un oncle, après avoir donné à son neveu certains immeubles, ajoute qu'indépendamment de ces immeubles, ce donataire prendra dans sa succession une portion égale à celle de ses frères et sœurs peut ne pas être considérée comme une institution ou donation contractuelle de cette portion, dont le donateur ne puisse plus disposer ultérieurement à titre gratuit, mais comme une simple dispense de rapport des biens premièrement donnés, qui n'empêche pas le do-

nateur de disposer de tous ses biens excepté de ceux spécialement compris dans la donation (Cass. 3 janv. 1843).

§ 3. DE LA DONATION (PAR CONTRAT DE MARIAGE) DE BIENS PRÉSENTS ET A VENIR.

311. *La donation par contrat de mariage pourra être faite* CUMULATIVEMENT *des* BIENS PRÉSENTS *et à* VENIR, *en tout ou en partie, à la charge qu'il sera annexé à l'acte un* ÉTAT DES DETTES *et charges du donateur existantes au jour de la donation; auquel cas il sera libre au donataire, lors du décès du donateur, de s'en tenir aux biens présents, en* RENONÇANT *au surplus des biens du donateur* (C. civ. 1084).

312. CUMULATIVEMENT. Une donation de biens présents et une donation de biens à venir, quoique faites par le même acte, dans un seul et même article de cet acte, ne doivent pas par cela seul être réputées faites *cumulativement*; elles peuvent être considérées comme deux donations distinctes, en telle sorte que le donataire ait la faculté au décès du donateur, de s'en tenir aux biens présents, quoiqu'il n'ait pas été annexé à l'acte un état des dettes (Cass. 18 mars 1835).

313. BIENS PRÉSENTS. Les biens présents s'entendent non-seulement des biens qui sont actuellement *possédés* par le donateur, mais encore des biens qui lui sont *acquis* quoique non-possédés, et même encore des biens qui lui adviendront par l'effet d'un titre existant au moment de la donation (Cass. 23 nov. 1830).

314. Une donation de tous biens présents ne perd pas le caractère de donation universelle, par cela seul que chaque objet se trouve ensuite énuméré, alors que cette énumération n'a eu lieu que pour déterminer la part que chacun des donataires devra prendre dans la donation (Limoges 29 av. 1817; Bordeaux 23 mars 1827).

315. BIENS A VENIR. Ce n'est point faire une donation de biens à venir, quand, dans une donation de biens présents avec réserve d'usufruit, le donateur déclare que les fruits qui existeront à son décès seront compris dans la donation. Il n'y a là qu'une modification de l'usufruit réservé par le donateur, ce n'est pas une donation de biens à venir qui emporte nullité pour le tout aux termes de l'art. 1085 du C. civ. (Cass. 25 pluv. an III; 14 flor. an XI; Cass. 27 janv. 1819).

316. La défense de donner les biens à venir autrement que par contrat de mariage est un statut réel, régi par la loi de la situation des biens, même quand ces biens sont possédés en France par des étrangers (Cass. 5 mai 1815; Duranton, 1, 85).

317. Lorsqu'une donation est de biens présents et à venir, et que les biens présents au moment du contrat, consistent en une créance ou somme d'argent, convertie plus tard en un immeuble reçu en paiement, l'enfant propriétaire de la créance à titre de biens présents n'est pas réputé propriétaire au même titre de l'immeuble reçu en paiement. En un tel cas, l'immeuble n'est pas subrogé de plein droit à la créance (Bordeaux 28 mai 1830).

318. Dans la donation de biens présents et à venir, le donataire n'est pas saisi de la propriété actuelle et immédiate des biens donnés, même des biens présents. Son droit de propriété étant subordonné au prédécès du donateur (C. civ. 1089) ne se réalise que par cet événement; jusques-là le donataire n'a qu'une simple expectative, et le donateur reste propriétaire des biens donnés, d'où il suit que le donataire ne peut s'opposer à l'expropriation des biens du donateur (Bordeaux 19 juill. 1831) : — quand même un état des dettes et charges aurait été joint à l'acte de donation (Duranton, 9, 735; Grenier, 2, 434; Ricard, 1063).

319. ETAT DES DETTES. Cet état n'est pas suppléé par une simple déclaration indiquant le montant total des dettes (Limoges 19 mars 1841).

320. Il n'est pas nécessaire pour les donations entre-vifs de biens présents et à venir faites entre époux par leur contrat de mariage, surtout si le donataire est chargé de prendre les biens donnés dans l'état où ils se trouveront au décès du donateur et d'acquitter toutes les dettes de ce dernier (Riom 5 déc. 1825).

321. EN RENONÇANT. Le donataire universel de biens présents et à venir peut, en tout état de cause, même après avoir volontairement procédé au partage de la succession du donateur, renoncer aux biens à venir, pour s'en tenir aux biens présents (Grenoble 28 juin 1823).

322. Mais la renonciation à une donation de biens présents et à venir ne peut valablement être faite du vivant du donateur, même avec le consentement de celui-ci (Riom 30 av. 1811).

323. *Si l'*ÉTAT *dont est mention au précédent article n'a point été annexé à l'acte contenant donation des biens présents et à venir, le donataire sera obligé d'accepter ou de répudier cette donation pour le tout. En cas d'acceptation, il ne pourra réclamer que les biens qui se trouveront exister au jour du décès du donateur, et il sera soumis au paiement de toutes les dettes et charges de la succession* (C. civ. 1085).

324. L'ETAT. Bien que le défaut d'état des dettes oblige le donataire à accepter ou à répudier pour le tout, il n'est pas pour cela privé, au cas d'acceptation, du droit d'attaquer les libéralités apparentes ou déguisées postérieurement faites par le donateur en fraude de l'institution contractuelle (Cass. 27 fév. 1821). — Mais il ne peut attaquer les aliénations à titre onéreux, lors même que le donateur a déclaré dans la donation ne se réserver que l'usufruit de ses biens présents et à venir. Il en est ainsi, bien que le donataire ait concouru aux actes d'aliénation tout en réservant ses droits, et que les parties aient formellement déclaré dans ces actes se référer à la donation; dès-lors la cession des prix de vente quoique consentie par le donateur seul est valable (Cass. 31 mars 1840).

325. SERA SOUMIS. Cette soumission n'est point assujétie aux formalités prescrites pour les offres réelles : elle est donc valable, bien qu'elle ne comprenne pas une énumération de toutes les charges, si, en fait, il y a soumission de les remplir toutes (Cass. 14 mai 1838).

326. PAIEMENT DES DETTES. Le donataire, même par préciput, d'une quotité de biens présents et à venir qui n'a pas fait annexer à la donation un état des dettes alors existantes, doit, au cas d'acceptation, supporter la totalité des dettes de la succession jusqu'à épuisement du don, et non pas seulement au prorata de son émolument, comme le légataire universel. —Ainsi, il doit payer la totalité de la dot constituée dans le même acte par le père commun à un de ses co-héritiers qui renonce pour s'en tenir à son don. Peu importe que la dot soit constituée dans une clause *postérieure* à la donation : les deux dispositions étant dans

le même acte, il n'y a pas lieu d'appliquer l'art. 1083 qui probibe au donateur de biens à venir toute aliénation à titre gratuit, postérieurement à la donation (Cass. 12 nov. 1818; Bordeaux, 13 mars 1827. — *Contrà*, en ce sens que le donataire ne doit contribuer aux dettes qu'au prorata de son émolument, Toulouse 26 nov. 1826, Nimes 12 juin 1832, Limoges 16 déc. 1838).

327. Lorsque, dans l'acte même d'une donation par contrat de mariage de biens présents et à venir, le donateur a reconnu une dette antérieure et en a contracté une nouvelle, si, au décès du donateur, le donataire n'accepte la donation que pour les biens présents seulement, il n'est tenu que de la dette reconnue dans le contrat comme existant au moment de la donation et frappant sur les biens présents; mais il n'est pas tenu de la dette actuellement contractée, laquelle doit être réputée postérieure à la donation, et comme telle ne grevant que les biens à venir (Nîmes 2 fév. 1830).

§ 4. DE QUELQUES DISPOSITIONS PARTICULIÈRES OU COMMUNES AUX TROIS SORTES DE DONATIONS, COMPRISES SOUS LES TROIS § QUI PRECEDENT.

328. Les donations de biens *présents*, faites aux époux par contrat de mariage, sont assujéties à toutes les règles générales des donations entre-vifs, à l'exception de celles dont elles sont dispensées par une disposition expresse du Code. Or, les règles qui leur sont particulières sont expliquées dans les art. 1086 et suiv. du C. civ. (V. *inf.* n. 329) ainsi que dans l'art. 939 du même Code (V. *sup.* n. 205).

Art. 1. DE LA DONATION SOUS CONDITION POTESTATIVE — DE LA RÉSERVE DE DISPOSER.

329. *La donation par contrat de mariage en faveur des époux et des enfants à naître de leur mariage, pourra encore être faite, a condition de payer indistinctement toutes les dettes et charges de la succession du donateur, ou sous d'autres conditions dont l'exécution dépendrait de sa volonté, par quelque personne que la donation soit faite : le donataire sera tenu d'accomplir ces conditions, s'il n'aime mieux renoncer à la donation; et en cas que le donateur, par contrat de mariage, se soit réservé la liberté de disposer, d'un effet compris dans la donation de ses biens, présents, ou d'une somme fixe à prendre sur ces mêmes biens l'effet ou la somme, s'il meurt sans en avoir disposé, seront censés compris dans la donation, et appartiendront au donataire ou à ses héritiers* (C. civ. 1086).

330. Cet article ne s'applique qu'aux donations par contrat de mariage (C. civ. 945 et 947) de biens présents (Toullier, 5, 823; Delvincourt,—*Contrà*, Roll. de V., n. 53).

331. Ces donations, indépendamment des conditions que nous avons ci-devant expliquées sous l'art. 1081 du C. civ. peuvent donc encore être faites : 1° sous condition de payer toutes les dettes et charges de la succession du donateur; 2° sous une condition potestative; 3° sous réserve de disposer d'un des objets donnés.

332. 1° Quant à la condition de payer toutes les dettes et charges de la succession, elle est proscrite dans les donations entre-vifs ordinaires (C. civ. 944); et subsistant déjà naturellement pour les institutions contractuelles et les donations de biens présents et à venir, il est bien évident qu'en reproduisant ici cette faculté de charger son donataire de ses dettes, ce n'a pu être que pour les donations, par contrat de mariage, de biens présents ainsi que les art. 945 et 947 le donnent à entendre. (V. sup. n. 137 et 151).

333. 2° A l'égard de la condition potestative au moyen de laquelle le donateur peut retirer son bienfait par le seul effet d'un caprice, ce qui est une cause de nullité dans les donations entre-vifs ordinaires (V. *sup.* n. 133), il faut ici distinguer :

334. Si la donation est faite sous la condition d'une charge potestative, la révocation de cette condition dispensera l'institué de l'exécution, et alors ce dernier sera appelé à recueillir le don tout entier, parce que la donation devient alors pure et simple (Riom 10 fév. 1816; Cass. 13 janv. 1818; Coin-Delisle, art. 1082)-V. note 73 n. 146 et 147.

335. Tandis que s'il résulte des termes de l'acte que la condition a été, au contraire, la cause impulsive de la donation, elle sera alors considérée comme formant la base de la donation même, et, dans ce cas particulier, ce ne sera plus la condition qui sera potestative, mais la donation elle-même, en sorte qu'à cet égard on retombe dans les appréciations d'intention qui sont à l'entière disposition du juge. — Ainsi, la révocation profitera aux héritiers légitimes du donateur, toutes les fois qu'elle portera non sur une clause accidentelle, mais sur la disposition fondamentale de la donation (Bourges 19 déc. 1821; Riom 18 mai 1826; Coin-Delisle, 1082).

336 C'est une condition potestative que de se réserver après avoir institué, par contrat de mariage, son fils son héritier universel, la faculté de régler et fixer par toute espèce d'actes entre-vifs ou à cause de mort, les portions héréditaires ou droits légitimaires de ses autres enfants. Une telle donation n'est pas réglée par l'art. 944 du C. civ. qui annule la donation faite sous une pareille condition (Cass. 27 déc. 1815).

337. 3° Relativement à la réserve de disposer d'un des objets donnés, il importe qu'elle soit parfaitement exprimée, et de bien distinguer la réserve de la faculté de disposer d'un effet compris dans la donation, d'avec la réserve de l'effet lui-même (Toullier, 5, 828); en tout cas, si la clause est ambigüe et sujette à interprétation, c'est au juge à rechercher quelle a été, à cet égard, l'intention probable du donateur (Cass. 6 et 26 août 1806; Coin-Delisle, 1085);— car on remarquera que la disposition de l'art. 1086 du C. civ. est contraire à celle de l'art. 946. En effet, suivant l'art. 946, l'objet réservé et dont le donateur n'a point disposé appartient à ses héritiers et non au donataire, tandis que d'après l'art. 1086 l'objet réservé appartient au donataire faute par le donateur d'en avoir disposé.

338. Il a été, en effet, décidé que, lorsque dans une donation par contrat de mariage de tous ses biens présents, le donateur s'est réservé une somme *fixe* et *déterminée* à prendre sur les biens donnés, cette somme, au cas de non-disposition par le donateur, appartient à ses héritiers et non au donataire; car la réserve, en ce cas, porte non sur la faculté de disposer mais sur la chose elle même (Bordeaux, 19 janv. 1827).

Art. 2. DE LA NULLITÉ ET CADUCITÉ DES DONATIONS PAR CONTRAT DE MARIAGE.

339. *Les donations faites par contrat de mariage ne pourront être attaquées ni déclarées nulles, sous prétexte du défaut d'acceptation* (C. civ. 1087). — V. note 10.

340. *Toute donation faite en faveur du mariage sera caduque, si le mariage ne s'ensuit pas* (C. civ. 1088).

341. A ce sujet, il a été décidé que la résiliation d'un contrat de mariage par suite de la renonciation des futurs époux à l'union projetée, emporte révocation des donations

qui leur avaient été faites dans ce contrat par des tiers; tellement que le rétablissement du premier contrat par un second, sans le concours des donateurs, ne suffit pas pour faire revivre les donations (C. civ. 1376; 1451; Cass. 30 janv. 1843).

342. *Les donations faites à l'un des époux, dans les termes des art.* 1082 (V. *sup.* n. 284), 1084 (V. *sup.* n. 311) *et* 1086 (V. *sup.* n. 329) *ci-dessus, deviendront caduques, si le donateur survit à l'époux donataire et à sa* POSTÉRITÉ (C. civ. 1089).

343. L'adoption d'un enfant par le donataire ne forme point obstacle à la caducité.—V. *sup.* n. 214 et 296.

344. La caducité prononcée par cet article, au cas de prédécès des donataires et de leur postérité, frappe sur les biens présents comme sur les biens à venir, quand ils ont été donnés par contrat de mariage (Besançon 5 janv. 1813).

345. La caducité a pour effet de faire rentrer les biens donnés, dans les mains du donateur, libres de toutes charges et hypothèques du chef du donataire; — V. cependant note 30, n. 111.

346. POSTÉRITÉ. On doit entendre par ce mot les enfants nés du mariage qui est régi par le contrat dans lequel se trouve insérée la donation et non les enfants d'un premier, d'un second ou d'un troisième mariage.

Art. 3. DE LA RÉDUCTION DES DONATIONS PAR CONTRAT DE MARIAGE.

347. *Toutes donations faites aux époux par leur contrat de mariage, seront, lors de l'ouverture de la succession du donateur, réductibles à la portion dont la loi lui permettait de disposer* (C. civ. 1090).

348. C'est, par la loi du temps où a été faite la libéralité et non par celle de l'ouverture de la succession que doit être réglée la quotité disponible; il n'y a point à distinguer à cet égard entre les donations de biens présents et les institutions contractuelles ou donations de biens à venir (Cass. 7 vent. an XIII; 5 nov. 1806; 1 juin 1814; 20 nov. 1815; 31 janv. 1832; Turin 15 mars 1806; Paris, 27 mai 1807; Bordeaux 25 mai 1808; Florence 13 mai 1811; Limoges 26 juin 1822). — V. notes 150 et 151.

V. CRÉANCIERS, note 25, — RATIFICATION, note 208, — NULLITÉ OU RESCISION, note 171, — PORTION DISPONIBLE, note 150, — RÉDUCTION, note 151, — ENREGISTREMENT DES DONATIONS, note 60.

[82]

DE L'ÉMANCIPATION. — DU MINEUR ÉMANCIPÉ.

DIVISION SOMMAIRE.

Indication alphabétique :

§ 1. DÉFINITION.

1. L'émancipation est un état qui tient le milieu entre la minorité et la majorité. Par l'émancipation le mineur, sort de la tutelle, est affranchi de la puissance paternelle, et acquiert, avant la majorité, le droit de jouir de ses meubles et du revenu de ses immeubles, et de se gouverner lui-même.

§ 2. PAR QUI ET COMMENT LE MINEUR PEUT ÊTRE ÉMANCIPÉ. — DU REFUS D'ÉMANCIPATION.

2. L'émancipation ne peut être acquise que par l'un des moyens indiqués par la loi et dans la forme qu'elle détermine. — Ainsi,

alors même qu'un père aurait fait nommer un curateur à l'un de ses enfants en âge d'être émancipé, et qu'il aurait ensuite demandé l'autorisation d'intenter une action contre cet enfant, on ne saurait en conclure que l'enfant doit être considéré comme émancipé (Riom 22 mars 1823).

3. L'émancipation doit donc être prouvée par la représentation de l'acte authentique portant la déclaration que le mineur est émancipé. Mais, en cas de perte des registres sur lesquels l'acte d'émancipation a été inscrit, il y a lieu d'admettre à la preuve tant par titre que par témoins, que l'émancipation a, en effet, été conférée au mineur; et même, dans ce cas, l'émancipation est suffisamment justifiée par les diverses énonciations des actes qui la mentionnent, soit dans les registres du Receveur de l'enregistrement, soit dans tous autres actes (Lyon 6 août 1817; Cass. 27 janv. 1819).

4. Au reste, l'émancipation ne peut pas être partielle, ni faite pour un seul acte déterminé; elle doit produire tous les effets que la loi y attache et donner au mineur toute la capacité résultant des art. 480 et suiv. du C. civ.

Art. 1. DE L'ÉMANCIPATION DE PLEIN DROIT.

5. *Le mineur est émancipé de plein droit par le mariage.* (C. civ. 476).

6. C'est là un bénéfice accordé au mariage. Ceux qui deviennent chefs de famille et à qui la puissance paternelle est concédée dans toute son étendue ne peuvent rester assujétis à la surveillance d'autrui (C. Jal. Pal.).

7. L'émancipation dont il s'agit résulte en faveur de l'un et de l'autre des époux du seul fait de la célébration du mariage. Tous deux, s'ils sont mineurs, jouissent par le fait même, du bénéfice de l'émancipation; mais en ce qui concerne la femme, elle n'échappe à l'autorité paternelle que pour tomber immédiatement aussi sous la puissance maritale, en sorte que les effets de l'émancipation devront être réglés en ce qui la concerne par les dispositions qui régissent les droits respectifs des époux, et spécialement quant à l'administration de ses biens, par les clauses que les époux auront adoptées pour régir leur mariage. — Ainsi, la femme mineure qui est émancipée par le mariage, si elle est commune en biens, n'acquerra par le fait aucune capacité nouvelle, puisqu'en qualité de commune, elle se trouvera privée du droit d'administration que l'émancipation lui aurait donnée. Mais, sous tous les autres régimes, l'émancipation produira à son égard tous ses effets; et elle pourra notamment, si elle est séparée de biens, passer, aux termes de l'art. 481 du C. civ., les baux dont la durée n'excèdera pas neuf ans, recevoir ses revenus, en donner décharge et généralement faire tous les actes qui ne sont que de pure administration.

8. L'émancipation du mineur par le mariage est absolue et irrévocable, quel que soit son âge quand il se marie et quand le mariage est dissous. La révocabilité de l'émancipation n'a lieu qu'en cas d'émancipation conférée (Cass. 21 fév. 1821).

9. Du reste, le Code civil ne place les enfants mineurs sous la tutelle de leurs père et mère qu'autant qu'ils ne sont point émancipés. Ainsi, l'enfant émancipé avant le Code ou qui antérieurement au Code était réputé émancipé parce qu'il était pubère (V. note 65, n° 31) n'est point retombé en tutelle depuis le Code quoiqu'il n'ait pas l'âge de 21 ans (Cass. 6 av. 1808).

10. L'art. 476 qui précède est applicable même aux mineurs qui se sont mariés avant la publication du Code. Ainsi, un père sous le Code civil, n'a pu réclamer l'usufruit des biens de son fils mineur, encore que le mariage eût été contracté sous l'ancienne législation (Turin 7 fruct. an XII).

Art. 2. DE L'ÉMANCIPATION PAR LE PÈRE OU LA MÈRE.

11. *Le mineur, même non marié, pourra être émancipé par son père, ou, à défaut de père, par sa mère, lorsqu'il aura atteint l'âge de quinze ans révolus. — Cette émancipation s'opèrera par la seule déclaration du père ou de la mère, reçue par le juge de paix assisté de son greffier* (C. civ. 477).

12. Cet article qui n'exige pour l'émancipation que la déclaration du père ou de la mère s'applique même à l'émancipation dont la demande a été formée avant la promulgation du Code (Paris, 9 niv. an XII).

13. L'émancipation peut être conférée, même durant le mariage, par le père qui a l'exercice de la puissance paternelle et après la dissolution du mariage par le survivant du père ou de la mère, même alors qu'ils auraient la tutelle (Delvincourt, 1, 130; Toullier, 2, 1287; Duranton, 3, 651; Proudhon, 2, 252).

14. La mère elle-même, durant le mariage, pourra conférer l'émancipation, lorsque le père sera dans l'impossibilité de manifester sa volonté à cet égard, comme cela aura lieu en cas d'absence du père, ou dans le cas encore où il serait interdit, ou même en toute circonstance où il se trouverait dans l'impossibilité d'exprimer une volonté (C. Jal. Pal. — *Contrà*, Duranton, 3, 655, qui prétend que quand même la femme aurait ce droit, ce serait sans préjudice de la puissance légale attribuée au père).

15. Lorsque le père ou la mère sont privés de la tutelle par l'effet d'une exclusion ou d'une destitution, ils ont perdu le droit d'émanciper leur enfant mineur; autrement ce serait les autoriser à anéantir par un moyen détourné l'effet de la délibération du conseil de famille qui aurait prononcé l'exclusion ou la destitution (Duranton, 3, 656; Zachariæ, 1, § 119; Proudhon, 2, 252; Locré; C. Jal Pal.). — Il en est de cette hypothèse comme de celle où le père aurait été privé par l'effet d'une condamnation judiciaire du droit d'exercer la tutelle de ses propres enfants autrement que sur l'avis de la famille, car dans ce cas il ne pourrait plus conférer l'émancipation que sur l'avis de la famille (C. Jal. Pal.; C. pén. 42-7°).

16. Mais il en serait autrement si le père s'était seulement fait excuser de la tutelle ou si la mère s'était bornée à ne pas l'accepter, ainsi que cela est dans son droit. Comme alors le père ou la mère ne sont frappés d'aucune incapacité, il n'existe plus aucun motif légitime de les priver d'un droit que la loi attribue expressément à chacun d'eux. — Ainsi, la veuve qui a renoncé à la tutelle en convolant à de secondes noces n'en conserve pas moins le droit d'émanciper ses enfants du premier lit dont elle n'a pas la tutelle (C. civ. 395; Cass. 17 juin 1807; Bruxelles 6 mai 1808; Bordeaux 14 juill. 1838).

17. Le droit d'émanciper tenant exclusivement au libre exercice de la puissance paternelle, il en résulte qu'il appartient aussi bien au père et à la mère d'un enfant naturel qu'au père et à la mère des enfants légitimes (Limoges 2 janv. 1821; Toullier, 2, 1287; Duranton, 3, 657; Proudhon, 2, 252). — Et qu'il appartient aussi au père et à la mère des enfants incestueux et adultérins dans le cas où ces enfants peuvent être reconnus (C. Jal. Pal.). Du reste, les enfants naturels ainsi que les enfants incestueux et adultérins peuvent toujours être émancipés par le conseil de famille (C. Jal. Pal.).

18. En tous cas, le juge de paix ne peut refuser de recevoir la déclaration d'émancipation de la part du père ou de la mère (Jug. de la Seine 2 août 1836).

19. L'émancipation par le père ou la mère ne peut être considérée comme un acte fait en fraude des droits de leurs créanciers, en ce qu'il les prive de l'usufruit légal (Cass. 23 brum. an IV; Toullier, 6. 368).

Art. 3. DE L'ÉMANCIPATION PAR LE CONSEIL DE FAMILLE.

20. *Le mineur resté sans père ni mère pourra aussi, mais seulement à l'âge de 18 ans accomplis, être émancipé, si le conseil de famille l'en juge capable. — En ce cas, l'émancipation résultera de la délibération qui l'aura autorisée, et de la déclaration que le juge de paix, comme président du conseil de famille, aura faite dans le même acte* QUE LE MINEUR EST ÉMANCIPÉ (C. civ. 478). — V. *sup.* n. 17.

21. Le conseil de famille doit être composé des trois plus proches parents de chacune des lignes paternelle et maternelle, et s'il n'en a point été ainsi et qu'on ait pris quatre parents d'un côté et deux d'un autre pour l'émancipation d'un mineur, le tuteur peut demander que l'émancipation soit annulée, encore qu'il y ait été présent (Liége, 4 janv. 1811).

22. *Lorsque le tuteur n'aura fait aucune diligence pour l'émancipation du mineur, dont il est parlé dans l'article précédent, et qu'un ou plusieurs parents ou alliés de ce mineur, au degré de cousin-germain ou à des degrés plus proches, le jugeront capable d'être émancipé, ils pourront requérir le juge de paix de convoquer le conseil de famille pour délibérer à ce sujet. — Le juge de paix devra déférer à cette réquisition* (C. civ. 479).

23. Mais le juge de paix ne peut d'office convoquer le conseil de famille pour délibérer sur l'émancipation à conférer au mineur (Duranton, 3, 661).

Art. 4. DE L'ÉMANCIPATION DE FAIT.

24. Bien que la loi ne reconnaisse que deux modes d'émancipation résultant l'un du mariage, et l'autre d'une déclaration authentique, on est bien forcé d'admettre en outre une *émancipation de fait* qui résulte de la seule force des choses, mais dont les effets doivent par cela même être restreints dans les limites les plus étroites (C. Jal Pal.).

25. Ainsi, le mineur doit être considéré comme émancipé à l'égard de certains actes, tels que la reconnaissance d'un enfant naturel et les délits; ou quasi-délits et même, en droit criminel et quant à l'action de la justice repressive, le mineur, quel que soit son âge, est toujours réputé majeur ou mieux mineur émancipé. — V. note 65, n. 14 et suiv.

26. Ainsi, le mineur est bien soumis, quant à sa personne et quant à ses biens, à l'autorité tutélaire, mais il n'est pas moins capable d'acquérir par lui-même à l'aide de son travail personnel; et alors il se compose un pécule qui lui appartient en propre et dont il a, malgré son état de minorité, la libre et entière disposition. — Le mineur administrera donc en toute liberté les sommes qu'il aura acquises par son industrie; à leur égard il sera réputé majeur comme il le sera à l'égard des actes de commerce. Ce pécule est sa chose propre et personnelle, il peut l'administrer et même l'aliéner, pourvu que dans ses dispositions il ne dépasse pas les forces du pécule lui-même. D'où il suit que les engagements personnels qu'il aura contractés dans les limites du pécule qu'il s'est formé seront valables et devront être exécutés (C. Jal Pal.).

27. Ainsi, également, le mineur est réputé émancipé ou majeur pour tous les actes qu'il aura souscrits et dont il aura bénéficié (C. Jal Pal.).

28. Ainsi encore, le mineur qui a une industrie et qui s'engage à raison de cette industrie est régulièrement obligé; sauf, en cas de contestations, aux tribunaux à décider si le contrat n'a pas dépassé les justes bornes qui doivent être mises, dans l'intérêt du mineur, à ce droit plein et entier de disposition qui lui appartient. Mais alors le contrat n'en sera pas moins réputé valable, il pourra seulement être rescindé pour cause de lésion, parce que l'on aura pu abuser facilement de l'inexpérience du mineur (C. Jal Pal.).

29. C'est ainsi qu'en principe, une comédienne est émancipée de plein droit pour les engagements relatifs à sa profession s'ils ont été souscrits dans les limites des contrats ordinaires de cette nature et sous de justes conditions; car en adoptant cette profession comme toute autre, elle a acquis par cela même capacité suffisante pour prendre les engagements sans lesquels elle ne pourrait tirer aucun parti de son industrie. Par conséquent, les sommes qu'elle aura reçues directement, sont valablement payées, et ne peuvent être répétées contre le débiteur, surtout si elles ont tourné au profit de la mineure (Paris 21 mars 1816).

Art. 5. DU REFUS D'ÉMANCIPATION.

30. Les père et mère sont juges suprêmes de l'émancipation à accorder à leurs enfants mineurs. L'exercice de ce pouvoir ne peut être soumis à la censure des tribunaux (Bordeaux 14 juill. 1838). — V. *sup.* n. 18.

31. Mais il n'en est pas de même du conseil de famille. Son devoir est d'émanciper lorsque la conduite passée du mineur et la maturité de sa raison offrent à la famille une garantie pour sa conduite future, et sa décision à cet égard est sujette à appel. D'où il suit que le conseil de famille peut refuser l'émancipation à la mineure qui s'est laissé séduire (Paris, 26 therm. an IX).

§ 3. DE LA CAPACITÉ OU HABILITÉ DU MINEUR ÉMANCIPÉ.

Art. 1. DU COMPTE DE TUTELLE.

32. *Le compte de tutelle sera rendu au mineur émancipé, assisté d'un curateur qui lui sera nommé par le conseil de famille* (C. civ. 480).

33. Cet article, relativement à l'assistance du curateur, n'est applicable qu'à l'émancipation par suite d'une déclaration ou d'une délibération; il ne l'est point à l'émancipation par le mariage laquelle n'étant soumise, dans ses effets, à aucune formalité a pour conséquence de donner aux époux la libre et entière disposition du droit d'administrer leurs biens, et de leur conférer à cet égard toute capacité sans qu'ils soient assujétis à aucun contrôle de la part soit du curateur soit du conseil de famille. (V. *sup.* n. 6). Ainsi, le mineur émancipé a capacité pour recevoir, débattre et approuver tous les comptes relatifs aux biens dont l'administration lui est rendue. Mais, tous ces comptes doivent lui être remis en présence du curateur qui lui est nommé par le conseil de famille, sauf en ce qui concerne l'émancipation résultant du mariage pour laquelle il n'est point nommé de curateur (C. Jal Pal. — *Contrà*, Merlin.; V. note 66, n. 9). — Toutefois, cette liberté de disposition ne saurait s'étendre au delà des bornes d'une simple administration, car ni le mari ni la femme mineurs, bien qu'émancipés, ne peuvent acquérir le droit de disposer de leurs biens comme s'ils étaient majeurs, puisqu'étant toujours dans les liens de la minorité, ils sont incapables d'aliéner.

34. Mais l'article qui précède est applicable en ce sens que les deux époux, quoique mineurs tous deux, ont capacité pour exiger qu'il leur soit rendu compte non-seulement de la tutelle, mais aussi de l'administration de leurs biens personnels alors qu'ils ne sont pas en tutelle; sauf que ces comptes ne leur seront pas rendus en présence d'un curateur, car les mineurs, quand ils sont mariés, ont capacité suffisante pour recevoir eux-mêmes, débattre et clore le compte (C. Jal Pal.).

35. Le père ou la mère, après avoir conféré l'émancipation, sont tenus de réunir le conseil de famille pour faire nommer un curateur à l'émancipé; ils n'ont pas le pouvoir de le désigner eux-mêmes, puisque c'est ce curateur qui sera leur contradicteur légitime lorsqu'il s'agira de débattre le compte qu'ils ont à rendre. D'où il suit que c'est au conseil de famille et non au père qu'appartient le droit de nommer un curateur au mineur émancipé (Caen 27 juin 1812; Limoges 2 janv. 1821). — Ni le père, ni la mère, ni aucun ascendant n'ont le droit de le nommer par testament (Duranton; Favard; Roll. de V.).

36. Les fonctions de ce curateur consistent : 1° à assister à la reddition des comptes; 2° à ester en justice dans les cas qui sont déterminés par la loi, concurremment avec le mineur émancipé, toutes les fois que celui-ci y sera appelé soit en demandant soit en défendant, sauf en ce qui concerne les matières commerciales et aussi les matières criminelles; 3° et à être présent à l'acte toutes les fois que le mineur émancipé est appelé à recevoir un capital mobilier ou à en donner décharge, auquel cas il est responsable de l'emploi du capital reçu (C. Jal Pal.). — V. note 30, n. 165.

37. Bien que l'art. 480 qui précède ne mentionne spécialement que le compte de tutelle, sa disposition embrasse nécessairement tous les comptes qui doivent être rendus au mineur émancipé, à raison de l'administration antérieure de ses biens. —Ainsi, lorsque l'émancipation aura été conférée durant le mariage des père et mère, le père, bien qu'il n'ait pas de compte de tutelle à rendre, n'en devra pas moins présenter au mineur émancipé, procédant sous l'assistance de son curateur, le compte de l'administration des biens personnels du mineur, sauf à déduire du compte son droit d'usufruit jusqu'au jour de l'émancipation si elle a été conférée avant l'âge de 18 ans, car, aux termes de l'art. 384 du C. civ., ce droit de jouissance cesse par l'émancipation.

38. Tous ces comptes seront rendus dans la forme ordinaire, suivant les règles établies par le Code de proc. civ.; cependant ils n'ont pas besoin d'être présentés en justice à peine de nullité, à moins qu'il n'y ait contestation; l'un des bénéfices de l'émancipation étant précisément de donner capacité au mineur pour recevoir le compte avec la seule assistance du curateur (Proudhon, 2, 241; Duranton, 3, 610; Marchand. — *Contrà*, Agen, 19 fév. 1824 quand le mineur *traite* avec le tuteur au sujet du compte; Toullier, 2, 476).

Art. 2. DES ACTES D'ADMINISTRATION.

39. *Le mineur émancipé passera les baux dont la durée n'excédera point neuf ans: il recevra ses revenus, en donnera décharge, et fera tous les actes qui ne sont que de pure administration, sans être restituable contre ces actes dans tous les cas où le majeur ne le serait pas lui-même* (C. civ. 481).

40. Ces baux peuvent être faits sans formalités de justice et dans la forme des contrats ordinaires (Merlin, v° BAIL, § 19). — Mais ils ne peuvent être renouvelés plus de trois ans avant l'expiration du bail courant quand il s'agit de biens ruraux (C. civ. 1713; V. note 34 n. 63).

41. Toutefois, le droit de passer bail conféré au mineur émancipé ne donne pas à ce dernier le pouvoir de recevoir les fermages par anticipation (Poitiers, 5 mars 1823; V. note 34, n. 63).

42. Mais du droit de recevoir ses revenus accordé au mineur émancipé découle nécessairement celui d'exercer contre les débiteurs toutes les poursuites et contraintes nécessaires pour les faire payer (Toullier, 2, 1296). — V. *inf.* n. 47.

Art. 3. DES ACTES POUR LESQUELS L'ASSISTANCE DU CURATEUR EST NÉCESSAIRE.

43. *Il ne pourra intenter une action immobilière, ni y défendre, même recevoir et donner décharge d'un capital mobilier, sans l'assistance de son curateur qui, au dernier cas, surveillera l'emploi du capital reçu* (C. civ. 482).

Par application de cet article il a été décidé :

44. 1° Que le mineur émancipé peut, avec l'assistance de son curateur, intenter une action en partage sans l'autorisation du conseil de famille (Bordeaux, 25 janv. 1836; Duranton, 7, 105), — quand il s'agit de choses mobilières, car s'il s'agissait d'immeubles le partage ne serait que provisionnel aux termes de l'art. 466 du C. civ. (C. Jal Pal.).

45. 2° Que le mineur émancipé, défendeur à une action immobilière, a capacité pour prêter, avec l'assistance de son curateur, tous consentements qui tiennent à la défense de l'action, et notamment ceux qui ont pour objet d'éviter des frais (Cass. 27 mars 1822).

46. 3° Que le mineur émancipé ne peut recevoir, sans l'assistance de son curateur, un capital mobilier, pas même ceux provenant des économies qu'il a faites sur ses revenus (Duranton, 2, 665 et 667).

47. 4° Qu'il ne peut saisir immobilièrement les biens de son débiteur sans l'assistance de son curateur (Duranton, 21, 34).

48. Du reste, le curateur donné au mineur émancipé n'a d'autre droit que d'assister le mineur dans la procédure: il ne peut ni intenter une action en son nom personnel, ni interjeter appel dans l'intérêt du mineur (Amiens 21 mai 1823). — V. *sup.* n. 36.

Art. 4. DES ACTES POUR LESQUELS LE MINEUR ÉMANCIPÉ A BESOIN DU CONSEIL DE FAMILLE ET DE L'INTERVENTION DE LA JUSTICE.

49. *Le mineur émancipé ne pourra faire d'emprunts, sous aucun prétexte, sans une délibération du conseil de famille, homologuée par le tribunal de première instance, après avoir entendu le procureur du Roi* (C. civ. 483).

50. Le mineur émancipé reste toujours sous la surveillance et l'autorité du conseil de famille et de justice, mais il n'est point placé sous la puissance d'un tuteur ni d'un subrogé tuteur, ni même de son curateur. Il pourra donc emprunter sans l'assistance de son curateur, pourvu qu'il y soit autorisé et par le conseil de famille et par le juge.

51. De la prohibition contenue en l'article qui précède, il résulte que le mineur émancipé ne peut valablement consentir une hypothèque sur ses immeubles pour sûreté de ses obligations (Grenier; Coulon; Magnin; Proudhon. — *Contrà*, Duranton, 3, 673; Toullier, 2, 1298. — surtout lorsque l'obligation est reconnue ne pas excéder les limites de la capacité du mineur émancipé).

52. *Il ne pourra non plus vendre ni aliéner les immeubles, ni faire aucun autre acte que ceux de pure administration, sans observer les formes prescrites au mineur non émancipé* (C. civ. 484-1°).

53. Ainsi est nulle la vente d'immeubles faite par un mineur sans assistance du curateur et sans les formalités prescrites par les art. 457 et suiv. du C. civ. (Cass. 16 janv. et 9 mai 1837).

54. Est nulle aussi la renonciation faite à une succession par un mineur non-émancipé, sans l'autorisation du conseil de famille bien qu'il y ait été autorisé par justice (Grenoble 6 déc. 1842).

55. Mais le mineur émancipé peut valablement et avec la seule assistance de son curateur, faire cession d'une créance, telle qu'un prix de vente à lui dû; quand même la créance serait garantie par une hypothèque (Cass. 13 janv. 1840).

56. Et de ce que l'art. 521 du C. civ. ne mobilise les coupes ordinaires de bois taillis ou de futaies, mises en coupes réglées, qu'au fur et à mesure que les arbres sont abattus, il n'en résulte pas que le mineur émancipé soit obligé de remplir les formalités prescrites pour l'aliénation des immeubles lorsqu'il s'agit de vendre ces coupes ou de les exploiter (Salviat, *usuf.* 1, 262, art 78; *Pandectes franc.* 5, 47).

57. L'assistance du curateur aux ventes, aliénations ou hypothèques ne donnerait point au mineur émancipé la capacité nécessaire, il faut en outre l'autorisation du conseil de famille. Le curateur étant partie nécessaire dans toute instance immobilière (V. *sup.* n. 43), il en résulte qu'il doit être appelé en cause dans toute vente qui ne peut être faite qu'en justice.

58. Pour la forme de la vente il faut se reporter à l'art. 459 du C. civ., sauf qu'elle sera poursuivie par le mineur émancipé lui-même, procédant sous l'assistance de son curateur, en sorte que l'on n'y verra plus figurer ni le tuteur, ni le subrogé-tuteur qui ont cessé leurs fonctions. Toutefois, à défaut de notification du décès du curateur, la vente des biens n'en est pas moins valable, si un nouveau curateur n'a pas été nommé (Cass. 22 nov. 1837).

§ 4. DE LA RÉDUCTION DES ENGAGEMENTS DU MINEUR ÉMANCIPÉ.

59. *A l'égard des obligations qu'il aurait contractées par voie d'achats ou autrement, elles seront réductibles en cas d'excès: les tribunaux prendront, à ce sujet, en considération la fortune du mineur, la bonne ou mauvaise foi des personnes qui auront contracté avec lui, l'utilité ou l'inutilité des dépenses* (C. civ. 484-2°).

60. Il résulte de cet article que le mineur émancipé a capacité pour s'obliger dans certaines limites que les tribunaux apprécieront suivant les circonstances; et qu'ils pourront même réduire le montant des obligations contractées. A cet égard le juge devra considérer quelle a été la juste cause de l'obligation, et il pourra même maintenir l'effet d'une convention qui reposera uniquement sur une cause morale. Ainsi, lorsque la cause de l'obligation a pour objet de conserver l'honneur du père de famille et le sien propre, en renouvelant des billets souscrits par son père et argués de faux, le mineur émancipé peut s'obliger valablement sans l'assistance de son curateur ni l'autorisation du conseil de famille, surtout si le montant de l'obligation est inférieur au revenu dont il a l'administration (Cass. 17 août 1841. - Jal. Man. art. 22).

61. Mais, en principe, le mineur émancipé ne peut s'obliger pour autrui : il ne peut, par exemple, souscrire des billets soli-

dairement avec un tiers sans autorisation du conseil de famille (Bourges 13 août 1838; Duranton, 3, 670). — Il en est ainsi surtout de l'obligation souscrite par une femme mineure solidairement avec son mari pour autre cause que des actes d'administration ou des dépenses de ménage (Paris 25 juill. 1843).

62. Le mineur émancipé a capacité pour faire l'acquisition d'immeubles; en conséquence, la lésion qui se rencontre dans une telle acquisition donne lieu en faveur du mineur, non à la rescision du contrat, mais seulement à la réduction du prix (Colmar, 31 janv. 1826). — Et l'expression *achat* de l'art. 484 du C. civ. n'est pas restreinte aux acquisitions de meubles (Cass. 15 déc. 1832). — V. note 4, n. 30.

63. Mais les emprunts contractés par un mineur émancipé, sans autorisation préalable du conseil de famille, ainsi que les obligations par lui souscrites dans l'intérêt d'autrui, sont entièrement nuls, et non pas seulement réductibles; à ce cas n'est point applicable la disposition de l'art. 484 du C. civ. rappelé *sup.* n 59). — V. *sup.* n. 49 et suiv.

§ 5. DE LA RÉVOCATION DE L'ÉMANCIPATION.

64. *Tout mineur émancipé dont les engagements auraient été réduits en vertu de l'article précédent, pourra être privé du bénéfice de l'émancipation, laquelle lui sera retirée en suivant les mêmes formes que celles qui auront eu lieu pour la lui conférer* (C. civ. 485).

65. Cet article ne s'applique point à l'émancipation résultant du mariage, laquelle ne peut jamais être révoquée, alors même que le mariage viendrait à se dissoudre avant que l'époux survivant eût atteint sa majorité; car la qualité qui lui a été donnée de chef de famille est irrévocable, et l'époux survivant, quoique mineur, n'en a pas moins la tutelle légale de ses enfants. — Ainsi, la fille mineure qui se trouve émancipée par le mariage contracté en vertu de dispense d'âge avant l'âge requis, ne retombe pas en tutelle, alors même qu'elle serait demeurée veuve avant d'avoir atteint sa quinzième année, âge requis pour l'émancipation (Cass. 21 fév. 1821; Toullier, 2, 1303; Proudhon, 2, 264). V. sup. n. 8.

66. Toutefois, la révocation de l'émancipation n'est pas la conséquence nécessaire du jugement qui aura prononcé la réduction des engagements contractés par le mineur; c'est au père ou à la mère, ainsi qu'au conseil de famille, qui ont conféré l'émancipation, de décider si elle doit être révoquée (Delvincourt, 1, 114 et 131; Toullier, 2, 330, 439; Duranton, 3, 396, 474; Proudhon, 2, 118 et 264). — D'où il suit :

67. 1° Qu'une simple déclaration du père ou de la mère, reçue par le juge de paix assisté de son greffier, portant *que l'émancipation est révoquée,* suffira pour faire rentrer le mineur sous la puissance paternelle, exercée dans toute sa rigueur, s'il a conservé encore et son père et sa mère, ou pour le remettre en tutelle, si l'un ou l'autre est décédé.

68. 2° Que si le père qui a conféré l'émancipation est décédé, le droit de la révoquer dans la forme ci-dessus appartient à la mère.

69. 3° Que si tous deux sont décédés ou dans l'impossibilité de manifester leur volonté, ce droit de révocation appartient au conseil de famille, qui prendra à cet égard une délibération portant que il autorise la révocation : et spécialement la révocation résultera de la déclaration que le juge de paix, comme président du conseil de famille, aura faite dans le même acte, *que l'émancipation est révoquée.*

70. 4° Qu'après que le jugement de réduction aura été rendu, si le père ou la mère du mineur n'existent plus, la révocation pourra être poursuivie par tout parent ou allié du mineur, au degré de cousin germain ou à des degrés plus proches, qui pourront requérir le juge de paix de convoquer le conseil de famille pour délibérer à ce sujet, et le juge de paix devra déférer à cette réquisition.

71. *Dès le jour où l'émancipation aura été révoquée, le mineur rentrera en tutelle et y restera jusqu'à sa majorité accomplie* (C. civ. 486).

72. L'effet de la révocation est de placer immédiatement le mineur sous la puissance directe d'autrui; s'il a encore son père et sa mère, il perd le droit d'avoir un domicile personnel et il est tenu de rentrer aussitôt dans la maison paternelle; mais le père ou la mère, si l'enfant a moins de dix-huit ans, ne reprendront pas eux-mêmes la jouissance légale de leurs biens.

73. La révocation de l'émancipation ne peut pas être pour le père ou la mère l'objet d'un bénéfice pécuniaire; ils reprendront seulement l'administration de la personne et des biens à la charge de tenir compte des revenus (Duranton; Toullier; Favard. — *Contrà*, Proudhon). — V. *sup.* n. 37.

74. Si le mineur, avant la révocation, était déjà en tutelle, ou si, au moment de cette révocation, il n'y a plus ni père ni mère, il lui sera donné un tuteur; mais le tuteur précédent ne reprendra pas nécessairement ses fonctions, car, en ce qui le concerne, sa gestion s'est terminée par l'émancipation et le compte même de la tutelle a dû être définitivement réglé, en sorte que désormais c'est une tutelle nouvelle qui va s'ouvrir pour ne finir que par la majorité du mineur ou par son mariage. C'est, en effet, l'émancipation par suite d'une nouvelle déclaration qui est interdite, mais le mineur, à l'égard duquel l'émancipation a été révoquée, n'en sera pas moins émancipé de nouveau par le mariage; car la disposition de l'art. 476 du C. civ. portant que le mineur est émancipé de plein droit par le mariage ne souffre aucune exception (Proudhon, 2, 265).

75. Dans le cas où le mineur émancipé rentre en tutelle, il y a lieu à un nouveau compte de tutelle, entièrement indépendant du premier compte; et le dernier tuteur se trouvera naturellement déchargé de l'obligation de comprendre dans son compte celui des précédents tuteurs. Ce serait au mineur lui-même à s'imputer de n'avoir pas exigé, pendant son émancipation, que le compte de tutelle lui fût rendu (C. Jal Pal.).

76. Mais si le père ou la mère existent encore, le mineur entrera de plein droit sous la tutelle légale : il entrera également de plein droit sous la tutelle d'un tuteur testamentaire (Duranton, 3, 678).

§ 6. DES ACTES DE COMMERCE DU MINEUR ÉMANCIPÉ.

77. *Le mineur émancipé qui fait un commerce est réputé majeur pour les faits relatifs à ce commerce* (C. civ. 487). — V. aussi l'art. 1308 du C. civ. et les art. 2, 3 et 6 du C. de comm.

78. Mais pour que les opérations du mineur constituent un commerce, il faut : 1° qu'il ait été préalablement autorisé par son père ou par sa mère, ou, à défaut du père et de la mère, par une délibération du conseil de famille homologuée par le tribunal (C. comm. 2); — 2° que l'acte d'autorisation ait été enregistré et affiché au tribunal de commerce du lieu où le mineur veut établir son domicile (*Ibid.*).

79. Et lorsque ces formalités ont été remplies, le mineur marchand peut engager et hypothéquer ses immeubles, mais il ne peut les aliéner qu'en observant les formalités prescrites par les art. 457 et suiv. du C. civ. civ. (C. comm. 6).

80. Ce qui est dit aux trois numéros qui précèdent s'applique aux mineurs même non-commerçants à l'égard de tous les faits qui sont déclarés faits de commerce par les art. 632 et 633 du C. de comm. (C. comm. 3).

81. De ce que le mineur est réputé majeur pour les faits relatifs à son commerce, il en résulte que le commerçant, banquier ou artisan, en état de minorité, n'est point restituable contre les engagements qu'il a pris à raison de son commerce ou de son art (C. civ. 1308). — V. *sup.* n. 28.

V. MINORITÉ, note 65. — AUTORISATION DE LA FEMME MARIÉE, note 68. — ACTE DE COMMERCE, note 118. — COMPTE DE TUTELLE, note 163.

[83]

DES INSCRIPTIONS HYPOTHÉCAIRES.

DIVISION SOMMAIRE:

Indication alphabétique :

§ 1. OBJET DE L'INSCRIPTION.

1. L'inscription hypothécaire, quand elle est régulièrement faite, a pour objet la conservation du privilége ou de l'hypothèque du créancier sur les biens de son débiteur (C. civ. 2106; V. notes 29 et 30). — D'où il suit que l'inscription hypothécaire n'est qu'un acte conservatoire de l'hypothèque, ou un signe de l'existence de cette hypothèque pour avertir les tiers avec lesquels le créancier peut se trouver en concours, car l'inscription n'est point nécessaire à l'égard du débiteur, puisque tous ses biens sont le gage commun de ses créanciers (Grenier, 194, 142 et 66; C. civ. 2092).

§ 2. DU BUREAU OU LES INSCRIPTIONS DOIVENT SE FAIRE.

2. *Les inscriptions se font au* BUREAU *de conservation des hypothèques dans l'arrondissement duquel sont situés les biens soumis au privilége ou à l'hypothèque. Elles ne produisent aucun effet, si elles sont prises dans le délai pendant lequel les actes faits avant l'ouverture des* FAILLITES *sont déclarés nuls. Il en est de même*

entre les créanciers d'une succession, si l'inscription n'a été faite par l'un d'eux que depuis l'ouverture, et dans le cas où la succession n'est acceptée que par BÉNÉFICE D'INVENTAIRE (C. civ. 2146).

3. BUREAU. Il y a nullité de l'inscription si elle n'est pas prise au bureau des hypothèques de la situation des biens, parce qu'il est alors évident que les tiers n'ont pas dû avoir connaissance de la charge dont l'immeuble était grevé. — Il n'y a point d'exception pour les inscriptions prises en renouvellement d'anciennes, lorsque le bureau actuel de la situation des biens n'est plus le même que celui où la première inscription a été prise à cause des changements qui ont eu lieu dans l'organisation des bureaux, lesquels étaient, en l'an VII, classés par arrondissement de tribunaux de police correctionnelle, tandis qu'ils sont classés depuis l'an IX par tribunaux de première instance ou arrondissements communaux (Jal Enreg. 265).

4. FAILLITE. Aux termes de l'art. 448 (remplaçant l'ancien art. 443) du C. de comm., les droits d'hypothèque et de privilège valablement acquis peuvent être inscrits jusqu'au jour du jugement déclaratif de la faillite. Néanmoins, les inscriptions prises après l'époque de la cessation des paiements, ou dans les dix jours qui précèdent, peuvent être déclarées nulles, s'il s'est écoulé plus de quinze jours entre la date de l'acte constitutif de l'hypothèque ou du privilège et celle de l'inscription. Ce délai doit être augmenté d'un jour à raison de cinq myriamètres de distance entre le lieu où le droit d'hypothèque a été acquis et le lieu où l'inscription aura été prise (C. comm. 448).

5. Ainsi, l'art. 448 du C. de comm. distingue entre les droits anciennement acquis et ceux tout nouvellement acquis. Les premiers peuvent être inscrits jusqu'au jour du *jugement* déclaratif de la faillite; quant aux autres, on peut les faire inscrire après l'époque de la *cessation* des paiements du failli, mais il faut que le titre de la créance ne soit pas de plus de quinze jours antérieur en date à l'inscription, sinon les inscriptions sont sujettes à être annulées. D'où il suit que si un commerçant, après avoir souscrit une obligation hypothécaire le 2 mai, cesse ses paiements le 15, l'inscription pourra n'avoir point d'effet, si elle a été prise postérieurement au 17, sauf à augmenter le délai à raison de la distance.

6. Mais n'est pas nulle l'inscription prise contre un individu non négociant dans les dix jours qui précèdent sa déconfiture ou même après cette déconfiture (Nancy, 5 déc. 1811; Cass. 11 fév. 1812; Rennes, 24 mars 1812; Paris, 29 juin 1812, 18 août 1812; 9 juin 1814).

7. BÉNÉFICE D'INVENTAIRE. L'art. 2146, en refusant effet aux inscriptions hypothécaires prises sur des immeubles de successions bénéficiaires, ne s'entend que de l'effet d'*acquérir* hypothèque; il ne s'entend pas de l'effet de *conserver* une hypothèque acquise (Cass. 31 déc. 1821).

8. La défense portée par cet article de prendre inscription sur une succession bénéficiaire est générale et concerne toute succession ainsi acceptée, même les successions échues à des mineurs que l'art. 461 du C. civ. ne permet d'accepter que sous bénéfice d'inventaire (Toulouse, 2 mars 1826; Bordeaux, 24 juin 1826)

9. Mais cet article ne s'applique pas : 1° à l'inscription prise depuis l'ouverture d'une succession acceptée sous bénéfice d'inventaire, lorsqu'elle tendait uniquement à conserver une hypothèque ancienne (Cass. 5 sept. 1810; Turin 2 oct. 1811; Cass. 4 juill. 1815).

10. 2° A l'inscription prise afin de conservation du privilège du vendeur; en principe, aucun délai n'étant prescrit pour l'inscription de ce privilège (Toulouse, 2 mars 1826; Nîmes, 23 juin 1829). — V. note 29, n. 285.

11. 3° Au créancier régulièrement inscrit lors de l'ouverture d'une succession bénéficiaire, quand il prend ensuite inscription pour la conservation des intérêts courus depuis l'ouverture de cette succession (Paris, 15 nov. 1828).

12. 4° A l'inscription prise sur une succession bénéficiaire, si l'héritier vient plus tard à être déclaré héritier pur et simple (Caen 16 juill. 1834). — V. *séparation de patrimoines*, note 29, n. 254.

13. 5° Au cas où la succession ne possède que comme tiers-détenteur (Troplong, 3, 658).

§ 3. DU DÉLAI POUR PRENDRE LES INSCRIPTIONS. — DES INSCRIPTIONS PRISES LE MÊME JOUR.

14. Les créanciers ayant hypothèque ou privilège qui n'ont pas fait inscrire leurs titres antérieurement aux aliénations des immeubles hypothéqués, ne sont reçus à requérir la mise aux enchères, qu'en justifiant de l'inscription par eux prise depuis l'acte translatif de propriété, et au plus tard dans la quinzaine de la transcription de cet acte : sans préjudice des droits résultant au vendeur et aux héritiers des art. 2108 et 2109 du C. civ. (C. proc. 834).

15. La transcription seule arrête le cours des inscriptions, de sorte que le créancier antérieur à une aliénation peut prendre une inscription utile sur l'immeuble vendu tant que l'acquéreur n'a pas fait transcrire son contrat (Bruxelles, 13 juill. 1808).

16. *Tous les créanciers inscrits le même jour exercent en concurrence une hypothèque de la même date, sans distinction entre l'inscription du matin et celle du soir, quand cette différence serait marquée par le conservateur* (C. civ. 2147).

Cependant celui qui, en qualité de clerc de notaire, a concouru à la passation d'un acte d'obligation, avec stipulation d'une hypothèque que le créancier ou son mandataire a négligé d'inscrire, peut, selon les circonstances, être déclaré sans droit à se prévaloir d'une inscription qu'il aurait prise lui-même sur les biens hypothéqués, et en vertu d'une obligation passée à son profit depuis l'existence du premier contrat (Cass. 7 déc. 1831).

§. 4. DE LA RÉQUISITION DE L'INSCRIPTION ET DE LA FORME DES BORDEREAUX.

Art. 1. DE LA RÉQUISITION DE L'INSCRIPTION.

17. *Pour opérer l'inscription, le créancier représente, soit par lui-même, soit par un tiers, au conservateur des hypothèques,* L'ORIGINAL EN BREVET *ou une* EXPÉDITION *authentique du jugement ou de l'acte qui donne* NAISSANCE *au privilège ou à l'hypothèque* (C. civ. 2148, alin. 1).

Cet article ne s'applique point aux créances hypothécaires antérieures à la loi du 11 brum. an VII, lesquelles doivent être inscrites sur la simple représentation des bordereaux (Lett. Min. just. 10 et 25 niv. an XIII. - Sir Devill. 5, 2, 215).

18. La réquisition à fin d'inscription peut être faite par toute personne qui veut faire office de *negotiorum gestor;* de sorte qu'il n'est besoin ni de justifier d'une procuration, ni même d'alléguer un mandat (Bourges, 12 fév. 1841; Cass. 13 juill. 1841 ; Troplong, 673).

19. Il a même été jugé : 1° que si un tiers prend inscription sans justifier de l'existence de la créance et sans représenter les bordereaux exigés, l'inscription n'en est pas moins valable (Cass. 13 juill. 1841).

20. 2° Que lorsque les bordereaux et les registres du conservateur ne sont pas conformes, c'est à l'énoncé des registres que l'on doit s'en rapporter (Paris, 10 mars 1809). — Sauf recours, s'il y a lieu, contre le conservateur (*Ibid.*).

21. 3° Et que le conservateur qui transcrit un contrat conférant une hypothèque conventionnelle sur une portion réservée et indivise de l'immeuble vendu, peut prendre d'office une inscription pour sûreté de cette hypothèque (Dijon 14 août 1838; Cass. 13 juill. 1841; — *Contrà*, Poitiers 1 juill. 1831).

22. L'ORIGINAL EN BREVET. La loi exige ici un acte authentique passé en brevet devant notaires. Mais il y a exception : 1° au cas de demande en séparation de patrimoines, en ce sens qu'on peut prendre inscription en vertu d'un acte sous seing privé. - V. note 29, n. 255. — Toutefois pour qu'elle soit valable, il faut qu'elle soit prise contre la succession et non contre les héritiers

du défunt, sous peine d'être déclaré non-recevable à demander la séparation des patrimoines (Liège 13 mars 1811; Cass. 8 mai 1811; Grenoble 14 janv. 1824). — V. la formule p. 177.

23. EXPÉDITION. La loi ne pouvait exiger la représentation de la minute parce que les minutes des actes ne doivent point être déplacées (V. note 59, n. 20). — Cependant un notaire pourrait être reçu à requérir inscription sur la seule représentation de la minute pourvu qu'il ne s'en dessaisisse pas, mais il ne pourrait forcer le conservateur à se contenter de cette représentation, car la loi est formelle sur ce point, et d'un autre côté le notaire serait exposé à une peine disciplinaire pour contravention à la loi de ventôse. — V. note 51, n. 70.

En tout cas, l'inscription n'est pas nulle, par cela seul que l'inscrivant n'a pas représenté l'original en brevet ou l'expédition authentique du titre. Une copie du titre contenue en un exploit d'huissier peut tenir lieu d'expédition (Cass. 18 juin 1823). — Un extrait littéral de tout ce qui est relatif à la créance et à l'affectation hypothécaire doit être regardé comme suffisant, mais il n'en est pas de même d'un extrait qui ne contiendrait que l'analyse du titre (Caen 18 janv. 1837).

24. NAISSANCE. Il s'agit ici du titre constitutif de la créance, mais non d'un acte subséquent telle qu'une cession, parce que l'inscription serait valable sans mentionner cette cession (Cass. 25 mars 1816; Troplong, *hyp.* 1, 364; Persil, *quest.* 1, 387).

Art. 2. DE LA FORME DES BORDEREAUX.

25. *Il y joint deux bordereaux écrits sur papier timbré, dont l'un peut être porté sur l'expédition du titre* (C. civ. 2148, alin. 2).

Il en est ainsi alors même que le titre constitutif serait frappé d'un timbre qui ne serait plus en usage. — V. note 61, n. 100 et 101.

Et il suffit de représenter au conservateur un seul bordereau (en double), alors même que le titre constitutif contient plusieurs obligations hypothécaires par le même débiteur au profit de créanciers différents; il n'est pas nécessaire de produire un bordereau pour chaque créancier (Dijon 3 mai 1840; Caen 18 janv. 1837).

Les bordereaux peuvent n'être point signés; et, à plus forte raison ils peuvent être signés par un tiers qui prend la qualité de fondé de pouvoirs sans en justifier (Déc. min. fin. et just. 15 et 25 oct. 1821). — Dans l'intérêt de la partie comme dans celui du conservateur, ces bordereaux doivent être faits avec beaucoup de soin et, autant que possible, sans blanc, renvoi, rature ni surcharge, pour que leur teneur soit invariable et que le conservateur ne puisse rejeter sur le bordereau une omission provenant de son fait et réciproquement que la partie ne puisse rejeter sur le conservateur une omission qui provient d'elle.

V. aussi *sup.* n. 19 et 20.

I. Des nom, prénoms, profession et domicile du créancier. — Et de l'élection d'un domicile pour lui.

26. *Ils* (les bordereaux) *contiennent: 1° les nom, prénoms, domicile du* CRÉANCIER, *sa profession, s'il en a une, et l'*ÉLECTION D'UN DOMICILE *pour lui dans un lieu quelconque de l'arrondissement du bureau* (C. civ. 2148-1°).

27. Est valable : 1° l'inscription dans laquelle le créancier est désigné sous d'autres prénoms que les siens, lorsqu'il n'y a aucun doute sur l'identité de ce créancier (Rouen, 14 nov. 1808; Cass. 15 fév. 1810).

28. 2° L'inscription qui n'énonce pas les prénoms du créancier, s'il n'y a aucun doute sur l'identité (Bordeaux, 8 fév. 1811).

29. 3° L'inscription prise sous une raison de commerce, encore qu'elle ne rappelle pas les prénoms des associés (Paris, 15 av. 1809). — Une raison sociale n'ayant pas de prénoms, il n'est pas possible de les énoncer, seulement si une inscription est faite au nom de deux associés, elle est réputée faite au nom de la raison sociale connue sous le nom de ces deux associés (Cass. 1 mars 1810).

30. 4° L'inscription prise sous le nom collectif et sans autre désignation des *héritiers de*... (Paris 19 mars 1808 et 15 fév. 1809; Cass. 15 mai 1809; Colmar 16 av. 1818; Persil, 1, 366; — *Contrà*, Cass. 7 sept. 1807).

31. 5° L'inscription qui n'énonce pas la profession du créancier; la formalité n'étant pas substantielle (Cass. 16 mai 1809; 17 nov. 1812 et 20 fév. 1811. — *Contrà*: Bruxelles 16 av. 1808; Besançon, 21 juin 1808); — surtout quand le débiteur n'a pu se méprendre et ne s'est aucunement mépris sur la personne de l'inscrivant (Cass. 4 oct. 1810).

32. 6° L'inscription qui n'énonce pas le domicile réel du créancier (Paris 16 fév. 1809; Cass. 17 nov. 1812), — surtout s'il résulte des énonciations de l'inscription que le nom et la demeure du créancier n'ont pu rester inconnus ou incertains pour les tiers (Paris, 29 août 1811; Cass. 26 juill. 1825. — *Contrà* : Cass. 6 juin 1811, encore qu'il y ait domicile élu (Cass. 6 juin 1810), — lors même qu'en désignant la ville où le créancier réside, on n'a pas désigné la rue et la maison (Paris 9 juin 1814).

32 *bis*. 7° L'inscription prise à la requête de l'agent du trésor, quoiqu'elle n'indique pas le domicile de cet agent, surtout s'il y a élection de domicile à la sous-préfecture (Rouen, 22 mai 1818).

33. Mais est nulle l'inscription prise par un notaire, en vertu d'une obligation au porteur, *pour et au profit du porteur*, si elle ne contient pas l'indication des nom, prénoms, profession et domicile du créancier (Poitiers 15 déc. 1829).

34. CRÉANCIER. Pour qu'une inscription soit valable, il faut que la qualité de créancier soit certaine à l'égard des tiers; ainsi est nulle :

35. 1° L'inscription prise par le créancier délégataire sur les biens du débiteur délégué, avant que l'acceptation de la délégation ait acquis date certaine (C. civ. 1275, 1690; Cass. 21 fév. 1810, 25 mars 1816 et 11 août 1819; Paris, 13 vent. an XIII; Troplong; Duvergier; — *Contrà*, Paris 10 vent. an XIII).

36. 2° L'inscription prise par le cessionnaire de la créance avant que la cession ait acquis date certaine et même avant que l'acte qui l'a constatée ait été souscrit (Toulouse, 2 janv. 1841 - Jal. Man. art. 41). — Cependant il a été jugé que l'inscription était valablement prise par le cessionnaire avant la signification du transport au débiteur, la règle posée en l'art. 1690 ne signifiant point que cette signification soit nécessaire pour que le cessionnaire puisse valablement prendre inscription en son nom (Cass. 25 mars 1816; 11 août 1819; Paris 13 vent. an XIII; — *Contrà* : Paris, 10 vent. an XII). — V. *inf.* n. 165.

37. 3° L'inscription prise par le créancier du créancier sur les biens du débiteur de ce dernier. Il ne peut que la prendre sous le nom même du créancier (Circ. Min. just. 30 brum. et 14 niv. an XIII).

38. 4° L'inscription prise par un usufruitier en son nom seul, sans mention du nu-propriétaire (Cass. 4 frim. an XIV). — Du reste, l'usufruitier a pouvoir de prendre l'inscription au nom des deux (Troplong, 3, 675; Proudhon, *usuf.* 2, 1038).

39. 5° L'inscription prise en son nom seul par le créancier d'une rente viagère stipulée réversible après le décès du créancier sur la tête d'un tiers, quand même la circonstance de réversibilité aurait été mentionnée dans l'inscription. Pour la conservation des droits hypothécaires du tiers, une inscription en son nom est indispensable (Poitiers 26 janv. 1832).

40. Cependant il a été jugé qu'une inscription peut être valablement prise : — en vertu d'un jugement contradictoire qui n'a encore été ni expédié, ni enregistré, ni signifié; l'inscription de l'hypothèque n'étant pas un acte *d'exécution*, mais une simple *mesure conservatoire* (Toulouse 27 mai 1830; Cass. 19 juin 1833); — en vertu d'un jugement par défaut avant que ce jugement ait été signifié (Rouen 27 mai 1834).

41. ÉLECTION DE DOMICILE. L'inscription hypothécaire est nulle à défaut d'élection de domicile par le créancier dans l'arrondissement du bureau des hypothèques : cette formalité est substantielle, et il en est ainsi alors même que le créancier, domicilié au lieu même du bureau des hypothèques, a indiqué ce domicile sur son inscription (Cass. 6 juin 1810, 2 mai 1816; 27 août 1828; 6 janv. 1833; 12 juill. 1836; 11 déc. 1843; Agen 21

janv. 1815; Douai 7 janv. 1829. — *Contrà* : Metz 2 juill. 1812; Grenoble 10 juill. 1823; Riom 8 janv. 1824 et 7 mars 1825; Paris 16 fév. 1809 et 8 août 1832).

42. L'inscription qui est nulle, faute d'élection de domicile, ne peut être valablement ratifiée après coup au préjudice d'autres hypothèques inscrites avant la rectification (Orléans 1 déc. 1836).

43. L'inscription dans laquelle le créancier a fait élection de domicile en sa demeure, sans indiquer cette demeure, peut néanmoins être déclarée valable, s'il résulte des autres énonciations contenues dans l'inscription qu'il n'a pu exister à cet égard aucune incertitude pour les tiers (Cass. 1 fév. 1825).

II. Des nom, prénoms, profession et domicile du débiteur.

44. Les bordereaux contiennent : 2° *les nom, prénoms, domicile du débiteur, sa profession, s'il en a une connue, ou une désignation individuelle et spéciale, telle que le conservateur puisse reconnaître et distinguer dans tous les cas l'individu grevé d'hypothèques* (C. civ. 2148-2°).

45. Le débiteur, dont les noms et qualités doivent être énumérés dans l'inscription (faite ou renouvelée), est celui même qui a créé la dette et l'hypothèque qu'il s'agit de conserver, encore qu'il ait vendu et ne soit plus détenteur de l'immeuble hypothéqué, pourvu, cependant, que la propriété n'ait pas été purgée (Cass. 27 mai 1816 ; Bruxelles 2 janv. 1812; Paris, 10 fév. 1808). — Quand même le créancier aurait connu la mutation survenue dans la propriété (Caen 6 mai 1812). — V. *inf.* n. 163.

46. Il n'y a pas désignation suffisante du débiteur et l'inscription est nulle, si le débiteur n'est désigné que par un seul prénom, tandis qu'il en a deux, et qu'il a dans la même commune des parents portant ce prénom, surtout lorsque l'inscription étant prise en vertu d'une hypothèque judiciaire, ne désigne aucun immeuble (Cass. 25 juin 1821).

47. Mais une inscription n'est pas nulle pour omission de la profession du débiteur (Cass. 17 nov. 1812— *Contrà*, Bruxelles, 16 av. 1808; Besançon 21 juin 1808), — ou du domicile réel du débiteur (Cass. 17 nov. 1812).

48. L'inscription prise avant que le débiteur fût propriétaire de l'immeuble ne produit aucun effet à l'égard des tiers inscrits sur cet immeuble (Cass. 12 juin 1807).

49. Quand une inscription est prise contre un *tel* (acquéreur) *et son command*, elle n'en est pas moins valable, alors que des mentions mises en marge du registre ont fait connaître le nom de ce command aux créanciers qui se sont inscrits ultérieurement (Cass. 8 juill. 1840; Troplong, *hyp.* 688 *bis*).

III. De l'énonciation du titre.

50. Les bordereaux contiennent : 3° *la date et la nature du titre* (C. civ. 2148-3°).

51. Ainsi, il ne faut pas se contenter d'énoncer que l'inscription est prise en vertu d'un acte passé devant *tel* notaire, il faut encore indiquer si cet acte est une obligation, ou une constitution, ou une vente. Car, en principe, l'énonciation expresse ou virtuelle de la date et de la nature du titre est une formalité substantielle dont l'omission emporte nullité (Cass. 19 juin 1833; Merlin; Grenier; Persil; Zachariæ; Solon). — Toutefois, relativement à la mention de la nature du titre, il suffit pour la validité de l'inscription que le titre soit indiqué de manière à rendre possible la vérification de la légitimité de la créance (Cass. 11 mars 1816), — ou qu'il soit énoncé implicitement ou virtuellement par une indication qui présuppose le titre (Cass. 2 août 1820), — ou qu'on se réfère à une autre inscription prise immédiatement ou antérieurement et qui l'énonce parfaitement (Cass. 16 mars 1820, 17 mai 1823, 1 fév. et 26 juill. 1825; Toulouse, 23 mai 1820).

52. Mais, dans une inscription prise en vertu d'un acte portant reconnaissance de lettres de change, il ne suffit pas d'énoncer la date de l'enregistrement de ces lettres de change, il faut encore indiquer la date et la nature de l'acte de reconnaissance (Cass. 19 juin 1833).

53. Le créancier privilégié qui, dans son inscription, énonce la nature du titre et le montant de la créance, remplit suffisamment le vœu de la loi; il n'est pas nécessaire qu'il fasse mention que la créance est privilégiée (Paris, 9 déc. 1811). — Cependant cette indication est importante à connaître, et il n'est pas toujours facile de suppléer à ce qu'elle a d'incomplet, car un créancier est sans droit, dans ce cas, pour se faire communiquer la minute d'un acte (V. note 21, n. 26), ou pour s'en faire délivrer une expédition (V. note 64, n. 151 et suiv).

54. Mais l'inscription doit contenir, à peine de nullité, la date du titre (Cass. 11 nov. 1811), — ou, à défaut du titre, l'époque à laquelle l'hypothèque a pris naissance (Cass. 22 av. 1807), — ou un titre postérieur modificatif du titre originaire, et qui en rapporte la date et la disposition (Cass. 3 fév. 1819). — Cependant le défaut de mention de la date et de la nature du titre ne rend pas l'inscription nulle, si elle contient des énonciations suffisantes sur l'existence et la nature de ce titre (Toulouse 27 mai 1830; Bordeaux 14 juill. 1836; Toullier, 7, 511; Troplong, *hyp.* 3, 678 et 682).

55. Quand il y a fausse énonciation de la date du titre, cela suffit pour rendre l'inscription nulle (Cass. 7 sept. 1807).

56. Toutefois, l'erreur ou l'omission partielle de la date du titre n'entraîne pas la nullité de l'inscription, si cette erreur n'a pu avoir d'effet dommageable (Metz 12 juill. 1811; Cass. 17 nov. 1812; 17 août 1813; 9 nov. 1815), — et cette omission peut être suppléé par un bordereau énonciatif de cette date produit par le le créancier avant toute distribution du prix (Paris 22 frim. an XIII).

57. Enfin, il suffit pour la validité d'une inscription qu'elle énonce le titre constitutif et originaire de la créance; il n'est pas nécessaire qu'elle fasse mention d'un titre postérieur et récognitif qui a interrompu la prescription commencée contre le titre originaire (Cass. 30 mars 1843) ; — d'où il suit qu'il en serait autrement si le titre originaire avait été prescrit et si le titre récognitif n'était intervenu qu'après la prescription acquise contre le premier et pour le remplacer (Devill. 43, 1, 476).

58. L'inscription prise contre un tiers dont le débiteur a promis la ratification doit, à peine de nullité, énoncer non-seulement l'obligation principale, mais encore l'acte par lequel le tiers a ratifié (Paris 11 août 1808).

IV. De l'évaluation de la créance. — De l'époque d'exigibilité.

59. Les bordereaux contiennent : 4° *le* MONTANT DU CAPITAL *des créances exprimées dans le titre, ou évaluées par l'inscrivant, pour les rentes et prestations, ou pour les droits éventuels, conditionnels ou indéterminés, dans le cas où cette évaluation est ordonnée; comme aussi le* MONTANT DES ACCESSOIRES *de ces capitaux et l'*ÉPOQUE DE L'EXIGIBILITÉ (C. civ. 2148-4°).

60. MONTANT DU CAPITAL. Une inscription est nulle, lorsqu'elle n'énonce pas le montant de la créance (Cass. 11 nov. 1811), — même quand elle est prise pour sûreté de droits éventuels et indéterminés : la formalité étant substantielle (Pau 16 juin 1832).

61. Mais lorsque la créance est indéterminée et qu'elle résulte d'un jugement, il n'y a pas nécessité d'en évaluer le montant, surtout si elle est relative à un compte à rendre (Rouen 19 fév. 1828 ; Paris 16 mars 1822; Cass. 4 août 1825; Limoges 5 déc. 1839; — *Contrà*, Cass. 11 nov. 1811).

62. Il en est de même de l'inscription d'une hypothèque légale, laquelle est valable, encore que la créance, étant indéterminée, n'ait pas été évaluée par l'inscrivant (Agen 29 juin 1809).

63. Le rentier viager qui, dans son inscription et tout en énonçant la nature de la rente, n'a fixé pour capital qu'une somme au denier *dix*, peut, dans l'ordre, obtenir sa collocation pour un capital supérieur calculé au denier *vingt*, dont les intérêts soient suffisants pour assurer le service de la rente (Paris 30 mai 1831 et 10 mars 1832.)

64. MONTANT DES ACCESSOIRES. La désignation des accessoires

de la créance, tels que les intérêts, les dépens, les dommages-intérêts, n'est pas exigée à peine de nullité. Seulement, en cas d'omission à cet égard, le créancier ne pourra pas se faire colloquer pour ces accessoires (Persil *rég. hyp.*; Troplong, *hyp.* 3, 730). — Il y a donc nécessité d'évaluer les accessoires dans l'inscription pour les conserver, et il n'y a d'exception à cet égard que pour les frais faits par le poursuivant en matière de saisie-immobilière. — V. note 29, n. 31 et *inf.* n. 178.

65. ÉPOQUE D'EXIGIBILITÉ. La mention de l'époque de l'exigibilité de la créance est une formalité substantielle de l'inscription, dont l'omission emporte nullité (Cass. 11 nov. 1811; 15 janv. 1817; 9 août 1832; 28 mars 1838; 19 août 1840; Nîmes, 28 nov. 1832; 9 janv. 1833; Poitiers, 19 mars 1835; Merlin; Grenier; Duranton; Persil; Zachariæ — *Contrà*, Troplong, 3, 685). — Il en était ainsi sous l'empire de la loi du 11 brum. an VII (Cass. 4 frim. an XIV).

66. Il en est ainsi encore qu'il s'agisse d'une hypothèque judiciaire, parce que la mention d'exigibilité n'est pas suppléée par la déclaration que l'hypothèque résulte d'un jugement de condamnation (Déc. min. just. 21 juin 1808; Rouen, 1 août 1809; Liége, 24 août 1809; Cass. 15 janv. 1817, 9 août 1832, 28 mars 1838; Nîmes, 28 nov. 1832 et 9 janv. 1833).

67. Mais lorsque l'inscription est prise pour sûreté d'une créance actuellement exigible, il n'est pas nécessaire, à peine de nullité, d'énoncer l'époque à laquelle l'exigibilité a commencé; il suffit, pour que le vœu de la loi soit rempli, de mentionner que la créance est exigible (Nîmes 23 déc. 1810; Cass. 9 juill. 1811; 23 juill. 1812; 1 fév. 1815; 26 juill. 1825; 19 août 1840. — *Contrà*: Nîmes, 13 juill. 1808; Cass. 11 nov. 1811).

68. Toutefois, l'exigibilité peut être indiquée en termes équipollents. Il n'est pas nécessaire d'employer le mot *exigible* (Turin, 11 mars 1807). — Et de ce qu'une obligation stipulée payable le 1er du mois n'est exigible que le lendemain (V. note 77, n. 16) on ne saurait argumenter de cette différence pour prétendre que l'exigibilité est mal indiquée quand elle l'est au 1 au lieu du 2. — V. d'ailleurs *inf. n.* 71.

69. Le créancier qui requiert inscription pour effets de commerce *protestés* remplit le vœu de la loi; le mot *protestés* indiquant suffisamment l'exigibilité (Cass. 23 juill. 1812).

70. Il y a mention suffisante de l'époque de l'exigibilité dans l'inscription qui porte qu'elle est prise pour la conservation des droits dotaux d'une femme (Lyon 28 août 1821).

71. L'inscription dans laquelle l'époque d'exigibilité de la créance a été indiquée, soit avec *erreur de date*, soit vaguement et sans précision, n'est pas pour cela frappée de nullité (Cass. 3 janv. 1814), — surtout quand l'époque de l'exigibilité est indiquée à un terme plus rapproché que le terme porté dans le titre (Metz 12 juill. 1811; Troplong, 3, 687). — Mais il en serait autrement si l'exigibilité avait été indiquée à une époque plus éloignée que celle du titre (Persil, *rég. hyp. et quest.* 1, 420. — *Contrà*, Duranton, 20, 129).

72. Les inscriptions hypothécaires pour la conservation des rentes sont régulièrement prises quand on y désigne l'époque d'exigibilité des arrérages. Il n'est pas nécessaire qu'elles énoncent l'époque d'exigibilité qui pourrait avoir lieu pour le capital dans les cas prévus par l'art. 1912 du C. civ. (Déc. min. just. 28 juin 1808).). — A cet égard il a été jugé :

73. 1° Que le défaut d'indication de l'époque d'exigibilité d'une rente viagère dans une inscription ne rend pas cette inscription nulle (Paris 13 nov. 1811).

74. 2° Que l'époque d'exigibilité du capital d'une rente, constituée dans un temps où ce capital était, d'après la loi, nécessairement aliéné à perpétuité, n'est pas nécessaire dans l'inscription. Il suffit d'indiquer la date du contrat et que chacun y puisse voir que le capital est non exigible (Bruxelles 10 fév. 1807; Cass. 2 av. 1811).

75. 3° Que l'inscription prise pour les deux années d'arrérages à échoir auxquels la loi conserve le même rang qu'au capital, n'est pas nulle par cela seul qu'elle n'énonce pas l'époque de leur échéance (Cass. 2 av. 1811).

76. 4° Que l'inscription, nulle pour défaut d'indication de l'époque d'exigibilité du capital, peut produire effet quant aux intérêts compris dans l'inscription, lorsqu'à leur égard il y a énonciation suffisante de leur échéance (Nîmes 28 nov. 1832. — *Contrà*, Nîmes 9 janv. 1833).

77. Dans tous les cas, la connaissance que le tiers-acquéreur a eue par son acte même d'acquisition, de l'époque d'exigibilité, n'est point une connaissance légale qui puisse faire naître une fin de non-recevoir contre la demande en nullité de l'inscription qui ne mentionne pas cette époque (Turin 16 mars 1811).

78. Lorsque le bordereau remis au conservateur contient mention de l'époque de l'exigibilité et que l'inscription ne contient pas cette mention, elle est nulle (Paris 31 août 1810). — Mais alors le conservateur est responsable de la nullité (V. *sup.* n. 20).

V. De la désignation des biens.

79. Les bordereaux contiennent : 5° *l'indication de l'espèce et de la situation des biens sur lesquels il entend conserver son privilége ou son hypothèque. — Cette dernière disposition n'est pas nécessaire dans le cas des hypothèques légales ou judiciaires : à défaut de convention, une seule inscription pour ces hypothèques frappe tous les immeubles compris dans l'arrondissement du bureau* (C. civ. 2148-5°).

80. L'hypothèque conventionnelle reposant sur une double base, savoir : la spécialité et la publicité, il faut faire concourir simultanément l'une et l'autre, de sorte que la spécialité est insuffisante si elle n'est pas accompagnée de publicité, comme la publicité est de nul effet et doit être regardée comme non avenue si elle n'est pas elle-même appuyée sur la spécialité. — Ainsi, une constitution d'hypothèque sur tous les biens présents du débiteur situés dans *telle* commune est nulle, bien que l'inscription contienne la désignation de la nature de chacun des biens hypothéqués (Cass. 20 fév. 1810).

81. Cependant il a été jugé que l'erreur sur l'arrondissement où est situé l'immeuble hypothéqué, commise dans l'acte constitutif de l'hypothèque, n'entraîne pas la nullité de l'inscription, lorsque, d'ailleurs, l'inscription a été prise au bureau du lieu de la véritable situation de l'immeuble, et que l'erreur n'est pas reproduite dans cette inscription (Lyon 27 mars 1832).

82. Mais la désignation de la nature et de la situation des biens dans une inscription n'est pas prescrite relativement à une hypothèque générale créée avant la loi du 11 brum. an VII et le Code civil qui n'admettent que les hypothèques spéciales (Cass. 11 nov. 1812; 6 déc. 1813; 30 janv. et 4 juin 1815; Metz 5 août 1819).

83. Relativement à l'indication de l'espèce et de la situation des biens, il a été décidé :

84. 1° Que les biens hypothéqués sont suffisamment désignés, soit dans le titre constitutif, soit dans l'inscription, par la seule indication de ces biens, sous la dénomination de *fermes de... situées sur la commune de...* (Cass. 1 av. 1817). — Mais une telle désignation ne comprend pas les bois et le château qui font partie du domaine, non plus que les terres situées dans d'autres communes voisines, encore que le tout se trouve compris avec la ferme dans un seul et même bail (Paris 6 mars 1815).

85. 2° Que l'inscription prise sur les maisons, vignes et autres immeubles appartenant au débiteur dans *tel* arrondissement, peut être déclarée indiquer suffisamment la nature et la situation des biens hypothéqués. La question de savoir si une inscription contient désignation suffisante de la nature et de la situation des biens hypothéqués, étant une simple question de fait dont la solution est abandonnée par la loi aux juges du fond, et qui dès-lors ne peut donner ouverture à cassation (Cass. 16 août 1815; 24 fév. 1825; 15 fév. 1836). — V. *inf* n. 90.

86. 3° Que la désignation de la commune où les biens sont situés n'est pas indispensable pour la validité de l'inscription

d'une hypothèque spéciale, lorsque cette désignation est suppléée par d'autres énonciations propres à faire connaître cette commune (Aix, 13 nov. 1812; Cass. 25 nov. 1813 et 14 juin 1831). — Lorsque, d'ailleurs, ce défaut d'indication n'a pas été préjudiciable aux tiers (Nancy 28 av. 1826).

87. 4° Qu'une inscription peut être déclarée valable lorsqu'elle énonce seulement le nom du domaine affecté, et qu'il y a erreur dans l'indication de la commune de la situation (Cass. 6 fév. 1821).

88. 5° Que le défaut d'indication de l'arrondissement où sont situés les immeubles n'emporte pas nullité de l'inscription, lorsque celle-ci est prise au bureau de l'arrondissement de leur situation (Cass. 11 juill. 1815).

89. 6° Que l'inscription prise *sur tous les biens du débiteur situés dans la commune de..* est valable. La totalité des immeubles se trouvant frappée, il ne peut y avoir erreur sur l'espèce des biens soumis à l'hypothèque (Grenoble 8 août 1817; Cass. 6 mars 1820), — ou *sur tous les biens situés dans la commune de... et autres communes environnantes, canton de...* (Cass. 28 août 1821), — ou encore *sur tous les biens situés dans la commune de... arrondissement de...* (Riom, 15 av. 1826).

90. 7° Que l'inscription est nulle lorsqu'elle est prise *sur tous les biens du débiteur situés dans l'arrondissement de...*, ce qui lui donne le caractère d'une hypothèque générale expressément prohibée par l'art. 2129 du C. civ. (Cass. 23 août 1808, 19 fév. 1828. — *Contrà* : Grenoble 10 juill. 1823; Poitiers 6 av. 1827; Bourges 23 av. 1841; Troplong 2, 536). — V. *sup.* n. 85.

91. 8° Qu'il n'y a pas nullité d'une inscription prise sur un *bien* composé de deux domaines et d'une réserve, si, dans la contrée, cette expression est suffisante pour l'instruction de chacun (Cass. 15 juin 1815).

92. Le créancier qui a un droit d'hypothèque sur un usufruit immobilier ne doit pas simplement s'inscrire sur le fonds, il doit, au contraire, par déclaration expresse, s'inscrire sur l'usufruit (Proudhon, 1, 26).

V. *hypothèque*, note 30, n. 337 et suiv.

VI. Après décès du débiteur comment on peut prendre inscription.

93. *Les inscriptions à faire sur les biens d'une personne décédée pourront être faites sous la simple désignation du défunt, ainsi qu'il est dit au n.* 2 (*V.* sup. *n.* 44) *de l'article précédent* (C. civ. 2149).

94. Sans cette disposition il aurait été fort souvent impossible de prendre régulièrement inscription, pour une somme due par un débiteur décédé, car on n'est pas toujours à même de connaître les noms, prénoms, profession et domicile des héritiers du défunt.

95. Mais suivant l'article qui précède, si on n'indique pas les noms, prénoms, profession et domicile des héritiers, on doit au moins indiquer ceux du débiteur décédé. Cependant il a été jugé que l'inscription prise contre les héritiers d'un *tel*, sous la seule désignation du défunt, encore qu'on n'ait indiqué que le nom patronimique du défunt, sans ajouter ni *prénoms*, ni *profession*, ni *domicile*, et encore que l'inscription soit prise vaguement sur les biens présents et à venir des débiteurs, pouvait être déclarée valable: sur ce point, la décision des juges est à l'abri de la cassation (Cass. 2 mars 1812).

96. Toutefois, le droit de prendre inscription contre un débiteur décédé, sous la seule désignation du défunt, cesse, lorsque l'héritier a reconnu la dette et fourni titre-nouvel (Persil, *rég. hyp.*)

97. Lorsque l'inscription est prise dans les six mois du décès pour conserver le privilége résultant de la séparation des patrimoines, elle ne peut être prise contre les héritiers. — V. *sup.* n. 22.

§ 5. DE L'INSCRIPTION DES BORDEREAUX SUR LE REGISTRE DES HYPOTHÈQUES.

98. *Le conservateur fait mention sur son registre du contenu aux bordereaux, et remet au requérant, tant le titre ou l'expédition du titre, que l'un des bordereaux, au pied duquel il certifie avoir fait l'inscription* (C. civ. 2150).

99. Le conservateur ne doit point se borner à faire mention sur un registre du contenu aux bordereaux, comme paraît le supposer l'article qui précède, il doit copier littéralement l'un de ces bordereaux. A ce sujet il a été décidé :

100. 1° Que le conservateur doit indiquer sur son registre la consistance de chaque pièce avec les tenants et les aboutissants : il ne suffit pas qu'il désigne la quantité et la situation de ces biens en masse (Déc. min. just. 11 janv. 1809).

101. 2° Que le conservateur qui, au lieu de donner au créancier qui requiert inscription, une reconnaissance des bordereaux à lui remis, a prématurément certifié, au pied d'un de ces bordereaux réguliers dans la forme, l'inscription qu'il a faite plus tard à l'aide de celui qui était resté entre ses mains et qui contenait des irrégularités, ne peut se soustraire à la responsabilité du préjudice qu'il a porté à ce créancier en faisant une inscription irrégulière sur le fondement qu'il a été induit en erreur par le bordereau qui lui était resté et auquel il s'était conformé dans cette inscription : c'était à lui de vérifier si les bordereaux étaient conformes (Cass. 6 av. 1819; 6 mars 1820; 6 fév. 1824; 17 nov. 1824; 24 janv. 1825 et 29 av. 1829; Angers, 16 août 1826; — *Contrà*, Cass. 14 nov. 1824).

102. 3° Que lorsque le conservateur a omis sur son registre quelque formalité substantielle de l'inscription, le créancier, dont l'hypothèque se trouve annulée, ne peut se faire colloquer dans l'ordre ouvert sur le prix; il n'a de recours que contre le vendeur ou le conservateur. Il n'en est pas de ce cas comme de celui où l'inscription valable d'un créancier ayant été omise par le conservateur dans le certificat qu'il doit délivrer des inscriptions, le créancier conserve encore le droit de se faire colloquer sur le prix tant qu'il n'est pas payé (C. civ. 2198; Paris, 31 janv. 1807).

103. Toutefois, les conservateurs qui découvrent des erreurs ou des irrégularités *par eux* commises dans la transcription des bordereaux qui leur ont été remis, peuvent en opérer la rectification sans recourir aux tribunaux. A cet effet, ils doivent porter sur leurs registres, mais seulement à la date courante, une nouvelle inscription plus conforme aux bordereaux remis par le créancier, en relatant l'inscription qu'ils veulent rectifier pour obvier à tout double emploi. La transcription ainsi faite n'a d'effet que pour l'avenir (Av. cons. d'Ét. 11 et 26 déc. 1810).

§ 6. DES INTÉRÊTS ET DES INSCRIPTIONS PARTICULIÈRES A PRENDRE POUR LEUR CONSERVATION.

104. *Le créancier inscrit pour un capital produisant intérêt ou arrérage, a droit d'être colloqué pour deux années seulement, et pour l'année courante, au même rang d'hypothèque que pour son capital, sans préjudice des inscriptions particulières à prendre, portant hypothèque à compter de leur date, pour les arrérages autres que ceux conservés par la première inscription* (C. civ. 2151).

105. L'inscription à prendre en vertu de l'article qui précède doit être prise dans la même forme que l'inscription primitive.

V. note 25, n. 16, 17, 24, 25, 26 et note 49, n. 126 et suiv.

§ 7. DU CHANGEMENT DE DOMICILE ÉLU DANS UNE INSCRIPTION.

106. *Il est loisible à celui qui a requis une inscription, ainsi qu'à ses représentants ou cessionnaires par acte authentique, de changer sur le registre des hypothèques le domicile par lui élu, à la charge d'en choisir et indiquer un autre dans le même arrondissement* (C. civ. 2152).

107. Cette faculté n'est point réservée au cessionnaire par acte sous seing privé; un tel cessionnaire ne peut que prendre une inscription nouvelle dans laquelle il indique le domicile qui lui convient (Cass. 11 août 1819), — et pour ne pas perdre le rang

conservé par la première inscription il peut prendre la seconde inscription en renouvellement de la première.

§ 8. DE L'INSCRIPTION D'OFFICE.

108. On appelle inscription d'office celle qui est prise par le conservateur au profit du vendeur ou du prêteur pour tout ou partie du prix à lui dû, lors de la transcription d'un contrat translatif de propriété (C. civ. 2108). — V. note 29, n. 285 et suiv.

109. Cette inscription ne peut-elle être prise que dans le cas prévu par cet article ? — V. *sup.* n. 21.

110. Des bordereaux ne sont pas nécessaires pour cette inscription; et le vendeur n'est pas obligé d'être présent pour la requérir (Circ. 5484).

111. L'inscription d'office est prescrite lors même que le contrat de vente ne contiendrait ni élection ni désignation de domicile de la part du créancier, ni détermination de la quotité de sa créance. Ce défaut d'indication ne peut être pour les conservateurs un motif de se refuser à inscrire d'office; dès qu'ils ont rempli le vœu de la loi, ils ne demeurent pas garants d'un vice de forme qui n'est point leur fait; ils n'ont que la faculté d'en prévenir les parties, et de les inviter à rectifier en temps utile l'omission qu'elles ont commise (Jal. Enreg. 3649).

112. L'inscription d'office doit être faite même lorsqu'il s'agit d'une vente sous seing privé dûment enregistrée, puisqu'un avis du Conseil d'état du 3 flor. an XIII autorise la transcription de ces ventes (Cass. 6 juill. 1807).

113. L'obligation du conservateur ne cesse pas quoique le prix paraisse soldé par une quittance sous seing privé, mise au pied ou en marge de l'expédition du contrat présenté à la transcription, à moins que la quittance dûment enregistrée n'ait été rendue authentique au moyen du dépôt fait en l'étude d'un notaire par l'acquéreur et le vendeur conjointement, ou qu'elle ne se trouve dans le corps de l'acte sous seing privé, enregistré et transcrit (Déc. min. fin. et just. 30 av. et 7 mai 1811).

114. Il ne doit être fait d'inscription d'office qu'au profit du vendeur pour ce qui lui reste dû sur le prix de la vente, et au profit du bailleur de fonds pour le paiement du bien acquis, lorsqu'il est subrogé aux droits du vendeur. Les inscriptions prises d'office au profit des créanciers désignés dans la vente ne seraient pas valables quant à eux (Cass. 15 frim. an XII; 22 av. 1807; Poitiers 2 pluv. an XIII; déc. min. fin. 5 nov. 1811). — Si le prix de la vente a été délégué à un tiers, on ne doit prendre l'inscription d'office au profit du délégataire qu'autant que celui-ci a accepté la délégation. Cette inscription n'opère qu'un seul salaire de 1 fr., quoiqu'elle soit prise au profit du vendeur, des prêteurs de fonds et des créanciers désignés dans le contrat de vente (Déc. min. fin. 19 août 1834).

115. Le conservateur doit faire inscription d'office, quoiqu'il ait été formellement dispensé par le vendeur de remplir cette formalité, ou que le vendeur ait renoncé à son privilége sur le prix de la vente non payé; car ce n'est pas seulement dans son intérêt qu'elle a lieu, mais dans celui des tiers (Nîmes 27 juin 1838). — En principe, le conservateur ne cesse d'être obligé d'inscrire d'office que lorsque le prix est payé par acte authentique (Délib. 15 nov. 1820).

116. Une élection de domicile dans un contrat de vente est toujours importante afin de rendre régulière l'inscription d'office à prendre ultérieurement, car lorsque le vendeur ou le prêteur qui ne demeure pas dans l'arrondissement n'y ont point élu domicile, le conservateur ne peut pas leur en fixer un d'office (Paris 13 mai 1813). — V. *sup.* n. 111.

117. Une seule inscription d'office suffit contre un adjudicataire de plusieurs lots (L. 21 vent. an VII, art. 25).

118. L'inscription d'office conserve au vendeur tous les intérêts dûs de sa créance, par préférence aux créanciers hypothécaires, sans qu'il soit besoin d'une inscription particulière pour ceux qui excèdent deux années (Cass. 1 mai 1817). — V. *sup* n. 104.

119. Si le contrat de vente n'énonce pas de prix ou ce qui est dû au vendeur, le conservateur n'ayant pas été mis à même de faire l'inscription d'office ne peut être recherché (Bruxelles 17 mars 1806).

120. L'inscription d'office ne doit pas être prise pour une réserve de réméré, d'usufruit, d'usage ou d'habitation, parce que ce ne sont point des charges qu'on puisse considérer comme créances. — V. note 69, n. 3.

§ 9. DES INSCRIPTIONS D'HYPOTHÈQUE LÉGALE.

121. *Les droits d'hypothèque purement légale de l'Etat, des communes et des établissements publics sur les biens des comptables, ceux des mineurs ou interdits sur les tuteurs, des femmes mariées sur leurs époux, seront inscrits sur la représentation de deux bordereaux contenant seulement* : — 1° *les nom, prénoms, profession et domicile réel du créancier, et le domicile qui sera par lui ou pour lui élu dans l'arrondissement*; — 2° *les nom, prénoms, profession, domicile ou désignation précise du débiteur*; — 3° *la nature des droits à conserver, et le montant de leur valeur quant aux objets déterminés, sans être tenu de le fixer quant à ceux qui sont conditionnels, éventuels ou indéterminés* (C. civ. 2153).

Art. 1. DE L'INSCRIPTION DE L'HYPOTHÈQUE LÉGALE DE L'ÉTAT, DES COMMUNES ET DES ÉTABLISSEMENTS PUBLICS.

122. ETAT. Les receveurs de l'enregistrement et les conservateurs des hypothèques sont tenus, à peine de destitution et de dommages-intérêts, de requérir ou de faire, au vu de tous actes déclaratifs ou translatifs de propriété passés par des comptables, l'inscription au nom du trésor public, pour la conservation de ses droits, et d'envoyer un bordereau tant au procureur du Roi du tribunal de 1re instance de l'arrondissement des biens, qu'à l'agent du trésor public à Paris (L. 5 sept. 1807, art. 7), ce qui oblige à faire l'inscription par trois bordereaux (Instr. 442).

123. Les bordereaux d'inscriptions hypothécaires pour sûreté de sommes dues à l'état ne doivent plus être visés pour valoir timbre en débet, mais seulement *au comptant* par le receveur qui requerra l'inscription : ces bordereaux étant compris dans les actes de poursuites pour lesquels la formalité du visa pour timbre ne doit plus être donnée en débet (Sol. 4 août 1838; Instr. 1551. - Roll. 3753).

124. Pour conserver le privilége au profit du trésor, l'inscription doit avoir lieu dans les deux mois, à dater du jugement de condamnation. — V. note 29, n. 222 et note 30, n. 201.

125. COMMUNES. L'inscription prise par un préfet en son nom pour la créance d'une commune sur le fermier des octrois est valable. Il n'est pas nécessaire que cette inscription soit prise sous le nom du maire (Aix, 12 fév. 1806).

125 *bis.* Les inscriptions à prendre sur les biens des comptables du trésor public ne peuvent frapper que les individus nommément désignés dans l'art. 7 de la loi du 5 sept. 1807, c.-à-d. les receveurs généraux de département, les receveurs particuliers d'arrondissement, les payeurs généraux et divisionnaires, les payeurs de départements, des ports et des armées (Instr. 22 juill. 1809).

126. Cependant les acquéreurs ou adjudicataires des coupes de bois appartenant à l'Etat peuvent être assimilés à des comptables publics, en ce sens que les inscriptions à prendre sur eux soient dispensées des formalités ordinaires (Besançon, 19 fév. 1811). — Mais on ne peut étendre cette faculté à l'inscription de l'hypothèque convenue par un adjudicataire de bois nationaux en faveur de la caution (Cass. 5 sept. 1808).

127. Une inscription prise au nom du trésor n'est pas nulle

pour défaut de mention du domicile de l'agent du trésor (Rouen 22 mai 1818).

128. Mais toute inscription doit contenir : — élection de domicile à la préfecture ou à la sous-préfecture (Instr. 22 juill. 1809 ; — et être prise pour une somme déterminée (C. civ. 2132; Instr. 22 juill. 1809) : à ce sujet il a été décidé que l'inscription prise sur les biens d'un entrepreneur de travaux publics pour le cas de non-exécution des travaux est valable, bien qu'elle ne contienne pas une évaluation de la créance, si elle indique d'ailleurs le montant de l'adjudication (Cass. 12 janv. 1835).

V. note 30, n. 195 à 207.

Art. 2. DE L'INSCRIPTION DE L'HYPOTHÈQUE LÉGALE DES MINEURS OU INTERDITS.

129. Les inscriptions au profit des mineurs ou interdits doivent être rendues publiques et requises, savoir : 1° par les tuteurs sur leurs propres biens, faute de quoi et à défaut de déclaration de ces hypothèques, lorsqu'ils contractent des engagements, ils sont réputés stellionnaires (C. civ. 2136 ; V. note 31) ; — 2° par les subrogés-tuteurs, sous peine de tous dépens, dommages et intérêts (C. civ. 2137) ; — 3° et par le procureur du roi, à défaut par les tuteurs et subrogés-tuteurs de l'avoir fait (C. civ. 2138). — Elles peuvent même être requises par le mineur, par ses parents, et, à défaut de parents, par ses amis (C. civ. 2139).

130. Lorsqu'une inscription prise par le ministère public sur les biens d'un père tuteur, énonce qu'elle est prise au profit de ses deux enfants *mineurs*, dont *l'aîné est au service de la patrie*, cette inscription ne peut être annulée à l'égard de l'aîné par le motif qu'il était *majeur*. Le ministère public a agi valablement dans son intérêt, sinon comme mineur, du moins comme militaire absent (Cass. 6 juin 1820).

V. note 30, n. 163 et suiv.

Art. 3. DE L'INSCRIPTION DE L'HYPOTHÈQUE LÉGALE DE LA FEMME MARIÉE.

131. Les inscriptions au profit des femmes mariées sur les biens de leurs époux doivent être rendues publiques et requises ; — par les maris, faute de quoi ils sont réputés stellionnaires si, en contractant avec des tiers, ils n'ont point déclaré ces hypothèques (C. civ. 2136 ; V. note 31) ; — 2° par le procureur du roi (C. civ. 2138). — Elles peuvent même être requises par les parents, soit du mari, soit de la femme, et par la femme elle-même (C. civ. 2139).

132. Mais les amis de la femme n'ont pas le droit, comme ceux du mineur, de requérir inscription, en son nom, sur les biens du mari (Caen 8 mai 1839).

V. note 30, n. 43 et suiv.

§ 10. DE L'EFFET DES INSCRIPTIONS. — DE LEUR RENOUVELLEMENT. — DE LEUR PÉREMPTION.

133. *Les inscriptions conservent l'hypothèque et le privilége pendant dix années, à compter du jour de leur date; leur effet cesse, si ces inscriptions n'ont été renouvelées avant l'expiration de ce délai* (C. civ. 2154).

134. C'est d'après les dispositions du Code civil que doivent se déterminer les effets d'une inscription hypothécaire prise depuis sa promulgation, en vertu d'une hypothèque ou d'un privilége constitué sous l'ancienne loi, sauf les droits acquis à des tiers antérieurement à cette inscription (Cass. 5 mars 1816).

135. L'inscription prise en vertu de l'art. 490 du Code de commerce par les syndics d'une faillite, au nom de la masse des créanciers sur les immeubles du failli, ne confère aux créanciers aucun droit d'hypothèque ; elle n'a pour objet que de donner un plus grand degré de publicité à la faillite (Bourges 20 août 1832).

136. L'inscription prise dans les termes de l'art. 834 du Code de proc. civ. confère à l'inscrivant tous les attributs du droit hypothécaire, notamment le droit de se présenter à l'ordre ouvert sur le prix, et non pas uniquement le droit de surenchérir (Carré, 3, 2849; Merlin et Tarrible, *rép.* v° Insc. § 4, n. 8.

137. Le défaut d'inscription dans la quinzaine qui suit la transcription du titre d'acquisition suffit pour purger les priviléges, même non soumis à l'inscription (Grenier, 2, 457 ; Persil, 2, 72 ; Tarrible, v° *transcr.*).

138. Et même il peut arriver que l'inscription ne conserve plus son effet bien qu'elle soit prise avant la vente, c'est lorsqu'un jugement condamne le vendeur à passer acte de la vente par lui consentie précédemment et que des hypothèques seraient inscrites avant la passation du contrat en vertu de titres obtenus postérieurement à l'arrêt; ces hypothèques ne peuvent, dans ce cas, grever des biens dont le vendeur avait alors cessé d'être propriétaire (Cass. 27 mai 1834).

139. Le légataire qui, a pris inscription dans les termes, soit de l'art. 2111, soit de l'art. 2113 du C. civ., ne peut prétendre par cela seul à aucun privilége ou droit de préférence sur ses colégataires; l'inscription n'a d'effet qu'à l'égard des créanciers des héritiers (Paris 12 mars 1806; 4 nov. 1838; Troplong, 2, 432). — V. note 29, n. 311 et suiv.

140. Le renouvellement d'inscription doit, à peine de nullité, contenir la mention que l'inscription est prise en renouvellement d'une inscription primitive dont la date doit être rappelée ; faute de cette précaution il ne reste plus qu'une inscription nouvelle qui prend bien son rang à partir de sa date, mais qui ne reporte pas son effet à la date de l'ancienne inscription qui se trouve elle-même périmée pour n'avoir pas été renouvelée (Cass. 14 juin 1831; 29 août 1838; Merlin, v° *inscript.* § 8; Grenier; Batur, — *Contrà*, Troplong).

141. Le renouvellement d'une inscription s'opère avec les mêmes formalités soit de la part du créancier, soit de la part du conservateur, que s'il s'agissait d'une inscription à prendre pour la première fois (Instr. 11 sept. 1806; Cass. 3 juill. 1815). — Ainsi, le créancier doit fournir de nouveaux bordereaux rédigés dans la forme prescrite par l'art. 2148 du C. civ., et ces bordereaux doivent énoncer la nature du titre constitutif de la créance (Cass. 14 janv. 1818), — et on perçoit un nouveau droit proportionnel, à moins qu'il ne s'agisse d'une inscription prise par le conservateur pour rectifier des irrégularités qu'il aurait commises, auquel cas cette inscription ne serait sujette au droit proportionnel, qu'autant qu'elle constaterait un excédant de créance (Instr. 505).

142. Cependant il a été décidé . 1° que la représentation du titre n'est pas nécessaire, soit qu'il s'agisse d'une créance antérieure ou postérieure à la loi du 11 brum. an VII (Déc. 31 mars et 11 av. 1809; Paris 27 déc. 1831).

143. 2° Que le renouvellement d'une inscription n'a pas besoin, pour être valable, de contenir toutes les énonciations exigées pour la validité de l'inscription primitive, parce que les parties intéressées peuvent toujours recourir à celle-ci pour s'assurer si elle a été régulièrement opérée (Cass. 22 fév. 1825).

144. 3° Que le mandataire peut renouveler, en son nom, l'inscription hypothécaire prise par le cédant (Bourges 12 fév. 1844).

145. Les créanciers ne sont pas dispensés de renouveler leurs inscriptions dans les cas suivants, parce que les inscriptions ne sont pas réputées avoir produit leur effet légal :

146. 1° Lorsqu'il s'agit d'une inscription d'office (Caen 12 fév. 1812; Cass. 27 av. 1826; Toulouse 27 mars 1829).

147. 2° Lorsque le débiteur est tombé en faillite (Rouen 30 mai 1825; Caen 19 fév. 1825; Cass. 17 juin 1817 et 15 déc. 1829. — *Contrà* : Paris 9 mars 1812; 12 août 1823; Rouen 30 juin 1820).

148. 3° Lorsque la succession du débiteur n'a été acceptée que sous bénéfice d'inventaire (Caen 19 fév. 1825; Bordeaux 15 déc. 1826; Cass. 29 juin 1830. — *Contrà*, Rouen 18 mars 1820).

149. 4° Lorsqu'un jugement a déclaré l'immeuble affecté à l'hypothèque (Cass. 17 juin 1817).

150. 5° Lorsque le débiteur étant décédé, sa succession est devenue vacante (Caen 19 fév. 1825).

151. 6° Lorsque le délai de quinzaine s'est écoulé depuis la transcription du contrat de la vente des biens hypothéqués (Cass. 15 déc. 1829)

152. 7° Par la saisie de l'immeuble hypothéqué et la dénonciation de cette saisie aux créanciers inscrits. D'où il suit que le créancier perd tout droit hypothécaire à défaut de renouvellement, contre le tiers-acquéreur qui a fait transcrire son contrat depuis la péremption acquise, si cette transcription n'a pas été suivie d'une nouvelle inscription dans la quinzaine (Toulouse, 20 mai 1828 ; Cass. 31 janv. 1821 et 18 août 1830).

153. 8° Par cela seul que les biens hypothéqués ont été vendus par licitation devant notaires, même en vertu de jugement (Cass. 18 fév. 1834. — *Contrà,* Angers 4 janv. 1834, lorsqu'il s'agit d'une adjudication devant notaire après conversion d'une saisie immobilière en vente sur publications volontaires).

154. 9° Lorsque le créancier inscrit acquiert par vente volontaire l'immeuble affecté à sa créance. Vainement l'acquéreur opposerait que, par le seul fait de la vente, il s'est établi une compensation entre sa créance et le prix dont il était débiteur, et que par suite son hypothèque a produit son effet. (Caen 30 janv. 1826 ; Cass. 5 fév. 1828; Grenoble 10 mars 1832). — V. *inf.* n. 160.

155. 10° Par la surenchère que le créancier hypothécaire fait sur le prix de la vente de l'immeuble qui lui a été hypothéqué ; de sorte que la surenchère doit être réputée non-avenue si l'inscription vient à être périmée faute de renouvellement dans les dix ans (Grenoble 12 mai 1824 ; Bordeaux 17 mars 1828).

156. Mais les créanciers sont dispensés de renouveler leurs inscriptions, comme ayant produit leur effet légal dans les cas suivants :

157. 1° Par l'abandon que le débiteur fait de ses biens à ses créanciers, pour en disposer en toute propriété jusqu'à concurrence de leurs créances, avec convention que les biens cédés seront vendus à l'amiable, et que le prix en sera distribué dans l'ordre des inscriptions alors existantes (Paris 14 av. 1826).

158. 2° Dès qu'il y a eu, de la part de l'acquéreur, notification de son contrat aux créanciers inscrits avec offre de paiement du prix conformément à l'art. 2183 du C. civ. (Paris 29 août 1813; Bordeaux 18 juill. 1823 ; Montpellier 3 janv. 1827 ; Lyon 16 fév. 1830) : — alors même que depuis l'expiration des dix ans serait intervenue une surenchère suivie d'adjudication au profit d'un individu autre que le premier acquéreur (Paris 21 fév. 1825; Cass. 30 mars 1831; Troplong 3,723). — Mais il faut pour cela qu'il ait été donné suite à la notification (Cass. 29 juill. 1828).

159. 3° Par l'adjudication définitive de l'immeuble hypothéqué par suite d'expropriation forcée (Toulouse 18 juin 1830; Cass. 14 juin 1831; Troplong 3,720; Duranton 20,163). — Peu importe d'ailleurs que l'adjudication n'ait pas été suivie d'ouverture d'ordre (Cass. 20 déc. 1831).

160. 4° Lorsque le créancier s'est rendu adjudicataire sur expropriation forcée de l'immeuble affecté à son hypothèque (Grenoble 17 déc. 1821 ; 25 mai 1822 ; 8 av. 1829 ; Cass. 7 juil. 1829). — V. *sup.* n. 154.

161. 5° Par la vente des biens hypothéqués, à la charge par l'acquéreur de payer son prix à l'ensemble des créanciers inscrits qui se sont trouvés ainsi délégataires du prix, lors sur-tout que l'acquéreur leur a notifié son contrat dans lequel se trouvait la délégation ; d'où il suit que cet acquéreur n'est pas tenu de renouveler les inscriptions dans lesquelles il a été subrogé par le paiement. (Cass. 8 juill. 1834).

162. La disposition de l'art. 2177 du C. civ. portant qu'en cas d'éviction de l'acquéreur d'un immeuble sur la poursuite des créanciers inscrits, les droits réels qu'avait l'acquéreur avant l'acquisition renaissent à son profit, s'applique aux hypothèques que l'acquéreur avait sur l'immeuble, sans qu'on puisse lui opposer le défaut de renouvellement de l'inscription (Grenoble 25 mai 1822).

163. Lorsque l'immeuble hypothéqué a été vendu, c'est sur l'acquéreur et non sur le débiteur originaire que le créancier déjà inscrit doit renouveler son inscription (Cass. 13 brum. an XII). Cet arrêt étant intervenu dans une espèce qui était régie par la loi du 11 brum. an VII dont le vœu était qu'une inscription fût faite contre le propriétaire des biens hypothéqués, nous doutons que sous la législation actuelle il en doive être de même surtout si l'acquéreur n'a point purgé. Dans ce doute, nous conseillons de renouveler l'inscription tant contre le débiteur originaire que contre son acquéreur. — V. *sup.* n. 45.

164. Les obstacles de la communication entre le domicile du créancier et le bureau de la situation des biens à moins qu'ils ne soient invincibles, ne relèvent pas du défaut de renouvellement de l'inscription dans les dix ans (Bordeaux 24 juin 1826). — V. *inf.* n. 171.

165. Le cessionnaire par acte sous seing-privé, qui renouvelle en son nom l'inscription prise par son cédant n'est pas tenu d'énoncer dans son inscription l'acte par lequel il est devenu cessionnaire. La représentation et l'énonciation du titre authentique qui donne naissance à l'hypothèque suffisent (Cass. 11 août 1819 et 14 av. 1817). — Il peut renouveler en son nom lors même qu'il n'a pas fait notifier son transport. (Bourges 12 fév. 1841). — Bien plus, le cessionnaire, même après la notification du transport, peut renouveler l'inscription au nom du cédant, laquelle inscription ainsi faite profite au cessionnaire sans qu'il ait besoin de revéler sa cession aux autres créanciers et tiers-détenteurs, attendu qu'ils sont sans intérêt à ce que les droits du cédant soient exercés par lui-même ou par celui qu'il s'est substitué (Bordeaux 7 mai 1836; Bourges 17 av. 1839; Cass. 16 nov. 1840; Favard; Duranton; Troplong; Persil; Delvincourt; Grenier). — V. *sup.* n. 36.

166. Le jugement de validité d'opposition contient transport suffisant de la créance, et, dès lors, le saisissant peut renouveler en son nom personnel l'inscription prise par la partie saisie pour sûreté de sa créance (Toulouse 2 mars 1837; 20 mai 1839).

167. Les inscriptions d'hypothèque légale contre des comptables ne sont point sujettes au renouvellement dans les dix ans; Elles durent jusqu'à l'apurement définitif du compte et six mois au-delà suivant l'art. 23 de la loi du 11 brumaire an VII, non abrogé par le code civil (Bruxelles 8 mai 1810 ; — *Contrà*, av. Cons. d'Et. 15 déc. 1807; 22 janv. 1808).

168. Suivant le même avis du Cons. d'Etat les inscriptions d'hypothèque légale des femmes mariées et des mineurs ou interdits doivent être renouvelées dans les dix ans. — Mais v. note 30 n. 218 et 219. — En tout cas, l'art. 2154 du C. civ. est inapplicable à l'inscription prise par une femme sur les biens de son mari sous l'empire de la loi du 11 brum. an VII (Cass. 14 juin 1831) ; — même à l'égard d'un créancier inscrit postérieurement à la femme (Pau 7 av. 1830).

169. L'art. 2154 précité du C. civ. portant que l'effet des inscriptions hypothécaires cesse *si elles n'ont été renouvelées avant l'expiration du délai de dix ans à compter du jour de leur date*, doit être entendu en ce sens qu'un seul jour terme doit être compris dans le délai et que le jour où une inscription hypothécaire a été prise ne doit pas être compté; ainsi, une inscription hypothécaire prise le 13 juin 1799, a pu être valablement renouvelée le 13 juin 1809 : (Cass. 5 av. 1825; Bruxelles 20 fév. 1811 : 26 juin 1813; Limoges 3 juill. 1824 ; Caen 19 fév. 1825; Riom 8 av. 1843; Troplong; Duranton; Grenier; Zachariæ; Rol. de V...).

170. A ce sujet, deux autres systèmes se sont produits : suivant l'un, on ne doit point faire entrer dans le délai les deux jours termes; ainsi, une inscription prise le 12 mai 1799 a pu être renouvelé le 13 mai 1809 (Paris 21 mai 1814; Persil; Delvincourt. — Suivant l'autre, on doit faire entrer dans le délai les deux jours termes, de sorte qu'une inscription prise le 9 mai 1823 a dû être renouvelée le 8 mai 1833 (Colmar 30 juill. 1813; Toulouse 2 janv. 1811. - J[al] Man art. 41; Merlin v[is] Inscript. et délai).

171. Si le dernier jour des dix ans se trouve être un jour férié, le délai pour le renouvellement n'est plus prorogé au jour suivant (Riom, 8 av. 1843; Toullier; Troplong; Duranton; Vazeille. — *Contrà*, Persil; Grenier; Roll. de V.). — V. *sup.* n. 164.

172. Le défaut de renouvellement d'inscription peut, en général, être opposé par les créanciers entre eux et par les tiers-acquéreurs, en un mot par tous ceux qui, fondant leur sécurité sur la publicité des hypothèques, ont intérêt à soutenir qu'ils ont eu juste sujet de croire que l'inscription non-renouvelée était périmée (Rouen 1 fév. 1825; Troplong, *hyp.* 716 *bis*).

173. Du reste, tant qu'il n'y a pas transcription ou purge du contrat translatif de la propriété de l'immeuble hypothéqué, la péremption de l'inscription ne fait que perdre le *rang* et nullement le droit hypothécaire (V. *sup.* n. 136 et 137). Cependant, lorsqu'une inscription a été délivrée à la transcription d'un contrat de vente, si elle n'a été renouvelée qu'après les 10 ans de sa date, le créancier a perdu son droit de suite sur l'immeuble, lequel demeure, en conséquence, affranchi de l'inscription, de même que si elle n'avait jamais existé (Rouen 1 fév. 1825; Cass. 15 déc. 1829 et 27 av. 1826; Troplong, *hyp.* 3 716 *bis*)

174. Dans le cas du n° qui précède, le créancier étant privé de rang parmi les créanciers hypothécaires, ne peut être colloqué avant les chirographaires, sous le prétexte qu'il a une hypothèque non-inscrite, et que les autres n'en ont pas (Cass. 29 déc. 1809; 11 juin 1817). — Ce n'est qu'à défaut de production à un ordre en justice, que le créancier dont l'inscription a été rayée par suite de forclusion, doit être préféré aux créanciers chirographaires, sur les sommes qui ont pu n'être pas employées dans la distribution, parce qu'il n'a pas, dans ce cas, perdu l'effet attaché à son hypothèque (Cass. 10 juin 1828).

175. Lorsqu'un acquéreur a payé un créancier hypothécaire de son vendeur, inscrit sur l'immeuble acquis, et qu'il a été subrogé aux droits de ce créancier, cet acquéreur n'est pas, vis-à-vis des autres créanciers, dispensé de renouveler l'inscription (C. civ. 1251-2°; Rouen 30 mai 1825; Grenoble 12 mars 1832; Cass. 18 fév. 1834). — V. *sup.* n. 161.

176. Le prix de vente stipulé payable quand le vendeur aura rapporté la main-levée et radiation des inscriptions hypothécaires frappant l'immeuble vendu, devient exigible dès que les inscriptions qui n'ont pas été radiées sont tombées en péremption, et qu'il en est justifié par un état négatif : la péremption équivaut à une radiation (C. civ. 1653; Paris 5 juin 1826).

§ II. DES FRAIS D'INSCRIPTION ET DE TRANSCRIPTION.

177. *Les frais des inscriptions sont à la charge du débiteur, s'il n'y a stipulation contraire : l'avance en est faite par l'inscrivant, si ce n'est quant aux hypothèques légales, pour l'inscription desquelles le conservateur a son recours contre le débiteur. — Les frais de la transcription qui pourra être requise par le vendeur sont à la charge de l'acquéreur* (C. civ. 2155).

178. L'inscription hypothécaire conserve par elle-même les frais qu'elle occasionne, au même rang que le capital, sans qu'il soit nécessaire qu'elle mentionne qu'elle est prise pour ces frais, ni qu'elle en énonce le montant (Persil, *rég. hyp.* et *quest.* 1,361). — V. *sup.* n. 64.

179. Si les frais de transcription sont à la charge de l'acquéreur, en est-il de même des frais des états ou certificats délivrés sur cette transcription ? A cet égard, il faut distinguer : si le certificat est négatif et constate qu'il n'y a point d'inscription grevant l'immeuble vendu, les frais qu'il a occasionnés sont à la charge de l'acquéreur; mais, s'il comprend des inscriptions, l'acquéreur a recours contre le vendeur pour les frais occasionnés par ces inscriptions à raison de 1 fr. par inscription plus le papier timbré employé, à l'exception toutefois des frais de l'inscription d'office qui demeurent à la charge de l'acquéreur, de sorte que les droits de 1 fr. par individu sur lequel il ne s'est point trouvé d'inscription, ainsi que l'atteste le conservateur, restent à la charge de l'acquéreur. L'art. 777 du C. de proc. civ. n'est point contraire à notre opinion, car il n'a de rapport qu'à un extrait proprement dit des inscriptions et non à un état comprenant divers certificats négatifs.

§ 12. DES INSTANCES RELATIVES AUX INSCRIPTIONS.

180. *Les actions auxquelles les inscriptions peuvent donner lieu contre les créanciers, seront intentées devant le* TRIBUNAL COMPÉTENT *par exploits faits à leurs personnes, ou au dernier des* DOMICILES ÉLUS *sur le registre; et ce, nonobstant le décès, soit des créanciers, soit de ceux chez lesquels ils auront fait élection de domicile* (C. civ. 2156).

181. TRIBUNAL COMPÉTENT. Il faut à cet égard distinguer :

Si la partie qui procède veut plaider devant le juge du lieu de l'inscription, elle doit assigner en radiation ou nullité, de l'inscription, sauf à discuter ensuite la nullité de l'acte, accessoirement et par forme de question préjudicielle, car il s'agit alors d'une action réelle (Cass. 1 flor. an XII; 29 brum. an XIII). — V. note 28, n. 214.

182. Mais si elle intente une demande en nullité de l'acte, et par suite en radiation de l'inscription, elle doit assigner devant le juge du domicile du défendeur, parce qu'alors l'objet principal de la demande est une action personnelle (*Ibid.*). — V. note 28, n. 205.

183. Il en serait autrement s'il y avait déjà instance pendante devant le juge du domicile du défendeur relativement à la validité du titre (Cass. 5 mai 1812).

184. DOMICILE ÉLU. Tant que le jugement qui doit statuer sur la demande en main-levée n'est pas rendu, c'est au dernier des domiciles élus sur le registre que les exploits doivent être signifiés. Mais dès que le jugement est rendu, c'est au domicile réel du créancier que les exploits notamment la signification de ce jugement doivent être signifiés : une signification au domicile élu ne ferait pas courir le délai d'appel (C. proc. 548; Paris 8 janv. 1831; Pau 28 janv. 1834; Merlin; Grenier; Persil; Carré. — *Contrà*, Lyon, 7 août 1829; Troplong).

V. PRIVILÈGE, note 29, — HYPOTHÈQUE, note 30, — STELLIONAT, note 31, — TRANSCRIPTION, note 111, — MAINLEVÉE, note 149.

V. aussi les formules de BORDEREAUX D'INSCRIPTIONS.

[84]

DU PAIEMENT AVEC OU SANS SUBROGATION. — DE L'IMPUTATION. — DES DÉCHARGES, QUITTANCES, RECOUVREMENTS, REMBOURSEMENTS MÊME A FORFAIT. — DES ACQUITS ET ÉMARGEMENTS.

DIVISION SOMMAIRE :

Indication alphabétique :

§ 1. DU PAIEMENT.

1. *Les obligations s'éteignent par le paiement...* (C. civ. 1234).

2. Mais il faut, pour qu'il y ait extinction de l'obligation, que le paiement ait été pur et simple : car, s'il y a eu subrogation, la dette aura bien été acquittée, mais elle ne sera point éteinte.

3. Remarquez qu'il n'est pas besoin pour opérer l'extinction de la dette que la valeur de la chose payée soit connue au moment du paiement. Ainsi, une fourniture de denrées faite par le débiteur et acceptée par le créancier, à titre de paiement, éteint la dette jusqu'à due concurrence au moment de la livraison, bien que la valeur des denrées n'ait été fixée que plus tard. A ce cas ne s'applique point l'art. 1291 du C. civ. relatif à la compensation (Cass. 17 fév. 1836).

4. Avant tout, puisqu'il s'agit d'éteindre une obligation, il faut qu'il existe un engagement qui réunisse à la fois toutes les conditions exigées par l'art. 1108 du C. civ., à savoir, le consentement de la partie qui s'est obligée, la capacité de contracter, un objet certain formant la matière de l'engagement, et une cause licite dans l'obligation. — Le paiement ne peut donc s'appliquer qu'à une obligation avouée par la loi et qui pourrait donner au créancier une action en justice. — Une exception à ce principe est faite cependant en faveur des obligations naturelles librement acquittées, lesquelles, si elles ne sont pas considérées par la loi comme donnant droit à une action, sont déclarées suffisantes pour justifier une exception (C. Jal. Pal.).

Art. 1. DE LA RÉPÉTITION DES SOMMES INDUMENT PAYÉES.

5. *Tout paiement suppose une dette : ce qui a été payé sans être dû est sujet à répétition...* (C. civ. 1235, alin. 1).

6. Il y a lieu à répétition, toutes les fois qu'il y a eu paiement, sans qu'il y eût dette. Le principe est général et ne comporte d'exceptions que celles que la loi a expressément faites. Or, la loi n'a pas dit que pour le cas de répétition il y eût à distinguer entre l'*erreur de droit* et l'*erreur de fait*. L'erreur de droit comme l'erreur de fait donne donc lieu à la répétition de ce qui a été indûment payé. — Ainsi, celui qui a payé des effets sur fausse cause, souscrits en son nom par son mandataire, est en droit de répéter le montant de ces effets contre celui en faveur de qui ils avaient été souscrits, quand il découvre la fausseté de leur cause (Cass. 24 janv. 1827. — *Contrà*, en ce sens que la restitution n'est point admise pour le paiement fait par erreur de droit, Metz 22 août 1808.).

7. Il en est ainsi alors même que le débiteur a été condamné à payer suivant l'offre qu'il en avait faite, sous la condition d'être remboursé en cas qu'il retrouvât la preuve que la somme n'était pas due ; de sorte que, la preuve retrouvée, la demande en restitution ne peut être écartée par l'exception de la chose jugée (C. civ. 1351 : Cass. 24 frim. an x). — Mais il en serait autrement de l'exception de paiement qui aurait été proposée et rejetée avant le jugement (Toullier, 10, 127).

8. Il en est de même lorsqu'il s'agit d'une dette prescrite qui a été payée involontairement par suite d'une erreur de fait ou même de droit bien constatée (Toullier 6, 74, et 11, 73; Troplong, *prescr.* 1. 33; Vazeille, *ibid.* 1. 39; Dargentré; Dunod).

9. Cependant, lorsque celui qui paie une chose savait ne pas la devoir, il ne peut la répéter (Toullier 11. 61).

10. L'endosseur d'une lettre de change qui en a remboursé le montant au porteur, sans s'apercevoir que le protêt était nul, et que par conséquent toute action en garantie contre lui était éteinte, ne peut néanmoins plus tard, et lorsqu'il vient à découvrir la nullité, demander la restitution de la somme par lui payée : en un tel cas, on ne saurait dire qu'il y a eu paiement de chose non due (C. comm. 140; Cass. 7 mars 1815; 22 mai 1833. — *Contrà*, Bruxelles, 28 juill. 1810).

11. Le débiteur d'une succession qui paie entre les mains du cessionnaire de l'héritier apparent, après avoir eu connaissance de l'existence du véritable héritier, n'a pas le droit de répétition contre ce cessionnaire, encore qu'il soit condamné à payer de nouveau au véritable héritier. Le cessionnaire ayant, à certains égards, en vertu de sa cession, droit à la somme par lui reçue, et le débiteur ne l'ayant payée qu'avec connaissance de la cause qui rendait le droit douteux, le cessionnaire ne peut être tenu de restituer (C. civ. 1376, 1377).

12. Le cessionnaire d'une créance sur l'État, qui a été indûment payé au préjudice d'une cession antérieure, ne peut se soustraire à l'action en répétition dirigée contre lui par le trésor public, sous prétexte qu'il n'a accepté le transport à lui fait que par suite de l'erreur dans laquelle l'ont induit les registres du Trésor, dont il lui avait été donné communication. Cette communication étant purement officieuse ne peut rendre le Trésor responsable des méprises des tiers (Paris 12 janv. 1826).

13. Le créancier qui a reçu légitimement ce qui lui est dû, sans opposition ni réclamation de la part d'un autre créancier ayant un droit de préférence, n'est pas tenu de restituer ce qu'il a reçu à ce créancier privilégié qui vient, plus tard, réclamer contre le paiement, alors même que le créancier payé aurait été partie à l'acte dans lequel se trouve stipulé le droit de préférence de l'autre créancier (Cass. 29 janv. 1835 et 28 av. 1840).

14. Le débiteur de deux choses sous une alternative qui, trompé par une expédition du notaire qui avait écrit *et* au lieu de *ou*, a payé les deux choses à la fois, peut répéter l'une ou l'autre chose à son choix (Pothier, *oblig.* 1, 237).

15. Mais lorsque le débiteur de deux choses sous alternative a fait au créancier le paiement partiel de l'une d'elles, il ne peut plus répéter ce paiement en offrant l'autre chose (Toullier, 11, 81).

16. Le débiteur qui, par erreur, a donné en paiement un objet d'un valeur supérieure à la somme qu'il devait, peut réclamer l'objet donné, en offrant de payer ce qu'il devait réellement (Dumoulin, *de usuris* n. 182; Pothier, *vente* n. 603; Duranton 12, 81).

17. ... *La répétition n'est pas admise à l'égard des obligations naturelles, qui ont été volontairement acquittées* (C. civ. 1235, alin. 2).

18. Il serait assez difficile de donner une définition exacte de ce que l'on doit entendre par *obligations naturelles*. La division des obligations en obligations *civiles* et obligations *naturelles* échappant nécessairement à l'appréciation de la loi, repose sur la distinction que l'on doit faire entre ce qui est du *for extérieur* et ce qui est du *for intérieur*. — Le *for extérieur* est ce qui tombe sous le domaine de la loi, mais le *for intérieur* lui échappe. Il ne reste plus alors qu'une appréciation incertaine reposant sur les règles pures du droit naturel; c.-à-d. que chacun devient alors le propre juge de l'obligation qu'il a pu contracter aux yeux de la nature, il n'en doit pas compte à la loi mais à sa conscience, et si, obéissant à cette voix intérieure, il a acquitté ce qu'il ne devait pas légalement, mais ce qu'il pouvait devoir consciencieusement, il a en quelque sorte exécuté un contrat de bienfaisance qui reçoit alors la sanction de la loi. Sous ce rapport, les obligations naturelles peuvent prendre place dans la loi civile, et, tombant sous sa juridiction, le juge est alors appelé à vérifier si la partie qui réclame contre sa libération a dû être portée à cette exécution par un motif que les lois de la nature et de l'honneur lui faisaient un devoir d'apprécier. En un mot, le juge a tout pouvoir pour déterminer, suivant les circonstances, ce qu'on doit entendre par *obligation naturelle*, non pas pour forcer à son exécution, mais pour refuser toute action en répétition contre ce qui a été volontairement payé en vertu d'un droit préexistant à la loi et auquel la partie qui a volontairement payé s'est soumise (C. Jal. Pal.). — V. note 82, n. 60.

19. La loi, toutefois, a fait une application directe du principe ci-dessus posé aux dettes de jeu et aux paris, qui constituent des obligations simplement naturelles (C. civ. 1967),— et aux intérêts payés sans avoir été stipulés (C. civ. 1906).

20. Il en a été aussi fait application : 1° au cas où il s'agit de sommes payées pour nourriture, entretien et éducation d'un enfant naturel; et alors il n'est pas besoin de prouver que le demandeur en restitution était réellement père de l'enfant pour qui les sommes ont été payées (C. civ. 334; Paris 3 fév. 1835).

21. 2° Au cas où des enfants ont acquitté volontairement un don fait verbalement par leur mère à son lit de mort. N'ayant fait eux-mêmes que satisfaire à une obligation naturelle, ils ne sont pas recevables à en exiger la restitution (Cass. 10 mars 1818; Colmar 22 nov. 1839; Toullier, 6, 180 et 8, 506).

21 *bis*. 3° Et au cas où des à-comptes ont été volontairement payés sur la vente d'un emploi public, dont le titre n'était pas dans le commerce (Paris 18 nov. 1837).

Art. 2. PAR QUI, A QUI, ET DE QUELLE MANIÈRE LE PAIEMENT DOIT ÊTRE FAIT.

I. Par qui le paiement doit être fait.

22. *Une obligation peut être acquittée par toute personne qui y est intéressée, telle qu'un coobligé ou une caution* (C. civ. 1236, alin. 1).

23. Il s'agit ici de l'acquittement de la dette en désintéressant le créancier et non de l'extinction de cette dette, laquelle existe encore après le paiement, car le coobligé et la caution qui ont payé sont légalement subrogés aux droits du créancier vis-à-vis du débiteur par application de l'art. 1251 n. 3 du C. civ. — V. *inf.* n. 125.

24. Toutefois, la caution ne peut forcer le créancier à recevoir une partie de la créance, encore qu'elle ne soit obligée que jusqu'à concurrence de la somme qu'elle entend payer (Pothier *oblig.* 535; Duranton 12, 87). — V. *inf.* n. 63.

25. *L'obligation peut même être acquittée par un tiers qui n'y est point intéressé, pourvu que ce tiers agisse au nom et en l'acquit du débiteur, ou que, s'il agit en son nom propre, il ne soit pas subrogé aux droits du créancier* (C. civ. 1236 alin. 2).

26. Il s'agit ici de l'acquittement qui éteint la dette et ne peut plus donner à celui qui a payé que l'action du *negotiorum gestor*, tellement qu'il ne peut plus poursuivre le débiteur en vertu du titre dont la dette est éteinte mais en vertu du titre qu'il aura ensuite obtenu contre le débiteur. — D'où il suit : 1° Que si c'est un notaire qui a payé de ses deniers personnels la dette d'un de ses clients envers un autre client, non à titre d'avances au créancier, mais pour l'acquit du débiteur, sans subrogation aux droits et actions du créancier, ce dernier ne peut se faire colloquer dans l'intérêt du notaire pour le faire profiter du montant de la collocation, à un ordre ouvert ultérieurement sur les biens du débiteur (Paris 29 août 1843).

27. 2° Que celui qui a payé pour un tiers une dette commerciale sans avoir été subrogé aux droits du créancier, a fait un paiement officieux dans l'intérêt du débiteur, et duquel ne résulte pour ce dernier qu'une obligation civile envers celui qui a payé, obligation qui dès-lors ne le rend pas contraignable par corps (Cass. 25 juin 1812; Amiens 8 av. 1840; Duranton 12, 15).

28. 3° Que quand une somme portant intérêts a été payée par un tiers sans mandat, celui-ci quand il exerce son action en remboursement contre le débiteur qu'il a libéré, ne peut réclamer les intérêts qu'à partir du jour de la demande en justice (Paris 24 nov. 1838).

29. Ainsi donc, le créancier qui poursuit son débiteur peut être désintéressé malgré lui, par un tiers agissant au nom et en l'acquit du débiteur, encore que ce tiers n'ait aucun intérêt au paiement de la dette. Et si, au mépris des offres réelles faites par ce tiers, le créancier continue sa poursuite, il est passible de dommages-intérêts (Paris 11 août 1806). — Mais le paiement doit être fait purement et simplement, car le créancier ne peut jamais être tenu de donner une subrogation même sans garantie.

30. Mais cette faculté donnée à un tiers de payer la dette d'autrui cesse d'avoir lieu, si ce paiement est dommageable au créancier, si le droit que le tiers veut éteindre se lie à quelqu'autre droit, action ou exception que le créancier ne conserverait pas, en recevant le paiement qui lui serait offert par le tiers. — Ainsi, lorsqu'une partie a obtenu un jugement par défaut et qu'elle poursuit par la vente des meubles l'exécution de la condamnation aux frais, pour que le jugement ne tombe pas en péremption à défaut d'exécution dans les six mois, s'il arrive qu'un tiers offre le paiement de ces frais, cette offre peut être refusée (Paris 13 mai 1814).

V. *Quasi-Contrat* note 26.

30 *bis*. Et de ce qu'un tiers a payé la dette d'autrui, il n'est pas pour cela présumé avoir payé de ses propres deniers, il faut que la quittance s'explique sur l'origine des deniers payés, car si elle se borne à énoncer le paiement pour compte, c'est à celui qui a payé à prouver que les deniers qui ont servi au paiement lui appartenaient; on ne peut mettre à la charge de celui pour le compte de qui le paiement a été fait la preuve que ce paiement a été opéré avec ses deniers (C. civ. 1315; Cass. 9 juill. 1844).

31. *L'obligation de faire ne peut être acquittée par un tiers contre le gré du créancier, lorsque ce dernier a intérêt qu'elle soit remplie par le débiteur lui-même* (C. civ. 1237).

32. C'est surtout dans les contrats qui se rapportent à l'exécution de travaux manuels ou intellectuels que cette disposition a toute son importance; car, dans l'obligation de faire, le débiteur ne peut jamais être représenté par un tiers, si de la nature de la convention il résultait que le débiteur avait contracté l'engagement personnel de faire lui-même. — D'où il suit que la caution elle-même ou toute autre partie intéressée ne seraient pas recevables à exécuter la convention, qui se résoudra nécessairement en dommages-intérêts, si la partie qui devait exécuter elle-même se refuse à remplir son engagement.

33. Ces sortes de contrats, à raison de leur nature particulière, se trouvent nécessairement résolus par la mort du débiteur qui avait contracté l'obligation de faire. On peut considérer alors qu'il y a perte de la chose qui faisait la matière du contrat, car cette chose ne pouvait sortir que d'une main qui n'est plus; et comme l'impossibilité d'exécuter résulte alors d'un événement de force majeure, le contrat se trouve nécessairement résolu; sauf au juge à apprécier suivant les circonstances quelles devront être les conséquences du commencement d'exécution que le contrat pourrait avoir reçu de part et d'autre (C. Jal. Pal).

34. *Pour payer valablement, il faut être propriétaire de la chose donnée en paiement, et capable de l'aliéner. — Néanmoins le paiement d'une somme en argent ou autre chose qui se consomme par l'usage ne peut être répété contre le créancier qui l'a consommée de bonne foi, quoique le paiement en ait été fait par celui qui n'en était pas propriétaire ou qui n'était pas capable de l'aliéner* (C. civ. 1238). — V. C. civ. 1108, 1123 et *sup*. n. 4.

35. Ainsi, des deniers détournés au préjudice du véritable propriétaire peuvent être revendiqués par ce dernier contre le tiers auquel ils ont été remis en paiement, tant que ce tiers ne les a pas consommés de bonne foi, et qu'ils peuvent encore être distingués dans son avoir (C. civ. 2279; Paris 11 nov. 1837).

36. Et lorsqu'un agent de change a reçu des billets à ordre pour en opérer la négociation, si ensuite pour payer sa propre dette il remet ces billets à un tiers, cette remise n'en transmet point la propriété à celui-ci attendu qu'il n'en a pas fourni la valeur à l'agent de change en sa qualité de mandataire (Lyon 25 mars 1841; Duranton 18, 247).

II. A qui le paiement doit être fait.

37. *Le paiement doit être fait* AU CRÉANCIER *ou à quelqu'un* AYANT POUVOIR *de lui, ou qui soit* AUTORISÉ PAR JUSTICE OU PAR LA LOI *à recevoir pour lui. — Le paiement fait à celui qui n'aurait pas pouvoir de recevoir pour le créancier est valable,* SI CELUI-CI LE RATIFIE, *ou* S'IL EN A PROFITÉ (C. civ. 1239).

38. AU CRÉANCIER. Le paiement, pour être valable, doit être reçu par le créancier capable de recevoir. — Cependant, si depuis la convention, le créancier a changé d'état, comme quand une fille majeure vient à se marier, une personne *integri status* vient à être frappé d'interdiction ou pourvue d'un conseil judiciaire, ou soumise à une interdiction légale par suite de condamnation, ou bien vient à tomber en faillite, dans ces cas, le débiteur ne sera pas valablement libéré par la remise de la chose au créancier, la libération ne sera acquise que si elle est régulièrement opérée entre les mains de celui qui a capacité pour recevoir, soit en assistant l'incapable, soit en le suppléant (C. Jal Pal).

39. AYANT POUVOIR. L'huissier chargé de poursuivre un débiteur n'a pouvoir de recevoir le paiement que dans le temps où il instrumente. Ainsi, le paiement est nul à l'égard du créancier lorsqu'il a été fait à l'huissier, à une époque où les poursuites étaient suspendues par une opposition, et lorsque d'ailleurs le créancier avait constitué avoué, avec élection de domicile chez cet avoué (Colmar 25 janv. 1820).

40. Jugé même que quand l'huissier est porteur du titre et a, ainsi, pouvoir de mettre ce titre à exécution, il a, par cela même, pouvoir suffisant pour toucher la somme due et en donner quittance. Mais s'il reçoit en effets une somme payable en numéraire, le paiement par lui ainsi reçu est nul sans qu'il soit besoin d'un désaveu de la part du créancier (Cass. 3 août 1840).

41. Mais le mandat *ad lites* ne donne pas au mandataire chargé de poursuivre le procès le pouvoir de recevoir le paiement (Colmar 18 avr. 1806; Toullier 7, 21).

V. infrà n. 69 et suiv.

42. AUTORISÉ PAR JUSTICE OU PAR LA LOI. Le séquestre et l'administrateur nommés par justice, sont en cette qualité autorisés à recevoir. — V. note 210.

43. Il en est de même du tuteur, lequel a pouvoir de recevoir les sommes dues au mineur pendant la durée de la tutelle. Et même, suivant Duranton (t. 12, n. 54), sont valables les paiements faits de bonne foi au tuteur, après l'expiration de la tutelle, mais avant que le compte de tutelle ait été rendu. — V. note 163.

44. SI LE CRÉANCIER LE RATIFIE. Lorsque la partie capable de recevoir déclare ratifier l'exécution donnée à la convention, le fait du paiement lui devient alors personnel, et ce que la libération pouvait présenter d'irrégulier disparaît.

45. Et même le paiement fait de bonne foi à celui qui était le créancier apparent peut être déclaré valable et libératoire, bien qu'il n'y ait pas eu ratification expresse de la part du créancier véritable, lorsque ce dernier, dans des actes postérieurs, a tenu compte du paiement au débiteur (Cass. 9 nov. 1831).

46. S'IL EN A PROFITÉ. La libération est acquise aussi au débiteur lorsque l'incapable qui a reçu a néanmoins profité de tout ce qu'il a reçu, en sorte qu'il deviendrait plus riche aux dépens d'autrui, si le débiteur était forcé de lui payer une se-

conde fois sa dette. — Mais, dans ce cas, c'est au débiteur qui a mal payé à rapporter la preuve qu'en effet le paiement qu'il a effectué a tourné réellement au profit soit de la femme mariée, soit de l'interdit, soit du mineur ou de tout autre incapable. Et faute par lui de faire cette preuve et de la faire complète, il sera tenu de payer deux fois (C. Jal. Pal.).

47. *Le paiement fait de bonne foi à celui qui est en possession de la créance est valable, encore que le possesseur en soit par la suite évincé* (C. civ. 1240).

48. Ainsi, le paiement fait de bonne foi à l'héritier apparent est libératoire, bien que, lors du paiement, il n'ait justifié sa parenté et sa qualité que par un simple acte de notoriété (Paris 23 juill. 1831). — V. note 78, n. 20 et suiv.

49. *Le paiement fait au créancier n'est point valable s'il était incapable de le recevoir, à moins que le débiteur ne prouve que la chose payée a tourné au profit du créancier* (C. civ. 1241).

50. La disposition de cet article et celle de l'art. 1239 (V. sup. n. 46) se confondent en ce qui a rapport au paiement fait à l'incapable lui-même ou à la personne qui n'avait pas pouvoir suffisant pour recevoir.

51. Les condamnés aux travaux forcés à temps ou à la réclusion sont du nombre de ces incapables auxquels on a payé valablement quand on prouve que le paiement a tourné à leur profit (Duranton 12, 38). — Mais il n'en est pas de même du mort civilement (Toullier 7, 15).

52. Il suffit de prouver que le paiement a profité à l'incapable au moment où il a été effectué pour que le débiteur soit valablement libéré, quoique plus tard ce profit n'existe plus à l'époque où la demande en nouveau paiement est formée (Toullier 7, 14; Zachariæ 2, § 317. — *Contrà*, Delvincourt 2, 542; Duranton 12, 45).

53. *Le paiement fait par le débiteur à son créancier, au préjudice d'une saisie ou d'une opposition, n'est pas valable à l'égard des créanciers saisissants ou opposants : ceux-ci peuvent, selon leur droit, le contraindre à payer de nouveau, sauf, en ce cas seulement, son recours contre le créancier* (C. civ. 1242).

54. Suivant cet article, tout paiement fait au préjudice d'une opposition régulière et valable n'est pas libératoire, car il n'est plus fait entre les mains du véritable créancier, puisqu'un créancier nouveau a surgi qui est saisi de la dette, comme l'aurait été un cessionnaire volontaire par la signification de son acte de cession au débiteur.

55. Toutefois, il n'est pas inutile de signaler ici combien il est facile d'annihiler l'effet d'une saisie-arrêt ou opposition au préjudice du saisissant. Ce dernier étant l'ayant-cause (V. note 6, n. 9) du créancier (la partie saisie), le débiteur (le tiers-saisi) peut lui opposer tous les paiements qu'il a faits à son créancier sans aucun écrit ayant date certaine, et même il n'est pas besoin qu'il fournisse aucune justification au saisissant, sa simple déclaration affirmative par acte au greffe fait foi de ce qu'il doit à l'égard de ce dernier et c'est sur cette déclaration que repose tout le succès de la saisie-arrêt, sauf au saisissant à établir qu'il y a eu un concert frauduleux entre le débiteur et le créancier (C. proc. 571 et suiv.).

III. De quelle manière le paiement doit être fait.

56. *Le créancier ne peut être contraint de recevoir une autre chose que celle qui lui est due, quoique la valeur de la chose offerte soit égale ou même plus grande* (C. civ. 1243).—V. sup. n. 16.

57. La dette d'une somme d'argent ne peut, contre le gré du créancier, être acquittée en billets ou lettres de change actuellement exigibles (Toullier 7, 53).—V. note 28 n. 729.

58. ... Ni par la délivrance d'un contrat de rente produisant un revenu égal à l'intérêt annuel de cette somme, encore que le créancier soit un établissement obligé de placer ses capitaux en rente (Cass. 8 fruct. an XIII; Toullier, *ibid.*).

59. Du reste, le paiement fait en *bons* ou *billets* opère extinction de la dette, comme le paiement en argent (Cass. 16 janv. 1828, 2 janv. 1807, 15 déc. 1829; Colmar 22 nov. 1815; Paris 7 déc. 1814 et 14 déc. 1816, Douai 5 août 1818. — *Contrà*, Cass. 16 août 1820, 24 juill 1828, 19 août 1811, 28 juill. 1823, 9 nov. 1823, 15 juin 1825, Rouen 4 janv. 1825; Aix 24 av. 1827; Paris 23 août 1828, 28 germ. an XII; Bordeaux 27 janv. 1819; Nancy 4 janv. 1827).

60. S'il y a différence dans le cours des valeurs numéraires entre l'époque du contrat et l'époque du paiement, le débiteur a la faculté de payer la somme numérique prêtée en valeurs existantes à l'époque du paiement, lors même qu'il a été convenu que le paiement serait fait en mêmes valeurs que le prêt ou placement (C. civ. 1895; Bruxelles 27 nov. 1809)

61. Mais celui qui a traité avec le gouvernement pour recevoir des valeurs numéraires, et qui n'a reçu que des valeurs négociables dont la négociation a nécessité des pertes, peut obtenir une indemnité, nonobstant l'espèce d'acquiescement qui résulte de la réception des valeurs, de la quittance donnée et de la non-résiliation de son traité, surtout s'il est prouvé que les actes d'exécution ont eu pour objet le bien du service, et ont été faits sous toutes réserves d'indemnités (Ordonn. 3 fév. 1818).

62. *Le débiteur ne peut point forcer le créancier à recevoir en partie le paiement d'une dette même divisible. — Les juges peuvent néanmoins, en considération de la position du débiteur, et en usant de ce pouvoir avec une grande réserve, accorder des délais modérés pour le paiement, et surseoir à l'exécution des poursuites, toutes choses demeurant en état* (C. civ. 1244).

63. Entre le débiteur et le créancier la dette susceptible de division doit être acquittée comme si elle était indivisible. La divisibilité n'a d'application qu'à l'égard de leurs héritiers (C. civ. 1220). — V. note 92.

64. Quand une somme doit être payée moyennant bonne et suffisante caution, le créancier ne peut exiger aucune partie de la somme, s'il ne présente une caution en état de répondre pour la totalité du paiement ordonné sous caution (Turin, 19 déc. 1806).

65 Cependant si, pour sureté d'une somme de 12,000 fr., payable en plusieurs termes pour prix d'une acquisition, l'acquéreur est obligé de fournir caution pour 3,000 fr., sans indiquer sur quel terme doit porter le cautionnement, l'acquéreur sera libéré de l'obligation de fournir caution en payant les 3,000 fr. s'ils forment le montant d'un terme. On ne peut dire que ce cautionnement doit subsister jusqu'à l'entier acquittement des 12,000 fr., à moins qu'il n'ait été stipulé que le cautionnement aurait pour objet le paiement du dernier terme des 12,000 fr. — V. sup. n. 24.

66. Le terme que le juge peut accorder au débiteur s'appelle *délai de grâce*. —V. note 77, n. 63.

67. *Le débiteur d'un corps certain et déterminé, est libéré par la remise de la chose en l'état où elle se trouve lors de la livraison, pourvu que les détériorations qui y sont survenues ne viennent point de son fait ou de sa faute, ni de celles des personnes dont il est responsable, ou qu'avant ces détériorations il ne fût pas en demeure* (C. civ. 1245). — V. C. civ. 1138, 1147, 1264, 1302.

68. Cet article contient application de la maxime *res perit domino*. — Ainsi, à partir du moment où la chose a dû être livrée, elle est aux risques du nouveau propriétaire; c'est pour lui qu'elle se détériore, comme c'est pour lui qu'elle s'accroît. Le possesseur de la chose ne doit plus désormais répondre que de son fait personnel, d'après les principes expliqués aux art. 1382 et suiv. du C. civ. — V. note 26 n. 198 et suiv.

Art. 3. DU LIEU OU LE PAIEMENT DOIT ÊTRE FAIT.

69. *Le paiement doit être exécuté* DANS LE LIEU DÉSIGNÉ *par*

la convention et si le lieu n'y est pas désigné, le paiement, lorsqu'il s'agit d'un CORPS CERTAIN ET DÉTERMINÉ; *doit être fait dans le lieu où était, au temps de l'obligation, la chose qui en fait l'objet. — Hors ces deux cas, le paiement doit être fait au* DOMICILE DU DÉBITEUR (C. civ. 1247).

70. DANS LE LIEU DÉSIGNÉ. En règle générale, c'est aux parties qu'il appartient de prévoir dans le contrat comment l'obligation doit être exécutée, en déterminant d'une manière formelle le lieu où s'opérera le paiement : à cet égard, la convention fait toujours la loi des parties. Mais si les parties n'ont rien prévu, le paiement doit toujours se faire au domicile du débiteur.

71. CORPS CERTAIN ET DÉTERMINÉ. En principe, lorsque la vente porte sur un corps certain, le paiement doit avoir lieu au domicile du vendeur entre les mains duquel se trouve l'objet à livrer, et conséquemment l'action en délivrance ne peut être portée que devant le Tribunal du domicile du vendeur (Colmar 21 déc. 1840).

72. Quand il s'agit de marchandises, le lieu du paiement du prix est déterminé par le lieu même où elles se trouvaient déposées au moment de la vente (Bruxelles 13 av. 1822; Bordeaux 16 nov. 1830; Colmar 18 mars 1834 et 14 fév. 1839). — Il en est ainsi, lors même qu'il s'agit d'une vente faite sur échantillon (Limoges 19 janv. 1828; Cass. 24 août 1830; Colmar 4 fév. 1830).

73. Mais c'est le Tribunal du domicile de l'acheteur qui est seul compétent pour connaître de la demande en paiement du prix de marchandises vendues à terme (Cass. 14 juin 1813; Limoges 19 janv. 1828; Toulouse 24 mai 1839).

74. AU DOMICILE DU DÉBITEUR. C'est au domicile actuel du débiteur et non à celui que le débiteur avait au moment du contrat que doit être fait le paiement (Zachariæ 2, § 219. — *Contrà*, Duranton 2, 101). — Car, en principe, le changement de domicile du débiteur emporte nécessairement attribution de juridiction, en sorte que le créancier est obligé de suivre le débiteur partout où il lui plaira de résider, pourvu toutefois que le changement de domicile n'ait pas été effectué dans un esprit de fraude et de mauvaise foi, ce qui ne ferait considérer le nouveau domicile que comme un domicile fictif. C'est donc pour éviter les inconvénients que peuvent entraîner les divers changements de domicile du débiteur qu'il est permis au créancier de stipuler dans l'acte que le paiement se fera à un domicile élu par le débiteur, conformément à l'art. 111 du C. civ. ou même au propre domicile de lui créancier.

75. Ainsi donc l'élection de domicile pour l'exécution de l'acte emporte nécessairement désignation du lieu où doit s'opérer le paiement; car le paiement, c'est l'exécution, et puisque le domicile a été élu pour l'exécution, il a été élu pour le paiement (C. Jal Pal. — *Contrà*, Duranton 12, 100). — V. note 11, et note 48, n. 36 et suiv.).

Art. 4. DES FRAIS DU PAIEMENT.

76. *Les frais du paiement sont à la charge du débiteur* (C. civ. 1248).

77. Les frais que le paiement nécessite étant des accessoires de la dette sont par conséquent à la charge du débiteur. Ces frais ne doivent comprendre que les frais de la quittance qui est faite, selon que l'exige le débiteur, soit par acte sous seing-privé, soit par acte notarié, sauf à lui à la faire enregistrer si cela lui convient.

78. Mais, dans aucun cas, le débiteur ne peut forcer le créancier à lui donner une quittance sur papier libre, car ce serait contrevenir aux lois sur le timbre qui sont d'ordre public, et conséquemment le débiteur est toujours tenu de fournir à ses frais le papier timbré qui doit servir à la quittance. Au cas de contravention il y a solidarité pour l'amende. — V. note 61, n. 68.

79. Lorsque le débiteur se contente d'une quittance sous seing-privé et que le créancier ne sait point signer, ce qui oblige à faire une quittance par acte devant notaire, les frais du paiement doivent-ils être toujours à la charge du débiteur? Il nous semble qu'on ne saurait émettre aucun doute à ce sujet, car la loi étant positive et ne faisant aucune distinction c'est à celui qui s'engage à calculer toutes les conséquences de son engagement. S'il s'oblige envers quelqu'un qui ne sait pas signer, il a dû prévoir que ce dernier ne pourrait pas lui donner une quittance s. s. p.; si, au contraire, il s'oblige envers quelqu'un qui sait signer, il a dû prévoir qu'un événement pourrait mettre celui-ci dans l'impuissance de signer ou bien que par décès, mort civile, interdiction ou transmission du titre il pourrait avoir affaire à des individus qui ne pourraient point lui donner de quittance s. s. p. — Cependant (Toullier t. 7, n. 95), voudrait que dans le cas où le créancier ne sachant pas signer, le débiteur ne peut avoir un titre libératoire que par acte notarié, les frais de ce titre fussent à la charge du créancier.

80. Au surplus, quand il s'agit d'un paiement important et qu'il y a difficulté sur la question de savoir qui paiera les frais de la quittance donnée par un créancier ne sachant signer, le créancier peut, par acte notarié, donner procuration pour recevoir à quelqu'un qui sait signer, et auquel il donne ensuite décharge en la même forme. Il y a en cela une grande économie de frais. — V. la formule de décharge, t. 1, p. 349 et la note *b* au bas de cette p. — Et quand il s'agit d'un paiement de peu d'importance, on peut se faire remettre en payant, l'original ou la grosse du titre (C. civ. 1282 et suiv.), ou bien prendre plusieurs témoins du paiement, lorsque la somme ou la valeur payée n'excède pas 150 fr. (C. civ. 1341. — V. note 26, n. 198).

81. Pour les paiements en argent qui se font dans le commerce, le débiteur qui paie une somme de plus de 500 fr., est tenu de fournir sac et ficelle; et alors il peut faire la retenue de 15 cent. et jamais plus (Décr. 1 juill. 1809; Trib. de commerce de Lyon 5 av. 1809).

§ 2. DU PAIEMENT AVEC SUBROGATION.

82. *La subrogation dans les droits du créancier, au profit d'une tierce-personne qui le paie, est ou conventionnelle ou légale* (C. civ. 1249).

Art. 1. DE LA SUBROGATION CONVENTIONNELLE.

83. *Cette subrogation est conventionnelle : 1° lorsque le créancier recevant son paiement d'une tierce personne la subroge dans ses droits, actions, privilèges ou hypothèques contre le débiteur: cette subrogation doit être expresse et faite en même temps que le paiement* (C. civ. 1250 - 1°).

84. La subrogation dont il s'agit a presque tous les effets d'un transport. Elle en diffère seulement 1° en ce que le débiteur peut n'être tenu qu'au remboursement de ce qui a été payé pour lui, et que si le paiement a été fait en papier-monnaie, le remboursement ne doit avoir lieu que de la valeur réduite d'après l'échelle de dépréciation (Cass. 21 mars 1810; Duranton 12, 122; Merlin, *quest.* v° *subrog.* — *Contrà*, Paris 3 prair. an x; Toullier 7, 118; Duvergier, *vente* 232). — 2° Et en ce que le créancier qui subroge n'est pas obligé à la garantie comme le cessionnaire (Troplong *priv.* 353 *bis.*; Favard; — *Contrà*, Toullier 7, 164; Duvergier, *vente* 2, 287; Duranton 16, 488). — Seulement si le créancier payé et subrogeant n'était pas créancier soit qu'il aurait déjà été payé, soit parce que son titre n'était pas véritable, il y aurait lieu à recourir contre lui parce qu'il aurait reçu ce qui ne lui était pas dû (Troplong *ibid*). — V. *inf.* n. 103 et 108.

85. Une quittance de paiement délivrée par un agent du fisc sans caractère pour faire des stipulations, ne peut, en aucun cas, constituer une subrogation (Cass. 21 mars 1810).

86. Mais un tuteur a le droit, en recevant pour son pupille, de consentir une subrogation aux droits de ce dernier pourvu qu'il ne l'oblige à aucune garantie, car alors c'est comme s'il recevait purement et simplement.

87. En principe, la déclaration contenue dans la quittance que celui qui paye est subrogé dans les droits du créancier, sans autres explications, est une énonciation suffisante; elle

opère la subrogation effective et réelle du tiers qui a payé dans tous les droits, priviléges et hypothèques du créancier (Cass. 4 fév. 1839). — Cependant le tiers qui a acquitté le montant de deux billets ne peut se prévaloir d'une subrogation où le créancier se serait borné à dire, *je subroge à l'effet des deux billets*, sans énoncer explicitement et en termes formels qu'il subroge *à tous ses droits, actions et hypothèques* (Riom 12 janv. 1809).

88. Mais si la subrogation a été faite en termes restrictifs elle ne comprendra que les droits expressément énoncés dans l'acte (Grenoble 5 juin 1820).

89. Lorsque deux créanciers inscrits sur plusieurs immeubles de leur débiteur se cèdent mutuellement leur rang dans la collocation, du consentement du débiteur commun, il y a en cela une subrogation conventionnelle valable, du moins selon les lois et la jurisprudence antérieures au Code civil, de sorte que le créancier qui n'avait qu'une hypothèque simple peut, par échange et subrogation, obtenir une hypothèque privilégiée, et le tiers qui n'a acquis de droits qu'après cette subrogation, ne peut la quereller sous prétexte de fraude commise à son préjudice (Paris 6 av. 1816). — *V. la formule de* CHANGEMENT D'HYPOTHÈQUE.

90. La subrogation dont il s'agit a besoin, pour devenir efficace à l'égard du tiers, d'être signifiée au débiteur ou acceptée par ce dernier dans un acte authentique, (Delvincourt; Toullier; Duvergier; — *Contrà*, Zachariæ, Duranton). — V. note 53 n. 29, et *inf.* n. 107.

91. Du reste, le créancier ne peut être forcé à consentir cette subrogation malgré lui. Elle est de sa part purement volontaire.

92. La subrogation n'est point valable si elle n'est point expresse et n'a point été faite en même temps que le paiement. Ainsi, elle est nulle si elle n'a été exprimée que dans un acte postérieur au versement des fonds, encore bien que la faculté de l'opérer ait été entendue avant le paiement, et réservée dans la quittance, mais sans désignation de personne: le motif est que le paiement ayant éteint la dette, ce serait la faire revivre que de consentir une subrogation après coup (Cass. 30 juill. 1838; Limoges 27 nov. 1841; Toullier 7, 116 et 130).

93. Lors cependant qu'après s'être rendu cessionnaire de la créance d'un individu à la charge de payer une somme à un tiers, ce cessionnaire paye ce tiers en obtenant subrogation à ses droits, on ne peut prétendre que la subrogation est nulle parce que le tiers n'a fait que payer sa dette, c. à-d. son prix, surtout lorsque la créance cédée vient ensuite à n'être point payée. Dans ce cas, les deux actes ont pu être considérés comme n'en faisant qu'un seul, par lequel le débiteur a entendu donner à celui qui paye la double garantie d'un gage, sous la forme de la cession d'une créance et d'une subrogation (Cass. 16 nov. 1841).

93 *bis.* Pour la subrogation dans l'hypothèque légale de la femme mariée, V. la note 30. n. 135 et suiv.

94. La subrogation est conventionnelle, 2° *Lorsque le débiteur emprunte une somme à l'effet de payer sa dette, et de subroger le prêteur dans les droits du créancier. Il faut, pour que cette subrogation soit valable, que l'acte d'emprunt et la quittance soient passés devant notaires; que dans l'acte d'emprunt il soit déclaré que la somme a été empruntée pour faire le paiement, et que dans la quittance il soit déclaré que le paiement a été fait des deniers fournis à cet effet par le nouveau créancier. Cette subrogation s'opère* SANS LE CONCOURS *de la volonté du créancier* (C. civ. 1250-2°).

95. Il s'agit ici de la subrogation consentie par le débiteur seul, lequel prend un nouveau créancier pour le mettre à la place du créancier remboursé.

96. Avant le Code civil cette subrogation s'obtenait en observant les mêmes formalités que celles indiquées en l'art. précité (arrêt de règlem. 16 juill. 1798; Metz 24 mars 1819, - Sir. 19, 332).

97. La subrogation par le débiteur n'est autorisée qu'autant que le paiement du créancier a été fait par le tiers prétendu subrogé et a été consentie au moment même du paiement. De sorte qu'il n'y a pas subrogation valable au profit du tiers :

98. 1° Si dans l'obligation il est dit que la somme a été empruntée tant précédemment que présentement à l'effet de payer *telle* dette, et si dans cet acte intervient le créancier de la dette pour reconnaître avoir reçu aussi tant précédemment que présentement le montant de sa créance (Cass. 19 av. 1831). — V. *inf.* n. 101.

99. 2° Encore bien que la destination et l'emploi des fonds empruntés soient certains aux yeux des juges (Cass. 14 nov. 1833).

100. 3° Lorsque dans l'acte d'emprunt il n'a pas été dit que la somme était empruntée pour payer *telle* dette. La déclaration qui serait faite à ce sujet dans la quittance suppléerait pas au défaut de déclaration dans l'acte d'emprunt quand même le paiement serait effectué le lendemain de l'emprunt (Toulouse 31 mars 1832).

101. Cependant il a été jugé qu'il y a subrogation valable au profit du prêteur, bien qu'il n'ait point été dressé acte du prêt constatant que les deniers étaient empruntés pour effectuer le paiement, si d'ailleurs cette déclaration a eu lieu ultérieurement dans la quittance authentique donnée en présence du prêteur par le créancier payé, lors même qu'il serait dit dans cette quittance portant la date du 26 avril que le paiement aurait été effectué le 31 mars précédent avec les deniers prêtés à cette époque par un *tel* intervenant à la quittance (Cass. 15 fév. 1832). — Il nous semble toutefois qu'on ne saurait prendre cette décision pour règle; car elle donnerait trop de facilité à faire revivre une dette éteinte. — V. *sup.* n. 98 et note 32 n. 137.

102. La subrogation consentie par le débiteur ne confère pas hypothèque, si antérieurement il avait aliéné l'immeuble (Toullier 7, 36; Delvincourt 2, 559; — *Contrà*, Duranton 12, 137).

103. Si l'emprunt avec promesse d'emploi a eu lieu pour rembourser une dette qui produisait des intérêts à douze pour cent, le prêteur quoique subrogé dans les droits du créancier ne pourra prétendre les intérêts qu'à cinq pour cent, si c'est le taux légal au moment de la subrogation (Toullier 7, 137; Duranton 12, 138; Duvergier *vente* 2, 236).

104. Celui qui prête des deniers pour acquitter une créance non productive d'intérêts et à l'hypothèque de laquelle il veut être subrogé, peut stipuler des intérêts, mais les avantages de la subrogation ne s'étendent qu'au capital prêté et non aux intérêts stipulés (Toullier 7, 135).

105. SANS LE CONCOURS. La déclaration d'origine des deniers prêtés doit être faite par le débiteur, et le notaire ne peut se refuser à l'insérer dans l'acte sans compromettre sa responsabilité, alors même que le créancier ne voudrait pas l'admettre. Lorsque ce dernier persiste dans son refus, le débiteur a le droit de faire des offres réelles, et en consignant les fonds, il peut obtenir subrogation en faveur du prêteur en faisant mettre sur la quittance délivrée par le receveur des consignations les énonciations que la loi exige dans la quittance notariée en vertu de laquelle s'opère la subrogation (Toullier 7, 128; Duranton 12, 131; Merlin, *consign.* 13).

106. Lorsque la dette que l'emprunt a pour objet d'acquitter concerne plusieurs coobligés hypothécairement, tels que deux époux, il faut que la déclaration soit faite par tous les débiteurs; il ne suffirait pas qu'elle fût faite par le mari seul sans pouvoir de sa femme, car il n'a que le droit d'exercer les droits et actions mobiliers de sa femme; or, ici il s'agit d'un droit immobilier puisque la subrogation a pour objet de conférer hypothèque sur les immeubles de la femme, la subrogation conventionnelle ne transmettant pas la créance elle-même, mais seulement ses accessoires et priviléges (Merlin *rép. et quest.* v° *subrogation*; Championnière et Rigaud 2, 1274).

107. Au moyen de la subrogation résultant du paiement fait par le débiteur, le subrogé se trouve mis aussitôt au lieu et place du créancier subrogeant, en sorte qu'il est immédiatement saisi sans être tenu comme le cessionnaire de signifier au débiteur (C. Jal Pal.; Duranton 11, 127). — V. *sup.* n. 90.

Art. 2. DE LA SUBROGATION LÉGALE.

108. Cette subrogation est ainsi appelée parce qu'elle a lieu par le seul effet de la loi. Elle diffère du transport en ce qu'elle constitue un acte unilatéral, tandis que le transport constitue un contrat synallagmatique; et en ce que l'un est passible du droit d'enregistrement de libération de 50 cent. p. 0/0 et l'autre d'un droit de 1 p. 0/0 comme transport de créance (Cass. 24 déc. 1839 et 27 juin 1842). — V. *sup.* n. 84.

109. *La subrogation a lieu de plein droit*, 1° *au profit de celui qui, étant lui-même créancier, paie un autre créancier qui lui est préférable à raison de ses priviléges et hypothèques* (C. civ. 1251-1°).

110. Le bénéfice de cet article peut être réclamé aussi bien par un créancier simplement chirographaire que par un créancier hypothécaire (Douai 20 nov. 1839; Merlin; Toullier; Delvincourt; Duranton; Troplong; — *Contrà*, Renusson; Dumoulin; Domat; Pothier; Grenier; Favard).

111. Mais il n'en est pas de même quand un créancier antérieur paie un créancier postérieur; dans ce cas la subrogation n'est pas de plein droit (Troplong 1, 357; Grenier 1, 91; Toullier 7, 141; Duranton 12, 152).

112. Du reste, le créancier qui veut obtenir subrogation légale n'est tenu de rembourser que la portion de créance qui lui est préférable; il n'est pas obligé de rembourser la créance entière alors surtout qu'elle se compose de diverses parties (Paris 21 déc. 1836).

113. Le créancier qui en a payé un autre est subrogé pour les intérêts qu'il a payés comme pour le capital, mais il n'a pas le droit de réclamer les intérêts des intérêts par lui payés au au créancier (Duranton 12, 134).

114. Lorsqu'un acquéreur solidaire avec autres a donné hypothèque à son créancier sur les biens acquis et qui sont grevés d'hypothèques antérieures du chef du vendeur, le créancier acquiert, en payant ces hypothèques, la subrogation légale et peut en conséquence exercer, en vertu de cette subrogation, l'action solidaire qui compétait aux créanciers contre les autres coacquéreurs. Il n'est pas tenu de diviser ses droits contre ceux-ci, comme aurait dû le faire son débiteur si celui-ci eût payé lui-même (C. civ. 1214; Cass. 24 nov. 1836; Bourges 10 juill. 1826; Toullier 7, 142; Duranton 12, 138).

115. Le créancier à qui il a été délivré un bordereau de collocation n'est pas pour cela subrogé aux droits de son débiteur, de telle sorte qu'il puisse en son propre et privé nom demander contre l'acquéreur la résolution de la vente à défaut de paiement du prix (C. civ. 1165; Orléans 18 nov. 1836).

115 *bis*. Pour réclamer la subrogation à laquelle a droit un créancier qui en paye un autre, il faut avoir payé de son argent. Ainsi donc quand un fermier a payé l'impôt avec les fermages qu'il devait au propriétaire, si ces fermages ont été délégués à quelqu'un, le délégataire ne peut dire qu'il est censé avoir payé le trésor de ses propres deniers par les mains des fermiers avec les fermages qui lui auraient été délégués, quand ce sont les fermiers qui ont payé au nom du propriétaire (Cass. 15 juin 1820).

V. *Subrogation* note 30, n. 35 et suiv.

116. La subrogation a lieu de plein droit.... 2° *Au profit de l'acquéreur d'un immeuble qui emploie le prix de son acquisition au paiement des créanciers auxquels cet héritage était hypothéqué* (C. civ. 1251-2°).

117. Cette disposition est conforme aux règles antérieures (Cass. 22 av. 1818). — Elle ne s'applique pas seulement aux acquéreurs, mais encore à tous les tiers-détenteurs quelconques, étrangers à la dette et soumis à son acquittement par suite de l'hypothèque (Championnière et Rigaud, 1265; Renusson; Louet et Brodeau; Basnage).

118. Pour que l'acquéreur d'un immeuble soit subrogé légalement aux droits des créanciers hypothécaires, il n'est pas nécessaire qu'il leur ait payé *directement* son prix. La subrogation a lieu, quoique les créanciers aient été payés par le vendeur lui-même qui avait reçu le prix, mais sous l'obligation expresse de l'employer à l'acquittement des créances inscrites. En ce cas, le vendeur doit être considéré comme mandataire de l'acquéreur (Colmar 7 déc. 1825; Bourges 6 déc. 1830; — *Contrà*, Amiens 13 août 1824).

119. Lorsque l'acquéreur a payé volontairement un créancier, et que par suite l'inscription a été rayée, si un autre créancier provoque l'ouverture d'un ordre, cet acquéreur a le droit de s'y présenter comme subrogé à l'hypothèque du créancier qu'il a payé (Cass. 22 av. 1818; V. *inf.* n. 123; — *Contrà*, Paris 29 août 1811, pour le cas où l'acquéreur ayant payé sans se faire subroger aux droits du créancier il y a eu par suite radiation de l'inscription). — En tous cas, le créancier qui a subrogé l'acquéreur dans tous ses droits n'a plus le droit de faire rayer l'inscription, et il demeure responsable s'il a enlevé à ce dernier l'utilité de son rang (Toullier 7, 168).

120. L'acquéreur qui s'oblige personnellement à payer dans un délai convenu une créance hypothécaire sur l'immeuble acquis n'est pas subrogé de droit aux créanciers. Cette subrogation de droit n'a lieu que du jour du paiement effectif (Cass. 14 juill. 1813). — Il n'y a pas non plus de subrogation au profit de celui qui a payé les créanciers hypothécaires antérieurement à son acquisition (Toullier 7, 143).

121. L'effet de la subrogation au profit de l'acquéreur est limité à l'immeuble vendu (Bourges 10 juill. 1829; Paris 10 juin 1833; Renusson 42) — Il ne s'étend à tous les autres biens du débiteur hypothéqués à la dette que quand le tiers-détenteur n'ayant pas purgé, paie au de-là de son prix un créancier inscrit (Cass. 1 mai 1818, 10 mars 1820, 12 janv. et 8 fév. 1821, 28 juin 1823, 31 juill. 1826, 4 mai 1833 et 21 déc. 1836; Paris 20 déc. 1834 et 29 déc. 1835; Grenier; Delvincourt; Roll, de V.; Troplong; Toullier; Duranton; Zachariæ). — En tous cas, l'étendue de la subrogation ne saurait être contestée quand, au moment du paiement, elle a été expressément stipulée entre l'acquéreur et le créancier payé, mais elle ne peut être exercée contre les tiers-déteurs en outre du prix dont ils se trouveraient encore redevables que pour leur part et portion calculée proportionnellement au prix de leurs acquisitions (Cass. 15 janv. 1833; Duranton 12, 162; Grenier 2, 494; Troplong 3, 788). — Elle ne peut être exercée non plus contre ceux des acquéreurs qui ont fait transcrire (Aix 26 juin. 1807).

122. L'acquéreur qui paye n'est pas dispensé de renouveler l'inscription de celui qu'il a payé — V. note 83. n. 175.

123. Le coacquéreur d'un immeuble qui paie la totalité des prix et fait rayer toutes les inscriptions n'en conserve pas moins son droit de subrogation légale dans le privilége qui appartenait aux créanciers qu'il a remboursés (Cass. 26 av. 1830). — V. *sup.* n. 119.

124. Le créancier hypothécaire qui acquiert l'immeuble affecté à la sureté de sa créance, est subrogé à lui-même en ce sens que son hypothèque éteinte par la confusion revit s'il est évincé (Toullier 7, 144).

125. La subrogation a lieu de plein droit.... 3° *au profit de celui qui, étant tenu avec d'autres ou pour d'autres au paiement de la dette, avait intérêt de l'acquitter* (C. civ. 1251-3°). — Ainsi le droit à la subrogation légale est acquis :

126. 1° A la caution de l'acquéreur, qui paie le vendeur, tellement qu'elle succède non-seulement au privilége de ce dernier, mais encore à son droit de demander la résolution du contrat (Troplong, *privil.* 1, 349; Amiens 9 nov. 1825; Paris 8 juill. 1829).

127. 2° Au légataire qui solde une dette dont l'immeuble à lui légué était grevé (Duranton 12, 160).

128. 3° A l'héritier, obligé solidairement avec ses cohéritiers. Dans ce cas, s'il a payé pour eux des arrérages de rente, il peut les leur réclamer sans qu'ils puissent lui opposer la prescription quinquennale (Lyon 15 mars 1823; Rennes 26 mars 1834; Limoges 8 août 1835; Toullier 7, 135). — V. *inf.* n. 134.

129. 4° Au commissionnaire qui ayant acheté des marchandises pour le compte de son commettant les paie de ses propres deniers (Aix 4 fév. 1834; Pardessus 2, 565).

130. 5° A l'huissier qui, détenteur du produit d'une vente d'effets mobiliers à laquelle il a procédé, a pris sur lui de payer des créanciers privilégiés (Rouen 2 fév. 1827).

131. 6° A celui qui acquitte une lettre de change par intervention, même alors qu'il n'est pas déclaré dans le protêt pour quelle personne il a entendu payer (Cass. 9 déc. 1812).

132. Mais la subrogation légale n'est point acquise :

133. 1° A l'associé qui paie la totalité de la dette de la société (Cass. 14 nov. 1838).

134. 2° A celui de deux obligés conjointement mais sans solidarité, qui ont affecté chacun un immeuble différent (Toullier 7, 149). — V. *sup.* n. 128.

135. 3° Au sous-traitant ou mandataire d'une entreprise, quand il n'est point obligé solidaire ou caution de l'entrepreneur principal (Cass. 18 mai 1831).

136. 4° Au tuteur qui a payé de ses propres deniers la dette du pupille, sans s'être fait préalablement autoriser par le conseil de famille (Duranton 3, 602).

137. 5° A la femme, par cela seul que le mari en achetant un immeuble, a déclaré que c'était avec les deniers provenant de l'aliénation d'un propre de sa femme (Persil).

138. 6° Au cohéritier qui paie, après le partage opéré, et sans être tenu hypothécairement au paiement de la dette (Toullier 7, 151).

139. 7° Au mari qui, après le partage de la communauté, paie des créances hypothécaires mises à la charge des héritiers de la femme et grevant les immeubles à lui échus ainsi que ceux attribués à ces derniers. Dans ce cas, ni lui ni ses créanciers personnels agissant de son chef ne peuvent exercer de recours sur les biens des héritiers (Rouen 15 janv. 1839).
— 8° ni au fermier dans le cas rappelé *sup.* n. 115 *bis*.

140. La subrogation a lieu de plein droit... 4° *au profit de l'héritier bénéficiaire qui a payé de ses deniers les dettes de la succession* (C. civ. 1251-4°). — V. notes 23 et 85.

141. Cette disposition est applicable aussi au curateur à succession vacante qui paie de ses deniers à la décharge de la succession (Toullier 3, 351 et 7, 155; Renusson 7, 77; Duparc-Poullain 7, 236; Championnière 2, 1272. — *Contrà*, Zachariæ, 2, § 321).

Art. 3. A QUELLES PERSONNES S'ÉTEND LA SUBROGATION. — DU CAS OU LE PAIEMENT N'EST POINT INTÉGRAL.

142. *La subrogation établie par les articles précédents a lieu tant contre les cautions que contre les débiteurs : elle ne peut nuire au créancier lorsqu'il n'a été payé qu'en partie; en ce cas il peut exercer ses droits, pour ce qui lui reste dû, par préférence à celui dont il n'a reçu qu'un paiement partiel* (C. civ. 1252).

143. Le droit de préférence mentionné en cet article peut faire l'objet d'une cession, et, dans ce cas, le cessionnaire, comme représentant directement le créancier originaire, doit être préféré lui-même au subrogé (Paris 18 mars 1837).

144. Et dans le concours d'un droit de subrogation et d'un droit de cession portant sur la même créance, c'est le premier qui a été légalement saisi qui doit être préféré (Paris 13 mai 1815).

145. Tous les subrogés dans des portions de la même créance privilégiée ou hypothécaire viennent par concurrence, en quelque temps que les paiements partiels aient été faits (Toullier 7, 171; Duranton 12, 189).

146. Et lorsque le subrogeant cède une partie de sa créance, le subrogé a pour cette partie les mêmes droits que le subrogeant. L'art. 1252 du C. civ. ne s'applique qu'au cas où le créancier reçoit une partie de sa créance et non au cas où il en fait cession (Toullier 7, 148).

147. Mais la préférence réservée par l'article précité au créancier qui n'a reçu qu'un paiement partiel ne peut être appliquée qu'à la portion qui lui est due de la même créance dont une partie a été remboursée avec des deniers fournis par un tiers qui a été subrogé aux droits de ce créancier. Elle ne peut être exercée pour ses autres créances contre le même débiteur, résultant d'autres titres et conférant d'autres hypothèques; spécialement la femme séparée de biens judiciairement, qui, ayant des créances pour raison de sa dot et pour raison de biens vendus à exercer contre son mari, a été remboursée des premières avec des deniers prêtés par des tiers qui ont été subrogés à ses droits, ne saurait être colloquée avant les prêteurs pour les autres créances qui lui sont dues et qui sont postérieures en hypothèque (Cass. 27 nov. 1832).

148. Lorsqu'un créancier reçoit le paiement d'une condamnation prononcée à son profit avec les fonds prêtés par un tiers, lequel se trouve subrogé à ses droits, ce créancier ne peut valablement stipuler dans la quittance, en l'absence du tiers subrogé, la réserve d'un droit de priorité contre le débiteur pour le cas où, par suite de la réformation du jugement de condamnation, il lui serait adjugé une somme plus considérable que celle payée (Cass. 26 av. 1842).

§ 3. DE L'IMPUTATION DES PAIEMENTS.

149. *Le débiteur de plusieurs dettes a le droit de déclarer, lorsqu'il paie, quelle dette il entend acquitter* (C. civ. 1253).

150. Il y a lieu à faire l'imputation de paiement, lorsque la même personne étant débitrice envers le même créancier de deux choses de même nature, vient à se libérer de l'une d'elles, en sorte qu'elle demeure débitrice de l'autre. En général, le droit de faire l'imputation appartient au débiteur; cependant, si par la convention le créancier s'était lui-même réservé ce droit, ce serait là une stipulation licite qui devrait produire son effet. Mais il ne pourrait seul, de sa propre autorité, sans le consentement formel du créancier, imputer le paiement fait par à-compte d'abord sur le capital au lieu d'en faire application aux intérêts (Paris 23 brum. an XIII). — Du reste, le débiteur ne peut lui-même déclarer l'imputation qu'à l'égard de dettes également échues; il ne lui serait pas permis d'imputer le paiement sur une obligation non exigible, alors même qu'elle serait plus onéreuse que celle qui est arrivée à son échéance.

151. C'est surtout aux paiements faits en argent que s'appliquent les présomptions établies pour l'imputation.

152. *Le débiteur d'une dette qui porte intérêt ou produit des arrérages ne peut point, sans le consentement du créancier, imputer le paiement qu'il fait sur le capital par préférence aux arrérages ou intérêts : le paiement fait sur le capital et intérêts, mais qui n'est point intégral, s'impute d'abord sur les intérêts* (C. civ. 1254).

153. Le paiement fait sans imputation doit l'être sur les intérêts avant de l'être sur le capital, encore qu'il s'agisse d'intérêts conventionnels, et que ces intérêts n'aient pas une hypothèque comme la dette des sommes principales (Paris 7 pluv. an X).

154. Cependant des paiements à-compte ne s'imputent de plein droit sur les intérêts de la créance, de préférence au capital, qu'autant que ces intérêts sont liquides et exigibles au moment des paiements. Si cette condition n'existe pas, les à-comptes payés doivent être imputés sur le capital de la créance, de manière à diminuer ou éteindre les intérêts de ce capital d'une somme précisément égale aux intérêts qu'auraient produits, en faveur du débiteur, les à-comptes payés, en les considérant comme avances faites au créancier (Cass. 18 janv. 1832). — D'où il suit que lorsque le débiteur a payé plus d'intérêts qu'il n'en devait, l'excédant ne s'impute sur le capital que dans le cas où ce capital est exigible. Dans le cas contraire, il est sujet à répétition (Toullier 7, 182; Duranton 82, 192).

155. Lorsque des intérêts ont été payés pour raison d'un prêt

sans qu'il y ait eu de stipulation d'en payer, il n'y a lieu alors ni à imputation ni à répétition (C. civ. 1906). — C'est une obligation naturelle que de récompenser celui qui nous a rendu service.

156. La caisse des dépôts et consignations est soumise aux règles d'imputation établies par la loi ; elle doit, comme un débiteur ordinaire, imputer les paiements partiels qu'elle fait d'abord sur les intérêts de la somme déposée et ensuite sur le principal (Paris 20 mars 1830 et 7 janv. 1831).

V. le mot *imputation* de la note 49, n. 110 s. 125 et 209.

157. *Lorsque le débiteur de diverses dettes a accepté une quittance par laquelle le créancier a imputé ce qu'il a reçu sur l'une de ces dettes spécialement, le débiteur ne peut plus demander l'imputation sur une dette différente, à moins qu'il n'y ait eu dol ou surprise de la part du créancier* (C. civ. 1255).

158. Ainsi, lorsque la quittance désigne spécialement celle des deux dettes sur laquelle l'imputation a été faite, le débiteur ne peut demander l'imputation sur une dette différente quoique plus onéreuse (Aix 16 janv. 1806).

159. Mais on pourra éprouver de l'embarras à régler l'imputation quand le créancier ayant avoué l'à-compte qu'il aura reçu, le débiteur refusera de montrer la quittance. Dans ce cas, qui du créancier ou du débiteur faudra-t-il croire ? Nul ne devant payer sans retirer de quittance, il nous semble qu'alors ce doit être le créancier dont l'aveu ne peut être divisé.

160. *Lorsque la quittance ne porte aucune imputation, le paiement doit être imputé sur la dette que le débiteur avait pour lors le plus d'intérêt d'acquitter entre celles qui sont pareillement échues ; sinon, sur la dette échue, quoique moins onéreuse que celles qui ne le sont pas. — Si les dettes sont d'égale nature , l'imputation se fait sur la plus ancienne ; toutes choses égales, elle se fait proportionnellement* (C. civ. 1256).—Ainsi :

161. 1° Lorsque de deux dettes dues au même créancier par le même débiteur et également échues, l'une est privilégiée, c'est sur cette dette, par préférence à l'autre, que doivent, en l'absence de toute convention à cet égard, être imputés les paiements à compte faits au créancier. Le débiteur est réputé avoir plus d'intérêt à acquitter la dette privilégiée que celle qui ne l'est pas (Paris 26 nov. 1833).

162. 2° Le paiement fait par le débiteur de deux dettes également échues dont l'une est cautionnée, doit, en l'absence de toute convention à cet égard, être imputé sur la dette cautionnée, préférablement à l'autre, en ce que par là deux débiteurs se trouvent libérés à la fois (Grenoble 29 juill. 1832).

163. 3° Mais le débiteur de deux dettes dont l'une est solidaire avec un autre co-débiteur peut imputer le paiement qu'il fait au créancier, sur la dette qui lui est personnelle, encore que cette dette soit postérieure à l'autre. Ce codébiteur solidaire n'est pas fondé à prétendre que l'imputation a dû être faite de droit sur la dette la plus ancienne (Cass. 8 fév. 1832).

164. 4° Le créancier de plusieurs sommes distinctes qui, après avoir demandé à son débiteur le paiement d'une des créances, reçoit le montant de ce qu'il réclame, ne peut imputer ce paiement sur une autre créance distincte de la première et qui est sur le point de s'éteindre par prescription (Cass. 13 juin 1834).

165. 5° Lorsqu'un acquéreur, en attendant la confection de l'ordre ouvert sur la distribution de son prix, paie des à-comptes à l'un des créanciers de son vendeur qui a plusieurs sommes ou créances à répéter, il est censé payer (en l'absence de toute stipulation sur ce point) à valoir sur les sommes dues à ce créancier qui seront plus tard utilement colloquées, et non sur d'autres créances qui seraient ou plus anciennes ou plus onéreuses pour le débiteur. A ce cas ne s'applique point l'article précité du C. civ. (Cass. 24 août 1829).

166. Lorsque l'imputation n'a pas été réclamée au procès, on ne peut présenter devant la Cour de Cassation le moyen tiré de ce que les juges n'ont pas fait l'imputation selon les règles du droit (Cass. 22 fév. 1827).

167. L'associé qui paie à un de ses créanciers personnels, lequel est en même temps créancier de la société, la dette de cette société, n'est pas fondé à imputer plus tard ce paiement sur sa dette personnelle, sous prétexte que cette dette étant hypothécaire il avait plus d'intérêt à l'acquitter (Cass. 19 av. 1841). — Mais il en est autrement à défaut de déclaration relative à l'imputation, c.-à-d. que le paiement s'impute sur la dette personnelle du débiteur, quoique moins ancienne, par préférence à la dette de la société, si le paiement est effectué par le liquidateur d'une société (Rouen 10 juin 1835). — De sorte que l'imputation peut résulter de la qualité prise dans la quittance (C. Jal. Pal.).

168. Les règles du C. civ. relatives à l'imputation ne sont pas applicables en matière de compte courant, notamment celle d'après laquelle les paiements s'imputent sur la dette la plus ancienne ou la moins onéreuse, préférablement à une dette plus nouvelle ou moins onéreuse. En conséquence, on ne peut extraire du compte courant certaines dettes pour y imputer telle ou telle remise, lorsqu'en faisant cette remise il n'y a eu aucune affectation spéciale à une dette déterminée (Bordeaux 8 av. 1842 ; Caen 15 mars 1837 ; Devill. 42, 2, 402 ; — *Contrà*, Cass. 3 av. 1839). — Il en est ainsi, même à l'égard d'un tiers qui a garanti ou cautionné l'une des dettes entrant dans le compte courant : sous ce rapport, le tiers suit la condition du débiteur, et il est obligé, jusqu'à concurrence de la dette cautionnée, par le solde définitif du compte courant, sans qu'il puisse prétendre qu'elle a été particulièrement payée par les remises qui ont suivi son cautionnement, s'il n'y a eu convention ou affectation spéciale à cet égard (Bordeaux 8 av. 1842).

169. Elles ne sont pas non plus applicables aux paiements faits à la femme pour ses reprises matrimoniales ; ces paiements devant toujours être appréciés dans l'intérêt de la femme elle-même. — D'où il suit que l'imputation doit être faite sur la créance qui ne donnait lieu à aucun recours plutôt que sur la créance à laquelle est attaché un privilége, surtout s'il s'agit de créances dotales (Poitiers 5 mai 1825). — En tout cas, les créanciers du mari ne sont pas recevables à critiquer les imputations faites au profit de la femme, lorsque des paiements ont eu lieu à valoir sur ces reprises (Bordeaux 26 fév. 1833 ; Pothier, oblig. 568 ; Toullier 7, 183 ; Delvincourt 2,557 ; Duranton 12, 194). — Comme conséquence de ce principe exceptionnel, les à-comptes donnés par le mari survivant sur un compte courant pour lequel sa femme était obligée, doivent s'imputer sur ce compte et non sur une dette nouvelle faite par le mari (Rouen 21 mai 1838 ; Cass. 3 av. 1839).

§ 4. DES MENTIONS DE PAIEMENT.

170. Un arrêt de réglement du conseil du 9 nov. 1706 défend aux notaires de transcrire ni faire aucune mention sur les minutes des contrats et actes par eux reçus, *des quittances sous signature privée* qui ont été données par les parties, et qu'elles ont écrites sur les grosses et expéditions desdits contrats et actes, ni de souffrir que ces parties *écrivent* ou *signent elles-mêmes* sur lesdites minutes aucune quittance, ratification, acceptation ou autre acte quelconque sous signature privée, à peine, etc.

171. Ce réglement tend à empêcher de se soustraire aux droits du fisc.

172. Mais toutes les fois qu'un notaire reçoit un acte qui est la suite d'un précédent, et qu'on a intérêt de mentionner le second sur la minute du premier, on doit en convenir dans le second acte, et le notaire a par là un pouvoir suffisant pour faire cette mention sur la minute de ce premier acte. Dans ce cas, en effet, les droits du second ont dû être acquittés, et l'arrêt de réglement ci-dessus n'est pas enfreint (*Elém. de la science notar.* 1, 335).

173. Il n'y a que le notaire dépositaire de la minute qui puisse faire cette mention. — Ainsi, lorsqu'une quittance est passée devant un autre notaire que celui qui a reçu l'obligation, il convient, pour la décharge du débiteur, que le dépositaire de la minute de ce dernier acte fasse mention du remboursement. Cette mention n'est autre chose qu'une note signée de lui, portant que par quittance de *tel jour*, *telle* somme a été

remboursée. Il est alors à propos que le notaire fasse précéder sa signature de ces mots *pour mention*, car sans cela la mention surtout si elle n'était point autorisée, pourrait être considérée comme un extrait donnant lieu à l'amende s'il ne contenait point la relation de l'enregistrement (V. note 64, n. 34); et d'un autre côté il pourrait y avoir contravention soit à mettre un extrait sur le timbre de l'acte précédent (V. note 45), soit à mettre plus de lignes par page qu'il n'est permis d'en mettre (V. note 64, n. 18 et 34).

174. Tout notaire peut également, en marge de la grosse ou de l'expédition à lui représentée d'un acte portant obligation, faire mention du paiement de la totalité ou de partie de la somme due, lorsque ce paiement résulte d'un acte notarié, et que le créancier y a consenti dans la quittance.

175. Lorsqu'un notaire reçoit un acte portant cession, délégation ou quittance de partie d'une créance, il doit, si la grosse de l'acte constitutif lui est représentée, se faire autoriser à porter sur cette grosse la mention du montant de ce qui est cédé, délégué ou quittancé, ou s'il n'a pas la grosse entre les mains, faire donner pouvoir par le créancier à tous notaires d'opérer cette mention.

§ 5. DES DÉCHARGES, QUITTANCES, RECOUVREMENTS, REMBOURSEMENTS MÊME A FORFAIT.

176. DÉCHARGES. — QUITTANCES. On appelle ainsi l'acte par lequel une personne reconnaît qu'une autre personne lui a remis les sommes, effets mobiliers ou pièces dont elle était dépositaire, ou qu'elle détenait pour la première. On donne aussi le nom de *décharge* à la libération qu'on obtient, de quelque obligation, charge ou commission onéreuse. Le mot *décharge* est souvent employé comme synonime de *quittance*. Ainsi, pour exprimer qu'une personne est libérée, on dit qu'elle demeure *quitte* et *déchargée*.

177. Le mot *décharge* est un terme générique qui comprend celui de *quittance*. La *décharge* est le *genre* et la *quittance* est l'*espèce*. Ainsi, la loi, lorsqu'elle statue sur la manière dont le mineur émancipé et la personne pourvue d'un conseil judiciaire peuvent toucher un capital, se sert des mots *donner décharge* (C. civ. 482, 499 et 513), ce qui s'entend spécialement de toutes les manières par lesquelles le capital peut entrer dans les mains de l'incapable.

178. La *quittance* s'entend spécialement de l'acte constatant le paiement d'une dette déterminée et appréciable. Comme elle établit nécessairement une libération, elle donne toujours ouverture au droit de quittance (V. n. 117). La *décharge*, au contraire, ne *libère* pas toujours, et ce n'est que dans certains cas qu'elle donne lieu au droit proportionnel (V. note 56).

179. Les décharges se donnent dans diverses circonstances que les formules de *décharge* font suffisamment connaître (V. t. 1, p. 345 et suiv.).

180. RECOUVREMENT. Ce mot s'entend de la rentrée que le créancier fait opérer de sommes qui lui sont dues.

181. On donne surtout le nom de *recouvrements* aux sommes dues à un notaire, en déboursés et honoraires, pour les actes par lui reçus.

182. Le titulaire qui cesse ses fonctions, ou ses héritiers, doivent traiter de gré à gré avec celui qui succède au titre, des recouvrements à raison des actes dont les honoraires sont encore dus et du bénéfice des expéditions. - V. note 59, n. 113 et suiv. — Ce traité doit être constaté par écrit enregistré, avant d'être produit à l'appui de la demande de nomination du successeur (L. de fin. du 25 juin 1841, art. 6).

183. Cette dernière loi, en exigeant que la cession des recouvrements se fasse avant la nomination a pour effet, d'une part, d'autoriser le notaire à violer l'art. 23 de la loi de ventôse en lui permettant la communication de ses minutes à tous les candidats qui pourront se présenter, et, d'une autre part, de forcer les parties à faire un contrat aléatoire, car dans l'intervalle du traité à la prestation de serment du successeur il doit arriver nécessairement une augmentation ou diminution dans le montant des recouvrements. Toutefois, sur ce dernier point, la Chancellerie a déjà reconnu le bien-fondé de l'objection, car, suivant décision du Min. de la just., en date du 23 janv. 1844, on est autorisé à augmenter ou à réduire le prix de la cession des recouvrements dans un acte supplémentaire rédigé sous la surveillance des chambres de discipline et de l'autorité, au moment de l'installation du nouveau titulaire.

184. Pour évaluer les honoraires qui seraient dûs, on doit se régler surtout sur la nature et l'étendue de la minute qui n'aura pas été payée. On ne doit rien y ajouter pour honoraires extraordinaires, à raison de la longueur, des difficultés et des conférences auxquelles l'acte aura donné lieu, quand le traité sera fait par les héritiers du titulaire décédé, à moins qu'il n'y ait des documents ou projets établissant les difficultés que la rédaction aura présentées. Mais, en l'absence de tout document à cet égard, il ne convient pas de porter en compte ces honoraires, quand même le titulaire traiterait lui-même, à cause de la difficulté de prouver ce travail.

185. L'étendue des minutes doit servir à apprécier le bénéfice des expéditions des actes qui n'avaient pas encore été expédiés. — Quant au bénéfice résultant du nombre des expéditions qu'on peut délivrer annuellement pour des actes déjà expédiés, il est absolument éventuel et doit être évalué d'après la quantité de minutes qui se trouvent dans la même étude, à un taux commun. En tout cas, les registres du notaire peuvent être bons à consulter sur ce point.

186. Les notaires peuvent se charger de recouvrements pour le compte de leurs clients. — V. note 5, n. 224.

187. REMBOURSEMENT MÊME A FORFAIT. Le mot *remboursement* se dit du paiement qui est fait du capital d'une rente pour en opérer l'amortissement.

188. Et le mot *remboursement à forfait* s'emploie quand il s'agit du paiement que l'on fait d'une certaine somme pour se libérer soit à perte soit à gain d'une rente viagère ou des obligations résultant d'un contrat aléatoire.

V. *rentes perpétuelles et viagères*, note 76.

189. On appelle aussi *forfait de communauté* la clause par laquelle on stipule dans un contrat de mariage que l'un des époux ne pourra prétendre dans la communauté qu'une certaine somme pour tout droit.—V. t. 1, p. 322, alin. 24 et la note 166.

§ 6. DES ACQUITS ET ÉMARGEMENTS.

190. On appelle *acquit* la décharge ou quittance mise au pied d'une lettre de change, d'un billet à ordre ou de tout autre effet négociable, d'une rescription, d'un mandat ou d'une ordonnance de paiement sur les caisses publiques, et même au bas, à la marge ou au dos d'une obligation ordinaire.

191. Seulement l'acquit mis sur un effet négociable est exempt de l'enregistrement. - V. note 18, n. 396.—Quant à l'acquit apposé sur un billet ou toute autre obligation non négociable, il est sujet à l'enregistrement et au droit de 50 cent. pour cent. — V. notes 98 et 117.

192. On appelle *émargement* la mention faite à la marge d'un registre, d'un état ou d'un compte, mention qu'on fait ordinairement signer du créancier ou de témoins en signe d'acquittement.

V. *prescription*, note 172; *preuve testimoniale*, note 26; *compétence*, notes 28 et 75.

[85]

DES SUCCESSIONS BÉNÉFICIAIRES. — DES SUCCESSIONS VACANTES.

DIVISION SOMMAIRE :

Chap. 1. DES SUCCESSIONS BÉNÉFICIAIRES.

Indication alphabétique:

Chap. 1. DES SUCCESSIONS BÉNÉFICIAIRES.

§ 1. DE LA DÉCLARATION D'ACCEPTATION SOUS BÉNÉFICE D'INVENTAIRE.

1. *La déclaration d'un héritier, qu'il entend ne prendre cette qualité que sous bénéfice d'inventaire, doit être faite au greffe du Tribunal de première instance dans l'arrondissement duquel la succession est ouverte : elle doit être inscrite sur le registre destiné à recevoir les actes de renonciation* (C. civ. 793).

2. Cette déclaration a pour effet d'opérer la séparation de patrimoine de l'héritier bénéficiaire, d'avec le patrimoine qui compose la succession du défunt (Delvincourt; Toullier; Favard; Duranton; Chabot). — V. note 29.

3. L'héritier institué ou légataire universel ou à titre universel ainsi que l'héritier institué par contrat de mariage peuvent aussi bien que l'héritier légitime invoquer le bénéfice d'inventaire et les délais pour faire inventaire et délibérer (Cass. 10 juin 1807 ; Turin 14 août 1809 ; Toullier ; Duranton ; Roll. de V... ; Bilhard). — Mais le légataire particulier n'a pas le même droit puisqu'il n'est obligé à payer aucune dette malgré lui (C. civ. 1024 ; V. note 24).

4. Tout héritier a le droit d'accepter une succession sous bénéfice d'inventaire. Cependant on peut lui imposer la condition de ne point l'accepter sous bénéfice d'inventaire, pourvu qu'il ne soit ni héritier à réserve (Duranton 7, 15), ni mineur car alors l'acceptation bénéficiaire est de droit (C. civ. 461 ; Delvincourt 2, 298 ; — *Contrà*, Duranton).

5. La déclaration ne peut être faite qu'au greffe du Tribunal de l'ouverture de la succession (V. note 62, n. 181). — Mais il en était autrement avant le Code civil (Bordeaux 10 août 1811).

6. *Cette déclaration n'a d'effet qu'autant qu'elle est précédée ou suivie d'un inventaire fidèle et exact des biens de la succession dans les formes réglées par les lois sur la procédure* (C. proc. civ. 941 à 943. - V. note 143), *et dans les délais qui seront ci-après déterminés* (C. civ. 794).

7. L'héritier sous bénéfice d'inventaire est tenu avant tout de faire dresser un bon et fidèle inventaire de tous les biens composant la succession. Cet acte sert de base au compte qu'il doit rendre aux créanciers et sans lequel il ne peut obtenir sa libération.

Et s'il vend ses droits successifs sans avoir fait un bon et fidèle inventaire, ou sans le faire faire par son acquéreur, il devient par cela seul héritier pur et simple (Paris 9 janv. 1806).

8. C'est à l'héritier bénéficiaire à choisir le notaire pour faire l'inventaire. Le Tribunal ne doit point en nommer un d'office (Turin 14 août 1809). — V. note 59.

9. Et lorsque la succession ne présente rien qui soit susceptible d'être inventorié, l'héritier qui ne veut accepter que sous bénéfice d'inventaire doit faire procéder à un procès-verbal de carence qui tiendra lieu de l'inventaire (Paris 24 déc. 1833).

10. L'inventaire n'est d'ailleurs qu'une mesure conservatoire qui peut être requise par tous les intéressés dans une succession, sans qu'il faille pour l'ordonner, le fondement du droit des parties (Amiens 7 mai 1806 ; Bruxelles 28 nov. 1810, 9 mars 1811, 19 nov. 1812, 26 av. 1828 ; Nîmes 7 déc. 1810).

Et de ce que l'inventaire n'a été fait qu'après la déclaration d'acceptation sous bénéfice d'inventaire par l'héritier et après s'être mis en possession des biens de la succession, cela ne le rend pas héritier pur et simple (Pau 3 mars 1833).

11. L'héritier institué qui a accepté la succession sous béné-

fice d'inventaire n'est pas tenu, sous peine de déchéance, d'appeler à l'inventaire de la succession et à la vente du mobilier les héritiers présomptifs du défunt, alors qu'ils n'ont droit à aucune réserve (C. proc. 942, 947; Cass. 16 av. 1839; — *Contrà*, Limoges 3 janv. 1820; Duranton 7, 24).

§ 2. DU DÉLAI POUR FAIRE INVENTAIRE ET DÉLIBÉRER. — DE LA PROROGATION. — DU CAS OU IL Y A URGENCE A VENDRE CERTAINS OBJETS.

12. *L'héritier a trois mois pour faire inventaire, à compter du jour de l'ouverture de la succession. — Il a de plus, pour délibérer sur son acceptation ou sur sa renonciation, un délai de quarante jours, qui commencent à courir du jour de l'expiration des trois mois donnés pour l'inventaire, ou du jour de la clôture de l'inventaire, s'il a été terminé avant les trois mois* (C. civ. 795).

13. *Si cependant il existe dans la succession des objets susceptibles de dépérir ou dispendieux à conserver, l'héritier peut, en sa qualité d'habile à succéder, et sans qu'on puisse en induire de sa part une acceptation, se faire autoriser par justice à procéder à la vente de ces effets. — Cette vente doit être faite par officiers publics, après les affiches et publications réglées par les lois sur la procédure* (C. civ. 796). — V. *sup.* note 34, n. 105.

14. Pour parvenir à cette vente l'héritier présente requête au Président du Tribunal civil de première instance dans le ressort duquel la succession est ouverte. Cette vente se fait ensuite par un officier public, après affiches et publications (C. pr. civ. 986). — V. *inf.* n. 74.

15. Dans ce cas, l'acte se faisant par autorisation de justice et en sa présence, est un acte conservatoire qui ne peut entraîner adition d'hérédité, puisque l'intervention de justice doit rassurer contre tous les abus que l'on pourrait craindre (Delvincourt; Toullier; Favard; Duranton; Maleville).

16. *Pendant la durée des délais pour faire inventaire et pour délibérer, l'héritier ne peut être contraint à prendre qualité, et il ne peut être obtenu contre lui de condamnation : s'il renonce lorsque les délais sont expirés ou avant, les frais par lui faits légitimement jusqu'à cette époque sont à la charge de la succession* (C. civ. 797).

17. Bien qu'un héritier ne puisse être contraint à prendre qualité pendant le délai qui lui est accordé pour faire inventaire et délibérer, cependant les créanciers de la succession dont les titres ne sont pas contestés peuvent le poursuivre en paiement de leurs créances et faire vendre les biens héréditaires. — Il suffit qu'ils ne poursuivent aucune condamnation contre lui (Douai 4 mars 1812). — Seulement, si l'héritier le requiert, il doit être sursis aux poursuites jusqu'à l'expiration de ces délais, mais les poursuites faites avant le sursis n'en sont pas moins valables (Bordeaux 30 juill. 1834).

18. Si pendant le délai accordé pour délibérer, il est obtenu des jugements de condamnation contre l'héritier, ces jugements sont nuls (Cass. 14 therm. an IX; Toulouse 27 janv. 1818; Chabot; Roll. de V...)

19. Il ne peut même, pendant ce délai, être condamné à la délivrance des legs, quand même les légataires offriraient de donner caution (Cass. 20 juin 1807; Turin 14 août 1809; Duranton).

20. *Après l'expiration des délais ci-dessus, l'héritier, en cas de poursuite dirigée contre lui, peut demander un nouveau délai, que le Tribunal saisi de la contestation accorde ou refuse suivant les circonstances* (C. civ. 798).

21. En cas d'insuffisance du délai, l'héritier peut en obtenir un autre ou même successivement plusieurs autres (Paris 11 fruct. an XIII).

22. *Les frais de poursuite, dans le cas de l'article précédent, sont à la charge de la succession, si l'héritier justifie, ou qu'il n'avait pas eu connaissance du décès, ou que les délais ont été insuffisants, soit à raison de la situation des biens, soit à raison des contestations survenues : s'il n'en justifie pas, les frais restent à sa charge personnelle* (C. civ. 799).

23. Les frais de poursuites dont fait mention cet article sont ceux qui ont pour objet la condamnation même de l'héritier comme personnellement obligé en sa qualité. — V. *sup.* n. 17.

24. Mais, dans aucun cas, la procédure ne doit être suspendue. — Ainsi, l'héritier qui est dans les délais pour faire inventaire et délibérer ne peut pas demander que, durant ces délais, il soit sursis à statuer sur l'appel qu'il a interjeté contre un jugement (Cass. 23 juill. 1833; Douai 4 mars 1812; Bordeaux 6 août 1833; Paris 22 nov. 1833).

25. De même, l'héritier peut être valablement assigné en reconnaissance de la signature du défunt pendant le délai pour faire inventaire et délibérer (Cass. 10 juin 1807; Merlin v° *hérit.*; Toullier; Chabot).

26. Mais lorsque le successible n'ayant pas pris qualité dans les délais pour faire inventaire et délibérer, est poursuivi après les délais par un créancier du défunt, il doit supporter personnellement les frais des poursuites s'il vient à renoncer, à moins qu'il ne prouve qu'il a ignoré l'ouverture de la succession ou que les délais ont été insuffisants (Bourges 24 août 1820; Colmar 21 déc. 1830; Poitiers 7 janv. 1831; Amiens 17 août 1836).

§ 3. DE LA FACULTÉ DE SE PORTER TOUJOURS HÉRITIER BÉNÉFICIAIRE. — DE LA DÉCHÉANCE DE BÉNÉFICE D'INVENTAIRE.

27. *L'héritier conserve néanmoins, après l'expiration des délais accordés par l'art. 795* (V. *sup.* n. 12), *même de ceux donnés par le juge, conformément à l'art. 798* (V. *sup.* n. 20), *la faculté de faire encore inventaire et de se porter héritier bénéficiaire, s'il n'a pas fait d'ailleurs* ACTE D'HÉRITIER, *ou s'il n'existe pas contre lui de jugement passé en force de* CHOSE JUGÉE *qui le condamne en qualité d'héritier pur et simple* (C. civ. 800).

28. Ainsi, tant que l'héritier n'a pas fait un acte formel d'adition d'hérédité de telle nature qu'il en résulte acceptation formelle ou tacite comme héritier pur et simple, il a le droit de se déclarer héritier bénéficiaire à la charge par lui de dresser immédiatement inventaire dans la forme déterminée par la loi (Delvincourt; Toullier; Favard; Duranton).

29. ACTE D'HÉRITIER. L'héritier sous bénéfice d'inventaire fait *acte d'héritier pur et simple* dans les cas suivants :

30. 1° Lorsqu'il passe compromis sur des contestations relatives à la succession bénéficiaire (Cass. 20 juill. 1814; Paris 22 fév. 1814; Chabot; Vazeille; Thomine; — *Contrà*, Paris 3 juin 1808; Toullier; Carré).

31. 2° Lorsqu'il transige relativement aux biens de la succession (Limoges 10 mars 1836).

32. 3° Lorsqu'après avoir accepté bénéficiairement il vend ses droits successifs sous la simple qualité d'héritier (Amiens 2 mai 1806; — *Contrà*, Carré 3226; Duranton). — Secùs, s'il avait agi en qualité d'héritier bénéficiaire (Grenoble 24 mars 1827). — La nullité qui serait ensuite prononcée de la vente volontaire n'aurait pas pour effet de le relever de la déchéance du bénéfice d'inventaire (Caen 16 juill. 1834).

33. Mais l'héritier bénéficiaire ne fait point acte d'*héritier* pur et simple: 1° Lorsqu'il garantit un acte de son administration sur ses biens personnels (Rennes 19 déc. 1835).

34. 2° Lorsqu'il hypothèque en faveur de ses créanciers personnels, sous la simple qualité d'*héritier* sans addition quelconque, sa part indivise et éventuelle dans les biens de la succession (Paris 8 av. 1826; Cass. 10 déc. 1839; Carré; — *Contrà*, Toullier).

35. 3° Lorsqu'il se fait autoriser à distribuer aux créanciers les sommes saisies-arrêtées dans les mains des débiteurs de la succession (Paris 11 fruct. au XIII).

36. 4° Lorsqu'après avoir acheté d'abord les droits successifs de son cohéritier, il les lui revend ensuite. Il en serait autrement s'il avait cédé les droits successifs recueillis de son chef (Cass. 20 av. 1831).

36 *bis*. 5° Lorsqu'il acquitte le droit de mutation occasionné

par le décès; la loi lui faisant une obligation de l'acquitter (Cass. 7 av. 1833; 12 juill. 1836; 28 août 1837; Montpellier 1 juill. 1828).

V. *inf.* n. 72 et *sup. acte d'héritier*, note 34, n. 73 et suiv.

37. CHOSE JUGÉE. D'après les principes généraux du droit, les décisions judiciaires n'ont d'effet qu'entre les parties contestantes qui se trouvent en cause, elles sont pour tous autres *res inter alios acta*, en sorte que le jugement qui condamnera l'héritier bénéficiaire comme héritier pur et simple à payer à un créancier dénommé telle somme ne pourra profiter qu'à ce créancier là seul qui l'aura obtenu, car une décision judiciaire peut être le résultat d'une fausse appréciation de faits qui, bien que les mêmes, pourront être qualifiés différemment par les mêmes juges entre d'autres parties s'ils sont mieux éclairés et mieux expliqués. Autrement il suffirait d'une sentence de juge de paix, qui, sur la répétition la plus modique, condamnerait l'héritier bénéficiaire en qualité d'héritier pur et simple.

Ainsi donc la déchéance dont fait mention la disposition finale de l'art. 800, n'est qu'une déchéance relative qui profite seulement à celui qui a obtenu la condamnation. La seule conséquence qu'une telle condamnation doive produire à l'égard des autres créanciers, c'est que l'héritier bénéficiaire ne sera pas admis à faire figurer dans le compte de bénéfice d'inventaire qu'il a à leur rendre la somme qu'il aura payée, puisqu'elle est devenue sa dette personnelle.

Néanmoins la question est controversée. Pour l'affirmative, c.-à-d. dans le sens de la déchéance relative, Cass. 8 frim. an XI, 18 niv. an XII, 21 mars 1812; Paris 21 août 1816; Liége 3 juill. 1811; Agen 21 août 1812; Limoges 23 juin 1821, 16 juin 1838; Bourges 27 oct. 1825; Poitier 28 juill. 1826; Montpellier 1 juill. 1828, 14 nov. 1835; Delvincourt; Toullier; Duranton; Pardessus; Chabot; *sup.* note 34 n. 100; C. Jal Pal. — Pour la négative, c.-à-d. dans le sens de la déchéance absolue, Rouen 26 prair. an XIII; Rennes 20 oct. 1810; Bruxelles 9 déc. 1815 et 7 nov. 1823; Malleville; Favard; Merlin; Malpel; Vazeille.

38. En tout cas, on ne peut opposer à un successible comme le constituant définitivement héritier un jugement qui n'a pas acquis force de chose jugée (Rennes 4 août 1819).

39. *L'héritier qui s'est rendu coupable de recélé, ou qui a omis, sciemment et de mauvaise foi, de comprendre, dans l'inventaire, des effets de la succession, est déchu du bénéfice d'inventaire* (C. civ. 801).

40. L'héritier ne peut être déclaré déchu du bénéfice d'inventaire à raison d'omissions existantes dans l'inventaire, qu'autant qu'il est prouvé que ces omissions ont eu lieu *sciemment* et de *mauvaise foi*. — Il ne suffit pas que l'inventaire soit incomplet (Cass. 18 fruct. an XII, 11 mai 1825, 16 fév. 1832).

41. Les mineurs ne peuvent jamais, par l'effet de l'administration de leurs tuteurs, encourir la déchéance du bénéfice d'inventaire. En un tel cas, le tuteur n'est pas tenu personnellement de tous les effets de la déchéance; il est seulement soumis à des dommages-intérêts, si, par son administration, il a porté préjudice aux créanciers (Rouen 30 août 1828).

42. Quand c'est le mineur lui-même qui a recelé des objets dépendant d'une succession bénéficiaire à lui échue, il n'est pas pour cela déchu du bénéfice d'inventaire, la loi s'opposant à ce qu'il puisse par ses actions, changer sa qualité et acquérir celle d'héritier pur et simple. Il est seulement tenu de rendre compte des objets détournés (Limoges 30 juill. 1827; Chabot; Vazeille).

43. Lorsqu'une femme mariée recèle ou soustrait des objets dépendant d'une succession qu'elle a acceptée bénéficiairement, elle est obligée, sur ses propres biens, sauf la jouissance de son mari s'il n'a pas participé au recel (Rouen 12 janv. 1822; Vazeille).

44. Du reste, au cas de recel, l'héritier bénéficiaire est privé, comme l'héritier pur et simple, de sa part dans les effets recelés ou soustraits (C. civ. 792; Duranton 7, 24. — V. note 62, n. 177).

45. Mais la disposition de l'article ci-dessus rapporté du C. civ. ne concerne que les héritiers et non les étrangers à la succession qui se seraient rendus coupables de spoliation: à leur égard on doit suivre les règles ordinaires, et l'on peut agir, s'il y échet, par voie de poursuites criminelles. Mais, en adoptant la voie civile, on ne pourrait leur faire application de l'art. 801. — Ainsi, ne peuvent être condamnés au paiement des dettes d'une succession *ultrà vires*, par cela seul qu'ils se seraient rendus coupables de spoliation, l'individu non-successible, ni même la femme du défunt mariée sous le régime dotal avec une société d'acquêts à laquelle elle a renoncé. En pareil cas, il y a lieu seulement de condamner au paiement de la valeur des objets soustraits, et même, suivant les circonstances, à des dommages intérêts, encore bien qu'il fût impossible d'évaluer les objets soustraits (Riom 21 déc. 1819; Chabot).

46. Il n'y a d'ailleurs entre cohéritiers d'autre action, relativement à une succession, que celle du partage: dès-lors, dans le cas même de spoliation, un cohéritier ne peut agir par voie de revendication. La demande tendant à faire passer un héritier comme spoliateur est nécessairement un accessoire à fin de partage (Riom 7 juill. 1821).

§ 4. DES EFFETS DU BÉNÉFICE D'INVENTAIRE.

47. *L'effet du bénéfice d'inventaire est de donner à l'héritier l'avantage : 1° de n'être tenu du paiement des dettes de la succession que jusqu'à concurrence de la valeur des biens qu'il a recueillis, même de pouvoir se décharger du paiement des dettes en abandonnant tous les biens de la succession aux créanciers et aux légataires. — 2° de ne pas confondre ses biens personnels avec ceux de la succession, et de conserver contre elle le droit de réclamer le paiement de ses créances* (C. civ. 802).

48. Cet article ne permet implicitement à l'héritier que d'abandonner les biens de la succession, il ne lui permet pas de renoncer à son titre d'héritier qui est irrévocable suivant la règle *semel hæres semper hæres*, tellement qu'il ne saurait être admis à faire déclarer la succession vacante et à demander qu'il lui soit nommé un curateur (Paris 25 juin 1838). — Nous avons traité *sup.* note 23 p. 203 de *l'abandon de biens par un héritier bénéficiaire*.

49. Pour n'être tenu du paiement des dettes que jusqu'à concurrence de l'émolument de la succession, il faut que l'héritier rende compte de l'emploi régulier qu'il a fait des biens de cette succession comme étant en quelque sorte le mandataire des créanciers, ainsi qu'on le verra ci-après n. 58 et suiv.

50. Par l'effet d'une fiction légale, l'héritier se divise en deux personnes, il ne s'opère aucune confusion entre ses droits personnels et ceux qui dépendent de la succession, en sorte qu'il conserve son individualité distincte, en même temps qu'il devient le représentant de la succession. — De la division des personnes il résulte non-seulement que l'héritier bénéficiaire a le droit de recouvrer sur la succession les créances personnelles qu'il a contre elle, mais qu'il peut même agir directement contre la succession; et, à cet effet, l'art. 996 du C. de proc. l'autorise, le cas échéant, à faire nommer un curateur au bénéfice d'inventaire contre lequel il pourra diriger son action; il ne peut agir avec les créanciers du défunt, qui, n'ayant que des droits contre la succession ne peuvent la représenter (Paris 15 flor. an X; — *Contrà*, Cass. 10 déc. 1839, en ce sens qu'il n'est pas besoin de curateur lorsque l'héritier a pour contradicteurs tous les créanciers). — En tout cas, le défaut de nomination de curateur n'est pas une cause de nullité; seulement le jugement rendu en son absence ne peut être opposé aux créanciers non mis en cause (Cass. 10 déc. 1839).

51. Toutefois l'héritier bénéficiaire d'un failli doit intenter contre les syndics définitifs les actions à exercer contre la succession. Ce n'est pas le cas de provoquer la nomination d'un curateur (Amiens 14 mars 1820).

52. Le droit de l'héritier bénéficiaire à réclamer contre la succession le paiement de ses créances personnelles comprend toutes celles dont il s'était rendu cessionnaire au moment où la

succession s'est ouverte (Cass. 1 déc. 1812; 14 janv. 1839; Delvincourt; Chabot; Toullier; Duranton; Berriat).

53. Il comprend même les créances nouvelles dont l'héritier bénéficiaire s'est rendu cessionnaire depuis que la succession s'est ouverte et même depuis son acceptation, surtout si la cession a été opérée sans fraude et s'il n'en résulte aucun préjudice pour les autres créanciers (C. Jal. Pal.).

54. Mais il a le droit de céder à un tiers, malgré l'opposition des créanciers de la succession, la créance personnelle qu'il avait à exercer contre le défunt (Paris 12 juill. 1838; Cass. 4 déc. 1839).

55. Lorsque l'héritier bénéficiaire poursuit contre les cautions de son auteur l'exécution d'une obligation souscrite en sa faveur par le défunt, il ne peut être repoussé sur le motif qu'il y a eu confusion en sa personne des droits de créancier et de débiteur (Cass. 1 déc. 1812).

56. L'héritier bénéficiaire, créancier de la succession, est un tiers dans le sens de l'art. 1328 du C. civ., relativement aux actes sous seing-privé émanés de son auteur. En conséquence, si avant lui se trouve un créancier inscrit en vertu d'un jugement par défaut non exécuté dans les six mois, mais acquiescé par le défunt dans ledit délai suivant acte sous seing-privé non enregistré, ce dernier acte ne peut avoir de date certaine à son égard que dans les cas énumérés par cet article, et, le jugement étant réputé non avenu, l'inscription prise par suite ne pourra venir en ordre avant celle de l'héritier bénéficiaire (C. proc. civ. 156, 159; Cass. 22 juin 1818). — V. note 34, n. 12).

57. Les *créances* dues à la succession, acceptée sous bénéfice d'inventaire par les héritiers, ne se divisent pas de plein droit entre eux; par suite, la demande en paiement formée en leur nom est réputée formée par un seul demandeur, notamment en ce qui touche les règles de compétence (Grenoble 7 déc. 1842). — Mais les *dettes* se divisent de plein droit entre les héritiers bénéficiaires comme entre les héritiers purs et simples; d'où il suit que le cohéritier bénéficiaire peut, en offrant sa part contributoire dans la dette, se dispenser de rendre compte.

§ 5. DE L'ADMINISTRATION ET DU COMPTE DE L'HÉRITIER BÉNÉFICIAIRE.

58. *L'héritier bénéficiaire est chargé d'administrer les biens de la succession, et doit rendre compte de son administration aux créanciers et aux légataires.—Il ne peut être contraint sur ses biens personnels qu'après avoir été mis en demeure de présenter son compte, et faute d'avoir satisfait à cette obligation. — Après l'apurement du compte, il ne peut être contraint sur ses biens personnels que jusqu'à concurrence seulement des sommes dont il se trouve reliquataire* (C. civ. 803).

59. En sa qualité de mandataire, l'héritier bénéficiaire est tenu de toutes les obligations généralement imposées à celui qui gère les affaires d'autrui, et il doit se renfermer rigoureusement, sous peine de déchéance du bénéfice d'inventaire, dans les limites que la loi assigne à son mandat (Delvincourt; Favard; Duranton; Malleville; Chabot).

60. Comme mandataire il est également tenu de rendre compte à toute réquisition, en ce sens qu'il doit être prêt à faire connaître à chaque créancier l'état réel des forces de la succession et la position dans laquelle se trouve la liquidation. — Quant à la reddition du compte définitif, elle ne peut avoir lieu que lorsque la liquidation est arrivée à son terme, et l'héritier ne peut forcer les créanciers à recevoir son compte avant l'entière liquidation de la succession, d'où il suit que les dépenses qu'il ferait en assignant prématurément les créanciers devraient être à sa charge (Bruxelles 16 nov. 1831).

61. Le compte final doit d'ailleurs présenter l'état complet de toutes les affaires de la succession et l'emploi de toutes les sommes par *doit* et *avoir*, appuyé de pièces justificatives. — Ainsi, l'héritier bénéficiaire est tenu de porter dans son compte de bénéfice d'inventaire non-seulement les arrérages mais encore le capital des rentes constituées (Cass. 10 août 1840).

62. Du reste, le compte peut être rendu dans la forme ordinaire, à l'amiable ou en justice, en observant les formalités indiquées par les art. 527 et suiv. du C. de proc. civ., ainsi que le prescrit l'art. 995 du même Code. — V. la *formule de* COMPTE, *p.* 262.

63. L'héritier bénéficiaire est le maître des actions judiciaires, il peut les intenter de son chef, mais il reste à savoir si quand il succombe il peut faire supporter les dépens à la succession.—Pour trancher toute difficulté, on a ordinairement soin de demander l'emploi des dépens en compte de bénéfice d'inventaire, ce qui est accordé sans difficulté par le juge, à moins qu'il n'y ait quelque raison particulière de les mettre à la charge personnelle de l'héritier, à titre de peine, ce qui est également expliqué par le jugement. Mais lorsque la décision ne dit rien à ce sujet, l'héritier bénéficiaire n'en est pas moins autorisé à porter tous les dépens dans son compte. Les dépens des procès intentés par l'héritier bénéficiaire, dans l'intérêt de la succession, doivent, en effet, être prélevés par privilége sur la masse des biens héréditaires, alors même que l'héritier n'aurait pas été formellement autorisé à les employer en frais de gestion; l'absence de cette déclaration ne peut être considérée comme renfermant une condamnation (Amiens 17 août 1836).

64. Il y a lieu de mettre les dépens à la charge de l'héritier bénéficiaire personnellement lorsqu'au lieu de demander un compte à un débiteur de la succession, il agit imprudemment contre celui-ci par voie de commandement (Rennes 19 mars 1814; Orléans 10 déc. 1816).

65. En tout cas, pour éviter d'assumer sur lui la responsabilité des dépens, l'héritier bénéficiaire a intérêt de prendre une consultation de jurisconsultes (Toullier; Malpel), dont il porterait les honoraires en compte comme frais privilégiés.

66. L'administration des biens de la succession appartient à l'héritier bénéficiaire, de préférence au donataire universel en usufruit des biens du défunt (Paris 25 juill. 1826; — *Contrà*, Paris 26 août 1816).

67. De ce droit d'administrer pour l'intérêt commun de l'hérédité et des créanciers il résulte 1° que l'héritier bénéficiaire a qualité pour contester le rang des créanciers hypothécaires dans un ordre et demander la nullité des inscriptions (Paris 15 nov. 1828). — Mais il n'a pas qualité pour représenter les légataires dans les intérêts opposés qu'ils peuvent avoir entre eux (Cass. 22 août 1827).

68. 2° Que si l'héritier bénéficiaire a placé les capitaux et en a retiré un intérêt, il doit faire figurer cet intérêt dans son compte tel qu'il a été stipulé (Bourges 18 juill. 1828).

69. Mais l'héritier bénéficiaire n'étant que mandataire des créanciers de la succession, cette qualité n'enlève point à ceux-ci le droit d'agir personnellement pour la conservation de leurs droits. Ainsi, chacun des créanciers peut exercer des saisies-arrêts entre les mains des débiteurs de la succession, même après avoir formé opposition entre les mains de l'héritier bénéficiaire. Ce n'est point là entraver l'administration de l'héritier (Cass. 8 déc. 1814; Bordeaux 19 av. 1822; Douai 3 mars 1830; Paris 16 août 1832; Delvincourt; Roger; Duranton; Poujol; Carré; Thomine; Bilhard; Bioche; Vazeille; — *Contrà*, Paris 27 juin 1820; Rouen 12 août 1826; Riom 24 août 1837).

70. Lorsqu'un débiteur de la succession est actionné par un individu qui se prétend héritier bénéficiaire, ce débiteur a bien le droit d'obliger celui-ci à justifier de sa qualité d'héritier, mais non celui de l'obliger à justifier qu'il est l'héritier bénéficiaire. Dès-lors, il ne peut demander communication de l'inventaire, il suffit que la qualité d'héritier soit justifiée par un simple extrait de l'intitulé de l'inventaire (Amiens 18 août 1825; Merlin, *quest.* v° *appel*).

71. *Il n'est tenu que des fautes graves dans l'administration dont il est chargé* (C. civ. 804).

72. Mais la faute grave, la mauvaise foi, la dilapidation de la part de l'héritier bénéficiaire, n'entraîne pas la déchéance du bénéfice d'inventaire, sauf la responsabilité (Chabot; Delvincourt; Vazeille;—*Contrà*, Malleville).—V. *sup.* n. 30 et suiv. 64.

73. *Il ne peut vendre les meubles de la succession que par le ministère d'un officier public, aux enchères, et après les affiches et publications accoutumées.—S'il les représente en nature, il n'est tenu que de la dépréciation ou de la détérioration causée par sa négligence* (C. civ. 805).

74. L'héritier bénéficiaire, quand il a pris qualité, a tout pouvoir de vendre les meubles et les rentes, en se conformant à l'art. 989 du C. de proc. civ. et en suivant les formes prescrites pour la vente de ces sortes de biens par l'art. 945 et suiv. du même Code, à peine d'être réputé héritier pur et simple; cependant si la vente des rentes a eu lieu sans formalités de justice, la déchéance du bénéfice d'inventaire ne peut être proposée par les créanciers, lorsque la vente faite de gré à gré par l'héritier est plus avantageuse que ne l'eût été la vente en justice (Cass. 27 déc. 1820; Rouen 30 août 1828). — V. *inf.* n. 136.

L'art. précité du C. civ. ne s'applique qu'aux meubles *par leur nature* (C. civ. 528); il ne s'applique point aux meubles par la *détermination de la loi* (C. civ. 529). — En effet,

75. Une autorisation de justice est nécessaire pour le transfert des rentes sur l'État au-dessus de 50 f. (Av. cons. d'Ét. 17 nov. et 11 janv. 1808).

76. Lorsqu'il est reconnu que le mobilier d'une succession acceptée sous bénéfice d'inventaire doit être vendu, cette vente ne peut être faite que par le ministère d'un officier public et aux enchères; les juges ne peuvent donner à l'héritier l'option de faire vendre le mobilier ou de le conserver en nature pour le prix de l'estimation (Cass. 19 fév. 1821).

77. *Il ne peut vendre les immeubles que dans les formes prescrites par les lois sur la procédure; il est tenu d'en déléguer le prix aux créanciers hypothécaires qui se sont fait connaître* (C. civ. 806).

78. Le droit de poursuivre la vente des immeubles d'une succession bénéficiaire ne peut être exercé que par l'héritier, en sa qualité d'administrateur chargé de la liquidation. Les créanciers de la succession le peuvent aussi, surtout au cas de négligence ou de malversation de la part de l'héritier en se faisant subroger à la poursuite (Cass. 29 oct. 1807 et 23 juill. 1833; Bourges 15 mars 1822; Toulouse 17 août 1822; Paris 24 fév. 1825; 13 août 1834). — Ils le peuvent même pendant les délais accordés à l'héritier pour faire inventaire et délibérer, sauf à celui-ci à faire ordonner qu'il sera sursis aux poursuites jusqu'à l'expiration des délais (Douai 4 mars 1812; Bordeaux 30 juill. 1834). — Ce droit est acquis même aux créanciers *personnels* de l'héritier bénéficiaire sur les biens de la succession (Limoges 15 av. 1831). — Toutefois, dans le cas où les poursuites ont été commencées par un créancier, elles peuvent être interrompues sur la demande de l'héritier, pour être recommencées par lui (Paris 20 sept. 1821; Cass. 4 déc. 1822. — *Contrà*, Paris 22 nov. 1833).

79. Mais le droit de l'héritier bénéficiaire ne s'étend pas jusqu'à exproprier les immeubles de la succession en vertu de ses propres titres de créance sur cette succession. Quels que soient ces titres, leur effet est entravé par sa qualité de *comptable* : tant qu'il est comptable, il ne peut être réputé *créancier définitif* ayant faculté d'exproprier (Toulouse 17 mars 1827).

80. Il ne s'étend pas non plus jusqu'à poursuivre la vente d'un immeuble légué à titre particulier par le défunt, sous prétexte qu'il existe des dettes grevant l'immeuble légué, et que le legs ne peut avoir effet qu'après acquittement de ces dettes. Vainement il se prévaudrait de ce que l'immeuble légué peut être exproprié à la requête des créanciers (Bordeaux 8 juill. 1828).

81. Du reste, les ventes faites sans formalités de justice par l'héritier bénéficiaire ne sont pas nulles comme faites *à non domino*, elles doivent seulement être considérées comme acte d'héritier pur et simple (Paris 20 frim. an XIV; 17 déc. 1822). — Cependant, la vente de gré à gré faite par l'héritier bénéficiaire ne lui fait pas perdre sa qualité, si elle n'a été faite qu'à la condition qu'elle ne préjudicierait pas à cette qualité et qu'elle serait considérée comme nulle si le vendeur venait à renoncer à la succession ou plutôt à faire l'abandon de biens autorisé par l'art. 802 du C. civ. (Cass. 26 juin 1828).

82. La vente doit être faite devant notaire et non devant le tribunal quand l'héritier bénéficiaire l'exige, du consentement de ses cohéritiers, surtout si les créanciers ne s'y opposent point (Paris 29 mars 1816).

83. Tout acquéreur a le droit de consigner son prix (Carré 3233).

84. L'héritier bénéficiaire peut-il se rendre adjudicataire des biens de la succession, soit qu'il poursuive lui-même la vente, soit qu'elle soit poursuivie par des créanciers? *oui*, suivant Vazeille; Duvergier; Championnière et Rigaud 2.2019; *non*, suivant Merlin, *quest.* v° propre.— Mais suivant Delvincourt, (2.95) l'héritier ne peut se rendre adjudicataire s'il poursuit la vente qu'autant qu'il a appelé les créanciers.

85. Mais l'héritier bénéficiaire qui procède amiablement et sans formalités de justice au partage de biens indivis entre la succession et des tiers n'est pas pour cela déchu du bénéfice d'inventaire : il n'en est pas du partage comme de la vente (Rennes 19 déc. 1835; Cass. 26 juill. 1837).

86. On procède pour la vente des biens immeubles comme il est dit aux art. 987 et 988 du C. de proc. civ.

87. Quant à la délégation du prix des ventes d'immeubles aux créanciers hypothécaires, il est mieux de la faire par acte authentique que par acte sous seing privé, surtout quand l'héritier doit en faire figurer le résultat dans son compte d'administration, car alors l'acte fera foi de son contenu vis-à-vis des créanciers chirographaires. — *V. la formule de* DÉLÉGATION, *p.* 362.

Du reste, la disposition de l'art. 806, relative à la délégation n'indique qu'une chose résultant de la seule force de la loi, car tout créancier a le droit de se faire payer sur la chose même, préférablement aux créanciers chirographaires et un créancier hypothécaire est suffisamment connu par cela seul qu'il a requis inscription utilement. — V. note 83, n. 2 et suiv.

§ 6. DE LA CAUTION QUI PEUT ÊTRE EXIGÉE DE L'HÉRITIER BÉNÉFICIAIRE.

88. *Il est tenu, si les créanciers ou autres personnes intéressées l'exigent, de donner* CAUTION BONNE ET SOLVABLE *de la valeur du* MOBILIER COMPRIS DANS L'INVENTAIRE, *et de la portion du prix des immeubles non déléguée aux créanciers hypothécaires. — Faute par lui de fournir cette caution, les meubles sont vendus et leur prix est* DÉPOSÉ, *ainsi que la portion non déléguée du prix des immeubles, pour être employée à l'acquit des charges de la succession* (C. civ. 807).

89. CAUTION BONNE ET SOLVABLE. En cas d'insuffisance de la caution fournie par l'héritier bénéficiaire sur la demande d'un créancier ou d'un légataire, l'héritier peut être admis à fournir un supplément de caution. — On peut considérer comme constituant ce supplément de caution l'obligation que contracte un créancier de laisser acquitter avant sa créance la somme due à un légataire (Paris 15 av. 1820).

90. L'héritier bénéficiaire ne peut se soustraire à l'obligation de fournir caution quelque riche qu'il soit en propriétés immobilières (Paris 28 janv. 1812).

91. Cependant il a été décidé qu'il peut, au moyen de ses immeubles personnels, fournir la caution exigée de l'héritier pour être dispensé de consigner les sommes provenant de la succession (Aix 28 nov. 1831).

92. MOBILIER COMPRIS DANS L'INVENTAIRE. Le mobilier dont l'héritier bénéficiaire est tenu de donner caution aux termes de cet article comprend non-seulement les meubles par leur nature, mais encore les meubles par la détermination de la loi tels que les actions et obligations qui ont pour objet des choses exigibles, quelqu'en soit l'origine (Bordeaux 6 juin 1828).

93. On ne doit point étendre cet article au-delà de ses termes, c.-à-d. que la caution n'est due que pour assurer la représentation des objets compris dans l'inventaire, d'où il suit que l'héritier bénéficiaire qui fait homologuer un concordat n'est pas assujéti à fournir caution pour le paiement des dividendes

qu'il s'engage à payer aux créanciers comme administrateur de la succession (Paris 23 fév. 1839).

L'article précité du C. civ. trouve son complément dans les art. 992, 993 et 994 du C. de proc. civ. qui déterminent dans quelle forme cette caution doit être fournie. — *V. note* 32, *n.* 139).

94. DÉPOSÉ. Ce dépôt se fait à la Caisse des consignations (Ordonn. roy. 3 fév. 1816; V. note 48, n. 55).

§ 7. DU PAIEMENT DES CRÉANCIERS.

95. *S'il y a des créanciers opposants, l'héritier bénéficiaire ne peut payer que dans l'ordre et de la manière réglés par le juge.— S'il n'y a pas de créanciers opposants, il paie les créanciers et les légataires à mesure qu'ils se présentent* (C. civ. 808).

96. Pour qu'un individu soit réputé créancier opposant, il suffit que la créance pour laquelle il a formé opposition ait été mentionnée dans l'inventaire (Cass. 29 oct. 1807; 23 juill. 1833; Toulouse 17 août 1822; Paris 24 fév. 1825; Bruxelles 28 déc. 1826; Toullier 4, 386; C. Jal. Pal.). - V. *inf.* n. 103). — Il suffit aussi qu'il fasse sommation à l'héritier bénéficiaire de ne payer aucune somme aux créanciers de la succession et de l'héritier bénéficiaire. Au surplus, une opposition formée ne profite qu'à celui qui l'a faite (C. Jal. Pal.).

97. Quand il y a des créanciers opposants, l'héritier bénéficiaire ne doit payer que d'après un ordre judiciaire. Mais ordinairement on n'a recours à cette voie toujours très coûteuse que quand les parties n'ont pu faire une distribution amiable.— *V. la formule de* DISTRIBUTION PAR CONTRIBUTION.

98. Et lorsqu'il paie arbitrairement les créanciers de la succession quand il y a des opposants, il n'encourt pas pour cela la déchéance du bénéfice d'inventaire, seulement il est personnellement tenu d'indemniser les créanciers qui n'ont pas été payés dans l'ordre légal et d'après la quotité de leurs créances (Cass. 27 déc. 1820).

99. Les art. 552, 553 et 554 du C. de comm. sont applicables au cas de succession bénéficiaire lorsque les droits respectifs des créanciers hypothécaires et des créanciers chirographaires se trouvent en concurrence d'attribution sur l'actif du débiteur commun insuffisant pour les payer tous. Ainsi donc, les créanciers hypothécaires peuvent prendre part à la distribution dans la masse chirographaire à la charge de ne pouvoir toucher le montant de leur collocation postérieure dans la masse hypothécaire que sous la déduction intégrale ou proportionnelle de ce qu'ils ont reçu dans la masse chirographaire, suivant que leur collocation est intégrale ou partielle. Il doit en être ainsi alors surtout que les créanciers hypothécaires n'ont pris part aux distributions dans la masse chirographaire que sous la réserve par eux consentie de supporter la déduction de ce qu'ils ont touché dans cette distribution sur le montant de leur collocation postérieure (Cass. 22 janv. 1840).

100. Lorsqu'il n'y a pas de créanciers opposants, l'héritier bénéficiaire peut payer les créanciers et les légataires à mesure qu'ils se présentent; il le peut même aussitôt son acceptation et sans attendre l'expiration des trois mois et quarante jours accordés pour faire inventaire et délibérer, et le paiement ainsi effectué est valable et définitif (Orléans 15 nov. 1832).

101. L'héritier bénéficiaire a même le droit de faire avec l'époux survivant un acte de liquidation de la communauté et une distribution des valeurs de la succession, en s'appliquant à lui-même, par compensation, une somme à lui due, de manière que les deux allocations absorbent la totalité de l'avoir de la succession, pourvu que ce soit sans dol ni fraude, et surtout pourvu que l'acte n'ait pas été fait au détriment de créanciers connus et opposants (Paris 25 juin 1807; Duranton 7, 35; Vazeille; — *Contrà*, Toullier 7,380, dont l'opinion est que la compensation doit être demandée en justice contre les cohéritiers et le curateur si alors il n'y a pas de créanciers opposants).

102. En tout cas, le paiement fait sans fraude avant toute opposition par l'héritier bénéficiaire à un créancier de la succession est définitif et irrévocable. Ce créancier n'est tenu à aucun rapport au profit des créanciers non payés qui forment ultérieurement opposition, encore que cette opposition ait lieu avant l'apurement du compte de l'héritier et le paiement du reliquat de ce compte (Cass. 4 av. 1832; Delvincourt; Favard; Duranton; — *Contrà*, Toullier 4,383; Chabot; Malpel; Coulon). Peu importe que le créancier payé sût qu'il existât d'autres créanciers; cette circonstance n'attribue point un caractère de fraude au paiement par lui reçu (Orléans 15 nov. 1832).

103. Mais il y aurait de l'imprudence de la part de l'héritier bénéficiaire à payer les autres créanciers sans appeler celui qui s'est fait connaître lors de l'inventaire et dont la réclamation y a été consignée, car il est vrai de dire que celui-là s'est présenté. — Cependant il a été décidé que l'héritier bénéficiaire qui, après compte rendu et apuré de son administration, a payé les créanciers les plus diligents et épuisé tout l'actif de la succession, ne peut être recherché sur ses biens personnels par d'autres créanciers qui ne se sont fait connaître par aucun acte conservatoire, et ne se sont opposés à la distribution ni du prix des meubles ni de celui des immeubles (Paris 25 juin 1807; Cass. 4 av. 1832; Chabot; Duranton). — D'où il résulte qu'il est de l'intérêt de tout créancier de demander la séparation des patrimoines pour conserver ses droits sur toutes les valeurs de la succession (Cass. 28 av. 1840). — V. *sup.* n. 96.

104. Car l'hypothèque inscrite sur des immeubles dépendant d'une succession bénéficiaire a le même effet que l'opposition dont parle l'article précité, d'où il suit que le créancier hypothécaire qui ne s'est opposé au paiement du prix des meubles ni des immeubles, conserve ses droits et son recours soit contre les légataires, soit contre les créanciers payés à son préjudice (Vazeille; — *Contrà*, Duranton; Dalloz). — V. note 83.

105. Cependant quand une provision est accordée à un créancier contre un héritier bénéficiaire elle peut être exécutée contre lui personnellement et avant toute reddition de compte de sa part, alors surtout que l'héritier est réputé nanti de sommes suffisantes dépendant de la succession (Paris 7 mai 1829).

106. L'article précité du C. civ. trouve son complément dans les art. 990 et 991 du C. de proc. civ.

107. *Les créanciers non opposants qui ne se présentent qu'après l'apurement du compte et le paiement du reliquat n'ont de recours à exercer que* CONTRE LES LÉGATAIRES. — *Dans l'un et l'autre cas, le recours* SE PRESCRIT *par le laps de trois ans, à compter du jour de l'apurement du compte et du paiement du reliquat* (C. civ. 809).

108. CONTRE LES LÉGATAIRES. Et si ces légataires deviennent insolvables, le créancier non opposant n'a point de recours à exercer contre l'héritier bénéficiaire (Toullier 4,825). — Quant au légataire, il ne peut jamais avoir de recours contre un créancier, puisque tous les créanciers doivent être payés avant lui (Marcadé).

109. SE PRESCRIT. Cette prescription ne commence à courir que du jour du paiement du reliquat, lorsque l'apurement du compte et le paiement du reliquat ne sont pas du même jour (Toullier 4,384).

§ 8. DES FRAIS A LA CHARGE DE LA SUCCESSION BÉNÉFICIAIRE.

110. *Les frais de scellés, s'il en a été apposé, d'inventaire et de compte, sont à la charge de la succession* (C. civ. 810).

111. En principe, les frais de bénéfice d'inventaire doivent être considérés comme frais de justice, et par suite être employés par privilége sur le prix des immeubles de la succession à défaut de mobilier, car sans ces frais il ne serait pas possible d'arriver à un résultat (Paris 1 août 1811 et 28 janv. 1812; Amiens 24 av. 1822; Cass. 11 août 1824). — V. note 29, n. 21.

112. Ainsi, les frais de scellés, inventaire et vente doivent être prélevés sur la masse de la succession; et l'héritier à réserve ne peut les faire supporter en totalité par le légataire de la quotité disponible (Paris 1 août 1811; Duranton 8,344).

Chap. 2. DES SUCCESSIONS VACANTES.

§ 1. EN QUELS CAS UNE SUCCESSION EST RÉPUTÉE VACANTE.

113. Il ne faut pas confondre la *vacance* d'une succession avec la *déshérence* : la succession est en *déshérence* quand il est certain qu'il n'existe pas d'autre successeur que l'État; elle est *vacante* quand on ne connaît aucun héritier et non pas lorsqu'aucun héritier ne se présente, de sorte qu'il ne peut y avoir lieu à déshérence quand il existe un héritier connu. Quand une succession est *vacante* elle est administrée par un curateur, et quand elle est en *déshérence* elle est administrée par le receveur des domaines du chef-lieu d'arrondissement comme bien appartenant à l'État (Instr. gén. n. 219 et 552. — V. note 88.

114. Une succession est même réputée vacante lorsqu'il n'existe ni héritier *connu*, ni légataire universel, encore bien qu'un enfant naturel légalement reconnu vienne réclamer la totalité des biens. En conséquence, il y a lieu même dans ce cas à la nomination d'un curateur à cette succession (Toullier 4, 292).

115. Cependant il a été décidé qu'une succession à laquelle l'État prétend droit en l'absence de tout héritier *connu* ne peut être réputée vacante. En conséquence, il n'y a pas lieu à la nomination d'un curateur à cette succession en attendant le jugement d'envoi en possession au profit de l'État; et si un curateur a été nommé par le tribunal avant la réclamation de l'État, ce curateur doit être révoqué sauf au tribunal à remettre l'administration provisoire de la succession à tel gérant qu'il juge convenable (C. civ. 768 et suiv.; Cass. 17 août 1840; Chabot; Duranton; Malpel; Favard; Vazeille; Poujol). — Par suite de ce qui précède, l'administration provisoire d'une succession vacante pourvue de curateur doit être remise par le curateur à la régie des domaines, aussitôt qu'elle se présente pour la recueillir, sans attendre le jugement d'envoi en possession (C. civ. 768; Paris 26 mars 1835).

116. *Lorsqu'après l'expiration des délais pour faire inventaire et délibérer, il ne se présente personne* QUI RÉCLAME *une succession, qu'il n'y a pas d'héritier connu, ou que les héritiers connus y* ONT RENONCÉ, *cette succession est réputée vacante* (C. civ. 811; C. proc. civ. 998).

117. QUI RÉCLAME. Toutefois, le créancier d'une succession vacante n'a pas la faculté de l'accepter, comme le créancier d'un héritier pourrait accepter la succession déférée à son débiteur (Paris 13 juin 1807). — V. note 62, n. 240.

118. ONT RENONCÉ. Lorsque les héritiers plus proches renoncent à une succession, les parties intéressées peuvent faire nommer un curateur à la succession, sans qu'il soit besoin de faire une sommation d'accepter ou de répudier aux héritiers du degré subséquent qui ne se sont pas présentés (Aix 17 déc. 1807; Toullier 4,397; Duranton 7, 62).

119. Mais, dès qu'une succession a été acceptée sous bénéfice d'inventaire, elle ne peut ultérieurement être déclarée vacante, quelqu'incertitude qu'il puisse y avoir sur l'existence de l'héritier bénéficiaire absent, et quelque soit le silence par lui gardé pendant son absence. — Par conséquent, la nomination d'un curateur et tout ce qui l'a suivie, notamment la vente des biens de la succession sont entachés d'une nullité radicale, surtout lorsque ces actes ont eu lieu sur les poursuites de créanciers qui avaient connaissance de l'acceptation bénéficiaire (Cass. 18 mars 1834).

§ 2. DE LA NOMINATION DU CURATEUR A SUCCESSION VACANTE.

120. *Le tribunal de première instance dans l'arrondissement duquel elle est ouverte nomme un curateur sur la demande des personnes intéressées, ou sur la réquisition du procureur du roi* (C. civ. 812).

121. Cette nomination de curateur peut être poursuivie par un créancier, sans qu'il soit nécessaire de mettre en cause les héritiers du second degré, lorsque les héritiers premiers appelés ont renoncé (Paris 31 août 1822). — V. *sup.* n. 118.

122. Il ne doit point être passé acte au greffe de l'acceptation du curateur (Carré. — *Contrà*, Pigeau). Le curateur n'est point tenu comme autrefois de prêter serment avant d'entrer en fonctions (Bordeaux 4 av. 1809).

123. Le jugement qui nomme un curateur est sujet à appel, et la Cour d'appel a la faculté de nommer un curateur autre que celui nommé par le jugement de première instance. Si, dans ce cas, le curateur conteste pour établir que la nomination doit être maintenue il peut être condamné personnellement aux dépens de l'instance (Cass. 7 fév. 1809).

124. *En cas de concurrence entre deux ou plusieurs curateurs, le premier nommé sera préféré sans qu'il soit besoin de jugement* (C. proc. 998).

125. Cependant le premier nommé ne doit pas être préféré si le second a été nommé par le tribunal du lieu où la succession s'est ouverte (Carré; Toullier; Duranton).

§ 3. DE L'ADMINISTRATION DU CURATEUR A SUCCESSION VACANTE.

126. *Le curateur à une succession vacante est tenu, avant tout, d'en faire constater l'état par un inventaire* : IL EN EXERCE ET POURSUIT LES DROITS; *il* RÉPOND AUX DEMANDES *formées contre elle;* IL ADMINISTRE SOUS LA CHARGE *de faire verser le numéraire qui se trouve dans la succession, ainsi que les deniers provenant du prix des meubles ou* IMMEUBLES VENDUS, *dans la* CAISSE DU RECEVEUR *de la régie royale* (maintenant la caisse des dépôts et consignations (V. note 48, n. 65), *pour la conservation des droits, et à la charge de rendre compte à qui il appartiendra* (C. civ. 813; C. proc. 100 et 101).

127. IL EN EXERCE ET POURSUIT LES DROITS. Mais cela ne l'autorise point à transiger ou à compromettre : on ne saurait argumenter à cet égard de l'art. 467 du C. civ. (Toullier 4,401).

128. RÉPOND AUX DEMANDES. Et si le curateur répond aux demandes formées contre la succession en payant de ses deniers quelques dettes de cette succession, il y a subrogation légale à son profit (V. note 84, n. 141.

129. Mais le curateur n'est point tenu de faire à la régie de l'enregistrement la déclaration des biens, s'il est constant qu'il n'a jamais été nanti de deniers avec lesquels il aurait pu acquitter les droits (L. 22 frim. an VII, art. 32 et 38; Cass. 20 janv., 29 av. et 4 août 1807; Bruxelles 4 nov. 1815;

130. IL ADMINISTRE SOUS LA CHARGE, ETC. La loi ne l'obligeant à consigner que les deniers trouvés après décès, et ceux provenant de la vente soit des meubles soit des immeubles, il en résulte qu'il lui est permis de conserver les sommes qu'il reçoit pour fermages, arrérages de rentes, etc, puisque la loi ne l'oblige pas à s'en dessaisir; mais le domaine aura toujours le droit de forcer le curateur à faire le versement de toute espèce de deniers qu'il aura entre mains (Cass. 20 janv. 1807 et 13 juin 1810; C. Jal. Pal.).

130 *bis*. IMMEUBLES VENDUS. Dans le cas de ventes judiciaires de biens grevés d'hypothèques inscrites, l'article précité du C. civ. n'ordonne le versement du prix de la vente dans la caisse du receveur des domaines, que distraction préalablement faite de ce qui est dû aux créanciers hypothécaires (Circ. min. just. 26 mars 1807).

131. Du reste, le curateur à succession vacante est tenu, comme l'héritier bénéficiaire, même des fautes graves qui seraient par lui commises dans l'administration dont il est chargé. Un curateur ne peut, en effet, par des actes ou par négligence compromettre ou abandonner les droits appartenant à la succession (Paris 29 mai 1815; Chabot 3,813; Duranton 7,70).

132. CAISSE DU RECEVEUR. C'est dans la caisse du receveur placé près le tribunal de première instance dans l'arrondissement duquel la succession est ouverte que les deniers provenant d'une succession vacante doivent être versés (Lett. min. just. 26 mart 1807).

133. Le curateur peut agir contre celui qui a reçu les deniers appartenant à la succession vacante, pour les faire verser à la

caisse du receveur (Cass. 6 juin 1809). — Mais il n'a pas le droit d'exiger le versement entre ses mains des dettes actives dépendant de la succession (Bruxelles 31 mars 1827; Toullier 4,385; Delvincourt 1,207).

134. De son côté, le receveur de la caisse des dépôts et consignations a action pour contraindre le curateur d'une succession vacante à verser ou faire verser dans cette caisse les deniers provenant de cette succession (Nancy 29 av. 1843). — Mais l'administration des domaines n'a pas le droit d'exiger des comptes d'un curateur à succession vacante, lorsqu'il est constant en fait que ce curateur n'a eu en mains aucuns deniers héréditaires, qu'il n'y avait aucun mobilier dans la succession, et qu'il était impossible de donner à bail les biens immeubles à cause de leur mauvais état et de leur peu de valeur (Cass. 20 janv. 1807).

135. *Les dispositions de la section* 3 *du présent chapitre sur les formes de l'inventaire* (V. *sup.* n. 6 et suiv.), *sur le mode d'administration et sur les comptes à rendre de la part de l'héritier bénéficiaire* (V. *sup.* n. 58 et suiv.), *sont, au surplus, communes aux curateurs à successions vacantes* (C. civ. 814; C. proc. 1002).

136. Toutefois, quand il s'agit de vente des meubles, le curateur n'a pas besoin de présenter requête pour obtenir l'autorisation de vendre, c'est un devoir qu'il a à remplir. Cette règle est applicable aussi au tuteur et à l'héritier bénéficiaire qui a pris qualité (Thomine 11 et 27; Bioche et Goujet, v° vente, n° 20).

V. *Succession*, note 88. — *Héritiers*, note 78. — *Abandon de biens par un héritier bénéficiaire*, note 23.

[86—87]

DES BIENS MEUBLES ET IMMEUBLES.

DIVISION SOMMAIRE :

Indication alphabétique :

§ 1. DE LA DISTINCTION DES BIENS.

1. *Tous les biens sont meubles ou immeubles* (C. civ. 516).

2. Quoique les biens incorporels tels que les rentes, les créances, etc. (V. note 96) ne soient ni meubles ni immeubles, car ils n'ont ni forme ni figure et n'occupent aucune place dans l'espace, ils sont cependant compris dans la catégorie des meubles et des immeubles, la loi leur ayant attribué une nature mobilière ou immobilière, ainsi qu'on le verra *inf.* n. 61 et 72.

§ 2. DES IMMEUBLES ET DE LEURS DIFFÉRENTES ESPÈCES.

3. *Les biens sont immeubles ou par leur nature, ou par leur destination, ou par l'objet auquel ils s'appliquent* (C. civ. 517). Ils le sont aussi, dans certains cas, par la volonté de l'homme.

Art. 1. DES IMMEUBLES PAR LEUR NATURE.

4. *Les fonds de terre et les bâtiments sont immeubles par leur nature* (C. civ. 518).

5. Cependant lorsqu'un four a été construit par un locataire à la charge par lui de l'enlever lors de l'expiration de son bail, il doit être réputé chose mobilière, et par suite il peut faire l'objet d'une saisie exécution (C. proc. 583 et suiv.; Lyon 14 janv. 1832).

6. Les bâtiments à démolir deviennent meubles aussi lors de leur destruction. — V. note 27, n. 421.

7. C'est de constructions ordinaires, sur pilotis ou fondements, qu'il s'agit en l'art. précité : d'où il suit qu'un bâtiment resterait meuble s'il était construit sans fondements ni pilotis, comme cela arrive souvent pour des cérémonies publiques, pour des foires ou assemblées (Marcadé; C. Jal Pal.).

8. *Les moulins à vent ou à eau,* FIXÉS SUR PILIERS *et faisant partie du bâtiment, sont aussi immeubles par leur nature* (C. civ. 519).

9. Cet article s'applique aux moulins ou usines fixés sur piliers, dans une rivière navigable ou flottable, comme à ceux placés dans une rivière non navigable (Duranton 11, 24).

10. Fixés sur piliers. Il résulte de ces expressions qu'il faut que les piliers soient de construction telle qu'ils portent avec eux un signe d'immobilisation, qu'il faut qu'ils constituent par eux-mêmes une partie de bâtiment, que la construction des piliers soit en pierres et porte sur des fondations creusées dans le sol. — Ainsi, le moulin à vent, encore bien qu'il ne soit adhérent à aucun immeuble, n'en doit pas moins être considérée comme immeuble de sa nature, s'il est posé sur des piliers en maçonnerie (Cass. 12 mai 1834). — Le moulin qui serait seulement posé sur échaffaudage ne constituerait qu'un simple objet mobilier, à moins qu'il ne fût lui-même la dépendance de constructions incorporées au sol; car alors il devient immeuble par destination (C. Jal. Pal.).

11. Du reste, pour qu'un moulin soit immeuble, il n'est pas nécessaire qu'il soit fixé par des piliers et qu'en outre il fasse partie d'un bâtiment; une des deux circonstances suffit. L'article précité doit donc être entendu ainsi : les moulins fixés sur piliers et *ceux* faisant partie du bâtiment (Marcadé; C. Jal. Pal.).

12. *Les récoltes pendantes par les racines, et les fruits des arbres non encore recueillis, sont pareillement immeubles. — Dès que les grains sont coupés et les fruits détachés quoique non enlevés, ils sont meubles. — Si une partie seulement de la récolte est coupée, cette partie seule est meuble* (C. civ. 520). — V. note 7, n. 50; note 50, n. 9.

13. Cependant ces récoltes sont meubles lorsqu'elles sont vendues sur pied. Leur nature immobilière change dans ce cas, par la seule volonté du vendeur. Aux yeux de la loi c'est le fait seul de la séparation qui constitue la mobilisation; mais ce principe est détruit, lorsque, par exemple, le propriétaire a transporté à autrui le droit de faire la récolte; car le contrat qui s'est formé alors, est un contrat purement mobilier, et, dès ce moment, les fruits se sont trouvés séparés de la terre, au moins fictivement, car ils n'ont pu passer dans d'autres mains séparément du fonds que comme objets mobiliers.

14. Les fruits deviennent donc meubles par le seul effet du contrat, tant à l'égard du propriétaire, qu'à l'égard du fonds. Ainsi, et en général, la vente d'objets mobiliers qui sont immeubles par incorporation ou par destination, ne constitue plus relativement au droit d'enregistrement qu'une vente mobilière, lorsqu'elle est faite sous la condition qu'ils seront enlevés. Ils sont alors rendus à leur nature première (Cass. 25 fév. 1812; 24 mai 1815; 21 juin 1820; 13 août 1833; 31 juill. 1839).— V. note 90.

15. *Les coupes ordinaires de bois taillis ou de futaies mises en coupes réglées, ne deviennent meubles qu'au fur et à mesure que les arbres sont abattus* (C. civ. 521).

16. On appelle *bois taillis* tous les bois destinés à être coupés, *taillés*, tout jeunes encore, à des époques périodiques, sans qu'on les laisse jamais grandir. — Les *futaies*, au contraire, sont des bois composés de grands arbres. Presque toujours, le terrain couvert d'un taillis porte aussi de grands arbres; de là l'usage d'appeler le taillis *bois sous futaie*. Une futaie est mise en coupes réglées ou *aménagée*, lorsque, à des époques périodiques, (tous les vingt ans, par exemple), on la coupe par parties, soit en prenant çà et là, sur toute l'étendue du terrain, une fraction des arbres, soit en abattant à chaque fois tous les arbres d'une fraction du terrain.

17. En principe, la superficie d'un bois est nécessairement immeuble, et conséquemment elle est frappée de l'hypothèque qui grève le fonds (Dijon 30 janv. 1819). — Tellement que le propriétaire ne peut en disposer avant l'époque fixée pour les coupes, au préjudice des créanciers qui ont hypothèque sur le fonds (*Ibid.*).

18. Néanmoins on doit réputer meubles les bois sur pied dès qu'ils ont été vendus séparément du fonds pour être coupés (Cass. 25 fév. 1812, 24 mai 1815, 21 mars et 21 juin 1820; Troplong, v° *vente* 1, 352; Merlin, *rép.* v° *vente* § 8). V. note 69, n. 81 et suiv.

19. Quant aux arbres plantés en pépinières, ils ne sont censés meubles que lorsqu'ils sont destinés à être vendus (Pothier, *commun.* n. 34); mais s'ils ont été placés sur un fonds pour y être plantés définitivement, ce sont des immeubles, il y a alors infixation au sol (Championnière et Rigaud 31,66).

Art. 2. DES IMMEUBLES PAR DESTINATION.

20. *Les animaux que le* PROPRIÉTAIRE *du fonds livre au fermier ou métayer pour la* CULTURE, *estimés ou non, sont censés immeubles tant qu'ils demeurent attachés au fonds par l'effet de la convention. — Ceux qu'il donne à cheptel à d'autres qu'au fermier ou métayer, sont meubles* (C. civ. 522).

21. Le propriétaire. Pour que les bestiaux soient immeubles par destination, il faut qu'ils aient été livrés par le propriétaire: si donc ils ont été fournis par le fermier pour la culture, ils ne composeraient jamais que du mobilier, parce qu'en effet le fermier n'a pas le droit d'incorporer un meuble qui lui appartient à un immeuble qui ne lui appartient pas; c'est-là un privilége exclusivement réservé au propriétaire du fonds (Liége 14 fév. 1824; C. Jal. Pal.; Proudhon, *Dom. privé*, 1, 116).

22. Il en serait de même des bestiaux ou autres effets mobiliers que l'usufruitier aurait attachés à l'exploitation du fonds dont il aurait l'usufruit (Proudhon, *dom. privé*, 1, 166.—*Contrà*, Duranton 4, 59).

23. Culture. Tous les bestiaux d'un domaine, même ceux donnés à cheptel, et sans autre destination que celle de la consommation des fourrages, sont réputés *immeubles par destination*. On ne doit pas restreindre cette qualification aux seuls bestiaux employés à l'agriculture (Riom 28 av. 1837; Bourges 24 fév. 1837).

24. Convention. Il ne suffit pas que le propriétaire du fonds ait de fait laissé la possession d'animaux au fermier pour qu'ils soient réputés immeubles par destination, il faut encore qu'ils aient été expressément compris dans le bail (Bruxelles 8 août 1811; Hennequin p. 25).

25. Par application de l'article précité, et de l'art. 524 (V. *inf.* n. 28), il résulte que les animaux et ustensiles aratoires attachés par le propriétaire à l'exploitation de son domaine n'en sont pas moins immeubles par destination, soit que le propriétaire exploite lui-même son domaine, soit qu'il le donne à bail au fermier (Orléans 16 mai 1834; Cass. 1 av. 1835; Hennequin, 1 p. 25). — C'est ainsi que dans les colonies, les esclaves (qui sont mis au rang des choses) deviennent immeubles par destination lorsqu'ils sont attachés à une exploitation rurale (Liége 14 fév. 1824; Cass. 3 août 1831; Duranton 4, 47; Delvincourt 1, 134).

26. *Les tuyaux servant à la conduite des eaux dans une maison ou autre héritage, sont immeubles et font partie du fonds auquel ils sont attachés* (C. civ. 523).

27. Cet article a eu spécialement en vue les conduits que l'on emploie à l'irrigation des prés et des jardins, et les tuyaux qui sont consacrés à la décharge des eaux pluviales et ménagères, ainsi qu'à la conduite des eaux nécessaires aux besoins de la vie. Ils sont le plus ordinairement scellés, mais qu'ils soient scellés ou non, ils forment un immeuble comme étant une dépendance nécessaire de l'immeuble lui-même (C. Jal. Pal.)

28. *Les objets que le* PROPRIÉTAIRE *d'un fonds y a placés* POUR LE SERVICE ET L'EXPLOITATION DE CE FONDS, *sont immeubles par destination. Ainsi sont immeubles par destination, quand ils ont été placés par le propriétaire pour le service l'exploitation du fonds : les* ANIMAUX ATTACHÉS A LA CULTURE*; les* USTENSILES ARATOIRES*; les* SEMENCES *données aux fermiers ou colons partiaires; les* PIGEONS *des colombiers; les* LAPINS *des garennes; les* RUCHES *à miel, les* POISSONS *des étangs; les* PRESSOIRS, CHAUDIÈRES, ALAMBICS, CUVES *et* TONNES*; les* USTENSILES NÉCESSAIRES A L'EXPLOITATION DES FORGES, PAPETERIES ET AUTRES USINES*; les* PAILLES ET ENGRAIS*. Sont aussi immeubles par destination, tous effets mobiliers que*

le propriétaire a attachés au fonds à PERPÉTUELLE DEMEURE (C. civ. 524).

29. Cet article est démonstratif et non limitatif; par conséquent on ne doit point faire difficulté d'admettre comme immeubles par destination : 1° la plaque de fonte du foyer (Pothier *commun.* n. 52-59); 2° les paravents des cheminées; 3° le couvercle d'un four; 4° les clefs et serrures des portes; les échelles servant à monter aux échaffauds des granges ou aux greniers; 5° les barques que le propriétaire d'un lac y a placées pour le service de la pêche (Proudhon 5. 1569); 6° les bestiaux donnés à cheptel, les claies de parcs, semences, fourrages, pailles et engrais, en conséquence, ces objets sont réputés compris dans l'adjudication du domaine dont ils dépendent, encore que le procès-verbal de saisie, le cahier des charges et même le jugement n'en fassent pas mention (Riom 30 août 1820); 7° les rateliers d'une écurie; 8° le couvercle et la chaîne d'un puits 9° les volets non-fixés formant la fermeture d'un appartement; 10° les statues posées sur un piédestal scellé, ou dans une niche pratiquée pour les recevoir; 11° les oignons de fleurs, les arbustes en caisses et les diverses plantes de serre et d'orangerie, conservés pour l'ornement et l'entretien d'un jardin; 12° le bateau exclusivement destiné au passage des habitants d'une maison située sur le bord d'une rivière; 13° les pompes à incendie attachées à un établissement en vue des sinistres auxquels il est exposé; 14° les échalas des vignes; 15° en un mot, tous les objets mobiliers mis pour toujours et par le propriétaire sur un fonds pour son exploitation, son avantage ou son ornement (Marcadé).

30. LE PROPRIÉTAIRE Pour que les objets soient immeubles par destination, il faut qu'ils aient été placés par le propriétaire ou en son nom par quelqu'un y étant obligé comme au cas de perte de cheptel (C. civ. 1825; V. *sup.* n. 21 et 22.) — Cependant les objets mobiliers (tels sont les esclaves attachés à une habitation dans les colonies), appartenant au mari, placés par lui pendant le mariage, sur un fonds propre à son épouse, et pour l'exploitation de ce fonds, deviennent par-là immeubles par destination, comme s'ils avaient été placés sur un fonds propre au mari lui-même (Ind. Cass. 3 août 1831). — Toutefois, ces objets n'ont le caractère d'immeubles par destination, qu'aussi longtemps qu'ils restent attachés au fonds, ils perdent ce caractère et recouvrent la qualité de meubles dès l'instant qu'ils en sont distraits. En conséquence, et à partir de ce moment, on ne peut exercer à l'égard de ces objets, un droit de suite, en vertu d'une hypothèque. Ces mêmes objets ne peuvent non plus, au cas où ils ont été vendus à un tiers, et après un laps de trois ans depuis la vente, être revendiqués entre les mains de ce tiers, par celui qui s'en prétendrait propriétaire (Cass. 3 août 1831 et 17 juill. 1838).

31. Mais les meubles réputés immeubles par destination, et hypothéqués comme tels, ne peuvent plus, après la mort du propriétaire, être distraits de l'immeuble dont ils sont les accessoires; leur qualité est irrévocablement fixée (Cass. 4 fév. 1817). — En conséquence, le légataire des meubles ne peut prétendre à aucun droit sur ces objets (Cass. 1 av. 1835).

32. POUR LE SERVICE ET L'EXPLOITATION DU FONDS. Ainsi, le pressoir qui se trouve dans un bâtiment n'est point immeuble par destination, mais s'il se trouve au milieu d'une pièce de vigne et sert ordinairement au pressurage de la récolte de cette vigne, il sera immeuble par destination. — V. *inf.* n. 52.

33. ANIMAUX ATTACHÉS A LA CULTURE. Pour que des animaux soient réputés immeubles par destination, et par conséquent insaisissables, il ne suffit pas qu'ils soient placés sur un fonds, qu'ils soient propres à la culture et que le propriétaire déclare qu'ils y sont attachés; il faut qu'ils soient rigoureusement nécessaires à l'exploitation du fonds, il n'y a de tels que les animaux de trait dont le travail est indispensable pour la culture. Il n'en est point de ce cas comme de celui où les animaux ont été confiés par le propriétaire au fermier. - V. *sup.* n. 20 et suiv. (Limoges 15 juin 1820; Proudhon 1, 145; Hennequin 1, 22). — D'où il suit que la défense de saisir ces objets cesse dans le cas où ces objets ne peuvent plus être employés à l'usage auquel ils étaient destinés. Ainsi, les bestiaux attachés à une ferme peuvent être saisis, lorsque le propriétaire a rendu la culture impossible, en vendant les charrues, charrettes, pailles et fourrages (C. proc. 592; Bourges 9 fév. 1830).

34. Les bestiaux qui servent à féconder les fonds par les engrais qu'ils procurent, et sans lesquels ces fonds seraient improductifs, doivent être réputés immeubles par destination. Tels sont les troupeaux de moutons dans les biens de landes (Bordeaux 14 déc. 1829; Proudhon 1, 117; Hennequin 1; 23).

35. Toutefois ne sont point immeubles par destination :

36. 1° Le cheval et la charrette d'un brasseur de bierre (Bruxelles 21 juin 1807).

37. 2° Les bœufs mis en pâture pour le service des boucheries, quand même ils absorberaient le produit du fonds sur lequel on les fait paître (Proudhon 1, 119).

38. USTENSILES ARATOIRES. Ces objets étant immeubles par destination ne sont pas compris dans la réserve que fait le vendeur de biens immeubles d'enlever les meubles qui y sont placés (Paris 8 fév. 1833). — Cet arrêt a été appliqué aussi aux animaux employés à la culture. — V. *sup.* n. 29-6°.

39. Mais, avant le Code civil, les animaux attachés à la culture et les ustensiles aratoires n'étaient pas de plein droit considérés comme immeubles, d'où il suit qu'à défaut de convention expresse, ces objets n'étaient pas compris dans la donation d'un immeuble (Riom 6 av. 1821).

40. SEMENCES. Les semences données au fermier ou au colon partiaire sont immeubles par destination, alors qu'elles n'ont point été jetées en terre (Duranton 4, 37; Championnière 4, 3164. — *Contrà*, Pothier, *commun.* n. 33). — Mais quand elles ont été jetées en terre, elles sont immeubles par nature (Marcadé. — V. *sup.* n. 29-6°.

41. PIGEONS, LAPINS, RUCHES, POISSONS. En déclarant que les pigeons seraient immeubles par destination lorsqu'ils avaient été réunis en colombier par le propriétaire, les lapins lorsqu'il aurait été établi des garennes par le propriétaire, et les abeilles lorsqu'elles seraient disposées en ruches également par le propriétaire, la loi n'a pas entendu pour cela donner un droit de suite sur ces animaux lorsqu'ils parviennent à s'échapper.

42. Ainsi, en ce qui concerne les lapins, ils ont toujours été rangés dans la classe des animaux sauvages, que l'on considère en droit comme *res nullius*, parce qu'ils deviennent la propriété du premier qui s'en rend maître. Cependant en raison des habitudes casanières du lapin qui s'écarte peu de la garenne, on a pu le considérer, malgré sa nature de gibier, comme susceptible d'être attaché à l'immeuble, d'autant mieux qu'il dépend du propriétaire de le retenir sur son fonds en entretenant les garennes; mais dès que le lapin est sorti des limites de la garenne, il reprend son entière liberté et redevient *res nullius* pour être la proie du premier saisissant. L'enlèvement même du lapin dans la garenne ne constituera qu'un simple délit de chasse ou de braconnage et non un vol.

43. Il n'en est pas de même soit des pigeons, soit des abeilles, soit des poissons. Ce sont-là des animaux susceptibles de propriété privée, en sorte que le pigeon dans le colombier, l'abeille dans sa ruche et le poisson dans l'étang appartiennent en propre et exclusivement au propriétaire du fonds. — Toutefois, le droit de suite ne lui appartient pas, et si les pigeons passent d'un colombier dans un autre sans y avoir été attirés par fraude, si les abeilles quittent volontairement leur ruche, ou si les poissons gagnent un autre cours d'eau, ils échappent non-seulement au caractère qui leur est imprimé de choses immobilière, mais même au droit de propriété qui était exercé sur eux, pour reprendre leur entière liberté, ou devenir la chose du premier occupant (C. Jal. Pal.).—V. note 22, n. 96 et note 27, n. 411 *bis*, 412, 413 et 414.

44 Quant aux poissons des étangs, ils ne sont immeubles par destination que jusqu'au moment où la bonde de l'étang est levée pour le mettre en pêche, car alors ils deviennent meubles et peuvent par conséquent être l'objet d'une saisie immobilière (Proudhon, *Dom. publ.* 5, 1579.)

45. PRESSOIRS, CHAUDIÈRES, ALAMBICS, CUVES ET TONNES. Les cuves, chaudières et ustensiles d'un teinturier sont immeubles par destination. En conséquence, les créanciers ayant hypothèque sur la maison du teinturier où se trouve son établissement, doivent être colloqués sur le prix des cuves et ustensiles, par préférence aux créanciers chirographaires (Grenoble 26 fév. 1808). — V. *sup.* n. 32.

46. Les tonnes ou rondelles dans les brasseries, sont immeubles par destination. (Cass. 4 fév. 1817). — V. *sup.* n. 36.

47. USTENSILES NÉCESSAIRES A L'EXPLOITATION DES FORGES, ETC. Les métiers à filer le coton mus par une roue que l'eau d'un ruisseau fait tourner, sont immeubles par destination. (Lyon 8 déc. 1826).

48. Mais pour que les meubles et ustensiles attachés à l'exploitation d'une manufacture soient réputés immeubles par destination, il faut qu'ils soient nécessaires à l'exploitation de cette manufacture, et on ne peut réputer tels des métiers à tisser placés par le propriétaire dans une filature; du moins en est-il ainsi quand il s'agit de savoir si ces métiers à tisser sont passibles de saisie-exécution (Cass. 27 mars 1821).

49. Cependant il a été décidé que les machines, décorations, partitions de musique et autres effets mobiliers d'un théâtre ne sont pas (quant à la perception des droits d'enregistrement) immeubles par destination. (Déc. min. 4 mars 1806). — Et pourtant ces objets sont d'une nécessité indispensable pour le théâtre, tellement que si on les saisissait, il n'y aurait plus de théâtre. La décision ministérielle n'est donc qu'une faveur qui ne peut ôter à ces objets leur véritable nature d'immeubles par destination (Marcadé).

50. Les mines sont immeubles ainsi que les bâtiments, machines, puits, galeries et autres travaux qui y sont établis à demeure (L. 24 av. 1810, art. 8).

51. PAILLES ET ENGRAIS. Pour que les pailles et engrais soient immeubles par destination, il faut qu'ils soient destinés à rester sur le fonds. Ils seraient toujours meubles s'ils devaient faire l'objet d'un commerce (Marcadé).

52. A PERPÉTUELLE DEMEURE. Les pressoirs, chaudières, alambics, cuves et tonnes qui se trouvent au milieu du fonds pour servir à son exploitation, sont considérés comme immeubles par destination. (V. *sup.* n. 31). — Mais si les cuves et tonnes, etc. étaient scellées, elles seraient immeubles d'une manière encore moins équivoque; il en serait de même des grands pressoirs à arbres ou roues ne faisant qu'un avec la cage du bâtiment. (Marcadé). — V. le n. suiv.

53. *Le propriétaire est censé avoir attaché à son fonds des effets mobiliers à perpétuelle demeure, quand ils y sont scellés en plâtre, ou à chaux, ou à ciment, ou lorsqu'ils ne peuvent être détachés sans être fracturés et détériorés, ou sans briser ou détériorer la partie du fonds à laquelle ils sont attachés. — Les glaces d'un appartement sont censées mises à perpétuelle demeure, lorsque le parquet sur lequel elles sont attachées fait corps avec la boiserie. — Il en est de même des tableaux et autres ornements. — Quant aux statues, elles sont immeubles lorsqu'elles sont placées dans une niche pratiquée exprès pour les recevoir, encore qu'elles puissent être enlevées sans fracture ou détérioration.* (C. civ. 525).

54. A PERPÉTUELLE DEMEURE. En principe, tout objet qui entre dans la construction de l'immeuble comme en faisant partie intégrante, non pas seulement par une incorporation matérielle, mais par une simple disposition d'arrangement telle que la construction sera réputée incomplète ou imparfaite si l'objet est enlevé, doit être réputé immeuble par incorporation comme étant attaché au fonds à perpétuelle demeure, bien que cet objet puisse être retiré sans qu'il en résulte pour l'immeuble une détérioration matérielle. (Pothier, *commun.* 55; Delvincourt, 1. 136).

55. Ainsi, les ustensiles d'une manufacture scellés à fer et à plâtre, sont réputés immeubles, et peuvent être vendus, sur expropriation forcée, en même temps que les bâtiments. (Paris 1 flor. an X).

56. LES GLACES. Cet article, en décidant que les glaces sont censées mises à perpétuelle demeure, lorsque le parquet sur lequel elles sont attachées fait corps avec la boiserie, n'a fait qu'indiquer une présomption tirée d'un usage en vigueur à l'époque de la publication du code civil.

57. La même présomption peut également résulter du fait que le parquet d'une glace a été posé à la méthode nouvelle usitée pour placer les glaces à perpétuelle demeure, laquelle proscrit assez généralement les boiseries, et veut que les glaces soient posées immédiatement sur les murs. (Paris 10 av. 1834, 11 av. 1840, 19 juin 1843; Chabot 1. 38. — *Contrà*, Paris 20 fév. 1833).

58. Du reste, ces objets ne sont immobiliers qu'autant que durent la destination ou l'incorporation. Ainsi, au moment même où ils cessent d'être appliqués à l'exploitation du fonds, au moment même où ils en sont détachés par le propriétaire, ils reprennent aussitôt leur qualité de meubles. Toutefois, si la glace est enlevée de son trumeau pour être mise au tain par exemple, elle n'en demeure pas moins immobilière comme formant une dépendance de l'immeuble (Duranton 4, 68).

59. Il en est d'ailleurs des immeubles par incorporation comme des immeubles par destination, ils n'ont ce caractère qu'autant qu'ils ont été incorporés au fond par le propriétaire lui-même. Aussi, les effets mobiliers que le locataire ou le fermier aura scellés en plâtre, à chaux ou à ciment, dans les murs du bâtiment dont il a la jouissance, ne perdront pas leur qualité d'effets mobiliers, et le locataire ou le fermier auront toujours le droit de les enlever, à la charge par eux de rétablir les lieux dans leur état primitif. Le propriétaire ne peut pas se faire un titre de ce que l'incorporation ayant eu lieu matériellement, il aurait droit à conserver la chose par accession, car ce serait l'autoriser à s'enrichir aux dépens d'autrui (C. jal. pal.).

60. Il est, au surplus, à remarquer que tous les objets mobiliers de leur nature qui deviennent immeubles par destination ou par incorporation, devront être désormais considérés comme s'ils étaient immobiliers de leur nature, et il sera fait abstraction entière du caractère mobilier qu'ils pouvaient avoir dans l'origine. C'est ainsi qu'ils seront déclarés insaisissables comme objets mobiliers. (C. proc. 592). Ils ne pourront plus être saisis qu'immobilièrement avec le fonds même dont ils font partie et dont ils sont désormais inséparables. C'est ainsi encore que l'objet mobilier qui est incorporé à l'immeuble par le propriétaire soit par destination, soit par scellement, fait tellement partie de l'immeuble, qu'il devient par cette incorporation même, le gage exclusif des créanciers hypothécaires, sans que le vendeur même de cet objet mobilier, s'il n'a pas reçu son prix, puisse leur être préféré. (Colmar 7 fév. 1829; Grenoble 18 janv. 1833; Cass. 22 janv. 1833, 9 déc. 1835).

V. pour l'enregistrement la note 57. n. 52 et suiv.

ART. 3. DES IMMEUBLES PAR L'OBJET AUQUEL ILS S'APPLIQUENT.

61. *Sont immeubles par l'objet auquel ils s'appliquent :* — L'USUFRUIT *des choses immobilières;* — LES SERVITUDES *ou services fonciers;* — LES ACTIONS *qui tendent à revendiquer un immeuble* (C. civ. 526).

62. L'USUFRUIT. L'usufruit d'une chose immobilière est lui-même immobilier, parce que c'est un véritable démembrement du droit de propriété, qui se divise en usufruit et en nue propriété; tandis que le bail, par exemple, d'une chose immobilière n'est lui-même qu'un droit mobilier. — V. *usufruit* note 69 et *bail* note 105.

63. On doit comprendre aussi dans cette catégorie les droits d'usage et d'habitation (V. note 193) et l'emphytéose (V. note 105). — Mais on ne doit point y comprendre l'hypothèque, laquelle n'est point un *jus in re* (V. note 27, n. 399 et note 30).

64. LES SERVITUDES. La servitude est également mise au nombre des choses immobilières, parce qu'elle constitue sous certains rapports une sorte de démembrement de la propriété; c'est là un droit distrait d'un immeuble pour être attaché à un autre immeuble et qui ne peut jamais affecter un meuble. — V. note 55.

65. LES ACTIONS. Enfin, toutes les actions qui tendent à revendiquer un immeuble sont immobilières, puisqu'elles tendent à faire entrer un immeuble entre les mains de celui qui le réclame; et elles conserveront ce caractère, alors même que l'option appartiendrait au défendeur qui aurait le droit de faire remise d'un objet mobilier pour obtenir le désistement de l'action immobilière. (C. jal. pal.). — V. note 28, n. 210 et 221.

ART. 4. DES IMMEUBLES PAR LA VOLONTÉ DE L'HOMME.

66. Outre les immeubles par destination et les immeubles par incorporation, on connait encore dans notre droit certains immeubles qui n'auront ce caractère que par l'effet d'une simple déclaration de volonté de la part du propriétaire, comme le décret du 16 janv. 1808 en fournit un exemple à l'égard des actions de la banque. — V. note 28, n. 755.

67. La même faculté a été accordée pour les rentes sur l'Etat par décret du 1 mars 1808 (V. note 28, n. 352), et pour les actions de la compagnie des canaux d'Orléans et du Loing, par un décret du 16 mars 1810.

§ 3. DES MEUBLES ET DE LEURS DIFFÉRENTES ESPÈCES.

68. *Les biens sont meubles par leur nature ou par la détermination de la loi.* (C. civ. 527).

69. Ils le sont aussi dans certains cas par la volonté de l'homme, car une simple déclaration de volonté insérée dans un contrat de mariage, suffit pour ameublir des immeubles (C. civ. 1505).

ART. 1er. DES MEUBLES PAR LEUR NATURE.

70. *Sont meubles par leur nature les corps qui peuvent se transporter d'un lieu à un autre, soit qu'ils se meuvent par eux-mêmes, comme les animaux, soit qu'ils ne puissent changer de place que par l'effet d'une force étrangère, comme les choses inanimées.* (C. civ. 528). — V. *sup.* n. 5.

71. Cet article souffre toutefois exception pour les meubles immobilisés par leur destination. — V. *sup.* n. 20 et suiv.

ART. 2. DES MEUBLES PAR LA DÉTERMINATION DE LA LOI.

72. *Sont meubles par la détermination de la loi, les obligations et actions qui ont pour objet des sommes exigibles ou des effets mobiliers, les actions ou intérêts dans les compagnies de finances, de commerce ou d'industrie, encore que des immeubles dépendants de ces entreprises appartiennent aux compagnies. Ces actions ou intérêts sont réputés meubles à l'égard de chaque associé seulement, tant que dure la société. — Sont aussi meubles par la détermination de la loi, les rentes perpétuelles ou viagères, soit sur l'Etat, soit sur des particuliers.* (C. civ. 529).

73. La première disposition de cet article s'applique spécialement aux droits, raisons et actions qui constituent les biens incorporels, sauf toutefois l'exception portée dans le dernier § de l'art. 526 (V. *sup.* n. 65) pour les droits, raisons et actions qui tendent à revendiquer un immeuble, et qui, par ce motif, ont un caractère immobilier (C. jal. pal.)

74. Autrefois les offices de judicature et autres charges vénales étaient considérées comme biens immeubles; aujourd'hui, les charges de notaire, avoué, greffier, huissier et commissaire-priseur (qui ne sont pas précisément vénales, mais cessibles à la volonté du titulaire et sous l'agrément du Roi), sont évidemment de simples biens mobiliers, puisque soit la clientelle, soit le droit de présentation au Roi, ne sont rien autre chose qu'un droit à de l'argent (Marcadé).

75. Il en est de même de la propriété littéraire (*Ibid*).

76. A l'égard des actions prises dans les compagnies de finances, au nombre desquelles on doit ranger les actions prises dans les compagnies en commandite, il faut faire les exceptions dont nous avons parlé *sup.* n. 66 et 67.

77. Quant aux immeubles qui dépendent des entreprises formées par les compagnies de finances, etc., il y a quelques distinctions à faire, car la décision de l'article n'aurait plus lieu, si les immeubles, au lieu d'être accidentellement mis en société pour assurer l'exploitation de l'opération de finances, de commerce ou d'industrie dont il s'agit, devenaient l'objet principal de l'opération. Alors la société qui n'aurait d'autre but que d'opérer sur des immeubles en les vendant, serait une société purement immobilière. — Mais tant que le projet consiste dans la simple exploitation des revenus que peuvent produire les immeubles, alors même que la propriété des immeubles est mise en commun, la société est réputée simplement mobilière, et les actions qui représentent l'intérêt de chacun des associés sont aussi purement mobilières.

78. Ainsi, en principe, des immeubles indivis et mis en commun pour former le fonds d'une société en participation sont meubles par la détermination de la loi, à l'égard de chacun des associés, tant que dure la société; et conséquemment le legs fait par l'un des associés durant la société, de ses droits sur les immeubles mis en commun, ne constitue, même à l'égard des droits d'enregistrement, qu'un legs mobilier (Cass. 14 août 1833).

79. Mais lorsqu'une société est formée pour la revente d'immeubles, chacun des immeubles qui fait partie de l'actif social peut être considéré, à l'égard de chacun des associés, comme perdant le caractère mobilier que la loi permet d'attacher à la mise en commun des immeubles. Ainsi, dans les transactions que les associés font entre eux au sujet de ces immeubles, et eu égard aux droits d'enregistrement, il y a lieu de considérer les transactions comme portant sur des immeubles (Cass. 17 août 1836).

80. Au reste, ce n'est pas de toute espèce de société qu'il s'agit ici : il n'est question que des sociétés ayant un caractère commercial, des entreprises industrielles ou financières auxquelles on donne ordinairement, quand elles sont très considérables, le nom de *compagnies*. De sorte qu'on ne saurait appliquer les règles ci-dessus à de simples sociétés civiles, lesquelles ne forment point des personnes morales, distinctes des associés (Marcadé). — V. Toullier, 12, 97 et 101.

81. Quant aux rentes, elles sont de leur nature purement mobilières, puisqu'elles tendent uniquement à la réalisation d'un capital mobilier. — V. *sup.* n. 74 et note 76.

82. *Toute rente établie à perpétuité pour le prix de la vente d'un immeuble, ou comme condition de la cession à titre onéreux ou gratuit d'un fonds immobilier est essentiellement rachetable. — Il est néanmoins permis au créancier de régler les clauses et conditions du rachat. — Il est aussi permis de stipuler que la rente ne pourra lui être remboursée qu'après un certain terme, lequel ne peut jamais excéder 30 ans : toute stipulation contraire est nulle* (C. civ. 530).

83. Si on avait stipulé l'irrachetabilité pour un terme plus long que celui qui est permis par la loi, la convention ne serait pas nulle pour le tout, mais seulement pour l'excédant; le délai convenu serait réductible au délai légal (Arg. C. civ. 1660; Marcadé).

Pour plus de développement de cet article V. la note 76, n. 3 et suiv., 17 et suiv.

84. *Les bateaux, bacs, navires, moulins et bains sur bateaux, et généralement toutes usines non fixées par des piliers, et ne faisant point partie de la maison, sont meubles : la saisie de quelques uns de ces objets peut cependant, à cause de leur importance, être soumise à des formes particulières, ainsi qu'il sera expliqué dans le Code de la procédure civile* (C. civ. 531).

85. Cet article étant le corrélatif de l'art. 519, il faut se reporter à ce que nous avons dit *sup.* n. 8 et suiv.

86. Quant à la saisie dont ces biens lorsqu'ils sont mobilier

peuvent être l'objet, et aussi, quant à la vente, il faut se reporter aux dispositions des art. 620 et 621 du C. de proc. civ. et à celles des art. 197 et suiv. du C. de comm.

87. *Les matériaux provenant de la démolition d'un édifice, ceux assemblés pour en construire un nouveau, sont meubles jusqu'à ce qu'ils soient employés par l'ouvrier dans une construction* (C. civ. 532).

88. En principe, les matériaux assemblés pour construire un édifice, sont meubles jusqu'à ce qu'ils soient employés par l'ouvrier dans une construction. La destination n'immobilise les choses que quand elles sont mises dans l'état où elles doivent rester.

89. Quant aux matériaux provenant de démolition ils sont meubles, toutefois il devrait en être autrement : 1° si l'édifice n'était démoli que pour être transporté immédiatement ailleurs, en replaçant chacune des pierres dans leur ordre à l'aide d'un numéro (C. Jal. Pal.). — Cependant il a été décidé que les matériaux sont meubles, même au cas où l'édifice n'est démoli que pour en construire un autre à sa place avec les anciens matériaux (Lyon 23 déc. 1811).—2° Ou bien, si au lieu d'une démolition de l'édifice, il y avait, soit dans un but de réparation ou de modification quelconque, soit par suite d'un coup de vent ou de tout autre accident, simple séparation partielle de quelques matériaux qui dûssent être replacés ; comme alors il continue d'y avoir une maison, les matériaux qui en sont momentanément détachés en font toujours partie (Marcadé).

90. Sont meubles aussi les matériaux à provenir de la démolition d'une maison lorsque le propriétaire en fait vente à la condition que l'acquéreur sera tenu de les enlever dans un délai déterminé, afin de rendre le sol libre. Dans ce cas, les matériaux deviennent meubles avant la démolition, par le seul effet du contrat qui suffit pour leur rendre leur nature mobilière, sauf le droit qu'auraient les créanciers hypothécaires de s'opposer à la démolition jusqu'à ce qu'ils eûssent été désintéressés (Delvincourt 1, 142; Toullier, 3, 19; Duranton 4, 110).

V. ACCESSION note 22. n. 51 et suiv.

91. *Le mot* meuble *employé seul dans les dispositions de la loi ou de l'homme, sans autre addition ni désignation, ne comprend pas l'argent comptant, les pierreries, les dettes actives, les livres, les médailles, les instruments des sciences, des arts et métiers, le linge de corps, les chevaux, équipages, armes, grains, vins, foins et autres denrées ; il ne comprend pas aussi ce qui fait l'objet d'un commerce* (C. civ. 533).

92. Mais quand le mot *meuble* est joint à celui d'*immeubles*, comme quand on dit *meubles et immeubles*, il comprend tous les effets mobiliers (Paris 6 janv. 1807).

93. *Les mots* meubles meublants *ne comprennent que les meubles destinés à l'usage et à l'ornement des appartements, comme tapisseries, lits, siéges, glaces, pendules, tables, porcelaines et autres objets de cette nature. — Les tableaux et les statues qui font partie du meuble d'un appartement y sont aussi compris, mais non les collections de tableaux qui peuvent être dans les galeries ou pièces particulières. — Il en est de même des porcelaines ; celles seulement qui font partie de la décoration d'un appartement sont comprises sous la dénomination de* meubles meublants (C. civ. 534).

94. *L'expression* biens meubles, *celle de* mobilier ou d'effets mobiliers *comprennent généralement tout ce qui est censé meuble d'après les règles ci-dessus établies. — La vente ou le don d'une maison meublée ne comprend que les meubles meublants* (C. civ. 535).

95. *La vente ou le don d'une maison, avec tout ce qui s'y trouve, ne comprend pas l'argent comptant, ni les dettes actives et autres droits dont les titres peuvent être déposés dans la maison; tous les autres effets mobiliers y sont compris* (C. civ. 536).

96. Les dispositions de ces trois articles ont donné lieu à de graves difficultés, parce qu'il s'est agi de savoir si les définitions qu'ils contiennent étaient tellement rigoureuses qu'il ne fût pas permis de s'écarter sous quelque prétexte que ce fût des indications qu'elles renferment (Delvincourt 1, 145; Toullier 3, 23; Duranton 4, 176).

97. Quand il y a doute sur la véritable intention des parties contractantes, et spécialement sur l'intention du donateur ou du testateur, on doit se renfermer dans les limites rigoureuses de chacun des articles ci-dessus rappelés.

98. Mais la difficulté commence alors qu'il paraît résulter des circonstances du fait que celui qui a employé l'expression dont il s'est servi n'a pas eu une conscience bien nette de la valeur légale des termes qu'il a reproduits, et qu'au contraire tout porte à croire que loin d'avoir exprimé sa pensée, il aurait fait, si on s'attachait à la définition légale des termes, tout autre chose que ce qu'il voulait faire. — Ainsi, par exemple, le terme de *mobilier* est parfaitement défini par la loi (V. *sup.* n. 94); il est dans le sens légal, de la plus grande généralité; donner son mobilier, c'est tout donner sans exception, meubles meublants, argent comptant, créances, droits, raisons et actions mobilières. Cependant cette acception légale du mot *mobilier* n'a pas été reçue dans le langage vulgaire, où par mobilier on entend plus particulièrement les *meubles meublants*; en sorte qu'il est souvent difficile de savoir d'une manière précise ce que le testateur a voulu donner en instituant un légataire du *mobilier*, parce qu'il aura pu prendre en réalité ce terme dans son acception vulgaire et non dans son acception légale. Il est vrai que l'on peut opposer que c'était à lui de connaître la loi et qu'en se servant d'un terme dont elle donnait une définition exacte, il ne pouvait ignorer l'étendue de la disposition qu'il faisait, et c'est aussi dans cet argument que se renfermeront ceux qui adoptent l'opinion que les articles ont un sens restrictif et limitatif.

99. Mais il serait trop contraire aux principes du droit et de l'équité d'abuser d'une ignorance bien pardonnable qui est plutôt une ignorance de fait qu'une ignorance de droit, pour donner à une disposition une valeur qu'elle ne peut avoir ; car si le testateur n'a voulu donner en réalité que les meubles meublants, le juge irait contre la volonté de la loi, en allant contre la volonté du testateur. Il ne pourra donc pas accorder au légataire autre chose que les meubles meublants quels que soient les termes qui auront été employés dans le testament, si, en effet il résulte pour le juge de l'instruction de la cause la conviction que ce sont des meubles meublants et rien de plus que le testateur a voulu comprendre dans son legs.

100. Toutes ces questions doivent donc se réduire à de simples questions de fait et d'interprétation de volonté, de sorte que toutes les définitions contenues dans les art. 533, 534, 535 et 536 précités du C. civ. ne sont pas exclusivement limitatives et que le juge doit toujours rechercher, abstraction faite de la valeur rigoureuse des termes qui ont été reproduits qu'elle a été la véritable intention de la partie qui s'est obligée.—Ainsi, les tribunaux ont un pouvoir discrétionnaire pour apprécier les termes employés dans un testament, même alors que ces termes emportent avec eux une signification légale, et leurs jugements ne sont points sujets à cassation. (Agen 30 déc. 1823; Bordeaux 11 juin 1828; Cass. 28 fév. 1832; Delvincourt 1,139; Toullier 3, 26; Duranton 4, 181).

101. A ce sujet il a été décidé : que les mots *meubles* et *effets* employés dans un testament, comprennent tous les biens meubles (Poitiers 21 juin 1825).

102. Et que le legs par lequel le testateur donne *tous les meubles* à un individu, et l'institue en conséquence son légataire universel, comprend tous les biens mobiliers de la succession (Bruxelles 9 mars 1813).

V. LEGS note 24, n. 206 et suiv.; PROPRIÉTÉ et POSSESSION note 22.

[88]

DES SUCCESSIONS EN GÉNÉRAL.—OU DES SUCCESSIONS DIRECTES, COLLATÉRALES, IRRÉGULIÈRES, AU PROFIT DU CONJOINT SURVIVANT ET DE L'ÉTAT.

DIVISION SOMMAIRE :

Indication alphabétique :

§ 1. DE L'OUVERTURE DES SUCCESSIONS, EN GÉNÉRAL.

1. *Le lieu où la succession s'ouvrira, sera déterminé par le domicile.* (C. civ. 110). — V. C. proc. civ. 59.

Cette disposition est fort importante parce qu'elle est attributive de juridiction pour les formalités judiciaires qui précèdent la liquidation ou le partage. Ainsi, quand un individu sera décédé hors de son domicile, ou, sans qu'il soit possible de déterminer s'il avait établi son domicile au lieu où il est décédé, il faudra nécessairement se reporter aux faits antérieurs, et si, pendant tout le cours de sa vie, il n'a constitué en nul endroit particulier un domicile spécial, sa succession sera réputée ouverte au domicile d'origine. — V. note 3, n. 24 et suiv.

Et même, lorsqu'un français né sur le territoire, se rend aux colonies pour y former un établissement avec esprit de retour, sa succession, s'il vient à mourir dans les colonies, est réputée ouverte en France (C. civ. 110).

2. Il y a exception à ce qui est dit ci-dessus : pour les demandes en partage, quand il s'agit d'une succession acceptée par un héritier unique, parce qu'alors il n'y a point de partage à opérer (C. proc. 59; Cass. 18 juin 1807; Bourges 2 mai 1831; Carré; Chabot; Toullier; Favard).

Pour les demandes en licitation de biens restés indivis entre cohéritiers, *après partage*, lesquelles, dans ce cas, doivent être portées devant le tribunal de la situation (Cass. 11 mai 1807).

Et pour le cas de connexité avec une autre demande déjà pendante devant un autre tribunal (Cass. 13 av. 1820). — V. note 28, n. 673.

3. Les droits des héritiers à une succession se règlent par la loi en vigueur au moment de son ouverture, et non par celle en vigueur à l'époque de son acceptation. Ainsi, en ligne collatérale, l'héritier bénéficiaire est exclu par l'héritier pur et simple dans une succession acceptée sous l'empire du code civil, mais ouverte sous l'empire de la coutume de Paris, qui donnait la faculté d'exclure un héritier bénéficiaire par une adition d'héritier pure et simple (Paris 15 mai 1811; Merlin, *rép.* v° Effet rétroactif).

4 - 5. *Les successions s'ouvrent par la mort naturelle et par la mort civile.* (C. civ. 718).

6. Les successions ne s'ouvrant que par la mort naturelle ou civile, il en résulte que la qualité d'héritier prise par les enfants d'un individu dont le décès n'est pas prouvé, peut être rétractée par eux, bien que l'existence de leur père absent ne soit pas

non plus établie. (Bourges 22 juill. 1828; Toullier 4, 299; Duranton 6, 366).

7. Pour la preuve du décès et les moyens de suppléer à cette preuve, V. à la note 63, les art. 34, 46, 77 et suiv. du C. civ. — Pour le cas d'absence, V. aussi à la note 78 les art. 112 et suiv., 135 et suiv. du C. civ.

8. *La succession est ouverte par la mort civile, du moment où cette mort est encourue, conformément aux dispositions de la section 2 du chap. 2 du titre* de la jouissance et de la privation des droits civils. (C. civ. 719).

Pour le développement de cet article, V. la note 27, n. 251 et suiv.

9. *Si plusieurs personnes respectivement* APPELÉES A LA SUCCESSION L'UNE DE L'AUTRE, *périssent dans un* MÊME ÉVÉNEMENT, *sans qu'on puisse reconnaître laquelle est décédée la première, la présomption de survie est déterminée par les circonstances du fait, et, à leur défaut, par la force de l'âge ou du sexe* (C. civ. 720).

10. APPELÉES A LA SUCCESSION L'UNE DE L'AUTRE. Cet article ne s'applique qu'au cas où les deux personnes mortes dans le même événement étaient respectivement appelées à la succession l'une de l'autre, et non pas au cas où l'une seulement serait successible de l'autre, (Chabot, Merlin *rép. v° mort*; Delvincourt 20; Favard, *rép. v° succession*; *Contrà*, Toullier 4, 44; Malpel 16; Duranton 6, 45).—D'où il suit que si un père et ses trois fils dont l'un a des enfants viennent à périr dans le même événement sans qu'il y ait aucun indice de la survie de *tel* ou de *tel*, les présomptions de survie n'auront pas lieu à l'égard du fils ayant des enfants, elles n'auront lieu qu'à l'égard du père et de ses deux autres fils (Marcadé).

11. Les présomptions de survie établies par cet article et les suivants, s'appliquent non-seulement aux successions *ab intestat*, mais encore aux successions *testamentaires* et aux donations entre vifs et à cause de sa mort. (Toullier 4, 78; Maleville; Vazeille; Malpel 14 et 15; C. jal. pal. — *Contrà*, Delvincourt 2, 13; Favard; Merlin; Carré; Marcadé; Chabot relativement aux successions testamentaires).

12. MÊME ÉVÉNEMENT. Lorsque deux personnes, héritières l'une de l'autre, sont mortes le même jour, mais non dans le même événement, sans qu'on puisse savoir laquelle est morte la dernière, la plus jeune doit être présumée avoir survécu. (Toullier 4, 76; Duranton 6, 42).

13. Mais pour l'application de cet article, il faut qu'il n'existe aucune incertitude sur le fait même du décès; l'incertitude ne doit porter que sur le moment précis où chacune d'elles a perdu la vie, et cette preuve pourra se faire, soit par titre, soit par témoins.

14. Quand il s'agit de deux ou plusieurs condamnés à mort, il faut faire application des art. 720 et suiv. du C. civ., car ils doivent être considérés comme ayant péri dans un même événement. Ce n'est pas au *moment* de l'exécution qu'il faut se reporter pour juger qui a survécu, car, alors ce serait l'exécuteur des hautes œuvres, qui réglerait les successions en faisant passer l'un avant l'autre, mais au *jour* de l'exécution lequel frappe l'un en même temps que l'autre. - V. note 27, n. 255. — Mais Vazeille, Proudhon et Malpel sont d'avis qu'il n'y a point de succession entre les condamnés. Cependant il existe une loi du 20 prairial an IV, qui porte que lorsque des ascendants, des descendants et autres personnes qui se succèdent de droit, auront été condamnées au dernier supplice, et que mis à mort dans la même exécution, il devient impossible de constater leur prédécès, le plus jeune des condamnés sera présumé avoir survécu.

15. *Si ceux qui ont péri ensemble avaient moins de quinze ans, le plus âgé sera présumé avoir survécu. — S'ils étaient tous au-dessus de soixante ans, le moins âgé sera présumé avoir survécu. — Si les uns avaient moins de quinze ans et les autres plus de soixante, les premiers seront présumés avoir survécu.* (C. civ. 721).

16. La présomption établie par cet article ne peut être détruite par des considérations de force. Ainsi, l'enfant d'un an sera présumé avoir survécu à l'homme de soixante ans. (Chabot, Vazeille; — *Contrà*, Delvincourt, Duranton, Dalloz).

17. Si de deux personnes mortes dans le même événement, l'une avait moins de quinze ans, et l'autre plus de quinze, mais moins de soixante, le plus âgé doit être présumé avoir survécu. (Chabot, Delvincourt, Toullier, Duranton — *Contrà*, Malpel, Vazeille).

18. Si l'une avait plus de quinze ans, mais moins de soixante, et l'autre plus de soixante ans, la plus jeune serait présumée avoir survécu. (Delvincourt, Vazeille).

19. *Si ceux qui ont péri ensemble avaient quinze ans accomplis, et moins de soixante, le mâle est toujours présumé avoir survécu, lorsqu'il y a égalité d'âge, ou si la différence qui existe n'excède pas une année. — S'ils étaient du même sexe, la présomption de survie qui donne ouverture à la succession dans l'ordre de la nature, doit être admise: ainsi le plus jeune est présumé avoir survécu au plus âgé.* (C. civ. 722).

20. Lorsque deux jumeaux ont péri ensemble dans le même événement, on doit regarder comme l'aîné celui qui est sorti le premier du sein de la mère. Ce n'est point à la conception qu'il faut avoir égard, mais à la naissance, car c'est par elle que l'enfant se trouve avoir son existence propre, la naissance est d'ailleurs le seul événement qui ne soit pas mystérieux, car c'est une question aussi problématique en médecine qu'inutile en droit, que de savoir si le puîné de deux jumeaux a été conçu le premier (Duranton, Chabot, Marcadé).

21. Si les actes de naissance de deux jumeaux ne constatent pas quel est celui qui est né le premier, c'est aux tribunaux de juger, d'après les circonstances, celui qui doit être réputé l'aîné, ou qui, à raison de ce qu'il était plus robuste, doit être censé avoir survécu (Chabot, Duranton, Favard, Toullier 4, 75, Delvincourt, Dalloz). — S'ils sont de sexe différent, le mâle est présumé avoir survécu (Toullier 4, 75).

22. Le droit d'exciper des présomptions de survie établies par la loi, appartient aux créanciers qui peuvent s'en prévaloir dans leur intérêt personnel, alors même que le droit serait abandonné par les parties intéressées, ou qu'elles y auraient formellement renoncé (Chabot, Duranton, Vazeille, Malpel).

23. Les principes contenus aux trois articles précités sont nouveaux, et la présomption admise par ces articles ne peut s'appliquer qu'aux faits passés sous l'empire du Code. Ainsi, à défaut de preuves, deux enfants morts en même temps que leur mère et dans un même événement, avant la promulgation du C. civ., ne sont pas légalement présumés après avoir survécu. (Rennes 17 av. 1821; Chabot).—Pothier, v° succession Sect. 5, art. 1, rapporte plusieurs cas relatifs à des décès arrivés dans un même événement.

24. *La loi règle l'ordre de succéder entre les héritiers légitimes: à leur défaut, les biens passent aux enfants naturels, ensuite à l'époux survivant, et s'il n'y en a pas à l'État* (C. civ. 723).

25. Les successions sont déférées par la loi ou par la volonté de l'homme. La loi les attribue en première ligne aux héritiers du sang, que la loi appelle héritiers *légitimes*, c.-à-d. *à lege vocati*, par opposition aux simples légataires appelés par la volonté de l'homme.

26. Les héritiers légitimes sont les parents du défunt dans l'une et l'autre ligne jusqu'au douzième degré inclusivement, ils ne sont appelés qu'à défaut d'un héritier institué par testament sous la dénomination de *légataire universel*.

27. A défaut de légataire ou d'héritier institué et d'héritiers du sang, la loi appelle en première ligne à recueillir successivement la succession, et à défaut les uns des autres: 1° Les enfants naturels qu'elle ne considère point comme héritiers (C. civ. 756), quoique cependant ils aient droit à une partie de la succession, quand il existe des parents légitimes (C. civ. 757). 2° l'époux survivant qui n'est pas uni par les liens de la parenté avec l'époux décédé, mais qui doit former avec lui la souche d'une famille nouvelle, en sorte qu'ils étaient destinés à

avoir des parents communs; 3° l'Etat ou le domaine qui, dans ce cas particulier, n'appréhende pas la succession à titre de déshérence, mais comme héritier.

28. Mais, dans aucun cas, la succession n'est attribuée aux alliés, quel que soit le degré rapproché de l'alliance, parce que l'alliance ne forme pas un degré de famille, elle n'est qu'une image imparfaite de la parenté. — V. note 60, la note A du tableau p. 564

V. la note 78pour les diverses sortes *d'héritiers*.

§ 2. DE LA SAISINE DES HÉRITIERS.

29. *Les héritiers légitimes sont saisis de plein droit des biens, droits et actions du défunt, sous l'obligation d'acquitter toutes les charges de la succession : les enfants naturels, l'époux survivant et l'État doivent se faire envoyer en possession par justice, dans les formes qui seront déterminées*. (C. civ. 724).

30. Il est de principe que l'héritier succède immédiatement et même à son insu à tous les droits, raisons et actions du défunt par l'effet de l'ancienne maxime, *le mort saisit le vif*. Il en est ainsi, parce qu'il ne faut pas que la propriété demeure un seul instant incertaine; et si l'héritier appelé répudie la succession, comme il en a la faculté, car *nul n'est héritier qui ne veut*, par une fiction de droit nécessaire, celui qui à son défaut vient appréhender la succession est réputé en avoir été saisi à partir du moment où celui à qui il succède est décédé, alors même qu'il se trouverait dans la classe des héritiers qui sont tenus de demander la délivrance. En effet, l'art. 724 qui précède ne s'est pas expliqué d'une manière assez précise, en déclarant que les héritiers légitimes sont saisis de plein droit des biens de la succession, et qu'au contraire, les autres héritiers sont tenus de se faire envoyer en possession par justice, ce qui pourrait donner à penser qu'ils ne sont pas saisis des biens, droits et actions du défunt à partir du jour du décès, mais seulement à partir du jour où l'envoi en possession aura été prononcé.

Mais il n'en est pas ainsi : le droit à cet égard et des uns et des autres est absolument le même; la règle que *le mort saisit le vif, son hoir plus proche et habile à lui succéder*, est sans aucune exception et s'applique à tous ceux qui sont appelés à appréhender à quelque titre que ce soit une portion quelconque de l'hérédité. Tous se trouvent subrogés, par le fait même du décès, soit en tout soit en partie, dans les biens, droits et actions du défunt auquel ils succèdent; tous sont également saisis. La distinction que l'art. 724 a voulu établir entre les héritiers légitimes et les autres héritiers assujétis à solliciter l'envoi en possession, c'est que l'un (l'héritier légitime) a la saisine directe des actions héréditaires qu'il peut immédiatement exercer, tandis que l'autre, bien que saisi du droit, n'en a pas l'exercice tant qu'il n'a pas rempli la formalité qui lui est imposée. Il est saisi du droit, mais il n'a pas la saisine des biens (C. jal. pal.): de sorte qu'il faut reconnaître deux saisines, la saisine de droit et la saisine ou appréhension de fait; l'héritier légitime les possède toutes les deux d'après la loi; tandis que les héritiers irréguliers, le conjoint et l'Etat n'en possèdent qu'une, sauf à solliciter l'autre.

L'héritier, continuant la personne du défunt, se trouve donc tout à la fois subrogé dans ses droits, raisons et actions, mais aussi par une conséquence nécessaire, il doit payer toutes les dettes de la succession, quand même il y aurait insuffisance d'actif dans cette succession, à moins qu'il ne l'accepte sous bénéfice d'inventaire, auquel cas il n'est pas tenu des dettes au delà de l'émolument qu'elle présente. — V. notes 85 et 23, et *inf.* n. 196 et 197.

31. Si l'on restreignait la saisine de droit aux héritiers légitimes, il en résulterait que les enfants naturels, le conjoint survivant et l'Etat n'auraient de droit acquis que du moment de l'envoi en possession par justice En effet, ou les enfants naturels, leconjoint survivant et l'Etat sont saisis de plein droit, ou ils ne le sont pas; s'ils sont saisis du moment du décès, ils ont, décédant après le *de cujus* et avant leur envoi en possession, transmis leurs droits à leurs héritiers, la transmission est l'effet de la saisine; tandis que s'ils n'ont pas été saisis par l'effet de la loi, ils ne peuvent l'être que par l'effet de l'envoi en possession, qui est à leur égard le seul acte de transmission de propriété. — Sous l'ancien droit le conjoint survivant qui succédait était saisi de plein droit, (Lebrun v° *legs*; Rousseau de Lacombe).— V. note 24, n. 304 pour la saisine du légataire universel. — V. inf. n. 131.

32. L'envoi en possession est une formalité d'ordre public, de police générale et de législation particulière, et dès-lors la volonté de l'homme ne peut y déroger. Elle consiste à se faire envoyer en possession par justice, quand il n'y point d'héritiers saisis de plein droit, et à demander la délivrance aux héritiers saisis quand il y en a. (Marcadé).— V. note 24.

33. La possession de certains biens par le défunt jusqu'au moment de son décès, et leur transmission par voie de saisine au profit de ses héritiers légitimes, constituent des faits pour lesquels la preuve testimoniale est admissible : toutefois cette espèce de preuve n'est pas également admissible, lorsque la succession étant dévolue à plusieurs héritiers, il s'agit d'établir la propriété de chaque cohéritier sur les immeubles qu'il prétend lui être échus; la preuve de la propriété particulière de chaque cohéritier ne peut résulter que d'un acte de partage, ou de tout autre acte qui en tienne lieu, à moins d'une possession séparée suffisante à prescription (C. civ. 1341; Colmar 24 janv. 1832).

Pour plus de développement de l'art. 724, V. la note 78, n. 87 et suiv., et *inf.* n. 125 et suiv.

§ 3. DES QUALITÉS REQUISES POUR SUCCÉDER.

34. Nous renvoyons à cet égard à la note 78, n. 42 et suiv., pour le développement des art. 725 à 730 du C. civ.

§ 4. DES DIVERS ORDRES DE SUCCESSION. — DISPOSITIONS GÉNÉRALES.

35. *Les successions sont déférées aux enfants et descendants du défunt, à ses ascendants et à ses parents collatéraux, dans l'ordre et suivant les règles ci-après déterminées* (C. civ. 731).

36. Les héritiers sont divisés en différentes classes dont chacune passe en entier avant qu'on appelle aucun parent de la classe suivante. Ainsi, tant qu'il existe un descendant du défunt, fût-il au troisième ou quatrième degré, on n'appellera aucun ascendant ni collatéral, fût-il du second ou même du premier degré. Il ne serait donc pas exact de dire, comme on le fait souvent, que les successions appartiennent aux parents plus proches; car mon arrière petit-fils du troisième degré, exclura toujours mon frère qui est au second, et mes père et mère qui sont au premier. Ce n'est donc pas au parent le plus proche, c'est à la plus favorable classe de parents que la succession se défère.

37. Il semblerait, d'après l'article qui précède, qu'il n'y a que trois classes ou ordres de parents, tandis qu'il y en a véritablement quatre. Ainsi, tous les ascendants ne passent pas avant tous les collatéraux, car il est certains collatéraux qui concourent avec les ascendants les plus favorables et qui excluent tous les autres. Il faut donc compter quatre classes ou ordres successifs d'héritiers : 1° les descendants; 2° les ascendants privilégiés ou collatéraux aussi privilégiés, quand ils concourent les uns avec les autres, tels sont les père et mère avec les frères et sœurs, neveux et nièces du défunt; 3° les ascendants ordinaires; 4° les collatéraux ordinaires. — Les ascendants privilégiés sont les père et mère; les collatéraux privilégiés sont les frères et sœurs et leurs descendants. — V. *inf.* n. 85, 90, 95 et 118

38. *La loi ne considère ni la nature, ni l'origine des biens, pour en régler la succession*. (C. civ. 732).

39. Autrefois, on distinguait, pour le réglement d'une succession, la nature et aussi l'origine des biens laissés par le défunt. — Et d'abord, quant à leur nature, les biens étaient nobles ou roturiers, et chacune des deux classes avait un système particulier de succession; on distinguait les *meubles* des *immeubles*, et l'on attribuait ceux-ci à tels héritiers, ceux-là à tels autres; il fallait quelquefois distinguer si *tel* immeuble était

ou n'était pas *en bourgage*; or, dans une même ville, telle rue était *bourgage* et telle autre ne l'était pas.

40. Quant à leur origine, les immeubles se divisaient en *acquêts* et en *propres* : les acquêts c.-à-d. les immeubles acquis par le défunt allaient à tels héritiers; les immeubles propres, c.-à d. ceux qu'il avait lui-même recueillis de sa famille passaient à d'autres. On distinguait ensuite les propres venus au défunt du côté de son père, de ceux qui étaient venus du côté de sa mère, et les premiers retournaient aux parents paternels, les seconds aux parents maternels; c'était la règle *paterna paternis, materna maternis*, connue sous le nom de *fente*. Après cette fente ou division des propres en paternels et maternels, on faisait une refente ou subdivision sur des bases plus ou moins compliquées, selon que la coutume était *souchère*, ou *de côté et ligne*, ou *de simple côté*. Ainsi, dans les coutumes souchères, il fallait aller rechercher quel était l'auteur en qui l'immeuble avait souché, avait fait souche, c.-à-d. l'auteur qui l'avait acquis et fait entrer dans la famille, et c'était au parent se rattachant au défunt par cet auteur, que l'immeuble appartenait. On devine quel travail, quelles recherches exigeait une semblable règle.

41. A ce dédale inextricable a succédé une voie simple et facile : la loi ne considère plus ni la nature, ni l'origine des biens, tous forment une masse unique, un patrimoine identique, déféré d'après des règles claires et uniformes pour tout le pays, sauf trois exceptions relatives au retour légal en faveur du donateur, qui sont contenues aux articles 351 et 352, 747 et 766 du C. civ., et sauf une autre exception relative aux majorats. — V. note 73.

42. L'ordre indiqué par la loi pour succéder sans égard à la nature et à l'origine des biens, doit être observé sans qu'on puisse y déroger (C. civ. 1389). —Ainsi, les biens qui sont dans une famille, en vertu d'un titre qui originairement les baillait à emphytéose pour être possédés par les mâles, sont au décès du père, transmis aux enfants sans égard à la condition (Cass. 13 nov. 1807).

43. *Toute succession échue à des* ASCENDANTS *ou à des* COLLATÉRAUX *se divise en* DEUX PARTS ÉGALES : *l'une pour les parents de la* LIGNE PATERNELLE, *l'autre pour les parents de la* LIGNE MATERNELLE. — *Les* PARENTS UTÉRINS *ou* CONSANGUINS *ne sont pas exclus par les* GERMAINS; *mais ils ne prennent part que dans leur ligne, sauf ce qui sera dit à l'art. 752. Les germains prennent part dans les deux lignes. — Il ne se fait aucune dévolution d'une ligne à l'autre, que lorsqu'il ne se trouve aucun ascendant ni collatéral de l'une des deux lignes.* (C. civ. 733).

44. ASCENDANTS. Les père et mère, grand-père et grand'mère, aïeux et aïeules sont des ascendants. — V. note 72.

45. COLLATÉRAUX. Les frère et sœur, oncle et tante, neveu et nièce, cousin et cousine, sont des parents collatéraux. — V. la note 144.

46. DEUX PARTS ÉGALES. Il y a lieu à la division entre les deux lignes par portions égales, lors-même que le parent plus proche dans une ligne est nommé légataire de la moitié (et plus) des biens du testateur, à condition de renoncer au surplus des autres biens. Cette renonciation, faite par le légataire afin d'obtenir la délivrance du legs, fait que les parents subséquents de cette ligne sont appelés concurremment avec l'autre ligne au partage de ce qui reste de la succession, déduction faite du legs; d'où il suit que l'acceptation du legs fait à un successible de la portion revenant à sa ligne, n'épuise pas le droit de cette ligne et ne fait pas que la succession *ab intestat* soit dévolue à l'autre ligne (Paris 1 juill. 1811; Toullier 4, 344).

47. Mais la clause par laquelle le testateur a ordonné le partage de ses biens *par portions égales* entre ses plus proches parents collatéraux exclut virtuellement la division par lignes (Toulouse 14 fév. 1829).

48. LIGNE PATERNELLE. — LIGNE MATERNELLE. On appelle parents *paternels* d'une personne, son père d'abord, puis tous ceux qui se rattachent à elle par ce père : de même, mes parents *maternels* sont ma mère et tous ceux qui tiennent à moi par ma mère. Ainsi, tous les parents de mon père, même ses parents *maternels* sont mes parents *paternels*; il en est de même du côté de ma mère dont les parents même *paternels* sont évidemment pour moi des parents *maternels*.

49. Un individu est souvent mon parent *paternel*, alors que je suis son parent *maternel* et *vice versâ*; ainsi, les enfants de ma sœur consanguine sont mes neveux et nièces *paternels*, puisqu'ils se rattachent à moi par mon père; tandis que je suis pour eux un oncle *maternel*, puisque je me rattache à eux par leur mère. A l'ouverture donc d'une succession, pour distinguer les parents *paternels* des parents *maternels* du défunt, il faut considérer uniquement son père et sa mère, et voir si c'est par le père ou par la mère que tels et tels parents se rattachent à lui. C'est ainsi que les parents dont le lien avec le défunt est formé par son aïeule paternelle, doivent être considérés comme parents paternels et comme tels successibles dans leur ligne (Cass. 5 frim. an IX; 13 therm. an XII; Turin 10 fév. 1812).

50. En tous cas, les parents paternels par les mâles n'excluent pas les parents paternels par les femmes, lorsqu'une succession se partage entre les lignes paternelle et maternelle (Paris 4 av. 1808).

51. PARENTS UTÉRINS. Les parents utérins sont ainsi appelés parce que la parenté provient des femmes. Ce sont des parents maternels.

52. PARENTS CONSANGUINS. Les parents consanguins sont ainsi appelés parce que la parenté provient du père. Ce sont des parents paternels.

53. GERMAINS. On appelle ainsi ceux qui sont parents paternels et maternels tout ensemble.

54. *Cette première division opérée entre les lignes paternelle et maternelle, il ne se fait plus de division entre les diverses branches; mais la moitié dévolue à chaque ligne appartient à l'héritier ou aux héritiers les plus proches en degrés, sauf le cas de la représentation, ainsi qu'il sera dit ci-après* (C. civ. 734).

55. Mais lorsqu'une succession échue à des collatéraux autres que des frères ou sœurs et descendants d'eux, a été divisée par moitié entre les lignes paternelle et maternelle, les parents de chaque ligne viennent à la part échue à leur ligne, par portions égales, sans égard au double lien. En d'autres termes, les cousins par père *et* mère dans une des lignes ne sont point préférables aux cousins utérins ou consanguins c.-à-d. par père *ou* mère de la même ligne (Bruxelles 20 av. 1809; Toullier 4, 223; Vazeille). — V. *inf.* n. 120.

§ 5. DES DEGRÉS DE PARENTÉ.

56. *La proximité de parenté s'établit par le nombre de générations; chaque génération s'appelle un degré* (C. civ. 735).

57. On appelle degré, non pas précisément chaque génération comme le dit cet article, mais l'intervalle qui sépare les deux personnes dont l'une est engendrée par l'autre. Ainsi donc, il y a autant de degrés que d'intervalles entre les deux personnes pour lesquelles on veut mesurer la distance (Marcadé). V. *inf.* p. 835 le tableau X.

58. *La suite des degrés forme la ligne : on appelle* ligne directe *la suite des degrés entre personnes qui descendent l'une de l'autre;* ligne collatérale, *la suite des degrés entre personnes qui ne descendent pas les unes des autres, mais qui descendent d'un auteur commun. — On distingue la ligne directe en ligne directe descendante et ligne directe ascendante. — La première est celle qui lie le chef avec ceux qui descendent de lui : la deuxième est celle qui lie une personne avec ceux dont elle descend* (C. civ. 736). — V. *inf.* p. 835 le tableau X.

59. *En ligne directe, on compte autant de degrés qu'il y a de générations entre les personnes : ainsi, le fils est à l'égard du père au premier degré : le petit-fils au second; et réciproquement du père et de l'aïeul à l'égard des fils et des petits-fils* (C. civ. 737).

60. De sorte que la même ligne de parents est descendante et ascendante, selon la manière dont on l'envisage : elle est des-

cendante quand on va d'une personne à ses fils, petits-fils, arrière-petits-fils, etc.; elle est ascendante quand on remonte d'une personne à ses père, aïeul, bisaïeul etc. — V. ci-dessous le tableau X.

61. ***En ligne collatérale, les degrés se comptent par les générations, depuis l'un des parents jusques et non compris l'auteur commun, et depuis celui-ci jusqu'à l'autre parent. — Ainsi, deux frères sont au deuxième degré; l'oncle et le neveu sont au troisième degré; les cousins germains au quatrième; ainsi de suite*** (C. civ. 738). — V. ci-dessous le tableau X.

(X) TABLEAU GÉNÉALOGIQUE INDIQUANT LES DIVERS DEGRÉS DE PARENTÉ.

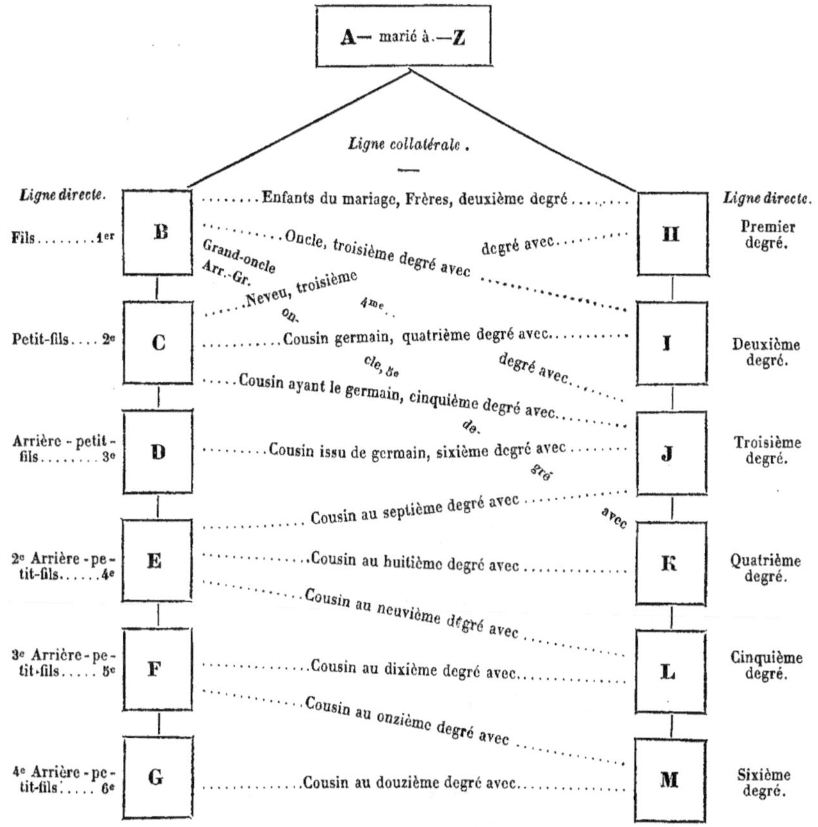

§ 6. DE LA REPRÉSENTATION.

62. *La représentation est une fiction de la loi, dont l'effet est de faire entrer les représentants dans la place, dans le degré et dans les droits du représenté* (C. civ. 739).

63. On appelle *représentation* une fiction qui fait revivre en la personne de ses descendants un successible mort avant le *de cujus* (*a*); en sorte que ces descendants se trouvent mis à la place du représenté, et viennent exercer les droits qu'il exerce-

(*a*) Pour éviter la répétition d'une circonlocution qui peut devenir gênante au milieu d'une explication, on a l'habitude de sous-entendre les mots *successione agitur* et de dire substantivement le *de cujus* pour signifier l'individu de la succession duquel il s'agit.

rait lui-même, s'il vivait encore. Cette représentation met sur la même ligne relativement au droit de succéder, des parents qui ne sont pas au même rang dans l'ordre successif. Elle forme donc une exception qui doit être renfermée dans les cas expressément prévus par la loi (Delvincourt; Toullier; Favard; Duranton). — Sans le secours de la représentation, la différence d'un seul degré suffirait pour établir un motif dirimant d'exclusion irrévocable.

64. La signification légale du mot *représentants* comprend les héritiers institués par testament même étrangers à la famille du défunt, tout aussi bien que les héritiers du sang (Paris 30 déc. 1823).

65. Quoique la représentation mette à la place du représenté, il n'en résulte pas que le représentant, lorsqu'il est, par exemple, héritier de sa grand'mère par représentation de sa mère, soit tenu de payer les dettes de celle-ci s'il n'est pas son héritier (Cass. 5 frim. an VII).

66. Les enfants et descendants, bien qu'appelés par représentation, sont eux-mêmes saisis directement de la part et portion qui leur est attribuée conformément à l'art. 724 du C. civ., et ils continuent sans intermédiaire la personne du défunt. Si donc ceux qui sont appelés par représentation sont mineurs, bien qu'ils représentent une personne décédée en état de majorité, ils n'en viennent pas moins à la succession comme mineurs, et on doit à leur égard remplir toutes les formalités imposées pour les partages dans lesquels des mineurs sont intéressés.

67. Par le même motif on ne doit avoir aucun égard aux dispositions que le représenté aurait faites lui-même de biens qu'il aurait pu recueillir, mais qu'il n'a pas en effet recueillis. C'eût été de sa part disposer d'une succession future.

68. *La représentation a lieu à l'infini dans la ligne directe descendante. — Elle est admise dans tous les cas, soit que des enfants du défunt concourent avec les descendants d'un enfant prédécédé, soit que tous les enfants du défunt étant morts avant lui, les descendants desdits enfants se trouvent entre eux en degrés égaux ou inégaux* (C. civ. 740).

69. Ainsi, les enfants, petits-enfants et arrière-petits-enfants viennent en concurrence à la succession de leur père, de leur aïeul ou de leur bisaïeul, mais ils ne sont pas admis au partage par tête, la succession se divise en autant de parts qu'il y aurait d'héritiers, si aucun des enfants au premier degré n'était décédé lui-même avant l'auteur commun, en sorte que la part de chacun de ceux qui sont décédés forme une succession particulière qui compose le lot que l'on doit subdiviser entre les enfants qu'il a laissés lui-même, sauf à faire encore entre ceux-ci une subdivision nouvelle, si l'un de ces enfants étant lui-même décédé a laissé des descendants qui n'ont d'autre droit que de prendre collectivement la part qu'il aurait prise à lui seul.

70. Ainsi, en se reportant au tableau X qui précède, supposons qu'il s'agisse de la succession de A et Z entre leurs enfants et petits-enfants, si H est décédé avant les *de cujus*, son fils I invoquant la représentation se trouvera au même degré que B. — Et si B et H sont eux-mêmes décédés, laissant l'un des enfants, l'autre des petits-enfants, ceux-ci par représentation de leur père se trouveront au même degré que les enfants de B.

71. Le principe relatif à la représentation à l'infini dans la ligne directe descendante doit s'appliquer dans toute sa généralité aux enfants adoptifs qui acquièrent à l'égard de l'adoptant le droit de descendance légitime tant pour eux-mêmes que pour leurs enfants, droit qui ne s'étend pas à la ligne collatérale. Ainsi, le lien de parenté civile qui se forme entre l'adoptant et l'adopté s'étend aux enfants de ce dernier, tellement que si l'adopté meurt avant l'adoptant, mais laissant des descendants légitimes, ceux-ci doivent recueillir par représentation les droits que l'adopté aurait eus dans la succession de l'adoptant (Cass. 2 déc. 1822; Paris 27 janv. 1824).

72. *La représentation n'a pas lieu en faveur des ascendants; le plus proche dans chacune des deux lignes exclut toujours le plus éloigné* (C. civ. 741).

73. Le droit de représentation ne remonte jamais : ainsi, les ascendants ne seront admis, dans aucun cas, à exercer les droits qui auraient appartenu dans une succession à l'un de leurs enfants décédés, sauf la faculté qui leur est personnellement réservée d'exercer le droit de retour des objets qu'ils auraient eux-mêmes donnés (C. civ. 747).

74. *En ligne collatérale, la représentation est admise en faveur des enfants et descendants de frères ou sœurs du défunt, soit qu'ils viennent à sa succession concurremment avec des oncles ou tantes, soit que tous les frères ou sœurs du défunt étant prédécédés, la succession se trouve dévolue à leurs descendants en degrés égaux ou inégaux* (C. civ. 742).

75. La représentation est également autorisée en ligne collatérale, mais seulement lorsqu'il s'agit d'une succession à partager entre frères et sœurs du défunt; alors tous les neveux et nièces dont le père ou la mère sont décédés viennent, dans la succession de leur oncle ou de leur tante décédés, prendre, concurremment avec leurs oncles et leurs tantes survivants, quoique postérieurs de un ou de deux degrés, la part que leur père ou leur mère auraient prise eux-mêmes s'ils avaient survécu. C'est ce qui est démontré par le tableau suivant :

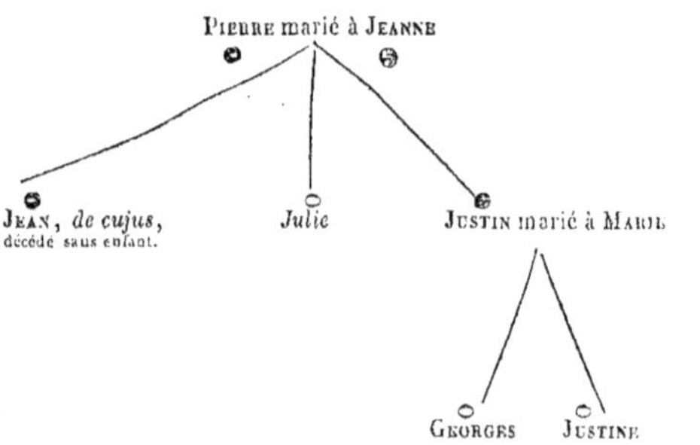

Georges et Justine, neveu et nièce, prennent moitié de la succession de Jean, leur oncle *de cujus*, décédé sans enfants; ils partagent l'hérédité avec Julie, leur tante, qui prend à elle seule l'autre moitié. Ils viennent à la succession par représentation de Justin, leur père, frère germain du défunt.

76. Mais si Jean *de cujus* avait laissé un enfant naturel et seulement des neveux et nièces, ces neveux et nièces ne représenteraient pas les frères et sœurs du défunt à l'effet de faire réduire l'enfant naturel à la moitié de la portion héréditaire, celui-ci aurait trois quarts de la portion qu'il aurait eue s'il eût été légitime (C. civ. 757; Riom 29 juill. 1809; Paris 16 juin 1812; Rouen 17 mars 1813 et 17 juill. 1840; Cass. 6 av. 1813 et 28 mars 1833; Agen 16 av. 1822; Grenier; Favard; Loiseau; Vazeille; — *Contrà*, Pau 10 av. 1810; Chabot; Maleville; Merlin; Toullier; Delvincourt; Duranton; Delaporte; Cotelle; Roll. de V.; Dalloz; Pujol).

77. Il en est ainsi lors surtout que les neveux et nièces sont écartés de la succession par un légataire universel, et que c'est ce légataire qui invoque le principe de la représentation contre l'enfant naturel (Cass. 20 fév. 1823).

78. *Dans tous les cas où la représentation est admise, le partage s'opère par souche : si une même souche a produit plusieurs branches, la subdivision se fait aussi par souche dans chaque branche, et les membres de la même branche succèdent entre eux par tête* (C. civ. 743).

79. Ainsi, PIERRE avait trois fils JEAN, JULIE et JUSTIN dont les deux derniers sont morts avant lui, laissant l'un deux enfants et l'autre quatre. Dans ce cas, la succession de PIERRE ne se divisera pas en sept parts égales pour JEAN et ses six neveux ou nièces, mais en trois parts, une pour JEAN, une pour JULIE représentée par ses deux enfants, et une pour JUSTIN représenté par ses quatre enfants; et si l'un des deux enfants de JULIE était aussi prédécédé laissant à son tour trois enfants, le tiers attribué à cette souche dans la succession de JEAN ne se subdivisera pas en quatre parts, mais en deux, dont une pour l'enfant survivant et l'autre pour les trois enfants du prédécédé.

80. *On ne représente pas les personnes vivantes, mais seulement celles qui sont mortes naturellement ou civilement* (C. civ. 744, alin. 1).

Ainsi, une personne ne peut pas venir occuper la place d'une autre, tant que cette place n'est pas vacante; par conséquent, on ne peut pas représenter, dans une succession, la personne qui était encore vivante à l'ouverture de cette succession. Celui-là seul peut donc être représenté qui a été frappé de mort naturelle ou civile avant le décès du *de cujus*.

81. *On peut représenter celui à la succession duquel on a renoncé* (C. civ. 744, alin. 2).

82. Ainsi, pour représenter une personne, il n'est pas nécessaire d'être son héritier; d'où il suit qu'on peut représenter celui à la succession duquel on a renoncé, comme on représente celui de la succession duquel on est exclu comme indigne, car l'art. 730 du C. civ. (V. note 78, n. 85) ne contient point à cet égard de prohibition.

83. Mais on ne vient jamais par représentation d'un héritier qui a renoncé (C. civ. 787). — V. note 62, n. 217.

§ 7. DES SUCCESSIONS DÉFÉRÉES AUX DESCENDANTS. — *V. sup. n.* 35 *et suiv.*

84. *Les* ENFANTS *ou leurs descendants succèdent à leurs père et mère, aïeuls, aïeules, ou autres ascendants*, SANS DISTINCTION DE SEXE NI DE PRIMOGÉNITURE, *et encore qu'ils soient* ISSUS DE DIFFÉRENTS MARIAGES. — *Ils succèdent par égales portions et par tête, quand ils sont tous* AU PREMIER DEGRÉ ET APPELÉS DE LEUR CHEF : *ils succèdent par souche, lorsqu'ils viennent tous ou en partie par représentation* (C. civ. 745).

85. Il s'agit ici du premier ordre d'héritiers, c.-à-d. des descendants, lesquels n'entrent en partage avec personne dans l'ordre légal des successions, et écartent les ascendants ainsi que les collatéraux. Toutefois, les enfants naturels viennent en concours avec eux pour prendre leur légitime (C. civ. 757). — Les enfants incestueux et adultérins ont également contre la succession un droit de créance qui les autorise aussi jusqu'à un certain point à discuter les forces de la succession (C. civ. 763). — V. *sup.* n. 37.

86. ENFANTS. Sous le nom d'enfants légitimes, il faut comprendre les enfants naturels légitimés et les enfants adoptifs, avec une différence entre eux toutefois : l'enfant légitimé et toute sa descendance légitime se rattachent et succèdent, non pas seulement au père qui a légitimé, mais à tous les ascendants de celui-ci, comme si l'enfant était né légitime; l'adopté au contraire et sa descendance légitime succèdent bien à l'adoptant, mais ils ne succèdent pas aux parents de cet adoptant, car l'adoption ne les rattache pas à eux.

87. SANS DISTINCTION DE SEXE NI DE PRIMOGÉNITURE. Cet article contient en principe l'abolition du droit d'aînesse, mais ce principe est susceptible de quelques exceptions dont nous avons parlé note 27, n. 273 et note 73, n. 52 et suiv.

88. ISSUS DE DIFFÉRENTS MARIAGES. Lorsque les enfants sont issus de différents mariages, ils n'en viennent pas moins par tête pour prendre une part égale, peu importe qu'ils soient frères ou sœurs germains, consanguins et utérins. Cette circonstance, en effet, est indifférente : ainsi, quand mon père meurt laissant une fille d'un premier lit et moi qui suis du second, il est clair que nous viendrons (ma sœur et moi) à la succession de notre père commun, tout comme si nous étions de la même mère; seulement, il est bien clair qu'à la mort de la seconde femme (ma mère), je viendrai seul à sa succession, sans que ma sœur, qui n'est pas sa fille, puisse y rien prétendre.

89. AU PREMIER DEGRÉ ET APPELÉS DE LEUR CHEF. Cependant, de quelque degré que soient les descendants, ils partageront nécessairement par tête dès qu'ils viendront de leur chef. Ainsi, PIERRE meurt laissant deux fils dont l'un est exclu comme indigne et l'autre renonce, si le premier a un enfant et que le second en ait trois, la succession, dans ce cas, ne pouvant pas être prise par représentation de ces deux fils, ne se partagera pas par souche, c.-à-d. en deux moitiés, dont une pour l'un des petits-enfants et la seconde pour les trois autres; elle se divisera en quatre parties égales, une pour chacun des quatre héritiers, quoiqu'ils ne soient pas au premier degré. Le Code en disant *tous au premier degré et de leur chef* a eu en vue le cas le plus ordinaire, parce qu'en effet ce sera toujours au premier degré seulement que les descendants viendront tous de leur chef. Mais enfin, puisqu'on peut aussi quelquefois venir de son chef à un degré postérieur, il ne fallait pas se servir des mots *au premier degré*.

§ 8. DES SUCCESSIONS DÉFÉRÉES AUX ASCENDANTS.

90. *Si le défunt n'a laissé ni postérité, ni frère, ni sœur, ni descendants d'eux, la succession se divise par moitié entre les ascendants de la ligne paternelle et les ascendants de la ligne maternelle. L'ascendant qui se trouve au degré le plus proche recueille la moitié affectée à sa ligne, à l'exclusion de tous autres. — Les ascendants au même degré succèdent par tête* (C. civ. 746). — Il s'agit ici des ascendants ordinaires ou du troisième ordre d'héritiers. — *V. sup. n.* 37.

91. Cet article précise le seul cas auquel une succession peut être déférée à des ascendants exclusivement à tous autres; il faut que le défunt n'ait laissé ni enfants, ni frères, ni sœurs, ni neveux ni nièces, à quelque degré que ce soit (Delvincourt ; Toullier; Favard; Duranton; Maleville). — On applique alors la règle générale de la division entre les deux lignes, et l'ascendant le plus proche en degré dans chaque ligne recueille la part afférente à cette ligne.

92. Il faut toutefois remarquer que cette disposition ne s'applique pas aux successions dévolues au père ou à la mère survivants, cas auquel sont consacrés les art. 748 et 749. La disposition de l'art. 746, en énonçant les ascendants, n'entend donc parler que de l'aïeul, bisaïeul, etc., c.-à-d. des ascendants au deuxième degré qui sont exclus par les enfants, par le père, la mère, les frères, les sœurs, les neveux, les nièces, mais qui excluent tous autres collatéraux.

93. *Les ascendants succèdent à l'exclusion de tous autres, etc.* (C. civ. 747). — Cet article concerne le retour légal et est relatif à la succession toute spéciale des ascendants, de sorte qu'il ne rentre pas dans le système des successions ordinaires. Pour le développement de cet article V. la note 190.

94. *Lorsque les père et mère d'une personne morte sans postérité lui ont survécu, si elle a laissé des frères, sœurs ou des descendants d'eux, la succession se divise en deux portions égales, dont moitié seulement est déférée au père et à la mère, qui la partagent entre eux également. — L'autre moitié appartient aux frères, sœurs ou descendants d'eux, ainsi qu'il sera expliqué dans la sect. 5 du présent chap.* (C. civ. 748).

95. *Dans le cas où la personne morte sans postérité laisse des frères, sœurs ou des descendants d'eux, si le père ou la mère est prédécédé, la portion qui lui aurait été dévolue conformément au précédent article se réunit à la moitié déférée aux frères, sœurs ou à leurs représentants, ainsi qu'il sera expliqué à la section 5 du présent chap.* (C. civ. 749).

Ces deux articles sont relatifs au second ordre d'héritiers. — V. *sup*. n. 37.

96. Ces deux articles sont consacrés aux successions dans lesquelles le père et la mère ou l'un d'eux sont appelés à prendre part (Delvincourt; Toullier; Favard; Duranton).

97. Et d'abord ils sont toujours exclus par les descendants légitimes, légitimés ou adoptés; mais eux-mêmes ils excluent lorsqu'ils survivent tous les deux, les ascendants de l'une et de l'autre ligne, ainsi que tous les collatéraux, sauf les frères, sœurs, neveux ou nièces, à quelque degré que ce soit; et ils viennent en concours avec ces derniers, ainsi qu'avec les enfants naturels.

98. Il faut donc considérer les diverses hypothèses qui pourront se présenter :

99. 1° Si le père et la mère survivent, sans que leur enfant décédé ait laissé ni frère, ni sœur, ni neveu, ni nièce, ni enfant naturel, ils appréhendent la succession.

100. 2° S'ils viennent en concours soit avec un frère, soit avec une sœur, soit avec des neveux ou des nièces, comme il y a dans ce cas mélange entier des deux lignes, on considère le père et la mère comme formant une seule ligne, la ligne ascendante qui prend sa moitié, et tous les parents collatéraux forment une ligne *collatérale* à laquelle l'autre moitié est attribuée d'après certaines bases qui sont déterminées par les art. 751 et 752 (V. *inf*. n. 111 et 113).

101. 3° Si les père et mère viennent en concours avec un enfant naturel, les droits réciproques et des uns et des autres sont réglés par l'art. 757.

102. 4° Hors ce dernier cas, le droit du père et de la mère dans la succession de leurs enfants décédés sera donc du quart pour chacun d'eux. C'est aussi la portion qui est attribuée à l'un ou à l'autre d'entre eux, lorsqu'un seul survit, en sorte que les frères et sœurs, neveux ou nièces sont, dans ce cas, appelés à prendre les trois quarts.

103. Mais si le père ou la mère survivant entrent en concours avec d'autres collatéraux ou d'autres ascendants, il se fait de nouvelles attributions:

104. Ainsi, le père et la mère prendront nécessairement dans dans ce cas la moitié de la succession appartenant à leur ligne, dans laquelle ils excluent tout autre ascendant ainsi que les collatéraux.

105. Mais ils viennent, en outre, aux termes de l'art. 754, exercer un droit d'usufruit légal sur la part afférente à la ligne à laquelle ils n'appartiennent pas.

§ 9. DES SUCCESSIONS DÉFÉRÉES AUX COLLATÉRAUX.

106. *En cas de prédécès des père et mère d'une personne morte sans postérité*, SES FRÈRES, SOEURS *ou leurs descendants sont appelés à la succession à l'exclusion des ascendants et des autres collatéraux. — Ils succèdent ou de leur chef ou par représentation, ainsi qu'il a été réglé dans la section 2* (V. *sup*. n. 62 et suiv.) *du présent chap*. (C. civ. 750). Cet article et les deux suivants (V. *inf*. n. 111 et 113) complètent le système relatif au second ordre d'héritiers (V. *sup*. n. 37 et 95).

107. SES FRÈRES ET SOEURS. Cette dénomination comprend les frères et sœurs même *consanguins* et *utérins*, lesquels excluent les collatéraux et les ascendants même de la ligne à laquelle ces frères et sœurs n'appartiennent pas (Bruxelles 28 therm. an XII; 18 mai 1807; jug. de Gand 14 vent. an XII; Cass. 27 déc. 1809; Toullier 4, 221; Chabot; Vazeille).

108. L'article précité n'est que la reproduction des principes ci-dessus développés relativement à la représentation (V. *sup*. n. 62 et suiv.) : ainsi, les frères et sœurs survivants, de même que les neveux et nièces du défunt, sont appelés à recueillir toute la succession, à l'exclusion des ascendants autres que le père et la mère, et à l'exclusion de tous autres collatéraux.

109. Ils ne cèdent leurs droits qu'aux enfants par lesquels ils sont exclus, et viennent en concours avec le père et la mère ou avec celui des deux qui survit. — Les frères et sœurs viennent également en concours avec l'enfant naturel, mais les neveux et nièces sont alors écartés, comme on l'a vu *sup*. n. 76.

110. Dans tous les cas où les frères et sœurs, neveux et nièces viennent en concours entre eux, ils partagent entre eux par tête quant aux frères et sœurs, par souche quant aux neveux et nièces.

111. *Si les père et mère de la personne morte sans postérité lui ont survécu, ses frères, sœurs ou leurs représentants ne sont appelés qu'à la moitié de la succession. Si le père ou la mère seulement a survécu, ils sont appelés à recueillir les trois quarts* (C. civ. 751).

112. Cet article n'est que la reproduction de l'art. 748 rappelé *sup*. n. 94.

113. *Le partage de la moitié ou des trois quarts dévolus aux frères ou sœurs, aux termes de l'article précédent, s'opère entre eux par égales portions, s'ils sont tous du même lit; s'ils sont de lits différents, la division se fait par moitié entre les deux lignes paternelle et maternelle du défunt; les germains prennent part dans les deux lignes, et les utérins ou consanguins chacun dans leur ligne seulement: s'il n'y a de frères ou sœurs que d'un côté, ils succèdent à la totalité, à l'exclusion de tous autres parents de l'autre ligne* (C. civ. 752).

114. TABLEAU D'UNE SUCCESSION ÉCHUE A DES FRÈRES GERMAINS ET UTÉRINS.

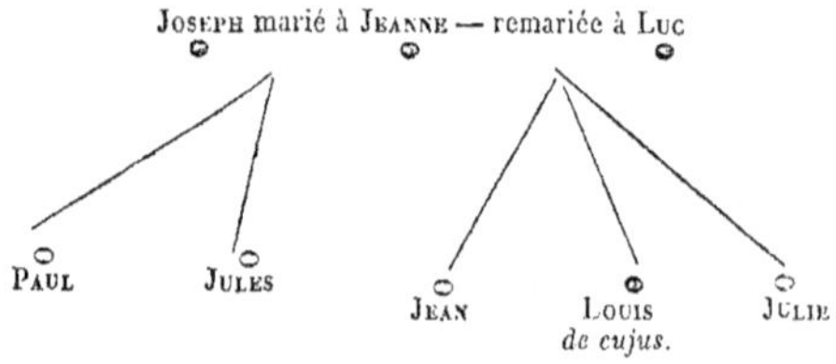

115. LOUIS étant mort, la succession se divise ainsi : moitié pour la ligne paternelle à cause de LUC, son père, et moitié pour la ligne maternelle, à cause de JEANNE, sa mère; JEAN et JULIE, comme frères germains, auront d'abord la moitié revenant à la ligne paternelle, plus chacun un quart dans la moitié revenant à la ligne maternelle, laquelle se partage en portions égales entre eux et PAUL et JULES, leurs frères utérins.

116. Et si LOUIS à son décès ne laissait que PAUL et JULES, ses frères utérins, ceux-ci recueilleraient toute sa succession, laquelle, dans ce cas, leur est dévolue en totalité, à l'exclusion de l'autre ligne (Bruxelles 18 mai 1807). - V. *sup*. n. 107. — Et même dans le cas de concours de descendants de frères utérins ou consanguins et de cousins-germains du défunt, il n'y a pas lieu à la division en deux lignes; la succession est déférée aux descendants des frères, à l'exclusion des cousins germains. La disposition de l'art. 752, qui ne parle que des frères et sœurs consanguins, n'est que le mode d'exécution de l'art. 751 qui donne le même droit aux représentants des frères et sœurs germains (Nancy 8 frim. an XIII; Toullier 4, 222).

117. Lorsqu'un enfant est conçu avant le mariage, mais né durant le mariage même et reconnu par le mari, il est habile à recueillir la succession d'un frère utérin ouverte dans l'intervalle de sa conception au mariage de sa mère. L'enfant conçu est, en effet, réputé né quand il s'agit de son intérêt (C. civ. 725; Orléans 19 août 1808).

118. *A défaut de frères ou sœurs ou de descendants d'eux, et à défaut d'ascendants dans l'une ou l'autre ligne, la succession est déférée pour moitié aux ascendants survivants, et pour l'autre moitié aux parents les plus proches de l'autre ligne. — S'il y a concours de parents collatéraux au même degré, ils partagent*

par tête (C. civ. 753). — Il s'agit ici du quatrième ordre d'héritiers (V. *sup.* n. 37).

119. Suivant cet article, si le défunt qui ne laisse aucun descendant ni aucun collatéral privilégié (V. *sup.* n. 37), ne laisse pas non plus d'ascendant dans une ligne, mais qu'il en ait dans l'autre, l'ascendant le plus proche ou les ascendants les plus proches de cette dernière ligne prendront une moitié, et l'autre moitié ira au plus proche collatéral ou aux plus proches collatéraux de la première ligne. C'est ce que le tableau suivant va faire bien comprendre :

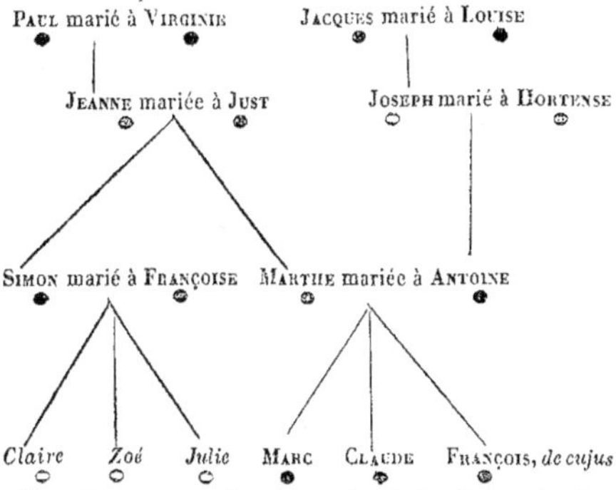

FRANÇOIS en mourant ne laisse ni enfants, ni père ni mère, seulement il laisse dans la ligne paternelle un ascendant, JOSEPH, qui recueillera la moitié de sa succession, et dans la ligne maternelle trois collatéraux, CLAIRE, ZOÉ et JULIE, qui recueilleront l'autre moitié, et comme ces trois derniers sont au même degré ils partageront par tête c.-à-d. par portions égales.

120. Cependant, si JEANNE et JOSEPH étaient frère et sœur comme étant issus de PAUL et VIRGINIE, il en résulterait que JOSEPH grand-père de FRANÇOIS par ANTOINE son père et son grand-oncle par MARTHE, sa mère, c.-à-d. son parent collatéral au 4e degré, recueillerait en entier, par l'effet du double lien, la succession de *François* puisqu'il se trouverait être le seul ascendant dans la ligne paternelle et le plus proche parent dans la ligne maternelle, en supposant CLAIRE, ZOÉ et JULIE représentées par des enfants qui ne seraient parents qu'au 5e degré (Rouen 22 janv. 1841). — V. *sup. n.* 55.

121. *Dans le cas de l'article précédent, le père ou la mère survivant a l'usufruit du tiers des biens auxquels il ne succède pas en propriété* (C. civ. 754).

122. Il s'agit ici d'un usufruit légal pour lequel l'usufruitier sera tenu de faire inventaire, mais il ne sera pas tenu de donner caution par application de l'art. 601 du C. civ. (V. note 69, n. 141 et 150). — Suivant le C. du Jal. du Pal., l'usufruitier dans ce cas n'est pas tenu de faire inventaire, et suivant Marcadé il n'est pas dispensé de fournir caution.

§ 10. JUSQU'A QUEL DEGRÉ ON PEUT SUCCÉDER.

123. *Les parents au-delà du douzième degré ne succèdent pas. — A défaut de parents au degré successible dans une ligne, les parents de l'autre ligne succèdent pour le tout* (C. civ. 755).

124. Au-delà du douzième degré les liens de parenté sont tellement relâchés, et la preuve de la parenté elle-même devient si difficile à faire que l'on n'y a plus aucun égard. On considère donc la branche comme éteinte et la famille se trouve alors réduite à une seule branche; en sorte qu'il n'existe plus qu'une branche, soit paternelle, soit maternelle, qui par droit de dévolution appréhende la totalité de la succession. Il n'y a plus alors de partage entre les lignes et dans la ligne même qui est appelée à recueillir la totalité de la succession, il ne se fait pas de subdivision nouvelle. C'est toujours le plus proche parent qui reçoit tout ce qui est dévolu à la ligne, sauf à partager avec les autres parents du même degré que lui (C. Jal. Pal.). — Cependant, suivant Duranton (t. 6, n. 146), lorsqu'à raison de l'absence de parents dans une ligne ou pour toute autre cause, il y a lieu à dévolution d'une ligne à l'autre, on doit, s'il se trouve plusieurs collatéraux au même degré, diviser les biens entre la ligne paternelle et la ligne maternelle, et faire hériter dans l'une et dans l'autre le collatéral qui appartiendrait à toutes deux.

§ 11. DES SUCCESSIONS IRRÉGULIÈRES.

Art. 1. DES DROITS DES ENFANTS NATURELS SUR LES BIENS DE LEURS PÈRE OU MÈRE.

125. *Les* ENFANTS NATURELS *ne sont point* HÉRITIERS; *la loi ne leur accorde de droits sur les biens de leurs père ou mère décédés que lorsqu'ils ont été légalement reconnus. Elle ne leur accorde aucun droit sur les biens des parents de leurs père ou mère* (C. civ. 756).

126. ENFANTS NATURELS. Il s'agit ici de l'enfant naturel qui a été légalement reconnu dans la forme déterminée par les art. 334 et suiv. du C. civ. (V. note126); car le bâtard qui n'est pas reconnu dans les formes voulues par la loi est légalement sans père ni mère. — V. aussi *adoption note* 165.

127. HÉRITIERS. Bien que la loi refuse à l'enfant naturel le titre d'*héritier*, on ne peut se dissimuler qu'il en a tous les droits. Ainsi, 1° l'enfant naturel est placé sur la même ligne que l'enfant légitime avec lequel il vient en concours pour exiger comme lui une réserve (Pau 10 av. 1810; Amiens 26 nov. 1811; Bruxelles 18 fév. 1813; Paris 19 mai 1829; Cass. 26 juin 1809; 28 juin 1831; Paris 19 mai 1829; Poitiers 18 av. 1832; Toulouse 15 mars 1834; Delvincourt 2, 13 et 21; Toullier 4, 247; Favard, v° *enf. nat.*; Duranton 6, 266. — *Contrà*, Rouen 31 juill. 1820).

128. 2° L'enfant naturel peut demander la réduction des dispositions entre-vifs ou testamentaires par suite desquelles il se trouverait privé de tout ou partie de la quotité qui lui est accordée par la loi (Cass. 27 av. 1830, 28 juin 1831; Douai 14 août 1811. — *Contrà*, Lyon 16 juill. 1828).

129. 3° Il peut quereller les donations entre-vifs faites par ses père et mère décédés en état d'imbécillité ou de démence (Rouen 17 mars 1813).

130. 4° L'enfant naturel, quoique non héritier, a droit à des biens en nature : on ne peut le contraindre à se contenter de valeurs estimatives (Paris 22 mai 1813).

131. 5° L'enfant naturel reconnu peut exercer contre des tiers-acquéreurs qui ont traité avec l'héritier légitime, les droits à lui conférés par le C. civ.; ces droits donnant à l'enfant naturel une action réelle sur les biens héréditaires, et encore une action personnelle contre les héritiers (Cass. 20 mai 1806); — bien qu'il n'eût pas encore demandé ni obtenu la délivrance de ses droits (Poitiers 10 av. 1832; Duranton; Vazeille; — *Contrà*, surtout quand l'acquéreur est de bonne foi, Paris 12 av. 1823; Chabot; Delvincourt; Malpel).

Il peut demander que les aliénations de biens faites à l'un des successibles en ligne directe et à charge de rente viagère soient imputées sur la quotité disponible et assujetties au rapport pour ce qui excède cette quotité (Cass. 28 juin 1831).

132. 6° L'enfant naturel a qualité suffisante pour poursuivre les débiteurs de la succession. Il n'est pas tenu de se faire reconnaître, au préalable, par les parents qu'il exclut (Paris 25 pluv. an x).

133. 7° L'enfant naturel, quoique non héritier, peut assister aux scellés, à l'inventaire et aux autres actes conservatoires de la succession (Paris 14 fruct. an xi; Toullier 4, 281).

134. 8° La restitution d'une chose due à une succession est valablement faite à l'enfant naturel qui est en possession réelle et paisible de la qualité d'héritier, encore qu'il n'ait pas été envoyé en possession (Paris 17 flor. an xii).

135. 9° L'enfant naturel, quoique non héritier, a néanmoins ses droits pécuniaires réglés comme un héritier, sauf la quotité. C'est pourquoi il est recevable à demander le rapport comme la

réduction dans les cas où ce droit appartient à l'héritier (Amiens 26 nov. 1811). Toutefois, il n'a droit qu'à un rapport fictif, et ce rapport doit avoir lieu d'après la valeur des biens à l'époque de l'ouverture de la succession (Paris 5 juin 1826).

136. Cependant, suivant Toullier (t. 4, n. 282), l'enfant naturel n'a pas l'action en partage qui appartient au cohéritier, ni l'action en partage qui appartient au copropriétaire; il ne peut agir que par voie d'action en délivrance de sa portion contre l'héritier qui lui assigne alors ce qui doit lui revenir dans la succession. — Et jusqu'à sa demande en délivrance, il n'a pas droit aux fruits de cette portion (Cass. 22 mars 1841).

137. *Le droit de l'enfant naturel sur les biens de ses père et mère décédés est réglé ainsi qu'il suit : — Si le père ou la mère* A LAISSÉ *des descendants légitimes, ce droit est d'un tiers de la portion héréditaire que l'enfant naturel aurait eue s'il eût été légitime; il est* DE LA MOITIÉ, *lorsque les père et mère ne* LAISSENT *pas de descendants, mais bien des ascendants ou des frères ou sœurs:* IL EST DES TROIS QUARTS, *lorsque les père ou mère ne* LAISSENT *ni descendants ni ascendants, ni frères ni sœurs* (C. civ. 757).

138. Le droit de l'enfant naturel dans chacune de ces hypothèses est d'une fraction de la portion qu'il aurait eue s'il eût été légitime (Duranton 6, 314). — Et l'enfant adoptif doit être mis sur la même ligne que l'enfant légitime (V. note 165).

139. D'UN TIERS. *Pour ce tiers, V. le tableau suivant établissant la réserve des enfants naturels en concours avec des enfants légitimes*

Nombre des enfants naturels.	NOMBRE des enfants légitimes.				
	1	2	3	4	5
1	1/6	1/9	1/12	1/15	1/18
2	2/9	1/6	2/15	1/9	2/21
3	1/4	1/5	1/6	1/7	1/8
4	4/15	2/9	4/21	1/6	4/27
5	5/18	5/21	5/24	5/27	1/6

Ainsi, trois enfants naturels venant à partage avec trois enfants légitimes auront à prendre ensemble dans la succession un sixième qu'ils partageront également entre eux (C. Jal. Pal.).

140. Lorsqu'un enfant naturel concourt avec un enfant légitime et que leur père a donné à ce dernier toute la portion disponible, comment la réserve doit-elle être calculée? Elle doit l'être comme s'il y avait deux enfants légitimes, ce qui ne permettant pas de disposer de plus d'un tiers, porte la réserve aux deux tiers et le droit de l'enfant naturel à 1/9, comme faisant le tiers d'un tiers : elle ne doit point être portée à moitié, taux de la quotité disponible quand il n'y a qu'un enfant, ce qui ne donnerait que 1/12 à l'enfant naturel (Cass. 24 mai 1806 et 26 juin 1809; Duranton 6, 275).

141. DE LA MOITIÉ. Lorsqu'un enfant naturel se trouve appelé à la succession de son père, en concours avec un ascendant dans une ligne, et un collatéral dans l'autre, il prend la moitié dans la ligne représentée par l'ascendant, et les trois quarts dans l'autre (Chabot; Vazeille; Toullier; Delvincourt). — Au contraire, d'après Favard et Duranton, l'enfant naturel n'a droit, même à l'égard des collatéraux, qu'à la moitié de la portion héréditaire qu'il aurait eue, s'il eût été légitime.

142. DES TROIS QUARTS. L'enfant naturel, en concours avec des neveux ou nièces de son père, a droit aux trois quarts de la succession, comme si ces neveux ou nièces n'existaient pas : le bénéfice de la représentation n'a pas lieu en leur faveur. — V. *sup.* n. 76

143. Le père d'un enfant naturel reconnu, quand il n'a ni héritiers à réserve, ni frères, ni sœurs, peut, en léguant le quart de ses biens à un étranger, disposer en faveur de son enfant naturel, de la totalité des trois autres quarts auxquels celui-ci aurait légalement droit, s'il n'y avait pas legs du quart. — Les collatéraux ne sont pas fondés à demander, dans ce cas, la réduction du legs de l'enfant et à prétendre qu'il n'a droit qu'aux trois quarts des trois quarts (C. civ. 908; Cass. 14 mars 1837).

144. Lorsqu'il y a concours de frères naturels germains, consanguins et utérins, il y a lieu d'appliquer à ce cas les règles établies par l'art. 752 du C. civ. sur la division des biens entre les deux lignes (Toullier 4, 269).

145. LAISSENT. Le droit de l'enfant naturel est réduit à la moitié de ce qu'il aurait eu s'il eût été légitime, par cela seul que les père et mère ont laissé des frères et sœurs, encore que ces frères et sœurs soient exclus de la succession par un testament du défunt instituant un légataire universel. C'est l'existence des frères et sœurs et non leur concours comme héritiers qui a pour effet de réduire le droit de l'enfant naturel (Nancy 25 août 1831; Malpel; Belost-Jolimont, 1, 534; Toullier 4, 268. — *Contrà*, Toulouse 8 juin 1839; Chabot; Duranton; Dalloz).

146. *L'enfant naturel a droit à la totalité des biens, lorsque ses père ou mère ne laissent pas de parents au degré successible* (C. civ. 758).

147. Lorsqu'une personne est décédée et qu'il n'apparaît aucun héritier capable de succéder, ses enfants naturels reconnus doivent obtenir l'envoi en possession définitive des biens. Le juge ne peut les restreindre à une possession provisoire, sous prétexte de l'incertitude où l'on se trouve si des héritiers se présenteront (Paris 20 germ. an XIII).

148. *En cas de prédécès de l'enfant naturel, ses enfants ou descendants peuvent réclamer les droits fixés par les articles précédents* (C. civ. 759).

149. On doit entendre par ces mots *enfants* ou *descendants* les enfants ou descendants légitimes, car les enfants ou descendants naturels de l'enfant naturel ne peuvent le représenter à la succession de ses père et mère (Chabot; Vazeille; Toullier 4, 259; Dalloz; — *Contrà*, Maleville; Favard; Delvincourt; Duranton).

150. Et lorsque l'enfant naturel a survécu au père qui l'a reconnu, et qu'il renonce à la succession, ou qu'il est déclaré indigne, ses enfants ou descendants naturels ne peuvent réclamer les droits qu'il n'a pu ou voulu recueillir (Chabot; Vazeille; Dalloz). — V. sup. n. 82, 89 et note 78 n. 85.

151. Du reste, les enfants légitimes d'un enfant naturel ne peuvent, de même que leur père, rien recevoir par testament au-delà de ce que celui-ci aurait pu recevoir lui-même dans la succession de leur aïeul. Le mot *enfants* employé dans l'art. 908 du C. civ. signifiant *descendants* (Paris 26 déc. 1828).

152. *L'enfant naturel ou ses descendants sont tenus d'imputer, sur ce qu'ils ont le droit de prétendre, tout ce qu'ils ont reçu du père ou de la mère dont la succession est ouverte, et qui serait sujet à rapport d'après les règles établies à la sect. 2 du chap. 6* (V. C. civ. 843 à 869) *du présent titre* (C. civ. 760).

153. Mais cette obligation, ne s'étendant qu'aux choses reçues par l'enfant naturel, il en résulte que l'imputation ne doit pas comprendre les *intérêts* ou *fruits* que les choses par lui reçues ont produit depuis l'ouverture de la succession. Il n'en est pas comme au cas de rapport à succession par un héritier légitime, ce qui rend inapplicable l'art. 856 du C. civ. (Pau 14 juill. 1827; Cass. 11 janv. 1831). — V. *rapport*, note 116.

154. Il ne sera pas obligé non plus d'imputer sur ses droits les jouissances qu'il aura eues des biens du défunt avant le décès de ce dernier, car il est de principe que les jouissances usufructuaires ne sont pas sujettes à rapport (C. civ. 856; Bastia 21 nov. 1832; Paris 20 janv. 1838; Delvincourt; Toullier; Chabot).

155. Pour la fixation de l'émolument de l'enfant naturel on doit comprendre fictivement dans la succession les biens qui lui ont été donnés par son père et qui doivent s'imputer sur ses droits (Vazeille : — *Contrà*, Chabot).

156. *Toute réclamation leur est interdite lorsqu'ils ont reçu, du vivant de leur père ou de leur mère, la moitié de ce qui leur est attribué par les articles précédents, avec déclaration expresse de la part de leurs père ou mère, que leur intention est de réduire l'enfant naturel à la portion qu'ils lui ont assignée. — Dans le cas où cette portion serait inférieure à la moitié de ce qui devrait revenir à l'enfant naturel, il ne pourra réclamer que le supplément nécessaire pour parfaire cette moitié* (C. civ. 761).

157. Pour que l'enfant naturel puisse être réduit à la moitié de sa part héréditaire, il faut que la donation autorisée par l'art. précité soit entre-vifs (Vazeille; Chabot; Maleville; Grenier; Favard; Malpel).

158. La réduction ne peut être faite par un acte testamentaire; il faut que le réglement ait eu lieu au moyen d'un paiement exécuté du vivant même du père ou de la mère (Paris 2 janv. 1819; Delvincourt; Chabot; Grenier; Toullier; Vazeille; Malpel).

159. Et l'enfant naturel ne peut, par un traité passé avec son père, renoncer à exiger la moitié qui lui est assurée par la loi (Bruxelles 18 fév. 1813).

160. La réduction des droits de l'enfant naturel n'est pas subordonnée au consentement de l'enfant et à son acceptation de la portion qui lui est assignée par ses père et mère : la seule volonté de ces derniers fait loi à cet égard (Cass. 21 av 1835; Toullier; Duranton. — *Contrà*, Vazeille; Chabot; Maleville; Grenier; Favard; Malpel).

161. Le père qui veut réduire son enfant naturel peut, s'il est majeur, lui faire des offres réelles, et les tribunaux devront valider ces offres, si elles s'élèvent à la moitié de ce qui, par approximation, peut revenir à l'enfant (Duranton 6, 305). — Et, pour que la déclaration de réduction faite par le père produise son effet, il faut que la libéralité ait été faite durant la vie du père (Duranton 6, 306).

162. Toutefois, le père peut se réserver l'usufruit des biens donnés (Chabot; Toullier. — *Contrà*, Vazeille).

163. Cependant l'enfant naturel, en cas de réduction, n'en recueillerait pas moins toute la succession, si son père mourait sans avoir disposé de sa succession et sans laisser de parents successibles (Vazeille). — Suivant Delvincourt, la réduction profiterait au conjoint survivant, mais non au fisc. — Et suivant Duranton (t. 6, n. 307), la réduction ne profite qu'aux enfants légitimes, elle ne profite pas aux autres enfants naturels.

164. La réduction de moitié des droits de l'enfant naturel ne peut être cumulée avec celle qui pourrait résulter des dispositions faites par le père jusqu'à concurrence de la quotité disponible. En conséquence, la moitié qui doit être donnée à l'enfant est calculée sur la quotité disponible et sur la quotité indisponible (Vazeille; Duranton. — *Contrà*, Toullier 4, 262; Grenier 2, 674).

165. *Les dispositions des art. 757 et 758 ne sont pas applicables aux enfants adultérins ou incestueux. — La loi ne leur accorde que des aliments* (C. civ. 762).

166. *Ces aliments sont réglés, eu égard aux facultés du père ou de la mère, au nombre et à la qualité des héritiers légitimes* (C. civ. 763).

167. Il n'y a lieu à accorder des aliments aux enfants adultérins ou incestueux que dans le cas seulement où la preuve de la paternité ou de la maternité adultérine est indépendante de toute reconnaissance volontaire, et résulte seulement d'actes de poursuites, de la force des choses ou des jugements (C. civ. 335; Cass. 9 mars 1824; 4 déc. 1837; Limoges 9 juin 1838. — *Contrà*, Paris 22 juin 1839). — V. note 7, n. 62 *bis* et note 144.

168. Quant aux aliments, tout droit que puisse exercer l'enfant incestueux ou adultérin, ce n'est pas là un véritable droit successif, mais une simple créance; — toutefois, si le père ou la mère ont eux-mêmes réglé le montant de la pension alimentaire, leur volonté devra être exécutée, pourvu qu'elle ait été fixée en raison de leur fortune, et quand même ils l'auraient fait par une donation déguisée non excessive (Cass. 28 prair. an XIII; Bruxelles 29 juill. 1811; Paris 22 mars 1828; Toulouse 30 av. 1828).

169. Il résulte implicitement de l'art. 763 que l'enfant ne peut réclamer d'aliments quand il se trouve dans une position à n'en avoir pas besoin, mais que son droit renaît quand sa position vient à changer (Marcadé).

170. *Lorsque le père ou la mère de l'enfant adultérin ou incestueux lui auront fait apprendre un art mécanique, ou lorsque l'un d'eux lui aura assuré des aliments de son vivant, l'enfant ne pourra élever aucune réclamation contre leur succession* (C. civ. 764).

171. On peut ne pas comprendre, au nombre des arts mécaniques, l'état de couturière donné à une fille adultérine (Toulouse 30 av. 1828).

Art. 2. DE LA SUCCESSION AUX ENFANTS NATURELS DÉCÉDÉS SANS POSTÉRITÉ.

172. *La succession de l'enfant naturel décédé sans postérité est dévolue au père ou à la mère qui l'a reconnu, ou par moitié à tous les deux, s'il a été reconnu par l'un et par l'autre* (C. civ. 765).

173. C'est donc seulement lorsque l'enfant naturel n'a point laissé d'enfants légitimes qu'il y a lieu de faire l'application de cet article, car, s'il en a laissé, il faut se référer aux règles ci-dessus rappelées n. 84 et suiv.

Cependant, les auteurs sont d'avis que les enfants naturels d'un enfant naturel doivent lui succéder, à l'exclusion de son père et de sa mère, car il est vrai de dire qu'alors le défunt n'est point sans postérité, et, ce qui est un argument en faveur de leur opinion, c'est que l'art. qui précède emploie le mot *postérité*, tandis que l'art. 745 se sert du mot *enfants* (Vazeille; Chabot; Maleville; Loiseau; Delvincourt; Dalloz; Malpel; Toullier 4, 269; Demante; Marcadé).

174. La succession d'un enfant naturel est dévolue en totalité au survivant des père et mère, à l'exclusion des frères et sœurs légitimes. — Pour que les frères et sœurs légitimes aient un droit de succession, il ne suffit pas que leur auteur soit décédé, il faut qu'il y ait décès des deux auteurs de l'enfant naturel (Riom 4 août 1820).

175. La dévolution de la succession au profit du père ou de la mère a lieu, soit qu'ils aient reconnu l'enfant volontairement, soit que la paternité ou la maternité ait été déclarée par jugement (Vazeille; Chabot). — Il a même été décidé que, quand la mère d'un enfant naturel ne l'a point reconnu de son vivant, elle est néanmoins fondée à lui succéder en faisant alors preuve de sa maternité (Douai 23 janv. 1819).

176. Mais le père ou la mère de l'enfant naturel n'ont aucune réserve légale à prétendre sur les biens composant sa succession (C. civ. 915; Nîmes 11 juill. 1827; Douai 5 déc. 1840; Delvincourt; Chabot; Malpel. — *Contrà*, Bordeaux 24 av. 1834; 20 mars 1837; Merlin; Grenier; Loiseau; Vazeille; Conflans).

177. En tout cas, les père et mère n'ont pas la saisine; ils sont obligés de se faire envoyer en possession par justice (Vazeille; Chabot; Loiseau; Malpel. — *Contrà*, Delvincourt 2, 66).

178. Le père ou la mère d'un enfant naturel n'a pas droit à la succession des enfants légitimes de celui-ci (Jug. de Nevers 7 janv. 1838).

179. *En cas de prédécès des père et mère de l'enfant naturel, les biens qu'il en avait reçus passent aux frères ou sœurs légitimes, s'ils se retrouvent en nature dans la succession : les actions en reprise, s'il en existe, ou le prix de ces biens aliénés,*

s'il est encore dû, retournent également aux frères et sœurs légitimes. Tous les autres biens passent aux frères et sœurs naturels ou à leurs descendants (C. civ. 766).

180. Les frères et sœurs naturels ne sont appelés par cet article qu'en cas de prédécès des père et mère de l'enfant naturel. Quant aux frères et sœurs légitimes ils ne sont pas mis au nombre des héritiers, ou du moins ils ne sont appelés qu'à recueillir certains biens par l'effet du droit de retour, en sorte que, quand l'enfant naturel ne laisse ni son père ni sa mère, ni frères ni sœurs naturels, ni conjoint survivant, l'Etat succède par droit de déshérence aux biens qui ne proviennent pas des père et mère de l'enfant naturel, et à l'exclusion des frères et sœurs légitimes de celui-ci (Grenoble 13 janv. 1840).

181. Lorsqu'il y a concours de frères naturels germains, consanguins et utérins, on doit suivre les règles établies pour les successions régulières sur la division des biens entre les deux lignes.

182. Pour que le droit de retour établi par l'art. précité du C. civ. en faveur des frères et sœurs légitimes de l'enfant naturel puisse être exercé, il n'est pas nécessaire que le père et la mère de l'enfant naturel soient décédés avant lui; il suffit du prédécès du donateur (Vazeille, Chabot; Malpel; Duranton).

183. Ce droit de retour doit par, représentation, être étendu aux descendants des frères et sœurs légitimes (Vazeille; Chabot; Toullier 4, 269; Delvincourt; Duranton. — *Contrà*, Grenier; Malpel).

184. Le droit de retour au profit des frères et sœurs légitimes les oblige au paiement des dettes en proportion de leur émolument et même à acquitter les dettes hypothéquées sur les biens qu'ils reprennent, sauf leur recours pour l'excédant de leur portion contre ceux qui recueillent les autres biens. Ils n'en sont pas moins héritiers relativement aux biens qui font retour (Toullier 4, 269).

185. En tout cas, ni les père et mère héritant à défaut de postérité légitime, ni les frères et sœurs naturels, ne peuvent être tenus des dettes *ultrà vires*, de sorte que, pour se soustraire au paiement de la totalité des dettes, ils n'ont pas besoin d'accepter sous bénéfice d'inventaire (Duranton 7, 13).

§ 12. DES SUCCESSIONS DÉFÉRÉES AU CONJOINT SURVIVANT ET A L'ÉTAT. — DE LA DÉSHÉRENCE.

186. *Lorsque le défunt ne laisse ni* PARENTS AU DEGRÉ SUCCESSIBLE, *ni enfants naturels, les biens de sa succession appartiennent au* CONJOINT NON DIVORCÉ *qui lui survit* (C. civ. 767).

187. PARENTS AU DEGRÉ SUCCESSIBLE. Il s'agit ici évidemment des parents au degré successible appelés par la loi, et on doit ajouter qu'il faut aussi que le défunt ne laisse aucun héritier contractuel ou testamentaire. — V. *sup.* n. 172 et 179.

188. CONJOINT NON DIVORCÉ. Car, quand le conjoint est divorcé ce n'est plus un conjoint puisque le divorce (maintenant aboli) a brisé le mariage. La séparation de corps, au contraire, laissant subsister le lien conjugal, l'époux contre lequel elle aurait été prononcée n'en succéderait pas moins à son conjoint.

189. *A défaut de conjoint survivant, la succession est acquise à l'État* (C. civ. 768).

190. Il en est ainsi même à l'égard d'un étranger décédé en France sans laisser, soit en France, soit à l'étranger, ni héritier au degré successible, ni enfant naturel, ni conjoint survivant (Paris 15 nov. 1833; Conflans).

191. Cependant les biens des enfants admis dans les hospices et qui y décèdent avant leur sortie, leur majorité ou leur émancipation, appartiennent en propriété à cet établissement, lorsqu'aucun héritier ne se présente (L. 15 pluv. an XIII). — Quant à la propriété des effets mobiliers d'une personne décédée dans un hospice civil, un arrêté du conseil d'État du 2 nov. 1809 a décidé : 1° que les effets mobiliers apportés par les malades décédés dans les hospices, et qui y ont été traités gratuitement, doivent appartenir auxdits hospices à l'exclusion des héritiers et du domaine en cas de déshérence; — 2° qu'à l'égard des personnes valides, dont le traitement et l'entretien ont été acquittés de quelque manière que ce soit, les héritiers et légataires peuvent exercer leurs droits sur tous les effets apportés dans les hospices par lesdites personnes malades ou valides; et que, dans le cas de déshérence, les mêmes effets doivent appartenir aux hospices, au préjudice du domaine; — 3° qu'il ne doit être rien innové à l'égard des militaires décédés dans les hospices.

192. Mais les dispositions du C. civ. et la loi du 30 vent. an XII ont abrogé les anciens statuts et règlements qui déféraient à certains hospices les successions des individus décédés dans ces hospices (Cass. 20 juill. 1831, 29 juin 1836, 17 av. 1838; Orléans 3 fév. 1837).

193. Il ne faut pas confondre le droit qui appartient à l'Etat de se saisir d'une *succession vacante* (V. note 85, n. 113) avec celui que lui attribue une succession en déshérence. — L'Etat est saisi de son chef et directement de la succession en déshérence, à laquelle il vient lui-même comme héritier; il exerce donc tous les droits d'un héritier, puisqu'il n'y a pas d'héritiers connus. S'il s'agit, au contraire, d'une succession vacante, c.-à-d. d'une succession abandonnée par un héritier qui renonce, alors le domaine, s'il ne veut pas se porter héritier, en sera saisi, non plus en vertu d'un droit successif, mais par application de la règle posée aux art. 539 et 713 du C. civ. qui attribuent à l'Etat tous les biens qui n'ont pas de maître.

194. Toutefois, comme en matière de succession les biens ne peuvent être délaissés par l'héritier désigné par la loi qui à raison de circonstances qui la rendent nécessairement onéreuse, il peut se faire que personne, pas même le domaine, ne veuille se porter héritier, et c'est alors que la succession étant réputée *vacante*, on a recours à certaines formalités indiquées aux art. 811 et suiv du C. civ. — V. note 85, n. 113 et suiv.

195. Mais, dans aucun cas, la succession que le domaine réclame, à défaut d'héritiers connus et de conjoint survivant, ne peut être considérée comme une succession vacante. Ainsi, il n'y a pas lieu de nommer un curateur à la succession jusqu'à ce que le domaine ait été envoyé en possession (Cass. 17 août 1840; Chabot; Duranton). — V. note 85, n. 114.

196. Et lors même que l'Etat se porte héritier, il ne résulte pas de ce fait qu'il soit tenu des dettes indéfiniment, il n'en est tenu que jusqu'à concurrence de l'émolument qu'il trouve dans l'actif, et il ne confond pas les créances qu'il peut avoir contre l'hérédité, de sorte qu'à son égard la succession est bénéficiaire, les préposés de l'Etat ne pouvant ni y renoncer, ni s'abstenir de la recueillir (Circ. Min. Just. 8 juill. 1806). — V. note 85.

197. Mais il ne doit pas en être de même à l'égard du conjoint survivant et des enfants naturels (V. *inf.* n. 268), c.-à-d. que, pour n'être héritiers que sous bénéfice d'inventaire, ils doivent le déclarer. — V. note 85.

198. *Le conjoint survivant et l'administration des domaines qui prétendent droit à la succession sont tenus de faire apposer les scellés, et de faire faire inventaire dans les formes prescrites pour l'acceptation des successions sous bénéfice d'inventaire* (C. civ. 769).

Pour les *scellés*, V. la note 196; et pour l'*inventaire*, V. la note 85).

199. *Ils doivent demander l'envoi en possession au tribunal de première instance dans le ressort duquel la succession est ouverte. Le tribunal ne peut statuer sur la demande qu'après trois publications et affiches dans les formes usitées, et après avoir entendu le procureur du roi* (C. civ. 770).

200. L'envoi ou mise en possession du fisc à titre de déshérence est une possession à titre de propriétaire. Dès-lors, c'est contre le fisc que doivent être dirigées toutes actions relatives aux biens abandonnés (Cass. 5 av. 1815); et, dans ce cas, les jugements rendus contre l'Etat, pendant qu'il possède, ont l'effet de la chose jugée, à l'égard de l'héritier qui ensuite se présente pour recueillir la succession, tellement qu'il ne peut y former tierce-opposition même sur un nouveau moyen que le fisc n'aurait pas fait valoir (*Ibid.*).

201. Lorsqu'un absent n'a laissé aucun héritier présomptif connu, l'Etat peut, comme tout autre héritier, demander l'envoi en possession de ses biens (Rouen 7 déc. 1840).

202. Quant aux trois publications dont parle cet article, elles se font dans le journal judiciaire de l'arrondissement du tribunal par un avis faisant connaître l'intention où l'on est de se faire envoyer en possession.

203. Une circulaire du ministre de la justice du 8 juill. 1806 exige de plus l'accomplissement des formalités suivantes : « Le tribunal donne acte de la demande, ordonne qu'une expédition de ce premier acte sera adressée au ministre de la justice, afin qu'il en soit fait une insertion dans le *Moniteur*. Les trois affiches sont apposées dans le ressort de l'ouverture de la succession de trois en trois mois. Le jugement d'envoi en possession ne peut être prononcé qu'un an après la demande. » — Bien que cette circulaire ne s'occupe que des demandes formées par le domaine, les tribunaux ne doivent pas moins l'observer à l'égard de l'enfant naturel et du conjoint survivant, parce qu'elle n'est qu'un mode d'exécution de l'art. 770, qui rentre dès-lors dans les attributions du pouvoir exécutif (Bacqua).

204. *L'époux survivant est encore tenu de faire emploi du mobilier, ou de donner caution suffisante pour en assurer la restitution, au cas où il se présenterait des héritiers du défunt dans l'intervalle de trois ans; après ce délai, la caution est déchargée* (C. civ. 771).

205. Cet article ne s'applique point à l'Etat qui est toujours réputé solvable.

206. Quand il y a emploi, il doit se faire en acquisition d'immeubles ou en placement sur hypothèque; dans le cas d'une caution, elle doit présenter les conditions générales exigées par les art. 2018 et autres du C. civ. - V note 32. — Et l'enfant naturel ne doit être tenu de la fournir que jusqu'à concurrence de ce qu'il serait obligé de rapporter.

207. La caution devant être déchargée au bout de trois ans, il en résulte que si, au lieu de cautionnement, il y avait eu emploi, le possesseur pourrait, après ces trois ans, disposer à son gré de la somme placée ou de l'immeuble acquis en remploi, comme il aurait pu disposer des meubles non vendus et cautionnés; mais il n'en résulte pas que le possesseur ne serait plus responsable des valeurs mobilières.

208. Toutefois, le conjoint survivant, le domaine et l'enfant naturel n'en ont pas moins, pendant ces trois années, l'entière disposition de tous les biens composant la succession et qu'ils peuvent aliéner, donner à titre gratuit ou hypothéquer. Ainsi donc, le véritable héritier ne pourra reprendre les choses que dans l'état où elles se trouveront, c.-à-d. qu'il reprendra en nature ceux des biens qui se trouveront encore entre les mains du conjoint survivant, de l'Etat et de l'enfant naturel, sans avoir de recours à exercer contre les tiers-détenteurs de ceux qui auront été aliénés ou donnés sans dol ni fraude, et qu'il devra également subir les conséquences des hypothèques qui auront été consenties en faveur des tiers. — Mais, comme l'héritier a droit à la totalité de la succession, il aura une action directe contre le conjoint survivant, le domaine et l'enfant naturel, pour obtenir le complément de l'hérédité, sauf en ce qui concerne les fruits qu'il ne peut réclamer qu'à partir du jour de sa demande (Paris 1 août 1834; 1 juin 1837).

209. La restitution dont est parlé en l'art. qui précède doit se faire lorsque l'héritier se présente, pourvu qu'il forme sa demande dans le délai de 30 ans avant que la prescription ne soit accomplie.

210. *L'époux survivant ou l'administration des domaines, qui n'auraient pas rempli les formalités qui leur sont respectivement prescrites, pourront être condamnés aux dommages-intérêts envers les héritiers s'il s'en représente* (C. civ. 772).

211. Lorsque la régie, le conjoint, ou l'enfant naturel (V. *inf.* n. 214) se sont mis en possession des biens sans accomplir les formalités exigées par la loi pour la garantie des droits de successeurs plus proches, ils sont alors en faute; leur possession n'est pas légale, ils sont possesseurs de mauvaise foi, et sont passibles de dommages-intérêts dans lesquels on doit comprendre les fruits et revenus recueillis ou non recueillis par suite de négligence. Mais ce n'est pas le seul cas où leur possession puisse être de mauvaise foi; elle aurait encore ce caractère s'il était prouvé que, tout en accomplissant les formalités légales, ils savaient que la succession appartenait à des parents dont ils avaient soin de cacher l'existence, connue d'eux seuls.

212. Quand c'est l'Etat qui succède, la succession est régie et administrée par le receveur des domaines du chef-lieu d'arrondissement. — V note 85, n. 113.

213. Puisque l'état possède comme propriétaire (V. sup. n. 200) il est évident qu'il ne sera pas responsable envers les héritiers des prescriptions, péremptions, insolvabilités et dégradations survenues et qu'au cas de restitution il aura droit de déduire sur les sommes par lui reçues toutes les dépenses qu'il aura faites sans qu'elles puissent être critiquées que comme ayant été sans utilité (Toullier). Toutefois il devrait en être autrement dans le cas où il posséderait de mauvaise foi.

214. *Les dispositions des art.* 769, 770, 771 et 772 (V. sup. n. 198, 199, 204 et 210) *sont communes aux enfants naturels appelés à défaut de parents* (C. civ. 773).

215. Ce n'est qu'aux enfants naturels appelés à défaut de parents légitimes et venant à la succession entière, que sont imposées les formalités ci-dessus : car, quand ces enfants viennent en concours avec des héritiers légitimes, c'est à eux et non à la justice qu'ils doivent demander la possession. — V. *sup.* n. 31.

V. *Acte d'héritier*, note 34. — *Héritier*, note 78. — *Succession bénéficiaire*, note 85. — *Succession vacante*, note 85.

[89]

DU NOMBRE, PLACEMENT ET CAUTIONNEMENT DES NOTAIRES. — DE L'ADMISSION ET DE LA NOMINATION AU NOTARIAT. — DES CHAMBRES DE DISCIPLINE.

DIVISION SOMMAIRE:

Indication alphabétique :

§ 1. DU NOMBRE, PLACEMENT ET CAUTIONNEMENT DES NOTAIRES.

Art. 1. DU NOMBRE ET PLACEMENT DES NOTAIRES.

1. *Le* NOMBRE *des notaires pour chaque département, leur* PLACEMENT ET RÉSIDENCE, *seront déterminés par le gouvernement, de manière, 1° que dans les villes de cent mille habitants et au-dessus, il y ait un notaire, au plus, par six mille habitants; 2° et que dans les autres villes, bourgs ou villages, il y ait deux notaires au moins, ou cinq au plus, par chaque arrondissement de justice de paix.* (L. 25 ventose an XI art. 31).

2. NOMBRE. Le gouvernement est resté longtemps sans exercer le droit à lui attribué de déterminer le nombre des notaires. En 1810 et 1811, les chambres de discipline des notaires furent appelées à donner des avis sur la manière dont devaient s'exécuter les prescriptions de la loi de ventôse, mais c'est seulement depuis la restauration, que des ordonnances spéciales ont été rendues pour fixer le nombre des notaires dans chaque arrondissement et chaque canton. C'est un usage adopté au ministère de la justice de procéder à cette fixation lors de la première nomination qui se présente à faire dans chaque canton. Sans doute, le gouvernement après avoir fixé, par une ordonnance spéciale, le nombre des notaires d'un canton, conserve encore le droit de l'augmenter suivant les besoins des localités, tant que le maximum prescrit par l'article qui précède n'est point atteint. Seulement, lorsque le gouvernement a usé de cette faculté, lorsqu'il a prononcé en pleine connaissance de cause, par un acte public et solennel, sur le nombre des notaires nécessaires à un canton, la raison et l'équité indiquent qu'il ne peut, par des considérations purement personnelles, revenir sur ce qu'il a arrêté, attaquer la stabilité de sa propre décision, et compromettre arbitrairement, par la création de nouvelles charges, les droits de propriété des notaires sur leurs offices; car, depuis la loi du 28 avril 1816, les offices de notaires sont une propriété dans les mains des titulaires. Si des circonstances particulières, telles qu'un accroissement de population, ou un changement de circonscription territoriale, pouvaient exiger l'établissement d'un nouvel office, il est évident que le gouvernement devrait, pour l'autoriser, se conformer aux règles qu'il s'était lui-même imposées lors de la première fixation du nombre des notaires du ressort, c. à-d. consulter la chambre de discipline sur le projet de création, et charger le nouveau titulaire de payer une indemnité à ceux des notaires du canton auxquels l'établissement du nouvel office porterait préjudice, ainsi qu'il l'a fait en portant de 70 à 140 le nombre des courtiers près la bourse de Marseille, et en donnant à chaque titulaire un délai de 3 mois pour présenter chacun un candidat à l'agrément du Roi (Ord. roy. 26 août 1839).

3. Toutes les fois que le gouvernement a pris des décisions ayant pour objet de réduire le nombre des offices existants, il a statué que ces réductions ne s'opéreraient qu'à mesure des vacances par décès ou par démission des titulaires, et que les successeurs des notaires dont les charges étaient conservées, paieraient au titulaire de l'office supprimé qui cessait ses fonctions ou à ses héritiers une indemnité fixée, à défaut de composition amiable, par la chambre de discipline et le tribunal de l'arrondissement.

4. PLACEMENT ET RÉSIDENCE. C'est, d'après l'article de loi précité, au gouvernement qu'appartient le droit de fixer la résidence des notaires. Cette fixation, étant basée sur les besoins variables de la population, est évidemment hors du domaine de la loi : c'est donc à l'administration qu'il appartient de statuer sur cette matière; elle doit toutefois consulter tous les intérêts, et s'entourer de toutes les lumières, avant de prendre une détermination. — V. *résidence* note 1 et *ressort* note 12.

5. Mais la fixation de résidence faite dans l'ordonnance de nomination du notaire, n'empêche point que cette résidence ne soit transférée par le gouvernement dans une autre commune du canton, si les besoins des localités l'exigent.

6. Le notaire peut lui-même provoquer ce changement par une demande communiquée à la chambre de discipline, sur le rapport de laquelle le procureur du roi donne son avis et transmet les pièces au ministre de la justice.

7. *Les suppressions ou réductions de places ne seront effectuées que par mort, démission ou destitution.* (L. 25 vent. an XI art. 32).

8. Il peut être valablement convenu entre les notaires d'un ressort non encore réduits au nombre légal, que les premiers d'entre eux qui donneront leur démission en faveur de la compagnie, seront indemnisés de gré à gré, pour un prix qui sera fixé lors des démissions (Cass. 4 juin 1833).

9. L'indemnité relative à la suppression d'un office doit être supportée par tous les titulaires conservés et dont les études n'ont pas déjà été consolidées, dans la proportion du bénéfice que chacun d'eux doit retirer de la suppression, à défaut d'arrangement amiable, cette indemnité est réglée administrativement, sur l'avis préalable de la chambre de discipline et du tribunal de première instance (Déc. min. just. 17 oct. 1837; Ord. roy. 30 mars 1838; Limoges 2 août 1842); et elle doit être payée immédiatement (Déc. min. just. 8 fév. 1839; 2 mars 1841). — Toutefois il a été jugé que cette indemnité n'est rigoureusement exigible que, dans le cas de mutation par démission ou par décès des officiers conservés: qu'elle produit des intérêts du jour

de la demande formée même avant la démission ou le décès; qu'elle produit des intérêts, qu'elle est privilégiée sur le prix des offices conservés; et que le créancier est autorisé à faire tous les actes conservatoires de son droit (Limoges 2 août 1842).

10. Quoique le nombre des notaires excède celui qui est fixé dans un ressort, on peut encore y être nommé, pourvu qu'on rapporte deux titres, celui du notaire avec lequel on a traité, et celui d'un des notaires dont la place doit être supprimée, c.-à-d. que les réductions ne s'opèrent qu'une à une, et il faut que l'un des deux titres soit au moins celui d'un notaire vivant d'où il suit que lorsque le nombre des notaires d'un canton excède celui fixé par ordonnance royale, il n'y a pas lieu à une nouvelle nomination même sur la production de deux titres, si ces deux titres sont éteints (Déc. min. just. 1 mai 1832; 16 mai 1839; Roll. de V. 1867, 4584).

11. Les héritiers des notaires dont les titres sont supprimés, ne peuvent se refuser à la cession de leurs droits à celui qui a traité avec un titulaire dont l'office est conservé; s'ils ne veulent se prêter à aucun arrangement, l'indemnité est fixée par l'administration d'après l'avis du tribunal civil et de la chambre des notaires (Déc. min. just. 14 août 1835 et 28 juill. 1837), en multipliant par 20 le quart du revenu présumé de la moyenne des actes (Agen 27 juillet 1843). Mais les tribunaux civils sont compétents pour connaître de l'exécution de l'ordonnance royale, fixant l'indemnité due aux héritiers du titulaire dont l'office est supprimé (Limoges 2 août 1842).

12. En tout cas, celui qui a payé une indemnité aux héritiers du titulaire d'un office supprimé ne peut exercer de recours contre les autres titulaires d'office conservés dans le ressort ni contre leurs successeurs (Déc. min. just. 12 nov. 1835).

13. Cependant quoique le nombre des notaires d'un ressort excède celui fixé par ordonnance royale, l'aspirant qui se présente peut être nommé sur un seul titre à une résidence conservée, s'il justifie que les notaires menacés de suppression ont refusé soit de donner leur démission en sa faveur, soit d'aller occuper cette résidence (Ord. roy. de juin 1835).

14. Lorsque, dans un canton où il y a des notaires de deux classes, parce que le chef-lieu est dans la ville d'arrondissement, il reste des extinctions de titre à opérer soit dans la ville chef-lieu, soit dans les communes rurales, elles ne doivent pas être mises à la charge commune des deux classes; elles doivent au contraire être supportées exclusivement par les notaires de la classe à laquelle appartient l'étude à éteindre (Déc. min. just. 18 nov. 1834).

15. Lorsque des réductions restent à opérer dans le nombre des notaires d'un canton, le notaire qui a été nommé sur la production de deux titres peut transmettre son office sans que l'aspirant soit tenu de produire un second titre; — dans la ville, chef-lieu d'arrondissement, où il y a lieu à réduction du nombre des notaires, ceux qui n'ont été nommés que sur la production d'un seul titre ne peuvent pas transmettre leur office en offrant de rapporter la cession du titre d'un notaire d'une commune rurale du même canton : c'est d'un office même de la ville, qu'ils doivent obtenir la cession pour en opérer l'extinction (Déc. min. just. 30 déc. 1834; 28 déc. 1838).

16. Quand un notaire, dont l'étude doit être supprimée parce qu'elle excède le maximum, renonce à toute indemnité tant pour lui que pour ses héritiers, en se réservant la faculté de continuer pendant sa vie l'exercice de ses fonctions, la réduction doit par cela seul être considérée comme effectuée. Dès-lors il peut être pourvu, sur un seul titre, aux études devenues vacantes dans les résidences conservées (Ord. roy. mai 1830; 25 juill. 1837).

17. Une indemnité n'est due qu'à ceux qui ont satisfait à l'art. 88 de la loi du 28 av. 1816, en fournissant le supplément de cautionnement exigé, car aux termes de l'art. 95 de cette loi, il a dû être pourvu au remplacement de ceux qui n'auraient pas fourni le supplément, d'où il suit que quand il s'agit d'une nouvelle nomination sur les productions de deux titres, l'on ne doit pas considérer comme titre la cession faite par un notaire qui n'a pas fourni le supplément de cautionnement exigé par la loi du 28 avril 1816, bien qu'il n'ait cessé d'exercer ses fonctions qu'en 1817 (Déc. min. just. 2 déc. 1835).

18. Lorsque, à raison d'une circonstance particulière, les notaires d'un canton profitent d'une extinction de titre, qui reste à effectuer dans un canton voisin, ils ne doivent pas pour cela concourir au paiement de l'indemnité qui est accordée au titulaire de l'office supprimé ou à ses héritiers, par le motif que le notariat est organisé par canton (Déc. min. just. 28 déc. 1838).

19. Les notaires menacés de suppression ont droit à la préférence pour être pourvus de l'étude qui vient à vaquer dans une résidence conservée du même canton, en tenant les conditions du traité fait avec le démissionnaire : mais cette faveur ne s'étend point aux enfants ou autres héritiers des notaires, dont les offices étaient frappés de suppression et qui sont décédés (Déc. min. just.).

20. Quoique les héritiers d'un notaire dont l'office doit être supprimé, aient traité de la cession des minutes et recouvrements, cela ne les empêche pas de réclamer une indemnité pour l'extinction du titre (Déc min. just. de 1836).

21. Les changements de résidence qu'obtiennent les notaires ne peuvent devenir la base d'une indemnité pour les notaires qui prétendent en éprouver un préjudice (Déc. min. just. de 1842). — En tout cas, ce n'est point aux tribunaux, mais au gouvernement qu'il appartient de statuer sur l'indemnité réclamée par le seul fait de la translation de résidence; les tribunaux ne sont compétents pour statuer sur l'indemnité qu'autant qu'on la ferait résulter de conventions intervenues entre les parties (Rennes 12 av. 1843).

Art. 2. DU CAUTIONNEMENT DES NOTAIRES.

22. *Les notaires exercent sans patente : mais ils sont assujettis à un cautionnement fixé par le gouvernement, et qui sera spécialement affecté à la garantie des condamnations prononcées contre eux, par suite de l'exercice de leurs fonctions. Lorsque, par l'effet de cette garantie, le montant du cautionnement aura été employé en tout ou en partie, le notaire sera suspendu de ses fonctions jusqu'à ce que le cautionnement ait été entièrement rétabli, et faute par lui de rétablir, dans les six mois, l'intégralité du cautionnement, il sera considéré comme démissionnaire et remplacé* (L. 25 vent. an XI, art. 33.).

Nonobstant les termes de l'article précité qui exige une condamnation, il a été décidé que le privilége peut être réclamé pour une créance résultant de faits de charge même avant toute condamnation obtenue contre le titulaire (Limoges 19 nov. 1842).

I. *De l'objet du cautionnement.*

23. Le cautionnement est affecté à trois sortes de créanciers dont les droits s'exercent dans un rang différent.

24. Au premier rang ou par *premier privilége* sont les créances qu'on appelle pour *faits de charge*, c.-à-d. résultantes de prévarications commises par les notaires dans l'exercice de leurs fonctions. — V. note 29, n. 135 et suiv.

25. Au second rang ou par *second privilége* sont les *bailleurs de fonds*, c.-à-d. ceux qui ont prêté au notaire des sommes qui ont formé ou contribué à former son cautionnement. Le prêt et l'emploi doivent être constatés de la manière indiquée ci-après n. 38 et suiv.

26. Et au *troisième rang* viennent, mais sans privilége, les créanciers ordinaires du notaire, lesquels ne peuvent exercer leurs droits qu'après avoir formé opposition sur le cautionnement et après la démission, le décès ou destitution du titulaire (L. 25 niv. an XIII; Paris 14 mai 1832).

V. *privilége* note 29, n. 135 et suiv.

II. *De la quotité et du versement des cautionnements.*

27. *Le cautionnement sera fixé par le gouvernement, en raison combinée des ressort et résidence de chaque notaire.*

— *Les cautionnements seront versés, remboursés et les intérêts payés conformément aux lois sur les cautionnements sous la déduction de tout versement antérieur* (L. 25 vent. an XI, art. 34).

28. Mais le minimum et le maximum fixés par cette loi ont été depuis successivement changés, tant par la loi du 2 vent. an XIII, qui a doublé le cautionnement des notaires de Paris, et augmenté d'un tiers celui des autres notaires, que par l'art. 88 de la loi de finances du 28 av. 1816. — Ainsi :

29. Pour les notaires de 1re classe, le cautionnement est de 4000 fr., quand la population du lieu de la résidence est de 5000 âmes et audessous; il augmente de 500 fr. par 1000 âmes de 5000 à 10,000 âmes, par 2000 âmes de 10,000 à 38,000, par 4000 âmes de 38,000 à 50,000 âmes, par 5000 âmes de 50 à 100,000 âmes, au-dessus de 100,000 âmes il est de 25,000 fr. et à Paris de 50,000 fr.

30. Pour les notaires de 2e classe, le cautionnement est de 3000 fr., quand la population du lieu de la résidence est de 2000 âmes et au-dessous; il augmente de 200 fr. par 500 âmes de 2000 à 10,000 âmes, par 1000 âmes de 10,000 à 20,000 âmes, par 5000 âmes de 20,000 à 70,000; au-dessus de 70,000 âmes, il est de 12,000 fr.

31. Pour les notaires de 3e classe, le cautionnement est de 1800 fr., quand la population du lieu de la résidence est de 2000 âmes et au-dessous; il augmente de 100 fr. par 500 âmes de 2000 à 10000 âmes, par 1000 âmes de 10,000 à 20,000 âmes, par 5000 âmes de 20,000 âmes à 70,000 âmes; au-dessus de 70,000 âmes, il est de 5,200.

32. Un supplément de cautionnement ne peut être demandé sous le prétexte d'un accroissement dans la population, de même qu'une réduction ne peut être demandée sous le prétexte de diminution (Déc. min. fin. et just. 3 mai 1836).

33. C'est au trésor que les cautionnements doivent être versés, et dans les caisses des receveurs de département et d'arrondissement (arrêté 26 prair. an XI; L. 28 av. 1816). — Il se fait en numéraire et en une seule fois, avant l'installation des fonctionnaires. Cette installation ne peut avoir lieu qu'en rapportant la quittance du cautionnement (même loi art. 96).

34. On n'admet point le nouveau titulaire d'une place à faire le versement de son cautionnement par le moyen du transfert de celui de son prédécesseur. Et même lorsqu'un notaire ne fait que changer de résidence, dans le même canton, il y a lieu au versement d'un nouveau cautionnement (Déc. min. just. 28 déc. 1838).

35. C'est sur la poursuite du procureur du roi et par le tribunal civil de la résidence du notaire que doit être prononcée la suspension dont est parlé *sup.* n. 22 pour défaut de rétablissement de cautionnement.—V. note 2, n. 59 et 69.

36. Quant au remplacement, il peut être opéré par le gouvernement dès qu'il est vérifié que le cautionnement n'a pas été rétabli. Cependant il nous semble nécessaire que l'administration signifie au notaire que son cautionnement n'est plus intégral, et qu'elle le mette en demeure de le rétablir, surtout si ce notaire a ignoré l'époque précise où son cautionnement avait été entamé.

37. En tout cas, soit que le notaire ait été mis en demeure, soit qu'il ne l'ait pas été, il doit être admis à rétablir son cautionnement tant qu'il n'est ni suspendu ni remplacé; le fait du rétablissement, quand il est notifié à qui de droit, doit mettre fin aux poursuites.

III. *Des bailleurs de fonds.*

38. Les cautionnements des notaires peuvent être fournis par des prêteurs ou bailleurs de fonds. - (V. *sup.* n. 25). — Il suffit pour cela d'une déclaration notariée faite en faveur du bailleur de fonds, par le titulaire, elle est légalisée par le président du tribunal de l'arrondissement, et enregistrée au droit fixe de 1 fr. (Décr. 22 déc. 1812). — Sur la représentation de cette déclaration, il est délivré au prêteur et sur sa demande un certificat ainsi conçu : « Je soussigné, chef du bureau à » la caisse d'amortissement, certifie que N... s'est conformé » aux dispositions prescrites par les lois des 25 niv. et 6 vent. » an XIII, pour acquérir le privilége du second ordre; qu'en » conséquence, il est inscrit sur le registre à ce destiné comme » bailleur de fonds du cautionnement de N... pour la totalité » *ou* jusqu'à concurrence de la somme de . . . qu'il a prêtée » audit N.... pour acquitter partie de son cautionnement. — » *Vu par nous administrateur...* » (Décr. 28 août 1808).

39. Si le versement à la caisse d'amortissement était antérieur de plus de huit jours à la date de la déclaration ci-dessus, elle ne serait valable qu'autant qu'elle serait accompagnée du certificat de non-opposition, délivré par le greffier du tribunal du domicile des parties, dont il doit être fait mention dans ladite déclaration, laquelle au surplus n'est admissible à la caisse d'amortissement, s'il y a des oppositions à cette caisse, que sous la réserve de ces oppositions (Décr. 22 déc. 1812, art. 2). — D'où il suit que le privilége de second ordre n'existe à l'égard des autres créanciers du titulaire qu'à partir de l'inscription de ce privilége à la caisse d'amortissement ou au trésor. En conséquence, il ne peut être exercé à l'encontre des créanciers du titulaire qui ont formé opposition antérieurement à cette inscription (Cass. 19 juill. 1842).

40. Les prêteurs de fonds ne peuvent exercer le privilége du second ordre qu'en représentant le certificat mentionné en l'art. 38 qui précède, à moins cependant que leur opposition ou la déclaration faite à leur profit ne soit consignée aux registres des oppositions et déclarations de la caisse d'amortissement, faute de quoi ils ne pourront exercer de recours contre la caisse d'amortissement que comme les créanciers ordinaires, et en vertu des oppositions qu'ils auraient formées aux greffes des tribunaux indiqués par la loi (Décr. 28 août 1808 et 22 déc. 1812).

41. Lorsque le titulaire change d'emploi, ou que son premier emploi est supprimé et qu'il en obtient un autre, le bailleur de fonds peut consentir par acte notarié à ce que le cautionnement non remboursé serve pour le nouvel emploi obtenu par son débiteur. Ce consentement peut même être donné par avance, c.-à-d. pour l'exercice futur de nouvelles fonctions.

42. Les dispositions contenues aux quatre numéros qui précèdent s'appliquent aux cautionnements de tous les comptables publics et préposés des administrations (L. 6 vent. an XIII).

42 *bis.* Les tribunaux sont seuls compétents pour connaître de l'action intentée (V. note 29, n. 154 et suiv.) par le bailleur de fonds, à fin d'exercice des droits résultant de son privilége de second ordre, et afin d'annulation des paiements faits par le ministre des finances au mépris de ces oppositions (Ord. Cons. d'Et. 5 sept. 1838) — V. note 29, n. 154.

IV. *Des intérêts des cautionnements.*

43. Les intérêts des cautionnements ont été réduits de 4 à 3 % par l'art. 7 de la loi de finances du 4 août 1844. — Toutefois il a été jugé que les intérêts moratoires dus à un créancier ayant privilége sur un cautionnement ne peuvent être que les intérêts légaux à cinq p. % sans retenue, et non ceux que paye la caisse (Cass. 14 juill. 1829).

44. Les intérêts se paient soit aux titutulaires, soit aux bailleurs de fonds, sur la représentation de la lettre d'avis de paiement qui leur est adressée, et des inscriptions ou duplicata d'inscriptions, selon qu'il s'agit des titulaires ou des bailleurs de fonds. Les paiements se constatent par quittance sous seing-privé de l'ayant droit, et il en est fait mention sur l'inscription ou duplicata d'inscription.

45. Les intérêts dont il s'agit se prescrivent par cinq ans, selon le droit commun (C. civ. 2277; av. Cons. d'Etat 24 mars 1808). — L'opposition pratiquée au trésor sur les intérêts et l'instance en main-levée qui en serait la suite n'auraient pas pour effet de suspendre cette prescription (Arr. Cons. d'Et. 28 nov. 1839).

46. La caisse d'amortissement doit être considérée comme

régulièrement libérée des intérêts de cautionnement payés au titulaire d'après ses ordonnances ou mandats, lors même qu'il surviendrait à sa connaissance des oppositions dans l'intervalle du jour de l'ordonnance à celui où le paiement aura été effectué (Av. Cons. d'Et. 12 août 1807).

V. *Des oppositions et saisies-arrêts sur les cautionnements.*

47. Du principe que le cautionnement des officiers ministériels est affecté par privilége au paiement des condamnations prononcées contre eux pour faits de charge (V. *sup* n. 22), il résulte que pour l'exécution de ces condamnations, on peut saisir et se faire remettre les deniers formant ce cautionnement, et que les tribunaux n'en peuvent pas différer le versement entre les mains du créancier saisissant, jusqu'après l'événement du décès ou de la démission du titulaire (C. proc. 557; Cass. 11 juin 1811 et 4 fév. 1822).

48. Les particuliers qui ont obtenu des condamnations pour *faits de charge*, exercent leur privilége par préférence au fisc, créancier pour *amendes et droits d'enregistrement* non payés par le titulaire. (Cass. 7 mai 1816; Dard; Pardessus).

49. Pour obtenir le prélèvement des condamnations, la première formalité à remplir est, conformément à l'art. 2 de la loi du 25 niv. an XIII, une opposition motivée, faite au greffe du tribunal civil sur le cautionnement de l'officier public; il n'est pas nécessaire de procéder par voie de saisie-exécution (Cass. 11 juin 1811). — Cette opposition a lieu, soit en vertu d'un jugement de condamnation, soit en vertu d'une contrainte rendue exécutoire et dûment signifiée s'il s'agit de droits et amendes susceptibles d'être recouvrés sans condamnation préalable. — Le greffier délivre un certificat, ou portant que le cautionnement n'est grevé d'aucune opposition, ou énonçant les oppositions qui existaient concurremment avec celles de l'administration de l'enregistrement.

50. D'après l'art. 9 du décret du 18 août 1807, le trésor ne peut se dessaisir des sommes frappées d'opposition, sans le consentement des parties intéressées, ou sans y être autorisé par justice. — En conséquence, s'il n'existe pas sur le cautionnement d'autres oppositions que celles de l'administration, il y a lieu, conformément à l'art. 563 du C. de proc. civ., de dénoncer l'opposition à l'officier public, partie saisie, et de l'assigner en validité. L'instance est instruite et le jugement est rendu selon les formes spéciales prescrites par l'art. 65 de la du 22 frim. an VII et l'art. 17 de la loi du 22 vent. an XI. Le jugement qui prononce la validité de l'opposition, ordonne en même temps le dessaisissement du cautionnement jusqu'à due concurrence au profit de l'administration. Ce jugement doit être signifié à l'officier public, titulaire du cautionnement. — Après cette formalité, le directeur de l'enregistrement adresse au directeur de la dette inscrite, 1° une expédition du jugement qui a ordonné le dessaisissement, avec l'original de la notification; 2° un état des frais de poursuite et d'instance taxés par le président du tribunal; 3° un certificat du greffier, constatant qu'il n'est survenu aucune opposition sur le cautionnement depuis celle de l'administration; 4° si le jugement de dessaisissement a été rendu par défaut, un certificat du greffier portant qu'il n'a point été attaqué par voie d'opposition.

51. L'instance tendant à faire déclarer l'opposition valide et à ordonner le dessaisissement, peut être arrêtée par le consentement *authentique* de l'officier public au prélèvement sur son cautionnement des sommes dues à l'administration. Dans ce cas, il n'y a lieu de produire, pour obtenir le paiement, que l'expédition de l'acte constatant le consentement de l'officier public, et un certificat du greffier attestant qu'à la date de cet acte, il n'existait point sur le cautionnement d'autre opposition que celle de l'administration.

52. Mais si, antérieurement à cette opposition, ou même durant l'instance en validité, il avait été formé d'autres oppositions, soit pour faits de charge, soit pour des créances ordinaires, alors le dessaisissement au profit de l'administration ne pourrait être ordonné que contradictoirement avec les tiers-opposants, et l'instance devrait être instruite par le ministère d'avoué, suivant les formes communes de la procédure. Dans cette hypothèse, le paiement au profit de l'administration, ne pourrait être ordonnancé qu'en produisant au directeur de la dette inscrite l'expédition du jugement, ayant acquis force de chose jugée et qui aurait ordonné, ou ce paiement par premier privilége et préférence à tous autres saisissants, ou la délivrance des deniers du cautionnement à tous les créanciers admis à concourir, si ces deniers étaient suffisants pour les payer. Dans le cas où le cautionnement serait insuffisant pour désintéresser les créanciers saisissants et ayant premier privilége, et où, par conséquent, il aurait été nécessaire de procéder à une distribution par contribution, on devrait adresser au directeur de la dette inscrite le mandement délivré au profit de l'administration en exécution des art. 665 et 671 du C. de proc. civ.

53. Si les créanciers qui avaient formé opposition concurremment avec l'administration et l'officier public, titulaire du cautionnement, consentaient au paiement *par préférence* des sommes dues au Trésor, la production de l'acte *authentique* de ce consentement et du certificat du greffier constatant les oppositions existantes, suffirait auprès de la direction de la dette inscrite pour l'ordonnancement au profit de l'administration.

54. Aussitôt après le versement dans les caisses de l'administration, le directeur doit en informer le procureur du roi près le tribunal du domicile de l'officier public, afin que ce magistrat puisse prendre des mesures pour le rétablissement du cautionnement dans son intégrité (Inst. gén. 5 mars 1838).

55. Pendant le temps qu'un officier ministériel exerce ses fonctions, le capital de son cautionnement peut bien être saisi par ses créanciers ordinaires, mais il ne peut leur être distribué qu'à la cessation des fonctions de l'officier ministériel, et jusqu'à cette époque les créanciers ont droit à la distribution des intérêts du cautionnement (Grenoble 15 fév. 1823).

56. Les oppositions peuvent être faites soit directement à la caisse d'amortissement, soit au greffe des tribunaux dans le ressort desquels les titulaires exercent leurs fonctions (L. 25 niv. an XIII). — L'original de ces oppositions restera déposé soit à la caisse soit au greffe pendant 24 heures pour y être visé (*Ibid.*).

57. Toutefois, la déclaration au profit des prêteurs de fonds de cautionnement, faite à la caisse d'amortissement à l'époque de la prestation, tient lieu d'opposition à l'effet de leur assurer le privilége de second ordre (*Ibid.*).

58. Toutes les oppositions formées à la caisse d'amortissement sont censées affecter le capital et les intérêts échus et à échoir, à moins que mention expresse ne soit faite pour les restreindre au capital seulement (Av. cons. d'Et. 12 août 1807). — Cependant, les oppositions faites au greffe des tribunaux ne peuvent valoir que pour les capitaux, tant qu'elles n'ont pas été notifiées à la caisse d'amortissement (*Ibid.*).

59. Du reste, il n'est pas défendu au titulaire d'un cautionnement d'en faire le transport, pendant la durée de ses fonctions; cette cession ne pourrait nuire aux priviléges, mais elle nuirait aux créanciers ordinaires (Paris 11 juill. 1836. — *Contrà*, Rouen 27 fév. 1838). - V. *sup*. n. 26. — Mais le bailleur de fonds peut céder son privilége (Cass. 17 nov. 1841).

VI. *Du retrait ou remboursement des cautionnements.*

60. Pour obtenir le remboursement de leurs cautionnements les notaires, avoués, greffiers, huissiers et commissaires-priseurs (ou leurs héritiers) sont préalablement tenus de déclarer au greffe du tribunal dans le ressort duquel ils exercent, qu'ils cessent leurs fonctions : cette déclaration sera affichée dans le lieu des séances du tribunal pendant 3 mois (L. 25 niv. an XIII). — Toutefois, le créancier, par suite de faits de charge, qui n'a pas formé opposition dans ce délai de trois mois n'est pas par cela seul déchu de son privilége; il peut faire utilement opposition tant que le cautionnement est encore entre les mains du Trésor (Limoges 19 nov 1842). — Dans certains arrondissements, on exige, au greffe du tribunal, que la déclaration de cessation de fonctions soit en outre rendue publique par trois insertions faites de mois en mois dans le journal judiciaire du département. C'est un abus auquel on ne doit point se soumettre avec d'autant plus de raison qu'il occasionne un déboursé de 2 fr. 50 c. par insertion et qu'il ne remplace pas l'affiche

dans l'auditoire du tribunal. Après ces délais et après la levée des oppositions directement faites à la caisse d'amortissement, s'il en était survenu, leur cautionnement leur sera remboursé par cette caisse, sur la présentation et le dépôt d'un certificat du greffier, qui constatera que la déclaration prescrite a été affichée dans le délai fixé; que, pendant cet intervalle, il n'a été prononcé contre eux aucune condamnation pour fait relatif à leurs fonctions, et qu'il n'existe au greffe du tribunal civil aucune opposition à la délivrance du certificat, ou que les oppositions survenues ont été levées (L. 25 niv. an XIII).

61. Quand ces formalités ont été observées, il faut produire les pièces ci-après :

62. 1° Le certificat d'inscription ou le récépissé définitif délivré par la caisse d'amortissement ; à leur défaut, une déclaration faite sur papier timbré et dûment légalisée, portant qu'il est adiré, que l'on renonce à s'en prévaloir et s'engage à le renvoyer à l'administration des cautionnements dans le cas où il viendrait à être retrouvé.—Les pièces à produire sont ordinairement indiquées au dos du certificat d'inscription.

63. 2° Les quittances délivrées au titulaire (s'il n'a pas un certificat d'inscription ou de récépissé définitif), pour constater la nature et l'époque de ses versements (Décr. 7 mai 1808).

64. 3° Un certificat de propriété, conforme au modèle annexé au décret du 18 sept. 1806, si le remboursement est réclamé par des héritiers, légataires ou ayants-cause, à quelque titre que ce soit. Il doit être enregistré et légalisé. — V. la formule p. 227 et les notes 99 et 225.

65. 4° Un certificat de non-opposition, délivré par le greffier et visé (légalisé) par le président du tribunal civil de l'arrondissement, comme il est dit ci-dessus. — Lors de la délivrance de ce certificat, le greffier ne peut exiger aucun droit de recherche pour raison de la constatation de l'existence ou non-existence de condamnations ou oppositions; il ne lui est dû, outre ses déboursés, que 1 fr. 25 c. pour droit de greffe et » fr. 25 c. pour légalisation (Déc. min. fin. et just. 1 et 8 av. 1836, - Instr. gén. 24 déc. 1836).

66. 5° Les commissaires-priseurs et les huissiers doivent produire en outre un certificat de *quitus* du produit des ventes dont ils ont été chargés. Ce certificat leur est délivré par leur chambre de discipline, sur le vu des quittances du produit de toutes les ventes ou des récépissés des consignations ; il est visé par le président ou le procureur du roi (Décr. 24 mars 1809).— Quand il est impossible de produire les pièces nécessaires, il y est suppléé par une délibération motivée de la chambre et visée par le procureur du roi (Ord. 22 août 1821).

67. 6° Et une lettre de demande en remboursement, adressée avec toutes les pièces à l'appui au ministre des finances (lequel jouit de la franchise illimitée pour toutes lettres et paquets qui lui sont adressés, aux termes de l'ord. roy. du 5 août 1817) ; cette lettre doit énoncer les pièces produites et indiquer le département et l'arrondissement de sous-préfecture où doit s'effectuer le remboursement.

68. Le récépissé donné à l'officier public qui verse son cautionnement est exempt d'enregistrement. - V. la note 18, n. 48. — Le certificat de non-opposition du greffier est sujet au droit fixe de 1 fr. V. - la note 99.

§ 2. DE L'ADMISSION ET DE LA NOMINATION AU NOTARIAT.

Art. 1. DE L'ADMISSION AU NOTARIAT

I. *Du stage.*

69. *Pour être admis aux fonctions de notaire, il faudra : 1° jouir de l'exercice des droits de citoyen* (V. note 27, n. 182 à 204); 2° *avoir satisfait aux lois sur la conscription militaire ; être âgé de 25 ans accomplis* (V. note 79, n. 12) *; justifier du temps de travail prescrit par les articles suivants* (L. 25 vent. an XI, art. 35).

69 *bis.* Le temps de travail du clerc *externe* doit lui être compté pour son stage, aussi bien qu'au clerc *interne* (Déc. min. Just. 23 juin 1838.

Et l'aspirant qui a fait son stage à Alger peut être nommé notaire en France, suivant les règles de la loi de ventôse (Roll. de V...6004).

70. *Le temps de travail ou stage sera, sauf les exceptions ci-après, de six années entières et* NON INTERROMPUES, *dont une des deux dernières au moins,* EN QUALITÉ DE PREMIER CLERC *chez un notaire* D'UNE CLASSE ÉGALE *à celle où se trouvera la place à remplir* (Même loi, art. 36).

71. NON INTERROMPUES En principe, le stage doit être de six années entières sans interruption, mais le temps passé sous les drapeaux ou aux écoles de droit, l'exercice des fonctions analogues à celles de notaires, une maladie grave et dûment constatée, ne sont pas considérés comme interruption pour les candidats qui justifient du nombre d'années de cléricature prescrit (Joye).

72. Le stage doit-il avoir été continué jusqu'au moment où le candidat forme sa demande ? Il serait sans doute à désirer que le temps de cléricature précédât immédiatement l'instruction qu'exige la nomination ; mais la loi n'en fait point une condition impérieuse; elle veut seulement que le stage ait été fait sans interruption, ce qui est autre chose. Cependant, lorsque les années de travail dont un aspirant justifie datent d'une époque éloignée, on s'assure de la nature de ses occupations durant cet intervalle, et quand elles ont été étrangères au notariat, ou contraires à ses usages et à la considération qui doit environner l'institution, le candidat n'est pas admis (Joye ; Scholl ; — *Contrà*, Délib. ch. des not. de Paris 17 vent. an XII ; Loret ; Massé).

72 *bis.* EN QUALITÉ DE PREMIER CLERC. La qualité de premier clerc adjoint n'est pas légale ; par conséquent, celui qui l'a exercée pendant l'une des deux dernières années de son stage ne peut être admis aux fonctions de notaire (Déc. min. just. mai 1840).

Il résulte de la même décision que l'année de cléricature doit être nécessairement l'une des deux dernières années du stage.

73. D'UNE CLASSE ÉGALE. Ces mots ne s'appliquent qu'à l'année de première cléricature; par conséquent, il suffit de justifier d'un stage de cinq autres années dans une étude d'une classe quelconque pour que le but de la loi soit rempli (Déc. min. just. 15 sept. 1840).

73 bis. *Le temps de travail pourra n'être que de quatre années, lorsqu'il en aura été employé trois dans l'étude d'un notaire de classe supérieure à la place qui devra être remplie, et lorsque, pendant la quatrième, l'aspirant aura travaillé en qualité de premier clerc chez un notaire d'une classe supérieure ou égale à celle où se trouvera la place pour laquelle il se présentera* (L. 25 vent. an XI art. 37).

74. Les quatre années dont parle cet article doivent être aussi non interrompues. C'est ainsi que cette disposition est exécutée.

75. *Le notaire déjà reçu et exerçant depuis un an dans une classe inférieure, sera dispensé de toute justification de stage. pour être admis à une place de notaire vacante dans une classe immédiatement supérieure* (Même loi, art. 38).

76. Bien qu'il semble résulter de cet article que si un notaire de troisième classe aspirait à remplir un notariat de première classe, ce notaire devrait faire les justifications exigées de tout autre candidat, sans égard aux fonctions qu'il exerce, il a été cependant constamment décidé au ministère de la justice que l'exercice comme notaire de 3e classe devait au moins équivaloir à un travail de premier clerc dans la première classe. Par conséquent, tout notaire qui se trouve en fonctions depuis trois ans dans la 3e classe peut passer immédiatement dans la première ; à plus forte raison encore si déjà, lors de sa nomination, il a pu justifier du stage prescrit pour arriver à cette même classe (Joye). — Toutefois, cela n'a lieu que dans des cas spéciaux, et lorsqu'il s'agit de sujets distingués, d'après l'attestation des chambres de discipline et des magistrats (Roll. de V...).

77. Il résulte au surplus du même article qu'il ne doit y avoir lieu à aucune justification de stage à l'égard d'un notaire d'une classe supérieure, qui voudrait occuper un notariat d'une classe inférieure (*Ibid.*).

78. Mais si c'est un notaire démissionnaire, c.-à-d. n'exerçant plus les fonctions depuis un temps plus ou moins long, qui veut reprendre les mêmes fonctions ou celles d'une classe supé-

rieure, il y a lieu de le dispenser de la justification de stage, pourvu qu'il ait exercé un temps suffisant pour lui valoir le temps requis, afin d'être notaire de la classe où il veut entrer ; autrement ce serait éluder la loi relativement au stage.

79. *L'aspirant qui aura travaillé pendant quatre ans, sans interruption, chez un notaire de première ou de seconde classe, et qui aura été, pendant deux ans au moins, défenseur ou avoué près d'un tribunal civil, pourra être admis dans une des classes où il aura fait son stage, pourvu que, pendant l'une des deux dernières années de son stage, il ait travaillé, en qualité de premier clerc, chez un notaire d'une classe égale à celle où se trouvera la place à remplir* (L. 25 vent. an XI, art. 39).

80. Il faut que le stage ait été fait à un âge où l'on est présumé avoir du discernement (V. note 65 ; C. pén. 66), autrement on pourrait refuser de l'admettre, par exemple, s'il avait été fait lorsque le candidat n'avait que de 10 à 14 ans. Ainsi décidé à l'égard d'un candidat qui ayant été avoué pendant 20 ans, justifiait pour être notaire qu'il avait été clerc de 10 à 12 ans et premier clerc de 12 à 14 ans (Déc. min. just.).

81. Il résulte de l'article qui précède qu'une dispense de stage ne peut jamais être accordée à un avoué ou à un avocat qui veut devenir notaire. Il ne peut invoquer qu'une réduction de stage s'il a exercé les fonctions d'avoué ou d'avocat pendant plus de deux ans (*Ibid.* et déc. min. just. 21 sept. 1835. — En tout cas, les quatre années de cléricature et les deux années d'exercice comme avocat ou avoué ne doivent pas être simultanées, mais distinctes et successives (Déc. min. just.).

82. On entend par *défenseurs* près d'un tribunal civil, les avocats près les cours et tribunaux. D'où il suit que la réduction du stage ne peut avoir lieu à l'égard d'un simple licencié en droit (Déc. min. just. 13 juin 1835) ; — ni à l'égard d'un agréé qui n'a d'ailleurs aucun titre légal (Roll. de V...). — Mais il devrait en être autrement d'un avocat stagiaire, car il a la qualité d'avocat et en exerce les fonctions.

83. L'exception portée en l'article qui précède ne s'applique qu'au cas où le stage a eu lieu dans des études de première ou de seconde classe.

84. *Le temps de travail exigé par les articles précédents devra être d'un tiers en sus, toutes les fois que l'aspirant, ayant travaillé chez un notaire d'une classe inférieure, se présentera pour remplir une place d'une classe immédiatement supérieure* (L. 25 vent. an XI, art. 40).

85. Il semble résulter de cet article que le clerc qui n'a fait son stage que dans des études de notaire de *troisième* classe, ne peut aspirer à une place de notaire de *première* classe, quelque soit le nombre d'années qu'il ait passées dans ces études ; et que le clerc d'une classe inférieure, même avec un tiers de temps de plus, ne peut aspirer qu'à une place d'une classe immédiatement supérieure. — Cependant la jurisprudence du ministère de la justice est que, pour être admis dans la seconde classe, il suffit de huit années de stage dans la troisième dont seize mois comme premier clerc, et que pour être admis dans la première classe, il suffit de 9 années de stage dans la troisième classe dont vingt mois en qualité de premier clerc (Joye). — V. *sup.* n. 76.

86. L'art. 40 qui précède (V. *sup.* n. 84) ne reproduisant pas la disposition des art. 36, 37 et 39 (V. *sup.* n. 70, 73 *bis* et 79) relatives aux fonctions de premier clerc, on décide au ministère de la justice qu'il n'est pas nécessaire que le candidat qui justifie du stage exigé par la loi ait travaillé pendant un an en qualité de premier clerc (Joye).

87. *Pour être admis à exercer dans la troisième classe de notaires, il suffira que l'aspirant ait travaillé pendant trois années chez un notaire de première ou de seconde classe, ou qu'il ait exercé, comme défenseur ou avoué, pendant l'espace de deux années, auprès du tribunal d'appel ou de première instance, et qu'en outre il ait travaillé pendant un an, chez un notaire* (Même loi, art. 41).

88. Ainsi donc trois années de stage en première ou seconde classe tiennent lieu de six années passées en troisième classe (V. *sup.* n. 70) quand il s'agit de créer un notaire de troisième classe. C'est une règle qui peut encore être appliquée quand il s'agit de créer un notaire de deuxième classe. Par conséquent, l'aspirant à une étude de 2e classe et qui a travaillé deux ans six mois dans une étude de 1re classe, peut demander qu'à cette durée soit ajouté le tiers en sus pour calculer la durée de son stage (Déc. min. just. 25 juin 1837 ; Scholl).

89. Cependant il a été décidé, à l'égard d'un aspirant à une étude de 3e classe qui avait quatre années de stage dont deux seulement avaient été employées dans une classe supérieure, que ces deux années ne pouvaient compter double afin de compléter les six années exigées par la loi (Déc. Min. just. 19 juin et 21 août 1838, 2 déc. 1843 ; Joye ; — *Contrà*, Scholl).

90. La dernière disposition de l'article qui précède n'est relative qu'au défenseur ou avoué ; en conséquence, il n'est pas nécessaire que le candidat ait rempli les fonctions de premier clerc. Il suffit qu'il ait travaillé dans ces études, n'étant tenu de justifier d'aucun grade de cléricature, et il n'y a pas lieu de distinguer la classe où il a travaillé.

II. *De la dispense de stage.*

91. *Le gouvernement pourra dispenser de la justification du temps d'étude les individus qui auront exercé des fonctions administratives ou judiciaires* (L. 25 vent. an XI, art. 42).

92. Bien que cet article n'ait été introduit dans la loi que comme disposition transitoire, des dispenses de stage sont néanmoins encore accordées, mais à ceux seulement qui justifient d'une capacité incontestable jointe à des services judiciaires ou administratifs bien établis et d'une durée notable. Tellement que, dans l'ordre judiciaire, des dispenses ont été refusées à des suppléants de juge de paix, même à des suppléants de tribunaux de première instance, qui se présentaient pour être admis au notariat. Mais des dispenses ont été accordées à des juges et des greffiers de justice de paix (Déc. min. just. 31 janv. 1836)

93. Dans l'ordre administratif, des dispenses de stage ont été accordées : 1° à des maires et adjoints, mais elles ont été refusées à un conseiller municipal (Déc. min. just.).

94. 2° A des receveurs d'enregistrement (Déc. min. just. 14 juill. 1840), mais elles ont été refusées à des surnuméraires, lors même qu'ils avaient exercé *par interim* (Déc. min. just. 13 juin 1835) ; à des commissaires de police et simples employés dans des ministères (Roll. de V...).

III. *Du certificat de moralité et de capacité.*

95. *L'aspirant demandera à la chambre de discipline du ressort dans lequel il devra exercer, un certificat de moralité et de capacité. Ce certificat ne pourra être délivré qu'après que la chambre aura fait parvenir au commissaire du gouvernement* (le procureur du roi) *du tribunal de première instance, l'expédition de la délibération qui l'aura accordé* (L. 25 vent. an. XI, art. 43).

96. L'examen préalable de la chambre de discipline doit être subi par tout candidat, même 1° par un notaire déjà en exercice, lors qu'il n'aspire qu'à un notariat d'une classe égale à celle où il a exercé (Déc. min. just. 9 juin 1835). — Cependant le contraire a été décidé à l'égard d'un ancien notaire qui demandant à être pourvu d'une nouvelle étude dans la même classe n'avait pas besoin de certificat de moralité et de capacité (Déc. min. just. 27 déc. 1838).

97. 2° Par les avocats ou avoués qui aspirent aux fonctions notariales. — V. *sup.* n. 79 et suiv.

98. 3° Par ceux qui, ayant exercé des fonctions administratives ou judiciaires, sont dispensés du stage. — V. *sup.* n. 91 et suiv.

99. Lorsqu'un candidat, n'ayant pas rempli le stage requis par la loi, se croit néanmoins dans le cas d'obtenir la dispense que le roi a le droit d'accorder aux individus qui ont rempli des fonctions administratives ou judiciaires, la chambre ne doit pas donner son avis et renvoyer le candidat à se pourvoir pour obtenir préalablement la dispense nécessaire. Elle doit toujours

délibérer sur la moralité et la capacité de l'aspirant, sauf à donner son avis sur les motifs allégués pour obtenir la dispense. Par cet avis, le roi peut apprécier davantage l'objet de la demande (Circ. min. Just. 6 vendém. an. XIII).

100. Mais il ne devrait pas être de même pour le cas où l'aspirant demanderait une dispense d'âge ; parce que la loi n'autorisant point à en accorder, ce serait autoriser la chambre de discipline à consacrer une illégalité que d'exiger qu'elle procède à l'examen avant la dispense.

101. De même, lorsqu'un candidat se présente pour une place vacante ou une création nouvelle, la chambre ne peut être requise d'examiner la moralité et la capacité et de délivrer ou refuser le certificat (Douai 15 mars 1831). — V. *inf.* n. 114.

102. Sur la demande du certificat de moralité et de capacité, voici comment en général les chambres de discipline procèdent :

103. L'aspirant remet au président de la chambre des notaires de l'arrondissement où il doit exercer, une expédition ou un double de l'acte de cession de l'office, ainsi que la démission du titulaire et ses certificats de stage. — Le président lui fixe alors le jour de la réunion de la chambre et convoque tous les membres de la chambre.

104. Dans l'intervalle, le président écrit à tous les notaires chez qui l'aspirant a travaillé, afin d'avoir des renseignements sur sa moralité et sa capacité. Si l'aspirant a déposé au président les certificats de tous ces notaires, le président peut se dispenser de leur écrire pour avoir des renseignements, car le procureur du roi écrit à chacun de ces notaires pour obtenir ces renseignements.

105. Avant le jour fixé pour la réunion, l'aspirant fait une visite à chacun des membres qui composent la chambre.

106. L'examen doit porter sur les fonctions et les devoirs des notaires ; le droit civil et la jurisprudence dans leurs rapports avec le notariat ; la rédaction des actes qui exigent du savoir et une bonne pratique. A cet égard, on doit laisser au candidat la liberté de revoir la loi pour donner une meilleure solution ; il doit être dans une position semblable à celle qu'il aurait s'il était dans son étude obligé de résoudre une difficulté.

107. L'examen doit être oral, cependant il ne serait pas inutile qu'il eût lieu par écrit. En effet, si l'on ne posait au candidat que des questions de droit difficiles, préparées ou controversées, et que la majorité de la chambre, ne trouvant point satisfaisantes les solutions données par le candidat, fît refus de l'admettre, il ne serait pas possible avec un examen oral que le ministre fût à même d'apprécier les motifs de refus. Il est convenable qu'il ait lieu par écrit lors surtout que les membres de la chambre sont disposés à repousser le candidat par des motifs d'intérêt personnel.

108. D'ailleurs, en admettant le refus de certificat de capacité, la chambre avec l'examen oral se prive du moyen de motiver son opinion, car elle n'est point constituée juge de ce refus, de sorte que les éléments servant de base à l'examen ne sont pas tant pour elle que pour le ministre de la justice, souverain appréciateur des motifs du refus.

109. Cependant il a été décidé que lorsqu'une chambre de discipline est convaincue d'avance de l'incapacité d'un aspirant, elle peut, en déclarant ce fait, se dispenser de procéder à son examen, et qu'il appartient à cette chambre de vérifier si l'aspirant justifie de toutes les conditions légales ; par exemple, s'il a soit le stage requis, soit la capacité intellectuelle suffisante, sauf, au cas de refus du certificat, à suivre la marche indiquée par l'art. 44 de la loi de ventose et à faire statuer sur sa délibération par le ministre de la justice (Déc. min. Just. 29 mai 1837).

110. Lorsque la chambre se détermine en faveur de l'aspirant, elle dresse acte de la délibération qu'elle prend. Elle en fait passer une expédition au procureur du roi, lequel prend lui-même communication de cette délibération, et, s'il l'approuve, il en fait part à la chambre qui alors délivre le certificat demandé. Ce certificat peut, dans ce cas, être délivré régulièrement par le président ou par tout autre fonctionnaire délégué à cet effet dans la délibération prise sur la demande de l'aspirant ; une nouvelle délibération n'est indispensable que lorsque le procureur du roi a refusé son *admittatur* (Déc. min. Just. 8 mai 1837).

111. *En cas de refus, la chambre donnera un avis motivé et le communiquera au commissaire du gouvernement* (le procureur du roi) *qui l'adressera au grand-juge, avec ses observations* (L. 25 vent. an XI, art. 44).

112. Il résulte de cet article que la chambre n'est point souveraine, elle n'a qu'un avis consultatif à donner sur la moralité et sur la capacité intellectuelle des aspirants, ainsi que sur l'ensemble des justifications et sur les diverses questions qui peuvent s'y rattacher (Déc. min. Just. 29 mai 1839). - V. *sup.* n. 109. — Tellement qu'elle ne peut se refuser de délibérer sur la demande de certificat de capacité et de moralité, sous le prétexte que le titulaire n'aurait pas le droit de disposer de son office, le *maximum* légal étant excédé dans le canton. En cas de refus persévérant de la chambre, ses membres peuvent être traduits disciplinairement devant le tribunal civil. Et alors le candidat est autorisé à se présenter devant la chambre du conseil du tribunal au jour fixé par le président pour y subir l'examen exigé par l'art. 43 de la loi de ventose. — V. *sup.* n. 95.

113. La communication dont il s'agit n'est point restreinte au procureur du roi seul. Le candidat auquel la chambre a refusé un certificat de moralité et de capacité a le droit de se faire délivrer une expédition de la délibération prise à ce sujet (Cass. 31 août 1831).

114. La présentation des candidats doit avoir lieu par l'intermédiaire non-seulement des procureurs du roi, mais encore des procureurs-généraux qui sont chargés de donner personnellement au ministre tous les renseignements nécessaires pour l'éclairer (Circ. min. Just. 15 juillet 1820).

Art. 2. DE LA NOMINATION AU NOTARIAT.

I. *De la commission.*

115. *Les notaires seront nommés par le premier consul* (le Roi), *et obtiendront de lui une commission qui énoncera le lieu fixe de la résidence* (L. 25 vent. an XI, art. 45).

116. Cette nomination est proposée par le garde des sceaux au Roi, qui, éclairé par tous les renseignements précédents, l'accorde ou la refuse à sa volonté (V. *sup.* n. 114).

117. Mais quoiqu'un aspirant ait été nommé notaire par ordonnance royale, cette nomination étant comme une délégation du pouvoir souverain, il peut refuser de l'accepter ; il en est alors comme de tout autre emploi public, sauf l'action en dommages-intérêts qui peut être formée contre lui par son cédant. Dans le cas dont il s'agit, l'aspirant ne peut plus se présenter comme candidat pour un autre office sans justifier sa conduite à l'égard de la première nomination (Déc. min. Just. 18 juill. 1836).

118. Le défaut de conformité de nom propre du candidat est un obstacle à sa nomination, jusqu'à rectification de son acte de naissance s'il prétend que l'inexactitude porte sur ce dernier acte (Déc. min. Just. 12 oct. 1829).

119. Lorsqu'un notaire a été nommé sur la représentation de pièces fausses, V. note 2, n. 102.

120. Une ampliation ou première expédition de l'ordonnance de nomination restant au greffe lors de la prestation de serment du titulaire, c'est par le greffier que doit être délivrée la 2e expédition qui peut être demandée de cette ordonnance (Déc. min. Just. 28 mars 1838).

121. *Les commissions des notaires seront, dans leur intitulé, adressées au tribunal de première instance dans le ressort duquel le pourvu aura sa résidence* (L. 25 vent. an XI, art. 46).

122. Il en est ainsi parce que cette commission a besoin d'être vérifiée par l'autorité locale supérieure, laquelle doit légaliser en quelque façon la mission donnée au notaire, en attes-

ter les formes et la régularité et ordonner l'exercice de ses pouvoirs. Il s'agit seulement de l'installation, c'est une affaire de forme qui ne doit point faire considérer le notaire comme un officier du tribunal. Le notaire a, en effet, une mission différente de celle du juge, l'un appartient à la juridiction volontaire et l'autre à la juridiction contentieuse. — V. *Cession d'office*, note 191.

II. *De la prestation de serment.*

123. *Dans les deux mois de sa nomination, et à peine de déchéance, le pourvu sera tenu de prêter, à l'audience du tribunal auquel la commission aura été adressée, le serment que la loi exige de tout fonctionnaire, ainsi que celui de remplir ses fonctions avec exactitude et probité. — Il ne sera admis à prêter serment qu'en représentant l'original* (V. sup. n. 120) *de sa commission et la quittance du versement de son cautionnement. — Il sera tenu de faire enregistrer le procès verbal de prestation de serment au secrétariat de la municipalité du lieu où il devra résider, et au greffe de tous les tribunaux dans le ressort desquels il doit exercer* (L. 25 vent. an XI, art. 47).

124. La prestation de serment est une réception, une prise de possession solennelle, où la puissance publique achève de former le caractère de l'homme public (D'Aguesseau 7. 616).— C'est ce serment qui attribue et accomplit, en l'officier, l'ordre, le grade, et, s'il faut ainsi parler, le caractère de son office, et qui lui défère la puissance publique (Loyseau, *Offices*, ch. 4).

125. D'où il résulte que tout acte fait par le fonctionnaire non-assermenté, est nul (Ind. Cass. 12 janvier 1809; Toullier 10, 355; Merlin, *Rép.* v° *serment*, sauf à valoir comme acte sous seing-privé s'il est revêtu de la signature de toutes les parties contractantes et s'il peut se soutenir comme tel (V. note 39, n. 1). — V. note 2, n. 102.

126. En outre, le notaire encourt la déchéance, laquelle doit être prononcée par le tribunal civil du ressort, saisi par l'ordonnance de nomination de tout ce qui concerne l'exécution bonne ou mauvaise de cette ordonnance.— V. *sup.* n. 121 et 122; note 2, n. 59.

127. De plus il peut être poursuivi et puni d'une amende de 16 à 150 fr. (C. pén. 196).

128. De ce que la loi a pris le soin d'indiquer devant qui le serment doit être prêté, il en résulte que s'il est prêté devant une autorité incompétente, il doit être considéré comme non-avenu ou nul (Toullier 10, 356). — Toutefois les actes du notaire ne seraient pas nuls d'après ce que nous avons dit note 2, n. 102 (Carré, n. 102).

129. Le serment des officiers ministériels étant civil et politique tout à la fois, il en résulte 1° qu'il doit être prêté dans la forme voulue par la constitution et par la loi spéciale qui régit le fonctionnaire; ainsi, à l'égard du notaire, il doit jurer non-seulement *fidélité au Roi des Français, obéissance à la charte constitutionnelle et aux lois du royaume, mais encore de remplir ses fonctions avec exactitude et probité.* - V. *sup.* n. 123 (Cass. 23 août 1831; 7 juill. 1836; 9 août 1837; 17 janv. 1838).

130. 2° Que quand un Roi monte sur le trône par droit d'élection (comme cela est arrivé en 1830) et non par droit héréditaire, il y a lieu de renouveler le serment dans sa partie politique seulement ainsi que cela a été prescrit par la loi du 30 août 1830 à tous les fonctionnaires publics dans l'ordre administratif et judiciaire et aux officiers de terre et de mer.

131. Le notaire qui ne fait que changer de résidence dans le même canton n'est pas astreint à un nouveau serment (Ind. Cass. 6 mars 1829; Déc. min. Just. 28 déc. 1838).

132. Les notaires qui n'ont pas fait enregistrer le procès-verbal de prestation de serment au secrétariat de la municipalité et aux greffes des tribunaux du ressort, n'encourent pas pour cela la déchéance, surtout au bout de deux mois, parce que cette peine et le délai ne s'appliquent point à cette formalité qui est peu importante en elle-même, et qu'il parait suffisant que le serment, principal objet de la loi, soit rempli. — Toutefois, cette formalité étant un moyen de publicité pour les tiers, ceux-ci sont, dans certaines circonstances, recevables à se plaindre qu'elle n'ait point eu lieu et le notaire peut se voir pour ce motif traduit devant le tribunal pour contravention à la loi de ventose. — V. note 2, n. 59.

133. *Il n'aura le droit d'exercer qu'à compter du jour où il aura prêté serment* (L. 25 vent. an XI, art. 48).

134. Si cependant il a exercé pendant long-temps sans avoir prêté serment, ses actes pourront n'être pas nuls pour cela, d'après la règle *error communis facit jus* — V. note 2, n. 102.

135. *Avant d'entrer en fonctions, les notaires devront déposer au greffe de chaque tribunal de première instance de leur département, et au secrétariat de la municipalité de leur résidence, leur signature et paraphe. — Les notaires à la résidence des tribunaux d'appel feront, en outre, ce dépôt au greffe des autres tribunaux de première instance de leur ressort* (L. 25 vent. an. XI, art. 49).

136. Cette formalité n'est point imposée à peine de déchéance. Elle n'est utile que pour mettre toute personne à même de vérifier au greffe de chaque tribunal la signature et le paraphe du notaire apposés au bas de quelque acte notarié, et c'est pour cela qu'aux termes de l'art. 28 de la loi de ventose (V. note 125), les actes ou expéditions des notaires sont dispensés de légalisation lorsqu'on en fait usage dans le ressort à l'égard des notaires à la résidence des tribunaux d'appel et dans le département à l'égard des autres notaires. Or, dès que cette vérification n'est pas possible, et qu'une partie en éprouve un préjudice, le notaire peut être traduit disciplinairement et encourir une certaine responsabilité. Ainsi, par exemple, une personne dans laquelle je ne puis avoir une entière confiance (la connaissant très peu) me propose une opération très avantageuse à traiter en me représentant la grosse ou l'expédition d'un acte passé devant un notaire de Paris dont la signature m'est inconnue; j'accepte la proposition et nous arrêtons nos conventions par écrit, mais je me réserve expressément d'aller au greffe du tribunal civil d'Auxerre, qui est du ressort de la Cour royale de Paris, pour comparer la signature étant au bas du titre représenté avec celle que le notaire a du déposer au greffe en entrant en fonctions; s'il arrive que ce dépôt n'ait point été fait et qu'un autre moins craintif que moi ait saisi le marché qui m'était proposé, le notaire qui, dans ce cas, m'aura, par le défaut de dépôt, causé un préjudice, pourra bien être responsable vis-à-vis de moi, surtout si j'ai fait au greffe une sommation infructueuse de communiquer; et de son côté le procureur du roi, qui aura pris connaissance au greffe de ma sommation, sera bien fondé à exercer une action disciplinaire.

§ 3. DES CHAMBRES DE DISCIPLINE DES NOTAIRES.

137. *Les chambres qui seront établies pour la discipline intérieure des notaires seront organisées par des réglements* (L. 25 vent. an XI, art. 50).

138. Un arrêté du 2 niv. an XII avait organisé les chambres de discipline et fixé leur attribution, mais cet arrêté a été abrogé par une ordonnance du roi en date du 4 janvier 1843, qui est rapportée à l'art. 75 du *Journal du Manuel* auquel nous renvoyons.

[90]

ENREGISTREMENT. — DROIT DE 2 P. o/o ET DE TRANSMISSION D'OFFICE.

DIVISION SOMMAIRE :

Indication alphabétique :

§ 1. DISPOSITIONS GÉNÉRALES.

1. *Sont sujets au droit proportionnel de deux francs par cent francs :*

2. 1° *Les adjudications, ventes, reventes, cessions, rétrocessions, marchés, traités, et tous autres actes soit civils, soit judiciaires, translatifs de propriété à titre onéreux, de meubles, récoltes de l'année sur pied, coupes de bois taillis et de haute futaie, et autres objets mobiliers généralement quelconques, même les ventes de biens de cette nature faites par l'Etat. — Les adjudications à la folle enchère de biens-meubles sont assujetties au même droit, mais seulement sur ce qui excède le prix de la précédente adjudication, si le droit en a été acquitté.*

3. 2° *Les constitutions de rentes, soit perpétuelles, soit viagères, et de pensions, à titre onéreux; les cessions, transports et délégations qui en sont faits au même titre, et les baux de biens-meubles faits pour un temps illimité.*

4. 3°... — 4° *Les élections ou déclarations de command ou d'ami, sur adjudication ou contrat de vente de biens-meubles, lorsque l'élection est faite après les 24 heures, ou sans que la faculté d'élire un command ait été réservée dans l'acte d'adjudication ou le contrat de vente.*

5. 5° *Les engagements de biens immeubles.*

6. 6° *Les parts et portions acquises par licitation de biens meubles indivis.* — *V.* inf. n. 59.

7. 7° *Les retours de partages de biens meubles.*

8. 8° *Les dommages-intérêts prononcés par les tribunaux criminels, correctionnels et de police* (L. 22 frim. an VII, art. 69, § 5). — *V.* inf. *n.* 10.

9. *Les baux ou conventions pour nourriture de personnes sont sujets au droit de 2 pour cent, lorsque la durée est illimitée* (L. 22 frim. an VII, art. 69, § 2, n. 5). — Mais quand la durée est limitée, ou que, n'étant pas limitée, il s'agit de mineurs, ce droit n'est que de 20 cent. pour cent (L. 16 juin 1824). — V. note 218.

10. *Le droit proportionnel est porté à 2 pour cent sur le montant des dommages-intérêts en matière civile, ainsi qu'il est réglé par l'art. 69, § 5, n. 8 de la loi du 22 frim. an VII pour les dommages-intérêts en matière criminelle, correctionnelle et de police* (L. 27 vent. an IX, art. 11). — V. *sup.* n. 8.

§ 2. TRANSMISSIONS MOBILIÈRES A TITRE ONÉREUX PAR ACTES CIVILS ET JUDICIAIRES. — V. *sup.* n. 2.

11. ACHALANDAGE. La vente de l'achalandage d'un marchand est sujette au droit de 2 pour cent, parce qu'un achalandage est un bien d'une nature incorporelle et mobilière (Déc. min. fin., 24 juin 1831; Jug. de la Seine, 21 mars 1839. — *Contrà*, Jug. de Chateauroux, 10 fév. 1837. - Rol. 5271).

12. ACTIONS. Sont sujettes au droit de 2 pour cent les cessions d'actions *non-négociables* soit dans un journal (Jug. de la Seine, 30 juill. 1834; Cass 27 janv. 1841), soit dans les compagnies de finance, de commerce ou d'industrie (Jug. de la Seine, 19 nov. 1834; jug. de Boulogne 3 déc. 1841). — Si elles étaient négociables, le droit serait de 50 cent. pour cent. — V. note 117.

13. ADJUDICATIONS. — V. *sup.* n. 2.

14. ADJUDICATIONS AU RABAIS. Ces adjudications sont sujettes au droit de 2 pour cent quand elles contiennent vente ou promesse de livrer des marchandises, denrées ou autres objets mobiliers,

mais quand elles ne sont relatives qu'à des marchés pour constructions, réparations et entretien, et tous autres objets mobiliers susceptibles d'estimation, faits entre particuliers, elles ne donnent lieu qu'au droit de 1 pour cent. — V. note 174.

15. Seulement, quand le prix de l'adjudication est à la charge du Trésor, le droit est réduit à 1 fr. fixe. — V. note 99.

16. ADJUDICATIONS DE RENTES. Les adjudications de rentes sont sujettes au droit proportionnel de 2 pour cent. Et ce droit se perçoit sur le capital aliéné, quelque soit le prix stipulé pour le transport. - V. note 18, n. 274-9°. — Cependant lorsqu'il y a vente forcée en justice d'une rente saisie sur la tête d'un curateur à une succession vacante, le droit proportionnel se liquide sur le prix exprimé et non sur le capital de la rente (Cass. 1 av. 1816).

17. Mais l'adjudication d'une rente perpétuelle faite au débiteur de cette rente moyennant un prix payable ultérieurement ne donne lieu à aucun droit proportionnel; cette adjudication ne doit être considérée que comme contenant les conditions du rachat (Délib. 30 sept. 1826). — Seulement, si le prix avait été payé comptant, le droit de libération serait dû. — V. *inf.* n. 61 et suiv.

18. BAUX. - BOIS. Le bail consenti à un marchand de bois, d'une partie de forêt pour un temps déterminé, est passible du droit de 20 cent. pour cent et non de celui de 2 pour cent, surtout quand l'acte ne contenait aucune convention qui fût exclusive de la qualification de bail (Cass. 22 fév. 1842).

V. *inf.* n. 21 et 32.

19. Le droit fixe est le seul exigible sur un acte passé en France, qui constate la vente d'une certaine quantité d'arbres à couper dans une forêt située en pays étranger (Sol. 30 oct. 1835).

19 *bis*. BIENS DE L'ETAT. — V. note 57, n. 16.

20. BIENS SITUÉS EN PAYS ÉTRANGER. — V. note 57, n. 15.

20 *bis*. BREVET D'INVENTION. La cession du privilége résultant de brevets d'invention est sujette au droit de 2 pour cent, comme contenant transmission de biens incorporels (Délib. 29 mai 1832; jug. de la Seine 12 déc. 1832).

21. CARRIÈRES. La vente du droit d'exploiter une carrière et des ustensiles servant à cette exploitation, est une vente de meubles qui ne donne ouverture qu'au droit de 2 pour cent, soit que les pierres aient été déjà extraites de la carrière, soit qu'elles aient été vendues à la charge d'en être extraites, puisqu'elles sont ainsi devenues meubles par destination (Cass. 19 mars 1816 et 12 août 1833), et qu'elles ne sont pas rangées dans la classe des immeubles par la loi du 21 av. 1810 (Sol. 19 déc. 1831). — Il en est ainsi lors même qu'on a employé la voie du bail (Dél. 16 oct.-6 nov. 1835; Sol. 25 juill. 1835; jug. d'Amiens 14 fév. 1839; jug. de Nantes 8 déc. 1841; Cass. 22 août 1842; — *Contrà*, jug. de la Seine 6 août 1840.

22. Le droit se perçoit sur le capital au denier vingt de la redevance annuelle lorsque l'acte porte que, dans le cas où l'exploitation de la carrière ne serait pas terminée au bout de deux années, le preneur serait tenu de la continuer jusqu'à la fin aux mêmes conditions, toutefois, d'après un nouveau bail, parce qu'alors les parties sont liées dès à présent (Dél. 16 oct.-6 nov. 1835; jug. de la Seine 21 juin 1838).

23. Cependant s'il y a une redevance pour l'extraction de la carrière et un fermage pour la terre dans laquelle est cette carrière, il n'y a lieu de percevoir que le droit de 20 cent. p. 0/0 sud le fermage, mais la redevance sera sujette au droit de 2 p. 0/0 (Jug. d'Amiens 14 fév. 1839), — d'où il suit que, dans ce cas, il y a lieu d'exiger une ventilation pour ne percevoir que le droit de 20 cent. pour cent sur la valeur locative des immeubles (Jug. de Nantes 8 déc. 1841).

24. CESSION. La cession d'une créance à terme faite moyennant une rente donne lieu au droit de 2 pour cent comme une constitution de rente (Sol. 29 flor. an VI; délib. 29 sept.-6 oct. 1791).

25. La cession de l'autorisation donnée par le gouvernement de construire une usine est passible du droit de 2 pour cent (Cass. 12 fév. 1829).

26. CHARGES. La stipulation dans une vente publique de meubles, que si les acheteurs ne se libèrent pas dans le délai convenu, ils paieront une indemnité de 5 pour cent de la somme dont ils seront débiteurs, n'est pas une charge à ajouter au prix pour la liquidation du droit, parce que cette indemnité est une sorte de compensation du retard dans le paiement, qui représente l'intérêt de la dette (Sol. 19 janv. 1837).

V. note 18, n. 274-5°.

27. CONSTRUCTIONS. Les ventes de constructions destinées à être démolies ne donnent lieu qu'au droit de 2 pour cent - (V. note 86) et la vente ne cesse pas d'être mobilière, par cela que la condition de démolir n'a point été remplie dans les délais fixés (Jug. de Cambrai 11 fév. 1841).

28. Mais lorsque le propriétaire du sol retient les constructions faites sur son terrain par le locataire ou par un tiers, il est dû le droit de 5 1/2 pour cent (Jug. de la Seine 4 janv. 1838; 25 mars 1835; Cass. 18 nov. 1835; jug. de Lille 23 fév. 1836; délib. 30 mars-7 av. 1838).

29. Il en est de même lorsque la cession de ces constructions est faite par le tiers à un autre que le propriétaire du sol (Jug. de Rouen 26 mai 1840; Cass. 2 fév. 1842 et 26 juill. 1843).

30. COUPES DE BOIS. Les bois-taillis et de haute futaie vendus pour être coupés sont considérés comme meubles, alors que les bois sont encore sur pied et quand bien même la coupe serait achetée plus de deux ans avant que les bois soient parvenus à l'âge où ils doivent être coupés (Délib. 9 vendém. an XIV). — On ne doit également percevoir que le droit de 2 pour cent sur la vente d'une coupe de bois dont l'exploitation ne pourra avoir lieu que successivement et dans un nombre d'années déterminé; la loi ne faisant aucune distinction entre cette espèce et celle où l'exploitation serait immédiate, il n'est pas permis d'en établir (Cass. 4 av. 1827). — V. note 57, n. 69.

31. Les coupes de bois sont sujettes au droit de 2 pour cent sur l'intégralité du prix de tous les lots, et sans qu'il y ait lieu de déduire la part du colicitant (Déc. min. fin. 10 déc 1819 et 13 nov. 1827; Cass. 9 mai 1832. — *Contrà*, Roll. 4477).

32. Le bail de bois en *coupe réglée* ne donne ouverture qu'aux droits fixés pour les baux ordinaires, même quand le bail comprend à la fois des forges et une forêt donnée pour affouage de l'usine. L'affectation de la forêt à l'affouage établissant qu'elle était en coupes réglées, et le bail comprenant le tout sans division, on ne peut alors faire une ventilation du prix pour exiger le droit de 2 pour cent sur la portion relative aux coupes à exploiter successivement pendant la durée du bail (Déc. min. fin. et just. 6 juill. et 16 août 1808. - Instr. 400 et 1219).

33. Mais il n'en serait pas de même et le droit de 2 pour cent serait exigible, si ces actes avaient pour objet la vente d'une coupe prête à être abattue, ou des arbres épars, ou des bois non en coupe réglée, vendus à la charge de les couper en plusieurs années, moyennant un prix pour chaque année. Ces actes auraient alors le caractère d'une vente avec terme pour la livraison et le paiement du prix (Déc. min. 6 juill. et 16 août 1808; délib. 15 mai 1827).

34. Pour les adjudications de coupes de bois appartenant à l'État le droit de 2 pour cent doit être perçu distinctement sur le prix de chaque article signé de l'adjudicataire non solidaire. Il en est de même pour les cautionnements fournis par les adjudicataires (Déc. min. fin 28 niv. an IX; délib. 29 av. 1834). — Le droit doit être provisoirement établi sur les quantités de bois qui sont comprises dans l'adjudication; il est définitivement réglé d'après les procès-verbaux de récolement. Le droit, en cas de sur-mesure, est dû sur le prix de l'excédant, et il y a lieu de restituer dans la même proportion s'ils constatent des moins de mesure (Délib. 22 fruct. an X).

35-36. Les adjudications de coupes de bois des communes et des établissements publics sont sujettes aux mêmes droits que celles faites pour le compte de l'État (Déc. min. fin. 14 pluv. an XII).

37. DROITS SUCCESSIFS. Les cessions de droits successifs mobiliers sont sujettes au droit de 2 pour cent. Le droit d'enregistrement se liquide sur la valeur de la part héréditaire cédée, sans distraction des charges, et non sur le prix exprimé; de sorte que les dettes et charges de la succession que le cessionnaire est tenu de payer forment une addition au prix (Déc. min. fin. 17 nov. 1820; Cass. 4 fév. 1822; jug de la Seine 22 juin 1842). Cette charge est de droit; il n'est pas besoin de l'exprimer (Cass. 20 niv. an XII). — V. note 18, n. 99 et 100; note 36, n. 40.

38. Quand ces droits sont vendus en même temps que les droits successifs immobiliers et par le même acte, il y a lieu de percevoir le droit de 5 1/2 pour cent sur le tout. On n'évite la perception du plus fort droit sur le tout qu'en faisant deux actes de vente ou une ventilation. — V. note 57, n. 84 et suiv.

38 *bis*. Cependant lorsqu'une cession comprend des meubles et des créances sans ventilation, il y a lieu d'exiger la déclaration estimative des parties (V. note 18, n. 276), ou de restituer ce qui a été perçu au-delà de 1 pour cent sur les créances quand les parties justifient du total de ces créances, la loi de frim. n'étant spéciale que pour les immeubles vendus cumulativement avec des meubles (Délib. 5 av. 1833). — V. note 37, n. 84.

39. ÉCHANGE DE BIENS MEUBLES. Ces échanges sont passibles du droit de 2 pour cent sur l'une seulement des deux parts échangées, parce que l'un des objets est le prix de l'autre (Déc. min. fin. et just. 1 juin, 3 sept. et 5 nov. 1811. - 4179 et 7944 du Journ.). — Le droit serait dû sur la plus forte part, si les deux n'étaient pas de même valeur.

40. FAILLITE. La vente des marchandises d'un failli est passible du droit de 2 pour cent, si elle est faite après un concordat homologué, parce qu'alors les opérations de la faillite sont terminées. Il en est autrement de ventes ordonnées et faites pendant la durée de la faillite, lesquelles ne sont sujettes qu'au droit de 50 cent. pour cent par l'art. 12 de la loi du 24 mai 1834 (Jug. d'Avranches 3 mars 1842).

41. FOLLE-ENCHÈRE. — V. note 57, n. 47 et suiv.

42. FONDS DE MUSIQUE. La cession de manuscrits et ouvrages de musique qui n'ont pas été gravés, faite avec le fonds d'un magasin de musique, est passible du droit de 2 pour cent (Déc. min. fin. 19 oct. 1821).

43. FRUITS. — V. *inf.* n 48 et suiv.

44. MARCHÉ. La cession faite par un entrepreneur du bénéfice d'un marché pour fournitures ou travaux est passible du droit de 2 pour cent sur le prix stipulé, et non sur la valeur estimative des travaux restant à exécuter (Sol. 22 juin 1841).

45 L'arrêté de l'autorité administrative qui approuve la cession à un tiers du marché pour l'éclairage d'une ville par l'adjudicataire de cet éclairage est passible du droit de 2 pour cent sur le prix de la cession et non sur le montant des années de bail restant à courir (Cass. 3 déc. 1839).

46. MEUBLES - IMMEUBLES. N'est passible que du droit de 2 pour cent la vente du renable (tournants, virants et travaillants) d'un moulin, faite par le locataire sortant au locataire entrant. Ce fermier ne peut avoir, en effet, sur le renable qu'un droit *ad rem* et non un droit *in re*, parce que le renable faisant partie inhérente du moulin, appartient toujours au propriétaire du bâtiment sauf répétition du prix contre ce dernier (Jug. de Lorient 12 sept. 1822).
V. note 57, n. 33, 52 et suiv.

47. MINES. La vente du droit d'exploiter des mines est passible du droit de 2 pour cent comme vente mobilière (Cass. 11 fév. 1843 et 17 janv. 1844; jug. de la Seine 6 déc. 1843.

47 *bis*. PLACES DANS LES ÉGLISES. — V. note 87, n. 61 et suiv.

48. FRUITS ET RÉCOLTES SUR PIED. Les fruits pendants par racines peuvent être saisis ou vendus comme objets mobiliers, dans un temps voisin de la récolte, et la vente de cette récolte est mobilière (V. note 86). — Mais si les fruits sont vendus avec le fonds ils ne perdent pas leur nature immobilière (*Ibid.*).

49. Lorsqu'on emploie la forme du bail pour déguiser une vente mobilière, le droit de 2 pour cent est dû, et en outre le notaire encourt l'amende de 20 fr. pour n'avoir point fait de déclaration préalable au bureau d'enregistrement. Ainsi, on ne peut considérer que comme vente de récoltes sur pied l'acte notarié par lequel on adjuge le 28 juin des récoltes de prés que l'on doit avoir terminées dans les quatre mois; la brièveté de la durée démontrant évidemment que l'acte n'avait pour objet que la vente de ces herbes (Déc. min. 17 juill. 1813; jug. de Charleville 9 sept. 1837; Cass. 26 août 1838; jug. de Vervins 2 av. 1833; *Contrà*, Délib. 16 nov. 1830, jug. de Sarreguemines 22 juill. 1835; Cass. 9 fév. 1837; jug. de Strasbourg 8 déc. 1841). — V. note 7. n. 50 et suiv.

50. RÉTROCESSION. Une vente verbale d'objets mobiliers n'est pas par elle-même sujette à l'enregistrement, et pour qu'elle devienne sujette à cette formalité, il faut qu'il intervienne un jugement ou un acte ayant pour objet d'en établir l'existence et d'en assurer l'exécution. Il suit de là qu'une rétrocession d'une semblable vente n'est pas passible de deux droits de 2 pour cent, l'un pour la vente et l'autre pour le résiliement (Dél. 29 nov. 1826). — V. n. 79.

51. REVENTES. On appelle ainsi la vente d'un objet qu'on avait acquis.

52. Les reventes de biens de l'État, faites par suite de déchéance, ne sont passibles que du droit de 2 pour cent. - V. note 57, n. 45. — Il en est ainsi, lors même qu'un acquéreur ne soldant pas son prix, le préfet arrête qu'un autre coacquéreur lui est subrogé (Déc. min. fin. 2 juill. 1811).

53. De même la revente d'un objet consentie par l'un des deux acquéreurs du même bien n'est passible que du droit fixe si elle est faite à l'autre acquéreur. — V. note 18, n. 690.

54. Lorsque certaines acquisitions jouissent de la faveur d'un droit exceptionnel, cette faveur ne peut pas s'étendre aux reventes qui seraient faites des biens acquis (Cass. 7 fév. et 10 oct. 1834, 29 juin et 27 août 1816). — V. note 18, n. 340.

55. SECRET MÉDICAL. La cession que fait un médecin du secret d'un médicament inventé par lui, et d'une certaine quantité déjà confectionnée du même remède estimée 200 fr., moyennant une rente annuelle de 1200 fr. pendant douze ans, n'est passible du droit de 2 pour cent que sur 200 fr.; celui de 1 pour cent est exigible sur 12 fois 1200 ou 14400 fr. sauf à diminuer les 200 francs prix de la marchandise (Délib. 28 août 1829).

56. SOCIÉTÉ. La cession d'intérêts dans une société non divisée par actions est sujette au droit de 1 pour cent (Cass. 11 fév. 1843; 15 déc. 1842; 27 janv. 1841).

57. SUPERFICIE. La vente de la superficie d'un bois, faite à l'acquéreur du sol, est sujette au droit de 5 1/2 pour cent, parce que cette réunion restitue à la superficie la qualité d'immeubles (Jug. de la Seine 4 fév. 1824 et 22 fév. 1838; jug. de Pontarlier 19 mai 1841; jug. de Villefranche 13 mai 1842).

58. TRANSFERT. Une vente de meubles n'est point exempte de la formalité ni de la perception du droit, par cela seul qu'elle se trouve liée à une cession d'inscriptions au grand livre, ou même qu'elle est présentée comme formant le prix de ces effets de la dette publique. Le droit de 2 pour cent est dû, dans ce cas, même sur les inscriptions de rentes qui, sans cette circonstance, ne seraient sujettes qu'au droit fixe de 1 fr. (Jug. de la Seine 27 fév. 1821; Cass. 20 fév. 1839; délib. 19 mai et 24 juin 1819; 20 av. 1822; 21 janv. 1834; 18 janv. et 28 juin 1826; déc. min fin. 2 juill. 1819, 16 mai 1821 et 1 fév. 1822).

59. VENTE PUBLIQUE DE MEUBLES. Elles sont sujettes au droit de 2 pour cent sur l'intégralité du prix sans pouvoir déduire le prix des articles acquis par l'un des cohéritiers quand le prix n'excède pas sa part dans la valeur totale du mobilier vendu

(L. 22 pluv. an VII, art. 6; Cass. 9 mai 1832). Il n'en est pas de ce cas comme de celui où les objets sont vendus par licitation (V. *sup.* n. 6 et *inf.* n. 106).

§ 3. CONSTITUTIONS, CESSIONS, TRANSPORTS ET DÉLÉGATIONS DE RENTES ET PENSIONS A TITRE ONÉREUX (V. note 57). — BAUX DE BIENS MEUBLES OU A NOURRITURE DE PERSONNES D'UNE DURÉE ILLIMITÉE. — V. *sup.* n. 3 et 9.

60. BAIL. Les baux de biens meubles ainsi que les baux ou conventions pour nourriture de personnes pour un temps illimité sont passibles du droit de 2 pour cent.

V. *sup.* n. 18, 21 et 32; note 57, n. 100 et suiv., et note 60, n. 188.

61. CESSION DE RENTES. Il n'y a pas lieu de distinguer entre les rentes ou cessions de rentes établies et faites à titre gratuit, et celles qui sont créées et cédées à titre onéreux (Cass. 27 mess. an XIII). — V. *sup.* n. 16.

62. Lorsqu'on cède à quelqu'un une rente due par un tiers pour demeurer quitte d'une rente de pareille quotité, il n'y a là qu'une simple extinction de rente au moyen du transport d'une autre rente et il n'est dû que 2 pour cent (Sol. 13 janv. 1819).

63. CESSION MOYENNANT UNE RENTE. Le droit à raison de 2 pour cent comme constitution de rente est dû sur l'acte portant cession de créance moyennant une rente viagère (Délib. 29 sept.-3 oct. 1835).

64. COMPENSATION. L'acte par lequel les parties déclarent compenser des rentes perpétuelles dont elles sont respectivement créancières et débitrices l'une envers l'autre, n'est sujet qu'au droit de quittance, et non à celui de cession de rente (Sol. 11 oct. 1834).

65. Il en est de même de l'acte par lequel on établit une compensation entre le prix d'une vente d'immeubles par acte en forme et celui d'une vente verbale d'effets mobiliers (Jug. de Vendôme 12 déc. 1835).

66. CONSTITUTION SUR PLUSIEURS TÊTES. Lorsqu'une constitution est faite sur plusieurs têtes, il n'est dû qu'un seul droit de 2 pour cent si les fonds ont été fournis par tous les créanciers ; dans le cas contraire on doit percevoir un droit de donation éventuelle (V. note 18, n. 963), et le droit proportionnel est suspendu jusqu'à l'évènement du décès de la première tête (Cass. 2 juill. 1823; jug. de la Seine 10 mars 1830).

67. CONSTITUTION RÉMUNÉRATOIRE. La constitution de rente viagère consentie pour *services rendus* n'est sujette qu'au droit de 2 pour cent; ce n'est point une donation (Paris 12 nov. 1810).

68. CONVERSION. Si, pour se libérer d'une dette liquide, un débiteur se charge du service d'une rente viagère due à un tiers par son créancier, il y a création de rente actuelle, et le droit proportionnel de 2 pour cent est exigible sur le capital dû et abandonné, et non sur le capital au denier dix de la rente (dél. 21 av. 1826).

69. DÉLÉGATION. Lorsqu'un créancier abandonne un capital à celui qui le doit, à la charge par le cessionnaire de payer une rente viagère en l'acquit du cédant, envers un tiers présent et acceptant, la présence et l'acceptation de ce tiers complètent la délégation, et cette délégation équivaut au transport ou cession de la rente : le droit de 2 pour cent est donc exigible, mais seulement sur le capital aliéné quoique inférieur à celui de la rente (Dél. 21 av. 1826). — V. note 57, n. 148.

70. Le droit de 2 pour cent est exigible sur l'acte portant que pour se libérer du prix d'un immeuble, l'acquéreur s'engage à servir une rente dont l'immeuble est grevé, si la délégation n'a pas eu lieu par l'acte de vente (Délib. 15 sept. 1837).

71. Lorsqu'on délègue partie du prix d'une vente d'immeubles pour acquitter une rente dont il n'est pas justifié que le titre soit enregistré, le droit de 2 pour cent est exigible sur le capital de la rente (Dél. 27 av. 1838).

72. DROIT LE PLUS FORT. Lorsque la vente d'un navire (sujette au droit fixe de 1 fr.) est faite moyennant la constitution d'une pension ou d'une rente viagère, on doit percevoir le droit le plus élevé, celui de constitution de rente (Délib. 18 nov. 1834). — V. *sup.* n. 58 et *inf.* n. 83.

73. NUE-PROPRIÉTÉ. Lorsque la cession d'une rente ne porte que sur la nue-propriété, le droit n'en doit pas moins être perçu sur le capital de cette rente (Cass. 1 sept. 1806). — V. note 18, n. 274-6°.-7°, et 298 *bis*.

74. OBLIGATION POUR PRÊT. L'obligation consentie pour prêt d'une somme stipulée remboursable à la volonté de l'emprunteur, et produisant intérêt jusque-là, ne renferme pas les caractères d'une constitution de rente, mais d'un simple prêt qui devient exigible au décès du débiteur (Toulouse 20 mars 1835).

75. PAIEMENT ANTICIPÉ. On ne peut voir une constitution de rente passible du droit de 2 pour cent dans l'acte par lequel le débiteur d'une somme exigible seulement après son décès sans intérêts, la rembourse au créancier qui lui en paiera l'intérêt jusqu'à l'expiration du délai (Sol. 4 janv. 1831)

76. PENSION ALIMENTAIRE. Si des enfants constituent une pension alimentaire à leurs parents et *vice versâ*, il n'est dû que le droit de bail à nourriture de 20 c. pour cent. — V. note 218.

77. PENSION ANNUELLE. Lorsque l'acte par lequel on constitue une pension annuelle n'exprime pas qu'elle est viagère, et qu'il indique la somme avec laquelle les constituants pourront s'en libérer, c'est sur cette somme que le droit proportionnel doit être établi (Délib. 30 déc. 1825).

78. PRIX DE RENTE FOURNI PAR UN TIERS. La constitution d'une rente viagère moyennant un prix fourni par un tiers n'est pas sujette au droit de donation outre celui de constitution (Jug. de Bourgoin 26 juill. 1839, — *Contrà*, en ce sens que la constitution n'est passible que du droit de donation sur le capital au denier dix de la rente, jug. de la Seine 30 déc. 1840).

79. RENTES ANCIENNES. Les rentes foncières sont devenues meubles par l'effet des lois des 11 brum. an VII, et 22 frim. an VII, art. 27 (Cass. 2 juill. 1833).

80. Mais ces rentes ainsi que les prestations réelles déclarées rachetables et les rentes constituées créées antérieurement à la loi du 11 brum. an VII, sont susceptibles d'être frappées d'hypothèques, et le droit de transcription de 1 fr. 50 pour cent, outre celui d'enregistrement de 2 pour cent, est dû sur la cession de ces rentes (Déc. min. fin. 14 av. 1818 et 16 nov. 1821; Cass. 30 août 1807 et 23 déc. 1823). — Toutefois, ce droit de transcription ne serait pas exigible si, par suite d'une cession antérieure de la même rente, il existait déjà une transcription qui eût arrêté le cours des inscriptions pour des hypothèques créées sur cette rente avant la loi de brumaire an VII, et si on rapportait la preuve qu'il n'a pas été pris d'inscription avant cette transcription, ou que celles qui auraient été requises sont comme non avenues, soit par la radiation, soit par le non-renouvellement (Déc. min. fin. 26 oct. 1818 et 9 juin 1820) — Mais il faut pour cela qu'il soit justifié que la transcription a été suivie de toutes les formalités nécessaires pour purger, et que la rente, ainsi transmise par des cessions successives, est devenue purement mobilière par l'affranchissement des priviléges et hypothèques dont elle était originairement grevée (Délib. 5 août 1828 — *Contrà*, en ce sens qu'il suffit qu'une précédente cession ait été transcrite, jug. du Hâvre 7 mai 1834 acquiescé par Sol. du 11 juin suivant). — V. t. 1, p. 403 alin. 7.

81. Si la cession a lieu au profit de celui qui originairement avait constitué la rente, le droit de transcription n'est pas exigible, puisque, dans ce cas, il y a extinction et non transport de la rente (Délib. 10 janv. 1824).

82. RENTE EN DENRÉES. La constitution d'une rente de 550 fr moyennant un capital de 11,000 fr. est passible du droit de 2 pour cent sur ce capital, quoique la rente soit stipulée remboursable en argent ou en blé au gré du prêteur, bien que la valeur du blé, déduite des mercuriales, présente un résultat supérieur à 11,000 fr. (Sol. 5 fév. 1830).

83. RENTE SUR L'ÉTAT. Le transport d'une rente sur l'État,

moyennant une rente viagère, est sujet au droit de 2 pour cent. — V. *sup.* n. 58, 72 et note 60, n. 222.

84. Réunion d'usufruit. Le droit de 2 pour cent, à titre de constitution de rente, est exigible sur l'acte par lequel l'usufruitier cède au nu-propriétaire la jouissance du prix de la vente qu'ils ont faite d'un bien par eux recueilli : ce n'est point là une réunion de l'usufruit à la propriété (Délib. 9 juill. 1823).

85. L'acte par lequel un père, usufruitier d'une somme, consent que cette somme reste entre les mains de son fils qui en a la nue-propriété, à la charge de lui en payer l'intérêt pendant sa vie, ne constitue pas une donation (Délib. 1 mars 1833).

86. Service religieux. — V. note 60, n. 214.

87. Testament. On peut constituer une rente par testament, mais alors ce n'est pas le droit de constitution de rente de 2 pour cent qui est exigible, puisque cette constitution a lieu à titre gratuit, c'est le droit de succession qu'on doit réclamer (Délib. 12 oct. 1827). — V. note 192.

§ 4. DÉCLARATIONS DE COMMAND DE BIENS MEUBLES NON RÉSERVÉES OU FAITES APRÈS LES 24 HEURES. — V. *sup.* n. 4.

88. Pour qu'une déclaration de command ne soit passible que du droit fixe de 3 fr. (V. note 174,) il faut : 1° que la faculté d'élire un command ait été réservée dans l'acte d'adjudication ou dans le contrat de vente, ou qu'elle ait lieu dans l'acte même d'adjudication ou de vente, 2° que la déclaration ait été faite par acte public, 3° et qu'elle ait été notifiée dans les 24 heures. Sans la réunion de ces circonstances l'acte est considéré comme revente et sujet au droit de 2 pour cent quand il s'agit de biens meubles. — V. note 18, n. 61 et suiv.; note 56, n. 101 ; et note 57, n. 124 et suiv.

§ 5. ENGAGEMENTS DE BIENS IMMEUBLES. — V. *sup.* n. 5.

89. L'engagement d'immeubles est un contrat par lequel un débiteur donne à son créancier la jouissance d'un immeuble pour imputer les revenus sur les intérêts, s'il lui en est dû, et ensuite sur le capital de sa créance. Cet engagement s'appelle *antichrèse* et donne lieu au droit de 2 pour cent.

90 Lorsque le créancier cessionnaire de l'antichrèse transporte son droit à un autre, ce transport donne ouverture au droit proportionnel de 2 pour cent sur le nombre d'années restant à courir (Jug. de la Seine 23 déc. 1840).

91. Le contrat pignoratif ou vente à réméré est plus qu'un engagement d'immeuble, puisqu'il transmet non-seulement la jouissance, mais encore la propriété, aussi est-il sujet au droit de 5 1/2 pour cent. — V. note 57.

92. L'hypothèque n'est point un engagement d'immeuble, parce qu'elle ne confère aucune jouissance.

93. Le bail diffère de l'engagement en ce que l'objet du bail consiste dans les fruits produits par la chose, déduction faite du prix de ferme, tandis que l'objet de l'engagement est ce prix ou son équivalent. - V. note 50, n. 88 et suiv.

94. L'engagement étant un contrat réel, il en résulte que si le créancier n'est pas mis en jouissance ou ne prend pas l'administration de l'immeuble, la convention ne constitue qu'une délégation de fermage passible du droit de 1 fr. pour cent (Championnière, n. 3134).

95. Le droit se liquide sur les prix et sommes pour lesquels l'engagement est fait. - V. note 18, n 275 - 5°. — Ainsi, quand l'engagement a pour objet d'éteindre le capital, c'est sur ce capital que le droit doit être perçu : et quand l'engagement doit éteindre des intérêts seulement, c'est sur ces intérêts seuls que le droit doit être liquidé, et quand rien ne fait connaître combien de temps ces intérêts auront à courir, il y est suppléé par une déclaration estimative. — V. note 18, n. 276.

96. Par application de ce qui précède il a été décidé :

97. 1° Qu'on ne doit voir qu'une antichrèse dans l'acte par lequel un individu se reconnait authentiquement débiteur d'une somme, et cède à son créancier la jouissance actuelle de certains immeubles pour le remplir des intérêts et lui en abandonne la propriété à titre de vente, dans le cas où il ne lui en aurait pas remboursé le prêt dans 12 ans à partir de l'acte. La mutation pendant ce laps de temps n'est qu'éventuelle, et ce n'est qu'à l'expiration des 12 ans que le droit de 5 1/2 pour cent doit être exigé si le capital n'est pas remboursé (Cass. 17 janv. 1816).

98. 2° Que l'engagement d'immeuble, même pour 30 ans, n'est pas translatif de propriété et est une antichrèse (Cass. 4 nov. 1817); — mais si, pour assurer le paiement d'une rente viagère, le débiteur donne à son créancier, à titre d'antichrèse, un immeuble pour en jouir jusqu'à son décès, au moyen de quoi les parties n'auront plus rien à se demander, on doit voir dans cette convention un bail à vie et non une antichrèse, parce que l'acte ne constitue en réalité qu'une cession à titre onéreux de la jouissance à vie de l'immeuble, qui a éteint, à l'instant même où il a été passé, la dette du débiteur (Cass. 16 fév. 1831).

99. 3° Que l'obligation contenant affectation d'hypothèque et antichrèse tout à la fois ne donne ouverture qu'au seul droit de 2 pour cent à cause de l'antichrèse, parce que celle-ci se confond avec l'obligation comme l'affectation hypothécaire elle-même (Délib. 27 fév. 1822).

100. 4° Que la cession de jouissance d'un immeuble jusqu'au remboursement de la créance, est une antichrèse passible du droit de 2 pour cent, quoiqu'il ne soit point dit dans l'acte que les fruits du domaine cédé seront imputables sur les intérêts ou sur le capital de la créance (Délib. 20 juin 1817).

101. 5° Que l'antichrèse ne cesse pas d'exister par cela seul que la jouissance de l'immeuble serait cédée à la charge de compenser le revenu avec les intérêts jusqu'au paiement de la dette : mais si la cession de jouissance est faite à titre de ferme et pour un temps limité, cette limitation donne à l'acte le caractère d'une location, et le droit de bail est seul exigible (Délib. 20 oct. 1824 et 15 juin 1827).

102. 6° Qu'il n'y a pas antichrèse lorsque, pour assurer le paiement d'une obligation, on délègue des fermages pour les percevoir à chaque terme : le cessionnaire n'ayant point la jouissance et l'administration de l'immeuble et ne pouvant toucher les revenus que comme délégataire, on ne peut appliquer à cette disposition que le droit de 1 pour cent (Délib. 18 sept. 1827).

103. 7° Qu'il n'y a pas antichrèse et le droit de 2 pour cent n'est pas exigible sur l'acte par lequel le débiteur, pour se libérer envers son créancier, délègue à celui-ci, jusqu'à l'entier remboursement, une partie des loyers d'un immeuble dont il est principal locataire, c.-à-d. la différence qui existe entre le prix du bail et celui des sous-locataires : parce que le propriétaire de l'immeuble peut seul le donner à antichrèse : il n'est dû que un pour cent pour l'obligation ou le transport (Délib. 5 déc. 1828).

104. 8° Que quand un jugement, en condamnant un père à rembourser à sa fille une somme de 6000 fr., autorise celle-ci à se mettre en possession des biens de son père, pour en jouir jusqu'au remboursement de ladite somme, et que les biens du débiteur ne valent que 2000 fr., le droit de 2 pour cent ne doit être perçu que sur cette dernière somme, et celui de 50 cent. pour cent comme condamnation sur les 4000 fr. formant la différence (Déc. min. fin. 3 nov. 1820).

§ 6. LICITATION DE BIENS MEUBLES. — V. *sup.* n. 6.

105. Les parts et portions acquises par licitation de biens meubles indivis ne sont sujettes qu'au droit fixe de 2 pour cent.

106. A cet égard il a été décidé que l'adjudication de la totalité d'un fonds de commerce et des ustensiles y attachés, faite, par forme de licitation, à l'un des copropriétaires, doit subir la déduction de la part revenant à cet adjudicataire dans le prix (Déc. 10 déc. 1819 ; délib. 13 nov. 1827 : Sol. 18 fév. 1833 : jug. de la Seine 26 juin 1839 ; délib. 16-12 mars 1840). — Il n'en est pas de ce cas comme de celui de vente publique et aux enchères d'objets mobiliers. — V. *sup.* n. 39.

§ 7. RETOURS DE PARTAGES DE BIENS MEUBLES. — V. *sup.* n. 7.

107. Les retours de partages de biens meubles qu'on appelle

aussi *soultes* ou *plus-values* ne sont passibles que du droit de 2 pour cent.

108. Lorsque les biens partagés sont de diverses espèces, les retours s'imputent et se liquident comme il est dit à la note 57, n. 156 et 157.

109. Toutefois, le partage de créances entre tous les propriétaires, dans lequel on stipule que celui qui a le lot le plus faible, recevra une somme de ses copartageants pour l'égaler aux autres, est passible du droit de 1 pour cent comme pour une soulte ou transport de créance, outre le droit fixe de 5 fr. (Dél. 24 mars 1838).

110. BIENS COMMUNAUX. Le droit de 2 pour cent serait dû sur le capital au denier dix de la redevance qu'un habitant paierait à la décharge d'un autre pour jouir de sa portion (Déc. min. fin.).

111. BIENS SITUÉS EN PAYS ÉTRANGER. La loi de l'impôt n'ayant d'empire que dans le territoire du royaume, il en résulte que si, pour établir l'égalité des lots dans un partage après succession de biens situés en France inégalement répartis, il est fait attribution à l'un des copartageants d'immeubles situés en pays étranger, une semblable attribution a le caractère et les effets d'une soulte. Ainsi décidé à l'égard d'immeubles par la C. de Cass. le 8 déc. 1840.

112. CHARGES. — DETTES. L'abandon fait par une veuve aux héritiers de son mari, des créances ou autres valeurs actives de la communauté à la charge par eux d'acquitter toutes les dettes, ne donne pas lieu à la perception d'un droit de cession ou de soulte, l'obligation de payer les dettes n'étant d'ailleurs que la conséquence forcée de l'art. 1471 du C. civ. Il en est ainsi lors même que la veuve a renoncé à la communauté, et qu'elle abandonne aux héritiers toutes les valeurs pour être dispensée de toute contribution aux dettes, cet abandon signifiant seulement qu'elle ne veut faire aucun usage de son droit de commune en biens. Mais le droit proportionnel de mutation est exigible sur la disposition par laquelle les héritiers abandonnent à la veuve des biens en paiement de son gain de survie et de son deuil, parce que ce ne sont point des charges de la communauté, mais de la succession du mari (Cass. 12 fév. 1840; dél. 20 mai 1834; Sol. 24 juill. 1838; *Contrà*, Cass. 20 déc. 1843).

113. Il en est de même de l'abandon fait par les héritiers du mari à la veuve, à la charge de payer les dettes pour lesquelles elle s'est obligée solidairement, parce qu'un tel abandon n'est qu'un simple prélèvement (Jug. de la Seine 13 août 1840).

114. Lorsqu'un copartageant reçoit dans son lot une somme plus forte que celle à laquelle il aurait droit, à la charge de payer des dettes si elles sont justifiées, et de tenir compte aux héritiers de ce qui ne serait pas payé, le droit de soulte est exigible (Sol. 19 mai 1835).

115. Mais lorsqu'il reçoit dans son lot, indépendamment de ses droits, une créance égale au passif qu'il est chargé d'acquitter, cette clause est un simple mandat et non un transport de créance (Délib. 4 av. 1834; jug. de la Seine 31 janv. 1839)

116. Si cependant le copartageant qui a le lot le plus fort en biens meubles ou immeubles est chargé de payer les dettes de l'hérédité, cette charge constitue une acquisition jusqu'à concurrence du montant des dettes qui excède sa part contributoire, et le droit proportionnel est exigible sur cet excédant (Cass. 6 therm. an XI; 26 août 1816; jug. de Saintes 14 déc. 1837; jug. d'Abbeville 11 mai 1838; Sol. 30 oct. 1840; jug. de Dijon 30 juin 1842).

117. Mais s'il est abandonné au copartageant une somme à prendre sur ce qu'il doit lui-même en sa qualité d'adjudicataire d'immeubles de la succession, à la charge de payer des dettes héréditaires excédant sa part contributoire dans le passif, on ne peut considérer cet abandon ni comme opérant une soulte ni comme une délégation (Délib. 27 mars 1824).

118. Est passible du droit de soulte l'acte de partage fait entre des enfants dont l'un, légataire par préciput d'une portion excédant la quotité disponible, verse en argent, la valeur de cet excédant à la masse de la succession, au lieu de la rapporter en nature ou en moins prenant (Jug. de Saint-Pol 23 mars 1839).

119. ÉVENTUALITÉ. Les soultes éventuelles ne sont passibles du droit qu'à l'évènement (Délib. 29 sept. 1824). — Ainsi, le droit de soulte n'est pas exigible lorsque, dans le partage de la succession paternelle, un des enfants, héritier par préciput de la quotité disponible, s'est obligé de payer à sa mère une somme qui lui avait été léguée en toute propriété en cas de survie (Sol. 26 mai 1837).

120. PARTAGE ANTICIPÉ. Le droit de soulte à 4 pour cent doit être perçu sur le supplément en argent payé par un frère à sa sœur qui se prétend lésée par le partage d'immeubles fait précédemment par leurs père et mère. Un acte de l'espèce contient, en quelque sorte, abandon de droits immobiliers, en ce que le paiement fait à la sœur a pour effet d'éteindre une action immobilière qu'elle pouvait exercer (Délib. 13-20 mars 1836).

121. PRÉLÈVEMENT. Lorsque, dans un partage de dissolution de société, l'un des contractants prélève une somme d'argent égale au capital d'une rente hypothéquée sur l'un des immeubles communs, au moyen de quoi il se charge d'acquitter seul la totalité de cette rente, on ne peut voir dans cet engagement qu'une convention dépendante du partage et non passible d'un droit particulier (Délib. 19 mars 1823). — V. sup. n. 113.

122. RAPPORT. Le droit de soulte n'est pas exigible sur un partage dans lequel l'un des héritiers, rapportant à la masse une somme reçue en avancement d'hoirie, ne recevrait dans son lot que des immeubles (Sol. 11 janv. 1832).

Et lorsque l'héritier qui a reçu une somme d'argent en avancement d'hoirie, en fait le rapport par un abandon d'immeubles héréditaires, cet abandon, quoique postérieur au partage de la succession toute immobilière, est une délivrance de biens-fonds, dans le sens de l'art. 869 du C. civ., et n'est passible que du droit fixe de 1 fr. comme partage supplémentaire, c.-à-d. comme acte de complément (Délib. 23 fév. 1825).

123. RENTE. Le droit de soulte est exigible sur le capital au denier dix d'une rente que des copartageants s'obligent de payer à l'un d'eux, jusqu'à l'époque de son entrée en jouissance, pour l'indemniser de ce qu'il a été compris dans son lot un immeuble grevé d'usufruit (Sol. 26 av. 1836; jug. de Vouziers 8 juin 1836).

124. REPRISES. L'abandon fait par un mari à sa femme séparée de biens, de créances, meubles ou immeubles de la communauté, constitue une cession passible du droit proportionnel de transport ou de vente, soit que la renonciation à la communauté ait précédé ou suivi la liquidation (Jug. de Compiègne 12 janv. 1837; jug. de Saint-Jean-d'Angély 2 août 1837.-Rol. 5325; Cass. 22 nov. 1837; 28 août 1838). — V. sup. n. 112 et 113.

125. SOULTE NON-EXPRIMÉE. Le droit de soulte n'est pas exigible non plus que celui de donation sur un partage qui, sans stipuler de soulte, constate que l'un a reçu un lot plus fort que les autres : on doit se borner à requérir l'expertise pour constater le montant de la soulte résultant de cet excédant (Arg. Cass. 8 fév. 1813; délib. 9 oct. 1834). — V. Cass. 2 mai 1808.

126. TESTAMENT MODIFIÉ. Le partage qui modifie les attributions faites par un testament n'opère pas, pour cela, le droit de soulte.

127. Il en est de même de l'acquiescement des enfants à un testament qui les charge de payer des soultes (Jug. de la Seine 2 déc. 1840. — *Contrà*, jug. de Versailles 6 juill. 1842; jug. de Barcelonnette 10 juin 1842).

§ 8. DOMMAGES-INTÉRÊTS. — V. sup. n. 8 et 10.

128. La condamnation à des dommages-intérêts en matière civile, criminelle, correctionnelle et de police, opère le droit de 2 pour cent, aux termes des lois rapportées *sup.* n. 8 et 10. — Mais on remarquera que l'une et l'autre de ces lois ne tarifent à 2 pour cent que les dommages-intérêts prononcés par les *tribunaux*; d'où il suit que ceux stipulés dans les actes volontaires ne sont sujets qu'au droit de 1 pour cent s'ils ne sont pas payés, et à celui de 50 cent. pour cent si l'acte porte quittance.

129. Cependant, suivant Championnière (tr. n. 1388), les obligations consenties par actes civils, à titre de dommages-intérêts, non expressément tarifées sous cette dénomination particulière, rentrent dans la cathégorie des indemnités et donnent ouverture au droit de 50 cent. pour cent et non à celui de 1 pour cent qui n'est exigible que pour prêt. — V. note 56, n. 123 et 124.

§ 9. TRANSMISSIONS D'OFFICES.

130. OFLIGATION DE FAIRE ENREGISTRER LE TRAITÉ DE TRANSMISSION. *A compter de la promulgation de la présente loi, tout traité ou convention ayant pour objet la transmission, à titre onéreux ou gratuit, en vertu de l'art.* 91 *de la loi du* 28 *av.* 1816, *d'un office, de la clientèle, des minutes, répertoires, recouvrements et autres objets en dépendant, devra être constaté par écrit, avant d'être produit à l'appui de la demande de nomination du successeur désigné. — Les droits d'enregistrement seront perçus selon les bases et quotités ci-après déterminées* (L. 25 juin 1841, art. 6).

131 Cet article n'a pu avoir d'effet rétroactif, d'ou il résulte que le traité de cession d'un office n'est point passible du droit de 2 pour cent, si la nomination du nouveau titulaire est postérieure à la loi du 25 juin 1841 (Jug. d'Etampes et de Paris, 2 et 10 août 1842; Cass. 31 janv. 1844 et 6 mars 1844).

132. QUOTITÉ DES DROITS. — MINIMUM. *Pour les transmissions à titre onéreux, le droit d'enregistrement sera de* 2 *pour cent du prix exprimé dans l'acte de cession et du capital des charges qui pourront ajouter au prix* (Même loi, art. 7).

133. *Si la transmission de l'office et des objets en dépendant s'opère par suite de disposition gratuite entre-vifs ou à cause de mort, les droits établis pour les donations de biens-meubles par les lois existantes* (V. note 60) *seront perçus sur l'acte ou écrit constatant la libéralité, d'après une évaluation en capital. — Dans aucun cas, ce droit ne pourra être au-dessous de* 2 *pour cent* (Même loi, art. 8).

134. *La perception aura lieu conformément à l'art.* 7, *lorsque l'office transmis par décès passera à l'un des héritiers; lorsqu'il passera à l'héritier unique du titulaire, le droit de* 2 *pour cent sera perçu d'après une déclaration estimative de la valeur de l'office et des objets en dépendant. — Cette déclaration sera faite au bureau de l'enregistrement de la résidence du titulaire décédé. La quittance du receveur devra être jointe à l'appui de la demande de nomination du successeur. — Le droit acquitté sur cette déclaration ou sur le traité fait entre les cohéritiers sera imputé, jusqu'à due concurrence, sur celui que les héritiers auront à payer, lors de la déclaration de succession, sur la valeur estimative de l'office, d'après les quotités fixées pour les biens meubles, par les lois en vigueur* (Même loi, art. 9).

135. Mais le droit de mutation par décès sur la valeur de l'office n'est pas dû, lorsque le nouveau titulaire a été institué légataire universel du notaire décédé, et qu'il a acquitté le droit de 10 pour cent sur le montant du cautionnement, conformément à la loi du 21 av. 1832, art. 34 (Délib. 1 fév. 1839. — *Contrà*, délib. 20 nov.-7 déc. 1835).

136. *Le droit d'enregistrement de transmission des offices, déterminé par les articles précédents, ne pourra, dans aucun cas, être inférieur au dixième du cautionnement attaché à la fonction ou à l'emploi* (Même loi, art. 10).

137. INSUFFISANCE DE PRIX. — CONTRE-LETTRE. *Lorsque l'évaluation donnée à un office pour la perception du droit d'enregistrement d'une transmission à titre gratuit, entre-vifs ou par décès, sera reconnue insuffisante, ou que la simulation du prix exprimé dans l'acte de cession à titre onéreux sera établie d'après des actes émanés des parties ou de l'autorité administrative ou judiciaire, il sera perçu, à titre d'amende, un droit en sus de celui qui sera dû sur la différence de prix ou d'évaluation. — Les parties, leurs héritiers ou ayants-cause sont solidaires pour le paiement de cette amende* (Même loi, art. 11).

138. Il semble résulter clairement de cet article que la peine, pour le cas de simulation du prix, ne sera que du double droit sur la différence; cependant l'instruction générale n. 1640 prescrit de percevoir le triple droit sur le supplément de prix par le motif que la disposition précitée de la loi de 1841 est indépendante de celle de l'art. 40 de la loi du 22 frim. an VII. — V. note 18, n. 205 et suiv, 467 et suiv.

139. OFFICES VACANTS OU CRÉÉS. *En cas de création nouvelle de charges ou offices, ou en cas de nomination de nouveaux titulaires sans présentation, par suite de destitution ou par tout autre motif, les ordonnances qui y pourvoient seront assujéties à un droit d'enregistrement de* 20 *pour cent sur le montant du cautionnement attaché à la fonction ou à l'emploi. — Toutefois, si les nouveaux titulaires sont soumis, comme conditions de leur nomination, à payer une somme déterminée pour la valeur de l'office, le droit d'enregistrement de* 2 *pour cent sera exigible sur cette somme, sauf l'application du minimum de perception établie à l'art.* 10 *ci dessus* (*V.* sup. *n.*136). *Ce droit devra être acquitté avant la prestation de serment du nouveau titulaire, sous peine du double droit* (Même loi, art. 12).

140. Les titulaires destitués ne sont point admis à présenter un successeur. — V. note 2, n. 105.

141. *En cas de suppression d'un titre d'office, lorsqu'à défaut de traité l'ordonnance qui prononcera l'extinction fixera une indemnité à payer au titulaire de l'office supprimé ou à ses héritiers, l'expédition de cette ordonnance devra être enregistrée dans le mois de la délivrance, sous peine du double droit. — Le droit de* 2 *pour cent sera perçu sur le montant de l'indemnité* (Même loi, art. 13).

142. RESTITUTION DE DROITS. *Les droits perçus en vertu des articles qui précèdent seront sujets à restitution toutes les fois que la transmission n'aura pas été suivie d'effet. — S'il y a lieu seulement à réduction du prix, tout ce qui aura été perçu sur l'excédant sera également restitué. — La demande en restitution devra être faite conformément à l'art.* 61 *de la loi du* 22 *frim. an* VI (V. note 18, n.734), *dans le délai de deux ans à compter du jour de l'enregistrement du traité ou de la déclaration* (Même loi, art. 14).

143. Si cependant la transmission n'avait pas été suivie d'effet, parce que le titulaire aurait donné sa démission pure et et simple ou n'aurait pas voulu prêter serment, il n'y aurait pas lieu alors à restitution du droit (Délib. 14 juill. 1835; jug. de la Seine, 16 mai 1839). — V. note 89, n. 117.

144. BUREAUX OU LES DROITS DOIVENT ÊTRE ACQUITTÉS. Les actes notariés des traités seront enregistrés au bureau de la résidence du notaire; les traités faits sous seing-privé pourront l'être dans tous les bureaux indistinctement; les transmissions par décès seront déclarées au bureau de la résidence du titulaire décédé. La déclaration faite par l'héritier unique en exécution de l'art. 9 de la loi sera portée aux registres des déclarations de succession. Dans les cas prévus par les art. 12 et 13, soit de nomination par suite de destitution ou de nouvelle création d'offices, soit d'extinction de titres moyennant indemnité, l'expédition de l'ordonnance royale sera enregistrée au bureau du chef-lieu judiciaire de l'arrondissement et sur les registres des actes civils publics. Cette expédition sera préalablement soumise au visa pour timbre (Instr. 1640).

V. *Pour les principes généraux sur l'enregistrement la note* 18.

[91]

DES NOMS ET QUALIFICATIONS SUPPRIMÉES. — DES EXPRESSIONS FÉODALES. — DU SYSTÈME DECIMAL, — DU PAPIER MONNAIE ET DE SA DÉPRÉCIATION. — DE L'ANNUAIRE.

DIVISION SOMMAIRE :

Indication alphabétique :

DISPOSITION PRINCIPALE

1. *Le notaire qui contreviendra aux lois et aux arrêtés du gouvernement concernant les noms et qualifications supprimées, les clauses et expressions féodales, les mesures et l'annuaire, ainsi que la numération décimale, sera condamné à une amende de 100 fr.* (réduite à 20 fr outre le décime par la loi du 16 juin 1824), *qui sera double en cas de récidive* (L. 25 vent. an XI, art. 17).

2. Mais il n'y a point contravention de la part du notaire quand, dans un testament reçu par lui, il est question de mesures et de monnaie anciennes, parce que le testament lui étant dicté est l'ouvrage du testateur et non le sien (Jug. de St.-Dié, 30 août 1832). — Toutefois, il en serait autrement du testateur, lequel serait sujet à l'amende mentionnée *inf.*, n. 16.

I. *Des noms et qualifications supprimées, des clauses et expressions féodales.*

3. Un décret du 27 sept.-16 oct. 1791 et un autre décret du 1 mars 1808 ont défendu aux officiers de l'état civil, notaires et autres, de donner aux parties des titres qui ne leur auraient pas été conférés par le souverain. Mais l'art. 62 de la charte constitutionnelle portant « *la noblesse ancienne reprend ses titres, la nouvelle conserve les siens. Le roi fait des nobles à volonté, mais il ne leur accorde que des rangs et des honneurs, sans aucune exception des charges et des devoirs de la société*, il en résulte que l'on peut énoncer les titres de *duc, marquis, comte, vicomte, baron et chevalier*.

4. Mais la qualification de *haut et puissant seigneur* étant plutôt attachée aux choses qu'à l'individu, est une expression féodale qui ne peut être employée dans un acte public (Jug. de Lorient, 9 août 1819).

II. *Des poids et mesures.*

5. Un nouveau système des poids et mesures a été fondé sur la grandeur d'un des plus grands cercles du globe terrestre par les lois des 18 germ. an III, et 19 frim. an VIII.

6 - 7. Le mètre, unité fondamentale des mesures de longueur, est la dix millionnième partie de l'arc du méridien terrestre, compris entre le pole nord et l'équateur. Il est fixé dans son rapport avec les anciennes mesures à 3 pieds, 11 lignes, 296 millièmes. L'étalon, prototype en platine, déposé aux archives du corps législatif le 4 mess. an. VII, donne la longueur légale du mètre quand il est à la température zéro.

8. Pour les mesures agraires, l'unité est l'are ou décamètre carré. On appelle *carré* le produit de la multiplication d'un nombre par lui-même; ainsi le carré de 10 mètres est de 100 mètres.

9. L'are (mesure agraire) répond à 1 perche, 95 centièmes, 8 millièmes, de perche ancienne, mesure d'ordonnance de 22 pieds.

10. Le litre (mesure de capacité) équivaut à peu près à 1 pinte 1/13 mesure de Paris et à 5 quarts de litron même mesure. Sa contenance est celle d'un vase de forme cubique, c.-à-d. ayant six faces carrées égales, qui contiendrait un décimètre dans toute ses dimensions; on obtient ce résultat en multipliant 10 centimètres par 3 et le produit 30 par 3 ce qui donne 90 centimètres.

11. Le stère (mesure de solidité) formant environ la voie de Paris est une quantité égale au mètre cube; il sert à mesurer le bois de chauffage, et peut, concurremment avec le mètre cube, désigner l'unité des mesures de solidité. — Le nom de stère a été donné par la loi du 18 germ. an III au mètre cube, considéré comme mesure de bois de chauffage, et pour remplacer les noms de voies, cordes, anneaux et autres semblables.

12. Pour les poids (mesures de pesanteur), l'unité est le *gramme* équivalant à 18 grains, 841 millièmes, anciens. Le kilogramme (mille grammes) est le poids dans le vide d'un décimètre cube d'eau distillée à la température de quatre degrés centigrades. L'étalon prototype en platine, déposé aux archives le 4 messidor an VII, donne dans le vide, le poids légal du kilogramme. On ne pouvait pas adopter une base plus certaine, car, dans le vide, deux corps très différents en densité, en volume,

parcourent le même espace vertical dans le même temps, à cause de l'attraction de la terre.

13. Les mesures 10 fois, 100 fois, 1000 fois, 10,000 fois plus grandes que celles qui ont reçu le nom primitif, sont désignées par l'addition des noms numériques *deca*, *hecto*, *kilo*, *myria*. Ces mots sont empruntés du grec: ils signifient *dix*, *cent*, *mille*, *dix mille*.

14. Les mesures 10 fois, 100 fois, 1000 fois, 10,000 fois plus petites que le mètre, l'are, le litre, le stère, le gramme, sont désignées par l'addition des mots numériques *deci*, *centi*, *milli*, dérivés du latin et analogues à ceux de *dixième*, *centième*, *millième*.

15. Les noms numériques se placent avant les noms primitifs *mètre*, *are*, *litre*, *stère*, *gramme*, qui sont les noms propres de toute la classe. Il en résulte des mots composés d'une manière simple et analogue; ils ont sur les divisions des anciennes mesures l'avantage d'exprimer le rapport des mesures inférieures ou sous-espèces, ainsi que des multiples, avec l'unité principale.

16. Depuis le 1er janvier 1840, toutes dénominations de poids et mesures autres que celles établies par la loi du 18 germinal an III sont interdites dans les actes publics, ainsi que dans les affiches et les annonces. Elles sont également interdites dans les actes sous seing-privé, les registres de commerce et autres écritures privées produites en justice. Les officiers publics contrevenants sont passibles d'une amende de 20 fr. recouvrable par voie de contrainte, comme en matière d'enregistrement (V. note 44). L'amende est de 10 fr. pour les autres contrevenants: elle est perçue pour chaque acte ou écriture sous signature privée; quant aux registres de commerce, ils ne donnent lieu qu'à une seule amende pour chaque contestation dans laquelle ils sont produits (L. 4 juill. 1837, art. 5).

17. Il est interdit aux juges et arbitres de rendre aucun jugement ou décision en faveur des particuliers sur des actes, registres ou écrits dans lesquels les dénominations interdites par l'art. précédent auraient été insérées, avant que les amendes encourues aux termes dudit article aient été payées (*Ibid.* art. 6).

18. Il n'y a pas contravention à énoncer, dans un acte notarié, 1° des mesures en usage dans les pays étrangers (Sol. 14 janv. 1832).

19. 2° Les dénominations de *sillons* et de *rangs* ou *treilles* pour les vignes, parce qu'ils n'expriment point une mesure quelconque (Jug. de St-Jean d'Angely, 23 juill. 1840).

20. 3° Sept quarterons de fagots, parce qu'il s'agit d'un nombre qui est l'équivalent de 178 fagots (Jug. de St-Jean d'Angely, 23 juill. 1840).

21. 4° Le mot *tomberau*, lequel est une dénomination vague que chacun peut fixer à son gré (Déc. min. fin. et comm. 15 avril 1843). — Par la même raison il n'y aurait pas contravention à mentionner dans une lettre de voiture le nombre de bouteilles de vin expédiées.

22. Mais il y a contravention à se servir: 1° des mots, *trois quarts d'hectolitre*, *deux huitièmes d'hectolitre* (Jug. de Lisieux 23 déc. 1842). — 2° Des mots *charretée* et *dixième de charretée* (Jug. de Quimper 24 janv. 1843). - V. cependant sup. n. 21. — 3° Des mots *deux tiers de mètre*, *deux mètres un tiers*, *dix-huit hectolitres deux tiers* (Jug. de Compiègne 18 janv. 1844).

23. Il n'est permis de reproduire textuellement les anciennes dénominations de poids, mesures et monnaie dans les copies, extraits et analyses d'actes antérieurs au 1er janvier 1840, qu'en indiquant dans l'acte nouveau *qu'on analyse l'acte ancien en employant les anciennes dénominations* (Déc. min. fin. et comm. 3 août 1842; Instr. gén. 1671; Jug. de la Seine 9 déc. 1840; d'Orléans 18 déc. 1840). — V. aux formules le tableau des POIDS ET MESURES.

III. *De la numération décimale. — De la monnaie ancienne et nouvelle. — Du papier-monnaie et de sa dépréciation.*

24. L'unité monétaire est une pièce d'argent du poids de cinq grammes, contenant un dixième d'alliage et neuf dixièmes d'argent pur. Elle s'appelle *franc* et se subdivise en *décimes* et *centimes*. Les monnaies d'or contiennent, ainsi que celles d'argent, la même quantité d'alliage et de métal pur.

25. Il faut donc distinguer dans la monnaie deux espèces de valeur, la valeur *réelle* et la valeur *numérique*. La valeur réelle est la quantité d'or ou d'argent pur qui se trouve dans chaque espèce de pièce de monnaie, et c'est sur ce pied que les étrangers reçoivent la monnaie en échange; ils défalquent le cuivre qui sert d'alliage à la monnaie et ils le comptent pour rien. — La valeur numérique est celle qu'il plaît aux princes de donner aux pièces de monnaie, et cette valeur ne doit s'écarter que très peu de la valeur intrinsèque. Les nationaux stipulent dans leur commerce sur cette valeur numérique, au lieu que les étrangers stipulent leurs échanges au poids du fin contenu dans cette même monnaie; d'où il suit que les nations qui mettent beaucoup d'alliage dans leur monnaie perdent davantage dans leurs échanges (Merlin, *Rép.* v° *Monnaie*).

26. Ce n'est que par la loi du 28 therm. an III, que le nouveau système monétaire a été établi en termes exprès, encore bien que les lois du 24 août 1793 et du 16 vendem. an 2 aient énoncé la division décimale des monnaies.

27. Depuis le 1er vendém. an VIII (23 sept. 1799), toutes transactions ou actes entre particuliers doivent exprimer les sommes en francs, décimes et centimes; ou les sommes sont censées évaluées de cette manière, bien qu'elles soient énoncées en livres, sous et deniers (L. 17 flor. an VII, art. 2). Mais néanmoins il y a lieu à amende pour avoir mentionné la monnaie ancienne (Sol. 29 janvier 1830).

28. L'acquittement des obligations antérieures à l'époque du 1er vendém. an VIII, soit entre particuliers, soit pour le service public, doit se faire en valeur de l'ancienne livre tournois, lors-même que l'expression *franc* se trouve écrite dans les actes au lieu de celle de livre, sauf le cas où la valeur du nouveau franc a été formellement stipulée (*Ibid.* art. 3).

29. Il y avait autrefois deux sortes de monnaie: la monnaie *tournois* et la monnaie *parisis*. La première eut lieu en France sous Saint Louis, elle se frappait à Tours et par cette raison fut appellée *tournois*. L'autre, quelques années après, fut frappée à Paris. La livre tournois a une valeur inférieure à celle du franc, la différence est d'un liard par livre, car 81 livres équivalent à 80 fr.; ainsi donc pour réduire 81 livres tournois en francs, il faut retrancher une livre ou la 81e partie, et pour convertir 80 francs en livres il faut ajouter 1 livre ou la 80e partie.

30. Quand, à l'occasion d'un partage ou de toute opération quelconque, il y a lieu de déterminer le juste prix en francs, soit de monnaies ou de valeurs étrangères, soit de matières appréciables, on suit ordinairement le cours moyen de la Bourse de commerce, certifié par un agent de change; certificat qui s'annexe quelquefois à l'acte auquel il se rattache.

31. Les obligations ou libérations en lingots doivent encore être converties en francs; et s'il s'agit d'or, d'argent ou autres métaux fins, le titre doit en outre être indiqué, puisqu'il fixe le degré de finesse et par conséquent la valeur réelle.

32. Un décret du 18 août 1810 et un autre décret du 12 sept. 1810, ordonnent que la monnaie de cuivre et de billon, ainsi que les pièces de 30 sous et de 15 sous de fabrication française, ne pourront entrer dans les paiements que pour l'appoint de la pièce de 5 fr, c.-à-d. pour ce qui est au-dessous de 5 fr. au plus 4 fr. 95 c.

33. Sont passibles d'une amende de 6 à 10 fr. ceux qui auraient refusé de recevoir les espèces et monnaies nationales non fausses ni altérées, selon la valeur pour laquelle elles ont cours (C. pén. 475).

34. Quant à ceux qui auraient contrefait ou altéré les monnaies, ils sont sujets aux peines prononcées par les art. 132 à 138 du C. pén.

35. Nul ne peut être forcé d'admettre en paiement des monnaies étrangères, et même les préposés de l'enregistrement n'ont pas la faculté d'en admettre (Instr. gén. 137 et 317).

36. La loi de 1837 (V. *sup.* n. 16) étant relative aux poids et mesures, s'applique nécessairement à la monnaie qui est réglée par le poids et fait aussi l'objet de la loi du 18 germ. an III. — V. *sup.* n. 27

37. Il s'agit dans ce qui précède de toute sorte de pièces d'or et d'argent, ou de quelque autre métal servant au commerce, battues par autorité souveraine et marquées au coin d'un prince ou d'un état souverain, ce qui en atteste le poids et la pureté.

38. Mais pour suppléer au numéraire on a exemple que le gouvernement a créé des effets qu'on a appelé *papier-monnaie*.

39. Pendant la révolution on a connu les assignats et les mandats qui avaient pour gage de leur valeur les biens dits *nationaux*.

40. La première création d'assignats a eu lieu par une loi des 16 et 17 avril 1790; celle des mandats en vertu d'une loi du 28 vent. an IV.

41. Le cours de ces assignats et mandats a été forcé entre particuliers. Ainsi, toutes sommes stipulées payables en espèces ont pu être payées en assignats, nonobstant toutes clauses et dispositions à ce contraires (L. 12-18 sept. 1790), ou en mandats (L. 28 vent. an IV et 7 germ. an IV). Bien plus, l'art. 4 de la loi du 11 avril 1793 a établi une amende égale à la somme due contre toute personne qui aurait refusé son paiement en assignats, *nonobstant toute stipulation contraire qui aurait pu être faite.*

42. Les assignats ont cessé d'avoir cours forcé par la promulgation des lois des 25 mess. et 1 fruct. an III, et les mandats par la promulgation de la loi du 16 pluv. an. V. — Mais déjà une loi du 5 therm. an IV avait rendu aux particuliers la faculté de contracter en numéraire.

43. Après la suppression du papier-monnaie, le législateur a reconnu que sa dépréciation arrivée graduellement avait dû être d'une grande influence dans certaines conventions, et qu'il y aurait injustice à en forcer le paiement en numéraire sans réduction. Toutefois il y avait diverses conventions qui n'étaient pas de nature à subir cette réduction.

44. Les lois des 5 mess. et 15 fruct. an V, 11 frim., 16 niv. et 6 flor. an VI, ont statué sur les conventions et sur les aliénations d'immeubles, licitations, partages, constitutions de dot et avantages matrimoniaux passés pendant le cours du papier-monnaie.

45. Cette dépréciation a été, pour son point de départ, fixée au 1er janv. 1791, de sorte que toutes les obligations antérieures ont du être payées un numéraire sans réduction (L. 15 fruct. an V). — *V. aux formules le tableau de réduction compris dans le Calendrier*, p. 201.

46. Le législateur a divisé les obligations ou contrats en diverses catégories : 1° Les OBLIGATIONS POUR PRÊT; 2° les ALIÉNATIONS D'IMMEUBLES, LICITATIONS ET PARTAGES; 3° les DOTS ET AVANTAGES MATRIMONIAUX; 4° les LIBÉRALITÉS ENTRE-VIFS ET TESTAMENTAIRES, LES RENTES VIAGÈRES ET LES OBJETS MOBILIERS.

47. I. OBLIGATIONS POUR PRÊT. Ces obligations, qu'elles soient à jour ou autrement, quand elles ont été contractées depuis le 1er janv. 1791, sont censées stipulées payables valeur nominale du papier-monnaie ou en assignats, lorsque le contraire ne sera pas prouvé par le titre même et à défaut de titre par des écrits émanés des débiteurs ou par leur interrogatoire sur faits et articles (L. 11 frim. an VI, art. 2).

48. Le montant de ces obligations doit être réduit en numéraire métallique, suivant le tableau de dépréciation ordonné par la loi (*ibid.* art. 4). — Mais cette réduction n'a pu s'opérer sur un prêt fait en assignats avec stipulation qu'il serait remboursable en or ou en argent, dans le cas où les assignats n'auraient plus cours à l'époque de ce remboursement (Cass. 1 prair. an XII).

49. Toutefois si l'échéance de l'obligation était plus de deux ans au-delà de l'époque du 29 mess. an IV, le débiteur n'était admis à demander la réduction en numéraire qu'en notifiant au créancier, dans les deux mois de la promulgation de la loi, son offre de rembourser le capital réduit dans le délai d'une année (*Ibid.* art. 5).

50. Quant aux obligations expressément stipulées payables en numéraire métallique, elles ont dû recevoir leur exécution, à quelque époque qu'elles aient été consenties (L. 15 fruct. an V, art. 6). — V. *sup.* n. 47.

51. II. ALIÉNATIONS D'IMMEUBLES, LICITATIONS ET PARTAGES. Les sommes dues à raison de ventes d'immeubles soit en propriété, soit en usufruit, depuis le 1er janv. 1791 jusqu'à la publication de la loi du 29 mess. an IV, ont dû être acquittées en espèces métalliques, d'après la réduction et liquidation à faire par experts, à moins que l'acquéreur ne préférât s'en tenir aux clauses du contrat; ce qu'il serait tenu de notifier au vendeur dans le délai de 3 mois à dater de la publication de la loi (L. 16 niv. an VI, art. 2).

52. Pour déterminer la réduction, les parties, en cas de non-conciliation, étaient renvoyées à des experts afin de vérifier et estimer la valeur réelle que l'immeuble vendu pouvait avoir en numéraire métallique au temps du contrat, le rapport des experts devait avoir lieu à la diligence de l'acquéreur dans le délai de 4 décades à partir de la signification du jugement et les frais de l'expertise devaient être à sa charge, à moins qu'il n'eût fait au vendeur une offre jugée suffisante par l'événement de l'estimation (*Ibid.* art. 3).

53. Mais les rentes viagères et les rentes perpétuelles créées pour cause d'aliénation d'immeubles ont dû continuer d'être payées en numéraire sans réduction (*Ibid.* art. 7 et 8); ainsi décidé par la Cour de cass. le 13 frim. an XII, à l'égard des rentes foncières créées comme prix de vente.

54. Ce qui est dit aux trois n^{os} qui précèdent, s'applique aux licitations d'immeubles et aux soultes et retours dans les partages entre cohéritiers ou communistes, sans qu'à raison de ce le débiteur pût rappeler les autres intéressés à partager à moins qu'il n'y eût lésion du tiers au quart (*Ibid.* art. 12).

55. III. DOTS ET AVANTAGES MATRIMONIAUX. Les constitutions de dot en avancement d'hoirie, de même que celles qui ont été faites pour tenir lieu d'un droit acquis, seront acquittées en numéraire métallique sans réduction. Il en sera de même des constitutions faites postérieurement à la loi du 17 niv. an 2, à moins qu'elles n'excèdent le montant d'une portion cohéréditaire sur les biens du constituant, eu égard à l'état de sa fortune au temps du contrat; auquel cas seulement elles pourront être réduites par les tribunaux jusqu'à concurrence de ladite portion. Cette réduction ne pourra néanmoins avoir lieu lorsque, pour le paiement de la somme constituée, il aura été remis, par clause expresse, un immeuble en nantissement dont les fruits sont compensables sur les intérêts du capital promis (*Ibid.* art. 13).

56. Les douaires préfixes, l'augment et contre-augment, ainsi que tous autres avantages matrimoniaux stipulés par contrats de mariage, seront pareillement acquittés en numéraire métallique, et sans autre réduction ni limitation que celles dont la dot elle-même sera susceptible, lorsque lesdits avantages ont été fixés en proportion d'icelle et sauf l'exécution de ce qui est prescrit par la loi du 17 niv. an 2, pour la conversion, le cas échéant, desdits avantages en usufruit de moitié sur les biens du constituant (*Ibid.* art. 14).

57. Les restitutions de dot et autres reprises matrimoniales seront faites par les maris ou par leurs héritiers, en numéraire métallique, pour tout ce qu'ils en auront reçu ou du recevoir de la même manière; et ces valeurs réduites d'après le tableau de dépréciation, pour tout ce qu'ils en auront reçu en papier-monnaie, en partant des époques du paiement, à moins que les maris n'en aient fait un emploi ou remploi, dans les pays et seulement dans les cas où il y étaient soumis; et, en ce dernier cas, le bénéfice de l'emploi ou remploi appartiendra à la femme (*Ibid.* art. 15).

58. D'après ces dispositions, les objets mobiliers composant l'apport d'un époux marié pendant le cours du papier-monnaie

doivent être restitués aujourd'hui, selon l'estimation qui en a été faite dans le contrat, sans réduction, s'il ne résulte pas de ce contrat que les parties aient entendu positivement faire cette estimation au taux nominal des assignats (Jug. de Melun 13 mars 1817). Il en est ainsi lors surtout que la dot a été composée d'objets mobiliers mis à prix par le contrat de mariage, sans déclaration que l'estimation n'en faisait pas vente, une telle mise à prix étant réputée par la loi vente en faveur du mari (C. civ. 1565; Cass. 29 mai 1827; Bordeaux 3 déc. 1825 et 11 fév. 1835).

59. IV. LIBÉRALITÉS ENTRE-VIFS ET TESTAMENTAIRES, RENTES VIAGÈRES ET OBJETS MOBILIERS. Enfin n'ont pas été sujets à la réduction, au taux de dépréciation:

60. 1° Les sommes dues pour ventes de droits successifs, ou en conséquence des traités sur les droits et prétentions de même nature, et pour émoluments et salaires de tous officiers ministériels, taxés d'après les anciens réglements (L. 11 frim. an VI, art. 14).

61. 2° Le prix des ventes des matières d'or et d'argent, marchandises et autres choses mobilières, ou pour fournitures de grains et denrées, mais sous la faculté accordée à l'acheteur d'en demander l'estimation en numéraire (*Ibid.* art. 15).

62. 3° Et les sommes, rentes et pensions, dues à titre de pure libéralité, par des actes entre-vifs ou à cause de mort, quand même elles seraient affectées sur des successions ouvertes depuis la dépréciation du papier-monnaie, sauf la réduction à la quotité disponible selon la loi du 17 niv. an 2 (*Ibid.* art. 15).

IV. *De l'Annuaire.*

63. Le calendrier grégorien, suivi en France depuis le seizième siècle, avait été remplacé par une nouvelle distribution de l'année en douze mois de trente jours chacun, suivis de cinq jours complémentaires pour les années ordinaires et de six pour les années bissextiles. Ce fut l'Ere républicaine (L. 4 frim. an 2). — L'année républicaine a commencé le 22 septembre 1792; mais de fait, ce nouveau calendrier n'a commencé qu'en l'an 2, c.-à-d. le 22 sept. 1793, parce que pendant la 1re année on avait continué de se servir du calendrier grégorien.

64. Le calendrier grégorien a été remis en usage à compter du 13 nivose an XIV (1 janv. 1806) par le sénatus-consulte du 22 fruct. an XIII.

65. Comme il est souvent nécessaire dans le notariat de convertir une date républicaine en une date grégorienne, nous avons établi une concordance des deux styles pendant le temps du calendrier républicain. — V. aux formules, p. 201.

[92]

DES OBLIGATIONS DIVISIBLES ET INDIVISIBLES.

DIVISION SOMMAIRE :

§ 1. DISPOSITIONS GÉNÉRALES SUR LES OBLIGATIONS DIVISIBLES ET INDIVISIBLES (n. 1 à 20).

§ 2. DES EFFETS DE L'OBLIGATION DIVISIBLE (n. 21 à 55).

§ 3. DES EFFETS DE L'OBLIGATION INDIVISIBLE (n. 56 à 67).

Indication alphabétique :

§ 1. DISPOSITIONS GÉNÉRALES SUR LES OBLIGATIONS DIVISIBLES ET INDIVISIBLES.

1. Le but et l'utilité de toute la doctrine relative à la divisibilité ou à l'indivisibilité des obligations, est de faire connaître et d'apprendre à distinguer quand les dettes peuvent être acquittées ou exigées par parties. Elle est donc sans application quand il n'y a qu'un créancier et un débiteurs uniques — V. inf. n. 21.

2. *L'obligation est* DIVISIBLE *ou* INDIVISIBLE *selon qu'elle a pour objet ou une chose qui, dans sa livraison, ou un fait qui, dans l'exécution, est ou n'est pas susceptible de division, soit matérielle, soit intellectuelle* (C. civ. 1217).

3. DIVISIBLE. L'obligation est divisible quand elle est susceptible d'une division matérielle ou intellectuelle. Ainsi, la promesse de vous livrer 100 hectolitres de blé est susceptible d'une division matérielle, celle de vous faire remise d'une dette en argent est susceptible d'une division intellectuelle.

4. INDIVISIBLE. L'obligation est indivisible quand elle n'est susceptible ni d'une division matérielle ni d'une division intellectuelle. Ainsi, l'obligation de vous livrer *tel* cheval, *telle* statue, n'est pas sujette à être divisée matériellement sans détruire les objets; l'obligation de vous accorder une servitude de passage sur mon héritage n'est pas sujette à être divisée intellectuellement.

5. Et si l'art. 1221 n. 2 (V. inf. n. 34) porte qu'on ne doit point considérer comme divisible la dette d'un corps certain, il faut supposer qu'il s'agit d'un corps certain qui rigoureusement pourrait être divisé, par exemple d'un morceau de bois de *tant* de mètres de long sur *tant* de centimètres d'équarrissage; autrement il nous serait impossible de concilier les art. 1222 et suiv. du C. civ. avec l'art. 1221. — En effet, si l'art. 1221 embrasse tous les cas d'exception à la division des obligations, les art. 1222 et suiv. sont inutiles, si au contraire il y a d'autres cas il ne peuvent raisonnablement s'appliquer qu'à des choses animées ou inanimées essentiellement indivisibles comme celles mentionnées au n. 4 qui précède.

6. En vain dirait-on qu'un cheval, une statue, peuvent être divisés intellectuellement, puisqu'on peut les posséder par indivis. Ce n'est point de cela qu'il peut s'agir ici, l'indivision n'étant point l'indivisibilité; l'objet doit être considéré en lui-même sans égard aux quote-parts que l'on peut avoir à sa propriété,

sans quoi on ne pourrait trouver le sens de l'art. 1217 relativement à la division intellectuelle.

7. On ne peut considérer comme susceptibles de division : 1° un droit de servitude (C. civ. 700): —2° l'obligation de fournir des aliments dans le cas de l'art. 205 du C. civ. - V. note 63, n. 370 et suiv.; —3° le nantissement donné pour sûreté d'une dette même divisible (C. civ. 2083 et 2090; —4° l'hypothèque donnée pour sûreté d'une obligation (C. civ. 2114). - V. note 30, n. 1 et suiv.; —5° l'obligation contractée conjointement par deux vendeurs de rapporter mainlevée des inscriptions grevant l'immeuble vendu; d'où il suit qu'il ne suffirait pas que l'un des vendeurs rapportât mainlevée de la moitié de toutes les inscriptions (Paris 16 juill. 1829); —6° l'exploitation d'un moulin (Bruxelles 2 nov. 1809); —7° l'obligation de livrer un animal, une statue, un tableau; —8° les actions qui tendent à revendiquer un immeuble (C. civ. 526). - Cependant, en matière de partage, les actions sont divisibles lorsque l'action qui est exercée est elle-même essentiellement divisible, tellement que quand deux parties ont un intérêt commun, si l'une n'a point été citée en conciliation, l'autre ne peut se prévaloir de cette omission pour faire rejeter la demande (Cass. 22 juin 1835); —9° l'obligation de construire une maison; celle de vous fournir une place de terre pour y établir un pressoir; parce qu'on ne peut rien retrancher de cette maison ou de cette place sans qu'elles cessent d'être la chose faisant l'objet de l'obligation (Toullier 794).

8 - 10. Mais on doit considérer comme divisible dans son exécution la disposition d'un jugement qui prononce la résolution de la vente d'une certaine étendue de terrain; tellement que la nullité de la renonciation de l'un des acquéreurs à l'appel interjeté de ce jugement ne peut profiter à ceux qui ont valablement renoncé à cet appel (Cass. 25 nov. 1834).

11. *L'obligation est indivisible, quoique la chose ou l'effet qui en fait l'objet soit divisible par sa nature, si le rapport sous lequel elle est considérée dans l'obligation ne la rend pas susceptible d'exécution partielle* (C. civ. 1218). — Ainsi :

12. L'obligation imposée aux nus-propriétaires d'une maison de faire les grosses réparations doit être réputée indivisible; en conséquence, la condamnation à faire les réparations, même à payer les réparations faites, et aux dépens de l'instance, peut être prononcée solidairement contre tous les coobligés (Cass. 11 janv. 1825).

13. Bien que l'hérédité soit une chose divisible de sa nature, cependant l'obligation imposée aux héritiers d'entretenir les faits de leur auteur est indivisible en ce sens que chacun est tenu, pour le tout, de subir les effets des transactions passées par l'auteur commun, notamment d'une transaction qui aurait eu pour objet une renonciation à la délivrance d'un legs, ou la fixation d'une somme à payer (Cass. 27 mai 1835).

14. Lorsque plusieurs ont vendu ensemble un immeuble indivis entre eux et se sont soumis à la garantie, sans exprimer que chacun vendait et promettait garantie seulement jusqu'à concurrence de sa portion, l'obligation de garantie est indivisible, et chaque vendeur en est tenu pour le tout (Bordeaux 1 mars 1826).

15. L'obligation de payer une somme *en un seul paiement* la rend indivisible.

16. *La solidarité stipulée ne donne point à l'obligation le caractère d'indivisibilité* (C. civ. 1219).

17. Ces deux contrats (la solidarité et l'indivisibilité), bien qu'ils se rapprochent dans quelques-unes de leurs applications, n'en sont pas moins parfaitement distincts. Il y a entre elles ces notables différences :

18. 1° L'obligation indivisible peut changer de nature suivant les circonstances et se transformer en obligation divisible. — Par exemple, s'il s'agit d'une obligation de faire qui soit indivisible, l'action se résout pour cause d'inexécution en une demande en dommages-intérêts; et les créanciers qui étaient tenus d'agir collectivement pour exercer l'action indivisible pourront agir séparément pour obtenir la part et portion appartenant à chacun d'eux dans les dommages-intérêts (C. Jal. Pal.).

19. 2° Quand l'obligation indivisible a été souscrite par plusieurs, les héritiers de l'un des débiteurs sont tenus pour le total (C. civ. 1223). Mais quand elle est solidaire, ces mêmes héritiers peuvent bien être actionnés tous ensemble par le créancier pour la totalité de l'obligation parce que leur auteur la devait comme solidaire, mais ce créancier ne pourra demander que la portion virile de chaque héritier dans ce total, et il sera, par conséquent, forcé de diviser sa demande. Il résulte donc de ce qui précède que la solidarité ne forme point exception au principe qui oblige les héritiers au paiement des dettes et charges de la succession chacun pour leur part et portion virile (C. civ. 873; Toullier 6,747).

20. 3° L'indivisibilité vient de la qualité de la chose due qui n'est pas susceptible de parties, tandis que la solidarité procède du fait personnel des codébiteurs qui ont contracté (Pothier 287 et 323).

§. 2. DES EFFETS DE L'OBLIGATION DIVISIBLE

21. *L'obligation qui est susceptible de division doit être exécutée, entre le créancier et le débiteur, comme si elle était indivisible. La divisibilité n'a d'application qu'à l'égard de leurs héritiers, qui ne peuvent demander la dette ou qui ne sont tenus de la payer que pour les parts dont ils sont saisis ou dont ils sont tenus, comme représentant le créancier ou le débiteur* (C. civ. 1220).

22. La division n'a donc d'effet, comme le dit cet article, qu'à l'égard des héritiers du créancier ou du débiteur. Elle n'a pas lieu lorsqu'il s'agit d'une attribution à tout autre titre que celui d'héritier, car ce n'est plus alors la volonté de la loi qui se manifeste, mais la simple volonté de l'homme : d'où il suit que le cessionnaire pour partie n'a point d'action directe contre le débiteur pour le forcer à l'exécution, il ne peut que mettre en demeure son cédant d'exiger l'exécution du contrat, sauf à intervenir lui-même pour la conservation de ses droits personnels, à moins que le débiteur lui-même ne consente à diviser l'obligation et à se libérer partiellement, ce qu'il est libre de faire à l'imitation du créancier (C. Jal. Pal.). — V. toutefois note 64, n. 42.

23. La dette ou la créance une fois divisée continue-t-elle de l'être lorsque les différentes portions se sont réunies sur une seule tête avant le paiement ? Cette réunion fait-elle cesser la faculté de payer ou d'exiger la dette par parties ? Il faut distinguer : si plusieurs personnes ont promis ou stipulé conjointement une seule et même chose sans solidarité, la division qui se fait entre elles dès le principe constitue plusieurs dettes aussi distinctes dans leur origine que si elles étaient contractées par des actes séparés. La réunion de ces différentes dettes ou créances sur la tête de l'un des débiteurs ou des créanciers, soit par succession ou autrement n'en opère point la consolidation. Ce sont toujours des dettes ou créances différentes, séparées dans leur origine ou dont le paiement continue de pouvoir se faire séparément (Pothier n. 320; Toullier 6,758).

24. Mais si la dette ou la créance, unique dans son principe, n'a été divisée que parce que le créancier ou le débiteur a laissé plusieurs héritiers, la mort de quelques-uns de ces héritiers avant le paiement, la réunion de la part des prédécédés sur la tête des autres ou d'un seul, font cesser l'effet de la division, parce que l'effet doit cesser avec sa cause. La réunion des parts divisées en opère la consolidation; la dette redevient ce qu'elle était dans son origine, une dette unique qui ne peut être payée par parties (Pothier 318), à moins que la succession des prédécédés n'ait été acceptée sous bénéfice d'inventaire; car alors il n'y aurait point de confusion (Toullier, *ibid.*).

25. La consolidation s'opère également si les portions des différents héritiers du créancier ou du débiteur se sont réunies par voie de cession ou autrement. Bien plus, si les héritiers du créancier se réunissaient pour donner à un seul mandataire une procuration de recevoir, le débiteur ne pourrait payer par parties, parce que la division ne s'était faite que dans l'intérêt de chacun de ces héritiers, qui sont toujours libres de renoncer à un droit introduit en leur faveur (Pothier 219; Dumoulin 2,24; Toullier *ibid.*).

26. L'effet de la division des dettes est non-seulement que chaque héritier ne peut être poursuivi que pour la part dont il est héritier, mais encore qu'il n'est pas obligé pour le surplus, même en cas d'insolvabilité de ses cohéritiers, lors même que sa portion serait plus que suffisante pour payer la totalité des dettes, sauf l'action hypothécaire si des biens avaient été affectés à la sûreté de quelques-unes de ces dettes (L. 2 Cod. *de hæreditariis action.*, 4,16; Pothier 319; Dumoulin 2,63). C'est aux créanciers à s'imputer de n'avoir pas agi avant le partage et l'insolvabilité survenue, en requérant l'apposition des scellés (C. civ. 820), assistant à l'inventaire et au partage (C. civ. 882), et empêchant qu'il ne soit fait avant les dettes payées (Toullier *ibid.*), et en formant une demande en séparation de patrimoines (V. note 29, n. 311). — Cependant, si c'est par le fait ou par le dol de l'un des héritiers que les créanciers n'ont pu se faire payer par les autres héritiers, par exemple, s'il s'est fait passer pour seul héritier, il doit, dans ce cas, payer la part de dettes incombant à ses cohéritiers (C. civ. 1382; Pothier; Dumoulin; Toullier 759).

27. *Le principe établi dans l'article précédent reçoit exception à l'égard des héritiers du débiteur...* (C. civ. 1221, alin. 1).

28. L'exception n'existe point, comme on le voit, à l'égard des héritiers du créancier. Ils ne peuvent donc demander que chacun la part dont ils sont saisis aux termes de l'art. 1220; mais l'un d'entre eux ne peut se faire délivrer le corps qui fait l'objet de la créance, quand même il en paierait le prix en entier, jusqu'à ce que ses cohéritiers soient réunis à lui ou qu'il représente une procuration de leur part, car aux termes de l'art. 1239 du C. civ. *le paiement doit être fait au créancier ou à quelqu'un ayant pouvoir de lui.* — V. *inf.* n. 63.

29. I. *Dans le cas où la dette est hypothécaire* (C. civ. 1221-1°); V. *inf.* n. 53.

30. On distingue deux choses dans une créance hypothécaire : la créance elle-même et le droit d'hypothèque qui s'y trouve attaché. La créance peut subsister sans hypothèque, mais non pas l'hypothèque sans une créance. La créance est un droit sur la personne, l'hypothèque un droit sur la chose. Le droit sur la personne se divise de plein droit entre les héritiers du créancier, aussi bien que la dette ou l'obligation personnelle entre les héritiers du débiteur. Mais l'hypothèque ne se divise ni activement ni passivement. Le droit du créancier sur la chose hypothéquée ne se divise point entre les héritiers; il subsiste en entier sur tous les immeubles affectés, sur chacun et sur chaque portion de ces immeubles (C. civ. 2114) au profit de chacun desdits héritiers, quoique la créance personnelle soit de plein droit divisée entre eux. — Et de même, l'obligation ou l'affectation de tous, de chacun, de chaque portion des immeubles hypothéqués, subsiste entière contre chacun des héritiers du débiteur, quoique ses immeubles soient, ainsi que la dette, divisés de plein droit entre eux, par portions égales ou viriles. A ce sujet il a été décidé que quand il n'est pas intervenu de partage de la succession débitrice d'une rente et encore bien que l'un des héritiers offre de payer sa part des arrérages, tous les héritiers peuvent être condamnés à payer indivisément les arrérages de la rente sur les *deniers et immeubles de la succession.* L'indivisibilité hypothécaire résulte, dans ce cas, de la possession des biens de la succession (Cass. 9 janv. 1827). — V. cependant note 76, n. 6.

31. Il résulte de ce qui précède : 1° que si deux immeubles d'égale valeur sont hypothéqués pour une même somme, cette affectation ne se partage point de manière que chaque héritage ne soit engagé que pour moitié de la somme, et cela quand même la valeur de chaque serait supérieure à la somme pour laquelle tous les deux sont hypothéqués; en sorte que si le débiteur paie la moitié de la dette, les deux immeubles n'en restent pas moins en totalité hypothéqués pour l'autre moitié.

32. 2° Que si un créancier hypothécaire laisse plusieurs héritiers, et que l'un reçoive du débiteur la portion qui lui appartient dans la créance, tous les biens hypothéqués n'en restent pas moins affectés en entier aux portions des autres héritiers.

33. 3° Que si le débiteur laisse plusieurs héritiers et plusieurs immeubles à partager entre eux, chaque immeuble n'en reste pas moins, après le partage, affecté à toute la dette. Ainsi, quoique l'héritier qui possède un immeuble de la succession ait payé sa portion de la dette, cet immeuble peut néanmoins être saisi pour les autres portions de la dette, sauf le recours de cet héritier contre les autres. Ainsi, quoique le créancier ne puisse demander à l'un des héritiers personnellement plus que sa portion virile de la dette, il peut agir contre lui *hypothécairement pour le tout* suivant l'art. 873 du C. civ.

34. II. *Lorsqu'elle est d'un corps certain* (C. civ. 1221-2°). — V. *inf.* n. 53.

35. Il ne peut s'agir ici que d'un corps certain qui pourrait être divisé sans être détruit, tel serait un morceau de bois ou un bloc de pierre brute (V. *sup.* n. 5), et non d'une chose animée, d'un tableau ou d'une statue qui ne pouvant être divisés sans être détruits sont essentiellement indivisibles (V. *inf.* n. 56 et 57).

36. III. *Lorsqu'il s'agit de la dette alternative de choses au choix du créancier, dont l'une est indivisible* (C. civ. 1221-3°). — V. *inf.* n. 53 et note 8, n. 28.

37. Il faut deux conditions pour appliquer cette exception. La première, que l'une des choses qui font l'objet de la dette alternative soit indivisible, la seconde que le choix appartienne au créancier. — Ainsi, lorsque le créancier a le choix dans une dette alternative de deux choses dont l'une est indivisible, par exemple, d'une somme de 300 fr. ou d'une servitude de passage, les héritiers du débiteur ne peuvent, sous prétexte de la divisibilité de la somme de 300 fr., empêcher le créancier de choisir la servitude. Si donc le créancier choisit les 300 fr., la dette se divise, s'il choisit la servitude elle reste indivisible.

38. IV. *Lorsque l'un des héritiers est chargé seul, par le titre, de l'exécution de l'obligation* (C. civ. 1221-4°). — V. *inf.* n. 53.

39. Le débiteur et le créancier peuvent convenir par le titre que *tel* d'entre les héritiers, par exemple, le fils aîné du débiteur, sera seul chargé de l'exécution de l'obligation. — Ils peuvent aussi en convenir par un titre postérieur, pour dispenser le créancier d'une division incommode (*Motifs du Code*; Toullier 6,771).

40. V. *Lorsqu'il résulte soit* DE LA NATURE DE L'ENGAGEMENT, *soit de la chose qui en fait* L'OBJET, *soit* DE LA FIN QU'ON S'EST PROPOSÉE DANS LE CONTRAT, *que l'intention des contractants a été que la dette ne pût s'acquitter partiellement* (C. civ. 1221-5°). — V. *inf.* n. 53.

41. DE LA NATURE DE L'ENGAGEMENT. Il résulte de la nature de l'engagement que l'intention tacite des contractants a été que la dette ne pût s'acquitter partiellement, lorsque des immeubles ont été considérés dans le contrat comme formant un corps d'héritages destinés à rester unis. Par exemple, si j'ai acheté ou pris à ferme une métairie, même susceptible d'être divisée sans détérioration, un des héritiers du vendeur ou du locateur ne sera point admis à m'offrir sa part indivise, ou même celle qu'il a reçue en partage, pour s'acquitter envers moi de son obligation, si ses cohéritiers ne se réunissent pas à lui pour m'offrir leurs parts en même temps. Le paiement partiel me causerait un préjudice notable; je n'ai acheté ou pris la métairie à ferme que pour l'avoir ou pour en jouir en totalité, et je n'en aurais acheté ni pris à ferme une partie seulement (Pothier n. 315; Toullier 778).

42. Dans le cas converse, l'un des héritiers de l'acquéreur peut payer séparément sa portion du prix au vendeur; mais il ne peut le contraindre à lui livrer une partie de l'héritage en lui payant une partie du prix : le vendeur peut retenir en gage toute la chose vendue, jusqu'à ce que le prix soit entièrement payé (Dumoulin n. 205 et 249).

43. L'un des héritiers de l'acquéreur ne pourrait même contraindre le vendeur à lui livrer la métairie entière en lui payant la totalité du prix; car il ne peut livrer à chacun des héritiers de l'acquéreur que la part dont chacun est saisi. Ceci est applicable aux héritiers du locataire.

44. Si un tuteur vend une métairie qu'il possédait en commun avec son mineur, et que celui-ci fasse rescinder le contrat pour la moitié qui lui appartient dans les biens, l'acquéreur pourra demander, contre le tuteur ou contre ses héritiers, que la vente soit résolue en totalité, parce qu'il n'eût pas acheté une moitié de la métairie.

45. Si, ne devant qu'une somme de 1000 fr. et croyant en devoir 2000, je donne en paiement un fonds valant 2000 fr., je puis le répéter en entier, après l'erreur découverte, pour rester débiteur des 1000 fr.; car, quoique le paiement ou le don d'une chose immobilière au lieu d'argent opère la libération et l'extinction de la dette, si la chose a été donnée par erreur sur la quotité de la somme due, il ne se fait point confusion d'une partie de la chose avec la dette, par la raison que personne ne peut être forcé d'entrer en communauté de biens, *nemo compellitur ad communionem*. Je n'aurais pas voulu diviser mon fonds pour vous en donner la moitié en paiement; mais le créancier à qui le fonds entier a été donné par erreur sur la quotité de la dette, peut le retenir en gage jusqu'au paiement de la somme qui lui est due.

46. Le motif de ces décisions est que des fonds, quoique divisibles, ne doivent pas être divisés dans l'exécution ni dans la rescision de l'obligation, lorsqu'ils ont été considérés dans le contrat comme formant un seul corps, un tout unique destiné à demeurer entier, et qu'on ne peut diviser sans préjudice notable, soit pour l'un, soit pour l'autre des contractants.

47. Il résulte encore de la nature de l'engagement que la dette ne peut s'acquitter partiellement, lorsqu'une grande raison d'équité exige que le paiement n'en soit pas divisé, comme quand il s'agit d'une pension alimentaire (Toullier 778 et 779).

48. DE L'OBJET DE L'ENGAGEMENT. Ceci peut s'appliquer à l'obligation de choses qui, bien que divisibles, ont été considérées par la convention comme formant un tout qui ne peut être divisé sans un préjudice notable soit pour le créancier, soit pour le débiteur. Telle est la dette d'un attelage de quatre chevaux, *quadriga equorum*. Si celui qui a promis un pareil attelage laisse quatre héritiers, chacun d'eux ne pourra pas offrir séparément un cheval propre à être attelé; ils doivent se réunir pour livrer ensemble un attelage de quatre chevaux; car, quoiqu'une pareille obligation soit non-seulement divisible, mais encore divisée de plein droit entre les héritiers, le paiement n'en est pas divisible. Il en serait autrement si le défunt avait promis quatre chevaux de voiture, quatre chevaux propres à être attelés, et non pas un attelage de quatre chevaux : ses héritiers pourraient alors donner séparément chacun un cheval.

49. Réciproquement, l'un des quatre héritiers du créancier auquel il était dû un attelage de quatre chevaux, ne pourrait pas exiger du débiteur un seul cheval, en offrant de lui payer le quart du prix de l'attelage; il devrait en payer la totalité, sans quoi le vendeur pourrait retenir l'attelage entier pour gage du surplus de sa créance. Il pourrait même, malgré le paiement de la totalité du prix, refuser de livrer l'un des chevaux, jusqu'à ce que les autres héritiers se fussent réunis à celui qui n'agit que pour sa part, car, suivant la rigueur du droit, cet héritier n'a qu'un quart dans chaque cheval, et il ne peut avoir le choix sur les quatre, comme aussi ce n'est point au vendeur à faire entre les héritiers de l'acquéreur le partage de l'attelage.

50. L'obligation, dans ce cas, est tellement indivisible dans son exécution ou dans le paiement, que si l'un des animaux était atteint d'un vice rédhibitoire, l'acquéreur pourrait faire rescinder la vente entière, si la division de l'attelage lui causait un préjudice notable; comme aussi le vendeur pourrait exiger qu'on lui rendît les quatre chevaux, et non pas seulement le cheval malade (Toullier 776 et 777).

51. DE LA FIN QU'ON S'EST PROPOSÉE DANS LE CONTRAT. La fin que les contractants se sont proposée peut faire présumer que leur intention n'a pas été que la dette, même d'une somme d'argent, pût être payée partiellement. Tel est le cas où vous vous êtes obligé de me payer une somme de 3000 fr. pour me tirer de prison, ou pour payer un créancier qui a saisi mon bien. Si la destination de cette somme est déclarée dans l'acte, un de vos héritiers ne sera point admis à m'offrir sa part virile, qui ne pourrait me procurer ni la liberté ni la main-levée de mes biens saisis. Je puis le poursuivre pour le tout, sauf son recours contre ses cohéritiers (Toullier 780).

52. Tel est encore le cas où il a été stipulé que la dette serait payable en un seul paiement, parce que alors on doit supposer que le créancier a eu des raisons pour vouloir qu'il en soit ainsi. — V. *sup.* n. 15.

53. *Dans les trois premiers cas* (V. *sup.* n. 29, 34 et 36), *l'héritier qui possède la chose due ou le fonds hypothéqué à la dette peut être poursuivi pour le tout sur la chose due ou sur le fonds hypothéqué, sauf son recours contre ses cohéritiers. Dans le quatrième cas* (V. *sup.* n. 38), *l'héritier seul chargé de la dette, et dans le cinquième cas* (V. *sup.* n. 40), *chaque héritier peut aussi être poursuivi pour le tout, sauf son recours contre ses cohéritiers* (C. civ. 1221, dernier alin.).

54. Dans tous les cas où il y a, quant au paiement, exception à la division des obligations, le créancier peut poursuivre l'un des débiteurs ou l'un des héritiers du débiteur *pour le tout*; mais il ne peut le poursuivre *solidairement*, parce qu'il n'y a point, dans tous ces cas, de véritable solidarité (V. *sup.* n. 20). La demande faite par le créancier à l'un des débiteurs *pour le tout* n'interromprait pas la prescription contre les autres.

55. Quant au recours, si celui auquel le créancier s'est adressé est devenu insolvable, il ne pourra plus recourir contre les autres, si le temps de la prescription est écoulé. Mais l'héritier condamné pour le tout a son recours contre les autres, parce que la prescription contre la garantie entre cohéritiers ne court que du jour du trouble (Toullier 6, 781).

§ 3. DES EFFETS DE L'OBLIGATION INDIVISIBLE.

56. Il ne peut s'agir ici que des obligations de corps certains essentiellement indivisibles, d'après la distinction que nous avons faite *sup.* n. 5 et 6, et ce qui vient à l'appui de notre système c'est que, suivant l'art. 1221 alin. 1 (V. *sup.* n. 29), la chose n'est indivisible qu'à l'égard des héritiers du débiteur, elle ne l'est pas à l'égard des héritiers du créancier : d'où il suit que l'indivisibilité, dans ce cas, n'est que relative; tandis que suivant les art. 1223 et 1224 (V. *inf.* n. 61 et 63) qui nous occupent, la chose est indivisible à l'égard des héritiers du débiteur comme à l'égard des héritiers du créancier, l'indivisibilité est alors absolue et tient à l'essence même de l'objet.

57. *Chacun de ceux qui ont contracté conjointement une dette indivisible en est tenu pour le total, encore que l'obligation n'ait pas été contractée solidairement* (C. civ. 1222).

58. Si l'objet de l'obligation est un cheval, un navire, une statue, un tableau, la dette sera indivisible, car l'intention des contractants n'a pu être que les héritiers du débiteur pussent s'acquitter par des paiements partiels et divisés, la dette étant d'un corps certain qui ne peut réellement être divisé. Cependant si le créancier avait accepté la part séparée d'un des héritiers dans le cheval, le navire, la statue ou le tableau, ce paiement quoique accepté n'opérerait point la libération de l'héritier qui l'aurait fait; il ne deviendrait définitif et valable qu'après que les autres héritiers auraient abandonné leurs parts dans le même cheval, le même navire, la même statue, le même tableau (Toullier 6, 775).

59. Quand il s'agit de savoir si une *indemnité* peut être demandée *en totalité* à plusieurs, il n'est pas nécessaire qu'il y ait solidarité; il suffit que la dette ait été contractée *conjointement*, et qu'elle soit indivisible. C'est ainsi qu'un dommage ayant pour cause immédiate l'agglomération simultanée et indivisible de toutes les vapeurs sorties de différentes manufactures peut être attribuée à l'ensemble des fabricants, solidairement, ou sans distinction de la quantité de vapeur dommageable que chaque fabrique peut produire (Cass. 3 mai 1827).

60. L'obligation contractée *conjointement* par deux personnes de remettre à une autre des titres et documents moyennant une somme reçue au moment du contrat, est une obligation indivi-

sible de sa nature, qui engage solidairement les deux obligés, ou à la remise des titres, ou au remboursement de toute la somme reçue, encore qu'ils en aient touché divisément des parts inégales (Bordeaux 24 juin 1834).

61. *Il en est de même à l'égard des héritiers de celui qui a contracté une pareille obligation* (C. civ. 1223).

62. Les héritiers du débiteur ne font que prendre la place de ce dernier. Cette disposition résultait déjà de l'art. 1221, alin. 1 du C. civ. — V. *sup.* n. 27.

63. *Chaque héritier du créancier peut exiger en totalité l'exécution de l'obligation indivisible. — Il ne peut seul faire la remise de la totalité de la dette; il ne peut recevoir seul le prix au lieu de la chose. Si l'un des héritiers a seul remis la dette ou reçu le prix de la chose, son cohéritier ne peut demander la chose indivisible, qu'en tenant compte de la portion du cohéritier qui a fait la remise ou qui a reçu le prix* (C. civ. 1224).

64. Si donc vous vous êtes obligé envers moi à quelque chose d'indivisible, comme à me faire une statue, chacun de mes héritiers pourra demander que vous lui fassiez la statue en entier. Mais comme cet héritier n'a cette faculté que parce que l'obligation est indivisible de sa nature, et non parce qu'il a seul droit à la propriété de la statue, il s'ensuit qu'il ne peut seul, ni vous dispenser de la faire, ni en recevoir le prix. C'est pourquoi si l'un de mes héritiers vous dispense de la faire ou que vous lui en ayez payé le prix, vous ne serez pas libéré pour cela envers son cohéritier. Celui-ci aura le droit de vous demander la statue, en vous tenant compte de la portion du cohéritier qui a fait la remise ou qui a reçu le prix.

65. *L'héritier du débiteur, assigné pour la totalité de l'obligation, peut demander un délai pour mettre en cause ses cohéritiers, à moins que la dette ne soit de nature à ne pouvoir être acquittée que par l'héritier assigné, qui peut alors être condamné seul, sauf son recours en indemnité contre ses cohéritiers* (C. civ. 1225).

66. Une dette indivisible par sa nature ne pouvant être acquittée par parties, il s'ensuit qu'un seul des héritiers du débiteur peut être assigné pour le total; mais comme il ne doit point la totalité vis-à-vis de ses cohéritiers parce qu'il n'a pas succédé seul au défunt, il peut demander un délai pour les mettre en cause; ce qui n'est pas permis en matière de solidarité où le débiteur solidaire est obligé de payer aussitôt qu'il est interpellé— V. *sup.* n. 19.

67. Toutefois, la règle qui permet de mettre en cause les cohéritiers du débiteur quand il s'agit d'une dette indivisible, reçoit exception lorsque la dette est de nature à ne pouvoir être acquittée que par l'héritier assigné, lequel peut alors être condamné seul sauf son recours en indemnité contre ses cohéritiers. Ainsi, *Pierre* s'engage à établir sur l'un de mes fonds un aqueduc pour l'irrigation de mes prairies. Il meurt, laissant pour héritiers *Louis*, *Paul* et *Jean*. Par l'effet du partage, *Louis* devient propriétaire du fonds sur lequel la servitude doit être établie. En ce cas, *Louis* que je poursuis, ne peut demander de délai pour mettre en cause ses cohéritiers; il doit être condamné seul sauf son recours en indemnité contre ses cohéritiers.

V. sur la *divisibilité* ou l'*indivisibilité* la note 5, n. 12; la note 7, n. 70 et suiv.; la note 9, n. 41, 48 et suiv.; la note 48, n. 93; la note 50, n. 12; la note 58, n. 59 et suiv.; la note 62, n. 46, 199, 238; la note 69, n. 77; la note 77, n. 65; la note 78, n. 80, et la note 81, n. 178.

V. aussi pour les *obligations* en général la note 107.

[93]

DES DÉLIBÉRATIONS DE CONSEILS DE FAMILLE OU AVIS DE PARENTS.

— Renvoi à la note 163.

[94]

DES JUGES DE PAIX.

DIVISION SOMMAIRE:

Indication alphabétique :

---

§ I. DE L'INSTITUTION DES JUGES-DE-PAIX.

1. La loi du 24 août 1790 a établi un juge-de-paix dans chaque canton. — Les deux assesseurs dont il devait être assisté ont été supprimés par l'art. 1er de la loi du 29 vent. an. IX : aussi, depuis cette loi, les juges-de-paix ont ils rempli seuls les fonctions judiciaires et autres attribuées aux justices de paix.

2. La compétence des juges de paix a reçu une grande extension de la loi du 25 mai 1838.

3. En cas de maladie, absence ou empêchement du juge-de-paix, ses fonctions sont exercées par un suppléant. A cet effet, chaque juge-de-paix a deux suppléants (L. 24 août 1790).

4. En cas d'empêchement légitime d'un juge-de-paix et de ses suppléants, le tribunal de première instance dans l'arrondissement duquel est situé la justice de paix renvoie les parties devant le juge-de-paix du canton le plus voisin, à la demande spéciale de la partie la plus diligente, sur simple requête et après les conclusions du procureur du roi, parties présentes ou dûment appelées (L. 16 vent. an. XII). Ce renvoi ne peut être ordonné d'une manière générale pour toutes les affaires et pendant le temps que doit durer l'empêchement (Cass. 1 oct. 1830, 25 mai 1831, 4 mars 1834).

5. Le mode de nomination des juges-de-paix et la durée de leurs fonctions ont beaucoup varié : — Elus d'abord pour deux ans par les assemblées primaires (L. 24 août 1790), ils furent ensuite nommés pour dix ans ainsi que leur suppléants, par l'empereur Napoléon, sur une liste de deux candidats pour chaque place présentée par ces assemblées (Sén. cons. 16 therm. an X). — Enfin les chartes de 1814 et de 1830 disposant « *que les juges de paix quoique nommés par le roi ne sont point inamovibles,* » on en a conclu 1° que leurs fonctions étaient à vie et révocables ; 2° que le Roi devait les nommer directement et sans présentation de candidats. Le premier point n'est pas contesté, mais quant au second, Carré (t. 2, n. 273) pense que la nomination déférée au roi n'exclut pas nécessairement la candidature: quoiqu'il en soit, depuis 1814, le roi nomme les juges-de-paix sans consulter les assemblées cantonnales.

6. Les seules conditions d'éligibilité sont l'âge de 30 ans accomplis et la qualité de citoyen français (L. 24 août 1790; Constit. 5 fruct. an III). — Mais le gouvernement peut accorder une dispense d'âge (Augier; Arg. décr. 9 déc. 1811).

7. Les juges-de-paix et leurs suppléants ne peuvent, à peine de nullité de leurs actes et jugements, entrer en fonctions qu'après avoir prêté serment à l'une des audiences du tribunal civil de l'arrondissement (L. L. 28 vent. an IX et 31 août 1830; Décr. 24 mess. an XII).

8. Le juge-de-paix doit résider dans le canton, sans être tenu d'habiter la commune du chef-lieu. — En cas de non-résidence ou de longue absence il est réputé démissionnaire. — Il ne peut s'absenter pour plus d'un mois sans l'autorisation du garde des sceaux, et pour moins d'un mois sans celle du procureur du roi. Toute demande de congé formée par un juge-de-paix doit être accompagnée d'un certificat du premier, et, à son défaut, du second suppléant, constatant que le service du public ne souffrira pas de l'absence (L. L. 11 sept. 1790; 28 flor. an X). —Ces obligations sont applicables aux suppléants (L. 28 flor. an X; Circ. min. Just. 24 nov. 1822).

9. Les juges-de-paix de même que les juges-de-commerce n'ont point de vacances. Ce sont, en effet, des tribunaux d'exception dont la mission est de juger les affaires de leur compétence à mesure qu'elles se présentent. Si les tribunaux civils ont des vacances, il y a du moins une chambre des vacations appelée à juger les affaires urgentes.

10. Les juges-de-paix et leurs suppléants sont soumis à la surveillance du garde des sceaux et des tribunaux de première instance de leur arrondissement.

11. Le juge de paix a un traitement fixe, réglé selon l'importance du canton : le maximum est de 2400 fr., et le minimum de 800 fr. par an (L. 8 vent. an VII). — Il a en outre des rétributions particulières pour vacations aux appositions et levées de scellés, aux délibérations des conseils de famille, etc.

12. Les suppléants n'ont point de traitement; mais lorsqu'ils remplacent le juge-de-paix pour les actes auxquels des vacations sont attribuées, elles leur appartiennent; si le juge-de-paix est pendant plus de huit jours consécutifs sans remplir ses fonctions, il est tenu de remettre au suppléant qui l'a remplacé la part correspondante de son traitement (L. 6 mars 1791).

13. Les fonctions de juge-de-paix sont incompatibles avec celles : 1° de maire ou adjoint, de préfet, de sous-préfet, de conseiller de préfecture ; 2° de juge de première instance et de commerce, de conseiller à la Cour royale ou à la Cour de cassation et du ministère public ; 3° de greffier, d'avoué et d'huissier ; 4° de membre des administrations forestières; de receveur de l'enregistrement, d'employé des douanes, postes et messageries, de comptable public; 5° d'ecclésiastique; 6° de notaire ; 7° d'avocat (L. L. 11 sept. 1790; 6 et 27 mars 1791; 24 vendém. an III; Décr. 16 juin 1808; 21 mars 1831; 25 vent. an XI;

Ordonn. roy. 20 nov. 1822).— Mais elles sont compatibles avec celles d'électeur communal et de conseiller municipal (L. 21 mars 1831), de conseiller d'arrondissement et conseiller général.

14. Les suppléants n'ayant point de fonctions habituelles et ne recevant pas de traitement, ne sont pas dans la même position que les juges de paix relativement à l'incompatibilité.

15. Les juges-de-paix ne peuvent faire partie de la garde nationale; ils président le jury de révision et ont le droit de requérir la force publique (L. 22 mars 1831). Cette incompatibilité s'étend aux suppléants.

16. Dans les cérémonies publiques, le juge-de-paix marche après le tribunal de commerce et avant les commissaires de police (Décr. 24 mess. an XII. - V. note 27, n. 371). — Son costume est le même que celui des juges de première instance (Arr. 2 niv. an XI).

§ 2. DE LA COMPÉTENCE DES JUGES DE PAIX. — DE LEUR RÉCUSATION.

17. La compétence des juges-de-paix est *contentieuse* et *judiciaire*, ou *gracieuse* et *extrajudiciaire*. — La compétence, soit *judiciaire*, soit *extrajudiciaire*, se divise encore en compétence d'*attribution* et compétence *territoriale*. La compétence d'*attribution* est celle en vertu de laquelle les juges-de-paix en général sont appelés à connaître de telle ou telle nature d'affaires. La compétence *territoriale* est celle dévolue à chaque juge de paix en particulier, à raison de la situation de l'objet litigieux ou du domicile des parties. — Enfin, la compétence des juges de paix est tantôt de premier ressort seulement, et tantôt de premier et de dernier ressort tout à la fois.

18. Les juges-de-paix ne peuvent connaître de l'exécution de leurs jugements (Favart; Henrion, ch. 5), à l'exception cependant 1° des difficultés qui ne rentrent pas dans les actes d'exécution proprement dits; 2° des incidents sur l'exécution que présentent les causes de la compétence des juges-de-paix; 3° de l'exécution de leurs jugements préparatoires (C. proc. civ. 28); 4° de l'interprétation de leurs jugements, car interpréter un jugement qui présente quelque ambiguité, n'est pas connaître de son exécution (Caen 17 mai 1826; Horson, n. 209); 5° des oppositions ou tierces-oppositions formées à leurs jugements (*Ibid.*); 6° de la régularité d'opérations d'expertise, comptes, etc., faites en vertu de leurs jugements interlocutoires (*Ibid.*).— V. *inf.* n. 97, 117 et suiv.

18 *bis.* Les cas de récusation sont moins nombreux pour les juges-de-paix que pour les juges ordinaires (V. note 75, n. 23 et suiv.). — Ils ne peuvent être récusés que dans les circonstances prévues par l'art. 44 du C. de proc. civ., et quand le droit de récusation est exercé, on procède comme il est dit aux art. 45, 46 et 47 du même Code (*Ibid.*). — En tout cas, la récusation ne s'étend pas à la juridiction gracieuse, par exemple, lorsque le juge ne fait que constater des faits comme en matière d'apposition de scellés : il faut qu'il y ait contestation (Carré). — V. *inf.* n. 123.

Art. 1. DE LA COMPÉTENCE JUDICIAIRE.

19. La juridiction des juges-de-paix est extraordinaire et d'exception. D'où il suit : 1° qu'ils ne sont compétents que pour juger les affaires qui leur sont spécialement attribuées et dans les limites déterminées par la loi; 2° que les parties ne peuvent, même d'un consentement réciproque, étendre leur juridiction que dans le cas où il s'agit d'une espèce d'affaires pour laquelle ils sont compétents (Cod. proc. civ. 7; V. note 77, n. 97 et 99). L'article 7 du C. de proc. civ. portant que le juge-de-paix *jugera le différend* est impératif et ne lui permet pas de refuser de juger (Carré, — *Contrà*, Bioche n. 35: s'il en résulte pour le juge un surcroît d'occupations nuisible à ses véritables justiciables).

20. Les juges-de-paix connaissent des matières dont l'énumération suit;

21. ACTIONS (*a*) PUREMENT PERSONNELLES OU MOBILIÈRES. D'où il suit qu'ils ne peuvent connaître des actions réelles immobilières et mixtes, à l'exception toutefois des actions possessoires qui leur sont formellement attribuées par la loi (V. *inf.* n. 22). — Mais ils sont compétents sur toutes les actions personnelles et mobilières n'excédant pas 200 fr., encore bien qu'elles se rapportent indirectement à des immeubles; tels sont : 1° la demande en paiement des travaux faits à un immeuble; 2° la demande en paiement d'arrérages de rentes foncières non *contestées*, car si la dette de la rente elle-même était contestée, il s'agirait alors du capital et le juge ne serait compétent que jusqu'à 200 fr. (Arg. Cass. 13 oct. 1813), toutefois il cesserait d'être compétent si la demande d'arrérages était formée contre un tiers-détenteur, parce qu'alors ce serait une action hypothécaire, réelle ou au moins mixte (Cass. 22 janv. 1840).

22. ACTIONS POSSESSOIRES (*d*), quand elles sont fondées sur des faits commis dans l'année. — V. note 28, n. 321 et suiv., 520 et suiv.

23. ACTIONS EN RÉINTÉGRANDE (*d*), fondées sur des faits commis dans l'année. — V. note 28 n. 334 et suiv.

24. AVARIE D'EFFETS. — V. *inf.* *Contestations*, n. 34.

25. BORNAGE (Action en), lorsque la propriété ou les titres qui l'établissent ne sont pas contestés (*d*). Car, lorsqu'il s'élève des contestations sur la propriété du terrain qu'il s'agit de borner ou sur les titres établissant cette propriété, le juge-de paix doit surseoir à statuer, en réservant les dépens, et renvoyer les parties devant les tribunaux civils; mais dès que ces difficultés ont été résolues, toutes les questions relatives au bornage lui appartiennent.

26. A cet égard il a été décidé que la compétence du juge-de-paix cesse :

27. 1° Lorsque les parties, d'ailleurs d'accord sur leurs droits respectifs de propriété et en l'absence de titres, sont en contestations sur l'étendue respective de leurs héritages limitrophes, ce qui donne lieu à une question de propriété dont la connaissance n'est point dévolue aux juges-de-paix (Cass. 1 fév. 1842). — Il en est ainsi lors même que le défendeur déclare contester le titre de propriété (tout développement à cet égard étant sans objet du moment qu'on conteste) sans donner de motifs, et que sa déclaration n'est faite qu'après un premier jugement qui a ordonné la visite des lieux (Cass. 12 av. 1843).

28. 2° Lorsque le défendeur à l'action en bornage soutient que le demandeur n'est point propriétaire du fonds contigu; que le titre produit ne lui confère qu'un droit de détention précaire (Curasson, 2, 336).

29. 3° Quand les parties ne sont pas d'accord sur le mode à suivre pour fixer la ligne de limitation; l'une voulant que l'on opère d'après l'examen des titres ou d'après la prescription de 30 ans, tandis que l'autre veut que l'on se réfère à la possession actuelle (Curasson, *Ibid.*).

30. 4° Lorsque l'une des parties entend subordonner le bornage à un seul titre, tandis que l'autre invoque d'autres titres (Curasson, 337).

V. note 33, n. 13 et note 123.

31. COMPLAINTES (*d*), fondées sur des faits commis dans l'année. — V. note 28, n. 328 et suiv.

(*a*) En dernier ressort jusqu'à la valeur de 100 fr., et à charge d'appel, jusqu'à la valeur de 200 fr. (L. 25 juin 1838 art. 1 et art. 4, dernier alin).

(*b*) En dernier ressort jusqu'à la valeur de 100 fr., et, à charge d'appel, jusqu'au taux de la compétence en dernier ressort des trib. de première instance. - V. note 75, n. 105 L. 25 mai 1838 art. 2 et 4.

(*c*) En dernier ressort jusqu'à la valeur de 100 fr. et, à charge d'appel à quelque valeur que la demande puisse s'élever (L. 25 mai 1838 art. 3, 5 et 7, in fine).

(*d*) A charge d'appel ou en premier ressort (L. 25 mai 1838, art. 6).

32. CONGÉS (*c*), lorsque les locations verbales ou par écrit n'excèdent pas annuellement, 400 fr. à Paris et 200 fr. partout ailleurs. — Si le prix principal du bail consiste en denrées ou prestations en nature, appréciables d'après les mercuriales, l'évaluation sera faite sur celles du jour de l'échéance, lorsqu'il s'agira du paiement des fermages; dans tous les autres cas elle aura lieu suivant les mercuriales du mois qui aura précédé la demande. Si le prix principal du bail consiste en prestations non appréciables d'après les mercuriales, ou s'il s'agit de baux à colons partiaires, le juge-de-paix déterminera la compétence, en prenant pour base du revenu de la propriété le principal de la contribution foncière de l'année courante multipliée par cinq. — V. *inf.* n. 112 et suiv.

Ces congés sont valables soient qu'ils aient été signifiés en temps utile par acte d'huissier, soit qu'il résulte de conventions écrites intervenues entre le locataire et le propriétaire Mais il n'en serait point de même d'un congé donné verbalement, car la preuve testimoniale ne serait point admissible même lorsque le loyer annuel n'excéderait pas 150 fr. (Arg. C. civ. 1715; Cass. 12 mars 1816 et 15 nov. 1826; Toullier; Pigeau).

33. CONSTRUCTIONS (*d*) ET TRAVAUX (Actions relatives aux), près des murs d'autrui ou mitoyens énoncés dans l'art. 674 du C. civ. (V. note 55, n. 45), lorsque la propriété ou la mitoyenneté du mur ne sont pas contestées.

34. CONTESTATIONS (*b*) : — entre les hôteliers, aubergistes ou logeurs, et les voyageurs ou locataires en garni, pour dépense d'hôtellerie et perte ou avarie *d'effets* déposés dans l'auberge ou dans l'hôtel; — entre les voyageurs et les *voituriers ou bateliers* pour retards, frais de route et perte ou avarie *d'effets accompagnant les voyageurs*; — entre les voyageurs et les carrossiers ou autres ouvriers, pour fournitures, salaires et réparations faites aux voitures de voyage.

35. *D'effets*. Ce mot comprend non-seulement les linges et hardes, mais encore l'argent et les valeurs apportées dans l'hôtel par le voyageur (Paris 7 mai 1838; Toullier, 11, 252).

36. La preuve testimoniale est admissible lors-même que la valeur des objets déposés dépasse 150 fr.; le dépôt de ces effets étant considéré comme nécessaire (C. civ. 1950).

37. *Voituriers ou bateliers*. Ils sont, de même que les entrepreneurs de messageries, responsables des effets des voyageurs, alors même que ceux-ci n'ont pas déclaré et fait inscrire ces effets.

38. *D'effets accompagnant les voyageurs*. D'où il résulte que dans tous les cas où les voyageurs n'auront pas été accompagnés de leurs effets, le juge-de-paix est incompétent pour statuer sur leur réclamation; cependant si les effets étaient destinés à accompagner les voyageurs, et que, par suite d'un oubli de la part de l'administration ou du retard du voyageur, ces effets n'aient été expédiés que le lendemain, le juge-de-paix serait compétent pour connaître de la contestation (Benech).

39. CURAGE (*c*) (Actions relatives au) soit des fossés, soit des canaux servant à l'irrigation des propriétés ou au mouvement des usines, lorsque les droits de propriété ou de servitude ne sont pas contestés.

40. DÉGRADATIONS (*b*) et pertes arrivées *pendant la jouissance* du locataire, dans les cas prévus par les art. 1732 et 1735 du C. civ. — Néanmoins le juge-de-paix ne connaît des pertes causées par incendie ou inondation que dans les limites posées par l'art. 1er de la loi du 25 mai 1838 (*a*).

41. Par application de cet article il a été décidé que le juge-de-paix connaît :

42. 1° Des dégradations et pertes d'objets mobiliers loués (Cass. 19 juill. 1842).

43. 2° De l'action du propriétaire tendante au rétablissement dans la ferme des pailles, foins et engrais enlevés par le fermier et à une indemnité pour le non-fumage des terres (Cass. 29 mars 1820).

44. 3° Et de la demande en indemnité pour dégâts commis par le fermier dans les bois taillis, soit par la coupe d'un plus grand nombre de baliveaux que celui déterminé par le bail, soit par l'étronçonnage de plusieurs arbres (Jug. de Poitiers 25 mars 1817).

45. Mais le juge-de-paix devient incompétent : 1° si la qualité de fermier ou de locataire est contestée (Cass. 5 pluv. an XI; 10 mars 1829). — 2° Si l'action est intentée par le propriétaire contre l'usufruitier (Cass. 10 janv. 1810; Henrion; Favard; Merlin; Berriat; Carré). — Toutefois il en est autrement de la réclamation d'un fermier ou locataire principal contre un sous-locataire ou un sous-fermier, parce qu'il y a alors subrogation dans les droits du propriétaire (Arg. C. civ. 2102; C. proc. civ. 819; Curasson, p. 102. — *Contrà*, Carré).

46. *Pendant la jouissance*. D'où il suit que le juge-de-paix est incompétent si les dégradations ont eu lieu après l'expiration du bail et pendant le temps que le preneur a joui illégalement des lieux (Cass. 15 juin 1819; Benech).

47. Cependant la responsabilité du locataire cesse s'il prouve que les dégradations ou pertes n'ont pas eu lieu par sa faute (C. civ. 1752). — Mais il en est tenu quand elles arrivent par le fait des *personnes de sa maison*, ou de ses sous-locataires (C. civ. 1735). — Par *personnes de sa maison* il faut entendre non-seulement la femme, les enfants, les domestiques ou commensaux du locataire, mais encore les ouvriers qu'il emploie, ses hôtes et tous ceux qu'il admet dans sa maison (Benech).

48. DEMANDES PRINCIPALES, RECONVENTIONNELLES ET EN COMPENSATION. — Lorsque plusieurs demandes formées *par la même partie* sont réunies dans une même instance, le juge-de-paix ne prononce qu'en premier ressort si leur valeur totale s'élève au-dessus de 100 fr., lors-même que quelqu'une de ces demandes serait inférieure à cette somme. Il est incompétent sur le tout si ces demandes excèdent par leur réunion les limites de sa juridiction (L. 25 mai 1838, art. 9).

49. *Par la même partie*. Cet article n'est applicable qu'au cas où les différentes demandes sont formées par la même partie et non à celui où, par le même exploit, des parties ayant des intérêts distincts auraient formulé différents chefs de demande contre le même défendeur (Merlin; Henrion).

50. Il n'a point été innové par la loi de 1838 aux anciens principes, d'après lesquels, pour déterminer la compétence, on ajoute au capital réclamé les intérêts échus avant la demande, sans avoir égard à ceux courus depuis la demande, ni aux accessoires tels que frais d'enregistrement de l'acte constitutif de la créance et autres de même nature (*Ibid.*).

51. Le juge-de-paix connaît de toutes les demandes reconventionnelles ou en compensation qui, *par leur nature ou leur valeur*, sont dans les limites de sa compétence, alors même que dans les cas prévus par l'art. 1er (*a*), ces demandes réunies à la demande principale s'élèveraient au-dessus de 200 fr. (L. 25 mai 1838, art. 7).

52. Lorsque chacune des demandes principales, reconventionnelles ou en compensation est dans les limites de la compétence du juge-de-paix en dernier ressort, il prononce sans qu'il y ait lieu à appel (Même loi, art. 8).

53. Si l'une de ces demandes n'est susceptible d'être jugée qu'à charge d'appel, le juge-de-paix ne prononce sur toutes qu'en premier ressort (*Ibid.*).

54. Si la demande reconventionnelle ou en compensation excède les limites de sa compétence, il pourra, soit retenir le jugement de la demande principale, soit renvoyer sur le tout les

(*a*)—(*b*)—(*c*)—(*d*)—V. l'explication de ces renvois au bas de la p. 868.

(*a*)—(*b*)—(*c*)—(*d*) V. l'explication de ces renvois sup. au b. de la p. 868.

parties à se pourvoir devant le tribunal de première instance, sans préliminaire de conciliation (Même loi, art. 8).

55. Ainsi, les demandes reconventionnelles ou en compensation doivent être considérées isolément et comme si elles avaient été formées seules; de sorte que si la demande principale est inférieure à 100 fr., ainsi que la demande reconventionnelle ou en compensation, le juge statue sur le tout en dernier ressort. — Si, au contraire, une d'elles seulement est de nature à être jugée en dernier ressort, il prononce en premier ressort sur le tout; le juge de second degré étant appelé à connaître d'une des demandes reconventionnelles doit pouvoir statuer également sur l'autre. — Si enfin, l'action reconventionnelle dépasse, même en premier ressort, les limites de la compétence du juge-de-paix (200 fr.), celui-ci peut se dessaisir de cette action si elle n'est pas sérieuse, ou si elle est exagérée avec intention ou si elle est sans rapport avec le premier objet du litige, et retenir la demande principale, ou bien renvoyer le tout au trib. de 1re instance. Mais il ne le peut quand il s'agit d'une demande reconventionnelle en dommages-intérêts fondée exclusivement sur la demande principale elle-même, parce qu'alors il y a connexité (V. note 28, n. 220).

56. DEMANDES RECONVENTIONNELLES en dommages-intérêts, fondées exclusivement sur la demande principale elle-même (c). — V. le nº qui précède.

57. DÉNONCIATIONS DE NOUVEL OEUVRE (d). — V. *Actions possessoires*, note 28, n. 407.

58. DÉPENSES D'HOTELLERIE (b). — V. *sup.* n. 34.

59. DÉPLACEMENTS DE BORNES (d). — V. note 28, n. 368.

60. DIFFAMATION VERBALE et injures publiques ou non publiques, verbales ou par écrit autrement que par la voie de la presse (Actions civiles pour); — Rixes et voies de faits (mêmes actions pour); le tout lorsque les parties ne se sont pas pourvues par la voie criminelle (c).

61. Mais il ne résulte pas de cette disposition que le juge-de-paix puisse connaître comme juge civil d'une action en réparation d'une voie de fait qui sort de sa compétence comme juge de police. Ici il faut entendre par *voies de fait* les violences légères qui ne peuvent être qualifiées de coups et qui n'occasionnent point de blessures, et non les coups et blessures qui, à raison de leur gravité, sont de la compétence des tribunaux de police correctionnelle ou des Cours d'assises (Nancy 6 août 1842. — *Contrà*, Carré; Carou).

62. Lorsque la justice criminelle a été saisie, il n'en résulte pas une incompétence absolue de la justice civile, il y a seulement lieu de surseoir au jugement du procès civil jusqu'à la décision du criminel. Et si la partie s'étant d'abord pourvue au criminel a vu son action repoussée par une décision d'incompétence, le juge-de-paix est compétent (Cass. 21 nov. 1825).

63. Il suffit, pour que des dommages-intérêts soient accordés que le fait dont se plaint le demandeur lui ait causé un préjudice. — Mais le juge-de-paix ne peut condamner à tenir l'offensé pour un homme d'honneur, cette peine n'étant point établie par la loi (Cass. 28 mars 1821; Henrion; Carré); ni interdire au condamné d'approcher du domicile de la personne injuriée (Cass. 19 févr. 1807). — Cependant, il a le droit d'ordonner l'impression et l'affiche de son jugement, parce qu'on ne peut considérer cela ni comme peine, ni comme aggravation de peine, mais comme simples dommages-intérêts accordés à la partie lésée (Cass. 25 mars 1813; Henrion; Carré; Carnot).

64. DOMMAGES (c) faits aux champs, fruits et récoltes, soit *par l'homme*, soit par les animaux (Actions pour); lorsque les droits de propriété ne sont pas *contestés*.

65. *Par l'homme*. Ce qui s'applique au préjudice qui résulte non-seulement du fait immédiat de l'homme, mais encore de sa négligence, ou de constructions vicieuses faites par lui et d'établissement insalubre autorisé et conforme aux conditions imposées par l'administration (Cass. 18 nov. et 9 déc. 1817; 23 mai 1831; 19 juill. 1826; 20 fév. 1830).

66. *Par les animaux*. Il n'y a pas lieu de distinguer les animaux sauvages des animaux domestiques. Les dégâts provenants des lapins de garennes doivent être réparés par le propriétaire du bois où ces animaux se retirent, si ce propriétaire n'a pris aucune mesure pour les détruire; ou s'il n'a pas autorisé les propriétaires voisins à les détruire chez lui; ou s'il a favorisé la multiplication de ces animaux (Cass. 3 janv. 1810; 14 nov. 1816; 22 mars 1837).

67. CONTESTÉS. La compétence cesse si le défendeur prétend être propriétaire du champ auquel le dommage a été causé: et le juge doit même d'office surseoir à statuer jusqu'à la décision de l'exception par le juge compétent (Cass. 22 juin 1842). — Mais une vague allégation de propriété sans proposer l'exception d'incompétence serait insuffisante (Cass. 26 mai 1840).

68. Doivent être considérés comme dommages aux champs, fruits et récoltes: l'enlèvement de cendres déposées sur un terrain et destinées à y être répandues pour servir d'engrais (Limoges 10 mars 1841); les prises de terre que se permettent les laboureurs (Circ. min. 1 fruct. an v); la destruction de quelques parties de grains par le pied des chevaux, ou avec des instruments aratoires; les détériorations faites aux arbres ou arbustes par imprudence ou autrement; les brèches faites à des clôtures; les comblements de fossés; les renversement de clôtures; les dégâts causés en montant sur les arbres; les dommages causés aux guérets par le passage des voitures, pour exploiter d'autres héritages, ou autrement; la dégradation des digues d'une rivière, causée par des bois ou autres objets déposés dans son lit, de manière à en faire déverser les eaux sur les terres voisines; les dégâts occasionnés par un égout; les inondations causées par l'élévation des déversoirs ou écluses tenus trop haut pendant un orage (Cass. 26 janv. 1810); les dommages causés à des fonds par les hommes ou les animaux, en y frayant des sentiers ou passages, etc.; les dégâts commis à la chasse ou à la pêche; les dégradations faites aux immeubles par les troupeaux et bêtes de sommes; le préjudice causé par suite, soit du pacage exercé au mépris des lois et réglements sur le parcours et la vaine pâture, soit du chômage ou grapillage, quand le droit n'est pas contesté (Vaudoré; Carré; Bioche n. 92).

69. Mais on ne pourrait considérer comme *dommage* l'enlèvement de la récolte entière d'un champ par quelqu'un qui à tort ou à raison s'en prétend propriétaire. C'est alors une action en complainte qu'il faut former contre lui (V. note 28, n. 328), ou bien une demande en restitution dont le juge-de-paix ne pourra connaître que jusqu'à 200 fr. (a), tandis que si l'enlèvement était considéré comme un dommage il en pourrait connaître à quelque somme que la demande puisse s'élever (c).

69 *bis*. L'action pour dommages aux champs, fruits et récoltes, à la différence de l'action possessoire (V. note 28, n. 520 et suiv.), n'a pas besoin d'être intentée dans l'année (Cass. 29 déc. 1830).

70. DOUANES. Les juges-de-paix connaissent en première instance des contestations concernant le refus de payer les droits, le non-rapport des acquits-à-caution, et les autres affaires relatives aux douanes (L. 14 fruct. an III). — Ils sont même autorisés à connaître: 1° des demandes en réparations d'injures verbales ou de menaces contre les employés, dans l'exercice de leurs fonctions, comme étant de simples contraventions de douane (L. L. 6 août 1791; 4 germ. an 2; Cass. 3 vent. an X; 26 août 1816; Dalloz); 2° de l'opposition à l'exercice de ces mêmes fonctions (Cass. 21 niv. an XIII). Toutefois il n'est compétent qu'autant qu'il s'agit d'objets non prohibés et tarifés à moins de 20 fr. par 100 kilogrammes (L. L. 21 avr. 1816 et 21 avr. 1818). — Le juge compétent est celui dans le ressort duquel l'objet a été déposé (L. 17 déc. 1814); cependant si les mar-

(a)—(b)—(c)—(d) V. l'explication de ces renvois sup. au b. de la p. 868.

(a)—(b)—(c)—(d) V. l'explication de ces renvois sup. au b. de la p. 868.

71. ELAGAGE (C) des arbres ou haies (Actions relatives à l'), lorsque les titres de propriété ou de servitude ne sont pas contestés.

72. ENGAGEMENTS (C) respectifs (contestations relatives aux) des *gens de travail* au jour, au mois et à l'année, et de ceux qui les emploient; des maîtres et des *domestiques ou gens de service* à gages; des *maîtres* et de leurs *ouvriers ou apprentis*, sans néanmoins qu'il soit dérogé aux lois et réglements relatifs à la juridiction des *prudhommes*.

73. *Gens de travail.* Tels sont en général tous les journaliers, c.-à-d. ceux dont l'engagement peut commencer et finir dans la même journée, par exemple en travaillant chez autrui à la terre, ou en travaillant à la journée en la maison de ceux qui les emploient (Henrion; Carré; Merlin). — Mais il en est autrement 1° des entrepreneurs et des ouvriers qui exécutent des travaux par devis ou marché à prix fait (Carré); 2° des fermiers travaillant ou faisant travailler pour leur propriétaire; 3° des ouvriers employés par un mécanicien à la confection d'un appareil, parce que c'est alors un louage d'industrie plutôt qu'un louage de service (Douai 3 avr. 1841).

74. *Domestiques ou gens de service.* Dans cette catégorie sont compris les valets de pied, valets de chambre, laquais, portiers, cochers, cuisiniers, garçons d'écurie, etc. (Henrion; Carré).

75. Mais on ne doit pas y comprendre: 1° Les aumôniers, bibliothécaires, secrétaires, précepteurs, qui reçoivent des honoraires ou traitements et non des gages, qui rendent à celui qui les emploie des services, et ne sont pas à son service (Bourges, 30 mai 1829; Benech — *Contrà*, Henrion; Carré; Coin-Delisle; Arg. Paris 12 mai 1839).

76. 2° Les intendants, clercs et autres personnes salariés d'une condition supérieure à celle des domestiques proprement dits.

77. 3° Les élèves et pensionnaires (Carré).

78. Le juge-de-paix ne connait des contestations entre maîtres et domestiques qu'autant qu'elles sont relatives à des engagements intervenus à l'occasion du service. Il ne peut statuer: 1° sur une demande formée par le domestique contre le maître en restitution de meubles et de titres lui appartenant (Cass. 22 frim. an IX; Merlin; Favard); 2° sur une demande en restitution d'un billet prétendu souscrit par le maître défunt et mis sous les scellés (*Ibid.*).

79. *Maîtres et ouvriers ou apprentis.* Les ouvriers sont ceux qui travaillent habituellement pour le compte d'un maître, à raison d'un prix fixé par jour, par mois, ou par pièce d'ouvrage confectionnée. — Les apprentis sont ceux qui sont placés chez un maître pour y apprendre une industrie.

80. La demande formée par un ouvrier contre le commerçant qui l'emploie dans son usine est de la compétence du juge-de-paix et non du tribunal de commerce (Limoges 26 juill. 1841).

81. L'incompétence, quant aux contestations qui sont étrangères aux engagements entre maîtres et ouvriers pour raison du service, est absolue; le juge-de-paix doit la suppléer d'office lorsqu'elle n'a pas été opposée par les parties. On est recevable à l'invoquer pour la première fois en appel (Cass. 22 frim. an IX et 28 nov. 1821). — Et si, par la demande, on réclame en même temps le paiement de salaires et de fournitures, le juge-de-paix doit retenir la demande en paiement de salaires, et renvoyer celle en paiement de fournitures devant le tribunal de première instance, si le montant de ces fournitures excède sa compétence (Carré).

82. *Prudhommes.* Dans les lieux où il n'y a pas de conseils de prudhommes, les contestations relatives aux engagements respectifs des maîtres et de leurs ouvriers sont de la compétence des juges-de-paix soit en matière civile soit en matière commerciale (Paris 6 janv. 1841; Bourges 5 janv. 1842).

83. ENTREPRISES (D) commises dans l'année, sur les cours d'eau servant à l'irrigation des propriétés et au mouvement des usines et moulins, sans préjudice des attributions de l'autorité administrative dans les cas déterminés par les lois et par les réglements. — V. *sup.* n. 22.

84. EXPULSION DE LIEUX (C) etc. — V. *sup.* n. 32.

85. FERMAGES. — V. *inf.* *Loyer*, n. 93.

86. FOURNITURES. — V. *sup.* n. 34.

87. FRAIS DE ROUTE. — V. *sup.* n. 34.

88. INCENDIE. - INONDATION. — V. *sup.* n. 40.

89 INDEMNITÉS (B) réclamées par le locataire ou fermier pour non-jouissance provenant du fait du propriétaire, lorsque le droit à une indemnité n'est pas contesté.

90. La compétence du juge-de-paix, dans ce cas, est soumise à une double condition, à savoir: que la non-jouissance *provienne du fait du propriétaire*, ou de tiers exerçant des actions de son chef (Benech), et *que le droit à l'indemnité ne soit pas contesté*, c.-à-d. qu'il n'y ait de difficulté que sur la quotité de cette indemnité, autrement les tribunaux ordinaires sont seuls compétents (Cass. 21 juin 1837).

91. Toutefois il ne suffit pas que le propriétaire demande son renvoi en se bornant à soutenir qu'il conteste le fond de droit sans alléguer de motifs; il faut que la prétention du propriétaire constitue une fin de non-renvoi contre la demande du fermier, car le juge-de-paix, après avoir apprécié les motifs allégués, a le droit ou de statuer ou de renvoyer devant le tribunal civil en réservant les dépens, sauf à voir son jugement réformé si le tribunal en décide autrement (Henrion; Carré; Favard; Benech).

92. INJURES publiques ou non publiques. — V. *sup.* n. 60.

93 LOYERS (C) ou fermages (actions en paiement de), etc. — V. *sup.* n. 32.

94. Il résulte de la disposition de loi rapportée *sup.* n. 32, que le juge de paix ne doit pas statuer sur les contestations relatives à des baux d'une valeur supérieure à 400 fr. à Paris, et à 200 fr. partout ailleurs. Mais si la location est d'une valeur inférieure, le juge de paix aura une compétence illimitée, encore bien que par suite d'une accumulation de loyers arriérés, les sommes réclamées s'élèvent au-delà de 200 fr. et de 400 f. — Ainsi, un juge de paix est incompétent à Paris pour statuer sur une demande en paiement de 500 fr. pour une année de loyer, mais il peut connaître d'une demande en paiement de 2000 fr. pour cinq années de loyer à 400 fr. l'une.

Cependant un propriétaire peut porter une demande en paiement de 150 fr. et même de 200 fr. pour un seul terme de loyer, devant le juge de paix, en vertu non pas de l'art. 3 (C), mais de l'art. 1 de la loi du 25 mai 1838 (A). — V. *sup.* n. 21.

95. NOURRICES (C) (contestations relatives au paiement des), sauf ce qui est prescrit par les lois et réglements d'administration publique à l'égard des bureaux de nourrice de la ville de Paris et de toutes les autres villes.

96. OCTROI. On appelle ainsi la taxe établie au profit d'une commune sur les objets de consommation qui y sont introduits. — L'action résultant des procès-verbaux en matière d'octroi, et les questions qui peuvent naître de la défense du prévenu sont de la compétence exclusive, soit du tribunal de simple police, soit du tribunal de police correctionnelle, suivant la quotité de l'amende (A) encourue (Ordonn. roy. 9-27 déc. 1814). — Le juge compétent est celui du lieu de la rédaction du procès-verbal (*Ibid.*). — Mais les contestations civiles en matière de droits réunis sont de la compétence du tribunal de première instance (Rouen 3 janv. 1819). — L'action civile en matière d'octroi n'est pas recevable, si la partie qui l'exerce n'a consigné d'avance le droit qu'elle conteste (L. 27 frim. an VIII). — Les maires sont autorisés, sauf l'approbation des préfets, à faire remise, par voie de transaction, de la totalité ou de partie des condamnations encourues, même après le jugement rendu. (Mais ce droit appartient exclusivement à la régie des impositions indirectes et d'après les règles qui lui sont propres, toutes les fois

(a)-(b)-(c)-(d) V. l'explication de ces renvois sup. au b. de la p. 868.

(a)-(b)-(c)-(d) V. l'explication de ces renvois sup. au b. de la p. 868.

que la saisie a été opérée dans l'intérêt commun des droits d'octroi et des droits imposés au profit du Trésor (Ordonnance précitée).

97. OFFRES RÉELLES. Le juge de paix connaît des offres réelles quand elles sont dans les limites de sa compétence.

98. PENSIONS (D) ALIMENTAIRES (demandes en) n'excédant pas 150 fr. par an, et seulement lorsqu'elles sont formées en vertu des art. 205, 206 et 207 du C. civ.

99. Quant à la demande en cessation de pension alimentaire accordée en vertu des mêmes articles, elle rentre dans la compétence du juge de paix; il y a même motif, la nécessité d'économiser les frais.

100. Mais lorsque la demande a lieu en vertu d'une convention ou d'un titre, le juge de paix est incompétent, quel que soit le taux de la pension réclamée (Bioche).

101. PERTES. — V. *sup.* n. 34, 40.

102. PLANTATIONS (D) d'arbres ou de haies (actions relatives à la distance prescrite par la loi, les règlements particuliers et l'usage des lieux, pour les), lorsque la propriété ou les titres qui l'établissent ne sont pas *contestés*. — V. note 41, n. 112 et suiv.

103. Il importe peu que la demande ne soit pas intentée dans l'année où les plantations ont été faites; car il ne s'agit plus ici d'une action possessoire (Bioche art. 1166).

104. *Contestés*. V. *sup.* n. 25 et suiv., 89 et suiv.

105. POLICE SIMPLE. La connaissance des contraventions de police est attribuée au juge de paix et au maire (C. instr. crim. art. 138 à 179).

106. Ces contraventions sont divisées en quatre classes sous les art. 471 à 483 du C. pén.

107. Les peines applicables à ces contraventions sont : l'emprisonnement depuis un jour jusqu'à cinq jours; l'amende depuis 1 fr. jusqu'à 15 fr. inclusivement; la confiscation de certains objets saisis; la condamnation aux frais et aux restitutions et indemnités dues à la partie lésée (C. pén. 464 à 470). Mais la peine de l'emprisonnement et celle de l'amende peuvent être réduites même au cas de récidive, si les circonstances paraissent atténuantes (C. pén. 483 et 463).

108. Les juges de paix connaissent exclusivement : 1° des contraventions à raison desquelles la partie qui réclame conclut, pour ses dommages-intérêts, à une somme indéterminée ou à une somme excédant 15 fr.; 2° des contraventions forestières poursuivies à la requête des particuliers (C. instr. crim. 190. 139). — Mais leurs jugements sont sujets à appel dans certains cas. — V. note 28, n. 170.

109. Quant aux tribunaux correctionnels, ils connaissent de tous les délits forestiers poursuivis à la requête de l'administration, et de tous les délits dont la peine excède cinq jours d'emprisonnement et 15 fr. d'amende (C. Instr. crim. 179).

110. RÉPARATIONS (C) locatives des maisons ou fermes, mises par la loi à la charge du locataire.

111. Ces réparations sont énumérées dans l'art. 1754 du C. civ. et mises à la charge des locataires ou fermiers, à moins qu'ils ne prouvent qu'elles proviennent de vétusté ou de force majeure (C. civ. 1730).

112. Le juge de paix statue sur les difficultés qui peuvent naître à l'occasion des états de lieux, dressés ou à dresser; il constate ces états par jugement, lorsque les parties ne sont pas d'accord soit sur les choses qui doivent être décrites, soit sur la manière d'opérer; par exemple, si le propriétaire se refuse à faire un état de lieux, le preneur en fait dresser un, et assigne le bailleur devant le juge de paix, pour l'accepter ou le contester, et réciproquement (Lepage; Vaudoré; Carré).

(a)-(b)-c-d) V. l'explication de ces renvois sup. au b. de la p. 868.

113. RÉSILIATION (C) de baux (demandes en), fondées sur le seul défaut de paiement des loyers ou fermages, etc. — V. *sup.* n. 32.

114. Le droit du juge de paix est restreint au cas unique où la résiliation est provoquée pour défaut de paiement de loyer; car dès qu'il s'agit d'interpréter le contrat et d'apprécier les conditions du louage, il y a nécessité de recourir aux tribunaux ordinaires, quelque modique qu'en soit le prix (Rapport à la Ch. des Pairs).

115. RETARDS. — V. *sup.* n. 34.

116. RIXES. — V. *sup.* n. 60 et suiv.

117. SAISIE-GAGERIE (C) (demandes en validité de).

118. Cette saisie peut avoir lieu sans permission de justice (C. civ. 819), mais seulement pour loyers échus. Elle ne peut être faite ni pour loyers à échoir (Bourges 16 déc. 1837), ni pour dégradations commises par le fermier ou locataire (Caen 4 fév. 1839).—Quand elle ne peut avoir lieu qu'en vertu de permission de justice, cette permission sera accordée par le juge de paix du lieu de la saisie, si les causes rentrent dans sa compétence, sauf appel au cas d'excès de compétence (L. 25 mai 1838, art. 10).

119. Elle est dénoncée au locataire avec assignation en validité devant le juge de paix. On ne peut ajouter à la demande en validité, ni demande incidente telle qu'une demande en résiliation du bail fondée sur le défaut de paiement des loyers (Bourges 16 déc. 1837), ni demande nouvelle relative à des causes étrangères à la saisie (Jug. du juge de paix de Vermenton 13 sept. 1844). — Mais le défendeur a le droit de repousser la demande en validité par une demande en compensation (*Ibid.*; V. note 28, n. 693).

120. SALAIRES. — V. *sup.* n. 34.

121. USURPATION. — V. *sup.* n. 22.

122. VOIES DE FAIT. — V. *sup.* n. 60 et suiv.

Art. 2. DE LA COMPÉTENCE EXTRAJUDICIAIRE.

123. I. Le Code civil confère au juge de paix le droit : — 1° de convoquer et présider le conseil de famille des mineurs et interdits (V. note 163); — 2° de recevoir le serment de l'expert qui estime les meubles que les père et mère de l'enfant mineur veulent conserver en nature (C. civ. 453); — 3° de dresser des actes d'émancipation (V. note 82) et de tutelle officieuse (V. note 165); — 4° de délivrer des actes de notoriété (V. note 63, n. 118); — 5° d'assister, sur la réquisition du procureur du roi, à l'inventaire du mobilier et des titres de l'absent (V. note 78, n. 196); — 6° de dresser procès-verbal du refus ou retard que mettraient les conservateurs des hypothèques à transcrire des actes de mutation, à inscrire des droits hypothécaires, ou à délivrer des certificats de ces transcriptions et inscriptions (C. civ. 2199; V. note 111); — 7° de rédiger les testaments faits dans un lieu avec lequel toute communication est interceptée à cause de la peste ou de toute autre maladie contagieuse (C. civ. 985; V. note 152).

124. II. Le Code de procédure civile charge le juge de paix : 1° de tenter de concilier les parties qui se présentent en conciliation avant l'introduction d'une instance (C. proc. 48; et note 112); — 2° de recevoir la déclaration affirmative des tiers-saisis domiciliés dans son ressort, lorsque ces tiers n'habitent pas les lieux où siége le tribunal devant lequel ils ont été assignés (C. proc. 571), — 3° d'assister à l'ouverture des portes, à l'effet de pratiquer une saisie-exécution (C. proc. 587); — 4° d'établir un gérant à l'exploitation, en cas de saisie d'animaux ou d'ustensiles servant à l'exploitation (C. proc. 594); — 5° d'assister à l'arrestation d'un individu faite dans une maison quelconque, lorsque cette arrestation a été par lui ordonnée (C. proc. 781); — 6° d'apposer et de lever des scellés (C. proc. 907 et suiv.); — 7° de faire une enquête par suite de commission rogatoire (C. proc. 1035).

(a)-(b)-(c)-(d) V. l'explication de ces renvois sup. au b. de la p. 868.

125. III. Le code de commerce lui donne compétence dans les cas exprimés aux art. 106, 234, 243, 245 et 414 de ce code.

126. IV. Le code forestier le rend compétent dans les cas exprimés aux art. 161, 168 et 169 de ce code.

127. V. Des lois spéciales ont étendu la juridiction extrajudiciaire du juge de paix aux cas suivants : 1° il vise et déclare exécutoires, sans frais, les contraintes décernées par la régie, sous peine de répondre personnellement des valeurs (Décr. 1 germ. an XIII; V. note 18, n. 608); — 2° il reçoit le serment des experts nommés dans les affaires d'enregistrement (L. 15 nov. 1808); et l'affirmation des procès-verbaux par les préposés de l'enregistrement (V. note 44, n. 9 et suiv.), des douanes (L. 9 flor. an VII), des impôts directs et des octrois, les gardes champêtres (L. 28 sept.-6 oct. 1791), les gardes forestiers (C. for. 165), les gardes-pêche (C. pêche fluv. 44); — 3° il nomme le tiers-expert dans le cas d'expertise requise par la régie de l'enregistrement pour évaluer des immeubles transmis à titre onéreux ou gratuit (L. 22 frim. an VII; V. note 18, n. 278); — 4° il peut être délégué par le procureur du roi pour vérifier les registres de l'état civil d'une des communes du canton pour l'année courante (L. 26 nov. 1823); — 5° il délivre aux notaires, greffiers, huissiers et autres officiers publics, exécutoire pour le montant des droits d'enregistrement qu'ils ont déboursés (V. la formule d'exécutoire et la note 5, n. 58 et suiv.); — 6° il appose les scellés à la mort d'un officier général ou officier supérieur de toutes armes, d'un intendant militaire, officier de santé en chef des armées, retiré ou en activité de service; — 7° il cote et paraphe sans frais les répertoires des greffiers et huissiers du canton (L. L. 22 frim. an VII et 14 juin 1813); — 8° dans les lieux où il n'y a pas de commissaires de police, il saisit, à la requête des auteurs, compositeurs, de leurs héritiers ou cessionnaires, les exemplaires des éditions imprimées ou gravées sans leur permission (L. L. 19 juill. 1793 et 25 prair. an III); — 9° il peut, dans les ports où il n'y a pas de tribunal de commerce, recevoir les procès-verbaux de visite, dressés en exécution de l'art. 225 du C. de commerce; et alors il est tenu de les envoyer dans les 24 heures de ce dépôt au président du tribunal de commerce le plus voisin (Ordonn. 1 nov. 1826); — 10° certaines attributions sont confiées aux juges de paix par la loi de 1791 relative au sauvetage des navires; — 11° il a le droit d'exiger de tout individu qui expose des marchandises en vente l'exhibition de sa patente; — 12° il préside le jury de révision de la garde nationale, et tire au sort les jurés en audience publique (L. L. 22 mars 1831 et 14 juill. 1837); — 13° le plus ancien des juges de paix de chaque arrondissement est appelé à faire partie du comité chargé de surveiller et d'encourager l'instruction primaire (L. 28 juin 1833).

Art. 3. DE LA COMPÉTENCE TERRITORIALE.

128. En matière purement personnelle ou mobilière, la citation doit être donnée devant le juge du domicile du défendeur ; s'il n'a pas de domicile, devant le juge de sa résidence (C. proc. 2). — Lorsque la citation est donnée devant le juge de la résidence, le défendeur peut demander son renvoi devant celui de son domicile; mais, dans ce cas, la citation n'est pas annulée, si d'ailleurs le demandeur ignorait l'existence de ce domicile (Carré). — S'il y a eu élection spéciale de domicile, le juge de paix compétent est celui du domicile élu (Arg. C. civ. 111 ; C. proc. 59; Carré).

129. La citation est donnée devant le juge de la situation de l'objet litigieux, lorsqu'il s'agit : 1 des actions pour dommages aux champs, fruits et récoltes; 2° des demandes en bornage, des usurpations de terre, arbres, haies, fossés et autres clôtures, commis dans l'année, des entreprises sur les cours d'eau commises pareillement dans l'année, et de toutes autres actions possessoires (V. note 28, n. 350 et suiv.); 3° des réparations locatives; 4° des indemnités prétendues par le fermier ou locataire pour non-jouissance, lorsque le droit n'est pas contesté (V. *sup.* n. 89), et des dégradations alléguées par le propriétaire (C. proc. 3).

130. Mais ces exceptions ne sauraient être étendues par analogie à d'autres actions pour lesquelles la loi n'a pas expressément dérogé au droit commun : ainsi les demandes des salaires des gens de travail et gages des domestiques doivent être portées devant le juge du domicile du défendeur (Carré, Commaille; Paillet. — *Contrà*, Lepage; Thomine). — Il en est de même de celles pour dépenses faites par un voyageur dans une auberge (Carré; Thomine).

131. Quant à la demande en indemnité pour injures verbales, rixes ou voies de fait, elle doit être portée devant le juge de police du lieu où le délit a été commis (C. instr. crim. 139, 140, 166; Carré). — Toutefois, l'incompétence d'un tribunal de simple police tirée de ce qu'il n'est pas celui dans le ressort duquel la contravention a eu lieu n'est pas absolue et peut être couverte par le consentement des parties (Arg. C. instr. crim. 139; Cass. 3 mai 1811).

132. En matière extrajudiciaire, la compétence territoriale du juge de paix varie selon l'espèce des attributions extrajudiciaires qui lui sont conférées. Ainsi, en cas d'adoption, le juge compétent est celui du domicile de l'adoptant, tandis que le procès-verbal des demandes et consentements relatifs à la tutelle officieuse doit être dressé par le juge du domicile de l'enfant. — V. note 165.

§ 3. DES AUDIENCES DES JUGES DE PAIX. — DE LA COMPARUTION DES PARTIES.

Art. 1. DES AUDIENCES.

133. Les règles ordinaires sur la tenue et la police des audiences, sur les mesures à l'égard des personnes qui les troublent, s'appliquent en général aux tribunaux de paix. Ainsi, les dispositions des art. 8 et suiv. du C. de proc. civ. ne sont qu'énonciatives. — V. les art. 87 et suiv. du même Code.

Art. 2. DE LA COMPARUTION DES PARTIES.

134. Le juge de paix peut interdire aux huissiers de sa résidence de donner aucune citation avant d'avoir appelé sans frais les parties devant lui (L. de 1838 art. 17). — Aucun mode particulier n'étant indiqué à cet égard par la loi, il en résulte qu'il peut donner cet avertissement par lettre ou de toute autre manière.

135. Ce droit du juge ne cesse que dans le cas de péril en la demeure, ou lorsque le défendeur est domicilié hors du canton de la même ville (*Ibid.* art. 17).

136. C'est au juge de paix à apprécier l'urgence et à dispenser lui-même de l'avertissement. Cependant, si le péril est tel que l'officier ministériel n'ait pas le temps de consulter le juge de paix, par exemple, s'il s'agit d'interrompre une prescription sur le point de s'accomplir, il peut prendre sur lui de citer immédiatement. La justification sera alors dans les faits même qui caractérisent l'urgence; ce sera à lui de les apprécier et de n'engager qu'avec discernement sa responsabilité (Circ. min. just. 6 juin 1838). Toutefois le défaut d'avertissement, lorsqu'il est nécessaire, ne rend pas nulle la citation, seulement l'huissier devient passible des peines prononcées par l'art. 19 de la loi de 1838.

137. Les parties peuvent se présenter volontairement devant un juge de paix en exécution de l'art. 7 du Code de proc. civ. pour qu'il juge leur différend (V. *sup.* n. 19), mais il faut pour cela : 1° que le juge ait le germe de la compétence (*Ibid.*) ; — 2° qu'il y ait litige, conclusions et moyens des parties (V. note 30, n. 251 et 252), sinon le jugement est annulable en l'attaquant devant un tribunal régulièrement et compétemment saisi de l'un des recours que la loi autorise à former contre ces décisions et non en l'attaquant incidemment à une saisie immobilière à laquelle il sert de base (Cass. 13 nov. 1843); — 3° que l'objet en litige soit expliqué d'une manière claire et précise (Colmar 13 août 1828); — 4° et que les parties aient signé la déclaration par laquelle elles demandent jugement, à moins qu'elles ne le sachent, auquel cas il suffira d'en faire mention.

138. Elles comparaissent aussi sur citation ou volontairement et sans aucun acte préalable, au jour fixé par cette citation ou convenu entre elles. Cette comparution a lieu en personne ou

par un *fondé de pouvoir*, sans pouvoir faire signifier aucune défense (C. proc. 9), et sans qu'il soit nécessaire de justifier de l'empêchement du mandant.

139. *Fondé de pouvoir*. Quand la partie n'est pas présente à l'audience elle ne peut être représentée que par un fondé de pouvoir par acte authentique ou sous seing-privé enregistré et même légalisé par le maire du domicile (Ind. jug. de comm. de la Seine 30 janv. 1840). Il n'y a qu'un mandat en cette forme qui puisse justifier au juge de paix que la partie a consenti à être représentée. En ne l'exigeant point et ne le relatant pas dans les qualités de son jugement, il expose son jugement à être attaqué par opposition comme jugement par défaut.

140. Du reste, toute partie qui veut se faire assister ou représenter peut choisir qui bon lui semble pour son conseil ou son mandataire, pourvu que ce ne soit pas un huissier, sous peine pour celui-ci d'une amende de 25 à 50 fr. (L. de 1838, art. 18), et de l'interdiction du droit de citer pendant un délai de 15 jours à 3 mois (*Ibid.* art. 19); les huissiers ne pouvant occuper que pour eux-mêmes et leurs parents à certain degré (*Ibid.*; C. proc. 86). — A cet égard il a été jugé : 1° qu'un juge de paix ne pouvait refuser la parole à un avoué qui se présentait comme assistant son client sans être muni d'un pouvoir de ce dernier (Jug. de Chinon 25 mai 1832); 2° et que la prohibition d'être conseil et de représenter s'appliquait aux clercs d'huissiers (Jug. de comm. de la Seine 30 janv. 1840. - Bioche 1629).

141. Mais le juge peut, lorsqu'il le juge convenable, et en usant de ce pouvoir avec prudence et discrétion, ordonner la comparution des parties en personne devant lui (Disc. de la loi).

142. Les parties ou leurs fondés de pouvoir doivent être entendues contradictoirement (C. proc. 13) : — et à cet effet les causes peuvent être remises d'une audience à une autre quand la première n'a point été suffisante.

§ 4. DE LA FORMATION ET DE LA PÉREMPTION DES JUGEMENTS.

143. Les juges de paix doivent juger sur le champ ou *à la première audience*. Ils se font remettre les pièces, s'ils le croient nécessaire (C. proc. 13).

144. *A la première audience*. Toutefois, le juge de paix reste libre, en ordonnant le délibéré, de fixer le jour où il doit rendre son jugement définitif (Carré; Thomine).

145. Seulement, au cas d'inscription de faux, de dénégation ou non-reconnaissance d'écriture, le juge de paix doit en donner acte, parapher la pièce et renvoyer la cause devant les juges qui doivent en connaître (C. proc. 14).

146. Quand un interlocutoire (V. note 75, n. 133) a été ordonné, la cause doit être jugée définitivement au plus tard dans le délai de quatre mois du jour du jugement interlocutoire : après ce délai, l'instance est périmée de droit. Le jugement rendu sur le fond est sujet à appel même dans les matières dont le juge de paix connaît en dernier ressort, et doit être annulé sur la réquisition de la partie intéressée; sauf l'action en dommages-intérêts contre le juge si l'instance est périmée par sa faute (C. proc. 15).

147. Cette péremption n'anéantit que l'instance; elle n'anéantit pas l'action (Carré, Demiau.)

148. Elle diffère de la péremption de l'instance devant les tribunaux ordinaires, en ce qu'elle a lieu de droit. Toutefois elle n'est pas d'ordre public, elle a été introduite uniquement dans l'intérêt des parties, d'où il suit : 1° que le jugement rendu même après les quatre mois est susceptible d'acquiescement (Thomine; 2° et qu'elle est couverte par des actes faits depuis l'époque où elle avait pu être prononcée (Cass. 2 mars 1837); et à plus forte raison, par une renonciation formelle des parties (Cass. 7 janv. 1835; Cass. Belg. 17 avril 1833).

149. Quand le juge de paix a successivement rendu plusieurs interlocutoires, le délai de la péremption doit courir du jour du dernier jugement (Cass. Belg. 17 av. 1833; Augier, — *Contrà* Carré).

150. Mais quand il n'y a pas eu d'interlocutoire, aucune péremption ne peut courir (Cass. 3 prair. an XI; Carré, Merlin, Biret); — d'où il suit qu'un simple jugement préparatoire (V. note 75, n. 133) ne peut faire courir le délai de la péremption (Cass. 12 fév. 1822, Carré).

151. Les délais de la péremption sont interrompus par l'appel du jugement interlocutoire (Cass. 11 juin 1834).

152. Mais ils sont suspendus : 1° en cas de décès d'une des parties pendant l'instance; le délai cessant de courir du jour du décès et ne reprenant son cours que par la reprise d'instance, ou après le délai de six mois, à compter du décès (Arg. C. proc. 397, Carré). — 2° Lorsqu'il y a eu renvoi pour vérification d'écriture ou inscription de faux; jusqu'au jugement de l'incident la cause étant suspendue, et le juge de paix dans l'impossibilité de statuer (Carré). — 3° Quand l'instruction a été retardée par le dol ou la fraude de la partie demanderesse en péremption (Cass. 13 brum. an X et 4 fév. 1807. — *Contrà*, Cass. 16. germ. an XI)

153. Les jugements des juges de paix doivent renfermer les formalités essentielles à tout jugement, telles que le nom du juge, les noms, professions et demeures des parties, leurs prétentions, les motifs et le dispositif du jugement (Arg. C. Proc. 141). peu importe que la loi ne contienne aucune disposition spéciale sur la forme et la rédaction de ces jugements; les formalités substantielles d'un acte devant être observées, lors même qu'elles ne sont pas écrites dans la loi, il en résulte qu'un jugement non motivé doit être annulé (Cass. 3. mess. an VII; Lepage, Augier. — *Contrà*, Cass. 9. vent. an V, Carré).

154. Le jugement doit énoncer en outre les nom, demeure et qualité du mandataire, ainsi que la procuration qui lui confère cette qualité.

155. Les minutes de tous les jugements sont portés sur la feuille d'audience et signées par le juge qui a tenu l'audience (C. Proc. 18). — Lorsqu'un suppléant a tenu l'audience, c'est lui qui signe le jugement et non le juge de paix (Carré). — La minute est également signée par le greffier (C. Proc. 18), ou par le commis-greffier assermenté qui l'a remplacé. — Le greffier qui délivrerait expédition d'un jugement non signé par le juge, pourrait être poursuivi comme faussaire. (Arg. C. Proc. 139, — Carré, Thomine).

156. L'exécution provisoire des jugements doit être ordonnée dans tous les cas où il y a titre authentique, promesse reconnue ou condamnation précédente dont il n'y a point eu d'appel. — Dans tous les autres cas, le juge pourra ordonner l'exécution provisoire, nonobstant appel, sans caution, lorsqu'il s'agira de pension alimentaire, ou lorsque la somme n'excédera pas 300 f., et avec caution au-dessus de cette somme. La caution sera reçue par le juge de paix (L. de 1838, Art. 11).

157. Mais les jugements des justices de paix ne sont pas exécutoires par provision nonobstant opposition. La loi de 1838 conforme à cet égard à l'art. 17 du C. de proc., ne saurait s'étendre à l'opposition qui peut être formée aux jugements dans le délai de trois jours à partir de la signification.

158. Lorsqu'il s'agit de fournir caution, elle doit être reçue par le juge de paix, à l'audience qu'il indique (Moniteur 23 av. 1838). A cet effet, la cause est remise ou bien celui qui doit fournir cette caution assigne son adversaire à comparaître à l'audience indiquée. S'il s'élève alors des contestations sur la solvabilité ou la capacité de la caution, le juge de paix statue. — Il n'y a point lieu d'observer, dans ce cas, les formalités indiquées par les art. 517 et suiv. du C. de proc. (V. note 33 n. 139).

159. S'il y a péril en la demeure, l'exécution provisoire pourra être ordonnée sur la minute du jugement avec ou sans caution, conformément aux dispositions de l'art. 11 de la loi de 1838 (Même loi, art. 12).

160. Hors ce cas, l'exécution provisoire ne peut avoir lieu qu'en vertu d'une autorisation donnée sur l'appel (Moniteur 12 mai 1837. — *Contrà*, Carré).

161. L'exécution des jugements rendus par les juges de paix

appartient aux tribunaux de première instance, peu importe qu'il s'agisse de sommes inférieures à 200 fr. (Arg. Turin 6 mai 1813).—V. cependant sup. n. 18, 97 et 117, et *inf.* n. 198.

§ 5. DES JUGEMENTS PAR DÉFAUT.

162. Si au jour indiqué par la citation, L'UNE DES PARTIES NE COMPARAIT PAS, la cause est jugée par défaut, sauf la réassignation dans le cas où les délais n'ont point été observés (C. proc. 19 et 5).

163. L'UNE DES PARTIES. A cet égard, il faut distinguer : si c'est le défendeur qui ne comparaît pas il y a lieu à jugement par défaut; si c'est le demandeur, il n'y a pas lieu de juger, le défendeur peut demander son renvoi, et le juge prononce défaut-congé. — V. note 75, n. 122.

164. NE COMPARAIT PAS. Mais de ce que le défendeur comparaît il n'en résulte pas toujours que le jugement doive être contradictoire. Ainsi, quand le défendeur qui se présente déclare ne pas vouloir se défendre lui même, parce qu'on a refusé d'entendre son défenseur, le jugement est par défaut (Jug. de Chinon, 25 mai 1832). Quand le défendeur allègue qu'il est dans l'impossibilité de se défendre à raison de pièces et de renseignements qu'il peut se procurer ultérieurement, un délai doit lui être accordé ou bien le jugement rendu est par défaut (Carré). — Mais il en serait autrement d'un défendeur qui refuserait de reconnaître le bien-fondé de la demande et de la contester, dans ce cas le jugement serait contradictoire, le défendeur devant être considéré comme n'ayant aucun moyen valable à opposer à la demande (Bioche).

165. Si les parties ont comparu une première fois et qu'il y ait lieu de penser que la non-comparution soit le résultat de l'erreur ou d'un empêchement légitime, le juge de paix peut remettre l'affaire (Carré), ou s'il juge, son jugement doit être rendu par défaut contre le non-comparant quand même ce serait le demandeur; ce n'est point le cas de donner défaut-congé contre celui-ci puisqu'il est vrai de dire qu'il s'est présenté, seulement sa défense peut n'avoir pas été complète et par ce motif le jugement ne peut être contradictoire.

166. Les règles relatives aux jugements par défaut étant toutes contenues dans les art. 19, 20, 21 et 22 du C. de proc., il en résulte qu'il n'y a pas lieu de leur appliquer : 1° la disposition de l'art. 153 du C. de proc. qui, dans le cas où l'une des deux parties assignées fait défaut, prescrit la jonction du défaut et ordonne la signification du jugement de jonction à la partie défaillante (Carré, — *Contrà*, Lepage). Dans ce cas, la cause est jugée sans réassignation, mais le jugement rendu est susceptible d'opposition en faveur du défaillant (Bioche); — 2° la péremption établie par l'art. 156 du C. de proc., faute d'exécution dans les six mois (Orléans, 14 av. 1809; Cass. 13, sept. 1809; 18 janv. 1820; Carré, Pigeau, Chauveau).—V. note 75.

§ 6. DES JUGEMENTS SUR LES ACTIONS POSSESSOIRES.

167. Les art. 23, 24, 25, 26 et 27 du C. de proc. civ. qui traitent d'une manière spéciale des jugements sur les actions possessoires ont été expliqués note 28, n. 520 et suiv, 307 et suiv.

§ 7. DES JUGEMENTS PRÉPARATOIRES ET INTERLOCUTOIRES.

168. Le juge de paix a le droit d'ordonner divers modes de preuves pour éclairer sa religion. Ainsi, il peut ordonner : 1° une EXPERTISE (C. proc. 29); — 2° une ENQUÊTE (C. proc. 34); — 3° des VISITES DE LIEUX ET APPRÉCIATIONS (C. proc. 41).

169. EXPERTISE. Quand il y a lieu à expertise, on procède comme il est dit aux art. 28 et suiv. du C. de proc. — Si les experts sont nommés d'office, ils sont récusables malgré le silence de la loi (Pigeau, Carré), et les causes de récusation sont les mêmes que celles déterminées pour les experts ordinaires (V. note 195). Il ne doit être fait aucune procédure pour la récusation (Carré).

170. Dans les causes non sujettes à appel, il n'est pas dressé de procès-verbal, mais le jugement énonce les noms des experts, la prestation de leur serment et le résultat de leur avis sans aucune mention des motifs sur lesquels il repose (C. proc. 43, Carré).

171. Dans les causes sujettes à appel, le procès-verbal d'expertise doit être dressé par le greffier de la justice de paix, qui constate le serment prêté par les experts (C. proc. 42). — V. art. 24 et 25 du tarif.

172. Si le tribunal d'appel réforme le jugement du juge de paix et ordonne une expertise, il doit y être procédé dans la forme prescrite pour les expertises ordinaires; les appels du juge de paix étant, en effet, réputés matières sommaires (Carré).

173. Il n'y a lieu à l'appel des jugements préparatoires (V. note 75, n. 132) qu'après le jugement définitif et conjointement avec l'appel de ce jugement (C. proc. 31). Quant à l'appel du jugement interlocutoire, il est permis avant que le jugement définitif ait été rendu (*Ibid.*). Ainsi est interlocutoire le jugement qui ordonne tout à la fois et la comparution personnelle des parties et la comparution des tiers étrangers au procès, mais ayant connaissance des faits de la cause (Poitiers 18 juill. 1831; Bordeaux 19 janv. 1836).

174. ENQUÊTE. Les enquêtes devant le juge de paix ne sont pas soumises aux formalités prescrites pour les tribunaux ordinaires par les art. 252 et suiv. du C. de proc. — *V. aux formules p.* 85 *note* A.

175. Toutefois, il faut distinguer entre les dispositions substantielles et les dispositions accessoires. Celles-ci ont principalement pour but d'augmenter par certaines formalités les garanties de bonne justice qui ne sauraient être trop multipliées lorsque les intérêts sont graves et qui deviendraient inutiles et dangereuses lorsque la solution doit être peu importante. Les autres consacrent des droits qui résultent nécessairement de la position respective des parties qui doivent avoir, quelles que soient les circonstances et l'intérêt de la contestation, la faculté de les exercer. Ces dernières sont applicables aux enquêtes en matière sommaire et devant les juges de paix; ainsi le droit de faire une contre-enquête et de reprocher les témoins existe aussi bien devant le juge de paix que devant le juge commissaire, parce que ce double droit est de l'essence même de l'enquête, et que les règles tracées à cet égard dans les art. 252 et suiv. doivent nécessairement régir toute espèce d'enquêtes et qu'il était inutile de les reproduire dans chaque matière spéciale pour qu'il en soit ainsi. — Mais les dispositions accessoires et accidentelles doivent rester étrangères aux matières de la compétence des juges de paix. Sur ce point, les art. 34 et suiv. ont tout réglé et contiennent une énumération complète des formalités à remplir (Arg. Cass. 13 janv. 1836; Bioche.—*Contrà*, Augier).

176. Quoique d'après l'art. 34 du C. de proc. le juge de paix doive fixer précisément l'objet de l'enquête, cependant il n'y a point nullité à n'avoir point fait cette énonciation d'une manière précise (Jug. de Muret, 17 juin 1842).

177. Le droit de faire une contre enquête appartient au défendeur même en cause d'appel (Cass. 13 janv. 1836). — Mais les délais, les prorogations et les déchéances mentionnées aux art. 256 et suiv. sont inapplicables (même arrêt).

178. Les causes de reproche admises dans les enquêtes en matière ordinaire s'appliquent ici par analogie (Cass. 8 fév. 1830; Carré, Lepage, Loiré).

179. L'art. 33 n'exige pas, à peine de nullité, que les témoins déclarent s'ils sont parents ou alliés des parties et à quels degrés, et s'ils sont leurs serviteurs ou domestiques (Cass. 19 juin 1832).

180. L'art. 35 n'exige pas non plus, à peine de nullité, que les témoins déposent sous la foi du serment; ainsi, le témoignage reçu après que le témoin a *promis* de dire la vérité est valable (Cass. 19 av. 1810).

181. VISITES DE LIEUX ET APPRÉCIATIONS. La manière de procéder, en cette matière, est indiquée aux art. 41 et suiv. du C.

de proc. — Le juge de paix ne les ordonne que quand il s'agit de constater un état de lieux ou d'apprécier la valeur des indemnités et dédommagements demandés, et il se fait assister au besoin de gens de l'art qu'il nomme pour avoir leur avis (C. proc. 41 et 42). — Il peut juger sur le champ même sans désemparer (*Ibid.* 42). — Dans ce cas, il n'y a lieu de dresser procès-verbal que pour les causes sujettes à appel : s'il en était dressé dans une cause non sujette à appel, les parties pourraient se refuser à en payer les frais, surtout s'il n'avait point été rédigé sur leur demande (Bioche).

§ 8. DE LA MISE EN CAUSE DES GARANTS.

182. Lorsque le défendeur a un garant à mettre en cause, il doit former sa demande le jour de la première comparution, et il lui est accordé, dans ce cas, un délai suffisant à raison de la distance du domicile du garant. En citant le garant, il n'est pas nécessaire de lui notifier le jugement qui ordonne sa mise en cause (C. proc. 32). — Le garant qui a un sous-garant à mettre en cause procède de même (Arg. C. proc. 176; Demiau).

183. L'appel du jugement qui accorde un délai pour citer un garant ne peut être interjeté qu'avec celui du jugement définitif : c'est, en effet, un jugement préparatoire se bornant à statuer sur un incident qui ne préjuge en rien la demande principale (Arg. C. proc. 451; Carré). — Mais il en est autrement du jugement qui rejette la demande en garantie ou qui accorde au défendeur un délai que celui-ci trouve insuffisant pour citer le garant, car ce jugement a les caractères d'un interlocutoire, puisqu'il peut exercer une certaine influence sur la solution du procès (Bioche).

184. Si la mise en cause n'a pas été demandée à la première comparution, ou si la citation n'a pas été faite dans le délai fixé, il est procédé sans délai au jugement de l'action principale, sauf à statuer séparément sur la demande en garantie (C. proc. 33). — Toutefois, si la demande en garantie, quoique tardivement formée, se trouve en état avant que le jugement soit intervenu sur la demande originaire, le juge de paix peut statuer sur l'une et l'autre en même temps : le jugement de la demande principale n'éprouve, dans ce cas, aucun retard (Thomine).

185. Si, après citation, le défendeur en garantie ne comparaît pas au jour fixé pour le jugement, le juge de paix statue sur la demande originaire, puis donne défaut contre le garant. — V. *sup.* n. 166.

§ 9. DES VOIES OUVERTES CONTRE LES JUGEMENTS.

186. Les jugements des tribunaux de paix peuvent être attaqués par OPPOSITION, APPEL, TIERCE-OPPOSITION, CASSATION, mais non par REQUÊTE CIVILE. — V. note 95.

187. OPPOSITION. La partie condamnée par défaut peut former opposition dans les trois jours de la signification faite par l'huissier du jour de paix ou autre qu'il a commis (C. proc. 20). — Ainsi, pour un jugement par défaut signifié le 2 mars, le délai d'opposition expire le 5 (Cass. 25 nov. 1824; Carré. — *Contrà*, Commaille, Thomine). - V. note 77, n. 12, 20 et 21. — Mais le délai doit être augmenté à raison des distances (Arg. C. proc. 1033; Carré, Thomine).

188. Si le juge de paix sait par lui-même ou par les représentations qui lui sont faites à l'audience, par les proches, voisins ou amis du défendeur, que celui-ci n'a pu être instruit de la procédure, il peut, en adjugeant le défaut, fixer pour le délai de l'opposition le temps qui lui paraît convenable (C. proc. 21). — Souvent le juge de paix donne défaut, et, pour en adjuger le profit, remet à quinzaine notamment lorsque la demande ne lui paraît pas fondée.

189. Lorsque la prorogation du délai n'a ni été accordée d'office ni demandée, le défaillant peut être relevé de la rigueur du délai et admis à opposition, en justifiant qu'il n'a pu être instruit de la procédure, à raison d'absence ou de maladie grave (C. proc. 21), ou de tout autre motif plausible; l'art. 21 étant énonciatif et non limitatif (Carré).

190. La partie condamnée par défaut n'est pas obligée d'attendre la signification du jugement pour y former opposition (Cass. 1 août 1808; Carré).

191. L'opposition contient sommairement les moyens de la partie et assignation au prochain jour d'audience, en observant toutefois les délais prescrits par la citation. Elle indique le jour et l'heure de la comparution (C. proc. 20).

192. L'opposant qui se laisse juger une seconde fois par défaut n'est pas reçu à former une nouvelle opposition (C. proc. 22).

193. APPEL. Il y a lieu à appel : 1° de tout jugement rendu contradictoirement et en premier ressort par le juge de paix (V. *sup.* n. 20 et suiv. et les notes au bas de la page 868); — 2° des jugements en premier ressort rendus par défaut, et non susceptibles d'opposition (V. note 75. n. 208); 3° des jugements qualifiés en dernier ressort s'ils ont statué soit sur des questions de compétence, soit sur des matières dont le juge de paix ne peut connaître qu'en premier ressort (L. 25 mai 1838, art. 14). Néanmoins, si le juge de paix s'est déclaré compétent, l'appel ne pourra être interjeté qu'après le jugement définitif (*Ibid.*). — Toutefois, l'appel du jugement de compétence est recevable avant le jugement sur le fonds, lorsque la compétence a été déclarée en même temps qu'un interlocutoire a été ordonné (V. *sup.* n. 183).

194. N'est pas recevable l'appel des jugements mal-à-propos qualifiés en premier ressort, ou qui, étant en dernier ressort, n'auraient point été qualifiés (L. de 1838, art. 14).

195. L'appel doit être interjeté dans les *trente jours* de la signification du jugement à l'égard des personnes domiciliées dans le canton. Les personnes domiciliées hors du canton jouissent en outre du délai réglé par les art. 73 et 1033 du C. de proc. (Même loi, art. 13), et par l'art. 446 du même Code (Moniteur 25 av. 1838).

196. L'appel est valablement interjeté avant la signification du jugement (Cass. 17 mars 1806, 4 mars 1812). Mais il ne saurait l'être avant l'expiration des trois jours qui suivent la prononciation du jugement, à moins qu'il n'y ait lieu à exécution provisoire (Même loi, art. 13).

197. L'acte d'appel doit, à peine de nullité, contenir constitution d'avoué (C. proc. 61.-V. note 20, n. 28) et assignation dans les délais de la loi (C. proc. 456.-V. note 20, n. 212) : ce dernier article s'appliquant aux actes d'appel de toute espèce de jugements (Cass. 6 sept. 1814).

198. TIERCE-OPPOSITION. La voie de la tierce-opposition est ouverte contre les jugements de justice de paix, dans les mêmes circonstances que contre les jugements rendus par les tribunaux de première instance et les Cours royales. — V. note 95.

199. CASSATION. Les jugements rendus par les juges de paix ne pourront être attaqués par la voie du recours en cassation que pour excès de pouvoir (L. de 1838, art. 15).

200. Cette loi étant comme l'ancienne (celle du 25 vent. an VIII) muette sur le sens des mots *excès de pouvoir*, ce qui est d'autant plus fâcheux que les auteurs et la jurisprudence ne sont pas encore parvenus à s'entendre sur le sens exact que l'on doit attribuer à ces expressions, il convient, à défaut d'une définition précise, de se référer à la pensée du législateur qui paraît suffisamment expliquée par ce passage de l'exposé des motifs qui n'a été l'objet d'aucune critique lors de la discussion : « Les excès de pouvoir consistent, non dans les actes par lesquels le juge de paix aurait empiété sur les attributions d'une autre juridiction, mais dans ceux par lesquels il aurait fait ce qui ne serait permis à aucune juridiction établie; comme, par exemple, s'il avait disposé par voie réglementaire, fait un statut de police, taxé des denrées, défendu l'exécution d'une loi, d'un jugement, contrarié des mesures prises par l'administration. Dans ces circonstances toujours rares mais importantes, l'ordre général est troublé; l'annulation de l'acte illégal ne peut être demandée à une autorité trop élevée. Le pourvoi doit d'autant mieux rester ouvert que l'appel ne serait pas permis à la partie publique, qui n'est pas représentée auprès du tribunal

de paix jugeant civilement, et que c'est dans un intérêt public que sont demandées ordinairement les cassations pour excès de pouvoir, en vertu d'un droit constitutionnel dont le principe est écrit dans l'art. 80 de la loi du 27 vent. an VIII » (Moniteur 12 mai 1837).

201. Ainsi, l'*incompétence* ne donnera plus ouverture à cassation, elle donnera lieu seulement à appel contre le jugement, sauf à se pourvoir plus tard en cassation contre le jugement qui aura statué sur l'appel (C. proc. 454).

202. REQUÊTE CIVILE. — V. note 95, n. 164.

V. *Citation et conciliation*, note 112. — *Huissiers*, note 113. — *Juges*, *Tribunaux civils*, *Cours royales*, note 75. — *Prise à partie*, notes 95 et 75. — *Appel*, note 186. — *Exécution des jugements*, note 194.

[95]

DE LA TIERCE-OPPOSITION. — DE LA CASSATION. — DE LA REQUÊTE CIVILE ET DE LA PRISE A PARTIE.

DIVISION SOMMAIRE :

§ 1. DE LA TIERCE-OPPOSITION.

Art. 1. QUAND ET DANS QUEL DÉLAI PEUT ÊTRE FORMÉE LA TIERCE-OPPOSITION (n. 1 à 6).

Art. 2. DES JUGEMENTS SUSCEPTIBLES DE TIERCE-OPPOSITION (n 7 et 8).

Art. 3. PAR QUI LA TIERCE-OPPOSITION PEUT ÊTRE FORMÉE (n. 9 à 23).

Art. 4. CONTRE QUI LA TIERCE-OPPOSITION PEUT ÊTRE FORMÉE (n. 24 et 25).

Art. 5. DEVANT QUEL TRIBUNAL LA TIERCE-OPPOSITION DOIT ÊTRE PORTÉE (n. 26 à 32).

Art. 6 DES EFFETS DE LA TIERCE-OPPOSITION (n. 33 à 40).

§ 2-1°. DE LA CASSATION ET DE LA REQUÊTE CIVILE. — DIFFÉRENCE ENTRE LES DEUX VOIES (n. 41 à 45).

§ 2-2°. DE LA CASSATION (n. 46 et 47).

Art. 1. DE L'ORGANISATION DE LA COUR DE CASSATION (n. 48 et 49).

Art. 2. DES ATTRIBUTIONS DE LA COUR DE CASSATION (n. 50 à 57).

Art. 3. QUI PEUT SE POURVOIR EN CASSATION (n. 58 à 63).

Art. 4. CONTRE QUI LE POURVOI EN CASSATION DOIT ÊTRE DIRIGÉ (n. 64).

Art. 5. DES JUGEMENTS CONTRE LESQUELS ON PEUT SE POURVOIR EN CASSATION (n. 65 à 74).

Art. 6. DES OUVERTURES A CASSATION (n. 75 à 79).

I. Violation de la loi (n. 80 à 85).

II. Incompétence et excès de pouvoir (n. 86 à 88).

III. Violation des formes essentielles (n. 89).

IV. Condamnation ultrà-petita (n. 90 et 91).

V. Contrariété de jugements (n. 92 à 95).

Art. 7. DU POURVOI EN CASSATION (n. 96 à 99).

I. Délai du pourvoi en cassation (n. 100 à 104).

II. Forme du pourvoi en cassation (n. 105 à 110).

III Amende à consigner (n. 111 à 117).

IV. Effets du pourvoi en cassation (n. 118 et 119).

V. Instruction devant la chambre des requêtes (n. 120).

VI. Arrêt de la chambre des requêtes (n. 121 à 123).

VII. Signification de l'arrêt d'admission (n. 124 et 125).

VIII. Instruction devant la chambre civile (n. 126 à 130).

IX. Arrêt de la chambre civile. - Ses effets (n. 131 à 153).

§ 2-3°. DE LA REQUÊTE CIVILE (n. 154).

Art. 1. PAR QUI ET CONTRE QUI LA REQUÊTE CIVILE PEUT ÊTRE FORMÉE (n. 155 à 157).

Art. 2. CONTRE QUELS JUGEMENTS ET POUR QUELLES CAUSES LA REQUÊTE CIVILE EST ADMISE (n. 158 à 192).

Art. 3. DU DÉLAI POUR SE POURVOIR PAR REQUÊTE CIVILE (n. 193 à 195).

Art. 4. DU TRIBUNAL COMPÉTENT (n. 196 à 198).

Art. 5. DE L'ASSIGNATION EN REQUÊTE CIVILE. — DE LA CONSULTATION ET CONSIGNATION (n. 199 à 205).

Art. 6. DES EFFETS DE LA REQUÊTE CIVILE ET DU JUGEMENT QUI EN PRONONCE LE REJET OU L'ADMISSION (n. 206 à 210).

§ 3. DE LA PRISE A PARTIE (n. 211 à 214).

Indication alphabétique :

§ 1. DE LA TIERCE-OPPOSITION.

I. *Quand et dans quel délai peut être formée la tierce-opposition.*

1. Les voies extraordinaires pour attaquer les jugements sont : la tierce-opposition, la cassation, la requête civile, la prise à partie.

2. La tierce-opposition est fondée sur ce principe que nul ne peut être condamné par jugement sans avoir été ni représenté ni appelé (C. proc. civ. 474). Elle n'est ouverte qu'à celui qui n'a pas été partie au jugement ; d'où il suit qu'on ne peut la prévenir qu'en appelant dans l'instance les personnes qui pourraient y avoir intérêt. — V. *jugement commun*, note 28, n. 672. — L'exercice du droit de tierce-opposition ne prive pas des autres voies de recours ; ainsi, lorsque dans le cours d'une instance le tiers-opposant reconnaît avoir pris la mauvaise voie et se désiste, il peut reprendre son attaque par les autres moyens qui lui compètent, l'appel ou la cassation (Cass. 1 juill. 1833).

3. JUGEMENT. Ce mot est une expression générique qui embrasse toute espèce de décision ou sentence exécutoire émanée du juge, et s'applique au règlement définitif d'un ordre. Ainsi, lorsque le cessionnaire d'une créance hypothécaire inscrite a fait signifier son transport au débiteur sans faire inscrire sa subrogation, il est recevable à se pourvoir par tierce-opposition contre le règlement définitif auquel il n'a pas été appelé et qui lui préjudicie (Paris 21 mai 1835. — *Contrà*, Bioche, art. 181).

4. La tierce-opposition peut être formée tant que le jugement n'est point exécuté, et même après l'exécution contre la partie qui y a figuré, tant que le droit sur lequel se fonde le tiers-opposant n'a pas été prescrit (Arg. Cass. 17 germ. an IV ; Pigeau ; Poncet ; Berriat). — Mais l'exécution de ce jugement contre le tiers-opposant sans protestation ni réclamation de sa part, emporte acquiescement et rend la tierce-opposition non-recevable (Pigeau).

5. A cet égard il a été jugé que le délai d'un an accordé par l'art. 873 du C. de proc. civ. aux créanciers pour former tierce-opposition au jugement de séparation de biens ne s'applique pas à la disposition de ce jugement qui liquide en même temps les reprises de la femme ; le délai étant de 30 ans (C. civ. 2262). — En tout cas, les créanciers du mari postérieurs à la liquidation n'ont pas le droit de s'en plaindre : elle n'a pu être frauduleuse à leur égard ni porter atteinte à des droits qui n'existaient pas (Thomine).

6. La tierce-opposition est principale ou incidente. — *Principale*, lorsqu'elle n'est précédée d'aucune contestation entre le tiers-opposant et celui qui a obtenu le jugement attaqué. — *Incidente*, lorsqu'elle est formée contre un jugement produit dans une contestation par une partie qui en tire argument en faveur de sa prétention. — Mais il n'est pas toujours nécessaire d'agir par tierce-opposition, on peut prévenir ou faire cesser l'exécution d'un jugement dans lequel on n'a point été partie en invoquant la maxime *res inter alios judicata non nocet* ; et même il a été décidé qu'une demande en partage contre laquelle on oppose un jugement rendu avec une autre partie doit être appréciée, nonobstant le rejet de la tierce-opposition (Cass. 11 mai 1840).

Art. 2. DES JUGEMENTS SUSCEPTIBLES DE TIERCE-OPPOSITION.

7. La tierce-opposition est admise contre tout jugement définitif ou provisionnel (Cass. 22 fév. 1830) rendu en premier ou en dernier ressort par des tribunaux ordinaires, ou par des juges d'exception, c.-à-d. par un tribunal de commerce ou un juge de paix (Cass. 23 juin 1806 ; Berriat) ; — même sur requête, tel le jugement qui homologue un concordat ou une délibération de conseil de famille (Cass. 22 av. 1828 ; Nîmes 8 frim. an IX ; Angers 17 janv. 1825 ; — *Contrà*, Pigeau ; Arg. C. civ. 100 ; Toulouse 18 janv. 1828). — V. sup. n. 3.

8. Mais cette voie n'est pas ouverte : — 1° contre les sentences rendues en matière d'arbitrage volontaire ou forcé (C. proc. 1022 ; Aix 3 janv. 1817 ; Carré ; Pigeau ; Berriat ; Thomine) ; — 2° contre les jugements statuant sur des incidents de saisie immobilière ; — 3° contre les jugements déclaratifs de faillite et ceux qui fixent la date de la cessation de paiements ; — 4° contre un procès-verbal de conciliation (Cass. 23 juin 1806).

Art. 3. PAR QUI LA TIERCE-OPPOSITION PEUT ÊTRE FORMÉE.

9. Pour pouvoir former tierce-opposition à un jugement il faut : 1° en éprouver un PRÉJUDICE ; 2° n'avoir été ni PARTIE ni REPRÉSENTÉ (C. proc. 474).

10. PRÉJUDICE. Il suffit que le préjudice porte atteinte à des droits non encore ouverts (C. civ. 1180 ; Pigeau). — Mais le droit doit être certain ; ainsi un héritier ne serait pas recevable avant partage à attaquer par tierce-opposition un jugement rendu contre son cohéritier et relatif seulement à un objet particulier de la succession ; cet héritier doit attendre l'événement du partage pour savoir si cet objet tombera dans son lot (Riom 24 nov. 1808). — On est non recevable à former tierce-opposition à un jugement non opposable (Metz 31 mars 1819 ; Cass. 28 mars 1828).

11. PARTIE. Sont considérés comme ayant été parties et par conséquent comme ne pouvant former tierce-opposition : 1° le demandeur, le défendeur ou l'intervenant, quand même ils auraient changé d'état pendant le cours de l'instance ; ou bien, quand ils seraient décédés avant le jugement, l'affaire étant en état lors de leur décès ; ou bien encore, quand l'affaire n'étant pas en état, le décès n'aurait pas été signifié aux autres parties avant le jugement (Pigeau) ; — 2° celui qui a été irrégulièrement assigné dans une instance, et qui est condamné nommément par défaut ; il a dû, lors de la signification du jugement, l'attaquer par opposition, appel ou requête civile, selon les cas (Nancy 23 nov. 1812 ; Paris 31 août 1813 ; Cass. 11 janv. 1815).

12. REPRÉSENTÉ. Les créanciers hypothécaires sont recevables à former tierce-opposition au jugement qui aurait prononcé la résolution faute de paiement du prix de la vente d'un objet mobilier tel qu'une machine à vapeur qui aurait été attachée à perpétuelle demeure à l'immeuble hypothéqué. Ils ne doivent pas être considérés comme ayant été représentés dans l'instance par leur débiteur (C. civ. 1654, 524, 2101 - 4°, 2133, 2279 ; Cass. 9 déc. 1835).

13. Il doit en être de même des autres créanciers et de tous autres intéressés, car il y aurait de l'injustice à ne leur laisser aucun recours contre les jugements qui les privent de leurs droits. Il n'est pas nécessaire, pour avoir le droit de tierce-opposition, qu'on eût dû être appelé au jugement attaqué (Cass. 15 juill. 1822, 9 déc. 1835, 16 mars et 24 déc. 1838).

14. Mais les incapables, c.-à-d. les mineurs, interdits, femmes mariées, au nom desquelles agissent les tuteurs, curateurs et maris, sont non-recevables à attaquer par tierce-opposition les jugements où ils figuraient en la personne de leurs représentants ; à moins toutefois que les tuteurs, curateurs et maris n'aient excédé leurs pouvoirs, auquel cas la représentation aurait cessé, car elle n'existe que dans la limite des pouvoirs tracés par la loi. — Toutefois, si celui qui doit être représenté avait agi seul et sans son représentant, ce dernier aurait la faculté de se rendre tiers-opposant. Ainsi jugé en faveur d'un mari qui n'avait pas autorisé la poursuite en interdiction contre sa femme (Cass. 9 janv. 1822).

15. Les jugements rendus contre des administrateurs, tels que les syndics d'une faillite, les héritiers bénéficiaires, les curateurs à succession vacante, les gérants ou liquidateurs de sociétés ne sont pas attaquables par tierce-opposition, s'ils se sont renfermés dans les limites de leurs pouvoirs (Cass. 19 nov. 1838).

16. On a encore été représenté, quoique le représentant n'ait agi que pour son compte personnel, et n'ait entendu stipuler que ses propres intérêts, toutes les fois qu'on exerce un droit transmis d'une personne à une autre. C'est ainsi que les héritiers, les successeurs à titre universel ont été représentés par leur curateur et ne peuvent former opposition aux jugements rendus contre celui-ci.

17. Mais il en est autrement des successeurs à titre particulier et des ayants-cause, parce que la représentation n'est plus générale comme pour les successeurs à titre universel. C'est

ainsi qu'on admet : 1° la tierce-opposition de l'acquéreur contre un jugement qui ordonnait le délaissement ou rétractait un jugement formant la base de la vente (Cass. 19 août 1818 et 24 déc. 1838). — 2° et que c'est contre l'acquéreur comme seul maître à partir de la vente que doivent être exercées les actions relatives à l'immeuble. Il cesse dès-lors d'être représenté par le vendeur et peut former tierce-opposition aux jugements obtenus contre celui-ci depuis cette époque (Cass. 21 fév. 1816; Montpellier 26 mars 1836), — notamment contre un arrêt prononçant la validité d'un titre en vertu duquel une inscription avait été prise sur l'immeuble vendu, bien que l'introduction de l'instance fût antérieure à la vente (Cass. 26 mars 1838).

18. L'intérêt général ayant fait admettre en principe que le propriétaire apparent représente le vrai propriétaire, et que ce dernier ne peut former tierce-opposition aux jugements rendus contre le propriétaire nominal (Pau 4 juill. 1823), on doit par application de ce principe décider : 1° que l'héritier présomptif possesseur de l'hérédité représente l'héritier qui ne s'est pas fait connaître (C. civ. 462, 790, 1240), et que l'héritier connu représente le légataire inconnu; — 2° que le grevé de substitution et le tuteur à la substitution représentent l'appelé (Pigeau).

19. Les mêmes considérations d'intérêt général s'opposent à ce que les tiers puissent attaquer les jugements dans lesquels a figuré la personne à laquelle était exclusivement réservé le droit d'y être partie, comme dans le cas où le père a succombé dans une action en désaveu de paternité (C. civ. 316, 317.) — Toutefois, il en est autrement des droits de famille qui appartiennent aux enfants par le seul fait de leur naissance en mariage légitime : relativement à ces droits, leurs auteurs ne peuvent ni les obliger par leur fait, ni les représenter dans les instances où ils n'ont pas été personnellement appelés, ainsi un fils peut se rendre tiers-opposant à un jugement rendu contre son père, et qui l'obligerait à reconnaître pour frère légitime un enfant né hors mariage (Cass. 9 mai 1821).

20. Celui qui a eu connaissance de l'affaire principale et qui n'est point intervenu, quoiqu'il eût pu le faire, n'est pas pour cela non-recevable à former tierce-opposition au jugement intervenu (Cass. 19 août 1818).

21. Le garant représente-t-il le garanti ou est-il représenté par lui? A cet égard il faut distinguer :

22. 1° Si le garanti formel a été appelé en cause, et qu'il ait obtenu sa mise hors de cause, il a, par cela même, accepté le garant pour représentant (C. proc. 185). — Si le garanti n'a point été appelé en cause, le jugement rendu à son insu ne peut lui être opposé, c'est à son égard *res inter alios acta* (Arg. Cass. 17 nov. 1835). — Toutefois, il a été jugé que celui qui s'est, par un acte particulier, porté caution de la validité du paiement fait par un acquéreur, ne peut former tierce-opposition aux jugements qui condamnent le précédent propriétaire, et par suite desquels l'acquéreur est sommé de payer ou de délaisser; mais lorsque cet acquéreur forme tierce-opposition, son garant a le droit d'intervenir dans l'instance (Cass. 21 fév. 1816).

23. 2° A l'égard du garant, n'est pas exécutoire de plein droit contre lui le jugement rendu contre le garanti, puisque ce dernier lui-même perd tout recours contre son garant, faute de l'avoir mis en cause, lorsqu'il prouve qu'il avait des moyens de repousser la demande principale (Arg. C. civ. 1640; Thomine).

Art. 4. CONTRE QUI LA TIERCE-OPPOSITION PEUT ÊTRE FORMÉE.

24. La tierce-opposition doit être formée contre celui qui a obtenu le jugement.

25. Faut-il aussi la diriger contre le condamné? On doit, dans ce cas, distinguer si le condamné n'a pas exécuté le jugement ou s'il l'a entièrement exécuté. S'il n'a pas exécuté le jugement, on doit, quand la tierce-opposition est de nature à suspendre l'exécution, mettre le condamné en cause pour l'empêcher de satisfaire à cette exécution. S'il l'a entièrement exécuté, la tierce-opposition doit être formée uniquement contre la partie qui a obtenu ce jugement. Cependant, dans ce second cas, si l'on prétendait qu'il y a eu collusion entre les deux parties dans l'obtention du jugement, ou négligence de la part du condamné, on pourrait poursuivre celui-ci (Carré, n. 1726).

Art. 5. DEVANT QUEL TRIBUNAL LA TIERCE-OPPOSITION DOIT ÊTRE PORTÉE.

26. La tierce-opposition, quand elle est *principale*, est portée au tribunal, quel qu'il soit, qui a rendu le jugement (C. proc. 475). C'est une espèce d'intervention (Motifs du code).

27. La tierce-opposition, quand elle est *incidente*, se porte devant le tribunal saisi de la cause, s'il est égal ou supérieur à celui qui a rendu le jugement (C. proc. 476); et, dans le cas contraire, devant ce dernier tribunal, ainsi, lorsque dans une cause pendante devant un tribunal de première instance on produit un arrêt de Cour royale, on doit aller à cette Cour pour faire statuer sur la tierce-opposition.

28. La tierce-opposition *incidente* est valablement formée pour la première fois en appel, comme moyen de défense à l'action principale (Paris 30 juill. 1829).

29. La Cour Royale qui admet une tierce-opposition à un arrêt rendu par elle est compétente pour statuer sur le fonds de la contestation. Elle ne doit pas renvoyer aux juges de première instance (Cass. 31 mai 1837).

30. Ce n'est pas le tribunal mais la Cour Royale qui doit connaître de la tierce-opposition formée à un jugement confirmé en appel : à la Cour seule il appartient de rétracter ses arrêts (Limoges 13 fév. 1816; Paris 22 nov. 1825; Bourges 7 juill. 1824 et 28 déc. 1836)

31. La tierce-opposition à un jugement en dernier ressort est également jugée en dernier ressort, soit qu'il s'agisse d'une tierce-opposition à un arrêt de Cour Royale ou d'une tierce-opposition à un jugement de tribunal de première instance statuant sur appel d'une sentence de juge de paix (Merlin; Berriat; Carré).

32. La tierce-opposition principale et la tierce-opposition incidente portées à un autre tribunal que celui qui connaît de la cause se forment par exploit à personne ou domicile (Arg. C. proc. 476; Bruxelles 9 av. 1808; Pigeau). — Quant à la tierce-opposition incidente portée au tribunal de la cause, elle se forme par requête ou par des conclusions prises à la barre en tout état de cause (C. proc. 475; Colmar 9 août 1814; Toulouse 2 fév. 1838. — *Contrà*, Turin 11 mai 1808; Berriat).

Art. 6. DES EFFETS DE LA TIERCE-OPPOSITION.

33. La tierce-opposition suspend l'exécution du jugement attaqué contre l'opposant (Thomine).

34. *A l'égard des parties condamnées*, la tierce-opposition ne doit pas empêcher l'exécution du jugement s'il porte condamnation à délaisser la possession d'un héritage, et s'il est passé en force de chose jugée (C. proc. 478; ordonn. 1667); l'opposant ne souffre alors aucun préjudice et ne court presqu'aucun risque.

35. *Dans tous les autres cas*, les juges peuvent, suivant les circonstances, suspendre l'exécution du jugement (C. proc. 478); comme lorsqu'il s'agit d'une chose mobilière ou d'un jugement portant condamnation à délaisser la possession d'un héritage, mais non passé en force de chose jugée (Demiau; Carré).

36. Le jugement qui déclare la tierce-opposition non-recevable ne peut pas néanmoins ordonner l'exécution provisoire, parce que la tierce-opposition attaque le titre dans sa validité et dans son essence (Montpellier 24 fév. 1835).

37. En cas de tierce-opposition incidente, le tribunal peut, si le jugement de l'incident est de nature à influer sur celui de l'instance principale, surseoir à l'instance principale jusqu'à ce que la tierce-opposition ait été jugée (C. proc. 477). — Mais lorsque le tribunal, saisi de la cause principale, est inférieur à celui qui a rendu le jugement auquel on forme incidemment tierce-opposition, il ne peut en surseoir l'exécution (Paris 7 janv. 1812). Il faut s'adresser pour cela au tribunal saisi de l'opposition.

38. *Admission de la tierce-opposition.* Le jugement qui déclare la tierce-opposition bien fondée, doit rétracter le jugement contre lequel elle est dirigée, mais seulement en ce qui concerne le droit et l'intérêt personnel de l'opposant. Cependant il a été jugé que la tierce opposition admise contre un jugement de dernier ressort entraîne la rétractation du jugement même en faveur de ceux qui y ont été parties, si l'objet du jugement attaqué est tellement indivisible qu'il y ait impossibilité d'exécuter le second jugement en conservant au premier ses effets (Cass. 6 fruct. an x).

39. *Rejet de la tierce-opposition.* La partie dont la tierce-opposition est rejetée doit être condamnée à une amende, sans préjudice des dommages-intérêts de l'adversaire, s'il y a lieu (C. proc. 479, 1020). — L'amende ne doit pas être moindre de 50 fr. (C. proc. 479), mais elle peut excéder cette somme (Merlin. — *Contrà*, Carré).

40. Peu importe que la tierce-opposition ait été rejetée comme non-recevable ou comme mal fondée. Toutefois il a été jugé que l'amende n'est pas applicable dans le cas où la tierce-opposition est rejetée comme inutile, parce qu'elle porte sur un jugement par défaut non exécuté dans les six mois de son obtention, et que le tiers-opposant a ignoré le défaut d'exécution et par conséquent le vice du jugement (Paris 22 janv. 1810).

§ 2 — 1° DE LA CASSATION ET DE LA REQUÊTE CIVILE. — DIFFÉRENCE ENTRE CES DEUX VOIES.

41. Il ne faut pas confondre la VIOLATION DE LA LOI avec la VIOLATION DES FORMES.

42. VIOLATION DE LA LOI. Cette violation n'est qu'un moyen de *cassation*. Mais pour qu'elle motive la cassation des jugements et arrêts, il faut : 1° qu'elle soit *expresse*, 2° qu'elle *s'applique à une loi*, au *texte* et non pas aux motifs de cette loi; 3° enfin qu'elle se trouve dans le *dispositif* du jugement ou de l'arrêt attaqué (L. L. 1 déc. 1790; 27 vent. an VIII et 20 av. 1810). —Ainsi, est sujet à la cassation le jugement qui rejette la preuve par témoins, par le motif *qu'elle n'est point admissible* (s'agissant de savoir si une fille dite publique occupe ou non partie d'une maison louée), et la preuve par titres sans aucun motif spécial (L. 20 av. 1810; Cass. 21 août 1840).—Dans ce cas, c'est la Cour de Cassation qui statue.

43. VIOLATION DES FORMES. La violation des formes prescrites à peine de nullité est un moyen de *requête civile* (Ordonn. 1667; C. proc. civ. 480-2°).—Tel est le défaut d'audition du ministère public dans le cas où cette audition est requise par la loi (C. proc. 480-2°; Cass. 30 mars 1842).— Dans ce cas, c'est le tribunal qui a rendu le jugement ou l'arrêt attaqué qui statue (C. proc. 490). — V. *inf.* n. 45.

44. Toutefois, la violation de formes peut devenir un moyen de cassation : 1° lorsqu'elle *provient du fait des juges* et qu'elle s'applique à des formes tellement essentielles que, sans elles, le jugement n'existe pas (Cass. 19 déc. 1831; Merlin). — Par exemple, s'il y a défaut de publicité (Cass. 5 déc. 1836; Merlin, quest. et rép.) : s'il y a défaut de motifs, de point de fait et de point de droit, et s'il n'y a pas eu nombre compétent de juges (Merlin, *ibid.*; L. 20 av. 1810; C. proc. 141) : si le jugement a été rendu par des juges qui n'ont pas assisté à toutes les séances ou qui n'ont pas la qualité légale (Godart) : lorsque la violation ou l'omission est du fait du juge et constitue un vice inhérent au jugement lui-même et un excès de pouvoir, comme quand les délais fixés pour les ajournements donnés à des parties domiciliées hors de France sont abrégés au cas de réassignation pour défaut profit-joint (Cass. 17 nov. 1840).

45. 2° Et lors même que *provenant du fait d'une partie*, cette violation a été relevée et opposée par l'autre partie, en termes exprès et non généraux, mais écartée par les juges (Cass. 19 juill. 1809; L. 4 germ. an 2; Cass. 24 août 1829). La requête civile n'est instituée que pour réparer les erreurs involontaires des juges et ne doit être employée que quand la violation a eu lieu sans aucune réclamation de la part des parties; les juges alors n'ont pas été avertis, et ont pu commettre un oubli; mais lorsqu'il y a eu réclamation, ce n'est plus par oubli, c'est par une volonté bien exprimée qu'ils n'y ont pas eu égard; on ne peut donc pas se présenter de nouveau devant eux pour qu'ils réforment leur décision; le recours en cassation est seul ouvert (Merlin).

§ 2 — 2° DE LA CASSATION.

46. La cassation est la dernière des voies extraordinaires par lesquelles on peut attaquer les jugements. D'où il suit : 1° qu'on ne peut se pourvoir contre un jugement en premier ressort, à l'exception du procureur général près la Cour de Cassation, de l'ordre exprès du gouvernement (L. 27 vent. an VIII; Cass. 10 janv. 1827), faisant observer que le pourvoi est recevable si l'arrêt a été mal-à-propos qualifié en premier ressort (Cass. 22 juin 1835); — ni contre un jugement par défaut tant que la voie d'opposition est ouverte (Merlin); — ni contre un jugement susceptible d'appel (Cass. 10 mars et 16 mai 1825).

47. Le recours en cassation constitue une instance nouvelle, indépendante de celles qui l'ont précédée.— Mais ce recours ne forme point un troisième degré de juridiction; la cassation étant un acte de surveillance et non un acte de juridiction. Il diffère de l'appel, en ce qu'il n'a pas pour but l'examen du bien ou du mal-jugé au fond (Bioche).

Art. 1er. DE L'ORGANISATION DE LA COUR DE CASSATION.

48. Il n'y a qu'une seule Cour de Cassation. Elle siége à Paris. Elle est composée d'un premier président, de trois présidents et de quarante-cinq conseillers, tous nommés par le roi et inamovibles.—Elle se divise en trois sections qui sont: la *chambre des requêtes* et la *chambre civile* pour les affaires civiles, et la *chambre criminelle* pour les affaires criminelles. — Chaque chambre est composée d'un président et de quinze conseillers. Le premier président siége à la chambre qu'il juge convenable. Il faut onze membres au moins dans chaque section pour rendre un arrêt, et trente-quatre au moins s'il s'agit d'une audience solennelle, toutes les chambres réunies. —Les arrêts sont rendus à la majorité absolue des suffrages. En cas de partage on adjoint cinq membres pris d'abord dans la section qui a rendu l'arrêt de partage, puis, en cas d'impossibilité, dans les autres sections, en suivant l'ordre du tableau. L'affaire est de nouveau rapportée et discutée. — Les motifs et le dispositif de l'arrêt sont écrits de la main du rapporteur dans la minute, laquelle est signée du président, du rapporteur et du greffier.

49. Il y a, près de la Cour de Cassation : 1° un procureur-général, six avocats-généraux amovibles et un greffier nommé par le roi; — pour être greffier, il faut être licencié en droit et avoir 27 ans accomplis; — 2° quatre commis-greffiers nommés par la Cour, sur la présentation du greffier qui peut les révoquer et en est responsable; pour être commis-greffier il faut être licencié en droit et avoir 25 ans accomplis; — 3° huit huissiers nommés par la Cour, qui peut les révoquer de leurs fonctions d'audienciers; — 4° un ordre d'avocats chargés de représenter et défendre les parties (Bioche).

Art. 2. DES ATTRIBUTIONS DE LA COUR DE CASSATION.

50. La Cour de Cassation prononce : 1° sur les demandes en cassation contre les jugements et arrêts rendus en dernier ressort; — 2° sur les prises à partie contre un tribunal; — 3° sur les réglements de juges; — 4° sur les demandes en renvoi d'un tribunal à un autre, pour cause de suspicion légitime ou de sûreté publique.

51. La Cour de Cassation a seule le droit : 1° de prononcer la cassation d'un arrêt (Cass. 13 av. 1809): — 2° de statuer sur les dépens des instances qui sont poursuivies devant elle (Cass. 12 mai 1812; 6 août 1818); — 3° d'ordonner la suppression des mémoires injurieux pour les parties en cause (Cass. 25 août 1825).

52. *La chambre des requêtes*, 1° statue sur l'admission ou le rejet des demandes en cassation dans les matières civiles ou en prise à partie (L. L. 2 brum an IV et 27 vent. an VII); même en matière électorale (Cass. 9 av. 1829); — 2° prononce définitivement sur les demandes, soit en réglement de juges, soit en renvoi d'un tribunal à un autre (*Ibid.*); — 3° connaît des crimes que les tribunaux de première instance en corps et les

membres de Cours royales individuellement commettent dans l'exercice de leurs fonctions, lorsqu'ils lui sont dénoncés par le procureur-général, d'après l'ordre qu'il en reçoit du gouvernement; mais elle ne statue pas définitivement, elle ne fait que dénoncer les juges prévenus à la section civile, qui remplit à leur égard les fonctions de jury d'accusation, et en cas d'accusation admise, les renvoie devant une Cour d'assises (L. 27 vent. an VIII; C. instr. crim. 485); — 4° prononce encore dans le cas où la section civile ou la section criminelle lui ont dénoncé des délits résultant contre les juges des procédures dont elles sont saisies (*Ibid.*; C. instr. crim. 494); — 5° enfin prononce définitivement sans préjudice des droits des parties sur les réquisitoires qui lui sont présentés par le procureur-général, de l'ordre exprès du gouvernement, pour faire annuler les arrêts ou jugements qui, en matière civile, contiennent un excès de pouvoir (L. 27 vent. an VIII; Cass. 10 janv. 1827).

53. *La chambre civile* juge définitivement : 1° les demandes en cassation et en prise à partie qui ont été admises par la chambre des requêtes (L. 27 vent. an VIII); et celles en expropriation pour cause d'utilité publique sans qu'il soit besoin d'arrêt d'admission (L. 3 mai 1841); — 2° les demandes en cassation que le procureur-général lui défère d'office en matière civile, à l'effet d'annuler les jugements en dernier ressort qui violent les formes, ou renferment, soit un excès de pouvoir, soit une violation des lois sur le fond des affaires, le tout seulement dans l'intérêt de la loi (L. 1 déc. 1790).

54. Le droit de casser dans *l'intérêt de la loi* n'appartient qu'à la Cour de cassation : les Cours royales ou tribunaux d'appel n'en sont jamais investis (Cass. 13 av. 1809). — Il ne peut être exercé que quand les parties qui avaient la faculté d'attaquer l'arrêt y ont acquiescé, ou ont laissé expirer les délais sans se pourvoir (L. 27 vent. an VIII; Cass. 29 août 1827). — Si un jugement est cassé dans cet intérêt, c'est uniquement pour maintenir l'observation de la loi; car il conserve sa force contre les parties et les oblige comme transaction (*Ibid.*; Cass. 16 therm. an XI).

55. La *chambre criminelle* prononce définitivement sur les demandes en cassation en matières criminelle, correctionnelle et de police, sans qu'il soit besoin d'arrêt préalable d'admission (L. 27 vent. an VIII).

56. Les *chambres réunies* prononcent sur toute espèce de pourvoi, lorsque, après la cassation d'un arrêt ou jugement en dernier ressort, le deuxième arrêt ou jugement rendu dans la même affaire, entre les mêmes parties, est attaqué par les mêmes moyens que le premier (L. 1 av. 1837). — V. note 27, n. 171.

57. Elles ont, en outre, lorsqu'elles sont présidées par le garde-des-sceaux, le droit de censure et de discipline sur les Cours royales, les Cours d'assises et les magistrats (Sén. cons. 16 therm. an X; L. 20 av. 1810).

Art. 3. QUI PEUT SE POURVOIR EN CASSATION.

58. Le droit de se pourvoir en cassation appartient : — 1° aux PARTIES, dans leur intérêt; — 2° au procureur-général près la Cour de cassation, dans l'intérêt de la loi.

59. AUX PARTIES. Ceux qui ont été parties dans un jugement, leurs représentants ou ayants-cause peuvent seuls en demander la cassation. — Toutes autres personnes n'ont que la voie de la tierce-opposition, ou de l'intervention. — V. *sup.* n. 12; et *appel*, note 186.

60. Plusieurs conditions sont en outre nécessaires, il faut : 1° que la partie ait *intérêt* à la cassation (V. note 28, n. 175); — 2° qu'elle soit *capable* d'agir par elle-même ou dûment autorisée (V. notes 4, 65 et 68); — 3° qu'elle n'ait pas *acquiescé* au jugement (V. note 116); — 4° qu'elle n'ait *pas déjà recouru*, c.-à-d. qu'elle n'ait pas déjà formé un premier pourvoi qui a été rejeté. — Toutefois, cette règle souffre exceptions : 1° lorsqu'on ne s'est pourvu que contre une partie d'un jugement, se réservant d'attaquer les autres (Cass. 22 brum. an XIII); — 2° lorsque les pourvois rejetés ont été formés par des personnes qui ne représentaient pas précisément le second demandeur; ainsi, le rejet du pourvoi présenté par le créancier n'empêche pas le débiteur ou ses héritiers de recourir; le rejet du pourvoi présenté au nom des héritiers collectivement, n'empêche pas un héritier de former un nouveau pourvoi en son nom personnel (Cass. 25 therm. an XII); — 3° lorsque le pourvoi contre un arrêt dans lequel avaient paru plusieurs intimés n'a été dirigé que contre celui d'entre eux qui avait signifié l'arrêt (Cass. 19 août 1833).

61. AU PROCUREUR-GÉNÉRAL. Le procureur-général près la Cour de cassation peut attaquer *en tout temps* les jugements de tout genre qui contiennent un excès de pouvoir (L. 27 vent. an VIII). — Peu importe qu'il ne s'agisse que d'un jugement rendu en *premier ressort*, ou même d'un simple acte du premier juge, mais ses poursuites n'ont lieu que d'après les ordres du gouvernement (*Ibid.*).

62. Après l'expiration du délai légal sans recours des parties, il peut également attaquer, mais seulement dans *l'intérêt de la loi*, les jugements en dernier ressort tant pour excès de pouvoir que pour violation des lois (*Ibid.*; Cass. 11 juin 1810 et 12 nov. 1832). *A lui seul* appartient ce droit (Cass. 7 déc. 1826): cependant il a été jugé que les procureurs du roi près les Cours et tribunaux l'ont aussi, lorsqu'ils ont agi dans l'intérêt de l'ordre public (Cass. 3 nov. 1806 et 27 mars 1817). Mais un préfet n'a pas ce droit même en matière électorale (Cass. 12 fév. 1838).

63. Le délai légal est considéré comme expiré, lorsqu'il s'est écoulé plus de trois mois depuis la signification, sans qu'il ait été formé de pourvoi par les parties (Cass. 12 nov. 1832).

Art. 4. CONTRE QUI LE POURVOI EN CASSATION DOIT ÊTRE DIRIGÉ.

64. Le pourvoi doit être dirigé contre les personnes dénommées dans les qualités des jugements ou arrêts attaqués, et au profit desquelles ces jugements ou arrêts ont été rendus, ou contre leurs héritiers, représentants ou ayants-cause.

Art. 5. DES JUGEMENTS CONTRE LESQUELS ON PEUT SE POURVOIR EN CASSATION.

65. On peut se pourvoir contre les JUGEMENTS OU ARRÊTS DÉFINITIFS rendus EN DERNIER RESSORT PAR LES TRIBUNAUX de l'ordre judiciaire.

66. JUGEMENTS OU ARRÊTS. Ne sont, par conséquent, point susceptibles de recours en cassation : — 1° les décisions disciplinaires des Cours et tribunaux contre un ou plusieurs de leurs membres; — 2° les avertissements donnés par les présidents, même en dehors des limites de leurs pouvoirs; — 3° l'arrêté par lequel un tribunal a tracé pour son ressort un réglement en matière d'ordre et de contribution (Cass. 30 av. 1834).

67. DÉFINITIFS. Le pourvoi en cassation étant une voie extraordinaire ne peut être admis contre des décisions de nature à être réformées par les tribunaux ordinaires. En conséquence, les jugements préparatoires et d'instruction ne sont susceptibles d'être déférés à la Cour de cassation qu'après le jugement définitif (Cass. 3 juin 1826; 5 juin 1828). L'exécution même volontaire de ces jugements ne peut être opposée comme fin de non-recevoir (L. 2 brum. an IV; Godard; Merlin). — V. note 75, n. 132.

68. Il en est de même des jugements interlocutoires qui ne causent aucun préjudice irréparable à la partie condamnée. Mais s'ils contiennent un grief irréparable, par exemple, s'il s'agit de jugements qui défèrent un serment à une partie, qui admettent une preuve testimoniale, ou qui prononcent dans d'autres cas semblables, ils peuvent être attaqués par la voie de la cassation avant le jugement définitif (Cass. 16 mai 1809, 12 av. 1810, 25 nov. 1817 et 28 déc. 1818, 29 mai 1827 et 9 mai 1837).

69. Les décisions des tribunaux en matière de dépens, ne sont sujettes à cassation que quand elles ont fait une fausse application du droit, par exemple, en condamnant la partie qui a gagné son procès au paiement des frais (Cass. 22 juill. 1818 et 25 av. 1837).

70. EN DERNIER RESSORT. Lorsque la voie ordinaire de l'appel est possible, on ne doit pas permettre celle extraordinaire de la cassation. D'où il suit que le pourvoi n'est pas recevable con-

tre un jugement susceptible d'appel (Cass. 10 mars et 16 mai 1825); du moins quant à celle de ses dispositions qui est en premier ressort (Cass. 28 nov. 1831).

71. Mais le pourvoi est recevable : 1° si l'arrêt a été mal-à-propos qualifié en premier ressort (Cass. 22 juin 1835); — 2° s'il s'agit d'un jugement en matière d'enregistrement (V. note 18, n. 514 et 560); — 3° s'il y a contrariété de jugements en dernier ressort, le dernier ayant rapporté le premier (Cass. 21 av. 1813).

72. On ne peut plus se pourvoir contre un jugement par défaut, si l'on n'a pas attaqué en temps utile le jugement de débouté d'opposition (Cass. 21 av. 1807), ou le jugement contradictoire (Cass. 24 nov. 1823).

73. PAR LES TRIBUNAUX. Ainsi, peuvent être attaqués par la voie de la cassation les jugements émanés : 1° des Cours royales; — 2° des tribunaux civils de première instance statuant soit en dernier ressort, soit comme juges d'appel des jugements rendus par les juges-de-paix, ou remplissant les fonctions de juges consulaires, soit en dernier ressort ou comme juges d'appel des jugements rendus par les conseils de prudhommes en premier ressort; — 4° des tribunaux de commerce statuant soit en dernier ressort soit comme juges d'appel des jugements rendus par les conseils de prudhommes en premier ressort ; — 5° des conseils de prudhommes statuant en dernier ressort ; — 6° des juges-de-paix, mais seulement pour excès de pouvoir (V. note 94, n. 200); — 7° des arbitres forcés, mais il en est autrement en matière d'arbitrage volontaire (V. note 183); — 8° des tribunaux, sur l'opposition à l'ordonnance d'exéquatur apposée aux sentences d'arbitres volontaires; — 9° des tribunaux étrangers situés dans des pays réunis à la France, si la voie de cassation était connue dans ces pays (Arg. Cass. 21 fruct. an IX; 2 juin 1808); — 10° des jurys d'expropriation pour utilité publique et du directeur du jury dans certains cas (L. 3 mai 1841).

74. Mais ne sont pas susceptibles de recours en cassation ; — 1° les arrêts de la Cour de cassation (Av. Cons. d'Ét. 18 janv. 1806), même en se fondant sur des moyens de requête civile (Cass. 29 déc. 1832) ; — 2° les décisions administratives; — 3° les arrêts de la Chambre des députés ; — 4° ceux de la Chambre des pairs (Refus par le greffier de la Cour le 19 av. 1833 de recevoir le pourvoi du journal la *Tribune*).

Art. 6. DES OUVERTURES A CASSATION.

75. Les ouvertures de cassation contre les jugements et arrêts en général, sont tirées : I. de la VIOLATION DE LA LOI (V. *sup.* n. 42); — II. de l'incompétence ou de l'excès de pouvoir (V. note 94, n. 99); — III. de la violation des formes essentielles (V. *sup.* n. 44); — IV. de la condamnation *ultrà petita*; — V. de la contrariété des jugements.

76. Il faut qu'il y ait violation d'une loi ou d'une coutume en vigueur à l'époque des faits appréciés par les premiers juges (Cass. 11 juin 1825), ou d'une loi romaine non abrogée à la même époque (Merlin, rép. v° Cass.). — Serait insuffisante la violation : 1° d'une décision consacrée par la jurisprudence et par l'usage (Cass. 28 fév. 1825; 13 juill. 1830; 2 mai et 29 juin 1836); même, par un usage de commerce (Cass. 14 août 1817) ; — 2° d'un ancien arrêt de réglement, à moins qu'il n'eût été approuvé par le souverain, ou qu'il n'eût pour objet l'exécution d'une loi (Cass. 23 janvier 1816 et 29 juin 1817); 3° d'une décision ministérielle (Cass. 11 janv. 1816); — 4° d'une loi étrangère, alors qu'elle n'est pas devenue le principe et la source d'une contravention aux lois françaises (Cass. 28 av. 1836).

77. La violation du *contrat* doit être aussi considérée comme une contravention à la loi, par le motif que les conventions légalement formées tiennent lieu de la loi à ceux qui les ont faites (Arg. C. civ. 1134; Cass. 30 prair. et 5 therm. an XIII), par exemple, lorsqu'un jugement, après avoir reconnu en fait l'existence de tous les éléments constitutifs de tel contrat a refusé de lui donner la qualification et les effets voulus par la loi (Cass. 23 juill. 1833; Boncenne; Toullier).—Mais si le jugement s'est borné à interpréter la convention ou bien à apprécier les actes d'après les circonstances, il a pu commettre une erreur qui lèse l'intérêt de l'une des parties, mais il n'y a pas là violation de la loi; il existe tout au plus un mal-jugé qui échappe à la censure de la Cour de cassation (Cass. 2 fév. 1808; 23 fév. 1825; Merlin; Poncet).

78. La violation du *contrat judiciaire* est soumise aux mêmes règles. — V. note 75, n. 200 et 203

79. Par application de ces principes, il y a lieu à cassation lorsqu'un jugement convertit : — une donation entre-vifs, en testament (Cass. 6 août 1827), — Une servitude en propriété commune, (Cass. 13 juin 1814), — un droit de retour en une substitution (Cass. 22 juin 1812).

I. Violation de la loi.

80. Pour que la violation de la loi motive la cassation des jugements et arrêts, il faut : 1° qu'elle soit EXPRESSE, 2° qu'elle S'APPLIQUE A UNE LOI, A SON TEXTE ET NON A SES MOTIFS, 3° et qu'elle se trouve dans le dispositif du jugement ou de l'arrêt attaqué.

81. Pour juger s'il y a ou non violation de la loi, la Cour de cassation doit prendre comme constants les faits attestés par le jugement attaqué, et voir si ce jugement leur a fait une juste application de la loi. Elle n'est pas instituée pour connaître du fond des affaires, mais seulement pour rectifier les erreurs de droit des différents tribunaux et les ramener à une saine interprétation de la législation (Av. Cons. d'Ét. 18 janv. 1806). — Les arrêts qui ne contiennent qu'une appréciation de faits ou d'actes ne donnent point ouverture à cassation; même en matière électorale (Cass. 15 janv. 1838). — Toutefois, le jugement portant que tel fait existe peut être cassé, *d'abord* si cette déclaration en fait est le résultat ou la conséquence d'une erreur de droit (Cass. 26 mai 1835), d'où il suit qu'il y a lieu de casser : 1° l'arrêt qui décide en fait qu'une femme n'avait point d'autorisation du mari pour ester en jugement, lorsque les actes de la procédure attestent l'existence de l'autorisation (Cass. 2 mai 1815), — 2° celui qui déclare qu'un acte d'appel n'a été signifié ni à la personne ni au domicile de l'intimé, quand on représente l'original de l'exploit de signification (Cass. 3 av. 1820), — 3° celui qui annule un testament, comme ne contenant pas une mention exigée par la loi, si cette mention se trouve réellement dans le testament (Cass. 15 déc. 1819): — *Ensuite* si la preuve contraire résulte d'un acte authentique non argué de faux et produit devant les juges du fond; car aux termes de l'art. 1319 du C. civ. foi doit être ajoutée aux actes de cette nature, et le tribunal qui contrevient à cette règle viole ouvertement la loi (Cass. 16 fév. 1813, 4 av. 1821, 2 déc. 1835) : mais il faut que cet acte ait été produit devant le tribunal, et mis sous les yeux de la Cour (Cass. 21 fév. 1814, 25 juin 1825 et 19 juill. 1837).

82. 1° EXPRESSE. Il faut que la violation de la loi soit expresse. Toutefois, l'application trop rigoureuse de la loi ou le défaut d'extension de son texte, ne donne pas ouverture à cassation (Berriat). — Il en est de même de la fausse application de la loi, à moins qu'il n'en résulte une violation de la loi (Cass. 14 nov. 1826) ; et de la citation erronée qu'un arrêt fait d'un article de loi, cette erreur n'étant pas une cause d'annulation, à moins que cette citation n'entraîne une erreur de droit (Cass. 19 août 1834).

83. 2° S'APPLIQUE A UNE LOI, A SON TEXTE ET NON A SES MOTIFS. En effet, les motifs de la loi sont plus ou moins incertains, et l'on ne peut dire qu'un jugement qui en fait une fausse application, viole expressément la loi (Bioche).

84. DISPOSITIF. L'erreur dans les motifs du jugement ne donne point ouverture à cassation si le dispositif est conforme à la loi. Le dispositif est, en effet, tout le jugement, et c'est seulement contre le jugement que l'on peut se pourvoir (Merlin; Cass. 2 fév. 1808, 15 mai 1816 et 1 fév. 1836). — Par la même raison, peu importe l'incohérence ou la contradiction dans les motifs, si le dispositif est régulier (Cass. 2 déc. 1824 et 16 août 1837).

85. Cependant, quoique le dispositif d'un jugement soit littéralement conforme au texte de la loi, il y a lieu à cassation, si ce dispositif est le résultat d'une fausse interprétation de la loi

exprimée dans les motifs mêmes du jugement (Cass. 1 août 1825 et 22 juin 1836).

II. Incompétence et excès de pouvoir.

86. L'incompétence et l'excès de pouvoir donnent, dans tous les cas, ouverture à la cassation (L. 27 vent. an VIII). — V. cependant note 94, n. 200.

87. Il y a incompétence lorsque le juge connaît d'une affaire que la loi attribue à un autre tribunal. — V. note 28, n. 655 et suiv.

88. Le juge commet un excès de pouvoir lorsqu'il sort du cercle de ses attributions, et fait ce que la loi lui défend ou ne lui permet pas de faire, par exemple, lorsque, dans les causes de sa compétence, le juge a statué au-delà des valeurs auxquelles la loi restreignait sa juridiction de dernier ressort, ou bien a créé des nullités et admis des fins de non-recevoir non établies par la loi Cass. 15 déc. 1806); ou bien lorsque le juge ne se contente pas de décider les causes qui lui sont soumises, et se permet, en outre, de faire des réglements généraux, ou d'intimer des ordres aux agents du pouvoir administratif (Bioche). —V. note 94, n. 200

III. Violation des formes essentielles.

89. La violation des formes prescrites à peine de nullité est un moyen de requête civile, mais cette violation est un moyen de cassation quand les formes sont essentielles. — V. *sup.* n. 44.

IV. Condamnation *ultrà-petita.*

90. Cette condamnation est, en général, un moyen de requête civile. — Mais elle devient une ouverture de cassation lorsque la loi s'oppose à la condamnation quand bien même il y eût été conclu par les parties (Cass. 8 mai et 18 juin 1810).

91. Il n'y a pas *ultrà petita* lorsqu'il résulte soit des qualités signifiées par les parties, soit des qualités du jugement, que des conclusions ayant pour objet une demande reconventionnelle ont été prises en première instance (Cass. 7 juin 1836).

V. Contrariété de jugements.

92. La contrariété de jugements donne ouverture à cassation : — 1° lorsque les deux jugements, directement opposés l'un à l'autre, ont été rendus entre les mêmes parties par deux tribunaux différents (C. proc. 504; Cass. 14 août 1811; Merlin; Poncet; Carré); — 2° lorsque les deux jugements ont été rendus par le même tribunal, si, lors du dernier, l'exception tirée de la chose jugée a été expressément opposée devant le tribunal (Cass. 8 av. 1812; 18 déc. 1815 et 19 janv. 1821).

93. Mais il n'y a pas ouverture à cassation lorsque la contrariété existe entre deux arrêts statuant l'un sur une exception, l'autre sur le fonds du procès (Cass. 17 janv. 1838).

94. En tout cas, il faut que la sentence d'où l'on induit la contradiction soit produite en forme probante (Cass. 14 fév. 1837).

95. Dans les autres cas, la contrariété de jugements ne constitue qu'un moyen de requête civile.

Art. 7. DU POURVOI EN CASSATION.

96. Le pourvoi est l'acte par lequel on défère un jugement ou un arrêt à la censure de la Cour de cassation.

97. Les principales fins de non-recevoir contre le pourvoi sont : 1° l'expiration du délai soit pour le dépôt du pourvoi devant la chambre des requêtes, soit pour la signification de l'arrêt d'admission devant la chambre civile; — 2° l'inobservation des formalités prescrites, par exemple, le défaut de consignation d'amende, de mention de la loi violée, de signature par un avocat à la Cour de cassation, etc.; mais peu importe qu'un certificat d'indigence ait été délivré par complaisance au demandeur si ce certificat émane de l'autorité compétente (Cass. 10 mai 1836) ;—3° l'existence d'un autre recours ouvert contre le jugement attaqué;—4° l'incompétence de la Cour de cassation; — 5° l'acquiescement à l'arrêt attaqué soit avant, soit après le pourvoi (V. note 116);—6° le défaut de moyens contre le chef qui concerne la partie assignée (Cass. 30 mai 1837); — 7° la présentation d'un moyen nouveau, car, en général, on n'est pas recevable à proposer, pour la première fois, devant la Cour de cassation, un moyen dont il n'a été parlé ni en première instance ni en appel (Cass. 19 juill. et 24 août 1809; 28 juin 1815; 21 fév. 1826).

98. Les pièces qui n'ont pas été produites devant une Cour royale ou qui sont d'une date postérieure à l'arrêt attaqué ne peuvent être prises en considération par la Cour de cassation, même en matière électorale (Cass. 29 juin 1835, 14 juin 1836, 6 juin 1837 et 24 janv. 1838).

99. Toutefois, la règle que les moyens nouveaux ne sont pas proposables devant la Cour de cassation reçoit exception; — 1° lorsque le moyen a été apprécié d'office par les premiers juges (Cass. 2 nov. 1826); — 2° lorsqu'il intéresse l'ordre public (Cass. 26 août 1825).

I. Délai du pourvoi en cassation.

100. Les délais du pourvoi se règlent d'après les lois en vigueur à l'époque où les jugements ont été rendus (Merlin, *rép.*). — Le délai ordinaire en matière civile est : 1° de trois jours en matière d'expropriation pour cause d'utilité publique (L. 3 mai 1841, art. 20); — 2° de trois mois pour tous ceux qui habitent en France (L. 1 déc. 1790); — 3° de 6 mois pour ceux qui habitent en Corse (L. 11 fév. 1793), et pour ceux qui habitent hors de la France continentale (Arg. régl. 1738, décr. 11 fév. 1793, Cass. 22 mai 1838), et qui ne sont pas compris dans les exceptions ci-après; — 4° d'une année pour ceux qui habitent dans l'étendue des ressorts des anciens conseils supérieurs de la Martinique, de la Guadeloupe (Régl. 1738); pour les colons d'Amérique; pour ceux qui habitent dans l'établissement du Sénégal et la Guyane française (Arr. 19 vend. an XII); pour ceux qui sont absents de France pour cause d'utilité publique (Régl. 1738); et pour les jugements et arrêts des tribunaux de l'Algérie (Ord. 10 août 1834; Cass. 9 mai 1842); — 5° de deux années pour ceux qui habitent dans les établissements de Pondichéry, l'île Bourbon (Régl. 1738), et généralement pour ceux qui demeurent au-delà du cap de Bonne-Espérance.

101. Ces délais s'entendent de mois tels qu'ils sont déterminés par le calendrier grégorien, et non d'un certain nombre de 30 jours (Cass. 7 août et 27 déc. 1811; 12 mars 1816). — Ils sont francs, c.-à-d. qu'on ne doit y comprendre ni le jour de la signification ni celui de l'échéance (L. 1 frim. an 2; régl. 1738; Merlin; rép.), d'où il suit que le pourvoi contre l'arrêt signifié le 4 juin est valablement formé le 5 sept. suivant, et qu'il serait tardif s'il n'était interjeté que le 6 (Cass. 24 nov. 1823). — Ils ne sont points sujets à augmentation à raison des distances pour ceux qui demeurent en France (Arg. C. proc. 545 et 546).

102. Le délai court, en général, à dater de la signification du jugement ou de l'arrêt (L. 1 déc. 1790), quand même l'arrêt aurait plus de 30 ans de date (Cass. 26 nov. 1834);—à personne ou domicile (L. 1 déc. 1790; régl. 1738), de sorte que serait insuffisante : 1° la signification faite à la partie au domicile de son avoué, même en matière d'enquête (Cass. 22 mars 1835); 2° celle au domicile élu pour la procédure d'appel (Cass. 2 flor. an VI), quand même la partie habiterait hors de France auquel cas la signification doit être faite au domicile du Procureur-Général près la cour de cassation (C. proc. 69; Cass. 3 août 1818). —Dans quelques cas particuliers, le point de départ du délai est reculé, soit à cause de la nature du jugement, soit à cause du caractère des personnes (Règl. 1738; L. L. 2 sept. 1793, 6 brum. an V). —La signification non-régulièrement faite ne fait pas courir le délai (Cass. 31 janv. 1816).

103. Les délais du pourvoi ne courent qu'au profit de ceux qui ont fait signifier le jugement, et contre ceux à qui la signification en a été faite, sauf, par une requête postérieure, à appeler les autres en déclaration d'arrêt commun (Cass. 14 mars 1821). — Toutefois, en matière solidaire et indivisible, le pourvoi régulier de l'un des débiteurs profite à son codébiteur et relève ce dernier de la déchéance qu'il avait encourue pour avoir laissé expirer les délais (Cass. 17 av. 1837).

104. Les délais courent contre toute personne (L. L. 1 déc. 1790 et 2 brum. an IV), même contre les mineurs, les commu-

nes et le domaine de l'état (Cass. 23 brum. an x ; Merlin ; Favard).

II. Forme du pourvoi en cassation.

105. Le pourvoi en cassation se forme par une requête signée d'un avocat près la cour de cassation, enregistrée et déposée au greffe de cette cour. Elle contient : 1° les *noms*, professions et demeures du demandeur et du défendeur, pris textuellement dans l'arrêt ou dans les pièces ; 2° l'*indication* de l'arrêt attaqué, — 3° les *moyens* de cassation ; — 4° les *conclusions* ; — l'*énonciation* qu'il a été joint au pourvoi la copie signifiée ou l'expédition de la décision attaquée, et la quittance de consignation de l'amende, lorsqu'il y a lieu à en déposer une (Règl. 1738 ; L. 2 brum. an IV), et s'il n'y a pas lieu à consignation pour cause d'indigence, l'énonciation des pièces justificatives de l'indigence. — Il est, à peine de nullité, signé et présenté par un avocat à la cour de cassation (Règl. 1738).

106. *Noms*. Le pourvoi fait au nom de plusieurs héritiers dénommés avec cette addition *et autres*, ou *et consorts*, ne s'applique qu'aux héritiers dénommés (Cass. 25 th. an XII). — Mais il n'est pas nécessaire de désigner par leur *nom* tous les défendeurs, l'addition *et autres dénommés en l'acte dénoncé suffit*. (Cass. 25 mars 1816, 7 nov. 1821 et 31 janv. 1827).

107. *Indication*. L'erreur dans l'indication de l'arrêt est suffisamment rectifiée par l'expédition de l'arrêt jointe au pourvoi, (Cass. 1 fév. 1835).

108. *moyens*. Le pourvoi doit être rejeté : s'il ne cite aucune loi qui ait été violée (Cass. 17 juill. 1827); — s'il n'articule aucun moyen et ne fait que dénoncer l'arrêt pour contravention aux lois de la matière (Cass. 11 pluv. an XI et 19 janv. 1835) ; mais l'irrégularité peut être réparée par une requête d'ampliation présentée dans le délai fixé pour le recours en cassation (Cass. 7 pluv. an XI).

109. *Conclusions*. Elles doivent être prises en termes clairs et explicites. Elles s'appliquent aux demandes principales, accessoires, subsidiaires, et peuvent contenir des réserves de les changer, modifier, augmenter ou restreindre.

110. *Enonciation*. Le défaut d'énonciation de pièces jointes ne serait pas une nullité, si les pièces étaient réellement jointes (Cass. 27 pluv. an XI et 26 mars 1834). Mais si cette jonction n'existait pas il y aurait nullité du pourvoi (Cass. 22 août 1836 ; 31 av. 1830). Il n'y a d'exception que quand l'arrêt est un acte d'instruction (Cass. 14 mai 1838).

III. Amende à consigner.

111. Le demandeur en cassation doit, en matière civile, avant de déposer son pourvoi, consigner une amende de 150 f. pour les arrêts ou jugements contradictoires, et de 75 fr. pour ceux par défaut ou par forclusion (Règl. 1738), indépendamment du dixième (V. note 19, n. 6).—Il n'y a d'exception, ni en matière de discipline de l'ordre des avocats ni en matière d'expropriation pour utilité publique (Cass. 2 janv. 1837), si ce n'est que quand il s'agit d'un jugement d'expropriation l'amende à consigner n'est que de 75 fr. comme pour les jugements par défaut (Cass. 9 janv. 1839).

112. On doit consigner autant d'amendes ; — qu'il y a de demandeurs agissant dans un intérêt séparé, quoique le pourvoi soit formé collectivement (Règl. 1738; Cass. 11 janv. 1808); — qu'il y a de jugements attaqués concernant des contestations distinctes et indépendantes (Règl. 1738; Godart; Cass. 23 av. 1835).

113. S'il a été consigné plusieurs amendes quand on pouvait n'en consigner qu'une, il n'y a lieu, au cas de rejet du pourvoi, qu'à la condamnation d'une seule amende; les autres doivent être restituées (Cass. 3 août 1825).

114. Sont exempts de la consignation et du paiement de l'amende, les agents publics pour affaires qui concernent directement l'administration des domaines ou des revenus de l'État (Règl. 1738; L. 2 brum. an IV; Cass. 15 déc. 1829). — V. note 18 n. 519.

115. Les indigents joignent à leur requête : 1° un certificat d'indigence, 2° un extrait de leurs impositions, (L. L. 14 brum. an V et 28 pluv. an VIII); — Ou bien un certificat portant que le demandeur ne possède aucune espèce de propriété (Cass. 26 flor. an XII). — Mais ils doivent payer l'amende s'ils succombent (Cass. 28 déc. 1812). — En tout cas, l'irrégularité d'un certificat d'indigence peut être rectifiée après le dépôt du pourvoi (Cass. 16 août 1837). — V. note 18 n. 531.

116. La consignation d'amende n'a pas lieu pour les requêtes en prises à partie, en règlements de juges, en renvoi d'un tribunal à un autre, parce que dans ces cas, il n'y a pas attaque dirigée contre une décision judiciaire, mais contre des personnes ou contre des tribunaux (Bioche).

117. La consignation peut se faire entre les mains de tout receveur d'enregistrement (Cass. 12 août 1831). — Le refus de recevoir l'amende dûment constaté (par exemple, par un huissier) équivaut à consignation (Ibid).

118. En matière civile, le pourvoi ne suspend pas l'exécution de l'arrêt attaqué, quand même le mal produit par l'exécution serait irréparable en définitive, comme quand il s'agit de la mainlevée d'une inscription hypothécaire, d'une opposition à mariage, ou d'une séparation de corps (Bordeaux 6 déc. 1832 et 17 mess. an XIII). — Une caution ne peut être exigée de la partie qui a eu gain de cause, même d'un étranger (Cass. 4 prair. an VII et 28 juin 1825).

119. Le pourvoi est cependant suspensif : 1° pour les jugements et arrêts rendus en matière de faux incident civil (C. proc. 241 et suiv.); — 2° pour les jugements rendus contre l'État à fin de paiement de sommes d'argent, lesquels ne peuvent être mis à exécution sans qu'au préalable il ait été donné caution (L. 16. juillet 1793); — 3° et pour ceux ordonnant la mainlevée d'objets saisis pour contravention aux lois sur les douanes, lesquels ne peuvent être non plus mis à exécution sans caution (L. 9 flor. an VIII; Godart).

V. Instruction devant la chambre des requêtes.

120. Lorsque le pourvoi a été déposé au greffe, le Président de la chambre des requêtes nomme, dans le mois, un conseiller pour en faire le rapport (Ord. 15 janv. 1826). — Le rapporteur est tenu de remettre les pièces au greffe avec son rapport écrit, savoir; pour les affaires urgentes dans le mois, et pour les affaires ordinaires dans les deux mois à dater du jour de la distribution (ibid.). —Dès le moment de la remise des pièces au greffe, les affaires sont inscrites sur le rôle d'audience par ordre de date et de numéro (ibid.). — Le jour même de cette remise, les pièces sont envoyées au Procureur Général qui les distribue aux avocats-généraux pour préparer leurs conclusions (ibid.). — Aussitôt ces conclusions préparées, les pièces sont rétablies au greffe trois jours au moins avant celui où l'affaire doit être portée à l'audience, (ibid.).—A l'audience, le conseiller fait son rapport, ensuite les avocats sont entendus s'ils le requièrent. Les parties peuvent l'être aussi, après en avoir obtenu la permission de la cour. (Ib.). — Le ministère public est entendu dans toutes les affaires. Les avocats et les parties ne peuvent obtenir la parole après lui (ibid.). — Après les conclusions du ministère public, et après en avoir délibéré, la cour rend son arrêt qui rejette ou admet la requête.

VI. Arrêt de la Chambre des requêtes.

121. Dans le cas où la chambre des requêtes rejette le pourvoi, l'arrêt est motivé (L. 4 germ. an 2). Mais il a, dans la jurisprudence, beaucoup moins de poids qu'un arrêt rendu par la chambre civile, parce que cette dernière statue toujours après avoir envisagé l'affaire sur tous les points, tandis que la chambre des requêtes n'entend jamais que le demandeur (Bioche).

122. Le demandeur, lors même que c'est une administration publique (V. note 18, n. 526, 527 et 528) est, par suite du rejet, condamné à l'amende qu'il avait consignée. Cet arrêt n'est susceptible d'aucun recours (Règl. 1738). — S'il s'agit du rejet d'une requête en prise à partie, le demandeur est condamné à 300 fr. d'amende, sans préjudice des dommages-intérêts envers les parties s'il y a lieu (C. proc. 513; Cass. 2 fév. 1825).

123. Si la chambre des requêtes admet le pourvoi, l'arrêt n'est pas motivé (Règl. 1738). — Il ordonne que la requête soit

signifiée au défendeur, avec assignation à comparaître devant la chambre civile dans les délais du règlement (ib.). C'est ce qui fait donner aussi à cet arrêt le nom d'arrêt de *soit communiqué*. — L'arrêt d'admission n'est pas suspensif (ib.).

VII. Signification de l'arrêt d'admission.

124. Délai de la signification. L'arrêt d'admission dans le contexte duquel est insérée en entier la requête en pourvoi, doit être signifié dans les mêmes délais que ceux accordés pour former le pourvoi (Règl. 1738; Merlin; - V. sup. n. 100 et suiv.).— Ces délais sont francs, comme ceux du pourvoi (ib.). — Faute par le demandeur d'avoir fait la signification dans les délais, il est déchu de sa demande, quand même il serait encore dans le délai du pourvoi (Cass. 19 fruct. an XI). — S'il y a plusieurs défendeurs, cette déchéance ne profite pas à ceux auxquels la signification a été faite (Cass. 29 germ. an XI et 5 mars 1838; - sup. n. 103). — Le délai de la signification n'est pas même prorogé par la minorité ou le défaut de tuteur (Cass. 2 fév. 1813).— — Mais il est suspendu en cas de force majeure, pour le temps seulement qu'elle a duré (Cass. 24 janv. et 14 fév. 1815). — Si la signification est nulle elle doit, à peine de déchéance, être réitérée avant l'expiration du délai (Bioche).

125. Forme de la signification. La signification de l'arrêt d'admission est, en général, assujétie aux mêmes règles que les exploits (V. note 20), et particulièrement aux dispositions du règlement de 1738, de sorte qu'en cas de concours entre les dispositions du C. de proc. civ. et celles du règlement, ces dernières doivent prévaloir (Cass. 3 nov. 1807 et 10 av. 1811). — La signification doit contenir toutes les requêtes fournies par le demandeur, mais il n'y a pas nullité en cas d'omission si celles qui y sont comprises contiennent les faits et les moyens de cassation invoqués (Cass. 6 juill. 1831). — La copie de l'arrêt doit être signée d'un avocat à la cour de cassation, et le nom de l'avocat dont le demandeur entend se servir doit être indiqué à peine de nullité de la signification et d'amende contre l'huissier (Règl. 1738; Cass. 17 brum. an XII). — La signification doit être faite à la personne ou au domicile réel du défendeur et non au domicile élu dans l'instance qui a précédé, même quand le défendeur est un étranger (Cass. 11 vendém. an VII; 2 flor. an IX; 19 vent. an XI; 28 oct. 1811), si toutefois ce domicile est connu (Cass. 16 mess. an XI; 11 frim. an X et 13 germ. an XII). — Les significations à faire dans les colonies françaises et hors de France se font au procureur général près la cour de cass. qui les fait remettre aux parties par la voie des ministres de la marine et des affaires étrangères (C. proc. 69; Cass. 6 mars 1831; Godart). — La signification est nulle quand elle n'est pas faite aux héritiers du défendeur mort depuis l'arrêt d'admission (Cass. 18 juill. 1842).

VIII. Instruction devant la chambre civile.

126. La signification de l'arrêt d'admission vaut assignation devant la chambre civile, de sorte que l'assignation est surabondante (Règl. 1738; Cass. 3 nov. 1807). — La cour ne statue qu'à l'égard de ceux qui ont reçu cette signification (Cass. 2 juill. 1833).

127. Le défendeur doit comparaître devant la chambre civile dans les délais suivants : 1° trois jours en matière électorale (Cass. 21 juin 1830); 2° quinze jours pour les assignations données dans l'étendue de la ville de Paris et de dix lieues à la ronde (Règl. 1738); 3° Un mois pour les lieux compris dans les ressorts des anciens parlements de Paris, Rouen, Dijon, Metz et Flandre, ou du conseil d'Artois (ib.); — 4° Deux mois pour ceux compris dans les ressorts des anciens parlements et cours de Languedoc, Guyenne, Grenoble, Aix, Pau, Besançon et Bretagne et les conseils supérieurs d'Alsace et de Roussillon (ib.), ainsi que pour la Corse (Arg. C. proc. 73; Cass. 30 mai 1838); — 5° Un an pour la Martinique et la Guadeloupe (Règl. 1738). — Quant aux anciens ressorts de Bourbon et de Pondichéry, le délai d'assignation est réglé par l'arrêt d'admission (ib.); il doit en être de même pour Cayenne et le Sénégal (Bioche).

128. Le défendeur ne peut comparaître que par le ministère d'un avocat à la cour de cassation, qui rédige et signe un mémoire en défense, le signifie à l'avocat du demandeur, et le dépose ensuite au greffe avec les pièces justificatives (L. 2 brum. an IV).

129. Lorsque la production du défendeur, signifiée à l'avocat du demandeur, est faite au greffe, ce dernier peut répliquer et déposer à son tour au greffe la grosse de l'arrêt d'admission et son mémoire en réplique. L'affaire est alors en état (ord. 15 janv. 1826), et la procédure la même que pour arriver à l'arrêt de la chambre des requêtes - V. sup. n. 120.

130. Si le défendeur ne produit pas de défense dans la huitaine du délai qui lui est accordé pour comparaître, il peut être donné défaut contre lui (Règl. 1738).— Pour obtenir l'arrêt par défaut, le demandeur lève au greffe un certificat de non-production, qu'il joint à la grosse de l'arrêt d'admission, et produit le tout au greffe, l'affaire suit alors la marche ordinaire (ib.).— Le défaut n'est cependant pas prononcé par cela seul que le défendeur ne comparait pas; l'affaire est examinée comme les autres, et même si la chambre civile n'estime pas le pourvoi fondé elle le rejette. Dans ce cas, le demandeur est condamné à l'amende de 300 fr. — Si elle estime qu'il est fondé, elle prononce la cassation de l'arrêt attaqué. Tant que cet arrêt n'est pas rendu, le défendeur a encore le droit de produire ses défenses (Godart).

IX. Arrêts de la chambre civile. — Ses effets.

131. Devant la chambre civile, à l'audience, le conseiller fait son rapport; ensuite les avocats du demandeur et du défendeur sont entendus. — Les avocats ne peuvent soumettre à l'audience leurs observations sur le rapport, qu'après avoir fait signifier leur requête ou mémoire en défense, et produit les pièces dans les termes prescrits par les règlements (Arr. 2 mess. an IX).

132. Devant la cour de cassation la cause doit s'instruire par écrit. L'instruction est réputée complète par les écritures; aussi les plaidoiries, malgré leur importance sont-elles qualifiées d'observations (ib.). — Le ministère public donne ensuite ses conclusions. — Puis la cour, après en avoir délibéré, rend son arrêt, par lequel elle rejette le pourvoi ou casse la décision attaquée.

133. En cas de rejet, le demandeur est condamné: 1° à 300 fr. d'amende, dans lesquels sont compris les 150 fr. d'amende consignés avant le dépôt du pourvoi ; — 2° à 150 fr. d'indemnité envers le défendeur, si l'arrêt attaqué est contradictoire, et à moitié de ces sommes, s'il est par défaut ou par forclusion ; 3° et en outre aux dépens de l'instance (Règl. 1738). L'amende ne peut être remise ni modérée, mais elle peut être augmentée (Règl. 1738), ce que la cour ne fait jamais.

134. En cas de désistement du pourvoi, la cour en donne acte, sans examiner les moyens et sans statuer sur les conclusions. — Si, au contraire, c'est le défendeur éventuel qui se désiste du bénéfice de l'arrêt attaqué, il y a lieu à statuer sur le pourvoi (Cass. 28 juill. 1824).

135. L'indemnité n'est pas due si le désistement précède la production du défendeur, et, à plus forte raison, la signification de l'arrêt d'admission. Il en est autrement dans le cas contraire (Cass. 26 mai 1830). — A l'égard de l'amende, elle n'est restituable qu'en vertu d'un arrêt de cassation, par conséquent un désistement postérieur à l'arrêt d'admission n'est pas suffisant pour opérer cette restitution (Cass. 24 fév. 1835; 22 juin 1836). — V. note 18, n. 528.

136. Le demandeur ne peut attaquer l'arrêt de rejet, ni par requête en cassation, ni par requête civile. Il ne peut non plus former un nouveau pourvoi même en présentant de nouveaux moyens (Règl. 1738). Il est seulement recevable à se pourvoir contre les dispositions de l'arrêt, non attaqué dans le premier pourvoi, s'il est encore dans les délais (Cass. 22 brum. an XIII; Merlin; Berriat).

137. Lorsque la chambre civile casse l'arrêt attaqué, elle ordonne la restitution de l'amende consignée et des sommes qui peuvent avoir été perçues en exécution de cet arrêt. Elle remet les parties dans l'état où elles étaient avant l'arrêt cassé, et ren-

voie l'affaire devant un des trois tribunaux du même ordre, le plus voisin de celui dont la décision a été annulée, pour être procédé sur les derniers errements qui n'ont pas été atteints par la Cour de cassation. L'indication du tribunal auquel l'affaire est renvoyée a lieu en la chambre du conseil, après la prononciation de l'arrêt de cassation en audience publique (Régl. 1738; L. L. 1 déc. 1790, 2 brum. an IV et 27 vent. an VIII).

138. Pour obtenir la restitution de l'amende consignée, il faut remettre au receveur de l'enregistrement auquel la consignation a été faite ; 1° un extrait sur papier timbré de l'arrêt attaqué et la restitution de l'amende, et énonçant en totalité l'enregistrement de l'arrêt, 2° et la quittance de consignation d'amende : — La restitution de l'amende et des sommes perçues doit avoir lieu, quand même elle ne serait pas formellement exprimée dans l'arrêt de cassation. La grosse de cet arrêt suffit pour la poursuivre (Cass. 16 janv. 1812, 22 janv. 1822 et 28 août 1837).

139. La restitution ordonnée par l'arrêt ne donne droit qu'au capital des sommes payées et non aux intérêts (Cass. 15 juin 1812), à moins que la partie condamnée n'ait, lors du paiement, déclaré ne le faire que comme contrainte et forcée, sous la réserve de se pourvoir en cassation; elle reçoit alors, avec le capital, les intérêts du jour du versement (Cass. 11 nov. 1828). — V. note 49; — toutefois le principe d'après lequel la cassation d'un arrêt entraîne la restitution de ce qui a été payé, est modifié par l'art. 1238 du C. civ.; ainsi, ne sont pas restituables ; 1° les sommes saisies sur un tiers et reçues de bonne foi par les créanciers d'un individu au profit duquel a été rendu un arrêt qui lui a alloué ces sommes, bien que cet arrêt soit ultérieurement cassé (Cass. 13 mai 1823); — 2° les dépens qu'un avoué qui a obtenu la distraction à son profit par un jugement s'est fait payer (Cass. 16 mars 1807).

140. La cassation ne profite qu'à ceux qui se sont pourvus (Cass. 4 pluv. an VII).

141. La cassation a pour effet de remettre les parties *au même état* qu'avant l'arrêt cassé; de là plusieurs conséquences : — 1° tout acte d'exécution est rétracté de droit; — 2° tous droits de propriété qui reposeraient sur une qualité résultant de l'arrêt cassé sont anéantis; — 3° toute inscription hypothécaire prise depuis l'arrêt de cassation est non avenue; — 4° non seulement l'arrêt attaqué est annulé, mais encore tous ceux qui en ont été la suite et la conséquence, soit que l'arrêt de cassation ait ajouté ou non ces mots : *et tout ce qui s'en est suivi* (Cass. 25 oct. 1813; Merlin).

142. Le renvoi ne peut être fait à la cour qui a rendu l'arrêt cassé (Cass. 12 nov. 1816), à moins que les parties n'y consentent (Arg. Cass. 8 niv. an VII). — Cependant lorsqu'il s'agit de la cassation d'un jugement de tribunal de première instance qui a mal-à-propos connu d'une action qui aurait dû être déférée à une Cour royale, l'affaire peut être renvoyée devant cette Cour (Cass. 18 av. 1827).

143. Lorsque la Cour de cassation a ordonné le renvoi à un autre tribunal d'une cause dans laquelle des faits de complicité des dilapidations commises par des avoués sont imputés aux premiers juges, ces magistrats peuvent, lorsqu'on leur signifie l'arrêt de renvoi, y former opposition (Cass. 23 août 1825).

144. Il n'y a pas lieu au renvoi : 1° lorsque l'arrêt cassé a mal-à-propos reçu l'appel d'un jugement en dernier ressort. Dans ce cas, l'arrêt de cassation ordonne l'exécution du jugement dont l'appel a été illégalement reçu (Régl. 1738); — 1° lorsque la cassation est prononcée pour contrariété d'arrêts ou jugements en dernier ressort, rendus par des cours et tribunaux différents; l'arrêt qui casse ordonne, dans ce cas, que sans s'arrêter ni avoir égard au second arrêt ou jugement, le premier sera exécuté selon sa forme et teneur (Régl. 1738).

145. Les arrêts de cassation sont imprimés et transcrits sur le registre du tribunal dont la décision a été cassée (L. 1 déc. 1790), et la notice ainsi que le dispositif en sont insérés chaque mois dans le bulletin des audiences de la Cour (L. 27 vent. an VIII).

146. La demande en interprétation d'un arrêt de la Cour de cassation est présentée par requête à la chambre civile, et il faut que cette requête ait eu pour objet un point sur lequel la Cour ait eu à prononcer (Cass. 28 av. 1835).

147. Si l'arrêt de cassation est *contradictoire*, il ne peut être mis à exécution avant d'avoir été *signifié* à l'avocat de la partie, *à peine de nullité* de toutes procédures et exécutions antérieures à cette signification (Régl. 1738, et Arrêt du cons. 12 mars 1789), quand même il aurait été signifié à la partie elle-même (*Ibid.*).

148. Si l'arrêt est par défaut, la partie défaillante ne peut être restituée que par arrêt de la Cour de cassation (Régl. 1738). — La partie qui veut se pourvoir par cette voie est tenue d'offrir préalablement à l'avocat qui a obtenu l'arrêt par défaut la somme de 100 fr. pour la réfusion des frais jusqu'au jour des offres; en cas de refus, les deniers demeurent consignés entre les mains de l'huissier qui en a fait l'offre, aux risques de l'avocat qui l'a refusée (*Ibid.*). — En rapportant la quittance de l'avocat ou l'acte d'offre portant consignation, la partie est restituée par arrêt qu'elle est tenue d'obtenir et même de faire signifier à l'avocat de l'autre partie, dans les délais suivants à compter du jour de la signification de l'arrêt par défaut faite à la personne ou au domicile du défaillant; savoir, de 3 mois quand l'assignation a été donnée à deux mois, de 2 mois quand elle l'a été à 1 mois, et de 1 mois quand elle l'a été à quinzaine (*Ibid.*). — Le défaillant qui laisse expirer ces délais sans remplir ces formalités ne peut plus se faire restituer contre l'arrêt par défaut (*Ib.*). — L'arrêt de restitution étant obtenu et signifié, l'instance se suit comme à l'ordinaire, mais si la partie qui a obtenu cet arrêt reste pendant 3 ans à compter du jour de la prononciation, sans produire de défense au pourvoi, elle peut sur la demande de son adversaire être déclarée forclose (Cass. 11 juill. 1827).

149. L'arrêt de cassation peut avoir annulé la procédure ou la décision. — Si la procédure est annulée, elle est recommencée devant la nouvelle cour à partir du premier acte cassé. — Si c'est la décision, l'affaire est portée sans nouvelle procédure à l'audience, et l'on procède au jugement sans nouvelle instruction (L. 2 brum. an IV).

150. Devant la nouvelle Cour, on ne peut assigner que les parties qui ont figuré dans les qualités de l'arrêt de cassation (Cass. 17 nov. 1835). — Les parties peuvent modifier les conclusions qu'elles avaient prises devant la première (Merlin); ainsi, présenter même pour la première fois tous les moyens et exceptions que comporte la nature de l'affaire, notamment l'exception de prescription (Cass. 16 juin 1836).

151. Si le second arrêt est rendu dans le même sens que le premier, il faut, pour l'attaquer, présenter un pourvoi, consigner l'amende, obtenir un nouvel arrêt d'admission, le faire signifier, et le déposer avec l'arrêt cassé et l'arrêt de cassation, au greffe de la Cour. — La chambre civile seule rend ensuite arrêt. Elle renvoie devant toutes les sections réunies, si le jugement attaqué a été rendu dans la même affaire, entre les mêmes parties, procédant en la même qualité, et si les moyens sont les mêmes que lors du premier pourvoi (L. 1 av. 1837). Les chambres réunies sont saisies par le seul fait de l'arrêt, sans procédures, et les formalités sont les mêmes que devant la chambre civile : seulement cet arrêt n'a pas besoin d'être signifié (Bioche).

152. Quand les moyens sont différents il n'y a pas lieu de renvoyer devant les chambres réunies (Cass. 7 août 1813, 8 nov. 1825, 18 juill. 1827, 29 janv. 1829). Quand il en est ainsi, la chambre civile garde la connaissance de l'affaire, et peut juger de suite après avoir entendu les plaidoiries.

153. Si le deuxième arrêt ou jugement est cassé pour les mêmes motifs que le premier, la Cour royale ou le tribunal auquel l'affaire est renvoyée doit se conformer à la décision de la Cour de cassation sur le point de droit jugé par cette Cour (L. 1 av. 1837). — V. note 27, n. 171 et suiv.

§ 2-3° DE LA REQUÊTE CIVILE.

154. La requête civile peut être comparée aux voies de restitution contre les contrats : elle est une espèce de restitution contre la chose jugée (*L. 17, D. de minor.*; Thomine). — Elle diffère de la restitution des contrats, en ce qu'elle n'a pas pour résultat d'anéantir nécessairement le jugement dans sa totalité. Sauf les exceptions dont nous avons parlé note 24, n. 121 et note 73, n. 146, les clauses d'un contrat se lient les unes aux autres; dès lors, si l'une est anéantie, il faut les anéantir toutes; tandis que l'erreur du juge sur un point de la décision n'invalide pas le jugement sur les autres chefs bien jugés (Thomine).

Art. 1. PAR QUI ET CONTRE QUI LA REQUÊTE CIVILE PEUT ÊTRE FORMÉE.

155. La requête civile peut être formée *par* et *contre* toutes personnes qui ont été *parties* ou *dûment appelées* au jugement qu'il s'agit de réformer (C. proc. 480) : — *Par* et *contre* leurs héritiers, successeurs à titre universel ou particulier ou ayants-cause (Arg. C. proc. 474; Exposé des motifs; Lepage; Merlin; Carré; Pigeau).

156. Quand on a été étranger à un jugement, on ne peut se pourvoir que par tierce-opposition. — V. *sup.* n. 2.

157. La requête civile est *principale* ou *incidente*. — V. sup. n. 26 et suiv.

Art. 2. CONTRE QUELS JUGEMENTS ET POUR QUELLES CAUSES LA REQUÊTE CIVILE EST ADMISE.

158. *Les* JUGEMENTS *contradictoires rendus* EN DERNIER RESSORT *par les* TRIBUNAUX DE PREMIÈRE INSTANCE *et les Cours royales, et les jugements par défaut rendus aussi en dernier ressort, et qui ne sont plus susceptibles d'opposition, pourront être rétractés sur la requête de ceux qui auront été parties ou dûment appelés pour les causes ci-après...* (C. proc. 480).

159. JUGEMENTS. Ce qui s'applique : 1° aux jugements rendus par des arbitres (C. proc. 1026); — 2° aux décisions administratives contentieuses du cons. d'Etat, mais seulement pour les causes exprimées aux n. 9 et 10 (V. *inf.* n.182 et 184) de l'art. 480 du C. de proc. (Régl. 22 juill. 1806 et décr. 11 janv. 1818).

160. EN DERNIER RESSORT. C'est la nature de la décision et non sa qualification que l'on doit considérer pour savoir si un jugement est en premier ou en dernier ressort et partant sujet ou non à requête civile (Arg. C. proc. 453; Demiau; Carré).

161. La loi ne distinguant point entre les jugements il en résulte que les jugements provisoires, préparatoires, interlocutoires et les jugements définitifs peuvent être tous attaqués par requête civile (Cass. 10 pluv. an XII), — avec cette différence néanmoins qu'un jugement préparatoire ne peut l'être que conjointement avec le jugement définitif (Arg. C. proc. 451; Pigeau; Carré).

162. Ne sont toutefois pas susceptibles d'être attaqués par voie de requête civile : — 1° les arrêts de la Cour de cassation (V. *sup.* n. 74); — 2° les jugements déjà attaqués par cette voie et ceux qui l'ont rejetée; — 3° ceux rendus sur le rescisoire (V. note 27, n. 406 *bis*); — 4° et ceux auxquels on a acquiescé sur tous les points (Merlin).

163. TRIBUNAUX DE PREMIÈRE INSTANCE. On doit considérer comme tels les tribunaux de commerce (Bruxelles 23 janv. 1812; Cass. 24 août 1819; Paris 28 juill. 1826; Boucher; Carré; Pardessus; —*Contrà*, Poitiers, 19 janv. 1818; Delvincourt; Pigeau; Merlin; Berriat).

164. Pour les jugements rendus par les juges-de-paix il n'y a lieu à requête civile que pour le cas de dol et pour les cas prévus par les n. 3, 4, 5 et 6 de l'art. 480 du C. de proc. (Henrion; Carré; Thomine; Dalloz; Augier; Benech; — *Contrà*, Merlin, Pigeau) — V. *note* 94, *n.* 199 *et suiv.*

165. 1° *S'il y a eu dol personnel* (C. proc. 480-1°).

166. Il faut que le dol soit tel qu'il ait influé sur la décision (Arg. C. civ. 1116). D'où il suit qu'il peut y avoir ouverture à requête civile : 1° dans le cas où une partie n'a obtenu gain de cause qu'à l'aide de la dénégation mensongère par elle faite de faits essentiels dont son adversaire attestait la vérité (Colmar 18 mai 1820); — 2° lorsque l'avocat de la partie adverse, de concert avec son client, a sciemment allégué à l'audience un fait matériellement faux, dont il prétendait avoir la justification entre les mains, et que ce fait, réputé constant par les magistrats, a servi de base à leur décision (Bruxelles 23 juill. 1810); — 3° dans les cas où l'une des parties a dissimulé une pièce décisive (Cass. 12 fév. 1823); 4° lorsque l'on empêche de parvenir à une partie la signification d'un jugement par défaut, ou que l'on intercepte la lettre adressée à l'avoué pour qu'il y forme opposition (Thomine); — 5° lorsque le serment déféré d'office a été reconnu faux depuis le jugement auquel il a servi de base (C. civ. 1366), parce que, dans ce cas, l'adversaire n'a pas consenti à en faire dépendre le sort de sa réclamation (Bioche). Mais il en est autrement quand le serment a été déféré ou référé par la partie elle-même (C. civ. 1363; Pigeau; Carré; Toullier).

167. 2° *Si les formes prescrites à peine de nullité ont été violées, soit* AVANT *soit* LORS *des jugements, pourvu que la nullité n'ait pas été* COUVERTE *par les parties* (C. proc. 480-2°).—V. *sup.* n. 44 et 89.

168. AVANT. Telles sont les nullités dans l'assignation ou dans la procédure qui l'a suivie. — LORS; par exemple, l'omission du nom des juges ou des conclusions (Bioche).

169. COUVERTE. Une nullité est couverte par la plaidoirie devant une cour royale, pour demander la confirmation ou l'infirmation du jugement entaché de nullité (Cass. 9 av. 1835).

170. 3° *S'il a été prononcé sur choses non demandées* (C. proc. 480-3°).

171. Par exemple, si le prix a été adjugé au lieu de la chose réclamée; — si des intérêts ont été accordés à celui qui n'avait conclu qu'au paiement du capital; — si un tuteur actionné au nom de son pupille a été condamné personnellement, sans que cette condamnation personnelle eût été requise; — ou bien encore si un arrêt en déclarant que des actes formaient un contrat de vente en a fixé le prix, sans que personne l'eût requis (Paris 3 mars 1810; Bornier; Rodier; Jousse; Serpillon; Bioche). — Il ne faut pas confondre ce cas avec le suivant.

172. 4° *S'il a été adjugé plus qu'il n'a été demandé* (C. proc. 480-4°). — V. *sup.* n. 75 et 90.

173. C'est ce qu'on nomme *ultrà petita*. Ainsi, c'est excéder la demande : 1° que de condamner à payer l'intégralité d'une dette, quand le créancier ne réclame que le reliquat; — 2° que d'attribuer la pleine propriété à une partie qui revendiquait seulement l'usufruit; — 3° que d'accorder tous les dépens, lorsqu'il n'y a pas appel du jugement qui n'en adjugeait qu'une partie; — 4° que d'accorder des aliments pour plus de temps qu'on n'en demandait; — 5° que de prononcer la contrainte par corps lorsque la partie intéressée n'y a pas conclu (Bioche). — Mais il n'y a pas *ultrà petita* si on a statué sur des conclusions reconventionnelles prises en première instance.

174. 5° *S'il a été omis de prononcer sur l'un des chefs de demande* (C. proc. 480-5°). — Par exemple; — sur les dépens (Cass. 4 mai 1828); — sur les dommages-intérêts réclamés au cas de nullité d'un emprisonnement (Florence 28 mai 1809).

175. 6° *S'il y a contrariété de jugements en dernier ressort, entre les mêmes parties et sur les mêmes moyens, dans les mêmes Cours ou tribunaux* (C. proc. 480-6°). — V. *sup.* n. 92.

176. La réunion de ces trois conditions est indispensable (Rodier; Carré). — Mais il n'y a pas jugement entre les mêmes parties quand les qualités sont différentes, par exemple, quand on agit en son nom personnel après avoir agi comme tuteur (Arg. C. civ. 1351; Carré). Cependant les parties sont les mêmes quand ce sont des héritiers qui agissent comme représentant leur auteur (Bioche). — Deux chambres d'un même tribunal ne doivent pas être considérées comme deux tribunaux différents.

177. 7° *Si, dans un même jugement, il y a des dispositions contraires* (C. proc. 480-7°).

178. Il faut que la contrariété existe dans le dispositif; peu importe qu'elle existe dans les motifs (Paris 6 août 1825). — Il y a contrariété quand plusieurs dispositions se détruisent réciproquement de telle sorte qu'elles ne puissent être toutes exécutées (Cass. 4 germ. an XIII; Merlin; Rennes 2 janv. 1834).

179. 8° *Si, dans le cas où la loi exige la* COMMUNICATION *au ministère public, cette communication n'a pas eu lieu, et que le jugement ait été rendu* CONTRE CELUI POUR QUI ELLE ÉTAIT ORDONNÉE (C. proc. 480-8°).

180. COMMUNICATION. - V. note 21, n. 116 et suiv.

181. CONTRE CELUI POUR QUI ELLE ÉTAIT ORDONNÉE. Mais lorsque celui-là obtient gain de cause, il ne peut se pourvoir par requête civile. C'est une nullité relative et non absolue (Cass. 25 av. 1833). La requête civile introduite en faveur des incapables est exclusive du pourvoi en cassation (Cass. 26 av. 1808, 25 av. 1833, 9 fév. et 20 mars 1836). — V. *sup.* n. 43.

182. 9° *Si l'on a jugé sur pièces reconnues ou déclarées fausses depuis le jugement* (C. proc. 480-9°).

183. Le faux ne donne ouverture à requête civile qu'autant qu'il a été préalablement reconnu par la partie à laquelle on l'oppose ou déclaré par jugement, il ne suffirait pas d'en faire la preuve devant les juges saisis de la requête civile (Cass. 2 mai 1837; Aix 8 fév. 1839). — En tout cas, il n'y a pas lieu à requête civile quand la fausseté des pièces a été constatée *avant* et non *depuis* le jugement attaqué (Cass. 9 déc. 1835); — ou quand l'on attaque comme faux le jugement lui-même (Pigeau).

184. 10° *Si, depuis le jugement, il a été recouvré des* PIÈCES DÉCISIVES *et qui avaient été* RETENUES *par le fait de la partie* (C. proc. 480-10°).

185. PIÈCES DÉCISIVES. Telles seraient une quittance, une contre-lettre, émanées de la partie qui a obtenu condamnation, et qui représentées aux juges les eût déterminés à juger autrement qu'ils n'ont fait (Carré).

186. RETENUES. Il ne suffirait pas que la pièce eût été retenue par un tiers, si on ne prouve que celui-ci a agi de connivence avec la partie.

187. *L'Etat, les communes, les établissements publics et les* MINEURS, *seront encore reçus à se pourvoir*, S'ILS N'ONT ÉTÉ DÉFENDUS, *ou* S'ILS NE L'ONT ÉTÉ VALABLEMENT (C. proc. 481).

188. MINEURS. Ce qui s'applique même aux mineurs émancipés (Turin 21 mars 1812), et aux interdits (Arg. C. civ. 509; Carré; Berriat); mais non à la femme mariée (Carré).

189. S'ILS N'ONT ÉTÉ DÉFENDUS. Il n'y a pas eu de défense lorsqu'il est intervenu un jugement par forclusion ou par défaut, soit contre partie faute de comparaître, soit contre avoué faute de plaider. L'intervention du ministère public ne supplée pas la défense : il ne conclut que d'après les documents fournis par les parties.

190. S'ILS NE L'ONT ÉTÉ VALABLEMENT. Il n'y a pas eu de défense valable, si l'on a omis des moyens décisifs; en fait, si l'on a négligé de produire des pièces, ou si des pièces décisives ignorées au moment du procès ont été découvertes depuis le jugement (Cass. 20 août 1840); en droit, si l'on n'a pas fait valoir une fin de non-recevoir, une exception, une prescription, s'il n'y a pas eu de plaidoirie (Rodier; Jousse; Ordonn. 1667; Carré; Pigeau).

191. Lorsque les dénommés en l'art. 481 ont fait cause commune avec des consorts majeurs et que ceux-ci ont fait valoir tous les moyens qu'il était possible de proposer, il n'y a pas lieu à requête civile (Parlem. Paris 21 juill. 1695; av. 1696).

192. *S'il n'y a ouverture que contre un chef de jugement, il sera seul rétracté, à moins que les autres n'en soient dépendants* (C. proc. 482).

Art. 3. DU DÉLAI POUR SE POURVOIR PAR REQUÊTE CIVILE.

193. Le délai de la requête civile est réglé par les art. 483 et suiv. du C. de proc. — En général, ce délai est de trois mois, sauf augmentation à raison des distances (C. proc. 1033; — V. note 20, n. 229). — On est quelquefois relevé de la déchéance du délai quand on se pourvoit incidemment, c.-à-d. lorsque l'autre partie qui avait un délai plus long agit elle-même par requête civile sur un point qui lui fait grief (Arg. C. proc. 443; Pigeau; Thomine).

194. Le délai court, en général, du jour de la signification du jugement, à personne ou domicile (C. proc. 483), et contre toutes parties même contre l'Etat, les communes et les établissements publics (Arg. C. proc. 444; Merlin). — Seulement il ne court :- 1° contre les mineurs que du jour de la signification faite depuis leur majorité, mais à défaut de signification depuis la majorité, ce délai se prescrit par 30 ans (Arg. C. civ. 2262; Cass. 1 germ. an XI); -2° pour le faux, le dol ou la découverte de pièces nouvelles, que du jour où soit le faux soit le dol auront été reconnus, ou les pièces découvertes, pourvu que, dans ces deux derniers cas, il y ait preuve par écrit du jour (C. proc. 488); -3° s'il y a contrariété de jugements, que du jour de la signification du dernier jugement (C. proc. 489).

195. Ce délai est augmenté comme il est dit en l'art. 73 du C. de proc. civ. pour ceux qui demeurent hors de la France continentale (C. proc. 486. — V. note 20, n. 239); et d'un an pour ceux qui sont absents du territoire européen du royaume pour un service de terre ou de mer ou pour le service de l'Etat (*Ibid.*)

Art. 4. DU TRIBUNAL COMPÉTENT.

196. La requête civile est portée au tribunal qui a rendu le jugement attaqué; il peut y être statué par les mêmes juges (C. proc 490). — Il en est ainsi lors même que le jugement attaqué est produit devant un autre tribunal, sauf à ce dernier tribunal à passer outre ou surseoir (C. proc. 491).

197. Les fonctions des arbitres cessant par l'accomplissement de leur mandat, la requête civile contre les jugements arbitraux est portée devant le tribunal qui eût été compétent pour connaître de l'appel (C. proc. 1026). — Mais la requête civile formée contre une décision émanée des tribunaux ordinaires peut être jugée par des arbitres en vertu d'un compromis (C. proc. 1010).

198. C'est en audience ordinaire et non en audience solennelle que doivent être jugées les instances de requête civile (Décr. 30 mars 1808, Rennes 27 av. 1836).

Art. 5. DE L'ASSIGNATION EN REQUÊTE CIVILE.— DE LA CONSULTATION ET CONSIGNATION

199. Pour que la requête civile soit reçue, c.-à-d. pour que le tribunal puisse statuer, il faut : -1° obtenir une consultation signée de trois avocats exerçant depuis dix ans au moins près un des tribunaux du ressort de la Cour royale dans lequel le jugement a été rendu; cette consultation contiendra déclaration qu'ils sont d'avis de la requête civile et elle énoncera les ouvertures (C. proc. 495); -2° et consigner une somme de 300 fr. pour amende et 150 fr. pour les dommages-intérêts de la partie, sans préjudice de plus amples dommages-intérêts s'il y a lieu : la consignation sera de moitié si le jugement est par défaut ou par forclusion, et du quart s'il s'agit de jugements rendus par les tribunaux de première instance (C. proc. 494). — L'Etat est seul dispensé de consigner (*Ibid.*; V. note 18, n. 520 et 596).

200. La quittance du receveur ainsi que la consultation seront signifiées en tête de la demande (C. proc. 495).

201. Il y a lieu à restitution de la somme consignée : 1° lorsque la partie abandonne le projet de se pourvoir, avant d'avoir présenté sa requête (Arg. Cass. 12 oct. 1808; Thomine); — 2° lorsqu'avant qu'il ait été statué par le tribunal, le demandeur justifie d'une transaction intervenue sur la demande en requête civile (Arg. Arr. 27 niv. an X).

202. Lorsque la requête civile est formée dans les 6 mois de la date du jugement attaqué, l'assignation doit être donnée au domicile de l'avoué de la partie adverse; après ce délai, l'assignation sera donnée au domicile de la partie elle-même (C. proc. 492).

203. La demande en requête civile n'ayant pas pour objet une

action nouvelle, est dispensée du préliminaire de conciliation (V. note 112).

204. La requête civile doit être communiquée au ministère public (C. proc. 498). — Le défaut de communication au ministère public ouvrirait aux parties un recours, soit en appel, soit en cassation, suivant que la requête civile aurait été jugée en premier ou en dernier ressort (*Pratic. franç.*; Bioche)

205. Ce qui est dit aux numéros qui précèdent s'applique à la requête civile principale comme à la requête civile incidente. Seulement, dans ce dernier cas, il faut faire application de l'art. 493 du C. de proc. civ.

Art. 6. DES EFFETS DE LA REQUÊTE CIVILE ET DU JUGEMENT QUI EN PRONONCE LE REJET OU L'ADMISSION.

206. La requête civile n'empêche jamais l'exécution de la décision attaquée, et il faut même, dans le cas de délaissement d'un héritage, pour être reçu à plaider sur la requête civile, rapporter la preuve de l'exécution du jugement au principal (C. proc. 497).

207. La requête civile peut être rejetée, soit parce que le délai est expiré, soit parce que les conditions préalables n'ont pas été remplies, soit pour quelque vice de forme dans la procédure, soit parce que les causes du recours ne sont pas justifiées. — Dans ces différents cas, c.-à-d. au cas de rejet, le demandeur est condamné à l'amende et aux dommages-intérêts fixés par l'art. 494 (V. *sup.* n. 199).

208. En cas d'admission de la requête civile, il faut toujours deux jugements distincts, l'un sur la requête civile qu'on appelle *rescindant*; l'autre sur le fonds de la contestation qu'on appelle *rescisoire* (V. note 27 n. 406 *bis*.).—Au cas d'admission, le jugement est rétracté, et les parties sont remises au même état où elles étaient avant le jugement; les sommes consignées sont rendues, et les objets des condamnations sont restitués s'ils ont été perçus. En cas d'entérinement de la requête civile pour raison de contrariété de jugements, le jugement d'entérinement ordonnera que le premier jugement sera exécuté selon sa forme et teneur (C. proc. 502).

209. L'opposition est recevable contre une décision qui a statué par défaut sur une instance de requête civile (Poncet).— Mais *aucune* partie ne peut se pourvoir en requête civile, soit contre le jugement attaqué, soit contre le jugement qui l'a rejetée, soit contre le nouveau jugement sur le fond, à peine de nullité et de dommages-intérêts, même contre l'avoué qui, ayant occupé sur la première demande, occuperait sur la seconde (C. proc. 503).

210. Il y a ouverture à cassation: - 1° pour contrariété de jugements rendus en dernier ressort, entre les mêmes parties et sur les mêmes moyens en différents tribunaux (C. proc. 504); — 2° contre la décision qui a déclaré une partie non-recevable dans un moyen de requête civile, pour défaut d'intérêt (Cass. 16 août 1808).

§ 3. DE LA PRISE A PARTIE.

211. La prise à partie ne peut être exercée que contre les juges qui ont rendu une décision, et ce dans les cas et suivant les formes indiqués par la loi (Berriat).

212. Elle a pour objet d'obtenir du juge prévaricateur une indemnité proportionnée au préjudice que celui-ci a causé à la partie : d'où il suit que l'action en prise à partie ne tend pas directement à faire rétracter le jugement, et qu'elle est différente en cela de la requête civile et de la tierce-opposition.

213. L'action en prise à partie dure 30 ans (Poncet).

214. Pour savoir en quels cas il y a lieu à la prise à partie, devant quelle cour l'action doit être portée, en quelle forme et sous quelles peines en cas de rejet de la demande, nous renvoyons le lecteur à la note 75, n. 66 à 84.

V. *Pour les voies* ordinaires *ouvertes contre les **jugements**, la note* 75, *n.* 208 *et suiv. et la note* 186.

[96]

DU TRANSPORT DES CRÉANCES ET AUTRES DROITS INCORPORELS — DU RETRAIT DE DROITS LITIGIEUX. — DES BOURSES DE COMMERCE.

DIVISION SOMMAIRE :

Indication alphabétique :

Chap. 1. DU TRANSPORT DES CRÉANCES ET AUTRES DROITS INCORPORELS.

§ 1. CE QUE L'ON ENTEND PAR *créances* ET *droits incorporels*. — DIFFÉRENCE ENTRE LE TRANSPORT, LA DÉLÉGATION ET LA SUBROGATION.

1. Etre *créancier* d'un individu, c'est avoir le droit d'exiger de lui l'exécution d'une obligation. C'est un *droit incorporel*, encore bien qu'il ait pour objet une chose mobilière ou immobilière. — V. note 25, n. 2, 35 et 36.

2. Avoir une action contre quelqu'un pour se faire restituer ou délivrer une chose, c'est *un droit incorporel*. Telle est l'action en revendication d'un immeuble. Les droits successifs et les droits litigieux sont au nombre des droits incorporels (Roll. de V...).

3. Le transport diffère de la délégation parfaite, en ce qu'elle opère novation, c.-à-d. extinction de la dette due par le délégant au délégataire et de celle due par le délégué au délégant, de sorte qu'il y a création d'une nouvelle dette par le délégué au profit du délégataire; tandis que dans le transport il n'y a pas de novation; la même dette continue d'exister, il y a seulement substitution d'un créancier à un autre par la vente de la créance.

4. Il diffère de la délégation imparfaite ou indication de paiement, d'abord en ce que cette délégation ne contient pas de vente et ensuite en ce que l'obligation du délégant envers le délégataire n'est pas éteinte et qu'il demeure garant de la solvabilité du débiteur indiqué; tandis que dans le transport le cédant n'est point garant de la solvabilité du débiteur, mais seulement de la créance cédée, à moins qu'il ne se soit expressément obligé à la garantie de la solvabilité du débiteur; et, dans ce cas même, sa garantie ne s'étend que jusqu'à concurrence du prix qu'il aura retiré de sa créance. — V. *inf.* n. 113.

5. Enfin il diffère de la subrogation comme il est dit à la note 84, n. 84.

§ 2. DE CE QUI PEUT FAIRE L'OBJET DU TRANSPORT. — *V. la note* 7.

6. Une créance sous condition suspensive peut faire l'objet d'une cession. Mais le cessionnaire d'une créance conditionnelle, à la différence du cessionnaire d'une créance existante, n'est, à l'égard des tiers, saisi que du jour de l'accomplissement de la condition; ainsi, la cession faite par un entrepreneur du prix de travaux non encore exécutés, se trouvant subordonnée à l'exécution des travaux, c.-à-d. à une condition potestative de la part du cédant ne pourrait être considérée comme valable, au moins en ce sens qu'elle donnerait au cessionnaire un droit de priorité ou de préférence sur la créance transportée. Elle ne peut valoir que comme simple délégation ou mandat de payer (Aix 15 juin 1838; — *Contrà*, Rouen 28 nov. 1825; Pigeau; Roll. de V...). — Il en est ainsi, à plus forte raison, s'il n'y avait, lors de la cession, ni convention ni marché précédemment conclu (Cass. 7 août 1843). — V. *inf.* n. 16, 18 et 40.

7. L'acte s. s. p. par lequel un individu cède une créance qu'il a sur un tiers, ne perd pas le caractère de cession et ne se réduit pas à un simple nantissement, par cela seul qu'il est stipulé que le cédant demeure obligé solidairement au paiement envers le cessionnaire, et qu'il aura la faculté de rembourser, pour éviter les frais d'enregistrement, sur une simple mise en demeure qui lui est signifiée par le cessionnaire (Lyon 17 mars 1842). — Dans le même sens, arrêt de Cass. du 8 mai 1844.

8. Le délaissement à l'assureur et de l'objet assuré et des droits qui peuvent résulter de la perte de cet objet ne doit pas être assimilé à un transport de créance; c'est un moyen légal de transmission qui rend inutile toute signification (Cass. 4 mai 1836).

9. Des lettres de change et des billets à ordre peuvent être faits par actes notariés; et ces obligations sont transmissibles par la voie de l'endossement, sans que la voie de la cession ordinaire soit nécessaire (Cass. 18 nov. 1833 et 21 fév. 1838; Grenoble 17 nov. 1836).

10. Il en est de même d'un billet à ordre dégénéré en simple promesse pour défaut d'énonciation de la valeur fournie. Dans ce cas, le tiers-porteur étant saisi de plein droit de la créance en vertu de l'endossement n'est point passible des exceptions que le souscripteur pourrait opposer au cédant (Bruxelles 21 mars 1810 et 14 janv. 1822; Cass 18 janv. 1823; Pau 28 juin 1830). — V. cependant note 80, n. 13.

11. La propriété d'une obligation civile ou d'un billet ordinaire peut, à l'égard du débiteur, être transférée par un simple

endossement (Cass. 13 mars et 30 juill. 1828; Toulouse 19 juin 1832; Duranton; Troplong).

12. Une obligation notariée, quand elle est stipulée payable à l'ordre, peut être cédée par un simple endossement mis au bas de la grosse, sans que le débiteur puisse opposer au porteur les exceptions qu'il aurait pu opposer au cédant (Cass. 15 mars 1825; 21 fév. 1828; 10 août 1831.—*Contrà*: Lyon 23 mars 1830; Grenoble 7 fév. 1835).

13. La stipulation contenue dans une obligation conférant hypothèque, que cette obligation sera payable au porteur est valable; et les billets à ordre qui, souscrits en même temps que l'obligation, seraient considérés comme ne faisant avec elle qu'un seul et même acte, doivent, quoique transportés par la voie de l'endossement et sans signification, entraîner au profit des porteurs les avantages attachés aux diverses fractions de l'obligation, c.-à-d. la garantie hypothécaire qui y est attachée; (Cass. 15 mars 1825, 10 août 1831, 18 nov. 1833 et 21 fév. 1838; Lyon 22 mars 1830; Grenoble 7 fév. 1835).

14. Et lorsque le tireur d'effets de commerce s'est obligé hypothécairement à leur remboursement, l'endossement transmet le bénéfice de cette hypothèque, aussi bien que la créance dont elle est la garantie spéciale. En cas de protêt, le tiers-porteur qui a obtenu un jugement tant contre le tireur que contre l'endosseur, peut seul exercer dans l'ordre le droit attaché à cette hypothèque, à l'exclusion de l'endosseur ou de ses créanciers, encore que le transport de l'hypothèque n'ait pas été notifié à ces derniers (Cass. 15 mars 1825, 10 août 1831, 11 juill. 1839; — *Contrà*: Lyon 22 mars 1830; Grenoble 7 fév. 1835).

15. Toute espèce de créances, droits et actions qui sont dans le commerce peuvent être l'objet d'un transport, lorsque des lois particulières n'en ont pas prohibé l'aliénation (C. civ. 1598). — Cependant, les sommes déposées dans les caisses d'épargne ne peuvent être cédées par voie de transport (Jug. de Montpellier 22 av. 1842. - Roll. de V... 5523).

16. Les créances *à terme* ou *non échues*, par exemple des fermages à échoir, une indemnité à recevoir du gouvernement pour une cause antérieure à la cession, peuvent, comme les créances actuellement exigibles, être la matière d'une cession; et du moment où la cession a été signifiée, le cessionnaire acquiert un droit exclusif sur les sommes cédées, tellement que ces sommes ne peuvent plus être l'objet de saisie-arrêt de la part de créanciers du cédant, sauf toutefois le cas de fraude (C. civ. 1275; C. proc. 557; Paris 26 août 1841; Rouen 28 nov. 1825; Toullier; Championnière; Coulon. — *Contrà*: Caen 5 mai 1836 relativement aux arrérages à échoir d'une rente faite séparément du fonds même; Pigeau; Delvincourt; Carré; quand il s'agit de fruits ou intérêts à échoir; Pothier). — V. *sup.* n. 6 et *inf.* n. 18 et 40.

17. La saisie-arrêt d'une somme n'en ôte la disponibilité que jusqu'à concurrence des causes de la saisie; en conséquence, le surplus peut être cédé par le propriétaire, et un créancier qui a saisi postérieurement à cette cession n'est pas fondé à prétendre que la saisie antérieure a conservé ses droits, par préférence à tout cessionnaire ultérieur (Cass. 26 fév. 1834).— Toutefois, ce transport ne peut nuire au créancier saisissant; en conséquence, si depuis le transport il survient de nouvelles saisies, tous les créanciers saisissants devant concourir au marc le franc à la distribution d'une somme égale à celle arrêtée par la saisie antérieure au transport, le cessionnaire est tenu d'indemniser les créanciers premiers-saisissants de ce qu'ils perdent par le concours des saisissants postérieurs au transport (Pau 12 av. 1832).

18. Un colicitant peut transporter sa part éventuelle dans le prix de la vente à faire de l'immeuble indivis, au cas où il ne se rendrait pas adjudicataire, à un créancier auquel il aurait consenti hypothèque en même temps (Paris 16 av. 1821). — V. *sup.* n. 6 et 16 et *inf.* n. 40.

19. L'autorisation donnée par le créancier à l'huissier chargé du recouvrement de la créance, d'en retenir une partie pour ses peines et soins, ne peut être assimilée à une cession ordinaire. Cette autorisation doit recevoir son effet nonobstant la cession de l'entière créance qui serait faite ultérieurement par le créancier à un tiers (Bordeaux 28 nov. 1838).

§ 3. A QUI ET PAR QUI PEUT ÊTRE FAIT LE TRANSPORT.

20. Pour faire, comme pour accepter un transport, il faut avoir la capacité de contracter et d'aliéner. — *V. les notes 4 et* 65, 82 *et* 109.

§ 4. DE LA FORME ET DES RÈGLES RELATIVES AU TRANSPORT.

21. On peut céder par acte authentique ou sous seing-privé (C. civ. 1582). — On le peut aussi verbalement, mais la preuve n'en peut être reçue quand la somme cédée excède 150 fr. — V. note 26.

22. Quand l'acte est authentique, il fait pleine foi de son contenu (C. civ. 1319), mais il n'en est pas de même de l'acte sous seing-privé (C. civ. 1322; C. proc. 193 et suiv.).

23. Les règles de la vente étant applicables au transport de créances, il en résulte que pour la validité d'une cession il faut: 1° le consentement des parties (V. note 101); 2° la capacité de contracter (V. note 4); 3° un objet certain formant la matière de l'engagement (V. note 7); 4° et un prix (C. civ. 1591; V. note 109).

24. Toutefois, la fixation du prix du transport dépend de la convention des parties; d'où il suit qu'il n'y a pas lieu à rescision pour lésion, quand même le transport serait fait pour un prix bien inférieur au montant de la créance (Cass. 9 av. 1828; Toullier). — V. note 49, n. 200 et note 76, n. 54 et 81.

25. La cession faite moyennant *bon prix et satisfaction* n'est pas valable, parce qu'il n'y a point de prix d'exprimé (Arg. C. civ. 1591). Cependant cette manière d'exprimer le prix dans les négociations ou transports de créances sur l'État ne rend pas la cession nulle, ces négociations ayant été assujetties de tout temps à des règlements particuliers (Cass. 30 av. 1822).

26. Les frais de transport de la créance sont à la charge du cessionnaire et non du débiteur (C. civ. 1593; Cass. 25 nov. 1840).

§ 5. COMMENT S'OPÈRE LA DÉLIVRANCE ENTRE LE CÉDANT ET LE CESSIONNAIRE.

27. *Dans le transport d'une créance, d'un droit ou d'une action sur un tiers, la délivrance s'opère entre le cédant et le cessionnaire par la remise du titre* (C. civ. 1689). — V. aussi C. civ. 1607.

28. Lorsque la créance cédée appartenait à un mineur, le cessionnaire a qualité pour en poursuivre le recouvrement, bien que la cession ne lui ait été consentie que par le tuteur du mineur dans un partage provisionnel où figurait son pupille. Si une telle cession n'est pas définitivement transmissive de propriété, elle vaut du moins mandat pour recevoir aux lieu et place du tuteur, comme le tuteur l'aurait pu lui-même (Bordeaux 28 juill. 1829).

29. Un tiers peut accepter pour le cessionnaire sans être son fondé de pouvoir ou se porter fort pour lui (V. note 52, n. 22).

30. La cession d'un droit incorporel s'opère entre le cédant et le cessionnaire en vertu de leur consentement mutuel et par la remise du titre; tellement que sans cette remise le cédant n'est pas réputé légalement dessaisi et que le débiteur cédé ne peut refuser de se libérer entre ses mains, sous prétexte que la créance est devenue la propriété du cessionnaire (Cass. 4 déc. 1827; Duvergier; Troplong). — Cependant il a été jugé que la délivrance par la remise du titre n'est pas nécessaire à l'égard des tiers auxquels d'ailleurs le transport a été signifié (Bruxelles 30 janv. 1808). — V. *inf.* n. 53.

31. En tout cas, quand il n'y a pas de titre, la délivrance doit être réputée faite par le seul fait du transport. — Mais si le transport n'était que d'une portion de créance, il y aurait de l'irrégularité à le laisser aux mains du cédant, il serait plus convenable, dans ce cas, d'en constater la remise au cessionnaire, sauf à celui-ci à en faire le dépôt en l'étude d'un notaire

pour ensuite les parties s'en faire délivrer des ampliations en remplissant les formalités voulues par la loi. — V. *la formule d'*AMPLIATION.

§ 6. DE LA SAISINE DU CESSIONNAIRE. — DE LA SIGNIFICATION OU DE L'ACCEPTATION PAR LE DÉBITEUR CÉDÉ.

32. *Le cessionnaire n'est saisi à l'égard des tiers que par la signification du transport faite au débiteur — Néanmoins le cessionnaire peut être également saisi par l'acceptation du transport faite par le débiteur dans un acte authentique* (C. civ. 1690). — V. note 83, n. 11 et note 83, n. 26.

33. La qualification de *tiers* s'applique à tous ceux dont les droits sont modifiés par le fait de la cession, à l'exception toutefois des successeurs universels du cédant. Elle s'applique en conséquence à tous ceux qui ont acquis un droit à titre particulier sur la chose cédée, aux créanciers du cédant antérieurs ou postérieurs au transport, et enfin au débiteur lui-même (Duvergier; Troplong).

34. Le cessionnaire n'est saisi à l'égard des créanciers du cédant, même postérieurs à la cession, que par la signification de cette cession au débiteur, ou par l'acceptation de ce dernier par acte authentique. La transcription de l'acte de cession au bureau des hypothèques et les paiements faits par le débiteur au cessionnaire ne peuvent équivaloir vis-à-vis des tiers à la signification ou à l'acceptation voulues par la loi (Cass. 2 mars 1814).

35. La signification faite par le ministère d'un notaire est nulle et ne saisit pas le cessionnaire (Bruxelles 23 mars 1811; Roll. de V...).

36. Le transport d'une créance n'en doit pas moins produire son effet, quoique la notification au débiteur n'ait eu lieu que le jour même de la faillite du cédant (Orléans 31 août 1841; Lyon 17 mars 1842). — Mais il en est autrement s'il est signifié postérieurement à la faillite (Paris 13 déc. 1814; Bordeaux 18 août 1829; Troplong; Duvergier).

37. Et même la notification de la cession après le décès du cédant est valable même vis-à-vis des tiers, encore bien que la succession du cédant n'ait été acceptée que sous bénéfice d'inventaire.

38. On peut suppléer, à l'égard du débiteur, à la nécessité de la signification en rapportant la preuve qu'il a eu connaissance directe du transport même par une lettre missive, ou bien des faits ou engagements qui devaient empêcher le cédant d'effectuer ce transport (Orléans 27 nov. 1838; Bastia 2 mai 1842; Cass. 25 janv. 1842). L'action du débiteur a, dans ce cas, un caractère de fraude. — Et lorsqu'un cessionnaire qui a, le premier, notifié son transport, a eu connaissance d'une cession antérieure à la sienne ou d'une convention d'incessibilité, il peut être considéré comme ayant agi par imprudence et de manière à porter préjudice. Dans ce cas, le transport à lui fait, quoique dûment signifié, peut être annulé à titre de réparation du dommage qu'il a causé (Cass. 5 mars 1838; 25 janv. 1842. — *Contrà*, Paris 2 déc. 1843).

39. L'acte contenant transport de créances sur divers débiteurs n'a besoin d'être signifié à chaque débiteur cédé que dans la partie qui le concerne (Toulouse 11 janv. 1831). — D'où il suit qu'une signification peut avoir lieu par extrait.

40. Un transport de créance régulièrement signifié a effet à l'égard des tiers, encore qu'il n'ait qu'une cause *éventuelle*, par exemple, lorsqu'il n'a été fait que pour servir de garantie à un crédit ouvert au cédant, mais seulement jusqu'à concurrence de la somme à laquelle le crédit a été limité (Cass. 12 déc. 1831). — V. *sup.* n. 18.

41. L'authenticité de l'acceptation n'est requise que dans l'intérêt des tiers (Duvergier; Duranton; Troplong; Delvincourt). — D'où il suit que l'acceptation faite par le débiteur cédé sur l'acte même de transport sous seing-privé, constitue de sa part un engagement personnel ayant pour effet de le forcer au paiement de la créance, nonobstant la signification d'un second transport; dans ce cas, il ne pourra pas opposer sa libération au second cessionnaire régulièrement saisi, mais il aura un recours à exercer contre le créancier et pour indu-paiement et pour fraude (Cass. 31 janvier 1821, 5 mars 1838; Orléans 29 nov. 1838).

42. Lors même que c'est un débiteur qui s'est rendu cessionnaire d'une créance contre son propre créancier, la signification du transport ne cesse pas d'être nécessaire, pour opérer la saisine à l'égard des tiers; sans l'accomplissement de cette formalité, la compensation qui doit éteindre les deux dettes ne pourrait pas être opposée aux tiers (Paris 28 fév. 1825; Troplong; Duvergier).

43. Toutefois, la compensation pourrait être opposée aux tiers qui auraient eu connaissance du transport, et qui seraient constitués en mauvaise foi s'ils refusaient d'en reconnaître les effets (Cass. 13 juill. 1831; Duvergier).

44. Au cas d'acceptation par le débiteur cédé de la cession faite sur lui, l'ignorance dans laquelle il se trouve de l'extinction de la créance par la compensation n'empêche pas le cessionnaire d'avoir action contre lui (Duranton).

45. En général, c'est au tiers-détenteur que doit être signifiée la cession pour opérer la saisine à l'égard des tiers. C'est ainsi qu'en matière de cautionnement envers l'État, le transport doit être signifié au ministre des finances ou au directeur de la caisse des consignations qui sont les véritables débiteurs en leur qualité de tiers-détenteurs (Amiens 9 av. 1840; Cass. 17 nov. 1841 et 8 mai 1844). — V. *inf. n.* 46.

46. Lorsqu'une créance hypothécaire a été consentie après l'adjudication sur expropriation forcée de l'immeuble affecté à la garantie de cette créance, le cessionnaire est légalement saisi par la seule signification de la cession à l'adjudicataire. Il n'est pas nécessaire que cette signification soit signifiée au débiteur exproprié (Limoges 14 janv. 1842). — V. *le n. qui précède.*

47. Les saisies-arrêts et oppositions existant au moment de la signification du transport, peuvent seules et à l'exclusion de toutes autres, faire obstacle à l'exécution dudit transport, et créer un droit d'antériorité au profit du créancier pour le montant de ces saisies et oppositions (Cass. 26 fév. 1834. — *Contrà*, Paris 28 mars 1820).

48. La signification ne saisit le cessionnaire qu'autant qu'il n'existe pas d'opposition. S'il en existe, le cessionnaire n'est pas même saisi vis-à-vis des opposants postérieurs (Paris 15 janv. 1814 et 22 juin 1837).

49. L'acte par lequel un héritier cède et transporte une somme déterminée *à prendre et toucher des mains de tous débiteurs, sur les premiers deniers qui lui reviendront dans la succession*, bien qu'il ait été suivi de notification aux débiteurs de la succession, ne transfère pas la propriété des sommes revenant au cédant sur ces débiteurs. Un tel acte ne déterminant pas les débiteurs cédés doit être considéré comme une simple indication de paiement, plutôt que comme un transport proprement dit (Cass. 2 juin 1830).

50. En matière commerciale (par exemple quand il s'agit de fournitures réputées actes de commerce) comme en matière civile, le cessionnaire n'est saisi, vis-à-vis des tiers, que par la signification ou l'acceptation du transport (Cass. 23 nov. 1813; Duvergier; Troplong; Duranton; Pardessus. — *Contrà*, Rennes 6 fév. 1811).

51. En cas de cession d'un droit incorporel, tel qu'un bail d'ouvrage fait avec un entrepreneur, c'est au cessionnaire qu'incombe l'obligation de notifier l'acte de cession à cet entrepreneur (Cass. 1 déc. 1835).

52. Lorsque le débiteur d'une créance s'est libéré vis-à-vis du cessionnaire en vertu de jugements et arrêts passés en force de chose jugée qui ont fixé le chiffre de la créance, cette libération est opposable au cédant qui aurait fait ultérieurement annuler l'acte de cession (Cass. 19 mai 1835). — Si au contraire il ne s'est libéré qu'en vertu d'une ordonnance de référé il a un recours en garantie contre le cessionnaire, si, par

suite de l'annulation de la cession, il est obligé de payer une seconde fois (Cass. 7 août 1843).

53. Entre deux cessionnaires successifs d'une même créance, la préférence est due à celui qui a notifié le premier sa cession au débiteur cédé, alors même que l'autre cessionnaire aurait été mis seul en possession du titre de créance; l'art. 1141 du C. civ. ne s'appliquant qu'aux objets mobiliers et non aux droits incorporels (Bordeaux 26 août 1831; Caen 10 février 1832; Cass. 26 av. 1831; Troplong).

54. Ainsi, le cessionnaire qui a fait signifier son transport avant midi, a droit de préférence sur le cessionnaire qui n'a fait signifier qu'après midi (Bruxelles 30 janv. 1808; Duvergier; Royer; Troplong; Duranton).

55. S'il n'existe aucun moyen de reconnaître à qui appartient le droit d'antériorité entre l'acte de transport et l'opposition qui ont été signifiés le même jour, la somme saisie doit être distribuée par contribution entre le cessionnaire et le saisissant (Paris 26 av. 1822).

56. Le cessionnaire valablement saisi par la signification du transport, et au préjudice duquel un cessionnaire postérieur a touché, n'a point l'action directe en restitution contre ce dernier, il ne peut que poursuivre son paiement contre le débiteur (Paris 12 janv. 1826).

57. Et lorsqu'un créancier privilégié sur un immeuble a transporté successivement plusieurs parties de sa créance, les cessionnaires doivent être payés par concurrence, et non suivant la priorité ou la date de leurs transports (Cass. 4 août 1817).

58. En général, tout transport doit être signifié; s'il n'en est expressément dispensé par la loi. Ne sont pas dispensées de signification ni les cessions de rentes par l'État, ni celles que l'État transfère par de simples actes d'administration non rendus publics par l'insertion au bulletin des lois (Cass. 16 juill. 1816).

59. Mais il n'est reçu au trésor aucune signification de transport, cession ou délégation de pensions à la charge de l'État (Arr. 7 therm. an x); et cette disposition a été appliquée aux pensions de retraite (Ord. roy. 27 août 1817).

60. La signification est inapplicable aussi : 1° aux lettres de change et billets à ordre, dont la propriété est transférée, à l'égard de tous, par l'endossement (C. Co. 136); — 2° aux actions des sociétés de commerce, quand elles sont au porteur; la propriété se transmettant par la seule tradition du titre (*ib.* art. 35); — 3° aux actions de la Banque de France; la propriété s'en transmettant par un simple transfert sur les registres (Décr. 15 janv. 1808); — 4° Aux rentes sur l'État dont la propriété se transmet par un simple transfert sur les registres de la trésorerie. — V. note 28, 809 et note 197.

61. Un transport ne peut être signifié au domicile élu pour l'exécution de l'obligation, parce que ce n'est pas un acte d'exécution (Bruxelles 30 nov. 1809). — Quand le débiteur est un étranger, la signification doit être faite à personne ou domicile, même s'il le faut en pays étranger; elle ne peut l'être au parquet du Procureur du roi (C. proc. 69; 560; Paris 28 fév. 1825; Duvergier; Troplong; Roger).

62. Une cession de droits immobiliers, telle que celle d'une action en revendication d'immeubles, ne produit d'effet à l'égard du détenteur de l'immeuble que lorsqu'elle lui a été notifiée, ou qu'elle a été acceptée par lui (Cass. 17 mars 1840; Troplong; Duvergier). — Mais il n'en est pas de même de la vente ou cession d'une part déterminée et indivise dans un immeuble parce que c'est alors une vente d'objets corporels (Cass. 22 av. 1840).

63. Une signification nulle ne saisit pas le cessionnaire (Cass. 3 prair. an IX).

64. La simple signification d'un transport au débiteur, sans commandement de payer, n'étant qu'une simple connaissance de la cession donnée au débiteur n'interrompt pas la prescription (Paris 19 av. 1831; Nîmes 6 mars 1832; Roll. de V... v° *prescr.* 122 et *jurisp.* art. 2953; Troplong, *prescr.* 572; — *Contrà*, Vazeille, Dalloz, dont l'opinion est que la signification vaut saisie-arrêt; Troplong est du même avis quand la créance cédée était au moment du transport frappée de saisie-arrêt).

65. Mais lorsque, dans la signification, le débiteur interpellé de déclarer s'il était encore débiteur de la rente et s'il devait des arrérages, a répondu affirmativement, il nous semble qu'on doit considérer cette réponse comme une reconnaissance du droit du cessionnaire surtout s'il l'a signée sur l'original de l'exploit, mais il en serait autrement si la réponse n'était point signée, l'huissier n'ayant mission et qualité que pour constater des énonciations formellement prescrites par la loi ou rentrant dans le cercle naturel et régulier de ses attributions (Grenoble 6 juill. 1826; Boncenne; Bioche).

66. La signification du transport d'une créance solidaire, lorsqu'elle n'est faite qu'à l'un des codébiteurs, a pour effet de saisir le cessionnaire de la totalité de la créance (Ann. not. 11, 423).

67. Celui qui a cédé une créance et remis le titre a encore qualité pour agir contre le débiteur, bien que le titre de cession n'ait pas encore été signifié; (Cass. 16 juill. 1816 et 4 déc. 1827; Agen 12 août 1827; Metz 22 déc. 1827. —*Contrà*; Cass. 22 juill. 1828; Bordeaux 29 av. 1829; Paris 15 oct. 1829; Liége 26 mars 1824). — Ainsi donc jusqu'à la signification, le cédant peut faire en son nom tous actes conservatoires, par exemple, interjeter appel; consigner des aliments, prendre des inscriptions et les renouveler (Agen 12 août 1824; Bordeaux 29 av. 1829; Paris 15 oct. 1829; Duvergier; Troplong). — Et si, par l'acte même de transport, on a imposé au cédant l'obligation de continuer les poursuites en son nom, cette condition n'a rien d'illicite; elle doit recevoir son exécution (Cass. 4 déc. 1827). — V. *inf.* n. 71.

68. Le cessionnaire qui agit par voie d'expropriation, en vertu du titre de son cédant, n'est pas obligé de signifier son transport avant de faire commandement au débiteur; il suffit que la signification soit faite en même temps que le commandement (Agen 26 fév. 1806; Lachaise).

69. L'existence de la cession, même après qu'elle a été signifiée, ne fait point obstacle à ce que la procédure relative à une instance consommée avant la cession soit continuée en appel, par exemple, sous le nom du cédant (Trèves 3 juin 1807; Douai, 5 mars 1827).

70. Le cessionnaire qui, lors de la signification de son transport, trouve des oppositions pratiquées sur son cédant, ne peut, avant le jugement de ces oppositions, procéder par voie de contrainte contre le débiteur cédé; mais il peut faire tous actes conservatoires contre lui, par exemple, former des saisies-arrêts contre ses locataires (Paris 2 vent. an XIII; Bordeaux 8 juill. 1813; Cass. 22 juill. 1818; Carré; Bioche; Roger).

71. Lorsqu'un cessionnaire n'est que prête-nom, l'inscription qu'il prend en son nom en vertu du transport et du titre de la créance cédée, conserve l'hypothèque sur les biens du débiteur; tous actes faits par le prête-nom profitant au tiers quand même la cession viendrait ultérieurement à être annulée comme entachée de simulation (Cass. 15 juin 1813; 25 mars 1816 et 11 août 1819; Paris 13 vent. an XIII; Troplong; Duvergier; Toullier). — Le serment déféré au cessionnaire relativement à la simulation et refusé par lui ne peut faire annuler les poursuites, car il sera au moins considéré comme mandataire du cédant (Bordeaux 28 et 30 juill. 1829).

72. Le cessionnaire peut, même avant d'avoir fait signifier son transport au débiteur cédé, intervenir dans l'instance pendante entre lui et le cédant, alors surtout que la notification du transport est faite à l'avoué du débiteur dans la requête même d'intervention (Douai 17 déc. 1813; Duvergier; Toullier); — Il peut même appeler du jugement rendu contre son cédant; et le débiteur cédé ne peut, sur cet appel, demander la mise en cause du cessionnaire (Bruxelles, 25 fév. 1817; Bordeaux 29 av. 1829; Poitiers 28 déc. 1836; Bioche; Merlin).

73. Bien que le débiteur cédé se soit engagé, en acceptant le

transport fait sur lui, à payer le cessionnaire, il n'en résulte pas qu'il soit obligé de payer malgré des oppositions survenues postérieurement entre ses mains de la part des créanciers du cédant; dans ce cas, comme il n'est pas juge du mérite des inscriptions, il peut refuser de payer jusqu'à ce que le cessionnaire ait rapporté mainlevée des oppositions, à quoi celui-ci est obligé comme le cédant l'aurait été lui-même (Cass. 17 janv. 1832; Roger).

74. *Si, avant que le cédant ou le cessionnaire eût signifié le transport au débiteur, celui-ci avait payé le cédant, il sera valablement libéré* (C. civ. 1691).

75. Le débiteur cédé peut opposer au cessionnaire les quittances émanées du cédant, encore qu'elles n'aient point acquis date certaine avant la signification de la cession (Bourges 29 déc. 1813; Lyon 26 nov. 1823 et 16 déc. 1824; Toullier; Roll. de V... — *Contrà*; Bruxelles 15 nov. 1808; Troplong; Charoudas; Ferrières; Bourjon). — Sauf aux juges à apprécier si les quittances sont sérieuses et légitimes (Caen 26 nov. 1823; Lyon 16 déc. 1824; Toullier; Duvergier; Delvincourt). — V. note 6, n. 8 et 23.

76. La cession de droits successifs légitimaires ne peut être considérée comme une vente d'immeubles formant la part du légitimaire dans la succession; c'est une cession de créance. En conséquence, le cessionnaire n'est saisi, à l'égard de l'héritier institué débiteur de la légitime que par la notification du transport et si l'héritier institué paie le légitimaire cédant, avant d'avoir reçu la signification du transport, il est valablement libéré (Cass. 18 nov. 1819; 23 juill. 1835. — *Contrà*; Cass. 16 juin 1829; Toulouse 24 nov. 1832; Duvergier).

77. Une créance cédée est susceptible d'être saisie-arrêtée, tant que le transport n'a pas été signifié, ou qu'elle n'a pas été valablement acceptée (Roger; Troplong; Duranton).

78. Le débiteur cédé ne peut opposer une contre-lettre au créancier cessionnaire (Duvergier; Troplong).

79. De même, une contre-lettre souscrite par le cessionnaire d'une créance n'est pas opposable aux tiers à qui ce cessionnaire a lui-même cédé la créance. A cet égard, les derniers cessionnaires ne sauraient être considérés comme les ayants-cause de leur cédant (C. civ. 1322 et 1328; Cass. 25 juill. 1832). — V. note 6.

80. Quand il s'agit d'établir que la créance cédée n'existait pas ou a cessé d'exister, le débiteur cédé peut opposer au cessionnaire dont le titre a acquis date certaine et a été notifié, des actes sous-seing privés émanés du cédant, bien que ces actes soient sans date certaine antérieure à la notification du transport, lorsqu'ils n'ont pas pour effet de détruire une créance établie par un titre préexistant, mais seulement de prouver que la créance même n'existait pas (C. civ. 1322, 1328, 1690; Cass. 26 nov. 1834). — V. *inf.* n. 94.

§ 7. DES ACCESSOIRES COMPRIS DANS LE TRANSPORT.

81. *La vente ou cession d'une créance comprend les accessoires de la créance, tels que caution, privilége et hypothèque* (C. civ. 1692).

82. Elle comprend aussi les intérêts échus au moment de la cession (Duvergier; Troplong; Duranton).

83. La cession faite par l'époux survivant « de tous les droits et reprises quelconques qu'il a à exercer sur la société d'acquêts qui a existé entre lui et son conjoint prédécédé, » comprend non-seulement la part revenant au cédant en sa qualité d'associé, mais encore les droits qu'il a pu y acquérir comme héritier d'un de ses enfants, héritier lui-même de l'époux prédécédé (Bordeaux 29 déc. 1831). — Mais la cession d'une hérédité ne comprend pas la part héréditaire du cédant, échue à celui-ci par droit d'accroissement depuis la cession (Merlin; Delvincourt; Duvergier; Troplong; Duranton).

84. La cession de sommes qui seront reconnues être dues au cédant à partir d'une époque déterminée, comprend les sommes devenues *exigibles* depuis cette époque, bien que leur origine remonte à une date antérieure à l'époque déterminée par la cession (Cass. 12 mai 1835).

85. La cession du prix d'une vente ou de tous les droits et actions du vendeur donne au cessionnaire le droit de demander comme le vendeur lui-même, la résolution de la vente pour défaut de paiement du prix; cette action n'étant pas un droit attaché à la personne du vendeur (C. civ. 1654: Paris 8 juill. 1829 et 12 fév. 1844; Bordeaux 23 mars 1832).

86. Et lorsque le prix de la cession n'est pas payé, le cédant a, indépendamment de l'action résolutoire, un privilége sur le prix de la revente. — V. note 29, n. 118.

87. La cession de l'hypothèque attachée à une créance emporte cession de la créance elle-même, tellement que le créancier ne peut ultérieurement donner la créance dont il a ainsi cédé l'hypothèque (Nîmes 11 déc. 1809).

88. Cependant, bien qu'une créance privilégiée ait été acquittée *en partie*, elle peut être cédée avec son privilége *pour le tout*, si le contrat constitutif du privilége a été transcrit aux hypothèques, si la libération partielle n'est pas également inscrite, et si le tiers-cessionnaire a acquis de bonne foi (Cass. 15 mars 1825).

89. Le créancier d'une somme qui en cède une partie à *prendre* sur la totalité avec subrogation à l'hypothèque qui y est attachée, n'a pas seulement cédé une partie de sa créance; il est, de plus, réputé avoir consenti à ce que le cessionnaire soit payé avant lui; tellement que si les fonds à distribuer ne suffisent qu'au paiement de la somme cédée, le créancier du surplus ne vient pas en ordre utile. Ainsi doit être entendue la cession de neuf cents francs à prendre sur mille francs (Bordeaux 3 fév. 1831).

90. Après subrogation pour une partie seulement de sa créance par le créancier avec réserve de son droit de préférence sur le subrogé, le droit qu'il conserve dans ce cas sur ce dernier n'est pas un droit personnel qu'il ne puisse transmettre au cessionnaire du surplus de la créance, ce cessionnaire doit donc être colloqué, par préférence au subrogé, comme le cédant l'aurait été lui-même (C. civ. 1252; Paris 18 mars 1837; Duranton; Troplong).

91. La cession de tous droits et actions ne comprend pas les actions en nullité ou en rescision qui appartenaient au cédant. Les actions rescisoires ne sont jamais comprises dans une cession générale, elles doivent être cédées spécialement (Limoges 27 nov. 1811; Zachariæ; — *Contrà*, Duvergier; Troplong; Duranton; Persil; Bordeaux 23 fév. 1829). - Surtout quand elles sont personnelles au cédant (Solon).

92. Dans les cessions de créances, l'absence des accessoires attachés à ces créances donne lieu à la garantie, lorsque les parties ont entendu que ces accessoires fussent compris dans la cesssion (Duvergier; Troplong).

V. note 29, n. 82.

§ 8. DE LA GARANTIE DE LA PART DU CÉDANT. — DU RECOURS EN GARANTIE ACCORDÉ AU CESSIONNAIRE.

93. *Celui qui vend une créance ou autre droit incorporel doit en garantir l'existence au temps du transport, quoi qu'il soit fait sans garantie* (C. civ. 1693.)

94. Il y a lieu à garantie : 1° encore que le titre de la créance ait existé matériellement à l'époque du transport, si dès cette époque, la créance elle-même était éteinte par compensation (Cass. 6 oct. 1807). — V. *sup.* n. 80.

95. 2° Lorsque le cédant a été partie dans le titre constitutif de la créance, qu'il a concouru à la nullité du titre, et que cette nullité, cause de la demande en garantie, est ainsi son fait personnel (Paris 27 août 1816).

96. 3° Lorsque l'acte énonce que les droits transportés ne soit primés que par quatre autres créances désignées et qu'il s'en trouve une cinquième. Il en est ainsi alors même que le cédant n'aurait promis garantie que pour ses faits et promesses (Cass. 13 déc. 1832).

97. 4° Lorsque le cédant a consenti la radiation de l'inscription prise pour sûreté de la somme qu'il a cédée. Il doit, dans

ce cas, être condamné au remboursement immédiat du prix de la cession (Bordeaux 12 mai 1841).

98. 5° Lorsque la cession porte sur une créance contre le gouvernement; quand même l'acheteur aurait déclaré acheter à ses risques, périls et fortune (Cass. 21 nov. 1825 et 9 fév. 1830.—*Contrà* Cass. 25 fév. 1835).

99. La clause de garantie des faits personnels du cédant ne met pas la créance transportée aux risques et périls du cessionnaire, et ne dispense pas le cédant de l'obligation de restituer le prix en cas d'éviction, si le cessionnaire ne connaissait pas au moment du contrat le danger de l'éviction (Paris 26 nov. 1836).

100. Mais celui qui, par un traité à forfait, se rend cessionnaire d'une créance qu'il sait être litigieuse, n'a aucun recours en garantie contre le cédant pour le cas où la créance cédée n'existerait pas (Cass. 5 juill. 1837; Duranton; Troplong; Duvergier).

101. De même, celui qui a cédé à forfait et sans garantie plusieurs créances, dont l'une se trouvait appuyée sur un jugement de condamnation personnelle rendu par défaut contre un tiers-saisi, n'est tenu à aucune garantie envers le cessionnaire bien que le jugement ait été rétracté sur une opposition formée par le tiers-saisi antérieurement à la cession (Cass. 9 mars 1837).

102. Lorsqu'une cession a été faite sans garantie de la part du cédant, le défaut de paiement ultérieur n'autorise un recours contre le cédant, de la part du cessionnaire, qu'autant que la créance cédée aurait été, au temps du transport, *non-existante*; surtout si les événements qui ont fait rejeter la créance étaient connus du cessionnaire à l'époque de la cession (Paris 18 mai 1825).

103. Celui qui, après avoir touché une partie du montant total de différentes créances à lui cédées sur un même débiteur, transporte à son tour le surplus du montant de ces créances, en bloc et sans indiquer duquel des cédants originaires provient le surplus cédé, est garant de l'existence de la portion des créances cédées, encore que le transport soit fait sans garantie. En un tel cas, l'impossibilité de savoir quel est celui des cédants originaires contre qui le second cessionnaire peut recourir, a pour effet de faire considérer comme non-écrite la clause de non-garantie (Cass. 25 août 1829).

104. Le cessionnaire d'un marché, quand il est repoussé par le vendeur qui ne veut lui faire livraison qu'en recevant un réglement fait par l'acheteur lui-même, est fondé à exercer son recours contre le cédant du marché, pour qu'il lui fasse faire la livraison ou lui rembourse le prix de la cession, encore qu'il n'ait pas fait de notification régulière de la cession; la disposition de l'art. 1693 du C. civ. ne s'appliquant qu'aux affaires civiles et non aux affaires commerciales (Cass. 3 juill. 1827).

105. Le cessionnaire à titre onéreux d'une créance sur le trésor public peut suspendre le paiement du prix, jusqu'après liquidation de la créance cédée (Turin 14 niv. an XIII).

106. Lorsqu'une créance a été déclarée par jugement, sans existence au moment de la cession et que le titre a été par suite annulé, le cessionnaire a droit de répéter contre son cédant, outre le prix de la cession, les frais par lui faits contre le prétendu débiteur de la créance cédée, encore qu'il n'ait pas appelé son cédant dans l'instance introduite contre ce débiteur (Nîmes 12 mars 1833; Cass. 27 mars 1833).

107. Mais le cessionnaire qui exerce son recours en garantie n'a droit aux intérêts qu'à partir du jour de la demande, alors même que la créance cédée porterait elle-même intérêts à compter d'une époque antérieure (Paris 4 mai 1823).

108. Lorsqu'on vend un intérêt dans une entreprise sociale, sans garantir la continuation de l'entreprise, la cessation postérieure ne peut donner lieu à la résiliation du traité (Lyon 12 fév. 1840).

109. Le cessionnaire d'une créance en devient immédiatement et en reste propriétaire, bien qu'il survienne des procès sur l'existence même de la créance; il doit, dès-lors, faire tous actes conservatoires, le cédant n'étant tenu qu'à prouver la réalité de la créance (Cass. 30 mai 1826).

110. Le cessionnaire d'une somme due par un individu pour le compte duquel le cédant a payé une dette privilégiée avec subrogation dans le privilége ne peut, à raison de la nullité de la subrogation, exercer aucun recours contre son cédant qui ne s'est rendu garant que de l'existence de la créance au moment du transport; la nullité de la subrogation n'empêchant point d'être toujours créancier du débiteur, alors surtout que celui-ci est intervenu à l'acte de subrogation pour l'accepter et s'obliger personnellement (Cass. 10 juill. 1839).

111. L'action en garantie dirigée par le cessionnaire peut être déclarée non-recevable tant que le fait même qui pourrait donner lieu à la garantie n'est pas justifié d'une manière légale. Le juge doit se borner alors à réserver au cessionnaire son droit de recours (Cass. 14 déc. 1829. — *Contrà*; Bruxelles 18 oct. 1822).

112. L'action récursoire du cessionnaire contre le cédant est inadmissible lorsqu'elle a pour fondement une éviction résultant de la négligence du cessionnaire à remplir les formalités prescrites pour conserver son droit, lors même que la garantie aurait été stipulée pour le cas d'éviction de quelque manière que ce fût (Cass. 26 fév. 1806).

113. *Il* (le cédant) *ne répond de la solvabilité du débiteur que lorsqu'il s'y est engagé, et jusqu'à concurrence du prix qu'il a retiré de la créance* (C. civ. 1694).

114. Ainsi, le cessionnaire auquel on a cédé une créance qui n'existait pas, peut répéter le prix de cession, les frais s'il y en a, et même des dommages-intérêts; mais il n'est pas fondé à demander le montant de la créance cédée (Duvergier; Troplong; Duranton). — Il est fondé à faire cette répétition sans qu'il y ait de distinction à faire entre le cas où la garantie est due parce que l'hérédité n'est pas ouverte, et le cas où la garantie est due parce que le vendeur n'est pas héritier (Duvergier).

115. La prorogation de terme accordée au débiteur par le cessionnaire d'une créance, fait perdre à ce dernier son recours en garantie contre le cédant, malgré la stipulation de garantie renfermée dans l'acte, alors surtout qu'il n'est pas établi qu'au moment de l'exigibilité de la créance, le débiteur fût hors d'état de payer (Paris 18 mars 1836).

116. Lorsque le cédant promet de payer à défaut du débiteur, il ne se rend pas pour cela codébiteur de la créance, mais simple garant ou caution. Il ne peut donc être poursuivi qu'en justice après avoir discuté le débiteur cédé (Bruxelles 13 av. 1811; Agen 19 juin 1824; Cass. 22 mai 1828; Troplong). —Encore bien que le débiteur ait aliéné tous ses biens, qu'il soit prouvé insolvable et que le cédant ait promis toute garantie de fait et de droit (Turin 7 mars 1810).—Le cessionnaire n'a que le droit de saisir-arrêter (V. note 34 n. 33). — V. note 64, n. 60, 61 et 62.

117. Lorsque les diverses parties d'une même créance ont été successivement cédées à divers cessionnaires, la perte résultant de l'insolvabilité du débiteur cédé qui ne peut payer que partie de ce qu'il doit, tombe exclusivement sur les cessionnaires qui ont été les derniers saisis en remontant de l'un à l'autre, suivant les dates de signification des transports (Cass. 2 août 1820; Delvincourt; — *Contrà*, Toullier). — V. *sup.* n. 57 et note 84 n. 145.

118. *Lorsqu'il (le cédant) a promis la garantie de la solvabilité du débiteur, cette promesse ne s'entend que de la solvabilité actuelle, et ne s'étend pas au temps à venir si le cédant ne l'a expressément stipulé* (C. civ. 1695).

119. La simple promesse de garantie rend le cédant garant de la solvabilité actuelle du débiteur (Duvergier; Troplong).

120. La clause de *fournir et faire valoir* rend le cédant garant de la *solvabilité actuelle et future* (Duvergier; Troplong). — Mais la promesse de *toute garantie* ne soumet le cédant qu'à la garantie de la solvabilité *actuelle*, une telle énonciation étant

insuffisante pour exprimer la garantie de la solvabilité *future*, laquelle doit être expressément stipulée (Paris 24 déc. 1840; Troplong).

121. La cession faite sous promesse de *garantir, fournir et faire valoir*, avec subrogation dans tous les droits, priviléges et hypothèques, de partie d'une créance privilégiée dont le cédant a gardé le surplus, établit au profit du cessionnaire un droit d'antériorité sur tout cessionnaire postérieur de la portion de créance que le cédant s'était réservée (Paris 17 av. 1834).

122. Le cédant qui s'est obligé *à fournir et faire valoir* cesse d'être tenu de la garantie, si l'insolvabilité du débiteur résulte soit du fait positif, soit de la négligence du cessionnaire, par exemple, si ce dernier a laissé prescrire ou purger les hypothèques (Delvincourt; Duvergier. — *Contrà*, Toullier).

123. De ce qu'un contrat de cession contient la clause de *fournir et faire valoir après commandement*, il ne s'ensuit pas qu'on doive le considérer comme une simple *assignation ou indication de paiement*. Dans ce cas, le cessionnaire a été investi de la propriété et n'a de recours qu'après commandement préalable au débiteur, dûment notifié au cédant (Toulouse 21 mai 1807).

§ 9. DE LA GARANTIE EN MATIÈRE DE CESSION DE DROITS SUCCESSIFS.

124. *Celui qui vend une hérédité, sans en spécifier en détail les objets, n'est tenu de garantir que sa qualité d'héritier* (C. civ. 1696).

125. La vente de droits successifs ne comprenant que les choses sur lesquelles il est vraisemblable que les parties ont eu intention de traiter, n'y sont par conséquent point compris : 1° des biens qui étant confisqués se trouvaient sous le séquestre lors de la vente (Paris 30 déc. 1817); — 2° l'indemnité accordée à la succession de l'émigré par la loi du 27 av. 1825, bien que le transport soit antérieur à cette loi, et qu'il comprenne *tous les droits immobiliers qui pourraient être découverts par la suite dans la succession* (Cass. 8 fév. 1830 et 17 juin 1830; Besançon 3 juill. 1828).

126. La cession du mobilier de la succession compris dans l'inventaire n'embrasse que ce qui a été compris dans l'inventaire, et non ce qui en a été omis et qui n'était pas à la connaissance des parties contractantes (Pothier).

127. En thèse générale, la vente ou cession de droits successifs indéterminés est un contrat aléatoire qui ne peut être annulé sous prétexte de vileté de prix, cependant il n'en est pas ainsi lorsqu'il est prouvé que l'acquéreur ne courait aucune chance, et qu'ainsi il n'y avait pour lui rien d'aléatoire dans le contrat (Orléans 24 mai 1831; Lyon 29 janv. 1836; Cass. 9 juill. 1839). — V. note 101.

128. L'art. 1690 du C. civ. s'applique à un cessionnaire de droits successifs; ainsi, ce cessionnaire n'est saisi à l'égard des cohéritiers du cédant, que par la notification à eux faite de son transport (Cass. 16 juin 1829, 23 juill. 1835. — *Contrà*, Toulouse 24 nov. 1832). — V. *sup.* n. 76.

129. *S'il* (le cédant) *avait déjà profité des fruits de quelques fonds, ou reçu le montant de quelque créance appartenant à cette hérédité, ou vendu quelques effets de la succession, il est tenu de les rembourser à l'acquéreur, s'il ne les a expressément réservés lors de la vente* (C. civ. 1697).

130. Et même le vendeur de droits successifs doit restituer à l'acquéreur ce qu'il a reçu d'une personne qui se croyait par erreur débitrice de la succession, lorsqu'il s'en trouve encore nanti (Arg. C. civ. 1993; Duvergier; — *Contrà*, Duranton).

Pour les fruits et revenus V. la note 50.

131. *L'acquéreur doit, de son côté, rembourser au vendeur ce que celui-ci a payé pour les dettes et charges de la succession, et lui faire raison de tout ce dont il était créancier, s'il n'y a stipulation contraire* (C. civ. 1698).

132. Il résulte de cet article que l'acquéreur de droits successifs doit payer les dettes de l'hérédité, alors même que la charge n'est pas exprimée ou que les dettes ne sont pas liquidées (Championnière 4,3219). — Mais pour l'assiette du droit d'enregistrement on doit évaluer ces dettes dans la cession (V. note 18, n. 276; note 57, n. 32 et note 90, n. 37.

§ 10. DU RETRAIT DE DROITS LITIGIEUX.

Art. 1. QUAND ET COMMENT LE RETRAIT S'EXERCE.

133. *Celui contre lequel on a cédé un droit litigieux peut s'en faire tenir quitte par le cessionnaire, en lui remboursant le* PRIX RÉEL *de la cession avec les* FRAIS ET LOYAUX COUTS, *et avec les* INTÉRÊTS *à compter du jour où le cessionnaire a payé le prix de la cession à lui faite* (C. civ. 1699).

134. Le débiteur cédé prend alors le marché du cessionnaire auquel il rembourse tout ce qu'il lui en a coûté.

135. Il n'y a pas lieu au retrait dans les cas suivants :

136. 1° Lorsque la cession de droits litigieux a été gratuite (Toulouse 13 déc. 1830).

137. 2° Lorsqu'il y a seulement une convention par laquelle un individu s'engage à faire les avances nécessaires aux poursuites d'un procès à la condition d'en partager le bénéfice (Bourges 19 janv. 1830).

138. 3° Lorsqu'une mère fait abandon à ses enfants, par avancement d'hoirie ou démission, de tous les droits qu'elle peut avoir à exercer contre la succession de son mari et subsidiairement contre des tiers-acquéreurs, bien qu'elle soit déjà en procès avec l'un d'eux (Caen 8 juill. 1824; Cass. 15 mars 1826).

139. 4° Lorsque la cession s'applique à des ventes de corps certains et déterminés tels que des immeubles qu'on peut livrer; l'art. 1699 du C. civ. ne s'appliquant qu'aux cessions soit de droits incorporels (Cass. 24 nov. 1818), soit de droits et prétentions sur des immeubles que le cédant ne possède point (Cass. 28 janv. 1836).

140. 5° Lorsque la cession est de droits successifs au sujet desquels il peut s'élever des difficultés par suite de la liquidation et du partage (Amiens 11 janv. 1839) : — ou bien lorsqu'au moment de cette cession, il existait une instance en partage de la succession, si d'ailleurs aucune contestation n'était élevée sur le fond du droit du cédant (Lyon 24 juill. 1828).

141. 6° Lorsqu'il n'y a pas procès sur le fond du droit; le litige devant être antérieur à la cession (Cass. 9 fév. 1841. - Jal. man. art. 4; et 9 mars 1843) : ainsi, à l'instant de la cession, il ne suffirait pas d'un litige né depuis la cession, ou que le fond du droit soit l'objet de quelques difficultés. A cet égard il a été jugé que quand on cède tous les droits que l'on pouvait avoir sur les héritages possédés par un tiers, en ajoutant que ce tiers les a usurpés au préjudice d'une succession dont on est héritier, ce n'est pas céder des droits litigieux (Cass. 24 janv. 1827; Riom 11 mai 1830; Limoges 16 mai 1839; Paris 7 juill. 1836).

142. 7° Lorsque les droits cédés ne sont plus litigieux. A cet égard il a été jugé qu'on ne peut par des conclusions subsidiaires, demander à exercer le retrait pour le cas où l'on succomberait sur les conclusions principales; ainsi, par exemple, si on argue de faux un titre de créance, on ne peut demander à exercer le retrait dans le cas où la pièce ne serait point reconnue fausse, la loi n'ayant admis la faculté de retrait que pour terminer et assoupir les procès (Cass. 1 juin 1831 et 8 mars 1832; Bourges 19 fév. 1838).

143. 8° Lorsque c'est un autre que le débiteur des droits cédés qui veut exercer le retrait; le bénéfice du retrait n'appartenant qu'à ce dernier (Cass. 5 mai 1836; Paris 30 mai 1835).

144. 9° Lorsqu'il s'agit de la vente ou cession à forfait de créances litigieuses dépendant d'une faillite, consentie par adjudication publique en vertu de l'autorisation de justice (C. comm. 572; Cass. 20 juill. 1837).

145. Mais il y a lieu au retrait :

146. 1° Encore qu'au moment où la cession a été faite il n'existât réellement aucun procès entre le cédant et le débi-

teur cédé; il suffit que le cessionnaire ait connu que les droits étaient contestés (Turin 9 mars 1811).

147. 2° Lorsque le contrat ayant été passé pendant le litige, le cessionnaire n'a fait signifier sa cession qu'après l'arrêt définitif qui a rendu les droits de son cédant certains et incontestables (Rouen 16 mars 1812).

148. 3° Lorsque le droit litigieux a été d'abord cédé à un tiers qui l'a ensuite rétrocédé au cédant après que le débiteur cédé a eu déclaré son intention d'en exercer le retrait (Turin 19 mai 1813). — Il n'est pas besoin pour cela d'offres réelles préalables (Besançon 31 janvier 1809; Cass. 8 frim. an XII; Merlin).

149. 4° Même pour la première fois en appel sur une contestation engagée entre le débiteur cédé et le cessionnaire relativement aux droits cédés eux-mêmes; la loi n'ayant point fixé de délai pour l'exercice du retrait (Paris 5 niv. an XIII ; Rouen 1 déc. 1826; Grenoble 19 mai 1828; Cass. 28 juin 1836; Bourges 19 fév. 1838; Riom 11 mai 1839). — Et même lorsque l'arrêt rendu sur appel est attaqué en cassation parce que, dans ce cas, il n'y a chose définitivement jugée que quand la cour de cassation a statué en rejetant le pourvoi (Cass. 5 mai 1835. — *Contrà*, Bordeaux 18 janv. 1839).

150. 5° Même au profit des cohéritiers de celui qui a exercé, avant partage, le retrait de droits litigieux qu'un tiers avait contre la succession; dans ce cas, le bénéfice du retrait profite à tous les cohéritiers, s'ils le demandent (Cass. 8 frim. an XII et 18 juill. 1838; Toullier; Troplong; Duvergier).

151. 6° Lorsque la cession a eu lieu au moyen d'un échange (Arg. Cass. 19 oct. 1814; Duvergier; Troplong).—Seulement le retrayant ne sera pas tenu de rendre au cessionnaire la chose donnée en échange, il lui suffira d'en rembourser le prix (*Ibid.*)

152. PRIX RÉEL. Le débiteur de la chose cédée doit être admis à prouver que le prix réellement payé par le cessionnaire est moindre que celui qui est porté dans la cession (Merlin, v° dr. litig.; Duvergier).

153. FRAIS ET LOYAUX COUTS. Dans les frais que peut exiger le cessionnaire ne sont pas compris ceux dont les machinations frauduleuses des parties ont été l'occasion (*Ibid.*).

154. INTÉRÊTS. Le débiteur doit payer les intérêts à partir du jour où la cession lui a été signifiée; car c'est cette signification qui fixe à son égard la date du paiement (Duvergier; Troplong).

155. Cependant les intérêts dûs par le retrayant au cessionnaire peuvent être compensés avec les fruits, quand ce dernier est condamné à en rendre compte (Cass. 15 janv. 1840).

156. Lorsqu'un cessionnaire de droits lititgieux a frauduleusement dissimulé la cession et donné lieu ainsi à une instance que l'exercice du retrait aurait empêché, il peut être condamné à supporter tous les dépens de cette instance, encore bien qu'il n'y ait pas figuré personnellement, et qu'elle ait été suivie sous le nom de son cédant lui-même.

157. Lorsqu'il y a eu deux cessions successives des mêmes droits litigieux, et que la première a été frauduleusement dissimulée à celui contre lequel les droits ont été cédés, de manière à ce qu'il ne pût exercer le retrait avant la seconde cession, les juges peuvent, sans violer aucune loi, l'autoriser à exercer ce retrait en remboursant au second cessionnaire seulement le prix de la première cession, bien qu'il soit inférieur au prix de la seconde. — Mais, dans ce cas, le premier cessionnaire qui a commis la fraude doit être condamné à garantir le second cessionnaire du tort qui résulte pour lui de ce retrait, et à lui rembourser, à titre de dommages-intérêts, la différence qui se trouve entre le prix des deux cessions, quand même la seconde cession aurait été faite sans garantie (Cass. 13 janv. 1840).

Art. 2. QUELS DROITS SONT RÉPUTÉS *litigieux.*

158. *La chose est censée litigieuse dès qu'il y a procès et contestation sur le fond du droit* (C. civ. 1700).

159. Un droit n'est litigieux que lorsqu'il y a véritablement litige sur le fond du droit. Les tribunaux ne peuvent se déterminer d'après une prétendue *nature* litigieuse, ou d'après des *conjectures* sur la probabilité d'un litige (Cass. 5 juill. 1819).

160. Une créance est litigieuse :

161. 1° Bien qu'elle ne soit pas contestée en elle-même, s'il existe un litige sur le mode de recouvrement dont elle est susceptible (Rouen 1 déc. 1826). — Il en est autrement lorsque la contestation porte seulement sur les moyens d'exécution (Riom 11 mai 1839; Troplong; Duvergier; Duranton).

162. 2° Bien que le titre sur lequel elle repose ne soit pas contesté, si le débiteur prétend qu'elle est éteinte par des compensations ou répétitions qu'il a à exercer contre le créancier (Cass. 29 av. 1834).

163. 3° Lorsqu'une vente étant attaquée pour cause de lésion, l'acquéreur ne consent à l'expertise des biens vendus que sous la condition expresse que certains objets ne seront pas compris dans l'estimation (Cass. 13 fév. 1832).

164. Mais il n'y a point litige :

165. 1° Par cela seul qu'il y a une instance pendante, lorsqu'il est reconnu ultérieurement qu'il y avait sur le fond du droit une décision précédente passée en force de chose jugée. En effet, le débiteur en attaquant cette décision irrévocable par une opposition évidemment non-recevable n'a pas renouvelé le litige sur le fond du droit (Cass. 4 mars 1823).

166. 2° Lorsqu'une créance étant hypothécaire, il n'y a de contestation que sur le rang d'hypothèque et sur la priorité de collocation (Bruxelles 30 janv. 1808).

167. 3° Par cela seul qu'il y a citation en conciliation ou même procès-verbal de non conciliation. Ils le sont seulement lorsque le procès est engagé (Metz 6 mai 1817; Duvergier; Troplong; Duranton. — *Contrà*, Turin 9 mars 1811).

168. 4° Quand celui contre lequel on a cédé un droit oppose de la résistance à l'exécution du transport (Cass. 19 août 1806).

169. 5° Lorsque, sur la demande en paiement d'une créance due par une succession bénéficiaire, l'héritier bénéficiaire a conclu à sa relaxance et à l'inadmissibilité de la créance sous le prétexte qu'il avait rendu son compte et payé le reliquat (Cass. 27 juill. 1826).

170. 6° Lorsque des exceptions déclinatoires, dilatoires ou péremptoires de l'instance sont proposées (Duvergier). — Il en est de même des nullités de procédure, bien qu'ultérieurement le droit soit éteint par suite de la nullité de l'instance (*Ibid.*)— V. note 176.

171. 7° Lorsque, dans une cession de droits héréditaires, il n'y a pas contestation sur la qualité d'héritier, encore bien que l'étendue des droits soit incertaine (Toulouse 7 mai 1840; Roll. de V.; Duvergier; Troplong). — V. *sup.* n. 140.

172. 8° Par cela qu'une simple opposition a été signifiée à un débiteur cédé, par un premier cessionnaire : cette opposition ne suffisant pas pour constituer un litige autorisant, contre un second cessionnaire, l'exercice du retrait litigieux (Cass. 25 juin 1838).

173. Du reste, la décision des juges du fond sur le point de savoir si un droit est ou non litigieux, et si par suite il est soumis au retrait, peut donner ouverture à cassation : ce n'est pas là une simple décision de fait, mais une véritable décision de droit (Cass. 25 juin 1838).

Art. 3. DES EXCEPTIONS A LA RÈGLE QUI PERMET LE RETRAIT QUAND IL Y A LITIGE.

174. *La disposition portée en l'art.* 1699 (V. sup. n. 133) *cesse :*

175. 1° *Dans le cas où la cession a été faite à un cohéritier ou copropriétaire du droit cédé* (C. civ. 1701-1°).

176. Cet article est applicable au cas où plusieurs créances (sur l'Etat, par exemple) étant liquidées en masse, l'ayant droit

à une de ces créances vient à en acquérir une autre. Dans ce cas, le retrait n'est pas admissible contre ce cessionnaire ; il doit être réputé copropriétaire , bien qu'il n'ait eu, avant la cession, aucun droit spécial ni direct à la créance par lui acquise (Cass. 25 juin 1838).

177. Lorsque le créancier d'une faillite s'est rendu cessionnaire d'une créance litigieuse, dépendant de la faillite, il peut être considéré comme un copropriétaire de la créance cédée, en telle sorte que sous ce rapport le retrait litigieux ne puisse être exercé contre lui (Nîmes 29 juin 1836).

178. 2° *Lorsqu'elle a été faite à un créancier en paiement de ce qui lui est dû* (C. civ. 1701-2°).

Mais il n'y a pas lieu à l'exception lorsque le créancier remet au cédant une somme telle qu'on doit supposer qu'il y a plutôt cession que dation en paiement (Duvergier).

179. 3° *Lorsqu'elle a été faite au possesseur de l'héritage sujet au droit litigieux* (C. civ. 1701-3°).

180. Le retrait ne peut être exercé non plus contre celui qui détient à titre de propriétaire ou d'antichrésiste, et qui, pour repousser la revendication exercée contre lui, acquiert le droit d'un tiers qui se prétend aussi propriétaire (Delvincourt; Duvergier; Troplong; Duranton).

181. Il y a une quatrième exception. — V. *sup.* n. 136.

182. En tout cas, les incapables d'acquérir des droits litigieux ne peuvent jouir du bénéfice des exceptions ci-dessus mentionnées (C. civ. 1597; Nîmes 25 mai 1840). — *V. notes* 4, 65 *et* 68.

Art. 4. A QUI IL EST INTERDIT DE SE RENDRE ACQUÉREUR DE DROITS LITIGIEUX.

182 *bis.* Nous renvoyons à cet égard à la note 4, n. 41, 49, 50, 51, 52, 57, 59 à 70, 76, 78, 79, 83, 84, 88, 92, 93.

Ch. 2. DES BOURSES DE COMMERCE.

183. On appelle *Bourse de commerce* le lieu où s'assemblent, sous l'autorité du roi, les commerçants, les agents de change et courtiers (C. comm. 71) pour les opérations commerciales qui ne sont pas de nature à se passer dans les marchés ou foires, et surtout pour la négociation du papier de crédit ou des effets publics.

184. Les réunions servent encore à éclairer sur le crédit dont jouissent ou méritent de jouir les commerçants. Souvent la quotité du papier qu'une maison émet, et le genre de négociations auxquelles elles se livrent suffisent pour instruire de sa situation, de sa marche, de sa conduite, pour fortifier et augmenter son crédit, ou pour empêcher qu'elle n'abuse de celui dont elle jouit.

185. Elles offrent au gouvernement les moyens de reconnaître la situation du commerce, d'exercer une utile et presque invisible surveillance sur des négociations qui peuvent, dans certaines circonstances, se lier à l'ordre et à l'intérêt général, et de faciliter la connaissance sûre et légale du cours des marchandises et des effets (Pardessus).

186. Il est défendu de s'assembler ailleurs qu'à la bourse, et à d'autres heures qu'à celles fixées par le réglement de police fait pour chaque localité (Arr. 27 prair. an x; C. pr. art. 291).

187. Tous les citoyens et même les étrangers sont admis à la bourse, et il leur est permis d'y négocier, entre eux et par eux-mêmes, les lettres de change ou billets *à leur ordre* ou *au porteur*, et tous les effets de commerce qu'ils garantissent *par leur endossement*, et de vendre aussi par eux-mêmes *leurs marchandises* (Arr. 27 prair. an x). — Cependant les commerçants faillis et non réhabilités ne le peuvent (C. comm. 613).

188. Le résultat des négociations et des transactions qui s'opèrent dans la bourse détermine le cours du change des marchandises, des assurances, du frêt ou nolis, du prix des transports par terre ou par eau, des effets publics et autres dont le cours est susceptible d'être coté (C. comm. 72).

189. Ces divers cours sont constatés par les agents de change et courtiers, dans la forme prescrite par les réglements de police généraux ou particuliers (*Ibid.* 73).

190. Nul ne peut, sans nomination du gouvernement, s'immiscer en façon quelconque et sous quelque prétexte que ce puisse être, dans les fonctions des agents de change et des courtiers de commerce, soit à l'intérieur, soit à l'extérieur de la bourse (Arr. 27 prair. an x).

191. Les courtiers peuvent faire à la bourse des ventes publiques de marchandises, par lots, conformément au décret du 17 av. 1812.

192. Les jeux de bourse sont prohibés par la loi. On considère comme tels les marchés à terme d'effets publics, à moins qu'il n'y ait dépôt d'effets ou de titres ou qu'il ne soit établi que le vendeur avait les effets à sa disposition (C. pén. 422; Paris 29 mars 1832).

V. *sup.* n. 60 et *actions de commerce*, note 28.

Sur le chap. 1, v. aussi; *objet et matière des contrats*, note 7. — *Eviction*, note 9. — *Inscription hypothécaire*, note 83. — *Vente*, note 109.—*Enregistrement*, notes 57 et 90.

[97]

DES EFFETS NÉGOCIABLES OU EFFETS DE COMMERCE.

DIVISION SOMMAIRE:

Indication alphabétique :

§ 1. DES DIVERSES ESPÈCES D'EFFETS DE COMMERCE ET DE LEUR FORME.

1. Il existe six espèces différentes d'effets de commerce : la LETTRE DE CHANGE, le BILLET A ORDRE, le BILLET A DOMICILE, le BILLET DE CHANGE, le MANDAT et le BILLET AU PORTEUR.

2. I. LETTRE DE CHANGE. La lettre de change est un acte par lequel une personne mande à une autre, dans les formes prescrites par la loi, de payer à un tiers ou à son ordre, dans un lieu déterminé mais autre que celui d'où la lettre de change a été tirée, une somme d'argent en échange d'une autre somme ou d'une valeur quelconque qu'elle a reçue dans un autre lieu. — Elle peut être faite par acte notarié (Cass. 30 juill. 1828, 10 fév. 1834 et 28 janv. 1835) et doit être enregistrée dans le même délai que tout autre acte notarié (Note 18, n. 75). — V. *inf.* n. 294.

3. *La lettre de change est* TIRÉE D'UN LIEU SUR UN AUTRE. *Elle est* DATÉE. *Elle énonce : la* SOMME A PAYER ; *le* NOM *de celui qui doit payer ; l'*ÉPOQUE *et le* LIEU *où le paiement doit s'effectuer ; la* VALEUR FOURNIE *en espèces, en marchandises, en compte ou de toute autre manière. Elle est* A L'ORDRE *d'un tiers ou à l'ordre du tireur lui-même. Si elle est* PAR PREMIÈRE, *deuxième, troisième, quatrième,* etc., *elle l'exprime* (C. comm. 110).

4. Aucune des conditions tracées dans cet article ne peut être omise, sans que la lettre de change ne soit ou sans effet ou réduite à des effets moindres que ceux d'une lettre parfaite (Pardessus). — En tout cas, quand une lettre de change est parfaite par la réunion de toutes les conditions ci-dessus prescrites, il n'est pas nécessaire d'y exprimer qu'elle est une lettre de change (Cass. 4 mai 1831 ; Pardessus).

5. TIRÉE D'UN LIEU SUR UN AUTRE. Il n'est pas nécessaire que le lieu d'où elle est tirée et celui sur lequel elle est tirée soit une place de commerce (Grenoble 25 août 1838 ; Pau 11 août 1841). — Mais il faut que les deux lieux soient différents ; à cet égard il a été jugé qu'il n'a point été satisfait à la condition de la remise quand le tireur et le tiré habitent et sont indiqués dans deux endroits différents de la même ville ou commune (Bordeaux 23 av. 1830).

6. DATÉE. Cependant le défaut de date n'entraîne pas la nullité de la lettre de change, lorsque ce défaut de date est sans importance relativement à la qualité du tireur (Nîmes 5 juill. 1819 ; Cass. 12 av. 1821).

7. SOMME à PAYER. Le bon ou approuvé prescrit par l'art. 1326 du C. civ. est-il exigé pour la validité d'une lettre de change ? — V. note 26, n. 65 et suiv.

8. NOM DU PAYEUR. Le tireur peut se désigner lui-même comme payeur. Dans ce cas, celui auquel l'ordre est passé est réputé la troisième personne, et c'est l'endossement qui donne la perfection à la lettre de change, s'il contient les énonciations qui manquent à celle-ci (Cass. 10 mess. an XI, 28 février 1810, 20 janv. 1814, 10 juill. 1839 ; Lyon 22 mars 1825). — De sorte que, dans ce cas, la lettre de change ne peut être réputée tirée d'un lieu sur un autre et contenir remise de place en place, si l'endossement est daté du lieu même où la lettre doit être acquittée (Cass. 10 juill. 1839 ; Paris 6 nov. 1840 et 1 av. 1841. — *Contrà*, Montpellier 10 mars 1836 et 15 nov. 1839).

9. On considère comme tirée sur soi-même la lettre de change tirée par un négociant sur son commis ou même sur sa femme avec laquelle il est en communauté, encore qu'il l'eût autorisée à accepter. Il faudrait en dire autant de la lettre que le commis, exprimant cette qualité, aurait tirée sur son préposant (Pardessus).

10. Mais la lettre de change dégénérerait en titre ordinaire si elle ne contenait pas le nom de celui à qui elle doit être payée (Pardessus).

11. ÉPOQUE DU PAIEMENT. Cette époque n'est pas indiquée quand une lettre de change est exprimée payable après le décès de *tel* individu (Toulouse 6 janv. 1837 ; Paris 29 av. 1829). —

Cependant l'omission d'époque peut être réparée et suppléée par l'acceptation (Paris 14 mars 1829).

12. LIEU DU PAIEMENT. La lettre de change tirée d'un lieu sur un autre ne dégénère pas en simple promesse, par cela seul que l'accepteur a indiqué dans son acceptation pour lieu de paiement celui d'où la lettre était tirée (Paris 8 août 1833).

13. VALEUR FOURNIE. En échange de la somme à payer, il doit y avoir une valeur reçue, sans quoi l'obligation serait sans cause. A cet égard, il a été décidé :

14. Que la valeur fournie n'est pas suffisamment indiquée : par ces mots *valeur reçue* (Turin 13 mars 1811 ; Trèves 1 fév. 1812 ; Colmar 23 mars 1814 ; Toulouse 17 nov. 1828. — *Contrà* Bruxelles 28 therm. an XI) : — par ces mots *valeur entendue*, ou *valeur entre nous*, ou *valeur en moi-même* (Cass. 19 juin 1810 ; Pardessus ; Merlin) : — par ces mots : *valeur prêtée à mon besoin* (Paris 29 av. 1829) : — par ces mots *valeur en contractant ou en quittances* (Bordeaux 18 fruct. an VIII ; Caen 5 janv. 1813).

15. Mais que la valeur fournie est suffisamment indiquée : — par ces mots *valeur en compte* qui signifient *valeur reçue en écus* (Cass. 20 août 1818) ; par ces mots *valeur reçue en immeubles suivant tel acte*, et dans ce cas le souscripteur est tenu de payer le tiers-porteur lors même que la vente serait nulle, ou qu'il existerait sur ces immeubles des inscriptions prises contre le vendeur et qu'il y aurait eu promesse par ce dernier d'en rapporter main-levée (Paris 6 fév. 1830 ; Bourges 6 août 1825 ; Grenoble 2 mai 1835 ; un billet n'étant revêtu du mot *d'ordre* que pour donner à celui qui le reçoit la faculté de le transmettre et d'en retrouver ainsi la valeur dès qu'il le jugera convenable,— *Contrà* Bordeaux 18 therm. an VIII ; Caen 15 janv. 1813 ; Bourges 17 av. 1832). — Il est bon, dans le dernier cas ci-dessus, d'exprimer dans la vente que le privilége et l'action résolutoire sont réservés jusqu'au paiement.

16. Toutefois, de ce que des lettres de change n'énoncent pas la nature des valeurs fournies au tireur, il ne s'ensuit pas que ces lettres de change soient nulles ou sans effet obligatoire ; il s'ensuit seulement que le porteur doit prouver quelles sont les valeurs fournies (Cass. 30 août 1826). — V. *inf.* n. 31.

17. Et le défaut d'énonciation de la valeur fournie ne suffit pas pour faire perdre à une lettre de change souscrite par un négociant sa nature commerciale (Paris 18 fév. 1830) ; tellement que, dans ce cas, si la lettre de change est entre négociants c'est au tribunal de commerce qu'il appartient d'en connaître (Toulouse 28 mai 1825).

18. La lettre de change qui ne fait aucune mention de valeur fournie ne vaut que comme un endossement en blanc pour celui au profit de qui elle a été souscrite, mais elle devient parfaite lorsqu'il y est apposé un endossement régulier qui contient la mention et indique l'espèce de la valeur fournie (Toulouse 4 juin 1825).

19. A L'ORDRE. Ce mot n'est pas une expression sacramentelle qui ne puisse être remplacée par un équivalent ; mais il faut que cet équivalent annonce l'intention de transmettre la propriété. Par exemple, ces mots *à un tel ou à sa disposition* seraient un équivalent. Mais ceux-ci : *à un tel* ou *en sa faveur* n'autoriseraient pas la personne à négocier la lettre par voie d'endossement (Douai 24 oct. 1809 ; Pardessus ; Nouguier).

20. Une lettre de change peut être tirée à l'ordre du tireur ; mais pour qu'elle soit parfaite et puisse produire les effets de la lettre de change, il faut que le tireur l'ait transmise par endossement à un tiers (Cass. 10 et 14 mess. an XI ; 20 janv. 1814 ; Bruxelles 20 mars 1809 ; Turin 31 mars 1813 ; Lyon 22 mars 1825 ; Paris 6 juill. 1826 et 30 août 1836 ; Pardessus).

21. PAR PREMIÈRE, etc. On appelle première, deuxième, troisième, quatrième, etc., les exemplaires ou copies qu'on est dans l'usage de tirer d'une lettre de change afin d'en faciliter la négociation et de la rendre plus prompte. — Les exemplaires doivent tous être semblables, si ce n'est la distinction résultant de leur ordre de première, seconde, etc.

22. Lorsqu'une *seconde* contient la mention expresse *qu'il n'y aura lieu à la payer qu'autant que la première ne sera pas acquittée*, c'est au porteur de cette *seconde* averti par cette mention à exiger de celui avec qui il contracte la remise de la *première*, d'où il suit qu'au cas de négociation des deux exemplaires à deux personnes différentes le tireur ne devient pas garant envers le porteur de la seconde (Cass. 4 av. 1832). — V. *inf.* n. 166.

23. Et celui qui a accepté une *première*, puis a écrit au tireur qu'il la tenait à la disposition du porteur de la *seconde*, ne peut plus biffer son acceptation et refuser de payer à l'échéance le tiers-porteur sous le prétexte qu'il n'a pas reçu provision (Cass. 20 av. 1837 ; Pothier ; Pardessus ; Vincens). — V. *inf.* n. 83.

24. Il ne faut pas confondre la copie avec le duplicata. La copie ne remplace le duplicata qu'autant qu'elle contient toutes les signatures originales. Elle est ordinairement créée par un endosseur qui la remet à son actionnaire avec l'original, afin que celui-ci puisse négocier la copie pendant qu'il envoie l'original à l'acceptation (Pardessus). — Les divers endossements se trouvant les uns sur l'original, les autres sur un duplicata ou sur une copie, ne forment qu'un seul et même titre et produisent le même effet que s'ils étaient tous réunis sur une même pièce (Vincens).

25. *Une lettre de change peut être tirée sur un individu et payable au domicile d'un tiers. — Elle peut être tirée* PAR ORDRE ET POUR LE COMPTE D'UN TIERS (C. comm. 111).

26. PAR ORDRE ET POUR COMPTE. Les commerçants qui se trouvent dans la nécessité de se procurer des valeurs, masquent souvent cette opération qui nuirait à leur crédit par l'intervention d'un ami qui tire des lettres de change en son nom, mais par leur ordre et pour leur compte, en les dénommant soit par leurs noms soit seulement par leurs initiales. Par ce moyen, les tiers ne sont pas avertis de la gêne momentanée du banquier qu'on appelle *donneur d'ordre* ou *ordonnateur*, et son crédit n'en est pas altéré. — Dans ce cas, le donneur d'ordre doit rendre indemne le tireur, et celui-ci ne doit pas dépasser les bornes de son mandat (Nouguier). — Le mandat soumettant l'individu à la contrainte par corps doit être exprès ; il ne peut résulter d'un mandat général (Aix 10 juin 1833).

27. Les tiers n'ont pas contre le donneur d'ordre une action personnelle ; ils ne peuvent agir que comme subrogés aux droits du tireur, et exercer contre le donneur d'ordre l'action du mandat (Cass. 19 déc. 1821 et 1 déc. 1824 ; Rouen 1 mai 1822 ; Paris 15 juill. 1822 et 9 mars 1832). — V. *inf.* n. 38.

28. *Sont réputées simples promesses toutes lettres de change contenant* SUPPOSITION *soit* DE NOM *soit* DE QUALITÉ, *soit* DE DOMICILE, *soit* DES LIEUX *d'où elles sont tirées ou dans lesquels elles sont payables* (C. comm. 112).

29. SUPPOSITION DE NOM OU DE QUALITÉ. La supposition de personnes existe : 1° lorsque celui qui tire, signe ou fait signer, du nom d'un faux tireur, une lettre qu'il accepte ou fait accepter par le véritable tiré ; — 2° lorsqu'un signataire véritable tire sur un individu non-existant ; — 3° lorsqu'une lettre réellement tirée par un individu existant, sur un autre aussi existant, présente un preneur supposé.

30. La supposition de valeur a aussi pour effet de rendre la lettre une simple promesse (Cass. 25 janv. 1815 et 29 nov. 1817).

31. Il a même été décidé que l'insuffisance de l'indication de la valeur rendait la lettre de change simple promesse (Cass. 19 juin 1810 ; Turin 13 mars 1811 ; Caen 17 août 1825 et 31 janv. 1826 ; Toulouse 2 mai 1826). — V. *sup.* n. 16.

32. SUPPOSITION DE DOMICILE. L'énonciation que fait l'accepteur de s'obliger à payer à son domicile dans un lieu où il n'a pas de domicile réel, est moins une supposition de lieu qu'une élection de domicile. En ce cas, la lettre de change n'est pas réputée simple promesse (Turin 31 mars 1813 ; Merlin).

33. SUPPOSITION DE LIEUX. La lettre de change à l'ordre du tireur lui-même ne constitue qu'une simple promesse, si ce tireur ne l'a négociée que par un endossement daté du lieu où elle doit être payée (Montpellier 19 mars 1836 ; Paris 12 fév., 20 août, 27 oct. 1841 et 8 mars 1842).

34. Le tireur est admis à opposer que la lettre de change n'est qu'une simple promesse à raison de la supposition de lieu, et par suite à exciper de l'incompétence du tribunal de comm. (Colmar 21 janv. 1812).

35. *La signature des femmes et des filles non-négociantes ou marchandes publiques sur lettres de change, ne vaut, à leur égard, que comme simple promesse* (C. comm. 113).

36. Cependant la femme qui souscrit une lettre de change est justiciable du tribunal de commerce, encore qu'elle ne soit pas marchande publique; mais il n'y a pas lieu contre elle à la contrainte par corps (Bruxelles 6 fév. 1812; Limoges 19 mai 1813; Aix 22 fév. 1822; Montpellier 20 janv. 1833; Cass. 6 nov. 1843).

37. Lorsqu'une femme a souscrit une lettre de change conjointement avec son mari négociant, elle est obligée solidaire, bien qu'elle ne soit point marchande publique, et que le billet soit causé valeur reçue comptant (Paris 8 fév. 1820)

38. Toutefois, quand elle accepte une lettre de change tirée par son mari, elle n'est pas obligée bien qu'elle soit autorisée par lettre de son mari; cette lettre n'étant considérée, dans ce cas, que comme procuration (Merlin). — V. *sup.* n. 27.

39. *Les lettres de change souscrites par des mineurs non-négociants sont nulles à leur égard, sauf les droits respectifs des parties, conformément à l'art. 1312 du C. civ.* (C. comm. 114).

40. Un mineur qui n'est ni marchand, ni banquier, ne peut en aucune manière intervenir dans une lettre de change (Merlin).

41. Quant aux lettres de change souscrites par des individus pourvus d'un conseil judiciaire. — V. *sup.* note 74, n. 30 à 33.

42. II. BILLET A ORDRE. Le billet à ordre diffère de la lettre de change, 1° en ce qu'il doit être acquitté par le souscripteur lui-même au lieu de l'être par une tierce-personne; 2° en ce qu'il peut être stipulé payable dans le lieu où la valeur en a été fournie, tandis que le caractère essentiel de la lettre de change est la remise de place en place.

43. Du reste, toutes les dispositions relatives aux lettres de change et concernant l'échéance, l'endossement, la solidarité, l'aval, le paiement, le paiement par intervention, le protêt, les droits et devoirs du porteur, le rechange ou les intérêts, sont applicables aux billets à ordre (C. comm. 187).

44. III. BILLET A DOMICILE. On appelle ainsi le billet à ordre qui est stipulé payable à un domicile autre que celui du souscripteur. — Il y a deux sortes de *billets à domicile* : les uns qui ne contiennent, à proprement parler, qu'une élection de domicile pour le paiement, soit pour la convenance du créancier, soit pour celle du débiteur; les autres dans lesquels l'élection de domicile a eu pour cause une remise d'argent d'un lieu sur un autre.

45. Les premiers sont de véritables billets à ordre, lorsque du reste ils contiennent toutes les énonciations prescrites par la loi pour ces sortes de billets. Ils sont, en conséquence, régis par les mêmes règles.

46. Les seconds, malgré leurs points de ressemblance avec les lettres de change, ne peuvent cependant leur être assimilés; car une lettre de change suppose nécessairement l'existence d'un tiré, tandis que le billet à domicile est souscrit et payable par la même personne, seulement la souscription se fait dans un lieu et le paiement dans un autre.

47. Le souscripteur d'un billet à domicile ne peut donc, comme le tireur d'une lettre de change, s'affranchir de l'action tardivement engagée par le porteur, en prouvant qu'à l'échéance il y avait provision au domicile indiqué; nonobstant cette preuve il demeure toujours soumis à l'action en garantie (Cass. 24 pluv. an XI, 1 sept. 1807; Paris 8 germ. an XIII et 21 fév. 1828; Pardessus; Vincens. — *Contrà*, Cass. 31 juill. 1817 et 26 janv. 1818; Pothier; Merlin).

48. De plus, le billet à domicile alors même qu'il était payable dans un lieu autre que celui où il avait été souscrit, ne soumet pas le débiteur non commerçant à la contrainte par corps (Colmar 14 janv. 1817; Bordeaux 21 janv. 1836; Lyon 12 janv. 1839; Bioche 1580; Pardessus; Favard; Locré — *Contrà*, Lyon 8 août 1827; Bourges 4 déc. 1829; Toulouse 3 déc. 1829 et 14 mai 1831).

49. IV. BILLET DE CHANGE. Le billet de change est l'engagement que contracte, soit le preneur d'une lettre de change lorsqu'il la reçoit sans en fournir la valeur immédiatement, de compter cette valeur à une époque déterminée, soit celui qui reçoit une somme d'argent pour fournir une lettre de change, de la livrer au preneur également dans un temps fixé (Jousse).

50. Le billet de change doit être assimilé à un billet à ordre et régi par les mêmes règles, pourvu que d'ailleurs il soit revêtu de toutes les formalités voulues pour ce dernier genre de billet. D'où il suit que le porteur est obligé de faire protester et d'exercer son action en garantie dans les délais voulus par la loi.

51. V. MANDAT. Le mandat est un acte par lequel une personne donne commission à un tiers de payer à une autre personne ou à son ordre une certaine somme. Les mandats sont d'un grand usage dans le commerce; on les appelle aussi *assignations et rescriptions* (Dalloz). — Ils diffèrent des lettres de change, en ce que celles-ci se font en conséquence d'un contrat de change d'argent entre la personne qui fournit la lettre et celle à qui elle est fournie, tandis que les mandats n'ont d'autre objet que d'acquitter une dette ou de faire un prêt (Pothier *contr. de change*, n. 225). — Mais ils n'en diffèrent point par la forme. — V. *les formules*.

52. Le mandat peut être être créé dans un lieu, et stipulé payable dans ce même lieu, comme aussi il peut être fourni d'un lieu sur un autre. — Dans le premier cas, on ne peut jamais le confondre avec une lettre de change, puisqu'il manque de la condition essentielle à cette sorte d'effet de commerce, la remise d'un lieu sur un autre. — Dans le second cas, le mandat, s'il est d'ailleurs revêtu de toutes les formalités légales, présente tous les caractères de la lettre de change et doit, par conséquent, lui être assimilé quant aux droits et devoirs du porteur (Rouen 30 juill. 1825; Cass. 4 mai 1831). — Seulement le défaut de paiement d'un mandat qui n'a pas sa cause dans une dette commerciale n'emporte pas la contrainte par corps (Cass. 8 janv. 1812).

53. VI. BILLET AU PORTEUR. Ce billet est celui qui ne désigne aucun créancier déterminé, et qui est payable entre les mains de la personne qui s'en trouve détenteur à l'échéance.

54. Les billets au porteur ont été autorisés par la loi du 15 therm. an III et n'ont point été prohibés par les lois nouvelles (Colmar 9 mars 1822; Cass. 10 nov. 1829). — La transmission s'en fait légalement de la main à la main, et le porteur en est saisi sans être tenu de signifier le transport (*Ibid.*).

55. Le billet au porteur ne peut être exactement assimilé ni à une lettre de change, ni à un billet à ordre; en conséquence, les règles tracées pour ces sortes d'effets de commerce, notamment en ce qui concerne la nécessité de protester et d'exercer les poursuites dans les délais fixés par la loi lui sont tout-à-fait étrangères.

56. Le porteur ne doit porter son action devant les tribunaux de commerce que si la cause du billet est commerciale, ou si le souscripteur est négociant (Nîmes 23 mars 1830).

V. *action de commerce*, note 28, n. 26 et suiv.

§ 2. DE LA PROVISION.

57. On appelle ainsi la somme ou les valeurs destinées au paiement d'une lettre de change (Pardessus).

58. *La provision doit être faite par le tireur, ou par celui pour le compte de qui la lettre de change sera tirée, sans que le tireur pour compte d'autrui cesse d'être personnellement obligé envers les endosseurs et le porteur seulement* (C. comm. 115 et L. 19 mars 1817).

59. Le tireur pour compte d'autrui est personellement obligé

à ce titre envers le porteur, bien qu'il n'ait pas reçu de valeurs, et que l'effet déclare que les valeurs ont été fournies au donneur d'ordre lui-même (Cass. 4 mai 1831). — V. *sup.* n. 27.

60. Mais le tireur pour compte, d'après son mandat et en le déclarant expressément, n'est pas garant de la provision envers le tiré qui a accepté purement et simplement (Rouen 8 août 1815; Colmar 7 déc. 1815). — Il en est de même s'il résulte de la correspondance que le tireur n'a pas entendu s'obliger envers l'accepteur (Cass. 22 mai 1817 et 1 déc. 1818).

61. *Il y a provision, si, à l'échéance de la lettre de change, celui sur qui elle est fournie est redevable au tireur, ou à celui pour compte de qui elle est tirée, d'une somme au moins égale au montant de la lettre de change* (C. comm. 116).

62. Dans le sens de cet article, il y a provision : 1° lorsqu'à l'échéance de la lettre de change, le tiré est redevable envers le tireur, quoiqu'il ait terme et délai pour se libérer, et que ce délai ne soit pas encore expiré (Cass. 3 av. 1835 et 1 fév. 1836; Bordeaux 30 juin 1841).

63. 2° Par cela seul que le tireur a crédité le tiré, et que par contre le tiré l'en a débité (Lyon 29 mars 1817).

64. 3° Sur la marchandise étant aux mains du tiré, lorsqu'il y a eu affectation spéciale de ladite marchandise, déclarée par le tireur et acceptée par le tiré (Cass. 9 juill. 1840).

65. Mais il n'y a pas provision : 1° lorsque le tiré est débiteur d'une somme moindre que le montant de la traite (Liége 9 mai 1812). — 2° Lorsqu'il y a compte courant entre le tireur et le tiré et que celui-ci use de la compensation qui peut s'opérer à son profit entre les valeurs dont il se trouve tout à la fois débiteur et créancier (Cass. 9 juill. 1840 et 9 juin 1841).

66. Le porteur a droit à la provision dès l'instant de la transmission de la lettre de change; de sorte 1° que, si le tireur vient à faire faillite, même avant l'acceptation ou l'échéance de la traite, la provision n'en reste pas moins la propriété du porteur par préférence aux créanciers de la faillite; 2° et qu'aucune saisie ne peut être ultérieurement formée par des tiers sur la provision (Cass. 28 juin 1825 et 22 nov. 1830; Paris 31 déc. 1827 et 19 mai 1830; Aix 9 juill. 1828).

67. *L'acceptation suppose la provision. — Elle en établit la preuve à l'égard des endosseurs. — Soit qu'il y ait ou non acceptation, le tireur seul est tenu de prouver, en cas de dénégation, que ceux sur qui la lettre était tirée, avaient provision à l'échéance : sinon il est tenu de la garantir, quoique le protêt ait été fait après les délais fixés* (C. comm. 117).

68. On peut être admis à prouver par témoins, et par suite par de simples présomptions, qu'il y avait provision pour le paiement d'une lettre de change (Bruxelles 12 fév. 1822).

69. La loi, en déclarant le porteur d'une lettre de change non protestée dans les délais, déchu de tout recours, même contre le tireur, si celui-ci justifie qu'il y avait provision à l'échéance, entend parler d'une provision réelle, disponible et exigible au moment même de l'échéance. Ainsi, il n'y a pas de provision dans le sens de la loi, et dès-lors pas de déchéance à opposer au porteur, si, au moment de l'échéance de la lettre de change, le tiré était en état de faillite; peu importe que cette faillite n'ait été déclarée que par un jugement postérieur (Cass. 30 juill. 1832 et 30 mars 1841; Montpellier 30 juill. 1840).

70. A l'égard du tireur pour compte, l'acceptation ne prouve pas la provision (Cass. 25 juin 1812; Paris 13 juin 1811).

§ 3. DE L'ACCEPTATION et DU PROTÊT FAUTE D'ACCEPTATION.

71. *Le tireur et les endosseurs d'une lettre de change sont garants solidaires de l'acceptation et du paiement à l'échéance* (C. comm. 118).

72. D'où il suit qu'ils ont tous intérêt à ce que la provision soit faite pour que l'acceptation n'éprouve aucune difficulté.

73. *Le refus d'acceptation est constaté par un acte que l'on nomme protêt faute d'acceptation* (C. comm. 119). — V. *inf.* n. 194.

74. C'est au domicile du tiré que l'acceptation doit être demandée, sans considérer le lieu où la lettre est payable (Pardessus). Tout porteur d'une lettre peut la présenter à l'acceptation et la faire protester, bien qu'elle ne soit point à son ordre (Pardessus; Vincens). Le défaut d'acceptation de la part du tiré qui a reçu la provision le soumet à des dommages-intérêts (Favard; Nouguier).

75. *Sur la notification du protêt faute d'acceptation, les endosseurs et le tireur sont respectivement tenus de donner caution pour assurer le paiement de la lettre de change, ou d'en effectuer le remboursement avec les frais de protêt et de rechange. La caution, soit du tireur soit de l'endosseur, n'est solidaire qu'avec celui qu'elle a cautionné* (C. comm. 120).

76. *Celui qui accepte une lettre de change contracte l'obligation d'en payer le montant. — L'accepteur n'est pas restituable contre son acceptation, quand même le tireur aurait failli à son insu avant qu'il eût accepté* (C. comm. 121).

77. *L'acceptation d'une lettre de change doit être signée. — L'acceptation est exprimée par le mot* accepté. — *Elle est datée, si la lettre est à un ou plusieurs jours ou mois de vue. — Et, dans ce dernier cas, le défaut de date de l'acceptation rend la lettre exigible au terme y exprimé, à compter de sa date* (C. comm. 122).

78. Il ne suffit pas d'écrire le mot *accepté*, sans signer, ni de signer sans accepter, il faut l'un et l'autre (Turin 14 mai 1810; Cass. 20 mars 1832; Denizart; Pardessus). — L'acceptation non écrite mais signée par l'accepteur est valable (Paris 9 nov. 1825).

79. L'acceptation en blanc ne peut valoir que comme commencement de preuve par écrit (Cass. 20 mars 1832).

80. Le mot *accepté* peut être suppléé par le mot *vu* (Turin 8 nov. 1809 et 14 mai 1810). — L'acceptation est suffisamment exprimée par ces mots *je ferai honneur, je paierai, j'acquitterai, vu pour payer* (Pardessus).

81. L'acceptation peut avoir lieu par lettre missive (Cass. 11 fruct. an XIII; Merlin; Pardessus). — Cependant, comme l'acceptation est un acte libre de la part du tiré (Pardessus), il a été jugé que la promesse par lettre missive de la part du tiré d'accepter les lettres de change qu'on lui présenterait ne peut être considérée comme l'équivalent d'une acceptation; il peut avoir eu de justes motifs pour ne pas accepter (Cass. 16 juin 1807; Pardessus).

82. Lorsque celui à qui l'on a présenté une lettre de change à accepter refuse de la rendre sous prétexte qu'il l'a égarée, son refus équivaut à une acceptation (Dupuy; Merlin).

83. L'accepteur peut rayer son acceptation tant que la lettre n'est pas sortie; après la délivrance il ne le peut plus et celui qui aurait consenti à ce qu'il le fit serait responsable envers son commettant et le porteur (Aix 23 av. 1813; Pardessus; Vincens). — V. *sup.* n. 23.

84. L'acceptation indicative de la somme, du domicile et de l'échéance, mise au dos d'une lettre de change en blanc, ne constitue pas un titre contre le souscripteur (Caen 31 mars 1827).

85. Si l'accepteur renouvelait son acceptation sur les divers exemplaires à lui présentés, il serait obligé envers tous les porteurs d'exemplaires acceptés (Pardessus).

86. L'accepteur ne peut opposer au porteur de bonne foi que c'est par dol et surprise qu'on l'a fait accepter (Cass. 15 mars 1826 et 24 av. 1827; Pardessus).

87. *L'acceptation d'une lettre de change payable dans un autre lieu que celui de la résidence de l'accepteur, indique le domicile où le paiement doit être effectué ou les diligences faites* (C. comm. 123).

88. Ainsi, c'est au domicile du tiré que l'acceptation doit être

demandée, sans considérer le lieu où la lettre est payable (Pardessus).

89. *L'acceptation ne peut être conditionnelle; mais elle peut être restreinte quant à la somme acceptée. — Dans ce cas, le porteur est tenu de faire protester la lettre de change pour le surplus* (C. comm. 124).

90. En général, l'acceptation doit être pure et simple; elle ne peut être conditionnelle. Cependant elle peut être d'une somme moindre que le montant de la lettre de change.

91. On doit considérer comme conditionnelles et non comme pures et simples les acceptations conçues en ces termes : *accepté pour payer à l'échéance sur telles fournitures à faire dans tel mois*, car ce n'est pas là une imputation de paiement (Paris 31 mars 1838; Vincens). — Ou bien, *accepté pourvu que le tireur fasse provision* (Pardessus). — Dans ces cas et autres semblables, le porteur doit faire protester et en avertir le tireur et les endosseurs, sous peine de perdre son recours en garantie (Vincens). — Mais est valable l'acceptation suivante : *accepté sous toutes réserves contre le tireur* (Pardessus).

92. Cependant si les restrictions apportées par le tiré à l'acceptation étaient uniquement relatives au porteur et ne provenaient que de son fait, comme quand celui-ci est débiteur du tiré, lequel veut opérer compensation, ou bien quand un créancier du porteur saisit entre les mains du tiré, elles seraient valables et ne pourraient être refusées par le porteur étant exprimées ainsi : *accepté pour payer à moi-même*; — *accepté pour payer à qui sera par justice ordonné avec* un tel *saisissant* (Merlin; Pardessus).

93. *Une lettre de change doit être acceptée à sa présentation, ou au plus tard dans les 24 heures de la présentation. — Après les 24 heures, si elle n'est pas rendue acceptée ou non acceptée, celui qui l'a retenue est passible de dommages-intérêts envers le porteur* (C. comm. 125).

94. Il n'y a pas obligation pour le porteur de présenter la lettre de change à l'acceptation de suite et avant le jour de l'échéance. D'où il suit qu'il ne peut être responsable des conséquences résultant du défaut de présentation immédiate (Cass. 5 nov. 1835; Bordeaux 23 fév. 1836. — *Contrà*, Rennes 21 juin 1841, quand il y a prière de faire accepter et protester au besoin).

§ 4. DE L'ACCEPTATION PAR INTERVENTION.

95. *Lors du protêt faute d'acceptation, la lettre de change peut être acceptée par un tiers intervenant pour le tireur ou pour l'un des endosseurs. — L'intervention est mentionnée dans l'acte du protêt; elle est signée par l'intervenant* (C. comm. 126).

96. La première condition de ce mode d'acceptation est que le protêt l'ait précédée. Si, au contraire, l'acceptation avait précédé le protêt, elle pourrait être considérée comme un simple aval (Pardessus).

97. Un individu peut refuser d'accepter une lettre tirée au profit d'un tiers, et cependant l'accepter pour l'honneur de la signature du tireur, moyennant un protêt d'intervention. Ce protêt doit contenir sa déclaration qu'il refuse d'accepter purement et simplement, mais que pour honorer la signature du tireur, il accepte pour son compte et conserve son recours contre lui (Vincens).

98. L'accepteur par intervention doit comparaître devant l'huissier et signer sa déclaration. La simple mention que l'officier instrumentaire ferait dans son protêt qu'un *tel* est intervenu et a déclaré accepter ne serait d'aucune considération (Pardessus).

99. En tout cas, l'accepteur par intervention est déchargé, si le porteur ne s'est pas présenté à l'échéance (Nouguier).

100. *L'intervenant est tenu de notifier sans délai son intervention à celui pour qui il est intervenu* (C. comm. 127).

101. C'est aux tribunaux à apprécier les circonstances qui auront apporté quelque retard.

102. *Le porteur de la lettre de change conserve tous ses droits contre le tireur et les endosseurs, à raison du défaut d'acceptation par celui sur qui la lettre était tirée, nonobstant toutes acceptations par intervention* (C. comm. 128).

§ 5. DE L'ÉCHÉANCE.

103. *Une lettre de change peut être tirée : — à vue, — à un ou plusieurs jours, mois ou usances de vue, — à un ou plusieurs jours, mois ou usances de date, — à jour fixe ou à jour déterminé, en foire* (C. comm. 129).

104. Une lettre de change sans époque d'échéance n'équivaut pas à une lettre de change payable à vue (Nouguier).

105. *La lettre de change à vue est payable à sa présentation* (C. comm. 130).

106. *L'échéance d'une lettre de change, à un ou plusieurs jours, mois ou usances de vue, est fixée par la date de l'acceptation, ou par celle du protêt faute d'acceptation* (C. comm. 131).

107. *L'usance est de 30 jours, qui courent du lendemain de la date de la lettre de change. — Les mois sont tels qu'ils sont fixés par le calendrier grégorien* (C. comm. 132).

108. C'est par le calendrier en usage dans le pays où la lettre de change doit être payée que se règle l'échéance (Cass. 18 brum. an XI).

109. C'est quantième par quantième et non par fin de mois, que doit se calculer le délai d'échéance; ainsi une lettre de change tirée le 28 février à 10 mois de date est payable le 28 décembre suivant, soit que le mois de février n'ait que 28 jours, soit qu'il ait 29 jours (Cass. 17 fév. 1818).

110. Et quand il n'y a pas de quantième correspondant à la fin du mois, c'est au dernier jour de ce mois que l'effet tombe à échéance. Ainsi une lettre de change tirée le 31 janvier à 3 mois de date est payable le 30 avril suivant (qui n'a que 30 jours) et non le 1 mai (Pardessus; Vincens; Favard; Horson).

111. *Une lettre de change payable en foire est échue la veille du jour fixé pour la clôture de la foire, ou le jour de la foire si elle ne dure qu'un jour* (C. comm. 133).

112. *Si l'échéance d'une lettre de change est à un jour férié légal, elle est payable la veille* (C. comm. 134).

113. *Tous délais de grâce, de faveur, d'usage ou d'habitude locale, pour le paiement des lettres de change, sont abrogés* (C. comm. 135). — V. note 77.

§ 6. DE L'ENDOSSEMENT.

114. *La propriété d'une lettre de change se transmet par la voie de l'endossement* (C. comm. 136).

115. Pour la manière d'endosser, V. la formule d'*endossement*.

116. Pour endosser valablement, il faut être capable de disposer (V. note 4). — D'où il suit que la négociation d'une lettre de change après la faillite du tireur, par un individu à qui celui-ci l'avait transmise avant sa faillite au moyen d'un endossement en blanc (ne valant dès-lors que comme procuration), est nulle, même à l'égard du tiers-porteur de bonne foi, comme émanant du mandataire d'un individu dépouillé par suite de sa faillite du droit de disposer de ses biens (Paris 7 nov. 1840).

117. L'endossement renferme le contrat de change et le contrat de transport ou cession (V. note 96 n. 9). Il diffère du contrat de change en ce qu'il peut être souscrit dans le lieu même où la lettre doit être payée (Cass. 28 fév. 1810; Favard).

118. Une lettre de change endossée après son échéance n'en

conserve pas moins son caractère de lettre de change, et soumet les signataires à la juridiction commerciale et à la contrainte par corps (Bruxelles 25 mai 1819; Toulouse 29 nov. 1822; Cass. 5 av. 1826). — Mais elle n'oblige pas le cessionnaire aux formalités prescrites pour constater le non-paiement (Cass. 11 juill. 1820; Pardessus). — D'un autre côté, c'est le cédant seul qui doit la rembourser si elle n'est pas payée, et elle perd son caractère d'acte commercial si la négociation est faite par un individu non commerçant (Pardessus).

119. Les endosseurs sont garants les uns envers les autres de la vérité des ordres et de la lettre de change dont ils signent le transport (Aix 5 juin 1818).

120. *L'endossement est* DATÉ. — *Il exprime la* VALEUR FOURNIE. — *Il énonce le* NOM *de celui à l'ordre de qui il est passé* (C. comm. 137).

121. DATÉ. L'endossement sans date est considéré comme simple procuration, et toute personne ayant intérêt peut opposer ce principe (Cass. 29 mars 1813; Favard).

122. Le défaut de date ne peut être remplacé par la date d'un aval au bas de l'endossement, ou par celle du protêt fait par celui au profit de qui la lettre a été endossée (Merlin).

123. L'endossement dont la date ne serait indiquée que par cette ancienne formule latine, *ut suprà, ut retrò*, ne pourrait être considéré comme régulier, faute d'indiquer une date certaine (Cass. 23 juin 1817 et 14 nov. 1821).

124. VALEUR FOURNIE. L'endossement doit, comme la lettre de change, exprimer la nature de la valeur fournie, parce qu'il constitue réellement un nouveau contrat de change. — Ainsi, l'endossement qui n'énonce la valeur fournie que par ces mots, *valeur reçue*, n'est pas translatif de propriété; il ne vaut que comme simple procuration (Cass. 24 juin 1812, 18 mai et 29 mars 1813, 9 nov. 1836). — Cependant l'endossement causé *valeur reçue* peut être suffisant et translatif de propriété, lorsqu'il est apposé sur un billet à ordre non commercial (Cass. 12 juill. 1820).

125. L'endossement au profit d'une maison qui est en état de faillite et qui n'en a pas fourni la valeur n'est point translatif de propriété et ne peut non plus être considéré comme valant procuration (Bruxelles 30 déc. 1829).

126. Le porteur d'un effet par un endossement en blanc, qui justifie en avoir fourni la valeur, n'a néanmoins d'action que contre le souscripteur, et non contre les autres endosseurs en blanc (Paris 31 déc. 1840).

127. LE NOM. Si dans un endossement on avait omis le nom de celui à l'ordre duquel la lettre est passée, il n'y aurait ni endossement même irrégulier ni procuration (Vincens).

128. *Si l'endossement n'est pas conforme aux dispositions de l'article précédent, il n'opère pas le transport; il n'est qu'une procuration* (C. comm. 138).

129. Bien que la tradition réelle de la lettre de change suffise pour en transférer la propriété, quand il existe sur cette lettre un endossement en blanc émané du propriétaire (Cass. 12 déc. 1815; V. note 81, n. 81); cependant cette transmission n'a pas lieu en faveur du porteur en vertu d'un endossement irrégulier ne portant ni date ni mention de la valeur fournie, il n'est que mandataire, et est, en cette qualité, non-recevable à intenter une action en paiement en son nom personnel, lors même qu'il présenterait un acte de transport séparé, si cet acte n'avait pas une date certaine antérieure à sa demande (Cass. 19 juill. 1822; Favard).

130. Toutefois, l'art. 138 précité n'établit entre l'endosseur et le preneur qu'une simple présomption, qui peut être détruite par la preuve que l'endossement a eu pour but de transmettre la propriété soit à titre onéreux, soit à titre purement gratuit (Cass. 18 mess. an x, 2 prair. an XIII, 11 juill. 1820, 8 nov. 1826, 17 déc. 1827, 25 juin 1832, 31 juill. 1833, 10 juin 1834, 5 juill. 1843).

131. Le porteur en vertu d'un endossement en blanc peut se transmettre à lui-même la propriété de la lettre de change en remplissant le blanc à son profit, s'il y a cause légitime survenue : par exemple, si le porteur est devenu créancier de l'endosseur avant l'échéance et l'acceptation (Cass. 24 av. 1827).

132. On peut endosser une lettre de change avec cette condition, *sans garantie* ou *sans ma responsabilité* (Vincens).

133. Un endossement peut être effacé tant que l'endosseur n'a pas négocié la traite (Pardessus). — V. *sup.* n. 23 et 83.

134. L'endossement irrégulier ne change pas le caractère de la lettre de change et ne fait point obstacle à ce que l'accepteur soit poursuivi devant le tribunal de commerce (Bruxelles 14 nov. 1818; Cass. 2 oct. 1825).

135. Du reste, l'endossement écrit d'une autre main que celle de l'endosseur est valable sans *bon* ou *approuvé* (Cass. 7 therm. an XI). — V. note 26, n. 73.

136. *Il est défendu d'antidater les ordres, à peine de faux* (C. comm. 139).

137. Cet article s'applique non-seulement aux endosseurs, mais encore au faux commis dans l'antidate d'une lettre de change, faite de mauvaise foi (Nouguier).

138. Et lorsque, par suite d'un faux commis dans une lettre de change, le tiré a payé, il peut en répéter le montant contre le porteur parce qu'alors il y a erreur (C. civ. 1377; Lyon 20 fév. 1822; Paris 5 fév. 1824) : — alors même que le porteur aurait été de bonne foi (Bordeaux 22 av. 1828). — Mais si sur un faux ordre il acquitte le montant d'une lettre de change, il est valablement libéré, s'il a payé de bonne foi, par le motif que l'honneur de sa signature exigeait qu'il la retirât en acquittant son obligation (Paris 13 therm. an VIII). Il en est de même quand le débiteur de la lettre de change paye sur un faux acquit (De Villeneuve et Massé).

§ 7. DE LA SOLIDARITÉ.

139. TOUS CEUX *qui ont signé, accepté ou endossé une lettre de change sont tenus de la garantie solidaire* ENVERS LE PORTEUR (C. comm. 140).

140. TOUS CEUX. Ce qui s'applique même à la femme d'un commerçant, laquelle par cela seul qu'elle approuve et signe une lettre de change souscrite par son mari ou bien qu'elle la souscrit conjointement avec lui, est réputée débitrice solidaire du montant de la lettre de change et comme telle justiciable des tribunaux de commerce, bien qu'elle ne soit pas marchande publique (Riom 22 nov. 1809; Paris 8 fév. 1820).

141. Les tireurs et endosseurs, tous coobligés solidaires, sont valablement assignés en la personne de l'un d'eux et devant le juge du domicile de l'assigné; mais les endosseurs ainsi assignés dans la personne de l'un d'eux ne peuvent, sur cette demande, exercer les garanties contre le cédant (Nîmes 20 mess. an XIV). — En tout cas, le porteur ne conserve pas son action contre un endosseur étranger au jugement (Toulouse 23 fév. 1827).

142. ENVERS LE PORTEUR. Ces expressions doivent être entendues en ce sens qu'elles s'appliquent non-seulement au porteur actuel, mais à tous ceux qui le deviennent par négociation ou par remboursement (Nouguier).

§ 8. DE L'AVAL.

143. *Le paiement d'une lettre de change, indépendamment de l'acceptation ou de l'endossement, peut être garanti par un aval* (C. comm. 141).

144. L'aval est une convention au moyen de laquelle un tiers étranger à la lettre de change se rend caution du paiement à l'échéance en faveur du tireur, de l'un des endosseurs ou de l'accepteur (Nouguier).

145. L'aval peut être donné non-seulement pour une lettre de change spéciale, mais encore pour garantir toutes celles qu'un individu pourrait tirer par suite d'un crédit (Cass. 24 juin 1816; Pardessus; Vincens).

146. L'aval n'empêche pas le porteur de faire protester faute

d'acceptation et de suivre sur son protêt (Toulouse 12 déc. 1827); même le défaut de protêt à l'échéance ne fait pas perdre au porteur ses droits contre celui qui a donné un aval au profit du souscripteur (Grenoble 24 janv. 1829; Cass. 26 janv. 1818).

147. *Cette garantie est fournie par un tiers, sur la lettre même, ou par acte séparé. — Le donneur d'aval est tenu solidairement et par les mêmes voies que les tireurs et endosseurs, sauf les conventions différentes des parties* (C. comm. 142).

148. L'aval n'est soumis à aucune forme particulière; il peut être mis au dos ou au bas de la lettre de change et même avoir la forme d'un endossement (Colmar 22 nov. 1811; Cass. 30 mars 1819; Bruxelles 13 nov. 1830; Pardessus; Vincens; Merlin; Nouguier).

149. L'aval peut être donné par une simple signature sans la faire précéder des mots : *pour aval* (Bruxelles 13 nov. 1830; Pardessus). — Il n'est pas nécessaire que l'aval écrit d'une main étrangère soit approuvé en toutes lettres par le signataire (Cass. 23 janv. 1814; Pardessus). — Toutefois, l'aval souscrit par une femme non marchande publique ne vaut même pas comme simple promesse, s'il n'a été précédé du *bon* ou *approuvé* exigé par l'art. 1326 du C. civ. (Cass. 17 août 1808, 8 août 1815, 28 av. 1819 et 26 mai 1823; Paris 20 mars 1830). Et il est nul si, étant apposé par une femme sur une lettre de change tirée par son mari, celui-ci ne l'a point autorisée (Limoges 26 mai 1821). — Néanmoins, lorsqu'une femme marchande a signé une lettre de change immédiatement au-dessous d'une marque apposée par son mari pour tenir lieu de sa signature, elle n'est point fondée à prétendre qu'elle n'a signé que comme témoin de la marque, et sans s'obliger personnellement, alors surtout que deux autres témoins ont signé pour attester l'apposition de la marque du mari (Bruxelles 13 nov. 1830).

150. Le donneur d'aval est toujours assimilé à l'obligé qu'il a cautionné. En conséquence, il est tour-à-tour tenu de la même manière que l'accepteur, le tireur ou les endosseurs; libérés quand ils le sont et soumis aux mêmes obligations (Limoges 18 juin 1810; Lyon 1 juill. 1817; Cass. 26 janv. 1818 et 30 mars 1819; Toulouse 12 déc. 1827; Grenoble 24 janv. 1829).

151. L'aval pouvant être modifié par la convention des parties, il en résulte qu'il peut n'être que pour une portion, pour un temps limité, en faveur d'une certaine personne; sous des conditions déterminées, avec exclusion de *tel* ou *tel* mode de poursuites, tel que celui de la contrainte par corps (Paris 20 vent. an XII; Pardessus; Vincens).

152. A moins de convention contraire, l'aval profite à tous ceux qui ont droit à la créance (Cass. 5 niv. an XIII; Pardessus).

153. La solidarité entre deux donneurs d'aval, au bas d'une lettre de change, n'existe qu'autant qu'elle a été exprimée (Montpellier 16 nov. 1839).

§ 9. DU PAIEMENT.

154. *Une lettre de change doit être payée dans la monnaie qu'elle indique* (C. comm. 143).

155. Elle ne peut l'être en billets de banque qu'autant que cela y est exprimé. — V. note 28 n. 722 et note 84 n. 81.

156. En matière commerciale comme en matière civile, le paiement, pour être valable, doit être fait au créancier ou à celui qui a pouvoir de recevoir pour lui (C. civ. 1239; V. note 84, n. 37).

157. Le paiement est fait par le tiré, qui retire la lettre de change acquittée : l'acquit est pour lui la preuve certaine de la libération (V. *sup.* n. 138). Cependant, si la lettre de change lui avait été remise sans acquit, le tiré n'en serait pas moins libéré, à moins que l'on ne prouvât qu'il est détenteur frauduleux de la lettre (Nouguier).

158. *Celui qui paie une lettre de change avant son échéance est responsable de la validité du paiement* (C. comm. 144).

159. Il en est ainsi alors même que le porteur et le tiré ont été d'accord pour recevoir et faire le paiement (Nouguier).

160. *Celui qui paie une lettre de change à son échéance, et sans opposition, est présumé valablement libéré* (C. comm. 145).

161. La saisie-arrêt faite sur le tireur ne saurait être opposée au tiers-porteur (Pardessus). — Mais le tiré accepteur pourrait opposer plusieurs exceptions, notamment : 1° le paiement de la lettre en exécution d'un jugement qui constaterait la perte qui en aurait été faite; — 2° le refus de remettre un gage promis au moment de payer la lettre; — 3° l'extinction de la dette par novation, remise, compensation qui proviendrait du propriétaire de la lettre; — 4° la faillite (Pardessus).

162. *Le porteur d'une lettre de change ne peut être contraint d'en recevoir le paiement avant l'échéance* (C. comm. 146). — V. note 48, et *sup. n.* 158.

163. *Le paiement d'une lettre de change fait sur une seconde, troisième, quatrième, etc., est valable, lorsque la seconde, troisième, quatrième, etc., porte que le paiement annule l'effet des autres* (C. comm. 147).

164. Mais si les exemplaires ne font pas mention que le paiement de l'un annulera les autres, le tiré qui paie un de ces exemplaires après en avoir déjà payé un, peut réclamer ce double remboursement au tireur, si ce dernier a oublié de numéroter les exemplaires; toutefois, s'ils sont numérotés, le tiré ne peut imputer qu'à lui-même son imprudence et est non-recevable dans sa réclamation contre le tireur (Pardessus).

165. *Celui qui paie une lettre de change sur une seconde, troisième, quatrième, etc., sans retirer celle sur laquelle se trouve son acceptation, n'opère point sa libération à l'égard du tiers-porteur de son acceptation* (C. comm. 148).

166. Mais si le tiré, qui n'a pas accepté les divers exemplaires d'une lettre de change, a payé une première fois, il n'est pas obligé de payer les nouveaux exemplaires qu'on lui présente (Cass. 4 av. 1832; Pardessus). — V. *sup.* n. 22.

167. *Il n'est admis d'opposition au paiement qu'en cas de perte de la lettre de change, ou de la faillite du porteur* (C. comm. 149).

168. L'opposition n'étant admise que dans ces deux cas, il en résulte que le souscripteur d'un billet à ordre ne doit pas obtempérer à un jugement qui déclarerait valable une saisie-arrêt, pratiquée sur le porteur au moment de cette saisie; un tel jugement étant sans effet relativement au porteur au moment de l'échéance, lors même que le billet lui a été transmis après la saisie-arrêt (Cass. 5 av. 1826).

169. *En cas de perte d'une lettre de change non acceptée, celui à qui elle appartient peut en poursuivre le paiement sur une seconde, troisième, quatrième, etc.* (C. comm. 150).

170. *Si la lettre de change perdue est revêtue de l'acceptation, le paiement ne peut en être exigé sur une seconde, troisième, quatrième, etc., que par ordonnance du juge et en donnant caution* (C. comm. 151).

171. *Si celui qui a perdu la lettre de change, qu'elle soit ou non acceptée, ne peut représenter la seconde, troisième, quatrième, etc, il peut demander le paiement de la lettre de change perdue, et l'obtenir par l'ordonnance du juge, en justifiant de sa propriété par ses livres, et en donnant caution* (C. comm. 152).

172. La preuve de la propriété de la lettre de change adirée peut aussi résulter de la correspondance du propriétaire (Vincens; Pardessus. — *Contrà*, Persil).

173. Le défaut de représentation d'une lettre de change est, en cas de perte, suffisamment suppléé par la grosse ou l'expédition du jugement ou de l'acte authentique qui en constate l'existence, lors surtout que le débiteur n'est privé d'aucun recours contre ses coobligés (Aix 28 mars 1832).

174. En tout cas, l'article précité n'est applicable qu'autant que la réclamation a lieu à une époque rapprochée de la perte ou de la soustraction de l'effet, et non, lorsqu'il s'est écoulé deux ans et demi depuis la perte (Paris 16 mai 1843).

175. *En cas de refus de paiement, sur la demande formée en vertu des deux articles précédents, le propriétaire de la lettre de change perdue conserve tous ses droits par un acte de protestation. — Cet acte doit être fait le lendemain de l'échéance de la lettre de change perdue. — Il doit être notifié aux tireur et endosseurs, dans les formes et délais prescrits ci-après pour la notification du protêt* (C. comm. 153).

176. L'acte de protestation exigé par cet article doit, pour être valable, être précédé de l'ordonnance du juge prescrite par l'art. 151 précité (Lyon 15 mars 1826; Cass. 3 mars 1834. — *Contrà*, Cass. 10 nov. 1828; Pardessus; Nouguier). — En tout cas, cet acte de protestation n'est point un acte de procédure dont la nullité ne puisse être proposée sur l'appel, lorsqu'elle ne l'a point été devant le premier juge (Toulouse 29 av. 1829).

177. *Le propriétaire de la lettre de change égarée doit, pour s'en procurer la seconde, s'adresser à son endosseur immédiat, qui est tenu de lui prêter son nom et ses soins pour agir envers son propre endosseur; et ainsi en remontant d'endosseur en endosseur jusqu'au tireur de la lettre. Le propriétaire de la lettre de change égarée supportera les frais* (C. comm. 154).

178. *L'engagement de la caution mentionné dans les art. 151 et 152 est éteint après trois ans, si, pendant ce temps, il n'y a eu ni demandes ni poursuites juridiques* (C. comm. 154).

179. *Les paiements faits à-compte sur le montant d'une lettre de change sont à la décharge des tireur et endosseurs. — Le porteur est tenu de faire protester la lettre de change pour le surplus* (C. comm. 155).

180. Celui qui paie la portion pour laquelle il a accepté une lettre de change ne peut s'opposer à ce que la lettre reste entre les mains du porteur, à qui elle est nécessaire pour réclamer le reste contre qui de droit; seulement, celui qui paie ainsi un à-compte peut exiger que le paiement qu'il fait soit inscrit sur la lettre et se faire donner en outre une quittance (Pardessus).

181. *Les juges ne peuvent accorder aucun délai pour le paiement d'une lettre de change* (C. comm. 157). — V. note 77, n. 68 et suiv.).

§ 10. DU PAIEMENT PAR INTERVENTION.

182. *Une lettre de change protestée peut être payée par tout intervenant pour le tireur ou pour l'un des endosseurs. — L'intervention et le paiement seront constatés dans l'acte de protêt ou à la suite de l'acte* (C. comm. 158).

183. La condition essentielle du paiement par intervention est que la lettre de change ait été protestée; sans cela, le paiement ne ferait point acquérir de subrogation aux droits du porteur (Pardessus). — Toutefois, il n'est pas indispensable que le paiement par intervention soit fait au moment et dans l'acte du protêt; il peut l'être après protêt et après un jugement de condamnation (Toulouse 12 mai 1829; Cass. 19 juin 1832).

184. Cependant le tiré qui, sur la représentation qui lui est faite de la lettre de change, en paie le montant par intervention pour le tireur, est subrogé à tous les droits du porteur: l'existence d'un protêt n'est nécessaire, pour opérer la subrogation au profit de celui qui paie par intervention, que quand celui-ci est étranger au contrat de change (Pau 17 juin 1840).

185. Cet article 158 ainsi que le suivant ne sont point limitatifs, et il y a subrogation en faveur du tiers qui paie pour le compte de l'*accepteur* (Paris 15 av. 1831). — Cependant celui qui a payé sans en être tenu et sans se porter intervenant est fondé à répéter contre le porteur ce qu'il lui a remboursé par erreur (C. civ. 1377; Cass. 3 janv. 1842).

186. Quant à celui qui intervenant pour le tiré paie une lettre de change plus tard reconnue fausse ou altérée, il a une action en répétition contre tous les endosseurs jusques et y compris celui qui a mis en circulation la lettre de change ainsi falsifiée et altérée (C. civ. 1377; Bordeaux 22 av. 1828 et 21 juin 1844).

187. Le paiement par un intervenant est moins une extinction de la dette qu'un mode particulier de transporter les droits du porteur. Toutefois, celui qui a payé une lettre de change par intervention ne peut ensuite en transmettre la propriété par la voie de l'endossement (Paris 30 juill. 1833).

188. La preuve de l'intervention ne peut résulter de la remise du titre, ni de l'énonciation, *au besoin chez M....*, biffée au bas de la lettre de change et non transcrite dans le protêt (Cass. 3 janv. 1842).

189. *Celui qui paie une lettre de change par intervention est subrogé aux droits du porteur, et tenu des mêmes droits pour les formalités à remplir. — Si le paiement par intervention est fait pour le compte du tireur, tous les endosseurs sont libérés. — S'il est fait pour un endosseur, les endosseurs subséquents sont libérés. — S'il y a concurrence pour le paiement d'une lettre de change par intervention, celui qui opère le plus de libérations est préféré. — Si celui sur qui la lettre était originairement tirée et sur qui a été fait le protêt faute d'acceptation, se présente pour la payer, il sera préféré à tous autres* (C. comm. 159).

190. On ne peut payer sous protêt, —ni pour celui qui vous en fait la défense (Dupuy),—ni pour celui dont la faillite est connue (Ibid.).

191. L'art. 159 qui précède ne fait point obstacle à ce qu'un tiers au lieu de payer par intervention, paye par subrogation en conformité de l'art. 1250 du C. civ., soit avant, soit après le jugement auquel a donné lieu le défaut de paiement; dans ce dernier cas, il exerce tous les droits de son cédant contre tous les obligés (Cass. 19 juin 1832; Paris 11 av. 1829), tandis que dans le premier cas il ne le peut.

192. Et lorsque celui qui paie par intervention n'a pas déclaré pour lequel des signataires il intervenait, il est censé avoir voulu être subrogé aux droits du porteur contre tous les signataires (Pardessus).

§ 11. DES DROITS ET DEVOIRS DU PORTEUR.

193. *L'art.* 160 *du C. de comm. règle le délai dans lequel le porteur d'une lettre de change tirée des pays situés hors de France doit en exiger le paiement ou l'acceptation, sous peine de perdre son recours sur les endosseurs et même sur le tireur qui a fait provision; s'il n'y a stipulation contraire entre le preneur, le tireur et même les endosseurs.* — V. cet art. au Code.

Art. 1. DU PROTÊT, FAUTE DE PAIEMENT.

194. *Le porteur d'une lettre de change doit en exiger le paiement le jour de son échéance* (C. comm. 161).

195. Faute de se présenter dans les trois jours qui suivent l'échéance, le débiteur est autorisé à déposer à la caisse des consignations la somme portée au billet (L. 6 therm. an III). — V. note 48. n. 56.

196. *Le refus de paiement doit être constaté, le lendemain du jour de l'échéance, par un protêt que l'on nomme* protêt faute de paiement. — *Si ce jour est un jour férié légal* (V. note 15 n. 47), *le protêt est fait le jour suivant* (C. comm. 162).

197. Le protêt fait le jour même de l'échéance est nul. C'est le lendemain qu'on doit protester (Agen 2 av. 1824; Bordeaux 10 déc. 1832; Pardessus. — Cependant on peut valablement protester le jour même de l'échéance, quand l'accepteur est notoirement en état de faillite (Florence 28 mai 1811).

198. Ce protêt doit avoir lieu alors même que la lettre de change a été protestée faute d'acceptation (Favard de Langlade).

199. Le porteur doit faire protester alors même que le tiré serait mort et que les héritiers lui opposeraient qu'ils sont dans les délais pour faire inventaire et délibérer (Pothier; Pardessus). — Mais il ne peut obtenir contre eux de condamnation avant l'expiration de ce délai (Aix 11 déc. 1824).

200. Le porteur qui, par force majeure (telle est l'invasion de l'ennemi, suivant Av. cons. d'Et. du 27 janv. 1814), n'a pu faire le protêt en temps utile, conserve néanmoins son recours contre le tireur et les endosseurs (Cass. 28 mars 1810; Bruxelles 20 juin 1831; Favard. — *Contrà*, Paris 12 mars 1812).

201. Mais le porteur d'une lettre de change ne sera pas sans recours contre son cédant, à défaut du protêt qui devait être fait à l'échéance, si, entre le jour où l'effet a été reçu par la poste et celui où le protêt devait être fait, il n'y avait pas un intervalle suffisant à raison des distances pour le faire protester dans le délai prescrit (Bourges 8 mai 1813).

202. Une promesse pure et simple de payer, donnée par l'endosseur d'une lettre de change, équivaut à une dispense expresse du protêt faute de paiement, de telle sorte que le porteur ne soit plus tenu pour conserver son recours contre l'endosseur, de faire ce protêt dans le délai de la loi (Cass. 20 juin 1827).

203. On peut déroger aux dispositions du Code relatives aux protêts. — Ainsi, lorsqu'une lettre de change a été tirée avec la mention de *retour sans frais*, mise dans le corps de l'acte (ce qui ne permet plus de supposer qu'elle y a été insérée après coup), cette clause qui devient une condition à laquelle se soumettent les divers intéressés, est tellement obligatoire pour le porteur de la traite, que, s'il fait protester, il ne peut répéter les frais du protêt. — Dans ce cas, le tireur n'est tenu que de restituer les frais de timbre, d'amende et d'enregistrement que le porteur aurait acquittés (Paris 24 janv. 1835; Agen 9 janv. 1883). — Cette cause est obligatoire aussi même pour tous les porteurs ultérieurs, à moins de dérogation expresse dans l'endossement, et dispense de l'obligation de faire protester et de l'obligation de recourir judiciairement contre les endosseurs et garants (Cass. 20 juin 1827, 8 av. 1834 et 1 déc. 1841).

204. Par la mention de *retour sans frais*, le porteur est dispensé, vis-à-vis de celui qui a apposé cette clause ou de ceux qui l'ont acceptée, non-seulement de faire protester à l'échéance et de faire citer les endosseurs dans la quinzaine, mais encore de prévenir, dans le même délai, du non-paiement de la lettre. — Dans ce cas, le porteur n'est, à l'égard de son cédant, qu'un mandataire ordinaire, responsable seulement des fautes de sa gestion (Limoges 28 janv. 1835).

205. Le porteur, en vertu d'un endossement en blanc, peut valablement en remplir l'ordre à son profit et poursuivre le remboursement de la lettre contre l'endosseur qui la lui a cédée (Paris 30 av. 1812). — Mais le simple détenteur à qui le paiement ne peut être fait valablement, n'a pas un pouvoir suffisant pour faire un protêt à sa requête (Pardessus). — V. *sup.* n. 131.

206. Le porteur français d'une lettre de change souscrite entre des étrangers, peut faire arrêter provisoirement le débiteur qui ne la paie pas à l'échéance (Bruxelles 14 nov. 1818).

207. Lorsque la lettre de change est écrite sur papier non timbré, le porteur doit, quoiqu'il ne soit point l'auteur de la contravention, payer l'amende avant d'être admis à faire enregistrer le protêt (Cass. 5 juin 1811).

208. Le porteur qui, au lieu d'accepter le paiement partiel et de faire protester pour le surplus fait protester pour le tout, rend libre par là, dans les mains du tiré, la provision partielle qui existait auparavant; tellement que le tiré peut valablement payer le montant de cette provision au porteur d'une nouvelle traite (Cass. 6 mars 1837.)

209. Le porteur d'une lettre de change n'est tenu de la faire protester qu'*au besoin* indiqué par le titre : aucune disposition de loi n'autorisant les endosseurs à indiquer un *au besoin* qui rende obligatoire le protêt au domicile qu'ils indiquent (Cass. 24 mars 1829; Paris 16 fév. 1837 et 19 mai 1841).

210. Lorsqu'un endossement est ainsi conçu : *passé à l'ordre de* tel *valeur reçue comptant* avec garantie *jusqu'à parfait paiement*, le porteur ne peut se dispenser de faire protester en temps utile. Le défaut de protêt peut lui être opposé même par l'auteur de l'endossement auquel il ne peut opposer que la clause constitue un aval dispensant du protêt (Nîmes 22 juin 1829).

211. *Le porteur n'est dispensé du protêt faute de paiement, ni par le protêt faute d'acceptation, ni par la mort ou faillite de celui sur qui la lettre de change est tirée. — Dans le cas de faillite de l'accepteur avant l'échéance, le porteur peut faire protester, et exercer son recours* (C. Comm. 163).

Art. 2. Du recours du porteur.

212. *Le porteur d'une lettre de change protestée faute de paiement peut exercer une action en garantie : ou individuellement contre le tireur et chacun des endosseurs; — ou collectivement contre les endosseurs et le tireur. — La même faculté existe pour chacun des endosseurs, à l'égard du tireur et des endosseurs qui le précèdent* (C. Comm. 164).

213. Quelle que soit la cause originaire d'une lettre de change, le porteur est tenu de suivre les règles prescrites pour le protêt, à l'effet de conserver son recours contre les accepteurs et les endosseurs; ainsi décidé à l'égard de lettres de change souscrites au profit de l'Etat par un adjudicataire de coupe de bois (Cass. 8 nov. 1825).

214. Le porteur est déchu de son recours contre le tireur, lorsque, au lieu de faire protester le lendemain de l'échéance, il a accordé à l'accepteur une prorogation de délai, pour éviter l'amende du timbre (Cass. 14 déc. 1824).

215. La rature sur une lettre de change étant entre les mains du porteur, de l'acceptation du tiré, autorise les personnes indiquées au besoin pour payer à refuser le paiement, s'il y avait provision entre les mains de ces personnes : en conséquence, le porteur est non-recevable à exercer son recours contre les endosseurs et le tireur, bien que, depuis le refus de paiement, ce porteur aurait obtenu du tiré la réapposition de sa signature sur la traite; en pareil cas, la rature équivaut à la concession d'un terme, et si l'un des endosseurs a payé le porteur, cet endosseur ne pouvant avoir plus de droits que le porteur, est privé de tous recours contre le tireur (Lyon 25 juin 1827).

216. Le porteur en vertu d'un endossement en blanc, qui a obtenu une condamnation en remboursement contre son endosseur immédiat, a le droit de poursuivre, en son nom personnel, le paiement de la traite contre un autre endosseur, parce qu'alors, en vertu de la condamnation qu'il a obtenue, il a le droit d'exercer les actions de son endosseur immédiat (Cass. 26 av. 1826).

217. Le porteur, en vertu d'un ordre en blanc, mais qui est reconnu en avoir payé la valeur, a le droit de poursuivre en son propre nom les souscripteurs et les endosseurs immédiats, et ceux-ci ne peuvent lui opposer l'irrégularité de son endossement alors surtout que, en ce qui le concerne, l'effet a été transmis par des endossements réguliers (Bruxelles 2 fév. et 5 mai 1820).

218. Le porteur qui a fait remise à l'accepteur de son acceptation moyennant une somme convenue, perd son recours pour le surplus contre le tireur, s'il est constant que l'acceptation n'avait été fournie qu'à titre de cautionnement, et pour garantie d'une autre lettre de change souscrite par le tireur dans le cas où elle ne serait pas acquittée à son échéance (Cass. 22 juill. 1823).

219. Lorsqu'une lettre de change a été adirée par le porteur, il n'est pas fondé à poursuivre les endosseurs en paiement; il n'a d'action que contre l'accepteur (Paris 22 janv. 1813).

220. Celui qui a reçu de la justice mandat de poursuivre le recouvrement d'une lettre de change, dans l'intérêt des créanciers du propriétaire de cette lettre, ne peut être considéré comme tiers-porteur et en réclamer les priviléges : on peut, en conséquence, lui opposer les conventions passées entre le débiteur de la lettre et le propriétaire (Bordeaux 5 juin 1835).

221. La simulation dans une lettre de change revêtue de

toutes les formes extérieures ne peut être opposée au tiers-porteur qui n'y a pris aucune part (Bruxelles 21 janv. 1813; 8 janv. et 16 av. 1819; 28 juill. 1820). — Mais lorsqu'une acceptation en blanc a été soustraite et remplie frauduleusement, l'accepteur peut l'opposer au porteur même de bonne foi et se refuser à payer (Bordeaux 5 juin 1835).

222. La nullité du protêt n'oblige pas à restituer à l'endosseur la somme qu'il a payée. — V. note 84 n. 10.

223. *Si le porteur exerce le recours individuellement contre son cédant, il doit lui faire notifier le protêt, et, à défaut de remboursement, le faire citer en jugement dans les quinze jours qui suivent la date du protêt, si celui-ci réside dans la distance de cinq myriamètres. — Ce délai, à l'égard du cédant domicilié à plus de cinq myriamètres de l'endroit où la lettre de change était payable, sera augmenté d'un jour par deux myriamètres et demi excédant les cinq myriamètres* (C. Comm. 165).

224. Une dénonciation de protêt faite dans les délais prescrits ne suffit pas pour conserver le recours du porteur, il faut qu'elle soit accompagnée ou suivie dans le même délai d'une assignation (Cass. 22 juin 1812).

225. Le porteur d'une lettre de change qui, pour en assurer le paiement, obtient une hypothèque sur les biens de son débiteur, peut valablement stipuler dans le contrat constitutif de l'hypothèque un intérêt de 6 p. 0/0 (Toulouse 2 mars 1829).

226. Si le porteur, après avoir notifié dans le délai légal le protêt au tireur avec citation en condamnation devant le tribunal de commerce, néglige de poursuivre un jugement sur cette citation, il n'est pas réputé avoir abandonné son action et ne doit pas en être déchu (Cass. 28 juill. 1824).

227. *L'art. 166 du C. de Comm. est relatif aux protêts des lettres de change tirées de France et payables hors du continent.* — V. cet art. au Code.

228. Lorsqu'une lettre de change est payable en France le délai dans lequel elle doit être dénoncée aux tireurs et endosseurs Français résidant en pays étranger, est réglé, non d'après la distance entre le lieu où la traite est payable et le domicile du procureur du roi près le Tribunal saisi de la demande, mais d'après la distance du domicile réel des tireur et endosseurs (Gênes 13 août 1812).

229. *Si le porteur exerce son recours collectivement contre les endosseurs et le tireur, il jouit, à l'égard de chacun d'eux, du délai déterminé par les articles précédents. — Chacun des endosseurs a le droit d'exercer le même recours, ou individuellement, ou collectivement, dans le même délai; — A leur égard, le délai court du lendemain de la date de la citation en justice* (C. Comm. 167).

230. L'endosseur n'a, vis-à-vis de chaque endosseur, qu'un délai de quinzaine. Il ne peut prétendre à autant de délais de quinzaine qu'il y a eu avant lui d'endosseurs ayant remboursé; un seul ne pouvant profiter des délais de tous (Cass. 7 sept. 1815; Colmar 11 janv. 1816; Cass. 29 juin 1817 et 29 juin 1819).

231. Mais lorsque le billet à ordre protesté a été volontairement remboursé par un des endosseurs, le délai de quinzaine accordé à cet endosseur pour exercer son recours contre son cédant, court du jour du remboursement (Lyon 22 août 1826).

Art. 3. De la déchéance du porteur.

232. *Après l'expiration des délais ci-dessus, — pour la présentation de la lettre de change à vue, ou à un ou plusieurs jours ou mois ou usances de vue, — pour le protêt faute de paiement, — pour l'exercice de l'action en garantie, — le porteur de la lettre de change est déchu de tous droits contre les endosseurs* (C. comm. 168).

233. La déchéance prononcée par cet article pour défaut de protêt et de recours en garantie dans un délai déterminé étant une exception au droit commun, en ce qui concerne les lettres de change et les billets à ordre, n'est point applicable au mandat (Bordeaux 4 juill. 1832).

234. Et l'exception dont il s'agit peut être opposée en tout état de cause (Cass. 29 juin 1819).

235. Lorsque le porteur d'une lettre de change à plusieurs jours de vue en fait le protêt, non faute d'acceptation, mais faute de paiement, sur le tiers alors en faillite, il conserve par là son recours contre les endosseurs, sans qu'il soit nécessaire de faire ensuite aucun autre protêt (Aix 13 juin 1822).

236. *Les endosseurs sont également déchus de toute action en garantie contre leurs cédants, après les délais ci-dessus prescrits, chacun en ce qui le concerne* (C. Comm. 169).

237. *La même déchéance a lieu contre le porteur et les endosseurs, à l'égard du tireur lui-même, si ce dernier justifie qu'il y avait provision à l'échéance de la lettre de change. — Le porteur, en ce cas, ne conserve d'action que contre celui sur qui la lettre était tirée* (C. comm. 170).

238. Le porteur qui ne fait pas protester dans le délai de la loi ne peut, dans le cas où il est justifié qu'il y avait provision à l'échéance entre les mains du tiré, être relevé de la déchéance de son action contre le tireur, sous le prétexte que la traite ayant été faite sur papier libre, il n'était pas tenu d'avancer les droits de timbre (Cass. 2 juill. 1828).

239. Le porteur est définitivement saisi de la provision par la signification de l'endossement faite au tiré, ou par le protêt fait sur ce dernier, lequel protêt équivaut à signification; dès lors, après ce protêt, les tiers ne peuvent plus pratiquer aucune saisie-arrêt sur la provision au préjudice du porteur (Aix 9 juill. 1828).

240. Suivant l'art. qui précède, le tireur seul est tenu de justifier de la provision au moment de l'échéance, pour pouvoir opposer le défaut de protêt en temps utile. Les endosseurs sont complètement affranchis de cette obligation, aussi bien envers les accepteurs qu'envers les porteurs, puisque l'acceptation établit la preuve de la provision à l'égard des endosseurs (Devill. coll. nouv. 1, 1, 656.

241. Lorsqu'une lettre de change est payable à un autre domicile que celui du tiré, si le porteur a négligé de se présenter et de faire le protêt à l'échéance, il est déchu de tous recours contre le tireur, si celui-ci justifie que le tiré lui devait le montant de la lettre de change au jour de son échéance. Le tireur n'est point du tout obligé de justifier qu'il y ait eu provision au domicile du tiers indiqué pour le paiement (Cass. 24 fév. 1812; Rouen 31 mars 1813. — *Contrà*, Paris 17 mai 1811; Aix 11 déc. 1838).

242. La faillite du tiré, avant l'échéance, détruit la provision qui existait auparavant : dans ce cas, le porteur conserve son recours contre le tireur, encore bien qu'il n'ait pas rempli la formalité du protêt, ou que cette formalité ait eu lieu tardivement (Paris 18 nov. 1813 et 12 août 1837; Cass. 7 fév. 1816; Bordeaux 10 fév. 1824).

243. *Les effets de la déchéance prononcée par les trois art. précédents cessent en faveur du porteur contre le tireur, ou contre celui des endosseurs qui, après l'expiration des délais fixés pour le protêt, la notification du protêt ou la citation en jugement, a reçu par compte, compensation ou autrement, les fonds destinés au paiement de la lettre de change* (C. comm. 171).

244. Le tireur doit garantie au porteur quoique négligent, si, depuis le temps réglé pour le protêt négligé, il a repris du tiré (failli) une partie des marchandises pour raison desquelles il avait fait traite. Vainement il prétendrait compenser les marchandises revendiquées ou reprises, avec d'autres sommes que le tiré lui aurait dues auparavant; aucune compensation ne pouvant se faire avec un failli (Cass. 7 germ. an XI). — Ou bien s'il a reçu du tiré tombé en faillite le paiement d'un dividende sur la créance formant provision et l'a libéré du surplus (Aix, 11 déc. 1838).

245. *Indépendamment des formalités prescrites pour l'exercice de l'action en garantie, le porteur d'une lettre de change protestée faute de paiement, peut, en obtenant la permission du juge, saisir conservatoirement les effets mobiliers des tireurs, accepteurs et endosseurs* (C. comm. 172).

Art. 4. DE LA FORME DU PROTÊT.

246. La forme du protêt ainsi que le temps de le faire et de le dénoncer se règlent par la loi du lieu où la lettre de change doit être payée, et non par la loi du lieu d'où elle a été tirée (Cass. 18 brum. an XI).

247. *Les* PROTÊTS *faute d'acceptation ou de paiement sont faits par deux notaires, ou par un notaire et deux* TÉMOINS, *ou par un huissier et deux témoins. — Le protêt doit être fait, — au* DOMICILE DE CELUI SUR QUI LA LETTRE DE CHANGE ÉTAIT PAYABLE, *ou à son dernier domicile connu, —* AU DOMICILE DES PERSONNES INDIQUÉES PAR LA LETTRE DE CHANGE POUR LA PAYER AU BESOIN, — *au domicile du tiers qui a accepté par intervention; le tout* PAR UN SEUL ET MÊME ACTE. — *En cas de fausse indication de domicile, le protêt est précédé d'un acte de* PERQUISITION (C. comm. 173).

248. PROTÊTS. Le protêt est l'acte extrajudiciaire au moyen duquel le porteur, après avoir mis le tiré en demeure d'accepter ou de payer, fait constater le refus d'acceptation ou de paiement, et proteste de son intention de poursuivre contre ses débiteurs son remboursement avec frais, dépens et dommages (Nouguier).

249. Les parties peuvent, par dérogation à la loi, se dispenser du protêt faute de paiement; et la preuve testimoniale est admissible à l'effet d'établir cette convention entre le souscripteur, l'endosseur et le porteur (Cass. 20 juin 1827, 22 déc. 1835 et 20 juill. 1832).

250. TÉMOINS. La présence des témoins assistants est de rigueur pour la validité de l'acte de protêt (Pardessus). — V. note 14, n. 54.

251. DOMICILE DU TIRÉ. Le protêt doit nécessairement être signifié au *domicile* du tiré; il est nul s'il est signifié à la *personne* du tiré trouvé hors de son domicile. L'article précité déroge sur ce point à l'art. 68 du C. de proc. civ. (Bordeaux 18 juin 1834; Pardessus; Favard; Nouguier). — Cependant le protêt est valable s'il est signifié à la personne du tiré sans protestation de sa part, au lieu de l'être à son domicile, et s'il n'en résulte aucun préjudice pour les parties intéressées (Cass. 20 janv. 1835).

252. A l'égard du domicile, il faut bien remarquer comment est faite l'indication : lorsque l'effet est dit payable au domicile de *telle* personne, si cette personne a changé de domicile, c'est à ce domicile s'il est connu que la signification doit être faite, parce que, dans ce cas, c'est non la maison en elle-même mais le domicile effectif qu'il faut considérer, tandis que si l'effet est dit payable en *tel* lieu ou en *telle* maison, c'est à cette indication qu'il faut avoir égard parce qu'elle est indépendante de la personne (Cass. 19 juill. 1814; 31 juill. 1817).

253. Le protêt est valablement fait au domicile indiqué par l'effet lui-même, lorsque la personne à laquelle la copie est remise déclare à l'huissier que le souscripteur demeure encore dans la maison, quoiqu'il soit absent. Il en est ainsi bien qu'il existe à la mairie une déclaration de changement de domicile, si, d'ailleurs, pareille déclaration n'a pas été faite à la mairie du lieu où l'on prétend que le domicile aurait été transporté (C. civ. 104; Cass. 1 juin 1842).

254. Le protêt d'une lettre de change doit, à peine de nullité, être fait au lieu où l'accepteur avait le siége de son commerce, et où il payait habituellement, encore bien que cet accepteur eût son domicile dans un autre endroit, et qu'étant en faillite il eût fermé son comptoir (Bordeaux 11 janv. 1814).

255. DOMICILE DES PAYEURS AU BESOIN. C'est au domicile des payeurs *au besoin* indiqués par le tireur ou souscripteur qu'il y a obligation de protester et non à celui des payeurs *au besoin* indiqués par les endosseurs (Cass. 24 mars 1829, 3 mars 1834; Paris 19 mai 1841). — Cependant, par application du principe que les endosseurs peuvent ajouter à l'endossement des conditions ou des restrictions, il a été décidé qu'un endosseur peut, par son endossement, imposer au porteur l'obligation de protester au domicile des payeurs *au besoin*, tout endosseur étant un véritable tireur à l'égard de celui à qui il cède ses droits (Jug. de comm. de la Seine 17 nov. 1836; Cass. 3 juin 1839; Pardessus; Devill. 39. 1-873).

256. PAR UN SEUL ET MÊME ACTE. Si des événements majeurs et imprévus forçaient à employer plusieurs jours à se transporter au domicile des personnes indiquées au besoin, si la mort subite de l'un des instrumentaires ne permettait pas que l'opération se fît par un seul et même acte, tous ces cas devraient être constatés par le protêt (Pardessus).

257. PERQUISITION. L'acte de perquisition ne dispense pas le porteur de faire protêt; et, à défaut de protêt, dans ce cas, le porteur perd tout recours contre les endosseurs précédents (Nancy 29 janv. 1831; Cass. 6 déc. 1831; Pardessus; Nouguier).

258. Il y a lieu à perquisition pour remplir le vœu de la loi lorsque celui à qui doit être fait le protêt n'est point à son domicile, lorsque la lettre de change indique un lieu inconnu ou un nom commun à d'autres lieux, ou lorsque le nom de la personne était commun à plusieurs autres (Pardessus). — Mais il n'y a pas lieu à perquisition quand il y a non pas fausse indication mais absence d'indication de domicile, et dans ce cas le protêt peut avoir lieu au domicile de l'un des endosseurs sans que le débiteur de l'effet puisse opposer le défaut de protêt à son propre domicile (Cass. 31 mars 1841).

259. *L'acte de protêt contient, — la transcription littérale de la lettre de change, de l'acceptation, des endossements et des recommandations qui y sont indiquées, — la sommation de payer le montant de la lettre de change. — Il énonce, — la présence ou l'absence de celui qui doit payer, — les motifs du refus de payer et l'impuissance ou le refus de signer* (C. comm. 174).

260. Un acte de protêt n'est pas nul par cela que lorsqu'il a eu lieu, l'effet a été présenté, non par l'huissier ou par le notaire, mais par le porteur lui-même (Rouen 30 août 1813).

261. L'attestation de l'officier public chargé de faire le protêt fait foi de la réponse et de la reconnaissance qui en résulte, sans qu'il soit besoin de la signature du répondant; d'où il suit qu'il n'y a pas nullité du protêt quand il y a omission de la signature du débiteur après avoir déclaré qu'il avait consenti à signer (Cass. 14 déc. 1840; Aix 9 août 1839).

262. L'art. 68 du C. de proc. civ. ne déroge pas aux lois commerciales sur les formes à observer pour les protêts. - V. note 20, n. 171 et suiv. — Cependant on a déclaré valable le protêt signifié au domicile du tiré, avec cette énonciation, parlant à un voisin trouvé dans ledit domicile et chargé de répondre pour le tiré (Paris 14 av. 1835; V. note 20, n. 184).

263. La non-visibilité du débiteur équivaut à son absence ; ainsi l'huissier à qui un domestique déclare que son maître n'est pas visible, est dispensé de venir de nouveau et peut protester à l'instant (Cass. 23 nov. 1829).

264. L'huissier chargé par le porteur d'un effet de commerce d'en faire le protêt n'est responsable de la nullité de ce protêt que vis-à-vis du porteur. Les endosseurs qui ont remboursé l'effet malgré cette nullité n'ont aucun recours contre lui (Cass. 29 août 1832 et 17 juill. 1837; Rouen 4 mai 1842; Nouguier. — *Contrà*, Paris 8 janvier 1824 et 9 mars 1837).

265. L'action en garantie contre l'huissier qui a fait un protêt nul doit être portée au tribunal civil (Cass. 30 nov. 1813, 20 juill. 1815, 2 janv. et 16 mai 1816).

266. *Nul acte, de la part du porteur de la lettre de change, ne peut suppléer l'acte de protêt, hors le cas prévu par les art. 150 et suiv. touchant la perte de la lettre de change* (C. comm. 175).

267. Le protêt faute de paiement ne peut être remplacé par aucun acte, pas même par un jugement contre le tiré, et encore moins par des présomptions (Cass. 25 août 1813; Pardessus ; Merlin).

268. *Les notaires et les huissiers sont tenus, à peine de des-*

titution, dépens, dommages-intérêts envers les parties, de laisser copie exacte des protêts, et de les inscrire en entier, jour par jour et par ordre de date, dans un registre particulier, coté, paraphé et tenu dans les formes prescrites pour les répertoires (C. comm. 176).

269. L'objet du registre est de fournir, en cas de perte de l'original, le moyen de prouver qu'un protêt a été fait. Il est des cas où la perte serait irréparable s'il n'existait pas un registre où l'on pût s'en procurer une expédition authentique.

§ 12. DU RECHANGE.

270. Le mot *rechange* a deux significations : il exprime l'opération de banque par laquelle le porteur d'une lettre protestée fait retraite sur le tireur ou un des endosseurs ; il signifie aussi le prix du change que le tireur de la traite paie pour la négocier (Favard).

271. *Le rechange s'effectue par une retraite* (C. comm. 177).

272. *La retraite est une nouvelle lettre de change, au moyen de laquelle le porteur se rembourse sur le tireur, ou sur l'un des endosseurs, du principal de la lettre protestée, de ses frais et du nouveau change qu'il paie* (C. comm. 178).

273. La retraite ne peut avoir lieu avant l'échéance des traites qu'elle représente (Colmar 9 av. 1813).

274. Elle a pour objet de subroger le preneur à tous les droits du tireur. Celui-ci peut donc, ainsi que tout autre individu qui se trouverait porteur de la retraite par endossement, non-seulement la faire protester en cas de non-paiement, mais encore poursuivre le tiré, en vertu de la créance primitive que représentent la retraite et le compte de retour qui y est joint (Vincens). — Et si celui sur qui la retraite est prise était débiteur et ne l'acquittait pas, il serait responsable des frais et dommages résultant du non-paiement (*Ibid.*).

275. Celui sur qui on fait une retraite avec compte de retour n'est pas obligé, comme l'accepteur d'une lettre de change ; il peut contester à celui qui a employé cette voie le droit de faire retraite sur lui (Cass. 21 mars 1808 ; Pardessus).

276. Le porteur qui, pour se rembourser, a recours à la voie de la retraite, n'en est pas moins obligé de continuer ses diligences contre le tireur et les endosseurs (Pardessus).

277. *Le rechange se règle, à l'égard du tireur, par le cours du change du lieu où la lettre de change était payable, sur le lieu d'où elle a été tirée. — Il se règle, à l'égard des endosseurs, par le cours du change du lieu où la lettre de change a été remise ou négociée par eux, sur le lieu où le remboursement s'effectue* (C. comm. 179).

278. De ce que le change de valeur entre le bailleur de fonds et le tireur des lettres de change aurait été fait avec bénéfice pour le bailleur, on ne peut pas en conclure qu'il y ait eu transaction sur les chances des valeurs cédées par le tireur (Cass. 26 fév. 1810).

279. *La retraite est accompagnée d'un compte de retour* (C. comm. 180). — V. ce mot aux formules p. 272.

280. Le compte de retour est un bordereau joint à la retraite et qui contient le détail des frais de protêt et autres auxquels a donné lieu la lettre de change protestée, ainsi que le prix du rechange (Favard).

281. *Le compte de retour comprend, — le principal de la lettre de change protestée, — les frais de protêt et autres frais légitimes, tels que commission de banque, courtage, timbre et ports de lettres. — Il énonce le nom de celui sur qui la retraite est faite, et le prix du change auquel elle est négociée. — Il est certifié par un agent de change. — Dans les lieux où il n'y a pas d'agent de change, il est certifié par deux commerçants. — Il est accompagné de la lettre de change protestée, du protêt, ou d'une expédition de l'acte de protêt. — Dans le cas où la retraite est faite sur l'un des endosseurs, elle est accompagnée, en outre, d'un certificat qui constate le cours du change du lieu où la lettre de change était payable, sur le lieu d'où elle a été tirée* (C. comm. 181).

282. Les frais de retour et de protêt d'une traite faits par le tireur, de son propre mouvement et sans autorisation du tiré, doivent rester à la charge du tireur ; peu importe, si la dette n'est pas commerciale, que le tiré soit débiteur de la somme portée dans la traite (Cass. 16 av. 1818).

283. *Il ne peut être fait plusieurs comptes de retour sur une même lettre de change. — Ce compte de retour est remboursé d'endosseur à endosseur respectivement, et définitivement par le tireur* (C. comm. 182).

284. *Les rechanges ne peuvent être cumulés. Chaque endosseur n'en supporte qu'un seul, ainsi que le tireur* (C. comm. 182).

285. Mais lorsqu'une lettre de change est indiquée payable dans un pays où les rechanges peuvent être cumulés, l'endosseur est tenu de supporter plusieurs rechanges, encore que l'endossement ait eu lieu en France, où la loi prohibe le cumul des rechanges (Gênes 17 août 1811). — V. *sup.* n. 246.

286. *L'intérêt du principal de la lettre de change protestée faute de paiement est dû à compter du jour du protêt* (C. comm. 184).

287. Il en est ainsi lors même que le billet à ordre n'a été protesté que longtemps après son échéance (Cass. 26 janv. 1818 ; Favard).

288. Mais il en est autrement des billets à ordre souscrits par les non-commerçants. A leur égard, l'intérêt ne court que du jour de la demande en justice (Bordeaux 22 mai 1837).

289. Pour une lettre de change protestée faute d'acceptation, les intérêts ne sont dûs qu'à partir de l'échéance, lors même que le protêt aurait été suivi d'une demande en remboursement formée avant l'échéance (Cass. 11 juill. 1843).

290. *L'intérêt des frais de protêt, rechange et autres frais légitimes, n'est dû qu'à compter du jour de la demande en justice* (C. comm. 185).

291. *Il n'est point dû de rechange, si le compte de retour n'est point accompagné des certificats d'agents de change ou de commerçants, prescrits par l'art.* 181 (C. comm. 186).

§ 13. DU BILLET A ORDRE.

292. Le billet à ordre est l'engagement que prend un individu de payer une somme quelconque à la personne dénommée ou à celle qui, par un endossement, en sera devenue propriétaire (Pardessus).

293. *Toutes les dispositions relatives aux lettres de change, et concernant, — l'échéance* (V. sup. n. 103), *— l'endossement* (V. sup. n. 114), *— la solidarité* (V. sup. n. 139), *— l'aval* (V. sup. n. 143), *— le paiement* (V. sup. n. 154), *— le paiement par intervention* (V. sup. n. 182), *— le protêt* (V. sup. n. 194), *— les devoirs et droits du porteur* (V. sup. n. 193), *— le rechange ou les intérêts* (V. sup. n. 270), *sont applicables aux billets à ordre, sans préjudice des dispositions relatives aux cas prévus par les art.* 636, 637 *et* 638 (C. comm. 187).

294. Le billet à ordre peut être fait par acte notarié, même avec stipulation d'hypothèque, et il est transmissible par la voie de l'endossement sans que la voie de la cession ordinaire soit nécessaire, ou qu'on puisse opposer au porteur l'exception soit de paiement, soit de compensation dont son titre ne ferait pas mention (Cass. 18 nov. 1833 ; Grenoble 17 nov. 1836). - V. *note* 96 *n.* 9 *et suiv. et note* 18, *n.* 75. — Il peut être fait en minute dont le notaire délivre grosse (V. note 96, n. 12 et note 64) ; ou en brevet, mais cela ne dispense pas du protêt à l'échéance pour conserver le recours du porteur contre les endosseurs qui ne sont pas liés par l'acte authentique. Seulement, s'il n'y a pas d'endosseurs, le brevet peut être rapporté pour minute au notaire aux fins d'une grosse ; mais quand il s'agit du droit d'exercer la contrainte par corps, il faut former une demande au tribunal de commerce et faire rendre un jugement.

295. Le billet à ordre n'est pas en lui-même un acte de commerce, mais il le devient par la qualité de ceux qui l'ont souscrit, tels que les négociants, les receveurs des deniers publics,

ou bien lorsqu'il a pour cause une opération commerciale (Cass. 26 janv. 1827; Favard; Merlin).

296. La qualification de billet à ordre, donnée à un billet dans les motifs d'un jugement, ne constitue pas la chose jugée, et ne change pas la nature de l'obligation (Aix 1 mars 1839).

297. ENDOSSEMENT. On peut négocier un effet à ordre et en transmettre la propriété, même en vertu d'un endossement irrégulier (Cass. 28 fév. 1816; Favard).

298. La remise faite par un père à l'un de ses enfants de billets à ordre souscrits à un tiers, et revêtus par celui-ci d'un endossement en blanc, constitue une donation simulée en faveur de l'enfant (Cass. 9 mars 1837).

299. Celui qui a cédé, par la voie de l'endossement, un billet à ordre qui est jugé n'être qu'une simple promesse, n'est tenu d'en garantir le paiement de la part du souscripteur, qu'autant qu'il s'y est obligé (Cass. 17 fév. 1817).

300. SOLIDARITÉ. Les souscripteurs d'un billet simple ne sont obligés envers celui au profit duquel il est fait que chacun pour sa part; tandis que, dans un billet à ordre, il y a solidarité entre tous ceux qui l'ont signé (Merlin).

301. PAIEMENT. Le porteur d'un billet à ordre non payé à l'échéance et protesté n'opère pas, en acceptant un autre billet des endosseurs, novation de sa créance à l'égard des souscripteurs restés étrangers à la création de ce nouveau billet (Lyon 21 fév. 1840).

302. Le souscripteur d'un billet à ordre qui fait des offres réelles de la somme exigible en capital et intérêts et d'une somme quelconque pour les frais non liquidés sauf à parfaire, est censé offrir sous la dénomination de frais, le coût de l'enregistrement du billet payé par le créancier (Cass. 19 déc. 1827).

303. *Le billet à ordre est daté. — Il énonce, —* la somme *à payer, — le nom de celui à l'ordre de qui il est souscrit, —* l'époque *à laquelle le paiement doit s'effectuer, — la* valeur *qui a été fournie en espèces, en marchandises, en compte ou de toute autre manière* (C. comm. 188).

SOMME. Le billet à ordre doit être écrit en entier de la main du souscripteur, ou bien, il doit être revêtu d'un bon ou approuvé portant en toutes lettres la somme, à moins qu'il ne soit marchand, artisan, laboureur, vigneron ou homme de journée (C. civ. 1326; note 26, n. 65).

304. DATE. La circonstance que le billet a été fait sur un papier d'un timbre qui n'était plus en usage à l'époque où ce billet a été souscrit n'est pas suffisante pour en établir la fausse date (Riom 31 janv. 1818).

305. ÉPOQUE DE PAIEMENT. Cette époque n'est pas suffisamment indiquée par ces mots : *je paierai toutefois et quand*, car ils ne peuvent être considérés comme équivalents de ceux-ci : *je paierai à volonté, à présentation* (Paris 29 av. 1829).

306. VALEUR FOURNIE. Pour avoir le caractère d'effet de commerce, un billet à ordre doit exprimer formellement l'espèce de la valeur fournie (Toulouse 17 nov. 1828; Bordeaux 24 juill. 1838). — S'il ne l'énonce pas, il est nul comme effet commercial mais valable comme obligation civile dont le paiement peut être poursuivi par la voie ordinaire (Aix 1 mars 1839).

307. Le souscripteur d'un billet causé *pour prêt* est recevable à prouver que la cause véritable de ce billet est un dédit de mariage et qu'elle est par conséquent illicite (Lyon 4 août 1831).

308. Le billet à ordre causé *valeur reçue en marchandises* est nul en ce qu'il a eu réellement pour cause une opération de contrebande. Cette nullité peut être opposée au tiers-porteur qui prouve avoir reçu le billet en paiement de sommes dues et n'avoir point participé aux faits de contrebande s'il a su que, la cause du billet était illicite (Cass. 25 mars 1828).

309. Le souscripteur d'un billet à ordre causé *valeur reçue comptant* ne peut point opposer au tiers-porteur qu'il a été trompé par celui au profit de qui il a souscrit l'effet, et qu'il n'en a point réellement reçu la valeur; en conséquence, il ne saurait être admis à la preuve de ce fait et les juges ne peuvent suspendre les poursuites dirigées contre lui par le tiers-porteur (Bruxelles 12 fév. 1829; Metz 22 mars 1839).

310. Quand le billet à ordre est causé *valeur en compte*, le souscripteur ne peut en refuser le paiement à celui en faveur de qui ce billet est souscrit, sous prétexte qu'il n'en a pas reçu la valeur; il doit d'abord payer, sauf ensuite à opposer le billet comme quittance du compte qu'il établira avec son adversaire (Bruxelles 24 juin 1818).

311. On ne peut remplacer par des preuves étrangères l'omission d'une des formalités prescrites pour le billet à ordre. Dans ce cas, il ne vaut que comme simple promesse (Cass. 28 juill. 1813; Pardessus).

§ 14. DE LA PRESCRIPTION.

312. *Toutes actions relatives aux lettres de change et à ceux des billets à ordre souscrits par des* NÉGOCIANTS, *marchands ou banquiers, ou pour* FAITS DE COMMERCE, *se prescrivent* PAR CINQ ANS, *à compter* DU JOUR DU PROTÊT, *ou de la dernière* POURSUITE JURIDIQUE, *s'il n'y a eu* CONDAMNATION, *ou si la dette n'a été* RECONNUE PAR ACTE SÉPARÉ. — *Néanmoins les prétendus débiteurs seront tenus, s'ils en sont requis*, D'AFFIRMER, SOUS SERMENT, *qu'ils ne sont plus redevables; et leurs veuves, héritiers ou* AYANTS-CAUSE, *qu'ils estiment de bonne foi qu'il n'est plus rien dû* (C. comm. 189).

313. NÉGOCIANTS. Cette prescription court contre les mineurs comme contre les majeurs (Paris 29 av. 1836; Pardessus; Troplong).

314. Elle ne peut être invoquée contre une demande formée entre commerçants, par laquelle l'un réclame de l'autre ce qui lui est dû par suite de leurs opérations commerciales, quoique ces opérations aient cessé depuis plus de cinq ans (Rouen 10 nov. 1817).

315. FAITS DE COMMERCE. La prescription de cinq ans s'applique à toutes actions relatives aux effets de commerce, sans nulle distinction des causes pour lesquelles ils auraient été souscrits (Cass. 15 déc. 1829).—D'où il suit que c'est la nature du titre et non la nature de la dette qu'il faut considérer, et que s'il s'agit de lettres de change souscrites en paiement d'un prix de vente par substitution d'un titre à un autre, le privilége du vendeur se trouve éteint (Cass. 15 mai 1839).

316. Cependant, la prescription dont il s'agit n'est point applicable aux effets réputés simples promesses à cause de leur imperfection: ce sont alors des obligations purement civiles qui ne se prescrivent que par trente ans (Aix 1 mars 1839; Vazeille; Horson; Nouguier).

317. L'individu qui oppose la prescription de cinq ans contre un billet à ordre peut être admis à prouver qu'à l'époque où il a souscrit ce billet, il était commerçant (Bastia 2 mai 1837).

318. PAR CINQ ANS. La prescription d'une lettre de change se règle d'après la loi du pays où elle est payable. Ainsi, l'accepteur d'une lettre de change payable en Angleterre, passée par endossement à un français, ne peut opposer devant les Tribunaux Français que la prescription de six ans, laquelle aurait été interrompue par l'absence du débiteur du territoire Anglais, le tout conformément aux lois Anglaises (Paris 26 mars 1836. — *Contrà*, Paris 18 janv. 1840, en ce sens que la prescription court malgré l'absence).

319. Cette prescription de cinq ans n'est pas opposable par le souscripteur au tiers qui, non obligé au paiement de la lettre de change, a désintéressé le porteur. En un tel cas, le tiers doit être considéré comme un *negotiorum gestor*, et par suite son action en remboursement n'est soumise qu'à la prescription de trente ans (Toulouse 10 juill. 1829. — *Contrà*; Montpellier 21 janv. 1839).

320. DU JOUR DU PROTÊT. La prescription de cinq ans ne commence à courir contre une lettre de change payable à vue que du jour du protêt qui en constate la présentation (Nîmes 5 juill. 1819). — Pour tout autre effet la prescription commence

à courir du lendemain de l'échéance ; peu importe qu'il y ait ou non protêt (Cass. 13 av. 1818 et 1 juin 1842).

321. Cette prescription n'étant qu'une présomption de paiement, il en résulte que le débiteur peut être condamné s'il y a preuve écrite et certaine de non-paiement (Cass. 25 août 1813).

322. En tout cas, le porteur ne perd pas son recours contre le tireur faute d'avoir exercé des poursuites contre lui dans le délai de cinq ans, s'il est prouvé qu'il lui a remis de confiance la lettre de change pour en poursuivre le recouvrement. En un tel cas, la prescription est suspendue, le porteur se trouvant dans l'impossibilité d'agir (Cass. 3 janv. 1832).

323. La survenance de la faillite du débiteur n'interrompt pas la prescription (Paris 5 août 1813; Toulouse 23 fév. 1827).

324. Les événements de force majeure peuvent suspendre le cours de la prescription (Cass. 9 av. 1818 et 5 août 1817). — V. *sup.* n. 200.

325. Le défendeur à la demande en paiement de lettre de change, qui répond ne rien devoir, ne renonce pas par cela même à l'exception de prescription (C. civ. 2244; Cass. 19 av. 1815).

326. POURSUITE JURIDIQUE. Ainsi on ne peut reprendre une instance en paiement d'une lettre de change, lorsque le laps de temps requis pour la prescription est écoulé à partir des dernières poursuites (Rennes 10 fév. et 9 août 1819. — *Contrà*, Toulouse 26 fév. 1834).

327. La citation en justice donnée devant un juge incompétent interrompt la prescription pour toutes les déchéances de droits prononcées par la loi (C. civ. 2246; Caen 1 fév. 1842).

328. CONDAMNATION. Dès qu'il y a condamnation, c'est la prescription de trente ans qu'il faut appliquer et non celle de cinq ans. — V. note 75, n. 202.

329. Mais le jugement de condamnation obtenu par le porteur contre le tireur (ou contre un endosseur) ne conserve pas au porteur son action contre un endosseur étranger au jugement. A défaut de poursuites contre cet endosseur dans les cinq ans, la prescription est acquise. Vainement on argumenterait de la solidarité (C. civ. 1206; Toulouse 23 fév. 1827).

330. RECONNUE PAR ACTE SÉPARÉ. Pour que l'acte séparé puisse avoir l'effet de substituer la prescription trentenaire à la prescription quinquennale, il faut que le débiteur ait entendu donner par cet acte un titre *nouveau* au créancier et que ce titre change l'obligation commerciale en obligation civile (Cass. 28 nov. 1831 et 14 mars 1838). — L'acte qui ne porterait que prolongation de l'échéance et promesse de payer à l'expiration du nouveau délai ne formerait qu'un titre *additionnel* ou un *seul et même* acte avec la lettre de change (Cass. 9 août 1831). — Mais lorsque le débiteur a fait une reconnaissance notariée, il s'est rendu non-recevable à opposer la prescription de cinq ans (Paris 14 janv. 1825).

331. Mais la demande d'un délai pour payer une lettre de change suffit pour interrompre la prescription de cinq ans (Cass. 1 août 1837 et 29 av. 1839). — Il en est de même de la reconnaissance par le débiteur d'une lettre de change et des à-comptes par lui donnés et mentionnés par le porteur au dos de la lettre (Cass. 16 déc. 1828).

332. L'interruption de la prescription par la reconnaissance de la dette de la part du souscripteur est opposable à la caution obligée solidairement en vertu d'un aval (Riom 23 janv. 1829).

333. D'AFFIRMER SOUS SERMENT. A défaut de délation de serment, la présomption de paiement d'une lettre de change résultant de la prescription de cinq ans, ne peut être détruite que par les moyens déterminés par l'art. précité du C. de commerce c. à-d. par une poursuite juridique ou la reconnaissance de la dette par acte séparé (Bruxelles 20 janv. 1833).

334. AYANT CAUSE. La faculté que l'art. 2225 du C. civ. donne aux créanciers d'opposer la prescription au cas où leur débiteur y renonce, ne s'applique pas à la prescription des billets à ordre et lettres de change (Montpellier 3 mai 1841).

§ 15. DE LA JURIDICTION COMMERCIALE.

335. Renvoi à la note 118.

V. *Actions de commerce*, — note 28. *Enregistrement des effets de commerce* note 38. — *Acte en conséquence d'un autre*, note 42. — *Timbre*, note 61.—*Transport*, note 96.

[98]

DU DROIT D'ENREGISTREMENT DES EFFETS NÉGOCIABLES.

DIVISION SOMMAIRE :

Indication alphabétique :

§ 1. DISPOSITIONS GÉNÉRALES.

1. *Seront sujets au droit de 50 centimes par cent francs : les billets à ordre, les cessions d'actions et coupons d'actions mobilières des compagnies et sociétés d'actionnaires, et tous autres effets négociables de particuliers ou de compagnies, à l'exception des lettres de change tirées de place en place. — Les effets négociables de cette nature pourront n'être présentés à l'enregistrement qu'avec les protêts qui en auront été faits* (L. 22 frim. an VII, art. 69, § 2, n. 6).

2. *Seront soumises au droit de 25 centimes par cent francs, les lettres de change tirées de place en place, et celles venant de l'étranger ou des colonies françaises, lorsqu'elles seront protestées faute de paiement. — Elles pourront n'être présentées à l'enregistrement qu'avec l'assignation. — Dans le cas de protêt*

faute d'acceptation, les lettres de change devront être enregistrées seulement avant que la demande en remboursement ou en cautionnement puisse être formée contre les endosseurs ou le tireur (L. 28 av. 1816, art. 50).

3. Mais l'obligation notariée souscrite pour le paiement d'un billet à ordre ou d'une lettre de change, enregistrée au droit de 50 cent. ou de 25 cent., est sujette au droit de 1 pour cent sans qu'il y ait lieu d'imputer le premier droit, parce qu'il constitue un nouveau titre d'obligation (Cass. 30 mars 1835). — V. inf. n. 6, 7 et 31 et *novation* note 100.

§ 2. DES BILLETS A ORDRE OU AU PORTEUR ET AUTRES EFFETS NÉGOCIABLES DE PARTICULIERS OU DE COMPAGNIES. — V. *sup*. n. 1.

4. BILLET A ORDRE. Quoique le billet à ordre soit causé pour *valeur reçue en effets mobiliers*, il n'est sujet qu'au droit de 50 cent. pour cent lors de l'enregistrement du protêt. (Sol. 4 oct. 1831).

Il en est de même du billet à ordre causé *valeur en quittance du prix de vente d'immeubles* (Arg. Cass. 1 av. 1811; Sol. 11 juin 1830). — Le droit proportionnel de vente ne saurait être perçu parce que l'objet vendu n'est pas indiqué; on peut seulement s'aider de ce document pour constater la mutation par les voies ordinaires (C. civ. 1108; Sol. 11 juin 1830), — et même l'acte par lequel le vendeur déclare, postérieurement à la vente, que les billets à ordre qui lui ont été souscrits valeur en paiement du prix ont été payés n'est passible que du droit de quittance (Cass. 5 nov. 1834).

5. Il en est de même aussi du billet à ordre causé valeur en bons offices, lequel ne doit pas être considéré comme donation rémunératoire (Arg. Cass. 13 vent. an XIII).

6. Le billet à ordre, quoique passé devant notaire, n'est passible que du droit de 50 cent. pour cent, pourvu qu'il ne contienne ni déclaration d'hypothèque, ni aucunes conditions autres que celles qui sont de l'essence des effets de commerce. S'il en était autrement, il serait dû le droit de 1 pour cent (Arr. Com. fin. sept. 1791), et l'endossement de cette obligation serait assujéti au même droit de 1 pour cent.

7. La reconnaissance devant notaire de créances résultant de billets à ordre, et contenant déclaration d'hypothèque pour sûreté de ces créances, est passible du droit de 1 pour cent (Cass. 8 av. 1839). — Il en serait autrement s'il s'agissait de billets purs et simples qui eûssent déjà subi la perception du droit de 1 pour cent; il n'y aurait lieu alors qu'au droit fixe de 1 fr., parce qu'il ne s'agit point d'une nouvelle dette (Délib. 24 janv. 1824). — *V. sup. n.* 3 *et* 6.

8. BILLET AU PORTEUR. Le billet au porteur est une espèce de papier-monnaie payable comme les billets de banque, au porteur. Et comme il opère le transport sans aucune écriture, on doit le considérer comme un effet essentiellement négociable, passible du droit de 50 cent. pour cent (Arg. Cass. 10 nov. 1829; déc. min. fin. 10 mai 1808).

9. Le billet négociable passé devant notaire est sujet à l'enregistrement comme tout autre acte dans les 10 ou 15 jours de sa date. — V. note 18, n. 75 et 76.

§ 3. DES CESSIONS D'ACTIONS ET COUPONS D'ACTIONS MOBILIÈRES DES COMPAGNIES ET SOCIÉTÉS D'ACTIONNAIRES. — V. *sup*. n. 1.

10. Il faut à cet égard distinguer entre les cessions et coupons d'actions susceptibles de s'opérer par voie de négociation, c.-à-d. par endossement ou de toute autre manière, et les ventes de portions indivises dans une entreprise non divisée par actions. — Dans le premier cas, le droit n'est que de 50 cent. pour cent et dans le second il est de 2 pour cent comme pour vente de meubles (Déc. min. fin. 17 flor. an XIII, 7 sept. 1821, 5 oct. 1821; délib. 8 nov. 1823, 4 oct. 1826; jug. de la Seine 26 janv. 1831, 2 juill. 1834, 19 nov. 1834; jug. de Boulogne 3 déc. 1841; Cass. 14 août 1814; 27 janv. 1843; *Contrà*, Cass. 8 fév. 1837; jug. de la Seine 9 janv. 1840, 10 fév. 1841).

11. En tout cas, la cession d'actions dans une compagnie n'est passible que du droit de 2 pour cent, quoique la société possède des immeubles (Cass. 7 av. 1824).

12. Mais la cession faite par un associé commanditaire d'une portion d'intérêts dans la société est une cession de créance sujette au droit de 1 pour cent, car cet associé n'a pas de copropriété dans le fonds social, ce n'est qu'un bailleur de fonds, qui cède non point une part dans la société, mais une portion des fonds qu'il y avait versés (Délib. 16 av. 1833).

13. La cession des actions de la banque de France n'est passible que du droit de 50 cent pour cent (Décr. 31 janv. 1815). — *V. note* 28.

14. Les cessions d'actions sur les caisses d'épargnes et des employés et artisans, ainsi que leurs cessions, sont exemptes de la formalité et du droit d'enregistrement, attendu que ces actions reposent sur des inscriptions au grand-livre de la dette publique (Déc. min. fin. 27 pluv. an X).

§ 4. DES LETTRES DE CHANGE. — *V. sup. n.* 2.

15. Les lettres de change tirées de place en place et celles venant de l'étranger ou des colonies françaises ne sont sujettes à l'enregistrement que lorsqu'elles sont protestées faute de paiement, et alors le droit est de 25 cent. pour cent. — *V. sup. n.* 2.

16. Pour reconnaître si un effet négociable est susceptible d'être considéré comme lettre de change, le receveur doit se borner à s'assurer que la rédaction de la traite, lors de sa confection primitive, énonçait que la somme serait payée dans un lieu autre que celui d'où la lettre a été tirée (Délib. 27 av. 1832). — *V. note* 97.

17. On doit considérer comme une lettre de change et non comme un billet à ordre, l'effet tiré par une personne sur elle-même, s'il y a remise de fonds de place en place (Nîmes 22 juin 1829).

18. Mais des effets souscrits en forme de lettres de change et causés pour valeur reçue en quittance du prix d'adjudication d'immeubles n'ont pas le caractère de lettre de change (Cass. 19 août 1811).

19. La lettre de change tirée de place en place, avec la condition que le paiement sera fait dans la ville où elle a été tirée, est passible du droit de 50 cent. pour cent comme simple promesse (C. comm. 112; sol. de la régie).

20. Il en est de même du billet à ordre causé pour prêt et productif d'intérêts au taux légal, quoiqu'il soit qualifié lettre de change (Délib. 11 nov. 1842).

21. Quand une lettre de change est passée devant notaire elle est sujette à l'enregistrement dans le même délai que les autres actes notariés. — *V. note* 18, *n.* 75 *et* 76.

§ 5. DES MANDATS DE PAIEMENT.

22. On appelle mandat de paiement l'ordre donné par un créancier à son débiteur de payer une somme à un tiers qu'il désigne dans cet ordre.

23. Si le mandat est négociable il n'opère que le droit de 25 cent. pour cent; il est assimilé à une lettre de change.

24. Les mandats sur les caisses publiques, leurs endossements et acquits, sont exempts de l'enregistrement (V. note 18, n. 367).

§ 6. DE L'ENDOSSEMENT ET DE L'ACQUIT.

25. Les endossements et acquits de billets à ordre et autres effets négociables, ceux de rescriptions, mandats et ordonnances de paiement sur les caisses publiques, sont exempts de l'enregistrement. - V. note 18, n. 396. — Il en est ainsi des acquits de lettres de change soit qu'ils résultent de la mention de paiement insérée dans les protêts, soit qu'ils aient été mis sur les lettres de change (Déc. min. fin. 28 sept. 1821).

26. Si l'endossement est mis sur un billet ordinaire il est su-

jet au droit proportionnel de 1 pour cent (Déc. min. fin. 31 août 1813).

27. L'endossement d'une police d'assurance ne peut être considéré que comme pouvoir, et non comme cession : ainsi, il ne peut engendrer que le droit fixe de 1 fr. (Sol. 20 sept. 1830).

28. Et de ce que l'endossement en blanc ne vaut que comme procuration, il n'en est pas moins exempt de l'enregistrement (Déc. min. fin. et just. 10 et 18 mai 1813).

29. Lorsque l'endossement d'une lettre de change ou d'un billet à ordre exprime la valeur reçue par ces seuls mots *valeur reçue*, au lieu d'énoncer cette valeur reçue par la désignation de la somme, il cesse d'être un endossement véritable, pour ne valoir que comme procuration (Bruxelles et Liége 9 août et 13 déc. 1810). Mais il n'est pas moins exempt de l'enregistrement (Déc. min. fin. et just. 10 et 18 mai 1813).

30. L'endossement d'un billet à ordre causé pour *don* est valable comme s'il était causé pour valeur reçue (Paris 6 mai 1815).

31. Si, pour garantir un endossement, le tireur d'une lettre de change consent une hypothèque, l'acte qui contient cette affectation opère le droit de 1 pour cent, parce qu'il constitue un nouveau titre d'obligation (Délib. 30 oct.-9 nov. 1835).

32. L'endossement par acte notarié est sujet à l'enregistrement au droit fixe de 1 fr dans les 10 ou 15 jours de sa date, et alors l'effet endossé doit être lui-même enregistré au droit proportionnel. — Il doit en être de même de l'acquit. — V. note 18 n. 75, note 42 n. 5 et note 99.

§ 7. DE L'ACCEPTATION ET DE L'AVAL.

33. Les acceptations d'effets négociables sont exemptes de l'enregistrement. Il en est autrement quand elles ont lieu par acte notarié. — V. sup. n. 32.

34. L'aval mis sur une lettre de change ou sur un billet à ordre est affranchi de tout droit, soit qu'on le considère comme partie inhérente à l'effet de commerce où il se trouve, soit qu'on l'envisage comme une espèce d'endossement qu'on ne peut justement priver du bénéfice de l'art. 70 de la loi de frim. (Déc. min. fin. 7 août 1810; délib. 19 nov. et 21 déc. 1830 et 21 janv. 1834). — Cependant, s'il est fait par acte notarié il faut observer ce qui est dit *sup*. n. 32.

35. L'aval donné par acte séparé de la lettre de change ne peut être considéré que comme un cautionnement (Déc. min. 7 août 1810). Par conséquent, ce droit ne pouvant dépasser celui de la disposition principale doit être réduit à 25 cent. pour cent.; mais suivant Roland le droit n'est pas dû, par application de ce qui est dit ci-dessus relativement à l'acquit. — V. *sup*. n. 25.

[99]

ENREGISTREMENT. — DROIT FIXE DE 1 FRANC.

Indication alphabétique :

LOI DU 22 FRIMAIRE AN VII, ART. 68, §. 1.

1. *Sont sujets au droit fixe de 1 fr.* aux termes de l'article précité de ladite loi :

I. *Les abstentions, répudiations et renonciations à successions, legs ou communautés, lorsqu'elles sont pures et simples, et si elles ne sont pas faites en justice. — Il est dû un droit par chaque renonçant et par chaque succession à laquelle on renonce.*

2. Il n'est dû qu'un seul droit sur l'acte par lequel une veuve renonce à la communauté qui a existé entre elle et son mari, et à l'usufruit que ce dernier lui a légué des biens de sa succession parce qu'il ne s'agit que d'une seule et même succession (Sol. 19 mai 1843).

3. ABSTENTION. On appelle ainsi l'action de s'abstenir de prendre part à une succession. C'est une renonciation tacite. Mais si elle résultait de conventions écrites, il y aurait renonciation.

4. RENONCIATION ET RÉPUDIATION. — *Accroissement*. Lorsque le légataire qui avait droit à l'accroissement renonce à cet accroissement en consentant que les enfants de son colégataire recueillent ce qui serait échu à ce dernier, il en résulte au profit de ceux-ci une donation qui n'est pas soumise à la formalité particulière de l'acceptation expresse (Arg. Cass. 12 nov. 1822). — V. t. 1, p. 310.

5. *Ameublissement* note A. La renonciation à la faculté de reprendre l'immeuble ameubli n'est pas sujette à un droit distinct de celui du contrat de mariage (Délib. 15 mars 1823).

6. *Chasse*. L'acte par lequel plusieurs propriétaires renoncent à exercer personnellement le droit de chasse sur leurs propriétés et autorisent le maire à l'affermer au profit de la commune pour un temps limité, n'est pas passible de la pluralité de droits, parce que la réunion des propriétaires était une condition nécessaire pour former le contrat. Seulement l'acte sera soumis au droit fixe de 2 fr. comme consentement (Déc. min. fin. 2 mai 1826). — Cependant le droit devrait être celui de 1 fr. fixe, comme acte innommé (Championnière 3592).

[illegible] *Donation*. Les répudiations de donations acceptées et de[illegible]s irrévocables emportent rétrocession, de la part du dona[illegible] des objets à lui donnés, en faveur du donateur, et conséquemment une transmission de propriété à son profit, donnant ouverture au droit proportionnel de donation (Cass. 22 frim. an XI, 9 juin et 28 juill. 1806). — V. note 60.

8. Il en est de même de l'acte par lequel le donateur et le donataire conviennent volontairement que la donation faite par contrat de mariage à celui-ci de plusieurs immeubles et d'une pension alimentaire cessera d'avoir son effet (Délib. 13 av. 1822).

9. La renonciation par les héritiers de deux époux morts dans un même évènement sans qu'on puisse savoir lequel a survécu, à se prévaloir de la donation mutuelle que les époux se sont faite, opère une donation par les héritiers de l'époux présumé avoir survécu (Sol. 15 av. 1813).

10. La renonciation acceptée au bénéfice de la révocation pour survenance d'enfants est une donation refaite passible du droit fixe de 1 fr. (Délib. 16 fév. 1837).

11. *Prescription*. La renonciation à se prévaloir d'une prescription acquise ne donne ouverture qu'au droit fixe de 1 fr. (Sol. 5 juin 1816 et 24 fév. 1821).

12. *Privilége de second ordre*. La déclaration par le titulaire en faveur du bailleur des fonds d'un cautionnement pour faire acquérir à ce dernier le privilége de second ordre n'est sujette qu'au droit fixe de 1 fr. (V. note 89, n. 38); mais l'acte par lequel le bailleur des fonds d'un cautionnement déclare renoncer à son privilége de second ordre n'est passible que du droit fixe de 2 fr. comme désistement (Délib. 19 janv. 1825). — V. note 56 n. 83.

13. *Prix (renonciation avec ou sans)*. La renonciation même gratuite que fait un des héritiers au profit d'un ou plusieurs de ses cohéritiers indistinctement, lorsqu'il reçoit le prix de sa renonciation emporte de sa part acceptation de la succession. D'où il suit que la renonciation à une succession faite au greffe en faveur d'un tiers acceptant, opère une vente ou une donation, selon qu'elle est faite à titre onéreux ou gratuit, et qu'elle ne dessaisit point de la qualité d'héritier (Cass. 17 août 1815; Caen 26 fév. 1827).

14. Mais l'acte par lequel le survivant des époux, légataire de l'usufruit de tous les biens de son conjoint (qui a laissé des enfants), déclare, avant toute acceptation, renoncer à une partie de ce legs pour s'en tenir au surplus, n'est passible que du droit fixe, parce qu'il ne fait qu'opérer une réduction que les héritiers à réserve avaient le droit d'exiger (Délib. 7 oct. 1834).

15. Lorsque, dans un partage de succession paternelle et maternelle, l'un des successibles déclare accepter le legs de sa mère, et que, par des considérations particulières, il renonce à celui de son père, cette renonciation n'est passible que du droit fixe de 1 fr., bien qu'il soit exprimé que c'est pour donner à son copartageant des preuves de son attachement (Délib. 22 mai 1827).

16. Mais le droit de vente n'est pas dû sur l'acte par lequel une veuve renonce à la communauté en faveur des héritiers de son mari acceptants, à la condition que ceux-ci lui paieront le montant de ses reprises. C'est là une renonciation pure et simple, passible du droit de quittance sur les sommes payées, ou de celui d'obligation sur le montant des reprises qui ne sont pas justifiées résulter d'actes enregistrés (Sol. 19 août 1830).

17. Lorsque deux époux mariés sous le régime dotal ont fait diverses acquisitions, les unes *par moitié*, les autres pour appartenir *en totalité* au survivant; si le mari décède après avoir légué à sa femme une rente viagère de 1400 fr., à la charge par elle de renoncer à tous droits de propriété sur ces acquisitions, la renonciation de celle-ci produit l'effet d'une vente dont le prix est représenté par le capital au denier dix de 14000 fr. et dont le droit est exigible à raison de 5 1/2 pour cent sur les biens dévolus en totalité à la femme et à raison de 4 pour cent sur ceux dont elle n'avait que la moitié (Sol. 15 oct. 1828).

18. *Résolution de vente*. Si le vendeur non payé renonce au bénéfice d'un jugement par défaut qui ordonne sa rentrée dans le bien, il n'est dû que 1 fr. fixe (Délib. 22 juill. 1828).

19. *Réunion d'usufruit*. - V. note 18, n. 275-6°. — La renonciation partielle à un usufruit constitue une donation (Délib. 30 sept. 1834; 30 oct.-4 nov. 1840; — *Contrà*, délib. 14-20 av. 1837). La renonciation partielle à une succession est aussi passible du droit proportionnel (Délib. 30 oct.-4 nov. 1840); mais la renonciation à ce qui excède la quotité disponible n'est pas une donation. — V. *sup*. n. 14 et *inf*. n. 21.

20. *Transaction*. Si le légataire non saisi par la délivrance de l'objet de son legs, se désiste purement et simplement du bénéfice de ce legs au profit des héritiers naturels et sans aucun prix, la renonciation ne peut engendrer qu'un droit fixe (Sol. 16 mai 1814).

21. Mais il n'en serait pas de même d'une renonciation partielle, parce qu'elle suppose, de la part de celui qui la fait, l'acceptation de sa qualité de légataire. — V. *sup*. n. 14 et 19.

II. *Les acceptations de successions, legs ou communautés, aussi lorsqu'elles sont pures et simples — Il est dû un droit par chaque acceptant et pour chaque renonçant.*

22. Pour qu'il n'y ait lieu qu'au droit fixe il faut que l'acceptation résulte d'un acte civil, car si elle a été faite au greffe elle est sujette au droit fixe de 3 fr.

23. L'acceptation qui ne résulte que d'un acte emportant implicitement cet effet ne donne pas ouverture à un droit particulier autre que celui auquel l'acte est soumis d'après son espèce (Championnière 2563).

24. Toutes les acceptations sont passibles du droit fixe de 3 francs par chaque acceptant; il importe peu qu'elles soient faites par des majeurs ou par un tuteur au nom de ses mineurs (Sol. 30 nov. 1829-Rol. 2778).

III. *Les acceptations de transports ou de délégations de créances à terme, faites par actes séparés, lorsque le droit proportionnel a été acquitté pour le transport ou la délégation; et celles qui se font dans les actes mêmes de délégation de créances aussi à terme.*

25. L'acceptation qui est faite par acte séparé est passible du droit fixe de 1 fr., lorsque le droit proportionnel a été acquitté pour le transport ou la délégation, sinon ce dernier droit doit être perçu indépendamment du droit fixe. Il doit en être ainsi de celle qui se fait dans les actes mêmes de délégation de créances aussi à terme.

Mais lorsqu'un acte de vente porte que le prix sera payé aux créanciers inscrits *non dénommés*, et que, par un acte subséquent, le vendeur désigne les créanciers, y a-t-il lieu de percevoir le droit proportionnel de délégation, lors même que cet acte serait passé hors la présence des créanciers et de l'acquéreur ? Oui, suivant délib. 16 août 1833, 25 fév. 1834, 9 av. 1835; jug. d'Altkirch 9 août 1835. — Non, suivant jug. de la Seine 17 fév. 1840 et arr. de Cass. du 27 av. 1840 qui regardent le second acte comme le complément du premier. - Roll. 5983.

26. Il est dû autant de droits fixes de 1 fr. qu'il y a de créanciers acceptants (Cass. 27 fév. 1839).

26 *bis*. C'est le droit fixe de 1 fr. qui doit être perçu sur la disposition d'une cession de créance, dans laquelle le débiteur déclare qu'il dispense le cessionnaire de la signification du transport, et qu'il se le tient pour signifié (Délib. 17 av. 1822, 1 fév. 1826, 12 oct. 1826).

27. L'acceptation par le débiteur de la délégation faite sur lui n'est passible que du droit fixe de 1 fr., quoique le titre de la dette ne soit pas enregistré, parce que son concours à l'acte n'a pour objet que de saisir le créancier et de suppléer à la notification du transport (Sol. 17 sept. 1830; jug. de Saint-Malo 16 mars 1842.-Rol. 6078).

IV. *Les actes de complément, de consommation ou d'exécution d'actes antérieurs.*

28. V. à ce sujet la note 18, n. 414 à 427.

V. *Les adoptions.*

29. Ce qui s'applique à l'adoption par acte du juge de paix comme à l'adoption testamentaire par un tuteur officieux (C. civ. 366; Roland). — Mais les jugements qui prononcent une adoption opèrent le droit fixe de 50 fr. ou de 100 fr., selon qu'ils sont en premier ou en dernier ressort. — V. note 181.

VI. *Les attestations pures et simples.*

30. Mais lorsqu'une attestation est délivrée dans l'intérêt de plusieurs, on ne doit pas percevoir plusieurs droits fixes (Roland).

VII. *Les bilans.*

31. L'énonciation des dettes actives et passives du failli forme une partie constitutive de l'acte et ne donne pas ouverture à un droit particulier (Championnière).

VIII. *Les brevets d'apprentissage qui ne contiennent ni obligations de sommes et valeurs mobilières, ni quittances.*

32. Mais il est dû 50 cent. pour cent lorsqu'ils contiennent stipulation de sommes ou valeurs mobilières payées ou non. — V. note 117.

33. Toutefois, l'obligation par l'apprenti de servir son maître pendant un temps ne rend pas le contrat passible du droit proportionnel (Championnière).

IX. *Les cautionnements de personnes à représenter à justice.*

34. V. les art. 114, 117, 118, 120, 122 du C. d'instr. crim.

X. *Les certificats purs et simples; ceux de vie par chaque individu et ceux de résidence.*

35. Ce qui s'applique : — 1° aux certificats que délivrent les chambres de discipline aux candidats ou autres dans leur intérêt personnel (Déc. min. fin. 27 déc. 1830).

36. 2° Aux certificats délivrés à ceux qui déposent des extraits de contrats de mariage ou de jugements aux chambres de discipline (Instr. gén. 26 sept. 1829).

37. 3° Au journal où se fait l'insertion prescrite par l'art. 683 du C. de proc. civ. (Instr. gén. 14 juill. 1809).

38. 4° Au certificat d'un imprimeur constatant l'insertion d'un extrait de société au journal (L. 31 mars 1833).

39. Lorsqu'un certificat est délivré dans l'intérêt de plusieurs, il n'y a pas lieu à percevoir plusieurs droits fixes (Roland).

XI. *Les collations d'actes et pièces ou des extraits d'iceux, par quelque officier public qu'elles soient faites. — Le droit sera payé par chaque acte, pièce ou extrait collationné.*

40. V. à ce sujet la note 64, n. 135 et 136.

XII. *Les délivrances de legs pures et simples.*

41. L'acte contenant délivrance par un seul héritier à un légataire de quatre legs qui lui ont été faits par quatre personnes différentes dont le premier a recueilli les successions contient réellement quatre délivrances et est sujet à quatre droits (Délib. 7 fév. 1834).

42. Quand un fils légataire universel de son père a la charge de legs de sommes envers ses sœurs, se libère des sommes dont il est débiteur, l'acte doit être considéré comme une simple délivrance de legs passible du droit fixe de 1 fr. et non comme le paiement d'une soulte sujette au droit de libération si on considérait la disposition du père comme un partage testamentaire (Jug. de Vigan 22 janv. 1836).

43. Les héritiers ou légataires universels qui font une délivrance de legs ne sont que de simples intermédiaires entre le testateur, qui est censé donner lui-même, et entre les légataires particuliers qui reçoivent, soit que les legs portent sur des corps certains ou sur des sommes d'argent existant en nature dans la succession, soit qu'ils portent sur des sommes qui n'existent pas dans cette succession. D'où il suit que les délivrances de ces legs ne sont passibles que du droit fixe de 1 fr. (Cass. 7 et 30 août 1826).

44. Les legs stipulés payables, soit en créances de la succession, soit en numéraire, au choix du légataire universel, peuvent être payés en créances, sans qu'il soit permis de voir dans cette délivrance une délégation passible du droit proportionnel (Délib. 30 déc. 1828). — Il en serait de même si un legs en argent, capitaux ou immeubles, était payé en rentes (Sol. 7 juin 1816).

45. Il en est de même de la remise par un légataire universel, d'un immeuble de la succession, à la personne à laquelle il avait été fait donation entre-vifs d'une somme en numéraire à prendre sur les biens existants au décès du donateur, lorsque, par un testament, ce dernier avait ultérieurement accordé au donataire la faculté de choisir entre cet immeuble et la somme donnée (Délib. 27 mai 1836).

46. Lorsque, pour remplir un héritier du legs par préciput d'une somme d'argent, il lui est abandonné des immeubles ou créances, cette délivrance donne lieu au droit de 1 pour cent (Jug. de la Seine 8 mars 1838. — *Contrà*, Sol. 1 juin 1832). — Il en serait de même si le legs en argent était payé en créances de la succession (Délib. 28 fév. 1834; 25 août-1 oct. 1835).

47. Un legs ne pouvant résulter que d'une disposition écrite il en résulte que la remise faite par un héritier à un tiers d'une somme d'argent que l'on déclare avoir été léguée verbalement par l'auteur de la succession constitue une donation entre-vifs et non une délivrance de legs (Jug. de Saint-Jean d'Angély 29 mars 1838).

48. Une délivrance de préciput n'est sujette qu'au droit fixe de 1 fr. (Sol. 29 déc. 1832).

XIII. *Devis d'ouvrages et entreprises qui ne contiennent aucune obligation de sommes et valeurs, ni quittances.*

49. Les devis des travaux des routes rédigés par les ingénieurs des ponts et chaussées sont exempts de l'enregistrement (Déc. min. fin. 3 mess. an x). — Mais il n'en est pas de même des devis rédigés par les mêmes ingénieurs ou par les architectes du département, pour les bâtiments appartenant aux départements, aux communes et établissements publics, ni des devis rédigés soit par les ingénieurs des ponts et chaussées, soit par les conducteurs des chemins pour travaux à faire aux chemins vicinaux et communaux. De sorte que tous les devis, de quelque nature qu'ils soient, autres que ceux qui sont rédigés par les ingénieurs et autres préposés des ponts et chaussées pour travaux dont le prix est à la charge de l'État, doivent être assujétis à l'enregistrement après qu'ils ont été approuvés par le préfet (Déc. min. fin. 14 juill. 1820, 25 oct. 1822 et 10 déc. 1825); et il y a contravention sujette à amende s'il est procédé à l'adjudication des travaux avant que les devis approuvés n'aient été enregistrés (Déc. min. fin. 5 sept. 1827 et 8 fév. 1830). — V. note 18, n. 363 et suiv.

XIV. *Les exploits relatifs aux procédures devant les juges de paix, les prudhommes, les cours royales, la Cour de Cassation et les conseils de sa Majesté, jusques et compris les significations des jugements et arrêts définitifs; les déclarations d'appel ou de recours en cassation; les significations d'avoué à avoué. — Il sera dû un droit pour chaque demandeur ou défendeur, en quelque nombre qu'ils soient dans le même acte, excepté les copropriétaires et cohéritiers, les parents réunis, les cointéressés, les débiteurs ou créanciers associés ou solidaires, les séquestres, les experts et les témoins, qui ne seront comptés que pour une seule et même personne, soit en demandant, soit en défendant, dans le même original d'acte, lorsque leurs qualités y seront exprimées* (L. 28 av. 1816, art. 43, modifiant en ce point la loi de frim.; L. 16 juin 1824, art. 6). — V. note 56, n. 84.

50. Mais la notification prescrite par la loi pour parvenir à purger les hypothèques, signifiée par exploit à 22 créanciers inscrits à la requête de l'adjudicataire de partie de l'immeuble grevé, tant en son nom que comme autorisé par douze autres adjudicataires non solidaires, est passible d'un nombre de droits fixes égal au nombre des adjudicataires, multiplié par celui des créanciers (Délib. 7 nov. 1834; 14-27 av. 1835). — Cependant la

signification faite à la femme mariée, au subrogé-tuteur et au procureur du roi par l'acquéreur qui purge n'est sujette qu'à un seul droit, parce qu'il n'y a qu'un seul intérêt celui, de prendre inscription (Sol. 6 juin 1831).

51. On ne peut s'associer dans le but de remplir une formalité qui affranchisse de la pluralité de droits. — V. note 56 n. 110.

52. Mais un protêt n'est sujet qu'à un seul droit fixe quelque soit le nombre des personnes indiquées pour payer au besoin (Délib. 28 janv. - 9 fév. 1842). Ce droit est de 2 fr., (note 56, n. XVIII).

53. Il y aurait lieu à pluralité de droits si les termes de l'exploit excluaient toute idée de solidarité ou de communauté d'intérêts (Délib. 30 sept. 1839; jug d'Ambert 14 juin 1831).

XV. *Les prises de possession en vertu d'actes enregistrés.*

54. Si le titre n'était pas enregistré, on devrait poursuivre l'acquéreur en paiement du droit de mutation.

XVI. *Les prisées de meubles.*

XVII. *Les ratifications pures et simples d'actes en forme.*

55. La ratification d'un acte de vente authentique enregistré contenant quittance du prix de cette vente n'est passible que du droit de 50 cent. pour cent, fût-il inférieur à celui de la ratification, parce que la quittance est la disposition principale de laquelle dérive la ratification (Sol. 2 sept. 1813).

56. Lorsqu'on ratifie plusieurs contrats par un même acte, il n'est dû qu'un seul droit de ratification, si les ratifiants ont un intérêt commun dans les contrats; mais il doit être perçu autant de droits qu'il se trouve de parties ayant un intérêt différent (Sol. 29 août 1814).—V. note 18, n. 441.

57. Ainsi l'acte portant ratification par une seule personne de plusieurs contrats consentis en son nom par une autre personne est passible d'autant de droits fixes qu'il y a de contrats (Délib. 12 juill. 1836; Cass. 20 fév. 1839. — *Contrà*, jug. de Vervins 8 janv. 1836; jug. de Tonnerre 16 août 1837; jug. de Vitry-le-Français 12 juin 1838).

58. De même, l'acte portant ratification par une seule personne d'une vente d'immeubles en plusieurs lots est passible d'autant de droits fixes qu'il y a d'acquéreurs non solidaires (Jug. de Dijon 2 déc. 1839; délib. 8 mai - 15 juin 1841; jug. de Metz 17 mars 1842; jug. d'Arcis-sur-Aube 15 juill. 1842).

59. Lorsqu'une femme mariée intervient dans un acte de vente d'un immeuble propre à son mari ou dépendant de la communauté, pour consentir à la vente, on ne peut considérer cette intervention comme constituant une disposition indépendante. Il n'y aurait lieu à la perception du droit fixe de 1 fr. que si la ratification avait lieu par un acte séparé (Déc. min. fin. 19 av. 1814).

60. Quand une vente faite au nom d'un individu pour lequel on s'est porté fort, n'est pas ratifiée par lui, mais bien par son acquéreur qui en touche le prix, on ne peut envisager cette ratification comme une nouvelle vente; il n'est dû que le droit de 50 cent. pour cent, parce qu'en définitive la même mutation ne peut être assujétie à deux droits (Délib. 1 fév. 1828).

61. La ratification sous seing-privé d'une convention verbale donne ouverture aux mêmes droits que si cette convention avait été rédigée par acte sous seing-privé non enregistré (Championnière).

XVIII. *Les soumissions et enchères, hors celles faites en justice, sur des objets mis ou à mettre en adjudication ou en vente, ou sur des marchés à passer, lorsqu'elles seront faites par actes séparés de l'adjudication.*

62. Ainsi, l'acte par lequel les habitants d'une commune font soumission pure et simple de contribuer pendant un certain nombre d'années à la dépense du rétablissement du presbytère, n'emporte ni obligation, ni donation, ni association ou marché, surtout si cette offre est faite *en vue* de faciliter le rétablissement du presbytère. C'est un acte innommé passible du droit fixe de 1 fr. (Délib. 24 fév. 1826).

XIX. *Les actes* (les cédules exceptées) *et jugements* préparatoires *ou d'instruction des juges de paix*; certificats d'individualité; visa *de pièces et poursuites préalables à l'exercice de la contrainte par corps*; *les oppositions à levée de scellés par comparance personnelle dans le procès-verbal*; *les ordonnances* (V. note 56, n. 16) *et mandements d'assigner les opposants à scellés; tous autres actes des juges de paix non classés dans les paragraphes et articles suivants, et leurs jugements définitifs portant condamnation de sommes dont le droit proportionnel ne s'élèverait pas à 1 fr.*

63. PRÉPARATOIRES. On doit considérer comme tels les jugements portant nomination ou prestation de serment d'experts; mais le droit réglé pour les jugements définitifs serait exigible dans le cas où le jugement portant nomination d'experts statuerait que les droits des parties seront définitivement et sans l'intervention ultérieure du tribunal, fixés par le procès-verbal d'expertise (Déc. min. fin. 5 nov. 1811). — V. note 18 n. 872.

64. CERTIFICATS D'INDIVIDUALITÉ. Mais les certificats de résidence pour la liquidation de la dette publique sont exempts d'enregistrement (L. 26 frim. an VIII).—V. note 18.

65. VISA. Mais le visa des contraintes décernées par les employés de l'enregistrement est exempt de l'enregistrement (Sol.; Roland). — Il en est de même des visa qui sont donnés sur des actes d'huissiers par les maires, les juges de paix, les procureurs du roi (Déc. min. fin. 13 juin 1809). — V. note 17.

XX. *Tous les procès-verbaux des bureaux de paix desquels il ne résulte aucune disposition donnant lieu au droit proportionnel, ou dont le droit proportionnel ne s'élèverait pas à 1 fr.*

66. Les procès-verbaux de conciliation portant nomination d'experts ou d'arbitres ou compromis ne sont passibles que du droit fixe de 1 fr. comme les procès-verbaux ordinaires de même nature (Instr. 1104). — V. note 56, n. 89).

67. Le droit d'obligation est exigible sur le procès-verbal de non-conciliation qui mentionne que le défendeur a fait offre d'une somme dont il s'est reconnu débiteur : peu importe que cette offre n'ait pas été acceptée, puisque l'aveu prouve la dette et que le demandeur peut s'en prévaloir (Délib. 23 juin 1829).— Mais il en serait autrement d'un aveu conditionnel ou subordonné à un réglement de compte (Sol. 2 nov. 1830).

68. Le procès-verbal de conciliation qui a résilié une vente verbale faite moyennant un prix déterminé est sujet au droit proportionnel de mutation (Jug. de Thionville 6 juin 1836. — *Contrà*, Sol. 27 juill. 1814).

XXI. *Les actes et jugements de la police ordinaire et des tribunaux de police correctionnelle et criminelle soit entre parties, soit sur la poursuite du ministère public, avec partie civile, lorsqu'il n'y a pas condamnation de sommes et valeurs, ou dont le droit proportionnel ne s'élèverait pas à 1 fr.; et les dépôts et décharges aux greffes desdits tribunaux, dans les mêmes cas où il y a partie civile.*

69. Mais les arrêts des cours criminelles lorsqu'il n'y a pas de partie civile sont exempts de l'enregistrement. - V. note 18, n. 379. — A l'égard des jugements rendus à la requête du ministère public ils sont soumis à l'enregistrement en débet. — V. note 18, n, 327.

XXII. *Les procès-verbaux de délits et contraventions aux réglements généraux de police ou d'impositions.*

70. Pour l'application de cette disposition, il ne faut pas confondre les réglements généraux avec les lois; leur caractère diffère essentiellement; celles-ci émanent du concours des trois pouvoirs, et les premiers sont dans les attributions exclusives du prince. Il suit de là que les procès-verbaux de contravention aux réglements locaux sont sujets au droit fixe de 2 fr., tandis que les autres sont sujets au droit fixe de 1 fr. (Roland).

XXIII. *Et généralement tous actes civils, judiciaires ou extra-*

judiciaires, qui ne se trouvent dénommés dans aucun des paragraphes suivants, ni dans aucun autre article de la présente loi du 22 frim. an VII, *et qui ne peuvent donner lieu au droit proportionnel.*

71. Les actes qui se trouvent compris dans cette disposition sont appelés *actes innommés*. Sont considérés comme tels :

72. 1° Les actes respectueux. Mais la réquisition et la notification de cet acte ne sont sujettes qu'à un seul droit fixe de 1 fr. (Sol. 26 mars 1839).

73. 2° Les affectations hypothécaires, consenties par les débiteurs eux-mêmes dans des actes postérieurs à l'obligation, et sans que l'hypothèque eût été promise dans l'acte constitutif de la créance : mais le droit de 50 cent. pour cent est dû sur la constitution d'hypothèque consentie par un tiers soit dans l'acte même d'obligation, soit dans un acte postérieur (Cass. 20 fév. 1837). — Et même le droit de 1 pour cent est dû sur l'affectation hypothécaire donnée par un débiteur à ses créanciers chirographaires pour sûreté de créances qui reposent sur des titres non enregistrés (Jug. de Caen 15 fév. 1838), ou sur un billet à ordre (Cass. 8 av. 1839).

74. 3° Les délégations de contributions en matière électorale (Délib. 10 juill. 1824).

75. 4° Les prorogations de délai consenties pour raison de créances établies par actes enregistrés. A cet égard on décide :— que la prorogation de délai pour l'exercice du rachat n'opère que le droit fixe (Délib. 23 déc. 1834); — que la prorogation de délai pour le paiement d'une somme *restant due* d'une plus forte est sujette au droit de libération de 50 cent. pour cent, puisque cet acte fait titre au débiteur pour prouver sa libération partielle (Délib. 10 sept. 1833); — que c'est le droit fixe et non le droit proportionnel qui doit être perçu sur l'acte par lequel on proroge le délai dans lequel un legs devait être payé, avec stipulation d'intérêt et constitution d'hypothèque (Délib. 3 fév. 1839).

76. 5° Les procès-verbaux. On considère comme donnant lieu au droit fixe de 1 fr. : les procès-verbaux de dires et difficultés dressés par les notaires en conformité de l'art. 977 du C. de proc. civ. (Sol. 28 juin et 29 août 1831).

77. 6° Les donations refaites même avec addition de charges ou clauses qui ne donnent pas lieu au droit proportionnel. — V. note 60, n. 82 et 83.

78. 7° La disposition d'un contrat établissant une compensation entre la valeur du logement, de la nourriture et de l'entretien promis aux époux et les travaux de ceux-ci devant profiter aux donateurs. — V. note 60, n. 155.

79. 8° L'acceptation provisoire d'une donation faite à un établissement public. — V. note 60, n. 215.

80. 9° Les donations de rentes sur l'État quand elles sont inscrites depuis plus d'un an et qu'on en indique le numéro, la date et le montant. — V. note 60, n. 222.

81. 10° Les procès-verbaux de carence dressés en exécution de l'art. 924 du C. de proc. civ. — V. note 56, n. 14.

82. 11° La prestation de serment de l'expert nommé dans un avis de parents. — V. note 56, n. 36.

83. 12° Le prêt à usage ou commodat (Rol. v° prêt).

84. 13° Les promesses de bail, de donation, d'hypothèque, de mariage, de renonciation. — Il en est de même de la promesse de prêt et de la promesse de vente, mais seulement lorsqu'elles sont soumises à une condition suspensive. — *V. la note 28 n. 370 et suiv. et les formules de* PROMESSES.

LOI DU 28 AVRIL 1816, ART. 42.

85. *Sont sujettes au droit fixe de 1 fr., aux termes de l'article précité de ladite loi, les significations d'avoué à avoué devant les Cours royales.*

V. aussi pour le droit fixe de 1 fr. les notes 60, 90 et 98.

---

[100]

DE LA NOVATION, DÉLÉGATION ET INDICATION DE PAIEMENT.

DIVISION SOMMAIRE:

Indication alphabétique :

§ 1. CE QUE C'EST QUE LA NOVATION.

1. La novation est la substitution d'une nouvelle dette à une ancienne qui se trouve éteinte (C. civ. 1234); ce qui suppose deux obligations dont la dernière ne se rattache plus à la première. Mais si l'on ne fait à l'ancienne dette que des changements ou additions, cela ne constitue point novation (Toullier; Duranton; Roll. de V.).

§. 2. COMMENT S'OPÈRE LA NOVATION.

2. *La novation s'opère de trois manières : — 1° lorsque le débiteur contracte envers son créancier une nouvelle dette qui est substituée à l'ancienne, laquelle est éteinte; — 2° lorsqu'un nouveau débiteur est substitué à l'ancien, qui est déchargé par le créancier; — 3° lorsque, par l'effet d'un nouvel engagement, un nouveau créancier est substitué à l'ancien, envers lequel le débiteur se trouve déchargé* (C. civ. 1271).

3. La novation supposant deux obligations dont la dernière doit éteindre la première, il faut pour qu'elle s'opère qu'il y ait deux conventions distinctes. Mais il n'est pas nécessaire qu'un long intervalle de temps sépare les deux contrats dont le second opère novation; il suffit qu'il y ait entre eux un instant de raison (Pothier, n. 588; Duranton; Roll. de V.); ainsi, la novation par substitution de personne, peut avoir lieu dans le même acte; par exemple, en faisant, dans un contrat d'acquisition, intervenir un tiers qui s'oblige à ma place à vous payer le prix que je vous dois et dont vous me déchargez (Roll. de V.). — Cependant certaines novations conditionnelles peuvent être faites, même avant l'obligation; par exemple, en stipulant que *Pierre* me paiera une somme que *Paul* me devra en vertu de la stipulation que je ferai avec lui. Dans ce cas, si mon intention a été d'avoir *Pierre* pour seul débiteur et que je l'aie exprimé, la novation sera valable, seulement elle sera subordonnée à la condition que *Paul* s'obligera envers moi au paiement de la somme (L. 8, § 2, Duranton; Roll. de V.).

Art. 1. DE LA NOVATION PAR LA SUBSTITUTION D'UNE NOUVELLE DETTE A L'ANCIENNE. — *V. sup. n.* 2. - 1°.

4. Pour que cette novation puisse avoir lieu, il faut que la première dette ait existé, car elle est la cause seconde. Peu importe la nature de la première obligation; pourvu qu'elle ait eu une cause valable, elle peut servir de fondement à la novation, même quand il s'agit d'une obligation purement naturelle. Il n'y a d'exception que pour les obligations sans cause ou sur cause illicite (Pothier 589; Toullier; Duranton; Roll. de V.). — *V. obligation naturelle, notes 26 et 63.*

5. Si l'individu, incapable lors du contrat primitif, devient ensuite capable, peut-il, par forme de novation, se dispenser des règles tracées par l'art. 1338 pour les actes confirmatifs? Il faut distinguer : si la seconde obligation ne contient rien de différent, c'est un acte confirmatif et non une novation. Dans le cas contraire, si les changements sont assez importants pour qu'on y trouve la volonté de faire novation, les formes de l'acte confirmatif ne sont pas nécessaires; s'ils sont peu importants et n'entraînent pas novation, le nouvel acte doit être considéré comme une confirmation; dès-lors, il y a nécessité de se conformer à l'art. 1338. Il en est de même des contrats rescindables pour cause d'erreur, de violence ou de dol (Duranton 12, 294; Dalloz).

6. La loi défendant de confirmer par aucun acte une donation nulle en la forme, le donateur ne pourrait la valider par la voie de novation; ce serait éluder le vœu de la loi (C. civ. 1339; Duranton). — Toutefois, rien ne s'opposerait à ce que le même individu fasse une vente simulée d'un immeuble qu'il aurait précédemment donné par acte nul (Dalloz).

7. Si la première obligation avait pour objet un corps certain, et que ce corps eût péri par cas fortuit au moment de la seconde, il ne pourrait plus y avoir novation, puisque la dette n'existait plus. Il en serait autrement si le débiteur avait sur lui les cas fortuits, ou s'il était en demeure d'exécuter la première obligation (Duranton).

8. Il faut aussi que la seconde obligation, substituée à l'ancienne, subsiste civilement ou naturellement; elle ne produirait aucun effet si elle était frappée d'une nullité radicale, comme si elle avait une cause illicite. Si elle était seulement rescindable, la novation existerait et la dette primitive demeurerait éteinte, lors même que la seconde obligation serait ultérieurement résiliée (Toullier; Delvincourt; Duranton).

9. Non-seulement les deux dettes doivent être valables, mais encore il faut, pour que la novation ait lieu, que la nouvelle dette diffère sur quelque point de la première; par exemple, sur l'objet ou les sûretés de l'obligation, sur le lieu du paiement, etc.; autrement ce serait une simple reconnaissance. En outre, les changements doivent être assez importants, pour que l'intention de nover apparaisse d'une manière évidente. S'ils n'étaient pas tels, les parties, par le second acte, seraient censées avoir voulu simplement modifier le premier et non l'éteindre (Duranton).

10. La novation peut s'opérer sur une obligation, ou par une obligation conditionnelle ou à terme. Il importe alors d'examiner l'effet de la condition ou du terme sur la première ou sur la seconde des deux obligations :

11. 1° Si la première obligation est soumise à une condition suspensive, il n'y a novation qu'autant que la condition s'accomplit, à moins que les parties n'aient fait une convention précisément sur les éventualités résultant du premier contrat (Pothier 585). La difficulté consiste alors dans l'appréciation de l'intention que les contractants ont eue, de la nature aléatoire de leurs conventions (Duranton; Roll. de V.). — Et si, avant l'accomplissement de la condition, la chose vient à périr, la novation n'est plus possible, puisque la première dette ne peut reprendre naissance (Roll. de V.; Duranton).

12. Si cette première obligation est à terme, comme le terme n'empêche pas l'existence du lien de droit, la novation a lieu immédiatement, quoique le second contrat ne puisse recevoir son exécution qu'après l'échéance de la première dette (Pothier 587; Duranton; Roll de V.).

13. 2° La seconde obligation (celle qui forme novation), peut être soumise à une condition ou à un terme, bien que la première fût pure et simple. — Si elle est contractée sous condition suspensive, la novation ne sera opérée que si la condition s'accomplit. Si la condition est résolutoire, la novation a lieu de suite, sauf résolution de la seconde obligation, le cas échéant; et alors la première dette subsiste mais sans préjudicier aux tiers (Toullier; Duranton; Roll. de V.).

14. La condition suspensive, apposée au contrat destiné à opérer novation, conserve les droits du créancier envers les tiers, en suspendant leur extinction jusqu'à l'évènement; d'où

il suit qu'il importe de bien connaître quand la clause du second contrat renferme une véritable condition suspensive (Toullier; Roll. de V.).

Art. 2. DE LA NOVATION PAR LA SUBSTITUTION D'UN NOUVEAU DÉBITEUR A L'ANCIEN. — *V. sup. n.* 2-2°.

15. Le fait caractéristique de cette espèce de novation est la décharge de l'ancien débiteur. Il n'est pas nécessaire que le débiteur ait fait à cet égard une déclaration expresse; il suffit, aux termes de l'art. 1273 que la volonté d'opérer la novation résulte clairement de l'acte (Pothier 594; Duranton).

16. Il n'y a pas novation dans les cas suivants, où la volonté d'opérer novation n'est point manifeste :

17. 1° Par cela que le créancier et celui que le débiteur a chargé de la dette ont fait un réglement de compte à l'échéance de l'obligation (Riom 29 juin 1830).

18. 2° Lorsque le créancier d'une rente constituée reçoit les arrérages des mains de l'acquéreur de l'immeuble affecté au service de cette rente, lequel a été chargé de ce service par son contrat d'acquisition (Bruxelles 18 oct. 1819).

19. 3° Lorsqu'un bailleur consent au remplacement de son fermier par le gendre de celui-ci (Cass. 13 janv. 1835).

20. 4° Lorsque le créancier consent à ce que l'acquéreur d'un immeuble qui lui est hypothéqué soit substitué aux vendeurs de cet immeuble, ses codébiteurs solidaires, mais avec réserve de son hypothèque sur l'immeuble (Cass. 11 juill. 1827).

21. 5° De ce qu'en paiement du prix de vente d'un immeuble dont quittance a été donnée dans le contrat, il a été remis par l'acquéreur un billet sur un tiers au vendeur qui l'a accepté mais sans déclaration expresse de la part de ce dernier qu'il entendait libérer l'acquéreur (Cass. 24 juill. 1828).

22. 6° De ce que le créancier d'une rente à laquelle un immeuble est hypothéqué en a reçu plusieurs termes de personnes chargées par son débiteur de la lui payer (Bourges 31 déc. 1830).

23. *La novation par la substitution d'un nouveau débiteur peut s'opérer sans le concours du premier débiteur* (C. civ. 1274).

24. Non-seulement le consentement du débiteur n'est point nécessaire, mais même la novation pourrait s'opérer malgré lui, ce qui est conforme au principe qui valide le paiement fait par un tiers qui n'y a point intérêt (C. civ. 1236; Duranton; Roll. de V.). — V. note 84.

25. Du reste, il n'est pas nécessaire que l'obligation du nouveau débiteur contienne quelque chose de plus ou de différent que celle de l'ancien (Pothier 597; Duranton).

26. Le créancier qui a accepté un nouveau débiteur ne peut opposer son incapacité comme un obstacle à la novation. La première dette n'en est pas moins éteinte, sauf le cas où il y aurait eu des réserves expresses relativement à la capacité de ce débiteur (Dalloz).

Art. 3. DE LA NOVATION PAR LA SUBSTITUTION D'UN NOUVEAU CRÉANCIER A L'ANCIEN. — *V. sup. n.* 2-3°.

27. Cette espèce de novation suppose que le créancier, pour décharger son débiteur, lui impose la condition de souscrire un nouvel engagement au profit d'un autre créancier; car si la nouvelle dette avait le même objet que la précédente, il n'y aurait qu'un transport de créance, et non une novation (Pothier, 584; Toullier; Duranton; Roll. de V.).

28. Il faut en outre que le débiteur consente lui-même à la novation. Sans ce consentement, le créancier ne pourrait qu'opérer un transport de créance ou cession; et cette opération loin d'éteindre la première dette, comme la novation, la conserverait au contraire avec tous ses accessoires (Duranton).

29. Il ne doit pas dépendre d'un créancier d'effacer le vice d'une première obligation, en la faisant remplacer par un autre engagement envers un autre créancier qui connaîtrait la nullité de la première dette. Ainsi, la novation par substitution d'un nouveau créancier, d'une obligation pour dette de jeu, ne fait pas obstacle à ce que le débiteur puisse demander la nullité de l'obligation contre le nouveau créancier, si ce dernier a eu connaissance de la cause de la dette (Cass. 30 nov. 1826).

§ 3. ENTRE QUELLES PERSONNES LA NOVATION PEUT S'OPÉRER.

30. *La novation ne peut s'opérer qu'entre personnes capables de contracter* (C. civ. 1272).

31. La novation supposant la création d'un engagement pris à la place d'un autre, il s'ensuit que, pour l'opérer, il faut être capable de contracter. Toutefois, quand des incapables, tels que des mineurs, des interdits ou des femmes mariées non autorisées ont contracté avec des personnes capables, ce n'est qu'à eux qu'il appartient de demander la nullité de leurs engagements (V. notes 65, 68 et 82); ce droit n'appartient point aux personnes capables qui ont contracté avec eux (C. civ. 1125). — V. note 4.

32. Le tuteur recevant le paiement des créances de son pupille sans autorisation du conseil de famille a qualité pour en faire novation (C. civ. 450; Duranton).

33. Les femmes séparées de biens, les mineurs émancipés et les individus placés sous l'assistance d'un conseil judiciaire font valablement novation des créances dont ils peuvent seuls toucher le montant (Duranton).

34. Pour pouvoir opérer novation, il faut avoir non-seulement la capacité générale, mais une capacité qui comporte le pouvoir de nover. Le pouvoir de recevoir n'entraîne pas celui de faire novation. Pour cela, il faut, en général, avoir le droit de recevoir dans son propre intérêt (Duranton; Roll. de V.; Toullier).

35. Le tiers qui n'a été indiqué que pour recevoir paiement n'a pas pouvoir de faire novation (Pothier 557; Duranton). — Toutefois, si l'indication avait été faite dans l'intérêt d'un tiers, par exemple, si le créancier avait voulu lui faire une libéralité ou s'acquitter envers lui d'une dette, le tiers pourrait faire novation avec le débiteur (Roll. de V.). — Il en serait de même si l'indication avait été faite spécialement dans l'intérêt du débiteur, comme s'il avait été dit qu'il pourrait se libérer avec le tiers d'une manière quelconque (Roll. de V.).

36. Un usufruitier peut consentir la novation des créances soumises à son usufruit (Proudhon).

37. Le créancier solidaire peut-il consentir novation de la dette? Le Code civil (art. 1198) voulant que la remise faite par un créancier solidaire ne libère le débiteur que pour la part de ce créancier, il en résulte que la novation qu'il aurait faite entraînant remise de l'ancienne dette ne peut nuire aux autres créanciers (Pothier 591; Merlin, v° nov. § 4).

38. La novation consentie par un des débiteurs solidaires libère les autres puisqu'elle a éteint la dette (C. civ. 1281), mais elle ne les soumet pas à la nouvelle obligation : c'est au débiteur qui a fait novation à réclamer contre chacun des autres leur part dans l'ancienne dette acquittée (Toullier; Duranton; Roll. de V.).

39. Les principes sur l'étendue de la novation consentie par l'un des créanciers solidaires, s'appliquent à la novation consentie par l'un des coassociés (Toullier; Roll. de V.).

§ 4. COMMENT LA NOVATION DOIT ÊTRE ÉNONCÉE.

40. *La novation ne se présume point; il faut que la volonté de l'opérer résulte clairement de l'acte* (C. civ. 1273).

41. Il n'est donc pas nécessaire de prononcer le mot *novation;* il suffit que la volonté de l'opérer soit certaine (Pothier 559; Toullier; Roll. de V.; Duranton). — En cela, le Code civil a abrogé la loi romaine qui voulait que la novation fût exprimée (Rouen 10 juin 1835). — En tout cas, la novation a pu être déclarée résulter soit des termes d'un acte subséquent, soit de l'intention des parties, sans qu'une telle décision tombe sous la censure de Cour de cassation (Cass. 19 juin 1832).

42. De ce que le créancier et le débiteur ont fait un nouvel acte, et y ont introduit des changements ou modifications à la première obligation, il ne s'ensuit pas qu'il y ait novation. Les changements ou modifications doivent faire présumer que les parties ont voulu diminuer ou augmenter la dette plutôt que l'éteindre pour lui en substituer une nouvelle (Pothier 559 ; Toullier).

43. Ainsi donc il n'apparaît pas qu'il y ait novation dans les cas suivants :

44. 1° Dans l'acte par lequel des créanciers colloqués sur le prix d'un immeuble accordent une prorogation de délai à l'acquéreur qui fournit un supplément d'hypothèque, tellement qu'il n'y a lieu à percevoir que le droit fixe d'enregistrement (Délib. 12 mai 1841).

45. 2° Lorsqu'un créancier donne quittance ou accorde un délai au débiteur qui lui a été délégué (Cass. 17 janv. 1818).

46. 3° Lorsqu'on transige sur des opérations ou effets de commerce. Dans ce cas, ni les délais accordés à celui qui a été reconnu débiteur, encore qu'il ait cessé de faire le négoce, ni la différence entre la dette qui y est reconnue et celle qui est prétendue avoir existé antérieurement, ni la différence entre l'intérêt de 5 pour cent qui y est stipulé, ni la circonstance qu'un gage a été donné, ne sont suffisants pour opérer novation et par suite pour rendre incompétents les tribunaux de commerce (Bruxelles 30 juin 1818; Douai 1 déc. 1834).

47. 4° Lorsqu'un créancier a consenti, sous certaines conditions, à suspendre les poursuites dont il menaçait son débiteur. Dans ce cas, on ne peut lui opposer que le sursis a opéré transaction ou novation et civilisé l'affaire, s'il poursuit au cas d'inexécution des conditions (C. civ. 2046; C. ins. cr. 4; Bordeaux 21 juill. 1830).

48. 5° Lorsqu'un créancier étant dans l'usage de faire recevoir les arrérages de ses rentes par un receveur de rentes qui était son débiteur a continué d'en agir de même avec l'héritier de ce débiteur, et a reçu de lui les arrérages de la rente qu'il avait sur le père, comme aussi a produit son titre à la faillite du fils. Dans cas, il n'y a point novation excluant la faculté de demander la séparation des patrimoines (C. civ. 879 ; Paris 23 mars 1824). — Même solution pour le cas où un fils étant condamné à payer à sa sœur, un supplément de légitime indépendamment d'un legs, il intervient entre eux sur l'appel un traité par lequel elle se départ de son legs et de son action en supplément moyennant une somme payable dans un certain délai. Dans ce cas, la sœur n'est pas non plus privée du droit de demander la séparation des patrimoines, car elle n'a point renoncé à ses priviléges sur la succession paternelle (Grenoble 9 août 1826). — V. note 29, n. 123, 245, 258.

49. 6° Lorsqu'un vendeur consent à une constitution de rente en représentation du prix de vente (Paris 11 mars 1816; Roll. de V. — *Contrà*, Toullier). — V. note 76, n. 19.

50. 7° Dans la convention entre le vendeur et l'acheteur de convertir partie du prix en une rente annuelle et perpétuelle (Bordeaux 23 mars 1832).

51. 8° Lorsque c'est une rente perpétuelle qui est rendue exigible (Délib. 14 mai et 13 sept. 1823), surtout quand l'obligation de rembourser est la suite du défaut de paiement des arrérages pendant deux années (C. civ. 1922; déc. min. fin. 3 fév. 1812; Roll. de V..), — et quand même le créancier se serait réservé jusqu'à l'entier remboursement tous les droits, priviléges et hypothèques dérivant des titres primitifs (Cass. 11 août 1836). — V. *inf.* n. 74.

52. 9° Dans la conversion d'une rente viagère en rente perpétuelle et *vice versâ* ; ainsi décidé relativement à la perception du droit d'enregistrement (Roll. de V.). — V. *inf.* n. 76.

53. 10° Lorsque le créancier d'une rente a consenti la réduction du taux des arrérages pour éviter le remboursement autorisé par une loi (Duranton).

54. 11° Quand des traites ou mandats ont été souscrits en paiement et n'ont point été payés. Dans ce cas, ils ne peuvent opérer novation ni équivaloir à un paiement effectif (Rouen 1 mars 1827; Bordeaux 10 juin 1831).

55. 12° Lorsqu'un vendeur a reçu en paiement de marchandises un mandat qui ne se trouve ni échu ni accepté au moment de la faillite de l'acheteur; de sorte que dans ce cas il n'y a point obstacle à la revendication de la part du vendeur (Cass. 6 nov. 1823).

56. 13° Quand la remise d'effets de commerce créés pour opérer éventuellement la libération d'une dette, n'est qu'un mode de paiement de cette dette (Cass. 28 juill. 1823).

57. 14° Lorsque le créancier par acte authentique n'a fait que recevoir, au jour du paiement, des billets à ordre causés valeur reçue comptant, payables à longs termes, et a déclaré dans un récépissé que ces billets acquittés seraient en à-compte sur l'obligation. Dans ce cas, le créancier conserve toujours son droit d'hypothèque pour la totalité de l'obligation, en cas de non-acquittement des billets (Paris 28 germ. an XII).

58. 15° Lorsqu'un débiteur obligé en vertu d'un acte notarié remet à son créancier qui en donne un reçu des billets à ordre (Paris 18 mars 1825).

59. 16° Lorsque des traites sont fournies pour le prix d'une adjudication, s'il résulte des termes dans lesquels elles sont conçues qu'elles ont été faites uniquement pour accéder à l'adjudication, pour en procurer et faciliter le paiement (Amiens 19 août 1811).

60. 17° Lorsqu'un vendeur ayant reçu de son acquéreur, au jour fixé pour le paiement et afin de lui accorder un délai, des billets à ordre qui n'ont été causés valeur reçue comptant que pour les rendre transmissibles par la voie de l'endossement, encore qu'ils aient donné lieu à des poursuites (Liége 15 fév. 1812).

61. 18° Dans la dation de plusieurs billets en paiement du prix d'une cession de droits héréditaires faite par un acte antérieur, lorsqu'il est convenu qu'en cas de non-paiement de ces billets, le créancier cédant rentrera dans tous ses droits (Cass. 16 août 1820).

62. 19° Quand le vendeur reçoit de l'acquéreur des billets de commerce, et déclare en même temps que le prix lui a été payé comptant. Il est présumé n'avoir donné quittance que sauf encaissement (Nancy 4 janv. 1827; Cass. 22 juin 1841 ; Orléans 6 sept. 1842). — Il en est ainsi, à plus forte raison, lorsqu'il y a réserve, au profit du vendeur, du précaire sur les biens vendus jusqu'au paiement du billet (Cass. 3 mai 1837). — Ou bien, quand les billets énoncent la vente comme cause de l'obligation (Limoges 4 fév. 1835). — V. *inf.* n. 79.

63. 20° Lorsque, par une contre-lettre passée entre un débiteur et l'un de ses créanciers, il a été convenu que celui-ci serait payé de l'intégralité de sa créance commerciale, quand même ce créancier aurait figuré au concordat, accepté les diminutions, reçu des dividendes et consenti à recevoir, sous le cautionnement d'un tiers, la différence entre les dividendes et le montant réel de sa créance. En tout cas, une telle décision n'est pas sujette à cassation (Cass. 7 juin 1837).

64. 21° Quand les héritiers d'un fermier règlent les fermages en billets à ordre, et que le bailleur poursuit le recouvrement de ces billets, si en les acceptant, il a dit, *lesquels billets acquittés, le présent vaudra quittance* (Poitiers 28 janv. 1823). — V. *inf.* n. 81.

65. 22° Quand un vendeur, en paiement d'une facture, tire un mandat sur l'acheteur payable au domicile de celui-ci, si ce mandat n'a pas été accepté (Rouen 8 juin 1838 et 19 janv. 1839).

66. 23° Lorsqu'un commissionnaire, après avoir acheté des marchandises en son nom, pour son commettant, les négocie après acceptation de celui-ci; la réception des acceptations n'est qu'un remboursement conditionnel qui ne l'empêche pas, en cas de faillite du commettant, de revendiquer les marchandises non encore arrivées dans les magasins, si d'ailleurs les

traites n'ont pas été payées à l'échéance et sont représentées protestées (Rouen 4 janv. 1825).

67. 24° Quand un régisseur de biens qui a consenti une hypothèque pour sûreté de sa gestion, a, depuis la reddition de son compte et pour paiement du reliquat, souscrit des billets au profit de son mandant qui les a acceptés purement et simplement. Dans ce cas, si les billets ne sont pas acquittés, le mandant peut réclamer l'effet de son hypothèque (Cass. 15 juin 1823).

68. 25° Quand un particulier ayant une créance sur un agent de change auquel il a remis des fonds pour les négocier, celui-ci lui remet, le jour de sa faillite, un mandat sans valeur, sur la banque de France, dont il n'a pas même donné quittance (Paris 4 juill. 1828).

69. 26° Quand un assureur, au lieu d'exiger, aux termes du contrat d'assurance, le paiement de la prime au comptant, consent à recevoir de l'assuré un billet causé *valeur en prime d'assurance due suivant telle police* (Lyon 29 déc. 1830).

70. 27° Lorsqu'un obligé solidaire avec autres par un aval acquitte la créance en nouveaux effets souscrits par lui seul; dans ce cas, il ne fait pas novation à la créance à l'égard de son coobligé et peut le poursuivre pour la moitié de la dette (C. civ. 1281; Cass. 30 mars 1819).

71. 28° Quand une dette commerciale est reconnue par acte notarié et garantie par une hypothèque (Grenoble 17 juin 1826) — et accompagnée de la remise au débiteur des titres commerciaux, alors d'ailleurs que la nature commerciale de la dette est mentionnée dans l'acte notarié et que l'intérêt est stipulé à 6 pour cent (Cass. 21 fév. 1826).

72. Mais on considère qu'il y a novation dans les cas suivants :

73. 1° Lorsqu'un bail à complant donnant au preneur le pouvoir d'échanger et hypothéquer, il intervient un second bail à complant qui interdit au preneur le pouvoir de vendre, échanger ou hypothéquer, encore bien qu'il soit dit dans le second bail que ces stipulations auraient lieu conformément à ce qui est prescrit dans le premier bail (Cass. 19 juin 1832).

74. 2° Lorsque la seconde obligation est incompatible avec l'existence de l'ancienne. — Telle est la conversion d'une dette exigible en une rente perpétuelle ou viagère (Pothier 596; Toullier; Grenier; Delvincourt; Duranton; Roll. de V.); lors surtout qu'il n'y a pas eu de réserve des priviléges attachés à la créance primitive (Caen 21 oct. 1826). — Telle est aussi la substitution d'un dépôt à un prêt, ce qui fait que le cours des intérêts stipulés pour le prêt cesse par la seconde convention, et que l'hypothèque et le cautionnement sont éteints à moins de stipulation contraire; ainsi peut n'être considéré que comme simple dépositaire l'acquéreur qui a fait offres réelles de son prix, obtenu acte de réalisation de ces offres, qui ensuite a passé un traité par lequel il a payé la plus forte partie de ce qu'il devait et stipulé pour l'autre partie qu'elle resterait entre ses mains sans intérêt, qu'il serait seulement tenu de la représenter aux autres créanciers s'il s'en présentait dans la suite (Cass. 1 sept. 1806; Roll. de V.). — V. *sup.* n. 51.

75. Suivant Toullier et Duranton il y a novation alors même que le créancier ayant consenti à la constitution de la rente aurait déclaré qu'il n'entendait pas faire novation, cette déclaration étant contredite par l'effet nécessaire de l'acte.

76. 3° Lorsqu'une rente viagère est convertie en un capital exigible, par le motif que le capital de cette rente ayant été aliéné à fonds perdu ne peut rentrer dans la possession du créancier que par un contrat tout nouveau. Toutefois, on peut convenir que les priviléges et hypothèques de la rente viagère passeront à la nouvelle créance (Grenier; Roll. de V.). — V. *sup.* n. 52.

77. 4° Lorsque la nouvelle convention est incompatible avec l'ancienne et que l'objet de la nouvelle convention est entièrement changé; par exemple, lorsqu'un immeuble est donné en paiement d'une somme prêtée. Dans ce cas, la vente de l'immeuble au créancier formant novation, l'hypothèque et le cautionnement sont éteints (Toullier; Roll. de V.; Duranton).

78. 5° Lorsque le créancier de deux époux a accepté du mari seul, en paiement, pour la totalité, une maison, et a subrogé le mari dans ses droits envers la femme. Dans ce cas, s'il vient à être évincé de la maison, il ne conserve de recours que contre le mari; il n'a de recours contre la femme ou ses héritiers que comme exerçant la subrogation que le mari s'était réservée; et si la femme ou ses héritiers ont éteint l'effet de cette subrogation par le paiement, ils demeurent affranchis de toute action de la part du créancier primitif (Bourges 21 déc. 1825).

79. 6° Lorsqu'un vendeur reçoit des billets en paiement du prix, et donne quittance pure et simple, il n'a plus d'action que pour le paiement des billets (Roll. de V.; Duranton) : — ainsi décidé à l'égard d'un créancier qui avait accepté des billets à la place d'une obligation notariée (Paris 7 déc. 1814). — V. *sup.* n. 62.

80. 7° Lorsqu'un ouvrier qui a réparé un objet de son art reçoit un billet à ordre pour solde du prix tant de la main d'œuvre que de la matière fournie. Dans ce cas, la novation lui fait perdre tout privilége sur l'objet réparé (C. civ. 2102; Lyon 29 mars 1833).

81. 8° Lorsqu'un fermier débiteur de fermages donne des billets en paiement et reçoit quittance et remise du titre primitif. On ne saurait prétendre que ces billets souscrits seulement dans la vue d'accorder des délais n'ont éteint la dette primitive que sous condition (Cass. 16 janv. 1828). — V. *sup.* n. 64.

82. 9° Lorsque le vendeur d'un immeuble a donné quittance de son prix, sur simple promesse de le payer souscrite par l'acquéreur (Lyon 6 août 1840).

83. 10° Lorsqu'un débiteur consent au profit de son créancier qui l'accepte une obligation pour solde de tous comptes. Dans ce cas, les dettes anciennes se trouvent confondues dans la nouvelle. — Et si une obligation postérieure souscrite par un individu pour la même cause que celle qu'il avait déjà souscrite antérieurement à son créancier ne fait aucune mention de la première encore existante, le juge peut cependant y reconnaître la volonté d'en opérer la novation et le décider ainsi d'après les présomptions graves, précises et concordantes, appuyées d'un commencement de preuve par écrit, sans que cette appréciation puisse donner lieu à cassation (Cass. 14 mars 1834).

84. 11° Lorsque le débiteur d'une lettre de change, acquittée par intervention, crédite les intervenants de la somme payée par eux, et se reconnaît, dans la suite, débiteur de cette somme en demandant des délais pour l'acquitter (Cass. 6 nov. 1832).

85. 12° Lorsqu'au lieu de se faire délivrer les fonds que le débiteur a déposés chez son banquier pour le paiement de sa dette, le créancier a consenti à recevoir de ce banquier une traite sur une autre place; encore bien que, par suite de la faillite du banquier avant l'échéance de la traite, le créancier n'ait pas été payé (Cass. 30 nov. 1829).

85 *bis*. Lorsque le porteur d'une lettre de change, stipulée *retour sans frais*, au lieu de la retourner à son échéance, en cas de non-paiement par le tiré, la garde entre ses mains, et la fait figurer dans ses comptes avec le tiré, parmi les sommes dont celui-ci lui est redevable (Cass. 16 nov. 1841).

86. Au reste, la preuve de l'existence d'une novation peut être valablement fondée sur des présomptions graves et précises, si elles sont accompagnées d'un commencement de preuve par écrit; et il n'est pas nécessaire qu'elle résulte d'un acte exprès. — Ainsi, lorsqu'à la suite de l'obligation prise par un tiers de payer le prix de vente encore dû par l'acquéreur, le vendeur a consenti à radier son hypothèque, l'aveu de l'existence de la novation pour partie de la créance, ou la correspondance des parties appuyée de présomptions graves, suffisent pour autoriser les juges à déclarer, vis-à-vis des sous-acquéreurs, qu'il y a eu novation pour la totalité de la dette, encore bien que l'acte ne soit pas représenté (Cass. 9 juill. 1834).

87. S'il appartient aux cours royales de statuer souveraine-

ment sur les circonstances de fait qui peuvent faire connaître l'intention des parties, et d'interpréter le sens et la lettre des conventions, c'est à la Cour de cassation qu'il appartient de statuer sur l'application qui a été faite par les arrêts des Cours royales aux conventions ou actes litigieux des dispositions de la loi qui déclarent le caractère de l'acte et qui déterminent les conditions auxquelles on peut reconnaître ce caractère. — Ainsi, en matière de novation, la Cour de cassation a le droit et le devoir de comparer les déclarations des juges avec les dispositions de l'art. 1271 du C. civ., et spécialement d'examiner si, comme le prétend la Cour royale, la volonté d'opérer la novation résulte clairement de l'acte conformément à l'art. 1273 (Cass. 22 juin 1841).— V. *sup.* n. 41.

§ 5. DE LA DÉLÉGATION EN PARTICULIER.

Art. 1. CE QUI LA CONSTITUE ET EN QUOI ELLE DIFFÈRE DU TRANSPORT ET DE L'INDICATION DE PAIEMENT.

88. La délégation est l'acte par lequel un débiteur, pour s'acquitter, donne au créancier ou à quelqu'un indiqué par ce dernier, une tierce-personne qui s'oblige à sa place. — C'est une délégation de la personne plutôt qu'une cession de la créance (V. *inf.* n. 90). — Elle diffère de la simple indication de paiement (V. *inf.* n. 119) faite par le débiteur d'un tiers qui devra payer pour lui, en ce que celui-ci ne peut être révoqué, du moins dans les cas ordinaires.

89. La délégation a une grande affinité avec la novation opérée par changement de débiteur; mais elle en diffère en plusieurs points : 1° dans la novation, le débiteur nouveau se présente de lui-même : ici, c'est le débiteur qui présente le délégué; 2° le consentement du débiteur primitif est nécessaire pour la délégation; il ne l'est pas pour la novation; 3° la délégation ne décharge le débiteur qu'autant que le créancier l'a déclaré expressément, tandis que par la novation le débiteur ancien n'est plus obligé; 4° la dette du premier débiteur étant éteinte par la novation, les hypothèques ne passent point sur les biens du nouveau débiteur; il en est autrement de la délégation si elle est de la créance du déléguant sur le délégué (Duranton).

90. On appelle improprement délégation la dation en paiement d'une créance du débiteur que celui-ci fait à son créancier; c'est un transport de la créance plutôt qu'une délégation de la personne; les effets en sont déterminés par la loi sur les cessions et transports (V. note 96). L'une des principales différences entre le transport et la délégation consiste en ce que le consentement du délégué est nécessaire, tandis que pour la cession il suffit de celui du cédant et de celui du cessionnaire (Delvincourt; Duranton; Dalloz).

91. Jugé, en conséquence, qu'il n'y a pas une simple indication de paiement, mais un véritable transport de créance dans l'acte de vente portant que l'acquéreur cède, pour payer son prix, une créance et les droits et actions qu'il a sur un tiers, pour, par le vendeur, les exercer et faire valoir ainsi qu'il avisera (Cass. 19 juin 1817).

92. Au reste, il y a délégation lorsqu'un acquéreur s'oblige de payer des rentes soit chirographaires soit hypothécaires dues par le vendeur (Cass. 13 germ. an IX).

93. L'acte par lequel un débiteur charge son propre débiteur de payer le créancier n'est une délégation parfaite qu'autant que celui-ci a traité avec le créancier (Duranton). — Il faut donc pour opérer une délégation parfaite que la volonté du débiteur délégant, de son débiteur délégué et surtout de son créancier délégataire, soit exprimée d'une manière précise, ou résulte de faits si positifs, que l'intention d'innover soit une conséquence aussi évidente que nécessaire. — Ainsi, il n'existe pas de délégation parfaite :

94. 1° Lorsqu'un acquéreur a stipulé, avec le seul consentement de son vendeur, qu'il paierait son prix à un créancier de ce dernier, encore que le créancier en ait reçu un à-compte, si, dans la quittance, il a formellement déclaré qu'il entendait conserver ses droits contre le vendeur (Cass. 24 frim. an X). Ce n'est qu'une indication de paiement.

95. 2° Lorsque le vendeur a *simplement* chargé son acquéreur, acceptant, de payer une portion du prix à l'un de ses créanciers, qui a aussi accepté. Dès-lors l'acquéreur s'il est troublé, peut opposer au créancier de son vendeur, comme il aurait pu le faire à ce dernier lui-même, l'exception résultant de l'art. 1653 du C. civ., par le motif que l'acquéreur ne s'est point obligé vis-à-vis du créancier à prendre sur lui l'ancienne dette, la charge n'affectant point l'obligation mais seulement l'exécution du contrat de vente (Bruxelles 12 juill. 1821; Toulouse 16 janv. 1829). — V. note 28, n. 275.

96. Comme on le voit, la délégation parfaite suppose le concours de trois personnes : le débiteur délégant, le créancier qui accepte la délégation, et le délégué qui s'oblige et devient débiteur direct du créancier. Toutes trois doivent consentir à la délégation. Mais il n'est pas nécessaire que le délégué soit débiteur du délégant, quoique cela soit ordinaire, car je puis déléguer à mon créancier celui qui veut bien me faire une libéralité ou m'ouvrir un crédit (Duranton).

Art. 2. DE CE QUI PEUT FAIRE L'OBJET DE LA DÉLÉGATION.

97. Les créances à terme ou non échues (par exemple, des fermages à échoir) peuvent, comme les créances actuellement exigibles, être la matière d'une délégation (Rouen 28 nov. 1825). — V. note 7.

98. Toutefois, une délégation, par anticipation, de loyers à échoir, ne peut préjudicier aux droits du créancier inscrit sur l'immeuble loué. Si donc l'immeuble est vendu, et si le prix de vente est distribué, la somme à distribuer devra comprendre le capital et les revenus, sans que le délégataire puisse obtenir distraction pour les loyers délégués (Nîmes 24 août 1819). — V. *inf.* n. 103.

Art. 3. DE L'ACCEPTATION DE LA DÉLÉGATION.

99. Il n'y a point de termes sacramentels pour l'acceptation (Cass. 9 juill. 1834).

100. L'acceptation du créancier rend la délégation irrévocable de la part du débiteur délégant. Et cette acceptation, pour avoir effet à l'égard des tiers, doit être faite par acte authentique (Toullier); tellement que cette délégation ne confère au créancier hypothèque sur l'immeuble vendu qu'autant qu'il y a acceptation par acte authentique (Metz 24 nov. 1820).

101. Cependant il a été jugé que, pour être valable, l'acceptation de la délégation n'a pas besoin d'être faite par acte authentique, et qu'il y a acceptation expresse : — 1° dans le fait de poursuivre le délégué, de prendre inscription en vertu de l'acte de délégation et d'obtenir jugement contre lui (Montpellier 1 août 1832); — 2° quand une délégation faite sur le mari pour avoir effet à l'égard de la femme, il est constant que celle-ci en a eu parfaite connaissance, en ce que, par exemple, elle a reconnu cette délégation dans un inventaire dressé après le décès du mari (V. t. 1, p. 429, note A), et en ce qu'elle a payé elle-même plusieurs fois au créancier les intérêts de la créance déléguée (Paris 25 fév. 1839); — 3° dans le fait de l'adhésion du créancier à un délai accordé à l'acquéreur par le vendeur, de la réquisition d'une inscription, et de la réception de partie de la créance de la part de ce dernier.

102. Mais n'est point sujet à cassation l'arrêt qui juge qu'un acte sous seing-privé dépourvu de date certaine, par lequel le créancier délégataire accorde au débiteur délégué une prorogation de délai, non plus que l'inscription prise par le créancier sur les biens de ce dernier, ne peuvent tenir lieu de l'acceptation expresse de la délégation (Cass. 21 fév. 1810).

103. Quand une délégation par acte notarié de fermages non encore échus est notifiée au fermier, elle est valable et doit avoir effet vis-à-vis d'un autre créancier du délégant postérieur à la délégation (Rouen 28 nov. 1825). — V. *sup.* n. 98.

104. En tout cas, un créancier ne perd pas son action contre son débiteur, par cela seul qu'un tiers s'est chargé, par acte fait avec le débiteur seul, d'acquitter la dette et que le créancier a eu connaissance de cet acte (Cass. 19 déc. 1815).

105. Celui au nom duquel une délégation a été acceptée sans mandat de sa part, et sans qu'on se soit porté fort pour lui, ne peut, après la révocation de la délégation, être considéré comme partie à l'acte et en exiger à ce titre une expédition (Toulouse 12 mars 1818). — V. note 52, n. 15, 17 et 27.

106. La délégation d'un prix de vente transmet au délégataire le privilège du vendeur, encore bien que l'acceptation de cette délégation n'ait été signifiée ni au délégantni au délégué (Montpellier 1 août 1832).

Art. 4. DE LA RÉVOCATION DE LA DÉLÉGATION.

107. Tant qu'une délégation, faite sans le concours du délégataire, n'a point été acceptée par lui, elle est sujette à révocation. — Toutefois, elle ne peut être révoquée par le délégant, si ce n'est pas dans son intérêt unique et par son seul consentement, mais dans l'intérêt et avec le consentement du délégué, que la délégation a eu lieu (Bordeaux 3 mai 1832). — V. *sup.* n. 100 et 105.

Art. 5. EN QUELS CAS LA DÉLÉGATION OPÈRE NOVATION.

108. *La délégation par laquelle un débiteur donne au créancier un autre débiteur qui s'oblige envers le créancier, n'opère point de novation, si le créancier n'a expressément déclaré qu'il entendait décharger son débiteur qui a fait la délégation* (C. civ. 1277).

109. La délégation n'emporte donc pas nécessairement novation (Cass. 9 juill. 1834).

110. Suivant la doctrine généralement adoptée, cet article doit être entendu dans le sens de l'art. 1273 (V. *sup.* n. 40), et la délégation entraîne novation, lorsqu'il résulte clairement de l'acte que le créancier a eu la volonté de décharger le débiteur délégant (Pothier 600; Toullier; Duranton; Delvincourt). — Ainsi, la délégation opère novation, lorsque le délégué déclare qu'il fait son affaire propre du paiement envers le délégataire, et que celui-ci accepte cette délégation sans réserve d'aucun recours contre son débiteur originaire (Nîmes 2 juill. 1812).

111. Mais la délégation n'opère pas novation, encore que le délégué ait consenti une hypothèque sur ses propres biens en faveur du délégataire, si ce dernier n'a pas expressément déclaré qu'il entend décharger son débiteur. Ainsi, lorsque le délégué est l'acquéreur d'un immeuble qui se trouve grevé d'autres hypothèques que celle pour laquelle la délégation a été faite, il peut refuser de payer le délégataire, jusqu'à ce que la confection d'un ordre ait appris s'il doit être colloqué utilement (Turin 11 fév. 1811).

112. Lorsqu'un vendeur a accepté une délégation, en se réservant ses recours et hypothèques sur les biens vendus, il ne peut diriger des poursuites contre son acquéreur qu'après avoir acquis la certitude de ne pouvoir être payé de la personne qu'il avait prise pour débiteur (Bordeaux 30 mai 1816).

113. Mais il n'y a pas novation lorsque la libération du débiteur est subordonnée au paiement que fera le délégué (Bruxelles 23 juill. 1817).

114. *Le créancier qui a déchargé le débiteur par qui a été faite la délégation n'a point de recours contre ce débiteur, si le délégué devient insolvable, à moins que l'acte n'en contienne une réserve expresse, ou que le délégué ne fût déjà en faillite ouverte, ou tombé en déconfiture au moment de la délégation* (C. civ. 1276).

115. Quand la délégation opère novation elle éteint la dette, et ainsi s'oppose à ce que le créancier délégataire exerce un recours contre le débiteur déchargé, si le délégué devient insolvable; cet événement ultérieur ne peut faire revivre la dette anéantie par la novation. Il y a exception si l'acte contenait réserve expresse de ce recours, ou si le délégué se trouvait déjà en faillite ouverte ou en déconfiture au moment de la délégation (Duranton; V. aussi Pothier 604).

116. Lorsque la délégation emporte novation, cette novation est double, car elle éteint la dette du délégant envers le délégataire, et celle du délégué envers le délégant. Cet effet n'est produit immédiatement que par une délégation pure et simple : si elle a été faite sous condition suspensive, le délégant n'est libéré que par l'accomplissement de la condition (Pothier 603; Toullier; Duranton; Delvincourt).

117. Lorsque le délégué s'est cru par erreur débiteur du délégant, il ne peut, après avoir accepté, opposer cette circonstance au créancier délégataire, et n'a de recours que contre le délégant (*Ibid.*).

Pour la délégation aux créanciers hypothécaires d'une succession bénéficiaire V. la note 85.

§ 6. DE L'INDICATION DE PAIEMENT.

118. *La simple indication faite par le débiteur d'une personne qui doit payer à sa place, n'opère point novation. — Il en est de même de la simple indication, faite par le créancier, d'une personne qui doit recevoir pour lui* (C. civ. 1277).

119. L'indication de paiement diffère essentiellement de la novation et de la délégation; elle ne confère qu'une sorte de mandat de payer ou de recevoir, qui ne détruit pas l'obligation, et n'a pas pour effet de la remplacer par une autre. — Mais quand l'indication de paiement contient délégation elle change de nature et peut entraîner novation d'après ce qui est dit *sup.* n. 88; c'est ce qui arrive le plus souvent quand elle est faite par un créancier à son créancier.

120. La collocation n'étant qu'une indication de paiement, et n'opérant pas dès-lors de novation, il s'ensuit qu'un créancier dont l'obligation est garantie par un cautionnement, n'a pas perdu son recours contre la caution, par cela seul qu'il a produit dans un ordre ouvert sur son débiteur principal, et qu'après avoir été colloqué utilement, il a renoncé à sa collocation (Colmar 22 av. 1815).

121. Et de ce que le créancier, premier colloqué dans un ordre, par suite de la vente de tous les biens de son débiteur à divers acquéreurs, a poursuivi le paiement de son bordereau sur l'un des acquéreurs par expropriation, il n'est pas censé faire novation à sa créance, et accepter celui-ci pour son débiteur. En conséquence, en cas d'insuffisance de cette nouvelle vente, il a le droit de poursuivre les autres acquéreurs pour obtenir son entier paiement (Grenoble 29 janv. 1825).

122. L'acte par lequel un cohéritier délègue à un tiers une somme déterminée *à prendre et à toucher des mains de tous débiteurs sur les premiers deniers qui lui reviendront dans une succession*, ne contenant pas désignation d'un débiteur certain, a pu, par appréciation d'acte, être considéré non comme une cession, mais comme une simple indication de paiement : de sorte qu'encore bien que le délégataire ait fait notifier cet acte soit aux autres cohéritiers, soit aux débiteurs de la succession, il ne peut réclamer paiement sur les sommes dues par les débiteurs au préjudice d'un créancier qui a fait valider la saisie-arrêt par lui pratiquée sur les mêmes sommes depuis la notification (Cass. 2 juin 1830).

123. L'indication de paiement peut contenir une libéralité, par exemple, quand c'est un donateur qui charge le donataire de payer une somme à un tiers (V. note 52 n. 16 et note 81).

124. Le contrat de cession ou transport d'une créance qui contient la clause de fournir et faire valoir après commandement ne peut être considéré comme une simple indication de paiement (Toulouse 21 mai 1807).

125. Il y a délégation et non simple indication de paiement et partant novation, quand l'acquéreur, pour payer son prix, cède une créance et des droits sur un tiers, pour, par le vendeur, les faire valoir ainsi qu'il avisera, parce qu'alors il résulte de la convention que l'acquéreur s'est pleinement dessaisi de la créance et que le créancier en est devenu propriétaire; il en est ainsi quand même le créancier n'aurait pas déclaré expressément décharger le débiteur qui a fait la délégation, et que les parties auraient employé le mot *indication* (Cass. 19 juin 1817).

125 *bis*. Quant à la charge imposée à un acquéreur de payer son prix entre les mains d'un tiers qui n'a pas accepté cette clause, elle ne constitue ni une novation, ni un transport de créance, ni même une simple délégation, mais une simple indication de paiement; dès-lors l'acquéreur n'est point obligé vis-

à-vis du créancier du vendeur, et il peut valablement payer son prix entre les mains de celui-ci ou de tous autres de ses créanciers indiqués par lui pour recevoir ce paiement (Grenoble 12 mai 1842).

126. Mais le mandant qui adresse une traite avec ordre d'en verser le montant à un tiers après recouvrement, ne fait qu'une indication de paiement et reste propriétaire des fonds qui, jusqu'à ce que la remise en ait été faite au tiers désigné, peuvent être saisis-arrêtés entre les mains du mandataire par les créanciers du mandant (Bordeaux 10 janv. 1839).

127. Quand la dette a été l'objet non d'une novation mais d'une indication de paiement non acceptée par le créancier, la prescription acquise postérieurement profite non pas à celui qui a été désigné pour faire le paiement, mais au débiteur qui avait fait cette délégation (Dalloz).

128. L'autorisation donnée par le créancier au débiteur de payer dans les mains d'un tiers n'équivaut qu'à une indication de paiement, d'où il suit que malgré la signification qui lui a été faite de cette autorisation par le tiers délégué, avec défenses de payer à d'autres qu'à lui, le débiteur a pu valablement se libérer entre les mains de son créancier originaire (Rouen 11 mars 1815).

129. Si la délégation acceptée est sujette à révocation il en est de même à plus forte raison de l'indication de paiement — V. *sup.* n. 107 et note 80.

§ 7. DES EFFETS DE LA NOVATION.

130. *Les priviléges et hypothèques de l'ancienne créance ne passent point à celle qui lui est substituée, à moins que le créancier ne les ait expressément réservés* (C. civ. 1278).

131. Une fois éteinte par la novation, l'ancienne dette ne peut plus revivre; d'où il suit que les intérêts de l'ancienne obligation cessent de courir, que la demeure du débiteur, la contrainte par corps, etc., sont purgées (Roll. de V.; Dalloz), et, par conséquent, que la convention civile, telle qu'une transaction par laquelle le créancier d'une dette commerciale accepte l'engagement personnel d'un nouveau débiteur non-commerçant qui se substitue à l'ancien et reste seul obligé au paiement de la créance, laquelle est réglée par l'acte en principal et intérêts, a pour effet de convertir l'obligation commerciale en obligation civile, et par suite de ne comporter que des intérêts civils (Cass. 24 mars 1841).

132. La règle de l'extinction s'applique : — 1° à l'acceptation en paiement d'une chose dont le créancier est ensuite évincé (Limoges 8 mars 1841); l'obligation de la caution se trouvant éteinte, l'éviction ne la fait pas revivre (Roll. de V.); — 2° au cas où le créancier a consenti à recevoir un mineur pour seul débiteur; la restitution de celui-ci ne faisant pas revivre l'ancienne dette (Toullier; Roll. de V.); — 3° au cas d'insolvabilité du délégué accepté par le créancier; celui-ci n'ayant pas de recours contre le débiteur qu'il a déchargé et dont l'obligation ne peut plus revivre (Roll. de V.); — 4° à une dette compensée de plein droit (C. civ. 1299); — 5° au cas où un vendeur a converti le prix de la vente en une rente constituée même dans le contrat de vente; ainsi il peut bien exiger le rachat pour défaut de paiement, mais non agir en résolution de la vente au préjudice des tiers, car l'effet de la condition résolutoire établie par l'art. 1184 du C. civ ne s'étend point à d'autres qu'aux parties intéressées (Toullier; Duranton; Roll. de V.).

133. La faculté accordée au créancier par l'art. précité de réserver les priviléges et hypothèques de l'ancienne créance reçoit restriction au cas où la nouvelle obligation est plus forte que l'ancienne; dans ce cas, la transmission de l'hypothèque ne s'opère que jusqu'à concurrence du montant de la première, et en vertu d'une nouvelle inscription (Pothier 600; Toullier; Delvincourt; Roll. de V.).

134. *Lorsque la novation s'opère par la substitution d'un nouveau débiteur, les priviléges et hypothèques primitifs de la créance ne peuvent point passer sur les biens du nouveau débiteur* (C. civ. 1279).

135. Autrement, les propres créanciers de ce dernier souffriraient de la novation. Mais le créancier peut réserver ceux établis sur les biens de l'ancien débiteur (Toullier 312; Duranton; *Contrà*, Pothier; Delvincourt; Roll. de V.).

136. *Lorsque la novation s'opère entre le créancier et l'un des débiteurs solidaires, les priviléges et hypothèques de l'ancienne créance ne peuvent être réservés que sur les biens de celui qui contracte la nouvelle dette* (C. civ. 1280).

137. Cependant Duranton (30, n. 81) pense qu'il faut faire exception pour le cas où le créancier s'est réservé comme condition *sine quâ non* de la novation consentie à l'un des codébiteurs solidaires, ses priviléges et hypothèques sur les biens de tous. Il se fonde sur ce que le créancier peut rendre la novation conditionnelle; que l'art. 1280 suppose que la dette principale est éteinte à l'égard des codébiteurs solidaires; mais qu'ils ne sont pas libérés, sans l'accomplissement de la condition supposée par le créancier. Celui-ci pouvant exiger l'accession des codébiteurs solidaires, laquelle conserve la première obligation, pourquoi ne pourrait-il pas de même exiger, comme condition de la novation, la transmission des sûretés primitives?

138. *Par la novation faite entre le créancier et l'un des débiteurs solidaires, les* CODÉBITEURS *sont libérés.* — *La novation opérée à l'égard du débiteur principal libère les* CAUTIONS. — *Néanmoins, si le créancier a exigé, dans le premier cas, l'accession des* CODÉBITEURS, *ou, dans le second cas, celle des cautions, l'ancienne créance subsiste, si les codébiteurs ou les* CAUTIONS *refusent d'accéder au nouvel arrangement* (C. civ. 1281).

139. CODÉBITEURS. Lorsque le créancier a exigé l'accession des codébiteurs ou des cautions, cette accession est une condition de la novation; de sorte que si elle n'a pas lieu, l'ancienne créance subsiste (Roll. de V.).

140. Si le créancier ne s'est réservé que l'accession des codébiteurs, il ne peut ultérieurement, même avec leur consentement, se réserver les hypothèques primitives : d'une part, la réserve de l'accession conserve l'obligation, laquelle peut très-bien exister sans l'hypothèque; d'une autre part, la novation ayant opéré l'extinction de la première créance et de ses accessoires, l'hypothèque a cessé, ne fût-ce que pour un instant de raison, et c'en est assez pour qu'elle ne puisse revivre au préjudice des tiers (Toullier; Roll. de V.).

141. Si l'hypothèque de la dette primitive a été fournie par un tiers, le consentement de celui-ci est nécessaire pour que la réserve, faite par le créancier comme condition de la novation, puisse avoir son effet. Le refus du tiers est une cause de résolution de la novation, la condition stipulée ayant manqué (Roll. de V.).

142. CAUTIONS. Pour les droits du créancier à l'égard de la caution, ils ne peuvent être réservés par le créancier, si la caution n'y consent. Le seul moyen qu'ait le créancier pour conserver ses droits envers la caution est celui d'exiger son consentement ou son accession comme une condition suspensive du nouveau contrat, et alors si elle refuse d'y accéder, l'ancienne créance continue de subsister avec tous ses accessoires, parce qu'il n'y a point eu de novation (Toullier; Roll. de V.).

143. Si la caution a fourni une hypothèque, il faut, pour que cette hypothèque passe à la nouvelle créance, qu'elle ait été expressément reservée; il ne suffirait pas que le créancier eût stipulé la condition d'accession au nouvel engagement : d'un autre côté, la seule réserve des hypothèques exigée par le créancier et consentie par la caution est suffisante pour le maintien de ces hypothèques, bien que la caution n'ait pas accédé à l'obligation personnelle résultant du nouveau contrat (Dalloz).

§ 8. DE LA DÉLÉGATION DE CONTRIBUTIONS.

144. ÉLECTIONS DE DÉPUTÉS. Les contributions directes payées par une veuve, ou par une femme séparée de corps ou divorcée, seront comptées à celui de ses fils, petits-fils, gendres ou petits-gendres qu'elle désignera (L. 19 av. 1831 art. 8).

145. Les contributions directes qui confèrent le droit électoral sont : la contribution foncière, les contributions personnelle

et mobilière, la contribution des portes et fenêtres, les redevances fixes et proportionnelles des mines, l'impôt des patentes, et les suppléments d'impôts de toute nature connus sous le nom de centimes additionnels... (*Ibid.* art. 4).

146. Pour former la masse des contributions nécessaires à la qualité d'électeur, on comptera à chaque Français les contributions directes qu'il paie dans tout le royaume; au père, les contributions de ses enfants mineurs dont il aura la jouissance, et au mari celles de sa femme, même non commune en biens, pourvu qu'il n'y ait pas séparation de corps. — L'impôt des portes et fenêtres des propriétés louées est compté, pour la formation du cens électoral, aux locataires ou fermiers (*Ibid.* art. 6.)

147. Tout fermier à prix d'argent ou de denrées qui, par bail authentique d'une durée de neuf ans au moins, exploite par lui-même une ou plusieurs propriétés rurales, a droit de se prévaloir du tiers des contributions payées par lesdites propriétés, sans que ce tiers soit retranché du cens électoral du propriétaire... (*Ibid.*, art. 9). — Le fermier doit produire, pour son inscription sur les listes électorales, une expédition en forme du bail, et un certificat du maire pour attester que le fermier exploite par lui-même et ne sous afferme pas le domaine (Circ. min. just. 20 av. 1831).

148. ÉLECTIONS DÉPARTEMENTALES. La délégation des contributions est autorisée pour la formation du cens d'éligibilité en matière d'élection aux conseils de département et d'arrondissement (Ind. L. 22 juin 1833; jug. de Saint-Quentin 9 av. 1834) : — les règles tracées par la loi du 19 av. 1831 (V. les numéros qui précèdent) devant être suivies pour les élections des conseillers d'arrondissement et de département, dans tous les cas qui n'ont pas été prévus expressément par la loi du 22 juin 1833, car il s'agit de droits et d'opérations de même nature (Inst. min. 15 juill. 1833).

149. ÉLECTIONS COMMUNALES. Ce qui est dit ci-dessus relativement aux personnes qui profitent des contributions d'autrui et des délégations est applicable ici (L. 21 mars 1831, art. 41): seulement, pour former le cens électoral, on ne compte à chaque électeur que les contributions qu'il paye dans la commune où il exerce son droit (*Ibid.*, art. 11).

150. Il n'est admis par la loi qu'une seule délégation des mêmes contributions. En conséquence, si au moment où une veuve a délégué une seconde fois ses contributions à une autre personne, en révoquant une délégation première, celui au profit duquel cette première délégation avait été faite, ne pouvait plus être éliminé de la liste municipale, la seconde délégation doit être déclarée comme non avenue, et il y a lieu d'annuler l'arrêt qui donne effet aux deux délégations (Cass. 15 mai 1833).

V. la formule de *délégation de contributions* et le mot *novation* à la table alphabétique des notes 28 (ch. 2), 29, 30, 31, 32, 49, 50, 56, 58, 64, 69, 75, 76.

FIN DU TOME SECOND.

LE MANUEL DES NOTAIRES

CONTENANT

UN NOUVEAU

DICTIONNAIRE DES FORMULES

DE TOUS LES ACTES DES NOTAIRES,

ET

UN COMMENTAIRE

où, au moyen de chiffres correspondant à ceux du Dictionnaire, il est fait application à chaque acte, de la législation, de la jurisprudence, de l'opinion des auteurs et des lois, arrêts et décisions sur l'enregistrement et le timbre,

PAR Mᵉ *F. M.* **SELLIER**, NOTAIRE A VERMENTON (YONNE),

EN COLLABORATION AVEC PLUSIEURS JURISCONSULTES ET NOTAIRES.

DÉDIÉ A M. DUPIN, PROCUREUR-GÉNÉRAL A LA COUR DE CASSATION.

2 volumes grand in-4° de 2000 pages environ, papier collé.

TOME II. — *COMMENTAIRE.*

1ʳᵉ PARTIE. — Page 1 à 310.

Prix : 10 francs.

SE VEND :

A VERMENTON, chez l'AUTEUR;

Et à PARIS, à la Librairie de Jurisprudence de COTILLON, rue des Grès-Sorbonne, n. 16.

1841.

TABLE ALPHABÉTIQUE des matières de la 1re partie du Commentaire -- Page 1 à 310.

Nota. Le premier chiffre indique la note, le second la page et le troisième le nº de la note.

NOTA. M. DEVILLENEUVE, Avocat à la Cour royale de Paris, étant, depuis 1831, le continuateur du Recueil fondé par M. SIREY, nous indiquerons à partir de la note 29 de notre Commentaire les arrêts que nous puisons dans ce Recueil par les initiales « *Devill.* » pour la période qui a commencé en 1831

Auxerre. — Imprimerie de Ch. Perriquet.

LE MANUEL DES NOTAIRES

CONTENANT

UN NOUVEAU

DICTIONNAIRE DES FORMULES

DE TOUS LES ACTES DES NOTAIRES,

ET

UN COMMENTAIRE

où, au moyen de chiffres correspondant à ceux du Dictionnaire, il est fait application à chaque acte, de la législation, de la jurisprudence, de l'opinion des auteurs et des lois, arrêts et décisions sur l'enregistrement et le timbre,

PAR Me *F. M. SELLIER*, NOTAIRE A VERMENTON (YONNE),

EN COLLABORATION AVEC PLUSIEURS JURISCONSULTES ET NOTAIRES.

DÉDIÉ A M. DUPIN, PROCUREUR-GÉNÉRAL A LA COUR DE CASSATION.

2 volumes grand in-4° de 2000 pages environ, papier collé,

TOME II. --- ***COMMENTAIRE***. --- **Note 28 à 63.**

2e PARTIE. — Page 311 à 630.

Prix : 10 francs.

SE VEND :

A VERMENTON, chez l'AUTEUR,

A PARIS, à la Librairie de Jurisprudence de COTILLON, rue des Grés-Sorbonne, 16.

1842.

TABLE ALPHABÉTIQUE provisoire des matières de la 2e partie du Commentaire. — Note 28 à 63. — page 311 à 630.

Nota. Le premier chiffre indique la note, le second la page et le troisième le no de la note.

Imprimerie de PARRIQUET, à Auxerre.

www.ingramcontent.com/pod-product-compliance
Lightning Source LLC
LaVergne TN
LVHW020954300926
9160LV00007B/148